洋
西伯利亚海
波弗特海
白令海峡
美国
白令海
阿留申群岛
(美)
阿拉斯加湾
加拿大
北
哈得孙湾
巴芬
海峡
渥太华
大
美国
华盛顿
百慕大群岛(英)
中途岛
夏威夷群岛(美)
波利尼西亚
墨西哥
墨西哥湾
巴哈马
古巴
伯利兹
多米尼加共和国
牙买加
海地
洪都拉斯
安提瓜和巴布达
加勒比海
危地马拉
萨尔瓦多
巴巴多斯
格林纳达
尼加拉瓜
特立尼达和多巴哥
哥斯达黎加
巴拿马
委内瑞拉
圭亚那
苏里南
法属圭亚那
哥伦比亚
厄瓜多尔
秘鲁
南
巴西
利马
玻利维亚
巴西利亚
美洲
巴拉圭
智利
阿根廷
乌拉圭
布宜诺斯艾利斯
马尔维纳斯群岛
(福克兰群岛)
(阿、英争议)
麦哲伦海峡
德雷克海峡
马绍尔群岛
密克罗尼西亚
瑙鲁
基里巴斯
太平洋
图瓦卢
所罗门群岛
西萨摩亚
莱恩群岛
瓦努阿图
斐济
纽埃(新)
汤加
新喀里多尼亚
(法)
土阿莫土群岛
(法)
土布艾群岛
(法)
美拉尼西亚
新西兰
奥克兰群岛
(新)
麦里岛
(澳)
罗斯海
别林斯高晋海
威德尔海
西
洋

世界军事年鉴 1997

WORLD MILITARY YEARBOOK

军事科学院《世界军事年鉴》编辑部

解 放 军 出 版 社

(京)新登字 117 号

版式设计　孙荣山
封面设计　李　戎
制　　图　陈文彬

图书在版编目(CIP)数据

世界军事年鉴　1997/军科外军部《年鉴》编辑部编著．
北京:解放军出版社,1997
ISBN 7-5065-3417-7

Ⅰ.世…　Ⅱ.军…　Ⅲ.军事-世界-1997-年鉴　Ⅳ.E1-54

世界军事年鉴
1997
军事科学院《世界军事年鉴》编辑部

解放军出版社出版发行
(北京平安里 3 号)
(邮政编码 100035)
新华书店经销
一二〇一工厂印刷

787×1092 毫米 16 开本　50 印张　4 插页　1603 千字
1997 年 11 月第 1 版　1997 年 11 月(北京)第 1 次印刷
ISBN7-5065-3417-7/E・1618
定　价:140 元

《世界军事年鉴》编审委员会

《世界军事年鉴》编辑部

《世界军事年鉴 1997》主要撰稿人名单

（以姓氏笔划为序）

丁前星	马　钢	王文昌	王世华	王世银	王凤才	王书勤	王占良
王达伦	王成刚	王连奎	王明志	王京国	王治国	王树工	王保存
王通信	王湘江	韦秀文	木　工	毛子成	长　弓	卞荣宣	文　武
文　琼	方　宁	尹承魁	邓晓宝	孔国生	孔繁金	巨文新	石之英
田　雨	田小文	白　冰	白　琼	朱瑞臣	任　杰	任　明	伊贵玺
华　翁	刘　庆	刘书礼	刘礼全	刘伟东	刘伟弘	刘松林	刘国君
刘桂兰	刘效兰	刘建国	江　英	孙华民	孙叔林	孙晓锋	孝　泉
杜　健	李　沁	李　杰	李　波	李　鑫	李西亭	李光亚	李先喜
李庆功	李荣怀	李殿选	杨士文	杨立明	杨胜利	杨清波	杨静娴
肖一妮	吴　炯	吴　鹏	吴良全	何在涛	闵振范	汪徐和	沙起才
宋　婷	宋亚东	宋鲁成	灿　梓	张　炜	张力群	张文贤	张世斌
张令钟	张连国	张宏伟	张洲军	张昌泰	张树德	张春山	张清文
陆　章	武爱琴	林　泉	林水成	苗　壮	尚左琳	国　华	金　鲍
周　洁	周以蕴	周璞芬	郑明哲	孟　丽	郝　刚	郝晓伟	赵可丹
赵树远	钟良理	钟学良	闻中华	洪锦珠	宫小雄	昶　姞	神　赋
敖　林	袁振光	夏礼伯	夏征难	晓　东	钱俊德	徐心辉	徐东齐
徐克洲	翁宏华	郭　辉	高桂秀	海　元	海　明	诸葛永松	继　先
黄　星	黄远模	黄金鹏	曹连成	符成礼	韩生民	彭训厚	博　闻
董科军	董新成	程　虹	温味几	楚　云	谢永亮	葛立德	詹玉才
蔡　勇	蔡玉红	蔡开春	熊万奎	德　昶	潘海澜	薛利涛	襄　阌

中国人民解放军驻香港部队剪影

①1995 年 12 月 6 日，江泽民主席检阅中国人民解放军驻香港部队三军仪仗队。

②1996 年 1 月 28 日，国务院、中央军委发布公告：中国人民解放军驻香港部队组建完成。

③驻香港部队航空兵团指挥员在下达飞行任务。

④驻香港部队空军航空兵编队在中国南海上空巡逻。

⑤驻香港部队海军舰艇大队。

⑥驻香港部队步兵旅举行庄严的升国旗仪式。

⑦驻香港部队陆、海、空三军仪仗队。

中国人民解放军军事演习掠影

1995 年 10 月～1996 年 3 月期间，中国人民解放军举行了一系列重大军事演习，获得圆满成功，充分显示了中国人民解放军三军部队优良的军政素质和高昂的战斗意志，表明中国人民解放军完全有决心有办法有能力维护祖国统一、捍卫国家主权和领土完整。

①江泽民主席和军委其他首长于演习前参观新型驱逐舰。

②战斗警报。

③战鹰起飞。

④新型高空高速歼击机群夺取制空权。

⑤低空突击。

⑥地空导弹飞向目标。

⑦导弹驱逐舰发射舰舰导弹。

⑧导弹驱逐舰发射反潜火箭。

⑨导弹护卫舰发射舰空导弹。

⑩潜艇与直升机协同行动。

⑪直升机编队掩护水面舰艇输送地面部队登岛作战。

⑫山地进攻。

⑬步坦协同冲向“敌”阵。

国际军事要事掠影

①1996年4月26日，中俄哈吉塔5国元首签署在边境地区加强军事领域信任的协定。

②1995年12月14日，塞尔维亚、克罗地亚和波黑3国总统在巴黎正式签署波黑和平协议。

③1996年9月10日，第50届联大通过《全面禁止核试验条约》。

④1996年10月1日，巴勒斯坦、约旦、美国及以色列的领导人出席中东问题首脑会议。

⑤1996年8月31日，俄安全会议秘书列别德（右）和车臣反政府武装总参谋长马斯哈多夫签署联合声明。

①

③

②

④

⑤

⑥

⑦

⑥1996年12月29日，数万人在危地马拉城中心宪法广场庆祝和平协定正式签署。

⑦1996年8月30日，驻港英军第50机械工程修理厂举行关闭仪式，拉开了英军撤出香港的序幕。

⑧1996 年 12 月 12 日，南京大屠杀的见证人之一拉贝当时所写的日记由他的外孙女赖因哈特夫人在纽约公诸于众。

⑨1995 年 11 月 4 日，以色列总理拉宾被 1 名犹太极端分子刺杀身亡。6 日，80 多个国家的领导人及代表参加为他举行的葬礼。

⑪1996 年 10 月下旬，扎伊尔东部战火再起，造成百万难民大逃亡。

⑫1996 年 12 月 18 日，秘鲁游击队袭击日本驻秘大使官邸，使世界震惊。

⑬1996 年 10 月，美韩联合举行军事演习。

⑭1996 年 9 月 17 日，克林顿下令向科威特增兵；18～20 日，美地面部队 3000 人全部抵达科威特。

⑩1996 年 10 月 16 日，阿富汗“塔利班”增援部队抵达喀布尔市，开始向政府军发动反攻。

部 分 新 一 代 无 人 机

①美国“前驱”战术无人机。该机可提供实时的侦察、监视和目标搜索数据。无需发射器和回收装置，可自动起飞和着陆。

②美国“暗星”即“蒂尔”Ⅲ型高空长航时隐形无人机。主要用于监视严密设防的重要目标。

③美国“捕食者”中空长航时无人机。于1995年制成。在波黑战争中，它是北约实施高技术立体侦察的主要手段。

④以色列“赫尔姆斯”450型中空长航时无人机。用于遂行监视、侦察、目标截获与指示、电子战和通信中继等任务。

⑤以色列“苍鹭”中空长航时多用途无人机。可用于执行实时监视、电子侦察和干扰、通信中继和海上巡逻等任务。

⑥英国“不死鸟”无人机。装备有先进的红外传感器、合成孔径雷达和电子战系统。

⑦瑞士厄利孔—康特拉夫公司参与研制的“徘徊者”无人机。

⑧以色列银箭公司研制的“微V型”无人机，具有实时传输视频信息和自主飞行的能力。

部分新型跨世纪预警机

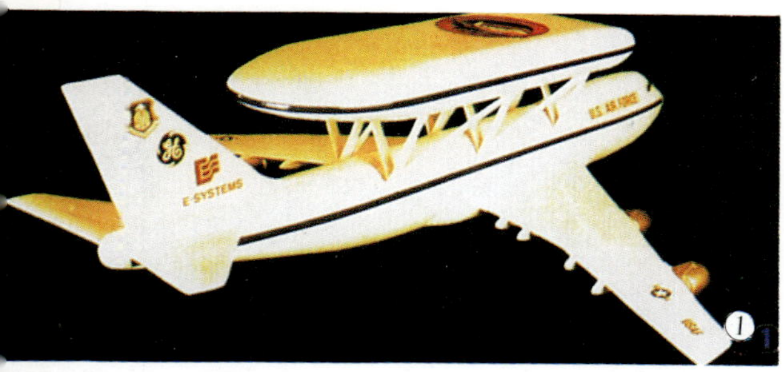

①美国“波音”747—200相控阵雷达预警机。可在强杂波、严重干扰和密集目标环境下探测隐形目标和小目标。

②美国海军陆战队V—22相控阵雷达预警机。由V—22“鱼鹰”倾转旋翼飞机改装而成，机载雷达采用以色列的“费尔康”相控阵雷达。

③以色列的“费尔康”相控阵雷达预警机。是目前世界上最先进的预警机之一。它的雷达安装在机头和机身两侧舷窗下。

④瑞典“萨伯”340型预警机。由“萨伯”340型运输机改装而成，具有良好的海上监视与抗干扰能力。

⑤“萨伯”2000预警机。是“萨伯”340的出口型，性能更加完善。

⑥经改进后的美E—2C预警机。具有对付反舰导弹的防御能力。

⑦美空军正在对E—3A预警机实施第2阶段改进计划，以提高其探测精度、增强其抗干扰能力。图为E—3A正在加油。

⑧俄罗斯的 A—50 预警机。其改进工作正在加紧进行。

⑨英国“海王”预警直升机：是在“海王”直升机的基础上改装的。

⑩法国 E—3F 预警机。

⑪日本“波音”767 预警机已完成第 1 次试飞。

⑫⑬美国 C—130 预警机。是在 C—130 运输机的基础上，通过加装不同天线改进而成的。⑫为采用 E—2C 预警机机载雷达的 C—130 预警机；⑬为采用“萨伯”340 预警机机载雷达的 C—130 预警机。

编辑说明

（一）《世界军事年鉴》是一部连续编纂出版、以记述年度内世界各国军事新情况、新进展为主要内容的信息密集型学术性资料性工具书。其任务是，以马列主义、毛泽东思想为指针，坚持四项基本原则，面向现代化、面向世界、面向未来，有选择有重点地系统介绍世界各国的军事基本情况和动态。主要服务对象是各总部机关、军事科学研究单位、院校和部队的官兵，同时也顾及对军事问题感兴趣的军外广大读者。

（二）本卷《年鉴》同上卷一样，设 9 个栏目：军事要事；各国军事概况；军事理论研究；军事技术；军事建设；国际组织、条约；世界军事大事记；特辑；彩色图片。

（三）本卷《年鉴》所收资料的时限：一般是从 1995 年 7 月至 1996 年 12 月；少数截至 1997 年 3 月底为止；某些专题资料和某些首次设立的类（项、条）目，为了给读者以较系统较全面的信息，收载了 1995 年 7 月以前的少量资料。

（四）“各国军事概况”栏共收入 170 多个有军队或军事组织的国家和地区。各个国家和地区分洲排列，次序是亚洲、非洲、欧洲、美洲、大洋洲；洲内各个国家和地区一般按其名称的汉语拼音字母顺序排列。本栏选用的资料和数据，主要是作者对该国情况进行研究的成果，有些则直接引自各国官方公布的 1995～1996 年度的材料，同时还参考了下述资料：中国《关于 1996 年国民经济和社会发展的统计公报》，中国《世界知识年鉴（1996～1997）》，英国伦敦国际战略研究所《军事力量对比（1996～1997）》，美国《不列颠年鉴（1996）》等。

（五）本卷《年鉴》所用资料来源不尽相同，一些专业术语也因国家不同而异，某些专名的译名亦不尽统一，在编辑过程中虽注意订正和统一，但前后不一致之处尚未能完全避免。为便于读者进行对比研究，有个别条目特地收录了不同来源的资料。为增强条目内容的可信度，并便于读者进一步查考，编纂者尽量注明资料来源：“综述”条目的“主要资料来源”附在文后，而信息条目的资料出处则见于文内。

（六）本卷《年鉴》在编辑过程中，曾得到总参谋部、总政治部、总后勤部有关单位和各军区、军兵种、军事院校以及中国社会科学院等单位的支持和帮助；全书完稿后还约请王振西研究员、杨士华研究员、尹承魁教授、赵刚箴研究员、温味几副研究员等专家学者审阅了本书。在此谨表谢意。

（七）本《年鉴》涉及军事科学的方方面面，我们水平有限、经验不足，缺点和错误难免存在，欢迎广大读者批评指正。

军事科学院外国军事研究部

《世界军事年鉴》编辑部

1997 年 6 月

《世界军事年鉴 1997》目录

军　事　要　事

军事形势综述

亚洲军事要事

非洲军事要事

欧洲军事要事

美洲军事要事

各国军事概况

亚洲国家军事概况

非洲国家军事概况

欧洲国家军事概况

美洲国家军事概况

大洋洲国家军事概况

军事理论研究

军事思想与军事论著研究

战争和军事战略理论研究

局部战争与武装冲突研究

作战理论研究

信息战问题研究

军队建设理论研究

军事历史研究

其他军事学科理论研究

简　讯

军　事　技　术

计算机病毒及其军事应用

计算机模拟技术及其军事应用

轻　武　器

装甲兵武器装备

炮兵武器装备

工程兵技术装备

海军武器装备

空军武器装备

战略导弹

弹道导弹防御武器系统

军用航天技术

核 武 器

化学战装备

指挥控制通信情报系统

电子对抗装备

后 勤 装 备

其他军事技术问题

军 事 建 设

建军计划与措施

军队编制

军事训练与教育

军事后勤

军事法制

其他军事建设问题

国际组织、条约

国际组织

国际条约

世界军事大事记

特　　辑

专题综述

国防工业

军控与裁军

1995 年 4 月～1997 年 5 月 新上任军界要人简介

中外军事交往

其他信息

彩色图片

军事要事

军事形势综述

1995～1996年世界军事形势述评 1995～1996年是世界军事形势从“无序”走向“有序”的重要时期。在国际形势继续走向缓和、但天下并不太平的总态势下，随着两极格局终结所引起的全球性震荡和冲击逐渐消退，世界军事形势开始进入一个相对稳定、日趋有序的发展阶段，各大军事领域都发生了一些新变化，出现了一些新动向。

一、战争和武装冲突态势发生转化

据统计，1995年世界各地武装冲突的总数为46起，比1994年的38起增加了8起，其中新发生的冲突和战争共11起。但到了1996年，冲突和战争态势发生了重大变化，不仅数量大幅减少，而且强度有所降低。1996年，世界各地的武装冲突和局部战争仅30起，比1995年减少16起，其中新发生的仅6起，比1995年减少5起。

1995年战事的主要特点：一是地区武装冲突的总数居高不下，但其中多为1994年遗留下来的，新发生的仅11起，明显少于1994年的15起。二是某些冲突虽规模不大，但强度较高，如北约打击波黑塞族武装，10天里就出动各种作战飞机3200多架次，并使用了包括“战斧”巡航导弹、特种作战飞机等诸多高技术武器装备，给波黑塞族造成重创，显现出高技术战争的新战法。三是一些国家武装冲突，如菲律宾、墨西哥等，开始从战争状态转入和谈进程。尤其值得注意的是，俄罗斯车臣战争和波黑战争，相继实现了政治解决。特别是波黑战争，在国际社会的催迫和斡旋下，冲突各方在巴黎正式签署了和平协议，迈出了突破性的一步，具有影响世界的重要意义。

在1996年，缓和的势头增强，战和态势继续朝着“和”的方向发展，特别是当今世界的3大战事即波黑、车臣和阿富汗，仅存阿富汗内战一起，波黑和车臣虽仍有小的摩擦和冲突，但和解框架已经建立，难以逆转。此外，一些武装冲突已经或正在得到解决，如：中非共和国的内乱已经平息，利比里亚和平进程开始进入解除反对派武装的阶段，苏丹冲突各方已签定和平协议，危地马拉和谈已进入尾声，菲律宾政府与反对派签署了关于棉兰老问题的和平协议，也门和厄立特里亚达成协议，同意将哈尼什群岛争端提交海牙国际法庭裁决等。这些动向都表明，和谈、和约、和解已开始形成强劲的势头，推动着各地区武装冲突的解决。

1996年冲突和战争数量回落，和解势头趋强，表明冷战结束后冲突和战乱逐年上升的局面已开始扭转，渡过了高峰期，正逐步进入一个“时多时少、时高时低、时紧时缓、时起时伏”的新阶段。

但是，世界仍存在着霸权主义和强权政治，天下并不太平。两年来，北约对波黑塞族武装进行了高强度军事打击；美国借口伊拉克政府军参与库尔德派别之争，不遵守联合国规定的“禁飞区”限制，对伊拉克军事设施进行了轰炸，并将“禁飞区”的范围从北纬32度扩大到33度，逼近伊拉克首都巴格达南部郊区。美国的轰炸给伊拉克造成了严重的人员伤亡和财产损失，使海湾局势再度紧张起来。此外，法国也对中非共和国进行了军事干预。

二、主要国家的军事战略调整陆续到位

1995～1996年是世界主要国家军事战略调整陆续到位的关键时期。1995年，美国首次发表了《军事战略报告》，正式确立了“灵活而有选择地参与”战略；日本正式通过了20年来首次修订的《防卫计划大纲》，提出了“全国部署、海外参与”的观点使原来的“专守防卫”战略发生某些变化；北约的“危机反应”战略纳入了“东扩”和“南下”的内容。1996年，俄罗斯推出了“现实遏制战略”。此外，英国的“应变抉择”战略、法国的“全方位防御”战略、德国的“多方位防御”战略也都相继成形。这表明，世界主要国家经过4～5年的评估、审议和修订，相继确定了新的历史时期的军事战略，基本上完成了冷战后的军事战略大调整，初步形成了冷战后的军事战略体系。

各国新军事战略的共同特点主要体现在3大转变上：一是战略方针的转变，由准备打核战争条件下的世界大战，转为重点应付地区武装冲突和局部战争；二是战略任务的转变，由单一性的战争行动转为多样化的军事行动，包括战争行动和非战争行动，在确保打赢重大地区冲突的前提下，广泛使用军事力量进行国际维和、反恐怖主义等活动；三是战略途径的转变，由优先考虑实战军事行动转为更加注重威慑军事行动，包括威胁使用或有限使用军事力量，以遏制危机或冲突升级。

在各主要国家战略调整到位后，防务政策和军事战略将进入微调的阶段，特别是经过1996年大选年，无论是新上台的还是连任的政府，都要将竞选中的承诺或多或少地纳入新政。在今后一段时期里，美国将对“同时打赢两场重大地区冲突”的战争计划进行新的修正；俄罗斯将进一步完善新确定的“现实遏制战略”；北约在进行重大改革的同时，势将对军事战略进行新的修补。

三、在“质量建军”中突出“高技术建军”

1995～1996年军事形势中的一个突出特点，就是一些主要国家开始在“质量建军”的框架中，突出“高技术建军”。这些国家根据冷战后战争形态的演变，以近年来发生的高技术战争为参照，并据此制定了瞄准21世纪的军队建设规划。

美国确定了建立“数字化部队”和实现“战场数字化”的目标，正式确立“高技术建军”的方针，加大对“数字化部队”计划的投入，国家对研究开发的总投入高达1700多亿美元，力求在军队高技术化方面打开新的突破口。日本拟定了新的自卫队整备大纲，力求建立一支“精干的高技术化的军事力量”。日本在制定的“科学技术基本计划”中，已将1996年度科技预算增加近7%，并准备到2000年将对发展高技术的投入再增加一倍。西欧大国加强对军事高技术联合预研，力求使军队的高技术化水平达到“跨世纪”的目标。德国提出新年度“德尔斐报告”，谋求在8项尖端技术上实现突破。法国为提高军队的“技术素质”，推出对军队进行重大改革的新方案。英国“未来野战军人系统”计划已全面展开。俄罗斯尽管国内难题重重，仍不断强化在军事高技术领域里的努力，启动了建立科学密集型军事力量的进程。一些中小国家也开始意识到“高技术建军”的广阔前景和必然趋势，竞相拿出巨额外汇，大量采购航空母舰、预警飞机、侦察卫星、反导导弹等高技术武器装备，力图使军队的高技术水平“一步到位”。

四、军控与裁军再度活跃，但“强制军控”渐趋抬头

与前几年相比，在1995～1996年的军控和裁军形势中，核军控尤为突出，成为世界各国关注的焦点。两年来，核军控出现了一些新的进展，如美国与朝鲜正式签署了朝美核问题框架协议，国际社会建立了“朝鲜半岛能源开发组织”，基本上解除了朝鲜半岛出现的核危机；联合国通过决议，决定无限期延长不扩散核武器条约；原苏联地区的4个核国家已初步完成了第1阶段削减进攻性战略武器条约所规定的撤出和销毁核武器计划。特别是在1996年，美英法3国正式加入南太平洋无核区条约；49个非洲国家签订了建立无核区条约；50多个《特定常规武器公约》缔约国达成协议，决定进一步加强对地雷使用和转让的限制；美国参议院批准了美俄第2阶段削减进攻性战略武器条约；欧洲常规裁军条约检查会议消除了争议，取得了明显进展；乌克兰完成了将战略核武器转往俄罗斯的工作，成为一个无核国家；25个国家递交了《核安全公约》批准书，使该公约正式生效；180多个国家签署了《禁止化学武器公约》，并有65个国家递交了批准书，使该公约于1997年正式生效。尤其引人注目的是，联合国大会通过了《全面禁止核试验条约》，使国际军控与裁军活动达到高潮。此外，军控与裁军领域开始扩展，将加强信任措施、建立安全机制、构筑安全体系也纳入其中。

但是，军控与裁军领域仍存在诸多问题，特别是核军控形势仍存在相当大的变数。主要是一些西方国家已越来越多地推行“强制军控”，开始从防核扩散转入反核扩散，变被动防范为主动出击，即采取政治施压、经济制裁、军事威慑等手段，甚至扬言要进行“外科手术式”军事打击，胁迫那些可能危及西方利益的潜在核国家放弃核发展计划，确保其军控和裁军政策的实施。如美国等西方国家连续对伊拉克进行强制性核检查，胁迫俄罗斯放弃与伊朗的核交易，甚至把西方国家制定的“导弹技术控制机制”强加于他国等，这些行经正在将国际军控与裁军进程引入歧途。此外，一些非核国家发展核武器的势头不但没有减弱，而且呈加快、加强的趋势，由此而引起的地区核军备竞赛在不断加剧，给地区安全与稳定罩上一层阴影。

五、国际维和行动步履艰难

1995～1996年，联合国的维和行动基本维持在1994年的规模和水平上。总体上看，国际维和形势仍基本稳定发展，但稳中有变，主要表现在3个方面：一

是维和经费拮据，入不敷出。由于一些主要大国拖欠联合国巨额经费，致使联合国维和行动受到了较大的制约。1995 年国际维和经费为 30 亿美元，但到 1996 年，国际维和经费减至 14.5 亿美元，仅为 1995 年的一半。二是维和行动中动用武力、实施打击的“强制和平”因素在增长，开始背离维持和平的宗旨，如北约年内两次对波黑、克罗地亚进行高强度空中打击，直接导致了人民和财产遭受严重损失。三是维和行动的主导权开始逐渐由联合国转入地区集团，如北约、海湾合作委员会、非洲统一组织、独联体等。一方面，这些地区性集团或组织确实发挥了一定的作用；但由于各集团各取所需、各行其是，无统一章法，致使维和行动开始出现失控的趋向。鉴此，联合国大会通过《关于进一步加强联合国在维和领域能力的报告》，并敦促各会员国、秘书处和联合国有关机构采取一切措施，执行这份报告。报告明确提出“加强联合国与区域组织间的合作”、“重视开展预防性外交和缔造和平的工作”、“遵守当事方同意、公正和除自卫外不使用武力的 3 项基本原则”等建议，力求使国际维和规范化。

六、西方大国加紧拼抢战略真空

1995～1996 年世界军事形势的一个突出特点，就是一些西方大国开始拼抢战略真空地带，使彼此间的安全关系受到损害。在冷战时期，世界特别是欧洲明显地分为东、西两大阵营。冷战结束后，超级大国的战略收缩使某些地区成为战略真空。但在冷战后初期，西方大国由于忙于进行战略调整，无暇顾及这些真空地带。然而，在战略调整基本完成后，各国开始将注意力转移到对外扩展势力范围上，填补战略真空重新成为西方大国谋取海外战略利益的当务之急。为此，这些国家竞相出手，拼抢这些真空地带。

欧洲历来为美国所控制，在冷战期间，美国凭借手中的核保护伞，以北约为依托，成为控制西欧国家的工具。而现在，西欧大国打破了这种关系框架，开始向美国要欧洲主导权。1996 年，法国总统希拉克在访问美国期间，明确提出“双支柱”的建议，要求在欧洲安全事务上同美国享有平等的伙伴关系。在“赫尔姆斯—伯顿法”和“达马托法”问题上，欧洲大国与美国翻了脸，德国还明确表示，反对美国制裁伊朗，强调要与伊朗保持接触。为在中东发挥更大作用，法国和欧盟相继向中东派遣了特使，此举激怒了美国。美国国务院发言人说，美国不希望法国插手中东事务，法国应该明白，中东问题是美国独家处理，这种情况今后也不会改变。随着美、欧对中东和海湾地区争夺的加剧，日本也开始向中东渗透，日本外相池田行彦在访问中东时表示，日本与美国对伊朗政策是不同的。此外，日本首相桥本龙太郎还到中、南美洲访问，开始将触角伸向美国的后院。

七、恐怖活动连绵不断，各国竞相加强防范

国际恐怖活动猖獗，已经成为危及各国安全的重要因素之一。1996 年 5 月，美国发表了关于国际恐怖主义的年度报告，称 1994 年的国际恐怖活动为 322 起，而 1995 年已上升到 440 起。进入 1996 年，恐怖活动仍呈不断增多的趋势，而且破坏性增大。年内，先后发生了苏格兰小学枪杀案、莫斯科地铁列车爆炸案、沙特宰赫兰美军基地爆炸案、美国亚特兰大奥林匹克公园爆炸案等重大恐怖主义事件。在英国、意大利、俄罗斯、埃及、阿尔及利亚、巴林、巴基斯坦、耶路撒冷等地，也相继发生了不同破坏程度的恐怖主义事件，造成了严重的人员伤亡和财产损失，引起了社会的不安、民众的恐慌。

为了打击国际恐怖主义活动，世界各国在菲律宾举行了“国际反恐怖主义大会”，接着又在埃及举行了“和平缔造者国际首脑会议”(原称“国际反恐怖主义首脑会议”)；7 国集团和俄罗斯也在巴黎召开了国际反恐怖主义会议；拉美国家举行了“首届泛美反恐怖特别会议”；阿拉伯国家内政部长理事会也举行了反恐怖主义会议。这些会议在打击恐怖主义活动问题上取得了空前的一致，各国决定制定反恐怖战略、建立国际反恐怖网络、加强反恐怖机构协调、联合打击恐怖主义分子等，启动了国际性的反恐怖主义联合行动。为了加强打击恐怖活动力度，美国准备在今后 5 年拨出 10 亿美元的反恐怖款项，美国总统克林顿还下令组建用于反恐怖的特工部队。以色列决定建立反恐怖部队，专门从事反恐怖作战任务。美国和以色列还成立了一个反恐怖联合委员会，美国还将向以色列提供 1 亿美元的援助，用于打击恐怖主义分子。埃塞俄比亚专门派军队越境打击恐怖分子。

八、地区安全形势各异，发展趋向扑朔迷离

地区安全是世界军事形势的一个重要组成部分，随着世界军事形势的变化，地区形势也在不断发生变化，这些变化在 1995～1996 年表露得更加明显。冷战的结束打破了各地区传统的安全框架，一度使地区安全陷入一种无序和混乱的状态，成为地区冲突逐年上升和蔓延的重要因素之一。随着地区安全态势的发展变化，越来越多的国家已充分意识到这种局面的危害性和危险性，逐渐形成了维护地区安全、遏制地区冲突

的共识，并开始着手建立冷战后新的地区安全框架。这种努力，在1995年开始加强，1996年渐见成效。

在欧洲，随着波黑和车臣这两大战事的逐渐消退，建立新的安全体系成为当务之急，而北约东扩成为这一问题的焦点。西欧大国和美国急欲东扩，但俄罗斯则坚决反对，并采取建立"俄、白(俄罗斯)军事集团"及准备创建独联体国家安全体系予以应对。就是西欧国家内部也并不完全统一，一些国家坚持东进，而另一些国家要求南下。东扩与反东扩、东进与南下之争，使欧洲安全进程错综复杂，难见成果。

在中东，随着和平进程的不断深化，新的矛盾和摩擦开始出现，特别在以色列前总理拉宾被害后，巴以、阿以冲突再现，给中东和平进程蒙上一层阴影。在拉美，一些国家的内战进入了和解的轨道，但哥伦比亚等国的战乱仍连绵不断，一些国家武装走私、贩毒活动猖獗，个别国家还发生了军事政变。在非洲，索马里、布隆迪、乌干达、扎伊尔等国仍处于战乱之中，塞拉利昂、尼日尔、几内亚、卡塔尔、中非、布隆迪等国发生了军事政变和军队哗变。

与其他地区相比，亚太地区安全形势相对平稳。除了少数国家内战尚未平息、个别地区仍存潜在热点外，多数国家相安无事，和睦共处。1996年，在世界各地30场冲突和战争中，亚太地区仅有5起。其中，除阿富汗内战有所升温外，其他4起正处于谈判与和解的进程中。菲律宾政府与摩洛民族解放阵线达成协议，棉兰老地区基本恢复和平。柬埔寨基本结束了长期战乱，开始走上了和平与发展之路。斯里兰卡政府军加紧清剿行动，泰米尔伊拉姆猛虎游击队已被迫退缩到东北部丛林地区，其活动受到很大限制。与此同时，亚太地区以"安全机制"为主导的新框架已开始运转，双边和多边安全磋商、建立相互信任措施、边境谈判与裁军、以及东盟地区安全论坛等机制逐步完善和发展，使亚太地区一些危机和冲突得到了有效的控制。特别是1996年4月，中、俄、哈、塔、吉5国领导人签署在边境地区建立信任措施的协议，开创了亚太地区建立新的安全机制的先河。目前，亚太地区没有大的战事，也没有新的冲突，潜在热点基本得到控制，安全机制也在逐一建立和完善。

(李庆功)

亚洲军事要事

中国发表《中国的军备控制与裁军》白皮书 中华人民共和国国务院新闻办公室于1995年11月16日在北京发表了《中国的军备控制与裁军》白皮书，摘要如下：

前　言

在新的国际形势下，军控与裁军作为国家安全政策的组成部分和减少战争危险的有效措施之一，日益受到国际社会的重视。

中国需要在和平环境中专心致志地进行社会主义现代化建设。基于和平与发展的愿望，中国积极维护国际和平、安全与稳定，高度重视军控与裁军，一贯反对军备竞赛，主张通过军控与裁军减少和消除战争危险。多年来，随着形势的变化，中国在保持必要防御力量的前提下，单方面实行了一系列裁减军备的措施：大幅度裁减军队员额；维持低水平国防支出；严格管制敏感材料、技术及军事装备的转让；全面实行国防科技工业的军转民等。中国作为一个发展中国家和联合国安理会常任理事国，还以许多现实、合理的主张，积极推动国际军控与裁军的进程，作出了自己应有的贡献。

中国在军控与裁军领域所作的努力向世人昭示：中国对军控与裁军问题的态度是积极、认真和负责任的，中国始终是维护世界和平、促进人类共同发展的一支可靠力量。

一、促进人类的和平与发展

争取世界持久和平，创造全人类的幸福、文明，是世界人民的崇高理想，也是中国人民的真诚愿望。

进入80年代，世界和平力量迅速增长，和平与发展已成为时代的两大主题。中国科学地分析了国际形势的发展趋势和特点，认为经过全世界人民的共同努力，新的世界大战不仅可以推迟，而且有可能避免。在和平与发展的新时代，摆在中国人民面前的首要任务是发展经济，改变国家贫穷落后的状况。为此，中国确立了以经济建设为中心的发展战略。

中国的现代化事业是人类共同发展与进步事业的

重要组成部分，中国的发展需要和平的国际环境，而一个繁荣稳定的中国会更加有利于世界的和平。因此，中国坚定不移地奉行独立自主的和平外交政策：坚决维护国家的独立和主权，反对外来干涉；在和平共处五项原则的基础上广泛同世界各国建立和发展友好关系，加强同发展中国家的团结与合作，并积极发展与周边国家的睦邻关系；主张国家无论大小一律平等，反对任何形式的霸权主义和强权政治；倡导以和平方式解决国际争端，反对在国家关系中诉诸武力或以武力相威胁。

中国的国防政策是防御性的，基本目标是巩固国防，抵御外敌侵略，捍卫国家领土、领空、领海主权和海洋权益，维护国家统一和安全。中国的国防建设服从和服务于国家经济建设大局，坚持走"平战结合"、"军民结合"的发展道路。中国实行积极防御军事战略，坚持人民战争思想。中国不谋求世界或地区的霸权，中国不在外国派驻军队，不在外国建立军事基地，中国的国防建设不针对任何国家，不对任何国家构成威胁。

在国际社会长期不懈努力下，近年来，国际军控与裁军取得了较大进展。但是，人们要清醒地看到，国际军控与裁军的任务还十分艰巨和复杂，核裁军虽取得了一些进展，但保持着世界上数量最多、质量最精核武器的核大国，既未放弃核威慑政策，也没有停止对核武器和外空武器包括导弹防御系统的发展。此外，它们一方面在国际市场上竞相倾销先进武器，甚至以武器转让为手段干涉别国内政；另一方面则采取歧视性的防扩散和军控措施，将军控矛头指向发展中国家。

中国认为国际社会应促进公正、合理、全面、均衡的军控与裁军，并遵循下述基本原则：

——各国应遵守《联合国宪章》维护国际和平与安全的宗旨和原则，以及有关的国际法准则。在争取军控与裁军的同时，必须制止侵略，公正合理地解决地区冲突，不得在国际关系中诉诸武力或以武力相威胁。在国际关系中消除霸权主义和强权政治，为裁军创造有利的国际气氛和条件。

——裁军的最终目标是全面禁止和彻底销毁核武器和其他大规模杀伤性武器，包括化学武器和生物武器，全面禁止外空武器，同时根据实际情况削减常规军备。拥有最多和最精良核与常规武库的大国，在实行军控与裁军方面负有特殊责任。

——防止大规模杀伤性武器的扩散。防扩散本身不是终极目的，只有全面禁止和彻底销毁此类武器才能有效防止扩散；防扩散不应妨碍各国和平利用科学技术的正当权益，更不能因此而限制和损害发展中国家的经济和科技发展。

——各国均有保持正当国防能力和合法自卫的权利，实行军控与裁军的各个阶段都应保证所有国家的安全不受损害。国家不分大小都有权在平等的基础上参加讨论和解决军控与裁军问题。国际军控与裁军的实行不得损害任何国家的独立和主权，不得使用武力或以武力相威胁，不得干涉任何国家的内政。

——各国尤其是发达国家应严格管制敏感材料、技术及军事装备的转让，并采取克制的态度，停止不负责任的武器转让。

——各国应赞同、尊重并支持国家间根据地区的实际情况，在自行协商、谈判和自愿协议的基础上采取的军控与裁军措施。

多年来，中国正是本着上述基本原则，承担在军控与裁军领域所负的国际义务和责任，为促进人类的和平与发展，作出了自己应有的努力。

二、裁减军队员额一百万

1985 年 5 月，中国郑重宣布，中国人民解放军将裁减员额 100 万。这是中国多次单方面裁军活动中最有代表性的一次，表明中国积极推动军控与裁军的决心。这与当时国际上两大军事集团的军备竞赛形成明显对比。

——裁减员额。到 1987 年，中国人民解放军的总员额由 423.8 万人减到 323.5 万人。之后，又作了进一步的裁减，至 1990 年，全军总员额减到 319.9 万人，共裁减员额 103.9 万人，占裁减前总员额的 24.5%，百万裁军的任务已超额完成。

——撤并机构。大军区由 11 个撤并为 7 个。全军经过撤销、合并、降级、改制，共减少团级以上单位 5900 多个。

——实行文职制度。将科研、工程技术、教育、文艺、卫生等系统的大部分现役军官改为军内文职人员。

——削减武器装备。全军共削减各种火炮近 10000 门；各型坦克 1100 余辆；各型飞机近 2500 架；各型舰艇 610 余艘。

——开放部分军用设施。全国共有 101 个军用机场、29 座军用港口向社会开放，并将部分军事设施改为民用。

在当时冷战尚未结束，美苏裁军谈判长期未果的情况下，中国单方面大规模裁减军队员额的行动，不仅有利于促使当时的东西方两大集团减缓军备竞赛的势头，缓和国际紧张局势，而且有助于在世界各国间逐步建立相互信赖的气氛，改善军控与裁军的环境。中国此次裁军行动对推动国际军控与裁军进程作出了重要贡献。

三、维持低水平国防支出

中国一贯注重合理的国防费规模，依据国家财力可能，在综合平衡的前提下适当安排国防费用，保障重点，合理使用，厉行节约，提高效益，用有限的经费维持国防建设的最低需要。改革开放以来，中国坚持国防建设服从和服务于国家经济建设的大局，对国防支出作了较大幅度的调整和压缩，严格控制国防支出。

1994 年中国国防费为 550.71 亿元人民币。其构成为：人员生活费 187.74 亿元，占 34.09%，主要用于军官、士兵和职工的工资、伙食、服装等；活动维持费 188.45 亿元，占 34.22%，主要用于部队训练、工程设施建设和维护、水电、取暖等；装备经费 174.52 亿元，占 31.69%，主要用于装备的科研、试验、采购、维修、运输和储存等。从上述国防费实际构成比例可以看出，维持费用占了大部分。这些维持费，除保障人员生活和正常活动外，还有相当一部分经费用于社会性支出，其中用于退役军官供养、军队子弟学校和幼儿园的经费近 37 亿元。

中国国防支出始终维持在确保国家安全所需的低水平上。1979～1994 年，国防费的绝对值年平均增长 6.22%，而此期间全国零售物价总指数年平均上涨 7.7%。如保持 1979 年国防费实际购买水平，16 年需拨国防费 5812.94 亿元，而实际拨 4164.99 亿元，仅占需拨款的 71.65%。为保证物价上涨条件下军人生活水平不降低，国防费中人员生活所需支出大幅度增加。近年来，中国年度国防费的增加，主要为弥补物价上涨和保障人员生活。

与世界其他国家已对外公布的国防费相比，中国国防支出的总体水平是相当低的。按人民币对美元的年平均汇价计算，1994 年中国国防费仅为 63.9 亿美元，只相当于美国的 2.3%、英国的 18.3%、法国的 18.6%、日本的 13.9%。若按人口计算，1994 年中国人均国防费只有 5.36 美元。

中国国防支出的低水平，不仅反映在国防费的绝对值上，而且也反映在国家国防负担的相对比例上。1979～1994 年，国防费占国内生产总值的比例从 5.6%下降到 1.3%；国防费占国家财政总支出的比例也从 18.5%下降到 9.5%。1994 年，中国国防费占国内生产总值的比例为 1.3%，而美国为 4.2%，英国为 3.6%，法国为 3.18%；中国国防费占国家财政总支出的比例为 9.5%，而美国为 18.9%，英国为 9.64%，法国为 13.6%。

以上事实说明，中国的国防建设是低投入型的。今后只要不出现严重威胁中国国家主权和安全的情况，中国的国防费就不会有大幅度实质性的增加，中国永远不会威胁、侵略别国。

四、和平利用军工技术

中国于 70 年代末开始有计划地全面实施国防科技工业军转民。中国的军转民是国家发展战略的组成部分，不仅促进了国家经济的发展，而且也有助于巩固中国军控与裁军的成果。

在实施军转民过程中，中国对军品科研生产能力进行了大幅度调整，将 2/3 的军品科研生产能力转向为经济建设服务，并且改革国防科技工业管理体制，调整国防科技工业产业、产品结构，将国防科技成果转为民用。

中国于 1989 年成立了由国家计划委员会、国家科学技术委员会和国防科学技术工业委员会组成的军转民联络小组。国防科技工业相对集中的省、市相继成立了军转民的协调指导小组，加强组织协调，将军转民有机地纳入国家、地区以及行业的各项发展计划之中。现在，主管军工生产的原有关政府部门已改为行业总公司，按社会主义市场经济原则逐步发展成为科研、生产、经营的经济实体。

为了扶持军转民，中国在“六五”（1981～1985 年）和“七五”（1986～1990 年）两个国民经济和社会发展计划期间，对军转民技术改造项目投入约 40 亿元人民币，在“八五”（1991～1995 年）期间又投入 100 多亿元人民币。军工企业同等享受实行国家关于搞好企业经营的一系列优惠政策和改革措施，实行承包经营责任制，除按承包合同规定向政府交纳部分利润和税金外，其余民品生产利润多用于扩大民品生产和改善职工生活。

中国国防科技工业从原来的单一军品产业结构，逐步过渡到军民品多种生产的模式，不仅保证了和平时期国防建设的需要，而且还提供了高质量的民用工业品和消费品，在国民经济建设中发挥了重要作用。国防科技工业部门在国家产业政策的引导下，通过技术改造和新建的方式，目前已拥有达到经济规模的民品生产线约 450 条。国防科技工业部门的民品产值以 20%的速度逐年递增，占国防科技工业总产值的比例，由 1979 年的 8%增长到 1994 年的 80%左右。

目前，中国国防科技工业已能生产 50 余大类、15000 多种民用产品。产品涉及通信、能源、交通、轻纺、医疗卫生和工程建筑等行业领域，其中有的已占全国产品产量的相当比例，如汽车占全国产量的 9%，摩托车占 60%，铁路货车占 26%，煤炭综合采挖设备占

24%。中国国防科技工业利用军工技术和设备研制生产了运五、运七、运八、运十二等民用飞机;与外国企业合作生产了 MD-82、MD-90 等大型客机;自行研制了10亿次银河Ⅱ型巨型计算机及应用软件;设计并建造了30万千瓦的秦山核电站;建造了穿梭油轮、多用途集装箱船和大型风冷集装箱船等一系列高新技术产品。1984～1994年,中国发射了11颗民用应用卫星。通讯卫星的发射,使中国卫星电视覆盖率达到82%;卫星气象系统提高了天气预报的准确率,大幅度减少了由于自然灾害造成的经济损失;卫星遥感技术在国家建设中产生了很大的经济效益。

中国实施军转民不仅促进了国家经济建设,而且也为世界各国提供了在和平时期将军事工业转为民用的成功经验。

五、严格管制敏感材料与军事装备的转让

敏感材料与军事装备的转让是国际军控与裁军领域的重要问题,中国对此一贯采取严肃认真的态度。

中国支持《不扩散核武器条约》关于防止核武器扩散、推进核裁军进程和促进和平利用核能国际合作的3大目标。中国一贯主张全面禁止和彻底销毁核武器,奉行不主张、不鼓励、不从事核武器扩散和不帮助别国发展核武器的政策。中国同时认为,防止核扩散不能无视各国、特别是广大发展中国家和平利用核能的正当权益和要求,更不能采取双重标准,以防止核扩散为借口限制和损害发展中国家和平利用核能。

中国认为,国际原子能机构的保障监督制度是维护《不扩散核武器条约》有效性的重要组成部分。中国在加入该条约之前即承诺履行该机构规约的义务,包括保障监督的义务。1992年中国加入该条约后,严格履行条约关于保障监督等各项义务,并与国际原子能机构在这些方面进行充分合作。中国的核出口遵循3项原则:仅用于和平目的;接受国际原子能机构的保障监督;未经中国允许不得向第3国转让。中国的核出口由政府指定的专门公司经营,有关政府部门对出口申请逐案审批。中国出口的核材料和核设备均提交国际原子能机构保障监督。中国从未出口过铀浓缩、后处理和重水生产等敏感技术。

中国一贯主张全面禁止和彻底销毁化学武器。中国不生产、不拥有化学武器。中国是《关于禁止发展、生产、储存和使用化学武器及销毁此种武器的公约》的首批签署国,并以认真和建设性的态度参加了禁止化学武器组织筹委会的工作。中国在历史上曾深受化学武器之害,在领土上至今还有大量侵华日军遗弃的化学武器。这些化学武器仍在危害当地人民的生命安全和生存环境。中国要求,在别国遗弃化学武器的国家应按公约规定,尽快彻底销毁所有遗弃的化学武器。中国希望公约早日生效,并得以全面和有效地实施,以使人类早日摆脱化学武器的威胁,实现无化学武器的世界。

中国是民用化工大国,对可用于生产化学武器的化学品及其技术和设备的出口持慎重、负责的态度,不出口以制造化学武器为目的的化学品及其技术和设备。

中国一贯主张全面禁止和彻底销毁生物武器,既反对任何国家生产生物武器,也反对任何国家以任何方式扩散此种武器。1984年,中国参加了《禁止细菌(生物)及毒素武器的发展、生产及储存以及销毁这类武器的公约》,认真、全面地履行所承担的公约义务。1987年以来,中国一直按该公约审议会的决定,逐年向联合国报告与公约有关的资料和情况。中国支持有助于加强公约有效性的措施,并将积极参加公约特设工作组关于促进国际合作、加强信任和核查等措施的讨论。

中国在军事装备及其技术转让问题上,尊重世界各国按照《联合国宪章》有关原则拥有维护自身安全的自卫权利,也关切武器装备的过度积累对世界安全和地区稳定产生的不利影响。

中国在较长的时间里没有武器装备的出口贸易,直到80年代初才开始出口,且数量一直十分有限。按照联合国大会决议,中国参加了联合国常规武器转让登记。联合国常规武器转让登记的情况表明,中国的常规武器出口同美、俄、英、法、德等国家相比,数量很小。

中国对常规武器转让一贯坚持以下原则:武器出口应有助于接受国的正当防卫能力;不损害有关地区和世界的和平、安全与稳定;不利用军贸干涉主权国家的内政。

中国在防扩散及军事装备转让方面所坚持奉行的原则和做法,有利于维护世界和平和地区稳定,有助于推动国际军控与裁军沿着健康的方向发展。

六、积极推动国际军备控制与裁军

中国一贯认为,争取实现裁军,维护世界和平,需要世界各国的共同努力。长期以来,中国重视并支持国际社会为促进军控与裁军所作的持续努力。自1971年恢复在联合国的合法席位后,中国更加积极地参与国际军控与裁军活动。

中国以认真的态度参加联合国大会和负责审议裁军与安全问题的第一委员会以及联合国裁军审议委员会会议。中国派高级代表团参加3次联合国专门讨论裁军问题的特别会议,以及"联合国裁军与发展的关

系”国际会议。

中国重视并支持通过谈判缔结军控与裁军协议和条约。中国自1980年起，正式参加日内瓦裁军谈判会议的工作，积极促进各项裁军问题的谈判和达成有关公约。

中国赞赏并支持联合国倡导的各项裁军活动。1987年，中国作为东道主同联合国合作，在北京召开了“世界裁军运动”区域讨论会。中国响应联合国的号召，就裁军问题进行广泛宣传，在全国范围开展“国际和平年”、“裁军十年”等活动。中国曾多次派人参加由联合国主持的有关研究裁军和安全问题的专家组、讨论会，认真负责地为拟订公正合理的研究报告作出了自己的贡献。

中国参加了一系列重要的国际军控与裁军条约或公约，主要有：《禁止在战争中使用窒息性、毒性或其他气体和细菌作战方法的议定书》、《禁止或限制使用某些可被认为具有过分伤害力或滥杀滥伤作用的常规武器公约》、《南极洲条约》、《关于各国探测及使用外层空间包括月球与其他天体活动所应遵守原则的条约》、《禁止细菌(生物)及毒素武器的发展、生产及储存以及销毁这类武器的公约》、《禁止在海床洋底及其底土安置核武器和其他大规模毁灭性武器条约》和《不扩散核武器条约》等。中国签署了《关于禁止发展、生产、储存和使用化学武器及销毁此种武器的公约》。中国高度重视这些国际法律文件对促进国际军控与裁军的积极作用，严肃认真地履行自己所承担的义务。中国代表团正在积极参加《全面禁止核试验条约》和《禁止生产核武器用裂变材料公约》的谈判工作。

中国不仅以自己的实际行动，而且还以许多现实、合理的主张，积极推动国际军控与裁军进程。

早在1963年，中国政府就发表声明，主张全面、彻底、干净、坚决地禁止和销毁核武器。中国在发展核武器问题上一贯持十分克制的态度，核武库一直维持在十分有限的水平。中国的核武器始终以自卫为目的，不威胁别国，不参加核军备竞赛，在核试验方面也始终保持克制。

中国政府历来反对核讹诈和核威慑政策。1964年10月16日，中国政府郑重建议：召开世界各国首脑会议，讨论全面禁止和彻底销毁核武器问题。拥有核武器的国家承担义务，不对无核武器国家使用核武器，不对无核武器区使用核武器，彼此也不使用核武器。中国自拥有核武器第1天起，就庄严承诺在任何时候、任何情况下不首先使用核武器，并无条件不对无核国家和无核区使用或威胁使用核武器。作为一个核武器国家，中国从不回避自己应负的责任，主张核武器国家应承诺不首先使用核武器，曾多次建议核国家谈判缔结互不首先使用核武器的国际条约。1994年1月，中国正式向美、俄、英、法等国提出了《不首先使用核武器条约》草案，并建议5个核国家尽早在北京就此进行首轮磋商。1995年4月5日，中国再次正式声明，重申无条件向所有无核国家提供“消极安全保证”，并承诺向这些国家提供“积极安全保证”。中国的上述主张得到了广大无核国家的支持。

在实现消除核武器目标的过程中，中国主张防止核武器扩散。1995年5月，中国在《不扩散核武器条约》审议与延期大会上，支持该条约无限期延长的决定，同时也赞成“核不扩散及裁军原则和目标”、“加强条约审议机制”和“中东无核区”3项决议。

为逐步实现无核武器世界的目标，中国在1994年第49届联大上进一步提出了一个完整的、相互联系的核裁军进程建议：所有拥有核武器的国家宣布无条件地不首先使用核武器，立即谈判并签署互不首先使用核武器的条约；支持建立无核区的努力，保证不对无核国家和无核区使用或威胁使用核武器；通过谈判争取不迟于1996年缔结一项全面禁止核试验条约；主要核大国如期实施现有核裁军条约并进一步大幅度削减核军备；通过谈判缔结一项禁止生产核武器用的裂变材料公约；签署全面禁止核武器公约；所有拥有核武器的国家承担彻底销毁核武器的义务，并在有效国际监督下付诸实施；在防止核武器扩散和推进核裁军进程的同时，积极推动和平利用核能的国际合作。

核裁军与常规裁军一直是裁军领域的两项优先任务。1986年，中国首次在联合国大会上提出关于核裁军和常规裁军的两个裁军提案，指出美苏在核裁军和常规裁军问题上都负有特殊责任。此后，中国连续5年都在联大第一委员会提出上述“两案”，均获协商一致通过。中国此举为推动核裁军和常规裁军在80年代末、90年代初取得实际进展发挥了重要作用。

中国反对外空军备竞赛，自1984年起，曾多次在联大提出关于防止外空军备竞赛的决议草案。中国认为，外层空间属于全人类，应完全用于和平目的，任何国家都不应发展任何类型的外空武器，以实现外空“非武器化”。

中国重视区域裁军问题。1991年，中国向联合国裁军审议委员会提交了关于区域裁军的工作文件，提出一整套原则立场：双边、区域和多边裁军应相互促进；创造有利的外部条件和环境对促进区域裁军十分必要，区域外的国家，特别是最大武库国，应对区域裁军努力给予积极的合作和支持;在考虑区域裁军问题时,应承认并尊重各地区的安全环境、军备水平的差异,在措施和步骤方面,不存在对各地区普遍适用的模式。中国的上述立场基本被联合国裁军审议委员会的最后文件所采纳。

中国一贯重视同周边国家的睦邻友好关系,积极推动建立双边信任措施。近年来,中国分别与一些周边国家进行了多层次的磋商,并采取了一系列的实际行动。中国与前苏联签署了《在边境地区相互裁减军事力量和加强军事领域信任的指导原则协定》。中俄首脑联合发表了关于"互不首先使用核武器、互不将各自的战略核武器瞄准对方"的声明。中印缔结了《在边境实际控制线保持和平与安宁的协定》。中国还应乌克兰、哈萨克斯坦的请求,发表了关于中国向两国提供安全保证的声明。

中国人民解放军举行一系列重大军事演习 据中国《人民日报》和《解放军报》报道:1995 年下半年至 1996 年上半年,中国人民解放军举行了一系列重大军事演习,圆满地完成了任务,达到了预期的目的。

1995 年金秋 10 月,中国人民解放军海军部队在某海域举行了诸兵种合同演习。参加演习的有潜艇、驱逐舰、护卫舰艇和直升机、水上飞机、侦察机、歼击战斗机、歼击轰炸机等各类舰艇、飞机,展示了人民海军的严整阵容和崭新风貌。中共中央总书记、国家主席、中央军委主席江泽民等军委领导同志,观看了这次演习,给海军指战员以极大的鼓舞。

1995 年 11 月下旬,南京战区陆海空军部队在闽南沿海地区成功地举行了一次三军联合作战演习,展示了中国人民解放军努力提高现代条件下三军联合作战能力的丰硕成果。中央军委副主席张万年观看了演习。

1996 年 3 月 8～15 日,第二炮兵部队以 4 枚导弹全部命中目标的佳绩,圆满完成了地地导弹向东海和南海海域的发射训练任务,充分展示了第二炮兵部队良好的军政素质、掌握现代化武器装备的能力和现代技术特别是高技术条件下的防卫作战能力。

1996 年 3 月中旬,中国人民解放军空军和海军先后在东海和南海,举行了气势磅礴的诸兵种联合作战实兵实弹演习。先进的战机、舰艇、导弹、电子战装备在演习中密切协同,显示出强大的空中、海上打击威力。圆满成功的演习表明,通过贯彻新时期军事战略方针、深化改革和严格刻苦训练,这两个重要军种的现代化水平和在现代条件特别是高技术条件下的防卫作战能力都有了新的提高。

1996 年 3 月 18～25 日,南京战区在台湾海峡成功地组织了陆海空三军联合作战演习。从争夺制海制空权到快速装载航渡,从装甲集群抢滩登岛到空、机降部队垂直登陆,从多层次火力突击到多路强击突破,从立体穿插分割到纵深越点攻击,展示了现代技术特别是高技术条件下三军联合渡海登岛作战和山地进攻作战的壮阔场景。中央军委副主席张万年观看了演习,转达了中央军委主席江泽民对参加演习的陆、海、空军和第二炮兵部队全体指战员的亲切问候。此前,张万年还观看了海军和空军在南海和东海举行的军事演习。

上述军事演习的圆满成功,充分显示了中国人民解放军三军部队优良的军政素质,高昂的战斗意志,表明中国人民解放军完全有决心有办法有能力维护祖国统一、捍卫国家主权和领土完整。

(尚左琳)

中国公布《中华人民共和国香港特别行政区驻军法》 中华人民共和国主席江泽民于 1996 年 12 月 30 日发布第 80 号主席令:《中华人民共和国香港特别行政区驻军法》已由中华人民共和国第 8 届全国人民代表大会常务委员会第 23 次会议于 1996 年 12 月 30 日通过,现予公布,自 1997 年 7 月 1 日起施行。

《中华人民共和国香港特别行政区驻军法》全文如下:

第 1 章　总　则

第 1 条　为了保障中央人民政府派驻香港特别行政区负责防务的军队依法履行职责,维护国家的主权、统一、领土完整和香港的安全,根据宪法和香港特别行政区基本法,制定本法。

第 2 条　中央人民政府派驻香港特别行政区负责防务的军队,由中国人民解放军陆军、海军、空军部队组成,称中国人民解放军驻香港部队(以下称香港驻军)。

第 3 条　香港驻军由中华人民共和国中央军事委员会领导,其员额根据香港特别行政区防务的需要确定。

香港驻军实行人员轮换制度。

第 4 条　香港驻军费用由中央人民政府负担。

第 2 章　香港驻军的职责

第 5 条　香港驻军履行下列防务职责:

(一)防备和抵抗侵略,保卫香港特别行政区的安全;

(二)担负防卫勤务；

(三)管理军事设施；

(四)承办有关的涉外军事事宜。

第6条 全国人民代表大会常务委员会决定宣布战争状态或者因香港特别行政区内发生香港特别行政区政府不能控制的危及国家统一或者安全的动乱而决定香港特别行政区进入紧急状态时，香港驻军根据中央人民政府决定在香港特别行政区实施的全国性法律的规定履行职责。

第7条 香港驻军的飞行器、舰船等武器装备和物资以及持有香港驻军制发的证件或者证明文件的执行职务的人员和车辆，不受香港特别行政区执法人员检查、搜查和扣押。

香港驻军和香港驻军人员均享有在香港特别行政区实施的法律规定的其他权利和豁免。

第8条 香港驻军人员对妨碍其执行职务的行为，可以依照在香港特别行政区实施的法律的规定采取措施予以制止。

第3章 香港驻军与香港特别行政区政府的关系

第9条 香港驻军不干预香港特别行政区的地方事务。

第10条 香港特别行政区政府应当支持香港驻军履行防务职责，保障香港驻军和香港驻军人员的合法权益。

香港特别行政区制定政策和拟定法案，涉及香港驻军的，应当征求香港驻军的意见。

第11条 香港驻军进行训练、演习等军事活动，涉及香港特别行政区公共利益的，应当事先通报香港特别行政区政府。

第12条 香港驻军和香港特别行政区政府共同保护香港特别行政区内的军事设施。

香港驻军会同香港特别行政区政府划定军事禁区。军事禁区的位置、范围由香港特别行政区政府宣布。

香港特别行政区政府应当协助香港驻军维护军事禁区的安全。

香港驻军以外的人员、车辆、船舶和飞行器未经香港驻军最高指挥官或者其授权的军官批准，不得进入军事禁区。军事禁区的警卫人员有权依法制止擅自进入军事禁区和破坏、危害军事设施的行为。

香港驻军对军事禁区内的自然资源、文物古迹以及非军事权益，应当依照香港特别行政区的法律予以保护。

第13条 香港驻军的军事用地，经中央人民政府批准不再用于防务目的的，无偿交由香港特别行政区政府处理。

香港特别行政区政府如需将香港驻军的部分军事用地用于公共用途，必须经中央人民政府批准；经批准的，香港特别行政区政府应当在中央人民政府同意的地点，为香港驻军重新提供军事用地和军事设施，并负担所有费用。

第14条 香港特别行政区政府根据香港特别行政区基本法的规定，在必要时可以向中央人民政府请求香港驻军协助维持社会治安和救助灾害。

香港特别行政区政府的请求经中央人民政府批准后，香港驻军根据中央军事委员会的命令派出部队执行协助维持社会治安和救助灾害的任务，任务完成后即返回驻地。

香港驻军协助维持社会治安和救助灾害时，在香港特别行政区政府的安排下，由香港驻军最高指挥官或者其授权的军官实施指挥。

香港驻军人员在协助维持社会治安和救助灾害时，行使香港特别行政区法律规定的权力。

第15条 香港驻军和香港特别行政区政府应当建立必要的联系，协商处理与驻军有关的事宜。

第4章 香港驻军人员的义务与纪律

第16条 香港驻军人员应当履行下列义务：

(一)忠于祖国，履行职责，维护祖国的安全、荣誉和利益，维护香港的安全；

(二)遵守全国性的法律和香港特别行政区的法律，遵守军队的纪律；

(三)尊重香港特别行政区政权机构，尊重香港特别行政区的社会制度和生活方式；

(四)爱护香港特别行政区的公共财产和香港居民及其他人的私有财产；

(五)遵守社会公德，讲究文明礼貌。

第17条 香港驻军人员不得参加香港的政治组织、宗教组织和社会团体。

第18条 香港驻军和香港驻军人员不得以任何形式从事营利性经营活动。香港驻军人员并不得从事与军人职责不相称的其他任何活动。

第19条 香港驻军人员违反全国性的法律和香港特别行政区的法律的，依法追究法律责任。

香港驻军人员违反军队纪律的，给予纪律处分。

第5章 香港驻军人员的司法管辖

第20条 香港驻军人员犯罪的案件由军事司法机关管辖；但是，香港驻军人员非执行职务的行为，侵犯香港居民、香港驻军以外的其他人的人身权、财产权以及其他违反香港特别行政区法律构成犯罪的案件，由香港特别行政区法院以及有关的执法机关管辖。

军事司法机关和香港特别行政区法院以及有关的执法机关对各自管辖的香港驻军人员犯罪的案件，如果认为由对方管辖更为适宜，经双方协商一致后，可以移交对方管辖。

军事司法机关管辖的香港驻军人员犯罪的案件中，涉及的被告人中的香港居民、香港驻军人员以外的其他人，由香港特别行政区法院审判。

第 21 条　香港特别行政区执法人员依法拘捕的涉嫌犯罪的人员，查明是香港驻军人员的，应当移交香港驻军羁押。被羁押的人员所涉及的案件，依照本法第 20 条的规定确定管辖。

第 22 条　香港驻军人员被香港特别行政区法院判处剥夺或者限制人身自由的刑罚的，依照香港特别行政区的法律规定送交执行；但是，香港特别行政区有关执法机关与军事司法机关对执行的地点另行协商确定的除外。

第 23 条　香港驻军人员违反香港特别行政区的法律，侵害香港居民、香港驻军以外的其他人的民事权利的，当事人可以通过协商、调解解决；不愿通过协商、调解解决或者协商、调解不成的，被侵权人可以向法院提起诉讼。香港驻军人员非执行职务的行为引起的民事侵权案件，由香港特别行政区法院管辖；执行职务的行为引起的民事侵权案件，由中华人民共和国最高人民法院管辖，侵权行为的损害赔偿适用香港特别行政区法律。

第 24 条　香港驻军的机关或者单位在香港特别行政区与香港居民、香港驻军以外的其他人发生合同纠纷时，当事人可以通过协商、调解解决。当事人不愿通过协商、调解解决或者协商、调解不成的，可以依据合同中的仲裁条款或者事后达成的书面仲裁协议，向仲裁机构申请仲裁。当事人没有在合同中订立仲裁条款，事后又没有达成书面仲裁协议的，可以向香港特别行政区法院提起诉讼；但是，当事人对提起诉讼的法院另有约定的除外。

第 25 条　在香港特别行政区法院的诉讼活动中，香港驻军对香港驻军人员身份、执行职务的行为等事实发出的证明文件为有效证据。但是，相反证据成立的除外。

第 26 条　香港驻军的国防等国家行为不受香港特别行政区法院管辖。

第 27 条　香港特别行政区法院作出的判决、裁定涉及香港驻军的机关或者单位的财产执行的，香港驻军的机关或者单位必须履行；但是，香港特别行政区法院不得对香港驻军的武器装备、物资和其他财产实施强制执行。

第 28 条　军事司法机关可以与香港特别行政区法院和有关执法机关通过协商进行司法方面的联系和相互提供协助。

第 6 章　附　则

第 29 条　本法的解释权属于全国人民代表大会常务委员会。

第 30 条　本法自 1997 年 7 月 1 日起施行。

中国驻香港特别行政区部队组建完成　中华人民共和国国务院、中华人民共和国中央军事委员会公告

（1996 年 1 月 28 日）

根据中华人民共和国宪法赋予中国人民解放军的使命和《中华人民共和国香港特别行政区基本法》关于中央人民政府负责管理香港特别行政区防务的规定，为维护国家的主权、统一和领土完整，保持香港特别行政区的繁荣和稳定，中华人民共和国中央人民政府派驻香港特别行政区的部队，经过精心准备，现已组建完成。驻香港部队由中国人民解放军陆军、海军和空军部队组成，隶属中华人民共和国中央军事委员会领导。这支部队将于 1997 年 7 月 1 日 0 时正式进驻香港。中央人民政府派驻香港特别行政区负责防务的军队不干预香港特别行政区的地方事务。香港特别行政区政府在必要时，可向中央人民政府请求驻军协助维持社会治安和救助灾害。驻军人员除须遵守全国性的法律外，还须遵守香港特别行政区的法律。驻军费用由中央人民政府负担。

中俄哈吉塔 5 国关于在边境地区加强军事领域信任的协定在沪签署　举世瞩目的中、俄、哈、吉、塔 5 国关于在边境地区加强军事领域信任的协定于 1996 年 4 月 26 日在上海正式签署。

由 5 国元首签署的这一协定是亚太地区首份多国双边政治军事文件。人们普遍认为，这份具有划时代意义的历史性文件，将对亚太地区乃至世界的和平与稳定产生深远影响。

26 日下午 5 时 30 分，中国国家主席江泽民、俄罗斯总统叶利钦、哈萨克斯坦总统纳扎尔巴耶夫、吉尔吉斯斯坦总统阿卡耶夫和塔吉克斯坦总统拉赫莫诺夫分别在协定上签字。接着，5 位领导人互相热情握手，举杯祝贺，灯火辉煌的上海展览中心大厅响起热烈的掌

声。

中国同俄、哈、吉、塔四国有着长达 7000 多千米的边界线。协定适用于中国同这 4 个国家边境地区的双方军事力量和边防部队。它的基本内容包括：双方部署在边境地区的军事力量互不进攻；双方不进行针对对方的军事演习；限制军事演习的规模、范围和次数；通报边境 100 千米纵深地区的重大军事活动情况；相互邀请观察实兵演习；预防危险军事活动；加强双方边境地区军事力量和边防部队之间的友好交往等。

这一协定的谈判是始于 1989 年的中苏边境谈判的组成部分；苏联解体后，由中国为一方，俄、哈、吉、塔组成的联合代表团为另一方继续谈判，并于 1995 年 11 月草签了协定。

1996 年 8 月 29 日，中华人民共和国第 8 届全国人民代表大会常务委员会第 21 次会议通过了下述决定：批准国家主席江泽民代表中华人民共和国于 1996 年 4 月 26 日在上海签署的《中华人民共和国和哈萨克斯坦共和国、吉尔吉斯共和国、俄罗斯联邦、塔吉克斯坦共和国关于在边境地区加强军事领域信任的协定》。

中国同俄罗斯等 4 国就边境裁军协定达成一致　中国同俄罗斯、哈萨克斯坦、吉尔吉斯斯坦、塔吉克斯坦等 4 国经过谈判，于 1996 年 12 月 27 日在北京就在边境地区相互裁减军事力量协定完全达成一致。

12 月 11 日至 27 日，以夏树元大使为首的中国外交和军事专家代表团同以吉列耶夫大使为首的俄罗斯等 4 国外交和军事专家联合代表团，在北京举行了第 22 轮边境裁军谈判，双方在友好和求实的气氛中继续讨论了关于在边境地区相互裁减军事力量的问题，最终就中国同俄罗斯等 4 国关于在边境地区相互裁减军事力量协定及其有关文件的内容完全达成一致。谈判期间，外交部副部长张德广会见了双方代表团。

（尚左琳）

中印签署军事协定　据新闻媒体报道，1996 年 11 月 28～30 日，中国国家主席江泽民第 1 次访问印度，同印度签署了《关于中印边境实际控制线地区军事领域建立信任措施的协定》等 4 项协定。该协定把双方迄今为止的边界谈判成果写成文件，使驻扎在边境地区的两国军队脱离接触，双方原则上同意从它们约 2000 千米长的边界上撤军，并保证“任何一方都不应对另一方使用武力”。日本记者认为，中印两国的目标都是发展经济，因此应考虑在 21 世纪即将到来之际，必须与邻国构筑稳定的关系、加强改善双方关系的格局。

印度政府对同中国签署上述协定感到高兴。印度总理高达赞扬了中印旨在削减有争议边境驻军的协议。他说：“签订边境协议，标志着印中关系一个新时代的开始。”撤军协定“是一个突破”，为世界上这两个人口最多的国家，在未来世纪建立更密切的关系奠定基础。他希望“增加边界互信措施的协定，应有助于进一步改善双方关系”。印度原定仅派 1 名计划国务部长到机场迎送江泽民主席，但高达和外交部长古杰拉尔后来两次到机场接送，显示了印度政府的喜悦心情。

印度前外长、国大党领导人慕克吉认为，有关边界互信措施的协定是“一个重要的里程碑”和“积极的发展”，国大党对此完全赞同。

印度共产党（马列）说，这项协定对这个地区的和平作出了贡献。印共（马列）政治局委员叶丘里说：“这是一项非常积极的协议，因为它将有助于推动使边界沿线恢复正常的进程，它将大大缓和两国边界的紧张局势”。

印度舆论界多持积极肯定的态度，总体上是友好的。印度报纸关注江泽民主席提出的“中印双方共同点多于分歧”的论点，对双方签署的关于在边界实际控制线采取增加信任措施的协定给予比较高的评价，认为这实际上是“一个不战条约”，使用的标题有“印中互不使用军事力量”、“印中签署历史性的‘不战’条约”、“印中是兄弟：两个亚洲巨人重续手足情”等。《印度时报》的一篇署名文章称，协定的签署增加了边界地区的和平气氛，双方加强了合作，增加了对敏感问题的进一步了解。《印度斯坦时报》载文称，印中通过致力于反对相互使用军事力量，为它们共同的和平议程增添了实质内容。

印度防务专家对这个协定表示“谨慎乐观”，认为应在“喜悦”和“现实”之间保持平衡。

巴基斯坦分析家称赞中印达成减少边境驻军协定。他们说，印度同中国保持良好的关系将对整个地区有利。巴基斯坦地区研究所负责人尼沙特·艾哈迈德说：“在巴基斯坦，人们有一种看法，认为印度同中国发展关系可能对中、巴关系产生消极作用。”他认为“我的评价是不可能出现这种情况。即使出现这种情况，那对印、巴关系影响也不大。”他说：“如果另一个国家认为你同它是合作关系，那么你只能对这个国家产生积极影响。如果中印关系改善，而巴同印度之间有矛盾，那将使中国有机会帮助缓和印巴关系中存在的问题。实际上，中、印边境问题上达成谅解，也是一个积极进展，可以作为印、巴在某些方面达成协议的榜样”。

巴基斯坦总统莱加里表示，“对中印改善关系可以理解",这不会影响中巴关系。莱加里说,巴尊重并支持中国采取的独立与和平的外交政策。

巴舆论对中印签署边境实际控制线军事领域建立相互信任措施的协定非常关注。《边境邮报》在题为《亚洲巨人关系更加密切》的社论中指出,中印协定中关于在两国有争议的边境地区削减军队和武器装备以及中国向印度保证不向巴出售或转让核武器和核技术,这在中印两国关系发展史上是一个"重要进展",有助于本地区的稳定。《观察家报》发表的题为《中国在本地区的新作用》的社论中认为,中、印签署边境实际控制线军事领域建立信任措施的协定是本地区"值得欢迎的进展",反映了双方愿为解决过去几十年悬而未决的问题的一种积极的态度,巴始终认为,国家间悬而未决的问题应该通过协商解决。

与此同时,巴部分人士与舆论界对中印签署"边境实际控制线军事领域建立信任措施的协定"感到某些不安与疑虑。有的报纸一方面肯定中印两国改善关系,决定削减两国有争议边境地区的军队,有助于本地区的和平与稳定;另一方面则担心,从中国边境削减的印度兵力可能会转向巴基斯坦。

(曹连成)

中国递交加入《核安全公约》批准书 中国常驻国际原子能机构代表团,于 1996 年 4 月 9 日,正式向国际原子能机构总干事布利克斯递交了由江泽民主席签署的中国加入《核安全公约》的批准书,从而使中国成为第 18 个递交批准书的国家。

《核安全公约》是 1994 年 6 月 14 日至 17 日在维也纳举行的国际核安全公约外交会议上通过的。该公约从 1994 年 9 月 20 日开放签署,中国代表团于当日签署了该公约。迄今为止,该公约的签署国已达 63 个。

《核安全公约》的宗旨是通过各国进一步采取措施与加强国际合作,在世界范围内实现并维持高水平的核安全。该公约将在国际原子能机构总干事收到第 22 份批准书、接受书或核准书之日起第 90 天生效。

(尚左琳)

中国宣布暂停核试验 中华人民共和国政府于 1996 年 7 月 29 日发表声明,全文如下:

中华人民共和国政府声明

1996 年 7 月 29 日

1996 年 7 月 29 日,中国成功地进行了一次核试验。中华人民共和国政府郑重宣布:从 1996 年 7 月 30 日起,中国开始暂停核试验。中国作出这一重要决定,既是为了响应广大无核国家的要求,也是为了推动核裁军而采取的一项实际行动。

从 1964 年 10 月 16 日第 1 次核试验起,经过 30 多年的努力,中国现已建立起一支精干、有效的核自卫力量。中国广大工人、科技工作者、中国人民解放军指战员以及所有从事国防建设的工作人员,在极端困难的条件下,发扬自力更生、奋发图强的精神,不怕牺牲,艰苦奋斗,为研制和发展中国核武器,建立了不朽的历史功勋,大长了中华民族的志气,增强了中国保卫和平的实力。中国政府和人民向他们表示亲切的慰问和崇高的敬意!

中国坚持奉行独立自主的和平外交政策,一贯主张全面禁止和彻底销毁核武器。中国发展核武器是在特定的历史条件下迫不得已作出的决定。在近代长达 100 多年的时间里,中华民族曾历经磨难,多次受到外国的侵略和蹂躏,饱尝战争的灾难。新中国成立后,仍然受到战争的威胁,包括核武器的威胁。中国要生存、要发展,别无选择。我们研制和发展少量核武器,不是为了威胁别人,完全是出于防御的需要,是为了自卫,为了维护国家的独立、主权和领土完整,保卫人民和平安宁的生活。中国发展核武器也是为了保卫世界和平,为了打破核讹诈和核威胁,防止核战争,最终消灭核武器。

中国从拥有核武器的第 1 天起,就郑重声明,中国在任何时候、任何情况下都不首先使用核武器。中国还无条件地承诺不对无核武器国家和无核武器区使用或威胁使用核武器。中国是世界上唯一作出并恪守这一承诺的核武器国家。中国从未在境外部署过核武器,也从未对别国使用或威胁使用核武器。

中国是爱好和平的国家,是维护世界和平与稳定的重要力量。中国赞成在朝向彻底核裁军目标前进的过程中,实现全面禁止核武器试验爆炸。中国积极参加日内瓦全面禁止核试验条约的谈判,争取在今年内,通过协商一致,缔结一项公正、合理、可核查、普遍参加和永久有效的条约。中国愿与国际社会其他成员一道继续为此作出努力。

停止核试验是核裁军进程中的一个重要步骤。为了永远消除笼罩人类的核战争危险,为争取实现全球范围的持久和平与普遍安全,中国政府向世界各国特别是核武器国家呼吁:

一、核大国放弃它们的核威慑政策。拥有庞大核武库的国家继续大幅度削减其核武器。

二、所有核武器国家都承担在任何时候和任何情况下不首先使用核武器的义务,都承诺无条件地不对无核武器国家和无核武器区使用或威胁使用核武器,并尽早就此缔结国际法律文书。

三、所有在国外部署核武器的国家将这些武器全部撤回本国。所有核武器国家都承诺支持建立无核武器区的主张，尊重无核武器区的地位，并承担相应的义务。

四、各国不发展、不部署外空武器系统和破坏战略安全与稳定的导弹防御系统。

五、各国谈判缔结关于全面禁止和彻底销毁核武器的国际公约。

实现无核武器的世界，确保各国共享和平、安全、稳定与繁荣，这是世界各国人民的强烈愿望。我们衷心希望，永远不发生核战争。我们深信，只要全世界一切爱好和平的国家和人民共同努力，核战争是可以防止的。人类既然能在20世纪制造出核武器，也完全有能力在21世纪彻底消除核武器。中国政府和人民愿同世界各国政府和人民一道，为实现这一崇高目标而努力奋斗！

沙祖康阐述中国关于全面禁止核试验条约的立场 中国裁军大使沙祖康，于1996年6月6日在日内瓦裁军谈判会议上，再次阐述中国关于全面禁止核试验条约的立场，重申中国参加条约谈判的宗旨是通过谈判达成一项不损害中国正当安全利益，为国际社会普遍接受的平等条约。

沙祖康指出，全面禁止核试验条约是一个关系到中国根本安全利益的条约，当前的国际形势与冷战时期相比虽然发生了重大变化，但一些国家谋求霸权的野心没有变，不断干涉别国内政的作法没有变，长期保存并维护其庞大核武库、谋求核优势的计划没有变，对以首先使用核武器为基础的核威慑政策的热情也丝毫没有减弱。在这种形势下，中国同意谈判一项全面禁止核试验条约是为了推动核裁军并防止核扩散，响应广大无核国家的正当要求。

他说，只要谈判各方本着相互尊重的态度认真谈判，并表示出必要的灵活，我们一定能够不辜负国际社会的重望，在6月底以前谈判达成全面禁止核试验条约。中国代表团愿为此做出不懈的努力。

沙祖康在谈到和平核爆炸问题时指出，任何军控和裁军条约，都不得影响成员国的科技和经济发展，这是一项为国际社会普遍接受的原则。和平核爆炸，作为一项技术有着巨大的潜力，如能善加利用，将对一些国家的经济发展发挥巨大的推动作用。这是中国提出和平核爆炸问题的初衷，这一初衷没有改变。但考虑到谈判已经到了最后时刻，为了如期结束谈判，中国同意条约暂时禁止和平核爆炸，由未来条约审议大会就此问题进行审议，届时如果所有成员国一致同意允许进行和平核爆炸，成员国大会将立即就批准和进行和平核爆炸做出安排，这些安排应确保排除和平核爆炸可能带来的任何军事上的好处，并应与各国在其他国际条约中所承担的义务相符合。他强调，这是中国政府为推动尽早缔结全面禁止核试验条约而表现出的重大的灵活姿态。

关于防止核武器扩散和核裁军问题，沙祖康说，这是全面禁核试条约的两大基本目标。解决防止扩散问题的关键，是将技术上有能力进行核试验的国家参加条约作为条约的生效条件。核裁军问题，是全面禁核试条约无法回避的一个问题。中国历来主张尽早全面禁止并彻底销毁所有核武器，认为全面禁核试条约是走向这一目标的一个具体步骤。为此，中国支持不结盟国家关于在条约中明确写入核裁军内容的要求。

沙祖康还指出，核国家承诺不对无核国家使用核武器和核国家共同承诺不首先使用核武器，是全面禁止核试验条约应予重视的问题之一。中国主张条约序言对这一问题予以适当反映。

关于现场视察的启动问题，沙祖康说，这是一个关系到条约成员国切身安全利益的问题，也是一个关系到条约是否平等、公正的问题。他指出，国际监测系统获得的数据，应成为启动现场视察的主要依据。国家技术手段尽管可以发挥辅助作用，但必须加以必要的限制。如果允许个别少数国家不加限制地使用国家技术手段，必将置广大发展中国家于受歧视的地位，并极有可能造成现场视察权利的滥用。他强调，国家技术手段获得的数据，如果要作为启动现场视察依据的一部分，就必须是技术性的。中国坚决反对以所谓"人力情报"启动现场视察。沙祖康说，为了确保现场视察的严肃性和公正性，中国主张，未来的条约执行理事会，必须以成员国2/3多数批准现场视察的请求。

（博　闻）

中国签署《非洲无核武器区条约》第1和第2号议定书 中国外交部副部长李肇星，于1996年4月11日在开罗出席了《非洲无核武器区条约》签约大会，并代表中国政府签署了该条约第1和第2号议定书。42个非洲国家代表在条约文本上签字。

这两个由中、法、俄、英、美5个拥有核武器的国家签署和批准的议定书，要求5国承诺不对非洲无核区使用或威胁使用核爆炸装置，不在非洲无核区内试验核爆炸装置。

李肇星在签约大会上发表书面讲话时强调，中国政府一向尊重和支持无核武器国家根据本地区的实际情况，在自行协商、自愿协议的基础上建立无核武器区的努力。

李肇星说，中国签署《非洲无核武器区条约》第1及第2号议定书，体现了中国政府对非洲正义事业的一贯支持和中国人民与非洲人民的真挚友谊，符合中国与非洲各国共同的长远利益。他表示，中国愿同非洲各国和所有爱好和平的国家一起，为在全球范围内实现全面禁止和彻底销毁核武器的最终目标，继续作出不懈的努力。

（尚左琳）

中国全国人大常委会通过关于批准《联合国海洋法公约》的决定 中华人民共和国全国人民代表大会常务委员会关于批准《联合国海洋法公约》的决定

（1996年5月15日通过）

第8届全国人民代表大会常务委员会第19次会议决定，批准《联合国海洋法公约》，同时声明如下：

一、按照《联合国海洋法公约》的规定，中华人民共和国享有二百海里专属经济区和大陆架的主权权利和管辖权。

二、中华人民共和国将与海岸相向或相邻的国家，通过协商，在国际法基础上，按照公平原则划定各自海洋管辖权界限。

三、中华人民共和国重申对1992年2月25日颁布的《中华人民共和国领海及毗连区法》第2条所列各群岛及岛屿的主权。

四、中华人民共和国重申：《联合国海洋法公约》有关领海内无害通过的规定，不妨碍沿海国按其法律规章要求外国军舰通过领海必须事先得到该国许可或通知该国的权利。

附：《联合国海洋法公约》简介

《联合国海洋法公约》的讨论、制定、通过，从1973年到1982年共用了约10年时间。60年代以来，随着国际形势的发展，围绕海洋权的斗争日益尖锐、复杂。一方面，超级大国激烈争夺，从陆上、海洋到海底；另一方面，广大发展中国家反对海洋霸权主义、维护自己海洋权益的斗争也发展到了一个新的阶段。1970年，在广大发展中国家的强烈要求下，第25届联合国大会决定于1973年召开第3次海洋法会议，制定新的海洋法。1973年12月联合国第3次海洋法会议第1期会议在纽约召开。历经10年之久，终于在1982年4月30日第11期会议上通过了《联合国海洋法公约》。

《联合国海洋法公约》的签字、批准、生效则从1982年到1994年共花费了12年时间。1982年12月10日《联合国海洋法公约》开放签署，当天包括中国在内的117个国家和两个实体在《公约》上签字。到1984年12月9日共有155个国家和4个实体签署了《公约》。没有签署的只有美国、英国、德国、日本等十几个国家。海洋强国主要对该《公约》第11部分（国际海底区域）不满意。经过多次协商，1994年7月28日联合国第48届会议续会以121票赞成、7票弃权、零票反对通过了"关于执行1982年12月10日《联合国海洋法公约》第11部分的决议草案和协定草案"（简称《关于执行公约第11部分的协定》），为《公约》尽快获得批准和生效进一步创造了条件。

根据该公约第308条的规定，《联合国海洋法公约》应自第60份批准书或加入书交存之日后12个月生效。1993年11月16日，圭亚那批准《公约》，使批准《公约》的国家达到60个。这样，一年之后的1994年11月16日，《联合国海洋法公约》（包括《关于执行公约第11部分的协定》）生效。截至1996年5月底，已有93个国家正式批准了该《公约》。

制定《联合国海洋法公约》的第3次联合国海洋法会议是一次全权的外交代表会议，是联合国成立以来最重要的国际立法实践。参加会议的168个国家和组织，包括联合国的所有成员国，还有那些尚未成为联合国成员国的各专门机构或国际原子能机构的成员国。与会国来自世界各个地区，具有不同的社会制度；既有发达国家，也有发展中国家；既有地理条件优越的国家，也有地理条件不利的国家；既有沿海国，也有内陆国。在与海洋有关的一系列问题上，除共同利益外，各国又都有自身关注的特殊利益。因此，《联合国海洋法公约》是国际社会各种力量长时间反复较量后达成的调和与折衷的产物。《公约》中有不少条款是不完善的，甚至有严重缺陷。但无可否认的是，《联合国海洋法公约》是"当代国际外交的一次突出成就"，是"一个比以往任何国际条约更广泛的多边条约"。它是世界范围内反对海洋霸权主义的产物，打破了海洋强国独霸海洋的局面，体现了世界各国特别是广大发展中国家的共同愿望，是当代国际社会关系海洋权益和海洋秩序的基本文件，标志着新的海洋国际秩序的建立。

《联合国海洋法公约》总计有1个序言、17个部分，包括320条和9个附件。所涉及的问题主要是：领海和毗连区、用于国际航行的海峡、群岛国、专属经济区、大陆架、公海、岛屿、闭海或半闭海、内陆国出入海洋的权利和过境自由、国际海底区域、海洋环境的保护和保全、海洋科学研究、海洋技术的发展和转让、争端的解决等各个方面的法律制度。

与传统海洋法的一些原则和规则相比，《联合国海洋法公约》提出了许多海洋法新概念，特别突出地表现在以下几点：

200 海里专属经济区是《联合国海洋法公约》确立的一项新制度。它突破了"领海以外即是公海"的传统国际法概念。这是广大发展中国家反对海洋霸权主义、维护自己海洋权益斗争的成果。《联合国海洋法公约》规定沿海国可建立 200 海里专属经济区。专属经济区具有既不同于领海，又不同于公海的特定法律制度。在该区域内沿海国对生物和非生物资源拥有主权权利，对环境保护、科学研究、人工岛屿、设施和结构有管辖权。

国际海底制度是《联合国海洋法公约》的一项创新。它宣告了占世界 65%以上的深海大洋底，即国际海底区域及其资源是"人类共同继承财产"，"任何国家与个人，不论自然人或法人，均不得以任何方式将该地域据为己有"，这就从根本上限制了海洋强国霸占深海海底并掠夺其资源的图谋。《公约》为国际海底(深海大洋底)及其资源制定了一项勘探开发制度，建立国际海底管理局进行管理。

规定领海宽度不能超过 12 海里是《联合国海洋法公约》的一大成果。历史上，世界各国对领海界限主张不一。1958 年联合国第 1 次海洋法会议和 1960 年第 2 次海洋法会议，在解决领海界限问题上，未获任何成果。《联合国海洋法公约》首次规定了沿海国有权建立 12 海里领海和 24 海里毗连区，并规定领海同内水和陆地领土一样，是沿海国领土不可分割的一部分，拥有排他的主权。

此外，《公约》确立了群岛国制度，特别强调海洋科学研究与技术转让及海洋环境保护等问题。

1996 年 5 月 15 日中国第 8 届全国人民代表大会常务委员会第 19 次会议决定批准《联合国海洋法公约》。按照《公约》规定，中国享有 200 海里专属经济区和大陆架的主权权利和管辖权。中国拥有渤海、黄海、东海、南海。渤海是中国的内海。实行 200 海里专属经济区后，可归中国管辖海域面积约 300 万平方千米。这一宝贵的海洋国土，将随着科学技术进步成为解决中国食物、能源、水资源和其他资源不足的重要来源和新领域，也是保卫国家安全的重要屏障。中国同朝鲜、韩国、日本、菲律宾、马来西亚、文莱、印度尼西亚、越南等国海岸相邻或相向。中国将与上述国家通过协商，在国际法基础上，按照公平原则划定各自海洋管辖权限。

(尚左琳)

中国政府关于领海基线的声明　中华人民共和国政府于 1996 年 5 月 15 日，就中华人民共和国大陆领海的部分基线和西沙群岛的领海基线发表声明。声明全文如下：

中华人民共和国政府关于中华人民共和国领海基线的声明

1996 年 5 月 15 日

中华人民共和国政府根据 1992 年 2 月 25 日《中华人民共和国领海及毗连区法》，宣布中华人民共和国大陆领海的部分基线和西沙群岛的领海基线。

一、大陆领海的部分基线为下列各相邻基点之间的直线连线：

1. 山东高角(1)　北纬 37°24.0'　东经 122°42.3'

2. 山东高角(2)　北纬 37°23.7'　东经 122°42.3'

3. 镆铘岛(1)　北纬 36°57.8'　东经 122°34.2'

4. 镆铘岛(2)　北纬 36°55.1'　东经 122°32.7'

5. 镆铘岛(3)　北纬 36°53.7'　东经 122°31.1'

6. 苏山岛　北纬 36°44.8'　东经 122°15.8'

7. 朝连岛　北纬 35°53.6'　东经 120°53.1'

8. 达山岛　北纬 35°00.2'　东经 119°54.2'

9. 麻菜珩　北纬 33°21.8'　东经 121°20.8'

10. 外磕脚　北纬 33°00.9'　东经 121°38.4'

11. 佘山岛　北纬 31°25.3'　东经 122°14.6'

12. 海礁　北纬 30°44.1'　东经 123°09.4'

13. 东南礁　北纬 30°43.5'　东经 123°09.7'

14. 两兄弟屿　北纬 30°10.1'　东经 122°56.7'

15. 渔山列岛　北纬 28°53.3'　东经 122°16.5'

16. 台州列岛(1)　北纬 28°23.9'　东经 121°55.0'

17. 台州列岛(2)　北纬 28°23.5'　东经 121°54.7'

18. 稻挑山　北纬 27°27.9'　东经 121°07.8'

19. 东引岛　北纬 26°22.6'　东经 120°30.4'

20. 东沙岛　北纬 26°09.4'　东经 120°24.3'

21. 牛山岛　北纬 25°25.8'　东经 119°56.3'

22. 乌丘屿　北纬 24°58.6'　东经 119°28.7'

23. 东碇岛　北纬 24°09.7'　东经 118°14.2'

24. 大柑山　北纬 23°31.9'　东经 117°41.3'

25. 南澎列岛(1)　北纬 23°12.9'　东经 117°14.9'

26. 南澎列岛(2)　北纬 23°12.3'　东经 117°13.9'

27. 石碑山角　北纬 22°56.1'　东经 116°29.7'

28. 针头岩　北纬 22°18.9'　东经 115°07.5'

29. 佳蓬列岛　北纬 21°48.5'　东经 113°58.0'
30. 围夹岛　北纬 21°34.1'　东经 112°47.9'
31. 大帆石　北纬 21°27.7'　东经 112°21.5'
32. 七洲列岛　北纬 19°58.5'　东经 111°16.4'
33. 双帆　北纬 19°53.0'　东经 111°12.8'
34. 大洲岛(1)　北纬 18°39.7'　东经 110°29.6'
35. 大洲岛(2)　北纬 18°39.4'　东经 110°29.1'
36. 双帆石　北纬 18°26.1'　东经 110°08.4'
37. 陵水角　北纬 18°23.0'　东经 110°03.0'
38. 东洲(1)　北纬 18°11.0'　东经 109°42.1'
39. 东洲(2)　北纬 18°11.0'　东经 109°41.8'
40. 锦母角　北纬 18°09.5'　东经 109°34.4'
41. 深石礁　北纬 18°14.6'　东经 109°07.6'
42. 西鼓岛　北纬 18°19.3'　东经 108°57.1'
43. 莺歌嘴(1)　北纬 18°30.2'　东经 108°41.3'
44. 莺歌嘴(2)　北纬 18°30.4'　东经 108°41.1'
45. 莺歌嘴(3)　北纬 18°31.0'　东经 108°40.6'
46. 莺歌嘴(4)　北纬 18°31.1'　东经 108°40.5'
47. 感恩角　北纬 18°50.5'　东经 108°37.3'
48. 四更沙角　北纬 19°11.6'　东经 108°36.0'
49. 峻壁角　北纬 19°21.1'　东经 108°38.6'

二、西沙群岛领海基线为下列各相邻基点之间的直线连线：

1. 东岛(1)北纬 16°40.5'　东经 112°44.2'
2. 东岛(2)　北纬 16°40.1'　东经 112°44.5'
3. 东岛(3)　北纬 16°39.8'　东经 112°44.7'
4. 浪花礁(1)　北纬 16°04.4'　东经 112°35.8'
5. 浪花礁(2)　北纬 16°01.9'　东经 112°32.7'
6. 浪花礁(3)　北纬 16°01.5'　东经 112°31.8'
7. 浪花礁(4)　北纬 16°01.0'　东经 112°29.8'
8. 中建岛(1)　北纬 15°46.5'　东经 111°12.6'
9. 中建岛(2)　北纬 15°46.4'　东经 111°12.1'
10. 中建岛(3)　北纬 15°46.4'　东经 111°11.8'
11. 中建岛(4)　北纬 15°46.5'　东经 111°11.6'
12. 中建岛(5)　北纬 15°46.7'　东经 111°11.4'
13. 中建岛(6)　北纬 15°46.9'　东经 111°11.3'
14. 中建岛(7)　北纬 15°47.2'　东经 111°11.4'
15. 北礁(1)　北纬 17°04.9'　东经 111°26.9'
16. 北礁(2)　北纬 17°05.4'　东经 111°26.9'
17. 北礁(3)　北纬 17°05.7'　东经 111°27.2'
18. 北礁(4)　北纬 17°06.0'　东经 111°27.8'
19. 北礁(5)　北纬 17°06.5'　东经 111°29.2'
20. 北礁(6)　北纬 17°07.0'　东经 111°31.0'
21. 北礁(7)　北纬 17°07.1'　东经 111°31.6'
22. 北礁(8)　北纬 17°06.9'　东经 111°32.0'
23. 赵述岛(1)　北纬 16°59.9'　东经 112°14.7'
24. 赵述岛(2)　北纬 16°59.7'　东经 112°15.6'
25. 赵述岛(3)　北纬 16°59.4'　东经 112°16.6'
26. 北岛　北纬 16°58.4'　东经 112°18.3'
27. 中岛　北纬 16°57.6'　东经 112°19.6'
28. 南岛　北纬 16°56.9'　东经 112°20.5'

中华人民共和国政府将再行宣布中华人民共和国其余领海基线。

日美签署安全保障联合宣言为世人瞩目

美国总统克林顿和日本首相桥本龙太郎 1996 年 4 月 17 日，在东京签署的《日美安全保障联合宣言》惹人注目，国际舆论纷纷予以评述，称其为自 1960 年以来“日美安全保障体制发生质变的重要文件”。

一、变“盾”为“剑”

日美签署的《宣言》在冷战之后第 1 次宣称，日美安保体制是“亚洲太平洋地区和平与繁荣的基础”。同时提出，基于“日本周边地区可能发生的事态”，“要着手修改 1978 年修订的‘日美防卫合作方针’”。对此，国际舆论认为，《宣言》“正式使日本承诺考虑在其边界之外发挥军事作用”，日美安保体制由“防卫型变成了进攻型”，日本则由“受保护型变成了参与型”。

舆论说，翻看历史便知，冷战时期，日美安保体制以保卫日本免受威胁为目的，是以原苏联为假想敌国的“对付威胁型”，是“保卫日本的盾牌”。如今，其防卫范围明显扩大了，变成了“以亚太地区为对象的广泛地区性的同盟体制”。《日本经济新闻》和《产经新闻》分别援引日本官房长官梶山静六和自民党政调会长山崎拓的话说，日美安全条约中的“远东地区”，范围包括了东南亚和大洋洲。日本外相池田行彦也不得不承认“范围比远东略宽”。

不仅防卫范围延拓，日美安保观念也发生了转变。东京国际大学教授前田认为，“日美同盟已变为在广泛地区抑制地区冲突的安全体制”。在新的安保体制中，日本的角色发生了变化，“美国要促使日本起到某种利剑的作用”。《朝日新闻》的社论更明确地指出，日美安保体制“在不知不觉中改变了格局，即日本要支援驻日美军在亚洲太平洋这一广阔而又模糊的范围内作战”。据《读卖新闻》报道，日本政府已认为，“制定有事时动用自卫队与美军的具体联合作战计划的时机正在成熟”。

二、意欲何为

在冷战已经结束的今天，世界舆论是如何看待《宣言》旨在“加强日美军事同盟、扩大日本在军事方面的作用"的呢?

朝鲜《劳动新闻》载文指出:"继续维持日美安全条约的目的,是要使它变成反对其他国家和地区的工具。"法国《解放报》刊载日本战略问题专家井口隆的话说,"日美防范的对象过去是潜在的敌人苏联,现在则把注意力放在地区的目标上,如北朝鲜和中国等"。

日本《读卖新闻》进一步指出,《宣言》"把重点放在了面向下一个世纪的亚太地区的安全保障上。其背景是企图同预料今后将会强大起来的中国保持均势。"《华盛顿邮报》、《纽约时报》的文章更露骨地说,《宣言》"向亚洲其他国家尤其是向中国发出了明确的信号:日本终于准备考虑在太平洋地区与美国采取共同军事行动了","其重要性当然不会对中国没有影响,不言而喻,美日的重新结盟就是针对中国的";"为迎接 21 世纪的重大挑战——遏制中国——奠定了基础","中国经济的迅猛发展是令人担忧的一个主要问题,因为经济强国往往会转变为一个政治和军事大国"。美国国防部长佩里 4 月 15 日访问日本时直言不讳地说:"今后面向 21 世纪的日美安保体制的主要课题,是对付朝鲜半岛和台湾海峡局势"。

世界上许多有识之士指出,"如果日美安保体制转向遏制中国",则"不符合日本及该地区的利益";"对美国而言,把日美同盟作为同中国对抗的措施不会导致好结果。"

三、众目昭彰

世界舆论在评述《宣言》时,认为它是当今世界和平与发展主旋律中的不和谐音。

舆论认为,战后,日本国内有那么一些人一直想突破和平宪法的限制。而今,《宣言》使日本由一个"被保护者"变成了将进一步发挥军事作用的"参与者",这显然为修改日本现行宪法提供了一个"契机"。

尽管美国方面公开表示,美日共同应付紧急事态"希望始终在日本现行宪法的范围内"进行讨论,不欢迎日本借签署《宣言》之机修改宪法,不推进日本变成军事大国。但舆论认为,美国并没有也不可能提出如何在现行日本宪法框架内,去共同应付可能的地区冲突和不测事件。

德国《商报》文章指出,《宣言》给日本带来什么后果呢?日本"在发生危机时要充当(美国)完全有行动能力的伙伴",就必须依据《宣言》中的安全战略范围"创造法律前提"。美国哥伦比亚大学教授杰拉德·柯蒂斯则指出,日本正在向修改对宪法"集体自卫权"解释的方向"默默地、快速地"前进。

新加坡《联合早报》社论指出,"每个国家都有'自卫权'。不过,人们也不能故意忘记历史或对历史完全无知。日本至今不被人信任是有其历史背景的"。因此,日本国内的"修宪暗流""可能改变未来日本的发展方向,影响未来亚太和世界的和平前景"。日本共产党副委员长上田耕一郎说,"世界第 1 军事大国美国和世界第 2 经济大国日本试图在海外进行日美联合作战,这对亚洲构成了最大的威胁"。

前事不忘,后事之师,和平与发展乃当今世界众望所归,人心所向。由于《宣言》可能会破坏亚太地区稳定,并使谋求和平与稳定的努力复杂化,二战中深受日本军国主义之害的亚洲国家希望日本政府谨慎从事。

(晓　东)

朝美核问题框架协议得到落实　朝鲜和美国于 1994 年 10 月 21 日正式签署了核框架协议。该协议规定,双方将进行合作以轻水反应堆取代朝鲜的石墨减速反应堆及有关设备;双方将为走向政治和经济关系完全正常化、在朝鲜半岛建立无核区、实现和平与安全、加强国际核不扩散体制而共同努力。在朝鲜政府努力下,经过有关各方的多次反复协商,核框架协议规定的主要任务逐步得到落实。

一、朝鲜履行了协议有关"规定"

自朝美签署协议以来,朝鲜虽在个别问题上与美国发生龃龉,但主要责任不在朝方。正如朝方自己所说,朝鲜是诚心诚意地履行了协议有关规定的。第一,提前冻结了现行的核反应堆计划。根据协议规定,朝鲜可在一个月内完全冻结石墨减速反应堆和有关设备运转和建设。但朝鲜在期限未到之前,就进行了冻结,并为此发表了专门的声明。朝鲜外交部 1994 年 11 月 14 日声明说,朝已采取措施完全冻结了本国的核反应堆计划。这次冻结的有朝鲜正在运行的 5 兆瓦和 200 兆瓦石墨减速反应堆。将信守不对 1994 年 5 月从其 5 兆瓦反应堆中取出的 8000 根用过的燃料棒进行后处理的诺言。第二,允许国际监督机构进行例行和特别检查。在朝鲜政府的允许下,国际原子能机构专家小组,于 1994 年 11 月 23 日至 28 日视察了宁边和泰川的核设施,对其核冻结进行了检查和监督。该小组证实,朝鲜实验室核反应堆已停止了运转;正在建造的两座核反应堆已中止了建设。该小组经过现场视察后认为,朝鲜"遵守了同美国达成的协议"。对朝鲜的这一行动,11 月 29 日,美国国务院发言人麦柯里在记者招待会上表态说,这是"十分令人鼓舞的",事实证明"朝鲜已开始执行美朝核框架协议"。与此同时,朝鲜还允许以美国为首的国际财团到朝鲜对其核设施进行例行或特别检查。第三,灵活处理接受轻水反应堆问题,签署供货协议,发表了联合声明。朝美两国自签署核框架协议以来,双方围绕着由谁提供轻水反应堆、提供什么样的轻水反应堆、怎样进行提供3大问题一直争论不休,在朝美互有让步的情况下,由于朝鲜采取了灵活态度,双方经过一年的4轮会谈,最后于1995年12月15日,由朝鲜与美、韩、日等国组成的朝鲜半岛能源开发组织正式签署了向朝鲜提供轻水反应堆供货协议,并发表了联合声明。这项供货协议主要包括5项内容,它们是:由"朝鲜半岛能源开发组织"向朝鲜提供两套各1000兆瓦的轻水反应堆,援建相关基础设施,并在2003年前完成建立轻水反应堆工作;朝鲜继续履行核冻结承诺,接受国际原子能机构核监督,朝鲜承诺将来把8000根使用过的挥发性燃料棒运往第3国;"朝鲜半岛能源开发组织"以无息贷款方式,提供轻水反应堆及其附属设施建设所需约50亿美元资金;朝鲜根据两座轻水反应堆竣工的时间,以20年为限期分别偿还全部贷款;"朝鲜半岛能源开发组织"还同意为朝鲜增建轻水反应堆建设所需的码头、道路和技术培训设施。《联合声明》说:这次签署供货协议是走向完全实施朝美核框架协议的重要一步,双方将本着协调的精神努力推进这一计划,协议自即日起生效。至此,有关轻水反应堆争论,在朝鲜政府努力下终于得到圆满解决。第四,就恢复邦交正常化问题开始谈判。美朝两国恢复邦交正常化问题,一直受到了朝美两国政府高度重视。1995年初和1996年11月双方经过多次秘密会谈,都未取得进展。直到1996年12月中旬,美朝官员在纽约进行了广泛的会谈之后,才有了眉目。据美官员称,"会谈是坦率和建设性的"。1997年2月3日,日本《朝日新闻》透露说,朝鲜与美国已就互设联络处一事达成协议。第五,同意参加美韩举行的"4方会谈"联合情况介绍会。朝鲜半岛"4方会谈"是由美国和韩国于1996年4月提出来的。他们自称,会谈的目的旨在以签订临时和平协议取代1953年达成的停战协定,实现朝鲜半岛持久和平。对这一建议,朝鲜政府一直持谨慎的态度,多次提出参加条件。1996年7月2日朝鲜政府表态说,对"4方会谈需要慎重加以研究"。7月27日朝鲜政府发表声明说,朝鲜坚持"和平协议问题是美朝两国之间的问题"原则,不同意举行"4方会谈"。8月1日,朝鲜提出参加"4方会谈"有两个条件:一是南朝鲜对金日成主席去世后拒绝哀悼表示道歉;二是美国和南朝鲜真正作出面向统一的姿态。8月16日,朝鲜发表谈话称,朝鲜愿参加由美国、南北朝鲜举行的"3方会谈"。9月2日,朝鲜外交部发言人说,如果美国同意讨论立即从韩国撤走其3.7万军队事宜,朝鲜将参加拟议中的朝鲜半岛和平谈判。11月1日日本《读卖新闻》报道说,朝鲜已经改变态度,愿意参加拟议中的"4方会谈"(邀请中国参加)。1997年1月15日,韩国外务部发表新闻称,北朝鲜已同意参加美韩举行的"4方会谈"联合情况介绍会。3月27日韩国外务部称,"北朝鲜已告知美国和韩国如果首先承诺向北朝鲜饥民提供食品,它将考虑参加四方会谈。"美国新任国务卿向新闻界公开说,朝鲜已决定参加预备性和谈,并称这是迈出了积极的一步。

二、美国落实了协议中承担的"义务"

在朝鲜宣布冻结其核反应堆计划的同时,美国在讨价还价中开始履行自己的承诺。美国国务卿奥尔布赖特再次表态说,有关向朝鲜提供能源以换取它冻结核武器计划的协议将如期执行。迄今,美国履行协议作了以下5件"自己应尽的义务"。第一,协助朝鲜封存和拆除核设施中燃料棒。根据核框架协议规定,迄1996年底,美国已派出3批代表团前来朝鲜。其中,第1批为专家团,于1994年12月抵宁边核设施所在地,协助朝封存保存在冷却池中8000根使用过的挥发性燃料棒;第2批专家团于1995年6月抵朝处理核燃料棒,寻求永久性保存和处理在宁边冷却池中慢慢腐蚀的废核燃料棒的方法;第3批为专家和私营公司代表团从1996年5月1日开始帮助朝鲜拆除核设施中的废燃料棒。第二,为朝鲜建造两座无核威胁的轻水反应堆筹措资金。1994年10月21日美朝两国政府正式签订核框架协议前夕,克林顿总统致函朝鲜领导人金正日,表示愿意为建立不构成核威胁的轻水反应堆和替代能源向朝筹集40亿美元的援助(1995年12月增加到约50亿美元)。在美国中期选举共和党获胜以后,美国政府为避免同共和党在履行协议问题上发生冲突,决定从已得到国会批准的国防部可自由支配的资金中,拨出大约500万美元作为执行框架协议向朝鲜提供第1批5万吨重油的费用。为了落实更多资金的来源,美国还决定着手组织一个以美国、韩国、日本为主体的国际财团,具体负责筹措事宜。在美国的努力下,全部所需资金逐步得到了落实。第三,为朝鲜按时按量运输替代能源。根据框架协议的规定,美国自协议签署之日起3个月内,开始向朝提供替代性能源。其中,第1、2批重油共15万吨,已于1995年按期运抵朝港;第3批重油共50万吨,已于1996年10月底按期运抵。美国务院发言人公开重申,美国将信守协议在2001年首座轻水反应堆建成之前,每年向朝鲜运抵50万吨重油,它"将不受任何外部影响"。第四,派国会议员访朝讨论改善双方关系问题。美参议员穆尔斯斯基(共和党)和西蒙(民主党)1994年12月访问朝鲜。访问期间,他们同朝鲜外长和最高人民议会议长等人举行会谈。双方讨论了改善两国关系问题和确保朝鲜严格实施它同美国签订的核协议措施。双方表示"希望改善两国关系"。为了把改善关系的工作落到实处,1996年8月,美国国会派出以霍尔为首的议员代表团抵朝鲜访问,向朝鲜了解美国向朝鲜提供紧急援助粮食情况。1996年11月,克林顿总统又派特使民主党议员理查森访问朝鲜。据报道,朝鲜曾向议员们提出希望美国取消对它的经济制裁,并希望把建立联络处一事放在首位。第五,部分解除对朝经济制裁。克林顿总统于1995年1月9日正式宣布,部分解除美对朝实施了46年的经济制裁,进一步缓和美朝关系。1996年2月14日,美国宣布,克林顿政府已决定放宽民间对朝鲜提供人道主义援助的限制,简化民间向朝鲜提供粮食、药品和衣服等捐助的手续。评论认为,这是为双方政治和经济关系走向正常化迈出重要的步伐。1996年5月13日,美国务院发言人发表谈话称,美国正在认真地考虑解除对朝鲜全面禁运问题。

三、朝鲜半岛能源开发组织落实了有关的"支援"任务

在美国"领导"和授意下,朝鲜半岛能源开发组织自成立以来,在制定共同战略、筹措资金、进行现地勘探、提供轻水反应堆等方面做了大量的协调性和事务性工作,落实了有关支援事宜,为最终实现框架协议奠定了良好基础。第一,召开3国首脑会议协调对朝政策。1994年11月14日,美国、日本、韩国3国首脑在东京举行紧急首脑会谈,其目的在于由3国首脑共同确认"朝鲜半岛能源开发机构"的组成和运作方面实行合作的体制。这个首脑会谈是由美国方面提出来的。会谈结束后,3国发表了共同声明。声明说,3国决定继续保持密切接触,决定在实施框架协议过程中进行充分合作,使3国对朝鲜政策协调一致。第二,建立能源开发组织机构,拟定费用分摊原则。根据首脑会议精神,美、韩、日3国代表于1994年11、12月,在美国开会研究成立能源开发机构和费用分摊原则问题。会议决定之一是及早建立一个多国集团,共同为朝鲜提供资金、援助,以帮助朝建立轻水反应堆,这个组织暂定名为"朝鲜能源开发组织",总部设在纽约市;决定之二是,3国就资金分摊原则达成一致意见。韩国在建设反应堆和提供资金过程中,将发挥主要作用;日本在建设管理和提供资金方面将发挥重要作用;美国在组建能源开发机构中将发挥领导作用,并将为朝提供重油采取最初的措施,为安全储存和处理核燃料棒提供方便。经过两个多月的筹组,美、韩、日3国于1995年3月9日正式宣布,在纽约设立定名为"朝鲜半岛能源开发组织"机构。它是一个为朝鲜建立新的轻水反应堆提供技术和资金的国际援助组织,有20多个国家参加。该机构由理事会、全体会议和咨询委员会3个部门组成。理事会由美、韩、日3国参加,是最高决策机构;参加国是全体会议成员。美国任这个机构的正职,韩、日出任副职。第三,为朝鲜建立轻水反应堆运去地质勘探设备。朝鲜半岛能源开发组织于1996年1月,从韩国釜山港向朝运去了用于帮助建设轻水反应堆地质勘探设备,其中包括大型钻机设备、吸泥泵以及进行地质调查所必需的其他设备。与此同时,朝鲜半岛能源开发组织的一个由20人组成的地质调查组,离开汉城前往朝鲜新浦,转赴目的地工作。第四,与朝鲜签署外交豁免权、运输和通信3项议定书。1996年7月11日,朝鲜半岛能源开发组织与朝鲜在纽约正式签署了3项有关建立轻水反应堆的议定书。这3项议定书分别为外交豁免权、运输和通信议定书。据该机构负责人称,双方在今后两年到两年半的时间里,还将在平壤和纽约举行会谈,签署10至12个有关执行核框架协议的其他方面议定书。1996年7月21日,朝鲜半岛能源开发组织代表团抵达朝鲜,与朝鲜重点商讨有关核反应堆的管理和服务问题。第五,与朝鲜签署提供轻水反应堆协议,派代表团进行技术考察。1997年1月8日,朝鲜半岛能源开发组织在纽约与朝鲜签署提供轻水反应堆协议草案。1997年2月12至13日,美、韩、日3国在东京举行会议,讨论在朝建立两座轻水反应堆和派代表团去朝进行技术考察问题。1997年2月15日日韩两国外长宣布,关于提供轻水反应堆费用问题,迄今为止,两国政府达成的协议是"韩国分担(建设费用的)70%强的费用,日本分担20%强的费用"。但会后韩国方面宣布称,韩国仍坚持要求日本再多分担一部分的意见。

(温味几)

韩日岛屿争端再起　(一)1996年2月,日本政府通过了设立200海里专属经济区的基本方针,并准备送交国会讨论。根据此方针,日本将日本海深处的一座岛屿独岛(日本称竹岛)及其周围水域,划入日本的专属经济区内。

消息传到汉城,韩国政府立即提出强烈抗议,并再次重申对独岛拥有主权。2月7日,韩国决定在独岛修建一座能停靠500吨级船舶的码头,以方便驻岛3名警官和23名战警的给养补充和人员轮换。

日本政府也立即作出了强烈反应。日本外相池田行彦2月9日称,韩国在独岛修建码头是"侵犯日本主

权的不可容忍的行为”。日本外务省官员在召见韩国驻日大使馆临时代办时,要求韩国拆除岛上所有设施,立即从岛上撤走人员。此外,日本还时不时派海上警备艇到有争议海区游弋,并组织渔船去抗议、示威。

韩国把日本的这些主张称为“一派胡言”。金泳三总统指示总统府发言人发表正式评论,指责日本的言论“毫无根据”,表示将对日本的行为“采取断然措施”,并严厉批评日本“不仅不反省过去的殖民统治和侵略历史,反而寻机美化粉饰过去”。韩国执政党新韩国党和几个在野党纷纷发表声明抨击日本。《朝鲜日报》、《京乡日新闻》等韩国报纸也谴责日本政府侵犯别国主权,干涉别国内政。一些社会团体和青年学生到日本大使馆、领事馆前举行抗议示威活动,群情激愤。与此同时,金泳三总统取消了原定接见日本联合执政 3 党代表团的计划。韩国国防部则在独岛附近海域频频组织海空军联合军事演习,参演舰机包括驱逐舰、快艇、侦察机和战斗机等,同时在有争议海区加强戒备巡逻。2 月 18 日,韩国海军巡逻船第 2 次将进入独岛附近海域的 1 艘日本巡逻船驱走,以强化对该岛的主权要求。

韩日双方的外交论战和武力炫耀,使得两国关系骤然紧张起来。

(二)独岛争端再起的根源

独岛位于日本海西南部,由海底山脉中两座露出水面的山峰及其周围随潮汐隐现的 32 块礁石组成,分布在 1.3 平方千米的海面上,总面积仅有 0.186 平方千米。它地处西北离朝鲜郁陵岛 49 海里,东南距日本隐岐诸岛约 85 海里。

目前,独岛在韩国的实际控制之下。岛上建有导航灯塔、航标和比较完善的生活设施,驻有 20 多名配备有轻重武器的警备人员。56 岁的金成道夫妇是仅有的两位平民。作为主权的象征,韩国国旗“太极旗”在岛上高高飘扬,水泥平台上用油漆画的“太极旗”图案从空中清晰可辨。独岛独居万顷波涛之中,既可为韩国渔船提供庇护和救助,又可对靠近该岛的日本船只进行监视,极富渔业及军事价值。

韩日两国在独岛归属问题上的争执由来已久。日本自 1952 年首次提出独岛归属问题以来,年年都定期向韩国递交外交照会,提议商讨这一问题。而韩国则认为主权不可讨论,只在外交上予以回应。1974 年,两国在谈判划分对马海峡大陆架时,回避了独岛的归属问题,将界线暂划至该岛西南 71.3 海里处。1978 年,两国因独岛海域领海权问题再生摩擦,双方会谈后确定“继续协商”。冷战结束后,日本又多次挑起独岛主权之争。

对独岛归属,韩日各执一词。日本称该岛归其所有的根据是:早在 1905 年 2 月,日本就通过岛根县一项“告示”宣布“竹岛(独岛)归本县管辖”,并在 1906 年将“告示”通报韩国政府;只是在 1946 年日美缔结“占领军备忘录”后,日本才“暂停行使”对该岛的行政权。韩国则认为日本提出的根据“不值一驳”:当时,韩国的内政外交权力已被日本剥夺,日本霸占任何一块韩国领土,韩国都无力抗拒;另据史料记载,早在公元 512 年独岛就已纳入当时朝鲜半岛新罗国的版图,先后被称为芋山岛、三峰岛和加地岛,1981 年改称独岛。日本 1677 年的有关史书也承认该岛是韩国领土。韩国于 1952 年正式宣布领有独岛,此后即向该岛派驻警备人员,迁移居民。韩方称,近半个世纪以来,独岛一直在韩国的有效管辖之下,怎么会是“日本领土”?

(三)韩日失和,美国作为日韩两国的盟主深感不安,呼吁双方通过谈判解决问题。鉴于美国的态度,同时出于对两国“政治盟友兼经济伙伴”关系的考虑,韩日双方权衡利弊觉得争端一旦升级对谁都没有好处,还是维持现状为最佳选择。

因此,在争端爆发的同时,韩日两国仍保持了频繁的外交接触。经过多次会谈,双方同意将领土问题与渔业问题分开解决。韩国驻日大使在同日本外相会谈后表示,关于排他性经济水域的设定,韩国将根据海洋法“与邻国日本进行协商,届时将不谈领土问题”。对此,日本外相称“与韩国的想法一致”,日本对独岛归属的立场是“一贯的”,但“立场的分歧不能损害日韩友好关系”。1996 年 5 月 1 日,韩国外务部宣布,韩国已在中线原则基础上制定出在朝鲜半岛周围划定 200 海里专属经济区的草案,但该草案不涉及“爆炸性的”独岛管辖权问题,“独岛问题将通过未来的协商加以解决”。

独岛归属问题再一次被搁置起来,日本海又暂时恢复了平静。然而,如何从根本上解决这一问题,着实让韩日两国政府费尽心思。原因很简单,独岛虽小,却有着非同一般的影响。

对韩国来说,独岛的归属不仅事关经济利益,更与本国国民的民族情绪密切相关。韩日两国历史上积怨甚深。近代史上,韩国饱受日本殖民统治之苦,民众反日情绪强烈。日本提出对独岛的主权要求,更令韩国民众忆起当年的苦痛,群情怎能不激愤!韩国政府哪怕是立场稍有软化,都无法向其国民交待。

独岛对日本而言则另有意义。首先,从军事战略意义上讲,它具有非常重要的地理位置,占据该岛即可同时牵制俄罗斯、朝鲜半岛和日本列岛。占据了独岛,还可以使朝鲜半岛东部海域内海化,这对于日本提出的保卫“1000 海里海上交通线”也具有重要意义。其次，日本与其他国家还有领土争端，认为若在独岛问题上有所让步，就会引起连锁反应。最后，独岛周围海域渔业、矿产资源丰富，资源有限的日本很难舍弃这块嘴边的“肥肉”。

独岛之争，给两国关系留下的阴影，势将长期难消。

（全　鲍）

蒙古积极发展同西方的军事合作　冷战时期，蒙古同除苏联阵营以外的国家的军事接触几乎为零。冷战结束后，蒙俄特殊关系宣告结束。在这种情况下，蒙古对其外交政策和军事战略作了调整，主张在同俄、中两国发展平等互利合作关系的同时，加强同世界各国的外交合作，实行“多元化”的外交战略。在军事外交领域以建立广泛的军事联系为目的，开展全面的军事外交活动，在保持与俄、中两个友邻大国之间的军事联系的基础上，突出加强了同美、德、日等西方国家的军事合作。

一、蒙古与西方国家发展军事合作基本情况

（一）同美国的“实质性军事关系”发展迅速。为了实现以“第3睦邻国家”作为稳定周边安全环境基础的战略，蒙古把同美国的军事合作关系作为近年来外交战略的重点，积极发展同美国的“实质性军事关系”。1991 年，应蒙古的邀请，美国在蒙设立武官处，两国正式建立军事关系。同年，美在蒙建立军事监听站。此后，两国军事关系进入实质性发展阶段。

1. 增加高层军事往来，签订一系列军事合作协议。1991 年蒙美正式建立军事合作关系后，蒙总统、总理、国防部长、副部长、总参谋长、安全保障总局局长、国土防空军司令等高级官员先后访问美国，美国国务卿、副国务卿、太平洋陆、海军司令等高层人士也先后访问蒙古达 10 余人次，并签订了一系列合作协议。1994 年，美国正式将蒙古纳入太平洋总部“军事战略联盟体系”，同时，双方还达成了新的交流计划。特别是 1995 年 10 月份，蒙美共同草签了《蒙美防务合作协议》，就加强两国间的军事联系、联合军事演习、学术交流、情报信息共享等作了详细的规划，从而为双方进一步加强军事合作关系奠定了法律基础。

2. 加强军事学术交流，举行联合军事演习。近年来，蒙美两国在军事学术方面的交流活动日趋增多。1991 年双方建立军事关系的初期，美军先后向蒙提供了一大批军事战略研究书籍，两国军事战略研究机构接触频繁，并举行了多次战略问题研讨会，商定将加强军事学术领域内的交流与合作。此后，从 1992 年开始，蒙军派代表团参加了美组织的多次有关军事问题的亚太地区会议和研讨会。此外，蒙国防部战略研究所还与美军军事战略研究所建立了协作关系，双方代表团曾多次进行互访和交流活动。1994 年，美军事医疗队赴蒙古进行交流，期间，与蒙军举行了代号为“贝克—全球 1”的联合救援演习，这是两国关系史上的首次联合军事演习。

3. 美国积极向蒙古提供军事援助，并开始担负对蒙军军官进行培训的“任务”。蒙古把获得美军事援助，作为发展两国实质性关系的重要内容，以解决俄罗斯停止向其提供无偿援助后，军队建设所面临的困境。美国向蒙古提供“人道主义”援助始于 1991 年，此后，美每年都向蒙军提供包括资金、医疗、技术等方面的援助，并开始担负对蒙军军官进行培训的“任务”。至 1995 年初，美向蒙军提供的军事援助总额已超过 200 万美元。1995 年，美开始帮助蒙军建立新的后勤体系，同年 8 月，美正式将蒙古列入其武器供应国名单，除此之外，双方还于 1995 年就美为蒙军培训 T—37 飞机飞行员问题达成了协议。1996 年 1 月，美总统克林顿正式签署了向蒙古提供武器装备的命令。

总之，近年来，蒙古与美国的军事关系发展非常迅速，美国已成为继中国和俄罗斯之后的蒙古最为重要的合作伙伴。

（二）同德国的军事合作取得较大进展。随着蒙美军事合作的日益频繁，蒙德军事合作也开始出现了活跃的趋势。蒙认为德国是其欧洲外交战略中的重要一环，是蒙古在欧洲的“主要伙伴”，因此，非常重视同德国的关系。双方的军事合作是从军事经济援助开始的。1994 年 6 月，蒙古与德国正式建立了军事合作关系，互派武官。此后，蒙德两国国防部制定了“蒙古 1”、“蒙古 2”、“蒙古 3”计划，该计划以向蒙古提供军事物资和军需品为主要内容，其中包括军用药品及被服装备等，到 1995 年，德国向蒙军提供的物资及经济援助达上千万马克。1995 年 9 月，蒙古总统奥其尔巴特出访德国，蒙德在波恩发表联合宣言，正式确定了发展“双边军事合作的基本原则”。同年 10 月，德议会国防事务委员会主席访蒙，与蒙军政领导人就发展两国军事合作关系进行磋商，并签署了德为蒙军培训干部的协议。目前，蒙德两国的军事合作只是刚刚开始，由于蒙在外交政策构想中将德国做为走向欧洲的窗口，所以双方军事合作的领域有扩大的趋势。

（三）同日本的军事合作正逐步展开。基于建立多边安全体系和平衡亚洲地区各大国势力的考虑，蒙古把同日本发展军事合作关系作为亚洲政策的重点之一。蒙日最早的军事接触始于1991年。这一年,蒙国防部战略研究所与日本和平与安全保障研究所在安全领域建立了"非官方"关系,并签署了开展军事学术交流协议。1994年3月,日本驻蒙古国使馆参赞在谈到蒙日军事合作时声称,"两国在战略研究领域内的合作标志着两国的军事合作已经开始"。1995年2月,蒙国防部长扎丹巴率高级军事代表团访日,并同日防卫厅长官举行会晤,双方表示将在广泛的领域内加强合作,蒙方在出访期间还参观了日陆、海军基地。这是蒙高级军事代表团首次访日,为进一步的合作奠定了基础。

(四)开始同法国、以色列、加拿大、土耳其等国发展军事合作关系。近年来,蒙还先后同法国、以色列、加拿大和土耳其等国建立了军事关系,并向上述国家派驻了武官,开始了军事合作的实际步骤。1994年1月,出席亚太军事会议的蒙军事代表同法国军事代表团进行会晤,就法国为其培训军事观察员等事宜进行磋商;1995年6月,法驻莫斯科大使馆武官比勒伯中校访问蒙古,成为第1个访问蒙古的法国军事官员。同年4月,蒙军事代表团访问加拿大,就两国军事合作问题同加军方交换了意见。此外,以色列驻蒙使馆武官还于1995年参观了蒙国土防空部队;在此前后,土耳其主管武器装备的国防部副部长丁尔其少将应邀访问蒙古,并同蒙军领导人进行会晤。

(五)积极谋求与北约建立"伙伴关系"。1994年2月,蒙古政府明确表示,北约已不再是冷战时期的"战争机器",蒙与其建立"伙伴关系"将有助于"自身安全环境"。同年7月,北约派出10名专家至蒙古进行考察,就蒙古国家安全及双边关系问题与蒙政府交换了意见。1995年9月,访问欧洲诸国的蒙对外关系部长在布鲁塞尔会晤了北约秘书长,进一步讨论了双边军事合作问题,并磋商在诸方面进行合作的可能性,目前,蒙正积极采取措施谋求与北约建立"伙伴关系"。

二、蒙古积极发展同西方军事合作的主要考虑

(一)树立独立自主的国家形象,提高军事政治地位。苏联解体后,蒙古国内民族主义势力迅速崛起,民族自尊情绪高涨,开始以一个独立国家的身份寻求与世界各国尤其是西方国家的军事、政治、经济及技术合作,彻底放弃过去"一边倒"的做法,积极树立"蒙古国的独立自主形象",以提高其在国际舞台上的军事政治地位。

(二)寻求周边环境的安全基础,以"第3伙伴国家"牵制中、俄两大邻国。蒙积极发展同美国——所谓的"第3邻国"之间的关系,密切双边军事合作,用以牵制中、俄来保障自身安全。美国也恰恰是利用蒙古的这种心理,逐步增强在蒙古的势力存在,并非常顺利地取得了蒙古所谓的"第3睦邻国家"的"最惠国待遇"。在这种"互利"的基础上,双方关系发展非常迅速。

(三)基于国防和军队建设所需,寻求西方军事援助。过去,蒙古一直把自己的安全交付给苏联,其全部武器装备均由苏联提供。苏联解体后,俄罗斯忙于本国内部事务,无暇顾及蒙古,加之蒙古国内经济困难重重,军队经费紧张,武器装备现状亟待改善。从蒙古看来,争取更多的军事援助是解决这些问题的途径之一。所以,蒙古在与西方进行军事合作中,把获得外军的先进技术以及物资援助作为主要内容之一。目前,蒙已同美、德、日等国就此达成一系列协议,并得到了援助,从一定程度上缓解了蒙军面临的现实困难。此外,从长远角度考虑,蒙古为了加强国防和军队建设,正在酝酿购买部分先进武器技术装备以及引进外资兴建本国的军工企业,以达到改善军队装备条件、提高部队战斗力之目的。

(海　明)

民主柬埔寨发生严重分裂　1996年8月,民主柬埔寨(又称红色高棉)内部发生近几年来级别最高、人数最多的严重分裂,对柬政局产生重大影响,引起国际社会的广泛关注。

一、分裂的经过及有关反应

1996年8月8日,民柬前领导人英萨利宣布脱离民柬中央政府,向王国政府投诚。9日,驻守拜林和梅莱山的第415、450师也宣布脱离民柬中央,拥护英萨利的领导。16日,英萨利在柬国家电台发表声明,同意出任民柬分裂派领袖,主张与政府进行谈判,以结束长期的流血战争,实现全民族的真正和解。28日,英萨利宣布成立新政党"民主民族联合运动"。9至10月份,驻扎在柬西部马德望、班迭棉吉和菩萨省的民柬第519、250、502、905、304、469师等也相继宣布脱离民柬,效忠英萨利,停止战争,归属王国政府。至此,柬联合国防大臣迪班称投诚的民柬官兵已达1万余人,但外国军事分析家估计只有4000至5000人。

英萨利及其领导的部队宣布投诚后,柬王国政府主要采取了4项措施:(一)与英萨利举行和谈。1996年8月底至11月上旬,柬王国政府领导人与英萨利举行了多轮谈判,重点讨论赦免英萨利和把英萨利控制的部队和地区移交给政府等问题。9月7日和11月3日,双方先后签署了两份和平协议,英萨利表示承认王国宪法和王国政府,不搞自治,并同意将他的军队和控

制区交由王国政府管理;政府方面同意大赦英萨利,收编其掌管的部队。(二)赦免英萨利。英萨利曾被前金边政权以灭绝种族罪缺席判处死刑,8月8日脱离民柬后希望体面回归柬社会,请求王国政府不要将其作为"要犯"处置。根据两首相拉那烈和洪森的建议,西哈努克国王9月14日颁布大赦令,宣布对英萨利实行大赦。(三)向民柬分裂派部队提供后勤供应,协助其抗击民柬强硬派部队的进攻,并于9月30日联合攻占了民柬强硬派控制的三洛。(四)收编民柬分裂派部队。根据双方达成的协议,柬政府先后在班迭棉吉、马德望、菩萨和磅清扬省收编民柬分裂部队官兵约4500人(另说7000人),并任命原民柬第18师师长乔邦为政府军第3军区副司令。这些官兵穿政府军制服,由政府授予军衔,享有同政府军官兵同等的军饷,但暂时保留原建制和原番号,留守原地。

民柬强硬派也迅速作出了如下反应:第一,宣布英萨利是叛徒,处以死刑。在英萨利宣布脱离民柬中央的当天,民柬电台即宣布英萨利是"背叛者、傀儡、罪犯",说他贪污巨款已被判处死刑;同时下令逮捕第415师师长埃坚和450师师长索佩。第二,改组"临时政府"。8月18日,民柬中央对其领导的"柬埔寨民族团结救国临时政府"进行了改组:乔森潘继续任总理,江裕朗任副总理兼外长,马本任财政部长,盖扬任国防部长,云坦任内政部长;前国防部长宋成等被撤换。第三,抽调部队围剿英萨利领导的分裂部队,企图将其消灭,但未能得逞。第四,继续对柬政府军开展小规模袭扰活动,以显示其存在。

民柬的分裂还引起了国际社会的广泛关注。美国驻柬埔寨大使称,美国和国际社会都非常支持驻拜林、梅莱山地区民柬部队的"反波尔布特行动"。泰国、越南和老挝等周边国家严密注视柬局势的发展变化。有关国家的新闻媒界对民柬分裂事件进行了连续跟踪宣传报道。

二、导致分裂的原因

*(一)从民柬内部来看,民柬高层强硬派与温和派之间的政策分歧,是导致分裂的根本原因。*民柬高层内部长期以来一直存在着尖锐的矛盾,特别是强硬派和温和派在路线、方针、政策上的分歧严重,斗争激烈。首先,在政治路线上,双方各持己见。根据有关各方1991年10月签署的柬问题巴黎和平协议,联合国1993年5月主持了柬大选。当时,以英萨利为首的温和派主张民族和解,结束内战,参加大选。为此,他们派警察部队接受联合国训练,以便与联合国主持的大选相配合;同时打算遣散其军队,为参选做准备。然而,包括波尔布特、切春和宋成在内的民柬强硬派则反对英萨利的主张和做法,主张依靠军事手段东山再起,并决定不参加大选。因而,民柬未能进入大选后组成的柬联合政府。1996年7月,民柬中央召开高层会议,研究制定民柬的方针政策。会上,强硬派仍主张军事优先、武装夺取政权,维持战时共产主义体制,反对通过参加1998年柬大选来获取民柬在柬社会中的合法地位;而英萨利等人则主张应把工作重点由武装斗争转到政治斗争上来,以便为参加1998年大选做准备。由于双方政治主张相左,无法共事,只得分道扬镳。其次,在经济政策上,双方各搞一套。英萨利控制的柬泰边境地区有丰富的宝石矿产和木材资源。村民可以拥有自己的私有财产,进行自由贸易,部队和群众生活相对比较富裕和自由,控制也不像民柬其他地区那么严,因而常受民柬批评;英萨利主张经济上放宽、向外部世界开放,也引起推行"战时共产制"、否定私有制的强硬派的不满。民柬中央派人到英萨利控制的拜林和梅莱山等地没收居民的私有财产,搞"一切缴获要归公",以便使那里恢复集体化,致使矛盾激化。该地区部队站在村民一边抗拒军令,终于酿成大规模倒弋事件。

*(二)从英萨利本人来看,他在民柬高层中的地位和影响力明显下降,是使其脱离民柬的直接原因。*英萨利是前民主柬埔寨政府负责外交事务的副总理,60至80年代曾是民柬组织内仅次于波尔布特的一名资深领导人,被外界称做"老二"。但近几年来,他在民柬内部的地位和影响力明显下降。一是得不到波尔布特的保护。英萨利和民柬头号人物波尔布特关系密切,有生死之交。但波尔布特长期以来患有严重的疟疾,已无法发挥影响来保护英萨利。据分析家们说,波尔布特的病重在民柬内部引发了一场争权夺利的斗争。被称为"老二"的英萨利强调,"老大"波尔布特不能发挥作用时,他作为"老二"应自然而然地接替"老大"的权力。英萨利的争权,遭到了民柬其他领导人的攻击和排挤。二是英萨利失宠。早在80年代末,英萨利的影响就已经下降,党内的年轻知识分子对他极为不满,认为他傲慢自大、油头粉面、生活奢华、态度专横,动不动就对人发脾气,就连在英萨利夫妇身边的工作人员和服务员也提心吊胆,生怕这对夫妇对什么事情不满意而成为出气筒,他们因此怨声载道。在巴黎和平协议签署后,为了贯彻该协议,中国不再向民柬提供援助,这就使得多年来负责中国援助问题的英萨利的威望明显下降,他从此沦为温和派,1993年底被撤销所有职务,1994年"完全靠边站"。三是英萨利的经济问题严重。据民柬电台报道,英萨利侵吞党库资金达2500万美元,为自己购

置别墅和豪华汽车，送子女到国外深造，给夫人购买价值40万美元的珠宝、钻石及金首饰。由于这些问题被抖了出来，英萨利不得不脱离民柬而投靠柬政府。

（三）从外部来看，柬政府加强对民柬的心战攻势，也是造成民柬官兵大量投诚的重要原因。联合国在柬维和行动结束后，民柬与王国政府一直僵持不下。西哈努克曾提出一系列和解主张，但由于双方积怨太深毫无妥协余地。1994年7月，柬议会通过决议，宣布民柬为非法组织，关闭了同民柬政治谈判之门。同时，多次对民柬发动强大军事攻势，但一直未能彻底攻占拜林和梅莱山等地。在此情况下，柬政府改变策略，软硬兼施。除继续在战场上清剿民柬武装外，重点加强了对民柬的心战攻势，甚至不惜用贿金收买民柬高层人员。洪森宣称，民柬官兵只要放下武器，就可以成为合法公民，可以在原来的地方办学校，成立社会团体，组织政党；并许诺保证投诚人员的人身安全和原有待遇，保护其私人财产。在政府的军事打击及政治瓦解下，民柬内部厌战和悲观失望情绪日增，最终引发了大批官兵向政府投诚事件。

三、分裂对柬局势的影响

（一）民柬遭受沉重打击，但仍对政府构成一定的威胁。此次分裂给民柬造成了重大损失。一是失去了主要力量。第415师和450师是民柬部队中最骁勇善战的部队，它们的叛离使民柬失去了主力部队。目前，民柬总兵力已由9000多人减至约5000人。二是失去了主要地盘。拜林、梅莱山所处的地理位置十分重要，是民柬的主要根据地。它们独立后，民柬不仅失去了阻拦柬王国军队进攻的屏障，而且完全失去了对整个柬西部和西南部的控制，其控制区只剩下北部的安隆汶和扁担山等地区。三是失去了主要经济来源。拜林地区是民柬的重要经济基础，拜林的珠宝业和采矿业每月能给民柬带来近300万美元的收入。拜林的独立，使民柬失去了赖以生存的经济来源。四是英萨利的投诚，使民柬内部人心浮动。民柬强硬派控制的一些部队军心不稳，暗中与政府军联系，伺机投诚。洪森宣称，“民柬问题已解决80%，不必到1997年底民柬将彻底灭亡。”但柬问题专家指出，“分裂只不过使民柬的影响削弱、士气下降，并不意味着民柬的消亡。”西方军事分析家认为，“民柬虽遭受严重打击、处境困难，但其强硬派在一段时间内仍对政府构成威胁。因为他们控制的军队仍有4000至6000人，装备有足以在今后数年内制造麻烦的武器和弹药，它仍是一支必须认真对付的相当强的力量。”一位驻柬武官也认为，“民柬仍是强有力的威胁，因为他们还有相当多的兵力，有进行长期作战所需要的一切，仍能抵抗政府军的进攻、占领新的地盘。”

（二）英萨利与柬政府和解，给柬西部和西南部地区带来了和平。英萨利及其领导的分裂部队与柬政府实现和解后，拜林、梅莱山等地持续了长达18年多的战火熄灭了，整个西部和西南部地区已获得和平；主要经济区马德望省和洞里萨湖地区以及这一带的铁路、公路、桥梁等已不再受到战争的威胁和破坏，对内地经济的恢复和发展起到了推动作用。同时，由于民柬的军事威胁大大减小，柬政府已不再象过去那样把大量的财力、物力和人力用于对付该派，而是集中精力发展经济，消除内部分歧，铲除贪污腐败，改善医疗卫生状况，提高人民的生活水平。

（三）民柬的分裂，使拉那烈与洪森在对待民柬重大问题上的矛盾和斗争激化。一是拉那烈想借助西方援助，使用军事手段消灭民柬的计划落空；洪森则抓住民柬内部分裂之机，利用分裂派领导人做统战工作，促进内部进一步分化瓦解。二是拉那烈从一个极端走到另一个极端的做法遭到洪森的反击。当英萨利及其负责的第450、415师宣布停火后，拉那烈声称，他起草了一个文件让洪森签字，内容是宣布全国停火，取消“民主柬埔寨为非法组织的法令”。洪森则表示，不存在全国停火和与民柬谈判的问题，因为“民主柬埔寨仍是非法组织”；对于不愿意停火、不愿意实现民族团结和国家统一的民柬分子仍要采取强硬措施。三是拉那烈与洪森在争取投诚的民柬部队问题上极力捞取政治资本。拉那烈先向洪森建议，在对投诚的民柬部队进行收编之前向他们提供军需品，并封官；随后又到拜林与英萨利等人密谈，许愿给予他们总参谋部副总参谋长、军区副司令等职务，动员英萨利把三洛地区部队调往拜林市重组新师。洪森不仅拒绝拉那烈的建议，而且派人将三洛地区的民柬部队调走，警告“英萨利如图谋不轨将捞不到任何好处”，并亲赴拜林说服英萨利接受合编。四是洪森拉住英萨利，拉那烈试图说服宋成。英萨利宣布投诚后，洪森等人紧紧拉住英萨利，并把他推到前台；拉那烈则试图与民柬国防部长宋成在泰国举行谈判，但被洪森阻止。五是洪森把延误收编民柬分裂部队的进程归罪于拉那烈。洪森指责说，由于拉那烈的私下活动和许诺，致使收编工作进展缓慢。

（四）英萨利的投诚，可能使1998年柬全国大选复杂化。柬联合政府两大执政党人民党和团结阵线党为扩大自身势力，增加1997年地方选举和1998年全国大选的政治筹码，都极力争夺英萨利这股势力。特别是人民党为争取1998年大选获胜，在分化瓦解其他执政党的同时，极力拉住英萨利及其领导的分裂部队，并借助和平处理此次分裂事件之机，树立在全国人民心中用和平方式结束流血战争的高大形象，以赢得人民的支持。两党为争夺选票的唇枪舌战日趋激烈。英萨利在宣布成立"民主民族联合运动"时明确表示，该运动的主要目标是参加政府和下届大选；并称，只有他的派别加入了政府，柬长期内战才可能结束。第450师师长索佩也强调，"只有在我们的政党参加大选后，才能全面、正式向政府开放占领区。"一位柬议会议员称，"英萨利投诚只不过是一种策略，他的根本目的是自立门户，参加大选，谋求在未来联合政府中获得一席之地。英萨利领导的民主民族团结运动有可能成为柬第3股政治力量。"许多分析家认为，"由于人民党与团结阵线党近年来所发生的对立，已有很多人对1998年大选能否公正举行产生了怀疑；如果英萨利派也加入其中参选，那么就可能造成新的复杂因素。"

（钟学良）

阿富汗内战形势曲折复杂　1995～1996年，阿富汗内战进入了第4、第5个年头。阿各派武装力量围绕权力再分配，继续拼力厮杀，交战规模越来越大，激烈程度越来越强。敌对阵线几经变换，战场形势错综复杂。国际社会多方斡旋，提出一个又一个和解方案均未奏效，阿富汗的和平前景依然渺茫。在这两年里，阿富汗内战经历了5个阶段。

一、第1阶段（1995年1～7月）塔利班学生武装异军突起，重创两大武装派别，兵临喀布尔城下

1992年，前苏联扶植的纳吉布拉政权倒台后，在反对苏军入侵10年的抗战和推翻纳吉布拉政权的3年战争中，阿富汗形成了9个主要武装派别。这些武装派别代表着不同的民族、宗教和部落的利益，各霸一方。其中，实力最强、控制地盘最多的4大武装派别是：以拉巴尼、马苏德为首的伊斯兰促进会，其主要成员由塔吉克人组成，总兵力达8万多人，控制着首都喀布尔市区以及阿东北、西北等一些地区；以杜斯塔姆为首的北方民族运动，其主要成员由乌兹别克人组成，实力有6万人，装备有前苏联遗留下的飞机、坦克、大炮等精良武器，战斗力很强，控制着北方6个省；以希克马蒂亚尔为首的伊斯兰党，主要由阿富汗第1大民族普什图人组成，实力号称8万人，控制着从喀布尔以南和以东延伸到与巴基斯坦交界的地区，在圣战者各派中，这一派武器最多；以马扎里为首的统一党是在伊朗的撮合下，由原9个什叶派组织合并而成，其武装力量约数千人，控制着阿富汗中部6个省，并在自己控制区修建了公路。除这4个主要派别外，另有5个派别也掌握少量武装。其中，以萨亚夫为首的伊斯兰联盟逊尼派，有武装力量千余人，比较精干，控制着喀布尔西部地区；以穆贾迪迪领导的伊斯兰民族解放阵线、盖拉尼领导的伊斯兰民族阵线、大毛拉·纳比·穆罕默德领导的伊斯兰革命运动和以哈利斯为首的伊斯兰党也在阿东部、中部以及喀布尔市郊占据着小块地盘。经过2年的战场较量，上述武装派别分化组合，于1994年形成了两大敌对阵营，即希克马蒂亚尔的伊斯兰党、马扎里的什叶派统一党、穆贾迪迪的伊斯兰民族解放阵线和杜斯塔姆的北方民族运动等4党派组成了反政府阵线；拉巴尼的伊斯兰促进会、萨亚夫的伊斯兰联盟、盖拉尼的伊斯兰民族阵线和大毛拉·纳比·穆罕默德的伊斯兰革命运动等党派则组成了维护政府的军事联盟。

1995年初，由在巴基斯坦的阿富汗难民营中的穆斯林学生组成的塔利班武装，高举"铲除军阀、恢复和平、重建家园"的旗帜，以其锐不可挡的气势，迅速改变了上述两大阵营对垒的格局，使战场形势出现了重大变化。1995年1月，塔利班接连占领坎大哈、赫尔曼德、查布尔、乌鲁兹甘、加兹尼、瓦尔达克、洛加尔、帕克蒂亚、帕克蒂卡等9个省，控制了阿富汗近40%的地区。总兵力扩展到2.5万人。2月，塔利班武装逼近喀布尔，采取灵活机动的战略战术，与拉巴尼派军队达成默契，南北夹攻，重创希克马蒂亚尔派部队，很快攻占了希克马蒂亚尔派苦心经营多年，设防坚固的总部所在地查拉希亚卜，迫使希派撤往喀布尔以东的萨罗比。此后，塔利班又乘拉巴尼政府军向喀布尔西南郊的统一党武装发起猛攻时，占据了统一党部队的阵地，俘虏了该党首领马扎里。3月，塔利班的部队经充分准备，在大炮、火箭、坦克掩护下，向喀布尔发起攻击，但接连受挫。拉巴尼的政府军动用飞机、大炮等重武器猛烈反击，重创塔利班部，并乘胜占领了查拉希亚卜。迄1995年5月底，塔利班被迫转攻为守，与政府军在喀布尔市外围全面对峙。塔利班在进攻喀布尔的同时，于4～5月在北部巴格兰、东北部巴达赫尚、西部的法腊、赫拉特和中部的古尔、洛加尔等省，与政府军展开争夺战，但未有所获，被迫于6月9日与拉巴尼政府首次达成停火10天的协议。双方在停火期间，相互释放一批战俘。

当战场形势稍有缓和之时，国际社会立即展开了新一轮促进和谈的努力。对塔利班有重要影响的巴基斯坦宗教党、伊斯兰贤哲会派出代表，在阿各派之间进行穿梭调解。联合国阿富汗问题特使梅斯蒂里开始他第9轮调解活动，先后走访了沙特阿拉伯、巴基斯坦和

阿富汗。沙特阿拉伯、拉巴尼政府及塔利班,相继提出了3个不同的和解方案。沙特阿拉伯提出的方案是:由伊斯兰会议组织出面,成立一个包括阿各方及来自巴基斯坦、沙特阿拉伯和联合国的代表组成的全国性调解委员会,该委员会遍访阿富汗各地,在阿全国32个省建立相应的地区性委员会;在阿各派均同意的情况下,从各地区委员会中提名若干代表前往沙特阿拉伯的吉达;在吉达成立阿富汗临时政府,各派在临时政府中的代表人数均等。阿富汗总统拉巴尼提出的方案是:在联合国和伊斯兰会议组织监督下,成立一个由全国所有大学以及喀布尔高等法院和科学院的代表组成的委员会,委员会在一年之内成立大国民议会,而后由大国民议会选举产生一名国家领导人并制定宪法。然后,在该委员会成员中选拔产生代表,组成正式议会。塔利班领导人乌马尔提出实现阿富汗和平的建议是:1.联合国应让1992年游击队接管喀布尔政府后没有卷入阿内战,并和内战各派没有牵连的派别在和平进程中发挥作用;2.联合国应首先在喀布尔收缴各派的武器;3.根据联合国和平计划成立的阿未来政府应排除前纳吉布拉政府人士。上述和解方案和建议均具有明显的派别利益色彩,加上主要的武装派别均没有实现和解的诚意,这些方案和建议很快就告流产。随之而来的是又一轮战场较量。

二、第2阶段(1995年8月～1996年1月)塔利班与反政府联盟协同配合,瓦解政府军的攻势,在西部战线取得重大战果

塔利班异军突起,使反政府势力大为增强,原已形成的反政府联合阵线眼看以拉巴尼为首的政府派没有交出总统职权实行民族和解的意愿,随即秘密与塔利班接触,于1995年8月,双方达成了"非结盟谅解",决定协同配合展开作战行动。8月6日,塔利班在坎大哈省空域截获并扣留拉巴尼政府运送军火的飞机。拉巴尼政府随即调集喀布尔政府军主力和赫拉特省总督伊斯梅尔·汗的地方部队,以及被塔利班赶出赫尔曼德、坎大哈两省的游击武装,向塔利班发起大规模进攻,双方展开激战。政府军于8月23日在尼姆鲁兹省夺取塔利班控制的几个前沿阵地,24日沿着公路向东推进,直抵距塔利班总部坎大哈仅120千米的格里什克。8月27日,政府军一度占领格里什克部分地区。在政府军向塔利班发动大规模进攻期间,杜斯塔姆领导的北方民族运动武装,从北部的朱兹疆、巴格兰和昆都士等省沿着通往喀布尔的萨兰公路南下,猛烈围攻政府军据点,而且出动飞机轰炸喀布尔近郊的巴格兰机场、西部的信丹德空军基地和赫拉特机场,为塔利班部队提供空中掩护。希克马蒂亚尔的部队则在喀布尔东部的萨罗比等地区,与塔利班遥相呼应,牵制政府军对塔利班的进攻。塔利班在上述两派的协同配合下顶住了政府军攻势,并调整部署,调集重兵,发起猛烈反攻。8月30日,夺回一度被政府军攻占的格里什克部分地区,随后挥师向西北方向挺进,击溃伊斯梅尔·汗领导的地方军。伊斯梅尔·汗被迫逃往伊朗。此后,塔利班势如破竹,在短短的一个星期中,接连占领了阿西部的赫尔曼德、法拉、尼姆鲁兹、赫拉特和古尔等5个省。夺取了政府军第2大空军基地信丹德和西部重镇赫拉特,将战线向前推进了450千米,控制了阿富汗整个西部地区。将其势力范围扩大到全国32个省中的14个省,壮大了声威,并把杜、希等派拉到自己一边。杜、希两派与塔利班协同作战,改变了阿富汗战场力量对比,使战场进一步朝着有力于塔利班方向发展。

塔利班在阿西线得手后,调集重兵,一鼓作气向喀布尔发动进攻。在10月至12月的3个月中,塔利班与政府军在喀布尔等地多次激战。10月11日凌晨,塔利班突然从正南、东南、西南3个方向向政府军发动大规模进攻,当天即攻克喀布尔以南25千米的查拉希亚卜镇,直接威胁喀布尔市区。15日,政府军发起反击,在喀布尔南部12千米处,同塔利班进行激烈炮战,力图将塔利班逐出南部的山头阵地,并出动米格-21飞机轰炸查拉希亚卜镇,遏止了塔利班的攻势。此后,双方处于胶着状态。塔利班虽不断对喀布尔进行频繁的火箭袭击和空袭,但其南线主攻部队未能继续突进。11月12日,政府军再次向喀布尔南部、东部塔利班阵地发起反击。政府军夺回喀布尔以南20千米的几个村庄,迫使塔利班后撤10千米,并夺回了喀布尔以东的3个山头阵地。11月17日起,塔利班从喀布尔东南方向向政府军发起猛攻,21日突破政府军防线,向前推进10千米。此后,随着隆冬季节的来临,双方虽仍出动飞机、大炮、火箭进行对攻,但地面作战则有所减少。

1995年底,由于塔利班对喀布尔长达3个月的围攻,封锁了通往首都的道路,切断了联合国对喀布尔的援助,使喀布尔的食品、燃料等基本生活用品全面告罄,人民饥寒交迫,生活极度困难。为缓解这一状况,拉巴尼政府开始发动和平攻势。总统拉巴尼发出希望同各反对派会谈权力分享问题的呼呼,并表示他本人也愿意访问塔利班总部坎大哈市和北方民族运动总部马扎里沙里夫等,分别同这两个派别的领导人举行会谈,以谋求结束目前的武装冲突。拉巴尼这一举动是他掌权3年半以来第1次表示愿去外省同反对派领导人进行会谈。1996年1月10日,拉巴尼政府中的实权人

物、前国防部长马苏德又提出4点具体建议：第一，各反对派必须首先停火；第二，解除道路封锁；第三，交换战俘；第四，就权力移交问题开始会谈。与此同时，喀布尔政府先后派出5个代表团，前往各反对派驻地与统一党、伊斯兰党哈利斯派、北方民族运动、伊斯兰党希克马蒂亚尔派以及塔利班等派别的领导人举行会谈。针对拉巴尼提出的和谈建议，各反对派从自己利益出发，相继作出反响。杜斯塔姆同意放弃与拉巴尼政府敌对的立场，并欢迎拉巴尼到马扎里沙里夫会谈；统一党同意立即停止敌对行动，开放喀布尔与巴米安省之间的公路。但塔利班与希克马蒂亚尔认为，拉巴尼的和谈是为延长自己统治的一种手法。

塔利班迅速崛起，导致阿富汗内战形势出现新的重大变化，引起国际社会严重关切。阿富汗的周边邻国伊斯兰国家和美国，出于各自利益需要，纷纷插手阿富汗内战。俄罗斯、伊朗和印度支持拉巴尼政府。俄每天派出运输机飞抵阿富汗的巴格拉姆基地，为被围困的拉巴尼政府运送武器弹药、燃料以及在莫斯科印制的阿富汗货币。俄还在阿与中亚国家分界河——阿姆河上修建桥梁，从陆地直接向阿运送军火，并派出技术人员帮助拉巴尼政府维护导弹系统。伊朗从伊东部的马什哈德建立一条通往巴格拉姆的空中运输线，不断向阿富汗空运军火，有时一天出动飞机10多架次。伊朗还在伊东部地区建立训练营地，训练从阿逃往伊朗的数千名阿富汗难民。印度积极向喀布尔政权提供飞机及其零部件、新型地面雷达装置、弹药和资金。巴基斯坦和沙特阿拉伯及巴林、卡塔尔等国支持塔利班。巴基斯坦向塔利班提供各种援助，包括武器弹药等，为其开通新的通信联络系统，帮助重修坎大哈机场。沙特阿拉伯、巴林、卡塔尔等国都向塔利班提供经济援助。美国表面上支持联合国的行动，但暗中支持塔利班。乌兹别克斯坦则向大部分由乌兹别克族组成的杜斯塔姆部队，提供各种军事援助。外部势力的介入更增添了阿富汗内战的复杂性。

三、第3阶段（1996年2月～9月27日）各武装派别分化组合，塔利班攻占喀布尔

在阿富汗战局演变成主要由塔利班武装和政府军之间的对抗态势后，其他武装派别根据各自利益开始新的分化组合。起初，原来的反政府联盟支持塔利班，希望与塔利班结成反拉巴尼政府大联盟。1996年2月10日，在希克马蒂亚尔的推动下，北方民族运动、统一党、伊斯兰民族解放阵线、伊斯兰党等6个反政府派别，在巴基斯坦首都伊斯兰堡举行为期一周的会议，强调拉巴尼不交出政权是阿富汗问题得不到解决的症结。会议提出了和平移交权力的原则，即拉巴尼总统下台，将权力交给一个基础广泛的政府；喀布尔非军事化；举行大选，产生新政府。会后，又发表声明称，喀布尔政府军对任何反对派别包括对塔利班的进攻，都将被视为对所有派别的进攻，都将受到各反对派的集体反击，这一形势本来对塔利班十分有利，但塔利班没有把握这一有利局面，不仅没有参加这次会议，而且也没有对这次会议的结果作出呼应。拉巴尼政府发表声明称，伊斯兰堡会议没有塔利班参加，毫无意义。从而导致了即将形成的反政府统一战线的流产。

希克马蒂亚尔在推动成立反政府大联盟失败后，感到前途渺茫，转而投向拉巴尼。1996年3～4月，希克马蒂亚尔频繁与拉巴尼的代表接触。接巴尼政府也放风，如希克马蒂亚尔加入现政府，可委以要职。经过多次会谈，双方终于在5月24日签署了一项共同保卫国家的6点和平协议：1.要求阿各派停止武装冲突；2.恢复阿的和平与稳定；3.建立一个能为各派接受的政府；4.举行大选；5.希克马蒂亚尔派将在未来政府中获得总理、国防和财政3个部门的职位，拉巴尼派获得总统、外交和内政3个职位；6.组建一支伊斯兰国家军队。希克马蒂亚尔与拉巴尼两派所以从宿敌变成盟友，是有着深刻政治原因的：（一）塔利班武装1995年2月占领希克马蒂亚尔总部查拉希亚卜后，希派被迫退到了喀布尔以东约60千米的萨罗比，实力大为削弱，而萨罗比又处于政府军的直接威胁之下。希克马蒂亚尔为求生存，不得不向拉巴尼靠拢。（二）希派原有的盟友靠不住。希派原有的盟友是北方民族运动杜斯塔姆派、统一党哈利里派和以穆贾迪迪为领导的伊斯兰民族解放阵线。这几个派别中，除杜派具有一定实力外，其他两派均无大的力量，而杜派几年来为保全实力，基本恪守中立，且又远在600多千米之外的阿富汗北部，远水救不了近火。希克马蒂亚尔曾多次希望与塔利班联合，但均遭到拒绝，这使希派感到势单力薄，毫无依靠，只好被迫与拉巴尼进行谈判。（三）拉巴尼的拉拢。拉巴尼自上台以来，一直处于各派要求其交权的强大压力之下，各反对派酝酿组成反政府大联盟使拉巴尼十分紧张，因此，当看到希克马蒂亚尔有意投靠时，随即施以优惠条件，从而使其与希克马蒂亚尔从冤家变成盟友。希克马蒂亚尔6月26日前往喀布尔正式就任总理职务后，拉巴尼于7月3日任命了一个由10人组成的新内阁。10名成员主要由希克马蒂亚尔、拉巴尼及萨亚夫3派人员组成，另外空出12个职位给其他党派。新内阁组成是：总理希克马蒂亚尔、国防部长萨巴文、财政部长阿尔甘迪瓦勒、内政部长加努尼、教育部长艾哈

迈扎伊、新闻和文化部长卡沙夫、计划部长贾韦德、社会福利部长安瓦里、商业部长巴勒希、外交部副部长加富尔宰。在希克马蒂亚尔与拉巴尼结盟的同时,其他武装派别积极串连,力图建立反拉巴尼大联盟。1996年6～8月间,由北方民族运动领导人杜斯塔姆、伊斯兰民族阵线主席盖拉尼、伊斯兰民族解放阵线主席穆贾迪迪、统一党的哈利里和领导东部楠格哈尔省的委员会等5个党派组成"和平阵线",意在建立更广泛的理事会,以便从拉巴尼手中接管权力。塔利班则先后邀请穆贾迪迪、哈利斯、盖拉尼、大毛拉·纳比·穆罕默德等人前往坎大哈,力图组成反政府新联盟。塔利班还于9月初提出一个5点和平建议:1.在全国范围内实现停火;2.解除各派的武装;3.撤换现政府内的"不称职分子";4.尽快举行塔利班与现政府之间的和谈;5.最终成立一个新的伊斯兰临时政府。对于塔利班的建议,拉巴尼表示接受,愿意为成立一个新的伊斯兰政府而努力。拉巴尼和希克马蒂亚尔均称,必要时愿放弃自己的职位。希克马蒂亚尔还提出3点建议,即停火、通过谈判成立临时政府、建立大选体制。

然而,就在各派之间进行和谈攻势的同时,却均在抹马厉兵准备新一轮的军事较量。希克马蒂亚尔5月下旬向喀布尔派兵3万,增强首都防卫,并与拉巴尼派政府军联合作战,夺回被塔利班占领的喀布尔东郊和南郊的部分地区,一度迫使塔利班挺进至喀布尔周围的部队后撤20千米。塔利班针对希克马蒂亚尔与政府军联防的新形势,调整部署,决定避开喀布尔这一"硬骨头",向政府军防守的薄弱环节,即首都外围省份下手。8月下旬,塔利班向喀布尔以南的帕克蒂亚省发动进攻,占领了希克马蒂亚尔部控制的两个基地。9月9日,塔利班在没有遇到有效抵抗的情况下,占领喀布尔东南的楠格哈尔省省会、军事重镇贾拉拉巴德。此后,塔利班乘胜向北推进,兵不血刃地占领了喀布尔以东的拉格曼省、库纳尔省,完全切断了喀布尔通往巴基斯坦的陆上运输线,使拉巴尼政府的燃料、粮食等后勤供给更加困难。至此,塔利班已占领全国32个省中的17个省。塔利班在东线得手后,迅速集结兵力,将攻击矛头直指首都喀布尔。9月24日,塔利班向喀布尔发起总攻,主攻部队于24日攻占喀布尔以东60千米主要由希克马蒂亚尔部队防守的萨罗比,打开了喀布尔的东部门户。26日,塔利班部队在喀布尔东部普勒查尔基地区与政府军激战。政府军组织地面部队进行顽强抵抗,并动用空军轮番向塔利班部队猛烈空袭,均未能阻挡塔利班的攻势。塔利班迅速突入喀布尔市区,在海关大楼、使馆区、总统府等地与政府军激战。塔利班另一路迂回攻占位于喀布尔以北的巴格拉姆空军基地。至此,政府军已无力组织有效抵抗,被迫撤离喀布尔向北部退却。塔利班迅速全面占领了喀布尔市区。塔利班之所以能顺利攻克首都喀布尔,是由于塔利班明确提出建立伊斯兰国家,实施伊斯兰制度的政治纲领,其本身组织较为严密,士气旺盛,每到一地收缴武器,维持治安,因而得到一部分阿富汗民众拥护;而且,塔利班自1995年10月在西线得手后,一直对首都进行围攻,激战11个月虽未攻克,但也给拉巴尼政权以打击和震撼。1996年9月他们总结以往教训,在军事部署、战术运用、武器装备和协同配合等方面均有所改进。而原占领喀布尔的拉巴尼和希克马蒂亚尔联军对塔利班在攻占外围省份后迅速杀回马枪未作准备,对塔利班攻城实力又估计不足,致使在塔利班强大进攻面前,未能组织好兵力反击,即实施"战略退却",结果痛失了在军事上、政治上都具有重大意义的首都。

四、第4阶段(1996年9月底～10月中旬)塔利班北进受阻,反塔利班联盟形成,并大力反击

塔利班入主首都喀布尔后,立即就把躲在喀布尔联合国办事处的阿富汗前总统纳吉布拉及其兄弟处死,并在闹市悬尸示众。与此同时,塔利班采取措施,巩固新占领地区。塔利班最高领导人乌马尔1996年9月27日任命了以塔利班第2号人物穆罕默德·拉巴尼为首的6人临时委员会,负责管理国家事务;重申以建立伊斯兰国家为最终目标;颁布了具有鲜明伊斯兰色彩的法令法规,规定:妇女衣着必须符合穆斯林的传统要求,不得外出工作,女子学校停办,由专门的宗教人士接管;通奸者要被石头砸死;偷盗者要被砍去手;喝酒者要被处以鞭刑等等。与此同时,塔利班还积极修复电力等市政设施,开通包括机场在内的空中和陆上交通;呼吁国际救援组织和机构恢复在喀布尔的工作;使喀布尔市内秩序恢复正常。

在军事上,塔利班继续把彻底消灭对手作为头号目标。1996年9月27日攻克喀布尔的塔利班部队马不停蹄,乘胜向北挺进,扩大战果,不给对手以喘息机会。28日,攻占喀布尔以北约65千米的帕尔万省首府查里卡尔,俘虏拉巴尼派许多人员,缴获大批武器装备。随后,又攻入卡匹萨省,逼近位于喀布尔以北80千米的萨兰通道南端,与踞守该通道的杜斯塔姆部队对峙。30日,又攻占了距喀布尔以北约140千米的潘杰希尔山谷的谷口杰贝勒希腊季。

拉巴尼政府军在丢失喀布尔后,北撤至其军事指挥官马苏德在抗击苏军入侵时的老根据地——潘杰希尔

谷地，立即炸毁通向山谷的唯一通道，并铺设地雷，迟滞塔利班武装的攻势，同时收拢残部进行整编。废除原驻守在喀布尔市卡尔加的第1师、萨兰的第35师、杰贝勒希腊季的第2师、巴格拉姆的第40师、喀布尔市巴达姆巴格的国民卫队师，卡匹萨的第8师、海尔哈纳的第18装甲师以及喀布尔第70师等部队的番号。将所余部队统一改编为数个志愿集团，由效忠于他的几个司令官指挥。其中，将由原喀布尔前线司令法希姆中将指挥的志愿集团(3000人)部署在抗击塔利班武装的第1线。经过整编后的部队，比较精干，灵活机动，战斗力较前增强。马苏德在整顿军队的同时，积极争取北方民族运动杜斯塔姆的支持。经多次磋商，马苏德与杜斯塔姆和伊斯兰统一党哈利里派，于10月9日达成军事联盟协议，协议规定，任何一派遭到塔利班的攻击，其他各派将提供支援。此时，杜斯塔姆在萨兰隧道以南的军队有2000人，在喀布尔以北战区大约有5000人；统一党有一支装备T-54、T-55主战坦克和装甲车以及各种大口径火箭炮的装甲部队。至此，反塔利班联盟正式组成，使坚守潘杰希尔谷地的马苏德部队士气大振。

1996年10月5日和6日，塔利班部队采取用推土机和机动舟桥部队在马苏德部队铺设的地雷阵中开道，装甲人员输送车尾随其后的办法，在包括BM-21火箭、迫击炮和高射机枪等重武器掩护之下，向潘杰希尔谷地多次发动冲击；在萨兰山口地区，塔利班部队在12辆坦克和装甲车及武装直升机的掩护下，向马苏德部队猛攻，均遭到顽强抵抗和猛烈轰击，塔利班进攻受挫，部队伤亡惨重，仅被打死的人数即达100人以上，被迫于10月7日停止了向潘杰希尔谷地的进攻。10月9日以后，马苏德部队连续在潘杰希尔山谷谷口和喀布尔以北的萨兰通道一带不断出击，接连重创塔利班部队。10月12日，经过5个小时的激战，马苏德部队重新夺回萨兰山口入口处的古尔巴哈尔，切断了一支已进入萨兰山谷的塔利班武装的退路，而山谷中部和北部又处在杜斯塔姆领导的乌兹别克民兵的控制之下。10月13日上午，马苏德部从东、南、西3个方向向谷内猛攻，并很快击溃了塔利班部队，恢复了距喀布尔120千米的萨兰山谷南口。接着，马苏德部集中兵力沿萨兰公路南下，并于13日晚又收复了喀布尔以北50千米处的巴格拉姆空军基地。马苏德部队乘胜追击，直逼喀布尔。10月14日至10月18日，巴格拉姆基地几次易手，战斗异常激烈。10月20日，马苏德部队进抵喀布尔以北10千米处，与塔利班部队展开激战。马苏德亲临前线指挥，并用火箭猛烈袭击喀布尔机场，迫使塔利班从机场撤走了一部分直升飞机。塔利班武装则顽强抗击马苏德部队的轮番冲击，并出动飞机大炮猛烈轰炸敌方阵地。

塔利班部队自9月27日攻占喀布尔后，乘胜北进，锐不可挡，但仅仅半个月又被迫后退，转攻为守。其主要原因：一是原持中立态度的杜斯塔姆在自身受到威胁后，倒向马苏德，杜-马联合，改变了敌对双方的力量对比，增加了对塔利班的压力；二是阿北部地区一向是塔吉克、乌兹别克族的地盘，不少人对南部普什图族人组成的塔利班抱有敌意，因此，塔利班进攻北部失去“人和”；三是从军事角度看，塔利班操之过急，在攻打潘杰希尔的同时又攻打萨兰通道，兵力分散。因此，当塔利班攻势到了“强弩之末”时，便招架不住马苏德的“防守反击”，不几日就丧失了战场的主动权。

当塔利班和马苏德的部队在喀布尔附近打得难解难分之时，联合国安理会和国际社会纷纷呼吁阿富汗各派武装立即停火，和平解决冲突。杜斯塔姆也于10月20日提出停火建议。马苏德提出的停火条件是：塔利班撤出喀布尔。塔利班为争取主动，同意接受马-杜两派提出的停火条件，但又提出了具体的反建议：(一)成立联合委员会，由阿各省派相同数量的代表参加，各省的代表也可包括一些在国外的阿富汗人；(二)在喀布尔组建中立保安部队，由各省派出100人参加；(三)在喀布尔实行非军事化，杜斯塔姆的部队应撤至马扎里沙里夫，马苏德的部队应撤至潘杰希尔谷地，塔利班的部队撤至南部的迈丹沙赫尔等地。对此，杜斯塔姆提出，交战各方应保持同喀布尔相等的距离，如果北方民族运动撤至马扎里沙里夫，塔利班的部队则应撤至坎大哈。在组建中立部队问题上，塔利班主张由各省派100名人员，杜斯塔姆则提出应根据各省的人口按比例派出人员。

第5阶段(1996年10月下旬至12月底)塔利班发起反击解除喀布尔之危，敌对双方准备来年再决雌雄

双方在就停火条件进行讨价还价之时，均抓紧时间调集兵力，准备进一步较量。塔利班从阿东部贾拉拉巴德、东南部的帕克蒂亚省、加兹尼省和南部的查布尔、赫尔曼德等省，调集4000人赶赴喀布尔。塔利班还从其根据地坎大哈省调来最精锐的部队，发出誓死保卫喀布尔的口号。杜斯塔姆的北方民族运动也出兵南下，穿过萨兰通道，与马苏德部队汇合。反塔利班的6个派别，即北方民族运动、伊斯兰促进会、统一党、伊斯兰党、民族解放阵线等，在北部马扎里沙里夫开会，推选杜斯塔姆为阿富汗最高防御委员会首脑，并发表联合声明称，坚持要求塔利班撤离喀布尔。10月24日，塔利班为牵制马-杜联军的进攻，在西部巴德吉斯、法里亚布等省，开辟第2战场，向驻守这两个省的杜斯塔姆部队发动进攻，于次日攻占巴德吉斯省和法里亚布省部分地区。以马苏德和杜斯塔姆等派武装为主的反塔利班联军，则多次向喀布尔的塔利班防线发动攻击，但均未得手。

反塔利班联军数番攻城不克，兵疲将劳，锐气受挫。塔利班则以逸代劳，并不断向喀布尔增调兵力兵器，注意把握战机，稳扎稳打。1996年11月23日，塔利班结束在喀布尔地区阶段性防御，向马苏德和杜斯塔姆联军发起强大反攻，迫其不断向北退却，到25日，塔利班已占领距喀布尔以北将近40千米的卡拉坎一带，进抵卡拉巴格镇附近。迅速清除了反塔利班联军在喀布尔以北附近的据点。此后，塔利班吸取以往的教训，没有冒然北进，而是先巩固阵地，整顿部队，一个月后再次向北进攻。12月27日清晨，塔利班在重炮和战斗机的支援下，向马苏德和杜斯塔姆的部队发动进攻，当天下午攻克距喀布尔以北约40千米的卡拉巴格镇，并向距喀城以北50千米的巴格拉姆空军基地进兵，占领了机场周围的一些山头，对踞守机场的马苏德部队发起进攻。12月29～30日，反塔利班联盟连续出动飞机对塔利班控制的喀布尔进行报复性轰炸。喀布尔市内火箭、炸弹的爆炸声与地面防空炮火声几乎彻夜不绝。喀布尔机场和城里的居民区遭到火箭以及重磅炸弹的轰炸，许多房屋被毁，但未造成人员伤亡。

阿富汗人民再一次在硝烟弥漫的战场中迎接新一年的到来。但在饱尝5年内战的苦难之后的阿富汗人民，仍然见不到和平的曙光。这场内战很可能还要持续相当长一个时期，经历一个残酷而曲折的过程。其主要原因是：(一)阿内战敌对双方立场严重对立。塔利班进攻得手又有首都在握，逼迫其他各派接受其“治国理念”，同意其领导人乌马尔为最高领袖，否则决不与对方谈判。反塔利班联盟则坚持塔利班武装撤出喀布尔，实现喀布尔非军事化，作为停火谈判的先决条件。双方针锋相对，没有调和余地。(二)敌对双方力量对比不相上下。塔利班目前已控制阿2/3国土，占领了首都及阿东部、南部及西部的大城市，控制了阿境内普什图族居住的地区。塔利班武装总兵力已达5万人左右，且组织严密，斗志旺盛，在战场上保持着攻势。反塔利班联盟控制着阿北部、东北部广大地区。这些地区均是塔吉克族、乌兹别克族少数民族居住区。控制着阿北方6省的杜斯塔姆部队约有4万人左右，有统一的军队和精良的装备，且未卷入9月喀布尔大战，实力基本保全完好。马苏德的部队目前尚控制着阿东北部3个省，兵力尚有2万左右，且都是塔吉克人组成的精锐部队。尽管杜、马两派过去敌对多年，相互存有戒心，尚未完全形成合力，但两派的总兵力和部队的战斗力，仍然可以与塔利班一决雌雄，短期内敌对双方均不具备战胜对手的能力。(三)对阿各派有影响的外部势力还没相互达成妥协。尽管这些国家的领导人在阿富汗内战升级期间频频接触，都公开表示成立一个基础广泛的政府是解决阿富汗问题的唯一出路，但又出于各自利益，暗中各支持一派。在塔利班占领喀布尔后，俄罗斯和中亚4国领导人于1996年10月4日夜，在阿拉木图召开紧急会议。参加会议的有，俄罗斯总理切尔诺梅尔金、哈萨克斯坦总统纳扎尔巴耶夫、乌兹别克斯坦总统卡里莫夫、吉尔吉斯斯坦总统阿卡耶夫和塔吉克斯坦总统拉赫莫夫。会议制定了对阿富汗内战的共同政策，并通过了5国联合声明。5国对塔利班政权基本持否定态度，对其“胜利”充满“忧虑”。担心塔利班所奉行的“以伊斯兰教义治国”的思想，对中亚建立的“世俗的、民主的”政治体制产生强烈冲击。5国强调绝不允许战火蔓延到独联体南部边界，任何可能发生的威胁都将被看做是对5国共同利益的威胁，5国将采取相应措施。乌兹别克斯坦还表示全力支持杜斯塔姆民兵武装，以阻止塔利班越过萨兰山口向北进军。伊朗对阿局势更为关注。伊朗副外长布鲁杰迪1996年10月上旬先后3次抵阿富汗北部活动，劝说北方民族运动杜斯塔姆与拉巴尼合作，共同对付塔利班，撮合杜部与马苏德部结成反塔利班联盟。伊朗还与俄罗斯和印度协调立场，决定一如既往，继续支持拉巴尼政府。伊朗舆论则猛烈抨击塔利班攻占喀布尔后关闭女子学校、禁止妇女上班等各种过激行为，称塔利班是伊斯兰原教旨主义幽灵，为防止其在中亚地区蔓延，必须尽快将其铲除。印度对塔利班的胜利表示不安，认为这是美国、巴基斯坦和沙特阿拉伯支持的结果。塔利班接管喀布尔危及这一地区的和平、安全和稳定。与俄罗斯、伊朗、印度等国立场相反的巴基斯坦、美国和沙特阿拉伯等国却站在塔利班一边。巴基斯坦在塔利班攻占喀布尔之后，即发表公告，赞扬塔利班的领导人，并派出高级代表团到喀布尔与塔利班成立的新政府联系。美国务院发言人则公开呼吁塔利班的新政府尽快恢复秩序，组成一个有代表性的临时政府，并宣称将按以往惯例与控制首都的人打交道。许多阿富汗派别的领导都尖锐的指出，阿富汗已成为许多国家实现自己利益的场所，阿富汗内战在某种意义上已成为有关国家代理人之间的战争。在这种形势下，联合国的调解行动却十分微弱。1996年11

月18日，联合国在纽约召开关于阿富汗问题的国际会议，包括5个常任理事国在内的近20个国家的代表出席了会议。通过1067号决议，呼吁阿冲突各方立即停止一切武装敌对行动，进行政治对话，实现民族和解，建立一个基础广泛的民族团结政府。联合国阿富汗问题特使罗伯特·霍尔更是不辞辛劳的穿梭于阿富汗进行斡旋，但联合国秘书长加利表示，联合国无意向阿富汗派遣维和部队，这极大地限制了联合国在阿促和的力度，单凭一个特使的游说恐难以在短期内解开阿各派间的恩怨。总之，迄1996年底止，无论从阿富汗各武装派别的实际情况，还是对阿内战有重要影响的国际因素，都很难看到结束这场内战的希望。

（武爱琴）

昆沙武装贩毒集团向缅政府军投降 1996年1月5日，"金三角"地区最大的贩毒组织——昆沙集团正式宣布放下武器，接受缅军收编。截至1996年底，共有14000余名昆沙武装贩毒集团的成员向缅军投诚，上缴各类轻重武器近万件(具)及大批自产手榴弹、地雷、通讯设备等军用物资。这是国际社会联合禁毒取得的重大成果，也是缅军的重大胜利。实力强大的昆沙集团最终走向分崩瓦解，主要有以下3方面原因：

（一）缅甸政府的军事围剿。昆沙集团从60年代中期即开始走上反政府道路，长期以来一直是缅政府的"心腹之患"。为此，缅政府对昆沙集团的围剿一直不断。自1993年12月昆沙自立"掸邦独立国"之后，缅政府进一步加大了对其打击力度。从1994年1月开始，缅军对昆沙控制区发动全面进攻，并与脱离了缅共的少数民族武装——佤邦民族民主联合军采取联合军事行动，先后毙伤昆沙武装人员5600余人，攻克170多个重要据点，捣毁30个毒品加工厂，切断数条贩毒通道，使昆沙武装集团实力受到严重削弱。1996年1月2日，缅军攻占了昆沙总部驻地贺蒙。已成强弩之末的昆沙为形势所逼，无可奈何地选择了归顺政府的道路。这是昆沙集团投降的主要原因。

（二）国际社会的共同打击。昆沙集团盘踞"金三角"地区30多年，控制了该地区70%的毒品生产和加工，并通过各种贩毒渠道将毒品倾销世界各地，给国际社会造成了极大危害。因而，世界许多国家都积极参与禁毒合作。缅政府先后与泰国成立禁毒高层协商委员会，与中国、越南、老挝等国签订了联合禁毒协议。以美国为首的西方国家也为禁毒工作提供大力支持和援助。1994年初，缅军向昆沙控制区发起进攻后，泰美两国秘密协商，封锁泰国通往贺蒙的主要通道，阻塞当地的物资流通和防止昆沙外逃。同时，美国禁毒管理处还派员带领100多名泰国警察和士兵组成"特遣部队"，专门打击昆沙集团的毒品加工厂及销售公司，取得了很大战果。上述联合打击行动持续1年多，导致昆沙集团腹背受敌，财政匮乏，物资紧缺，人心涣散。在这样内外交困的形势下，昆沙再也无力继续跟缅政府对抗下去。

（三）内部力量的四分五裂。昆沙集团是由掸族和华裔联合组成的武装贩毒组织。由于昆沙本人是华裔，因而长期以来，在集团内部华裔势力占据上风，掸族人受到冷落排挤，因民族矛盾引起的内讧时有发生。特别是1993年底昆沙成立"掸邦独立国"之后，他集军政大权于一身，更加提拔重用华裔人员，打击排斥掸族势力，民族矛盾进一步激化，分裂逃亡事件屡屡发生。1995年6月，昆沙集团军事负责人甘丝率领1200名掸族人分裂出来成立了"掸邦民族军"，至1995年8月，该组织已发展到6000余人。同时，昆沙集团内部的一些掸族军官也在暗中与缅政府谈判，希望能脱离昆沙。一方面遭受着缅政府和国际社会的双重打击，一方面目睹着众叛亲离，一向好斗的昆沙感到心力交瘁。1995年11月23日，昆沙在总部驻地贺蒙举行退位仪式，辞去其领导的武装"蒙泰军"总司令职务，坦言"内部的众叛亲离给了他极大打击，使他决定隐退"。

昆沙集团的投降，对国际毒品犯罪活动是一个沉重打击；同时，对促进缅甸国家统一、政局稳定和提高缅甸的国际地位也具有深远意义。然而，昆沙集团的投降仅只是为最终铲除"金三角"这块世界上最大的毒品生产基地提供了可能性。目前，在"金三角"地区，佤邦民族民主联合军取代昆沙成为新一代毒枭；同时，还有昆沙的残部和其他少数民族武装仍在从事着制毒贩毒活动，因而要在该地区彻底肃毒，对缅政府和国际社会来说将是任重而道远。

（孟　丽）

印度拒绝签署全面禁止核试验条约 据西方新闻媒体报道，1996年，印度政府在核武器方面继续推行强硬路线，6月拒不签署全面禁止核试验条约（简称"禁核试条约"），使该条约未能在日内瓦获得通过；9月，印度又拒绝在联合国全面禁止核试验条约上签字，这势必影响该条约的生效。

一、印度拒签"禁核试条约"的经过

1996年6月28日，5个核大国——美国、俄罗斯、英国、中国和法国，3个接近取得核能力的国家——印度、以色列、巴基斯坦，都派代表出席在日内瓦举行的"全面禁止核试验条约"谈判，由于核大国没有接受印度提出的修改条约草案意见，印度代表拒绝在全面禁止核试验条约上签字。巴基斯坦虽然赞成通过该条约，但又明确表示，只要印度不签署和批准这一条约，巴就不会在条约上签字，从而保留了“选择权”。以色列代表则说，它签字的条件是受到美国等核大国支持的折衷性条约文本不得改动。由于意见分歧，互不妥协让步，使全面禁止核试验条约未能在日内瓦获得通过，9月，印度在联合国又拒绝在全面禁止核试验条约上签字。

二、印度拒签“禁核试条约”的原因与背景

在禁核试问题上，印度历届政府一贯采取强硬立场，印度高达新政府与历届政府虽持相同立场，但拒签“禁核试条约”的原因又有细微变化。具体说来，大致有以下几点：

（一）印度坚持“核大国承诺消除所有核武器”的立场，在谈判中受挫，损害了印度战略利益，决定了印度不会接受“禁核试条约”。在禁核试条约草案谈判前后，印度新闻传媒连续发表评论，很多文章宣传“中巴威胁”，并对中国表示不满。印方反对“禁核试条约”的态度变化大致可分为2个阶段：1. 在1996年6月20日正式表态反对“禁核试条约”草案前，印度以强调草案有严重缺陷为由，要求全面修改该草案。印方称：核大国没有承诺“在一定时间表内消除核武器”，不能防止“垂直扩散”，该草案维护了核大国在核问题的“霸权地位”。印度记者6月11日询问印度新任外长古杰拉尔：如果日内瓦会议拒绝接受印度的条件，印度将采取什么行动？古杰拉尔说：“只要有核国家不改变以往的态度，不提出彻底销毁核武器的时间表，印度将拒绝签署全面禁止核试验条约。”2. 在谈判的最后阶段，印度见修改条约草案无望时，自6月20日起，又借口对“周边安全环境”有“安全顾虑”，正式表态反对“禁核试条约”草案。据印度报纸报道，印度1996年6月20日宣布，它决不在全面禁止核试验条约上签字；高达的内阁已经决定不签署该条约草案；印度在日内瓦的代表团已接到政府的指示，不签署条约草案，因为在南亚局势中有一个现实，这个现实是令人担忧的，全面禁止核试验条约没有使安全环境得到改善。

（二）印度新政府班底较弱，在核问题上不可能改变历届政府的强硬立场，作出让步。日内瓦裁军会议1996年3月份进入实质性谈判阶段，原定6月28日结束。当时印度正忙于国内大选，无暇顾及谈判情况。到6月中旬，执政的高达政府才开始运转，执政的联合阵线由14个中小政党组成松散联盟，在议会中是少数，依赖国大党的支持，这样的政府在外交上决断能力有限，不可能在“放弃核选择”问题上改变强硬立场，而作出让步。

与此同时，印度新政府对“禁核试条约”立场强硬，也助长了民族情绪上升。据西方传媒报道，印度拒绝签署全面禁止核试验条约的强硬立场，激起国内要求拥有核弹的呼声日益强烈，印度各党派在核问题政策上虽有较大分歧，但由于新政府地位不稳，各党派从未来大选出发，在“禁核试问题”上争相表现出强硬态度，民族情绪上升，由此也大大减少了新政府在核问题退让的余地。

三、印度拒签“禁核试条约”的影响

（一）影响了联合国《全面禁止核试验条约》的生效。该条约规定：“本条约需经44个国家，包括5个公认的核国家英、中、法、俄、美在内和具有核能力的国家，即印度、以色列和巴基斯坦的批准才能生效。”因此，印度拒绝在条约上签字，必将影响该条约的生效。

（二）对印度争取联合国非常任理事国席位产生影响。印度在“禁核试条约”问题上的强硬立场，得罪了核大国和几乎所有的其他与会国，这种强硬态度对印度在联合国安理会争夺非常任理事国席位产生了一定影响。为尽可能减少在“禁核试条约”问题上的外交损失，无论是双边会晤还是东盟外长会议和联大会议的多边场合，印度都利用种种机会阐述其在“禁核试条约”问题上的立场，以求得理解、同情和支持。在印度因“禁核试条约”问题面临孤立而且和日本争夺安理会非常任理事国地位时，争取周边国家的支持，符合印度外交直接而现实的需要。

（曹连成）

巴基斯坦推行与中亚6国合作战略进展缓慢 据南亚新闻媒体报道，苏联解体后，中亚6国——哈萨克斯坦、吉尔吉斯斯坦、塔吉克斯坦、乌兹别克斯坦、土库曼斯坦、阿塞拜疆斯坦相继独立，巴基斯坦开始设计加强与中亚6国合作的战略，但由于阿富汗战乱不停等原因，巴推行中亚战略进展缓慢。

一、巴基斯坦中亚战略的出发点是振兴经济与印度抗衡

巴基斯坦之所以设计与中亚6国加强合作的战略出于地缘政治和振兴经济两方面原因。从地缘政治方面看，巴基斯坦一直视印度是威胁其国家安全的主要对手。印巴独立后，双方发生3次大的战争，印度并于1971年战争中肢解了巴基斯坦，使其深感切肤之痛；两国因悬而未决的克什米尔领土争端，长期对立，并不时地发生小规模冲突。由于与印度关系一直较为紧张，巴同印开展军备竞赛的势头有增无减，因而巴的军费开支过高，国防预算一直占政府经常性开支的25%以

上，给国家经济造成沉重负担。在这种情况下，巴基斯坦一直视阿富汗与中亚6国为其与印度对抗的战略后方地带。巴希望通过加强与中亚6国的合作，扩大影响，拓展外交空间，提高巴基斯坦在伊斯兰世界的地位，争取更多的国家在克什米尔问题上给予支持，削弱印度对其安全的威胁，并摆脱美国取消对巴援助后出现的孤立局面。从经济方面看，能源短缺是制约巴基斯坦经济发展的重要原因。据了解，巴基斯坦的石油储量仅够再开采5年，到2000年，石油自给率将从目前的40%降至10%以下。现有的天然气储量虽较丰富，但也只能开采12年。同时，巴基斯坦电力供应相当紧张，许多农村都没有电，各大城市断电现象时有发生。相比之下，中亚6国的能源资源相当丰富，6个国家的石油总储量为300亿至350亿桶，天然气储量为50万亿立方英尺，火电、水电和核电的年发电能力为2250亿千瓦。因此，巴在开辟中亚市场时，特别重视能源项目的合作。目前，巴与阿塞拜疆合作，联合开采巴信德省、旁遮普省和俾路支省的石油。塔吉克斯坦的水力发电资源比较丰富，巴与塔吉克斯坦签订了供电协定。根据协定，从1992年至1997年，塔吉克斯坦向巴基斯坦供电15万千瓦至18万千瓦，到2000年供电100万千瓦；巴方则向塔方提供5亿美元的贷款，用于购买修建新水坝的设备。与此同时，巴基斯坦还同土库曼斯坦签订了向巴北部地区供应天然气的谅解备忘录。同吉尔吉斯斯坦谈判修建向巴方提供石油、天然气的输油气管道。有色金属资源极为丰富的吉尔吉斯斯坦，还答应在国际原子能机构的监督下，向巴基斯坦提供铀。

二、中亚6国为摆脱俄罗斯控制另寻市场也需要与巴基斯坦进行合作

中亚6国出于自身的政治和经济利益，也需要与巴基斯坦开展多方面的合作。从经济上看，中亚6国虽在政治上获得了独立，在经济上仍然严重依赖俄罗斯。首先，中亚6国独立后，俄罗斯便取消了对它们的财政补贴，使这些国家陷入财政困难。其次，中亚6国过去多由俄罗斯人统治，主要经济管理部门多由俄罗斯人把持。独立后，俄罗斯人大批撤离，致使中亚6国管理与技术人才奇缺。再次，中亚6国独立后，丧失了前苏联统一的大市场，各种自然资源的出口还要通过俄罗斯进行，受制于俄罗斯。在这种情况下，中亚6国为摆脱俄的控制和另寻出海口，巴基斯坦的卡拉奇港无疑对中亚6国最具吸引力。从政治上看，中亚6国独立后，国内的民族、宗教势力抬头，而土耳其、伊朗两大穆斯林国家都乘机向中亚各国施加影响，希望扩大各自的势力范围。但中亚6国既对完全亲西方的土耳其不感兴趣，又惧怕伊朗伊斯兰激进势力的渗透。在这种情况下，巴基斯坦既尊重伊斯兰教规又具有比较民主的形象，对中亚国家有较大的吸引力。

三、巴基斯坦推行的中亚战略面临诸多困难

南亚问题观察家指出，尽管巴基斯坦和中亚各国都有政治上相互依存和经济上互有所求的愿望，并签定了不少协议，但最终落到实处的并不多，巴推行的中亚战略面临许多困难，进展缓慢。首先，阿富汗的战乱切断了巴基斯坦与中亚6国开展合作的交通线，致使巴基斯坦急需的通往中亚的输油气管道和输电线路无法铺设，双方的易货贸易又无路可走。其次，中亚国家希望将油气管道一直铺到印度，并通过巴基斯坦与印度进行贸易，但巴基斯坦不会轻易答应这一条件。再次，伊朗和土耳其也都在加紧拉拢中亚国家，这在一定程度上削弱了巴基斯坦对中亚6国的影响。

综上所述，巴基斯坦所推行的战略构想有其道理，符合巴与中亚各国的切身利益，但战略实施中困难重重，阿富汗的战乱局势仍是各种困难的首要问题。

（曹连成）

斯里兰卡政府军继续清剿“猛虎”组织武装　为了打击泰米尔伊拉姆解放组织（简称“猛虎”组织），斯里兰卡政府军在1年多的时间先后发动了4次大规模军事行动，收复了贾夫纳城、基利诺奇等“猛虎”组织控制的重要城市和据点，取得了一些进展。但“猛虎”组织采取避实就虚策略，将主力从城市撤至广袤丛林地带，通过对政府军的常规军事行动与在科伦坡和其他地区的游击战、恐怖袭击相结合的战术与政府军周旋。主要情况如下：

一、政府军对“猛虎”组织的4次军事行动

（一）“跃进行动”使政府军兵临贾夫纳城。为重挫“猛虎”组织的军事力量，斯里兰卡政府军于1995年7月9日，出动4个旅共1万多名士兵，向贾夫纳半岛的“猛虎”组织发动了1次代号为“跃进行动”的军事攻势。至7月15日，政府军收复1/3被“猛虎”组织占据的地区，并前进至离“猛虎”组织设在贾夫纳半岛的大本营贾夫纳城不到6千米处，毙敌200多人。面对1万多名官兵的猛烈攻击，“猛虎”组织避实就虚，以保持精锐部队伺 机反扑。7月14日，集中600人向政府军1座简易军营实施突袭，打死官兵14名；同日，“猛虎”组织在贾夫纳半岛用导弹击落政府军空军1架战斗机；7月16日，“猛虎”海上武装“海虎”派遣10人突击队充当“人肉炸弹”，摧毁1艘停泊在甘可圣图拉海军基地

的1500吨级运输舰。另一支“海虎”敢死队本想炸掉在东北方海面执行巡逻任务的1艘炮舰，结果偷袭未成，反被政府军击沉3艘快船，18名游击队员阵亡。

据南亚国家新闻媒体分析，“猛虎”组织此番连续出击，旨在自我鼓舞士气，同时证明政府想用武力解决种族冲突是难以奏效的，政府军想“毕其功于一役”很难办到。

（二）“阳光行动”使政府军一举攻下“猛虎”组织大本营——贾夫纳城。为了挫败“猛虎”组织想在北部和东北部地区建立独立的“泰米尔国”的图谋，斯政府军从1995年10月17日起发起代号为“阳光行动”的军事攻势，经过47天的浴血奋战，至12月3日，政府军收复了被“猛虎”组织占领5年并作为大本营的贾夫纳市。此次军事行动中，政府军出动陆海空军2.5万人，陆军3个师在大炮、坦克和装甲车的支援下，对“猛虎”组织发起强大攻势。政府军稳扎稳打，步步为营，攻克了“猛虎”组织的许多重要据点，从北、南、东3面合围贾夫纳城，经过激烈巷战，政府军终于收复了贾夫纳城。

在这次历时47天的战斗中，双方均有重大伤亡。据政府军军方首席发言人穆纳辛哈准将称，冲突双方在这场战斗中共有2500人丧生，其中政府军与“猛虎”组织的死亡比例大致是4∶1。

南亚新闻媒体认为，斯政府军虽然占领贾夫纳城，但从军事意义上讲，贾夫纳城的归属问题对双方不构成实际战斗力对比的重大转折。近万名“猛虎”武装人员还是不甘心失败，时刻准备卷土重来；政府军本想借此举攻城之战围歼大批守敌，以达成重创“猛虎”有生力量的战役目标，但“猛虎”主力早已主动撤退到安全地带，在城内只留下数百名狙击手。从政治意义上讲，贾夫纳城再度易手对双方都有不同的心理冲击。对“猛虎”组织来说，失去这座“圣城”，势必动摇“猛虎”组织军心；对政府军来说，收复贾夫纳，对斯国民是一个很大的鼓舞。

（三）政府军发动“必胜”军事攻势，收复另一重要据点基利诺奇。“猛虎”组织失去贾夫纳城后，其总部向南转移至基利诺奇。政府军为继续摧毁“猛虎”组织临时总部，重新开通科伦坡经由基利诺奇地区通往贾夫纳的公路，自1996年7月下旬起，发起代号为“必胜”的军事攻势行动，至9月29日，一举攻克基利诺奇，实现了战役预定目标。此战役分3个阶段进行：

第1阶段（1996年7月26日至8月3日）

1996年7月中旬，“猛虎”组织以绝对优势兵力，在斯里兰卡东北穆莱蒂武地区，向政府军1座孤立的军营进行围歼，打死守卫军营的1000多名官兵，摧毁了整座兵营，掠走政府军重炮等大批武器弹药，严重地挫伤了政府军士气。为了打击“猛虎”组织气焰，政府军在失掉穆莱蒂武军营不久，于7月26日发起代号为“必胜”的第1阶段战役。据报道，政府军在飞机、坦克、大炮的支援下，兵分两路，以连结贾夫纳半岛和本土之间的唯一陆路通道——大象通道军营为起点，一路杀向南方，对“猛虎”组织控制的帕兰坦镇进行猛烈攻击，攻下该镇后，政府军进入休整和巩固占领阵地阶段；另一路北伐贾夫纳岛，防范“猛虎”主力从基利诺奇重返贾夫纳岛。

“猛虎”主力再度移师南下，深入本岛腹地寻找战机。

第2阶段（1996年8月4日至9月21日）

1996年8月4日，政府军对“猛虎”组织发动第2阶段进攻，打死“猛虎”组织成员203人，打伤100多人。5日，斯政府军在飞机、大炮和坦克的掩护下，继续向“猛虎”组织临时大本营基利诺奇方向推进，遭到游击队的顽强抵抗。据斯政府军官员称，政府军与游击队的战斗至8月7日仍在继续，“猛虎”组织对政府军发动了猛烈的反击，仅在几天内，就有47名政府军士兵被打死，70名受伤。政府军向游击队控制的北方重镇基利诺奇的推进过程中，遭到“猛虎”游击队的顽强抵抗，使政府军进展十分缓慢，被阻在距基利诺奇约3千米的地方。

第3阶段（1996年9月22日至9月29日）

1996年9月22日至29日，2.2万名政府军在飞机、大炮和坦克的掩护下，分头从大象通道和帕兰坦出发，呈钳形攻势围攻基利诺奇镇。9月26日又开辟新的战线，形成东、西、南3面包围基利诺奇。“猛虎”组织在节节败退后，组织了1000多人的自杀敢死队冲击政府军防线，企图用同归于尽的战术打破包围，解除基利诺奇被困险境，以女队员为主的敢死队轮番冲击，都被政府军的大炮和迫击炮击退。“猛虎”组织死亡450人，伤300多人，宣告了突围最后一招失败。于是，“猛虎”组织于9月28日炸毁基利诺奇镇的通讯站和绝大多数建筑设施。29日，对政府军的进攻稍事抵抗后，就弃城撤至瓦尼的密林山区。在这次军事行动中，政府军阵亡255人，“猛虎”游击队有750多人被击毙。

南亚国家新闻媒体认为，政府军相继收复帕兰坦和基利诺奇，基本实现了打击“猛虎”组织的气焰和收复据点的预期军事目标，为打通科伦坡至贾夫纳半岛的公路交通扫清了障碍，使“猛虎”组织不得不退入山区。但是也必须看到，“猛虎”组织虽然一再受挫，所控地区逐渐减少，却仍然拥有近万人的兵力，控制着北部、东北部广大农村和丛林地区，斯里兰卡政府军在军事上完全战胜“猛虎”组织还要作出艰巨的努力。

(四)发动“阳光胜利”行动，摧毁“猛虎”组织营地。据斯里兰卡军方人士说，斯里兰卡政府军自1996年12月31日起，向东部拜蒂克洛丛林地区“猛虎”组织游击队发动了代号为“阳光胜利”的军事攻势。至1997年1月5日，政府军已摧毁5个“猛虎”游击队营地，击毙数十名游击队员。1月6日凌晨，斯政府军在东部丛林地区对“猛虎”组织游击队发动了代号为“阳光胜利”的第2轮军事攻势。据科伦坡消息灵通人士说，斯政府军在直升机掩护下，兵分3路向“猛虎”组织游击队推进，欲一举收复东部丛林地区，以摧毁“猛虎”组织游击队在这一带的抵抗力量。

二、“猛虎”组织在政府军的强大攻势下节节败退，被迫转入农村、山区开展游击战与袭扰战，拒绝与政府军和谈，继续争取“独立”的斗争

(一)在科伦坡等城市进行暗杀、爆炸等恐怖活动，以扰乱人心。在政府军发动的4次军事行动期间和其后，“猛虎”组织不甘心失败，为报复政府军和破坏斯政府的和平计划，在斯里兰卡首都科伦坡以及贾夫纳等地制造多起爆炸事件。1995年8月7日，“猛虎”组织一成员进入科伦坡独立广场东端的西方省首席部长大楼，表示要会见首席部长。在安全人员对其进行检查时发生爆炸事件，造成20人死亡，45人受伤。1995年10月20日，“猛虎”组织炸毁科伦坡两个油库，有26人丧生。1995年11月11日，两名“猛虎”游击队员分别在科伦坡陆军司令部和科伦坡火车站附近引爆绑在身上的炸弹，炸死18人，炸伤65人。1996年1月31日，在科伦坡中央银行大楼发生爆炸事件，这次爆炸使16层的中央银行大楼变成断壁残垣，面目皆非，并使附近几座大楼遭到严重破坏，造成200多人死亡，重伤1500多人，这是斯里兰卡爆发内战13年以来最大的一起爆炸事件。1996年7月24日，在科伦坡附近发生一起列车炸弹爆炸事件，据斯里兰卡官员说，这起事件至少有67人丧生，450多人受伤，这次爆炸事件是在政府军从游击队手中收复穆莱蒂武后发生的。“猛虎”组织除在科伦坡制造爆炸事件外，对贾夫纳城也采取恐怖活动。1996年7月4日，“猛虎”组织在贾夫纳城制造爆炸事件，斯里兰卡政府驻贾夫纳司令等21人死亡，政府建筑部长西尔瓦等50人受伤。

(二)同政府军打游击战与袭扰战，以显示“猛虎”组织不会善罢甘休。“猛虎”组织主力从贾夫纳、基利诺奇撤出后，转入农村与山区同政府军打袭扰战，使政府军难以应付。据统计，1996年共策划袭扰事件达10余起。其中，1996年7月中旬，“猛虎”组织以绝对优势兵力，在斯东北部穆莱蒂武地区对政府军进行袭击，打死打伤1000名官兵。6月9日，“猛虎”组织在东部的拜蒂克洛地区用榴弹炮袭击了政府军1个兵营，并伏击政府军增援部队，打死17名官兵。7月14日，“猛虎”组织袭击了贾夫纳半岛政府军1处阵地，至少有13名政府军被打死。7月25日，“猛虎”组织向东部地区1座警察哨所发动袭击，打死7名警察，打伤21人。12月10日晚，“猛虎”组织在斯里兰卡东部的安帕赖镇袭击了1个警方突击队，至少打死36名警察，打伤39人。12月19日，“猛虎”组织的1名敢死队员，在东部的卡莱蒂武镇驾驶摩托车冲向1辆载有特种警察部队高级警监的汽车，并引爆身上的炸药，“猛虎”组织敢死队员和高级警监当场身亡。为报复政府军发动的“阳光胜利”军事攻势，“猛虎”组织1997年1月9日，向驻守大象通道的政府军两个营地发动进攻，遭到了政府军的顽强抵抗，双方共死伤800余人。

三、斯里兰卡政府军同“猛虎”组织的战斗将持续下去

斯政府军经过4次大的军事行动，虽取得一些战果，但内战远没有结束，僵持局面还将继续下去。

(一)“猛虎”组织仍拒绝和谈。1995年12月6日，斯里兰卡总统钱德里卡·库马拉通加在举行收复贾夫纳城报告递交仪式上，呼吁“猛虎”组织尽快坐到谈判桌边，通过谈判解决民族冲突，她将对“猛虎”组织成员实行大赦，并保障其生命安全。斯总统的和谈呼吁立即遭到“猛虎”组织的拒绝，其在巴黎的发言人劳伦斯·提卡尔说，“猛虎”组织除了“继续抵抗军事占领”外别无选择。“让我们面对军事占领放下武器等于是让我们放弃权利。政府军是在要泰米尔人屈服于僧伽罗人的军事统治。”1996年11月，斯总统再次发出有条件恢复和谈的呼吁后，又同样遭到“猛虎”组织的拒绝。“猛虎”组织的电台称，库氏倡议没有“新的东西”，因为总统坚持只有在“猛虎”组织同意放下武器的条件下，才能恢复和谈。据南亚国家新闻媒体分析，“猛虎”组织拒绝和谈的原因有二：一是“猛虎”组织还拥有近万名武装，控制着北部和东北部广大丛林地带，这是“猛虎”组织拒绝和谈的主要原因；二是“猛虎”组织与国际有着多方面联系，为其支撑局面。在世界各地居住的泰米尔人为“猛虎”组织提供丰富的活动资金。“猛虎”组织在瑞士、加拿大、东南亚、南亚国家和地区建有38个办事

处和准外交机构，通过这些网络为“猛虎”组织进行武器采购与筹集资金。据报道，1996年“猛虎”组织60%的收入来自国外，使该组织能够长期与政府军对抗。

*（二）政府军为取得战争的胜利正在积极备战。*库马拉通加总统坚信一条原则，只要把贾夫纳城的重建工作做好，就可以堵住“猛虎”组织在贾夫纳半岛的东山再起。库氏自政府军1995年12月攻占贾夫纳城后，很多外交活动都是呼吁国际社会参与贾岛的善后工作。据斯国内报刊透露，以西方为首的国际援斯财团对此反应积极，分别表示了在贾岛投资意向，同时附带一项先决条件，即贾岛必须事先形成安全与稳定的环境。斯政府军收复贾夫纳后，25万名泰米尔难民摆脱了“猛虎”组织的控制，返回贾夫纳城。随后，斯政府又制定了耗资2.74亿美元的重建贾夫纳计划，得到了贾夫纳居民的拥护。政府这一计划遭到“猛虎”组织的破坏，并于1996年7月4日在贾夫纳制造爆炸事件。这些恐怖活动动摇了人们对重建工作的信心，也给外商在贾岛的投资制造了困难。斯司法部长兼财政部副部长佩里斯承认，爆炸事件使重建贾岛工作计划很难实现。

目前，斯里兰卡总统仍在继续推行全面战争战略，为打赢这场战争正在积极备战：一是对陆军领导层进行大改组。据西方新闻媒体1996年10月报道，在这次改组中，有16名将军被撤换。负责科伦坡治安工作的阿索卡·贾亚瓦德纳少将被任命为负责针对“猛虎”组织军事行动的总指挥。军方首席发言人萨拉特·穆纳辛格成为东部拜蒂克洛区的旅长。二是增加军费开支。英国伦敦国际战略研究所1996年10月的一份报告称，在过去两年里，斯政府军与“猛虎”组织的冲突升级造成2亿美元的军费开支。1996年，斯里兰卡的国防预算已增至7亿美元，但1996年前3个季度已超支1.83亿美元。这些开支用于购买8架以色列的“幼狮”战斗机和4架安-32型飞机。

西方国家新闻媒体认为，斯政府军与“猛虎”组织的内战已进入持久战阶段。政府军在军事上完全战胜“猛虎”组织，实现国内和平还需要一个漫长的过程。

（曹连成）

印尼多次发生骚乱事件 据西方新闻媒体报道，在1996年6月至1997年2月半年多的时间内，印度尼西亚连续发生6起大规模骚乱事件，造成人员伤亡、建筑物破坏。

一、1996年6月20日，印尼民主党领导人梅加瓦蒂的支持者约5000人在雅加达举行示威游行时，同军队发生流血冲突。据报道至少有128人受伤，警方逮捕了73人。

二、1996年7月27日，多达1万名的梅加瓦蒂支持者走上雅加达街头，焚烧了一座7层政府办公大楼、两辆双层公共汽车和数辆小汽车，以及一批建筑物。在梅加瓦蒂的支持者用石块、砖头和拳头与警方搏斗中，有5人死亡，70多人失踪，100多人受伤，200多人被拘留。

三、1996年10月初，在东爪哇的诗都文罗地区发生骚乱事件，有5人被打死，20座教堂和一个法院的房屋被烧毁。这起事件带有反基督教和反华人色彩。

四、1996年12月26～27日，在印尼西爪哇省的打横市，发生最严重的宗教骚乱事件。在长达十几个小时的骚乱中，数千名穆斯林教徒冲击警察局，拦截过往车辆，捣毁并焚烧教堂、学校、银行、商店及汽车等。据官方公布的数字显示，至少有4人在骚乱中死亡，15人受伤，100座建筑物遭破坏，100多辆汽车、摩托车被烧，造成1.2万多人失业。

五、1997年1月份，在西加里曼丹省的婆罗洲岛上的山口洋地区发生的骚乱，造成了5人死亡，1人失踪。山口洋是一个居民点，位于西加里曼丹省省会坤甸和与马来西亚沙捞越州交界线之间。当时，将近5000名达雅克人（当地的民族）洗劫了来自马都拉（印尼一个人口过于稠密的岛屿，离爪哇岛很近）移民的财物，迫使6000名马都拉人暂时离家避难。20多年来，印尼一直在全国实行“民族迁移”政策，这主要是为了缓解爪哇和马都拉的人口拥挤状况。结果，来到加里曼丹、苏门答腊和伊里安查亚的国内移民越来越多。这些移民同当地种族之间经常发生摩擦。在山口洋，有传闻说两个达雅克人被马都拉人打伤了，于是便爆发了上述暴力冲突。

六、1997年2月1日，印尼军队派巡逻队在爪哇的伦阿斯登克洛的大街小巷巡逻，因为在那里发生了穆斯林骚乱，一些穆斯林烧毁了一个新教教堂和一个佛教寺院。

（曹连成）

印（尼）、澳实现和解 1995年12月18日下午，印度尼西亚和澳大利亚在印尼独立宫内签署了《共同安全合作协定》，澳大利亚总理保罗·基廷和印尼总统苏哈托参加了签字仪式。协定规定：从协定签署之日起，双方将定期举行部长级磋商，讨论双边或地区方面共同感兴趣的问题；在签约一方或双方的安全利益受到威胁时，两国将举行磋商，必要时可以采取联合行动；两国还将就维护自身安全问题进行合作；两国寻求“加强现存的友谊”和“承认在维护地区和平和稳定方面有共同利益”。从以上内容可以看出，这一协定不仅解除了双方长期以来的敌对关系，而且在安全合作方面也迈出了历史性的步伐，这对于澳大利亚和印尼来说是非常不容易的。

澳大利亚和印尼是一衣带水的近邻。它们之间存在巨大差异，两国关系走过一段非常坎坷的历程。从1786年英国殖民者首次进入这片土地起，澳、印(尼)之间就充满猜疑和敌意，特别是本世纪50年代以来，两国关系一度非常紧张。1963年，印尼政府通过武力将西伊里安查雅收归印尼，当时正托管着巴布亚新几内亚的澳大利亚，便与印尼直接发生了领土争端；1976年，印尼出兵吞并东蒂汶，澳大利亚又首先出来对印尼进行严厉指责，并为东蒂汶的反印尼势力提供政治庇护；1986年4月，澳大利亚的《悉尼先驱论坛报》发表文章，详细披露苏哈托总统及其家族通过各种渠道积敛财富的全部过程，同时还把苏哈托本人比作菲律宾的马科斯。这一报道在印尼引发了轩然大波，印尼政府向澳大利亚提出了严正交涉，两国关系陷入空前的危机之中。

进入90年代以后，澳大利亚政府不断向印尼伸出橄榄枝。特别是从1991年底基廷取代霍克出任澳大利亚总理以来，两国关系的面貌才有了明显的改观。基廷就职后，出访的第1个国家便是印尼，其后又多次访问印尼，不断向印尼方面发出和解信号。但印尼表现得非常冷漠。印尼对澳大利亚心存芥蒂。

首先，在东蒂汶问题上两国都不肯让步。东蒂汶是努沙登加拉群岛最东端的一个小岛，16世纪葡萄牙殖民者进入东蒂汶，建立殖民统治。一直到1975年葡萄牙才宣布，就是否允许东蒂汶独立一事举行公民投票。随后，东蒂汶局势出现了严重混乱。印尼立即出兵东蒂汶，于1976年7月将东蒂汶并入印尼，东蒂汶成为印尼第27个省。但那里的局势一直不稳定，澳大利亚和葡萄牙都是东蒂汶反对印尼统治的最有力支持者。如果澳大利亚方面不承诺放弃对东蒂汶独立势力的支持，印尼当然不会接受他们的和解信号。

其次，澳大利亚与印尼还围绕蒂汶海峡的分界问题发生了争执。澳大利亚方面坚持按大陆架自然延伸原则划分两国海疆分界线，而印尼方面则主张等距离划分。两国为此进行过多轮谈判，一直到1991年2月，双方签署《蒂汶海峡合作条约》，该问题才得到解决。

再次，由于政治模式及文化方面的差异，澳大利亚与印尼在文化方面的论战一直持续不断，这也影响了两国关系的发展。因此，在90年代初期的澳、印(尼)关系始终是澳方热，而印(尼)方冷。一直到1994年6月，基廷第4次访问印尼，印尼方面才破例同意就两国之间缔结安全协定问题进行谈判。

这次两国签订安全协定，印尼有两方面的考虑。

一方面，印尼和澳大利亚改善关系不仅可以化解来自南方的威胁，而且对印尼解决东蒂汶问题也大有助益。1994年4月，印尼开始实行第2次25年长远发展规划。经济发展的重点将是西伊里安查雅和摩渌沾群岛，而东蒂汶正好位于爪哇和西伊安查雅的必经之道，稳定和开发东蒂汶对印尼实现第2步战略目标至关重要。因此，近年来印尼政府在东蒂汶采取了软硬两手策略，即对东蒂汶独立活动进行坚决镇压，又争取和平解决问题。从1993年开始，印尼便一直在努力与澳大利亚一道联合对东蒂汶进行开发，同时就东蒂汶实行高度自治等问题与东蒂汶各派政治力量进行谈判。

另一方面，近年来亚太地区政治、经济及安全方面的合作都有了长足的发展，特别是如何在亚太地区构筑新的安全体系，已经成为本地区各国关注的焦点。如何利用本国的影响主导亚太地区安全机制的建立，也成为各国外交政策的重点目标。澳大利亚和印尼都是亚太地区颇具实力的国家，通过联合行动发挥地区主导作用也成为他们的共识。

澳大利亚和印尼在签订安全合作协定后，如何使两国关系得到稳定的发展仍然面临不少困难。

首先，澳大利亚对这一协定寄予很高的期望，而印尼方面与之有差距。印尼国务部长穆迪约诺指出，该协定主要涉及的是使包括联合军事演习和两国安全官员之间的磋商在内的亲密合作正式化。强调这个协定“不是防务条约，也不是军事条约”，尽量冲淡这个条约对两国关系发展的意义。

其次，东蒂汶问题仍然是对两国关系的考验。印尼与澳大利亚签定这一协定，虽然使东蒂汶独立派失去了一个强有力的支持者，但他们要求独立的活动却不会间断。事实上，尽管在1991年流血事件后，东蒂汶局势曾一度趋于平静，但1995年10月以来又发生了大规模冲突。今后如果再发生冲突事件，澳大利亚国内舆论及旅居这里的东蒂汶人，将会给基廷政府施加压力，这也使澳、印(尼)关系充满了新的可变因素。

(尚左琳)

塔吉克斯坦总统与反对派领导人签署民族和解协议　塔吉克斯坦面积14.31万平方千米，人口约500万。塔部族宗教传统很深，大多数居民属伊斯兰逊尼派。1990年，被认为具有伊斯兰极端主义色彩的伊斯兰复兴党合法登记，并随即建立了武装，形成强大的反政府派。1991年“8·19”事件后，塔吉克斯坦共产党领导人纳比耶夫，以微弱多数票当选为塔首任总统。此后，塔在政治上分为两大阵营：南部库利布地区和北方列宁纳巴德州支持总统，而与阿富汗接壤的库尔干秋别州和戈尔诺—巴达赫尚州则支持反对派。1992 年 5 月，两派在首都杜尚别，分别举行大规模集会，结果酿成武装冲突。纳比耶夫总统被迫同意与反对派分享权力，让出第一副总理和国防部长等要职，组成“联合政府”。1992 年 9 月，反对派又进一步以武力胁迫总统辞职。塔陷入全面内战。11 月，塔最高苏维埃选举库利亚布地区的拉赫莫诺夫为议长，并请求俄罗斯等国派维和部队驻塔。在独联体维和部队支持下，塔政府控制了局面。反对派退入阿富汗境内，继续同政府对抗。此后，塔反对派武装与塔政府军以及独联体维和部队，不断发生激烈的武装冲突，成为威胁中亚地区安全与稳定的最大隐患。双方虽然先后举行过 5 轮谈判，并多次达成停火协议，但战事始终未能停息，而且愈演愈烈。1995 年 4 月 7～10 日，盘踞在阿塔边境的塔反对派武装，在霍洛格地区多次向驻守塔边界的俄罗斯边防军发起炮击，造成 19 名俄边防军死亡，26 人受重伤。4 月下旬，塔反对派武装又多次从阿富汗进入塔境内，遭到驻塔俄边防军阻截。10 月 14 日，塔政府军 54 名士兵被反对派武装俘虏。其后，政府军数次出动飞机轰炸反对派武装盘踞的塔维里达拉地区，造成包括军民在内的大量人员伤亡。据不完全统计，仅 1995 年，在双方冲突中，维和部队士兵就有 94 人丧生，167 人受伤。

进入 1996 年，塔局势更加动荡。年初，接连发生了“斋月首日血案”和两起“兵变”，边境再次吃紧，使塔出现 1992 年内战爆发以来最严重的政治危机。1996 年 1 月 21 日，塔吉克斯坦宗教领袖法特胡洛·沙里夫和夫人以及儿子、儿媳，还有他的一名学生，在离塔首都杜尚别以西 20 千米的基萨尔区小山村他的家中遭枪杀身亡。(沙里夫，53 岁，1993 年春被选为塔宗教领袖，接替因与政府作对而流亡国外的图拉宗。他力主民族和解，赞成宗教不干预政治，支持政府的各项内政外交政策。)塔内政部官员认为，种种迹象表明，这是一起由伊斯兰恐怖分子策划的政治暗杀，其目的在于破坏正在进行的塔政府与反对派的和谈，因为暂时休会的第 5 轮和谈定于 1 月 21 日恢复。1 月 26 日上午，塔西部小城图尔松扎德市前市长、议员巴伊马托夫乘装甲车，率领 70 余名武装支持者突然闯入该市，解除市内军警武装，并劫持了塔安全部边防局的 10 名军人作为人质，同时封锁了图市通往杜尚别的道路。当天下午，驻扎在塔南部库尔干秋别市的塔国防部下属第 1 摩托化步兵旅，在旅长胡多别尔德耶夫上校的率领下冲进库市，占领了政府大楼、内务局大楼和电视台等要害部位，并将坦克开到距杜尚别仅 30 千米的地方，对首都形成威慑。两起“兵变”发动者提出了几乎相同的要求：解除部分政府官员的职务；撤走独联体驻塔集体维和部队和俄罗斯驻塔边防军；对塔反对派成员及此次叛乱参加者全部实行大赦等。叛乱事件发生后，塔总统一方面谴责这是一场目的在于迫使总统辞职的“早有预谋的军事政变”，一方面又表示愿意与叛乱分子会面，倾听他们的要求。为了平息这两起“兵变”，塔最高会议(议会) 1996 年 2 月 1 日开会，成立了由最高会议第一副主席多斯季耶夫领导的调解委员会。当天，调解委会成员即分赴库、图两市，与叛乱头目进行谈判。经过多方斡旋和艰苦的讨价还价，塔当局作出一些让步，双方达成妥协。塔当局于 2 月 4 日解除了第一副总理乌巴伊杜洛耶夫、总统办公厅主任哈约耶夫、哈特龙州执委会主席萨利莫夫等人的职务，承诺对叛乱分子实行大赦。2 月 6 日，叛乱分子全部交出武器，撤离控制区。这两起叛乱事件虽然得到和平解决，但是，叛乱对塔局势造成巨大冲击，增加了国内的不稳定因素。1996 年 5 月和 8 月，反对派武装在帕米尔附近的塔维利达拉地区(杜尚别以东 150 千米)，向塔政府军阵地发起大规模进攻，造成 50 余人伤亡。反对派声称，已占领战略要地塔维利达拉。政府军谴责反对派全面违反停火协议，并进行了反击。为此，联合国安理会曾于 5 月、6 月和 9 月先后 3 次发表声明，对塔局势表示严重关注，要求冲突双方立即停火。

1996 年 9 月底，塔南部邻国阿富汗局势发生重大变化，塔利班入主喀布尔，拉巴尼总统和马苏德退守阿北部地区。俄罗斯和塔政府明确表示支持拉巴尼政权，而塔反对派武装正好处于拉巴尼控制的地盘内。这种处境使塔反对派面临抉择。反对派武装在军事上连连得手；塔国内中央与地方的矛盾一直未得到解决，塔当局也不得不考虑如何打破和谈僵局。塔吉克斯坦是独联体“共同边界”的南翼。阿富汗局势的重大变化使俄罗斯认为，目前是促成塔国内冲突朝有利于自己利益方向转化的有利时机。对冲突具有重要影响的伊朗也赞成双方寻求妥协。

1996 年 12 月 23 日，在联合国秘书长特使梅列姆和俄罗斯总理切尔诺梅尔金的斡旋下，塔吉克斯坦总统拉赫莫诺夫和塔联合反对派领导人努里，在莫斯科举行会晤，签署了旨在结束内战、实现民族和解的《关于莫斯科会晤结果的协议》以及关于民族和解委员会职能和权限的议定书。根据签署的文件，塔吉克斯坦政府和反对派承担义务，将于 1997 年 7 月 1 日前完成所有谈判，恢复国内和平，并将宣布大赦，交换战俘。过渡时期将成立民族和解委员会，其成员将很快通过谈判确定，委员会将以反对派人士为首。舆论认为，以上文件的签署，标志着塔民族和解进程出现新的转机，将对塔局势的稳定乃至整个中亚地区形势产生积极影响。

（张力群）

中东和平进程面临严重困难 1995 年，中东和平进程在 1994 年取得突破性进展的基础上，又取得重大进展。巴勒斯坦和以色列签订了《西岸和加沙地区过渡协议》。巴方据此在西岸、加沙地带更广泛的地区实现了较全面的自治。约旦和以色列关系有了进一步发展。叙利亚和以色列的谈判也有了一定进展。但自 1996 年 6 月以色列大选后，由于以色列新政府背弃了前政府的政策，宣布不允许建立巴勒斯坦国、不归还耶路撒冷、不归还戈兰高地、不撤除犹太人定居点、不准巴勒斯坦难民返回家园的“五不”政策，中东和平进程严重受挫。

一、佩雷斯政府任期内，中东和平进程又取得明显进展

（一）巴勒斯坦和以色列签订了《过渡协议》。继 1994 年 5 月 4 日签署《加沙—杰里科协议》（即《开罗宣言》）后，巴、以双方又于 1995 年 9 月 28 日在华盛顿签署了《巴勒斯坦—以色列关于西岸和加沙地带过渡协议》，从而完成了巴、以谈判的第 1 阶段任务。《过渡协议》包括协议正文及 7 个附件。根据协议，以方至 1995 年 12 月 27 日已先后从西岸的杰宁、纳布卢斯、图勒凯尔姆、卡勒基利亚、拉姆安拉、伯利恒等 6 座城市和 450 个村镇撤出以军部队。按照协议规定，以军还应于 1996 年 3 月底前和巴勒斯坦委员会就职后的 6 个月内，分别从希伯伦市和西岸广大农村地区撤出；由于“哈马斯”成员于 1996 年 2、3 月间在以境内制造了几起爆炸事件，以方未如期执行撤军计划。根据协议，待以军完成重新部署后，巴方将对西岸大部分地区行使地域管辖权。巴方将对上述 6 座城市和希伯伦市大部分地区的内部安全、公共秩序和民事全权负责。对占巴人口 68% 的西岸村镇，公共秩序和民事由巴方全权负责，而保护以色列公民的责任则由以方承担。西岸非人口稠密区、对以方具有战略重要性地区和定据点，以方将承担维护安全和公 共秩序的全部责任，而巴方则仅承担与土地无关的民事权责。

按照协议规定，巴方已于 1996 年 1 月 20 日通过民主选举，选出由 88 名成员组成的自治领导机构—巴勒斯坦委员会，建立了其执行机构即巴勒斯坦自治权力机构。4 月 24 日，巴解全国委员会已通过决议，决定修改宪章，取消所有与以色列和巴勒斯坦解放组织相互承认的表述相抵触的条款。根据协议，巴方建立一支 1.2 万人的警察部队，作为巴方唯一的安全部队。为了协调行动，巴、以双方建立联合安全委员会，并将在某些特定道路进行联合巡逻。以方在协议中承诺，分配给巴方的水资源增加到每年 2800 万立方米，还承诺分 3 个阶段释放被以方拘留的巴勒斯坦人，但第 3 阶段至今仍未执行。

1996 年 5 月 5 日，巴、以双方按《原则宣言》的规定，在埃及的塔巴开始进行最后阶段谈判的第 1 轮谈判，着手解决耶路撒冷地位、巴勒斯坦难民返回家园、西岸和加沙地区犹太人定居点前途和巴勒斯坦实体的形式、地位等涉及巴勒斯坦永久地位的关键问题。

（二）叙利亚和以色列的双边谈判又获一定进展。

1. 以色列总统魏茨曼 1995 年 6 月 12 日在一次讲话中公开宣布，在戈兰高地问题上，“政府的主张是撤到”同叙利亚的“国际边界”，从而正式表达了以色列准备撤出戈兰高地，实现“以土地换和平”的原则。但叙、以双方在以军撤出戈兰高地问题上，还存在撤到 1967 年 6 月 4 日线，还是 1948 年以色列建国时的国际边界线的分歧，亦即所谓“哈马飞地”之争。

2. 继叙利亚同意先同以色列讨论安全安排问题后，经过美国的穿梭调解和双方的共同努力，叙、以已于 1995 年 5 月 24 日就安全安排问题达成框架协议。随后，两军总参谋长于同年 6 月 27 日，就安全安排的具体细节进行了谈判，但未能达成协议。双方的主要分歧体现在：预警方式是空中预警还是在对方领土上设立预警站、双方非军事区纵深是否执行对等原则、双方军队后撤距离和在邻近非军事区部署的数量以及今后双方军队的规模等。1995 年 12 月 27 日和 1996 年 1 月 5 日，双方高级官员在美方调解人罗斯主持下，又举行了一轮谈判。叙方代表团团长、驻美大使穆阿利姆称，谈判涉及到以色列撤出戈兰高地这个主要问题，这是一种突破。会谈还包括建立正常的和平时期关系、安全安排和执行时间表等问题。罗斯在谈判结束后发表的书面声明称，“3 个代表团都认为，会谈是有益的、建设性的和务实的。”“在制定有关在实质问题上取得进展以及涉及到将要解决的主要问题程序的一般基础方面有了好的开端。”但是，以色列境内随后发生的几起炸弹爆炸事件和以色列对黎巴嫩南部的报复性袭击导致叙、以谈判中断。

二、以色列政府更迭导致中东和平进程严重受挫

(一)以色列政府更迭。1995年11月4日,推进中东和平进程功绩卓著的工党政府前总理拉宾被犹太极端分子杀害,以色列国内群情激愤,谴责极端宗教势力和以色列利库德集团为代表的右翼势力。佩雷斯继任总理后,为了充分利用拉宾遇刺后对工党极为有利的国内政治形势,同时为了在第2届任期内尽快打破以、叙谈判僵局,进一步推动中东和平进程,遂于1996年2月20日决定提前于5月20日举行大选。

伊斯兰极端主义分子于2、3月间在耶路撒冷、特拉维夫等地制造了4起炸弹爆炸事件,引起以色列公众对和平进程的极大疑虑。而佩雷斯政府为报复真主党对以色列北部地区的火箭袭扰,对黎巴嫩南部地区进行的大规模炮击和空袭,造成卡纳村百余名无辜平民死亡,又激起以色列阿拉伯选民的敌对情绪。利库德集团在竞选活动中,利用选民对和平进程能否确保安全的疑虑,打出"有安全的和平"这一极具诱惑力的竞选口号。以上种种因素最终导致了工党在大选中败北。

从议席上看,工党在大选中获34席,仍是本届议会的第1大党。如按原选举法,工党仍能继续执政。但根据拉宾提议修改并经上届议会通过的新选举法,本届总理由直接选举产生,结果利库德集团的内塔尼亚胡仅以0.9%的微弱优势当选为本届总理。内塔尼亚胡总理于6月18日组成了以利库德集团成员为主、并吸收了部分宗教党派成员参加的本届政府。

(二)中东和平进程在内塔尼亚胡政府执政后面临严重困难。在中东和平进程问题上,利库德集团的战略目标同工党相似,即实现中东和平,保证以色列安全。但工党的策略倾向于通过实现和平,化解宿怨,进而保证国家安全。因此,工党接受安理会242号、338号决议和"以土地换和平"原则。而利库德集团则强调以色列的国家安全高于一切,和谈的任何进展必须服从国家安全。新政府执政之初公开表示,"不同意马德里和会包括以土地换和平原则的看法"。后来,虽然表示接受在安理会242号决议基础上恢复谈判,但强调对安理会242号决议有不同理解。

内塔尼亚胡政府在其《施政纲领》中虽表示"努力同所有邻国媾和",但认为"戈兰高地对国家安全及其水源极为重要,保持以色列对戈兰高地的主权将成为同叙利亚的一种安排的基础"。《纲领》宣称,以色列政府"将反对建立巴勒斯坦国",耶路撒冷"将永远处于以色列的主权之下"。《纲领》强调,"在内格夫、加利利、戈兰高地、约旦河谷、朱迪亚、萨马里亚(即西岸)和加沙地带定居对国家关系重大,关系到以色列的国防","以色列将坚持确保犹太人定居点以及它们与以色列国的关系的存在与发展"。《纲领》还宣称,以色列"将反对阿拉伯人对约旦河西岸的以色列土地的任何部分拥有'回归权'"。简言之,以色列政府将执行不归还戈兰高地、不允许建立巴勒斯坦国、不归还耶路撒冷、不撤出犹太人定居点、不准巴勒斯坦难民返回家园的政策。

在执行从希伯伦撤军协议问题上,内塔尼亚胡政府在同巴方谈判中,坚持要求修改《过渡协议》中关于从希伯伦撤军的有关条款,要求缩小进驻希伯伦的巴勒斯坦警察部队的数量,以军在追捕巴勒斯坦人时有权进入巴控制区,在希伯伦巴勒斯坦人居住区和犹太人定居区之间增辟缓冲区,以军继续控制犹太人居住的旧城周围4个制高点等。以方的要求遭到巴方的严词拒绝,谈判几告破裂。后在美国、埃及的多方斡旋和巴方的适当让步下,巴、以双方于1997年1月初,在基本上遵照原协议的基础上,就以军从希伯伦撤军问题达成共识。但因以方在下一阶段撤军时间表上,不同意按《过渡协议》规定于1997年9月从西岸农村地区撤军,双方未能草签协议。1月12日,约旦国王侯赛因出面调解,才挽回了局面,双方最终同意以军于1997年2月底前、12月底前和1998年8月底前分3个阶段完成从西岸地区撤军,并于1月15日草签了《关于在希伯伦重新部署的议定书》。经巴勒斯坦委员会和以色列议会批准后,巴、以双方于1月17日举行了议定书正式签字仪式。以色列内阁讨论议定书时,经过12小时激烈辩论后,才以11票对7票的多数通过。在提交议会讨论时,因有工党等反对党的支持,以87票对17票的绝对多数顺利通过。

在叙以谈判方面,内塔尼亚胡总理1997年1月16日,在巴黎坚持说,由于"战略、历史和经济的原因",以色列"必须保留戈兰高地"。后在有关各方和世界舆论的压力下,以方作了策略上的调整。以色列外长利维于1月22日表示,以色列政府愿意在安理会242号、338号决议和"以土地换和平"原则基础上同叙利亚恢复和谈。但他同时强调,以色列现政府只承诺遵守前政府已签署的有关协议,任何非正式的谅解不具有约束力。叙利亚外长沙雷已于当天拒绝了以方建议。沙雷强调,以方必须兑现已经作出的承诺。

巴、以双方就希伯伦撤军问题签署议定书,打破了内塔尼亚胡政府执政后,阿、以谈判僵局,中东和平进程重现转机。但是,巴、以双方仅为执行原已达成的《过渡协议》中,关于希伯伦撤军问题的具体条款,竟进行了长达4个月的艰苦谈判。可以预见,巴、以关于巴勒斯坦最终地位问题的谈判和叙、以关于归还戈兰高地问题的谈判,牵涉到领土、主权等许多根本性问题,必将是举步维艰，旷日持久。其间，不排除出现武装袭扰活动和暴力事件。

（徐心辉）

美国再次对伊拉克实施军事打击 1996年9月3～4日，美军以伊拉克军队进入北部"安全区"攻占库尔德城镇为由，对伊南部的军事目标进行了两轮导弹袭击。这是海湾战争结束以来，美军第3次对伊进行军事打击。

一、美此次对伊采取军事行动的简要过程

1996年8月31日，伊军攻占北部"安全区"库尔德人控制的埃尔比勒市后，美国政府立即表示伊应为其出兵"安全区"的行为付出代价。随后，下令驻扎海湾地区的第5舰队、海军陆战队、空军部队等共约2.5万名美军官兵进入高度戒备状态，并紧急向海湾地区增派了一支由40架作战飞机组成的"空军远征部队"及1200名海军陆战队员。9月1日，美空军又将4架B-52H战略轰炸机，由本土转场至日本关岛安德逊空军基地待命，其中的2架于9月2日当晚开始向海湾地区进发，拉开了对伊实施军事打击的序幕。

伊拉克时间1996年9月3日凌晨5时50分，美军驻守海湾地区的"夏洛"号巡洋舰、"拉布恩"号导弹驱逐舰及2架远程奔袭而至的B-52轰炸机，同时发起攻击。在45分钟内，向伊南部库特、伊斯坎德里耶、纳西里耶和塔利勒4个地区的15个军事目标，发射了14枚"战斧"式舰载巡航导弹和13枚AGM-86C型机载巡航导弹，当即摧毁了其中的11个目标，伊方伤亡24人。在重创了伊南部防空系统后，美宣布将伊南部"禁飞区"北端由原来的北纬32度线扩展至北纬33度线。9月4日凌晨5时30分，位于波斯湾海域的美军"拉塞尔"号驱逐舰、"休伊特"号驱逐舰、"拉布恩"号导弹驱逐舰、"杰斐逊城"号潜艇，再次向伊南部发射了17枚"战斧"式巡航导弹，摧毁了第1次打击未命中的4个目标，伊方死伤8人。当日中午12时新禁飞区禁令生效后，美军2架F-16战斗机在新禁飞区上空巡逻时，又发射2枚"哈姆"反雷达导弹，摧毁了对其进行跟踪的1座伊军雷达站。在美导弹攻击之下，伊南部防空系统已完全陷入瘫痪状态。

此后，美不断向海湾地区大举增兵，扬言如果伊向禁飞区上空的美机开火或重建南部防空系统，将对其实施更大规模的军事打击。在美强大军事压力下，伊逐步软化了先前的强硬立场，于9月13日宣布暂停向美机开火和停止修复被毁的防空设施。但美仍继续向沙特、科威特、巴林等海湾国家增调了约10架F-117隐形战斗轰炸机、60架F-16战斗机、1个"爱国者"导弹营、3500名海军陆战队员，装载75架作战飞机和8000名士兵的"企业"号航母也奉命驶抵波斯湾海域。至此，美军在海湾的兵力已上升至3万余人，作战飞机达到约400架，进一步加强了对伊的军事遏制与威慑。在确信伊不敢再在军事上轻举妄动后，美遂于9月22日将"卡尔·文森"号航母调离海湾，此次军事行动宣告结束。

二、美此次军事行动的主要特点

（一）周密策划，保障海空军协同作战。1996年8月26日，美已获取了有关伊军在北部"安全区"内集结的情报，开始着手制定应急方案。伊军攻克埃尔比勒市后，美选择从海上和空中对伊实施巡航导弹攻击的作战方案，并与英国、法国、约旦、埃及、沙特、土耳其等国进行了紧急磋商。但由于约、沙、土等伊邻国拒绝美在打击中使用其军事基地，美军只得先将可发射巡航导弹的B-52战略轰炸机由本土转场至关岛基地，再由此经国际水域直飞海湾发射空域。为确保海、空军同时发起攻击，美军参谋长联席会议作战处，将原定于9月2日进行的军事打击推迟了24小时实施，使于9月1日飞抵关岛的B-52轰炸机有了一天的休整时间。同时还安排其即将飞临的印度洋和西太平洋美军、英军基地提供空中加油等后勤保障。在周密策划下，B-52轰炸机经过18个小时的长途飞行，按时进入预定发射空域，与驻守波斯湾的海面舰只共同完成了向伊发射巡航导弹的任务。

（二）远距离攻击，避免人员伤亡。在准备对伊动武之时，克林顿总统正忙于竞选连任，十分担心因美军人员伤亡而招至公众指责，对其竞选产生消极影响，因而最终批准了利用巡航导弹对伊实施远距离攻击的作战方案。美军此次使用的"战斧"式舰载巡航导弹和AGM-86C型机载巡航导弹，射程分别为1000千米和1200千米，具有良好的精度和较强的摧毁能力，均在伊军武器有效射程之外的海上或空中平台发射。美选择巡航导弹对伊进行远距离攻击，虽然费用昂贵，但在确保打击效果的同时，避免了伊军事反击造成的美军人员伤亡。

（三）目标集中，确保新禁飞区建立。海湾战争后，伊逐渐修复了其南部地区的防空系统，并部署了大批防空导弹，其中有较为先进的"萨姆"-8型地空导弹，对在南部禁飞区上空巡逻的美军作战飞机构成了潜在威胁，也不利于新禁飞区的有效建立。因而，美此次发射44枚巡航导弹集中打击4个地区的15个军事目标，较为彻底地摧毁了伊南部的防空指挥与控制中心、雷达站和导弹阵地，并利用反雷达导弹攻击伊军未被摧毁的雷达站，使其难以开机为伊军地空导弹有效指示目标。此举不仅为在禁飞区上空巡逻的美国及盟国战斗机提供了安全保障，确保了新禁飞区的建立，也大幅度削弱了伊国土防空的预警能力，为下一步可能采取的空袭及更大规模的军事打击行动做好了准备。

(四)规模有限，力求速战速决。伊此次出兵北部地区，本属其主权范围之内的事务，美难以再次打着联合国的旗号召集盟国共同对伊发起攻击，因而只能对伊采取规模较小的军事打击行动。美此次既未空袭进攻埃尔比勒市的伊拉克共和国卫队，亦未直接轰炸伊首都巴格达，只是重点摧毁了对禁飞区构成威胁的伊南部防空系统，力求在取得既定打击效果后，迅速结束此次行动。在伊屈从于美提出的条件后，美军逐步停止了向海湾地区的大举增兵，适时结束了此次军事行动，以免事态扩大而干扰克林顿的竞选活动和遭到国际社会更多的谴责。

三、美采取此次军事行动的主要意图

(一)进一步削弱萨达姆政权对美海湾利益的威胁。近年来，美对伊拉克萨达姆政权所奉行的以压促变政策收效较小，而伊当局却利用美与其他世界大国的矛盾，不断拓展外交生存空间。在法、俄等国的帮助下，推动联合国通过了“石油换食品”协议，打破了美对伊的经济封锁与制裁。同时，伊还继续坚持反美政策，对美支持的联合国特委会采取不合作态度，伊仍然是美及其海湾盟国安全利益的潜在威胁。为此，美一直在寻机进一步削弱萨达姆政权。美此次对伊进行军事打击及扩大南部禁飞区，直接目的是遏制伊军对北部库尔德地区采取进一步行动，而更深层次的意图则是推迟“石油换食品”协议的实施，阻止伊恢复国力和重返国际社会，并进一步压缩伊军事活动空间，动摇萨达姆政权的统治基础，维护美在海湾地区的石油战略利益。

(二)巩固美在中东地区的主导地位和军事存在。以色列总理内塔尼亚胡的强硬政策，导致阿以和谈困难重重；美由于继续奉行偏袒以色列的政策而进一步失去了阿拉伯国家的信任，使其在中东事务中的影响力不断下降。法、俄等世界大国则趁机加快了重返中东的步伐，对美在中东的主导地位产生了冲击。美此次单独对伊动武，一方面向法、俄等国和阿拉伯国家表明其仍具备独揽中东事务的能力，其在中东主导地位不可动摇；另一方面，也可暂时转移有关国家对迟迟不能启动的阿以和谈的视线，减少对它作为和谈主持国的压力。此外，美利用此次危机加强在海湾地区的军事存在，不仅对伊拉克和伊朗保持了强大的军事威慑，而且有利于其继续推行“东遏两伊”的中东战略，巩固其在中东的霸主地位。

(三)为克林顿竞选总统连任增添筹码。美总统竞选活动当时已进入关键时期，共和党总统候选人多尔在克林顿的对外政策上大作文章，多次攻击其未能有效阻止联合国与伊达成“石油换食品”协议，并指责其对伊此次军事行动反应迟缓，缺乏主导世界事务的愿望。为了回击多尔的攻击和进一步赢得美国选民的信任，尽管伊已宣布从攻占的埃尔比勒市撤军，但克林顿还是下定决心对伊采取军事行动，以此树立其在对外政策方面的强硬形象，并为其竞选成功增添新的筹码。

美国此次军事行动虽然进一步削弱了伊军事实力，并巩固了美在中东地区的军事存在，但却遭到了世界舆论的普遍谴责。除科威特、英国等少数国家外，法、俄等欧洲国家和大部分亚洲、非洲及南美洲国家，均对美对一个主权国家动辄诉诸武力的做法表示不满或遗憾，认为此举有悖于国际法和联合国宪章。特别是绝大部分阿拉伯国家从民族情感出发，极力谴责美国的霸权主义行径，强调伊的主权与领土完整不容侵犯。出于对伊人民长期受经济封锁和不断遭军事打击的同情，国际社会要求解除对伊制裁的呼声日益增强。这些均加速了海湾战争时形成的以美国为首的“反伊联盟”进一步分化，亦表明美对伊所奉行的遏制与封锁政策，已在国际社会遭到更加广泛的抵制。

(宋亚东)

伊拉克北部的库尔德问题日趋复杂 1996年8～10月，伊拉克北部地区的库尔德人爆发了大规模内战。美国、伊拉克、伊朗、土耳其等有关国家都曾先后以军事或政治方式介入，使该地区的库尔德问题再度成为国际社会关注的问题之一。

一、伊北部库尔德人内战的起因与发展现状

伊拉克的库尔德人约有400多万，是伊境内最大的少数民族，主要聚居在北部地区，与土耳其、伊朗等国的库尔德人有着广泛的联系，一直在谋求建立独立的库尔德人国家。海湾战争后，伊北部的库尔德人再度举行了旨在独立的武装起义，遭到政府的残酷镇压。联合国安理会为此通过了谴责伊拉克当局的688号决议。美、英、法3国以保护库尔德人为由，在伊北纬36度线以北地区建立了“安全区”，禁止伊军进入，剥夺了伊政府对北部库尔德地区的管辖权，致使该地区出现了权力真空。为了夺取库尔德地区的控制权，伊北部最大的两个库尔德派别——库尔德民主党(简称库民党)和库尔德爱国联盟(简称库爱盟)，开始大力拓展各自的势力范围，并不时发生武装冲突。

1996年8月上旬，两派在伊北部最大的城镇埃尔比勒市附近爆发激战。库爱盟在伊朗的暗中支持下，夺取了库民党控制的朱哈恩、希德两个战略要点。库民党领导人巴尔扎尼为夺回地盘，于8月22日致函伊总统萨达姆请求军事援助，得到了伊拉克政府的积极回应。8月31日，库民党在伊政府军的直接协助下，夺取了库爱盟控制的埃尔比勒市，并乘胜追击，一举攻占了德加拉、库伊桑贾格、连克迪加拉、魁森吉克及苏莱曼尼亚等北部主要城镇，至9月中旬，已控制了北部的大部分地区，迫使库爱盟退守到与伊朗交界的潘杰温地区。面对库民党的猛烈攻势，库爱盟采取了保存实力的退守策略，仅伤亡不足200人。在伊当局因遭美军事打击，而无法继续出兵支持库民党后，库爱盟开始酝酿进行军事反击。10月12日，库爱盟在伊朗革命卫队的炮火支援下，向库民党的阵地发起了反攻，于13日收复了伊北部第2大城镇苏莱曼尼亚市及数十个小镇，并于15日推进至埃尔比勒市以南地区。此后，两派展开了激烈的拉锯战，直至10月31日才在美国和土耳其等国家的斡旋下，达成了初步的停火协议。1997年1月15日，两派发表联合声明，同意将各自武装撤出停火线附近有争议地区，进一步缓解了该地区的紧张局势，但双方的固有矛盾仍未从根本上消除，再次爆发武装冲突的可能性依然存在。

二、有关各方围绕库尔德问题进行明争暗斗

*(一)伊拉克当局试图借助两派矛盾恢复其在北部地区的影响力。*近些年来，伊北部地区已成为伊反政府组织进行颠覆活动的主要基地，对萨达姆政权构成了严重威胁。为此，伊当局一直在寻机重新控制该地区。在接到库民党领导人的求救信后，即以维护国家主权和反对伊朗插手其北部地区事务为由，于1996年8月31日，派共和国卫队的1个装甲师和2个机械化师，配合库民党攻占了库爱盟控制的埃尔比勒市，并在支持库民党控制北部地区的过程中，派出大批秘密警察和准军事武装，倾力围剿伊拉克国民大会等反政府组织，在一定程度上恢复了对该区的影响力，但亦由此遭到美军事打击。此后，伊当局改变了对库尔德人内战进行军事干预的做法，开始敦促两派停止寻求国外援助，参加由政府主持的和平谈判，试图以两派和谈协调者的身分，进一步向北部库尔德地区施加影响。目前，伊当局为避免途经北部地区的输油管道遭到战争破坏，已默认了两派在美国等国斡旋下达成的停火协议，但仍将设法利用两派矛盾，打击和瓦解北部地区的反政府势力，提高和恢复其在该地区的影响力。

*(二)美利用库尔德问题进一步削弱萨达姆政权的实力。*美借助国际社会谴责伊政府镇压库尔德人的有利时机，强行将伊北部库尔德地区划为“安全区”，大力推行库尔德人自治计划，根本目的是企图将该地区从伊拉克分离，从而削弱萨达姆政权的整体实力，进一步减小其对美海湾石油战略利益的威胁。因此，伊出兵库尔德地区后，美立即进行军事干预，阻止伊政府重新控制北部地区，并在胁迫库民党终止与伊政府结盟的同时，默许伊朗革命卫队暗中帮助库爱盟反攻库民党占领的地区，直到两派的势力范围比较接近时，才与土耳其等国家促成两派实现停火。美在平衡两派实力的基础上，保持库尔德人不战不和的现状，既维护其在两派间的调解者地位，巩固其在北部地区的影响力，亦加大了伊当局重新控制北部地区的难度，有利于美继续推行遏制和削弱伊拉克的战略。

(三)伊朗、土耳其通过围剿库尔德武装向北部地区进行军事渗透。“安全区”的设立，为伊拉克及其周边国家境内的库尔德人进行独立活动创造了便利条件。库民党时常从“安全区”向伊朗境内的库尔德人聚居区渗透，煽动当地的库尔德人进行反对伊朗政府的武装颠覆活动，随后又逃回“安全区”躲避伊朗军队的围剿。土耳其境内的库尔德工人党反政府武装也不断向“安全区”发展，并以此为基地骚扰土边境地区。为此，伊朗和土耳其曾多次以维护边境安全为由，派军队进入伊拉克境内围剿对各自构成威胁的库尔德武装。1996年8月，伊朗军队在库民党与库爱盟混战之时，两次越境配合库爱盟攻打库民党武装。1996年4月至1997年1月，土耳其也先后6次派军队进入伊北部地区清剿库工党武装，并于1996年9月提出在伊拉克境内与土接壤地区建立一条宽5至10千米的“安全带”，用于防止库工党对土边境发动袭击，后在国际社会的压力下未能付诸实施。两国出兵伊北部地区的直接目的是围剿有关的库尔德武装，维护边境地区安全，但更深层次的意图则是借助当前伊拉克内外交困的时机，向伊北部地区进行军事渗透，以期日后控制这块石油蕴藏丰富的地区。

库尔德人内战及有关各方围绕库尔德问题的明争暗斗，致使伊北部地区的库尔德问题日趋复杂，不仅对伊拉克战后恢复国家实力和维护政局稳定产生了较大的消极影响，而且也进一步增加了海湾局势中的不稳定因素。

(宋亚东)

驻沙特美军基地发生爆炸案　海湾战争后，美国更加重视海湾地区的战略地位，视其为美全球3

大军事战略重点之一，并在该地区国家内不断建立海、空军基地和后勤补给基地，以加强在这一地区的军事存在。迄1996年底止，美在海湾地区的兵力已达3万余人，是海湾战争前的4倍。美在海湾的军事存在及对海湾的政策，引起了一些激进势力的强烈不满，使美军事人员在海湾的安全受到威胁。在不到8个月的时间里，驻沙特阿拉伯美军基地先后遭受两次炸弹袭击，引起世人关注。

一、两次炸弹袭击的经过

第1次袭击。1995年11月13日，美驻沙特国民卫队顾问团宿舍楼区门前停车场，发生两辆汽车爆炸事件，炸死7人（其中5名美国人），炸伤60多人。这是自1991年两名美国军人在吉达受轻伤后，第1次在沙特发生袭击美军事件。

爆炸发生后，一个鲜为人知的"海湾猛虎组织"打电话给一家国际性通讯社说："如果美国不尽快离开这个王国，我们将继续采取行动"。美国针对这一事件，一方面加强了驻沙特美军的警戒；另一方面迅速派遣一情报专家组前往沙特，与沙特情报人员一起侦破此案。为了缉拿凶手，先是沙特出80万美元悬赏，后美国又增加百万美金。经过数个月的调查与侦破，终于抓获4名犯罪嫌疑人，这4人均为沙特阿拉伯人。他们于1996年4月，在沙特国家电视台供认这次爆炸事件为他们策划，并说他们是受这个王国以外的伊斯兰团体影响的。当年5月，这4名因参与炸弹袭击的沙特人被砍头处死。

第2次袭击。1996年6月25日，美驻沙特宰赫兰空军基地发生汽车炸弹爆炸事件。一枚强有力的卡车炸弹，炸毁了一座住着美国士兵的8层楼公寓的前半部分，有19名美国人丧生，伤300多人。

事件发生后，美联邦调查局向宰赫兰派出了70名特工人员，以协助沙特政府调查此案。此后，沙特陆续抓了一大批嫌疑犯，但时至今日，这一爆炸事件的调查结果仍未公布。

二、爆炸事件的起因

美驻沙特军事基地在不到8个月的时间里，连续两次遭受汽车炸弹袭击的主要原因是：自海湾战争以来，沙特为了弥补自身在防御力量上的不足，首次同意非伊斯兰的美国军队进驻沙特，来维护国家的安全。沙特一直是个宗教色彩很浓的伊斯兰国家，向来不喜欢外部势力进入国内，影响王室统治。如今，大批美军进驻沙特，引起了该地区民族主义激进势力的不满。第1次爆炸事件的调查结果已证实了这一点。第2次爆炸事件虽尚未公布结果，但从种种迹象可看出，这次爆炸仍与伊斯兰激进分子有关。随着美国在海湾的军事存在和军事控制的不断加强，沙特国内民族主义激进势力的不满情绪也将日益增强。同时，这两次"爆炸事件"，也反映出海湾国家人民对美在该地区的军事存在及美对海湾的政策不满。

三、沙特、美国对爆炸事件的反应

沙特的反应。一是沙特政府对这两次针对美军的"恐怖活动"表示了强烈的谴责与愤慨，认为这一行动是那些极端反对王室、反对美驻扎沙特的小集团所为。二是沙方在两次事件的调查中，曾先后抓了一些嫌疑犯，美联邦调查局要求单独审讯他们，但遭沙方拒绝，沙特坚持这是"主权问题"不予让步，并称沙特有能力保护在沙特外国侨民的安全，包括美国人。三是沙特同意美军在遭受炸弹袭击后，进行重新部署的提议，但与美在移防费用的支付问题上产生分歧，最后迫于安全上要依靠美国，只能以金钱换安全，同意与美分担费用。

美国的反应。一是美对于造成美军人员亡24人、伤数百人的爆炸事件，表示出强烈的愤慨；克林顿总统发誓一定不会让犯下这种谋杀行为的凶手逍遥法外。二是美政府为了尽快抓住凶手，先后派了数十名联邦调查成员前往沙特，协助沙特政府进行案件的侦破工作。三是美迫于国内压力，下令驻沙特美军和行政人员的未成年子女一律撤回；为了确保安全，美与沙特商定将驻沙特美空军全部转移到距利雅得东南80千米的哈拉吉苏尔坦亲王空军基地，进行封闭式管理；重新布署后，尽管机场设施不十分完善，但这可大大提高驻沙特美军的安全系数。四是美鉴于沙特是其遏制两伊、独霸海湾、控制石油资源、实现中东战略的重要基地和巨大军火市场，因此，在遭袭击后，美不但没有削弱在沙特的军事实力，反而通过与海湾国家进行陆、海、空军的联合军事演习，进一步加强了在海湾的军事存在。五是美怀疑伊朗参与了第2次爆炸事件，称要对其进行惩罚，但一直没有找到确凿的证据。

四、中东国家纷纷谴责这两起"恐怖事件"

事件发生后，一些中东国家首脑纷纷谴责这两起针对驻沙特美军的"恐怖事件"。

约旦国王侯赛因给沙特国王法赫德打电话，"表示谴责这种犯罪行径及任何旨在破坏沙特王国及人民稳定与安全的行动"。也门总统萨利赫谴责在利雅得发生的"恐怖行动"，并强调"也门愿与沙特合作同恐怖活动和暴力活动展开斗争"。黎巴嫩总理拉菲克·合里里也谴责"犯罪分子和恐怖分子发动的"这次袭击，并希望沙特仍然是和平与安全的绿洲。阿联酋发表声明，表示

“支持沙特，并将同危及这个地区的安全和稳定的人展开斗争”。巴林谴责这种“破坏行径”，并支持利雅得同破坏其安全的一切行动展开斗争。埃及外长穆萨对记者说：“我们向沙特政府和受害者所属的政府表示哀悼和慰问，我们大家都反对恐怖活动和暴力行动，并将继续为一个更加稳定的中东而努力工作”。巴勒斯坦主席西亚尔·阿拉法特谴责这种“恐怖行为”，并向死难者及亲属表示哀悼和慰问。以色列总理表示愿与美国一同打击“恐怖活动”。

（程　虹）

也厄哈尼什群岛起风云　自从 1995 年也门和厄立特里亚，在大哈尼什岛主权的归属问题发生冲突以来，红海便成为令人关注的热点地区。1996 年 8 月 10 日，厄军又占领小哈尼什岛，尽管目前已撤出，但它给也厄争端又蒙上一层阴影，也厄边境一时间成为国际舆论关注的热点。

一、也厄争端的起因

1995 年 12 月 15 日，厄立特里亚军队突然向大哈尼什岛上的也门驻军发起袭击，也军顽强抵抗。一时间红海海域上波涛滚滚，战火弥漫。经过 3 天激战，厄军宣布占领了大哈尼什岛。在这场武装冲突中，有 10 名也门人和 6 名厄立特里亚人丧生，厄军还俘虏了近 200 名也门军民。

据报道，此次冲突的导火线源于也门同德国合资的潜水旅游公司，在大哈尼什岛兴建一座饭店和部分潜水设施。也门政府允许这家公司在岛上开发旅游项目，招揽游客。厄政府认为这一举动侵犯了厄立特里亚对该岛的主权。1995 年 11 月派出武装人员向也驻岛守军和公司人员提出警告，指责他们侵犯了厄领土，勒令他们立即中止岛上工程。也门政府就此事同厄政府进行交涉。也副总理兼外长埃里亚尼和厄外交部长所罗门·佩特罗斯就此问题分别在萨那和阿斯马拉举行过两轮会谈，以期通过协商解决问题，但由于双方的立场相距甚远，会谈不欢而散。

1995 年 11 月，也方向大哈尼什岛派驻了 500 名士兵。厄军获悉后派出一名海军军官登上该岛递交了一份署名信函，宣称这些岛屿在厄的领海水域内，要求也军撤出。双方互不相让，各自认为自己对该岛拥有主权。

武装冲突发生后的第 3 天，厄军占领了大哈尼什岛。也总统萨利赫发誓要不惜一切代价收复大哈尼什岛，一面敦促厄军撤出该岛，一面调动部队向荷台达港云集。厄军也集结兵力，此刻的也厄边境剑拔弩张。

1996 年 5 月 21 日，也厄双方就哈尼什岛问题在巴黎签署了原则协定。就在协议签署两个多月后，8 月 10 日厄军又占领了小哈尼什岛。联合国秘书长加利告诫也门采取克制态度，通过外交途径解决这一争端。也门政府考虑要维护巴黎协定，稳定人心，听从了加利的告诫，于 8 月 17 日写信给安理会，要求厄军履行原则协定，从小哈尼什岛撤出，以便通过国际仲裁和平解决也厄争端。在法国特使的斡旋下，厄立特里亚政府终于在 8 月 18 日从小哈尼什岛撤出。

二、哈尼什群岛的位置及归属

哈尼什群岛位于红海南部，居也、厄两国海岸线之中，临近国际重要水道——曼德海峡，每天约有载运 12.5 万桶石油的油轮从这一海域经过。该群岛因无淡水，很少有人居住，只有有关国家的渔民作为打鱼时躲避风浪和休息的场所。

哈尼什群岛包括大哈尼什岛、小哈尼什岛、祖盖尔岛等岛屿，大哈尼什岛是哈尼什群岛中较大的一个岛屿，面积 90 平方千米。哈尼什群岛不仅具有重要的战略地位，而且还有诱人的经济开发前景。据估计，哈尼什群岛及其周围水域内可能藏有丰富的石油资源。也门政府已将哈尼什群岛划入第 24 号石油勘探地块。而厄政府也于 1995 年 9 月，将包括哈尼什群岛在内的祖拉地块划给了美国石油公司，由其负责勘探和开发这一区域的石油资源。除此以外，哈尼什群岛周围水域里还富有大量形态各异的珊瑚，是潜水运动的理想之地，因而具有良好的旅游前景。同时，周围水域还拥有丰富的渔业资源。

历史上，哈尼什群岛曾在奥斯曼帝国的管辖内。19 世纪中叶，英国在占领亚丁后，也随之占领了哈尼什群岛。1938 年，英国同当时埃塞俄比亚的宗主国意大利曾签署协议，允许意大利人暂时使用该群岛，以保护意大利在厄立特里亚的渔民。第二次世界大战后，埃塞俄比亚对群岛提出过领土要求。英国撤出亚丁后，于 1972 年将该群岛交南也门政府管理。1973 年在第四次中东战争期间，南也门政府曾允许埃及军队使用该群岛，以切断以色列途经曼德海峡的海上航线。据上所述，也门认为哈群岛属于也门。厄立特里亚则认为，哈群岛主权从未归属也门，因为奥斯曼帝国对群岛的统治直至第一次世界大战才结束。后来意大利在英、法默许下占领了群岛。1935 年 12 月，意宣布群岛主权归意属殖民地厄立特里亚，意大利在第二次世界大战失败后群岛由联合国接管。1952 年，联合国通过了厄立特里亚与埃塞俄比亚组成联邦的决议，规定厄立特里亚的领土包括原来意大利统治的哈尼什群岛。但哈群岛主权的归属迄今没有任何国际条约予以确定。

三、也厄争端的最终解决还需时日

在1995年12月也厄冲突后,也门政府要求厄军立即从大哈尼什岛撤出并释放战俘,通过两国举行谈判,解决大哈尼什岛争端并最终划定两国海上边界的原则立场。厄政府则声称两国的岛屿争端不仅局限于大哈尼什岛,而且还包括小哈尼什岛、祖盖尔岛,并表示厄军撤出大哈尼什岛的前提条件是也军也要同时撤出小哈尼什岛和祖盖尔岛。对此,也门政府予以拒绝。随后埃塞俄比亚、埃及、俄罗斯政府特使以及联合国秘书长加利,也先后访问了也门和厄立特里亚。在埃塞俄比亚的调解下,厄政府于1995年12月底释放了所有也门被俘人员,但双方围绕撤军等问题至今仍争执不下。

1996年1月,在联合国秘书长加利的推动下,法国开始调解也厄争端。法国提出8点内容的原则协议,也门同意法国提出的原则协议。而厄政府对法提出的原则协议未及时表态。4月25日,法总统特使进行新一轮调解,在也厄两国间穿梭访问,推动双方达成协议。5月21日,在法国、埃及和埃塞俄比亚外长都在场的情况下,也厄双方签署了巴黎原则协议,同意以国际仲裁方式解决两国领土争端。也厄双方在和平解决两国争端的道路上迈出了第1步。然而事隔两个月后,厄立特里亚又占领了小哈尼什岛,使也厄领土争端再起风波,造成红海地区局势再度紧张。

据悉,厄立特里亚在大哈尼什岛驻有600名士兵,并修建了工事。也军在祖盖尔岛驻有2000人,并在边界时刻注视着哈尼什群岛。据观察家们分析,以国际仲裁方式解决也厄争端不会一帆风顺,也厄两国随时会有发生争执和过激行动的可能性。

(灿　梓)

也沙边境燃战火　1995年1月10日,也门东北部与沙特阿拉伯接壤的边境地区,突然枪炮轰鸣,也沙两军猛烈交火,双方动用了重型武器和战斗机,战斗持续数日,造成两军多人伤亡。此后,也沙双方都不示弱,大量陈兵于两国边境。剑拔弩张的也沙局势使阿拉伯半岛上空笼罩上一层战争的阴影。

(一)争端由来已久

也门和沙特 有着700多英里的边界线。早在半个世纪前的1934年,两国就曾因边界纠纷爆发过一场大规模武装冲突。战火熄灭后,双方缔结了《塔伊夫条约》,该条约将原属也门的阿西尔等3个地区划入了沙特版图。条约规定有效期为20年,期满可再延长或进行修改。至1974年的前两个20年期间,两国相安无事,条约一再延长。特别是1969年沙特承认也门共和政权之后,两国关系稳步发展。沙特每年向也门提供大量经济援助,也门向沙特输出劳工近百万,这些劳工每年可向国内汇款达数亿美元,成为也门政府财政收入的主要来源。

然而好景不长,1990年南北也门统一后,也门向沙特提出归还阿西尔等地区的要求,两国开始就边界问题举行谈判。在1990年的海湾危机中,两国又因立场不同而翻了脸。此后,沙特等海湾国家一度支持南也门的反北方势力与也门政权对抗,更使两国关系降至“冰点”。

1994年,《塔伊夫条约》第3个20年期满。关于该条约是延长、修改还是重订的问题,虽经两国数轮谈判仍未能取得进展。也门感到按《塔伊夫条约》太吃亏,要求推倒重来,照历史沿革重新划界;沙特则坚持以《塔伊夫条约》作为划界的基础,不容更改。由于双方立场相去甚远,实难达成一致,矛盾也由此加深。1994年12月初,也门指责沙特当局在其境内建立观察哨和修建公路,并派兵驱赶沙特军队,酿成了小规模的流血冲突。12月9日,也门总统萨利赫和沙特国王法赫德私人间打了几次电话,此事暂告平息。孰料短短1个月之后,也沙边境枪声又起。

(二)双方罢战言和

也沙两国边界交恶,使阿拉伯国家大为不安。埃及、叙利亚、约旦、阿联酋的领导人,相继与两国最高领导人电话联系,力劝双方采取克制态度。叙利亚副总统哈达姆和外长沙雷还亲自出马,穿梭于也门首都萨那和沙特首都利雅得之间进行斡旋。在阿拉伯国家的积极调停下,也沙两国代表团于1995年1月23日开始在利雅得举行谈判。1个多月后两国终于达成妥协,于2月25日在沙特的麦加签署了《谅解备忘录》。双方均表示承认《塔伊夫条约》的合法性和有效性,对条约及其附件不作任何修改。

国际观察家认为,也沙签署《谅解备忘录》罢战言和,是两国从各自长远利益出发妥协的产物。从沙特方面来说,它尽管拥有较强的经济和军事实力,但国内仍存在各种矛盾与困难,且同其他一些邻国也存在边界纠纷,因此不希望同也门的边界争端升级为一场后果难测的全面军事对抗。就也门方面而言,和约签署的意义更大。海湾战争后,也门国内经济危机日益严重,1994年的内战更使其雪上加霜,亟需改善同沙特和科威特等海湾国家的关系,迫切希望阿拉伯兄弟国家恢复对它的经济援助,以稳固国内政局。

然而,《谅解备忘录》的签署,尽管确定了也沙两国谈判边界问题和改善双边关系的若干准则,却难以完全解决也沙间的全部纠纷。也沙边界从红海到阿曼绵延数百英里,除《塔伊夫条约》中已划定的部分外,还有约一半的边境线(主要是前南也门同沙特边界)尚未最终确定,需要谈判解决。据称,这些尚未谈判的有争议地区蕴藏着丰富的石油和天然气,十分诱人。看来,也沙两国要想永不再战,长期友好,尚需本着互谅互让的原则耐心地谈下去。

(全 鲍)

以土军事协议引起中东国家的强烈反应

1996年2月23日,土耳其总统德米雷尔访问以色列时,签署了以土军事协议。据土耳其国防部长的说法,协议内容包括:以色列和土耳其空军进行联合训练和演习;双方军舰可进入对方港口;互相交换军事资料(军事文献纪录片);为进行联合演习,以色列军用飞机每年可飞往土耳其4次,每次可停留一周,其间训练只在白天进行,以色列军用飞机不得携带武器及电子装备等。但阿拉伯新闻媒体一口咬定,这个军事协议还包括有秘密条款:(1)土耳其将为以色列情报机构在其境内设置电子窃听设备提供方便,以使以色列侦察和搜集叙利亚与伊朗的军事动向。(2)以色列通过间谍卫星收集有关情报和图像,为土耳其军打击其东南部及伊拉克北部的库尔德人叛乱活动服务。(3)以色列将帮助土耳其空军实现现代化计划,提高土耳其现有美式战斗机的作战能力。(4)在联合空军演习的同时,在地中海举行联合海军演习等。

1996年3月中旬,以色列和土耳其签署军事协议的消息被媒体曝光后,从海湾到北非的一系列中东国家对此作出了强烈反应。阿拉伯联盟官员发表谈话指出:阿盟不愿看到中东地区"出现新侵略联盟"。埃及外长穆萨称,以土军事协议"非常危险","会引起中东地区的新的对抗"。叙利亚则立即向土耳其提出抗议,认为该协议意味着"把土耳其变成以色列的空军基地",是"对阿拉伯国家和伊斯兰世界的公开挑战"。作为以土协议主要"对象国"的伊朗,更直言不讳地告诉土耳其:"伊朗永远不会容忍以色列在伊朗边境附近保持军事力量"。此外,科威特、突尼斯等许多阿拉伯国家的舆论,也指责以土协议使"土耳其成为以色列包围阿拉伯国家的帮凶",是"对阿拉伯国家的直接威胁",并"已使中东地区的爆炸局势加剧"。

(博 闻)

非洲军事要事

非洲无核武器区条约正式签署 1996年4月11日,非洲国家的代表云集开罗,召开《非洲无核武器区条约》签约大会。49个非洲国家的代表在条约上签字。中国、法国、英国和美国,作为核国家签署了该条约的第1及第2号议定书,承诺不对非洲无核区使用或威胁使用核爆炸装置,不在非洲无核区内试验核爆炸装置(俄罗斯派副外长出席了会议,但没有在这两个议定书上签字)。从此,又一个无核武器区诞生了。

非洲国家自提出建立无核区的设想到最终签署《非洲无核武器区条约》,经历了36个春秋。

60年代,针对法国在撒哈拉大沙漠进行核试验,非洲展开了无核化运动。1960年2月,法国在阿尔及利亚沙漠的上空进行了首次核试验。对此,8个非洲国家立即在联合国大会上提出决议,呼吁所有国家将非洲作为无核武器区予以尊重,不要在非洲试验、贮存、或运输核武器。1964年非洲统一组织第1次首脑会议又通过了《非洲无核化宣言》。迫于非洲国家的压力,法国于1966年停止了在阿尔及利亚的核试验。

70年代初到80年代末,针对南非发展核武器,非洲同国际社会一道加强了实现非洲无核化的努力。1970年,南非开发浓缩铀技术,引起国际社会的严重关切。联合国大会从1976年起,在讨论建立非洲无核武器区的问题时,特别关注与南非核活动有关的事态发展,并就此问题通过了一些决议。1979年9月22日,美国卫星在南大西洋上空观察到神秘的"双重闪光",人们怀疑这是南非的核试验。联合国大会根据尼日利亚的倡议,对南非的核能力进行调查。专家小组1981年起草的研究报告指出,"毫无疑问,南非有制造核武器和必要的运载手段的技术能力"。南非发展核武器的行为,对非洲国家多年来为使非洲大陆置身于核军备竞赛之外,并使之成为一个无核武器区的努力是一个沉重的打击。因为只要认为南非拥有核武器,非洲国家就不可能缔结无核区条约。此后,非洲国家无核化运动的首要任务,是消除这个大陆上现有的核武器。

从90年代初开始，南非宣布放弃并销毁核武器，使非洲无核化取得实质性突破。此后非统组织国家提出新决议，并于1990年12月获联合国大会通过。该决议呼吁联合国秘书长帮助非洲统一组织于1991年召开专家会议，讨论起草和实施非核化条约。1991年7月10日南非加入了《不扩散核武器条约》，并于同年9月与国际原子能机构达成全面保障协议。这对非洲无核化运动是极大的推动。1993年3月24日，南非总统德克勒克承认，南非在70年代和80年代期间开发了“有限的核威慑能力”，并宣布南非在1991年7月10日加入《不扩散核武器条约》之前，已放弃了核武器计划，拆除已有的6个核裂变装置，南非的所有核材料和核设施都已置于国际监督之下。南非的上述举措是非洲无核化运动的重大突破，受到广大非洲国家的热烈欢迎。非洲无核化运动的一系列棘手问题随之迎刃而解。

1995年非洲国家特意选择在南非的佩林达巴——南非核武器的诞生地和销毁地，召开非洲无核区条约起草和谈判工作的最后一次会议。因此，《非洲无核武器区条约》又称《佩林达巴条约》。

该条约规定非洲各国要做到以下几点：不搞核武器；禁止在其领土上进行核试验；拆除一切核设施和核武器；禁止存放核废料；保证核能源的和平使用。非洲无核区的范围是非洲大陆、属于非统组织成员国的岛国，以及非统组织认为是非洲组成部分的所有岛屿、领海和群岛海域以及其领空和海底。条约的第1、2号议定书则要求5个拥有核武器的国家做出有关承诺。

缔结《非洲无核武器区条约》是非洲人民为全人类的共同理想——实现无核武器世界而作出的重大贡献。《非洲无核武器区条约》在经过28个国家的批准生效之后，将同1959年缔结的《南极洲条约》、1967年的《拉丁美洲禁止核武器条约》和1986年的《南太平洋无核武器区条约》一起，使整个南半球成为无核武器区。

（尚左琳）

安哥拉和平进程取得重大进展 1995～1996年安哥拉和平进程取得重大进展。安政府与反政府的争取安哥拉彻底独立全国联盟（简称安盟），虽于1994年签署了和平协议，但由于双方在权力分配和军队组成等问题上意见分歧较大，和平协议未能得到认真的贯彻执行。令人担忧的是，双方在军事上仍处于对抗状态，各种违反协议规定的冲突和交火时有发生。联合国及非洲一些国家为在安哥拉实现停火作了许多调停工作，终于促使交战双方同意停火，接受联合国派遣维和部队进驻安哥拉监督和平协议的执行。1995年4月16日，由27名英国军人组成的联合国维和部队先遣分队，抵达安南部的卡通贝拉军用机场，从而开始了联合国在安的维和行动。联合国维和部队的进驻，使安国内和平重新走上正轨。在联合国、非统组织和南部非洲有关国家的积极努力下，安总统多斯桑托斯与安盟主席萨文比终于在1995年5月6日实现直接会晤，成为安和平进程一个重要的转折点。萨文比第1次公开承认多斯桑托斯的合法总统地位，并表示愿与其共事；多斯桑托斯则保证萨文比在未来民族团结政府中的副总统职位。萨文比承认安政府为合法的民选政府，双方商定1997年本届政府任期届满时举行全国大选，安盟不再以反政府武装的形式存在，而是以反对党名义参加大选。双方同意将分步骤改组武装力量，最终组建一支统一的国防军。

1995年7月14日，联合国秘书长加利抵达安哥拉首都罗安达，视察联合国维和部队进展情况。加利表示，由7000人组成的联合国维和部队将于8月底之前全部进驻安哥拉。7月18日，安哥拉议会通过宪法修正案，决定增设两名副总统，其中之一为执政党“人运”人担任，另一位是“安盟”领导人萨文比。

1995年8月7日，联合国安理会通过第1008号决议，决定将联合国驻安哥拉观察团的任期再延长6个月，至1996年2月8日。安理会对安哥拉和平进程的缓慢表示关注，要求安哥拉政府和安盟与联合国观察团加强合作，切实执行卢萨卡和平协议，早日落实双方冲突部队脱离接触、排雷和安置安盟战士等问题。联合国驻安哥拉观察团全称为“第3期联合国驻安哥拉观察团”，由7000名维和部队、350名军事观察员和260名警察组成。

1995年8月10日，安哥拉总统多斯桑托斯任命安盟领导人萨文比为副总统。11日，安哥拉总统多斯桑托斯和安盟领导人萨文比，在加蓬首都利伯维尔举行第2次会晤。双方着重讨论了军事问题，并就全国范围内违反停火事件的增多以及政府军与游击队在全国、特别是西部地区频繁发生冲突等问题交换了意见。安政府军参谋长德·马托斯说，他不排除在安哥拉重新爆发内战的可能性。

1995年12月21日，安理会发表声明，呼吁安哥拉政府和安盟执行《卢萨卡议定书》，加快和平进程。声明说，安理会对双方执行《卢萨卡议定书》的各项规定进展缓慢及在和平进程早期阶段本应解决的交换军事资料、释放所有俘虏和解决雇佣军等任务，尚未完成表示关切。安理会敦促双方继续进行军事会谈，尽快缔结一项平等、切实可行的协议，并对那里不断发生的违反停火和军事进攻事件表示严重关切。

安哥拉总统多斯桑托斯和安盟主席萨文比 1996 年 3 月 1 日，在加蓬首都利伯维尔举行第 4 次会晤，就组建民族团结与和解政府和全国统一军队等重大问题达成协议，从而使安哥拉和平进程出现了新的突破。双方在会谈中主要达成如下 4 项决议：(1)1996 年 4 月至 7 月组成民族团结与和解政府，为此萨文比向多斯桑托斯递交了将在未来各级政府中任职的安盟成员名单；(2)1996 年 5 月，安盟 6 万余名军人全部集结后，双方将于 6 月完成全国统一军队的组建工作；(3)双方就安盟在统一军队中所占将军及其他高级军官的名额达成一致；(4)双方决定今后最高领导人的会晤将在本国领土上举行，为此政府承诺将保证安盟领导人的安全。在这次会晤中，多斯桑托斯还向萨文比递交了一封信，正式邀请他担任国家副总统职务。萨文比表示将以回信的方式对此做出答复。本次首脑会晤是取得具体成果最多的一次，会谈自始至终涉及实质性问题。正如萨文比所说，本次会晤一改以往那种外交式会晤的作法，双方都就具体问题提出了具体的方案。本次会晤的主要成果之一是双方就统一军队的组建及安盟在统一军队中所占将军及其他高级军官名额问题达成一致，从而使和平进程越过了一大障碍。萨文比在记者招待会上说，双方在军事问题上的全部分歧已得到解决。军事问题是和平进程的关键，这一问题的解决将会使和平进程的速度大大加快。这次会晤所取得的成果是双方初步建立相互信任的结果，双方在长达近 20 年的内战中的积怨已有所消除。和平协议在 1994 年 11 月 20 日，正式签署之后，经过停火、释放战俘、部队集结、最高领导人的会晤，双方互作让步，特别是政府作出的让步更多一些，相互信任得到进一步加强。下次首脑会晤将在本土进行这一决定就是相互信任的最有力说明。这次首脑会晤使和平进程进入一个新阶段。

1996 年 10 月 8 日，联合国秘书长加利在向安理会提交的一份报告中说，尽管安哥拉政府和安盟都表示遵守《卢萨卡议定书》，但过去 3 个月来执行该议定书的进度远远落后于计划，安哥拉实现持久和平仍存在严重障碍。报告说，截至 9 月 27 日，进驻营区的安盟部队为 63189 人，已超过安盟最初宣布的兵力总数，但从营区出走的人数已达 11500 人，这一情况令人担忧。同时，政府和安盟在组建新的安哥拉军队方面进展迟缓。到 9 月 27 日，仅挑选了 4000 名安盟人员准备编入安哥拉军队，而实际上需要编入部队的安盟人员为 26300 人。报告说，由于部分地区缺乏安全保障，安哥拉境内仍有 120 万人流离失所，需要复员、安置的前战斗人员达 10 万人。与此同时，安哥拉经济形势依然严峻。加利呼吁安盟主席萨文比尽快和安总统多斯桑托斯会晤，以加快和平进程。加利还呼吁国际社会提供援助加快前战斗人员的复员和重新融入社会。加利要求安政府和安盟在几个星期内采取具体行动，争取在几个重要领域取得进展。

1996 年 10 月 15 日，安盟主席萨文比表示，安盟将按联合国安理会的有关决议，如期完成卢萨卡和平协议规定的所有任务。萨文比还表示，安盟将保证在 11 月 15 日前完成自已所承担的任务，并公布相关的工作日程表。

1996 年是安哥拉全面实施卢萨卡和平协议的第 2 年。在联合国驻安核查团的监督下，通过有关各方的共同努力，目前又在安盟部队集结、上缴武器、军人遣散等军事问题的解决方面取得重大进展，和平进程正进一步向纵深发展。

安盟部队集结、整编、解除武装和遣散，从而使安盟成为一个非武装的政治组织，是安和平进程的重要内容之一，这一目标能否实现关系着和平进程的成败。1994 年 11 月交战双方在卢萨卡正式签署和平协议后，经过近一年的努力，联合国核查团共在安各地设立了 15 个军人集结区，为安盟军人的顺利集结提供了保障。1995 年 11 月 20 日，在和平协议签署一周年之际，安盟部队集结进程正式开始，安盟部队逐步向各集结区靠拢，并上缴武器，进入集结区。到 1996 年 11 月 26 日为止，安盟在各集结区正式登记进住的军人已达 68740 人，超过了预定集结 6.3 万名军人的目标。自 1996 年 10 月，安盟在其占领区内拥有的 5000 余名警察开始集结以来，仅仅一个多月的时间，就有 3130 人进入了集结区。在上缴武器方面，除安盟集结军人和警察随身携带的轻武器外，安盟还在全国各地区分 4 次向联合国核查团上缴 2000 余吨重武器和弹药，其中 1500 余吨弹药已被销毁。

安哥拉的维和行动已开始运转。自 1995 年 4 月首批联合国维和人员进驻安哥拉后，来自英国、印度、赞比亚、津巴布韦、纳米比亚、巴西、巴基斯坦、厄瓜多尔、罗马尼亚和俄罗斯等国的 6500 名维和人员，已相继抵达安指定地区，并开始监督双方停火，收缴武器和安置退伍人员等工作。阿根廷和赞比亚两国最近还决定将向安增派约 500 名维和人员。

国家统一军队的组建工作目前正在抓紧进行。经过双方的共同努力，目前安盟加入统一军队的 2.63 万名军人，已选拔出 18688 人，还有近 1000 人正在政府军审查中。安盟加入统一军队的 9 名将军已分两批抵达罗安达,其中包括安盟武装力量参谋长,他还带来了家属,表明加入统一军队的决心。这 9 位将军将担任国防部副部长、武装部队副总参谋长、陆军副参谋长等要职。在安盟多余军人的遣散方面,自 1996 年 9 月 24 日在安中部万博省正式开始以来,已有 666 名年龄未满 18 周岁的小战士脱下了军装,重新过上平民生活。此外,交战双方还根据和平协议的规定,释放了在押战俘。安政府军在这一年中全部集结了其快速干预警察部队,并将部分军队撤回了兵营。

由于各方的共同努力,1996 年在军事问题的解决方面,迈出了新的步伐,取得了决定性进展,但其中仍存在着严重的问题。首先,和平进程的进展速度过于缓慢,比和平协议的规定整整晚了一年。其二,安盟上缴的武器在数量和质量上都不尽人意。据报道,就在安盟北方战区司令努马将军宣布安盟在北方的重武器已全部上缴之后不久,联合国核查团就在该地区发现安盟的一个军火库。其三,安盟集结军人中,年老和年少者较多,其精兵强将较少,迄今为止,已有 12959 人擅离集结区。出现上述问题的主要原因是双方缺乏相互信任。历经长达 20 年的内战,特别是 1992 年底内战重新爆发,战争达到了空前的激烈程度,双方积怨不断加深,相互信任降到了最低点。和平协议签署后,双方领导人经过 4 次首脑会晤,相互信任有所加强,但彻底消除积怨,并非易事。这种状况严重影响了和平协议的实施,建立充分的相互信任已成为和平进程的关键因素。

鉴于和平进程在军事问题解决方面所取得的进展,联合国驻安特别代表比耶 1996 年 11 月 21 日,在联合委员会第 43 次例会上宣布,安哥拉国内的军事问题已基本得到解决,和平进程将转入政治方面,将主要解决安盟主席萨文比战后的政治地位,安盟议员在国民议会的就职、地方国家权力机构的建立、民族团结与和解政府的组建等 4 大政治问题。在相互缺乏信任的基础上,政治问题的解决将会面临极大的困难,特别是安盟主席萨文比的政治地位问题,如果解决不好,将会直接影响安哥拉的长治久安。在这一问题上,政府提出的设立两个副总统职务,由萨文比担任第二副总统的方案遭安盟否决后,安盟提出的由萨文比担任全国反对派领袖的建议又遭到政府的否决。目前,双方高级代表团正在就这一问题进一步进行磋商。在联合政府组建问题上,安盟在第 1 份名单遭政府否决后,又将第 2 份参政人员名单提交了政府,等待批准。安交战双方最高领导人已多次表示,将永远不再采取战争解决问题的办法,力图以政治手段解决安哥拉问题。因此,和平进程已进入不可逆转的阶段,任何一方企图退却都是不大可能的。

安哥拉和平进程虽在总体上进展较为顺利,但仍存在着诸多困难和不利因素:1. 对立双方互存戒心。由于安政府与安盟长期交恶,双方积怨甚深,缺乏信任。萨文比曾以安全得不到保障为由,没有出席和平协议的签字仪式,对安政府邀请其移居首都罗安达的建议,萨也予以拒绝,并迟迟不肯全部交出安盟的军队。安政府则至今未按协议规定给安盟在政府中腾出位置。2. 双方强硬派战心未泯。由于安政府与安盟双方武装力量势均力敌,加之双方又分别控制着主要的石油和钻石产地,拥有较丰富的资金来源支付购买军火的费用,因此双方的好战分子都认为可凭借本身的实力消灭对方,主张使用武力解决问题,以达到单独控制安政权的目的。强硬派的主张对政府和安盟双方领导人的决策及和平进程的发展均有一定的影响。3. 联合国的维和行动仍面临困难。安境内尚有近百万枚地雷没有排除。这些地雷不仅严重影响维和部队的安全,也阻碍其有效履行使命,从而导致安北部等地区一些地盘失控,并可能重新沦为双方争夺的战场。

由于安人民已饱尝战争之苦,民心普遍思定,加之和平进程已取得了一些进展,国际社会也正在采取各项措施继续在对立双方之间进行调解,因此,安和平进程已是大势所趋。但由于国内的矛盾错综复杂,和平进程的发展仍面临不少困难,在安实现真正、持久的和平仍需时日。

(王京国)

索马里民族和解之路仍不平坦 1995 年 3 月,以美军为首的联合国维和部队,因对索推行“武力干预政策”惨遭失败而被迫全部撤出索马里。这为索马里人自己解决派别冲突,实现民族和解提供了有利条件。但以艾迪德为首的、索最大的派别组织全国联盟(即联合大会党)自恃强大,试图用武力征服其他派别组织,致使冲突不断。1996 年 8 月 1 日,在冲突中身负重伤的艾迪德因心脏病突发而丧生,为索从战乱走向和平提供了转机。但由于长期混战,部族和派别矛盾根深蒂固,所以和解之路仍不平坦。

一、艾迪德以武力称霸全国的行动,使索再度陷入战乱之中

艾迪德曾领导他的武装力量粉碎了以美国为首的联合国维和部队对索内部事务的武力干涉,因此,是索人民公认的“民族英雄”。但他自恃强大,企图以武力征服对手,一统天下。艾的这种做法,遭到了各方的强烈反对。奥斯曼·阿托原是艾迪德的亲信和得力助手,由于不满艾挑动内战的做法而与他分道扬镳,另立山头,

并且还和艾的最大对手索救国联盟领导人阿里·迈赫迪联手反对艾。1995年6月11日,索马里全国联盟召开大会,主张民族和解的阿托受到了内部多数人的拥护,当选为该联盟的主席,从而取代了艾迪德。艾对此十分恼火,又于15日重新组织召开索马里全国联盟大会,并由他的支持者选为索马里"临时总统"。之后,艾迪德便发动了用武力征服对手、"统一全国"的战争。

1995年9月,艾迪德率领一支600人的军队攻占了由迈赫迪军队控制的、距首都摩加迪沙160千米的西南部城市拜多阿。1996年1月3日,为了从艾迪德手中夺回拜多阿,迈赫迪军队向占据拜多阿的艾迪德军队发起了攻击,造成12人死亡。1月15日,在索西北部的布尔奥地区,艾迪德军队与单方面宣布独立的"索马里兰共和国"总统埃加勒的支持者发生激战,双方动用了导弹和大炮等重武器,造成近200人伤亡。3月底和4月初,在摩加迪沙南部艾迪德和阿托的军队多次发生冲突。7月5日,艾迪德军队向阿托军队发起攻击,而且占领了阿托军队控制的、位于摩加迪沙西南部的麦迪纳区,引起了阿托的强烈不满。1996年7月24日,阿托和迈赫迪军队组成的"和平联军"向艾迪德军队发起反攻,占领了艾迪德军队控制的机场和在南摩加迪沙大本营的一些地方。在这次冲突中,艾迪德被重机枪射中腹部和肩部。8月1日,艾在手术过程中因心脏病突发而丧生。

二、艾迪德之子坚持其父强硬路线,给索和平进程蒙上了阴影

艾迪德对索民族和解问题一贯奉行强硬路线,所以,他的死为索重新启动和平进程提供了机会。艾迪德去世后,他的主要对手迈赫迪和阿托就先后发表声明,宣布"无条件停火"。非统组织、阿盟和联合国也呼吁索各派和解。但事情的发展并不顺利。1996年8月4日,艾迪德之子侯赛因·艾迪德被索全国联盟的内阁和领导委员会任命为索"临时总统"。侯赛因上台后立即表示,他要继承其父遗志,执行与其父同样的政策,维持索马里的民族性,消灭其父在国内、外的敌人。侯赛因的这番讲话引起反对派的反感。迈赫迪说,由于全国联盟推选侯赛因为索"临时总统",他和阿托将重新考虑他们最近所宣布的单方面停火,并已令自己的部队处于戒备状态。1996年12月13日,侯赛因和阿托的军队在摩加迪沙西南部的麦迪纳和博茨尼亚爆发武装冲突。17日,控制摩加迪沙北部的迈赫迪军队参战,炮轰了侯赛因在摩加迪沙的"总统府"及其控制的阵地,致使冲突扩大。在持续5天的冲突中,共有135人死亡,900人受伤。

三、索派别矛盾根深蒂固,实现全国和解尚需时日

艾迪德死后,埃塞俄比亚和肯尼亚等非洲国家,积极调解索各派停止冲突,实现民族和解。1996年10月10～18日,在肯尼亚总统莫伊的斡旋下,以迈赫迪、阿托和侯赛因为首的索主要交战派别领导人,在肯尼亚首都内罗毕秘密举行了继艾迪德死后的第1次和平谈判。15日,与会各方达成了一项停火协议,其主要内容是:从即日起各方立即停止所有敌对行动;清除索马里首都摩加迪沙市内所有路障,确保人员自由往来;保证国际人道主义救援活动顺利实施;交战各方继续保持接触,将已拉开序幕的和平进程继续下去。打了6年内战的索马里,终于启动了和平进程,这是索结束内战、走向和平的重要一步。11月14日,在埃塞俄比亚和东非政府间合作组织其他成员国的斡旋下,除侯赛因外,索其他26个派别领导人经过几周的磋商,于1997年1月3日签署了一项《宣言》,决定成立一个由5人主席团领导的、11人组成的全国执行委员会,并在6个月内建立索过渡中央集权政府。这对索结束混战局面,实现民族和解有着重要的意义。

但是,索是一个部族、派别极其复杂的国家。长期的内战不仅使敌对派别和部族相互仇视,积怨甚深,而且使国家四分五裂。到目前为止,索马里的"总统"就有3个:一个是1991年5月单方面宣布独立的"索马里兰共和国"总统埃加勒;一个是1991年8月根据吉布提第2次和会决议正式就任索马里临时总统的阿里·迈赫迪;再一个是1996年8月由索马里全国联盟原艾迪德领导集团任命的索"临时总统"艾迪德之子侯赛因·艾迪德。同时,权力分配和"索马里兰共和国"归属等问题,也都十分棘手。所以,尽管在艾迪德死后索马里的和平进程已经启动,但是,要真正实现民族和解还尚需时日。

(刘国君)

利比里亚初见和平曙光 1995年7月至1996年12月,战乱不止的利比里亚仍有冲突发生,但和解势头有所增长,并已初见和平曙光。

一、武装冲突时有发生

(一)利派别之间的冲突。在1995年8月20日利交战各方达成"阿布贾和平协议"之后,国内局势相对稳定了一段时间,但从1996年4月起,局势又日渐恶化。4月初,利国务委员会联合主席之一(原利比里亚全国爱国阵线武装集团领导人)泰勒,为了将其宿敌、联合政府农村发展部长(原争取利比里亚民主联合解

放运动克拉恩武装集团领导人)约翰逊置于死地,企图以涉嫌谋杀西非维和部队人员的罪名将他逮捕。4月10日,当治安部队奉命去首都蒙罗维亚约翰逊住处传唤其出庭时,约翰逊的支持者出面加以阻止,双方发生了冲突。随后,泰勒武装集团不断炮击约翰逊武装集团在蒙罗维亚的营地,约翰逊武装集团则针锋相对,予以顽强反击。首都蒙罗维亚再次蒙上了战争的阴影,数以百计的人丧生,成千上万的市民弃家外逃。1996年5月4日和6日,经美国、加纳和尼日利亚的调解,约翰逊和泰勒先后宣布同意停火。

(二)利派别武装与西非维和部队之间的冲突。1995年底至1996年初,争取利比里亚民主联合解放运动中的克拉恩武装集团和曼丁戈武装集团为控制西北部地区展开了激战。在西非维和部队的干预下,曼丁戈武装集团撤离了该地区,而克拉恩武装集团却与西非维和部队发生了冲突。他们扣留了正在该地区一个废弃铁矿进行排雷的130名维和部队士兵,以作为阻挡维和部队进攻的人质。后来,在国务委员会的强行干预下,克拉恩武装集团被迫同意将这些士兵从铁矿释放,这场持续近一周的冲突才告结束。

(三)利武装分子与美军之间的冲突。1996年4月30日,一些利比里亚武装分子袭击美国驻利大使馆,与美大使馆的海军陆战队发生了交火,造成3名利比里亚人死亡,60余人受伤。为此,美国负责非洲事务的助理国务卿穆斯中断了对利的访问,并要求利武装派别停火,否则美将中止对该国的援助。

(四)不明身份的凶手制造屠杀事件。1996年9月28日凌晨,一些不明身份的杀人凶手,在利大角山区制造了一起令人震惊的屠杀事件,几十名无辜的妇女、儿童和老人惨遭杀害。10月1日,联合国秘书长特别代表纳基发表声明,强烈谴责制造事件的凶手。

二、利国内出现和解迹象

(一)"阿布贾和平协议"的签署,为结束利内战奠定了基础。1995年8月20日,在西非国家经济共同体9国调停委员会的大力推动下,利6个交战派别的领导人在尼日利亚首都阿布贾签署了一项新的和平协议,即:"阿布贾和平协议"。该协议规定:交战各方自1995年8月26日子夜起无条件停火;9月1日成立一个由各派领导人参加的、新的国务委员会,该委员会负责监督停火和执行国家领导职能;9月5日至26日各派武装撤离原来的阵地;从12月起,8500名西非维和部队和50名联合国军事观察员开始解除各派武装,并于1996年6月30日之前完成遣返难民和解除利境内各派武装的任务;1996年8月20日举行全国大选,9月30日民选新政府宣誓就职。在"阿布贾和平协议"之前,交战各方曾先后达成过10多个停战协议,与这些协议相比,"阿布贾和平协议"较为全面、切实可行。非洲统一组织秘书长萨利姆称,"阿布贾和平协议"的签署,是非洲预防、控制和解决地区冲突的成功典范。联合国秘书长加利称,该协议是"在通往利比里亚和平道路上迈出的重要一步"。

(二)新过渡政府的成立,是利走向和平的重要标志。1995年9月1日,按照"阿布贾和平协议"的规定,利比里亚成立了新的过渡政府——国务委员会。该国务委员会由交战各方派出的6名代表组成。他们是:利比里亚大学教授威尔顿·桑卡沃洛,利全国爱国阵线领导人查尔斯·泰勒,争取利比里亚民主联合解放运动领导人哈吉·克罗马,利比里亚和平委员会领导人乔治·博利,两位民间人士奥斯卡尔·奎亚和坦巴·泰勒。桑卡沃洛任国务委员会主席。新国务委员会是各派领导人在西非国家经济共同体9国调停委员会的斡旋下,相互妥协的结果,具有较广泛的基础。它的成立说明,自1989年12月爆发内战以来各派领导人首次走到一起,因此是利走向和平的重要标志。

(三)利主要交战派别,均作出了和解姿态。利过渡政府于1996年7月11日举行会议,决定采取必要措施结束内战,并规定要在1996年12月完成解除各派武装的任务。7月16日,最大的武装派别、原利比里亚全国爱国阵线领导人泰勒,对于由他领导的武装与其他派别发生的冲突而给人民带来的痛苦表示道歉,并称"没有任何理由拒绝遵守和平协议的规定"。8月17日,争取利比里亚民主联合解放运动克拉恩武装集团的领导人罗斯福·约翰逊表示,他的武装集团随时准备解除武装,为实现利比里亚和平铺平道路。据1997年2月西方媒体反映,交战各方已有2万多名士兵放下了武器,利全国大选将在1997年5月30日举行。

三、国际有关机构对利和解发挥了重要作用

一是联合国。1995年7月初,联合国安理会为使利交战各派停火,向他们下达了"最后通牒",令他们在9月30日之前务必达成和平协议。这为1995年8月20日"阿布贾和平协议"的签署奠定了基础。12月,为落实"阿布贾和平协议",由联合国难民署、西非经济共同体和利比里亚临时政府组成的难民遣返委员会正式成立,并着手遣返和安置散居在西非邻国的80多万利比里亚难民。1996年1月和5月,联合国安理会两次专门开会审议利比里亚局势,决定竭尽全力促使利停止内战,实现和平。二是西非经济共同体。1995年12

月 19 日，西非经济共同体为落实“阿布贾和平协议”，派 3 支维和部队分别抵达泰勒、克罗马和博利总部所在地，执行解除 3 大派武装的任务。1996 年 6 月 10 日，利交战各派向西非国家经济共同体主席、加纳总统罗林斯提出了重新审议“阿布贾和平协议”的要求，但遭到严厉拒绝。罗林斯称，利交战各方必须全面执行这个协议，西非经济共同体不会重新审议这个协议。7 月 27 日，为加速利的和平进程，西非国家经济共同体召开了首脑会议，作出了将对拒绝执行和平协议和解除武装的派别进行制裁并对其领导人进行审判的强硬决定。8 月 17 日，西非经济共同体再次召开调解利内战的首脑会议。这次会议制定了利比里亚的和平进程表；确定了利在 1997 年 5 月 30 日举行大选；任命了可望得到各派支持的前参议员佩里为新的国务委员会主席；决定将西非经济共同体维和部队的人数增加一倍以上，即：从 8500 人增加到 1.8 万人，以监督协议的实施。

（刘国君）

中非兵变迭起　中非共和国地处非洲腹部，是联合国宣布的最不发达国家之一。昂热·帕塔塞于 1993 年 9 月当选总统后，为使中非走出经济困境，采取了一些措施，但未见成效。近两年来，帕塔塞为从国际货币基金组织和法国获取更多的援助，对国家财政进行了整顿，实行财政紧缩政策。军队因军费减少，拖欠军饷的现象严重，引起广大士兵的不满，导致兵变迭起。仅在 1996 年，就发生了 3 次兵变。

第 1 次兵变　1996 年 4 月 18 日下午，由大约 400 名士兵组成的叛军发动一场兵变。他们占领首都班吉的中心街道，包围国家广播电视台，声称，帕塔塞总统是民选总统，他们无意推翻他。他们发动兵变的目的，只是要求政府支付拖欠 3 个月的军饷。19 日上午，兵变士兵占领国家广播电视台，并向总统府发起攻击，与总统卫队发生枪战，造成 9 人死亡，35 人受伤。20 日，仍然没有拿到军饷的兵变士兵，在首都班吉掀起枪击和抢劫的浪潮。他们冲入监狱，放跑犯人；闯入公司经理们的住宅，抢劫钱财和汽车。整个首都处在恐怖的气氛之中。在这种情况下，帕塔塞总统不得不同意兵变士兵的要求，立即向他们支付拖欠的军饷。

第 2 次兵变　为了防止士兵因军饷问题再次闹事，总统卫队遵照总统命令于 1996 年 5 月 18 日来到距班吉中心两千米的卡萨伊兵营收缴武器，并要求该兵营的军人交出对班吉中央军械库的控制权。这一行动激起兵营内军人的强烈愤怒。于是，他们冲出兵营，强行进入市中心，聚集在国家广播电视台门前鸣枪示威。为迅速平息这场兵变，帕塔塞总统要求驻扎在中非的法国军队进行干预。法国则以保护外国侨民的名义，立即出动驻扎在班吉的法国部队，并从乍得、加蓬和法国本土调动部队增援，使法军从 1400 人增加到 2300 人。20 日，法国外籍军团在轻型装甲车的掩护下开进班吉市中心，开始了代号为“铁铝榴石 2 号”的军事行动。21 日，兵变部队与中非当局进行首次谈判未果。22 日，法国外籍军团向围攻电台的兵变部队发起攻击，击退一度占领电台的兵变部队，并控制了班吉市中心的战略要点。据统计，此次兵变造成 20 余人死亡，60 余人受伤。26 日，在指挥“铁铝榴石 2 号”行动的法军总参谋部托雷特准将的调解下，中非总统和兵变士兵代表达成一项“技术性和解协议”：总统同意不再收缴士兵武器，对兵变之事不予追究，并答应组成“民族联合政府”；兵变士兵则撤回兵营，由中非当局“集中整编”。

第 3 次兵变　1996 年 5 月，涉嫌犯有贪污罪并与中非前总统科林巴有亲戚关系的上尉苏来，趁中非第 2 次兵变之机越狱潜逃。11 月 15 日晚，中非宪兵奉命前去捉拿苏来时，与其卫队发生交火，一名宪兵被当场打死。16 日晨，曾于 4 月和 5 月两次参与兵变的部分士兵，因政府仍未向他们支付所欠的军饷，而加入支持苏来的行列。兵变士兵从班吉附近的军工厂抢走大量武器，占领班吉的一个警察局，还扣留了多名人质。26 日，他们提出要帕塔塞总统辞职和限制总统卫队权力的要求，但遭到拒绝。30 日，他们向政府军发起攻击。12 月 5 日凌晨，他们又用迫击炮和火箭等武器向总统卫队和驻班吉的法军开火，中非局势严重恶化。为此，第 19 届法非首脑会议于当日召开，并决定由乍得、加蓬、马里和布基纳法索 4 位非洲国家元首组成调停小组，立即赴班吉对冲突双方进行斡旋，以寻求解决中非危机的办法。在非洲国家元首调停小组的努力下，中非总统帕塔塞和兵变士兵代表苏来，于 8 日下午达成一项 10 点停火协议。协议的主要内容是：中非政府军和叛乱士兵，从 12 月 8 日起实现 15 天的休战；成立一个监督委员会，负责监督协议的实施；在停战期间，各方保留自己的武器，并停留在各自的阵地上；政府向士兵支付拖欠的军饷和伙食补贴，并督促市民拆 除在首都班吉设置的路障，兵变士兵则开放通往水上的石油运输通道；停止种族主义和部族主义的暴力行为，维护国家统一和民主进程。然而经过 20 来天的平静后，12 月 31 日兵变士兵又与驻扎在班吉的法军发生了交火，造成 2 名法国军人丧生。为此，法军于 1997 年 1 月初，对兵变士兵采取大规模报复行动，用直升飞机进攻兵变士兵的营地，摧毁他们多个据点，收复被他们占领的石油港口和国家广播电视台。1月25日，兵变士兵被迫在停火协议上签字。

（刘国君）

尼日尔成立全国拯救委员会 1996年1月27日，尼日尔发生军事政变。尼前政府军总参谋长易卜拉欣·巴雷·迈纳萨拉上校率领一些军人，推翻了尼第1位民选总统马哈曼·奥斯曼，成立了以迈纳萨拉为首的临时最高权力机构——全国拯救委员会。

政变原因 尼总统奥斯曼和总理阿马杜之间的争斗，是发生这场政变的主要原因。尼是西非一个极为贫穷的国家，自1960年独立后，兵变迭起。1990年，开始实行多党制。1993年3月，奥斯曼在大选中获胜，成为尼第1位经过全民选举产生的总统。奥斯曼当选总统后，先后任命优素福和阿卜杜拉耶为政府总理，但均因与其政见不合而分道扬镳。亲奥斯曼人士组成的政府则成为少数党政府。为了不与在议会占多数席位的反对党合作，奥斯曼于1994年10月解散议会，并于1995年1月提前举行议会选举，但结果仍是反对派在议会中占据多数席位。同年2月，奥斯曼不得不任命反对派提名的哈马·阿马杜为新政府总理。两个人的明争暗斗也便从此开始。

（一）奥斯曼与阿马杜争权夺势，矛盾不断激化。1995年4月，奥斯曼借口阿马杜搞“一言堂”，两次拒绝主持召开政府部长会议。7月，奥斯曼又以阿马杜关于一些公司、企业和政府行政部门的人事任命不合理为由，第3次拒绝出席政府部长会议。阿马杜不甘示弱。8月，越权召开部长会议并擅自宣布40项人事任命。1996年伊始，奥斯曼与阿马杜的矛盾进一步激化。1996年1月4日，奥斯曼以内容不够完善为由，拒绝批准已被议会通过的1996年国家预算法案，并要求议会重新审议。议会则以总统的要求没有总理联署为由予以驳回。1月27日，也就是尼发生军事政变的那一天，奥斯曼为把阿马杜赶下台，还在与他的支持者研究如何解散议会，举行新的选举问题。

（二）奥斯曼和阿马杜的严重不和，使国家陷入政治和经济危机。一是反政府势力抬头，国家安定受到威胁。由于总统和总理互相争斗，致使尼政府与北方图阿雷格族反政府组织于1995年4月达成的和平协议没能及时执行。接受停火的图阿雷格族反政府游击队，扬言要重新开展武装斗争，国家的安全与稳定受到威胁。二是国家的正常经济活动受到干扰，经济形势更加恶化。由于总统和总理热衷于争斗，无心于国家大事，在国际货币基金组织和世界银行指导下的经济改革计划被搁浅，使已陷入困境的国家经济雪上加霜。政府经常拖欠工资，人民怨声载道。工人罢工，学生罢课，要求政府支付拖欠的工资和助学金。

政变经过 鉴于国家因总统和总理政见分歧而处于极度混乱的状况，前武装部队总参谋长迈纳萨拉上校为首的一些军人，于1996年1月27日发动政变。他们首先切断尼对内、对外的通讯网络，关闭机场，重兵把守首都重要的十字路口，然后软禁总统奥斯曼，逮捕总理阿马杜、议长优素福等政界要人。他们还成立了由12名军官组成的临时最高权力机构——全国拯救委员会，解散政府和议会，取缔政党，中止宪法。据西方媒体报道，此次政变比较顺利，只是在总统府周围，政变军人遇到总统卫队的抵抗，造成2名士兵死亡，10人受伤。政变成功后，迈纳萨拉一再表示，发动政变的目的是为了救国、救民，军队无意长期掌权，一俟国家政局稳定，军队将还政于民。1996年1月30日，尼全国拯救委员会便任命经济学家、现任西非国家中央银行副总裁布卡里·阿吉为新总理，并于次日召开制宪讨论会。2月1日，阿吉组成包括14名部长和3名国务秘书的文官政府。新政府执政后，积极奉行“中立、和平和不结盟”的外交政策，并于1996年8月19日与中国正式恢复了大使级外交关系。

有关反应 奥斯曼是尼日尔第1位经过全民选举产生的总统，他的当选被人们看成是非洲大陆和平过渡到民主的一个“典范”。所以，尼此次军事政变遭到国际舆论的普遍反对。特别是法国、美国和德国等西方国家，一致谴责这次政变是尼在民主化道路上的一次“大倒退”，要求政变军人立即恢复合法宪政体制，让奥斯曼重新出来执政，并中止对尼日尔的经济和军事援助。马里、刚果和南非等非洲国家也对此次政变持反对态度，称此次政变有损于非洲的民主进程。然而，与国际社会的反应截然相反，尼国内绝大多数民众对此次政变表示理解和支持。1996年2月1日，首都尼亚美的数千名群众举行了3年来规模最大的游行活动，支持军队发动政变。有人甚至说，军人早就该出来解决问题了，老百姓不需要不能吃饱饭的民主。

（刘国君）

塞拉利昂发生军事政变 塞拉利昂位于非洲西部，是一个矿产资源十分丰富的国家。但是，自1991年起塞拉利昂内战不止，致使国家经济崩溃，社会动荡。1996年1月16日，以朱利叶斯·比奥准将为首的政变军人，推翻1992年4月上台的瓦伦丁·斯特拉瑟总统，建立新政府。新政府执政后，为结束内战作出积极努力，并于1996年11月与反叛组织革命统一阵线签署了"和平协议"。

一、比奥发动反斯特拉瑟的军事政变成功

1992 年 4 月 29 日，以瓦伦丁·斯特拉瑟为首的、来自塞拉利昂和利比里亚边界前线的年青军官发动军事政变，推翻约瑟夫·莫莫总统的统治，成立了以军人为主体的政府——全国临时执政委员会政府部长会议。1993 年，塞新政府平息反政府军取得进展后宣布，在 1996 年实现民主宪政。朱利叶斯·比奥曾是斯特拉瑟的得力助手，主管政府的日常事务。后来，两人因在军政府还政于民的问题上主张各异而产生严重裂痕。斯特拉瑟决意提前举行选举和还政于民，而比奥坚持军政府继续执政。

1996 年 1 月 16 日下午，比奥率领部分军人发动反斯特拉瑟总统的政变，顺利地接管权力和控制了首都局势。17 日，比奥宣誓就任塞拉利昂国家元首，表示将继续国家的民主进程。19 日，塞拉利昂成立了由 14 名文职人员和 7 名军人组成的新政府，阿基姆·贾布里勒上校任新政府领导人。3 月 15 日，塞拉利昂举行 20 多年来的首次全国大选。人民党领导人艾哈迈德·泰詹·卡巴当选总统。3 月 29 日，军政府向文官政府正式移交权力，从而结束了塞拉利昂政权长期被军人控制的局面。

1996 年 9 月 9 日，新政府粉碎了一起企图推翻现政府的军事政变。与前军政府关系密切的 3 名军人，想在卡巴总统上班之时向他进行袭击，但因其中一名同伙事前走漏了消息，而使这一阴谋未能得逞。

二、新政府与反政府组织签署了"和平协议"

塞拉利昂最大的反政府组织是士官福戴·桑科领导的塞拉利昂革命统一阵线。20 多年来，桑科一直进行着夺取政权的活动。70 年代，他因参与策划推翻史蒂文森政府的活动而被捕入狱。出狱后，他对生活现状不满，便于 1990 年越境到利比里亚参加了该国查尔斯·泰勒领导的反政府组织——全国爱国阵线。1991 年，在泰勒的帮助下，桑科纠集一些丛林战士、利比里亚人和塞拉利昂人，组成了塞拉利昂革命统一阵线，并发动反政府的内战。内战爆发后，由于政府和桑科各持己见，互不相让，寻求和谈的努力一直未果，致使内战持续了 5 年之久。内战期间，有 1 万多人丧生，200 多万人沦为难民，国家经济遭到严重破坏。为使塞尽快走出内战造成的困境，卡巴在 1996 年 3 月 29 日的总统就职仪式上，向反政府组织的首领桑科发出和谈呼吁，并且明确表示，寻求塞的持久和平是塞新政府的首要任务，他将随时准备与桑科会谈。为了表示和谈的诚意，卡巴总统于 4 月 2 日下令释放在弗里敦监狱被监禁的 66 名反政府军成员。4 月 23 日，在科特迪瓦总统贝迪埃的调解下，以卡巴总统为首的塞政府代表团和以桑科为首的革命统一阵线，就停止敌对活动、恢复和平达成共识，并签署了和平公报。1996 年 11 月 30 日，卡巴总统和桑科在科特迪瓦的阿比让签署了结束内战的和平协议。协议要求双方立即停止敌对行动，解除叛乱分子的武装，并对如何将他们编入国家正规部队或安置在公职部门等问题作了具体规定。和平协议的签署表明塞的长期内战归于结束。卡巴总统说，协议的签署是塞走向和平的第 1 步，在今后的和平进程中塞人民的共同敌人是"贫困、饥饿、疾病、贪婪和猜忌"。桑科说，和平协议的签署标志塞拉利昂一个民主、成就事业的新时代开始。科特迪瓦总统贝迪埃称，和平协议的签署是一个"历史性"事件。

（刘国君）

扎伊尔爆发武装冲突　1996 年 10 月，扎伊尔与卢旺达、布隆迪接壤的东部地区，由于胡图族与图西族矛盾激化，爆发了武装冲突。

一、难民滋事、部族仇杀、邻国交恶，是扎东部爆发武装冲突的重要原因

扎伊尔同卢旺达和布隆迪接壤，难民问题十分突出，扎东部境内滞留着 160 多万来自这两个国家的难民。在靠近卢旺达边界的扎伊尔东部难民营中，以胡图族为主的卢旺达难民占绝大多数，至少有 110 多万人，他们是在 1994 年卢旺达发生部族大屠杀期间逃离家园的，其中还混有数万名卢旺达前胡图族武装人员，他们以难民营为基地扰乱卢旺达社会治安，与扎伊尔军队发生摩擦，并扬言要报复那些渴望回国的难民。在布隆迪与扎伊尔东部相邻的乌维拉地区，散居着 20 多万布隆迪胡图族难民，他们也常同扎伊尔军队及当地居民发生冲突，造成当地资源破坏、环境污染、交通阻塞和治安混乱，从而使东部地区局势急剧恶化。

居住在扎东部地区的 30 多万班亚穆伦盖人，其同族源于卢旺达境内的图西族人，他们早在 200 多年前就移居扎伊尔，历来受到当地扎伊尔人的排挤。1981 年他们被取消扎伊尔国籍。1996 年 10 月，扎地方当局又限令他们离开家园，扎当局与卢胡图族难民联合驱赶班亚穆伦盖人，加深他们对扎政府和卢胡图族人的仇恨，并导致武装冲突。他们首先进攻胡图人居多的东部边境难民营。扎图西族反政府领导人、"解放刚果—扎伊尔民主力量联盟"领导人洛朗—德西雷·卡比拉称，他们的目标不仅仅是占领扎东部地区，而且要推翻扎政府，迫使蒙博托总统下台。

扎伊尔指责乌干达、卢旺达和布隆迪3国由图西族控制的军队介入了扎东部的冲突,支持班亚穆伦盖人反政府武装。1996年10月22日,扎伊尔政府指责卢、布军人越境"入侵"扎东部地区,表示将不惜任何代价保卫领土完整。扎电视台还播放了十余名身穿军服的卢旺达俘虏的镜头,以作为邻国军队入侵扎的实证,并提请联合国安理会制止"外部侵略"。卢旺达和布隆迪两国则断然否认它们的军队越境卷入战斗。卢旺达还说,"这是扎伊尔人用以继续灭绝东部地区居民的借口",敦促国际社会对扎伊尔施加压力。扎伊尔与乌干达的不和,是因为乌干达与卢旺达关系密切,乌总统穆塞维尼是在1986年依靠由卢图西族流亡者为核心的军队支持才得以执政的。穆在卢旺达的战乱中帮助卢爱国阵线夺取了政权。

二、反政府武装攻势猛烈,政府军节节败退

1996年10月,扎伊尔"解放刚果—扎伊尔民主力量联盟"武装向扎政府军发动进攻。10月24日,反政府军占领了南基伍省首府乌维拉,并以此为基地兵分3路沿扎、卢、布3国边界线向北、向南和向西推进。北路,1996年11月4日,反政府军占领了南基伍省府戈马和北基伍省首府布卡武,并宣布单方面停火,以开辟一条为难民提供人道主义援助的安全走廊。11月28日,反政府军占领了瓦利卡莱、沙本达等东部城市,大批难民涌向了扎内地。12月25日,反政府军攻占了东北部重镇布尼亚,1997年2月11日占领伊西罗。南路,反政府军相继占领了巴拉卡、卢林巴、卡滕加等城市,并于1997年2月3日占领坦噶尼喀湖的港口城市卡莱米。卡莱米处于铁路网的北端,它的失陷使政府军失去试图收复东部所需的补给和增援手段。1997年3月14日攻占普雷图市,离沙巴省首府卢本巴希以北400千米,并正向卢本巴希推进。西路,1997年2月中旬,反政府军从布卡武和布尼亚向西部第3大城市、北部战略重镇基桑加尼发动钳形攻势。基桑加尼是上扎伊尔区的首府,位于扎伊尔河河畔,既是重要的钻石和黄金贸易中心,又是政府军对反政府武装实施反攻的大本营。2月23日,反政府武装攻陷距基桑加尼以南290千米的矿城卡利马;2月28日,占领扎伊尔河边铁路运输要道金杜;3月1日,攻占距基桑加尼东南约200千米的卢布图及附近的廷吉难民营;3月2日占领铁路枢纽卡巴洛及距卡巴洛以南160千米的马诺诺;3月15日,攻占基桑加尼。短短几个月时间,反政府武装已控制了北到苏丹边界、南到赞比亚边界的长1200千米、宽300至500千米的地带。据称,反政府军虽然讲好几种语言,但却是一支凝聚力很强的作战力量,他们以最初的扎图西族人为核心,形成了一个有广泛基础的运动,自称为刚果解放军,对蒙博托的统治构成极大威胁。

扎总统蒙博托1996年8月在瑞士作了前列腺癌手术后一直在法国疗养,由于扎伊尔局势紧张,蒙不得不于12月17日回国,亲自处理扎伊尔局势。蒙对军队和政府实行一系列改组和调整。组成仍以总统派和温和反对派为基础的内阁,改组后内阁的主要任务是组织大选,收复失地和减轻民众的苦难。军队方面,重新启用有实战经验的马海莱将军出任军队总参谋长,授权统领各军兵种,与反政府军进行较量。1997年1月20日,政府军开始对反政府基地进行反攻,1月23日和2月17日,空军飞机轰炸了反政府武装控制的布卡武、瓦利卡莱和沙本达,造成一些伤亡。但由于政府军装备较差,士气涣散,军饷不足等原因,扎政府采取的上述措施未能阻挡反政府武装的攻势。

面对政府军的失利,国内对政府及图西族人不满情绪强烈。军方批评政府没有采取足够的行动帮助军队,政府行动过于缓慢,没有给予军队足够的武器装备。首都金沙萨市内种族仇视情绪加剧,金沙萨大学的一些学生在政府所在地示威,洗劫了布隆迪大使的住宅,袭击了一些图西人开的店铺,并要求有图西族血统的扎伊尔现总理肯戈·东多下台。3月18日,扎议会将总理肯戈·东多革职。

三、国际社会积极进行干预

扎伊尔东部战争爆发后,引起国际社会的强烈关注。联合国安理会多次要求实现停火,并呼吁国际社会刻不容缓地对这场危机作出反应。1996年11月9日,联合国安理会通过决议,决定组建一支4000至5000人的多国部队前往扎伊尔,以保障扎东部地区的人道主义援助行动能正常进行。经过多方协调,由加拿大牵头组建多国部队。但法国和美国在向扎派驻多国部队问题上态度不一,法国竭力主张尽快派遣多国部队,帮助蒙博托控制局势,而美国则采取消极拖延的"冷处理"策略。美驻扎大使公开谴责法国支持非洲"没落的政权"。结果,所谓驻扎多国部队事实上却未向扎派出一兵一卒。1997年2月8日,由于扎交战双方互相指责有外国军队介入内战,联合国安理会发表声明,呼吁外国军队撤出扎伊尔。2月18日,联合国安理会通过关于结束扎内战的5点和平计划。主要内容是:扎政府和反政府武装立即停止敌对行动;撤出包括雇佣军在内的所有外国军队;尊重扎伊尔和大湖地区其他国家的主权及领土完整;保护所有难民,为人道主义援助行

动提供方便；通过对话、选举和召开大湖地区国际和平会议，迅速地和平解决这一危机。起先扎政府对该决议反应冷淡，不愿与反政府武装进行和谈。由于政府军在战场上连连失利，政府被迫于1997年3月5日宣布接受安理会决议，同意与反政府武装和谈。而一路得手的反政府武装在坚持先谈判后停火的同时，继续乘势猛攻，以求和谈中赢得更多的政治砝码。

在联合国进行促和努力的同时，非统组织及一些非洲国家也积极从中斡旋。中东非国家肯尼亚、赞比亚、坦桑尼亚、乌干达、卢旺达和厄立特里亚等国，于1996年11月5日在内罗毕召开首脑会议，对扎东部紧张局势表示严重关切，要求有关各方立即实现停火，并呼吁联合国出兵。与会领导人担心，这场危机不仅威胁160多万卢、布难民的安全，还将对整个非洲中部大湖地区的稳定产生不利影响。12月16日，非洲部分国家在肯尼亚首都内罗毕召开区域性首脑会议，呼吁有关国家停止对扎伊尔的干涉，结束对扎伊尔的跨境“入侵”，以便尽快解决扎伊尔危机。1997年2月中下旬，在南非、津巴布韦、莫桑比克等国领导人多次磋商后，扎交战双方代表在南非分别与南非、美国、联合国及非统组织代表举行会谈。3月20日，非洲国家首脑在肯尼亚首都内罗毕举行小型首脑会议。3月底又在多哥首都洛美举行首脑会议，但均未能阻止扎战火的继续漫延。交战双方虽然表示愿意政治解决冲突，但在立即实现停火问题上并无承诺，反政府武装领导人卡比拉表示，蒙博托下台之前，反政府军不会实现停火。

（周　洁）

布隆迪部族武装冲突仍在继续　近两年来，布隆迪总统几次易人，政府频繁更迭，党派纷争不断，部族关系紧张，武装冲突不断。

布隆迪有600万人口，主要由胡图族和图西族两大部族组成，其中胡图族占全国总人口的83%，图西族占16%。由于西方殖民主义者扶殖图西族统治胡图族，又利用胡图族牵制图西族，致使两族矛盾激化。历史上两族曾发生4次大规模的流血冲突，几十万人丧生，上百万人沦为难民。

进入90年代后，布前图西族总统布约亚采取一系列民主化措施，并于1993年6月举行了首次总统大选，胡图族政党“布隆迪民主阵线”在大选中获胜。但由于该党未能联合图西族政党“布隆迪民族统一进步党”，致使图西族人对胡图族人的统治愈加不满，并凭借多年该党在军队和政府各部门的影响，试图夺回总统宝座。两族矛盾激化，冲突加剧。1993年6月和10月，由图西族控制的军队曾发动2次军事政变，在10月份的军事政变中，布总统、正副议长以及一批政府高级官员被杀害。1994年2月，布组成以胡图人占主导、吸收多党入阁的“开放政府”，因同年4月布总统空难又出现权力真空，潜伏的内部党派之争再次通过暴力形式表现出来。各党派在经过数月的谈判后，于9月30日达成分享权力的“政府公约”，胡图人恩蒂班通加尼亚当选为总统，图西族 人任总理并占有45%的部长席位。但两族极端分子都不接受“公约”安排，不断制造暴力事件，使联合政府无法正常行使职权，动乱局面愈演愈烈。由于骚乱不断，事端频出，两族的极端分子往往以谋杀为手段，向对方施行报复。以图西族军队为一方，以胡图族军事组织“保卫民主全国委员会”为另一方，在布全国范围内发生武装冲突，加剧了布的动荡局势。自1993年以来，共有15万多人在冲突中丧生。

1996年7月25日，布军方发动不流血政变，废黜日前躲进美国使馆避难的胡图族人总统恩蒂班通加尼亚，由前图西族总统布约亚为总统，并解散议会，在全国实行宵禁。布约亚执政后，采取了一系列措施，力图缓解国内种族矛盾和国际社会的强烈反应。首先，呼吁非洲国家和国际社会帮助布隆迪实现种族和解；其次，组成由胡图族和图西族均等参与的政府，吸收了多名前政府的胡图族无党派人士；第三，解除参谋总长、宪兵司令和总统卫队长官3名强硬派高级军官的职务，以消除外界对布政变的不满；第四、着手进行布各派之间的政治对话。

国际社会对布隆迪局势极为关注。联合国安理会多次通过决议敦促布实现民族和解。1996年1月安理会通过第1040号决议，宣布对布实行武器禁运和禁止继续鼓励暴力行为的布领导人出国旅行等措施，呼吁有关各方保持克制，进行对话。3月5日，安理会又通过1049号决议，敦促布各方停止任何暴力行动和煽动暴力行为，并认真进行谈判，加紧实现民族和解。4月25日，安理会发表声明，对布民众购买和使用枪支、布总理号召武装图西族平民表示十分担忧，呼吁布两族摈弃暴力，通过广泛的对话来确保未来的和平。1996年7月25日，布发生军事政变后，国际社会纷纷谴责，联合国秘书长加利呼吁布各派克制。安理会发表声明，要求布尊重宪法和人民的意愿，恢复宪政和秩序，停止一切暴力行动，为和平解决危机进行谈判。美国也中止对布援助。7月31日，中东非国家首脑和美国及欧盟代表在坦桑尼亚阿鲁沙举行会议，决定对布实行经济制裁，并准备减少石油供应，关闭航线，迫使军人政府恢复合法政府。根据该决定，中东非国家先后对布实施制裁:中断与布的陆上和空中联系,阻止运送物资的卡车进入布隆迪,外国航空公司也中止在布隆迪的飞行。布隆迪作为内陆国家,严重依赖于通过卢旺达和坦桑尼亚出口咖啡和茶,并进口石油和燃料,制裁使布首都的咖啡交易市场被迫关闭,加油站关门,物价飞涨。9月9日,非洲国家出于人道主义考虑,解除对布制裁。

目前,布军政府正努力控制国内局势,在各派之间开展政治对话,缓解两族之间的矛盾,减少部族仇杀的发生。

(周 洁)

埃及与苏丹在哈拉易卜发生交火 哈拉伊卜是埃及与苏丹边境靠近红海的一个三角地区,面积1万多平方千米,虽然是不毛之地,却蕴藏着丰富的石油资源。由于历史原因,埃苏两国对该地区主权争议不断。

(一)1995年6月27日,枪声再次在哈拉伊卜响起。一大批埃及边防军人与苏丹军警在这一地区交火,2名苏丹警察和1名军人被打死,7人被打伤。随后,两国领导人互相指责对方,各不相让。6月29日,埃及总统穆巴拉克作出决定,驱逐埃及什拉汀边境地区的70名苏丹人。是日,苏丹总统巴希尔主持召开内阁紧急会议,研究哈拉伊卜局势。6月30日,苏丹总统在群众集会上号召苏丹人民拿起武器,保卫苏丹,表示"将把武器发给每个有能力扛枪的人,将训练所有年轻人捍卫土地和荣誉,决不割让一寸土地!"事发不久,埃及就向哈拉伊卜地区增派机械化步兵和空降兵及边防部队。自6月27日起,埃军控制并封锁了哈拉伊卜地区,禁止苏丹人进入。针对埃军的行动,苏丹军方发言人则扬言"要将哈拉伊卜地区变成埃军的坟墓"。两国都加紧了作战准备,一时间,哈拉伊卜地区成了一点就着的"火药桶"。

(二)哈拉伊卜争端,实属殖民主义者在100年前埋下的祸根。1899年,英国殖民政府同埃及签署协议,划定以北纬22度线为苏丹和埃及的国界。22度线以南归苏丹,以北归埃及。于是,便把当地横跨22度线的部落,人为地切成了两半。该地的实际控制权握在埃及人手里,可居民却大多是苏丹人。长期以来,两国都宣布对这一地区拥有主权,哈拉伊卜成了制约埃苏关系的"老大难"问题。任何一方在该地区有风吹草动,都会引起对方"神经过敏"而作出"快速反应"。1993年,埃及趁苏丹政府同其国内南方反叛运动僵持不下之际,曾向苏丹又一次提出哈拉伊卜归属问题,没想到却引起了苏丹全国上下一致的强烈反对,埃苏两国关系也降到了最低点。

(三)哈拉伊卜冲突的爆发,是以前一天刺杀埃及总统未遂事件为导火索的。

1995年6月26日,埃及总统穆巴拉克乘专机抵埃塞俄比亚首都亚的斯亚贝巴出席非统组织首脑会议。就在从机场到会场的路上,穆巴拉克乘坐的汽车遭到了不明身分人员的袭击。幸而穆巴拉克及其随行官员有惊无险,安然无恙。穆巴拉克返回开罗后立即发表讲话,指责刺杀未遂事件是苏丹政府授意恐怖分子所为。同日,苏丹实权人物哈桑·图拉比否认与暗杀阴谋有关,称"埃及应研究其国内暴力蔓延的原因,不要在一无所知的情况下对别人下决断"。哈拉伊卜武装冲突恰恰发生在埃苏两国领导人互相指责不可开交之际,使人不能不想到,正是一天前的刺杀未遂事件引发了此次边境冲突,而边境冲突又进一步激起两国人民强烈的民族情绪。

由于在军力上不敌埃及,苏丹在边境冲突中每每采取守势,好在手中也握有一张震慑埃及的"王牌"——控制埃及的水源。埃及没有地下水,又处于尼罗河的下游,流入其境内的尼罗河水必须经过苏丹。因此,每次发生领土纠纷时,苏丹人都会拿起"水源"这个武器,使埃及有所顾忌。

这次冲突,苏丹精神领袖哈桑·图拉比再次拿出尼罗河水这把"尚方宝剑",威胁要重新"修改关于埃及和苏丹分配尼罗河水的协定"。埃及针锋相对,声称准备使用"开放的和没有用过的"任何手段保卫国家安全,随即宣布对所有进入埃及的苏丹人实施入境签证制度。这意味着目前居住、滞留在埃及的近400万苏丹人将像其他外国人一样,必须重新履行注册居住手续,从而结束了多年来两国公民凭身分证来往的历史。

就在进行军事对峙和威胁的同时,埃苏两国谁也没有放弃外交上的斗争。埃及政府向各阿拉伯国家通报了能证明自己有理的有关情况,并向阿盟和非统组织提出控诉。苏丹也向阿盟提交了一份地图,图上标明埃及军营地点,并把有争议的地区划归苏丹境内。苏丹还向安理会控告埃及,并请求英、中、法、俄4个安理会成员国向埃及施加压力,"阻止其对有争议的边境地区发动任何袭击",并将苏埃领土争端提交国际法院仲裁。

哈拉伊卜冲突引起国际社会的关注。在叙利亚、也门和利比亚等国的斡旋下,两国态度渐趋冷静,事态暂时得以平息,避免了一场大规模流血事件。

(全 鲍)

尼、喀两国在巴卡西半岛兵戎相见 巴卡西半岛,位于喀麦隆和尼日利亚之间的几内亚湾,连同周围的一系列小岛，面积共约1000平方千米。

1996年2月3日，寂静的巴卡西半岛上突然枪声大作，一支尼日利亚部队向驻守在半岛上的喀麦隆军队猛烈开火，喀军急忙还击。顿时，该地局势紧张起来。尼喀两军的战斗一直持续到第2天方告平息。结果是数名喀军士兵毙命，2名被俘，尼方则是士兵和百姓各2名丧生。

殖民统治留后患　巴卡西，世人很少知晓。长期以来，该地也少有人住。那么，尼日利亚和喀麦隆两国缘何突然在此地兵戎相见呢？

据有关资料显示，最早的有关该地区的边界协议，可以追溯到1885年英国与德国在当地划分边界所签订的协议。根据当时的协议，巴卡西半岛属于英控地区。后来，英国人与德国人又分别于1890年、1893年和1913年签订了一系列协议，其中1913年的协议将该半岛划归德国管辖。第一次世界大战结束后，法国人取代德国人进入西非地区。于是，原先的英德控制区域转而成为英法控制区域。60年代初，喀麦隆和尼日利亚相继独立，两国曾多次就边界问题进行谈判，也曾签署过将巴卡西半岛划归喀麦隆的边界协定，但因尼日利亚政权不断交替而屡被推翻。与此同时，半岛上小规模军事摩擦不断。另外，在地理上巴卡西半岛属喀麦隆西南省的一部分，但喀麦隆全国只有1000多万人口，长期以来，在巴卡西半岛上少有人住。而尼日利亚人口逾亿，自80年代以来，尼渔民大量涌上半岛从事渔业活动。这样，就在客观上形成了尼日利亚人生活在半岛的既成事实。

巴卡西半岛伸入几内亚湾，附近水域渔业资源丰富。90年代又有传言该地蕴藏着大量石油，使处于经济困境中的喀尼两国对半岛的主权之争更加难以调和。

祸端易起了结难　1994年2月19日，尼日利亚派兵进驻巴卡西半岛，从而引发了尼喀两国间的流血冲突。此后，两国在国际社会的调停下，战火虽然停熄，但双方一直处于不战不和的紧张对峙状态，两军对垒不过300米之遥。

喀尼由枪战转入舌战，双方均理直气壮地宣称巴卡西半岛是属于自己的领土。

喀麦隆政府呼吁联合国安理会和非统组织等国际组织，公正裁决巴卡西争端，而尼日利亚则主张举行双边谈判解决问题，勿使两国边界纠纷"国际化"。1994年8月，喀麦隆申请海牙国际法院进行仲裁。1995年3月又向海牙法院提交了重达200公斤的关于两国边界冲突的备忘录，状告尼政府"犯规"。为打赢这场官司，喀麦隆政府还特意聘请了数名法国律师和两位法国前部长作顾问。尼日利亚也不甘示弱，找英国顾问撑腰应战。

明里，两国战场上偃旗息鼓，要求海牙法院作出公正裁决；暗里，两国都在做手脚"多吃多占"，以造成既成事实。1995年初，尼日利亚在与喀麦隆毗邻的克罗斯河州发行巴卡西彩票，在全国筹措资金，为巴卡西半岛上的本国渔民改善卫生、饮水条件，稳固渔民的地盘。与此同时，喀麦隆也在该半岛设立市镇机构，组织移民，并于1996年初在一些地区进行市政选举。喀方的举动使尼方大为恼火，要求喀方必须停止这一活动，否则就不客气了。对于尼方的威胁，喀麦隆置之不理，称巴卡西半岛是其西南省的一部分，在自己家里选举乃"天经地义"，别人管不着，并如期完成了选举。结果，选举两周后即在2月3日发生了尼军袭击喀军事件。

但是，两国都不愿意使事态扩大，对此次武装冲突都采取了低调处理的办法。事发两天后，喀方才对外宣布，尼方则在3天后才加以证实。不过，喀麦隆渐渐感到委屈，认为自己吃了亏，于是动员舆论声讨尼军罪行，对尼日利亚表示"强烈抗议"。

尼喀武装冲突引起国际社会的普遍关注。联合国秘书长加利于2月5日呼吁双方保持克制，迅速从冲突地区撤出军队，等待国际法院仲裁。对此，喀政府于3月5日表示，将完全服从海牙国际法院的判决。海牙国际法院遂于3月初正式开庭，公开审理喀麦隆和尼日利亚两国关于巴卡西半岛的领土争端。据悉，开庭第1天，喀尼双方各执己见互不相让。有关人士预测，这是一场颇使大法官头疼的领土官司，将难以顺利了结。

（全　鲍）

欧洲军事要事

独联体国家加强军事合作 1995年9月14日,俄罗斯总统叶利钦批准了题为《俄罗斯联邦同独联体成员国关系战略方针》的文件。文件说,俄罗斯对独联体国家的政策的主要目标是:"建立能够在国际社会中得到应有地位、经济和政治上一体化的国家联合体。"文件指出,应在已签署的集体安全条约和独联体国家间的双边协定的基础上建立集体安全体系,俄罗斯还打算力求使独联体国家履行不加入针对独联体任何一国的联盟和集团的义务。俄罗斯认为,应该通过共同努力,捍卫独联体的整个边界,这是独联体国家的共同事业。文件呼吁独联体国家就国际问题制定共同的立场,在国际舞台上协调行动。在俄罗斯的积极推动下,近两年来,独联体国家在推进经济、政治一体化的同时,军事合作也取得了一些新的进展。

一、逐步建立多边安全保障机制

1992年5月独联体在塔什干签署《集体安全条约》时,签字国只有6个,迄今已增加到9个。目前,除摩尔多瓦外的11国的国防部长参加了集体安全理事会。1995年2月10日,独联体国家首脑委员会在阿拉木图召开会议,批准了《关于集体安全的构想》、《关于集体安全条约签字国军事合作的基本方向》和《集体安全宣言》等文件。与会各国还签署了《独联体国家建立统一的防空体系的协定》,决定成立独联体国防部长会议防空问题协调委员会,任命俄联邦防空军总司令维克多·普鲁德尼科夫上将为该委员会主席,其成员有独联体国家的防空部队(防空军和空军)司令员。必要时,根据国防部长会议的决定,其他有关官员也可参加该委员会。根据这一协定,防空问题协调委员会可综合使用独联体成员国所有防空部队的兵力兵器,保持并合理使用其侦察和战斗指挥系统。1995年5月,在明斯克举行的独联体国家边防军司令理事会议上,俄罗斯等7国签署了保卫独联体成员国与非成员国之间的边界(即独联体外部边界)的条约。暂时未签字的有乌克兰、阿塞拜疆、摩尔多瓦、乌兹别克斯坦和土库曼斯坦。会议决定成立边防军联合司令部,并决定向亚美尼亚、格鲁吉亚、吉尔吉斯斯坦、塔吉克斯坦等国派驻俄边防部队,用以保卫这些国家同土耳其、伊朗、阿富汗和中国的边界。1996年2月,集体安全条约参加国举行边防军司令会议,谋求在作战和侦察等方面加强合作,推进边防军一体化。同年3月,独联体国家国防部长理事会决定组建"武装力量参谋长委员会",向独联体拥有统一的作战指挥机构迈出重要的一步。

二、俄罗斯加强同独联体国家的双边军事合作

苏联解体后,俄罗斯军队仍驻扎在前苏联的一些共和国境内。为使俄军在这些国家的驻扎合法化,俄陆续与有关国家签署了一系列协议。近年来,俄罗斯还重点加强了同白俄罗斯、哈萨克斯坦、亚美尼亚、格鲁吉亚等国的双边军事合作。1995年2月,俄罗斯与白俄罗斯签署《共同保卫白俄罗斯边界条约》,使俄罗斯将其西部防御恢复到苏联时期的态势。1996年4月2日,俄、白两国首脑签署了《主权共和国共同体条约》,条约规定:俄白两国将协调对外政策和对主要国际问题的立场,制定军事建设和利用军事设施的共同原则,在保障两国安全、保卫边界和反犯罪方面进行合作。同时宣布建立共同体最高机构和常设执行机构——最高委员会和执行委员会。两个委员会的首任主席分别由白俄罗斯总统卢卡申科和俄罗斯总理切尔诺梅尔金担任。1996年5月14日,俄白两国国防部长在莫斯科签署了10项文件,这些文件规定两国今后将在诸多军事领域保持长期合作。1996年年底以前,将拟订两国共同保障安全的文件,制定出防御政策的共同构想和建设两国武装力量的共同原则。两国将保持共同的军工综合体企业;两国防空部队将实行共同值班,两国目前的联合防空体系将变成统一的体系。1996年1月,俄罗斯与哈萨克斯坦签署了16项军事合作协议。协议包括两国军队在统一防空体系中共同进行战斗值班;俄帮助哈建立里海海军基地;加强军事技术合作和培养军队干部;俄租赁哈导弹试验场等。1996年2月,俄罗斯与亚美尼亚签署了12项双边军事合作文件,其中包括在外高加索建立两国联合部队的议定书。1996年4月,俄罗斯与格鲁吉亚也签署了12项军事合作协定。据俄领导人透露,俄将在独联体国家建立30个军事基地,目前它已在有关国家驻有10多万军队。

三、在国际或区域安全问题上协调立场，商讨对策

1996年1月19日，独联体国家首脑在莫斯科开会，针对当时俄罗斯境内接连发生的人质事件，签署了《关于预防武装冲突和恐怖活动在独联体境内扩散的构想的协议》。根据协议，成员国将成立各自的“反恐怖活动特种部队”，必要时这些部队将采取联合行动，以打击恐怖活动。会上，俄总统叶利钦还呼吁独联体国家加强集体安全，以抗衡北约东扩。1996年6月和8月，独联体副外长和国防部长理事会先后在摩尔多瓦和莫斯科举行会议，讨论北约东扩问题。会议指出，在北约东扩战略开始付诸实施的情况下，独联体国家有必要在集体安全条约和双边协议的基础上，制定具体计划，采取对应措施。10月4日，俄罗斯、哈萨克斯坦、乌兹别克斯坦、吉尔吉斯斯坦和塔吉克斯坦5国首脑，在阿拉木图举行紧急会议，商讨塔利班武装占领喀布尔后的阿富汗局势和对策，发表了5国联合声明。这是独联体成立以来几个成员国首次就独联体以外的局势举行首脑会议，并且是“以一个声音说话”。会议表明，阿富汗局势的变化，使中亚独联体国家感到自身安全受到现实威胁，独联体有关国家有必要加强军事领域的协调努力。

四、发展趋势

西方媒体认为，今后相当长的一段时间，独联体国家的军事合作还会有所加强，但短期内难以发展成为防御联盟。特别是俄罗斯想借助独联体军政一体化抗衡北约东扩的战略设想难以实现。其原因：一是俄罗斯的这一目标与独联体一些国家的安全利益和外交政策不符，加之有些国家如乌克兰等对俄仍存有戒心，其国内的民族主义势力也在发展，它们不愿因此而得罪西方，同西方直接对抗。二是以美国为首的西方国家及其他外部势力，也不会坐视俄罗斯左右独联体的发展方向。它们将会利用自己的经济和政治影响，竭力使独联体其他国家疏远俄罗斯，对独联体的军事一体化进程进行牵制。

（张力群）

俄罗斯把全面军事改革提上重要议事日程

俄罗斯军事改革已成为俄国内政治生活中的一件大事。1996年第4季度，总理切尔诺梅尔金受叶利钦总统委托，接连召开国防会议，研究制定进一步实行军事改革的指导思想和实施方案。这表明，俄官方已把全面军事改革提上重要议事日程。

军事改革的总体方案尚未正式出台，但从已公布的材料看，改革将分为两个阶段。第1阶段是1997年至2000年；第2阶段是2001年至2005年。改革的要点可归纳为：

一、强调核遏制战略。叶利钦总统曾指出，俄罗斯奉行以自己的军事力量反击侵略的现实遏制战略。俄国防部长罗季奥诺夫也说：“在任何情况下都必须使战略核力量处于战备状态，并将其置于优先地位。”为确保核武器有效地发挥作用，俄将努力实现核遏制力量的一体化。除拥有核打击手段外，还要具备良好的预警系统、宇宙空间监测系统和可靠的指挥系统。放弃不首先使用核武器的承诺。

二、继续裁减军队数量。计划到2000年年底，将目前的正规军减至120万人，其他部队的人数减少30%。陆军将保持由12个师组成的战斗核心力量，并辅以10～15个缩编师及若干空降师。海军和空军的改革也将遵循类似原则。

三、加强研制现代化武器装备。当前俄军中只有30%的陆军和海军有现代化装备，70%的俄军人缺乏必要的物质保障，这种状况亟待改变。俄将完善军事技术政策，把更多的军事拨款用于武器研制，争取在5～10年内使军队的武器和装备现代化。

四、由义务兵役制向职业化军队转变。保留军官中技术骨干和士兵中专业能手，逐步实行合同制，建立一支精悍的武装力量。在过渡时期，将实行合同制与义务制相结合的混合体制。合同制军人在2000年将占军人总数的50%。全军职业化预计在2005年实现。

五、健全全国总动员体制。为确保必要时能迅速动员大量后备兵源，要求建立预备役人员的训练体制，确保在3～6个月内动员和部署50个师。

六、努力实现独联体军事一体化。为抵御北约东扩，新方案呼吁进一步加强独联体的军事合作，组建防御军事联盟，通过发展双边军事关系及多边军事协作，逐步恢复原苏联统一的军事战略空间，从而加强俄的实力地位和国家安全。

俄军从1992年建立以来，断断续续地进行了一些改革，但目前仍面临“深刻的危机”。造成这种状况的主要原因是经济持续滑坡，军队财政拨款严重不足。据统计，1990年以来，俄国防预算减少了60%至75%，至1996年年底，军费开支缺口已达60亿美元。1997年国防预算仅为实际需要的1/3。由于缺少经费，许多部队不能保证正常训练，战斗力普遍下降。目前军饷拖欠数额巨大，军人为了养家糊口，不得不去搞第2职业，甚至卖血。罗季奥诺夫惊呼，这种状况如不改变，可能导致难以预料的灾难性后果。

北约东扩是促使俄加紧军事改革的另一重要原因。俄权威人士指出，目前在欧洲常规军备方面，北约对俄罗斯已拥有优势。北约东扩之后，其军事力量将是俄的 4 倍，而且荷枪实弹的北约部队将站在俄罗斯的大门口。这增加了俄罗斯的危机感和重振军队的紧迫感。

此外，俄罗斯要重塑大国形象，在多极世界格局中占据自己应有的位置，一支装备精良、训练有素的军队也是必不可少的。

总之，尽管俄罗斯国力和军力有所下降，但它仍是一个拥有 1700 多万平方公里的国土、1.48 亿人口和超级核武库的世界大国，其军事力量的发展，对欧亚大陆乃至整个世界战略格局的变化，都会产生影响。因此，俄罗斯的军事改革为世人关注。

（尚左琳）

俄罗斯坚持反对北约东扩 近几年来，美国和欧洲一些大国同俄罗斯之间，在北约东扩问题上经历了一场旷日持久的东扩与反东扩的斗争。目前北约东扩的大势已定，但争吵远未结束。斗争正进入实质性的讨价还价阶段。1996 年 9 月 19 日，北约秘书长索拉纳宣布，“北约东扩的探索和对话阶段已经结束”，1997 年的北约首脑会议将就此作出决定。1996 年 12 月 10 日，北约外长在布鲁塞尔北约总部举行的会议上决定，北约国家将于 1997 年 7 月在西班牙首都马德里举行的首脑会议上，邀请部分原华约成员国加入北约，并在 1999 年北约成立 50 周年之际，正式接纳这批新成员。据息，第 1 批接纳的新成员将是波兰、匈牙利、捷克等国。

一、北约东扩的提出与讨论

北约东扩问题已经过多年的酝酿与讨论。北约东扩的目的是要把原华约集团的中东欧国家纳入北约军事集团。北约东扩被认为是以美国为首的西方国家巩固“冷战”成果和遏制俄罗斯的重要战略步骤。1990 年 7 月华约解散，1991 年 12 月苏联解体，中东欧地区出现了所谓力量真空。1990 年 3 月开始，一些中东欧国家就纷纷提出加入北约的要求。1993 年 9 月北约组织开始讨论北约东扩问题。1994 年 1 月北约制定了《和平伙伴关系计划》，以此作为一种过渡性安排。在中东欧许多国家陆续加入和平伙伴关系计划的情况下，俄罗斯也于 1994 年 6 月以“特殊伙伴”的资格签署了《和平伙伴关系框架文件》。后又于 1995 年 5 月 31 日，在荷兰诺德韦克召开的北约 16 国和俄罗斯外长即“16＋1”会议上，签署了“和平伙伴关系框架”内的《双边军事合作计划》和《定期公开磋商制度框架文件》。此举被认为是俄罗斯调整对付北约东扩的策略，企图利用“伙伴关系”减缓北约东扩的势头。1995 年 9 月，北约 16 个成员国和 26 个和平伙伴关系国在布鲁塞尔举行会议，正式公布了关于北约东扩计划的研究报告。这份长达 30 页的报告阐述了北约东扩的目的、原则、决策程序、共同防御政策、与欧盟、西欧联盟以及与俄罗斯的关系。报告指出：北约东扩将是一个“循序渐进、审慎而有透明度”的过程。报告重申，北约东扩并不是针对俄罗斯的，强调“北约与俄罗斯建立更加牢固的关系将是组成欧洲安全结构的基石”。西方舆论认为，与前两年北约的积极态度相比，“研究报告”的调子“非常谨慎”。

二、北约东扩计划遭到俄罗斯的强烈反对

1993 年北约提出东扩战略后，一直遭到俄罗斯的强烈反对。1995 年 5 月 31 日，俄外长科济列夫在签署上述“和平伙伴关系计划”框架内两个文件后指出：北约东扩“既不符合俄罗斯的国家安全利益，也不符合欧洲的安全利益”，表示俄将继续反对北约东扩。1995 年 9 月，北约东扩计划研究报告公布前不久，俄总统叶利钦曾说，北约如东扩，将是一个“很大的政治错误”，如果北约将其范围推进到俄罗斯边界，“整个欧洲将可能重新燃起战火。”与此同时，科济列夫外长在批驳有关俄反对北约东扩的立场可能会缓和的传闻时，再次重申俄反对北约东扩。他说，“在这个问题上没有任何交易可做。”1996 年 1 月 27 日俄罗斯总统叶利钦与美国总统克林顿电话会谈时“尖锐地提出了北约东扩问题”，说他已就此问题向克林顿发去一封长信。2 月 19 日，叶利钦同德国总理科尔会谈时表示：“我们坚决并强硬地反对北约东扩到俄罗斯的边界。”1996 年上半年俄总统竞选期间，美国和北约为了支持叶利钦蝉联总统，一度推迟就北约东扩问题作出新的决定。但在俄罗斯大选后，美国又立即启动并加快北约东扩进程。德国总理科尔 1996 年 9 月初再次访俄时透露，北约东扩问题 1996 年年底以前不会作出决定，但这个问题可能在 1997 年内解决。此后不久，美国总统克林顿和国务卿克里斯托弗宣布，1997 年春夏之际召开的北约首脑会议，将确定首批邀请加入北约的国家。对此，俄国防部长罗季奥诺夫 9 月底在参加北约国防部长与俄罗斯国防部长“16＋1”特别会议和俄安全会议秘书列别德 10 月初访问北约总部与北约官员会谈时，都表明俄反对北约东扩的立场不变。俄总理切尔诺梅尔金 1996 年 12 月 2 日在里斯本欧安组织首脑会议上，再次明确表示俄坚决反对北约东扩。他说，“北约东扩将导致欧洲出现新的分界线，将造成世界整个地缘政治形势的恶化，这是无论如何不能接受的。”他强调：“虽然俄罗斯

对北约东扩没有否决权,但是任何人都无权阻挠我们捍卫民族利益。"

西方政治分析家认为,俄罗斯极力反对北约东扩的主要原因是:认为北约东扩的真实意图,不仅在于剥夺或削弱俄在未来欧洲安全事务中的发言权,遏制俄今后恢复其在中东欧地区传统势力范围的任何企图,而且在于挤压俄罗斯的生存空间,进一步恶化其他战略环境,对俄的安全构成直接的现实的威胁。这些都关系到俄的根本利益。

在北约执意东扩而俄又无力阻挡的情况下,俄一方面坚持其既定立场,另一方面调整策略,保持与北约对话,并相继提出一些对俄较为有利的妥协设想。主要有:(1)申请加入北约的国家仿效法国模式,只加入北约的政治组织,而不参加其军事机构。(2)新成员国可以加入北约的政治和军事机构,但北约不在这些国家建立军事基地,不在这些国家部署军队和核武器。(3)在北约实施东扩计划前,先与俄签订一个"具有法律约束力、非常具体的条约,"而不是制定一个内容空泛的"宪章"。(4)修改1990年签订的欧洲常规裁军条约,使之适应新的地缘政治的变化。俄希望作出修改的内容包括:增加俄在其侧翼尤其是北高加索地区的常规军事力量限额,进一步限制中东欧国家领土上的进攻性常规武器,以及把波罗的海3国纳入条约范围等。

经过几个回合的对话和较量,西方表示"理解"俄的疑虑和要求,并肯定俄在欧洲安全方面应有的地位和作用,但是,强调俄对北约东扩没有否决权,反对俄对北约东扩提出任何先决条件。

三、俄罗斯准备采取的应对措施

在与北约进行讨价还价的同时,俄一再表示,如果俄方的建议仍然不能使问题得到解决,北约东扩计划一旦付诸实施,俄将采取相应的措施,以维护自己的利益。据报道,俄正准备采取的措施有:(1)加强独联体国家的军事合作与集体安全措施,并设想逐渐向防御联盟过渡。1995年2月10日,独联体国家已签署《关于建立统一的防空体系的协定》,并成立了独联体国防部长会议防空问题协调委员会。根据协定,防空协调委员会可综合使用独联体成员国所有防空部队的兵力兵器,保持并合理使用其侦察和战斗指挥系统。1995年2月,俄罗斯同白俄罗斯签署了《共同保卫白俄罗斯边界条约》,将俄西部防御恢复到苏联时期的态势。1996年2月至5月,俄先后同亚美尼亚、格鲁吉亚、白俄罗斯等国签署了多项军事合作协定,以保持同这些国家在军事方面的长期合作。(2)推迟批准美苏第2阶段削减战略武器条约。(3)已于1996年春,着手制定代号为"保险政策"的对应计划,以准备在北约东扩到俄边界时,保护俄的重要战略利益,并要求与西方就修改北约宪章问题进行磋商。(4)全面调整军事和外交政策。在北约于1993年推出东扩战略后,俄已逐步拉开了与美国的距离。俄外长普里马科夫最近表示,一旦北约东扩,俄将进一步"大幅度"调整其军事和外交政策。

(张力群)

车臣实现停火 1995年6月以后,车臣局势基本上是打打谈谈,谈谈打打,边打边谈。经过几个回合的激烈武装对抗和艰苦谈判,俄罗斯联邦当局与车臣反政府武装终于在1996年8月底实现了停火。俄联邦军队于1996年底全部撤出车臣,车臣定于1997年1月27日举行大选。车臣地位问题推迟5年,到2001年12月31日前解决。一年多来几次主要战斗和谈判情况如下:

一、布琼诺夫斯克市人质事件与格罗兹尼协议

1995年6月初,俄联邦部队发动了几次大规模进攻,连连攻占了车臣反政府武装盘踞的几个重要据点。6月13日,俄军攻占杜达耶夫的最后一个据点——沙托伊村,随即宣布在车臣的大规模军事行动任务已经完成,持续半年的车臣武装冲突接近结束。但车臣反政府武装并未就此罢休。杜达耶夫扬言,抗击俄罗斯的战斗将采取"新的形式"。包括车臣反政府武装力量司令巴萨耶夫在内的一些极端分子,极力主张把战火扩大,在俄罗斯境内开辟"新战场",并长期坚持"游击战"。发动恐怖袭击事件,就是车臣反政府武装采取的一种新的"斗争形式"。

1995年6月14日,约100名车臣反政府武装人员,在巴萨耶夫的率领下,分乘两辆卡车闯入毗邻的斯塔夫罗波尔边疆区的布琼诺夫斯克市,向居民和行人开枪,夺取汽车,焚烧民房,并强行占领市医院,扣押了以妇女、儿童和病人为主的约1100名人质作为"活盾牌",要挟俄联邦政府,提出"俄军立即停止在车臣的军事行动并撤出车臣",以及要求"叶利钦总统、切尔诺梅尔金总理立即与杜达耶夫谈判"等先决条件,并扬言,如果上述条件得不到满足,"将杀死全部人质"。当天晚上,反政府武装即杀害了50名人质,以向俄联邦政府示威。在以后的几天里他们又杀害了一些人质。据斯塔夫罗波尔边疆区后来公布的数字,在这次恐怖事件中,丧生的居民和军人达123人。

事件发生后,俄联邦政府迅速作出反应。俄内务部、国家安全局、特种警察部队以及总统卫队立即派精锐部队包围了布琼诺夫斯克市。内务部长叶林、国家安

全局长斯捷帕申亲临现场指挥。远在加拿大出席西方7国首脑会议的俄罗斯总统叶利钦密切关注事态的发展，并指示有关部门采取一切措施营救人质。俄军在直升机和装甲车的掩护下曾数次进攻市医院大楼，试图通过军事手段尽快结束危机。但是由于车臣反政府武装分子顽强抵抗，及避免造成更多的人质伤亡，俄军最终放弃了强攻方式。为了解救人质并最大限度地保证人质安全，切尔诺梅尔金总理中断休假提前返回莫斯科，亲自与巴萨耶夫通话。经过长达十几个小时的反复谈判，俄政府作出重大让步，在基本上满足了巴萨耶夫提出的条件后，双方达成3项协议：(1)联邦政府保证从1995年6月18日起立即停止在车臣的一切军事行动，与此同时，被扣为人质的儿童、妇女、老人、病人和伤员应予释放；(2)委派全权代表团于6月18日抵达车臣，通过谈判解决有关车臣的全部问题；(3)在释放全部人质的同时，联邦政府为巴萨耶夫及其小组提供交通工具并保证他们安全抵达车臣境内。莫斯科时间6月19日14时许，巴萨耶夫率“战斗队员”分乘7辆由俄联邦政府提供的客车撤离布市医院，并于16时撤出该市。6月20日，在押的800多名人质全部获释。延续近一星期的布市人质危机终于得到解决。

布琼诺夫斯克市人质事件，引发了一场政府危机。事件发生后不久，俄国家杜马召开会议专门讨论车臣局势。许多代表对政府，特别是对国防部长、内务部长和国家安全局长的工作提出严厉批评。代表们指出：百余名恐怖分子在毫无拦阻的情况下长驱直入，顺利地进入布市，占领市医院并扣押千余名人质，是有关部门严重失职；大批人质伤亡与总统、内务部长、国防部长企图使用武力营救人质有关。1995年6月21日国家杜马在切尔诺梅尔金总理出席的情况下，以241票赞成、72票反对、20票弃权，通过了对政府的不信任案；23日又以多数票通过建议总统撤销格拉乔夫、叶林和叶戈罗夫职务的议案。叶利钦总统否决了杜马对政府的不信任案，同时，采取措施缓和政府与议会的对立。为了平息国家杜马的不满，6月29日叶利钦发布命令，解除了副总理兼民族事务部长叶戈罗夫、内务部长叶林、联邦安全局长斯捷帕申以及斯塔夫罗波尔边疆区行政长官库兹涅佐夫的职务，从而结束了持续10天的政府危机。

与此同时，俄政府代表团同车臣杜达耶夫方面的代表团于1995年6月19日，在车臣首府格罗兹尼欧洲安全与合作组织代表处大楼开始就和平解决车臣武装冲突进行谈判。俄政府代表团团长是民族事务部第一副部长米哈伊洛夫，车臣方面代表团团长是杜达耶夫政权的总检察长伊马耶夫。会谈几经波折，在欧安组织代表的调停下，双方于7月30日签署了和平解决车臣冲突的军事问题协议。内容包括：(1)自即日起停止战斗行动，成立由军界和社会各界代表组成的专门观察委员会；(2)自即日起一周内交换全部被扣留的人员；(3)解除非法武装部队、民兵和其他武装人员的武装，在车臣境内俄军只保留一个摩托化步兵旅和一个旅的内务部队；(4)停止恐怖和破坏活动，车臣方面将协助查明在布琼诺夫斯克人质事件中犯罪者的下落。双方还就一系列政治问题中的6个问题达成了协议。这些问题是：双方商定在1995年11月车臣举行自由的民主选举前，不再讨论车臣的政治地位问题；不使用武力或以武力相威胁来解决争端；为车臣全体公民包括被迫离开共和国的人自由发表意见创造平等条件；各种社会力量都可参加竞选；在共同制定双方都可接受的原则的基础上进行选举；由无党派观察员（包括外国观察员），对选举的组织和进行情况实施监督。但是双方在组织未来选举和政治体制等问题上分歧很大。车臣方面坚持其1991年宣布独立的宪法仍然有效，俄方则认为车臣方面的这一立场“不能接受”，俄将维护领土的完整，并认为杜达耶夫是“通缉犯”，不能参加车臣的选举。谈判中最困难的是车臣的政治地位问题。俄政府代表团坚持“军事问题与政治问题不得分开”，希望同杜达耶夫方面讨论关于政治问题的协议草案。然而，政治问题必然牵涉到车臣未来的地位问题。俄方坚持车臣为俄联邦的一部分，而杜达耶夫方面则坚持俄方必须先承认车臣的完全独立。在谈判难以取得进展的情况下，俄方同意先签署关于军事问题的协议。因此，这一协议实际上是俄联邦当局的一种让步。

二、基兹利亚尔市人质事件与莫斯科、纳兹兰协议

关于军事问题的格罗兹尼协议，车臣反政府武装并未执行。根据协议，双方应立即停止战斗行动，一周内交换全部被扣留人员并解除非法武装。然而，协议签署以后，来自车臣方面的武装挑衅事件接连不断，而且规模越来越大。据报道，仅1995年9月就发生650起俄军被袭击事件，俄军官兵伤亡260人。关于释放被扣留人员，车臣方面没有向俄方提交被扣留人员名单。车臣方面坚持说，他们只扣留了9名俄军人，而俄方则认为有54名俄军人被扣留。至于解除非法武装问题，杜达耶夫方面拒不提供非法武装的人数及其武器数量，反而继续储备武器弹药。俄方估计车臣人手中大约拥有8万件武器，原计划收缴工作一个月完成。开始时，一天还能收缴几十支、上百支枪，几天后，武器就收不

上来了。据俄内务部提供的消息称，杜达耶夫曾下达密令，不允许车臣非法武装缴械。实际上，俄车双方签署军事协议后，杜达耶夫方面并未放弃战斗计划。据报道，1995 年 8 月初，杜达耶夫方面的不少战地指挥官陆续潜入格罗兹尼。根据杜达耶夫的命令，这些人将"里应外合"，准备夺取格罗兹尼。特别是进入 1996 年以后，车臣反政府武装分子，再次制造多起人质事件，使车臣局势进一步恶化。

1996 年 1 月 8 日深夜，数百名车臣反政府武装分子在杜达耶夫的女婿、28 岁的拉杜耶夫的带领下，越过车臣边界，窜入达吉斯坦自治共和国首府马哈齐卡拉西北方向的基兹利亚尔市。莫斯科时间 9 日凌晨 5 时 45 分，武装分子迅速占领了该市的市立医院和妇产医院，把千余名医护人员和病人劫持为人质。随后，医院附近的两栋居民楼也被占据，人质增加到 3000 余名。他们自称是"孤狼"战斗队。扬言，如果俄联邦部队不撤离车臣，人质将被处死。驻当地的俄联邦部队和乘武装直升机迅速赶到的增援部队同恐怖分子进行了激烈的枪战。9 日上午 10 时 30 分左右，一名恐怖分子通过无线电台同当地内务部队司令部对话时声称：如果一个车臣人被打死，他们就要处决 15 名人质。9 日上午，恐怖分子企图控制该市的机场、火车站和桥梁，与俄联邦部队激烈交火，双方都有伤亡。下午，被恐怖分子占据的医院被俄联邦部队包围。恐怖分子把妇女作为"活盾牌"，抵挡俄军的枪弹。与此同时，俄罗斯北高加索军区的部队，迅速切断了恐怖分子向车臣方向撤退以及向达吉斯坦纵深地区流窜的道路。

事发的当天中午，叶利钦总统召开紧急会议商讨解救人质问题。俄联邦总理、安全委员会秘书、总统第一助理、国防部长、联邦边防局长、联邦安全局长等参加了会议。叶利钦强调："决不能让匪徒逍遥法外"。他严厉批评了有关部门工作不力，让恐怖分子钻了空子，责成上任不久的联邦安全局长巴尔苏科夫大将领导解救人质的行动。

为避免更多的平民在人质危机中丧生，1996 年 1 月 9 日傍晚地方当局的代表出面同恐怖分子头目拉杜耶夫谈判。拉杜耶夫要求俄罗斯最高领导人会见杜达耶夫，要求俄军立即撤出车臣，甚至提出要同俄领导人直接通电话。俄联邦当局断然拒绝，并通过出面谈判的达吉斯坦领导人向恐怖分子指出：只有释放人质，恐怖分子才能回到车臣并接受当地政府处理。否则，将会遭到达吉斯坦人的无情的报复。拉杜耶夫感到俄当局态度强硬，自己处境不利，突然改变态度，要求当局提供 300 人使用的交通工具，以便撤离。10 日凌晨，他们释放了约 3000 名人质，挟持 165 名人质，分乘 11 辆大轿车向车臣方向撤退。俄内务部队乘车紧随其后。

1996 年 1 月 10 日上午 10 时，恐怖分子的车队到达离车臣边界不远的五一镇，发现通往车臣的公路桥已被炸毁，周围布满俄军士兵和装甲车，武装直升机在空中盘旋，退路已断。拉杜耶夫要求俄当局提供一条安全走廊，并要求盖达尔·亚夫林斯基、列别德等俄政界要人护送。双方僵持数日，谈判未取得结果。巴尔苏科夫大将向恐怖分子发出最后通牒，要求他们在 14 日交出全部人质，听候车臣当局处置，如果杀害人质，必将全军覆没。恐怖分子在五一镇挖掘工事，准备顽抗。他们接到杜达耶夫的指令：坚决顶住，援兵很快赶到；所挟持的人质只有在队伍回到车臣山区后才能释放；如果联邦当局不妥协，就杀一两个人质施加压力。14 日，拉杜耶夫果然下令枪杀了 6 名被扣押的民警。至此，已有约 40 名军人、民警和平民被恐怖分子杀害。此时，联邦安全局长巴尔苏科夫和内务部长库利科夫均亲临前线指挥。15 日上午 9 时，俄方给恐怖分子最后十分钟时间，勒令他们立即释放人质和放下武器。恐怖分子不予理睬。9 时 10 分，北高加索军区出动武装直升机轰炸恐怖分子盘踞的房屋和工事，同时，地面炮火齐射，俄军士兵在装甲车掩护下发起冲锋，迅速突破恐怖分子的防线，攻入镇内。车臣反政府武装分子在镇内构筑了地下工事，镇内房屋有地道相通，并且埋设了地雷。被挟持的百余名人质集中关押在镇中心的几所房屋内。恐怖分子用火箭筒、迫击炮回击俄军。为减少平民伤亡，俄军集中神枪手逐个消灭恐怖分子，并用武装直升机火力封锁关押人质的房屋，不使恐怖分子靠近。战斗进行了 3 天 3 夜。17 日晚，被围困的残余恐怖分子想趁夜暗和雨雪交加的恶劣天气突围，结果暴露在俄军火力之下，大部被歼。同时，从车臣赶来增援的一小股反政府武装分子也遭到俄空中力量重创。到 18 日凌晨，解救人质的行动结束，共救出人质 82 名(被挟持的其余达吉斯坦人质，在车臣武装分子返回车臣后通过谈判，以归还恐怖分子的尸体为条件被陆续释放)，击毙恐怖分子 153 名，俘虏 30 余名，俄军官兵阵亡 26 人。拉杜耶夫本人和一百多名恐怖分子在混战中逃脱。

在基兹利亚尔市人质事件前后，车臣反政府武装分子还在其他地方制造了几起人质或恐怖事件。1996 年 1 月初，37 名建筑工人在车臣西部被绑架。1 月 16 日，一伙反政府武装分子在车臣首府格罗兹尼郊区绑架了 29 名俄罗斯工程技术人员。同日，车臣恐怖分子在土耳其特拉布宗港劫持了一艘载有 100 多名俄罗斯旅客的客轮，要求俄当局让拉杜耶夫武装恐怖分子安全返回车臣，否则就要炸毁客轮(21 日，劫持客轮的恐怖分子向土耳其当局投降)。1 月 17 日，一名恐怖分子在西西伯利亚劫持了一辆载有 28 名石油工人的大客车，要求当局提供直升机送他去五一镇增援车臣恐怖分子(被当场制服)。1 月 18 日，格罗兹尼市的一家百货商店发生强烈爆炸。

在处理基市及其前后的人质事件中，俄当局改变了在布市人质事件中的做法，采取了比较坚决、果断的态度。叶利钦总统强调，在一个法制的国家，决不能让罪犯横行，“必须把恐怖分子从车臣土地上彻底消灭。”俄联邦委员会(议会上院)决定，增加 5 亿卢布预算，用于同恐怖活动作斗争。在具体做法上，采取政治攻势与军事打击相结合的两手策略，赢得了国际国内的同情与支持。

基市人质事件后，车臣境内仍不断发生较大的战斗。1996 年 2 月 17 日，俄联邦军队进入位于车臣东部的新格罗兹年镇搜查非法军火时，同杜达耶夫反政府武装分子发生激烈冲突，200 多名车臣反政府武装被消灭，俄军也有伤亡。3 月 3 日，俄联邦部队在进入车臣西部谢尔诺夫茨克村执行解除非法武装任务时，同车臣反政府武装发生激战。3 月 6 日和 7 日，近千名杜达耶夫反政府武装分子潜入格罗兹尼市内，占据市区的几个警察哨所，切断格罗兹尼与外界的电话联系，炸毁 3 个引水设备，包围了中央热电站。3 月 7 日下午，车臣反政府武装攻打车臣电视中心，并在市区多处同车臣政府的内务部队作战。在俄联邦部队紧急开进格市中心地区、增援车臣政府内务部队的情况下，8 日凌晨，大部分杜达耶夫反政府武装分子撤出格罗兹尼，车臣政府控制了局势。3 月 11 日以后格市基本恢复平静。在几天的战斗中，俄联邦部队和内务部队共有近 80 人阵亡，270 多人受伤，40 人失踪。杜达耶夫反政府武装分子约 300 人被消灭，350 人受伤。3 月 14 日，俄联邦部队的炮兵和空军攻击车臣西部高山地区的巴穆特镇。据报道，该镇聚集有 400～700 名车臣反政府武装分子并有其弹药库和指挥所，扣押着近 300 名人质，其中约 90 名人质面临被杀害的危险。

随着俄大选的日益临近，车臣局势如何发展，对叶利钦能否连任总统至关重要。叶利钦到各地发表竞选演说，一再表明解决车臣问题的决心。1996 年 3 月初，俄安全委员会专门召开会议，研究车臣局势，并决定成立两个委员会，制定解决车臣危机的计划。根据双方达成的协议和俄当局制订的解决车臣问题的计划，俄军准备从 4 月 15 日开始分阶段从车臣撤出。但车臣反对派领导人一直采取不合作的态度，不断制造新的事端。4 月 16 日，即俄军开始撤离的第 2 天，当俄联邦军第 104 摩托化团经过车臣南部亚雷什—马尔德村时，遭到杜达耶夫反政府武装分子的伏击，联邦部队 76 人被打死，54 人受伤。这一事件再次震动了俄全国上下。联邦政府和国家杜马先后召开会议追究此次事件的责任，并责成有关方面确保俄联邦军队在车臣境内调动的安全。

车臣反政府武装头目杜达耶夫于 4 月 22 日凌晨死于俄联邦部队的一次导弹袭击。他的职务由其副手扬达尔比耶夫接替。俄当局乘机再次向车臣反对派领导人发出呼吁，希望通过谈判，结束战争，和平解决车臣问题。在杜达耶夫死后的一段时间，扬达尔比耶夫仍持强硬态度。他公开表示，为了车臣的“独立”，反政府武装“准备继续战斗到最后一个士兵”，并对谈判提出一些俄当局难以接受的条件，但也没有关闭谈判的大门。经过欧安组织驻车臣代表古尔德曼的调解和双方的磋商，在俄当局作了周密的安全部署的情况下，扬达尔比耶夫率代表团于 1996 年 5 月 27 日抵达莫斯科。当晚，俄总理切尔诺梅尔金与扬达尔比耶夫达成并签署一项协议，决定从 6 月 1 日起在车臣停火，两周内交战双方释放所有人质和战俘。当天的晚些时候，叶利钦总统同扬达尔比耶夫举行会晤。5 月 29 日，叶利钦赴车臣进行了 6 个多小时的视察。

1996 年 6 月 4 日，俄联邦政府代表团与车臣反对派代表团，开始在俄印古什共和国首府纳兹兰举行谈判，以解决 5 月 27 日莫斯科协议的具体实施问题。经过将近一周的谈判，双方就军事问题和释放被扣押人员问题签署了两个文件。关于军事问题的文件规定了在车臣境内实现停火的一些具体措施，其中包括不得使用任何类型的武器进行战斗，不得进行炮击和轰炸；俄联邦军队定于 6 月 11 日至 7 月 7 日期间拆除设在居民点出入口的哨所，并于 1996 年 8 月底以前撤出车臣等。关于释放被扣押人员的文件规定，在 6 月 11 日前组成联合工作小组，双方交换被扣押人员名单，并立即释放这些人员。在签署上述文件后，俄联邦武装力量总参谋部宣布了俄联邦军队撤离车臣的计划，首批部队从 6 月 11 日开始撤出。根据双方达成的停火协议，临时派驻车臣的俄联邦部队定于 1996 年 8 月底以前完成撤军，留下两个旅常驻车臣。

三、格罗兹尼之战与哈萨维尤尔特协议

1996 年 5 月底至 6 月上旬，俄联邦当局与车臣反对派举行谈判期间，车臣没有发生大规模的武装冲突，但小的冲突仍不断发生。据报道，仅 1996 年 5 月 27 日至 6 月 8 日，俄联邦军队的阵地就受到车臣反政府武

装80次射击，俄军15人被打死，34人受伤。而谈判结束不久，车臣局势就又因非法武装方面的军事行动而骤然紧张。7月10日前后，俄联邦部队和车臣反政府武装，在车臣西南部乌鲁斯—马尔坦地区的格希村以及车臣以南的马赫克特村等地发生了大规模的军事冲突。同时，车臣首府格罗兹尼的局势也日益紧张。反政府武装分子，分成小股潜入市区，对俄联邦军队和车臣当局进行恐怖和破坏活动。7月10日，市区发生一起汽车爆炸事件导致5名特种部队人员伤亡，并发现反政府武装的大批军火。为此，车臣政府一度关闭了格罗兹尼机场，并宣布在共和国全境实行宵禁。特别是8月6日，大批车臣反政府武装分子进攻格罗兹尼，占领了该市的大部分市区，使车臣冲突再次升级。

8月6日凌晨，约350～400名车臣反政府武装分子窜入格罗兹尼市内，首先袭击铁路货运站，然后向位于市中心的共和国政府大楼、内务部大楼等地发起进攻。俄联邦部队和共和国内务部队立即予以反击，在战斗中使用了直升机和炮兵。7日晚，俄联邦军的一支装甲部队开进市中心地区，增援保卫政府大楼的车臣警察和俄内务部内卫部队。另一支装甲部队8日上午在直升机掩护下也向市中心地区增援。8日下午，俄联邦军队的直升机和强击机对位于格罗兹尼郊区机场附近的大约300名非法武装分子实施空中打击，以阻止其进入市区。9日上午政府大楼被反政府武装分子占领，车臣共和国首脑扎夫加耶夫的代表、车臣议会上院主席奥斯马耶夫和车臣安全委员会秘书察卡耶夫被反政府武装分子扣押。格市内反政府武装分子增加到4000人。他们烧毁了俄联邦政府驻车臣代表处大楼，包围了俄联邦安全局驻车臣分局大楼。俄军加强对反政府武装控制地区的轰炸，但俄军的装甲部队大部被阻止在距市中心3～5千米的地方。12日上午，反政府武装宣称，他们已控制格市80%的地区，但战斗仍在继续。12日傍晚，驻扎在格市郊区的俄联邦部队指挥部和军用机场遭到袭击，战斗持续一个多小时。几天来，俄联邦军队共有155人阵亡，553人受伤。

面对车臣的危急形势，俄当局出现严重分歧，政出多门，步调紊乱。叶利钦总统于8月10日任命俄安全会议秘书列别德为总统驻车臣全权代表，负责和谈事宜。8月11日，切尔诺梅尔金总理在召开解决车臣危机委员会会议上提出，将在格罗兹尼实行紧急状态并授权司法部为此做好准备工作，在两三天内完成。8月12日，列别德表示反对在车臣实行紧急状态。此前，列别德曾两次前往车臣与反政府武装参谋长马斯哈多夫会晤。据称，双方已就停火问题达成共识，并由驻车臣俄联邦部队代司令普利科夫斯基(司令季霍米罗夫此时正在休假，21日始返任)出面与马斯哈多夫联系，具体解决停火和反政府武装撤出格罗兹尼问题。但因马斯哈多夫在谈判中坚持车臣脱离俄联邦的立场，双方没有达成协议。8月14日，叶利钦总统签署《关于解决车臣共和国危机补充措施的命令》，决定把解决车臣问题的指挥权集中到俄安全会议。列别德在解决车臣问题方面被授予更大的权力。8月18日，叶利钦下令"整顿车臣秩序"，使之恢复到8月6日前的状态。据此，驻车臣俄联邦部队代司令普利科夫斯基于8月19日晚发表声明，要求格市居民在48小时内撤离，48小时后他将开始大规模军事行动，以消灭市内的非法武装分子。8月21日，俄军开始对格罗兹尼市区进行猛烈轰炸和炮击，并封锁了格市西北部与外部连接的几条主要通道。同日，列别德第3次前往车臣。他表示：将防止普利科夫斯基19日"声明"的实施。列别德在格罗兹尼附近的新阿塔吉村与马斯哈多夫经过两轮、长达8个小时的谈判，双方于8月22日达成并签署了《在车臣共和国和格罗兹尼市停止战斗行动紧急措施协议》。这项新的协议规定：双方自1996年8月23日中午12时起，停止在车臣的一切军事行动；无条件地交换全部战俘和遗骸，双方军队从包括格罗兹尼在内的各主要战场后撤；组建一系列联合军事代表小组，以监督和协调撤军行动等。

据报道，叶利钦总统8月23日对列别德此行取得的初步成果表示满意，同时授权列别德继续同车臣反政府武装进行谈判，以签署一份"确认车臣为俄联邦不可分割的一部分的协议"。于是，列别德于8月24日四赴车臣，与车臣反政府武装就解决政治问题的协议草案进行会谈。8月30日，列别德与车臣反政府武装在俄罗斯达吉斯坦共和国首府哈萨维尤尔特进行第5轮会谈。经过7个多小时的谈判，双方于8月31日凌晨签署了《关于和平解决车臣武装冲突的原则的政治声明》和关于确定俄联邦和车臣关系基础的附件。根据"联合声明"，双方同意无条件地停止使用武力和以武力相威胁，并以此作为谈判和政治解决冲突的基础；关于车臣地位的问题，将推迟5年，即到2001年12月31日前再解决。在签字仪式上，列别德宣称，双方已经打得"精疲力竭"，两个文件为停火和撤军提供了保证。签字时，双方代表团成员、记者和室外数百名公众发出"战争已经结束"的欢呼。据报道，自8月6日格罗兹尼发生激战到8月28日止，俄联邦部队共有500多人阵亡，约1400人受伤，另有数十人失踪。

俄罗斯政界对哈萨维尤尔特协议的态度存在很大

分歧。因病休息的叶利钦总统通过总理对协议表示赞许。切尔诺梅尔金总理表示，虽然协议中有许多内容并不合他的心意，但它完成了停止车臣军事行动这一主要任务。国防部长罗季奥诺夫认为，协议对俄军和整个国家都是一件好事。总统办公厅主任丘拜斯对协议持保留态度，认为车臣是俄联邦一部分的事实不容置疑。莫斯科市市长卢日科夫等一些地方官员，对协议持批评态度。国家杜马 30 名代表 9 月 12 日联名在质询书上签字，认为列别德"超越了自身的权限"，开创了剥夺联邦主体权力的危险先例，不利于维护国家的领土完整，因此，协议不具备法律效力。俄共领导人久加诺夫对联合声明"大谈国际法感到惊讶，因为车臣问题完全是俄罗斯内政"。车臣共和国政府领导人指责列别德在车臣搞"公开的政变"，"将政权拱手交给了恐怖分子"。俄驻车臣联合部队司令季霍米罗夫指责列别德"无视起码的法律准则而抛弃了合法的车臣政府"。

四、基本实现停火后的车臣局势和双方在撤军问题上的争执

哈萨维尤尔特协议签署后的一段时间，车臣局势仍不稳定，俄当局与车臣反政府武装的关系依然紧张。俄罗斯军队撤出格罗兹尼后，车臣反政府武装并未从格市撤出。反政府武装在一些地区抓紧建立自己的哨所，在车臣中央和地方建立自己的政权，开始实施自称的"伊奇克利亚"(车臣)共和国的传统惩罚措施，对居民实行恐怖统治。交换战俘的工作也极不顺利。1996 年 9 月 12 日，俄驻车臣联合部队司令季霍米罗夫曾宣布，俄停止从车臣撤军，直到双方交换战俘的工作结束为止。双方的零星冲突仍不断发生。从 1996 年 8 月 23 日到 9 月 13 日，反政府武装对联邦军队的枪击事件共发生 100 多起，有 4 名军人被打死，12 人受伤。为此，列别德于 9 月 17 日再赴车臣，在格罗兹尼以南的新阿塔吉村同马斯哈多夫进行谈判，双方就俄联邦军队撤离、在格罗兹尼建立联合护法机构等问题达成一致。俄联邦军队从 9 月 21 日恢复从车臣撤离。在车臣境内的大约 1.1 万名俄联邦军队计划到 1996 年 12 月中旬以前全部撤出。同时，双方恢复交换被俘人员的工作。

在车臣局势出现重大转折的关键时刻，1996 年 10 月 17 和 19 日，叶利钦总统先后签署命令，解除了列别德担任的俄安全会议秘书和总统国家安全助理以及总统驻车臣全权代表的职务，任命伊凡·雷布金为俄安全会议秘书和总统驻车臣全权代表。切尔诺梅尔金总理就此接受记者采访时表示：他对列别德在解决车臣问题方面所做的贡献给予肯定，并表示，和平解决车臣危机的方针不会改变。9 月 18 日，驻车臣俄军联合部队代理司令苏霍鲁琴科夫同车臣反政府武装领导人马斯哈多夫举行会晤后也表示，将采取一切措施防止车臣境内发生任何挑衅事件，强调车臣和平进程在任何情况下都不能被破坏，一切有争议的问题都应该通过谈判来解决。

在车臣基本实现停火后的二三个月里，车臣和俄当局在政治和经济上各自采取了一些举措。车臣方面：以扬达尔比耶夫为首的车臣反对派基本上稳住了脚根，控制住了局势；成立了以车臣反政府武装参谋长马斯哈多夫为总理的临时政府；确定了大选日期，1997 年 1 月 27 日举行共和国总统和议会选举；筹划在俄罗斯、乌克兰和哈萨克斯坦成立代表处，并准备同格鲁吉亚建立"战略盟友"关系。俄联邦当局方面：选派"俄罗斯公民重建"股份公司副董事长库林任俄联邦政府驻车臣全权代表和车臣问题联合委员会俄方主席；停止向原车臣共和国政府拨款，"说服"原车臣共和国元首扎夫加耶夫于 11 月 16 日宣布以科什曼为首的政府下台，结束了"两个政府并存"的局面；计划拨款 1 万亿卢布供车臣解决住房、教育和公共设施等问题，并动员国内外私人投资重建车臣；委托国家杜马起草《车臣共和国特殊经济制度法》，使车臣成为自由经济区；准备对车臣冲突的参加者实行大赦。

雷布金上任后，俄当局与车臣方面继续就双方关系问题举行会谈。1996 年 10 月 27 日雷布金与车臣联合政府总理马斯哈多夫在俄印古什共和国首府纳兹兰市就车臣总统选举、俄军在车臣常驻和车臣重建等问题进行磋商。11 月 16 日，雷布金同扬达尔比耶夫的安全助理扎卡耶夫在莫斯科举行会谈，双方就俄车相互关系临时协议的具体内容达成一致。11 月 23 日，俄联邦政府总理切尔诺梅尔金与车臣联合政府总理马斯哈多夫在莫斯科市郊拉兹多雷村签署了《联邦中央和车臣共和国相互关系临时协议》。这项协议确定了车臣大选前俄车关系发展的基本原则。协议侧重于经济方面。协议规定：在车臣总统和议会选举之前，双方应保证俄联邦和车臣共和国法律的实施；在 1996 年 12 月 1 日前恢复交通，以保证居民的自由迁徙和货物畅通；双方共同研究制定出入车臣境内商品的海关申报程序；在 12 月 1 日前，签署车臣境内石油和天然气的开采、加工和运输协议，车臣方面应保证石油天然气开采、加工基地及输送管道的安全；双方应把解决社会问题放在首位，保证支付工资和退休金，对在战争中受害的人员进行补偿等。协议的有效期到车臣总统和议会选举之前。双方商定，车臣大选之后，双方将签署特别经济关系协议，在车臣设立自由经济区。切尔诺梅尔金总理在

协议签署前对新闻界发表谈话说，这一协议是已经签署的和平协议的继续，它为双方“通过和平与文明的途径，解决双方关系中的所有问题”提供了可能。马斯哈多夫也对协议给予积极评价，认为该协议具有重要的实际意义。

这一协议的基本条款本来早已达成一致，但由于双方在撤军问题上各持己见，僵持不下，致使协议的签署一拖再拖。根据纳兹兰协议和叶利钦总统的命令，俄联邦内务部和国防部的101旅和205旅将常驻车臣。俄方认为这是维护俄领土完整的唯一保证。而车臣方面则坚决要求俄军全部撤出车臣。为了表示诚意，叶利钦总统于1996年11月23日签署命令，宣布101旅和205旅全部撤出车臣，这才打破僵局。叶利钦总统的这一命令，使车臣代表团意外惊喜。马斯哈多夫说，这一命令，为俄、车临时相互关系协议的签署扫除了最后一个障碍。11月25日，马斯哈多夫再次宣称，只有当俄军全部撤出车臣，车臣武装冲突才算完全结束。

1996年12月29日，俄安全会议秘书雷布金宣布，俄罗斯驻车臣联合武装部队的最后一支作战部队第205旅已经开始撤离车臣。俄军撤出后，车臣联合政府将对车臣局势负全部责任。另据报道，俄军101旅和205旅撤出车臣后，将部署在俄车边境地区，继续注视车臣局势的发展。至此，为期两年的车臣武装冲突宣告结束。但是，车臣的地位问题尚待解决。俄联邦当局虽然作了重大让步，准备5年后在车臣境内举行全民公决，但仍然一再强调，车臣是俄罗斯联邦的一部分，它应当留在俄联邦的版图内。而车臣反对派领导人则一再宣称，“车臣的独立和自由不能成为讨价还价的筹码。”车臣面临艰巨的重建任务。重建车臣需要大量资金。没有俄罗斯的帮助，车臣的经济很难恢复。目前，经济是唯一能将车臣与俄联邦联系在一起的杠杆。但是，经济杠杆究竟能对车臣的走向产生多大影响，尚有待观察。另外，车臣内部存在着各个不同家族组成的派别，在独立以及同俄罗斯的关系问题上存在着激进派，温和派和传统派的矛盾。这些矛盾在一定情况下会不会激化，车臣能否保持统一与稳定也是一个引人关注的问题。

关于车臣武装冲突中的伤亡人数和造成的其它损失，目前尚无全面确切的数字。俄联邦内卫部队司令什基尔科1996年11月25日透露，在近两年的车臣武装冲突中，俄内卫部队共有986人阵亡，4642人受伤，35人失踪。西方媒介反映，车臣武装冲突使2500多名俄军人和数万名平民丧生，造成了50多万难民和高达数十亿美元的经济损失。（张力群）

黑海舰队问题短期内难以解决　1996年10月中旬以来，俄乌两国在黑海舰队问题上再次引发激烈争论，给尽快解决两国关系中的这一难题蒙上新的阴影。

一、几年来俄乌谈判简要经过

黑海舰队是前苏联4大舰队之一，其总部设在乌克兰克里米亚半岛南部的塞瓦斯托波尔。苏联解体后，黑海舰队的归属问题成为困扰俄乌两国关系发展的主要难题。两国虽然就舰队划分问题举行过多轮谈判，签署了一系列协议，终因未能从根本上消除分歧而难以付诸实施。

1991年底，独联体诞生，独联体武装力量司令部随之成立。黑海舰队同其他前苏联武装力量一样，暂时归独联体武装力量总司令(当时由俄国防部长沙波什尼科夫担任)指挥。1992年初，俄乌两国均宣称自己对黑海舰队拥有统辖权。1992年1月11日，两国开始就黑海舰队归属问题进行谈判。同年8月3日两国总统在雅尔达市达成一项协议：黑海舰队不再归独联体武装力量总司令指挥，在1995年前的过渡时期，黑海舰队作为俄乌联合舰队，由两国联合指挥，司令员的任免由两国总统共同决定。过渡期结束时，两国再讨论舰队的归属问题。其后不久，两国领导人在克里米亚签署协定，原则上解决了俄罗斯使用原黑海舰队基地及其全部设施的问题。俄罗斯将完全负担黑海舰队的供给，并对使用岸边基础设施向乌克兰支付赔偿费。

1993年春，由于双方在舰只归属等问题上，采取单方面行动，致使舰队之争激化。经过谈判，同年6月17日，两国总统在莫斯科签署了关于在黑海舰队基础上组建俄罗斯黑海舰队和乌克兰海军的紧急措施的协定。协定提出了舰队的各种兵团部队、技术装备、保障设施及其他动产，都按对半进行划分的原则。

1994年4月，两国总统在莫斯科签署了分阶段解决黑海舰队问题的协议。协议规定，乌海军和俄黑海舰队将分设基地。接着，两国国防部长级军事代表团在塞瓦斯托波尔的谈判中，就黑海舰队的划分问题进行磋商。两国政府首脑后来达成协议：俄黑海舰队将在塞瓦斯托波尔设主要基地，乌海军则在巴拉克拉瓦和多努兹拉夫设主要基地。

1995年4月18日，俄总统叶利钦与乌政府代总理马尔丘克在莫斯科讨论两项文件草案——俄乌政治条约和黑海舰队问题协定。由于乌克兰立场发生变化，不同意塞瓦斯托波尔成为俄黑海舰队基地，黑海舰队问题再次出现波折。俄方一方面表示同意乌提出的关于领土完整和边界不可侵犯的原则，一方面提出乌拖欠俄债务问题，逼乌让步。在这种情况下，乌被迫同意俄黑海舰队总部设在塞瓦斯托波尔。1995 年 6 月 9 日，俄总统叶利钦与乌总统库奇马在黑海城市索契再次就黑海舰队问题签署协议，并发表联合公报。协议确认，在目前由两国总统管辖的黑海舰队的基础上一分为二，分别建立俄罗斯黑海舰队和乌克兰海军，两支舰队将分开单独驻扎。俄黑海舰队的主要基地及其司令部设在塞瓦斯托波尔，使用塞瓦斯托波尔的设施以及克里米亚的一些军事、技术和后勤设施。协议规定：在黑海舰队现有 883 艘舰只中，俄乌将分别获得其中的 81.7%和 18.3%，舰队的军官有权自行决定继续服役的国别；舰队分开后，两国海军力量将加强协调合作；舰队的其他财产，俄乌两国将各得 50%。关于黑海舰队财产问题的协议由俄乌两国政府签署。双方将继续就一些具体问题进行谈判，并成立混合委员会监督协议的执行情况。1995 年 11 月，两国国防部长又就部分基地设施的划分问题达成协议，确定了移交时间表。“索契协议”签署后，双方虽然还存在某些分歧，但是，设施移交和舰队划分工作实际上已经开始。据报道，迄 1995 年底，在应移交的 130 多项设施中，乌方已接收 60 多项，舰队第 1 阶段的划分和移交工作也已于 1996 年 3 月底完成，乌方已接收 20 多艘舰只，但对分得的舰只状况不满意。第 2 阶段划分工作未能如期举行。

1996 年 3 月，俄乌两国专家继续就一些具体问题进行磋商，乌总理马尔丘克两次赴莫斯科进行工作访问，双方虽在解决债务、基地设施和舰只分割问题上进一步达成一系列协议，但对塞瓦斯托波尔基地的法律地位、租赁条件、租赁期限等问题还存在严重分歧。塞瓦斯托波尔共有 7 个港湾码头，其中 5 个可作为军用。俄方坚持塞瓦斯托波尔基地由俄舰队单独使用，乌方则坚持该基地由双方军队共同驻扎、基地设施双方共同使用。基地之争实际上是在塞市悬挂何方旗帜的问题。马尔丘克总理表示，外国军队驻扎在乌克兰境内本身就是一个严肃的领土主权问题。乌将一如既往地维护自己的主权、领土完整和国家利益。俄方则强调，不可能签署不符合俄利益的协议。在此期间，两国政府还就叶利钦总统 1996 年 4 月访乌并签署友好条约(即政治条约)问题进行了磋商。由于双方在黑海舰队问题上还存在分歧，俄方坚持只有在黑海舰队问题解决以后，两国才有可能签署友好条约，而乌方则认为签署友好条约有助于解决两国间存在的问题，主张签署友好条约与解决黑海舰队问题脱钩。双方未能就此达成一致，因而叶利钦总统访乌问题再次推迟。

在乌总统库奇马 1996 年 9 月底访俄与切尔诺梅尔金总理会晤后，双方加快了黑海舰队问题的谈判进程。乌专家代表团 10 月 1 日抵达莫斯科，准备参加乌俄混合委员会范围内 5 个小组的工作讨论。同时，在基辅也将有两国专家小组就财政、军事问题进行讨论。据俄方透露，这轮会谈将继续讨论黑海舰队的划分问题，谈判中涉及的所有问题将获得“综合解决”，其中包括黑海舰队的财产分割、财政核算以及有关的政治、经济问题等。10 月 24 日，乌总统库奇马与俄总统叶利钦在莫斯科会晤后，乌方表示，有关黑海舰队的大部分问题已经解决，俄总理切尔诺梅尔金 11 月前访问基辅，两国政府首脑将签署一系列政府间协议，届时黑海舰队问题将得到“最终解决”。俄方也宣布，这次会晤“解决了所有有关黑海舰队和塞瓦斯托波尔港地位的问题。”

二、关键阶段再起争论

在黑海舰队问题的谈判进入关键阶段之际，俄乌两国议会和一些政界人士之间再次出现激烈争论。

1996 年通过的乌克兰新宪法明确规定，禁止在乌克兰领土上设立外国军事基地。但宪法过渡条款规定，外国军队可临时租用乌克兰领土的现有军事基地。这表明，俄罗斯黑海舰队只能短期租赁塞瓦斯托波尔海军基地。乌总统库奇马曾说过，乌俄两国间实际上不存在舰队问题，只有“领土问题”，乌克兰不能让塞瓦斯托波尔市完全成为俄海军基地。这正是黑海舰队的症结所在。俄乌两国在独联体成立的明斯克声明中宣布，尊重彼此领土完整和现存边界不可侵犯。叶利钦总统也表示，俄罗斯对乌克兰没有领土要求。在两国关于划分黑海舰队的谈判过程中，乌方坚持认为塞瓦斯托波尔是乌克兰领土，而俄方一些政界人士则对 1954 年苏联最高苏维埃下令将克里米亚从俄罗斯划归乌克兰是否合法提出质疑，并认为克里米亚归属乌克兰并不意味着塞瓦斯托波尔市也同时划给乌克兰，塞瓦斯托波尔具有俄罗斯的法律地位。1996 年俄大选结束后，这一呼声日渐增高。

1996 年 10 月 12 日乌克兰外交部在一份声明中说，俄安全会议秘书列别德最近在一封公开信中提出塞瓦斯托波尔是俄罗斯的领土，并要求停止黑海舰队问题的谈判。声明指出，列别德等俄官员针对乌克兰提出的领土要求，违反了俄方在乌俄关系中承担的义务和国际法准则，其结果将破坏局势的稳定，使两国关系趋于复杂。

接着，俄国家杜马 1996 年 10 月 23 日通过了《停止划分黑海舰队法》，此项法律将提交联邦委员会批准，次日，并就“停止划分黑海舰队”问题向乌克兰最高苏维埃发出呼吁书。这项法律称：“由于俄罗斯和乌克兰1992年在雅尔塔市签署的关于以前苏联黑海舰队为基础建立俄罗斯黑海舰队和乌克兰海军的原则协定所规定的过渡期已结束，由于双方未达成全面解决黑海舰队问题的协议，现宣布停止划分黑海舰队。”“停止单方面削减人数和改变组织定员结构，停止移交包括岸上部队和航空兵在内的黑海舰队部队，停止削减和向乌克兰移交黑海舰队的岸上基础设施、企业和机构。”划分黑海舰队的工作“只有在包括黑海舰队具体划分条件在内的全面调整俄罗斯和乌克兰相互关系的俄联邦国际条约生效之后，方可恢复。”对此，乌议会(最高苏维埃)当天即作出强烈反应。乌议会警告说，一旦俄国家杜马通过停止划分黑海舰队的最终决定，乌最高苏维埃将被迫根据宪法，要求俄舰队立即从乌克兰境内撤出。为了缓和矛盾，俄外交部1996年10月25日发表声明指出：俄国家杜马通过的“呼吁书”“不符合加强和发展同乌克兰的友好和战略伙伴关系和实现俄罗斯在黑海利益的方针。”声明说：“不要忘记，俄罗斯向乌克兰提供了安全保障，根据欧洲安全和合作组织的原则重申了自己尊重乌克兰的独立、主权和现有边界的义务。”声明强调，“俄罗斯国家杜马的呼吁书对黑海舰队谈判进程的关键阶段造成的不良气氛，使人们感到不安。”

1996年12月5日，俄国家杜马又通过一项决议，主张把黑海舰队作为在该地区的统一的战略战役编队保留下来，并建议，这项原则应作为俄方在与乌克兰缔结黑海舰队协定时的立场。俄国家杜马还通过了致俄乌两国总统的呼吁书。呼吁书说，俄乌两国“在可以预见的将来，都不会有资金在分割后的黑海舰队基础上建立有战斗力的舰队”，“过去两年的经验表明，寻找双方都可接受的分割黑海舰队的方法，毫无结果。”对此，乌总统在早些时候就曾指出：“历史的车轮不能倒转”，“建立统一的黑海舰队的观点毫无价值。”俄国家杜马发出呼吁书的当天，乌总统又明确表示：“黑海舰队的分割必须完成”，“关于停止分割黑海舰队的决定不符合伙伴关系原则。”

1996年12月7日，俄罗斯莫斯科市长卢日科夫在电视讲话中称，在解决塞瓦斯托波尔地位问题时，俄罗斯可能“诉诸武力”。为此，乌克兰国家安全和国防委员会秘书戈尔布林针锋相对地表示，在解决塞港地位问题上，乌克兰将采取坚决行动，以确保领土安全。

三、俄乌两国当局表示将继续进行谈判寻求解决方案

俄乌两国在经济和地缘政治上有着相互需求、相互依赖的关系。乌总统库奇马多次强调，俄罗斯是乌克兰的“重要的战略伙伴”。俄罗斯也同样认为发展两国关系所具有的重要战略意义，希望与乌克兰建立特殊友好关系。双方都希望通过谈判解决黑海舰队问题，使两国关系恢复正常。两国议会和一些政界人士最近的争吵，对黑海舰队问题的解决以及两国关系产生了消极影响。但两国政府都表示要继续进行谈判，寻求双方都能接受的解决办法。

1996年12月14日，乌克兰外长乌多文科表示，乌克兰坚持与俄罗斯发展关系的固有立场，强调在平等、伙伴和互利的基础上全面发展两国关系，乌俄关系在当前的乌克兰外交政策中处于首要地位。乌多文科认为，乌俄两国关系中存在的难题完全可以解决。双方在划分黑海舰队问题上引发的争论使谈判进程趋于复杂。塞瓦斯托波尔归属乌克兰无可置疑。在黑海舰队的驻泊问题上，乌克兰将努力寻求双方都能接受的解决办法。乌多文科指出，虽然俄罗斯立法机构作出了某些决定，但两国外交部门仍在就两国关系问题继续进行谈判。乌总统库奇马同一天在乌国防部的一次会议上也指出，黑海舰队问题是目前乌对外政策中需要解决的最迫切的问题。必须完成黑海舰队的划分工作，签署严格规定俄罗斯舰队在乌克兰领土驻扎条件的文件，这是在相互尊重和平等的原则基础上发展两国关系的关键。同时，他也曾指出，黑海舰队问题是乌俄关系中最为复杂的问题，在谈判过程中双方都应作出让步。

1996年10月底，在两国议会和政界人士因黑海舰队问题发生激烈争论的情况下，俄总理切尔诺梅尔金重申，克里米亚和塞瓦斯托波尔是乌克兰的领土。俄政府的这一立场将为双方继续就黑海舰队问题进行深入谈判起到推动作用。俄外交部也表示，将继续协助俄有关部门制订相应的协定，以进一步解决俄黑海舰队的地位和在乌克兰港口停驻的条件、黑海舰队划分的标准与原则以及财政清算等问题。

1996年12月24日，乌总统库奇马同康复后回到克里姆林宫工作的俄总统叶利钦进行电话交谈中谈到双边关系时，双方特别强调，恢复俄乌相互间的正常关系十分必要。

但是，舆论认为，由于双方在黑海舰队的分割问题、特别是有关塞瓦斯托波尔的地位和租赁问题上仍存在某些重大分歧，俄乌两国国内在这些问题上存在的不同认识还需要协调与统一；两国关系中新近出现的消极因素不利于加快谈判进程，因而黑海舰队问题难以在短时间内获得彻底解决，两国为此而继续进行的谈判仍将是“复杂而艰难”的。(张力群)

8国核安全会议在莫斯科举行 1996年4

月19～20日在莫斯科举行了有美、俄、法、英、德、日、意、加8国首脑参加的核安全会议(又称8国"峰会")。会议的议程是讨论核电站、核弹头及核材料的安全保障问题。苏联解体后,西方一直担心苏联的2.7万多枚核弹头和10万人的核科技队伍有可能成为严重的扩散源。据前美国副国务卿巴塞洛缪实地考察后说:"至少有1.5万件核炸弹、核地雷等战术核武器堆放在发射场和临时的仓库里,几乎没有什么保护措施","确实有出纰漏的危险"。近年来欧洲一再出现核材料走私等事件,更增加了人们对核扩散的忧虑。另外根据美苏1991年签订的第1阶段削减战略武器条约,裁减下来的核弹头也带来了核材料回收、储存、再利用等一系列问题,因此这次8国核安全会议通过了《关于加强核安全合作宣言》、《反对非法贩运核材料纲领》、《关于全面禁止核试验的声明》及《关于乌克兰问题的声明》等4项文件,一致同意在上述问题上通力合作,杜绝非法核交易,防止核扩散。"峰会"在资助乌克兰、立陶宛、保加利亚等国尽快解决有危险性的核电站问题上也达成了共识。要求乌克兰在2000年以前关闭切尔诺贝利核电站,作为补偿,西方将向乌提供30亿美元,帮助其兴建新的核电机组。

(尚左琳)

俄印签署军事合作协议 俄罗斯国防部长罗季奥诺夫和印度国防部长木兰·辛格于1996年10月23日,在新德里签署了一项旨在加强两国"军事战略关系"的合作协议。协议规定扩大两国在军事领域的相互协作,其中包括就军事问题交流情况,进行联合军事演习,海军舰队互访,在两国高等军事院校培训军官等。根据协议,两国海陆空三军将分别设立军事指导小组。它们的行动将由俄罗斯总参谋部国际军事合作部和印度国防计划部协调。协议强调,俄印两国在国防领域的合作是在相互信任和互不干涉内政的基础上进行的。罗季奥诺夫在签字仪式上说:同印度在国防领域的相互协作对俄罗斯具有重要意义。两国武装力量经常接触,对加强彼此间的合作起了重要作用。两国正在努力扩大这种合作,并愿意在巩固国防力量和安全方面相互帮助。

罗季奥诺夫同印总理高达进行了会晤,双方表达了在阿富汗问题上的立场:俄印一致反对原教旨主义和极端主义势力,并呼吁国际社会停止干涉这一地区国家的内部事务。这表明双方对阿局势的变化及其对中亚地区国家的影响极为关注。

舆论认为,冷战时期,俄印军事关系就极为密切。但印方出于其在不结盟运动中的地位,一直避免同前苏联进行联合军事演习。这次签署的军事合作协议提出两国军队将进行联合演习,这表明冷战后的俄印军事关系在某些方面有了新的进展。

(张力群)

俄日积极开展"防务交流" 近年来,俄罗斯与日本积极开展"防务交流",以扩大协作领域,增加相互信任。

一、签署军事备忘录

1996年4月27～29日,日本防卫厅长官臼井日男出访俄罗斯。访问期间,臼井参观了塔曼摩托化步兵师和库宾卡航空基地,并与俄国防部长格拉乔夫举行会谈,签署了一项备忘录。备忘录确定俄国防部和日防卫厅在国防和安全领域,包括在军事部门最高领导人一级发展接触的意向。会谈中探讨了俄国防部长访问日本的可能性。双方达成如下协议:相互通报进行大规模军事演习的情况;交流有关武装力量和国防领域政策基础方面的情况,以求在俄国防部和日防卫厅之间建立相互信任关系;开展两国武装力量之间的互访活动;加强从事国防研究的院校之间的接触;俄国防部将派代表参加日本防卫厅举办的研讨会。双方认为,日本防卫厅长官对俄罗斯的首次访问,"在一定程度上被视为是历史性的",双方举行的会谈"是在两国武装力量关系发展道路上迈出的重要一步。"臼井说,他这次访俄的目的之一是了解俄罗斯的军事技术情况。他透露了日本购买俄罗斯军事技术的意向,并说这方面的对话可能在"工作一级"进行。

俄外长普里马科夫1996年4月29日同臼井进行会晤。俄方认为,臼井访俄表明两国相互协作的领域正在扩大,相互信任得到加强。双方强调,发展俄日关系有助于在"双边一级建立安全与稳定",并认为"让俄罗斯和日本加入到寻求解决朝鲜半岛问题的办法中,将会起到重要的建设性的作用。"

日本舆论认为,日防卫厅在冷战结束后即着手扩大同周边国家的安全保障对话。俄罗斯总统叶利钦1993年10月访日时,双方也已达成"积极开展包括安全保障方面在内的广泛对话"的协议。但是,由于存在北方领土问题,日方对同俄罗斯的对话仍持慎重姿态,两国之间的防务交流一直未能正式展开。近几年,俄国内政治正走向民主化和多元化,日方逐渐认识到开展防务交流的重要性,日外务省人士认为"为了在北方领土问题上取得进展,已有必要同俄罗斯军队建立直接联系的渠道"。1996年4月间举行的日美首脑会谈确认冷战后日美安全保障的新体制,日本把美国作为"保证人"。这些因素促成了臼井访俄的实现,从而在执行几年前两国早已达成的协议方面迈出了重要的一步。

二、日派出军舰访俄，拟派飞行员赴俄受训

1996 年 7 月 26 日，日本海上自卫队的“鞍马”号驱逐舰抵达符拉迪沃斯托克（海参崴）访问，参加俄罗斯海军建军 300 周年纪念活动。这是自 1925 年以来日舰首次对俄罗斯的访问。俄太平洋舰队司令部负责人认为，这是使俄日关系正常化的一种办法。他希望俄巡洋舰“瓦良格”号不久访问日本。

日本防卫厅还决定从 1997 年度起派航空自卫队的战斗机驾驶员赴俄接受苏—27 战斗机的使用训练。防卫厅将在 1997 年度的预算中，申请大约 5000 万日元作为委托教育费。这也是日本首次派航空自卫队队员前往过去被称为其“潜在威胁”的俄罗斯接受训练。

三、日本决定参与俄废弃部分核武器行动

1996 年 5 月 29 日，日本政府作出一项决定：对远东俄军拆卸从潜艇发射的弹道导弹（SLBM）的工作，从资金和技术方面提供合作。日方将提供约 1000 万美元的资金。这是日本援助俄罗斯废弃部分核武器计划的一部分。

据日本报纸报道，围绕废弃部分核武器问题，日俄之间已制定出如下援助计划：(1)在符拉迪沃斯托克（海参崴）建设核潜艇所产生的放射性废弃物的储藏与处理设施；(2)为转移核弹头时发生的紧急情况作准备，提供放射线测量仪等必要仪器；(3)帮助处理伴随拆卸弹道导弹而产生的液体燃料；(4)日方准备同美国合作，以便在俄罗斯乌拉尔地区的车里雅宾斯克建立钚和浓缩铀的储藏设施。

（张力群）

波黑武装冲突趋于平息 1995～1996 年，前南斯拉夫地区形势发生了一系列重大变化，其中最重要的是波黑、克罗地亚、南联盟塞尔维亚 3 国领导人达成并正式签署了波黑和平协议。该协议的签署是波黑内外众多因素共同作用的结果。首先，冲突各方经过战场上的激烈较量和在外部插手干预后力量对比趋于平衡。其次，南联盟为摆脱国际制裁积极配合国际社会的和平努力及波黑塞族在军事优势严重削弱的情况下被迫软化了强硬立场。第三，美国出于内政外交的迫切需要，加大了对波黑冲突的干预力度。在以上众多因素的共同作用下，波黑和平进程重新启动并取得重大突破。和平协议签署后，其主要内容特别是军事条款实施基本顺利，波黑冲突逐步趋于平息。但该地区内部矛盾错综复杂，加之外部势力大肆插手，实现真正的稳定与发展尚需一个较长时期。

一、波黑塞族军事优势严重削弱，冲突各方力量对比趋于平衡

波黑内战爆发初期，冲突各方力量对比严重失衡。塞族由于继承了前南人民军撤退时留下的 4 万名波黑籍官兵及大量武器装备，在军事上占有明显优势。仅占波黑人口 31.4% 的塞族很快掌握了战场的主动权，控制了全国 70% 的领土。后来，由于穆、克族得到西方、伊斯兰国家和克罗地亚秘密援助的大量武器装备，加之 1994 年 3 月两族在美国的撮合下建立联邦，并与克罗地亚组成邦联，力量较前明显增强；而塞族因拒绝美、俄、英、法、德 5 国联络小组 1994 年 7 月提出的和平方案而遭到其母体国——南联盟塞尔维亚共和国与之断绝一切联系的惩罚，力量逐渐削弱。特别是 1995 年下半年以来，塞族军事实力连续受到重创，其优势丧失殆尽。8 月初，克罗地亚政府军攻占其境内的克拉伊纳塞族控制区后，进入波黑境内参战。处于克政府军和穆、克两族夹击中的波黑塞族被迫停止对联合国为穆族划定的“安全区”的进攻，转入防守态势。9 月上、中旬，美国又促使北约对波黑塞族的重要军事目标实施长达半个月之久的空袭行动，使其指挥、控制和防空体系陷入瘫痪。穆、克族则在克政府军的配合下，乘机在波黑西部向塞族发动强大攻势，在短短的十几天时间里就占领了近 8000 平方千米的土地，使穆克联邦和塞族实际控制的领土，已接近 5 国联络小组为双方划定的 51% 和 49% 的比例。波黑交战各方力量对比及其实际控制领土比例的重大变化，为他们最终互作妥协、达成和平协议奠定了基础。10 月 11 日，冲突各方终于在美国的斡旋下达成了为期 2 个月的停火协议。

二、南联盟积极配合国际社会的和平努力，波黑塞族的强硬立场大为软化

前南斯拉夫解体后，南联盟领导人曾企图建立一个“所有愿意生活在同一国家内的塞族人的国家”，因而积极支持波黑塞族打内战。随着前南危机的不断加深和国内经济形势因国际制裁而日益恶化，南联盟领导人逐步放弃建立“大塞尔维亚”国家的设想，转而倾向于通过政治途径解决前南危机。为争取联合国早日解除对其实施的制裁，南联盟政府对波黑塞族逐步由支持转为施压，敦促他们放弃强硬立场，接受国际社会提出的和平方案。1994 年 8 月，当波黑塞族以全民公决形式拒绝了 5 国联络小组提出的和平方案后，其母体国南联盟塞尔维亚共和国与之断绝了一切政治、经济联系。1995 年 8 月克罗地亚政府军大举进攻克拉伊

纳塞控区和9月北约对波黑塞族重要军事目标进行狂轰滥炸时,南联盟均保持了克制态度,按兵不动。而8月上旬,当美国政府提出和平解决波黑冲突的新建议时,南领导人则立即予以响应。

波黑内战爆发以来,塞族凭借其军事优势,在如何解决波黑冲突问题上一直持强硬立场。他们不但多次拒绝国际社会提出的和平方案,而且对北约的军事威胁和空中打击采取了对抗甚至报复措施。1995年5月为阻止北约对其继续实施空袭,扣押了近400名联合国维和人员为人质;尔后又于7月不顾联合国和北约的严厉警告攻打联合国划定的"安全区",并占领了其中的热帕和斯雷布雷尼察两个城镇。但进入8月份之后,由于克罗地亚政府军介入波黑冲突,北约又对其实施大规模的空袭,塞族的军事力量被严重削弱并开始在战场上处于不利态势。在此情况下,塞族被迫软化其强硬立场,对美国新和平建议表示欢迎,并同意由南联盟全权代表他们参加由美国主持的关于和平解决波黑冲突的谈判。

三、美国加大干预力度,促使波黑冲突有关各方重开和谈

美国出于保持其在欧洲盟主地位的考虑,从1994年初开始直接插手波黑冲突。为讨好伊斯兰世界以维护其在中东地区的战略利益并遏制俄罗斯在巴尔干地区影响的扩大,采取了明显"支穆抑塞"的政策。在美国这一政策的纵容和支持下,波黑穆族增强了以武力收复失地的决心,频频由联合国为其划定的"安全区"向塞族发动进攻;而塞族一旦反击,美国则以保护"安全区"为名促使北约对塞族实施空中打击。随着波黑局势的不断恶化,美国政府的波黑政策遭到国内外越来越强烈的批评。法、英等国对美在波黑未派一兵一卒的情况下动辄要求北约对波黑塞族动武的做法强烈不满,特别是1995年5月"人质危机"发生后,纷纷表示要从波黑撤走维和部队。与此同时,由共和党控制的美国国会则指责克林顿政府在波黑问题上表现得"软弱无能";国会参、众两院甚至于1995年7月底和8月初相继通过了要求政府单方面解除对波黑穆族武器禁运的提案。在波黑问题上处于内外交困中的克林顿认识到,如不采取有力措施使波黑冲突尽快结束,不但美国在欧洲的盟主地位将受到削弱,而且其本人在国内外的"领袖形象"也将大受损害,并必将给他1996年竞选连任总统带来严重的消极影响。鉴此,美国政府于1995年8月上旬,乘波黑塞族因克政府军攻占克拉伊纳塞控区而在政治、军事和心理上遭受严重打击之机,采取外交斡旋和军事威逼双管齐下的手法,加大了对波黑冲突的干预力度。外交上,美国把联合国、欧盟和俄罗斯统统撇在一边,独自提出和平解决波黑冲突的新建议,并派遣政府特使去前南地区进行穿梭斡旋,协调有关各方的立场。军事上,则促使北约对态度强硬的波黑塞族实施波黑冲突爆发以来最大规模的空中打击行动。此行动名为惩罚波黑塞族炮击萨拉热窝的和平居民,实为削弱其军事力量,迫其软化强硬立场,以保证美国的外交斡旋活动能尽快取得成果。

四、波黑和谈取得重大突破,有关各方达成和平协议

自1994年8月波黑塞族拒绝5国联络小组提出的和平方案后,波黑和平进程陷入僵局。随着影响波黑局势发展的内部因素发生一系列重大变化和美国对波黑冲突干预力度的加大,波黑和平进程于1995年9月重新启动。波黑、克罗地亚、南联盟3国外长,先后于9月8日和26日在日内瓦和纽约,就波黑未来的宪法原则和领土划分比例等重大问题达成原则协议。在此基础上,波黑、克罗地亚、南联盟塞尔维亚3国总统,于11月1日在美国俄亥俄州代顿附近的空军基地,就结束波黑冲突开始举行谈判。他们经过长达3周的激烈讨价还价,终于在11月21日达成了"波黑和平协议"(又称"代顿协议"),并于12月14日在法国巴黎正式签署。根据该协议,波黑将继续成为在现有边界内存在和得到国际承认的统一国家,它由穆克联邦和塞族共和国两部分组成,双方分别控制51%和49%的领土;波黑将建立包括总统、议会和宪法法院在内的中央机构,负责外交、外贸及货币政策等事务;首都萨拉热窝将在穆克联邦之内保持统一;所有被指控犯有战争罪行的人,将一律被排除在国家政治生活之外;所有波黑人都有权在全国各地自由行动,所有难民都应被获准返回家园。协议还规定在波黑部署由北约指挥的6万人的多国维和部队,以监督各方执行协议情况。塞族在波黑东北部的"安全通道"问题,在和谈中没有得到解决,3方决定将此事交由国际仲裁。

五、代顿协议实施基本顺利,波黑冲突趋于平息

1995年12月代顿协议签署后,在以北约部队为主的6万余名多国执行和平协议部队的监督下,波黑冲突各方开始将各自的部队从代顿协议划定的1000千米长的隔离线后撤,并于1996年3月完全脱离接触,从而结束了军事上直接对峙的局面。同年3月,塞族按协议规定,将萨拉热窝塞控区移交穆克联邦。6月14日,在欧洲安全与合作组织的主持下,南联盟、克罗

地亚和波黑3方代表签署了前南地区控制军备协议。7月6日波黑穆克联邦和塞尔维亚共和国签署关于解决两个实体分界线上40多个有争议地段的协议。与此同时,波黑冲突各方还陆续将各自的重武器储存入库,并销毁了超出军控协议限额规定的武器,此外还基本完成了交换战俘的工作。内战结束后的首次大选于1996年9月14日如期举行,产生了战后的合法权力机构,使代顿协议规定的"一个国家、两个实体和三个政府"的国家体制成为现实。总的看,强制实施代顿协议迫使波黑冲突各方基本放弃了以军事手段解决彼此争端的方针,为波黑和平进程继续健康发展提供了必要的前提。但代顿协议实施只是将冲突各方从军事上隔离开来,并未解决各民族关于波黑未来前途的矛盾和分歧。因此,波黑大选后各民族仍相互仇视并各自为政,围绕共同国家机构的建立、难民返乡和经济重建等具体问题争斗不休,致使波黑和平进程困难重重。

六、大国争夺依然激烈,增加了协议实施的难度

代顿协议签署后,欧美和俄罗斯为巩固和扩大各自势力范围,继续加紧插手波黑和平进程和原南地区事务。1996年,美国为控制波黑危机解决进程,频繁派高级领导人出访波黑和欧洲盟国,敦促各方保证代顿协议的执行。法国为打破美国对波黑事务大包大揽的局面,不但撮合南联盟和波黑领导人在巴黎达成正式建交协议,而且提出重建波黑的中期计划并倡议在巴黎召开波黑问题高级国际会议。俄罗斯则多次强调,俄在巴尔干有自己的利益,对巴尔干的发展方向不会抱无所谓的态度。与此同时,俄、德、法还一再重申保持本国在波黑军事存在的必要性。由于各大国在原南地区有着不同的利益,因而继续对原南各方采取不同的政策。美国在总体上继续支持穆、克,压制塞族。1996年6月,在南联盟、克罗地亚和波黑3方达成控制军备协议后,美又与波黑穆克联邦签署向穆克联邦军队提供武器装备和训练服务的合同;9月波黑大选前,美主张取消波黑塞族执政党参加大选的资格,大选后又提出推迟解除对南联盟和波黑塞族的制裁等等。法、英、俄对美偏袒一方的做法十分不满,进行了有力的抵制。总之,欧美、俄罗斯在波黑问题上的斗争,并未因波黑内战的结束而告终,外部势力的插手大大增加了波黑和平协议实施的难度,对原南地区的和平进程产生了诸多不利影响。

(王树工)

北约组织内部改革迈出关键性步伐　1996年是北约内部改革的"关键年"。在有关各方的推动下,北约在内部改革方面迈出了关键性的步伐。

如果说1966年法国退出北约军事一体化组织是北约内部关系的第1次重大变化;那么,1996年法国开始重返,则是冷战结束以来北约内部改革进程的重要标志。

冷战结束后,北约赖以生存的战略环境发生重大变化。1991年北约首脑会议提出"新战略概念",首次决定对北约的组织机构进行调整。

几年来,国际战略形势特别是欧洲安全形势又发生了一些新的变化,要求北约作出更深入的变革,北约新一轮的改革随之提上日程。

尽管各国推动北约改革的初衷和目标不尽一致,但对于指导这一轮改革的基本原则还是达成了一些共识。首先,改革应有利于推动北约"欧洲化"。自北约成立以来,美国一直独揽大权,西欧国家分权的要求一直没有停止。在直接对手华约已不复存在的情况下,作为多极化世界中一支稳步上升的力量,西欧国家越来越强烈地要求在北约内拥有相应的发言权。其次,改革应有利于提高北约的完整性和开放性。由于法国和西班牙不属于北约的军事一体化机构的成员国,北约难以建立完整统一的防区。近来两国表示愿意全面参与北约的活动,但都把北约进行内部改革作为回归和参与的条件。同时,随着东扩步入关键性阶段,提高北约组织的开放性,让符合条件的中、东欧国家尽快加入进来已提上议事日程。再次,改革应有利于提高北约的行动能力。北约目前处于一个崭新的安全环境,面临着多方位、多类型的挑战,必须调整组织机构,才能适应需要。

基于上述基本原则,北约的内部改革在1996年取得了一系列成果。主要表现在:

一、"欧洲支柱"建设取得突破性进展

1996年6月,北约外长柏林会议正式批准组建"多国联合特遣部队"计划。北约的欧洲成员国将组建一支约3万人的部队,在美不参与的情况下,可以在西欧联盟的旗帜下动用该部队执行救援和维和任务,并可借用美国的指挥系统以及情报、通讯、后勤设施。与此同时,北约决定设立欧洲盟军最高司令部副司令职务,由欧洲人轮流担任。其主要职责是指挥"多国联合特遣部队"执行北约防区外的军事任务,并协调北约与西欧联盟的关系。这两项新举措将大大提高西欧国家对北约决策特别是军事决策的影响力。

二、北约军事指挥机构的调整初见成效

北约的军事指挥机构共有4个层次,组织庞大,机构重叠,人员臃肿,且分布不合理,难以适应新的安全需要。改革军事指挥系统已成为北约内部改革的重点。

据悉，有关方面就此达成了一些妥协：第1层次的欧洲和大西洋两个盟军最高司令部保持不变；第2层次9个较大规模的战区司令部将合并为4～5个；第3层次的26个地区司令部，将通过精简、合并、降格等方式调整至15个左右，重点调整分布在南欧的司令部；第4层次的32个次地区司令部，将全部转变为由各成员国的国家指挥体制所代替。

三、一体化武装力量的改革继续推进

首先，削减部队总量，目标是由133万降至90万；其次，优化部队结构，强调质量建军。北约以“精干、机动、灵活”为指导原则，将常规部队划分为“防御部队”、“快速反应部队”和“增援部队”。其中，重点发展“快速反应部队”，相继组建了欧洲盟军最高司令部快速反应部队和快速反应部队计划参谋部。

北约的内部改革是欧美双方的共同需要。对西欧来说，维护欧洲安全的重任仍主要由北约承担，这已在对付波黑冲突中得到证明；同时，通过北约改革争得更多的权力，也是西欧国家的主要目标。对美国来说，北约是维系美欧关系、保证美对欧控制和推行全球战略的重要工具。前不久，美国家利益委员会发表的一份报告称，“维持北约的继续存在”是美“生死攸关”的利益。在保证北约领导权的同时，适当放权以提高西欧解决自身安全问题的能力，让其承担美不必或不愿介入的地区冲突，也可减轻美国的安全负担。

北约改革的实质是北约内部权力的再分配。美国和西欧能否在“放权”和“争权”两者之间求得平衡，将决定北约内部改革未来的走向。从目前情况看，这种权力再分配过程还仅仅是开始。近来法国要求欧洲人出任北约南欧盟军司令一职，而美国断然拒绝，就是一个例子。同时在一些关系成员国切身利益的具体问题上，西欧大国与小国之间还存在着较大的矛盾，英法德3个大国的立场也各不相同。此外，北约和西欧联盟的关系还未理清，西欧联盟本身还需要最后定位。因此改革过程仍将是长期的、曲折的。但是，北约的内部改革是大势所趋，既存在矛盾和斗争，也会有协调和妥协。可以预料，改革进程将会艰难地继续下去。

（任　明）

西欧联盟成立军备组织　据比利时报纸报道，1996年11月18日～19日，西欧联盟在比利时的海滨城市奥斯当举行部长理事会会议，决定成立西欧军备组织，该组织预计在1997年4月1日正式启动。西欧军备组织的任务是：提出在联盟内制定统一的军品采购政策，建立统一的军工市场，发展成员国之间的军工合作。根据欧洲联盟成员国于1991年签署的《马斯特里赫特条约》，欧盟提出了建立欧洲军备局的目标。1993年5月西欧联盟在罗马的部长理事会会议上成立了由10个成员国参加的军备小组，负责成员国之间的军备合作，每年至少召开一次国防部长会议。一些专家认为，此次西欧联盟部长理事会会议决定成立军备组织，标志着西欧军工合作又向前迈出了一大步，也将有力地促进西欧防务联合趋势的进一步发展，实现其建立共同防务和安全政策的总目标。西欧联盟成立于1954年10月，其前身为1948年3月成立的《布鲁塞尔条约》组织。西欧联盟成立以来，实际上只是西欧国家讨论欧洲防务与安全的一个论坛。近年来，随着建立欧洲自主防务呼声的不断高涨，使这个长期处于休眠状态的组织开始恢复活力。

（张昌泰）

法国重返北约军事一体化组织　1996年6月13日，法国在退出北约军事一体化组织30年后，第1次派国防部长出席在布鲁塞尔举行的北约国防部长春季会议。此举被会议公报称为“具有历史意义的事件”，也被法国舆论认为是法国在“回归北约的道路上迈出了实际的一步”。法国现在决心重返北约，原因何在？这需要从国际诸多因素相互作用中来观察。

首先，冷战结束后，西欧却没有真正有效的机构和力量来独立地对付欧洲安全方面所面临的新挑战，唯一能发挥作用的仍然是北约。法国若继续游离于北约之外，更是势单力薄，难以在欧洲稳定问题上发挥自己的作用。因此，法国在1992年出兵干预波黑问题，便是向北约靠拢的开端。

其次，欧洲一体化进程已从经济联合走向政治联合，而政治联合则意味着在安全和防务上的合作。法国若继续处于北约之外，则意味着它将不参与合作，这显然不利于其在促进欧洲一体化中发挥主导作用。另外，北约和欧洲联盟将逐步“东扩”的前景，也使得法国需要理顺同北约的关系，以便分享“东扩”成果。

第三，北约是冷战的产物，但冷战结束并不意味着北约将消亡，相反它依然是当今欧洲最大的军事政治组织。这是因为美国借北约控制欧洲的意图丝毫没有减弱。美国接受法国对北约进行一些调整的要求，为的是把欧洲军事大国法国“重新网罗”到北约之中，从而使北约更加巩固。而法国现在要重返北约，显然是看到了冷战后北约的作用，希望在其内部争得一定的发言权。

应当看到，法国决定重返北约并非孤立事件，而是希拉克1995年5月执政以来，对国防政策进行一系列重大调整的一部分。首先，希拉克恢复并进行了多次核试验，掌握了模拟试验的先进技术，从而保证了法国核威慑力量的可靠性。接着，建立职业化军队，废除义务兵役制；调整核威慑力量的布局，发展战略核潜艇和机载核武器，调整军工企业结构以使国防工业保持世界领先地位；再者，提出了改造北约的主张，即在北约内部确立“欧洲防务支柱”，并以此作为法国重返北约的先决条件。

希拉克称，调整法国国防政策是为了建立一个强大的欧洲安全体系，“使欧洲摆脱被认为是无所作为的状况”。这就再次表明了法国决意重返北约的真实意图：努力使欧洲在当今“多极化”的世界上，成为真正有力的一极，进而确立自己在国际上应有的地位。

（金　鲍）

法德强化防务合作　法国总统希拉克与德国总理科尔于 1996 年 12 月 9 日在纽伦堡会晤时提出“共同防务战略构想”。这一构想将成为两国制定以推动欧洲安全为目标的共同防务政策的基础，同时将对欧洲的一体化进程产生重大影响。

法德两国的合作，始于第二次世界大战后。由于国情不同和历史原因，长期以来双方的军事合作同经济和政治合作相比处于滞后状态。1992 年，以法德为主的欧洲军的建立，成为两国军事合作的开端，也是欧洲在走向共同防务道路上迈出的第 1 步。但是两国迄今还没有一个全面的防务合作计划。希拉克和科尔在这一“共同防务战略构想”中认为，鉴于法德两国在欧洲联盟和北约组织内所承担的责任，双方的安全利益是“不可分割的”；两国的全部常规武装力量未来的优先目标是履行欧洲联盟确定的防务使命，并协调参与以紧急处理各种地区危机为目的的多国部队的行动。双方达成的这一共识，为两国建立全面“协调防务”奠定了理论基础，将对欧洲防务一体化产生重要影响。

这一共识的形成，是法德两国为推动欧洲建设作出的最新努力。人们注意到，最近一年里欧洲实现单一货币取得实质性进展，但以修改《马约》为内容的政府间谈判却停滞不前。最近一段时间，法德首脑连续提出了“以弹性方式加强合作”、“多数表决制”等多项联合建议，力图打破谈判僵局。曾主张欧盟应先“深化”后“扩大”的法国现在也转变态度，向德国靠拢。希拉克最近明确提出了从 2000 年起接纳波兰、匈牙利和捷克加入欧盟的时间表。值得注意的是，希拉克 1996 年提出由欧盟共享法国核威慑力量的主张曾遭到德国方面的冷遇，而在这次双方提出的共同战略构想中，德国却表示愿意就“协调核威慑”问题进行对话。

法德两国提出包括常规武器和核武器在内的共同防务计划，向欧盟其他成员表达了明确的“政治意愿”，即在欧洲联合的道路上无论出现什么障碍，法德两国都要一直走下去。舆论认为，这对于计划将于 1997 年 6 月结束的欧盟政府间会议显然是一个“强有力的推动”。

法德推行共同防务战略对未来的欧美关系也将产生影响。最近，法国同美国在北约改革问题上矛盾加剧，磨擦的焦点是对欧洲安全事务主导权的争夺。法国主张美国将北约的南欧指挥权让给欧洲，以体现北约的“欧洲防务特性”，遭到美国的断然拒绝，法国则以不再重返北约军事一体化机构相威胁。在这个问题上德国给予法国明确无误的支持。德法军事合作近来得到明显加强，双方在联合研制“虎式”军用直升机、军事侦察卫星等方面，达成或即将达成 20 多个合作项目的协议。在此基础上，两国又着手制定全面共同防务政策，这无疑有助于欧盟同美国就北约改革问题讨价还价。

应当看到，法德之间在安全防务领域存在的分歧还不少，在实现共同防务方面还有很长的路要走，但是这两个欧洲大国从经济联合走向政治外交乃至防务领域全面联合的意愿和趋势，将成为影响未来欧洲政治格局和大西洋两岸关系的一个重要因素。

（金　鲍、孝　泉）

法英在加强防务合作方面达成广泛共识

据英国、法国报刊报道，1995 年 10 月 29～30 日，法国总统希拉克与英国首相梅杰在伦敦举行会晤，主要讨论欧洲建设和双边关系问题。据报道，此次法英两国首脑会晤，在很多重大问题上特别是在防务合作方面达成了广泛的共识：一是继 1994 年 9 月法英陆军就快速反应部队加强合作问题达成协议之后，两国首脑又正式宣布成立法英空军小组。希拉克总统和梅杰首相还亲自出席了该小组成立仪式，这是法英加强双边防务合作的又一个重要举措。二是法英决定扩大两国的核合作，加强核威慑能力，并且就在核武器方面的合作发表了一项联合声明。有消息说，法国不顾许多国家的强烈反对坚持恢复核试验，其中就有为英国提供所需核试验有关参考数据的考虑。三是在非洲维持和平问题上，两国同意采取更为主动的行动，帮助非洲国家发展自己的维和能力，并采取积极的实际步骤，以推动非洲地区武装冲突的解决。四是两国在北约扩大问题上取得了一致。双方都强调北约在扩大时，不要引起俄罗斯的过分忧虑和担心。此外，两国还同意在海军训练、武器采购等领域进一步加强合作。

（张昌泰）

美法签署核合作秘密协议　据美国《华盛顿

邮报》1996年6月17日报道，美国和法国最近签署了一项进一步加强两国核合作的秘密协议，以便在全面禁止核试验条约签署后双方仍能有效地保持各自的核武器。

报道援引美国官员的话说，这项协议是美法两国政府经过两年多的秘密谈判后，于6月4日在华盛顿附近签署的。协议的主要内容是美国同意与法国共享通过计算机模拟核试验所获得的各种数据。这类数据能帮助核专家在不进行核试验的情况下，准确地检测现存核武器的有效性。美国以前仅同英国共享。

报道说，美国同意与法国共享是因为美国相信，确保法国核武库的有效性和核威慑力量，符合美国的安全利益。

报道认为，美法这一秘密协议，标志着西方核大国在签署全面禁止核试验条约的新形势下，为保持核优势而进行特殊核合作的开始。

（尚左琳）

土希发生伊米亚岛之争　（一）1995年12月26日，一艘土耳其货船在距本国海岸不到4海里的爱琴海小岛伊米亚岛（土耳其称卡尔达克岛）附近搁浅。收到求救信号后，希腊迅速派出船只前往援救，将触礁船只救起。但是，土方船长拒绝希方提供拖船将货船拖走，声称是在本国领土上，要求希方不要干涉。闻听此言，希腊政府立即通过外交途径，同土耳其政府进行交涉，货船争端得以化解。

然而，时隔一月又陡生变故。1996年1月25日，位于伊米亚岛附近的希腊卡利姆诺斯岛行政长官率众登上伊岛，在这个方圆不足1平方千米的荒岛上升起了希腊国旗。两天后，土耳其《自由报》的3名记者也乘直升机登上伊岛，降下希腊国旗，升起一面土耳其国旗。你降我的旗，我也降你的旗。希腊立即派海军突击队登岛拔掉土耳其国旗，重新升起本国国旗。于是，双方在伊岛展开了"旗帜战"，以表明各自对该岛拥有主权。

与此同时，希土双方相互攻击对方侵犯了本国领土。两国领导人也发表态度强硬的声明和讲话。希腊总理西米蒂斯在议会辩论新政府施政纲领时说，"希腊拥有对付土耳其的手段，并将毫不犹豫地使用这些手段"，"希腊国旗将继续在伊米亚岛上空飘扬"。土耳其外长巴伊卡尔则宣称，"希腊争夺这个小岛是没有法律根据的，我们决心捍卫我们的权利"。双方还调集海空军，准备刀对刀、枪对枪地大干一场。截至1月30日，双方在伊岛附近海域，各自集结了包括护卫舰、巡逻艇和潜水艇在内的各类战舰20余艘。双方的战斗机和直升机在岛屿附近空域呼啸着"擦肩"而过。1月30日午夜过后，土耳其派出10名突击队员乘橡皮艇登上伊米亚岛，与护旗的希腊海军突击队员各据小岛一隅。一时间，希土两国在爱琴海上剑拔弩张，武装冲突大有一触即发之势。

伊米亚岛争端发生后，第1个着急的是北约。1996年1月29日，北约秘书长索拉纳同土希领导人通电话，敦促两国缓和关系。美国总统克林顿1月30日也要求两国马上停止军事对峙，以谈判解决问题。北约急于调解希土争端原因何在？因为希土同为北约成员国，与西方大国无论在军事上还是经济上关系都相当密切。两国真要兵戎相见，不仅会两败俱伤，而且势必影响整个西方集团的利益。

北约出面连劝带压，希土自然不会无动于衷。尽管两国都不想放下架子求和，但考虑到诸多因素，还是顺势下了台阶。1月31日，双方达成在伊岛"脱离接触协议"，希腊拔掉岛上旗帜，双方军队撤离小岛。

（二）在伊米亚岛争端中，希腊和土耳其之所以采取针锋相对的强硬态度，并非仅为伊米亚一个小岛，而是两国500多年交恶史的延续。

希腊和土耳其位于欧亚大陆的"十字路口"，古丝绸之路横穿而过，博斯普鲁斯海峡—马尔马拉海—达达尼尔海峡—爱琴海这一由黑海通往地中海的要道，也在两国掌握之中。自古以来，这一战略要冲一向为多事之地。

希腊文明鼎盛时，环爱琴海地区皆为其势力范围。14世纪起，奥斯曼帝国开始强盛，于1396年占领希腊。此后，希腊经历400年亡国之耻，到1822年才重新独立。第一次世界大战期间，希腊加入协约国阵营参战，土耳其则参加了同盟国集团，两国再次刀兵相向。1920年两国又爆发了希土战争。二战结束后，在冷战的特定格局下，两国虽都参加了北约组织，但并未捐弃前嫌，常在国际事务中相互作梗。

近些年来，希土双方争端和冲突主要集中在3个方面：

一是塞浦路斯问题。塞浦路斯位于地中海东部，居民主要由希腊族和土耳其族构成。1974年，塞浦路斯政局动荡，希土两国都以保护本民族居民为由，派军队进驻该岛，并发生武装冲突。后在联合国的干预下，两国达成停火协议并划定停火线，但两国都在自己控制区内成立本民族的政权，这不仅使塞浦路斯至今仍处于半分裂状态，而且成为希土关系中的死结。

二是少数民族问题。土耳其的伊斯坦布尔居住着数万名信奉东正教的希腊族人，而希腊北方的色雷斯为穆斯林聚居区，这也是两国关系中十分敏感的问题。1995 年 5 月，土耳其国防部长兼政府发言人阿克图纳带领 25 名记者走访希腊色雷斯，称居住在那里的 13 万穆斯林为“同胞”。希腊政府对此极为恼火，指责土方背离了两国 1923 年签署的关于居住在对方国土的穆斯林和希腊人地位的洛桑条约。

三是爱琴海问题。爱琴海位于希腊和土耳其之间，海中 3000 多个岛屿星罗棋布，绝大部分划归希腊。根据意大利和土耳其 1932 年签署的条约，伊米亚等岛划归希腊所有，但由于这些岛屿同土耳其海岸近在咫尺，土方一直不予承认。此外，两国还在大陆架划分、领海权以及空域划分等问题上龃龉不断。

希土两国 500 余年交恶，如今又有 3 大问题缠身，关系一直比较紧张。不过，由于希腊国力和军力不敌土耳其，在争端中不得不采取守势，历届政府都把谋求盟国支持作为同土抗衡的筹码。

(三)在伊米亚岛争端的较量中，土耳其占了上风。尽管希腊总理西米蒂斯一再申辨希腊没有在岛屿主权上让步，也没有承诺在岛屿主权问题上同土谈判，但撤军、拔旗这一事实，使得政府难以向民族情绪极强的国民作出交待。反对党乘机攻击政府犯了“叛国罪”，必须立即辞职。

希腊对美国在伊岛争端中强迫希方让步极为不满。反对党中的右翼强烈要求美国从希腊克里特岛撤走军事基地，左翼也指责美国在爱琴海另有图谋。为了缓和舆论，西米蒂斯总理宣布，“推迟”美国助理国务卿霍尔布鲁克原定 1996 年 2 月上旬访问雅典的计划。希腊政府还大力游说德、法、英、意等盟国，力促在欧盟成员国政府间会议上作出决定，把各成员国的边界视作欧盟的共同边界，以确保希腊边境的安宁。

2 月 15 日，欧洲议会就伊岛争端召开会议，以 342 票赞成、21 票反对、11 票弃权谴责了土耳其，强调“希腊的边界是欧盟外部边界的一部分”，安卡拉必须“遵守国际条约”。欧盟主席国意大利还呼吁，通过“国际仲裁”或通过海牙国际法院来实现“和平解决”。欧洲议会还力图利用停止向安卡拉提供财政援助的方式来安抚希腊，要求 15 国部长理事会通过决议停止对土耳其为期 5 年、总值约 19 亿美元的援助。

尽管如此，希腊国民对政府处理这场严重危机的情况仍普遍感到不满。2 月份希腊各大报纸公布的民意测验结果表明，70%以上的人认为政府处理失当。

希土各自国内政治派别的斗争，也是左右争端的内在因素。希腊政府总理西米蒂斯刚刚上任不久，土耳其政府则接连更迭。两国领导人为取悦于民，谁肯放弃表现“爱国主义”立场的机会？因此，从目前情况看，希土虽都无意使本已复杂的局势恶化，并不时为修补关系和促进贸易作出努力，但双方也不大可能在根本分歧点上达成妥协。

希土伊米亚岛风波，在北约强力干涉下暂时告息。然而，一位欧盟外交官认为，“在通常情况下，华盛顿和欧盟能够平息这些小冲突”，但是，“令人感到胆战心惊的是，在希土两国间这些无止境的争吵中，总有一次争吵可能会触发一场战争”。

(全　鲍)

美洲军事要事

美俄军事关系在合作与斗争中发展　1995～1996 年，美俄军事关系虽然互不信任和公开顶撞的现象比“蜜月期”明显增多，但是仍处于合作、斗争和让步之中，仍以合作为主。因此，双方在许多重大问题上都采取了比较克制和务实的政策。

一、从合作方面来看，美俄军事关系又取得新进展。主要表现在以下 6 个方面

(一)继续举行首脑会晤。美俄两国为加强合作继续举行首脑会晤，迄 1997 年 3 月，又进行 4 次会晤。第 1 次会晤，于 1995 年 5 月 10 日举行。美国总统克林顿在参加了莫斯科举行的纪念世界反法西斯战争胜利 50 周年庆典之后，与俄罗斯总统叶利钦在克里姆林宫举行了 4 小时会晤。这是自 1992 年 2 月以来举行的第 8 次重要会晤。这次会谈的重点是北约东扩和欧洲安全体系、俄罗斯与伊朗核合作、车臣武装冲突、反弹道导弹条约、核不扩散条约以及双方裁军等 6 大问题。会晤后，双方发表了题为《关于国际政策和双边关系》的 5 项联合声明。这 5 项声明是：《关于欧洲安全问题声明》、《关于两国信守反弹道导弹条约声明》、《关于核裁军问题的声明》、《关于延长核不扩散条约的声明》和

《关于经济改革、贸易和投资的声明》。最后,双方指出,俄罗斯同7个工业发达大国的协作在加深,这将导致“政治8大国”的正式形成。第2次会晤,于1995年10月23日举行。俄罗斯总统叶利钦在参加联合国成立50周年庆祝大会期间与美国总统克林顿在纽约州海德公园举行了近4小时会晤。这次会晤是自1992年2月以来举行的第9次重要会晤。此次会晤虽然没有发表专门的宣言或声明,但美俄两国首脑在联合举行的记者招待会上,却高度评价了会晤的成果。叶利钦评价说,与克林顿的这次会晤是他们历年来举行的会晤中“最友好、最温和的、最相互理解”的会晤。克林顿评价指出,“两国总统这次最高级会晤成果是良好的和卓有成效的,它证实美俄之间的和平伙伴关系是牢固的”。据记者报道称,这次会晤就以下3个问题达成一致意见。第一,就波黑实现和平问题达成一致。这次会晤大部分时间讨论了波黑实现和平问题。双方一致认为,俄罗斯的参与同“联络小组”其他成员的参与同等重要。第二,就有关核安全3个问题达成一致。双方商定1996年在莫斯科举行8国核安全首脑会议,由叶利钦总统主持。双方还表示,不久以后美俄将发表一项有关核安全的联合声明,为1996年签订《核安全公约》而作出努力。两国还商定,为1996年联合国大会通过缔结全面禁止核试验条约而一道工作,并作出最大努力谋求在1996年在全世界范围内接受此项条约。第三,就《欧洲常规武装力量条约》有关南北侧翼限制问题达成协议。叶利钦对美国总统在这个问题上支持俄罗斯表示感谢。第3次会晤,于1996年4月21日举行。美国总统克林顿在参加在莫斯科举行的8国核安全首脑会议之后,与俄罗斯总统叶利钦举行了近5小时会晤。据俄通社—塔斯社报道称,这次会晤中心议题有6个:第一,关于缔结全面禁止核试验条约问题。叶利钦强调指出,8国领导人在禁止核试验问题上立场一致。克林顿总统也强调指出,“8大国”已商定要把所谓“零点方案”的原则作为基础,以便把正在进行的和平核试验的可能性也排除掉。第二,关于核裁军和核安全问题。双方指出,美俄两国已合作了3年多。美俄导弹已不在瞄准对方,第1阶段削减进攻性战略武器条约已经生效,并大大削减了双方核武器库,一旦俄罗斯国家杜马批准《第2阶段削减进攻性战略武器条约》,还将削减更多的核武器。美俄两国和其他大国领导人已就核材料储存问题采取了重大步骤。第三,关于修改《欧洲常规武装力量条约》有关南北侧翼限制问题。叶利钦说,这是极为重要的问题。美俄已就修改条约达成谅解。叶利钦希望早日进行修改。克林顿说,双方都在努力设法消除分歧,已接近于达到这一目标。第四,关于北约东扩问题。叶利钦说,双方商定北约在某段时间内不加紧扩大。至于更远的前景,他认为不排除双方签订一项协议(或称“宪章”),以使任何一个国家未经俄同意都不应该被接纳为北约成员国。克林顿提出,他对北约扩大的立场未变,但同时又表示希望在这一方面同俄罗斯的分歧能够得到解决。第五,关于建立反弹道导弹防御系统问题。两国对此问题十分重视。认为这个问题具有“纯技术性质”,应当在专家一级予以解决,以便明确分清战略反导弹防御和战术反导弹防御这两个概念的界线。叶利钦希望双方能找到“不损害双方利益”,并彼此均可接受的解决办法。克林顿表示双方将派出专家去日内瓦草拟协定。第六,关于美俄双边关系问题。叶利钦说,1996年两国都要进行总统选举,两国大选的结果不会妨碍俄美长期平等合作方针的执行,不会受任何一时的利益影响。克林顿说,无论选举结果如何,双方将继续合作。第4次会晤,于1997年3月21日举行。美国总统克林顿和俄罗斯总统叶利钦在芬兰首都赫尔辛基举行了8小时会晤。这是自1992年2月以来举行的第11次重要会晤。会晤重点讨论了北约东扩和俄与北约关系问题。会晤结束后,两国总统签署了5项联合声明。它们是《关于欧洲安全问题的联合声明》、《关于削减战略核力量的联合声明》、《关于化学武器的联合声明》、《关于反弹道导弹条约的联合声明》以及《关于经济关系倡议的联合声明》,叶利钦和克林顿在联合举行的记者招待会上说,这次会晤“在许多方面取得了进展”,但在北约东扩这一关键问题上仍然存在分歧。美俄会晤取得进展的问题有:①关于欧洲安全问题。双方重申,要为建立一个稳定、安全、统一、完整和民主的欧洲这一共同的目标而作出努力,以确保欧洲不再出现分裂或对抗的局面。美国承诺北约核武器不向东推进;北约常规力量也不向东进,威胁俄罗斯安全;俄罗斯表示准备与北约签署一个协议(或称“宪章”),建立一种新型的全面合作关系,俄要求在协议上规定,在安全问题上共同作出决策和共同采取行动的义务。②关于削减战略核力量问题,两国首脑就签署新军备控制条约达成谅解。这个谅解说,一旦《第2阶段削减进攻性战略武器条约》开始生效,美俄两国将立即开始就《第3阶段削减进攻性战略武器条约》问题举行谈判,其削减目标是,到2007年12月31日,双方拥有战略核弹头总数为2000~2500个。③关于批准化学公约问题。两位总统重申,双方打算采取必要的措施,使两国尽快批准这项公约。双方将在化学武器裁军方面继续合作。④关于遵守反弹道导弹条约问题。双方表示将把维护反弹道导弹条约、防止规避该条约和加强该条约的活力作为两国的共同任务。同时表示，双方有权研究对付“战区导弹”的防御力量。⑤关于经济关系问题。美国政府将支持把美国资金投向俄罗斯，加深美俄经济关系，加强俄罗斯同世界市场的一体化。双方将为俄罗斯在1998年加入世界贸易组织做出最大努力。克林顿向俄罗斯许诺，在下次工业发达国家“7国”首脑会晤时，将吸收俄罗斯参加，变成“8国”首脑会晤。

(二)继续举行联合军事演习。美俄在1995年和1996年举行了4次联合军事演习。1995年8月27日～9月1日，美俄两国海军在美国夏威夷群岛除举行二战50周年庆祝活动外，还举行了联合维和演习，演习代号为“海上合作95”。参加演习的俄海军有1艘大型反潜舰艇、1艘登陆舰、1艘油船和109名海军陆战队员；美海军有1艘导弹巡洋舰、1艘载有直升机的登陆舰、1艘油轮、4架直升机和约200名海军陆战队员。这次演习主要检验两国海军水面舰艇和海军陆战队在救援遭受自然灾害的民众时相互协作能力。1995年10月10～29日，美俄陆军在美国本土堪萨斯州赖利堡举行联合维和演习。俄摩步师150人和美机械化师250人参加了演习。演习设想美堪萨斯地区发生冲突，美俄维和部队奉令进驻，双方经过谈判达成并实施停火协议。演习中，参演双方进行了有关维和科目的演练。1996年6月3～13日，美国、俄罗斯以及东欧8国，在乌克兰利沃夫州亚沃罗夫斯基军事训练区，举行代号为“和平盾牌96”的多国部队联合军事演习。此次演习是北约“和平伙伴关系”合作计划的一部分。演习的目的是为提高部队在冲突地区组织和进行维和行动的能力。1996年8月14日，美海军第7舰队与俄罗斯太平洋舰队在中朝边境图们江附近沿海地区举行了联合演习。400名美俄海军人员参加了演习。

(三)继续加强核安全合作。第一，美俄两国签署了美国帮助前苏联有核国家销毁核武器协议。美国根据“纳恩-卢格计划”法案向俄罗斯、白俄罗斯、哈萨克斯坦、乌克兰4个有核国家提供资金和技术，帮助它们销毁核生化武器。据称，美国已帮助上述4国销毁了800枚核弹头。美国防部已为该协议向国会申请了11.9亿美元资金和技术拨款。为了弥补经费不足，美国还竭力鼓励有关盟国提供资助。第二，美俄签订了相互提供各自核武器资料秘密协议。1994年12月14～16日，美国副总统戈尔访问莫斯科期间，向俄提出关于双方秘密交换核武器资料的详细建议。经美俄两国政府磋商，双方原则上同意从1995年开始交换有关各自的核武器库规模和组成情况的秘密资料。根据这项协议，美国和俄罗斯将交换各方自1945年以来已制造的各类导弹的数目、已经退役或预定要退役的弹头数目以及可用于制造核武器的多余的裂变材料。据美国《华盛顿邮报》报道，这种交换是前所未有的，只限于政府渠道。为了履行该协议，双方还将修改有关法律和法规。第三，美俄联合筹办在莫斯科举行核安全8国首脑会议。在美俄两国首脑积极筹办下，1996年4月20～21日8国领导人在莫斯科举行核安全首脑会议。会议由俄罗斯总统叶利钦主持。参加会议的有美国、法国、英国、德国、日本、意大利7个工业发达国家领导人。乌克兰总统应邀列席会议。8国除就1996年秋天签署关于全面禁止核试验条约达成一致协议外，会议通过了关于《莫斯科核安全最高级会晤宣言》。宣言说，与会国家将在会后采取联合行动，以保障核力量安全和核材料的更大安全。会议还发表了关于打击核走私的声明和关于乌克兰问题的声明。声明说，核走私、非法贩运核材料有在全球扩散的危险，将会威胁社会安全。声明还说，与会国同意继续同乌克兰在核安全领域进行双边和多边合作。第四，美俄就检查俄核裁军情况达成协议。1996年9月17日，美俄就国际原子能机构检查俄罗斯联邦核武库实施步骤达成协议，俄同意对其裂变材料(铀和钚)进行检查。根据双方达成的协议，俄将派代表团参观美国3个核储备基地，学习美国的防护措施，以便在俄国内应用。与此同时，美国告知俄罗斯，自1993年以来，美国已有200吨核材料接受国际原子能机构检查，今后3年还将允许再对26吨核材料进行检查。第五，美俄达成转让铀协议。美俄两国于1996年11月24日达成协议。俄在5年内向美转让价值120亿美元的铀，以作为核电站燃料。

(四)美俄就秘密购买俄先进防空技术设备达成交易。美俄两国于1994年12月达成一项5000万美元秘密交易。俄罗斯把名叫SA-10型先进防空技术系统卖给了美国。俄罗斯于当年12月9日将设备运抵美国。这将对设计美国新的防空系统和设备有所帮助。

(五)美俄共同开发新型垂直起降战斗机。俄国防部于1995年9月批准雅克飞机公司和美国洛克希德公司共同开发先进的垂直起降战斗机协议。计划约4亿美元的经费由美方支付。

二、从相互让步方面来看，美俄双方在一些重大问题上，既首先考虑本国的战略利益，同时也考虑对方的一些战略利益，在可能的情况下，作出一定的让步。主要表现在以下3个方面

（一）美国及其他缔约国同意修改和延长《欧洲常规武装力量条约》。在俄罗斯的不断要求下，美国于1995年5月同意就修改条约问题进行"继续研究"，同年6月美国及其他缔约国同意进行"修改"并作出调整；1996年12月3日有关各方就修改和延长条约达成协议。这个协议将允许俄在其侧翼地区保持比原来较多的武器装备，并决定从1997年1月起就此重开谈判。与原来的条约相比，主要变化有4点：第一，对"侧翼"地区地理概念作出调整。修改后的条约，拟将"侧翼"地区划分为两种，一种称"新的较小侧翼地区"，主要指俄罗斯领土范围，具体包括列宁格勒军区（含加里宁格勒州）以及北高加索军区；另一种称"从前的较大侧翼地区"，主要指原苏联及独联体其他国家，具体包括列宁格勒军区、奥德萨军区、北高加索军区以及外高加索军区。第二，对"侧翼地区"武器装备限额作出新的规定，其中，对"新的较小侧翼地区"武器装备限额有较多的增加，坦克由700辆增至1300辆，装甲车由580辆增至1380辆，火炮由1280门增至1680门；对"从前的较大侧翼地区"武器装备限额作了调整，其调整后限额为：坦克为1897辆，装甲车为4397辆，火炮为2422门。第三，同意延长条约的实施时间。欧洲常规武装力量条约缔约国，于1996年12月3日，就延长条约实施时间达成协议。第四，制订出新的核查办法。

（二）俄罗斯同意在向伊朗出售核反应堆问题上作出让步。1995年1月初，俄罗斯与伊朗签订价值8至10亿美元的建造核电站合作合同。根据此项合同，俄将为伊提供4座轻水反应堆和气体离心分离设备等核电站的主体。俄伊坚持认为这是一起商业性核合作，并不对任何国家构成威胁，而且符合《核不扩散条约》的有关规定，无可非议。但是美国表示强烈反对，要求俄立即取消此项合作。双方因此一直争吵不休。美国不断向俄施加压力，俄罗斯对美国威胁不加理会。1995年5月美俄首脑会晤前夕，俄总理切尔诺梅尔金重申，俄仍将实施俄伊原子能计划。美国国务卿克里斯托弗强调指出，俄与伊进行核合作，将对俄罗斯本身的安全构成威胁，将给中东的和平进程带来最严重的危害。他还表示如果这一问题不解决，它将影响莫斯科首脑会晤，甚至整个美俄关系。为了消除分歧，美俄双方同意成立一个研究核不扩散问题的工作小组，把伊朗作为调查重点之一，在美俄首脑会晤之前提出研究报告。1995年5月叶利钦同克林顿在莫斯科会晤期间，双方经过多轮认真的艰苦会谈，俄终于在向伊出售核反应堆问题上向美国作出部分让步。叶利钦说，"为了实施核不扩散条约，他已决定不向伊朗出售可以提取铀的气体离心技术和相关设备"，并且"同意暂推迟两座核反应堆出售"。舆论认为，此次会晤使叶利钦同意取消核交易的军事部分，是俄对美的一个重要让步。同时，美国的立场也有一定的松动。

（三）美俄达成发展和部署战区反弹道导弹防御系统协议。1995年年初，美国决定试验战术反导弹防御系统和研制新的短程反弹道导弹之后，遭到俄罗斯强烈反对。俄罗斯认为，这将破坏1972年美俄签订的限制反弹道导弹条约，损害俄美新的伙伴关系，引起难以承受的新的一轮军备竞赛。因此，俄极力反对美发展和部署战区反弹道导弹防御系统。而美国则要求允许美国发展和部署不是针对俄罗斯的战区反弹道导弹防御系统。但是，1995年5月美俄首脑在莫斯科会晤之后，俄罗斯态度发生变化。双方达成一项与反弹道导弹条约有关协议。双方重申，两国将信守限制反弹道导弹条约，但双方又同时强调，必须严格区分战略和战术是两种不同的反弹道导弹防御系统，它们是两个不同的概念。在此信念之下，1995年11月14日，美俄两国在伦敦举行的谈判中，双方就发展战区反弹道导弹防御系统问题达成了"谅解"。同年11月28日，俄与美达成在不违反《反弹道导弹条约》规定情况下，发展战区反弹道导弹防御系统框架协议。1995年12月6日，美俄就修改反弹道导弹条约达成正式协议。协议说，双方拥有制造和部署反弹道导弹防御系统的选择权力。该协议又说，凡拦截速度在每秒3千米或3千米以下的战区反弹道导弹防御系统是符合反弹道导弹条约规定的；高速战区反弹道导弹防御系统拦截速度每秒不得超过5千米，其导弹射程不得超过3500千米。协议最后说，美俄双方将采取一些加强信任的具体措施，以保证制订反弹道导弹计划的一方不会对另一方的战略部队构成较大威胁。但是，这个协议迄1996年年底双方仍未举行签字仪式。

三、从相互抗争来看，美俄关系自从走出"蜜月期"之后，在一些重大问题上矛盾和分歧明显增多，抗争相当激烈。目前，双方态度是既不轻易让步，又不把事情做绝，存在的严重分歧主要有3个

（一）关于北约东扩问题。3年来，经过多次会谈，双方仍坚持各自原有的立场。美国和北约坚持要东扩，而俄罗斯则坚决反对东扩。俄认为北约东扩意在孤立俄罗斯，建立对俄罗斯"冷和平"包围态势，这将导致重新产生两个集团，将威胁俄及其他独联体国家安全，破坏欧洲力量平衡，挑起新的军备竞赛，损害俄罗斯战略

利益。叶利钦总统在首脑会晤时指出,“我们认为北约东扩是错误的,而且是严重的错误。”而美国及北约则认为,北约东扩是扩大欧洲安全和稳定区域的需要,是建立新欧洲的需要;北约东扩是美国保持未来欧洲安全既定政策的需要,北约对俄罗斯已不再构成威胁,中、东欧国家加入北约已不可避免。美国和北约现正加紧进行东扩准备。1996 年 7 月 23 日,美众议院通过增加军援鼓励北约东扩议案。9 月 21 日,美国防部长佩里公开宣称,北约将于 1997 年开始东扩。1996 年 10 月 23 日,克林顿首次公开宣布北约东扩时间表。他说,1999 年前接纳第 1 批新成员。1997 年 2 月 4 日,美国白宫针对俄总理的讲话重申说,“我们的行动方针已经决定了。问题是使之运作起来,使之为包括俄罗斯联邦在内的所有国家效力”。1997 年 2 月 13 日,新上任的美国务卿奥尔布赖特强调说,1999 年前实现北约东扩是克林顿政府最重要的工作。与此同时,北约秘书长表态说,北约将不顾俄的反对,争取在北约 50 岁生日时即 1999 年 4 月接纳波兰、匈牙利、捷克等国为北约新成员国。针对美国及北约紧锣密鼓的实际行动,俄罗斯正采取反措施进行对付。迄今俄宣布的主要反措施有:发展与独联体国家关系,加强独联体国家军事合作;在俄内部成立反北约议员联盟;俄国防部宣布,如果北约执意东扩,俄将被迫拒绝执行削减进攻性战略武器条约,同时可能把自己的核武器对准加入北约的东欧国家等。另据英国《星期日泰晤时报》报道,出于对北约东扩的担忧,俄正大规模整修地下防核设施。但是,由于俄罗斯已同意与北约举行会谈,签署一项确立双边关系新协议,美国及北约已向俄罗斯作出保证,除在新成员国修建军事设施外,北约不打算向新成员国部署核武器,也不向新成员国部署战术力量。看来,北约东扩大势所趋,已难以扭转。但是,俄还会与美、北约在东扩政策问题上、俄罗斯地位问题上以及北约改革等问题上继续进行抗争,进行讨价还价。美国和北约将会在坚持既定方针下,采取一些措施,缓和俄罗斯的敌对情绪。

(二)关于在欧洲建立新的安全体系问题。美俄在欧洲建立什么样的新的安全体系问题上,存在严重分歧。俄罗斯坚持认为,冷战结束后,华约集团已经宣布解体,北约集团也应随之而消失。但是美国及北约则反其道而行之,不但不解散,反而在逐步加强,并准备向东扩大。这样做不能不引起俄罗斯及一些独联体国家担心。俄罗斯还认为,解决欧洲安全最有力的组织不是北约,而是一个更具有代表性的组织,它就是欧洲安全与合作组织。因此,俄极力主张必须在欧洲安全与合作组织的基础上而不是在北约组织的基础上建立欧洲安全新体系。而美国及北约则主张通过与东欧国家建立和平伙伴关系,通过北约东扩,使中东欧国家最终加入北约组织,并以此为基础建立一个稳定的没有新的分界线的新欧洲安全体系。美国副总统戈尔毫不掩饰地说,欧洲安全与合作组织不应该也没有必要成为欧洲安全的唯一机制。他还说,北约东扩有助于所有国家的安全。对此,俄罗斯外长普里马科夫反驳说,保障欧洲安全的最佳模式是欧洲安全与合作组织。说到底,双方分歧实质是如何建立冷战后欧洲安全体系问题,建立什么样的安全新体系问题。它关系到美俄以及北约 3 方由谁来主导欧洲和地缘战略利益的问题。因此,这一问题短期内难以找到“双方都能接受的方案”。

(三)关于批准《第 2 阶段削减进攻性战略武器条约》问题。美俄两国总统是 1993 年 1 月签署这个条约的。根据该条约的规定,美俄两国都要削减各自核弹头的数量。到 2003 年,双方各自拥有弹头总量将减少到 3000 至 3500 个。美国国会已批准了这一条约,但俄国家杜马迄今尚未批准。1996 年 10 月 17 日,美国防部长佩里在俄国家杜马发表演讲,试图说服俄批准该条约,但未能达到目的。10 月 21 日,俄国家杜马主席谢列兹尼奥夫曾对来访的美国参议院代表团说,俄不急于批准这一条约。他强调指出,在俄国家杜马没有详细研究各种处理办法以前,不会急于讨论条约的批准问题。这一问题的实质是如何维持美俄战略均势问题。从这个条约规定削减数量来看,双方表面上是平等的,但从削减内容来看,俄罗斯吃了亏,削弱了战略优势,而美国则占了便宜,增强了战略优势。目前,这一条约批准问题已成为双方在其他问题上讨价还价的筹码。俄不会轻易放弃这一筹码,争斗也还会继续下去。

(温味几)

古巴击落入侵的流亡分子驾驶的飞机

1996 年 2 月 24 日,侨居美国的古巴流亡分子驾驶 3 架轻型飞机从美国南部佛罗里达起飞,侵入古巴领空,在进入哈瓦那西部巴拉科亚海滩以北 5 至 8 海里海域上空时,其中两架被古巴空军米格战斗机用导弹击落,另一架逃回美国本土。这一事件,使美古紧张关系骤然加剧。

此次事件,不是一次孤立的、偶然的事件,而是有其深刻的社会历史背景。

古巴“七·二六”革命后,国内曾出现过几次移民浪潮,前后有近百万人移居海外,其中大部分进入美国,主要集中在佛罗里达州的迈阿密地区。这些人中,相当一部分是有产者和旧官吏及其家属,对古巴政府抱有普遍的仇视态度,另外一部分是因对现实不满或经济困难出走的。近年来,随着古巴移民政策的松动,移民人数有所增加。因此,迈阿密遂成为古巴海外反对派活动的主要地区和重要基地。此次驾机侵入古巴领空的流亡分子即系迈阿密流亡组织“兄弟救援会”骨干成员。另外,受冷战思维定式的影响,美国视古巴现政府为其在西半球的眼中钉,因此一直或明或暗地支持和鼓动聚集在佛罗里达的古巴流亡分子从事反对古巴政府的活动,这在很大程度上助长了古巴流亡分子的气焰。在过去几年里,这些流亡分子无视古巴政府的反复警告,多次驾机闯入古巴领空,投撒反政府传单,终于酿成了此次事件。

事件发生后,美国总统克林顿立即召开紧急安全顾问会议。一方面指示担任联合国安理会本月主席的美国大使马上召开安理会,力图通过一项严厉谴责古巴的决议,一方面表示将派遣美国海岸警卫队的10至12艘小型武装快艇,5架直升机和1架C-130飞机前往两架飞机被击落的地点,保护古巴流亡分子在那里组织的示威抗议活动,并警告古巴不要干涉流亡分子的活动,表示美国海岸警卫队“准备对古巴政府的任何挑衅作出反应”。同时,美国政府颁布了“赫尔姆斯-伯顿法”,对古巴实施严厉的报复性制裁。法案规定:禁止第3国在美国销售古巴产品,包括含有古巴原材料的制成品;不给在古巴投资或进行贸易的外国公司经理、股东及其家属发放入美签证;允许在古巴革命时被没收财产的美国人向法院对在古巴利用其财产从事经营的外国公司和投资者进行起诉;反对国际金融机构向古巴提供贷款,或接纳古巴加入。该法案的主要目的在于切断古巴与国际经济的联系,把美国自60年代以来对古巴实施的单方面封锁扩大到国际领域。但是这样一来,法案制裁对象便涉及到第3国公司和公民,必然损害第3国的利益。因此,法案一颁布,立即招致国际社会一致的强烈反对。古巴、拉美国家、美国的西方盟国和俄罗斯以及各种地区性国际组织,纷纷谴责美国的作法侵犯了别国主权,违反了国际法和世贸组织的自由贸易原则。美国企图利用此次击机事件在国际上孤立古巴,不想却使自己陷入了孤立。

(赵可丹)

危地马拉敲响和平钟声 在1997年新年钟声敲响的前夕,危地马拉敲响了和平钟声。1996年12月29日下午,危地马拉人民翘首以盼的和平终于来临,永久和平协定签字仪式在总统府大院内进行。政府和平委员会和游击队组织全国革命联盟的代表,郑重地在《永久和平协定》最后文本上签字。一场延续36年之久的内战宣告结束。

危地马拉永久和平协定主要内容包括双方几年来在人权、印第安人权利和地位、社会经济与土地问题、游击队员重返社会、修改宪法和选举法等方面达成的11个与实现和平有关的协议。在29日的签字仪式上,双方还公布了他们最后达成的落实永久和平协定的日程表。根据这一日程表,2000年全部落实上述协议。

出席今天签字仪式的有12个国家的政府首脑和一些国际组织的领导人。

危地马拉1960年爆发内战。36年内战造成了巨大的生命和财产损失。17万多人死亡,4万多人失踪,100多万人背井离乡沦为难民,国家经济每况愈下,人民生活困苦不堪。冲突双方从1987年开始和平谈判,历时10年才最后达成在全国实现永久和平协定。

(尚左琳)

(本栏责任编辑 赵 博)

各国军事概况

亚洲国家军事概况

中　国

国　　名　中华人民共和国。

主要统计　面积约960万平方千米。人口122389万人(1996年年末)。国内生产总值67795亿元(1996年)。国防费702.27亿元(1996年国防开支),805.7亿元(1997年国防预算)。钢10110万吨(1996年)。原煤12.6亿吨(1996年)。原油1.58亿吨(1996年)。发电量10750亿千瓦时(1996年)。粮食49000万吨(1996年)。民航运输总周转量80.6亿吨千米(1996年)。国家铁路货物周转量12895亿吨千米,旅客周转量3357亿人千米(1996年)。全社会公路货物周转量5000亿吨千米,旅客周转量5060亿人千米(1996年)。

国防政策　中华人民共和国是发展中的社会主义国家。从建国起就为维护世界和平促进人类进步事业而努力,坚持永远不称霸、不做超级大国、不侵略别国。国防政策是巩固国防,抵御外敌侵略,捍卫国家领土、领空、领海主权和海洋权益,维护国家统一和安全。强调国防建设要服从和服务于国家经济建设,增强国家的综合国力,逐步提高军队的防卫作战能力。走有中国特色的精兵之路。重点是发展国防科学技术,加强军队现代化建设,加强后备力量建设,逐步增强国防实力和潜力。坚持平战结合、军民结合的方针,在独立自主、自力更生的原则下,有重点有选择地引进国外一些先进技术。努力发展与各国军队的友好关系,通过加强国防科学技术和军事学术等方面的交流,不断增强彼此之间的了解和友谊。

军事战略　中华人民共和国为抵御外敌侵略,保卫国家独立和安全,维护世界和平,一贯实行积极防御战略。其基本点是坚持自卫立场,坚持后发制人,坚持人民战争。这个战略要求军队在长期和平环境中始终保持良好的战备状态,遏制战争的爆发。在遭到敌人的局部入侵时,要本着有理、有利、有节的方针,予以有力的还击。一旦国家遭到大规模侵略,迅速动员人民群众和国家战争潜力,采取灵活的作战样式,逐步改变战争形势,适时转入战略反攻和进攻,最后战胜敌人。

国防体制　领导机关　中央军事委员会既是中国共产党中央委员会的军事机关,又是中华人民共和国国家机构的组成部分。

中国共产党中央军事委员会　是中国武装力量的最高统率机构,负责党和国家的最高军事决策和军事指挥,根据党的路线、方针、政策和国家的安全与发展的需要,确定军事战略,领导军事建设。《中国共产党章程》规定,党的中央军事委员会组成人员由中央委员会决定。现任中共中央军事委员会主席江泽民,中共中央军事委员会副主席刘华清上将、张震上将、张万年上将、迟浩田上将,中共中央军事委员会委员傅全有上将、于永波上将、王克上将、王瑞林上将。

中华人民共和国中央军事委员会　中华人民共和国中央军事委员会领导全国武装力量。其职权是:统一指挥全国武装力量;决定军事战略和武装力量的作战方针;领导和管理中国人民解放军的建设,制定规划、计划并组织实施;向全国人民代表大会或者全国人民代表大会常务委员会提出议案;根据宪法和法律,制定军事法规,发布决定和命令;决定中国人民解放军的体制和编制,规定总部以及军区、军兵种和其他军区级单位的任务和职责;依照法律、军事法规的规定,任免、培训、考核和奖惩武装力量成员;批准武装力量的武器装备体制和武器装备发展规划、计划，协同国务院领导和管理国防科研生产；会同国务院管理国防经费和国防资产。《中华人民共和国宪法》规定，中央军事委员会由主席、副主席若干人、委员若干人组成，实行主席负责制。主席由全国人民代表大会选举产生，对全国人民代表大会及其常务委员会负责。其他组成人员由全国人民代表大会或其常务委员会根据中央军委主席的提名决定。任期与每届全国人民代表大会任期相同。现任中华人民共和国中央军事委员会主席江泽民，副主席刘华清上将、张震上将、张万年上将、迟浩田上将，中华人民共和国中央军事委员会委员傅全有上将、于永波上将、王克上将、王瑞林上将。

人民武装委员会 从中央到县各级建立的群众武装建设的专门机构。主要任务是：研究贯彻党中央、国务院、中央军委有关民兵建设的各项方针、政策和指示；根据上级地方党委和军事机关的有关指示，结合本地区情况，研究解决民兵工作中的重大问题；研究贯彻有关兵员动员和转业、复员、退伍战士安置工作的方针、政策。中央军委人民武装委员会由中央军委、国家机关有关部门、人民解放军各总部和有关人民团体的负责人组成。办事机构设在中国人民解放军总参谋部动员部。省（省辖市、自治区）、地、县（市）党委人民武装委员会，由各级党委吸收有关部门的负责同志组成，主任由同级党委指定一名书记担任。办事机关分别为省军区、军分区、县（市）人民武装部。

中华人民共和国国防部 中华人民共和国国务院的军事部门。根据中华人民共和国宪法规定，国务院领导和管理国防建设事业。国务院设立国防部，一切需要由政府负责的军事工作，则经国务院作出相应决定，通过国防部或以国防部的名义组织实施。国防部在接受国务院领导的同时也接受中央军事委员会的领导。需要国防部办理的事宜，由总参谋部、总政治部、总后勤部分别办理。现任国防部长迟浩田上将。

中国人民解放军总参谋部 中央军委领导下负责组织武装力量建设和作战指挥的军事领导机关。设有作战、情报、通信、训练、军务、装备、动员、兵种、电子对抗、陆航、测绘、机要、外事等部门。现任总参谋长傅全有上将，副总参谋长隗福临中将、吴铨叙中将、钱树根中将、熊光楷中将。

中国人民解放军总政治部 中央军委领导下负责全军政治工作的领导机关。设有组织、干部、宣传、保卫、纪律检查、文化、联络、群众工作等部门。现任总政治部主任于永波上将，副主任王瑞林上将、副主任兼中央军事委员会纪律检查委员会书记周子玉上将、副主任唐天标中将、袁守芳中将。

中国人民解放军总后勤部 中央军委领导下负责全军后勤工作的领导机关。设有财务、军需、卫生、军事交通、油料物资、基建营房、生产管理、审计等专业勤务部门。现任总后勤部部长王克上将，政治委员周坤仁中将，副部长王太岚中将、周友良中将、沈滨义中将、左建昌中将、温光春少将，副政治委员杨德清中将，总后勤部部长助理梁洪少将、路增祺少将。

中国人民解放军国防科学技术工业委员会 亦称中华人民共和国国防科学技术工业委员会（简称国防科工委），受国务院、中央军委双重领导。设有国防科学技术委员会、办公厅、司令部、政治部、综合计划部、科学技术部、后勤部、外事局等部门。现任国防科工委主任曹刚川中将，政治委员李继耐中将。

中国人民解放军军区领导机关 是根据国家的行政区域、地理位置和战略战役方向、作战任务等设置的一级军队组织，是战略区域内合成部队的军事领导指挥机关，直属中央军委领导。其主要任务是贯彻执行中共中央、国务院和中央军委确定的建军原则、作战方针，领导辖区部队的革命化、正规化、现代化建设，负责辖区内诸军兵种部队合同作战的统一指挥，领导管理辖区内的民兵、兵役、动员工作和战场建设。军区机关设有司令部、政治部、后勤部等机构。现有 7 个军区。

沈阳军区 司令员李新良中将，政治委员姜福堂中将。

北京军区 司令员李来柱上将，政治委员杜铁环中将。

兰州军区 司令员刘精松上将，政治委员温宗仁中将。

济南军区 司令员钱国梁中将，政治委员徐才厚中将。

南京军区 司令员陈炳德中将，政治委员方祖岐中将。

广州军区 司令员陶伯钧中将，政治委员史玉孝上将。

成都军区 司令员廖锡龙中将，政治委员张志坚中将。

中国人民解放军海军领导机关 设有司令部、政治部、后勤部、装备技术部、装备修理部。现任海军司令员石云生海军中将，政治委员杨怀庆海军中将。

中国人民解放军空军领导机关 设有司令部、政治部、后勤部、装备技术部。现任空军司令员刘顺尧空军中将，政治委员丁文昌空军上将。

中国人民解放军第二炮兵领导机关 设有司令

部、政治部、后勤部、技术装备部。现任第二炮兵司令员杨国梁中将，政治委员隋永举上将。

最高军事学术研究机关和学府　**中国人民解放军军事科学院**　中央军委领导下的军事学术研究机关，是全军军事科学的研究中心，是中央军委和总部从军事理论高度指导军队建设的助手。基本任务是进行军事基础理论和国防建设、军队建设重大问题的研究；为军委和总部决策提供战略性建议和咨询，提供军事学术研究方面的信息；组织协调全军的军事学术研究工作等。设有战略、战役战术、军制、军事历史、外国军事、军事百科全书、毛泽东军事思想研究、军事运筹分析、军队政治工作等研究部门。拥有一支具有相应水平和实践经验的研究队伍。编写出版了大量军事研究论著和各种条令、条例、教令，译注了大量中外军事名著、军事工具书，并编辑出版《中国军事科学》、《军事学术》、《外国军事学术》等多种学术刊物。军事科学院并被国务院学位委员会批准在军事学领域开展硕士和博士生教育。军事科学院注重同国内外各学术界的交流。现任军事科学院院长徐惠滋上将，政治委员张工中将。

中国人民解放军国防大学　中央军委领导下的最高军事学府，是一所具有综合性、研究性、开放性特点的合成指挥大学。基本任务是招收经过中级指挥院校培训的优秀师、旅职军官，实施高层次的综合教育，同时培训高级参谋、高级理论研究人员和国家有关部门的领导干部，并从事有关战略和国防现代化建设问题的研究，为军委和总部决策起咨询作用。教学指导思想是以培养政治上合格的适应国防现代化建设和未来战争要求的高级人才为目标；坚持培养"通才"；坚持"高、新、宽、深"的教学内容；坚持自学为主，实行研究式、启发式的教学方法。设有国防研究系、进修系、基本系、留学生系、师资培训班和研究生院，还设有科学研究部和下属的战略研究所、马克思主义研究所、军队建设研究所等科研机构。国防大学已被国务院学位委员会批准在军事学领域开展博士生教育。国防大学坚持对国内外开放，积极开展学术交流，力求用世界最新科技和军事信息、成果，充实和丰富教学内容。现任国防大学校长邢世忠中将，政治委员王茂润中将。

作战指挥系统　中央军委通过中国人民解放军总参谋部对各军区、海军、空军、第二炮兵实施作战指挥。驻各军区的陆军集团军和兵种部队归所在军区建制领导和指挥。部署在各军区的海军、空军部队，建制归海、空军，受军区和军委海、空军的双层领导。军区内三军联合作战行动由军区统一指挥。第二炮兵在军委集中领导下，实施垂直指挥。省军区、军分区、县(市)人民武装部隶属军队系统，归所在军区建制领导，同时又是所在省、地、县(市)党委的军事工作部门和政府的兵役机关。

武装力量　中华人民共和国武装力量属于人民，受中国共产党领导，武装力量中的中国共产党组织依照中国共产党章程进行活动。中华人民共和国武装力量的任务是巩固国防，抵抗侵略，保卫祖国，保卫人民的和平劳动，参加国家建设事业，全心全意为人民服务。中华人民共和国武装力量由中国人民解放军现役部队和预备役部队、中国人民武装警察部队及民兵组成。中国人民解放军现役部队是国家的常备军，主要担负防卫作战任务，必要时可以依照法律规定协助维护社会秩序；预备役部队平时按照规定进行训练，必要时可以依照法律规定协助维护社会秩序，战时根据国家发布的动员令转为现役部队。中国人民武装警察部队是中华人民共和国武装力量中担负国家赋予的安全保卫任务维护社会秩序的武装部队。民兵是人民解放军的助手和后备力量，在军事机关的指挥下，担负战备勤务、防卫作战任务，协助维护社会秩序。中华人民共和国武装力量以邓小平同志关于新时期军队建设思想为指导，按照江泽民主席提出的"政治合格、军事过硬、作风优良、纪律严明、保障有力"的总要求加强建设，正向革命化、现代化、正规化的目标迈进。

中国人民解放军　由陆军、海军、空军、第二炮兵部队组成。

陆军　中国人民解放军陆军经过近 70 年的建设，现已发展成为一支具有强大火力、突击力和高度机动能力的诸兵种合成军种。编有步兵、炮兵、装甲兵、工程兵、通信兵、防化兵等专业兵种，还编有电子对抗、测绘和航空兵部队。步兵有山地步兵、摩托化步兵、机械化步兵；炮兵包括地面炮兵、高射炮兵和地空导弹部队；装甲兵部队在编制上以坦克部队和装甲步兵部队为主体，还编有炮兵、反坦克导弹、防空、防化学、工程及其他勤务保障部(分)队，装备除主战坦克外，还有水陆坦克、轻型坦克、扫雷坦克、反坦克导弹发射车等；工程兵由工兵、舟桥、建筑、工程维护、伪装、野战给水工程等专业部(分)队组成；通信兵由野战通信、固定台站通信、通信工程和军邮勤务等专业部(分)队组成；防化兵由防化、喷火、发烟等部(分)队组成。陆军的编制序列一般是：集团军、师(旅)、团、营、连、排、班。

海军　中国人民解放军海军是 1949 年 4 月 23 日正式成立的。主要任务是独立地或协同陆军、空军防御敌人从海上入侵，保卫领海主权，维护海洋权益。主要由水面舰艇部队、潜艇部队、航空兵、岸防兵和陆战队等兵种以及各种保障部队组成。编有北海、东海、南海3个舰队和海军航空兵部，以及各类院校，科研、试验机构，预备役部队和军民联防单位。编制序列是：海军，舰队、航空兵部，基地，水警区，舰艇支队，舰艇大队，舰艇中队。武器装备正向着导弹化、电子化和自动化的方向发展。远航能力不断提高，对外交往逐渐增多。人民解放军海军部队现已成为一支兵种齐全、常规和尖端武器兼备，具有立体攻防能力，能有效地保卫国家领海的战斗力量。

空军　中国人民解放军空军是1949年11月11日正式成立的。主要任务是担负国土防空，支援陆、海军作战，对敌后方实施空袭，进行空运和航空侦察。兵种有：航空兵、高射炮兵、地空导弹兵、雷达兵、空降兵等。编制序列是：空军、军区空军、空军军、师（旅）、团、飞行大队（营）、飞行中队（连）。人民解放军空军部队体制编制在精干、合成、效能方面不断改进，武器装备现代化水平逐步提高，具备执行空中突击、空中支援、空中运输、航空侦察和防空等任务的能力，成为一支既能独立完成国土防空任务，又能协同陆、海军作战的战斗力量。

第二炮兵　中国人民解放军中装备地地战略导弹武器系统，遂行战略核反击任务的部队，组建于1966年7月1日。主要任务是遏制敌人对中国使用核武器，在敌人对中国发动核袭击时，遵照统帅部的命令，独立地或联合其他军种的战略核部队对敌人实施有限而有效的自卫反击，打击敌人的重要战略目标。第二炮兵部队由近程、中程、远程和洲际导弹部队，工程部队，作战保障、装备技术保障和后勤保障部队组成，是一支具有一定规模和实战能力的主要核威慑和战略核反击力量。经过30年的努力，现代化建设取得显著成就。相继建成了一批不同型号和不同发射方式的作战阵地，初步形成了多种型号导弹武器装备系列，战略战役理论研究和部队军事训练取得新的突破，快速机动作战能力和准确打击目标能力进一步提高。在保卫社会安全、维护世界和平中发挥着重要作用。中国发展核武器，组建战略核部队，是为了防御，是为了打破核垄断，反对核讹诈，遏制核战争。核反击是被迫的，最终目的是消灭核武器和核战争，维护中国的独立和安全。中国政府一再郑重声明，中国在任何时候、任何情况下，都不会首先使用核武器，不对无核武器国家和无核武器地区使用核武器。但是，如果遭到核袭击，将毫不犹豫地实施核反击，进行有限而有效的核报复。

驻香港特别行政区部队　1997年7月1日，中华人民共和国恢复对香港行使主权。根据《中华人民共和国宪法》赋予中国人民解放军的使命和《中华人民共和国香港特别行政区基本法》关于中央人民政府负责管理香港特别行政区的防务的规定，为维护国家的主权、统一和领土完整，保持香港特别行政区的繁荣和稳定，驻香港特别行政区部队于1993年初开始组建，1994年10月25日正式成立。中央军委主席江泽民等领导人对组建工作极为关注，强调要把香港驻军组建成一流的部队，要充分展示中国人民解放军威武文明之师的形象。1996年1月28日，国务院、中央军委庄严宣告，中国政府派驻香港特别行政区的部队经过精心准备，已组建完毕。1996年12月30日，第8届全国人民代表大会常务委员会第23次会议通过了《中华人民共和国香港特别行政区驻军法》。香港驻军由陆海空三军部队组成，是一支合成部队，下辖一个陆军步兵旅、一个海军舰艇大队、一个空军航空兵团。驻香港特别行政区部队隶属中华人民共和国中央军事委员会领导，费用由中央人民政府负担，于1997年7月1日起正式进驻香港执行防务任务。《中华人民共和国香港特别行政区驻军法》明确规定，驻军的防务职责是防备和抵抗侵略，保护香港特别行政区的安全；担负防卫勤务；管理军事设施；承办有关的涉外军事事宜。香港特别行政区政府在必要时，可向中央人民政府请求驻军协助维持社会治安和救助灾害。驻军法规定香港驻军人员的义务是：（一）忠于祖国，履行职责，维护祖国的安全、荣誉和利益，维护香港的安全；（二）遵守全国性的法律，遵守军队的纪律；（三）尊重香港特别行政区政权机构，尊重香港特别行政区的社会制度和生活方式；（四）爱护香港特别行政区的公共财产和香港居民的私有财产；（五）遵守社会公德、讲究文明礼貌。同时明确规定禁止驻军干预特区的地方事务、禁止军人参加香港的政治组织、宗教组织和社会团体，禁止驻军和军人从事营利性的经营活动和其他与驻军职责不相称的活动。这支部队按照中央军委的要求，进驻香港后将展现出中国人民解放军“威武之师、文明之师”风貌。

预备役部队　是中国人民解放军的组成部分，是建设祖国保卫祖国的一支重要力量。预备役部队以少数现役军人为骨干，以预备役军官和士兵为基础，按照中国人民解放军的统一编制组建，属于人民解放军序列。平时按照总参谋部的计划进行军事训练，努力提高军事素质和快速动员能力，必要时可按照法律规定协助维护社会秩序，战时根据国家发布的动员令转为现役部队。从1983年开始，各军区及军兵种普遍组建预备役部队，现已成为一支具有数十个师兵力的，包括步兵、炮兵、工程兵、通信兵、防化兵和舟桥部队等专业技术兵种在内的合成预备力量。当前和今后一个时期预备役部队建设的基本思路和总的要求是：以毛泽东军事思想和邓小平新时期军队建设思想为指导，按照中央军委主席江泽民提出的“政治合格、军事过硬、作风优良、纪律严明、保障有力”的总要求，认真贯彻新时期军事战略方针，以战斗力为标准，突出抓好教育训练、部队管理和基层建设，努力加强预备役部队全面建设，不断提高快速动员和遂行作战任务的能力。具体要求是：必须达到组织落实、政治合格、训练有素、作风优良、装备良好、动员快速。《中华人民共和国预备役军官法》规定，预备役军官授予预备役军官军衔，军衔等级基本与现役军官相同，最高编制军衔为预备役少将。从1997年1月1日起，预备役军官在参加军事训练、执行军事勤务期间和参加国庆节、建军节或者重大庆典活动时，着预备役军官制式服装，佩带军衔肩章、符号标志，平时不得佩带。授予预备役军官预备役军衔是加强预备役部队建设的重大举措，这将使国防后备力量建设进一步加强。

中国人民武装警察部队 是中华人民共和国武装力量的组成部分，担负国内安全保卫任务。其职能是捍卫中国共产党的领导，捍卫社会主义制度。基本使命是维护国家主权和尊严，维护社会稳定，保卫重要目标和人民生命财产安全。中国人民武装警察部队于1982年组建，属于国务院编制序列，由国务院、中央军委双重领导，实行统一领导管理与分级指挥相结合的体制。武警部队执行中华人民共和国兵役法和中国人民解放军的条令、条例和有关规章制度，享受中国人民解放军的同等待遇。

中国人民武装警察部队设有总部，各省、自治区、直辖市设有武装警察部队总队（副军或师级）；各地、市、州、盟设有支队（团级）或大队（营级）；县（市、旗）设有中队（连级）。中国人民武装警察部队以内卫部队为主体，包括列入武装警察部队序列的公安边防部队、公安消防部队、公安警卫部队；担负生产建设任务的水电部队、交通部队、黄金部队；担负护林防火、灭火任务的森林警察部队。内卫部队的基本任务是：警卫党政机关和外国使（领）馆，守卫重要机场、电台、电视台、通信枢纽、工厂、仓库、科研机构等重要目标；守护重要桥梁、隧道；担负看守所、监狱、劳改场所的外围武装看押任务和押解罪犯，追捕逃犯；对大城市和特定地区实施治安巡查警戒；参与处置各种突发事件。边防部队的主要任务是：担负边境地区的治安管理；在对外开放的港口、机场、国境车站和孔道以及特许的口岸，对出入境人员和交通工具实施边防检查；对国际国内航班乘客及携带物品实施安全检查；在领海线内实施巡逻。消防部队的主要任务是：向人民群众宣传安全防火常识，协助有关单位建立防火措施，搞好消防监督和检查，扑救火灾，保卫国家经济建设和人民生命财产的安全。中国人民武装警察部队总部设有武警部队指挥学院、技术学院和专科学校，总队一级设有初级指挥学校和有关专业技术学校。武警部队经过十几年的建设已进入了新的发展阶段。主要体现在“3个转变”上，一是领导体制由统一规划分级管理、分级指挥，转变为统一领导管理与分级指挥相结合；二是维护国家安全和社会稳定由执行单一的任务转变为执行多重任务；三是执勤和处理突发事件的能力将由单一兵种平面作战逐步转为多兵种合同作战。目前，部队正在建设成为一支政治可靠、训练有素、装备改善、出色履行维护国家安全和稳定的神圣职责的部队。现任武警部队司令员杨国屏武警中将，第一政治委员陶驷驹（公安部长兼），政治委员徐永清武警中将。

民兵 是中国共产党领导的不脱离生产的群众武装，是中华人民共和国武装力量的组成部分，是中国人民解放军的助手和后备力量。《民兵工作条例》规定，民兵工作的任务是：（一）建立和巩固民兵组织，提高民兵军政素质，配备和管理民兵武器装备，储备战时所需的后备兵员；（二）发动民兵参加社会主义现代化建设，组织民兵担负战备执勤，维护社会治安；（三）组织民兵参军参战，支援前线，抵抗侵略，保卫祖国。民兵工作应当贯彻人民战争的思想，坚持劳武结合，坚持民兵制度与预备役制度、民兵工作与战时兵员动员准备工作相结合。全国的民兵工作在国务院、中央军委领导下，由中国人民解放军总参谋部主管。军区按照上级赋予的任务，负责本区域的民兵工作。省军区（卫戍区、警备区）、军分区、县（市）人民武装部负责本区域的民兵工作。《中华人民共和国兵役法》规定，凡18岁至35岁符合服兵役条件的男性公民，除应征服现役以外，均应编入民兵组织服预备役。民兵分基干民兵和普通民兵。28岁以下退出现役的士兵和经过军事训练的人员，以及选定参加军事训练的人员编为基干民兵；其余18至35岁符合服兵役条件的男性公民编为普通民兵。根据需要吸收女性公民参加基干民兵。陆海边疆、少数民族地区和城市有特殊情况的单位，基干民兵的年龄可适当放宽。随着国防现代化建设的发展，民兵组织已由单一的步兵发展成为包括高炮、地炮、通信、工兵、防化、侦察以及海军、空军等专业技术分队在内的基干民兵队伍。民兵的武器装备实现了国产制式化。

兵役制度 中华人民共和国宪法规定：“保卫祖

国、抵抗侵略是中华人民共和国每一个公民的神圣职责。依照法律服兵役和参加民兵组织是中华人民共和国公民的光荣义务。”凡中华人民共和国公民，不分民族、种族、职业、家庭出身、宗教信仰和教育程度，都有依法服兵役的义务。参加中国人民解放军的为服现役，没有服现役的公民进行兵役登记服预备役或者编入预备役部队，参加民兵组织，以及学生接受军事训练等都是履行兵役义务。兵役法规定：“中华人民共和国实行义务兵役制为主体的义务兵与志愿兵相结合、民兵与预备役相结合的兵役制度。”

士兵服役制度　中国人民解放军的现役士兵由义务兵和志愿兵组成。义务兵服役期限：陆军3年，海、空军4年。超期服役期限：陆军1至2年，海、空军1年。志愿兵包括专业军士和军士长。专业军士是由服现役满5年，已成为专业技术骨干超期服役的义务兵，根据部队需要和本人自愿申请，经师以上机关批准改成；军士长是由义务兵经考试合格进入士官学校培训毕业后提升。志愿兵服役期限：从改为志愿兵之日起，至少8年，至多12年，年龄不超过35岁，如有特殊需要，本人自愿，经军以上机关批准，可适当延长。

军官服役制度　1994年5月召开的第8届全国人民代表大会常务委员会第7次会议通过的关于修改《中国人民解放军现役军官服役条例》的决定规定，中国人民解放军现役军官是被任命为排级以上职务或者初级以上专业技术职务，并被授予相应军衔的现役军人。军官按职务性质分为军事军官、政治军官、后勤军官和专业技术军官。军官的选拔和使用，坚持任人唯贤、德才兼备、注重实绩、适时交流的原则，实行民主监督。坚持经院校培训提拔军官的制度。优秀士兵经过院校培养也可以提拔为军官。经军队院校培训提拔军官不能满足需要时，平时可以挑选优秀士兵经过总部指定的其他训练机构培训合格后提拔为军官，也可以招收军队以外的高等学校毕业生和专业技术人员入伍，任命为军官；战时可以从士兵、征召的预备役军官和非军事部门的人员中直接任命军官。军官服役最高年龄：排级30岁、连级35岁、营级40岁、团级45岁、师级50岁、军级55岁，大军区副职63岁，大军区正职65岁。作战部队的少数师、军职军官因工作需要可以适当延长，但师、正军职最多不得超过5岁，副军职最多不得超过3岁；在舰艇上服役的营、团级军官，任职的最高年龄分别为45岁和50岁；总部机关，大军区级机关，省军区（卫戍区、警备区）系统、后勤基地和分部、院校、科技单位的师职军官任职的最高年龄为55岁，副军职军官任职最高年龄为58岁，正军职军官最高任职年龄为60岁；总部机关的团职军官因工作需要可以延长5岁，大军区机关的团级军官任职最高年龄为45岁，少数因工作需要可延长3岁；专业技术军官平时任职的最高年龄，担任初级专业技术职务的43岁、中级专业技术职务的48岁、高级专业技术职务的60岁，少数中、高级专业技术职务的军官，因工作需要按任免权限批准可放宽5岁。军官达到服现役的最高年龄的、因伤病残不能坚持正常工作或因受军队编制员额限制不能调整使用的，应当退出现役作转业、退休、离休安置。军官服现役（或参加工作）满30年以上或者年龄满50周岁以上，本人提出申请，组织批准，可作退休安置。

现役军人及其家属的优待　中国人民解放军军官实行职务军衔等级工资制度和定期增资制度，并按照国家和军队的有关规定享受津贴和补贴。军官享受公费医疗待遇，每年休假一次。军官具备家属随军条件的经师以上单位政治机关批准，其配偶和未成年子女、无独立生活能力的子女可以随军，是农村户口的转为城镇户口。部队移防或者军官工作调动，随军家属可以随调。志愿兵实行工资制与供给制相结合的制度，除免费按照义务兵的标准供应伙食和被装外，另按不同级别发给工资。志愿兵每年均有探亲假期，退出现役后由原征集地的政府安排工作。义务兵服现役期间享受供给制，并根据服现役时间发给津贴。义务兵从部队发出的平信免费邮寄。家居农村的义务兵家属，采取平均负担的办法给予优待；家居城镇的义务兵家属，生活困难的给予适当补助。兵役法和《军人抚恤优待条例》规定，现役军人、革命伤残军人、复员退伍军人、革命烈士家属、因公牺牲军人家属、病故军人家属、现役军人家属，应当受到社会的尊重，受到国家和人民群众的优待，在与地方群众同等条件下，享有就业、入学、救济、贷款、分配住房的优先权。革命伤残军人乘坐国营的火车、轮船、长途公共汽车和国内民航飞机，凭《革命伤残军人证》准予优先购票和享受票价优待。现役军人牺牲、病故，按照条例规定，发给其家属一次性抚恤金和定期抚恤金。

退伍军人的安置　《兵役法》和《退伍义务兵安置条例》规定，义务兵退出现役后，按照“从哪里来，回哪里去”的原则和“妥善安置、各得其所”的方针，回到原入伍的地区，由当地政府安排。对城镇籍退伍兵和农村籍符合安排工作条件的退伍兵采取“按系统分配任务、包干安置”的办法；农村籍退伍兵由当地政府安排回乡参加农业生产，通过开发使用军地两用人才介绍推荐他们进城进厂，务工经商，兴办经济实体。志愿兵退出现役后，由原征集地或其直系亲属所在地政府安排工作。自愿回乡参加农业生产的,给予鼓励,增加安家费。志愿兵在服现役期间,参战或者因公致残、积劳成疾基本丧失工作能力的,办理退休手续,由原征集地或其直系亲属所在地政府接收安置。退出现役的特等、一等革命残废军人,由国家供养终身,其余的由政府安排力所能及的工作,或转业地方工作,或作退休处理。党和国家非常关心部队退伍士兵的生活,多次提高义务兵退伍补助费和退出现役、移交政府安置的志愿兵退休费。军官退出现役后,由国家妥善安置。担任师级以上职务和高级专业技术职务的军官,退出现役后主要作退休安置;担任团级以下职务和初、中级专业技术职务的军官,退出现役后主要作转业安置,不宜作转业或其他安置的团职军官可以由组织批准作退休安置。自愿复员的干部,可回原籍县(市、区)或入伍时户口所在地,也可到配偶所在地。国家机关和企事业单位在招聘工作人员时,应对具备条件的复员干部优先聘任和录用。复员干部从事个体经营或开办私营企业的,应依法优先发给营业执照,在有限期内 给予低息贷款,经税务部门批准可适当减免营业税和所得税。复员干部就业后的待遇按照“享受所在单位同工龄、同工种、同岗位人员待遇”的原则确定。

军衔 1994 年 5 月召开的第 8 届全国人民代表大会常务委员会第 7 次会议关于修改《中国人民解放军军官军衔条例》的决定规定,中国人民解放军军官军衔分为 3 等 10 级,即将官 3 级(上将、中将、少将)、校官 4 级(大校、上校、中校、少校)、尉官 3 级(上尉、中尉、少尉)。根据军官所属军种和技术特点,在海军、空军和专业技术军官军衔前分别冠以“海军”、“空军”、“专业技术”名称。现行军官职务等级编制军衔:中央军事委员会主席不授予军衔,中央军事委员会副主席和委员为上将,总参谋长、总政治部主任为上将,正大军区职为上将、中将,副大军区职为中将、少将,正军职为少将、中将,副军职为少将、大校,正师职为大校、少将,副师职为上校、大校,正团职为上校、中校,副团职为中校、少校,正营职为少校、中校,副营职为上尉、少校,正连职为上尉、中尉,副连职为中尉、上尉,排职为少尉、中尉。专业技术军官,高级专业技术职务为中将至少校,中级专业技术职务为大校至上尉,初级专业技术职务为中校至少尉。志愿兵役制士兵设军士长、专业军士军衔;义务兵役制士兵设上士、中士、下士、上等兵、列兵军衔。

文职制度 中国人民解放军中的文职干部是军队编制定额内的不授予军衔的干部,是军队建设的重要力量,是国家干部队伍的重要组成部分。由现役军官改任文职干部的保留军籍。文职干部编制范围:军队中科学研究、工程技术、医疗卫生、教学、新闻、出版、文化艺术、体育等单位的部分专业技术干部职务,以及机关、院校、医院等单位内部服务的部分行政事务、生活保障干部职务。文职干部的职务等级:从事专业技术工作的文职干部的专业技术职务设高、中、初 3 级;从事非专业技术工作的文职干部的职务名称按编制执行,分为正局级、副局级、正处级、副处级、正科级、副科级、一级科员、二级科员、办事员。文职干部的待遇基本与现役军官的待遇相同。

国防科技与国防工业 国防科技工业认真贯彻中共中央、国务院和中央军委的指示精神,遵照“军民结合,平战结合,军品优先,以民养军”的方针,加快新型武器装备的研制,大力开发军品,实现军事和经济效益统一,进一步提高了国防科技工业整体水平。1995 年和 1996 年,国防科技工业取得了新的进展。

(一)航天技术在曲折中前进。发射成功 4 颗国内外卫星,建成了新一代远洋航天测量船,发射失利 3 次。(1)1995 年 1 月 26 日,在西昌卫星发射中心用长征 2 号 E 型运载火箭发射美国休斯公司研制的 HS-601 型“亚太”2 号通信卫星,火箭飞行到约 50 秒时发生爆炸,造成星箭全部损失。(2)1995 年 3 月 28 日,由船舶、电子、光学等有关单位共同研制生产的新一代万吨级远洋航天测量船“远望”3 号,在上海江南造船厂举行升旗仪式,并向国防科工委正式交船。“远望”3 号测量船集航天测控、计算机、通信、光学、造船等高新技术为一体,具有测轨、遥测、遥控等多种功能的测控系统,可对导弹、卫星进行高精度的测量、监视和控制,中心计算机能对全船各种测量数据进行采集、加工和处理;通信系统能与国内保持高质量的图像、数据、语言、电报等通信;气象系统能随时接收卫星云图和各种气象资料。它与 80 年代初建成的“远望”1 号、“远望”2 号相比,总体性能和建造水平均有重大突破和提高。(3)1995 年 11 月 28 日,在西昌卫星发射中心用长征 2 号 E 型运载火箭成功地将美国洛克希德—马丁公司研制的“亚洲”2 号通信卫星送入太空。由香港亚洲卫星有限公司经营的亚洲 2 号卫星,主要用于向亚洲区域各国提供商业卫星通信服务。亚洲 2 号卫星使用的近地点发动机是中国研制生产的,由马丁公司购买后安装于卫星上,已成功地将卫星送入转移轨道。在此次发射前,中国长城公司对运载火箭的某些关键部分作了技术改进,增强了可靠性。(4)1995 年 12 月 28 日,在西昌卫星发射中心用长征 2 号 E 型运载火箭成功地将美国洛克希德—马丁公司研制的“艾科斯达”1 号通信卫星送入太空。由美国艾科斯达卫星公司经营的艾科斯达 1 号卫星，主要用于北美地区的电视直播。该卫星所用的近地点发动机也是中国研制生产的。此次发射是美国艾科斯达公司与中国长城公司的首次商业合作，双方对此次成功合作表示满意。(5)1996 年 2 月 15 日，中国新研制的长征 3 号乙运载火箭在西昌卫星发射中心发射国际 708 通信卫星时失利。火箭点火起飞后约 2 秒，飞行姿态出现异常，火箭低头并偏离射向向右倾斜，飞行约 22 秒时，火箭头部着地，随即发生剧烈爆炸，星、箭全部损失。(6)1996 年 7 月 3 日，中国西昌卫星发射中心用长征 3 号运载火箭成功地将“亚太”1A 通信卫星送入太空。这颗卫星为香港亚太通信卫星有限公司经营，由美国休斯公司制造，重约 1.4 吨，有 24 个 C 波段转发器，设计寿命为 10 年。卫星顺利地进入同步转移轨道，由休斯公司组织测控，定点于东经 134 度赤道上空后，交给亚太公司经营，为亚洲和太平洋地区提供通信服务。(7)1996 年 8 月 18 日，在西昌卫星发射中心用长征 3 号运载火箭发射的“中星”7 号通信卫星，未能进入预定轨道。这颗卫星是中国通信广播卫星公司承购、经营的商业通信卫星，根据中国长城工业总公司与美国休斯空间通信公司 1996 年 4 月 8 日签订的卫星发射服务合同，由西昌卫星发射中心发射。(8)1996 年 10 月 20 日，在酒泉卫星发射中心用长征 2 号丁运载火箭成功地发射了一颗科学探测与技术试验卫星。1996 年 11 月 4 日，这颗卫星在顺利完成了各项探测和试验任务后，成功地在四川省中部预定地区返回地面。这是中国发射的第 17 颗返回式卫星，第 16 次回收成功。卫星发射入轨后，国防科工委组织西安卫星测控中心进行了 15 天的持续跟踪、观测和控制，并进行了多次变轨和多项探测试验，取得了预期效果。这颗卫星已经达到了国际水平，卫星获取的遥感图像清晰，分辨率高，大量的遥感资料为国土普查、资源勘探、地质地震调查等作出了贡献，对国防建设具有重要意义。利用星上搭载，完成了大量的科学实验。首次进行的星上光盘信息存、放试验，为中国航天器大容量的存贮提供了可能。还进行了 6 项材料试验。通过试验，制成了直径 20 毫米以上、长度超过 40 毫米的半导体砷化镓晶体。这种大直径、高质量的单晶，将在大功率微波元器件和大规模集成电路应用方面取得突破性成果。铟镓锑晶体生长及扩散机制试验，是我国卫星搭载中首次由中、日两国联合进行的空间材料科研试验项目。这颗卫星还首次将中华人民共和国国旗搭载飞上太空，这面国旗已于 1997 年 1 月 1 日在天安门广场庄严升起，然后存放在中国历史博物馆。

（二）进行了 4 次核试验，中国政府郑重声明暂停核试验。1995 年 5 月 15 日和 8 月 17 日，1996 年 6 月 8 日和 7 月 29 日，中国在西部核试验场区进行了 4 次核试验。1996 年 7 月 29 日，中华人民共和国政府发表声明，郑重宣布：从 1996 年 7 月 30 日起中国开始暂停核试验。中国作出这一重要决定，既是为了响应广大无核国家的要求，也是为了推动核裁军而采取的一项实际行动。中国赞成在朝向彻底核裁军目标前进的过程中，实现全面禁止核武器试验爆炸。中国积极参加日内瓦全面禁止核试验条约的谈判，通过协商一致，缔结一项公正、合理、可核查、普遍参加和永久有效的条约。中国愿与国际社会其他成员一道继续为此作出努力。停止核试验是核裁军进程中的一个重要步骤。为了永远消除笼罩人类的核战争危险，为了争取实现全球范围的持久和平与普遍安全，中国政府向世界各国特别是核武器国家呼吁：①核大国放弃它们的核威慑政策。拥有庞大核武库的国家继续大幅度削减其核武器。②所有核武器国家都承担在任何时候和任何情况下不首先使用核武器的义务，都承诺无条件地不对无核武器国家和无核武器区使用或威胁使用核武器，并尽早就此缔结国际法律文书。③所有在国外部署核武器的国家将这些武器全部撤回本国。所有核武器国家都承诺支持建立无核武器区的主张，尊重无核武器区的地位，并承担相应的义务。④各国不发展、不部署外空武器系统和破坏战略安全与稳定的导弹防御系统。⑤各国谈判缔结关于全面禁止和彻底销毁核武器的国际公约。

（三）积极推进军转民工作。(1)1995 年 6 月 26～27 日，由中国和平利用军工技术协会和工业发展国家经济合作与发展组织(OECD)发展中心在北京联合召开了'95 中国军转民国际研讨会。参加会议的有联合国和来自 19 个国家、地区的代表 60 多人，中国机械部、电子部、船舶、兵器、航空、航天、核工业总公司的领导及企业家、专家共 60 多人出席了会议。会议研究和讨论了中国军转民的经验，探索中国军转民的国际合作途径，推动中国和平利用军工技术和军转民的发展。总部设在巴黎的工业发达国家经济合作与发展组织发展中心在会上发表的一份研究报告认为，中国军事工业的军转民工作在目前世界各国中是最成功的。中国国防科技工业实施军转民已经 16 年了，初步实现了由单一生产军品向军民结合型的转变，军工行业已能生产 50 多个大类、15000 余种民品，民品产值已占总产值的 76%，35000 余项国防科研成果转为民用。但也面临一些问题，如资金不足、效益不高、名牌产品少。通过加强国际合作，把工业发达国家的资金、技术与中国军转民技术、人才、市场结合起来，优势互补，互利互惠，推进中国军转民的发展。(2)1996 年 11 月 5～11 月 8 日，国家计委、国防科工委在北京召开了首届全国军工科研院所军转民工作会议。实行军民结合是搞活科研院所、取得自身发展主动权的必由之路，必须进一步破除单纯依靠国家财政扶持和消极等待军品任务增加的"等靠要"思想。推动军工科研院所进入市场是实行军民结合的客观要求，必须树立市场意识、竞争意识和讲求经济效益意识，把改革科研院所运行机制和贯彻军民结合方针有效地结合起来，相互促进。

(四)计算机技术有新的进展。(1)1995 年 10 月 27 日，由国防科技大学承担的国家"863"高技术研究发展计划的重点研究课题——"高速光纤计算机网络系统"，在该校研制成功并通过技术鉴定。这套高速光纤计算机网络的建立，使中国高速光纤计算机网络技术进入国际先进行列。它对于计算机传输高质量彩色图像，进行大型信息管理，运行大型软件以及构成航空航天实时系统有着十分重要的应用前景。(2)1996 年 10 月，被列入国家高技术预先研究计划的攻关项目——"银河超级小型仿真计算机系统"，在国防科技大学计算机学院研制成功，并顺利通过专家鉴定。该系统采用目前国际最先进的通用计算机芯片，研制成功了高性能的硬件系统，攻克了一般通用计算机操作系统难以用于实时仿真等一系列技术难关，研制成功一套全新的实时仿真软件，并在航天工业总公司、中国核动力研究院等多家科研单位得到成功应用。用户反映，该系统稳定可靠、性能优良，已成为他们进行工程设计、科学实验和系统验证的重要工具。鉴定委员会认为，该成果整体技术性能处于国内领先地位，达到当今国际先进水平。

(五)国防科技预先研究工作取得重要进展。(1)1995 年 11 月 6～15 日，在北京军事博物馆举办了"八五"国防科技预先研究成果展示会，展出了在电子、船舶、兵器、航空、航天和核技术等领域的 350 多项成果。(2)1995 年 11 月 13～17 日，在北京召开了国防科技预研工作会议，总结了"八五"经验，研究了"九五"发展方向，修订了《国防科技预先研究暂行管理办法》，表彰了 32 个先进集体和 96 名先进工作者。(3)1996 年 4 月 1～9 日，"863"计划十周年成果汇报展览会在北京军事博物馆展出。由国家科委、国防科工委联合主办的这次展览，旨在向全国人民汇报"863"高技术研究发展计划的实施情况、重大成果和基本经验，介绍"863"计划"九五"的发展宏图和 21 世纪的展望。展出成果共 319 项，占已鉴定成果的 21.3%，约占总课题数的 11%。1996 年 4 月 2～5 日，国家科委、国防科工委联合召开了"863"计划十周年工作会议。总结了经验，明确了"九五"期间的主要任务。在实施"863"计划中作出重大贡献的 29 个先进集体和 59 位先进个人受到表彰。

(六)举办国际航空航天博览会。'96 中国国际航空航天博览会于 1996 年 11 月 5～10 日在珠海市隆重举行。参加本次航展的共有中国、俄罗斯、英国、美国、法国、德国等 25 个国家和地区的 400 余家航空航天厂商，展示 90 余架军用和民用飞机，充分展示了世界航空航天技术的最新发展和中国改革开放的巨大成就。中国航天工业总公司展出了运载火箭、防空导弹、人造地球卫星等 50 多种航天产品实物和模型，令人瞩目的长征 2 号捆绑式运载火箭也矗立在展示坪上。中国航空工业总公司有 18 架飞机参展，歼 7、歼 8、K8 等 8 架飞机作飞行表演。航展期间，还举行了"21 世纪中国航空"研讨会、中国航空俱乐部发展战略研讨会和中国航空学会珠海学术交流会。共有 70 万人次的中外观众观看了航展，其中港澳地区观众达 7 万人次。本次航展签订投资项目 15 项，涉及金额约 20 亿美元。

(七)236 项国防科技成果获国家级奖励。1995 年度有 147 项国防科技成果获国家级奖励，占全国获奖项目总数的 18.5%。其中获国家科技进步奖 121 项，含特等奖 1 项、二等奖 50 项、三等奖 60 项；获国家发明奖 26 项，含二等奖 2 项、三等奖 21 项、四等奖 3 项。1996 年度有 89 项国防科技成果获国家科技奖励，占全国获奖项目总数的 13.8%。其中获国家科技进步奖 67 项，含特等奖 1 项、一等奖 5 项、二等奖 22 项、三等奖 39 项；获国家发明奖 22 项，含一等奖 1 项、二等奖 1 项、三等奖 17 项、四等奖 3 项。

(孔繁全、黄远模)

阿　富　汗

国　　名　阿富汗伊斯兰国(1992 年 4 月起改现名)。

主要统计 面积65.23万平方千米。人口2100万人(其中,13～17岁男125.7万人,女120.2万人;18～22岁男111.4万人,女105.7万人;23～32岁男185.4万人,女175万人)。国内生产总值1520亿阿富汗尼,合30亿美元(1989年估计)。国防费220亿阿富汗尼,合4.3亿美元(1990年国防开支估计)。原煤8万吨(1992年)。天然气1.88亿立方米(1992年)。发电量7.03亿度(1992年)。粮食246万吨(1994年)。民航能力,固定航班机场3处,客运量2.65亿人千米,货运量1100万吨千米(1993年)。

编者按 阿自1992年4月游击队上台后,虽勉强组成了一个松散的中央政府,但各党派间的武装冲突一直不断。目前,阿国内有11个主要党派,各派独霸一方,各自为政。原政府军已纷纷倒向各派游击武装,其地面部队装备分别由各派武装所控制,空军装备被阿目前3支主要武装力量,即拉巴尼政府军、塔利班学生武装和杜斯塔姆的乌兹别克族民兵武装所控制。具体情况请参阅上一卷《世界军事年鉴》。

(张宏伟　吴　炯)

阿拉伯联合酋长国

国　　名 阿拉伯联合酋长国。

主要统计 面积8.36万平方千米。人口182.6万人(其中,13～17岁男8.3万人,女8万人;18～22岁男7.4万人,女6.7万人;23～32岁男14.1万人,女8.5万人)。国内生产总值1430亿迪尔汗,合390亿美元(1995年)。国防费68亿迪尔汗,合19亿美元(1996年国防预算)。原油8.14亿桶(1994年)。天然气239.48亿立方米(1994年)。发电量175.78亿度(1993年)。粮食0.7万吨(1994年)。海运能力,商船(载重100吨以上)276艘,总载重量149.17万吨(1994年)。民航能力,固定航班机场4处,客运量55.84亿人千米、货运量2.77亿吨千米(1995年)。

国防体制 联邦最高委员会决定,联邦总统兼武装力量统帅。最高军事决策机构是“武装力量总司令部”。最高军事行政机关是国防部。武装力量由正规军和准军事部队组成。正规军分陆、海、空三个军种。联邦总统通过武装力量总司令部、国防部和陆海空三军司令部领导和指挥全军。

领导人物 联邦总统兼武装力量统帅扎耶德·本·苏尔坦·阿勒纳哈扬(1991年连任)。武装力量总司令苏丹·本·扎耶德(1989年6月上任)。武装力量副总司令、王储哈利法·本·扎耶德(1976年上任)。国防部长穆罕默德·本·拉希德·阿勒马克图姆上将(1972年上任)。武装力量参谋长哈穆德·本·阿里少将(1993年上任)。

武装力量 **兵力** 现役部队6.45万人(外籍军人约占30%)。

陆军 5.9万人(包括迪拜1.5万人)。编有1个王室警卫旅、1个装甲旅、2个机械化步兵旅、2个步兵旅、1个炮兵旅,在迪拜另驻有2个步兵旅。

坦克:约277辆(AMX-30型、“狮子”、“勒克莱尔”、“蝎子”)。装甲侦察车:AML-90型、“萨拉丁”、“白鼬”共130辆。步兵战车:AMX-10P型18辆、БМП-3型330辆。装甲输送车:570辆。牵引炮:82门。自行炮:175门。火箭炮:66门。迫击炮:135门。地地导弹:“飞毛腿”6部。反坦克导弹:255具。无坐力炮:约12门。高炮:62门。地空导弹:“吹管”和“北风”20余部。

海军 约1500人。

护卫舰:1艘。巡逻和海岸作战舰艇:19艘(其中轻型护卫舰2艘、导弹快艇8艘、近岸巡逻艇9艘)。两栖舰艇:4艘。支援舰船:3艘。

空军 4000人(含警察飞行联队)。编有3个对地攻击战斗机中队、1个战斗机中队、1个防暴机中队、1个防空旅。作战飞机99架,武装直升机42架。

攻击战斗机:“幻影”31架、“霍克”34架。防暴机:MB-326/-339A型13架。改装训练机:“隼”、MB-339A型、“幻影”共13架。武装侦察机:“幻影”8架。运输机:22架。直升机:共89架,其中SA-342K型、AH64A型等42架为武装直升机。教练机:35架。空地、空空导弹:霍特、“飞鱼”“魔术”等若干枚。地空导弹:“轻剑”、“响尾蛇”、“强风”等共122部。

准军事部队 海岸警卫队若干人,装备海上巡逻艇约40艘。

外国驻军 摩洛哥驻军约2000人。

(薛利涛)

阿　曼

国　　名　阿曼苏丹国。

主要统计　面积31.2万平方千米。人口约196.4万人(外国侨民占27%,其中,13～17岁男11.1万人,女10.7万人;18～22岁男8.8万人,女8.5万人;23～32岁男13.3万人,女12万人)。国内生产总值47亿里亚尔,合122亿美元(1995年)。国防费6.99亿里亚尔,合18亿美元(1996年国防预算)。原油2.93亿桶(1993年)。天然气37.52亿立方米(1994年)。发电量70.48亿度(1993年)。粮食0.3万吨(1994年)。海运能力,商船(载重100吨以上)26艘,总载重量1.17万吨(1992年)。民航能力,固定航班机场6处,客运量19.22亿人千米、货运量0.698亿吨千米(1995年)。

国防体制　最高军事决策机构为国防委员会,由国家元首卡布斯苏丹兼国防委员会主席。国防部是最高军事行政机关。武装力量由正规军、预备役和准军事部队组成。正规军分陆、海、空三个军种。国家元首通过国防部指挥陆、海、空三军。

领导人物　国家元首兼首相、国防委员会主席、外交、国防和财政大臣卡布斯·本·赛义德(1970年7月23日上任)。负责安全和国防事务的副首相法赫尔·本·赛义德(1979年5月上任)。武装部队总司令哈米德·本·赛义德·乌菲中将。

武装力量　**兵力**　现役部队4.35万人(包括王室卫队和3700名外籍人员)。

陆军　2.5万人。编有3个旅,19个团(其中2个装甲团、1个伞兵团)。

坦克:M-60型、"酋长"、"挑战者"、"蝎子"共128辆。装甲输送车:"斯巴达人"、"苏尔坦"、"突击队员"、"剪刀鱼"共63辆。牵引炮:91门。自行炮:6门。迫击炮:89门。反坦克导弹:"陶"式、"米兰"68具。高炮:26门。地空导弹:"吹管"若干部、"标枪"28部、SA-7型34部。

海军　0.42万人。

轻型护卫舰:1艘。巡逻和海岸作战舰艇:13艘(导弹快艇4艘、巡逻艇9艘)。两栖舰艇:2艘。后勤支援舰船:2艘。

空军　0.41万人。编有2个对地攻击战斗机中队、1个防暴兼教练机中队、3个运输机中队、2个防空中队。作战飞机46架。

对地攻击战斗机:"美洲虎"15架、T-2型4架。对地攻击兼侦察机:"霍克"203型12架。防暴兼教练机:BAC-167MK82型11架、"霍克"4架。运输机:21架。运输直升机:31架。教练机:11架。地空导弹:28部。空空导弹:若干枚。

王室卫队　0.65万人。编有1个王室警卫旅,2个特种部队团。装备有轻型坦克9辆、装甲输送车14辆、地空导弹若干部、皇家游艇(3800吨)1艘、皇家飞机和直升机11架。

准军事部队　部族国土卫队4000人,海上警察卫队400人,警察航空联队装备各型飞机和直升机13架。

兵役制度　实行志愿兵役制。

(薛利涛)

阿　塞　拜　疆

国　　名　阿塞拜疆共和国(1991年2月6日改为现名)。

主要统计　面积8.66万平方千米,人口773.3万人。(其中,13～17岁男37.9万人,女35.5万人,18～22岁男33.4万人,女32.1万人;23～32岁男60.4万人,女66.1万人)。国内生产总值22亿美元(1995年估计)。国防费1.15亿美元(1996年国防预算估计)。

国防体制 宪法规定，总统为武装力量统帅。国防部是最高军事行政机关。武装力量由正规军和受内务部领导的警察、特种民警部队组成。正规军包括陆、空、海三个军种。

领导人物 总统兼武装力量最高统帅盖达尔·阿利耶夫(1993 年就任)。国防部长萨发尔·阿比耶夫中将。

武装力量 **兵力** 现役部队 4.26 万人。

陆军 3.89 万人。编有 2 个军司令部、1 个坦克旅、9 个摩步旅、2 个炮兵旅、2 个炮兵团。装备坦克 280 辆、装甲车 340 辆、火炮 300 门。

空军 2100 人。装备 7 架米格-21、28 架米格-25、2 架苏-17、9 架苏-24 型飞机和 26 架武装直升机。

海军 1600 人。装备，护卫舰 2 艘、巡逻舰艇 21 艘、扫雷舰艇 14 艘、支援舰船 1 艘。

兵役制度 实行自愿与合同制相结合的兵役制度，服役期 18 个月。

外国驻军 俄罗斯在阿塞拜疆驻军数百人，在明格乌尔保留有反导弹系统预警站。

(苗　壮)

巴基斯坦

国　名 巴基斯坦伊斯兰共和国。

主要统计 面积79.6095万平方千米。人口 13336.6 万人(其中，13～17 岁男 781.6 万人，女 719.2 万人；18～22 岁男 676.5 万人，女 604.3 万人；23～32 岁男 1092.1 万人，女 973.3 万人)。国内生产总值 17700 亿卢比，合 560 亿美元(1995 年)。国防费 1310 亿卢比，合 38 亿美元(1996 年国防预算)。原煤 307.5 万吨(1993 年)。原油 2100 万桶(1994 年)。天然气 163.16 亿立方米(1994 年)。发电量 553.11 亿度(1993 年)。粮食 2225.6 万吨(1994 年)。海运能力，商船(载重 100 吨以上)73 艘，总载重量 51.38 万吨(1992 年)。民航能力，固定航班机场 34 处，客运量 99 亿人千米、货运量 4.17 亿吨千米(1995 年)。

国防政策 巴基斯坦国防政策的基本点是：维护国家独立、主权和领土完整；反对印度称霸南亚，争取同南亚小国加强军事合作，共同抗衡印度；主张建立“南亚无核区”，同印度签订互不侵犯条约。适当增加军费，努力建设一支与巴的“安全环境”相适应的武装力量，重点提高武器装备现代化水平。武器来源贯彻多方引进与自产相结合的方针，强调发展国防工业，努力提高自力更生能力。不排除发展核武器的选择，以制约印度。在加强正规军建设的同时，积极发展准军事部队，保持充足的预备役兵源。

军事战略 随着苏联解体，世界格局的变化，巴基斯坦的军事战略作了相应调整。巴将 80 年代形成的东抗印度，西堵苏联通过阿富汗南下扩张的战略，调整为集中主要力量对付印度。巴将兵力的 80%部署在东部边境，将 20%的兵力部署在西部边境。在作战指导思想上，巴鉴于本身国土狭长、纵深浅的特点，强调“先发制人”、“速战速决”，避免久拖不决的消耗战。在武装力量建设上，实行稳步扩军的方针，并力争实现军队武器装备现代化，要求在兵力数量上与当面对手保持均势，在武器装备上力争胜对手一筹。在发展核武器问题上，采取只要印度不放弃核武器，巴也不会放弃核选择的政策，并谋求以巴拥有的核技术能对印起到威慑作用。

国防体制 总统为武装力量统帅。内阁防务委员会为最高决策机关，其主席由总统兼任，成员包括国防、外交、财政、内政等部长。参谋长联席会议主席、三军参谋长、国防部秘书长等一般均出席防务委员会会议。国防部是贯彻执行内阁防务委员会决议的最高军事行政领导机构，主要负责三军的财务管理、武器生产与采购。国防部下设防务局、生产局和国防情报局。参谋长联席会议在行政上受国防部领导，但军事指挥上直属总统，主要负责拟定三军联合战略计划、研究武装力量的兵力与编成，向内阁防务委员会提供国防咨询，其成员有三军参谋长和国防部秘书长，主席由三军参谋长轮流担任，任期 3 年。武装力量由正规军、准军事部队和预备役部队组成，正规军分陆、海、空三军。总统通过国防部和参谋长联席会议领导和指挥全军。

领导人物 总统兼武装部队统帅萨尔达尔·法鲁克·莱加利(1993 年 11 月 13 日上任)。国防部长阿夫塔布·沙班·米拉尼(1994 年上任)、陆军参谋长阿布杜勒·瓦希德·卡卡尔上将(1993 年 1 月上任)。

海军参谋长赛义德·穆哈默德·克汗海军中将(1991年11月上任)。空军参谋长法鲁克·费罗兹·汗上将(1991年12月上任)。参联会主席萨敏·阿拉姆·汗上将(1991年8月上任)。

武装力量　**兵力**　现役部队58.7万人。

陆军　52万人。编成9个军部、2个装甲师、19个步兵师、7个独立装甲旅、9个独立步兵旅、9个特种炮兵旅,1个防空司令部(下辖8个旅)、7个工程兵旅、3个装甲侦察团、1个特种部队群(3个营)、17个航空兵中队。

主战坦克:2050余辆(M-47、M-48A5、T-54/-55型)等。装甲输送车:M-113型850辆。牵引炮:1580门(85、105、122、130、155、203毫米等)。自行炮:240门(105、155、203毫米等)。多管火箭炮:122毫米45门。迫击炮:81毫米、120毫米725门。地地导弹:"哈塔夫"式18部。反坦克导弹:"眼镜蛇"、"陶"式等800具。无坐力炮:75、106毫米若干门。高炮(机枪):2000余门(挺)(14.5、35、37、40、57毫米等)。地空导弹:"毒刺"350部,"红眼"和RBS-70型若干部,"安扎"式500部。飞机:航测机1架、联络机84架、观测机90架。直升机:攻击直升机20架、运输直升机102架。

海军　2.2万人(含海军航空兵、海军陆战队和海上保安厅)。基地设在卡拉奇(舰队司令部)。

潜艇:9艘,其中"初日"级2艘,"汉格尔"级4艘,"侏儒"级3艘。驱逐舰:"征服者"级3艘。护卫舰:8艘,其中导弹护卫舰6艘。导弹快艇:8艘。巡逻艇:5艘。扫雷艇:5艘。支援舰船:4艘。

海军航空兵　装备作战飞机4架,武装直升机12架。

海军陆战队　约1200人。

空军　4.5万人,编成7个攻击战斗机中队、10个战斗机中队、1个侦察机中队、1个海上反潜侦察机中队、1个救援直升机中队、7个地空导弹连。装备作战飞机427架。

攻击战斗机:"幻影"74架、Q-5型49架。战斗机:F-16型等共243架。侦察机:"幻影"3RP型12架。反潜巡逻机:"大西洋"4架。运输机:C-130型等共27架。直升机:SA-319、SA-316型、SA-315B型等共34架。教练机:163架,其中45架MFI-17B具有作战能力。地空导弹:"响尾蛇"144部、SA-2型6部。空地、空空导弹:"飞鱼"、"麻雀"、"响尾蛇"等若干枚。

预备役部队　51.3万人,其中陆军50万人,海军5000人,空军8000人。

准军事部队　国民警卫队18.5万人。边防部队3.5万人,装备装甲输送车45辆。巴基斯坦别动队(内务部)2.5万人。海上保安厅约2000人(现役),装备驱逐舰1艘、快艇8艘。海岸警卫队,装备快艇23艘。

军衔　军官军衔分3等11级,即将官4级(上将、中将、少将、准将)、校官3级(上校、中校、少校)、尉官4级(上尉、中尉、少尉、准尉)。

兵役制度　实行志愿兵役制度。新兵招募的年龄,陆军17~21岁,海军15~20岁,空军16~28岁;士兵服役年限,陆军7年,海、空军7~8年。士兵服现役期满后转为预备役。预备役服役年限,陆军8年,海、空军5年。军官最高服役年限,将官59岁,校官52岁,尉官48岁。

驻外兵力　1996年巴基斯坦共有1584名官兵在安哥拉、克罗地亚、科威特和伊拉克、利比里亚、格鲁吉亚、海地、西撒哈拉执行联合国维和任务。

(张宏伟　吴　炯)

巴　林

国　　名　巴林国。

主要统计　面积706.5平方千米(由大小36个岛屿组成)。人口58.5万人(含外国侨民18.7万人。其中,13~17岁男2.7万人,女2.6万人;18~22岁男2.2万人,女2.2万人;23~32岁男4.1万人,女3.9万人)。国内生产总值19亿第纳尔,合50亿美元(1995年)。国防费约0.996亿第纳尔,合2.65亿美元(1996年国防预算)。原油3800万桶(1994年)。天然气51.93亿立方米(1994年)。发电量43.3亿度(1993年)。海运能力,商船(载重100吨以上)87艘,总载重量19.25万吨(1992年)。民航能力,固定航班机场1处,客运量24.39亿人千米、货运量1.071亿吨千米(1995年)。

国防体制　埃米尔(酋长)为武装力量统帅,王储兼国防大臣直接指挥陆、海、空三军。武装力量由现役部队和准军事部队组成,现役部队分陆、海、空三军。

领导人物 埃米尔(酋长)伊萨·本·萨勒曼·阿勒哈利法(1961 年 12 月 16 日即位)。国防大臣哈利法·本·艾哈迈德·哈利法(1995 年 6 月 26 日上任)。

武装力量 **兵力** 现役部队 11000 人。

陆军 8500 人。编有 1 个装甲旅,1 个步兵旅,1 个炮兵旅,1 支特种部队,1 个防空营。

坦克:M-60A3 型 106 辆。装甲侦察车:AML-90 型、M-113A2 型共 166 辆。装甲输送车:120 辆。牵引炮:36 门。迫击炮:18 门。反坦克导弹:"陶"式 15 具。无坐力炮:36 门。高炮:24 门。地空导弹:RBS-70 型、"毒刺"、"响尾蛇"等约 60 部。

海军 约 1000 人。

小型护卫舰:AL"麦纳麦"级 2 艘。导弹攻击快艇:"艾哈迈德·莱·法特赫"级 4 艘。巡逻艇:6 艘。其他支援舰船:4 艘。

空军 1500 人。编有 1 个对地攻击战斗机中队、1 个战斗机中队、2 个运输机中队、1 个直升机中队。作战飞机 24 架,武装直升机 24 架。

对地攻击战斗机:F-5 型 12 架。战斗机:F-16 型 12 架。运输机:3 架。直升机:31 架,其中 AB-212 型 12 架、AH-1E 型 12 架为武装直升机。空地、空空导弹:"小牛"、"响尾蛇"、"麻雀"若干枚。

准军事部队 海岸警卫队约 250 人,装备有巡逻艇等约 23 艘。警察 9000 人,装备有直升机 5 架。

兵役制度 实行志愿兵役制。

(郝晓伟)

不 丹

国　　名 不丹王国。

主要统计 面积 4.6 万平方千米。人口 70 万人(1995 年)国内生产总值 3 亿美元(1995 年)。发电量 16.27 亿度(1993 年)。粮食 11 万吨(1994 年)。民航能力,固定航班机场 1 处,客运量 440 万人千米(1995 年)。

国防体制 国王为不丹皇家陆军统帅。陆军总参谋长(首席作战指挥官,少将衔)为国王掌管军队的全权代表。不丹皇家军队只有陆军。

领导人物 国王兼陆军统帅吉格梅·辛格·旺楚克(1972 年 7 月 24 日即位,1974 年 6 月 2 日加冕)。陆军首席作战指挥官兰姆·多尔吉少将(1991 年上任)。

武装力量 不丹军队最高编制为中队(相当于营),下辖连、排。

兵力 皇家陆军约 1 万人。编有 8 个中队,50 个连(估计)。其装备主要是印军淘汰装备,有步枪、冲锋枪、机枪、迫击炮等。

部署 兵力主要部署在不丹西部中不边境地区。

兵役制度 1968 年开始实行征兵制度,规定 15~40 岁的男子都应服兵役。

军衔 共分 4 等 12 级,即将军 1 级(少将)、校官 3 级(上校、中校、少校)、尉官 3 级(上尉、中尉、少尉)、士兵 5 级(军士长、上士、中士、下士、兵)。军官晋升须经考核。

(张宏伟　吴　炯)

朝 鲜

国　　名 朝鲜民主主义人民共和国。

主要统计 面积 12.2762 万平方千米。人口 2430.4 万人(其中,13~17 男 97.6 万人,女 98.8 万人;18~22 岁男 112.2 万人,女 114.8 万人;23~32 岁男 253 万人,女 248.1 万人)。国内生产总值 460 亿朝鲜元,合 210 亿美元(1995 年估计)。国防费 51 亿朝鲜元，合 24 亿美元(1996 年国防预算估计)。

国防体制 朝鲜劳动党中央委员会总书记、党中央军事委员会委员长、共和国主席兼国防委员会委员长为武装力量最高统帅。朝鲜新宪法还赋予国防委员会有权宣布战争状态和发布动员令等重要职权。劳动党中央设有军事部，共和国政府设有人民武装力量部。常备武装力量为人民军，分陆、海、空三个军种，常设领导机关为总参谋部和总政治局。

领导人物 现任国防委员会委员长(1991)、人民军最高司令官金正日元帅(1993 年就任)。人民武装力量部部长崔光元帅(1995 年 10 月上任，1997 年 3 月病逝)，第一副部长金光振次帅(1995 年 10 月上任)。总参谋长金永春次帅(1995 年 10 月上任)。总政治局长赵明禄次帅(1995 年 10 月上任)。

武装力量 **兵力** 现役部队 105.4 万人。

陆军 92.3 万人。编有 16 个军(其中 1 个装甲军、4 个机械化军、8 个步兵军、2 个炮兵军、1 个首都防御军)、26 个步兵/摩托化步兵师、15 个装甲旅、24 个摩托化步兵旅、3 个独立步兵旅；1 个特种作战军 8.8 万人，10 个狙击旅、14 个轻步兵旅；6 个直属重型炮兵旅、1 个“飞毛腿”地地导弹旅、1 个“蛙式”地地导弹旅。

主战坦克：约 3400 辆，其中 T-54/-55 型 1600 辆、T-62 型 1800 辆，另有 T-34 型和 59 型若干辆。轻型坦克：约 600 辆。装甲输送车：БТР-40/-50/-60/-152 型 2200 辆，其他型若干辆。牵引炮：122、130、152 毫米 3500 门。自行炮：122、152、180 毫米共 4500 门。迫击炮：82、120 毫米共 7200 门。火箭炮：107、122、240 毫米共 2200 具。无坐力炮：82 毫米 1700 门。高炮：23、37、57、85、100 毫米共 4800 门。另有固定阵地炮：3000 门。地地导弹：“蛙”式 54 枚、“飞毛腿”C 型约 30 枚。反坦克导弹：“甲鱼”、“耐火箱”和“拱肩”若干具。地空导弹：SA-7 型 1 万余部。

海军 约 4.6 万人。编有 2 个舰队司令部。

潜艇：共 25 艘。其中，苏制 R 级 21 艘、苏制 W 级 4 艘。另有小型潜艇约 45 艘，海岸潜艇 13 艘。护卫舰：“罗津”级 2 艘，“西湖级”1 艘。轻型护卫舰：“沙里院”级 4 艘。鱼雷艇：共 198 艘，其中，苏制“大胡蜂”级 158 艘，“先锋”级 40 艘。巡逻艇：173 艘。扫雷艇：约 42 艘，其中“黄蜂”级 4 艘，“蚊子”级 10 艘。登陆艇：130 艘，另有气垫船约 130 艘。支援及其他船只：6 艘。

岸防部队 地对舰导弹团 2 个，“蚕”式导弹基地 6 个，122、130、152 毫米岸炮若干门。

空军 8.5 万人。编有 6 个航空师。作战飞机 611 架，武装直升机 80 架。

轰炸机：H-5 型 82 架。对地攻击/战斗机：米格-17 型 110 架，米格-19 型 160 架，米格-21 型 130 架，米格-23 型 46 架，米格-29 型 30 架，苏-7 型 18 架，苏-25 型 35 架。攻击直升机：米-24 型 80 架。运输机：安-2/雅-5 型等共 300 架。直升机：“休斯”500D、米-2 型等共 283 架。教练机：雅克-18 型等共 400 余架。空空导弹：“环礁”、“顶点”若干枚。地空导弹：SA-2/-3/-5 型共 300 部。

准军事部队 安全和边防部队(社会安全部)11.5 万人；工农赤卫队约 380 万人，最大年龄为 60 岁，建立于道、市、村镇，指挥序列为旅-营-连-排，装备有轻武器、迫击炮和高炮。

兵役制度 实行义务兵役制。服役期：陆军 5～8 年，海军 5～10 年，空军 3～4 年。

军衔 共分 5 等 21 级，将官以上 7 级(大元帅、元帅、次帅、大将、上将、中将、少将)，校官 4 级(大校、上校、中校、少校)，尉官 4 级(大尉、上尉、中尉、少尉)，士官 4 级(特务上士、上士、中士、下士)，兵 2 级(上等兵、下等兵)。

(蔡开春)

菲 律 宾

国　　名 菲律宾共和国。

主要统计 面积 29.97 万平方千米。人口 7082.1 万人(其中，13～17 岁男 392.8 万人，女 379 万人；18～22 岁男 348.4 万人，女 335.6 万人；23～32 岁男 580.2 万人，女 564.1 万人)。国内生产总值 741 亿美元(1995 年)。国防费 11 亿美元(1996 年国防预算)。原煤 167.8 万吨(1993 年)。原油 180 万桶(1994 年)。发电量 218.85 亿度(1993 年)。粮食 1555 万吨(1994

年)。海运能力,商船(载重100吨以上)1499艘,总载重量1380.71万吨(1992年)。民航能力,固定航班机场21处,客运量139.67亿人千米、货运量3.801亿吨千米(1995年)。

国防政策 (参看本书上一卷)

军事战略 (参看本书上一卷)

国防体制 宪法规定,总统为武装力量统帅。国防部为政府中的一个部,是最高军事行政机关,负责制定和实施国防计划和政策。武装力量由正规军和准军事部队两部分组成。正规军分陆、海、空三个军种。最高军事机构为武装力量司令部,总参谋长是总统之下的最高指挥官。总统通过国防部和武装力量司令部对全国武装力量实施领导和指挥。

领导人物 总统兼武装力量统帅菲德尔·拉莫斯(1992年7月上任)。国防部长雷纳托·德比利亚上将(1991年上任)。总参谋长阿努尔福·阿塞德拉上将(1996年12月上任)。陆军司令克里蒙特·马里阿诺中将(1996年12月上任)。海军司令埃德华多·桑托斯少将(1996年11月上任)。空军司令威廉·霍特基斯少将(1996年12月上任)。

武装力量 **兵力** 现役部队约10.75万人。

陆军 6.8万人。编有5个军区、8个步兵师(各辖3个步兵旅)、1个轻装甲旅(团)、1个骑兵侦察团、3个工程兵旅、1个建筑营、8个炮兵营、1个特战团、1个总统保安队。

轻型坦克:"蝎子"41辆。步兵战车:YPR-765型85辆。装甲输送车:M-113型、V-150型、"狮子"等共约399辆。牵引炮:105毫米230门,155毫米12门。迫击炮:81毫米若干,107毫米40门。无坐力炮:75、90、106毫米各若干门。

海军 约2.3万人(含陆战队)。编有6个海军区。

护卫舰:"达图·希卡图纳"级1艘。巡逻舰艇:54艘。两栖舰艇:9艘。后勤支援舰船:11艘。

陆战队 9000人。编有4个旅(共10个营)。装备有装甲运输车85辆,150毫米火炮150门,107毫米迫击炮若干门。

海军航空兵 装备飞机9架(其中8架"防御者"具有作战能力),直升机11架。

空军 1.65万人。编有1个战斗机中队、4个防暴机中队(其中3个直升机中队)、4个教练机中队、3个运输机中队(其中2个直升机中队)。作战飞机43架、武装直升机104架。

战斗机:F-5型7架。防暴机:0V-10型23架。防暴直升机:贝尔UH-1H/M型62架、AUH-76型16架、休斯500/520MD型26架。侦察机:F-27M型、RT-33A型共8架。救援机:HU-16型4架。总统专用飞机:F-27型1架、F-28型1架。运输机:C-130型、F-27型、BN-2型等共56架。直升机:贝尔205型、UH-1H型等共88架。联络机:"色斯纳"、DHC-2型、U-17A/B型共27架。教练机:共45架,其中13架S-211型具有作战能力。空空导弹:"响尾蛇"若干枚。

预备役部队 13.1万人。其中陆军10万人,海军1.5万人,空军1.6万人。

准军事部队 菲律宾国民警察4.05万人,编有12个地区司令部、73个省级指挥部。海岸警卫队2000人,装备有巡逻艇59艘、轻型飞机2架。国民防卫军6万人,编有56个营。

部署 菲律宾军队重点加强首都及西部南沙海区的防卫。有半数以上的舰艇和陆战队部署在西部海区。全国海空军基地主要有5处,其中空军基地3处(克拉克、库比岬、马尼拉)、海军有2处(三格莱/卡维特、三宝颜)。

兵役制度 实行志愿兵役制,服役年限3年以上。

军衔 分5等17级。即将官4级(上将、中将、少将、准将)、校官3级(上校、中校、少校)、尉官3级(上尉、中尉、少尉)、军士4级(军士长、上士、中士、下士、士兵3级(上等兵、一等兵、二等兵)。

(郭 辉)

格鲁吉亚

国　　名 格鲁吉亚共和国(1990年11月4日改为现名)。

主要统计 面积6.97万平方千米。人口544.7万人(其中,13～17岁男21.4万人,女20.7万人;18～22岁男20.4万人,女19.6万人;23～32岁男37.8万人;女36.2万人)。国内生产总值27亿美元(1995

年估计)。国防费5100万美元(1996年国防预算)。

国防体制 宪法规定,总统为武装力量统帅。国家军事委员会负责国防和安全问题。国防部是最高军事行政机关。武装力量由正规军和准军事部队组成。正规军分陆军、空军、防空军、海军四个军种。总统通过国防部和总参谋部对武装力量实施领导和指挥。

领导人物 总统兼武装力量统帅谢瓦尔德纳泽(1995年11月当选)。国防部长瓦尔坚·纳季巴伊泽中将(1994年上任),总参谋长祖拉布·梅巴利依维利。

武装力量 **兵力** 现役部队2.05万人。

陆军 3个摩步旅。装备,坦克50～100辆、装甲车280辆、火炮70门。

海军 2000人。装备,护卫舰2艘、鱼雷艇1艘、巡逻艇12艘。

空军 1000人。装备,战斗机10架,武装直升机5架。

防空军 装备SA-2/-3/-5地空导弹75部。

兵役制度 实行职业化和义务兵相结合的兵役制度。

外国驻军 俄罗斯在格驻军约8500人。俄外高加索部队集群司令部驻第比利斯,第31摩步军驻塔伊西,第145摩步师驻巴统,第147摩步师驻阿哈尔拉基。

军工生产能力 格鲁吉亚有一定的军工生产能力,目前格可自行生产苏-25飞机。

(苗 壮)

哈萨克斯坦

国 名 哈萨克斯坦共和国(1991年12月10日改为现名)。

主要统计 面积271.73万平方千米,人口1667.9万(1996年1月。其中,13～17岁男84.6万人,女82.8万人;18～22岁男75.8万人,女74.6万人;23～32岁男127.4万人,女123.7万人)。国内生产总值9925亿坚戈(1995年)。国防费280亿坚戈,约合3.99亿美元(1996年国防预算估计)。粗钢300万吨(1995年)。原煤832万吨(1995年)。原油205亿吨(1995年)。天然气59亿立方米(1995年)。发电量657亿千瓦时(1995年)。粮食933.4万吨(1995年)。内河运输总量190万吨(1995年)。民航能力,客运量531.06亿人千米、货运量2万吨千米(1995年)。

国防体制 宪法与《国防和武装力量法》规定,总统为武装力量统帅。总统、议会、政府对哈国防和武装力量实行总体领导。国家安全会议是专门负责哈国防和安全问题的集体领导机关,其职权由总统确定。国防部是最高军事行政机关,负责军队发展、国防事务等工作。武装力量仅包括正规军,边防军、内卫部队、共和国近卫军自1995年起不再列入哈武装力量序列之内。正规军分为陆军、空军、防空军、海军四个军种。最高军事指挥机构为总参谋部。总统通过国防部和总参谋部对全国武装力量实施领导和指挥。

领导人物 总统兼武装力量统帅纳扎尔巴耶夫(1991年上任)。国防部长阿尔登巴耶夫中将(1996年上任)。总参谋长谢尔巴科夫中将(1996年上任)。

武装力量 **兵力** 现役部队4万人(不含海军)。

陆军 2.5万人。编有1个军司令部、1个坦克师、2个摩步师(1个为摩步教导师)、1个炮兵旅、1个火箭炮旅、1个空降突击旅、1个炮兵团、1个独立摩步团。

坦克:T-72型630辆(库存470辆)、T-80型若干辆。装甲战斗车:1000辆(库存1000辆)。装甲侦察车:140辆。牵引炮:122、152毫米550门。自行炮:122、152毫米150门。火箭炮:122、220毫米170门。迫击炮:120毫米130门。反坦克炮:100毫米125门。

空军 0.8万人。编有5个团。作战飞机141架。

轰炸机:苏-24型26架。强击机:米格-27/-23型43架。歼击机:米格-29型29架、米格-23型16架。武装侦察机:苏-24型12架、米格-25型15架。运输直升机:米-8型44架。另作为从哈境内撤出战略核武器的补偿,俄答应1997年7月前向哈无偿提供73架米格-29、苏-27和苏-25型先进作战飞机。

防空军 0.7万人。编有1个歼击航空兵团和若干防空导弹、雷达部队。装备防空导弹100部,米格-31型截击机32架。

海军　尚在组建中，1996 成立海岸警卫大队，装备 10 余艘巡逻艇，在阿克套和包季诺设有军港。

准军事部队　3.45 万人。其中共和国近卫军 0.25 万人、内卫部队 2 万人、边防部队 1.2 万人。

兵役制度　实行义务、合同相结合的混合兵役制，并逐步向完全合同制过渡，计划在 2000 年前后完全转为合同兵役制。目前，士兵服役期为 2 年(曾在军事院校学习的青年服役期为 3 年)。1996 年 6 月至 1997 年 5 月，哈在军官中试行按合同服役暂行条例。根据该条例，无国籍和有其他国籍的军官(主要指俄籍军官)合同期为 3～5 年，军校毕业生至少 10 年，军事学院毕业生不少于 5 年。

军衔　军官军衔分为 3 等 12 级，即将官 4 级(大将、上将、中将、少将)，校官 3 级(上校、中校、少校)，尉官 5 级(大尉、上尉、中尉、少尉、准尉)。

外国驻军　俄罗斯在哈边防军中派驻有 200 余名边防军官，与哈组成了边防军联合司令部。此外，拜科努尔航天发射中心和一些军事试验场已租借给俄罗斯使用，这些地方也有少量俄驻军。

军队节日　5 月 8 日为建军节；8 月 17 日为海军节。

军工生产能力　哈有一定的军工生产能力，其军工企业曾为俄生产一些战斗技术装备。哈设有政府工贸部下属的国防工业委员会，主要任务是协调军工企业活动，保证武器供应。1996 年哈自行研制生产了第 1 艘快艇。

军火贸易　1995 年，哈通过俄罗斯向前南斯拉夫地区出口过一批武器。1996 年 10 月，哈又向朝鲜出售了一批武器装备。

(刘伟东)

韩　国

国　名　大韩民国。

主要统计　面积 9.9237 万平方千米，人口 4520.4 万人(其中，13～17 岁男 195.2 万人，女 181.6 万人；18～22 岁男 215.1 万人，女 200.7 万人；23～32 岁男 438.9 万人，女 410.1 万人)。国内生产总值 351.3 万亿韩元，约合 4220 亿美元(1995 年)。国防费 13.9 万亿韩元，约合 170 亿美元(1997 年国防预算)。原煤 944.3 万吨(1993 年)。发电量 1634.49 亿度(1993 年)。粮食 758.8 万吨(1994 年)。海运能力，商船(载重 100 吨以上)2138 艘，总载重量 1172.49 万吨(1992 年)。民航能力，固定航班机场 14 处，客运量 392.6 亿人千米、货运量 48.26 亿吨千米。

国防政策　1994 年韩军提出了“面向未来的国防政策，建设以质量为主的精锐部队(质量建军)”。主要内容包括：战略概念将从现在的“对北为主”改变为“周边国家的全方位友好合作”，以韩美军事合作为中心，发展与日、俄、中的友好合作，积极参加联合国的维持和平行动；发展面向未来战争的中长期军事力量，树立值得信赖的军队形象；确立稳固的防卫态势。与此相适应，韩军的建军方针也着眼于改变现有的军事力量，改善部队结构，“缩减数量，实现质量上的精锐化”，将现在以兵力为主的部队结构改变为“以质量为主的技术集约型”部队结构。

国防体制　总统为全国武装力量统帅，总统通过国防部对军队实施领导和指挥。国家安全保障会议为最高决策机构，由总统任主席，其成员包括总理、国防部长、国家安全企划部部长、参谋长联席会议主席等。国防部是总统统率武装力量的最高行政机构，主要负责制订国防政策和军队建设计划，掌握军政权。国防部下辖参谋长联席会议。参谋长联席会议统帅三军本部(陆军本部、海军本部和空军本部)，是全军作战最高指挥机构；参谋长联席会议主席在国防部长的直接领导下指挥三军作战部队。参谋长联席会议主席不仅在战时或遇有紧急情况时有权直接下达作战指令，参与国家安全保障会议，向总统汇报情况和提出决策性意见，而且能决定三军种参谋总长推荐的军级以上指挥人选。

领导人物　总统兼国家安全保障会议主席金泳三(1993 年 2 月 25 日上任)。国防部长金东镇上将(1996 年 10 月上任)。参谋长联席会议主席尹龙男上将(1996 年 10 月上任)。陆军参谋总长都日圭上将(1996 年 10 月上任)。海军参谋总长安秉泰上将(1995 年上任)。空军参谋总长李光学上将(1996 年上任)。

武装力量　**兵力**　现役部队 69 万人。

陆军　56万人。编有3个集团军部、11个军部、3个机械化步兵师、19步兵师、2个独立步兵旅、7个特种作战旅、3个反渗透旅、3个地地导弹营、3个高炮旅、3个"霍克"地空导弹营、2个"奈基"地空导弹营、1个航空兵司令部。

主战坦克:88型800辆、M-47型400辆、M-48型850辆。装甲输送车:共约2460辆,其中,M-113型420辆、"菲亚特"6614/KM-900/-901型200辆。牵引炮:105、155、203毫米共约3500门。自行炮:155、175、203毫米共1000门。火箭炮:130毫米156门。迫击炮:81、107毫米共6000门。无坐力炮:57、75、90、106毫米若干门。反坦克炮:76毫米8门、90毫米50门。高射炮:共600门,其中,20毫米60门、30毫米20门、35毫米20门。地地导弹:NHK-1/-Ⅱ型12部。反坦克导弹:"陶"式若干具。地空导弹:"轻标枪"350枚、"红眼睛"60枚、"毒刺"130枚、"霍克"110枚、"奈基"200枚、"西北风"170枚。

陆军航空兵　装备有O-1A型飞机5架;攻击直升机AH-1F/-J型75架、休斯500MD型68架;通用直升机395架。

海军　6.6万人(含陆战队2.5万人)。编有3个舰队司令部。

潜艇:"海豚"级近海潜艇3艘、德制209型潜艇6艘。驱逐舰:"忠北"级7艘。护卫舰:"蔚山"级9艘、"浦项"级24艘。轻型护卫舰:"东海"级4艘。导弹快艇:"白鸥"52/51型9艘、"大雁"71型56艘。近海巡逻艇:"大雁"11型37艘、"海鹰"51型15艘。扫雷艇:14艘。登陆舰艇:"云峰"级8艘、"巨文"级7艘,坦克登陆艇6艘、机械化登陆艇10艘、车辆人员登陆艇20艘。支援和其他舰只:12艘。

海军航空兵　编有3个反潜中队,作战飞机23架(其中P-3C反潜巡逻机8架)、武装直升机47架。

海军陆战队　2.5万人,编有2个师、1个旅、若干个支援分队。装备:M-47型坦克60辆;LVTP-7型装甲输送车60辆;105毫米、155毫米牵引炮若干门;"鱼叉"导弹若干枚。

空军　6.4万人。编有战斗飞行团10个(战斗飞行大队约30个)、战术空运团1个、防空管制团1个、侦察飞行团1个、训练飞行团1个。作战飞机461架。

对地攻击战斗机:F-16型60架、F-5型195架。战斗机:F-4D/E型130架。防暴机:A-37B型23架。武装侦察机:RF-4C型18架、RF-5A型10架。引导机:O-2A型10架。运输机:C-130H、CN-235型等共26架。直升机:36架。教练机:共118架,其中F-5B型25架具有作战能力。空地、空空导弹:"小牛"、"麻雀"和"响尾蛇"若干枚;地空导弹:奈基-大力神、改进型霍克、标枪、西北风等各若干。

预备役部队　450万人(正在重新组织)。

准军事部队　民防部队350万人。海岸警卫队约4500人,装备有大型巡逻艇9艘("马山湖"级3艘、"海龙"/"海鲸"级6艘),海岸巡逻艇26艘(其中,"海狼"/"鲨鱼"级22艘、"北汉山"级2艘),近海巡逻艇"海鸥"级等18艘,直升机休斯500D型9架。

兵役制度　实行普遍征兵法和招募志愿兵。各军种的服役期限为26～30个月。其中,陆军和海军陆战队的服役期为26个月,空军和海军为30个月。

军衔　共分5等15级,即将官4级(上将、中将、少将、准将)、校官3级(上校、中校、少校)、尉官4级(上尉、中尉、少尉、准尉)、军士3级(上士、中士、下士)、兵1级。

外国驻军　美国驻军3.7万人,其中陆军2.85万人,编有1个集团军部、1个步兵师;空军0.8万人,作战飞机78架;海军500人。

(蔡开春)

吉尔吉斯斯坦

国　名　吉尔吉斯共和国(1991年8月31日改为现名)。

主要统计　面积19.85万平方千米。人口453万人(其中,13～17岁男25.6万人,女25.2万人;18～22岁男21.6万人,女21.3万人;23～32岁男33.6万人,女33.1万人)。国内生产总值16亿美元(1995年估计)。国防费5400万美元(1996年国防预算估计)。

国防体制　宪法规定,总统为武装力量统帅。最高国防决策机构为国家安全委员会,由总统任主席。

成员有总统、全体内阁部长、武装力量参谋长。国防部是最高军事行政机关。武装力量由正规军和准军事部队组成。正规军分陆军、空军、防空军三个军种。最高军事指挥机构为武装力量参谋部。总统通过国防部和武装力量参谋部对武装力量实施领导和指挥。

领导人物 总统兼武装力量统帅阿卡耶夫(1990年10月就职)。国防部长苏班诺夫上将(1994年上任)。武装力量参谋长托波耶夫少将(1995年10月上任)。

武装力量 **兵力** 现役部队1.23万人。

陆军 0.72万人。编有1个摩步师(辖3个摩步团、1个坦克团、1个炮兵团、1个高炮团),1个独立山地摩步旅。装备坦克204辆、装甲车517辆、火炮252门。

空军 0.41万人。编有1个空军培训中心、1个直升机教导团、2个空军教导团。装备米格-21型战斗机60架,米-24型直升机30架,米-8、米-17型直升机30架,拉-39型教练机79架,安-12、安-26型运输机3架。

防空军 0.1万人。编有一个防空火箭团。装备SA-2/-3地空导弹42部。

准军事部队 国民警卫队1500人。

兵役制度 实行职业化和义务兵相结合的兵役制度。

(李伟弘)

柬 埔 寨

国　　名 柬埔寨王国。

主要统计 面积18.1035万平方千米。人口998.1万人(其中,13～17岁男52.4万人,女51.4万人;18～22岁男44.4万人,女43.6万人;23～32岁男85.8万人,女87.2万人)。国内生产总值68000亿瑞尔合27亿美元(1995年)。国防费2980亿瑞尔,合1.16亿美元(1996年国防预算)。粮食总产量280万吨(1995年)。海运能力,商船(载重100吨以上)3艘,总载重量3800万吨(1992年)。空运能力,固定航班机场6处(1995年)。

国防体制 最高军事决策机构为柬王国武装部队(又称"柬埔寨国民军")总司令部。柬宪法规定:"国王是国家军队最高司令,但不指挥军队。"国防部既是总司令部的办事机构,又是军队的最高行政机关,下辖总参谋部。总参谋部负责全军的作战指挥、后勤供应和技术保障。武装力量由正规军、地方部队和准军事部队组成,正规军分陆、海、空三个军种。总司令通过国防部对所有武装力量实施领导和指挥。

领导人物 柬埔寨武装部队最高司令诺罗敦·西哈努力。总司令部联合司令诺罗敦·拉那烈王子、洪森(1993年7月上任)。国防部联合大臣迪班中将、狄占拉中将(1993年7月上任)。总参谋部联合总参谋长盖金延中将、本赛中将(1993年7月上任)。海军司令恩桑坎少将。空军司令诺罗敦·沙万里中将(1994年2月上任)。

武装力量 **兵力** 现役部队8.77万人(含地方部队)。

陆军 3.6万人。划分为6个军区,编有12个师、4个旅、14个团(其中1个空降特战团、4个工程兵团)、3个装甲营等。

坦克:T-54/-55型100辆,T-59型若干辆,PT-76型10辆。装甲输送车:约250辆。牵引炮:约400门。火箭炮:约28门。迫击炮、无坐力炮、高炮(机枪):若干门(挺)。地空导弹:SA-7型若干部。

海军 1200人。编有内河巡逻和沿海防御部队。

巡逻艇:14艘。登陆艇:8艘。

空军 500人。作战飞机25架。

战斗机:米格-21型19架。运输机:约7架。直升机:11架。教练机:11架,其中L-39型6架具有作战能力。

地方部队 约5万人。每省至少有1个团,各团所辖营的数量不等,装备有轻武器。

准军事部队 (又称民兵游击队) 约10万人,以连为单位编成,每村10至20人。

兵役制度 实行义务兵役制。服役年龄18至35岁。服役期限,陆军5年,海军18个月。民兵每年与正规军一起服役3至6个月。

军衔 军官军衔分为将、校、尉3等。

附:"柬埔寨民族团结救国临时政府"

"柬埔寨民族团结救国临时政府"是"民主柬埔寨"于 1994 年 7 月 10 日在柬柏威夏省宣布成立的。1996 年 8 月上旬,民柬"临时政府"内部发生严重分裂,第 2 号人物英萨利宣布脱离民柬组织,部分武装部队宣布效忠英萨利并向柬政府投诚。8 月 18 日,民柬改组"临时政府",乔森潘任总理、江裕朗任副总理兼外长、盖扬任国防部长。柬共中央最高军事委员会主要成员有乔森潘、江裕朗、盖扬等,由乔森潘任军委主席兼民柬国民军总司令,毕姜任副总司令。民柬控制区主要集中在班迭棉吉省和暹粒省北部的山区农村。据报道,目前民柬国民军约有 5000 人,编成 25 个旅、2 个独立团。装备有坦克、加农炮、火箭炮、迫击炮、无坐力炮、高炮及 SA-7 型地空导弹。除上述野战部队外,在控制区还建有县、乡、村民兵游击队。

(钟学良)

卡　塔　尔

国　　名　卡塔尔国。

主要统计　面积 1.1437 万平方千米。人口 55.5 万人(含外国侨民约 41.6 万人。其中,13～17 岁男 2.2 万人,女 2.4 万人;18～22 岁男 1.8 万人,女 1.9 万人;23～32 岁男 3.8 万人,女 2.8 万人)。国内生产总值 271 亿里亚尔,合 74 亿美元(1995 年)。国防费约 12 亿里亚尔,合 3.3 亿美元(1996 年国防预算)。原油 1.48 亿桶(1994 年)。天然气 122.24 亿立方米(1994 年)。发电量 55.6 亿度(1993 年)。粮食 5000 吨(1994 年)。海运能力,商船(载重 100 吨以上)65 艘,总载重量 63.6 万吨(1992 年)。民航能力,固定航班机场 1 处,客运量 16.76 亿人千米、货运量 5120 万吨千米(1995 年)。

国防体制　埃米尔(酋长)为国家元首,掌握国家的最高权力,为武装力量统帅。武装力量由正规军和准军事部队组成,正规军分陆、海、空三个军种。

领导人物　埃米尔(酋长)兼武装力量统帅谢赫·哈马德·本·哈利法·阿勒萨尼(1995 年 6 月推翻其父政权继任)。国防大臣兼武装部队副总司令谢赫·哈马德·本·阿卜杜拉·阿勒萨尼(1995 年 7 月上任)。

武装力量　**兵力**　现役部队约 1.18 万人。

陆军　8500 人。编有 2 个团、7 个营。

主战坦克:AMX-30 型 24 辆。步兵战车:AMX-10P 型 40 辆。装甲侦察车:36 辆。装甲输送车:172 辆。牵引炮:12 门。自行炮:28 门。火箭炮:4 门。迫击炮:39 门。反坦克导弹:"米兰"、"霍特"100 具。无坐力炮:若干门。

海军　约 1800 人(含海上警察)。

导弹攻击快艇:3 艘。巡逻艇:4 艘。登陆艇:1 艘。

空军　1500 人。编有 1 个战斗机中队、1 个运输机中队。作战飞机 12 架,武装直升机 20 架。

攻击/战斗机:"阿尔法喷气"6 架、"幻影"6 架。运输机:6 架。攻击直升机:SA-342L 型 12 架、"突击队员"MK-3 型 8 架。直升机:6 架。空地、空空导弹:若干枚。地空导弹:"罗兰"、"轻剑"、"毒刺"、"SA-7"格雷尔"若干部。

兵役制度　实行志愿兵役制。

(郝晓伟)

科威特

国　　名　科威特国。

主要统计　面积 1.7818 万平方千米。人口 158.04 万人(含外国侨民 96.4 万人。其中,13～17 岁男 10.6 万人,女 7.8 万人;18～22 岁男 8.3 万人,女 6.3 万人;23～32 岁男 14.2 万人,女 10 万人)。国内生产总值 80 亿第纳尔,合 267 亿美元(1995 年)。国防费 8.6 亿第纳尔,合 29 亿美元(1996 年国防预算)。原油 7.44 亿桶(1994 年)。天然气 46.64 亿立方米(1994 年)。发电量 182 亿度(1993 年)。海运能力,商船(载重 100 吨以上)209 艘,总载重量 318.85 万吨(1992 年)。民航能力,固定航班机场 1 处,客运量 45.14 亿人千米、货运量 2.848 亿吨千米(1995 年)。

国防体制　国家元首、科威特埃米尔为武装力量统帅。国防部是最高军事行政机构,负责国防行政事务。武装力量主要由正规军和准军事部队组成。正规军分陆、海、空三个军种,准军事部队属内政部。

领导人物　埃米尔兼武装部队统帅谢赫·贾比尔·艾哈迈德·萨巴赫(1977 年 12 月上任)。国防大臣谢赫·艾哈迈德·哈穆德·贾比尔·萨巴赫(1994 年 4 月上任)。

武装力量　**兵力**　现役部队 1.53 万人。

陆军　1.1 万人。编有 2 个装甲旅、1 个炮兵旅、1 个机械化步兵旅、1 个工兵旅、1 个侦察旅。

主战坦克:M-84、M-1A2 型、"酋长"等共 215 辆。步兵战车:БМП-2/-3 型等共 211 辆。装甲输送车:140 辆。自行炮:59 门。火箭炮:9 门。迫击炮:50 门。反坦克导弹:"陶"式 118 具。

海军　约 1800 人(含海岸警卫队 400 人)。

导弹快艇:2 艘。

空军　约 2500 人。作战飞机 76 架,武装直升机 16 架。

攻击/战斗机:F/A18 型 40 架、"幻影"8 架。防暴兼教练机:"图卡诺人"等 28 架。运输机:4 架。直升机:28 架,其中 16 架 SA-342 型为攻击直升机。

预备役部队　2.37 万人。

准军事部队　国民警卫队 5000 人。

兵役制度　实行义务兵役制。士兵服役 2 年。

外国驻军　驻有来自 33 个国家的 1174 人组成的联合国维和部队。

(郝晓伟)

老挝

国　　名　老挝人民民主共和国。

主要统计　面积 23.68 万平方千米。人口 491.9 万人(其中,13～17 岁男 26.4 万人,女 26.1 万人;18～22 岁男 21.9 万人,女 21.7 万人;23～32 岁男 34.5 万人,女 34.5 万人)。国内生产总值 13950 亿基普,合 17 亿美元(1995 年)。国防费 710 亿基普,合 0.77 亿美元(1996 年国防预算估计)。发电量 9 亿千瓦(1993 年)。粮食 150 万吨(1994 年)。民航能力,固定航班机场 11 处,客运量 4400 万人千米,货运量 500 万吨千米(1995 年)。

国防体制　老挝人民军最高决策机构是人民革命党中央国防安保委员会。中央国防安保委员会由老党主席、政府总理、国防部长、内务部长和老军各总部最高长官组成,党的主席兼任中央国防安保委员会主席。国防部既是中央国防安保委员会的办事机构,又是军队的最高行政管理机构,下辖总参谋局、总政治局、总后勤局 3 大机关。3 大机关分别负责全军的作战训练、政治思想教育、后勤技术保障。武装力量由正规军、地方部队、预备役部队和民兵自卫队组成,正规军又称主力部队,分陆军和空军两个军种。中央国防安保委员会主席通过国防部对全国武装力量实施领导和指挥。

领导人物　人民革命党主席兼中央国防安保委员会主席坎代·西潘敦上将(1992 年 11 月上任),

国防部长朱马里·赛雅逊上将(1991年12月上任),总参谋局局长皮吉·杜昂斋准将,总政治局局长西岔·帕里坎中将,总后勤局局长宋培·特马拉准将。

武装力量　**兵力**　现役部队3.7万人。

陆军　3.3万人,划分为4个军区,编有5个步兵师、7个独立步兵团、3个工程兵团(其中2个建筑团)、5个炮兵营、9个高炮营、65个独立步兵连、1个轻型联络飞机小队。

坦克:T-54/-55型30辆,T-34/-85型若干辆,PT-76型25辆。装甲输送车:70辆。牵引炮:约75门。迫击炮、无坐力炮、高炮:若干门。地空导弹:SA-3/-7型若干部。

内河水兵部队　约500人。以连为单位编成,每连辖若干艇队,配属陆军指挥。装备有江河巡逻艇12艘、登陆艇4艘、小艇(船)约40艘。

空军　3500人。编有1个攻击战斗机团、1个运输机中队、1个直升机中队。作战飞机31架。

攻击战斗机:米格-21型29架。运输机:13架。直升机:12架。教练机:米格-21U型2架(具有作战能力)。空空导弹:"环礁"若干枚。

地方部队　2万余人,由省、市、县军事指挥部指挥,每省编有1至5个独立营和若干个独立连,有的省还编有防空连、通信连和侦察排等。

预备役部队　乌多姆赛、琅勃拉邦和华潘等省建有预备役部队,每个县编有1个预备役连,每个连70至170人。其他省也在加紧准备组建预备役部队。

民兵自卫队　分普通、机动和防空民兵3种。普通民兵每村编有1至2个班,每班7至9人;机动民兵编成排或连,每连75至85人,辖2至3个排,每排23至29人;防空民兵每个县城编有1个连,由县军事指挥部直接指挥。民兵自卫队的任务是:平时协同当地驻军维护国防治安,惩治犯罪和参与社会经济建设;战时参加战地运输或直接投入战斗。目前共有10余万人。

兵役制度　实行义务兵役制,战士服役期至少18个月;民兵服役年龄男14至45岁,女16至35岁。

军衔　军官军衔分3等11级,即将官4级(上将、中将、少将、准将),校官3级(上校、中校、少校),尉官4级(上尉、中尉、少尉、准尉)。士兵军衔分2等5级,即军士(上士、中士、下士),兵(一等兵、二等兵)。

(钟学良)

黎　巴　嫩

国　　名　黎巴嫩共和国。

主要统计　面积1.0452万平方千米。人口407.3万人(其中,13～17岁男20万人,女20.5万人;18～22岁男19.8万人,女20.3万人;23～32岁男36.7万人,女38.6万人)。国内生产总值124150亿黎镑,合77亿美元(1995年估计)。国防费7200亿黎镑,合4.55亿美元(1995年国防预算)。发电量39.5亿度(1993年)。粮食6.7万吨(1994年)。海运能力,商船(载重100吨以上)163艘,总载重量43.82万吨(1992年)。民航能力,固定航班机场1处,客运量15.88亿人千米、货运量3840万吨千米(1995年)。

国防体制　宪法规定,总统为武装力量统帅。最高国防决策机构为最高国防委员会,其成员有总统、内阁部长、军队司令、参谋长等,由总统任主席。国防部为最高军事行政机关,负责军队与地方部门的协调,提供防务咨询和建议,进行国际军事交往等工作。武装力量由正规军和准军事部队组成。正规军分陆、海、空三个军种。最高军事指挥机构为军队司令部。总统通过国防部和军队司令部对全国武装力量实施领导和指挥。

领导人物　总统兼武装力量统帅埃利亚斯·赫拉维(1989年11月上任)。国防部长米歇尔·伊德(1996年11月上任)。军队司令埃米勒·拉胡德中将(1990年上任)。参谋长里亚德·塔基丁少将(1990年上任)。海军司令埃利·哈耶克准将(1996年上任)。空军司令马哈茂德·马塔尔准将(1991年上任)。

武装力量　**兵力**　现役部队4.89万人。

陆军　约4.75万人。编有11个步兵旅、1个总统警卫旅、1个突击团、3个特种兵团、2个炮兵团、1个空中突击团。

坦克:M-48A1/A5型100辆、T-54/-55型200辆、AMX-13型30辆。装甲侦察车:"萨拉丁"40辆、"白鼬"5辆、AML-90型70辆、"猎鹿狗"30辆。装甲输送车、M-113型867辆、"萨拉逊"20辆、VAB-VCI型60辆、VAB-VTT型25辆、AMX-VCI型70辆、"庞阿尔"15辆。牵引炮:105毫米25门、122毫米40门、130毫米25门、155毫米60门。火箭炮:122毫米30门。迫

击炮:81 毫米 150 门、120 毫米 130 门。反坦克导弹:“安塔克”和“米兰”式若干具,“陶”式 20 具。无坐力炮:106 毫米若干门。高炮:20 毫米、23 毫米若干门,40 毫米 10 门。

海军　600 人。

巡逻艇:14 艘,另有武装小艇 27 艘。两栖登陆艇:2 艘。

空军　约 800 人。作战飞机 3 架,武装直升机 4 架。

战斗机:“猎人”3 架。教练机:6 架。运输机:2 架。攻击直升机:SA-342 型 4 架。运输直升机:44 架。

准军事部队　内部治安部队:约 1.3 万人,装备有装甲输送车 30 辆。海关:装备有巡逻艇 7 艘。

教派民兵武装　除“真主党”和“黎巴嫩南方军”外,大多数民兵实际上已经解散,并把重武器移交给了政府军。

“真主党”,穆斯林什叶派原教旨主义组织,亲伊朗。约有现役武装近 3000 人。装备有装甲输送车、火炮、火箭炮、火箭筒、无坐力炮,反坦克导弹和高炮。精神领袖是穆罕默德·侯赛因·法德拉拉。

“黎巴嫩南方军”(简称“南黎军”),以色列在黎巴嫩南部边境地区扶植的傀儡武装,现役兵力约 2500 人,主要是基督教徒、穆斯林什叶派和德鲁兹派成员组成,由以色列提供训练、装备和援助,占据着以色列边境和联合国驻黎巴嫩临时部队控制地区之间的安全区。装备有坦克、装甲输送车、122/130/155 毫米牵引炮和迫击炮。

兵役制度　实行义务兵役制,并招募部分志愿兵,士兵服役期 1 年。

军衔　军官分 3 等 9 级,即将官 3 级(中将、少将、准将)、校官 3 级(上校、中校、少校)、尉官 3 级(上尉、中尉、少尉)。

外国驻军　联合国驻黎巴嫩临时部队约 4491 人。伊朗驻有约 150 人的革命卫队。叙利亚驻有 3 万人。

(张今锺)

马　来　西　亚

国　　名　马来西亚。

主要统计　面积 32.9758 万平方千米。人口 2390 万人(其中,13～17 岁男 108.2 万人,女 103 万人;18～22 岁男 94.1 万人,女 90.4 万人;23～32 岁男 167.1 万人,女 163.7 万人)。国内生产总值 780 亿美元(1995 年)。国防费 24 亿美元(1996 年国防预算)。原煤 26 万吨(1993 年)。天然气 246.87 亿立方米(1994 年)。原油 2.35 亿桶(1994 年)。发电量 355.79 亿度(1993 年)。粮食 208.0 万吨(1994 年)。海运能力,商船(载重 100 吨以上)552 艘,总载重量 291.63 万吨(1992 年)。民航能力,固定航班机场 38 处,客运量 174.66 亿人千米、货运量 7.659 亿吨千米(1995 年)。

国防体制　宪法规定,国家元首为武装力量统帅。最高国防决策机构为国家安全委员会,总理兼任主席。内阁设国防部,为最高军事行政机关。武装力量由正规军和准军事部队两部分组成。正规军分海、陆、空三个军种,各军种均设参谋部。最高军事指挥机构为武装力量司令部。

领导人物　国家元首兼武装力量统帅端古·加法尔(1994 年上任)。总理兼国家安全委员会主席马哈蒂尔·穆罕默德(1981 年上任)。国防部长哈米德·阿尔巴尔(1995 年上任)。

武装力量　**兵力**　现役部队 11.45 万人。

陆军　9 万人。编有 2 个军区、1 个军、4 个师、12 个旅(其中 1 个机步旅、1 个空降旅)、1 支综合作战部队(包括 5 个装甲团、34 个步兵营、3 个空降营、5 个野战炮兵团、1 个高炮团、5 个工程兵团)、1 个特战团、1 个直升机中队。

轻型坦克:“蝎子”26 辆。装甲侦察车:SIBMAS 型 162 辆、AML-60/-90 型 140 辆、“白鼬”92 辆。步兵战车:KIFV 型 111 辆。装甲输送车:“突击队员”、“攻击者”、“神鹰”等共 705 辆。牵引炮:105 毫米 115 门、155 毫米若干门。无坐力炮:84 毫米若干门、106 毫米 150 门。高炮:35、40 毫米 52 门。地空导弹:“标枪”、“轻剑”等 60 部。直升机:SA-316 型 10 架。突击登陆艇:165 艘。

海军　1.2 万人。编有关丹、拉布安、槟榔屿、占晋 4 个海军区。

导弹护卫舰:“勒吉乌”级 2 艘。护卫舰:“卡斯图里”级 2 艘、“汉都亚”级 1 艘、“拉玛”级 1 艘。导弹攻击快艇:“汉达兰”级 4 艘、“柏达那”级 4 艘。巡逻艇:29 艘。扫雷艇:5 艘。两栖舰艇:3 艘。后勤支援舰船:3 艘。

海军航空兵　160 人,装备有 HAS-1 型武装直升机 12 架。

空军　1.25 万人。编有 4 个空军司令部、2 个攻击战斗机中队、3 个战斗机中队、2 个侦察机中队、7 个运输机中队(其中 3 个为直升机)、1 个地空导弹中队。作战飞机 79 架。

攻击战斗机:“鹰”式 27 架。战斗机:F-5 型 15 架、米格-29 型 18 架。武装侦察机:C-130H/MP 型 3 架、B200T 型 4 架。加油机:A-4、KC-130 型 8 架。运输机:C-130H 型、DHC-4 型等共 39 架。教练机:56 架,其中 12 架 PC-7 型具有作战能力。直升机:SA-316 型等共 56 架。空空导弹:“响尾蛇”若干枚。地空导弹:若干。

预备役部队　3.58 万人。其中陆军约 3.3 万人,海 2200 人,空军 600 人。

准军事部队　警察 1.8 万人(编成 5 个旅)。海上警察约 2100 人。地区治安警察 3500 人。边境侦察部队 1200 人。人民志愿团 24 万人。

部署　马来西亚以东经 109 度线为界把其本土和所属海域分为东西两部分。海军又把每部分各划成 2 个海军区,共分成 4 个海军区。全国主要海空军基地 7 处,其中海军基地 4 处(关丹、拉布安/山打根、卢木特、双溪安图),空军基地 3 处(吉隆坡、亚罗士打、吉打)。

兵役制度　实行志愿兵役制,服役期 10 年。

驻外兵力　共有 1591 人在国外参加联合国维和行动。

外国驻军　澳大利亚 148 人(陆军 115 人、空军 33 人)。

(郭　辉)

蒙　古

国　名　蒙古国。

主要统计　面积156.65万平方千米。人口 231.75 万人(其中,13～17 岁男 14.4 万人,女 13.8 万人;18～22 岁男 12.8 万人,女 12.3 万人;23～32 岁男 20.6 万人,女 20 万人)。国内生产总值 3910 亿图格里克,合 7.96 亿美元(1995 年)。国防费 107 亿图格里克,合 2200 万美元(1996 年国防预算)。原煤 742 万吨(1993 年)。发电量 32 亿度(1993 年)。粮食 44.3 万吨(1994 年)。民航能力,固定航班机场 1 处,客运量 2.896 亿人千米、货运量 580 万吨千米。

国防体制　宪法规定,总统为武装力量总司令,总统通过国防部长会议对军队实施指挥。国防部长会议由国防部长、总参谋长、边防局长、民防局长、国防部政策与规划局长、行政管理与协调局长、外事与信息研究局长等人组成,国防部长任主席。国防部长会议负责制定和实施国防政策,完善军队编制,管理国防经费,配备领导干部以及负责军队对外关系。国防部是最高军事行政机关,统管武装力量,下辖政策与规划局、行政与指挥协调局、外事与信息研究局等。武装力量由现役部队、预备役部队和准军事部队组成。现役部队包括陆军(即一般任务部队)、国土防空军、民防部队、建筑部队等。总参谋部是最高军事指挥机构,下辖武装力量后勤部、国土防空军司令部、建筑兵管理局等。

领导人物　总统兼武装力量总司令巴嘎班迪(1997 年上任)。国防部长道尔力格扎布(1996 年上任)。总参谋长达木丁苏伦少将(1996 年上任)。后勤部部长马格萨尔扎布上校(1996 年上任)。国土防空军司令宾巴扎布上校(1996 年上任)。

武装力量　**兵力**　现役部队 2.1 万人(含建筑部队和民防部队)。

陆军　1.55 万人。编有 4 个摩步师,1 个炮兵团,2 个独立营,1 个空降营。装备坦克:T-54/-55/-62 型 650 辆;装甲侦察车:БРДМ-2 型 135 辆;步兵战车:БМП-1 型 420 辆;装甲输送车:300 辆;牵引炮:300 门;火箭炮:135 门;迫击炮 140 门;反坦克炮 200 门。

国土防空军　2000 人。编有 1 个歼击机中队。作战飞机 13 架,武装直升机 12 架。

歼击机:米格-21 型 13 架。武装直升机:米-24 型 12 架。运输机:42 架。高炮:150 门。地空导弹:SA-7 型 300 部。

预备役部队　14 万人(陆军)。

准军事部队　边防部队 8000 人,内卫部队 1000 人,建筑部队 2700 人(现役),民防部队 800 人(现役)。

兵役制度　实行义务兵与职业准尉相结合,现役与预备役相结合的兵役制度。征兵年龄18～28岁，士兵服役年限1年。军官最高服役年龄：尉官45岁，校官50岁，将官55岁。

军衔 军官军衔分3等9级，即将官3级（上将、中将、少将），校官3级（上校、中校、少校），尉官3级（大尉、上尉、中尉）。准尉军衔设一级准尉、二级准尉、三级准尉。士兵军衔分军士和兵两等，军士设上士、中士、下士；兵设上等兵、列兵。

（刘效兰）

孟 加 拉 国

国　　名 孟加拉人民共和国。

主要统计 面积14.3998万平方千米。人口12337.1万人（其中，13～17岁男776.1万人，女732.5万人；18～22岁男686.8万人，女648.9万人；23～32岁男1057.7万人，女1001.8万人）。国内生产总值11280亿塔卡，合280亿美元（1995年）。国防费约207亿塔卡，合5.03亿美元（1996年国防预算）。原油40万桶（1994年）。天然气63.15亿立方米（1994年）。发电量96.85亿度（1993年）。粮食2874.1万吨（1993年）。海运能力，商船（载重100吨以上）301艘，总载重量56.68万吨（1992年）。民航能力，固定航班机场8处，客运量25.56亿人千米、货运量2.78亿吨千米（1995年）。

国防体制 宪法规定，总统为武装力量统帅。陆、海、空三军分立，三军参谋长分别是三军的最高首长。国防部由文官掌管，仅负责军事预算、军工生产和装备采购等行政事务，对军队无指挥权。准军事部队属内政部管辖，平时负责边、海防和内卫治安，战时配合正规军作战。

领导人物 总统兼武装部队总司令阿卜杜勒·拉赫曼·比斯瓦斯（1991年10月上任）、陆军参谋长努尔丁·可汗中将（1993年4月上任）、海军参谋长阿米尔·阿梅德·穆斯塔法少将（1990年8月上任）、空军参谋长阿尔塔夫·侯赛因·乔杜里（1993年2月上任）。

武装力量 **兵力** 现役部队11.75万人。

陆军 10.1万人。编有7个步兵师、17个步兵旅、1个装甲旅、2个装甲团、1个炮兵师、1个工兵旅、1个防空旅。

坦克：T-54/-55/-59/-69型等共约180辆。装甲输送车：20余辆。牵引炮：105、122毫米100门。迫击炮：81、82毫米若干门、120毫米50门。无坐力炮：106毫米30门。反坦克炮：57、76毫米68门。高炮：37毫米16门，57毫米若干门。

海军 约1万人。基地：吉大港（司令部）、达卡、库尔纳。

护卫舰：4艘。导弹快艇：8艘。鱼雷快艇：8艘。巡逻艇：16艘。江河船艇：5艘。扫雷艇：5艘。登陆舰艇：8艘。辅助舰船：5艘。

空军 6500人。编有5个攻击/战斗机中队、3个直升机中队。作战飞机57架。

攻击/战斗机：A-5型12架，F-6型17架，F-7型20架。运输机：3架。直升机：31架。教练机：68架（其中8架拉-39ZA型具有作战能力）。

准军事部队 5.5万人，其中孟加拉步枪队3万人（边防部队，编成37个营）；武装警察5000人；保安部队2万人。

兵役制度 实行志愿兵役制。陆军士兵一般需服役20年。

军衔 分5等14级，即将官2级（少将、准将）、校官3级（上、中、少校）、尉官3级（上、中、少尉）、军士3级（上、中、下士）、兵3级（一等兵、二等兵、新兵）。

驻外兵力 1996年共有1722名官兵在克罗地亚、格鲁吉亚、伊拉克/科威特边境、利比里亚、波黑、安哥拉、海地、马其顿、塔吉克斯坦、西撒哈拉执行联合国维和任务。

（张宏伟　吴　炯）

缅　甸

国　　名　缅甸联邦。

主要统计　面积67.6581万平方千米。人口4779.9万人(其中,13～17岁男249.6万人,女244万人;18～22岁男234.2万人,女227.9万人;23～32岁395万人,女399.9人)。国内生产总值约150亿美元(1995年)。国防费16亿美元(1996年度国防预算)。原煤7.1万吨(1993年)。原油600万桶(1994年)。天然气11.02亿立方米(1994年)。发电量30.3亿度(1993年)。粮食1960.7万吨(1994年)。海运能力,商船(载重100吨以上)144艘、总载重量135.4万吨(1992年)。民航能力,固定航班机场19处、客运量2.216亿人千米、货运量820万吨千米(1995年)。

国防体制　"国家恢复法律和秩序委员会"主席(相当于总统)为国防军总司令。国防部为国防军最高统率机关,统管作战、训练和军工等工作。武装力量由正规军和准军事部队组成。正规军分陆、海、空三个军种。最高军事指挥机构为总参谋部。"国家恢复法律和秩序委员会"通过国防部和总参谋部对全国武装力量实施领导和指挥。

领导人物　"国家恢复法律和秩序委员会"主席兼政府总理、国防部长和三军总司令丹瑞大将(1992年4月上任)。国防军副总司令兼陆军司令貌埃上将(1993年8月上任)。海军司令丁埃少将(1995年6月上任)。空军司令丁威中将(1995年6月上任)。

武装力量　**兵力**　现役部队约32.1万人。

陆军　约30万人。编有10个轻装步兵师师部、10个军区司令部、32个战术指挥部、245个步兵营、7个炮兵营、4个装甲营和2个高炮营。

主战坦克:"彗星"等共106辆。轻型坦克:63型约105辆。装甲侦察车:"白鼬"、"亨伯"、"马自达"共115辆。装甲输送车:270辆。牵引炮:约246门。火箭炮:30门。迫击炮:约80门。无坐力炮:约500门。反坦克炮:60门。高炮:46门。

海军　1.2～1.5万人(含陆战队)。

轻型护卫舰:"杨岱昂"和"杨基昂"各1艘。巡逻艇:56艘。两栖舰艇:15艘。支援舰船:4艘。

陆战队　800人(1个营)。

空军　9000人。编有3个战斗机中队、2个攻击战斗机中队、2个防暴机中队和4个直升机中队。作战飞机91架、武装直升机18架。

战斗机:F-7型30架、FT-7型6架。攻击/战斗机:A-5M型24架。防暴机:PC-7/-9型19架、"超海鸥"12架。运输机:12架。联络机:7架。直升机:共57架,其中米-2型10架、米-17型8架为武装直升机。

准军事部队　约85250人,其中人民警察5万人、民兵3.5万人、渔业部门250人及11艘船只。

兵役制度　实行志愿兵役制。

军衔　军官分3等11级,即将官5级(大将、上将、中将、少将、准将)、校官3级(上校、中校、少校)、尉官3级(上尉、中尉、少尉)。

(孟　丽)

尼 泊 尔

国　　名　尼泊尔王国。

主要统计　面积14.7181万平方千米。人口2195.5万人(其中,13～17岁男129.3万人,女121.4万人;18～22岁男106万人,女98.4万人;23～32岁男162.8万人,女150万人)。国内生产总值2210亿尼泊尔卢比,合43亿美元(1995年)。国防费约25亿尼泊尔卢比,合0.44亿美元(1995年国防预算)。发电量9.36亿度(1993年)。粮食592.9万吨(1994年)。民航能力,固定航班机场24处,客运量7.06亿人千米、货运量1100万吨千米(1995年)。

国防体制 国王为武装力量统帅。国王通过王宫军事秘书处、皇家军队司令部和国防部指挥和管理军队。王宫军事秘书处是国王的军事参谋机构。皇家军事司令部是国王统帅军队的指挥机构，由参谋长领导。国防部由文官组成，对军队无指挥权，主要负责军费预算、武器装备和军需物资的供应，办理外国的军事援助，确定兵源补充，并对军官的提升、任免提出建议。武装力量主要由现役部队和准军事部队组成。现役部队只有陆军。

领导人物 武装力量统帅比兰德拉国王。国防大臣尼帕尔（1994 年上任）。陆军参谋长拉纳上将（1991 年上任）。

武装力量 **兵力** 现役部队 4.3 万人。

陆军 4.28 万人。编有 1 个皇家警卫旅、5 个步兵旅（辖 14 个步兵营）、1 个特种作战旅（辖 1 个空降营、1 个侦察骑兵中队）。

装甲侦察车："白鼬"25 辆。牵引炮：75、94、105 毫米 25 门。迫击炮：81 毫米若干门、120 毫米 70 门。高射机枪：14.5 毫米 30 挺。高炮：40 毫米 2 门。

空军 200 人。属陆军。装备运输机 4 架、直升机 8 架。

准军事部队 武装警察 2.8 万人。

部署 尼泊尔陆军主要部署在加德满都和尼泊尔与印度边境一带。

兵役制度 实行志愿兵役制度。士兵服役期一般为 15 年。各级军官最高服役年限：将官 60 岁、校官 55 岁、尉官 52 岁。

军衔 分 3 等 10 级，即将官 4 级（上将、中将、少将、准将），校官 3 级（上校、中校、少校），尉官 3 级（上尉、中尉、少尉）。

驻外兵力 1996 年尼泊尔共有 766 名官兵在波黑、克罗地亚、黎巴嫩和马其顿等国执行联合国维和任务。

（张宏伟 吴 炯）

日 本

提要 日本当局口头上宣称坚持既定的国防政策，但为实现其“政治大国”的战略目标，对其国防政策中的某些重要原则，继续进行违反宪法精神的修正。继续调整其军事战略，强调“多元威胁”，渲染日本周边的紧张局势，为其进一步加强日美军事同盟，密切日美军事合作，大力扩充军力，以对付多方向、多类型的威胁，尤其对所谓朝鲜半岛、台湾海峡、南海地区“发生紧急事态时能采取相应对策”制造理论根据。从总体上讲，武器装备的数量有所减少，2000 年前，有些武器装备的数量将继续削减，但质量会进一步提高，作战能力将进一步增强。

国 名 日本国。

主要统计 面积 37.87 万平方千米。人口 12553.8 万人（其中，13～17 岁男 404.7 万人，女 384.7 万人；18～22 岁男 467.6 万人，女 444.8 万人；23～32 岁男 917.3 万人，女 878.6 万人）（1995 年）。国民生产总值 4975000 亿日元（1995 年度预测）。国防费 47236 亿日元（1995 年度预算），占国民生产总值的 0.959%，占政府财政支出的 6.65%。粗钢 10164 万吨（1995 年）。原煤 674.2 万吨（1994 年）。原油 87 万千公升（1994 年）。天然气 227400 万立方米（1994 年），发电量 8492.6 亿度（1994 年）。主要农作物总产量 1301.34 万吨（1994 年）。海运能力，商船（载重 100 吨以上）6950 艘，总吨位 1903 万吨（1995 年）。民航能力，固定航班机场 91 处，客运量，国内航线 592.46 亿人千米、国际航线 620.1 亿人千米，货运量，国内航线 69179.1 万吨千米，国际航线 516378.8 万吨千米（1994 年）。

国防政策 日本政府宣称，其国防政策的基本依据是在日本国宪法指导下制定的《国防基本方针》。这一基本方针的核心是，积极进行国际协调，为世界和平做出努力，促进人民生活稳定，从而确立安全保障的基础，建设一支有效的防卫力量，加强日美安全保障体制。根据这一基本方针，日本当局强调遵守战后宪法，贯彻“专守防卫”的战略方针，不做威胁他国的军事大国。与此同时，继续坚持日美安全保障体制和“文官治军”的原则，坚持“非核 3 原则”，建设适度的防卫力量。根据日本当局的解释，所谓“专守防卫”，即只有在遭到对方武力进攻时，才行使武力，而且行使武力限制在自卫所必需的最小限度。所以，日本当局认为，这是一种被动的战略姿态。所谓“不做军事大国”，即日本不保持超越自卫所必需的最小限度的和威胁他国的强大军事力量。"非核3原则",指的是不拥有、不制造、不运进核武器。日本政府强调"非核3原则"作为日本的国策加以坚持。"文官治军"指的是西方国家所谓的"政治优先于军事",或"对军事力量实施的民主主义的控制"。日本当局强调这一原则是汲取战前的经验教训,为确保日本自卫队能始终按照国民的意志进行建设和运用而采取的严格的文官控制制度。

随着日本经济的不断发展,综合国力的不断增强,日本当局强烈希望改变长期以来在国际事务中的地位与其经济大国地位不相称的现状,要求"为国际作贡献",争取成为世界政治大国。为实现这一战略目标,必须积极发展军事力量,使之真正成为实现其政治目标的有力工具和后盾。但是,日本发展军事力量,受到其宪法和舆论的严重制约,而要达到其既定政治目标,必须冲破对军事力量发展的某些制约和束缚。所以,近年来,国内围绕修改宪法,以消除发展军事力量的障碍的是与非问题,展开激烈的争论。在这种形势下,日本当局一面慑于国内外舆论和压力而口头上承诺继续坚持宪法指导下制定的国防方针和政策,一面却在谋求和正在对其国防政策进行修正。所以近年来,日本国防政策已经出现了一些明显的变化。例如,日本政府在"为国际作贡献"的名义下,强行通过"联合国维持和平行动合作法"后,多次向海外派出自卫队;日本有关当局多次声称,行使自卫权的地理范围,"未必仅限于日本的领土、领海、领空"。并宣布要保护1000海里海上交通线。这都大大扩大了日本的防卫范围,改变了日本长期以来一直标榜的"专守防卫"的本来涵义。日本政府早就允许装载核武器的美国舰艇使用日本港口,违背了"无核3原则"。日本早就紧密地同美国合作,积极研究所谓紧急时日美军联合作战问题,并把某些先进军事技术转让给美国,摈弃了"不参加集体自卫"的方针和"禁止出口武器3原则"的承诺。日本国防政策发生的这些变化,必然引起国际社会尤其是亚洲各国人民的严重关注,甚至遭到国际舆论的批评和谴责。

军事战略　日本当局认为,进入90年代以后,世界形势发生了重大变化,特别是冷战结束以后,东西方军事对峙逐步消失,世界军事形势逐步走向缓和,大规模武装冲突的可能性日趋减小;但另一方面,地区性冲突此伏彼起,大规模破坏性武器和弹道导弹等武器的扩散和技术的转让日趋严重,新的威胁和危险性在增大,国际形势中仍然存在着许多不透明、不稳定、不可靠的因素。特别在日本周边,朝鲜半岛、台湾海峡、南海地区等,还存在着"不确实"、不稳定的因素,局势仍然紧张。在这样的形势下,日本近年来一直致力于对其军事战略进行较大幅度的调整,目前这种调整仍在继续中,但其基本框架和内容已经形成。

(一)强调"多元威胁",注重多方位防御。在过去苏美争霸、东西方尖锐对立的时代,日本对苏联的扩张主义和在亚洲尤其日本周边地区的扩军备战活动保持高度警惕,认为苏联对日既有侵略意图,又有侵略能力,对日构成严重的现实威胁,因而一直把苏联作为主要作战对象。苏联解体后,过去的作战对象已不复存在。但是,日本认为,近些年来,远东俄军在数量上有所减少,质量上却有很大提高。加之俄国内政治和经济形势不稳定,俄军今后的动向仍然有许多不确定的因素,因而必须予以重视。1996年版日本《防务白皮书》把对朝鲜半岛形势的分析放到了最突出的位置,认为"韩国和北朝鲜在非军事区两侧部署了150万地面部队,其剑拔弩张的军事格局,冷战后基本没有变化。北朝鲜研制核武器和使其弹道导弹远射程化的倾向,加剧了朝鲜半岛的紧张局势。这对包括日本在内的东亚地区的安全来说,是一个重大的不稳定因素。"表明日本当局对该地区形势发展的严重关注,也说明朝鲜民主主义人民共和国在日本军事战略中的地位在上升和提高。白皮书还对中国军事力量的发展及中国南海地区军事形势表示"极大的关注",流露出对中国军事力量增强的忧虑和戒心,这表明日本把所谓"中国的威胁"摆到了相当突出的位置。从上述情况可以看出,日本当局已经认识到,威胁日本安全的性质和形态发生了很大变化。过去主要威胁来自其北方的苏联,现在,"分散而难以确定的各种性质的危险并存"。这种"复合形态"的威胁,包括俄罗斯的威胁,朝鲜半岛、南亚等地区的不稳定形势和冲突,"中国的威胁",甚至国际恐怖活动、大规模灾害、难民潮等等突发事件。日本当局的这种认识,是其大幅度调整军事战略的重要依据。为此,正在把过去以北海道作为防御和抗击苏联入侵的重点方向,逐步转换为:在继续重视北部方向防御部署的同时,加强西部方向兵力部署的多方位防御体制。为实现这种转换,日本采取许多实际措施和步骤,例如,将适当增加西部地区的兵力,增强西部地区部队的武器装备,加强针对来自西部方向威胁的军事演练等等,以逐步达到兵力部署上的均衡,有效地对付和处理来自任何方向的威胁和任何形式的突发事件。

(二)进一步坚持和维护日美军事同盟。冷战结束,苏联瓦解后,日美失去了共同的对手和作战目标。在这种新的形势下,日本当局认为,日美军事同盟并没有失去其存在和发展的基础,而只是其基础的重心及其内容随着形势的变化而进一步稳固和完善。苏联解体后，美国便成了世界上唯一的超级大国，在可以预见的未来，世界上没有一个国家能取代美国的地位和作用。日本也需要美国在包括日本在内的亚洲保持其军事存在，以维持这一地区的力量均衡和地区稳定。所以，日本在冷战结束以后，需要进一步坚持和维护日美军事同盟，并把它作为日本军事战略的重要支柱之一。但是，在新的历史时期和新的形势下，它的性质和作用将发生很大变化，它将由过去主要“对付苏联威胁”转换到“稳定地区局势”上来。1992年1月，美国前总统布什访日时签署的《关于日美全球伙伴关系的东京宣言》和1996年4月，克林顿总统访日时签署的《日美安全保障联合宣言》都重申，两国在新的历史时期，将继续保持战略上的协调，进一步加强政治、经济、科技、文化及军事等各个领域的合作。尤其《日美安全保障联合宣言》，更加强调扩大日美之间的合作，认为这种合作是“日本防卫最有效的力量”，要重新研究和评估《日美防务合作指导方针》，“进一步发展目前基于这一指针而进行的合作，建立新的安全环境中的更有效的关系。”这些合作，其中包括就国际形势特别是亚太地区的形势进一步交换信息和意见，进行密切协商；研究在因日本周边地区可能发生的事态而对日本的和平与安全产生重大影响的情况下的日美合作问题；日美军相互提供后勤支援、物资和劳务；加强日美军事技术交流；继续在反导系统的研究和部署方面进行合作；加强日美联合军事训练、演习及日美联合作战研究等等。

（三）继续坚持“专守防卫”的战略方针。日本当局认为，日本既然是个独立国家，那么其作为主权国家的自卫权就应得到承认；因此，“保持一支保证行使自卫权所必需的最小限度的实力”是宪法所允许的。既然是一支行使自卫权所必需的防卫力量，那么“专守防卫”就应该是日本的基本国防政策和战略方针。日本历届政府都声称并再三强调，要在日本国宪法的指导下，“贯彻专守防卫”的战略方针，但实际上，早已打破“专守防卫”的框框，日益体现出其战略方针的积极性和主动性。这种积极性和主动性已经基本取代了原来日本当局给“专守防卫”所规定的“被动性”的本来涵义。在自卫队的基本任务和职能上，日本当局强调“为国际作贡献”，派遣自卫队到海外去执行维和任务和参加人道主义救援活动，从而打开了“海外派兵”的禁区；在作战思想和作战理论上，日本当局扩大解释行使自卫权的地理范围，提出“远方迎敌”、“海上击破”的原则，强调在距日本本土尽可能远的地方歼灭敌人，冲破了“专守防卫”只准许日本自卫队在日本领土、领海、领空抗击武力进攻的基本原则；在武器装备发展上，自卫队当局正在积极引进和计划装备空中加油机、反导系统等具有战略进攻性质的武器系统，使自卫队的陆、海、空进攻能力大幅度提高。由此可见，所谓“专守防卫”，正在逐步改变它原来的性质和意义。

（四）坚持和推进质量建军原则，提高自卫队在高技术条件下的作战能力。在军事力量发展上重视质量，抑制数量，是日本当局从战后自卫队创建以来一直坚持的重要建军方针和原则，是日本军事战略的一个重要组成部分。日本军政当局认为，在新的国际形势和安全环境下，军事力量发展的方向，更不是数量上的庞大，而是质量上的优越。日本首相桥本龙太郎，在1996年6月自卫队高级干部会议上强调要“进一步努力促进防卫力量的合理化、效率化、精强化，提高防卫力量的质量，使之能够有效地对付各种形式和样式的紧急事态。”为此，日本当局除继续为其防卫力量的发展投入高额军费，发展高技术武器，改革教育训练体制，提高官兵军事素质外，还对部队体制编制采取了根本的改革措施，使其编成真正形成多样化结构，以增强兵力运用的灵活性，能对各种突发事件和紧急事态做出快速反应，提高和增强高技术条件下的作战能力。

国防体制 **统帅机构** 日本国防组织的最高领导人、自卫队的最高统帅是内阁总理大臣，他代表内阁对自卫队行使最高指挥监督权。内阁会议是国防问题的最高决策机构，负责对提交国会审议的有关国防问题的法律草案、预算草案作出决定，制定有关政令，决定有关国防的重大方针和计划。安全保障会议是国防问题的最高审议机构，它由以下人员组成：根据《内阁法》第9条的规定预先指定的国务大臣、外务大臣、大藏大臣、内阁官房长官、国家公安委员会委员长、防卫厅长官、经济计划厅长官，由内阁总理大臣任主席。当主席认为必要时，可让有关国务大臣、参谋长联席会议主席及其他有关人员列席会议、陈述意见。安全保障会议的职责是：审议有关国防的重要事项及处置重大紧急事态的重要问题。防卫厅是在内阁总理大臣领导下处理国防事务的行政机关，其任务是“管理、指挥陆上、海上、航空自卫队，处理与此有关的事务。”防卫厅直属总理府，防卫厅长官由内阁总理大臣任命的国务大臣担任，在内阁总理大臣的指挥与监督下领导防卫厅的工作，统管防卫厅的业务，并通过陆海空自卫队参谋长指挥自卫队。参谋长联席会议是辅佐防卫厅长官的合议体参谋机构，主要任务是统一和协调陆海空自卫队的运用。职责是：制定合同作战计划、合同后勤计划和合同训练计划，统一、协调自卫队军事行动的指挥命令，协助防卫厅长官指挥两个以上军种的合成部队的作战行动，搜集情报、调查研究，以及防卫厅长官交办的其他事项。参谋长联席会议由自卫队现役军人中资历最深、军衔最高者任主席，主持和领导参谋长联席会议的工作。

日本的武装力量由现役部队、在军事部门服务的文职人员和预备役部队组成。正规部队分为陆上自卫队、海上自卫队、航空自卫队。

作战指挥系统 内阁总理大臣是陆、海、空自卫队的最高指挥官。防卫厅是内阁总理大臣对陆、海、空自卫队实施指挥的职能机关。防卫厅长官在内阁总理大臣的指导监督下，统一领导和指挥陆、海、空自卫队。陆海空自卫队分别设有参谋部，作为防卫厅长官的参谋机构和各自卫队的指挥管理机构，负责制定各自的作战计划、教育训练计划及编制、装备、后勤保障、情报搜集、卫生保健、人事等计划。它既是防卫厅长官的参谋机构，又是管理和运用各自卫队的执行机构。防卫厅长官通过各自卫队参谋长对陆、海、空自卫队实施领导和指挥。参谋长联席会议主席协助防卫厅长官对自卫队的运用进行统一和协调。

领导人物 内阁总理大臣兼自卫队最高统帅桥本龙太郎(1996 年 1 月上任)。国务大臣、防卫厅长官久间章生(1996 年 11 月 7 日上任)。参谋长联席会议主席杉山蕃上将(1996 年 3 月 25 日上任)。陆上自卫队参谋长渡边信利上将(1996 年 3 月 25 日上任)。海上自卫队参谋长夏川和也上将(1996 年 3 月 25 日上任)。航空自卫队参谋长村木鸿二(1996 年 3 月 25 日上任)。

武装力量 **兵力** 现役部队编制定员 273801 人，实有兵员 242693 人(均含参谋长联席会议 160 人，截至 1996 年 3 月 31 日)。

陆上自卫队 编制定员 18 万人，实有兵员 152515 人。编成 5 个军区、12 个步兵师、1 个坦克师、2 个混成旅、1 个空降旅、1 个炮兵旅、5 个工兵旅、8 个防空导弹群。截至 1996 年 3 月底，共装备坦克 1130 辆(90 型、74 型、61 型)；装甲输送车 730 辆(73 型、60 型)；各型火炮 6230 门(辆)；各型飞机 480 架；各型反坦克导弹约 700 具(79 型、87 型、64 型)；“霍克”防空导弹 200 余部。

海上自卫队 编制定员 46085 人，实有兵员 44135 人。编成 1 个自卫舰队、1 个护卫舰队、1 个航空集团、1 个潜艇舰队、5 个地方队。截至 1996 年 3 月底，共装备各型作战舰艇 158 艘，舰艇总吨位约 34.6 万吨，其中驱逐舰、护卫舰 60 艘 18.2 万吨，潜艇 16 艘 3.7 万吨；各型作战飞机 213 架。

航空自卫队 编制定员 47556 人，实有兵员 45883 人。编制 1 个航空总队、3 个航空方面队、1 个航空混成团、6 个战斗航空团、6 个防空导弹群、1 个航空支援集团、1 个航空教育集团、2 个训练航空团、3 个飞行教育团、1 个航空开发实验集团等。截至 1996 年 3 月底，共装备各型作战飞机约 467 架，其中截击机 300 架、强击机 74 架，预警机 13 架、运输机 42 架、运输直升机 15 架。

文职人员 25186 人。

预备役部队 47900 人。其中陆上自卫队 4.6 万人，海上自卫队 1100 人，航空自卫队 800 人。

部署 陆上自卫队参谋部驻东京都。北部军区所辖防区为北海道地区，司令部驻札幌市，辖 4 个师、1 个炮兵旅、1 个防空导弹旅、1 个工兵旅。

东北部军区所辖防区在本州地区东北部，司令部驻仙台市，辖 2 个步兵师、1 个炮兵群、1 个防空导弹群、1 个工兵旅。

东部军区所辖防区在本州地区中部，司令部驻东京都，辖 2 个步兵师、1 个空降旅、1 个防空导弹群、1 个工兵旅。

中部军区所辖防区在本州地区西南部，司令部驻伊丹市，辖 3 个步兵师、1 个混成旅、1 个防空导弹群、1 个工兵旅。

西部军区所辖防区在九州和冲绳地区，司令部驻熊本市，辖 2 个步兵师、1 个混成旅、1 个防空导弹旅、1 个炮兵群、1 个工兵旅。

防卫厅长官直辖的第 1 直升机旅驻木更津。

海上自卫队参谋部驻东京都，分为横须贺、吴、佐世保、舞鹤、大凑 5 个警备区。在横须贺警备区的横须贺基地部署有自卫舰队、护卫舰队、潜艇舰队的司令部、第 1 护卫队群、第 2 潜艇队群、第 2 扫雷队群及横须贺地方队。航空集团司令部驻厚木。教育航空集团司令部驻下总。在吴警备区的吴基地驻有第 4 护卫队群、第 1 潜艇队群、第 1 扫雷队群、练习舰队司令部及吴地方队。在佐世保警备区的佐世保基地驻有第 2 护卫队群和佐世保地方队。在舞鹤警备区的舞鹤基地驻有第 3 护卫队群和舞鹤地方队。在大凑警备区的大凑基地驻有大凑地方队。

航空自卫队参谋部驻东京都。北部防空区：千岁部署有第 2 航空团、第 3 防空导弹群、第 1 基地防空群；三泽部署有北部航空方面队司令部、第 3 航空团、北部航空警戒管制团、第 6 防空导弹群。中部防空区：浜松、小松、百里分别部署有第 1、第 6 和第 7 航空团；岐阜部署有第4防空导弹群；入间部署有第1防空导弹群、中部航空警戒管制团、航空开发实验集团司令部、航空救护团；航空总队、中部航空方面队、航空教育集团的司令部分别设在府中、入间、浜松。西部防空区：新田原、筑城分别部署有第5、第8航空团；春日部署有第2防空导弹群、西部航空警戒管制团，西部航空方面队司令部也设在春日。西南防空区：冲绳岛那霸市设有西南航空混成团司令部，并部署有第83航空队、第5防空导弹群、西南航空警戒管制队。

兵役制度 日本实行志愿兵役制，又称募兵制。上等兵(含)以下实行任期制：陆上自卫队为2年(专业技术兵为3年)，海上和航空自卫队为3年。任期届满后，根据本人志愿并经审查合格后可继续延长2年任期；军士和军官为职业军人，实行退休制。各级退休年龄分别为：将官60岁，上校56岁，中校和少校55岁，上尉至上士54岁，中士以下53岁。对从事医务和音乐等职业的上校以下军人，其退休年龄适当延长，最长可到60岁。

军衔 日本自卫队军衔共分6等18级，即将官3级(上将、中将、少将)、校官3级(上校、中校、少校)、尉官3级(上尉、中尉、少尉)、准尉1级、军士4级(军士长、上士、中士、下士)、兵4级(上等兵、一等兵、二等兵、三等兵)。

外国驻军 目前，美国在日本的驻军约45300人，其中陆军约2000人、海军约6900人、海军陆战队约21300人、空军约15100人。

军工生产能力 日本自卫队武器装备的试制和生产，全部委托民间企业承担。目前2000多家有资格进行武器装备生产的企业，在若干技术先进、实力雄厚的骨干企业带动下，可生产各种先进的军事装备。这些企业，军工生产能力强、潜力大，可自己生产或仿制世界上最先进的武器装备。但因各种因素的制约，军工生产规模较小，1994年度军工产值为18273亿日元，占当年工业总产值的0.61%。

(黄全鹏)

塞浦路斯

国 名 塞浦路斯共和国。

主要统计 面积9251平方千米。人口74.78万人(其中，13～17岁男3万人，女2.8万人；18～22岁男2.7万人，女2.5万人；23～32岁男5.6万人，女5.3万人)。国内生产总值39亿塞浦路斯镑，合79亿美元(1995年)。国防费1.7亿塞浦路斯镑，合3.58亿美元(1996年国防预算)。发电量25.81亿度(1993年)。粮食14.8万吨(1994年)。海运能力，商船(载重100吨以上)1416艘，总载重量3619.8万吨(1992年)。民航能力，固定航班机场2处，客运量30.63亿人千米、货运量3580万吨千米(1995年)。

国防体制 总统通过国防部统帅全国武装力量。武装力量由国民警卫队和武装警察等组成。国民警卫队司令和一些高级军官由希腊军官担任。

领导人物 总统兼武装力量统帅格拉夫科斯·克莱里季斯(1993年2月上任)。国防部长科斯塔斯·埃利德斯(1993年上任)。

武装力量 **兵力** 现役部队1万人。

国民警卫队 1万人。编有1个军部、2个师、3个旅、1个团、9个营、1个岸防连。

坦克：AMX-30B-2型52辆。装甲侦察车：“响尾蛇”等139辆。步兵战车：VAB-VCI型27辆。装甲输送车：318辆。牵引炮：86门。自行炮：12门。火箭炮：12门。迫击炮：392门。反坦克导弹：“米兰”、“霍特”等117具。无坐力炮：364门。高炮：86门。地空导弹：SA-7型、“西北风”等约66部。巡逻艇：10艘。巡逻机：3架。直升机：9架。

预备役部队 8.8万人，其中第1类预备役4.5万人(20～34岁)，第2类预备役4.3万人(35～50岁)。

准军事部队 武装警察3700人，装备有装甲车辆若干、直升机1架。海上警察320人，装备有巡逻快艇3艘。

兵役制度 实行义务兵役制。士兵服役26个月，然后转服预备役直至50岁，军官服役最高年龄为65岁。

外国驻军 希腊驻军950人；英国驻军3900人；联合国维和部队约1147人。

(郝晓伟)

沙特阿拉伯

国　名　沙特阿拉伯王国。

主要统计　面积224万平方千米。人口1928.62万人(其中,13～17岁男117.2万人,女104.9万人;18～22岁男95.2万人,女84.4万人;23～32岁男145.1万人,女119.8万人)。国内生产总值4780亿里亚尔,合1250亿美元(1995年)。国防费520亿里亚尔,合139亿美元(1996年国防预算)。原油29.24亿桶(1994年)。天然气355.1亿立方米(1994年)。发电量633.31亿度(1993年)。粮食450.9万吨(1994年)。海运能力,商船(载重100吨以上)301艘,总载重量138.17万吨(1992年)。民航能力,固定航班机场25处,客运量185.72亿人千米、货运量7.18亿吨千米(1995年)。

国防体制　国王为皇家军队统帅。最高国防决策机构为高级防务委员会,成员有国王、国防与航空大臣、财政与经济大臣、通信与外交大臣和武装力量总参谋长,由国王任主席。国防部为最高军事行政机构。武装力量由正规军和准军事部队组成。正规军分陆、海、空和防空军四个军种。最高军事指挥机构为总参谋部。国王通过国防部和总参谋部对全国武装力量实施领导和指挥。

领导人物　国王兼武装力量统帅法赫德·本·阿卜杜勒·阿齐兹(1982年上任)。国防与航空大臣苏丹·本·阿卜杜勒·阿齐兹亲王(1982年上任)。总参谋长萨利赫·本·阿里·穆海亚(1996年上任)。

武装力量　**兵力**　现役正规部队10.55万人。

陆军　7万人。编有3个装甲旅、5个机械化旅、1个空降旅、1个王室警卫团、8个炮兵营、1个陆航司令部。

主战坦克:1055辆(M-1A2、AMX-30、M-60A3型)。装甲侦察车:AML-60和AML-90型235辆。步兵战车:AMX-10P型、"布雷德利"共970辆。装甲输送车:850辆。牵引炮:105、155、203毫米共248门。自行炮:155毫米200门。火箭炮:"阿斯特罗斯"Ⅱ型60门。迫击炮:107、120毫米400门。反坦克导弹:"陶"、"龙"和"霍特"式若干具。无坐力炮:84毫米300门、90和106毫米若干门。直升机:55架。地空导弹:"红眼睛"500部、"响尾蛇"和"毒刺"若干部。

海军　1.35万人(含陆战队)。编有2个舰队。

护卫舰:8艘。导弹快艇:9艘。鱼雷快艇:3艘。巡逻艇:17艘。海岸扫雷舰艇:7艘。登陆艇:8艘。辅助舰船:7艘。

陆战队　3000人。编有1个海军步兵团,装备步兵战车140辆。

海军航空兵　装备有AS-365N型直升机21架(其中17架为武装直升机)、AS-332B/F型直升机12架(其中6架为武装直升机)。

空军　1.8万人。编有5个攻击战斗机中队、6个战斗机中队、1个侦察机中队、1个预警机中队、2个改装训练机中队、3个运输机中队、2个直升机中队。作战飞机301架,武装直升机12架。

攻击战斗机:F-5E/F型共70架、"旋风"46架。战斗机:F-15C/D/S型共100架。"旋风"24架。侦察机:RF-5E型10架。预警机:5架。加油机:15架。改装训练机:F-5B型14架、F-5F型7架。运输机:C-130型等共48架。直升机:共98架(其中AH-64A型12架具有作战能力)。教练机:121架(其中30架"鹰"式具有作战能力)。皇家专机:飞机23架、直升机4架。

防空军　0.4万人。编有33个地空导弹连。

高炮:20、30、35、40毫米共420门。地空导弹:"夏安"、"霍克"、"响尾蛇"等共309部。

准军事部队　国民警卫队7.7万人(现役5.7万人、部族部队2万人),编有3个机械化步兵旅、5个步兵旅、1个骑兵仪仗队,装备有轻型装甲车262辆、装甲输送车730辆(另贮存有810辆)、牵引炮70门、迫击炮和无坐力炮若干门、"陶"式反坦克导弹若干具。边防部队1.05万人。海岸警卫队4500人,装备有巡逻艇等约52艘。特种安全部队500人,装备装甲输送车若干辆。民防部门装备有直升机10架。

兵役制度　平时实行志愿兵役制,战时实行义务兵役制。服役期限一般为3年。

外国驻军　"半岛之盾"部队约7000人,1个步兵旅(由海湾合作委员会成员国派出)。法军130人,装备飞机8架。美军约5000人(陆军约700人,1支"爱国者"防空导弹部队;空军约4400人,装备有F-15、F-

16、F-117、C-130、KC-135、U-2 和 E-3 型飞机)。英军约 200 人,“旋风”式飞机 8 架。 (张连国、蔡 勇)

斯 里 兰 卡

国 名 斯里兰卡民主社会主义共和国。

主要统计 面积 6.561 万平方千米。人口 1827 万人(其中,13～17 岁男 92.9 万人,女 89.1 万人;18～22 岁男 84.1 万人,女 82.7 万人;23～32 岁男 154.3 万人,女 152.4 万人)。国内生产总值 6530 亿卢比,合 127 亿美元(1995 年)。国防费 380 亿卢比,合 7.01 亿美元(1996 年国防预算)。发电量 39.79 亿度(1993 年)。粮食 262 万吨(1994 年)。海运能力,商船(载重 100 吨以上)66 艘,总载重量 47.26 万吨(1992 年)。民航能力,固定航班机场 1 处,客运量 36.84 亿人千米、货运量 1.162 亿吨千米(1995 年)。

国防体制 宪法规定,总统为武装部队总司令。最高国防决策机构为国家安全委员会,成员有国防部长,国家安全部长,陆、海、空三军司令,警察总监等,主席由总统兼任。国防部为最高军事行政机构。武装力量由正规军、预备役部队和准军事部队组成。正规军分陆海空三个军种。总统通过国家安全委员会、国防部和陆海空三军司令部对全军实施领导和指挥。

领导人物 总统兼武装力量总司令钱德里卡·班达拉奈克·库马拉通加(1994 年 11 月上任)、陆军参谋长哈米尔顿·瓦拉辛赫少将(1991 年 2 月上任)、空军参谋长戈纳瓦德内少将。

武装力量 **兵力** 现役部队 11.03～11.53 万人。

陆军 9～9.5 万人。编有 3 个师部、4 个特混部队司令部、1 个机械化步兵旅、1 个空中机动旅、23 个步兵旅、1 个独立特遣旅、1 个装甲团、3 个装甲侦察团、4 个野战炮团(含 1 个后备团)、4 个野战工程兵团(含 1 个后备团)。

主战坦克:T-54/-55 型坦克 25 辆。装甲侦察车:“萨拉丁”、“白鼬”、“野狗”共 58 辆。装甲输送车:T-85 型、БТП-152 型等共 153 辆。牵引炮:76、85、88、130 毫米共 50 门。火箭炮:107 毫米 1 门。迫击炮:81、82、107、120 毫米共 343 门。无坐力炮:105、106 毫米 49 门。高炮:40、94 毫米 10 门。

海军 1.03 万人。基地设在科伦坡(司令部)、亭可马里(主要基地)、卡赖纳加、唐加拉、卡南皮提亚。

巡逻作战舰艇:40 艘,登陆艇:5 艘,勤务船:1 艘。

空军 1 万人。作战飞机 24 架,武装直升机 15 架。

攻击战斗机:F-7M4 架、FT-7 型 1 架、FT-5 型 2 架、“幼狮”6 架”。防暴机:SF-260TP 型 8 架、“普卡拉”3 架。攻击直升机:“贝尔”212 型 12 架、米-24 型 3 架。运输机:21 架。直升机:18 架。教练机:12 架。

预备役部队 约 4200 人,其中陆军 1100 人,海军 1100 人,空军 2000 人。

准军事部队 警察部队 8 万人。国民志愿军 1.5 万人。国民卫队 1.52 万人。

兵役制度 实行志愿兵役制。

(张宏伟、吴 炯)

塔吉克斯坦

国 名 塔吉克斯坦共和国。

主要统计 面积 14.31 万平方千米。人口 615.6 万人(其中,13～17 岁男 35.6 万人,女 34.7 万人;18～22 岁男 28.4 万人,女 27.6 万人;23～32 岁男 43.4 万人,女 43 万人)。国内生产总值 580 亿塔卢布,合 10 亿美元(1995 年估计)。国防费 7000 万美元(1996 年国防预算估计)。发电量 170 亿度(1994 年)。原煤 10.62 万吨(1994 年)。

国防体制 宪法规定，总统为武装力量统帅。国防部是最高军事行政机关。武装力量由正规军和准军事部队组成。正规军分陆、空、防空三个军种。最高军事指挥机构为武装力量参谋部。总统通过国防部和武装力量参谋部对全国武装力量实施领导和指挥。

领导人物 总统兼武装力量统帅拉赫莫诺夫(1994年11月就任)。国防部长海鲁洛耶夫少将(1995年4月上任)。武装力量参谋长谢尔巴托夫少将(1995年上任)。

武装力量 **兵力** 现役部队1.08万人。

陆军 0.9万人。编有4个摩步旅、1个特种任务团、1个特种支队。

空军 0.06万人。编有1个独立战斗直升机大队。

飞机：米-24型直升机4架、米-8型3架。

防空军 0.12万人。编有1个防空火箭团、1个雷达旅。

准军事部队 边防军(属安全部)约1.65万人。

外国驻军 俄罗斯1.2万人，哈萨克斯坦约500人，吉尔吉斯、乌兹别克斯坦各1个营。

(李伟弘)

泰 国

国　　名 泰王国。

主要统计 面积51.3115万平方千米。人口6127.7万人(其中，13～17岁男319.3万人，女308.9万人；18～22岁男315.2万人，女305.5万人；23～32岁男590.5万人，女575万人)。国内生产总值1570亿美元(1995年)。国防费43亿美元(1997年国防预算)。原煤1554.6万吨(1993年)。发电量663.05亿度(1993年)。原油2000万桶(1994年)、天然气93.30亿立方米(1994年)。粮食2257.6万吨(1994年)。海运能力，商船(载重100吨以上)351艘，总载重量119.45万吨(1992年)。民航能力，固定航班机场26个，客运量252.48亿人千米、货运量12.73亿吨千米(1995年)。

国防政策 随着东南亚地区东盟与印支两个集团对立局面的结束，泰国的安全环境也发生了新的变化，为适应这一变化和现代化战争的需要，泰国的国防政策也作了新的调整。一是调整战略目标，完成由本土防御向海洋本土综合防御转变。将保卫经济建设和维护海洋权益作为重要战略目标，将防御重点从东北部泰柬、泰老边境地区移至东南部沿海新兴工业区和能源基地，将防御纵深从陆地向海洋扩展，由沿海向近海延伸。二是调整作战对象，完成由“抵御越南入侵”向重点对付“来自海上的威胁”转变。三是调整防御体制，完成由依赖美国保护向增强本国防御力量与加强联盟军事合作相结合的“总体防御”转变。泰国拟通过上述调整使泰军成为一支“能战斗的、机动性强的职业化军队”。

军事战略 泰国武装部队实行“总体防御战略”，建立由正规部队、预备役部队和民兵三位一体的防御力量。泰政府认为，随着冷战结束，国际争端将由陆地转向海上，未来泰国防安全的主要威胁将来自对海洋权益的争夺。鉴此，泰国防主要有两大任务：一是维护边境和领海安全；二是防止来自国内的颠覆破坏活动和国外的侵略。泰军建设的战略方针是：加强军队现代化建设，建立高效的现代化指挥、控制、通信和情报系统，完善预备役和军事储备体系，把泰军建设成为一支“规模小、装备精、素质高、反应快、能应付各种局面和突发事件、并继续保持武器装备和技术上优势的部队”。

国防体制 宪法规定，国王为武装力量统帅。最高国防决策机构为国家安全委员会，隶属于国务院，总理兼任主席。最高咨询机构为国防委员会，隶属于国防部。国防部是最高军事行政机关，负责制定和实施国防政策和计划。武装力量由正规军和准军事部队组成。正规军分陆、海、空三个军种。最高军事指挥机构为最高司令部。国王名义上是三军统帅，实际上是国务院通过国防部和最高司令部对全国武装力量实施领导和指挥。

领导人物 国王兼武装力量统帅普密蓬·阿杜德(1946年继位)。总理兼国家安全委员会主席和国防部长差瓦立·永猜裕(1996年10月上任)。总参谋长阿拉攀·瓦他那威汶上将(1996年10月上任)。陆军司令切塔·塔纳乍洛上将(1996年10月上任)。海军司令威吉·差南干上将(1996年10月上任)。空军司令阿蒙·廖玛尼上将(1996年10月上任)。

武装力量 **兵力** 现役部队25.4万人。

陆军 15万人。编有4个部域军、2个军、1个装甲师、1个骑兵师、2个机械化师、7个步兵师、2个特战师、1个炮兵师、1个高炮师、19个工程兵营、1个独立骑兵团、8个独立步兵营、4个侦察连、3个空中机动连。

主战坦克:M-48A5型、M-60AL型等共253辆。轻型坦克:"蝎子"、M-41型、"魟"共510辆。装甲侦察车:"肖兰"32辆。装甲输送车:M-113型、"突击队员"等共940辆。牵引炮:105毫米244门,130毫米15门,155毫米150门。迫击炮:81、107毫米若干门。反坦克导弹:"龙"式300具。无坐力炮:75毫米若干门、160毫米150门。高炮:20毫米48门、37毫米122门、40毫米108门、57毫米24门。地空导弹:"红眼睛"若干枚。运输机:C-212型2架、"山毛榉"99型1架、C-47型4架、色斯纳208型10架、"肖特"330型1架、"超级空中大王"1架。联络机:0-1A型60架、0-1E型17架、T-41A型5架、U-17A型13架。教练机:T-41D型16架。攻击直升机:AH-1F型4架。运输直升机:CH-47型12架、"贝尔"206型10架、B-212/-214型15架、UH-1H型69架。教练直升机:休斯300C型36架、OH-13型3架、TH-55型7架。

海军 6.4万人(含陆战队、海军航空兵和岸防部队)。编有3个作战舰队和1个海军航空兵联队。

导弹护卫舰:7艘,其中"玛古·拉差古曼"级2艘、"达比"级2艘、"达津"级2艘。护卫舰:5艘。小型护卫舰:"拉坦纳凯辛"级2艘、"哈姆罗辛"级3艘。导弹快艇:"拉差立"级3艘、"布拉巴拉巴"级3艘。巡逻舰艇:49艘。扫雷舰艇:5艘。两栖舰艇:9艘。后勤支援舰船:11艘。

海军航空兵 1300人,装备有作战飞机61架、武装直升机7架。

陆战队 1800人。编有1个师、2个步兵团、1个炮兵团、1个两栖攻击营、1个侦察营。装备有装甲运输车33辆、155毫米牵引炮18门及"龙"式反坦克导弹若干。

空军 4万人。编有3个攻击战斗机中队、2个战斗机中队、7个防暴机中队、1个电子侦察机中队、3个运输机中队、2个直升机中队、1个高炮连。作战飞机212架。

攻击战斗机:F-5A型7架、F-5B型4架、F-16型36架。战斗机:F-5E型36架、F-5F型6架。防暴机:AC-47型7架、AU-23A型24架、OV-10C型30架、N-22B型20架。电子侦察机:IAI-201型3架。武装侦察机:RF-5A型4架、RT-33A型3架。航测机:8架。运输机:C-130H型6架、C-130H-30型6架、DC-8-62F型3架、C-123-K型3架、BAe-748型4架、G-222型6架。专用机:A-310-324型1架、波音737-200型1架、"空中大王"200型1架、"默林"IV型3架、"贝尔"412型直升机2架。教练机:CT-4型24架、"风扇教师"400型30架、"风扇教师"600型16架、SF-260型16架、T-33A型10架、PC-9型20架、PC-C型6架、T-41型11架、L-39ZA/MP型35架。联络机:"指挥官"3架、"空中大王"E-90型2架、O-1"鹰犬"30架、"空中女王"型2架。直升机:S-58T型18架、UH-1H型21架。空空导弹:"响尾蛇"、"大蟒"式若干枚。地空导弹:"吹管"、"蝮蛇"若干部。

准军事部队 约13.95万人,其中"猎勇"部队1.85万人,保卫国土志愿队5万人,海上警察2500人,航空警察500人,边境巡逻警察1.8万人,地方警察约5万人。

预备役部队 20万人,编有3个陆军预备役师。

部署 陆军按4个部域军部署,重点部署在中部和东南部地区。陆战队驻梭桃邑海军基地。主要军事基地18处,其中海军基地5处(曼谷、宋卡、攀牙、梭桃邑、达叻)、空军基地13处(廊曼、柯叻、打卡里、华富里等)。

兵役制度 实行义务兵役制,服役期2年。

军衔 军官分为4等10级,即:元帅,将官3级(上将、中将、少将),校官3级(上校、中校、少校),尉官3级(上尉、中尉、少尉)。

驻外兵力 参加联合国驻伊拉克和科威特边境军事观察员7人。

(郭 辉)

土 耳 其

国　　名　土耳其共和国。

主要统计　面积78.0576万平方千米。人口6225.32万人(其中,13～17岁男327.1万人,女311.6万人;18～22岁男326.5万人,女305.9万人;23～32岁男552万人,女528万人)。国内生产总值76710000亿土耳其里拉,合1670亿美元(1995年)。国防费6101190亿土耳其里拉,合68亿美元(1997年国防预算)。原煤4816.1万吨(1993年)。原油2600万桶(1994年)。天然气1.95亿立方米(1994年)。发电量738.08亿度(1993年)。粮食2700.1万吨(1994年)。海运能力,商船(载重100吨以上)880艘,总载重量711.43万吨(1992年)。民航能力,固定航班机场24处,客运量91.33亿人千米、货运量2.099亿吨千米(1995年)。

国防体制　宪法规定,总统为武装力量统帅。最高国防决策机构为国家安全委员会,成员有总统、总理、总参谋长、国防部长、内政部长、外交部长和宪兵司令,由总统任主席,基本任务是制订战争动员计划、议决国家军事政策和其他有关国家安全的重大问题。武装力量的最高决策机构为最高军事委员会,由总理、总参谋长和陆、海、空军司令以及宪兵司令组成,任务是讨论和决定武装部队各级军官任免和调动、晋升和退休、国防费用的计划和分配、军队编制和军法军纪等问题。国防部是最高军事行政机构,部长由总理任命的文职官员担任,任务是负责武装部队的征兵、武器装备、后勤补给、军工生产等工作。武装力量由正规军和准军事部队组成。正规军分陆、海、空三个军种。最高军事指挥机构为总参谋部,总参谋长由总统根据总理提名在担任过陆、海、空军司令的上将中任命,任期4年。总统通过国防部和总参谋部对全国武装力量实施领导和指挥。

领导人物　总统兼武装力量统帅苏莱曼·德米雷尔(1993年5月上任)。国防部长图尔汗·塔扬(1996年上任)。总参谋长伊斯梅尔·哈克·卡拉达伊(1994年8月上任)。陆军司令希克迈特·柯克萨尔上将(1996年8月上任)。海军司令居文·埃尔卡亚上将(1995年8月上任)。空军司令阿赫迈特·乔雷克奇上将(1995年8月上任)。

武装力量　**兵力**　现役部队63.9万人。

陆军　52.5万人。编有4个集团军司令部、9个军司令部、1个机械化师、1个步兵师、14个装甲旅、17个机械化旅、9个步兵旅、4个突击旅、1个步兵团、1个总统警卫团、5个边防团、26个边防营。

主战坦克:4280辆:M-47型75辆、M-48型2876辆、M-60型932辆、"豹"式397辆。装甲侦察车:若干辆。步兵战车:280辆。装甲输送车:3836辆("IAPC"、M-113、"AWC"型)。牵引炮:1618门(105、150、155、203毫米)。自行炮:820门(105、155、175、203毫米)。火箭炮:60门(107、227毫米)。迫击炮:1843门(107、120毫米),另有81毫米3792门。反坦克导弹:943具("眼镜蛇"、"陶"式、"米兰")。无坐力炮:57、75、106毫米共3869门。高炮:1664门(20、35、40毫米)。地空导弹:"毒刺"、"红眼睛"897部。各型飞机168架、直升机283架(其中AH-1W和AH-1P型攻击直升机43架)。

海军　5.1万人(含海军陆战队)。

常规潜艇:15艘。驱逐舰:5艘。护卫舰:16艘。导弹快艇:18艘。巡逻艇:32艘。布雷舰艇:3艘。反水雷舰艇:21艘。登陆舰:8艘。登陆艇:59艘(坦克登陆艇35艘、通用登陆艇2艘、机械化登陆艇22艘)。辅助舰船:27艘。

海军航空兵　装备有飞机7架、直升机17架(其中14架为AB-212型武装直升机)。

海军陆战队　1个团,3100人。

空军　6.3万人。编有2个战术空军司令部、1个运输司令部、1个训练司令部、1个后勤司令部、11个攻击战斗机中队、7个战斗机中队、2个侦察机中队、5个运输机中队、3个教练机中队、6个地空导弹中队。作战飞机434架。

战斗机和攻击战斗机:434架(F-16C/D、F-5A/B、F-4E型等)。侦察机:40架。空中加油机:2架。运输机:62架(C-130、C-160D型等)。教练机:233架。直升机:21架。地空导弹:"奈基"92部、"轻剑"86部。

预备役部队　37.87万人(41岁以下),其中陆军25.87万人,海军5.5万人,空军6.5万人。

准军事部队　宪兵和国民警卫队18万人,装备装甲输送车502辆、直升机46架。海岸警卫队0.22万人，装备海上巡逻艇54艘、运输机2架。

兵役制度 实行义务兵役制，士兵服役期18个月。

军衔 军官分3等11级，即：将官4级（上将、中将、少将、准将），校官3级（上校、中校、少校），尉官4级（上尉、中尉、少尉、准尉）。

驻外兵力 驻塞浦路斯1个军，共3万人。参加联合国维持和平行动的兵力：在亚得里亚海驻1艘导弹护卫舰，波黑约1300人，克罗地亚2人，格鲁吉亚5人，伊拉克和科威特6人，意大利170人、8架F-16C型战斗机，马其顿4人。

外国驻军 驻有北约盟军东南欧陆军司令部和第6战术空军司令部。法国空军约150人，飞机6架。英国空军约230人，飞机7架。美军2950人，其中陆军310人、空军2640人，各型飞机39架。

（张连国、蔡 勇）

土库曼斯坦

国 名 土库曼斯坦。

主要统计 面积48.81万平方千米。人口421.5万人（其中，13～17岁男23.3万人，女22.9万人；18～22岁男19.7万人，女19.5万人；23～32岁男32.3万人，女31.8万人）。国民生产总值合49亿美元（1995年估计）。

国防体制 宪法规定，总统为武装力量统帅。国防部是最高军事行政机关。正规军编有陆军、空军-防空军两个军种，海军正在组建中。最高军事指挥机构为武装力量参谋部。总统通过国防部和武装力量参谋部对全国武装力量实施领导和指挥。

领导人物 总统兼武装力量最高统帅尼亚佐夫（1990年10月27日就职）。国防部长科佩科夫大将（1992年6月上任）。武装力量参谋长索尔塔诺维奇上将（1994年3月上任）。

武装力量 **兵力** 现役部队4.96万人。

陆军 编有4个摩步师、1个独立空降突击旅、1个炮兵旅、3个炮兵团。装备坦克530辆、装甲战斗车589辆、装甲侦察车14辆、装甲输送车543辆、各种火炮592门、反坦克导弹若干具。

空军-防空军 编有2个歼航团、1个混编航空兵团、1个独立航空兵大队、3个防空火箭团、2个雷达团。作战飞机389架，其中：苏-25型46架、苏-17型65架、米格-29型24架、米格-25型24架、米格-23型230架。

（李伟弘）

文 莱

国 名 文莱达鲁萨兰国。

主要统计 面积5765平方千米。人口30.2万人（其中，13～17岁男1.4万，女1.4万人；18～22岁男1.3万人，女1.3万人；23～32岁男2.8万人，女2.3万人）。国内生产总值43亿美元（1994年）。国防费2.84亿美元（1996年国防预算）。原油5900万桶（1994年）。天然气90.42亿立方米（1994年）。发电量12.85亿度（1993年）。粮食1000万吨（1994年）。海运能力，商船（载重100吨以上）51艘，总载重量34.97万吨（1992年）。民航能力，固定航班机场1处，客运量2.029亿人千米、货运量994万吨千米（1995年）。

国防体制 国家元首（苏丹）兼武装力量统帅，拥有对军队的管理和指挥权。内阁设国防大臣。国家元首通过国防大臣对武装力量实施领导。武装力量由正规军和准军事部队两部分组成。正规军分陆、海、空三个军种。

领导人物 国家元首（苏丹）兼武装力量统帅苏丹·哈吉·哈桑纳尔·博尔基亚（1967年10月即位）。国防大臣奥马尔·阿里·赛福丁。皇家武装部队司令达米特·苏莱曼。

武装力量　**兵力**　现役部队5000人。

陆军　3900人。编有3个步兵营、1个装甲侦察中队、1个地空导弹连、1个工程兵中队。装备轻型坦克“蝎子”16辆,装甲输送车22辆,迫击炮24门,地空导弹12部。

海军　700人。编有1个舰艇中队。海军基地设在穆阿拉。装备导弹快艇3艘,巡逻艇6艘,两栖舰船2艘。

空军　400人。编有1个防暴直升机中队、1个直升机中队。装备飞机3架;直升机23架,其中武装直升机6架。

预备役部队　陆军700人。

准军事部队　约4050人,其中皇家警察部队1750人,廓尔喀后备队2300余人。

兵役制度　实行志愿兵役制。

外国驻军　英国驻军约900人(1个廓尔喀步兵营、1个直升机分队)。新加坡驻军约500人,建有1所航校。

(孟　丽)

乌兹别克斯坦

国　　名　乌兹别克斯坦共和国。

主要统计　面积44.74万平方千米。人口2354.6万人(其中,13～17岁男132.1万人,女129.9万人;18～22岁男110万人,女108.7万人;23～32岁男174.7万人,女175.7万人)。国内生产总值110亿美元(1995年估计)。国防费3.04亿美元(1996年国防预算估计)。发电量470.7亿度(1994年)。原油550万吨(1994年)。天然气472亿立方米(1994年)。原煤380万吨(1994年)。

国防体制　宪法规定,总统为武装力量统帅。国防部是最高军事行政机关,负责管理国防预算、军工生产、后勤、动员和民防等工作。武装力量由正规军和准军事部队组成。正规军分陆军、空军、防空军三个军种。最高军事指挥机构为武装力量参谋部。总统通过国防部和武装力量参谋部对全国武装力量实施领导和指挥。

领导人物　总统兼武装力量统帅卡里莫夫(1990年3月24日就职)。国防部长阿赫麦道夫上将(1992年上任)。武装力量参谋长马赫穆多夫少将(1996年5月上任)。

武装力量　**兵力**　现役部队4.46万人。

陆军　3.40万人。编有2个军司令部、6个摩步旅、1个空降突击旅、3个炮兵旅、1个火箭炮旅、2个炮兵团、1个特种任务旅、1个坦克旅、2个坦克团、1个防空火箭团和若干个保障部队。装备坦克404辆、步兵战车305辆、装甲侦察车35辆、装甲输送车176辆、各种火炮397门。

空军　0.6万人。编有4个歼航团、1个直升机团、1个运输直升机团、2个运输航空兵团。装备作战飞机146架(苏-24型32架、苏-17型30架、米格-29型32架、米-24型51架、米-26型1架);攻击直升机43架(米-8T型);运输机50架;直升机32架。

防空军　0.46万人。编有3个防空火箭团。装备SA-2/-3/-5地空导弹45部。

准军事部队　国民警卫队700人。

(李伟弘)

新　加　坡

国　　名　新加坡共和国。

主要统计　面积639平方千米。人口298.7万人(其中,13～17岁男10.8万人,女10.1万人;18～22岁男11.1万人,女10.5万人;23～32岁男25.9万人,女25.2万人)。国内生产总值673亿美元(1995年)。国防费40亿美元(1996年国防预算)。发电量

189.62 亿度(1993 年)。海运能力,商船(载重 100 吨以上)946 艘,总载重量 1492.92 万吨(1992 年)。民航能力,固定航班机场 1 个,客运量 449.47 亿人千米、货运量 32.91 亿吨千米(1995 年)。

国防体制 宪法规定,总统为武装力量统帅。国防部为政府中的一个部,对武装部队拥有领导和管理权。武装力量由正规军和准军事部队组成。正规军分陆、海、空三个军种。最高军事指挥机构为总参谋部。

领导人物 总统兼武装部队统帅王鼎昌(1993 年 8 月上任),国防部长陈庆炎(1995 年上任),武装部队总参谋长黄维彬(1994 年上任)。

武装力量 **兵力** 现役部队约 5.39 万人。

陆军 4.5 万人。编有 3 个混编师(各辖 2 个步兵旅、1 个机械化旅、1 个侦察营、2 个炮兵营、1 个高炮营、1 个工程兵营)、1 个快速反应师(辖 3 个步兵旅)、1 个机械化旅、1 支综合反应部队(包括 9 个步兵营、4 个轻型装甲侦察营、4 个炮兵营、1 个突击营、1 个工程兵营)。

坦克:"百人队长"式约 60 辆,AMX-13SM1 型约 350 辆。装甲侦察车:22 辆。步兵战车:M-113 型 750 辆,"突击队员"280 辆。牵引炮:105 毫米 37 门,155 毫米 124 门。迫击炮:81 毫米若干门,120 毫米 50 门,160 毫米 12 门。反坦克导弹:"米兰"30 具。无坐力炮:84 毫米约 200 门、106 毫米 90 门。高炮:20 毫米 30 门。地空导弹:RBS-70 型、"西北风"若干。

海军 约 0.29 万人。编有 3 个指挥部:舰队指挥部(辖 2 个小舰队)、海岸指挥部、海军后勤指挥部。

小型护卫舰:"胜利"级 6 艘。导弹快艇:"海狼"级 6 艘、"无畏"级 1 艘。近岸巡逻艇:6 艘。扫雷舰艇:2 艘。两栖舰船:3 艘。后勤支援船:2 艘。

空军 0.6 万人。编有 4 个攻击战斗机中队、2 个战斗机中队、1 个侦察机中队、1 个空中预警中队、2 个武装直升机中队、5 个运输机中队(其中 3 个直升机中队)、2 个教练机中队、1 个无人侦察机中队、1 个机场防卫师。作战飞机 137 架、武装直升机 20 架。

攻击战斗机:A-4S/SI 型 62 架、TA-4S-SI 型 13 架。战斗机:F-SE 型 29 架、F-5F 型 9 架。武装侦察机:RF-5E 型 6 架。预警机:E-2C 型 4 架。武装直升机:AS550A2/C2 型 20 架。运输机:KC-130 型、"福克"50 型共 19 架。运输直升机:UH1H 型、AS-332M 型等共 44 架。教练机:SIAIS 型、SF-260 型共 49 架。空空导弹:"响尾蛇"若干枚。空地导弹:"小牛"若干枚。

预备役部队 约 22.1 万人。其中陆军 21 万人,海军约 3600 人,空军约 7500 人。

准军事部队 11.96 万人。其中警察 1.16 万人(包括廓尔喀警卫营 750 人),民兵 10.8 万人。

兵役制度 实行义务兵役制,服役期限 24 至 30 个月。

驻外兵力 驻澳大利亚 160 人(建有 1 所飞行训练学校,配有 27 架 S-211 型飞机)。驻文莱 500 人(建有 1 所飞行学校,配有 5 架 UH-1 型直升机)。驻台湾 4 个训练营地。驻泰国 2 个训练营地。驻美国 250 人,租用 CH-47D 型飞机 6 架、F-16A/B 型飞机 11 架。参加联合国驻伊拉克和科威特军事观察团观察员 6 人。

外国驻军 新西兰驻军 11 人,编有 1 个支援单位。美国驻军 140 人(海军 100 人、空军 40 人)。

(郭 辉)

叙 利 亚

国 名 阿拉伯叙利亚共和国。

主要统计 面积18.518万平方千米。人口 1481.4 万人(其中,13～17 岁男 90.4 万人,女 87.1 万人;18～22 岁男 73.3 万人,女 70.8 万人;23～32 岁男 110.8 万人,女 106.2 万人)。国内生产总值 5920 亿叙镑,合 300 亿美元(1995 年)。国防费 364 亿叙镑,合 18 亿美元(1996 年国防预算)。原油 2.08 亿桶(1994 年)。天然气 41.51 亿立方米(1994 年)。发电量 127.42 亿度(1993 年)。粮食 566 万吨(1994 年)。海运能力,商船(载重 100 吨以上)94 艘,总载重量 21.04 万吨(1992 年)。民航能力,固定航班机场 5 处,客运量 8.38 亿人千米、货运量 1150 万吨千米(1994 年)。

国防体制 宪法规定,总统为武装力量总司令。最高军事统帅机关是武装力量总司令部,下辖国防部和总参谋部。国防部是最高军事行政机关,主管军队的行政、训练和军工生产等项工作。武装力量由正规军和准军事部队组成。正规军分陆、海、空三个军种。总参谋部在总司令部和国防部领导下,平时主要负责陆军工作,临战或战时则根据总司令部的命令协调陆、海、空三军的作战行动。叙军的政治局负责全军政治宣传工作,受总司令部和叙复兴党总部的领导。总统通过国防部、总参谋部和三军司令部对全军实施领导和指挥。

领导人物　总统兼武装力量总司令哈菲兹·阿萨德(1992 年连任)。副总理兼国防部长和武装力量副总司令穆斯塔法·塔拉斯中将(1984 年 3 月上任)。总参谋长希克迈特·谢哈比中将(1984 年上任)。

武装力量　**兵力**现役部队 42.1 万人。

陆军　31.5 万人。编有 3 个军部、11 个师(其中 6 个装甲师、1 个特种师),12 个旅(其中 4 个地地导弹旅),8 个独立特种团,1 个独立坦克团。

主战坦克:4600 辆(T-54 和 T-55 型 2100 辆、T-62M/K 型 1000 辆、T-72 和 T-72M 型 1500 辆)。装甲侦察车:БРДМ-2 型 700 辆。步兵战车:БМП-1 型 2250 辆、БМП-2 型 60 辆。装甲输送车:1500 辆。牵引炮:约 1630 门。自行炮:450 门。火箭炮:480 门。迫击炮:658 门。地地导弹:"蛙"、"飞毛腿"等共 64 部。反坦克导弹:"耐火箱"、"塞子"、"米兰"等共 3390 具。高炮:2060 门。地空导弹:SA-7/-9/-13 型共 3390 部。

海军　0.6 万人。

潜艇:3 艘。护卫舰:苏制"别佳"Ⅱ级 2 艘。海岸巡逻艇:27 艘。扫雷舰艇:7 艘。两栖舰艇:3 艘。支援舰船:3 艘。

海军航空兵　装备有武装直升机 29 架。

空军　4 万人。编有 27 个作战飞行中队。作战飞机 579 架,武装直升机 100 架。

攻击/战斗机:苏-22 型 90 架、米格-23 型 134 架、苏-24 型 20 架、米格-21 型 160 架、米格-25 型 30 架、米格-29 型 20 架。武装侦察机:米格-25R 型 6 架、米格-21H/J 型 8 架。电子战机:10 架。运输机:29 架。运输直升机:118 架。攻击直升机:米-25 型 50 架、SA-342L 型 50 架。教练机:147 架,其中拉-39 型 80 架、米格-21/-23/-25 型 31 架具有作战能力。空地、空空导弹:若干枚。

防空部队　约 6 万人。编有 25 个防空旅、2 个地空导弹团。装备 SA-2/-3/-5/-6/-8 型地空导弹 758 部。

预备役部队　50 万人,其中陆军 40 万人、海军 0.8 万人、空军 9.2 万人。

准军事部队　宪兵 8000 人;国民卫队约 1 万人。

兵役制度　实行义务兵役制,士兵服役期 30 个月。

驻外兵力　驻黎巴嫩约 3 万人。

外国驻军　联合国维和部队 1061 人。俄罗斯 50 名军事顾问(主要是防空顾问)。

(薛利涛)

亚　美　尼　亚

国　　名　亚美尼亚共和国(1991 年 9 月 23 日改为现名)。

主要统计　面积 2.98 万平方千米。人口 345 万人(其中,13～17 岁男 17.9 万人,女 17.5 万人;18～22 岁男 16 万人,女 15.6 万人;23～32 岁男 27.8 万人,女 27.1 万人)。国内生产总值 24776 德拉姆,约合 76 亿美元(1994 年)。国防费 6800 万美元(1996 年国防预算估计)。

国防体制　亚美尼亚宪法规定,总统为武装力量统帅。国防、国家安全和内部事务委员会负责国防和安全问题,其职权由总统确定。国防部是最高军事行政机关。武装力量由正规军和准军事部队组成,最高军事指挥机构为总参谋部。总统通过国防部和总参谋部对武装力量实施领导和指挥。

领导人物　总统兼武装力量统帅捷尔·彼得罗相(1991 年 10 月当选)。国防部长萨尔基相·瓦兹根·扎瓦诺维奇(1995 年上任)。

武装力量　**兵力**　现役部队 15000 人。

陆军　1 个空降旅、3 个摩步旅、1 个炮兵旅、1 个炮兵团、1 个反坦克团、1 个多管火箭炮团。装备坦克 70 辆、装甲车 180 辆、火炮 170 门、战斗机 3 架、武装直升机 20 架。

准军事部队　约 1000 人,编成 4 个营。

兵役制度　实行义务兵役制与雇佣制相结合的兵役制度,服役期 18 个月。

外国驻军　俄罗斯外高加索集群和 127 摩步

师及1个摩步团驻列宁纳坎。此外,俄在亚美尼亚建有2个军事基地。 (苗 壮)

也 门

国 名 也门共和国。

主要统计 面积53.1869万平方千米。人口1479.28万人(其中,13～17岁男83.5万人,女80.8万人;18～22岁男72.4万人,女68万人;23～32岁男115.5万人,女104.6万人)。国内生产总值约90亿美元(1995年)。国防费约3.62亿美元(1996年国防预算)。原油1.26亿桶(1994年)。发电量18.5亿度(1993年)。海运能力,商船(载重100吨以上)40艘,总载重量1.37万吨(1992年)。民航能力,固定航班机场11处,客运量11.24亿人千米、货运量1.14亿吨千米(1995年)。

领导人物 总统委员会主席、共和国总统阿里·阿卜杜拉·萨利赫(1994年10月重新当选)。国防部长阿卜杜勒·马利克·赛亚尼(1994年10月上任)。

武装力量 **兵力** 现役部队4.2万人。

陆军 3.7万人。编有38个旅(其中,7个装甲旅、1个特种部队旅、1个地地导弹旅、2个空降/突击旅),1支政府卫队,3个防空火炮营,2个地空导弹营。

主战坦克:1125辆(T-34/-54/-55/-62、M-60A1型)。装甲侦察车:AML-245/-90、БРДМ-2型共350辆。步兵战车:БМП-1/-2型270辆。装甲输送车:560辆。牵引炮:512门。突击炮:30门。海岸炮:36门。火箭炮:约185门。迫击炮:若干门。地地导弹:"蛙"若干,"飞毛腿"B型12部。反坦克导弹:"陶"、"龙"、"耐火箱"若干具。反坦克炮、无坐力炮:若干门。高炮:380余门。地空导弹:SA-7/-9若干部。

海军 估计为1500人。装备近海巡逻艇15艘,扫雷艇3艘,登陆艇4艘。

空军 3500人。战斗机65架(另约40架储备),武装直升机6架。

攻击/战斗机:F-5E型11架、苏-20/-22型16架、米格-21/-29型28架。运输机:20架。直升机:22架,其中6架米-24型为攻击直升机。教练机:24架,其中F-5B型2架、米格-21U型4架、苏-22U型4架具有作战能力。地空导弹:SA-2/-3/-5/-6型若干部。空空导弹:若干。

预备役部队 陆军约4万人。

准军事部队 国家安全部队:约5万人。部落武装:至少2万人。

兵役制度 实行义务兵役制。士兵服役期3年。

(郝晓伟)

伊 拉 克

国 名 伊拉克共和国。

主要统计 面积43.8217万平方千米。人口2174万人(其中,13～17岁男133.4万人,女127.4万人;18～22岁男110.6万人,女106万人;23～32岁男162.9万人,女157.1万人)。国内生产183亿美元(1995年)。国防费约27亿美元(1995年国防开支)。原油1.9亿桶(1994年)。天然气29.17亿立方米(1994年)。发电量263亿度(1993年)。海运能力,商船(载重100吨以上)131艘,总载重量157.88万吨(1992年)。民航能力,固定航班机场3处,客运量15.70亿人千米、货运量5460万吨千米(1995年)。

国防体制 伊拉克革命指挥委员会主席为共和国总统和武装力量总司令。伊拉克复兴社会党地区领导机构军事局是国家最高军事决策机关,它在武装力量总司令的领导下工作,负责制定国防政策、战略方针等重大事宜。国防部是最高军事行政机关。总参谋部是最高军事指挥机构。国防部和总参谋部在武装力量总司令和军事局的领导下各负其责。武装力量由正规军、预备役和准军事部队组成。正规军分陆、海、空三个军种。全国分 3 个军区:第 1、第 2、第 3 军区,亦称北部、中部、南部军区。

领导人物　革命指挥委员会主席、总统兼武装力量总司令萨达姆·侯赛因(1995 年 10 月连任)。国防部长苏丹·哈希姆·艾哈迈德(1995 年 7 月上任)。共和国卫队司令伊亚德·哈利法。军队参谋长阿卜杜勒·瓦希德·尚南·拉巴特(1995 年 7 月上任)。

武装力量　**兵力**　现役部队 38.25 万人。

陆军　约 35 万人。编有 7 个军部、4 个机械化步兵师、13 个步兵师、6 个共和国卫队师、4 个共和国特种卫队旅、10 个突击旅、2 个特种部队旅。

主战坦克:约 2700 辆(T-54/-55/-59/-69/-62/-72、M-47、M-60、M-77 型等)。装甲侦察车:БРДМ-2 型、AML-60 型、AML-90 型、EE-9 型、EE-3 型若干辆。步兵战车:БМП-1/-2 型约 900 辆。装甲输送车:约 2000 辆。牵引炮:约 1800 门(105、122、130、155 毫米)。自行炮:150 门(122、152、155 毫米)。火箭炮:约 150 门(107、122、127、132、262 毫米等)。迫击炮:81、120、160 和 240 毫米若干门。地地导弹:“飞毛腿”约 6 部(27 枚导弹)。反坦克导弹:“耐火箱”、“塞子”、SS-11、“米兰”、霍特”若干具。无坐力炮:73、82 和 107 毫米若干门。反坦克炮:85、100 毫米若干门。直升机:约 500 架,其中 120 架为武装直升机(BO-105、米-24、SA-316、SA-321、SA-342 型等)。高炮:约 6000 门(23、37、57、85、100、130 毫米)。地空导弹:SA-2/-3/-6/-7/-8/-9/-13/-14/-16 型和“罗兰”等若干部。

海军　约 2500 人。

护卫舰:1 艘。海岸巡逻艇:约 7 艘。反水雷舰艇:4 艘。支援及后勤舰船:3 艘。

空军　3 万人(含 1.5 万人防空部队)。

轰炸机:约 6 架(H-6D 和图-22)。对地攻击机:约 130 架(米格-23BN、“幻影”F1EQ5、苏-7/-20/-25 等)。战斗机:约 180 架(F-7、“幻影”F-1EQ、米格-21/-23/-25/-29 等)。侦察机:米格-25 若干架。空中加油机:伊尔-76 型 2 架。运输机:安-2/-12/-24/-26、伊尔-76 型等若干架。教练机:“幻影”F-1BQ、AS-202、EMB-312 型若干架,L-29/-39、PC-7/-9 型共约 155 架。空地导弹:AS-4/-5/-11/-9/-12/-30L、AM-39、C-601 型若干枚。空空导弹:AA-2/-6/-7/-8/-10、R-530/-550 型若干枚。

预备役部队　约 65 万人。

准军事部队　边防卫队约 1 万人;保安部队约有 3.5～4.5 万人。

兵役制度　实行义务兵役制,士兵服役期 18-24 个月。

外国驻军　在伊科边界驻有来自 33 个国家的 1174 人组成的联合国维和部队。另军事协调委员会在库尔德地区驻有 21 人,分别来自美、英、法、土耳其。

(郝晓伟)

伊　朗

国　　名　伊朗伊斯兰共和国。

主要统计　面积 164.5 万平方千米。人口 6676.98 万人(其中,13～17 岁男 399.3 万人,女 385.1 万人;18～22 岁男 329.3 万人,女 313.5 万人;23～32 岁男 501.7 万人,女 477 万人)。国内生产总值 1690000 亿里亚尔,合 625 亿美元(1995 年)。国防费 59000 亿里亚尔,合 34 亿美元(1996 年国防预算)。原煤 146 万吨(1993 年)。原油 13.04 亿桶(1994 年)。天然气 280.25 亿立方米(1994 年)。发电量 719.8 亿度(1993 年)。海运能力,商船(载重 100 吨以上)403 艘,总载重量 834.53 万吨(1992 年)。民航能力,固定航班机场 20 处,客运量 50.23 亿人千米、货运量 7880 万吨千米(1995 年)。

国防体制　伊朗宪法规定政教统一,宗教领袖为武装力量总司令。最高国防委员会是领袖领导下的军事决策机构,成员有总统、国防部长、总参谋长、革命卫队司令以及领袖的两名代表。武装力量由正规军、革命卫队和准军事部队组成。正规军分陆、海、空三个军种。革命卫队由地面部队、海上部队、陆战队和航空部队组成。1989 年 7 月正规军和革命卫队合并,组成松散的联合。

领导人物　宗教领袖、武装力量总司令兼最高国防委员会主席阿亚图拉·赛义德·阿里·哈梅内伊(1989 年 6 月～1997 年 5 月在任;1997 年 5 月 24 日,赛义德·穆罕默德·哈达米当选总统)。总统兼武装力量代总司令哈什米·拉夫桑贾尼(1989年8月上任,1993年8月连任)。国防部长穆哈默德·福罗扎德(1993年9月上任)。武装力量总参谋长阿里·萨巴兹准将(1993年上任)。革命卫队司令穆赫辛·雷扎耶(1989年9月上任)。

武装力量 **兵力** 现役部队51.3万人。

陆军 34.5万人。编有4个军部、4个装甲师、7个步兵师、1个空降旅、2个特种作战师、若干独立装甲旅和步兵旅、5个炮兵群。

主战坦克:1440辆(T-54/-55/-59、T-62/-72型、"酋长"、M-47/-48/-60A1型等)。轻型坦克:"蝎子"80辆。装甲侦察车:EE-9型35辆。步兵战车:БМП-1/-2型共400辆。装甲输送车:550辆,牵引炮:1995门(105、122、130、152、155、203毫米等)。自行炮:289门(122、155、170、175、203毫米等)。火箭炮:664门(107、122、240、320、333、355毫米等)。迫击炮:3500门(60、81、82、107、120毫米)。地地导弹:"飞毛腿"约10部(导弹210枚)、CSS-8型约25部(导弹200枚)。反坦克导弹:"陶"式、"耐火箱"式若干具。无坐力炮:75、82、106、107毫米若干门。高炮:1700门(14.5、23、35、37、57毫米等)。地空导弹:SA-7等若干部。飞机:"色斯纳"、F-27型、"猎鹰"等共77架。直升机:共456架,其中AH-1J攻击型100架。

海军 1.8万人(含陆战队和海军航空兵)。

主要作战舰艇:苏制潜艇2艘、驱逐舰2艘、护卫舰3艘、轻型护卫舰2艘、导弹快艇20艘、海岸巡逻艇26艘、海上扫雷艇7艘。登陆舰艇:8艘。支援及其他舰只:25艘。

海军航空兵 2000人。装备飞机9架;直升机10余架,其中武装直升机9架。

海军陆战队 2个旅。

空军 3万人(含12000名防空部队)。编有9个对地攻击战斗机中队、7个战斗机中队、1个侦察机中队、1个加油兼运输机中队、5个运输机中队、12个地空导弹营。作战飞机295架。

攻击战斗机:F-4D/E型约60架、F-5E/F型约60架、苏-24型约30架。战斗机:F-14型60架、F-7型25架、米格-29型30架。海上侦察机:P-3F型5架、RC-130型1架。侦察机:约8架。加油兼运输机:5架。运输机:73架。直升机:46架。教练机:118架,其中米格-29B型5架、F-5B型20架具有作战能力。空地、空空导弹:"小牛"、"麻雀"、"响尾蛇"等若干枚。地空导弹:"霍克"、"轻剑"、"山猫"、SA-5等240余部。

革命卫队 约12万人。

地面卫队 约10万人。编有13个步兵师、2个装甲师及若干独立旅。装备有少量的坦克、装甲输送车和火炮。

海上卫队 约2万人。以5个岛屿为基地,装备有45艘武装小艇。岸防部队编有炮兵和地地导弹连,现由海军统一指挥。

海上陆战卫队 1个旅。

预备役部队 陆军35万人。

准军事部队 "民众动员军"约20万人,战时可达100万人。宪兵15万人(包括边防部队),装备有轻型飞机、直升机、小艇等。

兵役制度 实行义务兵役制,士兵服役期24个月。

驻外兵力 革命卫队驻黎巴嫩约150人,在苏丹驻有军事顾问。

(郝晓伟)

以 色 列

国　　名 以色列国。

主要统计 面积2.07万平方千米(此系1948年巴勒斯坦战争后以色列实际控制的面积。1947年联合国分治决议规定以色列的面积为14000平方千米。1967年"六·五"战争后,以色列又侵占了约旦河西岸、加沙地区、戈兰高地和耶路撒冷阿拉伯区约7000余平方千米的土地,使其实际控制面积达28000平方千米)。人口572.32万人(其中,13~17岁男26.9万人,女25.5万人;18~22岁男26.4万人,女25.7万人;23~32岁男48.7万人,女47.7万人)。国内生产总值2420亿新谢克尔,合780亿美元(1995年),国防费219亿新谢克尔,合70亿美元(1997年国防预算)。原煤518万吨(1992年)。原油10万桶(1994年)。天然气0.2亿立方米(1994年)。发电量260亿度(1993年)。粮食15.7万吨(1994年)。海运能力,商船(载重100吨以上)58艘,总载重量72.34万吨(1992年)。民航能力，固定航班机场 7 处，客运量 95.44 亿人千米、货运量 9.55 亿吨千米(1995 年)。

国防体制　总理为武装力量统帅。最高军事决策机构为国防委员会，成员有总统、总理以及国防、外交、内政、财政、交通、邮电部部长和总参谋长等，由总理兼任主席。战时，则成立以总理为首的战时内阁，成员有国防、外交、财政、交通和邮电等部部长。国防部为政府中的一个部，是最高军事行政机关，部长由文官担任，平时负责兵力的动员、国防预算、国防科研与军工生产、军队规章制度的颁布等军事行政和技术业务；战时可行使总司令职权。武装力量由正规部队、预备役部队和准军事部队三部份组成。正规部队分陆、海、空三个军种。最高军事指挥机构为总参谋部，总参谋长为最高军事指挥官，在总理领导下通过三个军区司令部、两个军种司令部及其所属的 14 个兵种司令部对全军实施指挥。

领导人物　总理兼国防委员会主席、武装力量统帅本雅明·内塔尼亚胡(1996 年 6 月上任)。国防部长伊扎克·莫迪凯(1996 年 6 月上任)。总参谋长艾姆努恩·夏哈克中将(1995 年 1 月上任)。副总参谋长马坦·维尔奈伊少将(1994 年 10 月上任)。陆军司令阿摩斯·马尔卡少将(1996 年 4 月上任)。海军司令阿列克斯·塔尔少将(1996 年 6 月上任)。空军司令海埃坦·本·埃里亚胡少将(1996 年 7 月上任)。

武装力量　**兵力**　现役部队 17.5 万人。

陆军　13.4 万人(动员后可达 59.8 万人)。编有 3 个地区司令部、1 个大后方指挥部、3 个军部、3 个装甲师、2 个师部(对付巴勒斯坦起义)、3 个地区步兵师部(边防)、4 个机械化步兵旅、3 个炮兵营。

坦克："百人队长"式 1080 辆、M-48A5 型 500 辆、M-60 型 400 辆、M-60A1 型 600 辆、M-60A3 型 200 辆、马加赫-7 型 150 辆、Ti-67 型 300 辆、T-62 型 70 辆、"战车"Ⅰ/Ⅱ/Ⅲ型 1000 辆。装甲侦察车："拉姆塔"RBY、БРДМ-2 和"狐狸"等型共约 400 辆。装甲输送车：M-113A1/A2 型 5900 辆、M-2/-3 半履带式约 3500 辆、"纳格马肖特"式约 80 辆、"阿赫扎里特"式和 BTP-50P 型若干辆。牵引炮：105 毫米 60 门、122 毫米 100 门、130 毫米 100 门、155 毫米 140 门。自行火炮：105 毫米 34 门、155 毫米 850 门、175 毫米 230 门、203 毫米 36 门。火箭炮：122 毫米、160 毫米、227 毫米、240 毫米、290 毫米共 100 余门。迫击炮：81 毫米 1600 门、120 毫米 900 门、160 毫米 240 门，此外，还有 60 毫米小口径迫击炮约 5000 门。地地导弹："长矛"式 20 具、"杰里科"1/2 型若干具。反坦克导弹："陶"式 200 具、"龙"式 780 具、"马帕茨"式 25 具、"耐火箱"式若干具。无坐力炮：84 毫米若干门、106 毫米 250 门。高炮：20 毫米 850 门、23 毫米 160 门、37 毫米和 40 毫米若干门。地空导弹："毒刺"式若干部、"红眼"式 900 部、"小槲树"式 45 部。

海军　约 9000 人(动员后可达 1 万～1.2 万人)。

潜艇："盖尔"级 2 艘。小型护卫舰："埃拉特"级 3 艘。导弹攻击快艇："阿利亚"级 2 艘。"罗马"级 3 艘、"海兹"级 5 艘、"雷谢夫"级 8 艘、"米夫塔奇"级 6 艘。巡逻艇：40 艘。登陆舰艇：5 艘。

陆战队　海军突击队 300 人。

空军　3.2 万人(动员后可达 3.7 万人)。编有 1 个飞行联队、20 个飞行中队、28 个防空导弹连。作战飞机 449 架(另储备有 250 架)，武装直升机 116 架。

攻击战斗机兼战斗机：F-4E-2000 型 50 架、F-4E 型 25 架、F-15A 型 36 架、F-15B 型 2 架、F-15C 型 18 架、F-15D 型 7 架、F-16A 型 67 架、F-16B 型 8 架、F-16C 型 76 架、F-16D 型 54 架、"幼狮"20 架(另储备有 120 架)。攻击战斗机：A-4N 型 50 架(另储备有 130 架)。侦察机：RF-4E 型 14 架、"幼狮"RC-2 型 6 架、F-15D 型 2 架。预警机：4 架。电子战机：36 架。海上侦察机：IAI-1124"海上扫描"3 架。加油机：8 架。联络机：30 架。教练机：138 架；其中 TA-4H 型 10 架、TA-4J 型 4 架具有作战能力。运输机：C-47 型、C-130H 型等共 47 架。攻击直升机：AH-1F 型 39 架、"休斯"500MD 型 35 架、AH-64A 型 42 架。直升机：147 架。无人驾驶飞行器："侦察兵"、"先锋"、"搜索者"、"火蜂"、"萨姆森"(SAMSON)、"迪莱拉"式若干架。空地导弹："百舌鸟"、"白星眼"、"小牛"、"标准"、"加布里埃尔"Ⅲ改进型、"狱火"式和"陶"式若干枚。空空导弹："麻雀"、"响尾蛇"、"R-530"、"蜻蜓"、"大蟒"Ⅲ/Ⅳ型若干枚。防空导弹："霍克"改进型 17 个连、"爱国者"3 个连和"小槲树"8 个连。

预备役部队　43 万人，其中陆军 36.5 万人(编有 9 个装甲师、1 个空运机动/机械化步兵师、10 个边防步兵旅、4 个炮兵旅)，海军 1 万人，空军 5.5 万人。

准军事部队　边防警察 0.6 万人，装备有装甲输送车 600 余辆；海岸警卫队约 50 人，装备有巡逻艇 4 艘。

兵役制度　实行义务兵役制，军官服役期 4 年；士兵服役期男性 3 年，女性 2 年。此后作为预备役人员每年进行训练，男性直至 54 岁，女性至 24 岁。

军衔　军官分 3 等 9 级，即将官 3 级(中将、少将、准将)、校官 3 级(上校、中校、少校)、尉官 3 级(上尉、中尉、少尉)。

驻外兵力 定期向土耳其空军基地派遣空军 F-16 型飞机分遣队。

(张令鍾)

印 度

国　名 印度共和国。

主要统计 面积 297.47 万平方千米。人口 9.5063 亿人(其中,13～17 岁男 5050.5 万人,女 4699.3 万人;18～22 岁男 4659.7 万人,女 4290.6 万人;23～32 岁男 8125 万人,女 7406.1 万人)。国内生产总值 107000 亿卢比,合 3300 亿美元(1995 年)。国防费 2870 亿卢比,合 84 亿美元(1996～1997 年度国防预算)。原油 2.27 亿桶(1994 年)。原煤 2.63 亿万吨(1993 年)。天然气 170.24 亿立方米(1994 年)。发电量 3565.19 亿度(1993 年)。粮食 2.12 亿吨(1994 年)。海运能力,商船(载重 100 吨以上)888 艘,总载重量 1036.59 万吨(1992 年)。民航能力,固定航班机场 66 处,客运量 175.06 亿人千米、货运量 5.543 亿吨千米(1995 年)。

国防政策 印度的国防政策在动荡不定的政局中不断地调整和定位。印度当前的国防政策包括以下几点:

一、为经济发展创造有利的安全环境。印度已把经济发展摆在各项工作的首位,决心以和解求稳定,以改革求发展,以经济建设为中心,全面提高综合国力。为此,印度强调国防为国家经济发展创造条件。首先,改善与周边国家的军事关系,创造有利的外部环境。近几年,印度积极主动地调整中印军事关系:双方在边境一线建立了驻军联络热线,定期举行会晤;互通演习信息;签订了《关于保持中印边境实际控制线地区的和平与安宁协定》,规定双方将边境地区驻军撤减到最低程度。近年,印军将数万驻军从中印边境东段一线地区撤至纵深地区。印度也同巴基斯坦达成了一系列降低军事对抗水平的协议:建立军事热线,互通军队调动情况;保证互不以对方的核设施为打击目标;不生产和互不使用化学武器;互不侵犯领空。印度还同孟加拉、缅甸等周边国家就一些有争议的问题达成了协议。其次,稳定社会秩序,创造良好的内部环境。印度一改"军不参政"的做法,正式赋予军队"维护国内安全、反对民族分裂"的任务。60 年代印军虽引入"反叛作战"原则,但仅限于在部分地区镇压暴乱;80 年代中期,国内民族自治和独立斗争逐步演化为暴力行动,军队平息冲突的任务增加,但仍属于有限的军事行动。90 年代以来,印国内各种矛盾进一步激化,尤其是狂热的信徒置神圣的教义于一切之上,致使同室操戈、反目为仇的教派流血冲突频频发生。为稳定政局,发展经济,印度彻底改变观念,将"内卫治安"任务列为军队新时期军事工作的一项内容。这样,印军的职能由单一"对付外侵"转为"御外安内"双重职能。

二、为成为世界政治大国提供保障。在世界多极化政治格局中,印度越来越重视参与国际与地区事务,积极扮演世界政治大国的角色。一是宣扬重振不结盟运动,企图继续争当领袖;二是努力操纵南亚区域合作联盟,巩固南亚大国地位;三是积极倡导推动建立环印度洋国家合作组织,为控制印度洋事务奠定基础;四是积极倡导南南合作与南北对话,参与解决地区热点问题,以此提高国际地位;五是加紧扩展与东盟的关系,从中捞取实惠,并遏制中国南下印度洋;六是提出改革联合国机制,争取早日获得联合国安理会常任理事国地位。凡此种种,印度主旨在于扩大自己的国际影响,改善安全环境,为实现做世界政治大国目标捞取政治资本。

三、开展务实、全方位外交防务合作。在失去印苏联盟对抗美巴同盟的防务支撑点后,印度适时调整对外政策,确立了一些新的防务平衡点。第一,同巴基斯坦和中国等邻国签署了一些旨在减少冲突、降低军事对抗程度的协议,以图稳定周边环境。第二,恢复印俄防务合作,发展与中亚国家的关系。印俄重新签订了"友好合作条约"和"防务合作协定",主张在保持印俄传统友谊的基础上建立互利互惠的"新型"合作关系。俄国继续向印提供军事装备。1995 年两国军贸额约为 15 亿美元,印度再次成为俄国最大的武器出口国之一。印度还派团出访中亚国家,寻求全面发展关系。第三,主动而又谨慎地加强同美国的军事联系。一方面,冷战结束后巴基斯坦在美国战略中的地位下降,印度抓住机会向美示好,美也认识到,其南亚政策如得不到印度的支持是难以实施的。在互有所求的前提下,双方加强了军事合作:成立印美陆军联合指导委员会(海军也建立了类似的机构),定期进行两军情报交换和参谋人员交流,互为对方培训军事人员,举行联合演习等。1995 年初,美国防部长佩里同印度签署了一项安全协定,双方在战略、军事技术与生产合作和军种间的合作 3 个层次上的防务问题达成协议,进一步推动了印美军事关系的发展。另一方面,印美军事合作受制于诸多矛盾,如印拒签核不扩散条约,继续研制导弹,在人权问题上不屈从于美国的压力。美对印又拉又压,印不甘屈服,又合作又斗争。故双方难以发展成战略联盟关系。第四,在安全与防务问题上与东盟加强联系,如同新加坡、马来西亚、印尼和泰国举行联合演习;与马来西亚签署防务合作协定,在军训、后勤保障和国防生产方面进行协作。其目的是消除东盟对印的戒心,同时遏制中国南下印度洋。印度这种"联西拉东、稳北定南"的全方位外交,确实改善了印度在安全上的战略态势,有利于左右逢源,捞取实惠。

四、建设一支高质量的现代化军队。在国防预算方面,印度一直保持高额军费。为适应军队现代化建设的需要,印度 1994 年制定了"自主防卫 10 年计划",该计划的目标是到 2005 年把国产武器装备的比例由现在的 30%提高到 70%,并将"八五"国防计划推迟两年(即自 1992 年 4 月 1 日起至 1997 年 3 月 31 日止),计划到 90 年代末基本实现重武器装备的自给自足。军队装备发展计划调整后的内容包括:陆军在继续研究的基础上开始生产印度自行研制的"阿琼"式主战坦克,计划本世纪末装备 2 个坦克团,并对 T-72 和 T-55 式坦克进行现代化改装;研制配有先进火控系统和新型炮弹的大口径自行火炮、多管火箭炮和高炮;引进电子战装备;发展远程打击武器,如射程为 2500 千米的"火"式中程导弹以及战场监视与战术控制雷达、无人驾驶飞机等及其配套设施。在未来 10～15 年,印陆军需换装 1500 辆主战坦克、500 辆步兵战车和 500 门 155 毫米自行火炮。空军正与俄国合作对印度空军的米格系列飞机进行现代化改装,提高雷达、火控系统和航空电子系统的现代化水平;自行研制的轻型战斗机已基本研制成功,将成为印度空军跨世纪的先进机种,预计 2003 年正式进入现役。空军需换装 400 架战斗机、140 架直升机和 100 运输机。海军正实施"潜艇 75"计划,采用德国技术生产新型潜艇,淘汰陈旧的 F 级潜艇;一艘可作为轻型飞机和直升机母舰的新型军舰正在设计中。海军需增加 55 艘新军舰,包括至少 7 艘潜艇。

军事战略　在立足南亚、称雄印度洋、争当世界军事强国的思想指导下,印度推行"地区性有限威慑"军事战略。依据这种战略,印度平时把 45%左右的陆、空兵力部署在西部边境,突出"进攻态势"的特点,把 25%左右的兵力部署在北部边境,保护其"既得利益";把 30%的兵力部署在纵深地区,作为战略预备队和内部治安力量。海军在沿海部署东、西两支舰队,活跃于孟加拉湾和阿拉伯海,重点放在西部,对付与其利益相冲突的国家并保护自己的海上经济利益和石油通道。空军重点部署在西部和首都附近。

印度还推行核威慑政策。如何保证军备发展不影响以经济建设为中心这一新的国策,印防务决策层经争论达成共识:发展核的军事用途,实施核威慑。其目标:一是对拥有核武器的北部邻国实施低度核威慑;二是同巴基斯坦进行核竞赛,不仅在常规武器上而且在核武器上压倒巴,以慑服对方;三是以核武器为后盾,把驻印度洋的外国军队作为核打击目标,以达成"劝阻"外国干涉南亚和印度洋事务的目的。印更深远的考虑是把核武器发展作为谋求世界大国地位的一条捷径。在失去原苏联核保护伞后,印更坚定了发展核武器的信念,立场更趋强硬:不屈从国际社会的压力,拒签核不扩散条约。在核武器运载工具方面,印度除有能携带核弹的远程轰炸机外,正研制中程导弹和洲际导弹。多次试射成功的"火"式中程导弹射程达 2500 千米,打击范围令国际社会尤其是印度四邻深为忧虑。

国防体制　印度宪法规定总统为武装力量最高统帅。总统通过内阁总理对全国武装部队实施领导,现行最高国防决策机构为内阁政治事务委员会,成员有国防、外交、内政和财政等主要内阁部长,由总理任主席。国防咨询机构有国防部长委员会、国防生产与供应委员会、国防研究与发展委员会、国防计划委员会等。除国防计划委员会由内阁秘书任主席外,其余委员会均由国防部长任主席,吸收国务部长、三军参谋长、国防秘书、国防财政顾问和有关单位负责人参加,负责制定和提出有关三军建设和民防、空防、边防与海防方面的政策,提出有关作战、情报和国家安全等方面的咨询意见。国防部长委员会下设国防电子、首席人事官、首席供应军官和参谋长等 4 个委员会。其中最重要的是由三军参谋长组成的参谋长委员会。它由其中任职时间最长的军种参谋长任主席,负责在职权范围内就国防政策、国防生产和其他有关军事问题向国防部长委员会提出建议,并通过它就需要由内阁研究决定的重大问题向内阁政务委员会提出建议。参谋长委员会下设 10 个分委员会,由三军参谋军官联合组成,轮流任主席,分别处理有关三军联合作战、计划、训练、通信、情报、电子战、装备政策和国防计划等方面的统一与协调事务。国防部长是最高军事行政长官，直接向内阁总理负责，他由两名国防国务部长协助工作。国防部为国防职能机构，全部由文官组成，下设国防局、国防生产与供应局和国防科研局等3个常设办事机构（均由国防秘书任局长），以及财政顾问处（由财政部派出的国防财政顾问任领导）和国防计划协调与执行委员会（由国防秘书任主席）。

印度的武装力量由正规军、准军事部队和后备力量组成。正规军分陆、海、空三个军种。三军平时没有统一的作战指挥机构。三军统一作战指挥权平时直属内阁中总理，通过内阁秘书处协同国防部行使；战时通常授权主要军种参谋长实施统一指挥。军种司令部为各军种最高作战指挥与行政管理机构，最高领导人为军种参谋长，他配有3名副参谋长协助工作。两名分别负责第1和第2参谋局的作战指挥和兵种业务领导，另1名负责军兵种作战协同等工作。军种参谋长通过所属军区司令部对部队实施作战与控制。除地区司令部外，陆军还设有训练司令部，空军也设有训练和保养两个专业司令部，海军的南海司令部履行海军训练司令部的职能，负责全部海军水面和水下舰艇训练的指挥与控制，并主管海军人员的基础训练与专业训练工作。驻果阿的海军航空兵司令部主管海军航空兵的训练。驻维沙卡帕特南的海军潜艇司令部负责海军潜艇的训练。

领导人物 总统兼武装力量最高统帅尚卡尔·达亚尔·夏马尔（1992年7月16日当选；1997年7月17日，纳拉亚当选为总统）。总理德韦·高达（1996年6月1日至1997年4月），因德尔·库马尔·古杰拉尔（1997年4月20日上任）。国防部长莫拉亚姆·辛格·亚达夫（1996年6月1日上任）。陆军参谋长尚卡尔·罗伊·乔杜里上将（1994年11月22日上任）。海军参谋长维希努·巴格瓦特上将（1996年10月1日上任）。空军参谋长萨蒂时·库马尔·沙林上将（1995年12月30日上任）。

武装力量 **兵力** 现役部队114.5万人。

陆军 98万人。编有5个军区、11个军部、35个师（3个装甲师、4个平原步兵整编师、18个步兵师、9个山地师和1个炮兵师）以及15个独立旅（7个装甲旅、5个步兵旅、2个山地旅、1个空降/突击旅，还有3个空降/突击旅正在组建）、1个地地导弹团、16个防空旅和3个工兵旅。上述部队包括59个坦克团（营），355个步兵营（其中包括25个机械化步兵营、8个空降营、3个突击营），190个炮兵团（营）（其中包括1个重炮团、2个火箭炮团、50个中型炮团〔内含11个自行炮团〕、69个野炮团〔内含3个自行炮团〕、39个山地炮团、29个高炮团），2个地空导弹大队（每个大队含3～5个导弹连），15个地空导弹团。陆军航空兵编有14个直升机中队（其中6个反坦克中队、8个观察中队）。

主战坦克：3500辆（估计有1100辆库存），其中T-55型约700辆、T-72/M-1型1100辆、“常胜者”1700辆、“阿琼”式约10辆（印度自行研制的先进坦克）。步兵战车：БМП-1型350辆、БМП-2型1000辆。装甲侦察车：БРДМ-2型约100辆。装甲输送车：OT-62/64型157辆。牵引炮：4175门（估计有600门库存），其中75毫米900门、105毫米约1350门、122毫米约550门、130毫米750门、155毫米410门。自行炮：105毫米80门（估计有30门库存）、130毫米100门（估计有70门库存）。火箭炮：122毫米150门。迫击炮：120毫米500门、160毫米700门（其中有150门库存）。地地导弹：“普里特维”式3～5部。无坐力炮：57毫米500门、106毫米1000多门。反坦克导弹：“米兰”等若干。高炮：约2400门。地空导弹：萨姆-3型45枚、萨姆-6型180枚、萨姆-7型620枚、萨姆-8B型50枚、萨姆-9型400枚、萨姆-16型500枚。直升机199架。车辆人员登陆艇2艘。

海军 5.5万人（含海军航空兵、海军陆战队）。编有东、西、南3个地区司令部，东、西2支舰队。另编有潜艇司令部（驻维沙卡帕特南）和海军航空兵司令部（驻果阿）。装备各种舰艇145艘，其中航母2艘、潜艇19艘、驱逐舰5艘、护卫舰19艘、轻型护卫舰44艘、扫雷舰艇20艘、两栖登南舰艇9艘以及各种支援舰艇27艘。

海军航空兵 5000人，装备68架作战飞机、75架直升机、空空导弹和空地导弹若干。编有2个攻击机中队、6个反潜直升机中队、3个海上侦察机中队、1个通信机中队、1个搜索求援直升机中队和2个教练机中队。

海军陆战队 成立于1987年，目前兵力为1个团，约1000人。

空军 11万人。编有5个地区司令部和空军训练、保养2个专业司令部，17个攻击战斗机中队、20个战斗机中队、3个攻击直升机中队、2个侦察机中队、14个运输机中队、11个运输直升机中队。装备各型飞机1404架，其中作战飞机778架（米格-21型324架、米格-23型80架、米格-25型8架、米格-27型148架、米格-29型74架、“幻影”35架、“美洲虎”109架）；直升机

184 架,其中米-25/-35 型武装直升机 34 架。此外,还编有 30 个萨姆导弹中队,装备萨姆-2/-3/-5 型地空导弹以及空地导弹和空空导弹若干枚(部)。

准军事部队　印度的准军事部队的种类庞杂,驻地分散,隶属不同的部门。它们是印度正规部队的辅助力量,平时可执行边防海防巡逻、情报搜集和内卫治安任务;战时则作为辅助力量配属正规部队执行作战任务。目前印度准军事部队兵力 100 多万人,其中海岸警卫队约 4000 人,隶属国防部,装备有 56 艘巡逻舰艇、22 架作战飞机和 13 架直升机,平时负责近海防卫与治安,战时归海军指挥,协助海军作战;国家安全警卫队 7500 人,隶属内阁秘书处,负责反恐怖活动,成员来自印度三军和中央后备警察部队和边境保安部队;特别保安部队 3000 人,负责要员安全;中央后备警察部队 16.5 万人,隶属内政部;邦武装警察 40 万人(包括 24 个营的印度后备警察),主要负责本邦的治安任务,但也可调往其他邦执行任务;边境保安部队 18.5 万人,约有 149 个营;阿萨姆步枪队 5.25 万人,隶属内政部,31 个营,主要负责东北各邦的治安任务,各级军官为陆军军官,训练较好;特种边境部队 1 万人,隶属内阁秘书处;中央工业保安部队 9 万人,隶属内政部;国防部安全警卫队 3.1 万人,隶属国防部,主要负责国防部驻地的安全警卫工作;铁路保安部队 6 万人,分布在全国 135 个城镇。

后备力量　印度的后备力量是指不脱产的民间武装,分第 1 线和第 2 线,共有 240 万人。其组织比较松散,每年只进行短期的军事集训。第 1 线预备役人员由陆海空三军的退役官兵组成。服预备役的最高年限为 50 岁。现有兵力约 50 万人,其中陆军 30 万人、海军 5. 5万人、空军 14 万人。第 2 线防务力量主要是民间军事组织,现有实力 190 多万人,包括国土军(又称地方军)4 万人、国民学兵团 100 多万人、家乡卫队 47. 2 万人、民防组织 39. 4 万人以及消防队(实力不详)。

部署　陆军分 5 个军区:北部军区司令部设在印占克什米尔的乌达姆普尔,辖 2 个军(含 8 个步兵师和 2 个山地师),负责克什米尔地区印巴边境北段和印中边境西段的防务。西部军区司令部设在昌迪曼迪尔,辖 3 个军(含 1 个装甲师、5 个步兵师和 3 个平原步兵整编师),负责印巴边境中段平原地区防务。东部军区司令部设在加尔各答,辖 3 个军(含 1 个装甲师和 7 个山地师),负责印中边境东段(含中锡边境)、印缅、印孟边境地区的防务。中部军区司令部设在勒克瑙,辖 1 个军(含 1 个装甲师、1 个步兵师和 1 个平原步兵整编师),负责中央各邦和中部喜马拉雅山边境地区的防务,并担任东、西两个战区的预备队。南部军区司令部设在浦那,辖 2 个军(含 1 个装甲师和 3 个步兵师),负责印巴边境南段的防务。

海军按印度半岛东、西、南 3 面海域相应划分为东部、西部和南部 3 个海军地区司令部。部署重点在西部和东部沿海。西部海军司令部设在孟买,下辖西部舰队,编有印度海军半数以上的驱逐舰、护卫舰和潜艇,负责阿拉伯海域的海防。其海军基地有孟买、果阿、拉克代夫群岛和正在建设中的卡尔瓦尔。东部海军司令部设在维沙卡帕特南,下辖东部舰队。其海军基地有维沙卡帕特南、布莱尔港,在马德拉斯和加尔各答设有海军站。南部海军司令部兼有海军训练司令部的职能,司令部设在科钦。

空军编有 5 个地区司令部,部署重点在西部和首都附近。东部空军司令部设在西隆,与陆军东部军区协调防务;西部空军司令部设在新德里,与陆军西部军区协调防务;中部空军司令部设在阿拉哈巴德,与陆军中部军区协调防务;南部空军司令部设在特里凡特琅,与陆军南部军区协调防务;西南部空军司令部设在佐德普尔,也配合陆军南部军区的防务。

兵役制度　实行募兵制。服役期:兵 17 年,军士 22～28 年,准尉 26～33 年。各级军官最高服役年限:将官 60 岁,校官 55 岁,尉官 50 岁。

军衔　分 7 等 20 级,即元帅 1 级(只在战时授予有特殊功勋的军种参谋长)、将官 4 级(上将、中将、少将和准将)、校官 3 级(上校、中校和少校)、尉官 3 级(上尉、中尉和少尉)、准尉 3 级(一级准尉、二级准尉和三级准尉)、军士 3 级(上士、中士和下士)、兵 3 级(一等兵、二等兵和三等兵)。准尉以下军衔,三军之间略有不同。

驻外兵力　1995～1996 年度,印度共有 1121 人参加联合国维和行动。

(杜　健)

印度尼西亚

国　　名　印度尼西亚共和国。

主要统计　面积 190.4569 万平方千米。人口 1.95277 亿人(其中,13～17 岁男 1111.5 万人,女 1063 万人;18～22 岁男 1013.9 万人,女 982.1 万人;23～32 岁男 1596.4 万人,女 1701.9 万人)。国内生产总值 1700 亿美元(1995 年)。国防费 30 亿美元(1996 年国防预算)。原煤 2758.4 万吨(1993 年)。天然气 552.52 亿立方米(1994 年)。原油 4.85 亿桶(1994 年)。发电量 588.88 亿度(1993 年)。粮食 5286.2 万吨(1994 年)。海运能力,商船(载重 100 吨以上)2014 艘,总载重量 313.02 万吨(1992 年)。民航能力,固定航班机场 122 个,客运量 197.51 亿人千米、货运量 6.693 亿吨千米(1995 年)。

国防政策　印尼积极支持东盟建设,不断加强同东盟国家及美、澳等国的双边军事合作,提高整体防御能力,共同维护地区安全。印尼赋予其武装部队以双重职能,即保卫国家安全并以合法地位参加国家的社会与政治事务。军队在国家政权中占支配地位。为了建立一支兵力精干、机构合理、具有高度机动和威慑能力、拥有现代化武器装备和专业人员的军队,印尼正在不断地增加军费开支,购买大批先进武器装备,大力发展国内军工生产,加强部队训练,调整各级主官,实现军队领导的“年轻化、知识化和专业化”,并密切同外国的军事合作,以提高部队的现代化水平和协同作战能力。

军事战略　印尼武装部队实行积极的“逐岛防御”战略,并相应地向“全面向外防御”方向发展。“逐岛防御”即以大岛为核心,以群岛为基地,建立内外兼顾,独立防守与机动作战相结合的防御体系,独立保卫本岛领土、领海和维护社会治安。近年来,印尼政府根据国际和地区形势的发展,认为未来国防安全的主要威胁将来自海上,军队在保卫国内安全的同时,重点加强海上通道、海洋专属经济区的安全保卫。为此,根据“增加比重,提高能力”的原则,实施重点振兴海军的方针,通过购买武器装备、增设和调整海军基地等措施,加强濒临马六甲海峡、南中国海及印度洋等具有战略意义的前沿、边境、重要海峡及偏远地区的防卫力量,形成以爪哇岛为中心,东西兼顾的战略布局。

国防体制　宪法规定,总统为武装力量统帅。实行国防与内卫合一的武装体制。国防安全部负责制定国防政策,武装部队司令部负责作战指挥。武装力量由正规军和准军事部队组成。正规军分陆、海、空三个军队。总统通过国防安全部和武装部队司令部对全国武装力量实施领导和指挥。

领导人物　总统兼武装力量统帅苏哈托(1968 年上任)、国防安全部长埃迪、苏德拉贾特上将(1993 年 3 月上任)、武装部队司令费萨尔·坦荣上将(1993 年上任)。

武装力量　**兵力**　现役部队约 29.92 万人。

陆军　23.52 万人。编有 1 个战略后备部队司令部、10 个军区司令部和 1 支特种部队。战略后备部队共有 1.7 万人,编有 2 个步兵师、3 个步兵旅、3 个空降旅、2 个野战炮兵团、1 个高炮团、2 个工程兵营。10 个军区共有 19.15 万人,编有 1 个步兵旅、59 个步兵营、8 个骑兵营、11 个野战炮兵营、10 个高炮营、8 个工程兵营、1 个混合航空兵中队、1 个直升机中队。特种部队共 4000 人,编为 2 个特种大队(各辖 2 个营)。

轻型坦克:AMX-13 型约 275 辆、PT-76 型 30 辆、“蝎子”50 辆。装甲侦察车:“萨拉丁”60 辆,“白鼬”55 辆。装甲运输车:AMX-VCI 型,“萨拉逊”,“突击队员”等共 729 辆。牵引炮:76 毫米若干门,105 毫米 180 门。迫击炮:81 毫米 800 门、120 毫米 75 门。无坐力炮:90 毫米 90 门、106 毫米 45 门。高炮:20 毫米 125 门、40 毫米 90 门、57 毫米 200 门。地空导弹:“轻剑”51 部、RBS-70 型 42 部。飞机:“岛民”式 1 架、C-47 型 2 架、NC-212 型 4 架、色斯纳 310 型 2 架、“指挥官”680 型 2 架、“吉拉提克”型 18 架。直升机:“贝尔”205 型 9 架、Bo-105 型 14 架、NB-412 型 7 架、休斯 300C 型 10 架。

海军　约 4.3 万人(含陆战队和航空兵)。编有东、西 2 个舰队司令部和 1 个海上空运司令部。

潜艇:“铁环”(即“卡克赖”)级 2 艘。护卫舰:“艾哈迈德雅尼”级 6 艘,“法塔希拉”级 3 艘、“提亚哈胡”级 3 艘,“哈加尔达温塔拉”级 1 艘,“沙玛迪昆”级 4 艘。护卫艇:“帕提穆腊”级 16 艘。导弹艇:“曼道”级 4 艘。鱼雷艇:“狮子”级 2 艘。巡逻艇:35 艘。扫雷舰艇:13

艘。两栖舰艇:28 艘。后勤支援舰船:15 艘。

海军航空兵　约 1000 人。装备飞机 50 架,其中作战飞机 24 架(海上侦察机);直升机 16 架,其中 14 架为武装直升机(反潜直升机)。

陆战队　1.2 万人。编有 2 个步兵旅、1 个特战营、1 个战斗支援团。装备有轻型坦克:PT-76 型 100 辆。装甲侦察车:БРДМ 型 14 辆。步兵战斗车:AMX-10PAC-90 型 10 辆。装甲输送车:84 辆。牵引炮:105、122 毫米 48 门。火箭炮:140 毫米 15 门。高炮:40 毫米和 57 毫米若干门。

空军　2.1 万人。编有 2 个空军作战司令部、5 个攻击战斗机中队、1 个战斗机中队、1 个防暴机中队、1 个侦察机中队、3 个直升机中队、4 个教练机中队和 1 个机场卫队(4 个营)。作战飞机 77 架。

攻击战斗机:A-4 型 20 架、F-16 型 11 架、“霍克”22 架。战斗机:F-5 型 12 架。防暴机:OV-10F 型 12 架。侦察机:3 架。空中加油机:KC-130B 型 2 架。运输机:C-130 型、F-27-400M 型、NC-212 型、CN-235 型等共 75 架。直升机:S-58T 型、休斯 500 型、NSA-300 型等共 34 架。教练机:AS-202 型、T-34C 型等共 69 架。

预备役部队　40 万人。

准军事部队　约 169 万人。其中国家警察 17.4 万人、海上警察 1.2 万人、民兵 150 万人。

部署　印尼陆军 10 个军区划分与地方行政机构辖区基本一致。海军东部舰队司令部驻泗水,西部舰队司令部驻雅加达。空军 2 个作战司令部分别负责东、西部空防任务。全国共有军事基地 42 处,其中空军基地 26 处,海军基地 16 处。

兵役制度　实行义务兵和志愿兵相结合的兵役制度。义务兵服役期 2 年。军官最高服役年龄 55 岁。

军衔　军官分为 4 等 13 级,即将官 4 级(上将、中将、少将、准将)、校官 3 级(上校、中校、少校)、尉官 3 级(上尉、中尉、少尉)、士官 3 级(预备军官、一级准尉、二级准尉)。士兵分 2 等 6 级,即军士 4 级(军士长、上士、中士、下士),兵 2 级(一等兵、二等兵)。

驻外兵力　参加联合国维和部队人员共 378 人。

(郭　辉)

约　旦

国　名　约旦哈希姆王国。

主要统计　面积 9.139 万平方千米。人口 456.02 万人(其中,13～17 岁男 25.2 万人,女 24.4 万人;18～22 岁男 23.5 万人,女 22.8 万人;23～32 岁男 41.7 万人,女 39.4 万人)。国内生产总值 46 亿第纳尔,合 66 亿美元(1995 年)。国防费 3.81 亿第纳尔,合 5.37 亿美元(1996 年国防预算)。原油 10 万桶(1994 年)。天然气 2.29 亿立方米(1994 年)。发电量 47.61 亿度(1993 年)。粮食 11.9 万吨(1994 年)。海运能力,商船(载重 100 吨以上)5 艘,总载重量 11.36 万吨(1992 年)。民航能力,固定航班机场 2 处,客运量 23.42 亿人千米、货运量 1.195 亿吨千米(1995 年)。

国防体制　宪法规定,国王兼任陆、海、空三军统帅,拥有宣布战争、军管、缔结和约的权力。下设“最高国防委员会”,由国防、外交、财政、内政大臣和军队总司令等人组成,通常由国防大臣召集会议,负责制定国防政策和监督国防计划的实施。国防部主要负责制定国防预算、后勤保障,并与军队总司令部共同发布有关军队的行政命令,但对军队无调动和指挥权。军队总司令部是国王统帅军队的办事机构,其成员有总司令、总司令助理和武装部队总监各 1 人。总司令代表国王处理军队日常事务。总司令部下设总参谋部,其成员有总参谋长及主管作战计划、情报、人力、行政管理等的副总长。此外,还设有“国防委员会”和“军官委员会”。前者负责军队的编制、装备、征兵等具体计划和建议;后者负责对军官的考察、提升和调动提出建议。武装力量由正规军和准军事部队组成。正规军分陆、海、空三个军种。

领导人物　国王兼武装力量统帅侯赛因·伊本·塔拉勒(1952 年上任)。首相兼国防大臣阿卜杜勒·卡里姆·阿拉·卡巴里提(1996 年 2 月上任)。军队总司令法塔西·阿布·塔列布少将(1989 年 9 月上任)。军队总司令助理塔伊希·扎罗尔准将。军队总参谋长阿卜杜勒·哈菲兹·马雷·凯阿比纳中将(1993 年 5 月上任)。

武装力量　**兵力**　现役部队 9.865 万人。

陆军　9 万人。编有 2 个装甲师、2 个机械化步兵师、1 个独立皇家卫队旅、1 个特种部队旅、1 个野战炮兵旅。

坦克:约 1070 辆(M-47 和 M-48A5 型 270 辆、M-60A1 和 M-60A3 型 218 辆、"酋长"270 辆、"百人队长"293 辆、"蝎子"19 辆)。装甲侦察车:"白鼬"150 辆。步兵战车:БМП-2 型约 35 辆。装甲输送车:1100 辆。牵引炮 115 门。自行炮:370 门。迫击炮 800 门。反坦克导弹:640 具("陶"、"龙"式)。无坐力炮:330 门。高炮:360 门。地空导弹:SA-7/-8/-13/-14/-16 型等约 890 部。

海军　约 650 人。巡逻艇和海岸作战舰艇 5 艘。

空军　8000 人(含防空部队 2000 人)。编有 3 个对地攻击战斗机中队、2 个战斗机中队、1 个运输机中队、1 个王室专机中队、4 个直升机中队(其中 3 个攻击直升机中队)、2 个防空旅。作战飞机 97 架,武装直升机 24 架。

攻击战斗机:F-5 型、"幻影"共 95 架。运输机:约 12 架。直升机:共 47 架,其中攻击直升机 AH-1S 型 24 架。教练机:共 51 架,其中"幻影"F-1B 型 2 架具有作战能力。地空导弹:"霍克"改进型 80 部。空地、空空导弹:"陶"、"响尾蛇"、"魔术"若干枚。

预备役部队　3.5 万人,其中陆军 3 万人。

准军事部队　治安部队 1 万人;民兵约 2 万人。

兵役制度　实行志愿兵役制。志愿兵实行薪金制,招收 14 岁以上的男性公民。

驻外兵力　参加联合国维持和平部队 1037 人。

(薛利涛)

越　　南

国　　名　越南社会主义共和国。

主要统计　面积 32.9556 万平方千米。人口 7569 万人(其中,13～17 岁男 416.8 万人,女 402.1 万人;18～22 岁男 377.1 万人,女 366.3 万人;23～32 岁男 654.1 万人,女 648 万人)。国内生产总值 1213 亿美元(1995 年)。国防费 10 亿美元(1996 年国防预算估计)。粗钢 32.2 万吨(1995 年)。原油 850 万吨(1996 年)。原煤 630 万吨(1995 年)。发电量 146.87 亿度(1995 年)。粮食 2740 万吨(1995 年)。海运能力,商船(载重 100 吨以上)230 艘,总载重量 87.28 万吨(1992 年)。民航能力,固定航班机场 12 处,客运量 8700 万人千米、货运量 100 万吨千米(1995 年)。

国防政策　1996 年夏季召开的越共"八大"制定了新的国防政策,其主要内容是:发挥全体人民和整个政治体系的综合力量,建立稳固的全民国防体系,提高武装力量的质量,牢固捍卫国家的独立、安全、主权和领土完整,保卫人民、保卫党、保卫社会主义制度,制止和粉碎一切破坏社会政治稳定、侵犯国家独立、主权和领土完整以及损害国家建设发展事业的阴谋活动,有效地打击和惩治各种犯罪,确保社会治安秩序稳定和安全。

军事战略　越南现行军事战略是根据以经济建设为中心的国家战略确定的,其总体特征可以概括为"积极防御"战略,主要内容包括:(一)对安全环境的估计:越军认为,越国家安全当前和今后一段时间面临的主要威胁:一是以美国为首的西方国家利用"民主"、"人权"干涉越南内政,对越进行"和平演变",企图把越引向资本主义道路;二是国外敌对势力与国内反政府组织相互勾结,伺机制造暴乱和破坏活动,企图颠覆越南共产党政权;三是越与周边国家存在领土争端,有引发局部武装冲突甚至局部战争的危险。(二)战略目标:确保北部和西南边境稳定和安全,维护在南沙的既得利益,保持国内政局和社会稳定,为国家集中力量发展经济和提高地区大国地位创造有利条件。(三)战略方针:收缩陆地战线;扩大海上控制范围,巩固已占南沙岛礁;建立"区域防御"体系;坚决抵制"和平演变",严防发生暴乱和颠覆活动。(四)战争准备:立足于依靠本国经济和军事实力,随时应付可能在南沙海域发生的中低强度战争和在越北部、西南边境局部地区发生的小规模武装冲突。(五)战略部署:南北兼顾,重点防御北部、西南部和中南沿海方向。(六)建军方针:削减数量、提高质量,建立一支"革命化、正规化、精锐化和逐步现代化"的军队,同时加强后备力量建设。

国防体制　越南宪法规定:国家主席统帅各人民武装力量,并兼任国防与安宁会议主席。但实际上越共中央军事党委是最高军事决策机构,越共中央总书记兼任军委书记,通过国防部对全国武装力量实行统一领导和指挥。国会设有国防与安宁委员会,负责审查和监督国防与安宁政策的执行;国家机关设有国防与安宁会议，协助国家主席统帅武装力量。国防部既是越共中央军委的办事机构，又是越军的最高军事行政机关，下辖总参谋部、总政治局、总后勤局、总技术局、国防工业经济总局。5大总部（局）分别负责全军的军事指挥、政治思想教育、后勤供应、技术保障、军工及生产经营。武装力量由正规军、地方部队、预备役部队和民兵自卫队组成。正规军又称主力部队，分陆军、海军、空军和防空军四个军种。

领导人物 越共中央总书记兼中央军事党委书记杜梅（1991年6月上任），国家主席、中央军委第一副书记兼国防与安宁会议主席黎德英大将，国防部长段奎大将（1991年7月上任），总参谋长范文茶中将（1995年12月上任），总政治局主任黎可镖上将（1991年7月上任），总后勤局主任阮福清中将（1993年上任），总技术局主任阮蔡少将（1991年上任），国防工业经济总局主任潘秋中将（1989年3月上任）；海军司令梅春永少将（1994年1月上任），空军司令范青银中将，防空军司令吴兄少将（1993年上任）。

武装力量 **兵力** 现役部队57.2万人。

陆军 50万人。划分为8个军区、2个特区，编有14个军部、50个步兵师、3个机械化步兵师、10个装甲旅、15个独立步兵团、1支特种部队（含空降旅和爆破工兵团）、约10个野战炮兵旅、8个工程兵师、10～16个经济建设师、20个独立工程兵旅。

主战坦克：T-34/-54/-55和T-62型等共1300辆。轻型坦克：PT-76型600辆，PT-62/-63型若干辆。侦察车：БРДМ-1/-2型100辆。步兵战车：БМП型300辆。装甲输送车：БТР-40/-50/-60/-152型1100辆，YW-531、M-113型若干辆。牵引炮：76、85、100、105、122、130、152、155毫米共2300门。自行炮：152毫米30门，100、120、122毫米若干门。火箭炮：107毫米360门，122毫米350门，140毫米若干门。迫击炮：82、120和160毫米若干门。反坦克导弹："耐火箱"式若干具。无坐力炮：75、82、87毫米若干门。高炮：14.5、23、30、37、57、85、100毫米共12000门。地空导弹：SA-7/-16型若干部。

海军 4.2万人（含海军陆战队3万人）。划分为4个沿海区。

护卫舰：共8艘，即"范五老"1艘，"别佳"Ⅱ级3艘，"别佳"Ⅲ级2艘，"巴奈加特"（美制"卡特尔"）1艘，"陈庆余"（美制"萨维奇"级）1艘。巡逻艇和小型快艇：共52艘，其中苏制导弹快艇10艘、鱼雷快艇19艘，巡逻艇23艘。扫雷舰艇：共16艘，其中，"尤尔卡"级2艘，"索尼亚"级4艘，"瓦尼亚"级1艘，"叶夫根尼亚"级2艘。登陆舰：共7艘，其中，坦克登陆舰3艘，中型登陆舰4艘。小型登陆艇：共30艘，其中，机械化登陆艇12艘、通用登陆艇18艘。辅助舰船：30余艘。

空军 1.5万人。编成4个航空师，1个攻击机团，5个歼击机团，3个运输机团，3个教练机团。作战飞机196架，武装直升机33架。

攻击战斗机：苏-22型65架、苏-27型6架。战斗机：米格-21比斯125架。武装直升机：米-24型25架。海上侦察机：4架。反潜直升机：卡-25型8架。航测机：2架。运输机：共68架（安-2/-24/26型，图-134，雅克-40型等）。直升机：米-4/-6/-8型约70架。教练机：L-39、米格-21U、雅克-18型等共52架。空对空导弹："环礁"若干枚。

防空军 1.5万人，编成14个防空师、4个高炮旅、6个雷达旅，有雷达阵地100处、地空导弹发射阵地66处；装备37、57、85、100、130毫米高炮若干门，SA-2/-3/-6型地空导弹若干枚。

地方部队 编有省、市、县军事指挥部；每个省、市军指下辖若干个独立团，每个县军事指挥部下辖若干个独立营。省军指、国家直辖市军指由所在军区指挥，省辖市、县军指由省军指指挥。

预备役部队 越南《军事义务条例》规定，男18～45岁、女18～40岁的退伍军人和依照法律应服兵役而未入伍的公民，都要编入预备役部队。预备役军官一般由军队转业军官、士官和具有大专以上学历并受过专门培训的地方人员担任。迄1997年1月底，越预备役部队约30万人。

民兵自卫队 一般编成连、排，最大编成营，由步兵、工兵、防化兵、通信兵和侦察兵等诸兵种组成。迄1997年1月底，越民兵自卫队约200万人。民兵自卫队平时不脱产，定期参加军事训练，受当地驻军统一指挥；战时担负警戒、侦察、巡逻、运输、救护、防空、消防和组织疏散等项任务，也可配合军队行动，增强军队的作战力量，开展敌后游击战。

部署 1995年7月至1996年底，越军部署没有大的变化，其特点仍是"南北兼顾"、"陆海并重"，重点防御北部、西南部和中南沿海地区。陆军采取区域部署和机动部署相结合方式，全国由北向南划分为8个区域，每个区域部署1个军区；担负战略机动作战任务的野战部队部署是北部、南部地区各占一半；总兵力的50%部署在北部地区、40%部署在西南部地区、10%部署在中部地区。海军由北向南沿海岸线划分为4个区域，每个区域部署1个沿海区；主要作战舰艇部署在岘港、金兰湾和胡志明市等中南沿海地区。空军按照重点布防和机动布防相结合的原则,将全国从北到南划分为3个作战区,每个作战区部署相应部队;总兵力的2/3部署在中南沿海地区,1/3部署在北部地区。防空军将全国划分为北、中、南3个防空作战区,重点保卫主要城市和地域;总兵力的50%部署在北部作战区、30%部署在南部作战区、20%部署在中部作战区。越拥有海军基地11处(万华、锦普、鸿基、河修、海防、岘港、芽庄、头顿、金兰湾、胡志明市和归仁等);空军基地15处(内排、安沛、克夫、和乐、建安、寿春、岘港、富吉、藩朗、边和、新山一、波莱古、绥和、金兰湾、朱莱等)。

兵役制度 越南《义务兵役法》规定,实行义务兵役制度。服役年龄18~27岁。服役年限,士官和士兵2年,士官指挥员、军队培训的专业技术士官和士兵、海军舰艇士官和士兵均为3年,需要时可延长半年。军官服役年限,尉官38岁、少校43岁、中校48岁、上校52岁、大校55岁、少将60岁,中将以上军官不规定服役年限。

军衔 根据越南《人民军军官法》规定,越南军官军衔分为3等12级,即将官4级(大将、上将、中将、少将)、校官4级(大校、上校、中校、少校)、尉官4级(大尉、上尉、中尉、少尉)。

外国驻军 俄罗斯在越南金兰湾基地驻有700人。

军工生产能力 越南拥有武器生产厂、修理厂100余家,只能生产陆军轻型武器及其弹药、海军1000吨级以下辅助船只,能装配和维修部分重武器。重武器和比较尖端的装备主要依赖进口。1996年,越共中央决定,"把国防工业建设成为实力强大、科学工艺水平高、与国家工业发展相适应的国防工业,有选择地采购现代化的武器装备,结合国家科研、工艺成果,生产出种类更多的武器装备"。目前越军国防工业经济总局正采取措施,落实这一决定,争取尽快改变国防工业落后于民用工业的现状,使国防工业在机械加工、化工原料、通信、电子等特殊工艺上有突破性发展。

(钟学良)

非洲国家军事概况

阿尔及利亚

国　　名 阿尔及利亚民主人民共和国。

主要统计 面积238.1741万平方千米。人口2879.5万人(其中,13~17岁男182.8万人,女170.3万人;18~22岁男159.8万人,女150.1万人;23~32岁男250.7万人,女235.1万人)。国内生产总值490亿美元(1995年)。国防费13亿美元(1996年国防预算)。原煤2万吨(1993年)。原油2.72亿桶(1994年)。天然气503.76亿立方米(1994年)。发电量194.15亿度(1993年)。粮食219.5万吨(1994年)。海运能力,商船(载重100吨以上)149艘,总载重量109.34万吨(1992年)。民航能力,固定航班机场28处,客运量32.34亿人千米、货运量2022.3万吨千米(1995年)。

国防体制 宪法规定,总统为武装力量统帅。最高国防决策机构为国家最高安全委员会,由总统任主席。国防部是最高军事行政机关。最高军事指挥机构为国家人民军参谋部。武装力量由正规军和准军事部队组成。正规军分陆、海、空三个军种。总统通过国防部和国家人民军参谋部对武装力量实施领导和指挥。

领导人物 最高国务委员会主席、武装力量统帅兼国防部长拉明·泽鲁阿勒(1994年4月上任)。国家人民军参谋长拉马利少将(1993年7月上任)。

武装力量 **兵力** 现役部队12.37万人。

陆军 10.7万人。编有6个军区、2个装甲师、2个机械化师、1个空降师、5个摩步旅、4~5个独立机械化旅、1个独立装甲旅、7个炮兵营、5个防空营。

坦克:T-54/-55型330辆、T-62型330辆、T-72型300辆。装甲侦察车:БРДМ-2型75辆。步兵战车:БМП-1型690辆、БМП-2型225辆。装甲输送车:БТР-50/-60型等680辆。牵引炮:122、130、152毫米416门。自行炮:122、152毫米185门。火箭炮:122、140、

240毫米126门。迫击炮:82、120、160毫米330门。反坦克炮:57、85、100毫米298门。高炮(机枪):14.5毫米80挺,20、23、37、57、85、100、130毫米815门。地空导弹:SA-7/-8/-9型若干部。

海军　约6700人(包括海岸警卫队)。基地设在凯比尔、阿尔及尔、安纳巴、吉杰勒。

潜艇:苏制K级2艘。护卫舰:苏制"科尼"级3艘。导弹艇:苏制"纳奴契卡"级3艘、"黄蜂"级11艘。巡逻艇:8艘。扫雷艇:11艘。两栖登陆艇:3艘。支援舰船:3艘。

海岸警卫队　约500人。装备巡逻艇29艘,支援舰1艘。

空军　1万人,编有14个中队。作战飞机180架、武装直升机60架。

攻击战斗机:米格-23BN型40架、苏-24型10架。战斗机:米格-21型70架、米格-23型30架、米格-25型10架。侦察机:米格-25型3架、米格-21型6架(均具有作战能力)。海上侦察机:"超级空中大王"15架。运输机:C-130型、伊尔-76型等共28架。攻击直升机:米-24型30架、米-8/-17型30架。运输直升机:63架。教练机:77架(其中米格-21型3架、米格-23型5架、米格-25型3架具有作战能力)。空空导弹:AA-2/-6型若干枚。

防空部队　编有3个高炮旅和3个地空导弹团。装备85、100、130毫米高炮若干门,地空导弹萨姆-3/-6/-8型若干部。

预备役部队　陆军预备役部队约15万人。

准军事部队　4.12万人,其中宪兵2万人、治安警察2万人、共和国卫队1200人。

兵役制度　实行义务兵和志愿兵相结合的兵役制度。士兵服役期18个月。

军衔　分6等17级,即将官2级(少将、准将)。校官3级(上校、中校、少校)、尉官3级(上尉、中尉、少尉)、准尉2级(一级准尉、二级准尉)、军士2级(军士长、军士)、士兵5级(上士、中士、下士、上等兵、列兵)。

(王京国)

埃　及

国　　名　阿拉伯埃及共和国。

主要统计　面积100.2万平方千米。人口5873.16万人(其中,13～17岁男333.8万人,女314.5万人;18～22岁男283.5万人,女266.5万人;23～32岁男473.4万人,女442.9万人)。国内生产总值2050亿埃镑,合560亿美元(1995年)。国防费83亿埃镑,合24亿美元(1996年国防预算估计)。原煤115.5万吨(1992年)。原油3.26亿桶(1994年)。天然气84.27亿立方米(1994年)。发电量474.7亿度(1993年)。粮食1476.6万吨(1994年)。海运能力,商船(载重100吨以上)444艘,总载重量168.52万吨(1992年)。民航能力,固定航班机场14处,客运量55.31亿人千米、货运量1亿吨千米(1995年)。

国防体制　总统为武装部队统帅,最高军事决策机构为国防委员会,由总统任主席。总统下设武装部队总司令,由国防部长兼任。武装部队由正规军和准军事部队组成。正规军分陆、海、空和防空军四个军种。最高军事指挥机构为总参谋部,统辖各军种、军团和军区。最高统帅和总司令通过总参谋部指挥全军。

领导人物　总统兼武装部队统帅穆罕默德·胡斯尼·穆巴拉克(1993年10月连任)。武装部队总司令兼国防和军工生产部长穆罕默德·侯赛因·坦塔维元帅(1993年10月14日连任)。总参谋长马吉迪·安瓦尔·拉德旺、哈塔塔中将(1995年10月上任)。海军司令艾哈迈德·阿里·法迪勒中将(1990年10月13日上任)。空军司令艾哈迈德·穆罕默德·沙菲格·扎基少将(1996年4月上任)。防空军司令艾哈迈德·阿布·塔列卜中将。

武装力量　**兵力**　现役部队44万人。

陆军　31万人。编有4个军区、2个军团司令部、4个装甲师、8个机械化步兵师、1个共和国警卫装甲旅、4个独立装甲旅、1个空运旅、2个独立步兵旅、1个伞兵旅、4个独立机械化旅、15个独立炮兵旅、2个地地导弹旅、6个突击大队。

坦克:T-54/-55型840辆、"朗塞"Ⅱ型260辆、T-62型500辆、M-60型1700辆、M-1A1型350辆。装甲侦察车:БРДМ-2型300辆、"突击侦察"式112辆。步兵战车:БМП-1型220辆,BMR-600P型260辆,YPR-765型304辆。装甲输送车:"瓦利德"式650辆,"法赫德"30型165辆,БТР-50/OT-62型1075辆,M-113A2

型 1944 辆、YPR-765 型 79 辆。牵引炮:122 毫米 551 门,130 毫米 420 门。自行火炮:122 毫米 76 门,155 毫米 200 门。火箭炮:122 毫米 296 门。迫击炮:82 毫米 500 门(其中 50 门为自行),107 毫米(自行)100 余门,120 毫米 1800 门,160 毫米 60 门。地地导弹:"蛙"7 型 12 部,"天鹰"80 型若干部,"飞毛腿"B 型 9 部。反坦克导弹:"耐火箱"1400 枚,"米兰"式 220 枚,"旋火"式 200 枚,"陶"式 840 枚。高炮(高射机枪):14.5 毫米 475 挺、23 毫米 712 门,37 毫米 150 门,57 毫米 340 门。地空导弹:SA-7 型 2000 部、SA-9 型 20 部、"小槲树"(自行)26 部。

海军　约 2 万人(包括 2000 名海岸警卫队)。

潜艇:"R"级 8 艘。驱逐舰:"法塔赫"级 1 艘。护卫舰:"苏伊士"级 2 艘,"胜利者"级 2 艘,"达米亚特"(美式"诺克斯")级 2 艘。导弹艇:"拉马丹"级 6 艘,"黄蜂"Ⅰ级 5 艘,"十月"级 6 艘,"蚊子"级 2 艘,其他型 6 艘。巡逻艇:18 艘。反水雷舰:10 艘。两栖舰:3 艘。支援与杂务船:20 艘。

海军航空兵　装备有武装直升机 14 架,其中"海王"式反潜直升机 5 架,SA-342 型反潜直升机 9 架。

岸防部队　装备有 130 毫米火炮若干门,"奥托马特"型岸舰导弹若干部。

空军　3 万人。编有 34 个飞行中队。作战飞机 567 架,武装直升机 103 架。

攻击战斗机:"阿尔法喷气"式 42 架,F-4E 型 29 架,"幻影"5E2 型 20 架,其他型 44 架。战斗机:F-16A 型 25 架,F-16C 型 115 架,米格-21 型 74 架,"幻影"5D/E 型 53 架,"幻影"2000C 型 18 架,其他型 53 架。侦察机:"幻影"5SDR 型 6 架,米格-21 型 14 架。电子战机:10 架(其中 4 架直升机)。空中预警机:5 架。反潜直升机:SA-342L 型 9 架、"海王"47 型 5 架均具有作战能力。海上侦察机:2 架。教练机:约 256 架,其中 F-16 型、L-59E 型、"幻影"式等共 74 架具有作战能力。运输机:C-130H 型、DHC-5D 型等共 32 架。攻击直升机:SA-342K 型 65 架,AH-64A 型 24 架。直升机:CH-47C 型、米-8 型、"突击队员"等共 115 架。空地(舰)导弹:"小牛"式、"飞鱼"、"霍特"等若干枚。反雷达导弹:"阿玛特"式若干枚。空空导弹:"环礁"式、"麻雀"式、"响尾蛇"式、"魔术"等若干枚。

防空军　8 万人。编有 5 个师、100 个高炮营、107 个导弹营、38 个导弹连。

高炮:20 毫米、23 毫米、37 毫米、57 毫米、85 毫米、100 毫米等共 2000 余门。地空导弹:SA-2 型 282 部,SA-3 型 212 部,SA-6 型 56 部,"霍克"改进型 78 部,"响尾蛇"式 36 部。防空系统:"太阳神"式约 18 套,"西奈"23 型(短程)若干套。

预备役部队　25.4 万人,其中陆军 15 万人;海军 1.4 万人;空军 2 万人;防空军 7 万人。

准军事部队　23.2 万人,其中海岸警卫队约 2000 人,装备有巡逻艇 33 艘,另有小艇 60 艘;中央公安部队 15 万人,装备装甲输送车约 110 辆;国民警卫队 6 万人,编有 8 个旅;边防警卫队 2 万人,编有 19 个边防警卫团。

兵役制度　实行义务兵和志愿兵相结合的兵役制度。义务兵服役期 3 年。

军衔　军官分 4 等 11 级。即元帅 1 级、将官 4 级(上将、中将、少将、准将)、校官 3 级(上校、中校、少校)、尉官 3 级(上尉、中尉、少尉)。

驻外兵力　向阿曼、沙特阿拉伯和扎伊尔派有军事顾问。参加联合国维和行动,驻安哥拉 25 人;驻波黑 1 个摩托化步兵营,另有民警 25 人;驻克罗地亚 14 人;驻格鲁吉亚 5 人;驻利比里亚 2 人;驻马其顿 1 人;驻西撒哈拉 12 人。

外国驻军　联合国多国和平部队与观察员约 1900 人。

(张令鍾)

埃塞俄比亚

国　名　埃塞俄比亚联邦民主共和国。

主要统计　面积 110.36 万平方千米。人口约 5100 万人(其中,13～17 岁男 330 万人,女 315 万人;18～22 岁男 272.3 万人,女 259.2 万人;23～32 岁男 411.3 万人,女 395.5 万人)。国内生产总值 54 亿美元(1995 年)。国防费 1.1 亿美元(1996 年国防预算估计)。发电量 12.93 亿度(1993 年)。粮食 673.4 万吨(1994 年)。海运能力,商船(载重 100 吨以上)27 艘,总载重量 8.43 万吨(1992 年)。民航能力,固定航班机场 25 处,客运量 16.07 亿人千米、货运量 1.103 亿吨千米(1995年)。

国防体制 根据宪法规定,总理为政府首脑兼武装部队总司令。国防安全委员会是国家安全和防务的最高军事决策机构,由总理、国防部长、内政部长以及国家安全部长等人组成。总理通过国防部和总参谋部实施对全国武装部队的领导和指挥。

领导人物 总理兼全国武装部队总司令梅莱斯·泽纳维(1995年8月上任)。副总理兼国防部长塔米拉特·莱内(1995年8月上任)。国防军参谋长泽德甘。

武装力量 **兵力** 现役部队约12万人。

陆军 全国共分3个军区;每个军区编有1个军司令部,下辖2个师和1个加强机械化旅。装备T-54/-55/-62型坦克约350辆。装甲车辆:共约200辆。牵引炮、火箭炮、迫击炮、无坐力炮、高炮:各若干门。反坦克导弹:"萨格尔"若干具。地空导弹:SA-2/-3/-7/-9型共350余枚。

海军 (兵力不详),基地设在吉布提。装备有巡逻和海岸战斗快艇3艘、扫雷艇2艘、支援舰船1艘。

空军 85人。装备米格-21型战斗机40架、米格-23型20架、米格-27型5架、F-5型20架;运输机11架;教练机14架;米-24型武装直升机18架,运输直升机25架。

(王京国)

安 哥 拉

国　名 安哥拉共和国。

主要统计 面积124.67万平方千米。人口1099.1万人(其中,13～17岁男60.2万人,女60.4万人;18～22岁男50.8万人,女51.2万人;23～32岁男76.6万人,女78.3万人)。国内生产总值63亿美元(1995年)。国防费2.25亿美元(1996年国防预算估计)。原油1.98亿桶(1994年)。天然气5.61亿立方米(1994年)。发电量18.55亿度(1993年)。粮食27.4万吨(1994年)。海运能力,商船(载重100吨以上)113艘,总载重量12.35万吨(1992年)。民航能力,固定航班机场17处,客运量12.41亿人千米、货运量4200万吨千米(1995年)。

国防体制 宪法规定,总统为武装力量统帅。最高国防决策机构为政治和军事协调委员会,由总统任主席。国防部为政府中一个部,是最高军事行政机关。武装力量由正规军、预备役部队和准军事部队组成。正规军分陆、海、空三个军种。最高军事指挥机构为总参谋部。总统通过国防部和总参谋部对全国武装力量实施领导和指挥。

领导人物 总统兼武装力量统帅若泽·爱德华多·多斯桑托斯大将(1979年上任)。国防部长佩德罗·托哈·佩达勒上校(1991年3月5日上任)。武装部队总参谋长德马托斯。海军司令安东尼奥·孔德萨·德卡瓦略少将。空军司令阿尔贝托、内托上校。

武装力量 **兵力** 现役部队约9.7万人。

陆军 9万人,编有25个团。

坦克:T-34型约100辆、T-54/-55型100辆、T-62型约150辆、T-72型约50辆、PT-76型约10辆。步兵战车:БМП型150余辆。装甲侦察车:БРДМ-2型40余辆。装甲输送车:100辆。牵引炮:300门。火箭炮:约90门。迫击炮:290余门。反坦克导弹:"耐火箱"若干具。无坐力炮:500门。高炮(机枪):200余门(挺)。地空导弹:SA-7/-14型若干部。

海军 约1500至2000人。基地设在罗安达、洛比托和纳米贝。

巡逻艇:5艘。扫雷艇:1艘。登陆舰:1艘。

空军 约5500人。作战飞机36架,武装直升机26架。

攻击战斗机:米格-23型10架、苏-22型4架、苏-25型4架。战斗机:米格-21型10架。防暴兼侦察机:PC-7/-9型8架。海上侦察机:EMB-111型2架、F-27MPA型1架。攻击直升机:米-25/-35型15架、SA-365M型5架、SA-342型6架。运输机:32架。直升机:68架。教练机:9架。地空导弹:SA-2/-3/-6/-8/-9/-13型共122部。空地导弹:"霍特"若干枚。空空导弹:"环礁"若干枚。

准军事部队 快速反应警察9400人。

兵役制度 实行征兵制,服役期2年。

驻外兵力 驻圣多美和普林西比部队约500人(1个营)。

反对派武装 争取安哥拉彻底独立全国联盟的兵

力约6.2万人。截止1996年6月,大约3.5万名"安盟"官兵集结等待遣散,另有2.6万名官兵将编入安正规军。装备有T-34/-55/-85型坦克、装甲输送车、多管火箭炮、野战炮、迫击炮、无坐力炮、高射炮(机枪)、SA-7导弹等。

卡奔达解放阵线的兵力据说有5000人,目前约600人,仅有些轻武器。

外国驻军 联合国部队6719人、军事观察员343人、民事警察240人(分别来自36个国家)。

(王京国)

刚 果

国　　名 刚果共和国。

主要统计 面积34.2万平方千米。人口276.6万人(其中,13～17岁男15.5万人,女14.7万人;18～22岁男13.1万人,女性12.5万人;23～32岁男20.6万人,女19.8万人)。国内生产总值29亿美元(1995年)。国防费5600万美元(1996年国防预算估计)。粮食2.7万吨(1994年)。发电量4.31亿度(1993年)。原油6900万桶(1994年)。天然气200万立方米(1994年)。海运能力,商船(载重100吨以上)22艘,总载重量1.08万吨(1992年)。民航能力,固定航班机场3处,客运量2.53亿人千米、货运量1700万吨千米(1995年)。

国防体制 宪法规定,总统为武装力量统帅。国防部为最高军事行政领导机构。武装力量总参谋部隶属国防部,为最高军事指挥机构,下辖陆军、海军、空军和后勤部队,负责全军的作战指挥、军事训练,协调陆、海、空三军和后勤部队的计划和行动。总统通过国防部和总参谋部对全军实施领导和指挥。

领导人物 总统兼武装部队统帅帕斯卡尔·利苏巴。国防部长弗朗索瓦·阿亚延准将(1996年上任)。总参谋长丹尼尔·马比卡准将(1995年1月上任)。

武装力量 **兵力** 现役部队约1万人。

陆军 8000人。编有2个装甲营、2个步兵营群、1个步兵营、1个炮兵群、1个工兵营、1个空降营。

坦克:T-54/-55型等共53辆。装甲侦察车:25辆。装甲输送车:50余辆。牵引炮:76、100、122、130、152毫米若干门。火箭炮:122毫米8门、140毫米若干门。迫击炮:82/120毫米若干门。反坦克炮:57毫米5门。高射炮(机枪):14.5、23、37、57、100毫米若干门。

海军 约800人。基地设在黑角。

巡逻艇:6艘。内河船只若干。

空军 1200人。作战飞机22架。

战斗机:米格-17型10架、米格-21型12架。运输机:8架。教练机:5架。直升机:7架。

准军事部队 约5000人,其中宪兵2000人、民兵3000人。

驻外兵力 参加联合国维和部队,驻安哥拉8名军事观察员。

(王京国)

几 内 亚

国　　名 几内亚共和国。

主要统计 面积24.5857万平方千米。人口682万人(其中,13～17岁男38.4万人,女39.1万人;18～22岁男31.7万人,女32.2万人;23～32岁男47.8万人,女48.7万人)。国内生产总值38亿美元(1995年)。国防费4400万美元(1996年国防预算估计)。发电量5.36亿度(1993年)。粮食117.2万吨(1994年)。海运能力,商船(载重100吨以上)23艘,总载重量1700吨(1992年)。民航能力,固定航班机场2处,客运量2880万人千米、货运量250万吨千米(1995年)。

国防体制 宪法规定,总统为武装部队总司令。人民军统帅机关由国防部、安全部和总参谋部组成。国防部和安全部合称人民军部。总参谋部下辖陆、海、空三个军种参谋部。总统通过人民军部和总参谋部对全国武装力量实施领导和指挥。

领导人物 总统兼武装部队总司令兰萨纳·孔戴(1993年12月连任)。总参谋长易卜拉希马·迪亚洛上校。

武装力量 **兵力** 现役部队9700人。

陆军 8500人。编有1个装甲营、5个步兵营、1个炮兵营、1个突击营、1个工兵营、1个高炮营、1个特种营。

坦克:T-34型30辆、T-54型8辆、PT-76型20辆。装甲侦察车:27辆。装甲输送车:40辆。牵引炮:76、85、122毫米共26门。迫击炮:82、120毫米若干门。无坐力炮:82毫米若干门。反坦克炮:57毫米若干门。高炮:30、37、57、100毫米若干门。防空导弹:SA-7型若干部。

海军 400人。基地设在科纳克里、卡坎达。装备海岸巡逻艇9艘。

空军 约800人。作战飞机8架。

战斗机:米格-17型4架、米格-21型4架。运输机:5架。教练机:2架。直升机:5架。

准军事部队 9600人,其中民兵7000人、宪兵1000人、共和国卫队1600人。

驻外兵力 驻塞拉利昂部队约300人。驻利比里亚西非维和部队1000人。驻西撒哈拉联合国维和部队3名军事观察员。

(王京国)

几内亚比绍

国　　名 几内亚比绍共和国。

主要统计 面积3.6125万平方千米。人口110.7万人(其中,13～17岁男6.3万人,女6万人;18～22岁男5.5万人,女5.1万人;23～32岁男8.4万人,女8.1万人)。国内生产总值2.63亿美元(1995年)。国防费800万美元(1996年国防预算估计)。发电量4200万度(1993年)。粮食20.1万吨(1994年)。海运能力,商船(载重100吨以上)19艘,总载重量1846吨(1992年)。民航能力,固定航班机场2处,客运量900万人千米、货运量100万吨千米(1995年)。

国防体制 国务委员会主席为武装力量统帅。最高国防决策机构为革命委员会。武装力量部(相当于国防部)是最高军事行政机关。武装力量由正规军和准军事部队组成。正规军分陆、海、空三个军种。最高军事指挥机构为武装力量总参谋部。国防委员会主席通过武装力量部和武装力量总参谋部对全国武装力量实施领导和指挥。

领导人物 国务委员会主席兼武装力量统帅若奥·贝尔纳多·维埃拉准将(1984年5月上任)。武装力量部部长桑巴·马内。总参谋长安苏梅恩·梅恩上校(1990年3月上任)。

武装力量 **兵力** 现役部队9250人(含2000名宪兵)。

陆军 6800人。编有1个装甲营、5个步兵营、1个炮兵营、1个侦察连、1个工兵连。

坦克:T-34型10辆、PT-76型20辆。装甲侦察车:БРДМ-2型10辆。装甲输送车:55辆。牵引炮:85、122毫米26门。迫击炮:82毫米若干门、120毫米8门。无坐力炮:75、82毫米若干门。高炮:23、37、57毫米共34门。地空导弹:SA-7型若干部。

海军 约350人。基地设在比绍。

巡逻艇:8艘。登陆艇:1艘。

空军 100人。作战飞机3架。

战斗机:米格-17型3架。直升机:3架。

准军事部队 宪兵2000人(为现役)。

兵役制度 实行选征兵役制。

驻外兵力 参加联合国维和行动,驻安哥拉21人。

(王京国)

加 纳

国　　名　加纳共和国。

主要统计　面积23.946万平方千米。人口1779万(其中,13～17岁男104.1万人;女103.5万人;18～22岁男85.8万人,女85.6万人;23～32岁男128.1万人,女129.4万人)。国内生产总值79亿美元(1995年)。国防费9600万美元(1996年国防预算估计)。发电量61.54亿度(1993年)。粮食145万吨(1994年)。海运能力,商船(载重100吨以上)155艘,总载重量13.1万吨(1992年)。民航能力,固定航班机场1处,客运量4.775亿人千米、货运量2380万吨千米(1995年)。

国防体制　宪法规定,总统为武装部队统帅。全国安全委员会为最高军事决策机构,负责制定各项重大防务和军事政策。国防部负责部队人事、财务等行政事务。国防参谋部负责全军作战、训练、后勤等具体事务。陆、海、空军司令部分管本军种部队的作战和训练等。武装力量由正规军和准军事部队组成。正规军包括陆军、海军和空军;准军事部队主要由民兵组成。

领导人物　总统兼武装部队统帅杰里·罗林斯(1993年1月就任)。国防部长姆哈马·伊德里苏(1993年3月上任)。国防参谋长阿吉利斯·杜马西空军中将。海军司令汤姆·阿南准将。空军司令布鲁斯少将。

武装力量　**兵力**　现役部队7000人。

陆军　5000人。编有6个步兵营、1个侦察团、1个炮兵团、1个伞兵连、1个野战工兵团。

装甲侦察车:EE-9型3辆。步兵战车:"剪刀鱼"50辆。迫击炮:81、120毫米78门。无坐力炮:84毫米50门。高射炮(机枪):14.5毫米若干挺、23毫米4门。地空导弹:SA-7型若干枚。

海军　1000人。编有西部和东部司令部,基地分别设在塞康第和特马。

巡逻艇:4艘。

空军　1000人。作战飞机16架。

防暴机:MB-326K型4架。运输机:12架。直升机8架。教练机14架(其中12架L-29型具有作战能力)。

准军事部队　民兵5000人,总统卫队500人。

驻外兵力　驻利比里亚西非维和部队约900人。另有746人在波黑、克罗地亚、黎巴嫩、科/伊边境参加联合国维和行动。

(王京国)

津 巴 布 韦

国　　名　津巴布韦共和国。

主要统计　面积39.0759万平方千米。人口1134.1万人(其中,13～17岁男69.6万人,女69.3万人;18～22岁男57.1万人,女57.1万人;23～32岁男90.1万人,女90.4万人)。国内生产总值55亿美元(1995年)。国防费2.51亿美元(1996年国防预算)。原煤526.6万吨(1993年)。发电量76.43亿度(1993年)。粮食276.4万吨(1994年)。民航能力,固定航班机场5处,客运量8.28亿人千米、货运量4000万吨千米(1995年)。

国防体制　宪法规定,总统为武装力量统帅。最高国防决策机构为国防委员会。国防部是最高军事行政机关,负责国防预算、军事行政和对外军事关系等工作。武装力量由正规军和准军事部队组成。正规军分陆、空两个军种。总统通过国防部长和陆、空军司令对全国武装力量实施领导和指挥。

领导人物　总统兼武装力量统帅罗伯特·穆加贝(1987年12月上任)。国防部长莫文·马哈奇(1992年7月上任)。陆军司令奇温加中将(1994年7月上任)。空军司令佩朗斯·希里空军中将(1992年8月上任)。

武装力量　**兵力**　现役部队 4.3 万人。

陆军　3.9 万人。编有 6 个旅(含 1 个总统卫队)、1 个装甲团、22 个步兵营(含 3 个警卫营、1 个机械化营、2 个突击营、1 个伞兵营)、1 个炮兵团、1 个高炮团、1 个工兵团。

主战坦克:T-59/-69 型共 40 辆。装甲侦察车:EE-9 型等共 100 辆。装甲输送车:“鳄鱼”等 100 余辆。牵引炮:16 门。火箭炮:76 门。迫击炮:46 门。无坐力炮:16 门。高炮(机枪):110 门(挺)。地空导弹:SA-7 型 30 部。

空军　4000 人。编有 7 个中队。作战飞机 58 架、武装直升机 26 架。

攻击/战斗机和防暴机:“猎人”11 架、“隼”MK-60 型 11 架、米格-21 型 14 架。防暴兼联络机:“色斯纳”337 型 15 架。教练兼侦察和联络机:SF-260 型 16 架(其中 7 架具有作战能力)。运输机:27 架。直升机:38 架,其中 26 架 SA-319 型为武装直升机。

准军事部队　警察 1.95 万人,警察支援部队 2300 人,民兵 1000 人。

驻外兵力　参加联合国维和行动,驻安哥拉 869 人。

兵役制度　实行征兵制。

(王京国)

喀麦隆

国　　名　喀麦隆共和国。

主要统计　面积47.5422万平方千米。人口 1380.4 万人(其中,13～17 岁男 78.2 万人,女 78.1 万人;18～22 岁男 65.7 万人,女 66 万人;23～32 岁男 97.7 万人,女 99.5 万人)。国内生产总值 86 亿美元(1995 年)。国防费 1.56 亿美元(1996 年国防预算估计)。原煤 1000 吨(1993 年)。原油 4000 万桶(1994 年)。发电量 27.26 亿度(1993 年)。粮食 98.5 万吨(1994 年)。海运能力,商船(载重 100 吨以上)47 艘,总载重量 3.98 万吨(1992 年)。民航能力,固定航班机场 5 处,客运量 3.01 亿人千米、货运量 1000 万吨千米(1995 年)。

国防体制　宪法规定,总统为武装力量统帅。最高国防决策机构为武装力量部。武装力量由正规军和准军事部队组成。正规军分陆、海、空三个军种。最高军事指挥机构为武装力量总参谋部。总统通过总参谋部对全国武装力量实施领导和指挥。

领导人物　总统兼武装力量统帅保罗·比亚(1982 年 11 月上任)。国防国务秘书阿里·阿马杜(1994 年 7 月上任)。总参谋长皮埃尔·赛芒盖少将。

武装力量　**兵力**　现役部队 2.21 万人(含宪兵)。

陆军　1.15 万人。编有 8 个军区、总统卫队、1 个空降/突击营、5 个步兵营、1 个工程兵营、1 个炮兵营、1 个高炮营。

装甲侦察车:“白鼬”、“突击队员”等共 21 辆。步兵战车:“突击队员”14 辆。装甲输送车:33 辆。牵引炮:34 门。迫击炮:约 16 门。反坦克导弹:“米兰”若干具。无坐力炮:53 门。高炮(机枪):54 门。

海军　约 1300 人。基地设在杜阿拉、林贝、克里比。

导弹快艇:1 艘。巡逻艇:1 艘。机械化登陆艇:2 艘。另有内河船只 36 艘。

空军　300 人。编有 1 个混成中队、1 个总统专机小队。作战飞机 9 架,武装直升机 4 架。

攻击战斗机兼防暴机:“阿尔法喷气”4 架、CM-170 型 5 架。海上侦察机:2 架。攻击直升机:SA-342L 型 4 架。运输机:14 架。运输直升机:13 架。

准军事部队　宪兵 9000 人(为现役)。编为 10 个地区分队,装备巡逻船只约 10 艘。

兵役制度　实行志愿兵役制。

(王京国)

肯尼亚

国　　名　肯尼亚共和国。

主要统计　面积58.2646万平方千米。人口2848.3万人(其中,13～17岁男181.6万人,女181.2万人;18～22岁男149.5万人,女149.9万人;23～32岁男211.8万人,女213.5万人)。国内生产总值89亿美元(1995年)。国防费1.98亿美元(1996年国防预算估计)。发电量33.96亿度(1993年)。粮食348.1万吨(1994年)。海运能力,商船(载重100吨以上)29艘,总载重量1.16万吨(1992年)。民航能力,固定航班机场14处,客运量17.37亿人千米、货运量5720万吨千米(1995年)。

国防体制　宪法规定,总统为武装力量统帅。总参谋部为最高军事指挥机关。武装力量由正规军和准军事部队组成。正规军分陆、海、空三个军种。总统通过总参谋部对全国武装力量实施领导和指挥。

领导人物　总统兼武装力量统帅丹尼尔·阿拉普·莫伊(1979年11月上任)。总参谋长哈吉上将(1986年2月上任)。陆军司令詹姆斯·伦吉斯中将(1986年4月上任)。海军司令基布瓦纳少将(1988年4月上任)。空军司令邓肯·瓦齐拉少将。

武装力量　**兵力**　现役部队2.42万人。

陆军　2.05万人。编有1个装甲旅、2个步兵旅、1个独立步兵营、1个炮兵旅、1个工程兵旅、2个工程兵营、1个独立空中骑兵营、1个高炮营、1个空降营。

坦克:“维克斯”76辆。装甲侦察车:AML-60/90型等共92辆。装甲输送车:62辆。牵引炮:48门。迫击炮:62门。反坦克导弹:“米兰”、“旋火”共54具。无坐力炮:80门。高炮:74门。

海军　1200人。基地设在蒙巴萨。

导弹快艇:6艘。海岸巡逻艇:1艘。两栖登陆艇:2艘。支援杂务船:1艘。

空军　2500人。作战飞机30架,武装直升机34架。

攻击战斗机:F-5型10架。防暴机:“隼”式8架、“图卡诺人”12架。运输机:18架。教练机:7架。攻击直升机:休斯500MD型11架、休斯500ME型8架、休斯500M型15架。直升机:15架。空地导弹:“小牛”和“陶”式若干枚。空空导弹:“响尾蛇”若干枚。

准军事部队　警察勤务总队5000人。航空分队装备飞机7架、直升机3架。海上分队装备巡逻艇及其他船只17艘。

兵役制度　实行志愿兵役制。

驻外兵力　1996年共有97人在安哥拉、波黑、克罗地亚、科/伊边境、利比里亚、马其顿、西撒哈拉参加联合国维和行动。

(王京国)

利比亚

国　　名　大阿拉伯利比亚人民社会主义民众国。

主要统计　面积175.954万平方千米。人口560.82万人(其中,13～17岁男32.5万人,女31.3万人;18～22岁男27.2万人,女26.2万人;23～32岁男40.6万人,女38.5万人)。国内生产总值250亿美元(1995年)。国防费14亿美元(1996年国防预算估计)。原油4.99亿桶(1994年)。天然气64.02亿立方米(1994年)。发电量170亿度(1993年)。粮食26.3万吨(1994年)。海运能力,商船(载重100吨以上)150艘,总载重量122.36万吨(1992年)。民航能力,固定航班机场12处,客运量4.25亿人千米、货运量32.8万吨千米(1995年)。

国防体制　利比亚“九·一”革命领导人为武装力量统帅。最高国防决策机构为革命指挥委员会。总防御委员会是最高军事行政和指挥机关。武装力量由正规军和准军事部队组成。正规军分陆、海、空三个军种。总参谋部隶属总防御委员会，负责作战、训练、情报和侦察工作。统帅通过总防御委员会对全国武装力量实施领导和指挥。

领导人物 “九·一”革命领导人兼武装力量统帅穆阿迈尔·卡扎菲上校（1969年9月1日上任）。总防御委员会秘书尤尼斯·贾比尔。

武装力量 **兵力** 现役部队6.5万人。

陆军 3.5万人。编有7个军区、5个精锐旅、10个坦克营、22个炮兵营、21个步兵营、8个高炮营、8个机械化步兵营、15个伞兵突击营、5个地地导弹旅。

坦克：T-54、T-55、T-62、T-72型2210辆。装甲侦察车：БРДМ-2、EE-9型共630辆。步兵战车：БМП-1型1000辆。装甲输送车：990辆。牵引炮：720门。自行炮：450门。火箭炮：700门。迫击炮：若干门。地地导弹：“蛙”式、“飞毛腿”B型共120部。反坦克导弹：“米兰”等共3000具。无座力炮：220门。高炮：600门。地空导弹：SA-7/-9/-13型若干部、“响尾蛇”24部。

海军 8000人（含海岸警卫队）。基地设在的黎波里。

潜艇：F级4艘。护卫舰：“科尼”级2艘、“达特·萨瓦里”级1艘。小型护卫舰：“阿萨德”级1艘、“纳奴契卡”级3艘。导弹快艇：“战士”级9艘、“黄蜂”级12艘、“苏萨”级3艘。巡逻艇：8艘。扫雷艇：8艘。登陆艇：5艘。支援和杂务船：10艘。

海军航空兵 编有2个直升机中队，装备米-14型、SA-321型武装直升机30架。

空军 22000人（含防空军）。编有1个轰炸机中队、11个攻击战斗机中队、9个战斗机中队、1个防暴机中队、2个侦察机中队、9个运输机中队。作战飞机420架，武装直升机52架。

轰炸机：图-22型6架。攻击/战斗机：苏-20/-22型45架、苏-24型6架、“幻影”79架、米格-21型50架、米格-23型130架、米格-25型63架。防暴机：J-1型30架。武装侦察机：“幻影”5DR型4架、米格-25型7架。运输机：78架。攻击直升机：米-25型40架、米-35型12架。运输直升机：98架。教练机：271架（其中20架为直升机）。空地、空空导弹：若干枚。

防空军 隶属空军。编有4个SA-5A导弹旅、5～6个SA-2导弹旅、2～3个SA-3导弹旅、3个SA-6/-8导弹旅。

预备役部队 民兵4万人。

准军事部队 海关和海岸警卫队若干人。

兵役制度 实行选征兵役制，士兵服役期限2年。

军衔 军官军衔分为3等9级，即将官3级（中将、少将、准将）、校官3级（上校、中校、少校）、尉官3级（上尉、中尉、少尉）。

（王京国）

马达加斯加

国 名 马达加斯加民主共和国。

主要统计 面积62.7万平方千米。人口1388.8万人（其中，13～17岁男79.2万人，女77.3万人；18～22岁男65.5万人，女64.3万人；23～32岁男100.3万人，女99.8万人）。国内生产总值45亿美元（1995年）。国防费5200万美元（1996年国防预算估计）。发电量5.99亿度（1993年）。粮食251.7万吨（1994年）。海运能力，商船（载重100吨以上）85艘，总载重量8.21万吨（1992年）。民航能力，固定航班机场18处，客运量4.317亿人千米、货运量6610万吨千米（1995年）。

国防体制 宪法规定，总统为武装力量统帅。国防部是最高军事行政机关。总参谋部为最高军事指挥机关。武装力量由正规军和准军事部队组成。正规军分陆、海、空三个军种。总统通过国防部和总参谋部对全国武装力量实施领导和指挥。

领导人物 总统兼武装力量统帅阿尔贝·扎菲（1993年3月上任）。人民军总参谋长拉苏鲁苏阿·利纳·多兰准将。

武装力量 **兵力** 现役部队约2.1万人。

陆军 约2万人。编有2个合成营、1个工程兵团。

轻型坦克：PT-76型12辆。装甲侦察车M-8型8辆、M-3A1型约20辆、“白鼬”10辆、БРДМ-2型约35辆。装甲输送车：约30辆。牵引炮：约24门。迫击炮、无坐力炮：若干门。高炮（机枪）：70门（挺）。

海军　约 500 人(含 100 名海军陆战队)。基地设在迪耶果·苏瓦雷斯、塔马塔夫、多凡堡。

巡逻艇:1 艘。中型登陆舰:1 艘。登陆艇:2 艘。支援杂务船:1 艘。

空军　500 人。编有 1 个攻击战斗机中队、1 个直升机中队。作战飞机 12 架。

攻击战斗机:米格-17 型 4 架、米格-21 型 8 架。运输机:9 架。直升机:6 架。联络机:4 架。教练机:4 架。

准军事部队　宪兵 7500 人(其中包括海上警察,装备有 5 艘巡逻艇)。

兵役制度　实行征兵制,服役期 18 个月。

(王京国)

马　拉　维

国　　名　马拉维共和国。

主要统计　面积11.8484万平方千米。人口1000 万人(其中,13～17 岁男 56.5 万人,女 56 万人,18～22 岁男 46.3 万人,女 46.9 万人;23～32 岁男 69.6 万人,女 73.8 万人)。国内生产总值 18 亿美元(1995 年)。国防费 2400 万美元(1996 年国防预算估计)。发电量 7.95 亿度(1993 年)。粮食 111 万吨(1994 年)。海运能力,商船(载重 100 吨以上)1 艘,总载重量 300 吨(1992 年)。民航能力,固定航班机场 6 处,客运量 2.6 亿人千米、货运量 1480 万吨千米(1995 年)。

国防体制　宪法规定,总统为武装力量统帅。武装力量由正规军、预备役部队和准军事部队组成。正规军分陆、海、空三个军种。总统通过陆军司令对全国武装力量实施领导和指挥。

领导人物　总统兼武装力量统帅巴基利·穆卢齐(1994 年上任)。国防部长卡西姆·奇隆帕(1994 年上任)。

武装力量　**兵力**　现役部队 9800 人。

陆军　9500 人,编有 3 个步兵营、1 个支援营、1 个突击营。

装甲侦察车:"狐狸"、"白鼬"、"大羚羊"共 40 辆。牵引炮:105 毫米 9 门。迫击炮:81 毫米 8 门。地空导弹:"吹管"15 部。

海军　220 人。基地设在芒基湾(尼亚萨湖)。

巡逻艇:3 艘。其他船只若干艘。

空军　80 人。

运输机:6 架。运输直升机:6 架。

预备役部队　约 1000 人(陆军)。根据法律,凡退役士兵均有义务在陆军服预备役 5 年。

准军事部队　机动警察 1000 人,装备装甲车 8 辆、飞机 8 架、直升机 2 架。

兵役制度　实行志愿兵役制,服役期 7 年。

(王京国)

马　里

国　　名　马里共和国。

主要统计　面积124.1238万平方千米。人口1017.5 万人(其中,13～17 岁男 55.9 万人,女 58.1 万人;18～22 岁男 46 万人,女 48 万人;23～32 岁男 69.2 万人,女 73.3 万人)。国内生产总值 23 亿美元(1995 年)。国防费 5000 万美元(1996 年国防预算估计)。发电量 3.3 亿度(1993 年)。粮食 270.5 万吨(1994 年)。民航能力,固定航班机场 1 处,客运量 2.17 亿人千米、货运量 3420 万吨千米(1995 年)。

国防体制　宪法规定,总统为武装力量统帅。国防部是最高军事行政机关。总参谋部为最高军事指挥机关。总统通过国防部和总参谋部领导和指挥全军。武装力量由正规军和准军事部队组成。正规军包括陆军、空军和海军。

领导人物　总统兼武装力量统帅阿尔法·乌马尔·科纳雷(1992 年上任)。国防部长迪翁孔达·特拉奥雷(1993年4月上任)。总参谋长图马尼·西索科上校。

武装力量　**兵力**　现役部队7350人。

陆军　6900人。编有2个坦克营、4个步兵营、2个炮兵营、1个工程兵营、1个特种部队营、1个空降兵营、2个高炮连、1个地空导弹连。

坦克:T-34/-54/-55型等共39辆。装甲侦察车:БРДМ-2型20辆。装甲输送车:50辆。牵引炮:20余门。火箭炮:122毫米2门。迫击炮:若干门。高炮:12门。地空导弹:SA-3型12部。

海军　约50人。基地设在巴马科、莫普蒂、塞古、廷巴克图。

巡逻艇:3艘。

空军　400人,作战飞机16架。

攻击/战斗机:米格-17型5架、米格-21型11架。运输机:6架。教练机:13架。直升机:6架。

准军事部队　宪兵1800人(8个连),共和国卫队2000人,民兵3000人,国民警察1000人。

兵役制度　实行征兵制,服役期2年。

驻外兵力　参加联合国维和部队共72人。

(王京国)

毛里塔尼亚

国　　名　毛里塔尼亚伊斯兰共和国。

主要统计　面积103万平方千米。人口232.58万人(其中,13～17岁男12.7万人,女12.2万人;18～22岁男11万人,女10.5万人;23～32岁男16.7万人,女16.6万人)。国内生产总值14亿美元(1995年)。国防费3200万美元(1996年国防预算估计)。发电量1.64亿度(1993年)。粮食18.8万吨(1994年)。海运能力,商船(载重100吨以上)126艘,总载重量2.38万吨(1992年)。民航能力,固定航班机场10处,客运量2.75亿人千米、货运量4100万吨千米(1995年)。

国防体制　宪法规定,共和国总统为武装力量统帅。最高军事决策机构是国防委员会。国防部是最高军事行政机关。总参谋部为最高军事指挥机构。武装力量由正规军和准军事部队组成。正规军分陆、海、空三个军种。总统通过国防部和总参谋部对全国武装力量实施领导和指挥。

领导人物　总统兼武装力量统帅马维亚·乌尔德·塔亚上校(1992年1月当选)。国防部长艾哈迈德·乌尔德·明尼赫(1992年4月上任)。总参谋长默莱耶·乌尔德·布克莱斯上校。

武装力量　**兵力**　现役部队约1.565万人。

陆军　1.5万人。编有6个军区、7个摩托化步兵营、8个步兵营、1个伞兵/突击营、1个总统警卫营、3个炮兵营、2个骆驼营、1个装甲侦察中队、4个高炮连、1个工程兵连。

坦克:T-54/-55型共35辆。装甲侦察车:AML-60/-90型、“萨拉丁”式等共105辆。牵引炮:75门。迫击炮:100门。反坦克导弹:“米兰”若干具。无坐力炮:若干门。高炮:约47门。地空导弹:SA-7型若干部。

海军　约500人。基地设在努瓦迪布。

巡逻艇:11艘。

空军　150人。作战飞机7架。

防暴机:“防卫者”5架、FTB-337型2架。海上侦察机:2架。运输机:4架。

准军事部队　宪兵约3000人(属内政部)。国民卫队(属内政部)2000人及辅助部队1000人。

兵役制度　实行征兵制,服役期2年。

(王京国)

摩洛哥

国　名　摩洛哥王国。

主要统计　面积 45.9 万平方千米(未包括西撒哈拉 26.6 万平方千米)。人口 2825.02 万人(其中,13～17 岁男 163 万人,女 157.3 万人;18～22 岁男 146.8 万人,女 141.6 万人;23～32 岁男 238.3 万人,女 233.9 万人)。国内生产总值 315 亿美元(1995 年)。国防费 13 亿美元(1996 年国防费预算估计)。原煤 60.4 万吨(1993 年)。原油 10 万桶(1994 年)。天然气 2500 万立方米(1994 年)。发电量 99.17 亿度(1993 年)。粮食 978.9 万吨(1994 年)。海运能力,商船(载重 100 吨以上)492 艘,总载重量 58.62 万吨(1992 年)。民航能力,固定航班机场 16 处,客运量 43.95 亿人千米、货运量 5330 万吨千米(1995 年)。

国防体制　宪法规定,国王为武装力量统帅。不设国防部,只设一个国防行政机构,负责军队的行政管理事务。武装力量由正规军和准军事部队组成。正规军分陆、海、空三个军种。国王在军队总协调员(由王储兼任)和国防行政机构秘书长的协助下,直接领导和指挥全国武装力量。

领导人物　国王兼武装力量统帅穆莱·哈桑二世(1961 年 3 月 3 日即位)。王储兼军队总协调员西迪·穆罕默德大校。国防行政机构秘书长穆罕默德·阿卡巳尔少将。

武装力量　**兵力**　现役部队 19.40 万人。

陆军　17.5 万人。编有 2 个军区(南部军区、北部军区)、3 个机械化步兵旅、2 个伞兵旅、1 个轻型警卫旅、8 个机械化步兵团和 79 个独立营(群)。

坦克:M-48、M-60、SK-105 型共 624 辆。装甲侦察车:EBR-75、AMX-10RC、AML-90、AML-60-7、M-113 型共 344 辆。步兵战车:“非洲獾”、VAB-VC1、AMX-10P 型共 115 辆。装甲输送车:785 辆。牵引炮:164 门。自行炮:167 门。迫击炮:1700 门。火箭炮:39 门。反坦克导弹:“米兰”、“龙”、“陶”式、AT-3 型 720 具。无坐力炮:350 门。反坦克炮:36 门。高炮(机枪):425 门。地空导弹:“小槲树”、SA-7 型 107 部。

海军　6000 人。基地设在卡萨布兰卡。

护卫舰:“侦察”级 1 艘。护卫艇:“阿萨德”级 2 艘。导弹快艇:“拉萨加”级 4 艘。巡逻艇:20 艘。两栖登陆艇:4 艘。支援舰:4 艘。

陆战队　1500 人。编有 1 个陆战营。

空军　1.3 万人。编有 2 个攻击战斗机中队、1 个战斗机中队、2 个防暴机中队、1 个侦察机中队。作战飞机 112 架、武装直升机 24 架。

攻击战斗机:“幻影”29 架,F-5A、B、E、F 型共 33 架。防暴机:“阿尔法喷气”23 架、CM-170 型 23 架、OV-10 型 4 架。侦察机:2 架。预警机:3 架。运输机:C-130H 型等共 35 架。加油机:4 架。攻击直升机:SA-342 型 24 架。运输直升机:88 架。教练机:28 架。联络机:4 架。空空、空地导弹:“响尾蛇”、“魔术”、“小牛”和“霍特”若干枚。

预备役部队　15 万人。

准军事部队　4.2 万人,其中宪兵 1.2 万人、辅助部队 3 万人。

兵役制度　实行义务和志愿相结合的兵役制度,服役期为 18 个月,入伍者多为志愿兵。

军衔　军官军衔分 4 等 13 级,即将官 4 级(上将、中将、少将、准将)、校官 4 级(大校、上校、中校、少校)、尉官 3 级(上尉、中尉、少尉)、准尉 2 级(一级准尉、二级准尉)。

驻外兵力　向阿联酋派有部队 2000 人;驻波黑联合国维和部队约 1250 人。

外国驻军　联合国驻西撒哈拉军事观察员 234 人、民事警察 30 人,分别来自 29 个国家。

(王京国)

莫桑比克

国　　名　莫桑比克共和国。

主要统计　面积79.938万平方千米。人口1824.3万人(其中,13～17岁男101.9万人,女103.4万人,18～22岁男84.1万人,女85.7万人;23～32岁男131.2万人,女135.1万人)。国内生产总值6亿美元(1995年)。国防费6500万美元(1996年国防预算)。原煤4万吨(1993年)。发电量4.9亿度(1993年)。粮食81.9万吨(1994年)。海运能力,商船(载重100吨以上)107艘,总载重量3.16万吨(1992年)。民航能力,固定航班机场8处,客运量4.07亿人千米、货运量1030万吨千米(1995年)。

国防体制　宪法规定,总统为武装力量统帅。国防部是最高军事行政机关。最高军事指挥机构为总参谋部。总统通过国防部和总参谋部对全国武装力量实施领导和指挥。

领导人物　总统兼武装力量统帅希萨诺(1994年12月连任)。国防部长阿吉亚尔·马祖拉(1995年1月上任)。总参谋长拉戈斯·利迪莫中将。

武装力量　根据1992年达成的和平协议,莫政府军将与反政府"抵运"武装合编,组成一支约3万人的统一军队。目前,莫新军总兵力约为1.1万人,编成5个步兵营、3个特种营、1个工兵连。

陆军　3万人(计划组建)

坦克:T-54/-55型约80辆。装甲侦察车:БРДМ-1/-2型30辆。步兵战车:БМП-1型40辆、装甲输送车:250辆。牵引炮:约318门。火箭炮:30门。迫击炮:若干门。无坐力炮:若干门。高炮:680门。地空导弹:SA-7型若干部。

海军　750人。基地设在马普托、贝拉、纳卡拉、彭巴、伊尼扬、奎利马内、梅坦古拉(尼亚萨湖)。

巡逻艇:3艘。

空军　4000人(含防空部队)。编有5个攻击战斗机中队、1个运输机中队。作战飞机43架、武装直升机4架。

攻击战斗机:米格-21型43架。运输机:7架。攻击直升机:米-24型4架。直升机:17架。地空导弹:SA-2/-3型若干部。

(王京国)

南　非

国　　名　南非共和国。

主要统计　面积122.1037万平方千米(不包括沃尔维斯湾)。人口4345.8万人(其中,13～17岁男235.3万人,女233.2万人;18～22岁男211.2万人,女209.6万人;23～32岁男340.3万人,女339.1万人)。国内生产总值1280亿美元(1995年)。国防费28亿美元(1996年国防预算)。原煤1.82亿吨(1993年)。发电量1759.1亿度(1993年)。粮食1442.2万吨(1994年)。海运能力,商船(载重100吨以上)219艘,总载重量28.25万吨(1992年)。民航能力,固定航班机场27处,客运量106.02亿人千米、货运量12.6亿吨千米(1995年)。

国防体制　宪法规定,总统为武装力量统帅。最高国防决策机构为国家安全委员会,成员有总统、国防部长、外交部长、内务部长、财政部长、司法部长和国防军司令等,由总统任主席。国防部是最高军事统帅机构。武装力量由正规军、预备役部队和准军事部队组成。正规军分陆、海、空三个军种和医务部队。总统通过国防部对全国武装力量实施领导和指挥。

领导人物　总统兼武装力量统帅纳尔逊·曼德拉(1994年5月上任)。国防部长莫迪塞(1994年5月上任)。国防军司令乔治·梅林上将(1994年上任)。国防军参谋长塞菲韦·恩扬达中将(1994年上任)。陆军司令普里托里艾斯中将(1994年上任)。空军司令克里尔中将(1994 年上任)。海军司令辛普森·安德森中将(1994 年上任)。

武装力量 **兵力** 现役部队 13.79 万人。

陆军 约 11.8 万人。编有 10 个军区司令部、1 个快速部署司令部(辖 1 个机械化营、1 个空降营、1 个装甲侦察营)、1 个空降旅、1 个特种旅、9 个步兵营。

主战坦克:“百人队长”式约 250 辆。装甲侦察车:“大羚羊”、“大山猫”1260 辆。步兵战车:“非洲獾”20/60/90 型共 1500 辆。装甲输送车:1660 辆。牵引炮:350 门。自行炮:20 门。火箭炮:180 门。迫击炮:4120 门。反坦克导弹:“斯威夫特”、“米兰”若干具。无坐力炮:106 毫米若干门。高炮:约 600 门。地空导弹:SA-7/-14 型若干。

海军 约 5500 人。司令部设在比勒陀利亚。编有潜艇、攻击、扫雷 3 支舰队。基地设在西蒙斯敦、德班。

潜艇:“桂树神”级 3 艘。导弹攻击快艇:“雷谢夫”级 9 艘。海岸巡逻艇:3 艘。扫雷艇:8 艘。支援及勤务船:8 艘。

空军 8400 人。编有 1 个军区司令部、1 个防空司令部、1 个战术支援司令部、1 个后勤司令部、1 个训练司令部。3 个攻击机中队、1 个电子战机中队、1 个海上侦察中队、3 个运输机中队、4 个直升机中队、1 个联络和引导机中队、5 所航校。作战飞机 234 架、武装直升机约 14 架。

攻击战斗机:“英帕拉”Ⅱ型 75 架、“幻影”F-1AZ 型 20 架、“猎豹”E 型 11 架。战斗机:“幻影”F-1CZ 型 11 架(储存)。加油/预警机:5 架。海上侦察机:8 架。运输机:54 架。直升机:163 架(其中约 14 架 SA-316/-319 型为武装直升机)。联络/引导机:25 架。教练机:199 架(其中“猎豹”D 型 14 架、“英帕拉”Ⅰ型 114 架具有作战能力)。空地、空空导弹:AS-11/-20/-30 型“魔术”、“响尾蛇”、“海鲫”、“库克利刀”各若干枚。地空导弹:“仙人掌”20 部、SA-8/-9/-13 型若干部。

医务部队 6000 人。作为南非国防军的一支独立的现役部队,部署在全国各地,为南非国防军服务。

预备役部队 55.07 万人(其中陆军 45.3 万人、海军 1700 人、空军 2 万人、地方突击队 7.6 万人)。目前约有 35 万人服第一类预备役,预计 3 年内将减至 9.1 万人。

准军事部队 南非警察 14 万人,装备飞机 11 架、直升机 19 架。

兵役制度 志愿兵役制,服役期 2～6 年。

(王京国)

尼 日 利 亚

国　　名 尼日利亚联邦共和国。

主要统计 面积 92.3768 万平方千米。人口 1.04 亿人(其中,13～17 岁男 678.8 万人,女 681.4 万人;18～22 岁男 568.4 万人,女 581.9 万人;23～32 岁男 843.9 万人,女 878.1 万人)。国内生产总值 430 亿美元(1995)。国防费 6.85 亿美元(1996 年国防预算)。原煤 9.5 万吨(1993 年)。原油 7.04 亿桶(1994 年)。天然气 45.82 亿立方米(1994 年)。发电量 118 亿度(1993 年)。粮食 1351.7 万吨(1994 年)。海运能力,商船(载重 100 吨以上)271 艘,总载重量 73.3 万吨(1992 年)。民航能力,固定航班机场 12 处,客运量 9.96 亿人千米、货运量 1150 万吨千米(1995 年)。

国防体制 宪法规定,总统为武装力量总司令。武装力量执委会为最高军事指挥机构,负责制定国防政策、建军方针、军事预算等。国防部是武装力量最高行政机构。武装力量由陆、海、空军组成。总统通过国防部和国防参谋长对全国武装力量实施领导和指挥。

领导人物 国家元首、武装力量总司令兼国防部长萨尼·阿巴查上将(1995 年 3 月上任)。武装部队总参谋长奥拉迪博·迪亚中将(1994 年 9 月上任)。国防参谋长:阿布巴卡尔少将。陆军参谋长巴迈伊少将。海军参谋长阿基格少将(1994 年 9 月上任)。空军参谋长埃杜奥克少将(1994 年 9 月上任)。

武装力量 **兵力** 现役部队 7.71 万人。

陆军 6.2 万人。编有 1 个装甲师(辖 2 个装甲旅、1 个机械化旅)、1 个合成师(含 1 个空降营、1 个两栖旅)、2 个机械化师(每师辖 1 个机械化旅、1 个摩托化旅)、1 个总统警卫旅、1 个防空旅,上述各师均编有 1 个炮兵旅、1 个工程兵旅和 1 个侦察营。

坦克:T-55 型,“维克斯”、“蝎子”共 340 辆。装甲侦察车:AML-60/-90 型、“狐狸”、“响尾蛇”共 310 辆。

装甲输送车:380辆。牵引炮:431门。自行炮:27门。火箭炮:11门。迫击炮:330门。无坐力炮:若干门。高炮:约100门。地空导弹:“吹管”、“罗兰”64部。

海军　5600人。编有2个司令部。基地设在拉各斯、阿帕帕、卡拉巴、沃瑞、哈科特港。

护卫舰:德“梅科”级1艘。小型护卫艇:1艘。导弹攻击快艇:“锡里”级3艘、“埃克佩”级2艘。巡逻艇:45艘。扫雷艇:2艘。坦克登陆舰:2艘。支援及勤务舰船:6艘。

海军航空兵　装备“大山猫”直升机2架。

空军　9500人。编有3个攻击兼战斗机中队,2个运输机中队。作战飞机92架,武装直升机15架。

攻击战斗机:“阿尔法喷气”20架、米格-21型22架、“美洲虎”15架。防暴/教练机:L-39MS型23架、MB-339AN型12架。攻击直升机:Bo-105D型15架。运输机:39架。教练机:25架。直升机:20架。空空导弹:“环礁”若干枚。

准军事部队　海岸警卫队隶属海军;港口治安警察约2000人,装备60艘小艇和5艘气垫船;治安和民防部队,属内务部,装备有装甲车辆、飞机、直升机等。

兵役制度　实行志愿兵役制。

驻外兵力　1996年共有7080名官兵在安哥拉、波黑、克罗地亚、伊/科边境、利比里亚、马其顿、塞拉利昂、西撒哈拉参加联合国维和行动。

(王京国)

塞 内 加 尔

国　　名　塞内加尔共和国。

主要统计　面积19.6722万平方千米。人口871.2万(其中,13～17岁男52万,女51.4万人;18～22岁男42.5万人、女42.4万人;23～32岁男62万人、女62.7万人)。国内生产总值40亿美元(1995年)。国防费7600万美元(1996年国防预算估计)。粮食95.2万吨(1994年)。发电量7.65亿度(1993年)。海运能力,载重100吨以上的商船183艘,总载重量2.75万吨(1992年)。民航能力,固定航班机场5处,客运量2.22亿人千米、货运量3628万吨千米(1995年)。

国防体制　宪法规定,总统为武装力量统帅。国防委员会是最高军事决策机构。武装力量部(即国防部)是办事和行政管理机构。武装力量由正规军和准军事部队组成。正规军包括陆军、海军、空军,准军事部队由宪兵组成。军队设总参谋部,负责全军的作战指挥和军事训练。全国划分为4个大军区,隶属总参谋部领导。

领导人物　总统兼武装力量统帅阿卜杜·迪乌夫(1981年上任)。武装力量部部长马丁·卡雷。总参谋长马马杜·曼苏尔·塞克上将。

武装力量　**兵力**　现役部队约1.34万人。

陆军　1.2万人。编有4个军区司令部、1个装甲营、6个步兵营、1个总统卫队、1个突击营、1个空降营、1个炮兵营、3个基建连、2个工兵营。

装甲侦察车:61辆。装甲输送车:28辆。牵引炮:18门。迫击炮:16门。反坦克导弹:“米兰”4枚。高炮:33门。

海军　700人。基地设在达喀尔、卡萨芒斯。

巡逻艇:10艘。两栖艇:2艘。

空军　650人。作战飞机8架。

防暴机:8架。海上侦察/救援机:1架。运输机:9架。直升机:5架。教练机:4架。

准军事部队　宪兵4000人。

驻外兵力　参加联合国维和行动,驻安哥拉10人、驻波黑53人、驻伊拉克/科威特边境7人。

外国驻军　法国驻有1个海军陆战队营,约1500人。

(王京国)

苏　丹

国　名　苏丹共和国。

主要统计　面积 250.5813 万平方千米。人口 2963 万人(其中,13～17 岁男 173.5 万人,女 165.6 万人;18～22 岁男 144.9 万人,女 138.3 万人;23～32 岁男 218.3 万人,女 210.2 万人)。国内生产总值 39400 亿苏丹镑,合 91 亿美元(1995 年)。国防费 1900 亿苏丹镑,合 3.33 亿美元(1996 年国防预算估计)。原油 70 万桶(1994 年)。发电量 13.28 亿度(1993 年)。粮食 480.5 万吨(1994 年)。海运能力,商船(载重 100 吨以上)16 艘,总载重量 6.22 万吨(1992 年)。民航能力,固定航班机场 11 处,客运量 6.15 亿人千米、货运量 3910 万吨千米(1995 年)。

国防体制　总统为武装部队总司令。国防部为政府的一个部。武装部队由正规军和准军事部队组成。正规军分陆、海、空三个军种。全国划分为 6 个军区。最高军事指挥机构为武装部队总司令部。参谋长负责军队日常工作。

领导人物　总统兼武装部队总司令奥马尔·哈桑·艾哈迈德·巴希尔中将(1993 年 2 月上任)。国防部长哈桑·阿卜杜勒·拉赫曼·阿里中将(1995 年 2 月上任)。总参谋长哈桑·苏莱曼中将(1993 年 10 月上任)。

武装力量　**兵力**　现役部队 8.9 万人。

陆军　8.5 万人。编有 1 个装甲师、6 个步兵师、1 个空降师、1 个工兵师、1 个机械化步兵旅、24 个步兵旅、1 个侦察旅、10 个炮兵旅、12 个高炮旅、3 个炮兵团。

坦克:T-54/-55 型 250 辆,M-60A3 型 20 辆,其他型 80 余辆。装甲侦察车:AML-90 型 6 辆,“萨拉丁”式 90 辆,“白鼬”式 80 辆,БРДМ-1/-2 型 60 辆。装甲输送车:426 辆。牵引炮:600 门。自行炮:6 门。火箭炮:430 门。迫击炮:156 门。反坦克导弹:“旋火”式 4 具。无坐力炮:40 门。反坦克炮:40 门。高炮:425 门。地空导弹:SA-7 型若干部。

海军　约 1000 人。基地设在苏丹港、弗莱明哥湾和喀土穆。

巡逻艇:7 艘。登陆艇:7 艘。另有武装小艇 16 艘。

空军　3000 人(包括防空部队)。作战飞机 60 余架,武装直升机 5 架。

攻击战斗机:F-5E 型 7 架,F-5F 型 2 架,其他型 29 架。战斗机:米格-23 型 10 架,其他型若干架。教练机:22 架,其中米格-15UTI 型、米格-21U 型等共 12 架具有作战能力。运输机:安-24 型、C-130H 型等共 25 架。直升机:36 架,其中 5 架米-35 型为武装直升机。地空导弹:SA-2 型(发射架)18 部。空空导弹:“环礁”式若干枚。

准军事部队　民防部队:现役 1.5 万人,预备役 6 万人。伊斯兰民族阵线军事联队若干人。

兵役制度　实行志愿兵役制,服役期 3 年。

军衔　军官分 4 等 11 级,即元帅 1 级、将官 4 级(上将、中将、少将、准将)、校官 3 级(上校、中校、少校)、尉官 3 级(上尉、中尉、少尉)。

外国驻军　伊朗军事顾问若干人。

(张令鍾)

坦 桑 尼 亚

国　名　坦桑尼亚联合共和国。

主要统计　面积 94.5087 万平方千米(其中桑给巴尔 2657 平方千米)。人口 2934.1 万人(其中,13～17 岁男 166.3 万人,女 174.3 万人;18～22 岁男 134.6 万人,女 140.9 万人;23～32 岁男 202.1 万人,女 219.1 万人)。国内生产总值 32 亿美元(1995 年)。国防费 8800 万美元(1996 年国防预算估计)。原煤 0.4 万吨(1993 年)。发电量 9.07 亿度(1993 年)。粮食 353.4 万吨(1994年)。海运能力,商船(载重100吨以上)43艘,总载重量4.85万吨(1992年)。民航能力,固定航班机场12处,客运量1.51亿人千米、货运量190万吨千米(1995年)。

国防体制 宪法规定,总统为武装力量统帅。最高国防决策机构为革命党中央国防安全委员会,由革命党主席任主席,政府总理任书记。国防部是最高军事行政机关,全称为国防和国民服务部。武装力量由正规军、预备役部队和准军事部队组成。正规军分陆、海、空三个军种。最高军事指挥机构为人民国防军司令部。总统通过国防部和国防军司令部对全国武装力量实施领导和指挥。

领导人物 总统兼武装力量统帅兼国防和国民服务部长本杰明·姆卡帕(1995年10月上任)。国防与国民服务副部长巴卡里(1992年上任)。人民国防军司令姆博马上将(1994年2月上任)。人民国防军参谋长塞尤里中将(1994年2月上任)。

武装力量 **兵力** 现役部队3.46万人。

陆军 3万人。编成5个步兵旅、1个坦克旅、2个野炮营、2个高炮营、2个迫击炮营、2个反坦克营、1个工程兵营。

坦克:T-54型、"蝎子"等共135辆。装甲侦察车:БРДМ-2型40辆。装甲输送车:96辆。牵引炮:285门。火箭炮:58门。迫击炮:485门。无坐力炮:540门。

海军 1000人。基地设在达累斯萨拉姆、桑给巴尔、姆万扎(维多利亚湖)。

鱼雷快艇:4艘。巡逻艇:12艘。登陆艇:2艘。

空军 3600人(含防空部队2600人)。编有3个战斗机中队、1个运输机中队。作战飞机24架。

战斗机:24架。运输机:13架。联络机:8架。教练机:7架。直升机:10架。高炮(机枪):200门(挺)。地空导弹:SA-3/-6/-7型160部。

准军事部队 警察野战部队1400人,装备飞机1架、直升机6架、小船艇若干。全民普通民兵8万人。

兵役制度 实行征兵制,服役期2年。

军衔 军官军衔分4等11级,即将官4级(上将、中将、少将、准将)、校官3级(上校、中校、少校)、尉官3级(上尉、中尉、少尉)、准尉。

驻外兵力 驻安哥拉维和部队3名民事警察。

(王京国)

突尼斯

国　　名 突尼斯共和国。

主要统计 面积16.415万平方千米。人口922.6万人(其中,13～17岁男50.4万人,女48.3万人;18～22岁男46万人,女44.3万人;23～32岁男80万人,女77.7万人)。国内生产总值182亿美元(1995年)。国防费3.98亿美元(1996年国防预算)。石油3300万桶(1994年)。天然气2.35亿立方米(1994年)。发电量64.16亿度(1993年)。粮食66万吨(1994年)。海运能力,商船(载重100吨以上)77艘,总载重量44.3万吨(1992年)。民航能力,固定航班机场5处,客运量19.74亿人千米、货运量1730万吨千米(1995年)。

国防体制 宪法规定,总统为武装部队总司令。国防委员会是最高军事决策机构。国防部负责军事行政事务,三军参谋长负责部队的作战、训练和装备采购等事宜。武装力量由正规军和准军事部队组成。正规军包括陆、海、空军,属国防部。准军事部队包括国民警卫队和武装警察,属内政部。

领导人物 总统兼武装部队总司令本·阿里(1994年连任)。国防部长阿卜杜勒·阿齐兹·本·迪亚(1995年1月连任)。

武装力量 **兵力** 现役部队3.5万人。

陆军 2.7万人。编成3个机械化旅、1个撒哈拉旅、1个特种旅、1个工兵团。

坦克:M-60型84辆、"屈拉西尔"55辆。装甲侦察车:"萨拉丁"24辆、AML-90型35辆。装甲输送车:268辆。牵引炮:117门。迫击炮:135门。反坦克导弹:"陶"式、"米兰"565枚。无坐力炮:210门。高炮:115门。地空导弹:73枚。

海军 4500人。基地设在比塞大。

导弹快艇:6艘。巡逻快艇:17艘。支援和杂务舰:1艘。

空军 3500人。装备作战飞机44架、武装直升机7架。

攻击战斗机:F-5型15架。防暴机:5架。运输机:8架。联络机:2架。教练机:35架(其中12架SF-260W、12架L-59型具有作战能力)。武装直升机:SA-341型5架、HH-3型2架。运输直升机:35架。空空导弹:"响尾蛇"若干枚。

准军事部队　警察13000人、国民卫队10000人。

驻外兵力　参加联合国维和行动,驻波黑7人、驻克罗地亚23人、驻西撒哈拉9人。

(王京国)

乌　干　达

国　　名　乌干达共和国。

主要统计　面积24.1038万平方千米。人口1977.7万人(其中,13～17岁男114.2万人,女113.4万人;18～22岁男94.9万人,女97.3万人;23～32岁男136.6万人,女153.5万人)。国内生产总值48亿美元(1995年)。国防费1.36亿美元(1996年国防预算)。发电量7.88亿度(1993年)。粮食203.6万吨(1994年)。海运能力,商船(载重100吨以上)2艘,总载重量8600吨(1992年)。民航能力,固定航班机场1处,客运量2410万人千米、货运量10万吨千米(1995年)。

国防体制　宪法规定,总统为武装力量统帅。国防部是最高军事行政机关。总统通过国防部和军队司令对全国武装力量实施领导和指挥。

领导人物　总统兼武装力量统帅和国防部长约韦里·穆塞维尼中将(1986年1月上任)。负责国防事务的国务部长戴维·提尼富扎少将(1989年11月上任)。军队司令穆吉沙·蒙图少将(1989年11月上任)。军队参谋长弗里德·纳勇巴中校(1989年11月上任)。

武装力量　**兵力**　国民抵抗军约5万人(含陆战队400人,空军800人),编有4个师。

坦克:T-54/-55型20辆、PT-76型20辆。装甲输送车:БТР-60型等共24辆。牵引炮:80门。迫击炮:若干门。火箭炮:若干门。反坦克导弹:"萨格尔"40具。高炮(机枪):若干门(挺)。地空导弹:SA-7型10部。攻击战斗机:米格-17型4架。教练机:8架(其中5架SF-260型具有作战能力)。运输机:3架。直升机:16架。巡逻艇:8艘。

兵役制度　实行志愿兵役制。

(王京国)

赞　比　亚

国　　名　赞比亚共和国。

主要统计　面积75.2617万平方千米。人口932.32万人(其中,13～17岁男55.4万人,女54.6万人;18～22岁男45.2万人,女45.6万人;23～32岁男66.6万人,女70.5万人)。国内生产总值32亿美元(1995年)。国防费4200万美元(1996年国防费估计)。原煤40万吨(1993年)。发电量77.85亿度(1993年)。粮食116.8万吨(1994年)。民航能力,固定航班机场8处,客运量5.04亿人千米、货运量1670万吨千米(1995年)。

国防体制　宪法规定,总统为武装力量统帅。最高国防决策机构为国防安全委员会。国防部是最高军事行政机关。武装力量由正规军和准军事部队组成。正规军分陆、空两个军种;准军事部队有警察机动分队和警察准军事分队。最高军事指挥机构为国防军总部,总统通过国防部和国防军总部对全国武装力量实施领导和指挥。

领导人物　总统兼武装力量总司令弗里德里克·奇卢巴(1991年11月上任)。国防部长本加明·姆维拉(1991年11月上任)。陆军司令西姆贝叶中将(1991年11月上任)。空军司令昔卡帕瓦夏中将(1991年11月上任)。

武装力量 **兵力** 现役部队约 2.16 万人。

陆军 2万人。编有3个旅司令部、1个装甲团、9个步兵营(其中3个预备役营)、1个炮兵团、1个工程兵营。

坦克:T-54/-55型、PT-76型等共105辆。装甲侦察车 БРДМ-1/-2型88辆。装甲输送车:13辆。牵引炮:96门。火箭炮:50门。迫击炮:93门。反坦克导弹:"萨格尔"若干具。无坐力炮:约12门。高炮:161门。地空导弹:SA-7型若干部。

空军 1600人。编有1个攻击战斗机中队、1个战斗机中队、1个运输机中队、1个直升机中队。作战飞机59余架、武装直升机若干架。

攻击战斗机和战斗机:米格-21型等共24架。防暴/教练机:"海鸥"12架、MB-326型15架、SF-260MZ型8架。运输机:19架。联络机:9架。教练机:4架。直升机:33架。空地导弹:"萨格尔"若干枚。地空导弹:SA-3型若干部。

准军事部队 1400人,其中警察机动分队700人、警察准军事分队700人。

兵役制度 实行志愿兵役制。

驻外兵力 参加联合国驻安哥拉维和部队528人。

(王京国)

扎 伊 尔

国　　名 扎伊尔共和国(1997年5月改名为"刚果民主共和国",卡比拉任总统)。

主要统计 面积234.4885万平方千米。人口4487.1万人(其中,13~17岁男260.3万人,女258.4万人;18~22岁男209.3万人,女209.1万人,23~32岁男309.8万人,女312.6万人)。国内生产总值63亿美元(1995年)。国防费1.2亿美元(1996年国防预算估计)。原煤9.2万吨(1993年)。原油900万桶(1994年)。发电量61.89亿度(1993年)。粮食179.8万吨(1994年)。海运能力,商船(载重100吨以上)27艘,总载重量3.07万吨(1992年)。民航能力,固定航班机场11处,客运量2.95亿人千米、货运量5600万吨千米(1995年)。

国防体制 宪法规定,总统为武装力量统帅。最高国防决策机构为最高国防委员会。国防部(全称国防、领土安全和退伍军人部)是最高军事行政机关。武装力量由正规军和准军事部队组成。正规军分陆、海、空三个军种。最高军事指挥机构为总参谋部。总统通过国防部和总参谋部对全国武装力量实施领导和指挥。

领导人物 总统兼武装力量统帅蒙博托·塞塞·塞科元帅。副总理兼国防部长利库里亚上将(1996年上任)。总参谋长马海莱中将(1996年上任)。

武装力量 **兵力** 现役部队4.91万人(含宪兵)。

陆军 2.5万人。分8个军区,编有1个步兵师、1个总统警卫师、1个伞兵旅、1个特种旅、1个独立装甲旅、2个独立步兵旅。

坦克:约60辆。装甲侦察车:AML-60/-90型共60辆;装甲输送车:M-113型、M-3型等共84辆。牵引炮:93门。火箭炮:30门。迫击炮:约50门。无坐力炮:若干门。高炮:若干门。地空导弹:SA-7型若干部。

海军 1300人(含海军陆战队600人)。基地设在巴纳纳(海港)、博马、马塔迪、金沙萨(河港)和卡莱米(坦噶尼喀湖)。

海岸巡逻艇:7艘。其他小型船艇:10多艘。

空军 1800人。编有1个攻击/战斗机中队、1个防暴机中队、1个运输机联队和1个直升机中队。作战飞机22架。

攻击/战斗机:"幻影"5M/5DM共8架。防暴机:MB-326GB/K共14架。运输机:18架。联络机:8架。教练机:24架。直升机:15架。

准军事部队 宪兵2.1万人(现役),民卫队1万人。

兵役制度 实行志愿兵役制。

军衔 军官军衔分5等14级,即元帅1级、将官4级(上将、中将、少将、准将)、校官3级(上校、中校、少校)、尉官3级(上尉、中尉、少尉)、准尉3级(一级准尉、二级准尉、三级准尉)。

(王京国)

乍 得

国　　名　乍得共和国。

主要统计　面积128.4万平方千米。人口662.9万人(其中,13～17岁男34.6万人,女34.5万人;18～22岁男29.1万人,女29.3万人;23～32岁男46.5万人,女47.4万人)。国内生产总值13亿美元(1995年)。国防费4000万美元(1996年国防预算估计)。发电量8700万度(1993年)。粮食96.3万吨(1994年)。民航能力,固定航班机场4处,客运量2.11亿人千米、货运量1600万吨千米(1995年)。

国防体制　1991年1月,伊德里斯·代比总统颁布命令,将全国武装部队改编为乍得国民军。总统为军事统帅。政府中设国防部,国民军设总参谋部,总统通过国防部和总参谋长对国防军实施指挥和领导。

领导人物　总统兼军事统帅伊德里斯·代比(1990年12月上任)。国防部长图格米。总参谋长胡图旺上校。

武装力量　**兵力**　现役部队3.035万人(含共和国卫队)。

陆军　2.5万人。编有7个军区。

主战坦克:T-55型60辆。步兵战车:ERC-90型4辆、AML-60/-90型约50辆、V-150型9辆。牵引炮:5门。迫击炮:若干门。反坦克导弹:“米兰”若干具。无坐力炮、高炮:若干门。

空军　350人。作战飞机4架。

防暴机:PC-7型2架、SF-260W型2架。运输机:8架。联络机:7架。直升机:2架。

准军事部队　共和国卫队5000人(现役);宪兵4500人。

兵役制度　实行征兵制,服役期3年。

外国驻军　法国驻军800人。

(王京国)

欧洲国家军事概况

阿尔巴尼亚

国　　名　阿尔巴尼亚共和国。

主要统计　面积2.8748万平方千米。人口358.6万人(其中,13～17岁男17.9万人,女16.5万人;18～22岁男17.2万人,女15.7万人;23～32岁男32万人,女29.7万人)。国内生产总值17亿美元(1995年估计)。国防费5100万美元(1996年国防预算估计)。原煤43万吨(1993年)。原油400万桶(1994年)。天然气1.36亿立方米(1994年)。发电量34.5亿度(1993年)。粮食69.2万吨(1994年)。海运能力,商船(载重100吨以上)24艘,总载重量8.1万吨(1992年)。民航能力,固定航班机场1处(1995年)。

国防体制　宪法规定,总统为武装力量统帅。最高国防决策机构为国防委员会,成员有议长、总理、外交部长、国防部长、财政部长、公安部长、国家情报局长和军队总参谋长等,由总统任主席。国防部全面负责军队工作,总参谋部是隶属国防部的顾问机构。武装力量由正规军和准军事部队组成。正规军分为陆、海、空三个军种。总统通过国防部对全国武装力量实施领导和指挥。

领导人物　总统兼武装力量统帅萨利·贝里沙(1992年4月上任;1997年7月24日,雷普杰·迈达尼当选为总统)。国防部长萨费特·茹拉利(1992年

4月上任)。总参谋长舍·科索沃上将(1994年上任)。

武装力量 **兵力** 现役部队5.4万人。

陆军 4.5万人。编有9个步兵师(各辖5个步兵旅、1个装甲兵旅、1个炮兵旅、1个防空团、1个侦察营、1个工兵营)。

坦克:T-34型138辆、T-59型712辆。轻型坦克:35辆。装甲侦察车:БРДМ-1型15辆。装甲输送车:103辆。牵引炮:122毫米425门、130毫米100门、152毫米90门。火箭炮:107毫米270门。迫击炮:82毫米259门、120毫米550门、160毫米100门。无坐力炮、反坦克炮:若干门。高炮:23毫米12门、37毫米100门、57毫米82门、85毫米30门、100毫米56门。

海军 2500人。

潜艇:"威士忌"级2艘。巡逻和岸防舰艇:约37艘。反水雷舰艇:约6艘。支援舰船:14艘。

空军 6500人。作战飞机约98架。

攻击战斗机:米格-15型10架、米格-17型14架、米格-19型23架。歼击机:米格-19型41架、米格-21型10架。运输机:安-2型等共19架。直升机:米-4型20架。教练机:米格-15UTI型等共29架。地空导弹:SA-2型22部。

预备役部队 15.5万人,其中陆军15万人、海军2500人、空军2500人。

准军事部队 内卫部队5000人,民兵3500人,边防警察(公共秩序部)约5000人。

兵役制度 实行义务兵役制,士兵服役期12个月。

驻外兵力 派驻格鲁吉亚联合国军事观察员1名。

(潘海澜)

爱 尔 兰

国　　名 爱尔兰。

主要统计 面积6.889万平方千米。人口362.2万人(其中,13~17岁男16.5万人,女15.6万人;18~22岁男17.1万人,女16.2万人;23~32岁男30.7万人,女29.2万人)。国内生产总值370亿爱镑,合570亿美元(1995年)。国防费4.93亿爱镑,合7.71亿美元(1997年国防预算)。天然气25.00亿立方米(1994年)。发电量164.16亿度(1993年)。粮食170万吨(1994年)。海运能力,商船(载重100吨以上)189艘,爱沙总载重量20.86万吨(1992年)。民航能力,固定航班机场10处,客运量42.81亿人千米、货运量10.12亿吨千米(1995年)。

国防体制 宪法规定,总统为武装力量统帅。最高国防咨询机构为国防委员会,成员有负责国防的国务部长、国防部长、参谋长、军务部长和军需部长。武装力量由陆、海、空三个军种组成,由国防部长直接领导。

领导人物 总统兼武装力量统帅玛丽·罗宾逊夫人(1990年12月上任)。国防部长肖恩·巴雷特(1995年上任)。国防参谋长杰德勒·约瑟夫·麦克马洪中将(1995年上任)。

武装力量 **兵力** 现役部队1.27万人。

陆军 1.05万人。编有1个步兵队(辖2个步兵营)、4个步兵旅。

坦克:"蝎子"14辆。装甲侦察车:AML-90/-60型47辆。装甲输送车:"庞阿尔"、"蒂蒙尼"、"西苏"54辆。牵引炮:60门。迫击炮:471门。反坦克导弹:"米兰"21具。无坐力炮:540门。高炮:26门。地空导弹:RBS-70型7部。

海军 1100人。

巡逻艇:7艘。

空军 1100人。编有3个联队、7个中队(其中4个直升机中队)。作战飞机19架,武装直升机15架。

防暴机:"超级教师"6架、SF-260WE型7架。海上侦察机:2架。运输机:2架、联络机:7架(其中6架具有作战能力)。武装直升机:SA-316B型8架、SA-365FI型5架、SA-342L型2架。

预备役部队 1.564万人,其中陆军1.529万人,海军350人。

部署 陆军划分为4个军区(东部、南部、西部和克拉军区)。海军基地1处(科克)。

兵役制度 实行志愿兵役制。士兵服役期:正规军最短3年(海军最短4年),预备役6年。士兵最高服役年限为60岁。各级军官最高服役年限:正规军为56~65岁;预备役为57~65岁。

驻外兵力 1966年共有749人在克罗地亚、塞浦路斯、伊拉克和科威特边境、黎巴嫩、中东、西撒哈拉,波黑和马其顿参加联合国维和行动。

(楚 云)

爱沙尼亚

国 名 爱沙尼亚共和国。

主要统计 面积4.52万平方千米。人口147.5万人(其中,13～17岁男5.8万人,女5.6万人;18～22岁男5.5万人,女5.3万人;23～32岁男10.6万人,女10.1万人)。国内生产总值约19亿美元(1995年)。国防费6300万美元(1997年国防预算)。

国防体制 总统是武装力量统帅,总统通过国防部长、内务部长和边防军局长对武装力量实施领导。国防委员会受总统领导,负责研究国家安全问题和制定军事政策,其成员包括总统、总理、外长、国防部长、内务部长、国防军司令、边防军局长根据需要参与国防委员会的工作。武装力量包括国防军、边防军、内卫部队和救援部队。

领导人物 总统兼武装力量统帅伦纳特·梅里(1992年10月当选)。总理马尔特·西伊曼(1997年3月上任)。国防部长安德鲁斯·俄维尔(1995年10月上任)。

武装力量 **兵力** 现役部队6200人。

国防军 3600人(含300名直属国防部人员)。其中:

陆军 2600人。编有1个步兵旅、1个警卫营、1个指挥连、1个通信连、1个工程兵连、1个运输连和1个独立测绘排。装备,装甲侦察车7辆、装甲输送车32辆、迫击炮40门、无坐力炮36门、高炮2门。

空军-防空军 400人。编有1个航空兵大队、1个无线电技术营。装备直升机1架。

海军 300人。战斗分队正在组建中。装备有巡逻艇3艘、反水雷舰艇2艘、杂务舰船3艘。

边防军 1500人。

内卫部队 600人。

救援部队 500人。

兵役制度 爱沙尼亚实行义务兵役制。宪法规定,年满18岁、身体健康的男性公民有服兵役的义务,服役期为18个月。

驻外兵力 参加联合国维和行动驻波黑9名民事警察。

(马 钢)

奥地利

国 名 奥地利共和国。

主要统计 面积8.3855万平方千米。人口801.24万人(其中,13～17岁男23.8万人,女22.7万人;18～22岁男25.7万人,女24.5万人;23～32岁男65.5万人,女63.1万人)。国内生产总值23520亿先令,合2060亿美元(1995年)。国防费235亿先令,合22亿美元(1997年国防预算)。粗钢414.89万吨(1993年)。原煤169.12万吨(1993年)。原油800万桶(1994年)。天然气13.28亿立方米(1994年)。发电量526.75亿度(1993年)。粮食468.1万吨(1994年)。海运能力,商船(载重100吨以上)26艘,总载重20.85万吨(1992年)。民航能力,固定航班机场6处,客运量73.25亿人千米、货运量13.81亿吨千米。

国防体制 宪法规定,总统为武装力量统帅。最高国防决策机构为联邦政府内阁,成员有总理和联邦政府各部部长,由总理任主席。最高国防咨询机构为总理府所属的国防委员会。国防部是最高军事行政机关,负责全军的建设、战备和训练工作。国防部下辖总监部、法律部、人事部、训练部、后勤部。武装力量由正规军和动员部队(即民兵预备役)组成。正规军分陆、空两个军种,空军部队归陆军所辖。平时,由联邦政府授权国防部长(文职)对武装力量实施领导和指挥。最高军事指挥机构为总监部，部队总监是国防部长的最高军事顾问，也称“第1军人”，其地位相当于总参谋长。

领导人物 总统兼武装力量统帅托马斯·克莱斯蒂尔(1992年7月上任)。国防部长维尔纳·法斯尔阿本德(1996年3月连任)。部队总监卡尔·麦岑上将(1990年10月上任)。

武装力量 **兵力** 现役部队5.58万人。

陆军 5.15万人。编有3个军、9个州军事司令部、12个轻装步兵团和3个装甲步兵旅。

坦克:M-60A3型170辆。装甲输送车:473辆。牵引炮:132门。自行炮:139门。要塞炮:24门。火箭炮:18门。迫击炮:1044门。反坦克导弹:“比尔”179具。无坐力炮:445门。反坦克炮:“骑兵”、“百人队长”等共684门。高炮:632门。

陆战队 2艘江河巡逻艇、10艘非武装船只。

空军 0.43万人。属于陆军的一部分。编有1个航空兵师部、3个航空兵团、3个防空团、1个对空监视团。装备作战飞机53架。

战斗机:“萨伯”J-35Oe型24架。运输机:2架。联络机:26架。教练机:45架，其中“萨伯”105Oe型29架具有作战能力。直升机:86架。

文职人员 9000人。

预备役部队 约10万人，均属陆军。

部署 陆军作战部队原实行区域防御作战方针，计划一旦出现战事，主要在国土内部进行防御。根据新的安全形势，防备思想开始转向边境附近的机动防御。陆军作战部队的部署正逐渐向重点城市和边境地区转移，航空兵部队主要部署在内地。

兵役制度 实行普遍义务兵役制和民兵预备役相结合的兵役制度。军官最高服役年限为65岁。士兵服役期共8个月，分为两种类型。一种是“6+1+1”型，即先服6个月的基本役，随即参加1个月的部队综合演练，在其转为预备役后的10年内再参加1个月的复训，这种类型主要适用于步兵、炮兵、防空和供给部队的新兵；另一种是一次服完8个月的兵役，这种类型主要适用于侦察、工兵、机械化部队和航空部队的新兵。征兵年龄从18岁开始，每个奥地利男性公民必须在35岁以前完成服兵役的义务，如拒服兵役，可以服民役代替。

军衔 分5等21级。即将官4级(上将、中将、少将、准将)，校官3级(上校、中校、少校)，尉官4级(上尉、中尉、少尉、准尉)，军士6级(上士、一级中士、二级中士、三级中士、一级下士、二级下士)，兵4级(一等兵、二等兵、三等兵、列兵)。

驻外兵力 1966年奥地利共有868人参加联合国维和行动。

(白 冰)

白俄罗斯

国　　名 白俄罗斯共和国(1991年12月19日改为现名)。

主要统计 面积20.76万平方千米。人口1039.7万人(其中，13～17岁男39.8万人，女38.6万人；18～22岁男37.6万人，女36.7万人；23～32岁男69.1万人，女69.6万人)。国内生产总值140亿美元(1995年)。国防费4.58亿美元(1996年国防预算估计)。

领导人物 国防部长列昂尼德·谢苗诺维奇·马尔采夫(1994年7月上任)

武装力量 **兵力** 现役部队8.55万人(包括国防部机关人员1200人、国防部直属部队8100人)。

战略核力量 SS-25型洲际弹道导弹18枚(1996年已全部运往俄罗斯)。

陆军 5.05万人。编为国防部直属部队(辖2个摩步师、1个空降师、1个独立空降突击旅、1个炮兵师、2个炮兵团、2个火箭炮团、1个后方防御师、1个战役战术导弹旅、1个反坦克旅、1个特种作战旅、2个防空导弹旅)和3个军(1个军辖3个机械化旅、1个战役战术导弹旅、1个防空导弹旅、1个炮兵团、1个火箭炮团；1个军辖1个机械化师、1个战役战术导弹旅、1个防空导弹旅、1个炮兵团、1个火箭炮团；另1个军编成不详)。

主战坦克:T-55型381辆、T-62型142辆。T-72型1797辆。轻型坦克:ПТ-76型8辆。步兵战车:БМП-1型388辆、БМП-2型1265辆、БРМ型161辆、БМД-1型伞兵战车142辆。装甲输送车:БТР-60型188辆、

БТР-70 型 451 辆、БТР-80 型 195 辆、БТР-Д 型 115 辆、МТ-ЛБ 型 71 辆。牵引炮:122 毫米 190 门,152 毫米 192 门。自行炮:122 毫米 239 门,152 毫米 299 门,203 毫米 48 门。曲射直射两用炮:120 毫米 54 门。火箭炮 419 门(122 毫米 286 门、130 毫米 1 门,220 毫米 84 门,300 毫米 48 门)。迫击炮:120 毫米 78 门。反坦克导弹:AT-4/-5/-6/-7 型共 480 部。战役战术导弹:"飞毛腿"60 部,"蛙"36 部。防空导弹:SA-8/-11/-12/-13 型 350 部。

空军　2.57 万人。编有 1 个空军集团军。作战飞机 349 架,攻击直升机 74 架。

歼击轰炸机:苏-24 型 42 架。强击机:苏-25 型 99 架。歼击机:米格-23 型 45 架、米格-25 型 13 架、米格-29 型 83 架、苏-27 型 25 架。武装侦察机:苏-24 型 42 架。直升机:米-24 型 74 架。运输机:37 架。直升机:207 架。

防空部队　约 1.2 万人,装备 SA-2/-3/-5/-10 型防空导弹 200 部。

准军事部队　内卫部队 8000 人。

预备役部队　约 28.95 万人。　(闵振范)

保加利亚

国　　名　保加利亚共和国。

主要统计　面积 11.09936 万平方千米(包括河界水域)。人口 837.5 万人(其中,13～17 岁男 30.6 万人,女 29 万人;18～22 岁男 31.5 万人,女 29.9 万人;23～32 岁男 57.6 万人,女 55.5 万人)。国内生产总值 117 亿美元(1995 年)。国防费 4.28 亿美元(1996 年国防预算)。粗钢 194.1 万吨(1993 年)。原煤 2903.3 万吨(1993 年)。原油 30 万桶(1994 年)。天然气 1100 万立方米(1994 年)。发电量 379.97 亿度(1994 年)。粮食 642.4 万吨(1994 年)。海运能力,商船(载重 100 吨以上)222 艘、总载重量 193.82 万吨(1992 年)。民航能力,固定航班机场 3 处,客运量 36.04 亿人千米、货运量 4700 万吨千米(1995 年)。

国防体制　总统安全委员会(1990 年成立)为最高军事决策和军事领导机关,委员包括总理、外长、内务部长、国防部长及国防部副部长、总参谋长、军兵种司令等,由总统任主席。该委员会负责制定与武装力量有关的政策,包括军队建设、武器装备发展和军事训练计划等,战时制订反外来侵略的方针政策。国防部长为文职,国防部是政府对武装力量实施行政领导的机关,主要负责制定和实施国防政策、军事法规和国际军事合作等。总参谋部是军事指挥协调机构,主要负责全军作战、训练、后勤及日常管理等。武装力量由正规军和准军事部队组成。正规军分为陆、海、空三个军种。总统通过国防部和总参谋部对全国武装力量实施领导和指挥。

领导人物　总统兼武装力量统帅佩特尔·斯托扬诺夫(1997 年 1 月上任)。国防部长迪米特尔·帕夫洛夫(1995 年 1 月上任)。总参谋长茨维坦·托托米罗夫上将(1994 年 9 月上任)。

武装力量　**兵力**　现役部队 10.35 万人(含 3400 名国防部人员及 2.23 万其直属部队)。

陆军　5.16 万人。编有 3 个军区,下辖 3 个摩步师、4 个坦克旅、1 个机械化旅、1 个空降旅、5 个地地导弹旅、1 个地空导弹旅、3 个炮兵团、3 个反坦克团、3 个高炮团、1 个地空导弹团。

坦克:T-55 型 1142 辆,T-72 型 408 辆。步兵战车:БМП-1 型 50 辆,БМП-23/-30 型 114 辆。装甲侦察车:БРДМ-1/2 型 58 辆。装甲输送车:1894 辆。牵引炮:730 门。自行炮:656 门。火箭炮:222 门。迫击炮:444 门。地地导弹:"蛙"-7 型 28 部,"飞毛腿"36 部、SS-23 型 8 部。反坦克导弹:"耐火箱"式 200 具。反坦克炮:350 门。高炮:400 门。地空导弹:67 部。

海军　约 6100 人。

潜艇:"胜利"级 2 艘。护卫舰:"大胆"级 1 艘。小型护卫舰:7 艘。导弹快艇:6 艘。巡逻艇:约 10 艘。布/扫雷舰艇:30 艘。两栖舰艇:2 艘。支援和勤务舰船:7 艘。

海军航空兵　装备武装直升机 9 架。

岸防炮兵　2 个团、20 个连。

海上警卫队　3 个连。

空军　2.01 万人。编有 2 个航空兵师。作战飞机 272 架,武装直升机 44 架。

对地攻击战斗机:苏-25 型 39 架、米格-21 型 96 架、米格-23 型 32 架。歼击机:米格-23 型约 40 架、米格-21 型 23 架、米格-29 型 21 架。武装侦察机:苏-22

型21架。运输机:17架。航测机:1架。直升机:90架,其中44架米-24型为武装直升机。教练机:115架。空地、空空导弹:若干枚。地空导弹:SA-2/3/5/10型约110部。

预备役部队 30.3万人,其中陆军25.05万人,海军0.75万人、空军4.5万人。

准军事部队 边防部队1.2万人,治安警察0.4万人,铁道和建设部队1.8万人。

兵役制度 实行义务兵役制,士兵服役期18个月。

军衔 军官军衔分3等11级,即将官4级(大将、上将、中将、少将)、校官3级(上校、中校、少校)、尉官4级(大尉、上尉、中尉、少尉)。

驻外兵力 1996年共有45人在安哥拉、波黑参加联合国维和行动。

(潘海澜)

比 利 时

国　　名 比利时王国。

主要统计 面积3.0528万平方千米(包括荷兰境内飞地巴勒-埃尔东)。人口1008.2万人(其中,13~17岁男31万人,女29.7万人;18~22岁男32.6万人,女31.5万人;23~32岁男74.7万人,女72.3万人)。国内生产总值2450亿美元(1995年)。国防费33亿美元(1997年国防预算)。粗钢1011.9万吨(1993年)。原煤86.2万吨(1993年)。天然气1400万立方米(1994年)。发电量698.45亿度(1993年)。粮食227.3万吨(1994年)。海运能力,商船(载重100吨以上)232艘,总载重量305.29万吨(1992年)。空运能力:固定航班机场2个,客运量74.97亿人千米、货运量4.221亿吨千米(1995年)。

国防体制 宪法规定,国王为武装力量统帅。平时国王授权国防大臣领导全国武装力量。内阁防务委员会是最高军事决策机构,同时也是国王的最高防务咨询机构,由首相、国防大臣、外交大臣、内务大臣等组成,首相任主席,"国内防务问题委员会"是协调内阁各部防务事宜的机构,由军人、外交官和公职人员专家组成,直接对首相负责,平时为内阁防务委员会会议做准备工作,战时改名为"防务技术秘书处",协助内阁对防务问题作出决定。国防部是内阁的一个部,是最高国防行政领导机构。国防大臣在首相领导下,负责制定和执行防务政策,领导国防和军队建设。武装力量由正规军和准军事部队组成,正规军分陆、海、空三个军种。总参谋部是最高军事指挥机构。国王通过国防部和总参谋部对全国武装力量实施领导和指挥(因比军大部分兵力平时已编入北约中欧盟军司令部序列,故战时实际上归北约盟军最高司令部指挥)。

领导人物 国王兼武装力量统帅阿尔贝二世(1993年8月即位)。首相让·吕克·德阿纳(1992年3月上任)。国防大臣让保罗·蓬斯莱(1995年9月上任)。总参谋长维利·赫尔特莱尔(1995年9月上任)。陆军参谋长让·贝兰中将(1988年7月上任)。海军参谋长约瑟夫·德·维尔德中将(1989年10月上任)。空军参谋长范海克中将(1991年3月上任)。

武装力量 **兵力** 现役部队4.63万人(含三军卫生兵部队1250人)。

陆军 3.01万人。编有1个机械化师(辖3个旅)、1个作战支援师、1个伞兵突击旅、1个轻型航空兵大队。

坦克:"豹"式334辆。装甲侦察车:"大弯刀"式141辆。步兵战车:YPR-765型214辆(另有派生型278辆)。装甲输送车:M-113型等539辆。牵引炮:105毫米18门。自行炮:155毫米168门。迫击炮:107(自行)、120、81毫米共312门。反坦克导弹:"米兰"、"鱼叉"等共498具。高炮:35毫米自行式54门。地空导弹:"西北风"118部。飞机:10架。直升机:78架。无人驾驶飞机:22架。

海军 2650人。编有1个小型舰队和2个分舰队。比利时海军和荷兰海军由设在荷兰登赫尔德的司令部统一指挥。

护卫舰:"维林根"级2艘。扫雷舰:11艘。后勤支援舰船:4艘。直升机:3架。

空军 1.23万人。编有4个攻击战斗机中队、2个战斗机中队、2个运输机中队、4个教练机中队、1个搜索救援直升机中队。作战飞机132架。

作战飞机:F-16A型112架、F-16B型20架。运输机:C-130型、CM-170型、"默林"等共35架。教练机:

67架。直升机:"海王"5架。地空导弹:"西北风"24部。空空导弹:"响尾蛇"若干。

文职人员　4661人。

预备役部队　6万人。其中陆军3.3万人,海军3300人,空军1.64万人,卫生兵部队7300人。

部署　陆军作战部队主要沿本土东部和北部一线部署。空军作战飞机主要驻首都布鲁塞尔以东地区。

兵役制度　比利时于1996年3月1日取消了义务兵役制,现实行志愿兵役制。

军衔　分5等17级。即将官2级(中将、少将)、校官3级(上校、中校、少校)、尉官4级(大尉、上尉、中尉、少尉)、军士6级(军士长、军士、一级上士、上士、中士、下士)、兵2级(一等兵、二等兵)。

驻外兵力　驻德国2000人。参加联合国维和部队:驻波黑420人;驻克罗地亚809人;驻印度/巴基斯坦2人;驻马其顿1人;驻中东6人;驻西撒哈拉1人。

外国驻军　北大西洋条约组织总部(驻布鲁塞尔);北大西洋公约组织欧洲盟军最高司令部(驻蒙斯市);西欧联盟军事计划制定小组;美军1345人(陆军730人;海军100人;空军515人)。

(李　沁)

波　兰

国　　名　波兰共和国。

主要统计　面积31.2683万平方千米。人口3858.3万人(其中,13～17岁男167.2万人,女158.7万人;18～22岁男153.7万人,女146万人;23～32岁男265.2万人,女253.8万人)。国内生产总值1000亿美元(1995年)。国防费34亿美元(1997年国防预算)。粗钢1106.4万吨(1994年)。原煤19858.4万吨(1993年)。原油170万桶(1994年)。天然气46.86亿立方米(1994年)。发电量1338.67亿度(1993年)。粮食2176.3万吨(1994年)。海运能力,商船(载重100吨以上)644艘,总载重量431.43万吨(1992年)。民航能力,固定航班机场12处,客运量36.53亿人千米、货运量5500万吨千米(1995年)。

国防体制　最高国防决策机构为国防委员会,由总统任主席,成员有部长会议主席、议会议长、参议院议长、内务部长、国防部长、财政部长、外交部长、运输和海洋经济部长、总统办公厅主任、国防部常务副部长、总参谋长、内务部第一副部长以及民防司令(兼任国防委员会秘书)。国防委员会直接隶属于议会和参议院组成的国民大会,其职责是制定国家安全与防御方针,为国民大会决定国家实施战时状态、紧急状态或发布动员令提出建议。国防部是最高军事行政机关。国防部设有军事委员会和政治磋商委员会。军事委员会成员包括各总部及军、兵种负责人,由国防部长任主席。政治磋商委员会是国防部的咨询机构。国防部负责制定并实施国防和军事建设计划,完善军队体制,领导军队训练与教育,保障武装力量的技术和物资供应,确定职业军官的服役原则,制定武装力量科研工作计划,参与民防建设的规划和实施。各地兵役部门也受国防部领导。武装力量由正规军和准军事部队组成。正规军分陆军、海军、空军防空军三个军种。最高军事指挥机构为总参谋部,其主要职责是制定战略计划和组织战略指挥,协调国防部各部局、军兵种司令部的工作。总统(国防委员会主席)通过国防部和总参谋部对全国武装力量实施领导和指挥。

领导人物　总统、国防委员会主席兼武装力量统帅亚历山大·克瓦希涅夫斯基(1995年11月当选)。国防部长斯塔尼斯瓦夫·多布然斯基(1996年2月上任)。总参谋长塔·维莱茨基上将(1992年8月上任)。

武装力量　**兵力**　现役部队24.85万人。

陆军　17.87万人。设有4个军区,共编有8个摩步师、1个装甲骑兵师、1个空中骑兵师、1个岸防旅、4个炮兵旅、4个工兵旅、5个国土防御旅、1个高炮旅、1个装甲旅、1个摩步旅、1个空中突击旅、1个摩步团、2个战斗直升机团、2个高炮团、3个地地导弹团、11个地空导弹团。

坦克:T-55型892辆、T-72型809辆、ПТ-91型20辆。装甲侦察车:БРДМ-2型510辆。步兵战车:БМП-1型1367辆、БРМ-1型38辆。装甲输送车:50辆。牵引炮:440门。自行炮:652门。火箭炮:258门。迫击炮:231门。反坦克导弹:AT-3/-4/-5/-6型共403具。地地导弹:"蛙"式35部。反坦克炮:711门。高炮:990门。地空导弹:SA-6/-7/-8/-9/-13型共1290部。

武装直升机:米-24 型 30 架、米-2URP 型 40 架。直升机:103 架。

海军 1.78 万人(含海军航空兵)。

潜艇:3 艘。驱逐舰:1 艘。护卫舰:1 艘。小型护卫舰:4 艘。导弹快艇:7 艘。巡逻艇:22 艘。扫雷舰艇:25 艘。两栖舰艇:5 艘。支援和其他舰船:12 艘。

海军航空兵 2800 人。编有 3 个团,装备飞机 53 架(其中 30 架为米格-21 型作战飞机)、直升机 27 架(其中 10 架米-14PL 型为武装直升机)。

岸防部队 3100 人。隶属陆军部队,编有 6 个炮兵营和 3 个导弹营。

空军防空军 5.2 万人。编有 7 个歼击机团、4 个对地攻击歼击机团、2 个运输机团、5 个防空导弹旅。作战飞机 437 架,武装直升机 22 架。

对地攻击歼击机:苏-20 型 16 架、苏-22 型 99 架。歼击机:米格-21 型 240 架、米格-23 型 37 架、米格-29 型 22 架。武装侦察机:米格-21 型 23 架。运输机:75 架。武装直升机:PZL-W3 型 22 架;直升机:123 架。教练机:331 架。空空、空地导弹:若干枚。地空导弹:SA-2/-3/-4/-5 型 200 部。

预备役部队 46.6 万人,其中陆军 38.2 万人、海军 1.8 万人(服役年限为 50 岁)、空军 6.6 万人(服役年限为 60 岁)。

准军事部队 内务部所属边防部队 1.6 万人,警察预备队 0.74 万人,岸防部队若干人。

兵役制度 实行义务兵役制。士兵服役期 18 个月。

军衔 分 7 等 26 级,即元帅 1 级(只在战时授予)、将官 3 级(上将、中将、少将)、校官 3 级(上校、中校、少校)、尉官 3 级(大尉、上尉、中尉)、准尉 6 级(一级准尉、二级准尉、三级准尉、四级准尉、五级准尉、六级准尉)、军士 8 级(一级上士、二级上士、三级上士、四级上士、一级下士、二级下士、三级下士、四级下士)、兵 2 级(上等兵、列兵)。

驻外兵力 1996 年共有 7628 人参加联合国维和行动。

军队节日 建军节为 8 月 15 日。

(朱瑞臣)

波斯尼亚和黑塞哥维那

国 名 波斯尼亚和黑塞哥维那共和国(1991 年 10 月宣布独立)。

主要统计 面积5.1129万平方千米。人口350万人(其中,13～17 岁男 18.9 万人,女 17.9 万人;18～22 岁男 17.5 万人,女 16.4 万人;23～32 岁男 35.4 万人,女 33.5 万人)。

波黑 3 方武装力量简况

穆斯林武装 现役部队约 9.2 万人。

陆军 9.2 万人。编有 1 个集团军司令部、5 个军司令部、2 个师司令部、78 个步兵旅、9 个摩托化旅、约 13 个山地旅、1 个特种兵旅、1 个侦察旅、5 个本土防御旅、2 个炮兵旅、2 个防空团。

坦克:T-34、T-55 型约 75 辆。装甲输送车:约 35 辆。各种火炮(含 75 门火箭炮)约 600 门。反坦克导弹:“耐火箱”100 部。直升机:米-8、米-17 型 10 架。飞机:“乌特瓦”-75 型 3 架。地空导弹:SA-7/-14 若干部。

预备役部队 约 10 万人。

部署 第 1 军驻萨拉热窝(包括戈拉日代和伊戈曼山)。编有 21 个步兵旅、8 个摩托化旅、7 个山地旅、1 个克罗地亚族旅、2 个炮兵旅。第 2 军驻图兹拉:26 个步兵旅、1 个摩托化旅、3 个山地旅、2 个克族旅、1 个工兵旅。第 3 军驻泽尼查:16 个步兵旅、1 个装甲旅。第 4 军驻莫斯塔尔、科尼奇:5 个步兵旅、1 个山地旅。第 5 军驻比哈奇:8 个步兵旅(其中 1 个为克族旅)、1 个特种兵旅。

克罗地亚族武装 约 5 万人。编有 4 个战区(莫斯塔尔、托米斯拉夫格勒、维特斯、奥拉什)、约 36 个旅、1 个混合炮兵师、1 个火箭炮师、3 个极端主义分子旅、1 个特种兵旅。

坦克:T-34/-55/-72 型约 100 辆。步兵战车:约 80 辆。火炮:约 200 门。火箭炮:约 30 门。迫击炮:约 700 门。反坦克导弹:“耐火箱”、“法戈特”若干部。地空导弹:SA-7/-14/-16 型若干部。直升机:米-8/-24 型、MD-500 型若干架。

塞尔维亚族武装 约 8.5 万人。编有 4 个军司令部、8 个装甲旅、1 个装甲团、62 个步兵旅、1 个机械化旅、1 个摩步旅、4 个山地旅、1 个特种兵旅、1 个炮兵旅和 1 个炮兵团、1 个反坦克团和 1 个防空团。

坦克：T-34/-55/-72 型 500 辆。装甲输送车：295 辆。牵引炮：122、130、152 毫米 700 门。自行炮：122 毫米 30 门。火箭炮：128 毫米 85 门、262 毫米 6 门。迫击炮：2100 门。地地导弹：蛙-7 型若干部。高炮：20、23、30、57、90 毫米 975 门。地空导弹：SA-2/-3/-6/-7B/-9/-14/-16 型若干部。飞机：约 20 架。直升机：24 架。

部署　克拉伊纳第 1 军驻巴尼亚卢卡：13 个步兵旅、2 个装甲旅、1 个反坦克团、1 个防空团。图兹拉军驻比耶利纳：8 个步兵旅、1 个装甲旅。德林纳军：7 个步兵旅、4 个山地旅、2 个装甲旅。萨拉热窝军：8 个步兵旅、1 个机械化旅、1 个摩步旅、1 个炮兵旅、1 个炮兵团。黑塞哥维那军：7 个步兵旅、1 个装甲旅、1 个装甲团。

外国驻军　多国稳定部队约 3.1 万人。此外，联合国在波黑驻有来自 34 个国家的 1618 名民事警察。（潘海澜）

丹　麦

国　名　丹麦王国。

主要统计　面积4.3092万平方千米（不包括格陵兰和法罗群岛）。人口 522.46 万人（其中，13～17 岁男 15.1 万人，女 14.6 万人；18～22 岁男 17.4 万人，女 16.8 万人；23～32 岁男 40 万人，女 38.6 万人）。国内生产总值 9690 亿丹麦克朗，合 1730 亿美元（1995 年）。国防费 180 亿丹麦克朗，合 32 亿美元（1997 年国防预算）。粗钢 52.8 万吨（1990 年）。原煤 51.2 万吨（1992 年）。原油 6700 万桶（1994 年）。天然气 45.65 亿立方米（1994 年）。发电量 337.38 亿度（1993 年）。粮食 788.5 万吨（1994 年）。海运能力，商船（载重 100 吨以上）856 艘，总载重量 756.91 万吨（1992 年）。民航能力，固定航班机场 13 处，客运量 43.66 亿人千米、货运量 1.332 亿吨千米（1995 年）。

国防体制　国王（现女王）为武装力量统帅。最高国防决策机构为内阁。国防部在内阁的领导下负责执行议会确定的国防安全政策。国防委员会为国防大臣的政策咨询及助理机构，由国防司令、国防参谋长、作战部队司令、国民警卫队司令和陆、海、空军司令组成。武装力量由陆、海、空军和国民警卫队组成。由国防司令统一指挥陆、海、空三军。最高军事指挥机构为国防参谋部。另设作战部队司令（兼任北约波罗的海通道司令部司令），直属国防司令领导。丹军参加了北约军事一体化组织，战时丹军主力归北约波罗的海通道司令部指挥。届时经议会批准，国防司令将向作战部队司令移交对上述部队的作战指挥权。战时国防司令只负责本土防务和部队后勤保障，作战部队司令则率部队受领北约赋予的作战任务。

领导人物　国王兼武装力量统帅女王玛格丽特二世（1972 年 1 月即位）。国防大臣海格俄普（1993 年 1 月上任）。国防司令克里斯琴·维特上将（1996 年 8 月上任）。国防参谋长奥弗·霍夫中将（1996 年 8 月上任）。陆军司令格鲁纳少将（1996 年 4 月上任）。海军司令克努·博克少将。空军司令劳利兹·托普霍伊少将。国民警卫队司令约恩·尼尔松少将。

武装力量　**兵力**　现役部队 3.29 万人。

陆军　1.9 万人。编成 2 个部队司令部、1 个作战司令部、1 个东部地面司令部、1 个机步师、1 个机步旅、1 个快反旅、1 个侦察营、1 个独立防空营、1 个独立工兵营以及 2 个陆军航空兵分队。

坦克：“豹”IA5 型 230 辆（58 辆储备）、“百人队长”70 辆、M-41DK-1 型 53 辆。步兵战车：M-113A2 型 50 辆。装甲输送车：M-113 型 568 辆。牵引炮：共 246 门。自行炮：76 门。迫击炮：457 门。反坦克导弹：“陶”式 140 具。无坐力炮：1151 门。地空导弹：“毒刺”若干部。攻击直升机：12 架、支援直升机：12 架。

海军　0.6 万人。

潜艇：“图姆勒伦”级 3 艘、“诺瓦伦”级 2 艘。护卫舰：“尼尔斯·尤尔”级 3 艘。导弹攻击艇：“惠勒摩斯”级 10 艘。巡逻舰艇：31 艘。扫雷和布雷舰艇：9 艘。支援舰船：8 艘。

海上防御部队　1 个岸防要塞、2 个机动岸防导弹连。

空军　0.79 万人。编有战术空军司令部（辖 4 个攻击/强击中队、1 个运输中队、1 个搜索与救援中队、1 所飞行学校），防空群（辖 2 个地空导弹中队），预警系统（5 个雷达站）。作战飞机：66 架。

战斗机：F-16A/B 型 66 架。运输机：“湾流”、C-130H 型共 33 架。直升机：8 架。导弹：空地、空空导弹和“霍克”地空导弹若干枚(部)。

文职人员　0.9万人。

预备役部队　7.045万人,其中陆军5.18万人,海军0.585万人,空军1.28万人。国民警卫队:陆军5.23万人、海军0.42万人、空军0.78万人。

部署　陆军主要部署在日德兰半岛和西兰岛。海军基地2处(科尔塞、菲德烈港)。空军基地6处(奥尔堡、卡鲁普、范德尔、斯克鲁斯鲁普、特斯鲁普、凡尔吕色)。

兵役制度　实行义务兵和志愿兵相结合的兵役制度。义务兵服役期一般为9~12个月,最高可达27个月;志愿兵陆、海、空军分别为54、63、72个月。服役期满后转入动员部队18个月或转入预备役部队5年。

军官服役制度　各级军官晋升前在上一军阶的最低任期为27个月。最高服役年限:将官为60岁、校官为48岁、尉官38岁。

军衔　军官分3等10级,即将官3级(上将、中将、少将),校官3级(上校、中校、少校),尉官4级(上尉、中尉、少尉、准尉)。军士5级(一级军士长、二级军士长、上士、中士、下士)。士兵3级(一等兵、二等兵、新兵)。

驻外兵力　驻冰岛海军30人。1996年共有931人参加联合国维持和平行动。

外国驻军　北约盟军波罗的海通道司令部。

(楚　云)

德　国

国　名　德意志联邦共和国。

主要统计　面积35.705万平方千米。人口8110.66万人(其中,13~17岁男225.3万人,女213.3万人;18~22岁男230.9万人,女221.9万人;23~32岁男640.3万人,女612.8万人)。国内生产总值30350亿马克,合19080亿美元(1995年)。国防费482亿马克,约合319亿美元(1996年国防预算)。粗钢3500万吨(1994年)。原煤28597.6万吨(1993年)。原油2100万桶(1994年)。天然气183.04亿立方米(1994年)。发电量5257.21亿度(1993年)。粮食3635.3万吨(1994年)。海运能力,商船(载重100吨以上)1375艘,总载重量683.23万吨(1992年)。民航能力,固定航班机场40处,客运量981.66亿人千米、货运量141.98亿吨千米(1995年)。

国防政策　德国认为,欧洲安全环境的变化已使本国不再面临“直接的大规模的来自苏联和华约的军事入侵威胁”,但来自欧洲内部的和在欧洲周边地区所存在的诸多不稳定因素又使其面临着“难以预测的危险”。从某种意义上看,“这种危险使德国国防政策的内涵扩大了,涉及的地理范围也扩大了”。因此,德国的国防政策主张:(1)继续依靠北约,加强大西洋联盟和大西洋两岸的伙伴关系,坚持“奉行集体安全与防卫政策”,认为这是有效地“预防、阻止和消除影响德国完整和稳定的各种威胁、保障德国安全的根本手段”。(2)在北约、欧洲联盟和欧安会3大支柱之上构造未来的欧洲安全结构(这是德国未来安全的主要保障),并充分利用本身的地缘政治优势在东西方之间“发挥桥梁作用”。(3)在防务上实行“多方位防御”。其任务:一是“对付在欧洲范围内由于民族矛盾和边界纠纷而导致的武装冲突”;二是“参加北约多国部队担负的军事行动”;三是“修改《基本法》之后,在联合国的旗帜下派兵海外,执行国际军事任务”。(4)在军队建设上突出“轻装、机动、快速反应”的原则,重点抓好快速反应部队的建设。

军事战略　在华约解散和苏联解体后,德国的安全环境有了根本性的改善,但国际上潜伏的新的危险在增加,特别是大规模毁灭性武器和导弹技术的扩散,原苏联和东欧地区政局不稳定,民族、宗教和地区性冲突难以控制,前南斯拉夫地区战乱不止,北非地区伊斯兰原教旨主义势力影响扩大等,成为威胁西欧和国际社会安全的因素。为了适应新的形势,德已对其军事战略进行了调整。新军事战略的核心是,坚持北约危机反应战略,实施积极的多方位防御。其要点是:(1)在战争准备上,以有效的“危机处置”取代“防止大规模军事入侵”,随时准备应付和处置来自任何方向、任何地点的危机。(2)在作战指导思想上,在继续坚持“对敌威慑”的同时,强调“多方位防御”,扩大军事行动的范围。为此,德军在军事部署上由原来的“前沿部署体系”改为“均衡兵力部署”,即平时把部队均衡分散部署,只有在发生危机时才将部队集中调至相关的边界地区遂行作战任务。(3)在军队建设上,强调建设一支人员精干、装备精良、训练有素以及火力、机动力强的现代化军队,并突出快速反应部队的建设。

国防体制 德国《基本法》规定,联邦总理为武装力量最高统帅。最高国防决策机构为联邦安全委员会,成员有联邦总理、国防部长、外交部长、内政部长、经济部长、财政部长和总理府特别任务部部长等,由联邦总理任主席。联邦国防军总监察长,相当于总参谋长,是国防部长的最高军事顾问,列席该委员会的会议。武装力量由正规军和准军事部队组成。正规军分陆、海、空三个军种。国防部是最高军事行政机关,负责军队建设、战备和训练等方面的工作。陆、海、空三个军种指挥参谋部直接隶属国防部,是各军种的最高军事指挥机构。各军种监察长既是各军种的最高指挥官,又是总监察长的顾问。联邦总理通过国防部和三个军种的指挥参谋部对武装力量实施领导和指挥。

领导人物 联邦总理兼武装力量最高统帅赫尔穆特·科尔(1982 年 10 月 1 日上任)。国防部长福尔克尔·吕厄(1992 年 4 月 1 日上任)。联邦国防军总监察长克劳斯·诺曼上将(1991 年 10 月 1 日上任)。陆军监察长哈特穆特·巴格尔中将(1994 年 10 月 1 日上任)。海军监察长汉斯-鲁道夫·伯默尔海军中将(1995 年 4 月 1 日上任)。空军监察长汉斯-约尔根·库巴尔特中将(1991 年 4 月 1 日上任)。卫勤监察长冈特·德什中将(1989 年 10 月 1 日上任)。

武装力量 **兵力** 现役部队 35.84 万人。

陆军 25.28 万人。编有 3 个军部、8 个师、1 个直属陆军指挥司令部的空中机动师,共 24 个作战旅和 20 个作战支援旅。

主战坦克:"豹"式 2988 辆。装甲侦察车:"山猫" 409 辆,"狐"式 114 辆。步兵战车:"貂"式 2121 辆,"黄鼠狼"式 343 辆。装甲输送车:"狐"式 924 辆,M-113 型 2769 辆,M-577 型 220 辆。牵引炮:105 毫米 162 门,155 毫米 196 门。自行炮:155 毫米 571 门。火箭炮:234 门。迫击炮:905 门。反坦克导弹:"米兰"1989 具,"陶"式 221 具,"霍特"313 具。反坦克炮:2 门。高炮:20 毫米 1345 门,35 毫米 380 门。地空导弹:1511 枚。攻击直升机:PAH-1 型 205 架。运输直升机:429 架。登陆艇:24 艘。巡逻艇:24 艘。

海军 2.85 万人(含海军航空兵)。编有 1 个舰队,下辖 6 个战斗分舰队和 2 个支援分舰队。

潜艇:206/206A 级 15 艘、205 级 2 艘。驱逐舰:"吕特晏斯"级 3 艘。护卫舰:"不来梅"级 8 艘、导弹护卫舰 3 艘。导弹攻击快艇:143 级 10 艘、143A 级 10 艘、148 级 16 艘。扫雷舰艇:"哈尔默恩"级 10 艘、"林道三驾马车"级 6 艘、"林道"改装级 8 艘、"弗兰肯塔尔"级 10 艘、"弗劳恩洛布"级 5 艘、"射手座"级 1 艘。两栖登陆舰艇:18 艘。补给舰船:42 艘。

海军航空兵 4500 人。作战飞机 54 架,武装直升机 17 架。

空军 7.71 万人。编有南部和北部 2 个地区空军司令部、4 个师、18 个联队、2 个雷达团。作战飞机 489 架。

攻击战斗机:F-4 型 155 架、"旋风"276 架、米格-29 型 24 架、"阿尔法喷气"34 架。运输机:C-160 型 84 架、波音 707 型 4 架、A-310 型 3 架、图-154 型 2 架、CL-601 型 7 架、L-410-S 型 4 架、T-37B 型 35 架、T-38A 型 41 架、VFW-614 型 3 架。运输直升机:UH-1D 型 103 架、米-8S 型 3 架。地空导弹:"霍克"72 部、"罗兰"84 部,"爱国者"36 部。

文职人员 18 万人。

预备役部队 30.485 万人,其中陆军 25.62 万人,海军 9850 万人,空军 3.88 万人。

准军事部队 2.505 万人,其中联邦边防警察 2.45 万人,海岸警卫队 550 人。

部署 陆军主要部署在北德平原和中部地区。海军部署在北海和波罗的海沿岸区域。空军重点部署在中部和南部地区。全国共有军事基地 734 处。

兵役制度 实行普遍义务兵役制,兵役期为 12 个月。此外,还实行合同兵役制度,合同兵役期最短 15 个月,最长 15 年。各级军官最高服役年限将官 60 岁、上校 58 岁、中校 56 岁、少校 54 岁、尉官 52 岁。

军衔 分 5 等 21 级。即将官 4 级(上将、中将、少将、准将),校官 3 级(上校、中校、少校),尉官 3 级(上尉、中尉、少尉),军士 7 级(三级军士长、二级军事长、一级军士长、上士、中士、二级下士、一级下士),兵 4 级(上等兵、二等兵、一等兵、列兵)。

驻外兵力 海军:大西洋常设舰队,导弹驱逐舰/护卫舰 1 艘;地中海常设舰队,导弹驱逐舰/护卫舰 1 艘;英吉利海峡常设舰队,扫雷舰 1 艘;撒丁岛,海上巡逻机 3 架。空军:750 人在美国谢泼德、霍尔蒙两基地进行飞行训练。联合国维和行动:驻格鲁吉亚 9 人;伊拉克 35 人、飞机 3 架;伊科边境 14 人。

外国驻军 比利时驻军 2000 人、法国驻军 15000 人、荷兰驻军 3000 人、英国驻军 28100 人、美国驻军 75450 人。

军工生产能力 参阅本书上一卷。

军火贸易 参阅本书上一卷。 (宫小炜)

俄罗斯

国　　名　俄罗斯联邦。

主要统计　面积 1707.54 万平方千米。人口 1.491208 亿人(其中,13～17 岁男 571.8 万人,女 551.6 万人;18～22 岁男 534.9 万人,女 518.7 万人;23～32 岁男 1037.5 万人,女 1005.3 万人)。国内生产总值 1659 万亿卢布,合 11100 亿美元(1995 年估计)。国防费 811850 亿卢布,合 480 亿美元(1996 年国防预算)。钢 4880 万吨(1994 年)。煤 3.041 亿吨(1993 年)。石油 25.95 亿桶。天然气 6430 亿立方米(1994 年)。发电量 9565.87 亿度(1993 年)。粮食 7870.9 万吨(1994 年)。海运能力,商船(载重 100 吨以上)4543 艘,总载重量 1659.23 万吨(1992 年)。民航能力,固定航班机场 58 处,客运量 723 亿人千米、货运量 15 亿吨千米(1995 年)。

国防政策　集中体现俄罗斯国防政策的《俄罗斯联邦军事学说基本原则》是 1993 年 11 月颁布的。4 年来,"俄罗斯的地缘政治态势和战略态势发生了根本性的变化",原《军事学说的基本原则》"已不符合俄罗斯所处的地缘战略地位",制定第二部军事学说已成为俄罗斯的迫切任务。但由于种种原因,新军事学说迟迟没有出台。现依据俄罗斯国防研究所 1995 年 10 月发表的《对付俄罗斯国家安全外来威胁的战略构想》,叶利钦总统 1995 年 9 月 14 日批准的《俄罗斯联邦对独联体国家战略方针》、1996 年 2 月 23 日发表的《国情咨文》、1996 年 6 月发表的《国家安全咨文》、1997 年 3 月 26 日发表的《告俄罗斯军人书》,俄罗斯国防会议 1997 年 1 月提出的 2005 年前武装力量改革方案,以及俄罗斯国防部长的多次讲话,对俄罗斯现行国防政策概述如下:

(一)俄罗斯对国家安全形势的基本判断:①爆发大规模战争的危险性降低了,但爆发武装冲突进而演变为局部战争的可能性增大了,对俄罗斯发动大规模直接侵略的潜在危险明显减少了;②美国及其盟国是对俄罗斯国家安全造成威胁的主要外来势力,他们是俄罗斯的主要潜在敌人;③北约东扩将使欧洲分裂,损害俄罗斯的国家利益,威胁俄罗斯的国家安全;④俄罗斯国家安全面临最严重的国内威胁是地区分立主义和民族主义,拥有武装的极端民族主义势力是俄罗斯的现实敌人;⑤俄罗斯国家安全面临最具有破坏力的国外挑战是前苏联境内非一体化进程的失控。

(二)俄罗斯现行国防政策要点是:①俄罗斯不打算同任何国际力量中心对抗,也不打算单方面依赖任何国际力量中心。俄罗斯奉行"全方位"外交政策,"平衡接近"各国际力量中心。②加快独联体的一体化建设,扩大独联体范围内的军事合作,在集体安全条约和双边协定基础上建立独联体集体安全体系和防御联盟。③俄罗斯不打算侵略任何人,不首先使用军事力量,其武装力量以保卫本国利益、领土完整、独立和反击可能出现的侵略为目标。④依靠军事手段保证俄罗斯的军事安全和保护俄罗斯的重要切身利益。⑤必要时,以武力对抗北约东扩,大大加强俄南部、西部和西北部的军队集群,并在欧洲战争区的西部、北部和南部 3 个战区增加战术核武器的部署数量,必要时把导弹重新瞄准北约的欧洲国家。⑥俄罗斯的国防潜力不应超过足以抵御现实的和可以预见的军事威胁水平,既要符合国家的经济实力,又要达到足够的程度。⑦俄罗斯放弃保持与美国的军事战略均势原则,不追求在武器和武装力量的数量上与其他大国均等,奉行以坚决利用自己的武装力量反击侵略为基础的现实遏制原则。⑧奉行核遏制政策,使战略核力量在全球范围内、战役战术核武器和战术核武器在地区局部范围内保持足够水平。与此同时,保持利用非核手段进行遏制的能力。⑨保持核大国地位,以防止针对俄罗斯及其盟国的核袭击或使用常规兵力兵器的大规模入侵,并根据双边协议,向独联体有关国家提供核保护。⑩放弃不首先使用核武器的承诺。⑪对国防实行严格的集中统一管理。⑫军事建设遵循防御足够原则。⑬全面进行军事改革,包括优化军队结构,裁减军队员额,建立统一的行政管理和作战指挥系统,改革兵役制度,建立统一的干部培训系统和预备役军人的训练系统,改建军工综合体,完善军事技术政策等,目标是提高俄罗斯的国防能力,使军队符合时代要求,改善军人服役条件和军人家庭生活,用现代化的武器和技术兵器装备军队。

军事战略　随着国防政策的重大变化,俄罗斯军事战略也进行了重大调整。至今,俄罗斯没有给自己的军事战略命名,但从其军事战略的性质看,属于积极防御战略，其核心思想是核威慑和核遏制。俄国防部长指出，现阶段，俄罗斯武装力量的主要职能是遏制潜在的侵略，“主要用强大的核盾牌来保障国家的安全”。因此，可以说，现阶段俄罗斯的防御是一种“遏制性的防御”。俄罗斯积极防御战略的主要内容是：①关于未来战争性质。俄罗斯认为，未来战争按规模可分为世界大战、地区战争、局部战争和武装冲突4种类型，武装冲突有可能发展为局部战争，而局部战争和地区战争有可能发展为世界大战。②关于战争威胁。俄罗斯认为，当前，发动世界核大战和世界常规大战的可能性都大大降低了。但发生武装冲突、局部战争和地区战争的可能性不仅存在，而且还在增长。③关于战争准备。俄罗斯认为，俄罗斯武装力量应准备反击任何形式任何规模的侵略，既应做好应付世界大战的准备，也应做好应付地区战争和局部战争的准备。那种只把注意力放在局部性的、地区性的和规模不大的武装冲突上，并以此为依据来训练部队，这是严重的错误。④关于作战对象和作战地区。俄罗斯认为，俄武装力量主要作战对象是以美军为首的北约军队，主要作战地区是欧洲战争区。⑤关于军事行动的基本类型。俄罗斯认为，俄武装力量实施军事行动的基本类型是防御和进攻，防御包括阵地防御和机动防御，进攻包括反攻和进攻。战争初期，防御是主要的军事行动类型，但防御和进攻不能截然分开，二者应结合运用，不能绝对化。⑥关于战略行动的基本样式。俄罗斯认为，俄武装力量在大规模战争中战略行动的基本样式是：抗击敌战略空袭的战略性战役、战略核力量战役、战略性空中战役、大陆战区战略性战役、大洋战区战略性战役。⑦关于战略核力量的运用。俄罗斯认为，战略核力量是保持世界战略平衡和俄罗斯安全的基本保证，是防止战争的主要遏制因素。必须确保战略核力量能够有效遏制世界核战争和常规战争的爆发。一旦出现外来侵略由地区战争演变成大规模战争的情况，俄罗斯将首先使用核武器突击其军事目标。战略核力量实施有限核突击的目的是，使武装冲突降级和防止武装冲突演变成针对俄罗斯及其盟国的大规模战争。⑧关于一般武装力量的运用。俄罗斯认为，对付局部武装冲突的任务一般由1个地区军团（军区）的部队来完成，而对付地区战争的任务则由2～3个军区的部队来完成。⑨关于作战样式。俄罗斯认为，俄武装力量在武装冲突、局部战争和地区战争中的作战样式是军种联合战役或军种联合作战行动。⑩关于军事建设的指导思想。俄罗斯认为，应依靠提高质量参数来保持防御能力，以人数减少的武装力量保持更高质量的国防。⑪关于武装力量建设重点。俄罗斯认为，军事改革的基本原则是使俄罗斯保持核遏制能力。为此，无论如何要保证战略核力量和军事航天力量保持作战能力，以保护国家免遭来自空中的潜在威胁。⑫关于新式武器的作用。俄罗斯认为，俄的新型防御应建立在强大的军事技术基础之上，在军队人 数削减的情况下，新式武器将起关键作用。

国防体制 根据1993年12月12日正式通过的《俄罗斯联邦宪法》、1996年5月31日正式生效的俄联邦《国防法》、以及俄联邦有关法律，俄罗斯联邦总统、俄罗斯联邦安全会议、俄罗斯联邦国防会议、俄罗斯联邦议会、俄罗斯联邦政府对保障国家安全、国防能力状况，对俄罗斯武装力量和其他部队的战斗准备程度、动员准备程度和战斗力负全责。

俄罗斯联邦总统是国家元首和俄罗斯联邦武装力量的最高统帅。他在国防领域的主要职责是：组成并领导俄罗斯联邦安全会议和国防会议；确定俄联邦军事政策的基本方针；批准俄联邦军事学说；领导俄罗斯武装力量和其他军队；宣布总动员或局部动员，宣布全国或局部地区进入战时状态，宣布实施战斗行动的命令；批准武装力量及其他军队发展构想与计划、武装力量使用计划、动员计划、国家动员计划、本土战场建设计划、国民经济转入战时计划、武器装备和国防工业综合体发展计划；授予高级军衔、任免高级军官；批准武装力量及其他军队的结构、编成及军人编制人数；决定武装力量及其他军队的部署；批准国防部和总参谋部工作条例；举行谈判和签署俄联邦国防领域的国际条约；颁布征召俄联邦公民服役和参加军事集训的命令等。

俄罗斯联邦安全会议是立法机构，也是保障俄罗斯国家安全的最高决策机构。安全会议的主要任务是：确定社会和国家的重要利益，发现安全目标受到的内部和外部威胁；制订保障俄罗斯联邦安全的主要战略方针，起草保障安全的联邦专项计划；为总统起草有关国家安全问题的各种建议、决定和命令。本届安全会议于1996年7月31日组成，俄联邦总统任安全会议主席，政府总理、安全会议秘书、安全局长、外交部长、国防部长为安全会议常委，司法部长、保卫局长、内务部长、原子能部长、边防局长、国防工业部长、财政部长、对外情报局长、民防事务、紧急情况和消除自然灾害后果部部长为安全会议委员。

俄联邦国防会议是常设咨议机构，是俄联邦安全会议在国防政策和监督军事建设方面作出的战略决策的实施机构。国防会议就下列重大问题起草决定：预防和抵抗外敌武装入侵的措施；制定军事建设总构想；协调和监督武装力量及其他军队的活动，确定武装力量及其他军队的任务、编成和员额。本届国防会议于1996年7月25日组成,俄联邦总统任主席,俄联邦政府总理任副主席,成员有:国防会议秘书、总统办公厅主任、国防部第一副部长、武装力量总参谋长、安全局长、内务部长、安全会议秘书、边防军司令、国防工业部长、财政部第一副部长、外交部长,国防部长、国家车臣委员会秘书、对外情报局长、俄罗斯科学院副院长、经济部长。

俄罗斯联邦议会是俄罗斯联邦最高代表机关和立法机关,它由联邦委员会(上院)和国家杜马(下院)组成。联邦委员会在国防领域的职能是:审核国家杜马通过的根据联邦预算法确定的国防开支;审核国家杜马通过的国防领域的联邦法律;批准俄联邦总统关于在俄全境或部分地区实施战时状态和紧急状态的命令,以及俄联邦武装力量、其他军队使用武器装备不按其使命执行任务的命令;决定关于可以在 俄联邦境外使用俄联邦武装力量问题。国家杜马在国防领域的职能是:审核联邦预算法规定的国防开支;通过国防领域的联邦法律。

俄联邦政府是俄联邦最高执行权力机关,它在国防领域内的职能是:落实国防保障措施并在其权限范围内对俄联邦武装力量及其他军队的状况与保障负责;拟定和向国家杜马提出联邦预算中有关国防开支的建议;根据武装力量及其他军队的订货,组织对其武器、军事技术装备、物资设备的提供与保障;制订国家武器装备及国防工业综合体的发展规划;确定国家动员任务,确定国家动员计划、物资储备计划;负责军队院校、军事系、军事教研室的建立和撤销工作;制定俄联邦国土战场建设计划;负责俄联邦的兵役工作等。

俄罗斯联邦武装力量由管理机关、军团、兵团、部队、军事院校以及后勤部门组成。在组织结构上,划分为战略火箭军、陆军、防空军、空军和海军五个军种和空降兵、军事航天部队两个独立兵种。没有编入武装力量的其他军队有边防军、内卫部队、俄联邦安全部的部队、政府通信部队、联邦保卫总局、俄联邦铁道兵、民防部队、国家消防局等,共约100多万人。

俄罗斯联邦武装力量的领导与指挥体制是:俄罗斯联邦总统兼俄联邦武装力量最高统帅对联邦武装力量和其他军队实施全面领导,他通过国防部长和总参谋长对武装力量实施作战指挥。国防部长通过国防部对联邦武装力量实施直接领导。俄联邦武装力量总参谋部对武装力量进行作战指挥,对武装力量各军种的指挥通过各军种司令部进行。

国防部的基本职能是:参与制定联邦军事政策和军事学说建议;制定联邦武装力量建设构想,协调武装力量和其他军队建设与发展构想的制定工作;制定武器和军事技术装备发展的联邦国家计划,提出国家国防订货建议;提出国防开支预算草案及其使用办法;组织国防科研和试验设计工作;为武装力量及其他军队订购、生产和采购武器、军事技术装备、食品、被服和其他物资;负责武装力量的动员准备;向总统提交共同条令、有关国防部和总参谋部、军事委员会、兵役委员会等的条例草案等。

武装力量总参谋部的基本职能是:拟定联邦军事学说建议;制定联邦武装力量建设计划,协调武装力量与其他军队建设与发展计划的制定工作;协调拟定武装力量和其他军队员额的建议;制定武装力量使用计划、动员计划以及国土战场建设计划;拟定应征服役和参加军事集训的公民人数;实施情报活动;组织实施保持武装力量战斗和动员准备的措施;组织武装力量与其他军队的协同;参与制定民防计划;组织武装力量和其他军队的动员与战略展开等。

领导人物　总统兼武装力量最高统帅叶利钦(1992年5月7日上任)。国防部长罗季奥诺夫大将(1996年7月17日～1997年5月22日),谢尔盖耶夫大将(1997年5月23日上任)。国防部第一副部长科科申(1992年4月3日上任)。国防部第一副部长兼武装力量总参谋长萨姆索诺夫大将(1996年10月18日～1997年5月22日),代理总参谋长克瓦什宁上将(1997年5月23日上任,6月19日被任命为总参谋长)。国防部副部长托波罗夫上将(1992年6月10日上任)、丘拉诺夫上将(1995年1月9日上任)、索洛马京上将(1995年1月19日上任)。弗拉基米尔·雅科夫列夫(1997年7月上任)。陆军总司令谢苗诺夫大将(1992年8月上任,1997年4月11日被解职,新的陆军总司令还未任命)。防空军总司令普鲁特尼科夫大将(1992年8月上任)。空军总司令杰伊涅金大将(1992年8月上任)。海军总司令格罗莫夫海军元帅(1992年8月上任)。

武装力量　**兵力**　现役部队的编制人数为170万人,实有127万人(含国防部人员及其直属部队约20万人)。

战略火箭军　10万人。编有5个火箭集团军。

洲际导弹:800枚(包括部署在乌克兰、白俄罗斯和哈萨克斯坦领土上的洲际导弹),其中SS-17型1枚、SS-18型186枚、SS-19型170枚、SS-24型92枚、SS-25型351枚。

陆军　46万人。编有8个军区,1个军队集群,8

个集团军司令部，9个军司令部，53个师(坦克师12个、摩步师28个、空降师5个、机枪炮兵师4个、炮兵师4个)，4个炮兵旅，7个空降旅，2个独立坦克旅，17个独立摩步旅，8个特种部队旅，23个战役战术导弹旅，19个反坦克旅，28个地空导弹旅/团，20个战斗直升机团，8个空降突击运输直升机团，6个直升机训练团，以及其他部队。

主战坦克：1.68万辆，其中T-90型2辆、T-80/-M9型3311辆、T-72L/-M型1948辆、T-64A/-B型161辆、T-62型25辆、T-54/-55辆43辆，另外在乌拉尔山以东还储存坦克1.1万辆。轻型坦克：200辆，其中ПТ-76型25辆。装甲侦察车：БРДМ-2型约2000辆。步兵战车：6933辆，其中БМП-1型1788辆、БМП-2型3250辆、БМП-3型25辆、БМД-1/-2/-3型1244辆、БРМ型626辆。装甲输送车：2909辆，其中БТР-50П/-60П/-70/-80/-152、БТР-Ⅱ型2461辆、МТ-ЛЪ型448辆。牵引炮：1883门(其中，122毫米830门、152毫米1053门)。自行炮：2571门(122毫米695门、152毫米1796门、203毫米80门)。直射曲射两用炮：120毫米348门。火箭炮：981门(122毫米495门、220毫米381门、300毫米105门)。迫击炮：250门(120毫米口径228门、160毫米1门、240毫米21门)。战役战术导弹："圆点"、"飞毛腿"、"蛙"、"月亮"若干部。反坦克导弹：AT-2/-3/-4/-5/-6/-7/-9/-10型若干具。反坦克炮：57、85、100毫米若干门。高射炮：23、37、57、85100、、130毫米若干门。地空导弹：SA-4型500部、SA-6型400部、SA-8型400部、SA-9型200部、SA-11型250部，SA-12A/B型100部、SA-13型350部、SA-15型100部、SA-19型若干部，SA-7、SA-14、SA-16、SA-18型肩射地空导弹若干部。各型直升机：约2450架，其中米-24型战斗直升机约826架。

防空军　17.5万人。编有5个防空集团军和2个独立防空军。反弹道导弹：100枚，其中SH-11型36枚、SH-08型64枚。防空截击机约825架，其中米格-23型100架、米格-31型425架、苏-27型300架。预警与控制飞机：伊尔-76型20架。其他飞机：约370架。地空导弹：约2350部，其中SA-2型100部、SA-3型25部、SA-5型400部、SA-10型约1825部。

空军　14.5万人。编有4个航空兵指挥部：远程航空兵指挥部、方面军航空兵指挥部、军事运输航空兵指挥部、预备队和干部训练指挥部。

远程航空兵指挥部装备远程轰炸机66架，其中图-95H6型28架、图-95H16型32架、图-160型6架，另外在乌克兰还有远程轰炸机44架；中程轰炸机约245架(其中图-22M-3型125架、图-22M-2型30架、图-22型90架)；加油机40架(其中米亚-4型20架、伊尔-78型20架)；教练机45架(其中图-22M-2型10架，图-134型35架)。

方面军航空兵指挥部下辖5个空军集团军。装备歼击轰炸机约775架，其中米格-27型约50架、苏-24型475架、苏-25型250架；歼击机约425架，其中米格-29型325架、苏-27型100架；武装侦察机约180架，其中米格-25型30架、苏-24型150架；电子战直升机60架(米-8型)；教练机约260架，其中米格-29型100架、苏-24型95架、苏-25型30架、米格-25型15架、苏-27型20架；空空、空地导弹若干。

军事运输航空兵指挥部下辖3个师，装备运输机约350架，型号有伊尔-76、安-12、安-22和安-124。

预备队和干部训练指挥部下辖5所学校，装备教练机1250架：L-39型900架、L-410型300架，米格-29、苏-22、苏-24、苏-27型共50架。

海军　19万人，编有4个舰队。

弹道导弹潜艇：34艘，携载弹道导弹540枚。其中，"台风"级6艘，携载弹道导弹120枚；DⅣ级7艘，携载弹道导弹112枚；DⅢ级13艘，携载弹道导弹208枚；DⅡ级级1艘，携载弹道导弹16枚；DⅠ级7艘，携载弹道导弹84枚。攻击潜艇：87艘。其中，"奥斯卡"级12艘、C-Ⅱ级1艘、EⅡ级1艘、Y级4艘、"阿库拉"级13艘、"赛拉"级4艘、V-Ⅲ级26艘、"基洛"级17艘、T级5艘、F级4艘。其他潜艇：12艘。航空母舰："库兹涅佐夫"级1艘。巡洋舰：24艘。其中，"基洛夫"级4艘、"光荣"级4艘、"勇敢"级12艘、"卡拉"级4艘。驱逐舰：21艘，其中，"现代"级17艘、"威严"级1艘、"镇静"级1艘、"卡辛"级2艘。护卫舰：120艘，其中，"克里瓦克"Ⅱ级11艘、"克里瓦克"Ⅰ级14艘、"无畏"级1艘、"格里沙"Ⅰ/Ⅲ/Ⅳ/Ⅴ级81艘、P-Ⅱ级12艘、"彼塔"级1艘。快艇：80艘，其中，"塔兰图尔"级49艘、"纳努契卡"级31艘。导弹艇：16艘。鱼雷艇：25艘。巡逻艇：13艘。水雷战舰艇182艘，其中，布雷舰2艘，扫雷舰180艘。登陆舰艇：80艘，其中，登陆舰36艘("罗戈夫"级3艘、"蟾蜍"级26艘、"鳄鱼"级7艘)；登陆艇约44艘。支援辅助舰船：约606艘。

海军航空兵　约4.5万人。装备轰炸机约100架(图-22M型90架、图-22型10架)；歼击轰炸机约170架(苏-24型80架、苏-25型60架、米格-23/-27型30架)；教练机约25架；反潜机101架；反潜直升机250架；其他飞机174架，直升机143架。

海军步兵　约1.5万人。编有1个独立师、3个独立旅、3个舰队特种作战旅。装备T-55/-64/-72/-80型主战坦克500辆，ПТ-76型轻型坦克120辆，装甲侦察车60辆，装甲输送车1500辆，各型火炮389门（自行炮114门、火箭炮96门、曲射直射两用炮179门），反坦克导弹72具，自行高炮60门，防空导弹250部。

海岸防御部队　约5000人。编有1个岸防师、1个岸防旅、1个炮兵团、2个防空导弹团。装备T-64型主战坦克350辆，步兵战车450辆，装甲输送车280辆，各型火炮364门。

预备役部队　近5年服过现役者约240万人。

准军事部队　约35.2万人，其中，边防军10万人，内卫部队23.2万人，俄联邦警卫部队2万人。

部署　俄罗斯武装力量划分为1个特别防御区、8个军区、1个军队集群、4个舰队。

加里宁格勒特别防御区　2.4万人。地面部队下辖1个集团军司令部、2个摩步师、2个坦克旅、3个炮兵旅、1个战役战术导弹旅、1个防空导弹旅/团、1个反坦克团、1个战斗直升机团。装备主战坦克850辆、装甲车925辆、各型火炮426门、“飞毛腿”导弹发射架12部、战斗直升机50架。防空部队下辖1个战斗机团，装备苏-27型歼击机28架，防空导弹发射架50部。

北方军区（原列宁格勒军区）　司令部驻圣彼得堡，5.2万人。地面部队下辖1个集团军司令部、1个军司令部、5个摩步师、1个空降师、3个独立摩步旅、7个炮兵旅/团、4个战役战术导弹旅、1个空降突击旅、1个特种作战旅、4个防空导弹旅、3个反坦克团、2个战斗直升机团、1个攻击运输直升机团。装备主战坦克870辆、装甲车740辆、火炮1000门、“飞毛腿”战役战术导弹发射架12部、SS-21型战术导弹发射架36部、战斗直升机60架。空军部队辖1个空军集团军，装备图-22M型轰炸机20架、苏-24型歼击轰炸机80架、米格-25型侦察机25架、苏-27型歼击机35架、米格-29型歼击机60架。防空部队辖7个团，装备米格-31型歼击机100架、苏-27型歼击机90架、防空导弹发射架600部。

莫斯科军区　司令部驻莫斯科，8.2万人。地面部队下辖2个集团军司令部、1个军司令部、5个坦克师、2个摩步师、2个空降师、1个炮兵师、8个炮兵旅/团、4个反坦克团、4个战役战术导弹旅、4个独立摩步旅、1个特种作战旅、5个防空导弹旅、6个战斗直升机团、1个攻击运输直升机团。装备主战坦克1950辆、装甲车3700辆、火炮2650门、“飞毛腿”战役战术导弹发射架24部、SS-21型战术导弹发射架18部、战斗直升机240架。空军部队辖1个空军集团军，装备图-22M型轰炸机20架、苏-24型歼击轰炸机90架、苏-27型歼击机35架、米格-29型歼击机80架、苏-25型强击机50架、苏-24/米格-25型侦察机25架。防空部队辖6个团，装备米格-23型歼击机30架、米格-31型歼击机85架、苏-27型歼击机65架、防空导弹发射架900部。

伏尔加河沿岸军区　司令部驻古比雪夫，4.69万人。地面部队辖1个集团军司令部、2个坦克师、2个摩步师、1个空降师、1个空降突击旅、2个炮兵旅/团、2个战役战术导弹旅。2个防空导弹旅、1个反坦克团、2个战斗直升机团、2个攻击运输直升机团、6个直升机训练团。装备主战坦克1100辆、装甲车1840辆、火炮750门、SS-21型战术导弹发射架18部、战斗直升机230架。防空部队辖1个防空军，装备米格-23型歼击机30架、米格-31型歼击机25架。

北高加索军区　司令部驻罗斯托夫，6.5万人。地面部队下辖1个集团军司令部、2个军司令部、2个摩步师、1个空降师、2个空降突击旅、4个摩步旅、1个特种作战旅、5个炮兵旅、3个战役战术导弹旅、5个防空导弹旅、3个反坦克团、2个战斗直升机团、1个攻击运输直升机团。装备主战坦克380辆、装甲车1270辆、火炮630门、“飞毛腿”战役战术导弹发射架12部、战斗直升机60架。空军部队辖1个空军集团军，装备苏-24型歼击机95架、苏-25型强击机105架、米格-29型歼击机90架、苏-24型侦察机35架。防空部队辖1个防空军，装备米格-31型歼击机25架、苏-27型歼击机60架、米格-23型教练机164架、L-39型教练机220架、防空导弹发射架150部。

乌拉尔军区　司令部驻叶卡捷琳堡。地面部队下辖2个坦克师、1个摩步师、4个炮兵旅/团、2个反坦克旅/团、1个防空导弹旅。装备主战坦克1100辆、装甲车1500辆、火炮900门。防空部队装备米格-23型歼击机40架、米格-31型歼击机190架、苏-27型歼击机80架、防空导弹发射架750部。

西伯利亚军区　司令部驻新西伯利亚。地面部队下辖1个军司令部、1个摩步师、1个空降突击旅、1个炮兵师、3个摩步旅、4个炮兵旅/团、2个战役战术导弹旅、2个防空导弹旅、1个特种作战旅、1个反坦克团、1个战斗直升机团。装备主战坦克1468辆、装甲车3400辆、火炮2200门、“飞毛腿”战役战术导弹发射架24部、战斗直升机40架。

后贝加尔军区　司令部驻赤塔。地面部队下辖2个军司令部、3个坦克师、1个摩步师、2个机炮师、1个炮兵师、2个摩步旅、5个炮兵旅/团、3个战役战术导弹旅、1个空降突击旅、2个反坦克旅、3个防空导弹旅、2个战斗直升机团、1个攻击运输直升机团，装备主战坦克3000辆、装甲车4000辆、火炮3500门、"飞毛腿"战役战术导弹发射架12部、SS-21型战术导弹发射架18部、战斗直升机80架。空军部队辖2个空军集团军，装备苏-24/-25型歼击轰炸机300架，苏-27/米格-29型歼击机125架、苏-24型侦察机100架。

远东军区 司令部驻哈巴罗夫 斯克。地面部队下辖2个集团军、2个军司令部、10个摩步师、2个机炮师、1个炮兵师、9个炮兵旅/团、1个摩步旅、1个空降突击旅、4个战役战术导弹旅、5个防空导弹旅、1个特种作战旅、2个反坦克旅、5个战斗直升机团、2个攻击运输直升机团。装备主战坦克5600辆、装甲车7000辆、火炮5800门、"飞毛腿"战役战术导弹发射架48部、战斗直升机190架。

南高加索集群 司令部驻格鲁吉亚的第比利斯。其中，驻亚美尼亚约4300人，装备主战坦克75辆、装甲车140辆、火炮85门；驻格鲁吉亚8500人，装备主战坦克110辆、装甲车510辆、火炮238辆。另外在阿布哈兹还有装甲车118辆。

此外，俄罗斯在前苏联下列各国也有驻军，其中：驻摩尔多瓦6400人，1个集团军司令部、1个摩步师，装备主战坦克120辆、装甲车166辆、火炮129门；驻塔吉克斯坦1.2万人，1个摩步师，装备主战坦克190辆、装甲车303辆、火炮180门。

北方舰队 司令部驻北莫尔斯克。装备有潜艇79艘、主要水面作战舰只54艘；海军航空兵作战飞机170架、战斗直升机88架；1个海军步兵旅、1个岸防摩步师、1个防空导弹团。

波罗的海舰队 司令部驻加里宁格勒。装备潜艇6艘、主要水面作战舰只31艘；海军航空兵作战飞机108架，战斗直升机46架；1个海军步兵旅、2个岸防炮兵团、1个岸对舰导弹团。

黑海舰队(目前仍由俄罗斯和乌克兰共管) 司令部驻塞瓦斯托波尔。装备潜艇14艘、主要水面作战舰只35艘。海军航空兵装备作战飞机96架、战斗直升机86架。1个海军步兵旅。

太平洋舰队 司令部驻符拉迪沃斯托克(海参崴)。装备潜艇43艘、主要水面作战舰只45艘；海军航空兵作战飞机158架、战斗直升机99架；1个海军步兵师，1个岸防摩步师。

驻外兵力 (留驻前苏联各共和国兵力参见"部署"项)驻越南金兰湾海军基地700人。派往下列各国的军事顾问和技术人员分别为：古巴800人，蒙古约500人，叙利亚50人，阿富汗100人。参加联合国维和行动：驻波斯尼亚2个空降营约1000人；驻格鲁吉亚/阿布哈兹1个空降团、2个摩步营，约1700人，驻格鲁吉亚/南奥塞梯1个独立营；驻摩尔多瓦/德涅斯特2个独立营。

(阎振范)

法　　国

国　　名 法兰西共和国。

主要统计 面积55.1602万平方千米(包括科西嘉及其他岛屿)。人口5838.5万人(其中，13～17岁男194.6万人，女185.8万人；18～22岁男205.3万人，女196万人；23～32岁男438.7万人，女424.6万人)。国内生产总值76770亿法郎，合15380亿美元(1995年)。国防费1956亿法郎，合383亿美元(1996年国防预算)。粗钢1711.2万吨(1993年)。原煤1024.8万吨(1993年)。原油2100万桶(1994年)。天然气35.74亿立方米(1994年)。发电量4714.48亿度(1993年)。粮食5364.1万吨(1994年)。海运能力，商船(载重100吨以上)729艘，总载重量498.1万吨(1992年)。民航能力，固定航班机场63处，客运量531.28亿人千米、货运量90.96亿吨千米(1995年)。

国防政策与军事战略 法国是北约集团成员国，但于1966年7月退出了北约军事一体化组织，推行独立的防务政策和军事战略。冷战结束后，由于国际形势特别是欧洲地区形势发生了一系列战后以来最为深刻的变化，法国的安全环境已大大改善。在此基础上，1994年法国正式发表了指导21世纪初法防务政策和军队建设趋向的纲领性文件——《国防白皮书》。白皮书明确指出，"有史以来法国首次在其边界附近不再有直接的军事威胁"，但国际战略新格局尚未形成，世界进入了一个更加不稳定和不确定的新时期，法国的战略和安全利益依然面临多种形式的威胁和挑战。法国国防政策的调整改革趋向和基本内容为：(一)坚决捍卫法国的利益，确保法国的大国地位。(二)致力于欧洲建设和为国际稳定作出贡献，加强西欧联盟的作用,强调欧洲的防务特性以作为北约的补充,在坚持不重返军事一体化、自主支配核力量的前提下,将积极参加北约重大政治和军事决策过程。支持联合国在处理危机和维持和平方面发挥更大的作用。(三)落实总体防务的思想。即要在军事防务的基础上,密切协调和组织民防、经济、社会等各方面的行动,增强综合的整体防务能力。(四)提出威慑与行动平衡互补,核威慑与常规运用相结合的新的战略思想。核威慑的基本概念不变,但今后将更多通过非核条件下的常规干涉行动,阻止战争、预防危机、限制冲突、维持和平。(五)继续加强质量建军。军队建设应以"少而精,训练有素"为原则,着重增强部队的作战效能。重新确定军队规模。优先加强军事情报建设。改革作战指挥体制。突出三军参谋长在指挥军事行动中的核心地位。重点提高战略机动和快速投放能力。(六)调整国防工业政策。走独立发展、合作研制与直接引进三结合的道路。

国防体制 宪法规定,总统为武装力量最高统帅。总统下设内阁会议、国防委员会、限制性国防委员会和高级国防会议。内阁会议负责制定全面的防务政策,其成员有总理和所有内阁成员,由总统任主席。国防委员会负责具体防务问题的决策,其成员有总理、外交、国防、内政和财政部长等,由总统任主席。限制性国防委员会负责军事问题的决策,由总理和总理指定的人员组成,总统任主席。高级国防会议为咨询机构。总理负责贯彻既定防务政策。国防部为内阁中的一个部,国防部长在总理领导下负责防务工作,下设三军参谋部和陆、海、空军军种参谋部以及武器装备部等单位。武装力量由陆、海、空三军和宪兵组成。最高军事指挥机构为三军参谋部。总统通过国防部和三军参谋部对全国武装力量实施领导和指挥。

领导人物 总统兼武装力量最高统帅雅克·希拉克(1995 年 5 月上任)。总理阿兰·朱佩(1995 年 5 月上任)。国防部长夏尔·米永(文职,1995 年 5 月上任)。三军参谋长让·菲利浦·杜安上将(1995 年 9 月上任)。陆军参谋长马克·蒙夏尔上将(1991 年 4 月上任)。海军参谋长让·夏尔·勒费舍尔中将(1994 年 7 月上任)。空军参谋长让·拉努上将(1995 年 9 月上任)。

武装力量 **兵力** 现役部队 39.89 万人。

陆军 23.66 万人,编有 1 支快速行动部队(4 个师)和 1 个军(辖 4～5 个师)。

主战坦克:AMX-30 型 766 辆、"勒克莱尔"式 114 辆。装甲侦察车:AMX-10RC 型 337 辆,ERC-90F4 型 192 辆,AML-60/-90 型 570 辆,VBLM-11 型 914 辆。步兵战车:AMX-10P/PC 型 713 辆。装甲输送车:VAB 式 3840 辆。牵引炮:105 毫米 103 门,155 毫米 244 门。自行炮:105 毫米 6 门,155 毫米 284 门。火箭炮:380 毫米 53 门。迫击炮 616 门。反坦克导弹:"爱利克斯"470 具,"米兰"1390 具,"霍特"若干具。高炮:20 毫米 790 门,30 毫米 362 门。地空导弹:"霍克"69 部,"罗兰"178 部,"西北风"345 部。飞机:7 架。直升机:645 架。

海军 6.33 万人(含海军航空兵,海军陆战队)。编有 3 个作战集群。

航母:"克莱蒙梭"级 2 艘。直升机航母:"圣女贞德"级 1 艘。导弹驱逐舰:"卡萨尔"级 2 艘,"絮弗伦"级 2 艘。护卫舰:36 艘,其中"乔治·莱格"级 7 艘、"图尔维尔"级 3 艘、"花月"级 6 艘、"乌头"级 1 艘、"里维埃指挥官"级 1 艘、"拉斐特"级 1 艘、"德蒂安纳·多尔韦"级 17 艘。潜艇:17 艘,其中战略弹道导弹核潜艇 5 艘,战术潜艇 12 艘。巡逻舰艇:36 艘。扫布雷舰艇:22 艘。两栖舰艇 9 艘。支援舰船:38 艘。

海军航空兵 7600 人。装备作战飞机 69 架,武装直升机 40 架。

海军陆战队 2900 人。

空军 8.86 万人。编有 23 个战斗机中队、13 个运输机队、2 个侦察机中队和 1 个电子战机中队。作战飞机 547 架。

作战飞机:"幻影"331 架,"美洲虎"106 架,"阿尔法喷气"110 架。空中预警机:E-3F4 架。空中加油机:C-135F/FR11 架。各型运输机:约 170 架。教练机:约 232 架。其他飞机:共 约 60 架。直升机:101 架。

战略核力量 1.04 万人。装备有战略导弹核潜艇"可畏"级 5 艘、潜射导弹 80 枚。战略轰炸机 18 架。中程弹道导弹 18 枚。准战略核力量,陆军"哈德斯"近程地地导弹发射装置 15 部;海军"超级军旗"攻击机 36 架;空军"幻影"2000N 型轰炸机 45 架。

文职人员 约 10 万人。

预备役部队 33.7 万人,其中陆军 24 万人,海军 2.7 万人,空军 7 万人。

准军事部队 宪兵 9.24 万人。装备有装甲车 304 辆,81 毫米迫击炮 278 门。巡逻艇 16 艘。各种飞机 47 架。

部署 陆军主要部署在法、德边境和北部地区,海军重点部署在地中海和大西洋沿岸一带,空军主要部署在东北和中部地区。共有军事基地 73 处,其中陆军基地 16 处,海军基地 8 处,空军基地 50 处。

兵役制度 实行义务兵和募兵相结合的兵役制

度，但以义务兵为主。士兵服役期为 10 个月。各级军官最高服役年龄：将官 62 岁，校官 57 岁，尉官为 52 岁。

军衔　分 5 等 20 级，将官 4 级（上将、中将、少将、准将）、校官 3 级（上校、中校、少校）、尉官 4 级（上尉、中尉、少尉、准尉）、军士 6 级（总军士长、军士长、准军士长、上士、中士、下士）、兵 3 级（上等兵、下等兵、列兵）。

驻外兵力　驻德国（原联邦德国地区）1.5 万人、驻法属圭亚那 3600 人、驻新喀里多里亚 3900 人、中非共和国 1300 人、乍得 800 人、科特迪瓦 700 人、吉布提 3900 人、加蓬 600 人、塞内加尔 1500 人、太平洋派遣舰队 3800 人、驻印度洋地区 4000 人、驻安的列斯地区 5000 人。参加联合国维和行动：驻安哥拉 8 人、波斯尼亚 3826 人、克罗地亚 839 人、埃及 17 人、海地 97 人、黎巴嫩 264 人、沙特阿拉伯 170 人、土耳其 150 人。

（宫小雄）

芬　兰

国　　名　芬兰共和国。

主要统计　面积33.8145万平方千米。人口 512.06 万人（其中，13～17 岁男 16.9 万人，女 16 万人；18～22 岁男 16.4 万人，女 15.5 万人；23～32 岁男 35.9 万人，女 34.3 万人）。国内生产总值 5500 亿芬兰马克，合 1050 亿美元（1995 年）。国防费 95 亿芬兰马克，合 20 亿美元（1997 年国防预算）。粗钢 307.7 万吨（1992 年）。原油 1200 万吨（1994 年）。发电量 581.06 亿度（1993 年）。粮食 340 万吨（1994 年）。海运能力，商船（载重 100 吨以上）263 艘，总载重量 98.93 万吨（1992 年）。民航能力，固定航班机场 25 处，客运量 82.75 亿人千米、货运量 1.685 亿吨千米（1995 年）。

国防体制　宪法规定，总统为武装力量统帅。最高国防决策机构为内阁国防委员会，成员有国防、外交、内政、财政、工商等部长和国防军司令、总参谋长等，由总理任主席。内阁总理和国防军司令在总统授权下领导国防建设。国会国防委员会是最高行政当局和最高立法当局之间酝酿、论证中长期国防建设规划的临时性机构，不定期地由政府任命并向政府负责，在芬兰国防最高决策体系中发挥着重要作用，成员均为国会各党派议员，顾问有外交、军事专家及社会名流和知名学者等。国防部是最高军事行政机关，负责制定与贯彻国家防务政策并为国防军活动提供全面保障。武装力量由国防军和准军事部队组成。国防军分为陆、海、空三个军种。最高军事指挥机构为总参谋部。总统通过国防部和国防军司令对全国武装力量实施领导和指挥。

领导人物　总统兼武装力量统帅马尔蒂·阿赫蒂萨里（1994 年 3 月上任）。国防部长达依娜（女，1995 年 4 月上任）。国防军司令古斯塔夫·黑格隆德上将（1994 年 11 月上任）。总参谋长马迪·高波拉中将（1994 年上任）。海军司令萨卡里·维萨中将（1990 年 1 月上任）。空军司令玛蒂·阿霍拉少将（1995 年 3 月上任）。

武装力量　**兵力**　现役部队 3.25 万人。

陆军　2.6 万人。编有 1 个装甲旅、1 个装甲训练旅、10 个步兵训练旅、14 个步兵旅、1 个海岸旅、4 个防空团、4 个工程兵营。

坦克：T-55M/-72 型共 232 辆。步兵战车：БМП-1/-2 型共 273 辆。装甲输送车：825 辆。牵引炮：810 门。自行炮：90 门，岸炮：约 195 门。岸对舰导弹：RBS-15 型 5 部。火箭炮：60 门。迫击炮：1589 门。反坦克导弹：约 36 具。无坐力炮：约 232 门。高炮：400 余门。地空导弹：SA-3/-7/-16/-18、SAM-90 若干部。

海军　2500 人。编有 4 个海军中队（1 个导弹中队、1 个巡逻中队、2 个水雷对抗中队）。

小型护卫舰："图伦马"级 2 艘。导弹攻击艇："赫尔辛基"级 4 艘、"拉乌马"级 4 艘。巡逻艇：4 艘。布雷舰：10 艘。扫雷艇：13 艘。两栖登陆艇：6 艘。支援和杂物船：14 艘。

空军　4000 人。编有 3 个空防区、3 个航空大队、1 个运输机中队、1 个直升机运输小队。作战飞机：118 架。

战斗机：米格-21 型 15 架、J-35 型 37 架、"隼"MK-51/51A 型 30 架。改装训练机：共 16 架，其中 4 架米格 21 型、5 架"萨布"SK-35C 型具有作战能力。航测机：3 架。运输机：3 架。运输直升机：9 架。教练机：共 52 架，其中 24 架"隼"MK-51 型具有作战能力。联络机：24 架。空空导弹："环礁"、"蚜虫"、"响尾蛇"等若干枚。

文职人员　1 万人。

预备役部队　50万人。

准军事部队　边防军3500人。

部署　芬兰陆军划分为3个防御区，下辖12个省军区：北部防御区(奥鲁省军区、拉普兰省军区)，西部防御区(海曼省军区、赫尔辛基省军区、乌西玛省军区、土尔库波里省军区、瓦沙省军区)，东部防御区(米盖里省军区、居米省军区、中芬兰省军区、北卡累利亚省军区、库奥皮欧省军区)。海军重点部署在南部沿海地带，司令部设在赫尔辛基。海军基地2处(赫尔辛基，土尔库)。空军主要部署在中南部，司令部设在迪卡科斯基，有空军基地9处。

兵役制度　实行普遍义务兵役制。士兵服役期8至11个月。军官最高服役年龄：上将为65岁，中、少将和上校60岁，中、少校55岁，上尉、高级中尉和中尉为50岁。

军衔　军官为3等10级，即将官3级(上将、中将、少将)，校官3级(上校、中校、少校)，尉官4级(上尉、高级中尉、中尉、少尉)，军士4级(军士长、上士、中士、下士)。

驻外兵力　1996年共有1419人参加联合国维持和平行动。

(楚　云)

荷　兰

国　　名　荷兰王国。

主要统计　面积4.1526万平方千米。人口1551.56万人(其中，13～17岁男44.5万人，女42.6万人；18～22岁男50万人，女47.7万人；23～32岁男125.4万人，女118.8万人)。国内生产总值3520亿美元(1995年)。国防费80亿美元(1997年国防预算)。粗钢543.9万吨(1992年)。原油2600万桶(1994年)。天然气830亿立方米(1994年)。发电量769.92亿度(1993年)。粮食135.5万吨(1994年)。海运能力，商船(载重100吨以上)1076艘，总载重量419.1万吨(1992年)。民航能力，固定航班机场5处，客运量381.63亿人千米、货运量27.66亿吨千米(1995年)。

国防体制　宪法规定，女王是荷兰武装力量统帅。战时首相是武装力量最高司令，平时通过国防大臣行使职权。国防委员会是最高国防决策机构，由国防大臣、国防国务秘书、国防部秘书长、国防参谋长、各军种司令和国防部各总局局长等组成，国防大臣任主席。国防部是最高国防领导机构。国防参谋部是最高军事指挥机构。武装力量由正规军和准军事部队组成。正规军分陆、海、空三个军种和宪兵，由各军种司令和宪兵司令分别指挥。女王和首相通过国防部和国防参谋部对全国武装力量实施领导和指挥。

领导人物　国家元首兼武装力量统帅贝娅特丽克丝女王(1980年4月即位)。首相科克(1994年8月上任)。国防大臣佛尔胡弗(1994年8月上任)。国防参谋长范登布雷蒙上将(1995年上任)。陆军司令兼陆军参谋长柯吉中将(1992年9月上任)。海军司令兼海军参谋长尼科·博伊斯中将(1992年8月上任)。空军司令兼空军参谋长曼德菲尔德中将(1992年8月上任)。

武装力量　**兵力**　现役部队6.31万人(含宪兵3,600人，总部机关800人)。

陆军　3.235万人。编有1个军部，1个机械化师师部，3个机械化步兵旅，1个轻型旅，1个空中机动旅，1个野战炮兵大队，1个防空大队，1个工兵大队。

坦克："豹"式734辆。步兵战车：YPR-765型、M-113型375辆。装甲输送车：978辆。牵引炮：105、155毫米75门。自行炮：155、203毫米216门。火箭炮：227毫米22门。迫击炮：81、120毫米158门。反坦克导弹："龙"、"陶"式753具。无坐力炮：106毫米185门。高炮：35、40毫米136门。地空导弹："毒刺324枚。小艇：7艘。

海军　1.4万人(含航空兵和陆战队)。编有1个潜艇中队、3个护航中队和3个扫雷中队。

潜艇："海狮"级4艘。导弹驱逐舰："特罗姆普"级2艘、"范·赫姆斯克"级2艘。护卫舰："卡瑞·多尔曼"级8艘、"科顿艾尔"级4艘。扫雷舰艇：12艘。登陆艇：12艘。支援和其他舰船：11艘。

海军航空兵　1100人。装备反潜巡逻机13架、直升机22架。

海军陆战队　2,900人。装备迫击炮34门，反坦克导弹、地空导弹若干具(部)。

空军　1.235万人。编有6个攻击战斗机中队，1个战斗/侦察机中队，1个运输机中队、1个教练机中队、1个搜索救援直升机中队、12个防空连。作战飞机108架,武装直升机12架。

攻击战斗机/战斗机:F-16A/B型108架。海上侦察机:F-27型2架。运输机:12架。教练机:10架。直升机:77架,其中25架SA-316型为武装直升机。地空导弹:"霍克"、"爱国者"、"毒刺"153部。高炮:40毫米75门。空空导弹:"响尾蛇"若干枚。

文职人员 24381人。

预备役部队 8.1万人,其中陆军6.6万人,海军0.5万人,空军1万人。

准军事部队 宪兵3,600人,列入正规军编制。

兵役制度 实行志愿兵和义务兵相结合的兵役制度。义务兵服役期为9个月,志愿兵服役期为2~9年。

军衔 分5等20级,即将官4级(上将、中将、少将、准将),校官3级(上校、中校、少校),尉官5级(上尉、中尉、少尉、一级准尉、二级准尉),军士6级(军士长、上士、一级中士、中士、一级下士、下士),兵2级(一等兵、二等兵)。

驻外兵力 驻德国(原联邦德国地区)3,000人,驻冰岛30人,驻荷属安的列斯群岛20名海军、1艘护卫舰、1个两栖作战分遣队、1个海上侦察分遣队。参加联合国维和行动:驻亚得利亚海1艘导弹护卫舰,安哥拉22人,波黑约2050人,克罗地亚6人,意大利360人、飞机12架,中东13人。

外国驻军 北约中欧盟军司令部。美军785人(陆军490人,空军295人)。

(李 沁)

捷 克

国 名 捷克共和国。

主要统计 面积7.8864万平方千米。人口1040.06万人(其中,13~17岁国40.1万人,女38.3万人;18~22岁男42.6万人,女40.9万人;23~32岁男73.2万人,女70.4万人)。国内生产总值390亿美元(1995年)。国防费13亿美元(1997年国防预算)。粗钢676.2万吨(1993年)。原煤8523.9万吨(1993年)。原油120万桶(1994年)。天然气6.99亿立方米(1994年)。发电量588.82亿度(1993年)。粮食677.7万吨(1994年)。海运能力,商船(载重100吨以上)22艘,总载重量44.62万吨(1992年)。民航能力,固定航班机场4处,客运量25.55亿人千米、货运量6820万吨千米(1995年)。

国防体制 宪法规定,总统为武装力量统帅。最高国防决策机构为国防委员会,成员有政府总理、副总理、外交部长、国防部长、内务部长、经济部长、财政部长、工商部长、环保部长、总参谋长和总统军事办公室主任,由总理任主席。国防部是最高军事行政机关,负责对军队实施政治领导和行政保障。武装力量由正规军和准军事部队组成。正规军分陆军、空军防空军两个军种。最高军事指挥机构为总参谋部。总统通过国防部和总参谋部对全国武装力量实施领导和指挥。

领导人物 总统兼武装力量统帅瓦茨拉夫·哈维尔(1993年1月上任)。国防部长米洛斯拉夫·维博尔尼(1996年7月上任)。总参谋长伊·内克瓦西尔中将(1993年7月上任)。

武装力量 **兵力** 现役部队7万人(含8000名国防部人员,18000名其直属部队)。

陆军 2.8万人。编有2个军、1个快速反应旅、1个特种旅、7个机械化旅、2个炮兵旅、2个侦察旅、2个工兵旅。

坦克:T-54/-55型412辆、T-72M型541辆。装甲侦察车:БРДМ和OT-65型约182辆。步兵战车:951辆。装甲输送车:1123辆。牵引炮:100、122毫米共209门。自行炮:122、152毫米共370门。火箭炮:122毫米150门。迫击炮:120毫米101门。反坦克导弹"耐火箱"721具、"拱肩"21具。高炮:30、57毫米若干门。地地导弹:"蛙"、"飞毛腿"若干部。地空导弹:SA-7型若干部、SA-9/-13型约140部。

空军防空军 1.6万人。编有2个对地攻击战斗机/侦察机中队、2个战斗机中队、2个运输机中队、2个直升机中队。作战飞机126架、武装直升机36架。

对地攻击战斗机:苏-22型35架、苏-25型25架。战斗机:米格-23型25架、米格21型41架。运输机:25架。直升机:111架,其中36架米-24型为武装直升机。教练机:各型48架。空空导弹:若干部。地空导弹:SA-2/-3/-5/-6型若干部。

预备役部队 14~15个国土防御旅。

准军事部队　边防军 4000 人、内卫部队 1600 人。

兵役制度　实行义务兵役制。士兵服役期为 1 年。军官最高服役年限为 55 周岁。

军衔　分 6 等 20 级，即将官 4 级（大将、上将、中将、少将）、校官 3 级（上校、中校、少校）、尉官 4 级（大尉、上尉、中尉、少尉）、准尉 5 级（一级准尉、二级准尉、三级准尉、四级准尉、五级准尉）、军士 3 级（上士、中士、下士）、兵 1 级（列兵）。

驻外兵力　1996 年共有 917 人参加联合国维和行动。

（孙晓锋）

克 罗 地 亚

国　　名　克罗地亚共和国。

主要统计　面积 5.6538 万平方千米。人口 460 万人（其中，13～17 岁男 16.9 万人，女 15.9 万人；18～22 岁男 16.7 万人，女 15.9 万人；23～32 岁男 33.5 万人，女 32.3 万人）。国内生产总值 150 亿美元（1995 年）。国防费 16 亿美元（1996 年国防预算）。粗钢 42.4 万吨（1993 年）。原煤 11.6 万吨（1993 年）。原油 1400 万桶（1994 年）。天然气 18.97 亿立方米（1994 年）。发电量 93.59 亿度（1993 年）。粮食 259.5 万吨（1994 年）。海运能力，商船（载重 100 吨以上）203 艘，总载重量 14 万吨（1992 年）。民航能力，固定航班机场 4 处，客运 3.16 亿人千米、货运量 2600 万吨千米（1995 年）。

国防体制　宪法规定，总统为武装力量统帅。最高国防决策机构为国家安全委员会，成员有议会议长兼下院议长、议会上院议长、总理、总统办公厅主任、国家安全局长兼总统国家安全顾问、总统首席经济顾问、外长、副总理（3 名）、国防部长、财政部长和陆军总司令等，由总统任主席。国防部是最高军事行政机关，负责国防行政事务及与国防建设有关工作。武装力量由正规军和准军事部队组成。正规军分为陆、海、空三个军种。最高军事指挥机构为总参谋部。总统通过国防部和总参谋部对全国武装力量实施领导和指挥。

领导人物　总统兼武装力量统帅弗·图季曼（1992 年 8 月上任）。国防部长戈·苏沙克（1991 年 9 月上任）。总参谋长兹沃尼米尔·费拉涅·切尔文科上将（1995 年 6 月上任）。武装力量总监约西普·卢齐契奇少将（1992 年 10 月上任）。陆军总司令扬·博贝特科上将（1992 年 12 月上任）。海军总司令斯·莱蒂察海军上将（1991 年 9 月上任）。空军防空军总司令伊·阿戈蒂奇少将（1992 年 1 月上任）。总统首席军事顾问安东·图斯上将。

武装力量　**兵力**　现役部队 6.47 万人。

陆军　6.3 万人。编有 6 个军区、7 个警卫旅（各辖 3 个机械化营、1 个坦克营、1 个炮兵营）、10 个步兵旅、1 个机械化旅、7 个混合炮兵师、1 个火箭炮旅、3 个反坦克旅、4 个防空旅、3 个特种兵旅、1 个工兵旅、27 个本土防御团。

坦克：T-34、T-55、M-84、T-72M 型共 250 辆。轻型坦克：ПТ-76 型 5 辆。装甲侦察车：БРДМ-2 型 5 辆。步兵战车：M-80 型约 100 辆。装甲输送车：БТР-40/-50，M-60，BIV 型若干辆。各种火炮约 2500 门。反坦克导弹、地空导弹若干具（部）。

海军　1100 人。

潜艇："乌纳"级 1 艘，"韦莱比特"级 1 艘。轻型护卫舰：1 艘。导弹攻击快艇："拉德·康查尔"级 1 艘，"黄蜂"级 2 艘。鱼雷攻击快艇："大胡蜂"级 1 艘。巡逻艇：4 艘。布/扫雷舰艇：4 艘。登陆艇：9 艘。支援和勤务舰船：5 艘。

陆战队　编有 7 个独立步兵连。

岸防部队　编有 16 个岸炮连。

空军　约 600 人。作战飞机 25 架，武装直升机 15 架。

攻击战斗机：米格-21 型 21 架，米格-21UM 型 4 架。运输机：安-2 型、"乌特瓦"型等共 15 架。直升机：38 架，其中 15 架米-24 型为武装直升机。

预备役部队　22 万人，其中陆军 15 万人，本土防御部队 7 万人。

准军事部队　武装警察 4 万人。

兵役制度　实行义务兵役制，士兵服役期 10 个月。

军衔　分 5 等 18 级，即将官 3 级（上将、中将、少将），校官 3 级（上校、中校、少校），尉官 4 级（大尉、上尉、中尉、少尉），士官 4 级（军士长、参谋军士、军士、参谋下士、下士、见习士官），士兵 2 级（上等兵、列兵）。

外国驻军 驻有来自30个国家的联合国维和部队和人员共5547人。(潘海澜)

拉脱维亚

国　　名 拉脱维亚共和国。

主要统计 面积6.46万平方千米。人口259.4万人(其中,13～17岁男7.9万人,女9.3万人;18～22岁男8.8万人,女8.5万人;23～32岁男17.3万人,女16.8万人)。国内生产总值约38亿美元(1995年)。国防费3700万美元(1997年国防预算)。

国防体制 总统为武装力量总司令。国家安全会议为最高国防决策机构,其成员包括总统、总理、议会国防委员会主席、议会内务委员会主席、议会国家安全委员会主席、国防部长、内务部长和外长。现役武装力量由国防军(现役正规部队)、边防军(现役准军事部队)和民兵(即服现役的预备役部队)组成。总统分别通过国防部长、民兵司令部参谋长对武装力量实施领导和指挥。

领导人物 总统兼武装力量总司令贡季斯·乌利马尼斯(1993年7月当选)。总理马利斯·盖利斯(1994年9月当选)。国防部长亚尼斯·阿尔维茨·特拉班斯。

武装力量 **兵力** 现役部队8000人(含民兵和边防军)。

陆军　1750人。编有2个独立摩步营、1个空降侦察营、1个工兵营。装备装甲侦察车2辆,装甲输送车13辆,牵引炮26门,迫击炮30门,高炮若干门。

空军和防空军　250人。装备巡逻机2架、运输机12架、直升机8架。

海军　1000人。编有2个海岸防御舰艇大队、1个岸炮营。装备巡逻艇约18艘。

预备役部队　约1.65万人,其中民兵1500人,编成5个旅(现役)。

准军事部队　边防军3500人。编有1个边防旅、2个训练中心(营)、1个警备连。装备装甲输送车8辆,直升机2架。

兵役制度 拉脱维亚兵役法规定兵员按义务制和合同制混合的原则补充。19至50岁的男性公民均应服现役或预备役,合同制士兵根据自愿的原则,服役年龄为18岁到50岁。

(马　钢)

立陶宛

国　　名 立陶宛共和国。

主要统计 面积6.52万平方千米。人口371.2万人(其中,13～17岁男14.1万人,女13.6万人;18～22岁男13.2万人,女12.9万人;23～32岁男26.9万人,女26.1万人)。国内生产总值约28亿美元(1995年)。国防费5500万美元(1996年国防预算)。

国防体制 总统是武装力量统帅。国防委员会负责研究国家安全问题,制定国家军事政策,其成员包括总统、总理、议长、国防部长和陆军、海军、空军-防空军司令。国防部负责军队建设和技术保障工作。武装力量由陆军、空军和防空军、海军、国防志愿军和救援部队组成。总统通过国防部和总参谋部对武装力量实施领导和指挥。

领导人物 总统兼武装力量统帅阿尔吉尔达斯·布拉藻斯卡斯(1993年2月当选)。总理阿道法斯·施莱日亚维丘斯(1993年3月上任)。国防部长斯坦凯维丘斯(1996年12月就任)。军队副司令兼总参谋长瓦尔德斯·图特库斯上校(1996年上任)。

武装力量 **兵力** 现役部队7700人。

陆军　4100人。编有1个摩托化旅。装备装甲侦察车10辆,装甲输送车12辆,迫击炮48门。

空军和防空军　600人。编有2个航空兵大队。装备巡逻机2架，训练机4架，运输机24架。

海军　500人。编有1个舰艇大队。装备护卫舰2艘，导弹快艇3艘，小型反潜舰2艘，巡逻艇4艘，辅助舰船3艘。

国防志愿军　1500人。编有8个营。

救援部队　1000人。

兵役制度　立陶宛“国家国防兵役法”规定，年满19岁、身体健康的男性公民均有服兵役的义务，服役期为12个月。最近，立陶宛议会正在研究制订混合兵役法。根据该法，立武装力量将按合同制和义务制混合原则补充。

（马　钢）

罗马尼亚

国　名　罗马尼亚。

主要统计　面积23.75万平方千米。人口2278.7万人（其中，13～17岁男91.5万人，女88万人；18～22岁男94.1万人，女90.5万人；23～32岁男175.9万人，女169.9万人）。国内生产总值280亿美元（1995年）。国防费7.49亿美元（1996年国防预算）。钢579.3万吨（1994年）。原煤3975.1万吨（1993年）。原油5000万桶（1994年）。天然气187.46亿立方米（1994年）。发电量554.76亿度（1993年）。粮食1751.2万吨（1994年）。海运能力，商船（载重100吨以上）439艘，总载重量484.55万吨（1992年）。民航能力，固定航班机场16处，客运量18.84亿人千米、货运量1670万吨千米（1995年）。

国防体制　宪法规定，总统为武装力量统帅。最高国防决策机构为最高国防委员会，由总统任主席，政府总理任副主席，成员有主管工业和贸易的国务部长、国防部长、内务部长、外交部长、情报局长、国务秘书兼总参谋长等。国防部是组织、领导和协调国防工作的中央权力执行机构、负责实施最高国防委员会所制定的各项军事政策。武装力量由正规军和准军事部队组成。正规军分陆、海、空三个军种。最高军事指挥机构为总参谋部。总统通过最高国防委员会和国防部、总参谋部对全国武装力量实施领导和指挥。

领导人物　总统兼武装力量统帅埃米尔·康斯坦丁内斯库（1996年11月当选）。国防部长维克多·巴比乌克（1996年12月上任）。总参谋长康斯坦丁·戴捷拉图中将（1997年1月上任）。

武装力量　**兵力**　现役部队22.84万人（含国防部人员2900人及其直属部队2.96万人）。

陆军　12.98万人。编有3个集团军、8个军，下辖7～10个摩步旅、4个坦克旅、4个山地旅、5个炮兵旅、4个反坦克旅、3个混编旅、6个高炮旅、3个空降旅、1个警卫旅、2个“飞毛腿”地地导弹旅、1个工兵旅、1个摩步团、1个炮兵团、4个高炮团、4个防空导弹团、5个工兵团、2个侦察营。

坦克：1255辆，其中T-55型822辆、T-72型30辆。突击炮（车）：SU-100型66辆。装甲侦察车：129辆，其中БРДМ-2型121辆。步兵战车：MLI-84型178辆。装甲输送车：1704辆。牵引炮：790门。自行炮：48门。火箭炮：189门。迫击炮：332门。地地导弹：“飞毛腿”、“蛙”式21部。反坦克导弹：“甲鱼”、“耐火箱”520具。反坦克炮：约871门。高炮：1118门。地空导弹：SA-6/-7型共62部。

海军　1.85万人。编有1个海军舰队（师级）、1个巡逻艇支队（旅级）、1个江河支队（旅级）、1个海/江支队（旅级）。主要基地有曼加利亚、康斯坦察、布勒伊拉、朱尔米和土耳恰。

潜艇：苏制K级鱼雷攻击潜艇1艘。驱逐舰：“蒙特尼亚”级1艘。护卫舰：“泰塔尔”级3艘。小型护卫舰：“塔朗特”级3艘。导弹快艇：“黄蜂”级6艘。鱼雷快艇：32艘。巡逻艇：36艘。布扫雷舰艇：43艘。支援和其他舰只10艘。直升机：7架。

海军陆战队　0.8万人。编有1个军，下辖2个机械化旅、1个摩托旅、1个炮兵旅、1个高炮团、1个反坦克营、1个侦察营、1个独立步兵营。装备坦克TR-580型120辆，突击炮（车）12辆，装甲输送车123辆，牵引炮72门，火箭炮12门，迫击炮36门。

岸防部队　800人。编有4个岸炮连和10个高炮连。装备火炮32门；高炮60门。

空军　4.76万人。编有2个军、1个防空导弹旅、2个高炮兵旅、3个伞兵旅。作战飞机368架，武装直升机16架。

对地攻击歼击机：IAR-93型75架、IAR-99型13

架。歼击机:米格-21型200架、米格-23型38架、米格-29型18架。武装侦察机:伊尔-28型12架、米格-21型12架。运输机:33架。航测机:3架。武装直升机:IAR-316A型16架。直升机:196架。教练机:147架。空空导弹:若干枚。地空导弹:SA-2型120部。

预备役部队 42.7万人,其中陆军40万人、海军0.6万人、空军2.1万人。

准军事部队 均隶属内务部,其中边防部队2.23万人,宪兵1万人,国民卫队4.68万人。

兵役制度 实行义务兵役制。陆、空军士兵服役期为12个月,海军士兵为18个月。军官最高服役年限:将官、校官60岁,尉官45岁。

军衔 罗军官军衔分3等11级,即将官4级(大将、上将、中将、少将)、校官3级(上校、中校、少校)、尉官4级(大尉、上尉、中尉、少尉)。

驻外兵力 1996年共有1113人参加联合国维和行动。

(朱瑞臣)

马其顿

国　　名 马其顿共和国(1991年11月20日宣布独立)。

主要统计 面积2.5713万平方千米。人口224.7万人(其中,13~17岁男9.4万人,女8.6万人;18~22岁男8.9万人,女8.1万人;23~32岁男18.1万人,女16.2万人。国内生产总值15亿美元(1995年估计)。国防费1.26亿美元(1996年国防预算)。原煤730万吨(1993年)。发电量59.8亿度(1993年)。粮食65.6万吨(1994年)。民航能力,固定航班机场1处,客运2.92亿人千米(1995年)。

国防体制 宪法规定,总统为武装力量统帅。国防部是最高军事行政机关,负责制订国防政策和军事法规,调配干部,领导国防科技研究、装备和后勤供应等工作。武装力量由正规军和准军事部队组成。正规军分陆、空两个军种。最高军事指挥机构为总参谋部、总统通过国防部和总参谋部对全国武装力量实施领导和指挥。

领导人物 总统兼武装力量统帅基罗·格利戈洛夫(1991年1月上任,1994年10月连任)。国防部长布拉戈依·汉吉斯基(1996年2月连任)。总参谋长特拉伊采·克尔斯特夫斯基上将。

武装力量 **兵力** 现役部队1.04万人(不含空军)。

陆军 1.04万人。编有3个军司令部(计划各辖3个旅)、1个边防旅。

坦克:T-34型4辆。牵引炮:76毫米若干门。火箭炮:128毫米65门。迫击炮:60、82、120毫米1200门。反坦克导弹:"耐火箱"若干部。无坐力炮:57毫米2400门。

空军 装备有4架教练机、10架轻型运输机、4架米-17型直升机、100门高炮、200部SA-7型地空导弹。

预备役部队 10万人(计划数)。

准军事部队 警察7500人(约4500名武装警察)。

兵役制度 实行义务兵役制和职业军人相结合的制度,义务兵服役期为9个月。

军队节日 8月18日。

外国驻军 联合国预防性部署部队约1167人,包括来自27个国家的35名观察员和26名民事警察。

(潘海澜)

摩尔多瓦

国　　名 摩尔多瓦共和国。

主要统计 面积3.37万平方千米。人口437.1

万人(其中,13～17岁男19.4万人,女18.7万人;18～22岁男17.4万人,女16.9万人;23～32岁男28.9万人,女29.9万人)。国内生产总值约12亿美元(1995年)。国防费4400万美元(1996年国防预算)。

国防体制　1992年3月17日摩最高苏维埃通过《国防法》、《武装力量法》、《摩尔多瓦公民兵役法》、《军队和接受军训的公民及其家属的社会保障和法律保障法》。同日,摩总统斯涅古尔就任武装力量总司令,宣布前苏联驻摩的军队、装备和设施归共和国所有,并在此基础上组建摩国民军。摩国防部由部长、第一副部长兼总长和3名副部长共5人组成。摩实行总统兼武装力量总司令—国防部—地区指挥部—集群司令部的指挥体系。兵员补充原则是义务兵和志愿合同兵相结合。军人的培训方法是:列兵必须经国防部训练中心培训,士官和尉官分别由军校培训,校官和将军送往俄罗斯、罗马尼亚和乌克兰军事学院深造。

领导人物　总统兼武装力量总司令彼得·卢钦斯基(1997年1月上任)。总理丘布克(1997年1月上任)。国防部长帕萨特(1997年1月)。总参谋长基勒尔·帕维尔·阿列克塞上校(1993年10月)。

武装力量　**兵力**　现役部队1.2万人。

陆军　约1万人。编有3个摩步师、1个炮兵旅、1个通信团、1个侦察营、1个警卫营和1个后勤营。装备步兵战车54辆、装甲输送车210辆、各种火炮250门。

空军防空军　约2000人。装备战斗机(米格-29型)27架、运输机5架、米-8型直升机8架、SA-3/-5地空导弹25部。

(马　钢)

南斯拉夫

国　　名　南斯拉夫联盟共和国。

主要统计　面积10.2173万平方千米。人口1130万人(其中,13～17岁男42.5万人,女40.1万人;18～22岁男42.6万人,女40.3万人;23～32岁男83.5万人,女79.3万人)。国内生产总值140亿美元(1995年)。国防费8.34亿美元(1996年国防预算)。粗钢18.3万吨(1993年)。原煤3743.3万吨(1993年)。原油800万桶(1994年)。天然气7.65亿立方米(1994年)。发电量341.56亿度(1993年)。粮食891万吨(1994年)。海运能力,商船(载重100吨以上)462艘,总载重量517.31万吨(1992年)。民航能力,固定航班机场5处,客运量1.5亿人千米、货运量1.34亿吨千米(1995年)。

国防体制　宪法规定,总统为武装力量统帅。最高国防决策机构为最高国防委员会,成员有南联盟总统、塞尔维亚共和国和黑山共和国总统等,由联盟总统任主席。国防部是最高军事行政机关。国防部负责制订总动员计划,组织国防战备工作,完成国防计划所确定的任务,组织、管理军事教育,执行有关国防的联盟法规,对共和国总统、最高国防会议和联盟政府的决定实施情况进行监督等。武装力量由常备军和预备役部队组成。正规军分为陆、海、空三个军种。最高军事指挥机构为总参谋部。总统通过国防部和总参谋部对全国武装力量实施领导和指挥。

领导人物　总统兼武装力量统帅佐·利利奇(1993年6月上任)。国防部长帕·布拉托维奇(1993年3月上任)。总参谋长莫·佩里希奇上将(1993年8月上任)。

武装力量　**兵力**　现役部队约11.39万人。

陆军　约9万人。编有3个集团军、7个军、3个师司令部、8个坦克旅、1个特种兵旅、2个机械化旅、1个空降旅、7个摩托化步兵旅、6个混合炮兵旅、7个防空旅、1个地空导弹旅。

坦克:1360辆,其中包括T-54/55型386辆、M-84型252辆。步兵战车:M-80型517辆。装甲侦察车:БРДМ-2型102辆。装甲输送车:M-60P,BVP-60型112辆。牵引炮:105、122、130、152、155毫米共730门。自行炮:122毫米98门。火箭炮:107、122、128、262毫米130门。迫击炮:82、120毫米3000门。反坦克导弹:AT-3型135具。无坐力炮:57、82、105毫米共3200门。反坦克炮:750门。高炮:20、30、57毫米1850门。地空导弹:SA-6,SA-7/-9/-13/-14/-16型60部。

海军　约7200人。

潜艇:“萨瓦”级2艘,“英雄”级2艘,“乌纳”级5艘。护卫舰:“科托尔”级2艘,“斯普利特”级2艘。导弹攻击快艇:“拉德·康查尔”级5艘,“米塔尔·阿采夫”级5艘。巡逻艇:24艘。扫/布雷舰艇:16艘。登陆舰艇:20艘。支援和勤务舰船:9艘。

陆战队　900 人，编有 2 个陆战旅。

空军防空军　1.67 万人，编有 2 个军（含 1 个防空军军）、12 个飞行中队、8 个地空导弹营、15 个高炮团。作战飞机 204 架、武装直升机 71 架。

攻击战斗机："鹰"2 型 28 架、"海鸥"18 架、"超级海鸥"18 架。歼击机：米格-21 型 64 架、米格-29 型 14 架。武装侦察机："鹰"式约 14 架、米格-21R 型约 18 架。武装直升机："小羚羊"63 架。反潜机直升机：米-14 型 3 架、卡-25 型 3 架、卡-27 型 2 型。运输机：27 架。联络机：32 架。教练机：55 架，其中 14 架"超级海鸥"、"16 架"鹰"具有作战能力。直升机：30 架。空空、空地导弹：若干枚。

预备役部队　40 万人，其中陆军编有 27 个摩托化步兵旅、46 个步兵旅、6 个混合步兵旅。

兵役制度　实行义务兵役制与职业军人相结合的制度，义务兵服役期为 12～15 个月。各级军官最高服役年限将官为 60 岁，校官 57 岁，尉官 55 岁，士官 52 岁。

军衔　军人军衔分 4 等 17 级。即将官 4 级（大将、上将、中将、少将），校官 3 级（上校、中校、少校），尉官 4 级（大尉、上尉、中尉、少尉），士官 6 级（一级准尉、准尉、一级上士、上士、中士、下士）。

（潘海澜）

挪　威

国　　名　挪威王国。

主要统计　面积 38.6958 万平方千米（包括斯瓦巴德群岛、扬马延岛等属地）。人口 437.1 万人（其中，13～17 岁男 13.8 万人，女 12.9 万人；18～22 岁男 15.2 万人，女 14.4 万人；23～32 岁男 34.3 万人，女 32.2 万人）。国内生产总值 9260 亿挪威克朗，合 1320 亿美元（1995 年）。国防费 241 亿挪威克朗，合 37 亿美元（1996 年国防预算）。原煤 74.9 万吨（1993 年）。原油 9.12 亿桶（1994 年）。天然气 265.7 亿立方米（1994 年）。发电量 1200.93 亿度（1993 年）。粮食 126.8 万吨（1994 年）。海运能力，商船（载重 100 吨以上）1630 艘，总载重量 2143.3 万吨（1992 年）。民航能力，固定航班机场 48 处，客运量 80.84 亿人千米、货运量 8.64 亿吨千米（1995 年）。

国防体制　宪法规定，国王为武装力量统帅，最高国防决策机构为国防理事会，成员有国防、外交、司法、财政、航运和交通大臣，外交和国防部的秘书长、国防司令、北部军区和南部军区司令及民航局长等，由首相任主席。国防部是最高军事行政机关，负责制定国防政策、掌管军费、采购武器装备、组织军事科研、实施兵役动员和处理军民关系等工作。最高军事指挥机构为国防司令部。国防司令部在国防部的领导下组织战备建设和统帅部队。武装力量由正规军和国民警卫队组成。正规军分为陆、海、空三个军种。国王通过国防部和国防司令部，并经过南、北两个军区司令部对全国武装力量实施领导和指挥。挪威是北约成员，战时靠盟军支援，届时挪军主力亦转归北约指挥。

领导人物　国王兼武装力量统帅哈拉尔五世（1991 年 1 月即位）。国防大臣考斯姆（1993 年 4 月上任）。国防司令索利上将（1994 年 10 月上任）。国防参谋长列旺海军中将（1994 年 3 月上任）。陆军总监斯维拉·鄂克朗少将（1996 年上任）。海军总监汉斯·克里斯蒂安·斯文斯霍特少将（1995 年上任）。空军总监斯梅德斯维格少将（1991 年 8 月上任）。国民警卫队总监马蒂森少将（1991 年 6 月上任）。

武装力量　**兵力**　现役部队 3 万人（含 400 名联合勤务机构和 600 名国民警卫队在编人员）。

陆军　1.47 万人。分南、北两个军区，4 个军分区，编有 1 个师部、1 个旅群，3 个步兵营、1 个坦克营、1 个炮兵营、1 个工兵营、1 个防空连及一些支援部队和一些独立部队。

坦克："豹"式 170 辆、M-48A5 型 38 辆。步兵战车：NM-135 型 53 辆。装甲输送车：170 辆。牵引炮：120 门。自行炮：126 门。迫击炮：456 门。反坦克导弹："陶"式 223 具、NM-142 型 97 具。无坐力炮：2517 门。高炮：252 门。地空导弹：RBS-70 型 300 部。

海军　0.64 万人（含 0.1 万名海岸炮兵和海岸警卫队）。编有 2 个作战指挥部和 7 个海军军区。

潜艇："乌拉"级 6 艘、"科本"级 6 艘。护卫舰："奥斯陆"级 4 艘。导弹攻击艇：28 艘。扫雷和布雷舰艇：13 艘。两栖舰艇：5 艘。支援舰艇：5 艘。

空军　0.79 万人。编有 12 个中队。作战飞机 80

架。

战斗机：F-5A/B 型 15 架、F-16 型 59 架。运输机：12 架。巡逻机：P-3 型 6 架（具有作战能力）。教练机：MFI-15 型 17 架。直升机：36 架。空地、空空导弹若干。

文职人员　1.16 万人。

预备役部队　25.5 万人，其中陆军 10.8 万人，海军 3.3 万人，空军 3.44 万人，陆、海、空军国民警卫队约 7.96 万人。另有第 2 线预备役部队 6 万人（全部动员）。

准军事部队　海岸警卫队 700 人，装备有巡逻艇 12 艘、飞机 2 架、直升机 6 架。

部署　陆军部署在挪威与瑞典、芬兰、俄罗斯邻近地区和沿海地区。海军基地 4 处。空军基地 14 处。

兵役制度　实行普遍义务兵役制。士兵服役期：陆军、海军和空军为 12 个月。军官最高服役年龄：将官、校官、尉官均 60 岁。

军衔　军官为 3 等 10 级，即将官 4 级（上将、中将、少将、准将），校官 3 级（上校、中校、少校），尉官 3 级（上尉、中尉、少尉）。军士 2 级（中士、下士）。士兵 2 级（二等兵、新兵）。

驻外兵力　1996 年共有 1568 人参加联合国维持和平行动。

外国驻军　北约西北欧战区北欧盟军司令部。

（楚　云）

葡　萄　牙

国　　名　葡萄牙共和国。

主要统计　面积 9.2072 万平方千米（其中大陆面积 8.8941 万平方千米，亚速尔群岛 2335 平方千米，马德拉群岛 796 平方千米）。人口 987.02 万人（其中，13～17 岁男 36.7 万人，女 34.8 万人；18～22 岁男 40.1 万人，女 38.5 万人；23～32 岁男 81.9 万人，女 80.3 万人）。国内生产总值 870 亿美元（1995 年）。国防费 17 亿美元（1996 年国防预算）。钢 74.4 万吨（1993 年）。原煤 19.7 万吨（1993 年）。发电量 312.05 亿度（1993 年）。粮食 154.6 万吨（1994 年）。海运能力，商船（载重 100 吨以上）326 艘，总载重量 112.93 万吨（1992 年）。民航能力，固定航班机场 14 处，客运量 76.37 亿人千米、货运量 1.8 亿吨千米（1995 年）。

国防体制　宪法规定，总统为武装力量统帅。最高国防决策机构为国家最高国防委员会，成员有总理、副总理和外交、国防、内政、财政、计划、工业、能源、交通部长，总参谋长及三军参谋长，由总统任主席。最高国防咨询机构为最高军事委员会。国防部是最高军事行政机关。武装力量由正规军和准军事部队组成，正规军分陆、海、空三个军种。最高军事指挥机构为总参谋部。总统、总理通过国防部和总参谋部对全国武装力量实施领导和指挥。

领导人物　总统兼武装力量统帅若热·桑帕约（1996 年 3 月上任）。总理安东尼奥·古特雷斯（1995 年 10 月上任）。国防部长安东尼奥·维托里诺（1995 年上任）。总参谋长富泽特·达蓬特海军上将（1994 年上任）。陆军参谋长塞克伊拉·罗沙陆军上将（1992 年上任）。空军参谋长奥莱利奥·科尔巴尔上将（1995 年上任）。海军参谋长里贝罗·帕切科海军中将（1994 年上任）。

武装力量　**兵力**　现役部队 5.42 万人（含 4700 名直属总部的人员）。

陆军　2.97 万人。编有 3 个军区、2 个军事司令部、3 个旅（其中 1 个空降旅）、21 个团（其中 4 个装甲骑兵团）。

坦克：M-47 型 12 辆，M-48A5 型 86 辆，M-86A3 型 88 辆。装甲侦察车：153 辆。装甲输送车：350 辆。牵引炮：105、140、155 毫米 168 门。自行炮：155 毫米 6 门；迫击炮：144 门。岸炮：27 门。无坐力炮：90、106 毫米 140 门。反坦克导弹："陶"式、"米兰"116 具。高炮：20、40 毫米 105 门。地空导弹："吹管"、"小槲树"17 部。

海军　1.25 万人（含陆战队）。编有 1 个海军管区司令部，5 个地区司令部（亚速尔、马德拉、葡萄牙北部、中部、南部）。

潜艇："大青花鱼"级 3 艘。护卫舰："梅科"200 级 3 艘，"霍奥·贝略司令官"级 4 艘，"巴蒂斯塔·德·安得拉德"级 4 艘。巡逻舰艇：29 艘。登陆艇：10 艘。支援舰船：14 艘。

陆战队　1800 人。编有 3 个营，装备装甲输送车 4 辆，120 毫米迫击炮 36 门。

空军　7,300 人。编有 1 个作战司令部，5 个攻击战斗机中队,1个航测机中队,1个海上巡逻中队,5个运输中队,2个搜索救援中队,1个联络机中队,1个教练机中队。装备飞机149架。其中,作战飞机90架("阿尔法喷气"28架,A-7型36架,F-16A/B型20架,P-3P型6架);直升机35架。

预备役部队　21万人。

准军事部队　4.98万人。其中国民警卫队2.09万人,公安警察2万人,边防部队0.89万人。

部署　葡萄牙全国划分5个军区,即里斯本军区,北部军区,中部军区,南部军区,亚速尔军区。三军兵力主要部署在海岸线及首都里斯本附近。

兵役制度　实行义务兵役制,服役期陆军4～8个月,海军和空军4～18个月。

军衔　军官分3等9级,即将官3级(上将、中将、少将)、校官3级(上校、中校、少校)、尉官3级(上尉、中尉、少尉)。

驻外兵力　参加联合国维持和平行动:驻安哥拉357人。驻波斯尼亚约900人。驻克罗地亚1人。驻西撒哈拉6人,驻马其顿1人。

外国驻军　美军1010人(海军55人,空军955人)。

(李　沁)

瑞　典

国　名　瑞典王国。

主要统计　面积44.9964万平方千米。人口881.8万人(其中,13～17岁男26万人,女24.5万人;18～22岁男27.8万人,女26.5万人;23～32岁男62.5万人,女59.2万人)。国内生产总值15930亿瑞典克朗,合2060亿美元(1995年)。国防费429亿瑞典克朗,合64亿美元(1997年国防预算)。原煤71.4万吨(1992年)。原油2100万吨(1994年)。发电量1443.11亿度(1993年)。粮食457.1万吨(1994年)。海运能力,商船(载重100吨以上)664艘,总载重量332.77万吨(1992年)。民航能力,固定航班机场48处,客运量82.03亿人千米、货运量1.8亿吨千米(1995年)。

国防体制　宪法规定,国王为武装力量统帅,最高国防决策机构为内阁。议会平时设国防委员会,负责审议政府国防预算;战时设顾问委员会,对总司令提供咨询。该委员会由三军总司令任主席,成员包括5大政党代表和各军种参谋部与联合作战参谋部负责人。国防部是最高军事行政机关,负责制定国防政策,确定军费,审批部队的编制、装备和训练计划等工作。武装力量由正规军和准军事部队组成。正规军分陆、海、空三个军种。三军总司令是组织、指挥部队的最高领导,对国防大臣负责。平时总司令通过总司令部所属各军种参谋部对部队实施领导。战时军种参谋部的职能和编制缩小,总司令通过联合作战参谋部直接指挥各大军区遂行作战任务。

领导人物　国王兼武装力量统帅卡尔十六世·古斯塔夫(1973年9月即位)。国防大臣塔格·彼得松(1994年10月上任)。三军总司令欧·维克托林上将(1994年7月上任)。联合作战司令皮尔库特·格林中将。陆军司令迈梯尔·迈林中将(1996年4月上任)。海军司令彼得·诺德贝克中将(1994年7月上任)。空军司令肯特·哈斯克格中将(1993年上任)。

武装力量　**兵力**　现役部队6.26万人。

陆军　4.31万人。编有3个联合司令部、2个装甲师、4个机械师、6个步兵旅、4个北极旅、7个炮兵团和22个防御区。

坦克:"百人队长"244辆、STRV-103B型260辆、IKV-91型210辆、STRV-121型160辆。步兵战车:Pbv-302型等共809辆。装甲输送车:Pbv-401型等共438辆。牵引炮:930门。自行炮:26门,迫击炮:680门。反坦克导弹:"陶"式等57具。无坐力炮:若干门。高炮:600门。地空导弹:若干部。直升机107架。

海军　约1万人。编有1个海岸舰队(下辖4个分舰队)。

潜艇:"哥特兰"级1艘,"韦斯特哥特兰德"级4艘、"水怪"级3艘、"索尔门"级5艘、"斯皮根"级1艘。导弹攻击快艇:"斯德哥尔摩"级2艘、"休金"级4艘、"诺尔切平"级12艘、"哥德堡"级4艘。巡逻艇:3艘。布雷舰:2艘。扫雷艇:26艘。支援与登陆艇:29艘。

海军航空兵　320人,装备反潜作战飞机1架,武装直升机14架、联络直升机10架。

海岸防御部队　1100人,编有2个岸炮旅。

空军　0.95万人。编有1个作战参谋部、3个防空区和15个作战中队。作战飞机412架。

强击机:"萨博"89架、"鹰师"20架。歼击机:J-35型40架、SK-35C型10架、JA-37型135架。武装侦察机:SH/SK-37型50架。电子战机:15架。运输机:29架。救援机:18架。教练机:164架(其中68架SK-60B/C型具有作战能力)。空地、空空导弹:若干枚。高炮:若干门。

文职人员　2万人。

预备役部队　72.9万人,其中陆军58.6万人,海军6.6万人,空军7.7万人。

准军事部队　海岸警卫队600人,民防人员数百万人(16至25岁居民均有民防义务),志愿服务组织约3.5万人。

部署　陆军部署在3个军区,下辖26个防御区。海军主要部署在波罗的海沿岸。空军主要部署在中、南部地区。海军基地10处、空军基地12处。

兵役制度　实行普遍义务兵役制。士兵服役期:陆、海军为7～15个月,空军为8～12个月。1995～96年度复训后备役人员约4.8万人。

军衔　军官为3等10级,即将官4级(上将、中将、少将、准将),校官3级(上校、中校、少校),尉官3级(上尉、中尉、少尉)。

驻外兵力　1996年共有668人参加联合国维持和平行动。

(楚　云)

瑞　士

国　　名　瑞士联邦。

主要统计　面积4.12932万平方千米。人口711万人(其中,13～17岁男20.3万人,女19.4万人;18～22岁男21.7万人,女20.9万人;23～32岁男53.3万人,女52.4万人)。国内生产总值3590亿瑞士法郎,约合2650亿美元(1995年)。国防费50亿瑞士法郎,约合50亿美元(1997年国防预算)。天然气960万立方米(1992年)。发电量610.7亿度(1993年)。粮食121.8万吨(1994年)。海运能力,商船(载重100吨以上)24艘,总载重量60.28万吨(1992年)。民航能力,固定航班机场5处,客运量185.8亿人千米、货运量14.08亿吨千米(1995年)。

国防体制　宪法规定,联邦议会是国家最高权力机构。重大防务与军事问题均须经议会批准并立法。联邦政府主席为国家元首兼政府首脑,是全国武装力量的统帅。联邦主席由联邦政府7名部长轮流担任,任期1年。在联邦政府内由联邦军事部长(即国防部长)、司法警察部长和财政部长组成联邦军事委员会(即"三人小组"),代表联邦政府负责处理日常军事问题。联邦议会的国民院和联邦院各设一军事委员会,是议会有关军事问题的最高咨询机构。联邦军事部(即国防部)为联邦政府中的一个部,是最高军事行政机关。联邦军事部下设联邦军事办公厅、总参谋部、训练部、装备部、空军与防空部队司令部和陆军武装部队司令部。武装力量由民兵正规军、民兵预备役部队和准军事部队(即民防部队)三部分组成。民兵正规军和民兵预备役部队分陆、空两个军种,但按其传统,空军未自成体系,仍隶属于陆军。全国武装力量的最高指挥权属联邦政府。军事最高指挥机构是总参谋部。战时,由联邦政府提名,经联邦议会核准任命一名上将(瑞军平时最高军衔为中将)为瑞军总司令,直属联邦政府,统一指挥全军作战。同时,由总司令提名,经联邦政府核准任命一名中将总参谋长和一名中将首席军法执行官,协助总司令指挥全军作战和执行军法。平时,联邦政府通过联邦军事部和总参谋部对全国武装力量实施领导和指挥。

领导人物　国家元首兼政府首脑(即联邦主席)让-帕斯卡尔·德拉姆拉(1996年1月1日上任)。联邦军事部长阿道夫·奥吉(1995年12月上任)。总参谋长阿图尔·利纳尔中将(1992年5月上任)。训练部长让·鲁多夫·克里斯滕中将(1992年1月上任)。空军与防空部队司令费尔南德·卡莱尔中将(1992年3月上任)。

武装力量　**兵力**　正规军约3300人,战时经48小时动员后可达39.6万人。

陆军　战时经48小时动员后可达36.34万人。编有1个武装部队司令部(司令部直辖部队有2个装甲旅、2个步兵团、1个炮兵团、1个机场警卫团、2个工兵团);3个野战军:各下辖2个师(3个步兵团、1个炮兵团),1个国土防卫师(5/6个团),1个装甲旅,1个炮兵团,1个工兵团,1个自行车团,1个边防要塞团;1个山地军:3个山地师,3个边防要塞旅,2个山地步兵团,2个边防要塞团,1个工兵团,1个国土防卫师,2个国土防卫旅。

坦克:PZ-68-87型共742辆。步兵战车:M-63型共507辆。装甲输送车:836辆。牵引炮:216门。自行炮:580门。迫击炮:1777门。反坦克导弹:"龙"、"陶"式3012具。高炮:770门。地空导弹:"轻剑"56枚,"毒刺"若干。直升机:"云雀"3型60架。巡逻艇:10艘。

空军与防空部队　战时经48小时动员后可达3.26万人(含防空部队和航空基地守备部队)。编有一个航空旅、1个防空旅、1个航空基地旅、1个指挥控制旅、1个地空导弹团。作战飞机153架。

战斗机:"虎"式102架,"幻影"33架。武装侦察机:"幻影"ⅢRS型18架。运输机:22架。直升机:27架。教练机:69架。空地、空空导弹:"小牛"、"响尾蛇"和"猎鹰"若干枚。地空导弹:"警犬"和"轻剑"若干部。

文职人员　除职业军官和士官,其他长期在总部和师以上部队机关工作的人员主要由民兵军官和联邦官员(即文职人员)担任。联邦官员经军事部门严格审选、由双方自愿签订合同后成为军队文职人员,一般工作至65岁退休。目前,在总部和师以上部队机关工作的文职人员约占工作人员总数的80%。

准军事部队　民防部队38万人(其中受过全面军事训练的约30万人)

部署　陆军野战部队兵力主要部署在北部、东北部、中部和西部地区;山地部队全部部署在阿尔卑斯山地区;4个国土防卫师全部沿北部、东北部和东南部边境地区部署;空军与防空部队的航空兵旅和基地旅驻中部地区;防空旅部署在重点保护目标、主要军事设施和军用机场附近地区。

兵役制度　瑞士实行独特的民兵制,全军除3300名职业军人外,其他都是非职业军人。非职业军人平时从事民间职业,仅定期短时间离职到新兵学校参加新兵训练或到部队参加复训。瑞士实行义务兵役制。联邦宪法规定,凡20～42岁身体健康的男性公民都有义务服兵役。凡年满19岁的男性青年必须到就近征兵处报名并体检,合格者入伍,在所属军兵种新兵学校接受为期15周的军事基础训练,此后在20～42岁这22年间要接受10次复训,每次为期3周。复训分为两个阶段:(1)21～32岁在野战部队复训;(2)33～42岁在守备部队复训。合计起来,士兵20～42岁总共服役316天。妇女可自愿服妇女辅助役。服役期间和退役之后,单兵武器装备均由个人保管。军士和军官一生中服役时间比士兵多,因从士兵到军士、从军士到军官以及各级军官的晋升均须经各级军校培训。如中士一生中服役557天,少、中尉929天,上尉1191天,少校1370天,中校1402天,上校1549天。

服役年限:(1)职业军官和职业士官:少、中将最高服役年龄为62周岁;准将、上校和一级上士为58周岁;中校为54周岁;少校、上尉、中尉、少尉、二级上士、一级中士、二级中士和下士为50周岁。(2)民兵军官最高服役年龄为50周岁,军士和士兵均为42周岁。(3)文职人员(即联邦官员)最高服役年龄为65周岁。

军衔　分5等15级,即:将官3级(中将、少将、准将)、校官3级(上校、中校、少校)、尉官3级(上尉、中尉、少尉)、军士5级(一级上士、二级上士、一级中士、二级中士、下士)、兵1级(列兵)。

驻外兵力　参加联合国维和行动:驻波斯尼亚5人;驻克罗地亚4人;驻格鲁吉亚5人;驻韩国6人;驻中东7人;驻马其顿7人;驻塔吉克斯坦6人。

(李　沁)

斯　洛　伐　克

国　　名　斯洛伐克共和国。

主要统计　面积4.9万平方千米。人口544.1万人(其中,13～17岁男23.5万人,女22.6万人;18～22岁男22.8万人,女22.1万人;23～32岁男40万人,女39万人)。国内生产总值154亿美元(1995年)。国防费4.5亿美元(1996年国防预算)。原煤354.7万吨(1993年)。原油56万桶(1994年)。天然气3.13亿立方米(1994年)。发电量238.81亿度(1993年)。粮食373万吨(1994年)。民航能力,固定航班机场4处,客运量0.153亿人千米、货运量140万吨千米(1995年)。

国防体制　宪法规定,总统为武装力量统帅。最高国防决策机构为国防委员会,成员有政府总理、主管经济的副总理、国防部长、外交部长、内务部长、财政部长、总参谋长等,由政府总理任主席。国防部是最高军事行政机关,负责对军队实施政治领导和行政保障。武装力量由正规军和准军事部队组成。正规军分陆军、空军防空军两个军种。最高军事指挥机构为总参谋部。总统通过国防部和总参谋部对全国武装力量实施领导和指挥。

领导人物 总统兼武装力量统帅米·科瓦奇(1993年2月上任)。国防部长扬·西特克(1994年12月上任)。总参谋长约泽夫·图西尼亚上将(1994年9月上任)。

武装力量 **兵力** 现役部队4.26万人(含5400名国防部人员及其直属部队)。

陆军 2.5万人。编有2个军、3个坦克旅、3个机械化步兵旅。

坦克:T-72M型272辆、T-55型206辆。装甲侦察车:БРДМ型129辆、OT-65型90辆。步兵战车:БМП-1/-2型共476辆。装甲输送车:OT-90型、D-442型等共273辆。牵引炮:122毫米76门。自行炮:122毫米49门、152毫米135门。火箭炮:122毫米87门。迫击炮:120毫米36门。反坦克导弹:"耐火箱"、"拱肩"共约480具。反坦克炮:100毫米52门。高炮:30毫米、57毫米共约200门。地地导弹:"蛙"式等9部。地空导弹:SA-7型若干部、SA-9/-13型约48部。

空军防空军 1.22万人。作战飞机125架、武装直升机19架。

对地攻击战斗机:苏-22型20架、苏-25型13架。战斗机:米格-21型60架,米格-29型24架。武装侦察机:米格-21RF型8架。运输机:10架。教练机:38架。攻击直升机:米-24型19架。运输直升机:18架。空空导弹:若干部。地空导弹:SA-2/-6型若干部。

预备役部队 约2万人。

准军事部队 边防军600人、内卫部队250人、民防部队3100人。

兵役制度 实行义务兵役制,士兵服役期12个月。

驻外兵力 参加联合国维和行动,驻安哥拉5人,驻克罗地亚593人。

(孙晓锋)

斯洛文尼亚

国　　名 斯洛文尼亚共和国。

主要统计 面积2.0256万平方千米。人口201万人(其中,13~17岁男7.4万人,女7万人;18~22岁男7.5万人,女7.1万人;23~32岁男14.9万人,女14.8万人)。国内生产总值190亿美元(1995年)。国防费2.52亿美元(1996年国防预算)。原煤512.1万吨(1993年)。原油2.5万桶(1994年)。天然气2450万立方米(1994年)。发电量116.92亿度(1993年)。粮食40.9万吨(1994年)。海运能力,商船(载重100吨以上)22艘,总载重量59.69万吨(1992年)。民航能力,固定航班机场1处,客运4.75亿人千米、货运量37.31亿吨千米(1995年)。

国防体制 宪法规定,总统为武装力量统帅,其部分职权由国防部长履行。最高国防决策机构为国防委员会。国防部的主要职责包括制订关于贯彻国防和抢险救灾政策的法规,组织民防和抢险救灾,组织领导国防军,组织军事训练和其他与国防建设有关的训练,对国防建设实施监察并负责征兵等工作。武装力量由正规军和准军事部队组成,目前只有陆军一个军种。最高军事指挥机构是国防军总司令部,隶属于国防部。总统通过国防部对武装力量实施领导和指挥。

领导人物 总统兼武装力量统帅米兰·库昌(1990年4月上任)。国防部长耶尔科·卡钦(1994年3月上任)。总参谋长阿尔宾·古特曼上将(1993年上任)。

武装力量 **兵力** 现役部队9950人。

陆军 9950人。编有7个军区、7个步兵旅(各辖1个现役、3个预备役步兵营)、1个特种兵旅、1个地空导弹旅(营)、2个独立机械化营、1个陆军航空兵旅。

坦克:M-84型50辆,T-55型53辆,T-34型6辆。步兵战车:M-80型62辆。装甲侦察车:БРДМ-2型16辆。牵引炮:105毫米8门。自行炮:122毫米8门。火箭炮:128毫米60门。迫击炮:120毫米72门。反坦克导弹:"耐火箱"若干部。

岸防分队 100人(均为有作战能力的警察,另有300名预备役人员)。装备小型巡逻艇2艘。

陆军航空分队　110人。装备飞机10架,直升机10架,SA-9型地空导弹9部,自行高炮39门。

预备役部队　陆军5.3万人(含300名岸防分队预备役)。编为2个独立机械化营,1个炮兵营,1个岸防营,1个反坦克营。

准军事部队　武装警察4500人(另有5000名预备役警察)。装备直升机5架。

兵役制度　实行义务兵役制,士兵服役期7个月。

(潘海澜)

乌 克 兰

国　　名　乌克兰(1991年8月24日独立)。

主要统计　面积60.37万平方千米。人口5133.4万人(其中,13～17岁男188.4万人,女182.3万人;18～22岁男183.4万人,女179.6万人;23～32岁男349.9万人,女347.4万人)。国内生产总值420亿美元(1995年)。国防费7.49亿美元(1996年国防预算)。

领导人物　国防部长什马罗夫·瓦列里·尼古拉耶维奇(1995年7月连任)。

武装力量　**兵力**　现役部队约40.08万人(不包括战略核力量和黑海舰队,但包括7.3万名国防部直属部队和机关人员)。

战略核力量(将交给俄罗斯)　洲际弹道导弹174枚,其中SS-19型128枚、SS-24型46枚。战略轰炸机44架,其中图-95H16型20架、图-95H6型5架、图-160型19架。

陆军　18.78万人。划分为:国防部直属部队,下辖1个坦克师、1个炮兵师、1个特种作战旅、1个炮兵旅、1个战役战术导弹旅、1个反坦克旅、3个工兵旅、1个战斗直升机团、1个运输直升机团;西部作战指挥部,下辖3个军、1个炮兵师、1个战役战术导弹旅、1个坦克团、1个工兵团;南部作战指挥部辖4个军、2个机械化师、1个空中机动师、1个炮兵师、1个特种作战旅、1个战役战术导弹旅、2个炮兵旅、2个防空导弹旅。

主战坦克:4026辆,其中T-80型322辆、T-72型1305辆、T-64型2216辆、T-62型1辆、T-55型182辆。装甲侦察车:约1500辆。步兵战车:3089辆,其中БМП-1型1073辆、БМП-1К型490辆、БМП-2型1403辆、БМП-3型4辆、БМД-1型41辆、БМД-2型78辆。装甲输送车:3830辆,其中БТР-60型231辆、БТР-70型1108辆、БТР-80型449辆、БТР-Д型42辆、МТ-ЛБ型2000辆。牵引炮:122毫米409门,152毫米707门。自行炮:122毫米644门,152毫米565门,203毫米99门。曲射直射两用炮:120毫米66门。火箭炮:122毫米397门,132毫米5门,220毫米139门,300毫米95门。迫击炮:120毫米599门,160毫米2门。战役战术导弹:"飞毛腿"132部,"蛙"140部。反坦克导弹:AT-4、AT-5、AT-6型若干。防空导弹:SA-4/-6/-8/-11/-12A/-15型若干。战斗直升机:米-24型270架。运输直升机:米-2/-6/-8/-24/-26型共239架。

空军　12.4万人。编有2个空军军、1个防空集团军。作战飞机788架,武装直升机24架。

中型轰炸机:图-22M型51架。歼击轰炸机:苏-24型166架。强击机:苏-25型34架。歼击机:425架,其中米格-23型140架、米格-25型73架、米格-29型146架、苏-27型66架。武装侦察机:112架。电子战直升机:米-8型29架。运输机:274架。战斗直升机:米-24型24架。运输直升机:168架。防空导弹发射架:825部。

海军　约1.6万人(含海军航空兵和岸防部队),装备有主要水面作战舰艇4艘,小型舰艇20余艘。另编有黑海舰队(目前由俄罗斯和乌克兰共管,其实力详见俄罗斯武装力量黑海舰队条)。

海军航空兵　约7000人,装备米格-29型歼击机32架、苏-17型歼击机69架、苏-25型强击机44架,图-22M型轰炸机39架。

岸防部队　约2个海军步兵营。

预备役部队　近5年服过现役者约100万人。

准军事部队　3.6万人,其中共和国卫队3万人、边防军6000人。

驻外兵力　参加联合国维和部队:驻安哥拉215人,驻波斯尼亚16人,驻克罗地亚444人。

(阎振范)

西　班　牙

国　　名　西班牙。

主要统计　面积50.5925万平方千米。人口3916.26万人(其中,13～17岁男142.3万人,女134万人;18～22岁男161.7万人,女153万人;23～32岁男333.8万人,女320.2万人)。国内生产总值5590亿美元(1995年)。国防费69亿美元(1996年国防预算)。钢1125万吨(1993年)。原煤3150.4万吨(1993年)。天然气6亿立方米(1994年)。原油600万桶(1994年)。发电量1565.29亿度(1993年)。粮食1534.1万吨(1994年)。海运能力,商船(载重100吨以上)2190艘,总载重量507.73万吨(1992年)。民航能力,固定航班机场25处,客运量267.38亿人千米、货运量5.99亿吨千米(1995年)。

国防体制　宪法规定,国王为武装力量统帅。最高国防决策机构为国防委员会,成员有首相、副首相、外交、国防、内政大臣、国防及三军种参谋长,由国王任主席。最高咨询机构为参谋长联席会议。国防部是最高军事行政机关。武装力量由正规军和准军事部队组成,正规军分陆、海、空三个军种。最高军事指挥机构为国防参谋部。国王、首相通过国防部和国防参谋部对全国武装力量实施领导和指挥。

领导人物　国王兼武装力量统帅胡安·卡洛斯一世(1975年11月22日登基)。内阁首相何塞·玛丽亚·阿斯纳尔(1996年5月上任)。国防大臣塞拉·雷克萨奇·爱德华多(1996年5月上任)。国防参谋长何塞·罗德里戈·罗德里戈海军上将(1993年上任)。陆军参谋长何塞·福拉·马丁陆军中将(1993年上任)。空军参谋长马努埃尔·伊格纳西约·金塔纳·阿拉巴诺空军中将(1993年上任)。海军参谋长何塞·罗梅罗·卡拉梅诺海军中将(1993年上任)。

武装力量　**兵力**　现役部队20.68万人。

陆军　14.22万人。编有8个军区司令部(其中2个海外司令部),下辖1个机械化师、12个旅(其中,1个空降旅、1个陆航旅)、15个团、3个岛屿守备队、1个海岸炮兵群、3个特种作战营、1支快速反应部队。

坦克:AMX-30型210辆,M-48A5E164辆,M-60辆294辆,“豹”2型14辆。装甲侦察车:BMR-VEC型340辆。装甲输送车:M-113型1313辆,BMR-600型682辆。牵引炮:105毫米464门,122毫米73门,155毫米84门,203毫米24门。自行炮:105毫米48门,155毫米96门,203毫米36门。迫击炮:120毫米465门,81毫米1314门。火箭炮:140毫米14门。海岸炮:53门。无坐力炮:106毫米638门。反坦克导弹:“米兰”442具,“霍特”28具,“陶”式若干具。高炮:20毫米329门,35毫米92门,40毫米183门。地空导弹:“霍克”改进型24部,“罗兰”18部,“空中卫士”/“蝮蛇”13部,“西北风”108部。直升机:176架(攻击型28架)。

海军　3.61万人(含陆战队和海军航空兵),编有5个舰队司令部和4个海军管区。

潜艇:“西北风”级4艘,“海豚”级4艘。航母:“亚斯图里阿斯王子”级1艘。护卫舰:17艘(其中导弹护卫舰11艘)。巡逻舰艇:31艘。扫雷舰艇:12艘。两栖舰艇:4艘。支援和其他舰船:34艘。

陆战队　8000人。装备有坦克16辆,装甲战斗车64辆,各型火炮72门,反坦克导弹30具,地空导弹12部。

海军航空兵　1000人。编有2个对地攻击战斗机中队,4个直升机中队。装备作战飞机20架,武装直升机25架。

空军　2.85万人。编有:中央航空司令部,辖4个联队;东部航空司令部,辖2个联队;直布罗陀海峡航空司令部,辖4个联队;加那利群岛航空司令部,辖1个联队;补给支援司令部,辖1个试验飞行队。装备有作战飞机187架。

战斗机和攻击战斗机:EF-18A/B型75架,F-5B型29架,“幻影”各型共计62架。武装侦察机:RF-4C型14架。反潜巡逻机:14架,其中7架P-3型具有作战能力。运输机:77架。直升机:44架。空空、空地导弹:“麻雀”,“响尾蛇”、“小牛”、“鱼叉”等若干。

预备役部队　43.8万人(陆军42万人,海军1万人,空军8000人)。

准军事部队　国民警卫部队7.5万人,海上国民警卫部队540人。

兵役制度　实行义务兵与志愿兵相结合的兵役制度。义务兵服役期9个月,志愿兵服役期16个月至3

年。

军衔 分5等17级，即将官3级（上将、中将、少将）、校官3级（上校、中校、少校）、尉官3级（上尉、中尉、少尉）、军士7级（准尉、士官长、一级军士长、军士长、一级军士、中士、下士）、兵1级（列兵）。

驻外兵力 参加联合国维持和平行动：驻亚得里亚海导弹护卫舰1艘；驻波黑1400人；驻意大利280人。

外国驻军 美国3220人（海军3000人，空军220人）。

（李　沁）

希　腊

国　　名 希腊共和国。

主要统计 面积13.199万平方千米，其中岛屿面积为15%。人口1050.24万人（其中，13～17岁男36.6万人，女34.3万人；18～22岁男38.5万人，女36.5万人；23～32岁男82.7万人，女78.4万人）。国内生产总值990亿美元（1995年）。国防费35亿美元（1996年国防预算）。原煤5480万吨（1993年）。原油400万桶（1994年）。天然气1.39亿立方米（1994年）。发电量383.96亿度（1993年）。粮食489.6万吨（1994年）。海运能力，商船（载重100吨以上）1872艘，总载重量4527.66万吨（1992年）。民航能力，固定航班机场31处，客运量78.99亿人千米、货运量1.27亿吨千米（1995年）。

国防体制 宪法规定，总统为武装力量统帅，但实际上，总统仅是名义上统帅，总理掌握实权。最高国防决策机构为国家最高国防委员会，成员有总理、副总理和外交、国防、公共秩序、协调部长和国防总参谋长，总理任主席。最高国防咨询机构为参谋长委员会，国防总参谋长任主席，成员为陆、海、空军参谋长。国防部是最高军事行政机关。武装力量由正规军和准军事部队组成，正规军分陆、海、空三个军种。最高军事指挥机构为国防总参谋部，总理通过国防部长和总参谋部对全国武装力量实施领导和指挥。

领导人物 总统兼武装力量统帅科斯蒂斯·斯特法诺普洛斯（1995年3月就任）。总理兼最高国防委员会主席科斯塔斯·西米蒂斯（1996年1月上任）。国防部长阿基斯·措哈佐普洛斯（1996年9月上任）。国防参谋长赫里斯托斯·利姆佩里斯海军上将（1994年上任）。陆军参谋长康斯坦丁诺斯·伍尔加里斯陆军中将（1994年上任）。空军参谋长阿萨那西奥斯·佐加尼斯空军中将（1994年上任）。海军参谋长约安尼斯·斯塔加斯海军中将（1994年上任）。

武装力量 **兵力** 现役部队16.83万人。

陆军　12.2万人。编有3个军区、1个集团军司令部、5个军司令部、12个师、14个旅、44个营（其中1个两栖营、2个陆航营、2个“霍克”地空导弹营）。

坦克：M-48型714辆、M-60型669辆、“豹”式352辆。装甲侦察车：M-8型130辆。步兵战车：БМП-1型500辆。装甲输送车：1824辆。牵引炮：105、155毫米730门。自行炮：105、155、175、203毫米399门。火箭炮：125门。迫击炮：3424门。反坦克导弹：“米兰”、“陶”式626具。无坐力炮：2659门。高炮：929门。地空导弹：“毒刺”、“霍克”等554部。飞机：45架。直升机：186架，其中20架AH-64型为武装直升机。

海军　1.95万人。编有1个舰队司令部，11个中队，2个反潜中队和1个直升机中队。

潜艇：“灰鱼”级8艘。驱逐舰：“基蒙”级4艘。护卫舰：“九头蛇”级2艘、“埃利”级5艘，“诺克斯”级3艘。导弹攻击艇：“拉斯科斯”级等18艘。鱼雷快艇10艘：“赫斯珀罗斯”级6艘、“仙女座”级4艘。巡逻艇：9艘。布/扫雷舰艇：17艘。登陆舰艇：69艘。支援辅助舰船：14艘。

海军航空兵　编有2个中队。装备反潜直升机8架，电子战直升机2架。

空军　2.68万人。编有战术空军司令部和空军训练司令部。战术空军司令部下辖8个作战飞机联队和1个运输机联队；空军训练司令部下辖4个教练机中队。作战飞机388架。

战斗机：A-7、F-4、F-16、F-5、“幻影”等共332架。武装侦察机：RF-4E型20架。海上巡逻机：4架。运输机：53架。教练机：88架（其中36架T-2型具有作战能力）。联络机：30架。直升机：24架。地空导弹：“奈基”、“麻雀”76部。空地、空空导弹：若干。

预备役部队　29.1万人。其中陆军23.5万人，海军约2.4万人，空军约3.2万人。

准军事部队　宪兵2.65万人。海岸警卫队和海关部队4000人。

部署　陆军主要部署在北部边境一带，海军主要部署在中南部沿海和克里特岛地区，空军集中部署在首都雅典附近和中部地区。

兵役制度　实行义务兵役制。服役期，陆军19个月，海军、空军21个月。

军衔　分5等17级，即将官4级（上将、中将、少将、准将）、校官3级（上校、中校、少校）、尉官3级（上尉、中尉、少尉）、军士5级（准尉、军士长、上士、中士、下士）、兵2级（上等兵、列兵）。

驻外兵力　驻塞浦路斯2250人。参加联合国维和行动：驻亚得里亚海1艘护卫舰、波黑约1000人、格鲁吉亚3人、伊拉克/科威特边境5人、西撒哈拉1人。

外国驻军　美军437人（海军275人，空军162人）。

（李　沁）

匈　牙　利

国　　名　匈牙利共和国。

主要统计　面积9.3031万平方千米。人口1015.5万人（其中，13～17岁男38.4万人，女36万人；18～22岁男39.6万人，女37万人；23～32岁男67.6万人，女63.4万人）。国内生产总值430亿美元（1995年）。国防费5.2亿美元（1996年国防预算）。粗钢175.2万吨（1993年）。原煤1461.6万吨（1993年）。原油2600万桶（1994年）。天然气59.92亿立方米（1994年）。发电量327.84亿度（1993年）。粮食1191.1万吨（1994年）。海运能力，商船（载重100吨以上）15艘，总载重量13.45万吨（1992年）。民航能力，固定航班机场1处，客运量16.53亿人千米、货运量1770万吨千米（1995年）。

国防体制　1989年通过的宪法修正案规定，共和国总统兼任全国武装力量总司令。战时成立国防委员会，成员包括：总统、总理、议会主席、国防部长、内务部长、外交部长和国防军司令、总参谋长等，由总统担任主席。国防部为政府中的一个部，是最高军事行政机关，负责制定有关国防问题的政策、法律和法规。全国武装力量由正规军和准军事部队组成。正规军分陆军和空军防空军两个军种，没有海军，只有一个多瑙河区舰队（旅级），1968年编入陆军序列。1989年12月实施新军事指挥体制，成立国防军司令部，作为军队最高军事指挥机关。总统通过国防部和国防军司令部对全国武装力量实施领导和指挥。

领导人物　总统兼武装力量总司令根茨·阿尔巴德（1995年7月连任）。国防部长盖莱蒂·捷尔吉（1994年7月上任）。国防军司令兼总参谋长维格·费伦茨中将（1996年6月上任）。

武装力量　**兵力**　现役部队6.43万人。

陆军　4.8万人。编有1个陆军司令部、2个军区司令部，下辖：7个摩步旅、1个独立摩步旅、2个炮兵旅、1个反坦克旅、2个训练旅、1个江河旅、4个工兵团、1个反坦克团、1个火箭炮团、2个警卫团、4个侦察营、1个快速反应营。

坦克：T-55型697辆、T-72M1型138辆。装甲侦察车：FUGD-442型161辆。步兵战车：БМП-1型502辆。装甲输送车：БТР-80、PSZHD-944、MT-LB型共1038辆。牵引炮：122、152毫米共532门。自行炮：122毫米151门。火箭炮：122毫米56门。迫击炮：120毫米101门。反坦克导弹："耐火箱"、"塞子"、"拱肩"共353具。反坦克炮：85、100毫米共268门。高炮：57毫米189门。地空导弹：SA-7/-14型共304部。扫雷/巡逻艇共51艘。

空军防空军　1.63万人。编有1个防空军司令部，下辖3个歼击机团、1个侦察机中队、3个防空导弹团。作战飞机127架、武装直升机59架。

歼击机：米格-21型76架、米格-23型11架、米格-29型28架。武装侦察机：苏-22型12架。运输机：17架。教练机：31架。武装直升机：米-24型59架。支援直升机：66架。空空导弹："环礁"若干枚。地空导弹：SA-2/-3/-4/-5/-6/-9/-13型共189部。

预备役部队　17.3万人，其中陆军16.16万人、空军1.14万人。

准军事部队　1.38万人，其中内务部所属边防军1.2万人，内务部队（警察）1800人。

兵役制度　实行义务兵役制。陆、空军士兵服役期均为12个月。军官最高服役年限为55周岁。

军衔 共分6等20级，即将官4级（上将、中将、少将、准将）、校官3级（上校、中校、少校）、尉官3级（上尉、中尉、少尉）、准尉3级（一级准尉、二级准尉、三级准尉）、军士3级（上士、中士、下士）、兵4级（上等兵、中等兵、下等兵、列兵）。

驻外兵力 1996年共有575人在安哥拉、波黑、塞浦路斯、埃及、西撒哈拉参加联合国维和行动。

军队节日 5月20日为全军"国防日"，纪念1848年5月20日匈牙利民族英雄科苏特领导的起义军从奥地利干涉军手中夺回布达王宫。

（朱瑞臣）

意大利

国　　名 意大利共和国。

主要统计 面积30.1277万平方千米。人口5787.96万人（其中，13～17岁男170.4万人，女162万人；18～22岁男203.2万人，女194.3万人；23～32岁男469.2万人，女455.4万人）。国内生产总值1769万亿里拉，合10690亿美元（1995年）。国防费312350亿里拉，约合200亿美元（1996国防预算）。原煤100.5万吨（1993年）。原油3200万桶（1994年）。天然气203.37亿立方米（1994年）。发电量2227.88亿度（1993年）。粮食1891.8万吨（1994年）。海运能力，商船（载重100吨以上）1636艘，总载重量1094万吨（1992年）。民航能力，固定航班机场32处，客运量296.59亿人千米、货运量13.35亿吨千米（1995年）。

国防体制 宪法规定，总统为武装力量统帅。最高国防决策机构为国防最高委员会，成员有总统、总理及国防、外交、内政、国库、预算、工业、农业部长和国防参谋长，由总统任主席。最高国防咨询机构为武装力量高级委员会，下设陆、海、空军3个小组，主席由3名组长中军衔最高、资历最深者担任。国防部是最高军事行政机关，负责武装力量的建设和管理。武装力量由正规军和准军事部队组成。正规军分陆军（含宪兵）、海军、空军三个军种。准军事部队由公安警察、财政警察构成。最高军事指挥机构为国防参谋部，下辖陆、海、空军参谋部。参谋长委员会为国防部最高军事咨询机构，成员有国防及陆、海、空军参谋长和国防秘书长，由国防参谋长任主席。总统通过总理、国防部、国防参谋部及陆、海、空军参谋部对全国武装力量实施领导和指挥。

领导人物 总统兼武装力量最高统帅奥斯卡·路易吉·斯卡尔法罗（1992年5月上任）。国防部长贝尼亚米诺·安德烈亚塔（文职、1996年5月上任）。国防参谋长圭多·文图罗尼海军中将（1994年1月上任）。陆军参谋长弗朗切斯科·切尔沃尼中将（1996年12月上任）。海军参谋长安杰洛·马里亚尼中将（1994年1月上任）。空军参谋长马里奥·阿尔皮诺中将（1995年6月上任）。国防秘书长兼全国军备主任阿尔贝托·齐尼亚尼中将（1996年9月上任）。

武装力量 **兵力** 现役部队32.515万人（含4.59万总部人员及其直属部队）。

陆军 16.725万人。野战军：编有3个军部，辖10个旅（其中3个机械化旅、4个山地旅、2个装甲旅和1个装甲骑兵旅）、5个炮团、2个装甲骑兵团、2个重炮团、3个陆航团、2个高炮团；1个防空司令部（辖4个"霍克"地空导弹团、3个高炮团）；1个陆航大队。地方军：编有7个军区，8个独立机械化旅，1个空降旅（含1个特种营、1个航空中队），1支快速干预部队（由陆海空三军部队组成），5个装甲骑兵团，1个步兵团，4个工兵团和5个陆军航空兵分队。后备部队：装甲旅、机械化旅、山地旅各1个，均为架子旅。

装备主战坦克1164辆，装甲输送车3954辆，牵引炮857门，自行炮286门，227毫米火箭炮22辆，迫击炮1979门，反坦克导弹1432具，无坐力炮720门，高炮453门，地空导弹283部，飞机33架，直升机330架（其中攻击直升机62架）。

海军 4.4万人（含海军航空兵和海军陆战队）。编有1个舰队司令部（兼北约地中海常设舰队司令部）和6个战区司令部。有海军基地7处。装备潜艇8艘，大型水面舰艇32艘，巡逻和海岸警卫舰艇16艘，扫雷舰艇14艘，两栖登陆舰艇36艘，支援舰船42艘。

特种部队 水下袭击司令部编有3个大队、1支水下作战部队、1所学校和1个研究所。

陆战队 "圣马可"大队共1000人，编有1个作战大队、1个训练大队和1个后勤大队。装备各种装甲车40辆，81毫米迫击炮16门，106毫米无坐力炮8门，"米兰"式反坦克导弹6具。

海军航空兵 1600人。编有5个反潜直升机中队,装备作战飞机5架、武装直升机74架。

空军 6.8万人。编有7个地面攻击机中队,8个战斗机中队,2个侦察机中队,2个反潜巡逻机中队,1个电子侦察机中队,1个导航校正机中队,1个空中加油机中队,3个运输机中队,2个通信联络机中队,1个搜索与救援机中队,7个训练机中队,6个"奈基"地空导弹大队和16个"斯帕达"地空导弹中队。装备飞机545架,其中作战飞机314架("旋风"式95架、F-104型80架、AMX式89架、MB-339型50架),直升机129架。空地、空空、地空导弹若干。

准军事部队 宪兵11.32万人(属国防部)。编有1个总司令部,下辖本土宪兵与机动宪兵。本土宪兵编为5个旅,另有1个训练旅。机动宪兵编有1个师、2个旅、1个骑兵团、1个特种作战大队、13个机动营、1个空降营,外加若干海空军部队。装备各型装甲输送车共171辆、各型直升机91架。

公安警察 7.9万人(属内政部)。编有11个机动部队,装备40辆装甲输送车、5架P-68型飞机、41架直升机。

财政警察 6.35万人(属财政部)。编有14个区,20个团,128个大队。装备5架P-166型飞机、80架直升机、300余艘巡逻艇。

港口控制部队 发生紧急情况时属海军领导。装备约142艘巡逻艇和4架直升机。

预备役部队 58.4万人,其中陆军52万人,海军3.6万人,空军2.8万人。

兵役制度 实行义务兵与志愿兵相结合的兵役制。服役年龄为19岁,陆、海、空军义务兵服役期为10个月,志愿兵服役期限则按所签合同为3~5年不等。各级军官最高服役年限:将官65岁、校官57岁、尉官50岁。

军衔 分为5等19级,即将官4级(上将、中将、少将和准将),校官3级(上校、中校和少校),尉官3级(上尉、中尉和少尉),军士6级(军士长、一级上士、二级上士、三级上士、中士、下士)、兵3级(一等兵、二等兵、列兵)。

驻外兵力 驻德国93人;驻马耳他16人;驻英国21人;驻美国26人。参加联合国维和部队:驻亚德里亚海1艘护卫舰;驻安哥拉4人;驻波黑2200人;驻埃及82人、3艘护卫舰;驻印/巴8人;驻伊拉克1人;驻科/伊6人;驻黎巴嫩45人,1支直升机部队;驻中东8人;驻西撒哈拉6人。

外国驻军 北约在意驻有南欧盟军司令部和第5战术空军司令部。美在意驻军13690人,其中陆军2550人,海军7140人,空军4000人。

(王治国、田 雨)

英 国

国 名 大不列颠及北爱尔兰联合王国。

主要统计 面积24.25万平方千米。人口5840.7万人(其中,13~17岁男181.9万人,女173.1万人;18~22岁男188.3万人,女179.4万人;23~32岁男448.9万人,女432.2万人)。国内生产总值7000亿英镑,合11040亿美元(1995年)。国防费219亿英镑,合332亿美元(1997年国防预算)。钢材1500万吨(1991年)。原煤6819.9万吨(1993年)。原油9.14亿桶(1994年)。天然气762.94亿立方米(1994年)。发电量3230.29亿度(1993年)。粮食1967万吨(1994年)。海运能力,商船(载重100吨以上)1631艘,总载重量468.73万吨(1992年)。民航能力,固定航班机场54处,客运量946.7亿人千米、货运量29.2亿吨千米1995年)。

国防政策 确保英国及其领地的领土完整和安全;对付英国和盟国面临的任何重大外部威胁;通过维持国际和平与稳定,促进英国更加广泛的安全利益。

军事战略 维系北约集体安全防御体系,强调北约对整个欧洲安全的保障作用;继续坚持核威慑战略,坚持发展独立的核力量,并积极推进核力量的现代化计划;积极组建快速反应部队,提高军队的机动作战和快速反应能力;压缩正规军部队规模,加强预备役部队建设;更新武器装备,走质量建军的道路。

国防体制 英法律规定,女王为武装力量名义上的最高统帅。最高国防决策机构为"国防与海外政策委员会"。该委员会成员有首相、国防大臣、外交与联邦事务大臣、内政大臣和财政大臣等,由首相任主席,必要时,可请国防参谋长和军种参谋长列席会议。国防部是最高军事行政机关，负责具体贯彻和执行首相和"国防与海外政策委员会"的指示和决议，并负责制定政策、预算、三军的作战指挥、人事管理、装备采购等工作。武装力量由正规军和准军事部队组成。正规军分陆、海、空三个军种。最高军事指挥机构为国防参谋部。首相通过国防部和国防参谋部对全国武装力量实施领导和指挥。战时则组成战时内阁，指挥作战。

领导人物 女王兼武装力量名义最高统帅伊丽莎白二世(1952年即位，1953年加冕)。国防大臣迈克尔·波蒂洛(1995年7月～1997年5月)，乔治·罗宾逊(1997年5月3日上任)。国防参谋长查尔斯·古斯瑞上将(1997年4月上任)。陆军参谋长罗杰·惠勒上将(1997年4月上任)。海军参谋长乔克·斯莱特尔上将(1995年7月上任)。空军参谋长理查德·约翰斯空军上将(1997年4月上任)。

武装力量 **兵力** 现役部队22.6万人。

陆军 11.3万人，编成1个地面司令部、3个军区、1个装甲师、1个机械化师、1个空中机动旅、14个步兵旅部、1支快速部署部队、9个装甲团、2个装甲侦察团、8个装甲步兵营、26个步兵营、3个空降营、1个特别空勤团、12个炮兵团、4个防空团、10个工兵团和5个陆航团。

坦克："挑战者"462辆、"酋长"79辆、"蝎子"8辆(另储备30辆)。装甲侦察车："大弯刀"316辆、"狐狸"11辆、"佩刀"104辆。步兵战车："勇士"555辆、AFV-432"拉登"11辆。装甲输送车：AFV-432型1600辆、"萨拉逊"5辆、FV-103"斯巴达人"530辆、"萨克森"657辆。牵引炮：105毫米279门、140毫米1门、155毫米71门。自行炮：155毫米179门。火箭炮：227毫米63门。迫击炮：81毫米543门。无坐力炮：84毫米302门。反坦克导弹："米兰"822具、"旋火"58具、"陶"式若干具。地空导弹："轻剑"40部、"星光"142部、"标枪"、"星爆"约330部。侦察雷达："辛伯林"42部。飞机：28架。直升机：296架。无人机：若干架。登陆艇：16艘。

海军 4.8万人(含陆战队和航空兵)。编有1个舰队、5个分舰队。

航母："常胜"级3艘。潜艇："三叉戟"2艘、"特拉法尔加"级7艘、"快速"级5艘。护卫舰："康沃尔"级4艘、"大刀"级7艘、"诺福克"级12艘。驱逐舰："伯明翰"级12艘。巡逻艇：32艘。扫雷艇：18艘。两栖登陆舰11艘。各种支援舰船：23艘。

海军航空兵 5200人，装备有作战飞机26架、武装直升机108架；空舰、空空导弹若干枚。

陆战队 6750人，装备有81毫米迫击炮，"米兰"反坦克导弹，"标枪"、"吹管"地空导弹，SA-341型直升机9架、"大山猫"AH-1型直升机6架，两栖登陆舰艇29艘。

空军 6.5万人。编有3个飞行大队、35个作战中队(6个战斗/轰炸机中队、5个攻击机中队、6个歼击机中队、3个海上巡逻机中队、4个侦察机中队、2个预警机中队、1个电子对抗/电子情报中队、2个加油机中队、5个运输中队、1个联络中队)、1个校靶中队、1个拖靶中队、9个直升机中队。作战飞机512架(另储存48架)。

轰炸机："狂风"GR-1型112架(另储存19架)、GR-1A型26架、GR-1B型26架。战斗机："狂风"F-3型122架、"美洲虎"65架(另储备14架)、"鹞"式84架(另储备11架)、"隼"式110架(其中54架具有作战能力)、"堪培拉"9架。预警机：E-3D型"哨兵"7架。电子战机：11架。侦察机：5架。海上侦察机：25架(其中23架具有作战能力，另储备4架)。运输机："三星"9架、VC-10型25架、"大力士"56架、"安多弗"4架。加油机：12架。直升机：185架。教练机：208架。空空、空舰和空地导弹：若干枚。

皇家空军团 5个地勤中队，6个"轻剑"地空导弹中队。

战略核力量 (1900人)。"三叉戟"战略导弹核潜艇2艘；"三叉戟"D5导弹32枚。

文职人员 11.6万人。

预备役部队 32.735万人，其中陆军25.47万人，海军2.635万人(含海军陆战队3900人)，空军4.63万人。

部署 陆军主要部署在德国境内和英格兰地区；海军重点部署在英吉利海峡沿岸一线及直布罗陀；空军集中部署在德国境内和英格兰地区。陆军基地主要有阿尔德肖特、威尔顿、布尔福德、约克、赫尔福德；海军基地主要有普茨茅斯、法斯兰、罗斯赛、德文波特、诺斯伍德等；空军基地主要有海威克姆、布兰普顿、本森、布莱兹诺顿、洛西茅斯、豪宁登、拉尔布鲁赫等。

兵役制度 实行志愿兵役制。士兵服役按本人与军方签定的合同而定，分为3年、6年、9年、12年、15年、22年。各级军官最高服役年限：元帅和上将为60岁、中将59岁、少将57岁、准将至少校55岁。尉官从授予军衔起，16年内若不能晋升至少校军衔就必须退役。此外，为保留人才，一些专业技术军官的最高服役年限规定较宽，如医务、军法等将、校级军官可服役至60岁。

军衔 分7等18级(从1997年4月起)，即将官3级(上将、中将、少将)、准将1级、校官3级(上校、中校、少校)、尉官3级(上尉、中尉、少尉)、准尉2级(一级准尉、二级准尉)、军士3级(上士、中士、下士)、兵3级(一等兵、二等兵、新兵)。

驻外兵力　驻德国部队2.81万人(陆军2.36万人,空军0.45万人);驻香港部队850人;驻塞浦路斯部队3800人(陆军2600人,空军1200人);驻直布罗陀部队690人;驻马尔维纳斯群岛部队2000人;驻伯利兹部队600人;驻文莱部队900人;驻加拿大1支陆军训练和联络部队、空军150人;驻北冰洋1艘冰区巡逻舰;驻阿森松岛空军150人;驻尼泊尔部队1,200人;驻印度洋2艘驱/护舰、1艘补给舰;驻迪戈加西亚1个海军小队、1个陆战队小队;驻西印度群岛1艘驱/护舰、1艘补给舰。派往30个国家的军事顾问455人。参加联合国维持和平部队:驻塞浦路斯372人;驻伊拉克和科威特军事观察员15人;驻波黑联合国实施部队10500人;驻安哥拉2人;驻克罗地亚1人;驻格鲁吉亚10人;驻沙特阿拉伯230;驻土耳其330人;驻意大利350人。

外国驻军　美国驻军1.175万人(海军1950人、空军9800人);德国和意大利驻有1个3国"旋风"战斗机中队。北约西北欧盟军陆、海、空军司令部、东大西洋司令部。

军工生产能力　英国拥有一个庞大而完整的国防工业体系,约有1万家企业从事军事科研与军工生产,约有36万人从事军工生产。军事工业主要有航空航天(含导弹)、电子、兵器、舰船和核武器等。90年代以来,由于国防形势趋缓,国防经费压缩等原因,英国的军事工业出现不景气。对此,英政府对国防工业体制和政策作了重大调整和改革,引入竞争机制,走自行研制和合作生产相结合的道路,并鼓励军工技术为民用,以扶持国防工业。

军火贸易　英是世界主要武器出口国之一。1995年英国武器装备出口额达78亿美元,占世界武器出口额的19%,居世界第2位。中东地区仍是英武器销售的主要市场,同时英正在向亚太地区扩展。近几年尽管军火市场疲软,但英某些大军火商的销售额仍保持上升趋势。在世界军品销售额最大的100家企业中,英国占13家,仅次于美国。

(楚　云)

美洲国家军事概况

阿　根　廷

国　　名　阿根廷共和国。

主要统计　面积277.6889万平方千米。人口3455.7万人(其中,13～17岁男163.2万人,女157.9万人;18～22岁男151.8万人,女144.7万人;23～32岁男253.7万人,女247.7万人)。国内生产总值2800亿比索,合2150亿美元(1995年)。国防费46亿比索,合35亿美元(1996年国防预算)。粗钢287万吨(1993年)。原煤16.7万吨(1993年)。原油2.4亿桶(1994年)。天然气174.4亿立方米(1994年)。发电量630.4亿度(1993年)。粮食2466.8万吨(1994年)。海运能力,商船(载重100吨以上)423艘,总载重量117.31万吨(1992年)。民航能力,固定航班机场42处,客运量77.51亿人千米、货运量1.76亿吨千米(1995年)。

国防体制　宪法规定,总统为武装力量统帅。最高国防决策机构为全国国防委员会,成员有总统、副总统、内阁部长、情报国务秘书和参、众议院国防委员会主席。国防部是最高军事行政机关,负责战备、国防预算、国家军事政策的制定与执行及对国防科研和军工生产实施领导。武装力量由正规军和准军事部队组成。正规军分陆、海、空三个军种。各军种总参谋部是各军种最高指挥机构,三军参谋长为各自军种的最高军事长官。联合参谋部是国防部领导下的各军种协调机构,平时参与制定整体军事战略计划,研究和确定军事理论,组织联合军事训练、演习,搜集战略情报,战时协调三军联合作战。总统通过国防部和联合参谋部对武装力量实施领导和指挥。

领导人物 总统兼武装力量统帅卡洛斯·梅内姆(1995年7月再次当选)。国防部长奥斯卡·卡米利翁(1995年7月连任)。武装力量联合参谋长马里奥·坎迪多·迪亚斯陆军上将(1992年12月上任)。陆军总参谋长马丁·安东尼奥·巴尔萨上将(1991年11月上任)。海军总参谋长恩里克·莫利纳·比科上将(1993年7月上任)。空军总参谋长胡安·丹尼尔·保利克上将(1993年7月上任)。

武装力量 **兵力** 现役部队7.25万人。

陆军 3.6万人。编有3个军部、2个装甲旅、4个机械化步兵旅、1个山地步兵旅、1个步兵旅、1个伞兵旅。

坦克:"谢尔曼"96辆、"坦姆"200辆、AMX-13型58辆、SK-105型106辆。装甲侦察车:AML-90型48辆。步兵战车:AMX-VCI型30辆、"坦姆"VCTP式216辆。装甲输送车:471辆。牵引炮:207门。自行炮:24门。火箭炮:50门。迫击炮:1330门。反坦克导弹:SS-11/-12型600具、"马珞哥"式2100具。无坐力炮:1105门。各类高炮:275门。地空导弹:"山猫"、"吹管"、"罗兰"、SAM-7型若干部。飞机54架、直升机41架。

海军 2.45万人(含陆战队和海军航空兵)。划分为3个海区,编有3个舰队,设有5个海军基地。

航母:"巨人"级1艘。潜艇:TR-1700型2艘、T-209型1艘。驱逐舰:UK-42型2艘,"迈科"360型4艘。护卫舰:"迈科"140型4艘、A-69型3艘。鱼雷快艇:2艘。海上巡逻艇:12艘。扫雷艇:"内乌肯"级4艘、"科查"级2艘。登陆舰艇:21艘。保障勤务舰艇:9艘。

陆战队 0.35万人。装备装甲侦察车12辆,两栖装甲车21辆,装甲输送车41辆,牵引炮21门,迫击炮70门,反坦克和防空武器若干。

海军航空兵 0.35万人。编有7个中队,装备有飞机84架(其中作战飞机31架),武装直升机15架,空空、空地导弹若干。

空军 1.2万人。编有9个航空旅、15个中队、10个高炮连、1个空降连。作战飞机202架、武装直升机14架。

攻击战斗机:"幻影"5P型7架、"鹰"式22架、A-4B/C型16架、A-4M型32架、OA-4M型4架。防暴机:IA-58A型45架、MS-760型30架。防暴直升机:休斯MD-500型11架、UH-1H型3架。运输机:55架。运输直升机:8架。海上侦察机:1架。加油机:4架。救援机:4架。联络机:29架。教练机:105架(其中30架MS-760型、16架IA-63型具有作战能力)。空地、空空导弹若干。

预备役部队 37.5万人,其中陆军25万人(国民警卫队20万人、国土警卫队5万人),海军7.5万人,空军5万人。

准军事部队 3.12万人,其中宪兵(属国防部)1.8万人、海岸警卫队1.32万人。

兵役制度 从1955年3月起实行志愿兵役制,志愿兵合同期2年,期满后可再续订2年。将军最高服役年限35年(自军校毕业后任职起算)。

军衔 分5等20级,即将官3级(上将、中将、少将),校官3级(上校、中校、少校),尉官4级(上尉、中尉、少尉、准尉),军士7级(一级军士长、二级军士长、一级上士、二级上士、三级上士、中士、下士),兵3级(上等兵、二等兵、列兵)。

驻外兵力 1996年共有565人在波黑、克罗地亚、塞浦路斯、伊/科边境、马其顿、中东、西撒哈拉参加联合国维和行动。

(翁宏华、易泓玮)

巴 拉 圭

国 名 巴拉圭共和国。

主要统计 面积40.6752万平方千米。人口508万人(其中,13~17岁男27.5万人,女26.5万人;18~22岁男24万人,女23.1万人;23~32岁男40.6万人,女39.3万人)。国内生产总值174940亿瓜拉尼,合77亿美元(1995年)。国防费2400亿瓜拉尼,合1.08亿美元(1996年国防预算估计)。发电量314.54亿度(1993年)。粮食94.1万吨(1994年)。海运能力,商船(载重100吨以上)38艘,总载重量3.85万吨(1992年)。民航能力,固定航班机场3处,客运量12.73亿人千米、货运量2410万吨千米(1995年)。

国防体制 宪法规定,总统为武装力量统帅。

最高国防决策机构为国防委员会,成员有全体内阁部长、武装力量参谋长和陆、海、空三军司令,由总统任主席。国防部是最高军事行政机关。最高军事指挥机构为武装力量参谋部。武装力量由正规军和准军事部队组成。正规军分陆、海、空三个军种。总统通过国防部和武装力量参谋部对全国武装力量实施领导和指挥。

领导人物 总统兼武装力量统帅胡安·卡洛斯·瓦斯莫西(1993年8月上任)。国防部长乌戈·埃斯蒂加里维亚(1993年8月上任)。武装部队司令西尔维奥·拉斐尔·诺格拉陆军中将。武装力量参谋长奥斯卡·迪亚斯·德尔马斯陆军中将(1993年12月上任)。

武装力量 **兵力** 现役部队2.02万人。

陆军 1.49万人。编有3个军部、9个师部、9个步兵团、3个骑兵团、3个机械化骑兵团。

坦克:M-4A3型5辆。装甲侦察车:M-3型5辆、M-8型8辆、"响尾蛇"30辆。装甲输送车:10辆。牵引炮:41门。迫击炮:80门。无坐力炮:若干门。高炮:30门。

海军 0.36万人(含陆战队和海军航空兵)。

江防舰:"巴拉圭"级2艘。小型护卫舰:"纳纳瓦"级3艘。巡逻艇:2艘。支援和辅助舰船:6艘。

陆战队 900人,编有2个陆战营。

海军航空兵 800人,装备有各型飞机7架(其中作战飞机2架)、直升机3架。

空军 0.17万人。编有1个混合中队。作战飞机21架。

防暴机:AT-6型5架、EMB-326型7架、T-27型4架。联络机:9架。运输机:14架。教练机:37架(其中5架EMB-312型具有作战能力)。直升机:12架。

预备役部队 约16.45万人。

准军事部队 特种警察1.48万人。

兵役制度 实行义务兵役制,士兵服役期为1.5至2年。

军衔 陆军军官分3等10级,即将官3级(上将、中将、少将),校官3级(上校、中校、少校),尉官4级(上尉、一级中尉、二级中尉、少尉);海军无上将军衔,空军无上将、中将军衔,其余同陆军军衔。

(白 冰)

巴 西

国　　名 巴西联邦共和国。

主要统计 面积854.7403万平方千米。人口16354.5万人(其中,13～17岁男849.4万人,女844.3万人;18～22岁男779.6万人,女780.6万人;23～32岁男1392.4万人,女1399.4万人)。国内生产总值4590亿美元(1995年)。国防费70亿美元(1996年国防预算)。粗钢2390万吨(1992年)。原煤459.5万吨(1993年)。原油2.46亿桶(1994年)。天然气29.65亿立方米(1994年)。发电量2514.84亿度(1993年)。粮食4593万吨(1994年)。海运能力,商船(载重100吨以上)635艘,总载重量934.83万吨(1992年)。民航能力,固定航班机场139处,客运量326.12亿人千米、货运量21.2亿吨千米(1995年)。

国防体制 宪法规定,总统为武装力量统帅。最高国防决策机构为国家安全委员会,成员有总统、副总统、全体内阁成员、武装力量参谋长及陆、海、空军参谋长,由总统任主席。最高国防咨询机构为武装力量参谋部,参谋长由陆、海、空军上将衔军官轮流担任,任期一年。巴西没有国防部,内阁设陆军部、海军部和空军部。三军部长即三军司令。武装力量由正规军和准军事部队组成。正规军分陆、海、空三个军种。最高军事领导和指挥机构为武装力量最高指挥部,成员有陆、海、空军部长、武装力量参谋长和陆、海、空军参谋长。总统通过陆军部、海军部、空军部和武装力量最高指挥部对全国武装力量实施领导和指挥。

领导人物 总统兼武装力量统帅费尔南多·恩里克·卡多佐(1995年1月1日上任)。陆军部长塞尼尔多·贡萨加·索罗亚斯特罗·德卢塞纳上将(1992年10月上任)。海军部长伊万·达西尔维拉·塞尔帕上将(1992年10月上任)。空军部长莱里奥·比亚纳·洛沃上将(1992年10月上任)。武装力量参谋长贝内迪托·贝塞拉·莱昂内尔陆军上将(1994年4月上任)。

武装力量 **兵力** 现役部队29.5万人。

陆军 19.5 万人。编有 7 个军事司令部、11 个军区、8 个师部、1 个装甲骑兵旅、3 个装甲步兵旅、4 个机械化骑兵旅、13 个摩步旅、1 个山地旅、2 个丛林旅、1 个边防旅、1 个伞兵旅及 2 个陆航直升机营。

坦克："豹 I"式 61 辆、M-41B/C 型 333 辆。装甲侦察车："响尾蛇"409 辆、M-8 型 30 辆。装甲输送车：823 辆。牵引炮：412 门。自行炮：72 门。岸防炮：240 门。火箭炮：若干门。迫击炮：285 门。反坦克导弹："眼镜蛇"300 具。无坐力炮：约 95 门。高炮：200 门。地空导弹："罗兰"Ⅱ型 2 部。飞机：3 架。直升机：82 架，其中 16 架 AS-350 型为武装直升机。

海军 5 万人(含陆战队和海军航空兵)。编有 1 个舰队、6 个分舰队。

航母："巨人"级 1 艘。潜艇：T-209 级 2 艘、"奥伯隆"级 3 艘。驱逐舰："基林"级 1 艘，"艾伦·萨姆纳"级 2 艘。护卫舰："加西亚"级 4 艘、"尼泰罗伊"级 2 艘、"宪法"级 2 艘、"大刀"级 3 艘、"印哈马"级 4 艘。大型巡逻艇：29 艘、江河巡逻艇：6 艘。扫雷艇：9 艘。登陆舰：4 艘，登陆艇：49 艘。支援辅助舰船：26 艘。

陆战队 1.5 万人，编有 1 个两栖师、5 个增援营、8 个地区治安大队，装备有装甲侦察车 6 辆、两栖装甲车 12 辆、装甲输送车 31 辆、牵引炮 31 门、迫击炮和火箭筒若干具、无坐力炮 8 门、高炮 6 门。

海军航空兵 1200 人，编有 5 个中队，装备有武装直升机 29 架、直升机 18 架。

空军 5 万人。编有 5 个司令部(防空、战术、海上、运输、训练)、21 个大队、2 个战斗机中队、3 个攻击战斗机中队、2 个防暴机中队、2 个侦察机中队、7 个联络与观察机中队、1 个反潜机中队、3 个搜索与救援机中队、13 个运输机中队。作战飞机 280 架、武装直升机 29 架。

战斗机："幻影"16 架。攻击战斗机：F-5E/-B/-F 型共 54 架、AMX 型 32 架。防暴机：AT-26 型 58 架。侦察机：RC-95 型等 29 架。运输机：C-130H/KC-130H 型、KC-137 型、C-91 型、C-95A/B/C 型、C-115 型、C-42 型等共 272 架。运输直升机：48 架。联络观察机：68 架(其中 29 架 UH-1H 为武装直升机)。反潜机：5 架。搜索与救援机：31 架。教练机：372 架(其中 38 架 AT-26、63 架 T-27、14 架 AMX-T 具有作战能力)。空空导弹："响尾蛇"等若干枚。

预备役部队 134 万人，其中第 1 类预备役 111.5 万人(其中 40 万人可立即征召)、第 2 类预备役 22.5 万人。

准军事部队 公安部队 38.56 万人，受陆军领导，可视作陆军预备役部队。

兵役制度 实行义务兵役制。士兵服役期 1 年，特种兵可延长 6 个月。

军衔 分 5 等 16 级，即将官 3 级(上将、中将、少将)，校官 3 级(上校、中校、少校)，尉官 4 级(上尉、中尉、少尉、准尉)，军士 4 级(军士长、上士、中士、下士)，兵 2 级(上等兵、列兵)。

驻外兵力 1996 年共有 1110 人在安哥拉、克罗地亚、马其顿参加联合国维和行动。

(翁宏华、易泓玮)

秘　鲁

国　名 秘鲁共和国。

主要统计 面积128.5216万平方千米。人口 2412.8 万人(其中，13～17 岁男 131.5 万人，女 130.3 万人；18～22 岁男 122.6 万人，女 121.8 万人；23～32 岁男 207.8 万人，女 207.1 万人)。国内生产总值 1330 亿新索尔，合 512 亿美元(1995 年)。国防费 20 亿新索尔，合 7.62 亿美元(1996 年国防预算估计)。原煤 8.3 万吨(1993 年)。原油 4800 万桶(1994 年)。天然气 13.03 亿立方米(1994 年)。发电量 143.26 亿度(1993 年)。粮食 239.6 万吨(1994 年)。海运能力，商船(载重 100 吨以上)623 艘，总载重量 61.56 万吨(1992 年)。民航能力，固定航班机场 25 处，客运量 12.92 亿人千米、货运量 1.48 亿吨千米(1995 年)。

国防体制 宪法规定，总统为武装力量统帅。最高国防决策机构为部长特别会议，成员有全体内阁部长、三个军种的总司令和国防秘书长，会议由总统主持。国防部是最高军事行政机关，负责国防预算、征兵动员、民防及军工生产等。武装力量由正规军和准军事部队组成。正规军分陆、海、空三个军种。最高军事指挥机构为武装力量联合指挥部，其主席由三军总司令轮流担任。总统通过国防部和武装力量联合指挥部对全国武装力量实施领导和指挥。

领导人物　总统兼武装力量统帅阿尔维托·藤森(1995年4月再次当选)。国防部长托马斯·卡斯蒂略·梅萨上将(1995年7月上任)。武装力量联合指挥部主席兼陆军总司令尼古拉斯·德巴里·埃尔莫萨·里奥斯上将(1992年1月上任)。海军总司令安东尼奥·伊巴塞拉上将(1996年上任)。空军总司令瓦尔多·里查德上将(1996年上任)。

武装力量　兵力　现役部队12.5万人。

陆军　8.5万人。分6个军区,编有13个师、1个总统警卫团、6个大队、2个独立营、3个直升机中队。

坦克:T-54/55型300辆、AMX-13型110辆。装甲侦察车:M-8/-20型60辆、M-3A1型10辆、M-9A1型50辆、"菲亚特"6616型15辆、БРДМ-2型30辆。装甲输送车:272辆。牵引炮:252门。自行炮:155毫米24门。火箭炮:122毫米14门。迫击炮:约300门。反坦克导弹:SS-11型400枚。高炮:240门。地空导弹:SA-7型若干、SA-14/-16型120枚。飞机:13架。直升机:59架。

海军　2.5万人(含陆战队和海军航空兵)。编有3个舰队。

潜艇:"卡斯马"级等共8艘。巡洋舰:"格劳海军上将"级、"阿吉雷"级各1艘。驱逐舰:"费雷"级1艘。护卫舰:"卡瓦哈尔"级4艘。导弹攻击快艇:PR-72型6艘。巡逻艇:1艘。扫雷艇:2艘。两栖登陆艇:3艘。后勤补给船:8艘。江湖船艇:9艘。

陆战队　3000人,编有1个陆战旅。

海军航空兵　约700人,编有4个中队,装备有飞机53架,其中作战飞机7架、武装直升机14架。

空军　1.5万人。编有6个大队、22个中队。作战飞机89架、武装直升机23架。

轰炸机:"堪培拉"15架。攻击战斗机:苏-22型28架、A-37B型23架。战斗机:"幻影"23架。攻击直升机:米-24/-25型23架。侦察机:4架。加油机:1架。运输机:76架。运输直升机:78架。联络机:32架。教练机:87架。空地、空空导弹:"环礁"、"魔术"等若干枚。地空导弹:SA-2型18部、SA-3型24部。

预备役部队　18.8万人,均为陆军。

准军事部队　国民警察6.6万人。海岸警卫队600人。

兵役制度　实行义务兵役制,士兵服役期为2年。

军衔　分5等18级,即将官3级(上将、中将、少将),校官3级(上校、中校、少校),尉官3级(上尉、中尉、少尉),军士6级(一级军士长、二级军士长、一级上士、二级上士、中士、下士),兵3级(上等兵、二等兵、列兵)。

(翁宏华、易泓玮)

玻　利　维　亚

国　　名　玻利维亚共和国。

主要统计　面积109.8581万平方千米。人口828万人(其中,13～17岁男46.9万人,女46.5万人;18～22岁男40.9万人,女41.2万人;23～32岁男62.1万人,女64.2万人)。国内生产总值335亿玻利维亚诺,合56亿美元(1995年)。国防费7.45亿玻利维亚诺,合1.49亿美元(1995年国防预算估计)。原油900万桶(1994年)。天然气32.31亿立方米(1994年)。发电量24.45亿度(1993年)。粮食104.7万吨(1994年)。海运能力,商船(载重100吨以上)1艘,总载重量1.58万吨(1992年)。民航能力,固定航班机场21处,客运量11.73亿人千米、货运量1.584亿吨千米(1995年)。

国防体制　宪法规定,总统为武装力量统帅。最高国防决策机构为国家安全委员会,成员有外交、内政、国防部长等内阁成员以及武装力量总司令和陆、海、空三军司令,由总统任主席。国防部是最高军事行政机关,负责国防预算、征兵动员和军队福利等工作。武装力量由正规军和准军事部队组成。正规军分陆、海、空三个军种。最高军事指挥机构为武装力量总司令部。总统通过国防部和武装力量总司令部对全国武装力量实施领导和指挥。

领导人物　总统兼武装力量统帅贡萨洛·桑切斯·德洛萨达(1993年8月上任)。国防部长劳尔·托瓦尔·彼罗拉(1994年3月上任)。武装力量总司令雷纳尔多·卡塞雷斯·基罗加上将(1995年1月上任)。总参谋长何塞·佩雷斯·雷耶斯·奥尔蒂斯上将。陆军司令阿德尔·蒙特罗·科尔特斯上将(1995年1月上任)。海军司令伦贝尔托·巴里奥斯·里奥斯上将(1995年1月上任)。空军司令奥斯卡·切桑斯·

雷格林上将(1995年1月上任)。

武装力量 **兵力** 现役部队3.35万人。

陆军 2.5万人。编有10个"师"(相当于加强团)、以及1个机械化骑兵团、1个总统警卫步兵团、2个装甲营。

坦克:SK-105"骑兵"36辆。装甲侦察车:"响尾蛇"24辆。装甲输送车:108辆。牵引炮:146门。迫击炮:50余门。飞机:4架。

海军 0.45万人(含陆战队和海军航空兵)。编有6个区舰队。

江河巡逻艇:9艘。支援艇:20艘。

陆战队 2000人,编有6个营。

海军航空兵 装备有飞机2架。

空军 0.4万人。编有7个飞行中队、1个防空团。作战飞机48架、武装直升机10架。

战斗机:AT-33N型6架、F-86F型4架。防暴机:PC-7型15架。武装直升机:"休斯"500M型10架。运输机:24架。救援机:7架。联络机:59架(其中24架为直升机)。航测机:10架。教练机:46架(其中11架PC-7、12架T-33A具有作战能力)。

准军事部队 国民警察3万人,缉毒警察600人。

兵役制度 实行义务兵役制,士兵服役期1年。

军衔 分6等20级,即将官3级(上将、中将、少将),校官3级(上校、中校、少校),尉官3级(上尉、中尉、少尉),准尉5级(特级准尉、高级准尉、一级准尉、二级准尉、初级准尉),军士3级(上士、中士、下士),兵3级(一等兵、二等兵、列兵)。

(白 冰)

厄 瓜 多 尔

国 名 厄瓜多尔共和国。

主要统计 面积28.1341万平方千米。人口1195.4万人(其中,13~17岁男67.3万人,女65.4万人;18~22岁男61.2万人,女59.7万人;23~32岁男102.2万人,女100.3万人)。国内生产总值460050亿苏克雷,合161亿美元(1995年)。国防费5600亿苏克雷,合1.97亿美元(1996年国防预算估计)。原油1.38亿桶(1994年)。天然气1.02亿立方米(1994年)。发电量74.47亿度(1993年)。粮食193.7万吨(1994年)。海运能力,商船(载重100吨以上)154艘,总载重量50.41万吨(1992年)。民航能力,固定航班机场14处,客运量12.55亿人千米、货运量6420万吨千米(1995年)。

国防体制 宪法规定,总统为武装力量统帅。最高国防决策机构为国家安全委员会,由总统任主席,成员有副总统、议长、最高法院院长、内政、外交、国防和财政部长、武装力量联合指挥部司令和陆、海、空三军种总司令。国防部是最高军事行政机关,负责国防预算、兵力动员等工作。武装力量由正规军和准军事部队组成。正规军分陆、海、空三个军种。最高军事指挥机构为武装力量联合指挥部,由联合指挥部司令和陆、海、空三军种总司令组成。总统通过国防部和武装力量联合指挥部对全国武装力量实施领导和指挥。

领导人物 总统兼武装力量统帅法维安·阿拉尔孔·里韦法(1997年2月上任)。国防部长维克多·玛努埃尔·巴亚斯(1996年8月上任)。陆军总司令塞萨尔·杜兰·阿巴特中将(1996年8月上任)。海军总司令科里斯托瓦尔·马丁内斯中将(1996年8月上任)。空军总司令吉罗斯·科罗内尔·拉乌尔中将(1996年8月上任)。

武装力量 **兵力** 现役部队5.71万人。

陆军 5万人。编有1个步兵师(共2个旅)、1个装甲旅、2个步兵旅、3个丛林旅、1个空降旅、1个高炮大队、1个航空兵大队、3个工程兵营。

坦克:M-3型45辆、AMX-13型108辆。装甲侦察车:AML-60/-90型27辆、"响尾蛇"22辆、"雅拉拉卡"10辆。装甲输送车:100辆。牵引炮:74门。自行炮:10门。迫击炮:300门。无坐力炮:404门。高炮:120门。地空导弹:"吹管"75部。飞机:66架。

海军 0.41万人(含陆战队和海军航空兵)。编有1个舰队。

潜艇:"西里"级2艘。护卫舰:"阿尔法罗总统"级2艘。小型护卫舰:6艘。导弹攻击快艇:6艘。登陆舰:1艘。辅助舰船:8艘。

陆战队 1500人,编有3个营。

海军航空兵 250人,装备有飞机9架、直升机4架。

空军　0.3万人。编有作战司令部(下辖2个攻击战斗机中队、1个战斗机中队、2个防暴机中队),军事空运大队。作战飞机52架。

攻击战斗机:“美洲虎”S/B型8架、“幼狮”C-2/TC-2型13架。战斗机:“幻影”F1JE/JB型14架。防暴机:A-37B型8架、“打击能手”MK-89型9架。运输机:21架。联络机:2架。直升机:41架。教练机:43架。

预备役部队　10万人。

准军事部队　海岸警卫队270人。

兵役制度　实行义务兵役制,士兵服役期1年。

军衔　军官分3等9级,即将官3级(上将、中将、少将),校官3级(上校、中校、少校),尉官3级(上尉、中尉、少尉)。

(翁宏华、易泓玮)

哥　伦　比　亚

国　　名　哥伦比亚和共国。

主要统计　面积114.1748万平方千米。人口3557.5万人(其中,13～17岁男191.7万人,女183.3万人;18～22岁男174.4万人,女168.4万人;23～32岁男326.4万人,女323.3万人)。国内生产总值710000亿比索,合602亿美元(1995年)。国防费17000亿比索,合14亿美元(1996年国防预算)。原煤2171.3万吨(1993年)。原油1.66亿桶(1994年)。天然气47.97亿立方米(1994年)。发电量402.98亿度(1993年)。粮食370.3万吨(1994年)。海运能力,商船(载重100吨以上)101艘,总载重量40.3万吨(1992年)。民航能力,固定航班机场70处,客运量52.78亿人千米、货运量9.04亿吨千米(1995年)。

国防体制　宪法规定,总统为武装力量统帅。最高安全咨询机构为国家安全委员会,成员有内政、国防、司法、交通部长、陆军司令、国家安全局局长、警察总局局长,由内政部长主持。最高军事咨询机构为最高国防委员会,成员有国防部长、武装力量总司令、陆军司令、海军司令、空军司令和警察总局局长,由国防部长主持。国防部是最高军事行政机关,负责协助总统对武装力量实施政治领导和行政管理。部长由文人担任,总统直接任命。武装力量由正规军和准军事部队组成。正规军分陆、海、空三个军种。最高军事指挥机构为武装力量总司令部,下设联合参谋部。总统通过国防部和武装力量总司令部对全国武装力量实施领导和指挥。

领导人物　总统兼武装力量统帅埃内斯托·桑佩尔·皮萨诺(1994年8月上任)。国防部长胡安·卡洛斯·埃斯格拉。武装力量总司令奥尔丹·德尔加多海军上将(1996年3月上任)。

武装力量　**兵力**　现役部队14.63万人。

陆军　12.1万人。编有5个师部、17个步兵旅、2个防暴旅、1个总统警卫营、1个高炮营。

坦克:M-3A1型12辆。装甲侦察车:M-8型12辆、“响尾蛇”120辆。装甲输送车:156辆。牵引炮:130门。迫击炮:245门。反坦克导弹:“陶”式若干具。无坐力炮:若干门。高炮:30门。

海军　1.80万人(含陆战队、海军航空兵和海岸警卫队)。编有2个舰队。

潜艇:“皮豪”级2艘、袖珍潜艇2艘。护卫舰:“帕迪亚海军上将”级4艘。巡逻艇:37艘。辅助舰船:4艘。

陆战队　9000人,编有2个旅。

海军航空兵　100人,装备有飞机6架、直升机2架。

空军　0.73万人。编有4个司令部。作战飞机74架、武装直升机75架。

攻击战斗机:“幻影”5型13架、“幼狮”C2/TC2型13架。防暴机:AC-47、A-37B、OV-10型等共48架。防暴直升机:“贝尔”、UH-1、UH-60、MD-500型等共75架。运输机:19架。教练机:41架。空空导弹:“响尾蛇”和R-530型若干枚。

预备役部队　6.07万人,其中陆军5.47万人,海军0.48万人,空军0.12万人。

准军事部队　国民警察8.7万人(装备有飞机55架)、海岸警卫队0.15万人(归海军建制)。

兵役制度　实行义务兵役制,士兵服役期1～2年。

军衔　军官分3等9级,即将官3级(上将、中将、少将),校官3级(上校、中校、少校),尉官3级(上尉、中尉、少尉)。

驻外兵力　参加联合国维和行动:驻埃及多国观察员部队358人。

(田雨、赵可丹)

古　巴

国　　名　古巴共和国。

主要统计　面积11.086万平方千米。人口1105.8万人(其中,13～17岁男39.2万人,女36.8万人;18～22岁男46.8万人,女43.9万人;23～32岁男111.7万人,女106.1万人)。国内生产总值120亿美元(1995年)。国防费3.25亿美元(1996年国防预算估计)。原油800万桶(1994年)。天然气3100万立方米(1994年)。发电量110.54亿度(1993年)。粮食27.7万吨(1994年)。海运能力,商船(载重100吨以上)393艘,总载重量92.46万吨(1992年)。民航能力,固定航班机场14处,客运量30.7亿人千米、货运量3480万吨千米(1995年)。

国防体制　古巴共产党中央委员会第一书记兼国务委员会主席为武装力量统帅。革命武装力量部是最高军事行政机关,也是最高军事指挥机构,负责武装力量的指挥和管理,下设总参谋部、总政治部、后勤部等。武装力量由正规军和准军事部队组成。正规军分陆军、海军、空军与防空军三个军种。古共中央第一书记兼国务委员会主席通过革命武装力量部对全国武装力量实施领导和指挥。

领导人物　古共中央第一书记、国务委员会主席兼武装力量统帅菲德尔·卡斯特罗·鲁斯总司令(1959年上任)。革命武装力量部部长劳尔·卡斯特罗·鲁斯大将(1959年上任)。革命武装力量部第一副部长兼总参谋长乌利塞斯·罗萨莱斯·德尔托罗中将。

武装力量　**兵力**　现役部队10万人。

陆军　8.5万人。编有9个机步旅、4～5个装甲旅、14个预备旅、1个空降旅、1个边防旅、1个地空导弹旅和若干个高炮团。

坦克:T-54/-55型、T-62型、T-34型共约1500辆、PT-76型若干辆。装甲侦察车:БРДМ-1/-2型若干辆。步兵战车:БМП-1型400辆。装甲输送车:700辆。牵引炮:700门。自行炮:40门。火箭炮:300门。迫击炮:1000门。固定防御炮:若干门。反坦克炮:200余门。高炮:500门。反坦克导弹:"甲鱼"、"耐火箱"若干具。地空导弹:SA-6/-7/-8/-9/-13/-14/-16型约250部。

海军　0.5万人(含陆战队)。编有4个舰队(共7个分舰队)、3个海防大队、2个独立分舰队。

潜艇:F级2艘。护卫舰:"科尼"级2艘。轻型护卫舰:"保克"级1艘。导弹攻击快艇:"黄蜂"级14艘。水翼攻击快艇:若干艘。巡逻艇:24艘。扫雷舰:"索尼亚"级3艘。猎雷舰:"叶夫根尼亚"级12艘。两栖登陆舰:"北方"级2艘。登陆艇:2艘。勤务船:10艘。测量船:7艘。

陆战队　550人,编有2个两栖突击营。

空军与防空军　1万人。编有4个师(下辖4个战斗机中队、2个攻击歼击机中队、4个运输机中队),以及10个高炮团。作战飞机130架、武装直升机45架。

攻击歼击机:米格-23型10架。歼击机:米格-21型80架、米格-23型20架、米格-29型6架。攻击直升机:米-8/-17型、米-25/-35型45架。反潜直升机:米-14型5架。运输机:33架。运输直升机:40架。教练机:59架,其中米格-21型8架、米格-23型4架、米格-29型2架具有作战能力。空地、空空导弹:若干枚。地空导弹:SA-2/-3型共200余部。

预备役部队　陆军13.5万人。

准军事部队　134万人。

兵役制度　实行义务兵役制,士兵服役期2年。

军衔　分6等16级,即总司令(相当于元帅)、将官4级(大将、上将、中将、少将)、校官3级(上校、中校、少校)、尉官4级(大尉、上尉、中尉、少尉)、军士2级(军士长、军士)、兵2级(上等兵、列兵)。

外国驻军　俄罗斯驻军810人,其中通信情报人员800人、军事顾问10人;美国驻关塔那摩部队1650人,其中海军1000人、陆战队650人。

(田雨、赵可丹)

加　拿　大

国　　名　加拿大。

主要统计　面积997.061万平方千米。人口2840.64万人(其中,13～17岁男96.5万人,女92.3万人;18～22岁男96.44万人,女93万人;23～32岁男218.7万人,女214万人)。国内生产总值5710亿美元(1995年)。国防费72亿美元(1997年国防预算)。粗钢1289.5万吨(1991年)。原煤6901.6万吨(1993年)。原油6.36亿桶(1994年)。天然气1660.11亿立方米(1994年)。发电量5273.16亿度(1993年)。粮食4705.4万吨(1994年)。海运能力,商船(载重100吨以上)1185艘,总载重量289.68万吨(1992年)。民航能力,固定航班机场244处,客运量412.53亿人千米、货运量12.50亿吨千米(1995年)。

国防体制　宪法规定,总督代表英国女王为形式上的武装力量统帅。最高国防决策机构为内阁,总理是事实上的最高军事领导人。国防部为内阁中的一个部,由文官和军人组成,是最高军事行政和指挥机构,负责人事管理、经费分配、武器装备采购、武装力量建设等工作。国防参谋长由军人担任,是国防部长的最高军事顾问。在内阁决策下,国防部长通过国防参谋长领导和指挥全军。武装力量由正规军、预备役部队和准军事部队组成。实行全军统一体制,国防部下直接设立地面(相当于陆军)、海上(相当于海军)、空中(相当于空军)、驻欧部队、通信和训练6大司令部。

领导人物　总督兼形式上的加拿大武装力量统帅罗密欧·勒布朗(1995年2月上任)。实际上的统帅加拿大总理让·克雷蒂安(1993年11月上任)。国防部长戴维·科林奈特(1993年11月上任)。国防参谋长约翰·德切斯特林森上将(1993年12月)。海上部队司令拉里·默里中将(1994年上任)。地面部队司令戈登·M·雷伊中将(1993年1月上任)。空中部队司令斯科特·克莱门茨空军中将(1993年上任)。

武装力量　**兵力**　现役部队7.05万人。

地面部队　2.15万人。编有1个地面部队司令部,下辖3个机械化步兵旅群(各辖1个装甲团、1个炮团、1个工兵团和3个机械化步兵营、1个高炮连)、1个防空团和1个特种勤务团。

坦克:"豹"C-1型114辆。装甲侦察车:"大山猫"174辆、"美洲狮"195辆。装甲运输车:M-113型等共1858辆。牵引炮:193门,其中105毫米185门。自行炮:155毫米76门。迫击炮:81毫米167门。反坦克导弹:"陶"式150具、"红沙蛇"287具。无坐力炮:84毫米1040门。高炮:35、40毫米77门。地空导弹:"阿达茨"34部、"轻标枪"96部。

海上部队　0.95万人。编有2个舰队(5个中队)、1个海上航空大队(10个中队)。

潜艇:"奥吉布瓦"级3艘。主要水面作战舰只共20艘,其中"易洛魁人"级反潜驱逐舰4艘,护卫舰16艘("哈尼法克斯"级12艘、"安纳波利斯"级、"雷斯蒂古什"级改进型各2艘)。巡逻艇:14艘。反水雷舰艇:2艘。支援和杂务船:8艘。

空中部队　1.64万人。编有5个战斗机中队、4个海上侦察机中队、6个运输机中队、6个战术直升机中队、2个教练机中队及2所航校。作战飞机141架(另储存104架)、武装直升机30架。

战斗机:CF-18型123架、CP-140型18架、(另64架CF-116、40架CF-18型储存)。运输机:CC-130/-137/-150/-138/-109/-105、KC-130型、CC/T-142型等共84架。教练机:168架。直升机:167架,其中CH-124型30架为海上反潜武装直升机。

此外,现役部队中还有通信部队、宪兵等不按军种划分的军人2.31万人。

文职人员　3.36万人。

预备役部队　4.415万人,其中基干预备役部队2.745万人(地面部队2.19万人、海上部队4000人、空中部队1550人)。

准军事部队　9300人。主要是海岸警卫队。装备有各种小型舰艇82艘、直升机22架。

部署　地面部队主要部署在魁北克省和阿尔伯塔省;海上部队重点部署在大西洋和太平洋沿岸地区;空中部队主要部署在中部和东部地区。地面部队主要基地有卡尔加里、瓦尔卡提尔等;海上部队主要基地有哈尼法克斯、埃斯基莫尔等;空中部队主要基地有北湾、波戈特维尔、冷湖等。

兵役制度　实行志愿兵役制。士兵基本服役期3

年。各级军官最高服役年龄一律为 55 岁。

军衔 分 6 等 17 级，即将官 4 级(上将、中将、少将、准将)、校官 3 级(上校、中校、少校)、尉官 3 级(上尉、中尉、少尉)、准尉 3 级(一级准尉、二级准尉、准尉)、军士 3 级(上士、中士、下士)、兵 1 级(列兵)。

驻外兵力 1996 年共有 2087 人在波黑、克罗地亚、塞浦路斯、埃及、海地、伊拉克/科威特、马其顿、中东、叙利亚/以色列等国和地区参加联合国维和行动。

(白 冰)

美 国

提要 从近两年情况看，美国防政策中有以下几点更趋明确：①国防政策要为实施"参与和扩展"的新国家安全战略服务；②对面临的威胁的判断更趋具体化；③把"预防性防务"作为美国防政策的重心；④确定国家利益的层次及在不同层次国家利益受到威胁时应作出的不同军事反应；⑤冷战后对外用兵的决策依据；⑥军队的规模和三军建设的目标。关于美国"灵活和有选择的参与"的军事战略，它既与布什政府的"地区防务战略有本质上的继承性，也在以下几个方面有自己的新内容：①威胁判断；②军事战略目标；③军队 3 大任务；④战时用兵原则；⑤部队结构要求；⑥军队建设 5 大要素。

国　　名 美利坚合众国。

主要统计 面积952.9202万平方千米(其中本土 937.2614 万平方千米)。人口 26562.24 万人(其中 13～17 岁男 923.5 万人，女 878.6 万人；18～22 岁男 921.5 万人，女 876.9 万人；22～32 岁男 2015.6 万人，女 1947.7 万人)。国内生产总值 72460 亿美元(1995 年)。国防费 2639 亿美元(1996 年国防预算)。粗钢 9359 万吨(1995 年)。原煤 8.58 亿吨(1993 年)。原油 24.24 亿桶(1994 年)。天然气 5589.78 亿立方米(1994 年)。发电量 31458.9 亿度(1994 年)。粮食 3.57 亿吨(1997 年)。海运能力，载重百吨以上商船 5710 艘，总载重量 2564.64 万吨(1992 年)。民航能力，固定航班机场 834 座，客运量 7732.32 亿人千米、货运量 194.47 亿吨千米(1995 年)。

国防政策 从美国防部长提交国会的 1996 和 1997 财年的国防报告看，美现行国国防政策要点如下：

(一)强调美国国防政策要为贯彻"参与和扩展"的国家安全战略服务。克林顿执政后，正式将美国家安全战略由冷战时的"遏制"战略调整为"参与和扩展"战略。这一战略有一个目标、两个支点。一个目标是：将美国的国家制度扩大到整个世界，即所谓的"扩大市场民主国家阵营"。两个支点是：其一，发挥美国在全世界的领导作用；其二，积极干预国际事务。美政府 1996 财年的国防报告以专门章节阐述了这一新的国家安全战略，并称，为支持这一新的国家安全战略，军队具备"执行广泛的军事任务"的能力是"至关重要的"。这些能力包括：①有实力与那些危害美国及其盟国利益的地区性军事强国抗衡；②以前沿存在显示美国对盟友的安全承诺和增强与友军联合对付危机的能力；③随时准备以多种多样的应急行动(例如战斗行动、维和行动、非战斗人员撤运、人道主义救援行动等)支持美国的利益；④防止和制止大规模杀伤武器的扩散和使用，并在已使用这种武器的环境下有效作战；⑤从人员、装备和训练等方面作好随时可快速反应和有效投入战斗的准备。

(二)强调美国面临的威胁更加复杂。冷战结束之初，美国对其安全环境曾十分乐观，但经几年的重新认识，认为"冷战的结束并没有带来国际冲突的终结"，冷战时面临的"最可怕的威胁"已被"一些新的威胁所取代"，美国的国家安全形势"更加复杂了"。在 1996 财年的国防报告中，美国政府将其面临的威胁具体化为 9 项，并指出其中许多是"全球性的"，是美国或其他国家"难以单独解决的"。这 9 项威胁是：①敌视美国利益的地区性强国企图获取地区霸权；②种族、民族、宗教、或部族集团间的冲突威胁；③潜在对手获得或使用大规模杀伤武器的威胁；④对前苏联、中欧、东欧及其他地区的民主和改革的威胁；⑤危害友好国家政府的颠覆活动的威胁；⑥恐怖主义活动；⑦对美国的繁荣和竞争力的威胁；⑧全球环境的恶化；⑨非法毒品交易。1997 财年的国防报告进一步指出，在这多种多样的威胁中，主要有 3 项：①大规模杀伤武器扩散，尤其是"鲁莽国家或恐怖主义者拥有核武器的威胁"；②"东欧国家在向民主和市场经济过渡中出现的不稳定危险，这种不稳定可能导致内战，甚至出现敌视西方的政权”；③“局部和地区性冲突爆发所形成的危险，……它们虽然不会直接威胁美国的生存，却可以威胁到美国及其盟国的关键利益”。此 3 大威胁与 1995 财年国防报告所言的 4 大威胁基本相似，但少了一个“美国经济恢复乏力所造成的威胁”。这显然与美国近年经济保持 3%左右的恢复势头有关。

（三）强调以“预防性防务”改善美国的安全态势。在 1996 财年的国防报告中，美政府特别强调以预防措施改善美国的安全态势，这些安全措施包括：与前苏联有核国家实施“共同减少威胁计划”（即“纳恩一卢格计划”）；实施“反扩散计划”（这一计划含政策与条令制定、军事反应、情报支援、新技术运用和国际合作 5 大部分）；实施战区导弹防御和国家导弹防御计划；实施“核态势审查报告”的建议，“建成一支规模更小、更加安全和更加可靠的核部队”。在 1997 财年的国防报告中，美政府将上述“预防”原则扩展为“预防性防务”思想。认为美国的防务有 3 个环节：第 1 个环节是防止出现威胁；第 2 个环节是慑止已出现的威胁；第 3 个环节是前两个环节都未能奏效时，运用军事力量消除威胁。其中第 1 个环节应是美国防务的重点，因为在冷战后的“特殊威胁”面前，如果第 1 个环节取得成功，第 2、3 个环节也就没有必要了。“预防性防务”有两大重点和 4 大措施。两大重点是：①增强同传统盟友的联盟；②在东欧和亚太推行新的“马歇尔计划”。4 大措施是：①减少前苏联国家的核武器，并提高其剩余核武器的安全性；②确立限制大规模杀伤武器扩散的机制；③促使那些“新独立的和新的民主国家”改组其防务机构，使其加强文官对军队的控制，增加防务计划的透明度；④与那些既非盟友又非敌手，但对美国安全相当重要的国家建立合作性的防务关系。

（四）明确地将美国的国家利益划分为 3 个层次。捍卫美国的利益是美国使用军事力量的根本目的。但是什么是美国的利益，是不是所有利益都要使用军事力量来捍卫，这是长期困扰美国防务决策层的重大问题，尤其在冷战后威胁多元、多变、不易监控的情况下，对这一问题作出明确的界定更为重要。为此，美政府经反复研究论证，于 1996 和 1997 财年的国防报告中明确指出：美国的国家利益有 3 个层次。第 1 个层次，生死攸关利益，也即“关系到美国或其主要盟友的生存，涉及美国的重大经济利益，或使美国及其盟国未来遭到核威胁危险”的利益。第 2 个层次，重大利益，即重要但非生死攸关的利益。第 3 个层次，一般利益，也即人道主义利益，虽不对美国构成直接威胁，但涉及美国的威望和价值观。对于第 1 个层次的利益，如其受到威胁，“美国就必须立即作出全面的军事反应”，必要时盟国不支持也要作出军事反应，例如对海湾危机和朝鲜半岛核问题所作的反应。对于第 2 个层次的利益，如其受到威胁，“只有在军队有可能完成其既定目标，并且军事参与的费用和风险与处于危险中的利益相当时，才可动用军事力量”；而且通常是以“多国集体行动的一部分参加行动”，例如，对海地和波黑危机所作的反应。对于第 3 个层次的利益，当其受到威胁时，一般借助国际和非政府机构的力量予以对付，只有在这些力量无能为力时才动用军事力量，例如，在卢旺达的“人道主义”救援活动。

（五）明确提出冷战后对外用兵决策的 9 项原则。里根政府曾于 1986 年总结从第二次世界大战的珍珠港惨败到越南战争失败的教训，提出对外用兵应遵循的 6 条原则。1993～1994 年美国在索马里“强制实施和平”行动中的失败，又将冷战后美国对外用兵应遵循什么原则的问题提到美国防务决策者的面前。为此，美政府于 1996 财年国防报告中明确提出了 9 项原则：①现行的条约承诺；②具有相同思想的国家，尤其是那些最直接受冲突影响的国家，为这些行动作贡献的愿望和能力；③在没有联盟伙伴的情况下，美国单方面采取行动是否合法；④有明显支持政治目的的军事目标；⑤对行动所需时间和费用的判断，换言之，能否在适当的时间内，用可以接受的资源，以可以接受的方式结束行动；⑥投入充足的兵力以实现确定目标的决心；⑦国会和美国人民在何种程度上支持美国的卷入，以及在何种程度上可以被调动；⑧在采取多边行动时，由美国进行指挥与控制的安排能否被接受；⑨投入部队的规模、组成和配置与美国的目标之间的关系必须不断进行评估，并在必要时进行调整。

（六）坚持冷战后军队的规模必须足以同时打赢两场大规模局部战争。这是美国防部 1993 年《防务全面审查报告》确定的目标。但对此美政界和军界争论颇大。然而美政府迄今仍然坚持这一目标，认为这是“慑止、抗御并击败潜在敌对地区性强国的侵略”所必须的，是美国在大规模局部战争中“能够迅速而决定性地以最小的代价取胜”的前提条件。提出打赢一场大规模局部战争的行动程序大体是：制止入侵；集结美国和盟国（多国）部队在战区内的作战力量，同时削弱敌方作战力量；彻底打败敌人；提供战后稳定。所需兵力大致为：5 个陆军师，10 个空军战斗机联队，100 架重型轰炸机，4～5 个航母战斗群，1～2 个陆战队师及一些特种作战部队。因此，美国军事力量的总体规模应当是

150万现役人员和90万精选后备役人员，编组为10个现役陆军师和15个陆军国民警卫队加强战备旅，20个空军联队(含7个后备役联队)，360艘主要舰艇(含12艘航母)，4个陆战队师(含1个后备役师)。

(七)坚持将美军建设成一支战备水准高、灵活反应能力强和技术优势明显的强大军队。为此美政府决定，到1996年底，美军自冷战结束以来实施的削减工作基本结束；部队的"活动和保养"费用与部队的规模相比，达到历史最高水平；部队的装备现代化投资在1997～2001财年期间将由389亿美元增加到601亿美元；加紧实施《先进概念技术论证计划》，将已近成熟的高新技术转为军用，使美军在下个世纪战场上仍然拥有压倒可能对手的技术优势，装备现代化的重点项目是：轰炸机使用的精确制导炸弹及有效摧毁敌坦克的弹药，无人机和天基红外传感器等战场监视系统，新型"地狱火"Ⅱ型、"战斧"等导弹系统，C-17等新型运输机，大型中速滚装船等新的海运和作战物资海上预置系统，"爱国者"Ⅲ和战场高空防导等战区导弹防御系统，新型战术通信装备和卡车、坦克、步兵战斗车等普通装备，以及"科曼奇"战斗/侦察直升机、F-22战斗机和F/A-18E/F联合打击战斗机、LPD-17型两栖船坞运输舰、改进型DDG-5导弹驱逐舰和新型攻击潜艇等。先进技术论证项目有20项，包括快速力量投送系统，巡航导弹防御系统，合成战场和数据传输系统，战斗识别系统，联合后勤系统等。陆军建设的目标是增强以下5个方面的能力：兵力投送与持久作战能力，部队防护能力，赢得信息战的能力，精确打击能力和机动战控制能力。海军建设以贯彻"前沿存在——由海向陆"的战略原则为指导，围绕"人员、战备、革新(作战理论)、现代化和效能"5个方面展开。空军建设，以"全球力量，全球到达"的战略原则为指导，以"通过控制和利用空中和太空来保卫美国"为目的，围绕"保持威慑力量、建设多功能作战部队、快速补给和全球机动、控制太空战略高地、确保对信息的控制权和扩大美国的影响力"等6个方面进行。

军事战略　美国现行的军事战略，是美参谋长联席会议依照美"参与和扩展的国家安全战略"于1995年初制定的，定名为"灵活和有选择的参与战略"。从本质上讲，这一战略同布什政府于1992年初提出的"地区防务战略"没有大的区别，都是以对付局部战争为战略重点，以地区性军事强国为主要作战对象，以前沿存在和灵活反应为打赢局部战争的主要途径，都强调以保持和加强美军的核威慑(包括导弹防御)能力和常规威慑能力(包括技术优势)为核心，增强美军慑止和战胜潜在敌人"侵略"的力量。当然"灵活和有选择的参与战略"也有一些相对较新的思想：

(一)提出美军必须准备对付4种主要危险。这4种危险是：地区性不稳定；大规模杀伤武器扩散；毒品交易、恐怖主义之类的跨国危险；前苏联、东欧国家及其他地区民主改革失败带来的危险。

(二)提出美国军事战略有两大目标。它们是"促进稳定"和"挫败侵略"。所谓"促进稳定"，即促使世界各地区出现或维持有利于美国的力量平衡，使美国能够主宰各地区的事务；所谓"挫败侵略"，即一旦发生战争，就在盟友的配合下，击败任何敌手。这样，美国军事战略的作用，就由战争行动指导扩大到非战争行动指导。

(三)提出美军必须执行3种任务。这些任务是：和平时期的参与；实行威慑和防止冲突；投入战争并取得胜利。

(四)提出战时美军使用的8项原则。①确定目标并投入决定性力量；②向作战区投送必要的兵力；③与盟友进行多军种联合作战；④打赢信息战；⑤提高威慑和防护能力对付大规模杀伤武器扩散；⑥从开始进行第1场大规模冲突之时起，着手准备对付第2场地区冲突；⑦通过转移次要方向兵力和动员后备役部队，集中所需兵力；⑧从冲突一开始就着手计划赢得战争后的工作。

(五)提出部队结构的新要求。认为，核心是确保能够打赢两场同时进行的大规模局部战争，同时也要满足其他方面的需要，例如海外驻军、太空活动和核威慑等。

(六)提出军队建设的5个要素。即：①提高军人素质；②提高战备水准；③增强作战所需的各种能力(战略机动、战场侦察、全球指挥和控制及精确打击等)；④提高装备现代化水平；⑤保持部队结构均衡。

国防体制　美国宪法规定，总统是武装部队总司令，全军最高统帅。总统通过国防部领导和指挥全军，紧急情况下可越级指挥。战略核力量不论何时都由总统指挥控制。

国家安全委员会是最高防务决策咨询机构。其法定成员包括总统、副总统、国务卿和国防部长。参谋长联席会议主席是其法定军事顾问，中央情报局局长是其法定情报顾问。该委员会日常工作由总统国家安全事务助理(顾问)负责。

国防部是总统领导与指挥美国武装力量的最高军事机关，负责防务政策、计划的制定和实施，以及全般国防事务管理，并通过参谋长联席会议对全军实施作战指挥。它由国防部本部系统、军事部系统和作战指挥系统3部分组成。

国防部本部系统主要负责政策、财政、军务等全军性事务，以及各军事部间的协调。下设政策、采购与技术、人事与战备、审计与财务、指挥通信控制与情报、立法、后勤事务、情报监督、行政管理、公共事务、监察、作战试验与评估等部门，分别由副国防部长、助理国防部长、主任、局长或部门长等主管。

军事部系统包括陆军部、空军部和海军部3个军事部(军种部)。各部负责本军种的行政管理、教育训练、武器装备研制和采购及后勤保障等事务，并有责任在战时向各作战司令部提供作战部队及相应的勤务和后勤支援，但无作战指挥权。各部部长为文官，在其下设军种参谋长(海军为作战部长)。军种参谋长(海军作战部长)是本军种最高长官。

作战指挥系统指参谋长联席会议(以下简称"参联会")及隶属于它的各联合司令部、特种司令部。参联会既是总统、国防部长、国家安全委员会的军事咨询机构，也是总统和国防部长向联合司令部和特种司令部发布作战命令的军事指挥机关。从某种意义上讲，国防部是总统的军政部门，而参联会是总统的军令部门。参联会成员包括主席和3个军种参谋长(海军为作战部长)。参联会主席是美军最高军事长官，是总统和国防部长的首席军事顾问。参联会下设联合参谋部和国家军事指挥中心，负责处理日常事务和作战指挥业务。联合司令部和特种司令部是美军高级作战指挥机构。美三军部队除实行特别勤务者外，均编入某一联合或特种司令部，一旦发生重大紧急情况，联合或特种司令部即可对编入司令部的部队实施作战指挥。目前美军编有5大联合司令部(欧洲总部、太平洋总部、大西洋总部、南方总部、中央总部)和5大特种司令部(航天司令部、特种作战司令部、运输司令部、战略司令部)。必要时，也可根据总统指示将其他联合或特种司令部的部队临时划归处于紧急情况的联合司令部指挥。

美国武装力量由现役部队、后备役部队和军内文职人员3部分组成。现役部队分陆军、空军、海军和海军陆战队4个军种，分属陆军部、空军部和海军部3大军事部领导，美军后备役部队按组织系统分国民警卫队和联邦后备队两部分。国民警卫队含陆军国民警卫队、空军国民警卫队和海岸警卫队，其中海岸警卫队平时由美政府运输部管辖。后备队含陆军后备队、海军后备队、空军后备队和陆战队后备队。后备役人员按动员程度分为3类：第1类为待命后备役人员，即编入后备役部队的精选后备役人员，可立即用于增援正规部队；第2类为待编后备役人员，即动员时可征召的参训个人；第3类为退役后备役人员，必要时可应召增补负责作战支援和训练的部队。文职人员是美国联邦政府雇员的一部分，本国雇佣的称直接雇员，由驻在国政府雇佣的称间接雇员，从事的工作种类有科学家与工程师、行政管理人员、技术员、秘书和办事员、服务员、勤杂工等。

领导人物　总统兼武装部队总司令比尔·克林顿(1993年1月上任)。国防部长威廉·科恩(1997年1月上任)。国家安全事务助理塞缪尔·伯杰(1997年1月上任)。参谋长联席会议主席约翰·沙利卡什维利上将。参联会副主席约瑟夫·W·罗尔斯空军上将。陆军部长小托戈·D·弗斯特。陆军参谋长丹尼斯·J·赖默上将。空军部长希拉·E·威德诺尔(女)。空军参谋长罗纳德·R·福格尔曼上将。海军部长约翰·N·多尔顿。海军作战部长杰伊·L·约翰逊上将。海军陆战队司令查尔斯·C·克鲁拉克上将。欧洲总部司令韦斯利·克拉克陆军上将(1997年7月上任)。太平洋总部司令约瑟夫恩·W·普吕厄纳海军上将。大西洋总部司令约翰·J·希恩陆战队上将。南方总部司令韦斯利·K·克拉克陆军上将。中央总部司令詹姆斯·亨利·宾福德·皮伊三世陆军上将。航天司令部司令毫厄尔·M·埃斯蒂斯三世空军上将。特种作战司令部司令亨利·H·谢尔顿陆军上将。运输司令部司令罗伯特·L·拉瑟福德空军上将。战略司令部司令欧仁·E·哈比加空军上将。

武装力量　**兵力**　现役正规部队总人数148.38万人(1996年)。

陆军　49.5万人。编有3个集团军司令部、4个军部、10个作战师(2个装甲师、4个机械化师、2个轻步兵师、1个空中突击师、1个空降师)、7个航空旅、2个装甲骑兵团、6个炮兵旅、9个"爱国者"和3个"复仇者"防空导弹营、2个步兵/空降兵营。

主要装备：主战坦克M-60A3、M-1A1和M-1A2等型，共10497辆；轻型坦克M-551型894辆；装甲侦察车"狐狸"113辆；步兵战车M-2/-3型，共6720辆；装甲输送车M-577/-113型，共23863辆；各类火炮8160门，其中227毫米多管火箭炮857门；反坦克导弹，"陶"和"龙"式，共34940具；高炮329门，其中20毫米"火神"式118门；防空导弹"复仇者"式、自行"小檞树"式、"霍克"式改进型和"爱国者"式等，共2229部，另有大量便携式"毒刺"防空导弹；飞机约300架；直升机5331架，其中武装直升机1476架。

海军　42.67万人。编有5个舰队，即第2舰队

(大西洋)、第 3 舰队(太平洋)、第 5 舰队(波斯湾、红海)、第 6 舰队(地中海)、第 7 舰队(西太平洋)。还设有海军运输司令部。

主要装备:潜艇 95 艘,其中战略潜艇 17 艘、战术潜艇 78 艘;主要水面舰只 144 艘,其中航空母舰 12 艘、导弹巡洋舰 31 艘、导弹驱逐舰 52 艘、导弹护卫舰 49 艘。其他舰只:扫雷舰 21 艘、两栖舰 41 艘、支援及杂务舰 102 艘(其中中途补给舰 42 艘)。军事运输司令部辖船只 123 艘。

海军航空兵　编有 12 个舰载机联队。装备飞机 2966 架,其中作战飞机 1728 架;直升机 1509 架,其中反潜直升机 318 架,攻击直升机 172 架。

海军陆战队　17.39 万人。编有 3 个陆战师、3 个勤务支援大队、1 个安全保密部队营、1 个警卫营。装备 M-1A1 主战坦克 403 辆、轻装甲车 1966 辆、牵引炮 789 门、反坦克导弹 3320 部、无坐力炮 2664 门。航空兵编有 3 个联队,装备各型飞机约 1500 架,直升机约 600 架。

空军　38.82 万人。编有空中作战司令部和空中机动司令部。空中作战司令部辖 5 个航空队(其中 1 个为洲际弹道导弹部队)、23 个飞行联队;空中机动司令部辖 2 个航空队、13 个飞行联队。

主要装备:远程攻击飞机 178 架,其中 B-52H 型 66 架、B-2A 型 17 架(其中 5 架为试验机)、B-1B 型 95 架。侦察机 57 架,其中 U-2R/S 型 31 架、SR-71 型 3 架。战术飞机 2626 架,其中 F-15A/B/C/D 型 718 架、F-16A/E/C/D 型 1450 架、EF-111A 型 40 架、F-117 型 54 架、A-10A 型 235 架、OA-10A 型 134 架、EC-18B/D 型先进测距飞机 4 架、E-8C 型联合监视与目标攻击雷达系统飞机 4 架。运输机 581 架。加油机 608 架。教练机 1247 架。直升机 218 架。战略核力量实力计在海、空军内。主要装备有:408 枚潜射弹道导弹,配置于 17 艘战略导弹核潜艇中("俄亥俄"级 SSBN-734 型艇 9 艘,每艘携 24 枚"三叉戟"D-5 导弹,SSBN-726 型艇 8 艘,每艘携 24 枚"三叉戟"C-4 导弹);洲际弹道导弹 580 枚,其中"民兵"Ⅲ型 530 枚,"和平维护者"50 枚;战略轰炸机 173 架(详见空军)。

文职人员　85.37 万人。其中直接雇员 81.30 万人,间接雇员 4.07 万人。

后备役人员　188.06 万人(不含海岸警卫队),其中第 1 类后备役人员 160.22 万人,第 2 类 2.78 万人,第 3 类 25.06 万人。

部署　截至 1995 年 9 月 30 日美军部署如下:驻美国本土 128 万余人,其中驻美国大陆 194.13 万人,阿拉斯加 1.7 万人,夏威夷 3.82 万人,关岛 5509 人,另驻舰艇上 13.82 万人。驻欧洲部队 11.82 万人,分别驻在比利时、德国、英国、意大利、土耳其、西班牙、葡萄牙、冰岛、希腊、荷兰、马其顿、格陵兰等国和地区,其中驻德国 7.33 万人,另驻舰艇上 7803 人。驻亚太地区部队 8.93 万人,其中驻日本 3.91 万人,韩国 3.6 万人,澳大利亚 314 人,新加坡 166 人,菲律宾 126 人,泰国 99 人,另驻舰艇上 1.32 万人。驻西亚—北非地区 9246 人,分别驻在沙特阿拉伯、埃及、科威特、巴林和迪戈加西亚岛,另驻舰艇上 4053 人。驻撒哈拉以南非洲 3423 人,其中驻索马里 419 人,舰艇上 2848 人。驻拉美 1.71 万人,其中驻巴拿马 7227 人,古巴关塔那摩基地 5129 人。

军事基地　截至 1995 年底,美军在国内拥有主要军事设施 240 个,其中陆军 58 个,海军(含海军陆战队和海岸警卫队)112 个,空军 70 个。在海外使用的各种军事设施 300 余个。

兵役制度　从 1973 年起实行志愿兵役制度。

军衔　分 6 等 25 级,即:将官 5 级(五星上将、上将、中将、少将、准将),校官 3 级(上校、中校、少校),尉官 3 级(上尉、中尉、少尉),准尉 5 级(一、二、三、四、五级准尉),军士 6 级(一、二、三级军士长,上士、中士、下士),兵 3 级(一、二、三等兵)。

军火贸易　据统计,1996 财年美共出售军火价值 97.81 亿美元。其中出售非洲国家 4570 万美元,东亚和太平洋国家和地区 29.31 亿美元,拉美国家 2.58 亿美元,欧洲国家和加拿大 27.73 亿美元,近东和南亚国家 34.05 亿美元,其他国家或地区 3.68 亿美元。购美军火超 2 亿美元的国家和地区是:日本 4.08 亿美元,马来西亚 2.71 亿美元,韩国 9.40 亿美元,台湾地区 2.78 亿美元,泰国 7.35 亿美元,丹麦 2.85 亿美元,希腊 3.30 亿美元,荷兰 2.82 亿美元,挪威 2.51 亿美元,土耳其 4.50 亿美元,英国 2.97 亿美元,埃及 14.56 亿美元,以色列 4.40 亿美元,沙特阿拉伯 7.34 亿美元。

(符成礼)

墨　西　哥

国　　名　墨西哥合众国。

主要统计　面积 197.2546 万平方千米。人口 9212.9 万人(其中,13～17 岁男 504.1 万人,女 490.9 万人;18～22 岁男 485.6 万人,女 477.1 万人;23～32 岁男 817.2 万人,女 820.8 万人)。国内生产总值 15980 亿比索,合 2870 亿美元(1995 年)。国防费 166 亿比索,合 30 亿美元(1996 年国防预算)。原煤 763 万吨(1993 年)。原油 9.8 亿桶(1994 年)。天然气 375.14 亿立方米(1994 年)。发电量 1349.25 亿度(1993 年)。粮食 2741.2 万吨(1994 年)。海运能力,商船(载重 100 吨以上)635 艘,总载重量 149.53 万吨(1992 年)。民航能力,固定航班机场 83 处,客运量 191.18 亿人千米、货运量 18.23 亿吨千米(1995 年)。

国防体制　宪法规定,总统为武装力量统帅。国防部和海军部分别为政府中的一个部,是最高军事行政机关,也是最高军事指挥机构。国防部领导并指挥陆、空军和准军事部队,海军部领导和指挥海军。国防部长和海军部长经总统任命,由现役高级将领担任。武装力量由正规军和准军事部队组成。正规军分陆、海、空三个军种。总统通过国防部和海军部对全国武装力量实施领导和指挥。

领导人物　总统兼武装力量统帅埃内斯托·塞迪略(1994 年 12 月上任)。国防部长恩里克·塞万提斯·阿吉雷将军(1994 年 12 月上任)。海军部长何塞·拉蒙·洛伦索·佛朗哥海军上将(1994 年 12 月上任)。

武装力量　**兵力**　现役部队 17.5 万人。

陆军　13 万人。编有 12 个军区、39 个守备区(下辖 28 个团、11 个营)、2 个步兵旅、1 个摩步旅、1 个装甲旅、1 个总统警卫旅、1 个空降旅。

装甲侦察车:M-8 型、"大山猫"等共 275 辆。装甲输送车:HWK-11 型、VCR/TT 型等共 274 辆。牵引炮:118 门。自行炮:5 门。迫击炮:1520 门。反坦克导弹:"米兰"若干具。反坦克炮:30 门。高炮:40 门。

海军　3.7 万人(含陆战队和海军航空兵)。

驱逐舰:"基林"级 2 艘,"弗莱彻"级 1 艘。护卫舰:"埃德索尔"级 1 艘、"布朗斯坦"级 2 艘、"劳伦斯/克罗斯利"级 1 艘。巡逻舰:"奥尔辛赫尔"级 4 艘、"乌里维"级 6 艘、"瓜纳华托"级 1 艘、"海鸦"级 16 艘、"钦佩"级 12 艘。大型巡逻艇:44 艘。江河巡逻艇:20 艘。登陆舰:2 艘。后勤支援舰:22 艘。

陆战队　8600 人。装备有两栖车辆 25 辆,牵引炮 8 门、迫击炮 100 门、无坐力炮、高炮若干门。

海军航空兵　1100 人。装备有飞机 91 架,其中作战飞机 9 架、直升机 25 架。

空军　0.8 万人(含空降旅 1500 人)。编有 1 个战斗机中队、5 个防暴机中队、5 个运输机中队、1 个搜索与教练机中队、2 个摄影侦察机中队。作战飞机 97 架、武装直升机 25 架。

战斗机:F-5E/5F 型 10 架。防暴机:PC-7 型 40 架、AT-33 型 12 架。防暴直升机:"贝尔"205 型 5 架、"贝尔"206 型 5 架、"贝尔"212 型 15 架。运输机:47 架。联络通用机:53 架。摄影侦察机:11 架。搜索与救援机:12 架。教练机:90 架(其中 35 架 AT-33 型具有作战能力)。直升机:50 架。

文职人员　3000 人

预备役部队　30 万人。

准军事部队　农防民兵 1.4 万人。

兵役制度　名义上实行义务兵役制,实际上实行义务兵役与志愿兵役相结合的兵役制度。义务兵服役期 1 年,志愿兵服役期 3～9 年。各级军官最高服役年龄将官为 65 岁,校官为 58 岁,尉官为 52 岁。

军衔　分 5 等 15 级,即将官 3 级(上将、中将、少将),校官 3 级(上校、中校、少校),尉官 4 级(一级上尉、上尉、中尉、少尉),军士 3 级(上士、中士、下士),兵 2 级(上等兵、列兵)。

(田雨、赵可丹)

萨尔瓦多

国　　名　萨尔瓦多共和国。

主要统计　面积2.1393万平方千米。人口577.1万人(其中,13～17岁男36.6万人,女35.3万人;18～22岁男32.8万人,女32.3万人;23～32岁男44万人,女47.4万人)。国内生产总值845亿科朗,合71亿美元(1995年)。国防费8.86亿科朗,合7500万美元(1996年国防预算)。发电量28.58亿度(1993年)。粮食94.3万吨(1994年)。海运能力,商船(载重100吨以上)15艘,总载重量不详(1992年)。民航能力,固定航班机场1处,客运量12.89亿千米、货运量700万吨千米(1995年)。

国防体制　宪法规定,总统为武装力量统帅。国防部是最高军事行政机关,最高军事指挥机构为联合参谋部。武装力量由正规军和准军事部队组成。正规军分陆、海、空三个军种,总统通过国防部和联合参谋部对全国武装力量实施领导和指挥。

领导人物　总统兼武装力量统帅阿曼多·卡尔德隆·索尔(1994年4月上任)。国防部长海梅·古斯曼·莫拉莱斯(1994年上任)。武装力量总参谋长毛里西奥·伊萨克·杜克上校。

武装力量　**兵力**　现役部队2.84万人。

陆军　2.57万人。编有6个步兵旅、1个边防警卫旅、8个步兵特遣队、1个炮兵旅、1个机械化骑兵团、1个工程兵营、2个独立营、1个特种作战大队。

装甲侦察车:AML-90型10辆。装甲输送车:62辆。牵引炮:78门。迫击炮:360门。无坐力炮:420余门。高炮:40门。地空导弹:SA-7型若干部。

海军　1100人(含陆战队150人)。

巡逻艇:5艘。登陆艇:2艘。其他舰船若干艘。

陆战队　150人,编有1个陆战连。

空军　1600人(包括防空部队)。编有2个防暴机中队、2个运输机中队。作战飞机20架、攻击直升机25架。

防暴机:A-37B型10架、AC-47型2架、O-2A型8架。攻击直升机:“休斯”MD500D/E型共10架、UH-1M型15架。运输机:42架,其中24架为直升机。联络机:2架。教练机:6架。

准军事部队　国民警察约1.2万人。

兵役制度　实行义务兵役制,士兵服役期1年。

军衔　军官分3等7级,即将官1级(少将),校官3级(上校、中校、少校),尉官3级(上尉、中尉、少尉)。

驻外兵力　参加联合国驻西撒哈拉军事观察员2人。

(白　冰)

危地马拉

国　　名　危地马拉共和国。

主要统计　面积10.8889万平方千米。人口1092.6万人(其中,13～17岁男65.5万人,女63.8万人;18～22岁男55.1万人,女53.9万人;23～32岁男81.5万人,女80.7万人)。国内生产总值850亿格查尔,合104亿美元(1995年)。国防费12亿格查尔,合1.46亿美元(1996年国防预算)。原油300万桶(1994年)。发电量30.84亿度(1993年)。粮食150.3万吨(1994年)。海运能力,商船(载重100吨以上)8艘,总载重量400吨(1992年)。民航能力,固定航班机场2处,客运量3.84亿人千米、货运量2100万吨千米(1995年)。

国防体制　宪法规定,总统为武装力量统帅。最高军事咨询机构为最高国防委员会,成员有国防部长、国防参谋长和陆、海、空军参谋长等。国防部是最高军事行政机关,由军衔最高、资历最深的军官担任部长。武装力量由正规军和准军事部队组成。正规军分陆、海、空三个军种。准军事部队有国家警察、财政警察和地方民兵。最高军事指挥机构为国防参谋部。总统通过国防部和国防参谋部对全国武装力量实施领导和指挥。

领导人物 总统兼武装力量总司令阿尔瓦罗·阿尔苏·伊里戈延(1996年1月上任)。国防部长胡利奥·巴尔科尼·图西奥斯(1996年1月上任)。

武装力量 **兵力** 现役部队4.42万人。

陆军 4.2万人。编有40个步兵营、1个战术安全大队、6个装甲中队、1个特种兵大队、2个空降营、1个工程兵营、2个战略后备旅、1个总统卫队营、1个宪兵营。

坦克:M-41A3型10辆。装甲侦察车:M-8型8辆、RBY-1型5辆。装甲输送车:54辆。牵引炮:84门。迫击炮:85门。无坐力炮:约84门。高炮:16门。

海军 1500人(含陆战队650人)。编有2个分舰队。

巡逻艇:9艘。江河巡逻艇:18艘。运输船:2艘。

空军 700人。编有1个防暴机中队、1个直升机中队、1个运输机中队、1个联络机中队。作战飞机14架、攻击直升机7架。

防暴机:"色斯纳"A-37B型2架、PC-7型8架、IAI-201型4架。攻击直升机:"贝尔"212/412型7架。运输机:8架。联络机:4架。直升机:17架。教练机:6架。

预备役部队 陆军3.5万人、海军若干人、空军200人。

准军事部队 国家警察9800人、财政警察2500人、地方民兵30万人。

兵役制度 实行义务兵役制,士兵服役期为2.5年。

军衔 分3等9级,即将官2级(中将、少将),校官3级(上校、中校、少校),尉官4级(上尉、中尉、少尉、准尉)。

(田雨、赵可丹)

委 内 瑞 拉

国　　名 委内瑞拉共和国。

主要统计 面积91.67万平方千米。人口2235.4万人(其中,13～17岁男119.5万人,女115.1万人;18～22岁男109.2万人,女105.6万人;23～32岁男189万人,女184万人)。国内生产总值600亿美元(1995年)。国防费7.24亿美元(1996年国防预算估计)。粗钢336万吨(1992年)。原煤389.1万吨(1993年)。原油8.99亿桶(1994年)。天然气235.91亿立方米(1994年)。发电量713.88亿度(1993年)。粮食206.9万吨(1994年)。海运能力,商船(载重100吨以上)271艘、总载重量135.54万吨(1992年)。民航能力,固定航班机场24处,客运量67.08亿人千米、货运量1.49亿吨千米(1995年)。

国防体制 宪法规定,总统为武装力量统帅。最高国防决策机构为国家安全与防务委员会,成员有总统、国防部长、内政部长、外交部长、财政部长、武装力量总监、联合参谋长等,由总统任主席。国防部为最高军事行政机关,负责武装力量的管理、训练、装备和军工生产等工作。武装力量由正规军和准军事部队组成。正规军分陆、海、空军和国民警卫队(亦称合作武装力量)四个军种。最高军事指挥机构为全国武装力量最高委员会,成员有国防部长、武装力量总监、联合参谋长及陆、海、空军和国民警卫队司令,由国防部长任主席。总统通过国防部长和全国武装力量最高委员会对全国武装力量实施领导和指挥。

领导人物 总统兼武装力量统帅拉斐尔·卡尔德拉(1994年2月上任)。国防部长莫伊索斯·安东尼奥·奥罗斯科·格拉特洛尔陆军中将(1994年2月上任)。武装力量总监何塞·阿古斯丁·博尔赫斯·布拉斯科空军中将。陆军司令佩德罗·尼古拉斯·巴兰西亚·比瓦斯中将(1994年12月上任)。海军司令赫苏斯·恩里克·布里塞尼奥·加西亚中将(1994年12月上任)。空军司令胡安·安东尼奥·帕雷德斯·尼诺空军中将。

武装力量 **兵力** 现役部队7.9万人。

陆军 3.4万人。编有6个步兵师、1个装甲旅、1个骑兵旅、7个步兵旅、1个伞兵旅、1个别动旅、1个陆军航空兵团。

坦克:AMX-30型70辆、M-18型75辆、AMX-13型36辆、"蝎子"80辆。装甲侦察车:AML-60/-90型

10 辆、M-8 型 30 辆。装甲输送车:280 辆。牵引炮:92 门。自行炮:15 门。火箭炮:20 门。迫击炮:230 门。反坦克导弹:约 24 具。无坐力炮:175 门。飞机:9 架。直升机:20 架(其中 5 架 A-109 型为攻击直升机)。

海军　1.5 万人(含陆战队、海军航空兵和海岸警卫队)。编有 1 个潜艇分队、1 个护卫分舰队、1 个巡逻艇分队、1 个两栖分舰队、1 个勤务分舰队。

潜艇:T-209 型 2 艘。护卫舰:“狼”级 6 艘。导弹快艇:6 艘。登陆舰艇:18 艘。后勤支援舰船:5 艘。

陆战队　5000 人。装备有装甲输送车 46 辆、牵引炮 18 门、高炮 6 门。

海军航空兵　1000 人。装备有各型飞机 21 架,其中作战飞机 4 架、武装直升机 8 架。

海岸警卫队　1000 人。装备有轻型护卫舰 3 艘、炮艇 6 艘、小型巡逻艇若干。

空军　0.7 万人。编有 4 个战斗机兼攻击战斗机大队、1 个防暴机大队、1 个武装直升机大队、1 个教练机大队。作战飞机 104 架、武装直升机 27 架。

战斗机兼攻击战斗机:CF-5A/B 型 15 架、NF-5A/B 型 7 架、“幻影”7 架、F-16A/B 型 21 架。防暴机:EMB-312 型 10 架、OV-10A 型 15 架。攻击直升机:SA-316 型 10 架、UH-1 型 17 架。运输机:24 架。运输直升机:34 架。要员专机:5 架。联络机:31 架。教练机:49 架(其中 12 架 EMB-312 型、17 架 T-2D 型具有作战能力)。空空导弹:若干枚。高炮:约 110 门。地空导弹:“罗兰”10 部。

国民警卫队(合作武装力量)　2.3 万人,装备有步兵战车 20 辆、装甲输送车 24 辆、60 毫米迫击炮 100 门、81 毫米迫击炮 50 门、飞机 17 架、直升机 24 架、巡逻艇 82 艘。

兵役制度　实行义务兵役制,士兵服役期 2 年(海军 2 年半)。各级军官最高服役年限为:上将无限制、中将 59 岁、少将 57 岁、上校 54 岁、中校 50 岁、少校 46 岁、上尉 42 岁、中尉 37 岁、少尉 32 岁。

军衔　分 5 等 20 级,即将官 3 级(上将、中将、少将),校官 3 级(上校、中校、少校),尉官 3 级(上尉、中尉、少尉),军士 7 级(军士长、副军士长、一级上士、二级上士、三级上士、中士、下士),兵 4 级(一级上等兵、二级上等兵、上等兵、列兵)。

驻外兵力　参加联合国维和行动:驻伊拉克和科威特观察员 2 人,驻西撒哈拉观察员 3 人。

(田雨、赵可丹)

乌　拉　圭

国　　名　乌拉圭东岸共和国。

主要统计　面积 17.6215 万平方千米。人口 319.6 万人(其中,13～17 岁男 13.6 万人,女 13.1 万人;18～22 岁男 13.5 万人,女 13 万人;23～32 岁男 3.3 万人,女 3.1 万人)。国内生产总值 1130 亿比索,合 122 亿美元(1995 年)。国防费 27 亿比索,合 3.27 亿美元(1995 年国防预算估计)。发电量 79.89 亿度(1993 年)。粮食 142.8 万吨(1994 年)。海运能力,商船(载重 100 吨以上)93 艘,总载重量 17.25 万吨(1992 年)。民航能力,固定航班机场 1 处,客运量 4.71 亿千米、货运量 2600 万吨千米(1995 年)。

国防体制　宪法规定,总统为武装力量统帅。国防部是最高军事行政机关。联合参谋部是国防部领导下的各军种协调机构,对部队无指挥权。武装力量由正规军和准军事部队组成。正规军分陆、海、空三个军种。各军种司令为本军种最高军事长官,负责本军种的作战指挥。各军种参谋部是军种司令的参谋机构。总统通过国防部、联合参谋部和各军种司令对全国武装力量实施领导和指挥。

领导人物　总统兼武装力量统帅胡利奥·玛丽亚·桑吉内蒂(1995 年 3 月上任)。国防部长劳尔·伊图里亚·伊加萨瓦尔(1995 年 3 月上任)。陆军司令丹尼尔·加西亚将军(1995 年 3 月上任)。海军司令劳尔·里索将军(1995 年 3 月上任)。空军司令米克尔·苏尼奥尔将军(1995 年 3 月上任)。

武装力量　**兵力**　现役部队 2.56 万人。

陆军　1.76 万人。编有 10 个旅、7 个营。

坦克:M-24 型 17 辆、M-3A1 型 29 辆、M-41A1 型 22 辆。装甲侦察车:EE-3 型 16 辆、“响尾蛇”10 辆。装甲输送车:125 辆。牵引炮:65 门。迫击炮:149 门。反坦克导弹:“米兰”5 具。无坐力炮:60 门。高炮:14 门。

海军　0.5 万人(含陆战队、海军航空兵和海岸警卫队)。编有 1 个舰队。

护卫舰:“里维埃司令官”级 3 艘。巡逻艇:10 艘。

扫雷艇:4 艘。登陆艇:6 艘。支援和杂务舰船:5 艘。

陆战队　400 人,编有 1 个营。

海军航空兵　280 人,装备有各型飞机 12 架(其中作战飞机 1 架)、直升机 7 架。

海岸警卫队　1600 人。

空军　0.3 万人。编有 2 个防暴机中队、1 个搜索与救援机中队、3 个运输机中队。作战飞机 34 架。

防暴机:A-37B 型 10 架、T-33A 型 7 架、IA-58B 型 5 架。搜索与救援直升机:5 架。运输机:12 架。联络机:10 架。航测机:1 架。教练机:22 架(其中 12 架 T-34A/B 型具有作战能力)。

准军事部队　城市卫队 450 人、共和国卫队 470 人。

兵役制度　实行志愿兵役为主、义务兵役为辅的兵役制度,士兵服役期 1 年。

军衔　分 5 等 16 级,即将官 2 级(中将、少将),校官 3 级(上校、中校、少校),尉官 5 级(上尉、一级中尉、二级中尉、少尉、准尉),军士 4 级(一级上士、二级上士、中士、下士),兵 2 级(上等兵、列兵)。

驻外兵力　1966 年共有 971 人参加联合国维和行动。

(白　冰)

智　利

国　　名　智利共和国。

主要统计　面积75.6626万平方千米(含岛屿)。人口 1441 万人(其中,13～17 岁男 65.5 万人,女 63.1 万人;18～22 岁男 61.9 万人,女 59.9 万人;23～32 岁男 123 万人,女 120.4 万人)。国内生产总值 251000 亿智利比索,合 516 亿美元(1995 年)。国防费 9700 亿智利比索,合 20 亿美元(1996 年国防预算)。原煤 139.7 万吨(1993 年)。原油 400 万桶(1994 年)。天然气 11.38 亿立方米(1994 年)。发电量 240.04 亿度(1993 年)。粮食 261.9 万吨(1994 年)。海运能力,商船(载重 100 吨以上)392 艘,总载重量 85.49 万吨(1992 年)。民航能力,固定航班机场 18 处,客运量 44.25 亿人千米、货运量 6.16 亿吨千米(1995 年)。

国防体制　宪法规定,总统为武装力量统帅。最高国防决策机构为国家安全委员会,成员有总统、国防、外交、内政、经济、财政部长等内阁成员以及陆、海、空三军司令和警察司令等,由总统任主席。国防部是最高军事行政机关。国防参谋部是国防部的执行机构,负责协调和制定三军的作战、训练、动员、情报和预算等工人。武装力量由正规军和准军事部队组成。正规军分陆、海、空三个军种。三军实行分权独立,无统一的军事指挥机构,各军种司令为本军种最高军事长官。总统通过国防部和各军种司令对全国武装力量实施领导和指挥。

领导人物　总统兼武装力量统帅爱德华多·弗雷·鲁伊斯—塔格莱(1994 年 3 月上任)。国防部长埃德蒙多·佩雷斯·约马(1994 年 3 月上任)。陆军总司令奥古斯托·皮诺切特·乌加特上将(1973 年上任)。海军总司令豪尔赫·马丁内斯·布什上将(1990 年上任)。空军总司令弗尔南多·罗哈斯上将(1995 年上任)。

武装力量　**兵力**　现役部队 8.97 万人。

陆军　5.17 万人。编有 2 个军部、7 个师(共辖 8 个团)、2 个旅、1 个航空兵旅。

坦克:M-4A3 型 100 辆、AMX-30 型 19 辆、M-24 型 21 辆、M-41 型 60 辆。装甲侦察车:"响尾蛇"50 辆。步兵战车:"剪刀鱼"20 辆。装甲输送车:310 辆。牵引炮:126 门。自行炮:12 门。迫击炮:440 门。反坦克导弹:"米兰"等若干具。无坐力炮和高炮:若干门。地空导弹:若干部。飞机:41 架。直升机:54 架。

海军　2.4 万人(含陆战队、海军航空兵和海岸警卫队)。编有 4 个海军军区、1 个舰队、3 个司令部。

潜艇:"奥伯隆"级 2 艘、"汤姆森"级 2 艘。驱逐舰:"威廉斯海军上将"级 1 艘、"诺福克"级 4 艘。护卫舰:"利安德"级 4 艘。导弹攻击快艇:4 艘。鱼雷攻击快艇:4 艘。巡逻艇:15 艘。坦克登陆舰:3 艘。登陆艇:2 艘。辅助舰船:11 艘。

陆战队　5000 人,装备有装甲车辆 90 辆、牵引炮 61 门、海岸炮 20 门、迫击炮 50 门、无坐力炮 30 门、地空导弹若干部。

海军航空兵　800 人,装备有飞机 57 架,其中作战飞机 16 架、武装直升机 10 架。

海岸警卫队　1500 人,装备有巡逻艇 17 艘。

空军　1.4万人。编有5个航空旅、7个中队。作战飞机110架。

攻击战斗机:"幻影"21架、F-5型16架。防暴机:A-37B型30架、A-36型24架。战斗机:"幻影"19架。侦察机:4架。运输机:39架。预警机:1架。教练机:120架。直升机:31架。地空和空空导弹:若干部(枚)。

预备役部队　5万人(陆军)。

准军事部队　警察3.12万人。

兵役制度　实行义务兵役制,士兵服役期陆军为1年,海、空军为2年。

军衔　分5等19级。即将官3级(上将、中将、少将),校官3级(上校、中校、少校),尉官4级(上尉、中尉、少尉、准尉),军士6级(一级军士长、二级军士长、上士、中士、一级下士、二级下士),兵3级(一等兵、二等兵、列兵)

(翁宏华、易泓玮)

大洋洲国家军事概况

澳　大　利　亚

国　　名　澳大利亚联邦。

主要统计　面积768.23万平方千米。人口1845万人(其中,13～17岁男67万人,女63万人;18～22岁男69.3万人,女66.1万人;23～32岁男152.5万人,女147万人)。国内生产总值3470亿美元(1995年)。国防费73亿美元(1996年国防预算)。原煤2.24亿吨(1993年)。原油1.94亿桶(1994年)。天然气280.25亿立方米(1994年)。发电量1635.57亿度(1993年)。粮食1446.2万吨(1994年)。海运能力,商船(载重100吨以上)695艘,总载重量385.73万吨(1992年)。民航能力,固定航班机场428处,客运量412.79亿人千米、货运量25.78亿吨千米(1995年)。

国防体制　总督为武装力量总司令。国防部为武装力量最高领率机构。国防委员会为总司令的参谋机构,国防部长任主席。国防军司令为国防部长的首席军事顾问。武装力量由现役部队和预备役部队组成,分陆、海、空三个军种。

领导人物　总督兼武装力量总司令威廉·帕特里克·迪恩(1996年2月上任)。国防部长伊恩·麦克拉克伦(1996年3月上任)。国防军司令约翰·斯图尔特·贝克上将(1995年7月上任)。陆军参谋长约翰·默里·桑德森中将(1995年7月上任)。海军参谋长罗德·格雷厄姆·泰勒中将(1994年上任)。空军参谋长莱斯利·布鲁斯·费希尔中将(1994年上任)。

武装力量　**兵力**　现役部队5.78万人。

陆军　2.6万人。编有1个野战部队司令部、1个北方司令部、1个步兵师、1个装甲团、1个装甲侦察团、1个装甲输送中队、4个步兵营、2个炮兵团、1个防空团、2个工程兵团、1个特种部队团和2个航空团。

主战坦克:"豹"IA3型71辆。步兵战车:M-113型46辆。装甲输送车:M-113型等共545辆。牵引炮:105、155毫米385门。迫击炮:81毫米296门。无坐力炮:84、106毫米651门。反坦克导弹:"米兰"10具。地空导弹:"轻剑"等共36部。飞机:3架。直升机:共128架,其中UH-1H型25架为武装直升机。两栖舰艇:68艘。

海军　1.47万人(含航空兵)。编有1个近海司令部、1个支援司令部、6个海区司令部。

潜艇:"奥克斯利"级3艘、"科林斯"级1艘。导弹驱逐舰:"佩思"级3艘。导弹护卫舰:"阿德莱德"级6艘。护卫舰:"斯旺"级1艘、"安扎克"级1艘。巡逻艇:16艘。扫雷艇:6艘。两栖舰艇:6艘。支援及杂务船:9艘。

海军航空兵　900人,编有2个反潜直升机中队、1个运输/救援中队,装备有武装直升机23架、运输/救援机9架、航测机1架。

空军　1.71万人。编有2个攻击战斗机兼侦察机中队、3个战斗机兼攻击机中队、1个战术训练机中队、2个海上侦察机中队、7个运输机中队。作战飞机126架。

攻击战斗机兼侦察机:F-111 型 36 架。战斗机兼攻击战斗机:F/A-18 型 71 架。海上武装侦察机:P-3C 型 19 架。空中加油机:4 架。运输机:62 架。前进指挥引导机:3 架。教练机:92 架。支援机:6 架。空地和空空导弹:若干枚。

预备役部队　4.948 万人,其中陆军 3.39 万人、海军 8530 人、空军 7050 人。

准军事部队　海关总局装备有海上侦察机 17 架、直升机 4 架、小船 6 艘。

兵役制度　实行志愿兵役制。

驻外兵力　驻马来西亚("5 国联防"组织)148 人(1 个步兵连及 1 个空军分遣队)。驻巴布亚新几内亚 52 人。此外,1996 年共有 58 人在塞浦路斯、埃及和中东等国执行联合国维和任务。

外国驻军　美国海军 100 人。西兰空军 54 人及攻击战斗机 6 架。新加坡(160 人)建有 1 所飞行训练学校。

(孟　丽)

巴布亚新几内亚

国　　名　巴布亚新几内亚独立国。

主要统计　面积46.1893万平方千米。人口 444.8 万人(其中,13～17 岁男 25.4 万人,女 23.9 万人;18～22 岁男 23.1 万人,女 21.4 万人;23～32 岁男 38.4 万人,女 34.3 万人)。国内生产总值 52 亿美元(1995 年)。国防费 5200 万美元(1996 年国防预算)。原油 4400 万桶(1994 年)。天然气 9300 万立方米(1994 年)。发电量 17.9 亿度(1993 年)。粮食 3000 吨(1994 年)。海运能力,商船(载重 100 吨以上)87 艘,总载重量 4.09 万吨(1992 年)。民航能力,固定航班机场 110 处,客运量 7.38 亿人千米、货运量 8240 万吨千米(1995 年)。

国防体制　总督为武装力量司令。国防部为武装力量最高领率机构。武装力量主要是陆军,还有少量海、空军。总督通过国防部统率全军。

领导人物　总督兼武装力量司令维瓦·科洛韦(1991 年 11 月上任)。国防部长马塞厄斯·艾亚佩(1994 年 9 月上任)。国防军司令托尼·怀准将(1994 年 9 月上任)。

武装力量　**兵力**　现役部队 3700 人。

陆军　3200 人。编有 2 个步兵营和 1 个工程兵营。装备有 81 毫米迫击炮若干。

海军　400 人。设有 2 个海军基地。装备巡逻艇 4 艘、两栖船只 6 艘。

空军　100 人。装备运输机 5 架、直升机 4 架。

兵役制度　实行志愿兵役制。

外国驻军　澳大利亚驻军 100 人和顾问 75 人。

(孟　丽)

斐　济

国　　名　斐济共和国。

主要统计　面积 1.8333 万平方千米。人口 76.5 万人(其中,13～17 岁男 4.7 万人,女 4.4 万人;18～22 岁男 4 万人,女 3.8 万人;23～32 岁男 6.2 万人,女 6 万人)。国内生产总值约 18 亿美元(1995 年)。国防费 3300 万美元(1996 年国防预算)。发电量 4.65 亿度(1993 年)。粮食 3.2 万吨(1994 年)。海运能力,商船(载重 100 吨以上)64 艘,总载重量 6.04 万吨(1992 年)。民航能力,固定航班机场 13 处,客运量 10.8 亿人千米、货运量 5580 万吨千米(1995 年)。

国防体制　总统为武装力量总司令。武装力量由现役部队和预备役部队组成。现役部队只有陆军和海军。总统通过武装部队司令领导和指挥全军。

领导人物　总统兼武装力量总司令卡米塞塞·马拉(1994 年 1 月上任)。武装部队司令拉图·爱佩利·加尼劳准将。

武装力量 **兵力** 现役部队约3600人。

陆军 3300人。编有7个步兵营、1个工程兵营、1个炮兵连和1个特战队。装备88毫米牵引炮若干、81毫米迫击炮12门。

海军 290人。设有1个海军基地。装备巡逻艇9艘,其他舰艇2艘。

预备役部队 约6000人。

兵役制度 实行志愿兵役制。

驻外兵力 有987名官兵在埃及、安哥拉、黎巴嫩、克罗地亚和伊拉克/科威特边界执行联合国维和任务。

(孟 丽)

新 西 兰

国 名 新西兰。

主要统计 面积27.0534万平方千米。人口356.1万人(其中,13～17岁男12.9万人,女12.2万人;18～22岁男13.9万人,女13.1万人;23～32岁男29.5万人,女28.2万人)。国内生产总值537亿美元(1995年)。国防费7.46亿美元(1997年国防预算)。原煤310.1万吨(1993年)。原油1600万桶(1994年)。天然气40.33亿立方米(1994年)。发电量312.48亿度(1993年)。粮食77.9万吨(1994年)。海运能力,商船(载重100吨以上)139艘,总载重量27.98万吨(1992年)。民航能力,固定航班机场36处,客运量125.51亿人千米、货运量16.06亿吨千米(1995年)。

国防体制 总督为武装力量司令。国防部为武装力量最高领率机构。国防委员会为政府在国防政策方面的咨询机构,由国防部长任主席,国防秘书长和国防参谋长任副主席,成员有陆、海、空三军参谋长等。武装力量由现役部队和预备役部队组成,分陆、海、空三个军种。总督通过国防部领导和指挥全军。

领导人物 总督兼武装力量司令凯瑟琳·蒂泽德夫人(1990年12月上任)。国防部长保罗·伊斯特(1996年2月上任)。国防参谋长约翰·梅斯中将。陆军参谋长布鲁斯·麦德伦少将。海军参谋长S·提格尔少将。空军参谋长彼得·安德森中将。

武装力量 **兵力** 现役部队9870人。

陆军 4500人。编有1个装甲侦察/输送团、2个步兵营、1个炮兵团、1个工程兵团和2个特种部队中队。

轻型坦克:"蝎子"26辆。装甲输送车:78辆。牵引炮:34门。迫击炮:50门。无坐力炮:63门。

海军 2150人。

护卫舰:"怀卡托"级3艘。巡逻艇:4艘。支援与杂务舰船:5艘。

海军航空兵 装备有5架"黄蜂"式武装直升机。

空军 3220人。编有2个对地攻击战斗机中队、1个海上侦察机中队、1个轻型攻击兼教练机中队、2个运输机中队和2个教练机中队。作战飞机42架。

对地攻击战斗机:A-4K型14架、TA-4K型5架。海上侦察机:"猎户座"6架。轻型攻击兼教练机:MB-339C型17架。反潜飞机:5架。运输机:16架。运输直升机:18架。教练机:22架。空地、空空导弹:若干枚。

预备役部队 约6660人,其中常备军约1310人(陆军500人、海军800人、空军10人),地方部队5350人(陆军4600人、海军400人、空军350人。)

兵役制度 实行志愿兵役制。

驻外兵力 驻澳大利亚54人、飞机13架。新加坡("5国联防"组织)11人。另有52名军职和文职人员在埃及、中东、安哥拉和克罗地亚等国执行联合国维和任务。

(孟 丽)

(本栏责任编辑 杜燕琼)

其他国家

国名	现役部队					主要武器						
	总兵力（人）	陆军（人）	海军（人）	空军（人）	其他（人）	（坦克）装甲车辆（辆）	火炮（门）牵引炮	迫击炮	无坐力炮	高炮	导弹（具、部）反坦克	地-空
巴勒斯坦	巴勒斯坦民族人民军现有兵力约1万人，装备有坦克、火炮及导弹等。根据巴以协议，巴“自治政府”建											
贝宁	4800	4500	150	150		(20)/33	4	若干				
博茨瓦纳	7500	7000		500		(90)/42	16	16	30	7	6	27
布基纳法索	10000	5600		200	宪兵 4200	96	14	若干	若干	30		若干
布隆迪	22000	18500	（海上警察 50 人）属宪兵	(100)属陆军	宪兵 3500	54		18	15	15		
赤道几内亚	1320	1100	120	100		16						
多哥	6950	6500	200	250		(11)/91	4	20	27	43		
厄立特里亚	目前厄人民军总兵力为55000人，计划削减至48000人。装备有飞机10余架，舰艇10余艘。											
佛得角	1100	1000		100		10	24	18		30		50
冈比亚	800	730	70									
吉布提	9600	8000	200	200	宪兵 1200	31	6	45	16	15		
加蓬	4700	3200	500	1000		约 103	4	39	若干	41	4	
科摩罗	科国防军总兵力约600人。科长期驻有法军，其海、空防务完全依靠法国驻军。											
科特迪瓦	13900	6800	900	700	总统卫队 1100，宪兵 4400	(5)/52	4	16	若干	21		
莱索托	2000	2000				约 18	2	若干	若干			
利比里亚	因内战，武装力量分属各派，目前，临时政府军约3000人，“争取民主联合解放运动”约7000人，“全国爱											
卢旺达	33000	33000				10 余	若干	若干				
毛里求斯	无正规作战部队，所有武装均属准军事部队。现有特别机动队1300人，装备装甲车10辆、迫击炮2门；											
纳米比亚	8100	8000	100	属陆军建制		若干		若干	若干	45		若干
尼日尔	5300	5200		100		154		40	14	39		
塞拉利昂	14200	14000	200			10 余		7	若干	7		若干
塞舌尔	300	300	*海岸警卫队 500	*空军联队 100		6	3	6		若干		10
圣多美和普林西比	约 1000											
斯威士兰	约 3000											

军 事 概 况

装备：飞机（其中作战飞机）（架）	装备：直升机（其中武装直升机）（架）	装备：舰艇（艘）	装备：其他	（预备役）/准军事部队（人）	外国驻军（人）	参加联合国维和人数	备注

立的警察部队约有 1.65 万人，装备有少量武器。

10	3	5		2500			
44(34)	7			1000			1 年多来武器装备有很大改善，增加了 90 辆坦克，飞机由 28(19)增至 44(34)架。
19(5)			火箭炮若干	民兵 45000			与去年比飞机数量由 23(10)减至 19(5)架。
8(7)	2	4					
5	2	4		民兵卫队 2 个连	摩洛哥 360		
25(16)	5	4		750		12	

1		2		海岸警卫队约 50 人			
		4	轻武器若干				
7	4	8		3000	法军 3900	19	
28(16)	12(5)	4	火箭炮 8	约 4800	法军 600		

17(5)	8	5		(12000)/2300 民兵等	法军 700		
3	5						

国党”约 1.2 万人，“和平委员会”约 2000 人。在利境内仍驻有 8600 名西非维和部队、14 名联合国观察员。

							反对派武装约 3 万人。

海岸警卫队约 500 人，装备舰艇 4 艘；空中警察装备飞机 2 架。

8	2	3	火箭炮 5			205	
8			反坦克炮若干	5400			
	1	5		800	几内亚 300 尼日利亚 1000	西非维和部队 700	反对派武装约 3～5 千人。
3(1)*	1*	5*		1000			* 海岸警卫队、空军联队及其装备均属准军事部队。

国名	现役部队					主要武						
	总兵力（人）	陆军（人）	海军（人）	空军（人）	其他（人）	（坦克）/装甲车辆（辆）	火炮（门）				导弹（具、部）	
							牵引炮	迫击炮	无坐力炮	高炮	反坦克	地-空
索马里	1991年西亚德政府垮台后，索一直处于军阀武装割据，全国四分五裂状态。原政府军早已瓦解，其武器											
中非	4950（含宪兵）	2500		150		（4）/40余		12	14			
冰岛	无正规部队，仅有1支海岸警卫队，120人，装备巡逻艇4艘、飞机2架。另驻有美军2237人，其中海军											
卢森堡	800	800				5		6			若干	
马耳他	总兵力1950人，编成3个团。第1团：1个步兵营；第2团（合成团）：1个飞行中队、1个海军陆战中队、1											
安提瓜和巴布达	150	125	25									
巴巴多斯	610	500	110									
巴哈马	3160		国防军860		警察2300							
巴拿马	11800	11000	400	400		不详						
伯利兹	约1050	1000	海防队50	不详				6	8			
多米尼加	24500	15000	4000	5500		（24）/28	22	24		4		
哥斯达黎加	无国防军，有一支7000人的现役警察部队。它分为3个部分：①国民警卫队，3000人；②政府卫队2000											
格林纳达	无正规军，有警察约600人。											
圭亚那	约1600	1400	约100	100		3	6	48				
海地	1994年军政府下台后，所有武装部队都被解散，目前正建立一支4000人的国家警察部队。1831名联合											
洪都拉斯	18800	16000	1000	1800		（12）/54	28	490	80			
尼加拉瓜	17000	15000	800	1200		（40）/186	142	607	反坦克炮461	36	若干	200余
苏里南	1800	1400	240	160		30		6	若干			
特立尼达和多巴哥	2100	1400	海岸警卫队650	航空队50				46	若干			
牙买加	3320	3000	海岸警卫队150	航空队170		14		12				

续表

器装备				（预备役） 准军事部队 （人）	外国驻军 （人）	参加联合国维和人数	备注
飞机（其中作战飞机）（架）	直升机（其中武装直升机）（架）	舰艇（艘）	其他				
装备分散于各派武装之手，完好率甚低。							
15	2	9		宪兵 2300	法军 1300		
1450 人、陆战队 91 人、空军 696 人；荷兰海军 30 人。							
				560	北约 1 个预警机中队		
个高炮连；第 3 团（补给团）。装备飞机 5 架、直升机 10 架、舰艇 6 艘、高炮 40 门。另驻有意大利空军 16 人。							
		1	轻武器若干	（75）			
		5	轻武器若干	（430）			
2		21	轻武装若干				
12	7	13			美军 6960		
12(2)		1		（700）			
31(10)	12	23		15000			
人；③边防安全警察，2000 人，其中海上小队，400 人，装备巡逻艇 7 艘，空中小队，装备飞机 15 架、直升机 3 架。							
2	2	2		（1500）			
国海地特遣部队和 244 名民事警察仍留驻海地。							
85(45)	29	10 余		（60000） 5500	美军 58	14	
14	19(15)	15	火箭炮 607				反对派武装约 1200 人。
6(5)	3	5					
3		7		警察 4800		1	
4	11	5		（870）			

军事理论研究

军事思想与军事论著研究

中国关于马恩列斯军事理论研究 1995～1996年,中国军事理论界对于马恩列斯军事理论的研究进一步深入,一些有代表性的专著和有一定份量的论文相继问世。

深入探讨了马克思恩格斯战争观 这期间,对马克思恩格斯军事理论的研究,主要集中在战争观方面。(1)*关于恩格斯晚年对战争与和平问题的理论贡献问题*。有作者对这个问题作了深入系统的阐述。一是恩格斯晚年对维持和平、制约战争因素的分析和认识,主要包括:科学技术的高度发展,使武器的威力空前增大,各国的统治者都惧怕战争的严重后果;企图发动战争的国家自身有困难;欧洲两大军事集团所形成的力量均势,使各成员国相互制约,任何一国难以独立地支撑战争;社会主义政党的影响日益增大,人民反对战争,士兵中不少是社会主义者或社会主义的同情者;热衷于挑起战争的国家统治集团内部动荡。二是恩格斯在晚年是如何去争取和平、消除战争危机的:主张裁军,限制军备竞赛,反对军备拨款,建议改常备军为民兵,强调裁军的必要性和紧迫性;号召瓦解军队,争取士兵和军官的觉醒,在决定性的时机与人民站到一起;不断揭露战争策划者的阴谋,消除战争隐患;统一各国社会党人和广大工人群众的思想,采取协调一致的行动,讲究原则性与策略性。三是恩格斯晚年关于战争与和平问题的论述的理论价值和意义,其要点如下:恩格斯晚年关于战争与和平问题的观点,是对他整个军事思想的充实;恩格斯晚年关于战争与和平问题的论述,为无产阶级军事科学中战争与和平理论的发展奠定了基础,对世界军事学术的发展作出了独到的贡献;恩格斯晚年关于战争与和平的理论具有重要的现实意义和方法论意义。(张树德《恩格斯晚年对战争与和平问题的思考》,《中国军事科学》1995年第2期)(2)*马克思恩格斯关于战争本质问题的基本观点*。有人针对近些年围绕"战争本质"问题的讨论而出现的一些诸如"'战争是政治的继续'从来就不是马克思主义战争观的基本原理"、"未被马克思主义的创始人看作战争观的合理内核"等模糊认识,对马克思主义关于战争本质的论述进行了较为系统的阐述。作者认为,马克思恩格斯关于战争本质的基本理论包括:首先,战争是统治阶级通过暴力手段推行其平时政治的继续。"危机的军事原因在某种程度上是和它的政治原因联系着的";其次,战争始终服务于政治,政治从一切方面支配着战争,决定着战争的规模、进行的时间、战场的选择乃至战争的激烈程度。但战争不是消极被动的,它对政治具有巨大的反作用。(张树德《正确理解马克思主义经典作家关于战争本质的论述》,《中国军事科学》1996年第2期)

较系统研究了列宁斯大林的军事理论 《列宁斯大林军事思想》是这两年马恩列斯军事理论研究中的一个重要成果。

建立了列宁、斯大林军事思想的科学体系。作者经过认真地分析、论证,在框架的设计上,使列宁、斯大林军事思想作为科学体系在著作中得以充分体现。该书除了概述外,把列宁、斯大林军事思想的内容概括为:无产阶级战争观、暴力革命和武装起义理论、军队建设理论、人民战争理论、战略战术理论、国防建设理论。这种"板块"式的体系结构,不仅具有科学性,而且具有系统性。

增加了列宁、斯大林军事思想的理论内容。该书对于过去较少或从未涉及的问题,作了深入的研究:一是对列宁、斯大林军事思想产生的历史背景作了详细的分析;二是对列宁、斯大林军事思想的基本特征作了必要的概括;三是对列宁、斯大林关于要注意提高科学技术水平的思想作了理论阐述;四是对列宁、斯大林关于保持"精神优势"的思想作了简明的介绍。除上述几点外,该书还增加了一些新的内容,如:军队要注重研究

战略问题；国防建设理论问题；灵活运用战术原则问题等。

以实事求是的精神客观反映了列宁、斯大林军事思想的基本观点。一是正确评价斯大林。该书依据党中央和毛泽东对斯大林的评价，回避了有关的政治上的问题，对苏德战争初期的失利原因作了客观的实事求是的分析和论述；二是以实事求是的态度反映他们的军事观点。如："一长制"问题，该书把其专门作为一个小问题进行叙述，客观地反映了它提出的历史背景，并根据苏联的实际情况实事求是地进行了论述。（俞世福、韩晓林、李元奎主编《列宁斯大林军事思想》，解放军出版社 1995 年 10 月第 1 版）

开展了马克思主义军事理论的比较研究 对于马克思主义军事理论研究的一个新突破，是对马恩军事理论与毛泽东军事思想的比较研究。马克思恩格斯是无产阶级军事思想的奠基者，毛泽东则是无产阶级军事思想的集大成者。有作者撰文对马克思恩格斯军事思想与毛泽东军事思想从整体上，侧重从战争观、军队学说、人民战争、战略战术等方面，对产生于不同社会条件下的两种无产阶级军事思想的基本观点作了概要的比较分析，认为：马克思恩格斯和毛泽东对战争的起源与消亡、战争与经济和政治等问题的认识虽基本一致，但侧重点不尽相同；马克思恩格斯初步创立了无产阶级建军思想，毛泽东则成功地解决了在半殖民地半封建的大国以农民为主要成分的革命军队建设问题；马克思恩格斯初步创立了无产阶级的人民战争思想，毛泽东则对人民战争思想作了全面、系统和创造性的发展；马克思恩格斯阐明了无产阶级一些重要的战略战术原则，毛泽东则在长期的中国革命战争的实践中对此作了进一步的丰富和发展。作者还阐明，马克思恩格斯军事思想的产生，是军事思想史上划时代的伟大变革；而毛泽东军事思想所涵盖的战争实践经验之丰富，内容之博大精深，在无产阶级军事思想史上是前所未有的。（夏征难《马克思恩格斯军事理论与毛泽东军事思想之比较》，《中国军事科学》1995 年第 4 期）

（袁振宽、张一心）

中国关于毛泽东军事思想研究

1995～1996 年，对毛泽东军事思想的研究，突出了坚持和发展毛泽东军事思想，指导打赢现代条件、特别是高技术条件下局部战争这一主题内容，把毛泽东军事思想的基本原理同现代战争情况更为紧密地结合起来，从而将整个毛泽东军事思想的研究活动进一步导向为现实军事斗争和未来反侵略战争服务的方向。主要反映在以下方面：

毛泽东人民军队建设思想仍是新时期中国军队建设的指南 第一，着眼于未来战争的客观要求，强调加强军队中党的建设。有作者认为，在未来高技术条件下的局部战争中，战争爆发突然，节奏加快，要求部队具有快速反应能力，必须依靠各级党组织强有力的领导和深入宣传动员；未来战争对诸军、兵种协同（联合）作战要求越来越高，需要依靠各级党组织来保证部队协调一致，密切协作，共同作战；大量高技术兵器的广泛使用，给作战指挥带来许多新情况新问题，需要通过各级党组织发挥集体领导的经验和智慧；高技术条件下的局部战争是政治、经济、文化、外交和军事的综合较量，只有依靠各级党组织的领导，才能把各种斗争形式有机结合起来，提高整体作战能力；高技术兵器杀伤破坏性增大，战场环境更加险恶，必须发挥各级党组织的战斗堡垒作用和强有力的思想政治工作，使广大官兵不怕艰苦，不惧牺牲，保持高昂的士气。总之，必须在和平时期把军队党的建设搞好，达到组织健全、内部团结、思想过硬、具有战斗力，才能在未来战争中带领全军部队听从党中央指挥，夺取战争的胜利。（尹学龙《军队建设的根本问题是党的建设》，《军事学术》1995 年第 1 期）

第二，迎接新军事革命的挑战，加速实现军队建设的现代化。建设一支现代化、正规化的革命军队，是毛泽东建军的一贯思想。当前世界范围方兴未艾的军事革命浪潮，对军队的现代化建设提出了严峻的挑战。关于如何推进现代化建设，当前讨论的热点主要有：(1)大力推进军队改革，走有中国特色的精兵之路，着力增强打赢现代战争的能力。（李栋恒《军队整顿的几点启示》，《中国军事科学》1996 年第 3 期）(2)适应世界新军事革命和综合国力的要求，积极稳步地改善更新武器装备，提高军队的现代化水平，增强军事斗争的实力和未来作战的现代化手段。(3)要一手抓"硬件"，一手抓"软件"，优先实现军事人才的现代化和保持军事理论研究的领先优势。军事人才培养的着眼点，应当是为适应未来高技术局部战争的需要，努力造就一大批跨世纪高层次的军事人才。为此，要激励广大官兵学习和掌握高科技知识；根据合同（联合）作战的需要，培养高科技知识的通才；采取短训、函授、在职学习等各种形式，发展继续教育；加强各类军事院校建设，为军事人才生长创造良好条件；加强军事科研工作，发挥先进军事思想理论的"牵引"功能，增强未来战争指导的能力；要把中、高级军官作为培养的重点，使他们更好地肩负起平时组织指导部队做好军事斗争准备，战时组织指挥部队打胜仗的重要使命。（张太恒《努力培养一支高

素质的干部队伍》,龚义德《浅议培养跨世纪的军事人才》,《军事学术》1996 年第 3 期)

继续开展毛泽东人民战争思想研究　这两年,军事理论界对毛泽东人民战争思想的研究较为活跃。其中主要观点:一是未来反侵略战争仍然要靠人民战争克敌制胜。毛泽东在长期的革命斗争中创立的人民战争思想,是对无产阶级军事斗争具有普遍而长期指导意义的根本指导方针。它所强调的基本精神和主要原则,不会因客观情况的变化而过时。比如:反侵略战争的正义性质,仍将是我们进行人民战争所独有的政治基础;军事技术的空前发展,并没有改变人民群众是战争胜负的决定因素这一根本原理。(吴金印《现代条件下坚持人民战争思想的思考》,《毛泽东军事思想研究》1996 年第 2 期)二是人民战争思想要随着时代的变化而不断丰富其内涵。一些专家撰文分析现代条件下人民战争的新特点:战争具有局部性;进行人民战争的基础(包括精神的和物质的)更具广泛性和可靠性;战争具有立体性;战争力量具有全国统一性;战争的战略基地具有全国统一性;战争具有更高的综合性;作战具有高合成性和快速机动性等。因此,需要把人民战争的形式与现代战争的特点融为一体,才能充分发挥其克敌制胜的威力。(尚金锁、陈捷《略论我国现代条件下人民战争的主要特点》,《毛泽东军事思想研究》1996 年第 2 期)三是人民战争的某些具体原则需要更新和创造。有的认为,过去的人民战争理论,带有工业时代战争条件下作战理论的时代特色。在目前已跨入信息时代战争的条件下,人民战争理论应在以往基础上更新和创造,解决人民战争传统与现代条件特别是高技术条件下的结合问题,即在信息战争中如何打人民战争的问题。(姚中富《作战理论发展的周期性特征及其启示》,《中国军事科学》1996 年第 3 期)还有的认为,对人民战争的某些原则,应结合现实情况,摈弃过时的内容。如:"十大军事原则"中"我军人力物力的来源主要在前线"不宜强调和沿用;集中兵力问题,不再单纯强调兵力数量的集中,而是更加强调集中兵力的质量和火力的集中;贯彻"歼灭战"思想,既要重视歼灭敌有生力量,又注重摧毁敌主要兵器和争夺重要城市和地方;"运动战"应发展为依托阵地和不远离阵地的运动战,等等。(高国祯、叶征《80 年代以来中国人民解放军作战理论发展的回顾与思考》,《中国军事科学》1996 年第 4 期)

深入探讨了毛泽东人民战争的战略战术思想　对毛泽东指导中国革命战争的战略战术思想的研究,集中反映在两个层面上:一是军事战略方针问题。认为,毛泽东为人民解放军确立的积极防御的战略方针,依然是新时期中国军事斗争准备和未来战争指导的基本方针。其内涵主要包括:战略上的"后发制人";人不犯我,我不犯人,人若犯我,我必犯人;从最坏的可能性着想;军事斗争与政治斗争紧密结合;战略战术上一定要"活",等等。这些具有普遍意义的方法论原则,对于指导今后高技术局部战争仍具有重要意义。(陈舟、胡长水《论老一辈无产阶级革命家的现代局部战争思想》,《中国军事科学》1996 年第 4 期)二是基本作战形式问题。这方面的探讨较为活跃,主要观点有:(1)机动战主导论。认为,机动战将是高技术条件下中国军队的主要作战形式。主动性是它的本质属性,进攻性是它的根本要求,流动性和灵活性是它的基本特点。(黄星、左全颠《自主作战,以长制敌》,《中国军事科学》1996 年第 4 期)(2)作战形式多样论。认为,作战形式系统中任何一种具体作战形式,都有其独特的功能。在高技术条件下,作战形式有机动战、阵地战、火力战、游击战、电子战、信息战、心理战、特种战、环境战等等,应根据战争情况运用某一作战形式。(3)作战形式演变论。认为,在高技术条件下,传统的运动战、阵地战、游击战 3 种作战形式,已经发展为:基本作战形式(包括机动战、阵地战、火力战),辅助作战形式(包括游击战、电子战、信息战),特殊作战形式(包括特种战、心理战)。以上 3 类 8 种作战形式,都为打赢高技术局部战争提供不可缺少的作战手段。(李纪年、汪宗生、高政《高技术条件下作战形式的分类》,《中国军事科学》1995 年第 2 期)(4)游击战面临新挑战。这种观点对高技术局部战争中游击战的地位作用提出疑问。即:敌人反应速度更加快速,游击战可资利用的"时间差"减少,有时候"蒸熟的鸭子也可能飞了",存在能否"打得上"的问题;敌人的机动和支援能力增强,往往使打了就跑的游击作战打了难跑,存在能否"脱得开"的问题;敌人拥有更强的全天候作战能力,游击作战凭借自然因素(如地形障碍、夜暗、不良天候等)对作战的影响和制约作用降低,存在能否"占优势"的问题。(康晓峰、吴继军《未来高技术战争中游击作战面临的新挑战》,《中国军事科学》1996 年第 3 期)

毛泽东国防建设思想对当前国防建设仍具有指导意义　近年来军事理论界对毛泽东国防建设思想与实现国防现代化的问题越来越关注。具有代表性的观点有:全民国防中民众是基础;富国强兵中国力是基础;国防现代化要以我为主;国防建设需要物质与精神相结合;国防建设要在服从国家经济建设大局下协调发展。有的提出,国防发展战略中要注意防御性、全民性、自主性和有限威慑性;国防经济要坚持勤俭建军、"三个一致"、合理供应、保障重点;边海防建设中要注重重点守备,重点设防和军民联防;国防建设必须以维护国家安全和世界和平为目的,以现代化为目标,以国情为出发点,以国防与国家经济建设相适应为基本途径。(《毛泽东思想论坛》1996 年第 1 期)

(王世华)

中国关于邓小平新时期军队建设思想研究 1995~1996 年,关于邓小平新时期军队建设思想研究的特点:一是以世界军事革命的挑战为背景,结合中国历史上及外国军事改革的经验教训,全面、系统地探讨邓小平军事改革思想;二是结合邓小平建设有中国特色社会主义理论,研讨邓小平新时期军队建设思想在其中的地位及其二者的关系;三是从其他视角开拓新的研究领域,力求更全面地把握邓小平新时期军队建设思想的精神实质。

关于邓小平军事改革思想的主要内容 邓小平军事改革思想具有极其深刻和非常丰富的内涵,其主要内容由 3 个方面构成:一是关于新时期军事改变的基本依据。它包括世界以"和平与发展为主题"的新判断,国家工作大局向"以经济建设为中心"的转移,战争"以现代条件下局部战争为基本形态"的新发展,军队建设存在"现代化水平与现代战争要求不相适应"的矛盾等。二是新时期军事改革的主要内容。它包括:国防和军队建设从立足于"早打、大打、打核战争"的临战状态,转变到和平时期建设的轨道;军队建设从走"数量规模型"道路,转到"质量效能型"的有中国特色的精兵之路;军队体制编制改变"臃肿"状态,向"精干、合成、高效"方向发展;干部队伍建设改变素质不高、结构不合理的状况,按照"四化"标准培养新型军事人才;国防科技、国防工业从独立于国家经济建设之外,转入"军民兼容"的发展模式;对现代条件下人民战争的战略战术进行深入探索等。三是新时期军事改革的指导方法。主要有:坚持解放思想与实事求是的辩证统一,坚持军事改革与整个国家改革的辩证统一,坚持突出重点与全面发展的辩证统一,坚持继承与创新的辩证统一。(赵南起《论邓小平军事改革思想》,《中国军事科学》1996 年第 4 期)

关于邓小平军事改革思想的哲学基础 作为指导新时期军事改革的思想基础的邓小平军事改革哲学思想,不仅继承了马克思主义的思想精华,还使之得到了极大的丰富和发展。首先,彻底的唯物论是邓小平军事改革思想的世界观基础。它集中体现为贯穿于实践与认识领域的"实事求是,一切从实际出发,按事物的本来面目认识和反映事物"的根本立场,由此确立了新时期军事改革正确的思想路线,是邓小平军事改革思想的生长点和活的灵魂。其次,创造性的辩证思维原则是邓小平军事改革思想的方法论特征。邓小平对军事改革必然性的揭示,依赖于对现实矛盾的辩证分析;邓小平军事改革思想的丰富与拓展,是立足唯物辩证法变革思维方式的必然结果;邓小平军事改革思想的本质特征,在于求实、求是与创新的有机结合。再者,发展了的真理标准观是邓小平军事改革思想的认识论精髓。以战斗力的提高与否作为衡量和检验军队改革成败得失的标准,既是实践标准在军事领域的具体贯彻和延伸,又是对新时期军事活动规律的深刻揭示。(许志龙《马克思主义的军事改革观》,《中国军事科学》1996 年第 4 期)

关于军队政治工作的改革与发展问题 这是邓小平新时期军队建设思想的重要组成部分。包括 3 方面的内容:一是新时期军队政治工作改革与发展的客观依据。政治工作之所以要改革与发展,是为了彻底肃清政治工作领域中"左"的思想影响,解决新的历史条件下出现的新情况、新问题,完善政治工作的科学体系。二是新时期军队政治工作改革与发展的基本原则和方法。新时期军队政治工作只能加强,不能削弱;新时期军队政治工作的改革与发展,必须继承和发扬优良传统和作风;必须服从服务于国家的"四化"建设和军队的"三化"建设;必须有利于加强党对军队的绝对领导;必须着眼于提高部队战斗力;必须坚持实事求是的思想路线;必须坚持依靠群众的根本方法;必须坚持依法治军的思想。三是新时期军队政治工作改革与发展的主要内容:坚持四项基本原则,反对资产阶级自由化;培养有理想、有道德、有纪律、有文化的革命军人,发扬革命和拼命精神,严守纪律和自我牺牲精神,大公无私和先人后已精神,压倒一切困难的精神,坚持革命乐观主义、排除万难去争取胜利的精神;按照革命化、年轻化、知识化、专业化的标准,加强干部队伍建设;学习科学文化知识,培养军地两用人才;贯彻军民一致的原则,共建社会主义精神文明。(张俊波《邓小平论新时期军队政治工作的改革与发展》,《中国军事科学》1996 年第 3 期)

关于军事训练改革问题 第一,这一思想是军队新时期军事训练改革的理论指南。实行军事训练指导思想由应急式的临战状态向正规、系统训练的转变,为军事训练改革创造了基本前提;确立军事训练在军队建设中的战略地位,为军事训练改革提供了重要保证;明确军事训练的最终目的是提高打赢现代战争的能力,为军事训练改革指明了方向;强调培养适应未来战争的合格军事人才，为军事训练改革提出了时代要求；拓展军事训练"军民兼容"的内在功能，为军事训练改革赋予了新的内涵；提出面向世界实行开放的思想，为军事训练改革提供了科学的参照系；确定把提高战斗力标准作为检验军队各项工作的根本标准，为军事训练改革提供了价值尺度。第二，为实现跨世纪的宏伟目标，必须坚定不移地贯彻邓小平军事训练改革思想。要按照邓小平关于开放的思想，在世界军事发展的大趋势中思考军队的训练改革；按照邓小平关于服从大局的思想，在军队建设的大系统中筹划军队的训练改革；按照邓小平关于有领导有秩序地进行改革的思想，在有效控制和指导下实施军队的训练改革。（章沁生、杨永增《新时期军事训练的根本指南》，《中国军事科学》1996 年第 4 期）

关于邓小平新时期军队建设思想与建设有中国特色社会主义理论的联系问题　邓小平建设有中国特色社会主义理论，是一个完整的理论体系，内容博大精深。邓小平新时期军队建设思想，是其中重要的组成部分，两者有着共同的产生、形成和发展的实践基础。新时期的军队建设与农业、工业、科学技术等各个方面的现代化建设，都是由总设计师邓小平统一设计和指导的，具有时代背景、国情条件、发展目标和社会实践的同一性，它们相互联系，密不可分，共同构成了中国现代化建设的伟大实践。邓小平新时期军队建设思想是建设有中国特色社会主义理论在军事领域的体现。邓小平的很多重要论述，虽然不是专门对军队讲的，但对军队建设同样有指导意义。如解放思想，实事求是；革命和建设都要走自己的路，不照搬外国模式；抓住时机，发展自己等。邓小平在设计和指导中国改革开放和现代化建设时，采取一般与个别相结合的方法，把建设有中国特色社会主义理论的基本观点、方法与军队建设的实际情况相结合，揭示了新时期军队建设的规律，解决了军队如何适应国际形势和国家经济建设的需要，加强革命化、现代化、正规化建设的理论和实践问题，从而形成了邓小平新时期军队建设思想，并丰富和完善了建设有中国特色社会主义理论。（张进宝、张海天《邓小平新时期军队建设思想与建设有中国特色社会主义理论的有机关系》，《中国军事科学》1995 年第 2 期）

关于邓小平合成军队建设思想　邓小平合成军队思想，对于提高中国人民解放军打赢现代技术特别是高技术条件下局部战争的能力具有重要的指导作用。这一思想的主要内容是：改革体制编制，建立科学的合成体制；学习现代战争知识，培养合成指挥人才；突出合成训练，提高整体作战能力；加强武器装备建设，为合同作战、联合作战奠定物质基础；注重军事理论研究，指导合成军队建设。邓小平合成军队建设思想，是对毛泽东军事思想的继承和发展。它吸取了军队建设的历史经验，体现了现代战争的客观要求，指明了新时期军队现代化建设的发展方向。（陈本珽《按照邓小平合成军队建设思想加强中国人民解放军的合成建设》，《中国军事科学》1996 年第 2 期）

关于邓小平军队现代化管理思想　邓小平根据中国人民解放军的性质、特点及新的历史条件，着眼战斗力构成中主体素质的提高，对加强军队现代化管理，从理论高度提出了许多新的观点和思想。一是对人的管理在管理中居于主导地位。军人是军事实践的主体，把人作为管理的主要对象，努力提高军人素质，就抓住了军队管理的关键。二是管理要依法从严治军。要按条令条例和规章制度严格管理部队，加强法制教育，增强广大官兵的法规意识，严明纪律，赏罚分明，特别是领导者要做表率。三是实行民主管理。必须尊重群众，认真听取群众意见；必须使民主与纪律有机地统一起来；必须将官兵一致作为民主管理的基础。四是着力提高各级干部的现代化管理能力。随着军队建设的发展，军队知识密集、技术密集、人才密集的程度越来越高，管理好部队，不仅要有高度的政治觉悟，而且需要使干部具有广博的专业知识和很高的管理才能。为此，既要靠院校学习，又要靠刻苦实践。五是要继承和发扬军队管理的优良传统。如官兵一致，民主管理，严格管理与耐心说服相结合，教养一致、训管结合等。这些优良传统，是人民军队性质和宗旨的体现，必须继承和发扬。（石沙泉《邓小平论军队现代化管理》，《军事学术》1995 年第 5 期）

关于邓小平军事科学研究思想　邓小平在一系列论著中，就军事科研的功能，发展中国军事科学的指导思想、方向和原则，军事科研领导体制，科研管理等，从理论和实践的结合上进行了全面、系统的阐述。第一，必须高度重视军事科研在国防现代化建设中的地位和作用。邓小平在这方面的论述，主要归结如下：现代军事科学理论是国防和军队现代化的先导，军事科研必须走在前面；军事科学正日益转变成现实的战斗力；没有现代先进的军事科学，就不可能实现国防现代化，也不可能在未来战争中取胜。第二，加强军事科研的统一管理，科学组织科研力量。要理顺军事科研领导体制；要重视科研规划和计划的制定，对科研活动实行计划管理；要在军事科研机构内部实行考核、淘汰制度，激励科研人员奋发上进。第三，尊重知识，尊重人才，建设一支高水平的军事科学研究队伍。各级领导应当把选拔人才的工作放到突出地位，善于发现人才、团结人才、使用人才；要把教育作为培养科技人才的基础；要努力提高科研人员的地位，克服那种只重视官职、不重视知识、不重视科研人员的错误观念。第四，发扬学术民主，坚持百家争鸣，加强学术交流。对于军事科研问题的研究和讨论，一定要坚决执行解放思想、破除迷信、一切从实际出发的方针。第五，军事科学研究必须坚持质量第一。因为军事科研成品的质量同样关系到未来战争的胜负甚至国家的生死存亡。要正确处理数量和质量的关系，不能"只讲数量不讲质量"。（周宏伟《新时期军事科研工作的指南》，《军事历史》1995 年第 3 期）

关于邓小平新时期军事经济理论 邓小平新时期军事经济理论是毛泽东军事经济思想的继承和发展，是具有中国特色的军事经济学的理论基础，深刻反映了中国新时期军事经济建设的基本规律。其主要内容可概括为 10 个方面：一是适应国内外形势变化和军事战略方针的重大调整，转变军事经济建设指导思想的理论；二是军事经济建设必须服从和服务于国家经济建设大局的理论；三是在现有国力下加速改进军队武器装备的理论；四是军事经济建设必须坚持"军民结合、平战结合"发展道路的理论；五是军事经济建设必须坚持"独立自主、适当引进"方针的理论；六是军事经济建设必须发展军事科学技术的理论；七是军事经济建设必须尊重、造就和合理使用军事经济人才的理论；八是军事经济建设必须适应军事斗争需要和市场经济要求的理论；九是军事经济建设必须加强管理、讲求效益的理论；十是军事经济建设必须坚持改革的理论。（任希魁、王其华《有中国特色军事经济学的理论基础——邓小平新时期军事经济理论研讨会述要》，《中国军事科学》1995 年第 2 期）

（方　宁）

中国当代著名人物军事思想研究 **关于李大钊北伐时期的军事思想** 李大钊作为中国共产党的创始人之一，以其北伐时期的军事理论和实践，为中国共产党早期军事思想的建立和发展，作出了积极的贡献。有作者将其北伐时期军事思想概括为：(1)争取冯军、策应北伐的战略思想。针对北京政变后冯玉祥一再表示倾向革命，并联络革命势力，以期借助民众力量巩固自己地位的表现，李大钊认为，可以利用冯玉祥与段祺瑞、张作霖的矛盾，打击最反动的势力，并发展北方的革命势力。主张争取国民军进一步倾向革命，和南方革命势力两相呼应，形成对直、奉军阀南北夹击之势。为此，中共北方区委确定了争取国民军，打击段祺瑞、张作霖的革命策略，李大钊亲自做冯玉祥及其手下的高级军官的工作，并把一些同志派进国民军中做中下层官兵的工作。李大钊还积极帮助冯玉祥及其国民军实行联俄政策，使国民军在武器装备和技术上得到了有力的援助，力量有所增强。更重要的是在苏联顾问的影响下，冯玉祥在思想和政治方面的见解也起了变化，促使其与旧军阀划清界限，坚定革命立场，与南方革命力量站在一起，并最终参加国民革命。也为北方工农革命运动的开展提供了有利条件。李大钊组织国共两党北方负责人和苏联顾问制定了退守南口的正确作战方针。从 1926 年 3 月 20 日至 8 月中旬，国民军在南口坚守达 5 个月之久，以较小力量抗拒了奉、晋、鲁、直联军大部兵力，减轻了南方国民革命军的压力，为国民政府出师北伐创造了有利条件，并使北伐军得以迅速北进。后来国民军在北方对直、奉军阀的作战，对国民革命军确定其战略方针和作战计划也起了巨大的战略配合作用，为北伐军集中兵力东进，迅速占领江西、福建和浙江创造了有利条件。李大钊十分注意发展中共直接掌握的武装力量。谢子长、李象九、张兆丰等共产党员分别被派往陕北军阀部队和国民军任营、连长和师长，受中共北方区委的领导。李大钊还注意培养党的军事工作人才，在国民军的高级军官中发展共产党员，派人到各类军事学校学习，不断向南方输送军政工作人才。(2)集中兵力、各个击破的作战方针。北伐战争开始时，敌我军事力量对比悬殊，四面出击无疑是行不通的。为此，李大钊针对各个战场的不同特点，适时地提出切合实际的战略方针。当 1926 年 9 月，北伐军即将取得两湖作战胜利、又将面临对孙传芳和张作霖两面作战的不利态势时，李大钊向中共中央提出，"武汉下后，对奉似不宜同时宣战"的重要建议。认为，阻止各派军阀的迅速联合，使张作霖坐观成败，暂守中立，待消灭吴、孙集团后，再全力讨奉，是比较稳妥的战略部署。并最终促使奉军对援吴之事采取了中立态度。为北伐军将吴、孙主力逐一消灭，和第二次北伐统一全国造成了有利态势。李大钊对于国民军制定进军总方略也起了重要作用。当冯玉祥五原誓师后，曾为由南口攻北京还是攻陕西而后出潼关而举棋不定，李大钊及时建议他出西安会师郑州，并帮助国民军将作战方针确定为"固甘援陕，联晋图豫"八个字。"认为，出兵陕西至少有以下几个好处：一则可解被刘镇华的镇嵩军围困 8 个月之久的西安之围，稳固国民军的战略后方。二则阻止吴佩孚败退入陕，防其东山再起。三则迅速出潼关与北伐军会师，集中兵力，把南北革命军控制区域联成一片，最后夹攻奉张。四则与北伐军各个击破的总体战略计划相一致，避免孤军首先与京津一带30万奉军作战。集中兵力、各个击破、最后统一全国的策略，在革命力量还较薄弱的情况下，无疑是非常英明的，北伐战争的实际进程也证明了这一点。(3)利用矛盾、瓦解敌军的谋略手段。在北伐战争的各个阶段，李大钊充分利用敌军内部的矛盾，或策动其革命，或促使其中立，或扩大其矛盾，从而达到分化瓦解敌人，策应北伐军夺取胜利之目的。争取冯玉祥国民军倾向革命，使吴佩孚部大伤元气，为北伐军增添了一支重要的同盟军，这是分化敌人的结果。展开两湖作战时，阻止孙传芳、张作霖的联合，也是分化敌人的表现。五原誓师后，奉、直、鲁及孙传芳的反动军队的总兵力在70万以上，大大超过革命力量。这时，李大钊分析了军阀内部的情况，提出国民军应尽力利用矛盾，分化瓦解敌人，主要任务是孤立张作霖，建立反奉军事统一战线。并为此提出三条策略：一是利用张宗昌与孙传芳、张作霖的矛盾，鼓励他去夺取孙传芳的江苏地盘。二是争取直系军阀驻河南靳云鹗、田维勤、魏益三、寇英杰等部参加北方反奉军事统一战线。三是争取阎锡山参加反奉作战，使奉军不敢进击包头和穷追国民军，国民军“固甘援陕，联晋图豫”的计划得以实现。李大钊充分利用敌方矛盾，进行分化瓦解工作，建立和扩大了北方地区反奉军事统一战线，为策应江西战场的全面胜利和即将展开的反奉作战创造了有利条件。山西、河南等地的反奉态度，使张作霖空前孤立，在天津蔡园军事会议上制定的“援吴援孙”的所谓“安国军”计划落空，并难以避免在军事上的彻底失败。(弋胜《李大钊北伐时期的军事思想》,《军事历史》1996年第4期)

关于周恩来的国防观 有作者撰文指出，周恩来的国防观是毛泽东国防理论体系的重要组成部分，是周恩来与毛泽东等老一辈无产阶级革命家在新中国国防建设实践中，从中国的国情出发，提出的一整套具有中国特色的国防理论和观点。其主要内容包括：(1)国防的基本力量在于团结和依靠人民。周恩来的国防观是人民战争的国防观。为了加强国防建设，保证国防现代化的实现，他提出：必须教育人民群众，牢固树立爱国主义思想和国防观念，使他们承担必要的国防义务；充分调动和发挥人民群众的积极性和创造性，为现代国防贡献自己的一切力量；只要坚定地依靠人民，国防的稳固就有了基本保证。同时他还提出，在国际事务中，必须正确处理同各个国家和民族之间的关系，以争取和团结国际上的广大国家和人民，并依靠全世界一切爱好和平的国家和人民，维护和平，制止战争，这是新中国国防战略的重要任务。(2)国防必须实行积极防御的战略方针。周恩来认为，“积极防御”战略方针的基本含义应包括“战”与“和”两个方面。即人民中国的国防，要用积极防御的思想为指导，不但在战争爆发后去打赢战争，而且更重要的还必须用它去制止战争或推迟战争，以维护和平。他主张：对帝国主义发动的侵略战争，必须积极进行抵抗。同时又强调，为了防备帝国主义发动战争，必须通过和平斗争来巩固国防。从而把“积极防御”的战略方针拓展到制止或推迟战争、争取和平的新领域，使它担负着既能打赢战争，又能遏止战争的双重使命。(3)国防现代化必须建立在经济发展的基础之上。国防建设与经济建设的关系，是辩证统一的关系。在和平时期国家集中主要精力进行经济建设的条件下，必须摆正国防的应有位置。这就是要在国家的统一领导和安排下，从国家建设的全局出发，分清轻重缓急，有计划、有步骤地进行国防现代化建设。周恩来在领导国家的整体建设中，按照党中央的设想，始终把国防现代化同国家经济建设融为一体加以筹划，并于1964年12月在第3届全国人民代表大会上正式提出在本世纪内全面实现四个现代化的宏伟目标。为此，他十分重视国防现代化和国家经济现代化之间的关系。坚持国防现代化必须以经济为基础，必须随着国家经济建设的发展而发展，国防建设的规模和速度一定要同国力相适应的方针。(4)国防现代化的关键是科学技术的现代化。周恩来多次强调科学技术现代化对于国防现代化的关键作用和影响，并据此提出和制定了一系列符合中国实际的方针、政策和原则。他强调，必须制定符合国情的科技发展规划；在发展国防科技事业中，要认识客观规律，按客观规律办事。他为国防科技战线制定了“实事求是，循序渐进，坚持不懈，戒骄戒躁”的指导方针，从而保证了中国尖端武器研制的顺利发展。他注重集聚和培养大批优秀科学技术人才；强调发展国防尖端技术，要加强领导，组织全国大力协作，共同攻克技术难点；强调中国是一个发展中国家，财力有限，国防科研经费必须最大限度地发挥效益。不但要增强国防实力，同时还要带动国家现代科技和国民经济的发展。以此作为中国发展国防科技的基本方针。(5)国防现代化的核心是全面实现军队的革命化、现代化和正规化，加强人民军队的整体建设。周恩来认为，革命化是国防现代化的政治基础。同时指出，现代化包括军事思想、作战理论、武器装备、编制体制、后勤保障等多方面的内容，其中武器装备现代化是最重要的内容；现代战争，最重要的是诸军兵种的协同动作，必须有计划性、组织性、准确性和纪律性等的正规化作保证。(6)国防的稳固必须以外交斗争相配合。战争是政治的继续,国防与外交都是政治斗争的重要手段。周恩来明确提出:"外交同军事一样,外交不过是'文打'而已"。他以其特殊的身份及独到见解,把外交和国防紧密地联系在一起,提出了外交斗争必须以争取和平为目的,外交斗争的落脚点在争取人民,外交斗争必须与军事斗争相配合等一系列以外交斗争与国防相配合,进而达到稳固国防的方针和政策,形成了具有中国特色的国际战略思想。(张家裕《论周恩来的国防观》,《国防》1996 年第 3 期)

关于陈云的战争经济动员思想 有作者撰文指出,陈云军事经济思想,根植于中国无产阶级军事经济的实践,并且在实践中发挥了重要的指导作用。陈云战争经济动员思想,主要由动员的经济基础、基本原则、环境条件和内在动力 4 个方面的内容构成。由此形成了他以战争经济动员基础论、原则论、前提论和源泉论为基本组成部分的思想体系:(1)战争经济动员基础论,主要指大力发展社会经济,为革命战争的胜利奠定物质基础。经济是国防的物质基础,是战争的后盾。没有坚定的经济基础,便没有强大的国防力量,进而也难以在战争中夺取胜利。战争经济动员,就是通过一系列特殊的政策、措施以及形成的特殊机制,作用于经济运动,将经济潜力转化为军事经济实力。根据毛泽东关于发展经济对于保障革命战争胜利的极端重要性的思想,陈云在革命战争年代曾经指出,各种经济和技术工作是革命工作中不可缺少的部分,是具体的革命工作。并强调,要取得革命战争的胜利,必须坚决纠正某些党的组织和党员对革命工作的抽象和片面的理解。要求各级党的组织要加强对经济和技术工作的领导,号召全体党员积极参加经济和技术工作,大力发展社会经济,努力增强国家经济潜力,为夺取战争的胜利奠定经济基础。并就革命战争时期社会资源的配置问题,指出,国家财力投入,不可既"战争"又"建设"。必须坚持这样一条原则:"对直接与战争有关的军工投资,对财政收入直接有帮助的投资,对稳定市场有密切关系的投资,这 3 者应该予以满足。除此以外,应加以削减和收缩"。(《陈云文选》第 2 卷,人民出版社 1995 年版,第 116 页)按照这个原则,中国在抗美援朝时期经济建设的投资重点,在工业方面主要是钢铁、燃料和军工生产,在农业方面主要是粮食和棉花生产,在交通方面主要是铁路运输。这样,不仅使中国经济建设得以恢复,经济实力不断增强,而且有效地保障了抗美援朝战争的经济需求。(2)战争经济动员原则论,即坚持战争第一原则,一切为着革命战争的胜利。在战争经济动员的实践中,陈云继承和发展了"战争第一,一切服从战争"这一马克思主义原则。他认为,战争第一,指以夺取革命战争的胜利为中心,其他一切工作,都应以这个中心为前提条件,服从这个中心,为这个中心服务;战争第一,指在资源的配给上,优先并全力满足革命战争的需要。并明确提出了"军队第一,学校第二,机关第三"的战时财政分配原则。反复强调:在支出中,必须优先考虑军队作战的需要,然后才能考虑学校和机关的需要;优先考虑前方的需要,然后考虑后方的需要。即使在财政十分困难的情况下,军费也不能减,甚至还要努力增加;战争第一,指要注重节约,充分发挥有限资源的效益,提高军费的实际保障能力。也就是说,既要千方百计地动员一切力量,支持革命战争,保障战争胜利的需要,又一定要注意节约,用好有限的军费。为贯彻这一思想,他还提出了收支情况要心中有数,下决心学会财经业务,把钱集中起来花,坚持分配原则、注意公平,制定政策、按章办事,顾全大局、恰当花钱等 6 条必须遵循的原则,要求政府工作人员和军队的同志都要这样,对每一笔军费的使用,都要周密计划,精心计算,把钱用在"战争"最需要的地方,更好地发挥有限军费的军事和经济效益。(3)战争经济动员前提论,即努力稳定市场,改善夺取战争胜利的条件。战时,军费巨增,社会经济运行秩序被打乱,市场规则受到破坏,多种因素冲击市场,使物价上涨。这不仅容易造成政治不稳定,而且还可能弱化原有的军事实力。因此,战争经济动员不仅包括将资源动员、积蓄起来,更重要的是在动员的同时稳定市场,进而稳定人心。这是战争经济动员的前提条件。所以,陈云强调指出:维护市场,求得金融物价有序。而要维持市场均衡,保证物价稳定,首先必须做到财政综合平衡,"以没有赤字为原则",进而处理好物资的生产与需要的矛盾,以及物资供应时差的矛盾。陈云指出:这种矛盾在战争时期是很容易发生的,即使财政取得了综合平衡,如果物资供应不上,或者物资的运输不畅,市场物价还会发生波动,并对金融产生冲击。当然,如果财政金融稳定了,市场物价平衡就有了基础。陈云是这样认识的,也是这样做的。在战争经济动员过程中,为了防止金融物价大幅度波动而造成被动局面,他采取了许多措施。抗美援朝时期,在全国性的战争经济动员过程中,金融和物价始终比较平衡,避免了全国性的恶性通货膨胀。这一伟大胜利,成为我国财政状况根本好转的前奏,为全面开展战争经济动员提供了前提和条件。(4)战争经济动员源泉论,即充分发动群众,不断壮大革命力量。毛泽东指出:"革命战争是群众的战争,只有动员群众才能进行战争,只有依靠群众才能进行战争。”(《毛泽东选集》第1卷,人民出版社1991年版,第136页)革命战争所需要的人力的动员,是直接通过群众动员来实现的;战争所需财力、物力和交通运输等的动员,也必须通过群众的动员来实现。所以,人民群众是战争动员的源泉。陈云在充分认识这一问题的基础上,强调指出:“没有群众支援,单纯拼骨头,打来打去,是会打光的”,人力、物力和财力的来源就会枯竭;“有了群众,一切好办,可以有军队,清除土匪,经费供给也有来源”。因此,他反复强调通过战争经济动员,“发动群众,改变敌我力量对比”,“增加我们的力量”(《陈云文选》第1卷,人民出版社1991年版,第315页)。并以此作为战争经济动员的总方针。他认为,改变敌我力量对比的方法是多方面的。其中最主要的办法是发动群众。只要我们党和人民密切结合起来,广大人民支持我们,就会使敌我力量发生变化,使敌人无法战胜我们。同时,指出了在动员群众的过程中应注意的方式方法,即加强思想教育,提高其政治觉悟;关心群众生活,帮助解决实际困难;明确奋斗方向,统一群众认识;建立武装组织,集中群众力量。从而使军队有坚实的群众基础,战争经济动员有了可靠的保证,党就能在革命战争中永远立于不败之地。

陈云的战争经济动员思想不仅是革命战争年代经济动员实践经验的总结,对于今天乃至以后中国战争经济动员仍具有重要的指导意义,这就是:首先,要深入进行国防教育,强化全民国防意识,增强全体民众维护国家利益和民族兴旺的观念,规范以维护国家利益和民族兴旺为标志的群体行为,自觉做好社会主义市场经济体制下的战争经济动员准备工作。其次,要加强社会主义市场建设,稳定市场物价,净化战争经济动员的社会环境。最后,要大力发展经济,增强经济实力和综合国力,为高技术条件下战争动员奠定坚实的物质基础。可见,陈云的战争经济动员思想不仅符合中国革命战争年代经济动员的实际,而且适应指导中国今天社会主义市场经济体制下战争经济动员准备的实际,乃至未来高技术战争条件下的经济动员,而且为我们创立具有中国特色社会主义的战争经济动员学科体系,奠定了坚实的理论基础。(万东铖《试论陈云战争经济动员思想》,《中国军事科学》1996年第1期)

关于刘伯承的军事辩证思维　有作者撰文指出,刘伯承作为在毛泽东领导下的中国人民解放军的统帅之一,在长期的军事斗争中,以丰富的实践经验和很强的理论创造能力,形成了富有特色的军事辩证思维。其主要特征体现在4个方面:(1)系统思维,即从战争运动过程的系统性出发,全面地分析和把握战争运动的规律,形成系统的战略战术。刘伯承把战争运动过程看作由任务、敌情、我情、时间和地点等“五行”构成的系统,把这“五行”作为定下作战方案的基础。他强调,每一个指挥员在战前都要弄清楚任务、敌情、我情、地形和时间等项因素。因为战争运动就是这“五行”构成的系统,是敌我双方围绕着一定目的(任务)在特定时间和空间里进行较量的过程。其所谓“五行不定,输得干干净净”的名言,是对孙子“知己知彼,百战不殆”思想的运用和发展。把“任务”作为构成军事运动系统“五行”的首要因素,既突出军事指挥的主体性,又使“任务”的提出和完成建立在客观条件的基础之上。刘伯承强调:“我们在受领合同命令时,首先要了解上级首长总的企图,了解上级首长给予自己的局部任务对整体任务的作用,才能在实际战斗中充分发挥这一作用,以保证整体任务的完成”。刘伯承作为一个大战略区的军事首长,其主体性和指挥天才的弘扬首先表现在目的(任务)的形成,即“理想存在”的建构上。他总是把“任务”置于“五行”中考察,使其获得客观的依据,区别于那种一厢情愿的和教条的建构方法,因而,其任务的提出总是恰到好处。孙子所说的“知己”的“己”囊括了“己”方所有的情形,是笼统的概念,强调的是合乎规律性的活动。把“己”区分为“任务”和“我情”是刘帅的贡献。他把“任务”置于“五行”之首,实际上也就把现实情况和未来应达到的目的加以比较:现实情况是否具有了实现目的的条件;为实现目的应作哪些努力。这样就为目的性活动提供了直接的可能,使合规律性和合目的性的统一获得了耦合口,使军事运动系统中的“任务”要素得以顺利实现。在“五行”的基础上形成系统的作战方案。把战争活动看成是由“五行”构成的系统,在此基础上形成系统的方案,从总体和过程中驾驭战争运动,把战争导向胜利的彼岸,是刘伯承军事思维方法的一个重要特点。系统的方案大致表现为3个方面:一是空间意义上的系统方案,指不同空间(局部)多种方案协同配合所形成的整体功能;二是时间意义上的系统方案,指各种不同发展阶段的具体方案之间的衔接所形成的时间意义上的整体效益和过程功能;三是可能性意义上的系统方案,指根据战争活动发展趋势的多种可能性而采取多种方案的思维过程和决策。上述3个方面的内容统一于系统的作战方案之中,贯穿于战争的过程。对此,高明的军事指挥员,都十分注重综合运用和全面把握。刘伯承在这方面为我们树立了光辉的范例。(2)务实思维,即从消灭敌人这一战争的根本目的出发,使一切军事活动都服务于这个目的,讲求消灭敌人的实效。实事求是的科学态度,灵活用兵的指挥风格，讲求消灭敌人的实效，是刘伯承务实思维的基本内容。刘伯承提出"战术是拿来消灭敌人的，不管黄猫、黑猫咬得住老鼠就是好猫"的论断。"猫论"的提出是为了鼓励部属根据作战计划遵照上级总的意图和要求，灵活机动地去完成任务，决不可依赖于上级，墨守成规，推一推动一动，或处理情况优柔寡断，以致贻误战机。"猫论"上升为普遍的方法，其精义在于明确目的和方法的关系，即科学地规定目的，为实现目的灵活地运用方法。把消灭敌人的战争本质同战略战术联系起来，把消灭敌人作为衡量战术优劣的标志，并以"猫论"的形象化形式加以表达，是刘伯承对消灭敌人、保存自己的战争目的与战略战术的关系作出的准确、生动、鲜明的阐述。依据如何有利于消灭敌人的原则，适时实行战略战术的转变。毛泽东认为，军事战略的转变曾经遇到很大的困难。如抗日战争初期把过去的正规军和运动战转变为游击军和游击战这是在特殊情况下进行的一个极其严重的转变。在现象上表现为一个倒退的转变，因此这个转变是非常困难的，这时可能发生轻敌倾向和恐日病。而刘伯承对这个转变处理得非常出色。本着什么样的战略战术利于消灭敌人，就采取什么样的战略战术的思维原则，他不仅及时地率领部队实现了由正规军、运动战到游击队和游击战的战略转变，而且还在敌后创造了黄蜂战、麻雀战等游击战术，达到了有力地消灭敌人之目的。抗日战争胜利后，他又明确提出在战术上要有新的转变。要完成从分散到集中，从游击战到运动战、攻坚战的转变。刘伯承之所以能够依据不同的作战对象，适时地实行战略战术的转变，关键就在于他具有从消灭敌人的根本目的出发，使一切军事活动都服务于这个目的的务实思维。注重歼敌实效，灵活机动地实施指挥。刘伯承对"围三阙一"或"围而不阙"战法的灵活运用，很能体现他从实际出发，注重歼敌实效的务实思维特点。他说："情况是变化的，要根据实际决定战法。该'阙'就'阙'，该不'阙'就不'阙'，绝对要不得教条！""现实是辩证的，指挥也应是辩证的"，但其万变不离其宗——注重歼敌实效。正是由于刘伯承注重歼敌实效的这一务实思维，才使他能因敌变化而取胜，显示出高超的谋略思想和指挥艺术。(3)类比思维，即运用形象生动的比喻，揭示战争运动的复杂过程，使对战争态势及战略战术的认识更为清晰和深刻。刘伯承在军事指挥中创造性地运用有利于打开思路的类比思维，并卓有建树。传统的类比推理是通过 A、B 间属性类比，达到对 B 对象也可能具有 A 事物所具有的某一属性的认识。刘伯承则是通过 A、B 对象间现象、属性的比较，达到对 B 对象也可能存在 A 事物所具有的本质规定的把握。这是他运用类比推理的独到之处；通常的类比逻辑规则推导的只是关于对象是否具有某一种属性的认识，不能从总体上达到对事物本质的把握。刘伯承的军事类比思维实际所蕴涵的逻辑规则，却可以实现对事物本质的认识。如，1947 年二三月间，蒋介石把对解放区的全面进攻改为重点进攻，将重点置于解放区的东西两翼——山东和陕北，妄图割断解放区左右两臂。为了保障重点进攻，蒋军以黄河为屏障，以陇海铁路为联系线，沟通山东和陕北两个战场。刘伯承把蒋军的这种总的战略态势形象地称为"哑铃"——两头粗，中间细，其要害和弱点是联接两个战场的黄河防线。对此，刘伯承思考的逻辑进程是这样的：蒋军重点进攻陕北和山东，以黄河、陇海为联系线——这相似于"哑铃"的两头和把子——如果哑铃的把子打断，哑铃也就不成其为哑铃了，所以我军必须实行中间突破。可见，类比推理是一种非常灵活的思维方式，它能适应军事指挥灵活机动的要求，能拓展思路，激发灵感，有利于指挥员对战争运行规律的把握。把复杂的战争运动及战略战术通过巧妙的类比，清晰、深刻地揭示出来并昭示部属。刘伯承军事类比推理的巧妙，首先表现在类比物的贴切和生动上。例如，刘伯承为了强调机动歼敌的战术，以"狼"作为类比物，介绍了以抓准时机、迅猛攻击为特点的"狼的战术"。其次，还在于他善于运用类比的方式，特别是考虑到部属最低限度的知识储备和经验储备，动用部属最熟悉的类比物，把复杂的战争现象和战略战术通俗、浅显、明白无误地传达给部属。如他在讲集结与分遣的"以散耗集，以集灭散"的战术原则时，以"黄蜂攻战马"和"打麻雀仗"为例，讲得深入浅出，通俗易懂。(4)胆大心细的思维品格，即接受任务、定下决心时，要有胆大包天的胆略，在部署和指挥战斗时，要象"描花绣朵"的姑娘那样心细如发。刘伯承接受任务、定下决心时的"胆大包天"，是建立在深谋远虑基础之上的。他认为，胆略必须以智谋为前提，没有深谋远虑，胆大包天就成为鲁莽瞎撞的代名词，于战争是非常有害的。而深谋远虑，又必须有过人的胆略作支撑。有了大智大勇，才会形成科学的决策。接受任务、定下决心的"胆大包天"，也表现出刘伯承勇于承担重任的大局观。大胆地接受任务、定下决心，就要冒风险，要承担重大责任。只有全局在胸，从全局的需要和大势的发展出发，以战略的眼光，就大势与局部的关系进行思考，才能有胆大包天的胆略，才能承担艰巨而困难的战略任务。刘伯承之所以义无反顾地承担千里跃进大别山的任务，其中一个重要原因就是认识到千里跃进大别山在全局上的战略意义。这种服从全局需要，为全局勇于承受风险，担当重任的“胆大包天”的思维品格，体现了他的战略意识和对革命战争负责的强烈使命感。刘伯承心细如发地部署和指挥战役、战术，首先表现为充分估计各种困难和复杂情况，使战役准备能够适应和对付不断变化的战场形势。而要做到这些，在战役、战斗准备过程就要有心细如发的思维品格，精心组织，精心筹划。其次是细心指导部队改进战术，提高战术水平。战略战役目标，要通过若干战斗来实现。因此，在战术上刘伯承坚决反对那种粗枝大叶、马马虎虎的行为和作风，坚决反对那些用士兵的勇敢来代替和弥补指挥员战术上的无能和意气用事。第三是注意对那些容易被人们忽视的细小的战术、技术问题的细致观察和具体关照。他曾通过对几种游击作战形式的敌我伤亡比例进行计算，得出伏击战我军伤亡最小的结论，为大力开展伏击战提供了最有力的说明。可见，心细如发，绝不等于缺乏举重若轻的魄力和能力，而是反映了刘伯承对革命战争负责，对人民群众负责，对部队负责的强烈使命感。刘伯承的工作特点和思维品格是“胆大包天”和“心细如发”的统一。这不仅使他成为常胜将军，而且使部队以最小的代价获得最大的胜利。（单秀法《论刘伯承军事辩证思维特征》，《中国军事科学》1996年第2期）

关于陈毅的参谋工作思想　有作者撰文指出，陈毅一向十分重视参谋工作对于军队建设和战争成败所起到的独特作用。他不仅悉心指导中国人民解放军参谋工作的实践，而且对于参谋工作的地位和作用、参谋业务要求以及参谋人员素质等方面问题，都从理论的高度进行了全面系统而又深刻的阐述：(1)参谋工作是部队的灵魂，对军队建设具有十分重要的保证作用。组织战前训练提高部队的作战能力，做好战备工作，保持良好的战备状态，战时组织严密的侦察警戒，制订周到详尽的作战计划，迅速调动部队，在给养、卫生、后方勤务等方面提供有力的保障等，均离不开卓有成效的参谋工作。为了充分发挥参谋工作的“灵魂”作用，他强调，要提高认识，转变部队中存在的轻视参谋工作的糊涂认识；从组织制度上巩固和提高参谋工作的地位；要确立参谋长作为首长代理人和部队统率者的地位；注意提高参谋人员在部队中的地位和威信，要重视对参谋人员的培养。(2)参谋工作既有从属性，又有独立性。由于参谋人员处于“首脑部”地位，决定了参谋工作范围广泛，工作关系繁杂。为此，陈毅高度重视参谋人员与各级人员的关系问题。在与首长的工作关系问题上，他要求参谋人员要摆正自身的位置，首先对首长要服从，要在指挥员意图指导下进行工作，做到为首长而参，为首长而谋，保证首长意图的实现。同时，要正确处理敢于直言与坚决服从的关系。要有“强就”首长采纳正确意见的责任心。敢于提出自己的真知灼见，辅助首长完善决策，并要敢于指出首长决策中的不足或问题，提出自己的不同看法或新的建议。在与同级的关系上，他要求参谋人员以密切协调的做法，促进工作效率的提高。在与下级的关系上，他要求围绕首长意图的落实，展开工作。重点是对所属部队工作进行严格的督促和检查。(3)参谋工作是最精细的工作。陈毅强调，参谋工作是最精细的工作，既要抓住大体，又要明察秋毫，做到准确、细致。为此，必须掌握马克思主义的思想方法，学会全面地、客观地，联系地去看问题，既能注意重大问题，也能注意细小问题。同时，要狠抓准确细致作风的培养，杜绝粗枝大叶的工作作风。(4)参谋人员要有很好的素质。陈毅强调，由于参谋人员在作战指挥和军队建设中负有特殊的使命，这就要求他们不仅要有扎实的知识基础，过硬的业务素质，而且必须具备坚强的政治素质，即具有坚强的党性观念，无条件地与党中央保持一致，自觉地维护广大人民群众的利益，无限忠于党和人民的事业，忠心耿耿，安心参谋本职工作。还应当具备任劳任怨、虚心负责的职业道德修养。凡是苦干的事，受抱怨的事，自己担任。多作事，少要东西，多埋头苦干，不出风头，不图享受，不图美名，一切为了革命工作。谦虚谨慎，平易近人，以最大限度地集中群众智慧，减少或避免工作的片面性和绝对化。否则，只有负责而不虚心，就必然是到处指挥人家、管理人家，和人家关系弄不好。主观主义会到处碰壁，使工作没有成绩。在谦虚谨慎的同时，还应当勇于负责，说出话来要负责任。参谋人员在工作中只有置个人得失于度外，以对党、对人民和对军队负责的精神处理问题，才能做好工作。（刘雷波、李言斌《陈毅论参谋工作》，《军事历史》1995年第6期）

关于粟裕的司令部建设思想　有作者撰文指出，粟裕作为中国人民解放军杰出的军事家，十分注重司令部建设。他关于加强司令部建设的理论对于指导部队司令部建设具有深刻的现实意义。其主要内容是：(1) 把周密、准确、敏捷、富有预见，作为衡量司令部组织指挥能力的主要标准。早在抗战时期，粟裕就明确提出，提高司令部建设必须以组织周密、结构合理、功能健全、指挥准确、反应迅速敏捷、富有预见为基本标准，并强调，为达此目标，司令部参谋工作应具备“七性”：一是计划性。必须分阶段制订计划，计划应科学合理，留有余地，各项工作力求按计划进行，以避免司令部工作的随意性和盲目性。上级亦应按此计划经常检查督促。二是组织性。司令部对作战、侦察、通信、机要、管理、军务、人事教育等部门的工作要有具体明确的分工，各司其职，以组织部队完成战役战斗为中心，协调行动，通力协作。三是准确性。要按照实际情况对症下药，订出具体计划，使之具有及时性、准确性。四是深入性。一切工作应该深入。五是具体性。应该简单扼要，清楚明了。六是精密性。一切工作应该精确周密，但也不应繁冗，失去要领。七是创造性。应该根据新的情况，有新的创造。粟裕认为，参谋工作最主要的是迅速敏捷，应根据情况的变化迅速定出计划，不应等待而丧失时机。(2)把各级领导重视，作为提高司令部组织指挥能力的重要保证。粟裕认为，“现代战争是双方各种力量的决赛。决定胜负的诸因素中，参谋机关的强弱，对战争指导的正确与错误，是重要因素之一。从指挥角度讲，整个部队的生命，掌握在军事机关手上，参谋机关的工作，对战争的胜负有决定意义。”(《粟裕军事文集》第42页)他要求各级领导充分认识司令部的地位和作用，把加强司令部建设作为各级领导的职责，和提高司令部组织指挥能力的重要保证。他还结合土地革命战争和抗日战争的实践，专门作了《战时参谋工作》的报告，全面系统地阐明了司令部工作的内容、程序和方法，提出了提高司令部组织指挥能力的措施和要求。(3)把健全机构、明确职责、理顺关系、改进作风，视为提高司令部组织指挥能力的重要因素。粟裕指出：“要使编组十分复杂的军队密切配合，协同作战，必须有更加健全而坚强的参谋机关，来协助首长很好的进行组织指挥。”(《粟裕军事文集》第42页)并提出了狠抓落实的一些办法：健全组织，建立精干机构。他认为，机关庞大，从某种意义上来讲是削弱了前方，不仅对前方工作无甚帮助，反而增加了负担。他强调要通过提高工作质量来精减人员。新中国成立后，他在任中国人民解放军总参谋长期间，针对总部机关太多(当时设有总参谋部、总政治部、总后勤部、训练总监部、武装力量监察部、总干部部、总财务部、总军械部等机构)的实际情况，曾向中共中央、中央军委报告，总部太多，形成领导多头、政出多门。由于机构的庞大臃肿，战时将造成紊乱，难以保持统一和不间断的指挥。主张紧缩机关，健全、精干指挥机构。明确职责，实行科学分工。粟裕强调：“参谋机关是军事首脑机关，而不是纯粹的执行机关”，司令部应当明确职责，科学分工，以主要精力用于改进战术和指导作战等重大事项上；理顺关系，正确处理好与政治机关以及其他各部门(包括供给、卫生、后方、兵站)之间的关系。改进作风，提高工作效率。粟裕认为，作风建设应成为加强司令部建设的重要内容。司令部作为军队的首脑机关，必须有实事求是，顾全大局，谦虚谨慎，团结协作的思想作风；有深入实际，周密细致，严谨扎实，雷厉风行，积极努力的工作作风；有艰苦朴素，紧张活泼的生活作风。(4)把选拔和培养一支素质好的参谋队伍，作为提高司令部组织指挥能力的基础。粟裕强调，司令部建设的关键，在于选拔和培养一批政治坚定、党性强、业务精、工作扎实、品行端正、身体强壮的各类参谋人才。为此，他曾在抗日战争时期主持召开的参谋工作会议上，提出了关于加强参谋修养的11条标准，即：政治坚定；思想意识要正确，党性强；要有军事学术和军事技术的修养；有战斗经验；有文字上的修养；要有一定的科学常识；生活简朴，刻苦耐劳，能做模范；工作积极，很耐心的去做每一件事，尤其在作战时，要有高度的积极性和艰苦工作的精神；要精细、镇静、不浮躁；体力应该是强壮的；品行要端正。并就培养和选拔参谋人员，向各级领导提出要求：一要选优任能。他主张选拔精兵强将充实各级司令部。他在任总参谋长期间，为加强总参谋部的建设，曾向毛泽东主席和中央军委建议，主张在全军范围内挑选精兵强将充实总参谋部。他特别注重加强作战部的建设，认为作战部是总参谋部的核心机构，其领导力量一定要强。二要大胆使用。他认为，大胆、放手地使用参谋人员，有意识地让其在实践中锻炼，增长才干，这是提高参谋素质的有效方法。三要加强培养。粟裕主张通过在工作中锻炼、在战争实践中锻炼、组织参谋集训和在职学习等多种形式，千方百计地培养参谋人才。(5)把理论联系实际、及时总结经验，视为提高司令部组织指挥能力的基本途径。粟裕强调，要提高司令部的组织指挥能力。首先，要以马克思主义立场、观点、方法研究问题，指导工作。司令部通过系统学习马列主义，不断加强政治建设和思想建设，确实把司令部工作置于党委的直接领导之下，进一步提高政治理论水平和解决问题的能力。其次，必须积极探索，勇于实践。粟裕强调，参谋人员必须到战斗实践中去锻炼，以提高组织指挥战役战斗的能力。并强调在实践中研究和探索问题，特别应注重研究对战术的改进和作战的指导问题。为此，参谋工作“要有创造性”，而不能囿于旧的方式。因循守旧是影响组织指挥能力提高的一大障碍。此外，应注重总结经验。粟裕认为，认真总结经验教训，是正确指导工作、提高工作效能的重要环节。他要求参谋人员以辩证唯物主义的观点来分析和总结经验教训。在战争年代，他不管工作多么繁忙，每次战役战斗结束，总要利用战斗间隙，很好地组织总结战役战斗的经验教训，冷静思考组织指挥上的得失成败及功过是非。通过认真总结，推广经验，吸取教训，真正达到打一仗进一步的目的。（张民、张培高《试论粟裕加强司令部建设的理论与实践》，《军事历史》1995 年第 6 期）

（木　工）

中国近代军事思想研究　**关于魏源的海防和海权思想**　有的学者认为，魏源与林则徐一样，是近代海防论的先驱。他强调以守为战和走精兵之路相结合，乃是一种积极的防御战略；提出在内守坚固的基础上还要采取攻战的方针，是内守与外攻相统一的海防观。他还朦胧地意识到，惟有师海权国家之长，即以我之海权对付彼之海权，才足以制驭海权国家，所以提议创设一支强大的近代海军，大力发展工业和航运业以推动国内外贸易的发展。他的这一朴素的海权观具有超前的先进性，是应该充分肯定的。（戚其章《魏源的海防论和朴素海权思想》，《求索》1996 年第 2 期）

关于洋务思潮与近代海防论的关系　有学者指出：从 1861 年到 1873 年，随着洋务思潮的勃兴，林则徐、魏源的“师夷长技”思想被发展为采西学，造船工业的创办，特别是第 1 个创设外洋海军的具体方案的提出，标志着真正意义上的近代海防论的出现。从 1874 年到 1878 年，清朝督抚之间出现了一场关于海防问题的大讨论，涉及到是否购买铁甲船，沿海分区设防与统一指挥，如何对待海防与陆防、战与守的关系等重要问题，封疆大吏们的认识未能从根本上摆脱传统的陆防主义，只有思想家郑观应提出炮台与外海水师相表里、外洋与海口并重和以战为守的先进主张。1879 年到 1883 年，日本吞并琉球事件又唤起人们对海防问题的极大关心，强调海军采取攻势战略的呼声越来越高。尤其是马建忠构想的海军 9 年发展规划，强调水师统一领导，借鉴外国军制，逐渐添置齐全各类战舰，在沿海要地次第设防，把中国的海防第一线推向外海。其后，近代海防论的发展陷于停滞，从而严重地影响了清朝海军的建设。（戚其章《洋务思潮勃兴与近代海防论的发展》，《烟台师范学院学报》1996 年第 3 期）

关于李鸿章与左宗棠海防思想的比较　有学者对晚清海防建设中这两位举足轻重的人物做了对比，认为：他们对中国海防危机的严重性和加强海防的紧迫性的认识是一致的，但李鸿章主张优先考虑海防，左宗棠则反对在国防战略上重此轻彼；在海军建设方略上，李鸿章一直主张分洋组建，左宗棠则主张打破地域疆界，统一建设海军；在舰船来源上，李鸿章主张外购为主，左宗棠主张中国兵轮以自造为主；在海防作战方针上，二人基本奉行的是消极防御战略，但李鸿章以大沽、北塘、山海关及长江口为防御重点，左宗棠则对台湾在海防上的重要地位有更清醒的认识；在是否发动沿海民众的问题上，李鸿章一直持消极态度，认为民团“流弊太多”，左宗棠则主张在沿海各地召募水勇，办理渔团，协同军队固守海防。值得指出的是，二人海防思想上的差异，既不是爱国与卖国之争，也不是湘淮集团的利害之争，只是其海防实践、对西方先进技术的认识以及受林则徐、魏源思想影响上的差异而已。（史滇生《李鸿章左宗棠海防思想比较》，《安徽史学》1996 年第 2 期）

关于丁日昌的台湾防务思想　有的学者将丁日昌设防台湾的基本观点归纳如下：认识到台湾在中国整个海防中的重要战略地位，是其积极筹划台湾防务的基本出发点；主张依托南北洋海军力量或练成闽台水师一军，以对台湾实行有效的海上防卫，依靠大陆的经济力量，建设台湾防务，是其台湾防务思想的核心内容；为增强台湾防务实力和提高台湾防务效能，在岛内极力推进与防务有关的近代化建设；整顿吏治，固结民心，以民心固结为台湾防务建设的根本。上述思想是对鸦片战争以来一大批爱国志士设防台湾主张的继承和深化，具有鲜明的反侵略时代特点和强烈的爱国主义民族特点，为后来刘铭传进一步发展台湾防务思想奠定了基础。（季云飞《丁日昌台湾防务思想与实践之探析》，《台湾研究》1996 年第 1 期）

关于中法战争中清军海防战略战术　有的学者探讨了中法战争时期清军海防作战问题，指出清军在中法镇海之役中的成功，与其军事装备和国防设施的进步、军事部署的严密分不开的。该役挫败了法国远东舰队的入侵企图，使法军未能攻占镇海，法舰未能歼灭南洋 3 舰，这是镇海清军抗战的胜利。还有的学者指出，清军布防实行增修炮台、堵口与部署陆营 3 者相辅并行，集中兵力以镇海为防御重点的方针；在作战指挥上采取海陆配合，协同抗敌，积极防御，主动击敌；摸清敌情，提前报警等措施，因而使法舰未能肆虐甬江。这反映清军充分吸收以往海口防御作战的经验教训，防御思想不断进步，布防措施更加周密，作战指挥机动灵活，是值得充分肯定的。（张一文《中国近代两次镇海抗战之比较研究》、刘庆《中法镇海之役与晚清海口防御作战》，均载《中法战争镇海之役 110 周年学术研讨会论文集》，人民出版社 1996 年 3 月出版）

关于蔡锷的军事思想　有论者全面评价了蔡锷的军事思想，指出：“救国救民”是蔡锷军事思想的出发点和归宿点，而善于博取西方近代资产阶级军事理论精华，是他日后能够把中西军事思想融汇贯通、构建颇具特色的近代化军事思想的重要基础。蔡锷军事思想的发展可分为3个阶段：1901～1911年为形成阶段，在日本接受全盘西化的军事教育后，能根据中国实际，提出"军国民主义"思想和军事教育思想。1911～1913年为成熟阶段，所提出的中国国防建设方面的思想观点，对后世中国国防理论影响甚大。1914～1916年为发展阶段，在护国讨袁的战争中逐步形成了战略战术思想体系，一方面丰富了蔡锷军事思想的内容，另一方面也推动了中国战略战术思想的近代化。（奚纪荣《蔡锷军事思想研究》，《军事历史研究》1996年第4期）

（刘　庆）

中国古代著名人物军事思想与军事论著研究

关于《孙子兵法》82篇抄本真伪的争论　1996年9月，国内新闻媒体纷纷报道：汉代以后失传的《吴孙子》82篇抄本在西安某军工企业职工张敬轩家中被发现。据介绍，张之祖父张瑞玑系清末进士，1906年赴陕西韩城知县任途中，以重金买下该书82篇、图9卷竹简。原简在文化大革命中大部被烧毁，仅余1捆，但经张家祖孙3代人整理而成的82篇文字仍保存完好，共141709个字，内容远远超过现存5000余字的《孙子》13篇。有的学者对张家这部手抄本加以研究，认为：该抄本篇目数与史籍记载正相吻合，与现存《孙子》13篇在思想体系上一脉相通，在谋篇布局上浑然一体，在内容上相互关联，该抄本与银雀山汉简可以相互印证，两个本子都大量使用古字，文体风格也很相近，且都大量引用古人事迹。而过去银雀山汉简中被认定属于《孙膑兵法》的部分内容，在该抄本中是《孙武兵法》82篇的一部分。由此认定，该抄本所记载的这部兵法是在孙武及其他古兵家思想的基础上，经张良、韩信、杨仆、任宏、刘向、刘歆等人先后序次、捃摭、校理而成，即《汉书·艺文志》著录的"吴孙子82篇"，也是今本《孙子》13篇的母本。但值得注意的是，该著作称张敬轩藏抄本约6万字，与报刊上其他文章的说法差异颇大；书中所收《孙武兵法》82篇辑本篇目则达84篇之多。对张敬轩藏抄本的真伪，一些专家发表了不同意见。认为抄本上多次出现的"天"字的所谓古写法，其实是清代白莲教所使用的，"肆"、"伍"、"陆"等汉语数字大写，是唐代武则天时期确定的，汉代这些字还没有用来表示数字。抄本《预示》篇写明"周敬王十六年秋于景林定简"，但"周敬王"乃是其死后才确定的谥号，孙武与周敬王是同时代人，怎么能在周敬王尚未去世时就使用这个近30年后才有的谥号来纪年呢？目前发现的汉简均为一侧有三角形切孔用以固定编绳，字迹亦全用墨书写，这与有关报道所说，张氏藏简"每件有上、中、下三孔用绳子串联"，"简上的字迹似乎是用笔蘸以黑漆写成"不同。从银雀山竹简的发掘来看，距今2000多年墓葬中出土的竹简，即使经科学方法发掘保存，也有大量朽断残缺，经不起张氏藏简那样的折腾。（杨才玉《孙武兵法》面世记》，载《文汇报》1996年11月3日；房立中主编《孙武子全书》，学苑出版社1996年1月；曾伟《所谓〈孙武兵法〉究竟是真是假》，《北京青年周刊》第44期）

关于《孙子》的军事思想　有的学者结合先秦哲学的有关论述，依次对《孙子》所提出的"智、信、仁、勇、严"各自的规定性及其作用进行了探讨，指出：智即智慧、才能，包括谋人之智、谋天之智、谋思之智，其集中体现是"善战"，其最高境界是"胜于易胜者"。信即诚实不欺，是内部人际关系中一切道德规范的基始点，没有它，军队内部的凝聚力将消失殆尽。但它不能用于敌我关系中。仁是指爱及士卒，惠及民众，包括精神和物质两个方面的关怀，但也要防止仁成为被敌人利用的弱点。勇由勇气和勇力构成，后者是前者的根基。但将领之勇必须是能够任形造势的大勇，谙熟计谋的智勇，而不是只知死拚的莽夫之勇。严包括严于律己，严于教习，严肃法纪等项内容，将帅的严与不严，关系着军队的治乱和军队战斗力的强弱。有的学者指出：在孙子兵学中，"天道"不过是一种自然现象，而不再有冥冥之中主宰一切的性质，战争被当作一种客观物质运动的现象来对待，战争指导是根据战争活动的自身规律提出来的，在充斥着封建愚昧思想的春秋末年，孙武能对战争和军事问题有如此充满理性的认识，可见其人文思想和朴素唯物主义态度的进步性。同时，孙武把民心向背，兼顾民众利益，看成是战争决策的一个重要因素，把利民安民，不战而屈人之兵，看成是作战指导思想的理想境界，把恩抚士卒，赏罚平等，善待敌俘，看成是军事政策的基本原则，显示其民本主义的政治哲学观，对中国军事学术的发展产生了积极的影响。（刘先廷《孙武的将的素质论》，《军事历史研究》1996年第1期；王中兴《孙子兵学的人文精神与民本精神》，《中国军事科学》1996年第1期）

关于孔子的军事思想　有学者将其军事思想的内容归纳为：取信于民的思想和"执干戈以卫社稷"的义战立场，文武并举的国防建设思想，以礼为准鹄的治军主张，"临事而惧"的作战原则。同时指出，作为儒家学说重要组成部分的孔子军事思想，对中国古代军事思想的发展产生过很大影响，也在古代经国治军实践中发挥过重大作用，有合理的思想内核，也不可避免带有封建性的糟粕。（黄朴民《孔子军事思想简议》，《军事历

史》1996 年第 1 期)

关于李渊的军事思想　有的文章从实事求是评价个人军事思想的角度，充分肯定了唐开国皇帝李渊军事思想的理论价值，认为其思想内容包括：因势借力、先取关中、后图天下的兴兵起事思想，军政兼施、各个歼灭群雄、统一全国的战略指导思想，正确料敌、集智用长、先胜后战的作战指导思想，因势定制、严明赏罚、用人所长的治军思想。(王援朝《唐代兵法形成新探》、《中国史研究》1996 年第 4 期；于汝波《李渊军事思想略论》,《军事历史》1996 年第 3 期)

关于钱镠的军事思想　有人撰文对唐末五代十国时期吴越国创始人钱镠的军事思想进行了分析，认为他提出的"此术只可一举"的战术思想，与《孙子》所说的"战胜不复"含义大体相同；提出过"除恶务去根本"的思想，主张彻底消灭敌人；实行联一打一，以敌制敌的战略；执行"善事中国"(中原)的远交近攻方针。正是在上述思想的指导下，吴越国得以建立和巩固，成为当时江南诸国中最强大的政权。(李志庭《略谈唐末五代十国时期钱镠的军事思想》,《军事历史研究》1996 年第 4 期)

关于明代边防战略　有的学者认为，明代边防战略大体可分为两个阶段：洪武、永乐年间，明朝因有强兵宿将，采取的是一方面以攻为守，一方面修筑防御工事的方针。正统以后，国力衰弱，一方面敌人进犯，提兵以战；一方面大修边墙。明代长城就是这种防御战略的产物，也是实行防御战略的最佳措施。从明代边防的历史看，依托长城防御工事体系进行防御，并不意味着就是消极防御，而往往可以使防御者变被动为主动。长城既保护了内地的安宁，又维护了边疆地区的和平，对中原的农业民族和塞外的游牧民族生产劳动、藩衍发展都是有利的。有的学者则对明中叶杰出的政治家、改革家张居正的边防战略思想进行了分析，指出：增强综合实力是张居正边防战略的基础，立足战胜是张居正边防战略的核心，谋求和平，力争不战而屈人之兵是张居正边防战略的最高目标，它较好地实现了战略 3 要素——目标、手段和途径的统一，构成了较为完备的边防战略。(范中义《明代长城与边防战略》、赵海军《论张居正的边防战略》，均载《中国军事科学》1996 年第 1 期)

关于郑成功和康熙帝收复和统一台湾的战略　1996 年，学术界对郑成功和康熙帝收复和统一台湾的战略策略屡有评述。有的学者指出，郑成功在渡海攻台前做了充分的战前准备工作，如热情接待荷兰殖民当局的使者，佯言无暇攻台，麻痹敌人；积蓄粮草，修整船只，选择侵台荷军无法得到增援的时间出兵等。进攻台湾时，则集中 10 倍于敌的优势兵力，采用围城待降的战法，对荷军主要据点热兰遮城实施长达 9 个月的围困。同时积极开展政治、外交攻势，争取广大台湾民众的支持，最大限度地孤立荷兰殖民者。由于郑成功正确地进行了上述战略运筹，荷兰殖民者的抵抗意志被粉碎，不得不签署投降协议书，退出台湾岛。有的学者认为，清政府统一台湾的主要策略有四：一是寻求政治解决途径的和谈策略。清政府先后与台湾郑氏集团进行了 10 次和谈，前 9 次皆因双方在是否承认国家的统一和领土的完整这一原则问题上有根本分歧而未果；最后清政府使用了武力手段，大兵压境，以战逼和，使第 10 次和谈取得成功。二是分化瓦解台湾郑氏集团的招降策略。通过长期、大规模的招降活动，使大批郑军官兵投诚，削弱了郑方的军事实力，壮大了清军水师，改变了双方海上力量的对比；同时也削弱了郑氏集团的社会基础，瓦解了郑氏集团军心，为清政府最终统一台湾创造了条件。三是禁海迁界的经济封锁策略。清政府在大陆实施海禁和迁界移民，目的在于断绝郑氏集团粮饷和军用物资的供给，坐困郑氏集团，迫其不战而降。四是"因剿寓抚"、统一台湾的军事策略。清政府在进行了政治、经济、军事上的充分准备之后，制定了"因剿寓抚"、以剿促抚的战略方针，派遣优秀水师将领施琅于 1683 年出兵澎湖，仅用 7 天时间便全歼郑军主力，攻占澎湖全境，对台湾本岛形成强大威慑。接着又展开强大的政治攻势，最终使郑氏集团高层人员认清形势，做出顺应历史潮流的正确选择，使台湾重新回到祖国的怀抱。(郑孔昭《郑成功收复台湾的战略运筹》、任力、吴如嵩《清朝政府统一台湾的战略策略》，均载《中国军事科学》1996 年第 2 期)

(刘　庆)

战争和军事战略理论研究

中国关于战争和军事战略理论研究 关于战争的动因及和平存在的方式 针对人类进入阶级社会以来,战争与和平这个永恒的历史主题,有作者开始透过战争与和平交替的现象,对战争的动因及和平的存在方式这类深层次的问题进行深入研究探索。

战争的基本动因在于私有制 私有制这种社会制度时刻产生着对物质财富的无限私欲与激烈争夺,它是导致战争的基本动因。历史上有各种各样的战争,都可以在物质财富的私有制度上找到最终的原因。在当代及今后相当长的时期内,在世界范围内私有制仍将根深蒂固地存在着,大小霸权主义是私有制政治的最高形态,它们推行扩张政策,实行军事干涉主义,是当代战争的重要根源。

当代战争的具体动因多元化 总结二战以来,特别是冷战结束后的局部战争和武装冲突,其动因主要是:国家分裂或统一,领土纠纷,民族或宗教矛盾,大小霸权争夺。此外,导致战争的动因和动机还有历史积怨、外部插手、资源争夺、经济衰退等因素。两极格局时代,世界所有热点大都带有超级大国争霸的背景。冷战后局部战争、新的热点增多,战争的成因比较复杂,类型多种多样。据统计,冷战结束后共发生战争 40 起,其动因主要是民族矛盾的 13 起,占 32%;属领土纠纷的 10 起,占 25%;属权利争夺的 17 起,占 43%。

世界和平存在的最佳方式是"和平共处五项原则" 在经过数千年战争与和平交替的历史过程之后,大战正走向式微,和平的力量在增长,由此产生了和平的存在方式这一具有时代性的问题。和平是矛盾冲突控制在一定程度上的生活方式。世界上矛盾很多,战争此起彼伏,但制约冲突的因素同时在起作用。人类要像过去发明每一种新战争样式一样,创造一种新的"和平样式"。比较有代表性的看法有以下几种:一是怀念"冷战时代",主张核威慑控制下的和平,依靠"一超多强制衡"。韦特勒认为,当代"消除战争的起因几乎是不可能的",但战争可以控制,"控制战争起因的最佳途径,就是威慑概念",这实质是冷战观念的延续。二是鼓吹"一霸独尊,大国监护下的和平"。第二次世界大战后,美国一批哲学家鼓吹"罗马式的和平",鼓吹"美国可以在现实生活中实现罗马的理想"。但历史证明,争夺和维护霸权只能是战争的动因,而绝非和平的保证。三是强调信息和知识对于赢得和遏制战争的作用。美国前国家情报委员会副主席 F·S·奈尔和前参联会副主席 W·A·欧文斯著文说:"信息优势使美国不用付出重大代价即足以解除任何外来威胁",这如果不是"信息讹诈"的话,至少也是"信息决定论"的观点。托夫勒也认为,知识能打赢或遏制战争。四是国际条件的约束。历史上曾签订过无数次"非战"条约,但收效甚微。冷战后,由于世界多极化和经济一体化的发展,国际组织干预的条件和制裁手段增多,因而国际军事条法的作用相应增大。特别是防止核武器和导弹武器扩散、裁军和军控、维和行动、军事透明度、海上航行和安全等方面的国际法和公约,都有新的发展。这些条法对维护国际安全秩序有一定作用,但也容易被超级大国所利用。为此,作者提出,不论是冷战时期还是冷战后时代,世界和平存在的最佳方式就是中国倡导和实行的"和平共处五项原则",其核心是反对霸权主义和强权政治。这是国际信义和历史潮流的体现。中国在处理国际事务,特别在处理与邻国之间的历史纠纷方面,严格贯彻了这些原则,在实践中作出了榜样。但是有些大国并不愿意按照"和平共处五项原则"去做,而是把自己的价值观念强加给别国,为了自己的国家利益而损害别国的主权和权益,粗暴干涉别国内政。这就是人类社会直至今天仍没找出理想的稳定的和平方式的主要原因。(李际均《军事战略思维》第 161 至 180 页,军事科学出版社,1996 年 12 月)

(汪徐和)

关于战争时空观的研究 有作者指出,战争时间和空间是战争存在的两种基本形式。所谓战争的时间,是指战争的持续性和顺序性,包括战争的过程及阶段。所谓战争的空间,是指战争的广延性和结构性,包括战争的范围、规模、所在位置和战争中各种事物位置的相互关系等。战争时空是战争构成和决定战争胜负的重要因素,战争指导者须臾不可忽视。

战争时间、空间的特点 一是战争时空的可变性大。即战争的持续性和广延性较之社会其他运动形式具有更大的可变性。它包括战争的整体时空和局部时空、战争的过程时空和阶段时空、战争的集合体时空和个体时空以及战争的有利时空和不利时空，这些时空形态均随着战争的发展而不断变化。战争时空的多变性表明：战争由于条件、性质、特点的变化和战争中技术、战术、战争指导的发展，战争的具体内容是不断变化的，战争的指导者只有因时、因地、因敌举措，才能取得战争的主动权。二是战争时空的对抗性强。战争是敌对双方的武装冲突，双方活动的时间和空间存在着尖锐的矛盾。为夺取作战的胜利，战争各方都希望赢得时间，夺取、保卫、或夺回战争的空间，因此，战争时间和空间处于激烈的对抗之中。现代局部战争由于电子武器、精确制导武器的发展，空中突击能力的增强，武器破坏性的增大，空间对地面的威胁日益严重，战争时空的对抗性更加突出。敌对双方为了争夺制空权，不仅在空中、海上和地面进行相互对抗，而且在电磁空间和外层空间展开激烈争夺。在不远的将来，还会面临信息战争的挑战，战争时空的争夺将更为激烈。这充分说明，战争时空的争夺是不以人们意志而转移的客观规律，它对战争的重要性与日俱增，战争时空的对抗性直接关系着战争的成败。三是战争时空的结构复杂。战争时空具有多种结构：在规模、范围上，具有战争整体时空和局部时空，战争过程时空和阶段时空；在存在和组合的形式上，有战争个体时空和集合体时空；在作用上，有有利时空和不利时空。这些战争时空的不同结构各有不同的特点，不能等同看待。这是战争时空结构复杂的第1种情形。战争时空所具有的各种结构，在战争发展过程中变化多端，特别是战争的个体时空和集合体时空、有利时空和不利时空更是变化迅速。这是战争时空结构复杂的第2种情形。例如，高技术战争中，一改过去线式作战形式，采用了非线式作战形式；改变以地面进攻为主的战法，采用了以空中突击为主的战法；发展了以空中和地面相结合的作战结构，采用了陆、海、空、天、电相结合的新作战结构。这些作战形式、作战方法、作战结构的改变，使战争的个体时空和集合体时空、战争的有利时空和不利时空都发生了质的变化。作战指导脱离这种变化，必然会导致错误的发生。四是战争时空具有重要的军事价值。时间和空间是决定战争进程和结局的重要条件之一，因此它在战争中具有重要的军事价值。掌握时间和空间上的主动权，才能先敌准备，掌握战机，先机制敌，才能形成和保持有利的战争态势，沉重地打击敌人。随着当代高科技的发展，军事手段与战争样式的演变，战争时空又呈现出一些新的特征，突出表现在：战争时间缩短，战争空间扩大；战争时空的相互转换更加迅速；战争时空的争夺更加激烈；战争时空对战争胜负的影响日益增大。争夺战争时空支配权的斗争正在进入一个新的阶段。

战争时空在战争中的重要作用　战争时空一方面依赖于战争而存在，另一方面它又能反作用于战争的运动，促进战争的进程，加速战争的胜利，或延缓战争的发展，导致战争的失败。(1)战争时空是正确实施战争指导的依据。战争时空不是抽象的，而是具有丰富内容的战争存在形式，一定的战争时空，必然包含有一定内容的战争实体活动，而战争实体的活动是战争指导的对象和认识的源泉，舍此就不可能进行战争的正确指导。因此，战争实体及其形式——战争时空都是战争指导的基本依据。古代大军事家孙武把战争时空列为决定战争胜负的5要素之一，揭示了9种不同地域的作战规律和正确利用地形的6项原则。毛泽东吸取历代战争时空论的精华，并上升到军事辩证法的高度，指出："战争的情况不同，决定着不同的战争指导规律，有时间、地域和性质的差别"。(《中国革命战争的战略问题》，《毛泽东选集》第173页)可见，战争时空是战争指导者须臾不可分离的东西，是制定军事谋略和战略战术的基本依据之一。(2)战争时空是做好未来战争准备的基本条件。时间是战争准备的前提。因为有了时间，才能先敌准备，立于主动；才能生产和储备必需的武器装备和战争物质；才能训练好军队，保证有良好的战斗能力；才能适时转入战争轨道，并作好战争的动员和部署。空间是战争准备的基础。因为有了空间，才能具有丰富的战争资源；才能有利于人员、战备物资和军工生产的分散配置；才能建立巩固的阵地和纵深的战场，发挥人民战争的优势；才能以空间换取时间，有力地打击和歼灭侵略者。(3)战争时空是制胜敌人的重要手段。战争时空不仅包含着战争的客体，同时还包含着战争的主体。战争主客体相结合的各种时空运动形式作用于战争，就会给战争的进程和结局以巨大的影响。以快制胜，是战争中战争的个体时空和集合体时空通过快速运动，克敌制胜。现代战争，由于高技术兵器的广泛运用和军队快速反应能力的空前提高，"快则存，慢则亡"已成为作战中的一条规律。谁在战争中信息掌握得快、军队机动得快、火力运动得快，谁就能优先夺取战争的主动权，进而赢得战争的胜利。以"慢"制胜，是战争中通过对战争个体时空或集合体时空有意识地控制其运动速度，以实现制胜敌人的目的。这里的"慢"是在战争中运用谋略去人为制造所需要的"慢"。以"慢"制胜，不是战争中的一般规律，而是在特定条件下制胜敌人的一种手段。这种“慢”可以隐蔽企图，迷惑敌人；扬己之长，用敌之短；等待时机，一举胜敌。快慢结合制胜。快慢结合是指在战争中实施战略持久、战役战斗速决，内线持久、外线速决等作战方法，在战争时空上的体现。这些方法把快与慢有机地结合起来，慢中求快，以快达慢，快慢相辅，从而实现优劣态势的转化，赢得战争的胜利。制造“硬杀伤空间”和“软杀伤空间”制胜敌人。所谓“硬杀伤空间”是指战争中通过应用一定的“硬杀伤”手段，增大战争空间的作战效应，控制空间的支配权，以制胜敌人。所谓“软杀伤空间”是指利用生化武器和电磁波制造生化空间和电磁空间，控制敌人或杀伤敌人。未来战争中，各种电子设备所构成极端复杂的电磁软杀伤环境将是战争制胜的重要手段。（沈金观《战争时空新论》，《中国军事科学》1995 年第 3 期）

关于局部战争理论问题研究 **局部战争与军事冲突有 10 点区别** 有作者指出，局部战争与军事冲突的范畴不同，军事冲突是军事上的一种激烈争执或武力摩擦、非常有限的暴力争斗；局部战争则是交战国使用一定兵力在世界或一国的某一地区进行的一种战争。正确区分这种不同，不仅有利于军事理论、战争理论的研究，而且在实践上也有利于把握它们不同的发生机制及其不同的内容与表现形式，以便实行正确的战略指导。两者之间的不同主要表现在 10 个方面：(1)从发生的情况看，军事冲突可能是蓄意制造的，也可能是偶然发生的，往往无先兆可察。局部战争一般蓄谋已久，经过较长时间准备，通常有严密的计划、周全的组织，有战争端倪可寻、先兆可察。(2)从目的看，军事冲突的目的往往是单一的，一般只是为了某一件事，一旦达到目的，冲突就结束，达不到目的，冲突也适可而止。局部战争的目的一般是为了谋求国家重大利益，战争发动者追求目的的决心强烈，达不到目的，战争将延续较长一段时间。也就是说，局部战争较军事冲突的目的要大，且目标层次要高。(3)从打击目标看，军事冲突，无论是火力打击还是兵力占领，都局限于一个或少数几个点上。局部战争，打击目标数量较军事冲突多，且多为具有一定正面和纵深的面状区域。(4)从兵力运用看，军事冲突投入的兵力很少，有的甚至只有几人，一般不需战争动员，兵力成份较简单，合成性较差。局部战争使用的兵力较多，少者数百人，多则上百万人，因此要在一定范围内进行战争动员，兵力兵器合成度较高，一般包括各个军种、兵种，有的还可能使用地方部队，国家武装警察部队，民兵以至非武装群众。(5)从使用的兵器上看，军事冲突一般使用常规武器，其现代化程度随事件性质的不同而有所不同。如果是蓄意制造的，使用的武器的技术水平较高；如果是偶发的，使用的武器的技术水平一般较低。局部战争，尤其是高技术局部战争，使用的虽然可能是常规武器，但可能带核、化、生武器的威慑背景，具有较高的现代技术水平，作战效能高，震慑力强。(6)从空间上看，军事冲突的战场空间狭小，波及面也小。局部战争的战场空间一般具有较大的区域性，可能在数十至数百万平方千米范围内展开，波及面较大，有时甚至两个或多个战略方向和战略区都受到战争的影响和牵动。(7)从时间上看，军事冲突从发生到结束的时间短暂，尤其是使用高技术兵器的冲突这一特点更为明显。以色列空袭伊拉克核反应堆，袭击时间只用两分钟。局部战争时间较军事冲突为长，一般为数天至数月，有的甚至达数年。(8)从作战方式上看，军事冲突比较单一，往往只采取一种方式，最多也只是两三种。局部战争的作战方式通常是多样化，并且不断变化。一般包括空袭作战、空降作战、地面作战、特种作战、登陆与抗登陆作战等。(9)从后勤保障上看，军事冲突由于时间和规模极其有限，一般不需要专门的后勤保障。而局部战争由于远离战略纵深，作战时间长，规模较大，后勤保障量大且相当复杂，往往需要进行专门的后勤保障。(10)从后果和影响看，军事冲突后果较轻，人员伤亡较少，对冲突国军事、政治、国民经济等影响较小，社会生活秩序一般不会因此而被打乱，国际社会一般不会介入。局部战争则后果较重，交战国经济损失较大，武器损坏和人员伤亡较多，有时甚至会对战争触及的数个国家产生较为严重的影响，战区的政治、军事、经济及生活秩序被打乱，战争的后遗症通常要经过数年才能消除，国际社会也往往以不同形式、程度不同地介入。（刘晓光《试析军事冲突与局部战争的区别》，《中国军事科学》1996 年第 1 期）

高技术局部战争产生和发展的时代背景和内动力 有作者指出，高技术局部战争是社会发展的必然产物，它有着不同于以往战争的本质特点和规律。

*高技术局部战争所处的时代特点。*和平与发展是高技术局部战争所处时代的主要特点。由于综合国力成为衡量国家强弱的主要标志，各国都希望有一个相对和平稳定的环境，以加速本国的经济发展，提高综合国力。所以，世界总的形势趋于缓和，对话多于对抗。但许多地区国家间的矛盾并未根本解决，利益冲突有时仍很激烈，局部战争和武装冲突此起彼伏。世界各主要国家在围绕综合国力的提高来调整自己的发展战略目标的同时，也对军事手段的运用提出了新的要求。在这种条件下，由利益冲突、政治目的的有限性所决定，战争发展呈现出有限性、局部性和速决性的特点。高技术

的迅猛发展及其在军事上的广泛应用，也为使用有限军事手段达成一定的政治、经济目的提供了可靠的技术保证和较大的选择余地，使之既可选择军事手段，又可速战速决，避免战争升级，深陷战争泥潭，为用政治、外交手段和国际调停解决争端创造有利于已的局面。因此，倍受发达国家特别是超级大国的青睐。在冷战结束、世界格局趋向多极化的条件下，局部冲突呈上升趋势。超级大国为维护自己的国际地位和海外利益，应付多种样式的地区冲突，更加倚重于高技术手段，着力发展高技术武器装备；一些发展中国家，从维护本国利益出发，也在积极购置、引进和研制高新武器装备，加快军队现代化的步伐。这就进一步推动了高技术局部战争的发展。

*高技术局部战争适应了国际经济发展的新要求。*首先，世界各国间的经济联系日益广泛，各国经济利益地区化、全球化的趋向日益显著。这种复杂的国际经济关系和利益联系，既在一定程度上抑制了大战的爆发，也在相当程度上增大了利益冲突的领域和范围，推动了局部战争的发展。在这种条件下，使用高技术武器装备，在有限的时间内、对精心选择的目标实施打击、迅速达成有限的政治经济目的，以避免两败俱伤或矛盾冲突国际化而使自己处于不利地位，就成为一种必然的选择和主要的样式。其次，世界军火贸易的迅速发展，使高技术武器装备的扩散不断加剧，也促进了高技术局部战争的崛起。高技术武器装备的不断扩散，在使发展中国家军队中的高技术兵器含量不断增加的同时，也在推动着新的高技术武器装备的问世。高技术武器装备的扩散和更新，必然导致战争中高技术对抗性的增强，促使高技术局部战争登上新的台阶。

*高技术局部战争的内动力是科技的发展。*军事领域历来是最新科学技术成果运用最快、最多的一个领域。战争双方为以小的代价换取大的胜利，无不重视发展和运用蕴含最新科技成果的武器装备。(1)高科技的发展是高技术局部战争演进的内动力。当代，由于核武器使用受到诸多因素的制约，不能满足有限政治、经济目的的需要，因而超级大国和一些发达国家开始把发展的重点转向高技术常规武器上。自 70 年代以来，世界范围的第 3 次技术革命进入一个新的发展阶段，发达国家抓住这一机遇，迅速将发展中的高科技引入军事领域，各种高技术武器装备应运而生，并在这一期间发生的局部战争中广泛使用，从而将高技术局部战争推向了一个新的阶段。(2)高科技的发展极大地提高了武器的效能。这就为拥有高技术武器装备优势的一方，精选打击目标，控制战争规模，提供了技术、物质保证。另外，由于高技术武器装备技术含量的提高，也导致了武器装备成本和战争消耗的巨增。这种高消耗也在一定程度上抑制了战争规模的扩大。(3)科学技术的发展最终将成为制约战争的重要因素。核武器的发展如此，高技术武器装备的发展也不例外。当敌对双方都拥有高技术兵器，处于势均力敌之时，谁要进行高技术战争，就不得不认真思考一下战争的利弊得失，轻启战端就不得不冒两败俱伤的风险。这也是科学技术发展的一种必然趋势。(俞世福、任振杰《高技术局部战争是社会发展的必然产物》,《军事学术》1996 年第 3 期)

(夏礼伯)

高技术局部战争战略指导问题 有作者认为，高技术局部战争是继工业时代机械化战争之后出现的全新战争形态，它必然要求战争指导特别是对战争全局实施谋划的战略指导与之相适应。为此，在高技术局部战争战略指导上，要特别注意以下几点：

*准确判断国际战略形势的发展变化，为定下正确的战略决心奠定可靠基础。*由于政治、经济、外交等因素对战略形势发展变化的制约因素愈来愈大，因而在判断战略形势时必须改变单纯或过多地考虑军事因素的思维定势，综合考虑政治、经济、军事、外交等各种因素的共同影响。战争的物质手段(即武器装备)及基本形态发生了换代性变迁，大大增加了战争的突然性和不确定性，这要求战争指导者必须具有更加敏锐的眼光和更加深邃的战略洞察力，掌握更加先进的战略情报搜集和分析手段，准确判断战略形势。

*恰当选择有利于己方军队能量释放和抑制敌人优势发挥的战争方式。*一般情况下，战略进攻的一方多为主动选择战争方式，战略防御的一方多为被动选择。但在许多情况下，战略防御的一方也是可以主动选择的，如当战略进攻一方采取战略空袭的战争方式时，防御一方在进行战略反空袭的同时，还可以同时进行地面进攻或海上突击。选择战争方式，要有利于实现战争目的，与己方作战能力相适应，有利于避敌之长，击敌之短等。

*巧妙使用拳头兵器。*拳头兵器是高技术局部战争胜负天平上份量较重的砝码，在使用上要把握 5 个要点：实施集中统一控制；用于最关键的时节；打击最重要的目标；正确掌握使用强度；采取恰当的突击方式。

*力争对己有利的战争结束方式。*战争终止过程中的战略指导，是战争指导者对战争结局的最后塑造。在确定何时结束战争、以什么方式结束战争等问题上，要充分考虑双方的军事实力、战场的基本态势、战争目的实现的程度、国际社会的干涉程度等各个方面。要通过

有理、有利、有节的斗争，力争使对方按照自己提出的条件、模式和时间表结束战争。（侯鲁梁《对高技术局部战争战略指导若干问题的思考》，《中国军事科学》1996年第3期）

高技术局部战争中的力量强弱转化问题 有作者深入分析了高技术局部战争中力量强弱转化的条件，提出了实现力量强弱转化的基本途径。

实现力量强弱转化的可能性。第一，战争力量强弱转化规律是战争的普遍规律，在未来高技术条件下局部战争中依然存在，并将和其他规律一道支配着战争运动的发展趋向。第二，敌强我弱依然是绝对和相对的辩证统一。敌强我弱的绝对性表现在，与未来可能的强劲对手相比，中国在综合国力和综合军力上，的确处于劣势，尤其在武器装备上敌优我劣的悬殊十分突出。敌强我弱的相对性表现在，敌方虽强，并非一切都强，而是强中有弱；我方虽弱，并非一切皆弱，而是弱中有强。第三，正确的主观指导依然是实现力量强弱转化的关键。

实现力量强弱转化的基本着眼点。在高技术条件下局部战争中，要实现力量强弱转化，应充分发挥我之正义战争的根本优势，瓦解敌军的战争意志；充分利用依托本土作战的优越条件，加大时空条件对敌方作战的不利因素；充分发挥人民战争的巨大威力和以弱胜强的优良传统；集中精锐力量，缩小强弱差距，力争形成局部优势；实行歼灭战和结构破坏作战，寻求较高的作战效益等。（于国华《论高技术局部战争中的力量强弱转化》，《中国军事科学》1996年第2期）

（汪徐和）

高技术局部战争中的非正规作战 有作者指出，非正规作战是相对于正规作战而言的一种军事行动。在战略范畴，以游击战为主；在战役、战术范畴，则以特种作战为主。在以往战争中，非正规作战曾受到武器装备处于劣势一方军队的重视并发挥了重要作用。在未来战争中，面对拥有高技术武器装备优势的强敌，弱军仍将采取正规作战与非正规作战紧密结合的现代条件下的人民战争，只不过非正规作战的规模和技术水平将大大高于以往战争。高技术局部战争中非正规作战的特点主要有以下几点：一是作战力量多元。非正规作战通常是以地方武装力量为主，正规部队的部分力量为辅，有时也可能主要由正规部队中的特种作战力量实施。其作战力量既包括地方武装力量，也包括战区派出的特种作战部队，主力集团派到敌后的正规部队，还包括军兵种和地方的有关专家、技术人员等。二是作战方法多样。非正规作战既可采取袭击、攻击、破袭等传统战法，又可采取心理战、情报战、气象战、电子战等新战法；既可多种战法并用，也可单独使用一种战法。与正规作战和一般性的游击战相比，作战方法更为灵活。三是作战空间广阔。非正规作战基本没有固定的战场、阵地。作战地区既可在敌正面、翼侧，又可在敌纵深、敌后和敌境。与正规作战相比，作战空间更为广阔。四是作战行动分散。非正规作战通常不采取较大规模的编组方式，即使编成相当于师或团的规模，也要将其再分成若干支队、大队、分队等小型的独立作战单位，并在上级总意图下实施相对独立的作战。五是作战任务艰巨。非正规作战在不同的作战地区、不同的作战时节担负不同的作战任务。如在敌人部署纵深担负破坏、袭扰、削弱敌作战准备任务；在己方主要防御方向翼侧担负牵制、分散敌人任务，等等。与正规作战和一般性的游击战相比，作战任务更加艰巨。六是作战目的从属性强。配合正规作战是非正规作战的基本目的。为此，于正规作战有利但于非正规作战不利的行动要进行；相反，于正规作战不利但于非正规作战有利的行动则要放弃。七是作战指挥灵活。战役上的统一筹划和部署与战斗中的集中与分散指挥相结合，是非正规作战的基本指挥方式。与正规作战相比，指挥方式更加灵活。（王贵勤《试谈高技术局部战争中的非正规作战》，《军事学术》1996年12期）

高技术局部战争后备兵员动员与运用的原则和形式问题 有作者指出，针对未来高技术条件下的局部战争爆发突然、消耗巨大、进程快的特点，后备兵员的动员与运用应遵循以下原则：一是统筹全局的原则。在高技术条件下局部战争中，后备兵员的动员与运用要与国家的承受能力相适应，统筹兼顾，综合平衡，周密计划，合理安排。在空间上，做到前后方协调行动，主次方向合理负担；在时间上，照顾到战争各阶段的不同需要，保证大批高质量的后备兵员源源不断地投入战争。二是质量第一的原则。在现代局部战争中，由于大量使用高新技术武器，对后备兵员的质量要求远远大于对数量的需求。因此，要牢固树立后备兵员质量第一的意识，大力加强专业技术后备兵员队伍建设，为赢得未来高技术条件下局部战争奠定坚实的技术基础。三是同步使用的原则。在未来战争中，由于高新技术的广泛运用，敌人的攻击力空前增大，仅靠有限的现役部队难以顶住敌人第一波次的进攻。因此，后备兵员的动员要与现役部队同时进行，同时机动，同时投入，同时使用，以填补现役部队之间的防御间隙，掩护主力部队的战略展开。四是就地就近的原则。在高技术局部战争中，由于大量使用远程空袭兵器和精确制导武器，给兵员的集结输送造成了很大的威胁。因此,必须坚持就地就近的原则——就地就近储备后备兵员,就地就近动员后备兵员,就地就近使用后备兵员。

作者指出,战争的规模、样式、条件决定后备兵员动员与运用必须采取的形式。因此,必须根据高技术的特征及其对战争行动的影响,确定后备兵员动员与运用的形式。其形式主要有以下几种:(1)批量补充使用。包括满编补充和战耗补充两种情况。这是贯穿战争全过程的后备兵员动员与运用的形式。满编补充,是指和平时期现役部队编制缺员较多(如简编师及其他一些情况),战争爆发后,应根据部队担负的作战任务和缺编数量补充满员。战耗补充,是指因战争损耗缺员而进行的补充。在高技术局部战争兵员损耗空前增大的情况下,这是确保部队持续作战能力的重要动员形式。(2)成建制配合使用。实行成建制快速动员,将预编的后备兵员征召服现役,是军队迅速实现平战转换和快速动员扩编的一个有效途径。其具体实施方法,一是将预备役部队成建制调服现役。二是根据战时需要,在地方一些与军事专业相同或相近的部门和单位,组建特种部队和专业技术分队,以担负战场勤务和后勤保障任务。三是成建制组织民兵补充部队。平时采取预编方法,按战时编制定位、定职、定装备,一旦有事,立即补入部队,遂行作战任务。(3)定向单独使用。在高技术条件下,根据战争的规模、样式和进程,后备兵员也可独立担负部分作战任务:一是协助部队担负部分防御任务;二是抗敌空袭,反空降;三是担负后勤保障任务。(4)划区普遍使用。即战区指挥系统根据本区民兵、预备役人员人熟、地熟、情况熟的特点,在统一领导下,组织他们广泛开展人民战争,运用多种形式打击敌人,护厂护矿,搜集情报,维护治安,搞好人民防空,加强重要桥梁和重点目标的守护,设置障碍,主动袭扰、疲惫敌人,陷敌于人民战争的汪洋大海之中。(徐师樵《高技术局部战争中后备兵员的动员与运用》,《国防》1996年第2期)

(夏礼伯)

关于军事战略理论研究　有作者指出,军事战略的演进和发展,本质上是战略思维的发展与运用。军事战略思维是思维科学在军事艺术领域最高层次的体现。探索战略思维的本质和规律,进而建构战略思维的理论体系,是战略学研究向深层次发展的新课题。他认为,战略思维是决定战略的主体头脑中的观念运用,它包括军事认识论与方法论,也包括战争准备与实施的思维活动。战略思维的质量反映概括直接经验与间接经验并对客观世界产生影响所能达到的深度与广度。军事战略思维的主要特点是:

战略思维的政治性　军事战略的根本职能是实现国家、民族、阶级、政党的政治目标和安全利益。国家对外政策和战争性质决定每一个具体的军事战略思想的动机和目标。意识形态的背景和国家间的政治关系,在很大程度上决定着国家间的战略思维内容。不同国家的政治利益深刻影响着他们的战略思维走向。战略思维的政治性,一方面表现为从属于国家的政治;另一方面还表现为战略指导者的世界观与方法论对制定战略的影响。科学、正确的战略思维,不仅要体现正义性质,而且能够运用辩证唯物主义与历史唯物主义的规律指导战争活动。

战略思维的传统性　战略思维在一定程度上反映在不同的民族起源、历史发展、地理环境、文化背景、社会制度等条件影响下,所形成的传统观念和思维特征。传统战略思维,又是一个民族的文化史积淀下来的独特的战略思考方式,是历史文化和经验的升华,逐渐成为一种习惯的方法论。如中华民族具有共源性的传统文化,它不仅蕴涵着民族精神历久不衰的秘密,而且也是中华民族传统战略思维的根基,其核心是追求民族和谐与国家统一。战略思维的历史延续性不是唯一的现象,也不是可以轻易消失的现象,延续和改变正像生物界的遗传和变异一样,存在于历史发展之中。

战略思维的整体性　现代战略思维强调整体、宏观、综合,强调各局部、各要素之间的联系和协调。现代战争是双方综合国力的较量。军事战略的对抗,从来都不只限在军事领域进行,而是延伸到政治、经济、科技、文化、外交等领域。

战略思维的系统性　战略思维要涵盖达成战略任务所必需的所有要素:战略环境、战略力量、战略企图、战略方向、战场范围、作战对象、战略部署以及各战区、各军兵种、各种作战保障与后勤保障等等,都应纳入战略思维的视野。越是高技术战争,其系统性越强,其战略指导,战役的指挥、控制与协调本身就是一个系统工程。

战略思维的超前性　关乎一个历史阶段的战略指导,必须包含战略预见与战略预置。战略预见即战略思维的超前性,是思维着的军事科学的发展形式之一。指导战争实践中的能动性和创造性,都源于思维认识的能动性和超前性。超前性的战略思维,是战略思维中最难把握又是最需要的。战略思维如果缺乏超前性,就必然减弱其实践指导价值。

战略思维的对应性　战略思维本质上是一种对策性思维,所有的战略转变也都是对策性的转变。战争的基本矛盾是敌对双方的斗争。战争运动的因果联系极为错综复杂。战争的结局,既是某一方本身因果关系决定的,更是有敌方参加的相互作用的因果关系决定的。军事战略思维活动中,始终有一个不在场的对手从反面提出问题,因而军事战略必须依敌对方面的战略变化而变化。战略思维的对应性是对超前性的一种补充,即依据情况的不断变化而加以修正或改变原有的判断和决心。

战略思维的创造性 创造性在战略思维中不是可有可无的,而是必要的属性。它从经验、知识和信念中寻找灵感。不仅战争指导体现创造思维,正确的军事变革也就是一种创造。战略思维的创造性是一种精神实践活动,作为对模式化和因循守旧的否定,从而实践新发现的意义。这里需要主观能动作用的尽情发挥,需要挖掘思维的潜能,动员各思维要素之间的广泛联系,实现对经验和传统的超越。战略思维要求在以往的战争经验、既定各种方针原则和预案的基础上,依据现实情况并预断未来可能的发展,萌发出创造精神,抓住有利时机,果断作出决策。

战略思维的确定性 战略思维的对象,有相当一部分特别是敌情和战局的发展,具有较大的不确定性。现代技术也无法消除军事行动中的种种矛盾、偶然性和不确定性。面对这种不确定性,战略思维本身必须是清晰的。战略判断永远也不可能离开冷静的理性和尽可能的审慎。仅仅指出军事思维对象中存在不确定性、模糊性的特点是不够的,还必须解决其转化为确定性认识和实践指导的方式和途径。战略思维的结果一旦具有确定性之后,便成为带有强制性和权威性的战略决策,并与战略力量相结合而进入实践领域,不论是成功还是失败,都对实践发生重大影响。(李际均《论军事战略思维》,《中国军事科学》1996 年第 2 期)。

(汪徐和)

关于西方冷战时期战略思想基本范畴的研究 有作者指出,综观 40 多年的冷战历史,西方战略思想可谓内容丰富、变化多端,但其战略思考的基本范畴却是显而易见的。因而,只有正确认识这些基本范畴的特点及其相互关系,才能把握其基本内容和变化调整的规律。

遏制与竞争 二战结束之初,面对以苏联为首的社会主义阵营的迅速崛起,美国及其西方盟国为了维护各自在欧洲、甚至全球的利益,企图凭借核垄断优势以战争手段一举扼杀东方新生的力量;但由于苏联在欧洲拥有占绝对优势的地面武装,他们又不敢轻举妄动。于是,如何摆脱这种欲战不敢、欲罢不甘的两难境地的问题,就成为西方军政界争论的热点。1947 年 7 月,美国驻苏联代办乔治·凯南在《外交季刊》发表《苏联行为的根源》一文,首次明确提出了遏制理论。强调,美国应当联合西欧,采取长期而坚决的“遏制”战略使苏联政权走向“崩溃”,并从政治、经济、外交和军事等方面规划了一系列具体的“遏制”政策。这一主张旨在通过对苏联实施富有韧性的政治、军事包围以压促变,而非以大规模战争战而胜之,对于在二战中精疲力竭而又面临新困境的西方各国来说,这无异于一副灵丹妙药。因而立即被杜鲁门政府引为国策。1947 年,“杜鲁门主义”和“马歇尔计划”先后出台,都声称要遏制苏联、扶持西欧。不久,美国国家安全委员会又提出一份题为《美国对苏联的目标》的分析报告,经总统批准后成为美国遏制战略的官方正式文件。70 年代前期,尼克松在执政期间表面上高唱“和平”,竭力与东方缓和关系,实际上“遏制”思想仍然是其战略的核心内容。70 年代后期,卡特在执政期间一反尼克松的缓和政策,对苏联的南下攻势从政治、经济、外交和军事等方面采取了“新遏制政策”,要求美国自身和盟国提高军事应急能力,以强大的实力抵抗苏联南下的势头。80 年代末,布什一上台便推出所谓“超越遏制”战略。即在继续保持军事遏制的同时,加大政治遏制和经济遏制的力度,力图使对手“和平演变”。西方其他国家,如英、法、德等,也出于共同利益的考虑,推行旨在遏制前苏联及东方的军事力量的“前沿防御战略”。现代西方的政治家和军事理论家们深知,遏制的目的在于以压促变,要全面包围乃至压倒苏联,就非有绝对的优势不可。因而,他们在以遏制思想为其战略指导的同时,一刻也没忘记运用竞争原则谋划冷战全局。1986 年初,美国国防部长温伯格在其 1987 财年《国防报告》中进一步明确地提出,对苏联要展开全面的军事竞赛,从而将美国及西欧运筹已久的各种竞争活动推向了高潮。在陆上,他们着重从中欧、远东和西南亚 3 条战线展开攻势,争夺或控制波兰和德国、朝鲜半岛和菲律宾、伊朗和巴基斯坦等战略要点,力求对东欧和中亚这一所谓世界“心脏地区”构成 3 面包围的态势。在海上,他们继承马汉的“海权论”衣钵,竭力鼓吹在全球范围抢占海上咽喉要点,控制海上交通要道,以谋取“海上霸权”。在空中,他们发展了杜黑“空军制胜”的思想,长期致力于发展战略轰炸机、洲际导弹和潜射导弹组成的“三位一体”的空中核打击力量,企图牢牢掌握空中优势。这些方面的竞争虽然有的没有完全取得预期的效果,但确实有力地配合了遏制战略的实施。可见,在冷战的全过程中,无论西方的军事战略如何变化,“遏制”与“竞争”始终是其最基本的指导思想。二者互为表里,相辅相成。遏制引导竞争的方向,竞争保障遏制的效力。

联盟与自主　冷战期间,美国凭借强大的综合实力,一直自诩为西方世界的领袖,历届军政首脑无不将"联盟"二字奉为大战略的支柱。因而,美国在提出"遏制战略"的同时自然不会忘记"联盟战略"。多年来,美国一直试图通过缔结多边和双边军事条约,在世界范围建立一个以自己为盟主的联盟体系,平时包围遏制苏联和其他社会主义国家,镇压世界各国人民革命和民族解放斗争,战时则统一部署,联合作战。为实现这一战略意图,40 年代末至 50 年代初,美国先后与拉丁美洲、欧洲、亚洲、中东等地区的 40 多个国家结成了明确的军事联盟,建立了里约热内卢条约组织、北大西洋条约组织、东南亚条约组织、中央条约组织、澳新美防御联盟等 5 个多边军事集团。这些条约和联盟组织,虽然有的在不久之后便名存实亡,但它们都曾作为联盟体系的一部分而直接或间接地为美国实施遏制战略、争夺世界霸权提供了某些帮助。一是壮大了西方的遏制和威慑力量。二是加强和延伸了美军的实战能力。此外,美国还加强了对西方世界的控制。

正是由于美国企图利用军事联盟既遏制苏联又控制西欧,达到一石二鸟的目的,以致西方其他国家制定本国战略时不得不左顾右盼,对于美国奉行既合作又独立的态度。为了寻求军事保护,减轻自身的防务开支,他们需要加强与美国的联盟,而为了维护自己的独立和主权,保证本国不受战火毁灭,他们又必须设法与美国保持一定的距离。在战略力量建设上,英国认为,可靠的威慑有赖于与美国持续的联合,但完全依赖美国又会使英国承担某种风险。因此,慎重的做法是自己要保持一支半独立的战略报复力量。法国认为,虽然可以通过结盟和借助盟国的力量来维护自己的利益,但自身的安全和利益归根结蒂只能依靠自己的军事力量来保护。这些情况表明,无论美国还是西欧,"联盟"始终是他们战略思想的共同基础,但联盟战略中各国都想方设法保持一定的自主性。

威慑与实战　西方军政首脑们为了实现不战而胜的战略目标,除遏制与竞争、联盟与自主等思想之外,"威慑"思想始终是贯穿于各种军事战略的一条主线。所谓"威慑",是指以威力慑服对手。冷战时期,美国及其他北约国家一直企图通过显示强大的军事实力,特别是巨大的核打击能力,来阻吓和遏制苏联及华约国家。美国自恃拥有核优势,从 40 年代末杜鲁门的"遏制战略",到 80 年代末期里根的"整体威慑"战略,无一不是以威慑尤其是核威慑为基础的。这些战略,虽然都以"威慑"为思想基础,但在"威慑"的范围和程度上却有差别,主要形成最低限度威慑和最大限度威慑两种理论。"最低限度威慑论"所依据的前提是,全面核战争最终会给有关各方造成灾难性的结局,因此,甚至只要拥有少量单一型号的核武器对准城市目标,就可以保证局势稳定。美国前国防部长施莱辛格提出的"有限核选择"战略,就是这种理论的产物。而法国的"穷人的威慑战略"更是这种理论的典型代表。其基本点是强调弱者应当始终保持一支数量适当、生存力和突防力可靠的核打击力量。这支核打击力量能使入侵者遭受巨大的损失,而这种损失同强者希望从其侵略战争中得到的好处相比,又是得不偿失的。这样,弱者就能慑止强者对其发动的大规模进攻。"最大限度威慑论"主张,依赖以强大的核优势为后盾,通过大规模报复威胁来阻止各种规模的挑衅,要求具备足以消灭一切抵抗的"第 1 次核打击"能力,以确实能够保证解除敌人的武装,减少本国遭受的损失,在紧急情况下取得主动权。其核心是要占有核优势。50 年代艾森豪威尔的"大规模报复"战略是这种理论的典型代表。除上述两种"威慑"理论外,美国还有一种"逐步升级"理论。这一理论是赫尔曼·康恩 1962 年提出来的。他在《设想一下不可设想的事》一书中,首次系统地阐述了逐步升级的思想,把战争升级过程分为 16 个阶梯。1963 年他又发表《逐步升级及其战略意义》一文,把战争分为 7 个阶段、37 个阶梯。1965 年他在《论逐步升级:比喻和脚本》一书中,进一步把战争分为 7 个阶段、44 个阶梯。他认为战争逐步升级的过程首先是从冷战的激化开始的,经过进行战争威胁、常规战争、准备发动核战争、正式发动有限核战争、进行警告性战略核攻击、对敌腹地主要军事目标狂轰滥炸,一直到以城市为目标的全面核战争阶段。该设想,并非描绘一个固定的战争模式,而是旨在说明战争的升级和降级有很大的回旋余地。可以用战争升级相威慑,使对手慎重考虑寻求政治解决的机会,从而使战争在对己方有利的情况下逐步降级。这种理论,据称既"有助于威慑",又"注重实战,因而成为美国和北约"灵活反应战略"的重要思想来源。可见,西方最终还是打算以实战决定胜负。古巴导弹事件就是最典型的例子。正因为如此,西方各国长期以来十分注重从战略高度指导战争理论的研究,积极准备进行各种类型的战争。

西方的战争理论大致分为核战争和常规战争两大部分,而每一部分中又将战争分为 3 种类型。核战争有战略核战争、有限战略核战争、战区核战争 3 种;常规战争有战区常规战争、局部常规战争和低强度冲突 3

类。而基辛格的"有限战争"理论是西方战争理论的主要基石。基辛格在 1962 年出版的《选择的必要:美国外交政策的前景》一书中提出,由于苏联也具有核报复能力,大规模报复战略只能导致双方共同毁灭,因此必须以有限战争作为实现政治目的的最佳选择。所谓有限战争,就是冲突双方都有意识地限制战争的政治目的、使用的兵力兵器和作战地区的范围以及参战者的数量等,进行使用常规武器或战术核武器的战争以及局部的区域性战争。这一理论不久便与康恩的"逐步升级"理论一样成为美国和北约"灵活反应"战略的理论依据,并由此衍生出各种有限战争的分类及其相应的理论。相比较而言,基辛格的"有限战争"理论主要侧重于实战,康恩的"逐步升级"理论则主要侧重于威慑,但在威慑与实战相结合这一点上,二者不谋而合。他们认为,威慑是和平时期遏制苏联的最有效手段,而要保证威慑的可靠性,必须拥有强大的军事实力,并且还要具备敢于随时使用这种实力的决心,因而平时必须作好充分的战争准备,遇到不可调和的冲突时则果断进行一定规模的实战,以显示威慑的可靠性。随着美国和北约"灵活战略"的长时间推行,"威慑"与"实战"相互呼应,在西方的军事战略中发挥着越来越重要的作用。

均势与优势 尽管美国及北约不遗余力地推行遏制战略,但自从 1949 年苏联第 1 次核试验成功之后,不仅打破了西方的核垄断,而且整个社会主义阵营的军事实力也大大加强,逐步与西方呈持平之势。特别是苏联也具有了"第 2 次核打击"能力之后,这种平衡就更加明显,从而引起西方世界的恐慌,称之为"恐怖均势"。这一方面使美国失去了战略上的主动进攻地位,其"大规模报复战略"效能大大下降;另一方面,苏联在战略上摆脱了被遏制和被包围的被动地位,其常规力量和战术核力量在欧洲进一步保持了优势。为保证遏制战略长期地、有效地得以实施,西方不得不改变以往直接对抗的思路,重新选择一条寓对抗于共存之中的思路——"均势战略"。就是力求保持双方核力量的平衡,包括常规军事力量的平衡,迫使对方不敢轻举妄动,与此同时,继续实施遏制、威慑、联盟等战略,逐步压倒苏联。近十几年来,美国一直设法与苏联就常规军备、中程核武器,战略核武器的裁减和控制问题进行谈判,主要目的之一就是为了维持东西方军事力量的平衡关系。然而,对于美国及西方各国来说,维持均势并不是目的,而仅仅是为了共存,为了掩人耳目,麻痹对方,其真正目的在于既避免同归于尽,又为实施遏制战略创造一个有利的环境,以争取军事实力上的优势,尤其是技术上的优势。既要维持表面均势,又要谋取技术优势,表面上看起来似乎是一个熊掌和鱼不可兼得的难题。然而,正是这一难题促使西方战略家们重新调整思路,将以往公开的、全面的竞争改变为隐蔽的、有重点的竞争。他们一方面大造裁军、军控的声势,在与苏联的谈判中也切实允诺裁减某些种类的常规武器和核武器,压缩一定数量的军队员额,作出诚心诚意保持均势的姿态,实则笑里藏刀,暗中削弱对方。例如,美苏第 2 阶段削减进攻性战略核武器谈判的结果,从数量上看苏联的战略核弹头比美国多 500 枚,从质量上看苏联却丧失了维持同美国"平衡"的主要打击力量——多弹头洲际弹道导弹,从而使美苏战略核力量对比,明显地向有利于美国的方向倾斜。另一方面,他们狠抓高、新军事技术的研究和运用,大力改进常规武器的性能和质量,以夺取技术优势。值得注意的是,上述范畴并没有随着冷战的结束而消失。(薛国安《略论冷战时期西方战略思想的基本范畴》,《中国军事科学》1995 年第 4 期)

(木　工)

美国战争和军事战略问题研究 美国关于战争问题研究　美国军事理论界认为,关于战争概念和战争基本形态的新变化主要表现在以下几个方面:

战争概念的内涵趋于扩大 美国学者认为,20 世纪后期发生的战争都已实际地表现出战争概念的内涵正在扩大的趋势:首先,从战争的发动者看,国家之间实施的战争趋于弱化,而越来越多的将是集团、企业、宗教团体、恐怖组织、民族部落、贩毒集团以及犯罪团伙发动的战争,他们拥有进行战争的手段,包括大规模毁伤性武器在内。其次,从战争获胜的标准看,以往军事上的胜利通常是通过摧毁敌人继续进行战争的能力或意志实现的。在现代和未来的信息时代,军事上的胜利并不等于战争的胜利,战争的胜利不仅仅取决于军事上击败敌人,造成其伤亡或夺占其领土的多少,而且主要取决于既定的政治目标是否已经达成。再次,从军队战斗力组成要素看,信息和知识也是战斗力。信息和知识将像装甲师、航空联队、航母战斗群一样,在战争中发挥巨大的作用,成为重要的杀伤力量和力量倍增器。计算能力、通信的容量及可靠程度、实时侦察能力、计算机模拟训练能力等信息和知识因素已成为衡量军事能力的关键因素。在现代条件下,夺取主动、情报和通信、加强训练等都比单纯的装备数量更重要,军事力量的对比可能更多地取决于无形的、难以量化的因素。最后,从军民对战争的付出看,战争的"民间化"趋势日益增大。现代条件下,在建军、作战和发展国防工业等方面，都将使用更多的存在于民间的而不是传统的国防机构中的能力。这主要是因为未来战争是信息战，它是建立在民用技术基础上的。此外，随着信息技术的高度发展，民众对战争决策的影响日益增大，未来战争将向着尽可能少地杀伤平民，减少附带破坏和尽量少杀伤敌方士兵的方向发展。总之，军事革命使得军民之间的界限变得日益模糊。

战争的空间形态呈现出大纵深、高立体、全方位的特点　作战空间扩大而士兵大大减少，是战争的发展趋势。现代军事技术的发展，极大地扩展了兵力兵器的作战距离，大大提高了对敌人的持续打击能力、快速的信息处理与分发能力。这将使未来的战场呈现出以下特点：(1)大纵深。第一次世界大战时，战场纵深为几十千米。第二次世界大战时增加到几百千米。1991 年海湾战争的战场范围包括了两湾(阿曼湾、波斯湾)、两海(地中海、红海)以内的约 1400 万平方千米的广大地区，还要加上外层空间。在未来战争中，由于远程精确打击武器和空间作战系统的使用，战场的纵深将会进一步扩大，使前后方的界限进一步模糊。现在美军的集团军战役进攻纵深和防御纵深分别达 720 千米和 80～120 乃至 480 千米，战略武器的攻击纵深可达 1000～10000 千米以上，可打到地球的任何一个角落。(2)高立体。第一和第二次世界大战时，战争是在三维空间进行的，战场的立体空间不超过万米。在现代高技术条件下，除了各种飞行器能比过去飞得更高之外，各种空间武器系统、探测遥感系统和电子战系统可在距地球数百千米甚至数千千米的高空活动，新式的水下武器系统在水下活动的深度也比过去大得多，电子战系统已成为战争的重要手段，所以，未来战争将在五维空间(陆、海、空、天、电磁)同时或先后展开，战场的立体高度可达数千千米。(3)全方位。由于使用精确制导武器、电子战武器、航空兵、空降兵和特种部队，实施远程打击、超越作战、纵深袭击、电子打击等，作战双方的行动必然呈现出多方向、多样式的特征。

战争的时间形态呈现出突然、快速、全时的特点　以信息能为主导取代物质能为主导的军事高技术的发展，已经并将继续极大地改善兵力兵器作战的时间性能，使战场的时间效应大大改观：(1)突然性。战争的突然性显著增大，未来战争大多数将在预警时间很短或没有预警时间的情况下发生。有些战争最初的作战可能是发动信息攻击和电子攻击，以便使敌人的信息网络瘫痪。在敌人尚未发觉之前，美军可能已经连续数日发动了这种攻击。(2)快速性。未来战争要求获得和处理信息要快，定下决心要快，指挥控制要快，部队行动要快，总之，要求全面达到快速反应。到 2000 年，从军到营级、从旅级到分队都将拥有适应快速作战行动的 C^4I 系统。现代指挥与控制系统可对大到战区的作战集团，小到战场上单个坦克和火炮的射击进行有条不紊的指挥和控制。新技术已将监视—处理—评估—指挥—打击的全过程缩短至几分钟。美军认为，一旦需要，美军可在接到作战命令后 4 天内将陆军的先遣战斗旅(空降旅或轻步兵旅)从国内投送到世界任何一个战区，并做好战斗准备，12 天内可将陆军的先遣作战师投送到战区。(3)全时辰。各种夜视设备和全天候光学电子设备装备部队后，兵力兵器在夜间和不良气象条件下的作战能力将大大提高。海湾战争中，多国部队凭借其夜战装备的优势，使夜战场在很大程度上变成了其“单向透明”的战场。美军认为，在未来战争中，使用高技术装备能够不分昼夜地在各种不良气象条件下连续不断地遂行作战行动。

战争的物质形态呈现出众多、系统、综合的特点　所谓众多就是在未来战争中投入的武器装备种类多，物质消耗量和供应量大。以海湾战争为例，在这次战争中以美国为首的多国部队使用了 500 多种 80 年代的新技术，40 多个型号的飞机，50 多种电子器材和数十种海军舰艇。美国向海湾地区共空运了 54 万余吨装备和补给品，50 余万人；海运了 340 多万吨重型装备和 610 万桶油料。战场上多一半的人员执行战斗支援和战斗勤务支援任务。所谓系统是指武器装备的系统化。随着科学技术的发展，武器的发展越来越趋于系统化。在未来战场上，作战行动将变为系统对系统的较量。在海湾战争中已经使用的最新武器系统主要有：信息系统、电子战系统、常规武器的火控系统、精确制导武器系统、隐形武器系统、空间系统等。未来战争中还可能出现许多武器系统，如激光武器系统、定向能武器系统、动能武器系统、计算机病毒武器系统、高功率微波武器系统、次声波武器系统、非核电磁脉冲武器系统、生态武器系统、非致命性武器系统等。所谓综合是指各种军事行动将结合或融合为一体。例如，由现代自动化系统提供的目标定位能力使得作战计划的制定与情报之间的界限变得模糊，甚至完全消失。为了在作战中及时使用情报数据进行近实时或实时打击，免去不必要的中间情报分析环节，情报部门将与作战部门完全融合为一体。在作战中，C^4I 系统将指挥、控制、通信、计算机和情报等指挥环节融为一体，使陆军、海军、空军、海军陆战队及国家的各种武器系统、各个作战群体以及各个作战支援和保障系统相互结合，形成密不可分的作战整体，发挥最大的综合战斗效能。在未来多维战场上，部队高度分散活动，没有明确划定的作战线，将以纵深火力、正面火力、地面攻击、垂直包围以及空中和航天作战来对敌人进行综合打击。（朱小莉、赵小卓《美俄新军事革命》，军事科学出版社 1996 年 9 月第 1 版）

（钱俊德）

美国就应否同时打两场战争进行辩论 据美国报刊报道，美国军方领导人正在对美国的力量结构进行一次重要的审议，他们对五角大楼关于美国需要具有几乎同时打两场地区战争的能力的设想有不同的看法。自苏联解体以来，这个两场战争的设想一直是五角大楼衡量美军最好达到什么规模、处于何种状态的主要标准。

由于今后 10 年防务开支充其量也只会保持原有水平，而保持打两场大规模地区战争所需要的力量结构的费用太高。那种认为五角大楼能够继续为两场地区战争作好准备的观点开始受到军方抨击。但国防部大多数高级官员的观点仍然是：由于海湾地区和朝鲜半岛仍然存在同时爆发冲突的很现实的前景，美国除了坚持同时打两场战争的计划之外几乎别无选择。

据了解辩论情况的人士说，军事首脑间有关两场战争问题的讨论尚未达到白热化的程度。但是辩论的结果对克林顿第 2 届任期内的军方计划和五角大楼的采购决定具有至关重要的意义。战略和预算评估中心负责人安德鲁·克雷皮内维奇说：“我们现有的力量结构无法支撑现有的战略，而现有的预算又无法支撑现有的力量结构。”联合参谋部的高级军事计划制订人员在研究了各种替代办法之后，仍旧主张采取两场战争的模式。五角大楼在继续强调为进行大规模地区战争作准备，可实际上，美国军队越来越多地被调去参加的不是作战行动，而是维持和平与人道主义行动。这使人产生了这样一种疑问：美国军队的结构与装备是否适于应付冷战结束后这一越来越明显的现实。

促使五角大楼调整军队结构的另一个原因是战争性质的改变。远射程精确武器、雷达躲避能力和综合信息技术方面的进展，意味着应当加大对研制下一代武器系统的投资。为了这样做，也许就得把五角大楼由 10 个陆军师、10 个空军联队和 350 艘海军舰只构成的现役力量中的某些部分砍掉。

由于在两场战争问题上作出的最后决定将是人们给美军打分和进行评估的关键因素之一，五角大楼正在就两个问题展开辩论。一是是否有这种需要：即是否应该坚持两场战争的方针？二是如果坚持这种方针，对力量作出怎样的调整才能符合这一需要？（《两场战争的设想：一种使五角大楼负担过重的战略》，美国《华盛顿邮报》1996 年 12 月 12 日）

美国军事战略问题研究 **美国调整军事战略** 有的作者撰文指出，1995～1996 年，为了适应形势的变化，美国对其军事战略进行了若干调整。1995 年 2 月，美国防部长佩里和参联会主席沙利卡什维利上将在向国会提交的该年度《国防报告》和《国家军事战略报告》中，首次提出“灵活与选择参与”的美国新军事战略。1996 年 4 月初，美国防部在正式发表的该年度《国防报告》中提出，在“参与和扩展”国家安全战略指导下，继续推行“灵活与选择参与”军事战略。

关于美军事战略调整的主要内容。作者指出，美国针对“冷战后时期”它所面临的“3 大危险”，确定以“预防性防务”、“威慑”、“用武力保卫美国利益”作为“基本的防务原则”，以“加强战备”、“提高人员素质”、“实现武器装备的现代化”作为增强军事实力的主要举措，重点发展“战区导弹防御系统”，注重维系同盟关系，以可靠的实力和灵活的方法维护美国的利益。

在战略形势判断上，强调国际安全环境更加复杂和不稳定，“3 大危险”对美国军事战略提出了更高的要求。1996 年度《国防报告》一反前 3 年报告对冷战后时期美国际安全形势较为乐观的判断，转而强调“在 21 世纪行将到来之际，国际环境比以往任何时期都更加复杂”，声称美国面临 3 大危险：一是大规模毁伤武器扩散的危险。全世界仍有数千枚核弹头及运载工具，一旦落入伊拉克之类的国家或恐怖分子手中，将对他国构成严重威胁，甚至会挑起战端。尽管俄罗斯及独联体正在发生政治和经济变化，但只要其核武器依然存在，就将“对美国的安全构成威胁”。二是“新兴民主国家”倒退的危险。中欧和东欧“新兴民主国家”转轨过程中充满不稳定性和不确定性，存在形势逆转、导致内战、甚至存在重新出现与西方敌对的极权主义政权的可能性。三是地区冲突爆发的危险。根源于种族仇恨和宗教对立的局部冲突，及对美“怀有敌意的国家或联盟”企图“通过侵略和恫吓获得地区霸权”，对邻国和本地区构成“紧迫威胁”也威胁到美国及其盟国的切身利益。

上述 3 大危险使美国防务计划的制定复杂化，既要准备对付复杂和捉摸不定的地区冲突，又要准备应付全球性冲突重新出现的可能性。

在军事战略方针上，确定以“预防性防务”为首的“防务 3 原则”，依靠并有效使用美军实力，加强美军对世界各地区事务的“参与”。美国军事战略的根本目标是增进和维护美国的利益和价值观念。面对冷战后复杂的挑战，这一目标具体体现为“促进地区稳定”和“阻止侵略”，创造“民主能够在全世界生根和发展”的有利条件，避免“对美有敌意的国家或联盟”在某一地区损害美利益。为此，美国将奉行如下 3 条“基本防务原则”：一是“预防性防务”。冷战时期，美国以遏制美苏核战争的核威慑战略作为防务政策的核心。如今，美国军事政策的重点转向“预防性防务”，即：不要坐视威胁形成后再去对付它，而应预先就使用各种手段去化解危险，力争使潜在的危险不致于形成现实的威胁。新《国防报告》称“这是对付具有冷战后特点的危险以保护美国利益的最好途径”。美应参照二战后推行“马歇尔计划”的成功经验，广泛参与各地区和各国的事务，力图将潜在的危险化解在萌芽之中。除与传统盟国加强合作和协调之外，美将通过如下 5 条措施达成“预防性防务”：与俄罗斯、乌克兰、哈萨克斯坦和白俄罗斯 4 个前苏联核武器继承国加强合作；努力控制大规模毁伤武器的扩散；鼓励“新兴民主国家”进行国防改组，实行文官治军，增加军事“透明度”；与“非敌非友”而对美国安全具有重要意义的国家建立防务合作关系；为加强美军对各地区事务的“参与”，从 1997 财年起将设立约 11 亿美元的“应急行动”专款。二是威慑。尽管美国将防务政策的重点放在“预防性防务”上，但一旦新的威胁出现，美国将采取威慑手段，使之不致影响美国的安全利益，并防止这些威胁失控发展为武装冲突，特别是能把美军卷入的武装冲突。实施“威慑”的基本途径是，以强大的军事实力为后盾，通过核威慑、地区联盟、前沿存在、危机反应、军备控制和建立信任等手段，慑止对美国安全和利益的挑战，“恢复稳定、安全和对国际法的遵守”。三是用武力保卫美国利益。一旦“预防”和“威慑”均告失败，美国将动用军事力量作为“维护美国国家利益的最后手段”。美对外动武的基本原则是“在美国的利益与动武的代价之间求得平衡”，也就是说要得大于失，以最小的代价取得最大的利益。美国需要以武力保卫的“国家利益”区分为以下 3 个层次：(1)生死攸关的利益，指关系美国安全、生存和繁荣强盛的压倒一切的利益，包括美国及其主要盟国的领土完整、美国公民的人身安全、美国的经济安全等。为维护这些利益，美国将采取一切必要手段，包括单枪匹马地和坚决地使用军事力量。(2)重要利益，指虽不危及美国的生存和强盛，但美国承担有重大国际义务或有重大经济利益的地区。这些地区的动乱会对美国及其盟国造成重大冲击并危及地区乃至全球的稳定，导致持久的种族冲突或大批难民潮等。当重要利益受到威胁时，美国将根据威胁的性质和严重程度作出有针对性的反应，灵活而有选择地使用美国军事力量，尽量使用海、空军，确有必要和确有把握时再出动地面部队。(3)人道主义利益，当今的地区冲突大多以国内种族或部族相互杀戮的形式出现，存在大量“非人道行为”，且常久拖不决。这些冲突虽对美国不构成直接威胁，却对地区稳定和美国的价值观提出严峻挑战。尽管外交调停和经济援助等非军事手段是解决“人道主义危机”的最理想手段，但在某些特定情况下，如非军事手段不起作用或来不及反应时，美国将出动有限军事力量进行紧急干预。

在军事实力建设上，突出加强战备，强调人员质量，推行“武器装备 5 年发展计划”，加速美军现代化步伐。美国防部认为，随时投入战斗并夺取胜利，是最重要的军事能力；同时，必须大力加速美军现代化步伐，维持美军“世界第一”的地位。(1)加强战备。美军将在人员、装备、训练等方面做好充分准备，并加强与盟国定期的战备与训练活动，提高信息支援能力、战略打击能力、力量投送能力及相应的防护能力和勤务保障能力，保持良好的战备状态。(2)高质量的人员。这是取得对敌优势的基础。尽管美军注重战备计划的周密制定和高技术武器装备的发展，但美军士兵仍需在极为艰苦的条件下完成各种任务。在这种情况下，“领导、勇气、主动、灵活是胜利的关键”。美将通过招募高质量的人员和提高官兵生活水平保持战斗力和士气。(3)现代化。现代化为美未来的军事能力和战备提供技术基础。新《国防报告》强调，在美军军费和兵员减少的同时，将使“美军的战备水平和武器装备质量优于任何可能的对手”。为此，美军将推行“武器装备现代化 5 年发展计划”，从 1997 年度起“扭转武器装备研制费连续 5 年下降的趋势”，计划到 2001 年使美军武器采购费增至 601 亿美元，扣除通货膨胀因素，比 1997 年的 389 亿美元实增 40%。(4)均衡发展。随着美军规模的压缩，美必须保持部队构成和军事能力的多样性，以满足陆、海、空、天各部队的需求，确保作战部队与后勤支援部门、现役部队与预备役部队、部队体制与基础设施之间的总体平衡。

重点发展“战区导弹防御系统”，力图使美军拥有攻防兼备的“双重威慑能力”。在新年度美军武器装备发展计划中，“战区导弹防御系统”的发展处于十分突出的地位，用于此项目的经费高达 28 亿美元。该系统是由先进的“爱国者”Ⅲ型导弹、舰载防空导弹和高空反导导弹组成的对付近、中、远程弹道导弹和巡航导弹的防御系统，主要用于“保护前沿部署的美军和盟军不受战区弹道导弹的袭击”。从 1997 财年起，该系统的发展将由技术准备阶段转入部署准备阶段，计划在3年内完成部署准备，21世纪初正式部署使用。美国如此重视“战区导弹防御系统”的发展，主要背景和意图有三：一是提高美军对地区冲突的威慑能力和实战中攻防兼备的能力，并强化对导弹核武器扩散的遏制力度；二是通过与盟国在战区导弹防御方面的合作，扩大美国在全球各地区的影响，维系美在全球安全体系中的“领导地位”；三是为下个世纪某个时候一旦需要时部署“全球导弹防御系统”打下基础。“战区反导系统”既是对“星球大战计划”先期成果的继承，又为未来一旦需要重搞“星球大战”计划打下基础。

关于美国当前军事战略的主要特点。作者指出，它有下述4个主要特点：一是实力政策。奉行实力政策是美国军事战略的一贯特点。无论平时还是战时，无论是威慑、实战，还是预防性防务，实力都是美国军事战略的基石。美国防部认为，“强大的军事力量是最佳的保险政策”，美军战斗并取胜的能力是美国利益的“最终保证”，对慑止“侵略”、防止冲突和在战时取得优势“至关重要”。

二是预防为主。美新《国防报告》首次提出以“预防性防务”作为“防务3原则”的重点，并称“这是对付具有冷战后特点的危险以保护美国利益的最好途径”。这一新变化表明，美国军事政策的重点已由威慑转向旨在消除和控制危险根源，即“防患于未然”。“预防性防务”是一段时间以来美军在“参与和扩展”国家安全战略指导下对外干涉行动的理论总结，是“参与和扩展”战略在安全领域的具体化和发展。一方面，它具有“防御性”，能保住和消化美国扩张的既得果实；另一方面，它更具进攻性，在美“塑造有利于美国利益和价值观念的国际安全环境中”居于“参与和扩展”战略的第1线。“预防性防务”既强调美军的非暴力运用及必要时的暴力运用，又强调政治、外交、经济、心理和政府、国会、民间力量的运用，力图把美全球战略与军事战略更好地衔接起来，使各条战线各种力量在统一的目标和统一的计划下协调一致地为推进美国利益服务，巩固美国的“世界霸主地位”。“预防性防务”构想代表着美国军事战略未来的发展方向。

三是选择参与。美国防部称，为实现“增进安全、促进国内稳定和促进民主”这一国家安全战略目标，美将奉行一种“国际参与”战略。任何形式的孤立主义都将“危及美对国际事务的影响力，对美国人的生活造成不利影响，从而威胁美国安全”。根据“参与和扩展”国家安全战略，美军制定了“灵活与选择参与”新军事战略，重点对美国利益关系重大的地区性事务实施“选择参与”。通过海外军事存在、和平时期的参与活动和战时的军事行动等措施，实现“促进地区稳定”和“阻止侵略”的军事目标。

四是灵活反应。美国防部认为，在“更加复杂和更加不确定”的国际安全环境下，美国需要对付的威胁是“无限的”，而美国的资源和人力是“有限的”。因此，强调要根据不同情况灵活地使用美国的军事力量，以维护美国的安全利益。为此，美军必须保持“更灵活和更多样化”的军事力量，以便对付不同层次的威胁，以不同的手段和方法对付不同的挑战。

与以往美国军事战略相比，克林顿政府军事战略的调整是连续性与变革性的统一。从连续性上看，克林顿政府继承了其前任军事战略思想中的战备、联盟、军备控制、技术优势、重点打局部战争等传统内容，继续执行以实力追求霸权，以灵活的手段和方式增进和维护美国利益的原则。从变革性上看，随着国际战略格局的演变，克林顿政府赋予了传统战略要素以新的内涵，更加注重保持战备与军队现代化建设、进攻力量与防御力量、盟友之间经济关系与安全关系、传统军事行动与非传统军事行动之间的平衡，并推出了“预防性防务”等新原则。这一情况表明，美国将致力于发挥军事实力的优势，积极为“扩展”战略服务。同时，美国新军事战略也进一步暴露了美国战线太长而更加力不从心的根本性战略矛盾。（萨本望、吕德宏，《外国军事学术》1996年第12期）

（襄　阁）

美国新亚太安全战略将依赖4根支柱　美前国防部长佩里1996年2月23日在加利福尼亚州俱乐部和硅谷世界论坛上发表讲话，阐述了美在亚太地区将采取的最新战略——预防性防御战略，以及该战略所赖以支撑的4根支柱：(1)与日本和韩国的联盟。这个联盟特别是美日同盟对亚太地区乃至世界的安全都是至关重要的。美日的合作努力对地区冲突起到了抑制作用，保证了海上航行自由，减少了大规模毁伤性武器扩散的危险。除此之外，它还促进了民主，提高了对人权的尊重，推动了自由市场的发展。为此，今年4月，美日两国首脑将签署一项联合安全声明，再次对这一重要的事实加以肯定。(2)建立地区信任，推动多边倡议。这些倡议包括举行联合军事演习，联合维和行动，以及成立象东盟和东盟地区论坛这样的机构，以便有关各方能够就相互间的利益和共同关心的问题发表和阐述意见。以利于缓和地区紧张局势、促进和平。(3)与中国的建设性的接触。中国不仅是世界上人口最多的国家，还是一个核大国和联合国安理会的常任理事国，这些因素加在一起,使其成为一个具有全球影响力的大国。美中两国在利益上有时一致,有时冲突,这是一个基本的事实。只有正常和真诚的对话,才能够使双方在利益一致时共同合作,在利益冲突时努力缓解紧张。采取接触政策并不是为了给中国好处,而是对美国有利,它有助于保护美国的国家安全利益。接触为美国提供了一条影响中国的途径,可在那些对美国有重大安全利益的不稳定国家和地区,如朝鲜半岛,起到一种稳定形势的作用;有助于增强其邻国对中国的信任;可使美军在部署有中国军队的区域活动时,减少误会和意外事故的发生。而遏制政策只会为美国制造安全难题,促使中国加快国防现代化,继而加剧地区军备竞赛,增加在台湾、南沙群岛和朝鲜半岛等地区热点爆发军事冲突的可能性;导致美国和中国相互关闭市场;使中国在联合国和其他多边组织中对以美国为主导的安全倡议采取反对态度。美国所奉行的一个中国的政策,有以下3个支点:一是华盛顿和北京的关系,它以建设性的接触和上海公报为基础,二是华盛顿与台北的关系,它包括《与台湾关系法》所要求的协助台湾防御;三是推进北京与台北之间以促进海峡两岸贸易、投资和其他和平活动为基础的健康关系。决定台湾的将来,最终是北京和台北的责任,但必须通过和平的方式,任何一方都不采取挑衅行为或作出过份反应。继续执行忍耐和谨慎地处理台湾问题的准则,符合北京、台北和华盛顿的长远利益,而中国的稳定与和平也符合整个亚太地区各国的长远利益。(4)与北朝鲜制定框架协议,阻止在亚太地区的核扩散。1994年春,北朝鲜准备从位于宁边的核反应堆中提取钚。这将使其获得足以制造5到6颗核弹的钚。以美国、韩国和日本为首的一些国家,坚持要北朝鲜停止其核计划。美、日、韩3国所表现出的坚定决心使得北朝鲜改变其行为并签定了框架协议,从而冻结了北朝鲜的核计划并将该地区从冲突的边缘拉回来。美国在亚太地区的预防性防御战略的4根支柱为使战争威胁降至最低程度创造了条件。但是,仅靠预防性防御不能确保美国在亚太地区的安全和重大利益。这要求美国在该地区要保持一支强大到足以进行有说服力的威慑,或者当威慑失败时,能够作战并取胜的军事力量。美国在日本和韩国约8万地面和空军人员,在西太平洋2至3万人的强大舰队,是对日本和韩国庞大和有战斗力的军事力量的补充。这些军事力量为整个地区提供了安全保护伞。(毛维力译《佩里谈美国的亚太地区安全战略》,《外军资料》1996年第26期)

美国提出对华"融合"战略 美国—中国问题专家哈里·哈丁在美国传统基金会亚洲研究中心1995年11月21日的研讨会上提出对华"融合"战略。他认为,美政府对华战略考虑曾有"分裂中国"的战略、对华"遏制"战略、对华"参与"战略及新近的"全面参与"战略,但这些战略考虑在某种程度上都不符合实际情况,具有致命缺陷。其中,"分裂中国"的战略是危险的;对华"遏制"战略将迫使美国面对一个越来越强大的敌对的中国;对华"全面参与"战略既含义不清,又缺乏实质内容。为此,应提出一个新的对华"融合"战略,即努力将中国融合进一个越来越活跃的亚太地区国际环境中,同时,美国在该国际环境中扮演一个积极参与者的角色。该融合战略与全面参与战略有所不同,其主要特点是:

(1)该战略是在多边国际环境下实施的。美国将与美在亚太地区的盟友共同努力将中国纳入互惠的双边及多边国际合作机制,健康与稳定的中美关系将是该国际合作机制正常运行的前提。

(2)为成功施行该对华战略,美需要在表明对北京的关注的同时,更加明确地强调中美共同利益。美应向中国表明欢迎中国在国际经济中扮演重要角色,同时要求中国进一步开放国内市场;美理解中国对国内稳定和周边安全环境的要求,同时表明美对亚太地区安全的重视;美理解中国政府和人民对政治稳定的需要,同时强调持续、渐进的政治改革对政治稳定的重要性。

(3)对华融合战略的施行,不但要求一个明确而完善的对华战略,而且要求美及美在亚太地区盟国将该地区整体的发展与稳定置于首要考虑之中。美将与盟国一起明确向中国表明:欢迎中国加入互惠的国际社会;不做有损中国根本国家利益的事;不给中国的不公正行为提供机会,并可做为一个整体共同对抗中国的这些行为。(《美传统基金会亚洲研究中心研究报告》1995年11月21日,《外军资料》1996年第34期)

前国防部长提出美处理冲突的3条战略防线 美前国防部长威廉·佩里撰文指出,冷战后的安全环境,要求美国除了政治、经济和技术大变革外,安全战略思想也必须进行根本性变革。为此,他提出,美国处理冲突的战略取决于3条基本防线:第1条防线是预防威胁出现,第2条是遏制出现的威胁;第3条是如果预防和遏制失败,则以军事力量把它击败。同冷战时的威慑战略一样,预防—遏制—击败的战略取决于同美国的友邦和盟国的密切合作。

预防威胁出现。如何预防威胁出现,主要包括5方面的内容:(1)预防性防务是创造支持和平、减少战争的重要条件。第二次世界大战以后,美国在建立联合国以及战后在欧洲和日本实行和解和重建计划中起了带头作用。西欧和日本的经济回升，民主制度深深扎根，美国的军事合作与战略联盟蓬勃发展，是预防性防务的集中体现。现在冷战已经结束，但是和平并没有得到保障。美国依靠的仍然是马歇尔的核心思想，即美国必须保持全球大国的地位，最好的安全政策是防止冲突。美国预防性防务计划是以这样一些前提为基础的：减少大规模毁灭性武器的数量和拥有者的数目，以使美国和世界更加安全；更多的国家加强民主和自由市场经济，意味着冲突的可能性减少；防务部门可以在国家建立民主制度、国家内部和国家之间互相信任和谅解中发挥重要作用。(2)减少核危险。预防威胁最重要的一点莫过于对付核、化学和生物武器的扩散。一个潜在的侵略者如果拥有大规模毁灭性武器，那不仅会增加冲突的死亡率，而且会首先增加发生冲突的可能性。这一切都要求美国以冷战后的预防战略来加强冷战期间实行的威慑战略。防止扩散最终不仅意味着拆除冷战时的核武器；而且意味着像美国去年做的那样，带头争取无限期延长不扩散核武器条约，努力使全面核禁试条约生效，争取批准化学武器公约，努力加强生物武器公约和导弹及其技术控制制度，在一系列限制可用于制造大规模毁灭性武器的货物和技术的国际出口控制中起带头作用，对一心想得到这些武器的国家实行制裁；有时还意味着采取“强制性外交”——外交与防务措施的结合。(3)防务接触与民主。长期以来美国同盟国的防务部门保持着广泛的联系，这是和平时期保持在海外存在的总政策的一部分，是美国预防性防务战略的一个关键部分。今天美国正在把这种关系扩大到其他实行自由市场的民主国家。这有利于美国的国家安全。在这方面国防部门可以发挥重要作用。在几乎所有新成立的民主国家——在前苏联、中东欧、南美以及亚洲，军队是一支重要力量，是一个既能帮助又能颠覆民主的机构。预防性防务可以通过各种途径向其他国家表明武装力量在民主政体下怎样运转，如帮助建设由强有力的文职防务领导班子领导的现代化专业军事结构；同时帮助在国家之间建立坦诚和信任的关系，其中最重要的是提倡在军事预算、计划和政策方面公开，以减少进行军备竞赛的压力和发生误解的可能。(4)实现马歇尔的理想。在欧洲和中亚，预防性防务的这些措施可把东欧和中欧新兴的民主国家、俄罗斯以及新独立的国家汇入新的全欧安全结构。使其影响远远超出安全领域。因为和平伙伴关系不仅是“另一种加强防务的方式”，而且是“另一种加强民主的方式”，它有助于使乔治·马歇尔的民主和统一的欧洲的理想成为现实。要实现这些目标，北约组织必须保证在和平伙伴关系下，继续执行持续稳步同东方接触并向东方国家扩大的计划。对一些近期不想加入北约的国家来说，和平伙伴关系为它们同北约的安全合作提供持续可行的框架。(5)世界范围的预防性防务。预防性防务的措施，包括联合训练和教育计划、防务情报交流和建立信任措施。在亚太地区，预防性防务意味着同美国的民主盟国，如日本、韩国和澳大利亚保持牢固的联盟；全面参与多方安全对话，如东南亚国家联盟的地区论坛；奉行与中国全面接触的政策，包括同中国军方的接触。军事部门之间的接触将增进互相了解，减少因误解而发生冲突的可能。

遏制威胁。尽管预防性防务有很大希望，但它只是一种影响世界的战略，不会在什么情况下都有效。为了遏制地区冲突，美国必须保持强大的、作好充分准备的、在前沿部署的常规武装力量；使人们感觉到那些力量的存在；拥有向美国利益受到威胁的地方投放决定性军事力量的可靠能力并显示使用这些军事力量的意愿。全球冲突威胁的减少使美国能将军事力量从冷战高峰减少 1/3，但是地区冲突危险的增加使美国不能进一步作大幅度的削减。问题的解决在于创造性地部署力量，使美国能在军队人员减少的情况下执行其战略。美国力量布局最重要的一点是保持在海外的大量驻军，这支力量能积极影响国际环境，比较有效地遏制侵略。空运和海运能力对美国部署力量的能力至关重要，使部队及其装备能迅速地运到遥远的战区。

击败威胁。如果遏制不起作用，美国必须准备实际使用军事力量。美国在冷战后的作战中取得胜利的能力取决于美国军队的两个重要因素：战备状态和利用现代技术的能力。充分的准备来自高素质的人员。训练有素的高水平专业部队使美国能充分利用现代技术。这样，在作战中不仅能保护美军的生命，而且可能保护盟军、非作战人员、甚至敌手的生命。在其他领域发生影响到部队的计划、开支和战略的根本性变化的同时，技术可以给美国这种优势。(美国前国防部长威廉·佩里《一个充满希望的时代的防务》，美《外交》杂志 1996 年 11～12 月号)

(夏礼伯)

围绕导弹防御战略展开争论 1995 年以来，美国国会与美国政府围绕导弹防御战略展开了一场激烈争论。美国国会力促美国政府在 2003 年前完成全美反导防御系统的开发和部署。但美国政府对国会的导弹防御战略主张不断采取抵制态度，美国政府认为，国会的导弹防御战略会把美国防务引向歧途。目前，美国国会与美国政府围绕导弹防御战略争论所涉及的主要问题有如下两个。

首先是目前美国是否确有必要建立美国反导防御系统。国会保守派声称，冷战结束后，美国面临的安全威胁不仅未减弱，反而更复杂。冷战时期，美国只要防御苏联的弹道导弹袭击；而在冷战后时期，美国要防御多国弹道导弹袭击。尽管美俄1994年签署的一项协议规定，两国不再把导弹瞄准对方，但是俄在制定军事计划时在思想上仍把美国作为首要对手。此外，日益增多的发展中国家将拥有、研制、开发先进导弹并为其装备核生化弹头，可随时对美本土及美海外各种目标发动袭击，或对美进行讹诈。面对1995年以来国会保守派不断提出的敦促美国政府不惜巨资建立全美反导防御系统的议案，美国政府依据情报部门提供的分析报告认为，国会保守派的"导弹威胁论"言过其实。目前对美安全的主要威胁是一些发展中国家已拥有的能携带生化弹头的短导和正在致力于研制和开发的能携带生化弹头的中导。至于世界上极个别对美最敌对的发展中国家，至少在未来15年内也不可能拥有能袭击美国国土的远导。目前只有核武器国家拥有远导，若某个核武器国家以此构成威胁，美国有能力以压倒性核优势予以报复。因此，美国目前并无必要建立全国导弹防御系统。针对已经出现的短导威胁，美国政府决定在本世纪内优先发展和部署先进的反短导防御系统。针对正在出现的中导威胁，美国政府决定在2002年前美陆海军分别正式部署高空战术导弹防御系统和高层导弹防御系统。

其次是究竟何时部署全美反导防御系统。美国国会保守派明确提出全美反导防御系统最迟须在2003年前完成部署。至于受1972年《反弹道导弹条约》限制问题，美国国会要求美国政府尽快同俄政府重新谈判。若俄拒绝谈判，美索性将该条约置于一旁而不顾。但对美国来说，这是一个既敏感又棘手的问题。俄已多次警告，若美无视《反弹道导弹条约》规定，俄将采取严厉报复措施，包括不履行1991年签订的《第1阶段削减战略武器条约》和不批准1993年达成的《第2阶段削减战略武器条约》。美国政府认为，《反弹道导弹条约》通过禁止大范围发展和部署反弹道导弹系统从而限制双方在这方面的军备竞赛。若无该条约，美苏双方有可能一方面发展自己的反导系统；另一方面担心对方的反导系统会削弱自己的报复能力。因此，大力扩充战略进攻力量以取得平衡，其结果将加剧战略进攻武器竞赛。同时，由于对核报复能力缺乏信心，还会降低危机稳定性。冷战后时期，该条约对美俄继续进行核裁军及达成全球性的核军控条约仍具有重要意义。目前，中英法3国对缔结《全面禁止核试验条约》和达成全球性的《禁止生产核武器用裂变材料的公约》持积极态度。全面禁止核试验将意味着中英法3个中等核武器国难以独立地、大幅度地改进其核武器设计。禁止生产核武器用裂变材料将意味着中英法3个中等核武器国的核武器发展总量受到限制。若美违反《反弹道导弹条约》，大力发展和部署全美反导防御系统，中等核武器国家相对较小的核武库可能事实上被削弱或抵消，因而这或许使得它们重新考虑对上述两个条约所持的态度。《全面禁止核试验条约》和《禁止生产核武器用裂变材料的公约》将是对《不扩散核武器条约》的一个补充，因为有些国家未参加《不扩散核武器条约》，但其可能的核计划可受《全面禁止核试验条约》和《禁止生产核武器用裂变材料的公约》的限制。与此同时，这两个条约还能部分消除《不扩散核武器条约》中有核武器国和无核武器国责任的不平衡。若这两个条约的谈判受导弹防御问题的影响而出现波折，将不利于加强全球防扩散体制。此外，据国会预算统计局最新估计，仅开发全美反导防御系统，就至少要花费100亿美元，后期部署还要花费约600亿美元。这数字大大高于国会原先的估计。美国政府认为，若接受国会提出的全美反导防御系统的主张，联邦政府在今后5～10年内将面临艰难抉择：要么大幅度削减直接影响社会稳定与发展的社会福利、教育和科研开支，要么大规模降低正常的军费开支，导致美国军队真正急需的军备得不到扩充和更新。因此，美国政府认为按国会提出的时间表部署全国反导防御系统对美不利。决定在今后3年内研制出全美反导防御系统，然后在此基础上若美发现某国正在形成威胁，那么就再花3年建造并部署该系统。一旦全美反导防御系统开发完毕，美国随时可视其战略需要，寻找借口进行部署。（陈立能，《国际展望》1996年第15期）

（襄　阁）

俄罗斯战争和军事战略问题研究　俄罗斯战争问题研究　**俄军事科学院院长加列耶夫著书阐述俄罗斯战争理论**　前苏联元帅库利科夫1995年12月发表文章，对俄罗斯军事科学院院长加列耶夫大将所著《未来战争概貌》（又名《如果明天爆发战争》）一书中关于战争理论的重要观点进行评介，认为加列耶夫大将通过对未来20～25年军事政治形势、武器和军事技术发展进行分析，探讨了战争和军事冲突的可能根源，军事建设、武装斗争性质、武装力量作战使用方法及军人训练方向等诸方面可能发生的最重要变化。该书的基本思想是：核战争理论、总体和"迎头”消灭战略将为人们所放弃，以更为灵活多样的“非直接式”战略行动为主的常规战争和武装冲突的时代即将来临。该书作者所阐述的战争理论可概括为以下几个方面：

“战争已不再是政治的继续”的观点缺乏根据。因为一旦战争爆发，它就不可能置身于政治之外，是不合理的政治酿成了政治矛盾、战争和武装冲突。舍此便难以揭示战争的根源，也难以找到人民对统治集团的政策施加影响和防止战争的途径。

未来战争的性质发生变化。核武器的不断削减，导致核武器不再是战场武器而变成一种战略遏制手段。随着全球对峙的结束和军事政治格局的变化，爆发世界大战的可能性已经很小，但是发生局部战争和武装冲突的危险却增大了。某些地区冲突升级为大规模战争的可能性依然存在。因此，有必要对武装力量的使用方法、战斗条令、院校和部队训练大纲作重大修改，要使其在适应使用常规武器包括高精度武器的军事行动的同时，也能适应具有核威胁的军事行动。

非直接行动的意义日益增大。在目前全球对峙消失的情况下，核武器仅起遏制作用，而对敌人施加政治、经济和精神心理影响，以及使用各种方法欺骗和颠覆敌人的非直接行动的意义日益增大。

武装力量的战斗使用和战役的实施方法都发生了巨大变化。在进攻与防御战役中，集中主力于决定性方向的方法，机动和对敌实施火力毁伤的方法，都发生了巨大变化。对敌火力毁伤将主要以远程高精度武器的火力突击方式实施，而不仅仅是在双方先遣兵团接触过程中才实施。总的来说，武装斗争将具有全方位、空地一体和高机动的性质，战斗行动将在地面、海上和空中同时进行且相互联系。战争初期，空中战役具有重要意义。因此，在武装斗争的总体系中，诸军种以积极的协同作战来摧毁敌空袭兵器将具有决定性意义。鉴于这一任务已成为各种战役的主要任务和基本内容，它在武装力量新的组织结构中也应有所体现。其中，战略战役层次的合成指挥机构应有直属于自己的空中—太空防御兵器，而且除防空部队外，还可以调动一切其他现有兵力兵器，以粉碎空中之敌。对空防御正变成合同战斗和战役的主要组成部分。

反对回避战争和妥协退让。那种认为“只要一方放弃战争，战争就不会爆发，唯有放弃战争的胜利，世界才能安宁”的想法，是完全不现实的。同样，宣扬哪些作战方法“可取”、哪些作战方法“不可取”，例如禁止或限制对敌国领土实施进攻和火力突击，也是幼稚可笑的。这种论点，无论其持有者有意还是无意，都是对侵略者的怂恿和退让，而使爱好和平的国家失去遏制战争的潜力。

军队建设要适应国情。军队的进一步职业化是未来的主导趋势。同时，应改革建立在有生力量占压倒优势并以不惜任何代价完成战斗任务为原则的基础上的传统军事指挥体系，解决其臃肿不灵的问题，以建立起新的精干灵便的军事指挥体系。（摘自俄《军事思想》杂志 1995 年第 6 期）

俄一退休少将提出“第 6 代战争”概念　已退休的俄罗斯总参谋部斯利普琴科少将在对军事发展史进行深入研究后，将战争的演化过程分为以下 6 代：第 1 代战争是不使用火器的步兵战和骑兵战；第 2 代战争是使用火药和滑膛枪炮的战争；第 3 代战争主要使用线膛轻武器和管式火炮，射击距离、精度和速度均明显提高，火力大大增强；第 4 代战争的特点是使用自动武器、坦克、军用飞机，战争呈现立体性并增强了运输能力、改进了通信手段；而核武器的使用则标志着第 5 代战争；即将到来的第 6 代战争的核心技术是支持高精度灵巧武器的先进数据处理系统，这种系统将极大地改变现有军事能力并再次改变战争的特点。他认为，第 5 代战争（即核战争）并没有使第 4 代战争（即常规战争）过时，相反，它加大了第 4 代战争的深度和广度。另一方面，第 4 代战争大大地超出了第 3 代战争的范围，如果以第 3 代战争能力与第 4 代甚至第 5 代战争能力抗衡，再抱住常规作战方法不放，那么，或者损失巨大或者被击败。同样值得指出的是，有人以为有了核武器，常规作战就过时了，或者有了第 6 代战争，核武器便过时了，这样的想法都是不现实的。此外，掌握作战空间主动权还需要具备在某些特定环境中进行作战的特殊能力。东南亚的丛林战和沙特阿拉伯的沙漠战大相径庭。各种环境都有自身独特的条件，要求军队具备不同的作战能力和极强的适应力。另外，季节变化也能使作战环境发生很大的变化。拿破仑指挥的俄罗斯战役就是足以说明季节对战争的影响的典型战例。卫星的发展造就了空间作战能力及利用空间的能力。人们可以从太空获取情报，提供实时全球通信并获取精确的制导信息。外层空间在战争中的作用本身也许尚需商榷，但是在军事领域中对空间的利用将越来越重要。通过对当前与近期各国军事技术能力进行分析，可以对第 6 代战争的概貌作出如下描述：实现了以全球定位系统为基础的传感器一体化，实现目标探测与瞄准同步；发展非协同敌我识别和传感器的互相联合与结合，可实时识别目标；瞄准不再需要单独的传感器（如火控雷达），因此传感器和射手之间可不受干扰地进行实时瞄准;战区一级作战能力明显提高,可从所有作战空间发射远程精确制导弹药,实现作战火力同步;实现近实时战斗损害估计,使部队可与敌军连续作战,加快了作战节奏;C^3I 能力的改进将为指挥官提供信息和计算能力,以便筹划用最少的兵力实施攻击。计算机可提出解决战场问题的最佳方案建议,如各种武器或平台的最佳配系以及确定最佳发射时间和攻击顺序;诸军种加强了横向与纵向联合,增强了对战争的战术一级及战区一级的战情了解,同步作战的水平超过了以往任何时期。而这一作战过程的关键是采用以全球定位系统为基础的传感器及其部署方法。第6代全球指挥控制系统将向指挥官提供适应快速作战需要的规划和任务部署能力。指挥官能迅速利用制定任务计划所需的信息、情报和其他决策保障能力。优选子程序将提出作战人力物力配置的建议,以实施同步作战火力。指挥官按下某个按钮就能向下级下达命令。第6代战争技术加快了在作战空间中传感器到射手的过程,而这一过程可不受干扰。一个平台上的传感器可向其他传感器提供瞄准数据:如舰载传感器可向岸上的导弹发射连提供瞄准数据来打击敌机。在攻击过程中,传感器网络可自动更新数据,部队利用这一能力对付截然不同的作战环境,最终实现作战火力一体化,全面统一作战行动。(任海燕《第6代战争》,《军事史林》1996年第11期)

俄罗斯局部战争理论的形成与发展 有作者对俄罗斯及前苏联的局部战争理论形成和发展情况进行了研究,指出,前苏联的军事战略思想是俄罗斯局部战争理论的一个重要基础。苏联对现代局部战争的认识,曾经历了一个曲折的过程。冷战结束后,俄罗斯进一步完善了局部战争理论,并使其成为军事战略的核心内容。

在准备打火箭核战争的历史条件下局部战争理论开始萌芽。第二次世界大战后,在以美、苏对峙为核心的两极世界格局开始形成和美国垄断核武器的条件下,苏联为打破美国的核垄断,加紧研制核武器,同时准备在欧洲打一场类似于二战的大规模的常规战争,以对付美国的核讹诈,因而尚未触及已经出现的局部战争问题。随着核力量的迅速增长,苏联逐步形成了一整套较完整的火箭核战略。在这一战略中,局部战争是作为否定的对象而存在的。针对美国基辛格《核武器与对外政策》一书中所阐述的美国有限战争理论,苏联军事理论界明确提出:在核时代有限战争是不可能的,它会不可避免地扩大为全面核战争,局部战争的时代已经过去了。1964年出版的《论列宁的军事理论遗产》一书,把现代战争分为世界大战、局部战争和民族解放性质的人民起义3类,认为局部战争或者是由帝国主义者直接发动的侵略战争,或者是由它策划的非帝国主义国家之间的战争,它随时都会转变为世界性的核战争。尽管如此,这一时期仍有少数人认为,在现代条件下也会发生各种类型的战争,就其规模来说,现代战争可以是局部的,也可以是世界范围的;说未来战争的性质只能是全面战争,那是不正确的,因为局部战争在二战后发生过,在将来可能还要发生。1962年由索科洛夫斯基元帅主编的《军事战略》一书提到:帝国主义者可能发动局部的、小规模的地区性战争,这种战争的手段和方法与世界大战是不一样的。除了两大联盟之间的世界战争外,"无论是帝国主义战争,还是民族解放战争、国内战争,就其规模来说,都是小型的、局部的战争。""苏联军事战略学应当研究进行这种战争的方法,以防止它发展成为世界大战"。苏联当时反对局部战争,主张类似于美国大规模报复战略的火箭核战略,有其客观历史的原因。在苏美力量对比相差较大的情况下,以全面的核报复相威胁,不失为一种维持现状、遏制大战的手段。赫鲁晓夫一方面提出和平共处、和平竞赛、和平过渡的外交路线,另一方面又摆出准备打核大战的架势,其实质是为了尽力避免同美国迎头相撞,赢得国际和平条件,以利于苏联国内经济的发展。在一定意义上说,这一目的是达到了。然而,这一战略所奉行的要么和平共处、要么打核大战的思想,实际上也使它陷入了与美国大规模报复战略相同的困境。1961年的柏林危机和1962年的古巴导弹危机暴露了火箭核战略的虚弱本质,迫使赫鲁晓夫后来不得不在军队建设和作战方针上进行某些调整。

在核战争和常规战争并重的军事战略中局部战争理论初步形成。1964年底勃列日涅夫上台后,利用美国身陷侵越战争的有利时机,大力发展苏联的军事实力,仅5年时间便在战略核力量方面达到了同美国的大体均势,在常规力量和欧洲战区力量方面还略占优势。随着经济、军事实力的迅速增长,苏联开始走上同美国在全球争霸的道路,其军事战略也相应地发生转变,开始对赫鲁晓夫的火箭核战略进行重大修改。强调坚决的和积极的进攻,准备打包括核战争和常规战争在内的各种样式的战争,主张核军备与常规军备并重,是这一时期苏联军事战略的基本特点。

正是在这种情势下,苏联对局部战争的看法开始发生变化。《军事战略》第3版(1968年)从理论上更为系统和详尽地研究了美国的有限战争战略思想。它不像第2版那样简单地断言"有限的"说法只是一种空谈,而是以较大篇幅介绍了有限战争理论的基本观点及其遇到的矛盾，在一定程度上承认了有限战争理论在某些方面的合理性。70年代初，苏联领导人明确肯定了局部战争的可能性。1973年10月，勃列日涅夫在莫斯科世界和平大会上的讲话中说："战争的样式既可能是核战争，也可能是常规战争；既可能是世界大战，也可能是局部战争"。同年，沙哈罗夫大将在《军事历史杂志》上撰文，首次系统阐述了苏联对局部战争的定义、分类、特点及其与西方全球战略关系的看法。他认为现代局部战争就其社会政治实质而言，可能是由西方右翼集团发动或挑起的，也可能是由遭受侵略或政治压迫的国家发起的正义的解放战争；就其规模和使用兵器而言，它是区域性的小型战争，参战国家数量有限，军事行动只在一定地域内进行，使用的通常为常规兵器；它具有交战双方的作战方式差异较大，战争通常是持久的，在紧张激烈程度和大量使用兵力兵器方面几乎与世界大战中的战役相同，地理条件对兵力兵器的使用影响极大等特点。在70年代末出版的《苏联军事百科全书》中，把"局部战争"定义为"波及较少数国家和有限地理区域的战争"，认为它既可以是帝国主义发动的局部战争即有限战争，也可以是民族解放战争。1981年出版的由沙哈罗夫大将主编的《局部战争今昔》一书进一步指出，帝国主义发动或挑起的每一次局部战争都或多或少地同两大体系的斗争联系在一起，是为其全球战略服务的，某些资本主义国家针对某些社会主义国家发动的局部战争孕育着升级和扩大为世界大战的危险；局部战争的政治目的相对来说是有限的，这就决定了它的军事行动范围也是有限的，必须采取特殊的战略战术，同时要限制使用武装斗争的手段；现代局部战争通常是不宣而战的，侵略者事先有所准备并突然地采取军事行动，使其在初期占有明显的军事优势；战后局部战争在军事技术上的许多新特点表明，必须建设一支既适应"大战"又适应局部冲突需要的军队，这就要大力发展适应各种条件作战的高效能的武器技术装备，提高军队战略、战术的快速机动能力、电子对抗能力和战场指挥自动化的水平，重视海军、空军、防空部队的建设，组建崭新的专门应付局部战争和军事冲突的兵种，等等。书中尽管有许多片面和武断之处，但对现代局部战争一些重要特点的分析还是比较客观的。

苏联对局部战争问题的关注，显然不仅仅是为了批判帝国主义。它在这一时期利用与美力量对比的新变化，发动咄咄逼人的攻势：1968年武装入侵捷克斯洛伐克，1969年挑起中苏边境武装冲突，70年代中期以后接连在安哥拉、埃塞俄比亚等地打代理人战争，1978年支持越南入侵柬埔寨，1979年直接武装入侵阿富汗。因此，苏联开始重视和系统研究局部战争问题，是为其与美国争夺世界霸权服务的。

以应付局部战争和地区冲突为侧重点的军事战略。随着东欧剧变和苏联解体，世界开始由两极格局向多极格局过渡。俄罗斯失去昔日超级大国的地位，其安全环境发生了根本性变化：在西部、西南部丧失了前出东欧的第1战略梯队和原部署于白俄罗斯、乌克兰、外高加索及黑海、波罗的海的第2战略梯队，以及1000多千米的缓冲地带。独联体内部及相邻国家因苏联解体而产生的种种矛盾，导致局部冲突不断。华约解体，北约依然存在，北约在欧洲地区对俄罗斯陆空常规力量的优势为3比1。同时，俄罗斯国内也面临深刻的政治、经济和民族矛盾。这一切使俄罗斯从一开始就在战略上处于不利的地位，因而其军事战略必然要经历一个深刻的转变过程。在其1993年11月公布的《俄联邦军事学说基本原则》中，虽然仍坚持战略上的"纯防御性"，但已有了质的变化，即强调攻防结合的积极防御和放弃不首先使用核武器的承诺。在对未来战争的估计上，它突出了局部战争和武装冲突的地位。冷战后的俄罗斯局部战争理论，主要包括以下3方面的内容：

第一，冷战后俄罗斯面临的主要战争危险是局部战争和武装冲突。俄军事学说明确提出，在世界大战的威胁虽未彻底消除，但已大大降低的情况下，局部战争和武装冲突成为稳定与和平的主要危险。在某些地区爆发局部战争和武装冲突的可能性增大。并认为，俄准备应付的战争主要有3种类型：其一，由前苏联共和国内部的社会政治、经济、领土、宗教、民族种族等矛盾所引起的局部战争；其二，由拥有大规模军队的相邻国家所引起的地区战争；其三，由拥有战略核武器或能达到俄领土的非核武器国家所引起的大规模战争或全球战争。在上述战争类型中，对俄的稳定与和平构成现实威胁的，主要是独联体内部及相邻国家发生的局部战争和武装冲突，其中最大的危险来自因侵略性的民族主义和宗教的偏执性而发生的武装冲突。俄军事学说规定，在武装冲突和局部战争中使用俄军的主要目的，是尽早限制紧张局势策源地的扩大，制止军事行动，为在有利于俄联邦利益的条件下，通过和平方式调解冲突创造先决条件。

第二，俄军要侧重做好应付局部战争和武装冲突的准备。加列耶夫大将等指出，俄军长期以来只注重研究全球性大规模战争，而把局部战争的经验视为暂时的、偶发的、非典型的和非现代武装斗争所特有的现象。这是它在阿富汗战争和车臣军事行动中遭受严重挫折的原因之一。现代局部战争具有不同于世界大战的一系列重大特点，如战争不一定有界限分明的战线，这又往往因军民混杂在一起而变得更加复杂；敌航空兵可能从最预料不到的方向实施突击，破坏交通线，导致军队补给和保障工作难以进行；必须精密地组织掩护部队和机动部队以及各军兵种之间的指挥与协同；军队将在“扩大的战场”条件下分散独立行动，大兵团建制将成为“合适的靶子”，独特的“支队”、“群”式行动体系有可能成为作战的典型样式。俄军事理论界普遍认为，局部战争条件下的作战是军事学术相对独立和特殊的部分，应当以立法的形式把军队可能参加局部战争和武装冲突的基本原则列入整个军事行动系统之中。同时，在年度训练任务、全军战斗训练大纲和军事院校的教学大纲中，必须把应付局部战争和武装冲突作为当前训练的侧重点，充分掌握军队在局部战争中的使用方法。

第三，俄军仍然要有对付大规模战争的准备。1992年底和1993年初，加列耶夫等在《红星报》和《军事思想》杂志上撰文说：在两大军事政治集团对抗终止的条件下，爆发一场针对俄罗斯的大规模战争的可能性不能完全排除。这种战争可能是由局部冲突升级而来，也可能是俄罗斯援助某个缔结了同盟条约的国家而引发。从长远的观点看，如果仅根据局部战争和武装冲突来建设军队，势必导致大的战略失误。因此，军队的建设和训练既要考虑能在局部冲突中完成任务，又要考虑能应付大规模战争，而且必须从一开始就把立足于完成大规模战争的任务作为军队建设的基本原则。自1994年12月布加勒斯特欧安会以来，在以美国为首的北约集团加快东扩步伐及其战略上遏制俄罗斯的企图日益明显的情况下，俄军事理论界开始更多地谈到俄军要做好应付大规模战争准备的问题。俄前任国防部长罗季奥诺夫上将等军界要人都曾撰文指出：军事改革的结果应该是建成在任何武装冲突和任何战争包括大规模战争中都能保卫民族国家利益的国家军事组织和武装力量，那种认为“俄罗斯所面临的来自外部的大规模军事威胁已经永远地被局部战争威胁所取代，军队的任务只是保卫边界的安全”的看法，显然不符合事实；俄罗斯如果只是侧重于局部战争和维和行动，一旦爆发大规模战争，整个国家无疑将被置于灾难的境地。（陈舟《从苏联到俄罗斯局部战争理论的形成与发展》，《军事历史》1996年第6期）

（夏礼伯）

俄罗斯调整军事战略　与俄罗斯独立后的前3年相比，1995～1996年，俄罗斯军事战略已进行了重大调整。调整的主要原因，一是北约东扩使俄产生强烈的危机感。俄罗斯总统叶利钦1994年12月在布加勒斯特欧安会首脑会议上，对美国和北约发出欧洲面临“冷和平”的警告。在这次会议上，美国和北约执意要向东扩展，俄罗斯对西方的顽固态度深感失望，表示坚决反对北约东扩，认为这将打乱原有的军事平衡格局，恶化地缘政治态势，威胁俄罗斯的安全。二是外部势力对独联体国家的渗透使俄深感不安。近年来，美国等西方国家加紧对乌克兰、哈萨克斯坦等独联体国家进行渗透，伊朗、土耳其等伊斯兰国家也加强了对独联体中亚国家宗教势力的支持，在政治、经济、文化等方面力图施加其影响。俄官方人士称，以美国为代表的西方和伊斯兰原教旨主义的渗透活动“加剧了独联体地区的紧张局势”，“严重威胁俄的国家安全”。三是俄罗斯国内地方分离主义势力有所发展，一些共和国制定了与联邦宪法相悖的法律，车臣的非法武装更为脱离俄罗斯联邦争战不休，严重威胁着俄罗斯联邦的统一。四是俄原有军事学说和军事战略存在明显的缺陷，如：未能指明国际形势的发展总趋势，未判明俄罗斯所面临的主要威胁，未规定用军事力量解决可能的战争和冲突的条件和程序，未明确俄对独联体防御联盟中存在问题的基本立场和态度等。

布加勒斯特会议以后，俄对其军事战略进行了重大调整，其主要内容可概括为6个方面：

重新评估安全威胁，提出“现实遏制”战略　冷战后，俄曾一度明确宣布不把世界上任何一个国家看作是自己的敌人，不再将其冷战时期的主要敌人美国和北约视为主要威胁，主动与美国建立“友好伙伴”关系。同时认为，构成俄国家安全的主要威胁来自独联体内部及其邻近国家，是发生紧挨俄边界地区的局部战争和武装冲突。然而，俄在立国初期所作的上述安全威胁及作战对象的判断，随着北约东扩步伐的加快以及西方在欧洲安全和国际事务中竭力排斥和贬低俄的作用而发生了重大变化。目前，俄一方面仍把国内的地方分离主义和独联体地区及周边的局部战争和武装冲突视为现实威胁，另一方面则明确提出以美国为首的北约是俄罗斯面临的主要威胁。北约不仅是威胁俄罗斯国家安全的最强大军事力量，而且是遏制俄罗斯民族复兴与发展的最大军事集团。在此判断的基础上，1996年6月，叶利钦总统在发表的国家安全咨文中，正式提出了“现实遏制”战略。该战略认为，鉴于俄罗斯正处于困难的过渡时期，俄既不打算与任何国际力量中心进行军事对抗，也不打算单方面依赖他们。俄将主要依靠自身的核遏制力量、常规遏制力量以及同其他国家、安全组织和军事政治联盟间的军事合作，防止并击败对俄罗斯及其盟友的核与非核的侵略。（李钢林《俄罗斯安全战略要析》，《外国军事学术》1996年第12期；符成礼《世界军事形势回顾与展望》，《外国军事学术》1997年第1期）

放慢核裁军步伐，突出核威慑作用 俄罗斯认为，在目前国力衰退、常规力量大幅度削减的情况下，核武器是俄目前唯一有效的战略威慑力量，是足以与美国及西方国家抗衡，确保其国家利益和国际大国地位的最大王牌。俄军高级将领曾多次指出："战略火箭军所发挥的最大作用，就在于它是国家安全的最重要的保障"，"在常规力量被大大削弱的情况下，战略核力量成为俄及所有友好国家安全保障的主要手段。只有战略核力量能够完成遏制侵略、保证世界战略稳定、并最终防止世界大战的任务"。为此，俄虽然承诺继续削减战略核武器，但明显放慢了核裁军的步伐，至今尚未批准俄美已于1993年1月签署的第2阶段削减进攻性战略武器条约，与此同时，却依然加速研制和发展新型战略核武器。俄罗斯如此倚重核武器的目的是显而易见的，正如叶利钦总统在1996年6月的国家安全咨文中所说的，俄罗斯将在可以预见的将来保持核大国地位，并始终不渝地奉行核遏制政策，在全球范围内和地区范围内保持进行核与非核遏制的潜力，以防止敌人利用核与非核手段侵略俄罗斯及其盟友，并能够向独联体各国提供核保护伞。（陈大双《冷战后俄罗斯核战略的调整》，《外国军事学术》1996年第9期）

反对北约东扩，力保战略缓冲地带 从北约1993年夏推出"东扩战略"伊始，俄罗斯就表示坚决反对。在1994年12月初欧安会首脑会晤期间，叶利钦总统就表示，俄历来把东欧地区作为国家安全的缓冲地带，而北约一旦东扩，将把东欧纳入西方的势力范围，"欧洲版图上将产生新的分界线"，"播下不信任的种子"，从而"将使整个欧洲陷入'冷和平'的局面"。为缓和俄方的反对立场，北约方面考虑到内部存在的分歧、中东欧各国的不同国情和俄罗斯的作用及影响，一方面对俄作出一些让步：拒绝俄的近邻波罗的海三国加入北约的申请；强调北约东扩不会使欧洲分裂，不会对俄构成威胁；和平时期北约不会在新成员国领土上部署核武器；承诺给俄特别磋商地位，使之在未来欧洲安全框架中发挥应有的作用；并表示将在军备控制上显示出新的灵活性；增加对俄的经济援助等。另一方面仍坚持按预定的时间表实施东扩计划。对此，有心作为当今世界"重要一极"的俄罗斯自然不满足于在北约组织中获得有磋商权而无否决权的一席之地。只是，当此内困外忧之际，俄罗斯认识到，完全制止北约东扩已无可能，但它确信能缓和北约东扩的努力，凭借政治和军事斗争，能争取到尽可能好一点的结果，包括确保北约任何时候都不能扩大到接近俄罗斯边境的地步，确保这些新成员国不会成为北约新的基地，不会部署任何核武器。为对抗北约东扩，预计俄罗斯将以外交为前导，以军事实力为后盾，在更大程度上借重自身的军事力量，特别是核力量，在军备控制和裁军领域持更为保守的立场，在独联体内更积极地推行一体化方针，同时更加奉行全方位外交政策，在必要和可能时与东方及南方的重要力量达成某种程度上的战略联盟。总之，反对北约东扩将是一场长期的斗争。抵御北约东扩和冲破遏制将成为未来俄军事战略发展的主线《李钢林《俄罗斯安全战略要析》，《外国军事学术》1996年第12期；梁月槐《俄罗斯对北约东扩的判断与对策》，《外国军事学术》1996年第7期等）

强化独联体集体安全机制，加速一体化进程 1995年9月，叶利钦批准颁布的《俄罗斯对独联体各国的战略方针》宣称，俄将以"集体安全条约和双边协定为基础建立独联体集体安全体系和防御联盟"。1996年6月，叶利钦在国家安全咨文中再次强调指出：俄军事政策的重点，是在独联体国家1992年签订的集体安全条约和其他双边协定的基础上，建立独联体共同军事战略空间的集体安全体系。"迄今为止，俄已同独联体几乎所有的国家都签署了军事领域合作协议，参加集体安全条约的成员国已达到9个，而且，俄白两国还缔结了国家联盟，俄罗斯、白俄罗斯、哈萨克斯坦、吉尔吉斯斯坦4国签定了加深一体化条约，结成4国集团，从而在独联体内形成了"2、4、9、12"模式。目前，俄已在独联体国家建有约30个军事基地，驻有10万兵力。自1992年7月以来，俄一直坚持在独联体地区实施联合国授权之外的维和行动。这些行动的背景和意图是显而易见的。俄罗斯一直将前苏联地区看作自己的传统势力范围和利益攸关的所在，特别在北约坚持东扩的背景下，俄罗斯更需要加速独联体国家的一体化进程，更需要维护俄罗斯在独联体中的领导地位，更需要遏制外部势力对独联体事务的插足，更需要防止战火蔓延祸及俄的安全和稳定，更需要保护冲突地区俄罗斯居民的利益，更需要使独联体成为一个以俄为主导的军事集团，"并希望和争取使独联体成为世界经济发展和国际稳定的重要力量中心"。尽管俄军政领袖们也意识到独联体一体化进程存在种种困难，甚至有时声明反对军事力量的集团化，但独联体对俄罗斯有着极为重要的战略利益，独联体不仅是俄罗斯为恢复世界大国地位和民族复兴的“地缘政治基石”，同时也是俄抵御和抗衡北约军事威胁的实力基础。正如总理切尔诺梅尔金所说，“这一体系可以使得俄罗斯的安全得到可靠的保障，防备可能遭到的挑战和威胁，大大节约防御资金”。(李钢林《俄罗斯安全战略要析》，《外国军事学术》1996 年第 12 期；梁月槐《独联体军事形势回顾与展望》，《外国军事学术》1997 年第 1 期)

重点发展战略核力量和高技术兵器　俄罗斯是在经受严重的经济危机情况下组建军队的。军费的严重不足使其军队建设上只能遵循低水平的“合理够用”原则。具体地讲，就是确保战略核力量能够慑止别国侵蚀俄罗斯的大国地位和传统利益，遏制武装冲突、局部战争和地区战争蔓延或扩大为大规模战争；保证常规力量对可能发生的武装冲突和地区战争能够进行快速、果断、坚决的干预，并在对俄有利的情况下结束。基于上述目标和经费困难的原因，俄尚没有对武装力量实施全面的改革，并放慢了 1992 年《国防法》规定的将武装力量名额裁减至 150 万的裁军步伐(1996 年 5 月通过的新《国防法》对军队员额未作硬性规定)，与此同时，采取了有重点发展战略核力量和常规机动力量的方针。在武器装备现代化规划方面，侧重点也有所改变。俄将根据合理够用、突出重点、多研制少装备和保持技术先进性的原则，优先发展新型战略核武器、战略预警系统、指挥通信系统、高精度武器系统、战略输送系统、电子战系统和快速机动的后勤保障系统。特别值得指出的是，俄坚持不懈地改进战略导弹的质量指标，努力提高其突防能力、命中精度和毁伤能力，加强其机动性和生存能力。1995 年 6 月，一种被称为“龙”的核动力攻击潜艇正式下水。经过多次试射表明，其威力、精度、发射准备速度和抗核爆炸强度都超过美国陆基主战导弹“民兵”3M 的“白杨”M 新型战略导弹，已接近部署水平。(徐存悌《俄罗斯军事战略的调整和变化》，《外国军事学术》1995 年第 8 期；朱小莉《冷战后美俄军事战略调整的不同特点》，《外国军事学术》1996 年第 10 期)

俄罗斯军事战略仍处于动荡和摇摆中。当前，俄罗斯处于从前苏联超级大国地位跌落下来，在完全不同于前苏联的战略环境和实力基础上重新寻找自己的位置，再建军事战略的过渡时期。对俄罗斯而言，这一时期的外部战略环境还有许多变数，国内的政治、经济形势更不容乐观。这些都将影响军事战略的正常建立和发展，将决定其不可避免地经历一段动荡和摇摆的时期。不过，由于上述同样的原因，再加上世界两极冷战结构瓦解后多极化发展的大趋势，俄罗斯不会退回到冷战对抗的老路上去，俄罗斯军事战略具有明显的防御性质，这一点是可以肯定的。(李钢林《俄罗斯军事战略的基本走向》，《外国军事学术》1996 年第 3 期)

(毛子成)

日本战争和防卫战略问题研究

日军一中校撰文探讨未来战争的性质和样式　日军森下茂生中校 1995 年 1 月发表文章，对未来战争的性质和样式进行了探讨。

关于未来战争的性质。决定战争性质的因素有目的、当事者、持续时间以及战争开始和结束的样式等。其中，最重要的决定因素是战争的目的。战争按目的可分为 3 个层次。第 1 个层次的战争是以保卫国家的生存条件即领土、主权及国民的生命，同时确保必要的最低限度的衣、食、住及文化条件为目的的战争，即以确保最低限度的生存条件为目的的战争；第 2 个层次的战争是不仅以确保国家的生存为目的，而且还要以追求生活富裕和国家繁荣，谋求领土扩张和占领国外市场为目的的战争，即以获取经济权益为目的的战争；第 3 个层次的战争是除确保生存和经济权益外，还以维护现行世界和经济秩序、谋求人道和福利为目的的战争，即以维护世界秩序为目的的战争。随着时代的推移，国家以及国家之间的关系日趋成熟，战争的目的也由确保生存向谋求经济权益、进而向维护世界秩序转变。

确定战争目的即决定国家意志的主体，在近代以前是国王或君主，近代以后是国民代表。他们从本国和敌国的工业发展水平，战争的费效比，该时期国家之间的相互依存关系，地势、地形及民族特点等方面出发，来确定战争的目的。因此，决定战争性质的主要因素是：

(1)决定国家战争意志的主体。除极少数独裁国家外，作为决定国家意志的主体的国民，其意识的反映程度将提高。因此，政府等国家意志的决定者关于战争的种种决定，不得不更加符合国民舆论。在这种情况下，开战的条件是：在除战争(即行使武力)以外别无选择的情况下，将以国际舆论所能接受的诸如维护和平与经济共存的世界秩序为战争的目的；在进行战争时，将尽量避免损失；在战争指导方面，将竭力避免人员伤亡并力求速决，同时，攻击目标将仅限于军事目标，竭力避免攻击普通市民等非军事目标。终战的决策将在国民舆论容许的范围内作出，但在人员伤亡比预料严重的情况下，当时表示赞同的国民舆论也可能会向相反的方向转变，也可能会出现未达成战争目的就撤退或终止战争的情形，但独裁国家也有可能煽动国家意识，将舆论引向容忍强力手段的方向。

(2)工业发展水平。发达国家工业与发展中国家工业发展水平的差距将进一步拉大,这也将影响到战争的目的。发达国家的工业将进一步发展,第三产业——信息产业将成为主体。而且,由于世界经济相互依存的关系日趋紧密,战争的目的将越来越稳固地限制在维护世界秩序范围内。尽管世界和平与稳定趋势仍是主流,但在较先进的发展中国家之间,还存在着发生以争夺经济权益为目的的战争的可能性。在较落后的发展中国家中,还存在着发生以获取原料和市场等低层次的经济权益为目的的战争可能性。另外,少数民族之间将继续发生以获取经济利益、宗教和习惯等民族权利为目的的战争(冲突)。

(3)费效比。随着人员和物质资源价值的提高,重视经济的趋势将进一步发展,军事所分得的资金将日益减少,而战争所获得的利益主要是维护世界和经济秩序。因而,将来在实施战争时,将更加重视费效比。在人力资源方面,重视人的生命和人道主义的倾向将增强,因而,人力资源的价值将越来越大,同时兵员补充的难度将加大,因而要极力避免人员伤亡;在物质资源方面,随着军事科学技术的发展,武器日益高技术化和系统化,武器费用将大大提高,其储备工作也愈加困难,紧急和大批量生产能力受到限制,同时,由于高技术武器的操作、保持和管理等需要高水平的操作人员,军队将职业化和精干化,实施紧急补充也将困难重重;在资金使用方面,由于更加追求有效和高效,将发展小而精、高质量和高能力的军事力量。另一方面,旨在维持和平共处与经济共存的世界秩序的战争所能获得的利益,只是维护一种能在和平环境下实施经济活动的秩序,而无望得到象经济权益这种领土和物质上的利益。综上所述,开战的条件应是,尽可能实施费效比合理的战争,同时努力避免受国际制裁。战争的指导原则是:速战速决,以现有兵力为主体,同时限制时间和区域,以努力降低费用。另外还应极力避免国际舆论的指责和普通市民的伤亡。终战亦应力求局限在费效比合理的范围内,一旦费用超出预算,也可在未达成战争目的的情况下结束战争。但是,若是民族解放和民族独立战争(冲突),则可继续使用廉价的小型武器,在这种情况下,目的的达成优先于费效比,因而这种战争(冲突)可持续下去。

(4)国家之间的相互依存关系。将来会比现在更加重视经济的发展,国家之间的相互依存关系将更加紧密,并向遏制战争的方向发展。今后相互依存的经济体制的日益发展,将使某一国家作为超级大国维持世界秩序的局面难以为继,因而联合国的作用将随之增大。世界将朝着发展民主、增加福利、寻求和平的方向发展,战争将逐步局限于国际舆论所容许的范围内。

关于未来作战样式的发展趋势。随着军事科学技术的进步,由坦克、飞机、大炮等多种武器组成的武器群和能使这些武器协同作战的通信已成为战斗力的核心,即已成为决战武器。由于利用人造卫星实施监视和构成通信网、拥有能实时处理与传输信息的计算机,使各种规模的武器均可实现系统化。因此,各种武器不再是单个武器,它可在系统中最有效和高效地发挥战斗力。将来,决战武器将由武器群向系统武器转变,而且目前已呈现出这种趋势。武器系统化及由此而产生的战争、作战和战斗的要领如下:首先,在已完成的对地和防空火力战斗系统的基础上,使机动、情报、战斗支援及后勤支援等各种战斗机能实现系统化。并将每个战斗系统与师和军级 C^3I 相联接,从而对战场上所有的武器进行一体化运用。进而,一个或数个战场与地面最高司令部相联接,以形成整体的地面作战系统,最后联接其他防空作战系统、海上作战系统(有的话也包括两栖作战系统)等所有系统,形成国家的战争系统。将来从国家级的战争枢纽到战场上的小部队,都将作为一个用 C^3I 系统联接起来的一体化系统实施战争或战斗。(〔日〕森下茂生《未来战争样式》,《外军资料》1996年第91期)

(夏礼伯)

日本继续调整防卫战略 1996年是日本防卫战略调整关键的一年。随着这年4月日美两国首脑在东京联合签署的《面向21世纪的同盟》的日美安全保障联合宣言的发表,加上1995年岁末日本新《防卫计划大纲》的颁行,日本防卫战略的调整已接近完成。可以判断,若1997年《日美联合作战指导方针》出台,即标志着世纪之交的日本防卫战略调整基本完成。

日本防卫战略调整的简要经过。1991年12月,随着苏联的解体,相持40多年的两极格局宣告结束。国际战略格局的这一巨变,使日本骤然间失去了头号对手。以此为契机,日本国内就防卫问题展开了激烈的争论。相当一部分舆论认为,前苏联对日本的现实威胁基本消失,日美安全保障条约已失去了赖以存在的基础,自卫队应分阶段改为“国土警备队和国际援助队等”,更有人呼吁要乘机解散违宪的自卫队。另一部分舆论则针锋相对地指出“认为东北亚地区局势稳定的想法是危险的”。由于形势的变化和争论所产生的较大影响,日本政府加快防卫战略调整的步伐:第1步,根据苏联解体、北方威胁大为降低的形势,首先对防卫的

重点进行微调，即在继续重视北方军事威胁、保持北部作战能力的同时，适当提高西部地区的兵力密度，“改变人员及装备均主要部署在北海道这一现状”。这实际上是在防卫战略方针上加强了对中国和朝鲜的作战准备。第 2 步，组织班子论证全面修改防卫战略的方案。1994 年 1 月，日本首相细川护熙宣布，设立一个他私人的咨询机构——“防卫问题恳谈会”。同年 4 月，细川内阁下台，社会党委员长村山富市出任首相。但仍保留了细川设立的“防卫问题恳谈会”这一咨询机构。这年 8 月，该机构向村山首相提交了一份题为《日本安全保障及其武装力量发展方向》的咨询报告。与此同时，日本防卫厅组织了一个同样性质的论证与咨询机构，以便从防卫厅的角度，提出关于日本防卫战略与武装力量建设的研究报告，上述两个机构平行作业，分别提出的研究报告，其主要内容均被以后出台的日本新《防卫计划大纲》等官方文件所采纳。第 3 步，综合民间及官方研究机构和专家学者的意见，对日本防卫战略、建军计划和日美安全保障政策等进行修改，并经有关决策机构批准实行。1995 年 11 月，经日本安全保障会议和内阁会议批准，颁布了日本 1996 年度以后的《防卫计划大纲》；1996 年 4 月，美国总统克林顿和日本首相桥本龙太郎在东京会晤并签署发表了《面向 21 世纪的同盟——日美安全保障宣言》，对 1960 年双方缔结的《共同合作和安全保障条约》进行了重大的修正和补充。这些文件较清晰地勾画出日本面向 21 世纪的防卫战略的轮廓。（黄金鹏等译《日本安全保障及其武装力量发展方向》，《外军资料》1995 年第 6 期）

日本新防卫战略的基本内容。　主要体现在 8 个方面：(1)关于形势判断。认为“东西方军事对峙的局面不复存在，爆发世界规模军事冲突的可能性进一步远离”，但“国际形势中不明朗、不确定的因素依然存在”。在日本周边地区，远东俄军出现数量裁军和军事态势变化，但“包括核武器在内的大规模军事力量依然存在”，许多国家和地区“正致力于扩充军事力量以及实现其现代化”，朝鲜半岛形势仍然紧张，“稳定的安全保障环境尚未确立”。“不能排除在日本周边地区发生对日本安全产生重大影响事态的可能性”。在当前及今后一个较长时间内，国际形势继续缓和、多极化趋势进一步发展的情况下，日本之所以对形势的看法采取一种严峻的态度，目的就在于为其充实军力寻找新的根据。

(2)关于威胁的预测和威胁来源的认定。认为日本今后一个时期内面临的主要威胁有以下几种：干扰海上交通安全；侵犯领空；有限目的的导弹进攻；非法侵占部分领土；各种恐怖活动；武装难民流入等。强调当上述威胁表面化时，日本须具备灵活处置、不使其发展为大规模冲突的驾驭能力。在威胁的来源认定上，日本则由过去重点对付前苏军，转为应付朝、中、俄“多元威胁”。其中，对付所谓中国和朝鲜的威胁被摆在重要的位置。

(3)关于武装力量的职能。确定自卫队的主要任务依然是保卫国家安全，努力防止对日本的侵略于未然；当发生大规模自然灾害和恐怖活动造成特殊灾难及其他需保护生命财产等各种非常事态时，适时妥善地进行抢险救灾；同时强调积极向海外派兵，通过实施国际和平合作业务，努力为国际和平作出贡献。这就为自卫队外向型发展和使用铺平了道路。

(4)关于战略部署。根据对形势和威胁的判断，强调全方位防卫，在继续保持北部地区一定作战力量的同时，结合军队的裁减和编制调整，有计划、有针对性地加强了对西部、西南方向(即对朝鲜、中国方向)的战略部署。如将担负西部、西南部防卫的第 12 师改编为空中机动旅、第 13 师改编为地面机动旅，从而使其快速反应能力和作战能力大为提高。

(5)关于作战方针。强调比敌方更快、在更远的前方歼敌，奉行扩大范围的“海上歼敌”的方针。以避免在近海或本土展开激战，使国民“蒙受巨大损失”。

(6)关于军队建设指导思想。强调以下几点：第一，继续坚持基础防卫力量的构想，认为保持作为一个独立国家所必要的最低限度的基础防卫力量，是避免或消除在日本周边出现不稳定因素的重要保证。第二，强调建立起一支能有效应付多种多样事态的防卫力量，以便能灵活应付事态的发展变化，如地区性冲突的发生、大规模杀伤性武器的扩散、维和行动等。第三，设立应急预备役制度，调整作战部队的编制，适当压缩陆上自卫队现役编制员额，保持和加强海、空部队实力，以迅速、有效地遂行所担负的任务。第四，强调确保防卫力量的弹性，包括一方面通过教育训练等机构储备各种专业人员和装备，另一方面保持有较强应急能力的预备役人员，完善包括后勤支援在内的各种机能，并作好在将来形势发生重大变化时进行必要的动员扩编的准备。第五，特别强调提高防卫力量的质量水平。为此，要求加强教育训练，维持部队较高的训练水平，拥有具备士气高、能力强、知识面广的士兵；注意通过装备的适当国产化来维持军工的生产，同时，努力完善装备技术研究的开发，积极发展高技术武器装备，提高武器装备的现代化水平。

(7)关于日美安全保障体制。在强调日美安全保障体制是日本防卫的战略支柱和日本安全必要而又不可或缺的因素的同时，对日美安全关系进行了重大调整，使日美安全条约在内容上有了以下实质性变化：一是美国首次承认“日本负有领导世界的责任”，两国进一步确立了面向21世纪的新型伙伴关系，从而提高了日本在国际上的政治、军事地位；二是日美安全保障防卫范围，由日本及其周边地区扩大到亚太及中东地区，日美还将在“全球共同问题上”相互进行新的合作；三是日美安全保障体制的内涵由重点防止日本遭受所谓“侵略”，转向重点监视朝鲜半岛和台海局势，由主要对付前苏联扩大为对付朝、中、俄等“多元威胁”；四是日本承诺考虑在其边界之外发挥军事作用，日美防务合作由战时扩大到平时，由作战支援扩大到后方支援；五是日美军事技术交流从两国政府扩大到两国民间。这些变化表明，日美已为两国21世纪初联手处理国际事务特别是亚太事务的军事合作，重新确定了方向。

(8)在对付核威胁方面，日强调一方面要在国际核裁军努力中继续发挥积极作用；另一方面则坚持依靠美国的核保护伞，遏制对日本的核威胁。

从以上变化不难看出，在“专守防卫”战略名义的掩盖之下，日本防卫战略已被赋予了更多积极的、主动的、外向型的实质内容，成为日本实现世界军事强国及政治大国国家目标的重要支柱。(袁孝华译《日本新〈防卫计划大纲〉》，《外军资料》1996年第3期；袁孝华译《面向21世纪的同盟》，《外军资料》1996年第41期)

新防卫战略可能产生的影响。 首先，日本新的防卫战略必将加速其军事力量的发展。因为日本是第二次世界大战的发动国之一，战后，为缓和国际压力，日本在军事发展的道路上设置过一些政策性限制，如不得向海外派兵、防卫费不得超过当年国民生产总值1%、文官治军和无核3原则等。新的防卫战略扩大了日本自卫队的职能，把战略关注的范围由日本周边扩大到亚太及中东乃至世界，这就为日本堂而皇之地修改有关政策，突破一些限制提供了依据，从而大力加强其防卫力量的质量建设。与此密切相关的是，日本军事力量的发展必将成为其争当世界大国的有力支柱。过去，日本凭借经济和科技实力在世界进取，并未取得与其期望相称的国际地位。海湾战争时，日本曾为美国出资100多亿美元，但战后获利甚少。日本对此一直耿耿于怀，认识到军力不强，政治大国的目标终难实现。新防卫战略的出台，势将加速日本实现世界政治大国的步伐。在日本国内皇国史观、军国主义思潮及极端民族主义思想仍有市场的今天，新的防卫战略可能助长这些不合时代潮流的思潮，从而给日本自身发展带来负面影响。其次，新防卫战略反映了日美高层的意图，因此，将进一步加强日美面向21世纪的同盟关系，有助于日本与美国今后联手处理国际事务，并在联合国维持和平行动、军控及裁军等问题上进行政策性协调与合作。这样，美国可把日本继续纳入为美国的全球战略服务的轨道，并在东亚得到一个长久的、相对稳定的战略伙伴和战略基地；日本亦可凭借美国承认“负有领导世纪责任”的许诺，与美国平起平坐，使自己在世界战略格局中的地位和作用进一步提高，从而具备向世界政治大国迈进的必要条件。当然，日美加强防务合作并不能解决日美之间长期存在的根深蒂固的经济竞争、利益并不完全相同、互怀戒心等矛盾。这些矛盾的发展将会牵制日美战略关系的发展。再次，新防卫战略使日本防务由“对付威胁性”体制，向以地区为对象的新型体制转变，将给亚太特别是东亚地区的安全和稳定带来负面影响。第一，日本防卫战略具有明显的外向型特征，如强调威胁多元化，承诺在其边界之外发挥军事作用，扩大防卫地理范围，特别是把中国和朝鲜作为潜在的威胁，势将成为这一地区安全上新的不稳定因素和威胁源，引起亚太国家和地区的强烈反对和高度警惕。第二，日本加强与美国的军事联盟与合作，调整战略部署，不仅可能打破地区军事平衡态势，而且可能影响亚太特别是东亚地区的政治态势。这必将引起双边、多边关系的紧张。第三，日本加强其防卫力量的质量建设，大力发展高技术武器装备，不仅可能在东亚地区引起新的军备竞赛，而且可能如新加坡舆论所指出的那样“滑入军事大国的危险道路”。这是值得警惕的。(长弓、味几《简评日本新防卫计划大纲》，《外国军事学术》1996年第3期；味几、长弓《日美安全保障条约发生重大变化》，袁杨《日美安保联合宣言与新型日美合作关系》，《外国军事学术》1996年第7期)

（长　弓）

新《防卫计划大纲》有重大变化 日本政府于1995年11月28日正式批准了由防卫厅主持起草的新《防卫计划大纲》。新大纲根据对未来15年形势发展趋势分析，规划了新时期日本政府防卫基本方针和防卫力量发展目标。与1976年制订第1个《防卫计划大纲》(简称旧大纲)相比，其主要变化是：(1)新大纲首次将防卫基本方针列为大纲主要内容，为防卫力量在和平时期发展作了政策性规定。新大纲在对未来的国际形势和日本周边地区形势作全面分析的基础上，提出新时期其防卫力量发展仍应坚持冷战时期形成的6条防卫基本方针。并将前4条正式列入新大纲，其内容为：坚持日美安全保障体制，确保文官治军制度，遵守无核3原则，建立一支适度的自主防卫力量。后两条在新大纲通过后，由日本内阁官房长官以发表谈话的形式予以认可，其内容为：日本将继续遵守日本国宪法规定的“禁止行使集体自卫权”和“武器出口3原则”。与旧大纲相比，新大纲的突出变化有二：一是防卫基本方针内容有了明确增加。在6条方针中，除第4条是引自旧大纲外，其余5条均属首次列入大纲。二是6条方针采用两种不同方式予以认可，是很特殊的，为以后修改埋下了伏笔。这6条方针的确立表明，在新时期日本国主要任务是建设自主国防，走自主发展道路，继续为成为“军事大国”创造条件；日本防卫力量发展规模不会很大，但其质量建军将会迈出新的步伐。(2)新大纲首次赋予了自卫队对外职能，明确了对外职能地位以及与对内职能关系，为“外派”发放了通行证。新大纲扩大了自卫队任务范围。指出，日本自卫队除完成保卫国家这一重要任务外，还应尽力为国际社会和平与稳定做出贡献。根据这一新要求，新大纲提出了自卫队对外4项新任务：第一，参加联合国组织的国际维和行动和国际紧急救援行动，扩大国际合作范围；第二，参与联合国和国际其他机构等实施军备控制与裁军任务，以加强对常规武器限制与管理，阻止大规模杀伤性武器和导弹等扩散；第三，继续推进地区性安全对话和军事交流，努力增进包括日本周边国家在内的有关国家之间的信任关系；第四，对日本周边地区因发生大规模自然灾害和恐怖活动而处于非常状态时，给予必要支持。这说明，日本在某些方面已接受了美国1995年2月提出的东亚安全战略思想，正式承担了建立世界新秩序的特别责任。这是日本为早日成为“政治大国”和在全球发挥主导作用而采取的重大举措。(3)新大纲提出了新的防卫设想，其防卫部署将由主要对付“苏联”型转向主要对付“多种多样危险”型。所谓“多种多样危险”主要指来自俄罗斯、朝鲜和中国的危险。与冷战时期相比，这“3国危险”排列顺序发生了变化，改为朝鲜、中国和俄罗斯。(4)新大纲规定了新时期建军方向与发展目标，其宗旨是控制数量，提高质量，建设一支精锐化防卫力量。新大纲对今后15年防卫力量发展指导思想、编制体制等问题一一作了明确规定。与旧大纲相比，其主要变化有三：一是对旧大纲规定的编制体制、人员定额和装备数量作了一定程度削减。二是修改了预备役军官服役制度；组建以1.5万人为核心的快速反应预备自卫队。三是调整了三军武器装备发展重点，大力发展高技术化装备。这表明，新大纲是一个只控制数量、不限制质量、以提高质量为目标的大纲，为今后进一步质量扩军发放了许可证。(5)新大纲在强调加强日美安全保障体制的同时，又强调在对付常规威胁方面，日本要加强自主防卫力度。新大纲强调了维持和加强日美安全保障体制的重要性和必要性。为使日美安全保障体制机能得到有效发挥，新大纲提出，将从以下4方面扩大与美国合作。第一，加强情报交换，政策磋商；第二，在作战领域建立有效的合作态势，包括加强联合训练演习以及与此相关的相互合作；第三，广泛开展在装备与技术方面相互交流；第四，采取有力措施，保障美军在日本驻屯。与旧大纲相比，新大纲对日美联合作战任务作了重大调整，突出强调了发挥日本自身防卫力量的作用，在对付常规冲突方面要减少对美国的依赖，依靠自己的力量尽早予以排除。同时还提出，日本在保卫本国的同时，要支持美军作战。由此不难看出，日美安全保障体制，正在发生质的变化，日本将由“受保护型”的对象，变成了“参与型”的对象。

对《日美安全保障条约》作调整 1996年4月，日美双方签署了《日美安全保障联合宣言》(以下简称“宣言”)，并就修改1978年签署的《日美防卫合作指导方针》(以下简称“方针”)，达成了原则性协议。与《日美安全保障条约》(以下简称“条约”)相比，发生的主要变化是：(1)日美两国关系由美主日仆关系变为“伙伴关系”，美国首次承认日本负有领导世界的责任，日本的政治和军事地位明显提高。二战结束后，美国以战胜国地位于1951年和1960年与日本缔结了“条约”。当时，日本被视为美国的“保护国”，日美关系是一种主仆关系，美国处于主导地位，日本处于从属地位。“宣言”确立了日美新型的伙伴关系。强调日美双方将从双边、地区、全球3个层次上加强合作。作为联手合作的个重要条件，克林顿正式宣布，美国承认日本负有领导世界的责任；美国坚决支持日本成为联合国安理会常任理事国。日本将在亚太发生不测事件时，支援美国军队作战，分担防务责任；日本将在全球共同性问题上帮助美国推行全球战略，使美国行使全世界领导作用，为建立由美国主导的国际新秩序提供合作。(2)日美安全保障体制的内涵，由重点监视日本局势转向重点监视朝鲜半岛和台湾海峡局势，由主要对付前苏联扩大为主要对付朝、中、俄等“多元威胁”，由美国支援日本作战扩大为日本也支援美国作战。“宣言”正式宣布，日本承诺考虑在其边界之外发挥军事作用，将为美国提供支援。可见，日美把“条约”防范对象从前苏联扩大到了朝、中、俄3国。美国前国防部长佩里表示，日美同盟不只是为了日本的安全保障，而且还为了整个亚太地区的安全保障。今后面向21世纪的日美安全保障主要课题是对付朝鲜半岛和台湾海峡不稳定的局势。对此，日本

《每日新闻》一针见血地指出，日美安全保障体制正由冷战时以苏联为假想敌"对付威胁性"体制，向以地区为对象的新型体制改变。并称，这是日美对日美安全保障条约的最大修改。(3)日美安全保障防卫的范围由日本及其周边地区扩大到亚太及中东地区；日美还将在"全球共同性问题上"相互进行新的合作。"宣言"提出了"亚洲太平洋地区"和"全球共同性问题"等新概念。宣称，"日美安全保障体制是亚洲太平洋地区维持安定和繁荣的基础"。最近，日本政府为了修改"方针"，决定将"方针"中"远东有事"一词改为"日本周边地区有事"。而"日本周边地区"将包括亚太及中东地区。这表明，日本企图把其防卫特别是保护海上航线的范围，从日本及其周边地区一步一步地扩大到亚太及中东地区。宣言还提出把合作范围扩大到全球。为此，日美两国决定今后将在联合国维持和平行动、军控以及裁军等问题上进行政策性调整与合作。这样美国就把日本纳入了为美国全球战略服务的轨道。日本共产党等刊物评论指出，"宣言"超出了"条约"规定的防卫范围，为日本向海外派兵、干预地区冲突铺平了道路，为日本在世界范围对突发事件作出迅速反应提供了依据。(4)日美防务合作由战时扩大到平时，由作战支援扩大到后方支持，由军事领域扩大到"全球共同性问题上"。"宣言"以日美加强在亚太地区防务合作、扩大日本军事作用为中心，将防务合作内容从军事、安全保障扩大到经济等其他领域，走上多领域、多样化合作道路。这次日美达成的新的联务合作协议重点有四：第一，美国保证在亚太地区继续保留 10 万人驻军，其中在日本保持 4.7 万人驻军体制。第二，日本承诺继续为驻日美军提供财政和其他支持。第三，根据日美两国政府签署《日美相互提供物资和劳务协定》，日美军在平时将在联合训练、联合国维持和平行动、人道主义国际救援等方面加强合作。相互提供支援的内容包括食品、水、住宿、燃料、通讯、医疗、武器部件、机场港口业务、基地支援以及设施利用等共计 15 项。第四，双方除在安全保障、经济等领域合作外，还应在其他领域进行合作。对此，日本《朝日新闻》在评论中指出，日美防务合作将进入一个新阶段。日本《世界日报》评论称，日本将大幅度扩大对美国支援。(5)日美防卫技术交流从两国政府扩大到两国民间，为扩大防卫技术合作开辟了新的途径。美前国防部长佩里在 1996 年 4 月同日本外相以及防卫厅长官等人会谈时商定，要在装备和技术方面加强合作，并把它视为加强日美安全保障的一个组成部分。同月，日本石川岛播磨重工业公司同美国斯帕塔公司等 3 家美国复合材料厂家，就联合研究导弹结构材料等可转用于军事的先进复合材料达成协议。接着，日本理化研究所又与美国布鲁克黑文研究所确定共同利用美方的设备，在核物理方面进行合作研究。在日美防卫技术交流中，民间企业进行如此直接的、在高技术领域的合作，还是第 1 次。这将有利于它们争夺 21 世纪技术的制高点，而不利于亚太国家的和平与发展。

修改《日美防卫合作指导方针》 根据 1996 年 4 月，日美双方首脑达成的原则性协议，从当年 5 月开始对 1978 年签署的《日美防卫合作指导方针》(以下简称"方针")进行修改。从目前透露的点滴内容及日美军方发表有关言论来看，日美两国将对"方针"进行重大的调整。如果说 1978 年签署那个《方针》重点是把解决"日本有事"，美国对日本如何进行支援放在首位的话，而这次修改则把重点放在"亚太有事"，日本对美国如何进行作战支援的问题上。具体来说，这次修改将包括以下 5 个方面的内容。第一，关于制订新"方针"的目的问题。双方认为，旨在"构筑新时代的更有效的日美防卫合作关系"。美国强调在新形势下，发生地区争端可能性在增加，日本的安全责任加重，要为日本及其周边安全环境作出更大贡献。第二，关于防卫对象问题。日美双方解释不一。美方发言人说，日美同盟不仅仅是为了抑制朝鲜半岛的战争，而且在对付逐渐大国化的中国的不稳定也是重要的，他还说，俄罗斯未来局势不明朗，也带来不稳定的因素；而日方发言人说，日本面临的危险是"多种多样的危险"。第三，关于防卫合作领域问题。双方认为，"将分平时的合作、日本发生紧急事态的合作以及日本周边地区发生紧急事态的合作等 3 个领域"。在日本周边地区发生紧急事态时，日本将对美国进行如下支援：日军从后方支援美军；海上检查与封锁；为美国舰队护航；向美军提供机场、港湾等设施；疏散非战斗人员；开展人道主义的援助等。第四，关于协调使用双方军队问题。双方认为，当日本周边地区发生情况时，日美将联合使用双方的部队，并在 1997 年年底前建立起一种便于进行合作的新机制。第五，关于防卫合作地区范围问题。日本政府提出，"日本周边地区"将包括对日本可能产生重大影响的中东、马六甲海峡和南沙群岛等地区。以上 5 条，一旦获得两国政府批准，日本将对现行法律禁止的"集体自卫权"条款作出新的解释，并相应地修改有关法律。目前，日本政府已批准其派出的联合国维和部队拥有使用武器的权力；日本内阁会议已授权首相有权下令对侵入日本领海的外国潜艇采取军事行动；日本"4 省厅会议"已拟定出发生"不测事件"时使自卫队行动成为"合法化"的法案。日美加强军事合作，美国极力扩大日本军事作用，有悖于亚洲和全世界人民的愿望。(滕晓东《日美安全保障体制发生质变》,《解放军报》1996年5月9日;袁杨译《面向21世纪的同盟——日美安全保障联合宣言》,《外军资料》1996年第41期等)

(温味儿)

其他国家和地区军事战略问题研究　**韩国调整军事战略**　有作者指出,随着冷战的结束,朝鲜半岛的紧张局势开始趋向缓和。为适应形势的发展,韩国逐步调整其军事战略,确立了建立"自主国防"体制的目标和"攻势防御"的作战指导思想,并在其国防体制、作战对象、战略任务、战略部署、军队建设及联盟战略等方面均发生了比较显著的变化。

由美军主导的"韩美共同防御"体制向美军负责战时应急支援的"自主国防"体制转变。　朝鲜战争初期,韩国为借助美国的力量,拱手将军队的作战指挥权交给了驻韩美军。停战后,韩美签署了"共同防御协定",进一步确立了以美方为主导的军事互助体制。这种状况一直延续到90年代初。进入80年代后,随着国内经济的迅速增长、综合国力的不断增强,韩国对美国的依赖逐步减轻。韩国政府于80年代末正式确立了建立"自主国防"体制的目标,在继续密切韩美军事互助体制的同时,积极谋求在互助体制中承担更多的军事责任。从1990年开始,韩军逐步从美军手中接过了前沿警戒任务、进一步完善了韩美应急支援体制、组建了由韩军将官担任司令官的韩美联合海军陆战队,初步调整了韩美战时指挥关系等。1994年12月1日,韩军正式从驻韩美军司令部手中接过了对韩军的平时作战指挥权,结束了美军对韩军在作战指挥上长达44年的全面控制,开始直接统率其武装部队,实现了其"自主国防"的第1步。根据韩美1994年底达成的协议,到本世纪末美军还将向韩军移交战时作战指挥权。韩军的最终目标是,到下个世纪初建成拥有平时和战时作战指挥权的、战时由美军提供应急支援的"自主国防"体制。

*由以北朝鲜为主要敌人,转向同时准备应付周边国家潜在威胁的"全方位防御"。*自50年代朝鲜停战到80年代末,韩国始终把北朝鲜视为其国家安全的主要威胁。1991年,韩国制定了"面向未来的新国防政策",强调"要把迄今为止以北朝鲜为主要敌人转向应付周边列强的潜在军事威胁"。近年来,朝鲜南北关系虽有一定改善,但韩国认为,双方的敌意在短时间内难以彻底化解,必须密切注视北朝鲜的一举一动。同时认为,朝鲜半岛周边的安全环境也存在着很大的不确定性。韩国虽然与中国和独联体各国建立了外交关系,但形势并不稳定。周边大国在把主要精力转向经济领域的同时,不断扩充其军事实力,韩国必须采取措施以应付可能出现的威胁。另外,韩国与周边国家还存在着海洋领土和海洋权益之争,不能完全排除引起对抗和冲突的可能性。1994年韩国防部通过了《国防目标修正案》,正式提出"全方位防御战略概念",强调针对周边国家军事力量的发展,在仍以北朝鲜为主要作战对象的同时,准备应付"多元威胁",把日本、中国、俄罗斯列为未来潜在的防范对象。

*由对付北朝鲜的地面作战向保卫海洋经济区和海上运输线的海、空作战方面扩展。*冷战时期,韩军主要负责地面作战行动,而海、空作战任务则主要由美军来承担。进入90年代后,随着军事战略的调整,在韩国陆军接替驻韩美军地面部队担负起"前沿防御"任务的同时,韩国认为,随着世界形势的发展变化和美国在亚太地区的战略收缩,韩国海军必须肩负起保护本国海洋权益和海上交通运输线的重任。为此,要将防御型海军建设成攻击型海军,由近海型向远洋型转变。韩国防部计划在1998～2000年投资6000亿韩元扩建济州海军基地,并在此组建直属海军作战司令部的海军战略司令部。与此相适应,韩国空军的任务也由国土防空扩大到了近海及远海防空,与海军一道担负起保护海上经济区和海上通道的责任。

*在继续加强以首都为中心的地面部署的同时,不断加强海、空部署。*冷战期间,韩军战略部署主要以首都和前沿地区为重点,对空和对海兵力部署则相对薄弱。随着军事战略的转变,韩军逐步调整其战略部署。在地面部署方面,韩军强调要"在前线拦截和击退敌人的进攻,在战争初期给敌人以沉重打击"。为此,在军事分界线附近地区部署了重兵集团,构筑了坚固阵地,并把对汉城的防御放在首要位置,还建立了军民一体的整体防御态势,以形成国家综合防御力量。与此同时,不断加强海、空防御力量部署。韩国要求继续加强在军事分界线附近的海上力量,以提高对海上突发事件的快速反应和紧急出动能力;逐步加强西海海域及沿岸地区的军事部署,将海上防御重点由东海(日本海)转向西海(黄海);计划在济州海军基地部署数十艘驱逐舰和护卫舰,以及美制P—3C型反潜巡逻机,以加强对朝鲜海峡的控制。韩国已建立可覆盖整个联合作战区域的防空识别区和防空区,其空中战斗侦察机、紧急待命飞机以及防空炮兵实行24小时值班,可迅速对入侵的敌机进行识别和拦截。该系统还可遂行空中交通管制等任务。

*由以陆军为主的人力密集型结构向陆海空三军协调发展的技术密集型结构转变,重点加强海、空军。*冷

战时期，韩军一直着重应付地面作战行动，因此陆军比较庞大，而海空军则相对弱小。随着"自主国防"战略目标的确立，韩国提出要建设一支能够发挥综合战斗力的现代化军队，军队体制由人力密集型向陆、海、空三军协调发展的技术密集型结构转变。为此，韩军采取了一系列措施：一是增加国防预算。近几年来，韩国不断增加国防预算，目前在东亚地区已仅次于日本，居第2位。1995年其国防预算比上年增加9.9%，总额达11.07万亿韩元，占国家预算的22.1%。并计划今后6年中国防预算平均每年递增13.9%，到2001年达23万亿韩元。二是加强作战指挥系统的建设。由于长期以来韩军在作战指挥方面依附于韩美联合司令部，无需建立独立的作战指挥系统。随着平时作战指挥权的收回，韩军亟需建立与其作战任务相适应的自主作战指挥系统。韩军于1995年基本完成了对其领率机构的改组，基本理顺了指挥关系，提高了作战指挥的效率。三是强调三军协调发展，重点加强海空军建设。为加强海空军建设、使三军协调发展，韩军采取了3项措施：第一、在军费上逐步向海空军倾斜。1992年以前，海空军军费只占整个国防预算的50%，此后，逐年递增，1995年已达60%以上。第二、调整三军兵力结构，扩充海空军实力。韩国计划到1997年之前，将陆军由54万人减至53万人，海军由6万人增至6.5万人，空军由5.5万人增至5.9万人。第三、优先发展海空军武器装备。近年来韩国逐步更新和改进海空军武器装备，并计划进一步增加投入，争取到下世纪初把海、空建设成为现代化的高技术军种。

*继续巩固韩美军事同盟，同时加强与其他国家的军事合作。*韩国认为，韩美军事同盟仍是韩国未来防御战略的核心，应继续巩固，以争取美国在战时加大对韩国的应急支援力度，弥补因收回平时作战指挥权及将来收回战时作战指挥权可能造成的战斗力空白。在韩国的要求下，美方最近调整了对韩国的应急支援方案，其基本内容是：一旦发现北朝鲜的异常军事行动，美国将立刻向韩国派出由美驻太平洋地区数百架作战飞机、航母编队和相应规模的地面部队组成的快速部署部队，并于事发后72小时内部署完毕，以及开战初期以海空军为主、尔后逐步补充陆军和海军陆战队的快速增援部队。调整后的美方快速部署部队和增援部队的总体规模是：地面部队50余万、作战舰艇200余艘、作战飞机2000余架。与原方案的规模相比有明显的扩大。与此同时，积极开展与其他国家的军事合作。近年来，韩国通过各种渠道拓展了与俄罗斯、西欧、东南亚、印度、巴基斯坦等国的军事交往，并计划进一步加强与西欧和俄罗斯等国的军事技术合作，获取先进军事技术的转让权，以逐步摆脱美国对韩国先进技术转让的严密控制。此外，还通过高层军事领导人的接触、舰船互访、互派留学进修人员、出售武器装备等手段，努力扩大韩国在亚洲的军事影响力，争取在东北亚乃至亚太地区的安全事务中发挥更重要的作用。（陈建民、葛立德《韩国军事战略的调整》，《外国军事学术》1995年第12期）

蒙古军事战略思想发生转变 有作者提出，随着原苏军的撤离，蒙古由依赖原苏联来确定其军事战略思想，转变为独立考虑其自身的战略利益及安全环境。1993～1994年，蒙古大呼拉尔先后审议通过了《蒙古国安全战略构想》、《蒙古国军事学说》。从此，其军事战略思想发生了转变。

*对安全环境的估计上，认为发生世界和地区性战争、民族和边境武装冲突的危险依然存在。*蒙古新军事战略对安全环境作了重新考虑，认为，一方面，世界大国间的信任与合作关系已经形成，核战争及世界性大战的可能性大大减少。另一方面，引发危机和冲突的因素依然存在：地区性大国增多，极端民族主义和反动宗教思想的盛行，可能引发较深的矛盾冲突；全球性经济合作的开展，有助于推动各国关系的发展，也可能引发新的经济冲突；亚太地区的某些国家仍在奉行加强武装力量的政策，军事工业发展迅速，军费开支不断增长；在世界范围内，亚太地区共同安全架构尚未形成，发生世界和地区性战争、民族纠纷、边境武装冲突的危险性依然存在。上述因素都对蒙古安全构成了直接或间接的威胁。

*国防建设上，提出"建立防卫综合体系"，并将政治外交列为维护国家利益和安全的首要手段。*蒙军认为，现实 的任务是建立新的"防卫综合体系"，该体系主要由国防决策体系、武装力量体系、经济后备体系、领土国防利用体系等部分组成，核心是建立一个以职业化军队为骨干、以地方防御力量为配合的国防体系。并将利用政治外交手段维护国家利益和安全视为国防建设的一部分。为此，制定了以下政策：解决争端不使用武力威胁，对以武力和侵略产生的结果坚决不予承认；在任何情况下不向他国首先使用武力和实施军事威胁；除非本国被侵略，不参与战争和冲突，根据联合国章程派遣观察员，支持联合国的各项工作；除蒙古国独立主权遭到军事侵略或事实证明已遭到威胁外，不加入任何军事联盟；不允许外国军队渗透本国国土、驻防和经过蒙古国土。在受到外来政治、经济、社会、宗教干涉和边境冲突、军事威胁时，为保卫国家独立主权和领土完

整，蒙将动员全国军民共同保卫国家，必要时根据联合国宪章，要求其他国家或国际组织给予援助。

建军方针上，主张以国家整体发展的水平来确定武装力量建设的基本架构。蒙提出，要根据其目前的国防需要及经济条件，建立一支精干的高度职业化的武装力量，该武装力量包括以下几大部分：(1)一般任务部队。它是武装力量的基础，其任务是，和平时期负责军事训练，建立储备骨干，保管武器、装备、物资，在动员的情况下组织扩编、训练等。(2)国土防空部队。其任务是在平时和战时保障国家领空不受侵犯，保卫国家经济、政治中心和其他重要地区。(3)建筑部队。平时执行建筑任务，在需要时根据动员令随时准备执行上级下达的任务。(4)民防部队。其任务是在遭受大规模杀伤性武器的损害、袭击，人员大量伤亡及财产大量损失，或出现涉及面广泛的自然灾害、重大生产事故等情况时，执行救护任务。(5)动员预备力量。由军事预备役公民组成，根据动员令执行扩编武装力量、战时补充战斗减员的任务。(6)边防部队。其任务是平时执行保卫国家边境及边境管理的任务；战时执行边境防卫、抵御边境武装入侵等任务。(7)内卫部队。其任务是平时和特殊时期执行保卫国家特殊重要目标和法定的其他任务。

作战指导思想上，确立了"有限独立防卫"的指导思想。近年来，蒙军逐步确定了"有限独立防卫"的作战指导思想，即准备在未来战争中依靠自身力量进行有限规模的独立防御作战，以保卫国家利益和安全、反对外来军事干涉和侵略。并依据新通过的《蒙古国军事学说》将以下情况视为侵略行径：任何国家军事力量侵入蒙古领土；从境外对蒙进行军事打击；对蒙武装力量的设施和部队分队进行攻击；外国军事力量在蒙驻扎和过境时违反蒙法律；任何国家和地区以侵略他国为目的长期或暂时使用蒙古国领土；任何国家将武装人员派入蒙境内，挑起混乱，进行掠夺、破坏、屠杀等活动。

兵力部署上，形成了"南北兼顾，重点防南"的部署态势。80年代前，蒙军一直推行"防南"战略，将主要兵力部署在蒙境中南部地区。近年来，蒙对其"防南"战略进行了修正，并对其兵力部署进行了调整，将30%的雷达连及仅有的2个防空火箭团部署在蒙中部地区，加强了首都及铁路线附近的要地防空。先后在北部边境改编、组建了边防团，部署了防空雷达连，加强了对北部边境的防御。经一系列的调整，基本态势虽仍是"南重北轻"，但形成了"南北兼顾，以南为主"的战略态势。

战争动员体制上，提出"寓兵于民"的方针。为解决有效的"独立防御"与蒙"小而精"的建军方针的矛盾，蒙对国家战争动员体制进行了改革，将一般部队改编为动员部队，削减了部队成员，保留了部队的指挥体制和武器、装备、物资储备。同时，为保证预备役人员的训练质量，除定期进行培训外，每年春季都要举行一次战争动员演习。此外，还在边境地区建立了以军为主、以民为辅的军民联防体制。在1993年底通过的《边防法》中，明确规定了边境居民参与边防的任务。迄今蒙已初步形成了战备部队、一般部队、动员部队和预备役相结合的新型战争动员体制，走上了"寓兵于民"之路。(江宗盟《近年来蒙军战略思想的转变》，《外国军事学术》1995年第8期)

(夏礼伯)

东盟调整安全战略　东盟自1967年成立，就把联合抵御外来威胁作为最根本的安全目标。但冷战时期，东盟在政治上倒向西方，在安全上依赖美国，联盟本身在安全领域并未发挥多大作用。冷战结束后，东盟不仅加快了政治、经济一体化步伐，在安全问题上也提出了一系列新政策，采取了许多新举措，逐步形成了独具特色、较为自主的安全战略。

东盟安全战略调整的背景。这主要体现在以下几个方面：(1)冷战结束使东南亚的安全形势发生重大变化。俄罗斯对东南亚的影响大大削弱。柬埔寨问题获得政治解决，东盟与印支的对抗消失。美军撤出菲律宾，使美国在东南亚不再拥有正式的军事基地。大国安全保护伞的作用降低，东盟国家维护自身安全的问题逐步突出出来。东盟国家担心美俄在东南亚的力量收缩会留下"力量真空"，为新的地区性大国抬头和进行扩张造成可乘之机。(2)东盟国家综合经济实力的不断增强，促进了东盟在国际事务中的自主倾向，为东盟在安全事务中发挥积极作用奠定了基础。(3)冷战结束使国际政治与安全斗争中意识形态的作用与影响相对减弱，地缘战略因素的重要性迅速上升。随着东盟经济一体化进程的加快，集体安全思想和综合安全思想被东盟国家普遍接受。集体安全强调有关国家共同努力，通过健全的组织和有关条约的法律规定承担义务，为保障安全与正义进行合作。而综合安全则将安全的外延扩大到政治、经济和社会文化等领域，因此更加强调依靠非军事手段维护国家和地区安全。亚太安全形势特别是东南亚安全格局的变化，东盟内部经济的发展和安全观念的转变，使东盟调整安全战略成为客观需要。

东盟安全战略调整的主要内容。东盟安全战略调整的内容包括：奉行"大国平衡"政策。第一，随着美军从菲律宾撤出，东盟对美国在安全方面的依赖逐步减少,但出于对该地区其他大国的忧虑,东盟在军事安全上仍不能完全摆脱对美国的依赖。因此,东盟国家仍主张美军事力量继续留驻东南亚,以期美国在该地区继续发挥力量“平衡器”的作用。第二,由于历史原因,东盟对日本近年来突破“和平宪法”的限制向海外派兵,并力图主宰亚太事务等举动保持高度警惕。但出于对自身安全和经济发展的考虑,多数成员国又表示理解日本争当政治大国的愿望,希望日本能够在本地区发挥更大的、建设性的作用,以平衡美国和中国的影响。第三,东盟在许多国际问题上,以及在维护自身独立与保护东方文化与价值观等方面与中国有着相同或相近的观点和立场,需要借助中国的力量与西方大国抗衡。因此,近年来,东盟十分重视发展与中国的关系,支持中国为维护亚太地区的和平与稳定发挥重要作用。但随着中国经济实力的增长,以及中国与东盟一些国家在南海问题上存在争议,东盟国家对中国也存有疑虑。第四,俄罗斯作为前苏联的继承国在亚太地区的地位和影响目前尚十分有限,但东盟仍视俄罗斯为亚太地区不可或缺的大国,重视同俄发展政治、经济关系,希望俄在东南亚政治、安全事务上发挥积极作用,以维护亚太地区大国间的战略平衡。此外,东盟还一直注重保持和发展同欧洲联盟的关系。东盟的这种“大国平衡”政策,大大拓展了自身在大国间游刃周旋的余地,从而提高了东盟自身的安全系数。

倡导东盟地区论坛,努力构筑以东盟为主导的亚太地区多边安全合作机制。冷战的结束既使东盟失去了大国的保护伞,也为东盟实行自主独立的安全战略提供了历史机遇。东盟认识到,亚太地区大国力量交汇,相互牵制,没有任何一方能独自称霸,东盟正好可以利用这种格局来构筑符合自身利益的地区安全机制。东盟寻求的是一种既能抵御大国威胁,又能使自己掌握主导权的地区安全机制。经过数年努力已建立起的“东盟地区论坛”,迄今已召开了3届会议,成员包括东南亚10国和美、中、日、俄、澳、欧盟等共19方。它是冷战后国际上首次出现的专门讨论安全问题的多边论坛,因而备受国际社会瞩目。东盟声称设立地区论坛的主要目的是在亚太地区开展“预防性外交”和建立相互信任关系,这反映了小国对地区潜在冲突的担忧和对邻近大国的疑虑。东盟更长远的战略考虑是使自身在未来的亚太安全机制中充当核心。东盟地区论坛目前涉及的安全问题已远远超出了东南亚,不仅涵盖整个亚太地区,而且涉及全球“热点”问题。东盟坚持以“东南亚和平友好条约”为亚太地区多边安全合作的基础,规定“论坛”只能在东盟各国首都轮流召开,“论坛”召开的时间与一年一度的东盟部长会议紧密衔接,等等。这些举措已使亚太地区安全合作出现了所谓“小国领导大国的”倾向。

在加速东盟国家军队现代化建设的同时,加强区域内军事合作,提高集体防御能力。近年来,东盟国家纷纷将原来的战略重点由“安内”转向“防外”,加紧扩充军备,以填补因美军收缩造成的力量“真空”。同时,针对东盟国家大都为岛国或濒海国,海岸线长、陆地纵深浅,且与周边国家存在领土、领海争议等特点,东盟各国都确立了“近海防御”的战略指导思想,把防御的重点由陆地逐步转向海洋,把控制海洋、扩大海上战略防御纵深作为重要的战略目标,把保卫沿海经济目标、扼守海上交通要道和维护海洋权益作为军队的首要任务。为适应作战指导思想的变化,各国军队建设的重点也开始由陆军转向海、空军,积极更新武器装备,不断提高三军协同作战能力和快速反应能力。东盟各国在立足独立防御的同时,更加重视“地区集体防御力量”的作用,加强了东盟内部以及与美国和“5国联防”成员国的军事合作。成员国之间双边与多边军事演习日益频繁,军事合作范围不断扩大。通过这些双边、多边军事合作,东盟国家的防务能力逐步得到提高。

加快经济合作与联盟扩大的步伐。近年来,东盟各国认识到加强经济合作的重要性,经济合作步伐逐步加快。继1992年东盟自由贸易区计划实施之后,1995年12月第5届东盟首脑会议又决定在2003年之前实现东盟自由贸易区的目标,从而使东盟经济一体化驶入快车道。同时,东盟也加快了建立“大东盟”的步伐。1995年7月,东盟正式接纳越南为东盟成员国。不久又确定将在近年内将柬埔寨、老挝和缅甸纳入东盟。

东盟实施新安全战略的影响。东盟奉行较为独立自主的新安全战略,有利于东盟作为亚太地区的一极在本地区发挥更大的作用,有利于亚太地区的稳定与发展。90年代以来,东盟在解决地区热点、推动地区安全合作等方面的积极举措使东盟在国际舞台上树立了崭新的形象。现在东盟已成为亚太地区大国处理地区事务必须考虑的重要因素之一。随着东盟内部安全机制的逐渐完善,东盟将成为本地区一种新的制衡力量。今后,东盟将更加积极主动地参与亚太地区的安全事务,利用它在本地区的地缘优势,与亚太大国进行双边或多边安全对话,巧妙运用大国之间的意见分歧来提高自身的安全系数,并以扩大“东盟地区论坛”为契机,把更多的国际势力纳入其安全框架内,以达成对大国进行牵制的目的。东盟对大国的依赖程度将逐步下降,在国际事务中将表现得更加独立自主。面对来自大国

的压力，东盟的态度将更加强硬。(任向群，《外国军事学术》1996 年第 12 期)

(襄 阌)

英国提出新安全战略 为适应世界形势和北约作战理论的变化，以及部队结构的调整，英国提出“积极应变”的新安全战略构想。

*英国安全战略调整的依据和目标。*英国安全战略调整的主要依据是对安全环境和威胁来源的重新认识。英国认为，由于冷战结束、欧洲安全环境已大为改善，来自东方大规模突然袭击的威胁基本上不复存在。但北约国家依然面临着安全威胁：一是地区不稳定因素，包括由民族和边界问题所引发的局部战争和武装冲突，如前南斯拉夫地区的冲突；二是前华约地区以及世界范围内核生化等大规模毁伤武器及先进常规武器扩散或失控而导致的威胁；三是俄罗斯以及其他东欧国家极权主义复活并推行扩张主义而造成的威胁。此外，英国国内的北爱尔兰问题也是严重影响英国安全稳定的一大隐患。可见，冷战后北约国家所面临威胁的强度有所降低，但范围却显著扩大。为作好与威胁性质及规模相适应的军事准备，英国确定了如下安全目标：与北约一道预防俄罗斯可能重新集结兵力向西欧发动进攻，即保持“反集结”能力，确保欧洲地区的安全；确保在北约内部和周边地区进行军事干涉的能力，维护欧洲地区以及欧洲周边地区的稳定；独立保卫英国的海外利益，维护英国的国际地位。

*英国新安全战略的主要内容。*新战略主要内容可概括为以下 3 方面：(一)继续参加北约集体防务建设，通过对北约做出特殊贡献来扩大英国在欧洲及世界的影响。通过联盟维护本国安全是英国对外政策的传统。冷战结束后，英国仍把维系北约和欧洲的集体安全机制作为英国防务的重要基础。在美国大幅度减少驻欧部队和美欧防务关系趋于松散的情况下，为避免欧洲各国退回到国家防务的道路上去，英国积极支持北约维持和扩大现有作用，重申对北约的义务，并为此做出了实质性的贡献。英国是北约盟国中对北约三位一体的打击力量(常规、地区核武器、战略核武器)均作出贡献的国家之一，并对北约承担着提供战略和战术核力量、保卫美军增援欧洲大陆的前进基地、保卫欧洲大陆和负责东大西洋和英吉利海峡的四项义务。同时英国积极支持北约快速机动部队的建设，这包括将驻德的第 1 装甲师长期提供给北约盟军联合司令部使用，并将本土的第 3 师和第 24 空中机动旅做为北约的战略机动力量。此外，英国还为北约的大西洋总部提供海上机动力量。通过上述做法，英国确实加强了对北约防务的发言权，同时也增强了保卫本国安全的能力。可见，英国继续支持和依靠北约的目的是谋求在冷战后的欧洲地区发挥主导作用，更有效地维护其国家安全和“地区大国”的地位。

(二)保持独立的海外干涉能力，维护和扩大英国的全球利益。英国在较长一段历史时期曾对国际事务具有举足轻重的影响。然而，由于国力的衰落，英国不得不实行战略收缩，集中主要力量用于欧洲大陆的防务。但是，英国的海外利益犹存，因此它始终未放弃在北约地区以外独立行动的能力。马岛(福克兰群岛)战争和冷战的结束在英国国内重新引起了“大陆战略”还是“海洋战略”的争论。争论结果认为，英国是与美国有着特殊关系的欧洲大国，是联系欧洲与美国的地理桥梁；英国还是联合国安理会的常任理事国，是英联邦的领导者；由于历史的原因，英国至今还在全球范围内保留着一些海外领地；英国舰队不定期地驶往太平洋和印度洋，并在伯利兹、塞浦路斯、马尔维纳斯和香港驻有地面和空中部队。这些特殊情况决定了英国不仅是一个地区大国，而且是一个“有着全球观念的地区大国”。正因如此，1993 年英国防务白皮书将“保持英国及其属地的自由和领土完整，保持英国在本土和海外追求合法利益和从事合法活动的能力”，列为英国冷战后国家安全政策的目标，明确提出要保持“全面、平衡的军事力量”。以便具有在欧洲大陆和全球范围内进行军事干涉的能力，为其发挥全球性影响奠定实力基础。在核武器领域，英国坚持拥有半独立的核力量。在海军建设上，英国重视发展远洋机动作战能力。英国的快速反应部队不仅准备在北约和联合国的指挥下参与多国联合军事行动，而且随时准备独立执行海外任务，维护英国的海外利益。

(三)为适应新形势下安全战略的需要，采取坚决措施，在战略上实现 3 个转变。一是削减防务预算。根据对世界形势、以及欧洲与英国安全形势的判断，英国防部于 1990 年正式出台了名为“灵活应变”的防务政策，宣布从 1990～1991 财年到 1995～1996 财年，防务预算削减 12%，使其占国内生产总值的比例降到 3.2%。1997～1998 年的防务预算按不变价格计算比 1991～1992 财年再减少 40%。二是压缩现役兵力规模。1994 年，英军现役总兵力从 30.09 万人减至 27.48 万人，文职人员也从 14.02 万人减至 12.92 万人。在此基础上，此后两年其现役兵力又裁减约 12%。三是改组部队结构。为适应 90 年代北约部队快速反应、迅速扩编和高度机动的特点，以及既可执行“反集结”任务、又可执行小规模作战任务的要求，英国近年来撤消了原第3、第4装甲师和第2步兵师，将驻德国的莱茵部队从原来的5.6万人减至2.3万人，将驻德空军的作战中队由原来的15个减至7个。与此同时，英军在本土组建了第3师和第24空中机动旅，作为战略储备力量，随时准备在本国或北约指挥下执行机动作战任务。四是更新武器装备。为使军队在压缩现役兵力规模的同时，保持和提高战斗力，英国积极为其三军发展新式武器装备，淘汰旧装备。英国海军决定对其舰载设备及舰载机进行改进，以提高舰载航空兵的快速机动打击能力和两栖攻击能力。英陆军将淘汰和削减“挑战者”和“酋长”式坦克，加快“挑战者”Ⅱ型主战坦克的装备速度。空军将改装现役战斗机，并与其它欧洲国家共同研制2000型欧洲战斗机。通过采取上述措施，英军已实现了战略上的三个转变：即从防止苏联大规模入侵向应付多种不确定威胁的转变，从“前沿防御”向“机动防御”的转变，从数量建军向质量建军的转变，从而逐步提高了英军处理各种危机和应付突发事件的快速反应能力。(初源盛《英国安全战略的新发展》,《外国军事学术》1995年第12期)

(夏礼伯)

法国对国家安全战略作重大调整 有的作者撰文称，希拉克于1995年5月当选总统后，相继采取了一系列措施，对法国安全战略进行较大幅度的调整。

确立国家安全战略新观念。 在竞选之初，希拉克就同幕僚一起筹划法国未来的安全战略，以使其适应冷战后的新形势。当选后，他便不失时机地推进这一进程，并确立了如下安全战略新观念：

强调确保政治大国地位。冷战结束后，世界各种力量对比和组合发生重大变化，法国的国际地位和威望因活动空间缩小而受到一定程度的削弱，从而使其很难在世界格局和欧洲一体化进程中发挥主导作用。为此，希拉克主张要利用过渡时期世界格局不断变化的时机，进行一次彻底的“安全战略革命”，以保证法国在新的国际战略格局中拥有重要的一席。

强调建设过硬而有效的武装力量。法新政府在对国家安全的威胁重新作出评估后认为：新形势下国家安全面临的现实和潜在威胁已不仅仅涉及到国家边界，还集中表现为边界、种族或宗教冲突。为保证国家安全，需在确保战略核威慑的前提下，建立一支高度机动、装备精良、训练有素、既能承担人道主义救援，又能采取维和行动的武装力量。

强调欧洲安全机制保持稳定和高效的重要性。着眼冷战后欧洲安全形势出现的一系列变化、以及可能面临的“冷和平”威胁，重申将以欧洲联盟、大西洋联盟和扩大了的欧洲安全组织为支柱，并通过与本地区国家和有关国家的密切配合，尽早“结束欧洲防务软弱无力”的状况。明确表示法国将在这一进程中“扮演中心角色”。

建设现代化、职业化的武装力量。希拉克政府强调，海湾战争的经验表明，法国要继续保持政治大国地位，就必须建立一支与之相称的现代化、职业化的武装力量。为此，希拉克总统1996年2月宣布了建设职业化武装力量的6年改革计划。届时，法武装力量将突出体现以下特征：(1)机动化。现在52万人的军队将减至35万人；现有的124个团将缩编至83～85个团。机构臃肿、行动迟缓等弊病将有较大改观。部队遂行机动和快速反应的能力将得到较大提高，可在任何情况下把5～6万人的部队投送到任何地区执行任务。(2)高技术化。重点依靠自身军工系统，加快武器装备的更新速度，逐步实现武器装备的高技术化。现已实施中的主要有：比“幻影”更先进的“旋风”战斗机、新一代核潜艇、“勒克莱尔”新式主战坦克、与德合作生产的“虎”式和“HN-90”直升机等。与此同时，还将利用武装力量改革每年节约下来的经费(每年近30亿美元)，采购急需的军事装备。近期的重点是：快速机动部队所需的坦克、装甲输送车、战斗直升机、运输机及通信、电子对抗、精确制导系统等。(3)职业化。主要目标是，从现在起到2002年，要逐步建立一支约35万人的职业化军队，并把核力量局限在海、空军两个军种。主要任务是：集中力量推进陆军的职业化进程。主要措施有：改革并取消现行的征兵制，改由青年志愿报名入伍。

谋求作重整欧洲防务的“领路人”。希拉克政府认为，德国统一、冷战结束、苏联解体、波黑战争、北约东扩等一系列事件的发生，不仅改变了欧洲的军事政治格局，而且使得该地区的安全形势更令人“忧心忡忡”。对此，希拉克总统表示，“必须建立新的可靠的欧洲安全机制”,“法国必须作担起此项重任的‘领路人’”。其主要做法：一是主张建立欧洲人的防务。法国带头抵制美国在冷战后继续统领欧洲的野心，公开表示北大西洋联盟没有领袖，法准备在该联盟内占据自己应有的位置，并迅速向波黑冲突地区派出快速反应部队，与美争夺主导权；倡导发挥西欧联盟、欧安组织、扩大了的北约的重要作用，认为欧洲人完全可利用这“3大支柱”的相互协调，来提高处理本地区危机的能力；在认可美国继续对欧洲安全发挥作用的同时，强调欧洲安全事务在“必要时”才有美国参加，要求美国今后在欧洲安全事务中应严格按“规则”办事。二是通过重返北约组织掌握北约革新的主导权。1995年12月，法重返经过革新的北约之后，相继提出了一系列重整欧洲防务的设想，并取得积极进展：首先，说服北约成员国，共同出谋划策推动北约改革。其次，力主北约改革应突出“欧洲特性”，即当危机来临时欧洲可以动用北约及其成员国的军事力量，从而大大增强欧洲应付各种危机的能力。这一目标最近已取得美国的同意。再次，由于法率先改革军队模式、制定军事计划及相关法规的影响，欧盟国家现已开始建立各种双边和多边联合军队，体现出减少对美依赖性的趋向。三是强调慎重处理欧洲安全中的“俄罗斯因素”。近两年来，针对俄罗斯与北约在“北约东扩”问题上的争议及紧张形势，希拉克政府提出独具特色的建设性主张：认为俄罗斯是欧洲大家庭内一个重要成员，无论现在还是将来，都不能也无法将其排斥在欧洲安全之外，对俄罗斯采取任何方式的遏制与排斥，都将使欧洲安全机制失去根本保障；主张北约东扩的时机、速度和方法应适当，使俄罗斯充分理解并确信扩大后的北约不会对其安全构成现实或潜在的威胁；促进北约与俄罗斯的交流与合作。在政治上，表示理解俄罗斯反对“北约东扩”的立场，支持俄罗斯在扩大了的欧洲安全组织中找到“自己的位置”。在军事上，与德、英等国合作，实现了俄加入波黑北约多国维和部队，并确定了北约 16 国大使与俄罗斯驻北约大使的定期磋商机制等。四是以推动北约改革为契机，实现欧洲对其南翼部队的指挥权。希拉克表示，法国之所以重新全面参与北约的军事事务，就是为了进一步促进欧洲在军事上的“自立性”。主张欧洲应协调一致地接过一直由美国统领的北约南欧盟军司令部的指挥权。

奉行稳固的核威慑政策。针对冷战后美国在世界战略格局和欧洲安全形势中的作用和影响，希拉克政府公开表示，法“不接受”美国主宰下的单极世界，为此主张必须以稳固的核威慑来保证新形势下法国的战略地位。(1)重申不放弃核威慑承诺。重申法国如果失去了核威慑优势，就等于失去了世界大国地位和在欧洲安全机制内的中流砥柱作用；因此，法国将以有限的核试验来确保核力量的安全有效。(2)重新恢复核试验。为适应“世界变化的快速度”，希拉克总统当选后，于 1995 年 6 月 13 日宣布恢复中断了 3 年的核试验，到 1996 年年初共进行了 6 次核试验；同时，为进一步掌握核爆炸技术，决定用 10 年时间建造一座热核试验模拟装置。(3)更新核武器装备。法国目前的核威慑力量主要由战略潜艇、战略空军和阿尔比昂高原的导弹基地 3 部分组成。法政府已计划战略潜艇将由 4 艘新一代核潜艇取代，其中第 1 艘“凯旋”号年内将服役。战略空军已于 1996 年 7 月全部换装成“幻影”2000N。(4)推动欧洲范围内的“协调核威慑”。希拉克强调法国重振核威慑力量并不是要单方面强调绝对的核威慑，而是要推动在欧洲范围内实现“协调核威慑”，以确保欧洲安全机制的稳固和持久；并在核信任的问题上，表现出较为务实的态度，表示将结束单干的做法，支持完全禁止核试验。在核军工问题上主动与一些国家进行协调交流，目前已同德、英两国达成部分共识。

维护在非洲大陆的既得“战略利益”。面对美国对法在非洲大陆的传统利益优势的挑战，希拉克政府采取了一系列斗争策略：一是经济利益承诺。法经济部长称，将继续推进非洲“法郎模范区”的发展势头，并削减这些国家 80% 的债务，以使其贫困化得以有效缓解。二是战略安全承诺。希拉克政府重申，欧洲人考虑应付的是非洲中长期的安全利益，而不是立即发生的危机，更不会干预非洲某国的内政。为此，近两年来，法一直与英国及欧洲联盟进行磋商与协调，设法组建一支应付非洲危机的部队。三是驳斥美国的企图。法国认为，美国的一贯作法表明，他根本不重视非洲的发展，如近几年美国对这一地区 47 个国家的援助仅为 6.3 亿美元，只相当于给以色列援助的 1/5。法国明确表示，反对美国组建和部署一支全非危机反应部队的计划，主张非洲的任何危机都应通过非统组织和联合国采取的多边办法来解决。(李明家，《外国军事学术》1996 年第 12 期)

(襄　阂)

北约调整战略　1995～1996 年，北约的战略调整主要涉及北约的波黑政策和北约的改革两个方面。有人说 1996 年是北约内部改革的“关键年”。对北约“新一轮”改革的内容，大体上有广义和狭义两种理解：前者一般认为北约改革包括北约东扩、北约与俄罗斯建立特殊安全关系、以及北约内部欧美关系的重新定位；后者(即狭义)则主要指北约的内部改革(含欧美关系调整与内部结构改革)。(阮厚才《北约权力再分配》，《人民日报》1996 年 12 月 22 日；杨志清《谈北约的改革战略》，《光明日报》1996 年 12 月 20 日)

北约在挫折中调整波黑政策，波黑战事的停息加强了美国和北约的地位。　对于北约的波黑政策，舆论界认为：(1)1995 年年中以前北约的波黑计划受挫的原因。北约起初主要是以联合国的“武装工具”的角色参与解决波黑问题的。曾执行了联合国对南斯拉夫的禁运、波黑的维和和多次空袭行动。但是，由于波黑冲突各方的矛盾极其尖锐复杂；各有关大国基于己方利益，各自的波黑政策日趋分化甚至对立，作为北约之首

的美国，因怕陷入泥潭而不愿过多卷入；北约干预部队因指挥权受“双钥匙”（联合国与北约）的约束而行动受到限制。因此，尽管国际社会多方努力，但波黑冲突未有根本转机。（2）北约调整波黑政策，美国攫取解决波黑问题的主导权。北约解决波黑问题的计划受挫，使人们对北约的存在价值受到质疑。与此同时，美国政府在波黑问题上的立场在国内也受到诸多批评。在此情况下，北约外长会议确定，要在明确波黑冲突只能政治解决的前提下，加强对波黑塞族的军事压力，并争取俄罗斯和南联盟的外交配合；同时，美为控制欧洲安全的主导权，于1995年中开始改变立场，表示愿向维和部队提供后勤及空中运输支援，必要时可以向波黑派遣武装突击队，进而取代了欧盟的前南问题协调人和联合国代表，夺取了解决波黑冲突的主导权，并推动北约在进行国际政治调解的同时，实现以炸逼和的政策。在美国和北约的干预下，波黑终于开始从战争走向和平。（3）北约的波黑行动的意义及影响。开创了在北约防区以外采取军事行动的先例；首次邀请非北约国家（已达到25个）帮助北约维和；创造了美俄两军合作的新经验；由美德法俄英组成的联络小组实际上成为协调行动的理事会，是一个具有生命力的新机制。北约在波黑军事行动的胜利为北约挽回了面子，加强了北约在欧洲安全中的地位，也显示了美国今天在欧洲安全中仍然起着主导作用；但是，北约在美国操纵下采取“大棒加胡萝卜”战略的做法，开了一个地区防务组织利用联合国的所谓授权对其防务区外的一个弱小民族滥用武力的恶劣先例，这种强权行为是对国际关系准则的严重践踏。（张耀《波黑局势的最新演变》，《国际展望》1995年第16期；李文政《美夺取解决波黑问题主导权》，《人民日报》1995年9月28日）

*坚持北约扩大战略，重视在北约扩大和对俄关系中寻求平衡。*北约的扩大包括东扩和南下两部分。

关于北约提出东扩战略的背景和意图。专家认为，北约东扩是北约根本的战略目标。随着两极体制的崩溃，欧洲力量对比发生了有利于西方的变化；同时欧洲出现安全真空；东欧爆发了危机冲突，形成了威胁欧洲和平的新热点；俄罗斯国内政治、社会状况不稳，其对外政策中民族主义色彩日浓；波、匈、捷等中东欧国家为寻求自身安全保障而期待加入北约。美国正是在这样的情况下借机提出了北约东扩的主张。北约东扩的目的：一是遏制俄罗斯重建势力范围的扩张势头，使中、东欧地区不再成为俄罗斯的战略屏障；二是美国企图使大西洋两岸一度削弱的安全纽带在同一目标之下再度强化，为冷战后美国继续主导欧洲事务奠定基础，并防止德国在欧洲坐大；三是以满足东欧国家的安全要求为名，对之实行“融化”战略，并企图通过“和平伙伴关系”计划，对俄及独联体国家的转轨产生影响；四是面对冷战后欧洲东部的危机、冲突多发局面，在欧洲建立起西方主导的预防、干预和消除危机的机制。归根结底，就是要扩大势力范围，使中东欧甚至独联体国家从政治、经济、军事上完全纳入西方轨道，确立西方、尤其是美国在欧洲事务中的主宰地位。（邹传锋《北约东扩及对欧洲均势的影响》，《世界经济研究》1995年第4期）

北约推行东扩的问题和困难。首先，北约东扩将把西方军事联盟的“前缘阵地”推进到俄家门口，被俄罗斯视为对其战略安全利益的严重威胁和对其大国地位的严重挑战，俄基于其脆弱的地位，态度虽也有时缓时紧的变化，但总体上说是强烈反对和抵制。其次，北约东扩的进展状况还会受制于北约内部关系。对北约东扩问题（包括意图、步骤、方式、范围，甚至必要性），美国与盟国之间、欧洲盟国内部乃至美国国内意见都不尽一致。这些意见分歧与差异，不可避免地会影响到北约东扩的进程。再次，接纳中东欧国家加入北约还有其他的问题和困难。据估计，接纳匈、波、捷、斯洛伐克等4国在2010年前加入北约，所需费用在666亿美元至1250亿美元之间，同时东欧4国也要为“自身安全”支付420亿美元；一些申请国之间还存有民族、边界问题；以及申请国的经济发展、政治稳定、军事改革、武器装备系统达到北约要求需要时间等，这些也将影响北约东扩的速度和范围。（张昌泰《北约东扩的现状和前景》，《瞭望》1996年第32期）

北约调整东扩战略，在东扩与对俄关系中寻求平衡。一些作者认为，实现北约东扩是美国及其西方盟国的既定方针，俄罗斯针对北约东扩采取的反措施不可能动摇北约东扩的决心。但是，北约东扩的目的一方面要使北约成为欧洲安全的核心，另一方面要促进俄罗斯的演变。因此与俄罗斯建立适当的关系是北约战略调整不可回避的问题。主要由于俄罗斯的因素，并考虑到其他困难和阻力，北约不得不在东扩问题上谨慎行事。1995年9月北约被迫调整东扩战略，进一步放慢东扩进程，开始实施“两步走”的东扩计划。第1步只提出研究“为何”和“如何”扩大的问题，不涉及东扩的时间、对象、顺序；对加入北约规定了一系列严格的先决条件，以推迟接纳中、东欧国家加入北约的时间；在接纳方式上强调东扩将与同俄建立特殊关系的努力同时进行。第2步，拟定东扩的具体计划，解决“何时”和“向哪些国家”东扩的问题，但对这一步何时开始并未作出规定。与此同时，一方面，北约通过加强与俄在军事领域的合作（如同意俄加入北约多国维和部队）和争取尽快建立一种双边政治磋商机制，以图从侧面来化解来自俄的阻力；另一方面，通过与申请加入国就东扩问题进行对话磋商、进一步加强和平伙伴关系建设、研究保证北约扩大后仍能有效运作的措施，来为北约东扩进行“审慎和务实”的准备。由于东扩和与俄关系对北约实现其战略目标都有重大意义，北约希望通过上述对东扩战略的调整和对俄的妥协措施，在东扩与同俄关系两者之间寻求平衡。由于俄3年多来所采取的对付北约东扩的措施都不曾使北约东扩的决心发生动摇，而目前俄仍不具备与北约东扩相抗衡的实力和政治影响力。俄对北约东扩问题可能采取的态度和立场是，将继续以激烈反对的言词造成一种声势，迫使北约放慢东扩进程或在涉及欧洲与俄罗斯安全的问题上向俄罗斯作出更多的让步，在尽可能提高要价及俄采取若干应对措施的条件下，与北约形成“既合作，又竞争”的双重关系。（渝钰《北约东扩的前景与发展》。《和平与发展》1995年第3期；怀新《北约为何调整东扩计划》，《国际展望》1995年第21期）

北约东扩的影响。首先，它将加速新的欧洲安全结构的出现。一些作者指出，北约东扩使北约本身将得以保存，并将使得西方在欧洲安全结构中的作用明显增强。另一些作者认为，北约东扩态势与俄表示要采取的应对措施，已使欧洲可能面临新的集团（以美国为首、包括一些东欧国家在内的北约集团，以及以俄为首的由一些独联体国家组成的集团）对峙局面的前景初露端倪。还有作者谈到：北约东扩将在欧洲加速形成分别以北约为中心和俄白哈联盟为中心的两个多层次的集体化安全体系。届时欧洲将出现新的力量均势，欧洲安全结构将是以上述两个安全体系为主体，以欧洲安全合作组织、北大西洋合作委员会、“和平伙伴关系”计划等组织起协调作用，以美、欧、俄等国之间的双边或多边条约为补充的多元、多层次、关系错综复杂的系统。第二，北约东扩将对俄欧、特别是俄美关系产生影响。一些作者指出，俄罗斯与北约东扩的斗争实质上是俄美两国关于欧洲防御与安全体制中有关主导权与平等权之争。北约东扩将使俄重新审视曾经奉行的“亲西方一边倒”的政策及由此形成的不平等伙伴关系，决意重树其大国形象。北约同俄的关系亦将更加紧张，美俄关系将因此进入“冷和平”状态。在一定条件下，也存在“冷和平”演变成“冷战”和激烈的冲突的可能。一些作者认为，由于俄还不具有与西方高强度对抗的实力，双方内部并非紧密一致，冷战后集团的功能主要是保证成员国之间的相互安全、维持集团内部的稳定，俄西矛盾还到不了势不两立的地步，因此北约东扩和俄罗斯建立势力范围的努力至少目前还不能称之为“冷战”。还有一种看法认为，俄与北约既合作又斗争的局面还会保持下去，但事态发展的主导面有可能是在利益冲突中尽量找出汇合点，北约内部欧洲特性的确立和加强也许会有助于进一步减少俄与北约合作的阻力。第三，北约东扩对欧美关系的影响。一种看法认为，俄西关系处“冷和平”状态将会使凝聚力趋弱的美欧关系得到改善。但也有作者认为，随着北约任务的扩大和成员国的增加，欧美之间在权力、责任和利益分配上的分歧将更显突出，北约内部的政策（包括对俄政策）协调和成员国间的团结必然会更加困难。（宋以敏《新北约与俄罗斯》，《和平与发展研究中心》1996年3月27日；杨志清《北约与俄罗斯》，《光明日报》1996年6月8日）

北约南下的问题。此问题曾于1994年9月在北约国防部长会议上提出，1995年2月北约16国作出了同地中海和大西洋沿岸的埃及、摩洛哥、突尼斯、毛里塔尼亚、以色列5国进行直接对话的决定。一些作者指出，提出南下的原因，一是北约认为伊斯兰原教旨主义势力日增，恐怖活动猖獗，一旦利比亚、伊朗等国拥有核、化武器和远程导弹，会使西欧国家的安全受到威胁，因此需要与有关国家增进了解、加强合作；二是北约的南欧国家担心东扩战略将增强德国的力量和削弱本身的地位，而与以色列关系密切的美国希望便于北约与以色列的对话，因而提出或支持南下战略。但由于北约内部对南下战略尚无一致意见，北约也无力同时兼顾东扩与南下，因此南下战略尚处酝酿阶段。（方中霞《北约的新任务与新问题》，《现代国际关系》1995年第10期）

在美欧矛盾中推进北约的内部改革。 关于北约内部改革的背景。一些作者指出，北约改革是由冷战后欧洲面临的新的安全形势决定的。首先是威胁发生了变化，北约的战略重点是预防和解决地区冲突，其主要任务是加强军备控制，实施维和、危机处理和人道救援行动等。这需要北约在战略制定和军事结构上作出重大调整。第二，传统对手消失使北约内部凝聚力下降，欧洲盟国综合国力的上升及在政治、安全事务上独立意识增强，使北约内部对跨大西洋关系进行调整成为必要。第三，美国综合国力相对下降，愿借机减轻对欧洲防务的负担。第四，北约东扩已不可逆转，“和平伙伴关系”计划也将继续实施，为使决策、指挥机构和行动能力之相适应，也是促使北约进行改革的一个主要原因。（郑圆圆、杨汝生《北约内部关系重大调整》，《人民

日报》1996年6月3日）

北约内部改革现状：首先，“欧洲支柱”建设取得突破性进展。1996年6月3日，建立“多国联合特遣部队”的计划已在北约柏林外长会议上获得批准。按照这项计划，北约的欧洲盟国将组建一支约3万人的部队，在美国不参与的情况下，可以借用美国的指挥系统及情报、通信、后勤设施，以执行人道主义任务、撤走侨民、维持和平、“战斗部队为处理危机而从事的任务”，从而使欧洲能利用北约工具而具有“经常性的干预能力”。除批准建立特遣部队之外，北约还决定在欧洲盟军最高司令部专门为欧洲人而设立一个副司令职务，负责指挥“多国联合特遣部队”执行北约防区之外的军事任务，并协调北约与西欧联盟的关系。第二，北约军事指挥结构的改革初见成效。北约原军事指挥机构共有4个层次（分别为盟军最高司令部以及战区、地区、次地区司令部），组织庞大、机构重叠、人员臃肿，很难适应新的安全需要。目前已分别对上述指挥机构的数量进行精减或由各成员国国家军事指挥体制所取代。第三，新一轮改革之前确定的一体化武装力量的改革计划（以“精干、机动、灵活”为指导原则，以削减部队总量、优化部队结构、强调质量建军为主要内容）在继续贯彻执行。对北约内部改革所取得的进展，使欧洲国家将在北约发挥更大作用。但欧洲国家活动的余地仍然有限，西欧联盟从事的军事行动应事先得到北大西洋条约组织理事会的通过，特别是北约的“工具”主要属于美国，没有美国人的同意，什么事也作不成。此外，欧美在南欧军事指挥权上的分歧影响了北约的其他改革，并将对北约的进一步改革、欧美关系乃至欧洲安全格局产生重大影响。（张宝祥《北约南欧指挥权之争》，《人民日报》1996年12月20日）

改革中的问题和阻力：(1)欧美权力之争是改革进程中的最大障碍。改革的实质，具体说来是大西洋两岸在政治、军事权力上的重新分配问题。美向来把北约视为维护其战略利益的工具，当前由于经济实力相对削弱，想在欧洲防务上多卸掉一些包袱，让欧洲承担更多的安全与防务责任，但不放弃对北约的领导权。法国等欧洲盟国则希望通过改革实现防务上的“欧洲化”，最终在北约内建立用以实施欧洲安全防务政策的独立于美国的某种欧洲机制。美欧之间的这一矛盾短期内难于解决。(2)北约改革的另一障碍是欧洲盟国之间互有矛盾。首先是西欧3大国法、德、英对各自在欧洲支柱内的地位和作用看法不同。其次，在坚持美国作用方面，3国分歧明显。再次，欧洲盟国中的其它小国对欧洲安全事务是否将被法德英3国操纵心存疑虑。此外，在西欧联盟与欧盟的关系问题上，欧洲国家也存在意见分歧。(3)同时兼顾旧目标与新任务增加了北约改革的困难。北约组织虽然从过去针对苏联和华约的军事联盟性质的集体防务组织，逐渐转变为不针对任何国家的欧洲安全合作组织，但对俄罗斯转轨前景的担心，使北约目前仍保留着防范前苏联军事威胁的旧有性质、任务以及以美为主对俄进行军事遏制的军事结构、部署；另一方面，北约又把重点放在解决地区冲突和维和行动上，使北约带有了某种欧洲安全组织的色彩。两种任务对指挥结构的要求是不同的，前者要求高度集中统一，后者则要求比较灵活，这就对北约能否同时满足两种要求提出了疑问。（王乃成《北约面临三大挑战》，《世界知识》1995年第20期）

改革的趋势：一些专家认为，欧美双方互有需要，仍将不弃不离；但作为世界格局演变的一部分，美欧关系中美国的控制权将会逐渐削弱，欧盟的力量将进一步增强，它作为多极化格局中重要的一极，将发挥更大的作用；由于欧洲各国用于防务的财力又受主、客观因素的限制，在欧洲要建成由欧美两根支柱平等联合的新北约将是一个长期发展和演变的过程。（《人民日报》编辑部《新变化新矛盾》，1996年8月13日）

改革的影响：首先，通过改革，建立了“执行新使命的北约”，能在冷战后继续存在下去，也使欧洲能够拥有“有效的手段”在更广泛的范围应付未来的危机。第二，使美欧关系在加强北约内部的欧洲成分的新基础上有所缓和，其战略联盟将继续在欧洲和世界事务中发挥作用。第三，将使北约成为“正在出现的基础广泛的合作性欧洲安全结构”的重要部分，北约可能在它进入下个世纪以后的相当长时间里继续充当欧洲大陆的主要安全组织。

（闻中华）

局部战争与武装冲突研究

波黑战争研究　**北约空袭波黑对认识未来战争有许多新启迪**　1995 年 7 月 28 日，萨拉热窝闹市区受到两发炮弹袭击，造成 122 人死伤的重大惨案。据联合国维和部队信息，系波黑塞族用 120 毫米迫击炮所为。此事受到联合国的谴责。8 月 30 日，北约以保护安全区为由，在联合国的同意下，对波黑塞族的军事目标和具有军事意义的少数民用目标进行系统空袭，开始了联合国维和史上规模最大的军事打击行动（被命名为"精选力量行动"）。

用于这次空袭的兵力，有位于意大利空军基地上的美、英、法、意、德、荷等国空军的飞机，和位于亚得里亚海的美国航空母舰（开始 1 艘，后期为 2 艘）和法国航空母舰上的飞机，共 200 余架。首次空袭就出动飞机 60 多架，第 1 天出动 200 余架次。至 9 月 14 日，塞族正式接受联合国和北约的停火综合方案，北约当日宣布空袭暂停 72 小时。至 9 月 17 日，北约鉴于塞族正在履行北约提出的全部条件，在萨拉热窝周围的 300 件重武器已经撤走 150 件，于是又宣布将暂停空袭再延长 72 小时。实际上，这次空袭即告结束。这次空袭，前后持续 14 天，其中进行轰炸 11 天，北约共出动飞机 3400 架次（其中对地面目标攻击 750 架次），系统空袭了塞族 56 个目标（350 个"瞄准点"），1 架"幻影"2000 战斗机（属法国）被击落。这次空袭使塞族 60～70%的防空设施和作战指挥系统被彻底摧毁或陷于瘫痪状态，近 30～40%的弹药库被炸毁，2～5%的重武器遭到破坏，从而削弱了塞军的实力（估计为 1/10），迫使波黑塞族接受了条件，达成了作战目的。

有作者认为，这次空袭作战在高技术的使用上一点也不亚于海湾战争。海湾战争中使用过的高技术武器这次空袭使用了，海湾战争中没有使用的、近年新开发和研制的高技术武器也在这次空袭中"露"了面。可以毫不夸张地说，这次空袭行动的高技术味道更浓，已具有信息时代高技术战争的某些特点。譬如，这次空袭利用地、空、天多层次的高技术侦察手段获取准确的目标信息情报；利用高技术指挥通信手段协调作战行动；利用电子干扰和反辐射等高技术武器装备最大限度地保护自己，同时毁伤敌人的耳目；利用最先进的航空导航、定位系统和精确制导弹药准确轰炸目标，等等。这些技术手段的使用对我们正确认识现代战争的特点，把握未来战争的规律、脉搏又有许多新的启迪。

*未来战争将是以经济实力为基础的综合国力的较量。*古今中外的军事家都十分重视物质因素在战争中的作用。战国时期的商鞅曰："兵不强不可以摧敌，国不富不可以养兵。"墨子亦云："库无备兵，虽有义不能征无义。"恩格斯更是直截了当："军队的全部组织和作战方式以及与之有关的胜负，取决于物质的即经济的条件。"无论是过去还是将来，科学技术发达、经济实力雄厚、武器装备占绝对优势，也就具备了进行战争并最终取得战争胜利的客观基础。以弱胜强固然不乏其例，但"弱肉强食"无疑更具普遍性。

*同时，未来战争又将是一场高技术战争，是一场比精确攻击技术的较量。*未来的武器威力更多地是建立在准确而不是火力的基础上。世界各国将利用最新科学技术成果促使武器装备朝高精度、高速度、大威力、无人化、自动化和灵活机动的方向发展，并将最新式的高技术武器装备广泛应用在战争实践中。近年来西方各国一方面加紧研制各种新式精确制导武器，一方面对原有的普通航空弹药加装精确制导装置，同时大力发展各种侦察装备和定位仪器，目的就是使打击兵器更为精确，进攻更加有效。可见军事技术在现代和未来战争中的作用将比以往更加突出，已成为构成军队战斗力的决定因素之一，也是决定战争胜负的重要因素之一。

*现代空中力量具有反应速度快、机动能力强、打击威力大、作战范围广等其他军种所难以比拟的特点，因此在未来战争中，以空中打击为主同时辅以海、陆袭击，将成为使用最频繁、效果最明显的一种作战方式。*北约空袭波黑，海湾战争（多国部队出动飞机 11.2 万余架次，空袭作战和地面作战的时间比约为 10∶1），以及美国入侵格林纳达和巴拿马等 80 年代以来发生的几场局部战争，均充分证明了这一趋势。

*掌握电磁空间的控制权，对取得战争胜利具有重要意义。*以往，电磁力量总是处于支援保障地位。但在未来战争中，由于高技术手段的广泛运用，这一传统的

作战方式必将发生深刻的变化。北约此次对塞族实施空袭的战斗机安装了机载自卫电子干扰设备，而且每次出动，都有电子战飞机伴随配合行动，有时两种飞机出动的比例高达1：1。未来战争作战将首先以电子战拉开帷幕，采取大范围、长时间、高强度的电子干扰，一举瘫痪对方C^3I（指挥、控制、通信、情报）系统，为己方行动创造条件。电磁斗争将成为交战双方争夺战场主动权的关键，将贯穿于整个战争的始终。

*当今世界已经进入信息时代，未来战争无疑将是一场信息大战。*北约在波黑的行动中，为获得准确的信息情报，动用了包括间谍卫星、战略、战术侦察机和潜伏在地面的激光探测仪等多层次的高技术侦察装备；为适时地传递指挥信息和情报信息，北约使用以军事卫星为中心的通用信息和情报互联网络；为瘫痪塞军的信息系统，特别是指挥通信系统，破坏其信息源，北约在行动中使用电子战飞机和反辐射武器首先打击塞军的雷达和防空导弹；为准确实施轰炸，作战飞机都加装了全球定位仪和激光制导仪。北约执行维和任务的部队进驻波黑后，为监视冲突各方执行和平协议情况，美军还使用最先进的“全方位监控和局部追踪性”高技术装备。未来战场上信息主导型兵器将成为主宰，武器的效率、战争的胜负在很大程度上依赖于信息源，掌握了制信息权就意味着控制了未来高技术战争的第1制高点。近几年来，美国等西方国家军队加强了对信息战的研究，更广泛地将电子信息技术应用于军事领域，加紧建设和完善由通信情报网络、电子计算机、战场数据库以及各种用户终端等组成的能实时向用户提供与作战有关信息的战场信息高速公路。俄军对电子战的认识也有质的飞跃，认为未来战争的胜利取决于信息武器的优势，因此已经把信息战训练作为各级军事人员的必修课，并准备建立信息战部队，研究对付敌方电子、信息指挥控制系统的综合性措施。

综上所述，“未来战争”将是一个人们必须开拓思路、认真分析和研究才能做到有备无患的艰深课题。（李君，《世界知识》1996年第6期）

波黑山地战有若干特色　有作者认为，波黑战争的形式首先是山地战。山地战的特点是易于隐蔽，回旋余地大，既可实施战略转移、战略防御，又可保存实力、转守为攻。很显然，90年代的波黑战争与20世纪早期的巴尔干战争不尽相同。波黑战争是在极为复杂的国际背景、民族矛盾、战区环境、战术背景下形成自己的鲜明特色的新型战争。有专家把它称为“山地非常规作战”。在现代战争的条件下，总结山地作战的战术经验和军事思想，研究适合山地作战的武器装备的发展及军事编成，是极为重要的。传统的山地战为沿通道式作战。如1942年2月，日军第25军团3天攻下新加坡，前后70天横扫了马来半岛，使13万名英军投降。1942年4月，日军在菲律宾巴丹半岛的马里韦莱斯山地切断了美军的补给线和后路，使美菲联军被俘8万人。

波黑战争与以往的战例不同：

（一）它属于非通道式作战。分区域防守，以战术分队形成楔子卡口，制谷制路，夺取城镇。由此可见的难点是战线不明，敌友军不分。据战地记者报道，冲突各方的语言同属斯拉夫语系，外人很难分清。3方军队的旗帜也相同，蓝白红中间有一个盾徽。

（二）以步兵近战为主，短兵相接，各自为战。山地战经常遭遇到的是有生力量、火力点和工事掩体，很少出现集团化的装甲车、坦克等快速运动目标。近战乃是山地战主要形式，以A型野战工事和Z型坑道为依托，前后方不分，各自为战。

（三）以准军事组织和民兵支援下的后勤补给线。波黑战争中最难保障的是后勤补给，前南地区的武器种类繁多，有德国二战时期的9毫米MP-40冲锋枪，G-43机枪，德国7.62毫米G-3自动步枪，德国现代MP-5冲锋枪，有苏联5.45毫米AK-74突击步枪，还有南斯拉夫仿苏制5.56毫米M-85步枪，口径是北约系列。枪型不一，弹种复杂，给后勤补给带来极大的困难。

不注重山地战和士兵山地战的适应能力，就会重现1944年12月在阿登森林德军最后一次反攻中美军一下损失8万士兵的结局。

现代战争中步坦结合的原则在于增强打击力、机动力、补给力。很明显，这在山地战中很难奏效，空地一体战的原则是主动、纵深、快速和同步操作，这在山地战中也不完全适应。机降分队即便得手，伞降支援分队在山地也不容易扩大战果。即便传统陆战碰到山地的复杂地形，也会限制步兵主要直瞄火器的威力，需要专门对山地作战进行武器配备和调整，发挥间瞄武器的辅助作用，加大面杀伤榴弹、枪榴弹、投抛榴弹的比率，加强单兵突击火器，用近程火箭筒、近程导弹对火网进行补充和支援。

山地战的特殊战术背景，使得步兵侦察分队和预警飞机侦察不易得手。山区的多雾、云层、谷地、障碍又给低轨侦察卫星带来一定的困难。美军上校博伊德所著的《战争模式》的报告中的核心理论是：观察——判断——决心——行动。即所谓的“OODA周期”概念。如果作战反应周期中任何一个环节受到干扰或破坏，周期就会延续，就会出现紊乱，从而使整个行动计划流产。

维和部队首先不能有悖维和目的，不得有攻击任务。北约空中打击的主要目标是：指挥中心、军用机场、弹药库、观通雷达站、公路枢纽和道桥。但是波黑战争的山地战的特性，使北约空中打击相当困难。甚至连象样的炮兵阵地都找不到，因为波黑山地战中所用的155毫米榴弹炮、230毫米加农炮采用的是单独一两门火炮轮流换炮位，变化射击，120毫米迫击炮打完就跑。让空地导弹和激光制导的炸弹打击单独的火力点，就好比用大炮打蚊子。波黑战区环境和战术背景是极为复杂的，连高技术武器装备都受到严峻的挑战。难怪当年十几万德军进入南斯拉夫地区无功受挫。（南雁，《世界军事》1995年第6期）

波黑战争、海湾战争、越南战争比较研究

波黑空袭作战与海湾空袭作战之比较 有作者认为，北约军队1995年7月28日至9月14日对波黑的空袭作战与海湾战争中的空袭作战相比，在战法运用上有许多相同之处：

目标选择体现信息时代特点及空中作战规律的要求。波黑空袭作战和海湾战争一样，北约首先仍然是夺取完全的制空权和瘫痪敌方战略指挥。为此，首先打击了塞族能够对北约构成威胁的防空系统和指挥通信系统。之后，打击目标才向地面部队的炮兵及弹药库、桥梁、道路、电力设施等目标扩展。

空袭发起时机和海湾战争一样，首次突击选在深夜。第1、2波次为凌晨2点和4点，其后的空袭也多次在夜间进行。这既保证了空袭的突然性，减少了损失，又有利于发挥北约空中力量夜视系统先进的优势。

联盟联军作战。波黑空袭作战和海湾战争一样，是多国联盟和陆、海、空三军联合的、以空军为主力的作战。这次，北约有12个国家介入，陆、海、空、天、特5种力量配合。作为主力的美国，其空军、海军舰载航空兵和天战（卫星）力量都参加了作战。

技术手段和武器装备主要是高技术先进装备。波黑空袭作战和海湾战争相比，作战飞机中，除F-117A和B-52外，大都参加。如美国的F-15、F-16、F-18、A-10，法国的“幻影”2000、“美洲虎”，英国的“旋风”，以及支援保障飞机E-3、E-2、EC-130、EF-111、EA-6B等。从使用的弹药看，仍然是精确制导炸弹、空地导弹和巡航导弹。因此，基本上实现了精确打击。就像北约公布的录相资料那样，一条小路一侧的弹药库被摧毁，而小路另一侧不准备打击的目标并未殃及。

波黑空袭作战的战法运用比海湾空袭作战又有一些新的发展，更加体现出信息时代的战争特点：

情报实现了实时、近实时的要求。在对战场目标的侦察、监视和突击效果评估3个方面，都比海湾战争更加及时、准确。鉴于波黑面积较小，又是北约控制的“禁飞区”，北约一直监视着目标的变化，对突击效果的核查、判定也比较迅速，这比海湾战争中因轰炸效果侦察、判定不够及时而造成大批重复轰炸浪费兵力的情况，有很大改变。侦察情报方面的改进，是体现这场战争更加高技术化的重要标志之一，这来源于侦察情报工作的严密组织和航空侦察装备的改进。

在波黑空袭作战中，侦察手段完善，包括了卫星、飞机、无人机、地面人员，形成地空天一体化的侦察情报保障体系。在航空侦察手段中，有U-2R、F-16R、“幻影”F-1、“鹞”式侦察机、无人驾驶侦察机等各种机型，它们可以分别进行可见光照相、热成像、微波成像、无线电侦听、无线电定位和确定目标的方格坐标等。北约在波黑上空动用了基地设在阿尔巴尼亚的美国新问世的“食肉动物”无人驾驶侦察机。据报道，这种轻型无人机，续航24小时，机上装有热成像器材，具有夜间照相功能，其雷达能在3000米高度分辨出小到人的一只脚大小的东西，机上的设备能绘制出观察到的目标和网络坐标。根据它提供的目标资料进行轰炸，如果首次攻击没有命中，机上装置能校正第2次攻击的精度；如果目标被命中，这些装置能对破坏程度进行评估。

战略协同、战役指挥和战术引导比较顺畅。波黑战争中的空袭体现北约多国的共同意志，由于情报和卫星通信的及时，参与国和北约总部对战争进程及其细节都能及时了解和掌握，因此战役过程中始终维持了“轰炸联盟”。在作战指挥上，由于美国事先采取了措施，避免了北约和维和部队双重指挥可能带来的混乱。北约南欧盟军司令部的集中统一指挥，保证了兵力使用的严密性和合理性。在战术引导上，除了专用飞机指示目标和激光照射目标外，还利用了特种作战部队训练的人员潜入目标附近，为攻击机指示目标。

目标选择更加符合作战目的的要求。这次波黑空袭作战，北约对塞族不在“打死”，而在“打痛”，使塞族实力削弱到与穆、克的实力接近，并接受和谈条件。因此，在空袭防空系统之后，就空袭包括塞族首府附近的指挥通信系统、后方基地的弹药库及武器弹药制造与修理设施，使塞族的实力迅速下降。正如西方报刊评论所说：“塞族军事机器的强大在于它的感官、神经和反射系统，而不是它的力量本身”，“北约不仅使塞族的防空系统瘫痪，还切断了通讯联系，使塞尔维亚共和国的整个国家结构陷入瘫痪。失去了指挥与控制，任何军队都会陷入群龙无首的状态”。

打谈结合，"胡罗卜加大棒"并用。北约在空袭的同时就明确告诉塞族停炸的条件；空袭过程中，时时为对方留下接受自己条件前提下的谈判途径。

用兵比较灵活。北约不仅根据目标情况的不同使用了各种飞机，而且在阴云天气不适合航空兵出动和打击塞族可能设有防空力量的重要目标巴尼亚卢卡时，动用了"诺曼底"号上的13枚"战斧"巡航导弹。（董文先、胡思远，《世界军事》1996年第1期）

海湾战争与越南战争有明显区别 美国有作者撰文指出，越南战争和海湾战争是二次大战以后美国参加的两次较大规模的地区性冲突。由于国际战略环境、战争特性、作战双方战略指导和战场指挥水平等各方面的明显区别，两次战争的结局也大不相同。

国际战略环境。 越南战争和海湾战争的最大不同是，前者发生在冷战的高峰时期，而后者则是冷战之后的第1场大规模冲突。越战时期，冷战情况下的思维方式使美国投入了数百亿美元、倾泻了800万吨炸弹，并有5.8万名军人阵亡；东西方的对立则促使苏联等国源源不断地向北越提供武器、物资和零部件。美国政治领导人必须时刻关注把战争扩大至与苏联或中国之间的全球性冲突的可能性。约翰逊总统之所以拒绝入侵北越，就是因为害怕中国实施类似于朝鲜战争时的干预。而在海湾战争中，伊军现代化武器的主要供应国苏联，站在多国部队一方，不再向伊拉克提供武器。其他主要武器供应商也未涉足海湾。包括前华约某些成员国在内的36个国家派出了自己的部队，参加海上拦截行动或最后阶段的作战。越战中由于苏联向北越提供了大量"萨姆"导弹，美军进行空袭的飞机遭防空火力的打击而损失惨重。而在海湾战争期间，由于空战在高空进行，当多国部队在初期空袭中击毁了伊军几乎全部的"萨姆"导弹后，伊军防空能力十分薄弱，而且不可能获得补充。尽管伊军高炮在城市上空组织起相当强大的火力网，但其与防空导弹可能达成的效果相比却相去甚远。

两次战争的特性。越战在很大程度上是非正规冲突。尽管它呈现出正规作战的许多特征，但这是出于敌手而非美国一方的选择。越战是一场"人民革命"，它使用了政治、经济、宣传、军事等各种手段。无论美国采用何种战略、政策，使用多少常规武器，都无法消灭对方。对于越南共产党人来说，这是一场全力以赴的殊死斗争，他们能够承受大量伤亡。

再看海湾战争，联合国在反对伊拉克侵略行动中发挥了重大作用。安理会授权以美国为首的多国部队"使用一切必要的手段"。尽管海湾战争与越战一样是对付一个第三世界国家，但它却是一场典型的、战略和战术的线式常规战争。美军在常规作战中表现出色。在海湾战争中，美军使用的是先前准备在欧洲与苏军作战的战术，即北约"空地一体战"所设想的作战样式。幸运的是，伊军的编制、训练和装备是苏军型的，且这支军队领导无方。

作战双方的战略指导和战场指挥。在越南战争中，北越把斗争定义为社会政治的、经济的斗争和军事的（武装）斗争，并据此展开各种行动。美国领导人却始终未能掌握战争的真实情况。约翰逊政府奉行"大炮加黄油"政策，企图迫使对手坐在谈判桌旁。在越战中，北越认为，战争的缓慢消耗是美国的重心；美军则将渗透作战作为战役重心，将孤立北方、使之不能支援南方作战作为战略目标。但此后，美军却未能采取必要的步骤来完成上述选择所规定的各项任务，而是选择了较为容易但却是错误的重心——消灭敌军、摧毁其意志。至1967年底，美国政府、人民和军队对战争形势产生了过于乐观的认识。当武元甲佯攻溪山而秘密向南方渗透部队，发起溪山争夺战和春节攻势后，很多美国公众因政府隐瞒战争实情而反对政府的战争政策，国内要求撤军的呼声一浪高过一浪，便注定了美国在越战中失败的命运。

越南战争中，北越比美国人高明，而海湾战争中的伊拉克却没有值得一提的军事战略。它对科威特的入侵、以及此后与多国部队的对抗，其战场指挥类似于第一次世界大战中的双方或1940年镇守马其诺防线的法军，而不是北越人民军或"越共"的暴乱战术。而施瓦茨科普夫上将实施"万福玛利亚行动"，包抄驻科威特南部的伊军时，却不由得使人想起了德国的"总体战"及其1940年席卷荷兰、比利时的情形。

从指挥和控制角度看，越战时美军指挥层次复杂，文官政府对军事行动的干预甚至深入到战术层次；各军种之间协调不力、作战方针不同、通信不畅的问题也屡有发生。而在海湾战争中，布什政府废弃了越战时"逐步升级"的做法，决心集中优势兵力，"一旦需要就采取军事行动，避免出现第2个越南"。为了使作战指挥与控制较好地与作战任务衔接起来，国家指挥当局通过参谋长联席会议实施战略指导，直接指挥中央总部。中央总部注意从战争全局出发，协调多国部队的作战行动，明确各军种、各部队的任务、目标。美海军、陆战队均较好地克服了在战略和作战方针方面准备的不足。多国地面部队迫使伊拉克在科威特战区屯集重兵，成为多国部队空中力量打击的绝好靶子；海上优势使多国部队能够实施两栖佯动，把大批伊军箝制在海岸线一带，因此多国部队西翼机动作战获得了很大成功。

*自然环境、技术装备与指挥官素质。*两次战争的其他重要区别，表现在气象、天候、地形、技术优势、指挥官素质等方面的明显差异。例如从空中力量观点看，越战时面临丛林地带、热带气候的严峻挑战，精确轰炸、目标定位很不理想，飞机损坏也很严重。而海湾战争时，多国部队空军在伊、科战区拥有了空战史上最为理想的自然环境。

单靠空中优势并不能赢得战争，但它却是极具决定性的因素。在越南战争中，自 1965 年 6 月到 1973 年 8 月，美军 B-52 型轰炸机飞行 12.5 万架次，战术飞机飞行 200 万架次；与此相比，海湾战争中，至 1991 年 2 月 27 日，多国部队空军飞行 12.5 万架次，其中战斗飞行 11 万架次，损失 51 架飞机。不过，美军在海湾战争 6 周内的飞行架次中，投弹量要超过越战中的任何一年。在海湾战争中，空中力量、电子战设备与武器系统整体化，使多国部队更容易打一场高效的常规空中战役；“灵巧炸弹”、先进定位技术的运用，使战术飞机比越战时能更有效地攻击目标。在海湾战争中，高技术武器系统极大地提高了美军的战斗力。这次战争第 1 次利用了军事技术革命的成果。它表明，美国在武器技术方面领先整整一代。

从战争和演习中提炼、应用有关经验教训，以变革武器装备、机构、条令、战略、战术，从而提高战斗效能，是现代职业军人的天职。海湾战争的胜利之果，是 20 年前在越南丛林中播种的。海湾战争中美军大多数战地指挥官的定型期都在 70 年代的初期。这场战争中的旅、师、军长，在越战中分别是排、连、营长。参谋长联席会议主席鲍威尔上将、中央总部陆战队部队司令布默中将、海军作战部长凯尔索上将、陆军参谋长沃诺上将，“越战时均为少校或中校，他们对于越战的失败有着痛苦的回忆”。这些人导演了一场与越战迥异的海湾战争。同样，下一场战争也将不会是海湾战争的翻版。（〔美〕W·黑德、L·格林特《〈越南战争回顾〉1993 年版序言》）

越南战争和海湾战争各有经验教训。美国海军陆战队上校阿诺德·菲尔兹于 1993 年 10 月 20 日应邀在日本富士学校作讲演时，简要地阐述了越南战争和海湾战争的经验教训：

越南战争经验教训。　美国介入越南冲突的原因是，美认为共产主义是对世界和平的威胁；介入的目的是为了对老挝中立和南越镇压反政府运动在战略上提供军事支援；越南战争的教训——美国在这场战争中未能取得期望的结果的原因有：(1)美国未能判断出它是“越共”的内战还是北越的侵略行为；(2)无明确的前线，更具游击战性质；(3)未能遮断敌纵横绵延的进攻路线，即由北越向南的纵横绵延的后方补给线；(4)目标不明确，未能判断出哪个目标能够给美国带来胜利。

海湾战争的经验教训。(1)政略与战略：①战争是国家政治意志的扩大；②只有在必须保卫国家的政治利益时才能发动战争；③战争是最后的手段；④必须有国际舆论的支持；⑤战略必须具有连续性，还应适应战后的情况；⑥必须保持坚定的必胜信念；⑦必须设定明确的目标。(2)综合战斗力的发挥：①海湾地区适合于空中进攻；②海上作战力量防止了伊拉克向沙特阿拉伯追近；③武器装备现代化能使部队取得战斗优势。(3)战斗：①要使投入进攻的步兵部队树立坚定的成功信念；②若只依靠后勤和战术，不一定能取得胜利；③仅靠决策者是无法取胜的，但他们对战斗结果影响很大；④丰富的知识和精良的装备有助于取胜，但只有训练有素且受到正确指挥的士兵才是真正赢得战争的因素。（昕风，译自日《富士》杂志 1995 年 3 月号）

车臣武装冲突研究

俄军出兵车臣暴露出若干问题　有作者指出，俄军出兵车臣的前期作战行动，用了 38 天，伤亡数千人，耗资数万亿卢布，付出如此沉重的代价仍未最终解决车臣问题，究其原因，除了复杂的民族、历史、政治等因素外，在军事上至少暴露出以下几个方面的问题。

*军内对出兵车臣意见分歧，给军事行动带来消极影响。*以国防部长格拉乔夫为代表的主战派，坚决支持叶利钦出兵车臣的决策，而以国防部副部长孔德拉季耶夫和格罗莫夫、陆军副总司令沃罗比约夫为代表的一些高级将领则反对出兵。持反对意见的高级将领认为：“军队没有在本国国土上解决问题的任务”，“车臣问题不能通过军事手段解决”，等等。军队高层领导对解决车臣问题的不同意见，经宣传媒介扩散后，给部队造成消极影响，不同程度地引起思想混乱，严重干扰了部队的作战行动。

*准备不足，指挥不力，导致冲突陷入僵持阶段。*首先，俄军决策层对解决车臣问题不敏感、不积极，造成部队准备不足，行动仓促。参战部队大多由新兵组成，“部队出动前仅仅做了最低限度的准备”，在兵员、思想、训练、计划、装备、保障等诸多方面，均存在较多问题。俄军统帅部缺乏预见性，未能抓住有利时机，督导部队就可能遂行的任务提前做好准备，同时俄军平时的战备工作落实也较差。

其次，军事行动缺乏统一而有效的指挥，参战部队缺乏协调行动。叶利钦指定由第一副总理索斯科韦茨主管对车臣的军事行动，其下有国防部长格拉乔夫、内务部长叶林和反间谍局长斯捷帕申。三位部长都有自己的武装力量，而索斯科韦茨却没有专门的指挥系统，无法行使指挥权，因而使各部队究竟归谁或哪个机构指挥、协调和控制，不甚明确，导致3种力量之间缺少统一的计划和协调，行动混乱。俄军兵分东、西、北3路向格罗兹尼开进，一路与车臣武装展开激烈炮战，一路停止不前，另一路则遭当地群众堵截围攻，甚至出现陆军部队误遭己方航空兵轰炸、某坦克团与某装甲师交火长达6小时的事件。

其三，行动不果断，未能有效地切断车臣南线与外界的联系。1994年12月8日，俄军曾决定在25日前，以北高加索军区的部队及驻地空降兵组成一个快速反应机动小组，阻止境外武装人员和武器装备进入车臣。之后，叶利钦又下令由内务部封闭车臣行政疆界，由国防部封锁车臣空域，切断车臣武装同外部的联系。但由于车臣南部是高加索山区，大部队无法进入，小部队进去又难以有效控制局面。尽管封闭南线的任务难以执行，但最低限度应在高加索山区和格罗兹尼市之间形成一道封锁线，然而俄军未能达此目的，使车臣武装得以通过南线获得某些国家在人力物力等方面的支援，从而增大了俄军解决问题的难度。

其四，盲目轻敌，低估了车臣武装的作战能力。格拉乔夫曾声称，如采用军事行动，可在6小时之内解决问题。还说过：只需用两个团便可在几小时内恢复车臣秩序。在这种盲目轻敌思想指导下，俄军以为只要出兵，无须大动干戈，车臣武装即可不攻自溃。事实上，车臣武装决心与俄军展开一场人民战争。俄军行动从一开始就进展缓慢，走走停停、打打停停，未能做到快刀斩乱麻，毕其功于一役。尽管俄军重新组织力量，从其他军区抽调兵力派往车臣，但战机稍纵即逝，使双方作战行动陷入僵持阶段。

*军事行动手段单一，不适应车臣的非正规作战。*尽管俄政府及军队采取了一些措施，如实行单方面停火、发布大赦令、要求车臣人交出武器、实行新闻管制、与车臣基层官员和各级指挥员谈判、分化和孤立杜达耶夫集团等；但总的看，措施不力，收效甚微。相反，车臣武装却利用广播、电视进行反战宣传，给俄军行动造成许多被动。车臣武装重武器极少，无法与俄军打正规战，故采取化整为零的办法，以破坏小组、游击小组、狙击小组以及机动战斗分队等编组形式，同俄军进行周旋，其目的是尽可能地消耗、迟滞俄军，以拖待变。俄军近年来的裁军，使部队元气大伤，加之缺少轻步兵、山地步兵部队，培养山地步兵指挥员的军校也早已撤消，故派往车臣的多为装甲机械化部队，缺乏同非正规军作战的训练。尽管俄军有飞机、火炮、坦克、装甲车，但在人自为战的车臣武装面前，不适应此种作战行动，导致许多不必要的伤亡。进入格罗兹尼后，俄军又暴露出不善巷战的弱点，造成巷战中的重大伤亡。（齐立斌、邹小平，《外国军事学术》1995年第4期）

*戒备不严，反恐怖能力不强。*到1995年年中时，杜达耶夫武装采取了以恐怖活动袭击为主的方式，企图把一场无望的战争变成“民族间的仇杀”。布琼诺夫斯克人质事件和基兹利亚尔恐怖事件都是俄军防备不严，致使恐怖分子流窜到车臣邻近的共和国而发生的。1995年7月30日，俄政府与车臣反政府武装达成军事问题协议后，总理切尔诺梅尔金即宣布，“车臣战争已经结束，双方签署的军事问题协议将付诸实施”。俄军也天真地认为非法武装会自动放下武器。然而，俄军遭到非法武装黑枪袭击事件一天也没有停止过。同时，俄军在调动时放松警惕，遭伏击事件也时常发生。具有代表性的是，1996年4月16日，俄军第104摩托化步兵团经过车臣南部亚雷什—马尔德村时，遭到杜达耶夫武装的伏击，俄军76人被打死，54人受伤。其教训十分深刻。

*军费不足，训练不够。*国防部长格拉乔夫认为，俄军在车臣受挫的主要原因是军费不足，拨款不够。据报道，1994年度俄计划军费开支为40.6万亿卢布，只相当于65亿美元，连作为军队的维持费都不够。由于经费奇缺，燃料供应紧张，俄陆军航空兵飞行员的年均飞行时间由100～150小时减少至40～50小时，严重影响了飞行员的技能提高，而且在参加车臣战争的飞行员中，一半以上是年均飞行时间只有40小时的年轻飞行员。此外，军队忙于从事商业活动，很少进行训练和演习。

应该看到，车臣战争是俄和平年代由政治、民族矛盾等原因而引发的一场内战。实际上俄军是在自己的国土上作战，非法武装在居民点设防，隐藏在平民之中，作战对象不是外部侵略者，俄政府又给军队下达了“最大限度地保护平民”的命令，俄军的行动受到很大限制。从这个意义上讲，车臣战争并不完全是一场军事意义上的敌我之战。因此，这场战争没有反映出俄军的全貌。俄军虽然在车臣受挫，但并不意味着整个俄军已失去其作为强大军队的威力。（韦伟，《现代军事》1996年第10期）

从车臣冲突看俄军城市进攻作战特点 1994年12月11日至1995年1月19日，俄军以车臣首府格罗兹尼为重要目标，进行了1个多月的激烈城市战斗，最终夺取了该城，完全控制了市区局势。有作者撰文称，这是俄军自阿富汗战争以来，一次较大规模的城市进攻作战，从一定意义上讲，展示了俄军现代城市进攻作战的特点，主要是：

集中精锐，交替使用，协力攻坚。在对格罗兹尼的进攻作战中，俄军投入兵力约 4 万人，车臣方面正规部队约有 1.4 万人。俄、车双方参战人数是 2.86∶1，俄军占微弱优势，如果车臣方面加上数万武装民兵，也就无优势可言。俄军从城市特殊的地形考虑，采取了跨军种、跨战区、跨建制使用作战部队，如分别动用空军前线航空兵、陆军航空兵、陆军部队、内务部队、海军陆战队、空降部队和特种部队。这些部队有较丰富的作战、训练经验，快速机动和突击力较强。俄陆军航空兵司令帕夫洛夫空军上将同俄《红星报》记者谈话中讲道："在参战部队中，陆军航空兵的飞行员有 50%参加过阿富汗战争，有的达到一级训练水平"。另据俄军方和外电报道，有些地面部队熟悉维和行动。当俄军攻入格罗兹尼市后，动用有平息城市骚乱能力的驻莫斯科的特别行动独立师参战。这些部队武器装备精良，数量多。空军出动了包括苏-25 强击机在内的先进作战飞机，陆军航空兵也出动了米-24 武装直升机。据日本《军事研究》月刊报道：俄军机械化部队投入了 T-72 主战坦克、PT-76 型水陆两用坦克、防空自行高炮、БТР-80 型装甲输送车，152 毫米自行火炮；空降兵连队配备伞兵战斗车。这些武器，不仅质量好，而且自行程度高、轻便、短射程，有利于市区战斗。除此之外，在数量上也占有很大优势，如车臣方面仅有少量的坦克、装甲输送车，而俄军竟动用了 2000 多辆坦克和装甲输送车，较好地弥补了参战仓促、缺乏必要训练的缺陷。

俄军在使用这些精锐力量时，为避免造成部队在市区拥挤而增大伤亡，区分了进攻阶段，交替投入，协力攻坚。当封锁格罗兹尼同外界联系时，主要以内务部队与陆军部队共同实施封锁边界任务：当实施包围和攻击市区目标时，则动用了主要兵力，包括摩步、坦克部队、海军陆战队和空降兵部队；当完成对市区重点目标的夺占任务后，主要由内务部队的警察负责搜剿残敌，其余部队撤出城市之外。空军和陆军航空兵火力则贯穿作战的全过程，全力支援地面部队行动，从而形成连续不断的进攻锐势，使车臣方面难以招架，限于被动地位，而俄军在市区行动中，除个别地区发生误伤外，整体优势得到了较充分的发挥。

封锁通道，多路合击，孤立包围城市。车臣首府格罗兹尼市，是车臣政治、军事、经济、文化中心。地处车臣腹地，四周山峦起伏、丛林密布；外围有众多的卫星城镇屏护着市区，还有直通邻近共和国的铁路、公路以及空中航线。俄军为了防止车臣正规军主力进入山区与俄军开展游击战、并阻止其得到外援，把封锁、切断格罗兹尼市同外界陆空联系，孤立包围城市，作为一个重要的行动阶段。主要行动：一是封锁边界。早在地面部队进攻之前，俄国防部长就同内务部、联邦反间谍局、联邦边防局、民族事务和地区政策部领导人商讨封锁计划，同时调动兵力，部署在边界地区，控制地区局势。从地面进攻开始至达成对格罗兹尼的合围这段时间，俄军先后关闭了车臣同格鲁吉亚、阿塞拜疆的边界，增设了高加索特别边防区，并把车臣境内的行政边界置于俄军控制之下，成功地挫败多起外界武装人员进入车臣的企图。二是火力摧毁机场、桥梁、市内长途电话大楼等各种通道。12 月 15、18、29 日俄军多次空袭了格罗兹尼市郊的汉塔拉机场、沙利机场和杜达耶夫的私人机场，炸毁飞机几十架，使格罗兹尼的空中航线彻底瘫痪。12 月 18 日炸毁了捷利克河上的 5 座桥梁，12 月 19、24 日对市内长途电话大楼、电视发射塔也进行了连续的空袭，造成了该市同外界的有线、无线电通信中断。三是兵力合围。12 月 11 日俄军在前线航空兵、陆军航空兵的火力掩护下，兵分 3 路，空地结合，逐次推进：北路主力，兵发北奥塞梯，迅速楔入格罗兹尼北郊；西路，兵发北奥塞梯首府费拉季卡夫卡兹，横穿印古什共和国全境，进入格罗兹尼西部；东路，从达吉斯坦共和国出发，直逼格罗兹尼东部。在推进过程中，俄军遭到车臣正规部队和民兵的阻击和骚扰，推进速度受到影响。但俄军还是积极采取灵活的战术，或边打边谈判，或围而不攻，或利用有利地形，迂回绕过，避免与车臣武装人员正面作战。经十余天的推进，终于 12 月 23 日完成了对格罗兹尼的 3 面合围。在合围行动中，俄军还注重控制、夺取格罗兹尼外围的阿尔贡、克罗一尤尔犄、五一村等卫星城镇、村庄，切断一些公路、桥梁，抢占能瞰制市区的外围有利地位，占据了有利地形。当俄军缩小包围圈后，市区秩序混乱，形势失控，大批难民纷纷逃离该市，极大地削弱了车臣方面的战斗力，也为俄军进攻市区创造了良好条件。

首取要害，逐个强击，有效地控制市区。12 月 31 日，俄军在其空军火力的支援下，攻入了格罗兹尼市区。为了尽快达成对市区的控制，俄军首先集中兵力，把进攻的锋芒直指对战斗胜利有重要意义的目标上，如火车站、政府行政大楼、总统府和包括一些有武装人员控制的重要住宅。在行动过程中，俄军采取边分割边打，边打边围的战术行动。进入市区的摩步兵和坦克沿市区主要街道，快速突击，积极控制街道两侧高大建筑,切断目标之间的相互联系,为各个夺取目标创造条件。尔后对目标的包围行动也实施得非常顺利。但在强击目标时,却遭到车臣武装人员的顽强抵抗。对此,俄军加大了强击的力度,除继续以炮兵和坦克火力攻击目标、缩小对目标的包围之外,还紧急投送海军陆战队前来参战,形成了新的打击锐势,迫使杜达耶夫本人及卫队撤离了该市,达成了对格罗兹尼的有效控制。紧接着俄军转移兵力,对分散藏身的车臣武装人员,展开巷战、楼战、室内战,先后夺取了格罗兹尼大学、公园区、有轨车场及基洛夫街区等目标,并把战斗引向格罗兹尼市南部的村镇。

*火力强袭,重点打击,瘫痪城防体系。*为有效地打乱对方指挥,动摇其防御体系,破坏城市功能,俄军在进攻格罗兹尼市的作战中充分发挥了空地火力优势,无论是在封锁阶段,还是在地面推进、包围格罗兹尼市,以至最后发起对市区的进攻阶段,都是以空地火力为先导,采取高强度、全过程的空地火力突击。主要表现在:一是重视使用精确制导武器。俄军前线航空兵、陆军航空兵以及地面火炮,曾多次发射导弹、火箭,并首次使用了激光制导导弹和滑轨航空炸弹,准确地击中了包括总统府、机场、火炮阵地在内的许多重要目标,既给对方以威慑,又大大减少了民众的伤亡。二是实施连续火力突击。在长达1个月的冲突中,格罗兹尼市及外围地区,几乎连续不断地遭到俄军的火力打击,极大地消耗了车臣武装的有生力量和作战能力。三是综合发挥空地火力优势。俄军此次进攻格罗兹尼,动用前线航空兵、陆军航空兵和地面远程自行火炮以及众多的车载火力等,形成了高中低、远中近、全纵深立体打击,重创了对方火力系统,使车臣正规部队的火力难以发挥。在整个城市战斗中,俄军没有遭到对方空中的任何威胁,即使有远距离的地面火力也是非常微弱的。

俄军在实施高强度、全过程的火力打击时,考虑到城市目标种类多,处处打击难以奏效,还会造成不必要伤亡的情况,为提高火力效果,十分重视实施有重点的火力打击。俄军的主要做法:一是精选打击目标。大致分为以下两类目标:一类是军事目标,包括杜达耶夫的指挥部、坦克集结地域、火炮阵地、技术兵器的配置位置、有武装人员扼守的住宅区、军火库;另一类是重要的民用目标,如总统府、政府行政大楼、电视发射塔、长途电话大楼、供电供水供暖系统、机场、桥梁等,从而有效地打击了杜达耶夫的军事力量,瘫痪了格罗兹尼的城市功能,造成了市区形势失控,作战潜力急剧下降,同时也最大限度地减少了对市区的破坏。二是分阶段有重点地支援地面部队行动。当地面部队组织向格罗兹尼市推进、合围时,火力重点用于对格罗兹尼市区及外围目标的封锁和控制,为地面部队提供空中掩护;当地面部队发起对市区的进攻时,火力则重点对对方指挥中心、防守阵地、火力发射点实施突击,摧毁坚固目标,杀伤对方有生力量,积极支援地面的攻坚行动。(冯良,《外国军事学术》1995年第11期)

(昶　姞)

俄陆军航空兵在车臣作战中的运用　有作者撰文指出,俄军出兵车臣后,先后从北高加索等军区的3个运输机团和其他军区的运输机部队中抽调了2个米-24攻击直升机大队、2个米-26重型运输直升机大队、1个米-9指挥和通信直升机中队,以及若干个米-6重型运输直升机和米-8运输直升机中队,组成陆军航空兵集团,于1994年12月1日进驻莫兹多克机场。在作战中,米-24攻击直升机主要担负作战任务,米-6、米-8和米-26运输直升机担负运输任务,米-9直升机担负空中指挥和通信任务。它们具体完成了如下任务:(1)实施战场空运与救护。1994年12月11日到1995年2月11日,俄陆军航空兵主要遂行战场空运和救护任务。米-8直升机曾多次前往救援和运送伤员,为地面部队紧急空运食用水,还完成了运送兵力、弹药等任务。(2)协同地面部队作战。俄武装直升机在车臣作战行动中主要用来与地面部队协同作战,其主要方法是:由陆军航空兵向地面部队派出直升机引导员,地面部队指挥员通过直升机引导员给武装直升机下达任务,指示目标,引导直升机实施攻击。(3)机降战术空降兵。通过机降战术空降兵,出其不意地占领位于主要进攻方向上的具有战术意义的地点,夺取难以攻占的桥梁、山口、隘路等重要目标,从而加速了整个战斗进程。(4)与前线航空兵协同,对敌重要目标实施火力突击。在车臣作战行动中,俄陆军航空兵曾与前线航空兵多次配合对敌防御纵深内的重要目标实施火力突击,取得了较好的效果。(5)采用设伏方式袭击敌人。在采用设伏方式袭击车臣武装时,米-24攻击直升机通常以3机编队事先占领车臣武装运动方向上难以机动、难以组织有效对空防御、难以疏散车辆和坦克的地点,待车臣武装战斗队员接近时,突然升空发起攻击。(6)实施空中侦察。在车臣作战行动中,俄军广泛使用直升机对杜达耶夫武装的阵地和军事目标实施空中侦察。在遂行侦察任务时,米-24攻击直升机多以单机出动,有时利用机载侦察设备对敌军事目标进行拍照,有时则直接将地面部队指挥员运往作战地域上空,对战场的地形、目标进行目视侦察。

在作战中,俄陆军航空兵也暴露出下述几个问题。

(1)参战人员素质低。近年来，由于经费匮乏，燃料供应紧张，在车臣参战的飞行员中，50%年均飞行仅40多小时，根本无法胜任自己所担负的任务。又由于地面部队指挥员缺乏与陆军航空兵协同作战的经验，有些地面部队指挥员甚至连陆军航空兵直升机的作战性能、航空杀伤武器的使用、飞行速度、机载重量等起码的知识都不清楚。因此，在作战过程中常常向参战直升机下达一些不切实际、根本无法执行的任务，因而贻误了战机。(2)参战装备性能差。由于部队所装备的米-24攻击直升机，是单纯追求经济实惠的产品，机上既没有安装夜视仪和瞄准具，也没有安装激光测距仪，因此大大限制了米-24攻击直升机的作战行动。由于气象条件恶劣，遂行的作战任务仅占其所担负任务的17%。又由于机载火箭发射装置性能差，经常出现故障，时常自动脱离挂弹架，误伤己方部队，从而对整个战斗进程造成了不利影响。此外，由于缺少直升机引导车，直升机引导员只好借助随身携带的观测仪器对目标进行观察和监视，从而影响了米-24攻击直升机对地面目标的有效攻击。(3)空地协同难以奏效。由于地面作战部队指挥员、直升机引导员与米-24攻击直升机飞行员在平时缺乏协同训练，尤其是缺乏在特殊条件下——城市攻坚作战和山地作战的协同训练，加之战时心理素质差，致使空地协同作战任务难以完成。此外，在拟定协同作战计划和任务时，地面作战部队的指挥员往往只考虑自己的局部利益，缺乏协同作战意识，只向陆军航空兵硬性下达作战任务，而不向其透露作战的真实意图，也在一定程度上影响双方作战动作的协同。(姜永伟《俄陆军航空兵在车臣作战中的运用》,《外国军事学术》1995年第12期)

(夏礼伯)

其他局部战争问题研究

麦克纳马拉指出美军在越战中失败的11条原因　罗伯特·S·麦克纳马拉曾是美国发动越南战争的决策者之一。时间的磨洗，使他更加清醒地认识到那场战争的错误。他的专著《回顾：越战的悲剧与教训》打破了他对越战近30年的沉默，风靡全美，一度成为第1畅销书。他在书中指出：要想从越南战争中吸取教训，首先必然承认美国的失败。美国在越南的悲剧有11条主要原因：(1)对敌人的地缘政治意识进行了错误的估计，夸大了他们的行动对美国构成的威胁。(2)用自己的经验模式来看待南越的人民和领袖。对这个国家的政治力量做出了完全错误的判断。(3)低估了民族主义的力量，它可以鼓动人民为他们的信仰和价值去战斗，并付出牺牲。今天，在世界上的许多地方，美国仍然在重复着类似的错误。(4)对敌友分析上的失误，反映出美国完全忽视了该地区的历史、文化、人民的政治信仰及其领导人的个性特征与习惯。(5)没有充分认识到现代化的军事装备、军队和理论，在与非正规的、被高度激发起来的人民运动的对抗中，其作用是极有限度的。(6)在决定军事行动之前，对于美国是否应当大规模地卷入东南亚的军事冲突，没有能与国会和美国人民进行深入、坦诚的争论。(7)当行动已付诸实施、意外的事件迫使美国政府背离既定的方向时，没能一直征得公众的支持。(8)没有意识到，无论是美国的人民还是领袖，都不是万能的。在不涉及美国自身存亡的事务中，要判断什么是另一个国家和人民的最大利益，应由国际社会进行公开的辩论来决定。美国并不拥有天赋的权力，可以用自己的理想或选择去塑造任何其他国家。(9)没能坚持这样一个原则：美国的军事行动——除了对自身安全受到威胁时所做的反应外——应该在得到国际社会全力支持(而非只是做个姿态)的情况下，与多国部队共同进行。(10)没有认识到，国际事务也同生活中的某些方面一样，可能会有一些问题一时无法解决。(11)在所有这些错误中最基本的错误是，美国没能组织一个高层的行政领导班子，去有效地处理那一系列异常复杂的政治和军事问题。为此，美国承受了极大的风险，付出了包括生命损失在内的沉重代价，长期处于动用军队的紧张压力下。(郭季，《解放军报》1997年2月20日)

(襄　阅)

英阿双方马岛战争前夕战略判断方面各有3大失误　有作者撰文指出，英阿马岛战争，曾使双方蒙受了巨大损失。这场争端由危机发展为战争，除了历史争议等客观原因外，也与双方决策者在战略判断上的失误密切相关。

阿方战略判断中的重大失误。　第一，阿根廷政府认为，国际形势有利于夺回马岛：绝大多数美洲国家将支持阿根廷的行动，也可借助苏联的介入来巩固对马岛的占领；美国因美洲防务与互助条约以及门罗主义的制约，会持中立态度；英国因其自身能力和北约对苏战略的限制，不可能远涉重洋以武力夺回马岛。第二，阿方认为：出兵后有能力控制局势和避免战争升级，占领马岛将是一场迅速的、不流血的、低代价的军事行动；英阿两国经济关系较为密切，这种关系会使英国有所顾忌而不至于作出强烈反应，有助于限制危机的发展和战争的升级。出兵马岛前后，阿根廷也尽力限制战争对两国其他关系的影响。阿根廷军方从1975年起先后制定了多个军事计划，却没有同英国进行全面军事较量的准备，对战争的规模、性质、特点、持续时间、可能的进程、作战方式也缺少深入的研究。第三，认为英将要增兵马岛防御，阿必须在此之前采取行动。实际情况是，英方尚未决定大举增兵马岛，拟采取的措施只是将马岛的海军陆战队人数增加一倍，总共不到一百人，延长供应舰“坚忍”号在南大西洋巡弋的时间。促使阿方在 1982 年 3 月 26 日作出开战决策的直接原因，是有关英国供应舰“约翰·比斯科”号和“布兰斯菲尔德”号于 3 月 25 日分别从智利和乌拉圭驶向马岛方向的情报，这 2 艘舰只是为英国南极考察站提供后勤保障的，都未载军队。阿方作出提前开战重大决策的情报依据仅此而已，这使阿战争准备时间缩短了 2 个月，军队上阵过于仓促。

阿方战略判断失误的主要原因。一是指导思想错误。阿政府面临国内的经济危机，在与巴西、智利争夺南美大国地位的斗争中又处于不利的境地，急于采取行动摆脱困境。因此，便把解决150 年来英阿之间悬而未决的马岛问题，视为挽回声誉、缓和国内矛盾的最好办法。这一指导思想是造成阿根廷政府战略判断失误的主要原因。其次，情报失误也使战略判断与决策出现偏差。阿情报机构主要是靠公开资料(欧洲的主要报刊)和外交渠道来获取情报的，情报可靠性差，更缺少全面深入的分析。由于判断和决策失误，阿根廷在事态的发展中迅速丧失了主动权，失去了对战争的控制能力，最终陷入被动，导致战败。

英国政府在战略判断上的重大失误。 第一，认为英阿之间不会爆发突然性的军事冲突。英方在阿出兵前夕已发现了种种征兆，但主导英国政府的看法是：在谈判破裂前，阿根廷最激烈的行动是向联大提出申述，争取联大发表决议肯定阿对马岛的主权。即便发生冲突，也首先由小规模行动开始，然后逐步升级，最后以武力占据马尔维纳斯群岛中的无人荒岛，甚至可能占据一个主要岛屿，但它不会距首府斯坦利很近。谁也没有预料到入侵会如此之早。第二，认为无必要进行军事威慑，以免刺激对方。第三，认为最好的对策是与阿合作维系现状，既保有马岛，又不花费额外的军事开支，采取拖延和渐进的办法解决争端。英国的上述状况，为阿根廷诉诸武力提供了机会和理由。

英方判断失误的原因。 首先，在军事战略指导思想中没有应付这类局部冲突的准备。当时英国政府的注意力集中于解决国内能源危机、北爱尔兰问题以及与欧共体的关系，低估了马岛问题的严峻性。英国战争理论研究集中在欧洲战区对苏军进行大规模的联盟作战，没有考虑到在南大西洋单独进行远洋作战的可能性。其次，情报管理和分析方面存在缺陷。英国陆军情报局几乎把其全部的人力都用在了支援北约组织和北爱尔兰冲突上，无力量分析研究南大西洋方面的危机；从而对于阿根廷军政府收回马岛主权的急迫性和坚定性缺乏认识，对阿根廷国内政治经济局势的严峻形势缺少分析，特别是低估了阿根廷的民族感情和以武力解决问题的决心，以至于在马岛被占领前没有及时向政府发出明确警告。再次，没有适时调整外交政策与军事力量的关系。自 70 年代后期，英国在马岛谈判中的立场与作为其后盾的军事力量已很不相称，在几乎完全撤出驻南大西洋军事力量的同时，仍在谈判中维持强硬立场。另外，在发现入侵征兆时，未采取坚决和明确的威慑措施。而 70 年代初，英国曾出动核潜艇迫使阿根廷取消了出兵马岛的行动。(翟晓敏《马岛战争前夕英阿双方判断失误简评》,《外国军事学术》1996 年第 3 期)

近期局部战争空袭出现新战法　有作者对近期几场局部战争的空袭作战进行研究后，认为高技术在空袭领域中的广泛应用，已使空袭作战出现 10 种新战法：(1)精兵打头作战。是指充分发挥高技术兵器的优势，每次空袭作战，首先用最新式的战斗力最强的武器打头仗，做开路先锋。如海湾战争中，多国部队首次攻击时就发射了 52 枚“战斧”巡航导弹，51 枚命中目标，命中率高达 98%，有效打击了伊军防空系统，减少了空袭飞机的损失。(2)合成侦察战。新一代侦察机、预警指挥机、侦察卫星、无人侦察机和地面侦察设备使现代战场侦察具有范围大、效率高、时效性好等特征。在这些飞机和卫星上装有各种各样的传感装置如机载电视、激光扫描三维成像系统、多谱勒照相机、侧视雷达、合成孔径雷达等先进侦察设备，具有实时传输功能，可为空袭提供准确及时的情报并对战场进行严密的监视与可靠的预警和指挥。海湾战争就是综合运用多种侦察手段取得空袭成功的一例。(3)“外科手术”式袭击。是指陆军不进入敌方国土、海军不进入敌方领海，只使用空中力量，打击敌方的要害目标，以达到战役战术目的。这种战法的理论形成于 60 年代，成熟于 80 年代。这是由于精确制导技术和空中加油技术的发展而得以付诸实践。该战法具有突然性大、规模小、精度高、可靠性强、易打易撤、代价小且便于达到目的的独特性。(4)多机种合同作战。是指由多种飞机组成数个执行不同任务的群体(即预警保障群体、突击保障群体和突击群体)，在统一指挥下协同作战，共同完成任务的战法。这种战法形成主要是由于高技术的发展使空中指挥系统日趋完善的结果。多次局部战争证明，空中合同作战已成为现代空袭的基本战法。(5)“迷盲—压制”、“侦察—

摧毁”。局部战争中,装备各类精确制导武器的航空兵将此战术贯穿于空袭始终。迷盲—压制战术的实质是:航空兵在实施密集突击时,首先以反辐射导弹突击敌方防空系统的雷达,尔后再以空地导弹和制导航空炸弹摧毁敌方最重要的目标,在压制了敌方防空力量的抵抗后,大规模出动突击队,以普通炸弹实施“地毯式”攻击。“侦察—摧毁”战术的实质是:侦察并定位目标是精确制导武器能否充分发挥作战效能的至关重要前提。直接制导时,飞行员目视发现目标并使航空炸弹的寻的头跟踪目标直至投弹时为止。间接制导时,携带炸弹的飞机不进入目标的防空区,而是准确地进入指定的瞄准点投弹,炸弹的寻的头在坠落的弹道上自行捕捉目标。(6)远战。亦称火力圈外打击,是指飞机不进入敌方防御火力的射程以内,就发射空空导弹或地空导弹,对敌方的空中或地面目标实施打击。这种战法的突出优点是大大降低了受到敌方攻击的可能性,提高了生存能力。(7)小编队、多路多方向同时攻击。现代战场空袭强调采用小编队、多路多方向同时攻击,以利于对攻击目标实施毁灭性的突击和压制。采用小编队攻击,一是由于机载制导武器的命中率极高,杀伤概率增大,全天候、全空域、多方向作战能力增强,使载机的作战效能大大提高。小编队甚至单机就可完成传统大编队遂行的任务。二是由于现代飞机具有远距离攻击和装备有精确完善的定位导航与跟踪系统,使其受地形等条件的限制减少,能从任何方向、多个方向同时攻击。三是由于精确制导武器具有“发射后不用管”的性能和尺寸小型化,使一架飞机可以携带不同类型的多种武器,同时对数个目标实施攻击,而且精度更高,距离更远,时间更短。(8)隐形突防、隐形攻击。隐形突防是随着隐形飞机的出现而采取的一种突防方式。其样式主要有两种:一是“隐形”飞机独立活动,即在无掩护和保障下独立深入敌战役、战略纵深进行攻击活动。二是在少量电子干扰机和战斗机的掩护下活动。在具体使用上具有以下特点:①充当突击机群的开路先锋。主要攻击敌方的雷达站,为突击机群突防创造有利条件。②突击主要目标。隐形飞机利用其隐形效果好的特点突击主要目标,易达成攻击目的。③利用夜暗条件和不良气候作掩护出击。因为隐形飞机对可见光无法“隐形”。④与电子干扰机配合,协同作战。⑤小编队中低空出航,低空攻击。(9)饱和攻击战。这一战法主要用于对敌方的主要战略目标实施毁灭性的打击,以达到其战略目的。在现代空袭中饱和攻击已发展到真正的“饱和”程度。其原因:一是现代空袭飞机的载弹量大。二是攻击武器种类多,如普通炸弹、激光制导炸弹、空地导弹、空空导弹、巡航导弹、集束炸弹、航炮、火箭等,因此可执行多种攻击任务,攻击多种目标。三是攻击武器威力大,杀伤力巨大。如燃烧空气弹,其威力可与中型核武器相媲美。四是攻击时间长、强度大。(10)夜间突袭。是空袭飞机利用夜幕的掩护突击敌方的要害目标,增大空袭的突然性,减少损失的一种战法。现代空袭飞机除装备先进的火控雷达外,还普遍装备有前视红外系统及地形跟踪系统,能在各种恶劣气象条件下作战,特别是具有很强的夜战能力。此外还普遍使用了被动探测系统,使飞机能在雷达关机,无线电静默的情况下探测、跟踪和攻击目标。(《现代空袭十大战法》,《军事文摘》1996 年第 1 期)

(夏礼伯)

作战理论研究

中国作战理论研究　关于高技术条件下作战理论核心思想的概念和依据　中国作战理论的核心思想,是对作战指导规律的高度概括。所以,也称作战指导思想。它是介于战略与战役战斗层次之间的东西,是统摄作战方针、原则、战法,渗透于整个作战理论之中的主导思想或基本想法。它集中反映了战争指导与作战指导的辩证关系,体现了发挥自己的优势、实现“以劣胜优”的本质要求,对确立和规范作战的具体指导思想、方针原则和基本战法,都有着重要的导向作用。多数学者认为:研究和提出高技术条件下中国作战理论的核心思想,必须正视高技术条件下局部战争与以往机械化战争之间在内容、结构、表现形态等方面出现的质变,对以往的中国作战理论进行客观的审视和必要的扬弃;同时要考虑 4 个因素,即:与世界战略格局的新形势相呼应;与中国积极防御战略方针的新内涵相一致;与军队技术装备的现状和今后的可能发展相协调;与人民战争在现代条件下的新发展同步。(张幼明《80年代以前中国人民解放军战役指导思想的产生、发展及其启示》,《中国军事科学》1996年第4期)

作战理论核心思想的表述及其基本精神 近年来,学术界关于高技术条件下中国作战理论的核心思想或作战指导思想的提法较多,其中,比较有代表性的有:

“自主作战、以长制敌”的思想。强调在武器装备劣于主要对手的情况下,战胜强敌,除了发挥人民军队独特的政治优势以外,靠的就是作战指导方面的高度自主和完全主动,扬长避短,趋利避害,在对自己有利的时间、地点和条件下,以自己最有利的方式与敌作战,而决不按敌人设计好的方案与敌被动交锋。

“整体作战、重点打击”的思想。所谓整体作战,就是把作战力量、战场空间、作战手段等可能制胜的因素有机地结合起来,发挥整体威力,夺取作战胜利;所谓重点打击,就是准确把握作战的目标、时机、力量等方面的重点,以积极主动的作战意识,集中打击敌人整个作战体系的要害,震撼、瘫痪、瓦解和调动敌人,推动战局的迅速发展。

“攻势防御”的思想。突出的是高技术条件下积极防御战略的战役战斗上的进攻性,包括必要情况下战略上的外线作战。对敌人的局部入侵,实行战略内线防御、战役战斗外线进攻,快速反应,迅速机动,抢点占线,抗击敌人进攻,相机采取不同规模的攻势行动,用积极的反击、还击作战来扭转战局,夺取主动。对分裂祖国的浊流,实行战略上和战役战斗上的进攻性作战,以各种有效的作战手段达成作战的总目的。

“进攻速决、威慑制敌、独立作战”的思想。这一思想排斥持久制敌的观念,强调攻势行动、综合制敌和战区独立作战。

此外,还有“积极进攻”;“灵活反应,积极对抗,防反结合,以反为主,速战速决”;“多手准备,灵活反应,先机制敌,速战速决”;“集中力量,综合打击,灵活机动,各个歼敌”;“战区全纵深立体战”等等提法。以上提法,尽管层次不一、表述各异,但归结起来,有这样3个方面的基本精神:

强调不为强敌所吓倒,确立未来作战必胜的信心。这是研究和提出中国作战理论核心思想的基点。在任何时候、任何情况下作战,第1位的问题是对敌我双方情况和所处态势有一个正确的看法,不为敌人的强大所震慑,不为敌人一时的主动所左右,要充分看到自己的优势和有利条件,坚信经过自己的主观努力,能够实现作战力量的优劣转化,最终战胜敌人。夺取战场上的主动权,首先要保持作战指导或者说作战思维的主动权;否则,就会在思想上当敌人的“俘虏”,自己把自己导向失败。

强调作战的自主地位,不被敌人牵着跑。作战的自主地位,还不是作战的主动权,它是争取作战主动权的前提,主要是指作战指导主体的自主地位,即指挥主体在思考作战问题时必须始终坚持“以我为主”,不在敌人期待的时间、地点,不采用敌人预想的方式方法与敌作战。要把作战指导的注意力,始终放在便于充分发挥自己的优势、并对全局最有决定意义的问题和动作上。从而,化劣势为优势,变被动为主动,夺取作战的主动权。

强调根据高技术条件下局部战争的特点,扬己之长,克敌之短。长短是相对的,是发展变化的。每一支军队,都各有长短。在高技术条件下作战,仍要全面、辩证地认识敌我双方的长处和短处,并在作战中正确地发挥己方和避开敌方的长处,打击敌人和弥补自己的短处。这是改变作战力量对比、转换战场形势最基本的思路和途径。在认识敌我长短上,要防止思维定势,对当时当地和作战目标的具体情况进行具体分析,找出每战敌我双方的具体长短;在实行扬长击短上,要有“不入虎穴,焉得虎子”的勇气,敢于合理冒险,果断采取行动。(刘卫国、杭长钊《略论毛泽东的军事指挥风格》,《中国军事科学》1996年第2期;黄星、左全颇《自主作战,以长制敌》,《中国军事科学》1996年第4期)

作战理论核心思想的主要内容 根据多数学者的意见,高技术条件下中国作战理论的核心思想,大致包括以下思想内容:

*既重视技术的作用,更重视谋略的运用。*由于西方国家在战争中拥有较大的科技优势;发展中国家为了赢得民族解放战争或反侵略战争的胜利,自然要依靠自己谋略运用的传统优势,以弥补技术上的差距。谋略的运用,既有改变武器装备技术差和作战力量对比的一面,也有使技术发挥更大作用的一面。在武器装备与强敌相比差距较大的情况下,要战胜强敌人,既要充分发挥技术装备的作用,更要在作战指导上充分发挥主观能动性,与敌斗智斗谋,特别是要在高技术与谋略运用的结合上,出奇计、想新招,以奇克强。

*正规战与非正规战相结合,充分发挥非正规战对正规战的辅助作用。*正规战与非正规战相结合,是中国在高技术条件下作战的基本途径。中国所面临的未来高技术条件下局部战争,将主要在濒(近)海、内陆的战略前沿地区进行,中国军队打的主要是进攻战,这就决定了未来作战的主要样式和方法,是以联合作战为主

要样式的正规战。但是，在敌我武器装备和作战能力存在着显著差别的情况下，要想获得进攻作战的优势和胜利，仅以比较正规的作战方式和方法，与敌进行直接、正规的较量，是难以做到的。只有同时采取一些非正规作战的方式和方法，才能够限制敌人作战力量的发挥，弥补己方武器装备质量上的不足，提高作战效能，实现作战目的。

*确立机动战在作战中特别是进攻作战中的主导地位。*机动战是高技术条件下中国军队的主要作战形式。机动战的主动性，主要是通过进攻性和流动性来实现的。在高技术条件下，由于军队拥有强大的持续机动能力和超越障碍能力，战场上将很难捕捉到以静待动、以逸待劳的机会，战斗将在双方的高速移动中发生。根据敌我双方在战场侦察能力、机动与歼击能力、防空能力、指挥控制能力等方面的差距，以及敌作战部署和作战行动的特点，未来实施的机动战，在规模上，一般宜小不宜大；在歼敌目标上，一般口要张得尽量小一些；在作战力量的使用上，一定要集中精兵利器；在机动范围上，要远近结合，以近为主；在作战节奏上，要力争快打快歼，速战速决；在战法选择上，通常应采用急袭的方法。要善于采取多种方式进行多维机动，重视利用机动战的不确定性，实行机动与打击相结合，你打入我的纵深，我也打入你的纵深，调动敌人，创造战机，达成作战力量的相对优势。

*打破军兵种界限，按作战任务的类型编组作战力量。*要通过作战力量的优化组合，使各军兵种的作战功能以新的结构形式，最大限度地发挥出来。必须更新观念，打破军兵种界限，将各军种的同一性质和执行同一类任务的作战力量，根据作战的需要，进行统一编组，形成跨建制的合成作战系统；要从新的视角来认识和区分各种力量的性质，把侦察、电子对抗等部队作为高技术条件下的作战力量来编组。按照这一设想，可将作战力量大致编成联合侦察系统、联合电子对抗系统、空中联合打击系统、海上联合打击系统、陆上联合打击系统、联合保障系统等。

*转变集中兵力的传统观念，努力实现作战效能的集中。*在高技术条件下，由于军队侦察、定位能力和机动能力的增强，武器系统射程、精度、威力的提高，战场的兵力密度明显降低，集中兵力的内涵正在向集中效能的方向变化。这种变化，要求在作战效能的总量上，既重视数量，更注重质量；通过作战效益的评估，选择伤亡代价最小的、能够最快达成作战目的的作战力量，以最有效的作战方式，去完成作战任务。在高技术条件下局部战争中，应当最大限度地集中精兵利器，并尽可能地利用国家的高新科学技术力量和基础设施，以在一定的时间、空间内对敌形成相对的质量优势。

*着眼破坏敌作战系统结构，重点打击能够急剧削弱敌整体作战能力的薄弱部分。*在作战力量日益依靠信息网络系统相联结而形成一个整体的情况下，其作战结构中的某些“关节点”，既是发挥系统作战效能的核心部位，又是最易被攻击和破坏的要害部分。未来作战，不仅应当着眼于歼灭敌人的有生力量，而且应当首先关注并重点打击敌作战系统的“关节点”，从结构上破坏和瘫痪敌作战系统。在作战指导上，要力求及时发现敌作战系统中的结构性弱点，包括支持敌军作战的整个国家基础设施的关键性薄弱环节，使用精确制导武器、纵深打击部队、特种作战部队，灵活机动，给敌“软腹部”以毁灭性打击。与此同时，要随时准备对付来自敌人的反结构破坏，保护己方的要害目标，保持我之作战系统的稳定。

*从战场实际出发，实行更高水平上的集中统一指挥和机断专行。*高技术条件下，作战指挥发生了一系列深刻变化：一是信息技术的发展，使情报信息的近实时传递和共享第一次成为现实，导致指挥层次的减少；二是指挥自动化系统的使用，使得侦察判断情况、定下决心、采取行动的流程大为缩短，指挥效益明显提高；三是指挥与控制战异常激烈，指挥的地位作用更加突出，同时指挥系统的生存也受到空前的威胁，如何保持指挥的稳定性成为严重的问题。要适应这种变化，既要解决指挥手段问题，更要解决指挥观念问题。不论技术条件如何发展，作战指挥要解决的基本问题，始终是主观指导与战场实际如何相符合的问题。这里的关键，是指挥员的能动性问题。发挥指挥员的主观能动性，反映在指挥方式的运用上，是在更高的水平上实行集中统一指挥为主、集中统一指挥与机断专行相结合，防止在上述两方面出现片面性。（高国桢、叶征《80 年代以来中国人民解放军作战理论发展的回顾与思考》，《中国军事科学》1996 年第 4 期）

（黄　星）

对传统歼灭战观念的更新问题　有作者撰文指出，未来高技术条件下的局部战争促使中国传统的歼灭战思想在形式和内容上都必须有较大的发展。

从“累积型”向“结构瘫痪型”转变。“累积型”歼灭战是中国人民解放军在长期革命战争中创造的基本战法。其要旨是“积小胜为大胜”，逐步改变敌我力量对比，直至夺取最后的胜利。“累积型”歼灭战有几个明显特点：一是全面战争条件下造成的战略上的持久战。二是战役乃至战略目的的实现均要靠战术手段完成。三

是作战范围主要局限于战术纵深,战役配合主要是通过战术联系来实现。在已具备战役、战略打击手段,兵种、军种之间的战役和战略联系已建立的今天,"累积型"歼灭战在今后高技术战争中的地位将明显削弱,取而代之的将是"结构瘫痪型"歼灭战。攻击敌作战系统的关节点——通信枢纽、指挥中心、侦察系统等,瘫痪敌作战系统,成为致胜的关键。

从"由小及大"向"一锤定音"转变。中国革命战争所走过的路程,实际上是积小胜为大胜的发展过程。与此相联系,把决战特别是战略决战,放在战争后期,在取得小的决战胜利之后,再进行较大规模的战略性决战。但在未来高技术局部战争中,这种从战术上的小决战逐次发展到战略大决战的情况,一般不会再出现。因为未来高技术局部战争是速决战,没有"积小胜为大胜"的时间。战争一旦爆发,往往首战即决战。战争一开始双方便投入主力,而不是逐次投入兵力从小规模向大规模发展。随着高技术空袭兵器的发展,利用空袭达成有限的战争目的已成为一种战争模式。"一锤定音"的空袭,应当用"一锤定音"的反空袭来对付。

从"围攻部署"向"重点打击"转变。过去实行歼灭战,基本采取围攻部署,力求全歼敌人,不使漏网。在未来高技术局部战争中,传统的"围攻部署"型歼灭战面临挑战。一是敌拥有高技术远程兵器的优势,可对我战略目标进行空中突击,以求迅速达成有限目的。这样,传统的"围攻部署"型歼灭战的优势便难以充分发挥。二是主战场可能从陆地转到空中或海洋,"围攻部署"型歼灭战很难实现。三是在"围攻部署"型歼灭战中,部队调动、展开、协同均较复杂,需要一定的时间,而在快节奏、高效能的高技术作战中,受时间因素制约较大。因此,未来歼灭战的着眼点应放在破坏敌作战系统的功能上。从这一重点出发,精心选择敌之要害,有重点地实施快速打击,使敌之优势难以发挥,才是取得战争主动的关键所在。(俞世福、韩晓林《更新传统的歼灭战观念》,《解放军报》1996 年 12 月 11 日)

利用高技术武器装备连续使用的时限性之弱点破敌问题 有作者撰文指出,现代高技术武器系统的核心多是大功率的电子组件设备,而大功率的电子设备是不能像台式电脑那样长时间连续开机的。譬如"爱国者"防空导弹系统的多功能相控阵雷达,其功耗高达 150 千瓦,发射机等电子组件的发热量早已足够"烤全羊"。如此高的电功率,即便有散热冷却设备,武器系统内部的电子设备也还是相当热的。因此,现代高技术武器装备的作战使用大多是不能够连续的,而是间断式的,时开时关。其功能水平的发挥也不能长时间地维持在峰值上,而是在时空轴上波动的涨落。因武器电子设备过热而关机之时,就是武器系统有效控制空间(如无法捕捉目标、射程为零等)的功能处于"低谷点"之际。只要深谙高技术武器装备连续使用的时限性这个功能"低谷点",运用各种军事谋略手段,诱使敌军的高技术武器系统开机运行到过热时限点,迫使其装备因电子设备过热而不得不停机冷却时,发起决定性的攻击,必然会获得摧毁关键性武器的战果。(刘江平、邹芳根、马伟诺《高技术战争中的一种战机选择》,《解放军报》1996 年 12 月 31 日)

(木 工)

美军作战理论研究 *美军作战理论发展趋向* 1995～1996 年,美军为了使其军队建设适应新的国家军事战略的需要,在加紧进行硬件建设、提高战备水平的同时,积极研究、探索适用于 21 世纪战场的作战理论,提出了一些新观点,研究出一些新战法。

预测未来战争样式,认为将来可能主要打 3 种战争 一是大规模机动战。认为,就目前国际安全形势而言,大规模战争的可能性虽然较小,但不能排除。二是核、生、化战争。认为,现在世界上许多国家至少都拥有这 3 种武器中的一种,其中约 30 个国家拥有弹道导弹,而且多半处在冲突热点地区——中东、北非和亚洲。因此,这种战争的危险系数很大。三是游击战争。认为,对于那些经受不起美国及其盟国军队沉重打击的国家来说,它们的最佳抉择可能是不使用大部队同美军及其盟军进行正面较量,而是使用化整为零的小部队,广泛开展游击战争。有的文章指出,长期以来,不受美军重视的游击战,将来很可能成为小国以弱胜强,以落后装备战胜先进装备的有效战法。(迈克·凯恩著《美国 21 世纪战略和军队建设计划》,美国《战略评论》1996 年 7～8 月号)

构想未来战场所需要的军队,提出 2010 年 4 条作战原则和地面部队的 6 种行动样式 在美军高层领导人为配合国防部 4 年一次的《战略审查》而展开的预测性研究中,参联会主席沙利卡什维利于 1996 年下半年率先提出了《2010 年联合部队设想》,他从技术发展的趋势入手,提出了 4 条全新的作战原则:一是机动控制。要求在多维度上综合利用信息、打击敌人和机动的能力,部署和运用完全疏开的空、陆、海、天联合部队,去完成所受领的任务。二是准确击敌。即凭借一系列系统探测目标和提供灵敏的指挥控制,去达成理想的战果,评估胜利的大小并保持必要时再次予以准确打击的灵活性。三是全维保护。是指控制战场空间,在确保己方部队展开、机动和交战中能有行动自由的同时,为各级部队和设施提供全方位、多层次的防护。四是集中后勤。即综合利用信息、后勤和运输技术，为部队提供迅速的危机反应，即使在运补途中也能跟踪、转移和分发后勤资源，直接保障战略、战役和战术各级作战行动的持续进行。在这 4 条作战原则的指导下，陆、海、空三军首脑也都对各自的军种部队提出了 2010 年的构想。其中，陆军参谋长丹尼斯·丁·赖默在他的《2010 年陆军构想》中，提出了未来地面部队的 6 种行动样式：即投送部队、保护部队、确定作战空间、决定性作战、保持部队持续作战能力和夺取制信息权。该构想指出，这 6 种行动样式包含了 21 世纪部队从接到作战命令到完成任务、班师回国的所有行动。虽然这些行动之间互有联系，但它并不是固定的作战阶段，其关键是夺取制信息权。（美参联会主席约翰·沙利卡什维利《2010 年联合部队构想》，1996 年；美陆军部长托哥·韦斯特《2010 年陆军构想》，1996 年）

信息战的研究范围已由战场扩展到了国家社会，由战役战术低层次发展到了国家安全战略高层次 1996 年 8 月，美军 FM100-6《信息战》条令的颁发，标志着美军信息作战理论已初步趋于完善，条令把信息作为影响战役、战术乃至战略各级作战的重要手段。认为，在未来战场上，指挥官通过这种手段就可以最大限度地把部队人员、武器和装备有机地结合起来，从而可以产生比以往更加强大的战斗力、杀伤力和生存力。从目前美军对信息战理论研究的趋势看，对信息手段作用的认识已由战役、战术的低层次向战略的高层次深化。有的研究报告认为，如果使用信息武器，通过信息网络对一个国家赖以生存的基础设施和基本信息资源（像通信、交通、电力、金融等设施网络）进行软破坏或软摧毁，其破坏力可能不亚于一次核打击。使信息专家们更为担心的是，未来发动信息攻势的敌人，不仅可能是敌对的国家机器，而且还可能是非政府组织，甚至是个人、黑客。这种攻势不仅可来自境外，也可能来自美国境内。即是说，未来的信息战，可使战争的前方和后方、军用和民用以及战争与犯罪的界线变得扑朔迷离、模糊不清。从而使人们对于信息攻势很难做出有效的反应。

继续进行小规模数字化部队作战能力的研究和实验，探讨以少胜多的作战理论 美军自 1994 年 7 月成立“数字化办公室”以来，对陆军部队数字化的研究工作，已由初级阶段发展到了高级阶段。1996 年，美军在营特遣队的基础上组建了数字化旅特遣队，计划于 1997 年进行“高级战斗人员实验”。美军对实现 21 世纪部队数字化的基本要求是：①要有比敌人更快的反应能力；②要有广泛而又迅速获取情报信息的能力；③要能提高各种火力的综合打击能力；④要有建立与保持作战节奏的能力。针对美国军队规模正在缩小的具体情况，美军还结合上述试验，研究调整兵力结构、论证用小部队打大仗的可行性。美军的研究报告认为，兵力结构的发展趋势可能是：部队编制将朝着多系统混合编组的方向发展，这种编组不仅是跨兵种的，而且可能是跨军种的。因为未来的地面作战，不仅要依靠装甲车辆、火炮和直升机，而且也可能要综合利用远距离精确打击兵器和海、空军的其他武器。一些军事理论家认为，将来，一队队由计算机联系起来的小部队，将具有与 1 个 15000 人的师一样的作战能力。21 世纪部队的旅，完全有能力控制冷战时期师所控制的作战空间，承担现行师所承担各种任务。为了给小部队能赢得未来战争的胜利寻找依据，美军除了广泛进行实兵演习和作战能力论证外，还在探索以少胜多的作战理论。通过一项对 481 次战斗进行对比性研究的结果表明，打起仗来兵多总比兵少好的传统看法并非正确。在这 481 次战斗中，兵力占优势一方取胜的战斗才只有 175 次，占总次数的 36.4%；而兵力占劣势一方取胜的战斗反倒有 272 次，占总数的 56.5%（一半以上）；其余 34 次为敌对双方兵力相当。更让人意想不到的是，在劣势一方取胜的战斗中，占多数的还不是防御战斗，而是进攻战斗。由此不难看出，既然在双方武器装备水平相当的情况下都是这种结果，如果能占有绝对的技术优势，就更有小部队胜大仗的可能了。（〔美〕陆军上将威廉·哈佐格著《21 世纪的地面部队》，美《陆军》杂志 1996 年 6 月号）

探讨新战法，认为未来的作战行动将发生许多新变化 美军预测，随着高技术兵器的发展，特别是信息技术的开发和利用，未来战场的许多作战行动都将发生重大变化：(1)远战将取代近战，成为取得作战胜利的关键性行动。按照美军目前的作战理论，虽然战斗通常是在纵深、近距离和后方 3 个地域进行，但是近距离战场是主战场，近战是取得胜利的关键。然而，新理论却对此持否定态度。认为，精确武器将能够摧毁敌军，可能不会太需要或根本就用不着近距离作战。1997 财年《国防报告》认为，“与高效传感器，指挥与控制系统相结合的远距离精确打击武器将是未来战争中的主要支配力量。这种在远距离上作战，而不靠近敌人的作战样式，被认为是最适用于空地一体的陆战场。”美国战略与预算评估中心主任小安德鲁·F·克雷皮内维奇在一份报告中指出，随着远距离侦察与打击能力的提高，已使人们越来越偏爱远距离精确打击这种作战手段。实际上，如能确保信息优势，就能在各种冲突(从战略性冲突到战术性行动)中采取主动而又有效的军事行动。(2)采用全纵深同时攻击战法可以简化许多现行的作战程序。美国参联会主席沙利卡什维利认为，实时情报手段的出现，使计划的制定由程序式改为实时进行，因而所有决策也将是实时的而非预定的，这就会给今后的作战行动带来很大的变化，其主要表现是：信息技术同远距离精确打击武器相结合，赋予了全纵深同时攻击战法更广泛的涵义。由于掌握了准确而又实时的信息，能够从遥远的距离上把敌人战场的全纵深乃至敌人国土的全纵深，每个目标、每时每刻的数据都准确无误地传输给指挥、决策人和精确打击系统。一旦定下决心，即可将所有目标同时摧毁，仅一次攻击就能使敌人的全部有生力量处于瓦解状态。从而使现在这样靠密集的兵力投入一次次连续的战斗、去夺取胜利的战法用不着了；预备队的概念将成为历史。现在作战，指挥官都必须在各个梯队中保留预备队，以保护翼侧和后方的安全。这都是由于敌情不明造成的。在今后的数字化战场上，不必再考虑这些限制性要求。信息警戒比兵力警戒既可靠又节省兵力，因而指挥官完全可以毫无顾虑地把兵力集中用于最关键的时间和地点上。(3)空军远程奔袭和近距离空中支援任务将不再进行，夺取制空权的作战范围将扩大。美军理论界普遍认为，既然未来战场将主要使用远距离精确打击手段去夺取作战的胜利，现在由战略轰炸机执行的远程奔袭任务，自然也就没有执行的必要了。现在空军飞机对地面战斗进行的近距离空中支援，也将由远距离打击兵器和陆军自己的能遂行这种支援任务的先进直升机所取代。此外，由于未来战场的扩大，夺取制空权的作战范围也将扩大，制空权的定义将重写。按照新的作战理论，像今天这样，夺取制空权仅仅是把敌人飞机、飞行器驱逐出战场空域之外的作法已远远不够。而应该包括“使敌人丧失部署远程精确打击兵器的能力和压制敌方情报、导弹、飞行器及防空的能力。”这就意味着，将来夺取制空权的作战行动，不仅要在战场上空进行，而且还将在战场以外的空中、海上和地面进行；不仅要打击、压制敌人投入使用的空袭兵器，还要打击、摧毁尚未投入使用、可能对战场产生影响的空袭兵器和手段。(1996 和 1997 财年美《国防报告》；美陆军上将威廉·哈佐格著《21 世纪的地面部队》，1996 年 12 月出版)

(刘书礼)

美陆军提出“全维作战”理论 有作者撰文指出，随着国际环境和武器装备的不断发展变化，美陆军的作战理论也在不断调整和更新。1993 年 7 月，美陆军颁布的新版《作战纲要》指出：“本条令提供全维作战使用的军事理论”。美陆军前训练与条令司令部司令小弗兰克斯上将也称，新纲要将“超越‘空地一体作战’理论，构成全维作战理论”。1994 年 8 月，训练与条令司令部又颁发第 525—5 号手册，介绍了“21 世纪初战略陆军全维作战发展构想”，进一步发展了 1993 年版《作战纲要》提出的全维作战理论，阐述了“未来的全维作战理论”。自 1993 年以来，美陆军已经将“全维作战”理论作为其基本作战理论，以取代 1993 年以前所使用的“空地一体作战”理论。

何谓“全维作战” 美军新版《作战纲要》认为，“全维作战”是“在战争和非战争行动的各种可能行动中运用所掌握的一切手段，以最小的代价去果断地完成受领的任何任务”。“全维作战”包括战争行动和非战争行动两个方面。在战争行动中，“全维作战”就是一名陆军指挥官运用所有可利用的力量来完成任务，其目的是彻底打败敌人。因此，需要在同时进行的纵深作战、近距离作战和后方作战中统一使用各种武器装备，实施统一的指挥与控制。它通常以多军种、多兵种、甚至多国部队联合作战行动来进行。在非战争行动中，“全维作战”就是通过各种方法手段，以最小的代价，迅速达到军备控制、人道援助、安全援助、打击恐怖活动、维持和平行动、显示力量、对叛乱和反叛乱行动的支持等行动目的。可见，“全维作战”所称的“全维”并不仅指时间和空间上的涵义，而且还包括行动的方式、具体任务、使用手段等等更广泛的内容，其中特别突出了行动的灵活性，涉及作战空间的各个方面，具有“全纵深、全高度、全正面、全时间、全频谱、多手段”的特点。“全维作战”理论将是美陆军未来作战的核心理论。

“全维作战”的基本要求 (1)利用先进技术，实时定位跟踪，提高作战效能。“全维作战”以高技术为依托，用先进装备来取胜。战前，首先利用包括无人驾驶飞行器在内的多种传感系统，对各种战场重要目标进行定位、识别、跟踪，查清整个战区内的敌情，并利用多功能系统迅速提供实时的全方位情报，指导打击系统实施攻击和对打击情况进行评估，提高反应速度和作战效能。(2)利用 C^4I 系统，发挥综合威力，实施全纵深打击。“全维作战”利用“陆军作战指挥系统”，实施情报、信息、指挥、协调等一体化处理，充分发挥各军种、兵种的综合威力，在战场全纵深判明、识别和打击关键目标。(3)实施电子战，夺取制电磁频谱权，打赢信息战。未来战争将向全维方向发展，控制电磁频谱是重要一环。“全维作战”中，在发动地面与空中攻击之前，必须实施有效的电子战，迷盲敌之通讯联系，混淆视听。通过各种高技术手段夺取制电磁频谱权，赢得信息战的胜利，控制战场的主动权。(4)突出精确打击，破坏战略重心。“全维作战”理论要求在作战中最大限度地利用和协调各军种、兵种的精确打击能力，在战场全纵深同时实施攻击，重点打击敌人的战略重心，瘫痪敌战场，使之整体态势处于被动局面，快速、有效地达成预定战役目的与战术目标。这是“全维作战”的核心内容。(5)实施战区防御，有效保存自己。有效地保存自己的有生力量和高技术装备不被敌方破坏是实施“全维作战”的必要前提。在作战中，“全维作战”行动赖以实施的各种高技术目标都将成为对方重点打击的对象。因此，要建立战术防御系统和战区导弹防御系统，提高对巡航导弹、无人驾驶飞行器的防御能力，有效地保护自己，确保“全维作战”的实施。(潘少英《美陆军“全维作战”理论浅析》，《外国军事学术》1996 年第 9 期)

“全维作战”的主要特点　与“空地一体作战”理论相比，“全维作战”理论主要有以下特点：

重新确定了美陆军的任务和行动范围。“全维作战”理论重新确定了美陆军所承担的任务，并明确将不确定的和地区性的突发事件视为美陆军当前和未来所面临的主要挑战，要求陆军在上述背景条件下通过实施中低强度的战争和非战争行动达成目的。80 年代初制定的“空地一体战”理论，主要是针对以前苏联为主体的华约军队，所涉及的作战环境主要是欧洲战场。因此，陆军的基本作战任务是在核威胁条件下进行大规模常规战争。随着苏联解体，华约解散，美国所面临的最大的军事威胁不复存在。空地一体作战理论失去了针对性和存在的前提。“全维作战”理论是冷战后时期为未来全球战略而制定的，具有较强的适应性，旨在应付全球各地的不同危机，它针对不确定的各种敌人，作战对象多样化，旨在应付各种威胁。其军事行动不仅包括高、中、低强度的战争行动，而且包括维和、扫毒和平息国内的骚乱等非战争行动。将非战争行动写入基本作战理论中，反映出美陆军对未来任务范围扩大的深刻认识。这在美陆军史上还是第 1 次。

*强调陆军在更广泛的联合作战中发挥重要作用。*新纲要指出，在未来战争和非战争行动中，“陆军不会单独行动”，而将作为“联合部队、联军或机构间联合部队的组成部分”，与其他部队(机构)协同完成任务。由于陆军在过去战争中一直发挥着主要作用，陆军至上的观念在陆军中曾有很大市场。80 年代初，美陆军提出空地一体作战理论，将陆空联合作战提到了前所未有的高度。力图通过与空军有效地联合，充分发挥装备技术优势，以此抵消华约集团的兵力数量优势。苏联解体后，陆军对联合作战重要性的认识并未改变。陆军认识到，在执行未来的、各种各样的任务时，陆军不仅将与其他军种联合行动，而且还要与各种政府机构与民间机构、其他国家军队及其各种机构，或国际机构共同采取行动，才能顺利完成任务并取得最佳效果。与冷战时期相比，陆军将在更广泛的联合中采取行动。不过，美陆军同时认为，虽然在未来作战中陆军不能单枪匹马完成任务，但由于未来战争和非战争行动多数仍将在地面发生，陆军将在以陆地为主的全维的联合(联军)作战中起核心作用。

将“兵力投送”确定为陆军兵力运用的基本方式。“兵力投送”是指陆军兵力从动员到投送至目标地区、在该地区完成任务、撤回并复员的整个过程。它包含了各种不同的任务类型和作战样式以及所有具体的兵力运用方式。海湾战争以后，美国对其国家军事战略进行了大幅度调整，提出了“地区防务战略”，将军事力量的“前沿部署”形式调整为“前沿存在”，即以少量兵力和预储物资在“前沿”配置，以便在事变发生时起到防止事态扩大的作用，尔后通过“力量投送”的方式向事发地区派遣重兵集团去赢得胜利。“兵力投送”便是陆军为适应战略“力量投送”的需要而提出的兵力运用方式。美陆军之所以在新的作战理论中着重强调“兵力投送”的运用方式，是因为除在国内执行任务外，还要根据国家军事战略要求更多地在海外执行任务。空军和海军，其本身就具有战略机动能力，从来就是用于“投送”的力量，而陆军则不然。它从以前与作战对象面对面抗衡的态势下转为无接触的状态，所以在海外执行任务时，必然要经历一个战略接敌的过程。“兵力投送”理论正是为了这一需要而提出来的。“兵力投送”理论与原来的“前沿部署”理论相比，其针对性相对减弱了，但任务的适应性却增加了，因而更为灵活和主动。“兵力投送”理论的实质是强调陆军在美国军事力量占优势的情况下到海外执行任务，因而在战略上有很强的进攻性。

*将全纵深同时攻击确定为美陆军攻防作战的核心战法。*战略格局的变化，冷战时的强敌和广阔战场为相对较弱的对象和较小的作战地区所取代，以及美军着力加强质量建设，其作战能力的提高，是美陆军提出全纵深同时攻击思想的重要条件。新的作战理论要求，陆军在联合作战中应“力求在战场全纵深同时攻击敌人”，并在联合部队中的其他军种、其他国家军队以及参与联合作战的各种机构的配合下，动用一切手段(包括杀伤性和非杀伤性手段)，连续地对敌人进行攻击。

美陆军认为,全纵深同时攻击将是未来美军作战行动的一个重要特征。全纵深同时打击的最终目标是,通过在战场全纵深实施防不胜防的大量行动,使敌丧失还手之力。为达成对敌全纵深同时攻击的效果,"全维作战"理论要求必须充分利用陆军作战指挥系统的数字化能力,首先打赢信息战,尔后再充分利用联合部队的精确打击能力,在攻击敌战略重心的同时,对整个战场上所有重要目标实施打击,一举击败敌人。

强调充分认识和利用"作战动态因素"。"作战动态因素"包括5个方面:作战指挥、作战空间、全纵深同时攻击、早期进入和战斗勤务支援。美陆军认为,情报与信息技术方面发生的革命性变化,将使部队编制、指挥方式和程序发生较大变化,这些变化一方面要求美军应首先赢得信息战,确保"陆军作战指挥系统"的有效性,另一方面要求军官与士兵具有更强的能力和更高的水平,以便控制更大的作战空间;引入作战空间的概念,将使陆军能更加充分地利用联合作战和信息战的优势,在与敌交战之前便将其打垮,或在战场上适时达成有利的态势,或以火力、机动等手段充分发挥陆军战斗力的特长;作战空间的扩大,要有效地对其控制就必须有全纵深同时攻击的能力。陆军认为,"把使用杀伤和非杀伤手段实施纵深作战与同时攻击的概念结合在一起可产生一种动态能力,从空间、时间和目的的角度扩展作战空间",可在全正面、全高度和全纵深上直接打击敌人。在兵力投送背景下,陆军是否能较早地到达任务地区,已成为能否实现美国战略目标的一个关键。因此,陆军要在部署前进行多种训练,周密制定战略机动计划,并准备以强行进入的方式达成目的。

战争与非战争行动要求"发展多能的、可部署的和可扩编的后勤系统"。虽然现役和后备役部队的模块式单元能迅速组合成部队的后勤系统,但未来作战要求它具有与作战部队相匹配的能力,即将战略、战役和战术级的后勤编成一个严密的统一体。(董鸿宾《试淡美陆军"全维作战"理论的特点》,《外国军事学术》1996年第6期)

"全维作战"的指挥与控制 *充分发挥信息技术优势*。"全维作战"理论把信息的获取、处理和利用作为指挥与控制的核心,强调战场信息是制胜的关键。为提高信息传递和处理时效,美军十分强调发挥信息技术的优势。一方面,运用先进的指挥系统,确保己方信息的畅通无阻;另一方面,运用多种手段,破坏或摧毁敌人的信息系统。在保障己方战场信息畅通方面,强调作战信息的互联性和战场情报的广播式传递。美军认为,广播式情报的快速分发,对各级部队都是至关重要的。而互联式信息将在情报、作战、火力支援等方面发挥重大效益,增强所有作战系统的效能。

分层式指挥与非分层式指挥并用。分层式指挥与非分层式指挥,是美军未来全维作战指挥的两种不同方式。分层式指挥,是按编制级别逐级逐层地实施指挥。其特点是信息流和决策依纵向等级进行。而非分层式指挥,则不按编制级别,依据战时需要实施横向指挥。其特点是信息流动和决策横向化。美陆军认为,分层式与非分层式或互联式的信息处理体制将同时并存。如指挥官下达重要作战命令时,可按分层式程序实施指挥。有关军种或后勤、运动控制、防空预警、情报等其他行动的信息,则可以通过非分层次程序实施指挥。一些战场职能,如火力支援等,则可以使用两种形式。分层式指挥与非分层式指挥将改变领导者与被领导者、指挥者与被指挥者之间的关系。尤其是非分层式指挥将使作战指挥的体制趋向"扁平"。综合运用分层式指挥与非分层式指挥,将有利于提高指挥与控制的时效性。

注重指挥与控制战。指挥与控制战是信息战的一个主要组成部分。指挥与控制战旨在保持己方指挥与控制系统的完整,使作战指挥所需的各种信息畅通无阻,并综合运用多种手段,破坏或摧毁敌方指挥与控制系统,使敌人作战指挥的信息梗塞、失效和混乱。指挥与控制战适用于各类军事行动和所有战争级别。指挥与控制战将在地面和空中作战之前或同时进行。

利用陆军 C^2 系统实施指挥。美陆军 C^2 系统,是将已列装和正在研制的陆军各种指挥与控制系统纳入一个全面一体化的、互通兼容的系统。该系统可与上至国家指挥当局下至散兵坑紧密相联。各级指挥官乃至士兵可从该系统中直接调用所需信息,实现"信息共享",实时掌握敌我双方的情况,从而增大战场的透明度,以保持各部队之间协调一致的行动。先进的陆军 C^2 系统及新信息技术能使指挥机构履行更多的职能。

强调指挥官的主观能动性。美军认为,指挥官必须在各种任务、各种作战情况、各种地理环境中展示出成功地实施指挥与控制的才能。同时,士兵仍然是陆军最大的情报来源。美军作战指挥的情报将来自每个武器平台的数字化系统以及每一名士兵。这样,指挥官就能掌握部队中每个作战系统和每个士兵的位置。在全维指挥与控制战中,指挥官的洞察力、判断力和决策力,仍十分重要。(张培高《美陆军全维作战指挥与控制的主要特点》,《外国军事学术》1996年第3期)

"全维作战"对美陆军建设产生影响 为适应"全维作战"的需要,美陆军将重点做好以下5个方面的工作:(1)在作战理论方面。美陆军认为,"全维作战"理论应该是"活的"理论,要根据作战环境的变化、当前作战行动的经验、作战技术的发展、作战模拟与实验的结论不断完善。未来作战理论的一个重要特点是"多能",以适用于多种情况和对象。(2)在训练方面。首先,未来战争和非战争行动是联合和联军作战,对联合训练提出了更高的要求,美陆军将重点加强这方面的训练。其次,利用先进的模拟器材和软件进行训练,可以节约训练经费,提高训练效果,并使训练不受时间和地点的限制。此外,训练设施形成互联网络后,不同部队可以在不同地点共同进行训练。最后,营以下分队在作战中对协作能力的要求相对较高,需要继续加强野战环境下的训练,作战训练中心将提供逼真的训练环境。(3)在官兵培养方面。美陆军认为,高素质的官兵仍然是未来作战取胜的关键。军官和士官要当好领导者,需要进一步提高其领导与指挥能力。首先,要学会正确行使指挥权。其次,要培养多种领导与指挥能力。未来作战对士兵的素质也提出了更高的要求。因此,一方面要加强对士兵的培训,使其能遂行多种任务,熟悉各种武器装备的使用方法,掌握多种作战技能,具有良好的心理素质,适应高技术、快节奏的作战行动。另一方面,要发展供士兵使用的单兵防护装具、通信器材和武器系统,提高士兵的快反、生存和作战能力。(4)在编制体制方面。美陆军在设计未来部队的编制体制时,将遵循下列原则:第一,适于根据作战需要快速"裁减"部队;第二,便于进行信息处理和分发;第三,针对具体任务调整官兵比例;第四,以师作为主要战术单位;第五,对战斗支援和战斗勤务支援部队采取"可组合"的编组。(5)在武器装备研制方面。武器装备的研制将围绕提高部队的机动、生存、杀伤、保障、指挥、控制与通信能力进行。为此,美陆军将重点研制下列武器装备:战略运输与预置设备,远程精确打击武器,隐形装备,防护器材,天基侦察、通信、情报、定位与导航系统,计算机等微电子设备,灵巧与智能武器,无人驾驶飞行器等机器人系统,生物工程系统等。(《美陆军"全维作战"发展构想》,《外国军事学术》1995年第8期)

美军提出精确战的全新作战样式　美国军事学术界近年有人提出精确战这一概念,认为它是一种全新的作战样式,它的产生是武器精度提高和战场透明度增大综合作用的结果。

精确战的基本类型。(1)*进攻行动*。由于战场信息是制胜的关键,因而指挥官应在作战伊始便使用尽可能多的这种信息搜集设备来收集情报信息,并使用精确弹药在尽可能远的距离上首先攻击敌人的指挥、控制、通信与情报系统。当己方战斗部队沿接近路运动时,在双方接触之前要用远程精确间瞄火力攻击可发现和袭击己方战斗部队的敌军,为战斗部队开辟通路。当敌反突击部队进行运动时,要用精确弹药在预设交战地域把敌军消灭。在精确战中,进攻行动有以下特点:一是在实施攻击前,战斗部队不集中兵力。把实施攻击的部队分为若干小分队,并使之沿着尽可能多的接近路前进。二是不集中间瞄火力。只用精确弹药攻击敌指挥、控制、通信与情报系统和直接威胁到己方实施攻击的战斗部队的敌军。(2)*防御行动*。在精确战中,防御行动与进攻行动没有根本的不同。防御部队指挥官还必须实施有限的攻势行动,以防止进攻部队实施协调一致的一体化进攻作战。防御部队指挥官将把其部队分成若干机动小分队,以防止向敌人提供大型固定目标,避免与优势兵力之敌进行决战。在开战时,将首先动用所有可供使用的远程信息搜集系统,以查明敌进攻行动的重心。为了攻击敌重心,防御者将首先用远程精确弹药、电子战器材压制敌指挥、控制、通信与情报系统,以致盲和瘫痪敌军,防止敌军对己方突击行动做出协调一致的反应,尔后,己方部队将用远程精确火力切断通向敌重心的机动道路,而己方战斗部队则迅速而短暂地集中兵力,消灭敌重心,然后撤离。

精确战可能产生的影响。(1)战场伤亡大大减少。掌握更多的信息,可以避免受到通常会造成严重伤亡的突然袭击和其他战场灾难;能确定与敌人何种部队、在什么时间必须进行决战,可避免实施不必要的、会造成重大伤亡的直瞄火力战;使用远程精确火力来摧毁关键目标比使用直瞄火力要安全得多;由于只攻击那些为完成任务而必须攻击的目标,所以己方部队暴露的时间可大大减少;摧毁敌指挥与控制系统,可使敌战斗力陷于瘫痪,从而使敌我双方的伤亡减到最低限度。(2)部队的作战能力大大提高。决定一支部队作战能力的重要因素之一是,它以适当的兵力在适当的时间、适当的地点进行作战的能力。由于指挥、控制、通信和情报系统的改进,将能够在最有利的时间、地点使用各种战斗部(分)队,选择正确的决定性地点的概率就比以前大得多。即使他选择错了,先进的指挥、控制、通信与情报系统也能使他及早发现错误,相应地调整部署。(3)部队规模大大缩小。部队战斗力提高后,指挥官可用较少的兵力遂行更繁重的战斗任务,特别是与不适应打精确战的部队作战更是如此。在战场上更精确地用兵,也会对部队结构有很大影响。例如,可以大大减少提供一定规模火力支援的间瞄火力支援分队的数量。有了精确弹药和先进的指挥、控制、通信与情报系统后，可以大大提高弹药击中目标的概率，从而压缩所需火炮的门数，战斗勤务支援量也会相应下降；同时，也可更准确地预测物资需求的时间和地点，从而相应减少物资储备量。(4)部队机动力大大加强。精确战部队必须具备对战场信息能迅速做出反应的灵敏性，必须具有更大的战术和战役机动能力。由于精确战部队的兵力兵器量少而质高，因而在作战中使用的接近路不仅数量少，而且路况也可差一些；同时由于后勤保障需求量的减少，可大大压缩能削弱部队战役和战略机动能力的后勤保障部队的数量。(〔美〕理查德·邓恩《从葛底斯堡之战到海湾战争之后》，1993 年版)

美海军重视在地区危机与冲突中发挥作用 有作者撰文指出，美海军部队是美国实施海外军事干涉的一支重要军事力量。冷战结束后，随着美国军事战略的重点转向对付地区危机和冲突，美国军事当局更加重视海军部队在应付地区危机和冲突中所应发挥的作用。

美海军部队的基本任务 从平时、危机时期到战时，美海军部队的任务可分为：①威慑。美国实施威慑战略的两种最有效形式，就是海军的前沿军事存在和向危机地区投送力量。②海军非战争行动。美国指挥当局可利用海外军事存在部队，遂行反恐怖行动、报复性袭击、救援行动、非战斗人员撤离行动、缉毒行动或海上拦截行动。③海运。在美军海外军事行动实施过程中，海运一般占全部货运量的 90～95%。④参加联合作战行动。

应付地区危机时的运用 美国运用海军部队应付危机的手段主要有以下几种：①海上兵力集结。例如 1994 年 7 月，美国借口“朝鲜核问题”，向朝鲜半岛外海派遣了“小鹰”号航母战斗群；②海上封锁和设立“空中禁飞区”。③有限打击。例如 1993 年 6 月 26 日，美国借口伊拉克曾企图暗杀美国前总统布什，使用舰载巡航导弹袭击了伊拉克的情报、通信和指挥中心。④入侵威胁。例如克林顿政府于 1994 年 9 月 15 日下令美大西洋司令部编配了由 2 万人组成的入侵海地部队，于当月 19 日未遇抵抗占领海地。

应付地区冲突时的运用 美国海军《作战纲要》规定，在冲突期间，美海军的基本作战任务是：控制海洋，通过对海洋的控制，确保海军从海上接近敌方海岸，并寻机展开“由海向陆”的作战。它认为，只有在掌握制海权之后，美军才可能保护海上交通线的畅通，使美海军可以向岸上投送力量，并对前沿部署的战斗部队遂行海上后勤支援。美军才有可能展开“由海向陆”的作战行动。美海军主张，以海军前沿部署和后续增援部队组成海上远征部队，用于遂行联合作战。在介入地区冲突时，由该司令部指挥官统辖在该海区活动的所有海军部队，并视作战情况的变化，可灵活地把司令部设在航母、两栖指挥舰、两栖攻击舰、海上预置舰或岸上。为了充分发挥海军各兵种部队的作用，美海军确立了在地区冲突中运用其兵种部队的基本指导思想：①海军舰载航空兵一般在冲突爆发前先行到达出事地区，用于在冲突前期夺取制海权和制空权。在后续空军部队到达冲突地区后，舰载航空兵可作为联合空中力量的一部分，参加空中作战和支援地面作战。②舰载陆战队部队一般在冲突爆发前就被派往出事地区，作为海上远征部队的一个组成部分，遂行两栖袭击、强行进入、岸上作战等任务。在后续联合部队进入作战区后，陆战队地面部队与陆军部队在联合军种地面部队司令部的统一指挥下，遂行登陆作战任务。③攻击潜艇部队一般配属航母作战大队或海上行动大队，也可先于其他部队进入出事地区，遂行压制性打击、牵制、侦察、监视和布雷等任务。潜艇还可作为陆战队员秘密登上敌岸的载体，支援特种作战，也可发射巡航导弹，对敌岸实施攻击。④水面舰艇部队可遂行下述作战任务：保护航母、两栖舰艇与后勤舰船；协助夺取和保持制海权；进行战区内的弹道导弹防御；用巡航导弹打击敌岸上重要目标；为两栖作战和岸上作战提供舰炮火力支援。⑤海运部队用于为联合作战部队运送人员、装备、补给品，以保障持续作战的需要。(赵辉、钱俊德《美海军在地区危机与冲突中的运用》，《外国军事学术》1996 年第 7 期)

美军提出两栖作战新思想 有作者撰文指出，近年来，随着高技术武器装备的飞速发展，美军十分重视对两栖作战的研究，提出了一些新的两栖作战思想。其主要特点及发展趋势是：

强调力量优势，确保“取得对两栖目标区的控制” 为确保两栖作战的成功，“取得对两栖目标区作战空间的控制”，美军特别强调：(1)登陆兵对敌岸守军的优势。美军历史上实施的数十次大规模两栖作战，登陆兵往往占有 3～5 倍于敌的优势。美军这一传统沿袭至今，即使是小规模的登陆作战也是如此。(2)海、空军和电子战力量的绝对优势。美军认为，未来两栖作战中的“这种作战空间控制，必须包括反潜作战、水面作战、反空袭作战、战场封锁、外层空间战、电子战和战区导弹防御”。除登陆部队要构成对岸防之敌的力量优势外，在海、空军和电子战力量方面也要占有数倍、甚至数十倍的优势，才能真正控制住两栖目标区的战场空间，瘫痪敌人的海岸防御。

采用新式上陆工具，进行“超地平线登陆” 美军认为，远程火力、岸基导弹和精确制导弹药在两栖作战中的广泛应用，使传统的登陆方式受到了严重挑战。为适应新条件下两栖作战的需要，美军提出了使用新一代快速上陆工具的“超地平线登陆”作战样式。这些快速上陆工具包括各种新型的气垫登陆艇，“鱼鹰”式倾转翼飞机、各种直升机、高速两栖攻击车辆等。依靠这些先进的上陆工具，美军可使两栖突击从视距范围之外发起，从而达成登陆的突然性。未来登陆作战，美军遂行首波突击的部队将由两栖运输舰船机动至距敌岸40～50 海里的水域进行换乘并发起攻击，遂行垂直登陆任务的部队由两栖攻击舰机动至距岸 50～60 海里的水域实施突击。这种“超地平线登陆”的作战方式，使登陆兵上陆的速度大大加快，既可避免敌岸防火力对登陆部队两栖舰船的打击，又可削弱敌军向登陆方向机动兵力和组织有效反击的能力，在敌作出反应之前突击上陆，达成战役战术上的突然性。

灵活选择登陆地点，避强击弱 为达成现代条件下登陆作战的突然性，美军要求两栖作战计划只初步选择登陆地点和着陆区，在航渡过程中再根据最新情报最后确定，以便指挥官灵活选择登陆地点，从敌海岸防御最薄弱处登陆，进而集中力量打击和扩大敌弱点，使敌来不及调整部署和作出集中兵力的反应。美军这种随机选定主要登陆地点的登陆方式，给进行海岸防御的一方选择设防重点增加了难度。即使在两栖突击中遇登陆地点的顽强抗击，美军也可依靠其新型登陆装备的机动性，随时改变主攻方向，避强击弱，迅速在敌岸防体系中打开缺口。

加大首次突击中垂直登陆的兵力 由于新式登陆工具的大量使用和垂直登陆兵力比重的增大，美军规定，今后首波突击登陆要以 2/3 的兵力搭乘直升机和倾转翼飞机实施垂直登陆，1/3 乘登陆艇和两栖突击车实施水面登陆。这种垂直登陆与水面登陆相结合的战法，改变了传统单一的由舰到岸的登陆方式。垂直登陆的机降突击部队首先在敌防御纵深着陆，打击敌第 2 梯队、预备队和其他纵深目标，破坏纵深内的一些关键性目标，孤立和分割登陆场，阻敌增援。搭乘气垫登陆艇、高速两栖攻击车辆和其他登陆艇从水面上陆的登陆兵利用垂直登陆部队的战果，并与之紧密配合，对敌实施前后夹击，可使登陆行动在登陆场的全纵深同时展开，使敌首尾难顾。

重视联合作战和上陆前的先期作战 美军认为，未来的两栖作战将是一种最复杂的空地海天一体化的联合作战，只有发挥诸军种的整体合力，才能保证以最小代价夺取两栖作战的胜利。美军在两栖作战中的联合行动方式：一是由海、空军联合进行两栖特遣部队向两栖目标区的快速兵力投送。二是充分发挥航母战斗群的制空、制海作用，掩护两栖舰船的集结、装载和航渡并支援登陆行动。三是以航天部队的卫星侦察，搜集登陆方向有关敌情、地形、天候等情况，进行反战区导弹的预警。四是空军和海军航空兵联合布雷，封锁敌航线，保证两栖舰船的航渡安全。五是诸军种联合支援登陆突击和上陆后的地面作战行动，海空军出动各型作战飞机舰艇，进行登陆滩头的扫雷、破障，突击敌方岸防工事及后续梯队，封闭登陆场的后沿，遮断敌纵深反突击部队，提供各种战斗及战斗勤务支援等。

美军强调，在两栖作战登陆之前要进行大规模的先期作战。通过先期作战，夺取登陆地域的制空权、制海权、制电磁权，孤立战场，削弱以至瘫痪敌人的整体抗登陆能力，调动或牵制敌军部队，隐蔽真实的登陆地点，为突击上陆创造条件。美军登陆前的先期作战手段多种多样，包括战略和战役战术欺骗、海上作战、空袭、导弹袭击、两栖佯动、小分队纵深袭扰破坏、电子战、心理战等。其主要特点：一是时间通常较长，大规模的两栖作战的先期作战时间可达数月之久，往往从制定两栖作战计划时便开始，持续到发起上陆突击行动为止；二是先期作战通常在一个比实际登陆场大得多的范围内进行，使敌难以判断真正的登陆地点，以达成登陆战役战术上的突然性；三是重视两栖佯动，以部分兵力牵制敌军主力；四是广泛进行心理战和信息战。

两栖作战的发展趋势 为适应今后“由海向陆”两栖作战的需要，美军在不断研究和试验未来两栖作战的理论和样式。美军近年来试验了在无线电静默条件下的突击上陆作战，还提出了“两栖打击 95”方案，其要点：一是强调在今后的两栖作战准备中须采取更多和更先进的隐蔽手段和欺骗措施，以达成战术上的突然性。二是要求两栖部队应在夜间或恶劣天气条件下实施登陆，采取超视距攻击和近岸攻击两种登陆方式，保证在登陆突击发起后的 90 分钟内输送 8000 名登陆兵上陆，夺取立足点，并快速形成向纵深突击的力量。（王和平《美军两栖作战特点》，《外国军事学术》1996 年第 4 期）

美军更新登陆作战思想 有作者撰文指出，80 年代以来，随着军事技术的发展，美军的登陆作战理论和作战方法不断更新，登陆作战的地位进一步提高，在对外作战，特别是应急作战中，登陆作战已成为美军应付地区冲突的主要作战手段。根据美军新版《作战纲要》和近期发生的几场局部战争及登陆演习看，其登陆作战的行动特点是：

隐蔽企图,分散装载 美军新的作战理论强调,上船装载必须分散、隐蔽地进行。因此,联合两栖特遣部队的人员和装备物资通常分散在相距数百千米乃至数千千米的数个不同上船点装载上船,然后驶往指定海域会合。美军登陆作战装载时,先遣部队和突击梯队通常采用战斗装载法,即按保持部队战术完整性的要求将人员、武器装备和补给品装载在同一艘两栖舰船上,以便卸载后能迅速投入战斗。1个师或军规模的登陆,其准备时间为1.5至2个月;1个师通常有5个以上的码头作为装载点。

灵活编队,疏开航渡 航渡是从舰船由会合海域启航开始,至主力抵达目标地域海上梯队区指定位置时结束。美军为隐蔽作战企图和登陆部队的动向,登陆部队海上航行时,通常采取小编队、成疏开队形,以不同航路多梯队地向登陆海岸前进,并要求选择隐蔽的航线,尽量利用夜间和能见度不良的气候航行。1个陆战师(旅)通常由1个航渡大队负责输送。在登陆作战海上航渡过程中,为防御潜艇及其他兵器对输送船队的袭击,通常将输送船队编为环形队形,周围以护航航母、战列舰、巡洋舰、驱逐舰、护卫舰和扫雷舰只编成环形警戒幕,对输送船队实施护航警戒。

密切协同,突击上陆 突击上陆是登陆作战的决定性阶段,关系到登陆作战的成败。因此,美军强调,必须周密组织,参战部队要密切协同,突击梯队要以最快的速度实施上(着)陆突击,后续部队要不失时机地上陆迅速投入战斗,迅速扩大战果,以达成登陆作战的目的。这一阶段的主要行动是编组海上梯队队形,即运输舰大队及其掩护支援舰群发起登陆突击前在海上的展开队形。实施直接火力准备,即从突击上陆前2～3小时开始至登陆部队进入上(着)陆点的安全界时止,此后转为火力支援,主要是对新发现的目标和登陆地域内敌防御配系实施猛烈的航空兵、导弹和舰炮火力突击。进行上(着)陆突击,即由突击部队和后续梯队先后实施的上(着)陆突击。陆战师的突击部队由陆战步兵、坦克兵、炮兵及其他战斗支援部队编成,其兵力约为师战斗部队的2/3(两个陆战团及支援部队)。突击部队要求在60～90分钟内上陆完毕。陆战师的后续部队的兵力通常为1个陆战团及支援部队。在突击部队开始行动时,进入换乘区进行换乘、编波,尔后向前机动,根据召唤向岸进发、上陆。师的战斗支援部队和战斗勤务支援部队跟随后续部队之后,通常不经换乘,利用已夺占的港口、机场或临时构筑的码头直接上陆。直接配属并编入登陆部队的空降兵(旅或师),通常在上(着)陆突击发起前数小时,在敌岸浅近纵深空降(机降)着陆,抢占交通要道、桥梁、山垭口等重要地形,保障主力登陆突击部队上(着)陆;配合后续登陆部队行动,实施不同规模的空降,以"蛙跳"战术,抢占要点,或阻敌预备队前出,或切断敌退路等,为巩固和扩大登陆场创造条件。

逐点夺占,"渗透"扩展 在突击部队和后续部队进行登陆作战时,特遣部队战术空军和舰基导弹密切协同,继续实施全纵深突击和压制敌指挥控制中心、交通枢纽、预备队和新发现的重要军事目标,野战炮兵和舰炮火力以直接火力支援地面部队作战。美军各营登陆队上(着)陆后,充分运用空中和机动优势,在登陆场内实施大范围机动穿插,以及广泛运用欺骗、佯动、干扰等手段,寻找敌防御弱点,避强击弱,迅速夺取该目标地域,尔后以"渗透"和空中"蛙跳"战术,使登陆场由一点到数点,由一片到数片,逐步扩展。待敌方基本丧失反击能力时,即以后续部队为主,在先头部队配合下,肃清登陆场内残敌,连接各独立的登陆场,建立统一的登陆场。(谭光忠《美军现代登陆作战的行动特点》,《外国军事学术》1995年第10期)

美军其他作战问题研究 **美军提出失能战战法** 有作者对美军新近提出的失能战战法进行了研究,指出,所谓"失能战",是指运用失能武器(又称非致命性武器或软杀伤武器),针对敌方人员和武器系统的薄弱环节,通过"软杀伤"、"软破坏"即可使对方丧失作战能力或减弱其战斗力,而不造成大规模的人员伤亡和设施破坏,或将其降到最低限度的重要作战方法。为高技术条件下全面实现失能战提供物质基础的失能武器主要包括:专门用于反装备的失能武器,如非致命性电子技术、计算机病毒、非致命性化学战剂;专门用于对付敌方有生力量,使敌方作战人员暂时或永久丧失作战能力(但不致死)的非致命性武器;属于定向能范围的低能激光致盲武器或致眩武器;高功率微波武器、气象武器也可纳入失能武器之列。另外,心战攻势所采用的技术手段,也可称为失能武器。随着失能武器的进一步发展和装备部队,失能战将以其可使敌方人员丧失战斗力、使敌方基础设施和装备瘫痪,使敌方电子设备失灵等功能,成为未来战场上的一种重要战法。失能战战法的主要特征有3点:

一是力量投入的高技术性。失能战旨在使敌方人员或武器系统丧失战斗力,从而更加迎合信息战需要。美著名未来学家阿尔文·托夫勒预言:"计算机战争将爆发",即将计算机病毒侵入敌计算机,或用虚假的信息情报输入敌计算机网络中,不动刀枪就能赢得胜利。美军已组建了由32名经特殊训练者组成的"第1代电子计算机网络战士班”,就是以设计制造混乱而使敌通信瘫痪,从而达到操纵敌方媒体、破坏敌方财源等目的。如果说传统战法的运用,注重以倾泻大量钢铁和弹药为基本特征,那么,“失能战”则是以高技术的密集使用为基本特征。失能战战法的运用必将越来越多地表现为高技术的较量。

二是打击手段的综合性。“失能战”作为一种重要的作战方法,其所采取的主要手段是“软杀伤”,它只有和其他“硬杀伤”手段结合使用,才能获得更大的作战效益。海湾战争中,美军使用的 EA-6B 电子战飞机,就装备了一体化雷达、通信对抗系统,该系统除装备 ALQ-92 通信对抗系统外,还有 ALE-39 箔条/红外诱饵发射器、ALQ-99 噪声干扰机等 5 个吊舱,可在 1 万米高空对方圆 400 千米地区实施全方位干扰,然后利用“陶”式反坦克导弹、“小牛”空地导弹、“麻雀”空空导弹等实施精确打击,一举摧毁或瘫痪其防御重心而达成作战目的。目前,美军正将其作战系统同时向软杀伤和硬摧毁两个方向发展,几乎所有的新一代作战飞机都配备了先进的电子战装备,既能实施软打击,又能进行硬摧毁,实现了软硬一体化的作战体系。

三是打击目标的选择性。电磁压制是失能战的重要手段。未来电子干扰设备和手段将实现综合化、一体化,形成系统对系统、体系对体系的整体对抗局面;使用计算机病毒武器,直接瘫痪对方 C^3I 系统的核心和太空武器、制导兵器的关键部位——联网的电子计算机系统;实施精确打击手段,对重要目标实施“点”式精确突击,切断对方的“神经中枢”;运用非致命性化学战剂、特种粘合剂、超级润滑剂,使敌有生力量和常规武器无法发挥作用。因此,失能战打击的首要目标并不是摧毁对方军事设施和杀伤敌有生力量,而是要置对方设施和有生力量无用武之地,进而剥夺其还手之力。(孙强银《未来作战的一种重要战法》,《军事史林》1996 年第 10 期)

美军联合作战有诸多弱点 针对美军正加紧研究的联合作战理论,有作者撰文指出,美军的联合作战无论是在理论上还是在实践上,都还存在着诸多受制因素。

*各军种在联合作战上的“保留态度”,将妨碍其行动的统一。*1991 年 11 月,美军参联会第 1 号联合出版物《美国武装部队的联合作战》出台,虽表明联合作战的观念为各军种所接受,但却并不是美三军联合作战思想统一的标志。尽管美海军、空军陆续发布了表明他们自己也期望加强联合作战的白皮书,但实际上美各军种为维护其“军种利益”,对参加联合作战并非“全心全意”。三军部长在 1996 年发表的讲话和所作的报告中都说自己重要,可见,美三军仍然没有完全放弃本军种是战争中决定性军种或支柱力量的观念。这种认识上的差异,对实施有效的联合作战必将产生不良影响。

*联合作战理论尚不够成熟,各军种难以协调一致地行动。*由于高技术武器系统的迅速发展,使美各军种在作战上有许多可以相互替代的能力,但各军种都有各自的作战理论,其战术、技术和实施程序也不同,而联合作战理论要在短期内解决这些问题,使各军种达成共识和统一并非易事。目前,联合作战理论中的一些重要概念,如遮断、空中遮断、纵深作战行动、火力支援协调线等,其定义还尚未达成共识。此外,美军联合作战理论的不成熟性还表现在理论体系尚不完整、系统,不能给各军种在不同环境条件下的联合作战以有力的指导。

*兵力投送能力不足,将导致联合部队力量失衡。*通常情况下,美军作战均是海外作战。“兵力投送”无疑是美军应付地区危机的“唯一解决”办法,也是美军联合作战的基础条件。尽管美通过不断增强海运、空运能力,在一些地区预置重型装备,以及不断提高预备役部队的战备水平和反应能力等措施,着力提高其兵力投送能力。但从实践看,其远距离快速投送能力仍与实际需要有较大的差距。为应付未来地区冲突,美军新的军事战略要求其陆军在危机爆发后的 4 天内,部署 1 个轻步旅、1 个运输大队;12 天内部署 1 个轻装步兵师、1 个军保障大队;15 天内部署 1 个重装步兵旅;30 天内部署 1 个装甲师或机步师;75 天内部署 1 个由 5 个师组成的应急军和 1 个军后勤支援司令部。但由于投送能力不足,美对突发事件作出快速反应时通常是调用第 82 空降师,而第 82 空降师只是个轻步师,不适宜对付重型装甲部队。要投送重型部队,即使是运输能力很强的新型 C-17 运输机也无法单独胜任,只能大大延长反应时日。可见,投送能力不足将导致其参战力量失衡,使整个作战体系和整体结构遭到破坏,从而严重影响其联合作战的效能。

*C^3I 系统的不完善及对其过分依赖,将影响联合作战效能的发挥。*美军实施联合作战,对 C^3I 系统的依赖性非常大。然而,C^3I 系统的不完善及对其的过分依赖,必将影响美军联合作战效能的发挥。第一,美三军 C^3I 系统并不完全兼容,各军种 C^3I 系统计算机的机型不统一,程序编码不一致。通信联络格式不同等诸多软硬件问题,解决起来将困难重重。全部实现实时指挥自动化,还需要有一个较长的过程。第二,美军 C^3I 系统的运行速度,还不能满足联合作战的需要,难以每天及

时制订、处理、分发大量的作战指令。美军各级指挥官对C³I系统的依赖，必将影响其联合作战行动的协调一致和快速反应。第三，C³I系统是美军在联合作战中协调三军行动的神经中枢（通常由多个分系统构成）。而该系统却存在着技术复杂、易出故障、抗毁性能差、防电磁攻击和电脑病毒侵袭能力低等难以克服的固有弱点，因而必将成为对手打击的重点。一旦C³I系统乃至某个分系统遭到打击或破坏，都将导致整个系统瘫痪，进而影响整个联合作战行动，降低其作战效能。（傅秉忠、朱正琪《美军联合作战的弱点》，《军事学术》1996年第8期）

美军高技术条件下作战新特点 有作者撰文指出，随着美军在近期几场局部战争中大量使用高技术武器装备，以较小的代价迅速赢得战争，使其作战行动呈现出以下特点。

发挥空海运优势，迅速投送兵力，尽快形成决定性优势。在"前沿存在"的条件下，应急作战是美军主要作战样式之一，而实施应急作战的基本方式是兵力投送。美军拥有强大的空海运能力，同时有一支由35艘舰船组成的海上预置船队。一旦爆发危机，美军便以本土和前方基地为依托，军用、民用运输工具相结合，空运、海运并举，利用多种手段，按先急后缓、先轻后重、先作战后保障的原则，同时实施大规模兵力投送，尽快在战区对敌形成决定性优势，以便一举击败敌军，确保战争的胜利。

协调运用各军种的独特作战能力，实施空地海天一体作战。美军认为，各军种都具有独特的作战能力，但在现代条件下只有实施多军种联合作战，协调地运用各种作战能力，才能实现大于个体之和的整体作战效能。因此，美军要求在整个战区实施空地海天一体作战。海湾战争就是美军这种作战方式的一次成功尝试。

广泛开展电子战，"软""硬""隐"兼施，夺取战场制电磁权。美军认为，在电子战中，只有"软杀伤"、"硬摧毁"、"隐形术"紧密结合，才能达成最佳作战效果。在空袭利比亚和海湾战争中，美军广泛开展电子战。综合使用电子侦察、电子干扰和电子摧毁3种手段，巧妙采用近距干扰与自卫干扰相结合、随队干扰与自卫干扰相结合、强干扰与摧毁辐射源相结合、干扰机随队干扰等战术，将电子战贯于战争全过程，渗透到战场各个领域，大大提高了空军的作战能力，很快瘫痪了伊军一体化防空系统和指挥控制系统，有效地保证了作战的胜利。

脱离接触，间接打击，避免伤亡。"脱离接触，间接打击"是指充分利用自身"在速度、潜隐、防空区外发射空地弹药、高超的情报能力和高技术装备等有利条件"，在不与对手直接接触的情况下，以各类远程间接火力杀伤和击败敌人。它强调集中和机动火力而不是兵力兵器来达成火力优势；要求己方的部队在尽可能远的距离上，至少是在敌多数直瞄火器的有效射程外开火；要求与对手保持合理的交战距离，以便能以火力有效地打击对方，而对方却不能对己方进行有效打击，从而避免地面部队的直接对峙，减少人员伤亡和武器装备的损耗。

利用各种武器系统，实施战场全纵深同时打击，一举摧垮敌防御体系。美军认为，"打败敌人的最好方法是对敌人同时实施近距离作战和纵深作战"，"尽可能在最大纵深以最快的速度同时摧毁敌防御配系"。由于包括天基系统在内的实时情报系统日趋完善，武器射程远、威力大，地面、空中、海上运载工具机动速度快，输送距离远，各种指挥通信器材远距离控制能力强，美军战术攻击纵深可达60千米，战役攻击纵深可达700千米，战略攻击纵深可达1000千米以上，完全具备了同时实施近距离和纵深作战的能力。为使全纵深作战产生最大威力，美军同时运用火力与机动，集中使用野战炮兵，制导武器、战术空军和电子战武器对敌全纵深目标予以攻击，以空降部队、空中突击部队、高速装甲突击集团和特种作战部队挺进战场全纵深，同时攻击多个具有决定意义的目标或敌作战重心，使其丧失进攻或防御的整体性，一举摧垮敌防御体系，迅速结束战争。

实施高强度综合火力突击，大量摧毁敌作战能力，为地面决战创造条件。美军拥有多种火力突击手段，除传统的航空、远程和地面打击兵器外，航天兵器、隐形飞机、反辐射导弹、战略战术导弹和电子战武器都加入了综合火力突击的行列，形成了陆海空天一体、高中低结合、远中近结合、"软""硬"两手兼备的综合打击能力，在一定程度上突破了时间、空间等客观条件的限制，可在任何天候气象条件下连续实施火力突击行动，以确保地面部队以较少的伤亡取得战争的最后胜利。

夜间发起进攻，昼夜连续作战，加速战争进程。随着脉冲多普勒火控雷达、前视红外观测仪、红外搜索跟踪系统、微光电视设备、强化红外探测仪、夜视镜等夜视器材广泛装备部队，夜间战场对美军变得单向透明，从而大大提高了美军的夜战能力。美军不仅不再害怕夜战，反而把夜间作为主要作战时机，寻求在夜间发起进攻。夜间进攻发起后，美军总是昼夜连续不断地实施作战行动，不给对手以喘息之机，使其没有时间进行休整，调整部署或重新组织战斗，不能从最初的打击中恢

复过来，从而以不可阻挡的进攻锐势，一举击溃敌军，迅速达成作战目的。

机动与火力相结合，在决定性的时间和地点集中战斗力效能。 美军认为，机动和火力不可分割，相辅相成，应结合运用并保持平衡。为此，美军强调在火力攻击阶段应适时机动部队，以更好地利用火力攻击的效果，在集中机动部队进行决战阶段则应提供更充足的火力支援和掩护；在可能用火力突击来代替机动部队作战的情况下，应尽可能以火力机动代替兵力机动，也可以首先实施火力战，削弱敌人 50%的战斗力后再进行机动作战。

以非线式作战为主，线式作战为辅，灵活运用各种战法。 由于美军在作战中实施全纵深同时攻击，突破了固定战线的限制，增大了作战行动的灵活性，敌对双方不再停留在一条稳定的战线上，战场没有明显的前方后方，线式梯次战场结构已不复存在，整个战场呈现出一种不规则的非线式形态。为了适应战场形态的这种变化，美军要求"在战役层次，尽可能按非线式作战制订作战计划和运用兵力"。美军虽然立足于非线式作战，但同时强调综合使用非线式作战与线式作战，灵活运用各种战法。在不同类型的战争或战争的不同阶段与层次，分别采取以非线式作战或线式作战为主的作战方法。

广泛开展心理战，最大限度地瓦解敌军士气。 美军认为，在现代战争中，人仍然是最重要和最持久的因素。因此，美军在作战中十分重视对敌方人员实施心理战，力求通过心理战增大敌方人员的恐惧感，削弱敌方人员的抵抗意志，降低敌方的整体作战能力。美军拥有陆、海、空军特种作战部队，具有实施心理战的多种手段和能力，可以从地面、空中和海上对敌人实施心理战。（樊高月《美军高技术局部战争条件下作战特点》，《外国军事学术》1996 年第 4 期）

美军分队进攻作战有 4 大特点　有作者通过综合分析美军分队进攻战斗行动，指出其主要特点是：

隐蔽进攻企图，力求达成突然性。 美军认为，现代侦察监视技术与预警系统的广泛应用，虽有利于查明敌防御配系，但防御一方也同样可以发现进攻一方的行动企图和征候；地面和空中机动能力的提高，虽可使进攻一方更迅速地集中兵力，但同样也能使防御一方迅速作出反应，特别是拥有远程杀伤兵器的防御之敌，可对进攻部队的集中构成严重威胁。为避免或减少这种威胁，美军分队进攻战斗在选择和形成其主攻方向时，不单纯从地形考虑问题，而是综合考虑"隐蔽、突然、速度、欺骗、灵敏"等要素：一是尽可能将主攻矛头指向防御之敌非预期的方向，在其意想不到的时间和地点实施主攻，以便达成进攻的突然性，进而推迟防御一方作出反应的时间。二是不过早地明确主攻方向和集中兵力，而是在发起攻击之前，沿进攻轴线迅速机动兵力，实施快速集中，适时形成主攻方向。三是广泛实施欺骗行动，造成对方指挥官判断失误，以达成突然性。其欺骗方法主要有佯攻、示假、欺诈和佯动 4 种。四是充分发挥己方分队的高度灵活性，通过改变主攻方向来造成对方防御的被动。

强调远打快攻，保持进攻的连续性。 美军分队在进攻战斗中，特别强调实施远距离火力打击、快速进击和昼夜连续作战，以尽可能避免胶着近战，保持进攻的连续性。一是从最大距离上突施打击。美军分队实施进攻作战，强调在"近距离冲击前先以火力摧毁"。营直瞄火力系统最大射程可达 5 千米，间瞄火力系统的最大射程为 6 千米，这些火力系统通常在最佳射击距离上实施精确火力打击。这些火力综合运用，可直接摧毁对方防御阵地内暴露的装甲目标和火力点，为其快速夺占目标和发展进攻创造有利条件。二是把握进攻节奏。美军分队进攻战斗，十分注重利用火力突击效果和对方弱点，实施快节奏、高速度的纵深攻击。其攻占目标的战斗行动，强调火力与机动的紧密结合，在可靠的火力支援下实施。首先是周密组织破障。其次是慎用冲击方法。其冲击方式区分为乘车和徒步两种。对运动之敌和防御薄弱之敌，实施乘车冲击。当对方障碍物和反坦克火力使坦克无法冲击，或当对方防御和地形为徒步步兵提供了良好的接近路时，则采取徒步冲击。再次是灵活转换，保持锐势。当先头机动分队不能攻击目标时，则迅即转换为火力支援和牵制任务，为后续分队实施机动攻击创造条件。后续分队则快速向对方翼侧或侧后机动，以便迅速夺占目标。美军分队攻占目标后的战斗行动，仍以保持和增强进攻锐势为重点。三是强调昼夜连续进攻。由于美军装备大量的夜视器材，加之近年来加强了夜战的研究和训练，使夜战战术水平有了较大提高，其夜战观念随之发生变化，强调在夜间不停顿地实施攻击，特别是对夜视技术不占优势之敌。美军认为，只有夜间进攻，才能增大与对方武器装备的技术差距，使其局部优势转变为压倒性优势，真正形成以优克劣的战斗态势。另一方面，在夜间组织进攻战斗，可充分利用己方夜视距离远、火控系统先进、打击精度高的优势，火力与烟幕相结合可给敌以更大的打击。

强调在关键性的时间和地点集中兵力，以增强进攻锐势。 美军认为，在关键性的时间和地点集中兵力，能在短时间内对防御之敌产生具有决定性的作用，是

战胜敌方的重要战法。在实施预有准备进攻时,营通常以 2 个连战斗队担任主攻,以便步兵在坦克和步战车的火力支援下,歼灭堑壕内或筑垒工事内之敌,步兵突破敌方阵地后,坦克即向敌后方突进。仓卒进攻时,营通常以 2 个以上的坦克连战斗队担任主攻,以机步连战斗队担任助攻。当实施中央突破时,主攻集中两个连战斗队,在主攻方向两侧通常各选择一个助攻方向,分别由 1 个连战斗队或连担任助攻。由于美军分队在进攻战斗中,在关键性时间和地点(主攻方向)一次性投入兵力大,对防御一方的震撼力也随之增大,这体现了美军集中战斗力的原则。但由于一次性集中兵力较多,势必造成其兵力兵器密度大,进攻队形较为拥挤,后续力量支援也有一定的限度。一旦首次突破不成,对其心理和战斗行动都将产生很大影响。

强调分割包围,孤立攻击目标。美军分队进攻强调行动猛烈、果断和协调一致,注重灵活运用包围、迂回、渗透、突破和正面进攻等 5 种基本机动样式,其中特别重视包围。美军分队在进攻战斗中为达成包围企图,通常是多种方法并用,对目标先孤立、分割,再包围、攻歼。一是以电子干扰切断防御一方的通信联系,使之失去协同和支援,达成孤立攻击目标的目的。二是火力孤立。即以炮兵和迫击炮火力(包括烟幕)和各种直瞄火力,压制和迷盲防御一方邻近阵地,以限制防御一方机动,割裂其与友邻的联系,为迂回、包围或正面进攻创造条件。三是以箝制行动积极配合分割包围。当采取包围部署时,担负箝制任务的分队,通常将攻击点选在对方防御正面。只有采取两翼包围时,才将攻击点选在对方的翼侧。为了箝制和欺骗对方,使对方误以助攻为主攻时,助攻方向通常要实施火力准备,并先于主攻发起攻击,以将防御一方的兵力、火力吸引到该方向上,减轻包围分队的压力。四是兵力分割包围。包围分队对前沿重要目标通常采取绕过的方法,先割后围,造成目标的孤立态势,将对方防御体系割裂成数块。有时还可能派出小分队实施渗透,以达成包围的态势,然后再予以各个歼灭。(傅振龙、韩英林《美军分队进攻战斗特点》,《外国军事学术》1996 年第 8 期)

美陆军进攻作战有 6 强点 有作者通过分析研究美陆军最新的编制装备、新版作战纲要及其在海湾战争中的进攻战斗实践,指出美陆军进攻战斗具有如下强点:

攻击行动突然。美陆军进攻战斗十分注重利用一切有利条件和手段去达成突然攻击。其达成突然性惯用的主要手段:一是用与对方预期相反的方式实施进攻,达成突然性。美军强调,各级指挥官要在对方意想不到的时间、地点或恶劣的气象条件下发起进攻,切忌按固定的战术原则和模式进行战斗。二是通过改变战斗结构和进攻速度达成突然性。美军强调,在进攻作战中使用空降、空中机动和特种作战部队插入对方纵深,或以地面纵深进攻部队的高速挺进,来改变战斗结构,使对方的反应不可避免地落后于己方连续的攻击行动,从而达成突然性。三是通过欺骗、佯攻、电子战迷惑对方,造成对方错误判断,暴露其兵力部署,乘机发起攻击达成突然性。

战斗力效能集中。美陆军计划、组织和实施进攻战斗时,十分重视集中战斗力效能:一是把周密制定计划、适时协调控制部队行动,作为集中战斗力效能的基本措施。二是把得到上级及时有力的火力支援,视为集中战斗力效能不容忽视的组成部分。三是把行动分散、效能集中作为集中战斗力效能的最佳手段。美军强调,连以上各级,要协调运用各战斗职能力量,实施全纵深同时攻击:即以飞机、攻击直升机、战役战术导弹、火炮等多种火力对防御一方实施全纵深同时打击;以机步(装甲)部(分)队、空中机动部队等从地面和空中进行全纵深同时攻击;以电子战力量对敌指挥和通信等目标实施全纵深同时压制。通过上述形散神聚的全纵深同时攻击,达到最大限度地发挥出战斗力效能。四是把“分散——集中——分散”作为必须集中兵力时的必要程序。即先将己方部队疏开配置,并通过一切努力欺骗对方,使其摸不清真实意图,分散对方防御力量,减轻敌纵深火力的打击,尔后沿向心轴线迅速集中兵力,在进攻的地点形成压倒对方的绝对优势,进攻得手后再次疏开。

依仗火力优势。美陆军进攻战斗十分强调凭借火力优势。具体表现在:第一,火力运用贯穿于全过程。地面进攻发起前,美军通常进行较长时间的先期火力准备,以削弱敌军的作战能力;进攻战斗发起之前,进行直前火力准备,进一步削弱对方防御能力;进攻部队发起冲击时,炮兵主要压制和迷盲对方前沿至纵深 10~15 千米范围内的阵地和武器,空军近距离支援飞机和攻击直升机继续攻击对方战术纵深内的目标,封锁运动道路,以阻止对方增援和机动预备队;纵深战斗中,炮兵、空军飞机和攻击直升机主要根据临时召唤遂行火力支援,随时解除地面进攻部队面临的各种威胁,确保高速度推进。第二,火力打击具有灵敏、准确的特点。美军掌握有较先进的战场侦察、监视和情报传递手段,并且重视在进攻作战中建立地、空火力与作战部队的直接支援关系,因此,能对战场范围内出现的各种情况作出灵敏的火力反应。美军全球定位系统已广泛应用于战术级地面作战中,使其具备了精确标定火力攻击目标坐标位置的可靠手段,加之使用精确制导弹药的比例越来越高,这就大大提高了进攻战斗中火力打击的命中精度。

灵活应变能力强。美军进攻战斗的灵活应变力主要体现在:①情报具有超前性。②注重强化战术指挥官的灵活作战观念。要求各级指挥官在战场情况错综复杂的条件下,应根据总意图,强化独立自主、机断行事和灵活作战的观念,要能够在进攻展开后迅速改变主攻方向而又不失去对各种威力的协调一致性。③赋予各级指挥官很大的自主权,上级只给下级规定目标、完成任务的时限和关系性行动,对具体的机动样式、行动路线、兵力运用,通常由下级指挥自行决定,这就为灵活指挥创造了条件。④强调作战计划的灵活性。一般都制定多套可行性作战方案,设想多种情况,以保证计划的适应性。

善于避强击弱。其主要手段有:①迂回攻击。即运用火力和助攻或牵制性进攻将守方注意力吸引在前方的同时,以机动主攻部队攻击敌薄弱翼侧、间隙和后方。②制造弱点。即当敌防御配系十分严密、无暴露的翼侧和间隙可利用时,首先在一个狭窄的正面上撕开对方防御,以造成薄弱的翼侧和通往敌后方的通路,尔后使用纵深攻击部队进入敌方纵深,摧毁其火力、防空、后勤、指挥等系统,或占领咽喉要道将敌军与其支援隔离开来,迫使守方脱离阵地,再凭借空中和地面火力优势歼敌于运动中。③渗透攻击。即进攻部队以其全部或一部隐蔽地从防御间隙穿越对方的防线,攻击敌后方阵地。渗透通常在地形崎岖、能见度不良时,或敌火力无法有效掩护某个地域时采用。④"蛙跳"攻击。即用空降手段,突然进入敌纵深内,攻击敌防卫薄弱的要害目标。

全天候连续攻击。美陆军具备较强的全天候连续攻击能力。具体表现在:第一,作战装备能基本适应连续和全天候作战。目前,美陆军各级装备的各种夜视设备和光学电子设备,使其坦克和反坦克、火炮、空袭和防空、远程导弹等各种主要武器系统乃至作战部队,都具有全天候、全时辰的作战能力,使部队能在夜暗和沙暴的不良条件下实施空地立体作战和大规模合同作战。第二,先进的保障装备,使美陆军具有较强的战斗勤务支援能力。(陈大利《美军进攻战斗的强弱点》,《外国军事学术》1995 年第 11 期)

美陆军进攻作战有 6 大弱点　有作者通过对美军进攻作战进行研究,指出其存在如下弱点:

武器装备系统发展不平衡,战术侦察能力相对不足,其高技术兵器难以在进攻战斗中充分发挥作用。美军拥有强大的火力系统,其威力、射程、精度和反应速度都占有很大优势,但这种优势的发挥有赖于侦察情报系统的保障,尤其是远距离精确打击火力系统,对情报保障的要求更高,它不仅要求能发现目标,而且还需要能对目标"精确定位"。美军所使用的高技术侦察手段,如卫星和高空飞机等,能较有效地满足战略、战役情报需求,但难以为战术火力提供准确的情报。美陆军部(分)队所使用的主要侦察装备以及支援的空中侦察手段,有效侦察距离均在 20 千米以内,难以为更大范围的机动作战提供准确的战术情报。尤其是在进攻战斗中,美军地形不熟、环境陌生,再加上防御军队一般有比较充裕的时间进行伪装和欺骗,要获取有价值的战术情报难度更大。

在进攻部署上强调集中大部兵力形成强大的首次攻击力量,其后续攻击力量相对较弱。为增强进攻锐势,形成强大的首次突击能力,美军通常把地面部队的主力编入首次突击部队,只保留 1/4 左右的兵力作为跟进与支援力量,在"次要方向上使用少得不能再少的力量"。美军进攻时对主要方向和重要目标的攻击,主要依靠首次突击部队的机动作战完成,相比之下其跟进与支援部队兵力小,作战能力弱,难以独立完成阶段性任务。一旦其首次攻击受挫,将难以依靠后续力量重新组织有威胁的攻击,也没有足够的新锐力量补充突击部队,以再次发起强有力进攻。其次,美军进攻中强调依靠空中遮断和战场空中遮断来阻止对方投入后续兵力,这种单纯依靠空中火力进行拦阻的方式也有一定局限性,难以完全阻止对方投入后续部队。

组织计划复杂,部队协调控制困难,战斗支援任务艰巨。高技术条件下,进攻战斗所需考虑的因素增多、作战计划信息需求量大,部队及装备协同配合非常复杂,事先都要进行周密细致的计划。而这需要有充足的时间来保证。美军现在制定一项较理想的纵深作战计划,至少要用 24 个小时;制定一个整体作战计划所需时间更长。另一方面,美军又特别强调全天候连续攻击,这就与进攻战斗节奏明显加快、用于计划的时间大大缩短的客观情况形成了一对矛盾,美军目前尚无能力彻底解决这一矛盾。在实际作战中,各部队攻击速度参差不齐,要协调控制好各部队之间的机动速度非常困难。据美军资料介绍,地面部队机动速度越快,所能得到的炮兵火力支援越少。如果部队间的距离拉大,又不能得到强有力的火力支援,就难免会给对手造成可乘之机。

过分依赖远战火力,近距离攻坚精神准备不足。

美军在远战火力方面有明显优势，但其武器在近战中优势不大或不具有优势。由于战争环境的复杂性和远战火力毁伤的局限性，并不是远战火力在任何情况下都能给对方造成重大杀伤。如果在比较复杂的地形条件下，美军远战能力将会力不从心。此时，需要地面部队进行直接的攻坚作战，而美军又缺少这方面的训练和心理准备，不敢和对方胶着近战、短兵相接，其装备在近战中也无明显优势，其战斗力势必会降低。

*战场范围广、机动速度快、战斗消耗大、后勤、技术保障困难。*在现代进攻战斗中，后勤、技术保障非常困难，尤其像美军这种高度机械化的军队更是如此。这是因为：第一，美军技术兵器多、技术复杂，对技术保障的需求量大、要求高。其陆军部队所装备的大型武器装备，都需有专业人员甚至需要专家来维护和修理。第二，现代战斗消耗大，对弹药、油料和器材的需求量急剧增大，要求军队具有相应的物资消耗补给能力。第三，战场范围广，机动速度快；进攻军队的快速机动，更增加了伴随支援保障的难度。第四，受敌情威胁严重。随着进攻部队不断向敌纵深推进，后勤、技术保障的战线会不断拉长，更增加了其后勤、技术保障的困难。

*惧怕伤亡的心理负担过重，直接影响到其进攻战斗的计划与实施。*美军官兵过于强调"保护美国人的生命安全"，因而在心理上形成了严重负担，各级指挥官不敢承担对部属造成较大伤亡的责任，而士兵又缺乏英勇顽强和自我牺牲精神，这必然会影响其进攻战斗的计划与实施。（杜立平、邵杰《美军进攻战斗的弱点》，《外国军事学术》1996 年第 8 期）

美军机步师机动防御作战有 4 强　有作者通过对美军在组织和实施机动防御的理论及其作战实践进行分析研究，认为美军机步师机动防御作战时有以下 4 个强点。

火力控制范围大，打击能力强。　美军十分强调运用火力打乱对方的进攻节奏。在机动防御战斗中，充分发挥其远程火力优势，利用战术空军飞机、攻击直升机、战术导弹等力量，形成多层次、远距离、大范围、立体的绵密火网。主要包括：纵深突击火力，近距离炮兵拦阻火力，最后拦阻火力和反炮兵火力。

前轻后重配置兵力，反击能力强。　轻兵守点、重兵反击，是美军机动防御的重要特征。机步师组织机动防御，其预备队通常为 3～5 个营或营特遣队，最大兵力可超过其总兵力的二分之一以上，并配备有相当数量的运输直升机和火力打击力量，在决定的时间和地点对敌实施反冲击。反冲击的方向通常指向敌人的翼侧和后方。反冲击的样式主要有兵力反冲击和火力反冲击，有时两者结合运用。反冲击的主要行动方法：一是火力歼击；二是前抗侧反，即反冲击部队以一部分兵力与前沿防御部队利用未被突破的战斗阵地，抗击突入之敌，阻止对方向纵深扩张或向两翼卷击，以主要兵力向敌战斗队形的一侧发起攻击，重点攻击敌指挥、通信、控制等关键目标，迅速扩大战果，最大限度 地杀伤敌有生力量；三是正面反击，即火力封锁或撒布地雷阻击突入之敌战斗队形的翼侧和尾部，反冲击部队集中坦克、步兵战车从正面攻击，歼灭敌军；四是空地一体反击，即使用机（空）降分队超越敌战斗队形，先敌抢占或控制敌前方或两翼的战斗阵地和重要地形，以空中火力突击、地面防守分队阻击、反冲击部队攻击等方式歼灭敌军。

兵力火力机动快，应变能力强。　美军机步师装备有坦克 290 辆，步兵战车 270 辆，骑兵战斗车 100 辆、装甲输送车 302 辆，具有很强的越野机动能力和应变能力。火炮、导弹发射装置、指挥控制系统等也都实现了自行化与自动化。还装备有 127 架各类直升机。此外，师一级的火炮普遍装备了火箭增程弹和制导炮弹，具有射程远、精度高的特点。

设障手段多，反机动能力强。　美军机步师进行远距离布雷的手段很多，既可使用地面布雷车和火炮进行布雷，也可使用直升机和其他飞机进行布设。有利于快速迟滞和阻断敌人的进攻。

美军机步师机动防御作战有 5 大弱点　有作者认为，尽管美军机步师在机动防御作战时有诸多强点，但并非无懈可击：

防御地域广、兵力配置间隙大、翼侧暴露，易遭对方穿插迂回和分割包围。

掩护部队远离主战地域，一旦与对方接触，易失去炮兵的支援。

兵力配置松散，各作战部队之间指挥协同复杂。

对后勤、技术保障的依赖性大。

兵力兵器机动受地形条件和道路的制约。（艾如良《美军机步师机动防御战斗的强弱点》，《外国军事学术》1996 年第 4 期）

（木　工）

俄罗斯作战问题研究　俄军对合同战斗原则作重大修改　近年，俄军学术界在继承原苏军事理论遗产和研究现代局部战争经验的基础上，对合同战斗原则进行了重大修改，初步形成 10 条基本原则。

关于战斗准备原则的意义。　现代条件下，战斗准备原则的意义空前增大。首先，军队技术装备的更新换代速度极快，促进了战术的不断变化。如果军队战斗准

备跟不上形势的发展,必将在未来战争中被动挨打。其次,现代战争中突然性因素大大增加。凡是未对突然性做好准备的军队,在战争中必然受挫甚至失败。最后,现代战斗准备的时间大大缩短。因此,军队的战斗准备在任何时候都不能松懈。

关于体现战斗坚决性和积极性原则的新形式、新战法。 战后局部战争经验表明,对进攻之敌实施地面和空中大纵深综合突击是现代防御战斗中体现坚决性和积极性的新形式,其实质在于使用火力,向敌后机降空降兵和破坏一侦察部队,在敌前进道路上设置火力拦阻障碍,大规模使用无线电电子干扰等手段来最大限度地牵制敌行动,破坏其指挥,疲惫敌军并使之遭受损失,降低敌突击集团的进攻速度。在进攻战斗和遭遇战斗中,对防御一方实施全纵深立体高强度适时火力毁伤,是体现进攻战斗坚决性和积极性的新形式。为粉碎工事完善之敌,同时攻击、包围防御的整个战术纵深,是现代条件下达成进攻坚决性的新战法。在遭遇战斗中,进攻的坚决性和积极性主要体现在实施"地空一体"的联合突击。针对遭遇战斗中敌翼侧暴露,对敌实施两翼纵深迂回,同时以战术空降兵向敌纵深前出的新战法特别有效。

关于协同原则内容及其实践条件的变化。 现代战斗地空性质的变化,使协同内容及其组织条件发生了许多变化。在防御战斗中:(1)战斗空间范围增大。合成兵团指挥员必须了解战术乃至整个战役范围内的敌情,必须对己方军队的行动性质进行多方面、大范围的预测。(2)组织协同的范围扩大、任务增多而时间则急剧减少。(3)协调军队战斗队形的各个部分抗击敌大规模航空火力突击的工作量骤增。(4)增加了与敌侦察一突击综合系统作斗争的协同作战内容。在进攻和遭遇战斗中,新情况主要表现在:(1)协同方式更新。针对全纵深地空一体的进攻特点,各级指挥员和司令部组织协同时,必须考虑到双方在纵深相互楔入的可能性,以及战斗的正面"来回翻转"和从一种战斗类型向另一种战斗类型转换的可能性。(2)按任务划分协同的方法有所不同。过去,协同是在任务全纵深组织;现代条件下,必须按战斗任务全纵深拟制各个阶段的协同计划。(3)进攻预有准备防御之敌时协同内容有变化。由于今天防御配系发生重大变化,进攻一方不仅应按地区和目标,而且应按那些一经夺占便能破坏敌兵团整个防御配系稳定性的最重要地域来协调进攻部队和分队的行动。

关于达成突然性原则的手段、途径和条件。 现阶段的高新技术武器为造成突然性提供了有效的手段。在防御进攻和遭遇战斗中,达成突然性的主要途径在于配置新奇和避免老一套;利用装备完善的夜视器材等技术装备,在夜间采取更为坚决的行动,对达成突然性具有重要意义;现代条件下,破坏敌指挥和武器控制系统已成为达成突然性的主要先决条件。

关于集中兵力原则的最新发展。 在现代条件下,集中兵力已变成在最重要方向上随时坚决集中军队的主要力量。这一变化的实质在于,在主要方向上达成对敌兵力兵器优势主要不是数量上的优势,而是质量上的优势。集中火力不再靠增加火器的数量和密度,而主要靠提高火力的威力和精度。现代集中兵力的模式是建立在有效地进行无线电电子压制,实施大纵深的火力突击并迅速向火力毁伤地域机降空降兵基础之上的。因此,过去那种旨在从正面挤压敌人的一维线式的集中兵力方法正在被多维立体的集中兵力方法所代替。这样,就可不仅在地面,而且在空中和太空等各个范围内达成对敌决定性的优势,同时从正面、后方和翼侧对敌实施突击,不断使敌处于紧张的战斗状态之中,各个粉碎敌人。

关于机动原则的地位。 今天,机动发生了质的变化,越来越具有地一空性质,其中利用直升机进行空中机动,大大提高了机动的速度和灵活性。在防御战斗中,机动不仅是提高防御稳定性和积极性的一个重要因素,而且也是保障军队生存力的一个重要因素。在进攻战斗中,突破在整个进攻行动中的比重正在下降,而机动作战则越来越成为重头戏。其特点是,火力机动、兵力兵器机动和军队的突击联成一体,广泛实施无线电电子战器材机动等。总之,在现代合同战斗的火力、突击、机动三要素中,机动的地位急剧提高,已贯穿于战斗行动的整个过程。

关于恢复战斗力原则面临的新问题。 现代局部战争使以往恢复军队战斗力的经验出现了新问题。一是战斗伤亡会同时波及到战斗队形中非直接参战的各个部分,二是过去战争中很少出现的分队甚至部队整个建制被瞬间摧毁的情况随时可能发生。迫切需要进行这方面的理论研究。

关于战斗行动全面保障原则体系及其新内容。 今天,全面保障形成了3种主要分支系统:战斗保障、技术保障和后勤保障。各种保障有向整体保障和向统一的综合保障系统发展的趋势。敌方突然袭击能力的提高,使侦察、军队对大规模毁伤武器的防护、伪装、工程保障等具有了保障军队生存力的新职能。

关于充分发挥利用精神—心理因素完成战斗任务的原则。 现代战斗中,由于军队装备了威力大、反应

快、射程远、精度高的武器，消除了传统的前后方界限，对每个军人都随时构成威胁，使心理紧张程度加剧。因此，心理战作为一种对敌方人员实施精神打击的手段被广泛使用。心理战应根据敌政治状况及其民族特点、心理弱点等有针对性的实施，目的是破坏敌方人员心理稳定，瓦解敌军斗志，达成对敌精神优势。与此同时，要高度重视己方人员的心理训练，提高心理防御能力。

关于现代条件下夺取对敌指挥优势需解决的问题。　军队指挥是战斗系统中最重要的环节。为了保障在复杂情况下对军队实施坚定和不间断地战斗指挥，必须夺取对敌指挥优势。为此，必须解决两个问题：一是要求军队指挥和武器操纵过程实现自动化，二是要求每一个指挥员都必须全面掌握计算机知识。(〔俄〕沃罗比约夫《俄军合同战斗原则》，军事谊文出版社，1996年3月版)

(钟良理　张　炜　宋　婷)

俄军对高技术作战提出看法　有作者撰文指出，海湾战争后俄军高技术作战理论异军突起，正迅速取代传统的核和常规作战理论。此次变革的根源是战争物质技术基础的根本性变化，变革的方向是由以陆军诸兵种合同作战为主导的大纵深作战向新型诸军兵种合同大纵深——立体机动作战演进。俄军认为，战争物质基础的高科技含量骤增，电子、微电子、红外、激光、计算机等高新技术大量涌入军事活动的各个领域，极大地改变了战争形态、战争特点和战场环境，使未来武装斗争出现一系列新的发展趋势：在作战空间和范围上，传统的前、后方界线正在消失，军队将在“扩大的战场”上行动，战斗行动将同时在地面、空中(包括太空)、水面、水下，在战术、战役甚至战略纵深内展开。在作战兵器上，高精度武器已取代核武器和常规武器成为主要突击兵器。在作战行动上，以地面为主的作战行动已转变为陆、海、空、天一体的作战行动，空中(包括太空)作战行动的意义迅速上升。在作战样式上，多维一立体作战样式已取代陈旧的单维一线式作战样式。在作战目标上，首先打击的主要目标不仅包括坦克、飞机、大炮、导弹等“硬目标”，而且包括指挥与控制系统、目标侦察与监视系统、高精度武器控制系统等“软目标”，从某种意义上讲后者对战争结局的意义更重要。在作战力量上，远程火力、航空兵、空中机动部队和电子战部队将取代以重装甲为主的庞大坦克机械化部队成为主力。在作战协同上，传统的步、坦、炮协同正让位于复杂的陆、海、空诸军兵种协同。在作战主动权争夺上，制陆权、制空权、制海权等已不能全面概括主动权争夺的领域，制信息权、制电磁权、制天权等已成为交战双方争夺的新领域。俄军强调，目前军事领域的这场革命仍在继续，“未来战争必将是使用高精度武器的高技术战争”。因此，战法领域必须进行重大的改革和创新：第一，某些传统战法已不适应现代作战的新情况。如二战中防御军队广泛运用的反冲击曾是击退进攻之敌并恢复原态势的首要战法，现在反冲击虽仍有一定意义，但在现代军队火力威力急剧增大的情况下，将不可避免地给防御军队造成很大损失。第二，一些传统战法内容必须更新。以前集中力量主要是集中兵力，在现代条件下则首先是集中火力。以前破坏防御战术稳定性的关键是夺取整个防御配系的防御地域和防御阵地，现在则首先是消灭敌火力集团及破坏其指挥和武器控制系统。二战期间防御的主要样式是阵地防御，现代条件下机动防御的规模正在扩大，防御将采取机动防御与阵地防御相结合的样式。第三，高技术战争需要新的战法。

俄军提出高技术作战应采取的主要战法　根据未来作战的发展趋势，俄军借鉴美军“空地一体作战”的主要成果，注意研究信息战、电子战等现代战争独特的作战样式，提出了以下3种高技术作战的主要战法：

纵深战。　纵深战是前苏军“大纵深战役(战斗)理论”在高技术条件下的发展。其基本战法由大纵深火力突击和大纵深兵力突击两部分组成：(1)大纵深火力突击。俄军认为，现代火力战具有大纵深、高强度、高速度和高精度的特点。因此，现代火力战的主要发展趋势是实施大纵深火力突击，即同时对敌战术、战役甚至战略配置的全纵深实施火力毁伤，从战斗开始到结束始终保持对敌火力优势。其主要方法有：①远距离火力战。而决定远距离火力战成效的关键因素是射击技能、首次发射摧毁目标的能力和能否灵活实施火力机动。②地空综合火力突击。即由侦察——突击综合系统、侦察——射击综合系统、远距离布雷器材、齐射火箭炮系统、攻击直升机、炮兵、强击航空兵等实施的地面和空中大纵深综合火力突击。③航空兵纵深梯次突击。即集中大量航空兵，根据统一的计划，对敌全纵深内最重要的目标，如指挥所、交通枢纽、机场、导弹基地、重兵集团、防空体系、火炮阵地等实施长时间的、猛烈的、多梯次的密集火力突击，直至瘫痪对方的抵抗能力。(2)大纵深兵力突击。俄军认为，过去那种旨在从正面挤压敌军的一维线式作战方法正在被多维立体作战方法所取代。这种方法要求军队必须掌握大纵深战斗的战术：在长时间脱离主力的情况下独立地在敌后纵深实施各种战斗行动，迅速完成攻、防及其他各种战斗行动的转换等。其中，奔袭行动作为坚决的机动样式正在被广泛采用，进攻常常从奔袭行动开始。奔袭支队作为插入敌"软腹部"的利剑，已被赋予更为积极的任务。在大规模军事行动中，以坦克、摩步兵为主组成的战役机动集群插入敌后，实施深远的战役奔袭，对合围敌主力、粉碎敌军具有重要意义。

地空一体战。 俄陆军总司令谢苗诺夫大将指出："现代战役的战斗行动样式将具有地空一体的特点和高度的机动性"。俄军认为，陆军空中机动化在50～80年代发展迅速，使机动越来越具有地空一体性质。现代战争中，空降兵和空中机动部队参加战斗已成为常见现象。地空一体战的实质是不仅在地面，而且在空中（包括太空）达成对敌决定性的优势，从正面、翼侧和后方实施地面——空中联合突击，迅速将敌当面集团与其从纵深前出的预备队隔开并各个歼灭。其中，在敌后建立积极行动的正面是现代作战不可缺少的组成部分，其方法是空中机动部队在奔袭支队、特种侦察部队等协同下实施机动作战。

电子战。 俄军认为，现代局部战争大都是以密集和综合使用无线电电子战器材拉开序幕的，电子战已成为高技术作战最重要的组成部分。这主要是因为无线电电子装置已成为军队各种武器特别是高精度武器、战斗技术装备、自动化侦察和指挥器材的核心部分，要夺取并掌握制信息权和制电磁权，就必须打赢电子战。电子战"实际上已成为一种变相的突击样式，起到与火力突击效果相同的作用"。电子战的实施方法有3种：集中密集压制法、选择压制法和综合压制法。其主要样式是"无线电电子突击"，即按统一计划在决定性的方向集中无线电电子战兵力和器材，采取施放主动和被动干扰、摧毁敌电子设施、实施电子欺骗、制造假辐射等多种方法对敌最重要的目标进行压制，一举夺得制电磁权。

俄军强调，纵深战、地空一体战、电子战共同构成高技术作战的主要框架，是一个不可分割的有机整体。如现代条件下大纵深火力突击的效果在很大程度上取决于电子战的效果，电子压制是火力突击的先决条件，因此电子——火力突击是现代作战的基本样式之一。（王锐《俄军对高技术作战的基本看法》，《外国军事学术》1996年第8期）

（木 工）

日本自卫队作战理论研究 **自卫队作战理论发生变化** 近年来，日本防卫战略、《防卫计划大纲》、日美安全保障关系均在积极调整和变化之中。到1996年底，日本在基本完成这些调整的同时，其自卫队作战理论也有了明显的发展与变化。

防卫作战对象由泛指的"多种多样威胁"，具体化为"朝、中、俄"等"多元威胁"。 冷战时期，日本的作战方针、兵力部署和主要作战方向，一直以对付"来自北方的威胁"为重点。苏联解体后，日本防卫当局经过短暂的彷徨，提出了要对付"多种多样威胁"的思想。随着日本世纪之交防卫战略的逐步明确，日本防卫作战的对象或潜在对象亦逐步明确。第一，明确提出以有核国家和朝鲜半岛紧张态势为日本威胁。很明显，这是把拥有核武器的俄罗斯、中国以及形势紧张的朝鲜半岛特别是北朝鲜作为了威胁的对象。第二，在朝、中、俄"多元威胁"中，日本更为重视朝、中的所谓威胁。1996年版《防卫白皮书》明确指出，北朝鲜除有核武器开发嫌疑外，还可能在进行弹道导弹远程化的研制和开发，对包括日本在内的整个东亚地区的安全保障构成了重大的不稳定因素。对所谓中国的威胁，日本官方文件虽含混其辞，但在美国国防部长去年初访日时，曾公开表示：今后面向21世纪的日美安全保障主要课题是对付朝鲜半岛和台湾海峡不稳定的局势；在1996年《防卫白皮书》中，对中国军事形势的论述明显增加。（黄金鹏《日自卫作战理论的一些变化》，《外国军事学术》1996年第12期；袁孝华、长弓译《日本新防卫计划大纲》，《外军资料》1996年第3期）

作战方针将立足于在更远的前方早期歼敌。60年代初期，日军奉行"诱敌深入、内陆决战"的作战方针。1983年，日防卫厅正式提出"海上歼敌"的作战方针。其后，日各军种先后确立了海上歼敌的基本思想和作战部署。1995年，日本有关军事学术研究机构又提出"前方、早期、迅速歼敌"的作战理论。这一理论在内容上有如下特点：一是其着眼点放在对付未来可能发生的高技术局部战争上，特别重视对付对方的导弹袭击、使用直升机和高速船艇的混合登陆以及使用现代化军队实施的较大规模的进攻。二是综合发挥日自卫队各军种的力量，整体抗击，与此同时，强调陆上自卫队要贯彻"前方、早期、迅速歼敌"的作战理论，发挥各兵种部队的综合战斗力，力求将敌歼灭于水际滩头。三是围绕这一作战理论，提出要发展各种高技术武器装备的设想。这一作战理论虽系学术机构提出的，尚未经过官方认可，但从日近年来十分强调建设高质量的现代化自卫队的举措看，这一作战理论可能成为日自卫队新作战理论的基本内容。前方、早期、迅速歼敌的作战理论和海上歼敌的作战方针是一脉相承的。前者是后者的可能发展，后者则是前者的根本依据。日本之所以重视这一方针和理论，既有战略上的考虑，亦有作战上的需要。从战略上讲，在远海早期迅速歼敌，可以确保集中于沿海平原地的工业基地的安全，从而保持赢得战争的续战能力；从作战上讲，日本国土狭长，缺乏战役战斗纵深，把歼敌线前推至远海，就可直接扩展作战上必不可缺的纵深，从而形成多道有效的拦阻线，为最后夺取决定性的胜利赢得时间。（黄金鹏《日自卫队作战理论的一些变化》，《外国军事学术》1996 年第 12 期；昕风、长弓译《日本的防卫战略与武器系统》，《外军资料》1996 年第 76 期）

注意研究未来以高技术制胜的作战问题。 海湾战争后，日本自卫队以及民间军事学术组织注意研究未来作战问题，特别注重研究发展适合日本需要的高技术武器装备，打赢未来高技术局部战争的问题。从近年日本媒体报道的情况看，他们的研究集中在以下方面。第一，关于未来作战样式的研究。目前有以下两种观点。一种认为，未来日本面临的战争可能有 3 种样式：一是使用重型部队以突然的方式实施空降与登陆相结合的进攻，目的在于夺取局部地域；二是使用高机动部队以奇袭的方式进攻，目的亦在于攻占某一地域；三是实施导弹攻击，只以精确制导弹药攻击日重要设施和地域。另一种认为，由于信息技术的发达及广泛运用，未来决战武器将由武器群向系统武器转变，因此，作战样式将向战斗整体机能系统化的方向发展。即通过先进的信息系统，将各种武器群有机联系在一起，实现系统化，再将每个战斗系统与各级指挥系统相连接，从而对战场上所有武器系统进行一体化运用，形成空、地、海、天整体战争系统。第二，关于未来作战理想的武器系统。日本有的专家认为，应发展以无人操作武器系统为主体的防卫力量，同时，为完成平时警戒和警备任务，需保持部分有人操作武器系统。这实质上是主张以技术优势打赢战争。其具体设想是，大力发展无人驾驶飞机、无人操作舰艇、无人驾驶侦察与指挥控制飞机及精确制导弹药。根据作战的需要，灵活使用有人驾驶飞机、舰艇和武器系统，在无人平台上搭载的精确制导弹药，对来袭的导弹、敌舰、敌机和部队实施打击。为使这一设想能变为现实，特别强调要对现有的防卫力量和态势进行改革和调整。（昕风、长弓译《日本的防卫战略与武器系统》，1996 年第 76 期；昕风、文武译《未来战争的样式》，《外军资料》1996 年第 91 期）

加强日美联合作战指导方针的研究。 根据《日美安全保障共同宣言》，日美安全保障协商委员会下属的防卫合作小组委员会改组后，正研究制定新的日美联合作战指导方针。主要研究与修改的内容为：第一，加强平时防卫合作。为此，将充实并加强如下方面的合作：情报交换、防卫政策及军事态势协调、共同实施训练演习、加强安全保障对话。第二，制定日本遭受或即将遭受武力进攻时的对策。这将是日美联合作战的核心内容。第三，关于日本周边发生对日本和平与安全有重要影响的事态时的合作。将研究提供人道主义援助、涌入日本的非战斗人员的疏散、美军使用日本的军事设施、对美军的后勤支援和双方军队运用等问题。以便日美双方在事态未发生时防止其发生，当事态发生后及时制止其扩大，并做好善后处理。

（张世斌）

确立“海上歼敌”的作战指导思想。 有作者撰文指出，自 1983 年日防卫厅提出“海上歼敌”的作战思想以来，日自卫队逐渐变以陆上为重点的消极专守防御，为以海上为重点的积极攻势防御，强调与敌争夺制海权和制空权，把入侵之敌歼灭于海上。为达成此目的，一是海上自卫队应在战时迅速建立起多层立体封锁线：第 1 道分别以宗谷、津轻、对马海峡为重点设置海峡封锁线；第 2 道设在千岛群岛、琉球群岛岛链线一带，由日美海军联合实施封堵；第 3 道设在第 2 道的外侧海域，由日美海军海上机动部队在重点海区进行机动巡逻。二是以快速机动形成局部兵力优势。为适应日本海岸线长，保护 1000 海里海上交通线的范围大，作战海区广阔的特点，强调应使有限的兵力战时能做到迅速集中在重点作战海区形成局部兵力优势，以获取海战主动权，达成歼敌于海上的目的。三是密切协同，充分发挥整体威力。在自卫队实施海上联合作战时，以海上自卫队主要作战部队为中心组织协同。海上自卫队主要负责反潜、水面打击、扫布雷、海峡封锁和反潜护航及舰队防空等。航空自卫队根据海上自卫队的请求，提供空中掩护和对敌舰实施火力突击等支援。陆上自卫队以岸舰导弹和远程火炮等，按计划和分工打击接近的敌舰船。海上自卫队各部队按任务区分相互支援、密切协同，力争把敌人全歼于海上。（黄金鹏《日自卫队作战理论的一些变化》，《外国军事学术》1996 年第 12 期；张平安《日本海上自卫队的作战运用》，《外国军事学术》1996 年第 7 期）

明确“走向远洋”的主要作战构想 为贯彻“海上歼敌”的作战指导思想，日自卫队在作战构想上要求日海上自卫队不断提高远洋作战能力，尽量“从远离日本国土的海上打起”；力争在空中力量支援下在海上全歼敌人。随着形势的发展和武器装备现代化程度的提高，日海上自卫队设想的作战范围也不断扩大：60 年代距岸仅 150～200 海里；至 1987 年，日海上自卫队护航作战编队首次在 1000 海里海上航线上举行了大规模护航演习，表明其作战范围已达关岛以西，菲律宾以北的广阔海域。1996 年 4 月日美共同发表的《日美安全保障联合宣言》,将安全合作范围扩展至整个亚太地区,为日海上自卫队在更大范围内显示力量并遂行海上作战行动提供了"许可证"。为适应从近海走向远洋的作战需要,日本自卫队放弃了以往由近海和本土两线组成的防御配置,改由远洋、近海、本土三线防御配置代之。与此同时,日海上自卫队大力发展远洋作战的武器装备,重点建造吨位大、航程远、装备精的驱逐舰、护卫舰、扫雷舰和潜艇,建立远程和高效的战略预警系统和海洋监视系统,建造能提高"八·八"舰队快速补给能力的大型远洋综合补给舰,迅速提高海上自卫队中、远洋的作战能力。同时,日自卫队强调,贯彻"海上歼敌"的作战思想,要以美国的战略威慑为盾,以美海军的合作与支援为保证,实施与美海军的"联合作战"。日美海军的"联合作战",将以西太平洋的辽阔海空域为主要海战场。冷战结束后,双方为对付亚太地区可能出现的"对地区安全构成的威胁",设想未来"联合作战"以美国为主导,以日美联合为基础,以多国部队的形式出现。日美海军将在海战中相互提供人力、情报、技术以及后勤等多方面的支援。尽管日海上自卫队在"联合作战"中的地位和作用会有较大提高,但目前尚不会改变日自卫队行动服从于美国战略需要这一基本格局。双方的"联合作战",仍然是在日美军事当局确定的战时分工原则下进行:打核战争依靠美国,打一般有限的常规战争靠日本自身;战略进攻依靠美国,战略防御先依靠日本自己抵挡,而后依靠美军的支援;打大规模战争依靠美国,打中、小规模战争依靠日本自己。(张平安《日本海上自卫队的作战运用》,《外国军事学术》1996 年第 7 期)

海上自卫队以"海上护航"为基本作战样式　日海上自卫队认为,对于日本来说,所谓海上作战,其实质就是夺取制海权,保护海上航线安全的作战。这种作战,按作战对象可分为:打击潜艇的反潜战,打击飞机、导弹等空中兵器的防空战,打击水面舰艇和武装运输船的海上破袭战,打击快艇的列岛守备战,打击水雷封锁的反封锁战等。日海上自卫队的海上护航以反潜为重点。为了提高反潜作战能力,日海上自卫队大力加强反潜侦察,除装备大型固定翼反潜飞机和舰载直升机外,还在日本列岛四周及其以东海域设置了声纳探测装置;同时,大力提高水面舰艇的反潜护航能力,一旦发现敌潜艇,即派出反潜搜索兵力进行舰机协同搜潜和攻潜,歼灭敌潜艇于船队附近海域或船队即将经过的海域。日海上自卫队的海上护航样式有三:一是编队直接护航,歼灭出没于船队附近的敌潜艇;二是护航舰艇与船队保持一定距离,探测并攻击在船队预定航线附近待机的敌潜艇;三是在船队预定航线周围海域重点实施反潜巡逻和扫雷,以期收到间接护航的效果。在这 3 种样式中,以第 1 种样式最为有效。

航空自卫队提出"洋上防空"的作战思想　航空自卫队推行的"洋上防空"的作战思想及理论,首先是强调航空自卫队今后对空拦截的重点在远洋上空,即把防空警戒和拦截线扩大至其周边 800 乃至 1000 海里海上航线上空。战时,航空自卫队各种拦截兵器,从远在 1000 海里处的空域实施层层打击,将敌诱至其作战半径极限处和预设的拦截空域一举予以歼灭。其次是重视集中使用兵力兵器。战时,抓住战机,把主要力量迅速集中用于重要空域,形成局部地区的空中优势,给敌以歼灭性打击。要求以积极的攻势行动达成作战目的,即:主动打击敌航空基地;积极夺取制空权;再次是密切协同与协调。航空自卫队航空兵及其他兵种,根据自动化防空指挥系统的统一指挥与协调,相互支援、层层拦截、制止敌突防。航空自卫队与陆上、海上自卫队密切协同与协调,充分发挥三军各种兵力兵器的作用。(黄金鹏《日自卫队作战理论的一些变化》,《外国军事学术》1996 年第 12 期)

(木　工)

印军作战理论研究　印军正在修改作战理论

英国《简氏防务周刊》1996 年 10 月 9 日载文指出,受印度和巴基斯坦可能掌握核能力以及弹道导弹将很快加入到印度炮兵中这两个因素的影响,印度军事计划人员正在对印度的军事理论进行一次重大的修改。

在印度陆军的理论思维中,杀伤敌军的能力被认为是比机动性更重要的东西。高级军官们正在制订一种理论,这种理论最大限度地把杀伤敌军、有限的机动性和对战略目标与作战目标的攻击结合起来,而不是谋求用机械化部队实施纵深突击。鉴于对杀伤敌军来说,火力是起关键作用的,因此对炮兵的依赖正在不断增强。从作战的角度来看,炮兵的作用正在被重新加以确定,从一个战斗支援兵种变成一个战斗兵种。以前炮兵历来是用以支援步兵和装甲部队的。现在印度的炮兵将有一项在直接支援和反炮兵战与被用于执行独立作战任务之间保持更好平衡的政策。炮兵能够很容易地在一般支援角色和战斗行动的近距离支援角色之间进行转换。为此,印军引入了前苏联陆军的"打击综合体"概念。美国陆军及其盟军 1991 年在海湾战争中运用这一概念曾取得优异的战果。该火力规划是以 4 个到 6 个炮兵旅为基础制订的。为实施这一概念,印度陆军第 1 炮兵师将于 1996 年 12 月建成投入使用。(《印

度炮兵是一支名副其实的武装力量》,《简氏防务周刊》1996 年 10 月 9 日)

印军山地进攻作战有 7 大特点 有作者撰文指出,印军认为,山地进攻作战,由于地理环境特殊,其作战手段与一般作战有所不同;只有根据山地的特点,灵活运用多种战术手段,才能夺取山地作战的胜利。海湾战争以来,印军不断对原有作战模式进行反思,十分重视山地进攻作战尤其是高技术条件下山地进攻作战的研究。其山地进攻作战体现出以下几个特点:

组织计划周密,准备时间较长。 印军山地进攻准备通常利用夜暗、不良天候、不同时机,如换防、演习等时机隐蔽集结部队。在进攻发起前,各作战部(分)队秘密进入集中地域完成各项作战准备工作。师集中地域一般位于对方大口径火炮射程之外。在此期间,各级派出侦察分队,进行地面渗透侦察和组织空中侦察。在查明敌情的基础上,各级制定出正确的作战方案,对部队进行合理编组,并进行较充足的保障准备。由于这些都必须周密计划充分准备,因此,战前准备所需时间较平原地要慢得多。

进攻正面较宽,任务纵深较浅。 印军山地进攻的正面和纵深通常依地形、己方兵力、防御一方的位置等因素而定。由于山地作战中防御一方依点据守,控制正面较大,进攻部队多沿有限的通道或山脊线攻击,队形拥挤,行动困难;因此在通常情况下,印军山地进攻作战兵力兵器的基本布势为纵深梯次配置,但突击梯队的兵力较大,约占总兵力的 2/3,进攻正面较宽,纵深较浅,一般师进攻正面为 20 千米,纵深为 6～8 千米,旅进攻正面为 4～5 千米,纵深为 1.5～2 千米。

多路开进,集中攻击。 印军认为,山地道路有限,不可能组织大规模的开进。因此,要求在山地进攻中,应尽可能利用夜间,沿进攻轴线选择多条路线,使部队分梯队开进。这样既可使防御一方难以判明主攻方向和进攻企图,又可减少敌火力杀伤,提高开进速度。在进攻发起后,则迅速从攻击目标的翼侧,侧后沿不同路线实施向心攻击,达成在突击点上集中兵力兵器的绝对优势。

空地机动结合,实施迂回包围攻击。 地面迂回包围与空中立体包围攻击相结合,是印军在空中力量,尤其是直升机不断发展的情况下,实施山地进攻的一个新的战术特点。在山地进攻中,为夺取战术要地,常以地面机动与空中机动相结合,实施陆空联合作战,从对方防御侧翼、后方、空中实施迂回包围。空中包围通常在气候条件有利时实施,并注重使用武装直升机进行短距离空中火力支援和空中垂直包围。

空地合为一体,实施纵深立体火力打击。 印军强调,在山地进攻作战中,必须有可靠的火力保障,有地空火力密切配合,最大限度地对对方实施纵深、立体火力毁伤。印军山地师除编有 1 个山炮旅和适于山地作战的多种压制火炮外,战斗中还可得到 1～3 个山炮团的力量加强,火力打击纵深可达 30～40 千米。地面部队进攻时,要求严密组织炮兵、歼击轰炸航空兵和武装直升机火力,从前沿到纵深,对进攻全过程实施不间断的火力支援。尤其强调要利用空中优势,以空制地。

突出电子战的作用,实施综合电子打击。 印军认为,电子战具有全时域和全纵深的特点,是一个独立的战场,是未来"大纵深、立体作战的重要组成部分"。为此,印军十分重视电子战部队的建设。近几年凡举行较大规模山地进攻作战演习,电子战都是其中的重要内容。把电子欺骗作为隐蔽战役企图的重要手段,强调电子攻击、电子欺骗、电子压制综合运用,以尽快达成战役目的。印军要求实施电子战应"积极、灵活和不间断"。

适时调整部署,进攻速度缓慢。由于山地进攻战斗行动异常困难,情况变化迅速急剧,为使山地进攻具有稳定性和使攻击行动有依托,印军在山地进攻的各个阶段都要求及时进行整顿,调整部署,建立依托阵地——"稳固基地",作为每次进攻的待机地域。整顿后,留少数兵力扼守依托阵地,主力则向新的目标发起突击,如果行动失利,则退回阵地,重新调整部署后再发起攻击,因而,进攻推进速度较为缓慢。(季志民、程兵《印军山地进攻作战的几个特点》,《外国军事学术》1995 年第 11 期)

印军分队山地夜间进攻战术特点初步形成 有作者撰文指出,印军认为,在山地组织夜间进攻,具有突然和隐蔽的有利条件,能出敌不意,以较小的伤亡取得较大的胜利。同时也认为,山地夜间进攻存在许多不利因素,难以掌握进攻方向和实施控制,难以判断敌反击方向。为此,强调必须事先进行夜战训练,充分做好进攻准备。其战术运用的主要特点是:(1)小群多路,独立作战。印军认为,山地夜间进攻不便于兵力兵器机动,组织指挥与协同困难。因此,主张山地夜间进攻应以小分队实施,以营或连为单位独立作战。进攻时,各分队选择有限的进攻目标、较窄的正面、较浅的任务纵深,实施多路多点突击。要求营、连指挥官针对预定目标,按指定时间机断行事,通常并给以炮兵、工程兵和其他兵力兵器的加强。(2)周密组织侦察,充分做好准备。由于夜间进攻和部队控制较难,要求在进攻前周密组织侦察,查明敌防御设施、火器和预备队的配置。在此基础上，周密制定进攻计划、火力计划与协同计划，组织进攻分队充分做好进攻准备。(3)运用多种手段，实施战场照明。印军规定，实施夜间进攻，“必需增调导向设备、夜间驱动装备和夜间瞄准器材”，进行有控制的战场照明。其目的是，帮助导向和运动，提高直接射击和间接射击的效果，增强图象装置的效果，使敌人无法使用红外夜视装置。其照明方法通常是：从冲击出发线向目标运动时，以微光进行间接照明；到冲击目标前沿时，实施短暂照明；攻击目标时，以照明弹照明目标；突破前沿后，对整个战场实施连续照明。(4)广泛实施火力欺骗，以达成进攻突然性。在夜间进攻发起前，要周密组织实施声响与火力掩护。声响掩护的方法通常是使用机枪和其他轻武器直接对敌防御阵地实施射击，以炮兵火力对距进攻目标较远的地域实施不规则的间隔射击，使对方做出防御性射击等相应反应。经多次反复，待敌反应迟缓后，突然发起进攻。有时，火力欺骗与炮火准备联合使用，以获得更佳的射击效果。(5)以炮兵火力支援为主，也可使用坦克装甲部队。夜间进攻时，通常要周密组织炮兵火力支援。支援的方法：一是将炮兵分队直接配属给突击分队，在进攻编队指挥官的指挥下，对预先查明和进攻中发现的目标实施直瞄或压制射击，支援分队实施突击；二是由上级统一组织炮兵火力支援。在有充分照明条件下通常实施不规则、短促而猛烈的火力准备，当突击分队占领进攻目标后，炮兵适时转移火力或向敌纵深延伸火力。有时也使用坦克装甲部队实施突击或火力支援。为击退敌之反冲击，突击分队在占领进攻目标后，应迅速以机械化方式排除障碍，开辟通路，以便上级及时向所占阵地派出装甲分队。(巨忠寿、李华伦《印军分队山地夜间进攻的组织实施及战术运用》，《外国军事学术》1995年第12期)

印空军形成较系统的作战思想 有作者撰文指出，印空军的作战指导思想，是根据其军事战略方针和独立以来历次对外战争的经验教训逐步形成和完善起来的。随着实力的膨胀、武器装备的不断更新，印空军在借鉴前苏军攻势作战思想和美军“空地一体作战”理论的基础上，逐步形成了一套较系统的作战指导思想。其主要内容如下：(1)进攻是夺取战争胜利的主要手段。印空军认为，进攻是直接消灭敌人的主要手段，防御只是为达成进攻或为转入进攻创造条件的一种辅助手段。因此，强调“要不惜一切代价保持进攻锐势，直至夺取最后一个目标”；防御也“必须具有攻击意识，体现进攻精神”。(2)集中优势兵力，夺取战场主动权。印空军认为，战斗的成败在很大程度上取决于如何在指定的地点运用优势兵力兵器。所以在进攻或防御作战中，强调“在关键时刻和地点集中优势兵力兵器，给敌造成巨大震撼，并以此取得战场的主动权”。(3)夺取并保持空中优势。印空军认为，现代战争是立体战争，取得空中优势是获取海上、地面和空中作战胜利的先决条件。因此，要充分发挥空中力量的作用，努力夺取空中优势，印空军一般将 51～55%的兵力用于夺取制空权。印空军战斗条令规定“只要对方 尚存进行空战的潜力，就必须不停地实施夺取制空权的战斗”。(4)强调诸军、兵种协同作战。印军十分重视诸军、兵种之间的协同作战，特别是陆空协同作战，并规定一切空中行动都必须由空军来组织协调。空军各联队常驻一个基地，与有关陆军部队建有相对固定的战斗协同关系。为使陆、空军保持密切联系，相互了解作战特点，提高协同作战的效果，印军还设置有专门的防空联合作战协同机构。(5)在必要时独立完成作战任务。印空军在大力推进装备现代化建设的同时，其组织指挥、保养供应及战斗保障、人员素质等都达到了一个新水平，综合作战能力有了较大提高，可以独立遂行战略、战役和战术任务。印军规定，不论哪个方向出现战事，空军都要及时作出反应。在特定情况下，为达到一定目的，可单独使用空军对敌国重要目标实施空中突击。(6)提高电子战的地位。印空军认为，电子战是现代化战争的一个重要标志，因此不断发展电子技术，并加强电子战战法的研究。(张力军、郭军辉《印度空军作战思想及作战能力》，《外国军事学术》1996 年第 8 期)

(夏礼伯)

越南作战理论研究

越军提出军区级防御战役战法问题 越军上将阮友安撰文指出，为粉碎敌进攻战役，军区级防御战役必须将防御与反攻和进攻密切结合，利用天时、地利、人和相结合，充分发挥人民战争的综合威力，打击敌人。其战法主要有：

反战略空袭 为了抗击战争初期敌战略空袭，平时就要组织严密的防空系统，采取军区防空火力系统与国家防空力量相结合，国家和军区防空火力与自卫民军广泛开展打飞机运动相结合。有计划地保卫和疏散工厂、企业、仓库、国家机关，修建掩体，并与伪装、疑兵、隐蔽目标和欺骗相结合。在条件允许的情况下，可以使用空军、海军和特工部队袭击敌机场和航空母舰，减轻其空袭强度。

*坚决拖住敌人，在山岳丛林地带打败敌人。*越南山岳丛林地带地形险要，道路机动困难，尤其是坦克、装甲车和机械车辆行动受限制。要善于抓住敌人的这个弱点，用各种办法来消灭敌人。在重要交通要道和具有战略、战役和战术价值的地形上形成主要防御区域，以

此为防御阵势的核心，迟滞、杀伤、消耗、消灭敌人有生力量及技术装备。依靠纵深和链式连环防御，限制敌进攻速度，使其不能速战速决。在各主要防御区域的两翼部署机动力量，向敌进攻队形的两侧和后面（尤其当敌正在进攻或进攻受挫时）发起坚决主动进攻，削弱敌攻击力。由远及近打击敌人。一线防御作战部队在敌人刚踏上越南领土时即予以迎头痛击，当敌深入越南领土时从背后打击敌人。若条件允许，可组织炮兵向敌进攻集结出发地域实施火力袭击，破坏敌人的进攻准备。组织反坦克火力系统，并与破坏道路、设置障碍物和布雷结合起来，限制敌坦克、装甲车的突击能力。使用野战火炮、迫击炮、穿插炮组、特工对敌炮兵、迫击炮阵地实施钳制打击。组织对敌交通、后勤技术仓库的打击，削弱敌人的物资保障能力。各种力量采用灵活、多样的战术形式在各方向广泛歼敌，与在重要交通要道上集中力量打击主攻之敌相结合，粉碎敌速战速决的企图，迫使其陷入山岳丛林泥潭，以便我进攻和反攻，彻底打败敌军。

反迂回。迂回是敌军在战略、战役、战术作战中经常运用的作战手段。因此，在坚决阻击敌人正面突击的同时，要有计划地对敌战役、战术迂回实施有效反击。要在判断敌战役、战术迂回的基础上，组织各种侦察力量及时发现迂回，及时机动到位，予以阻击。打击敌迂回的力量主要是地方部队，部分主力部队予以配合。如敌军迂回是主攻，正面进攻是佯动，那就要加强主力部队，以便有足够的力量阻击和击溃敌军。运用层层阻击战法，结合伏击、袭击、运动进攻和连续跟踪追击的方法打击敌人，使其完全被孤立，无法与其他部队会合。

打败敌战役、战术空降部队。反空降是军区防御战役作战计划中的一项重要内容。反空降首先要正确判断空降区域，及时发现空降部队；同时秘密隐蔽部队，与机动能力强的预备队（机械化步兵）一起及时包围、分割、消灭敌空降部队，不让其与其他地面进攻部队会合。防空火力打击飞机要与炮兵火力打击刚接近地面的空降兵相结合，不让他们集结。如果敌人已经集结，必须立即组织袭击，不让其巩固空降场。要组织步兵部队配合空军和防空军对军区辖区内的各机场严密防守，防止敌空降占领机场及机降着陆。

选择方向组织进攻和反攻，逐一消灭敌人。对付敌进攻的过程是创造优势和时机迫敌暴露破绽的过程，诱敌进入预先布置好的“火力袋”予以大量杀伤，遏制其进攻，为进攻和反攻做准备。战役指挥员要随时掌握强大的预备队（约 2 至 3 个师），选择弱敌予以突然坚决打击。只有十分有效的进攻，才能对敌进攻意志予以决定性打击，并各个消灭敌人。为达到这一目标，应节约使用防御力量，以便腾出强大的预备队，在有利时机和便利的地形上打击敌薄弱部位，从而摆脱连续防御和被动的状况。（〔越〕阮友安上将《军区防御战役战法的若干问题》，《外军资料》1995 年第 55 期）

越军探讨卫国战争中反攻战役的战法问题 越军大校杨河撰文指出，在战役作战中，对敌人在我军实施战役时的状态进行研究，是一个十分重要的问题。敌人处于进攻状态还是防御状态，在很大程度上决定了其作战样式、力量使用以及战役的组织和部署。同时，也决定了我军必须运用不同的作战方法。当我方进行反攻战役时，战役的作战对象是正处于进攻状态或处于暂停进攻状态的敌人。从战役角度上看，敌人仍处于进攻状态，尚未转入防御；敌人的队形仍为进攻队形，而非防御队形。在这种情况下，敌人兵力仍很多，仍具有有效地对付我军的实力。在现代化条件下，反攻战役的另一个对象是动用快速反应部队实施空降或从海上登陆占领重要地区，以策应发生在重要政治中心的暴乱和颠覆活动的敌人。这时，敌人可能采取突然袭击的手段，特别是可能在许多方向实施佯动，并与国内反动势力密切配合。在空降中，将增添新的技术装备，如现代化运输机、歼击机、运输直升机、武装直升机、轻便的伞兵装备，加强空降部队的自我保障能力以便能够长期作战，加强空降部队的火力，采用低空、超低空跳伞方法，运用多层、多批次空降的新战法，以实施“登陆—进攻—再登陆—再进攻”。对此，反攻战役可能在下述两种情况下进行：(1)作为防御战役的继续。(2)不作为任何一场战役的继续，由当地武装力量进行的防守作战直接转入反攻。继防御战役之后的反攻战役有可能发生在各重要的战略方向。防御战役和反攻战役之间有着密切的相互关系。防御战役主要是消耗、削弱敌人的有生力量，为反攻战役创造有利态势和时机。因此，要把统一防守作战计划意图中的作战目的和任务紧密地结合起来，事先对选择进行反攻战役的战场和时机作出预测。从防御转入反攻，就战役中力量使用的形式而言，可以是后方调上来的机动兵团；或者是从其他方向调来的正在执行任务的兵团；也可以是正在进行防御的兵团，在得到兵力和装备的补充加强后转入反攻。使用从后方调上来的兵团进行反攻，其战斗力通常是完好无损的，有条件集中力量事先进行充分的反攻准备，因此通常作为主力在主要作战方向担负反攻任务。使用从其他方向调来的正在执行任务的兵团参加反攻，由于可能有减员情况，所以通常被投入到次要方向（地区）或作为预备力量。

不作为任何战役继续的反攻战役，通常是由当地武装力量从防守作战活动转入反攻。这种情况经常发生在辅助方向。在这些方向上我们一般不投入大的主力部队进行防御，因为敌人的进攻力量通常有限。当敌军进攻受到当地武装力量的阻击，兵力受到消耗时，我们就要组织发动反攻战役，以便粉碎敌人在这些方向上的进攻。当敌人出动快速反应部队以空降或海上登陆形式突然打入我后方某纵深地区策划暴乱，遭到当地武装的阻击，力量受到削弱时，可发动反攻战役，采取速战速决方式予以歼灭。(〔越〕杨河大校《卫国战争中的作战对象及反攻战役的实施》，《外军资料》1995年第55期)

越军强调步兵师区域作战应担负双重任务　越军大校胡士恋撰文指出，越军步兵师应担负双重作战任务，既要挫败敌人的"和平演变"及颠覆暴乱活动，同时必须随时准备打胜敌人发动的各种规模的侵略战争，并将其作战行动概括为以下3方面：(1)反对以暴乱和颠覆为目的的游行示威。这是防守区域内武装力量保卫政治和社会安全秩序的经常性的政治任务。一旦发生情况，要在公安机关的主持和参谋下，在各级党委和地方政权的直接集中指导下，坚决、主动、及时地协助制止、平息暴乱。具体可通过以下方法实施：宣传发动群众，找出为首人物，对其严惩不贷；制止动乱，不使事态继续扩大和蔓延；可以调动区域防御师的一部分兵力在外围机动，以便从远处制止暴乱，保卫驻地的军事、政治和经济目标。(2)抵御敌人以侵占我领海与边界为目的的武装行动。在有些地区，敌人可能会集中力量，通过侵占性耕作及侵占性定居，移动界碑等非法行动来侵占我边界地区或岛屿，非法开发资源、捕捞海产，侵犯边界主权和国家安全，组织人员与国内反动势力互相串通，破坏国防设施。一旦发生这种情况，防守区域内的地方武装力量要坚决斗争，阻止敌人的侵占行动；保卫边界主权和国家安全，保卫国家资源。同时，地方武装力量要与防守区域内防御师的机动力量密切协同，在必要时集中兵力，还击并消灭来犯之敌，保卫祖国的边界和海岛。(3)抵御敌空袭和大规模的入侵行动。敌空袭和大规模入侵主要有以下两种可能：一是当敌人侵占我边界、领海而遭到我军坚决还击受到重创时，敌人有可能对我进行诬控、歪曲，并制造虚假事件，以此为借口出动空军对我全线进行猛烈打击。接踵而至的可能是空中和海上登陆以及陆路进攻，以多种手段向我国领土的纵深处进攻。二是敌人对我实施"和平演变"阴谋，对我进行多方面的削弱，设法建立反动政权和武装力量。为了支持该反动政权，敌人可能会出动一支力量对我进行侵略干涉。为迎击敌空军的袭击、运送部队和武器装备、以及支援步兵地面进行进攻作战，我方应在各防守区域中建立广泛的人民防空阵地系统，各种火力密切配合，形成密集、多层次的交叉火力网以打击在各个方向、不同高度飞行的敌机。如果敌人出动快速反应部队对我发动进攻，防御师就应依托防御区域的防御部署，把战斗乡村与师防御阵地系统连为一体，充分发挥防御区域内防御师和其他各武装力量的战斗力，通过各种战术形式，运用多种作战手段，以各种大小不同的规模，使用各种简陋的和现代的武器打击敌人，牢牢保卫主要目标。(越军大校胡士恋《步兵师的区域作战的双重任务》，《外军资料》1995年第55期)

（木　工）

信息战问题研究

中国关于信息战问题研究　针对中外军事学术界热衷研讨的信息战有关热点问题，有作者撰文综述如下：

信息战的样式　目前，西方军界对信息战有多少种样式还没有统一的界定。按层次分，信息战可分为国家信息战、国防信息战、战略信息战、战术信息战；按性质分，可分为进攻性信息战、防御性信息战；按时间分，可分为平时信息战和战时信息战。平时信息战包括：经济信息战、文化信息战、虚拟现实战、心理对抗战、网络战。其中，平时的心理对抗战、虚拟现实战等信息战样式可以用于战时。实际上，许多信息战样式已经存在于社会之中，具体分为：现已运用的信息战，如指挥控制战、电子战、情报战和针对敌方军民的心理战；可能的信息战，如"黑客"战、计算机控制战；即将成为可能的信息战，如虚拟现实战。

指挥控制战。所谓的指挥控制战就是通过对敌指挥控制系统进行物理和电子攻击,阻隔指挥机关与部队的联系,使敌方部队群龙无首,不战而降。其作战方法包括:“擒王”(ANTI—HEAD),即在战争中对敌方的指挥控制中心实施毁灭性打击。“卡脖子”(ANTI—NECK),即通过干扰或破坏等手段,切断敌方的通信,使其看不见,听不清,成为一支上不通、下不达的军队,这就等于卡住了敌方的“脖子”。越是指挥僵化的军队,越容易遭受上述指挥控制战作战方法的打击。

情报战。它包括两方面内容:一是进攻性情报战。在这种情报战中,己方充分利用已有的信息战装备,收集敌方的各种情报数据。二是防御性情报战。在这种情报战中,要切断敌方获取己方情报数据的渠道。

电子战。即在确保己方充分利用电子频谱的同时,不让敌方利用电子频谱的一系列行动。信息战所包含的电子战主要有:反雷达战;反通信战;密码战。

心理战。心理战的目的是,通过各种信息媒体,传播令敌军和社会平民沮丧的信息,从而使敌军丧失战斗意志,使国民不再信任自己的领导集团。这种“洗脑”式信息战贯穿于平时和战时。

“黑客”战。这是一种崭新的冲突形式。“黑客”泛指计算机和计算机程序使用者。这种战法主要是使用有害的软件程序,破坏或利用敌方信息系统。其作用在于:全面瘫痪敌信息系统;迫使敌方信息系统周期性关闭;大规模偷窃敌方信息数据。这种战法的关键在于,只要网络中的任何一部分染上了“病毒”,整个网络都无法幸免。

经济信息战。这种方式的信息战主要是通过破坏敌国的银行和股票等要害部门的电子信息系统,导致敌国经济秩序的混乱,人心浮动,政局不稳。

计算机控制战。计算机控制战是在计算机空间中进行的一种冲突。它包括:①信息恐怖分子攻击,即通过破坏计算机网络,或通过公布个人隐私的信息,使其威信扫地,失去国民的信任。②指令攻击,即通过向系统提供假信息,使系统作出错误的判断和决定,误导决策者采取错误行动。③模拟攻击,或通过虚拟现实技术对未来的冲突进行模拟,以模拟的交战结果为依据来决定战与和;或虚拟出部队从某一方向进攻的假象,而部队则从另一方向攻入,令敌方防不胜防。(滕建群《信息战研讨会学术观点综述》,《外国军事学术》1996 年第 11 期)

从科技角度对信息战进行分类 也有的作者从科学技术的角度,对信息战的作战样式进行分类,将其分为以下两类:

纯软件信息战作战样式。从军事意义上看,这种信息战包括战略性信息战和战术性信息战:一是破坏国家信息基础设施的战略性信息战。它主要毁坏敌方国家的军事系统、金融系统、电力系统、电信系统和计算机网络,使一个社会、一个国家丧失发动战争的能力,达到阻止战争的目的。这种形式造成的破坏包括金融系统帐目混乱、电力和军事系统失灵,具有有关全局的战略意义。二是战场上使用的战术性信息战。即使用密码病毒按程序找到目标系统,能使敌方发射的导弹调头攻击导弹发射一方或偏离攻击目标;向敌方电脑系统注入假情报,诱使其指挥机构作出错误判断,导致决策失误等。从技术手段看,这类信息战包括利用病毒、定向能等技术进行的高技术信息战:(1)计算机病毒信息战。即将研制的密码病毒植入“芯片”后,通过商业渠道进入敌国。不打仗时它不影响计算机的正常工作。一旦需要,可随时遥控激活它,从而吞噬计算机数据,最终毁掉敌方的军事指挥和金融系统。(2)定向能信息战。即以特工人员偷偷潜入敌国,将高能电磁脉冲装置放在一个银行或股票市场旁边并启动它,产生的电磁脉冲将烧毁建筑物里所有的电子装置。(3)心理信息战。即空投成千上万的无线电设备和传单等大肆炫耀本国的综合军事实力,迫使交战国丧失与其交战的信心。利用心理信息战不战而胜地解决低强度冲突,已经和并将成为美军的主要作战样式。通过商业渠道向敌方领导集团成员发放电子邮件瓦解其意志,也是进行心理信息战的一种手段。(4)变化多端的信息侦察。信息战将给情报侦察工作带来极大改观。美国高级研究计划局已经研制出用于侦察工作的灵巧树与智能石。这些仿真的侦察设备可通过加密电波传递侦察情报或信息。

“软硬兼施”信息战作战样式。由于许多专家对软件信息战能完全摧毁敌方发动战争的能力表示疑虑,认为目前它还不能完全取代机械化作战,在今后的战争中,可能会实施软硬兼施的信息战。“软硬兼施”信息战是指用信息化武器进行的作战。所谓信息化武器是指传统兵器与数字化技术和微电子技术相结合,极大提高自动化程度、精度、高效能和协同作战能力的新一代高技术武器装备。未来信息化武器的作战样式主要是依赖准确的信息侦察、先进数字化通信技术和精确制导导弹对敌方实施隐蔽、迅速、远距离攻击。美军在研究 21 世纪军队作战规模规划中指出:同传统战争不同的是,信息时代美军派往前方的机械化部队将是一支规模小、部署分散、战斗力较强的作战部队。这支部队利用先进的通信系统、超级精确制导导弹摧毁快速移动的敌集结部队。小型作战部队将缩小对后勤和预置的需求。战争的胜利将不以死伤多少人和摧毁多少钢铁为重要标志。(白丽红、曹怀正《美军信息战理论的发展》,《军事文摘》1996年第7期)

信息战的进攻行动 信息战的进攻行动分为物理攻击和逻辑攻击两种类型。所谓物理攻击,是指采用侦察监视、目标捕捉、电子战、生物战以及电磁脉冲武器等手段,破坏、消灭敌指挥控制系统物理设备的行动。从攻击技术的角度看,物理攻击分为硬杀伤和软杀伤两种类型。硬杀伤是使用精确打击兵器等手段实施的火力摧毁行动;软杀伤是指使用电子干扰、光电子干扰以及声干扰等手段实施的信息干扰行动。从作战效果看,硬杀伤可能彻底摧毁敌指挥控制系统,并可对敌造成心理震慑,但其针对性较差,使用时间、范围、规模等受多种因素的制约;软杀伤虽只能对敌指挥控制起到干扰、削弱和压制作用,心理震慑效果也不够明显,但它比硬杀伤较有针对性,使用范围广,杀伤面积大。

逻辑攻击是指采用计算机病毒和其他逻辑手段,通过侵入和破坏敌方军用信息系统的相关数据库,削弱敌指挥控制能力直至使其指挥控制系统陷于瘫痪。逻辑攻击的一个重要方式是采用计算机病毒作武器,在关键时机、关键部位攻击敌指挥控制系统,使系统全部或部分失去工作能力,从而使敌整个作战行动陷于被动。计算机病毒具有计算机软件的全部特征,并能够自动复制和传播,尤其能够通过计算机网络进行传播,因而计算机病毒武器对指挥控制系统的威胁是非常巨大的。逻辑攻击的另一种方式是“黑客”行动。“黑客”是指对计算机网络进行非法操作的计算机迷。“黑客”们精通先进的密码技术,通过交互网上的某一节点,便有望经过努力进入有密级的军用或民用的信息管理系统及相关数据库。“黑客”对指挥控制系统的威胁巨大。五角大楼对其信息管理系统的最新测试表明,通过各种途径打入美军方计算机网络系统的“黑客”来自142个不同的国家。不难想象,如果对敌方指挥控制系统有组织地实施类似的攻击型“黑客”行动,完全有可能使敌陷入一场信息灾难。

可见,物理攻击和逻辑攻击虽然都能破坏和摧毁敌方指挥控制系统,但其作用方式有着质的区别。前者充满着火药味,是火力战、电子战、生物战的延伸;后者则看不到任何硝烟,与以往战争中的攻击行动有着质的区别。就战场的透明度而言,如果说物理攻击由于战场数字化而变得非常透明的话,逻辑攻击则具有模糊隐蔽的特点。由于在未来信息战中,物理攻击手段的使用无论从规模上还是从范围上都将受到严格控制。而逻辑攻击手段在某种程度上可避免对人力资源、物质财富和生态环境的巨大破坏,因而必将受到越来越多的政治家的“青睐”,成为未来信息战中重要的攻击方式。

信息战的防御行动 信息战中的防御行动可分为主动防御和被动防御两类。主动防御指首先使用精确打击兵器及包括逻辑攻击在内的其他攻击手段先行打击敌信息重心,使进攻者变成“瞎子”和“聋子”。与此同时,用电子战器材压制敌指挥控制系统,使敌无法实施协调一致的进攻行动。被动防御主要指对己方指挥控制系统可能遭受的攻击所采取的以技术补救为主要内容的信息防护行动。包括传统的伪装和设立应急补救装置等措施。除此之外,现代网络技术为解决信息安全问题,对有密级的信息系统设置了“防火墙”,并试图建立能自动探测和消除计算机病毒的防护系统。主动防御是对付物理攻击的有效办法,但对逻辑攻击则很难奏效。由于逻辑攻击源具有分散和隐蔽的特点,不存在信息中心的问题,因而运用攻击手段很难达到防御的目的。(梁永生、梁永昌《信息战的基本作战行动及其战略影响》,《外国军事学术》1996年第10期)

关于防御作战中的信息攻势 有作者撰文指出。防御作战中的信息攻势,是信息化战场上的防御一方,在实施传统的兵力、火力抗击和电子伪装、无线电静默等信息防御的同时,调集和组织信息领域的各种进攻手段,主动地从多方面向进攻一方实施软干扰、硬摧毁等信息反攻和进攻行动。防御作战中的信息攻势,既是信息技术革命赋予积极防御的新内容、新战法,也是信息战的基本特性所规定的。实施信息战离不开信息侦察、信息干扰和信息摧毁,以及电子伪装、无线电跳频、无线电静默等。最好的信息防御,也只能是消极地躲、藏、选、避,既不能及时获取对方的进攻企图,更不能破坏和停止对方的围、追、堵、截,终难逃脱被发现和遭剿灭的恶运。所以,实战中最有效的信息防御方法,是在隐蔽自己的同时,积极主动地向对方实施反攻或进攻。防御一方,在信息器材的技术性能上虽然不如进攻一方,但只要掌握了对方信息器材的物理属性、频谱范围、功率大小和作战部署,就可以根据它在技术性能上的弱点或空间分布上的空档,予以有效的反攻或进攻。近些年来,进攻一方的信息技术又向数字化、隐型化和小型化、单兵化方面发展,使信息进攻的手段更多,速度更快。这就要求防御一方全面改革自己的防御结构和防御战法,把握防御作战中的信息攻势。

以仿助攻。在防御构成上,以经过电子欺骗专门训练的部(分)队,使用制式或自制的仿真兵器和信息器材,于适当地域建立信息化的仿真阵地,欺骗敌人的信息侦察。以电子干扰和硬摧毁兵器，组成强劲的信息打击集团，采用各种信息伪装手段，隐蔽配置在便于机动进攻的有利位置。待敌集中全力向己方仿真阵地实施侦察和压制时，己方真实的信息打击集团乘机对敌实施猛烈的软干扰和硬摧毁。

内外夹攻。组织专业化的外线信息攻击部（分）队，深入敌人纵深，以有线和无线窃听、照像、计算机情报盗窃等手段，获取敌人信息与火控系统的技术参数与坐标位置，为己方内线的信息干扰和火力摧毁提供情报。以切电路、毁电源、破雷达、袭击信息中心等手段，破坏敌人的光电侦察与火器控制，配合己方正面防御部队，对敌内外夹击。

军地联攻。充分发挥本土作战的优势，使用地方的干扰台和各种电磁辐射源，对敌实施多方面的电子干扰和遮断；以各种制气、制雾、制冷、制热和发烟装置，污染敌人的电磁工作环境；以微机专家使用信息网络“插入”技术，盗取敌人的情报。

防御作战中的信息攻势手段多种多样，但其最终目的是在破坏敌人进攻的同时，逐步地夺取战场主动权，为己方由兵力火力上的防御，转入兵力火力上的进攻创造条件。（刘森山《防御中的信息攻势》，《解放军报》1996 年 11 月 19 日）

信息战的时空特点　有作者撰文认为，信息战具有以下时空特点：

*战场空间的绝对扩大和相对缩小两种趋势并存。*信息战战场空间的扩大首先表现在开辟了新的空间。即信息技术和其他高技术把地球上的战场扩大到了外层空间和在微电子频谱领域厮斗的电磁战场。其次表现在部队的远战能力上。微型超视距遥感器材装备于作战平台上，加上超视距的打击兵器，可以在人的目视、听觉距离以外毁伤目标。第三，表现在兵力兵器在战场分布的分散化上。由于信息化将各种武器系统最佳地组合使用，极大地提高武器的毁伤力、射程和精度，从而增加了士兵与部队的分散程度。第四，体现在军队的编制装备和作战方法上。信息技术使战场向电磁战场、外层空间扩展，出现了天地一体作战、电子战、信息战、计算机战等作战样式，有了“天军”和数字化部队的出现。

虽然战场空间扩大了，但由于“眼睛”看得远了、“臂膀”伸长了，战场具有相对缩小的趋势：一是指挥员与战场的间距缩小了。指挥员虽远离战场，但在指挥中心仍能逼真地了解最前线的有关景象，随时掌握整个战场上的实际情况。二是武器系统的远程精确攻击能力增强，使打击兵器可以轻而易举地精确命中远程目标。三是部队具有更强的快速机动能力，总是能适时机动到有利位置，并始终保持战场上的主动。因而绝对扩大的战场空间对于信息化部队来说，又具有相对缩小的趋势。

*战场目标分布的广阔性和目标攻击的精确性。*战场目标分布广阔，一方面由于兵力兵器种类数量繁多，部署高度分散，遍布于范围极其广阔的多维战场，并且具有高度的动态性。另一方面由于为了提高战场生存能力，须采用种种措施将兵力兵器分散配置。而信息网络能在“决定性的时间”、“决定性的地点”，提供“决定性的信息”，并不间断地提供最新的战场信息，提高目标攻击的精确性。

*攻击途径的多维性和打击目标的一致性。*信息武器可以从很远的距离上，从全领域、全方位攻击各种目标，使目前的陆、海、空三维战场变为陆、海、空、天、电五维战场，致使信息战出现了“全方位”、“全高度”同时进行多维打击的形式。信息网络的传感器获得的有关目标信息能同时直接馈送给各个武器平台的瞄准装置，再与精确分配给每个武器平台的特定交战目标相结合，可实现各个武器之间的最佳协调，各类远程打击兵器不需集中部署，就可对目标实施集中突击。军队针对同一目标进行的整体作战、一体化作战不再是一句空话。

*战争节奏的速决性和可控性。*信息战力求速战速决，作战行动坚决，作战过程短促。战争一经触发，即从全纵深、全方位进行突击，可在同一时间对多个目标进行精确攻击，在短时间内瘫痪敌人，达到速战速决的目的。从而使战争（作战）的节奏明显加快，战争的进程明显缩短。战争节奏的可控性是指争夺时间、抢占空间，打时间差、空间差，不谋求更快，只求更好，早一点不行，迟一点也不行。信息化时代，由于已解决了控制信息的技术问题，能使信息化部队的行动节奏和作战行动的快速转换得到控制，既可轻易取得出敌不意、攻敌不备的先机之利，又可适当放慢节奏，在出现最有利时机或敌暴露其作战重心和部队弱点时，给予致命的一击。

*时间协调的计划性和作战控制的实时性。*信息化武器技术装备的飞速发展和广泛使用，使信息化战争在决策分析、指挥控制和跟踪反馈等一系列环节上日趋精密准确，作战力量和作战手段的作用及作战空间范围和持续时间，都必须十分准确地敲击在作战计划的节奏上，实时控制是指对战场敌我双方发生的情况立即作出反应，采取对策，战场“信息高速公路”的建立，使实现近实时的作战控制和协调成为可能，而这种

近实时的协调将极大提高部队的战斗力。(汤志文、杨新《信息战的时空特点》,《军事文摘》1996 年第 7 期)

关于信息战易克的一面　有作者通过对信息战进行研究,指出,信息战和其他作战样式一样,有其长,必有所短;有相生,必有相克的一面。

易被假信息所诱惑。信息化战场,敌对双方无不以获取和利用信息为着眼点。这就很容易人为地制造大量假信息,造成"情报灾难",导致行动失当。

易形成指挥上的单一性。未来信息战,部队日趋网络化,纵横一体化。在战场上,信息网络线路延伸到战场的每一个角落,指挥中心与各种数据库几乎随时随地收集、处理或传输着战场的态势、敌我友方位、各部队的动向、交战的效果等情报信息;从而使战场信息流动性大、容量多、传输快,可能导致信息泛滥、指挥混乱或部队过分依赖信息。

易让"第 3 者"从中插手。信息战中的"第 3 者"虽不是直接交战者,如果他给某一方提供了一些卫星照片、信息数据资料,就可对被获得者的指挥、决策和胜负结局产生比传统的经济支援和物资支援来得更及时,更有力的影响。原本信息迟钝、战场情况不明的一方,因为有了第 3 者的信息而立即变得信息灵敏,心明眼亮起来;本来的胜方却稀里糊涂地转向不利,甚至失败。

总之,对待信息战,必须要有辩证、客观、科学的分析态度,不可偏颇,既不过分夸大其长,也不过分渲染其短。(吕汉文《信息战也有易克的一面》,《解放军报》1996 年 12 月 31 日)

信息战理论对现代战争的影响　由于信息战是出现于信息时代的一种全新作战样式,它势必对现代战争和军事领域诸方面产生重大影响。

信息优势将成为全新的威慑手段。信息优势的威慑能力在于它以隐蔽迅速的手段,以较小的代价,迫使某个社会或某个国家放弃发动战争的企图。信息战的主要攻击目标是国家信息基础设施,若攻击成功,可使这个国家陷入极度混乱状态,数年内不能恢复。论破坏力,信息优势不在核武器之下;论损失,信息战可能不伤一兵一卒;论政治影响,信息战远不会像使用核武器和常规武器杀人那样受到舆论的严厉谴责。信息威慑弥补了核武器和常规武器作为威慑手段之不足。在当今国际国内相互联系日益广泛,各国日益依赖现代信息系统的情况下,信息威慑必将成为一种重要的威慑手段和制约战争的因素。

信息战理论将使传统的军事作战思想发生变化。美军提出,利用信息战不战而胜的战争打法可能使未来出现不流血的战争。以信息战为基础的美军未来战争战略指导思想,注重对敌方领导人进行"攻心战",注重指挥与控制的较量,作战不再以毁坏多少硬件和杀伤多少人为主要目的。软件攻击战斗力完全有可能使敌方领导人和决策者放弃对抗意志。从这种意义上讲,信息战出发点本身就是一场有战略目的的非流血冲突。制信息权将成为战争双方争夺的制高点。未来战争的战役也可能不必由一系列战斗组成。一次秘密的病毒战,一次精心策划的心理战,都足以达成有关全局的重要战役乃至战略目的。

信息战理论将使美军作战条令发生变化。鉴于信息战使战争的进攻和防御范围由以往的陆地、海上、空中、太空四维过渡到全维,成为全方位、全纵深、全时空的隐蔽作战,美军作战条令中坚持十余年的"空地一体作战"理论最近已基本放弃,"全维作战"理论正在形成。信息战使军事作战理论更加精练,它不再沿袭呆板的作战模式,灵活的作战条令将赋予指挥员和作战人员更多的发挥创造性的权利。

信息战改变作战指挥方式。信息战将提高作战指挥效能。指挥官们坐在计算机前就可进行计划和指挥,输入作战目的、打击目标、参战部队、任务使命等数据。计算机将通过显示目标和威胁等,迅速决定己方部队用信息武器攻击对方的基础信息设施,阻止对方发动大规模战争。信息战系统将使全球性的陆地、海洋、空中和空间传感器联成一个网络,为陆、海、空军指挥官提供精确的、实时的情报图像。由于信息战主要是依靠计算机作战,所以指挥层次将大大减少,高级指挥官可以向操纵计算机键盘的作战人员直接下达计算机的攻击命令。战场环境的建设亦将朝着更有利于指挥对抗的方向发展。

信息战给战争的时空和规模带来变化。信息战将使战争时空发生变化。从时间看,开战时间由于隐蔽而难以预测。数字化战场信息传递和作战速度明显加快,目标一经被发现就立即被摧毁,战争周期将明显缩短。如果说精确制导武器使战场的前后方界限模糊,那么信息战将完全消除作战前后方的概念。在作战规模上,由于少量部队或单兵即能完成重要的信息战任务,战争规模将明显缩小。(白丽红、曹怀正《美军信息战理论的发展》,《军事文摘》1996 年第 7 期)

信息战研究的发展趋势　(1)信息战将向民间化发展。信息战与以往作战样式的主要区别在于:第一,它所针对的对象可以是军人,也可以是普通百姓;反之,上述两者又可以是信息战的参与者。第二,信息战战场上许多武器装备,如计算机、光学仪器等在民用品市场上都有销售。用于作战的技术不再是军人所独有。信息战中占优势的技术是民用技术。第三,作战不单单在战场上,而是分布于整个社会。信息战在一定程度上是另一种形式的"人民战争"。(2)信息战既强调进攻,更重视防御。未来的信息战必须具备攻防兼备的能力,两者缺一不可。因为:进攻性信息战和防御性信息战相比,进攻往往选中的只是一个点,而防御则是整个面,是全方位的防御。对防御者来说,在计算机空间中找出进攻者,并非易事,特别是美国这样的国家,更容易遭到信息战的攻击,可谓防不胜防;相对于核武器之类的高精尖武器,弱小的国家更容易获得信息战武器以及信息战人员,它具有技术设备不很复杂,造价也不昂贵的特点,而且这种进攻的潜在威胁难以判断、早期预警难以实现,防御的效果难以预料;目前论证的信息战,对电子技术的依赖较强,这就增加了国家信息战网络的脆弱性。所以,各国在发展进攻性信息武器的同时,也在关注防御性信息武器和系统的研究与开发。

各国在研究中,也指出信息战面临的一些难题:一是对信息战的理性认识尚未达成共识,仅以战场信息战为例,美国防部、各军种、学术界各有其说。二是对信息战的作用仍持怀疑态度,一些国家的军、政官员并不赞成夸大信息战的作用。(滕建群《信息战研讨会学术观点综述》,《外国军事学术》1996 年第 11 期)

(木　工)

美国信息战问题研究　1995 年,美参联会在其公布的"灵活与选择参与"战略中,把实施信息战放在"赢得未来战争"的 4 大要素之首。1996 年 8 月,美陆军颁发了《FM100—6 信息战》条令。这期间,美国军事理论界就信息战的理论问题作了进一步的探讨。现简介如下:

信息战的定义　美国 1996 财年《国防报告》指出:"信息战是通过影响敌方信息和信息系统,运用己方信息和信息系统,来取得信息优势,以支持国家军事战略的行动。"美陆军部 1996 年颁发的《FM100—6 信息战》条令称,信息战是"在军事信息环境中,在确保己方部队可自由地采集、处理信息并根据所获信息采取行动的情况下,在各种条件下实施的胜敌一筹的、不间断的军事行动"。广义上的信息战有 4 个基本特点:一是时空大——平时与战时,战场上与战场外均可进行;二是能量已变——在战争中发挥主导作用的能量形式,由体能、物理能或化学能转变为信息能;三是手段新——进行战争的手段是信息技术高度密集的信息化装备和数字化部队;四是目标小——攻击的敌方目标小而集中,即"主要攻击敌方的认识体系"。

信息战的实质　信息战的实质是:以信息能为主要作战手段,通过最终攻击敌认识与信念,来迫使敌方放弃对抗意愿,从而结束对抗,停止作战。敌方停止作战可能出于下述原因:已无法控制战场上的部队;部队士气低落,无心再战;主力已被消灭;认识到再战斗下去的结果,不如停止战斗为好。对敌认识与信念实施攻击,也就是要攻击敌认识体系。认识体系是多种多样的,攻击高层领导决策系统是其中的一种。它可使敌方领导人或决策者放弃对抗意志,因而是信息战的主要目的之一。为达成这一目的,方法有二:一是通过信息攻击直接影响敌方领导人的认识和信念;二是通过攻击敌方领导人的"身边人"的认识和信念,来间接影响其领导人的意志,从而影响其决策与行动,使其被迫把对方的战略目标当作他的战略目标。

信息战的首选目标　美国一些军事问题专家认为:美军的目的不是从肉体上消灭敌人,而是使敌人就范。使敌人就范的最好办法,就是重点攻击其重心——指挥系统,迫使高层领导妥协。由于军事技术特别是军事信息技术的飞速发展,信息化弹药、信息化作战平台和 C^3I 系统大量装备部队,使得掌握信息优势的一方完全能够在不触动敌方野战部队的情况下,首先攻击敌方的指挥系统。因此,敌方的这一系统就成了信息战的首选目标。把敌指挥系统作为信息战的首选目标来打击,有很多好处,主要是:可很快达成战争目标,缩短战争持续时间;可使双方减少伤亡,特别是减少己方的伤亡;可提高作战效益,增大己方得失比;可赢得国内民众支持,赢得国际赞誉。(王保存《信息战理论探要》,《外国军事学术》1995 年第 12 期)

信息战的作战原则　(1)"斩首"原则。该原则要求:首先攻击敌国家指挥当局、联合参谋部、战区总部及各级部队司令部;破坏敌方所有信息传媒;制止敌方使用第 3 方的通信系统,包括通信卫星。(2)"致盲"原则。这项原则要求首先摧毁敌方的传感器等探测器材,而不是敌方人员,使敌人变成"瞎子"、"聋子"。(3)战场透明原则,要不间断地、严密地、多频谱地监视和观察敌人,要确保对战场方方面面的情况一清二楚,对自己"始终透明"。(4)灵敏原则。要使己方部队的决策周期始终先于敌军,快于敌军;要使射击→运动→再射击这一过程进行得更迅速,使敌军总处于挨打→震惊→再挨打之中。(5)生存原则。这项原则主要是指采取多种措施提高指挥控制系统的生存能力。(6)全力以赴原则。在信息战中,由于可准确地攻击目标,不会造成无法接受的人员伤亡和物质破坏,不必担心超过政治界限,因而可无所顾忌、全力以赴地进行。等等。(丁水木

《实施信息战的八项原则》,《外国军事学术》1995 年第 12 期)

信息与战斗力的关系　在信息战中,信息和战斗力是同一事物的两种不同表现形式。在战场上,要同时使用信息和战斗力;而当两者以互补的方式使用时,信息就对战斗力起到倍增的作用。因此可以说,“信息就是战斗力”。第一,在一定条件下,信息可代替兵力兵器发挥作用。信息和战斗力以及作为战斗力物质基础的兵力兵器同属作战资源,因此有时信息可代替部分或全部兵力兵器。这种信息与战斗力的互换性和同源性主要体现在 4 个方面:一是未来战场高度透明后,作战指挥官可在最需要的时间和地点准确、高效地使用兵力,从而达到“节约兵力”的目的。二是过去由大量部队警戒的非决定性作战地域,将由信息和监视系统来警戒,从而可省下作战力量,用于决定性地点。三是战场透明,不必再保留预备队。四是建立安全地域,不必再动用战斗部队。第二,信息可增大时间—信息差。过去,由于作战机动能力无法与信息搜集能力相适应,所以时间—信息差几乎总是负数。随着数字化 C^3I 系统的问世,时间—信息差通常都大于零。为夺取和保持战场的主动权,必须有较大的时间—信息差。增大时间—信息差的方法有两种。一种是获取更多的战术情况信息。一种是通过建立机动速度更快的部队,或者使部队的部署地点更靠近可能的作战地域,以加快机动速度,减少机动时间。(亚瑟·德格罗特等《21 世纪陆军战场上的信息与作战力量》,美国《军事评论》1995 年第 11—12 期)

(王保存)

美军信息战战法　有作者通过综合分析美军信息战理论和海湾战争的实践,指出,美军的信息战是“以夺取决定性军事优势为目的,以实施信息管理和使用为中心,进行武装斗争的手段”。其“核心是指挥控制战”,它将集“实体摧毁、电子战、军事欺骗、心理战和作战保密等手段为一体,全力破坏敌军的指挥与控制能力”,可见,美军的信息战是以往意义上电子战的发展,是一种将争夺与利用战场信息有关的作战行动均包含在其中的综合的作战形态。美军信息战战法主要有以下几种。

信息威慑。以信息战声势或威力使敌方慑服的一种信息战法,它渗透至战略、战役和战斗各个层次。现代战争对信息的依赖性越来越大,谁掌握了信息优势,谁就可能获得战场上的主动权和整体上的优势。巧妙地运用这种“信息优势”实施威慑,“在敌方心理上构成一种障碍,使其感到由于面临无法承受的后果而不敢贸然使用战场信息,从而影响敌方的指挥与控制,达到不战而屈人之兵之目的”。美军实施信息威慑一般分为两步,首先依靠其密集、高效、实时的信息收集系统,取得胜敌一筹的情报优势;尔后通过强烈的信息压制,配合以威慑性的宣传,使对方心理产生震撼、信心丧失、防线崩溃。美军实施信息威慑的主要方法是,综合采用实体摧毁、电子战、欺骗和心理战等手段,破坏敌之信息系统,突破、瓦解敌心理防线。

信息肢解。载体与能量是信息存在和流动的两个基本要素。信息肢解就是瞄准信息流程中载体与能量两个关键要素,肢解、分割其系统结构的一种战法。美军实施信息肢解的主要方法:一是载体破坏法,即破坏敌信息系统的关键装备或关键部位,如敌防空体系中的预警雷达、通信枢纽的关键节点等,使敌信息网络被撕扯成互不关联的“碎块”,整体功能无法发挥。二是能量破坏法。信息网络的能量来源一般是发电站及其他供电设施,其一旦遭到破坏,整体必将失去活力而无法运转。海湾战争中,美军就是通过破坏伊拉克发电设施,造成伊军整个信息系统能量来源断绝的。

信息遮断。信息的流通和作用过程可分为信息源、信息通道和信宿这 3 个环节,只要遮断其中任何一个环节,整个信息流程即遭破坏。信息遮断,就是通过有效的信息压制,断敌信息传播的一种方法。美军在作战中非常重视信息遮断,强调将其放在与火力遮断相当的层次上予以考虑。在具体组织实施过程中,美军强调,必须充分发挥陆、海、空各军种拥有的信息战武器装备和平台的作用,合理配置、集中使用信息战资源,有效地压制、摧毁敌信息系统,剥夺敌信息获取能力,从而割裂其作战部署,破坏其整体威力,以便在此基础上发挥联合机动系统和联合火力系统的作用,把对手消灭在孤立无援的境地。

信息“污染”。现代战场信息量正在急剧膨胀。信息污染就是针对信息的“质”而采取的一种战法。污染通常按照信息截流——信息变换——信息输出的程序实施,目的在于使敌方获得变质的信息。美军采取的信息污染术通常有两种:一是病毒污染。通过使作为系统核心的计算机染上病毒,导致整个信息系统很快受到污染并陷入瘫痪。二是信息欺骗。这是一种“通过敌方的信息系统欺骗敌方”的谋略运用。主要方式有:伪装欺骗、模拟欺骗和冒充欺骗。通过发送假情报、假信号、假消息或扰乱敌方信息的正常流动,以假乱真、以假掩真,从而诱导敌作出错误判断,能有效地保证己方行动的突然性和作战效能的充分发挥。

信息封锁。这是美军实施信息防御的主要战法。美军认为,"限制敌方获取己方信息与获取敌方信息同等重要"。因此,有效的信息封锁是达成作战突然性的重要手段。美军采取的措施主要有二:一是信息保密。从战略级到战术级情报,美军都有严格的保密等级与时限。信息加密是美军信息保密所采取的技术措施。二是信息反击。这是为实施信息封锁而采取的主动型防御行动,即以攻为守、以攻助守。其基本方法是,以反侦察手段阻碍敌方获取信息。(黄友富、耿卫东《美军信息战的几种战法》,《军事学术》1996 年第 3 期)

美军认为采用信息战战法将有很大风险 美军上校艾伦·坎彭在美国《信号》杂志 1995 年 7 月号撰文指出,虽然信息战可极大地提高现有部队和武器的作战效能,但是,仓卒采用一种人们不甚了解的、未经检验的新战法是有风险的。如果信息战所依据的想定出了问题,美国就会把一场有益的军事革命变为对国家安全的赌博。

*美军还没做好打信息战的准备。*以"知识优势"作为战争的制胜战略,是一个迅速结束武装冲突的办法。但寻求和实施这一新战法的障碍是:在历史上没有先例,没有明确的信息战定义,没有制定诸军兵种的合成信息战理论和指导原则。许多军事理论权威之所以认为打信息战有风险,是因为信息战无限制地依赖于外层空间,需要完全拥有制电磁频谱权和绝对可靠的军事计划与决策辅助软件系统;在宗教、种族或地区性冲突中,信息战无所适从,可能把使用高技术装备的美军置于不利的地位;军队是否愿意减人,并改变其作战理论、作战程序和部队编制,以确保信息从传感器到射手的迅速流动。因此,目前美军尚未做好打信息战的准备。

*美军不重视"信息防护"。*信息战有两种作战样式:一是信息攻击,这在海湾战争中有令人信服的显示;二是信息防护,这在海湾战争中根本没有进行。专家担心,人们对信息战中的防护可能还一知半解。信息战的作战样式要求美国对外层空间和电磁频谱拥有绝对控制权,就像托夫勒所说的对"第 3 次浪潮战争的作战空间"有全面控制权。这就可与对手形成"知识差",从而使己方的控制机制得到防护,免遭对手的破坏。但是,专家明确指出,现在美国基本上没有有防护的通信和计算机系统,而有许多易受攻击的弱点。与其他国家相比,美国更容易遭受电子攻击。能对付电子攻击的做法、程序和技术无人不晓,但却不受重视。所有这些都不利于美军推行离开信息系统就寸步难行的作战战略。

*信息战不能对付低强度冲突。*冷战后美国面临的一些新对手,不仅没有可供传感器探测和智能武器攻击的重心或目标,而且也不像美国那样依赖于脆弱的电子控制系统。专家认为,西方国家用信息战无力应付来自非正规军"斗士"挑起的突发性事件。在面临低强度威胁时,发达国家无法保护其利益,甚至不能保护其公民生命安全。

*美军的编制体制不适于打信息战。*要执行知识主导型战争策略,就必须放弃虽然耗费巨资、伤亡破坏极大,但却久经考验、容错率高的资源主导型战争策略。今后美军作战"将依靠离开信息就寸步难行的少量士兵"。新一代数字化电子设备装备部队后,能大大缩短搜集、处理和传输信息所用的时间。然而,如果大量数据都要经过多级军事组织筛选,就是使用超高速计算机和全球卫星通信系统,也无法解决"从传感器到射手"的信息传输问题。这就要求美军必须精简机构,裁减那些筛选和中继传输信息的部门,使自己的编制体制适应于信息战。(〔美〕艾伦·坎彭上校《美国仓促采用信息战战法有很大风险》,《外国军事学术》1996 年第 3 期)

(木 工)

美军提出实施信息战将遇到一些难题 有作者指出,美军最近对十多次信息战演习进行了总结与反思,认为实施信息战,目前有 4 个难题尚无解决的办法。

*信息网络易遭攻击破坏。*由于多媒体技术、新的传输与处理技术的发展、融合,卫星通信网、移动通信网、开放分布网络的广泛运用,极大地提高了网络的效率。但同时也使各种网络本身存在着更多的弱点和遭受攻击的可能。目前,各类网络遭入侵的事件屡见不鲜,即使是美军的军用网络也在劫难逃。加之美军 95%的军事通信是在平民百姓使用的同一传真和电话网上运行,又有 15 万台以上的军用计算机通过商业网进行联络,军事基地也与城市计算机和郊区住宅使用同一供电网,这就使信息网络有许多节点成为敌方的攻击点。目前世界上有几十个国家把美国视为搞计算机间谍活动和信息破坏活动的对象,有 20 多个国家存在着地下信息恐怖集团。因此,美国国家安全局人士认为,"我们比地球上任何一个国家都更容易受到袭击"。

*战场安全面临更大威胁。*在信息战战场,如果装备的计算机被敌缴获,或与网络相连的任何一个人被俘,都会导致信息网络部分或全部泄密。同样,与网络相连的任何一个作战平台或节点上设备的遗失,也会造成同样的结果。所以,信息化战场上,一两件信息武器或设备的丢失所造成的危害,远远大于机械化战场上丢失数十件重装备武器。

信息武器装备有无法克服的缺陷。在信息化战场，整个武器装备系统和网络所依赖的计算机，需要稳定而不间断的电源，而现代战场还无法保障。如果使用备份发电机，则需要由后勤车辆、油料、技术专家和防卫力量所组成的庞大的保障系统，这不但给行动造成了困难，而且增大了被敌发现的概率。

信息战不能完全适合各种战争。美军专家认为，传感器、计算机和实时通信的价值，取决于军队介入战争的种类。信息武器无法制止卢旺达种族大屠杀，也无法阻止旷日持久的波黑战争。同时，信息战手段也难以适应所有的战场环境。例如，在海湾地区广阔的沙漠上，美军卫星、巡航导弹、精确制导武器和情报收集与分析能力导致了战争的胜负，但同样的装备和能力，在地形复杂、几乎依赖于农业时代战争手段与美军对抗的索马里，却难以奏效。(李景山、王虎，《解放军报》1996 年 4 月 30 日)

(*昶　姞*)

俄罗斯信息战问题研究　有作者撰文指出，俄罗斯建军初期，对西方的信息战并未引起足够的重视。近一、两年来，俄军受新军事革命浪潮的冲击，越来越强烈地意识到了西方军队信息化建设咄咄逼人的态势，同时也由于军队建设逐步走上正轨，俄军开始重视信息战和信息化部队建设的问题。俄军除承认自身在信息斗争领域的研究和实践都已“落后于西方”的事实，并开始组织较大规模的学术研究和探讨外，还开始与国外进行有关学术交流。现将其信息战问题研究情况简述如下：

提出对信息战问题的看法　信息广泛地应用于军事领域，是必然趋势。俄军事理论界认为，虽然美国提出信息战理论“不乏故意渲染和夸大的成份”，但从总的发展趋势看，现代社会离不开信息，信息是推动社会变革的力量，并且已成为控制当今世界的决定性因素之一。由于信息和信息技术不仅能用来创造物质财富，而且已经取代传统的武力手段成为维护国家利益的有效武器，因而被看作是“战略资源”。充分利用信息手段，可以大幅度提高军队的战斗力。随着人类步入“真正的信息社会”，信息必将更广泛地应用于军事领域。《韩生民《俄军对信息战的研究与准备》，《外国军事学术》1996 年第 11 期)

明确信息战的内容和定义　俄军认为，信息战的内容涉及到在信息领域战胜敌人的所有行动，主要有 3 个组成部分：一是对军队指挥和武器控制的信息保障，包括获取有关敌方和作战条件(无线电电子、气象和工程等情况)的信息，搜集有关己方军队的信息，处理信息并在各指挥机构(指挥所)之间交换信息以组织和实施战斗行动。二是信息对抗，即破坏敌军队指挥和武器控制的信息保障，包括破坏敌信息获取、处理、交换以及使用虚假情报的一整套措施。三是信息防护，即保护己方信息系统免遭敌攻击，包括确保己方军队指挥所需信息的获取、处理和交换渠道畅通无阻和阻止敌使用虚假情报对己方军队指挥系统进行破坏的一整套措施。信息战的最终目的在于达成对敌信息优势，也就是说，使己方指挥和控制机构所获取的信息比敌方更加完整、准确、可靠和及时。

因此，信息战可定义为：在准备和实施军事(战斗)行动过程中，为夺取并保持对敌信息优势，按统一的意图和计划而采取的一整套信息保障、信息对抗和信息防护措施。其中，信息保障包括侦察、情报搜集、通信及司令部情报工作。侦察的任务是获取有关敌情和作战条件的信息。情报搜集还包括获取有关下属和友邻部队情况的信息。司令部情报工作主要是对所获取的信息进行登记、分析、概括、归类及其他处理工作。通信主要是保障军队指挥和控制机构之间的信息交换；信息对抗的方法是伪装、反侦察、对敌信息系统实施电子压制和火力压制。伪装作为一种战役(战斗)保障类型，其目的是使敌无法获取有关己方军队及行动计划的真实情报，并以假情报欺骗敌人。反侦察就是同敌谍报侦察作斗争，对敌信息系统实施火力、无线电电子压制或予以夺取，以破坏敌军队指挥控制系统；信息防护包括检查性侦察(补充侦察)、核查信息、保护信息系统各组成部分免遭敌火力毁伤和电子毁伤。实施检查性侦察是为了证实和确认获取的情报。由于信息对国家和军队各级指挥系统的影响越来越大，目前信息战已具备成为一个相对独立的作战样式的先决条件。

探讨了信息战的规律和实施原则。信息战的一个重要规律是，随着武装力量日趋信息化，信息战在完成战斗任务中的作用也不断增大。信息武器和信息系统的使用，可以成倍地提高军队的战斗力和武器装备的使用效能，但同时也加大了指挥控制系统遭到信息攻击时的易损性。这两种趋势在客观上导致了信息战的方法和手段越来越多样化，信息战对军事行动进程和结局的影响越来越大，投入信息战的兵力兵器数量越来越多。与武装斗争不同，信息战既可在战时实施，也可在平时实施。尤其是在平时应进行武装斗争的各种准备，完成信息战的大量任务，为取得未来武装斗争的胜利奠定基础。由于遭到信息攻击的一方有时看不到信息攻击的作用及后果，甚至可能察觉不到自己已成为信息攻击的对象，信息战理论和实践发展极其落后的一方更是如此。因此，对敌计算机系统程序进行秘密攻击，将成为信息战最有效的方法之一。信息战必须在战役（战斗）行动开始前实施，因为信息贯穿于军队指挥和武器控制的全过程。信息战的另一个规律是，信息对抗双方，哪一方拥有巨大的信息潜力，哪一方就能获胜。信息潜力大小的标志是参战军队的信息化程度，信息潜力能反映出军队夺取和保持对敌信息优势的能力。信息潜力是指作战军队的信息化水平以及夺取和保持对敌信息优势的能力，它主要由信息资源及信息战兵力兵器组成。信息资源是指在侦察、情报搜集、司令部情报工作和其他信息活动过程中获取或存储于数据库或以其他某种形式记录的军事情报。信息战的兵力兵器是指那些在准备和实施战役（战斗）过程中用于遂行信息战任务的兵力兵器。

依照上述规律，组织和实施信息战的原则为：(1)信息战的目的、任务和措施必须服从于战役（战斗）意图和计划；(2)信息战必须符合当时情况；(3)在组织战役（战斗）的全过程中必须突出信息战问题；(4)武装斗争与信息战的样式与方法应有机结合起来，在准备与实施战役（战斗）过程中，各种兵力兵器可用于多种目的；(5)信息战应不间断地进行；(6)信息战措施的企图必须隐蔽。（俄军上校卡莫夫《有关信息战的几个理论问题》，俄《军事思想》杂志 1996 年第 3 期）

指出信息在军事领域的运用方式 信息战的首要打击目标是指挥控制系统以及民心士气。俄军认为，较之武装斗争的其他手段，信息打击的目标将更广泛，既包括军事目标，也包括非军事目标，以及国家领导与管理系统、经济体系、金融财政系统，甚至普通民众。在军事目标中，首当其冲的是武装力量的指挥控制系统，包括各级各类指挥所、情报中心和控制中心。在民用目标中，最易受攻击的是行政管理系统、银行等金融系统，以及民众的心理。从某种意义上说，对武装力量人员和居民心理等“软”目标实施的信息攻击所产生的效果，可能比对“硬”目标实施信息攻击所产生的效果还大。

信息打击既可以使用普通手段，也可以使用特殊手段。俄军认为，在未来信息战中，将广泛使用各种信息武器。主要包括：广播、电视、报纸等大众新闻媒介，以及派遣人员进行渗透，针对的主要是敌国普通民众和社会；专门的、特殊的信息武器，如计算机病毒、信息炸弹、逻辑炸弹、被赋予了特殊使命的计算机芯片、能产生电磁脉冲的爆破装置、超高频发生器、能对电子仪器和电讯器材起破坏作用的电子生物武器等，其方式是破坏、歪曲、阻塞信息流通，主要目标是敌国军队的指挥控制系统和各类武器系统、国家的通讯系统、银行计算机系统、陆上海上和空中的交通管制系统，以及其他与国家安全密切相关的系统。

今后一个时期内，敌国可能针对俄罗斯发动的信息战样式。俄军认为，敌对国家可能趁俄罗斯由旧体制向新体制的转轨时期，千方百计破坏俄罗斯的稳定，给俄罗斯的复兴造成障碍。为达到这个目的，发动信息攻击是最佳手段之一。敌国将通过政治、经济、军事和社会生活的各个渠道对俄国家领导决策层、武装力量以及其他专政部门、普通民众实施信息攻击，误导领导人做出于敌有利，于己不利的决策；使俄武装力量斗志涣散，纪律松懈，战斗力下降；使民众的心理受到伤害和扭曲，意志受到动摇，精神和道德陷入沦丧；使民族之间产生更多的矛盾和隔阂，并导致国家分裂。另外，作为一种遏制手段，一些西方国家将竭力阻止俄掌握先进的信息技术，把俄排斥在先进的信息网络之外，从而一直保持对俄罗斯的信息技术优势。

提出反信息战的措施 成立信息安全与信息对抗领导、协调机构。俄军认为，为统一领导信息战的跟踪研究，并协调有关保护信息安全与反信息战的部门的活动，必须成立高层次的领导机构，该机构将负责汇集与信息战有关的一切信息，并领导和协调有关活动。目前，俄已成立了这种机构，它隶属于总统的国家信息政策委员会，下一步还计划建立相应的职能机构。

制定抗击信息侵略的理论原则。俄军认为，目前俄对信息对抗的研究尚未形成一套完整理论，因此必须组织有关研究机构和部门制定相应的理论，并在此基础上制定“信息对抗构想”。该构想应当阐明：信息威胁的性质；信息对抗的概念；信息对抗的范畴；信息对抗的任务；实施信息对抗的原则；实施信息对抗的程序；信息对抗的组织、指挥方法；信息对抗的发展趋势等。

建立信息对抗心理教育防范体系。俄军认为，稳定国民、武装力量的心理状态，使之无论在平时还是在战时都能经受得住各种严峻的考验，是抗击信息打击的一个重要前提。针对西方把信息心理攻击作为信息战主要手段的情况，俄军学者认为，必须在全国范围内，特别是在武装力量和其他专政部门内建立全新的“信息对抗、信息心理对抗教育和防范体系”。这一体系应包括技术防护、宣传解释、思想教育等，特别强调应重视对公民和全体军人进行爱国主义、民族凝聚力的教育。

建立专门对付信息战的特种部（分）队，采取对抗敌信息打击的主动攻击措施。俄军认为，为有效地保障信息安全，确保在信息对抗中保持主动，必须建立特种部（分）队和其他从事信息安全保障的专门组织。此外，还必须研究先机制敌的主动性信息攻击措施，包括对敌指挥系统的计算机网络实施攻击，以破坏、篡改或阻塞其网络中的信息，致使对方瘫痪；对敌指挥系统和信息武器实施火力突击、电子突击，以及其他主动攻击手段。

发展对付信息打击的关键技术和手段。俄军认为，在信息技术特别是军用信息技术的发展方面，俄虽然在整体上落后于美国和其他一些西方国家，但在某些方面并不落后，只是尚未形成体系。在目前经济能力有限，尚不能大力进行信息化建设的情况下，应着力发展关键技术和手段。其重点发展领域包括：战略和战场 C^3I 系统；战略防御体系的信息系统；电子对抗系统；武器平台控制系统。俄军提出重点开发的关键技术包括：高性能计算机技术；智能化技术；信息攻击与防护技术；相关的软件技术等。（韩生民《俄军对信息战的研究与准备》，《外国军事学术》1996 年第 11 期）

（夏礼伯）

军队建设理论研究

中国关于军队建设问题研究　*军事法理论研究*　1995～1996 年，中国军事法理论研究空前活跃。1996 年 1 月，北京军事法学会召开“依法治军的理论与实践研讨会”；6 月，中国军事法学会召开“军队正规化建设与军事法制学术研讨会”；10 月，海军召开“海军国际法问题学术研讨会”。同时，中国军事法学界积极开展对外交流。1995 年 10 月，国际军事法与战争法学会主席克鲁格·斯伯林格尔在北京与中国军事法学界进行学术交流，探讨了国际军事法与战争法的有关问题。1996 年 11 月，中国军事法学会派人前往罗马尼亚参加了国际军事法与战争法学会理事会议。这期间，军事法理论研究着重探讨了军队正规化建设与军事法制的关系以及战争法等问题。

关于军队正规化建设与军事法制的关系问题　在中国军事法学会召开的“军队正规化建设与军事法制学术研讨会”上，与会 57 篇论文，从不同方面论述了会议的主题。

阐明了军队正规化建设的主要指导思想。第一，将党对军队绝对领导的原则法律化、制度化的思想，明确了军队正规化建设的政治方向，从法律上、制度上保证军队完全地、无条件地在党的领导之下，不允许任何个人向党争夺兵权。永远保持人民军队的性质，坚持军队正规化建设的政治方向，是党和军队领导人的军事法制思想的核心。红军时期，毛泽东对秋收起义部队进行“三湾改编”，在红军中建立了共产党的各级组织，规定“支部建在连上”，实行党在红军中的工作制度。中华人民共和国成立后，党对军队绝对领导的原则进一步在法律、制度中得到规定和体现。1954 年 4 月和 1965 年 3 月颁布的《中国人民解放军政治工作条例》中都明确规定了党对军队绝对领导的原则。邓小平主持中央军委工作以后特别强调，“我们这个军队是党指挥枪，不是枪指挥党。”中央军委主席江泽民也反复强调：“军队要永远听党的话”，“必须保证我们的军队始终置于中国共产党的绝对领导之下”。他签发的新一代《内务条令》、《纪律条令》、《政治工作条例》等军事法规中，都明确规定了“党对军队绝对领导”这一原则。

第二，治军先治典的思想，明确了军队正规化建设的主要依据。依据法律、依靠纪律建设军队，是一条普遍规律。中国共产党、中国人民解放军的领导人在认识和把握这一客观规律中提出了许多重要观点。早在红军初创时期，毛泽东就明确提出：“编制红军法规，明白地规定红军的任务，军事工作系统和政治工作系统的关系，红军和人民群众的关系，士兵会的权利及其军事政治机关的关系。”新中国成立后，毛泽东又适时提出了著名的“五统”、“四性”，并提出：“要集中一些有丰富工作经验和战斗经验的同志，搞出一本自己的战斗条令来。”正是在这一思想指导下，中国人民解放军先后制定了《内务条令》、《纪律条令》、《队列条令》和各种战斗条令、军兵种条令等一大批军事法规、规章，为正规化建设提供了依据。党的十一届三中全会以后，在邓小平军事立法思想的指引下，中国加快了军事立法的步伐，先后制定颁布的军事法律、法规和规章达数千件，初步建立起军事法的体系，有力地保障和促进了军队的正规化建设。1989 年以来，江泽民作为党和军队的第 3 代领导核心，坚持毛泽东、邓小平的军事立法思想，并根据中国发展社会主义市场经济和现代战争出现的新特点、新情况，强调要进一步加强法制建设，并亲自抓了军队一些建章立制工作。

第三，依法从严治军的思想，明确了我军正规化建设的基本要求。中国共产党、中国人民解放军领导人一贯坚持从严治军，提出了一系列依法从严治军的思想。这些思想，成为军队正规化建设的基本要求。一是强调严格执行法律和纪律。新时期的军队建设，由于形势和任务的变化，执法要从严的问题显得更加突出。针对这种情况，江泽民强调指出："要不折不扣地贯彻执行党中央、中央军委的决策、命令、指示，保证政令、军令的畅通。要严肃军纪，严明赏罚，严格对部队的管理，切实按照条令条例规范部队的行动。"二是强调领导干部带头从严执法。党和军队的3代领导人都多次强调：治军要严，首先对高级干部严，高级干部要成为听从指挥，严守纪律，严格执行规章制度的模范。三是强调广泛的法制监督。邓小平指出："最重要的是要有专门的机构进行铁面无私的监督检查。"江泽民最近反复强调："要有严格的监督检查，否则有章不循，有法不依，也是要出事情的。"（雷渊深等《法制化是军队正规化建设发展的必然趋势》，《中国军事科学》1996年第4期）

揭示了军队正规化建设的实质。第一，对历史的比较研究，揭示了军队正规化向法制化发展的必然趋势。中国人民解放军建军历史上曾有3次正规化的建设高潮。这3次正规化建设的成功与受挫，都与军事法制有密切关系。其一，军队法制建设中的失误，必然导致军队正规化建设受挫。30年代红军正规化建设的教训足以说明这一点，当时，由于在军事立法上有脱离实际的倾向，在军事执法上不彻底、不全面，结果使整个红军没有实现正规化的预期目的。其二，军队法制建设的发展必然促进军队正规化建设的发展。因为只有充分运用军事法制手段，才能克服背离正规化的各种随意性，才能实现正规化所要求的统一指挥、统一制度、统一编制、统一纪律、统一训练。其三，军队法制化是军队正规化建设成熟的表现。军队正规化越是向深入发展，对军事法制的要求也就越高。贯彻"依法治军"的方针，加强正规化建设，就是要使军队建设的各个方面都做到有法可依，有法必依，执法必严，违法必究，彻底实现法制化。这是军队正规化建设发展的必然趋势。

第二，对基础理论的研究，揭示了军队正规化建设的核心是法制化。在军队正规化建设中，军事法制处于核心地位。因为军队正规化建设的实质是军队组织结构和运行机制的统一化、规范化建设。军队运行机制的统一化、规范化，主要是通过对军事关系进行正确调整、对军队人员的行为进行统一规范来实现的。而调整军事关系、规范军人行为最基本的途径和手段，就是健全军事法制。从这个意义上说，军队建设正规化的本质内涵和核心内容，就是军队建设的法制化。

第三，对运作过程的研究，揭示了军队正规化建设与法制建设的动态契合关系。通过军队正规化建设与军事法制建设各个阶段的内在联系，可以看出二者在运作过程中是充分实现契合的。一是军队正规化秩序的设定与立法，在凝成统一的意志上契合。二是军队正规化秩序的形成与守法、执法，在贯彻统一的意志上契合。三是军队正规化秩序的维持与司法和执法监督，在强化统一的意志上契合。（许江瑞、方宁《军队正规化建设与军事法制学术研讨会观点摘要》，《中国军法》1996年第5期）

探讨了军队正规化建设的现状及对策。第一，在完善法规制度上，应以《国防法》为龙头，抓紧5个方面法律法规的配套与完善。一是调整社会主义市场经济条件下军队与国家政府、社会团体之间各种关系的法律法规，进一步理顺军队建设与国家之间的各种关系，规范调节好国家机关各部门、企事业单位、群众团体以至每个公民对国防所应承担的义务和权力，保障军队建设的人力、物力等各项资源的需要。二是规范军队组织编制以及调整各级组织、各类人员之间相互关系的法律法规，逐步实现用法规制度覆盖军队建设的各主要层面，使各个方面、各个环节都能有法可依、有章可循。三是确立和保障军人的社会地位和基本权益的法律法规，尽快修订和完善有关军人权益保护、转业退伍军人安置、军人家属优待、军人社会保险等方面的法律法规，运用法律手段切实保护军人的权益和社会地位。四是与国际法、战争法相衔接、相适应的法律法规，保证中国在国际军事斗争行动中的合法性。五是有计划地对现行法律、法规和规章进行清理和修订，加强法律、法规和规章的严肃性与规范性。

第二，在加强执法监督上，应着力建立起行之有效的执法与监督运行机制。一是制定和完善有关监督的法律法规，进一步明确规定各类监督主体的权力、职责以及实施监督的具体办法，使各类监督有法可依。二是充分发挥现有监督部门的作用，进一步明确其职责和权力，加强相互间协作，以形成有机的整体，使之更有效地行使监督职能。同时应进一步加强和完善上下级之间、组织对个人、群众对领导等各类监督。三是可考虑对设置专门监督机构的可行性和必要性进行论证，探索符合军队实际的、更有效的监督体制。（雷渊深等《法制化是军队正规化建设发展的必然趋势》，《中国军事科学》1996年第4期）

（方　宁）

战争法在现代战争中的地位与作用　有的作者撰文指出，战争是政治的继续，法律是政治的体现，这反映了战争与法律之间的内在联系。战争实践的发展，推动和促进了战争法的发展。同时，现代战争法的形成与完善，对现代战争已经或将会产生越来越重大的影响。因此，各国日益重视对战争法的研究和运用。

*战争法是现代战争中确定战争方略的重要依据。*这首先表现在对战争性质的确定上。现代战争法把战争分为合法战争和非法战争，即法律意义上的正义战争和侵略战争。从国际战争法的角度了解和把握战争的性质问题，对一个国家制定战争方略至关重要，因为合法战争、正义战争将获得国际社会的理解与支持，最终实现战争的目的。反之，非法战争、侵略战争将受到国际社会的谴责或制裁，必然导致战争的失败。

其次，表现在战争类型及战争后果的选择上。现代战争法把战争区分为两种类型：一种是战争状态的战争，另一种是非战争状态的武装冲突。后一种类型又包括国际性武装冲突和非国际性武装冲突。战争的类型不同，所导致的法律后果也就不同，并必然会影响到战争方略中关于战争的规模、范围、重点、期限等基本问题的决策。

*战争法是现代战争中规范战争行为的基本准则。*现代战争行为规则的基本出发点是：为维护国际和平与安全，依法满足"军事必要"；同时，"避免不必要的痛苦"，"减轻战争灾难"。据此，现代战争法把战争行为规则分为两部分：一部分是关于作战手段和方法的规则，另一部分是关于保护平民和战争受难者的规则。现代战争法还确立了战争行为规则的 4 项基本原则：一是"军事必要"要以尊重战争法为前提，当事国不得以"军事必要"来抵毁、破坏战争法规定的义务；二是当事国不仅要遵守现行条约规定的战争行为规则，而且在条约没有规定的情况下也不得为所欲为，仍要遵守战争法的基本精神；三是实行人道主义，即尽量减少战争的残酷性，交战国不仅要保护平民，而且对敌国的交战者也不得施以与作战目的不成比例和不必要的伤害；四是区别平民与武装部队、战斗员和非战斗员与战争受难者，不应把平民、非战斗员和战争受难者作为攻击、伤害的对象。

*战争法是现代战争中调整交战国与非交战国之间关系的有效手段。*现代战争中，调整交战国与非交战国之间关系的法律规范，主要是战争法中的战时中立规则。所谓战时中立规则，指的是交战国与中立国之间权利和义务关系的原则和规则。两者的权利与义务表现在以下 3 个方面：(1)不作为的权利与义务。主要是：中立国不得直接或间接地向任何交战国提供军事援助。交战国不得在中立国领土或其法权管辖区域内从事战争行为，或作为作战基地等。(2)防止性的权利与义务。主要是：中立国应采取措施，防止交战国在其领土或其法权管辖区域内从事战争或与战争有关的行为。交战国应采取措施，防止其军队和人民侵犯中立国及其人民的合法权益。(3)容忍性的权利与义务。主要是：中立国须容忍交战国依战争法而对其国家和人民采取的有关措施，如战时封锁，对其船舶的临检和搜索等。交战国须容忍中立国收容敌国官兵避难于该国领域等。如果中立国或交战国违反其承担的上述任何一项义务，且给对方造成损害或损失，应依法承担国家责任。

*战争法是现代战争中惩治战争犯罪的有力武器。*依据战争法揭露和制裁战争罪行，对战争罪犯进行审判，追究战争罪犯的刑事责任，既是规范、文明的现代战争的标志，又是维护现代战争正义性的必要条件。为适应现代战争的需要，二战后战争法对战争犯罪作出了如下新的概括：(1)破坏和平罪。即发动或从事某一侵略战争，或违反国际条约、协定保证的战争，或为实现上述行为而参与共同计划或阴谋。(2)战争罪。包括：屠杀或虐待占领区平民，掠夺公私财产，毁灭城镇或乡村，或任何非属军事必要而进行的破坏等。(3)违反人道罪。即在战前或战时，对平民施行谋杀、奴役、放逐及其他任何非人道行为；或借口政治、种族或宗教的理由而犯的与犯罪有关的迫害行为，同时，战争法还确立了惩治战争罪犯的 7 项原则。

现代战争法存在的不足。(1)战争法的现行内容还不完善。如有的对违约行为缺少监督和检查的规定；有的对某些限制使用的武器未作出严格的限制等。(2)从战争法的立法上看，战争法禁止使用的某些手段至今尚没有专门的条约，如目前尚未缔结一项全面禁止核武器的国际公约；许多条约(如海战条约)已经陈旧，亟待修订；空战法还没有正式的条约等。(3)战争法缺乏国内法那种必须一体遵行的强制性，这样，当霸权主义者发动战争、推行强权政治、武力干涉他国内政的时候，它往往显得软弱无力；由于一些国家未签署、批准或加入新条约，因而增加了战争法适用的复杂性。(许江瑞《战争法在现代战争中的地位与作用》,《外国军事学术》1996 年第 5 期)

战争法对作战方法和手段的限制　有作者就战争法对作战方法和手段进行限制的问题进行研究后撰文指出：

*对作战方法和手段的限制是战争法的一项重要规则。*多年来，战争法的若干条约不断确定或发展了这项

规则。1997年日内瓦第1议定书第35条在“手段”之前加“方法”一词。这里,“手段”指所使用的武器,“方法”指如何使用武器。该条规定,“在任何武装冲突中,冲突各方选择作战方法和手段的权利,不是无限制的。”并对作战方法和手段作了一些具体的限制。

战争法禁止使用的作战手段。战争法禁止使用极度残酷的武器。现有的几个公约对子弹的使用作了限制:禁止使用400克以下的爆炸性(充填爆炸性或起爆性)和燃烧性子弹。禁止使用在人体内易于膨胀或变形的投射物。禁止使用任何其主要作用在于以碎片伤人而其碎片在人体内无法用X射线检验的武器;禁止对平民和植被使用燃烧武器。战争法还禁止使用化学武器和细菌武器,禁止发展、生产、贮存、取得或保留其类型不属于预防、保护或其他和平用途所正当需要的微生物剂或毒素,不论其来源或生产方式如何。国际法还将潜水艇对商船的袭击视为海盗行为。

战争法禁止使用的作战方法。战争法禁止对战斗员和非战斗员、军事目标和非军事目标不加区别的作战方法。禁止以任何手段攻击或轰炸不设防的城镇、村庄、住所和建筑物,禁止攻击医院及安全地带,禁止将文物目标作为攻击对象,禁止不分皂白的攻击,其中特别禁止与直接军事利益相比损害过分的攻击;战争法禁止作为报复对自然环境的攻击;禁止不加区别的大规模轰炸,并限制了合法轰炸的目标;禁止以平民居民和平民个人作为攻击目标,禁止在平民居民中实施以恐怖为主要目的的暴力行为或暴力威胁;禁止不加区别的海上攻击。严格区分诈术和背信弃义的行为,认为前者是合法的交战方法,后者是非法的交战方式方法。

核武器与高技术武器在战争法中的地位。核武器不仅是一种不分皂白的大规模毁灭性武器,也是一种招致人体极度痛苦的毒素武器及对自然环境造成严重破坏的武器。它几乎破坏了战争法的所有习惯法规则和战争法规。1977年日内瓦第1议定书明确规定:禁止使用属于引起过分伤害和不必要痛苦的性质的武器、投射物和物质及作战方法;禁止使用旨在或可能对自然环境引起严重损害的作战方法和手段。首先使用核武器显然与上述战争法习惯法规则背道而驰。根据国际法的报复原则,当一国受到核打击时,它有权利合法地进行核还击。这种核还击是抑制核战争的重要手段,它与首先使用核武器有着根本区别。

目前战争法对高技术武器的使用尚无明确的规定。从战争法的角度看,战争法习惯法规则并不限制武器的投掷方法,即不限制导弹是从陆地、空中还是海上发射以及导弹的发射距离。

精确制导武器和精确打击虽然使作战方法有可能接近战争法所强调的禁止不分皂白、禁止改变环境方法的要求,但它对战斗员造成的伤害可能会加大,由此而会增加作战方法的“极度残酷”性,与战争法习惯法原则形成冲突。在战争法对有关高技术武器的作战手段和方法做出明确的规定之前,其使用尽管不受到成文法的限制,但仍需遵循战争法习惯法规则。(顾德欣《战争法对作战方法和手段的限制》,《外国军事学术》1996年第5期)

战争法还存在严重缺陷 有作者撰文指出,今天的战争法依然存在一些非常严重的缺陷,需要国际社会尽快予以解决。其一,联合国使用武力和授权使用武力、包括组织和派遣维和部队在内的法律程序问题尚未真正解决,因此尚不能在法律程序上保证联合国使用武力、联合国授权使用武力、联合国组织和派遣维和部队符合联合国宪章的基本精神和所确定的原则,即不能以法律程序保证其合法性。这个法律空隙给推行霸权主义的超级大国留下了可乘之机,使之可能打着联合国的旗帜滥用武力干涉别国内政。其二,战争中使用新技术武器方面的立法远远落后于新技术武器的发展,落后于由此带来的战争本身的变革。但是,制订使用新技术武器方面的法规和工作直接关系到各主权国家的军事实力地位和国家安全保障的大局,协调各国的国家意志极为困难;这项工作的实质是要把公认的战争法的一般原则适用于各个特殊的新军事装备,更主要的是提高和改善战争法规的质,做起来很不容易。这种状况如果不尽快改变,面对高技术战争,人类的处境将极为危险。其三,尽管对惩治战争罪犯也签署过某个方面的专约,在一些重要的公约或议定书上也涉及到这个问题,但国际社会始终未能就惩治战争犯罪制订出一部具有国际刑事法律意义的实体法和程序法来。这对于战争法的适用非常不利。(俞正山《战争法的历史回顾与现状》,《外国军事学术》1996年第5期)

关于海上封锁的国际法问题 有作者撰文指出,海上封锁是凭借海上军事力量对敌作战的常用手段。它用军事手段阻断敌方港口或海岸的海上出入途径,使敌方和其他国家的船舶和飞机未经封锁方许可不得出入。通过中断敌方与外界的海上往来,尤其是经济往来,以产生军事、政治的以及其他方面的效果。但是,海军在执行海上封锁任务时,必须服从国家政治战略需要,使国家能够妥善处理国际关系,在打好军事仗的同时打好政治仗。为此,就必须知晓有关海上封锁的国际公约和惯例,把是否遵守这些公约和惯例作为指挥和执行海上封锁必须考虑的因素。

关于封锁的区域。《伦敦宣言》第 1 条规定："封锁不得扩展到敌方所有或占有的港口和海岸以外。"这一条的基本含义是指封锁的对象只能是敌方的或被敌方占有的港口和海岸，而不能是其他国家的港口和海岸。因此，在实施封锁时，不能为了封锁住敌方港口和海岸而把其他国家的港口和海岸也封锁住，否则将违反国际法。根据公海自由的原则，在公海设置封锁区要适当顾及中立国船舶的海上航行和其他利益，用于国际航行的海峡不得封锁。

关于封锁的权限。封锁国不但有权阻止敌方船舶和飞机进出封锁区域，而且有权阻止其他国家的船舶和飞机进出封锁区域。国际社会承认封锁权。但是，国际法同时规定，封锁权只有在实际封锁下才是有效的。因此，如果封锁国兵力不足，其他国家的船舶或飞机穿过了封锁海域，不能认为该船舶或飞机侵犯了封锁国的权利，不能为此而追究该船舶、飞机或有关国家的责任。

关于封锁成立的条件。封锁必须具备的条件是：(1)封锁必须是国家行为。《伦敦宣言》第 9 条规定："宣告封锁应由封锁国或由海军当局以封锁国的名义为之"。即政府可以明确授权海军司令官封锁某一港口或海岸，封锁具体范围由他具体决定；如果没有事先授权，政府还可以事后批准封锁。(2)封锁必须具有普遍性。《伦敦宣言》第 5 条规定，封锁"必须公正不偏地适用于一切国家的船舶"。如果允许某一国家的船舶出入，封锁就不成立。但封锁国可以发给某些船舶包括军舰出入封锁区域的特别许可证。另外，封锁还可以单向实施，即指只能出不能进的"内向封锁"或方向相反的"外向封锁"。(3)封锁必须宣告和通知。《伦敦宣言》第 8 条规定："为使封锁具有约束力，必须按第 9 条规定予以声明，并按第 11 条和第 16 条规定发出通知。"封锁声明由封锁国或实施封锁的海军当局发布，并通过外交途径通知各中立国以及被封锁区域的当局，声明内容包括：封锁开始的日期，被封锁区域的地理界限，准许中立国船只驶出的期限。如果封锁行动与声明不符，封锁则无效。改变封锁声明的内容也要按同样的要求进行宣告和通知。

关于封锁的解除。除了封锁国宣布解除的情况外，封锁国部队一旦撤离封锁区域，即视为解除封锁。

关于封锁中的人道主义保护。《圣雷莫手册》关于对人道主义保护问题的规定，具有国际法上的约束力。这些规定是："如果发生下述情况，则禁止宣布或建立封锁：①封锁的唯一目的是使平民忍受饥饿，或是断绝生存所不可缺少的有关物品的运入；②对平民造成的损害会或预计会大大超过封锁预期带来的具体而直接的军事效益。"(第 102 条)"如果被封锁领土内的平民得不到足够的食品和生存所不可缺少的其他物品，则封锁必须遵照下述规定，保证这类食品和其他不可缺少的补给品的自由通行：①有权在做出包括搜查在内的技术安排之后放行；②这类补给品的分发须由保护国或国际红十字会之类、能提供公平保证的人道主义组织在当地监督实施。"(第 103 条)"封锁方应允许专供平民或武装部队伤、病员使用的医疗物品通行。"(第 104 条)

关于对破坏封锁的认定和处置。破坏封锁是指已经知悉封锁的船舶未经封锁者允许而驶入或驶出封锁区域。封锁国不但对破坏封锁的敌方船舶包括商船可以捕获并没收，对中立国船舶也有权将其捕获并追究责任。但是，《伦敦宣言》第 14 条规定："对因违反封锁而被捕获的中立国船只，是否追究责任，应以实际或推定它是否已获悉设有封锁而定。"由于需要修理、气象险恶、缺少淡水或粮食等原因而不得已驶入被封锁区域的，在封锁前已在被封锁区域内的船舶空船驶出的，因不知有封锁或经封锁部队允许而驶入该港口的船舶空船驶出的，中立国外交使节所雇用的纯粹为将本国遇难海员从被封锁区域接送回国，均不属于破坏封锁。如果破坏封锁的船舶，拒捕并企图逃离，封锁部队的军舰可以行使国际法所准许的紧追权。

关于封锁的手段。在捕获破坏封锁的船舶前，为了确认其是否破坏封锁，应按国际法上关于登临检查的规则进行临检。如果不作临检，也不采取捕获的实际措施而对船舶实施攻击，则被认为是违反国际法的不分皂白的行为。因此，水面舰艇是海上封锁的必要手段。潜艇只有在水上活动时才能执行与水面舰艇相同的封锁任务。水雷、导弹、飞机等均不能独立作为封锁手段。在对海上封锁区域的上空进行空中封锁时，对出入封锁区域的飞机是无法进行临检的，因而临检规则不适用于空中封锁，但其他规则与海上封锁相同。(程长明、肖凤城《海上封锁的国际法问题》，《外国军事学术》1996 年第 11 期；吴天喜《关于现代海上封锁法的几个问题》，《外国军事学术》1996 年第 5 期)

关于信息战中的国际法问题　有作者撰文指出，由于非传统的"信息武器"的使用，使信息系统很容易地越过边界，人们必须认识到信息战中的国际法问题。

信息战与武装冲突法。武装冲突法也称战争法。这一法则只有在两国处于武装冲突时才能应用。按现有的法则理解，尽管篡改"比特"所造成的损失比一枚炸弹造成的损失大，但是在计算机中操纵"比特"，很难算作"武装冲突"。如果信息攻击不符合任何"武装冲突"定义,那么绝大部分武装冲突法则也不适用于信息攻击。《日内瓦公约》和《海牙公约》都只涉及了"陆战"和"海战"问题。这些战争法则只适用于农业和工业时代,而不再适应信息时代的要求。信息战是指发生在计算机空间中的行为。计算机空间,无法用陆、海、空、天来加以区分。在计算机空间里出现的行为并不都以军事面目出现。目前的反恐怖定义只是指打击有形的恐怖活动,而信息攻击没有被列在国际反恐怖组织的定义中。

信息战与武装冲突3原则。武装冲突中有3条基本原则。通过分析这些原则,人们可以分析武装冲突法则对信息战的适用性。(1)军事必要原则。该原则允许使用战争法允许的正规力量,以最少的生命、最短的时间和最少的物质资源为代价,部分或完全制服敌人。允许使用战争法没有禁止的任何手段。信息战符合以最少的生命、最短的时间和最少资源为代价战胜敌人的规定。然而,搞垮所有的信息传播媒体,袭扰或摧毁信息传送能力,使社会陷于瘫痪,这已经超出了军事目的。正如美国空军所指出的:"军队可遵守武装冲突法则,打击重要的军事目标。在信息战的范围内,这意味着美军可以对准敌方任何代表他们意志和战斗力的信息能力。

(2)人道主义原则。人道主义原则旨在限制使用与达成战争目的不相称的各种力量。战争法禁止使用的各种特殊武器都是旧时代的武器,它们与用于信息战的各种武器没有任何关系。武装冲突法规定,任何一个国家决定使用一种新型武器之前,必须认定这一武器符合人道主义原则。某些计算机程序,如病毒、"寄生虫"或"逻辑炸弹",已经被认作是"武器"。但是国际社会此前从未把它当作武器。武装冲突法并没有限定间谍技术,但是间谍有可能受到敌对国法律的制裁。英国等一些国家已经颁布了计算机犯罪方面的法律。根据这一法律,如果法国人经过英国网络"闯入"美国国防部的计算机系统中,他仍可受到英国法律的制裁。

3. 骑士原则。该原则的前提是进行战争必须"要有完备的手续和礼节"。这一原则承认,欺骗通常是胜利的关键,而且并不违法。武装冲突法禁止背信弃义行为。一些国际条约还对名胜古迹、民防设施、战俘营确立了受保护地位的标志。但是,这些规定对信息战仍构不成限定作用。例如使用伪造的电子邮件,使对方指挥官对伪造的假信息信以为真,进而被猝不及防的进攻所重创,是否违犯了武装冲突法?是欺骗行为,还是背信弃义?信息战对中立国也提出了挑战。一般来说,除非特殊情况,中立国不允许交战双方穿越本国领土和进泊本国港口。在信息时代,一国的通信线路四通八达,这些线路很可能被交战的一方或双方使用。人们不可能在保证本国人民使用通信设施的同时,不让交战双方使用这些设施。(〔美〕理查德·奥尔德里奇《信息战中的国际法问题含义》,《外国军事学术》1996年第11期)

高技术局部战争对武装力量建设提出新要求 有作者研究指出,随着高技术在军事上的广泛应用和国际形势的变化,高技术局部战争已逐步成为一种主导的战争形态。战争形态的变化,不仅导致作战方式、方法的改变,而且也对武装力量建设提出了许多新的要求。

武装力量建设必须以常备军建设为重点 高技术局部战争作为政治的继续,主要根源于国家、政治集团或国家联盟之间的利益冲突。由于国家、政治集团或国家联盟间的利益联系日益广泛、彼此间的利益关系日益复杂,因而选择军事手段解决利益冲突时,既要考虑到自身可能的利弊得失,也要照顾到国际间复杂的利益关系,在确定目的、目标和选择打击手段时,必须作出严格的限制,以免因战争升级或矛盾冲突复杂化、国际化而危及其根本利益。所以,高技术局部战争一般不以占领敌国全部国土为目的,而是根据政治、经济、外交上的需要,确定具体有限的战争目的、精选打击目标、控制战争规模。同时,由目的的有限性所决定,集中精兵利器,给对手以决定性打击,尽快结束战争,力避久拖不决,就成为拥有高技术武器装备优势一方的必然选择。由于在未来高技术局部战争中,有限的规模和相对较短的持续时间,限制了国家动员的规模和范围,国家的战争潜力难以得到充分调动,人民战争的深厚伟力也难以得到全面的发挥。在这种情况下,要争取在有限的时间内挫败敌人的战争企图,只能倚重于常备军。要适应高技术局部战争的这些新特点,在武装力量建设上就必须坚持以常备军建设为重点,着力提高其质量。

在常备军建设中必须突出重点部队建设 由于高技术局部战争的目的和规模有限,战争节奏和进程加快,战场时空被高度"浓缩"。因而出现了许多不同于以往战争的新特点:目的有限但非常坚决,持续时间相对缩短但强度很高,规模有限但对抗异常激烈。这些特点,决定了敌对双方不可能像以往战争那样,在较长的时间内逐次向战场投入大量的部队,而必须使用精兵利器,确保在较短的时间内给对方以致命的打击,实现战争目的。这就导致了高技术局部战争的战役甚至战斗，都将带有“决战”的性质。赢得战争的胜利主要的不是靠军队的数量而是质量，精兵利器起着关键的作用。为适应高技术局部战争的这一特点和要求，突出快速反应精锐部队建设，已成为目前世界各国常备军建设中的一个重要步骤。

在重点部队建设中应着力提高其高技术含量　在高技术局部战争中，敌对双方的对抗已由以往的兵力、火力对抗，演变为高技术作战体系的对抗。比如，高技术兵器从本质上讲主要是信息主导型兵器，因而在武器装备总体作战效能的构成中，不仅包括“硬件”的数量和质量，还包括“软件”的数量和质量。由高素质的人运用高技术兵器所形成的侦察能力、通信能力、电子战能力、精确制导能力和战场实时指挥控制能力等，将在很大程度上决定着总体作战效能的高低。再如，在高技术局部战争中，战斗往往不是从火力压制开始，而是从电子信息压制开始，争夺战场主动权首先表现为争夺制电磁权，信息的获取与反获取、控制与反控制、利用与反利用就成为双方作战力量对抗的中心内容，并在一定程度上影响着战争的进程和结局。这些变化表明，高技术含量大的作战力量，将是赢得高技术局部战争的主力军。因此，在重点部队建设中，应将提高其高技术含量作为建设重点，采取有效措施抓好落实。一方面要着力提高官兵的科技素质，打牢掌握高技术装备，与敌进行技术对抗的基础。另一方面，应将有限的高技术装备集中装备给重点部队，采取各种措施使之尽快形成战斗力，成为应付各种突发事件和局部战争的“拳头”力量。同时，要努力探索对付高技术装备优势之敌的技术对抗措施。（王京朝、谢蒲《高技术局部战争对武装力量建设的新要求》，《军事学术》1996 年第 9 期）

军事后勤基础理论研究　有作者通过对军事后勤基础理论的研究，就有关基本理论问题谈了如下看法。

关于后勤概念　由于各国国情、军情不同，语言习惯不同，所以，各国对后勤概念的表述也不同。但有一点是共同的，都明确了后勤是为军队提供物质力量、技术手段或以人力、物力保障军队作战需要这一根本职能。这就要求人们在科学界定后勤概念时，必须确立几个前提：(1)后勤概念应具有高度抽象性。只有具备高度的抽象性，才会有较强的稳定性，才会被大多数人接受。(2)研究后勤概念一定要与军事活动紧密联系起来。后勤作为一种与战争行动相依存的客观事物，不是孤立存在的。有战争才有后勤工作，有了军队才逐渐有了后勤机构。所以，在给后勤下定义时，要把后勤与军事活动的关系讲清。(3)研究后勤概念要明确，后勤的本质是一种保障性活动。(4)研究后勤概念要明确，后勤的任务是满足军事活动的物质和技术需求。(5)研究后勤概念还要认识到，后勤活动通常应由统一的后勤部门组织实施，但由于各国国防体制不同，也可能由几个相互独立的部门分别组织实施。不能因为后勤工作分工不同，而影响到后勤概念的内涵。据此，可将“后勤”定义为：从物质和技术上保障军事需求的活动。

关于后勤职能　通过对中外后勤职能表述的研究，可对后勤职能形成以下几点基本认识：(1)后勤职能，必须与后勤概念相一致。既然将后勤概念定义为：从物质和技术上保障军事需求的活动。那么后勤职能就应该是：为军事活动提供物质力量和技术服务。(2)后勤职能是建立后勤组织的最根本的依据。后勤组织是后勤职能的必要载体，离开这一载体，后勤职能就无法实现。后勤组织的设置并不是任意的、随心所欲的，它必须依据后勤职能设立。(3)后勤职能与后勤机构的职能既有联系又有区别。后勤职能是指后勤这一事物按照社会分工所具有的功能，而后勤机构的职能是根据国防体制确立的机构所具有的功能。后勤职能并不是都由专门称之为“后勤”的组织来实现的，还有一些“非后勤”组织，也就是不称之为后勤的组织去实现后勤的部分职能。所以，既要研究后勤这一事物的职能，又要研究后勤机构的职能，还要研究“非后勤”机构从事物质保障活动的职能。(4)后勤机构和担负保障任务的“非后勤”机构的基本职能有两个方面。一是获取物质资料。它有两个渠道，即国家拨付和自行筹措。二是提供物质资料。把获取的物质力量，提供给使用系统或消费系统。(5)后勤机构和担负保障任务的“非后勤”机构的运行职能，主要是做物质力量的转化工作，即把获得的经济力量根据部队的需求，通过“组织和工作”转化为保障力量。物质保障力量是构成战斗力的基础。转化工作的效果直接影响到保障。转化工作的中心问题是调节供需矛盾。(6)不同层次后勤机构、不同专业后勤部门具有不同的工作范围和不同业务职能，可以分别在战略后勤、战役后勤、战术后勤和后勤各专业理论中作深入研究。(7)后勤职能具有较大的稳定性。这种稳定性在不同历史时期、不同国家都是相同的，都属于后勤学术研究的范畴。

关于后勤组织　后勤组织，是根据后勤职能或任务，把后勤要素进行科学地排列组合，并建立起保障机制，使之形成一种合力的系统。后勤组织一切活动的根本目的是使后勤要素转化为后勤保障能力，保障武装力量建设和作战的需要。要科学地研究后勤组织，必须把握以下几个问题：(1)凡是从物质和技术上保障武装力量的组织，都应视为后勤组织；凡从事物质和技术保障的工作，都应该视为后勤工作。(2)后勤组织的表现形式不尽相同，并且在隶属关系上有所变化。因为后勤专业多，有些专业比较复杂，特别是武器装备现代化程度越高，保障越复杂，保障分工也就越细，过去一个部门可以管的，现在可能要分几个部门。(3)后勤组织有专、兼之别。由于各国国防体制不同，各国对后勤保障有不同的分工，并由通用保障，组织和专用保障组织共同承担。(孙秀德《关于军事后勤基础理论几个问题的再探讨》,《后勤学术》1996 年第 10 期)

(木　工)

美国军队建设问题研究

沙利文上将谈美"21 世纪陆军"建设　美国前陆军参谋长沙利文上将就美"21 世纪陆军"构想撰文指出，"21 世纪部队"不是当前变革进程的最终产物，而应被视为一种心态和方向。它必须具有灵活性，一体化和在大规模冲突中战胜任何敌人的能力，此外还必须具有多能性，以便能在无法预测的情况中获胜。美国的战略目标是，把今天的力量投送型陆军转变为能够胜任 21 世纪所有军事行动，即在任何环境中都能有效地对付任何威胁的精干陆军。为此，首先必须打赢信息战。打赢信息战并不是单指情报工作或数据的传输，而是指一体化。它要求获取任何士兵所想拥有的信息，并将其传送到所有需要者的手中，从而使战斗指挥官、火力支援人员和后勤人员都能够共享战场情报，以便迅速地把力量集中运用于主要方向上，能够在整个作战地区内同时打击敌人，并能反复实施，使敌人无法作出反应、恢复力量或进行重组。

从概念上来说，应将努力方向转移到建设以能力为基础的部队，并使组织体制适应这一新的方向。这种适应要求在"从散兵坑到工厂"等各个环节上重新设计陆军，并充分利用信息时代的技术来缔造一支更具杀伤力、部署能力、支援能力的多能化部队。"21 世纪部队"的设计原则应该是：①其组织便于最充分地实施以信息为基础的作战行动。②能控制战场：速度、空间和时间。③能以占压倒优势的杀伤力和超强的生存能力控制战场节奏。④能同时发动、实施作战和从作战行动中恢复过来。⑤能以最小的伤亡迅速夺取决定性胜利。⑥能快速部署，行动敏捷。⑦能通过模块化部队来提高依作战需要而灵活进行战斗编组的能力。⑧取消那些有可能妨碍师执行其基本使命的任务。⑨在所有的作战环境中都能在联合部队或多国部队的编成内实施战争及非战争行动。

"21 世纪部队"的师仍将是基本的指挥控制组合模块，陆军仍将是轻型部队与重型部队的混合体，并继续围绕着战斗兵种、战斗支援和战斗勤务支援兵种间的平衡关系来建设部队。"21 世纪部队"与今天的陆军不同之处在于：在现役部队中看不到过去对付苏联所需的那种相同密度的重装备；现役师不再是固定的编组形式，它将以执行指挥与控制职能为中心进行一元化改组；模块化将成为 21 世纪各级部队的特征，并将增强对部队进行精确战斗编组以完成各种任务的能力；尤其是战斗支援与战斗勤务支援的一体化，将日益成为"混合而协调"的程序；过去实行的部队编组强调部队自身的独立，将来则必须强调部队之间的联系；编制体制要更具灵活性，职责仍将按级划分，但组织上的指挥与控制安排将实现网络化，并针对每一种具体情况加以组织。

"21 世纪部队"的一体化包括：作战理论，组织体制，训练，指挥官培养，物资装备与士兵问题，以及基础设施等各个方面。微处理器和其他新技术，使得"21 世纪部队"的许多思想成为可能。目前面临的新问题是如何通过在陆军部队中实现数字化系统的一体化。一体化有助于美军以真正精确度去实施旨在集中效应而不是集中部队的计划；使美军能够在正确的时间和地点使用适当数量的物质手段，而无需大量使用徐进弹幕火力或庞大的部队。一体化不要求美军增加武器的数量，而是利用信息来提高杀伤力。美军最初的建设重点是使所有的现役系统相互兼容。通过在多种平台中采用内嵌数字化技术，使主要作战系统在战场上共享实时数据。最终目标是实现全陆军和联合信息系统的一体化。(〔美〕沙利文，美国《军事评论》1995 年 5～6 月号)

美陆军 21 世纪部队具有 5 大特点　有作者在研究了美陆军颁发的训练与条令司令部第 525－5 号手册《21 世纪部队的作战——21 世纪初战略陆军全维作战发展构想》后，指出美陆军 21 世纪部队将具备 5 大特点。

*具有灵活的理论。*美军认为，作战动态因素包括作战指挥、作战空间、全纵深和同时攻击、早期进入以及战斗勤务支援。这实际上是要求指挥官具备根据战场情况变化应用作战原则的能力。这种理论灵活性的核心是高素质的指挥官和士兵。美军要求士兵和指挥官进行各种作战情况下运用作战原则的演练，以不断地适应新的战术、技术、程序和编制体制，满足未来的要求。

*具有战略机动能力。*美军认为，早期进入部队的杀伤力和生存力仍将是重点应该解决的中心问题，同时

还要求在不损害杀伤力和生存力的条件下，使部队更加轻型化并且能够达到更远的纵深。此外，应把重点放在那些能够利用新信息系统、分散的作战行动、广播式情报或有关其他战场功能的信息，使自身能得到提高的机动能力上。21 世纪的美陆军部队将通过对海运、空运、预置和改进基础设施，进行投资以及采取措施帮助预见可能要遂行的任务，来增强战略运输能力，从而提高输送具有杀伤力和生存力的早期进入部队的能力，使其能够真正地实施快速运动，这样就可以达成行动的协调。

具有可组合的模块化的编制。美军认为，借助于信息技术，编制将趋向于变成较为扁平和不太严格的分层结构。战略运输的局限性、其他军种的能力、时间限制以及其他因素会迫使陆军仅使用那些绝对必要的部队。陆军部队在数量和类型上也存在局限性。这些因素都将要求部队符合逻辑的模块，便于组合，以满足每一种应急行动的需要。

在联合作战、多国部队作战和军地联合行动中具有结合能力。美军认为，为了在特定作战空间的全纵深、全高度、全正面上和全时间内充分实施全维作战，要求使用其他军种的力量。除了联合作战中的结合能力以及加强军种间的合作外，陆军作战指挥能力必须有助于陆军各种司令部充当有效的联合部队指挥机构。同时，政治和军事考虑要求未来的战争和非战争行动中的多数作战行动将是多国的和军地联合的，并且还有一些非政府机构和私人志愿组织参加。而根据作战地点和政治因素，伙伴国家可能为临时联合体提供人数多于美国的部队。因此，联络工作在数量和复杂性方面的要求必将有所提高，其中包括更加需要具备语言知识和文化意识。

具有进行战争和非战争行动的多种能力。美军认为，21 世纪初，国家将难以承受维持一支庞大的军队。搞好训练和战备——以及赢得陆战的胜利——仍将是首要的要求。具有充足的训练时间和训练资源的训练有素、纪律严明的部队，能够在需要时承担起非战争行动的任务。（嵇贵和、过平《美陆军 21 世纪部队的 5 大特点》，《军事文摘》1996 年第 11 期）

美军数字化部队建设遇到困难　有作者撰文指出，美国国防部在其 21 世纪数字化部队建设计划的推行过程中，遇到了各种各样的困难。主要表现在以下 8 个方面。

对数字化部队建设仍有争议。1993 年以来，美国防部及三军高级将领就对“如何才能打赢一场信息战争”和“如何组建 21 世纪的陆军的问题”进行广泛讨论。结果是众说纷纭、莫衷一是，直到现在仍是各执一词，具体设想并未成型。

数字化部队建设军费不足。实现陆军数字化部队建设，需要大量资金，美国防费用的削减，使本来已比较紧张的经费更加捉襟见肘。尽管陆军计划在今后 5 年内开支 21 亿美元，对现行武器装备进行数字化改造，但据美国防部透露，这些经费远远不能满足数字化部队建设需要。

采办机制难适应信息技术的发展。美陆军作战指挥系统的建设，一般由军方按军用规范提出要求，然后交工业部门研制，最后由军方按以前提出的规格验收。这样一个周期往往要用 10 年的时间，而以计算机为核心的信息技术具有发展快、淘汰快的高风险特点，对数字化部队的武器装备采购无疑是一个严峻的考验。

数字化装备研制和改造难度大。美陆军对现有的装备进行改造和研制新式武器与作战系统，要解决的问题较多，不但要充分利用现有的军用与民用技术，还要采用共同的标准、程序、规划和通用技术，因此，技术上有相当大的困难。

现有部队结构难适应数字化建设要求。美陆军组建数字化部队的目的，旨在重新设计陆军结构，以便把美陆军建成比现有部队更小、更快、更灵活和能支配、控制和赢得胜利的一支世界级作战行动的“21 世纪部队”。但是，据近两年来数字化部队实验演习的初步结果表明，在保证不影响战斗力的情况下，数字化建设不一定会使现有陆军的规模缩小；而且陆军以现有的装备体系进行数字化建设，需要在非数字化装备上配备“装饰性”的数字通信设备。这样做，陆军战斗力不但不能提高，反而会有所削弱。

人员素质难以满足数字化部队需求。按照数字化部队建设的要求，每个士兵都是一个武器系统。为此，数字化部队的士兵必须配备复杂的士兵系统。这将提高数字化战场的指挥效能和士兵的生存能力，但对人员的素质提出了更高的要求。不仅指挥官，而且每个士兵都要有一定的科学技术知识和文化修养，还要通过不间断的训练，熟练操作数字化设备。按照美国防部的计划，2000 年完成陆军数字化部队建设，单就人员素质来说也很难实现。

数字化通信网络建设难题多。战场的数字化使通信网络线路延伸到战场的各个角落，指挥中心与各种数据库可随时收集、处理或传输战场态势、敌我友军方位、部队动向和战况等情报信息。各作战单位同时获得这些情报信息后，可能造成各级指挥官同时决策，导致信息泛滥和指挥混乱；部队过分依赖数字化装备，会使

指挥官和参谋人员很少有时间用肉眼观察战场和考虑他们面临的战略、战术问题；一旦数字化系统遭到打击，数字化部队的优势将丧失殆尽，如果数字化设备被敌方缴获或连接系统的个人被俘，信息网络就可能被敌方所利用，敌方不但可以从网上窃取信息，还可能通过网络发布假命令，使对手在军事行动上陷入混乱。

数字化部队难以在非数字化情况下发挥作用。数字化指挥和通信可增加部队的杀伤力并减少本军的损失。但是，当非数字化部队在作战中，尽量使用有线通信而不用无线电通信时，数字化部队的特长就受到了制约。特别是旷日持久的战争和农业式的战争，数字化的信息战手段更难奏效。美军在索马里军事行动的失败，就具有这种对抗的雏形(李廷文、贺明义《美数字化部队建设遇到的困难》，《外国军事学术》1996 年第 11 期)

美军侦察监视系统有 6 个弱点 有作者撰文指出，美军的侦察系统尽管比较先进，但从海湾战争等实践看，也有其难以克服的弱点。其主要有 6 难：

假目标难识别。经过技术处理的假目标，具有真目标性质，即使有透视能力的高技术侦察平台也难以识别。

机动目标难捕捉。卫星侦察具有周期性，每天仅能飞临目标上空一到两次，虽然有其它侦察手段进行配合，但全时空是相对的，对方完全可以利用其侦察行动的间隙进行机动。

自然环境限制难克服。美军高技术侦察平台大都具有全天候侦察能力，但山地、树林、云、雾、雨、雪等不良天候均对其有一定的限制作用。

情报量大难处理。一是卫星图片处理难。卫星图片信息量甚大，且要有经验的人员进行判读，从成千上万的要素中发现所需目标，难度较大。二是电子信号分辨难。虽然美军先进的电子侦察手段可截获大量甚至是全部的电子信号，但从这些信号中实时分辨出真伪是非常困难的。三是情报保障不平衡，一线部队指挥官需要的大量战术情报保障不及时。

传递速度难实时。卫星情报图像资料传递速度慢，大大影响情报的时效性。现美军的“锁眼”卫星采用先进的数字图像实时传输技术，虽然实时传输，但由于信息量大，也要 90 分钟才能完成图像修理，2 小时后才能供前线指挥官使用。

自身缺陷难克服。一是系统复杂，易遭破坏。高技术侦察系统均由复杂的侦察、数据传输、情报处理等多个分系统组成，其中任何一个环节出现问题，系统的整体作用就无法发挥。二是造价昂贵，损坏后难以及时补充。三是难以获取对方意向、企图等“软信息”(冯国军《美军侦察监视系统的主要弱点》，《外国军事学术》1996 年 11 期)

美军指挥官应具备信息时代所需要的特殊素质 美国陆军军事学院院长奇尔科特少将 1995 年 10 月撰文指出，21 世纪指挥官除拥有优秀指挥官通常应具备的素质外，根据美国陆军训练与条令司令部第 525－5 号手册《21 世纪部队的作战》之精神，还应具备信息时代的一些特殊素质：

作战中“眼观六路、耳听八方”的能力。以往的战争是分期有序地进行，通常是一步一个脚印地走向胜利，而下个世纪战区战争的特点是多个协同战斗(如后方战斗、纵深战斗、近距离战斗、空战和海战等)同时发生。未来的战区指挥官必须能同时运筹并从容指挥在广阔三维空间同时发生的数种相互联系的战斗和战役。

指挥高层次部队的能力。未来陆军部队和各级司令部文化层次高，都将是“知识群体”，并随着部队的发展，知识积累与日俱增。指挥这样的部队要有各种特殊的领导能力：必须为人表率，身体力行，鼓励下级指挥官勇于创新，果敢应付变幻不定的情况，积极组织协同作战，克服各种艰难险阻，以确保部队不断打胜仗。

使用大量信息资料的能力。必须有较强的记忆力和辨别力，能从纷繁的信息中筛选出有价值的资料为己所用。

对新的信息和变幻不定的环境做出迅速反应的能力。美军的优势在于信息能使己方及时了解变幻不定的作战态势，使指挥官在敌人做出反应之前先敌采取主动措施。信息创造的机会是稍纵即逝的，必须在敌人尚未搞清情况之前抓住机会。信息时代的战争要求战略指挥官思维敏捷、反应灵敏，不允许指挥官待一切安排就绪后再采取行动。

恰当实施指挥控制的能力。信息时代的战区指挥官在指挥的方法上必须灵活多变，必须根据战术、战役和战略方案的变化来调整自己的指挥方法，应知道何时实施指挥(主动介入)，何时实施控制(只是指导)。

良好的心理和身体素质。现代的指挥官从硝烟弥漫的战场指挥部转移到宁静清洁的机动电子指挥车里，指挥官要比过去具有更好的心理和身体素质，因为在技术上保证计算机在作战中 24 小时不间断地工作，指挥官必须有充沛的精力承受这种紧张的压力，并能引导参谋人员都这么做。

亲自操作计算机的能力。21 世纪的指挥官必须大量减少助手提供情况这些中间环节，直接处理源源不断的信息,以了解世界上所有有关的军事信息。

熟悉“21世纪部队”的发展原则和实行情况。既然“21世纪部队”是一支不断变化的部队,那么其作战理论也将是不断发展变化的。这就意味着陆军训练与条令司令部的第525—5号手册《21世纪部队的作战》也是临时性的文件,会随着试验的进行和经验的不断积累而经常修改。信息时代的指挥官必须时常研究作战手册,深入研究“21世纪部队”及其发展原则,这是职业军官的本职。(〔美〕陆军军事学院院长理查德·A·奇尔科特少将《培养信息时代的战略指挥官》,美《陆军》杂志1995年10月号)

美军进攻作战后勤保障特点　有作者撰文指出,对于进攻作战而言,美军一贯的观点是围绕保持进攻锐势组织后勤保障。其主要特点如下:

综合运用多种保障方式。根据进攻作战的特点,综合运用多种保障方式,是美军一个突出的保障观点。美军认为,良好的进攻作战后勤保障是整个进攻作战行动的重要组成部分,战斗、战斗支援和后勤保障部队,以及地、空部队之间必须做到有机协调和密切配合。为此,美军特别强调在进攻作战中,后勤保障计划和执行人员必须根据任务的特殊需要,综合运用多种保障方式实施后勤保障。美军后勤部队通常采用3种基本保障方法:一是伴随保障;二是通过地面交通线向作战部队实施后续补给;三是通过空中交通线实施后续补给。值得注意的是,美军所强调的,不是单纯运用某一方式,而是3种方式的综合运用。美军认为,这样才有助于发扬伴随保障简便、灵活,地面后续补给保障全面和空中后续补给快速、不受地形限制等长处;并可抑制伴随保障不便指挥和控制,地面后续补给对道路状况和安全依赖很大,空中后续补给受天候等条件限制等弊端。

灵活编组,靠前保障。美军军以下后勤保障部、战斗勤务保障部(分)队均是以连或小分队为基本单位,按“积木原理”编组而成。既可以集中使用,又可以拆开配属,具有很强的灵活性。在进攻作战的后勤保障上,美军一方面强调灵活编组,同时又强调靠前保障。美军认为,这是因为:“现代战斗的性质已使作战部队没有机会返回其保障基地,而且不能坐等其保障部队赶上来。在机动能力上,保障部队必须同它所保障的部队一样强,必须尽可能靠近战斗地点遂行保障。因此,为了保障前方作战,战斗勤务保障部队可能不得不冒更大的风险。”美军进攻作战的保障,主要由师属战斗勤务保障部(分)队和各战斗营、旅建制内的后勤分队承担,军一级通过其战斗勤务保障机构向所属各师提供后备保障和靠前保障。从美军有关作战条令对师以下后勤配置的规定看,能较明显地体现出靠前保障的原则。当营实施作战行动时,营后勤梯队一般分成后勤前梯队和后勤后梯队。在进攻作战中,作为主要保障力量的营后勤前梯队通常配置在比较靠近前方连队的位置,以便提供及时而灵敏的后勤保障。作为沟通师与营保障关系的营后勤后梯队配置在旅后勤地域。

结合战场实际组织保障。美军关于进攻战斗的后勤保障问题的一个核心思想,是强调结合进攻的特点组织后勤保障。在进攻准备上,美军认为,由于部队随时可能发起攻击,而且预警时间很短,所以后勤计划人员必须经常注视作战计划的变化,甚至在防御作战时就应预先考虑保障进攻的各种方案。在物资补给上,美军认为,进攻作战的特点是油料消耗大。因此,应在前方地域(指师后勤地域)建立一定数量的油料储备,油料补给分队也必须准备随着进攻的发展向前运动。进攻的弹药消耗比其他类型的作战行动明显偏低,但弹药补给所和转运站仍要靠前配置,以便从最佳位置保障进攻。在维修保障上,美军认为:“在装备发生故障或损坏的现场实施修理,能最有效地保持进攻的锐势。”美军要求建制内的技术保障人员必须伴随进攻分队前进。师属直接支援维修分队要通过流动维修抢救组进行现场修理。凡是不能在现场很快修好的武器系统和主要部件,必须按预定计划进行回收并后送到能够修理的地方。军后勤保障部的全般支援部队负责向师提供后勤保障。需要的时候,可组织全般支援维修保障组,帮助师属部队进行现场修理。在运输保障上,美军认为,运输部队在进攻作战中的任务是极为繁重的。由于作战部队高度疏散和运输线拉长,加之某些其他种类的补给品需要量不断增加,需要紧密地协调各种运输工具和制订使用计划。随着未来战争中对重型装备运输工具的依赖性越来越大,美军运输的组织将更加困难。在卫勤保障上,美军认为,进攻作战将增大卫勤保障的工作量,尤其是在对预有准备之敌的进攻中,伤亡率非常大。因此,要加大医疗救护和卫生后送力量。在进攻准备时节,卫勤机构要靠前部署,以便使伤病员及时地得到救治和后送。

加强后方防卫。美军认为,未来进攻作战具有“立体化”性质,“陆军将分别在敌后方战斗,在己前方同敌近战并在己之后方地域同敌作战。”在己后方作战将由一切部队共同实施,其目的是在后方保护自己,消灭敌人,并确保对前方作战实施不间断保障。美军强调,加强后方防卫十分重要,即使进攻作战在其他方面都取得了胜利,如果在自己的后方地域被敌人打败,则此种

失败将是决定性的。美军在加强后方防卫方面具有一套较为系统的要求：一是必须制订和执行全面的后方防卫计划。这些计划要使主要指挥控制设施和保障设施疏开配置，有回旋的余地和可靠的防卫。二是加强后方防卫的指挥与控制。美军在有关后勤保障条令中，对军长、师长、基地指挥官、保障大队长、军师后勤保障部部长、宪兵旅长、后方地域作战部队指挥官等各级各类指挥员在后方防卫作战中的职责，都一一做了明确，形成了一套比较系统的指挥网络。三是加强后勤部队的自卫能力。为此，美军有可能改善后勤自卫条件，给后勤配备更好的武器装备（刘建国《美军进攻作战后勤保障特点浅析》，《后勤学术》外军版 1995 年第 1 期）

美军联合作战后勤保障特点 有作者撰文指出，美军在联合作战中，十分重视其后勤保障，并突出强调了 3 个问题。

*在后勤指挥上，强调集中统一，协调一致。*其论据是：(1)诸军兵种或多国部队联合作战，在后勤指挥上必须强调集中统一，协调一致。现代战争，无论规模大小，时间长短，都是诸军兵种的联合作战，有的还是多国部队的联合作战。这种联合作战参战的军兵种多，建制复杂，对指挥协调要求高，尤其是多国部队联合作战，情况更为复杂。因此，对军事行动不仅要实施集中统一的指挥，以确保各军兵种或多国部队在统一号令下为实现同一军事目标而协调一致地行动，而且后勤保障也必须实施集中统一的指挥，以确保后勤整体效益的发挥和作战的需要。美军认为，通过集中统一的指挥，可以实现作战计划与后勤保障计划的高度协调一致，有利于后勤力量的统一筹措、调配和使用，从而有效地避免三军互争运输工具，并减少浪费，确保兵力部署按照指挥系统确定的轻重缓急顺序，有条不紊地实施；有利于提高后勤快速反应能力。(2)后勤系统结构的复杂性要求强调集中统一，协调一致。后勤是一个复杂的系统，系统内部各业务部门和所属各部（分）队配置位置分散，小分队活动多，在业务工作上既相互区别，又相互制约。如果没有集中统一的指挥，就可能在后勤部署上或互相重叠，或互相脱节。为此，美军非常强调建立集中统一的后勤指挥体制，并在战争的实践中实施集中统一的后勤指挥。(3)后勤保障面临的矛盾需要在后勤指挥上集中统一，协调一致。美军认为，现代战争物资消耗大，人员伤亡多，武器装备损坏严重。这种巨大的战争消耗，使后勤保障将面临许多矛盾。如需要与可能的矛盾，将贯穿于战争的全过程。主要有：物资供求之间的矛盾，运输任务重与运力不足的矛盾，伤员多与救治力量不足的矛盾，损坏装备多与修理力量不足的矛盾等等。因此，只有实施集中统一的后勤指挥，才能妥善解决后勤保障所面临的各种矛盾，保障战争的需要。

*在后勤供应上，强调三军联勤，统分结合。*在联合作战中，作战物资消耗大，物资品种多，结构复杂，技术要求高，物资的采购、运输、贮存、分发、补给头绪多，组织协调十分困难。为提高物资保障效益，更好地保障军队作战需要，美军十分强调在物资供应上实行三军联勤、统分结合的保障体制，并在实践中逐步改革和完善这一体制。所谓三军联勤、统分结合的物资保障体制，是指对三军通用物资的供应由总部和战区统一组织实施，对各军兵种专用物资的保障由各军兵种分别组织实施。实行三军联勤、统分结合的补给制后，战区以下部队的物资储备量显著下降。海湾战争中，美军战区一级的物资储备量与过去比较，减少了 65～75%。此外，海外战区的补给品种类，也由原来的 100 万种减少到 30 万种，即减少 67%。物资前送的速度也大大加快。平时驻欧美军的申请发放周期，海运从过去的 130～150 天减少到 51 天，空运周期从过去的 65 天减少到 29～31 天，补给速度提高了 1～2 倍。

*在后勤力量使用上，强调统筹计划，一体保障。*由于现代局部战争的强度增大，使物资消耗增多，人员伤亡增多，技术装备损坏严重，后勤保障任务繁重，仅靠军队自身的力量难以完成后勤保障任务。因此，必须紧紧依靠国家的经济与科技实力和民间力量的支援。美军十分重视依靠军民整体后勤力量来完成后勤保障任务。海湾战争期间，美军为保障其 50 多万军队在中东地区联合作战的需要，在国内，政府的 80 多个经济和技术部门负责为军队筹集作战经费和作战物资，38 家航空公司、几十家海运公司、7 个州的铁路部门和数百家汽车运输公司提供各种飞机、船只和汽车，三分之一的民用企业动员起来为美军紧急生产了在沙漠地区作战所需的各种武器装备和物资器材，价值达 284.6 亿美元。为弥补军队后勤力量的不足，充分利用民间力量为战争服务，美军大量征集后勤预备役人员入伍，到海湾地区为一线作战服务。据不完全统计，军后勤支援部队中预备役人员占 79%；汽车运输部队、海上运输部队、技术维修分队中，后勤预备役人员占 60～70%。部署在海湾地区的海军两所医院全部由后勤预备役人员组成。此外，美军在海湾地区大量动员和使用民间力量为军队后勤保障服务。如利用沙特的炼油厂、海水淡化设备为美军生产油料和其他物资，利用沙特的运输汽车、人员为基地担任运输、修路、机场与码头的装卸、搬运等工作，从而较好地克服了美军人力、物力不足的困

难，保障了美军海湾作战的需要。（余用哲、曹廷泽《美军联合作战的后勤保障》，《后勤学术》外军版 1995 年第 1 期）

美军利用民间力量加强后勤计划的优长和存在的问题 美陆军少校卡米尔·尼科尔斯撰文指出，利用民间力量加强后勤计划是在非战争行动中合理使用签约人的民间支援的方式之一。它既具有相当的优长，又存在着一些问题。

利用民间力量加强后勤计划的优长。它可向作战指挥官提供一种在多数非战争行动中获得成功的支援能力；还具有灵活性方面的优势。联合特遣部队指挥官几乎可以立即使用签约人在全球范围内的所有企业资源，而不必等待预备役征召，或因部署预备役战斗勤务支援部队而耽误 10～30 天时间；在总指挥官制定和更新应急行动和作战计划时，民间签约人可以增强其对地区和国家的研究力量。一旦总指挥官确定支援需求，就可以按其需要启用计划；民间签约人代替军队后勤人员，可以减轻美国部署军队时的政治和社会压力；民间签约人提供可靠的后勤支援，使美国可以完成其对联合国和北约组织所承担的责任和义务；依靠民间签约人实施支援人道主义行动，可更加巧妙地施加影响，并使美军和美国在世界上少冒风险；在非战争行动中使用民间签约人具有政治和财政上的优势，它可以弥补应付地区性应急事件能力的不足。

利用民间力量加强后勤计划存在的问题。在突发事件中对签约人的资助是最大的问题。有人认为该计划代价高昂，但这一看法却得不到验证，因为没有可靠的方法能将签约人的费用与军方完成相同任务的花费加以比较；利用民间力量加强后勤计划，就要求在战时和非战争行动中使用民间签约人，这将给其带来一定的风险。敌性环境会影响签约人完成任务的能力，并要求部队保护签约的人员和设备，这有可能造成令人难以接受的局面。因此，联合特遣部队指挥官必须考虑到签约人和军事行动本身所面临的风险，以及武装部队任务的分散对完成任务的妨碍。再一个问题是总体计划管理问题。以往的应急行动表明，计划的执行和管理既混乱又不方便，因此，陆军目前正在修订规定，并考虑将该计划的管理权交给美陆军装备司令部。（〔美〕卡米尔·尼科尔斯《美国陆军利用民间力量加强后勤计划》，美国《军事评论》1996 年 3～4 月号）

（夏礼伯）

俄罗斯军队建设问题研究

俄罗斯建军思想研究 **关于确定军队建设方针的依据** 俄军中将B·索洛维约夫撰文指出，确定对军队的需要量及其建设方针时，无论哪个国家都应考虑以下 3 大因素：一是本国利益，军队是为保卫国家利益而组建的；二是军队为保卫国家利益可能面临的任务；三是国家组建和维持军队的经济能力、科技能力、人口数量等。每个国家都有其独特的地缘政治态势、地理战略地位、特点、能力和利益，必须据此来进行军队建设，确定其编成、数量及军兵种之间的比例。目前，凡拥护大幅度裁军的国家都主张建立一支能打赢一场中等强度局部冲突的小型军队。这种观点既不符合目前现实，也不符合 10～15 年后可能出现的形势。世界原料和能源严重枯竭，一些国家人口急剧增长（人口爆炸），需要更多的空间来处理有害的生产废料，所有这一切在不久的将来会使保卫俄罗斯领土成为最迫切的任务之一，而为完成这一任务需要大量的兵力。

关于军队员额 索洛维约夫提出，俄罗斯武装力量应当具有在使用现代和未来兵器的最复杂条件下抗击大规模侵略，而不只是应付局部军事冲突的能力。但这并不意味着目前俄武装力量的数量应保持在抗击大规模入侵所必需的水平上。原因有二：一是虽然存在潜在的军事危险，但目前俄并不受直接军事威胁；二是俄经济和财政状况不允许在平时保持人数众多的军队。因此根据武装力量在各种类型的战争中所担负任务的规模、战略展开、要求提供的人力、物力、财力和实际可能提供的人力、物力、财力，确定其所必需的最低员额。（〔俄〕B·索洛维约夫中将《最重要的国家问题》，俄《独立报》1996 年 1 月 27 日）

俄罗斯武装力量改革问题研究 **关于武装力量改革与军事改革的关系** 罗季奥诺夫上将撰文在阐述武装力量改革与军事改革的关系及其在军事改革中的位置时，指出，军事改革不是武装力量数量的改变，而是国家军事体系本质的根本性质的变革。军事改革的基本方向应当是：制定新的国家军事政策和军事意识形态；从根本上改组俄联邦军队和其他武装力量；建立新的统一的国家军事组织指挥系统和完整的国家军事安全方面的决策机制；重建平时和战时对国家军队和防务体系其他机构需求进行经济保障的有效系统；使国家的动员准备与新的经济体制相适应；在新的地缘政治条件下，进行国土的战场建设并发展国家的军事基础设施；建立统一的联邦军事科学组织和防务研究机构体系；进一步完善武装力量和其他国防机构的干部培训制度；国家和社会积极开展活动以确保公民自愿履行兵役义务和保卫祖国，提高服役的光荣感和武装力量及其他军队的威信；坚决改革军人、军人家属、国防机构工作人员的社会保障制度，等等。具体措

施可归纳为3个方面：第1个方面包括与改革军事建设和俄罗斯军事组织的政治基础相关的措施；第2个方面是在国家军事经济领域实施变革的一整套措施，改革的实质是为保存和继续发展军事实力，创造经济条件，对军工综合体进行根本的结构改造，使其适应市场经济条件；第3个方面涉及到俄联邦军队和参与遂行国防任务的其他武装力量本身的改革。这方面的着眼点是要使军队和其他武装力量的构成和结构既能应付对俄罗斯及其盟国安全的现实的和潜在的威胁和挑战，又能适应俄国的经济和科学技术能力。(〔俄〕伊·罗季奥诺夫上将《俄罗斯军事改革的基本方向》,《外军资料》1995年第60期)

关于武装力量结构的改革。俄军中将索洛维约夫撰文认为，不能照搬照套或实行类似于美军或北约国家军队的陆、海、空三军结构。考虑到俄罗斯特殊的地缘政治态势、国防基础设施的特点、丰富经验和传统，俄军必须保留现行军种结构。一旦打破现行军种结构，将会长期影响各军种的指挥和通信系统，且需耗费大量财力、物力，而这是俄经济难以承受的。更主要的是，采用现行军种结构，能够保证在抗击侵略时组建武装力量集团并对其实施指挥。鉴于国家目前的经济状况，当务之急是要确定军队与其他武装力量之间切实可行的比例，不要为了裁军仅仅裁减军队，同时又增加其他武装力量(内务部队、边防军等)。缩减武装力量时，必须保留其最重要部分(训练有素的专业干部、必要的武器装备、各军种最重要的军事基础设施目标)，以及动员扩充基地和指挥系统、远景性科学技术研究和试验设计工作。战略核力量目前仍是防止爆发针对俄罗斯的大规模战争的唯一遏制因素，使之保持给侵略者造成不可弥补的损失的能力，是国家和武装力量的首要任务。陆军、海军、空军、防空军和航天部队等一般任务部队固然要裁减，但要在确保可靠的核遏制的条件下进行。在部队(舰艇)和架子部队数量减少的情况下，应为其装备现代化武器装备，以确保余下兵团和部队的质量建设。在裁减问题上，不能对各军、兵种搞一刀切。例如，航天部队应优先发展，优先加强质量建设。(B·索洛维约夫中将《最重要的国家问题》,俄《独立报》1996年1月27日)

关于指挥体制的改革　在总结车臣作战的经验教训时，俄军曾酝酿对总参谋部进行重大改革。对此，罗季奥诺夫上将发表不同意见，认为原因有三：第一，由于总统所需要的总参谋部是所有国防力量的计划和指挥机构，而不仅仅是陆海军的计划和指挥机构，总参谋部要胜任自己的新角色，需在职能、编成、结构及整体组织方面做实质性的变动，在国家现时情况下是难以做到的。同时，对武装力量指挥机构的任何改组，都不可避免地会削弱整个改组期间对武装力量的管理。第二，总参谋部脱离国防部会迅速导致国防部建立一个新的指挥机构。第三，国防部和总参谋部在新的条件下，将不得不重新划分其权力与责任。这只能使总参谋部在脱离国防部后更加削弱。

罗季奥诺夫认为，国防部及其总参谋部应符合下列基本要求：(1)有机地纳入国家防务(军事)系统的总体系之中；(2)能够通过自身的影响掌握国家一切防务机构；(3)成为战时计划和指挥一切用于作战和保障国家军事安全的唯一机构；(4)不单国防部长而且总参谋长都应是国家安全会议成员；(5)在国家或国家部分领土进入战争状态时，将其他强力机构的部队划归自己直接指挥；(6)在军事建设和武装力量战斗力问题上，直接对安全会议和最高立法、执法权力机构负责；(7)如果在安全会议内成立国防会议这样的专门机构，国防部和总参谋部即应成为国防会议的办事机构。一旦爆发战争，国防会议即可行使国防会议的职能，而总参谋部则转而直属最高统帅部大本营。关于国防部和总参谋部的职能，罗季奥诺夫认为，总参谋部是军事指挥系统不可分割的主要机构，是整个系统的中心，它可以协调该系统各组成部分的工作。因此，总参谋长应就总参谋部工作的主要问题同总统即最高统帅保持直接的联系。一旦建立国家军事防务的统一指挥体系，俄联邦总统作为最高统帅，就可以依靠各个专门的军事指挥机构(国防会议、国防部及其下属总参谋部、军事检查总署)对国家防务的整个领域实施目的明确的领导。(〔俄〕伊·罗季奥诺夫上将《车臣事件能够成为俄武装力量改革的契机吗？》,俄《独立报》1996年2月9日)

关于改革军士制度　有作者撰文认为，长期以来，军士在俄军队中一直是个薄弱环节，未能起到应有的作用。这主要是由于军士军衔本身"模糊不清"和军士的培训体系不够完善造成的。1972年1月1日起实行的准尉制度给军士带来了无法弥补的损失，它使军官与士兵间失去了自然连接的环节，使各部失去了一批敬业而又有经验的分队司务长、坦克车长、操作班长和乘员组长，从而使分队、部队、兵团、军队集团的战斗力大大降低。车臣作战已充分证明了这一点。鉴于以往的错误，今天在建设俄罗斯武装力量时，必须意识到，在军士制度未可靠发挥作用的情况下，对军官提出任何过高的要求，都不能使我们拥有真正现代化的军队。只有借助合格的初级指挥员才能解决军队中存在的许多重要问题。应采取的措施包括：第一，修改需要配备军士的军事专业登记制度。军士军衔只授予初级指挥员中那些直接担任建制分队指挥职务的人;第二,只用合同制军人补充军士职务;第三,挑选身体状况合适的人员来补充军士职务;第四,经常关心军士职业水平的提高;第五,取消不合理的准尉制度。军官和士兵之间,只应设立军士这个初级指挥员环节;第六,重新审查和补充(修订)有关军士服役制度及其权利、义务和社会保障等方面的法律、命令、条令、教令和其它文件。(伊·罗季奥诺夫上将《建设新军队时急需解决"军士问题"》,俄《红星报》1995年5月4日)

关于高等军事院校教育改革 有作者就如何改革高等军事院校教育等问题撰文指出,首先应严格执行国家教育标准。为此,必须为国防部所属高等院校制定高等军事职业教育的国家标准。这既有助于高等军事院校吸收军、地两种高校体系的先进经验,加强两者的联系,提高高等军事院校的地位,也有助于加强对转入预备役和退役的军事专业人员在教育方面的社会保护。其次,高等军事职业教育应分为两类专业:一是军事技术类专业;二是军事管理或军事行政类专业。它们分别培养专业技术军官和部队或机关的军官。再次,应根据军队特点建立和发展高等军事职业教育体系。即按不同的职业教育大纲培养不同教育层次的执行和管理人才。这种作法使高等军事院校较之地方高等院校更先进、更灵活,能够培养所需各类职别的军官。(〔俄〕扎科林海军中将《俄高等军事院校的完善问题》,俄《军事思想》1995年第6期)

(田小文)

俄军提出合理使用军费的3项措施 俄军经济学副博士米哈依尔·斯米尔诺夫在对西方主要资本主义国家军队使用军费方面的经验进行研究后指出,要做到军费的合理化使用,主要应采取以下3项措施:

组织编制措施 军队财务部门设立专门从事军事预算工作的机构,如美国国防部、陆军部、海军部、空军部的财务监察部门都设有分析局,负责对现行组织体制的效率、军事计划的经济效益进行研究,并在确定军费最佳数量和构成的基础上,提出有关武器系统的选择和部队编成等方面的建议。

军事采购实行集中统一控制也可使军费得到合理使用。英军和法军武器装备的采购均由专门的机构——总部采购机关实施。德国也有统一的联邦采购局。此举可保证这些国家的军政当局避免资金的分散使用和物资的重复采购。为检查军事采购资金的合理使用情况,西方国家军队的财务部门还设有专门的监督机构。无论是人员编制方面,还是能力方面,这些监督机构都是强有力的,能对军事合同的执行情况实施财务检查。

财政经济措施 在这方面,军费拨款体制占有主导地位。首先,如果有一个合理的军费拨款体制,在军费的编制和审批阶段就可使军费的数量和结构实现最优化,以保证武装力量以最小的物质消耗维持其应有的战备水平。专家们认为,采用"规划—计划—预算制度"和"零基预算法",可大大减少军事计划工作的重复性,减少不合理开支。其次,合理的军费拨款体制可保证从每个开支项目中获得最大利润。西方一些国家军队还特别重视科研和实验设计费的合理化使用,根据"消耗—效益"原则选择武器发展方向,完善其总体结构,提高 部(分)队人员素质等。(〔俄〕米哈依尔·斯米尔诺夫《军费合理化使用的3项措施》,俄罗斯《军队文集》1995年第7期)

其他国家军队建设问题研究

新时期日军后勤质量建设问题研究 有作者撰文指出,1995年底日军制定的新《防卫计划大纲》,提出了新时期军队质量建设的方针、任务与目标。在后勤质量建设方面,着重突出如下几点。

*改革后勤机构,提高保障效益。*对现行后勤机构进行了大的改革。一是增设师后勤保障团。团长由第4部部长(后勤指挥)兼任,精简了师司令部部分后勤机构,解决了师直属后勤分散与多头领导问题,实现了师后勤的集中指挥与统一领导。二是将原由军区航空队直辖的师飞行队改编为师直属飞行队,减少了指挥层次,提高了保障效率。三是将参谋部直属运输航空团、航空救生团、安全管制气象团等职能相近的机构合并,成立航空支援集团。四是将14所军种地区医院改编为三军共用医院,各地区均保证有1~2所三军共用医院,实行联勤制,提高了医疗效率。五是随着各军种地区医院的联勤化,各军种的医疗器材也已开始由陆军中央卫生补给处统一供应。六是对三军共用驻地内的警卫、福利、车辆、图书室、餐厅、生活设施的建设与维修等业务实行统一管理。七是统一实施通用装备品的技术教育。通过上述改革,日军不仅精简了机构,减少了指挥层次,而且实现了后勤指挥的集中统一与保障的多功能化,从根本上提高了后勤整体质量与效益。

*加强军民结合,提高社会化保障能力。*为适应未来作战的需要,日军重视建立军民结合的保障体制,使军队后勤保障不断向社会化发展。(1)在装备科研方面:日防卫厅将技术研究本部的舰船设计业务和口粮、营养、被服等部分科研任务,委托给地方。还决定,凡地方

科研机构已进行的基础研究，凡能委托地方机构进行的研究开发项目，技术研究本部原则上不再进行。(2)在装备发展方面：在大量采购现有民用装备品的同时，进一步拓宽了民品的租借范围，包括从初级的油桶到中级的通信设备，以至高级的电子计算机等。(3)在装备维修方面：先后将一些教练机和救生机的部分基地维修业务委托给地方航空公司。(4)在人才培养方面：对需要量较少的18个领域的专业技术人才(如外语、高压电气工程技术、高压气体生产技术、大型车辆驾驶等)，均利用地方教育机构进行培训。(5)在物资保管方面：为缓解部分地区的仓库紧张状况，防卫厅决定，先制定与此相关的法规，然后依照法规将部分装备品的保管业务委托给地方。

日军认为，许多后勤工作同社会保障工作重叠和并存，将社会能办的工作委托社会去做，既能节省后勤人力、物力和财力，又能充实第1线作战人员，提高战斗力。为此日军不断地就后勤保障社会化问题提出设想：一是以地方力量组织"防卫补给维修公司"、"防卫通信设备保养与使用公司"、"防卫警备公司"、"防卫教育机关"，并用以取代现行军内相应机构的业务；二是利用退役军人组织"安全保障联合企业团"，取代部队现行的运输、通信、设施、医疗、警备、补给、维修等机构的业务，使后勤保障进一步向社会化发展。

*发展军事科技，提高装备的现代化水平。*日军认为，在未来战争中，敌对双方将在高技术上一争高低。为适应现代作战的需要，日军不断加强军事科研，提高装备的现代化水平：(1)增加科技投资。1975～1995年，日本军事科研费增长了8.3倍，年均增长率为12.1%，其增长速度超过了任何预算项目。通过增加科技投资，将军事力量的发展重点逐步转移到军事技术领域。其中将重点研制旨在大大提高后勤保障能力的大型运输舰、空中加油机、远程运输机、综合补给舰和大型医院船等后勤技术装备。(2)缩短战线，突出重点。为适应新的军事战略，日军在注意陆军后勤装备现代化的同时，重点发展海、空军的运输、补给与救护装备，提高远洋伴随保障能力。(李秉桂《军事战略调整后的日军后勤质量建设》，《后勤学术》〔外军版〕1996年第2期)

(木　工)

越南边防部队和预备役力量建设问题　1996年5月，越军召开了第6次全军党代会，通过中央军事党委关于1996～2000年国防任务的报告。

*调整、加强边防部队建设。*随着国防、军事战略的不断调整和完善，1995年8月8日，越共中央政治局作出《关于新形势下边防部队建设的决议》，决定将边防部队从内务部划归国防部领导，按照"革命化、正规化、精锐化、逐步现代化"的方向建设一支"质量高、数量适当、体制合理、职能任务明确"的边防部队。并对边防部队的领导指挥体制、职能、任务、权限、组织原则等作了重大调整和明确规定。

边防部队的职能。《决议》明确规定，边防部队是党和国家的一支革命武装力量，是越南人民军的一部分；是保卫国家边界主权和安宁的专职管理骨干；同时也是边境省、县防守区域的一支防御力量。

边防部队的任务：(1)管理和捍卫国家陆地、海上边界的主权和领土完整，维护国家边境安宁，保护边境地区的国家利益和资源，阻止侵犯、变更国家边界线的行动。(2)检查实施越南国家陆海边界法，对边境口岸、通道实施出入境检查，阻止和处理违反边界法的行为。海上边防部队在国家规定的分界线范围内执行边防任务。(3)与邻国边防力量建立协作关系，履行国际条约和双边协定，建立和平、友谊、合作的边境。同损害两国边境关系和侵犯本国主权、领土完整的行为进行斗争，并予以制止。(4)同各种敌对势力、破坏国家边界的反革命分子进行斗争，维护国家边境地区安宁。(5)直接和配合国家各职能部门打击边境走私及其他犯罪分子，捍卫国家和人民利益。(6)密切联系和依靠群众，执行对边境地区人民的宣传和动员任务，积极建立政治根基和强大的全民边防阵势。(7)配合其他武装力量和人民共同抗击侵略者。

边防部队的组织原则。根据实际情况，建立边防部队的组织体系和相关的领导指挥机制及各力量、各部门、各级之间的协调机制，保证边防工作指挥统一、通畅、迅速和有效，同时与其他力量、有关部门和人民群众密切配合，以形成强大的全民边防综合力量。

边防部队的组织体系。边防部队的体制编制划分为3个层次(3级)，即边防部队司令部、省(市)边防指挥部和基层边防单位。边防部队司令部，由国防部部长直接指挥，负责指挥、管理全国的边防部队。省(市)边防指挥部，边境和沿海省(市)边防指挥部指挥长同时任省(市)军事指挥部副指挥长，在省(市)范围内的边防工作和边防部队建设方面对边防司令部负责，同时负有省(市)军事指挥部有关边境保卫和防守作战方面的指挥责任。边防基层单位，主要设有边防屯、边防站、边防海团和海队等，直属省、市边防指挥长指挥和管理。边防部队在布防作战计划、协同作战和遂行作战任务等方面，接受军区司令、省(市)军事指挥长和海军沿海区指挥长的指挥和指导。(越南《全民国防》1996年

第6期）

按新模式加强预备役力量质量建设。预备役力量是越南武装力量的一个组成部分，加强预备役力量质量建设是越南全民国防建设的重要内容之一。越南认为，在当今和平与发展的环境下，尤其是在减少常备军队的情况下，加强预备役力量质量建设，对于维护地方社会安宁、秩序、防止“和平演变”、反暴乱动乱和维护政治稳定，具有十分重要的战略意义。因此，要进一步研究探索在经济革新和实行市场经济条件下预备役力量组织建设的新模式，努力提高其战斗力和综合质量，使其具有应付突发事件和处理各种复杂情况的足够能力。预备役力量建设新模式的指导思想是：依据全民国防观点，发挥政治系统的综合力量，党、政、军共同参与，由共产党领导，政府指挥，军事机关当参谋，以地方为主组织落实。即充分发挥各地方、各部门、各单位和军队的优势和职责，共同提高预备役力量的综合质量。

兵源与管理。越南认为，在常备军只保持适当数量的情况下，为随时应付各种突发情况和必要时的扩编，应建立一支比常备军大数倍的雄厚的预备役力量。动员预备役（一类预备役）要按需要量的1.5倍至2倍储备预备役兵源。动员预备役的主要来源是退伍军人，约占动员预备役总数的2/3，其它补充来源主要是：二类预备役公民、未征召的适龄青年、大学和高等院校学生、中等专业技术学校学生。强调，要注重从大专院校学生中培养预备役军官和军士，特别是培养各类军事专业技术预备役军官和军士。预备役人员培训主要采取常备部队、军队院校与地方（省、县）相结合的方式。拟成立省、县级预备役训练中心，教员从预备役军官和能力较强的预备役士官中选拔。

组织形式与规模。其基本原则是：组织精干，规模适当，便于日常管理，便于指挥调动，保证质量，尤其是军事专业质量。预备役部队的编制规模：省可编1个步兵师、兵种旅，通常只编步兵团、兵种营；县可编步兵团、兵种营，通常只编步兵营、兵种连；平原地区乡可编步兵连；山区和偏远地区乡可编步兵排或班；若干个乡可联合组建兵种连。专业技术分队由国家各部委、各行业和各地方根据具体情况组建，最高可编到营级，通常为连级。

经费与政策制度保障。越南认为，预备役力量建设经费应从国防预算中留出适当比例。其财政预算额与按战时方式维持一支庞大常备军队的财政预算相比，只相当于其很小一部分。政策制度保障是关系到预备役质量建设的一个重要方面，它主要体现在社会公平上。应把预备役军人的军事劳动视为一种特殊劳动，并制定相应的待遇制度，这是对公民权力与义务的合理对待，也是鼓励预备役军人安心履行义务必不可少的一个要素。（越南《全民国防》杂志1996年第9、11期）

加强民兵自卫队质量建设。越南十分重视民兵自卫队力量建设，把这支群众性武装力量列为越南武装力量的一个组成部分，并作为全民国防建设的重要基础。1996年1月6日，越南国会常务委员会通过了第一部《民兵自卫队法》，并于1月22日，由国家主席签署正式颁布，从而使民兵自卫队建设正式走上了法制化建设轨道。越南加强民兵自卫队质量建设主要表现在以下几个方面：（1）依法办事，相互协调。政府机关依据法律赋予的任务和权限，积极配合国防部对民兵自卫队力量实施国家管理，掌握并督促所属基层单位根据地方军事机关的计划建设自卫队，并负责解决自卫队的组织、建设、活动等有关问题。各职能机关和地方军事机关集中力量研究改进对民兵自卫队的领导、指导和建设方式，其中包括组织机构、编制、训练、活动、财政预算和政策等方面内容。（2）设专职人武干部，加强领导。乡军事指挥部通常设1～2名，根据具体情况也可增设。并规定指挥长必须是党员。民兵自卫队战士按照“民议、民选”方式认真挑选，并由各级党委把关确定，保证政治上可靠。（3）减少数量，提高质量。贯彻“少而精”的原则，合理地大量减少民兵自卫队的编制数量，只保持在人口总数的1%水平上（1990年以前，民兵自卫队比例约占城镇农村地区人口的10%，占工厂、企业人员的30%左右）。缩小民兵自卫队的编制规模，每个乡普遍只组建一个机动中队（排）。经常组织活动以提高其综合质量，并应付各种突发情况。（4）突出重点，加强针对性训练。强调集中物力、财力重点建设强有力的民兵自卫队机动骨干力量和必要的兵种分队，特别注重边境地区、沿海地区、海岛、地方经济政治中心等重点地域的民兵自卫队建设。根据“基本、切实、质量”的训练方针和各地区的实际情况以防止和反和平演变、反暴乱颠覆为主要内容，加强政治思想教育，抓好基本训练。组织训练时，做到新老战士有别，平原地区与山岳丛林地区和沿海地区有别，重点抓干部训练、机动分队和兵种分队训练。通过会操、会考检验训练成果。（5）多种途径筹措经费。根据“民议、民选、民养”的方针，实行“以民养武”。同时，广辟其它经费来源，如通过民兵自卫队的生产劳动和有偿服务活动进行创收，基层单位提取互助预算等。（越南《全民国防》杂志1996年第3、9期）

（李　波）

印军作战中后勤保障的主要特点　有作者撰文指

出，建立一支精干、机动、灵活、高效的现代化后勤保障体系，形成“立体化”的综合保障能力，是印军后勤保障工作的目标，其作战中的后勤保障有以下几个特点：

*重视储备合理，努力快速补给。*印军认为，物资的筹措、保管、运输和发放是后勤保障的基础，而合理的物资储备量和储备点则是关乎全局的问题。为此，印军根据战场特点和未来作战需要，建立了比较科学合理的物资储备基地。即：以纵深地区物资供应基地为依托，以前沿支撑点、部队集结地域和防御阵地为物资补给点，以二线为物资集散中心，按照靠前配置、突出重点的原则确立作战物资的储备量。尤其是在山地条件下，因当地可供利用的资源缺乏，地面补给困难，要求后勤部门在重大作战行动开始前，要在战区适当地点储存足够的物资，为部队提供多种类型的运输工具，以及服装和食品，以满足部队生存和作战的需要。印军还强调，在作战中要充分利用合理的物资储备，发挥陆空联合立体保障的优势，对部队进行快速、主动补给。现代化的通信手段和后勤情报网络要为实施快速、主动的补给创造有利条件。

*依赖军事空运，重视运输直升机的保障作用。*印军认为，未来战场多位于边远地区，纵深通往战区的公路有限，地面机动保障能力脆弱，尤其是在山区，仅靠地面运输难以适应部队快速机动和快速补给的要求，而军事空运则是保障部队快速机动和完成后勤补给的重要支柱。为此，印军加强了野战机场、直升机停机坪和空投场的建设，不断完善军事空运的地面配套设施，合理调配力量，努力提高空运能力。并在陆军各军区司令部建立了陆空联合运输机构和专门的空运勤务部队，陆空协同统一对边远地区部队实施“空中补给”。目前，仅中印边境东部地区的一支空运勤务部队，每年就可为前沿部队空运物资 5.4 万吨。在作战中，印军还特别重视使用直升机对在山地等特殊条件下作战的部队和在敌纵深作战的机动部队实施及时保障。印军在师以上部队专门配备了运输直升机，并在平时就有选择地使用直升机对驻边境地区的部队实施空运保障，以便为战时广泛使用直升机实施作战保障打好基础。

*发挥综合效能，搞好地面运输保障。*地面运输是印军军以下野战运输保障的主要形式，它包括铁路运输、公路运输、畜力运输和人力运输。其中，公路运输是陆军野战运输的主要手段。山地部队装备有较多适应山地作战的机动运输车辆，山地师还配有挑夫分队和1000 多匹骡马，为在高海拔地区作战的部队提供运输保障。印军在山地等特殊条件下通常是多种运输手段并用，以提高运输综合保障能力。

*技术保障比较全面、系统。*山地师编有机电工程营和军械分队，负责武器装备的维修保障。通常在司令部驻地附近设有固定修理厂，可对坦克、枪炮、车辆、雷达及其他武器装备进行大修。作战中，师还要向各旅派出机动修理分队（连），实施伴随保障，进行现场抢修、抢救。抢修一般以中、小修为主，并以换件修理或拆件拼修的方式对报废装备进行再组合，以使部队现有装备保持较高的完好率，保证战斗力不因武器装备的损坏而受到大的影响。此外，各军区还根据需要建立前进基地修理所，陆军军司令部有直属基地修配厂，负责对前沿抢救的装备进行大修。从而形成由小到大，由低到高，比较全面、系统的综合技术保障体制。

*注重通过保障提高生存能力，保持有生力量。*印军特别强调提高士兵的战场生存能力，以保持部队的战斗力。其主要做法是从装备上加强士兵的防护能力，提高战场救护和后送伤员的能力。野战流动医院开设有前方包扎所，负责对伤员进行现地救护，重伤员随后由直升机后送。目前，印陆军每个师编有 2 个医务连，独立旅编有 1 个医务连。战时，还可得到适当加强。此外，还可根据需要组成前方治疗中心、前方包扎所、医务分遣队和战地救护所等。通过采取这些措施可对所属部分队全部或大部分伤病员进行及时抢救和后送处理。（巨忠寿、李华伦《印军作战中后勤保障的主要特点》，《外国军事学术》1996 年第 8 期）

（木　工）

军事历史研究

中国近代军事史研究　关于第一次鸦片战争　针对一些书中将第一次鸦片战争中广州战役的失败，归咎于奕山只“醉心于采购洋货，对如何抗敌并无认真部署”。有的论者提出不同看法。指出奕山到广州后对抗敌是作了认真准备的。广州战败，作为中国方面的最高指挥官，奕山负有不可推卸的重大责任；但战争的胜负是由许多复杂因素决定的。我们可以指责奕山无谋、冒险出击，却不能对众多确凿的一手史料视而不见，想当然地认为他对如何抗敌没有认真部署。（李迪《奕山防御广州措施考》，中国《社会科学辑刊》1995 年第 6 期）

关于第二次鸦片战争　第二次鸦片战争中，两广总督叶铭琛战败被俘，在中国近代史上留下了屈辱的一页。史学界多以此归罪于叶铭琛的无能与妥协投降。有作者撰文提出，叶铭琛的悲剧固然有其自身原因，而更重要的根源在于清廷内部的举措失误。作者认为，叶铭琛在对外国侵略者的态度上是强硬的，行动是抵抗的。而且被俘以后仍然保持民族气节，并未向侵略者低头乞怜。无论在形式上还是在实际上，叶都不能算是投降派。（李贵录《第二次鸦片战争与叶铭琛的悲剧》，《韶关大学学报》社科版 1996 年第 1 期）有的作者撰文指出，在第二次鸦片战争发生于京津门户的 3 次大沽之战中，清政府经历了败—胜—败的曲折，对整个战局有着巨大影响。清军最后之所以失败，首先是清政府没有认真抵抗的决心。先是抱着第 2 次大沽之战胜利后的虚骄和侥幸，稍一挫折便动摇；其次是敌人厚集了兵力，吸取了第 2 次大沽之战中吃亏的教训，而清方在第 2 次大沽之战后的防御方法上没有多大变化，北塘的撤防更给联军留了空隙；再次是在指挥上，清军只注重消极防御，缺乏积极动作，没有分兵去攻击敌人侧后，因此显得很被动；此外，清政府始终把镇压太平天国农民起义放在首位，而把英法等国的侵略放在应付的地位，这是导致它在第二次鸦片战争中失败的根本原因。（李桑《第二次鸦片战争中 3 次大沽之战述评》，《军事历史研究》1996 年第 1 期）

关于收复新疆　有的作者著文，对左宗棠收复新疆时期的治军思想及其实践进行了研究。首先，把兵精饷足看作是收复新疆的关键；第二，把气壮器良视为克敌制胜的法宝；第三，把选将作为战胜敌人的重要条件；第四，把严明军纪提到战略高度。（朱连军《左宗棠收复新疆时期的治军思想及其实践》，《军事历史》1996 年第 6 期）

关于中日甲午战争　有的作者从制海权的角度对甲午海战的结局进行了分析，指出战争的胜负不仅决定于作战双方的军事、政治、经济、自然诸条件，而且还决定于作战双方主观指导能力。战争爆发前，日本海军即制定了以夺取制海权为目标的战略方针，对其获得战争的胜利起了重大作用。相反，中国海军却采取消极防御方针，自动把制海权让与敌人，以致在丰岛海战后错过了许多作战的好机会；黄海海战后又慌乱无计，坐视日军从花园口登陆以陷旅顺，后来被迫采取以威海基地为依托的海口防御方针，但在陆上后路全无保障的情况下，也只能走向失败。（戚其章《从制海权看甲午海战的结局》，《东岳论丛》1996 年第 9 期）

近代海防问题研究　有的作者著文对中国近代海防思想的发展历程及其特点进行了评述。指出，中国海防思想最早产生于明代抗倭战争中。从 19 世纪 60 年代至甲午战争，是晚清海防思想全面发展的时期，中国近代海防思想在此期间基本形成。甲午战争后到辛亥革命清朝统治结束，中国海防思想主要围绕着要不要迅即重建海军和如何重建海军的问题展开。北洋军阀统治时期，中国海防海军建设基本处于停滞状态，海防思想的发展也受到严重障碍。1927 年南京国民政府成立后，曾一度采取措施加强中国海军建设。争取制海权的思想，在 30 年代初期南京国民政府制定的海军作战方针中曾得到体现，但是很快就被放弃了。抗战前夕，国民政府认为中日之间海军实力对比悬殊，难以与日本海军在海上争战，确定中国海军作战指导思想是阻止日本海军进入中国内河和实施登陆，仍然是消极防御战略。中国近代海防思想发展的基本特点是，海防思想的发展具有很大的被动性，海防战略的保守性和海防理论著述的零散性。（史滇生《中国近代海防思想论纲》，《军事历史研究》1996 年第 2 期）有的作者对魏源的海防论和朴素的海权思想作了论述。指出，继林则徐之后，论海防者以魏源为巨擘。其海防论主要是，以守为战，走精兵之路；内守与外攻相统一。其海权思想主要包括创设一支强大的近代海军、大力发展工业和航运业，以推动国内外贸易的发展；扶植南洋华人垦殖事业，经营之以为藩镇。这是一种朴素的海权观，但在当时具有超前的先进性，应充分肯定。（戚其章《魏源的海防论和朴素的海权思想》，《求索》1996 年第 2 期）有的作者著文对丁日昌的台湾防务思想与实践进行了探析。首先，丁日昌充分认识到台湾在中国整个海防中的重要战略地位，认清日本亡我之心不死，欲维护国家安全，必须加强台湾防务。其次，主张依托南北洋海军力量或练成闽台水师一军，以对台湾实行有效的海上防卫，依靠大陆的经济力量，建设台湾防务；在台湾岛内极力推进与防务有关的近代化建设；整顿吏治，以团结民心为台湾防务建设的根本。作者指出，丁日昌的台湾防务思想，有鲜明的反侵略的时代特点和强烈的爱国主义的民族特点，为以后中法战争中刘铭传组织台湾军民“抗法保台”斗争奠定了有利根基。其中一些重要主张，未能很好实施，其根本原因在于当时清政府经济落后。（季云飞《丁日昌台湾防务思想与实践之探析》，中国《台湾研究》1996 年第 1 期）有的作者撰文探讨了刘铭传在台湾防务上的主张和实践。指出，刘铭传出任台湾首任巡抚后，在巩固台湾防务、重建台湾防务体系方面显示了突出的才能。其台防思想主要有：留台、保台；以大陆为后盾，台闽联防；陆守为主，重点设防。其台防措施主要有：练兵整军；划分防区；兴办军事工业；添修军事设施等。（李友林《刘铭传与台湾防务》，中国《台湾研究》1996 年第 1 期）

近代军制与军队建设其他问题研究 有作者著文指出：19 世纪 60 年代中期后，随着太平天国大规模农民起义被镇压下去，清政府即采取了双管齐下的措施，一是变湘淮勇为“防军”。这实质是承认了在镇压农民起义过程中涌现出的勇营制度，并将它以法律的形式固定和推广，以此改变清朝的部队成分；二是抽练绿营以设立“练军”，辅之以近代式装备和部分西式操练，促进军事近代化，提高清朝军队的战斗力。防军和练军制度是清朝推行军制改革的结果，是勇营兵制法律化、制度化的表现。（黄细嘉《绿营、勇营的互渗——防军和练军兵制》，《历史教学》1996 年第 3 期）有的作者撰文指出，甲午战后，张謇为挽救民族危亡，大胆提出了一系列军事改革的主张。这些主张在近代中国军事思想发展史上占有一席之地。其改革近代中国军事的主张，主要集中在 3 个方面：其一，陆军改革。主张急练得力陆军 3 万人，募洋将管带操练；员弁遣出外洋学习；各直省各设陆军学堂。其二，海军改革。提出“将士之人才，舰炮之制造、筹备之经费”3 大改革主张。其三，以枪炮生产为主要内容的后勤改革。提出各省宜分设枪炮厂、各厂划一枪炮规格、不同规格的武器分发不同种类部队使用等。（季云飞《张謇与近代中国军事改革》，《军事历史研究》1996 年第 1 期）

（江 英）

民国时期军事史研究

黄埔军校史研究 有的作者著文对国共合作时期的黄埔军校进行了探讨，指出，黄埔军校的创立是孙中山总结辛亥革命以来历次失败的经验教训，寻求革命新道路的结果。黄埔军校在大革命时期经历了初创阶段、健全与发展的鼎盛阶段。其教育的方针是军事和政治并重，理论和实践相联系。军校培养的各类人才，大多数分配到各部队担任中下级军官、党代表等，在平定商团、陈炯明以及杨希闵、刘震寰反革命叛乱和北伐战争中建立了不可磨灭的功勋。（曾宪恒《国共合作中的黄埔军校》，《吉林师范学院学报》1996 年第 1 期）

中共在大革命时期对掌握武装问题的探索 有作者著文指出，大革命时期，中共对掌握军队问题并不重视。然而在第一次国共合作时协助国民党开展军事工作的部分共产党员中，主张中共独立掌握武装的却不乏其人，他们对此作出艰苦的努力和探索。部分党员对建立党自己的武装的探索，经历了“借灶做饭”和“向独立化发展”两个阶段。先派人进入黄埔军校学习，培养自己的军事干部，随后建立以共产党员为领导骨干的军队，着手创建党直接掌握的武装。同时，还进行了对旧军队的争取和改造工作。（陈立旭《大革命时期我党对掌握武装的探索》，《党史文苑》1996 年第 1 期）

评共产国际和苏联对北伐战争的援助 有的作者撰文指出，共产国际、苏联对北伐战争的支持和援助，主要表现在 3 个方面：首先，从政治上、道义上，高度肯定和热情赞扬中国人民的革命斗争，公开揭露和谴责帝国主义干涉和破坏中国革命的行径，积极呼吁各国人民援助中国的北伐战争；其次，在财力、物力上，提供大量的经费和军火；第三，在人力上，苏联不仅指示在华苏联大使馆和领事馆等机构人员积极参与支持北伐的工作，而且还向国民政府及北伐军派遣大批的政治、军事、财政等方面的顾问和技术工作人员，直接参加北伐战争。（谈方《共产国际和苏联对北伐战争的援助》，《军事历史》1996 年第 6 期）

关于中国抗日战争的总体评价及相关问题 各类关于中国抗日战争的专著、论文均认为，中国战场是东方反法西斯战争的主战场，中国抗日战争为世界反法西斯战争胜利作出了不可磨灭的贡献；中国共产党及其领导的抗日军民是全民族抗战的中流砥柱；中华民族的团结和统一，是中国抗日战争胜利的基本保证。（军事科学院《中华民族的伟大壮举》，《解放军报》1995 年 8 月 30 日）有的作者著文指出，抗日战争的胜利是中华民族由衰败走向振兴的重大转折点。第一，它是中国近代反侵略战争和民族解放战争的转折点；第二，它是中国民主革命的转折点；第三，它是中华民族由涣散、分裂到团结、统一的转折点；第四，它是中国由封闭到走向世界的转折点。（郭德宏《抗日战争的胜利是中华民族由衰败走向振兴的重大转折点》，《中共党史研究》1995 年第 4 期）有的作者论述了抗日战争在中国革命中的地位和作用：这次战争是近代中国人民第 1 次取得完全胜利的反侵略战争；这次战争为中国民主革命的最后胜利奠定了基础；抗日民族统一战线的宝贵经验，对中国革命和建设事业有深远的影响。（李世钦《抗日战争在中国革命中的地位和作用》，《贵州师范大学学报》社科版 1996 年第 1 期）

关于两个战场问题的研究　有的作者著文指出，抗日战争所形成的正面与敌后两个战场，是中国共产党倡导和促成的抗日民族统一战线在军事上的成功体现，是中国抗日战争的一大突出特点。国共两党不同的战略指导，导致了两个战场主次地位的变化。中国共产党领导的敌后战场，实行全面全民族的抗战路线，实行正确的战略方针和作战指导原则，确定了正确的战略部署并逐步实施战略展开，及时采取对策战胜极端困难，抓住有利时机率先发起反攻，这些都是使敌后战场成为抗日战争的主战场，成为夺取抗战胜利的决定性战场的重要原因。作者指出，中国抗日战争的两个战场对抗战进程、结局和战后中国前途、命运都产生了深刻的影响。国民党蒋介石集团，在抗战胜利后由其挑起的内战中遭到惨败的种子，早在抗战中就已埋下了。（傅吉庆《论中国抗日战争的两个战场》，《中共党史研究》1995 年第 4 期）

淞沪会战研究　有作者著文对淞沪会战中国民党地方系部队对日作战问题进行了探讨。指出，揭开全面抗战序幕的淞沪会战，是一场以国民党蒋介石嫡系部队为主力，地方系部队协同作战，抗击日本侵略军的壮烈之战。各路地方部队在作战中表现出下述特点：有一批作风顽强、治军有方的地方系高级将领亲临指挥；参战热情高，士气旺盛；放弃了各自为战，害怕被侵吞的陋习与戒心；先后为国捐躯者，不仅有一般士卒和中下层官兵，而且有不少高级将领。国民党地方系部队的参战作用主要表现在：密切配合主力，于侧背牵制日军，迫敌陷于苦战，敢与强敌拼杀，打击了日本侵略者的气焰；广大官兵的抗战决心和行动，推动了国民党当局对日抵抗行动。作者分析了国民党地方系军队绝大多数一改内战反共政策，实行抗战的原因，认为，这是国内政治形势和阶级关系发生新变化的结果。其一，抗日救亡运动在全国已成为不可抗拒的潮流；其二，中国共产党统一战线工作的促进和推动；其三，蒋介石“一石二鸟”政策的逼迫。（庄民生《论淞沪会战中国民党地方系部队的对日参战》，《军事历史研究》1996 年第 1 期）

中国海、空军抗战研究　有的作者撰文对中国海上作战力量在抗日战争的作战及其经验教训进行评析。指出，虽然中国海上力量不足日本海军的 4%，但在抗战中所发挥的作用却是不可忽视的。第一，阻止了日本海军溯江西犯的计划，迟滞了日军的进攻速度，对粉碎日军“速战速决”的战略企图，被迫由战略进攻转向战略防守起到了积极作用。第二，消耗了日本海军的部分力量，给侵华日军以重大杀伤，打击了侵华日军的嚣张气焰。第三，保护沿江军事、经济等方面有生力量的顺利西移，为继续抗战保存了必要的实力。文中指出，中国海上作战力量之所以起到上述作用，是因为采取了某些正确的战略措施以及较为成功的战术，这与中国共产党的影响有着密切的联系。作者指出，中国海上力量在抗战中损失严重的教训在于：第一，这是中国近代以来海洋观念淡薄，以及新旧军阀长期坚持内战政策造成海防空虚的必然结果；第二，消极的单纯防御思想必然导致中国海上力量在抗战初期就损失殆尽；第三，中国造船工业落后，海军船只损失后长期得不到必要的补充。（王云《论中国海上作战力量在抗日战争中的作用及其经验教训》，《中国军事科学》1995 年第 3 期；苏小东《中国海军抗战述评》，《军事历史研究》1996 年第 2 期）有的作者对抗日战争时期中国空中作战力量建设与使用进行了考察，指出，在这场战争中，中国空中作战力量有过出色的表现，但在制止日本帝国主义向中国腹地迅速推进、促进地面战场形势的转化、影响各次战役乃至整个战争的进程等方面，并没有起到显著的作用。中国空中作战力量从旗开得胜到丧失制空权、几近全军覆没的事实说明，弱小的空中力量在与强敌的对抗中必处于十分被动的地位，更难以有效地支援和配合地面和海上作战，因而必须把空军建设摆上国防建设的重要位置；没有自己强大的航空工业，战时就要受制于人，加强空军建设必须高起点地发展自己的航空工业；充分进行战争准备对于以劣胜优具有决定性意义（常惠民、黄裕冲《抗日战争时期中国空中作战力量建设与使用的主要启示》，《中国军事科学》1995 年第 3 期）

关于世界各国对中国抗战的援助　有的作者著文对世界各国政府对抗日战争的援助进行了论析。指出，各国政府对华援助具有阶段性、有限性、复杂性和非直接性等特点。各国政府对华援助的主要原因有：中国实行持久抗战，是各国援华的根本原因；各国政府各自利益的需要，是抗战援华的主要原因；“先欧后亚”大战略方针，是制约各国对华援助的重要原因；奉行国际主义原则，是苏联援华的原因之一。各国政府援华抗战的主要作用是，起到了维持中国抗战经济以及外援接济，打破日本封锁和禁运的作用；在政治上和道义上声援中国抗战，伸张正义，鼓舞和振奋中国抗战的士气；改善了中国抗战中武器落后和匮乏的状况，提高了国民党的作战能力，扭转了正面战场出现的危局；各国派遣来华的陆海空军武装人员和其他人员，补充了中国正面战场各类专业技术和参谋人员的不足，并通过这些“媒介”向世界介绍了中国抗战。（田玄《论世界各国政府对抗日战争的援助》，《军事历史研究》1996 年第 2 期）

关于国民党军的研究 有作者著文对解放战争初期国民党的军事实力，提出了与一般看法不同的观点，认为，国民党当时确实是有较为强大的人力物力、有美国的支持、有日军遗留的装备，但这只是战争的潜力而不是直接的实力，国民党的军事实力远不如人们想像的那么强大。1946年夏季内战全面爆发时，国民党方面没有将其大部分战争潜力转化为实际的作战实力，在军事上的某些方面实际处于劣势，国共双方战争实力的天平一开始就倾向共产党方面，战争的结局在开战时就已经定论。（程维达《解放战争国民党军事实力新探》，《军事历史研究》1996年第1期）有的作者对淮海战役中国民党失败的军事原因进行了剖析，认为，从军事上研究淮海战役，须从军队数量、军队部署、决策、首战目标、指挥举措、主动权、士气、情报、后勤及民心等10项指标入手，分析国共双方综合军事力量对比，才能得出令人信服的结论。国民党在徐蚌地区投入80余万部队，对于总数仅60余万的中原、华东解放军占有明显优势。但是国民党军决策迟缓而又举棋不定；首战目标始终不明确；指挥班子组建不及时，指挥失误失策频繁，部队始终处于被动挨打境地；军心涣散，上下充满厌战情绪；情报失灵，造成指挥判断失误；后勤支援不力，缺口巨大；民心厌恶国民党，这些方面国民党均处于劣势，从而决定了国民党军的必然失败。（夏德辉《淮海战役国民党失败的军事原因剖析》，《军事历史研究》1996年第1期）

（江 英）

中国人民解放军军战史研究

土地革命战争时期军战史研究

百色起义研究 有的作者撰文指出，20年代末，在邓小平等领导下举行的百色起义，是中国共产党武装斗争史上一次重要起义。今广西田东县作为当年革命斗争中所创建的右江革命根据地的中心，在百色起义前后有着极其重要的作用：此地是右江地区的经济重心和交通枢纽；当地中共党组织建立，较右江其他地区早；群众基础好，工农运动蓬勃兴起；此地为右江革命根据地中心政府所在地，是红7军的根据地。（方锦《右江革命根据地的中心——田东》，《军事历史》1996年第4期）

赣南会议辨析 针对史学界评价1931年11月赣南会议时，或认为这次会议把毛泽东的正确主张指责为“极端严重的一贯右倾机会主义”，“撤销了毛泽东的苏区中央局代理书记的职务”；或说在这次会议上，毛泽东向大会作政治报告，并据此通过了5项决议案等看法，有作者著文进行辨析称，上述两种看法或过重、或偏轻，都未能如实地反映赣南会议的实际情况。实际情况是，这次会议批判了中央苏区以毛泽东为代表的正确路线，但还没有达到批判为“极为严重的一贯右倾机会主义”的程度；会议决定成立中革军委，实际上排挤了毛泽东在中央苏区红军中的领导地位，但还没有达到“撤销了毛泽东的苏区中央局代理书记的职务”的程度。（黄允升《赣南会议辨析》，《中共党史研究》1996年第6期）

新发现毛泽东著《游击战争》探析 有的作者指出，1934年10月，中央红军进行长征时，中革军委发出了一份长达3万余字的文件，题为《关于游击队动作的指示》。关于这份文件，人们始终不知道出自何人之手，多年来一直被湮没无闻。经考证，证实文件所载的是毛泽东在1934年撰写的《游击战争》的内容。这是毛泽东生平及思想史上的一个新发现，对重新评价毛泽东在被“左”倾错误路线领导人排挤出苏区党和红军领导岗位之后为革命战争所作的理论贡献，以及研究毛泽东军事思想的产生和发展，有极为重要的意义。以前，毛泽东对红军开展游击战争提出过“十六字诀”的作战原则等许多具体的主张和意见。但专门著书总结游击战争经验还不曾有过。《游击战争》这部著作的主要特点是：一、系统性和全面性。内容几乎覆盖了中央苏区游击队的全部工作，通过游击队的任务和行动，阐发游击战争中的敌我、强弱、攻防、利弊、得失等基本关系；二、从理论和实践结合的高度回答问题，把游击队所能遇到的情况和问题概括为49项，依次论述，既指出行动的一般原则“是什么”，又讲解实施时具体应当“怎么做”；三、文章的风格，观点鲜明，论断准确，语言简明扼要，犹如一部军事条令。论者认为，这部著作，不仅是毛泽东本人，而且是红军战争史上第1本全面、系统总结游击战争指导经验的专著。关于这部著作在当时的意义，论者认为，主要有：本书立足战略转移，着眼战略转变，对红军战略转移具有指导作用；为确立红军正确军事路线作出了贡献；为抗日游击战争理论奠定了基础。（曾庆洋《从战略转移到战略转变的理论先导》，《军事历史》1996年第5期）

北上抗日先遣队评析 对红军北上抗日先遣队的失败，以往许多观点认为敌众我寡的客观原因是主要原因，有作者著文指出，主观原因在一定程度上是导致失败的决定因素。从战略指导思想上看，派先遣队是战略防御中保守主义的一个决定，基调是消极的；从行军和作战指挥上看，基本上没有摆脱“左”倾领导者的控制，干部配备存在着严重的宗派主义，军事指挥上存在着脱离实际和绝对集中主义的瞎指挥；从领导班子看，未能形成团结战斗的坚强集体，在指挥突围中犯了消

极避战、优柔寡断的错误。(曾长秋《试论红军北上抗日先遣队失败的主观原因》,《党史文苑》1996 年第 1 期)

扎西会议研究 在纪念红军长征胜利 60 周年之际,在云南威信召开的"扎西会议学术研讨会",对中央政治局 1935 年 2 月上旬召开的扎西会议有关问题进行了研讨。与会者认为,扎西会议主要有以下内容:完成了"常委分工",由洛甫接替博古在党中央负总责;重新开始实施对中央苏区和湘鄂川黔革命根据地的领导,并对全国革命有关问题作了部署;确定了中央红军新的战略行动方针,暂时放弃遵义会议上决定的北渡长江的计划,以川滇黔边境为发展地区,以战斗的胜利来开展局面,并争取由黔西向东的有利发展;讨论通过了《遵义会议决议》,发布了《决议大纲》;研究部署了中央红军的精简缩编,从根本上解决了过去那种"惊慌失措的逃跑以及搬家式的行动";作出回师黔北,重占遵义的重大决策;作出成立中共川南特委和组建中国工农红军川南游击纵队的决定。关于扎西会议的意义,研讨者认为,第一,会议决定由张闻天代替博古在党中央负总责,实际上确立了毛泽东在党内和军内的领导地位,开始形成党的第 1 代领导集体;第二,扎西会议是红军长征以来在以遵义会议为标志的伟大历史转折过程中首次研究部署全国革命的重要会议;第三,完成了以遵义会议为标志的中国革命伟大历史转折的一系列决策和部署,中国革命从此进入一个从胜利走向胜利的新历史时期。(侯兴福、郑汕《扎西会议学术研讨会综述》,《军事历史》1996 年第 6 期)

鲁班场战斗得失评 红军四渡赤水战役中的鲁班场战斗,是长征中的一次重要战斗,也是一个特殊的战例。这一战,红军共牺牲 480 余人,国民党军的伤亡比红军略少一些。多年来,对于这次战斗的得失,一直有不同看法。有作者著文指出,鲁班场战斗无论战略上还是在战术上,都有一定的研究价值,不能一般性地加以理解和认识。第一,这次战斗是在特殊条件下进行的,不是可打可不打,而是非打不可;第二,攻打鲁班场的最终目的在于走,而不是打,主力撤离战斗不是半途而废,而是战略转移的需要;打仗不能简单地以伤亡多少论胜负,如果不打鲁班场,红军就跳不出遵义地区,那时牺牲会更大。(邓飞《忆鲁班场战斗话得失》,《军事历史》1996 年第 3 期)

红军长征过彝区问题探析 有的作者撰文指出:"彝海结盟"是中央红军长征中的大事件之一,是党的民族政策胜利的见证,红军得以顺利通过彝民区赶到安顺场渡口。但是,对于果基约达(即小叶丹),我们既不能因红军得以顺利通过彝族区而夸大其作用甚至将其神化,也不能用超越历史时期的眼光去要求一个处于奴隶社会头人地位的人物。作者指出,红军进入彝区遭彝族头人武装拦截时,曾先尽最大努力宣传,然后才被迫进行还击,这是不得已的自卫行动。很多回忆录、调查报告等资料都避讳红军与彝族头人武装发生的战斗,主要是担心这会影响党的民族政策,其实这是不必要的。关于"中国夷民红军鸡沽支队",作者认为,就当时红军匆匆北上和彝族自身奴隶制特点而论,这仅是一个封号而已。保存红军赠送的旗帜,显系传统歃血习俗留下的信物,并显示其对刘伯承司令员的尊重。实际上,这支"游击队"很快就名存实亡。作者分析了促成"彝海结盟"的原因,认为:首先是由于红军认真贯彻党的民族政策;其二是红军不但纪律严明、秋毫无犯,而且有无坚不摧的震慑力量;其三是约达听了红军的宣传,看到红军的所行所为后主动与红军联系。作者援引老红军陈靖的文章指出:"如果说彝民生来就和红军有骨肉之情,红军一到,作为奴隶社会的头人小叶丹就晓明大义,那是不符合历史事实的天方夜谭。"(中共冕宁县委党史研究室《红军长征过彝区探讨》,《军事历史》1996 年第 1 期)

关于反对张国焘分裂主义的斗争 有的作者撰文就此进行了论析,指出:团结统一是红军长征胜利的保证。中共中央和红军在长征中同张国焘分裂主义作斗争的历史,有着深刻的启示作用;首先,作为一个政党、一个领导者,在指导革命和革命战争时,必须着眼于全局及其发展。张国焘制定战略方针,只是囿于眼前一时的情况;中共中央则从全局上、从发展上把握形势,进行战略指导。结果是张国焘制定错误的南下方针,不可避免地失败了,中共中央制定正确的北上方针,取得了伟大的胜利。其次,必须反对分裂,坚持团结。如果一、四方面军会合后,能够按照中共中央的正确方针,团结一致,迅速北上,必能保存更多的革命力量,大大推动革命形势的发展。第三,必须坚持中国共产党对军队的绝对领导,坚决维护党的组织纪律。张国焘置军权于党权之上,把党的军队看作自己的私产,当作向党要官的资本,这是他军阀主义的突出表现,也是他犯错误的重要原因。(刘国语《团结统一是红军长征胜利的保证——论中共中央同张国焘分裂主义的斗争》,《中国军事科学》1996 年第 3 期)

红军长征会师研究 有的作者对红军长征会师陕北总人数的考证问题作了记述。指出,毛泽东在七千人大会上讲话和 1971 年南巡讲话以及胡乔木在所著《中国共产党的三十年》一书中均提到,红军经过长征,到陕北会合之后,总共已不到三万人。1981 年 5 月,中共中央讨论《建国以来党的若干历史问题的决议》(草案),一些部队老同志认为这个数字似乎偏低。解放军档案馆根据上级指示进行了查证。经过推算,认为红军会师陕北时总人数约为3.3万余人。具体为:中央红军(红一、红三军团)1935年10月到达陕北时总人数为8000余人;红二方面军(加上原红一方面军的红九军团)1936年11月到达陕北时总人数为1.1万余人;红四方面军(红四军、红三十一军)1936年11月到达陕北时总人数为1.1万人;红二十五军1935年8月到达陕北时总人数为3400人。据此,中共中央写进该决议的总人数是"3万人左右"。(刘铁林《红军长征会师陕北的总人数是怎样推算出来的?》,《军事历史》1996年第4期)有的作者就朱德对红军三大主力会师的贡献作了探讨,认为其贡献主要为,把南下红军部队引向重新北上的道路;促成红二、四方面军甘孜会师、共同北上;三大主力会师前夕,反对张国焘的西进主张,坚持北上。(吴殿尧《朱德与红军三大主力会师》,《党的文献》1996年第5期)

红军西路军评析 有的作者认为,红军西路军的形成、奋战与失败,都与抗日战争有着直接或间接的联系与影响。西路军的战略目的主要是为了抗日;西路军对和平解决西安事变、促进抗日民族统一战线的形成作出了贡献;西路军的失败使八路军少编了一个师;西路军余部及被营救出的人员对抗战作出了重大贡献。(董汉河《西路军与抗日》,《固原师专学报》1996年第1期)

关于"长征"提法由来的考辨 有的作者著文对"长征"一词的由来及其演变过程进行了考察。指出,中央红军长征初期不称"长征"而称"长途行军"、"西征";最早提到"长征"的文字材料,是1935年5月红军进入川西时由红军总司令朱德颁布的《中国工农红军布告》;最早出现"二万五千里长征"称谓的文件,是1935年11月13日《中国共产党中央委员会为日本帝国主义并吞华北及蒋介石出卖华北出卖中国宣言》。(肖生《"长征"考辨》,《党史研究资料》1996年第7期)

长征史料新发现 《党的文献》1995年第5期刊登了1937年7月5日出版的《逸经》杂志第33期发表的《红军二万五千里西行记》,作者幽谷。全文1.7万字。该文从1934年中央苏区第5次反"围剿"写起,叙述红军决定实行战略转移的决策过程。以后按照时间顺序,依次叙述红一方面军长征中经历的主要战斗和事件,如突破湘江封锁线、18勇士强渡乌江、四渡赤水、通过凉山彝族区、飞夺沪定桥、红一方面军和红四方面军会师、过草地、攻占腊子口,等等。最后以吴起镇三大主力会师为全文结尾。随文附有一幅毛泽东照片和红一方面军长征路线图。史学界曾认为,美国记者爱德加·斯诺1937年撰写的《红星照耀中国》一书,是最早向全中国和全世界人民公开介绍红军长征的文献。有作者著文指出:《红军二万五千里西行记》是新近发现的当时第1篇比较详细地介绍红军长征的文章。在此之前,陈云于1936年初在莫斯科发表的《英勇的西征》一文,是用俄文、法文发表的,国内很少有人看到。后来陈云又写了《随军西行录》,假托一个被红军俘虏的国民党医官,以旁观的语气作客观的描写,但由于种种原因,国内也很难看见。斯诺著《红星照耀中国》是1937年在英国出版的,这部书被译成中文,以《西行漫记》的书名在上海出版,是在1938年。(《〈红军二万五千里西行记〉评介》,《党的文献》1995年第5期)另有作者著文指出:《红军二万五千里西行记》的作者是董健吾。他就是1936年为宋庆龄、宋子文送信至陕北党中央后,又护送斯诺去陕北的"王牧师"。董健吾曾由刘伯坚等介绍加入中国共产党。到陕北送信时在瓦窑堡见到了博古、林伯渠等中央领导人。《西行记》写作根据的材料是董健吾到陕北后听到的情况,还有潘汉年1937年初交给他的一批材料,估计这批材料可能是毛泽东组织编辑的《长征记》。(钱听涛《〈红军二万五千里西行记〉的作者是董健吾》,《党的文献》1996年第3期)

南方三年游击战论析 有的作者著文指出,遵义会议是南方三年游击战争战略转变的关键。中央红军长征以后,中共中央分局书记对严峻的形势缺乏清醒的估计,仍然采取大兵团作战的方针,使斗争继续受到严重挫折和损失。遵义会议以后,以毛泽东为代表的新的党中央给坚持斗争的中央分局发出指示电,正确地分析了主力红军长征后中央苏区的形势,强调了坚持游击战争的战略方针,提出了开展游击战争的组织方式、斗争方式和行动部署,为处于严重关头的中央苏区的党和红军适时地实现战略转变,组织留守部队突围和胜利地坚持游击战争指明了方向。1935年4月,项英、陈毅等召开长岭干部会议,根据中央指示精神,制定了"依靠群众,坚持斗争,积蓄力量,创造条件,迎接新的革命高潮"的方针,明确了以油山、北山为主要根据地,长期坚持游击战争的任务,并对战略、战术、组织等问题作了具体的规定,从而完成了南方游击区由正规战到游击战的战略转变。(刘勉玉《遵义会议是南方三年游击战争战略转变的关键》,《中共党史研究》1996年第1期)

关于土地革命战争时期军队建设问题的研究 有的作者撰文指出,土地革命战争时期,是人民军队主要的军事制度形成和确立的重要时期。首先,确立了以中央军事委员会为组织形式的共产党领导军队的军事领导体制,这是中国军队从古以来领导体制的一大变革,它铲除了军队私有和军阀产生的基础。其次,确立了红军的编制体制。这一时期颁布的《中华苏维埃共和国军制草案》、《中国工农红军编制草案》、《中国工农红军政治工作暂行条例草案》、《中国工农红军纪律条例草案》等,对红军编制、体制及建设作了明确系统的规定。第三,确立了适合工农武装割据的武装力量体制。这一时期主力红军、地方红军和赤卫军、少年先锋队相结合的人民武装力量体制,是中国共产党的一大创造。它为发展和壮大红军找到了一条正确的途径,也极大地推进了中国革命的进程。(李明贤、袁峰《土地革命战争时期我军军事制度的几个问题》,《军事历史研究》1996 年第 1 期)

(江　英)

抗日战争时期军战史研究　1995 年 8 月,是中国抗日战争暨世界反法西斯战争胜利 50 周年,全国、全军出版、发表了大量的学术论著,举行了大量的纪念活动和学术活动。

关于八路军研究　有的作者撰文对抗战初期八路军 3 次分兵的军事行动进行了探讨。指出,抗日战争初期,中共中央军委审时度势,先后命令东渡黄河的八路军 3 次分兵,改变了八路军兵力过于集中的状况,使八路军深入敌后,发动群众、组织群众、建立抗日根据地,广泛持久地开展抗日游击战争。第 1 次分兵,使八路军主力分散部署到有利的战略区域,为尔后的战略展开奠定了基础;第 2 次分兵,旨在着手创建抗日根据地;第 3 次分兵,目的在于使八路军走出山区,向冀鲁平原拓展,进一步发展抗日游击战争,扩大与巩固抗日根据地。从而为八路军在华北敌后开展抗日游击战争,坚持持久抗战奠定了坚实的基础。(刘家国《论抗战初期八路军 3 次分兵》,《军事历史研究》1996 年第 1 期)

关于东北抗日联军研究　有的作者撰文对东北抗日联军的战略反攻进行了探讨。指出,在战略反攻中,东北抗日联军遵照中共中央、毛泽东的指示,有力地配合了苏军作战:直接参加苏军对日防御体系的战役、战斗侦察;潜伏下来的抗联小分队,配合苏军作战,消灭日伪残敌;派遣小分队到苏军各路军中当向导;抢占东北 57 个战略要点,开展建党、建军和建政工作。(谢文《东北抗日联军的战略反攻》,《军事历史》1996 年第 6 期)

关于抗日战争中人民军队建设研究　有的作者撰文对抗日战争中人民军队发展壮大的历史经验进行了评析,指出:坚持抗战,坚持抗日民族统一战线,坚持党在统一战线中独立自主的路线、方针、策略,是人民军队发展壮大的重要条件;实行人民战争,建立主力军、地方军和民兵游击队三结合的武装力量体制,是人民军队发展壮大的基本途径;持久作战,实行"基本的是游击战,但不放松有利条件下的运动战"的战略方针,是人民军队发展壮大的战略指导;坚持党对军队的绝对领导,坚持以马列主义、毛泽东思想为指导,是人民军队发展壮大的政治保证。(成秉文《坚持全民族抗战,发展壮大人民武装》,《中国军事科学》1995 年第 3 期)有的作者论述了抗日战争时期人民军队党的建设问题。一、适应中国革命由阶级战争转入民族战争的历史需要,密切联系党的全面抗战政治路线加强军队党的建设;二、适应抗日战争特殊的政治环境,紧紧把握坚持党对人民军队绝对领导这一根本原则加强军队党的建设;三、适应抗日战争时期军队思想战线面临的新考验,把思想教育作为中心环节加强军队党的建设;四、适应抗战事业迅速发展对建军骨干的大量需求,紧紧抓住干部这一决定因素加强军队党的建设。(徐学旺等《论抗日战争时期人民军队党的建设》,《南京政治学院学报》1996 年第 2 期)有的作者就抗战时期人民军队的党建和整训工作进行了考察,指出,抗战初期,针对党及军队内出现的一些人忽视党对军队绝对领导的倾向,各部队在敌后斗争的艰苦环境中,根据各自的实际情况,利用战斗间隙,采取多种形式,开展了党建和整训工作,其主要方法有:相对集中部队开展党建和整训工作;开办学校和各种训练班,对党员干部进行培训;组织参观团巡视团,指导工作、交流经验。从而加深了广大指战员对抗战的认识,提高了为民族解放而战的自觉性;巩固和加强了党对军队的绝对领导;增强了官兵一致和全军大团结;密切了与人民群众的血肉联系。(张晓彤《论抗战时期人民军队的党建和整训工作》,《中共党史研究》1995 年第 4 期)有的作者撰文指出,抗日战争中,人民军队的战略后勤思想基本形成了思想体系,成功地闯出了一条以劣胜优的后勤保障路子。其基本内容为:依靠社会,动员一切力量支持战争;发展根据地,建立抗日战争后方基地;发展经济,为保障战争奠定雄厚的物质基础。(张涛、刘振起《论抗日战争我军战略后勤思想》,《军事历史研究》1996 年第 2 期)

刘少奇在皖南事变前后的历史贡献　有的作者就此著文,指出,刘少奇的主要贡献为:第一,事变前,坚持贯彻中共中央关于"发展华中"的战略决策,为应付国民党顽固派可能发动的突然袭击,在组织指挥上作了准备。第二,事变中,密切注视事态发展,果断作出应急处置。先是想方设法，力求扭转危局；接着组织接应突围将士，力争减少伤亡；尔后重建新军部，为继续坚持华中敌后抗日，作出了重大贡献。第三，事变后，力主“政治上取全面攻势，军事上取守势”，胜利地击退国民党第2次反共高潮。（曹晋杰《刘少奇在皖南事变前后的历史贡献》，《军事历史》1996年第3期）

（江　英）

解放战争时期军战史研究　**对四平保卫战的评说**　四平保卫战，是解放战争时期东北民主联军在吉林省四平街地区抗击国民党军进攻的一次防御战役，长期以来，人们对它的是非功过一直存在着不同看法。有作者著文对其中一些分歧点作了评析。认为，举行四平保卫战是争取东北的必然，蒋介石拒不执行国共双方达成的《调处东北停战协议》，共产党除非抵抗，别无他途；战役是否应当进行，不能以伤亡多少来论定，也不应仅以作战形式来定夺，而是要从政治战略的需要出发。关于四平保卫战中中央军委与东北前线指挥员就作战方针问题的磋商问题，作者指出，毛泽东就和与战、打与撤的问题，多次征求前线指挥员的意见，堪称战争史上军事民主的典范；作为前线指挥员，能够从战役和战略全局着眼，提出与战役胜利攸关的问题和建议，是对胜利、对部队、对党负责的一致性的集中体现。针对那种“得不偿失”的观点，作者认为，这或是仅着眼于军事角度考虑问题，或是对战役产生的背景与决策过程缺乏全面的了解。四平保卫战对争取和平民主作出了重大贡献，换取了北满根据地的稳定，打消了对马歇尔“调处”的幻想。（毕健忠《对四平保卫的沉思》，《军事历史》1996年第3期）有的作者著文对四平防御战中毛泽东与林彪在作战指导上的关系作了探讨。指出，林彪对东北形势过于乐观的估计在一定程度上促成了毛泽东进行四平决战的决心；在外围战阶段，林彪主张在外围地区打歼灭战，毛泽东同意这一方针，指示不以固守城市为主，作长期打算；在守城战阶段，毛泽东判断东北停战有望，指示“化四平街为马德里”，林彪虽将重点放在四平，但总意图是掌握主力待机破敌；在对峙阶段，林彪认为短期内难于消灭进攻四平之敌，建议开辟第2战场打破四平对峙僵局，毛泽东称赞“这是一个勇敢的计划”，强调应在四平地区作长期打算；战役后期，林彪不待毛泽东批准，下令自四平撤退，并毅然放弃长春；毛泽东同意林彪对四平防御战的总结。作者认为，在四平防御战中，毛泽东与林彪在作战指导上一致之处大于分歧，如果说有分歧，主要是在四平要不要坚守，守到什么程度和如何坚守上。（胡哲峰《关于四平保卫战的一些问题》，《党史研究资料》1996年第9期）

关于宿北战役研究　1946年12月的宿北战役，是华东战场上继苏中七战七捷后又一重要战役，也是陈毅率领的山东野战军和粟裕率领的华中野战军会合后第1次共同指挥的战役。关于陈、粟此次会合的时间、地点以及会合以后的活动，曾有各种不同说法。有作者撰文对此进行了考订，指出：宿北战役前的陈粟会合，是根据中共中央、中央军委指令进行的，会合的时间是1946年12月12日，会合的地点是华中分局、华中军区驻地，宿北前线指挥机构称华东野战军前线指挥所。陈粟会合后，共同制定了宿北战役的作战部署，一起指挥了宿北战役全过程。（温镜湖《陈毅粟裕宿北战前会合考》，《军事历史》1996年第6期）

华北战场研究　有的作者著文对1947年4月至6月，在华北战场上晋察冀军区取得正太、青沧、保北战役3次重大胜利进行了评述。指出，这三战三捷，标志着晋察冀解放军已开始变被动为主动，在华北解放战争中占有重要的历史地位。一、攻占正太路，打通了晋察冀与晋冀鲁豫的联系；二、牵制华北蒋军，强有力地配合了东北解放军的作战；三、削弱蒋军力量，扭转了华北战局；四、锻炼了部队，为解放军转入战略进攻创造了条件。（李昌华《华北我军三战三捷的地位与作用》，《党史研究资料》1996年第2期）

涟水战役探析　有作者著文指出，有的颇具权威性的军战史书籍，把苏北兵团在夏季攻势中于1948年6月20日开始进行的出击陇海路东段和7月中旬从睢宁撤围，以及在其间所进行的各次作战，统称为涟水战役，认为这次战役持续25天，歼敌1万余人，这是与历史事实相悖的。第一，苏北兵团在夏季攻势时尚不具备进行大规模战役的条件，只能打小仗；第二，出击陇海路东段时，还没有提到打涟水；第三，涟水战役，是苏北兵团临机决定的一次作战行动。因此，涟水战役既不是事先有统一计划之大战役，也不是从6月20日开始的；其歼敌仅3000余人，不是1万余人；涟水战役决不应包含在战役之前进行的出击陇海路东段和战役之后进行的众兴作战、进占宿迁及围攻睢宁等作战。（李昌华《涟水战役不应包含出击陇海路东段和众兴作战》，《军事历史》1996年第1期）

经略中原的若干史实辨析　关于挺进大别山刘邓所部的名称问题，有的作者撰文指出，这支部队的正式番号仍旧是晋冀鲁豫野战军。其理由是，晋冀鲁豫野战军及所辖纵队编制并未改变，旅团归属虽有调整，但未重新设立；刘伯承、邓小平南下外线之后，他们在晋冀鲁豫军区及野战军所担任的职务并未解除。1948年4

月 20 日，刘邓鉴于中原局辖区甚大，领导力量嫌薄弱，建议中央军委 组织中原军区。5 月 9 日，中央军委决定“晋冀鲁豫及晋察冀两军区合并为华北军区，以聂荣臻为司令员，薄一波为政委”；“刘伯承为中原军区及中原野战军司令员，邓小平为政委。”至此，晋冀鲁豫野战军不复存在。关于中原局的全称问题，应为中共中原中央局，而不是中共中央中原局。因为现有中原局所发文件署名和印鉴以及中央 1948 年 5 月 9 日电报为证。（郭晓平《经略中原的若干史实辨析》，《军事历史》1996 年第 1 期）有的作者著文指出，在解放战争的南线战场上，刘邓大军曾有两次对整个战局有重大影响的战略行动：第 1 次是挺进大别山，揭开了战略进攻的序幕；第 2 次实施向西战略，主力从大别山撤出进入豫西和豫陕鄂的广大地区，进行宽大机动作战。向西战略，以 1948 年 2 月 12 日邓小平作出该战略区的决策为起点，以 10 月 18 日中原军区发布攻击郑州的命令为终点，历时 8 个月余。中原解放军赢得了洛阳、宛西、宛东、阻敌北上和襄樊等战役的重大胜利，后又获得一次较长时间的休整机会，使西部中原成为解放军的可靠后方，同时为大军奔赴淮海战场作了充分准备。（李新市《刘邓大军向西战略的起点和终点》，《党史研究资料》1996 年第 1 期）

陈云在东北解放战争中的重大贡献 有的作者著文指出，陈云在这一时期的主要贡献有：坚决贯彻执行中共中央关于在东北建立巩固根据地的方针；创造性地开拓北满根据地；力主坚持南满斗争；成功地接管沈阳。（袁占先、刘东元《陈云在东北解放战争中的重大贡献》，《军事历史》1996 年第 1 期）

中华人民共和国时期军战史研究

关于抗美援朝战争研究 关于中国抗美援朝的决策问题，国外研究者有一种观点认为，早在朝鲜战争爆发之前，中国领导人就参与了策划和准备，甚至中国出兵朝鲜也是事先与斯大林和金日成达成协议的。有作者著文指出，中国当时在朝鲜问题上的举措是被动行为，毛泽东同意金日成采取军事手段解决朝鲜统一问题是被迫的，派兵入朝作战更是出于迫不得已。文章评述说，中国无意介入朝鲜冲突；朝鲜战争爆发后，中国采取的是军事防御战略；随着战局的发展，毛泽东曾反复考虑，4 次下决心，方才出兵。中国之所以决策出兵朝鲜，有 3 个方面的深层忧虑：政治方面，要避免新中国在社会主义阵营中处于孤立地位；军事方面，要避免在中国东北境内打一场无法避免的中美之战；此外，还要避免苏联借美国把战火引向中国之机，利用中苏同盟条约派兵进入东北。（沈志华《中国出兵朝鲜的决策过程》，《党史研究资料》1996 年第 1 期）有的作者对 1951 年底至 1952 年初中国人民志愿军进行的一次精简整编进行了考察。指出，这次精简整编有 4 种情况：成建制拨出，调回国内，其建制不一定撤销；撤销编制，缩减机关，精简编余人员和民工，回国处理人员；建制仍归志愿军，但回国就食。这次精简整编，减轻了后勤供应的压力，使部队编制更为合理，充实了连队和其他基层组织。（陈传刚《志愿军的一次精简整编》，《党史研究资料》1996 年第 3 期）

关于台湾海峡军事斗争的研究 有的作者著文对 50 年代毛泽东在台湾问题上的“绞索政策”进行评析，指出：此举总揽全局，制定出炮击金门，“直接对蒋，间接对美”的战略决策；运筹帷幄，“停停打打”，半打半停，表现出奇妙的战略策略艺术；联蒋抵美，维护“一个中国”，提出“一纲四目”的重要原则。以后，邓小平把对台工作的原则进一步系统化、理论化，使之形成独具特色的“一国两制”的构想。（郭希华《上海党史研究》，《河北学刊》1996 年第 2 期）

50 年代人民解放军精简整编的基本经验 有的作者著文对 50 年代人民解放军精简整编的基本经验进行分析，指出：从中华人民共和国成立到 1959 年的 10 年间，人民解放军先后进行了 4 次大规模的精简整编，取得显著成效，为现代化、正规化建设奠定了良好的基础。基本经验有：常备军的规模，一定要服从国家整体利益的需要；减少数量、提高质量，是相对和平时期军队现代化建设的唯一正确道路；改革体制编制，是提高质量的重要途径；搞好精简整编，必须实行科学决策，加强统一领导。（张驭涛、李士甲、陈平《50 年代人民解放军精简整编的基本经验》，《军事历史》1996 年第 1 期）

人民解放军第 1 代战斗条令研究 50 年代末、60 年代初，人民解放军陆续编写和颁发了第 1 代战斗条令。有的作者对此进行了探讨。指出，新中国成立前，由于频繁作战，人民解放军始终没有精力搞出自己的战斗条令。抗美援朝战争结束后，国际国内形势发生了重大变化，军队的主要任务也由对敌作战转为进行部队正规化、现代化建设，具备了集中时间进行军事训练和各项军事建设的有利条件。第 1 代战斗条令形成的历史条件是：建立了一批高等军事院校和科研机构，为作战条令的编写准备了理论队伍；全军各级各部队普遍开展战史和军史的编写工作，并注重从理论上总结本部队的建设和作战经验，为战斗条令的编写进行了必要的资料和理论准备；部队开展正规化军事训练，呼唤着军队战斗条令的早日出台。作者认为，第 1 代战斗条令的主要特点是:以毛泽东军事思想为理论基础,战斗条令是毛泽东军事思想的生动体现;"以我为主",具有特色;重点研究解决现代条件下人民战争的一系列问题;吸收外军经验,作战针对性强;形成了以合成军队条令为龙头,各军兵种有关战斗条令相配套的体系。(周军《人民解放军第一代战斗条令形成初探》,《军事历史》1996 年第 1 期)

关于人民解放军现代化建设研究 有的作者撰文对人民解放军的现代化建设进行分析,指出,新中国成立后,毛泽东及时提出了建设一支现代化人民军队的指导方针,使人民军队的建设进入了新阶段。人民解放军建设的巨大成就主要有:建立诸军兵种合成军队、建立各级军事院校、统一编制体制健全各种制度、加强思想政治工作、改善武器装备加强军事训练等。(官力《毛泽东与人民解放军的现代化建设》,《党史文苑》1995 年第 2 期)

关于人民军队正规化建设历史经验的研究 有的作者撰文对人民解放军的正规化建设与改革进行了回顾与探讨,认为其历史经验主要有:实现由游击性到正规化的转变,是正规化建设的基本任务;建章立制,不断改革完善法规制度,是正规化建设的重要内容;从国情军情出发深化改革,走自己的路,是正规化建设的重要方针;正确处理继承传统与改革创新的关系,使优良传统定型化、制度化,是正规化建设的关键;正确处理客观条件与主观努力的关系,充分发挥主观能动性,是正规化建设不断前进的决定因素。(钱海皓、王法安《对中国人民解放军正规化建设与改革的回顾和思考》,《中国军事科学》1996 年第 3 期)

(江 英)

第二次世界大战史研究

中国关于第二次世界大战史研究 1995~1996 年,中国军事史学界对二战史的研究,在前 10 多年取得重要成果的基础上,又取得了新的进展,其学术上的成就主要表现在:

建立了新的独特的二战史体系 由于中国军事史学界对第二次世界大战的起点提出一种全新的看法,由此形成了关于大战起源与爆发的独特框架体系。与传统的"39 年二战起点说"不同,中国军事史学界认为,第二次世界大战是 1937 年 7 月 7 日和 1939 年 9 月 1 日分别在世界的东方和西方先后爆发的。1931 年 9 月 18 日,日本在中国挑起"九一八"事变,在世界的东方揭开大战序幕后,又于 1937 年 7 月 7 日发动了全面侵华战争,大战由此在世界的东方爆发。1935 年 10 月 3 日,意大利在世界的西方最早挑起入侵阿比西尼亚的战争。以后,又经过德意联合武装干涉西班牙和德国对奥地利、捷克斯洛伐克的不流血的征服,到 1939 年 9 月 1 日德国大举进攻波兰,大战由此在世界的西方爆发。上述看法,主要基于以下几点考虑:(1)当时世界的主要矛盾是法西斯与反法西斯的矛盾。第二次世界大战所解决的主要矛盾与第一次世界大战不同,第一次世界大战是解决同盟国与协约国两大帝国主义集团之间争霸的矛盾,而第二次世界大战则是解决法西斯侵略者与被侵略国家、民族、人民之间的矛盾,即法西斯与反法西斯之间的矛盾。从 30 年代初九一八事变开始,随着法西斯国家在东方和西方局部侵略战争的扩大,法西斯与反法西斯的矛盾不断上升。到 1936 年 11 月,法西斯国家缔结《反共产国际协定》,建立了"柏林—罗马""轴心",法西斯集团开始形成,标志着法西斯与世界各国人民之间的矛盾已上升为世界的主要矛盾。从此,无论哪个法西斯国家发动的侵略战争,都应视为涉及世界全局的战争,1937 年 7 月 7 日日本法西斯发动了全面侵华战争,这既是世界性矛盾在东方激化的结果,又是在东方用战争解决世界性矛盾的开始。因此,"七·七"事变不仅是中日全面战争的起点,同时也是世界第二次世界大战在东方的爆发点。随后,德国法西斯又于 1939 年 9 月 1 日武装入侵波兰,英法对德宣战,这既是世界性矛盾在西方激化的结果,亦是在西方用战争解决世界性矛盾的开始。因此,德国入侵波兰之日,既是欧洲战争爆发的起点,同时也是第二次世界大战在西方的爆发点。(2)30 年代后期世界上推行法西斯主义的祸首和中心不是一个,而是两个,它们所发动的战争都是世界性战争。第一次世界大战期间,世界矛盾的焦点、战争策源地和主要战场均在欧洲,即以欧洲为中心,战争起止时间基本一致。第二次世界大战则不同。第一次世界大战后,欧洲的世界中心地位开始发生变化,日本和美国分别在亚洲和美洲崛起。鉴于日本和德意政治、经济、军事发展的不平衡和东西方反法西斯力量情况的不同,尽管它们已结成侵略"轴心",都实行对外侵略扩张的政策,旨在谋求世界霸权,但它们在具体的扩张目标和行动步骤上又是独立的、各自为战的。实际上,在当时的世界上同时存在着德意和日本两个法西斯祸首、两个中心和两个战争策源地。从东西方两个战争策源地的形成到东西方两大战场的产生和发展,东西方各有自己的序幕、起点、高潮和终点。东西方这两个战争策源地既是第二次世界大战整体的不可分割的组成部分,同时又是相对独立的,从而导致了第二次世界大战在世界的东方和西方先后爆发这一奇而不怪的社会现象。(3)法西斯国家发动世界大战需有个积蓄力量的过程,致使它们发动第二次世界大战的时序存在差异。第一次世界大战是在两大帝国主义集团之间进行的,当时,一触即发,便形成了全面战争和世界大战,而第二次世界大战的发动者德意日法西斯,由于其野心大与实力小的矛盾制约,使第二次世界大战经历了一个由漫长的局部战争演变为全面战争和世界大战的过程。日本从 1931 年"九·一八"事变局部战争开始,到 1937 年"七·七"事变演变为全面侵华,大战在东方爆发。德意法西斯则先后经历了入侵阿比西尼亚、武装干涉西班牙等局部战争,至 1939 年 9 月 1 日进攻波兰,大战由此在西方爆发。尔后,经过苏德战争至太平洋战争爆发,战争便达到了全球规模。

对二战的阶段划分提出了新的看法 一些军事史学者把第二次世界大战划分为 4 个阶段:第 1 阶段,1931 年 9 月 18 日～1939 年 9 月 1 日,大战的序幕与爆发;第 2 阶段,1939 年 10 月～1942 年春,大战的全面展开;第 3 阶段,1942 年春～1943 年 12 月,大战的相持与转折;第 4 阶段,1944 年 1 月 1 日～1945 年 9 月 3 日,最终较量与大战终结。如此划分,旨在阐明第二次世界大战经历了一个漫长的由局部战争逐步演变为全面战争的过程,完全符合二战的实际。

客观、如实地反映了中国抗日战争在二战中的地位、作用和贡献 一些军事史学者认为,以往中外二战史著中把中国抗日战争与第二次世界大战分割开来以及无视乃至歪曲、贬低中国抗日战争在世界反法西斯战争中的地位与作用的观点与做法是完全错误的。他们明确提出,中国抗日战场是世界反法西斯战争不可分割的、重要的组成部分,它既是亚洲—太平洋地区的主战场,也是整个第二次世界大战的一个重要战场。中国抗日战场由独力抗击日本侵略开始发展到与世界各反法西斯战场融为一体,联合同盟国继续坚持持久抗战,始终把日军的陆军主力牢牢地牵制在中国辽阔的战场上,并予日军以重大打击。中国抗日军民为战胜日本法西斯,夺取世界反法西斯战争的胜利作出了伟大贡献。其主要表现在:(1)中国人民揭开了世界反法西斯战争的序幕,在世界东方开辟了第 1 个大规模反法西斯战场。中日战争成了当时世界基本矛盾在亚洲全面激化的最高形态,标志着日本和苏、美、英等国为争夺亚洲大陆控制权进入了一个尖锐、复杂的新阶段,苏、美、英等国均以不同的方式加入到中日战争中来。(2)中国抗日战场的持久抗战打破了日德意法西斯瓜分全球、称霸世界的图谋,成为世界东方抗击日本法西斯的主战场。1938～1939 年间苏联之所以能够摆脱东线威胁,其重要因素之一就是中国抗战对日本陆军主力的打击和牵制。太平洋战争爆发后,日本陆军 51 个师中,仍有 35 个师用于侵华战争,占其陆军总兵力的 70%。到 1943 年 11 月美军在太平洋战场开始战略反攻时,日本还有 64%的陆军以及 45%的航空兵被牵制在中国战场。直至第二次世界大战结束,日军因其主力被牵制在中国战场,其"北进"侵苏和在中东与德军会师的计划始终未能实施。在整个抗日战争期间,中国人民毙伤俘日军 150 余万人;日本战败后,向中国投降的日军共 128.3 万余人,约占日军海外投降总兵力的约 50%。同时,中国人民也付出了巨大的民族牺牲。据不完全统计,中国军民伤亡共 3500 万以上,约占二战中各国伤亡总数的 1/3。中国官方财产损失和战争消耗达 1000 多亿美元,间接经济损失 5000 亿美元。(3)中国战场是亚太地区盟军重要的战略支柱和后方基地。(4)中国是建立国际反法西斯统一战线的积极倡导者和有力的推动者,为国际反法西斯统一战线和联合国的建立作出了重大贡献。(5)中国抗日战争创造了弱国打败强国的宝贵经验。

比较全面、系统、科学地总结了第二次世界大战的基本经验与教训 (1)法西斯主义就是战争,防止法西斯主义死灰复燃,是消除大战隐患的关键。法西斯主义是在帝国主义陷入全面危机期间,主要在一些封建主义和军国主义传统影响浓厚的帝国主义国家出现的,以克服危机、对抗革命、侵略扩张、称霸世界(或在某一地区称霸)为目标的反动社会思潮、政治运动和政权形式。执政的法西斯主义的基本特征是:由崛起于社会中下层的右翼狂热运动,在摆脱危机、遏制革命、实行扩张的共同目标下,同原有统治阶级集团结成政治联盟所建立的反动政权。它代表以垄断资产阶级为主体的新老统治集团的利益;以极端民族主义为纲领核心,以侵略扩张、发动战争、争霸世界为一切政策根本出发点的最野蛮凶残的帝国主义国家政权;以极权制取代民主制的反共、反社会主义、反民主主义的恐怖独裁统治,它是资产阶级专政的极端形式。因此,镇压革命、对外扩张、发动战争、争霸世界,是法西斯国家新老统治集团的共同本质和法西斯政权的根本属性。极权制则是法西斯政权最大限度地集中一切人力物力财力投入战争的统治手段。实践表明,法西斯主义的侵略扩张是第二次世界大战的直接根源。随着第二次世界大战的结束,法西斯主义作为政体形式已不复存在。但时至今日,法西斯主义并未从世界上彻底根除。据不完全统计,战后在日本、意大利、德国、俄罗斯、法国、美国、比利时、奥地利和荷兰等 60 多个国家,出现了新法西斯主义思潮及法西斯主义组织的活动。特别是日本少数右翼分子一直在企图复活日本军国主义，活动尤为猖獗。尽管新法西斯主义尚处于法西斯主义思潮和运动的初期阶段，尚未构成对西方议会民主制和世界和平的直接威胁，但对它造成的危害决不能低估，以做到防患于未然。绝不许法西斯主义死灰复燃，卷土重来。(2)当某些国家推行霸权主义实施武力征服时，一定要反对绥靖政策，制止大国争霸的局部侵略战争，这是消除大战隐患的重要举措。第二次世界大战是由德、意、日法西斯首先发动局部侵略战争，然后逐步升级演变而成的。如果当时国际社会、特别是拥有较强实力的英、法、美等大国及时制止局部侵略战争，第二次世界大战也许不会发生，或战争规模不至于发展得如此之大，危害不至于如此之重。只是由于英、法、美等强国推行绥靖政策，企图以牺牲他国利益来保住其霸权地位，致使侵略者的野心一步步得逞，终于演变成世界大战。(3)结成最广泛的国际反侵略统一战线，是制止或推迟大战爆发和赢得胜利的决定性条件。(4)实行全民动员，开展全民战争，是赢得反侵略战争胜利的根本保证。(5)雄厚的综合国力是取得反侵略战争胜利的重要物质基础。(6)根据未来战争特点，加强军事科学研究和武装力量建设，是夺取反侵略战争胜利的重要环节。(7)先进的技术与武器系统、创新的军事学说和科学的体制编制，是军事革命密切相关的 3 大要素，不可或缺。(柳茂坤等主编《第二次世界大战史》，军事科学出版社 1996 年 12 月版；徐红主编《战争奇观民族壮举》，军事科学出版社 1995 年 11 月版)

(彭训厚)

二战时美英联军战略指导的争论及其原因 有作者撰文指出，二战时并肩作战的美英军队，其实作战指导思想并不相同，而且双方一直争论不休：英军坚持战略上迂回，战役上绝对集中，重点打击，谨慎交战；美军则要求战略上集中，战役上宽大正面，直接打击，决战决胜。而造成这一争论的原因主要有以下几点：

*战略思想的不同。*英国人的观点来自他们奉行的“间接战略”。战略的目的就是要使战役战斗在最有利的条件下进行，强调尽可能利用有利的形势，进行最少的战役战斗达成战略目的。英国在盟军作战指导上，极力主张采取体现间接战略思想的“边缘战略”，即由苏联陆战消耗敌人，英美则在海上、空中打击敌人；力主避免在欧洲大陆与敌人决战，而在中东、巴尔干和地中海地区对轴心国势力进行间接打击。在具体的作战行动指导上，极力强调集中所有兵力于狭窄正面，谨慎筹划，等待形势朝有利的方向转化。美国则信奉从格兰特将军时代以来所坚持的所谓“歼灭战略”。美军认为，战略就是要实现决定性的目标，并且通过消耗加重敌人的弱势；在作战指导思想上，主张通过不断作战打击敌人，寻机创造条件决战；强调只有战斗才能换来胜利，希望打一场“激烈而果断”的战争。作战指导思想基础的截然不同，势必要引发盟军联军作战指导的激烈争论。

*国力强弱的差异。*英国在历经第一次世界大战和第二次世界大战初期的磨难后，本来就效率不高的陈旧工业受到极大的破坏。到美国人参战时，英国的经济能力和资源已动员到所能忍受的极限，其国力和国民心理无法再承受一次较大的失败。由于他们认识到自己的军事潜力是有限的，所以他们希望避开对欧洲大陆强敌的正面进攻，宁肯走比较保险的曲线取得胜利。即使后来英美联军已踏上欧洲大陆，在作战指导上，英国人还是想避免正面交锋，集中一切可以集中的力量，在他们所选定的敌军最薄弱的地点，以绝对把握夺取胜利。在英美联军作战中，英国人往往要按自己的方式来计划美国军队的行动，往往低估了美国人的种种能力。美国作为一个正在迅速走向顶峰的新兴帝国主义强国，有着大量的人力物力资源、强大的经济实力、高效率的现代大工业体制。因此，它能在战争最激烈时，首先提出要一切敌人“无条件投降”作为结束战争的先决条件，显示出以其强大国力为后盾的自信心。参战初期，美国就提出要在 1942 年直接进攻欧洲大陆；西西里作战时又提出要在岛的两端、两个宽正面同时登陆的方案；到进攻欧陆时，则提出在法国南部和诺曼底同时进行大规模两栖攻击的设想。这些设想虽因英国的反对和客观条件的限制，或被取消，或被改动，但却明确无误地体现了国力对作战指导的影响。

*国家利益的冲突。*盟军是由多国军队组成的联军，各国部队在军事上的统一行动中，不能不考虑对自己国家政治、精神和舆论上的影响。英国虽国势衰颓，但曾经是资本主义世界传统上的世界霸主，有着想在英美联盟中保持英国领导地位的欲望。而美国早有充当世界领导的野心，同时具备了雄厚的实力，当然不会把战争的主导地位轻易让出。在盟军的作战指导上，两国都竭力突出各自的作用。蒙哥马利提出了一路突击的“反方向的施利芬计划”，又被称为“狭窄正面”的战略；布莱德雷则提出了两路突击的方案，后经艾森豪威尔的认可，成为盟军的“宽大正面”战略。这就爆发了作战指导上的又一次激烈争论。这场争论首先就表现为国家利益的冲突。诺曼底登陆成功后，美军第 12 集团军群正式成立。这就使美军从英国第 21 集团军群独立出来。9 月 1 日艾森豪威尔亲自兼任盟军地面部队总指

挥。英国的新闻界和公众对此感到震惊和愤慨，他们认为，指挥权的变动是对蒙哥马利的“降级”，是对英国在联盟中地位的蔑视。于是，蒙哥马利要求继续指挥全部地面部队，强调“统一指挥地面部队的作战是胜利的关键，应当由一个人负责，诺曼底的胜利就是由一个人指挥（指蒙哥马利）的成果”，这意味着要把人数远远超过英军的大批美军及其将领们置于英国人的指挥下，而其他方面的美军，都将处于无所作为的守势。最终，艾森豪威尔以“美国人民不能同意”的政治理由，结束了这场争议。

从上次大战接受的经验教训不同。美国军事领导人反对采取“小打小闹”的行动，而主张集中力量打一场大规模战争。战略上要形成总体优势，要求军事行动能得到整个国家政策的支持；作战指导的目标从一开始就是赢得彻底胜利，战役的宽正面要与战略上的集中兵力相适应；重视直接了当的进攻和掌握雄厚的作战物资；重视后备军制度和公众舆论。因为正是第一次世界大战使美国开始成为世界头号强国，第一次世界大战中，美国在欧洲的经历和感受，导致了美国在第二次世界大战中的基本原则：其核心就是首先集中摧毁敌人最强的部队，并争取在敌心腹地带与其较量并击败它。在第一次世界大战中，与强敌在欧洲大陆进行正面交锋的经历，使英国不想重蹈覆辙。英国在第二次世界大战中人力、物力消耗已到极限，为避免第一次世界大战的悲剧重演，“边缘战略”是其可以接受的最佳选择。在具体的作战指导上要求力避决战，力争以有利的态势较小的代价逐渐取胜。英国人不会忘记，虽然英国在第一次世界大战中打赢了战争，但却失去了一等强国的地位。

指挥风格的差异。战场上美英军的主要将领，由于军事传统、经历以及性格不同，形成了不同的指挥风格，这又成为诱发盟军作战指导上争论的直接原因，并导致在盟军联军作战指导问题上频频发生争执。在美国人指责蒙哥马利的同时，丘吉尔就曾批评美国人的作战方式过分简单僵硬，是“美国人斩钉截铁的、合乎逻辑的、大规模的成批生产方式”造成的。（夏子、亦庄《二次大战美英联军作战战略指导的争论探源》，《外国军事学术》1995 年第 9 期）

太平洋战争中日美海军在战略战术上的较量　太平洋战争是二战中一场规模空前的、高度机械化的、以海上决胜为主要特征的战争。这场战争不仅是双方海上实力的较量，而且是海军战略思想与海军战役战术的较量。

日美海军的战略指导思想。日本是太平洋西北部一个岛国，美国是东西濒大洋的大国，海军在这两个国家中都占有突出地位，海军战略思想在整个国家战略中也占据重要地位。

日本海军战略指导思想。日本发动太平洋战争，其海军战略指导思想集中表现为突然袭击，先发制人，速战速决。这种海军战略思想，是由它的法西斯主义的侵略本质所决定的。它明知“日美之战是一场仅拥有全球2%能源的最穷国家日本同拥有全球约一半能源国家美国之间的战争”，而且“中国事变”使它泥足深陷，它还是要冒险发动新的侵略战争。这种海军战略思想，也是由甲午战争、日俄战争和“九一八”事变日军取得“胜利”的历史所促成的，它沿用前几次战争的“经验”，把希望寄托在“闪击”珍珠港之役，妄图“决胜负于此一役”。但是，这种战略思想是建立在一厢情愿的基础之上的，经不起实战的检验，不能不导致日本海军的覆灭。

美国海军战略指导思想。美国的海军战略与日本相反，它根据美国总统确定的先欧后亚、先大西洋后太平洋和对日本采取“克制—遏制”的战略，军事上采取后发制人的方针。明确规定“不主动与日本开战”。珍珠港事件后，美国修订造舰计划，把原定造巡洋舰改为造航空母舰，采取海上持久作战的方针，逐步由战略防御转为战略进攻，最后按照马汉的“海权论”思想，掌握太平洋的制海权，彻底打败日本联合舰队，直捣日本本土。

日美海军的战役和战术。在不同的海军战略思想指导下，日美双方采取了不同的海上作战的战役和战术。不仅丰富和检验了现代海战战役、战术的理论，也为战后的海军战役、战术的发展提供了重要的依据。

海上立体战。这是太平洋战争中在战役战术上最突出的发展。第一次世界大战后，一种海空一体、攻防兼备的新舰种——航空母舰开始问世。二次大战开始后，日本海军“受到英国航空母舰舰载机在塔兰托海战中实施鱼雷攻击所获战果的激励”，于是制订了偷袭珍珠港的计划，并付诸实施，极大地显示了舰载航空兵的突击威力。随后进行的中途岛海战，是航空母舰决胜海上的典型战例，进一步显示了航空母舰舰载机的突击威力，并开始扭转战局，日本联合舰队丧失海上优势，而美国海军太平洋舰队的防御阶段基本结束。又经过马里亚纳群岛海战和莱特湾海战等航空母舰大战，美方牢牢掌握海上主动权，日本基本丧失了海空作战能力。太平洋战争，航空母舰已经取代战列舰的地位，成为决胜海上的骨干力量，形成了一种以舰载航空兵为主要突击力量，进行海空一体的海上立体作战的崭新作战思想。海战的空间已扩展到空中。“战列舰至上”、“大舰巨炮舰队决战”的思想宣告过时。在战争中，日本先于美国提出“航空兵主导论”，先于美国运用航空母舰舰载机作为主要突击兵力。但由于日本海军决策者思想转变较慢，没有及时“使战争转入以航空兵作战为主的总体战”，在战争期间日本仅建造大小航空母舰16艘，再加上军事思想落后，不可避免地酿成了日本联合舰队的失败。“日本以航空兵作战胜利开始了战争，又以航空兵作战失败而战败告终”。而美国虽然迟于日本在海上运用航空母舰作战，但它能及时总结珍珠港事件的教训，迅速而彻底地转变思想，把建造航空母舰、运用舰载航空兵放在突出的地位，在战争期间共建造各种航空母舰102艘，并在实战中充分运用海上立体战的新战法，为夺取太平洋战争的胜利创造了重要的条件。随着海上作战样式的变化，“没有制空权就没有制海权”已成为一般性规律。

海上破交与保交。海上交通线的斗争是太平洋战争中一种重要的海上作战样式。日本海军不重视海上破交作战，它认为美国造船能力强，击沉其运输船只很快可以补充，只有击沉其战斗舰艇，才能夺取制海权。所以它规定：潜艇的攻击对象主要是战列舰和航空母舰，其次是巡洋舰，只有在找不到战斗舰艇时才可袭击商船，但只能发射1枚鱼雷。整个太平洋战争，日本潜艇虽然击沉击伤过3艘美国航空母舰，但总的战果不很明显，仅击沉击伤商船228艘，120万吨。而美国把潜艇主要用来破坏日本的海上交通线，共击沉日本商船约1000艘、480万吨，加上其他各种兵器，共击沉日本商船2100余艘、780余万吨，使日本联合舰队和商船队遭到致命打击，使日本经济处于瘫痪状态。太平洋战争爆发时，日本有65艘潜艇，战时共损失130艘，最后剩下不足10艘；美国开始时约60艘，战时损失52艘，而战争结束时却拥有200艘潜艇。太平洋海战表明，以舰载航空兵为主要突击力量，以潜艇为水下突击力量，进行海空一体的海上立体作战，有利于夺取海上作战的胜利。这是海上作战方式和海上作战思想的重大发展。同时，海上破交与保交的斗争对战争的进程和结局有直接的影响。日本海军既不重视海上破交作战，又不重视海上保交作战，是它被战败的重要原因之一。

登陆与抗登陆作战。两栖登陆作战是一种海军和陆军联合进行的传统的作战方式。在二次大战中，两栖登陆作战在数量、规模、作用和战役战术上都有新的发展。日军登陆印度支那、马来亚、菲律宾、关岛、香港、威克岛、新加坡、荷兰属东印度群岛(今印尼)，并企图进攻大洋洲，是它发动太平洋战争，推进“南进”战略的重要行动。而美国海军在珊瑚海海战和中途岛海战中粉碎了日军在莫尔兹比港和在中途岛登陆的企图后，它开始夺得了主动权，在太平洋“发动有限攻势”，从瓜达尔卡纳尔岛争夺战开始，进行逐岛进攻和越岛进攻。美军把航空母舰舰载航空兵作为支援登陆作战的重要兵力，使用航空兵和舰炮进行火力准备，实施两栖登陆舰艇抢滩登陆的新战术，并运用经过两栖作战专门训练的海军陆战队进行两栖突击，这些给防御一方造成了前所未有的威胁，使日军在抗登陆作战中陷于被动挨打的境地。在抗登陆作战中，日军既没有有效地在海上打击美军登陆输送队，也没有在水际滩头最大限度地杀伤美军登陆部队，因而无法避免失败的结局。事实证明，登陆和抗登陆作战，岛屿争夺战，在二次大战中已发展成为陆海空三军联合进行的由海到陆夺占战略要地，最后决定战争命运的重要手段，成为一种基本的作战样式。

情报战与电子装备的运用。密码战、情报战是二次大战中一条“看不见的战线”，这条战线的成败与海战场上的胜负紧密相连。正是由于美国太平洋舰队情报处破译了日本联合舰队的密码，从而使美国海军赢得了中途岛海战等战役的重大胜利。同时，美国海军对雷达和无线电测向仪的普遍使用，也对战役和战斗产生重大的影响。它使日本舰艇飞机损失量急剧上升。战后，日本人承认：“电子器材研制既落后又薄弱”，是日军在战争中“一败再败的重要原因之一”。(苏读史《太平洋战争中日美海军战略战术》，《军事史林》1996年第2～3期)

(木　工)

俄罗斯关于第二次世界大战史研究　自苏联解体以后，俄罗斯的社会意识形态领域发生重大变化。在第二次世界大战史研究中，由于政治立场、观点和方法论的改变以及档案材料的解密，新的史料的发现，俄罗斯史学界对许多重大历史事件和历史人物进行了重新评价，提出了一些新的学术观点。主要观点如下：

关于苏德战争爆发前苏军是否获得德军进攻的准确情报的问题　这个问题曾是二战史研究中的一个“谜”。1995年，俄罗斯武装力量总参谋部原第一副总长、俄军情报部老战士协会主席帕夫洛夫上将对此提供了极有参考价值的材料。他指出，苏德战争前苏军情报人员曾向苏联领导人及盟国提供了关于德军进攻的一系列重要情报：①《苏德互不侵犯条约》签定后德军的主要战略目标。②希特勒进攻苏联的“巴巴罗萨”计划。③关于德国军事力量及配置状况。④德军发动进攻的准确时间。然而，为什么这些重要情报未能在防止德军突袭方面发挥作用呢？据分析，原因有3点：一是斯大林固执地相信苏德互不侵犯条约的可靠性，因而不相信关于德军进攻苏联的情报；二是苏军情报部门首脑怕负责任，担心情报不合领导人口味会遭处罚；三是在当时复杂的军事形势下，各国实施战略欺骗的大量假情报，增加了重大决策的难度。

关于所谓斯大林发动了第二次世界大战的问题　这个观点在西方有一定代表性。奥地利学者尤利乌斯·布劳恩塔尔在其《国际史》一书中就认为："德苏互不侵犯条约的签订发动了第二次世界大战。"值得注意的是，俄罗斯学者从新的立场和新发现的材料也提出这个观点。前苏联军事情报军官弗·苏沃洛夫在其专著《斯大林发动了第二次世界大战》中指出：苏联此举目的何在？在1940年夏，德国并没有威胁苏联，而斯大林却进行了战争动员。苏沃洛夫提出：按照国际惯例，"谁第1个开始了战争动员、集结军事力量和制订战役计划，谁就是打第1枪的人。"俄公布的新档案中，有一份为1941年5月15日由铁木辛哥元帅和朱可夫共同签署的苏联国防委员会《关于在与德国及其盟国交战情况下苏军实施战役计划的设想》的文件。该文件称："考虑到德军已实行军事集结，有可能预先对我突然进攻。为了防止这种情况出现，不给敌人以主动权，先发制敌，必须在当敌人已准备好进攻、但尚未协调好前线各部队之间关系的情况下进攻敌人。"俄一些学者认为，苏联已有一个先行准备打击的计划，希特勒是被迫还击。与苏沃洛夫"谁先实行战争动员谁就是打第1枪的人"的观点如出一辙。对此，大多数俄罗斯史学家进行了反驳。

关于苏德战争初期苏军失利的原因　当前，对于传统分析战争初期失利的主客观因素方面，有了完全不同的解释，尤其强调主观因素的作用。首先，针对过去一直将德国背信弃义突然向苏联进攻说成是战争初期苏军失利主要原因的观点，俄国学者指出，这种说法淡化了那些导致国家对战争准备不足和指挥失误的人应负的责任。关于德军准备进攻苏联的消息，情报部门早就不止一次地报告给斯大林，而他却固执己见，拒不相信，一直禁止西线军区部队进入战争准备状态。塔斯社1941年6月14日还公开声明德军不会对苏作战，麻痹了广大军民。所以，与其说失利原因主要是客观因素，不如说是主观因素。其次，俄史学家对苏德战争初期德军军事优势说的客观因素也提出质疑。认为虽然当时德国拥有了几乎整个欧洲，整体经济实力高出苏联2倍左右，但具体到苏联战场，德军在武器数量和质量上并不占优势。战事开始时，德军拥有5650辆坦克，苏军超过2万辆；德军拥有1万多架飞机，苏军是2.2万架；苏军的自行火炮、军舰吨位和潜艇数量也超过德军。苏军武器质量也不比对方逊色。当时苏军拥有世界上公认最先进的T-34型和KB式坦克达1860辆，主战坦克БТ-7型和БТ-26型也优于德军T-Ⅰ和T-Ⅱ型主战坦克。苏军还拥有2700架最新型米格-3型和伊尔-2型飞机，火炮质量也优于德军，只是由于德军突然进攻，使苏军优势装备遭到大量损失。再次，苏联军事理论也有缺陷，其表现在于：一是一味主张进攻，立足于在敌人本土上打击敌人，而没有掌握防御战的艺术和方式；二是机械地沿用第一次世界大战的经验，以为敌人进攻是从边界小冲突开始，再逐步投入军队主要力量，完全没估计到战争一开始德军就展开如此大规模的进攻。此外，强调肃反扩大化对军队战斗力的直接影响，使军队损失了4万多名熟练技术干部等。

关于对苏国防委员会第3号命令的重新评价　第3号命令，即1941年6月22日晚国防委员会根据斯大林的指示，给各部队下达转入总反攻以粉碎德国进攻的命令。这是德军入侵后苏大本营下达的第1个指令。一些学者提出对此要重新评价，认为这道命令的消极作用大于积极作用。其理由是：由于敌人的突然进攻，各部队失去联系，苏军总参谋部根本得不到来自西南战线、西线和西北战线的详尽报告，由于完全不了解情况，下达的总反攻命令，使各部队不明白应当往什么方向投入力量、怎样组织这些力量转入反攻。安德罗尼科夫主编的4卷本《第二次世界大战史》一文中写道："总部完全没有考虑到在一夜之间要组织部队反击敌人的困难"，由此造成许多无谓的牺牲。

关于1942年夏季战役中苏军失利的原因　围绕这个问题，俄史学界近年来所讨论的热点有两个：第一，苏领导人对德军主攻方向判断有误。1941年冬希特勒在莫斯科城下受阻后，决定将主攻方向改为苏联南部，以夺取苏联富饶的工农业经济区，高加索的石油，然后进攻莫斯科。并为此制造一个代号为"克里姆林"的主攻莫斯科的假情报。当时苏领导人误以为德军仍将主攻莫斯科，将最高统帅部预备队的大部分兵力集中在莫斯科附近地域。而当战役在南方激烈展开时，调动增援部队已十分困难。第二，关于哈尔科夫、克里木战役严重失利的责任。俄著名史学家萨姆索洛夫博士认为，上述战役失利的责任，在于斯大林以"领袖"的直觉拒不接受他人的意见。1942年春，苏军总参谋部在判断敌人下一步可能采取的行动后，提出鉴于苏德战场的形势仍是敌强我弱，拟采取积极防御的方针。而斯大林为扭转战略上的被动态势,决定从列宁格勒、乌克兰、克里木几个方向向敌人发动进攻。结果导致列宁格勒苏军第2突击部队陷入泥潭;克里木部队被歼,塞瓦斯托波尔要塞陷落;哈尔科夫苏军严重失利,两个集团军被包围,苏最重要经济区顿巴斯等地落入敌手,德军打通了通向斯大林格勒的道路。以上事实和看法目前已为俄史学界公认。(吴恩远《俄罗斯二战史研究综述》,《军事历史》1996年第2期)

波兰关于第二次世界大战史研究 **波兰学者对苏德战争初期苏联能较快扭转形势的原因提出看法** 波兰学者莱·科瓦科夫斯基等人认为,第二次世界大战初期,苏联在战略和策略上犯了一系列错误,从而造成苏德战争初期苏联的失利和被动局面。后来苏联较快地扭转了形势。形势得以迅速扭转的原因何在?其原因主要有3个:第一,希特勒对被占苏联地区采取了错误政策。德军入侵苏联西部时,居住在边境附近的一些当地居民,尤其是非俄罗斯族的波罗的海3国、乌克兰、白俄罗斯,以及南疆的鞑靼人、印古什人、车臣人,也包括少数俄罗斯人,最初是把德军当作"解放者"来欢迎的,甚至自发地组织起"解放军"等军事组织,试图站在德国一边作战。但希特勒对这种"亲善"态度不但置之不理,反而以残酷的"征服者"的面目出现,变本加厉地对被占领土实行烧杀掳掠政策,使被占领土的居民普遍痛切地感到"法西斯匪徒是最坏的敌人",别无选择地站到了斯大林的一边。德国对被俘的200万苏军官兵,借口苏联未参加日内瓦战俘公约而随意大规模虐杀。这一切使德国孤立了自己,使苏联人民最终同仇敌忾,一致对外。第二,苏联采用了"民族号召"的方式,呼唤苏联人民和军人的爱国主义热情。苏德战争爆发后,以斯大林为首的苏联领导人一反常态,不再以意识形态口号为号召,几乎缄口不提马克思主义和社会主义,国歌也从以前的《国际歌》改换为充满民族主义谀词的颂歌,宣传上充斥着对涅夫斯基、库图佐夫、苏沃洛夫等俄罗斯民族英雄光荣业绩的赞颂,并号召人民以他们为榜样争取战争的胜利。正是在民族主义—爱国主义的鼓舞下,苏联人民以巨大的牺牲精神和勇敢,为民族和国家的生存而不是为马克思主义和社会主义的胜利而浴血奋战。只是到战后,苏联在宣传中才重新强调对希特勒德国的胜利是"社会主义意识形态的胜利"、"社会主义生活在士兵和人民的心坎里",等等。第三,苏联有广大的腹地。正是这一点使苏联有回旋的余地,不致于因大片领土的沦丧而陷于失败,又可使大批被转移的工业设施在内地继续生产,从而保证了不间断的军需供给和重组苏军所必需的源源不断的人力资源。(程人乾《苏联解体后波兰学者对苏联史的研究》,《世界历史》1996年第4期)

(彭训厚)

其他军事学科理论研究

中国关于其他军事学科理论研究 *中国比较军事学研究* 运用比较方法进行军事研究已有久远的历史,在中外兵书及历史著述中,都不乏比较军事研究的观点和结论。但系统地运用比较方法研究军事问题,则是本世纪70年代以后的事情。1996年,《中国军事科学》编辑部组织军内一批学者和教研人员,首次专门交流了中西军事思想比较方面的学术成果,并对建立中国比较军事学的有关问题进行了研讨。

比较军事学的研究对象问题 对于这一问题,目前学术界有5种看法:(1)结合说。有的认为,建立比较军事学不应受到一定模式的限制,而应该从实际需要出发,实事求是,根据客观的要求去制定研究对象。其研究内容,既包括比较的理论,又包括比较的实践;既是一种军事比较方法论意义上的学科,又是一种实质性的军事比较学科;既便于进行比较时得到方法论上的指导,又便于进行比较的实际操作。(2)问题说。有的提出,比较军事学的研究对象,应该是军事领域内普遍存在的,并经过理性抽象提炼出来的各种问题。实践证明,以问题为中心,有相当合理的成分和独到之处。(3)同异说。有的认为,"问题说"虽然有一定的道理,但开展比较研究有其特殊性,往往是在比较中发现问题,而不一定是有了问题才去比较。比较军事学的研究对象应该是"同异说",即寻求客观存在的军事事物之间的同一性和差异性及其内在原因。(4)因素说。有的指出,比较军事学研究的对象不仅仅是一个军事问题,而是与军事相关的各种因素,从各种因素的比较中得出一个按其他研究方法所无法得出来的新的认识。如果把军事领域内固有的范畴加以比较,只能形成一个简单的类比,也就失去了比较的真正意义。(5)两层面说。有的认为,比较军事学应该包括两个层面。一是军事比较的基础理论,即指导思想、基本原则、一般方法等;二是军事比较的基本应用,即军事领域内各相关要素之间的比较,如战略比较、训练比较、培养人才比较等。两者有机结合,缺一不可。如果没有第1个层面,军事比较就不能上升为系统理论,军事比较也就失去了正确的理论指导和科学的方法。同样,不进入第2个层面,也就失去了第1个层面存在的意义。

比较军事学的定义 目前学术界对这门学科所下的定义也各不相同,其中有代表性的意见是:(1)比较军事学是研究对军事领域相关问题进行比较规律的科学。也就是说,比较军事学是一门军事科学,是研究军事领域相关问题间进行比较规律的军事科学,是介于军事科学各门类之间的一个横断学科、交叉学科、边缘学科;是研究军事领域(包括理论和实践)比较方法论规律的一门学科。(2)比较军事学是运用马克思主义的辩证唯物主义立场、观点和方法,比较研究军事领域相关要素的同异,揭示各个历史时期军事领域的普遍规律和各国军事领域的特殊表现,提出对策性结论的科学。

比较军事学的学科性质 对于比较军事学究竟是应用学科,还是基础学科,或是包罗万象的百科全书的问题,目前主要有两种意见:(1)有的认为,它不同于通常的实体学科。它的性质可从3个方面作出界定:第一,这是一门方法论学科,为人们提供的是一种研究角度和研究视野,并由此引出一套研究原则和研究手段。第二,这是一门横断性的学科,要求跨越和贯通各类学科,纵横驰骋,宏观总揽,把握共有的普遍性,揭示各自的特殊性。第三,这是一门对策性学科,比较并不是目的,而是要通过比较,获得新的启示,为判定和取舍提供客观依据,为军队现代化建设提供对策,因而具有鲜明的价值性要求。(2)另一种意见认为,它具备实体性学科的性质。由于军事生活的本质是对抗,对抗就有双方或多方,社会军事生活中的主要内容如战略、战术、军队建设、军事思想、战争实践等,必然都是通过双方或多方的比较才确立起来的。所以,比较军事学应当表现社会军事生活的客观性本质。

比较军事学的学科体系 目前对比较军事学学科的内部结构和总体框架,有两种不同的意见:(1)由4个部分构成。第1部分为比较军事学原理。主要揭示比较军事学的研究对象、学科性质,说明与"比较学"、"军事学"的联系与区别;这个学科体系包括哪些内容,相互关系怎样;军事比较研究应遵守的基本原则是什么;概述军事比较研究的历史渊源;创立比较军事学的意义与作用等。第2部分为比较军事方法论。这部分内容为军事比较研究提供一般方法。除介绍一般比较研究的共性方法外,也提出一些军事比较的特殊方法,如二元比较与多元比较、横向比较与纵向比较、静态比较与动态比较、量的比较与质的比较等在军事上有什么不同表现。第3部分为比较军事研究史。第4部分为比较军事学应包括的几个大的应用分支,如"比较军事哲学"、"比较军事战略学"、"比较军制学"、"比较军事法学"、"比较后勤学"等等。(2)主要由两个部分构成。一是比较军事学的原理,二是比较军事学的方法论。

开展比较军事学研究的方法、原则 开展比较军事学研究,首先要解决研究方法问题。对此,与会者从不同的角度提出了自己的见解:(1)要确立正确的研究指导思想,这就是马克思主义的辩证唯物主义。必须把这一科学的认识论和方法论贯穿比较研究的全过程,坚持阶级分析的观点、历史的观点、客观的观点、全面的观点、辩证的观点和发展的观点,具体情况、具体分析,透过现象看本质,从实际出发,实事求是,才能得出正确的结论来。(2)坚持可比性、本质性原则。可比性是说,两个或两个以上相互关联,属于同一范畴内的不同对象,可以用统一的标准去衡量的事物才具有比较的意义。这里,"相互关联"是指它们之间必须存在着一定的本质联系;"同一范畴"是指属于同一属性;"统一标准"是指用相同的价值尺度。否则,在原则上就不具备可比性,只会导致出风马牛不相及的逻辑错误来。本质性的意义在于,运用比较方法,不能仅局限于比较事物的一些表象上,而关键在于透过现象比较本质。通过"去粗取精、去伪存真、由此及彼、由表及里"的抽象,从根本上揭示事物的本质和规律性,从本质共性中分析矛盾的普遍性,从本质的差异中探求矛盾的特殊性。(3)进行全方位,有重点、分层次的比较。比较军事学的研究,一是要面向世界,进行全方位的比较。这样才能从中认识世界各国军事思想的发展轨迹和本国军事思想所处的地位。二是要与实际紧密结合,有重点、分层次的比较。以加强对军事比较实践的指导。同时,要紧紧围绕军事战略方针,把比较的重点放在当前国防与军队建设的重大理论和现实问题上。通过分层次、有重点的比较,深刻揭示不同层次军事领域异同现象的内在联系、本质规律和发展趋势,得出科学的结论和对策性的启示,明确发展方向,为现实军事斗争需要服务。(王乾都、汾彦宁《开拓比较军事学研究的新领域》,《中

国军事科学》1995 年第 3 期)

(木　工)

中西军事思想比较研究　关于古代中西军事传统观念的比较　有作者撰文指出,古代中国和西方世界在军事上都创造过辉煌的业绩。由于历史的原因,中西方形成了各自的军事传统,并作为观念形态长期承传下来。中西军事传统观念的差异主要表现在:①古代中国十分强调防御的地位。即从总体上多把防御摆在首位,而在论述进攻时,多是从战斗和战术的角度展开的。古代西方则更加注重进攻,防御多是迫不得已的措施。②古代中国的军事传统非常重视安定内部。历代王朝在军事布防上,基本上都贯彻"内重外轻"的方针。古代西方的军事则主要着眼于对付外邦。严峻的军事形势,使得统治者把军事战略的目光投向应付或消除外邦的威胁上。③古代中国重视战争道德,通常用道义之争掩盖利益之争。古代西方则无视战争道德,对战争的利益之争直言不讳。④古代中国把不战而屈人之兵作为用兵的最高境界,在赢得胜利后多注重"文治"。古代西方把在战场上打败对手,靠武力维护统治作为用兵的最终目的,平时则不遗余力地倡导尚武精神。⑤古代中国在战争指导上强调以计为首,谋略制敌,奉行智慧加力量的逻辑。古代西方主张强兵为要,勇敢制敌,奉行力量加技术的逻辑。⑥古代中国的军事家长于理论思维,战争战略著述丰厚,理论造诣深厚。古代西方的军事家往往就事论事,零星的战争战略理论被淹没在大量的历史性著作中。(姚有志《古代中西军事传统之比较》,《中国军事科学》1995 年第 3 期)

关于古代中西军事理论哲学基础的比较　从哲学的高度审视古代中国、西方军事理论,可以发现古代中西哲学分殊对军事理论的内容、特色的影响和制约。研究者将古代中西军事理论在哲学基础上的差异性概括为 3 个方面:一是重道义原则与重利益原则。即从总体上看,中国传统军事理论重义,西方传统军事理论重利。这种差异,在中国、西方对战争起源、目的等一般性、普遍性问题的论述中表现得较为突出。中国传统哲学以人伦为立足点,提倡道德精神。在这种精神的驱动下,惩恶扬善,除暴安良,成为进行战争而宣扬的主题。在西方传统哲学中,"人是理性动物",要以理性和智力去了解周围的世界,进尔控制万物,充当世界的主宰。因而,西方每每借助于武力不断地探索、冒险和攫取。向外部征伐,是其军事生活的内容和特点。二是重人的因素和重物的因素。一般来说,中国传统军事理论看重社会生活中人的因素,强调发挥人的主观能动作用是夺取战争胜利的决定性因素。从哲学的特征分析,这是中国传统伦理哲学以启发人主体自觉性为重心,与人道统一起来,并把天道加以人化,在军事生活中的渗透或反映。西方传统军事理论重物的因素,在人与物的关系上侧重于对物的因素即对武器装备和军事技术的思考与运用。这与西方传统哲学注重科学精神,注重形而上学,认识世界首先从物的因素着眼,并且强调天人有别的基本特征有直接的关系。三是重权谋与重实力。中国传统军事理论重权谋。中国古代战争的指导者认识到,战争不仅是力量的对抗,也是一种智慧的对抗,因此他们十分重视谋略在战争中的作用。中国古代兵书中论述的主要是制胜之法和用兵之道。这是由于中国传统哲学的目标是对"人生之道"的追求,是一种智慧哲学,从而奠定了中国传统军事理论注重谋略的认识基础。古代西方对战争致胜机制的思考与运用,往往侧重于力量或实力,认为战争主要不是智慧的较量,而是力量的竞争。其对力的崇拜渗透到古代民族精神之中,无疑也会影响到军事理论。(王志平、李德周《中西古代军事理论的哲学基础》,《中国军事科学》1995 年第 4 期)

关于中西战争行为规范的历史比较　有作者指出,战争行为规范历史演变总的走向,是从地域性的法律走向世界性的国际法律规范。但是,中国和西方在战争行为规范具体历程、走向、以及在同一历史时期中内容和水准并不相同,这与中西对战争的不同态度有直接的关系。①在战争主体观上的差异。在中国历史上,除春秋战国时期列国之间的战争之外,交战双方都不认为对手同自己是平等的,即统治中央王国的皇帝是"天子",受命于天,监视和管理着天下。在不平等战争观的支配下,古代中国不可能形成和发展调整交战集团之关系以及约束交战行为的法律规范。与中国不同,欧洲从来没有存在过统一的诸侯国家体制,也没有以支配与朝贡为特征的中央王朝。因此,无论在理论上还是在事实上,很少有不承认战争主体双方的地位平等的。这是西方战争行为规范后来迅速发展的必要前提。②在战争本质观上的差异。在古代西方,对于战争的认识基本上停留在争取或维护某种物资利益的手段的表层上。直到 19 世纪初,克劳塞维茨才从理论上把握了战争的社会本质。中国早在公元 4 世纪中叶,对战争的社会本质就有了虽然是朴素的、却是明确的认识。古代中国的战争行为规范,往往直接根源于政治的需要。③在战争致胜观上的差异。其一是政胜与军胜的差异。古代中国认为,在决定战争胜负问题上,政治和军事两者比较起来,政治是更根本、更重要的因素。而西方总是把军事力量或者支撑军事的经济力量作为战争的决定因素。其二是谋胜和力胜的差异。比较而言，中国更重谋略，偏重于以谋致胜。而西方则更注重于实战致胜，靠军事实力在战场上解决问题。因此中国战争行为规范总是与政治、与谋略联系在一起。在西方则较少有直接的瓜葛。④在战争人道观上的差异。从总体上比较而言，西方战争野蛮、残酷、祸害更甚。在中国，仁爱学说居于古代伦理思想的核心地位，因此对战争中对敌人要不要实行人道主义作了肯定的回答。西方在相当长的历史时期里对此则持否定意见。他们奉行两条标准：在对"外集团"的战争中，可以血腥复仇、抢夺妇女；而在"内集团"之间的战争中，不能有这样的行为。战争的过度残酷，从反面激活了战争人道原则，战争规范相继被提出，并最终形成战争法律规范体系。相比之下，一开始就在战争中坚持"仁本"的中国，后来这方面反倒停滞不前了。（俞振山《中西战争行为规范的历史演变》，《中国军事科学》1995 年第 4 期）

关于中西地缘战略思想比较 地缘战略在西方被认为是从一定的地理条件出发，以军事、外交为主要手段，获得与制约权力的艺术。其地缘战略或地缘政治思想最显著之点是，各学派都追逐特定的自然地理中心或区域，将关键地理位置或区域的占有视为实现政治权力的先决条件，注重以军事独占的方式实现政治目的，并在世界范围内进行地理与政治的双重扩张。在中国，地缘战略主要表现为对地缘权力制衡，而不是地缘权力扩张的艺术。它对中国军事文化所产生的最深刻的影响是促成了中国军事防御的传统。中西地缘战略思想的差异主要在以下几个方面：就范围而言，中国的地缘制权是民族的，内向或向心的；西方是世界的或外张的。就目的而言，中国是为建立地缘关系上的平衡；西方是为建立地缘 霸权。就手段而言，中国重视政治和外交方式的运作；西方注重军事力量的运用。就性质而言，中国带有陆权特点；西方表现出海权特征。（郁广宁《中西地缘战略思想比较》，《中国军事科学》1995 年第 4 期）

关于中西国家利益观之比较 自古以来，中西方在追求什么样的国家利益问题上有很大分歧。在中国，古人认为"利益"包含有很大的道德伦理成分，主张"以和致利"，反对"以争得利"。古代王朝往往把国家利益要求控制在一定限度，并降低或缓解与其他国家的利益冲突。从哲学和道德观角度看，可以称之为"应时顺理"的国家利益观，这种传统观念至今仍有其生命力。西方学者认为，国家利益概念是由权力界定的，国家利益的本质就是权力。中国的国家利益，比较强调求取长远的"世用"之利。西方的国家利益则比较强调近前的"时用"之利。中西在国家利益范围上的差别，还在于中国历史上把国家利益限于"中国"的陆地空间之内，不主张、也不善于在国际空间争得应有的利益，特别是在"海洋利益"方面。西方国家则依据利益需求以及实力，来确定自己国家的利益范围。在现阶段，中国与西方在国家利益上最本质的区别表现在阶级性上。中国的国家利益，是"占全人口百分之九十以上的最广大群众目前利益和将来利益的统一"。在以私有制为基础的西方国家，国家利益是由占有统治地位阶级的利益决定的。（洪兵《中西国家利益观之比较》，《中国军事科学》1995 年第 3 期）

关于中西战争观之差异 由于中西方经济地理、社会政治、思想文化、军事传统等方面的差异较大，因而中西方对战争的社会本质、战争的目的、战争的功能等方面有不同的认识，并形成了两种不同类型的战争观。首先是现实型战争观与浪漫型战争观之别。中国的战争观，对于战争现象总体上采取的是现实主义，批判和反对穷兵黩武，主张和为贵；而西方战争观对战争则多采取一种推崇颂扬、热情参与的浪漫主义态度。其次是道义战争观与功利型战争观。中国的战争观对战争的胜负、战争的发动、战争的性质和目的的认识和评价往往采取道义的标准，而西方战争观则在这些问题上更注重功利主义的标准。再次是谋略型战争观与实力型战争观。中国的战争观认为，战争不仅是物质力量之间的较量，而且也是智谋的较量。因此中国人注重主观因素在战争中的作用，注重战争与政治的关系，推崇谋略制胜。而西方战争观偏重于物质力量和技术在战争中的作用，推崇实力取胜。最后是内合型战争观与外张型战争观。中国的战争观注重以战争维护国家和民族的统一，巩固领土完整，不主张侵略扩张。而西方战争观则推崇以战争为手段进行地理征服和向外扩张。（彭怀东《论中西战争之主要差异》，《中国军事科学》1997 年第 1 期）

关于中国传统武德与西方军事价值观的比较 中国传统武德和西方军事价值观，属于军事伦理学或军事道德学的范畴。两者对军事建设和战争实践具有特殊的指导、调节和控制功能，因而都有其鲜明的特色。第一，在社会功能指向性上，中国的传统武德是为反对民族分裂和维护国家统一服务的；西方军事价值观在近代以来成为西方列强扩张主义和霸权主义的理论基础。第二，在价值准则的一致性上，中国的传统武德将传统道德哲学即"修身、齐家、治国、平天下"作为价值标准，是一元论的思维方式；西方的军事价值标准具有双重性，对亲缘国家采取一种标准，对其他国家则采取另一种标准。第三,在战争指导的功利主义上,中国传统武德强调战争的社会意义和人民群众的利益;西方军事价值观采取实用的功利主义,把眼前的胜利看成是战争的最高法则,为了战争的胜利可以不择手段。(王生荣《试论中国传统武德与西方军事价值观》,《中国军事科学》1995年第4期)

关于中西海洋观之历史差异 有作者指出,不同的社会存在,决定着中西方的海洋观从产生之日起便存在着差异。陆主海从,是中国人的观点,在实践上表现为重农主义;海主陆从,是西方人的观点,在实践上表现为重商主义。中国对海洋价值的认识远低于西方,海洋实践的热情也低于西方。这种海洋认识差异,在16世纪以后的近代日益扩大,主要表现为两个不同的层次:西方的海洋观发生了飞跃,将视野扩展到全球范围;中国仍将认识限制在以海洋为疆界的"九洲"之内。对海洋认识差异的扩大,对西方的崛起和中国的衰落影响是极为深刻的。进入现代社会,中西海洋观的差异在缩小,尤其是在80年代以来,在改革开放方针的指导下,中国人的海洋观念显著增强,中国开始走向海洋,面向世界。(张炜《中西海洋观之历史差异》,《中国军事科学》1995年第3期)

关于中国现代局部战争理论与美国有限战争理论之比较 美国有限战争理论是美国及其西方国家对战后以两极体制为核心的世界政治格局和核威慑下的战争形态变化的一种理论反映,它形成于朝鲜战争之后,并在60年代发展到一个高峰。中国现代局部战争理论则主要是新中国对当代世界政治格局的变化、战争与和平矛盾的发展和自身面临的最迫切安全问题理性认识的产物,它在既重点准备应付新的全面侵华战争,同时又被迫进行了多场反侵略局部战争的背景下开始形成,并在国防建设和军队建设的指导思想实现战略性转变后迅速发展起来。从理论的性质、目的和范围看,美国有限战争理论本质上是一种进攻性的理论,它着眼于全球争霸的需要,为在"中间地带"发动进攻、进行争夺提供理论依据,战场都是在本土之外或远离本土的地方。中国现代局部战争理论则是一种防御性的理论,它立足于本土自卫的实际,是以保卫国家的主权和利益、为国家现代化建设提供安全稳定的环境为目的的,其战场都是在以本土为依托的边境地区或个别周边地点。从理论实现的手段、途径及其效果看,美国有限战争理论是以实力政策和技术装备优势为基础,以打常规战争和实行联盟战略为主的实践理论。中国现代局部战争理论是以人民战争为基础,立足于以劣势装备战胜优势装备之敌,采取灵活多样的作战形式和坚持独立自主的实战理论。(陈舟《中国现代局部战争理论与美国有限战争理论之不同》,《中国军事科学》1995年第4期)

(邓晓宝)

中国军事哲学研究 1995～1996年,军事哲学领域再现繁荣景象:军事哲学基本理论有了新的发展;关于战争指导规律问题的争论继续走向深入。

关于军事哲学基本理论 有的作者认为,"军事哲学适应新的军事革命的要求,正处在方兴未艾的时期",并从理论和实践的结合上,深刻地阐述了军事哲学在现代国防和高技术战争中的指导作用。指出:

(1)*军事哲学是对军事问题认识的认识、方法的方法*。作者认为,军事哲学是对军事实践与认识反思的结果。军事哲学是方法论,但主要是思维方法,是关于军事问题包括战争指导的认识的认识、方法的方法。

军事哲学是军事学术的最高层次。由于战争是人类历史上最经常的社会现象,因此,各个时代的哲学,无不包容军事哲学的内容。在千百年哲学的争论与发展中,军事哲学也许始终是一枝独秀的。历史上,哲学曾一度成为神学的婢女,或是政治上的注解、金钱的附庸,但是军事哲学一直处于战争指导中至高无尚的地位,尽管有的是唯心主义、机械主义的,但谁也没有把它从军事艺术的殿堂上拉下来。

军事哲学依赖于战争主体对构成战争运动诸因素(如政治、经济、军事、科学、文化、地缘等)的相互矛盾和相互转化规律的认识与把握,因此,军事哲学思维几乎触及人类社会各个层面,其视野深邃而广阔,上至直接关联战争本质的问题,战争与和平的转换规律;下至军事技术、作战方式、军队编制、作战指挥诸因素的转化,以及战争实践与军事理论的循环往复,战争谋略,制胜因素的创造与战争结局的逻辑关系,等等。这些也都是当代军事哲学的前沿课题。

作者还指出,研究军事哲学,必须有一个坚实的哲学基础和正确的思维方法,用来解决现实发展与思想认识的矛盾,解决具体与抽象、实践与观念的矛盾。这里最关键的,不是从观念出发解释实践,而是从物质实践出发来解释观念的东西。军事哲学的起点和归宿都是战争实践。

(2)*军事哲学的本质是军事实践经验上升的哲学观念*。军事哲学是研究与运用构成军事运动的各种因素之间相互关联、制约转化的科学,是军事科学各门学科的共同的理论基础和方法论。它的本质特征是军事实践经验上升的哲学观念,为指导军事实践提供科学的认识论和方法论工具。它通过军事实践主体的辩证思维作用于军事实践，对军事指挥者科学思维方式的形成具有重要意义。

作者通过对军事哲学发展史的考察，指出：军事与哲学的联系，由来已久，在伟大的社会变革与技术革命时代，哲学的进步常常是其他科学认识发展的先导。人类社会发展的各个时期，哲学上的积极成果都曾有力地推动过军事理论的进步。而各个时代的军事家，为了解释战争现象，揭示战争规律，寻求指导战争的制胜方法，也都自觉或不自觉地力图求助于当时哲学上的成就，作为认识的工具。并说，中国是最早闪烁着军事哲学智慧之光的文明古国之一；同时，也对文艺复兴以来西方军事哲学的历程作粗线条的描绘，认为马克思和恩格斯创立了真正科学形态的军事哲学。

作者还指出，毛泽东对马克思主义军事哲学的发展作出了重大贡献。从战争本质到战争形式，从战争运动过程到战争规律和战争指导规律，从战争的物质基础到人在战争中的自觉能动性，从军队建设到作战指导，军事实践到军事认识的辩证过程，从战争力量强弱转化的条件、过程到规律等等，都作了全面、系统地阐述，并提出了一些军事哲学的新范畴，把马克思主义军事哲学的发展推向了一个新阶段，构成了一个完整的理论体系。

(3)*对战争本质和根本动因的认识，是军事哲学研究的起点*。在对战争观的分析中，作者认为，无论是唯物主义的或是唯心主义的军事哲学，都是以对战争本质和根本动因的认识作为研究起点的。

作者指出，战争是政治的另一种手段的继续，当政治矛盾尖锐到一定程度而无法继续前进时，就会爆发战争，而政治是经济的集中表现，因此战争归根结底根源于经济利益的对立和冲突(包括领土主权、海洋权益的生存条件的争夺)，战争的本源是经济矛盾；同时，政治的前提和条件甚至那些存在于人们头脑中传统的宗教意识，也起着一定的作用。战争与和平都是政治存在的方式，它都是经济基础、社会生产力发展所决定的。和平是国家之间综合实力相对制衡的存在形式，是国内生产关系与生产力的矛盾相适应或相缓和的时期；而战争则是上述因素的失衡或激化。经济基础不仅是战争的根本动因而且是战争的物质前提。

(4)*军事辩证法是军事哲学的核心*。其内容包括5个方面：军事运动的辩证规律；战争规律与战争指导规律；军事力量建设的辩证规律；军事认识的辩证规律；作战指导的辩证规律。(《李际均《方兴未艾的当代军事哲学》,《中国军事科学》1995年第3期)

关于战争指导规律的争论　战争指导规律仍然是军事哲学研究的一个热门话题，争论的焦点集中在以下3个问题：

(1)*什么是战争指导规律？*有人从战争规律与指导规律的区别入手，对战争指导规律进行了界定，认为战争规律反映的是交战双方的运动过程的本质，而战争指导规律反映的是己方运动内部过程的本质，它是以己方为起点，胜利为终点，说明如何取胜的本质认识，它主要回答己方应怎样实行战争的问题。有人则认为，战争指导规律是战争指导的主体在进行自觉的战争实践活动中所内含的客观规律，是做“战争指导”这一“事”的规律，即指挥员指挥战争活动过程中的客观规律性。

(2)*战争指导规律与战争规律有何区别？*一种意见把二者的区别概括为3个方面：首先，研究对象不同。战争规律研究的是战争活动，而战争指导规律研究对象是战争指导活动。例如：“战争是政治的继续”，属于战争规律，而“战争行动要考虑政治目的需要”则属于战争指导规律；“战争是综合力量强者胜、弱者败”，这属于战争规律，而“以弱胜强”属于战争指导规律。其次，研究的内容不同。战争规律的研究内容是敌对双方的各因素的内在联系和必然趋势的总和，是研究战争的发生、发展和灭亡的规律，对战争规律的理性反映就是战争理论，其核心是战争观；战争指导规律的研究内容，是指导者指挥活动的客观进程和必然趋势的总和，是研究战争指导者如何根据战争情况，科学地认识战争规律，灵活地使用兵力的问题，基本内容是战争认识规律和战争力量使用规律。再次，作用不同。研究战争规律的作用在于把握观察分析形势的客观依据；而研究战争指导规律，其作用在于指导战争，包括防止、制止战争和有利地实施战争。

另一种意见认为，战争规律和战争指导规律是对战争不同的内部过程的本质的反映。战争规律反映的是交战双方运动过程本质，战争指导规律反映的是己方运动内部过程的本质，前者以敌我为起点，胜败为终点，说明战争胜败现象的本质。后者以己方为起点，胜利为终点，说明如何取胜。根据战争规律，人们能够解释战争的原因、性质、特点；能够解释双方为什么会互有胜败；能够解释战争的前途如何等。根据战争指导规律则能完整和直接地解释，我方应怎样进行战争，以何种方法、步骤夺取胜利，怎样行动能争取主动，怎样行动利大弊小。

(3)*战争指导原则是不是战争指导规律？*一种意见认为，具体到某一原则是否就是规律，要具体分析，经过战争实践检验并被证明是正确的指导原则，属于指导规律;没有反映过程本质联系的不是规律,按该原则去做导致失败的也不是规律。另一种意见认为,战争指导原则是战争指导规律在观念上的反映,它是活生生的、全面的、灵活的、无条件发展变化的,而战争指导规律是相对静止的、近似的、有条件的。(曾庆洋《再论战争规律和战争指导规律》,《中国军事科学》1995 年第 3 期;林荣林《再谈战争指导规律》,《中国军事科学》1996 年第 1 期)

(谢永亮)

中国军事历史统计学研究 有作者撰文指出,军事历史统计学,是关于军事历史现象和过程及其数质量指标的理论知识,它是一门新兴学科,属于社会统计和军事历史学的分支。军事历史统计学考察军事历史现象和过程的总体,研究历史上国家的军事实力、武装力量构成、战争准备的物质基础及其战争过程、结局的数质量指标和军事历史现象在具体历史条件下的规律性。在军事历史研究中,各种有关军事内容的统计数据和统计资料,对于了解军事历史现象和揭示军事历史规律有着十分重要的作用。研究军事历史统计学是军事历史研究领域中的一项重要任务。

军事历史统计学的产生与发展 战争的发展和社会的进步,使军事统计的范围越来越广泛,进行军事历史问题的研究也越来越需要借助于军事统计,这就为军事历史统计学的发展提供了机遇。另一方面,统计学的产生和概率论等方法引入统计学,也为军事统计学和军事历史统计学的发展创造了条件。根据一般统计学的原理,军事历史统计学的任务主要是调查、搜集和科学地整理、分析各种军事历史统计资料,运用数学统计等手段,把军事历史的各种指标系统化,从而揭示战争和军事的具体现象与军事历史过程的规律性。近百年来,军事历史统计学成为越来越多的人研究战争经验、军事理论和军事历史以及现实军事问题的重要工具。为适应军事历史问题研究的需要,军事历史统计学又产生了一些分支学科,例如战争历史统计学、军事经济历史统计学、军事政治历史统计学、军事财政历史统计学、军事审计历史统计学、军事卫生历史统计学和军事法律历史统计学等。

军事历史统计学的研究对象、内容及其特点 军事历史统计学研究的对象是军事历史现象的数量方面,它是利用综合数学指标,研究在一定时间、地点条件下的数量关系及其发展,并通过量的变化来表明质的变化。军事历史统计学的研究内容,主要是阐述军事历史统计工作的性质和探讨军事统计工作的任务。主要有 3 个方面的内容:一是详细地论述建立科学的军事历史统计组织、管理体制和管理制度的原则与方法;二是阐明建立科学的军事历史统计指标体系的方法,研究建立军事历史统计指标体系的内容,进行统计分组的方法和各个指标包括的军事历史问题的研究范围及其计算方法;三是在研究军事历史统计调查、统计整理和统计分析工作的基础上,阐明它们各自的方法论。

中国人民解放军军事历史统计学的特点主要表现为,按照马克思主义的历史唯物主义和社会主义市场经济的原理原则,运用数学的方法,考察军事历史总体现象的数量关系,并在调查战争及其军事历史事件的基础上,从总结军事历史经验的高度,把握军事历史的真实数据。因此,我们所要建立和发展的军事历史统计学,具有鲜明的阶级性。

军事历史统计学的基本方法 统计学中的大量观察法、抽样观察法、大数定律和概率论、分组法和平均数、误差法和分布律、相关法和回归法等一些重要的方法,在军事历史统计学中均有不同程度的应用和体现。其中,以下 3 种方法在军事历史研究中经常使用。

大量观察法。这种方法所统计和研究的不是个别的数量关系,而是总体的数量关系。它观察个体是为了达到观察总体的目的。在统计学上,总体必须是同质的,而总体内的各单位则是不同量的。因此,被观察的个体应具有充分的代表性,它要从参差不齐的个别量变过渡到具有代表性的、能反映一般特征的综合数量指标,被观察的单位就要达到足够的数量。古今中外,军事家们运用大量观察法研究军事问题的事例屡见不鲜。大量观察法在军事历史著作编纂中起着重要的作用。

抽样观察法。统计学中抽样观察法主要用于全面观察各种统计报表材料和对于某些事物的定期普查。在军事历史研究中,运用抽样观察法,并与概率论的方法合用,可以有效地保证军事历史统计数字的全面性和准确性。如通过对所要研究的军事历史问题总体的某一部分进行观察,就可以推算出一般和普遍的问题。在军事历史研究中,大量观察法主要是从宏观上分析问题,而抽样观察法则是从微观上进行具体的研究。比如,总结某一次战争的经验材料可能有许多份,研究者运用抽样观察法,只要从中抽出某几份具有代表性的材料进行分析研究,就能对战争有个基本的评价。运用抽样观察法于军事历史的战绩统计、兵力计算、粮秣弹药消耗等方面,能为所研究的问题提供可靠的数据。

大数定律和概率论。大数定律的原理一般运用于数理统计学和社会经济统计学。它的基本原理为:当总体内各单位被观察的数目达到足够大时,被观察的单位无限增大时，被观察单位的平均值就近于总体的平均值；当总体内的单位数为已知，而且被观察单位数与之同样大时，则被观察单位值的综合就是总体值。因此，从这一原理中得出的结果，表现的就不是个别单位的数量特征，而是总体的数量特征。同时，这一原理还表明，只有被观察单位达到足够大的数量时，这一个体的特征才能趋于消失，从而把总体的规律性表现出来。这一原理，正是哲学上的偶然与必然、个别与一般的辩证关系在数量关系上的反映。在军事历史研究中，运用大数定律，并与概率论兼而用之，可以达到准确可靠的程度。用这种数学方法进行的研究，在现今的军事系统工程学中屡见不鲜。（谢国钧《军事历史统计学简议》，《中国军事科学》1995 年第 3 期）

中国军事后勤历史学研究　有作者撰文指出，军事后勤历史学，是军事后勤学与军事历史学的交叉学科，是军事后勤学的一个重要分支。

军事后勤历史学的概念　军事后勤历史学是军事后勤学与军事历史学相交叉而产生的新学科。其概念可以表述为：研究以往后勤建设和保障活动、探索后勤发展的指导原则及规律的科学，是军事后勤学的一个分支。

军事后勤历史学的结构体系　借鉴现代史学结构体系的划分方法，作者认为，军事后勤历史学结构体系，可按 3 个层次 20 个分支进行构建。第 1 层次为理论部分，包括后勤历史发展规律、认识论、方法论、价值与功能、史学分期、史学动力等 6 个分支研究方向。第 2 层次为史论部分，设立世界军事后勤史、中国军事后勤史、中国人民解放军后勤史、战争后勤史、后勤思想史、后勤建设史、后勤管理史、后勤教育史、后勤各专业史、军兵种后勤史、后勤人物史共 11 个分支研究方向。第 3 层次为史料部分，包括历史文献、考古资料、口碑资料等 3 个研究方向。以上的各个分支研究方向又可以细化为若干个研究问题，从而构成军事后勤历史学完整的学科体系。

军事后勤历史学的基本功能　（1）论从史出的基础功能。后勤科学有一个发展过程，因此要知道它的现在和未来，就必须知道它的历史。人们正是透过这些历史现象，来揭示各个学科发生、发展的基本规律，并确立各自的理论体系。因此，后勤历史学不仅是人们认识后勤保障规律的百科全书，也是构成后勤学科体系的重要基础。

（2）为决策服务的应用功能。战略决策是后勤保障活动中带有全局性和高层次的问题。在战略决策的形成中，后勤历史学的主要功能是向决策层展示历史发展规律，并提供有关论据以供咨询，使决策者能够遵循客观规律，趋利避害，做出最优选择。

（3）以古为镜的借鉴功能。历史的借鉴功能历久不衰，反映了现实需要历史，现实离不开历史。为了把握现实，掌握未来，就需要学习古今中外的历史，从中吸取和借鉴有益的经验教训，从而避免重犯历史上的错误。实践证明，善于借鉴历史经验的军事家，都能精心筹划后勤，建设后勤，从而赢得战争的胜利。反之，则会导致战争的失败。（杨庆华《关于军事后勤历史学的几个理论问题》，《后勤学术》1996 年第 10 期）

俄罗斯关于其他军事学科研究

俄军关于军队组织结构诊断学研究　俄罗斯军事科学院副博士卡恰诺夫上校在对军队编制体制的改进工作进行研究后，提出了军队组织结构诊断学这一崭新研究学科。

组织结构诊断学的基本概念　（1）组织结构诊断学的定义是，为发现所研究的组织的缺点毛病、揭示其产生的各种原因、确定改进该组织的目的和方向而采取的一整套措施的学科。（2）组织结构诊断学的研究对象，包括各级具体的部队（如班、排、连等）及其结构、组织形式、战斗使命、战斗使用，战术和武器装备等。（3）组织弊端（以下简称弊端）是指军队各级组织存在的一些妨碍其完成任务的缺点毛病。（4）组织潜力是某一组织未被利用的一种潜在能力，这种潜力是可以通过改进其结构、战斗使用原则、战术、部队完成任务的方法而得以实现的。由于在现代条件下不必提高兵力兵器的数质量，而仅靠提高其使用效率，往往就可以提高各军兵种部队的能力，因此，查明组织潜力便成了组织结构设计工作最重要的任务之一。

组织结构诊断的方法　要想使组织结构诊断这一工作取得正确的结果，第一，要查明那些决定着改变组织结构的原因。第二，要分析和确定最突出的弊端，弄清产生的原因，研究制定查明弊端的方法和消除弊端的可能途径。第三，要周密制定对组织进行诊断的有效程序。

组织结构诊断学的具体任务包括：对组织的目的和任务所涉范围的完整性进行评估；查明同一任务由数个分队执行的重复现象，并对其存在的原因进行检查；对分队所执行的任务同其职能专业化相适应程度进行评估；对现行组织关系的合理性进行评估；对分队的战术和分队使用原则的合理性进行评估；对现有组织形式的效能进行评估；确定存在各种偏差的原因及对其存在的原因进行评估。根据诊断结果，必须就上述任务逐项提出全面的结论，包括组织方法存在的各种问题、设计要求、合理解决组织结构问题的方法。

正如实战和科学研究所表明,当现行组织结构和其完成任务的能力出现一定的矛盾,当过时的组织结构不仅不能促进反而妨碍这一过程时,通常需要改变组织结构。例如,当用以编组兵团、部队、分队的兵力兵器的数量改变时,显然必须改革其组织结构,其改革程度的大小将视所拨给兵力兵器的数量而定;武器装备的质变及由此引起的武器装备操作人员编成的改变,是必须改革组织结构的重要原因之一;有些新式武器装备因其具有特殊性未编入现行结构之中,以及现行组织结构不能保障武器装备潜力的实现,也要求对其在原先组织结构中的效能做出评估,必要时对其进行改革。

组织结构诊断的分类 鉴于组织结构诊断的复杂性和多面性,有必要按照研究对象、规律、周期、实施方法、所得结果评估形式等一系列特征,对组织结构诊断进行分类:(1)按研究对象,组织结构诊断可分为结构诊断(对组织结构的诊断)、职能诊断(对部队和分队之间任务职能区分的诊断)、技术诊断(对组织所装备的各种武器装备利用情况合理与否的诊断)、战役战术诊断(对组织结构战斗使用原则及其战术和完成任务的方法的诊断)。(2)按结果评估形式,组织结构诊断可分为数量诊断和质量诊断。(3)按考察周期,组织结构诊断可分为系统诊断和不定时诊断。(4)按考察对象的范围,组织结构诊断可分为局部(抽样)诊断和综合诊断,前者仅涉及部队(分队)某一组成部分,而后者则涉及整个组织系统。(5)按实施方法,组织结构诊断可分为分析诊断和经验诊断。分析诊断又可分为图解诊断(对组织结构和完成任务技术过程的诊断)、数学统计诊断(对组织数量指标的诊断)、因素诊断(对影响组织效能各种因素的分析)等。经验诊断是依据军队日常生活(演习、局部军事冲突、完成实际任务)经验总结所进行的诊断。

组织弊端的分类及其消除方法 按组织系统中出现弊端的部位、出现弊端的时间、出现弊端的原因这3种标志,可将各种弊端归纳为3大类,每一大类的弊端又可细分为若干小类。

鉴于多数情况下组织系统通常包括指挥、执行战斗任务及保障3个分系统,其中任何一个分系统都有可能出现弊端。因此查明和消除其弊端的方法各不相同。此外,分系统的各种弊端均在不同程度上会对整个组织的效能产生影响。组织结构诊断学理当成为保障查明这些弊端并就消除这些弊端提供科学建议的工具。

第1大类弊端。由于任何一级组织,从基层单位直至团、师以上单位,均有可能出现组织上的缺点,因此可将以其出现部位为标志的各种弊端列入第1大类弊端。按这个标志对弊端进行分类,是为了对某一级组织进行改进,而可以不管该组成部分在部队整个组织结构中的规模和级别如何。当然在改进某一组成部分时,都可能对其他级别的组成部分乃至整个系统进行改革,使之合理化。

第2大类弊端,是按弊端出现的时间加以分类的。由于不同阶段弊端产生的原因有重大区别,因此又将组织结构存在阶段细分为设计阶段和行使阶段,这有助于缩小弊端的寻找范围,提高诊断效率。源于设计本身的组织弊端,其产生原因多半是由于组织设计的科研方法资料不完备,或是由于设计者的水平低;出现在组织结构行使阶段的弊端产生的原因很可能是作战方法和作战手段发生了变化,对国内和国外军队的发展预测不准确所致。为了最大限度地降低出现弊端的可能性,提高组织结构的工作期限和寿命,早在其设计阶段就要考虑到作战手段和作战方法可能发生的变化。只有这样,才能使为部队制定的组织编制长期满足实践的要求。

第3大类弊端,是按弊端出现的原因加以分类的,可细分为成因性质和成因本质两小类。按成因性质分类的弊端包括客观和主观两种。客观性质的弊端是由组织设计阶段各种客观条件(作战手段和方法的发展水平、国家的经济能力和动员能力等)所造成的。这些弊端必须随着外因的改变才能消除。因此,组织结构的调整应随着有关客观条件的改变来进行。按成因本质分类的弊端,一是由于对组织结构设计的科研方法保障不够所造成的。而这主要是对组织结构的研究水平低造成的。只有经常重视这一问题,吸收足够数量的专家来解决这一问题,才能使出现此类弊端的可能性降到最低限度。二是由于组织结构制定者的专业水平低下,同样也是由对组织结构理论的研究水平低这一缺点所致。现行军事教育系统并未规定要培养组织设计专业人员,军事院校教学大纲中也未规定要学习组织结构理论。因此,至今从事组织结构设计工作的人员仍是一些非内行人员,产生主观性质的弊端也在所难免。

战役战术性、技术性和军事技术性弊端均可归纳为成因本质所产生的弊端。产生此类弊端的基本原因,在于设计组织结构时对战役法和各兵种战术研究得不透,因此从战斗使用、战役法和战术的观点来看不能使所制定的组织结构充分实现其潜在能力,并导致在战役(战斗)过程中各部队忙闲不均、在完成任务过程中对部队(分队)的指挥可靠性较差、部队(分队)间的协同动作复杂、对部队全面保障的组织复杂等后果。

结构性弊端在成因本质产生的弊端中占有很大比重,它又可分为如下4种:第1种为组织结构编成总结构的缺点毛病(等级数、各级组成部分的数量、通信联络的设置),这主要是由于对指挥标准论证不够所造成的。第2种为组织上的弊端,它导致该组织各组成部分负担不均(编入各组成部分兵力兵器利用率低或负担过重)。第3种为组织结构上的弊端,它不能保证各项任务的完成,反之,同一任务由几个单位重复执行。第4种为各组织结构的能力互不协调一致。这一点在专业兵种表现得尤为明显。这一缺点可通过重新分配各分队间的兵力,或从外部抽调兵力兵器来加强负担过重的组织来加以消除。

组织结构的一个常见弊端,是某些武器装备的利用率低,其原因是,并非所有武器装备都符合所担负的任务的性质及其战斗使用的条件,且各种武器装备未能时刻保持合理的比例。克服上述缺点的方法有:用那些符合完成任务性质和条件的武器装备取代那些不能满足战役战术要求的武器装备;使各种武器装备的比例达到平衡,以保障其有效发挥作用。(卡恰诺夫〔俄〕《论军队组织结构诊断学》,俄《军事思想》1996年第1期)

俄军关于军事未来学研究　俄罗斯军事科学院院士沃罗比约夫少将在对军事预测学近几十年的发展情况进行研究后,指出,尽管军事预测学的研究取得了一定的成果,但军事上的"未知障碍"始终未能逾越。预测的最大成功表现在那些相对容易做出定量分析的领域,例如武器装备系统的发展,军队集团的战斗潜力、双方军事经济能力、兵力兵器对比的确定。而对那些必须进行定性分析的问题(这正是战役战略计算的核心),预测则明显滞后。使用控制论方法和数学模型进行长期军事预测也没有取得预期效果,计算机博奕对大规模军事预测也只具有十分有限的意义。这说明,军事预测科研机构和科研方法尚不够完善。因此,对军事过程进行长期的、广泛的预测应由军事科学的专门领域——军事未来学来承担。

军事未来学产生的背景　未来学是旨在预见人类和社会生活各个领域未来发展的一个科学知识领域。发达国家特别是美国,不仅在社会学领域,而且在解决军事问题时,早已开始了未来学的研究,并把未来学成功地运用到军事政治、军事战略、军事技术和军事经济等领域,提出了《2000年的陆军》、《信息对抗》、《未来空地一体战》、《太空战役》等许多有价值的前景构想,未来学热的出现并非偶然。它是客观情况发展的必然结果。科学技术的进步、武器装备的高速发展、信息技术的突飞猛进、军事的复杂化等,都扩大了军事规划的范围,要求其必须有一定的科学依据,发挥长期正规预测的作用,提高预测的准确性与合理性。因此,必须建立更加严谨的预测体系,而未来学正可担当此任。

军事未来学的价值　如果按复杂程度、任务规模和使用方法区分预测层次,那么建立在经验、直观和推测基础上的启发性预见应属于第1个层次,使用数学模型、计算机技术、自动化系统等更为完善的研究方法的计算预测应属于第2个层次;未来学作为特殊的预测形式,则属于第3个层次。启发式预见、预测和未来学是一脉相承的几个范畴,其目的是展望未来。与此同时,每个范畴又有各自的特点,对未来观察的深刻程度、研究方法和原则各不相同。与直观预见和预测不同,未来学的任务是展望更遥远的未来,即确定未来国防建设的战略方向,根据部队列装的新式武器装备阐明军事发展的趋势和规律,从而促进国家制定合理的军事政策,论证需巨额投入的军事计划。从而使军政领导人在军事建设和武装力量改革中不犯可能出现的错误。在战役战术层次上,未来学的任务是揭示战役(战斗)最重要的发展趋势。军事未来学不能也不可能解决军事实践中的应用问题。其意义在于提出方法论原则,首先是预测遥远未来的"节点",以避免军事理论提出无可行性的构想,促进军事学术沿着正确的道路发展。

军事未来学研究的基本原则　在方法论方面,未来学吸收了科学思想的先进成果,特别是和哲学的有机联系,使得人们能够对军事的深刻变化进行全面的思考,从而获得新质的科学结论。在军事领域重新认识价值、打破传统观念的过程中,辩证法具有越来越大的作用。作为军事科学的一个领域,军事未来学在其形成过程中主要致力于研究方法论基础,即研究工作的基本原则。这些原则一般包括:目的性;结论(发现)的科学论据;研究的连贯性与全面性;分析与综合的统一,归纳法与演绎法的统一;初始前提的客观性,积极探索的方向性,预测结果的可选择性和军事历史经验的利用。下面解释一下其中两项原则。

1. 目的性。认识武装斗争在未来大规模战争和地区战争中的条件、内容和性质。重要的是,明确其时空范围、可能使用的新式武器、进攻与防御及其阵地样式和机动样式的相互联系和关系的变化、军兵种编制和装备以及军事指挥系统的变革。

2. 科学论据。未来学所提出的建议应是严谨可信和有根有据的。但这将是很复杂的和困难的,因为军事过程本身就具有极大的不确定性,主观因素和其他难以预料的因素在其中起着很大的作用。但这并不是说未来是不可预测的。其可预测性正是以未来学所阐明的客观趋势的存在为基础的。未来学把握战争(战役、战斗)物质技术基础的发展,这是战略、战役和战术上所有新生事物的"发生器"。武器装备集科技进步成果之大成,而科技进步的前景多少是可以预测的。但是,最近几十年军事技术的演变并非总是按计划发展的,经常出现技术上的飞跃和突破,有时还会出现"超级新式武器"系统。因此,未来预测的有效性总是与该领域出现的新规律密切相关。

未来学只有主动地、创造性地运用一切现代军事科研方法进行不懈的科学探索,才能达到自己的目的。而揭示军事现象、过程和事件发展方向与趋势的正规的预测方法,对未来学具有特殊意义。其中尤为突出的是数学模型法、系统分析法、运筹分析法、"目标树形"法、网络法、外推法、因素分析法和经济分析法。(沃罗比约夫少将〔俄〕《军事未来学——军事科学预测的一种特殊形式》,俄《军事思想》1996 年第 2 期)

(木　工)

简　讯

1995～1996 年解放军出版社出版的部分军事图书评介　解放军出版社在出版工作中,坚持面向部队,为建设现代化革命军队服务,在出好书、出精品上下功夫,出版了一批深受广大读者和部队指战员欢迎的图书。现将其中重要著作简介如下。

《毛泽东军事思想原理》是一部系统研究毛泽东军事思想的理论专著,获国家第 5 届"五个一工程"奖。该书由概论、战争观和方法论、人民军队思想、人民战争思想、人民战争的战略战术思想、国防建设思想 6 部分内容组成。作者在研究和探讨毛泽东军事思想产生的历史条件,形成和发展,基本概念、基本原理和科学体系,历史地位和重要作用时,也汲取和借鉴了近年来军内外专家学者的研究成果,并结合现代国防建设、军队建设和作战的实际,进行了新的探索,因而对毛泽东军事思想的基本原理和科学体系的阐述与概括颇有深度和新意。该书的出版,填补了系统研究毛泽东军事思想原理的空白,为广大读者特别是部队指战员学习和理解毛泽东军事思想原理提供了一部教课书。

《陈毅军事文选》出版。该书选收了陈毅元帅 1929 年至 1959 年间的重要军事著作,包括论文、讲稿、电文、信函等共 66 篇。书中所包含的陈毅元帅长期军事实践经验和丰富军事著述,是毛泽东军事思想的重要组成部分。对于制订无产阶级建军路线、战争各阶段的战略战术方针,加强党对军队的领导,以及军队政治工作,武装斗争与统战工作相配合,战争经济与后勤工作等方面都做出了重大贡献。这些著述大部分是首次公开发表,其中有的文章是他和毛泽东个别深谈的心得,十分宝贵。它的出版为人们学习党史、军史,学习和理解毛泽东军事思想提供了生动的史料。

记述中国人民解放军第一野战军、第三野战军战斗历程的两部战史面世。《中国人民解放军第一野战军战史》记述了第一(西北)野战军,从抗日战争胜利后到 1952 年 6 月第一野战军番号撤销期间,胜利地完成保卫党中央、保卫毛主席、保卫陕甘宁边区,解放大西北和配合第二野战军进军大西南等光荣任务的历史。《中国人民解放军第三野战军战史》记述了第三野战军、华东军区部队从抗日战争胜利后到 1954 年 4 月华东军区改称南京军区期间,胜利地完成保卫老解放区,创建新的根据地,解放华东大陆和沿海岛屿等光荣任务的历史。同时,这两部战史还以翔实的史料反映了党中央、中央军委、毛泽东主席在战争进程的各个阶段及关键时刻给予的精心指导,及其提出的正确的战略决策和作战方针。热情的讴歌了人民解放军的两大主力部队,在西北、华东两个主战场浴血奋战取得的辉煌战绩,为解放战争的胜利,为创建新中国,立下的不朽历史功勋。

指挥员的良师益友——《作战指挥研究丛书》。这套丛书以军事指挥员为读者对象,着眼于提高他们的军事素质,尤其是指挥理论水平和作战指挥能力。丛书共 8 种:《作战指挥学》、《战争指导与战争指导规律》、《高技术条件下合同作战指挥》、《美军高层领导与指挥》、《作战指挥与外军司令部建设》、《军队自动化指挥》、《战争中的指挥》、《中外指挥艺术比较》。其中前2种图书从总体上论述了作战指挥的客观规律性和作战指挥学的理论体系。第2至第6种分别对作战指挥理论研究中的重要问题,如高技术条件下合同作战指挥问题、高层次的作战指挥问题、作战指挥与司令部建设问题、自动化指挥问题等,分别进行了较为系统的论述。第7种书介绍了作战指挥史,第8种书是对中外指挥艺术的比较研究。这些书的内容,涉及古今中外,既有理论知识,又具有可操作性;既有历史的回顾,又有当前外军的指挥理论与方法,还有对未来的展望。除此以外,还出版了列入国家哲学社会科学"八五"规划与全军军事科研工作"八五"计划列项课题的成果,主要有:《海洋战略环境与对策研究》、《高技术时代的空中力量》、《陆空协同作战概论》、《当代军人国际法基础》等。这些图书都值得各级指挥员一读。

充满智慧与哲理的《中国历代智囊人物丛书》出版。这套丛书共有17种,包括《管仲》、《范蠡》、《孙膑》、《吴起》、《张良》、《李勣》、《刘基》、《李斯》、《姜子牙》、《诸葛亮》、《崔浩》、《王猛》、《耶律楚材》、《李泌》、《范文程》、《刘晏》、《李密》。这些人物大多是中国历史上杰出的军事人物,有的是大谋略家或军事家,叱咤风云,颇具传奇色彩,他们机敏睿智,陈策献韬,有的在军事舞台上达到了出神入化的境地;有的运筹帷幄,奇策泉涌,智谋纵横,决胜千里。作者在撰写上述17名军事历史人物时,尽力做到重要史实准确,历史脉络清晰,情境逼真,重大事件传神。写作方法上,大多以纪实手法,注重史料运用,情节跌宕起伏,故事生动,具有浓郁的艺术氛围。总的看,这套智囊人物图书,文字流畅,可读性强,是广大读者,特别是广大指战员学习历史、学习军事,提高指挥艺术和谋略水平的良好读物。

(王成刚)

1995～1996年军事科学出版社出版的部分军事理论著作评介　军事科学出版社1996年在保持本社特色的前提下,优先安排出版全军"八五"军事科研课题,减少数量,提高质量,面向基层,适当增加图书品种,推出了一批有较高学术价值的军事理论著作。

军事思想类图书的特点是注意从新的视角拓展研究的广度和深度。《毛泽东思想新论》被列为国家哲学社会科学规划课题。该书论述了毛泽东有关战争认识和战争指导方面的基本原理,以及关于军队建设和国防建设的一系列原理。为适应当前军队建设的需要,突出了战争预测和决策、军事策略思想、军队政治工作思想、军事教育训练思想、军队管理思想、军事后勤思想等内容。该书采用了大量新公布的毛泽东指导中国革命战争的文电档案资料,研究参考了近年出版的许多老一辈无产阶级革命家的文选、文集和回忆录中的宝贵思想,吸收了军内外毛泽东军事思想研究的新成果,同时,注意把毛泽东军事思想放到马克思主义军事理论宝库中,置于世界军事思想之林中,以及中国革命战争和军队建设的历史长河中加以比较和阐述,并提出了一些较为新颖的观点。该书为毛泽东军事思想研究领域吹进一股清新之风。

《毛泽东军事方法论》首次在军事领域把毛泽东军事方法论作为相对独立的学科进行开拓性的探索。该书从哲学的高度,系统探讨了毛泽东军事方法论的基本涵义、历史发展、显著特点,以及毛泽东在研究战争的过程中,如何通过政治透视和阶级剖析揭示战争实质,采用客观和全面的观点考察战争;在认识战争的过程中,如何尊重战争实践、把握战争规律、科学预见战争未来;在指导战争的过程中,如何发扬自觉能动性、实施战略运筹、关照战争全局、力争战争主动权、重视战争主体等。

《边防论》以"大边防"为基点,通过对中国疆界与边防的历史回顾,世界边界争端与外国边防、新时期边防的认识,以及加强边防建设的宏观思考等内容,较系统地构建了边防理论的框架。作者广泛搜集国内外有关边防的信息资料,总结借鉴了中国历代治边的经验教训,紧密结合改革开放以来的边防实际,对当代边防及时空范围的划定、新时期边防的职能、任务和应遵循的基本原则,如何正确指导边防建设,怎样处置边境和海上的军事冲突等有关边防的若干重要理论问题,作了积极而有益的探讨,填补了军事理论研究的一项空白。不仅对加强新时期边防建设有一定指导意义,而且对广大读者树立完整、正确的国土观念和边防观念也将起到积极的作用。

《科学的理论　伟大的旗帜》汇集了总政治部委托军事科学院和国防大学1994年9月在北京召开的全军建设有中国特色社会主义理论研讨会的优秀论文,内容包括邓小平建设有中国特色社会主义理论的精神实质、历史地位、时代特征、以及用这个理论武装全党全军的重大意义;邓小平新时期军队建设思想的基本内容、精神实质及重大意义,从理论与实践的结合上探讨了军队建设上一些重大的理论问题。《战争奇观　民族壮举》集录了由中央党史研究室和中国社会科学院联合召开的纪念抗日战争胜利50周年学术讨论会的征集论文,及兼收报刊杂志发表的部分重点文章,内容包括中国抗日战争的伟大意义和地位作用,统一战线和爱国主义、军事思想和战争指导、军事建设和政治工作、两个战场和各地区斗争等，基本反映了军队系统近年来研究抗日战争的最新成果。

军事历史类图书的特点是注意进行多专题的开掘探讨。《第二次世界大战史》(共5卷)是国家社会科学“七五”规划军事学的重点课题之一，并先后列入全军1990年前军事学术研究重点课题和全军军事科学研究“八五”计划的重点课题，现已出版两卷。该书第1卷主要阐述第二次世界大战的起源、酝酿与爆发。包括帝国主义的全面危机及法西斯国家的崛起，30年代中苏英法对大战威胁的态度，大战在东方的爆发，大战在西方的爆发等内容，中心是记述法西斯国家是怎样崛起并逐步走向世界大战的。第2卷主要阐述第二次世界大战在东西方战场的全面展开。包括德意扩大对欧非的侵略，欧非战场形成；德国进攻苏联，苏德战场形成；中国战场进入战略相持阶段；日本偷袭珍珠港，太平洋战场形成；中国远征军入缅作战；国际反法西斯联盟的形成；这一时期军事技术、军事学术的发展等内容，中心是记述德日意轴心国如何把大战一步步推向极点，而中苏美英等国又如何在战略防御的过程中结成反法西斯同盟。

《中国人民解放军全国解放战争史》(共5卷)被列入全国哲学社会科学和全军科研规划，现已出版3卷。该书第1卷已于1993年出版。第2卷主要反映全国解放战争防御阶段(1946年7月～1947年6月)，人民解放军以自卫战争粉碎国民党向解放区进攻的光辉业绩。反映人民解放军在敌强我弱的条件下，坚决执行中共中央、中央军委和毛泽东制定的积极防御的战略方针及作战原则，依靠人民群众和强有力的政治工作，粉碎国民党军进攻并发展壮大自己的斗争历程。第3卷主要反映全国解放战争战略进攻阶段(1947年7月～1948年6月)，人民解放军以主力一部打到外线去，将战争引向国民党统治区域；以主力另一部继续在内线作战，收复失地，形成人民解放军战略进攻的总形势，使中国人民的革命战争发生历史转折的战斗历程。

《中原突围史》是在纪念中原突围胜利50周年之际推出的一部真实反映作为解放战争之首战的中原突围战役的史书。该书系统全面地反映了中原军区广大将士在中国共产党领导下，出奇制胜地杀出敌军重围，出色完成战略牵制和战略转移重任、创立豫鄂陕、鄂西北两块新的革命根据地，坚持与发展中原游击战争，会同刘邓大军恢复中原河山的光辉业绩和历史经验。既全面阐述了中原突围这一重大历史事件的特定背景、突围战役的全过程及其重大的战略作用，又根据中原军区先后分多路朝不同方向突围的史实，采取分路叙述的方式，使本来纷繁复杂的历史事件重点突出，脉络清晰，一目了然。

《中国上古军事史》(原军事科学院副院长高锐著)是一部研究中国上古军事的力作。该书以翔实的史料，多层次、多方位的探讨了中国原始社会、夏、商、西周、春秋和战国时期军事的缘起和发展情况。既以军事为主线，论述了各时期的军事制度、军队编成、武器装备、主要战争、国防建设、军事人物和军事思想，揭示军事领域自身的内在规律，又注意从历史演进的大势中考察军事，研究军事的时代特征，揭示军事与政治、经济、文化诸社会因素的外在联系，使读者既能了解各时期军事自身的特点，又能从历史的演进和社会的宏观中观察军事，进而探索军事产生和发展的必然规律。

(夏征难)

《军事战略思维》出版发行 一部旨在建构军事战略思维理论体系的力作《军事战略思维》，1996年12月由军事科学出版社出版发行。该书由军事科学院副院长李际均中将撰写。该书指出，军事战略思维包括军事认识论和方法论，也包括对战争准备与实施的全面筹划。它是决定军事战略的主体的思维实践活动，也是军事学术和军事艺术的最高境界。全书共分12章，对军事战略思维的政治性、目标性、传统性、整体性、系统性、超前性、对应性、创造性和确定性等特征，以及“军事哲学思维的本质”、“哲学方法与战略思维”、“战略指导中的不确定因素”、“战略思维与战争计划”、“战争指导与战役主动权”、“国家利益在战略思维中的位置”、“战略决策与科学思维”等一系列重大问题进行深刻的阐述。该书不仅系统总结了近代特别是20世纪军事战略思维的理论遗产，而且联系当前国际政治斗争和军事斗争实际，对军事战略思维领域的种种经验与误区进行了深入探讨，对于提高军事战略决策和指导水平，推动军事理论研究向广度和深度发展，具有重要的实践意义。

《兵役制度概论》出版发行 该书由军事科学院副研究员隋东升撰写，1996年6月由军事科学出版社出版发行。全书14万字共分8章，从加强国防现代化建设的战略高度，系统地论述兵役制度的特性和作用、产生发展、基本类型、主要内容，兵役机构、兵役法规等，并对建设有中国特色的兵役制度进行了深刻的探讨。该书体系完整，内容丰富，既有对我国古代兵制的系统总结，又有对现代中外兵役制度的研究和介绍，是一部填补新时期兵役制度研究空白的著作。

《长征大事典》出版发行 一部全面反映红

军长征光辉历程和主要经验、汇集长征历史研究成果的大型工具书《长征大事典》，由贵州人民出版社 1995 年出版。中央军委领导同志亲笔为此书题词。《长征大事典》由纪念红军长征胜利 60 周年活动组委会组织编纂，老将军萧克为书作序。全书共有 510 万字，以长征通史、长征大事记、长征要事本末、回忆长征、论长征、长征研究综述、国民党围追堵截红军长征的部署、长征诗词歌曲、外国人谈长征、长征组织序列名册和战役战斗等 10 个部分组成。有关专家认为，此书具有很高的史料价值和学术价值，是一部可以传世的红军光荣传统的教科书。

《现代兵法库》出版发行　由于守诚主编，军内近 20 名学者合著的《现代兵法库》已由大连出版社 1995 年出版。该书包括《谋略卷》、《陆战卷》、《海战卷》、《空战卷》、《电子战卷》、《谍战卷》等 12 卷，约 150 万字。书中凝炼了 400 余则近代和现代战争，特别是高技术战争的战法，记述了近百场战争、战役、战斗的运筹韬略、用兵作战的实例。其中《谋略卷》重点写战争的指导、运筹，即战略问题；其他各卷重点写现代战争的主要作战类型、样式及各军兵种的战法。该书采取一题一法一例一议，各题并列的体例。每题之下一般均分为兵法表述、兵法释义、兵法运用 3 个层面，并附有近 300 幅珍贵的实战“要图”、照片。

《中外名战与名帅——兼论东西方兵学文化意识》出版发行　由军事辩证法研究领域的专家、北京大学哲学系教授张文儒撰写的《中外名战与名帅——兼论东西方兵学文化意识》一书，已由当代中国出版社于 1996 年 10 月出版发行。该书从古今中外的众多战例和统帅中，选取其中最著名、最有学术研讨价值的战役与兵家，进行了重点的介绍与评述，并着力挖掘人物与战史背后的人文意识，特别是哲学思想。从而使该书具有了较高的起点和品位，有较强的启发性与感染力。该书史料丰富扎实，有学术研究价值，语言明快，可读性强，可使人对东西方兵学发展概况和兵学文化意识的基本特点有一个较为全面的了解。

《俄罗斯军事百科全书》在俄陆续出版发行　百科全书计划收入近 1.1 万个词条，其中篇幅最大的是战争史、军事科学和军事学术卷（占全书的 36%），有关俄罗斯军事方面条目占全部条目的 74%，有关外国军事方面的条目占 25%。较 1980 年出版的前苏联军事百科全书，该全书具有以下新特点：第一、它既是以往所有苏联和俄罗斯军事科学工具书的续篇，同时又依据华约解散、俄联邦成为主权国家及其武装力量发生深刻变革的现实，按照新通过的俄联邦军事学说和对外政策新构想，重新阐述了国际和国家安全、可能爆发的战争的性质、武装力量的使用，与其他国家在军事领域的合作及参加维和行动等问题。第二、突出军事特点。大大缩减与军事无直接关系的政治、科普和通用技术条目，扩大有关军事理论、军事历史、武器装备与军事技术条目的比重，其中有关军事学说、军事科学、军事学术，战略、战役、战术学及军事行动的类型、方式和方法等条目占有最重要的地位。同时更精确、更严谨地使用军事术语。第三、对以往严加保密的国内最先进的武器及其设计师，将首次作公开介绍，并与国外同类武器相比较。在有关武器装备的条目中，3/4 以上介绍的是国产武器，以扩大国产武器装备的出口。第四、对一些军事历史条目进行了修改或重写，如“白军运动”、“白军”、“高尔察克军队”等，都是以往全书从未涉及过的。在介绍俄罗斯和国外军事活动家时，功勋卓著的保家卫国英雄人物占有重要位置。该百科全书的第 2 卷和第 3 卷已分别于 1994 年 12 月和 1995 年 12 月在俄罗斯出版发行。其余 6 卷将于 1999 年之前出版。

《拨乱反正：美军自越战之后到海湾战争的改革》1993 年在美国出版发行　作者詹姆斯·邓尼根和雷蒙德·马塞多尼亚长期在军队供职，在军事理论研究方面颇有建树。该书认为，美军从越南战争到海湾战争期间由弱变强，并非完全取决于高技术，主要得益于及时的自我反思与改革：首先，在于认真地总结了越战失败的教训，如战争指导屡屡失误，编制与作战理论不适应越南战场的实际情况，不切实际的轮战制度影响了部队士气和战斗力等；其次，从对第四次中东战争中以军侥幸取胜的现实进行反思，认识到美军存在问题的严重性，从而推动了美军大规模的改革；再次，有重点地推进军事改革。一是注意选准突破口。美军改革未从编制装备方面开始，也没有将关注点放在高技术上，而是把重点和突破口选在作战理论和教育训练上，从而有机地将人和武器结合为一体，并转化为新的更大的战斗力。二是大力加强作战理论研究。1976 年美陆军颁布新的《作战纲要》，提出一系列新的观点。1982 年，又在此基础上颁布新的《作战纲要》，全面推出“空地一体作战”理论，使作战理论发生了革命性的变化。三是发展新的教育训练方法。如模拟训练打破了以往的训练模式，使训练更接近实战；再如大力加强指挥与参谋军官的训练，使军官学会如何打仗，而不是当好管理者和外交家。四是根据作战理论的要求，循序推开改革，并使之在 20 年间持续不间断，收到了较好的效果。

（木　工）

“毛泽东军事思想与现代国防学术研讨会”在昆明举行　1996年12月上旬，中国毛泽东军事思想学会在昆明陆军学院召开了“毛泽东军事思想与现代国防学术研讨会”。来自军内外的百余名专家学者就毛泽东军事思想的历史地位与作用、发展思路和继承创新等问题进行了研讨。会议认为，毛泽东是新中国国防事业的缔造者，创立和发展了新中国的国防事业。和平建设时期，毛泽东一再告诫全国军民保持高度的忧患意识、国防观念和战斗作风，狠抓国防科研和国防工业，使新中国的国防建设获得突飞猛进的发展，使中国成为世界军事强国之一，引起世人瞩目。会议强调，一定要实事求是地评价、继承和发展毛泽东军事思想。毛泽东国防建设战略思想仍然是中国制定国防发展战略的科学依据。

会议认为，当前中国国防建设应注意以下几个问题：第一，国防战略必须坚持以国家利益为最高准则，着眼于长远的战略利益；第二，要坚持以经济建设为中心带动国防建设协调发展，进一步增强综合国力和战争潜力；第三，严格训练，严格要求，全面提高部队战斗力，培养和造就适应高技术局部战争需要的各类优秀人才；第四，应尽早淘汰不适合作战需要的老旧装备，加速提高先进武器装备的比例，并有预见、有计划地储备先进的技术能力，使武器装备的储备变为技术能力的储备；第五，把发展国防科技放在国防建设的领先战略位置上，突出重点，提高起点，着眼于未来空间化、信息化、智能化、电子化战场，完善和发展自己的防御系统；第六，坚持进行集中统一领导下的全面深入改革，增加多功能快速反应部队、特种作战部队，以适应战略形势和高技术条件下作战需要；第七，加快国防工业军与民、平与战的转换；第八，强化全民国防意识，建立和形成最广泛的群众性全民国防意识和思想体系。（中国《解放军报》1996年12月12日）

（襄　阁）

邓小平军事改革思想研讨笔会在南昌召开　1996年10月8日至10日，由中国军事科学学会与南昌陆军学院联合主办的“邓小平军事改革思想研讨笔会”在南昌召开。参加这次研讨会的有来自全军各单位和武警总部的专家学者等40位代表参加了会议。笔会的主题是深入研讨、宣传邓小平军事改革思想，回顾和借鉴中外军事改革的经验教训，联系世界军事革命的挑战，探索世纪之交军事改革的重大理论问题。会议交流了37篇论文。这些论文有的从总体上对邓小平军事改革思想进行了认真的研究；有的从某些方面对邓小平军事改革思想作了深入的探讨；还有的紧密联系实际，对在实践中运用和贯彻邓小平军事改革思想提出了深刻的见解。会议期间，代表们围绕“邓小平军事改革思想的产生与发展”、“邓小平军事改革思想的基本内容”、“邓小平军事改革思想的理论贡献、理论形态、理论来源”等问题进行了深入的研究讨论。

第4次全军军事科学研究工作会议在京召开　为总结交流“八五”期间全军军事科研工作的完成情况和主要经验，研究“九五”期间军事科研工作实施的有关问题，军事科学院于1996年7月3日至5日在北京召开第4次全军军事科学研究工作会议。

中共中央政治局常委、军委副主席刘华清出席会议并讲了话。他充分肯定了“八五”期间全军军事科研工作取得的成绩。同时强调，科技强军，理论先行，军事科学研究工作今后只能加强，不能削弱。“九五”期间军事科研工作要突出新时期军队建设和作战的重大现实问题的研究，以高标准、高质量、高水平的研究成果，为军委、总部决策提供咨询，为部队建设和作战、为院校教学提供理论指导。会议明确，“九五”期间军事科研将坚持以毛泽东军事思想、邓小平新时期军队建设思想和以江泽民同志为核心的党中央第3代领导集体关于新时期加强军队建设的一系列重要指示为指导，围绕贯彻落实新时期军事战略方针，贴近军事斗争的实际，在国际战略形势研究、战略指导与战法研究、军队质量建设研究方面重点突破，并在此基础上，初步建立起具有我军特色的适应高技术条件下局部战争要求的理论体系。副总参谋长吴铨叙受中央军委委托到会讲话。军事科学院院长徐惠滋、政委张工以及全军各大单位分管军事科研工作的领导，三总部、军委办公厅有关部门的领导，部分部队和有关院校领导出席了会议。

军队正规化管理学术研讨会暨军队管理研究会成立10周年总结大会在沪举行　1996年1月9日至10日，军队正规化管理学术研讨会暨军队管理研究会成立10周年总结大会在上海举行。来自军事科学院、国防大学、陆海空军、第二炮兵、武警部队及军事院校的专家学者100多人参加了会议。此次会议的主题是研讨提高军队正规化管理水平问题，共收到论文178篇，其中评出一等奖17篇、二等奖28篇、三等奖36篇。论文作者既有著名的军队管理学专家，也有在部队管理第一线认真实践的领导干部、机关干部。会议认为，正规化管理就是以条令条例为基本依据，运用科学的管理思想和方法，对军队进行系统化、规范化、科学化的计划、组织、协调和控制。在改革开放、发展社会主义市场经济的新形势下，提高军队正规化管理水平，最重要最有效的办法就是依法从严治军，提高干部素质，不折不扣地按照各项条令条例办事。会议还对未来5年的学术研究作了规划和展望。会议还总结了军队管理研究会成立10年来的丰硕成果，计先后召开10届年会和4次专题研讨会，共交流军队管理学术论文850篇，取得科研成果88项。

第21届国际军事历史研讨会在北魁召开

1995年8月20日至26日，国际军事历史委员会在加拿大北魁召开了第21届国际军事历史研讨会，32个国家的161名学者参加了会议，中国军事历史研究会3名代表应邀出席。

这次研讨会的主题是：1815年以来的国际维和行动（选择1815年为起点，是因为这一年欧洲反对拿破仑的战争胜利后，少数强国结成的“神圣同盟”，被看作是建立国际机构的第1次尝试，他们为维护既得利益及其联手造成的“欧洲新秩序”，曾打出保持欧洲和平的旗子）。会上共交流论文52篇，其中研究1815年至19世纪末武装冲突中维和问题的11篇，研究20世纪主要是二战后至目前的武装冲突中维和问题的41篇。

会议强调，维和对于保障国际安全和世界发展具有重要意义，将其视为21世纪的战略性任务。同时认为，安全观念和维和观念的变化，使相当多的国家更多地关心维和行动，其中美、俄更加重视维和行动，正朝着更多地参与维和行动的方向迈出步子。美国总统克林顿在1994年发布的总统第25号决策指令中，把维和作为既能保护美国利益又能保护国际安全的“有用工具”。美国学者的论文，反映了美国在维和行动中从来都是根据自己的意愿来采取行动的行为准则。俄国学者在论文中肯定了华约在维持和平、稳定国际秩序方面的历史作用。并认为俄国在今后的国际维和行动中仍将起非常重要的作用。联合国成立以来的维和行动有得有失，目前遇到麻烦更大，需要改进。中国学者在大会上发表了题为《不要忘记第二次世界大战的教训》的论文，强调全面冷战的时代已成为过去，但局部冲突依然存在。如果冲突各方单纯从各自的私利出发，不能持克制态度，参加调解、维和的有关国家又偏袒一方，势必会火上加油，助长升温；战后的历史证明，走和平发展的道路是完全正确的；正视历史、汲取历史教训非常重要。指出日本有些政治家对二战的态度是欠明智的。不能接受失败教训的人，会重蹈覆辙。

（木　工）

（本栏责任编辑　王湘江）

计算机病毒及其军事应用

综述 随着微电子技术及其相关技术的迅猛发展，计算机已经渗入到人类社会的各个领域，并引起人类社会各个方面发生深刻变化。特别是计算机在军事领域的广泛应用，已经使现代战争的武器系统和指挥控制发生了革命性变化，同时也使军事行动对计算机的依赖达到了一种前所未有的程度，可以说，军用计算机系统已成为现代军队作战武器和指挥系统的神经中枢。就在人们沉醉于计算机所带来的无限恩惠之中时，计算机系统的“天敌”——计算机病毒应运而生。计算机病毒的出现，使人类既感到惊恐，又感到惊喜。恐的是“病毒”的出现可能使各类计算机系统在瞬间即被摧毁或瘫痪，从而造成经济、军事上的巨大损失；喜的是又多了一种“软杀伤”制敌手段，从而可以轻易地达到“兵不顿而利可全”的战争目的。计算机病毒作为一种全新的武器，将以其独特的性能、使用和毁伤方式，在未来战争中发挥重大作用，对未来军事乃至社会安全产生难以估量的影响。因此，计算机病毒及其军事应用研究倍受重视。

计算机病毒的基本概念及其特点 **计算机病毒及其特性** 所谓“病毒”原指生物学领域的一个概念，是指那些侵入生物体致病的微生物，具有很强传染性的一种毒素。计算机病毒与这种生物学上的病毒有许多相似之处，不过它所感染的对象是“死物”，而不是生物。从本质上讲，它是人类人为编制的一种具有特殊形式的破坏性计算机程序，即“瘟疫性代码”。这种“代码”一旦进入计算机的记忆系统，就会改变计算机的运行，降低系统工作效率，删除或修改系统的输出结果，暂时或永久性地破坏和瘫痪计算机的储存和记忆系统，乃至向硬件性能发起攻击。正因如此，国际上已统一将这类程序定义为“计算机病毒”。同生物病毒一样，计算机病毒具有持久性、传染性、流行性、繁殖性、潜伏性和针对性等特性。

计算机病毒的传染性是指计算机病毒由载体携带，从一个计算机系统传染到另一个系统，以致在不知不觉中传染到整个系统。这种病毒的传染载体包括计算机的硬盘、软盘和联网使用的通信线路。

计算机病毒的流行性是指所编程序的广泛通用性。因为任何一种计算机病毒都属于一种程序，而程序在计算机系统中的运行是不受硬设备影响的，可在任何计算机系统中操作运行。程序员按要求编制出的计算机“程序”，可按具体情况，采取多种途径（如光缆、电缆、配套设备、无线电波等）进入计算机系统，并在其中按自身规则运行。

计算机病毒的繁殖性是指“病毒”具有的自我复制功能。一旦病毒被输送到网络系统的软件中去，便可被复制成多个分系统使用的软件程序，使正常使用的软件程序受到感染，当计算机系统执行这些程序命令时，整个计算机系统便会出现误操作，甚至自动停机。

计算机病毒的潜伏性是指“病毒”可被按一定的形式固化在计算机硬件设备或其配套设备上，平时潜伏不动，到战时或到某个预定时间或某个特定事件发生时，便可通过电子手段激活“病源”，或其自行“激活”，摧毁或瘫痪对方的电子信息系统。

计算机病毒的针对性是指“病毒”可以被有针对性地注入到敌方特定的计算机系统中，以达到施放者预期的目的。

计算机病毒武器的特点 基于上述特性，计算机病毒作为软杀伤武器与其他软杀伤武器相比，将具有如下几大特点：

(1)造价低，危害大。因为计算机病毒是一种具有特殊形式的软件程序，任何熟练的程序编制员都可按需要编制出相应的计算机病毒，而且病毒放置方法十分简便，无需精密复杂的设备。根据计算机病毒的特性及造成危害程度的大小，计算机病毒可分为“良性”病毒和“恶性”病毒。所谓“良性”病毒是指一种不对系统进行破坏的程序。这种程序造价很低，任何熟练的程序编制员都可编制出来，而且它所造成的危害也比较小，常带有开玩笑性质。比如使你的计算机突然发出一阵怪叫声；或者只使你的计算机出现暂时性故障，等等。“恶性”病毒是一种既传染，又具有破坏系统功能的程序，这类程序一旦侵入计算机系统，则会造成难以估量的损失。如 1988 年 11 月，美国康奈尔大学的研究生将他设计的“恶性”病毒程序“莫里斯病毒”通过美国最大计算机网络 INTERNET 侵入系统内计算机，病毒攻击了 INTERNET 网络所包括的 5 个计算机中心和 12 个地区节点，连接着政府、大学、研究所和拥有政府合同的 25 万台计算机，导致美军用网络(MILNET)中约 8500 台计算机被感染，包括美国国家航空和航天局、军事基地在内的 6000 余台计算机陷入瘫痪，直接经济损失近亿美元。

(2)作用广，隐蔽性强。当今世界，随着微电子技术的发展，计算机已进入到现代社会生活的各个角落，可以说，凡有计算机的地方，就有计算机病毒出没的可能。目前，世界上已开发成功的军用计算机病毒已达几十种之多，而民间存在的计算机病毒则已多达几千种，据 1995 年英国伦敦计算机国际安全会议统计，目前已知的各种计算机病毒已达 8500 种。这些计算机病毒有些或已运行发作或仍潜伏在各个领域的计算机系统中待机发作。其中危害最大的，仍属军用计算机病毒。据统计，目前军用计算机病毒已有 5 种类型(按其性质分)：一是特洛伊木马型，这种病毒进入敌方电子系统后可长期潜伏，只有到预定时间或特定事件发生时才开始发作，破坏计算机系统。这类病毒最大的特点就是隐蔽性好；二是暗杀型(也叫攻击型)，这类病毒专门用来毁灭一个文件或一组文件，且不留下任何痕迹；三是强制隔离型，这种病毒能中断整个计算机的工作，可用来破坏网络系统的整体效能，迫使系统陷入瘫痪；四是超载型或加重负担型，这种病毒进入电子系统后，可大量复制和繁殖，大规模地占据计算机内存，迫其超载而不能正常工作；五是间谍型，这种病毒能寻找指定的信息和数据，并将其发送到指定的地点，以获取敌方情报。据报道，美国微软公司目前正向中国及世界市场推出的 WINDOWS95 操作系统，就被怀疑含有间谍型病毒，这种软件已被澳大利亚和韩国军方宣布为有待接受安全调查的物品。

总之，计算机病毒作为一种武器，在战争中不仅能对使用计算机或采用电脑技术的武器系统实施有效攻击，而且还可摧毁敌方的经济命脉，瘫痪敌国国民经济的正常运作，如利用计算机病毒扰乱、吞噬敌方银行、经济管理及其他重要部门的计算机系统程序，即可造成敌方的经济混乱乃至崩溃，等等。除此之外，计算机病毒武器还可用于情报窃取等。

(3)种类多，作用方式各异。目前威胁计算机系统安全的破坏性程序除“病毒”外，还有“蠕虫”、“特洛伊木马”和“炸弹”等。这几类被合称为“瘟疫性代码”，计算机病毒是“瘟疫性代码”的统称。

“蠕虫”与病毒的重要区别是，它不需要载体。“病毒”只有在受到感染的程序上运行才能繁殖，而“蠕虫”则可以利用系统中的漏洞直接发起攻击。最著名的“蠕虫”是罗伯特·莫里斯 1988 年发明的。这种试验性代码曾使得美国政府和教育部门成千上万台联网计算机陷入瘫痪。“蠕虫”对小型机和服务器造成的危害大于对个人微机和地区网络的危害(当然，后者也不能完全幸免)。

“特洛伊木马”就象历史上特洛伊战争中所描述的那样，貌似和善，实则居心险恶。“特洛伊木马”可以用来代替合法程序，经常在大学的计算机网络中出现。它可以隐藏在计算机中，有时突然出现，或者变态成为具有破坏力的程序。

“炸弹”，即逻辑“炸弹”，通常指写入不当的合法代码。在大多数情况下，程序设计人员不能够充分测试各项程序，因此，当发生意外情况或者条件适宜时，这种程序就会运行。“活动天窗”(TRAPDOOR)就是一种具有暗中破坏能力的逻辑“炸弹”，一旦时机成熟，“炸弹”就可绕过安全装置或者使其短路，对整个计算机系统造成破坏。

两种或者两种以上计算机病毒结合可以生成具有更大破坏力的超级病毒。这种超级病毒平时处于休眠状态，一旦时机成熟或者环境发生变化，就会复活。它可以处于持续性活动状态或者攻击某个特定目标之后又恢复休眠。“米开朗基罗”就是这种病毒，每逢 3 月 6 日即米开朗基罗的生日就爆发一次。

计算机病毒的军事应用研究　**计算机病毒军事应用研究倍受重视**　计算机病毒一诞生，便以其独有的杀伤破坏特性给军事专家们以新的启示：用计算机病毒进行一场无硝烟的“电脑战争”。在军事斗争领域，用计算机病毒作为武器袭击敌方的电子信息系统，可收到意想不到的效果。据英国《新科学家》报道，在海湾战争中，美国间谍就曾把一种带有特殊“病毒”的计算机芯片偷偷插入到巴格达防空计算机系统的一种从法国买来的打印机中，芯片中的“病毒”通过传播很快使伊拉克军事司令部的主计算机系统失灵，从而为美国顺利实施“沙漠风暴”行动奠定了基础。这次行动是人类历史上第 1 次正式地将计算机病毒用于战争。据报道,这种带有特殊"病毒"的芯片是由美国马里兰州国家安全机构的技术人员设计的。尽管这项研究曾受到计算机安全专家的强烈批评,但这个研究机构并未因此而停止研究,而且在这次军事行动中使电脑病毒达到了预期的目的。事实上,利用计算机病毒进行战争,并非只限于美国一家,世界上其他一些国家也早就开始进行以计算机病毒为对抗手段的试验工作。如澳大利亚在 1989 年 11 月的一次军事演习中,红军就曾使用了一种叫"新西兰病毒"的病毒武器对蓝军的计算机系统进行了破坏,阻止了蓝军计算机指挥系统的正常运行,从而使红军在演习对抗中占据了优势。1991 年海湾战争中,荷兰一位名叫哈卡的 10 岁少年,研究了一种"病毒",利用商用计算机网络,通过某大学的计算机网络节点侵入到美国国防部第 34 所的计算机系统,把美军部分兵员、装备和武器系统的情报泄露于外,并把其中的一部分进行了改动,另一部分进行了复印,从而使美军部分行动被迫中止。此次事件发生后,美军曾立即从国内招集了一批计算机专家,对其在海湾战争中使用的各类计算机系统进行了一次全面系统地检查,从而确保了美军在海湾战争中使用的各类计算机系统免受病毒的攻击而正常运行。这一切表明,计算机病毒作为一种新式武器已经用于军事斗争。未来的军队将面临一场无硝烟的、但却更加残酷的新型战争的危胁——计算机病毒战。

基于对计算机病毒在军事领域的广泛应用及所造成危害的深刻认识,世界各国的军事专家们已日益重视计算机病毒的研制、使用和防护。据美国《费城问讯报》1990 年 5 月报道,美国军方以 55 万美元悬赏可以摧毁敌人电子系统的计算机病毒。这些军用计算机病毒将用于摧毁敌方军用通信线路和控制系统,传递故意错报敌方命令的信息;篡改敌方向战斗部队传递信息的通信卫星软件等。另据 1992 年独联体《红星报》报道,美国国防部早在几年前就开始研究"电脑病毒"的军事应用,并专门成立了一个秘密的"电脑病毒设计组织",其任务就是设计"电脑病毒",并把"病毒"设法输入到敌方军事指挥系统的电脑中去,破坏其计算机网络的正常工作。美军近期又制定了一项"电脑病毒武器计划",预计耗资 15 亿美元,研究如何把"病毒源"固化在出口的计算机或电器中,一旦发生经济、外交、军事冲突,就利用电子手段激活"病毒源",使对方的电子信息系统失灵。日本也于 1995 年开始采用最新的密码技术,在 4 年内完成"计算机病毒对策系统的研究和开发"。其他一些国家也都先后制定了计算机病毒军事应用研究计划。

计算机病毒武器的使用和毁伤方式 据调查,目前已研制出的计算机病毒入侵方式主要有以下几种:

(1)利用敌方电磁波传播,即将计算机病毒调制到电子设备发射的电磁波中,当其被敌方无线电接收后,即注入到敌方的电子系统中,并在其中扩散。

(2)利用计算机网络中的配套设备传播,即通过诸如天线系统、电源系统、传感器系统、驱动系统等将病毒注入并传播到与主设备相连的计算机中。

(3)通过有线线路传播。目前的计算机大多是通过有线线路联网,战争中只要在敌方有线线路上开口并注入病毒,即可使其向网络内的其他计算机扩散。

(4)通过出口武器或商业软件"植入"。目前,许多国家特别是发展中国家的计算机芯片不分军用和民用,这样可通过芯片制造商有意或无意地配合,将病毒加入到商业软件系统或芯片中而进入敌方计算机系统。植入的病毒因具有隐蔽性,平时可长期潜伏,待需要时,可由其他"瘟疫性代码"激活,破坏该系统,并向相关系统中扩散。

在计算机病毒侵入到敌方计算机系统后,通常以以下五种方式进行干扰和破坏:

(1)"特洛伊木马式"——病毒进入系统后先暂时或长期潜伏下来,一旦得到指令便被激活进行破坏。"固化病毒"就属此类。

(2)负荷过载式——病毒侵入后,自身大量复制,使敌方计算机系统处于超负荷运行状态,降低运算速度,并不断出现闭锁状态。

(3)"刺客"方式——病毒侵入后专门篡改或销毁一些特定文件、数据、指令等,完成此类"刺杀"任务后,又自行消除,不留痕迹。

(4)强制隔离方式——病毒迫使敌方控制中心与各系统相隔离,造成整个系统的混乱。

(5)窃取情报式——病毒侵入后可自主寻找指定的信息和数据,并将其发送到指定地点,以获取敌方情报。

综上所述,计算机病毒武器在未来作战中将主要完成以下任务:窃取情报;破坏 C^3I 系统;摧毁经济支持能力等。

计算机病毒的防范和对抗措施 面对计算机病毒的肆虐,人们已在千方百计地寻找防范措施和对抗方法。目前主要采用的防范措施有:

(1)加强自主开发能力,排除软硬件安全隐患。在未来的军事斗争中,军队自动化指挥系统的安全决定着能否取得最终胜利。而作为自动化指挥系统核心部件的微电子元件,则属于许多发展中国家的"弱项"。军队在建设自动化指挥系统的过程中，或多或少地需要从军外、国外引进所需的各种硬件设备和软件系统，这就不能排除西方大国实施在设备(软件)中预置安全隐患的“长远策划”。为此，各国特别是发展中国家必须加强在此领域的自主开发能力，将微电子技术作为高技术研究和发展的“重中之重”，在研制国家重要部门所需的各种软硬件设备上，力争做到自主开发，将病毒隐患排除在国土之外。

(2)实行严格管理制度，增强计算机安全意识。一般来说，病毒最易藏匿于外来的软件和磁介质(如软盘片、磁带等)中，因此在使用计算机的过程中，要严格执行系统管理和操作规范，确保 DOS 系统以及软、硬盘无病毒，尽量使用原装软件而不用复制的软件。如果要使用外来软件，必须进行病毒检查。对重要的原始资料和软件版本，建立安全备份制度，尽可能复制一套经“消毒”的文件资料，一旦发现文件染上病毒，则可删除此文件，重新拷贝。特别是对于国内计算机网络系统，更应建好、管好和用好，牢固树立安全意识，对系统运行中涉及安全问题的每一道环节都要做到心中有数，不留纰漏。

目前研究发现，对付病毒最有效的办法是发展和实施信息安全综合计划。这项防范措施是指系统在设计伊始即进行综合考虑，从个人微机到主机系统，进行全面检查，对各薄弱环节进行保护和防护。用户只能进入与自己工作有关的系统领域，而且软、硬件的测试也必须在一个单独的环境中进行。这样，微机操作人员就不必担心病毒的入侵了。

(3)使用特殊工具和计算机“疫苗”，随时消除计算机病毒。病毒一旦侵入计算机系统中，可以用一种特殊的“审查程序”来找出病毒之所在，然后加以清除。最简便的清除方法就是把计算机关掉，以清除所有资料信息，然后再重新建立资料信息库。目前，还有一种新型的防毒工具——“规律扫描器”，这种工具可根据病毒共有的特性和表现方式，通过监视系统部分的写入、可执行文件的变化等查出病毒的活动情况，并立即向用户报警，以便即时清除。

(4)加强计算机安全法制建设，严惩计算机病毒制造者。随着信息技术的发展，全球正在建设以计算机为核心的“信息高速公路”。“信息高速公路”的建成，将使网络安全问题成为全球最为关心的大事。为了防止计算机病毒的任意肆虐，世界各国应加强处罚计算机病毒犯罪的各项法规建设，对制造、施放和出售病毒软件者，要依法严惩。1988 年 9 月，美国得克萨斯州法院就对一病毒施放者进行了严惩。判处其 10 年监禁，另处以 1.2 万美元的罚款。法律无情，只有严惩，才能对病毒散布者起到镇慑和遏制作用。目前，世界上已有许多国家制定了禁止破坏计算机系统的法律。

(5)开展计算机病毒专题研究，做到防患于未然。基于对计算机病毒所造成危害的深刻认识，世界各国为保护自身计算机系统的安全运行，都在组织专家力量研究“病毒”发展的起因、防范消杀措施以及未来军用计算机病毒的使用与防护等。但是，对付计算机病毒，防范只是权宜之计，关键是要树立长远观点，以战略眼光密切注视国际上计算机病毒的发展趋势和动向，大力加强基础性研究、技术开发和相应的组织建设，做到防患于未然。美国国家安全委员会为此专门成立了一个由通信、电子计算机和自动化信息系统等 150 多个军事和民用科研机构组成的“计算机安全问题机构”，专门研究如何对付计算机病毒问题。美国每年要为该机构拨款 45 亿美元，以期通过研究找到对付病毒的最有效方法，从而在未来计算机战中以积极主动的姿态，迎接计算机病毒所带来的严重威胁和挑战。

计算机病毒的未来发展及影响　计算机病毒作为一种破坏性程序受到了广大计算机用户和管理人员的憎恨、恐惧和担忧；但作为一种武器，却日益受到军事专家们的青睐。随着计算机技术及人工智能技术的发展，人们将会根据未来作战的需要研制出专用的、威力更大的“灵巧”病毒武器。这种病毒武器将可以自动搜索目标和定位，并具有避开防毒程序、自我适应、自我修复功能，从而能够永久性地破坏或暂时瘫痪计算机系统，或者使计算机系统发生误差。这种计算机病毒武器战时所作用的对象将包括军事和民用两大领域，其中军事领域包括：武器的火控系统，用于识别导弹发射、控制弹道和提供情报的战略计算机系统等。民用领域包括金融、交通、司法、商业等。对这些领域的破坏和袭击，将会造成武器失灵、指挥瘫痪，经济和社会混乱，从而使人们失去对国防安全的信心，达到“不战而屈人之兵”的目的。

计算机病毒作为一种非致命性杀伤武器，以其独特的作用方式、巨大的毁伤破坏效果、极秘密的隐藏方式和极难消除等特性而日益受到世界各国的重视并大力研究和开发。据报道，目前世界上已有很多国家出巨资培养出大批制造病毒武器的技术人才，制定发展病毒武器的研制计划，而且现有病毒的制造技术已远远超过防病毒技术，从某种意义上来说，目前病毒这支“矛”还找不出任何可以抵御它的“盾”。为此，世界各国的军事专家们一致认为：在未来的作战中，计算机病毒战将比核战争更现实、更有效，比任何杀伤性武器的作战更"人道"，但其破坏效果却更加令人难以置信。据估算，如果有人用灵巧病毒武器扰乱美国银行系统的计算机网络，那么1秒钟就可盗走1600亿美元，这一数字足以使美国的经济崩溃，从而无法支持任何规模的战争。由此看出，"未来的战争将是计算机战争"，"用计算机进行战争将比用核武器进行战争更为有效"。在未来，谁先掌握过硬的信息技术和病毒进攻与防治技术，谁就将赢得未来战争的胜利。　（杨胜利）

计算机模拟技术及其军事应用

综述　计算机模拟技术是一门多学科交叉的综合性技术，它是随着计算机技术发展起来的。计算机模拟实质上是进行数学仿真的定量分析方法。在军事领域，特别是在军事运筹学研究领域，计算机模拟技术有着极其广泛的应用。军事运筹学的基本实验手段和重要研究方法之一是作战模拟。50年代末以来，计算机技术的迅猛发展使得计算机成为现代作战模拟的主要工具。现代作战模拟技术是对传统的军事科学研究方法的有机补充和科学升华。目前，高新技术的发展及其在军事领域的广泛应用正在促使新军事革命成为现实，必须采用先进的、科学的研究方法进行"超前性研究"。计算机模拟技术已被各国列为国防关键技术之一，并已成为实现质量建军的一种重要手段，对提高武器装备的研制效果、改善部队的训练、提高战斗力等都将发挥越来越重要的作用。今后，军事理论、武器装备、编制体制、作战和后勤保障等如何适应未来战争发展，将越来越多地通过计算机作战模拟进行研究。

计算机模拟技术的基础知识　**计算机模拟技术**　计算机模拟技术，又称计算机仿真技术，是一门多学科交叉的综合性技术。计算机模拟技术以控制论、系统论、相似原理和信息技术为基础，以计算机和专用物理设备为工具，利用系统模型对实际的或设想的系统进行动态试验研究。

计算机模拟技术实质上是进行数学仿真的定量分析方法。计算机的主要功能之一就是强大的数值计算功能。数值计算又称科学计算，就是把所要研究的问题，用数学模型加以描述，选择算法，编写程序，再使用计算机求出其数值解，即有一定精度的数学计算结果。数值计算给科学研究方式带来了变革，至今仍是应用计算机的主要方法，其实质就是对研究的问题进行数学仿真。所谓数学仿真，就是利用数学模型，在计算机上模拟事物的变化过程，探索事物发展变化的规律。数值计算研究的问题来自科学研究、工农业生产、国防建设等各个领域。

在军事领域，计算机模拟技术有着极其广泛的应用。军事运筹学是一门新兴的军事学边缘学科，它是指系统研究军事问题的定量分析及决策优化的理论和方法。军事运筹学研究的主要任务是，从数量方面揭示各类军事系统的结构、功能及其运行规律，为科学地进行军事实践活动、合理利用资源、提高军事效益、启发新的作战思想等提供理论和方法。军事运筹学已经成为先进国家军队科学决策的重要基础；而军事运筹学的基本实验手段和重要研究方法之一就是作战模拟。

计算机作战模拟技术　作战模拟主要是研究如何合理地组织具有明确目的的作战活动，为指挥员进行决策提供分析方法和依据。所谓计算机作战模拟，就是对作战过程经过周密的分析和研究，把作战过程抽象为数学模型，然后在计算机上进行数学仿真，研究作战过程中各种互相制约的因素，为制定作战方案提供预测性依据。计算机作战模拟技术其实就是反映特殊的、充满对抗性的作战过程的计算机模拟技术。

1979年7月，中国著名科学家钱学森曾精辟地概括认为：计算机作战模拟"实质上提供了一个'作战实验室'。在这个实验室中，利用模拟的作战环境，可以进行策略和计划的实验；可以检验策略和计划的缺陷；可以预测策略和计划的效果；可以评估武器系统的效能；可以启发新的作战思想；预见军事发展趋势及其相关诸种因素的作用与影响；提高各级指挥员与机关的谋略水平。"他强调指出，作战模拟技术是研究战争问题的有效手段，"在当前非常庞大而又极为复杂的军事工作中是有重要的位置的，因而它是一支现代化军队所必须掌握的。"

近十几年来，现代作战模拟技术发展十分迅速。这主要是由于计算机模拟技术本身就属于高新技术，并且是系统科学研究方法在军事科研中的应用。与传统的作战模拟方法相比，计算机作战模拟具有许多独特的优点：一是科学性，自动化程度高；二是可控性，能把整个作战过程浓缩到较短的时间内进行模拟；三是重复性，易于进行多种方案的比较实验；四是客观性，其规则和计算比人工模拟方法更详细和更全面，对武器效能和人员伤亡的评估更有可能接近实际情况；五是经济性，可以节省大量的人力、财力、物力。但计算机作战模拟技术也有不足之处，如建模难度大，时间周期长；无法准确模拟指挥员的辩证思维决策过程；对士气、经验和训练水平等人为因素还难以定量描述等。因此，在运用计算机作战模拟技术时，必须扬长避短，创造性地使用好这种辅助手段。

建模与仿真技术 一般来说，一个完整的计算机模拟过程包括建立模型、建立数据库、模拟推演和评估验证4个基本环节。其中，建立有效的模型是计算机模拟技术的关键环节。建模技术是计算机模拟技术中最大的难点，它直接影响到计算机模拟的应用范围和结果。首先，人们还不能对每一种系统都建立起模型；即便能建立模型，也并不一定能够完全客观地表述所要模仿的对象。其次，对模型的客观性，即模拟结果与真实结果的符合程度进行评定，是计算机模拟技术中的另一难点。一般来说无法直接对模型进行实验检验，只能通过间接方法进行检验，主要有：一是试验演习检验法；二是局部检验法；三是专家经验评估法。从这个意义上讲，计算机模拟技术的发展过程也就是建模与仿真技术不断发展和完善的过程。

目前，世界各国都十分重视计算机模拟技术的发展。例如，为了提高作战模拟技术的水平，美国防部始终将建模与仿真技术（即计算机模拟技术）列入国防部关键技术中。如在1991年的20项和1992年的21项国防关键技术中都位居第5项；1993年，美国防部将"综合模拟环境"改列为7大军事需求的第6项；1994年，《美国国防部国防技术计划》确定了19个技术领域，其中与作战模拟直接相关的有作战空间环境、指挥控制与通信、计算与软件、电子技术、人一系统接口、建模与仿真等技术领域，而建模与仿真技术又与其他技术领域密切相关；1994年美国防部《国防科学技术战略》确定重点投资的3大技术领域，就分别为信息科学技术、建模与仿真技术及探测器技术。

计算机作战模拟的建模过程十分庞大和复杂，一般包括：①提出问题——明确问题的性质，确定作战模拟的目标、功能、限制及度量标准等。②拟定想定——明确模型所要反映的军事态势，确定模型要描述的战役战术内容，并着手准备建模所需要的初始数据和资料等。③构造模型——确定并论证建模原理和数学方法，包括构造模型的逻辑框图、要素的量化及相应的数学描述。④编调程序——即编制、调试、完善计算机程序。⑤反馈修正——检查作战模型与真实进程的符合程度，利用实际数据等资料，对作战模型进行反馈分析、必要的修正和优化。⑥人机接口——必要时建立人工干预和动态控制系统。

计算机模拟技术的发展水平 计算机模拟技术的发展，离不开模拟理论的指导和计算机技术的发展。同时，计算机模拟技术在发展中也在不断吸收和利用最新的技术成果，特别是人工智能、计算机网络和多媒体技术等。这些技术构成了计算机模拟技术、特别是计算机作战模拟技术迅速发展的基础。另外，虚拟现实技术和分布式交互仿真技术的发展可谓异军突起，后来居上，已经成为当前计算机模拟技术发展的热点。

模拟理论 本世纪初，随着科学技术的发展，现代数学方法开始应用于军事活动的定量分析之中。特别是进入50年代末期，现代作战模拟开始广泛应用计算机作为工具，进入了计算机作战模拟的新时代。计算机作战模拟实质上就是数学仿真方法和数学模型的延伸，其主要是采用了定量分析方法。

1916年，英国工程师兰彻斯特首先应用高等数学中的微分方程，从宏观上分析敌对双方作战过程中兵力随时间变化的消耗过程，以预测战争的结局。这就是著名的兰彻斯持方程。最早的模拟理论就是从兰彻斯特方程发展起来的半经验半理论方法。1950年初，曾领导美国作战模拟研究的运筹学家约翰逊提出，采用从武器设计引用过来的蒙特卡罗法，来描述战斗进程中的随机现象，形成了统计实验的定量途径。70年代，美国陆军退役上校杜普伊及其军事历史协会的同事创立了一种经验的定量途径。此外，还有严格理论的定量途径，具有代表性的是数学家冯·诺伊曼建立的博弈论。目前，这些模拟理论都在同时得以广泛应用，并且相互补充和不断完善。

计算机技术 计算机模拟技术的基础是计算机。计算机技术的发展表现在硬件和软件两个方面。在硬件方面，最主要的就是计算机处理能力的巨大提高；在软件方面，最有代表性的就是编程软件的迅速更新和应用软件的不断完善。

*硬件水平。*作战模拟是计算机应用增长最迅速的军事领域之一。计算机技术的发展使得计算机及其外部设备的运算速度、精度、耐用性和灵活性不断提高，而费用却大幅度下降；精简指令系统计算机（RISC）、超大容量存储技术及并行处理技术等，使作战模拟的速度得到更大提高；新的人一机交互技术改进了模拟

系统的使用环境。这些都为计算机作战模拟技术提供了技术支持，使得飞行驾驶模拟器能更好地提供飞行控制模拟和环境表述，大型解析战区模型能更精确地给出评估结果，训练系统可以得到更高的逼真度。

当然，最能体现计算机发展水平的是采用并行体系结构的高性能计算机，即通常所说的并行巨型计算机。所谓并行结构，就是由很多台处理机并行完成同一项工作，这比只有一台处理机的计算机的运算速度要快很多倍。并行巨型计算机已经成为推动科学技术进步和实现国防现代化的关键设备，在解决复杂的科学计算、实时战场管理、先进武器系统的计算机辅助设计、喷气发动机气流模拟、大型高马赫数飞行器的风洞模拟等，都需要使用这种计算机。

目前，单处理机计算机的运算速度可达到3亿次/秒；小规模共享存储器的多处理机系统，如"克雷"Y-MP系列，运算速度可达到20亿次/秒；而大多数超级计算机的运算速度一般为10亿次/秒，如中国的"银河"Ⅱ型巨型计算机。但由上万台微处理机组成的大规模并行处理机系统，如美国思维机器公司最新研制的CM-5大型超级并行计算机，最高运算速度接近1万亿次/秒，现已被美国陆军用于作战模拟网络中。

1996年7月26日，美国总统克林顿正式宣布，美国将建造世界上最快、最大的新型超级计算机，并宣称新型超级计算机将有助于保证美国作为世界上计算能力最强大的领先者进入21世纪。新型超级计算机研制项目由美国能源部负责，在美国加州劳伦斯·利弗莫尔国家实验室建造，承建商为美国国际商用机器公司(IBM)。按照该计划，1996年9月前开始初步组装，1998年12月进行3万亿次/秒浮点运算系统样机演示，随后要建成达到10万亿次/秒、30万亿次/秒以至100亿次/秒的系统(1秒钟的运算量相当于3万人使用普通计算器1年的工作量)，从而具备超强的运算能力、三维建模与仿真能力。这项计划主要是出于国家安全利益的需要，如用于核试验环境的模拟从而替代真正的核试验等；但也能在重要的民用领域，如全球气候模型、航天器和汽车设计、新药开发和医疗模拟等方面发挥重大效益。

软件水平。计算机模拟软件的发展水平是制约整个模拟技术水平的最重要因素，有时甚至是决定性因素。因此，世界各国都十分重视软件技术的发展。如美国就认为，"软件是现代军事系统中起主导作用的因素"，软件质量是高出一切的问题。在美国防部1992年22项国防关键技术中，就有7项与软件技术有关：软件生产能力、并行计算机结构、模拟与造型、机器智能与机器人、自动目标识别、数据融合和计算流体动力学。

软件技术在模拟技术中起着举足轻重的作用，软件投资在整个作战模拟系统中的投资比重也在逐年上升，成为决定系统质量与经费负担的主要方面。目前，军用作战模拟软件的发展仍面临许多难题：第一，对所处理的系统缺少专门的知识。人们对许多现代化作战系统尚没有实际的体验，因此要设计完善的软件非常困难。第二，军事信息的不确定性。作战系统实质上是一个开放的巨型信息系统，指挥控制所使用的信息又是多种类型和多个传感器的集成和融合，这些信息往往不够完整，随机性或模糊性较大，战时还难免会输入敌方施放的干扰和欺骗信息，从而给态势分析、评估和决策带来许多困难。第三，作战模拟对实时性要求高，但目前实时系统的设计还缺乏严格的科学方法。第四，可靠性一直是军用作战模拟软件的追求目标，但由于作战模拟软件本身固有的特点，加上软件生产自动化程度的提高缓慢，可靠性仍不尽如人意。第五，保障网络安全的难度大。现代化作战模拟系统多采用分布式网络系统运行，共享数据，这对安全措施要求很高，如抗病毒能力应该很强。

为发展军用软件技术，美国实施了Ada语言(美国防部程序设计语言)推进计划和STARS(自适应系统软件技术)语言推进计划，并成立了软件工程学院。目的是开发先进的软件生产技术，减少费用，缩短周期，增强可靠性和适用性，以提高软件质量。Ada语言是由美国国防部发起研制的用于军用项目的唯一标准编程语言，也是全世界唯一由政府组织、并按规定的需求和严格的软件工程原则研制的语言，是唯一必须经过美国国防部有关机构严格测试和确认后方能使用的统一的标准语言。第1个Ada语言标准自1983年问世以来，就受到了世界各国的广泛重视，并已相继成为美国、欧洲等主要西方国家的军用标准和国家标准，并在1987年成为世界标准。

近年来，随着软件编程语言的发展，Ada语言也受到了冲击。但自从Ada语言问世以来，美国政府就一直倾力支持。实际上，美国防部一直把推行这种标准编程语言作为一项既定战略方针。这不仅仅是为了控制国防系统的软件费用，更重要的是为了保持美国在世界软件技术方面的领先地位。1995年2月15日，美国完成了Ada语言的修订工作，推出了Ada95语言。它既安全、高效，又灵活，从而成为世界上第1个得到国际标准化组织认可的面向对象编程语言。1996年3月16日，美国防部部长和副部长分别签署了国防部第

5000.1 号指令和国防部第 5000.2 号章程,继续支持 Ada 程序设计语言的实现,重申按系统工程原则设计与开发软件系统的政策,以降低成本,减少计划控制与技术风险。

人工智能　人工智能实际上是计算机科学的一个分支,即专门研究让计算机来模拟人类智能活动的有关理论与技术。其目标是专门研究如何使计算机更"聪明"、更具有类似人类智能的复杂功能。人工智能主要研究 4 个基本问题:一是知识的模型化和表示方法;二是知识的处理与运用,包括各种推理、搜索和问题求解等;三是知识的获取和学习;四是人工智能系统结构和语言。人工智能的研究途径主要是仿生学和模拟法。目前,人工智能的主要研究课题包括:专家系统、模式识别、自然语言理解、决策支持系统、自动程序设计等。可以预料,人工智能研究的突破必将推动计算机作战模拟技术发展到一个新的水平,使辅助决策和作战模拟等系统实现智能化。

在计算机模拟技术应用中,发展最快的人工智能研究领域当属专家系统。专家系统是一种智能化的计算机程序。它以领域专家的共同智慧和经验为基础,使计算机能够运用知识去分析和处理实际问题,作出具有专家水平的判断和决策。专家系统可以大量用于实现战争对策的决策规划,充当教学的助手,并能促进作战模拟中的人机结合。目前,专家系统正在发展作战模拟支持系统使用的自动化推理系统。利用专家系统作为问题求解工具,允许将决策规则与模拟相结合,提供对方的反应,辅助决策或评估替代方案,以及不易使用传统的方程或模拟技术得到的解析结果。

世界各国都已经在使用人工智能来提高计算机模拟技术和计算机作战模拟技术的水平。其中,美军现已研制成功和正在开发的专家系统超过 24 个。如典型的"兰德战略评估系统"就利用人工智能技术,用模型代替了作战模拟中的部分或全部局中人。再如,美陆军训练与条令司令部和洛斯阿拉莫斯国家实验室合作研制的代号为"鹰"的军级作战模型,使用了专家系统来模拟复杂的指挥和控制活动,最低模拟部队级别到营。美国太平洋舰队战斗管理系统,就包括了兵力需求、能力评估、编制作战计划、战略方案与评价及作战模拟 5 个专家系统。

计算机网络技术　把在地理上分散的独立计算机系统通过通信线路互相连接而形成的系统,称为计算机网络。这是计算机技术和通信技术相结合的产物,虽然问世仅 20 余年时间,却已经深入到社会生活的各个领域。计算机网络按覆盖区域的大小,通常分为局域网和广域网两大类。局域网也称局部网或本地网,分布范围小(一般在几公里内),数据传输率高(0.1M 位/秒以下),数据传输出错率低(1 亿分之一以下)。局域网可以满足小范围内用户的需要,技术成熟,发展迅速,如大型的计算机模拟系统就经常应用局域网。广域网也称全局网,分布范围广,数据传输率低(0.1M 位/秒以下),数据传输出错率高(1 亿分之一以上),但可以跨地区、跨国家应用。

计算机网络技术的发展,可以达到如下目标:一是资源共享。利用网络,任何一个计算机用户都可以突破地域限制,快捷方便地使用其他计算机上的资源,如计算机及其外部设备等硬件,以及软件和数据。二是提高可靠性。尽管电子设备的可靠性随技术进步而不断提高,但故障总是不可避免的,计算机网络在实现资源共享的同时,也起到了提高可靠性的作用,用户可以用其他地点的相同计算机替代发生故障的计算机。三是均衡负担。在任何应用中,系统的工作负担都是变化的,因而造成时忙时闲,计算机网络可以在更大范围内进行调节,促成资源的高效利用。四是提高系统灵活性。有了网络,某个用户由于工作任务变化而能力不足或过剩时,可不必更换现有系统,只要在网络中增减计算机即可。

计算机网络在军事领域有着十分广泛而重要的应用,特别是在模拟训练、武器仿真试验等计算机模拟应用中。当前,全世界规模最大、发展最快的计算机网络就是互联网络,已与世界上 170 多个国家的计算机网络相连通,在网络上 24 小时运行的计算机主机数量达数百万台,用户已突破 3000 万,而美国《商业周刊》预测到本世纪末用户将超过 10 亿人。

多媒体技术　多媒体技术是利用计算机对存储于光盘、磁盘、磁带、纸张等载体上的各种形式的信息,如文字、声音、图形、照片、录像、动画等进行合成、处理的一种技术。多媒体技术兴起于 80 年代中期,90 年代迅速发展,已经成为当前计算机应用技术的重要发展方向之一。目前,多媒体技术已经在许多领域获得了十分广泛的应用,正在给人们的工作和生活带来革命性的变化。多媒体技术的迅速发展进一步拓展了计算机的应用领域,并且正在对人类社会产生巨大的影响,发达国家甚至把这项技术冠之以"新的信息技术革命"和"第 2 次浪潮"。

过去,计算机只能接收、处理和显示一种媒体的信息,而且主要是文字信息。而利用多媒体技术,把计算机、音像设备、通信网络结合在一起,对多种媒体的信息进行数字化和交互处理,使计算机不仅可以显示文字、图形、照片，还能显示动画、录像和听到与显示内容相配合的声音，也能以打印、录像、录音等形式输出信息。多媒体技术的核心是数字化转换、数字压缩和解压缩技术。因为计算机只能处理数字信息，其他信息必须进行数字化处理才能输入计算机；计算机内存有限，必须经过数字压缩才能容纳更多的信息；信息经过处理以后，再经解压缩才能变成可显示、播放和其他形式的输出。因此，“多媒体实质上是数字媒体”。

多媒体技术包括软件和硬件两部分。硬件主要有计算机、通信、播放和音像等设备；软件包括信息处理、通信、播放、出版等方面的软件，以及相关领域内的其他服务。多媒体技术在计算机模拟，特别是在计算机作战模拟领域的应用，通过图文声并茂的表达形式，将进一步完善和强化模拟环境的真实感和临场感，提高模拟的实际应用效果。

虚拟现实技术 虚拟现实技术，又称灵境技术，它是90年代高技术的象征。虚拟现实技术汇集了计算机图形图像、立体视觉、立体音响、人工智能、测控和通信等技术的新成果以及生理学、心理学、认知科学等理论的新发展。但目前，人们对虚拟现实技术还没有一个统一明确的定义，其叫法也多种多样，如“虚拟现实”、“信息空间”、“人工现实”、“合成环境”、“电脑空间”等等。

一般而言，虚拟现实是指利用计算机所生成的极为逼真的模拟环境，通过生动的视觉、听觉、触觉、味觉、嗅觉等效果以及随着实验者的动作而变换的影像等使人获得身临其境的感觉。它既可显示现实，模拟那些实际存在但难以到达的场所，如核反应堆和宇宙空间等；也可模拟现实，进行仿真训练；还可创造现实，即创造一个现实并不存在的环境。虚拟现实技术具有3大特征：一是投入。它可使参与者确信自己真正存在于“虚拟世界”中，并能对整个模拟过程自始至终施加影响。二是交互性。它是指参与者与“虚拟世界”中所遇到的各种对象之间的相互作用的能力。三是想象力。通过投入和交互作用，使参与者“浸没”在虚拟环境中，通过视觉、听觉、触觉、味觉等感官的综合作用，彻底满足其想象力。

虚拟现实技术是对现有计算机模拟技术的提高，传统的设备通过采用这项技术可以增强或更新功能。目前，由现实引擎（高档个人电脑或与主机联网的RISC微处理机）、头盔显示器、数据服和数据手套等，即可组成一套简单的虚拟现实系统，耗资仅数十万美元，就可完成比以前数百万美元的模拟器更强更多的功能。模拟者借助虚拟现实技术，通过头盔显示器、数据手套及数据服等传感器设备，可以如同真实环境一般“进入”虚拟的环境中，并能与虚拟世界进行交流和相互作用，通过各种感觉器官的综合作用，彻底满足其想象力。这一点正是虚拟现实技术与传统的作战模拟技术的不同之处。

从本质上说，虚拟现实技术是一种先进的计算机接口。简单地理解，虚拟现实技术也就是人与计算机生成的虚拟环境进行交互作用的技术手段。这是因为，人在某种景况中的感受，无非是在这种景况中接受了各种感触信号，包括视频、音频、温度、气味、触摸（软硬冷热等）、失重等感觉信号，所有这些信号有机组合在一起（包括时间次序、空间位置、信号强弱、彼此间搭配等）并作用于人的感官，就形成了人的感觉。利用各种传感器把人在某种真实景况中所能感受到的各种信号记录下来，或利用其他手段来产生这些信号，并把各种信号的次序、位置、强弱、彼此间的组合搭配关系制成计算机软件，将这些信号、软件及有关的设备有机地组合到一起，形成一个系统，这就是虚拟现实系统。

虚拟现实系统是有人参与的综合而复杂的仿真系统，它是在飞行模拟器的基础上发展起来的，其仿真效果远优于模拟器，因而在作战模拟、科研设计、教学、医疗等方面都有着广泛的应用前景，是改进工作提高效率的重要手段，对某些领域来说甚至是开展工作必不可少的手段。美国、日本和欧洲一些国家都在加紧研究与开发虚拟现实技术，并已开始在军事与航天领域投入了实用，此外还在教育、影视娱乐等领域大显身手。如美国航天员已分别于1993年12月和1997年2月进行了2次太空修复“哈勃”太空望远镜的行动，正是得益于虚拟现实技术训练系统才得以“游刃有余”。1996年11月20日，英国一家公司在国际互联网络上开通了一个“虚拟万维网”，其核心就是一个虚拟现实的“超级城市”，用户只要进入“市中心广场”，便可“步行”前往各种应用中心，如商场、艺术馆、大学、娱乐厅、展览会等，在三维动态虚拟现实环境中轻松漫游，类似这样的虚拟现实环境有50余种，并计划在6个月内达到200种，在1年内达到2000种。

虚拟现实技术虽然刚刚起步，但发展却十分迅速，其巨大的应用价值已初露端倪。当前，虚拟现实技术已被广泛地运用在科研、设计、训练、医学、娱乐和商业活动中。中国著名科学家钱学森同志就认为，“灵境技术是继计算机技术革命之后的又一项技术革命。它将引发一系列震撼世界的变革，一定是人类历史中的大事。”他进一步指出，具有较高文化素养、拥有广博科学知识的人群，如果经常人—机结合地进行工作，将使人的智能发展到一个新的境界，大大提高人的创造思维能力,甚至可能出现智能革命。

虚拟现实技术作为最新的计算机人—机交互技术,首当其冲就是应用于军事作战模拟。实际上,虚拟现实技术完全是起源于军事需求。为提高飞行员模拟训练的效果,人们谋求创造一种高度逼真的虚拟环境,从而推动了虚拟现实技术的发展。目前,虚拟现实技术是作战模拟技术领域的发展热点。它可以促使计算机作战模拟更加直观化,因此将成为21世纪的作战模拟技术,为研究战争问题和作战指挥及训练提供科学方法,使研究进程更加逼真和接近实战,使研究结果更加可信,成为军事家们提高指挥艺术、部队提高战斗力和作战技能的训练和研究工具。

虚拟现实技术在作战模拟中的主要用途:一是虚拟战场环境,即创造一种能使指挥员"浸没"在其中的、近乎真实的立体环境,提高临场感觉。其基础是相应的三维战场环境图形图像库。二是智能分析,即主要对抽象的数据进行智能化分析和处理,转换成直观的图形图像。三是诸军兵种联合训练,也就是以计算机网络为基础建立"虚拟教室"式的分布式虚拟现实系统,使各军兵种参训者都处于相同的虚拟战场环境中,同时参与虚拟的军事对抗演习。四是指挥决策模拟,即帮助指挥员更好地把侦察传感设备所获得的各种资料合成出整个战场的全景图,了解敌情和敌人的意图,更准确地判断战场态势,适时定下正确的决心并作出处置。

分布式交互仿真技术　近年来,随着计算机网络技术、虚拟现实技术、多媒体技术等信息技术的飞速发展,促使了分布式交互仿真技术的出现。所谓分布式交互仿真,是指建立在互联网络的基础上,把分散在不同地点的软硬件设备及有关人员联系起来,并在人工合成的多武器平台的"电子环境"中,形成一个在时间和空间上互相耦合的、同时共享一个综合虚拟作战环境而进行体系对抗的仿真。

分布式交互仿真技术的特点:一是其以网络为基础,系统中没有中央计算机,其计算能力是分布的,系统在地理位置上也是分布的,用局域网、广域网的远距离通信网,将人在回路中仿真器、群体在回路中仿真系统、计算机生成的兵力以及其他设备联成一个整体;二是交互操作性,这是指系统、多个武器平台(或部队)和各种环境的交互作用,包括各武器平台(飞机、舰艇、导弹等)之间、武器平台与各种环境(地形、大气、海洋等)之间的交互作用。

分布式交互仿真的实质,是通过计算机通信等电子手段完成对异地软硬件设备和人员的联系,从而实现在一个共同的仿真环境中进行模拟试验,以完成训练模拟,实现对新技术的验证和评价。目前,分布式交互仿真主要集中在3个方面:一是体系结构(软件、数据/数据库方法以及通信和网络的接口);二是环境表示(地形、大气、天气、空间、海洋和其他环境);三是计算机产生的部队(系统表示、人的行为和它们的相互作用)。

当前,分布式交互仿真在武器装备研究和军事训练方面已经产生了巨大效益。这种计算机模拟方法虽然还不能完全取代传统的军队训练和实战演习,还不能完全取代武器装备的实装试验,但它正在引发一场全新的变革。这是因为,分布式交互仿真可以协调并确定合适的战术技术指标;能够迅速地反映军事需求和技术快速发展的调整和变化;能够根据战场环境和作战想定灵活设置多种典型的近似于真实情况的作战和试验环境;能够适应未来战争"体系对抗"对武器装备发展和训练的新的客观要求,优化武器装备的研制和部队训练。

计算机模拟技术的主要军事应用　近年来,各国在加强军队质量建设的进程中相继遇到了一些新情况。一是军费投资急剧削减,导致许多传统的军事研究和演练方法已面临窘境。如各国普遍强调大量采用模拟训练取代耗资巨大的大规模实兵演习;再如高技术武器装备,技术风险、研制进度风险和投资风险空前上升,不得不更加倚重计算机仿真。二是新军事革命的需求。以信息技术为主导的新军事革命,正在迫使我们转换传统的军事理论研究方法,而出路之一就是计算机作战模拟技术。三是技术支撑力的提高。具体就表现在虚拟现实技术和分布式交互仿真技术空前迅猛的发展上。由于计算机作战模拟技术具有重大的军事应用价值,经济效益显著,因此世界发达国家普遍十分重视发展这项国防关键技术。

近年来,计算机模拟技术的发展十分迅速,并已广泛运用于作战研究、教育训练、武器装备论证、规划计划、战略研究、作战指挥及后勤保障等各个军事领域。随着新军事革命的兴起,计算机作战模拟的应用前景也越来越广阔。在新军事革命的发展过程中,战略战术、编制体制、武器装备和作战条令等的发展演变,都需要进行大量的定量分析和模拟;要想正确地分析和预测未来的军事发展趋势,尤其是研究信息战争的特点与规律,更特别需要进行作战模拟。计算机作战模拟可以为新的作战学说和编制提供一个现实的试验平台,借助这一种方案同另一种方案进行试验性比较的方法,就可以在战争爆发之前而不是在此之后,慢慢筛选掉不起作用的方案。而且,最为重要的是,模拟最终将允许军队在新武器尚未部署或者甚至尚未制造之前对它们进行试验。

促使军事理论研究方法发生变革 传统的军事理论研究方法主要是依靠经验进行定性分析。著名军事理论家若米尼在《战争艺术概论》中提出:"对战争史的研究是兵法原理的唯一理论基础。"因此,在传统的军事学术研究中,战例是发掘新的作战理论的源泉,军事理论的发展一直是基于对过去战争经验的定性总结。由于缺乏科学的实验手段,传统军事理论研究的本质就是"从战争中学习战争"。

但时代的发展和技术的进步,特别是高新技术的发展,正在对军事领域产生前所未有的深远影响。现代战争正在发生巨大的变化,军事家们很难再继续完全依靠借鉴上一次战争的经验去指导未来战争。主要依靠对经验进行定性分析的传统方法研究军事理论问题,将很难跟上时代的发展和新军事革命的步伐。如何使军事思想的演变与技术变革同步发展,就成为军事学术研究所面临的新课题。

作战模拟技术为寻解这一问题提供了新的思路。军事实践是检验军事理论正确与否的唯一标准。战争行动是军事实践的最高形式,但模拟战争的实验则是军事实践的第2层次,军事科学历来就是战争的行为科学与实验科学的统一体。"作战实验是军事科学研究方法划时代的革新"。计算机作战模拟可以使军事理论研究从偏重定性分析转到强调定量分析,促进定性分析与定量分析方法的紧密结合,建立起军事家与技术专家一起研究军事理论问题的"综合集成研讨厅",实现人—人结合以及人—机结合的一体化,从而使理论研究变得更全面、更可靠、更精确,最终使理论研究走出纸上谈兵的虚浮状态,跨入联系实际、综合创新的新时代。

运用作战模拟研究军事问题的方法,不仅已在理论上为现代科学所证实,而且也已被大量的军事实践所证实。近代作战模拟主要是利用经典物理学的相似原理,通过兵棋、沙盘、地图和实兵演习等方法进行模拟,这一般称为硬模型和硬模拟。而以计算机为工具的现代作战模拟方法,则采用了以数学相似原理为基础的广义相似理论,又被称为软模型和软模拟。作战模拟技术从硬模拟到软模拟的发展演变,就证明并提高了自身在军事科研应用中的科学价值。而且,计算机作战模拟技术还在不断吸收人工智能、计算机网络、数据库等技术的发展成果自我完善。

例如,军事战略研究有关军事力量建设和运用的全局性规律问题。但传统的军事战略研究方法基本是采用定性分析。相比之下,运用计算机作战模拟方法可以大大提高分析的深入程度和准确性,提高决策的科学性。其一般方法是,首先设定对抗态势,然后建立和验证模型来模拟军事战略方案实施的过程,以预测可能的结果,探讨各种相关因素的影响。许多国家的战略研究和决策部门都十分重视作战模拟,建立并使用许多进行战略分析和规划的计算机作战模拟系统,用以对各种战略决策问题以及中长期发展规划、计划的模拟和检验。如1993～1994年间,美国防部军事革命的倡导人马歇尔处长曾在美海军学院组织了一系列计算机作战模拟,设定的作战时间是2010年,"假想敌"是中国,目的是利用对未来作战模拟的结果,来研究五角大楼的军事革命倡议,论证和支持美国的战略决策。

提供探讨未来战争的"作战实验室" 新军事革命的发展,正在把我们推向信息战争时代。如果说,过去主要是"从战争中学习战争",那么,对未来信息战争的研究,将必须更多地采用计算机作战模拟方法,在"作战实验室"中没有硝烟的虚拟战场上研究问题。

当前,以美国为首的发达国家军队正在加紧建设"作战实验室"。如美国陆军正在加速建设以数字化为标志的"21世纪部队",其一系列新的举措之一便是建立起完备的"战斗实验室"体系,运用先进的作战模拟技术,研究未来的军事发展。

1992年,美陆军训练与条令司令部组建了6个战斗实验室:①早期进入战斗实验室。主要是研究从"前沿部署"转为"前沿存在"以后,如何提高陆军的快速反应能力,特别是先期和早期部署到战场后的部队的机动能力、生存能力和持续作战能力。②乘车作战空间战斗实验室。这个实验室是美陆军数字化建设的研究先导,主要探讨数字化部队的联合作战、体制编制、信息保障和防护能力等问题。③徒步作战空间战斗实验室。主要研究占有优势的步兵部队的作战能力问题,重点研究实施持续作战的方法和抗击大规模毁伤武器的措施。④全纵深同时攻击战斗实验室。主要研究在战场全纵深对敌人实施立体攻击的能力,包括发现和识别敌军、在传感设备与武器发射系统间实时传输信息、实施单独的或联合的精确打击。⑤作战指挥战斗实验室。研究指挥艺术和指挥原则、战斗指挥的技术手段、情报搜集和分发以及电子战问题。⑥战斗勤务支援战斗实验室。主要研究如何为"兵力投送型"的美陆军提供"一体化后勤支援"。

为力求在尽可能接近实战的条件下进行未来作战实验,美军战斗实验室广泛运用各种作战模拟手段:一是结构模拟,即计算机模拟,由各种军事演习想定方案和程序组成，主要用于推演战斗发展过程。二是虚拟模拟，即在大量的人工模拟器共同营造的作战环境中进行实验，通过模拟器研究相互协同关系。三是实兵模拟，即进行实兵、实弹的军事演习，检验结构模拟与虚拟模拟的研究成果。

美军建立战斗实验室的目的，并不仅仅是为了提高武器装备的技术水平，而是强调对武器装备的作战效能、新的作战理论与作战方法、军队的组织结构等进行综合性的检验。他们始终特别关注作战理论与技术的“匹配”问题，深入探讨和研究美国陆军的作战理论、训练、军官培训、编制等与高新技术的同步变化，注重从横向和整体上提高部队综合作战能力，目标是确保继续保持战场优势，力求以最小的伤亡代价赢得未来战争的胜利。美陆军十分重视战斗实验室的建设。在人力上抽调了各部门的精兵强将，战斗实验室的绝大多数人员都曾受过高等军事院校的培训，许多人具有硕士以上学历；在技术上，优先保证战斗实验室，第 1 批配备和使用开放式互联网络，以鼓励所有成员直接协作和分享彼此的好设想；在经费上，极尽可能地加以优先保证。

这是美军为了迎接军事革命，在军事研究和训练方面所采取的一项关键性措施。美军的实践表明，战斗实验室的最大好处在于，可以利用高技术使士兵们在一起进行战场实验。在新的作战方法和武器系统大规模投入使用前首先进行试验，既可避免重犯过去现代化进程中所犯的错误，又能解决资金短缺问题，使军队建设少走弯路。美国陆军的这种成功经验已经产生了“辐射效应”，美海军陆战队、美空军等已相继建起了适应本军种需求的战斗实验室网络体系；英、德、日等国军队也正在组建这种战斗实验室。

优化作战计划　作战计划关系着作战的胜负。各国军队无不重视利用作战模拟手段分析和评估作战计划，力图使计划能够真正符合实际的作战情况，提高预见性和指导性。从战史上看，每一次成功的作战行动，都无不与战前大量地运用各种作战模拟方法验证作战计划密切相关。

但在以前，各国验证作战计划的主要模拟手段是大规模的实兵演习。如前苏联 80 年代中期至解体前，每年都要进行 40～50 次集团军以上规模的实兵演习，耗费的人力、物力和财力相当可观。随着计算机模拟技术的完善，各国都越来越重视运用计算机作战模拟，许多国家已把计算机作战模拟作为制定作战计划的必要环节，再辅以少量的实兵演习对作战计划进行验证和优化，以求以最小的代价获得最大的效果。如俄军条令就明确规定，制定团以上的作战计划，必须使用计算机作战模拟进行鉴定。可以预料，随着技术日臻成熟，计算机作战模拟将发展成为各国军队优化作战计划的最佳途径，将成为高技术军队“先胜而后求战”的“定心丸”。

美军在这一方面占有领先优势。早在 1985 年，美军参联会就提出了“制定计划的现代化辅助手段计划”，其目的是使军队的总司令们能够得到并使用最新的作战模拟与分析手段，顺利完成训练与作战计划的制定、分析和评估工作。其全套设备设置在各司令部内，通常包括一套大型计算机主机、一套标准化的高级作战模拟设备、数据库以及通用的数据操作软件与分析手段。在海湾战争中，美军就曾成功地运用了这些作战模拟手段。

1989 年秋，美国提出，在中东，伊拉克有可能取代苏联而成为对美国利益的新的地区性威胁。因此，美国防部十分重视加强对付中东地区性冲突的准备，参联会据此指示美军中央总部修定作战计划。1990 年春季，中央总部开始重新审定在海湾地区的作战计划，很快拟定了一份新的作战预案。当年 7 月底，中央总部举行了为期 5 天的“内部观察 90”司令部机关计算机模拟演习，各级指挥官和参谋人员详尽地设想了伊军入侵的各种可能的作战方案，通过计算机作战模拟反复进行推演，不断修改和完善，最终形成了在海湾地区的作战计划、兵力结构和后勤保障计划的预案。

1990 年 8 月 2 日凌晨 1 时(科威特时间)，伊精锐力量共和国卫队的 2 个装甲师和 1 个机械化师，兵分两路突然入侵科威特，在特种部队配合下，当晚 7 时便迅速攻占了科威特市。第 2 日中午，伊军先头部队便推进到科沙边界附近。由于伊军的入侵行动与美军演习中所设想的情况基本一致，预有准备的美军对“内部观察 90”演习方案稍加修正，8 月 4 日就提出了应急方案，提出了作战计划和后勤保障计划。

在 1990 年 9 月～1991 年 1 月发起攻击之前，美陆军分析人员利用“军级战斗作战模拟系统”，对作战计划反复地进行了推演，把模拟结果提交部队，然后根据部队指挥官反馈的意见，不断修改和优化作战方案。另外，美军还大量使用了“扩展防空模拟系统”(EADSIM)。如美陆军第 32 防空司令部利用该系统模拟了如何在土耳其和以色列两国最佳地配置“爱国者”防空导弹以拦截“飞毛腿”导弹；美空军研究分析局也成功地利用这套系统分析了空袭损耗、压制伊拉克防空作战、空中加油等行动，并成为任务计划的内容之一；美空军还利用这套系统模拟了陆、海、空三军航空航天作战的程序问题。

研制高技术武器装备 研制新型武器装备是一个复杂的系统工程。过去,设计人员往往是从提高或改善现有武器的效能出发,凭借实战经验和个人判断进行设计。这样研制出来的新式武器在投入实战前,其效能存在许多不确定性。而现代化武器系统日益复杂,技术难度越来越高,破坏力越来越大,投资越来越多,研制周期越来越长。为避免人力、物力和财力的浪费,避免在武器投入使用后因性能缺陷而造成不必要的牺牲和损失,都要求加强预先研究和试验,通过作战模拟对新武器的技术可行性、性能指标和使用进行分析和检验。

现在,运用作战模拟技术进行武器装备仿真已被各国所采用。据统计,采用作战模拟研制制导武器,可使飞行试验次数减少 30~60%,节省研制费 10~40%,缩短研制周期 30~40%。如美国研制第 3 代的“爱国者”防空导弹,原计划试射 141 次实验弹。但经大量仿真试验,实际仅试射 101 发,仅此就节约了研制费用 8000 万美元,并且大大加快了研制进程。俄国防部在 1993 年 11 月制定的《俄联邦军事学说基本原则》中明确规定:“应用最新科学与技术成就发展新一代武器,以及在开始成批生产之前最大限度地利用数学模型评估它们的作战效率。”

利用计算机作战模拟研制新型武器装备,即武器装备仿真,主要分 3 种情况:①在研制前,利用作战模拟技术建立人—武器结合的战术对抗模型,对拟研制的武器系统作战能力进行测验;②在研制中,通过作战模拟评估各种方案,检验武器的技术和战术性能,协调各分系统间的关系和技术指标;③在研制后期,用作战模拟训练系统加快训练进程,节约费用,减小损耗,制定操作规程等。

虚拟现实技术将会引起武器系统设计的一场革命。它的最大特点就是可以让使用者与设计人员一起参与研制过程,将技术与战术结合起来,极大地提高武器的使用效能。以飞机设计为例,设计人员首先建立起各种逼真的三维立体模型,生成虚拟现实的飞机机体;然后,使用者和设计师一起戴上头盔显示器,“进入”虚拟的飞机中查看,比较内部的各种设计和实际操作问题,一旦发现不合适的地方,就可以利用数据手套等传感器设备更换部件模型,直至达到完美无缺之后方才罢休;最后,由计算机辅助设计系统自动生成整体设计方案。美国波音公司已成功地运用虚拟现实技术研制出了新一代巨型客机波音 777。在设计中,机身与机翼接合时一次成功,误差不到 1/1000 英寸(25.4 微米)。这种精度是传统设计技术根本无法实现的。此外,整个设计过程还缩短了几千个小时,节省了大量费用。

总之,在武器装备研制和使用中采用作战模拟技术,可以深化对武器装备发展规划的论证,判断采用新技术的时机,降低研制中的技术风险,缩短研制周期,减少研制和训练费用,提高研究和发展的整体效益。尤其是通过武器装备仿真,尽早地把用户引入武器研制过程中,促进了“需求牵引与技术推动的结合”。同时,计算机作战模拟还能促进新型武器的试验与鉴定,改善技术保障措施,促进和完善人与武器的结合。

成为军事演练的主要手段 高技术的发展正在对军事领域带来前所未有的深远影响,各国都面临着如何提高部队战斗力,特别是加强高技术训练的问题。随着技术的发展和战争的演变,今后的军事演练将更主要地依靠现代化的计算机作战模拟技术,以促进人与武器的最佳结合。

军事演习本身就是一种作战模拟方法。它通过对作战预案和作战设想进行模拟推演,可以达到培训指挥员的指挥、谋略、决策水平,提高部队的整体作战能力。近年来,各国都普遍越来越注重计算机作战模拟与实兵演习的结合,以最大程度地提高军事演习的逼真度和效益。计算机作战模拟系统可以为演练对象提供模拟的战场环境和态势,让受训者针对虚拟的战场情况作出反应,即作出判断和决策处置,然后通过作战模拟系统的运行结果,对受训者的处置进行评估。这种训练方法可以降低训练费用,提高训练效果,促进作战研究与训练更好地结合起来。

美军特别重视运用计算机作战模拟演习,并强调将其与实兵演练结合起来实施。例如,从 1976 年以来,驻韩美军和韩军每年都要举行代号为“乙支·焦点透镜”的联合计算机作战模拟演习,其规模位居世界之首:1995 年 8 月 21 日~9 月 1 日,美、韩军队共计 6.6 万人参加了演习;1996 年 8 月 19~30 日演习期间,驻韩美军 1.5 万人和韩国陆海空三军主要部队都参加了演习。通过这种司令部带部分实兵的计算机模拟演习,演练、评估和改进美、韩两国军队“在采取紧急行动时所需的程序、计划和系统,以及协同作战能力”。美军的主要目的是利用联接欧、亚、美 3 大洲的美军用计算机网络,演练从全球应急支援朝鲜半岛作战的预案。

此外,利用联合作战模拟系统实施训练,还是从理论学习和战例研究转向实兵指挥和实际操作环节中不可缺少的“桥梁”。各国都很重视运用先进的作战模拟手段进行教育训练。如美军各高级院校都设有作战模拟中心,广泛利用计算机作战模拟实施教学和评估学员对所学知识的理解程度,训练和考核学员的决策能力。美军各军种还正在加速研制适于进行诸军兵种联合作战训练、可以灵活更改想定内容的新的作战模拟训练系统。而利用仿真训练器材培训武器装备操作人员更已成为各国军队的普遍做法，这是因为计算机作战模拟特别适用于培训武器装备操作手，如车辆模拟器、飞行模拟器和射击模拟器等，既能提高训练效果，又能节约训练费用。

近年来，各国都在加快分布式计算机模拟训练系统的建设。例如，美国防部高级研究计划局与美陆军从1982年开始联合投资研制"模拟器网络"(SIMNET)，旨在开发一个大规模的交互式战斗模拟器网络，用于对坦克和装甲战斗车辆乘员(以后推广到包括固定翼飞机和直升机驾驶员)和分队指挥员进行战术训练。该网络的特征是以分布式交互仿真、计算机综合的三维环境和"虚拟战斗"，把成千上万名的作战人员"浸入"到计算机产生的"虚拟现实"作战环境中进行军事对抗演习，为武器装备研制、作战实验和训练提供十分有价值又十分省钱的高技术实验手段。这个分布式仿真计算机网络已于1990年建成，其核心是管理、指挥和控制接口。

1987年，美军曾利用该网络，将驻扎在美国本土诺克斯堡及驻德、驻韩美军部队联在一起，使坦克、装甲车、舰船、巡航导弹(均为模拟器)和防空导弹操纵手置于同一个模拟的战场上联合进行演习，当时有250余台模拟器参与了演习，并动用了大量真实的作战飞机。利用分布式仿真网络，将分布在世界各地、远隔千里的虚拟现实座舱和虚虚实实的部队连接到同一个"虚拟战场"中：一名坦克乘员可能位于美国加州沙漠的一个座舱中，而他的训练同伴则可能是在欧洲某地，甚至是计算机产生的"虚拟士兵"。这些座舱相互独立，但可以利用各自的虚拟现实接口和计算机进行作战模拟，并通过计算机网络发送信息，实现相互操作。

这一试验开创了一种全新的高技术训练手段。此后，这套大规模、自动化作战模拟训练网络便成为美陆军重要的训练演习工具，为美军在海湾战争中的胜利奠定了一定的基础。海湾战争后，美军便开始大力发展这种模拟训练网络。1992年，美陆军又提出了建设"近战战术训练系统"(CCTT)的计划，投资10亿美元，利用许多先进的主干系统的光纤网络并结合分布式仿真，建立一个虚拟的作战环境，供单兵进行逼真环境下的作战训练。这套系统通过计算机网络联结了从韩国到欧洲的大约65个工作站，各站间可迅速传输模型和数据，包括各种现役武器系统的模拟器，使士兵能在虚拟环境的动态地形上进行作战。这套系统的核心是"合成兵种战术训练器"(CATT)和"战场分布式模拟发展"(BDS－D)科研项目(1992～1994年)的结合。

上述分布式交互仿真系统现在已经成为美陆军数字化建设的主要试验工具，相继运用在多种数字化试验演习当中。如美军1994年举行的"路易斯安娜机动"和"合成战场——欧洲"等诸军兵种联合计算机作战模拟演习中，就使用了这些模拟训练网络，极大地提高了军事训练的效果，美军培养指挥员在高技术战场上的实时决策指挥能力、为研制新型武器装备、检验联合作战能力、验证新的战术技术与规程、检验各种新的作战思想和战法打下了坚实的基础。

(葛立德)

轻　武　器

综述　1995～1996年，世界各国尤其是西方发达国家，发展轻武器的主要目标是面向21世纪，努力寻求适应未来战争需要的高效轻武器及其弹药。分析世界轻武器的发展，有以下几个重要特点：

深入研究轻武器新材料、新技术。北约已开始新材料方面的研究，研究的重点是：减轻轻武器重量；减少轻武器磨损和烧蚀；降低生产成本；增加弹丸比重，提高侵彻力；为目前的枪管制造提供替换方法。计划采用的新技术有：新式注模成型和先进的粉末冶金技术、物理汽化处理和化学汽化处理技术、给合金钢表面渗氮技术、新的金属喷涂技术等。计划采用的新材料有：纤维或填料加强的聚合材料和轻便的低强度材料、铝或铝合金弹壳、塑料弹壳或无壳弹等。

加快发展21世纪单兵综合战斗装备。美国先是搞了个"士兵防护服计划(SIPE)"，后又进一步提出了"第2代士兵系统"计划。这个系统包括5个子系统，即：整体式头盔子系统、计算机/电台子系统、武器接口子系统、防护服子系统和微气候空调子系统。另外还有

个补充的第2代士兵系统，内容包括：综合瞄准模块、先进图像放大器、高清晰度显示系统、多用途单兵弹药等。

法国提出了“先进战斗士兵系统(ECAD)计划”，目前已确定了积木式组合的几个子系统：核、生、化防护子系统、士兵生存微气候子系统、防弹设备、防火装备和C4I系统。整个系统的武器部分是以现役5.56毫米FAMAS步枪为基础的。

英国拟定了“2000年单兵系统计划”，计划主要分为3部分：防核、生、化武器、防弹片及防红外探测的“五防”作战服；液体发射药的双管步枪，其中大管发射的榴弹可打击包括武装直升机在内的软装甲目标；“智能头盔”。

俄罗斯正在制定21世纪军人装备计划，其第1阶段的目标是建立摩托化步兵和空降兵的个人基本成套装备，包括武器弹药、个人防护器材、生命保障设备、军服与特种装备等。

另外，澳大利亚、加拿大也制定了未来士兵个人装备的计划。

继续开发换代轻武器。探讨面向21世纪的轻武器，是世界各国90年代以来轻武器研究的主题。目前，美、法、俄等国的研制工作均有所进展。

美国继续推进理想轻武器族的研究。陆军根据原来的轻武器总规划，又拟定一项新的发展计划，对理想单兵战斗武器(OICW)提出了如下目标：500米的命中概率为90%，1000米为50%；具有昼夜火控能力；重量减轻；人机工效好。

美国三军轻武器规划办公室要求理想单兵自卫武器(OIDW)采用新概念、新技术，能迅速使500米处、身着防弹衣的敌人丧失战斗力，包括致死或致残；正常操作时最低射程152米，理想射程不低于190米；能在海、陆、空等环境下使用；重不超过1.36千克；能单、连发射击。

对于理想班组武器(OCSW)，正在开展第2阶段研究。按要求，该武器要替代MK1940毫米自动榴弹发射器和12.7毫米勃朗宁重机枪，对人体目标的有效射程2000米，对轻型装甲车辆、舰船、低空飞机等目标1000米。发射的弹药包括：近程定位空爆弹、穿甲弹、高爆杀伤弹、反器材弹和训练弹。

与此同时又计划于1997财年开始实施理想狙击武器(OSW)计划。候选技术有定向能武器和动能武器，包括脉冲激光器和带先进传感器的弹头在内。

法国陆军制订了发展步兵未来武器的计划，其目的是寻找一种合适武器，从2010年起接替5.56毫米FA MAS步枪。法国军方与陆军武器工业公司签订了名为PAPOP(多用途、多弹头)可行性预研合同。PAPOP在多用途设计的概念上类似于美国的理想单兵战斗武器(OICW)。

俄罗斯根据前苏联“阿巴干”计划正在研制新型的5.45毫米尼克诺夫步枪。

大力发展轻武器火控系统。为了进一步提高轻武器的作战效能，各国在努力改进现装备轻武器结构的同时，特别重视火控系统的研制。这方面处于领先地位的是美国，英国也紧步其后。

美国推出的轻武器通用模块式火控系统，内有昼/夜望远式瞄准镜、对眼安全的激光测距机以及弹道计算机。该装置为射手提供一个经过调整的瞄准点，射手通过这点瞄准目标。瞄准点已对主要的误差源，如目标距离、弹道、横风、空气密度、初速、武器倾斜以及目标运动等，做了补偿修正。瞄准点的精度可以满足0.25毫米弧度的要求，大大小于弹药的一般散布。这种重量轻的火控系统很容易装到7.62毫米M-60机枪、12.7毫米M-2HB机枪和40毫米MK-19自动榴弹发射器上。

美国可改进昼/夜射击的弹道瞄准系统是一个高度模块式的系统，其头顶显示器技术先进，采用高亮度液晶显示屏。利用这一系统可以在不到2秒钟时间内精确跟踪并锁定目标。

英国为SA80研制的新瞄具壳体由高强度玻璃钢制成，长150毫米，宽37毫米，高80毫米，放大3倍，视场4°，透光率75%。它重仅0.25千克，是现在使用的SUSAT氚光瞄准镜重量的1/3。瞄具分划也用氚光源照明，可在弱光条件下使用。

中型机枪的发展出现转机。一些国家的专家认为，从技术角度讲，中型机枪已没有大的改进余地。自第二次世界大战以来，中型机枪没有出现过重大改进。各国军队都在寻求适合于他们的中型机枪，但又不肯投入更多的资本去研制技术先进的全新武器。现在，对中型机枪的发展，出现了转机。

美国于1994年开始的理想轻武器族(OFSA)的开发项目中，增加了先进中型机枪(AMMG)项目，计划于2015年装备部队。按三军轻武器规划文件规定，AMMG应具备如下特征：装200发弹箱后全枪重6.8～9.1千克；有效射程1100米；提高压制火力及对人体目标的命中概率；能对付人体目标、轻型车辆、低速飞行的飞机和水上飞机；将代替M-60、M-240和M-249机枪所执行的战斗使命。

俄罗斯精密机械工程研究所前几年开发的6毫米

中型机枪及其弹药，目前虽仍处于研制阶段，但 6 毫米枪弹已有了改进，其火力效应比原来提高了 2～2.5 倍。

南非花费 9 年时间研制的 7.62 毫米“维克托”SS-77 中型机枪已装备部队。该枪弹带供弹，开膛待击，枪托可快速拆卸，更换上用于持续射击的铲形握把或遥控射击装置。它结构很简单，野外分解只有 9 大部件，重量轻，空枪重仅 9.6 千克，现已在世界市场站住了脚。

枪械　手枪、冲锋枪和步枪尤其是狙击步枪的发展较快，出现了不少令世人关注的新产品；中型机枪又受到一定重视；在发展各种枪械的同时，注重枪弹的研究和开发。同往年一样，新研制的枪械很注意新概念、新原理和高技术的应用，努力提高各种枪械的作战效能。

手枪　**美军续购 M-9 手枪**　10 年前，当意大利伯莱塔公司生产的 9 毫米 92F 手枪被美国武装部队选为制式武器并命名为 M-9 手枪以后，伯莱塔美国分公司赢得了提供 31.5 万支 M-9 手枪的供货合同。最近，美国陆军和国民警卫队又追加了 1.65 万支价值 650 万美元的定单。

俄军装备“蝮蛇”PK 手枪　该手枪的特点是：外形圆滑，套筒座为塑料件，扳机护圈前部凹陷，射手可以双手持枪射击；握把和枪管呈 100°角，利于射手进行高精度射击；固定式机械瞄具的瞄准部分都进行闷光处理，任何光线下都不反光；双排弹匣容量 18 发，并有一些孔供观察匣内存弹数。手枪长 195 毫米，空枪重 995 克，带弹重 1.2 千克，发射重 11 克的大威力手枪弹，有效射程 100 米，在 70 米处可穿透 Ⅲ 级防弹衣和汽车发动机缸壁。

俄罗斯披露 7.62 毫米 PSS 无声手枪　该枪有单、双动机构及简单的击锤和跌落保险，6 发弹匣供弹，全长 165 毫米，空枪重 700 克，初速 200 米/秒，最大有效射程 50 米。它使用的是具有消音效果的 SP-4 式特种弹，其钝头钢心弹丸重 10 克，后面有一个活塞，射击时承受火药气体冲击。弹壳口部呈瓶颈状，能够卡住活塞使其留在弹壳内，从而抑制所有的射击火焰和声音。射手所听到的只是击锤撞击击针的声音，旁观者几乎听不到任何声音，故谓之为无声手枪。

韩国推出 DP-52 袖珍手枪　该枪口径为 5.56 毫米，枪全长 170 毫米，枪管长 98 毫米，重 666 克。所有零部件均为钢制，由于采用熔模精密铸造法代替锻造法，并采用高级抛光技术，枪的表面没有任何毛刺，显得十分光滑。为便于拇指握持，握把左侧有拇指槽。试射表明，枪的后坐力很小，精度很好。

德军即将装备 P-8 新手枪　联邦国防军于 1988 年决定装备一种新型手枪。经过招标选型，HK 公司研制的 9USP 手枪获得了胜利。德军计划于 1996 年采购第 1 批，命名为 P-8 式手枪。P-8 手枪口径 9 毫米，枪长 194 毫米，枪管长 108 毫米，其主要特点有：采用具有再生能力的复合材料（聚酰胺基），空枪重量减轻到了 720 克；弹匣也是由这种复合材料做成，且透明，可见匣内存弹数；握把人/机工效性好，左右手都可毫无困难地操作；钢制件的表面经过专门工艺处理，抗腐性能极好；后坐小，射击相当舒服，即使是未经训练的射手也会很快掌握射击要领而取得良好的射击效果。

比利时 5.7 毫米手枪推向市场　新手枪系 FN 公司研制，与早先研制成功的 P-90 单兵自卫武器成一族，都发射 5.7 毫米手枪弹。它由 4 大部分组成，即握把、套筒、枪管及弹簧、弹匣，只要用几个把手扳动拆卸杆就可以迅速完全分解。该枪最引人瞩目之处是套筒外层为工程塑料，里面是普通钢，使用非常方便。弹匣也由工程塑料做成，容弹量达 20 发之多，这在手枪中还是罕见的。枪全长 208 毫米，枪管长 123 毫米，全重 730 克，是继俄罗斯 5.45 毫米 PSM 手枪之后出现的又一支小口径手枪。

冲锋枪　**俄罗斯试验“峰牛”2 冲锋枪**　这是 AK 枪族的新成员，其研制小组负责人是“世界枪王”卡拉什尼科夫的儿子 B. 卡拉什尼科夫。该枪有 60% 的零、部件可以和 AK-74U 短步枪及 AK-74M 改进型突击步枪通用，其主要特征是：自由枪机式自动方式；用带有散热孔的枪管套取代了 AK 步枪的常规上护木；枪口装有特制的防跳-制退器；采用螺旋弹匣，借助弹匣内的螺旋体供弹，弹匣容量达 64 发之多。它空枪重 2.1 千克，托折时枪长 425 毫米，托伸时枪长 660 毫米，枪管长 200 毫米。该枪主要发射制式 9 毫米 PM 手枪弹，也可发射高速 9 毫米 PMM 弹。预计将用于俄罗斯政府内务部队、巡警、押送队、反恐怖小分队及特种部队。

俄罗斯销售 9 毫米 PP-93 冲锋枪　该枪是一种比较简单的枪机后坐式武器，采用折叠式枪托，托折后长仅 325 毫米，托伸时长 577 毫米，装 20 或 30 发弹匣，空枪重 1.47 千克。它既能发射标准的 9 毫米马卡洛夫手枪弹，初速为 320 米/秒，也能发射装药量增大的新式 57-N181SM 弹，初速达 470 米/秒，20 米处能穿透 3 毫米厚钢板。

波兰推出两种新型冲锋枪　一种是 9 毫米口径，叫 PM-84，另一种是 9 毫米口径，叫 PM-84P。从技术上看，两种枪都是在Wz-63微型冲锋枪的基础上制造的，但有两个明显不同：Wz-63采用前冲击发方式，新枪采用“弹射”击发方式；Wz-63开膛射击，新枪闭膛射击。弹射击发的冲锋枪虽然比前冲击发的冲锋枪枪管热得快，但精度要好得多。同Wz-63一样，PM-84和PM-84P也是自由枪机式自动方式，也采用折叠塑料前握把和伸缩式钢筋枪托。两种新枪容弹15或25发的杆式弹匣插在小握把中，小握把差不多在全枪中间部位，故平衡性好。

步枪 **美国理想单兵战斗武器研制的第3阶段开始** 美国90年代初开始的理想单兵战斗武器(OICW)计划，经过几年的努力，第1阶段的研制工作已经结束，第2阶段也有结果，第3阶段于1996年4月开始，预计要进行1.5～2年。有两家公司获得第2阶段的研制合同，它们分别是AAI公司和阿连特公司。两家公司的设计各有千秋，但都将枪管上下放置，上为20毫米枪管，发射高爆弹，下为5.56毫米枪管，发射动能弹。两家公司已上交了合同要求的所有零部件，其中包括引信和火控系统。第3阶段的研制工作，仍由这两家公司竞争。

俄罗斯研制尼克诺夫步枪 该枪系根据前苏联80年代初的“阿巴干”计划研制的，设计师是坚纳基·尼克诺夫，经过部队试验后，就以设计师的名字首字母命名为“AH步枪”，口径5.45毫米，全长943毫米，空枪重3.85千克。新步枪同现有的AK系列步枪相比，最突出的优点是命中概率明显提高。由于它采用“自动混合后坐冲量装置”可以设定射速和点射长度。连发射击时，头两发弹射速达1800发/分，余下的发射速度为600发/分。这样，头两发弹在射手还没有感觉到后坐之前已经飞离膛口，故命中率极高。该枪外形类似AK步枪，但前护木较大，内装缓冲机构，射击有效性比AK-74步枪提高了1倍，比美国M-16步枪提高了50%，有效射程比AK-74增加了100米，达600米。

俄罗斯生产V-94大口径狙击步枪 口径12.7毫米，由图拉仪器设计局设计，总体结构与前苏联在卫国战争中使用的14.5毫米PTRS－1941型反坦克枪相似，但实际上有许多区别，其明显的特征是：采用12.7×107毫米重枪管；枪口处安装有矩形消焰器；枪托、击发机构、机匣均可向前折叠。枪全长1700毫米，折叠后长1100毫米，重13.7千克。可使用与12.7毫米NSV大口径机枪弹相同的B-32或B-34枪弹，一发弹就可使轻型装甲目标丧失战斗力，与其他昂贵的武器相比，效费比要好得多。

以色列加利尔军用狙击步枪问世 以色列军事工业公司研制，口径7.62毫米，枪全长1112/845毫米，连枪口制退器枪管长508毫米，空枪重7.65千克。该枪实际上是加利尔突击步枪的变型，基本结构与突击步枪相同，但其射击性能尤其是远射性能优于突击步枪。在使用优质枪弹的情况下，在30米距离上能100%地命中目标，散布圆直径为120毫米，在600米距离上散布圆直径300米。据报导，加利尔狙击步枪是这一级狙击步枪中最精确的一种。

以色列推出加利尔微型突击步枪 以色列军事工业公司研制，口径5.56毫米，型号MAR，主要供坦克乘员、指挥员和特种部队使用。此枪采用向侧面折叠的枪托，托伸时枪长690毫米，托折时枪长445毫米，枪管长195毫米，空枪重2.95千克，弹匣容量25发，托折后比标准的“乌齐”(Uzi)冲锋枪还短。它发射5.56毫米SS-109/M-855弹，初速710米/秒，理论射速600～750发/分。据公司称，该枪是当前世界上最小和最轻的突击步枪。

中国台湾XM-86战斗步枪即将定型 该枪系台湾联勤兵工厂继T-65K2步枪之后推出的又一种5.56毫米小口径步枪，预计1997年定型。其主要特点是：枪身及握把用特殊材料制成；枪托改为中空可折叠式；去掉了T－65K2上的提把；可实施单、连发射击和3发点射；带两脚架，可作轻机枪使用；可以加挂与美国M-203类似的榴弹发射器；配有三用刺刀。该枪是空降兵和战斗车乘员比较适合的武器。

德军即将装备36轻武器族 在欧洲其他国家纷纷采用5.56毫米小口径步机枪时候，联邦国防军仍然采用7.62毫米口径枪，显然已不合时宜。原打算换装4.73毫米G-11无壳弹步枪，但由于种种原因而取消了订货计划。为了同北约口径统一，联邦国防军于1992年决定采用5.56毫米枪族。尔后，从市场上已有的10种步枪和7种轻机枪中挑选2种进行了广泛的试验，最终决定采用HK公司的HK-50步枪和LMG-50轻机枪。装备部队后分别称为G-36步枪和MG-36轻机枪，它们与G-36K短步枪共同组成36轻武器族。德军计划1996年第3季度开始先装备危机反应部队。在36轻武器族中，G-36步枪是基础，G-36K仅是枪管缩短和护木有所变化，MG-36仅是采用重枪管、两脚架，其他结构与G-36步枪相同。G-36步枪的主要特点有二：一是大量应用工程塑料，如机匣就是由一整块工程塑料做成的；二是采用上下重叠的两种光学瞄具，上为不放大的准直式瞄具，用于200米以内的近程射击，下为放大3倍的望远瞄准镜，用于在较远距离上精确瞄准射击。

机枪　美国改进型M－60机枪问世　改进型称为M-60E4,有5种型号枪:长958毫米、重10.2千克的短枪管型;长940毫米、重9.9千克的突击枪管型;长1077毫米、重10.5千克的长枪管型;长1105毫米、重10.77千克的车载型;长1074毫米、重9.6千克的并列机枪型。有效射程1100米,初速835米/秒,理论射速500～650发/分。与老式M-60相比,M-60E4的改进之处主要有:枪管加厚并可快速更换;前护木上装了手提握把;气推活塞可正反两用;供弹凸轮经改进后减少了弹带拉力,增强了供弹可靠性;保险杆可左右手操作;两脚架可单手操作;扳机护圈大,适合冬季戴手套射击;弹盒轻便;采用了新式消焰器;改进拉壳钩后射击安全性大为提高;枪托采用轻质材料,其上铰接有垫肩。

英国陆军采购7.62毫米弹链式机枪　定购合同为606挺,总价值470万英镑(700万美元),总承包商是诺丁汉的HK公司,另有多家承包商提供零部件,交货期为1996年9月到1998年上半年。此枪原来是美国麦道直升机公司设计的,名为EX-34,大多数产品在英国恩菲尔德皇家轻武器工厂及马勒·英格兰公司生产。英军现已命名为L-94A1,作为装甲战斗车如"挑战者"Ⅱ主战坦克的并列机枪。

枪弹　俄罗斯披露9毫米冲锋枪弹　主要用于A-91微型冲锋枪,也可用于特种微声武器。全弹长55.5毫米,瓶形喷漆钢弹壳长38.5毫米,有普通弹和穿甲弹两种,分别称为SP-5和SP-6。普通弹弹头采用黄铜被甲,船形尾部,有底缘,长35.7毫米,直径9.2毫米,重约16克。穿甲弹采用多级弹头,弹尖涂黑,以与普通弹区别。

俄罗斯首次披露新式双头弹　这种弹由西伯利亚低压设备厂生产,口径为12.7毫米,黄铜弹壳,其上装2个"ISL"穿燃弹头或"ISLT"穿燃曳光弹头,初速750米/秒,弹重31克,弹长147毫米,弹头对1000米处的钢板穿深5毫米。此弹是目前世界上仅有的弹种,适合由12.7毫米坦克机枪或机载机枪发射,杀伤敌方人员、地面和空中目标。

榴弹武器和攻坚、燃烧武器　随着局部武装冲突和城市作战次数的增多,一些国家对近距离攻坚武器和燃烧武器更加重视,榴弹武器的发展势头也没有减弱。对于步兵近程反坦克武器,则如同前几年一样,努力探索新技术,力求增加破甲威力。

美军签订多用途近战武器的第1阶段研制合同　合同周期18个月,包括设计和生产5具供射击试验用的样品费在内,总价值预计为700万美元。如果第1阶段的研制工作顺利,第2阶段的研制将持续47个月,拿出47具供评审试验的样品,总费用为4110万美元。这种近战武器暂时叫做多用途单兵弹药(MPIM)/近距离突击武器(SRAW),是一种重量轻、便携、"发射后不用管"的自动寻的直射导弹,全长889毫米,重约9千克,有效射程500米。战斗部是一种两级作用系统,前一级为空心装药结构的爆炸贯穿弹药,可在砖石或沙袋构筑的的墙上穿一个洞,后一级为跟进杀伤榴弹,可穿过洞,在房间或掩体内起爆,用大量破片杀伤敌人。推进系统也为两级,第1级为软抛射,第2级在距射手5米处点火,靠惯性制导将导弹引向目标,因此,射手可在有限空间内发射。

美军装备66毫米便携式多管火焰喷射器　其型号为M-202A2,装备美国陆军和海军陆战队。它由1个光学瞄准具、肩射装置、带有背带的4管发射筒和1个预先装好4发燃烧火箭弹的弹夹组成。使用时,可以取立姿、坐姿或跪姿,每5秒钟至少可发射1发弹,发射筒可重复使用。武器全重12千克,战斗全长823毫米,最大射程750米。

俄罗斯推出TKB－72K自动榴弹发射器　与原来的AGS-17一样,口径也是30毫米,但重量轻,零件少,结构紧凑,成本低,三脚架可调,配有PAG-17白光瞄准镜。武器空重16千克,外廓尺寸为360×500×1100毫米。目前发射的弹药与AGS-17相同,30发实弹箱重13.7千克,理论射速395～425发/分,最大射程1700米。与AGS-17相比,其零件总数减少了60%。结构也大为改观:自动机是重新设计的;首发装填机构由原来的拉绳式改为棘轮手扳式;供弹机中装弹机盖减小了,打开方便,占据空间小;枪架和助锄也有所创新。

中国台湾研制成功XT-83自动榴弹发射器　由台湾联勤兵工厂开发,口径40毫米,其外形、尺寸及性能与美国MK-19自动榴弹发射器类似。发射管长412毫米,全重32千克,弹链供弹,全自动射击,有效射程1500米,可给步兵提供远距离密集的火力支援。

德军决定采购HK公司的自动榴弹发射器　自1990年起,德军就计划装备自动榴弹发射器,并提出了下述要求:口径为北约标准的40×53毫米,既采用杀破两用弹,又采用空心装药杀伤弹,所有弹种都有自毁装置和曳光剂;重量要轻,并能昼夜使用;在掩体后面也能杀伤300～1000米之间的敌步兵和轻型装甲车。最初打算投资研制,后来由于HK公司已经研制成功并同军方的要求非常接近,于是决定采购现成的。如果技术试验和部队试验顺利,可能于1997年装备第一批。该榴弹发射器是一种开膛待击的全自动武器，口径40毫米，全重44千克，带软架全长1180毫米，其榴弹为北约标准弹。它既能单发射击，又能实施长、短点射，初速241米/秒，射速330发/分，最大射程2200米。

德国迪尔公司的新型火箭弹问世 新型火箭弹称为GRABAS，意为破坏掩体的发射器弹药，专门用于杀伤处于防护物中的目标。火箭弹战斗部有两级，由空心装药(口径110毫米)和破片装药以及相应的引信组成，前者为贯穿装药，后者为延迟发射装药。当战斗部撞击目标时，空心装药在目标壁上产生直径50～60毫米的洞，采用电击发延迟引信的延迟发射药穿过洞，在目标壁后面约1.0～2.5米处爆炸，破片战斗部在目标内爆炸所释放的破片和火药气体持续地杀伤敌人。新型火箭弹战斗部可装在德军现役"铁拳"3型火箭发射器上，射程11～400米，外弹道性能与"铁拳"3型相同。

瞄具 **美国研制新型狙击步枪瞄准镜** 由瓦罗公司(Varo)研制，型号为AN/PVS10，它是将白光和夜视合为一体的组合式瞄具，既具有精确瞄准射击的性能，又有昼夜瞄准的能力。该瞄具标准物镜口径125毫米，放大倍率为8.5，将配用于M-24狙击步枪，供步兵野战使用。

美国改进非致冷热像瞄准镜 美国陆军追加拨款150万美元，用于改进SMRT-1型中距离热像瞄准镜，计划用于步枪、机枪、"针刺"地空导弹等发射武器，也作为手持观察仪供军队和警察使用。改进型叫SMRTⅡ，重量不到1.6千克，比原型轻0.2千克，瞄准镜不采用扫描装置和致冷装置，而采用245×325非致冷阵列探测器，在常温下，打开开关20秒钟之后就可获得清晰的图象。

(卞荣宣)

装甲兵武器装备

综述 1995～1996年，世界各国装甲兵武器装备的发展特点是：

*调整新型坦克发展进度，突出现装备的改进提高。*各主要的装甲车辆生产国家继续进行"冷战"结束后的军事战略调整，随之也调整了新型主战坦克的发展步伐。但从提高现装备性能、促进出口贸易出发，许多国家突出了现有装备的改进提高。美国在将1000多辆M-1主战坦克改进为M-1A2主战坦克的同时，又推出了M-1A2主战坦克系统改进计划。德国完成了第1批"豹"2A5主战坦克改进工作。韩国将K-1坦克改进为K-1A1坦克。英国发展了沙漠型"挑战者"2型主战坦克。

*加强未来坦克新技术研究，提出新概念坦克发展方向。*以美国、德国为代表，装甲车辆技术先进的国家提出了未来15～20年新一代装备技术的发展需求，如美国提出的"未来地面战斗系统概念车"等几种战斗坦克方案，德国提出的未来"模块化"、"通用化"的战斗车辆概念。在未来坦克装甲车辆新技术发展方面，为配合下一代新型装甲战车概念的发展，开展了对坦克综合传感技术、高性能弹药、隐形技术、电磁装甲、电能炮、导航定位技术等新技术的预研。

*适应国际军事斗争需要，促进轻型装甲车辆发展。*轻型装甲车辆的发展继续保持了旺盛的趋势，其中包括用于维和部队的轻型装甲车辆。同时，一些热点地区发展中国家在积极增强军事实力时，也看重轻型装甲车辆所具有的较好的效费比。另外，各国在50～60年代开始装备的轻型装甲车辆已进入更新期，需要研制新一代车辆来代替。这一时期许多国家新发展或改进的轻型装甲车辆普遍加强了防地雷与防轻武器射击的防护措施，反映了低强度军事冲突及维和军事行动的需求。

*加强国际合作，节省研制经费。*在各国国防经费普遍压缩的背景下，各国较普遍地加强了合作研制与改进装甲车辆的计划。这一作法，除了能引进、吸收先进技术外，主要目的是节省费用，提高市场竞争能力。如德、美合作研制未来装甲车辆的计划，德、法、英合作研制轻型装甲车辆的计划，德、西班牙合作生产"豹"2坦克的计划，罗马尼亚、土耳其合作研制装甲车的计划等。预计这种趋势今后将会加强，但各方政治、经济利益的矛盾也会影响国际合作的结果。

主战坦克与轻型坦克 **美国提出未来新型主战坦克设想** 据《简氏防务周刊》1996年10月23日报道，美国陆军坦克-自动车和军械司令部提出了5种未来新型主战坦克规划设想，这些新坦克将是M-1A2坦克的后继车辆。一个设想方案是40吨重的"未来地面战斗系统概念车”。这一方案采用可变式悬挂装置，使车辆高度能在1.6～3.1米之间改变，以便减少目标暴露面积。该方案的坦克有两名乘员，位于车内前部。遥控的炮塔内装有XM-291型120毫米火炮，弹药基数40发。车体正面有100毫米厚的装甲，采用先进的被动装甲和反作用装甲；车体侧面及炮塔正面有电磁装甲；还有隐形和主动防护设施，包括在炮塔装甲下安置的80个烟幕榴弹发射器。其他几个设想方案如下：

(1)57吨重的坦克。安装1门大口径外置式火炮，火控系统等部件安置于车体内，减少了炮塔的体积。

(2)55吨重的“全电式”坦克。具有更强的杀伤力、生存力和机动能力。武器为电磁轨道炮或电热化学能炮。装甲防护为电子装甲，传动方式为电传动，并采用电子-机械式主动悬挂。

(3)10吨重的快速部署“系统”。该车具有反坦克能力，采用25毫米口径电磁轨道炮以及定向能武器，可以遥控使用，有1200发反坦克弹药。装甲厚度可防7.62毫米弹丸。车高为1.5～1.9米。最大速度为95千米/时。

另外还有一种10吨重的常规坦克设计方案。

美国按M-1A2坦克标准改装M-1坦克　据《简氏防务周刊》1996年7月24日报道，美国通用动力公司地面系统部接受了一项价值15亿美元的合同，将580辆M-1坦克升级为M-1A2坦克。这一合同是美国陆军计划在1996年10月至2001年7月间装备1000多辆M-1A2坦克的一部分。至1996年9月止，该公司已先期为美军改装了206辆M-1坦克，价值为4.17亿美元。

美国决定改进M-1A2主战坦克　据《简氏防务周刊》1995年10月7日报道，1994年9月，美国通用动力公司地面系统部开始M-1A2坦克“系统改进计划”的研制工作。改进项目的核心部分是设计车载电子系统结构及核心电子装置，这将为未来M-1A3坦克建立基础。在“系统改进计划”中新增加的改进项目有：改进Power PC603处理器、增大计算机储存量、用于控制数字化地图及使用手册的独立储存器、第2代热成像仪、彩色显示器、数字化地形图、“21世纪部队”指挥与控制软件、装甲防护下的35千瓦辅助动力装置、乘员舱的冷却系统、嵌入式使用手册、“辛格斯”INC改进型电台、增强型定位报告系统、全球定位系统接收器及新的车长用键盘。1997年，6台M-1A2系统改进样车将交付试验。现在的M-1A2坦克计划是生产（改装）1079辆M-1A2坦克，预计在这个生产计划的中途（大约是1999年1季度）将引进“系统改进计划”的内容，并且，对所有的未改装过的M-1A2坦克都要重新改装上“系统改进计划”的内容。

美国研制成“魟”Ⅱ轻型坦克　据《简氏防务周刊》1996年12月4日报道，美国特克斯特伦公司已研制成出口型“魟”Ⅱ轻型坦克。该坦克是“魟”Ⅰ的改进型，并已在1986～1990年向泰国出口106辆。“魟”Ⅱ坦克有4名乘员，驾驶员位于车首，动力传动部分为后置式。为了提高战场生存力，“魟”Ⅱ坦克的正面采用了最新研制的“2001”高硬度特种装甲，可抗23毫米以下弹丸的攻击。同时，侧裙板也采用了类似的装甲。这样，坦克的重量也达到22.6吨。此外，还可采用一套镶装装甲，安装时间为2～4个小时。正面可防RPG-7反坦克火箭弹及30毫米以下的弹丸。这时，坦克重量达26.3吨。该坦克安装了M-1A1主战坦克的数字式火控系统，提高了命中率。炮手主瞄准镜为休斯公司的HIRE白昼/热成像的激光测距瞄准镜。车长可通过一个监视器看到炮手瞄准的目标。该坦克的武器包括105毫米低后坐力火炮、7.62毫米并列机枪、12.7毫米高平两用机枪及炮塔每侧安装的4具烟幕弹发射器。该坦克的动力装置为DD8V-92TA柴油机，功率为550马力，也可将功率提高到650马力。传动装置为艾利逊XTG-411自动传动装置，最大行速为72千米/时，平均速度48千米/时，最大行程525千米。选用的设备有：驾驶员被动式夜视仪、导航仪、乘员“三防”通用面罩等。

俄罗斯坦克出售韩国　据《简氏防务周刊》1996年11月6日报道，俄罗斯向韩国提供的部分T-80У主战坦克和БМП-3步兵战车已运抵韩国。11月1日韩国组建了第1个装备T-80У坦克的装甲营，现已有8辆T-80У坦克，其余坦克在年底到达。韩国还在10月1日组建了第1个装备БМП-3步兵战车的机械化步兵营，共有30辆БМП-3步兵战车。

韩国研制成K-1坦克改进型及其变型车　据《简氏防务周刊》1996年5月1日报道，在马来西亚的亚洲防务展览会上，韩国宣布已制成两辆安装120毫米火炮的K-1主战坦克，并展出了3种K-1坦克的变型车。K-1坦克改进型被命名为K-1A1，它安装了120毫米滑膛炮，该炮与美国M-1A1、M-1A2坦克的火炮相同。坦克携弹量为32发，全车重量52吨。韩国已生产了约1000辆K-1坦克，预期它们将被升级为K-1A1标准坦克。展出的3种K-1坦克变型车分别是装甲抢救车、装甲架桥车及K-1M坦克，后者作为马来西亚陆军订购的竞选车辆。

印度“阿琼”主战坦克亮相　据《简氏防务周刊》1996年1月17日报道，印度展示了它的研制缓慢的

"阿琼"主战坦克。该坦克的样车试验已于 1993 年初完成,但批量生产还未开始。该车采用了德国 MTU 公司的 1400 马力柴油机作为动力装置,其他进口关键部件有火控系统及光学仪器。主要武器是印度设计的 120 毫米火炮。

巴基斯坦购买 T-80УД 坦克 据《简氏防务周刊》1996 年 8 月 7 日报道,巴基斯坦与乌克兰于 7 月 30 日签订了购买 300 辆乌克兰 T-80УД 主战坦克的合同,合同金额为 5.8 亿美元,包括备件、技术保障及维修设施。交付时间历时 3 年。

土耳其计划生产新型主战坦克 据《简氏防务周刊》1996 年 10 月 23 日报道,土耳其陆军计划在 1997 年提出一项新型主战坦克的需求,这种坦克将安装 120 毫米火炮,重量不超过 60 吨。总需求量在 1000～2000 辆之间。目前,美国通用动力公司正在研究改用柴油机作动力的 M-1A2 主战坦克改进方案,选用的柴油机是德国的 MTU 柴油机,以迎合土耳其等国的需求。除美国外,其他国家也将提供候选坦克,如法国的"勒克莱尔"、英国的"挑战者"2 及德国的"豹"2A5。选定的新坦克将在土耳其合作生产,列装时间为 2002 年左右。

伊朗发展坦克装甲车 据《简氏防务周刊》1996 年 10 月 23 日报道,伊朗防务工业部门透露了发展本国坦克装甲车的细节。

伊朗防务工业对于在两伊战争期间缴获的原苏制 T-54/T-55 坦克进行了改造,改造的坦克定名为 T-72Z 或 Safir-74(Messenger74)。改造内容包括换装上 M-68 型 105 毫米线膛炮,安装烟幕榴弹发射器和 EFCS-3 型计算机火控系统,换装 B-46-6 型 780 马力柴油机及 SPAT-1200 型传动系统。发动机传动系统可以整体更换,拆卸时间为 45 分钟。另外,预期明年开始生产俄国的 T-72S 坦克。目前,伊朗正在小批量生产一种履带式装甲人员输送车,定名为 Baragh。该车车体类似于俄国的 БМП-1 步兵战车,但车顶上安装 1 挺 12.7 毫米机枪,车长位于驾驶员后方。该车的 12.7 毫米机枪可在侧面和后面用装甲板防护。该车的悬挂装置为扭杆式,有 6 对双橡胶缘负重轮,它类似于美国 M-113 装甲车的行动装置。

沙特试验"挑战者"沙漠型坦克 据《简氏防务周刊》1996年8月7日报道,英国维克斯防务系统公司生产的"挑战者"沙漠型坦克开始在沙特阿拉伯进行射击和机动性表演试验。该坦克是在"挑战者"2基础上研制的,改变内容是:用德国 MTU 公司"欧洲动力装置"代替英国生产的动力系统,它包括 MT883Ka-500V-12柴油机、HWSL-295TM 传动装置、冷却系统、空气滤清系统、动力传动装置的数字化电子控制系统;SFIM 车长稳定式昼/夜激光三合一瞄准镜;车长战术显示板;驾驶员操纵用方向盘及热成像观察仪;装填手用12.7 毫米机。沙特阿拉伯通过对"挑战者"沙漠型坦克及法国"勒克莱尔"沙漠型坦克的试验来确定购买车型。

阿曼引进英国制造的主战坦克、装甲车 据《简氏防务周刊》1995 年 9 月 16 日报道,阿曼从英国引进了首批"挑战者"2 型主战坦克和"锯脂鲤"(8×8)轮式装甲车。阿曼在 1993 年 7 月与英国签订合同,购买价值 2.16 亿美元的装甲车辆,包括 18 辆"挑战者"2 型主战坦克、4 辆"挑战者"装甲抢修车、2 辆"挑战者"驾驶训练车、4 辆"风暴"装甲车及其他装甲车。1994 年 5 月,阿曼又向英国订购 80 辆"锯脂鲤"(8×8)轮式装甲车。另外,还可能增订 18 辆"挑战者"2 型坦克和 46 辆"锯脂鲤"装甲车。

以色列改进"梅卡瓦"3 型坦克 据《简氏防务周刊》1996 年 4 月 17 日报道,以色列最新生产的"梅卡瓦"3 型主战坦克又出现了一些新变化。在炮塔顶部的前方安装了附加装甲,以防止攻顶武器的打击;在炮塔两侧安装了 CL-3030 型快速烟幕系统,它与激光探测器配合工作;火控系统采用了独立稳定的炮手瞄准镜,它有热成像昼用激光测距仪通道;采用了自动化目标跟踪仪,提高了对运动目标的首发命中率。该自动化目标跟踪仪利用成像处理技术,可在热成像系统或昼用电视系统下工作。此外,还改进了 120 毫米滑膛炮。

以色列改进 M-60A1 坦克 据《简氏防务周刊》1995 年 7 月 1 日报道,以色列已成功地完成了安装 120 毫米滑膛坦克炮的 M-60A1 坦克的试验。该炮型号为 MG-251,是以色列"梅卡瓦"3 型主战坦克采用的主炮,它直接替换了 M-60A1 原有的 105 毫米坦克炮。M-60A1 的瞄准镜和弹药架均已修改,以适合于 120 毫米炮弹。该炮可发射以色列、法国、德国、美国生产的 120 毫米炮弹。

中国台湾计划购买 M-60A3 坦克 据《简氏防务周刊》1996 年 7 月 10 日报道,台湾计划从美国购买 300 辆 M-60A3 型主战坦克,价值 2.23 亿美元。M-60A3 坦克安装有 105 毫米火炮、AN/VGS-2 型热成像瞄准镜。台湾目前已有 150 辆 M-60A3 坦克。

中国台湾发展下一代坦克 据《简氏防务周刊》1996 年 10 月 2 日报道,台湾计划发展第 3 代中型坦克,预计在 10～15 年后使用。新坦克将取代现装备的 20 辆 M-60A3 坦克、450 多辆 M-48H 坦克、100 辆 M-48A5 坦克和近 700 辆 M-41/64 轻型坦克。

中国台湾陆军计划更换轻型坦克　据《简氏防务周刊》1995年9月2日报道，台湾陆军计划用500～800辆装有105毫米火炮的轻型坦克取代现装备的美制M-24及M-41轻型坦克。美国联合防务公司研制的XM-8装甲火炮系统是竞争台湾未来轻型坦克的主要候选者。此外，美国“魟”轻型坦克及法国陆军武器工业集团的产品也是竞争者。

德国推进德美合作发展主战坦克计划　据《简氏防务周刊》1996年11月20日报道，德国装甲车辆制造商正在促使德美两国合作发展未来主战坦克。计划用一种通用的、两名乘员、可能是全电式的坦克代替目前两国分别装备的“豹”2和M-1坦克。德国几个坦克装甲车生产厂商正在拟制新一代装甲车辆平台的技术概念，采用模块化的通用组件，包括动力装置、传动装置、悬挂装置及其他部件。1997年1月提出研究结论，然后进入“战术技术需求”研究阶段，计划于1999年开始设计定义阶段。新一代装甲车辆平台概念明确了3类通用化平台范围：A类平台——主战坦克，将采用140毫米火炮；B类平台——装甲步兵战车；C类平台——通用平台，用于防空车、后勤保障车或炮兵观测车。按照财政预算及现有车辆的寿命期，德国计划在2009年开始生产B类平台，取代“貂”步兵战车。A类平台（主战坦克）将从2012年起需要列装，因为现装备的“豹”2A5坦克在2015年将达到寿命期终止。

德国坦克生产厂商克劳斯-玛菲公司官员指出，装甲步兵战车具有更厚的装甲，可使步兵得到与主战坦克乘员一样的防护。因此，预计采用通用化的50吨重量的装甲平台，作为所有3类装甲平台的基础。另一个主要研究目标是把坦克乘员减少为两人，从而可减少暴露于敌火力下的乘员人数。2×2人的乘员组可保证每12个小时交换一组乘员，从而使作战不致中断。

德国“豹”2A5型坦克开始服役　据《简氏防务周刊》1995年9月23日报道，第1批“豹”2A5型主战坦克（“豹”2坦克改进型）已交付德国武装部队。合同规定的“豹”2坦克改进型的总数量为225辆，1995年交付7辆，1998年11月完成全部交货。“豹”2改进型的主要改进内容包括独立的车长热成像瞄准镜、新的全电子炮控制系统、车体正面加强的装甲防护、新的驾驶舱门及混合式导航装置。

英国陆军接收训练用“挑战者”2型坦克　据《简氏防务周刊》1996年9月25日报道，英国陆军接受了15辆“挑战者”2型主战坦克，用于“初级训练机构”。“挑战者”2型坦克的订购数量目前为368辆，从1994年7月英军接受第1辆“挑战者”2型坦克以后，生产一直在进行。由于炮塔系统出现可靠性问题，正在进行可靠性改进试验，目前已完成了4步试验的第1步。

英国“维克斯”3M型坦克参加马来西亚招标　据《简氏防务周刊》1996年4月17日报道，英国VDS公司向马来西亚提供“维克斯”3M型坦克进行竞标。“维克斯”3M型坦克是“维克斯”3的改进型。主要改进内容有：炮塔前方正、侧面及车辆侧裙板前半部装有爆炸反作用装甲；炮手处装有热成像瞄准镜；车长处有热成像屏幕；炮塔两侧各有6具76毫米烟幕/榴弹发射器，它与LIRD-2激光报警系统协同工作；安装空调系统及全球定位装置。

法国“勒克莱尔”坦克进行热带试验　据《简氏防务周刊》1995年8月5日报道，法国“勒克莱尔”热带型坦克在沙特阿拉伯进行了广泛的火力与机动试验。沙特已从美国订购了315辆M-1A2主战坦克。法国预计沙特将进一步增订主战坦克，因此希望通过这一试验来参加沙特订购主战坦克的竞争。

西班牙与德国合作生产“豹”2坦克　据《简氏防务周刊》1995年7月1日报道，西班牙与德国签订协议，合作生产“豹”2改进型坦克。预计1998年西班牙将组装成第1辆“豹”2改进型坦克。在1996年上半年之前，西班牙将从德国租借108辆“豹”式坦克，租期5年，总租金每年660万美元。这些租用的“豹”2坦克能使西班牙军队的装备与欧洲军的装备统一化，又加快西班牙部队的“豹”2坦克的改装训练工作。预计在西班牙每年生产40辆“豹”2坦克，总生产数为200辆，单车成本在537万美元以内。

瑞典研制CV-90120轻型坦克　据《简氏防务周刊》1996年12月4日报道，瑞典的赫格隆公司已研制了1辆以CV-90步兵战车底盘为基础的CV-90120轻型坦克。该坦克的火炮为120毫米低后坐力滑膛炮。该坦克已交给瑞典国防装备部，用于取代IKV-91轻型坦克。后者安装1门90毫米火炮，缺乏击穿未来主战坦克装甲的威力。CV-90120轻型坦克的120毫米火炮有两个选择方案，一是德国莱茵公司的火炮，另一个是瑞士军械公司的火炮。CV-90120轻型坦克炮弹携弹量约50发，炮弹与瑞典陆军装备的“豹”2坦克使用的炮弹相同。还可发射以色列生产的120毫米尾翼稳定脱壳穿甲弹及瑞典、以色列生产的120毫米榴弹。

乌克兰加强坦克出口努力　据《简氏防务周刊》1996年2月21日报道，乌克兰为保持本国坦克研制与生产能力，正积极寻求坦克出口市场。主要的出口坦克是T-80УД主战坦克。T-80УД是由原苏联T-80、T-80У发展来的，它装有1台1000马力的БТД-1型柴油机，1991年停止生产，共生产了约1000辆。

另一种供出口的主战坦克是T-84，它是由T-80УД发展来的，首次出现在1995年。T-84坦克的底盘与T-80УД相似，但有焊接钢装甲炮塔，车上装有新型爆炸反作用装甲。T-84坦克还装有“窗帘”1型防护辅助系统、激光告警系统。该坦克的动力装置为1台1200马力的БТД-2型柴油机，单位功率为21.7马力/吨。

步兵战车与装甲车 **美国陆军选择装甲警戒车** 据《简氏防务周刊》1996年1月3日报道，美国陆军已选择特克斯特伦公司的ASV150(4×4)轻型轮式装甲车作为装甲警戒车候选方案。在第1阶段，特克斯特伦公司将为美军制造4辆样车，费用为320万美元。经试验后，将生产95辆车，费用为5600万美元。以后的订货将用于其他军事用途，如美国空军可能在此车上安装高能激光武器，摧毁飞行中的目标。美国陆军将用ASV150装甲车作为军事警察车辆，它的制式武器是在炮塔上安装的12.7毫米机枪和40毫米榴弹发射器。

美国研制先进两栖突击车 据《简氏防务周刊》1996年9月25日报道，美国通用动力公司地面系统部将在1996～2001年设计、制造、试验3台先进两栖突击车样车。如批准正式投产，则在2005年交付1000辆车。先进两栖突击车与现装备的AAV-7A1型两栖突击车相比，在火力、装甲、机动性3个方面有重大飞跃。先进两栖突击车机动性能与M-1A1主战坦克匹配，水上速度达46千米/时，可在距岸更远的海面上发起攻击。该车车体是铝合金焊接结构，附有陶瓷模块装甲，能抵抗多次打击。动力装置为MTUMT883Ka-523柴油机，水上行驶时产生2600马力，陆上行驶时产生800马力，地面行驶最大速度为72.4千米/时。传动装置为阿里逊X-300全自动传动装置。水上行驶时，靠两台584毫米直径的喷水器推进，陆上行驶时发动机动力输出自动转换到履带推进装置。悬挂装置为液气悬挂，可以自动调节车底距地高。水上行驶时，悬挂部分可收缩以减少水中行驶阻力。履带为轻重量无关节橡胶带式履带。先进两栖突击车有3名乘员、18名载员。舱室位于车后部，无搭载兵时，可载运2.32吨货物。炮塔位于车前部，主要武器为25毫米机关炮、7.62毫米并列机枪。

美国研制“21世纪部队”用的装甲救护车 据《简氏防务周刊》1995年11月4日报道，美国陆军和联合防务公司推出了一种用于前方地域的新型装甲救护车概念。该车为在战场上迅速救治伤员和改善士兵战场生存力提供了保证。该车被建议作为“21世纪部队”的保障车辆，采用的底盘是布莱德雷多管火箭炮车的底盘，具有较高的防护性能和机动性，可使受伤士兵迅速撤出战场并得到救治。车载设备有免污染设施、C^3系统(包括卫星定位装置和数字化医疗咨询)及先进的生命支持系统。车内体积为24立方米，可运载12名伤员。

美军改进“狐”式三防侦察车 据《简氏防务周刊》1996年6月5日报道，美军开始改进62辆XM-93型“狐”式三防侦察车。改装工作定于2001年3月完成。另外，陆军还有51辆、海军陆战队有10辆需继续拨款改进。改进后的车辆定名为M-93A1，改进内容包括安装全球定位系统和综合传感器系统，后者由立柱安装的M-21型遥测器，测定风速、风向、气压的气象传感仪，中央数据处理器组成。数据处理器通过单信道地空电台传输信息。

美、英联合发展装甲侦察车 据《简氏防务周刊》1996年11月6日报道，美、英签订意向书，联合发展两国的未来侦察车，预期在以后6个月内签订两国间备忘录协议，然后进入联合研制阶段。英国将以此新车取代履带式Scimitar和Sabre战斗侦察车，目前已有3个联合设计组向国防部提出了可行性报告。美国将以此新车代替M-3骑兵战车及高机动多用途轮式车。英国对新车的需求量为400辆，美国需要1600辆，两国联合发展可降低费用。英国计划列装时间为2005年左右，美国为2008年左右。除美国尚未进入可行性研究外，尚有一些问题需要解决：是履带式还是轮式，吨位选择(15～25吨之间)，武器及传感器。后者将包括热成像、激光、雷达等。

俄罗斯研制成SIAM轮式装甲车 据《简氏防务周刊》1995年10月14日报道，俄国ГАЗ汽车厂开始生产一种4×4驱动型式的多用途轮式装甲车，型号为ГАЗ-39344或SIAM，可用作边防巡逻车、侦察车、重要目标警戒车。车身由装甲钢板焊接而成，可防小口径枪弹及炮弹碎片。车首及侧窗玻璃为防弹的。该车可载6名乘员，驾驶员位于前左侧，其右方为车长座位，4名载员位于后部，相对而坐。车身两侧各有车门，门上有射孔。车顶部有一个原用于БТР-80装甲车的炮塔，武器为1挺14.5毫米重机枪和1挺7.62毫米机枪。车载设备有中央轮胎压力调节系统、空调装置、导航装置、电台、扩音器、闪光灯等。

俄罗斯展示新型反坦克导弹车 据《简氏防务周刊》1996年7月3日报道，俄罗斯КБМ设计局展出了以БМП-3步兵战车底盘为基础的反坦克导弹车，导弹型号为9M123，射程为6千米。导弹有两种弹头：一种为串联装药破甲弹，可击穿装有爆炸反作用装甲的主战坦克;另一种为油气爆炸弹头。导弹的制导方式也有两种:一种由车顶安装的雷达自动制导;另一种为激光波束半自动制导,制导瞄准镜位于车顶右前方。导弹发射系统由一个双重提升臂及自动装填系统组成,提升臂上有两枚待发导弹,自动装填系统内有15枚导弹。

印度尼西亚增购装甲车辆　据《简氏防务周刊》1996年12月18日报道,印度尼西亚向英国阿尔维斯车辆厂订购了第2批50辆"蝎"式轻型坦克,费用1.34亿美元。预计1997年开始交货。印度尼西亚还向法国潘哈德公司订购了18辆轮式(4×4)轻型装甲车,预计还将订购48辆。此外,印度尼西亚还计划购买150辆6×6或8×8驱动的轮式装甲车,主要的候选车为法国新1代VAB(6×6)装甲车及英国许可证生产的6×6和8×8驱动的"锯脂鲤"装甲车。

马来西亚购买韩国步兵战车　据《简氏防务周刊》1995年7月8日报道,马来西亚与韩国大宇公司签订了价值3千万美元的合同,订购47辆KIFV步兵战车。1993～1994年,马来西亚已采购了63辆韩国步兵战车,包括安装12.7毫米机枪的标准型车辆及指挥车、抢修车、救护车。这些步兵战车装备于马来西亚派往波黑的联合国维和部队。

土耳其研制成"眼镜蛇"装甲车　据《简氏防务周刊》1996年7月3日报道,土耳其陆军试验了4辆"眼镜蛇"4×4驱动的预生产装甲车样车。该车预期在1998年制成首批定型车辆。现有样车包括两种车型,第1种为装甲人员输送车,载员11名,车顶上装有1挺12.7毫米机枪;第2种为侦察车,载员9名,车顶上有机枪塔,武器为12.7毫米机枪,该车可在水上行驶。"眼镜蛇"装甲车的主要部件取自于美国通用公司的"高机动性多用途轮式车"的部件。

德国改进"狐"1型装甲车　据《简氏防务周刊》1996年7月17日报道,德国陆军在波黑地区执行任务的部队使用的"狐"1型6×6驱动的轮式装甲车改进了装甲防护,新车被称为"狐"改进型。主要改进是在车体上安装了MEXAS被动式纤维复合附加装甲组件。这套附加装甲组件包括安置在车体侧面外表的附加装甲,车体内侧、后、顶部的防甲板崩裂层,车内前、后地板上的防地雷附加装甲,增加了防护设施的新窗门。新的防护设施使车辆能防14.5毫米穿甲弹攻击及155毫米炮弹、迫击炮弹临近爆炸的破坏,还能防止7千克重反坦克、反人员地雷的破坏。由于侧门、后门加强装甲后增加了重量,使用新的扭杆,减轻了开、关门所需的操纵力。改装后全车重量由原17吨增加到19吨。

德国研制通用装甲运输车　据《简氏防务周刊》1996年8月14日报道,德国国防采购部门委托克劳斯-玛菲公司研制一种轮式通用运输车,至1996年已完成两台样车。该车是为德国陆军执行联合国维和任务而发展的。为减少研制费和全寿命期费用,该车的部件选用了现成的梅赛德斯-奔驰UNIMOG U100L(4×4)汽车部件。该车具有高度的公路行驶与越野机动性。为保护乘员安全,车上可用模块化的防护技术,对付从7.62毫米穿甲枪弹、反坦克与反人员地雷直至155毫米炮弹弹片的威胁,并能在核、生、化条件下使用。在通用运输车的底盘上可改装成各种专用车:装甲人员输送车、轻型侦察车、指挥与控制车、物资运输车、炮塔武器承载车、迫击炮车、轻型防空车、导弹发射车、前方观察车等。

德国研制防地雷/阻击手攻击的装甲车辆　据《简氏国际防务评论》1996年第8期报道,德国克劳斯-玛菲公司研制了一种新型通用轮式装甲输送车。该车侧装甲可抗狙击步枪发射的高速(890米/秒)枪弹;车底附加装甲可防10千克装药的地雷。该车为4×4驱动,可运载6人。该车将用作快速反应部队装甲车及光纤制导导弹发射车。

英国发展新的"风暴"装甲车　据《简氏防务周刊》1996年9月2日报道,英国阿尔维斯车辆公司已研制成第2代"风暴"履带式装甲车,并为英军及外军生产了170辆这种车。第1代"风暴"装甲车只生产了28辆,其中3辆供美军用于轻型装甲车竞争试验,25辆车提供给马来西亚军队。第2代"风暴"装甲车提高了可靠性、可用性、可维修性及耐久性。该车由英国陆军采纳作为高速导弹的发射平台。至1994年,阿尔维斯公司为英军生产了145辆"风暴"装甲车,其中135辆作为高速导弹发射车,10辆用作部队侦察车。

英国发展"沙漠武士"装甲侦察车　据《简氏防务周刊》1996年1月3日报道,英国GKN防务公司发展了一种装甲侦察车,以满足中东国家的要求。该车可在主战坦克及步兵战车的前方使用。该侦察车是在原"沙漠武士"步兵战车生产线上生产的,但它是新车,而不是原车的改进型。车身是铝合金焊接的,比标准型"沙漠武士"步兵战车的车身短。车上装有最新生产的炮塔,武器为M-242型25毫米链式机关炮、7.62毫米并列机枪、炮塔两侧各安装1具"陶"式反坦克导弹发射器。侦察车的动力传动装置与步兵战车相同,发动机功率为550马力。战斗全重23吨,因而单位功率更高。标准设备包括集体式三防系统、空调系统、辅助电瓶。还计划安装战场信息系统,用于向后方传送战场信息。

法国研制新型轮式装甲车 据《简氏国际防务评论》1996 年第 8 期报道，法国雷诺车辆工业公司发展了 X-8A 轮式装甲车样车，作为法、德两国新一代轮式装甲车的候选车型。该车总布置类似于法国现装备的 VAB 装甲车，发动机室位于驾驶室后面，使驾驶员具有良好的视野。该车战斗重量为 24 吨，发动机功率为 331 千瓦，传动装置为 ZF6HP900 型自动传动装置。

法、德、英合作研制轻型装甲车辆 据《简氏防务周刊》1996 年 4 月 10 日报道，法、德、英 3 国正加速发展最大规模的轻型装甲车规划。法国需要一种模块化装甲战车，德国需要一种装甲输送车，英国需要一种多用途装甲车。3 国的公司将联合进行轻型装甲车的研制与生产。3 国合作的设计方案预期是 6×6 驱动或 8×8 驱动的，有通用的车体及发动机、传动装置等部件，每个国家再设计自身需要的变型车。德国希望新车将取代德国的 M-113、TPZ-1 等装甲车辆；英国希望取代 FV-432、Saxon 等车辆；法国需要 8×8 驱动的 25 吨重的装有 45 毫米机关炮的 Vextra 装甲车配合"勒克莱尔"坦克作战，还需要一种有 25 毫米机关炮的简易型步兵战车，此外，还需要一种有 105 毫米火炮的装甲车取代 AMX-10RC 轮式装甲车。

意大利研制"半人马座"装甲人员输送车 据《简氏防务周刊》1996 年 5 月 29 日报道，意大利依维科公司在"半人马座"8×8 轮式装甲车基础上研制了一种装甲人员输送车。该车的动力驱动系统采用"半人马座"装甲车的系统，但车体有重大修改。车身加长、加宽，但仍可由 C-130 运输机空运。车体装甲板上有附加的装甲盒体，这些附加装甲重量为 2 吨。在车身外壳和装甲板之间有 200～300 毫米间隙，可抵抗小口径破甲弹的打击。在车首正面 60 度范围内可防止 25 毫米炮弹的打击。主要武器为 1 门 25 毫米机关炮或 1 挺 12.7 毫米机枪。车辆全重为 24 吨，乘员 3 人，安装机关炮时可载员 6 人，安装机枪时可载员 10 人。

荷兰、德国合作研制装甲侦察车 据《简氏防务周刊》1996 年 10 月 30 日报道，荷兰戴弗特种产品公司与德国魏格曼公司制成了第 1 辆轻型装甲侦察车样车。目前计划生产 450 多辆用于两国陆军。该车重 7.9 吨，车上有电子传感器系统，包括电视摄像系统、热成像仪及激光测距仪。该系统安装在一个 1.5 米高的立柱上，必要时，也可安装在一个离车 40 米远的三角支架上。该车有 3 名乘员，能连续工作 5 天，可行驶几百公里。车上配有保密的通话与数据通信设备、惯性/全球定位导航系统。车载武器为 40 毫米榴弹发射器及 12.7 毫米机枪。

瑞士发展新型"锯脂鲤"装甲车 据《简氏防务周刊》1996 年 12 月 4 日报道，瑞士莫瓦格车辆公司发展了新的"锯脂鲤"Ⅲ型轮式装甲车系列，包括 6×6、8×8 及 10×10 驱动型式。它们的特点是：增大了载运空间及载运重量；采用可调距地高的液-气悬挂及中央胎压调节系统，提高了通过性；采用模块式结构设计，能适应多用途的使用要求。其中，6×6 驱动的"锯脂鲤"Ⅲ型装甲车的最大战斗重量为 12.5 吨，载运重量为 3 吨，发动机功率为 300～350 马力；8×8 的车辆最大战斗全重为 16.5 吨，载运重量为 6 吨，发动机功率为 350～400 马力；10×10 的车辆最大战斗重量为 20 吨，载运重量为 7.5 吨，发动机功率为 400～450 马力。

瑞典研制 BILL 导弹装甲车 据《简氏防务周刊》1996 年 5 月 22 日报道，瑞典进行了攻击坦克顶部的 BILL 反坦克导弹射击试验，BILL 导弹是从 MT-LБ 装甲输送车的炮塔上发射的。炮塔代替了 MT-LБ 装甲车前部的机枪塔，炮塔顶部有 1 具遥控摄像机。炮塔重量为 450 千克，可向左、右回转 90°，俯仰 −20°～+20°。导弹射手位于车内。MT-LБ 装甲车是由德国提供的，预期 1998 年签订首批生产合同，瑞典陆军机械化旅将装备 100 辆。

罗马尼亚与土耳其合作研制轮式装甲车 据《简氏防务周刊》1995 年 10 月 7 日报道，罗马尼亚雷米尔公司与土耳其诺罗机械工业公司联合发展了 RN-94 型 6×6 驱动的两栖装甲输送车，1995 年初在罗马尼亚制成第 1 辆样车，下半年在土耳其制成第 2 辆车。RN-94 装甲车尽管有点类似俄国的 БТР-70/80 型 8×8 两栖装甲车，但仍有许多创新。其特点是它将载员舱布置在后部；发动机布置在驾驶员后方，位于车内左前部位；车长坐在驾驶员的右侧，他可通过车内右侧通道到达载员舱。在样车上安装了罗马尼亚生产的炮塔，有 1 挺 14.5 毫米机枪及 1 挺 7.62 毫米机枪，塔后有 6 具 81 毫米烟幕榴弹发射器。下一步将考虑安装西方国家的炮塔。在 RN-94 型装甲车上，搭载步兵可通过两扇后门快速下车。RN-94 型装甲车上安装了卡明斯 6CTA8.3-10 柴油机，功率为 240 马力。传动装置为阿利逊全自动装置，采用动力辅助转向，前面 4 个车轮为转向轮。车辆最大速度为 105 千米/时，平均速度为 60 千米/时，最大行程为 700 千米。车上除车长及驾驶员外，可搭载 11 名步兵。该车依靠两个喷水推进器在水上行驶，水上最大速度为 8 千米/时。

埃及接收装甲步兵战车 据《简氏防务周刊》1996 年 3 月 6 日报道，埃及从荷兰接收了 611 辆 YPR-765 型装甲步兵战车，费用为 1.5 亿美元。埃及将用这些车辆取代原俄罗斯提供的 БМП-1、БТР-60 等装甲车，因为这些车辆的备件供应困难。接收的 611 辆装甲步兵战车中有 304 辆 YPR-765PRI（有炮塔安装的 25 毫米机关炮，搭载 7 名步兵），6 辆 YPR-765PRCO-B（装甲指挥车，武器同前），210 辆 YPR-765PRAT-TOW（带有双管"陶"式导弹发射器的反坦克导弹车），79 辆 YPR-765PRCO-C（无炮塔，只有 12.7 毫米机枪塔）。

南非研制成 105 毫米火炮"洛依卡托"装甲车　据《简氏防务周刊》1996 年 12 月 4 日报道，南非已研制成安装 105 毫米火炮的"洛依卡托"8×8 驱动轮式装甲车。该车用于向外出口。该车是在安装 76 毫米火炮的"洛依卡托"8×8 驱动轮式标准型装甲车基础上改造的，主要改进是采用了 LMT-105 炮塔。炮塔上安装 1 门 GT-7 型 105 毫米低后坐力线膛炮及 1 挺 7.62 毫米并列机枪。105 毫米炮的弹药基数为 32 发。计算机火控系统包括车长及炮手的双向稳定式瞄准镜，炮手瞄准镜的热成像图像可以显示在车长的监视器上。炮塔为钢装甲焊接结构，正面可防 23 毫米口径的弹丸。

新技术与新部件　**美国研究模块化多用途坦克炮弹**　据《简氏国际防务评论》1996 年第 8 期报道，美国奥林公司正在发展一种新型模块化坦克炮弹，它的弹头可在战场上按不同目标而更换。这种炮弹目前称为"先进的反装备/人员与反装甲车辆"炮弹。其特点是可在一个通用的药筒上配装 4 种不同的弹头，射击目标分别为人员、土木工事、直升机和带爆炸反作用装甲的轻型装甲车。这种炮弹可作为 105 毫米和 120 毫米坦克炮的辅助弹药。

美国研制坦克综合传感器技术　据《简氏国际防务评论》1996年2月报道，美国陆军选择由西屋电子公司和休斯飞机公司合作的研究组进行为期38个月的"先进技术论证"，验证全天候、多传感器系统，用于 M-1坦克及未来主战坦克的辅助目标识别，以便减少坦克的作战反应时间和提高作战能力。这套综合传感器包括毫米波雷达、光-电传感器、激光雷达、热成像仪、高清晰度电视摄像仪、多功能激光系统。其中，多功能激光系统可作为常规的1.54微米波长的激光测距仪，能穿过雾层、灰尘、雨滴等，在10千米距离上测距精度为±1米，穿透距离为7千米。多功能激光系统还能作为目标轮廓描述仪，以高于100赫兹的重复频率向目标识别处理系统提供数据，包括三维的水平/高低/距离信息，在5千米距离上精度为±20厘米。它还能在6千米距离上帮助识别车辆目标。多功能激光系统在 1996 财年末将安装在 M-1A1 坦克上进行了原理性试验。

美国选择 AAAV 两栖突击车用发动机　据《简氏防务周刊》1996 年 8 月 14 日报道，美国通用动力公司地面系统部选择美国底特律柴油机公司及德国 MTU 公司作为主、副承包商论证用于海军陆战队先进两栖突击车（AAAV）的推进发动机。在为期 62 个月的论证阶段，通用动力公司将制造 3 台 AAAV 样车，车用发动机将是 1 台 MTU 公司的 MT883 型、12 缸、27 升排量的柴油机，额定功率为 2600 马力（海上推进）及 865 马力（地面行驶）。MTUM883 型柴油机的额定功率为 1500 马力，已经大量用于法国"勒克莱尔"热带型坦克及英国"挑战者"沙漠型坦克上。

美国研制新型坦克炮弹药及火控系统　据《简氏国际防务评论》1996 年 12 期报道，美国陆军正在为 M-1A2 主战坦克研制新型炮弹和火控系统。预计在 1997 财年末，将验证一种动能弹的前伸穿甲器，它将击毁预计在 2005 年可能出现的爆炸式反作用装甲。这种动能弹的杀伤力将比现有的 M-829A2 型 120 毫米口径动能弹提高 50%。同时，美国陆军还将验证一种"灵敏的炮管主动式振动阻尼控制器"。在 1998 年财年内，将在 M-1A1 坦克上试验一种电动无级式炮塔驱动系统。2000 年，将研制成数字式伺服火力控制系统，它和上述两种技术相结合，将使坦克行进间射击 3000 米远的目标时，命中概率比现在的 M-1A2 坦克提高 300%。此外，美国陆军还在研制 120 毫米口径的 XM-943STAFF（灵敏的目标激活的发射后不用管）攻顶装甲炮弹，它的弹头有双层药形罩，可形成一个超长的爆炸成形穿甲器，其穿甲力比目前的炮弹至少提高 33%。

美国研制装甲车用导航装置　据《简氏防务周刊》1995 年 8 月 5 日报道，美国 KVH 工业公司研制了一种新的装甲车用电子测向传感器和导航装置，称为战术导航系统。该导航装置能接受来自全球定位系统的航向信息。它由 5 部分组成：遥感天线、处理器、炮塔方向角编码盒、车长显示器和驾驶员显示器。遥感天线利用地球磁场确定方位，并将此信息送到车内的处理器电子盒内，在这里与来自全球定位系统及炮塔的信息相互综合。处理器还接受里程表的数据。据称，通过连续地显示方位和距离信息，该导航装置可保证装甲车实现同步机动作战。利用车上激光测距仪，可以迅速确定敌目标的方位与距离以及目标的坐标位置，还能对目标的最新位置进行跟踪。目前，该导航装置已用于美海军陆战队的 AAV-7A1 两栖突击车及 LAV 轻型装甲车，还用于瑞典陆军的 CV-90 装甲车。

俄罗斯研制 45 毫米车载机关炮　据《简氏防务周刊》1996 年 11 月 13 日报道，俄罗斯已研制了 45 毫米车载机关炮样炮，БМП-3 步兵战车可能首先采用 45 毫米机关炮。这种新型机关炮是在图拉机械厂研制的，可发射嵌入式弹丸的炮弹，具有尾翼稳定穿甲弹丸，能在 1500 米距离上击穿 150 毫米厚的装甲。

德国改进“豹”2 坦克火炮 据《简氏防务周刊》1996 年 7 月 3 日报道，德国已完成“豹”2 坦克改装 L-55 型 120 毫米滑膛炮的射击试验，这种火炮将被改装到最新型“豹”2A5 主战坦克以及荷兰、瑞典、西班牙及瑞士的“豹”2 坦克上。与原先的 L-44 型火炮相比，L-55 型火炮加长了 1.30 米，增大了初速及穿甲能力。由于药室未变，它可发射原先的 120 毫米炮弹。为了进一步提高其性能，还可以进一步提高膛压。

德国研制成履带车辆静音技术 据《简氏国际防务评论》1996 年第 12 期报道，德国克劳斯-玛菲公司在 1996 年 8 月向德国陆军交付了第 1 辆改进的 M-113 装甲车驾驶员训练车。该车的改进内容是采用了该公司分离式行动装置的专利技术。它减少了车内噪声及车体振动，从而减轻了教练员和受训乘员的疲劳。同时，将车外噪声水平减低达 40%左右。分离式行动装置是将主动轮、诱导轮支架、托带轮、平衡肘支架、减震器和缓冲器等安装在一个承载盘上，这个承载盘的顶部是盒形结构，与车体之间有一间隔，并通过防冲击支架固定于车体。在承载盘和车体底部之间有支承装置，用于支承、封闭扭力轴的固定支架。德国陆军试验了这种分离式行动装置后发现，履带车内的噪声水平可减低至轮式车的水平，从而可延长教练员车上执教的时间，从每天 1 小时延长至 8 个小时。

英国研制装甲战车火炮自动装填器 据《简氏防务周刊》1995 年 8 月 5 日报道，英国的一些公司为各种型号的坦克、装甲车武器系统研制了自动装填器。

120 毫米坦克炮自动装填器。英国航空仪表公司和费尔雷公司分别设计了圆桶形自动装填器和尾舱式自动装填器，前者是使用分装式炮弹的，后者是使用整装式炮弹的。据称，后者研制的 120 毫米坦克炮自动装填机总重量为 2850 千克，装填时间为 8 秒，连续装弹 3 发的时间是 21 秒。

LAV-105 轻型战车火炮自动装填机。费尔雷公司为美国海军陆战队的 LAV-AG 轮式轻型突击炮车设计了一种尾舱式自动装填机，该装填机可以容纳并装填 8 发 105 毫米炮弹，能根据指挥员或炮手的指令自动选择 5 种不同的弹种，它可以将装填机内的炮弹卸下放入乘载舱内，或将炮弹从乘载舱内装入装填机内，并能将炮膛内未射出的炮弹取出重新放到弹药架上。这样，可使炮手迅速更换已装填的炮弹，以便根据新出现的目标类型调换弹种。整个 LAV-105 自动装填机重量为 145 千克，装填速度可达 8 发/分。

140 毫米坦克炮自动装填机。费尔雷公司为 140 毫米“未来坦克主炮”研制了尾舱式自动装填机，它能容纳 16 发炮弹。炮弹是分装式的，分别位于两个管状容器中，它们在被推入炮膛前用卡锁联结起来。整个 140 毫米自动装填机的重量为 1100 千克，装填时间为 6 秒。

英国改进“挑战者”2 型坦克动力传动装置 据《简氏防务周刊》1995 年 10 月 7 日报道，英国泊金斯发动机公司研制成新的动力传动装置，可用于增加“挑战者”2 型坦克的功率，以弥补坦克在加强装甲后单位功率下降的不足。据报道，改进的动力装置可提高坦克的最大速度、加速性及爬坡能力，较高的压缩比与气流特性有助于减少车辆外泄红外信号。

英、法加快发展 45 毫米车载机关炮 据《简氏防务周刊》1996 年 5 月 8 日报道，英、法联合发展的大威力、小尺寸的创新设计的火炮、弹药系统正在加快研制步伐。这种 45 毫米火炮发射嵌入式炮弹，系统被命名为 CT-2000，在 1996 年 9 月完成设计，1996～1997 年将制成 4 门火炮和 15000 发炮弹。采用这种火炮与炮弹后，在装甲车上可携带更多的弹药。预期使用的车辆是英国的“追踪者”战术侦察装甲战斗车及“武士”步兵战车改进型、法国的 8×8 新型轮式装甲车以及其他欧洲国家的车辆。

法国研究装甲车辆隐形技术 据《简氏国际防务评论》1996 年第 3 期报道，法国陆军武器工业集团正在研究装甲车辆的隐形技术。该公司已提供了两套技术设施，用于安装在 AMX-10RC 轮式装甲车及 AMX-30B2 主战坦克上进行试验。隐形技术设施采用了能有效吸收可见光、红外线及雷达波的多频谱材料，配合以车辆后部的双壁板。通过隔绝、双重屏障、隔热涂料以及发动机废气与外界完全混合后排放等措施，减少车辆的热辐射信号。利用吸收雷达波的材料及特殊形状的板结构可减少雷达探测信号。这些隐形技术可能首先用于法国未来的模块化装甲车辆上。

瑞典、以色列合作研制新的 120 毫米坦克炮弹药 据《简氏防务周刊》1996 年 7 月 10 日报道，由瑞典 LIAB 公司和以色列国防工业公司合作研制新的 120 毫米坦克炮弹药，是尾翼稳定的榴弹，将用于瑞典陆军的“豹”2 坦克。弹丸由瑞典公司研制，采用 120 毫米迫击炮弹弹头，加装了点接触引信；药筒部分是半可燃的，由以色列的公司研制。炮弹初速 735 米/秒。预期在 1997 年交付第 1 批炮弹。 （李 鑫）

炮兵武器装备

综述　1995～1996年，世界各国军队炮兵武器装备发展的特点是：减少型号，增大射程，加大高精度武器的比例，减轻重量，改善机动性，力求通用，实现侦察、指挥、通信的数字化。西方发达国家炮兵武器装备在实现机械化之后，正逐步向自动化、电子化、信息化和智能化方向发展。

北约国家身管火炮的口径序列已由80年代的105、155和203毫米3种口径减至目前的105和155毫米两种口径；美国则从80年代的4种减至现在的3种；120和107毫米口径迫击炮正逐渐被淘汰；各国多管火箭炮也只集中发展2～3个型号；地对地战术导弹只保留1～2个型号；反坦克导弹只保留远、中、近程各1个型号；专用反坦克炮正逐渐消失，而被车载反坦克武器所取代；防空导弹的型号则只装备4个基本型号：低空导弹、中低空导弹、中高空导弹和高空导弹；小口径高炮的数量在减少，而弹炮合一式防空武器系统则受到各国陆军的高度重视。

炮兵压制武器系统　发达国家大口径压制火炮发展的特点是：轻型化，以适应快速反应和快速部署的需求；自行化，以适应高度机动作战需要；智能化，以满足质量建军的需求。

智能化，是1995年以来炮兵武器发展的明显趋势。目前，发达国家的压制炮兵已将目标侦察、信息处理和数字化通信结合成各级炮兵的一体化C^3I系统，从而实现了炮兵内部的战术指挥和射击指挥自动化网络。与此同时，各火力单位，尤其是自行火炮系统，已经开始配装专用计算机、定位定向系统、卫星定位接收机、自动瞄准设备等，从而实现了自主化射击，大大缩短了射击反应时间。1个155毫米自行榴弹炮连的反应时间从过去的10分钟降到目前的3分钟，单门自行火炮行进间的反应时间从5分钟降至1分钟，停止间反应时间从1分钟降到20秒。目前各国正加快研制重量更轻、体积更小、精度更高的先进C^3I系统。新型地面侦察雷达的作用距离为20～30千米，测距精度为10～20米；美新型GPS定位系统可使火炮的定向精度达到3毫弧度，定位精度达到厘米级。

与上述发展趋势形成鲜明对照的是，新概念压制炮兵武器系统的发展势头在减弱。例如，美国取消了液体发射药火炮方案，电磁炮、电热炮的研究已开始降温。

牵引榴弹炮和加榴炮　**美国LW-155轻型牵引榴弹炮进行多次试验**　1996年1月，美国洛克希德·马丁公司向美军方展示了独资研制的轻型牵引榴弹炮。从2月末开始，在美国亚利桑拿州的尤马试验场对该炮进行了多次试验。1996年3月11日用样炮进行了第1次发射试验，在尔后7天内又用最大号装药进行了发射试验。截止1996年4月25日，该炮还进行了160千米的牵引试验。该炮是美国陆军和海军陆战队“先进的牵引身管火炮系统”（ATCAS）候选火炮之一，将用来替换美军现役M-98型155毫米牵引榴弹炮。LW-155在射速、可运输性、机动性、展开和撤收时间等方面比M-198都有很大提高。该炮炮身后坐长度为30厘米，比其他火炮后坐长度小1.5米。火炮耳轴距地面只有38厘米。由于后坐力可垂直传入地面，所以取消了火炮大架。火炮驻锄能保证射击的稳定性。该炮装弹和装药均从侧方进行，因为输弹盘后的空间被反后坐装置所占。火炮后坐长度的变短可使身管减轻。

该炮采用39倍口径身管和组合式“胡椒瓶”形炮口制退器，比制式M-284身管多室炮口制退器要轻。方向瞄准手轮转动时可为液压泵加压，从而使液压泵驱动炮轮，使火炮左右移动。此时火炮即以落坐在地面上的圆盘为中心自由转动。同样道理，高低手轮可为两个液压高低驱动器加压，使火炮身管高低起落。该炮高低射界为0～72°，方向为左右各8°（不移动炮架）。该炮的主要战术技术性能如下：

全重	4037千克
炮长	10.21米
行军宽	2.438米
射击宽	5.08米
行军高	2.159米
最低点离地高	

公路行进时	0.635 米
越野行进时	0.762 米
射程	30 千米以上
最大射速	5 发/分
持续射速	2 发/分
行军战斗/战斗行军转换时间	1.5 分

英国将研制 LIMAWS 牵引式“轻型机动炮兵武器系统” 据英国《简氏防务周刊》1996 年 3 月报道，英国陆军打算以一种快速部署系统更新现装备的 105 毫米轻型榴弹炮。有关部门正在进行可行性研究。英陆军计划于 2006 年用这种“轻型机动炮兵武器系统”向快速部署部队提供间接火力支援。目前的可行性研究主要是对已有的 155 毫米轻型榴弹炮和多管火箭炮进行调研分析和全面综合评估，包括工程评估、使用效能评估、投资综合评估、后勤保障评估等。可能成为该系统候选火炮的有英皇家军械厂的 TLH 轻型 155 毫米牵引榴弹炮、英国维克斯造船与工程有限公司的 UFH 超轻型 155 毫米榴弹炮和美国洛克希德·马丁公司的 LW-155 型 155 毫米轻型榴弹炮。这 3 种炮均参加了美国“先进的野战火炮系统”的选型竞争。可能成为候选火炮系统的还有美国洛拉尔·沃特系统公司的“高机动火箭炮系统”，该火箭炮采用 6×6 卡车底盘、6 联装火箭发射器。该火箭炮发射的火箭弹是目前世界上很多火箭炮所采用的。目前英国陆军正在对上述火炮和火箭炮进行全面的分析论证研究。

英国 PTO-2 型 155 毫米轻型牵引榴弹炮完成试验 据英国《简氏防务周刊》1996 年 4 月 10 日报道，英国皇家军械厂研制的 155 毫米轻型牵引榴弹炮的第 2 门样炮已完成了在英国 3 个靶场的射击试验。试验中共发射了大约 211 发炮弹，其中包括远程全膛弹底排气弹，该弹射程超过了 31 千米。该炮被命名为 PTO-2 型 155 毫米轻型牵引榴弹炮，比 PTO-1 型又有了改进。试验中，用 PTO-1 炮共发射 2500 发炮弹，牵引行程达 2900 千米。据皇家军械厂说：PTO-1 炮几乎达到了生产要求，高低机构已经改进，驻锄与大架及内部的液压管线连成一体。PTO-2 炮继承和吸收了 PTO-1 炮所有的改进成果，并在 1996 年 2 月完成上述试验之后，被运到美国亚利桑那州尤马靶场参加美国“先进的牵引身管火炮系统”的竞争试验。

罗马尼亚装备 93 型山地榴弹炮 据英《简氏防务周刊》1996 年 9 月报道，罗马尼亚装备的 93 型 100 毫米山地榴弹炮的实际口径为 98 毫米。该炮装在 1 个普通的开架式炮架上，行军时，每个架腿后半部可向上和向前折叠 180°并固定在大架前部。两大架合拢后用固定销锁好。

该炮采用手动瞄准，高低射界－5°～＋65°，方向射界±25°。高低和方向控制机构以及瞄准具都设在炮架左侧。炮口制退器为多隔板形式。火炮射速为 6 发/分。如果需要，该炮可迅速分解成几部分用马车运输。牵引车为 2.5 吨 DAD444 卡车。该炮配用 3 种弹药，其战术技术性能如下：

	OF-402 榴弹	OF-403 榴弹	高爆反坦克弹
配用引信	UP2	UP2	GPV2
炮弹全长(毫米)	756	759	758
药筒长(毫米)	241	241	241
弹丸长(毫米)	515	517	518
炮弹总重(千克)	18	18	16
药筒重(千克)	2.8	2.8	2.8
弹丸重(千克)	13.2	14.6	12.2
初速(米/秒)	235～470	225～430	470
最大射程(米)	10800	10500	10800

自行榴弹炮和加榴炮

美国 AFAS/FARV/M-1 火炮系统被选为竞争方案 据美国《国际防务评论》1995 年 12 月号报道，一种被称为“系统之系统”的 AFAS/FARV/M-1 火炮系统已被作为陆军“先进的野战火炮系统”的候选方案之一。该系统分为 2 大部分：第 1 部分称作 AFAS/M-1 系统，包括 52 倍口径的 155 毫米身管固体发射药火炮和自动供弹机，它在杀伤威力、精度、射程和生存能力诸方面均符合“先进的野战火炮系统”的要求；第 2 部分是 FARV/M-1 系统，它是随伴 AFAS/M-1 的装甲弹药补给车，它的装甲防护强、载弹量大、机动性和战场生存能力都很强。这一组合系统的总体性能远远高于目前的 M-109 榴弹炮和 M-992 弹药补给车组合系统。AFAS/M-1 和 FARV/M-1 采用完全相同的 M-1 通用底盘。

该组合系统采用 52 倍口径的 155 毫米身管。发射非增程弹时的有效射程为 30 千米，增程弹为 40 千米，而且该炮仍有增程的潜力。该系统还增设了 1 个综合激光点火系统，对炮膛进行了镀铬处理，因而身管寿命明显增加。该系统可在核生化战场条件下全自动、安全地补充弹药并用现代化补给设备保证弹药的持续补充。自动装填机可保证较高的射速：爆发射速为 3 发/9.2 秒，持续射速为 9 发/分。该系统配有环境控制和生命保障系统、辅助弹道防护系统、反侦察系统（主要是隐形材料和技术）、预警装置、定向能和电磁脉冲防护装置、电子对抗装置、火警探测和防火灭火系统，因而可极大地提高全系统的生存能力。

各国牵引榴弹炮性能对比表(一)

国　家	俄罗斯	俄罗斯	芬兰	法国	法国
型号	2A61	2A65	155GH52APU	155TR/52	M-114F
口径(毫米)	152	152	155	155	155
口径倍数	—	—	52	52	39
长度(米)(行军状态)	6.36	—	10.9	10.55	10
宽度(米)(行军状态)	2.2	—	2.82	2.50	2.44
高度(米)(行军状态)	1.97	—	2.25	2.45	2.3
高低射界(度)	70/—5	70/—3.5	70/—5	66/—3	63/—2
方向射界(度)	360	52	70	60	49
重量(吨)	4.35	7	13.5	11	7.3
辅助动力装置	无	无	有	有	无
爆发射速(发/秒)	—	—	3/12	3/15	—
最大射速(发/分)	6～8	7	10	6	5
持续射速(发/分)	—	—	—	—	—
最大射程(千米)	15	28	41.3	41.5	32.9

各国牵引榴弹炮性能对比表(二)

国　家	美国	美国	瑞典	瑞士	英国	英国
型号	LW155	M198	FH77B	“诺利克姆”CHN-45	LTH	UFH
口径(毫米)	155	155	155	155	155	155
口径倍数	39	39	39	45	39	39
长度(米)(行军状态)	10.21	12.34	11.6	9.275	11.861	9.51
宽度(米)(行军状态)	2.438	2.794	2.65	2.75	2.616	2.77
高度(米)(行军状态)	2.159	2.9	2.82	2.05	3.632	2.26
高低射界(度)	70/0	70/—5	70/—3	72/—4	72/—5	70/—5
方向射界(度)	16	45	60	70	45	45
重量(吨)	4.037	7.163	12	12.38	4.08	3.745
辅助动力装置	无	无	有	有	无	无
爆发射速(发/秒)	—	—	3/12	3/16	—	—
最大射速(发/分)	5	4	10	7	4	4
持续射速(发/分)	2	1	—	2	2	2
最大射程(千米)	30	30	30	39	30	30

各国牵引榴弹炮性能对比表(三)

国　家	荷　兰	新加坡	南　非	以色列	以色列
型号	M114/39	FH2000	G5	M114S	TIG2000
口径(毫米)	155	155	155	155	155
口径倍数	39	52	45	33	45/52
长度(米)(行军状态)	10	10.885	9.5	9.2	9/10
宽度(米)(行军状态)	2.44	2.8	2.5	2.4	2.6
高度(米)(行军状态)	2.31	2.55	2.3	1.8	2.1
高低射界(度)	63/−2	70/−3	75/−3	63/−2	70/−2.8
方向射界(度)	49	70	82(最大)	49	75
重量(吨)	7.6	13.2	13.75	5.9	12.2/12.7
爆发射速(发/秒)	—	3/15	—	—	—
最大射速(发/分)	4	6	—	—	5
持续射速(发/分)	—	2	3	—	2
最大射程(千米)	32.4	41	39	22.5	39/41

自动装填系统可选择弹种、弹丸批号，决定引信种类和弹重。在弹药补给过程中，自动装填机能检验弹丸和引信的匹配情况；可从 FARV/M-1 装甲补给车中自动接收整装弹，速度可达 12 发/分；可把弹丸和发射药自动送回补给车或传送到地面。它的辅助装置可供人工装填之用或在自动装填机发生故障时应急使用。

乘员舱、弹药舱与炮位完全分开，实现隔舱化，可有效防护人员免受榴弹破片、轻武器和地雷从顶部、前部和侧方攻击。舱内设有睡眠装置、环境控制系统、微波炉、卫生间和贮水器等。AFAS/FARV/M-1 的主要战术性能如下：

身管长(口径倍数)	52
射程(千米)	30～40
携弹量(发)	80
高低射界(度)	−3～75
方向射界(度)	±30
炮手(人)	4
FARV/M 携弹量(发)	180

美国 M-109A7“帕拉丁”炮将参加竞争　美《国防》杂志 1996 年 2 月报道，美国军事专家认为，现正在陆续装备部队的 M-109A6“帕拉丁”炮，还能再次改进，并用它来参加“先进的野战火炮系统”的竞争。改进后的榴弹炮系统定名为 M-109A7 型 155 毫米榴弹炮。目前的 M-109A6“帕拉丁”自行榴弹炮采用 39 倍口径身管，炮塔已经进行了改进。全系统的装甲防护能力和自动化系统均达到了 90 年代水平，炮载计算机使该系统跨入了数字化武器时代。而拟再次改进的 M-109A7“帕拉丁”只需用 52 倍口径身管换掉 39 倍口径身管，并换装更先进的自动装填系统，对底盘、传动系统和乘员防护系统再做些改进，即可满足“先进的野战火炮系统”的要求。

美陆军取消液体发射药自行榴弹炮方案　1996 年 3 月 11 日，美国陆军根据陆军科学委员会的建议，决定取消准备用于“先进的野战火炮系统”的再生式液体发射药，并改用模块式固体发射药。至此，耗资 2 亿美元、历时 10 年的液体发射药火炮研制方案暂告一个段落。

尽管该方案有许多优点，诸如弹丸速度快、射程远，不用药筒、装弹方便、射速高，装药量控制精确、命中精度高，成本低，但是，由于技术不成熟，在用多种口径火炮进行的 2000 多次发射试验中，样炮多次发生爆炸或发射药输送管泄漏及其他事故。经陆军科学委员会调查研究，认为液体发射药方案技术尚不成熟，主要是没有合适的冷却系统，难以达到高射速；没有可靠有效的办法控制药室的振动，难以达到稳定燃烧的目的；液药对炮管的腐蚀十分严重而无有效解决措施。因此，委员会做出结论，如果继续按液体发射药方案进行研制，无论在技术上，还是费用上，或是在研制进度上都将冒极大的风险。

液体发射药方案的取消是继 1985 年美国国防部

取消“约克中士”自行高炮研制计划之后，美国陆军武器发展中的又一次重大挫折。

韩国 XK-9 新型自行榴弹炮进行射击试验　1996年6月10日，韩国对三星宇航公司和国家防务研究机构联合研制的 XK-9 新型 155 毫米自行榴弹炮进行了靶场射击试验。据韩国三星公司称，该炮是在美国 M-109A2 基础上改进而成的。该炮的最大射程为 40 千米。火炮从确定目标到发射第 1 发弹需要 30 秒，紧随第 1 发弹可在 3 分钟内发射 6 发弹。自行火炮具有较强的装甲防护能力。最大时速为 60 千米。该炮将于 1999 年批量生产并装备韩国陆军。

伊朗 122 毫米自行榴弹炮进行射击试验　据英《简氏防务周刊》1996 年 6 月 5 日报道，伊朗对本国自行研制的“霹雳”1 型 122 毫米自行榴弹炮进行射击试验。该炮具有发射速度高、精度好、机动性强等优点，配有计算机控制的射击指挥系统，还装有自动装填系统和激光测距机。最大射速为 5 发/分，最大射程为 15200 米，公路最大时速为 65 千米。该自行炮以“布拉格”装甲人员输送车的底盘为平台，这种底盘与俄罗斯的 БМП-1 步兵战车底盘十分相似。值得特别注意的是，这是伊朗自行设计制造的第 1 种自行火炮。

以色列研制成“拉斯克尔”155 毫米自行榴弹炮　据英国《简氏防务周刊》1996 年 6 月 26 日报道，以色列索尔塔姆公司已经完成“拉斯克尔”自行榴弹炮的研制工作，准备投产。该炮是为快速部署部队研制的，可用 C-130 运输机空运。该炮采用成熟技术，绝大部分零部件都经受了实践检验。装甲防护可有效抗击轻武器火力和炮弹破片的攻击。该炮采用 3 种不同长度的身管，适应不同的需求。火炮配置在车体后部的旋转平台上，旋转平台可使火炮作左右有限的转动，高低射界为 −3°～＋65°。高低和方向转动均由液压驱动，紧急情况下可手动控制。

该炮可自行携带 40 发弹丸、45 个发射装药及所需的引信。火炮战斗全重 19.5 吨，具有较高的战术机动性和战略机动性。该炮主要战术技术性能：

最大射程(米)	
39 倍口径、普通非增程弹	25000
39 倍口径、火箭增程和底排弹	30000
52 倍口径、普通非增程弹	31000
52 倍口径、火箭增程和底排弹	40000
方向射界(度)	左右各 40
行军尺寸(米)	7.5×2.46×2.3
最大行程(千米)	500
乘员(人)	4

以色列研制成“斯来莫”155 毫米自行榴弹炮　据英国《简氏防务周刊》1996 年 6 月 26 日报道，以色列索尔塔姆公司已经完成“斯来莫”榴弹炮的研制工作。该炮采用改进型“梅卡瓦”主战坦克底盘，炮塔为钢焊接结构，装有 52 倍口径身管，炮口制退器为双室结构，炮管还装有 1 个抽烟机。炮闩为半自动楔式结构，内装底火自动装填系统，使炮手在不开闩的情况下用手工重新装入底火。

该炮配有用计算机控制的自动化弹药装填系统，大大提高了发射速度。自动化装填系统由弹丸储存系统、弹丸传送系统、弹丸装填盘、发射药装填盘和直接向火炮装填的外部发射药提升机以及外部弹丸提升机组成。炮塔内可存储 75 发弹丸，其中 60 发可用自动装填系统装填，其余 15 发则在炮内不同位置，不能直接装填，需要人工辅助完成；发射装药用一个装填盘由人工装填。装填机有一套计算机控制系统，由炮长操作面板、中央控制装置、终端装置、炮手操作面板、装填机键盘面板组成。装填机控制系统除完成发射炮塔内外弹药之外，还可编制射击程序，执行退弹、人工发射、弹药识别、引信装定和各种检查等功能。该炮主要战术技术性能：

发射远程底排弹最大射程(米)	大于 40000
最大射速(发/分)	9
爆发射速(发/秒)	3/15
外形尺寸(米)	11×3.7×3.4

德国陆军将装备 PzH-2000 自行榴弹炮　据英国《简氏防务周刊》1996 年 3 月 20 日报道，德国军事技术采购署与德国威克曼公司签订了采购 185 门新式 PzH-2000 型 155 毫米自行榴弹炮的合同。这是德国陆军采购该炮的第 1 个合同。德国陆军共需 555 门 PzH-2000 自行榴弹炮，用以替换德国陆军现装备的 M-109A3G 自行榴弹炮和部分 FH-70 牵引榴弹炮。PzH-2000 炮比 M-109A3G 炮的防护能力、机动性和火力都强。

PzH-2000 自行榴弹炮将装备陆军 18 门制炮兵营，每营编 3 个连，每连装备 6 门炮。德国陆军原计划采购 1254 门 PzH-2000 自行榴弹炮，但由于世界局势的缓和及德军的缩编，军方把采购数量减到 600 门。

该炮最重要的特点是可以自行测定真北方向、火炮位置、海拔高度和炮身的空间位置。炮载寻航系统和炮载弹道计算机可使每门炮成为一个独立的武器系统，能随时独立完成战斗准备工作。该炮还可通过无线电数据传输系统与上一级指挥部门和射击指挥系统连接,接受上级的指挥。

另据《简氏防务周刊》1995年10月28日报道,4门PzH-2000自行榴弹炮样炮已于1995年9月在美国完成了展示性试验。试验的主要目的是竞争美国陆军"先进的野战火炮系统"的生产权。试验中,共发射8185发炮弹。使用制式炮弹获得的结果是:最大射程30千米,爆发射速3发/9.2秒和8发/51.4秒,最大射速为20发/2.5分。公路和越野行驶的总里程约2万千米。

该炮的主要战术技术性能如下:

口径(毫米)	155
最大射程(米)	
制式榴弹	30000
增程弹	40000
身管长(口径倍数)	52
高低射界(度)	-2.5～+65
方向射界(度)	360
行军状态尺寸(毫米)	11670×3580×3430
战斗全重(千克)	55000
弹药携行量(发)	60

意大利新型轮式大口径火炮进行试验 1995年10月,意大利陆军在奈士诺靶场对新型轮式155毫米榴弹炮进行了初始试验。该炮采用FH-70牵引榴弹炮的39倍口径身管和8×8卡车底盘。采用8×8底盘,主要是考虑到将来需要时可换装52倍口径的身管。该炮长10.2米,全重19吨,最大仰角68度,方向射界以卡车中轴线为基准左右各9度。该炮将采用FH-70炮的快速送弹机。试验用的炮装在底盘后部平台上,该平台既是炮手的操作位置,又作为火炮的稳定装置;沿底盘两侧配置有储弹箱,用于存放弹丸和装药;驾驶室经改进后可容纳整个炮手班。

试验用火炮载车采用8819TCA涡轮增压柴油发动机,最大功率872千瓦,转速为1900转/分,最大行驶速度90千米/小时,最大行程800千米,涉水深85厘米。初始试验射击是用减装药进行的,从而把后坐力控制在20吨左右,如改用最大号装药发射,后坐力会猛增至38吨。试验时用减装药的目的是为了检查后坐力对悬挂系统的作用并评估底盘加固增强的需求。但是该炮最终全重不得超过21吨,以确保可用C-130运输机空运。

斯洛伐克"祖扎那"自行榴弹炮被印度定为候选炮 据英国《简氏防务周刊》1996年6月26日报道,斯洛伐克ZTS公司研制的T-72M1"祖扎那"155毫米自行火炮1995年被印度国防部定为竞选火炮之一。该炮是在斯洛伐克原45倍口径8×8轮式155毫米自行榴弹炮的基础上,适应印度的要求将底盘换成苏制T-72主战坦克底盘改装而成的。1995年印度对包括该炮在内的4种样炮进行了多方面的试验,其中包括火力试验和机动性试验。该炮装有自动装填机,具有三防系统、由计算机控制的射击指挥系统、陆上导航系统、无线电台、车内通话系统、防污染设备等。其主要战术技术性能如下:

最大射程(千米)	39.6
身管长(米)	6.975
炮口制退器形式	双室
战斗状态的外形尺寸(米)	11.1×3.59×3.45
战斗全重(千克)	38000
高低射界(度)	-3.5～+70
方向射界(度)	360
射速(发/分)	
自动	6/1;30/6
人工	1/2
最大公路时速(千米)	60
最大公路行程(千米)	650
弹药携行量(发)	40

瑞典APS-2000型155毫米自行榴弹炮完成野外试验 据《简氏防务周刊》1996年6月26日报道,瑞典陆军于1995年12月完成了APS-2000火炮的野外试验。该炮是由瑞典生产的FH-77型155毫米榴弹炮和VMEA25B6×6全地形自卸卡车底盘组成的,战斗全重不超过30吨,最大公路行驶速度为65～70千米/小时。试验证明,该炮展开时间为45秒,撤出战斗时间为30秒,而同口径的瑞典现役牵引炮完成上述任何一项动作均需120秒。如果加装POS-2地面导航系统进行定向定位瞄准,加装弹道诸元计算机,该炮展开和完成射击准备的时间还能大大缩短。这次和前9次试验均表明,这种轮式自行火炮比牵引炮在各方面都要优越。FH-77火炮的发射药点火方式、反后坐装置和装填系统都经过了改进并采用了新式炮闩,因而火炮射速比改进以前提高了1倍,达到15～17发/分。

迫击炮 **美军M-121型120毫米自行迫击炮列装** 据美国《陆军》杂志1996年第8期报道,美国骑兵部队、装甲部队和机械化部队于1995年开始装备M-121型120毫米自行迫击炮。M-121自行迫击炮是在M-120牵引式120毫米迫击炮基础上,配装载车底盘构成的。早在1991年9月陆军第199步兵旅就装备了M-120型120毫米牵引迫击炮。截止1996年4月份,美国陆军共装备了63门M-120型迫击炮和204

各国典型履带式自行火炮性能对比表

国家	俄罗斯	法　国	德　国	英　国	美　国
型号	ZC19	GCT	PZH2000	AS90	M109A6
乘员	5	4	5	5	4
重量(吨)	42	42	55	45	28.738
功率/重量比(马力/吨)	18.57	17.14	18	14.66	15.31
长度(带炮身)(米)	11.917	10.25	11.67	9.9	9.084
宽度(米)	3.38	3.15	3.58	3.4	3.149
高度(米)	2.985	3.25	3.43	3.0	3.236
最大公路行驶速度(千米/小时)	60	60	60	55	56.3
行程(千米)	500	450	420	370	344
垂直越障高(米)	0.5	0.93	1	0.88	0.53
越壕宽(米)	2.8	1.9	3	2.8	1.83
发动机功率(马力)	780	720	1000	660	440
火炮口径(毫米)	152	155	155	155	155
弹药携行量(主用弹)(发)	50	42	60	48	39
方向射界(度)	360	360	360	360	360
高低射界(度)	－3～＋68	－4～＋66	－2～＋65	－5～＋70	－3～＋75
非增程弹最大射程(千米)	24.7	23	30	24.7	24.7
最大射速	8发/分	6发/45秒	3发/10秒	3发/10秒	3发/15秒

门M-121型迫击炮。按计划，部队总共将装备1081门M-121型迫击炮。

M-120型和M-121型120毫米迫击炮的身管为炮口装填滑膛炮，配有收缩击针，最大射程7200米，最大射速为16发/分，持续射速为4发/分。近几年来，美国陆军一直努力提高迫击炮的杀伤力、精度、生存力、反应能力和作战效能，使之成为现代化的先进武器系统。为此，美国陆军和海军陆战队主要从两方面采取了多种技术措施：发展迫击炮的射击指挥系统；研制新型的弹药和引信。

在射击指挥系统方面，用XM-30型迫击炮弹道计算机取代M-23型计算机。新型弹道计算机是在手持式终端装置/通用硬件系统486军用PC机的基础上研制的，它还适用于“先进的野战炮兵战术数据系统”，从而使迫击炮与野战炮兵火力支援系统实现数字连接。除研制新型迫击炮射击指挥系统外，还研制了新型M-67瞄准具，正在装备第3步兵师的M-121迫击炮。

英国制成AMS式120毫米自行迫击炮样炮　据日本《军事研究》杂志1996年2月报道，英国皇家军械厂制造出AMS式120毫米自行迫击炮样炮。该炮由英国RO式120毫米迫击炮和瑞士LAV轻型装甲车组成。AMS是炮塔的名称，炮塔长2.59米、宽2.2米、高0.89米，重3吨。

装在炮塔内的RO式120毫米迫击炮由炮尾装填，其后部装有排烟器，因此，当射击后打开炮闩时可防止发射所产生的火药气体和烟尘进入乘员舱内。这种方法有利于提高AMS自行迫击炮的打击能力和操作使用的灵活性。

AMS迫击炮还装有先进的射击指挥控制系统，它包括：全球定位系统、炮塔姿态探测系统、射击诸元计算系统、夜视装置、激光测距机、昼间瞄准具和红外夜视仪。炮班人员借助这些先进的仪器，无论是白天还是黑夜都能准确地测定火炮的位置，精确地计算射击诸元，准确地进行射击，保证迫击炮具有昼夜作战能力。

该炮还配有坦克用的普通观察和瞄准装置，因而能实施直瞄射击。

LAV式8×8装甲车具有很高的机动能力，时速达100千米，最大行程600千米。

总之，AMS 式 120 毫米自行迫击炮既具有坦克所没有的间瞄射击能力，又具有自行火炮所不具备的直瞄射击功能，是一种兼备双重功能的火炮系统。

南非国防军把 81 毫米迫击炮改装成 60 毫米迫击炮 从 1995 年下半年开始，南非特种部队把 81 毫米迫击炮改装成 60 毫米口径迫击炮，即对现装备的 M-3 型 81 毫米迫击炮的炮架进行一些改造，尔后用 60 毫米迫击炮炮管及其全套配件换下 81 毫米炮管和配件。南非 WIL 公司制造的 M-6 型 60 毫米迫击炮管只有 10 千克重，而 M-3 型 81 毫米迫击炮管重 14.4 千克。60 毫米迫击炮发射新型炮弹时，射程可达 6180 米，而 M-3 型 81 毫米迫击炮的最大射程只有 5000 米。因此，这种 M-6 型 60 毫米迫击炮被称为远程迫击炮。M-6 型 60 毫米迫击炮与 M-3 型 81 毫米迫击炮的战术技术性能对比如下：

	M-6 型 60 毫米迫击炮	M-3 型 81 毫米迫击炮
重量(千克)	25	42.8
射速(发/分)		
爆发	20	15
持续	15	10
炮手人数	2	8
主要部件数(件)	5	5
分部件数(件)	50	260

	远程新型弹	81 毫米弹
弹重(千克)	2.4	4.5
弹药携行量(发)	16	9
单人携弹量(发)	5	3
最大射程(米)	6180	4856

战术弹道导弹

印度增程式"普里特维"系列弹道导弹试验成功 据英国《简氏防务周刊》1996 年 2 月 7 日报道，印增程式"普里特维"2 地地弹道导弹成功地进行了发射试验。该导弹从印度洋孟加拉湾东海岸的临时试验场发射，飞行 250 千米，导弹精确命中了预定点。印度国防研究发展局的官员们说，这次发射试验是导弹按预测弹道的一次精确飞行，导弹代号为 SS-250，是 SS-150"普里特维"1 弹道导弹的变型。

SS-150 导弹已进行过 14 次发射试验，其中包括炮兵从机动发射架上进行的 2 次试验。陆军对 SS-150"普里特维"1 导弹做了一些改进，弹长 8.55 米，最大射程 150 千米，有效载荷 1000 千克，装 5 种不同的常规弹头。目前印度已生产 SS-150"普里特维"1 导弹 18～20 枚。

炮兵反坦克武器系统

1995～1996 年，反坦克武器系统仍以发展反坦克导弹为主，只是由于近几年来强调应急作战和快速部署，使少数已退役多年的无坐力炮又获新生，同时装甲自行反坦克炮和火箭筒也还保留了一定的生存空间。反坦克导弹主要发展第 3 代。从各国现装备上看，发达国家处在 2、3 代混用阶段，而发展中国家则处于 1、2 代混用时期。第 3 代反坦克导弹的主要特点是：普遍采用激光、红外、毫米波、光纤和双模乃至多模制导技术以提高导弹的抗干扰能力和不良天候条件下及夜间作战能力；采用双级和多级串联空心装药战斗部；增大弹径、加大装药量，从而增加战斗部对装甲的侵彻深度，提高导弹的射程。目前光纤制导的导弹，其射程可达 10～30 千米，而新发展的反坦克导弹，射程多数在 5 千米以上；发展更新型的导弹战斗部，即带有简易制导的高速动能战斗部，弹丸飞行速度可达 1500～2000 米/秒，约相当于 5～7 倍音速。

无坐力炮、反坦克火箭筒和反坦克炮 **美应急部队拟重新装备 M-40A2 型 106 毫米无坐力炮** 据美《装甲》杂志 1995 年 11～12 月号报道，为了解决特种作战的紧急需要，美国特种部队、别动队、空降部队、空中突击师和轻型步兵师等应急部队拟重新装备早已被淘汰的 M-40A2 型 106 毫米无坐力炮。该炮重量轻、威力较大，具有很强的破坏力，只是需对它进行必要的改造。

改造的具体措施是：将 M-40A2 无坐力炮安装在"哈默"轻型轮式战车或 FAV 快速攻击车、DPV 沙漠巡逻车和 RSOV 特种战车上，同时配装 1 个"轻武器通用模块式火控系统"或昼夜两用激光瞄准系统。这样，不仅解决了部队急需，而且提高了该炮的射击精度。模块式火控系统和两用激光瞄准系统是陆军新研制成功的专门用于解决首发命中精度问题的装置。当把战场环境温度、气压以及武器倾斜度等资料输入 386 火控系统计算机中时，就可以获得正确的瞄准点。该火控系统白天用光学瞄准镜，夜间转换成像增强瞄准镜。光学瞄准镜和像增强瞄准镜是一体化的，只要扳动开关即可转换功能，而不必更换瞄准镜，因此也就保证了武器系统零位零线的一致性。

"哈默"轮式装甲车是美国应急部队大量装备的车型。新型车载式 106 毫米无坐力炮可以空运、空投，便于同人员一起投向作战地域。车载式 M-40A2 无坐力炮既可实施直瞄射击，也可实施间瞄射击，打击遮蔽物后的人员，比现装备的 M-67 型 90 毫米无坐力炮更易于获得首发命中的效果。其射程为 1100 米，远大于现装备的其他类似武器。

德国"铁拳"3-T600 火箭筒完成实弹射击试验　1996 年 6 月 20 日，德国诺贝尔炸药公司成功地进行了"铁拳"3-T600 火箭筒的实弹射击试验。试验证明，该火箭筒在雨天也能精确命中中远距离的目标。它配有激光测距机和射击指挥计算器，因此，在对 600 米距离上的固定目标和活动目标进行射击时，其精度均在 90%以上。火箭弹配用两级串联式聚能装药战斗部。试验中，战斗部首先把反应装甲击穿一个洞而不是把它引爆，随后主装药顺利穿透主装甲。战斗部的破甲厚度不小于 800 毫米，能有效对付挂有反应装甲的 T-72 坦克。

试验还证明，该武器系统从捕捉目标到发射火箭弹只要 3～4 秒。它装备有 IS-2000 瞄准器夜视装置和像增强仪具有夜间作战能力。

瑞士 105 毫米轮式自行反坦克炮参加沙特火炮竞争演示　据英国《装甲火炮年鉴 1995～1996》介绍，瑞士莫瓦格公司研制的 10×10"皮兰哈"105 毫米轮式自行反坦克炮于 1995 年参加了沙特阿拉伯"轻型装甲车—突击火炮"的竞争演示。

该炮为 G-2 型 105 毫米线膛炮，装有电动式炮塔，可发射北约标准的 105 毫米弹药。除主炮外，还有 1 挺 7.62 毫米机枪和 1 套烟幕发射系统。炮塔的方向和火炮的高低调整均由电动液压系统实现，同时还备有手动设备。其火控系统比较先进，包括数字式昼夜两用瞄准镜、激光测距机、弹道计算机。炮长和瞄准手都配有昼夜两用像增强瞄准镜。

该系统的底盘机动性能好，是一种比较稳定的发射平台。自动传动系统、独立悬挂系统具有较高的水平，4 个前轮为转向轮，由电动辅助操纵，3 个后轴为永久性驱动轴。该炮的主要战术技术性能如下：

外形尺寸(米)	8.75×2.6×2.99
最大公路时速(千米)	100
最大行程(千米)	800
涉水深(米)	2
越壕宽(米)	2
弹药携行量(发)	
炮	38
机枪	2000
战斗全重	18 吨

反坦克导弹

美陆军装备"标枪"反坦克导弹　1996 年夏初，美国陆军第 75 突击营装备了"标枪"反坦克导弹系统，从而成为美国陆军第 1 支装备新型反坦克导弹的部队。这是第 1 批"标枪"反坦克导弹；第 2 批从 1995 年 3 月开始生产；第 3 批则从 1996 年 4 月开始生产，3 批总共将生产 2590 枚导弹和 287 套指令发射装置。陆军计划在 10 多年内购买 2800 部指令发射装置和 2.6 万多枚导弹。"标枪"导弹将取代"龙"式导弹成为陆军的制式反坦克导弹。海军陆战队计划采购大约 4700 枚导弹和 450 部指令发射装置。

美国研制 EFOG-M 反坦克导弹　1995 年 10 月美陆军决定研制 EFOG-M 光纤制导反坦克导弹。该导弹将在原 FOG-M 光纤制导反坦克和反直升机两用导弹的基础上研制，具有远距离探测目标和远距离发射导弹的能力，可提高部队与敌重型部队作战时的生存能力。EFOG-M 反坦克导弹装在"哈默"战车上，每辆车装载导弹 8 枚，可打击 15 千米之外的目标。EFOG-M 导弹发射后，散开的光纤可把红外成像传感器所收到的目标图像传递给导弹，导弹还通过光纤接收导弹射手发出的制导指令。射手用自动跟踪仪锁定监视器上显示的目标图像，从而保证导弹命中目标。

美国"长弓·海尔法"反坦克导弹试验成功　截至 1996 年初，"长弓·海尔法"反坦克导弹在多次射击试验中取得了发射 47 发命中 44 发的好成绩。代号为 AGM-114 的导弹是现在陆军广泛使用的"海尔法"反坦克导弹的变型弹，用于取代"标枪"和"陶"式反坦克导弹。该导弹是为陆军直升机反坦克所研制的。空射反坦克试验中，27 发 27 中，命中精度极高。"长弓·海尔法"具有"发射后不用管"的能力，在大雾、雨雪等恶劣天气以及在施放电子干扰和烟雾剂的条件下仍具有很强的作战能力和生存能力。1995 和 1996 年，美陆军分别花费 7670 万和 18870 万美元用于研制这种反坦克导弹系统。

美国"陶"2B 反坦克导弹问世　美国休斯导弹系统部推出"陶"式导弹的最新改进型"陶"2B，即 BGM-71-F 反坦克导弹。"陶"2B 反坦克导弹采用攻顶战斗部。攻顶作用机制主要是靠战斗部所配用的特殊引信来实现的，配有两个不同作用机制的引信：磁性引信和光学引信。引信可感知目标何时位于导弹下方，这样就保证了导弹攻击坦克装甲的薄弱部位。同时"陶"2B 具有很强的破甲后燃烧纵火效应，从而极大地提高了导弹的威力。

"陶"2B 和其他所有"陶"式导弹一样，射程为 3750 米，采用通用的 M220A2 独立地面发射架。区别只在于制导软件不同。

印度推迟"毒蛇"反坦克导弹服役　印度历时 10 多年研制成功的"毒蛇"反坦克导弹将推迟装备部队，

但部队试验仍继续进行。实际上，早在1990年，该导弹首次发射试验就取得了成功，并经多次改进于1993年开始了小批量试生产。导弹的初始制导由发射装置控制完成，末端制导由弹上导引头完成。红外导引头装有多个电耦合器件。初始制导选择了无线电指令方式。末端制导也在考虑把红外成像寻的头改为毫米波寻的方式。“毒蛇”导弹采用串联式战斗部，可以穿透任何一种反应装甲和复合装甲，最大射程为4000米。

英法德联合研制的中程“崔格特”反坦克导弹进入部队试验阶段 1995年夏，英、法、德3国联合研制的中程“崔格特”反坦克导弹已完成了研制工作，1996年中进入部队试验。

“崔格特”是第3代反坦克导弹，分中程和远程两种，两种弹的预研和可行性论证开始于1978年，全面研制工作开始于1988年。

中程“崔格特”反坦克导弹采用红外电耦合热探测技术、中央推力矢量控制技术和甚低脉冲小型发动机。这种发动机的后喷效应降低到了微小程度，从而可使导弹能在密闭空间或其他设施附近安全发射。

导弹采用的激光制导方式与大多数同类导弹的激光波束制导方式不同。大多数同类导弹都采用专用的激光照射器照射目标，导弹沿目标反射的激光束飞向目标，而“崔格特”反坦克导弹不需要专门的激光照射器照射目标，而是在导弹发射架的瞄准装置上装1个瞄准/制导激光发射器，它包括光学瞄准镜和二氧化碳激光器，以及发射激光所需的光学和电子器件。这种设计可确保瞄准线与激光束轴线一致。在导弹尾部有1个探测激光束的传感器，即激光接收机。激光信号处理设备利用传感器所测得的制导轴线偏差，并通过计算机计算和发出使导弹回到制导轴线、保证命中目标的控制指令。这种制导方式具有甚低能激光束、加密扫描激光束和特定带宽等技术特点，能保证导弹不受干扰。

中程“崔格特”导弹还采用了“非敏感性”材料等许多其他新技术，使导弹对电磁效应、核、生、化不敏感，并且具有防震、防火、防弹和自测功能。

中程“崔格特”导弹是一种便携式导弹，有效射程2000米，可对付目前世界上具有先进防护能力的所有坦克、装甲车，还可对付直升机、野战工事等目标。

英法德联合研制的远程“崔格特”导弹将于1998年完成 据德国《国防技术》杂志1996年第2、3期报道，英、法、德3国联合研制的远程“崔格特”反坦克导弹将于1998年完成。它与中程“崔格特”反坦克导弹在采用高新技术方面基本相同，只是程度不尽一样。例如，二者均采用了红外电耦合热探测技术，但中程弹只把这项技术用于瞄准系统，而远程弹在瞄准系统和导弹导引头上均采用了这种先进技术。导引头上的目标图像与瞄准系统上的相同图像相互匹配只需几分之一秒。

远程弹的射程大于4500米，最大可达7000米，是一种“发射后不用管”的红外寻的导弹。与中程“崔格特”不同之处是，远程弹为车载式，也可用直升机发射。车载时，每车可携带导弹8枚，瞄准手可选择多达4个独立的目标进行射击，也可进行齐射或连射。齐射和连射可在不到8秒钟内完成。

南非“雨燕”ZT-3反坦克导弹投产 据西方报刊报道，南非肯特龙公司研制的“雨燕”ZT-3反坦克导弹已经投产。该导弹早在1987年就试射成功，以后又进行了多项改进。ZT-3导弹采用激光半主动指令瞄准线制导，导弹底部有一个红外光源。导弹射程超过4000米。采用高爆战斗部，可穿透1000毫米厚的均质装甲。该导弹可以车载、直升机载，也可从地面发射架上发射。导弹载车通常为“非洲獾”轮式装甲车，每车可载3个发射管，炮塔内配有目标搜索装置和发射控制系统。

炮兵防空武器系统 1995～1996年，炮兵防空武器系统仍沿着导弹化的方向发展，其发展势头不减，潜力巨大。便携式防空导弹或低空近程防空导弹装在不同的载车上，实现车载化，构成新型防空武器系统，体现了防空导弹武器发展的一个重要方向。用同一种发射架和同一个C^3I系统发射不同的导弹，也是近年来防空武器发展的又一大特点。

防空导弹系统 **美国“霍克”/AMRAAM混合防空系统进行发射表演试验** 1995年8月8日，美国陆军导弹局在阿拉斯加州格林堡的“’95空中安全”射击演示试验中，用改进后的“霍克”防空导弹发射架成功地发射了AMRAAM中程防空导弹。AMRAAM本是机载空空导弹。美陆军导弹局为了试验该导弹能否作为陆军地空导弹使用，同时还为了验证该导弹系统与各种不同雷达探测系统相组配的可能，专门安排了这项试验。试验发射共进行了两次，两次均由同样的“霍克”防空导弹发射架发射。

第1次采用的搜索雷达为“霍克”系统所配置的前方地域连续波警戒雷达，在“相当远的距离”上直接命中了目标。试验证明，所有系统运行正常。陆军导弹局副主任称：一个拥有“霍克”防空导弹系统的国家，如果想把AMRAAM导弹当作地空导弹使用，既不必重新采购发射架，也不要重新添置新型雷达。

第2次射击试验时移走连续波警戒雷达，换用新型的MRSR“三坐标”多功能抗毁雷达。结果，再次命中飞行速度为250米/秒的目标。

这样,美国将生产出一种新型混合式防空武器系统,即"霍克"/AMRAAM 混合防空武器系统。一套这样的系统包括:1部AN/MPaQ-64型雷达、1部大功率目标照射雷达、1个防空作战中心、2部标准型"霍克"发射架和2部改进后可发射AMRAAM导弹的"霍克"导弹发射架。"防空作战中心"是装在1辆4×4高机动多用途轮式车上的"标准综合指挥系统",它采用1台计算机控制武器系统,同时还设有各种接口与外部联接,装备有显示器和人机接口的软件。每部标准的"霍克"发射架可发射3枚"霍克"导弹,每部改进后的"霍克"发射架可发射多达8枚AMRAAM导弹。

美国"中后卫"防空武器系统进行发射试验　1996年6月18～19日,美国陆军在布里斯堡再次进行了"中后卫"防空武器系统的发射试验。此前,陆军曾于1995年5月进行过该系统的实弹射击试验。该系统是把"毒刺"便携式防空导弹安装在"布雷德利"战车上,构成一种新的综合式防空武器系统,用于掩护陆军前沿部署部队免遭21世纪巡航导弹和遥控飞行器的袭击。"毒刺"导弹的发射装置与"复仇者"发射装置一样。

"中后卫"防空武器系统与陆基雷达、前方地域防空指挥和控制系统配合使用,能有效地对付巡航导弹、遥控飞行器以及其他空袭兵器。试验结果,"中后卫"系统摧毁了1个类似巡航导弹的目标。目标飞行高度100米,爬高速度大于555千米/小时。使用的导弹为"毒刺"Ⅱ。

"中后卫"系统对40千米外的空中目标具有较好的预警能力和"旋转/搜索"功能,将来该系统将采用更先进的"布雷德利"A-3型战车和"毒刺"Ⅱ防空导弹。

美国"毒刺"导弹改进计划开始实施　据英国《简氏防务周刊》1995年8～9月报道,美国陆军"毒刺"防空导弹分阶段改进计划已于1995年8月正式开始实施。第1阶段是对现役"毒刺"RMP便携式防空导弹和一些更老型号的导弹进行改进,第2阶段是在完成第1阶段计划后为"毒刺"RMP加装新型红外寻的头。

"毒刺"RMP防空导弹是为了对付原苏联的战斗机和米-24武装直升机而研制的。尽管它装有可重新编程的微处理机并采用了当时尚未普遍采用的模块结构,能对"制导和对抗软件"进行重新编程,从而能抗击突然出现的空中目标。然而,由于近几年来,新的空中威胁的几何尺寸越来越小,且在地物杂乱的回波之中,极难被发现。美国陆军尤其担心巡航导弹和无人飞行器这类机动性强、隐蔽性好的目标。在这种背景下,陆军决心研制能对付所有空中目标的防空导弹系统,并要求其终端精度达到当前世界先进水平。

第1阶段的改进措施主要是:①采用新型滚频传感器,这种传感器配有一个指甲大小的环形激光陀螺仪;②采用体积更小、工作时间更长的锂电池代替铬酸钙电池;③采用更新型的计算机存储器和功能更强的软件系统;④采用新型接线装置。第1阶段改进的目标是提高对付小尺寸目标的能力,特别是提高导弹末段制导的精度和对付主动红外干扰与被动混合红外干扰的能力。

第2阶段改进计划将于2000年开始,但美国也有部分意见坚持提前到1998年开始。第2阶段改进计划的主要技术措施是:为第1阶段改进后的"毒刺"RMP导弹加装1个128×128无凝视式红外焦面阵导引头,进一步解决抗低空杂波干扰问题,把导弹的探测距离提高1～2倍。

俄罗斯"山毛榉"M-1防空导弹参加实兵演习　据俄《陆军文集》1996年第2期报道,俄"山毛榉"M-1防空导弹曾参加"防御92"和"秋季93"实兵演习,同时还为许多外国代表团进行了实弹射击演示。演示中,先后击毁了80多个不同类型的靶标。该防空系统主要用于军队集群和大型军事目标的防空,能在强烈电子干扰条件下有效地抗击大规模空袭和在各种复杂天候条件下遂行作战任务。"山毛榉"M-1导弹的战斗部署通常包括:КП9С470М-1指挥车1台、COU9C18M-1目标搜索雷达车1部、СОУ9А310М-1发射车6辆、ПЗУ9А39М-1装填车3台。

导弹发射车既可在预先给定的责任扇面内搜索和跟踪目标,又可根据目标指示诸元搜索和跟踪目标。发射车可以十分灵活地变换发射阵地,并在设备开机的情况下以小于30千米/小时的速度转移数公里。再次发射的准备时间不超过20秒。导弹发射车上配有多功能雷达、电视跟踪和光学观察仪器、数字式计算机以及其他保障导弹发射的装置。导弹在发射前不需要对弹载设备进行检查即可直接发射。导弹出厂后装在玻璃塑料运输筒内,在各种不同的气候条件下储存10年,中间无须进行定期检查。导弹配用半主动导引头、自动驾驶仪、主动式无线电引信、杀伤战斗部、双体制固体燃料发动机。

俄罗斯"山毛榉"2M防空导弹列装　1995年下半年,俄罗斯"山毛榉"2M(萨姆-17)防空导弹系统开始列装,比西方原先的预测提前了1年。"山毛榉"2M分为Ⅰ型和Ⅱ型两种,装备集团军防空导弹团,用来对付各型飞机、战术弹道导弹、巡航导弹、直升机、超低空或高空飞行的无人飞行器。

典型的“山毛榉”2M 防空导弹团下辖 6 个防空导弹连和 1 个指挥排，其中 Ⅰ 型导弹连 2 个，Ⅱ 型导弹连 4 个。

Ⅰ 型连装备 1 辆专用发射车、1 辆装填发射两用车。在自动工作状态下可同时对 4 个目标进行射击，反应时间 8～10 秒，单车发射速度 1 枚/4 秒，行军战斗转换时间 10～15 分钟。

Ⅱ 型导弹连装备 1 辆目标照射和导弹跟踪雷达兼导弹发射车、2 辆导弹装填发射两用车。在自动工作状态下也可对 4 个目标进行射击，反应时间 4 秒，单车发射速度 1 枚/4 秒，行军战斗转换时间 5 分钟。

指挥排装备 1 辆指挥车和 1 辆目标搜索雷达车。指挥车战斗全重 30 吨，外形尺寸 8×3.3×3.8 米，主要用于分析空情，监控各发射车并为各发射车指示和分配目标。它可跟踪 60 个目标，指示 36 个目标，控制 6 个发射排，反应时间 2 秒。

目标搜索雷达是一种多功能相控阵雷达，全车战斗重 35 吨，外形尺寸与指挥车相同。主要用来探测目标、识别敌我、对目标进行跟踪和分类并为指挥所提供空情图。其扫描周期为 1 转/4.5～6 秒。

目标照射和导弹跟踪兼导弹发射车除对本车的导弹发射进行指挥控制外，还对连内另外两辆装填发射车的发射实施指挥。车的型号、外形尺寸与指挥车完全相同，只是战斗全重不同，为 35 吨。相控阵天线的伸缩臂高达 21 米，它同样要完成目标捕获和跟踪、目标分类和空情分析。当导弹处于发射状态时，雷达要完成目标照射工作，并把弹道修正指令传输给飞行中的导弹。该雷达分别有 10 个捕获目标的通道和 4 个跟踪导弹的通道。该车的导弹发射装置装有 4 枚待发弹。

装填发射车战斗全重 38 吨，携弹 8 枚。该车为车身装填 4 枚导弹需 15 分钟，为专用发射车装 4 枚弹需 13 分钟。

日本陆上自卫队装备 91 和 93 型防空导弹　据美国《防空炮兵》杂志 1996 年 5～6 月号报道，日本陆上自卫队继 81 年装备 81 型“短萨姆”防空导弹后，又于 1991 和 1995 年先后装备 91 和 93 型防空导弹系统。

91 型是便携式防空导弹，采用红外成像制导技术，具有全向攻击和较强抗干扰能力。弹上采用了电耦荷器件来储存目标图像，提高了析像能力和制导精度。导弹采用两极固体火箭发动机。弹长 1.4 米、弹径 80 毫米，弹重 12 千克。91 型防空导弹还有一种车载式防空系统，在 1 辆轮式车上安装多联装导弹发射架、辅助火控系统和雷达系统，构成自行式防空导弹系统，这就是所谓 93 型近程防空导弹系统。93 型防空导弹装备师属防空营，其机动性、精度有了很大提高。

印度“三叉戟”近程防空导弹批量生产　印度早在 1992 年就开始批量生产自行研制的“三叉戟”近程防空导弹系统。该导弹系统外形类似俄罗斯萨姆-6 防空导弹。导弹采用冲压式固体火箭发动机，配用雷达探测系统和雷达跟踪系统。载车底盘为俄罗斯 БМП 战车底盘。导弹配用的高爆杀伤战斗部，有近炸和着发两种引信。主要战术技术性能如下：

导弹尺寸(弹长×弹径)(毫米)	6200×33.5
弹重(千克)	550
飞行速度	超音速
射高(米)	5000
射程(米)	9000

韩国生产出“柏伽索斯”防空导弹样弹　据英国《简氏防务周刊》1996 年 5 月报道，韩国已生产出 2 套“柏伽索斯”防空导弹样弹系统。该系统为全天候自行式防空导弹系统，用于装备陆军机械化部队。

该系统包括履带式底盘、探测系统、火控系统和导弹。4 枚导弹分置于炮塔两侧，炮塔上装有探测系统，炮塔下部为跟踪雷达。探测系统是 1 部工作于 S 波段的固态脉冲多普勒警戒雷达，搜索距离为 20 千米。跟踪雷达为 K4 波段行波管多普勒雷达，跟踪距离为 16 千米。2 部雷达均采用了频率捷变脉冲压缩技术。

跟踪雷达左侧为前视红外摄像机，作用距离 15 千米；右侧为昼用电视摄像机，作用距离 10 千米；下部为红外测角仪，用于对导弹的初始制导。

导弹装在密封的包装筒内，配用 12 千克重的破片杀伤战斗部，装有激光近炸引信。导弹最大飞行速度 2.6 马赫，有效射程 10 千米，机动过载为 30g。弹体上装有 4 个固定翼，弹尾有 4 个控制翼。制导方式为瞄准线指令制导体制，最大制导距离为 10 千米。发射车底盘由韩国重工业公司研制。炮塔和车体采用全焊接结构，可抗击轻武器和弹片的杀伤。

导弹操作手配有先进的全色多窗口显示系统，显示系统的软件使“柏伽索斯”系统能同其他防空武器的指挥控制系统兼容。

德国 HVM 超高速近程防空导弹进行试验　据德国《国防技术》1995 年 10 月报道，截止 1995 年 10 月，德国对 HVM 超高速近程防空导弹进行过多次试验，其中包括横向推力发动机对导弹飞行姿态的控制作用试验、新杀伤机理试验和杀伤效能试验。目前红外导引头、整流罩、光学仪器、快速启动器件等关键技术问题正在加紧解决之中。德国军方想把 HVM 导弹研制成兼具近程和超近程乃至反地面目标性能的武器系统，甚至希望具有反战术弹道导弹的能力，将来作为“爱国者”防空导弹的一种补充手段，重点对付低空、高速和隐形目标。

HVM 的特点如下：

①飞行速度快。该导弹系统采用双推力推进系统。发动机总冲大、产生推力快，导弹飞行速度可达 6 马赫，且在接近目标时，速度不会骤然减小，机动性仍然很高。

②飞行稳定性好。HVM 导弹采取微型喷气火箭发动机控制导弹飞行，使导弹不仅飞行稳定，而且机动灵活，不仅可作航向修正机动，又能作横向滚动机动飞行。因此，HVM 导弹能拦截下述多种目标：速度为 250 米/秒、机动过载 6g 且实施规避机动飞行的飞机；以 1 马赫速度飞行的巡航导弹；以 15g 实施机动掠海飞行的导弹。

③制导精度高，杀伤概率大。模拟试验证明，拦截巡航导弹和掠海飞行导弹的脱靶距离均小于 5 米；定向破片战斗部所形成的高速破片能定向飞向目标，所以即使在近于脱靶的情况下，也能对坚固目标造成严重损伤。

英国“长剑”FSB-2 和“长剑”FSC 防空导弹列装 英国陆军防空炮兵于 1996 年上半年装备了“长剑”FSB-2 和 FSC 防空导弹系统。两种导弹均属“长剑”系统防空导弹。“长剑”系列采用组件式结构，用卡车牵引，而不是安装在装甲车或卡车底盘上。“长剑”FSB-2 和“长剑”FSC 除装备陆军防空炮兵外，还装备皇家空军团。“长剑”FSB-2 又称“长剑”野战标准 B-2 防空导弹系统，而“长剑”FSC 又称“长剑”野战标准 C 防空导弹系统。迄今为止，英“长剑”系列防空导弹有早期“长剑”野战标准型、“长剑”野战标准 C 型和“长剑”野战标准 B2 型三种型号。“长剑”野战标准 C 型属第 3 代，而“长剑”野战标准 B2 则属于第 2 代。

“长剑”野战标准 C 防空导弹系统是一种自动化程度很高的防空系统。它由发射架、预警雷达和跟踪雷达 3 部分组成，分别由 3 辆两轮拖车装载，每辆拖车都有独立的发电机。拖车由 4 吨卡车牵引，车上可装载武器零备件、备用导弹和搭乘人员。

8 枚导弹分装在发射架两侧，每侧 4 枚。发射架上装有被动式光电预警系统和跟踪系统。预警雷达有三维搜索和跟踪功能，可同时跟踪 75 个目标，并为操作手和指挥员自动显示需优先打击的空中目标。跟踪雷达可对目标进行全天候搜索跟踪，因而，当发射完第 1 枚光电制导导弹后，可紧接着发射第 2 枚雷达制导的导弹。该导弹系统的射程大于 8 千米，能同时发射两枚导弹；可由直升机吊运，实施空中机动。战时，由 9 人操作；但在紧急和特殊情况下，只要有发射架和操作手控制装置，1 人也可操作。

“长剑”野战标准 B-2 型只装配 6 枚导弹。操作手控制装置远离发射架。在配用“盲射”跟踪雷达的情况下，FSB-2 系统具有全天候作战能力。在完成射击检查后，9 人炮班可在 30 分钟内展开整个系统并作好一切战斗准备工作。

两种型号的“长剑”系统都配有内部自检设备，可对整套防空导弹系统进行监测、检查和故障分析。

英国“星光”自行防空导弹列装 据英国《简氏防务周刊》1995 年 11 月报道，英国国防部已接收肖特兄弟导弹系统公司研制生产的“星光”防空导弹系统。至此，历时 10 多年艰难研制历程的“星光”导弹终于进入英国陆军现役部队。该系统由“阿尔维斯突击队员”全履带装甲人员输送车底盘和“星光”高速导弹组成，全称为“自行高速导弹”(SPHVM)。这种“自行高速导弹”由 3 人操作，炮塔发射架上可装 3 枚待发弹，8 枚备用弹放在车顶部的 2 个弹舱内。HVM 导弹的飞行速度为 4 马赫，采用激光波束制导，因此，用它攻击突然跃升的直升机或瞬时出现的目标，其效果甚好。

SPHVM 装有红外预警和探测系统，可探测 9 千米距离上的固定翼飞机和 6 千米距离上的直升机。防空警报探测装置发现目标后，立即向操作人员发出警报，同时自动控制瞄准具和导弹发射装置转向威胁最大的飞机。操作人员通常位于车上并在有装甲防护的情况下实施防空战斗，但在必要时也可下车，携带一种轻型多管发射装置和“高速导弹”瞄准装置进行防空作战。轻型多管发射装置是一种可快速展开的三角架，射手用这种发射装置在不必重新装填的情况下发射 3 枚导弹。

法国“紫菀”30 型防空导弹进行首次车载发射试验 1995 年下半年，在法国西部距波尔多不远的兰德试验中心对“紫菀”30 防空导弹系统进行了首次车载发射试验，并命中了目标。目标是一架以 1018.6 千米时速飞行的飞机，距离为 30 千米，正好是导弹的最大射程，目标高度 15 千米。导弹采用垂直发射方式。

试验中，开始将导弹加速至 4.5 马赫，尔后通过数据传输系统对导弹进行制导。当导弹开始自主飞行时，巡航发动机启动，使导弹在末段飞行中获得最大的机动性。近炸引信在接近目标一定距离时自行启动，引爆导弹战斗部。

“紫菀”防空导弹系统由法国和意大利欧洲防空导弹公司研制，拟作为“SAMP/T 陆基中程防空导弹系统"的备选导弹，将用以取代现役改进型"霍克"防空导弹系统，预计 1999 年进入现役。

高射炮 **德国、荷兰合作改进"猎豹"2 和"凯撒"CA-1 型 35 毫米自行高炮** 据中国《火炮科技信息》1996 年第 4 期报道，德国和荷兰正合作改进两国军队已装备 20 多年的"猎豹"2 和"凯撒"CA-1 型 35 毫米自行高炮。这两种高炮的寿命到 1995 年终止，为延长其使用寿命，两国决定利用现代化高新技术对它们进行技术改进，使之能服役到 2015 年。初步计划由德国克劳斯·玛菲公司为德国陆军改造 147 套"猎豹"2，为荷兰改造 60 套"凯撒"CA-1。改进后的高炮系统为"猎豹"2A5 型 35 毫米自行高炮系统。改进措施是：用数字火控计算机代替模拟火控计算机；配用易碎脱壳穿甲弹；使该高炮系统能接收外部雷达系统所提供的目标信息；安装冷却系统；配用新型检测设备；实施技术大修；增配新型训练模拟器。

改进后，有效射程可从 3500 米增至 4500 米，对机动目标的平均命中概率将从 18%提高到 67%，对非机动目标的平均命中概率将从 66%提高到 85%。改进后的高炮系统采用新的软件系统，易于更换改动，只要变更一下软件，就可改进系统的功能。同时简化了故障诊断和修理工作，提高了系统的可靠性和可维修性。

改造后的高炮系统要求能与德国陆军的新型防空侦察系统相匹配，目标信息指挥控制系统与防空侦察指挥系统相兼容。

瑞士展示"天盾"35AHEAD 防空武器系统 据英国《简氏国际防务评论》1996 年 7 月报道，瑞士已研制出"天盾"35AHEAD 防空武器系统，并于 1995 年 6 月在法国巴黎的勒布尔歇航空展览会上首次公开展出。

该防空系统以两门完全相同的 35/1000 型转膛炮为一组，分装在 2 部车上构成一个基本火力单元，共用 1 个新型模块式火控系统，配用完全相同的 AHEAD 新型弹药。

35/1000 型转膛炮的口径为 35 毫米，采用气动操作，射速 1000 发/分。发射高爆弹的初速为 1180 米/秒，发射曳光脱壳穿甲弹的初速为 1440 米/秒，均高于原来的 GDF 系列 35 毫米高炮。不过该炮的身管仍是传统的 35 毫米身管，仍然是 24 条右旋渐速缠度阴膛线。只是该炮装有 1 个 4 药室鼓形弹匣，炮上装有 1 个遥控自动待发装置，采用机械点火发射和无链供弹方式。自动控制操作的转膛炮可携带 228 发 35 毫米 A-HEAAD 待发弹，足够对 20 个目标实施射击。炮弹通过弹夹、弹仓可快速为火炮补充弹药。

AHEAAD 弹是瑞士研制的新型高炮弹药，也是目前世界上最具影响力、杀伤率很高的小口径高炮弹药之一。弹丸内装有 152 个重金属旋转稳定子弹，这些子弹飞向目标，在到达适当距离时，精确编程的定时引信即启动，使之继续飞向目标，形成大量子弹同时命中并摧毁目标。

新型模块式火控系统由自动探测装置和独立指挥所两部分组成。自动探测装置具有很强的抗电子干扰能力，其上部为工作于 X 波段的脉冲多普勒搜索雷达，下部为跟踪雷达。它具有边扫描、边跟踪并同时判断目标威胁的能力。探测结果被自动传输给跟踪雷达右侧的跟踪传感器。跟踪传感器具有电视、激光、前视红外等多种手段。因此该跟踪传感器具有很高的动态探测性能，可以不受任何干扰精确跟踪目标。自动探测装置还有自动化倾角修正功能和人工航向水平规正功能，能确保火炮射击的精度。

独立指挥所是 1 个方舱，内有 2 名操作手负责整个"天盾"35AHEAD 系统的指挥、控制和操作。其中一人负责指挥和作战，另一个人负责目标跟踪。指挥所有独立的发电机、数据处理和传输设备。指挥所和探测装置之间的距离通常为 500 米，这样可以提高操作手的生存能力。

整个"天盾"35AHEAD 系统的反应时间十分短，从探测到目标到实施开火只需 4.5 秒，此外，该系统重量轻、体积小，便于用飞机、火车和汽车运输。

弹炮合一防空武器系统 **俄罗斯展示"铠甲"C-1 弹炮合一防空武器系统** 俄罗斯《陆军文集》1995 年第 11 期报道，近几年俄罗斯连续在新加坡、土耳其和阿联酋等国的国际武器装备展览会上以图片和模型展示其"铠甲"C-1 弹炮合一防空武器系统。这是继 2K22"通吉斯卡"系统之后，俄罗斯研制的第 2 种弹炮合一防空武器系统。该系统体现了最佳设计思想和最尖端的技术成果。整个武器系统装在 1 辆"乌拉尔"5323 型轮式卡车底盘上，越野性能很好。同时，还能以集装箱形式固定配置和安装在火车和舰船上。

"铠甲"C-1 是一种多用防空系统，既能为军事目标和工业设施提供重点掩护，也可用于提高整个防空体系的近程防空能力，尤其适用于拦截对地攻击的精确制导武器，必要时还可对地面和水上目标实施射击。

该系统主要由如下几个部分组成：①能发现较小快速目标的环视自主雷达；②武器综合控制系统，包括目标跟踪和导弹制导雷达和光电系统；③2 门 2A72 型 30 毫米高炮；④12 个导弹发射装置；⑤独立供电系统、通信系统、生命保障系统、导航定向系统等保障系统。整个系统的工作是自动的，但操作手也可实施人工干预。反应时间5～6秒,每分钟能对付10个以上目标。该系统有3名乘员,可在数分钟内从无准备状态转换成战斗状态,而从值班状态转换成战斗状态只需几秒钟。其主要战术技术性能如下:

导弹型号及发射管数	57E6型导弹,12管
导弹重(千克)	90(带包装筒)
	65(发射重)
战斗部重(千克)	16
导弹射程(千米)	12
导弹射高(千米)	6
高炮口径(毫米)	30
火炮重(单管)(千克)	80
单管射速(发/分)	350
高炮射程(千米)	4
高炮射高(千米)	3
系统反应时间(秒)	5～6
系统战斗全重(吨)	20
弹药携行量	导弹12枚
	炮弹750发

炮兵弹药和引信　1995～1996年,各国炮兵弹药引信除了继续朝着智能化方向发展之外,同时还在积极探索增大炮弹的射程、提高炮弹的命中精度,加强炮弹的杀伤威力。其主要措施有:①采用辅助部件以增大射程;例如加装火箭发动机和采用弹底排气技术;②采用先进的电子传感器,进一步提高炮弹的射击精度;③发展并完善子母弹头,增大炮弹的杀伤破坏力;④发展模块式装药系统,实现装填自动化。

美陆军为XM-982型155毫米远程炮弹招标　据西方报刊报道,美国陆军为XM-982型155毫米远程炮弹的工程研制和生产发展招标,为下世纪初小批量生产作好准备。

XM-982弹采用流线型弹丸设计,配有弹底燃气装置,前卵形部装有大推力火箭发动机。该弹射程可达40千米。弹丸内装有85个子弹,子弹型号为XM-85双用途子弹,配用XM-234自毁引信。这种弹攻击的主要目标是部队集结地域、再补给地域、雷达、轻型装甲车辆和人员。

当用39倍口径身管炮发射时,要求射程为37千米,实际可达40千米;当用52倍口径炮发射时,最大射程可达50～60千米。XM-982弹的最小射程为6～8.5千米。

美国第1种“发射后不管”的155毫米子母弹投入小批量生产　1996年4月,美国两家公司开始为美陆军小批量生产155毫米“发射后不管”的末制导子母弹。这种子母弹是专为M-109系列155毫米榴弹炮设计的,可用所有型号的M-109榴弹炮发射。每枚母弹装有2个末制导子弹,母弹在1000米高度上抛出2个子弹,每个子弹都有1个降落伞,在下落过程中可对直径约150米的地域进行搜索。它攻击目标的机理是:子弹头部装有雷达传感器和红外传感器。传感器发现目标后,子弹即向下发射出1个穿甲弹芯并命中目标。该弹曾于1994年4月作过试验并取得成功。试验中向一列固定目标共发射13发弹;下落的26枚子弹共命中11辆装甲车。

俄罗斯研制出155毫米激光制导炮弹　据瑞士《国际防务评论》1996年第8期报道,俄罗斯已研制出155毫米激光制导炮弹。俄罗斯的火炮序列里虽没有155毫米,而只有152毫米口径火炮,但是为了夺回武器出口市场,专门研制了155毫米激光制导炮弹。俄罗斯的激光制导炮弹有多种型号,如“勇敢者”240毫米迫击炮弹、“晶面”120毫米滑膛迫击炮弹、“捕鲸者”Ⅱ型120毫米和122毫米榴炮炮弹、“米尺”和“红土地”152毫米榴弹炮炮弹。新研制的155毫米激光制导炮弹是在“红土地”炮弹的基础上改进而成的,只是为了适应北约标准的要求,将弹长改短了一些,由1300毫米改为955毫米,弹重由50千克减到43千克,射程由22千米减到17千米,但仍比美国“铜斑蛇”激光制导炮弹射程远1千米。弹丸最大飞行速度700米/秒。

俄罗斯展出9M55K1火箭炮子母弹战斗部　据英国《简氏防务周刊》1995年9月报道,俄罗斯在国际防务出口商品展览会上首次展出了12管“旋风”火箭炮的新型子母弹战斗部。子母弹型号为9M55K1,主要用于攻击装甲纵队或装甲集群。当9M55K1弹到达目标上空时,子弹被抛出,每个子弹都有1个降落伞。降落伞的结构和形状很特别,实际上等于有3个伞:1个主降伞、2个翼伞。当子弹向地面降落漂移时,其寻的器不断搜寻目标,同时2个翼伞控制子弹飞向目标。通常,当子弹距目标150米时,子弹战斗部被引爆,并以30°角攻击目标,穿透70毫米厚的均质装甲。此外,“旋风”火箭炮还配有9M55K集束榴弹子母战斗部,其中共有72枚无制导双用途子弹。

德国自寻的子母弹的研制工作结束　1996年下半年,德国结束了自寻的子母弹的研制工作,并着手部队试验。这是德国自行研制的第1种智能弹,它采用模块式结构,因此与其他武器系统容易匹配。军方要求,该弹应保证能与M-109炮和新型PzH-2000炮兼容,既能用39倍口径身管炮发射,又能用52倍口径身管炮发射;装有两个彼此独立的自毁装置,以防出现盲弹。

子弹在目标上空被抛撒出来后，采取螺旋扫描方式搜索目标，发现目标后即被引爆，爆炸成形的重金属弹芯以攻顶方式攻击装甲车顶部。该弹已用常规装药和模块式装药进行过多次试验，最大射程 27 千米。

英国 155 毫米模块式装药系统技术演示阶段结束 据英国《简氏防务周刊》1996 年 7 月报道，155 毫米模块式装药系统已经结束了技术演示阶段。模块式装药系统是英国新型 AS-90 型 155 毫米榴弹炮的配套系统。

这种装药称为双模块装药系统，即 RO-610(低号药)和 RO-600(大号药)系统。RO-610 药采用带管状点火具的三基速燃发射药，可燃药筒，生产型装药为绿色；RO-600 采用多基发射装药，管状点火具，可燃药筒，生产型装药为白色。

演示试验表明，用 RO-610 的 1 号和 2 号装药发射可满足最小射程 3500 米的要求，无炮口火焰；也可满足 10%或 1500 米射程重叠的要求。用 RO-600 的 6 号装药发射可满足弹道性能要求，3～5 号装药的一致性很好；5 号药有炮口火焰，但属正常范围；较大号装药发射燃烧后不留残渣。

瑞士研制出 FAPDS-T 易碎脱壳穿甲弹 1996 年，瑞士开始生产一种高炮用的新型弹药，称之为 FAPDS-T 易碎脱壳穿甲弹，主要用来对付直升机和各种飞机。

瑞士目前研制出的易碎脱壳穿甲弹有 25×137 毫米 FAPDS-T 弹、35 毫米 FAPDS-T 弹、PMDO-55 型 FAPDS-T 弹等。后一种弹的初速为 1440 米/秒。此外，瑞士还在开发研制 23 毫米 FAPDS-T 易碎脱壳穿甲弹，以满足众多装备前苏联 зу-23-2 牵引高炮和 зсу-23-4 自行高炮国家的需求。

新型易碎脱壳穿甲弹是一种配用次口径弹芯的穿甲弹。当弹丸撞击目标时，弹芯破裂并产生大量破片。这些破片再次撞击目标，再次破裂。只要破片还具有足够的动能，破裂过程就会一直进行下去，形成动能破片云，产生如同高爆燃烧弹一样的杀伤效果。两种弹的区别在于高爆燃烧弹使目标表面遭到破坏，而易碎弹则使目标内部深处受到损毁。

这种易碎脱壳穿甲弹初速很高，飞行时间短，所以其精度和毁伤概率很高。这是几年来经多次实弹射击试验证明的。试验中曾对双层铝质模拟靶板、F－104G 战斗轰炸机进行了实弹射击，25 毫米和 35 毫米两种易碎弹均取得了很好的效果。

南非 M-9327A1 无线电近炸引信列装 1996 年初，南非陆军为本国迫击炮炮弹配装了新式无线电近炸引信，即 M-9327A1 引信。该引信列装前曾在 1994 年末进行了大量的试验，可配装于 60、81 和 120 毫米 3 种口径的迫击炮弹。其电路设计有所突破，引信具有频率捷变功能，能有效地抗电子干扰，能保证炮弹在恒定的炸高上爆炸，形成最佳的破片散布，从而提高炮弹的杀伤力。

引信工作在超高频波段，能精确地测定地面目标并确定起爆高度，工厂预先装定的引信标准炸高为 3～4 米。除近炸引信之外，引信还装有瞬发部件，具有触发功能。使用中，通过引信上的功能转换开关选择触发或近炸方式。保险装置有机械和电子两种。机械式保险距离为 50 米，电子解脱保险的时间为发射后 1.5 秒。

除 M-9327A1 近炸引信之外，南非还研制出 M-9502 无线电近炸引信。它主要配用于 81～160 毫米迫击炮子母弹，炸高为地面以上 17 米，解除保险的距离为 80 米。 （神 赋）

工程兵技术装备

综述 1995～1996 年，世界各国工程兵技术装备的发展具有如下特点：

加大渡河桥梁器材的承载能力。从各国渡河桥梁器材发展看，其承载能力普遍加大到 70 军用吨级。德、英联合研制的 M-3 自行舟桥，不仅架设速度快，所需车辆少，而且承载能力增加到 70 吨级，最大可达 100 吨级。法、英联合研制的 UBLE 通用架桥系统，能使 70 吨级重型车辆顺利地通过沟渠障碍。瑞典陆军最新装备的“快速桥 48”，通载能力为 70 吨级，若其跨度为 40 米时，通载能力可达 100 军用荷载吨级。法国正在研制的 MLC-65 车辙式冲击桥，通载能力计划提高到 70 吨级。法德未来的 PTB-1 和 PTB-2 冲击桥系统承载能力

均为 70 吨级。外军新型渡河桥梁器材的载重吨级加大，是根据重型坦克和重型技术装备的机动作战需求所决定的。

积极发展新型的装甲工程车辆。在各国军用工程机械发展上，装甲战斗工程车仍保持强劲的发展势头。美国陆军 1991 年提出的 CMV 战斗机动车，现已正式出台，命名为“灰熊”战斗工程车。英国国防部要求多家公司就一种名为“猎狗”的未来战斗工程车进行可行性研究，预计 2005 年投入使用，以取代现装备的 FV-180 战斗工程车。法国陆军武器工业集团正在开发新型的“主力”装甲工程车，其作业功能比前一轮车(EBG)有所拓宽。印度最近也推出了新型两栖装甲推土机。从目前发展看，装甲工程车辆仍是各国工程机械的发展重点。

合理发展地雷与布雷器材。根据 1996 年 5 月 3 日在日内瓦国际会议上通过的《修正地雷议定书》，地雷、布雷器材的发展受到限制，对人类危害极大的防步兵地雷更是限制发展、禁止使用。但是，一些国家所处环境不同，对《修正地雷议定书》的看法也有所不同，认为地雷作为一类有效的自卫武器，在各国武器装备体系中仍具有不可替代的作用，仍是合法的防御手段，因此主张有效地控制、合理地发展那些自毁、自失效的地雷。布雷器材是随着地雷发展而发展的，机动布雷、大面积远距离布雷系统仍在前几年发展的基础上进一步完善。

继续重视发展探、扫雷器材。由于现代高技术战争条件下机动作战能力不断提高，保障机动的探雷、扫雷器材的发展仍受到普遍重视。在探雷器材方面，发展灵敏度高、虚警率低、探测金属含量少的探雷器材，同时积极探索和发展大面积远距离雷场探测技术和探测系统。美国陆军正在对 VMMD 车载式探雷器进行评估试验，要求高探测概率(地面雷为 0.9)、低虚警率(50 平方米仅一次虚警)。德国的 MSV5 型多传感器铁磁物体探测器可大范围探测未爆目标。加拿大推出了 JINGOSS 探雷系统，其最大遥控距离 5 千米，并准备在该系统中应用电磁感应、热像仪、探地雷达、热中子活化等 4 种新技术。在扫雷器材方面，在继续发展机械扫雷器材的同时，积极寻求新的扫雷方法和技术。美军最近演示了一种滩头扫雷的爆破网，从空中用飞行器发射，用于两栖作战前空地立体爆破扫雷。

探索伪装技术发展的新途径。伪装是对抗侦察和武器攻击的一种有效手段，是重要的作战保障任务。在高技术战争条件下，伪装器材的发展，是提高目标生存力、增加部队战斗力的可靠保障。尽管 1995～1996 年各国伪装器材报道较少，但针对高技术战争特点，正在探索新的伪装技术发展途径，如探索防激光制导技术、变色材料技术、隐形技术等在伪装上的应用，以提高未来战场上隐真示假的伪装效果。

渡河桥梁器材

俄国最新 MTY-72 装甲架桥车服役　俄国最新的装甲架桥车是 MTУ-72。它采用 T-72S 坦克底盘，去掉炮塔，车体顶部进行了改进，装上桥梁架设装置。桥节用铝合金制成，减轻了桥的重量。架桥时先将车前部用于稳定的铆铲放下，展开桥的两个端部并锁定到位，然后液压——机械驱动机构将桥节沿悬臂梁向前推出，到达对岸，降低臂梁、放下桥跨。桥梁的撤收作业可以从任何一端进行。架设时间为 3 分钟，撤收时间为 8 分钟。桥节展开长度为 20 米，桥梁最大载荷 50 吨。

车上乘员 2 名：车长、驾驶员。车上制式装备包括通讯系统、夜视装置、三防系统、火警、灭火系统以及辐射屏蔽等。目前，它已在独联体国家军队中服役。

日本 92 型带式舟桥引人注目　据日本《坦克》杂志 1995 年第 7 期报道，日本陆上自卫队工程兵最新装备了引人注目的 92 型带式舟桥。它是 70 型自行浮桥和早先美军提供的 M-4A2 浮桥的换代产品，用来保证大型技术装备迅速克服江河障碍。其构成如下：带式舟桥主体(河中舟 12 只、岸边舟 2 只)、动力艇(螺旋桨式)7 艘，舟车 14 辆、艇车 7 辆、路面器材敷设装备 2 台、路面器材 4 卷、附属设备(塔柱、辅助导板)1 套、微光夜视镜 11 架和 85 型野外无线电收发报机 10 台。

桥梁主体由河中舟和岸边舟组成。每只河中舟全长 7.5 米，宽 7.9 米(展开时)，高 2.1 米(折叠时)，重 5.9 吨。岸边舟全长 7 米，宽 7.9 米(展开时)、高 2.1 米(折叠时)、重 6.8 吨。全部为铝合金制成。折叠时呈 W 型，展开时 W 型向外侧展开。一套器材可结构成全长 104 米的带式舟桥，车行道宽 4 米，人行道宽 0.93 米，桥面上有防滑条，并标有中心线和侧线。可安全通过 60 吨级的履带式车辆。架设时间，从各桥节泛水到长约 100 米的浮桥架通，再将各桥节分开、撤收、装上车(夜间使用微光夜视镜)，2.5 小时内完成。该桥梁对河流的最大适应流速为 2.5 米/秒，对河岸的适应高度不超过 2 米。岸边舟对水深适应性约为 0.4 米。各桥节可更换，能迅速方便地结构成所需长度的各种浮桥。该桥还可作门桥使用，由 4 只河中舟、2 只岸边舟、外加 2 艘动力艇结构成的门桥可漕渡 60 吨级履带车 1 辆。

动力艇全长 8.2 米、宽 2.5 米，重 4.3 吨，最大航速为 244 米/小时，在流速为 2.5 米/秒时，两艘动力艇可顶推载有 90 型坦克的 4 舟门桥。它可在水深约 0.7

米的浅水区航行。

运输车辆分为舟车和艇车。两种车辆都以74型特大型卡车为基础车、经改装,并保留原型车的机动性能。每辆车均有装卸装置,可对节套舟、动力艇进行运输、泛水和撤收。舟车在装载状态时,长10.3米、宽3米、高3.8米,总重22.2吨。艇车长10.5米、宽3米、高3.8米,总重22.6吨。

路面器材的每块路面长12.3米,宽4.3米,厚38毫米(其中每节长0.22米,重30千克),总重2吨。1套4块可铺设50米长的通路。路面器材和敷设装置装在73型大型卡车上,车上有1个3.5吨的翻卸机,用于敷设路面。

日本研制91型装甲架桥车 日本以90型主战坦克为基础车,正在发展90型装甲架桥车。车上携带的桥节可架设20米长桥梁,荷载能力为60吨级。桥车上乘员2名,车全重41800千克,长10.9米,宽4米,高3.8米,离地间隙0.4米(可变的),最大公路行驶速度为50千米/小时,发动机功率为560千瓦(转速为2200转/分),传动装置为预选式,悬挂装置为油气悬挂。

印度发展Sarvatra机械化桥 Sarvatra机械化桥是印度独立研究发展的一种通用型架桥系统。它与独联体的TMM机械桥有许多共同点,但在具体设计上有所不同,如Sarvatra桥有5个桥节,TMM只有4个。该机械化桥的每个桥节长15米,宽4米。每个桥节末端有一个伸缩式桥脚。架设时,装载在815WN8×8运输车上的桥节通过绞盘钢索液压操纵展开,并伸出桥脚;桥脚长度可调整,直至第5个桥节搭靠上对岸为止。为辅助架桥作业,在运输车后部加上一个副驾驶室,其作用是控制整个架桥过程,并使车辆安全倒驶到新架设的桥梁上。5个桥节可架设75米长的桥梁,随着进一步开发,每个桥节将延长到20米,架桥长度可扩展到100米。

德军提出可空运固定桥的研究计划 据德国《国防技术》杂志1995年第4期报道,德国国防军最近提出了一种可空运的固定桥研究计划。要求此种可空运固定桥完全由人工架设和撤收,所需时间约为60分钟,桥梁跨度为20米,载荷重量为8吨级(希望达到12吨级),全套器材可由CH-53直升机运输,全套桥梁器材最大重量不超过5500千克。经过4种方案选择、评价,现已选中槽式固定桥方案,正由克虏伯公司进行设计。

法国研制MLC-65车辙式冲击桥 法国陆军军械技术局与地中海工业与舰船建造公司签订合同,研制一种MLC-65军用荷载吨级的车辙式冲击桥,计划最大能提高到70吨级。它将装备装甲部队,架设12米长的桥梁,以快速克服沟渠障碍。该桥的主要特点是,不需要专用的装甲车来架设,桥节由1辆轻型卡车牵引的单轴拖车运载,运到作业现场后,由装有推土铲刀、绞盘和起重臂的AMX-30战斗工程车(现已装备法军)从拖车上吊起,载运到架设点,整个架桥作业由车内的操作手完成。在架桥过程中,用起重臂和绞盘把折叠的桥节提高到直立的位置,不需要外部动力桥就能打开并架设好。架桥准备时间为10分钟,实际架桥作业时间为3分钟。桥节打开时长14米、宽2.14米。

法国"临时通路"路面器材首次露面 1996年6月24～29日法国萨托利陆军武器展览会上首次展出了法国布里松公司的"临时通路"路面器材。它是一种易展开的战术机动路面器材,采用机械化展开系统实现LX、A2X或TX临时通路路面器材的铺设和撤收。机械化展开系统装有遥控装置,可安装在卡车平台或标准挂车上,不必专门配备1辆车,只需有足够牵引力的现有车辆就行。展开系统在运载车轮下或牵引车轮下迅速展开临时通路路面器材。路面器材卷绕在一个可移动的卷筒上,当一个筒用完时,可用起重设备方便地更换新的卷筒,展开作业只需1人控制。由于敷设采用机械化作业、敷设100米长的临时通路的时间约5分钟。机械化展开系统为全焊钢架结构,外表面涂有防锈涂层和环氧树脂涂层。"临时通路"路面器材具有防腐蚀、防撕裂能力,不受紫外线照射和气候的影响,适应－40℃～＋80℃温度,主要应用于履带式和轮式车辆的车行道、建筑工地的临时进出路、直升机着陆场、受困飞机救援路面,岸滩进出路等。其主要性能如下:

型号	LX	A2X	TX
结构	100%聚脂	100%聚脂	100聚脂玻璃纤维增强聚脂
类型	标准型	中型	超重型
重量	0.7千克/平方米	1.65千克/平方米	8千克/平方米
标准宽度	2.2米 3.4米 4.4米	4.2米	2.1米 4.2米
长度	10米,25米,50米,100米或其他长度		

法、英联合研制通用架桥装置 据英国《欧洲萨托利日报》1996年6月25日报道,法国陆军武器工业集团和英国维克斯防务系统公司签订了研制UBLE通用架桥装置的合作协议。该装置装在"勒克莱尔"或"挑

战者"坦克底盘上，可架设和撤收最长达26米的桥梁，而无需其他辅助设备。UBLE通用架桥装置与英国"90年代桥梁"计划中由维克斯公司研制的桥梁相结合，构成一套完整的架桥系统，能使70吨级重型装备跨越沟渠障碍、克服输油管道之类的凸起障碍。根据协议条款，该系统将首先用于法、英陆军，以使其现有渡河器材现代化，同时还将使该系统国际商品化。

法、德研制PTB-1、PSB-2冲击桥系统　1993年，法国军械总代表团(DGA)与德国供应与采购局(DWA)共同和欧洲机动桥梁股份有限公司签订了协议，研制一种新型冲击桥系统。法军要求专门用轮式架桥车，名为"自动架桥车"，也称为B-1或PTB-1。德军将采用履带式架桥车，名为"Ⅱ型坦克快速桥"，也称为B-2或PSB-2冲击桥。这两套系统是相互兼容的。

PTB-1/PSB-2冲击桥系统均携带1个桥梁架设装置和3个桥节模块。使用3个桥节模块可分别架设长度为10.5米、18.7米和27米的冲击桥。桥梁承载能力均达到70军用荷载吨级，桥宽3.95米，架桥车允许桥节从车前面架设，两名作业手在装甲驾驶舱内操作。架设长27米的冲击桥所需时间为5～8分钟。PTB-1冲击桥从重约52吨的10×10轮式架桥车上架设，此车的公路行驶速度可达100千米/小时，车上提供一长冲程悬挂装置以适应越野要求，每套系统由一辆载运备用桥节模块的卡车和半拖车支援。PSB-2冲击桥将安装在经改装的"豹"Ⅱ坦克底盘上，并由其架设，整套系统重达59吨左右。

瑞典陆军装备世界上最长的成套战术桥梁　1995年2月，瑞典首批生产的世界上最长的成套战术桥梁(名为"快速桥48")已交付陆军使用。该桥可架设1座长48米的桥梁，其跨度为46米，通载能力为70军用荷载吨级。跨度为40米时，载重量可达100军用荷载吨级。一套完整的"快速桥48"由一辆半挂车和6辆12吨卡车载运。架桥作业人员需7人，在75分钟内完成任务。架桥作业时首先将拖车倒到己岸位置上，然后牵引车离开，拖车用千斤顶顶起，伸出架设梁，一次推出一段(每段长8米、宽4米)，直至横跨到对岸。每推出一段，下一段就被吊起套进架设梁。两段之间用人工操作的推拉插销连接后，即可依次推出。桥板用Weldox 700－1100高强度钢材制成。

运动保障机械

美国研制出"灰熊"战斗工程车　据美国《军事工程师》1996年第1期和英国《简氏年鉴1996～1997》报道，1991年4月美国陆军提出的CMV战斗机动车，经几年研究、试制，现已由美国联合防务LP公司生产出2台样车，并命名为"灰熊"。该车采用M-I主战坦克为基础车，部分部件与M-1通用，灵活度与速度与M-1相同，并有防御直射武器的装甲防护。该车前部装有V型全宽扫雷犁和深度自动控制系统。犁刀上带有23个可更换的齿、每个齿长305毫米。深度自动控制系统可调深度38厘米。一次清扫宽度为4.27米，犁刀不会受到地雷爆炸而损坏，扫雷速度为9.65千米/小时。车的左上侧装有1个长9.14米的动力臂，臂端带挖斗，挖斗容量为1.15立方米。车上还带有通信用的指挥控制台、侦察设备、机枪和榴弹发射器等。

车上乘员2名：车长和驾驶员。最大战斗重量64吨，最大宽度3.657米，最大行驶速度68千米/小时，克服垂直障碍高1.067米，越壕沟宽2.74米。挖斗最大挖深达5.27米，臂的起吊能力为1814千克。

该车可用C-5A/B、C-17运输机空运。根据目前的研制计划，该车将在2002财年交付战斗工兵使用。

美军研制跑道快速修理车　据英国《国际军事》杂志1995年第2期报道，美国空军正在研制一种机场跑道快速修理车。该车采用约翰·迪尔(John Deere)公司履带式工程车为基础改装而成，集推、铲、挖功能于一体，还增加了遥控功能，全重25吨。车上的动力装置为柴油发动机，功率为217千瓦。车上装有立体彩色视频和红外摄像机、激光扫瞄器和合成式惯性/卫星导航系统，其导航系统也将包括以传感器为基础的障碍识别和规避系统。该车还将利用扫瞄和图像处理技术对跑道破坏状况进行自动识别和评估。此外，该车还将配装1个作业范围为9～12米的作业臂。

俄罗斯BTU、BTU-55坦克推土机曝光　据英国《简氏年鉴1996～1997》报道，俄罗斯的BTU、BTU-55推土装置均可装在T-54或T-55坦克系列上。BTU-55推土装置有多种新变型和改进，可装在T-64和T-72主战坦克上。BTU-55M推土装置可快速联接到T-55坦克系列上，在保加利亚军队仍有市场。BTU、BTU-55推土装置主要技术性能如下：

型号	BTU	BTU-55
重量	2300千克	1400千克
铲刀宽	3.4米	3.8米
清障速度	1.5～5千米/小时	5～7千米/小时
扫雪速度	4～6千米/小时	4～6千米/小时
挖土能力	100～200立方米/小时	130～150立方米/小时
推土能力	350立方米/小时	

印度推出新型两栖装甲推土机　据英国《简氏年鉴1996～1997》报道，印度最近推出新型两栖装甲推

土机。该机以 БМП-2 步兵战车的车身和底盘为基础，前部装有类似独联体国家 БМП 扫雷犁，可向上折起，液压升降；后部装有可推土的铲斗，斗容量为 1.5 立方米；顶部装有自救能力为 8 吨的牵引绞盘和一个起重能力为 3 吨/米的转臂式起重机。此外，该机具有装甲和三防系统，配有烟幕发射器，两栖适应能力强。最大公路行驶速度为 60 千米/小时，水中航行速度为 7 千米/小时，爬坡 30 度，克服垂直障碍高 0.7 米，越壕宽 2 米。

德军装备 SA6S 轮式装载机　据德国《国防技术》杂志 1995 年第 9 期报道，德国危机反应部队装备了 SA6S 轮式装载机，供机动步兵分队和工兵分队使用。该机配备有多用途铲斗和反铲挖斗，可用于构筑各种类型的阵地，还可实施装卸、起吊作业等。运输时，所有辅助设备和士兵的基本装备均可放在装载机上携带，随时可用。该机由 1 台功率为 51.5 千瓦的 KHD 涡轮柴油机驱动，公路最高行驶速度为 30 千米/小时，并采用液气悬挂、全轮驱动和全轮转向技术。该机上还有专用支撑点，保障了该机的可空运性，可用德军 C-160 运输机空运，也可用 CH-53G 直升机吊运。

英国"猎狗"将取代 CET 战斗工程车　据英国《简氏防务周刊》1995 年第 2 期和《国际防务评论》1995 年第 9 期报道，1995 年下半年，英国国防部要求多家英国公司就一种名为"猎狗"(Terrier)的未来战斗工程车的研制、生产等问题进行可行性研究。"猎狗"的需求量将达 100 辆，在 2005 年投入使用，以取代 CET 战斗工程车(FV180)。"猎狗"将用来伴随摩托化部队行动，并在其装甲防护下开辟通路，构筑工事，清除战场障碍物和牵引载有柴束、火箭发射扫雷设备、车辙路面的拖车等。其基本性能要求如下：车全重 31 吨，装有多用挖斗、回转臂、绞盘、远距离雷场标示装置以及类似于俄军 IMR 工程车上的钻孔设备。此外，该车要具有遥控操纵功能，并携带有防御工事构筑组件，但对它的浮游能力不作要求。

英国陆军订购 721 轮式装载机　据英国《简氏年鉴 1996～1997》报道，1992 年 3 月英国国防部以 560 万英镑从卡斯(case)公司订购 63 台 721 轮式装载机，交付陆军使用。该机上配装多用途"四合一"装载铲斗，斗容量为 2.1 立方米。铲斗上带松土齿，并可加装托板式装载叉。牵引力为 10 吨的液压绞盘装在该机后部。该机有 1 个驾驶座位，驱动型式 4×4，重量(作业时)为 15140 千克，长度(铲斗放下时)为 8.52 米，宽度为 2.76 米，高度为 3.25 米，离地高为 0.37 米，轴距为 1.93 米。该机最大行驶速度为 36 千米/小时，油箱容量 235 升。发动机为卡斯 6T-830 型涡轮增压柴油机，转速在 2100 转/分时，功率为 117 千瓦；传动装置为 ZF4WG 180 型动力换挡变速箱，带 4 个前进挡，3 个倒挡；转向装置为静液转向机构；制动装置为双路盘式制动器；轮胎规格为 20.5×25；电气系统 24 伏；蓄电池为 2×12 伏；交流发电机为 65 安培。

法国开发新型"主力"工程车　据《简氏年鉴 1996～1997》报道，法国陆军武器工业集团正在开发一种新型"主力"工程车。该车以勒克莱尔装甲抢救车的底盘为基础车，保持 70%的原车部件，去掉原车上的主牵引绞盘，车前部的装甲比原车加厚。该车的标准设备包括 1 个铰接安装的伸缩臂，此臂置于车底盘的右侧，不用时，沿车体右侧放置。臂的端部可换装各种作业装置：挖斗、凿岩锤、螺旋钻等。车体前部装有 1 个多用铲，用来挖土、松土、运送器材。车体后部有 1 个平台，可以安装工兵专用设备，例如扫雷系统、雷场标示装置、破坏设备或 Minotaur 地雷抛撒系统。车前部可装上磁性识别仿形机以及扫雷系统(犁或滚)。

阵地作业器材

俄国生产 ЭТЦ-2013 挖壕机　据俄国《建筑与筑路机械》杂志 1995 年第 11 期报道，全苏土工机械研究所设计的 ЭТЦ-2013 挖壕机可选作军队使用，挖掘壕沟、掩体。该机以 T-170 拖拉机为底盘，主要作业装置为链式传动装置，带减速器和输送器。工作链速度为 1.37～2.9 米/秒(回转为 1.92 米/秒)，作业速度达 680 米/小时。辅助作业装置为机前的可转动的推土铲刀，宽 4.12 米。该机运输状态时的外形尺寸：长 7.5 米，宽 4.12 米，高 4.75 米。结构重量 23450 千克。发动机功率为 125 千瓦。工作链最大挖深 2 米，壕宽 0.6 米。在土壤中开挖 1.5 米深的壕沟时，技术作业率为 100 立方米/小时(Ⅴ级冻土中)、200 立方米/小时(Ⅰ级非冻土中)。

德国 HT-12/FL-412 挖掘装载机投产　据英国《简氏年鉴 1996～1997》报道，德国的 HT-12/FL-412 挖掘装载机已投入生产。该机采用奔驰公司的 Unimong 110 牵引车作基础车，短轴距(2.83 米)，前、后作业装置采用动力输出和液压操纵，机前装配 FL-412 前端装载铲斗，机后装配 HT 反铲挖斗，用来挖掘指挥所、战斗掩体和实施其他工程作业。

英国陆军装备 660 型挖壕机　英国陆军装备了 8 台 660 型挖壕机，用于铺设通信电缆。该机装配有 4 种作业装置：挖壕链、犁刀、推土铲刀和反铲挖斗。其他装置包括振动轮、电缆卷轴架和夯具。运输时，该机放在拖车上由 4 吨卡车牵引。该机驱动型式 4×4，全重为 5710 千克，长度 4.738 米，宽度 1.778 米，高度 2.323

米。最大道路行驶速度为 11.9 千米/小时,油箱容量为 64.3 升。发动机为卡斯 4-390 型柴油机,转速在 2100 转/分时,功率为 42 千瓦。传动装置为静液传动,转向机构为 4 轮静液转向。轮胎规格:31×15.5 或 35×19.00～16.1。

英军装备 JCB 挖掘装载机 英国 JCB 军用产品公司的 JCB 挖掘装载机不仅装备英国陆军、空军,而且在世界上 20 多个国家军队中使用,也有广泛的民用价值。该机前部装有多用铲斗,其后部为反铲挖斗。装载臂和挖掘臂上可换装多种作业装置,以实施推、装、铲、挖、吊、破碎等工程作业。驾驶室内使用液电快换技术,可实施遥控操纵。在战斗前线,该机可换装上装甲驾驶室,以实施挖掘车辆掩体、战斗工事、指挥所工事等。此外,该机可清除障碍,修筑道路和机场跑道以及处理未爆炸弹等。该机经专门准备后可空投。机上的涡轮增压发动机的功率为 73 千瓦,道路行驶速度为 32 千米/小时。反铲挖斗最大挖深达 6 米,挖掘臂起吊能力为 1243 千克。活动范围达 8 米。铲斗容量为 1.2 立方米,装载高度达 3.1 米。铲叉能力达 2 吨,提升高度达 2.9 米。

地雷与布雷器材 **俄罗斯研制出 ПДМ 抗登陆水雷** 俄罗斯 ПДМ 水雷系列主要为阻止登陆和封锁江河而专门研制的。这类水雷重量在 21 千克～100 千克之间,雷体采用水密的钢质外壳,内装高爆炸药,由技术成熟的机械/电子引信引爆,以摧毁各种登陆车辆。该系列的改进型号有:ПДМ-1Б 和 ПДМ-2Б。ПДМ-1Б 水雷总重 60 千克,内装 TNT 炸药 10 千克,可锚定在河底或海底后使水雷位于水面下 1.1 米至 2 米处。水雷由触发杆引爆。点火机构可以调节,以使水雷在设置 45 天后可撤收、自毁或失效。ПДМ-2Б 水雷是一种重型抗登陆水雷,重 110 千克,内装 15 千克高爆炸药。该雷另有 1 个电子近爆引信,作为电子机械引信的补充,使水雷能在 2.5～100 米深水中使用,保险装置与 ПДМ-1Б 相同。在水雷进入战斗状态后(程序:自毁或失效),将一个浮体用一根相应长度的绳固定在水雷上。超过规定时间时,安全开关将浮体释放,浮体上升到可见到的水面,便于撤收。回收水雷需要 2 个人完成。

俄军装备 ГМЗ-3 履带式布雷车 俄军最新装备的 ГМЗ-3 履带布雷车是 ГМЗ-2 的改进型,可布设带触发引信或高级感应引信的 TM-57、TM-62M 和 TM-62П3 防坦克地雷。该车采用 SA-4 地空导弹系统和 2C5 型 152 毫米自行火炮系统的底盘车为基础车。车体为全焊接钢装甲结构、车内可容纳乘员 3 名:车长、驾驶员/机械师、布雷作业手。该车的行动机构采用扭杆式悬挂装置,每侧有 7 个带双橡胶轮箍的负重轮,主动轮前置,诱导轮后置。在履带内侧有 4 个托带轮。在第 1、2、6、7 个负重轮处装有液压减震器。

犁刀式布雷系统位于车后部。行走时,该系统抬起,根据需要回转降至车后部,此动作采用人工作业,约需 8 分钟,若车内操纵仅需 2 分钟。布雷系统有 3 种状态:运输、半运输、作业。状态转换可自动、半自动或由人工操纵。布雷时,地雷通过车后部两边各 1 个雷槽进入布雷机构,再通过布雷机构将地雷投放到由犁刀挖出的土坑中。埋雷深度和雷距可根据需要选择,布雷间距通常为 5 米或 10 米。地面布雷时,车辆最大行速为 16 千米/时;在 60～120 毫米深的土中埋雷时,车辆最大行速为 6 千米/时;在 500 毫米深的雪中埋雷时,车辆最大行速为 10 千米/时。

该布雷车一次携带 208 枚反坦克地雷,地雷的运载通过车顶部两个大船口装入车后部的储雷系统。另外,该车还装有烟幕发射器、三防系统、通讯设备、夜视设备等。

意大利研制成新型防步兵地雷 据俄罗斯《外国军事评论》1996 年 2 月报道,意大利凡尔赛勒公司近年来研制出几种新型地雷,改进后已装备本国和其他国家军队,其改进之处主要是安装了电子引信,以代替普通的机械引信和气动引信。

MK-2EL 地雷是 MK-2 地雷的改进型,可人工、机械布设,也可用火炮、直升机布撒,其引信为装有微处理器的压发引信,可识别目标,并具有自失效或自毁等功能,预先设定的作用期(自 1 小时至 1 年)满后便自动爆炸。该雷重 200 克,装药量 15 克,能在深达 1 米的水下可靠动作。

DAFM-1 定向杀伤破片地雷,类似于美国的 M-18A1 地雷,能有效地对付非装甲车辆。地雷的棱形塑壳内装有炸药和预制破片,以及用电起爆的起爆装置和绊发引信,可根据环境和所要完成的任务而采用起爆方式。爆炸时形成密集的破片束,在 3 米以内的高度呈 60°扇面飞散,可杀伤 50 米距离内的有生力量。

APFM-1 破片型环形杀伤跳雷,采用电子触发引信。引信外观呈圆柱形,固定在雷体上部,有几级保险,并带自失效装置,其作用时间可预先设定。

JAP 破片型环形杀伤跳雷,采用压发和绊发的复合引信,在 25 米半径内破片的杀伤力具有很大的密集度,效率高。

SAPFM-3 破片型环形杀伤跳雷,采用电子引信,雷重 2.3 千克,内装 B 型(黑索托)炸药 0.45 千克。破片体内含有1600个预制破片(钢珠)。该雷可用"豪猪"地面布雷系统远距离布设。

意大利生产 GRILLO-90 便携式火箭布雷器 GRILLO-90 便携式布雷器是一种操作灵活的单管火箭布雷器,可用来布设小型防步兵地雷场。1个火箭发射器可发射1组 VS-MK2 系列地雷15枚。该布雷器为迫击炮式,采用增强塑料制成,由一击发杆操纵。发射时,将该布雷器置于地面定位,一只脚踏于相应的金属标记的背带上,将仰角设置在45度或60度,并纵向移动发射管直至背带拉紧,去掉保险杆,启动击发杆,发射管点火。该布雷器有两种型式:短距离和长距离。短距离布雷器重5.6千克,长780毫米,直径95毫米(内径90毫米),发射距离为85米(45°)。长距离布雷器重8千克,长970毫米,直径95毫米(内径90毫米),发射距离为160米(45°)。

乌克兰提供出口的 UMZ 履带式布雷车 履带式布雷车采用 MT-LBu 通用履带输送与指挥车的底盘和装甲车体,车体后半部上方装有两组布雷管。布雷管的排列可根据地雷种类而变化,通常一组约90个布雷管。使用的地雷型号有:PFM-1、PFM-1S 和 KSO-1 防步兵地雷;POM-1、POM-2、PTM-1 和 PTM-3 防坦克地雷。这些地雷可混合布设。一组布雷管(填满雷后)重量约为1600千克。布雷时车速可达10~40千米/时,可在一条通路上布设一条或两条雷场带。布雷管可旋转360度,仰角+50度。车辆从行驶到整装准备布雷的转换时间不超过5分钟。该车的适应操作环境范围为-45°~+45°。

奥地利展出 ATM-2000E 全宽电子非触发反坦克地雷 1996年6月法国萨托利陆军武器展览会上展出了奥地利 DNG 公司的 ATM-2000E 全宽电子非触发反坦克地雷。该地雷是最新一代反坦克地雷,采用了先进的电子技术,可使爆药能量均匀分布,根据3个相互作用的传感器发出的信号经微处理机处理以确保其性能最佳。其优点是:在同等条件下布设该雷数量仅为其他常规地雷的1/4或1/3;可区分目标和其他车辆;对目标全宽度有效;具有自动失效装置,失效时间可根据使用的需要设定;可在任何时候使之失效,而不会危及操作人员;可用爆破器的起爆线路遥控起爆;车速在0.5~60千米/时范围内,地雷会动作。该雷重6千克,装药量1.9千克,能击穿220毫米装甲板(单层板)或100毫米装甲板外加6块10毫米厚的显示板。

捷克/斯洛伐克研制 VP-14 型机械和火箭布雷系统 该布雷系统是集机械布雷机构与火箭布雷系统于一车的综合布雷车。基础车采用8×8卡车底盘,驾驶室为装甲防护驾驶室。车前部装有一辅助推土铲刀。车后平台上装有1个40管122毫米火箭发射器,发射平台能根据需要纵横向移动,发射平台下面储存40枚火箭弹。车尾部是犁刀式机械布雷机构。

火箭布雷系统既可布设防坦克地雷,也可布设防步兵地雷,或两者混合布设。火箭布设时,最大射程为3000米。机械布设反坦克地雷时,车速最高可达10千米/时。

布雷车总重达32.8吨,最大公路行驶速度高达70千米/时,越野速度为20千米/时。该车可根据需要,随时转换成一部机械布雷车或火箭布雷车。用作机械布雷车时,反坦克地雷仓可增至8个,载雷总数达584枚;防步兵地雷储备4023枚,此时车重32吨。用作火箭布雷车时,可增加40管火箭发射器,去掉车后部的防步兵地雷布雷器,此时车重31.9吨。

芬兰研制 801 型埋雷钻机 芬兰801型埋雷钻机主要用于公路钻坑埋设反坦克地雷。该钻机实际上是轮式或履带式挖掘装载机的附属作业装置,由液压马达、钻杆和支架组成。液压马达为钻杆提供动力,靠主机的液压系统驱动。钻杆有雷坑钻杆和爆破坑钻杆两种。雷坑钻杆前端有10个硬金属钻头,用于在坚硬的路面或冰冻的地面钻出1个直径380毫米、深300毫米的反坦克雷坑。爆破钻杆用于在地面钻出直径280毫米、最深可达3米、容积180升的爆破孔。该钻机每小时钻雷坑60个,钻头可连续使用30天,理论设计可钻4万个雷坑;每24小时钻爆破孔16个。该钻机最大液流量250升/分,最大扭矩850千克·米,全重700千克。该机现已装备欧美许多国家的工兵部队。

波兰推出 SUM 履带式自动布雷车 波兰研制的 SUM 履带式自动布雷车主要用于快速布设或埋设 TM-62M 反坦克地雷。该布雷车采用带6个负重轮和扭杆悬挂的专用履带底盘为基础车,车上装有两个贮雷仓,自动输送机构、布雷机构、监控系统等。车上载雷量为250枚,埋设地雷时车速为6~10千米/时,放置地雷时车速为6~20千米/时,在0.9米深水中布雷时车速为6千米/时。该车重约32吨,最大公路行驶速度为65千米/时,涉水深一般为0.9米、有准备时为1.5米。此外,车上还装有12.7毫米机枪、902A 烟幕弹发射器、R173 无线电通信系统等。

西班牙研制 SEM-11 自动布雷车 西班牙正在研制的 SEM-11 自动布雷车主要用于快速自动布设或埋设 SB-81 系列反坦克地雷。该布雷系统装在 M-548 履带式装甲输送车上,由布雷机构、电路系统、人工及自动控制盘、雷仓以及雷仓起吊设备等组成。布雷时,先设定好埋雷深度和雷间距，尔后操作手将雷从雷仓内取出放于供雷导轨上。车辆前行，犁刀在地上犁出一条沟槽，地雷保险销自动解除，按预先设定的供雷速度放于沟槽内，系统自动覆盖沟槽。埋雷深度可达 220 毫米，雷间距为 2～12 米。最快布雷速度为每 2 秒钟布 1 枚地雷，最佳埋雷速度为 4～5 千米/时。布雷车可携带 540 枚地雷，其余地雷由拖车运载。

加拿大研制反坦克地雷效应模拟器　据英国《简氏防务周刊》1995 年 6 月报道，加拿大卡尔加里军事国际有限公司正在研制反坦克地雷效应模拟器(A/T MES)。该模拟器由两部分组成：1 个模拟的反坦克地雷和 1 台车载式击中指示装置。雷体由刚性的模制尿烷(氨基甲酸乙酯)制成，不含炸药。该雷同常规地雷一样，可用人工、机械布设，也可用直升机撒布。动作原理是：当靶车进入 A/T MES 地雷预设的杀伤范围时，信号就传送到车载式击中指示装置，随即起动车上的发烟装置或频闪信号灯。该地雷一被触发，就发出几秒钟的信号，然后经 30 分钟的间歇期，令自动复位以准备对付新的目标。

探雷器材　**美国陆军试验车载式探雷器**　美国陆军通信电子司令部正在对 VMMD 车载式探雷器进行评估试验。试验于 1996 年 11 月开始，1997 年 7 月结束。该车载式探雷器能探测地面或埋在地下 20 厘米深的金属地雷。该司令部建议对此车载式探雷器提出的要求是：高探测概率(地面雷为 0.9、埋设雷为 0.8)、低虚警率(每搜索 50 平方米仅 1 次虚警)，在以 5 千米/时的作业速度行驶时具有有效的作用能力，并能在 5 米或 5 米以上的距离上遥控操作。该探测系统能用物理方式或电子方式标示出已被探测到的地雷位置，精度为 25 厘米。

俄军装备 ДИМ 道路探雷车　俄罗斯及独联体国家军队均装备 ДИМ 道路探雷车，用于在地面、道路和机场探测各种金属地雷。该器材的基础车为轻型越野车，车前装有框架，框架上装有非磁性材料制成的感应探头。行车时探头搭在车棚上；探雷时，探头向前翻转 180°，架在两个橡胶轮上，探测到地雷时即产生音响报警，车自动停下。感应探头为长 2.32 米的密封圆管，内装振荡和接收线圈。探头还可安装在 T-62 坦克上。该探雷车重 1490 千克，载重量 695 千克，涉水深 700 毫米，最大行驶速度 90 千米/时，车上乘员 2 名。探测距离(TM-46 地雷)：水中 700 毫米，有植被土中 250 毫米。探测宽度 2.2 米。探测原理为金属感应式，报警方式为音响报警。

德国生产 MSV-5 型多传感器铁磁物体探测器　德国瓦隆公司生产的 MSV-5 型车载铁磁物体探测器，用于探测大范围的未爆目标，也可在湖泊或河流中实施探测作业。该车为铁磁物体探测和 MC1 微机网络的联合工作提供了一个组合平台。专用拖车上安装有多台标准的瓦隆铁磁探测器，每台探测器都与 1 台 MC1 微机相连，1 辆拖车最多可装有 14 台 MC1 微机。这些微机以主从方式工作，只需对 1 台主机进行操作即可。在探测过程中，操作者只需监视每台 MC1 微机显示器显示的数据，定位数据由微机内部的 SEPOS 传感器定位系统或 GPS 全球定位系统确定。探测结束后，每台 MC1 微机内存贮的数据都被送入 1 台个人电脑，由 EVA 软件包进行评估。

法军装备 F-1 型金属地雷探测器　法军 F-1 型金属地雷探测器用于探测含有金属部件的反坦克地雷和防步兵地雷。该探雷器由探头、伸缩式探杆、电子盒、连接电缆、标准电池组组成。附件包括探头的软罩和带电缆与插头的耳机。整套器材放置在一个 655×320×160 毫米的运输箱中，重 3.5 千克。该探雷器采用电磁感应工作原理，抗干扰性能好，可靠性较高。探头的结构能适应地面高度的起伏变化。从运输状态到使用状态的组装在 5 分钟内即可完成。探雷器的使用方式有立姿和卧姿两种。立姿时，探杆拉长，调节探杆与探头之间夹角，操作手前进时左右移动探头探雷。卧姿时，操作手伏在地上，探杆和探头与地面保持平行，在向前爬行过程中左右移动探头探雷。该探雷器可连续工作 30 个小时，适应温度范围为－31.5℃～＋51℃。探测距离：1 克钢，100 毫米；20 克铝，300 毫米；100 克铝，450 毫米。报警方式为音响报警。该探雷器在法国陆军中服役，命名为 DHPM-1A。

奥地利生产 AN-20/1 型水下地雷探测器　奥地利席贝尔公司对只能在浅水条件下使用的 AN-19/2 型探雷器进行了改进，使其能在 100 米深的水下使用，命名为 AN-20/1 型。该探雷器保留了 AN-19/2 型探雷器的所有主要特征，在探测、操作使用上也都相同，并可在深水环境下实施扫雷和清雷。该探雷器现已生产，投放国际市场，其主要技术性能：重 4.6 千克，其中探雷杆 2.62 千克，耳机约 0.2 千克，装载背包约 1.7 千克；背包尺寸 775×375×120 毫米；电池电压 6 伏；探测距离 100 毫米(带 0.15 克金属的地雷)和 500 毫米(标准反坦克地雷)。

加拿大推出 JINGOSS 车载式遥控探雷系统　加拿大 JINGOSS 车载式遥控探雷系统采用一种民用全地形车作为底盘车，车上装有遥控系统，最大遥控距离达 5 千米。探测装置是 1 个 4 米宽的拖曳式探测器。该系统现已生产出样品。

目前,加拿大计算设备公司正考虑在系统的基础上增加电磁感应、热像仪、探地雷达和热中子活化等4种新的探雷技术。

加拿大研制机器人探雷系统 在美国陆军和"高级研究项目署"的资助下,加拿大SAIC辐射技术公司把中子反向散射技术同采用脉冲涡流技术的标准席贝尔探头(奥地利席贝尔公司生产)结合技术,研制了机器人探雷系统。用于探测金属目标的席贝尔探头采用4个嵌在玻璃纤维结构上的线圈,形成1个宽1.13米、重9千克的阵列。中子探测器采用1.2米宽的阵列,带有3个SAIC传感器。当探头安装在距地平面15厘米的高度、探测速度为1.6千米/时,该系统能探测埋深为15厘米的塑料地雷。整个探测系统安装在1辆电池驱动的全地形车辆上。

南非推出Chubby探雷系统 1996年6月法国萨托利陆军武器展览会上展出了南非的Chubby探雷系统。该系统由探雷车、探雷牵引车、探雷拖车以及备用轮胎和工具拖车组成,主要满足于波斯尼亚的道路清障的作战要求。探雷车采用脉冲感应工作原理,实际是一种装有Barcom脉冲感应探测盘的Meerkat探雷车。在整个Chubby探雷系统中,探雷车位于最前面,可探测地面上的反车辆地雷。一旦探测到地雷,即通过无线电装置将信号传送给探雷牵引车和车队的指挥官,然后由探雷牵引车牵引的两辆串接的4轮7吨拖车引爆压发地雷。其作业行驶速度为10~35千米/时,每天最多可开辟一条200千米长的通路。

扫雷器材

美军装备LVTE-7两栖装甲扫雷车

美军LVTE-7两栖装甲扫雷车是在原有的LVTE-1扫雷车基础上改进而成的,可用于地面扫雷,也可在渡口及滩头地带为登陆车辆清除障碍、开辟雷场通路。该扫雷车采用LVTP-5水陆输送车为基础车,车内装有3列火箭拖带的M-125扫雷直列装药,每条带长105米,发射后可引爆地雷,开辟270米长(3条爆炸带)、4米宽的通路。车首装有推土铲刀,用来推平已扫清的通路,填平弹坑以及实施其他推土作业。该车最高道路行驶速度为40千米/时。现已装备美国海军陆战队的士兵分队,每台价格约17万美元。

美军演示用于滩头扫雷的爆破网 美国海军水面战中心的海岸系统站成功地进行了一种按1/5比例制作的"滩头区阵列"(BZA)技术演示。他是一张装有爆炸性装药并从空中投送的大网,用于两栖作战前爆破扫雷。"滩头区阵列"使用了一种称为"魔毯"投送系统的变型。"魔毯"由1张巨大的网组成,全尺寸为45×45米,包装后装进1架滑翔飞行器中。该飞行器可由1架CH-53E直升机发射,也可由固定翼运输机在远距离上发射。飞行器有一综合惯性导航系统和全球定位系统接收机,当它飞临滩头区域上空时,就会将网抛撒出去。该网在着地前全部展开,落地后附在阵列上的导爆索和成型装药起爆,将处于网下的地雷摧毁。

俄军装备EMT-7型电磁扫雷系统 俄国及独联体国家军队装备可在主战坦克上安装的电磁扫雷系统,名为EMT-7型。通常,电磁扫雷系统安装在坦克车体的前部,并将前甲板上的组件如驾驶前灯作重新定位。用电缆线将扫雷系统与车内接线盒相联,此系统的电源就由坦克的电气系统提供。

EMT-7型电磁扫雷系统的动作原理与美国VEMASD磁模拟扫雷器相同,此系统有一电子线圈,能够在坦克车前部发射并形成一电磁场。在车辆接触地雷之前,电磁场用电磁引信将其引爆。

以色列全宽扫雷犁进人全面发展阶段 以色列TAAS工业有限公司研制的全宽扫雷犁已进入全面发展阶段。该扫雷犁是一种机械扫雷装置,可在反坦克雷场中为坦克、装甲输送车和其他车辆开辟一条5米宽的通路。除了岩石地带外,该扫雷犁能在多种地形上作业,并能用来清扫撒布地雷。全宽扫雷犁是作为卡皮勒(D9H)型推土机的一种附加装置而设计的。在扫雷犁与驾驶室之间设置一专用护板,以保护驾驶员的安全。在扫雷犁前方有两个带电传感器的铰接式探臂,可探测地面起伏情况,并将信息传给电液控制系统,自动控制扫雷犁的升降。扫雷犁全重5500千克,犁刀宽6米(扫雷宽5米),犁刀入土深度为40厘米,扫雷作业速度为8千米/时。

德国空军装备Ahlmann区域扫雷系统 德国Ahlmann公司以装载机底盘为基础,发展了区域扫雷系统,1993年交付德空军100套。该系统可快速装配在铲斗臂上,作业方式为扫雷耙式,可快速清扫机场、硬质路面上的地雷。清扫面积约15000平方米/小时,扫雷宽度为3.5米,作业速度达14千米/时。另外,对装载机底盘作了改进:驾驶室加了装甲防护,轮胎改为20~25R 12PR轮胎。整个扫雷系统重18吨,发动机采用Deutz BF6L 913气冷柴油机,功率为113千瓦,传动装置采用静液传动,回转半径为6.9米。

德国研制成MIPAG撒布地雷清扫系统 德国研制的MIPAG撒布地雷清扫系统可安装在轮式车辆或主战坦克的前部,用于清扫道路、平坦地面上的撒布地雷。该系统重1380千克,安装方便,10分钟就可快速安装到坦克车前部,是对付撒布地雷的有效装置。扫雷时，该清扫系统可伸展到车前6.4米，由坦克或车辆将此系统向前推移，将撒布地雷沿着V形装置的两侧推至路外。全通路扫雷宽4.8米，最大扫雷作业速度为30千米/时。

德军装备MRL-80扫雷梯　据德国《国防技术》1995年6月报道，德国国防军装备的MRL-80扫雷梯可为步兵快速可靠地扫除防步兵雷场。扫雷长度68米、扫雷宽度0.6米。扫雷梯可在掩体内发射，也可在已开辟好的通路上发射，使扫雷长度成倍增大。运输时MRL-80分成两个单元，由4名士兵运到阵地上。发射准备时间不超过90秒钟。点火后，过40秒牵引火箭发射，并将扫雷梯拉直；再过6秒扫雷系统起爆，装在281根圆杆内的80千克炸药爆炸；将压力最佳地作用在要扫清的通路上，其破坏力足可引爆或摧毁布设或埋设的防步兵地雷，位于扫雷梯直接作用范围内的反坦克地雷也可引爆。

英国陆军选用UK扫雷犁　据英国《简氏防务周刊》1996年7月报道，英国陆军已选用UK扫雷犁作为皇家工兵的制式装备。该扫雷犁由安装板、2片犁刀、1个深度控制导轨、全宽度转换装置、电-液装置的吊杆等组成。该扫雷犁除可安装在"奇伏坦"坦克上以外，还可快速安装在"挑战者"坦克、"豹"式坦克、M-60坦克上，安装和拆卸时间约20分钟。控制系统与车内的电气系统相接，犁刀通过驾驶室内的操纵杆控制升降，上升约16秒，下降约14秒。扫雷犁以全宽度模式作业，扫雷宽4.2米，犁刀入土深度150～300毫米，作业速度为1～10千米/时。

法国订购Aardvark锤击式扫雷系统　据英国《简氏防务周刊》1995年7月报道，法国国防部已向生产厂商订购Aardvark扫雷器材，并要求提供配有击锤联合装置(JSFU)的MK-ⅢD型扫雷系统。此种扫雷系统的基础车有可互换的轮胎和半履带。轮胎用于公路上行驶，履带用于越野行驶和扫雷作业。扫雷时，该系统采取倒向行驶方式，即载有3名乘员的全装甲驾驶室在后，动力装置居中，而锤击式扫雷系统在前。锤击组件包括1个宽3.05米、直径175毫米的双转筒，其上有72根锤链(每305毫米有7根)。每根锤链可安装不同的锤头，如盘形，球形或T形锤头。该系统扫雷速度取决于地形条件，在硬质地面上扫雷速度达15千米/时，在崎岖地形上扫雷速度为3千米/时。

伪装器材　**美军研制小型伪装网**　美国陆军贝尔沃研究发展工程中心研制的小型伪装网(SACC)进入全面发展阶段。该伪装网适用于林地(热带)、荒漠和雪地，采用涂有乙烯基涂料的极轻的稀疏聚酯纤维织物制成。基本单元面积为2.13×1.37米，折叠起来可放在制服口袋内。既可单独使用，用来伪装单兵，也可将数个单元拼接起来，用来覆盖武器掩体、战斗阵地和补给品贮藏处。单元网全重为518克，单位面积重量为178克/米^2。有效波段：紫外(雪地类)、可见光、近红外和雷达波段。

美军XM-56型烟雾系统定型　据美国《陆军研究发展与采购》杂志1995年第3～4期报道，美陆军化学与生物学防御司令部批准XM-56型烟雾系统定型，进入生产和装备阶段。此产品是美陆军第1代多光谱、大面积烟雾系统，可在战场上提供防可见光和红外的遮蔽。

M-56型烟雾系统第1阶段计划装备267套。1997年5月开始装备美军第82空降师，2001年10月完成装备。为了有效地利用这套烟雾系统，美军拟对此产品进行两项改进：第1项改进是换下红外单元，换上第3雾油箱，这样可将可见光烟雾遮蔽的时间延长到90分钟，此项投资于1996财年开始；第2项改进是开发一种毫米波(遮蔽)单元，此单元也可替换红外单元，此项投资将于1999财年开始。

美国海军试验系留假目标　美国海军研究中心所属战术电子战部对其名为"渴望"的电力驱动系留式"无人空中飞行器"(UAV)进行了首次飞行试验，并将于1997年7月进行整个系统的评估。此空中飞行器重约36千克，能携带6.8千克荷载，由一电动机带动直径为3米的旋翼。系留缆索长230米，将飞行器与母船连接起来。系留缆索含有携带荷载及控制信号的光学纤维。该缆索还可传送10千瓦或更大功率的电力。研制这种"择优拦截假目标"，旨在保护水面舰艇免遭雷达制导导弹的攻击。假目标的主旋翼由1只主电机驱动，两只位于外摆悬臂端部的较小电机可起稳定飞行器机身的作用。

法国评估车辆隐形术　法国陆军武器工业集团正在研制一种可用于装甲战车的隐形技术。该公司已经交付了2套信号抑制设备，供AMX-10RC轮式侦察车和AMX-30B2主战坦克作随车试验。此信号抑制设备，利用了在可见光、红外线和雷达波长范围内有效的多光谱材料，外加一种应用于车辆尾部的双壁板块。该公司正在制造一辆履带式隐形样车(DFC)，以AMX-30坦克底盘为基础，同样采用信号抑制设备，通过绝缘，使用复合掩蔽档板和热涂料，以将排出废气与周围空气混合等组合措施，来降低热辐射。另外，采用特制成型的隔板和雷达吸收材料，可最大限度地衰减雷达信号。　(熊万奎)

海军武器装备

综述 1995～1996 年,各国海军武器装备发展的主要趋势与特点是:

*航母依然受到海上强国的重视,拥有航母的国家在缓慢增多。*尽管受到“导弹舰”等战舰的挑战,但航母仍是各国海军看好的作战舰只。美国海军依然不遗余力地发展大型航母,核动力航母更加受到关注,近年来继续建造“尼米兹”级航母,藉以替代常规动力航母。法国海军正加紧建造“戴高乐”号核动力航母,该级第 2 艘也计划上马。万余吨的小型航母受到愈来愈多国家的关注,几个亚洲国家新立项建造的均为小型航母。

*大力发展对地攻击火力舰只。*为适应地区冲突的需要,海军的首要任务正逐渐转向对岸上和内陆目标实施精确打击,因此装有远程巡航导弹的、主要用于对地攻击的战舰颇受各国重视。在这种背景下,美国出台了导弹舰(也称“武库舰”),其他舰艇包括核潜艇也普遍装备有“战斧”巡航导弹。截至 1996 年初,美海军共拥有 142 艘携载“战斧”巡航导弹的舰艇,导弹发射架数共计 6266 座。1996 年,美海军还计划装备 4000 枚“战斧”巡航导弹。俄罗斯海军舰艇上的导弹对地、反舰攻击距离和威力都很强,如“基洛夫”级“彼得大帝”号上的 SS-N-19 导弹,最大射程可达 450 公里,可实施较精确的反舰对岸攻击。

*潜艇仍然是各国海军发展的重点。*目前,世界潜艇的总数虽有所减少,但其质量仍不断提高。弹道导弹核潜艇仍然是各有核国家“三位一体”核威慑力量的重要组成部分,一批新的弹道导弹核潜艇仍在建造和陆续投入现役。攻击型核潜艇的发展尤其受到重视,发展步伐有所加快。目前,提高潜艇整体技术水平的途径是:优化艇体结构,提高潜艇的攻击能力和隐蔽性能,装备大功率反应堆,完善电子战技术,增强 C^3I 的实战能力,研制潜艇的现代化人—机—环境系统等。

*加快两栖战舰和运输舰的发展步伐。*两栖战舰和大型运输舰的增长速度比其他舰艇要快得多。美国大力建造多用途的大型两栖舰,用于与导弹舰相匹配,组成威力强大的前沿部署快速反应部队。英国发展两栖战舰主要用来支援全球沿岸海区的两栖作战,因而吨位小得多。日本也建造了用于两栖作战的登陆舰,但为了隐蔽其实际军事功能,均采用“输送舰”的名称。

*舰载防空武器的质量不断提高,出现了新概念的防空武器。*舰载激光武器已不再是少数国家海军的专利品,一些国家已经装备了舰载激光致盲武器,舰载激光防空武器。美国在技术上处于领先地位。原有的舰空导弹也进行了重大技术改革,采用了新型激光近炸引信、红外热成像寻的器、双推力火箭发动机和新型数据链。

*水中兵器发展产生了新的活力。*水中兵器正向着高度综合集成化发展,并与水下自航平台相结合,构成新式水中兵器系统。新式水中兵器是一种根据不同的攻击目标进行集成组合的多用途兵器,具有先进的制导系统,能携带高能炸药,并有聚能对准功能。

水面舰艇 *航空母舰* 截至 1996 年,世界上拥有航母的国家有 9 个,其中,拥有大型航母的国家仍为美、俄。美国海军现有 4 艘常规动力航母和 8 艘核动力航母,还有 2 艘“尼米兹”级核动力航母正在建造之中。今后几年,美海军虽仍继续保持 12 艘航母,但航母的续航力、出动率、载机数和总体作战能力将明显提高。俄罗斯海军至今仅有 1 艘排水量 6.75 万吨的“库兹涅佐夫”号航母,其第 2、第 3 艘大型航母已经停建或拆毁。现在拥有中型航母的国家只有法国和印度。法国出于自身维护海洋利益的需要,独辟蹊径,走出了一条建造核动力中型航母的路子。印度原想自行研制一艘新型航母,来替代舰龄老化的航母,后因经费不足而被迫下马。其他国家仅拥有小型航母。这些航母主要搭载垂直/短距起落飞机和直升机。值得一提的是,泰国海军即将服役的“查里克·王朝”号直升机航母以其较小的吨位、较出色的作战能力受到各中小国家注目。

美国继续建造“尼米兹”级航母 美国海军于 1995 年 12 月 9 日在美国诺福克海军基地正式举行了“尼米兹”级核动力航母第 7 艘“斯坦尼斯”号(舷号 CVN-74)的下水仪式。这样,美国海军在 1996 年共有 8 艘核动力航母。其中,“企业”号(CNN-65)1 艘,“尼米兹”级 7 艘,即“尼米兹”号(CVN-68)、“艾森豪威尔”号(CVN-69)、“卡尔·文森”号(CVN-70)、“罗斯福”号(CVN-71)、“林肯”号(CVN-72)、“华盛顿”号(CVN-

73)。正在建造中的第8艘"哈里·杜鲁门"号(CVN-74),预计将于1998年顶替"独立"号常规动力航空母舰;第7艘"约翰·斯坦尼斯"已于1996年中期,接替常规动力航母"美国"号(CV-66);1996年开工建造的"尼米兹"级第9艘"罗纳德·里根"号将于2002年左右接替"小鹰"号常规动力航母。美国海军还计划在下个世纪初申请建造最后一艘"尼米兹"级航母(CVN-77),由于具体日期尚未定夺,因而名字没法确定。这样,到21世纪初,美国海军将拥有10艘核动力航空母舰,外加2艘常规动力航母,总数为12艘。美国还计划建造新一级航母CVX-78,准备于2015年起开始逐步接替"尼米兹"级航母,并服役到下个世纪末。

CVX新型航母与传统航母相比,在技术上将有革命性的突破,并将充分考虑到实用性和经济性。美国海军曾直言不讳地将"海上浮动基地(又称"浮岛")纳入下世纪5种航母选型之中。"海上浮动基地"长900米、宽90米、高60米,由6个舱段组成。每个舱段相当一个模块,每个模块采用具有较好稳定性的双体结构;可根据需要,拖带到有关海域,聚集成不同大小"人工岛屿"。这种"浮岛"相当于一个大型海上机场和供应站。它将采用飞机从甲板上起降的新技术;同时推进系统也与以往有所不同,可以大大提高海上兵员的运输能力。

韩国建造轻型航母　韩国海军将提前实施1万吨级轻型航母建造计划。按照韩国总统和国防部长的旨意,准备工作于1996年着手进行,1997年开始设计,预计2012年建成。该航母将搭载垂直/短距起落飞机和直升机。

泰国海军新型直升机航母下水　泰国向西班牙订购的新型直升机航母"查里克·王朝"号于1997年1月20日在西班牙法鲁市巴赞造船厂下水。该航母舰长182.6米、宽22.5米(飞行甲板长174.6米,宽30.5米),吃水6.12米;满载排水量11485吨;动力装备为2台44250马力的燃气轮机,2台11780马力柴油机,最大航速26.6节;续航力为1万海里/12节。该航母的主要武器有:1座MK-41舰对空导弹发射架,8个或16个发射单元,可用于发射"海麻雀"舰对空导弹;2座20或30毫米轻型舰炮。能搭载15架"海王"系列直升机和12架"鹞"式垂直/短距起落战斗机。目前实际装备标准为10架AV-8S"斗牛士"垂直/短距起落战斗机和10架"海王"直升机。舰上配备SPS52C对空搜索雷达1部,SPS64对海搜索雷达1部,火控、导航雷达各1部,以及回声声纳1部,箔条发射器4部,LSQ-32鱼雷诱饵发射器1部,电子战支援与对抗系统1部。"查里克·王朝"号直升机航母拟于1997年8月正式交付泰国海军,届时泰国将成为亚洲第2个拥有航母的国家。

印度推行航母发展计划　印度海军"维克兰特"号航母已于1997年1月退出现役。该航母1944年开工建造,但一直拖到1961年初才建成服役。"维克兰特"虽经过多次改装,但武器装备及其他设施性能过于老旧,所以印度决心将其淘汰。印度海军对另1艘航母"维拉特"号进行现代化改装,以延长5年服役寿命。因此,印度海军目前只有1艘航空母舰在役。印度已决定再购置1艘航母,或自行研制吨位相对较小的航母。初步列入印度航母建造计划的是排水量1.7万吨的小型航母。该舰可载12至15架飞机,造价3.3亿美元,拟于2002年之前下水。印度海军还准备向俄罗斯购买"基辅"级航母的最后1艘"戈尔什科夫"号。

法国"夏尔·戴高乐"号航母交付海军　"夏尔·戴高乐"号航母于1994年5月7日下水,1997年已交付法国海军,预计1999年7月正式加入现役。"夏尔·戴高乐"号航母设计建造费为29亿美元,是法国海军史上耗资最多、装备最强、指挥自动化程度最高的一艘舰只。该舰舰长265米,宽31.7米,吃水8.5米;标准排水量3.6万吨,满载排水量4万吨;最大航速27节。舰上搭载有35～40架"阵风"战斗机、2～4架E-2C"鹰眼"空中预警机和4～6架NFH-90直升机。此外,舰上还将装备"紫苑"30垂直发射舰空导弹及各种电子设备。法国军方曾于1993年10月宣布:法国还将建造第2艘同级舰。预计2005年,法国海军将有2艘"戴高乐"级航母服役。

巡洋舰和导弹舰　**美国核动力巡洋舰将逐步退役**　1994年美国海军宣布了年内退役的19艘巡洋舰的名单,其中包括"长滩"号核动力导弹巡洋舰和"弗吉尼亚"号核动力导弹巡洋舰。前者是美国也是世界历史上第1艘核动力巡洋舰;后者则为美国海军最新也是最后一级核动力导弹巡洋舰"弗吉尼亚"级的首舰。尤其是"弗吉尼亚"号核动力导弹巡洋舰,美海军80年代末期还对其进行了现代化的改装。这表明:美国海军已决心加速其核动力导弹巡洋舰时代的结束。目前,美国海军核动力导弹巡洋舰数量已由最高峰时的9艘锐减到3艘;而且这仅存的3艘也会在今后几年内随着"提康德罗加"级巡洋舰的服役而退役。据悉,21世纪的美国海军编队中,将不会再有核动力巡洋舰。

美海军正式启动"武库舰"计划　1996年3月18日,美国国防部、海军和国防部高级研究项目局力排众议,签署了一份实施建造"武库舰"的内部备忘录。"武库舰"已被克林顿政府列为"海军最优先发展的项目"之一。目前,这一项目的设计工作已经全面展开,美国海军正在以不同寻常的速度研制第1批共6艘"武库舰"。第1艘"武库舰"将于1998年开始建造,定于2000年前交付使用。"武库舰"实际上是一种装备众多先进导弹的"海上浮动发射平台"。该舰在设计上十分注重隐形性和安全性。它采用了半潜形双层舰体,舰长约270米、宽约32米。整个舰体设计得十分低矮,加之没有配备雷达系统,因而满载时水面以上舰高仅为1.5米。"武库舰"的武器系统全部采用垂直发射,共有500个发射单元,均设于舰首。舰尾部为导弹库,弹库与垂直发射系统之间采用由电脑控制的自动再装填系统,总装弹量可达数千枚。"武库舰"的导弹型号多种、任务各异,主要有:改进型"战斧"巡航导弹(用于攻击陆上纵深目标和远距离海上目标)、"标准"中远程(区域防空)和"海麻雀"近程(用于点防空)舰对空导弹,以及由陆军战术导弹改进而来的舰对地战术导弹(用于对陆上作战的火力支援和火力压制)。1艘"武库舰"的导弹攻击能力(以每艘载2000枚计算),相当于8艘"提康德罗加"级巡洋舰,或11艘"伯克"级驱逐舰,或166艘核动力攻击型潜艇("海狼"级和"洛杉矶"级只配备了12枚垂直发射导弹)的导弹打击能力。"武库舰"的设计最大速度为25节,舰员仅16名左右。

俄海军"彼得大帝"号导弹巡洋舰服役 1995年10月,俄罗斯海军"基洛夫"级"彼得大帝"号(原"安德罗波夫"号)导弹巡洋舰正式交付,1996年年中经过海上试航后编入俄太平洋舰队。"彼得大帝"号是俄罗斯最新一级、也是最后一级导弹巡洋舰"基洛夫"级的第4艘。前3艘分别命名为:"乌沙科夫海军上将"号(原"基洛夫"号)、"拉扎列夫海军上将"号(原"伏龙芝"号)和"纳希莫夫海军上将"号(原"加里宁"号)。目前,"乌沙科夫海军上将"号和"纳希莫夫海军上将"号部署在北方舰队;"拉扎列夫海军上将"号和"彼得大帝"号部署于太平洋舰队。

"彼得大帝"号建于1986年,1989年下水,1992年服役。该舰长252米、宽28.5米、吃水9.1米;标准排水量1.9万吨、满载排水量24300吨。该级舰采用两座核反应堆和两台蒸汽轮机的混合式。核动力装置和蒸汽动力装置以平行方式工作,前者功率达8万马力,可使该舰以24节速度航行;后者功率为4万马力。若两种动力装置共用能使最大航速达33节。"基洛夫"级巡洋舰是当今世界上配备武器数量最多的战舰,它的反舰、防空和反潜能力均很强。舰上装有20座SS-N-19舰舰导弹、16座SA-N-6舰空导弹、2座双联装SA-N-4舰空导弹、1座双联装SS-N-14反潜导弹,以及2座100毫米高平两用自动速射炮、8座30毫米双管速射炮;此外,还有2座五联装533毫米鱼雷发射管、1座12管RBU-6000型火箭深弹发射器和2座6管RBU-1000型火箭深弹发射器。为了适应超视距攻击和反潜作战的需要,该级舰还搭载有3架卡-25或卡-27舰载直升机。"基洛夫"级舰的各型导弹总数共500枚,约为美海军装备导弹最多的"提康德罗加"级巡洋舰的近4倍。

驱逐舰和护卫舰 目前,世界各国共有各型驱逐舰400多艘,其中有相当一批是50~60年代建造的,舰龄已达30年以上。因此,本世纪末之前,约有一半以上的驱逐舰将退出现役。

从全世界驱逐舰总的发展趋势看,驱逐舰发展的主要特点是:排水量不断加大,其稳定性和适航性有了质的提高;航速有所增快,续航能力明显增加;舰载导弹的射程越来越远、战斗部的装药量越来越大,摧毁力越来越强。

现代护卫舰的发展特点是:雷达隐形、声隐形和红外隐形取得重大突破;动力装置趋向多样化,并有一些创新;完善了电子设备配置,更新了防卫系统。

美国第2代"阿利·伯克"级驱逐舰首舰即将开工 作为世界上第1艘装备"宙斯盾"系统和垂直发射导弹系统的"阿利·伯克"级驱逐舰,不仅堪为美国海军现代水面舰艇的典型,而且也代表着当今世界驱逐舰发展的潮流。"阿利·伯克"级如今已是一个庞大的家族,不仅建造量大,而且批型多。

第2代"阿利·伯克"级首舰"奥斯卡·奥斯汀"号(DDG-79)将于1997年8月开工,1998年9月下水。

第2代"阿利·伯克"级的最重要设计改进是设置了直升机机库。第1代"阿利·伯克"级没有设置直升机库,新一代"阿利·伯克"级采用双直升机库,为2架SH·60B/F"拉姆普斯"直升机的搭载、使用、维护提供了可靠保障,从而提高了在沿海地区的综合作战能力。与第1代舰相比,第2代舰的后部1/3面积有较大变化:舰体尾板处,为容纳直升机助降固定与移动系统加长了1.5米;后部导弹垂直发射系统升高了一层甲板高度。此外,还增设了助降固定与系统机械舱和控制台、航空车间、储藏室等航空用舱等。

与第1代舰相比,第2代舰最重要的性能改进是采用了更先进的武备,大幅度增强了沿海作战能力。这主要表现在:一是增加了舰载导弹数量,取消了海上导弹转运系统,其导弹垂直发射单元由第1代的90个增加到96个;二是采用了更先进的SPY-1D(V)相控阵雷达为核心的新一代“宙斯盾”作战系统；三是采用了更先进的电子战武器，即用具有搭载和干扰双重功能的SLQ-32(V)3型电子战武器取代了仅有干扰能力的SLQ-32(V)2型电子战武器；四是使用性能更先进的“海麻雀”防空导弹系统，“海麻雀”防空导弹装有功率更大的火箭发动机、尾翼控制器和更先进的电子设备，具有更高的射速和更灵活的机动性，具有垂直发射能力；五是取消3套适合海上反舰作战的“捕鲸叉”舰对舰导弹和海上深水反潜作战的拖曳线列阵声纳。

美海军大量裁减护卫舰　1995年美国海军共有在役护卫舰50艘，均为“佩里”级护卫舰。到2000年，美海军将只保留少量的护卫舰，而且可能转为后备役。由于考虑到经费问题，美海军停止了对现存“佩里”级护卫舰的改装计划，但“英格拉哈姆”号仍进行了改装，配备了装有SYSZ(V)2自动跟踪装置的MK-92MOD6火控系统和具有很强电子对抗能力的舰载SPS-49(V)5数字雷达。另外5艘护卫舰也进行了某些改进，加装了类似的相干收发信机，但由于改装的效果和费用均不令人满意，此后再未对护卫舰进行过改装。

以色列装备“埃拉特”级轻型护卫舰　1993年2月9日，第1艘“埃拉特”级(也称“萨尔”5级)轻型护卫舰在美国英格尔斯造船厂下水；其后不久即加入以色列海军现役。该级舰是在导弹艇的基础之上设计的，因而在很大程度上保持了导弹艇的特性，作战武器多而强，足以与普通护卫舰相媲美。除了装备2种反舰导弹(“捕鲸叉”和“迦伯列”)外，还有2座“巴拉克”Ⅰ型防空导弹垂直发射装置。该级舰还具有较强的反潜作战能力，既可单独执行作战任务，也可作为指挥舰使用。该级舰在建造时广泛应用了新材料和新技术：在舰壳表面大面积铺设了轻型隔音绝缘材料；上层建筑与舰壳表面使用了低辐射系数涂料。由于使用吸波材料和整形技术，使全舰的雷达反射面积很小。舰上还采用了先进的喷射装置，可控制燃气轮机和柴油机排出的红外辐射源，同时使用水幕来减少柴油机产生的红外特征。该级舰采用柴燃联合动力装置：1台LM2500燃气轮机，持续功率22.38兆瓦；2台MTU12V1163 TB82柴油机，持续功率4.86兆瓦。舰上还装有4台柴油发电机。舰上所有推进与辅助设备均采用了弹性安装；柴油机与发电机均采用复合减振安装座。“埃拉特”级舰还首次采用综合指挥控制系统，在主要作战、指控和生活区增设了核生化防护系统。“埃拉特”级舰长86.4米、宽11.9，吃水3.2米；标准排水量1062吨、满载排水量1227吨；最大航速33节，续航力3500海里。人员编制为64人，另外还可搭载10名空勤人员。

德国研制130级小型护卫舰　德现正研制130级新型导弹护卫舰，以便在2005年左右取代陆续退役的导弹艇。130级小型护卫舰预计将建造15～20艘，首舰将于2004年服役。其舰体主要从传统的单体排水型舰体、水面效应船和小水线面双体船等3种舰体中选择。舰上武器装备包括：新一代反舰导弹、76毫米“奥托·梅莱拉”火炮，以及正在研制中的“米达斯”27毫米四联装火炮。该火炮可与RAM-IRMU导弹组成弹炮合一的近程防空系统，至少可防御来自两个方向的反舰导弹。该级舰的创新之处是使用遥控飞行器2架。这种飞行器用柴油机作燃料，可全自动起降，主要担负海区侦察、指示和捕捉目标；还可用于电子战，并作为C^3中继站使用。130级护卫舰的最大航速33节，持续最大航速30节，巡航航速21节。

英国研制“海魂”号隐形护卫舰　英国沃斯珀·桑尼克罗夫特公司与英国国防评估研究局、西门子公司的罗克·马诺尔研究所共同研制了“海魂”号隐形护卫舰。

“海魂”号护卫舰主要采取了以下隐形手段：一是在设计上尽量减少上层建筑侧面的形状，主舰体采用切割波浪舰首技术；舰上安装有不对称的偏置隐形桅杆。前两项设计可以有效地减小雷达的反射面积，而后一种布局可以增大雷达回波起伏，从而产生方位上的多路径，干扰敌方雷达制导导弹的控制系统。二是把所有的通信天线和其他附件隐藏在截头棱锥形桅杆里。天线周围的桅杆结构采用对频率有选择性的材料制成，这种材料仅对通信频率是透明的。三是通过喷射水雾来隐蔽舰体，使舰体表面温度的红外信号被大大抑制。

“海魂”号护卫舰长115米，宽15.5米，吃水4.5米；排水量2500吨。舰上装有1台WR21ICR燃气轮机，功率23.5兆瓦；2台用于驱动喷水推进器的电动机，功率2.1兆瓦；2台巡航用的柴油机，巡航速度1.5节；最大航速28节。

该隐形护卫舰装有2座“太平盛世”35毫米舰炮、2座“拉约”160毫米12管火箭炮、8枚舰对舰导弹(隐蔽在船体中部可移动的甲板下)，以及垂直发射的舰对空导弹。

“海魂”号设有多种电子设备：1部“斯佩克塔”E/F波段相控阵雷达、1部“领水员”或“侦察兵”调频连续波水面搜索雷达、1部Ⅰ波段导航雷达、2部跟踪雷达，主动拖曳阵声纳，合为一体的电子支援测量/电子干扰系统，以及4架用于实时舷外侦察的“女妖”无人机。

英国推出三体船型护卫舰设计方案　英国皇家海

军前不久推出一种三体船护卫舰设计方案。这种护卫舰由中间1个细长船体和两侧2个小型船体构成。3个船体通过一块很宽的十字形甲板相连。尽管该舰有3个船体，但是所受的阻力较小，航行时只需使用功率较小的动力装置，就能保持其性能。三体船型舰可将重要的设施和舱室设置在中间船体，而靠外侧船体实施保护。该舰舰体设计采用内倾斜边和雷达吸波材料，具有较小的雷达散射面积。为了减少红外辐射热源，舰上动力装置的排气系统装设在两个船体中间。三体船型护卫舰的甲板面积很宽，加之船体结构置于水中的稳性较好，所以可提高舰体的稳定性，最大限度地减少舰的颠簸。按照方案，该舰舰长167米、宽25.5米，吃水11.9米；满载排水量约5800吨；最大航速30节，最大续航力8000海里/15节。三体船型护卫舰的最大缺陷是由船体笨重所造成的机动性差和遇到惊涛骇浪时船体产生断裂。

荷兰、德国和加拿大联合研制“特罗姆普”级护卫舰 荷兰海军经过精心筹划，决定与德国和加拿大共同研制适应21世纪作战的先进的“特罗姆普”级护卫舰(荷兰造2艘)。该级舰的总体外形，与法国“拉法耶特”级护卫舰十分相似。其主舰体横截面为“V”字型，而上层建筑横截面则为倒“V”字型，上下浑然一体。该级舰比“拉法耶特”级护卫舰更胜一筹的是：它的上层建筑正面不是一个平面，而是由1个等边梯形外加2个三角形组成的。舰上的桅杆、烟囱也都设计成斜面构造；火炮和雷达天线外型也都设计得低矮、圆滑，具有极佳的隐形性能。

在抑制红外辐射和降低噪声方面，“特罗姆普”也有独到之处：部分部位采用玻璃钢材料，并涂上特殊的涂料，加强隔热绝缘，降低红外辐射能量。该级舰的动力装置将安装在双层隔振的基座上；螺旋桨为低噪声的5叶桨。

“特罗姆普”级舰舰首前甲板上装有1座双联装“博福斯”舰炮；舰炮后装有能发射40枚导弹的MK-41垂直发射系统；中部上层建筑顶上有1座“守门员”30毫米近程防御武器系统；在上层建筑顶部后端左右各有1座“捕鲸叉”舰对舰导弹发射装置；在最后端还设置了1座“守门员”30毫米近程防御武器系统。此外，在中后部左右两舷侧内各有1座MK-32鱼雷发射器，开口向舷外。舰尾部设有直升机起降平台，可升降、停放1架NH-90舰载直升机。

为了适应21世纪海战的需要，“特罗姆普”级护卫舰特地安装了3套“阿派斯克”型电子对抗装置：上层建筑的前后部各有1座，桅顶上端加装了1部，从而可对敌武器实施有效、全方位、较强功率的干扰。“特罗姆普”级舰最引人注目的是主桅顶端的、由荷德共同研制的自适应相控阵雷达。在主桅顶端还装有“天狼星”红外探测器，后桅顶部装有“机警”L型远程雷达。

“特罗姆普”级首舰于1997年开工建造，2001年将进行海上试验。第2艘舰将于1998年开工。“特罗姆普”级舰长144米、宽18米，吃水5米；满载排水量5860吨；无论从外形尺寸，还是排水量来说，它都比“拉法耶特”级大得多。按国际舰级划分标准来看，“特罗姆普”应为驱逐舰，但荷兰海军坚持把它称为护卫舰。其主要目的在于方便模块化建造，以适应未来高技术带来的急剧变化并降低今后的改装成本。

两栖战舰和反水雷舰艇

美国推行新一代LPD—17多用途两栖船坞运输舰建造计划 为了适应下世纪初两栖作战的需要，提高远洋投送兵力的能力，美国海军正推行一项LPD-17两栖船坞运输舰建造计划，计划共分3个阶段：第1阶段于1991财年开始，第2阶段持续到1993年，第3阶段在1997年内完成。前两个阶段主要是可行性论证。首舰将于1998财年开工，预计建造费用11.5亿美元，后续舰的造价预计可降至每艘7亿美元。LPD舰长208.4米，最大宽度为31.9米，吃水7米；排水量2.5万吨；航速21节。该级舰上层建筑向内倾斜，以减小雷达散射面积；舰上的其他部件不是隐藏在舷墙内，就是位于舰体中。两层巨大的载船甲板被围在贮船区内；起锚及管道清洗等工作都在船体内部进行。

LPD-17舰在设计时强调了车辆装载能力。该级舰上的陆战旅和陆战大队的装载舱已经设计完成，可装载2艘气垫登陆艇；其车辆运载空间为2300立方米，运货空间为710立方米，还有可容纳720名陆战队员的生活舱室。LPD-17配备有较强的空防武器，以防御敌巡航导弹的攻击。舰上将安装三维对空搜索雷达、水平搜索雷达和海面搜索雷达。

美海军改装新型水雷对抗支援舰 1996年3月美海军将原两栖攻击舰LPH-12改装为新型水雷对抗支援舰“红川”号。该舰具备现代水雷战指挥与控制能力。美国海军在原两栖攻击舰LPH-12的基础上改进了舰上战术指挥系统、联合海上指挥信息系统、航海探测系统、战术情报资料管理系统、国家情报技术整理与使用系统等。该舰在通信方面还进行了大量的改装，具有中高频发送与接收能力，甚高频、特高频、超高频卫星通信能力，新装备了情报密码系统。舰上装备了改进的防空作战系统，以及MK-36型诱饵发射系统。其武器包括改进的近防武器MK-15及MK-38型25毫米链式炮。该舰载有 8 架 MK-53E 扫雷直升机，3 架校射、救援直升机。这些直升机所携带的燃油，足够持续 7～10 天的航空扫雷作战使用。该水雷对抗支援舰将用于大范围的空中、水面水雷对抗及爆炸物处理。

英国完成新型坦克登陆舰设计　英国沃斯珀·桑尼克罗夫特公司完成了 LST4000 坦克登陆舰的设计。该舰主要用于支援全球沿岸海区的两栖作战。舰长 118.5 米、宽 20.5 米，吃水 3.5 米；排水量 4000 吨。可选择的推进方案为 2 台或 4 台 5820 千瓦 MTU20V1163TB83 柴油机，持续航速各为 18 节或 24 节。舰上装有载重 1000 吨的战车甲板，能装载 15 辆 M-60 坦克或 40 辆陆地越野车和 15 辆装甲运兵车。舰首跳板长 22 米，为折叠式。舰尾跳板长 7 米，可用于战车的进舰和登陆。舰上有装卸物资的 15 吨电动桥式移动起重机和 25 吨旋转式甲板起重机。后部飞行甲板可供"超美洲豹"直升机起降和补充燃料。舰上还设有三防和医疗设施。战车甲板层的两边设有侧门可供部队登、离舰。该艇左右舷的挂艇架携带有 2 艘车辆/人员登陆艇。登陆艇长 8 米，可载 20 人，由 2 台 140 马力带喷水推进器的柴油机驱动。舰上装有 1 门 76 毫米"奥托·梅莱拉"火炮，2 座四联装"捕鲸叉"导弹发射装置，1 座八联装"响尾蛇"舰空导弹，2 座 20 毫米火炮、1 套"密集阵"近程武器系统和 4 挺机枪。

澳大利亚建造"休恩"级沿海猎雷艇　澳大利亚"休恩"级猎雷艇的首艇于 1994 年末开始在意大利萨尔扎纳船厂建造；1995 年送到澳大利亚舾装，计划于 1998 年交付海军使用。该级猎雷艇共计划建造 6 艘，第 2 艘"霍克斯伯利"号已于 1995 年 12 月 9 日在贝森造船厂铺设龙骨。最后 1 艘艇将于 2002 年交付使用。"休恩"级属于第 3 代猎雷艇，艇长 52.5 米、宽 9.9 米，吃水 3 米；满载排水量 720 吨；最大航速 14 节，续航力 1600 海里/12 节。该级艇猎雷时噪音小，机动性好。其综合反水雷作战系统的核心部分是"瑙蒂斯"ⅡM 战术数据系统。艇上装有先进的 2093 型声纳，有 5 个换能器阵，可采用甚低频/甚高频两种频率，可同时对水雷进行搜索、探测、分类识别和航道勘察，并可测量锚雷的高度。该级艇将装备 2 个"双鹰"灭雷具。灭雷具带探照灯、微光摄像机和近距识别声纳。"休恩"级猎雷艇还装备澳大利亚本国研制的轻型机械扫雷系统和一对微型感应扫雷具。艇前甲板上安装有 1 门现代化的单管 30 毫米炮，用于自卫。艇上还装有电子侦察系统和电子对抗系统、"超级防栅"箔条弹红外诱饵系统、"拉德麦科"1000 光电监视系统。

潜艇　弹道导弹核潜艇　尽管各有核国家都在削减军费，但仍把弹道导弹核潜艇保持为"三位一体"核威慑力量的重要组成部分，在有的国家中，它在核威慑力量中所占的比重还有所增加。俄罗斯保持了弹道导弹核潜艇的主力"台风"级和 DIV 级。为了改进弹道导弹核潜艇的作战实力，目前俄海军正积极发展 DIV 级的改进型。其排水量只有"台风"级的一半，但其战斗威力为"台风"级的 90%，且降噪、隐形和机动性能都明显优于"台风"级。截止 1996 年上半年，美国海军共拥有 16 艘"俄亥俄"级弹道导弹核潜艇；另有 2 艘正在建造之中，其中 1 艘"怀俄明"号于 1996 年底服役。1996 年，法国海军弹道导弹核潜艇部队由 5 艘"不屈"级导弹核潜艇和 1 艘"胜利"级组成，到 21 世纪将全部由新的"胜利"级潜艇组成，数量由 6 艘减至 4 艘。英国皇家海军到 1996 年共有 3 艘"前卫"级弹道导弹核潜艇服役。该级艇共计划建造 4 艘。到本世纪末，它将部署英国全部核弹头，承担英国战略核威慑的重任。

法国继续建造"胜利"级弹道导弹核潜艇　为了替代 1997 年开始退役的"不屈"级弹道导弹核潜艇，法国从 80 年代起就决定建造 4 艘最新一级弹道导弹核潜艇"胜利"级。首艇"胜利"号已于 1995 年 7 月服役，目前在建 2 艘。到 2002 年法国海军战略导弹核潜艇部队将全部由 4 艘新型"胜利"级潜艇组成。虽然届时潜艇总数要比目前 5 艘"不屈"级和 1 艘"胜利"级少 2 艘，但携带的核弹头总数却达到 480～576 个，比现有 450 个还多，而且射程远、精度高，打击范围及作战效能要增大一倍以上。

"胜利"号潜艇艇长 138 米、宽 12.5 米，吃水 12.5 米；水上排水量 12640 吨，水下排水量 14120 吨；水下航速 25 节；最大潜深 500 米以上。其后续艇艇长将达到 170 米。艇上动力装置为 1 台 K15 型一体化自然循环压水反应堆(150 兆瓦)、2 组涡轮交流发电机组，以及 1 套柴电辅助推进装置，采用单轴泵喷射推进方式。为了提高隐蔽性，该艇采取了多种降噪措施；安装弹性减震机座，改进螺旋桨设计，采用水幕降噪，敷贴消声瓦等。前两艘'胜利"级艇先装备 M-45 导弹。导弹射程 5300 千米，携带 6 个 15 万吨梯恩梯当量的分导弹头。法国早于 1988 年即开始研制 M-5 导弹，该导弹最大射程 11000～12000 千米，精度 300 米，可携带 10 个 15 万吨梯恩梯当量的分导弹头。待 M-5 导弹研制出来后，所有的"胜利"级潜艇都将换装该型导弹。除弹道导弹外，"胜利"级艇上还装有 4 具 533 毫米鱼雷发射管，可发射 SM-39"飞鱼"潜射反舰导弹和 ECANL53 型反潜鱼雷，总共 18 枚。

英国继续建造"前卫"级弹道导弹核潜艇　继

1993 年英国新一代弹道导弹核潜艇"前卫"号服役后，又有 3 艘陆续服役。"前卫"级艇采用水滴形艇型，长宽比 11.7：1，艇体结构为单双壳体混合型，有利于降低艇体阻力。该级艇长 149.9 米、宽 12.8 米，吃水 12 米；水下航速 25 节；水下排水量 15000 吨。艇上装有 16 枚"三叉戟"Ⅱ型潜射弹道导弹；艇首装有 4 具 533 毫米鱼雷发射管，可发射"旗鱼"重型鱼雷（65 千米）和"虎鱼"轻型鱼雷（29 千米），共 16 枚。英国共计划建造 4 艘"前卫"级弹道导弹核潜艇。

攻击型核潜艇 在攻击型核潜艇的发展方面，美俄两家的较量依然激烈。现有的攻击型核潜艇到本世纪末因舰龄较长、性能老化，将有一半以上要退出现役。近年来研制的攻击型核潜艇采用了许多最新技术，具有突出的作战能力。美国的"海狼"和"百人队长"级就应用了隐形技术、先进的被动声纳跟踪和音响探测装置及安静的推进系统等先进技术。俄海军的"北德文斯克"号也采用了各种降噪措施，在艇体内外都敷设了各种性能不同的覆盖层。许多新建的攻击型核潜艇都采用了模块化独立艇体结构，可以根据不同的任务，装配不同的模块化结构，组成不同类型的潜艇，从而大大扩展了其作战能力。艇的吨位稍有减小，费用略低，而性能更优越，用途更广。"百人队长"级潜艇的排水量约 6000 吨，只是"海狼"级的 2/3，但它集"俄亥俄"级弹道导弹核潜艇、"洛杉矶"级和"海狼"级攻击型核潜艇的先进技术于一身。

美国"海狼"级攻击型核潜艇首艇服役 1996 年 7 月 5 日，美海军第 1 艘"海狼"级潜艇在康涅狄格州格罗顿海军潜艇基地进行了以检验操纵和推进系统为主要项目的首航。同年 8 月 22 日，正式加入美国海军现役。"海狼"级潜艇艇长 107.6 米、宽 12.9 米，吃水 10.9 米；水面排水量 7560 吨，水下排水量 9137 吨；水下航速 35 节，下潜深度 450 米；动力装置功率为 6 万马力的压水式反应堆 1 座。"海狼"级艇体呈线型，结构较美，目前几级潜艇相比有重大调整；艏部声纳罩由 HY-100 高强度钢制成，提高了防冰层的破坏能力；采用 Y 型艉舵，配有能透过冰层的侦测装置，可在北极冰下执行作战任务。"海狼"级首次采用了液压泵喷射推进器，艇体表面敷上了消声瓦；各种升降装置敷有雷达波吸收涂层，对产生噪声的设备采用先进的隔振降噪措施等，使其隐形性能甚佳，噪音水平仅为"洛杉矶"级改进型的 1/10，是第 1 代"洛杉矶"级的 1/70。"海狼"级潜艇上安装了 8 具 660 毫米鱼雷发射管，配有 MK—48 鱼雷，其射程 50 千米/40 节或 38 千米/55 节，使用深度 900 米；"战斧"对地攻击导弹，射程 2500 千米，飞行高度 15～100 米，圆概率误差 80 米；"战斧"对地攻击常规导弹；"捕鲸叉"潜舰导弹，射程 130 千米。全艇可装载导弹、水雷等共 52 枚或水雷 100 枚。由于军费削减，美海军最终将只建造 3 艘"海狼"级核动力攻击潜艇。

美国推行"百人队长"级攻击型核潜艇计划 自 1991 年以来，美国海军为了适应新战略的需要，开始实施一项以执行多任务作战使命为主的新型攻击型核潜艇计划——"百人队长"计划。与"海狼"级相比，"百人队长"级在主要性能指标方面适当地降低了要求，使其主要性能指标大约相当于"海狼"级的 75%，但又能胜任美国海军赋予该级潜艇的各种任务。结果，"百人队长"级每艘的造价仅为"海狼"级的一半左右。尽管如此，"百人队长"级仍采用了许多最新技术：一是最大限度地采用了先进模块化设计技术，不仅总体方面而且在动力、通信设备等方面也尽可能地采用了模块化技术，从而提高了潜艇性能转换时的灵活性，大大地缩短了建造周期，大幅度地降低了潜艇研制和建造费用；二是潜望镜系统将采用外置式升降装置，从而提高了潜望镜快速搜索能力，缩短了潜望镜出水的时间，减少了暴露的机会，提高了隐蔽性。外置式潜望镜的镜筒不再穿透潜艇的耐压艇体，而在耐压艇体外部。它与耐压艇体内部的显控台仅由光纤电缆实现柔性连接。这样，潜艇的指挥控制部位就不一定必须设置在潜望镜的正下方，从而为核潜艇的总体布置提供了更大的灵活性。

"百人队长"级艇长 115 米，吃水 9.8 米；水下排水量 7500 吨；最大航速 28 节；最大下潜深度 240 米。该级舰上装有 4 具 660 毫米鱼雷发射管，分别布置在艇首后部的两舷部位，每侧各 2 具，可发射 MK—48 鱼雷和"捕鲸叉"反舰导弹。此外，艇上还装备有 12 个"战斧"巡航导弹的垂直发射管，可发射对地攻击的"战斧"导弹。每艘艇可携带的鱼雷及导弹总数为 38 枚。该级艇还可携带 1 个能容纳 8～9 名特种作战部队人员及其装备的专用容器，用来执行突袭任务。此外，经过专门设计的该级艇还可输送 200 名特种作战部队人员。目前，已有 4 艘"百人队长"级潜艇列入建造计划。该级首艇将于 1998 年正式开工建造，2003 年服役。然后从 1999 年至 2001 年每年开工建造 1 艘。

俄罗斯建造第 4 代攻击型核潜艇 由俄罗斯红宝石中央海事技术设计局设计的第 4 代多用途攻击型核潜艇，于 1993 年 12 月 28 日在北德文斯克开工建造。原预计 1995 年下水，但因种种原因将推至 1998 年下水，并于 1999 年交付。第 2 艘于 1996 年开工建造，2000 年下水，2001 年交付海军。该艇反应堆舱中布置了 1 座 KTП-6 型一体化压水堆，具有较高的安全性和可靠性。该堆采用了新的电子系统进行综合检测、操纵和控制。在主机舱布置了 1 台整体式主汽轮齿轮减速机组，轴功率 4.3 万马力，能保证本艇水上最大航速 19 节、水下最大航速 31 节。

首艇“北德文斯克”号采用新型综合水声系统，具有球形基阵的低频主/被动搜索和攻击能力。此外，还设有旁侧声纳和甚低频被动式拖曳水声系统。艇上装备有 I 波段搜索雷达和电子对抗警戒雷达，以及 测量深水中声线传播环境的水声传感器。艇首部鱼雷舱布置了 4 具 533 毫米的液压式鱼雷发射装置，用于发射相应的鱼雷和火箭鱼雷，并具有布雷能力。在指挥台围壳后的导弹舱内布置了 24 个巡航导弹的垂直发射装置，用于发射 SS-CX-5 导弹。“北德文斯克”号艇长 111 米、宽 12 米，吃水 8.4 米；水上排水量 5800 吨，水下排水量 8200 吨；艇上编制人员 50 名，其中军官 22 名。

常规潜艇　1995～1996 年，各国在建造常规潜艇方面呈现出许多与以往不同的特点：一是使用不依赖空气推进装置（AIP）的常规潜艇明显增多，技术日臻成熟；二是艇体设计更为先进合理，如采用水滴型、双壳体等，同时使用高强度钢，使下潜深度明显增大；三是吨位呈增大趋势，以便能搭载更多的武器装备和设施，具有更好的居住性。

日本“春潮”改进型潜艇首艇下水　1994 年 1 月，日本川崎重工船厂动工兴建了“春潮”级改进型首艇“亲潮”号。该级艇水上排水量 2750 吨，采用了水滴型艇体设计和新的甲板壳体以及平顺的指挥台围壳结构。该级艇装备有大型侧翼声纳阵。日本海上自卫队目前拥有 16 艘潜艇，但是因为每年将有 1 艘艇退役，所以将由三菱和川崎重工两大公司负责建造新艇，以使海上自卫队保持 15 艘潜艇。

德国将建造带 AIP 推进装置的 212 级潜艇　德国研制的应用燃料电池 AIP 技术的 212 级潜艇首批将建造 4 艘，2003～2006 年服役，届时将成为德国海军 21 世纪潜艇部队的主力。212 级潜艇的动力装置首次安装燃料电池加柴油机的混合推进系统。燃料电池是使用储存在潜艇中的低温金属氢化物所释放的氢与绝热罐中的液态氧进行化学反应，产生直流电推动潜艇在水下航行。与一般推进系统相比，这种推进系统效率高、噪音低、易控制、可靠性好、寿命长。

212 级潜艇长 53.2 米、宽 6.9 米，吃水 5.8 米；水上排水量 1320 吨，水下排水量 1800 吨；水上航速 12 节，水下航速 20 节。该级艇的主要武器装备有：艇首安装 6 具 533 毫米鱼雷发射管，可发射新改进的 DM2A4 重型线导鱼雷。此外，该艇还可外挂 24 枚水雷。由于该艇安装了自动化程度很高的指挥和武器控制系统，因而人员编制只有 23 人。该级艇采用了多项降噪措施，加之采用燃料电池后，红外特征很小，向海水辐射的热能很小；基本不向艇外排放废物，尾流特征很小，所以能超安静运行。使用燃料电池能在水中连续潜航 2～3 周，潜航时间约为一般常规动力潜艇的 5 倍。

荷兰设计“海鳝”级潜艇　“海鳝”级是荷兰战后设计的第 4 代潜艇，是在“海象”级潜艇的基础上研制成功的，其性能比“海象”级有了进一步提高。“海鳝”级不再采用“海象”级的单双壳体混合结构，而是采用单壳体结构。耐压壳体的相当大部分是直径为 6.5 米的圆柱体，提供了设置新设备的足够空间，同时还使艇员的生活空间得到了最大程度改善。“海鳝”级放弃了“海象”级潜艇的 X 型尾舵结构，重新采用了“旗鱼”级潜艇的十字型尾舵结构。

“海鳝”级潜艇的创新处在于，动力系统是由电力推进和 AIP 推进组成的混合推进系统。AIP 推进部分包括 2 台 400 千瓦的闭式循环柴油机。这种闭式循环柴油机早在“海鳝”级潜艇正式设计之前便在“海豹”号潜艇上进行了长达数年的试验，并积累了相当丰富的使用经验。混合推进系统的应用，大大增加了“海鳝”级潜艇的潜航时间，降低了潜航时的噪音，提高了隐蔽性和反潜作战能力。“海鳝”级潜艇可发射多种类型的武器：6 具 533 毫米鱼雷发射管，除能发射 MK-48、MK-24，以及 A-184 等多种型号的线导鱼雷及声自导鱼雷外，还可发射“捕鲸叉”或“飞鱼”反舰导弹。携带各种鱼雷及导弹的总量为 18 枚。此外，还可携带 36 枚水雷执行水中布雷任务。

“海鳝”级潜艇将设计成 3 种不同排水量的艇型：即 1100 型（水下排水量约 1100 吨）、1400 型（水下排水量约 1400 吨）和 1800 型（水下排水量约 1800 吨）。尽管 3 种型号排水量差别较大，但其主要性能基本相同：水上航速 12 节，水下航速 20 节左右；工作潜深 300 米，最大潜深可达 360 米左右。

瑞典“哥特兰”级潜艇服役　1996 年 7 月 1 日，世界上第 1 艘安装 AIP 系统（不依赖空气推进）的常规潜艇——“哥特兰”号正式在瑞典海军服役。它的服役标志着常规潜艇的发展进入了一个新纪元。

“哥特兰”级潜艇的动力装置除有一套由 2 台柴油机、1 台主推进电机和 2 组蓄电池等组成的主动力系统外，还有一套由 2 台 V_4-275R 斯特林发动机组成的辅助动力系统。斯特林发动机使用储存在潜艇低温舱中的液态氧和燃油舱中的柴油在加压室燃烧，产生热能推动电机运动,为潜艇的潜航提供持续动力,因而不必像一般的柴电潜艇必须经常浮出水面吸入空气为蓄电池充电。安装斯特林发动机后,"哥特兰"级潜艇低速水下续航力由原来的3～4天增加到2～3周。斯特林发动机安装后,不仅大大提高了潜艇的续航力,而且发动机运转平稳、振动小;工作噪声大幅度下降,且由于向艇外海水排放的废气经过特殊的冷却处理,污染低,不产生气泡,从而大大降低了红外特征,提高了潜艇的隐蔽性。

"哥特兰"级潜艇艇长60米、宽6.1米,吃水5.6米;水上排水量1350吨、水下排水量1500吨;水上航速11节,水下航速20节;下潜深度300米,人员编制25人。该级潜艇火力较强:艇首装有2具400毫米、4具533毫米的鱼雷发射管,可发射TP2000重型鱼雷和TP43×2轻型反潜/反舰两用鱼雷。此外还可在不减少鱼雷装载量的同时,采用一个特制的外挂装置携带50枚"邦尼"水雷。"哥特兰"级潜艇计划造3艘,后两艘分别在1997年和1998年服役。

（李　杰）

辅助舰船　1995～1996年度,各国海军辅助舰船均得到了积极稳步的发展。以美国为首的一些海军大国为替代超龄的旧式辅助舰船,相继建成了一批新型辅助舰船,并大幅度地增加了战略海运船和海上预置船。一些中小的濒海国家海军在发展作战舰艇的同时,也相应地发展辅助舰船。与此同时,各国也都在充分利用现代高新技术,使辅助舰船向着大型化、高速化、多功能化、自卫能力强等方向发展。

美海军继续发展战略海运船　1996年美国有两级4艘大型快速海运船改装完毕。其中由美国国家钢铁与造船公司改装的原丹麦的"埃斯克"级货船,满载排水量为5.42万吨,长268.8米,宽32.2米,吃水10.5米,配备1台12L90GFCA柴油机,功率为4.67万马力,航速24节,航速24节时续航力为1.85万海里,载货面积2.92万平方米。由纽波特纽斯造船公司改装的原丹麦的"塞兰德"级货船,满载排水量5.54万吨,长289.4米,宽32.2米,吃水11.9米,配备1台12K84EF柴油机和2台9K84EF柴油机,载货面积为3.15万平方米。目前,正由阿冯达造船公司和国家钢铁与造船公司建造的8艘"霍普"级快速海运船也将在今后3年内建成服役。该级船满载排水量6.29万吨,长290米,宽32.3米,吃水11.3米,配备4台10PC4.2V柴油机和2台LM2500燃气轮机,功率为12.9万马力,航速24节,航速24节时续航力为2.4万海里。载货面积为3.69万平方米。上述3级海运船均搭乘海军军人50名和船员40名。待美海军的这一发展计划完成后,美军的现有展开能力将提高3倍,能在75天内在世界任何地方展开5个师及其支援部队;预置船只在两周内就能把陆军的重型装备送到冲突地区,使空运到的部队一到达就能形成战斗力。

美海军2艘新型测量船服役　继"导航者"(T—AGS60 61)号测量船于1994年10月服役后,美海军"萨姆纳"和"鲍迪奇"号新型测量船又于1995、1996年建成服役,正在建造的"亨桑"号也将于1998年度建成服役。该级船均由霍尔特造船公司建造,是美海军研制定型的新一级海上测量船。该级船长100.1米,宽17.7米,吃水5.8米,满载排水量4762吨,采用柴油—电推进方式,4台柴油发电机,共计2.7万马力,2轴,航速16节,航速12节时续航力为1.2万海里,配备25名船员和27名科研人员。该级船配备有3台大型多功能吊车,可通过携带的多电子束声纳和拖曳式声纳进行作业,执行航道测量和海洋调查任务。还可以利用搭载的遥控操作的无人深潜器收集海洋资料。

美海军又建成1艘海洋调查船　由霍尔特造船公司建造的"罗杰·里维莱"号海洋调查船于1996年6月服役。该船是"托马斯·汤普森"级的第2号船。该级船还有2艘正在建造中,计划于1997年建成服役。该级船满载排水量3251吨,长83.5米,宽16米,吃水5.6米,采用柴油—电推进方式,配备6台柴油发电机,航速15节,航速12节时续航力为1.13万海里。船上配备22名船员和37名科研人员。该级船是美海军研制发展的新型海洋调查船,船上有近400平方米的实验室,并配备有先进的实验设备。该船还配备有精确的船位定位动力系统,可以在世界任何海域全天候从事海洋调查活动。

美海军"供应"级快速战斗支援舰服役　为替代超龄的旧式快速战斗支援舰,美海军从90年代初开始建造新型快速战斗支援舰。首舰建成于1994年,第2、3号舰于1995年度建成服役。第4号舰现正在建造中,计划于1998年度服役。该级舰满载排水量4.9万吨,长229.7米,宽32.6米,吃水11.6米。该级舰的主要特点是采用了现在水面作战舰艇普遍使用的LM-2500燃汽轮机,提高了航速和机动性。主推进装置的4台燃气轮机,总功率达10.5万马力,最高航速26节,航速22节时续航力6000海里节,采用可调螺距螺旋桨,船上定员为667人。该级舰可装载1.56万吨燃油,1800吨弹药,400吨冷冻食品,250吨其它货物。舰左舷有3部燃油补给装置,右舷有2部燃油补给装置,两舷各有3部干货补给装置。舰上有4个货舱,每个货舱配备2部升降机和一系列货盘运输机，以便堆放货物。舰上搭载3架CH-46直升机，设2个垂直补给站用于垂直补给。舰上配备有对空、对舰、航海和火控雷达。舰上装备的MK-91武器控制系统，可控制舰上搭载的舰对空导弹发射装置和4门火炮。

日本动工建造新型扫雷供应舰　海湾战争结束后，日海上自卫队参加海湾扫雷时，深感现役扫雷供应舰吨位小，保障能力差，为此决定建造两艘新型扫雷供应舰。新型扫雷舰1995年5月动工建造，计划于1997、1998年建成服役。该舰的特点是充分利用隐形技术，采用倾斜的三脚桅，强化了居住性，提高了补给能力，加强了指挥通信能力。该级舰标准排水量5600吨，长141米，宽22米，吃水5.4米，配备2台柴油机，1.89万马力，航速22节，船员160名。无火炮，但配备了一套布雷设备。艉部设直升机平台，可搭载MH-53E扫雷直升机。船艉部有大小形状不同的5个舱口，两舷的舱口内配备国产第3代布雷装置，中间大型舱口可升降MK-105磁性扫雷具，内部的滑道与直升机平台之间设有升降机。

日本"鹿岛"号新型训练舰建成服役　日本海上自卫队经过多年研制的"鹿岛"号新型训练舰，于1995年度由日立造船舞鹤公司建成服役。新型训练舰的主要任务是使初级军官实际体验舰上生活、学习操作机器和武备等。该舰还可以作为训练舰队的旗舰使用，执行远洋航海训练和访问友好国家等项任务。该舰为长艏楼型船，标准排水量4050吨，全长143米，宽18米，吃水4.6米，可搭乘人员389名，主机为柴油和燃汽轮机联合装置，功率8000马力，航速25节，航速18节时续航力为7000海里。舰上配备有对空、对海、航海和火控雷达。舰艏配备有1座76毫米炮，2座40毫米礼炮，还有1座干扰火箭发射架，两舷各有1座3联装短鱼雷发射管。后部有直升机平台，可搭载1架直升机。

日本建造新型船坞运输船　为提高海上运输能力和登陆作战能力，日海上自卫队从1995年度开始动工建造新型船坞运输船。该船已于1996年12月下水，计划1998年4月建成服役。新型船坞运输船标准排水量8900吨，长170米，宽23米，车辆甲板长70米，宽20米，主机为2台柴油机，功率为2.76万马力，2轴，航速20节，配备船员127名。该船的建造费为532.49亿日元。配备有对海、对空和导航雷达。艉部设车辆登陆用大型吊门，能搭载330名陆战队员、2艘气垫登陆艇、10辆主战坦克和1400吨货物，并搭载有CH-47J大型直升机，用于垂直补给货物和战斗支援。该船可临时收容1000名灾民，并能提供食宿和医疗服务等。

韩国海军建成第1艘潜艇救生船　由韩国玉浦造船厂建造的第1艘潜艇救生船"清海镇"号，于1996年交付海军使用。该船满载排水量4300吨，长102.8米，宽16.4米，吃水4.6米，主机采用柴油一电推进方式，4台柴油机1.18万马力，有定位动力系统，航速18节，航速15节时续航力为9500海里，船员130名，装有1座20毫米火炮，6挺12.7毫米机枪，设有直升机平台，可搭载1架轻型直升机。该船的主要任务是救助失事的潜艇和人员。因此，各种救助设备齐全，装备的救生艇可搭载9人，并配备有减压舱、2台液压吊车和大型拖航用的绞车。

韩国加紧建造补给船　韩国海军在建成"春吉"号补给船后，正加紧建造该级船的第2、3号船，按计划这两艘船均于1997年11月服役。该级船满载排水量7500吨，长130米，宽17.8米，吃水6.5米，主机是2台16PA6V280柴油机，功率1.28万马力，航速20节，航速15节时续航力为4500海里，搭载4200吨液货，450吨干货，装备有4座30毫米炮和2座20毫米炮。船艉部设直升机平台，可搭载1架直升机，但无机库。两舷各有2个横向补给站，配备3台起重能力为6吨的吊车。

泰国海军建成大型补给船　由西班牙费劳尔造船厂为泰国海军建造的航母于1996年1月下水，计划1997年3月交付使用，为航母编队配套的大型补给船也已由沪东造船厂建成，命名为"西米兰"号。该船满载排水量2.3万吨，长171.4米，24.6米，吃水9米，2台发动机，2.4万马力，航速19节，航速19节时续航力为1万海里。船员183名。可搭载9000吨燃油和淡水，还有贮存弹药和冷冻食品的干货舱。可搭载2架直升机用于垂直补给干货。该船设2个补给门架，每舷各有两个补给站。不久的将来，泰国海军的作战能力将有大幅度的提高。

印度海军建成"阿迪特亚"号补给修理船　由印度加登里奇造船厂负责建造的"阿迪特亚"号补给修理船于1993年下水，1996年6月建成服役。该船满载排水量比现役"迪帕克"级油料补给船大1/3，为2.46万吨。船长172米，宽23米，吃水9.1米，配备2台柴油机，功率为2.39万马力，单轴，航速20节，航速15节时续航力为1万海里，船员197名。装备有3座"博福斯"40毫米火炮，船艉部有直升机平台，搭载1架"猎豹"直升机。船上设2个补给用门架，每舷各有2个补给站。该船可装载燃料1.42万吨，淡水2250吨，弹药和干货舱2170立方米。舰桥位于船前部，船上还设有1个多功能维修车间。印度海军正计划再建造1艘同级船。

土耳其海军又有1艘补给油船服役 由伊斯坦布尔的塞德富造船厂建造的“科尔·库德特·贡格尔”号补给油船于1995年10月服役，是土耳其海军第1次在本国造船厂建造这样大的军用船。该船满载排水量1.94万吨，全长145.1米，宽22.8米，吃水8.4米，主机为1台柴油机，功率为6500马力，航速16节，航速14节时续航力为6000海里。该船设1个补给门架，海上自持能力为90天，船员203名，装载燃油9980吨，淡水2700吨，滑油80吨，干货舱500立方米。船艉部有直升机平台，可搭载1架直升机用于垂直补给。装备2座40毫米“博福斯”火炮和1座20毫米“火神”火炮。

中国台湾海军继续建造“武康”级运输货船 中国台湾海军继80年代末建成3艘“武康”级运输货船后，94年7月决定再建造3艘同级运输货船。该级船主要适合于执行南海岛域的支援任务，船形类似船坞登陆舰，为适合严热气候，甲板上设简易居住设施。该级船继续由基隆的中华船厂建造，计划于1999年全部建成服役。该级船满载排水量3040吨，长101米，宽17米，吃水5米，主机为2台柴油机，2轴，航速20节。可搭乘1400名陆战队员。装备有“小槲树”舰空导弹发射装置，3座40毫米“博福斯”炮。

中国台湾海军建成“达观”号新型海洋调查船 中国台湾海军的“达观”号海洋调查船于1995年9月开始在左营服役。该船由意大利姆吉阿诺船厂建造，属于台湾运输通信部。主要负责台湾东部沿海的音响测定，为海军潜艇部队提供各种信息资料支援。该船满载排水量3180吨，长93米，宽15.2米，吃水5.1米。主机为柴油—电推进方式，配备3台MTU/AEG柴油发电机，1万马力，航速15节，航速12节时续航力为1.2万海里，编配船员80名。能独立在南北极气候环境条件下从事海洋调查活动。

德国海军建造“埃格费”级战斗补给船 德国海军继90年代初建成6艘404型补给船后，1996年又开始设计建造“埃格费”级战斗补给船，计划于2000年服役。该级船计划建造2艘，主要适用于支援在国外的联合国维和部队。该级船满载排水量1.85万吨，长164.3米，宽24米，吃水7.4米，配备2台柴油机，2轴。航速19.5节，船员193名。该级船搭载燃料9540吨，淡水450吨，干货280吨，弹药160吨。船艉部设直升机平台，可用于垂直补给干货。船中部设一个补给门架，可为作战舰艇实施横向补给。门架前后各配备一部大型臂拆叠式吊车，可装卸大型军用集装箱。

西班牙海军建成“帕蒂诺”号新型补给船 西班牙海军“帕蒂诺”号补给船于1995年6月在巴赞造船厂建成服役，从而取代了早已超龄的“特德”号油水补给船。该船采用商船结构，核、生、化防护符合军用标准。该船满载排水量1.7万吨，长166米，宽22米，吃水8米，主机为2台柴油机，功率为2.4万马力，航速20节，航速20节时续航力1.34万海里，船员185名，造价为1.72亿美元。自卫武器有2座“梅罗卡”近程武器系统，2座“厄利孔”20毫米火炮，并配备有电子战系统和诱饵发射器。船艉部设直升机平台和机库，可搭载3架SH-3D“海王”直升机。该船设2个补给门架，各补给站均为干、液货双功能补给站，艉部有纵向补给站和垂直补给站，还设有飞机维修车间和医疗设施。该船能载燃油6815吨、JP-5油料1660吨、淡水500吨。

（张文贤）

舰载武器 舰炮和舰/潜空导弹

美海军研制垂直舰炮 美国海军为了加强水面舰艇对陆攻击能力，拟建6艘装载导弹发射装置的“武库舰”，其中3艘还将安装精确的远程舰炮。这种炮为双管155毫米VGAS垂直炮。此炮及其自动装弹系统等均安装在甲板下，犹如MK—41垂直发射系统，发射时升至甲板。VGAS垂直炮的弹丸安装在一个药筒上。药筒装的层盘式发射药能保证将弹丸精确地发射到50～270海里处。弹头可以是整体的，也可以是数百个自导反装甲分弹丸。

美国加紧改进“拉姆”舰空导弹 为了对付下个世纪反舰导弹的挑战，美国正加紧对现役“拉姆”舰空导弹进行重大技术改进。主要改进措施：一是用新型激光近炸引信取代原标准“响尾蛇”导弹的近炸引信，这种新引信已于1996年投入使用；二是用红外热成像寻的器取代原先的“尾刺”窄视场红外寻的器，新型红外热成像寻的器预计1999年交付使用，它的搜索视场很宽，可实现全程制导，不需要目标一定辐射射频信号；三是采用双推力火箭发动机，以增加新一代“拉姆”的射程和速度，并使之具有更高的末端机动飞行能力；四是采用新型数据链，将不断改变的目标信息传递给飞行中的导弹，从而增加“拉姆”导弹在严寒气温下对付远距离非辐射目标的有效性。

英国海军主力战舰装备“海狼”垂直发射系统 1982年英阿马岛海战之后，英国宇航公司开始正式研制垂直发射的“海狼”导弹。这种导弹的燃气排放系统与储运发射箱是一体的，即它的四个排气道分布在导弹的4个弹翼之间，而发射筒的底部是封闭的。由于采用一体化结构，因此发射装置的体积小、重量轻，易于在舰船上布置。装舰时，根据舰船的不同任务需求和吨位大小，以一个发射筒作为单元，可以排出多种阵列。“海狼”导弹的跟踪雷达可以精确地跟踪角度很高或很低的目标，包括从海平面来袭的目标。“海狼”导弹武器系统还可以与舰上作战指挥系统现有的作战情报机构、舰船数据和监视雷达相结合。“海狼”导弹的最大射程为 9 千米，因此可在较长时间对付来袭目标，从而增加了整个系统的作战能力。“海狼”导弹发射筒可布置在机库两侧和上层建筑顶端；在 23 型护卫舰上则布置在首部主炮之后。

法、德联合研制潜空导弹　90 年代中期，法国宇航公司与德国 MBB 公司联合研制出新一代“独眼巨人”潜空光纤制导导弹，按计划将于 90 年代末期装备潜艇。“独眼巨人”潜空导弹由导弹、水下运载器和发射器 3 部分组成。导弹头部装有红外或电视摄像机，光纤线轴装在尾部并由此放出。推进系统采用固体发动机。水下运载器可在水下 300 米内的任一深度由鱼雷发射管发射。运载器跃出水面后，在出水传感器的控制下爆裂脱落，释放出运载的导弹。“独眼巨人”的发射系统是一种 533 毫米的标准鱼雷发射管，其发射位置不受特别限制。“独眼巨人”导弹弹长 1.85 米，弹径 0.165 米，弹重 105 千克，作战半径 10 千米。主要用于攻击反潜飞机和直升机。导弹的攻击方式有两种：一为直接攻击方式；另一种为搜索方式。

鱼雷　**俄罗斯开发高速鱼雷**　近年来，俄罗斯已开发出一种航速达 100 节的高速鱼雷。鱼雷外壳表面从雷顶开始就设计了足够数量的微细小孔。这些小孔排列有序，疏密有致，且与鱼雷纵轴呈一定角度。当高压气体从孔中排放时，在鱼雷表面形成附面层。当鱼雷全速航行时，附面层将鱼雷金属壳体与海水流体分隔开来，因而可极大地降低鱼雷表层的摩擦力。实验证明，如果附面层厚 3～5 毫米，可降低鱼雷表层摩擦力 50%。此种高速鱼雷，比美国 MK-50、M-48“阿德卡普”鱼雷和英国“旗鱼”鱼雷的速度快了约一倍，是迄今世界上航速最高的鱼雷。据透露，俄罗斯将于 2005 年再推出航速 200～300 节的鱼雷。

法、意、德联合研制 MU90 鱼雷　90 年代初，法、意两国决定联合研制 MU90 鱼雷，即法国取其“海鳝”小型反潜电动鱼雷铝—氧化银电池，创造高航速，意大利取其 A290 鱼雷加装线导系统，浅水自导性能突出的优点，后来，德国也加入研制行列，并以超强磁性材料为 MU90 研制大功率推进电机。MU90 鱼雷由于航速高、制导好，可保证直接撞击目标。MU90 鱼雷预计于 1997 年开始批量生产，1999 年正式交货，装备下世纪初叶的西欧各国海军。

南非海军改装 A-44 鱼雷　南非海军现正着手改装美国 50 年代研制、60 年装备的第 2 代小型自导反潜鱼雷 MK-44，使之成为 A-44 鱼雷。这种鱼雷沿用 MK-44 的壳体，保持原来的长度 2.57 米，重量却由 236 千克减至 197 千克，最大航深由原来的 300 米增至 500 米；将普通装药改为定向爆破装药，装药量由原来的 40 千克增至 45 千克，可击穿一般潜艇 40 毫米厚的耐压壳体；采用现代先进的水声自导装置，提高了浅水自导性能，上限深度可达 10 米，浅水发现距离超过 700 米，深水发现距离则超过 1000 米；仍使用原来的银镁海水电池——电机推进系统，但有所改进，鱼雷的最大航速由原来的 30 节提高到 32 节，航程由原来的 5.5 千米增加到 6 千米以上。A-44 鱼雷可望于下世纪初在南非海军中服役。

（李　杰）

空军武器装备

综述　各国军事航空工业以联合求生存和发展。冷战结束后，新型作战飞机的发展方面出现的显著变化就是成本上升已成为影响军机发展的首要因素，技术则成为第 2 位重要因素。成本居高不下近年来几乎困扰着所有新型军用飞机的发展，军事需求萎缩则使研制厂商难以获得预期的规模效益。因此，如果不有效地控制成本，提高有限资金的利用率，如果不有效地实现业务多元化，适应军事战略的调整，消化国际航空市场的变化产生的负面影响，任何一个厂商都难以在竞争激烈的国际航空市场上站稳脚跟并有所发展。1996 年 3 月 15 日，世界第 5 大民用飞机制造商、有 70 多年历史的荷兰福克公司破产就是一例。因此，世界主要飞机制造商近年来在加强内部重组的同时，加快了横向联合的步伐。1996年7月1日，在法国政府的促成下，法国最大的国营航空企业法国航空航天公司与法国最大的私营航空企业达索飞机公司宣布合并，并于1997年1月1日完成合并工作。合并后，法国政府在新公司中控股67%～75%，达索家族持股25%～33%。新公司将与德国戴姆勒-奔驰航空航天公司及英国航空航天公司在欧洲航空航天市场上形成三分天下之势。在美国，洛克希德公司与马丁-玛丽埃塔公司合并后，又于1996年1月以100亿美元收购洛拉尔公司；诺思罗普-格普曼公司亦于当月出资26亿美元收购了韦斯汀豪斯电气公司的防务电子系统分部；同年12月15日，波音公司与麦道公司以股票折换方式合并组建新的波音公司，新公司超过洛克希德-马丁公司成为世界上实力最雄厚的航空航天公司，其员工数达20万，年营业额预计高达480亿美元。在共同利益驱使下，传统的竞争对手也会联合起来共同面对未来的挑战。1996年内，美国两大动力系统制造商通用电气公司和普拉特-惠特尼公司为共同占领未来超大型飞机发动机市场而联手建立合资公司。这一切清楚地表明世界军用飞机研制领域的新竞争格局开始形成，未来竞争将更加残酷和激烈。

国际合作成为新型军用飞机研制的主流。研制新型军用飞机周期长，启动资金及计划总投入资金量大，并且存在一定的技术风险和市场风险。因此，在新型军用飞机的研制方面，各国普遍接受和采用下述发展方式：争取国际合作，分担投资压力，缩短研制周期；优势互补，扬长避短，充分利用现有成熟技术，提高系统整体先进性，分担并消化项目的技术风险；利益共享，共同开拓新型军用飞机的国际市场；形成规模效益，提高生产效率，降低产品的成本，扩大产品的对外转包生产，提高新型军用飞机的可承受力以及在国际市场上的竞争力。90年代以来，随着国际政治、经济、军事形势的变化，新型军用飞机研制中各国航空航天企业的国际合作出现了下述趋势：合作领域广泛化，已由原生产领域拓展到投资、研制、销售和采购等领域；合作方式多样化，由技术或实物形态的合作发展到以资本形态合作为主，在具体合作形式上合作伙伴彼此资本融通；合作对象在全球化的同时，区域化的态势十分明显；合作分工专业化，合作组织集团化。日本的**F**-2型战斗机就是由日本的三菱重工业公司、美国的洛克希德-马丁公司和通用电气公司合作研制的。美国下一代联合攻击战斗机的研制工作也将积极吸收英国参与，并充分利用英国在垂直起降方面的先进技术。1996年1月1日起法国与德国组建的联合军备局正式开始工作，这是两国为提高军品竞争力、避免重复投资而采取的重大举措；两国一致认为在面临其他挑战的情况下，两国不能单独为新的大型装备项目投资，而需要由联合军备局进行统一协调研制行动；在航空技术装备方面，法德已决定在研制直升机、机载导弹方面全面加强合作与协调。引人注目的是，对于法德牵头建立的这一机构，西欧国家表示极大的支持，因为它们都已感到来自大西洋彼岸的威胁，英国、荷兰、西班牙、意大利都准备加入该机构，届时可能形成一个强大的欧洲联合军备局，与美国庞大的军工机器抗争。欧洲直升机工业企业于1992年1月联合起来后组建了欧洲直升机公司，成为世界第2大直升机制造商，是一支可以与美国相抗衡的力量，1996年欧洲直升机公司在全球军用直升机市场上占据了14%的市场份额。

新型军用飞机的发展依然集中在为数不多的国家。航空工业的发展水平是反映一个国家科技发展综合水平的重要尺度，以往新型军用飞机的研制主要集中在美国、西欧及俄罗斯（前苏联）等少数几个国家。80年代以来，随着世界经济及科技的迅猛发展，一些国家出于战略上的考虑，高度重视民族航空工业的发展与建设，陆续开展了军用飞机的独立或合作研制的工作，打破了少数国家垄断军用飞机发展的格局，从世界范围看，航空工业有了迅猛发展。但90年代以来，由于航空工业系技术密集型产业，新型军用飞机发展的技术含量高且复杂，资金投入量大，因此，虽然军用飞机发展为少数几国垄断的格局已被打破，但研制先进的新型军用飞机特别是作战飞机依然集中在为数不多的国家或地区。美国梯尔集团公司曾于1995年发表过一份预测报告，对今后一段时间里世界范围内战斗机和军用运输机的发展状况进行了概略分析。分析表明，在今后10年里，新型战斗机的生产规模将收缩至2700架，价值约为890亿美元，其中美国、西欧和俄罗斯所占份额高达90.3%，这表明虽然军用飞机市场扩大，研制厂商增多，但关键性航空技术特别是军事航空技术由少数经济发达国家控制的格局依然没有根本性的改变。

隐形技术是新一代军用飞机研制中普遍采用的关键技术。随着先进的探测技术和精确制导武器的发展，作战飞机遂行任务面临日益严峻的威胁，因而航空技术发达国家在新型军用飞机研制中强调采用隐形技术提高作战飞机的生存能力。隐形飞机的价值在海湾战争中得到了充分展示，它使人们对飞机的隐形特性是未来军用飞机不可或缺的要素有了更深刻的认识。目前，隐形技术在军用飞机上的应用已经从固定翼飞机

(F-117、B-2A 和 F-22A 飞机)扩大到旋翼机(RAH-66 型直升机),从有人驾驶飞机拓展至无人驾驶飞机("蒂尔"Ⅲ型"暗星"无人驾驶飞机);隐形技术手段从重视降低飞机的雷达信号特征扩大至降低飞机的视觉信号、声学特征和红外信号,提高飞机的综合隐形能力;在研制新一代军用飞机中采用隐形技术的国家由美国已经扩大至俄罗斯、英国、德国和印度,而对隐形技术开展预研的国家就更多。韩国近年来十分重视研究隐形技术,韩国三星公司在隐形气动结构和隐形材料涂层的基础性及应用性研究上投入甚多。因而可以肯定,新一代军用飞机将普遍采用隐形技术,隐形将成为衡量军用飞机先进性的重要指标之一。目前隐形飞机设计中主要遵循以下诸原则:一是采用尽可能小的垂直安定面甚至取消垂直安定面,此举既可提高隐形性能,又能减轻结构重量,即使采用方向安定面,也是倾斜配置方式;二是采用曲率半径均匀变化的翼身融合的气动布局,提高整个飞机曲面的光滑度,它在降低雷达反射强度的同时,还可增大机身的容积并减小阻力;三是采用多平面元组合,减少雷达主波瓣的反射数目,使雷达波向上半球散射;四是在局部强散射源处(如机体的边缘和尖缘、突出部与外挂物、发动机进气道和尾喷口等)使用非金属材料、吸波涂料,遮掩或消除反射,改善飞机总体气动布局,避免形成强反射外形;五是采用S形进气道,加装复合材料网状格栅;六是采用降低热特性的喷口系统。航空技术发达国家在加强隐形技术研究的同时也注重开展反隐形手段的研究。一些国家在研制探测隐形飞机的雷达上近年有某些进展,俄罗斯和捷克在这方面略显突出。其雷达的共同特点是使用分米波和厘米波。隐形飞机由于采用了特殊的雷达吸收材料和特殊机体构型,短波雷达的信号衰减严重,探测距离明显缩短。因此选择长波雷达探测隐形飞机,并利用长波的共振特性,防止信号衰减,可明显增大对隐形飞机的探测距离。目前,隐形技术在新一代军用飞机上应用的发展方向是解决保持隐形与追求高性能之间相互制约的矛盾。如特殊的气动外形会降低航程、限制飞行速度与机动性并减少有效载荷;飞机发动机安置于机身上部或机翼上部利用屏蔽作用有利于隐形,但对大迎角机动飞行时却会产生负作用。美国推出的X-36型隐形技术验证机则初步探索到了保持隐形与高机动性的折衷方案。

*机载武器主要向精确制导和远程化方向发展。*机载武器的精确制导化是力求在提高武器毁伤效果的同时降低武器的附带损伤;远程化则是为抵销防空体系迅速发展的影响,提高载机的生存能力并在实战中掌握先敌打击之优势。近年来研制的新型机载武器具有代表性的主要有以下几种:①全球定位系统制导炸弹。这种炸弹是在普通炸弹上加装差分全球定位系统/惯性制导系统组件。1996年下半年,美国空军第46试验联队在佛罗里达州埃格林空军基地对全球定位系统制导炸弹进行试验。试验中载机为第50批F-16C型,机上装有差分全球定位系统、惯性制导系统和数字式调制解调器,挂载加装制导组件的908千克级GBU-15型炸弹,载机从距目标1600千米处的地面站接收目标的精确位置信息和修正信号,在高度7300-9100米,距目标22~25千米处投射。试验中共投射6枚炸弹,对水平目标平均距离偏差为4米,对垂直板状目标的距离偏差为5米。在普通炸弹上加装制导组件后可以大幅度提高炸弹的命中精度,也是提高现有航空弹药作战效能经济有效的途径。②"阿帕奇"反跑道空地导弹。法国马特拉防务公司与德国联合从1996年起批量生产这种导弹,几年内将用于装备法国"幻影"2000D型战斗机、欧洲"旋风"式战斗机和法国"阵风"战斗机。该导弹是一种多功能空地导弹,主要用于破坏敌方机场跑道,全重1200千克,长1.8米,可在距目标140千米处发射。这种导弹具有隐形功能,拥有自主导航系统,可避开敌方防空拦截,在距地面数十米的高度飞行。③防空区外空对地精确突击武器。美国目前集中力量研制3种防空区外突击武器:联合直接攻击弹药、联合防空区外突击武器、联合空对地防空区外导弹。1995年12月,美国麦道公司与空军签署价值6260万美元的合同,开始为期40个月的联合直接攻击炸弹的工程制造研制。该炸弹由含有惯性测量装置、全球定位系统制导组件以及尾控翼面组成,能将普通炸弹和BLU-109型贯穿炸弹改进成精确制导武器。今后改进的趋势是在弹上加装合成孔径雷达导引头。联合直接攻击炸弹采用全球定位系统制导时末端命中精度为16米,与惯性导航系统交联使用时则可提高至13米,联合防空区外突击武器又称AGM-154型炸弹,实际上是一种滑翔制导炸弹,弹重476千克,采用全球定位系统和惯性制导方式,射程为27~74千米。该武器有A和B两种型号,A型内装145枚BLU-97A/B型子弹药,主要用于突击软目标(如停放的飞机、车辆、步兵战车和导弹阵地等);B型装有6枚BLU-108/B型传感器引爆炸弹,主要用于突击装甲和加固目标。联合空对地防空区外导弹是在诺斯罗普-格鲁曼公司研制的具有隐形能力三军防空区外突击导弹计划取消后研制的,导弹射程可达290~306千米,而目前先进的防空体系火力范围平均为80~240千米,因此使用联合空对地防空区

外导弹能确保载机不受敌防空火力威胁。该导弹以先进的热成像红外寻的器作为末端制导，命中精度高达3米。这种导弹可装备战略轰炸机和战术作战飞机，在战略轰炸机上最多可载24枚(B-1B型)，最少也可载12枚(B-52H型)；战术作战飞机均载2枚，从机载武器的发展现状看，远程精确打击将成为空中作战的主要手段，并将对联合作战理论的发展产生影响。

轰炸机 从世界范围看，目前只有美国和俄罗斯具有发展战略轰炸机的技术能力和军事政治需要，并且各自保持着一支现役战略轰炸机部队。但是，俄罗斯由于经济形势所迫，国防预算大幅度削减，其战略轰炸机的发展已经受到很大的影响，新型战略轰炸机的研制工作一直停留在方案论证和预研阶段，现役战略轰炸机的改进工作也徘徊不前。因此，实际上只有美国继续发展战略轰炸机，但与以往相比步伐已大为减慢。1995年以来，美国没有新的战略轰炸机计划出台，其战略轰炸机的发展今后注重走内涵发展的道路。其现役战略轰炸机在加紧技术改进的同时，今后一个时期内其数量将稳中有降。轰炸机部队将由66架B-52H改型机、95架B-1B和20架B-2A隐形轰炸机组成，在2014年以前能完全满足1993年彻底评审提出的要求。

战略轰炸机重点进行提高常规作战能力的技术改造。现役战略轰炸机主要是为满足遂行核突击任务的需要而研制的，但冷战结束后，世界军事及政治形势发生了很大的变化。为顺应作战形势变化的需要，美国目前正在实施轰炸机常规武器综合改进计划，这一计划一旦完成，其战略轰炸机的常规作战能力将有很大的提高。届时，B-1B型轰炸机可投掷的武器将由目前的2种增到7种；B-2A型轰炸机可投掷的武器由目前的3种增加到7种；B-52H型轰炸机可投掷的武器则由目前的13种增到18种(注：在种类计算上将B-83型和B-61型重力核炸弹归为一种；将各型集束炸弹如CBU-87、CBU-89、CBU-97型等归为一种；将各种空投地雷、水雷也归为一种)。在新增加的7种机载武器中，有5种是精确制导武器，占71.4%。因此，战略轰炸机的突击力和遂行任务的灵活性都将显著增强，能满足核及常规威慑和打赢重大地区冲突的需要。这种改进将会产生重要的影响，使战略轰炸机在高技术条件下具有对敌目标系统中至关重要的目标实施持续精确打击的能力，进一步确立战略轰炸机在现代高技术空中作战中的优势。

美国B-2A型战略轰炸机发展概述 *决定停止增购B-2A型战略轰炸机。*1995年内，美国国会与政府就是否增购B-2A战略轰炸机的问题展开了一番较量。当年9月7日，共和党控制的美国众议院以210票对209票的微弱优势通过一项不具有约束力的议案，决定在1996财年国防预算中追加拨款4.93亿美元，增购B-2A轰炸机及其零部件。

但是，美国国防部认为，如果再增购20架B-2A轰炸机，则在全寿命周期里国防部将多支出300亿美元。为此，美国国防部建议拨款18亿美元加强前进基地的物资预置，采取措施提高现有B-2A、B-1B和B-52H轰炸机的出动率，综合提高轰炸机的使用效率，进而可以在不增加轰炸机数量的前提下满足战略需要，美国空军也不希望以牺牲其他的装备发展计划为代价增购20架B-2A型轰炸机。因此，美国总统克林顿于1996年2月8日决定在采购20架B-2A型战略轰炸机后不再增购该型轰炸机，从而结束了围绕B-2A型轰炸机装备数量问题而展开的争论，同时该机的研究与发展、采购等费用也将最终控制在444亿美元的水平上。同年3月，美国总统指示空军将1架试验型B-2轰炸机改进成作战型飞机，美国国会为此工程在1996财年预算中拨款4.93亿美元。因此，美国空军到2000年共计将装备21架B-2A型战略轰炸机，编成2个作战中队。

*削减试飞项目。*1996年年中，美国总审计署在审核B-2A型轰炸机计划时发现该机交付后的试飞工作尚有66%未能按预定计划完成，要求美国空军必须于1997年7月1日前在不追加拨款的前提下完成一切试飞工作。为此，美国空军已决定削减部分原定的试飞项目，以加快工作进度。修改后的试飞计划削减的项目主要有武器系统、进攻性和防御性航空电子设备、低空地形跟踪与回避系统的试飞。目前，投入使用的B-2A型轰炸机已经累计飞行3900余小时，出动架次率达90%以上。下一阶段通过试飞，将重点检验B-2A型轰炸机的常规作战使用能力。

*改进武器系统，提高常规作战能力。*1995年5月，美国国防部组织了重型轰炸机部队规划专题研究，有关B-2A型轰炸机的结论性意见认为应集中力量为该机加装先进的精确制导武器，而不是单纯增加该机的数量。因此，美国空军拟分3批对B-2A轰炸机的机载武器系统进行改进。1996年8月，诺斯罗普-格鲁曼公司已按计划交付了首架第20批型飞机。1997年底将交付的第30批型的飞机还将在原来的基础上加装“军事星”卫星通信系统。为适应新形势的需要，美国空军正在对第40批型的B-2型轰炸机的军事需求进行预研，将在适当时机对现有型号加以改进，以进一步提高

该机的常规作战能力。

美国 B-1B 型轰炸机实施常规任务改进计划，增强常规作战能力　B-1B 型轰炸机是为满足核战争的需要而设计的，海湾战争中该机因未能发挥其应有的作用而招致人们的非议。美国国防部从现有预算水平和实际军事需求出发，从 1995 年财政年度着手对 B-1B 型轰炸机进行改进，其核心就是使 B-1B 型轰炸机具有常规精确打击能力并提高其生存能力，以适应局部战争的需要。经过“彻底评审”，美国空军决定继续保持 95 架 B-1B 型轰炸机的装备水平，但现役部队中只装备 70 架 B-1B 型轰炸机，占总数的 73.7%。目前美国空军实施的“常规任务改进计划”共分 4 个阶段实施。在第 1 阶段（亦称 C 批型机改进阶段），B-1B 型轰炸机将可携载 CBU-87 型和 CUB-89 型集束炸弹以及 CBU-97 型传感器引爆武器。在这一阶段，对机上的炸弹架作了重新设计，从原来携载 28 枚 227 千克的 MK-82 炸弹改为携载 10 枚 454 千克的集束炸弹。首批改装的部队是第 28 轰炸机联队和应急机动特遣部队之一的第 366 混编联队所属第 34 轰炸机中队。在第 2 阶段（D 批型机改进阶段），B-1B 型轰炸机可携载 980 千克级的联合直接攻击炸弹（1 个通用旋转发射架可载 8 枚，3 个发射架共载 24 枚），加装 GPS 导航系统并改进通信设备和雷达系统。在通信系统的改进方面，B-1B 型轰炸机将换装罗克韦尔-柯林斯公司研制的新型 AN/ARC-210 型多模式电台，该电台工作频率为 30～400 兆赫（这一范围涵盖了美军整个战术作战部队的通信频段），在甚高频段具有很强的抗干扰能力，并且具有特高频调频/调幅通信的能力，使 B-1B 型轰炸机在多机种合同作战中能与其它轰炸机或战术作战飞机以及在联合作战中与地面部队保持高质量的话音联系和数据通信。在雷达的改进方面，B-1B 型轰炸机将提高对空搜索雷达的性能，主要是使该机在夜间或复杂气象条件下能迅速准确地确定空中加油机的位置，准确地进入加油航线与加油机会合。在第 3 阶段（E 批型机改进阶段），将重点对 B-1B 型轰炸机的任务控制系统软件进行更新，提高运算速度及处理能力，并增加新的功能，主要是为满足使用风修正弹药投撒器的需要，新的任务控制系统软件用军标 Ada 语言按 32 位开放体系结构的标准编写，这样易于今后功能扩充，每年可节省软件和硬件维护费用近 4000 万美元。第 4 阶段（F 批型改进阶段）实际上是实施 B-1B 型轰炸机的“防御系统改进计划”，该计划主要是改进机上的 ALQ-161 型电子干扰系统，由针对遂行核突击任务的需要扩大至常规作战条件下适应多种威胁样式的需要。同时，B-1B 型轰炸机将加装雷锡恩公司研制的 ALE-50 型拖曳式诱饵。经过改进后，B-1B 型轰炸机的突防和突击能力将有很大的提高。

美国继续改进 B-52H 型轰炸机　美国计划对 B-52 型战略轰炸机再次进行大规模改进，使之在本世纪末和下世纪初的空中斗争中发挥重要的作用。

新改进计划是在 B-52H 型的基础上进行的，使之能继续使用到 2030 年，改进的重点是提高其遂行常规作战的能力。B-52H 型轰炸机的主要改进项目为：增加挂载 AGM-84“鱼叉”反舰导弹的设备；增加 1 个综合常规外挂武器管理系统，使之具有挂载下一代精确制导武器（如联合直接攻击炸弹、联合防空区外攻击武器、风修正炸弹、联合空对地突击武器等）的能力，其中有 10 架 B-52H 将用于携载 AGM-142 型光学制导防空区外攻击导弹（以色列研制的海夫纳普导弹）；加装一个有军标 1760 标准接口的重型武器挂架，能挂载 900 千克级的重型炸弹；加装 1 个多用途炸弹舱连接装置，这是一种通用的战略武器旋转发射架，可迅速由遂行核突击任务改变为遂行常规突击任务；改进驾驶舱照明控制系统；在原有的 2 个电子战系统的基础上，加装第 3 个 AN/ALQ-172 系统，解决所面临的新的电子战威胁；加装与惯性导航系统交联的全球定位导航系统。为提高 B-52H 型轰炸机的可靠性，降低其维护性成本，B-52H 型轰炸机将换装新型发动机，这是飞机系统改进最大的部分。新发动机选型基本确定为波音 757 飞机使用的 RB211-535E4B 型发动机。此举可提高 B-52H 型轰炸机的可靠性、维修性，提高发动机燃油使用效率，使飞机的航程增大 30%～40%，可靠性提高 8 倍。除上述改装方案外，波音公司还提出了一项长远的改进方案，包括座舱航空电子设备现代化改装，换装平面彩色显示器，高分辨率雷达，改进机翼巡航导弹挂架和弹舱，使飞机可挂载 110 枚 MK-82 型 227 千克炸弹，并可从外部信息源接收实时目标信息。

预计每架 B-52H 的改装费用为 225 万美元，轰炸机部队停飞一次即可完成改装任务，整个计划可节省 1 年的时间和 1 亿美元的费用。1996 年底开始进行改装，首批改装 47 架，另外 19 架将于 1999 年改装完毕。从改进内容上分析，B-52H 型轰炸机的此番改进不是历史的简单重复，而有可能产生质的飞跃。完成改装任务后，B-52H 轰炸机将以全新的面貌在美国空军轰炸机部队中继续服役，并将创下战略轰炸机服役时间最长的纪录。

战斗机（歼击机）　研制新型战斗机资金投入量大，技术难度较高；同时，一些在役的战斗机仍有一定的发展潜力。因此，一些国家在重视新机研制的同时，注重以新技术改进现有的技术装备，提高空中力量的作战能力。目前改进的对象主要是装备数量大、有改进潜力的几种飞机，如美国的F-16型和F-15型、俄罗斯的苏-27型和米格-29型战斗机等。改进的内容主要体现在：一是利用新技术改善装备的技术性能。1997年开始，美国空军在F-15型战斗机上加装新的联合战术信息分配系统，该系统可在不同军种的作战飞机之间、作战飞机与军舰及地面部队之间及时传递各种战场信息，提高空军与其他军兵种联合作战的能力。二是加装新设备，拓宽遂行任务的范围。美国的F-16C/D型飞机经加装特种设备后，开始遂行前方空中控制员的任务，有效地弥补了美国空军OA-10飞机不足的问题。1995～2000年间，美国空军计划投资5.4亿美元，将100架F-15C型战斗机改装用于遂行压制防空体系的任务。1995年8月，伊朗空军在俄罗斯的帮助下，成功地为其装备的米格-29型飞机装备了空中加油系统，扩大了米格-29型战斗机遂行任务的范围。三是换装新型机载武器装备，提高其作战能力。如德国空军在“旋风”攻击机上加装射程达8～10千米的红外制导空空导弹后，又改进特种设备，加装了射程为140千米的“阿柏奇”空地导弹，专门用于破坏跑道，大大提高了“旋风”攻击机防空区外突击的能力。

新型战斗机在发展中愈来愈重视采用推力矢量技术。F-22A型战斗机和苏-37型战斗机在设计初期就十分强调利用推力矢量技术达到超机动性。欧洲联合研制的EF-2000型战斗机研制初期并没有考虑采用推力矢量技术，但目前欧洲喷气发动机公司也在研究EJ-200型发动机安装推力矢量喷口的问题，1998年初将在EJ-200型发动机上进行推力矢量地面试验，2000年初进行飞行试验，而且针对今后加装推力矢量喷管的需要，生产型EF2000型战斗机的后机身隔框设计强度已经加强。

美国F-22A飞机发展概述 1995年以来，影响F-22A飞机发展的一个重要问题即F-119型发动机高压涡轮叶片振动的问题，经过普拉特-惠特尼公司与美国空军合力攻关已经解决。第1架生产型F-22A战斗机开始在沃斯堡工厂组装中段机身，工程制造发展阶段最后组装工作也于1996年底实施，按计划1997年5月29日F-22A型飞机进行首次试飞。

*调整生产计划，控制项目超支幅度。*到1997年初，F-22战斗机在研制阶段已经超支约20亿美元，为遏止项目成本快速上扬，美国国防部调整了该机今后的生产计划。美国空军已取消了制造4架F-22预生产型验证机的计划，改用工程制造发展阶段的最后2架飞机和低速生产阶段的头2架飞机作为预生产型验证机，此举可节省7.1亿美元。同时，进一步降低小批量生产的速度，由原计划在1999～2002年间生产76架飞机改为到2003年止生产70架，但仍然保证在2003年6月完成F-22A战斗机工程制造发展阶段的试飞，使之在2004年底形成初始作战能力，此举可节省14.5亿美元。两项生产计划的调整，可累计节省21.6亿美元，将研制阶段的总费用控制在187亿美元左右。1996年年中，美国空军为节省经费，也决定取消生产42架F-22双座型的计划，以此节省5亿美元。因此，美国空军采购的442架作战型和5架工程制造发展型的F-22A飞机全部都是单座的。飞行员的初期改装训练将主要依赖同型模拟机，然后直接进入F-22A战斗机飞行。

*F-22A型战斗机的武器配置方案。*F-22A型战斗机右机翼翼根上方装有1门20毫米M-61A2型航炮，备弹480发。该航炮是由F-15战斗机上的M-61标准型航炮改进而来，重量有所减轻，但可靠性提高。F-22A型战斗机共有2个机腹主弹舱，2个机身旁侧弹舱，两翼下各有2个外挂点。弹舱和外挂点根据任务的需要可携载多种武器，从目前公布的资料看，F-22A的武器配置方案如下：

F-22A战斗机遂行隐形攻击任务时完全采用内载武器的方式。执行空空作战任务时，基本武器配置方案为4枚AIM-120A中距空空导弹和2枚AIM-9红外制导空空导弹，即在2个机腹主弹舱中各挂2枚AIM-120A空空导弹，2个机身旁侧弹舱各挂1枚AIM-9空空导弹。另一种基本配置方案为主弹舱中挂4枚AIM-9空空导弹，2个机身旁侧弹舱各挂1枚AIM-120A空空导弹。

执行空空作战任务时，还可采取加大挂载的方案，即在主弹舱中挂载6枚AIM-120C中距空空导弹，在旁侧弹舱中各挂1枚AIM-9红外制导空空导弹。这样，F-22A战斗机的空战武器最大携载量为8枚空空导弹。

执行空对地突击任务时，F-22A战斗机在2个机腹主弹舱中可各挂载1枚454千克的联合直接攻击制导炸弹和1枚AIM-120A中距空空导弹，在2个旁侧弹舱中各挂载1枚AIM-9空空导弹。

遂行非隐形攻击任务时，除机内弹舱挂载武器外，机翼下的4个外挂点也可挂载武器或副油箱，每个外挂点的最大携载量为2270千克。执行远程战斗空中巡逻任务或战斗转场时，两个内侧挂点可各挂载一个

2270 升副油箱，两个外侧挂点各挂载 2 枚 AIM-120A 空空导弹。这样，F-22A 的空战武器最大挂载量可达 12 枚空空导弹。执行转场任务时，F-22A 飞机还可在 4 个外挂点上各挂载一个 2270 升副油箱，同时在每个外挂点上加挂 2 枚空空导弹。不过在这种情况下，外挂点上的空空导弹由于距副油箱过近而不能发射。

机体结构选材。F-22 型飞机的机体结构选材是该机研制过程中的一个重点问题，因为 F-22 型飞机要求具有非常规机动能力、隐形能力和低成本等特点，对整机结构重量要求很严，必须在技术先进性和低成本间保持平衡。满足重量要求的重要方法就是采用比传统材料轻 17%～18%的复合材料。从目前情况看，F-22 飞机的工程制造发展型中复合材料的比重将达 40%～50%，这比以往的作战飞机有较大幅度的提高。F-15 型飞机钛合金比重为 25.8%，而 F-22 型飞机则为 41%；热固性复合材料比重 F-15 型飞机为 1.2%，而 F-22 型飞机则高达 23%。目前，热固性复合材料的用量较大，而更先进的热塑性复合材料的应用则带有试验性质。

美国研制 X-36 型隐形战斗机验证机 F-117A 战斗轰炸机和 B-2A 轰炸机等第 1 代隐形作战飞机问世以来，西方航空技术发达国家就致力于研制新一代隐形作战飞机。其中，美国起步较早且成绩斐然。1996 年 3 月 19 日，美国麦克唐纳-道格拉斯公司正式推出了缩比为 28%的 X-36 型验证机，拉开了研制下一代隐形战斗机的序幕。该机的发展遵循“更快、更好和更廉价”的预研方针，在预研阶段采用无人驾驶验证机，将于 1997 年上半年完成验证机试飞，与以往常规验证机相比，试飞耗时减少 60%多，并节省经费近 80%。该机在研制中所贯彻的新研制模式，所采纳的新布局方式以及所应用的新技术和新工艺，都将对未来战斗机的发展方向产生重要的影响。缩比 28%的 X-36 型验证机基本性能数据如下：翼展 3.17 米，机长(含空速管) 5.55 米，机高 0.945 米，前后缘后掠角均为 40°，机翼上反角为 0°，厚弦比 7%，总重 577 千克，空重 495 千克，载油量 82 千克。该机的主要技术战术特点：一是具有超音速飞行能力，X-36 型验证机的气动布局与 F-117A 型飞机差异显著，它采用翼身融合、小厚弦比的尖前缘机翼，大大降低了飞机高速飞行时的阻力。由于小缩比的 X-36 型飞机安装推力仅为 318 千克的涡扇发动机，最大飞行 M 数只能达到 0.6，但全尺寸验证机安装高推重比先进发动机后，飞机便能在保持良好隐形性的基础上作超音速巡航，使该机具有很强的高速机动和快速反应能力。二是具有高度隐形能力。第 1 代隐形战斗机 F-117A 的外形结构特殊，尽管有垂直尾翼，其迎头雷达反射面积已降至 0.01 平方米。而 X-36 验证机与 F-117A 型飞机相比，气动布局的突出特点就是取消了垂直尾翼，采用边条机身，并最大限度地减少了机身上的舱门和口盖的几何尺寸，全尺寸验证机的机载武器可采用内藏式或保形外挂式。这就大大降低了该机在各个方向上的雷达反射波的强度。在此基础上，X-36 型验证机还对发动机的进气道和尾喷口采取了适当的屏蔽措施，降低了飞机的红外和声学信号特征。因此，X-36 型验证机反映出新一代超音速隐形战斗机的综合隐形性能将显著优于 F-117A。三是灵敏的机动性能。X-36 型验证机尽管取消了垂直尾翼，但它在主翼翼尖上首次采用了阻力方向舵，靠气动力提供方向操纵力矩；同时采用重心靠后的俯仰不安定设计和鸭式布局，并可安装先进的推力矢量发动机，大大加强了飞机的俯仰操纵性和过失速机动性。所以，它的综合机动性是第 1 代隐形战斗机所无法比拟的，并将优于目前某些常规布局战斗机。这一切均反映出未来隐形战斗机的发展方向。

俄罗斯发展苏-37 型战斗机 苏-37 型战斗机是俄罗斯苏霍伊设计局在苏-27 型战斗机基础上研制的一种单座全天候多用途战斗机。1996 年 4 月 2 日，苏-37 型战斗机首飞成功；同年 7 月 31 日，首次对外展示了该机；9 月，参加了巴黎航展，以其出色的“眼镜蛇”机动和“圆周”机动引起世人瞩目。苏-37 型战斗机具有杰出的超机动性，因为该机采用三翼面气动布局以及装有 2 台大推重比并带推力矢量喷口的 AL-37Фу 型加力涡轮风扇发动机。AL-37Фу 型发动机采用 4 级低压压气机，9 级高压压气机，前 3 级叶片的角度可以调节；高压和低压涡轮采用单级冷却，涡轮冷却系统中的空气热交换器带有主动叶尖间隙控制装置；采用由综合电传系统控制的推力矢量控制系统及收敛—扩散喷口，AL-37Фу 型发动机的推重比达 8.7，加力推力为 142 千牛，其推力矢量只能用于俯仰操纵，喷口最大偏转角为±15°，通过双发喷口差动操纵可增大飞机的滚转力矩，因而该机具有独特的俯仰及横侧机动性能。苏-37 型战斗机的座舱有很大改进，在一定程度上可达到“玻璃座舱”的标准。座舱内主要有 4 个多功能液晶显示器，可综合显示发动机工作状态、导航信息、战术态势及武器系统控制等信息。苏-37 型战斗机装有 1 部相控阵多模式前视雷达和 1 部后视雷达。前视雷达具有对空模式和对地模式，对空模式对小型目标的探测距离达 140～160 千米，水平方向探测范围±90°，俯仰角±55°，可跟踪 20 个目标，引导导弹同时攻击 8 个威胁最大的目标;对地模式包括具有地图绘制、跟踪活动目标和地形规避等功能,探测距离 130～170 千米。后视雷达主要用于预警,探测距离 30～50 千米,在水平及俯仰探测范围均为±60°。苏-37 型战斗机具有较强的空战和对地突击能力。该机有 12 个外挂点,总载弹量达 8 吨。遂行空战任务时,可载红外制导 R-73E 型近距格斗导弹,R-27REI 型中距拦射导弹以及主动雷达制导的 RVV-AE 型远距拦射导弹;对地突击时可携载多种精确制导炸弹。

印度轻型战斗机(LCA)在困境中求发展 轻型战斗机是印度自主研制的一种全天候空中优势战斗机,同时具备一定的近距空中支援能力。进入 90 年代以来,由于经费削减,轻型战斗机的发展受到很大的影响,1993 年经批准用于第 1 阶段研制工作的经费为 6.3 亿美元,只有申请额的一半,因此第 1 架原型机经两度推迟后才于 1995 年 11 月 17 日在班加罗尔出厂,比原计划晚了 9 个月。目前,原型机的试飞计划已经受到直接影响,以技术验证为主的第 1 阶段研制工作原订用 2 架原型机从 1996 年 6 月进行 200 架次的试飞,由于第 2 架原型机最早也要到 1997 年 9 月才能出厂,因此原型机首次试飞日期已经推迟到 1997 年年中。从目前情况看,有几个关键问题对该机研制计划的进展情况产生着重要影响:一是能否如期研制出 GTX-35VS 型涡扇发动机,这可谓轻型战斗机研制计划中的控制工程,如果该发动机不能如期于 1998 年装机试飞,则整个计划将再次延期。二是能否在资金紧张的情况下如期生产出第 2 阶段试飞所需的 5 架轻型战斗机(其中 3 架为单座型,2 架为双座型)。三是飞行控制及任务系统软件能否顺利通过试飞测试。该机采用了印度自主研制的 32 位机载计算机系统,源程序用 Ada 军标语言编写,长达 45 万行。到 1997 年初,该软件经过了 2000 小时地面测试,急需进行飞行测试。根据 EF-2000 型战斗机的研制经验,试飞阶段对飞控及任务系统软件调试的工作量仍然很大。四是能否遏止成本上扬势头。由于计划推迟及其他因素的影响,印度轻型战斗机的单机成本到目前为止据估算已经上升至 2000 万美元并仍有上扬之势,如果研制机构不能对此加以有效遏止,则将对整个计划产生负面影响,因为在军费削减的情况下,印度空军的购买力是相当有限的。

印度启动具有隐形能力的中型战斗机研制计划 在 1996 年 12 月举行的印度首次航展上,印度国防研究与发展机构的官员宣布印度政府已经投资 23 亿美元开始实施型号为"中型战斗机"的预研工作。这一计划的目的是以一种新型自研战斗机取代现已服役多年的"美洲虎"和"幻影"2000 型战斗机,同时缩小印度军机研制与世界先进水平的差距。中型战斗机的技术细节均属机密。但从总体上看,印度中型战斗机是一种双发远程隐形战斗机,主要遂行纵深空中阻滞和制空任务。该机的动力装置为印度自主研制的 GTX-35VS 型涡扇发动机(拟装备于印度轻型战斗机上)的改进型,主要改进之处在于采用了先进的推力矢量技术,使中型战斗机具有独特的过失速机动能力。根据研制计划,中型战斗机将于 2008 至 2010 年间装备印度空军,是下世纪初期印度空军的主战飞机之一。启动中型战斗机研制计划是印度塑造南亚军事大国形象并谋求地区军事优势的重要举措,对今后一个时期印度空军建设将产生重要的影响。

韩国提出 F-X 型战斗机研制计划 1996 年,韩国空军提出了 F-X 型战斗机的研制计划,计划以 F-X 型战斗机取代现役的 100 余架 F-16 型战斗机。该计划的时间安排是:1998 年内确定选型,2002 年交付第 1 批 60 架飞机,2003 年形成作战能力,2008 年交付第 2 批 60 架飞机。由于历史的原因,韩国尚不具备完全独立研制技术含量很高、工艺复杂的新型作战飞机的技术条件;从该计划的时间安排上看,在较短的时间里韩国也难以独立研制出一种全新的作战飞机。因此,F-X 型战斗机的研制将与航空技术发达的国家合作,更多地利用现有新技术,以尽快满足韩国空军对新型作战飞机的需求,带动韩国军事航空工业的腾飞,同时也不失为一种经济、可行之举。目前,美国、欧洲和俄罗斯已围绕韩国 F-X 型战斗机计划展开竞争,争相提出各自的方案。不论最终韩国选定的合作伙伴是谁,F-X 型战斗机计划都标志着韩国从单纯采购外国作战飞机向积极参与研制及合作生产作战飞机的重大转变。

欧洲 4 国联合研制 EF-2000 型战斗机 EF-2000 是欧洲诸国联合研制的一种单座高机动性制空战斗机,兼有一定的对地攻击能力。1995 年底,装有专门为 EF-2000 型战斗机批生产型设计的 EJ-2000 型发动机的 3 号机试飞成功,这种发动机的推力比原装在 1 号机和 2 号机上的 RB-199 型发动机大 25%。1996 年间,由西班牙制造的双座型飞机(6 号机)和由英国制造的双座型飞机(4 号机)也试飞成功。同时,德国也在解决 EF-2000 型飞机 ECR-90 型多模式脉冲多普勒雷达与雷达罩不兼容的问题上取得实质性突破,调整了该雷达的极化方式,1996 年 11 月在该型飞机的 5 号机上成功地进行了 ECR-90 型雷达系统集成飞行试验,ECR-90 型雷达与整个航空电子系统的集成飞行试验也取得成功。

目前 EF-2000 型战斗机面临的主要问题之一是计划已经滞后了 3 年，而且推迟后的时间安排能否如愿亦令人怀疑。问题之二是成本不断上扬。英国的研制成本已上涨 23%，达 61 亿美元。如果英国按原计划研制、生产 250 架 EF-2000 型战斗机并为其提供相应的后勤保障的话，整个研制成本将达到 225 亿美元，超支 34 亿美元。影响 EF-2000 型战斗机顺利转入生产的主要障碍还是计划参与的 4 国由于利益的驱动在生产份额问题上迟迟未能达成共识。EF-2000 型战斗机的生产份额与各国对该机需求数成正比，但由于形势发生变外，各国需求数也发生了很大的变化，不可避免地会引起生产份额的调整。经过讨价还价，在德国作出在 2012 年交付完 140 架战斗机后再于 2012～2015 年间增购 40 架对地攻击型战斗机的承诺后，1996 年 7 月，计划参与的 4 国终于就未来生产份额的分配达成协议：英国航空航天公司占 37%，德国航空航天公司占 30%，西班牙占 20%，意大利占 13%，从而使延期多年的 EF-2000 型战斗机的发展发生了转机。

1996 年 9 月 2 日，英国国防大臣波蒂洛宣布英国政府已同意在本国生产欧洲联合研制的 EF-2000 型战斗机，并且已经做好了生产的前期准备工作，同时决定首批订购 232 架该型机，从而在欧洲战斗机 EF-2000 计划的 4 个参与国中第 1 个批准该机投入生产。继英国之后，意大利和西班牙政府也于 1996 年内批准该机投产。1997 年内德国政府有望批准 EF-2000 型投产，届时首批获准生产 EF-2000 型战斗机数量将是 589 架。

EF-2000 型战斗机总长 15.95 米，总高 5.28 米，翼展 10.95 米，空重 9999 千克，最大起飞重量 21000 吨，机内载油 4000 千克，最大平飞速度为 M 数 2.2，作战半径 463～556 千米，起飞及着陆滑跑距离为 500 米。该机共有 13 个挂点，外挂物重量(包括武器和油量)6500 千克。空战型飞机可挂 4 枚中距拦截导弹、2 枚近距格斗导弹和 2 个副油箱；空对地突击型飞机可挂 4 枚中距拦截导弹、2 枚近距格斗导弹、2 个副油箱，并在 4 个翼下外挂点和一个下机身外挂点上挂载 7 枚炸弹。

攻击机　美国“联合攻击战斗机”计划进展顺利

美国自 1994 财政年度开始进行“联合先进攻击技术”的前期概念研究，1995 年 12 月，美国国防部向参与竞争的诸飞机制造商们发布了进入该计划“概念验证”阶段的草案。1996 年年初，美国国防部将“联合先进攻击技术”计划更名为“联合攻击战斗机”(JSF)，这表明该计划已正式由概念研究发展至推出一种多军种通用新型作战飞机的实质性阶段。1996 年 3 月 1 日又向飞机制造商正式公布了军方对该机的战术技术综合指标。从 1996 年 6 月至 8 月，国防部对诸飞机制造商提交的方案进行了评估。这一切表明，“联合攻击战斗机”的研制计划受到美国政府及军方的高度重视，而且由于前期研究投资有充分保证，计划进展一直较为顺利。

*第 2 阶段竞争揭晓，方案趋于明朗。*1996 年 11 月 16 日，美国国防部长佩里宣布洛克希德-马丁公司和波音公司在“联合攻击战斗机”的验证机竞争阶段获胜，进入“联合攻击战斗机”原型机制造及试飞竞争阶段。为此，美国国防部分别给两家公司拨款 7.18 亿美元和 6.61 亿美元，立即开始原型机的研制工作。根据计划，2001 年美国国防部将从两家公司制造的原型机中最终决定一种原型机为美国未来的“联合攻击战斗机”。从目前情况看，“联合攻击战斗机”空重为 9～11 吨(海军型因结构特殊，重量可能增加 1～2 吨)，最大起飞重量可达 25 吨，武器载荷为 5.5 吨。从 1997 财年中方案调整情况看，美国国防部已经终止了若干有关的研制计划，其中包括“联合攻击战斗机”专用外挂保型武器的技术研究，这表明“联合攻击战斗机”为保持隐形性，将采用小型内载式精确制导武器。

洛克希德-马丁公司的设计方案较为接近其研制的 F-22A 型战斗机，符合美国国防部提出的尽量利用成熟技术的原则，总体技术风险低。波音公司的设计方案在短距起降性能、航程和机动性能等方面占有明显的优势，其外形设计采用大后掠角三角形飞翼布局，双垂尾向外倾斜，进气道设计独具特色，能满足国防部对联合攻击战斗机隐形性能提出的要求。而且，波音公司近年来在民用飞机研制方面成绩骄人，通过将民用飞机的设计和制造技术应用于“联合攻击战斗机”计划中，可以在军民两用技术结合上探索新的路子，有效地降低该计划的成本，波音公司的这一方案费用较低，但机动性能优于 F-16 型和 F-18 型飞机，作战半径/载荷性能也比 F-16 型和 F-18 型飞机高出数倍。

*“联合攻击战斗机”具有高度的通用性。*出于控制成本的考虑，“联合攻击战斗机”将采用高度通用型的方案满足各军种的需要，这将使单机的成本比分别为各军种研制一种飞机低 25%～33%。根据计划，供美国空军、海军和海军陆战队使用的联合攻击战斗机将出自同一条生产线。其中供美国空军使用的联合攻击战斗机系常规起降飞机；供美国海军使用的舰载攻击型联合攻击战斗机是空军常规起降飞机的改型，增强了机体结构，加装在航空母舰上起降的特种设备；供美

国海军陆战队及英国皇家海军使用的则是短距起飞垂直着陆型飞机。各军种飞机之间的通用程度达到70%～90%,可节省采购成本和全寿命周期费用37%～55%。

"联合攻击战斗机"的发动机。发动机是"联合攻击战斗机"研制中的关键项目。根据已公布的材料,洛克希德-马丁公司、波音公司以及竞争失利的麦克唐纳-道格拉斯公司都采用普拉特-惠特尼公司研制的F-119涡扇发动机(这是为F-22型战斗机研制的一种新型发动机)作为其验证机的动力装置,但不同的研制方案选择了不同的风扇和主发动机喷口。普拉特-惠特尼公司已获得9亿美元的合同,在1997年秋季前为洛克希德-马丁公司和波音公司研制出概念验证机的发动机原型机,1998年初开始进行试飞。短距起飞垂直着陆型飞机的发动机则将于1998年夏季开始试飞,1999年开始交付洛克希德-马丁公司和波音公司。从技术角度看,短距起飞垂直着陆型"联合攻击战斗机"使用的发动机的研制工作最为复杂。

为提高生产型"联合攻击战斗机"发动机的竞争性,降低采购成本,提高维护可靠性,除F-119型发动机外,美国国防部拟再确定一种备选发动机用于生产型联合攻击战斗机。初步确定为美国通用电气公司研制的YF-120FX型发动机,通用电气公司计划与艾利逊公司携力合作,力争在联合攻击战斗机的动力系统竞争中一显身手。

生产计划的初步安排。根据"联合攻击战斗机"计划第3阶段的要求,1999年洛克希德-马丁公司和波音公司将开始原型机试飞。2001年最终确定"联合攻击战斗机"的选型后,转入该计划的工程制造发展阶段。预计2004年首架工程制造发展型"联合攻击战斗机"将进行试飞,2005年进行小批量预生产。2007财年开始交付军方使用。根据目前的交付计划,2007财年将交付总计12架飞机,2008财年交付24架,2009财年交付36架,2010财年交付72架,2011财年交付122架。美国国防部计划,美国空军、海军和海军陆战队航空兵将在2030年前装备共计2816架"联合攻击战斗机"(如果考虑为英国皇家海军生产的"联合攻击战斗机"的话,生产数量还要大,其总量已经超过F-15型和F-18型飞机),根据目前初步拟定的生产计划,2005财年至2025财年间美国国防部将拨款生产1874架"联合攻击战斗机"供美国空军使用,642架"联合攻击战斗机"供美国海军陆战队使用,在2005财年至2019财年间为美国海军生产300架"联合攻击战斗机"。整个装备计划将耗资2190亿美元,在35年的研制生产期内,包括销售零部件和人员培训费用在内,合同总价值将达7500亿美元,这将是美国有史以来耗资最为巨大的装备研制计划。由于生产技术先进,以及通用性和规模效益的提高,"联合攻击战斗机"最终的单机交付成本将比预计的5000万美元下降30%。

美国开始研制激光攻击飞机 1996年11月12日,以美国波音公司为首的由TRW公司和洛克希德-马丁公司组成的联合研制小组与美国国防部签署了价值11亿美元的研制合同,在今后6年里为美国空军研制一种新型的激光攻击飞机,这标志着激光在用于航空武器方面已取得重大突破。美国空军将激光攻击飞机的原型机定名为YAL-1A。激光攻击飞机的研制工作始于90年代初期,实施这一计划的主要原因是海湾战争中部署于固定阵地的"爱国者"防空导弹打击伊拉克机动的"飞毛腿"短程弹道导弹的效果并不理想,美国试图找到一种更加机动灵活的对付弹道导弹的方法。机载激光因具有速度快、不需要提前量、指向灵活、可在短时间内打击多个目标等优点而倍受重视。激光攻击飞机的飞行平台为波音747-400F型飞机。激光攻击飞机要具有实战能力必须在若干关键性技术方面取得实质性突破。第1项关键技术是机载激光器,YAL-1A型飞机拟采用化学氧碘激光器(COIL),其效率比传统的激光器提高10倍以上。第2项关键技术是精确瞄准系统,YAL-1A型飞机将采用红外搜索与跟踪装置确定导弹在弹道上飞行的位置并实施稳定跟踪,用信标激光照射目标,为高能杀伤激光束提供精确的偏差修正数据。第3项关键技术是补偿大气对杀伤激光束的散射作用,YAL-1A型飞机将用低功率的信标激光和高频率伺服自适应反射镜相结合修正大气散射作用造成的偏差。为避免低空大气的不良影响,激光攻击飞机的作战高度主要在12000米以上,打击的目标主要是发射后40～100秒以内的弹道导弹。但从激光攻击飞机的技术潜力看,它可遂行的任务应包括:摧毁敌方陆基弹道导弹、巡航导弹和远程地空导弹;为陆基拦截系统提供敌方导弹的准确位置;为突击飞机压制敌导弹阵地提供准确的目标信息;保护空中预警指挥机、联合监视与搜索攻击雷达系统、电子侦察机等保障飞机。杀伤激光束的作用平均为300千米,但有效作用距离为200千米,从战术角度考虑,激光攻击飞机一般在距前沿约90千米的空域巡逻待机,打击战线敌方一侧纵深约110千米处的目标。根据美国空军与波音公司签订的合同,2000年波音公司将进行激光攻击飞机的低功率信标激光器的飞行试验及杀伤激光器的地面试验;2001年进行杀伤激光器的飞行试验及靶试;2003

年进行工程制造发展阶段；2006 年应有 3 架激光攻击飞机具备初始作战能力；2008 年完成全部 7 架飞机的生产任务，其中有 5 架飞机可遂行作战任务。

俄罗斯研制反游击战攻击机 为适应特种作战的需要，俄罗斯借鉴美国在海湾战争及近期使用特种作战飞机的经验，开始注重特种作战飞机的研制工作。俄罗斯航空进步公司已开始研制新型 T-710 型双发涡轮螺旋桨反游击战飞机。该机具有短距起降能力。飞机装两台克里莫夫公司研制的 TV7-117M 型涡轮螺旋桨发动机，功率 2466 轴马力，装反向旋转 6 叶等速螺旋桨桨叶。机上乘员 2 人，采用串列式座舱。机翼和机身下有 6 个挂架，可挂载炸弹、鱼雷、火箭或其它武器。另外翼下有 4 门航炮，翼尖部有 4 个挂架，可挂载空空导弹等武器。机身下有一门双管 23 毫米航炮。武器载荷正常为 1000 千克，最大为 2500 千克。该机的最大起飞重量为 7500 千克，中高空最大平飞速度为 720 千米/小时，海平面为 680 千米/小时，实用升限 6000 米。正常武器载荷的情况下作战半径 450 千米，过载限制为 +5～-2.5g，对着陆场的需要为 500 米。

运输机 在经费削减、机队规模减小的情况下，装备空中加油和远程运输功能兼备的加油/运输机成为一些国家加强运输机部队建设的重要举措。90 年代以来，法国航空航天工业公司提出了以 A340-300 型飞机为基础研制远程军用运输/加油机的方案，并完成了可行性研究。随后该公司又提出以 A-310 型双发喷气式货机为基础研制军用多用途加油/运输机的方案。以欧洲空中客车工业公司为代表的欧洲航空航天业在研制大型商用飞机方面已经积累了丰富的经验，力图打破美国在战略运输机领域一统天下的格局。欧洲航空航天业提出多用途加油/运输机方案，旨在瞄准美国的 C-141 型运输机即将退役的良机，力争在中远程军用运输机的国际市场上占据一席之地。1995 年 11 月，新加坡提出了空中加油机的招标方案，除要求该机具有伸缩套管和软管铰盘加油装置外，特别强调加油机应具有运输机的功能，以增大其多用途性，这对欧洲航空航天业来说是一展身手的好机会。

战略运输机虽然有诸多优点，但价格昂贵，技术复杂，许多第三世界国家也没有装备这种运输机的军事政治需要，因而总的来看市场发展潜力有限，相反中小型运输机却有很大的发展潜力，近年来倍受各国重视。西班牙航空工业公司于 1995 年 8 月将航空工业发展的战略重点从 70 座高速涡轮螺旋桨支线飞机 CASA-3000 型飞机转向多用途的小中型运输机，推出 CASA-212-400 型飞机，力争在未来军用运输机市场占有领先地位。西班牙和印尼飞机工业有限公司(IPTN)合作研制的 CN-235-110 型飞机则是一种总体性能优越的战术运输机，发展潜力很大，已有多个国家的空军装备了该型运输机。1996 年 7 月，韩国与印度尼西亚达成协议，以易货贸易的方式购买了价值 1.2 亿美元的军事装备，其中韩国向印尼购买的军事装备就是 8 架 CN-235 型中型运输机。

美国 C-17 型运输机获准增加采购量 C-17 型飞机参加波黑维和行动，经受了实战考验。1995 年 8 月，美国国防部决定以一个联队 21 架 C-17 型飞机首次用于执行军事任务。在波黑遂行任务中，C-17 型飞机从本土出动，不着陆直飞克罗地亚的斯普利特机场，卸载后装上伤员起飞，在德国拉姆斯泰因空军基地着陆。为防御不测，有 5 架 C-17 型飞机加装了 ALQ-47 型导弹预警装置与干扰箔条投撒器。美国国防部对这次实战检验的要求是，第 17 空运中队出动 513 架次，飞行 2252 小时，飞机完成任务率应达到 84%。出动率应为 99.4%。美国空军后来宣布在这次实战检验中，只有 4 架次没有按计划出动，其中 1 架次是由于天气恶劣，另 3 架次是由于机械故障。实战检验成本对 C-17 型飞机的命运产生了积极的影响。

麦道公司通过对 C-17 型飞机的成本构成详细分析后发现，C-17 型飞机成本构成中，间接管理成本占总成本的 20%，材料成本占全成本的 50%，直接劳动成本占总成本的 30%。因此，麦道公司认为，降低 C-17 型飞机成本的关键是降低直接生产成本而不是间接管理成本。麦道公司与生产 C-17 型飞机诸分包商密切合作，有效地降低了分包商的成本，1995 年年中，麦道公司宣布经过努力已经能够将 C-17 型飞机的成套空运备件单价从 2.7 亿美元降至 1.9 亿美元(1995 财年美元值)，这便已经能够满足美国空军提出的单价 2.12 亿美元的标准。

1995 年 11 月 3 日，美国国防部最后作出决定采购第 2 批 80 架 C-17 飞机，这标志着 C-17 型飞机发展计划的危机已暂时告缓。美国国防部国防采购委员会公布的第 2 批 80 架 C-17 型运输机的采购计划是：1997 财年采购 8 架，1998 财年 9 架，1999 财年 13 架，2000 财年 15 架，2001 财年 15 架，2002 财年 15 架，2003 财年 5 架。根据这项 7 年的采购合同，C-17 型飞机的交付单价为 1.72 亿美元(1996 年美元值)。1996 年 5 月 31 日，美国空军与麦道公司正式签订了为期 7 年的 C-17 型飞机的采购合同，合同总价值为 142 亿美元。

俄罗斯推出伊尔-76 型军用运输机的新改型

1993年8月，俄罗斯伊留申设计局应空军和航空货运公司的要求，针对伊尔-76型飞机噪音大、耗油量大和空气污染严重等缺陷进行全面改进，其主要改进措施是换装新型涡轮风扇发动机。1995年8月1日，伊尔-76系列运输机的新改型军用伊尔-76МД型首次试飞成功，其民用型伊尔-76ТД型的改装工作也已完成。新机的显著特点是机身在基本型的基础上加长了6.6米(在机翼前后各加长3.3米)，换装单台推力达156.9千牛的ПС-90AN型发动机。改型的载重量、人员输送数量和航程都比原型有较大幅度的提高。换装新型发动机后，伊尔-76МД型机的燃油消耗率降低12%～15%，标准中等载重量时航程增加了15%～20%，货舱容积增大到400立方米，比基本型增大30%，飞机最大载重达到52吨。载重40吨时航程可达5200千米，总起飞重量也进一步增大，空运效率整体提高28%，因此该机能满足俄罗斯战略空运的各种要求。根据改装计划，该机还可能选用通用电气-马可尼公司的CFM56-5型发动机。经过改进后，伊尔-76型飞机的用途进一步扩大。伊尔-76МД型和伊尔-76ТД型运输机可以作为多种用途专业飞行的平台，其中包括伊尔-78空中加油机、A-50远程雷达预警机、伊尔-76МДПС空中救援机、伊尔-76ТП消防机，空中医院飞机和伊尔-76МДС宇航员训练机。

欧洲未来大型飞机加快发展速度 欧洲未来大型飞机在过去数年中由于计划参与国国防预算削减而受到很大的影响，同时，美国的C-130J型、乌克兰的安-70型及印尼与西班牙联合研制的CN-235型等运输机发展计划进展较为顺利，更使欧洲未来大型飞机的发展雪上加霜。但国际形势的发展促使计划参与国在努力生产一种能满足欧洲实际需要的军用运输机方面达成了共识。1995年10月10日，英国政府决定组建“国家快速反应部队”，应付在欧洲乃至世界范围内出现危及英国利益的危机，快速反应和远距离部署能力是其必备的作战能力，这对英国皇家空军远程空运能力提出了新的要求，英国需要新型运输机取代陈旧的C-130型飞机。1996年5月，法国为对中非共和国实施军事干预，被迫租用了安-124型运输机，这更加剧了欧洲诸国发展欧洲未来大型飞机的紧迫感。1995年6月14日，法国、英国、德国、意大利和西班牙在评审未来大型飞机计划时，确认该机可以满足今后一个时期里欧洲各种军事空运的需要。5国一致决定加快未来大型飞机的发展速度，组建空中客车军用飞机公司，并确立该公司为欧洲未来大型飞机的主承包商，此举为欧洲未来大型飞机的发展奠定了基础。1996年初，欧洲未来大型飞机终于结束了预先可行性研究阶段，向原型机制造阶段迈出关键性一步。5国的预先可行性研究认为，欧洲未来大型飞机总研制成本为80亿美元，单机交付价格为8000万美元，在欧洲总计约有300架的市场。据估计，法国、德国和英国占有其中的一半。预先可行性研究确认未来大型飞机为上单翼装4台涡轮轴发动机的飞机，但为进一步满足欧洲各国的需要，5国决定对早期的性能指标作部分调整，具体如下：最大起飞重量由104.6吨增加至107吨；载重25吨时的航程应达到3700千米，载重17吨时的航程应为5560千米；巡航速度应达到M数0.69～0.72；起飞滑跑距离为1200米。欧洲未来大型飞机的发动机单台功率要求达到9000轴马力。如果欧洲未来大型飞机能排除各种干扰正常发展的话，将于2002年年中首次试飞，并于2004年初期服役。

直升机 冷战结束后，由于军费预算普遍削减，军用直升机的发展同其他军机一样受到很大的影响，市场显著收缩。但国际形势动荡不定，局部冲突和边境突发事件仍频，军用直升机因其具有机动灵活、反应迅速、突击力较强等独特性能而受到重视，因而近年来军用直升机的发展逐渐走出低谷。1990～1993年间，美国航空工业国内军用直升机销售总额由原来的平均22亿美元下降到15亿美元。1994财年国防预算中，有关军用直升机的拨款为18亿美元。到1995财年则迅速下降至6.32亿美元，与80年代末相比，美国军用直升机的销售已经下降了40%以上。1996财年开始略有反弹，上升到8.45亿美元。从世界范围内来讲，军用直升机的发展将进入一个缓慢低速增长的阶段，复苏的关键在于经济状况得到改善的第三世界国家和已列入北约东扩计划的部分东欧国家。1996年欧洲直升机集团新直升机生产订单中，按价值计算，军用直升机已超过民用直升机，占64%。

武装直升机由于性能独特，作战环境特殊，对机载武器的要求也较特别。武装直升机机载武器的研制已由相近武器改进发展到专门研制，并取得了一定的突破，在这方面南非具有一定的代表性。南非研制了“茶隼”武装直升机专用的ZT-6超音速反坦克导弹，用以取代亚音速的ZT-4型反坦克导弹。导弹的性能与美国的“狱火”导弹相当，具有很强的反坦克作战能力，其弹头的威力能克服反作用装甲的影响。南非还研制了可供“茶隼”武装直升机使用的V-3P型空空导弹，导弹重104千克，最大速度为M数3.3，从后方攻击时射程达12千米，最小射程为300米，能显著提高武装直升机的低空超低空空战能力。

长期以来用户对军用直升机的首要要求是增加直升机的航程而不是增大其载重量，而倾转旋翼机集直升机和固定翼飞机的优点于一身，较好地解决了直升机航程与载重量之间的矛盾，因而受到主要国家的高度重视，代表了未来旋翼机的主要发展方向。据权威机构分析，到 2005 年，V-22 倾转旋翼机将占据世界范围内军用直升机市场 25%的份额。同时，贝尔-波音公司以 V-22 为基础提出了一种民用倾转旋翼机的方案，即 609 型倾转旋翼机，该机对美国以外的军方用户也有很大的吸引力。欧洲在这一领域也不甘示弱，近年已启动了军用潜力很大的"欧洲未来先进旋翼机(EUROFAR)"计划，以期研制一种先进的双发涡轮轴倾转旋翼机。从总的情况看，由于经费拮据，投资强度不够，欧洲未来先进旋翼机计划的优先程度明显低于 NH-90 多用途直升机计划。欧洲未来先进旋翼机计划于 2002 年第 2 季度完成试飞，2004 年开始生产，2006 年生产型飞机首次试飞，2009 年取证，欧洲直升机法国公司享有 46%的股份，欧洲直升机德国公司享有 22%、韦斯特兰公司享有 32%的股份。

美国 RAH-66"科曼奇"直升机首次试飞成功　RAH-66"科曼奇"直升机是美国陆军的下一代侦察/攻击直升机，其主要目的是在世纪之交为美国陆军装备一种机动性能优越、战场生存能力强的武装直升机，也是美国陆军 21 世纪现代化计划的关键项目之一，美国陆军计划采购 1292 架该型机，以取代现役的 AH-64 和 AH-1 武装直升机。该机的研制工作始于 1985 年，1990 年选定波音直升机公司和西科尔斯基直升机公司为主承包商，到目前为止已累计耗资达 22 亿美元。RAH-66 直升机原定于 1994 年年中首次试飞，由于美国国防部内部关于该计划的目的与所需资金问题存有争议，第 1 架原型机推迟至 1995 年 5 月 25 日才出厂，首飞日期亦相应推迟至 1995 年 11 月。此后该机的研制计划多次修改，首飞日期亦多次推迟。1996 年 1 月 4 日，RAH-66 直升机终于在佛罗里达州西科尔斯基飞行试验中心成功地进行了首次试飞，这标志着该计划取得了重大进展。首次试飞中发动机试车时间 2 小时，空中飞行持续时间 34 分钟。

RAH-66 是一种轻型直升机。该机空重为 3522 千克(原为 3402 千克，因陆军要求加装"长弓"毫米波雷达而增加重量 120 千克)，最大有效载荷为 2296 千克，遂行基本任务时的起飞重量为 4807 千克(满油，备弹 320 发，带 4 枚"狱火"反坦克导弹和 2 枚"毒刺"空空导弹)。最大平飞速度 324 千米/小时，垂直爬升率 432 米/分钟，转场航程 2334 千米，标准载油时的续航时间 2.5 小时。旋停时，回转 180°对准目标所需时间为 4.7 秒；速度为 148 千米/小时，作 180°战斗转弯对准目标所需时间为 4.5 秒。过载包线为＋3.5g～－1g，机上装有 1 门 20 毫米 3 管航炮，最大备弹 500 发。机身两侧各有 1 个武器舱，各装 3 枚"狱火"反坦克导弹或 6 枚"毒刺"空空导弹。攻击型 RAH-66 直升机的机身中部装有一对短翼，翼上可用联装式发射架加挂 4 枚"狱火"或 8 枚"毒刺"导弹或副油箱。按计划，首架生产型 RAH-66 直升机将于 1998 年交付陆军使用。1996 年 11 月，美国国防部决定用以色列伊洛普公司制造的激光跟踪系统装备 RAH-66 直升机，以提高该机的测距和目标指示能力。以色列研制的激光跟踪系统的激光束能量大于一般的激光跟踪装置，因而其探测距离和抗干扰能力明显优于其他系统。

美国 V-22"鱼鹰"倾转旋翼机的特种作战型调整配置　V-22 的原型机已于 1989 年 3 月 19 日首飞成功。原计划要求从 1992 年初起交付美国海军陆战队，1993 年交付美国空军，1995 年交付美国海军。但是由于经费削减以及海军型和空军型飞机的特殊战术、技术要求未能最终确定，V-22 的特种作战型飞机的研制工作一度陷入停顿。1997 年 1 月，贝尔-波音公司就 V-22 倾转旋翼机特种作战型的配置调整与美国空军及海军最终达成协议并签订合同，海军用于战斗搜索救援、特种作战和舰队后勤支援的 HV-22A 型飞机的机体及航空电子设备与空军特种作战型 CV-22A 的标准基本相同，这使工程制造发展阶段的研制费用从分别研制时的 7.8 亿美元下降到 4.9 亿美元。CV-22A 配置的主要变动是：首先，载油量增加 900 加仑，同时 8 个机翼内油箱的载油量亦增大，总载油量则将增大至 2100 加仑，这将使 CV-22A 飞机在保持 800 千米作战半径的同时，可在目标区悬停 15 分钟以上。其次，由更先进的 APQ-174D 型地形跟踪与规避多模式雷达取代原 APQ-174B 型雷达，改善了地形跟踪与规避雷达在飞机以大速度和小速度飞行时的工作性能。第三，加装集成无线电频率电子对抗雷达干扰机，干扰箔条和红外干扰弹投放器的数量增加至 5 个。第四，加装多任务先进战术终端，该终端可通过卫星接收有关战场态势的战术信息，今后还将换装不易被截获和探测的雷达高度表。第五，换装 DCS-2000 型电台，同时配备 ARC-210 型发射/接收机和 KY-58 型通信保密机，这使该机能同时与 E-3 空中预警机、地面指挥员、其他 CV-22A 特种作战飞机以及发布战场信息的卫星保持不间断联系。CV-22A 倾转旋翼机配置的其他调整还有加装先进的任务计算机、坠毁位置指示器、数字式地图显示器等。配置调整后的 CV-22A 型飞机遂行特种作战任务的能力将有较大幅度的提高。

美国实施 CH-47D 型直升机延寿改进计划 CH-47 是一种纵列式双旋翼运输直升机。目前，美国陆军共装备 431 架 CH-47D、11 架 MH-47D 和 25 架 MH-47E 型直升机。为了进一步提高美国陆军部队的战术机动性，美国计划于下一世纪初研制一种新型直升机，即“联合运输直升机”，为节省研制与使用费用，新型运输直升机将突出诸军种通用性。预计“联合运输直升机”将于 21 世纪 30 年代才能大批列装，而美国陆军目前装备的运输直升机将于 2010 至 2015 年到寿，因而运输直升机可能在一定时期内出现断档现象。所以，选择一种现役军用运输直升机延寿至下一代军用运输直升机服役，不失为一种经济效益好、风险性低的方案。由于 CH-47D 直升机具有较大的延寿潜力和较好的改装价值，便成为运输直升机延寿的首选机型。在美国国会批准的 1997 财年国防预算中，追加拨款 1770 万美元，用于启动 CH-47D 直升机的延寿改进计划，即“改进货运直升机计划”。1996 年 10 月 11 日，美国陆军正式批准 CH-47D 型直升机的延寿改进计划，该计划总计耗资 33 亿美元，其中研究与发展阶段将耗资 7000～8000 万美元，1998 年至 2003 年间生产费用约为 6.9 亿美元，换装新型发动机将耗资 11 亿美元，其他耗资较大的项目包括机体延寿和更新机载电子设备。延寿计划的关键是换装 T55-GA-714A 型涡轮轴发动机，该发动机比原装 T55-L-712 型发动机的功率大 22%，将使改进后的 CH-47D 直升机的技术与战术性能有较大提高。根据计划，波音公司于 1997 年内制造 2 架 CH-47D 预生产型，并进行试飞；然后生产 12 架生产型；此后以每年改进 24 架的速度，到 2015 年完成 300 架 CH-47D 的延寿改进任务。CH-47D 直升机延寿改进的最终数量还要视“联合运输直升机”的研制进展情况而定。如果“联合运输直升机”的研制工作因技术风险和预算限制不能如期完成，美国陆军就将增加 CH-47D 直升机的改进数量，以满足需要。

俄罗斯推出多种改进型武装直升机 为了满足俄罗斯陆军提出的全天候作战的需要，根据俄罗斯总统叶利钦的要求，俄罗斯航空工业对直升机的研制进行了调整。1995 年 8 月，卡莫夫设计局在莫斯科航展中推出其研制的单座型卡-50 武装直升机的双座全天候改型卡-52(编号 V-80Sh2)，并于 1996 年首飞成功。该直升机座舱为并列双座，座舱玻璃为平面加厚防弹玻璃，座舱装甲有所减少，以满足增加 1 名乘员的需要。与卡-50 相比卡-52 前机身加宽，但机身主体 85%与卡-50 相同，发动机为 2 台 2200 轴马力的 TV3-117VK 型涡轮轴发动机和同轴旋翼系统。机上装有 2 套先进的 K-37 型火箭弹射座椅。机头左侧装有 1 台 30 毫米 2A42 型速射航炮，备弹 280 发；机身两侧装有射程为 12～15 千米的 AT-9 型反坦克导弹发射架。该机最大起飞重量为 10.4 吨。为适应全天候作战的需要，机载传感器系统进行了重大改进，加装了以前视红外系统为核心的夜视系统。卡-52 的突出特点是具有全天候作战能力，可以遂行多种任务，既可以对地面部队提供火力支援，也能在直升机空战中遂行争夺低空制空权的任务。这种武装直升机单价为 1400 万美元，总体可靠性高，综合性能好，效费比高；出口型直升机换装法国的航空电子系统与导航攻击系统，对亚太地区的国家和地区有很大的吸引力。

米-28N 全天候/夜间作战型武装直升机。该机是为满足俄罗斯陆军全天候作战需要而研制的，它是米-28 武装直升机的最新改型。米-28N 直升机换装了 2 台 TV3-117VK 型涡轮轴发动机，主旋翼和尾桨也换装了新型传动系统。因此，米-28N 武装直升机起飞状态下的功率可达 2500 轴马力，最大可达 2800 轴马力。5 片全复合材料桨叶上增加了后掠延伸桨尖，使主旋翼直径有所增大。由于发动机性能提高和主旋翼的改进，米-28N 武装直升机的最大起飞重量有所增大。机上加装了前视红外系统，激光测距系统，夜间传感器与航空电子设备，与原米-28 相比，新改型机头加宽，以满足加装电子设备的需要。最突出的识别特征是米-28N 在主旋翼桨毂上方安装了 1 部毫米波雷达天线，机头前方安装了 AT-6 反坦克导弹制导系统的发射天线。米-28N 可通过虚拟三维地形景像系统提供地形规避能力，使该机可在暗夜条件下在 5～15 米的高度上快速掠地飞行。

韩国研制侦察/攻击直升机 1996 年底韩国公开展出了大韩航空工业公司多用途直升机(KMH)计划中的军用侦察/攻击型直升机的全尺寸模型，该型直升机将用于替代韩国陆军现装备的 MD-500 型侦察直升机。由于该直升机在设计中得到了美国西科尔斯基直升机公司的帮助，因而在很多方面都带有美国 S-70 型直升机的痕迹。韩国多用途直升机的侦察/攻击型的型号名称目前尚未最后确定。该直升机全重 3.4 吨，装有光传和液压两套操纵系统，采用目前较为流行的 4 叶主旋翼和涵道尾桨，涡轮轴发动机的功率为 900～1100 轴马力。执行侦察和攻击任务时，最大飞行速度为 300 千米/小时，爬升率为 10.6 米/秒，航程 650 千米，实用升限为 6100 米，悬停升限为 4100 米。两侧武器挂架可外挂武器 1360 千克,其携载方案包括 4 枚 AGM-114 型“狱火”反坦克导弹或 4 枚“毒刺”空空导弹,14 或 38 枚 70 毫米火箭弹或两个航炮吊舱。机上传感器包括装在机头部的前视红外成像瞄准具,自卫干扰机和雷达警告接收机。为降低多用途直升机的研制成本,大韩航空工业公司计划以与军用型直升机相同的机体为基础,并行发展民用型直升机。据估计韩国军方将采购多用途直升机的军用型 400～500 架,民用型的国内市场约 100～150 架。1997 年是韩国多用途直升机全面发展的一年,军用型预计于 2000 年交付韩国军方使用。

意大利推出 A-129 国际型武装直升机　意大利奥古斯塔公司于 1996 年上半年推出了主要针对国际武装直升机市场的 A-129 国际型武装直升机。它是从 A-129“曼古斯塔”轻型反坦克直升机演变而来的。1996 年底,A-129 国际型直升机开始小批量生产,预计于 1998 年底开始交付。

A-129 国际型直升机的机载武器包括 1 门 20 毫米火炮,“毒刺”或“西北风”空空导弹和“狱火”反坦克导弹。备选方案包括“陶”式反坦克导弹,70 毫米火箭发射器或远射程 81 毫米火箭发射器。根据任务的需要,该直升机的炮塔可以安装或拆除。安装时间约为 30 分钟,拆除只需 15 分钟。

A-129 国际型直升机机长 12.452 米(不含航炮),机高 3.35 米,主轮距 2.23 米,小翼展 3.55 米,主旋翼直径 11.9 米,尾桨直径 2.5 米。该直升机的机体也进行了改进,强度明显增大,因此最大起飞总重量增加至 5000 千克。该直升机换装 2 台 T-800 型发动机,但保持了与原装罗尔斯-罗伊斯公司的 900 轴马力 RR-1004 型发动机相同的结构接口,因此可减少改装工作量。换装新发动机后,起飞状态时单台发动机的功率达 1335 轴马力,总功率增大 20%～40%。螺旋桨由以前的 4 叶改为 5 叶。改进传动系统后,减速器的效率可提高 40%。改装后,A-129 国际型直升机的最大巡航速度为 278 千米/小时,航程大于 556 千米,如果加挂机外副油箱,则在携载 4 枚空空导弹的情况下其航程也可增加至 1000 千米。在安装炮塔的情况下,执行远程作战任务时,可携载 1000 千克外挂武器。由此可见,与 UH-1、AH-64、CSH-2 以及“虎”式直升机相比,A-129 国际型直升机体积更小、重量更轻,但武器载荷与上述武装直升机处于同一级别,并可遂行同样的作战任务,因此在国际市场上具有较强的竞争力。

由于 A-129 国际型直升机螺旋桨采用复合材料,并且形状设计特殊,因而该机飞行中噪声较低;同时,T-800 型发动机对排气采取了降温措施并安装了红外抑制装置,发动机的红外辐射较弱,所以,A-129 国际型的被发现概率总体较低。此外,A-129 国际型直升机还装备了与美国 AH-64“阿帕奇”武装直升机相同的 AN/ALQ144A 型红外干扰装置。采取上述措施后,A-129 国际型直升机的生存能力有所提高。

北约 4 国合作研制的 NH-90 型直升机削减采购量　NH-90 的含义就是“北约 90 年代直升机”,它是一种可输送 12～20 名武装人员或 1 辆 2 吨级战术车辆的中型多用途直升机。NH-90 直升机由法国、意大利、德国和荷兰 4 国联合研制,有供海军使用的舰载型和供陆空军使用的战术运输型,原计划装备总数为 726 架。1995 年 9 月,NH-90 直升机出厂,同年 12 月 18 日,该机的 5 架原型机中,头 3 架为基本型,由法国组装和试飞,1996 年内进行了试飞;第 4 架为战术运输型,由德国生产,将于 1997 年底试飞;第 5 架为海军改型;也将于 1997 年内试飞。NH-90 型直升机预计于 2002 年服役。从目前情况看,该机的研制发展工作尚存在若干变数。1996 年初,由于法国出于战略考虑,大幅度减少了军备开支,因此退出该计划的可能性增大了。在整个计划的工作份额分配中,法国占 42.4%,意大利占 26.9%,德国占 24%,荷兰占 6.7%。如果法国退出,则将对该计划产生重大打击。1996 年 2 月中旬,法国和德国都表示要对两国的装备发展计划进行调整,荷兰由于福克公司倒闭,虽然份额较小,但也将对 NH-90 计划产生一定的影响。德国也削减了 1997 年度的国防预算,这严重影响到德国今后的几项装备采购计划,其中对 NH-90 直升机的影响不可小视。1996 年底,由于预算削减的影响,NH-90 直升机的装备数量由 726 架削减至 647 架,削减幅度为 10.9%。因此,NH-90 直升机的研制计划今后能否继续进行取决于是否能在遏止成本上扬的基础上采取适当措施进一步降低该计划的成本。1997 年底将是 NH-90 直升机发展的关键,合作 4 国将最终决定是否投入生产。

预警机　由于研制空中预警机技术要求极为复杂且所需资金投入量大,因此,新型空中预警机的研制工作主要集中于美国、以色列和俄罗斯等国。其他国家或采取引进关键技术及设备,合作研制空中预警机的方式;或采取购买成套系统的方式发展各自的空中预警能力。印度以英国的 BAe-748 型飞机为载机(今后可能选用的载机为 C-130J 型飞机),对自研的旋转雷达天线罩进行了实装试飞,但雷达系统的核心部分仍将引进德国和以色列的关键技术。澳大利亚也将与美国、以色列和荷兰等国合作,力争在 2002 年使其空军拥有空中预警机。波兰、匈牙利、罗马尼亚和捷克等国利用北约东扩的机会，将通过购买或租用的方式获得美国的E-2C预警机，使其防空系统尽快与北约国家兼容。中国台湾地区向美国采购的头2架E-2T型预警机于1995年9月3日运抵高雄港，同年12月，后2架预警机也由美方交付台湾军方。

同时，美、俄两国则积极改进其现役预警机，力求扩大其功能。改进的目的是使预警机不仅能搜索飞机，并引导突击飞机拦截空中目标；同时也能发现低空飞行的巡航导弹或战术弹道导弹，为地空导弹等末端防御系统提供情报。美国将在E-3C型预警机上加装红外传感器，使之具备在320千米的距离上对导弹发射提供预警。俄罗斯积极改进A-10型预警机，机体改用伊尔-76MD型重型运输机，机上预警雷达改为三坐标脉冲多普勒雷达，在提高对空目标探测能力的同时也具有一定发现地面(海面)活动目标的能力，在一定程度上可作战场监视侦察平台使用。

日本采购美国波音767型空中预警机 1992年12月，日本政府决定采购4架美国空中预警机装备日本航空自卫队。1996年8月9日，日本订购的首架空中预警机在波音公司埃弗雷特工厂首次试飞成功，飞行持续了2小时55分。这种预警机在日本航空自卫队中的编号为767-27C型或E-767型。目前，波音767型预警机正进行为期7个月的试飞，主要试飞内容为飞行安全及操纵品质，检查颤振、抖振边界和耗油率等性能是否达到规定指标，力争于1998年初取得适航证，保证按计划于1998年3月和1999年1月分两批将4架预警机如期交付日方。波音767预警机最大起飞重量171.3吨，最大巡航速度805千米/小时，实用升限10000～13000米，不加油航程8334～9260千米。活动半径1852千米时的续航时间为7小时；活动半径556千米时的续航时间为10小时；经过空中加油，续航时间可达22小时。波音767预警机共装有5台发电机，总输出功率达到690千伏安。波音767预警机的预警雷达为AN/APY-2型，该雷达工作在E/F波段，有6种模式：脉冲多普勒非高度扫描模式、脉冲多普勒高度扫描模式、超视距模式、对海搜索模式、交替搜索模式、被动搜索模式。

无人驾驶飞机 海湾战争后无人驾驶侦察机受到一些国家的高度重视，新机层出不穷。在无人驾驶侦察机研制方面一直处于领先地位的是以色列和美国。无人驾驶侦察机的发展趋势是长航时，提高隐形性，高空型与中空型并举。以色列研制的新型长航时无人驾驶侦察机在载荷为200千克的条件下，曾创造了留空51小时21分的续航时间世界纪录。美国于1988年6月曾提出了近程、短程、中程和长航时4个系列无人驾驶侦察机的总体发展规划，将无人驾驶飞机的发展重点集中于“蒂尔”系列。美国空军计划在今后6年内投资7.5亿美元，采购50架“食肉动物”战术无人驾驶侦察机、20架长航时蒂尔Ⅱ＋型和20架具有隐形能力的蒂尔Ⅲ－型无人驾驶侦察机。为进一步增长续航时间，美国还开展了太阳能无人驾驶飞机的研制，这种侦察机于1995年9月进行了试飞。该机由于以太阳能为动力，可在战场上空15000米以上高空不间断飞行几周、甚至数月，使用机载传感器探测导弹并发射小型截击导弹摧毁目标。欧洲国家在无人机的研制方面一直落后于以色列和美国。冷战结束后，为满足自身需要，欧洲国家以近程/短程战术无人机（航程50至150千米）为重点突破口，在无人机的研制方面急起直追。目前，欧洲国家正在进行7项无人机发展计划，如意大利的“米拉奇”26型、英国的“不死鸟”、瑞士和以色列联合研制的“徘徊者”以及法国的两种型号的无人机等。

美国研制蒂尔Ⅱ＋型“全球鹰”无人驾驶侦察机 1995年年中，美国国防高级研究规划署授予以泰里达因-瑞安航空工业公司为首的联合研制小组1.64亿美元，从事蒂尔Ⅱ＋型“全球鹰”高空久航无人驾驶侦察机的第2阶段研制工作。蒂尔Ⅱ＋型“全球鹰”无人侦察机翼展35.4米，机长13.5米，起飞重量约为9080～11350千克，活动半径5560千米，升限19800米，可在高空连续游弋24小时。机上装有AE-3007型涡轮风扇发动机（该发动机现装于民用支线客机上），海平面高度上的推力为3269千克。蒂尔Ⅱ＋型“全球鹰”无人侦察机空重较轻，从而可增大油料和侦察设备等有效载荷。机上装有合成孔径雷达、电子-光学及红外传感器，通信系统工作在Ku波段和特高频，并具有宽波段数据链。其合成孔径雷达图像分辨率在距目标100千米时可达0.3～1米，该机每天可搜索10万平方千米以上的区域，每小时搜索面积达4500平方千米，可掌握多达1900个点状目标。研制蒂尔Ⅱ＋型“全球鹰”无人驾驶侦察机的主要目的是弥补卫星侦察实时性差和有人驾驶侦察机连续监视能力弱的缺点，既可以用于战役战术侦察，也能用于战略侦察。由于蒂尔Ⅱ＋型“全球鹰”无人侦察机没有隐形能力，该机将主要依靠威胁警告系统与探测系统和有效的机动，规避防空系统对其构成的威胁，或利用可收放的拖曳式诱饵欺骗防空系统或对其实施电子干扰。

美国蒂尔Ⅲ－型“暗星”无人驾驶侦察机首次试飞

蒂尔Ⅲ—型"暗星"高空隐形长航时无人侦察机，是由国防高级研究规划署拨款1.24亿美元于1994年年中开始研制的。洛克希德-马丁公司和波音公司合作于1995年上半年完成原型机研制工作。蒂尔Ⅲ—型"暗星"无人侦察机机长4.6米，机高1.52米，翼展21米，翼面积为29.82平方米，展弦比高达14.8，机翼前缘前掠0.5°，后缘前掠4.5°，机翼上反角为2°，最大起飞重3905千克。机上装有1台FJ-44型涡轮风扇发动机，推力为8.9千牛。由于该机具有特殊的气动特性，故只有前后2个雷达尖峰信号，仅为B-2、F-117和F-22型隐形作战飞机尖峰信号数的一半，因此雷达隐形性能显著提高。该机主要由石墨复合材料制成，机身部分承载处用铝合金制造，与全用铝合金制造相比，可减轻重量25%，但成本略有上升。该机升限大于14000米，巡航速度为240千米/小时，在活动半径为927千米且带900千克侦察载荷时的巡航游弋时间达8小时，侦察数据与控制指令可以通过地面站或Ku波段通信卫星传递。1996年3月，该机首次试飞获得成功，但同年4月22日进行第2次试飞时坠毁。造成事故的原因主要是修改飞行控制软件和起飞控制技术不当引起的。1997财年美国的国防预算中，美国国防部继续批准给该计划拨款4250万美元。目前第2架蒂尔Ⅲ—型"暗星"无人驾驶侦察机即将恢复试飞。

美国"直升翼"(Hiliwing)无人驾驶飞机首次试飞

"直升翼"无人驾驶飞机是一种尾座式垂直起降无人机，其特点是有一固定翼和一对2米直径的反相旋转螺旋桨，能像直升机那样起降，起飞后，飞行器在水平方向加速，按旋翼方式工作，尔后飞行器俯仰-横滚进入水平飞行状态，不必像倾转旋翼机那样倾转旋翼装置。因此，"直升翼"可以在战场上灵活使用。1995年4月底至5月，美国国防部无人驾驶空中侦察机联合计划办公室拨款260万美元研制出首架"直升翼"并进行了首次试飞。该机机长5.18米，动力装置为1台240马力的124型涡轮轴发动机，该发动机带动2个直径为2.13米的旋翼，旋翼安装在机身中段的固定翼上，旋翼的桨距可以在悬停和前飞状态下改变。该机载荷为45千克，飞行速度为296千米/小时。1995年6月13日，波音公司唯一的1架"直升翼"尾座式空中监视无人机进行第9次试飞时坠毁，坠毁的主要原因是飞机发动机工作稳定性较差，在预定的减速/降落点发动机的功率不足。波音公司与美国国防部原决定开始"直升翼"的下一阶段研制工作。

美国拟将退役F-16型战斗机改装成攻击型无人驾驶飞机　1996年10月洛克希德-马丁公司战术飞机分公司提出在2年内将退役的F-16型战斗机改装成攻击型无人驾驶飞机的方案，主要作为长航时的防空区外突击飞机使用，主要任务是遂行战区弹道导弹和巡航导弹防御任务。对退役的F-16型战斗机的改进主要包括取消座舱和机上的生命保障系统(如供氧和弹射系统)，以减轻飞机重量及降低阻力；将机翼改装为平直型，翼展为18.3米，翼面积为15.5平方米，载油10000千克，续航时间长达8小时；外挂6枚1吨级精确制导武器。飞机最大起飞重量17吨，动力装置为1台F100-PW220E型涡轮风扇发动机，推力为98千牛。改装后的F-16型无人机可以在预定战区10000～11000米高度长时间巡航，通过数据链，接收来自预警指挥机、"宙斯盾"军舰和侦察预警卫星上的有关敌导弹发射的信息，通过机上红外传感器截获目标，在敌导弹发射后2至3分钟(即在弹道导弹的助推段)，用机上高速拦截弹将其摧毁。除此之外，F-16型无人机还可遂行压制敌防空体系和突击其他地面目标的任务。与新研制的攻击型无人机相比，在退役战斗机的基础上改装攻击型无人机成本低，周期短，综合效费比较高，这一改进计划为充分发挥退役飞机的潜力探索了一条可行的路子。

教练机　由于各国在军费缩减的情况下均将有限的经费集中发展作战飞机中的重点机型，新型教练机发展战线明显收缩，各国普遍重视利用新技术对现役教练机进行改进，力求使现役教练机能满足新一代作战飞机对飞行员训练的基本技术与战术要求。例如，美国空海军对T-38型教练机改进的主要要求之一就是使该机的座舱与空海军的新一代作战飞机兼容。

"比奇"MK-Ⅱ成为美国空海军下一代初级教练机

经过几年的艰苦努力和激烈竞争，美国雷锡恩公司的"比奇"MK-Ⅱ涡轮螺旋桨教练机终于战胜数家公司提出的其他6种备选方案，在1995年6月22日美国"联合初级飞机训练系统"的竞争中获胜，成为美国空海军的下一代初级教练机。该计划将向美国空海军提供711架"比奇"MK-Ⅱ型教练机，其中372架用于替换美国空军的T-37B型教练机；339架用于替换美国海军的T-34C型教练机。至此，美国在本世纪末最后一项重大军品发展计划的竞标告一段落。1997财政年度国防预算已拨款6700万美元采购12架"比奇"MK-Ⅱ型教练机。

"联合初级飞机训练系统"计划于1995年8月经美国国防部防务采购委员会批准后，即可于1995年11月开始批生产。这项计划将持续至2017年，总耗资预计达70～90亿美元，预计1998年夏季生产型飞机进行首次试飞。根据计划,第1架具备实际使用能力的“比奇”MK-Ⅱ型教练机将于1999年交付美国空军,最后交付时间为2011年;2002年开始交付美国海军,最后的交付时间为2017年。

美国空军改进T-38型教练机 从1994年开始,美国空军就计划对T-38型飞机进行改进。主要改进内容包括:在前舱加装1部平视显示器;前后舱均加装有源矩阵彩色多功能显示器(与目前笔记本计算机使用的显示器性质相同);机上数字处理器的处理能力与存储能力提高200%,软件可在起飞线根据需要重新编程;加装全球定位系统和惯性导航系统;根据作战飞机座舱布局特点,重新调整前舱学员的仪表布局;加装数据交换接口,可以从任务计划系统加载数据,并可从机上下载各系统的状态数据,提高维护保养质量;加装军标1553B数据总线;在前后舱加装空中交通状况警告系统和防撞显示装置;加装模拟投弹系统。改进后航空电子系统平均无故障时间达55小时,可靠率高达98%。因此,T-38C型教练机任务适应性更强,可靠性也明显提高,可继续使用至2020年。

(王明志)

战 略 导 弹

综述 1995～1996年,各战略导弹拥有国继续调整自己的核战略。美国国会于1996年初批准了第1阶段削减战略武器条约,并向俄提出了签署第3阶段削减战略武器条约的建议;根据美国国防部发表的1994～1999年度《五年防务计划》,继续对其战略方针、军事力量结构、战略重点进行调整。俄罗斯国家杜马由于北约东扩等问题至今未批准第2阶段削减战略武器条约,并称“一旦北约东扩,俄导弹将首先瞄准波兰和捷克”,保留了首先使用核武器的权力。法国决定对其“三位一体”战略进攻性核力量进行重大调整,淘汰所有陆基弹道导弹,重点发展海、空军战略核力量。英国仍强调保持其核威慑力量,并保留在危机时首先使用核武器的权力。

陆基弹道导弹 陆基弹道导弹是美俄“三位一体”战略进攻性核力量的重要组成部分,双方在削减其陆基弹道导弹的过程中,仍在加紧其现代化步伐,与此同时双方继续寻求这些导弹在商业领域中发挥作用。法国正在销毁其陆基弹道导弹,印度将继续进行陆基弹道导弹试验。

洲际弹道导弹 1995～1996年,洲际弹道导弹的发展仍以机动部署取代地下井部署、改进现有导弹以适应民用航天需要为重点,同时继续加固导弹地下井,提高其生存能力。

美国成功发射1枚改进型“民兵”Ⅱ导弹 据美国《防务》杂志1996年10月3日报道,美国空军成功地发射了第1枚多兵种发射系统火箭。这是一种改进的3级“民兵”Ⅱ洲际弹道导弹。“民兵”Ⅱ洲际弹道导弹是一种3级固体洲际弹道导弹,长18.2米,直径1.7米,携带1枚100万吨当量的核弹头,射程达11250千米,该型导弹已于1995年底全部退出现役。

美国计划改进“民兵”Ⅲ洲际弹道导弹用于国家防御 根据美国国会提出的加速部署国家导弹防御系统的要求,美国国防部官员建议把改造“民兵”Ⅲ洲际弹道导弹作为一种较快而又廉价的解决方案。这项洲际弹道导弹改造计划需50亿美元,并且可能在4年内部署完毕,以对付突发事件或恐怖主义者引起的对美国实施的弹道导弹攻击。从1996年起的4年中,国家导弹防御系统每年将需要增加8亿美元的经费。这项迅速制定的国防部计划将研制约20个动能杀伤弹头,这些弹头通过撞击来摧毁目标,它将由部署在美国北达科他州大福克斯空军基地的“民兵”Ⅲ洲际弹道导弹发射。据称,该基地安装了指挥、控制和通信系统,也安装有早期预警雷达。对“民兵”导弹进行改造也需要对大福克斯基地现有的基础设施进行改造。

美国用卫星监测洲际弹道导弹飞行 1996年4月,美国弹道导弹防御局发射了1颗名为MSX的卫星,用于跟踪和观察在弹道中段飞行的弹道导弹,它是第1枚天基系统演示器,工作寿命为5年。该卫星已成功地跟踪和监测了第1枚弹道导弹的飞行。此次工作是在太平洋上空进行的,导弹从夏威夷发射,其目的是演示该星的性能并收集目标弹飞行弹道的信息。

美国为“民兵”导弹选定发射航天港 据美国《空间新闻》1996年4月18日报道,美国空军已和建在阿拉斯加、加利福尼亚、佛罗里达和弗吉尼亚的航天港签订合同，1997年开始的“民兵”导弹和其它火箭的发射将从这些航天港发射。

美国计划将导弹转换成运载器 美国《防务新闻》1996年5月13日报道，根据美国空军的建议，5枚“民兵”导弹可能被转换成航天运载器，它们能把重量低于200千克的卫星送入轨道。

美国计划用多种手段拦截弹道导弹 据美国国防部官员称，美目前正考虑利用各种技术攻击处于助推段飞行中的弹道导弹，而不是单一的办法。美国空军负责采办的首席副助理部长马利纳中将说，两个主要最现实的方案，一是在大型运输机上使用机载激光器，二是在战斗机或攻击机上使用拦截导弹。他认为，天基激光器是远期的解决方案。机载激光器已经克服了在9000至12000米的高度使用激光器的一些障碍，但仍然不清楚在坏天气下它们如何工作。美国国防部成立的一个独立的研究组正在分析用于助推段拦截任务的机载激光器、机载拦截弹、天基激光器和无人航空器拦截弹的方案。

俄罗斯SS-25M导弹优于美“和平卫士”导弹 俄罗斯《消息报》1995年透露，俄SS-25M导弹是一种部署在地下井中，可公路机动发射的洲际弹道导弹。该型导弹由于其弹头具有新的弹道、空气动力和设计特点，因此它的命中精度比美国的“和平卫士”导弹还高，是SS-25导弹的2倍。该报援引俄战略火箭军军官的话说，“和平卫士”导弹偏离目标的最大距离是350米，其再入飞行器能在距核爆炸5千米距离生存下来，而前苏联导弹的弹头在距核爆炸10千米时就会偏离目标。而SS-25M导弹的弹头在直接威胁它的防御导弹的核爆炸下不易被破坏，除非拦截弹直接击中它，否则它不会偏离目标。1994年12月，俄罗斯对SS-25M导弹进行了首次试射并获得成功。SS-25M导弹是三级固体燃料井基战略导弹，可以机动使用。导弹长度22.7米，直径1.95米，发射重量47.2吨，弹头重量1200千克，射程10000千米，弹头当量100万吨。为节省研制时间和费用，俄在首次飞行试验前，在普列谢茨克试验场地下井中对导弹进行了约150次测试与检查。由此估计可缩短几乎两年的发展时间，并且仅1994年就节省了约210亿卢布。据称，俄SS-25M导弹计划的发展费用为1428亿卢布（约合3600万美元）。SS-25M导弹的服役寿命为15年，无需进行工厂维修，俄计划将其部署在经过改进的SS-18和SS-19导弹的地下井中。

俄、美合作利用SS-18导弹探测火星 俄罗斯专家提出一个利用废弃的SS-18洲际弹道导弹开发火星的计划。它具有节省费用、效果好和快速的优点。按照该计划需进行两次发射，第1次发射中，SS-18K（K为商业用）导弹可以携带4个小型空间站飞往火星，它们装有气象监视仪、地震仪、图像传感器与其它设备。第2次是SS-18K把由16个气象微型传感器组成的网络送到火星地面。以上两次发射中，都在SS-18上再加进由美国锡奥科尔公司的“星”式63D上面级，由它把科学仪器送上火星。俄罗斯政府已经批准30枚SS-18导弹改作商用，价格每枚800万至1000万美元。这项合作的参与者有莫斯科的茨尼马许集团、巴巴金中心和美国斯坦福大学国际合作中心。

前苏联导弹改进后进人美国市场 据外刊报道，在美国、俄罗斯对“起点”1条约的条款进行长期争论有了结果以后，前苏联的剩余弹道导弹将被允许在商业有效载荷发射中同美国厂家竞争。同时莫斯科还赢得了同美国继续谈判旨在放宽两国双边贸易协定中商业发射次数上限的权利。1995年9月24日克林顿政府公布了一项酝酿已久的政策，决定用外国的剩余弹道导弹进行空间发射。虽然这一政策适合于各国，但近期只对俄罗斯、乌克兰起作用。除了“起点”火箭外，俄罗斯还在提供SS-19导弹的改型即“罗科特”火箭以供空间发射。目前，乌克兰也打算把SS-18导弹改进成能发射卫星的火箭以打入美国发射市场。新政策的立即受益者是地球观测公司，它已获得美国政府同意在1996年上半年用俄罗斯的“起点”1火箭发射1颗商用遥感卫星“晨鸟”。新政策给俄罗斯带来新生意，俄罗斯的机动SS-25导弹经过改装后可发射卫星，参与国

表一 现役洲际弹道导弹主要性能表

	导弹型号	级数	推进剂	长度（米）	直径（米）	弹头数×当量（万吨）	射程（千米）
美国	“民兵”Ⅲ	3	固体	18.3	1.7	3×33.5	11250
	“和平卫士”	3	固体	21.5	2.4	10×33	12000
俄罗斯	SS-11	3	液体	20.0	2.5	1×100	13000
	SS-13	3	固体	20.0	2.0	1×100	10000
	SS-17	2	液体	24.0	2.5	4×75	11000
	SS-18	2	液体	35.0	3.0	10×50	11000
	SS-19	2	液体	25.0	2.7	5×50	10000
	SS-24	3	固体	21.0	2.0	10×50	10000
	SS-25	3	固体	18.0	1.8	1×50	10000

际市场竞争，其中一种四级火箭命名为“起点”1。另一种五级火箭命名为“起点”，这种火箭具备发射所有轨道卫星的能力，很有前途。根据现有条约，俄罗斯被限制在2000年前为西方发射8颗静地轨道卫星。新政策将会给美国的公司带来打击。美政府官员告诫说，虽然已打开了同俄罗斯谈判空间发射合同的大门，但美国并未同意放宽火箭发射数量的上限。

俄罗斯将导弹基地改建为航天发射中心 俄罗斯新建的远东航天发射中心即将投入使用，它位于莫斯科以东7985公里，距中国边境不远的斯沃博得内，是用以前的战略导弹基地改建的无人驾驶航天器发射场。按计划它将于1996年第4季度发射第1枚火箭。

乌克兰已拆除全部洲际弹道导弹 1996年6月，部署在乌克兰的最后1枚核导弹SS-19洲际弹道导弹从彼尔沃迈斯克弹道导弹基地地下井中拆除，至此部署在乌境内的全部洲际弹道导弹已拆除完毕。

中程弹道导弹 1995～1996年，俄罗斯仍在探索用中程弹道导弹进行航天发射，法国将销毁其全部中程弹道导弹，而第三世界国家则继续研制中程弹道导弹。

印度“火神”中程弹道导弹将进行新的飞行试验 据外刊报道，印度国防研究和发展局(DRD0)1996年10月向印度内阁提交一份建议，要求批准对“火神”弹道导弹进行新的飞行试验，该弹射程为2500千米，研制试验工作的第1阶段已经完成，正准备开始进行最初的作战试验。新一届印度政府已经原则上批准了DRD0为下一步5次飞行试验投资1660万美元的建议。“火神”导弹计划的下一阶段将集中在使用上，将进行广泛的试验。DRD0还将着手组建导弹生产厂。至今，DRD0已进行了3次“火神”导弹试验，两次获得成功。3次试验花费了1160万美元，为了发射1枚“火神”导弹，大约花费330万美元。印度国防科学家称，为了使“火神”导弹的精度达到要求，DRD0将对“火神”导弹系统进行6～8次试验。“火神”导弹能携带1吨重的任何类型的战斗部，末端精度达300米。

法国销毁S-3D中程弹道导弹 位于法国东南部阿尔比昂高原地下井中的S-3D中程弹道导弹是法国三位一体核力量的重要组成部分，对地下井发射基地生存能力的考虑是近年来法国防务界对是否关闭该基地的问题争论的焦点。希拉克上台后，一些资深的议员，强烈要求关闭该基地，并提出他们认为是最经济有效的方案，即用正在研制的空射远程导弹取代S-3D导弹。经过慎重考虑，希拉克于1996年2月宣布法国将关闭阿尔比昂核基地，拆毁核导弹，同年9月，法国开始拆除S-3D导弹，至1996年12月底法已销毁了18枚S-3D导弹中的9枚。

海基弹道导弹 海基弹道导弹是“三位一体”战略进攻性核力量生命力最强的一种。美、俄、法、英、印等国都十分重视发展海基核力量。

俄罗斯SS-N-20导弹进行试验发射 1995年底，俄罗斯1艘“台风”级潜艇完成了一项从北极发射SS-N-20弹道导弹的试验。这种导弹是在“台风”级潜艇穿过2英里的冰域后发射的。总计10枚非武装弹头落在阿尔汉格尔斯克附近的切克汉靶场，据称其精度为500米。这种导弹在其整个飞行期间被美国的传感器监测。北美防空联合司令部发言人说，根据START条约的要求，俄罗斯已通知美国进行这项试验。

俄罗斯将从潜艇上发射卫星 俄海军1996年10月发射了它的第一颗卫星，所用的运载火箭是由退役的SS-N-23潜射弹道导弹改装的“静海”号。这次发射是在巴伦支海从一艘北海舰队的核潜艇上进行的，目的是招徕商业用户。70千克重的指南针研究卫星被送入400千米、倾角78度的轨道。俄有300多枚退役导弹，其中许多正在被改装成卫星运载火箭，已经投入使用的型号有“创始”号和“呼啸”号。1995年6月“静海”号曾用于把一个德国再入舱送入亚轨道。

表二 现役海基弹道导弹主要性能表

	导弹型号	级数	推进剂	长度(米)	直径(米)	弹头数×当量(万吨)	射程(公里)
美国	三叉戟IC-4	3	固体	10.36	1.88	8×10	7000
	三叉戟ⅡD-5	3	固体	3.59	2.11	8×47.5	11000
俄罗斯	SS-N-6	2	液体	9.6	1.65	2×20	3000
	SS-N-8	2	液体	12.9	1.65	1×100	7800
	SS-N-18	2	液体	14.0	1.8	7×20	7000
	SS-N-20	3	固体	15.0	2.0	9×10	8300
	SS-N-23	3	液体	16.9	1.8	6×25	8500
法国	M-20	2	固体	10.7	1.5	1×100	3000
	M-4	3	固体	11.05	1.93	6×15	6000

英国将部署“三叉戟”Ⅱ导弹 英国将它的安全置于拥有一支独立的潜射弹道导弹核威慑力量的基础上，目前，在继续实施其现代化计划。1995年开始部署从美国购买的“三叉戟”Ⅱ导弹，自行研制核弹头。计划

装备 4 艘新建的弹道导弹核潜艇，共计 64 枚导弹，384 个核弹头。弹头将有两种不同的当量，携带小当量弹头的导弹将执行准战略任务，携带大当量弹头(6×10 万吨 TNT 当量)的导弹将执行战略任务。购买“三叉戟”Ⅱ导弹将花费 100 亿英镑。

战略巡航导弹　战备巡航导弹机动灵活，超低空突防能力强，美俄等国均十分重视其发展。

俄罗斯正在试验新一代空射型远程巡航导弹　据外刊报道，俄罗斯正在试验新一代空中发射的远程巡航导弹，此项发展计划始于 80 年代后期，可能就是现在报道所称的“虹”式 KH-101 亚音速巡航导弹计划，这种导弹是从改装的图-95 上发射的，也可能由图-95MA 或图-95PA 装载。据报道，KH-101 是一种亚音速巡航导弹，射程 2770 千米，其上装 1 枚常规弹头。

法国将替换 ASMP 导弹的载机　法国政府官员称，法国决定在 1997 年以前用“幻影”2000N 核攻击战斗机替换目前拥有的 15 架“幻影”4P 战略轰炸机作为 ASMP 导弹的载机。“幻影”4P 战略轰炸机从 60 年代中期开始服役，目前已变得过时。法国战略空军部队(FAS)目前共有 2 个“幻影”4P 战略轰炸机中队。主要任务是使用空对地中程导弹 ASMP 进行核攻击。法国战略空军还保持 3 个“幻影”2000N 核攻击战斗机中队，共有这种战斗机 15 架，都装有 ASMP 导弹。尽管“幻影”2000N 比“幻影”4P 的航程要短得多，但它具有空中加油能力。同时，归属法国空军战术指挥部的具有双重任务的“幻影”2000NK2 攻击机将被转为“幻影”2000N 核攻击机，并移交给法国战略空军部队。

（任　杰）

弹道导弹防御武器系统

综述　1995～1996 年，美、俄、西欧和亚洲一些国家和地区继续重视发展弹道导弹防御武器与技术。美国弹道导弹防御计划进行了新的重大调整；美、俄就修改反弹道导弹条约达成框架协议；国际合作发展战区导弹防御系统的计划有了新进展；东北亚正在成为发展导弹防御系统的热点地区。两年来，弹道导弹防御技术，特别是针对第三世界国家的战区导弹防御技术，尤其是动能拦截弹技术和探测技术又有了新的重要进展；以防空导弹为基础的战区导弹防御系统，通过进一步改进性能有了提高，并开始装备部队；一些在研的新的战区导弹防御系统相继开始演示验证飞行试验；“合作交战能力”(CEC)探测器网的成功演示验证，被认为是自隐形技术出现以来的一项“最重大的技术发展”。

美国对弹道导弹防御计划作新的重大调整　据《国防科技要闻》1996 年 5 月 30 日报道，美国国防部于 1995 年 8 月全面审查“弹道导弹防御”(BMD)计划，历时半年，于 1996 年 2 月结束。这次审查的目的之一，是确保国防部以负担得起的费用，部署最有效的导弹防御系统，以对付所谓新出现的弹道导弹威胁。这次审查的结论是，仍保持 1993 年对 SDI 计划进行审查和重大调整后所确定的优先发展次序不变，但是对弹道导弹防御计划进行了新的重大调整。

(1)重新确认 1993 年所确定的重点发展次序。审查结果认为，战区弹道导弹是当前业已存在的现实威胁；而在今后 15 年内，除了公认的核大国外，没有一个国家能自行研制或以其他方式获得可以威胁美国本土的远程弹道导弹。因此，1993 年所确定的弹道导弹计划优先发展次序仍保持不变，即：第 1 位的重点是发展战区导弹防御系统，以应付现有的威胁；第 2 位的重点是发展国家导弹防御技术，以便在 2000 年以后使美国有能力防御可能威胁美国本土的远程弹道导弹；第 3 位是战区导弹防御和国家导弹防御的技术基础计划。据此原则，美国国防部提出，在 1997 财年为弹道导弹防御计划所申请的 28 亿美元预算中，74%用于战区导弹防御计划；18%用于国家导弹防御计划；8%用于技术基础计划。

(2)重点应付现有的近程导弹威胁。1993 年曾确定弹道导弹防御计划以应付中远程弹道导弹为主的战区高空区域防御(THAAD)系统是“核心”中的“核心”。经审查认为，当前，美国在地区冲突中所面临的威胁主要是射程比较近的战术弹道导弹。根据评审组的建议，美国国防部长佩里已经批准，在今后 6 年，将对以应付近程弹道导弹威胁为主的 PAC-3“爱国者”导弹防御系统和海军的低层防御系统分别增加约 3 亿和 1.5 亿美元的经费，使年平均费用分别达到 5 亿和 2～3 亿美元。而 THAAD 系统的经费将从原定的 50 亿美元,削减到 30 亿美元。尽管如此,每年为 THAAD 系统提供的经费仍然高达 5 亿美元,重点研制供作战鉴定用的 THAAD 系统。生产型 THAAD 系统的部署时间将从 2002 年推迟到 2006 年。此外,今后 6 年将为海军的高层防御系统增加 6 亿美元;在助推段拦截计划方面,将转为重点研究采用机载激光武器和无人机携带动能拦截弹的助推段拦截系统方案。

(3)国家导弹防御计划由技术准备计划改为部署准备计划。审查后的计划建议,今后 6 年将适度增加国家导弹防御计划的经费,由过去计划的每年大约 4 亿美元提高到每年 6 亿美元,并把国家导弹防御计划由过去的"技术准备计划",改为"部署准备计划"。为此,美国防部已经向国会承诺要实施"3+3"计划,即先用 3 年的时间研制国家导弹防御系统的各组成单元,在 1999 财年进行首次系统综合试验;然后再用 3 年的时间完成国家导弹防御系统的研制和部署;并将采取步骤建立国家导弹防御联合计划办公室,以使这项计划进入国防采办阶段。

美国弹道导弹防御局计划重点由试验研究转向系统采购 美国《防务新闻》1995 年 2 月 13～19 日报道,美国五角大楼的弹道导弹防御局(BMDO)把旨在保卫美国和盟军免受弹道导弹攻击的技术探索加速转向系统采购。1995 年 2 月 6 日提交国会的 1996 年预算文件表明,BMDO 的采购费用由 1995 年的 2.714 亿美元增加到 1996 年的 4.537 亿美元,提高了 67%。BMDO 计划在 2000 年以前将 14 亿美元用于采购导弹防御系统。BMDO 的核心采购计划包括改进陆军的"爱国者"PAC-3 防空系统和海军区域防御计划(海军防御计划涉及改进"宙斯盾"雷达和海军的"标准"2 导弹)和战区高空区域防御系统(THAAD)。1996 年,BMDO 还将用 3730 万美元提高海军陆战队"霍克"防空导弹的能力。未来的采购计划包括空军的助推段拦截弹和陆军的军级地对空导弹系统,后者称之为扩展的中程防空系统,将成为美国和西欧 4 国的一项联合计划。还将向美、以联合研制的"箭"式战术弹道导弹防御计划投资,预计 1996 年投资 5660 万美元,1997 年 4420 万美元。为国家导弹防御系统申请的经费 1996 年为 3.714 亿美元,1997 年为 4 亿美元。

美国防部成立联合战区防空与导弹防御局 美国《每日防务》快报 1996 年 11 月 26 日报道,美国国防部已批准建立一个新机构——"联合战区防空与导弹防御局"(JTAMDO),负责确定和发展防空与导弹防御需求。美国防部希望该局的建立将可为联合部队指挥官提供更强的防空与导弹防御能力,以解决各军种间战区防空与导弹防御计划的协调问题,减少不必要的重复。以前分配给战区防空作战管理与指挥、控制、通信、计算机和情报(BM/C^{4}I)执行部门的所有职责和任务,将移交给联合战区防空与导弹防御局。

美、俄就美国发展导弹防御系统问题达成框架协议 1995 年 11 月 14 日,美国国务卿林恩·戴维斯与俄罗斯副外长格奥尔基·马梅多夫在伦敦举行会谈,就一项允许美国在不违反"反弹道导弹条约"的情况下发展导弹防御系统达成一项框架协议。这是美、俄之间在修改反弹道导弹条约问题上经过数月僵局之后所取得的一个重大突破,但仍然还有一些重要问题有待解决。框架协议规定,试验时,不用于拦截速度大于 5 千米/秒(即射程不超过 3500 千米)的导弹,拦截弹本身的速度不大于 3 千米/秒的防御系统将被认为是符合反弹道导弹条约的。同时,美、俄双方还将采取一些加强信任的具体措施,以保证实施导弹防御计划的一方不受另一方的战略导弹构成巨大威胁。双方尚未解决的主要问题是,俄罗斯仍然担心美国发展拦截弹速度大于 3 千米/秒的防御系统,主要是海军的舰载高层防御系统和机载助推段拦截系统。美国坚持说,它将按照过去的做法并单方面确定这种系统是否符合反弹道导弹条约。

美国称战区导弹防御系统将扩大部署 据《BMD 监视者》1995 年 6 月 16 日报道,美国国防研究所安德卢·赫尔 1995 年 6 月在华盛顿举行的导弹防御会议上说,战区导弹防御将更加广泛和更有创新性,越来越多的第三世界国家想要拥有导弹防御系统并出现了前所未有的获得反弹道导弹系统的机会。随着弹道导弹技术的扩散,许多国家现在都对导弹防御和两用地空导弹感兴趣。英国和日本正在研究导弹防御系统。目前,除了美国已经有了 PAC-2"爱国者"导弹防御系统,俄罗斯有了 S-300(即 SA-10)与 S-300V(即 SA-12)导弹防御系统外,德国、以色列、意大利、日本、荷兰、科威特、沙特阿拉伯和土耳其等国也装备或订购了美国的 PAC-2"爱国者"导弹防御系统;白俄罗斯、保加利亚、捷克、斯洛伐克、乌克兰和叙利亚等国也有了 S-300 导弹防御系统。此外,美国、俄罗斯、法国、德国、英国、意大利、加拿大、以色列、日本和印度等国还在独立或合作研究和研制新的战区导弹防御系统。中国台湾也购买了美国的"爱国者"导弹系统,并在研究自己的导弹防御系统。

赫尔说,未来的导弹防御系统将以混合的系统为特点,并将有更多的工业界组成设计组。美国大西洋司令部正计划在 1997 年进行联合的弹道导弹防御演习,这次演习将把美国的 PAC-2“爱国者”导弹系统与俄罗斯的 SA-12 导弹系统合并为一体。

美国传统基金会鼓吹向亚洲盟国出售导弹防御系统 美国《每日航天》1995 年 10 月 31 日讯，美国传统基金会最近公布一份题为“通过导弹防御适应更安全的亚洲”的报告，建议美国更加强调发展战区导弹防御系统，并把这些系统出售给环太平洋的盟国。建议包括：①部署美国的国家导弹防御系统；②加速为太平洋舰队研制海军高层战区导弹防御系统，加速为驻日、韩的美军研制战区高空区域防御（THAAD）系统；③鼓励日本、韩国和澳大利亚购买美国的战区导弹防御系统，促进导弹防御的多边合作；④向台湾出售美国先进的战区导弹防御系统，并准备用美国的战区导弹防御力量保卫台湾；⑤如果中国能限制核导弹并受到核查，就向中国提供导弹防御技术；⑥如果印度和巴基斯坦同意谈判能受到核查的限制和减少核力量和导弹力量，就向这两个国家提供核实协议执行情况的卫星情报和导弹防御技术。

美刊评述 1996 年弹道导弹防御技术的发展态势 美国《美国航天》1996 年 12 月报道，1996 年不仅是战术和战区导弹防御系统发展十分活跃的一年，也是国际合作与竞争的一年，这一年里美国三军联合的计划增加。1996 年重点强调的工作包括改进现有的导弹及其发射平台，研制新的系统和演示先进的技术。

国际合作研究：无人机（UAV）助推段拦截（BPI）的概念设计研究工作，正在研究无人机载拦截弹的发展潜力，以便为战区导弹防御提供助推段防御。这项研究将确定能够满足美国和以色列两国需要的无人机助推段拦截系统的要求。美国、德国和意大利政府完成了“扩大的中程防空系统”（MEADS）第 1 阶段发展计划的谈判。

三军的合作：为了管理“国家导弹防御“（NMD）系统的部署准备计划，美国建立了一个新的联合计划办公室。

支持弹道导弹防御计划：美国国会为海军的高层防御系统、陆军的“战区高空区域防御”（THAAD）系统、国家导弹防御系统和巡航导弹防御系统增加了经费。

THAAD 系统完成了第 1 年的飞行试验。在 6 次飞行中，头 3 次试验都不涉及拦截目标；后 3 次飞行试验的主要目的是拦截靶弹，但均未拦截到目标。美国海军的“宙斯盾”武器系统通过计算机程序和设备的小的改进，将增加战术弹道导弹防御的区域防御能力。现在，美国海军低层和高层防御系统的概念研究工作已接近完成。

美国的国家导弹防御计划已经重新定为部署准备计划，更多的工作将致力于系统集成、试验和规划部署。国家导弹防御计划的关键成就包括：完成了系统和组成部分的要求审查，并进行了“中段空间试验”（MSX）。下一步工作将是飞行试验”大气层外动能杀伤拦截器（KKV）。

1996 年的大部分导弹系统研究工作，都受到经费负担能力、国际合作和三军合作的驱动。预计，这一趋势在今后几年将继续下去。

美国、西欧和澳大利亚合作发展弹道导弹防御系统有新进展 美国一直寻求与盟国合作发展战区导弹防御系统。经过几年的谈判，1995 年 2 月 20 日，美、法、德和意大利 4 国正式签署合作发展“扩展的中程防空系统”（MEADS）的意向声明。MEADS 是一种用于保护野战部队的防御系统，将兼有反战术弹道导弹、反巡航导弹、反空地导弹和反飞机的能力。该计划分 3 个阶段进行：第 1 阶段是计划拟定验证阶段；第 2 阶段是设计—研制阶段；第 3 阶段是生产阶段。计划经费由 4 国分担：美国承担 50%；法国与德国各承担 20%；意大利承担 10%。联合研究将“最大程度地”依靠参加国所拥有的技术和资金。1995 年 10 月 20 日，4 国宣布已经完成两个竞争承包商小组的组建，进行第 1 阶段方案拟定与验证研究。在 1996 年年初法国退出的情况下，其余 3 国仍继续推进该计划。第 1 阶段的研究工作预计在 1998 年完成。MEADS 系统将在 2005 年服役。

1995 年 4 月 19 日，美国和澳大利亚外交和国防部长开会，讨论联合研究导弹防御技术的计划。5 月 22 日，澳大利亚国防部长在一份声明中宣布，美、澳两国政府已经同意在美国弹道导弹防御计划中有助于增强防止导弹扩散和防御导弹攻击的共同目的的那些项目上进行合作，包括交换情报与人员，以及联合研究改进导弹防御系统，使澳大利亚成为又一个参与弹道导弹防御系统与技术研究的国家。

据英国《简氏防务周刊》1995 年 6 月 24 日报道，法国和意大利一致同意其联合研制的“未来防空导弹族”（FSAF）计划转入产业化和生产阶段。该计划包括海军近程点防御系统（SAAM）和陆基中程防空反导系统（SAMT/T）。首批导弹防御系统将于 1999 年服役。

据《国防科技要闻》1997 年 2 月 20 日报道，1996 年 3 月，英、法、意 3 国签署了共同拨款 42 亿美元的协议，共同发展“地平线”护卫舰及其舰载“主要防空导弹系统（PAAMS），后一系统实际是法、意联合发展的“未来地空导弹族”的一个变型。

日、韩、印和中国台湾重视发展弹道导弹防御武器系统 据美国《防务周刊》等 1995～1996 年的报道，1995 年以来，日本政府采取具体措施加强弹道导弹防御技术的研究。1995 年 2 月初，日本外务省拟定了强调积极推进战区导弹防御构想的文件，主张通过与美国开展密切技术交流，推进日本战区导弹防御构想的研究；4 月初，日本防卫厅成立弹道导弹防御研究办公室，负责研究如何应付弹道导弹攻击，并根据研究结果，在 1997 财年决定是否部署战区导弹防御系统；6 月 20 日，日本内阁批准日本防卫厅新的国防白皮书，把与美国联合研究弹道导弹防御系统作为日、美双方安全关系的一个关键的组成部分；8 月份，日本防卫厅提出 1996 年国防预算，为战区导弹防御系统计划投资 4.5 亿日元，是 1995 年投资 2000 万日元的 23 倍；8 月底，日本防卫厅又公布了题为"关于与弹道导弹防御有关的研究"的小册子，为说服日本公众确信日本需要弹道导弹防御系统制造舆论。

目前，韩国几乎完全依靠驻韩美军所部署的"爱国者"导弹系统。1995 年以来，韩国一方面与日本加强联系，谋求共同采取措施，对付朝鲜的导弹威胁；另一方面也在考虑俄罗斯的建议，联合制造 S-300 反导弹系统。此外印度也在考虑从俄罗斯采购先进的 S-300 反导弹系统。

1995 年夏季，中国人民解放军在东海进行导弹演习之后，台湾当局加速发展反弹道导弹武器系统，试图解决其反导防空能力薄弱问题。其向美国采购的 3 套"爱国者"PAC-2 系统首批已于 1997 年 1 月运抵台湾，预计 1998 年下半年或 1999 年正式部署，三套系统全都部署在台北周围地区。此外，一方面还在考虑获得比"爱国者"导弹性能更有效的系统，如美国在研的"战区高空区域防御"系统，并希望参与美国"战区导弹防御"(TMD)系统的研制工作；另一方面，加紧自行研制反导弹导弹，已向中山科学研究院拨款 1.4 亿美元，计划 5 年内研制出"天弓"反导弹系统。

战区弹道导弹防御武器系统 战区弹道导弹防御系统的发展仍然倍受重视。美国陆军"爱国者"PAC-3-1 型系统第 1 个火力单元已于 1995 年 12 月部署，PAC-3-2 型系统已于 1996 年底部署，并首次利用改进的霍克导弹演示了同时拦截包括战术弹道导弹和巡航导弹在内的多个不同种类的目标。战区高空区域防御(THAAD)系统共进行 6 次飞行试验，其中后 3 次拦截目标试验，虽实现了一些其他目的，但都未拦截到目标。美海军低层和高层全战区防御系统的概念研究工作已接近完成。机载激光武器和动能拦截弹助推段拦截系统正在加紧研究。美、以联合研制的"箭"2 型反导弹系统成功地进行了首次拦截试验。西欧、日、韩、印等国及中国台湾地区均在积极发展战区弹道导弹防御武器系统。

美陆军为战区高空区域防御(THAAD)和"爱国者"PAC-3 计划增加投资 美国《防务新闻》1996 年 5 月 20～26 日报道，1996 年 12 月到 1997 年 3 月，五角大楼从总计划中削减了 4 项计划(陆军的多管火箭发射系统、联合无人战术航空器、海军的"三叉戟"2 潜艇和联合战术信息分发系统)，使主要武器计划投资减少 130 亿美元。这些削减的经费中有几十亿将用于补充两项战区导弹防御计划：陆军的 THAAD 的投资从 50 亿美元增加到 60 亿美元；陆军的"爱国者"PAC-3 的投资由 59 亿美元增加到 73 亿美元。

美陆军开始部署"爱国者"PAC-3-1/-2 型导弹防御系统 据美国《航空与航天技术周刊》1995 年 3 月 13 日和《每日航宇快报》1996 年 12 月 16 日等报道，美陆军分别于 1995 年 12 月和 1996 年底开始部署"爱国者"PAC-3-1/-2 型导弹系统。

"爱国者"一直是美国防空和弹道导弹防御的重要组成部分，目前已成为战区导弹防御(TMD)计划的核心之一。PAC-3 的任务是实施弹道导弹防御体系中的低层防御，保卫部队和固定设施免受近程和中程弹道导弹、巡航导弹以及其他飞行器的袭击。它由雷达、交战控制站、发射车和拦截弹组成，可由飞机运送，快速部署。

PAC-3 系统的研制采取渐进的步骤，有 3 种越来越先进的"爱国者"的改进型号，即 1 型、2 型和 3 型。以前发展的"爱国者"的"快速反应计划"(QRP)型号已在 1993 年部署。它是一种过渡性系统。海湾战争的经验使 QRP 有了更好的探测设备和遥控发射能力。PAC-3-1 型系统是第 1 种真正的 PAC-3 系统。它改进了作战管理、指挥、控制、通信和情报(BMC^3I)等系统，并采用了制导增强导弹(GEM)。GEM 采用改进型引信和 C 频带接收机，灵敏度更高；采用爆破碎片杀伤弹头，并使它更靠近来袭弹头时引爆，以提高毁伤概率。改进的制导系统将显著提高其反战术弹道导弹的效能。按计划雷西昂公司为美陆军生产 184 枚新型 GEM 导弹，并把现有的 165 枚"爱国者"导弹改进为 GEM 型。该公司导弹与防空系统部副总裁史蒂文·R·斯坦威克说：拥有"爱国者"导弹系统的国家可能会要求把现有数量的约 25%改进为 GEM 型。目前该公司生产的爱国者导弹大约已有 8000 枚。

PAC-3-2 型系统是具有更强通信和雷达探测能力

的改进型系统。它对雷达、通信和其他系统进行了进一步改进，最引人注目的修改是具备了更好的目标分类、识别和辨定(CDI)能力。这种新型“爱国者”导弹是于1996年11月27日获准部署的，现已部署两个连。1997年6月开始部署其他10个现役连和1个国民警卫“爱国者”导弹连。

PAC-3系统计划将于1999年最终完成，即研制出PAC-3-3型系统。这种高度先进的系统，将进一步改进雷达装置、内部通信系统和软件，增强远距离发射能力和配置新的导弹，使其提高雷达能力、生存能力以及确定发射位置的能力。由于尺寸的减小和发射车装弹能力的提高，PAC-3导弹有望大幅度改进“爱国者”导弹的杀伤力并将火力提高3倍。

每个“爱国者”PAC-3导弹连有4辆发射车，用2辆发射车可将携带导弹数量由32枚提高到56枚(32枚PAC-3导弹和24枚PAC-2导弹)。每个控制站最多可以控制4辆PAC-3发射车。

美国向荷兰通报“霍克”系统防御导弹的能力　美国《Inside The Navy》1996年10月28日报道，1996年10月24日美海军陆战队向荷兰皇家空军的官员通报了利用改进的“霍克”防空导弹系统防御战术导弹的能力。荷兰空军现在仍然使用“霍克”防空导弹系统，他们有兴趣改进现有的“霍克”防空导弹系统，因此要求美国海军陆战队向其通报改进的“霍克”防空导弹系统防御战术弹道导弹的能力。荷兰空军要求改进它的“霍克”防空导弹系统，使之在1998年具有防御战术弹道导弹的能力。他们还计划把改进的“霍克”导弹防御系统与现有的“爱国者”防空导弹系统一体化，用这两种防空系统提供分层的防御。

1996年夏季，美国海军陆战队通过一系列实弹发射试验，演示了改进的“霍克”导弹系统实施战区导弹防御的能力。试验中用单发和多发“霍克”导弹拦截“长矛”战术弹道导弹和模拟巡航导弹的BQM-34无人机。“霍克”防空导弹系统已经是一种过时的防空导弹系统，通过对其弹头和TPS-59空中搜索雷达进行一系列的改进，以及增加最近研制的“防空通信平台”(ADCP)，使之具有了防御近程战区弹道导弹的能力，从而赋予这种过时的防空系统以新的生命。在美国陆军“扩大的中程防空系统”(MEADS)在2005年服役之前，美国海军陆战队将继续依靠“霍克”防空导弹系统。“防空通信平台”的生产决定将在1997年4月作出。美国海军陆战队期望在1998年10月宣布“霍克”战区导弹防御系统具有初步作战能力。

美国研制战区高空区域防御(THAAD)系统　THAAD系统是美国弹道导弹防御系统的3个核心之一，是世界上第1个专门为防御战区弹道导弹而研制的大气层内/外防御系统。THAAD系统由4大部分组成：BM/C³I(作战管理/指挥、控制、通信和情报系统)，THAAD拦截弹，发射车和THAAD雷达系统。

BM/C³I不仅能协调和指挥整个THAAD系统进行作战，还能与THAAD系统外的许多系统(如战略防空指挥控制系统及陆军系统和三军联合系统及外部的探测器系统等)对接。BM/C³I系统由战术作战站和发射车组成。BM/C³I系统各组成部分之间的主要通信线路是“联合战术信息分配系统”(JTIDS)。

THAAD拦截弹由1个动能杀伤拦截器和1个推进系统组成。长6.2米，重900千克。装有红外末制导的头和单级火箭发动机。

THAAD雷达阵列尺寸为10平方米，X波段频率，为THAAD拦截弹提供监视和火控支持；支援其他弹道导弹防御系统，如为“爱国者”导弹系统提供目标引导；进行攻击评估。

THAAD发射车重40吨(包括装上拦截弹)，高3.25米，宽12米，能装10枚拦截弹，该发射车装在M-1075卡车上。重新装弹时间为30分钟。

THAAD拦截弹与“爱国者”导弹不同。首先，THAAD拦截弹要自己搜索、锁定和击中敌导弹。作为一个动能杀伤拦截器，它相当于用1颗子弹去击中飞行中的另1颗子弹。其次，THAAD拦截弹能在更远的距离和更高的高度挫败战术弹道导弹，既可在大气层外，也可在大气层内拦截。通过在大气层外和更远的距离攻击来袭导弹，也对一些大规模杀伤武器提供更多的防御。确切地说，THAAD系统是要提供区域防御，如保护一个城市；而不是提供阵地防御，如保护机场之类的单个设施。

为了解决关键的技术问题和作战使用问题，如碰撞杀伤的杀伤力等问题，需要进行演示验证。演示验证计划包括在白沙导弹靶场的飞行试验，部件分系统集成试验，用仿真和半实物进行的主要作战能力试验以及士兵参加的试验。

演示验证计划首次飞行试验于1995年4月开始，原定1996年10月完成，现已推迟6个月。下一步将是授予工程制造发展合同。但是自1995年以来的飞行试验成功率才50%，经费又削减，因此，工程制造发展阶段将拖延，使原定2002财年部署第1个火力单元的目标，推迟到2004财年，甚至可能要到2006财年。

到目前为止已进行了6次飞行试验，前3次飞行是不拦截目标的试验；后3次飞行是试验THAAD对目标的拦截能力，但均未拦截到目标。头4次试验使用的“风暴”靶弹是由轨道科学公司制造的。该靶弹是一种两级弹道式靶弹，能模拟各种战术弹道导弹。第1级固体燃料火箭采用了陆军剩余的“中士”弹道导弹的发动机，第2级则采用了剩余的“民兵”导弹的第3级发动机。再入飞行器是由航空仪表公司提供的。第5次及以后的所有飞行试验可能都将使用科尔曼研究公司的HERA靶弹。HERA也是一种组合靶弹，采用现已退役的军用火箭发动机。不过，HERA靶弹比“风暴”靶弹更大，采用了一些新的技术，能模拟更多的不同的弹道导弹。

第5次试验，实际上是组成THAAD系统的各个组成部分首次一起参加试验。虽没拦截到靶弹，但地基雷达成功地演示了跟踪拦截弹和靶弹两个目标；发射车的货盘式装弹系统（允许在不到30分钟的时间内重新装弹），在试验中也获得了成功。

按照重新调整的计划，从用户作战鉴定系统到新的THAAD实际系统，都将采用演示验证样机——包括THAAD拦截弹、2套BM/C^3I装置、2部地基雷达和4辆发射车。但是THAAD实际系统的红外寻的头将从使用铂硅焦平面阵列，转为使用锑化铟焦平面阵列。因为后者比前者更为灵敏，更能探测大气层外的目标。

工程制造发展阶段试验的目的包括：通过在白沙靶场进行的有限的用户试验，确定用户作战鉴定系统的基本能力；调节和验证仿真；提供工程研制的核心部件；完成生产合格鉴定试验，确保设计的完整性；完成初始的低速生产和作战鉴定试验。

最终计划是装备2个THAAD营，每个营（638名士兵）包括1个营部、营部连和4个发射连。营部和营部连包括1套BM/C^3I设备和2部雷达。每个发射连包括1套BM/C^3I设备、1部雷达、9辆发射车与144枚拦截弹，以及所有的支援设备。设计参数要求，每套THAAD系统要能陆上（铁路或公路）、海上或空中（由C-141飞机或更大的飞机）运输。

当有了可供部署的系统时，2个THAAD营将以得克萨斯州布利斯堡的陆军防空炮兵中心学校为基地，准备随时立即部署到世界任何地方同时出现的两个战区中的一个战区。

美陆军已在为海军研制一种改进的THAAD系统，以便为海上的航母战斗群和其他战舰提供更大的保护，或者从沿海外帮助保护陆上的设施。

当然，THAAD计划的未来，将在很大程度上取决于今后再进行的飞行试验。

美国THAAD系统拦截试验未获成功 英国《简氏防务周刊》1996年9月11日和1997年1月15日报道，美国陆军THAAD导弹系统在3次拦截试验失败后，将在1997年2月进行下一次目标拦截试验。

美陆军THAAD计划进行14次演示验证飞行试验。1995年4月21日、7月31日，10月13日在白沙导弹靶场进行了3次不拦截目标的飞行试验。1995年12月13日开始了拦截目标的实验，1996年3月和7月也进行2次拦截目标的飞行试验，均未拦截到目标。因此，THAAD制造商洛克希德·马丁公司计划再进行6次拦截飞行试验。根据现有的规定，THAAD必须完成3次成功的拦截试验，才能转入工程与制造发展阶段。因此，尽管国会共和党人要求加速部署THAAD，但由于技术原因，THAAD的部署可能推迟到2006年，最早2004年。

美国传统基金会鼓吹发展海基和天基弹道导弹防御系统 美国《弹道导弹防御监视者》1995年6月16日报道，美国传统基金会导弹防御研究小组公布一份新的研究报告声称：3～5年内，美国本土就有可能受到第三世界导弹的威胁；要求部署海基和天基相结合的国家导弹防御系统与战区导弹防御系统。美国现在就应该决定，在3～4年内先部署海基高层防御系统；2000年部署“慧眼”空间探测卫星系统；2002年部署“天基拦截弹”；2005年部署天基激光武器。

海基高层防御的近期理想方案是在22艘装有“宙斯盾”作战系统的巡洋舰上部署650枚拦截弹，提供最灵活和最可靠的战区导弹防御，并为保护美国本土的国家导弹防御奠定基础。

美国支持快速发展海军战区导弹防御系统 美国《海军新闻与水下技术》快报1996年10月28日报道，1996年10月，美国海军战区防空计划执行办公室主任伦佩特少将说，同其他系统相比，海军的战区弹道导弹防御系统效果更好，而且费用较低，它将能满足美国对战区导弹防御系统的迫切需要。美国过去几年对战区导弹防御计划所进行的审查和分析都支持发展海军的战区导弹防御系统：①杀伤力独立评审组认为，海军的低层防御系统能够应付PAC-3型“爱国者”导弹系统所面临的同样威胁。②战区导弹防御费用与作战效果分析确认，海军低层与高层防御系统所提供的有效战区弹道导弹防御覆盖区域比任何系统的组合都好。只有海军战区导弹防御系统才能支持强行进入、保持机场和港口开放、支持两栖登陆作战和保护遥远的关键地区。③从性能、费用、计划进度和风险程度来看，“标准”2ⅣA型导弹是最佳方案。④参谋长联席会议的战区导弹防御评审结果表明，经费应重点用在 PAC-3“爱国者”导弹系统和海军的低层防御系统上。⑤国防部进行的弹道导弹评审会结果也为海军的低层防御系统和高层防御系统增加了经费。

美海军低层防御系统组成 美国海军负责研制的海军低层战区导弹防御系统，是美国国防部重点研制的“核心”战区导弹防御系统之一。该系统以美国现有的“宙斯盾”作战系统和正在研制的“标准”2Ⅳ型导弹为基础，由改进的“宙斯盾”系统的 SPY-1 雷达和武器控制系统以及改进为“标准”2ⅣA 型的导弹等组成。

美海军提出加速全战区高层防御系统试验的计划 美国《防务新闻》1996 年 12 月 16～22 日报道，1996 年 12 月 3 日，美国国防部负责采办与计划的副部长保罗·卡明斯基根据 1996 年 9 月 23 日签字生效的 1997 财年国防授权法案，决定把舰载海军全战区导弹防御系统（以前称为海军高层防御系统），作为美国国防部“核心”的战区导弹防御计划之一。像陆军的 THAAD 一样，海军的全战区防御系统也是在大气层外拦截来袭的弹道导弹。

国会给海军全战区高层导弹防御计划增加 2.46 亿美元（海军要求国会在 1997 财年为该计划提供 5800 万美元的经费），将允许他们加速这项计划的进度，并比原定计划增加 7 次试验。修改的计划要求总共进行 12 次飞行试验，6 次试验将用“控制试验拦截器”飞行，另 6 次试验将用“制导试验拦截器”飞行。所有的拦截试验都用“大气层外轻型射弹”拦截器。拦截试验计划在 1999 年 9 月进行。

修改的加速试验计划将使海军全战区高层导弹防御系统的部署时间，更能接近国会制定的 1996 财年国防授权法案所规定的时间。按该试验计划行动，海军全战区高层防御系统的“用户作战鉴定系统”（UOES）到 1999 年 9 月就可以就绪，装备第 1 艘军舰的时间不迟于 2000 财年。

美海军加速导弹防御试验 美国《防务新闻》1995 年 7 月 31 日～8 月 6 日报道，美国海军拟组建专家小组，以便加速在装有“宙斯盾”雷达的军舰上进行战区导弹防御试验。美国海军正在研制和试验安装在“标准”防空导弹的轻型大气层外射弹（LEAP），作为战区导弹防御的前沿系统。1995 年 3 月 4 日和 3 月 28 日进行了 2 次 LEAP 试验，虽未拦截到靶弹，但实际已达到了试验目的。海军打算将来把装有 LEAP 的“标准-Block-4A”型导弹部署在 CG-47“提康德罗加”级导弹巡洋舰和 DDG-51“阿利伯克”级驱逐舰上。3 月份进行的试验完成了 44 项试验目的中的 42 项。

另据美国《防务新闻》1996 年 2 月 19～25 日报道，今后 6 年对美国海军战区导弹防御计划增加 6.7 亿美元。计划 1999 年前开始试验，2001 年投入使用，可能还短缺 5 亿美元。

美海军可能部署 THAAD 系统 英国《简氏防务周刊》1995 年 6 月 10 日报道，主承包商洛克希德导弹与空间公司（LMSC）最近完成的“宙斯盾”巡洋舰与 THAAD 相结合的一项研究工作确定，美国海军可能会以装有“宙斯盾”作战系统的巡洋舰和驱逐舰这两种结构方式部署 THAAD，以提供对战区弹道导弹的高层大区域防御。

1992年，LMSC 获得了价值6.88亿美元为期48个月的合同，为陆军部署的地基 THAAD 系统进行演示和验证试验。此后，弹道导弹防御局和海军一直在考虑 THAAD 导弹能否被部署在水面舰船上。海基部署 THAAD 可能有两种方式：一种是把 THAAD 导弹部署在垂直发射系统（VLS）上；另一种是把 THAAD 杀伤器应用于“标准”导弹 Block-1V 的第1级，也用 VLS 发射。LMSC 提议，海军应为利用 SPY-1雷达在 VLS 上进行 THAAD 导弹的演示试验拨款。能否在“标准”导弹上利用“海军型 THAAD”或大气层外轻型射弹杀伤器提供对战区弹道导弹的大区域防御的问题仍未解决。

另据美国《每日航宇》快报1996年10月18日报道，在今后几个月内，海军将使用“标准”2导弹的“Block-4A”型进行拦截试验。通过广泛的建模与仿真，海军已得出结论，可以通过“直接命中或近距爆炸”的办法摧毁弹道导弹目标。下一步将计划在“实战发射试验”中验证这种能力。海军使用这种导弹进行了两轮环境飞行试验，以试验环境对红外导引头的影响。同时，在验证 SPY-1B 雷达对弹道导弹威胁的能力探测试验中，已证明了该雷达定位与跟踪目标的能力，以及其他信息源（如卫星）接收信息并将其传到船上的能力。

美国正在研制助推段/上升段拦截系统 从 80 年代初美国政府提出战略防御倡议计划起，美国就一直追求发展助推段防御系统，以便敌方的弹道导弹一发射就将其摧毁。十多年来对 SDI 计划进行了大的调整，现在，虽然不强调发展天基助推段防御武器，但又提出发展机载的助推段/上升段拦截系统，以便拦截敌方刚发射的战区弹道导弹。除美国研究这些方案外，以色列、英国和法国也在研究这类方案。正在研究的这类系统方案主要包括 3 类：一是从有人驾驶的飞机上发射高速动能拦截弹；二是从无人驾驶的飞机上发射高速动能拦截弹；三是把激光器放在宽体飞机上，用激光拦截刚发射的战区弹道导弹。美国海军研究的海基高层防御系统，根据部署位置不同，即可做为拦截处于中后段飞行的弹道导弹的高层防御系统，也可作为拦截上升段飞行的弹道导弹的上升段防御系统。

美国防部审查助推段拦截计划 美国《航空与航天技术周刊》1995年9月4日报道，美国防部正在考虑利用各种技术攻击处于助推段飞行中的弹道导弹，并要求审查弹道导弹防御局的“助推段拦截”计划。任命了一个研究小组，研究组提出5点基本建议：①天基激光器不是可行的助推方案。②空军已决定重点研究机载激光器，可能要15年后才能为战区弹道导弹防御提供助推段拦截能力，但空军的官员说，他们能在2002年部署机载激光器演示样机，2006年部署由3架飞机组成的实战设备。③应继续陆军的“动能杀伤拦截器”(KKV)计划，重点放在演示近期能力上。④应加速发展重量轻、速度适中(约3千米/秒)的拦截导弹，以提供无人航空器和舰载使用。继续以前提供的方案包括使用“不死鸟”导弹、“先进中程空空导弹”、“近程攻击导弹”、“高速反辐射导弹”和其他现有的设计，以避免花费太多的钱研制全新的导弹。⑤要更详尽地研究安装在无人航空器上的助推段拦截导弹，并把这种拦截导弹安装在空军的F-15或F-14战斗机上。

美助推段弹道导弹拦截计划前途未卜 英国《简氏防务周刊》1995年3月18日报道，弹道导弹防御局(BMDO)官员说，由于空军和海军正在研究准备使用战斗机来执行助推段拦截任务，因此美国在提供一种拦截助推段弹道导弹的武器系统的先期概念技术演示(ACTD)的发展工作可能延期。BMDO官员说，很可能先批准一项较小规模的先期技术演示(ATD)计划。与ACTD不同，ATD不需要发展众多的作战准备系统。如果ACTD被批准，预计它将集中发展一种新寻的头，同时可能选择一个现存导弹系统携带一种新的动能弹头。载机可能是F-15和F-14。同时，空军正在发展一种装载在大型飞机上的在助推段瞄准和攻击弹道导弹的机载激光器。

美国发展无人航空器用于导弹防御 美国《防务新闻》1995年9月4～10日，美国陆军空间与战略防御司令部及劳伦兹利弗莫尔国家实验室正在发展用无人航空器机载导弹来攻击助推段的弹道导弹或地面的导弹发射器。

用“蒂尔”2型无人航空器(UAV)作运载器，上边装备拦截、捕获目标的探测器、电子对抗装置、拦截弹、中段飞行控制设备、指挥控制设备以及引导通信装置等。UAV的有效载荷为907.2千克，可携带3～6枚轻型拦截弹，飞行距离可达5550千米，并能在20千米高空续航飞行48小时。UAV所携带的拦截弹采用美国BMDO正在发展的大气层拦截弹技术(AIT)动能弹头，其助推器选用“标准”导弹计划中的先进固体轴向级(ASAS)，也可能使用先进中程空空导弹(AMRAAM)、高速反辐射导弹(HARM)或“不死鸟”导弹。拦截弹助推器的速度可达2.9千米/秒，射程可达150千米。为了能攻击弹道导弹发射器，还需要携带战术导弹，以替代助推段拦截弹，或者同时携带这两种导弹。假如国防部批准此方案，计划在3年内验证拦截弹，之后用2年时间进行全系统验证。

BMDO副局长理查德·韦斯特说，民航机、战斗机或UAV发射拦截弹方案是近期解决助推段拦截弹道导弹的一种办法。但是，研制一种能从固定翼飞机上发射并能完成这种任务的高速导弹，还存在一些技术问题。

日本公布有关研究弹道导弹防御的文件 美国《防务新闻》1995年9月11～17日报道，日本防卫厅1995年8月底发行了一本题为“关于弹道导弹防御研究”的小册子。日本防卫厅要求研究下述的技术与系统：①精确、快速探测和识别弹道导弹的探测器系统，这是指一颗或多颗监视卫星；②在极高空并以极高的速度摧毁弹道导弹的武器系统；③高度一体化的C^3I系统。日本防卫厅弹道导弹防御研究办公室计划明年进行这些研究。

日本将从美国获得战区导弹防御资料 美国《防务新闻》1996年3月4～10日报道，日本防卫厅官员说，日本将从美国获得详尽的战区导弹防御(TMD)资料。为了对付朝鲜“劳动”1型导弹的威胁，日本防卫厅去年在防务政策事务部下设了一个弹道导弹防御办公室。其研究费用需2.95亿日元(合280万美元)。该办公室计划对一种TMD系统进行模拟、分析和评估，包括它的成本效益。

日本有发展战区导弹防御系统的基础 据美国《BMD监视者》1995年11月27日报道，美国国防部弹道导弹防御局在1995年度给国会的报告中说，日本正在购买能支持战区导弹防御的系统或改进后能支持战区导弹防御的系统，已经有了或正在获得防御战区弹道导弹的基础。日本自1985年以来一直在生产“爱国者”导弹，并在1995年开始服役，还向美国定购了4艘装有“宙斯盾”作战系统的驱逐舰和4架E-767“空中预警与指挥系统”飞机。日本正在研制称为“未来SAM”的中程地空导弹，该导弹将替换“霍克”导弹，既可用于防空，也可用于战区导弹防御，以后还可能与美、法、德和意大利联合研究的"扩大的中程防空系统"进行竞争。"未来SAM"导弹计划90年代末交付使用。

另据英国《国际飞行》杂志1995年1月4～11日报道，日本对以色列的"箭"式拦截弹特感兴趣。在以色列总理拉宾于1994年12月12日访问东京后，日本正考虑与以色列合作开发反弹道导弹技术。

印度考虑购买俄罗斯S-300反导弹系统 美国《防务新闻》1996.年2月26日～3月3日报道，S-300反导弹系统是俄罗斯的主要防空系统。S-300最初是作为地空导弹设计的，后被用于防御战术导弹和巡航导弹。其雷达系统能跟踪200多个目标，同时与48枚导弹交战，也能跟踪隐形飞机。印度除了采购50枚"土古斯卡"低空防空导弹和租借潜艇外，印度还在考虑从俄采购先进的S-300反导系统，不过要在该系统在印度进行试验之后才能作出最终采购的决定。

以色列开始生产"箭"2拦截弹 美国《防务新闻》1996年9月2～8日报道，以色列飞机工业公司(IAI)已开始预生产"箭"2弹道导弹拦截弹。以色列政府和工业界官员说，在未来18个月内，预计至少要生产50枚"箭"2导弹。1998年，空军将拥有1个试验型导弹连。

8月20日，"箭"2拦截弹成功地进行了第3次飞行试验。这次试验的目的是演示"箭"2拦截导弹的制导和控制系统，以及"箭"2拦截弹在飞行中接收火控中心修正数据的能力。

试验一开始，从部署在地中海的1艘军舰上发射1枚"飞毛腿"型靶弹；4分钟后，从特拉维夫南部的一个空军基地发射1枚"箭"2拦截弹；45秒钟后，"箭"2拦截弹追上靶弹，引爆了它的弹头并摧毁之。

这是"箭"2拦截弹的首次拦截试验。这次拦截试验的成功，把"箭"2拦截弹推进到了部署阶段。

美国《防务新闻》1996年5月20～26日报道，以色列计划1998年初部署"箭"式导弹。以色列导弹防御局局长鲁宾称，"箭"式导弹的研制、生产和投入使用的全部费用预计为15.9亿美元(其中美国分担5.65亿美元)。以色列空军计划将"箭"式导弹与已部署的"霍克"和"爱国者"防空导弹系统一体化。

以色列研究导弹拦截器 英国《国际飞行》杂志1995年12月20日～1996年1月2日报道，以色列拉法尔导弹公司将使用"大蟒"4(Python)空空导弹的组件，发展摧毁助推段弹道导弹的武器。这种武器的射程可望为100千米。拉法尔公司在进行防区外热寻的导弹的可行性研究，而以色列飞机工业公司一直在研究使用无人航空器作为这种武器平台的可行性。这项计划不久将成为美国、以色列的一项联合发展计划。美国正在集中研究射程为200千米的动能拦截器，以色列则集中研究具有近炸弹头的红外制导弹头，其射程仅为100千米。

法、意联合发展未来防空反导系统 英国《简氏防务周刊》1995年6月24日报道，法国和意大利一致同意"未来防空导弹族"(FSAF)计划转入产业化和生产阶段。两国将在10月底以前就海军近程点防御系统(SAAM)和陆基中程防空反导系统(SAMT/T)的初始生产问题各自向本国国防部提交一份协议草案。首批导弹防御系统将于1999年服役。

白俄罗斯准备出售S-300反导系统 美国《每日航宇》1996年12月20日报道，白俄罗斯正准备再一次向国外出售S-300地空导弹系统的一种新型号S-300P。S-300P主要用于对付巡航导弹，俄罗斯防空军目前使用的也是S-300P。而俄罗斯陆军目前使用的是S-300V，这种导弹主要是对付战术弹道导弹的。

战略弹道导弹防御武器系统 美国的国家导弹防御计划已经重新定为部署准备计划，已经完成了系统和组成部分的要求审查，更多的工作将致力于系统集成、试验和规划部署。

美国防部制定应急部署国家导弹防御系统计划

美国《陆军内参》1995年10月16日报道，1995年美国国防部弹道导弹防御局给国会的报告称，该局与各军种正在制定"国家导弹防御"系统的应急部署计划。报告说，应急部署计划将把部署符合反弹道导弹条约的国家导弹防御系统作为"第1重点"。报告说，"成功地规划部署国家导弹防御系统的关键，是判定和分析整个系统的作战要求，以及各个组成单元的研制与部署工作"。到目前为止，规划工作已经对部署时间做出了初步的评估：①如果国会和政府在1997年做出部署决定，估计在大约24～42个月内可部署国家导弹防御的地基系统；完整的真实系统(由天基和地基设备组成)可在大约7年内部署。这一估计取决于"增强的动能杀伤拦截器"(EKV)的完成和"空间与导弹跟踪系统"(SMTS，即"智能眼"卫星)的进展。②如果在2000年作出部署决定，组成国家导弹防御系统的地基拦截弹、地基雷达和作战管理与指挥、控制、通信系统可在3年内部署，包括装备有长波红外探测器的"空间与导弹跟踪系统"在内的真实系统可在大约5年内准备就绪。③如果在2003年作出部署的决定，整个真实的系统可在大约5年内部署。

美国国家导弹防御计划由技术准备转为部署准备

据美国国防部给总统和国会的1996年度国防报告称，根据1996年2月完成的弹道导弹防御计划的全面审查,美国防部正在把国家导弹防御计划的发展重点由技术准备转为部署准备。

基本的国家导弹防御系统的组成部分将以现有的预警卫星系统及计划研制的后续系统(即同步轨道的“天基红外系统”〔SBIRS〕),改进的预警雷达,新的“地基雷达”,“地基拦截弹”,“作战管理与指挥、控制、通信”系统和飞行综合通信系统为基础。其他组成部分包括作为SBIRS计划一部分的“空间与导弹跟踪系统”(SMTS),即低地球轨道天基红外系统卫星。今后3年,国家导弹防御计划将以平衡的方式发展国家导弹防御系统的各个组成部分,在1999年进行首次集成的系统试验。以试验为基础,再用3年时间使国家导弹防御系统具有可部署的能力。

美陆军提出渐进式发展国家导弹防御系统的途径

美国《陆军内参》1995年12月25日报道,美国陆军已经提出一个“渐进”式发展“国家导弹防御”(NMD)系统的途径:第1步,到2000年底,部署一个初始的、地基的、符合反导条约的国家导弹防御系统。该系统所用的设备包括:①地基拦截弹(GBI)20枚、地基雷达(GBR)和作战管理与指挥、控制、通信(BM/C³)系统;②几部先进的和改进的预警雷达,③现有的天基探测器。第2步,在一个基地增加和改进地基拦截弹(80枚)。如果美国政府谈判修改反导条约,预计在2003年前后部署增加的地基雷达和改进的天基探测器系统。它们可用于保护美国免遭规模更大或更先进的弹道导弹攻击。第3步,如果修改反导条约谈判失败,所受威胁又要求有国家导弹防御系统,就退出条约并部署能挫败这种威胁的必要设施。

美国防部提出海基国家导弹防御系统方案 美国《国防部内参》1996年4月25日报道,4月18日弹道导弹防御局向众议院通报了海军的国家导弹防御系统方案。通报的初步方案是:美国海军将在装有“宙斯盾”作战系统的军舰现有的“垂直发射系统”(VLS)内部署拦截弹,推进已经在研制的新系统,包括“合作交战能力”(CEC)系统、“空间与导弹跟踪系统”(SMTS)、大气层外动能杀伤拦截器(EKV)和“大气层外轻型射弹”(LEAP)。美国海军已有30多艘装有“宙斯盾”系统的军舰服役,计划到1999财年总共有71艘装有“宙斯盾”系统的军舰服役,包括44艘驱逐舰和27艘巡洋舰。拦截弹有两种方案:一是直径为53厘米的,部署在现有的VLS-8垂直发射系统内;二是直径为66厘米的,部署在VLS-6垂直发射系统内。弹道导弹防御局还提出两种设想的作战方案:一种是“偶发/危机”战略方案,部署7艘军舰,其中2艘在海外,军舰和拦截弹的采购费为16～26亿美元;另一种方案是“地区威胁”方案,部署15艘军舰,其中5艘在海外,采购费为38～63亿美元。美国弹道防御局认为,海基国家导弹防御系统的优点是:第一,把拦截弹部署到敌人发射导弹地区的军舰上,可以允许美国拦截处于上升飞行中的弹道导弹,非常类似战区导弹防御的助推段拦截方案;第二,避免由地基国家导弹防御系统所引起的环境问题的担心;第三,戒备率高,活动范围大,不像固定的地基系统那样易受洲际弹道导弹的攻击。

美国防部联合要求审查委员会批准国家导弹防御计划 美国《防务新闻》1996年8月26日～9月1日报道,1996年8月22日,美国防部联合要求审查委员会(JROC)批准了一份有关美国国家导弹防御计划的文件。该文件以明确的术语概括了国家导弹防御系统应能做些什么。同时,该委员会还批准了什么是构成“有限攻击”的定义。“有限攻击”是国家导弹防御系统需要执行什么任务的基准,并要求国家导弹防御系统届时能击落95%的来袭弹道导弹。审查委员会批准只能根据人的命令发射反弹道导弹,拒绝允许计算机支配国家导弹防御系统的方案。此外,该委员会还同意,如果加拿大参加这项计划,就让美国—加拿大的北美防空司令部管理国家导弹防御系统,否则,就由美国航天司令部管理该系统。但尚未指定哪个军种负责起草更为详细的作战要求,也没有决定由哪个军种或部门负责研制和部署国家导弹防御系统。

先进反导技术 美国动能武器技术取得重大进展,英国自行研制动能拦截器。美国继续推进天基、机载和地基激光武器技术的研究,并进行了一些成功的试验。

美国动能武器技术取得重大进展 据《国防科技要闻》1995年2月25日报道,自80年代初美国提出“战略防御倡议”以来,动能武器技术已取得了重大进展,通过广泛的研究与试验,演示验证了用动能拦截弹反卫星、反战略弹道导弹、反战术弹道导弹和反无人机的技术可行性。80年代后期,美国调整“战略防御倡议”,由重点发展“定向能武器”技术转向重点发展“动能武器”(KEW)技术。

动能武器的核心部件是“动能杀伤拦截器”(KKV)。发展动能武器的关键是研究、发展、试验与鉴定KKV及其关键技术。自80年代初以来,美国已研究了多种动能拦截弹方案。如用于防御战略弹道导弹的“天基拦截弹”(SBI)、“智能卵石”(BP)、“大气层外弹头拦截弹系统”(ERIS)、“地基拦截弹”(GBI)、“大气层内高空防御拦截弹”(HEDI)和“大气层外轻型射弹”

(LEAP);用于战区防御的“战区高空区域防御”(THAAD)拦截弹、海军高层防御拦截弹“轻巧灵活制导试验”(FLAGE)及其后继型“增程拦截弹”(ERINT)和“助推段拦截弹”;用于反卫星的动能拦截弹等。从技术上来说,这些拦截弹及其 KKV 可分为 3 代:第 1 代如 SBI、ERIS 和 HEDI 等,没有识别真假目标的能力,现已停止研制和试验;LEAP 属第 2 代,是目前重点研究和试验的 KKV 技术,其尺寸和重量均较第 1 代大大减小,但仍采用单模红外导引头,没有足够的识别目标的能力;第 3 代将以“智能卵石”(BP)和“有识别能力的拦截弹”为代表。它有较强的识别目标的能力,是“智能”型的 KKV,但技术难度大,目前还不是研究的重点。目前,重点演示和验证轻小型的 KKV 及其关键技术。使 KKV 实现轻小型化、通用化和积木化。

KKV 是一种能自主寻的的拦截器。它主要有探测设备、制导设备和动力控制设备等 3 大关键部分组成。十余年来,美国在发展动能武器所需的关键技术方面,特别是在实现 KKV 关键技术设备的轻小型化方面,已取得很大的进展(见表 1)。KKV 的轻小型化使助推火箭大大减小,从而降低了拦截弹的成本(见表 2)。

表 1 KKV 在轻小型化方面的重大进展

KKV 的类型		试验时间	KKV 长度(厘米)	KKV 质量(千克)
天基用	KHIT	1989.8.1	190	99
	AHIT	1990.7.24	60	18
	LEAP	1991.6.18	30	5.4
地基用	HOE	1984.6.10	>800	1200
	ERIS	1991.1.28	400	145
	GBI	1995 年以后	122	<30

表 2 小的 KKV 要求小的助推火箭

拦截弹类型		KKV 质量(千克)	需要的助推火箭质量(千克)
天基拦截弹	第 1 代	40	1000
	第 2 代	5	120
大气层外拦截地基拦截弹	第 1 代	50	8000
	第 2 代	7	700
大气层内拦截地基拦截弹	第 1 代	200	10000
	第 2 代	30	1500

为了建立多层导弹防御系统,美国已经研究和试验了多种类型的动能拦截弹。80 年代,美国基本上是为不同的拦截弹研究和试验不同的 KKV。90 年代后,美国开始重视用一种 KKV 或一种拦截弹满足不同的需要,出现了 KKV 或拦截弹通用化的发展趋势。例如,“大气层外轻型射弹”(LEAP)最初是作为供电磁发射的 KKV 而研究的;80 年代末,改为天基拦截弹使用的 KKV;进入 90 年代后,美国提出利用 LEAP 发展多种供战区导弹防御用的拦截弹方案并进行了试验。同时,美国还在研究把 THAAD 拦截弹作为海军舰载高层防御系统的拦截弹;把为天基拦截弹的 KKV 研制的控制系统供动能反卫星导弹的 KKV 用;利用 LEAP 的技术发展供地基大气层内拦截弹用的 KKV 等。KKV 的轻小型化为 KKV 向积木式的多种组合创造了条件。

美国重视动能拦截弹的悬浮试验 据《国防科技要闻》1995 年 2 月 25 日报道,悬浮试验是研制动能拦截弹地面试验的最重要的一种,是在实验室里模拟动能拦截弹在高空或外层空间对目标进行捕获、跟踪和拦截的试验。悬浮试验的主要优点,一是试验在地面进行,不受反导条约的限制,二是经济上节省,进行一次“大气层外弹头拦截弹系统”的靶场试验大约要花 2000 万美元,而进行一次同样目的的悬浮试验费用不到靶场试验的 5%,而且靶场试验所要解决的问题,有相当一部分可在悬浮试验中解决。当然,悬浮试验是在实验室里进行的模拟试验,不能完全取代靶场试验;拦截弹的实战效果,最终仍要通过靶场试验来验证。

美国自 1988 年以来,已对 20 多种不同设计的动能拦截弹进行了悬浮试验;通过试验,在拦截弹的轻小型化和高精度制导等关键技术上取得重大突破。如,拦截弹的重量从最初的 100 千克减到目前的 6 千克左右;研制成 256×256 元碲镉汞红外焦平面阵列探测器;对战略和战术目标的模拟拦截试验多次获得成功。美国弹道导弹防御局已准备把“大气层外轻型射弹”用作陆军的“爱国者”、海军的“标准”导弹和空军的机载近程攻击导弹的战斗部。

美国防部公布高功率激光计划指南 据《国防科技要闻》1995 年 6 月 2 日报道,1994 年 8 月美国防部公布《国防部高功率激光计划指南》,提出每年投资 2 亿美元重点发展 4 种高功率激光武器:①用于拦截助推段飞行中的战区弹道导弹与战略弹道导弹的天基激光武器;②用于拦截助推段飞行中的战区弹道导弹的机载激光武器;③用于反卫星的地基激光武器;④用于军舰自卫的反舰导弹防御激光武器。美国防部认为,这 4 种高功率激光武器各有特点,只能完成一项或几项作战任务,没有一种能代替其他 3 种完成所有的作战任务。存在的共同核心问题是如何把高功率激光器与目标捕获、跟踪、瞄准及火控等系统组装在一起,以满足不同平台对武器尺寸、重量和可靠性要求。

天基激光武器：国防部要求弹道导弹防御局按计划完成"阿尔法"激光器大型反射镜的综合试验和高空气球试验，在1996财年实现全功率激光束的产生与控制，1998财年通过高空气球试验进行被动与主动跟踪演示，然后把全套设备组装成实用系统。为实现上述目标，应继续发展高功率氟化氢化学激光技术、非冷却光学技术、相位共轭技术、自动校准技术和目标捕获、跟踪、瞄准与火控技术。

机载激光武器：主要还需进行高空大气特性、激光在大气中的传输及目标跟踪、激光器的性能、自适应光学技术及目标的易毁性等方面的研究，以便全面了解激光束在大气中的传输特性对目标的杀伤力等问题。要求在1997财年结束以前，提出一个把激光器及其动力源和光束控制装置组装在飞机上的方案。作为技术基础，应继续研究高功率氧碘化学激光器、主动跟踪/照射/人工标向激光器、大气转输与瞄准点确定以及下一代技术。

地基激光器：到1999财年结束以前，重点解决高功率激光束由地面向空间传输的技术问题，完成系统分析与方案拟定。技术基础工作的重点放在器件标定和激光束的大气传输研究上。

美国进行"阿尔法"激光器全功率试验 美国《每日航宇》快报1996年10月9日报道，"阿尔法"化学激光器是美国TRW公司在80年代初作为天基激光武器(SBL)系统计划的一部分而研制的兆瓦级化学激光器。该计划被中止两年后，1996年9月18日在TRW公司的试验场进行了试验。试验中，激光器发射持续5秒钟，完成1次全持续试验。这项试验是为明年春天与"阿尔法"大型高级反射镜计划(LAMP)进行联试作准备。

美国10年内可能部署天基激光器 美国《防务日报》1995年3月28日报道，洛克希德马丁公司导弹部、TRW公司空间与电子集团、W·J·谢弗联合会联合呈交给参议院军事委员会主席斯特姆·舍蒙德的一份报告称，在今后4～5年内进行一次4米直径反射镜的飞行演示验证试验，可能将耗资15亿美元。在6～10年内五角大楼有可能将研制和部署12台用于摧毁弹道导弹的高能天基激光器。这种由12台激光器构成的平台，能连续覆盖所有潜在的第三世界发射区，每分钟至少摧毁从任何地方发射的5～10枚战区导弹和15～25枚同时发射的洲际弹道导弹。

美国进行"鹦鹉螺"高能激光武器系统试验 美国《激光通报》1996年7月1日报道，美国将一套"鹦鹉螺"激光武器系统运往以色列测试。

"鹦鹉螺"计划始于1991年，是美陆军的一项激光杀伤力演示计划。1995年3月与以色列签署合作协议。1996年2月6日和8日，美以两国在美国新墨西哥州白沙导弹靶场进行了两次高能激光武器的技术演示并获得成功。该武器系统将安装在1辆"布雷德利"战车或1辆5吨级卡车上，4～6辆车组成1个火力单元，可部署在前沿阵地、军事基地或城市周围，用于保护部队集结地、城市、军事要地的安全。其激光束的能量可损伤20千米远处目标的传感器、烧毁或引爆5千米远的目标。设想的拦截目标是火箭弹、战术弹道导弹、巡航导弹、反辐射导弹、有人或无人驾驶飞机和直升机。该激光武器可单独使用，也可与战区高空区域防御系统(THAAD)、"爱国者"导弹或扩大的中程防空系统(MEADS)一起构成多层防御系统，还可安装在舰艇上成为一种舰载防御武器。

按照两国合作的分工，美国汤姆森·拉莫·伍德里奇公司为主承包商，以色列的3家公司为子承包商。研制费用由美以两国分摊。1995财年美国出资250万美元，以色列出资90万美元；1996财年美国拨款1000万美元(试验计划·500万美元，样机研制500万美元)，以色列出资约100万美元。

另据美国《航空与航天技术周刊》1996年3月25日报道，美国在新墨西哥州白沙导弹靶场进行了一次用1台激光武器样机(兆瓦级中红外先进化学激光器和陆军的"海石"光束定向器)摧毁了2枚俄罗斯设计的无制导"卡秋莎"火箭弹。试验表明，"鹦鹉螺"激光防空武器能捕获住目标，并能将激光束在目标上固定足够长的时间，以烧穿厚钢质外壳，引爆弹头。美打算把该种激光系统安装在"布雷德利"战车或重型卡车上，燃料仓携带的燃料足够进行50次射击，每次射击成本约几千美元。预计几年内将完成一套作战实用型激光系统，但弹道导弹防御局的一些官员担心该系统过于昂贵。

美空军推进机载激光反导武器的发展 英国《国际飞行》杂志1996年3月6～12日报道，美国空军将于96年5月发出研制激光反导武器系统的建议招标书。竞争者正在力争赢得这项机载激光武器系统演示/验证合同。合同费用为7.54亿美元，最终该计划将耗资10亿美元左右。

早在1995年8月14日就曾报道，美国空军已开始实施一项耗资60亿美元的计划，制造一批(至少7架)机载激光器。每架飞机都装有足够的激光器燃料，能在3～5秒钟内击落40枚敌方导弹，然后才需着陆并重新加添燃料。该激光器将安装在载重27吨的波音747-400飞机上。

这种机载激光器是为了实现助推段拦截而专门为破坏敌方弹道导弹而设计的。由7架飞机组成的机队只能为一个战场提供最有效的弹道导弹防御。美国空军决定把它所有的导弹防御经费用于研制机载激光器。

空军正在1998财年的预算中寻求7500万～1亿美元的追加拨款，以采购第1架波音747-400飞机。计划2006年具备初始作战能力。但很可能2002年就可部署3架机载激光器载机。

另据报道，这种机载激光器采用短波、远射程的氧碘化学激光器，可攻击600千米远的目标。它可以在每次12～18小时的遂行任务期间进行30～40次作战发射。全作战能力的激光器功率要达到2～3兆瓦，演示性激光器功率为1～2兆瓦。激光器将拥有能360°扫描的机载被动式红外传感器，可以不用外界引导自主地监视、捕获和瞄准目标。

另据美国《防务新闻》1996年12月16～22日报道，美国陆军在白沙靶场成功地进行了用机载激光器干扰红外制导导弹的试验。这一机载系统由洛克希德·马丁公司的桑德斯分公司研制，用于跟踪、挫败红外寻的导弹。在8次试验中，该系统均探测、跟踪到目标，并利用激光干扰导弹的红外制导系统，使之丧失攻击目标的能力。这项计划为期4年，耗资9.76亿美元。第1年进行方案论证，1997年2月开始关键设计和审查工作。

另据美国《每日航宇》快报1996年11月13日报道，美国空军选择波音小组承担11亿美元的机载激光器系统研制计划。其总费用为110亿美元，其中60亿美元为20年期间的使用和维修费用。这种氧碘激光器已通过演示，证实可满足作战需求，但还必须缩小尺寸以便安装在波音747-400F飞机上。激光器每消耗一次携带的化学物质可发射30次激光，射程300～600千米，但在恶劣气象条件下降至约100千米。装载这种激光器的飞机能在13000米的高空飞行，并能在10～100秒内摧毁目标。美空军计划购买7架能在空中加油的波音747-400F飞机，其中3架在2006年达到初始作战能力，全部7架在2008年投入使用。

英国自行研制弹道导弹拦截器　英国国防研究局(DRA)已对国产的弹道导弹拦截弹进行了可行性研究。该研究方案涉及一种英式的轻型大气层外先进射弹(LEAP)动能杀伤器，它可能装在"云雀"(Skylark)探空火箭上用以拦截来袭导弹。该研究的细节尚处于保密之中。研究工作已于1995年春完成，并已呈送国防部。英国的LEAP/"云雀"方案能对大气层外最远点(超过300千米)的导弹进行拦截，能作为一种国家防御武器。

反卫星武器　虽然在目前形势下美国不会大力发展反卫星武器，但是，反卫星技术的研究从未停止，而弹道导弹防御(BMD)的发展在许多方面都为动能反卫星(ASAT)的发展奠定了基础。美国现在研究的地基动能反卫星武器，其拦截弹基本上是在BMD动能弹的基础上发展的。

美陆军研究反卫星武器　英国《国际飞行》杂志1996年11月20～26日报道，美国陆军正在研制一种能摧毁敌人侦察和通信卫星的武器。陆军这项反卫星武器计划((ASAT)始于1990年，但在2年后被国会改为技术演示计划。1994年ASAT计划得以恢复，但始终面临预算削减的问题。按照设计，用改进的运载火箭发射动能杀伤拦截器(KKV)，拦截器采用光电寻的系统拦截低地球轨道卫星。候选火箭包括STARS助推器(退役的"北极星"舰载弹道导弹的第1、2级)和退役的"民兵"Ⅱ洲际弹道导弹。下一步的工作包括：确定弹上处理器的研制；导引头的飞行试验验证；进行悬停测试；购买首批运载火箭；KKV和火箭的结合研究。1996财年该计划获得3000万美元，1997财年为5000万美元。

美空军考虑研制反卫星武器系统　美国《航天新闻》1996年2月26日～3月3日报道，应空军部长和空军参谋长的要求，空军技术咨询委员会2月1日颁布了题为《新世界远景：21世纪航空和航天力量》的报告。报告认为"在下一个10年，控制太空变得十分必要"。虽然现在还没有可行的反卫星(ASAT)计划，但美军方可以利用技术途径来控制太空。尽管对ASAT计划有争议，但现在的国会更倾向于支持ASAT武器的研制。在1997年的防务预算中，国会批准了3000万美元用于ASAT武器的研制。更重要的是，国会没有通过任何条款禁止陆军的中红外先进化学激光器的试验。中红外先进化学激光器可能被用来从地面攻击敌方卫星。该报告建议，在技术成熟的情况下，空军应制造一种高功率地面激光器，还应研制高功率微波武器。陆军正在研制的反导中红外先进化学激光器也可用于反卫星。

目标探测和作战管理/指挥控制通信系统

美国草拟了"战区导弹防御指挥与控制计划"；弹道导弹预警探测系统的研制有了进展，特别是1995年2月24日进行的演习中，"合作交战能力"(CEC)系统成功地探测到了战区导弹的发射，提供了大约6分钟的预警时间；“机会目标”试验演示了战略导弹防御作战管理/指挥控制通信（BM/C^3）系统的结构；弹道导弹攻防仿真研究倍受重视；美国和北约国家举行了大规模战区导弹防御演习。

美国防部起草战区导弹防御指挥与控制计划 美国《防务新闻》1995年6月12～18日报道，美国防部弹道导弹防御局草拟了“战区导弹防御指挥与控制计划”。计划草案考虑的天基探测器系统包括“国家防御支援计划”预警卫星、地区地面处理机预报发射攻击系统、联合战术地面站和天基红外系统。主要的天基通信系统包括国防卫星通信系统、舰队卫星通信系统和国际海事卫星系统。

美天基红外导弹预警计划将开始预先工程与制造发展研究 美《国防》杂志1995年5～6月号报道，6月中，将给空军的天基红外（SBIR）导弹预警计划授与两项为期1年的8000万美元的预先工程与制造发展合同，选择一家承包商在1996年中或年末开始系统工程与制造发展阶段。新规划的预警系统由配置在低轨道、大椭圆轨道和同步轨道上的红外探测卫星组成。该卫星系统将替换导弹警报、报告和定位系统（ALARM）。整个计划预计今后10年要花大约130亿美元。美航天司令部空军上将约瑟夫．W·阿夏伊说，天基红外导弹预警系统计划将提高美国航天司令部的能力，以便向战区司令部提供弹道导弹预警。

美国加快部署导弹跟踪系统 美国《防务周刊》1996年9月9日报道，美国五角大楼指示空军准备在2004财年部署空间与导弹跟踪系统卫星（SMTS）。该系统是现用的国防支援计划预警卫星的下一代。它对发现和跟踪处于飞行中段的敌方导弹是至关重要的，同时还能引导反导弹拦截弹，搜集技术情报和作战空间特征信息。

另据英国《国际飞行》杂志1996年10月2～8日报道，美国波音公司计划研制机载导弹跟踪定位系统——“鹰”，准备将其安装在E-3预警飞机上，用于为陆军的“战区高空区域防御”系统、“爱国者”PAC-3和海军的“宙斯盾”系统等反弹道导弹武器提供目标信息。

“鹰”系统由红外搜索跟踪系统和激光测距仪组成。1997年下半年进行红外搜索跟踪系统的地面试验，1998年第3季度开始将整个“鹰”系统安装在E-3飞机上进行试验。

美国弹道导弹防御局（BMDO）试验激光通信系统 美国《每日航宇》快报1996年12月9日报道，美国BMDO计划在下个月验证一种新的激光通信技术——通过激光把数据从近地轨道卫星传送到地面站。该新型通信收发器将由国家航空航天局（NASA）的喷气推进实验室（JPL）进行试验。收发器装在空间技术研究卫星STRV-2上，将储存在卫星上的红外传感器数据传输至地面。该系统能从轨道上跟踪飞机的红外信号。它利用两个激光束连接两个点，以12亿比特/秒的速度发射和接收两个高速数据流。852纳米的激光束跟踪接收端，810纳米的激光束传输数据。BMDO希望该系统能验证以速率大于普通的射频和微波系统传输大量数据的能力。同时，还可能增大天基无线电系统的带宽。

美国“合作交战能力”系统取得重大进展 “合作交战能力”（CEC）系统是美国海军从80年代中期开始研制的，在1995年所进行的试验中，取得了重大的进展。

1995年2月24日，美国“艾森豪威尔”号航母编队在地中海举行的支援波斯尼亚作战军事演习中，成功地试验了利用CEC系统增强美国陆军“爱国者”导弹系统防御弹道导弹的能力。试验中，模拟从巴尔干半岛上发射的弹道导弹，进入一部SPY雷达的搜索范围。装备有CEC系统的“艾森豪威尔”号航母编队，成功地探测到了这些导弹的发射点，并通过卫星把这些信息传输给海军的F-18战斗机和远在1300千米之外的德国凯撒斯劳滕的1个“爱国者”导弹营。

1996年1月20～21日，美国海军利用CEC系统成功地完成了一项“山顶”先进概念技术演示试验的第1阶段试验。CEC系统不仅能探测3倍于舰载雷达探测距离之外的巡航导弹目标，而且还能把从军舰上发射的拦截导弹引导到舰载火控雷达有效作用距离以外的地方。

1996年1月29日～2月2日，美国海军又进行了一系列增强背景的试验。参加试验的有“伊利湖”号装有“宙斯盾”系统的巡洋舰和“安齐奥”号巡洋舰，以及配置在夏威夷考爱岛上的RSTER雷达。在这次试验中演示了空对空作战中准确跟踪飞机的能力，“宙斯盾”系统向另一艘军舰提供射击解法的能力，并显示了能够引导“霍克”导弹防御系统和PAC-3导弹的寻的头。

美国防部已为第2阶段的“山顶”试验计划提供了经费。美国空军和陆军也在研究CEC系统的应用，包括在E-3A预警飞机上应用CEC的可能性。

美国海军舰队开始装备“合作交战能力”系统 美国《防务新闻》1996年9月16～22日报道，1996年9月11日，美海军2艘“提康德罗加”级巡洋舰成功地完成了对来袭的2枚导弹进行跟踪和拦截的试验，证明海军新研制的舰载火控系统已达到战术使用要求。这种新型火控系统叫“合作交战能力”(CEC)，它是用计算机软件把各艘军舰上的雷达、光电探测器、目标瞄准系统等集成在一起，把他们所获得的目标信息显示在每一艘军舰的作战情报中心的计算机屏幕上，形成一个可共用的“作战空间”，从而确定哪一艘军舰跟踪从某一方向来袭的敌机或导弹，并指挥处在最佳交战位置的军舰对这些目标实施拦截。

美海军修改对光电系统的需求　美国《每日航宇》快报1996年11月26日报道，海军已经修改了在舰船上安装光电系统用于浅水环境监视和探测的需求。近期的光电计划是将MK-46光学瞄准系统用于DDG-51～DDG-84装有“宙斯盾”系统的驱逐舰。海军还打算将一种新型热成像探测器系统装在DDG-58及其后续舰、CG-47级巡洋舰、DDG-963级驱逐舰和其他所有需要装备监视瞄准系统的舰艇上。海军设想每个作战系统最终部署2个光电系统，并根据需要安装辅助光电探测器。但近期计划的重点是改进DDG-51～DDG-84驱逐舰上MK-46的现有能力，并用热成像传感器系统取代桅杆瞄准系统。最终海军打算把耐用的热成像传感器系统安装在DDG-81及其后续舰和CG-47、DDG-963、FFG-7、DDG-993、CN/CVN、LSD-41/49、LHD、LHA、LPD-17和ADE各级舰上。远期计划包括研制红外搜索与跟踪系统和先进波束指挥仪，并增强光电辅助传感器应用的通用性。

美空军演示国家导弹防御的BM/C³系统　美国《国防部内参》1996年7月11日报道，1996年6月26日，美国空军在范登堡空军基地进行了名为“机会目标”的试验，演示了初期国家导弹防御作战管理/指挥、控制、通信(BM/C³)系统的结构。试验中使用的探测设备包括“国家支援计划”卫星、联合的国家试验中心、设在尤他州赫尔空军基地代用的拦截弹发射控制中心、设在加利福尼亚州贝尔空军基地的预警雷达、设在范登堡空军基地的“Have Stare”X-波段雷达以及在夏威夷北面约14000米高度巡逻飞行的“机载监视试验台”飞机。试验演示了现有的指挥、控制系统可以改进为供国家导弹防御系统使用。但是，弹道导弹防御局不同意空军改进老系统的设想，宁愿为国家导弹防御系统建立新的C³系统。美国防采办委员会将开会就此问题作出决定。

美、英、法和以色列等国弹道导弹攻防仿真研究概况　据《国防科技要闻》1996年10月7日报道，自80年代初以来，美、英、法和以色列等国，都积极开展弹道导弹攻防仿真研究，并把它作为实施弹道导弹防御计划的一种战略手段，对所研究的每一种弹道导弹防御系统方案、每一种重要的分系统和每一项重要的技术，都首先进行仿真分析。

①建立各种类型的弹道导弹攻防仿真试验台。自实施SDI计划以来，美国建立了很多弹道导弹攻防仿真研究试验设施，其中包括用于仿真研究战略和战区导弹防御系统的“国家试验台”和“扩大的防空试验台”，用于动能武器技术仿真研究的“动能武器数字仿真中心”，用于仿真研究定向能武器技术的“攻击管理试验台”，以及建在德国和韩国的供作战部队使用的仿真中心等。

1986年，法国国防部开始研制“希姆巴德”(SIMBAD)弹道导弹攻防作战仿真研究设施，主要用于战略弹道导弹和攻防仿真研究。进入90年代后，法国进一步改进该仿真设施的能力，以便进行更为复杂的战术弹道导弹攻防、甚至战区导弹防御的仿真研究。

从1986年起，英国就开始参与美国SDI计划的仿真研究。随后，英国国防部又与美国国防部联合出资研制“英国扩大的防空试验台”，该试验台已于1995年完成第1阶段的研制工作，并交付使用。仿真研究将成为英国发展弹道导弹防御系统的一个主要决策工具。

以色列继1988年与美国联合研制“箭”式拦截导弹之后，两国又于1989年3月达成协议，联合研制“以色列试验台”，用于中东地区战区导弹防御的仿真研究。该试验台已于1992年3月启用，它能模拟近期的导弹威胁和各种防御系统结构方案。

②积极开展弹道导弹攻防仿真研究。对于弹道导弹攻防仿真研究，美、英、法、以等国都是采取边建设边研究的方针。例如，美国于1990年初步建成“国家试验台”，在随后两年多的时间里，就进行了300项仿真和试验，积累了一套较为行之有效的组织仿真研究的方法。美国防部在弹道导弹防御局内设立了两个独立的机构，组织“红队”与“蓝队”两套人马，分别从弹道导弹的攻、防两个方面进行研究：弹道导弹防御局的模拟与仿真处和“蓝队”，从美国的观点研究与分析计划发展的弹道导弹防御系统，以引导弹道导弹防御计划的发展，验证防御系统的性能要求；弹道导弹防御局的安全、情报与对抗处和“红队”，则从敌人的观点研究和分析所设想的防御系统，鉴定可能的对抗手段。红、蓝两队通过反复交流达到“知己知彼”的目的，从而为弹道导弹防御系统的设计者提供有价值的信息。“红队”与“蓝队”的整个交流过程由特设的“高级审查组”监督。弹道导弹攻防仿真研究的可信度与所掌握的弹道导弹

和防御系统的具体性能数据及准确程度有关。仿真研究既不可能完全代替实际的演习验证试验，也不可能完全代替情报收集工作。所以，美国在积极开展弹道导弹攻防仿真研究的同时，也在积极试验正在研制的导弹防御系统，并千方百计地收集有关国家的弹道导弹系统的情报。

（高桂秀、尹承魁）

军用航天技术

综述 1995～1996年，世界各国共成功地进行了112次航天发射活动，共将130个（不包括搭载的小卫星和从航天飞机上释放和回收的航天器）航天器送上了预定轨道。美国共进行了45次航天发射活动，为国内外发射了47个航天器（包括11架次航天飞机）；俄罗斯进行了42次航天发射，为国内外共发射了50个航天器；欧洲航天局的“阿里安”4运载火箭共进行了17次商业航天发射活动，共把24颗卫星送上预定轨道；中国进行了4次发射，为国内外发射了4颗卫星；日本、印度和乌克兰各发射1次。值得指出的是，俄罗斯1995～1996年进行的航天发射活动比以往两年明显减少，并开始从世界上年发射次数最多并保持了20多年之久的地位跌落下来，这充分反映了俄罗斯的经济状况每况愈下。1995年下半年到1996年年底各国共遭受14次航天发射失败，其中俄罗斯占6次，它们是“质子”号火箭2次、“联盟”号火箭2次，“旋风”号火箭和“宇宙”号火箭各1次；美国共发射失败5次，其中“德尔它”火箭1次，其余均为近年新研制的小型运载火箭，它们是轨道科学公司空中发射的“飞马座”火箭和“飞马座”XL火箭、洛克希德—马丁公司的LLV-1火箭以及EER系统公司的“大篷车”火箭；欧洲的“阿里安”5大型运载火箭首次发射失败；中国的“长征”号火箭失败2次。其中尤以俄罗斯“质子”号发射“火星”96和载有4颗“太阳风”探测器的“阿里安”5火箭，损失最为惨重。

1996年9月美国颁布了冷战结束后的第1个国家航天政策，全面系统地阐述了美国航天活动的目标和原则，以及民用航天、军事航天和商业航天政策，明确提出要保持美国对世界航天的领导作用。值得注意的是，美国新的国家航天政策突出强调了美国要发展、应用并保持外层空间的管制能力，确保在外层空间的行动自由，而且有能力剥夺敌人的这种自由。1996年1月，日本公布了修订后的宇宙开发政策大纲，从面向21世纪的长远观点出发，明确了日本今后10年航天活动的范畴和方向，重点放在提高无人航天系统的水平和可靠性上，较突出的目标是建立全球观测系统；把现有的大型运载火箭的运载能力提高1倍，并大幅度降低其成本；对月球、火星和小行星开展无人探测等。

在1995年下半年至1996年底这段时间里，美、俄等国为1997年开始组装国际空间站开展了全面准备工作。美国的航天飞机和俄罗斯的“和平”号空间站上进行了内容广泛的试验，以降低组装国际空间站的技术风险；美国航宇局追求更小、更快、更好、更省的“发现”计划已开始实施，1996年发射的近地小行星“交会”（NEAR）、“火星全球勘测者”、“火星探路者”都是按该计划的要求实施的，它们都改用了中型运载火箭发射，其研制周期均缩短为2～3年，航天器重量减轻约一半，从而使它们的研制费用大幅度下降。美航宇局局长丹尼尔·戈尔丁夸耀说：“‘火星环球勘测者’只用相当于‘火星观察者’（火星观察者是美国1993年用“大力神”3大型运载火箭发射的，后在运行中出故障而遭失败，它耗资9.8亿美元）1/4的资金完成前者80%的科学任务。”在这一年半的时间里又增加3个国家（韩国、以色列和马来西亚）拥有了自己的地球同步通信卫星；世界各国还掀起了探测火星的热潮。

空间站 目前，在地球轨道上运行着的载人空间站只有俄罗斯的“和平”号空间站，其寿命虽已接近尾声，但它仍继续作为生命科学、微重力科学及应用等空间实验和对地观测的重要设施，并为国际空间站的建造提供重要的试验场所。随着1997年末开始组建国际空间站的临近，美、俄等国正紧锣密鼓地为建造该空间站作准备工作。

美国航天飞机与俄“和平”号空间站实现对接 1996年4月23日，俄罗斯用“质子”号火箭将“和平”号空间站的最后一个舱——“自然”号发射入轨，3天后与“和平”号空间站顺利对接。至此，这个有6个舱、重百余吨的空间站的组装全部完成。

“自然”号舱重约19.3吨，长13米，最大直径4.35

米，增压容积 66 立方米。它采用锂镉蓄电池为舱内设备提供动力。“自然”号是苏联/俄罗斯最先进、最复杂的对地观测航天器，舱内装有 3 台工作在近 80 个频段的先进摄谱仪、2 台工作在近 8 个频段的扫描仪、1 部法俄联合研制的用于研究地球大气层垂直构造的“阿利沙’激光雷达；还装有用于美俄联合飞行任务的美国硬件 600 多千克，其中用于心血管疾病研究的设备 284 千克、用于其他各种微重力实验的硬件 374 千克。该舱与 1995 年发射的“光谱”舱对于了解地球生态状况、环境保护以及保证美俄联合飞行任务的顺利实施都具有极重要的意义。

1995 年 11 月、1996 年 3 月和 9 月美国“阿特兰蒂斯”号航天飞机与“和平”号空间站实现了 3 次交会和对接，把美国宇航员运往“和平”号空间站工作，并为“和平”号空间站运送了水、食物和科学实验设备等。与 1995 年上半年进行的第 1 次对接一起，美航天飞机与俄“和平”号空间站共实现了 4 次对接，美国宇航员在“和平”号空间站的长期工作中获得了以下经验：

①俄罗斯研制的对接系统得到了验证；

②开发了航天飞机靠近空间站的途径，并经过飞行试验的验证；

③完成了交会和对接研究；

④完成了缓和风险的实验；

⑤航天飞机控制大型空间结构姿态的能力得到验证；

⑥试验了任务控制中心之间交换数据的各种方法；

⑦验证了航天飞机向空间站运送宇航员和补给后勤物资的能力。

1996 年 3 月 22 日，美国女宇航员香农·露西德乘坐“阿特兰蒂斯”号航天飞机升空，23 日进入俄“和平”号空间站工作，直至美国另一次“阿特兰蒂斯”号航天飞机与俄罗斯“和平”号空间站对接以后于 9 月 23 日它们分离时为止，香农·露西德在太空生活了 188 天，创造了世界上女宇航员滞留太空的时间新记录及美国宇航员的太空生活时间新记录。

根据 1993 年 9 月与美国达成的协议，俄应在 1997 年 11 月国际空间站开始组装之时关闭“和平”号空间站，任其自由飞行，最终再入大气层烧毁；但俄方后来又认为，1995 年以后新发射的“光谱”号和“自然”号两个舱设计寿命都在 3 年以上，没有到寿命期即行废弃实属可惜。为此，俄方于 1995 年 12 月向美方建议，以“和平”号为基础建造国际空间站，或者把“光谱”号和“自然”号两个舱挪到未来的国际空间站上，以代替原定由俄罗斯提供的 3 个研究舱。然而，这两个方案均遭美方拒绝。为了使俄罗斯继续参加国际空间站，美方也作了适当让步，提出在不影响其他参加国的组件设计和组装的前提下，可适当减少建站初期俄方承担的发射次数；许诺在 1998 年再用航天飞机向“和平”号空间站运送两次货物，以帮助延长“和平”号空间站的寿命。在此情况下，俄航天局表示尽管经费方面仍有困难，但俄罗斯在参加组建国际空间站的同时，使“和平”号空间站正常运行到 2000 年左右。

国际空间站计划进展顺利　在谈论国际空间站整整 10 年之后，美国、俄罗斯、日本、欧洲航天局、加拿大和意大利的航天机构终于克服种种困难，开始为国际空间站制造各种飞行硬件，以满足从 1997 年末开始组装国际空间站的需要。

①美国是国际空间站的倡议者、组织者和领导者。从 1997 年末空间站开始组装到 2002 年该空间站组装完成期间，美国负责提供以下各种部件（按发射先后顺序排列）和有关服务：用于连接美国实验室舱和俄罗斯多功能舱的 1 号节点舱；增压配套连接器；容积为 103 米^3、具有 13 个标准有效载荷机柜的美国实验舱；Z_1 和 P_6 桁架段；一对功率为 19 千瓦的太阳能电池阵；供宇航员出舱活动的气闸舱；把美国实验室舱、离心机舱、日本实验舱和欧洲“哥伦布”舱连接在一起的 2 号节点舱；提供人造重力的特种生物医学空间实验室——离心机舱；在组装和维修空间站时供观看机器人操作的圆顶窗；长 93 米的桁架段；其余 3 对大型太阳能电池阵。

1996 年 3 月美国完成了国际空间站的递增设计评审（IDR），又因俄罗斯的计划有变化，于同年 9 月对修改后的国际空间站组装程序进行了评审和提出批准该程序的建议。1996 年内美国已制造了 42.75 吨的有关飞行硬件，其中 1 号节点舱于 1996 年夏进行压力试验时出现问题，后对该舱采取加固措施，于 8 月末通过了压力试验。美国实验室舱的验证压力试验已顺利完成；2 号节点舱的验证压力试验准备工作在进行中；增加配套连接器按进度表在焊接；气闸舱在进行机械加工；Z_1 桁架段在制造之中。

到 2002 年该空间站组装完成时，美国将为所有国际伙伴提供全面的空间站服务，它们包括：供给电源及电源的储存和分配；通信；数据储存和管理；温控；环境控制和生命保障；宇航员的保健；空间站的姿态控制。

②俄罗斯是 1993 年才正式参加国际空间站计划的国家。根据与美国达成的协议，俄应为国际空间站提供多功能货舱、服务舱、多用途对接舱、科学与能源平

台、对接舱和研究舱，这些舱体大约占完全组装好的国际空间站质量(438 吨)的 1/3。1996 年 11 月 27 日，俄罗斯宣布已完成多功能货舱的制造工作，并开始对它进行地面测试。这个由美国投资 1.9 亿美元制造的部件是 1997 年末组装空间站的第 1 个舱体，它将为国际空间站提供初始的推进、推进剂储存、姿态控制和数据通信等功能。1998 年 4 月将发射 1 个由俄罗斯投资和制造的服务舱，它将为初始的空间站提供指挥和控制功能，也是初期空间站的乘员居住舱。然而，服务舱由于俄政府的资金不完全到位而落后进度 8 个月。1996 年 12 月美航宇局决定建造 1 个临时控制舱，以便在俄罗斯服务舱投入运行前执行该服务舱的部分任务。俄罗斯为国际空间站还要提供的“后勤运输飞行器”(LTV)，也因得不到足够的资金而不能按时制造；按原计划用俄“质子”号火箭发射“科学与能源平台”，要改由美国航天飞机发射；原定的国际空间站装配程序中安排了 15 次俄罗斯火箭的发射，其中 12 次是由“天顶”号火箭来完成。然而，1996 年 5 月初，俄航天局向美航宇局提出，这种由乌克兰总装的火箭需从空间站装配程序中撤销。为处理上述变化，美航宇局正加速制订空间站应急计划，以防止俄罗斯的资金困难影响整个空间站计划。国际空间站计划主任特拉夫顿说，美国航宇局已经协助加拿大和欧洲合作伙伴克服了预算困难，现在是轮到帮助俄罗斯的时候了。

③日本宇宙开发事业团将为国际空间站提供 1 个日本实验舱(JEM)。它包括的部件有：增压舱(PM)——能放置 10 个标准有效载荷机柜；暴露设施(EF)——能进行 10 项非增压实验的外部平台；遥感机械臂系统——长 9.6 米的机械臂是 EF 上服务系统的部件，用于更换 EF 上的有效载荷；实验后勤舱(ELM)——为增压和非增压实验提供后勤补给的载体。这些部件将从 2000 年 6 月开始分 3 次由航天飞机发射，2001 年 11 月发射完毕。

JEM 增压舱在 1995 年 10 月完成了结构鉴定试验后，于 1996 年 2 月完成了 JEM 的关键设计评审，以确定对硬件设计需求的可跟踪性。其工程模型的部件和装配件约有一半已制造好，工程模型已开始系统总装，飞行模型的部件和组装件也已开始制造。日本人在完成了 H-2 转移飞行器可行性研究后，向美航宇局提出用这种日本后勤系统为国际空间站提供后勤补给的要求。该系统包括 H-2A 运载火箭、H-2 转移飞行器(HTV)和地面设施。

④欧洲航天局由于内部的政治和经济原因，于 1995 年 10 月召开的部长级会议上从财政和法律上正式决定参加国际空间站计划。它承担的有关工作是：装有 10 个标准有效载荷机柜的“哥伦布”轨道设施(COF)；为国际空间站提供后勤补给的自动转移飞行器(ATV)。COF 的研制工作从 1996 年 1 月开始，并计划于 2003 年初发射；ATV 定于 2002 年 3 月用“阿里安”5 火箭发射，进行演示飞行；用于轮换宇航员的乘员转移飞行器(CTV)计划于 1996 年至 1998 年间进行 A/B 阶段的研究，预计 1998 年作出是否全面研制的决定。

欧洲航天局还将为俄罗斯的舱体提供 2 个部件：用于科学和能源平台的欧洲机械臂(ERA)和用于服务舱的数据管理系统(DMS)。

⑤意大利航天局(ASI)与美航宇局于 1991 年达成协议，由意大利研制 2 个小型增压后勤舱(MPLM)，以满足国际空间站增压后勤能力的需要。由于意大利政府遇到缺乏资金的困难，在 1995 年前使 MPLM 的研制工作几乎处于停顿状态，后来由于俄罗斯的参加，美航宇局再次与 ASI 协商，要求增加第 3 个 MPLM，使该计划于 1996 年得到恢复，并制订了进度表，第 1 个 MPLM 将于 1998 年 3 月交货，第 2 和第 3 个 MPLM 将分别于 1998 年中和 1999 年 10 月交货。

作为欧洲航天局的成员，意大利还将提供 COF 的舱体结构，因其所用的设计与 MPLM 的完全相同，而作为回报，意大利将在 MPLM 中使用欧洲航天局为 COF 研制的生命保障系统(ECLSS)。

⑥加拿大航天局(CSA)负责为国际空间站提供机动服务系统(MSS)及其有关地面设备。MSS 包括长 17.46 米的空间站遥控机械臂系统(SSRMS)、基座系统和长 3.6 米的专用灵巧操作装置(SPDM)。SSRMS 可抬举重达近 100 吨的货物。此外，CSA 还将组建 1 个空间操作支援中心和制造 MSS 的模拟设施和训练设施。1994 年由于 CSA 的预算削减，CSA 与美航宇局就有关合作问题进行协商，美国同意为合作项目多承担价值约 1 亿美元的工作量，CSA 对空间站的利用也因此从 3.0%降至 2.7%，如果加拿大不再负责研制 SPDM，则空间站利用还将降至 2.3%。经重新协商后，有关 CSA 的工作做了如下调整：CSA 不再为在轨储存备件提供 MSS 维修站；CSA 可把制造 SPDM 的决定推迟到 1997 年 4 月；由 CSA 承担对 MSS 的操作控制作用；美航宇局增大有关修理和大检修 CSA 部件的责任。

CSA 已于 1996 年末完成了 MSS 系统的制造任务，1997 年初将对 SSRMS 进行接收评审；MSS 的模拟和训练设备也均在 1996 年底交货，空间操作支援中心已安装了第1套控制设备，并已用于支援1995年11月STS-74的航天飞机与“和平”号空间站联合飞行的任务操作。1997年4月将进行SPDM的关键设计评审；1997年6月进行MSS的接收评审。SSRMS定于1998年12月发射到国际空间站上，SPDM将于2000年1月发射。

天地往返运输系统　美国航天飞机完成11次飞行任务　美国的4架航天飞机在1995年7月到1996年12月的1年半时间里进行了11次飞行，它们完成的主要任务详见下表。从表中可看到，在这些飞行中为组装国际空间站和将在站上进行的各种微重力研究而进行的各种试验占有很大的比重，如生命科学和微重力空间实验室以及与俄“和平”号空间站完成了3次对接和联合飞行等。在航天飞机上进行的系统发电、天线充气和无源气动磁阻尼卫星等试验更令人注目，这些技术对今后大幅度降低航天器的重量和费用都具有重要意义。1995年10月和1996年11月从“奋进”号和“哥伦比亚”号航天飞机上各释放了重约2吨的碟形“尾流屏蔽装置”，在后一次的3天飞行中生成了7块优质半导体薄膜芯片，获得很大成功。这次“哥伦比亚”号航天飞机还创下了滞空近18天的飞行新纪录。

1996年，美国对航天飞机的日常运营管理实施了重大改革。美航宇局已同联合太空联盟公司签署了70亿美元的合同，由该公司承担约85%的航天飞机日常运营工作。这次签署的6年合同期从1996年10月1日起生效，它将涉及其后进行的42次飞行任务。在这6年中该公司的初步目标是每年节省4亿美元，作为航宇局每年节省10亿美元的最终目标的一部分。美航宇局同意超出4亿美元的节省部分由该公司提成35%，条件是要保证飞行安全。

1995年7月～1996年12月美国航天飞机飞行任务统计表

序号	飞行任务代号	航天飞机名称	发射日期 返回日期	主要任务
1	STS-70	“发现”号	1995.7.13～7.22	①释放美国第7颗跟踪与数据中继卫星；②为俄罗斯/“国际火星”-96传感器进行试验；③生命科学和生物医学研究。
2	STS-69	“奋进”号	1995.9.7～9.18	①释放和回收碟形尾流屏蔽装置和“斯巴坦”-201太阳科学观测台；②测量轨道器通过氧原子时它周围产生的发光现象；③两名宇航员进行了舱外活动。
3	STS-73	“哥伦比亚”号	1995.10.20～11.5	携带有美国微重力实验室-2，进行的主要试验有：①蛋白质晶体生长，共生长了近1500片，质量比地球上生长得好；②沸石晶体生长，在空间生长的沸石晶体比在地面生长的均匀；③微重力条件的流体行为研究；④研究燃料在微重力条件下如何燃烧的理论；⑤表面张力驱动对流试验。
4	STS-74	“阿特兰蒂斯”号	1995.11.12～11.20	①与“和平”号空间站实现第2次对接，把对接舱安装到“和平”号晶体对接口上，作为“和平”号联合体的一个永久性部件，用于以后航天飞机的对接任务；②为“和平”号空间站运送水、空气、食品和试验装置等。还进行了与“和平”号空间站的联合自由漂移、结构动力学和准直稳定试验、辅助动力装置关闭试验。
5	STS-72	“奋进”号	1996.1.11～1.20	①回收日本的SFU和美国的OAST两个飞行器；②为组装国际空间站的各种试验，进行了两次空间行走，包括使用遥控机械臂的操作试验，由宇航员打开坚硬缆绳托盘、解开各种长度的缆绳；检验空间站装配中可能使用的工具和材料；对宇航服进行了耐低温(－75.56℃)试验。
6	STS-75	“哥伦比亚”号	1996.2.23～3.9	①释放了意大利系绳卫星，进行发电试验，获部分成功。由于系绳断裂，未回收卫星；②进行了第三次美国微重力有效载荷实验(USMP-3)，其目的是有助于确定国际空间站上微重力材料研究的最佳设置和定时。

序号	飞行任务代号	航天飞机名称	发射日期 返回日期	主要任务
7	STS-76	“阿特兰蒂斯”号	1996.3.22～3.31	①完成了与“和平”号空间站的第3次对接，并向“和平”号空间站运送水、试验设备和其它物资；还把试验结果和样件运回地面；②美国宇航员首次在“和平”号空间站外进行太空行走，试安装了4个实验箱、试用了新保护绳和固定平台。
8	STS-77	“奋进”号 (带有空间居室-4)	1996.5.19～5.29	①完成了直径为15米的充气天线试验；②释放了无源气动稳定磁阻尼卫星；③进行了晶体生长实验和生物试验研究。
9	STS-78	“哥伦比亚”号	1996.6.20～7.7	带有空间实验室，为未来国际空间站完成生命和微重力试验任务，即LMS-1。完成的任务主要有：①在生命科学方面有肌和骨骼的研究、基础代谢研究、肺的检查测量、人的行为举止和神经科学；②在生物实验方面有：对鼠和鱼的研究、微重力对植物生长的影响；③在微重力科学方面有供冶金实验的大型炉和欧洲航天局提供的用于研究多种液体特性及它们相互作用的装置；④蛋白质晶体生长实验。此外，还试验用航天飞机上的小推力器把“哈勃”望远镜推上更高轨道的不同程序和方法。
10	STS-79	“阿特兰蒂斯”号	1996.9.16～9.26	①与俄“和平”号空间站实现了第4次对接，向该站运送了水、食品和仪器等，并把站上的科学实验样品和废旧仪器等运回地面；②机上空间居室的两个舱使航天飞机的增压容积增加了59.4米^3；③验证了国际空间站新舱体的整体动力学试验；④试验了新的有源机柜隔离系统(ARIS)，可使空间站上实验装置的微重力环境改善10～100倍；⑤试运行了一种极区温度瞬时炉，能达到1650°的高温。
11	STS-80	“哥伦比亚”号	1996.11.19～12.7	①释放和回收了美、德联合研制的紫外线望远镜，在两个星期的飞行中对150个天体进行了420多次观测；②释放和回收了蝶形尾流屏蔽装置，在3天飞行中生成了7块半导体薄膜芯片，其质量比前两次有明显提高；③原定的两次舱外活动，由于航天飞机舱门打不开而被迫取消。

美国研制可重复使用的运载器验证机 X-33

1996年7月2日，美航宇局正式宣布洛克希德—马丁公司中标研制可重复使用运载器(RLV)验证机X-33，它是一种以火箭发动机为动力的、垂直起飞、水平降落的三角形升力体方案，也是未来实用型1/2缩比型的亚轨道飞行器，飞行高度80千米，最大飞行速度15马赫。为设计、制造和试验X-33，美航宇局与洛克希德—马丁公司签订了为期3年半的合作协议，它们分别投资9.14亿美元和2亿美元。到本世纪末，当X-33经试飞验证后再决定是否研制可取代现有航天飞机和一次使用运载火箭的实用型RLV。美航宇局选择这种方案的原因是：①为X-33试验机将开发一种气动塞式发动机，可使其海平面推重比达77。美航宇局局长丹尼尔·戈尔丁称这种新型发动机“具有变革航天飞行的潜力”。②X-33将试验新型的金属防热系统，它将大幅度降低RLV在飞行后的维护和整修工作量。③X-33试验机与实有型RLV在总体设计方面很相近，因此，X-33试验机一旦研制成功，再研制实用型RLV的难度将有所降低。

美国建造小型可重复使用的亚轨道试验飞行器 X-34 1996年初美航宇局停止了从飞机上发射的可重复使用运载器X-34的研制。同年6月初又选中轨道科学公司制造一种尺寸更小的X-34亚轨道试验飞行器，并利用原X-34计划的5000万美元的剩余资金支付研制费用。计划要求新的X-34的长度为17.4米、翼展为8.4米，总重为20.25吨。其目的是建造一种可重复使用的亚轨道试验飞行器，用于探索具有较大风险的技术，然后可能在更大、更昂贵的X-33单级入轨试验飞行器上试验。根据合同,X-34 将进行 2 次亚轨道飞行。轨道科学公司先进系统小组负责人说,公司为老的 X-34 所做的工作,大部分可应用到新的飞行器上,它们具有特别相似的设计,只是新的 X-34 更小些,而且没有上面级。

美国 DC-XA"三角快帆"进行飞行试验 DC-X"三角快帆"自 1995 年末从空军移交给美航宇局后,又经过一些改进而改称为 DC-XA。根据与美航宇局签订的协议,麦道公司在 DC-XA 中组装了一些新的部件和系统:①俄罗斯制造的铝锂合金液氧箱;②麦道公司研制的石墨复合材料液氢箱;③航空喷气公司研制的辅助推进系统;④增加了一些电子设备和仪器,以加强对飞行系统的监视和提高对环境的适应性。DC-XA 还具有差分全球定位系统能力,以提高着陆精度。

DC-XA 呈圆锥状,高 12.8 米,包括推进剂在内,其总重为 18 吨。它在 1996 年 5 月 18 日、6 月 7 日、8 日和 7 月 31 日共进行了 4 次飞行试验,其中第 2、第 3 次试验均获成功。第 1 次试验中 DC-XA 飞到 240 米高度后,横向飞行了 105 米,在降落时其底部的 1 个舵着火,飞行器受轻微损坏,总飞行时间为 62 秒。第 2 次试验的飞行高度约 600 米,总飞行时间约 64 秒。第 3 次试验的飞行高度达 3400 米,飞行时间达 142 秒。第 4 次试验中 DC-XA 上升至 1230 米,然后横向飞行了 840 米,并完成了 90°的转动,下降时这个锥形飞行器在距着陆台上空 60 米处,其底部的 4 个着陆支架中的 1 个未能自动伸出,致使 DC-XA 着陆后 2 秒钟倒地爆炸,这枚价值 5000 万美元的垂直起降试验飞行器完全报废。美航宇局目前尚无资金来制造 1 枚新的 DC-XA 试验飞行器。

日本实施 HOPE 计划 为研制可重复使用的航天运输系统,在日本新的长远航天规划中,列有一项宏伟的 5 年试验计划,即 H-2 空间飞机(HOPE)。目前由日本宇宙开发事业团和国家宇航实验室共同负责。从 1996 年开始的 5 年内,HOPE 计划中包括 3 种试验飞行器:高超音速实验飞行器(Hyflex)、自动着陆实验飞行器(Alflex)和 HOPE 实验飞行器(HOPE-EX)。日本的长远目标是研制载人空间飞机,能水平起飞、入轨、完成任务、再入大气层和着陆。然而,实质性的全尺寸样机需要到下世纪初,待完成 HOPE-EX 阶段后才能开始研制。

1996 年 2 月 12 日,日本用新研制的 J-1 运载火箭成功地发射了重 1040 千克的 Hyflex,达到了 110 千米的高度,然后以 M 数为 14.4 的速度再入大气层,经受了 15 分钟的高超音速飞行和 1200℃的温度,不过,最后由于海上浮游系统解体,Hyflex 沉入了小笠原岛附近的海底。日本宇宙开发事业团发言人驰川秀夫说:"Hyflex 任务原定的 14 项实验中的 12 项成功地传回了数据。"Hyflex 防热系统所用的陶瓷瓦材料的 70～80%是硅纤维,20～30%是氧化铝纤维,比用于美航天飞机的防热瓦强度高。这次飞行任务的另一目的是验证这种飞行器在高超音速时的性能,特别是飞行和再入期间的飞行器姿态控制。Hyflex 的总研制费用为 3900 万美元,J-1 火箭的费用为 4200 万美元。

Alflex 的目的是试验低空飞行和自动着陆技术。1995 年 12 月中旬,日本宇宙开发事业团和澳大利亚航天局签订了有关 Alflex 在澳大利亚武麦拉机场进行试验的最终协议,协议有效期到 1996 年 9 月 1 日。在澳大利亚的试验是在日本完成了一系列 Alflex 飞行试验后进行的第 2 轮试验。Alflex 这种缩比模型试验飞行器重 760 千克,研制费用为 5000 万美元。试验时由缆绳吊挂的 Alflex 从直升机投放,它从 1500 米的高度沿预定路线作 3200 米的滑翔后降落在跑道上。从 1996 年 7 月 6 日至 8 月 15 日 Alflex 在澳大利亚进行了 10 次投放滑翔试验。日本宇宙开发事业团航天运输系统局空间回收办公室高级工程师河内山次郎说,一旦 Alflex 试验完成,日本宇宙开发事业团将认真评估其结果,以争取日本空间活动委员会最终批准制造 HOPE-EX。预计,大约在 2000 年将发射 HOPE-EX 亚轨道试验飞行器。这种飞行器没有任何推力器,它发射后将再入大气层,并自动着陆于跑道上。

运载火箭 当前各国发射航天器的主要运载工具仍是各种一次使用的运载火箭,它所用的技术老化,发射费用昂贵,一些拥有运载火箭的国家都在对它们进行改进,降低发射费用和提高可靠性,以适应市场的需要,争夺世界发射市场的份额。如美国在实施中的"演变型一次使用运载火箭"计划、日本的 H-2 运载火箭改进计划和欧洲"阿里安"5 火箭改进计划都属此类。改进后的 H-2A 火箭的运载能力与 H-2 火箭的相同,但其制造费用将降低一半。1996 年 11 月美国休斯公司与日本火箭系统公司签订了购买 10 枚 H-2A 火箭的合同。1996 年期间,欧洲新研制的"阿里安"5 火箭试射失败;俄罗斯的"质子"号火箭开始商业发射西方卫星。

俄罗斯"质子"号火箭发射西方卫星 俄罗斯/前苏联为争取商业发射西方卫星,经历了 10 多年的努力终于在 1996 年 4 月 8 日和 9 月 6 日用"质子"号火箭从拜科努尔发射场为卢森堡和国际海事卫星组织各发射了 1 颗地球同步通信卫星。这是根据 1993 年美国政府批准俄罗斯于1996～2000年期间平均每年为西方卫星发射3枚"质子"号火箭的限额而实施的，并要求"质子"号火箭以销售价格不低于同类西方火箭价格的2/3展开竞争。目前负责销售"质子"号火箭的国际发射服务公司(由美、俄两家公司联合组成)已为"质子"号火箭争得16项发射定单，其中包括1997年开始为美国发射21颗"铱"系统卫星的7枚"质子"号火箭。为进一步拓展火箭销售业务，该公司正在考虑把"质子"号火箭从地处较高纬度的拜科努尔发射场转到位于赤道附近的南美圭亚那库鲁发射场，可使"质子"号火箭的同步转移轨道运载能力从5.5吨提高到7.4吨；另一考虑是把该火箭转移到美国卡纳维拉尔角发射，以促使美国政府能批准每年发射西方卫星的"质子"号火箭从3枚提高到5枚。

欧洲"阿里安"5火箭发射失败 1996年6月4日，欧洲"阿里安"5火箭发射升空36秒后，由于两个惯性基准系统几乎同时出故障，先后使两个固体助推器喷管和芯级主发动机喷管摆动至极限位置，从而引起火箭突然剧烈摇晃，导致固体助推器和芯级之间的电气连接中断，触发了箭载自毁系统。这次试射失败的直接影响是使该火箭计划的实施推迟1年，其商业发射时间随之推至1998年。发射失败的火箭及其携带的4颗"太阳风"探测卫星的价值总计为7.4亿美元；根据事故调查报告的建议，对该火箭需作的改进和试验又需3.2亿美元，这近10亿美元的额外开支，对欧洲航天局本来就比较拮据的航天预算计划更是"雪上加霜"。

"阿里安"5火箭是欧洲航天局于1987年11月在海牙召开的部长级会议上正式批准研制的，原计划于1995年4月研制成，后因技术问题和财政困难推迟1年。其总研制费用为70亿美元，超出预算20%。

"阿里安"5火箭高52米(不包括整流罩)，直径5.4米(指芯级)，总重730吨，起飞推力11605千牛。其主要用途是商业发射任务，能把6800千克的有效载荷送上地球同步转移轨道，还具有双星(总重为5900千克)发射和三星(总重为5500千克)的发射能力。

"阿里安"5火箭由基础级和上面级两部分组成。基础级包括2台固体助推器和1个氢氧芯级，每台固体助推器的平均推力为5250千牛，工作时间为129.4秒；氢氧芯级采用1台HM-60发动机，推力为1145千牛，工作时间580秒。火箭的上面部分由仪器舱、第2级、卫星支架和卫星整流罩组成。第2级采用1台可贮推进剂发动机，真空推力为27.3千牛，工作时间1110秒。仪器舱内安装有制导、控制、遥测系统、姿态推力器和火工品分离装置。"阿里安"5火箭使用长、短两种整流罩，卫星支架也有长、短两种。通过采用不同的整流罩、卫星支架和仪器舱组合，使这种火箭可承担单星、双星和三星发射任务。

民用对地观测卫星 随着各国工业经济的迅猛发展，地球环境遭到严重污染。自冷战结束后，人类赖以生存的地球及其周围环境日益受到广泛关注。1996年7月15日美国中央情报局局长约翰·多伊奇宣布，美国的间谍卫星将执行监视大自然的新任务，为环保服务。美国地球测量环境分析中心已在世界各地选定了260个受监视的候选地点，最终将选择500个左右。1996年巴西制定了1996～2005年的航天活动计划，其主要内容就是加强卫星观测在环保、农业、资源、气象、通讯以及航行等方面的作用；英国在1996年也出台一项有关航天工业未来发展趋势的政策文件，提出到2005年以前要集中50%的航天经费用于建立商用地球观测产业。1995年下半年至1996年年底，加拿大发射了1颗商用雷达卫星，日本和印度各发射了1颗地球资源卫星。

日本发射先进地球观测卫星 1996年8月17日，日本用H-2火箭发射了第1颗先进地球观测卫星(Adeos-1)，它是在日本已发射的海洋观测卫星(Mos-1A/-1B)和地球资源卫星(JERS-1)基础上研制成的，总研制费用近10亿美元。卫星总重3510千克，工作寿命3年，重复覆盖周期为41天。多光谱谱段的分辨率为16米，全色谱段的分辨率为8米。Adeos-1将为人们了解海洋、温室效应、臭氧层减薄、热带雨林遭破坏以及其他有关全球环境变化等情况提供更全面的数据。星上共装有8种仪器，其中日本提供5种，美国2种和法国1种，它们依次为海色海温扫描辐射仪、先进可见光及红外探测仪、改进型大气边缘红外分光仪、后向反射镜、温室效应气体观测装置、地面反射光观测装置、美航宇局散射仪和臭氧测绘分光仪。

日本宇宙开发事业团还将在Adeos-1公用舱的基础上研制Adeos-2，它将集中于大气研究，并将装载一些新仪器，例如用于测量地球上水循环的先进微波扫描辐射仪、全球成像仪和数据采集系统。从Adeos-2卫星的工作特点中可以看出，日本在地球、海洋和大气绘图计划方面将更为专业化。日本另1颗单独的卫星——先进的陆地观测卫星(ALOS)将集中于地球表面的研究，它计划于2002年发射。

印度发射IRS-P3卫星 1996年3月21日印度用自制的极轨卫星运载火箭发射了1颗重约1吨的IRS-P3遥感卫星，星上载有3台德国制造的模块式光电扫描仪(MOS),分辨率为500米,另外还携带1台宽视场遥感器和1架X射线望远镜。印度将利用这种卫星监视洪水灾害、农作物生长、海洋生物以及荒漠化等情况,以弥补1995年发射的IRS-IC卫星的不足。IRS-P系列是印度空间研究组织开发的短周期的遥感卫星系列,以平衡经费开支。P-系列卫星每颗的造价为1500万美元,而1颗基本型IRS卫星约需要5000万美元。P-系列的第1颗卫星于1993年因发射失败而未能入轨。第2颗P2星于1994年10月发射成功,星上带有1台线性成像自扫描遥感器(LISS-2),其分辨率为36米,以补充IRS-IB在覆盖范围上的不足。印度在今后10年内用自制火箭再发射8颗地球成像及测绘卫星,这充分说明印度的农业、经济和社会规划各部门都把利用卫星图像作为发展经济、缓和人口压力的基本手段。

加拿大发射商用雷达卫星　1995年11月4日加拿大用美国"德尔它"2火箭从范登堡空军基地发射了1颗商用雷达卫星,该卫星的发射重量为2750千克。卫星主体呈长方体,其两侧的2个太阳能电池阵能产生3.5千瓦的电力。星体前端装有尺寸为15米×1.5米的合成孔径雷达,其输出功率峰值达5千瓦,工作在C波段,采用水平极化方式,能提供较强的水面/陆地和水面/冰层的反差。卫星工作寿命为5年,它将用于监视全球表面,特别是北极地区的海上西北通道和波弗特海这两条战略航道的冰层运动。该卫星每天可收集400分钟的数据,合成孔径雷达能提供分辨率为8米至100米的图像。该卫星在每24小时内可监视北纬79°以上的全北冰洋洋面1次,每3天可观测加拿大国土1次。

这颗卫星的设计和制造费用为6.2亿加元(合4.53亿美元),这笔资金是由政府、省政府和私人企业联合提供的;其中政府承担3.5亿美元;美国以提供"德尔它"火箭的方式投入7500万美元,作为回报美国将无偿地接收该卫星发回的15%的数据;加拿大各省政府和私人企业投资5400万美元,这些费用也作为以后购买雷达卫星图像的预付款。

加拿大国土辽阔而人口稀少,北临广阔的海域——北冰洋。这种雷达卫星既能满足加拿大地理观测的需要,又能适应其经济发展的需要。加拿大特别关注北冰洋航线情况是为了实现它对该海域的领海权和对该海域航道冰情的监视。北冰洋海域的冰山整年威胁着各种船只的航行,加拿大海岸警卫队、油气探测船、破冰船和商船都要通过这个水域。对这些来往船只来说,及时而准确地获得冰山情况的信息具有特别重要的意义。

军用卫星

几十年来,军用卫星领域一直被美、苏两国所垄断。冷战的结束、多极化政治格局的形成以及海湾战争中卫星对地面攻击的支援作用,使更多的国家进一步认识到军用卫星对于现代局部战争的重要作用。近年来,除美国在发展和建立新的军用航天系统外,欧洲一些国家和日本等国也开始发展和建立自己独立的军用卫星系统。

美国研制新型军用卫星系统　为尽快建立以战术应用为主的军用航天系统,美国正加快研制和建立新型的军用"全球广播服务"(GBS)系统和"天基红外"(SBIR)预警卫星系统。

"GBS"是在电视直播卫星技术基础上设计的新型军用航天系统,用于直播战场态势信息,提高协同作战能力。1996年开始技术试验,预计该系统将于21世纪初投入使用。

由于美国现有的"国防支援计划"(DSP)系统卫星的老化和缺乏对战术导弹的预警能力,美国国防部1994年底提出了SBIR预警卫星系统计划。该系统将用于探测助推段和中段飞行的弹道导弹,提供导弹发射的预警信息,可满足21世纪美军对全球范围内战略和战术导弹预警的需要。SBIR系统由高轨道部分和低轨道部分组成。高轨道部分包括4颗地球同步轨道卫星和2颗大椭圆轨道卫星,它们将各装载1个高速扫描传感器和1个辅助的"凝视"传感器。扫描传感器将用一维阵列扫描地球南北半球,提供导弹发射过程中发出尾焰的初始探测,然后把信号传输给"凝视"传感器。1996年11月美国空军与洛克希德—马丁公司和航空喷气公司领导的联合工作组签订了价值20亿美元的初期合同,包括研制5颗高轨道卫星和相关地面设备。低轨道部分又称"空间与导弹跟踪系统"(SMTS),须经飞行验证后再确定其工作系统方案。SBIR预警卫星系统在下世纪初投入运行后,将可实现导弹预警、导弹防御、技术情报和战斗空间情报支援的一体化,可使战术导弹的预警速度和精度比目前的DSP系统提高10倍以上。

日本研制侦察卫星系统　1996年4月,日本首相桥本首次表示支持日本防卫厅采取独自的侦察卫星方针和开始研究建立一个近地轨道照相侦察卫星系统的请求,该系统包括由10颗卫星组成的星座和有关地面设施,能提供昼夜24小时服务,卫星的运行轨道高度为320～1000千米,分辨率可达0.3米,总费用约需95亿美元。1996年8月,日本政府决定由外务省而不是防卫厅首次提出研究这种卫星的经费要求,以免遭受亚洲邻国对日本加强军事力量的指责。外务省将要求从 1997 年 4 月开始实施的财政预算中拨出专款，用于研制第 1 颗侦察卫星，发射时间可能在 2001 年左右。

法国"太阳神"侦察卫星发射成功 1995年7月7日，法国用"阿里安"4火箭从库鲁航天中心成功地发射了第1代传输型照相侦察卫星2颗中的第1颗"太阳神"1A，使其成为继美、俄之后第3个能独立发射和研制侦察卫星的国家。"太阳神"1A 卫星主要基于 SPOT 遥感卫星的成熟技术，采用 SPOT-4卫星的现代公用舱、磁带记录仪和其他一些设备。"太阳神"1A 重约2.5吨，运行在倾角为99°、高度为850千米的圆形太阳同步轨道上，卫星的设计寿命为5年，主要设备是1台大型高分辨率 CCD 可见光相机，其最高分辨率为1米，与80年代初美国的 KH-11照相侦察水平相当。法国在发射"太阳神"1B 卫星后，将使卫星飞越地球某地上空的时间间隔由目前的26天缩短为 24 小时。

"太阳神"1 卫星计划的总费用为 100 亿法朗，其中法国承担了 79%，意大利和西班牙各承担了 14%和 7%。第 2 代"太阳神"2 卫星计划也是 2 颗，重量仍为 2.5 吨，星上不仅携带有分辨率为 0.5 米的光学遥感器，而且装有红外成像仪，以昼夜侦察、识别伪装、监视导弹发射和探测核爆炸。预计这项计划的总研制费用为 120 亿美元。

法、德、英联合研制"3 国军用卫星通信"系统 就下一代军用通信卫星的发展问题，经欧洲各国多年讨论后，1996 年法、德、英 3 国决定联合研制下一代通信卫星，称为"3 国军用卫星通信"(Trimilsatcom)系统，它共包括 4 颗军用通信卫星及其完善的地面控制设施，这种系统将具有每秒 150 兆比特的通信能力，初步估计的费用为 26 亿美元。这 3 个国家认为，通过集中利用 3 国资源实施一项联合研制计划，可在不严重影响战略需要的情况下节省费用。该系统将经过 18～20 个月的方案研究后，由一家在竞争中获胜的集团公司研制。预计这种军用卫星通信系统将取代英国的"天网"4 系列及法国的"锡拉库萨"2 军用卫星通信系统。此外，还将取代目前正在实施的"欧洲军用卫星通信"(Eumilsatcom)计划，后者是一项众多欧洲国家参加的进度缓慢的可行性研究计划。

火星探测 研究行星的科学家们认为，火星是太阳系中除地球外唯一可能有生命存在或存在过生命的行星。美、俄等 20 多个国家计划从 1996 年开始，当地球与火星排列在对太空旅行有利的一条线上时，就联合向火星发射各种探测器。这意味着从 1996 年至 2005 年期间每隔 2 年将有更多的火星探测器、着陆器和越野车到达火星。因此，1996 年美国和俄罗斯均向火星发射了探测器。

美国实施重返火星计划 为掌握火星上是否有生命的确凿证据，美国继 70 年代中期的"海盗"火星着陆计划后，曾于 1993 年发射了"火星观测者"，但遭失败。从 1996 年起又开始实施重返火星计划。1996 年 11 月 7 日和 12 月 4 日美国发射了"火星环球勘测者"(MGS)和"火星探路者"。

MGS 重 1060 千克，刚好可用"德尔它"2 中型火箭发射，它将于 1997 年 9 月 12 日进入绕火星运行的大椭圆轨道，然后再花 5 个月时间用气动制动器使 MGS 逐渐降低高度并调整姿态，进入火星的稀薄大气层，到达距火星表面 376 千米的圆形轨道。MGS 上的广角相机将拍摄火星表面，并在 1 个火星年(地球上的 687 天)中绘制完 99%的火星表面图；MGS 上还有 6 种仪器将对火星的各种特性及火星周围环境进行全面测量。这次任务的目标是以高分辨率探测器测定火星表面的结构特性，估算火星的磁场特性。预计通过 MGS 对火星表面热量和辐射的分析，可以找到有可能表明曾存在过或目前存在任何生命痕迹的碳化矿物的位置，从而为今后采集火星土壤和岩石样本的机器人选定降落装置。

"火星探路者"重 800 千克，也是用"德尔它"2 火箭发射的，当 1997 年 7 月 4 日飞抵火星时，其登陆车进入火星大气层，然后展开降落伞，火箭制动系统和气囊实施垂直软着陆，然后释放登陆车，它在火星上将连续工作 1 个火星年。"火星探测者"还将在火星表面设置科学仪器，以研究火星大气、地表气象、地质结构和火星土块土壤的化学成份。这次任务主要是对可能用于完成未来科学登陆器任务的概念和关键技术进行工程演示。

俄罗斯"火星"96 探测器发射失败 1996 年 11 月 16 日，俄罗斯用"质子"号火箭发射了"火星"96 探测器，由于火箭第 4 级发动机未能第 2 次点火，使它携带的重 6640 千克的"火星"96 探测器惨遭坠毁的命运。这个由 20 个国家参加的"火星"96 探测器包括 1 个重 645 千克火星轨道器、2 个各重 65 千克的小型穿透器(可钻开火星岩石深度为 4～6 米)，是一个综合火星探测器，按原计划将在 1 个火星年时间里对火星表面进行详细拍摄；由许多国家提供的仪器以不同的光谱研究火星大气结构及其变化；对火星土壤进行钻探和分析。"火星"96 的总研制费用为 10 亿美元，其中俄政府投入 6500 万美元，俄罗斯为这次发射花费了 7 年的准备时间，这次失败对严重缺乏资金的俄罗斯航天计划

来说，无疑是一次沉重的打击，同时也使其他众多参加国的火星探测活动遭受了挫折。（周以蕴）

核 武 器

综述　1995～1996年，美国和俄罗斯按照已经签订的协议及其作出的承诺，继续削减他们各自的战略核武器和战术核武器。在这两年中，美国、俄罗斯、英国、法国的核武器数量和品种均在减少，虽然没有迹象表明它们在大规模地研制新型核武器，但仍按照各自既定的方针保持并发展他们的核力量。同时，世界上主要核国家都已制定并开始实施旨在提高实验室实验能力和提高计算能力的发展计划。例如，美国于1995年制定并开始实施《库存核武器技术保障与管理计划》。该项计划的目标是确保美国的核武器在不进行核试验的情况下仍然有效。为此，美国将耗资20亿美元改建和新建一批地面试验设施。其中，即将建造的新设施包括：双轴X射线照相流体动力学试验设施、封闭式点火设施、国家点火装置、阿特拉斯设施、工艺与环境技术实验室。正在考虑建造的新设施有：一体化设计与开发中心、先进的流体试验设施、丘辟特设施、高能炸药脉冲功率设施以及实验室综合模拟与计算机中心。美国将利用这些设施进行流体动力学试验、高能量密度试验、核武器效应试验和流体核试验。通过这些试验来检验库存核武器的安全性、可靠性和继续发展核武器。法国早在1986年就已经建成了一座脉冲能量为8000焦耳的激光模拟设施，1993年又开始实施一项"准备限制核试验计划"。该项计划将投资100亿法郎，决定从1996年开始用7年时间建成一座脉冲能量为1.8兆焦耳的激光模拟设施，以便在不进行核试验的条件下继续发展核武器和保持库存核武器的安全性、可靠性。

在此期间，法国于1995年9月5日恢复了暂停3年之久的核试验；不扩散核武器条约审议与延约会议于1995年5月11日决定无限期地延长《不扩散核武器条约》。

1996年9月10日，联合国大会以158票赞成、3票反对、5票弃权通过了《全面禁止核试验条约》。

美国的核武器　截至1996年12月，美国供作战使用的核弹头有近9000个。其中包括陆基洲际弹道导弹的核弹头、潜射弹道导弹的核弹头、战略轰炸机携带的导弹的核弹头以及核航弹、潜艇和飞机携带的导弹的核弹头及核航弹。这些核武器除了部署在美国本土以外，在它的欧洲北约盟国还部署了480枚可供飞机携带的B-61型战术核航弹（美国供作战使用的核弹头见表1）。

美国除了继续拆卸退役的核弹头外，还着手进行核弹头及其运载系统的改进计划，如"民兵"Ⅲ导弹的改进，B83和B61核航弹的质量改进、替换W76核弹头的中子发生器的氚容器、延长W87核弹头的寿命以及重新制造W88核弹头的弹芯等方面的计划。此外，能源部和国防部还进行了大量的研究工作，旨在提高核弹头的安全性、可靠性和具有特殊用途的核武器。

美国实施"民兵"Ⅲ核导弹改进计划　"民兵"Ⅲ是美国第1种带分导式多弹头的洲际弹道核导弹，1966年春开始研制，1970年4月开始服役，1975年完成500枚核导弹的部署计划。按照美俄1993年1月签署的第2阶段《削减战略武器条约》的规定，到2003年，美国的陆基洲际弹道核导弹只剩下500枚"民兵"Ⅲ，每枚导弹携带的核弹头由3个减为1个。美国为了使这种核导弹服役到2020年并保持99%的戒备率，决定实施此项计划。

该项计划将耗资52亿美元，从3个方面进行改进，以提高导弹系统的作战效能：①改进发射控制中心。其核心是用1个新的"快速执行和目标瞄准"控制台取代原来的2个控制台，2名值班军官并排坐在1个控制台前，所有发射控制参数都显示在1个大屏幕上。各中心发射控制台的更新工作计划1996年完成。这样，值班军官执行发射命令和重新瞄准目标的速度将大大加快。②改进导弹的制导系统。一是更换制导计算机及其他电子部件，二是更换惯性测量装置。③更换导弹的第1、2级固体发动机。因发动机壳体和固体推进剂逐渐老化，必须定期更换。所以决定采用新型第1、2级发动机壳体，加注新研制的固体推进剂，同时改进装药界面粘结技术，以改善发动机的安全使用性能。

此外，从1997年开始到2003年把保留下来的分导式多弹头洲际弹道导弹改成单弹头，虽然更换核弹头的工作不属于此计划，但也同时进行，并提出了3种方案：一是全部用“MX”导弹的MK-21弹头；二是全部用“民兵”Ⅲ导弹的MK-12A弹头；三是以上两种弹头各占一半。

美国预计建造核爆炸模拟设施 根据1995年开始实施的《库存核武器技术保障与管理计划》，美国预计将建造一批核爆炸模拟设施。其中即将建造的模拟设施有：

①双轴X射线照相流体动力学试验设施(DARHT)。美国计划建在洛斯·阿拉莫斯核武器研究所的双轴X射线照相流体动力学试验设施能提供随时间变化的内爆对称数据，将利用它解决核武器的安全可靠性问题以及验证物理学知识和提高对初级系统性能的预测能力。

②封闭式点火设施(CFF)。封闭式点火设施是劳伦斯·利弗莫尔核武器研究所的闪光X射线流体动力学试验设施的补充设施。它能对包含60千克高能炸药的流体动力学试验进行很好的诊断，还能为改进研究爆炸冲击条件下的武器材料行为提供新的诊断方法。

③国家点火装置(NIF)。国家点火装置能按小而可诊断的规模对核武器爆炸过程中出现的压力、温度和密度进行模拟，它可能成为首次在实验室研究接近次级区域内的辐射物理学的装置。利用这一装置可研究与现代核武器有关的流体动力和扰动现象，为研究人员提供一种研究稠密氘—氚气体的热核点火和燃烧的独特能力。此外，通过研究该装置加热的靶，能提高预测X射线辐射对武器部件和系统影响的能力。

④阿特拉斯(ATLAS)设施。该设施能为与次级系统流体动力学有关的高分辨率实验提供厘米级金属弹丸的内爆，为与次级通道条件成比例的辐射流实验提供长脉冲宽度的软X射线源，还可用来进行高逼真度初级压力的大规模流体动力学实验，以解决与内爆稳定性和助爆气体扰动有关的一些问题。

⑤工艺与环境技术实验室。它将承担所有非核部件的开发和生产工作，包括开发先进的库存核武器的监测技术、评估日常监测过程中发现与老化有关的问题以及为更新和替换部件开发效费比高的制造技术。

除即将建造的模拟设施外，美国还在考虑建造以下核爆炸模拟设施：

①一体化设计与开发(ID&D)中心。正在考虑建在圣地亚核武器研究所的一体化设计与开发中心，能开发和验证用于低成本供应(维护或改进库存核武器所必需的)部件的方法。该中心能使产品设计与制造过程实现最佳一体化，确保以低成本快速生产出高度可靠的部件。该中心还可用作快速制造样机的试验台和作为从工业部门得不到的特殊产品的供应源。

②先进的流体试验设施。先进的流体试验设施(AHF)可提供多达8个X射线照相图(而双轴X射线照相流体动力学试验设施只能提供2个)。这种多个图象、多个时刻、多方位的X射线照相术，在长期不进行核试验的情况下，对保持库存核武器的安全性和可靠性是必不可少的。该设施提供的多个图象(20个或更多个)，可以展示正常情况下和发生事故时核武器初级系统的内爆及助爆空腔形状的变化过程。这种设施是以新的和正在开发中的加速器技术为基础，将利用在高功率、高速度固态部件方面迅速发展起来的现代化技术。

③丘皮特设施。丘皮特(JUPITER)设施是一种先进的脉冲功率X射线源，能提供一种只能在地下核试验时得到的X射线环境。用该设施来提高核武器物理学、辐射效应科学及脉冲功率技术方面的能力，将增强鉴定关键的核武器部件满足军事上抗X射线要求的能力。

④高能炸药脉冲功率设施。在研究接近真实核武器环境中的冲击波压力和速度的次级系统的物理学时，高能炸药脉冲功率设施(HEPPF)将以验证数字模拟所需要的比例尺寸和脉冲宽度提供实验能力。该设施是为这些实验产生所需要的异常电脉冲的一种经济有效的方法，将大大提高对核武器次级的老化和重新制造的预测能力。

⑤实验室综合模拟与计算机中心。实验室综合模拟与计算机中心(LISAC)将取代目前圣地亚计算机主机的设施。该中心将提高圣地亚计算机运行的效率和效能，为开发先进的软件、操作系统和外围设备提供一种协作配置方式。该中心形成的这种高效相互作用环境，将有利于把计算机专家吸引到圣地亚来参与临时性任务，这是美国为提高计算能力而制定的“加速战略计划倡议”的核心组成部分。

俄罗斯的核武器 截至1996年12月，俄罗斯约有12000个核弹头。其中战略进攻武器系统的核弹头有7500个，战略防御武器系统的核弹头有1200个，陆基非战略武器系统的核弹头有1600个，海军的非战略武器系统的核弹头有1600个。俄罗斯现有供作战使用的核弹头见表2。

俄罗斯战略核武器发展计划进展缓慢 在1995～1996年间，俄罗斯的战略核武器现代化计划发展不快，用西方人的话说，是以“很适中”的速度发展。在这两年当中，俄罗斯不断试验它的 SS-25 战略导弹的改进型。这种带单弹头的 SS-25 新型战略导弹，于 1994 年 12 月 20 日开始进行飞行试验，首批少量这种导弹预计到 1996 年年底可供作战使用，服役期为 15 年；

第 1 艘"台风"级弹道导弹核潜艇在 1991 年进入北德文斯克船厂进行大修，其余 5 艘也等待大修，以便改装导弹；

正在为"海盗旗"式和'逆火"式战略轰炸机研制 AS-15 空射巡航导弹。

俄罗斯仍在研制新型战术核武器　射程为 400 千米的战术弹道导弹正在进行飞行试验。西方人把这种导弹称为 SS-X-26。据说，这种导弹的首次飞行试验是在 1995 年 10 月 25 日进行的。这种导弹用来替换过时的"飞毛腿"导弹，它可能带几种类型的常规弹头，但不清楚是否装核弹头；正在研制 3 种射程为 200～300 千米的海射巡航导弹；攻击型核潜艇发展计划受到重视。"阿库拉"级的改进型攻击潜艇已于 1992 年服役，1993 年 10 月提出建造 21 世纪新型攻击潜艇"北德文斯克"号。

俄罗斯将继续执行前苏联总统戈尔巴乔夫在 1991 年 10 月作出的承诺，即到 1995 年拆除海军一半战术武器的核弹头；到 1996 年拆除一半地空导弹的核弹头和空军的一半战术核航弹。到 1998 年拆除所有的核地雷；到 2000 年拆除所有的核炮弹。

英、法的核武器

英国"北极星"弹道导弹核潜艇全部退役　1996 年 8 月 28 日，英国最后 1 艘"北极星"弹道导弹核潜艇退出现役。今后，英国的潜射弹道导弹核力量将由 4 艘新的"三叉戟"弹道导弹核潜艇及其携带的"三叉戟"潜射弹道核导弹构成。第 1 艘和第 2 艘"三叉戟"弹道导弹核潜艇已经服役，预计第 3 艘和第 4 艘分别于 1998 年和 2000 年服役。每艘"三叉戟"核潜艇将携带 16 枚"三叉戟"核导弹，每枚"三叉戟"导弹可装备多达 8 个核弹头，预计英国将在每枚"三叉戟"导弹上装备 3～4 个核弹头。

计划到 1988 年年底，英国皇家空军把装备"旋风"式飞机的 100 枚 WE177 型核航弹全部退役。届时，英国的核威慑力量只有"三叉戟"弹道导弹核潜艇及其携带的新型"三叉戟"潜射弹道核导弹。

法国继续削减核武器　1996 年 9 月 15 日，法国关闭了位于法国东南部阿尔比高原的中程弹道导弹基地。25 年来，在这个基地上一直部署 18 枚射程为 3500 千米的中程弹道导弹 S3D。到 1998 年，这个基地的导弹地下发射井及其导弹将全部拆除。1996 年 7 月 31 日，法国空军使其拥有的 15 架带核武器的"幻影"4P 轰炸机退役。这种轰炸机和仍在服役的 20 架舰载"超级军旗"式飞机，每架都带 1 枚 ASMP(射程为 350 千米)空对地核导弹。此外，法国总统在 1996 年初决定，废置"哈得斯"战术核导弹，同时修改正在研制的 M-5 潜射弹道核导弹，使它更简单和费用更少，并重新把这种导弹命名为 M-51，新导弹将在 2010 年服役。同时，他还宣布关闭南太平洋的穆鲁罗瓦岛和方加陶法岛上的核试验场，关闭"皮埃尔拉特"高浓缩铀生产厂。

到 21 世纪初，法国的核力量将由 4 艘"凯旋"级弹道导弹核潜艇及其携带的潜地弹道导弹、60 架均装备远程空对地核导弹的"幻影"2000N 飞机组成。每艘"凯旋"级弹道导弹核潜艇将带 16 枚 M-45 核导弹，每枚导弹装备 6 个核弹头。预计到 1996 年底，第 1 艘"凯旋"级弹道导弹核潜艇服役，第 2 艘于 1999 年服役，第 3 艘于 2001 年服役，最后一艘潜艇将在 2005 年服役。到 2008 年，ASMP 的改进型空对地核导弹将供作战使用，其射程是原导弹的 2 倍，且具有更好的隐形性能。

法国在南太平洋进行核试验　法国总统希拉克 1995 年 6 月 13 日宣布，从 1995 年 9 月开始到 1996 年 5 月，法国在其南太平洋地区的核试验场进行 8 次地下核试验。此后因各种原因，法国在这个地区只进行了 6 次地下核试验。第 1 次地下核试验是 1995 年 9 月 5 日在穆鲁罗瓦岛进行的，其当量不到 2 万吨梯恩梯；第 2 次地下核试验是 1995 年 10 月 1 日在方加陶法岛进行的，其当量低于 11 万吨梯恩梯；第 3 次地下核试验是 1995 年 10 月 28 日在穆鲁罗瓦岛进行的，其当量约 6 万吨梯恩梯；第 4 次地下核试验是 1995 年 11 月 21 日在穆鲁罗瓦岛进行的，其当量为 4 万吨梯恩梯；第 5 次地下核试验是 1995 年 12 月 27 日在穆鲁罗瓦岛进行的，其当量不到 3 万吨梯恩梯；第 6 次地下核试验是 1996 年 1 月 28 日在方加陶法岛进行的，其当量小于 12 万吨梯恩梯。

法国总统希拉克为什么不顾国内外的反对决定恢复已停止 3 年之久的核试验呢？其理由主要有以下 3 点：①强调核威慑力量是法国国家独立地位的象征，把保持这支力量的可靠性放在优先地位。法国自 1992 年 4 月 8 日宣布暂停核试验以来，对要不要恢复核试验的问题一直存在两种对立的意见。以前总统密特朗为首的一派坚持继续停止核试验，主张用模拟方法检验核弹头的设计。根据总统的指示，国防部和有关科研机构还制定了一项发展激光模拟核爆炸技术的十年规划。1993 年，由密特朗倡导成立的 7 人军事专家委员会提交过一份报告，论述了恢复核试验的必要性，也没有使他改变主意。另一派以前总理巴拉迪尔和国防部长莱奥塔尔为代表,极力主张恢复核试验。但按法国宪法的规定,只有总统才有权批准进行核试验。因此自宣布暂停核试验直到密特朗下台,法国一直没有进行过核试验。希拉克是主张恢复核试验的。他在竞选期间曾表示,核试验问题要听取专家的意见,认为在用模拟技术之前放弃核试验,法国将会被排斥在核大国之外,失去它应有的地位和作用。所以,希拉克上任不久就决定恢复核试验。他说:"必须优先考虑法国应拥有一支可靠的核力量"。②战略核武器现代化计划需要继续进行核试验。法国自 1960 年 2 月 13 日首次核试验到 1991 年 7 月 15 日共进行了 204 次核试验。通过这些核试验,先后研制成功了原子弹、氢弹,试验了中子弹,并建立了"三位一体"的战略核力量,发展了战术核武器。按照法国战略核武器现代化计划的要求,到 2010 年,建成 4 艘"凯旋"级弹道导弹核潜艇,并装备射程为 8000 千米的新型 M-5 潜射弹道导弹,每枚导弹带 10～12 个核弹头;为"旋风"式轰炸机研制射程更远(1500 千米)的 ASLP 空对地核导弹;用 M-5 导弹的陆基型取代现装备的 S-3D 陆基弹道导弹。据报道,法国不再研制新的核弹头,而是将 M-4A/B 潜射弹道导弹和 ASMP 空对地导弹的核弹头加以改进,分别装在 M-5 导弹和 ASMP 导弹上。为了改进这些核弹头并确保它们的安全性和可靠性,法国需要进行一定数量的核试验。而且据美国的核武器专家说,他们在与法国同行的交谈中得知,法国在核武器研制工作中遇到了诸如"材料的粘合"、"钚的加工工艺"等方面的问题,并指出,法国的核弹头实现小型化将使他们的潜射弹道导弹的安全问题变得更加严峻。③为建造大型激光模拟核爆炸设施提供必要的科学依据。尽管法国早在 1986 年就已建成一座脉冲能量为 8000 焦耳的激光模拟设施。但实验表明,该设施虽然可以显示核爆炸的某些现象,然而远不能代替核试验。为此,法国政府决定从 1996 年开始再建一座脉冲能量为 1.8 兆焦耳的激光模拟设施。由于法国目前尚未完全掌握建造这种大型激光模拟设施的技术,因此需要通过核试验取得必要的科学数据,以便为建造这样大型模拟设施提供充分的科学依据。

新一代核武器 美国、俄罗斯和法国研究并试验过中子弹,美国为"长矛"地地战术导弹和 203 毫米大炮装备了中子弹。此外,美国还研究试验过冲击波弹、核电磁脉冲弹、核爆炸激励 X 光激光武器等所谓的"第 3 代核武器"。近几年来,西方一些技术先进的国家在研究基本粒子的同时,还以裂变武器和聚变武器的原理为基础,不断探索新原理,开发新一代核武器技术。其中包括反物质武器、金属氢武器以及核同质异能素武器等。有人把这些称为第 4 代核武器。

表 1 美国供作战使用的核弹头

核弹头型号	当量(万吨)	数量	注
B53-1	900	50	战略核航弹
B61-7	1～30	750	战略核航弹
B83	低当量～120	650	战略核航弹
W76	10	3000	"三叉戟"Ⅰ潜射导弹的核弹头
W88	47.5	400	"三叉戟"Ⅱ潜射导弹的核弹头
W62	17	610	"民兵"Ⅲ陆基洲际导弹的核弹头
W78	33.5	920	"民兵"Ⅲ陆基洲际导弹的核弹头
W87-0	30	525	MX 陆基洲际导弹的核弹头
W80-1	0.5 和 15	1000	空射巡航导弹的核弹头
W80-1	0.5 和 15	400	先进巡航导弹的核弹头
B61-3、4、10 型	0.3～17	600	战术核航弹
W80-0	0.5 和 15	350	海射巡航导弹的核弹头

表 2 俄罗斯供作战使用的核弹头

类别	武器系统	数量(枚、架)	核弹头数
战略进攻核武器		1236	7500
陆基洲际弹道导弹	SS-18 SS-19 SS-24 SS-25	727	3750
潜射弹道导弹	SS-N-18 SS-N-20 SS-N-23	440	2350
战略轰炸机	"海盗旗"、"熊"H6、"熊"H16	69	1400
战略防御核武器	SH-08/-11、SA-5B/-10	1200	1200
战术核武器			3200
陆基飞机	"逆火"/"眼罩"/"獾"/"装配匠"	426	1600
海军飞机	"逆火"/"眼罩"/"獾"/"熊"	240	600
海射巡航导弹	SS-N-9/-12/-19/-21/-22		500
反潜核武器	SS-N-15/-16 鱼雷、深水炸弹		500
总计			11900

从第1代核武器到第2代核武器都离不开使用用高能炸药的爆炸力使处于临界状态的裂变材料达到超临界状态，发生链式裂变反应，形成核爆炸；或者进一步利用原子弹爆炸造成的环境使轻原子核发生聚变反应，产生更大的爆炸。而第4代核武器则是一种不用传统的核爆炸但仍可释放大量核能、产生大规模杀伤破坏效应的核武器。

美国研究金属氢武器 氢气在一定的压力下可转化成固态结晶体，在室温下无需密封可保持很长时间，这就是金属氢。金属氢的爆炸威力相当于同等质量梯恩梯炸药的25～35倍。正因为它具有如此高的爆炸威力，美国已经把它列为国家点火装置的实验研究项目。1996年3月21日，美国劳伦斯·利弗莫尔核武器研究所的科学家们宣布，他们用“气枪”在几分之一秒把氢压缩成了金属，用来研究核爆炸物理学。

美、法研究核同质异能素武器 所谓核同质异能素武器技术，是指利用质量数和原子序数相同、在可测量的时间内具有不同能量和放射性的两个核素或多个核素释放能量的原理开发新一代核武器。理论研究表明，同质量的核同质异能素释放出来的能量比普通高能炸药大100万倍。正因为这样，美国和法国的有关研究机构正在研究核同质异能素的性质及其释放能量的方法。有人预言，用它可作为“干净”氢弹的扳机。

美、俄和欧洲研究反物质武器 研究表明，极少量的物质与它的反物质如正电子与负电子、质子与反质子相互作用（“湮没”反应）时，可迅速释放出巨大的能量，足可以压缩钚、铀丸产生链式反应。因此有人预言，只要几微克的反物质就可用作热核爆炸的扳机，或者用来激励出极强的X射线或γ射线。目前，在美国的费米实验室、欧洲核研究中心以及俄罗斯的高能物理研究所都在进行这方面的研究与实验。欧洲核研究中心曾于1986年和1995年两次在电磁装置上捕获到了反质子，费米实验室1996年11月22日宣布，他们用粒子对撞机获得了反氢原子。但是，生产和储存反物质是一项非常艰难的工作。计算表明，要想生产1克反质子，必须产生6×10^{23}个反质子，不仅需要相当长的时间，同时还必须有一整套降低粒子能量的设备和储存反质子的“陷阱”。欧洲核研究中心1995年获得的反质子数量只有5×10^{12}。其次，即使能生产和储存反物质，然而，制成武器以及这种武器攻击目标的能量分散问题都是难以解决的。可以这样说，反物质武器的想法是可行的，但实现这种想法为期遥远。 （王连奎）

化学战装备

综述 1993年签署的禁止化学武器公约并未象人们当初所乐观预料的那样在1995年初生效。匈牙利1996年10月31日向联合国交存批准书一举终于使批约国数目达到了使公约生效所需的65个，从而使公约将在1997年4月29日生效，并进入实施阶段。

公约生效虽然不能保证彻底消除化学战的威胁，但毕竟使这种威胁大大减小。化学武器公约签署后，化学战领域出现的动向归纳起来有如下几点：（一）美、俄、英等国开始强调化学兵的军民两种职责，即战时进行核化生防护，平时从事核化事故救援和污染治理。（二）在装备发展方面，重视发展防化装备。近期以来，美国已签订了总金额达3亿美元的研制核生化防护器材的合同。（三）世界最大的化学武器国家之一俄罗斯把它的化学兵改名为核生化防护兵，强调其“防”的一面。（四）美国率先发展所谓非致死性武器，而且明确地把非致死性武器纳入化学兵的武器范畴。

毒剂与化学武器

美国公布化学武器库存量 美国国防部已不再把化学武器库存列入保密范围，并公布了自己的化学武器库存量。美国的一元化学武器库存量为30599吨，二元组分680吨。计划到2004年全部销毁这些库存。上述化学武器贮存在下述10个地点：太平洋的约翰斯顿岛，图埃勒化学武器仓库，阿肯色州的派英布拉夫兵工厂，俄勒冈州的乌马蒂拉仓库，科罗拉多州的普韦布洛仓库，马里兰州的阿伯丁试验场，阿拉巴马州的安尼斯顿陆军仓库，印地安那州的新港弹药厂，肯塔基州的列克星敦仓库和布卢格拉斯仓库。化学武器的销毁作业原则上将就地进行。但目前只有太平洋的约翰斯顿岛的销毁作业已经开始运作。

美国积极研制防化装备 在禁止化学武器公约签署以后，美国国防部就提出，“我们必须保持强大的化学和生物防御计划，作为一种安全保障措施，以对付那些拒绝签署公约的国家，或虽已签约但实行欺骗的国家。"据统计,美军方 1992 年 12 月至 1993 年 5 月短短半年内就与有关公司签订了 62 个化生防护器材研制合同,总金额超过 1 亿美元,其中仅防毒服和防毒面具就达 4017 万美元。在随后的几个月中,美军又签订了总价值达 1.5 亿美元的合同,其中有 8108.7 万美元属于空气污染和环境控制方面的研究合同经费,这显然与化学武器销毁密切相关;其余属于毒剂的侦防消和生物疫苗研制。

美国帮助俄罗斯销毁化学武器 俄罗斯是世界上拥有最大规模化学武器贮备的两大国之一。为了履行禁止化学武器公约,需要销毁大量的化学武器和毒剂(俄官员估计这需要 100 亿美元的经费)。由于俄近年经济一直不景气,因此,要销毁这些武器就面临着巨大的经济困难,也存在着技术难题。为此,俄罗斯负责化学武器裁军的最高官员早在几年前就到美国寻求经济援助。美国也希望俄不折不扣履行禁止化学武器公约,所以乐意在经济和技术上帮助俄罗斯。早在 1992 年,美就拨款 5500 万美元给俄。一家美国承包商已答应为俄构筑 3 处化学武器销毁设施,其中的一处为俄原来的化学武器生产厂,美商要将其改造为化学武器销毁设施。另外再兴建两座。美国还告知俄罗斯,它将向北约盟国施加压力,要求它们也为俄销毁化学武器提供资金援助。

俄罗斯什汗科学研究所改名 据俄《军事通报》报道,俄罗斯国防部什汗科学研究所这个原来专门从事军事化学和军队大规模毁伤武器防护研究的机构已改名为中部伏尔加流域生态学研究中心。由于该区域工业企业密布和污染日益严重,该中心将主要从事生态学研究和污染治理。治理的第 1 个目标就是能致畸胎和致癌的剧毒工业污染剂二噁英。结合其原来的业务专长,该中心将在下列领域从事实际工作:有害化合物化学和生物活性化合物化学,有害物质检测和分析,有害物质和化合物毒理学,个人防护和集体防护器材,辐射监测,有害物质和化合物的毒性消除,有害物质生产中的生态学和劳动保护、工艺技术和野外作业。

英国开发销毁化学武器新技术 英国原子能管理局(AEA)和总部设在苏格兰的近海海底有限公司已经开发出一项专利技术,利用这项技术可以有效销毁绝大多数致死性化学战剂。

这一技术利用电氧化法来处理毒剂。AEA 开发的电化学氧化系统以两种作用方式来销毁毒剂:一种是以二价银离子作催化剂的电化学氧化法,可销毁有机磷毒剂,包括 VX、塔崩、沙林和芥子气;另一种是以钙作催化剂的电化学氧化法,可处理氯化物,包括路易氏剂、芥子气、CS 和光气等。目前使用的电化学氧化装置是卜内门化学工业公司生产的 FM-21 型标准商用电解装置。开发商已会同英国波顿化学生物防护机构(CBDE)对这一技术进行了论证,还用磷酸三丁酯作为有机磷毒剂模拟剂演示了规模化毒剂销毁的能力。

毒剂经电化学氧化法销毁后的产物主要为二氧化碳、水、氮、氧和一些酸。酸、水和氮在销毁装置中被重新收集处理,低分子中间产物极少或根本没有散发出去,废物排放完全符合环境标准,因而完全可以接受。销毁作业在低温下进行,从而降低了未反应挥发物的挥发和泄漏。

据估计,这一技术在未来 10 年里的化学武器销毁市场上可获利 80 亿美元,开发商对美国市场特别抱有希望,因为该国有大量化学武器等待销毁,而且由于美国采用的焚烧销毁法的局限性,公众已要求当局考虑采用焚烧法以外的可行方法。

化学侦察器材

美国 M-93A1"狐"式核生化侦察车定型 该车是用来快速、大面积探测战场核生化污染的一种 6 轮水陆两用装甲车,是以德国联邦国防军 80 年代中期服役的"狐"式装甲人员输送车为基础改装而成的。主要硬件装备有:核辐射探测系统;MM-1 型便携式质谱仪,可检测空气中、地面上和水中的毒剂;M-21 型远程毒剂探测器,可探测远至 5 千米范围内的神经性和糜烂性毒剂;FOA-25 车用定位仪;中央数据处理装置;显示屏;打印机/键盘;地面和大气气象数据取样传感器以及单通道地空无线电数字通讯系统。车辆技术参数如下:战斗重量 19.6 吨,外形尺寸 7.29×2.99×2.65 米,离地高度 40.3 厘米,陆上时速 105 千米,水上时速 9.7 千米,发动机为 D.B.OM402-V8 内燃机;320 马力;液体冷却;传动装置 2F6HP500,6 速,自动化;双转向轴 6×6 全轮驱动。

美国研制成便携式色-质联用仪 该仪器名叫 SpectraTrak GC/MS,是以惠普公司的质量选择检测器(MSD)为基础进行加固和改进而成的,配有 486 计算机,随机携带的数据库有:收入 75000 多个化合物的 NIST 库,收入 137000 个谱图的 wiley 库,有 1700 个化合物的 PMW 药物库以及 340 个化合物的 stan 杀虫剂库。该仪器能快速鉴定未知化合物。还具有远程数据传输、通讯、打印功能。能在恶劣的野外条件下分析土地、空气、烟囱排放物、水以及溶剂萃取液中的各种化学剂,完成复杂基质中痕量组分的鉴定和定量分析。

美国陆军已用它在野外现场鉴定毒剂和炸药。仪器装在一个坚固的防震手提箱中,便于运输,几分钟内就能投入操作。预计在未来的化学战剂现场检查中会大有用处。

俄罗斯研制出 DRGB-90 型电离室剂量计 俄罗斯国家技术物理研究所研制出的这种新型电离室剂量计为指针式，结构简单，功能齐全并带有声、光报警装置。主要技术参数如下：测量γ当量范围 0.1～30.0 和 10～3000(mSv/hr)，光子能量指示范围 0.05～3.0(Mev)，进入工作状态所需时间 15 秒，自然本底连续工作时间 300 小时，适用环境条件－10～40℃，抗辐射能力不小于 1000(R)，使用电源 4.5(V)，仪器尺寸 147.5×70×30 毫米，总质量(包括电池)0.25 千克。

德国空军开始装备轻型化学侦察车 这种轻型化学侦察车由下列部分组成：MM-1 型移动式质谱仪、探头、手动取样轮、投放式取样盘和毒剂取样室、通讯器材、电源、标志器和洗消器。乘员 3 名：主管军士负责指挥和操纵 MM-1 质谱仪；侦察军士操作探头、取样轮、取样盘、取样室，并负责安放标志装置；驾驶员负责驾车，必要时作侦察军士的助手。

同陆军的“狐”式核生化侦察车相比，相同之处是都使用 MM-1 质谱仪，因而化学侦察能力相同；不同之处是，该车为轻型车，车体为德国空军的“大众”运输车而不是“狐”式装甲人员输送车，价格低(每辆不到 60 万马克)，乘员仅 1 人，易部署。

英皇家海军 GID-2A 型毒剂报警器列装 格拉斯比·艾奥尼克斯公司历时 4 年耗资 200 万英镑为英皇家海军舰艇发展的第 1 台 GID-2A 型(又称 RGID-2 型)毒剂报警器已开始在海军服役，在今后 5 年内，总共将有 400 台 GID-2A 交付海军使用。

GID-2A 利用离子迁移率谱原理进行工作，主要用来报警神经性和糜烂性毒剂。当探测到毒剂时，仪器便发出声、光报警信号，同时还显示毒剂的类型和大致浓度。

GID-2A 虽然是为舰艇设计的，但也可用于飞机掩体、指挥所工事以及其他军事设施。当这些设施遭到破坏或其滤毒通风系统失效时发生化学警报。

匈牙利装备 K-90 型核生化侦察车 匈牙利不久前装备了一种新型 K-90 型核生化侦察车。该车由匈牙利 VSBRDM-2 型装甲侦察车改装而成，后者又为前苏制 БРДМ-2 型装甲侦察车的改进型，因此，车辆的技术参数与 БРДМ-2 相同。

K-90 型核生化侦察车装有 AM-2 核爆探测器、GVJ-2 毒剂侦检器、TMF-2 野外气象站、IH-31K 辐射测量仪、TNA-3 导航仪、IH-90 多功能辐射测量装置、K-9011 数据存贮微机和 R-111 无线电台。

为了加快核生化侦察的数据收集和处理，匈牙利将一辆 ZIL-131(6×6)3.5 吨的卡车作为指挥中心，卡车内安装两部车载监测中心，还有数字地图板、系统主机、数据输入计算机、数据输出计算机(带绘图软件)、通讯控制器、无线电台、高分辨率彩色监视器和打印机。这两个监测中心再加上 24 部 K-90 侦察车就构成了一个核生化侦察系统。利用这一系统可以迅速确定各侦察车所在位置，监测核爆参数，测定近地层气象数据，测量辐射级，监测化学攻击并向指挥中心发送数据。

化学防护器材 **美国研制出制作核生化防护服用的新材料** 美国戈尔公司新近研制成一种名为切姆帕克 LT 的三防织物新材料。该新材料的功能部分是由膨体化聚四氟乙烯(e-PTFE)膜和带有胺基的活性聚合物构成的复合结构物。它与原三防服材料戈尔·特克斯织物(主要靠活性炭吸除毒剂)的最大区别在于去掉了活性炭层。因此，它是防毒服研制中的一大技术突破。

用新材料制成的服装重 1250 克，比含炭透气防毒服轻 50%～60%；对液态、气态、气溶胶态毒剂的防护性能优良，并有抗加压毒剂渗透能力；它本身不透气，但有足够的透湿性，穿着生理性能优于举世闻名的德国萨拉托加 TM 透气防毒服。新材料还能防雨、防风、耐洗涤和耐化学洗消，牢固性也好，兼具阻燃和伪装性能，是集战斗服和防毒服多功能于一身的服装新材料。

俄罗斯开始装备新型防毒面具 据俄罗斯《军事通报》报道，俄军已开始装备新型 ПМК 防毒面具。新面具是一种过滤式防毒面具，主要由两部分组成：M-80 面罩和作为过滤吸收系统的 ФПК 滤毒罐，此外还有一些附件。新面具与以前装备的面具相比，最大区别在于它配有一个能在污染区饮水和进流食的装置。水和食物事先装在一个瓶子中，然后通过专用活门进入面具，再进入面罩下面的一个接口进入佩戴者口中。

英国即将装备 MK-5 型核生化防毒靴套 加拿大爱克顿(Acton)橡胶有限公司研制成功新一代核生化防毒靴套，由于它符合英国对新型靴套的技术要求，因此将很快投产，预计英国首批将订购 8 万双，并命名为 MK-5 型核生化防护靴套，以代替英国现装备的 MK-4 型靴套。

MK-5 型靴套以防毒剂液滴渗透性能较好的挤压成型丁基胶作基础材料，表面平滑，利于洗消；有较大的鞋口，着陆海军鞋能方便穿入；靴套有 3 个环形扣，密合方便，穿脱容易；靴套可折叠，存放体积小；最大号重 1.2 千克，防静电。

与以前不同，MK-5 靴套分左右脚，从而使穿着更舒适;有6个号码,能满足男女各类人员需要;有不同型号。陆地型靴底不沾污物,与地面咬合及抗磨损性能均好。海上型靴底以更柔软的材料制成,能最大程度地与潮湿甲板咬合,视需要还可增加防油阻燃功能。

MK-5型靴套对渗透性最强的芥子气液滴抗渗透时间超过72小时,大大超过了规定的要求。除具有核生化防护能力外,这种靴套也可作为民用,如化学废料处理,地面污染治理以及在其他潮湿条件下穿着。

瑞典F-2型防毒面具即将投产 瑞典福什海达公司为该国武装部队研制出新型F-2面具,该面具已达到当今世界先进水平。F-2面具的面罩采用公认的具有较好防毒性能的溴丁基胶模压而成,罩内空气流速高,有利于镜片去雾。面具的镜片使用聚砜涂层材料制作,既结实又耐热水洗消。面具总视野大于88%,有效重叠视野大于61%。具有饮水系统,饮水速度200毫升/分,滤毒罐吸气阻力80Pa(在30升/分时)。F-2面具能在严寒条件下使用,其内阻水罩、内周边导流板和整体高速气流的设计能确保在严寒条件下镜片有效去雾。整个面罩重440克,滤毒罐重270克(罐中装着210克浸有TEDA的惠特莱特炭)。额定防护因素大于10000。罐轴高85毫米,直径115毫米。滤毒罐可耐130℃热空气洗消20次(每次2小时)。瑞典国防装备局近期也即将作出采购的决定。

洗消器材 **俄新型APC-15洗消车列装** 俄罗斯新研制的APC-15洗消车已装备部队。这种车是一辆乌拉尔-375汽车,车上装有1个槽罐、1个加热器、1个ЦН-245机械泵和一些其他专用设备。该车用途是:对沾染毒剂和放射性物质的地面、道路、武器装备进行洗消,临时保存和运输各种液体,加热水和水溶液,清洁个人用具和灭火。同原装备的APC-14洗消车相比,新车可在-15~-20℃环境温度下作业(APC-14只能在0℃以上作业);其加热器可提供80℃的温水,并可提供热水来烘烤管道;车上的泵和阀是用钛材料制造的。

APC-15的几项技术参数如下:槽罐容积3200立升,可提供同时洗消作业的工作面12个,将槽罐中的水加热到70℃需要1小时,勤务准备时间15分钟,乘员3人。

德国研制成无污染洗消剂 德国已研制出一种对环境无污染的洗消剂,这种洗消剂的组分为:100份洗消剂中含有5~20份碱金属氢氧化物或碱金属碳酸盐、0.5~10份碱金属硅酸盐、1~10份耐碱并对氯稳定的阴离子或非离子润湿剂、5~20份膦酸、1~20份漂白粉或次氯酸钙,其余为水。

发烟器材 **美国M-56型烟幕发生器定型** 美国陆军为适应高机动性和增加遮蔽能力的迫切需要首次研制成多光谱大面积发烟系统。该系统能在战场上提供从可见光到红外线的烟幕遮蔽,可使激光指示器、测距仪、热瞄准具和许多武器的导向系统失灵。它有4个组成部分:

①能源组件,包括TT40-4涡轮机、电子线路、油泵和其他硬件以及向涡轮机供油的19加仑容积油箱,19加仑雾油可工作1小时。

②可见光组件,包括2个43加仑高密聚乙烯雾油贮箱、1个可调的雾油输出泵和可从外部吸取油料的管子。雾油汽化和重新凝结后可遮蔽可见光。

③红外组件,包括1个装石墨颗粒的贮箱、1个可把石墨研磨成所需粒径的研磨机和1个喷射石墨的喷射器。石墨粉尘加上雾油可遮蔽红外光。

④控制组件,包括控制板、报警器和故障排除指示器。

M-56烟幕发生器已由驻科罗拉多州卡森堡的第172化学连于1995年夏成功地进行了测试,即将投产和装备。它将安装在M-1097高机动性轮式战车上使用。预计从1997年起首先装备第82空降师。

美国研制成T型组合发烟装置 这种发烟装置与以往的发烟弹相比,除了能为战斗车辆提供烟幕和其他遮蔽外,还具有有效的电光源,在弹丸飞行的各个方向上产生强烈的光辐射,可使敌武器的光学瞄准系统过载而不能准确命中目标。该装置主要由左右两端的发烟弹、下端的发射装置、上端的曳光装置和连接它们的中心连接构件组成。点火装置可遥控操作。

俄ШД-Б型连体发烟罐服役 该型发烟罐属中等装料发烟器材,它的3个发烟罐借助2个支柱和4个拉杆固定在一起。使用时,既可通过敲击击针也可通过电点火使之发烟。持续发烟时间15分钟,烟幕长可达300米。使用的发烟剂为俄新研制的AOC发烟剂。其组成中包括氧化锌、氯化烃和其他辅助成分,可增大对可见红光、近红外线的对抗能力。每个班组配备这种发烟罐3~5个,连贮备24~36个,由运输排的运输车载运。

俄军装备РПО-Д型步兵烟幕火箭弹发射器 该发射器外形象喷火器,只是在端盖上有一圈黄色色带,供区别用。РПО-Д烟幕火箭弹发射器的最大射程1000米,瞄准射程600米,光学瞄准850米,烟幕剂主要成分为红磷,气溶胶烟幕的不可透视长度50米,发烟时间2分钟,迷盲范围红外至近红外。

(丁前星)

指挥控制通信情报系统

综述　1995～1996 年，随着现代科学技术的迅猛发展和信息技术在军事领域的广泛应用，世界各国逐渐认识到，信息已成为现代战争中有特殊意义的武器，未来战争将是以争夺信息控制权为主的信息战，甚至有些国家的军事专家预测，信息战将很快代替核打击成为威胁敌方的主要手段。这些论点影响着世界各国 C^4I 建设的方向。

1995～1996 年间 C^4I 建设的特点和趋势是：

(一)针对 21 世纪战争的特点和需要，调整和改进已有的 C^4I 系统。美国在 1996 年 9 月正式启用了新一代战略指挥控制通信系统(GCCS)，用来取代原有的全球军事指挥控制系统(WWMCCS)。

(二)组建运用于数字化战场的数字化部队，旨在利用电子纽带把战场空间的每一个武器系统连接起来，使指挥官得以协调战斗力诸因素，以达到毁灭性的效果。数字化战场指的是用数字式通信系统和信息系统把战场上各种武器平台和各军、兵种分队直到单兵连接为一体，准确及时地向他们提供与作战有关的信息和实时的战场态势图，从而保障己方军队在各级冲突的过程中掌握信息态势，战胜敌方。

(三)C^4I 系统继续向单兵一级延伸。西方一些发达国家将这种装备个人 C^4I 系统的士兵称作“数字化士兵”或“电子兵”。“电子兵”既是 C^4I 系统的操作者和使用者，又是 C^4I 系统的一种独特的活动终端。其作用范围之广，渗入战争各个环节之深，克敌制胜能力之强，都将达到一个新的高度。

(四)更加注重于 C^4I 系统的互联互通。例如美国陆军正在实施的陆军战场作战系统计划(ABCS)，就是要通过 ABCS 把陆军现有的和研制中的所有战略和战术 C^4I 系统组合成一个多层次的统一的 C^4I 网络，从而实现一种单一的无缝隙的从班、排级到战略级的 C^4I 系统连通，同时也可与其他军兵种的 C^4I 系统互通。

(五)进一步加强在 C^4I 系统安全保密性方面的研究。例如，美国各军种都已成立了相应的机构，专门研究己方 C^4I 系统的弱点和应采取的防范措施。

战略指挥控制系统　**美国 1997 年 C^3 预算申请与 1996 年基本持平**　据美国《国家防务》杂志 1996 年 3 月号报道，美国防部为 1997 年 C^3 预算申请 233 亿美元，比 1996 年 234 亿美元只少 1 亿美元。其中 67 亿美元用于购买通信设备，24 亿美元用于天基通信和侦察卫星，44 亿美元用于指挥与控制设备，98 亿美元用于信息技术。如按军种分，空军为 93 亿美元，上升到占 C^3 总预算的 40%，海军为 47 亿美元，陆军从 1996 年的 48 亿美元下降为 45 亿美元。此预算申请尚有待于国会讨论审批。

美国防信息系统局接管国防信息基础设施　据美刊《军事与航空电子》1996 年 5 月号报道，美国防信息系统局已正式接管美军的国防信息基础设施(D-Ⅱ)。该局将对 D-Ⅱ推行统一的端至端的网络和系统管理体制，并已完成了 D-Ⅱ控制方案的演示。控制功能将通过 3 级控制中心(本地、区域、全球)实现。3 个区域控制中心将分别设在欧洲战区、太平洋战区和美国本土战区。全球控制中心设在国防信息系统局总部。

美国防部增设国家图像与测绘局　据英国《简氏防务周刊》1995 年 12 月 9 日报道，美国拟于 1996 年 10 月 1 日成立国家图像与测绘局(NIMA)。它包括：国防测绘局、国防部中央图像办公室、中央情报局的国家照片判读中心、国防情报局的图像分析支援业务部门、国防部机载侦察计划和国家侦察计划中的分发和使用设备，但不包括无人驾驶飞行器和侦察卫星。NIMA 将是国防部的一个局，向国防部长报告工作，但同时又是情报机构的一部分。

美军全球指挥控制系统接近实现　据美国《信号》1996 年 5 月号报道，美国陆海空三军与国防信息系统局(DISA)密切配合，准备将 C^4I 基础结构从过去的全球军事指挥控制系统(WWMCCS)过渡到新的全球指挥控制系统(GCCS)。美国防部和军事当局宣称，GCCS 可望增强战斗部队的 C^4I 效能，同时大大减少联合和军种专用系统的费用。

预计，过渡到 GCCS 可使各军种在联合作战中最大限度地发挥 C^4I 的作用，从而获得新的更高程度的作战能力。全球指挥控制系统为联合特遣部队指挥官快速投入战术作战和除战争以外的其他行动提供新的效能。

GCCS 是一种基于软件的国防信息基础结构，包括称为“通用操作环境”的可复用操作软件。这种办法为各军种 C^4I 提供可以互通的通用信息处理功能，从而使各军种相互使用“即插即用”系统。

按照美国国防部的计划，这项过渡工作应在 1996 年夏末完成。

美国防部气象网引入 ATM 技术 据美国《信号》1996 年 3 月号报道，美国 MCI 电信公司采用超流 ATM 网络技术，为美军开发一个 ATM(异步传输模式)主干网，用于在 4 个军种与民用气象和海洋信息处理中心之间，以话音、视频和数据方式传送大气和海洋气象数据。美国的信息系统局与该网主承包商 MCI 公司签订了 300 亿美元的开发合同。

美国改进国防电子邮件系统的安全保密性 据美国《防务新闻》1995 年 10 月号报道，美国防部正致力于增强试验性的国防信息系统(DMS)的安全保密特性。DMS 可使美军官员通过电子邮件迅速共享高度机密的信息。负责 C^3I 的助理国防部长 E·佩奇指出，如果军队使用 DMS，那 DMS 必须是安全保密的。美军将在 5 年内分阶段实现安全保密特性。DMS 最初只能提供非保密的信息，但到 2000 年将能处理绝密信息。美军决定于 1996 年设立电子防火墙，来阻止未经授权的用户访问该网络。1998 年计划对 Fortezza 卡和电子防火墙进行改进，并将对用来处理高度机密的情报业务的 DMS 作出评估。DMS 将合并现有的全部军事电子信息系统，其中仅五角大楼就有 49 种。

美国开展信息系统综合工作 据《国防网络》1996 年 8 月 12 日报道，美国防信息系统局已选定 6 个厂家进行信息系统的综合工作，以建立国防信息基础设施，并把它与国家信息基础设施和全球信息基础设施连接起来。这一为期 5 年的合同金额可能达 30 亿美元。

美军拟改进机载指挥所通信系统 据美国《信号》1996 年 7 月号报道，美军将对美国家指挥当局机载指挥所 E-4B 飞机的通信系统加以改进。这次改进包括 3 项内容：(1)增加特高频双向卫星通信能力，以便能与全球各地的指挥所进行保密话音和数据通信。(2)由商用国防海事卫星向 E-4B 提供全球电话通信能力。(3)飞机上的一个局域网采用光缆，以便为飞机上的计算机和通信系统提供更广的带宽。改进计划的总费用在 2000 万～3000 万美元之间。

美军第 2 颗 Milstar 通信卫星在轨工作 据美国《信号》1996 年 12 月号报道，美军第 2 颗 Milstar 通信卫星已在轨工作。该星有 192 个信道，数据率 75～2400 比特/秒，上行线路 2 千兆赫(极高频)，下行线路 1 千兆赫(超高频)，能提供从夏威夷到东欧的话音通信而不用地面站中转，还能支持各军种只通过一个网络召开保密会议。其总覆盖区超过半个地球。

美陆军制订国防指挥控制系统互通计划 据《国际防务电子》1996 年 1 月号报道，美陆军最近制定了一个称为国防指挥控制系统互通计划(IC^2SIP)的新计划，以保证其欧洲盟国正在研制中的数字化 C^2 系统能与美军将来的 C^2 系统互通。参与该计划的国家必须是正在或即将研制数字化 C^2 系统的国家，而且必须给该计划以财政援助。目前德国已正式加入该计划，法、英等国也将加入该计划。

美军研制三军联合通信系统 据《国际防务电子》1996 年 6 月 21 日报道，美陆、海、空军正在研制一个称为综合广播系统(IBS)的联合通信系统，用于传输情报信息。IBS 是一个不受传输媒体制约的系统，即无论采用何种媒体，最后提供的都是 JTIDS(“联合战术信息分发”系统)类型的标准格式的信息。海军负责全面执行该计划，陆军负责采购所需终端。研制 IBS 的目的是取代各军种“烟囱式”情报传输系统。

俄罗斯发射 Glonass 接续卫星 据美国《航天新闻》1995 年 12 月 24 日报道，俄罗斯政府已于 1996 年初发射其第 2 代 Glonass 导航卫星，以便逐步替代第 1 代 24 颗卫星。预计，新的卫星将能持续工作 7 年，比上一代卫星使用寿命长 2 年。

以色列研制数字化装备 据《国际防务评论》1996 年 8 月号报道，以色列军方继美、德、法军之后开始研制数字化装备。已与 EL-Op 公司签订了研制战车综合系统(CVIS)的合同，以提高其装甲部队等的战场态势感知能力。该系统还将与以军师、旅级现装备的指挥控制系统接口。

澳大利亚拟建立国防军专用网 据英国《简氏防务周刊》1996 年 8 月 7 日报道，澳大利亚国防部将建立国防军专用的内部网。这是一个基于国际互联网协议的封闭的 C^3I 系统，仅供规定的用户使用，并能向战略和战术级的防务机构提供它们所需的信息。澳陆、海、空三军都将使用该网络。

澳大利亚建立 C^3I 互通实验室 据英国《简氏防务周刊》1996 年 8 月 7 日报道，澳大利亚国防科技局最近成立了指挥与控制信息系统互通实验室(CCISIL)，目的是建立 21 世纪的 C^3I 和信息战能力。该实验室是该局 C^3I 和信息战研制计划的一部分。该计划分 3 期实施：1996～2000 年建立战区联合指挥部并部署一些重要的 C^3I 系统；2000～2005 年联合指挥部全面投入工作;2006～2010 年实现综合 C^3I 和信息战系统。

西班牙 SCAPA 系统投入使用　据美国《防务电子》杂志 1996 年 2 月号报道,西班牙最大的电子战计划机载战略信号情报系统(原名 Santiago,现更名为 SPCAPA)已于 1996 年初投入使用。该系统能覆盖0.5～18 千兆赫雷达波段和 20～500 兆赫通信波段,使用商用软件,并用一个"以太"局域网连接加固型工作站。总造价约为 7000 万美元。

北约改造空中指挥控制系统　据英国《简氏防务周刊》1996 年 5 月 5 日报道,北约在改造空中指挥控制系统(ACCS)时,将考虑如何把战区导弹防御功能包括在内。1996 年 4 月在北约欧洲中部举行的联合战区导弹防御演习为此提供了值得借鉴的经验,即为高级指挥所配备一个战区导弹防御小组,该导弹防御小组与有关部队(如反导弹连)有直通链路,以保证指挥所和有关部队对来袭导弹作出快速反应。

战术指挥控制系统　**美军计划建立联合战术融合设施**　据《国际防务电子》1996 年 9 月 6 日报道,美军拟建立一个分析未来 C^4ISR(指挥、控制、通信、计算机、情报、监视、侦察)系统的设施,称为"联合战术融合设施",以研究各种新技术如何才能真正为军方采用。美军现已有两个类似的设施。一个是联合 C^4ISR 作战中心,它负责试验把现成的商用技术在近期内插入军用系统;另一个是 C^4ISR 决策支援中心,它负责试验如何根据 C^4ISR 的需要和技术的发展来规划研究、发展和采购工作。

美军实施战术控制系统计划　据《国际防务电子》1996 年 6 月 17 日报道,美国防部最近开始实施一项称为战术控制系统(TCS)的计划,旨在把美军所有的战术无人驾驶飞行器(TUAV)置于统一的指挥控制之下,以提高各军种 TUAV 的互通能力和通用性。现用的一些 TUAV(如"掠夺者"、"先锋"、"猎手")需要专用的地面控制系统,既不利于互通,操作人员的培训任务也很重。

美陆军公布新的数字化总计划　据《国际防务电子》1996 年 1 月号报道,美陆军最近公布 1996 年版的陆军数字化总计划(ADMP)。该总计划为实现战场空间数字化提出了总的策略,并规定了要把单个战场空间系统改造成国防信息基础设施通信操作环境。此外,96ADMP 还特别强调信息安全,提出了保护战场数字化信息流的详细策略。与联合和合成部队的互通也是 96ADMP 着重要解决的问题。

美陆军拟主持"联合武士互通"演示　据《国际防务电子》1996 年 6 月 14 日报道,美陆军将主持 1996 年 8 月举行的联合武士互通演示(JWID'96)。这一演示的目的是发现并解决美各军种 C^4I 系统间以及美军与盟军 C^4I 系统间互通存在的各种问题。参加 JWID'96 演示的系统包括:联合全球情报通信系统、全球指挥控制系统、全球广播卫星系统、紧急战区自动规划系统、标准战区陆军指挥控制系统和国防报文系统等。

美陆军拟建新的韩国卫星通信网　据《电子防务杂志》1996 年 4 月号报道,美陆军拟为驻韩美军和韩国军队部署一个新的卫星通信网,以加速信号情报的传送。该网工作在 Ku 波段,有两个中枢终端和 24 个分支终端。分支终端把原始数据传给中枢终端,中枢终端对数据进行处理后再传给分支终端。陆军计划采购廉价、轻型的商用现货,每个分支终端的数传率为 64 千比特/秒,要求 1997 年 1 月开始交货。

美陆军拟解决战术系统软件问题　据美国《军事与航空电子》杂志 1996 年 6 月号报道,据美陆军最近的调查,陆军战术指挥控制系统(ATCCS)严重受害于其软件问题,致使进度和费用都超过了原计划,尤其是机动控制系统(MCS)和全信源分析系统(ASAS)软件问题更多,如前者不便于使用,后者难以与 ATCCS 其他分系统接口等。陆军已决定依靠商用技术解决这些问题。

美陆军签订近期数字无线电台合同　据美国《电子防务》杂志 1996 年 3 月号报道,美陆军通信电子司令部与 ITT 航天/通信公司签订了追加 507 万美元开发与生产 200 部近期数字无线电台(NTDR)的合同。NTDR 将替换增强型定位系统,其初始结构将包括宽频段特高频射频子系统、先进的信道接入波形、"复杂的动态移动组网"和分布式网络管理。该电台能以14.4 千比特/秒全双工方式在分组交换网络上工作并具有 Internet 协议寻址能力。ITT 公司期望该电台发展成为一种多方式多频段数据通信设备。

美陆军试用 AN/TSC－143 卫星通信终端　据美国《陆军通信》1996 年春季号报道,AN/TSC-143 是一种可运式 3 波段战术卫星通信终端,也是利用商用现货系统与军用系统相结合的产物,工作在商用"C"和"Ku"波段以及军用"X"波段。美陆军已采购了 6 套供"兵力投送指挥控制和通信连"以及第 11 通信旅试用。

AN/TSC-143 可提供 3 条链路,每条含有一个串联的电路交换多路复用器,其数据率为 8.192 兆比特/秒。该终端将成为美军更换军以上各梯队装备的超高频终端的基本参考样机。

美陆军采购 SMART-T 卫星通信终端　据美国

《陆军通信》1996年春季号报道，美陆军与雷声公司在1996年2月签订了保密移动式抗干扰可靠终端(SMART-T)的生产合同。合同规定，在初期以固定价格小批量生产，以后大批量生产待情况而定，设备总采购量为387部。预计将从1998年开始装备军和军以下部队。

SMART-T终端是美军诸军种Milstar通信卫星计划的一部分，用于数据和话音通信。它装在标准的"humvee"车上，可为陆军的MSE战术通信系统提供增程通信。终端的架设开通和撤收时间不足30分钟。该终端的上行链路发送频率使用极高频，下行链路接收频率使用超高频，以75～2400比特/秒的低数据率和24～1544千比特/秒的中数据率进行数据和话音通信。

美陆军装备AN/PSC-5战术通信终端 据美国《陆军通信》1996年春季号报道，美陆军将装备一种称作"喷火器"的由电池供电的AN/PSC-3、AN/PSC-7/MST-20和LST-5(V)老式单信道卫星通信终端系列。该终端过去被称为增强型背负式特高频终端(EMUT)。生产厂家和军方将在1996年第3季度共同对该终端进行工作试验，预计从第4季度开始逐步装备部队。

AN/PSC-5内装通信保密模块，可存储18个预置信息，具有特高频卫星通信、视距通信和远程通信能力。卫星通信时，采用按需分配多址工作方式和单工通信，频率范围为225～399.995兆赫；视距通信时，频率范围为30～399.995兆赫。

美陆军订购SCAMP卫星通信终端 据美国《陆军通信》1996年春季号报道，美陆军与洛克韦尔国际公司及其承包集团在1996年2月23日签订了单信道抗干扰便携式终端(SCAMP)的生产合同，总采购量为512部，用来支援诸军种和特殊用户的通信。该终端是根据国防部长采用商用标准建议而实施的一项研制项目。设备架设开通和撤收时间不超过10分钟，预计从1998年开始装备部队。

SCAMP是美军诸军种Milstar通信卫星计划的一部分，用于数据和话音通信，其上行链路发送频率采用极高频，下行链路接收频率采用超高频，以75～2400比特/秒的低数据率进行数据和话音通信。此外，该终端还可同时使用4个全双工信道进行通信。

美陆军改进"护栏"/通用传感器飞机 据美国《电子防务》杂志1996年4月号报道，美陆军通信电子司令部决定从硬件和软件两方面对其"护栏"/通用传感器飞机进行重大改进，包括给地面站卫星中继增加精确寻的能力，给飞机增加战术信息广播系统接口设备图形能力以及增加一个3信道指挥官战术终端，以便进行战术侦察情报交换报告。

美陆军订购战斗识别系统 据英国《简氏防务周刊》1996年5月号报道，美陆军通信电子司令部与TRW公司签订了金额为660万美元的合同，由该公司为"21世纪特遣部队"数字化旅试验提供14套战场战斗识别系统(BCIS)，包括选件(5套额外的BCIS)。合同定于1997年1月交货完毕。

美空军实施战场展开式通信计划 据《防护电子世界》1996年6月28日报道，美空军正在实施一项"战场展开式通信"(TDC)计划。TDC将采用最新的通信设备装备机动性更强的空军部队，并大大减少空运飞机和操作人员。

TDC计划分为多频段卫星终端和综合入口设备两部分，对所有需要展开式地对地通信能力的空军部队提供轻型模块式成套通信设备。每套设备将包括入口、交换、传输、网络管理、通信保密和保障设备。其基本设备是轻型多频段卫星终端，与之配套的是多路复用器、话音交换机、路由器、通信保密和近距离视距无线电台。

美空军更新基地信息基础设施 据《防务电子世界》1996年6月28日报道，美空军为实现本身的"信息球"构想，投资20亿美元建立"战斗信息传输系统"(CTTS)。CTTS旨在利用高速、宽带数字光缆，重点是信息安全和C^3I连通，以建立一个综合的基地级信息基础设备。

CTTS计划从1996年开始至2006财年，在全球107个空军基地安装该系统，以求在现役空军部队、空军国民警备队和空军后备队之间传送保密和多媒体话音、数据、视频和图像。

主要实施步骤：一是在最近4年内投资约6000万美元，在基地级控制中心安装信息安全设备；二是计划从1996年到2001年首先在美国本土60个空军基地安装CTTS，以使约60%的设施现代化；三是在今后5年内投资2000万美元，将空军基地的自动数字网更换成国防文电系统。

美空军实施基地网络安全控制计划 据《国家防务》1995年12月4日报道，美空军在1994～1995年对其基地计算机网络的脆弱性进行了多次试验。结果表明，在第1次进攻中，就有将近50%的系统会受到破坏。因此空军决定实施基地网络控制中心(BNCC)计划。BNCC将是防范非法侵入者的第1道防线，它将不间断地监视所有C^3I系统的情况，确保信息的安全。例如,BNCC 内的系统软件将能识别病毒,并在病毒造成损失之前将病毒消灭。

美空军拟终止采购改进型数据调制解调器　据《国际防务电子》1996 年 3 月 29 日报道,美空军可能停止采购原先被认为是数字化战场重要装备之一的改进型数据调制解调器(IDM)。IDM 已开始安装在 F-16 和 A-10 飞机上,但空军认为它不能满足数字通信的要求,决定转而采购基于 EPLRS 的态势感知数据链路(SADL)来取代它。不过陆军的多种直升机和海军的 EA-6B 均将装备 IDM。已签订合同的 IDM 采购量为 1588 部,总需求量达 3448 部。

美海军拟更新航母通信系统　据《国际防务电子》1996 年 3 月 22 日报道,美海军提出,其航母所用通信系统的技术业已过时,且通信系统与舰上其他系统的综合程度不够,因此拟采购新的系统用于航母。候选系统之一是新近安装在"华盛顿"号航母上的舰载综合通信系统(SHINCOM)的试验系统。新系统将尽量采用商用现货和标准。

中国台湾采购美军 MSE 战术通信系统　据美国《防务电子》杂志 1996 年 8 月号报道,台湾决定采购美陆军的移动用户设备(MSE)战术通信系统。台湾对外军品销售机构(FMS)就采购 MSE 事宜与美陆军通信电子司令部(CECOM)联合战术地域通信系统局进行的谈判,已进入最后阶段。据美陆军通信电子司令部的发言人讲,美国政府已批准了这一出口计划,剩下的问题只待双方签署协议,这标志着美陆军的 MSE 战术通信系统首次出口国外。

台湾采购的是 IMSE 型,这是经过改进并专供出口的 MSE 系统。台湾军方很有可能把 IMSE 系统用于"爱国者"导弹营与 C^4 中心之间的通信联系。

中国台湾订购地空通信设备　据美国《防务新闻》1996 年 2 月号报道,台湾与美国柯林斯公司签定了一项购买地空通信系统的合同。该系统将成为台湾防空体系的一部分。柯林斯发言人说,GRC-171D(V)4 特高频通信系统将配置在台湾本岛周围固定台站,为台湾空军提供基本的地空通信结构。该系统 1995 年 9 月开始交付,将于 1996 年 9 月完成。

德国陆军重点建设低层指挥控制系统　据英国《国际防务评论》1995 年 11 月号报道,德国陆军 C^3I 建设重点转向低级战术部队和单个武器平台,目前正在研制营和营以下部队使用的野战指挥系统和武器平台指挥与武器控制系统。两者有共用的核心软件和通信协议,可保证指挥控制系统的横向互通。

英国陆军实施未来士兵技术计划　据英国《国际防务评论》1996 年 5 月号报道,英国陆军在完成未来作战士兵系统(FFSS)的研究后,开始实施未来步兵士兵技术(FIST)计划,并于 1995 年 12 月进行了第 1 次 FIST 试验。英军认为,传统的通信系统是对士兵 C^3I 能力的最大制约。在 FIST 试验中,英军使用了一种原来为赛车设计的香烟盒大小的收发信机。这是一个工作在 1.1 千兆赫、能在 2 千米内传输视频信号的系统。

英国陆军数字化总体规划　据英国《国际防务评论》1995 年 11 月号报道,英国陆军即将实施的数字化总体规划分为 3 期。第 1 期(1997～2001 年)分为 1A 和 1B 两部分。1A 是从师指挥部经旅和战斗群到武器平台级的纵向信息系统。1B 是为旅一级配备更多的附加式数字作战管理系统(包括新一代战斗网无线电台"射手"系统)。1B 将加速平台综合指挥控制系统计划的实现。第 2 期(2001～2007 年)将部署一个完整的战场信息系统通用基础设施,并在战斗支援部队和战斗勤务支援部队中更加广泛地部署附加数字系统,同时还要启用平台综合指挥控制系统。第 3 期(2007～2014 年)将把作战管理系统推广到其余野战部队。

英军拟安装试验型联合作战指挥系统　据英国《简氏防务周刊》1996 年 6 月 12 日报道,英军新设的负责海外联合作战的联合指挥部即将安装试验型联合作战指挥系统(PJOCS),直至 1997 年 1 月安装完毕后,英国国防部将对它作出最终评估。该系统大量采用商用硬件和软件,从签订合同到交货仅用了 9 个月。它是英军数字化计划的首批系统之一。

英国建成战术 ATM 试验网　据英国《国际防务评论》1996 年 10 月号报道,英国防研究局于 1996 年 7 月建成一个战术异步传送模式(ATM)试验网,最近已开始试验工作。该网的固定和移动台站均使用美军在波黑部署的那种 ATM 交换机,以及 155 兆比特/秒本地光纤连接设备和 2 兆比特/秒无线连接设备。德、法和土耳其等国的军方也在开展类似的工作。目前 ATM 如要用于战场,须克服差错率高和容量低的问题。

英国陆军"松鸡"通信系统转入测试　据《国家防务》杂志 1996 年 3 月号报道,西门子-普来赛公司已完成了英国陆军"松鸡"战术通信系统增强计划的硬件和软件的开发工作,从而从研制阶段进入了测试阶段。这一增强计划对"松鸡"的主要改进是用卫星线路把极为分散的用户互连起来。目前正在对系统的技术和作战效能进行演示。如进展顺利,西门子-普莱赛公司将在短期内向英陆军供应设备。

法国陆军拟研制综合士兵系统　据英国《国际防

务评论》1996年7月号报道，法国陆军即将与以汤姆逊无线电公司为首的集团签订一项为期4年的合同，由该集团研制11套试验用的综合士兵系统，以提高步兵执行任务时的指挥控制能力、杀伤力、机动力、支持力和生存力。由于英军也在实施类似的未来步兵技术(FIST)计划，英、法两国国防部还将联合进行有关设备和人的因素的评估。

法国陆军替换高频通信系统 据美国《信号》杂志1996年4月号报道，法国陆军正在用新的远程野战通信系统和与干线网连接的战术通信站替换现用的高频系统。新系统称为CARTHAGE(自动战术高频无线电通信系统)。它工作在1.5～30兆赫，并能提供传真、数据传输和甚高频中继线路。有20瓦车载式、125瓦车载式和1千瓦战术系统/网络接口几种类型。主承包商为法国的汤姆逊无线电公司。合同金额3600万美元。

意大利研制综合任务规划系统 据《国际防务电子》1996年3月8日报道，意大利Datamat公司正在为意大利空军研制综合任务规划系统。该系统与美空军任务支援系统(AFMSS)类似，可协助飞行员进行飞行规划、航线规划、威胁突破、武器投射、雷达测报、测绘制图和情报连接等工作。它将用于意空军的“旋风”战斗轰炸机和AM-X飞机。

荷兰陆军装备综合参谋信息系统 据英国《简氏防务周刊》1996年8月7日报道，荷兰陆军研制的综合参谋信息系统(ISIS)第1期产品已开始装备部队。它是荷军为德荷兵团旅级和师级指挥部研制的，是一个基于北约欧洲盟军司令部陆军战术指挥控制信息系统(ATCCIS)计划的系统。其组成部分包括工作站、战术数据通信基础设施和指挥控制事务处理及办公等应用软件。ISIS将与德陆军的HEROS作战指挥系统互联。

荷兰国防部批准研制中程地面侦察雷达 据美国《信号》杂志1996年4月号报道，荷兰国防部批准研制一种中程地面侦察雷达(SQUIRE)，它能侦知地面运动中的目标并对目标进行分类，如可侦知距离10千米远的步行人员和距离24千米远的运动中的卡车。SQUIRE重17千克，供地面、空中和两栖部队使用。

瑞典空军研制Ra-90战术无线通信系统 据《国家防务》杂志1996年3月号报道，瑞典空军与洛克韦尔-柯林斯公司签订了3005万美元的合同，研制空军用的Ra-90战术无线通信系统。Ra-90将采用跳频技术，能在飞机之间和飞机与战术空军指挥中心之间传输话音和数据。Ra-90将安装在瑞典空军的450架飞机上，包括“鹰狮”JAS-39战斗机、“雷电”JA-37战斗机和S-100BA侦察机。英国空军也订购了Ra-90的改进型电台，用于“鹞”式垂直起降战斗机。

澳大利亚“勇士”计划处于概念研究阶段 据英国《国防防务评论》1996年5月号报道，澳大利亚“勇士”士兵现代化计划现处于概念研究阶段。可能采用的装备包括：指挥官手持式数据终端、敌我识别转发器/探测器、双眼保护装置、头戴显示器及摄像机，后者能和澳陆军战术指挥控制系统相兼容，并有一个内装电台和全球定位系统的接收机。“勇士”计划将注意满足澳军的特定要求，如提供士兵在澳北部地区分散作战所需装备等。

新西兰陆军订购全球定位系统接收机 据美国《防务电子》杂志1996年7月号报道，新西兰陆军从洛克韦尔·柯林斯公司订购了250部手持式轻型精确全球定位系统接收机(PLGR)，用于车辆和维和部队。新西兰订购的型号为PLGR-96，较一般的PLGR性能有所改进，如将增加目标捕获与激光测距装置的接口，广域GPS自主定位精度圆概率误差为4米，保密丫码微分GPS精度圆概率误差小于1米，以及干扰机测向和遥控终端能力等。

埃及订购通信保密装置 据美国《防务电子》杂志1995年12月号报道，埃及通信兵向美空军电子系统中心订购了一批手持保密装置(DSP 9000HS)，此装置能与埃军现用的跳频设备兼容，将用于埃军高频、甚高频、特高频背负式电台。预计1996年初有25部装置可以交货。此外，埃及空军还从美军订购了价值70多万美元的宽带保密话音与数据加密系统用于其SH-2G直升机。

北约快速反应部队装备IARRCIS指挥信息系统

北约盟军司令部欧洲快速反应部队目前已装备了第1批IARRCIS指挥信息系统。该系统的承包商是EDS防务公司，系统的总金额为1300万美元，该系统广泛采用了现成的商业技术。到1996年第1季度，EDS防务公司交付了大约550台计算机设备。

IARRCIS系统既满足了军用要求，又采用了商用标准软件。该信息系统是便携式的，一旦需要，可从司令部移到战场应用。IARRCIS的另一个优点是，能平战两用，平时可供参谋人员办公使用。该系统除了能保障欧洲快速部队的一般行政管理事务外，还可用于制订、分发作战命令和评估报告。

北约计划研制多用途无线电系统 据英国《简氏防务周刊》1996年10月2日报道，北约拟研制一种多用途无线电系统，作为北约2000年后战术通信系统的移动式分系统。该分系统包括战术网无线电台，以取代法军的 PR4G 和德军的 SEM 电台;可在特高频、甚高频和高频工作,能传话音和数据,具有单信道无线电入口和分组数据传输能力,2005 年后交货。目前法、德、荷兰等国均有公司参与竞争。

北约拟联合研制改进型链路 据英国《简氏防务周刊》1996 年 1 月 24 日报道,美、英、法、德、意、加拿大和荷兰拟联合研制称为北约改进型链路 11(又称为链路 22)的海军战术数据链路,以替换过时的链路 11。链路 22 将使用各国现有舰载和机载计算机和收发信机,购买加密设备,开发所需软件,并与美海军现用的链路 16 联合战术信息分发系统兼容。研制费用总计 4200 万美元。

(宋鲁成 、蔡玉仁)

电子对抗装备

综述 1995～1996 年,世界各主要军事强国在质量建军的过程中,十分关注以信息技术为核心的军事革命的发展。美国自 80 年代中期提出信息战的概念以来,已经做了诸多准备。首先,总结完善信息战的理论、概念和学说。1994 年和 1996 年先后推出陆军野战条令 FM100-6《信息作战》和《指挥控制战条令》。其次是组织准备。自 1993 年调整空军电子战中心为信息战中心以来,到 1996 年底,先后在国家级、国防部级、军种级及作战部队级新建或改建了 20 余个信息战组织机构。但是,美国 1995～1996 年传统电子战装备的发展却面临许多困难。投资缩减,新项目寥寥无几,企业基础萎缩。

从世界范围来看,各国的国情不一样,对电子战装备发展的重视程度有较大的差异,某些发达国家和发展中国家,由于面临着现实威胁,电子战装备发展的投入在不断增加。亚太地区和中东地区的电子战装备采购量从 1995 年到 2001 年,呈上升趋势,而非洲和拉丁美洲将减少对电子战装备的采购。

纵观十几年来武器装备电子含量的不断增长,说明电子战装备发展的基础并没有减弱。不管是飞机、舰船或装甲车辆,这些平台的造价几乎是天文数字,而放弃发展电子战装备而导致高价值平台的损失是不明智的。而且,平台面临的威胁越来越复杂,红外寻的技术的发展使得对抗越来越困难,这就意味着需要采取新的措施和研制有效的电子对抗设备。从这个意义上说,电子战装备的发展潜力是巨大的。

地面电子对抗装备 **美国情报和电子战通用传感器计划可望签授生产合同** 由于参院拨款委员会通过了 1996 财年陆军提交的电子战通用传感器经费请求,所以美国陆军通信—电子部就情报和电子战通用传感器计划将签授生产合同。

这项计划最终将生产一套通用的电子情报、电子支援和电子对抗模件,以供机载和重型及轻型陆基平台使用。陆军通信—电子部将就该计划签授 3 个合同:一个是 CHALS-X 目标定位系统的合同;另一个是 AN/MSR-3TACJAM 的合同;第 3 个是系统综合合同。该计划的电子对抗部分仍在研制中,估计将来要加上去。

在此之前,美国陆军已成功完成了 AN/MSR-3TACJAM-AESM 系统(工程制造研制型)历时数周的初期外场试验。TACJAM-A 是洛克希德公司和 AEL 联合小组设计研制的。在作为陆基通用传感器和先进的"快定"计划的一部分而部署使用时,它将以大大提高了的速度和精度向战术指挥官提供非常重要的作战信息和目标瞄准数据。该系统使用从高频到超高频的整个频段的频率,也能提供先进的"电子进攻"通信干扰能力。

美军开始研究定向能战 1995 年 6 月,美国主要进行电子战理论和技术研究的老鸦协会和美国防部联合参谋部共同举办了首次定向能战会议,对定向能战进行了研究和讨论。会议分 4 个专题进行:(1)国防部定向能战的政策和武器技术;(2)定向能战的威胁;(3)定向能战综合需求处理,高能激光试验设备和军队定向能战计划;(4)定向能战对工业的挑战。

在 1993 年 3 月美国参谋长联席会议颁布的政策备忘录中,给电子战下的新定义是:使用电磁能和定向能控制电磁频谱或攻击敌军的任何军事行动。它首次明确指出定向能战是电子战的一部分。1994 年出版的美国参谋长联席会议的 1-02 号《国防部军事和有关术语词典》中确定了定向能战和定向能武器的定义。定向能战是在保护己方各种能力和使用电磁频谱时，利用定向能武器、设备和对抗措施，损坏、摧毁或破坏敌军装备的军事行动。定向能武器的定义是：主要利用定向能作为损坏和摧毁敌军装备、设施和人员的直接手段的系统。定向能战技术一般分为3个领域：激光，射频或高功率微波，粒子束。

定向能战给未来战场带来了一些独有的特性。首先是定向能武器发射的能量以光速传播，在目前的战场空间内几乎不需要射击提前量，直接瞄准目标即可；其次是定向能武器没有弹药多少的顾虑，它仅受武器电源产生和能量储存量的限制。有些武器系统（例如隐形飞机）依靠吸收电磁能进行自卫，而定向能武器正是利用目标的能量吸收对其施加影响。定向能武器的目标包括：导弹（战略、巡航和反舰导弹等），飞机/无人机，精确制导武器和各种传感器及电子控制和通信系统。

虽然定向能武器具有许多优点，但是由于目前高功率微波设备的体积和重量的限制，以及天气对定向能传播的影响，定向能武器向实战系统转化还存在一些亟待解决的问题。

美陆军签署"坦克综合电子防卫系统"合同 美国陆军坦克机动车指挥部公布了一项计划，为其地面战车研制综合防卫系统（IDS）。为此，陆军给联合防卫公司一份约2500万元美元的合同，让其研制电子战传感器和抗干扰的综合设备。

此计划将包括研制一种先进的技术论证样机，样机将综合应用威胁告警传感器、人工智能和先进的对抗措施。计划中要使用的激光和红外干扰机与现装备的机载系统相似。中空拦截并挫败反坦克导弹的"积极防卫"技术也要在计划中采用。该系统将用来挫败灵巧武器和空中攻击系统。

论证样机将安装在"阿布拉姆斯"M-1A1坦克上，1997年底前交货。将来，该系统可能用于以下这些战车，如"布雷德利"步兵战车、先进的两栖攻击战车、先进的野战炮兵系统、未来的侦察车和未来的主战坦克。

美陆军在波斯尼亚战场使用炮弹无线电引信干扰系统 1995年底～1996年初，美陆军在波斯尼亚战场上大量使用AN/VLQ-9/-10"游击手"电子干扰系统，用于保护地面部队免受迫击炮和火炮的威胁。据称这些系统正在第1装甲师服役，而且能够保护各类地面目标，如营房、指挥所、机场及野外部队。

"游击手"可以自动对付迫击炮及火炮弹体上的至少10种不同的无线电近炸引信，其原理是发射特定的无线电频率信号，提前起动炮弹引信，在其有效杀伤范围以外引爆弹体。首次使用的设备重量是68千克，包括手提式电子部件及多向天线。无源探测子系统用于检测引信信号，并区分威胁或非威胁信号。据称单个系统既可以有效地对付单发射击也可以对付拦阻射击。到目前为止，电子部件将重新装配，通过一个手持式单极天线实现系统发射。

起初研制这种系统是为了在1991年海湾战争中提高快速反应能力。1994年7月，美国陆军与惠特克公司签订了1090万美元的合同，追加研制9套系统（已交付36套快速反应设备），1996年底交付。这9套系统包括3套背负式，3套三脚架安装式和3套车辆安装式，美国陆军期望1998年全尺寸生产这种系统。

印度实施"综合电子战计划" 印度国防研究与发展局于1995年初开始实施综合电子战计划，并把它列入"国防研究与发展重要项目"。该计划旨在全面提高国家的军事电子情报搜集与处理能力和电子对抗能力，满足未来军事需求，初步投资4530万美元，到2000年底完成。计划的实施将主要依靠引进技术及关键部件和器件，部分仿制和自行研制各种电子战系统，包括机载干扰机、无源干扰器材、抗干扰地面雷达和机载雷达、全天候综合通信系统等。印度未来电子战系统将与攻击武器系统（如未来轻型战斗机）综合为一体。大多数电子战系统由印度国防研究与发展局下辖的国防电子研究所自行设计，由印度（国有）电子有限公司和巴拉特电子有限公司生产。自1995年秋以来，印度国防研究与发展局已多次组团与欧洲和美国的军工企业接触，以期引进技术和关键部件。1997年1月，该局授与印度电子有限公司一项为期3年、价值1.429亿美元的合同，为陆军生产用于防空的电子战系统。

保加利亚开始生产第2代炮投式甚高频通信干扰机 保加利亚电子发展公司早在70年代就研制出保加利亚第1代炮弹投掷式甚高频通信干扰机，代号为"大黄蜂"电子战系统。它可装在122毫米和155毫米榴弹炮的炮弹内，发射距离3.5～14千米，频率覆盖范围20～100兆赫。美国和英国陆军曾对它进行过鉴定。目前，保加利亚仍在生产"大黄蜂"电子战系统。

1995年初，电子发展公司开始生产第2代炮投式甚高频通信干扰机。这种最新型的代号为R-032"利尔亚"的电子战系统比第1代炮投式甚高频通信干扰机具有更优越的性能。它的最大发射距离增加到30千米，频率覆盖范围扩展为1.5～120兆赫。"利尔亚"电子战系统可有效干扰调频、单边带、跳频和扩频通信。不管地形多么复杂，发射炮弹上的地钉都能在炮弹落地后使干扰机保持垂直。依靠锂电池或电解蓄电池供电，干扰机工作时间可达 1 小时，有效干扰半径为 700 米。它于 1995 年开始在保加利亚陆军服役。

舰载电子对抗装备　**美海军实施先进一体化电子战系统计划**　美海军打算用先进的一体化电子战系统装备它的 21 世纪战舰。该系统用于对付的未来威胁包括 2005～2010 年预计在沿海交战中出现的威胁。先进的一体化电子战系统由电子战支援、电子攻击和控制处理子系统组成。

该计划的第 1 阶段从 1994 年底开始到现在，旨在改进电子战支援子系统的计算能力，以提高威胁识别能力和到达角精度。这实际上是美海军正在进行的 AN/SLQ-32 第 5 阶段的改进计划。第 2 阶段旨在获得较好的射频前端，使其具有新的探测能力。该计划的第 3 阶段是研制电子攻击子系统。

在该计划的第 3 阶段，预计要进行两个先进技术论证和试验：一个是舰艇防御用的先进电子对抗发射机原理论证和试验，一个是多波段反舰巡航导弹防御战术电子战系统（MATES）的实验。

先进的电子对抗发射机具有如下特点：同时多波束发射，且是全方位的；工作于 H/I/J 频段，有宽的瞬时工作频域，极化分集；有遥控有源阵列接口；采用先进波束形成技术；低发射波束旁瓣；低静态发射噪声；有助于减小雷达截面面积。海军研究实验所管理这项论证工作，它需要先进天线阵列分析和设计、高效单片微波集成电路方面的专家。

MATES 是一个红外对抗系统，将包括 3～5 微米红外摄像机和 CO_2 激光器以及红外干扰机子系统。1995 年 6 月前，对这个红外对抗系统中的探测装置进行了试验。其试验方法是将国内外各种红外导弹寻的器装在试验飞机上。试验结果是成功的。在不久的将来，MATES 将装舰做实际发射试验。

美海军试验 Eager 空中系留诱饵　美国海军研究实验所战术电子战分所正在研制 Eager 空中系留诱饵，旨在使舰艇免遭雷达制导反舰导弹的攻击。计划于 1996 年夏季进行首次飞行试验，1997 年 9 月作一次全面评估。美国海军研究局将主办为期 3 年的先进技术实验，经费由战区防空计划执行局提供。

该诱饵为电动系留无人机，重约 36 千克，可装有效载荷 6.8 千克，由 1 台电机驱动，带动 1 个直径为 3 米的主旋翼和 2 个较小的旋翼（起稳定飞行体的作用）。系缆长度大于 230 米，将无人机与母舰相连。系缆里有光纤，用以传输控制信号。系缆还可传输 10 千瓦以上的功率，使其在空中的持续时间仅由系统可靠性确定。

该无人机的发射不需火药助推，其结构为模块化设计，使它能装其他有效载荷。

美海军研制巡航导弹防御系统　据美国新闻媒体 1996 年 8 月报道，洛克希德·马丁电子与导弹系统公司和休斯公司光电系统部正在为美国海军研制一种以红外探测器为基础的舰载巡航导弹防御系统，这是按照与美国海军签订的一项为期 2 年、费用为 1490 万美元的合同进行的。

该系统是美国海军提高舰队生存力计划的一部分，海军领导人担心全世界范围的巡航导弹威胁会危及海军舰队的生存能力。海军官员预计，不久世界上约有 100 个国家将拥有在近海舰艇上发射巡航导弹的能力。这就增加了对这种威胁的担心。

洛克希德·马丁公司提出的系统将包括 1 个在水面舰桅杆高处安装的、稳定的红外探测器。它 1 秒钟能完成一次水平搜索，探测到红外信号梯度的变化。

该系统在甲板下控制台的信号处理器捕捉到目标——巡航导弹后，就把精确的航迹、方位和仰角数据传递给舰载射频和光电防御系统。在连续搜索地平线上新出现目标的同时，还能跟踪已经识别的目标。海军官员希望把被动搜索、探测和跟踪能力与装备计算机控制的“宙斯盾”作战系统的舰载防御系统结合在一起。

洛克希德·马丁公司将集中研制甲板下控制台信号处理器及进入和监视该系统的控制和显示装置。休斯公司将主要研制装在桅杆上的探测器。合同要求洛克希德·马丁公司制造一个陆基的工程演示样机，并在 1998 年进行海上试验。这种“舰载红外搜索与跟踪”系统必须能够以低的虚警率提供高精度的目标跟踪数据和保持高可靠性，它还必须能承受作战巡航的潮湿、振动和冲击环境，并经得起己方舰载主要雷达系统发射的电磁波的干扰。

英法联合研制离舰式有源诱饵系统　离舰式有源诱饵（LAD）系统由发射架、控制设备和诱饵弹组成。诱饵弹可从它自己的发射架发射，也可从法国“达盖”和“萨盖”系统、北约“海蚊”系统以及美国 SRBOC 系统等许多发射架发射。

诱饵弹的有效载荷是伞降干扰机。该干扰机的设计极为紧凑小巧，外形为垂直圆柱体，直径为 127 毫米，弹长 900 毫米。舰艇发现来袭导弹后，点燃固体推进剂火箭，将诱饵弹发射出去。在导弹末段寻的阶段，干扰机开始工作。干扰机是宽带设计，能产生持续 1 分钟、功率为 10 千瓦的宽带信号，可干扰现役导弹和未来导弹的各种电磁制导头，使其偏离舰艇。据称，该系统可在 10 秒之内投放使用。

这是目前最新的舰外诱饵国际合作项目，由英、法联合研制。该系统的全面鉴定计划即将完成，生产阶段即将开始。

北约海军装备舰用红外诱饵 英国佩因斯·威塞克斯公司生产了一种口径130毫米的红外诱饵弹，系子母弹结构，据称以(亚)磷化物为基体组分作为有效载荷，5枚漂浮式子弹形成一个与海面连接的在3～5微米和8～14微米波段进行红外辐射的屏障。北约有的国家海军已装备了这种红外诱饵弹的改进型。

法国波克公司制造的DM-19"巨人"红外诱饵弹代表了当今舰船红外对抗措施的一种发展方向。该弹口径130毫米，系子母弹结构，已在德国海军服役。1枚"巨人"红外诱饵弹将5枚药包推进的子弹按设定的间距布放到预定的位置进行空中爆炸燃烧。子弹由3种成分组成的烟火药剂装填，在空中爆燃时，可产生热烟(8～14微米)、放热微粒(3～5微米)和气体辐射(4.1～4.5微米)的混合物，能逼真地模拟船船壳体、上层建筑、烟囱、废气火舌和羽烟辐射的红外特征。据称，"巨人"红外诱饵弹已成功地通过了对抗各种红外成像导引头的试验，试验表明，它能可靠地诱骗红外成像反舰导弹。

以色列研制成Deseaver诱饵系统 Deseaver是以色列埃尔比特有限公司研制的诱饵控制和发射系统。该系统可完成下述任务：评估威胁战术态势，选择合适的无源对抗措施；与电子战防御系统相连工作，与舰艇的整个作战系统相协调；部署过程计算；推荐舰艇机动航行以脱离危险区；发射防御诱饵，控制6种箔条和红外火箭；根据所选程序进行资源分配并发射火箭；部署战术诱饵；为指挥官提供威胁和诱饵环境的显示。

该系统控制3座方位稳定的发射架(有72枚火箭)。发射架方位覆盖±170度，仰角范围+15～+55度，方位旋转速度45度/秒，仰角转速为30度/秒，发射管径115毫米，管长1020毫米。

可发射两种箔条弹：一种弹长780毫米，重8.2千克，有效载荷3.7千克，有效辐射截面为2000～3500平方米，炸点150～500米，飞行时间1.2～4.5秒，留空时间为5分钟。另一种弹长920毫米，重9.7千克，有效载荷5.0千克，辐射截面为4000～8000平方米，炸点200～400米，飞行时间1.2～4.5秒，留空时间为5分钟。它们的干扰频域8～18千兆赫。

发射的红外弹长804毫米，重5.0千克，有效载荷1.4千克，辐射强度>1500瓦/立体角(3～5微米)；辐射强度>700瓦/立体角(8～13微米)时，燃烧时间45秒，燃烧高度40～100米。该系统反应时间为3秒。

机载电子对抗装备

美空军为F-4G和EF-111A电子战飞机退役采取应急措施 美空军已决定最后两个F-4G"野鼬鼠"中队于1997年底退出现役，并将EF-111A电子战飞机最后服役期限定在1999年底。为保证这两种电子战飞机退役不致对美空军的电子战能力造成重大影响，美空军采取了一系列应急措施。

首先，决定EF-111A飞机退役后，暂用海军EA-6B飞机代替。这是因为海军EA-6B飞机的雷达干扰能力与EF-111A相当，同时具有EF-111A所不具备的通信干扰和发射高速反辐射导弹的能力。此外，EA-6B可在航母上起降，在作战使用上具有更大的灵活性。但以EA-6B取代EF-111A，美空军需要有个适当过程，最后确认1997年之前美空军保留24架EF-111A飞机，到1999年底再全部退役，以便为美空军使用海军EA-6B电子战飞机赢得训练时间。未来几年内，美海军EA-6B电子战飞机将在总数127架的基础上再增购24架，海空军的专用电子干扰飞机的总数保持不变，而电子战能力还会有所加强。

EA－6B飞机与EF-111A飞机相比也存在一些缺点，为了满足空军的未来需求，在1996财年的预算中，美国会已同意拨出1亿美元用于对20架EA-6B飞机进行改造，其中包括增加在新波段上工作的干扰发射机，加装全新的通信/导航/识别设备和USQ-113通信干扰机。

其次，由F-15、F-16和F-18等多用途战斗机完成压制敌防空任务已成为可能，因此F-4G"野鼬鼠"飞机的退役所造成的电子战能力"真空"，可由多用途战斗机弥补。

为了能够更好地执行杀伤性压制敌防空任务，目前，美空军100多架F-16战斗机正在加装ASQ-213高速反辐射导弹目标指示系统。该系统重40千克，吊舱安装，可以对敌方雷达进行探测、识别和定位，并控制高速反辐射导弹对其实施攻击。

针对其存在的问题，美空军计划增强高速反辐射导弹目标指示系统的软、硬件能力，提高其定位精度，同时正在论证F-16飞机利用卫星提供的数据、发射高速反辐射导弹、实施超视距攻击的可能性。

美海、空军加快实施IDECM系统步伐 美国最近选择桑德斯公司给海、空军的战术飞机研制综合式防御电子对抗(IDECM)系统，以对付2004年及其以后的敌人雷达制导和红外制导兵器系统的威胁。

1995年11月海军已经与桑德斯公司签订了一份近2684万美元的合同，研制使用拖曳诱饵的射频对抗子系统。该子系统是 IDECM 系统的一个重要构成单元，IDECM 系统最初拟装在海军的 F/A-18E/F 飞机上，以后还可能装在空军的 F-15、B-1 飞机上。

海军要求新的射频对抗子系统与下列设备综合：海军的 ALR-67 雷达警戒接收机，空、海军通用的 ALE-47 诱饵投放系统，空、海军通用的新的“先进的战略战术一次性投放”装置，海军的 ALE-50 诱饵编程器/控制器和相关的座舱控制及显示器。

射频对抗子系统的主要部分是一个信号产生器和一些前置放大器以及一种光纤拖曳诱饵。

虽然国防部目前计划在 F/A-18E/F、F-15 和 B-1B 飞机上使用射频对抗系统，但还考虑将来把此装备用在各种其他飞机上，包括 C-130、E-3、E-8、F-16 和 U-2 飞机。

美陆军签授先进威胁红外对抗/通用导弹告警系统合同 美国陆军宣布，已就先进威胁红外对抗系统和三军通用导弹告警系统的工程制造签授了一项 9760 万美元为期 4 年的合同。

先进威胁红外对抗系统将为陆军的直升机提供由导弹告警系统引导的以激光为基础的红外对抗。导弹告警系统还将装备在海军和空军的战斗机上以告警红外制导导弹的逼近。美军认为，不能有效地挫败红外制导威胁是机载自卫系统的唯一弱点。自 1973 年以来作战飞机总损失的约 53%是红外制导导弹造成的。

根据合同条款，承包公司将如期提供 6 套完整的先进威胁红外对抗系统和 50 套导弹告警系统。

美陆军研制无人机投放的干扰机 美国陆军与洛拉尔控制系统公司签署了一份合同，研制一种能从无人机上投放的一次性使用干扰机。这种干扰机最初是以高炮炮弹投射的宽带无线电通信阻塞干扰机。洛拉尔控制系统公司在 1994 年曾经修改此系统使之适于用无人机投放部署。每架无人机能投放 4 部干扰机，并能通过无人机遥控其开机和关机。

新合同将执行 15 个月，要求改进干扰机的天线匹配网络，提高无人机中继单元和干扰机支撑底板的可靠性，把干扰机系统综合到载机中去。陆军为试验和论证演示将采购 60 部电子对抗设备、14 架投放载机、4 套无人机中继单元。

美空军开始机载诱饵系统先期概念技术演示 据美刊 1996 年 9 月报道，美国空军和国防高级研究计划局即将对小型空射诱饵(MALD)的先期概念技术演示投标书进行评审。

这项先期概念技术演示将考察小型空射诱饵的设计定义、装配和空射测试。小型空射诱饵是一种模拟作战飞机射频特性的自由飞行器，从 F-16 这类平台发射，欺骗敌方雷达。一旦敌方雷达开机，飞机就发射反辐射导弹摧毁这部雷达。先期概念技术演示的合同期为 2～3 年，并要求交付 32 套系统。演示开始后，这些系统将交给空军进一步试验，并可能进行有限的作战使用。

美国研制先进的战略战术一次性使用的对抗器材

美国特拉科航空航天公司赢得了空军先进的战略战术一次性使用的对抗器材(ASTE)合同。

这项近 949 万美元的工程制造研制合同，旨在为飞机制造先进的曳光弹。这种曳光弹适用于 ALE-47 投放系统，以保护平台对付先进的导弹导引头的反干扰措施。海军已把 ASTE 作为其综合防御电子对抗系统(IDECM)的组成部分，而空军特种作战司令部已准备把这种器材供各种型号的 C-130 飞机使用。空运司令部正在埃格林空军基地完成 C-17 飞机采用这种曳光弹的方案论证试验。

据悉 ASTE 将包括一系列一次性使用的对抗器材，其中包括活性金属诱饵和“特殊”金属诱饵。

俄罗斯展示新一代机载雷达告警接收机 SPO-23

俄罗斯在 1995 年莫斯科航空展览会上展出了新一代机载雷达告警接收机 SPO-23 系统。这是一种模块化设备，安装在米格-21/-23/-29 和苏-22 固定翼飞机以及卡-50/-52 攻击直升机上。

SPO-23 的频率覆盖为 4～18 或 4～14 千兆赫；角分辨力为 3～10 度(均方根值)；装有一个威胁数据库，库内存储了 128 部威胁雷达的参数。依系统结构不同，SPO-23 重 18～30 千克，但使用的处理器都重 15 千克。

SPO-23 使用 3 种天线：1.2～18 千兆赫的“超宽带”螺旋天线、超宽带锥形天线和“宽带波束长度”阵列天线。超宽带锥形天线用于直升机。阵列天线与天线罩共形。天线罩上有几个天线阵列，每个阵列有 4 或 5 个“输出端”。该阵列可为 KH-25P 和 KH-31P 等反辐射导弹提供足够高的角分辨力(优于 3 度均方根值)。每一阵列都接有放大检波器，而每对超宽带螺旋或锥形天线才有 1 个放大检波器装置。

苏-22 固定翼飞机拟装的 SPO-23，将使用 4 个 90 度扇区超宽带螺旋天线，以及 2 个阵列天线，后者的天线罩单元嵌在机翼的前缘内，为飞机提供左右侧 60 度前半球空域覆盖。

印度米格-21 飞机将装备以色列产的干扰吊舱

据 1996 年报刊报道，印度政府决定采购以色列生产的 90 个干扰吊舱，以装备印度空军的“美洲虎”和米格-

21 战斗机以及海军的“海鹞”飞机。印度已经为空军的米格-21 飞机与以色列最终签订了 7750 万美元的合同，以购买吊舱式自卫干扰系统。此前，以色列已提供了一部试用吊舱在米格-23 上进行了试飞，据说该试验飞机装有印度自制的雷达告警接收机。

中国台湾空军组建“空中预警电子战机队” 中国台湾空军于 1995 年 11 月 22 日成立“空中预警电子战机队”，现装备 4 架 E-2T“鹰眼”预警机和 1 架 C-130H“玄机”电子战飞机。E-2T 预警机可执行空中预警拦截指挥、电子侦察、空域管理、地面海面搜索救援和通信中继等任务。秘密引进的 C-130H 电子战飞机是台湾中山科学研究院“玄机”计划中的远距离干扰机，可执行电磁信号截获、电子干扰、通信中继、作战指挥、空中管制等任务，还可作为装备研制的试验平台。机载电子战系统是在洛克希德公司协助下，由中山科学研究院研制的。目前 E-2T 预警机需与“强网”系统协调联机以扩充功能，C-130H 尚处于研制测试阶段，因而这些飞机尚不具备初步作战能力，还不能承担全部的战备任务。

法国空军订购导弹发射探测器/红外导弹告警系统 法国马特拉防御公司宣布为法国空军提供导弹发射探测器/导弹逼近告警器的批生产样品，拟用在空军“幻影”2000 飞机上。该设备在这种具体应用中称为红外导弹告警系统。按合同，该系统能满足“紧急作战需要”，并于 1995 年春季装备飞机。

导弹告警系统传感器将安装在空空导弹发射架的后面，提供 360 度方位覆盖，这种导弹逼近告警系统将与“幻影”2000 上的“螺旋”箔条/诱饵曳光弹投放系统完全综合为一体。

模拟及训练装备 **美国空海军研究联合军种电子战系统测试设备** 据研究表明，当军用飞机升空参战时，有 40%以上的机载电子战系统会发生故障，因此，急需联合军种电子战斗系统测试设备。美国空海军正在就联合军种电子战系统测试设备筛选工业界的建议。

联合军种电子战系统测试设备将为下述项目提供编制级别的外场射频测试：各种电子战设备及其有关的天线、传输线、天线罩、座舱显示器、控制设备以及空海军飞机（主要是战斗机）上的电子战设备的通信总线。

土耳其修建电子战训练场 据 1995～1996 年美刊报道，为加强空军的电子战训练，土耳其政府拨出 1 亿美元修建电子战训练场，场址选在首都安卡拉西南 120 千米处的锡夫里希萨尔。电子战训练场的任务是在逼真的电磁环境中训练战斗机机组，同时担负电子战系统的试验与发展任务。该训练场虽然由土耳其空军负责建设和管理，未来的用户可能还有北约国家和其他友好国家。

土耳其空军选定安卡拉的哈维尔萨恩公司为主承包商，负责论证训练场所需要的威胁雷达、模拟器和测量评估设备。训练场将配置 10 套实际的地空导弹威胁系统、约 6 套具有电子反干扰能力的雷达模拟器、约 20 套辐射源模拟器，以及信号监视系统、数据分析设备与投弹记录系统。

电子战训练场建设拟分 4 个阶段，在 4～5 年内完成。

北约改进雷达与通信模拟器方舱 北约将对其多军种电子战支援大队的 3 部“机动雷达与通信模拟器方舱”进行改进，旨在改善通信干扰、雷达模拟和控制子系统的功能。

该系统安装在可移动的 6×2.5×2.5 米的集装箱方舱上，用于海上和陆基防空电子战训练。目前，该系统有 6 个子系统：0.5～18 千兆赫的雷达模拟（最多同时有 4 个辐射源）、200 兆赫～17.2 千兆赫的雷达干扰及电子支援措施、高频/甚高频/超高频通信干扰、敌我识别应答、微光电视目标跟踪与操作员可编程的计算机控制的雷达干扰与模拟子系统。经改进以后，该系统能同时模拟 8 个雷达辐射源（包括捷变频和脉冲压缩雷达），同时干扰 5 个通信波段，且提高了功率，并增加了间断观察能力。对控制子系统的改进将减轻操作员的工作负荷，并更换部分硬件。

根据目前计划，改进后的系统将在 1997 年服役。第 2 次改进工作将包括：提高功率输出，增强 C 波段（0.5～1 千兆赫）干扰能力和增加 I/J 波段（8～20 千兆赫）预置接收机，增加数字射频存储。机载改进工作由怀塔克公司负责，为此将提供 8 部威胁辐射源模拟器（TES）吊舱来替代现有的 AN/AST-4 单元。新的 TES 系统将使用 ALQ-167 吊舱外壳，并能在超音速下使用。新系统将提高频率覆盖和飞行中的控制能力，并有 9 种工作模拟。

（赵树远）

后勤装备

综述　1995～1996年,世界各国军队后勤装备发展呈现以下几个特点:

拟制和调整后勤科技和后勤装备发展计划。新拟制或新调整的后勤科技和装备发展计划,都强调发展军民两用高技术,以抢占技术制高点;都紧紧围绕建设新型军队来筹划后勤装备,如美军为建设"21世纪部队",德军为建设"第5代陆军",都提出了后勤配套建设的内容。尤其引人注目的是,世界主要国家为使后勤科技、装备的发展与武器发展协调、同步,都紧紧围绕作战部队数字化这个目标,拟制出各具特色的后勤科技和装备发展计划。

调整装备研究和管理机构。主要做法:一是精简机构,提高效率,强化集中统一。美国防部对国防部后勤物资部门实施调整改革,促使供应机构和部队紧密结合,达到管理工作灵活、高效。二是根据实际需要建立必要机构。为对士兵系统的研究工作实施集中统一管理,美陆军士兵系统司令部在1996年又成立了士兵支援系统采购处,统一负责士兵所需物资器材的采购工作,从而达到有效利用资源,发挥最大效益的目的。日军1996年5月专门成立采购改革委员会,强化采购管理,提高采办效率,使日军采办在2000年后达到系统化管理。三是组织体制与管理机制改革同步进行,"软"、"硬"件相结合,以达到快出成果、快出效益的目的。美军采办系统的改革充分体现了这一特点,在实施机构改革的同时,适时出台相应的管理程序和工作模式,使采办改革尽早取得实效。

推广应用高新技术成果,增大后勤装备高科技含量。高新技术在后勤领域的广泛应用,明显地提高了后勤装备的性能。世界主要国家军队为应付21世纪高技术战争对后勤系统提出的挑战,在积极发展高技术武器装备的同时,更加重视高新技术在后勤装备上的应用,不断加大后勤装备的高科技含量。如英国采用"诺美克斯"Ⅲ型阻燃材料、PBI/"开夫拉"防弹材料和"高尔泰克斯"等高技术材料发展新一代迷彩作战服、坦克乘员作战服、多用途雨披和作战靴;美、法等国应用新型隔膜分离技术发展新型净水器等等。值得注意的是,日军1995年采用微电子、计算机和人工智能等高新技术发展出新型远距离医疗诊断系统。该系统完全改变了以往现场救护诊断的做法,开辟了凭借高新技术进行远距离诊断的新模式,它代表了未来野战医疗救护的发展方向。新材料新技术的应用,使后勤装备向高性能化、隐形化、智能化方向快速发展。

积极发展多用途先进后勤装备。多用途后勤装备具有功能多、用途广、可有效减少装备品种和数量以及节省费用等特点,因此备受美、英、法等主要国家军队所青睐。1995年,这类后勤装备的典型代表有美军的两面穿作训服、SIXCON燃料贮存与分发系统,英军的多用途雨披、拖囊式卸加油系统等。其中,美军的两面穿作训服正、反两面印有两种不同的迷彩图案,具备沙漠作训服和林地作训服两种特征,这种独特的设计不仅有效地减少了士兵作训服的数量,而且也减轻了士兵的作战负荷。英军新型的多用途雨披也颇具特点,它由高尔泰克斯高技术织物制成,既防水,又透气,用途达20余种之多,这无疑对减轻士兵作战负荷具有很重要的意义。可以相信,随着现代科学技术的飞速发展,这类后勤装备在以后几年将得到进一步的发展。在单个装备上利用成熟的高新技术和新材料,努力使装备突破传统概念的局限,使其功能向外伸展,达到多功能化的目的。如21世纪的士兵系统中的头盔,由于现代显示技术和计算机技术的介入,使这种传统的主要发挥防护功能的装备因增加了显示、瞄准等多种功能而逐渐成为单兵武器的组成部分。

积极研究开发供21世纪部队使用的后勤装备。为适应未来高技术战争复杂、多变的作战环境和为部队提供均衡高效的后勤保障能力,美、英、法、日等世界主要国家军队在积极采用先进技术对现有装备进行技术改造的同时,非常重视研究与开发供21世纪地面部队使用的后勤装备,如美、英、法、澳等国军队现正在大力发展的"士兵系统"、英军新一代装甲支援车族、日军远距离医疗诊断系统等等。目前,美军的"士兵系统"已发展到第2代,其反应能力、通信能力、防护能力、环境适应能力、作战能力均比第1代"士兵系统"优越得多。

1995 年，英军开始积极实施“2005 年作战士兵系统”（“CS2005”）研制计划，据英军方称，新一代“士兵系统”的研究重点将放在“材料选优，提高防护能力和减轻重量”上。法军的“先进战斗士兵系统”目前也处于积极研制阶段，它主要包括核生化防护分系统，士兵自下而上微气候分系统，防弹设备及防火分系统和 C^3I 分系统，法军计划在 2005 年以后将“士兵系统”应用到各军兵种。

（张春山）

军需装备 1995～1996 年世界各国军队的军需装备正朝着提高士兵的防护能力和生存能力方向发展，主要是：重视单兵防护装备的研制；利用高新技术和材料，提高作战、防护服的效能；更新野战口粮，加速发展野战生活保障装备。

被装装备 **美陆军研制 21 世纪士兵系统中的单兵防护装备** 美军 90 年代初提出的“士兵综合防护系统”和已经实施的“陆地武士”、“第 2 代士兵系统”计划，都强调士兵的综合防护，它们将现有先进技术综合应用于一个单兵防护系统中，为士兵提供模块式、灵活的多功能防护装备。其单兵防护功能分系统有以下 3 个：先进服装分系统；综合头盔分系统；微气候空调/电源分系统。其中先进服装分系统主要由携行具、防弹背心、先进防护服、先进作战服、防化内衣、气冷式背心、废物处理系统、手套和鞋具等组成。

据美国《陆军内参》1996 年报道，为更好地开发和利用资源，美国陆军将其“陆地武士”和“第 2 代士兵系统”两项关键性计划合并，作为一个项目进行研制与开发。合并后的该项目分为 5 个子系统：单兵计算机与无线电、防护服、单兵装备、软件、综合头盔及武器子系统。其中防护服子系统由先进携行具系统、组合式人体防护服、防生化服装、手套、靴子、战斗识别装置等组成。

美陆军开始研制“陆地武士”计划中的单兵携行装备 美陆军“陆地武士”计划中的战斗装具包括 1 个携行系统和 1 个由机械、光学及电子元件集合在一起的人体铠甲系统。携行系统由战斗负荷模块、巡逻背囊、背架、行军背囊、生存背囊组成，其总容量可达到 4500 至 5500 立方英寸。

战斗负荷模块包括 1 件背心和 1 条腰带。背心上可装士兵电台、单兵计算机、全球定位系统（GPS）及天线。腰带上的装备袋可以取下或装上。背带上增加了肩垫，并可把负荷从肩上调节到臀部。巡逻背囊容量是 800～1,200 立方英寸。行军背囊与 1 个独立的背架相连接，用于装大体积的笨重物品。其外侧有 1 侧袋。生存背囊可供士兵携带附加的或超尺寸的物品，其容量尚未确定。

美陆军研制第 2 代士兵携行系统 目前，美军纳蒂克研究中心正在研制适合 21 世纪战场需要的第 2 代士兵携行系统。新携行系统设计要求是使负荷在肩膀与臀部之间移动更加方便，使用的材料更轻，同时能提供更好的防护。该系统（包括所有的组件）的重量比现装备轻 20%。该系统计划于 2003～2004 年投入使用。第 2 代士兵携行系统与 21 世纪“陆地武士”中的携行装备组件、防弹背心及子系统接口完全一样，但它同“陆地武士”计划中的各组件间的功能性组合却完全不同。

携行装备中的铠甲附有单兵计算机、电台和武器接口子系统处理器，结构与人体轮廓相合，重心也在一条垂直线上。铠甲可携带全部战斗负荷。作战时可长时间穿在身上，胸部和腰带上的网格挂装板可增减负荷。

行军背囊底部与战斗背包或铠甲相连接，容量大约为 1200 立方英寸。行军背囊与铠甲的背带配套，并可使用同一条腰带。行军背囊上的“兔子耳朵”设计，可使士兵用 1 只手能将它背起来。

携行子系统所有的接线部被缝制在铠甲内部。全球定位系统的接收器也装在携行装备组件内。第 2 代士兵作战系统具有完整的控制线路，一体化头盔子系统通过铠甲背面的一个连接点直接与携行装备组件相连。整个携行装备组件与作战服及防弹衣融为一体，还可加装防轻武器的先进防弹板。

在携行装备组件上还可设计其它装备的接口，如单兵状况监视器、化学战剂侦检器、XM-45 防毒面具、模块化武器系统及“标枪”反坦克武器等。

携行装备组件的铠甲和背囊都能迅速地背上或解下，必要时可只保留战斗负荷，另外，新携行系统闷热程度也小于现有系统，该系统也完全适合空降作战。

美陆军研制、生产新型防雷服 据美国《陆军时报》1996 年 1 月报道，为了向在波黑地区执行任务的美军士兵提供防护，美陆军最近研制并生产了一种在清除地雷作业时穿用的新型防护服。

该服装比常用地雷防护服有了重大改进，即简化了标准配发的背心和头盔。据说新型防雷服能使排雷作业士兵的伤亡率降到最低限度。新型防雷服的基本构成是：①弹道护目镜。这是有 2 毫米厚的聚碳酸酯镜片，能盖住整个眼睛，但不妨碍前方和周围视线，可保护眼睛免遭炸药伤害。②防爆炸碎片裤。这是一种高腰裤，装有作用持久的腹股沟保护器，双腿前方和膝关节弯曲部位都填入开夫拉材料，能对踝关节以上部位起全面保护的作用，重点保护胫部和有静脉的腹股沟部位。这种裤子有3种不同尺寸和可调节的背带，穿着舒适。③防护套靴。它套在标准作战靴上，其上部采用黑色尼龙帆布制作，套靴鞋底内装有铅条板，能使爆炸冲击波从脚部分散开。

全套防护服总重32磅。美国驻欧陆军已订购180套。

美军装备“菲利浦北极生活系统”　美军研制并开始装备一种称为“菲利浦北极生活系统”(PALS)的寒冷气候服装，该系统包括靴子、裤子、衬衫、上衣、抽带帽兜、帽子、防风衣裤、并配有皮革手套和分指手套。该系统服装用于华氏0°以下的积雪严寒地区。美陆军曾做过华氏零下15°的穿用试验，其结果穿着PALS服装的士兵在几分钟内就开始出汗。

PALS能保暖的原因是采用了“特殊聚酯开孔发泡”材料，该材料具有柔软、柔韧、疏水和对皮肤刺激性小的特点，能有效地保持体温并具有排汗功能。PALS的靴子很有特色，在靴子上部和底部有通气孔，士兵可打开拉链散热。穿着者在静止状态下每小时损失华氏1°的热量，而标准陆军气栅靴每小时损失约华氏13°的热量。整套系统重约25磅，便于装入行囊中。与美军现行标准冷气候服装比较，PALS能在风冷指数120以下，温度低于华氏零下75°的恶劣条件下仍使士兵暖和。PALS能使士兵一天24小时、一星期甚至一个月呆在户外。

美军研制微气候制冷设备　据美国《士兵》杂志1995年9月报道，根据“沙漠风暴”行动中酷热气候严重降低了穿着防化服士兵的战斗力的情况，美国陆军纳蒂克研究中心正在研制一种背心式微气候制冷设备。该设备是一种在高温下穿着防化服时用的轻型制冷设备，由既结实又轻便的碳纤维布料制成，设计得符合士兵后背的曲线。目前由卡尔森技术公司研制样品，重量为20磅。但纳蒂克研究中心要求重量应减至10磅，目前正在改进中。

独联体军队装备冷却服　独联体国家军队装备的冷却服是由棉布制作的。其结构为单层，连身式，带兜帽，可与滤毒罐连用。使用时先将冷却服浸在水中吸足水分，然后穿在胶布做的防护服外面。通过水分的蒸发带走身体热量，延长穿胶布防护服的极限工作时间。该服的冷却效果取决于环境的温、湿度。温度较高、湿度较低时冷却效果较好。

日自卫队研制成功新型防弹背心　据日刊《朝云》1996年6月27日报道，日本自卫队已研制成一种新型防弹背心，防弹性能优异，近距离步枪子弹难以击穿。

新型防弹背心采用了新研制的高性能防弹板，防弹板以开夫拉材料为主，在开夫拉板的外侧贴有陶瓷防弹片；在贴近身体的一侧有氨基甲酸乙酯减震材料。新型防弹板外形一改过去的长方形而采用八角状的龟甲形，使之更适合人体形状，并不妨碍士兵作战。新型防弹背心防护面积大，从腰部至颈部均可保护，同时也考虑了人员运动时穿着的舒适性和灵活性。

新型防弹背心前后各装1片重4千克的防弹板，再加上防弹背心本身重量(4千克)总重为12千克。由于设计独特，重量分散，故穿着新型防弹背心与穿着日军应急型防弹背心(总重9.4千克)的重量感觉相似。新型防弹背心的布料使用与战斗服相同的聚乙烯纤维织物，透气性好，表面经过防红外线侦视的迷彩处理，有较好的防红外侦视作用。新型防弹背心有大、中、小3种号型。

法军为海外热区部队提供新型三防作战服　法国陆军采用法国保尔·布瓦埃公司研制生产的热区三防作战服装备其海外热区部队。新型三防作战服与现行S_3P三防服不同之处是：在设计上，将作战服和三防服的功能结合在一起；三防层由聚胺酯微粒和活性碳组成，防化性能高于S_3P三防服；在穿用方面更舒适耐热且使用方便、活动自如。

英军开展未来作战士兵系统的单兵防护装备研究　英军针对美军的“士兵综合防护系统”和北约的“士兵现代化计划”于1993年提出了“未来作战士兵系统”(FFSS)。目前该系统尚在基础论证阶段。该系统对单兵防护装备提出了明确的要求并命名为“战斗士兵2005”计划。该计划主要包括T恤衫、轻型夏季夹克、裤子、野外夹克、隔热衬里、雨衣衬里和外裤的研制。另外，还包括具备防火性能、用Nomex材料制作的装甲车辆乘员工作服。英军以该计划为基础，吸收军内外研究机构参与，还将进一步研究单兵防护装备，包括研制激光和热防护材料、“变色龙”迷彩材料以及微气候空调和便携式能源系统，目的是为战场上的士兵提供更好的防护。

新材料和新技术

美国推出新型亲水和防水透气材料　美国“阿克苏”公司推出“辛帕泰克斯”(Synpatex)新材料，“3M”公司推出“星泰克”(Thinteek)新材料。这两种材料都是亲水性织物，中间的防水层为透气性人造革。此外还有防水透气织物“阿夸泰克斯”(Aguatex)，这种织物可以根据服装要求，选用各种纤维生产布料，然后在布料上涂上不同厚度的薄膜，特点是可洗、柔软、耐穿。

美国研制"调温"纤维 美国最近研制出一种能调节环境温度的纤维。当环境温度上升时，该纤维从环境中吸收热量并贮存起来，从而减缓环境温度上升的速率和幅度；当环境温度下降时，纤维就放出它吸收的热量，从而减缓环境温度下降的速率和幅度。该纤维的生产方法是：将一种塑料晶体溶于溶剂中，通过液相交换的办法将它注入空心纤维中，或用此类溶液浸渍非空心纤维，然后去除溶剂。"调温"纤维织物具有耐磨、耐脏、吸水、不易起球、耐静压力、耐久压烫的特点。该纤维适于制作防护服。

美国研制新型漂浮防水材料 梯龙特克斯(TLOTEX)是一种新开发的低密度发泡聚乙烯薄片/卷状物，由特殊化学配方和特殊生产工艺制成。该材料含有无数轻的紧密的微囊包着的空气泡，因此具有很好的漂浮性能(重 170 克的 0.5 毫米厚的该材料可以承受一个体重为 97.5 千克的人漂浮水面)，隔绝性能(比羊毛织物保暖，温度低于－25℃时，人体也不会感到寒冷)，轻便灵活(不膨胀也不笨重)，燃点高，耐冲击和耐摩擦，适合干湿洗涤，对环境无污染且对人体无伤害等特点，适合作救生背心、防水工作服和救生衣等。

美军开发三维人体测量技术用于服装设计 目前，美军正在开发数字化的人体模特技术，即利用激光扫描技术测出士兵从头到脚各种身体数据，通过计算机软件在屏幕上将其还原成三维的人体模型。美军还准备将该技术与计算机辅助设计技术配合，用于军服、头盔、防弹服的设计与发放，以简化设计方法，减轻工作量并提高军服的合体性。

该系统类似医院用的 CT 扫描仪，在 17 秒内即可完成对人体从头至脚的扫描，并以数字形式存储在计算机工作站内，并通过相应软件在屏幕上还原为立体的人体模型，过去手工作业时整个程序需 4～5 天时间。因此，该系统将成为服装设计的一次革命。

该技术不仅适用于服装设计，还适用于头盔、护目镜、防护服和防护面置等的设计。

俄罗斯研制出防辐射材料 一种新型防离子辐射和防火材料由俄罗斯纺织材料科学院研究所研制成功。这种材料制作的服装能防止放射性烧伤、皮肤放射性污染以及有毒气体和微尘进入人的肌体。具体材料是经过化学处理的金属。该金属材料可消弱 200 电子千伏的 χ 和 γ 射线以及 2 电子兆伏 β 射线。同时它还能耐 200 摄氏度的高温，并可与火苗短时间接触，不燃烧。经俄罗斯一家核电站试验，这种材料制作的服装可在核电站穿用，同时也可引进军队作特殊服装。

日本三菱公司研制"梦幻布" 日本三菱公司正在美国试验一种称为"梦幻布"的调温织物，这种织物低温时保暖，气温高时凉爽。其织物有一层类似人体皮肤的涂层，穿着者感到热时，涂层聚合物分子结构打开，让体热和水分散失；气温低时分子结构关闭，为人体保暖。涂层为记忆聚合物，是一种聚氨酯基聚合物，具有弹性记忆功能，它可以为涤、棉、锦和丝织物各类织物做涂层。

芬兰研制"可呼吸"的防水透湿微孔薄膜 芬兰技术研究中心的化学工艺研究所最近开发了一种"可呼吸"的防水透湿微孔薄膜，主要技术指标为：耐水深度 1.5～10 米，水蒸汽透过速率为每平方米 2000～8000 克/24 小时，透气性为每秒·平方米 0.1 升。该薄膜的性能可与美国高尔泰克斯微孔薄膜媲美，而成本下降许多。该材料可作雨衣、帐篷和医用纺织品及出汗暖体假人的皮肤。

野战食品和生活保障装备

美军研究"战斗口粮系列"新型野战口粮 美军正在研究称为"战斗口粮系列"(FOR)的新型野战口粮，其目标是在极地、沙漠、丛林、山地、城市等各种气候、地形条件下都能让士兵吃得好、吃得饱、吃得方便。与现行口粮相比，FOR 有很大改进，首先是改进食物配方和口味，士兵爱吃。其次是增加了全面提高人体机能的营养成分。同时 FOR 口粮和主菜能够自热，在战场上不用起炊。FOR 口粮还可在运动中进食，从而有利于提高部队机动能力。美军有关部门决定以 FOR 为基础进一步研究美军 2000 年陆军野战口粮。

美军研制新型野战供餐口粮 据美国《士兵》杂志 1995 年 10 月报道，美国陆军士兵系统司令部最近研制出一种新型组合口粮，便于战时为士兵提供热食。

该组合口粮是将 A、B、C3 种口粮的成分与商业食品综合在一起形成组合口粮，简化了在野外为士兵提供膳食的程序。该组合口粮包括 5 种早餐、10 种午、晚餐。每套套餐口粮装在 6 个箱子内，由 1 个托盘运输。每个托盘有 4 层，可供 400 人食用。

美军改进新型速热口粮 据美国《士兵》杂志 1996 年 3 月报道，美国陆军士兵系统司令部正在改进两种新型口粮：自热单兵口粮和自热集体口粮，自热单兵口粮包括主菜、化学加热元件和激活溶液，装在同一盒内。士兵只需抽动调节片，就能激活化学加热元件，在 15 分钟内饭菜就可以加热食用。

自热集体口粮是一种野外食用的自热口粮，每一份口粮有 4 个单装袋，可为 18 名士兵各提供一份餐，包括主菜、蔬菜、淀粉食品、甜点心等。只需约 2 升水就可以激活加热元件，迅速加热集体口粮。以上两种新型口粮运输轻便，食用方便，能轻松地供应野战热食。目前，美陆军食品专家们正在试用不同的包装技术，改进加热元件和激活盒，以便更加简便。

美军推出3种新型野战厨房　据1995年《军用食品与包装系统研究》报道，美军纳蒂克研究中心已成功地研究出“组合式单元炊具集中加热技术(MATCH)”并应用于正在改进的3种新型野战厨房中。新型野战厨房与过去的机动型野战厨房(MKT)比较，具有加工能力强、效率高，可靠性、可维修性好，部署快、操作简便，使用安全、卫生，综合成本费用低等特点。

快速部署野战厨房(RDK)。RDK是将组合式单元炊具集中加热技术设备装载于1.25吨的高机动挂车底盘上，由高机动、多用途、轮式车辆牵引。其主要加工设备有1个烤箱、1个标准型烤盘、3口平底矩形煎锅和1个热水器。为适应多种需要，煎锅备有10种规格尺寸。动力来源于3千瓦柴油发电机，供热设备为1台标准的家用燃油炉。附属设备有储水设备、水泵、洗手池、餐桌和1台冰箱(冰柜)。

RDK可供200～300人就餐，加工能力相当于或优于机动型野战厨房(MKT)，能够制作A、B或T口粮，效率比MKT高60%。车体外挂软体帐篷。烤盘或煎锅工作时产生的湿气和油烟气，可通过烟囱排出。

RDK的研制于1994年9月开始，1995年11月产出样车，然后做各种定型试验；最后将于1996年第4季度推出最终样车。

快速加工食品挂车(FFFS)。快速加工食品挂车采用组合式单元炊具集中加热技术，适用于前方部队少量快速食品加工，是在“沙漠风暴行动”中亮相的“小型狼牌炊事车”的改进型产品。该食品挂车炊具设备布局紧凑，整车造价低，车上操作方便。主要设备由烤盘、煎锅、烤箱、热水器、冰箱(冰柜)、中心燃烧器和小型发电机等7个部件组成。

集装箱式厨房(CK)。新式集装箱厨房采用6096×2438×2438毫米的集装箱。箱体内布局合理，有组合式单元炊具和集中加热技术设备。箱体的一端安置1台吸收式冰箱；另一端安置5千瓦或10千瓦的发电机、导热油加热器、热水器等3台设备；中间安装炊具设备。它可满足550人就餐。箱体两侧扯挂两顶帐篷，一侧加工，一侧就餐。经试验证明，快速加工食品挂车和集装箱厨房混合搭配装备部队，会更好的满足部队实际需要，且更经济合算。

美军研制新型野战燃烧器　据美《士兵》1995年第9期报道，为加快野外作饭的速度并提高效率，美陆军士兵系统司令部开发出M-2燃烧器的替化品——新型野战燃烧器。

旧式M-2燃烧器，主要用于野外加热与做饭，但操作复杂使用困难。使用前需对燃料罐注气加压，点火需在灶体外进行，预热至稳定燃烧时间长达30分钟。

新型燃烧器采用了电子燃料泵系统，取消了给燃料罐加压这一环节；采用自动电子点火器，取消了单独预热过程，实现了灶体内直接点火的目的；采用封闭供油系统，使补给燃料更加方便。新型燃烧器1995年12月定型，1996年装备部队。

德军研制HMCK移动式集装箱厨房　德军HMCK移动式集装箱厨房是德国“卡秋”公司研制的。该厨房安装在20英寸的国际标准集装箱内，可全天候使用。厨房内配有空调换气设备。在野外，2小时内3名士兵可做出350人份饭菜，装载在卡车上可在行进中制作饭菜。目前这种集装箱厨房除德军装备外，还供应美国陆军、空军、边防军及警察部队。

该厨房主要设备和技术参数：外形尺寸为6058×2438×2428毫米；柴油加热的组合蒸箱用8块金属板制作，采用热风技术供热，可以煎炸、蒸、烘烤各类食品；双层加压烧煮锅的容积为150升，可快速加压到0.5巴，由双层不锈钢外壳制成；高效加压煎炸锅的容积70升，其热量分布均匀，可快速高效地煎炸薯条、肉排等食品；柴油燃烧器可无级调节，可靠性高，可根据需要配置(4—5个)，可提供高达100千瓦的热功率；冰柜的容积为1200升，可调温度范围为－6～＋6℃，它可储存600人份食物；自带发电系统的发电机组容量为15～20千瓦，可昼夜不停地发电；运输方式多样，在标准集装箱上加装门锁后，可用卡车、火车、轮船运输，也可用直升机吊运。若用合适的吊装机在几秒钟内可吊装完毕。

德军研制新型挂车式野外面包房　新型挂车式野战面包房是德国海森公司生产的一种双轴四轮挂车，是一种高机动性的炊事装备。该挂车式野外面包房运输形式多样，既可以用主车牵引、集装箱运输，也可以用直升机吊运。这种面包房由4～5人操作，30分钟可以展开作业，8小时能生产50克的面包卷3600个，或1000克的白面包200个和1100克的黑面包500个。该挂车式野外面包房装载的主要设备有热水加热器、螺旋式合面机、发酵箱、烤炉、工作台以及6.6千瓦的柴油发电机组、帐篷等。

(王书勤)

运输装备　1995～1996年，各国军队发展后勤运输车辆的主要做法：一是增加经费投入；二是在采购新型车辆的同时加大对在役车辆现代化改造的力度；

三是积极发展车辆配套技术设备,提高车辆性能。

美军增加轮式车辆的经费投入 根据1996财年的国防预算,美国会拨款委员会建议增加对轮式车辆的资金投入。为此,美陆军高机动性多用途轮式车的采购费申请额在原来5770万美元的基础上又增加了5200万美元,作为更新车辆和维护生产线的资金;中型战术汽车的投入资金从3970万美元增至1.497亿美元;重型战术汽车申请的59.6万美元也大幅度提高到1亿美元。国会拨款委员会认为,单靠采购大量新型车来满足战场需求是不可能的,还必须对部分现役车辆进行改造。为此,国会拨款委员会分别出资100万美元和1000万美元来延长2.5吨和5吨战术汽车的服役年限。延长这两种战术汽车服役期限计划的初步工作经费为220万美元,拨款时加倍批给。经过改造的2.5吨车,其性能相当于新式中型战术车的80%,而费用只有它的60%。高机动多用途轮式车的设计使用寿命为14年,由于该车平均使用时间目前已达6年,因此美军也开始考虑制订该车的延寿计划。另据英国《简氏防务周刊》1996年3月2日报道,美海军陆战队计划1999～2010年间投资23亿美元用于轮式车辆的现代化。到2000年及其后4～5年,美海军陆战队打算将其可得到的采购费的50%投向卡车,到2003年将完成5吨卡车的采购,并将完成MK48系列8×8后勤车辆50%的大修工作。

美军继续采购重型运输车辆 据瑞士《国防军事》杂志1995年10～11月号报道,美国奥什卡什公司宣布,美国陆军向其订购了185辆重型扩大机动性战术卡车,总价值为3360万美元。这份补充合同将使该种车的生产延续到1996年7月。另外,美国海军陆战队也已向该公司订购了149个后勤车辆系统(45辆牵引车和104辆挂车),这份总价值为2170万美元的合同包括续订64个后勤车辆系统。

美军高机动性多用途轮式车向重型化方向发展 美军开始装备高机动性多用途轮式车(HMMWV)不久,就和美国通用公司探讨扩展HMMWV车的用途和增强其乘员防护水平。但是,增强防护水平就意味着要增加车辆载重量。这样以来,该车3.9吨底盘的承载能力就无法满足要求。因此,通用公司设计了承载量较大的新型底盘用于轻型火炮牵引车(底盘重4.264吨)和重型方舱运载车(底盘重4.536吨)。HMMWV的载重量加大型车(ECV)进一步把底盘重量增加到5.488吨,以满足装甲防护和载重量增加的要求。该车采用了通用公司新生产的190马力涡轮增压柴油发动机,所以仍保持了高机动性。这种新型发动机的比功率为31.4马力/吨,而重型HMMWV车则为30马力/吨。ECV样车完成后在阿伯丁试验场进行了试验。美陆军坦克-机动车和军械装备司令部把ECV的型号确定为M-1113,以ECV底盘为基础的变型车有XM-1114(供部队侦察用)、XM-1115(用于空军基地安全和防卫任务)和XM-1116(用作武器运载车)。

美陆军改进重型扩大机动性战术汽车 据英国《简氏防务周刊》1996年报道,为提高后勤车辆的性能并节省经费,美陆军和美国奥什卡什公司正在对现役重型扩展机动性战术载重车(HEMTT)进行改进。奥什卡什公司1982年开始生产HEMTT,到目前为止总产达1.3万多辆。HEMTT系列载重车的5个基本车型是M-977载货车、M-978型9500升加油车、M-983牵引车、M-984抢修车和M-985带重型起重机的载货车。1995年9月,奥什卡什公司接受了一份解体检修123辆HEMTT M-977型车的合同。有关人士认为,这一计划将使HEMTT车辆进入第3代。被解体的HEMTT将送到新车的装配线进行检修,为其换装新型子系统,使其与新车无任何差别。解体检修计划还可以扩展到M-985、M-987等车辆,"扩展维修计划"比现有的解体检修增加了一些新的子系统。奥什卡什公司已将新的子系统在增强型HEMTT上试用,使该车成为陆军机动性最强的载重车。增强型HEMTT的主要改进内容是增加独立悬架、加装中央轮胎充放气系统和采用永久润滑部件。使用独立悬架后,车轮上弹簧的行程比目前的设计标准增加了1倍,乘员和货物更加平稳,牵引力和离地间隙均有所增大。此外,涉水深度也由1.2米提高到1.5米。中央轮胎充放气系统可供司机在任何条件下将车辆性能调整到最佳状态。永久润滑系统包括传动轴、球铰接件和控制臂枢轴,能确保更好的野外使用性能,并能节省维修保养费用。

美海军改进后勤运输车 美海军现役中型战术汽车的基型车为M-809和M-939系列5吨6×6运输车。该系列车目前平均服役时间已达10.4年,2002年便到更新之年。1994年3月,美国海军制定了一个关于更新中型战术车辆的战术技术要求文件。更新车辆除依靠购买新车外,还要对部分在役5吨车进行翻修,目前已与美陆军正式签署了车辆翻修合作备忘录。美海军的重型战术车辆主要是MK-48系列后勤保障车辆系统(LVS),使用年限为22年,目前平均服役时间为9.1年,2005年应为更新之年。目前,美海军要求在机动性、载重量、人机工程学、可靠性等方面对LVS进行深入改进,如改进悬挂系统、刮水器、座椅安全带等,还计划安装中央轮胎充放气系统,以便使其载重量提高到越野条件下 12.5 吨和公路条件下 22.5 吨。

美军生产出车辆轮胎更换专用车　据美国《陆军研究、发展与采购报告》1995 报道，美陆军坦克-机动车研究、开发和工程中心(TARDEC)生产出移动式轮胎更换站——轮胎更换专用车，用于更换 M-747 重装备运输车的轮胎。M-747 为重型半挂运输车，用以运输和维修 M-60 坦克、M-1 坦克和其它重型履带车。M-747 所用轮胎宽度为 480 毫米，以往更换时采用如下两种方法：一是使用 3 个大型撬杆将轮胎装到车轮上或从车轮上卸下，这种方法往往由于用力过大而给轮胎造成损害；二是先将车轮从车上卸下，再到专门的更换站去更换轮胎，每更换一次需要花费 60～80 美元。TARDEC 1993 年 2 月完成第 1 台轮胎更换专用车的设计和制造，它由 1 台 5 吨 M-128 挂车和装卸轮胎所需的全部设备构成，具体包括 10 千瓦发电机、大容量空气压缩机、5000COATS 型充气轮胎更换机、轮胎支撑用安全栅及一个电动绞盘。除轮胎更换机外，其余设备均为美军现用设备。轮胎更换专用车可用于更换美军现使用的所有尺寸的轮胎。1993 年 4 月 5 日，该装备在美国德克萨斯州进行了演示试验，在试验现场更换了 4 个 M-747 挂车轮胎，每个轮胎更换时间为 30 分钟。目前，至少已经有 12 台车辆轮胎更换专用车正在生产中。

美军汽车将装备防撞系统　据美国《陆军研究、发展与采购报告》1996 年报道，美军的高机动性多用途轮式车辆(HMMWV)、轻型战术汽车和整装整卸运输车将装备由美国国家汽车中心与美国 DELCO 电子公司合作研制的防撞系统，目的是通过最佳途径提供车辆周围潜在事故信息，及时警告驾驶员采取相应措施，避免发生碰撞事故。目前，美军的 HMMWV 车已开始装备 DELCO 公司的第 2 代碰撞预警系统。该系统由 2 个前传感器、后传感器和侧传感器组成。前传感器单元由单机结构微波集成电路、专用方向性天线、微处理器和数字信号处理器组成，采用一狭窄波束扫描车辆前方道路情况。后传感和侧传感的结构与前传感器相同，但性能略低。前传感器探测目标最远距离可达 28 米，侧传感器可捕捉 4 米以内或 1 个行车道内的目标，后传感器感应范围为 7 米。传感器由控制显示单元(CDU)供电，CDU 有主电源开关和制动开发，安装在驾驶室靠近仪表板处。传感器上方装有目标探测灯和蜂鸣器，灯光和声音重复间隔的长短与车辆到目标的距离成正比，持续的灯光和声音表示障碍物的位置很近，非常危险。据报道，这种汽车防撞系统单个造价为 2400 美元，成批购买可望降至 1000 美元以下。

美军用计算机设计和模拟试验方法研制军用车辆

据美国《陆军后勤工作者》1995 年报道，美陆军坦克-机动车研究、发展和工程中心(TARDEC)目前采用计算机设计和模拟试验方法开发新型军用车辆，大大缩短了车辆从设计构思到成品的时间。利用这种方法，工程师可根据用户对车辆的要求建立三维计算机模型，并在模拟环境下对车辆进行各项试验，了解车辆在崎岖路面的行驶情况，是否易于被敌人发现，以及抵御敌人袭击的能力如何。三维模型形成以后，还要由驾驶人员亲自检查是否有疏漏之处，并进行细节性修改。这种模拟试验可以反复进行，以保证车辆顺利投产。

俄军发展新一代军用车辆　据俄罗斯《军队文集》1996 年第 4 期报道，根据新军事技术政策的规定，俄罗斯军队积极发展新一代军用车辆。俄罗斯有关汽车制造厂按照俄国防部装甲汽车和坦克兵总部的统一安排，参加新一代军车研制：乌里扬诺夫汽车制造厂研制出载重量为 1 吨的乌阿斯-3172 型客货两用汽车，已通过定型试验。该车是乌阿斯-3151 型汽车的替代型产品，战术技术性能不次于国外同类优秀产品，但由于经费短缺，目前还不能投入批量生产。高尔基汽车股份有限公司研制出载重量为 1.5 吨的高机动多用途军用车辆，用于部队的战斗保障。该车安装了多燃料六缸风冷式柴油发动机，功率为 175 马力，最高车速 120 千米/小时，通过土质道路的速度是 55～60 千米/小时，在越野性、抗破坏性和涉水性等方面优于美军载重量为 1.13 吨的 M998 型车。嘎斯股份有限公司从 1992 年起开始进行嘎斯-6611 型汽车改进型的研制工作。该型车采用功率为 116 马力的四缸风冷式柴油发动机、可充放气式轮胎，增加了载货容积，载重量达到了 2.3 吨，越野性能和续驶里程均有所提高。吉尔股份有限公司 1989 年就开始实施柴油发动机汽车车族计划，由于一系列原因，该计划目前处于困境，但利用该计划研制的汽车底盘制造出了 6×6 吉尔-433420 型多用途汽车。该车采用功率为 170 马力的吉尔-6451 型柴油发动机，据称有希望投入批量生产。乌拉尔股份有限公司研制出了安装有功率为 240 马力的 ЯМЗ-238 型发动机的乌拉尔-4320-31 型汽车。试验表明，该型车主要战技性能指标与乌拉尔-4320-02 型汽车基本相同，但载重量、单位功率和悬挂拖车系统等指标上均超过了乌拉尔-4320-02 型汽车。乌拉尔股份有限公司研制的乌拉尔-5323 型汽车，使用了功率为 260 马力的卡玛斯型发动机，主要作为重量不超过 10 吨的武器或技术装备的载体。该公司还将根据军队的需求研制 4×4、6×6、8×8 多种规格的汽车。卡玛斯汽车股份有限公司进一步完善了制造 AMH 汽车车族的工作。该车族汽车的载重量为 4～10 吨，包括 4×4(4 吨)、6×6(6 吨)和 8×8(10 吨)的汽车。科学研究表明，载重量从 4～10 吨的汽车，可以提高通用化程度，即近 70%的汽车部件和大约 90%的汽车零件可以在同一条流水作业线上组织生产。这种车族的汽车批量生产并提供给军队后，可以全方位降低损耗，减轻专业训练人员的负担。

日陆上自卫队采购新式多用途轮式装甲后勤保障车 据日本《朝云》1996 年 1 月 4 日报道，为了适应 2000 年作战的需要，日陆上自卫队 1996 财年拨款正式采购 8 轮新式多用途轮式装甲后勤保障车。日军认为轮式装甲后勤保障车与履带车相比具有很多突出的特点：一是造价低，经济效益好；二是越野机动性虽不如履带车，但道路机动性能优异；三是速度快，行程远，车速每小时可达 100 千米，续驶里程可达 1000 千米；四是构造简单，故障率小，使用和维修费用低。日军的 8 轮新式多用途轮式装甲后勤保障车由日防卫厅技术研究本部和日本小松制作所共同研制，基本型为人员输送车，在此基础上研究其他变型车。

日本研制出无人驾驶运输车 日本三井造船公司最近研制成一种可在复杂路面上行驶的无人驾驶运输车。该车装备有独立的自动操纵系统，用事先编制好的程序自动选择行进道路。配备的激光雷达能识别车辆前方 50 米以内的行人或其他障碍物，自行调整方向，控制车速，即使在凹凸不平、高低相差 25 厘米的复杂道路上也能以 25 公里的时速行驶，行驶线路误差不超过 10 厘米。

德军即将装备整装整卸运输车 据德国《国防技术》1996 年第 2 期报道，德军即将装备整装整卸运输车。整装整卸运输车是德军第 3 代汽车的重要组成部分，它由运输车辆底盘、载货托盘和整体自动装卸系统 3 部分组成，主要用于大型装备、物资和弹药的集装化运输。德军计划装备两种整装整卸运输车：一种是 15 吨 8×8 军用越野整装整卸运输车，由德国曼恩公司和阿特拉斯公司合作生产，1995 年底已完成技术试验和部队使用试验。曼恩公司研制的载重车型号为 32.403VFAEG 型，采用功率为 294 千瓦(400 马力)的 ZF16S-160A mit WSK 型发动机，涉水深度为 1.2 米。阿特拉斯公司负责研制 ATLAS Weyhausen AWL 172T 型整体自动装卸系统。德军将采购 358 辆，计划装备陆军师级野战部队。另一种是 14 吨 8×8 和 8×6 整装整卸运输车，目前正在对用曼恩公司和依维柯公司车辆底盘组装的整装整卸运输车进行对比试验。依维柯公司提供的汽车底盘为 320E42W 型，装用功率为 309 千瓦(420 马力)的 ZF 16S 2210 OD mit WSK 型发动机，涉水深度 0.75 米。曼恩公司提供的汽车底盘为 32.403VFX 型，装用功率为 294 千瓦(400 马力)的 ZF 16S-160A mit WSK 型发动机，涉水深度也为 0.75 米。两种车型均采用阿特拉斯公司为 15 吨 8×8 军用越野整装整卸运输车提供的整体自动装卸系统。德军计划从 1998 年开始装备这种车，采购数量为2242 辆。届时，德军整装整卸运输车的装备总量将为 2600 辆。德军对其整装整卸运输车提出如下战术技术指标：一是具备通常的民用性原则；二是军用有效装载量 14 吨；三是与美、英、法等国整装整卸运输车具有共容性(托盘的通用互换性)；四是民用运输车改装为半军事化车辆在部队使用时应具有灯光隐蔽性能和转盘式枪(炮)支架，并涂有抗化学作用的伪装油漆；五是驾驶室可容纳 3 人，并可供驾驶员或乘员休息；六是使用寿命不低于 20 年。德军认为，整装整卸运输车的装备，必将大大提高联邦国防军的战区物资和弹药运输效率与保障能力，它可减少 1.3 倍的人力和 60%的运输车辆，并能大大缩短战时物资和弹药的供应时间。

德军装备 SW-4 型特种车 据德国《士兵技术》1995 年报道，德国防部 1995 年 6 月决定为陆军部队装备 121 辆新型 SW-4 型特种车。该车主要用于陆军战场指挥管理和监督检查；防暴警察部队和宪兵部队应付突发事件；取代当前边防巡逻和远程通讯部队使用的一般车辆。该车额定总重 11.6 吨，采用乌尼莫克新型车辆底盘和 124 千瓦 6 缸柴油发动机，最高时速 96 千米，续驶里程 720 千米，涉水深度 1.2 米。该车在陆军使用时可容纳 7 人，作为人员运输车可运载 10 人。装有三防通风管道、防弹轮胎、火警信号和消防设备以及紧急信号系统等。车顶装有 3 个球形机枪支架，车尾装有 1 个 3 吨绞盘，前端可装 1 个铲斗，用以清除道路障碍物。

英国研制成功刺不漏轮胎 英国最近研制成一种刺不漏轮胎，即使被 3 厘米长的钉子扎破也不会漏气。这种轮胎是该公司用一种"多重封锁气液"的液体对普通轮胎进行处理而获得的，该液体的主要成份是防弹背心中使用的开夫拉复合材料。该公司负责人称，用这种液体处理过的轮胎，即使子弹也破坏不了。可以预言，这种特殊液体将具有重要的军事用途。

法国陆军改造在役老式军用汽车 据法国《陆军杂志》1996 年第 75 期报道，为了充分发挥在役的 GBC 8KT 型车的作用，节约有限的经费，法国陆军决定用先进的技术和部件对 GBC 8KT 型车进行改造。法军改造 GBC 8KT 车的原则：一是保留底盘、6×6 传动系统、差速锁、双后桥和车身。二是更换驾驶室、发动机、变速器、离合器、电路和制动管路。该车改造后驾驶室将有两种形式，一种为钢板式，另一种为便于空运的篷布式。发动机将采用 TRM 180-11 新型军用卡车装备的 MIDR 06-0226 型发动机。变速器采用"埃阿通"(Eaton)型变速器。电路采用现役 TRM-2000 型 2 吨军用卡车的电路。制动管路符合欧共体的标准。改造后，GBC 8KT 型车的性能将会有明显改进，发动机功率由原来的 125 马力提高到 175 马力，最高车速由原来的 80 千米/小时提高到 90 千米/小时，百公里油耗为 30 升。据称，1 辆改造后的 GBC 8KT 车可以再行驶 25 万千米，所花费用只有 1 辆新车费用的一半。法国陆军计划总共改造 5000 辆在役的 GBC 8KT 型卡车。整个改造计划分 6 年完成，1996 年开始，2001 年结束。

法国研制出轮胎保护装置　据马来西亚《亚洲防务杂志》1996 年 1 月号报道，法国哈切森公司研制出一种轮胎保护装置，可使轮式装甲车轮胎在泄气时继续行驶，从而大大提高轮式装甲车的安全性和机动性。哈切森公司称，它生产的 VFI/VPPV 轮胎保护装置放置在轮胎里面，由于采用橡胶制品，因此不象金属装置那样在轮胎低压行驶时损坏轮胎。在使用过程中，VFI/VPPV 装置将轮胎边缘锁定在轮辋上，从而防止了轮胎在轮辋上打滑，避免轮胎与轮辋分离，并保持轮胎边缘的气密性。这样就可避免沙子、小石子等异物进入轮胎。同时，VFI/VPPV 装置表面的齿(或冠)可限制轮胎扁瘪，从而延缓胎壁的损坏。VFI/VPPV 装置现已通过了欧洲 20A5 标准和美国军用标准。使用该装置后，车辆在轮胎漏气的情况下仍可保持 50 千米时速。现在，VFI-VPPV 装置已广泛应用于轮式装甲车和其他战术后勤车辆，并受到广大西方客户好评。

南非军队装备重型半挂汽车列车　南非格朗特·高尔及松斯公司目前正在为本国军队生产一种新式"超力"重型挂车汽车列车，供部队运送坦克、推土机等重型装备。该汽车列车包括 3 轴式或 4 轴式的半挂车以及 4 轴、8 缸直列发动机的牵引车。整个列车装有可控的重型载重悬架系统，可在崎岖路面上行驶，维修保养也十分方便。"超力"型半挂车在松软路面上通过能力很强，适于在沙质道路条件下使用。据称，该汽车列车除装备南非军队外，还将出口到非洲、中东和远东一些国家或地区。

(巨文新)

油料补给装备　1995～1996 年，世界各国在对现役油料补给装备进行技术改造的同时，也在积极研制、生产新一代产品，努力提高油料补给装备的战术、技术水平和标准化、通用化程度，为部队装备轻便、机动、灵活、实用的油料补给装备。

美国推出"罗伯逊"油罐系统　据美国《国际武装部队杂志》1996 年报道，由美国罗伯逊公司生产的"卫士"辅助油罐系统由 3 个 800 加仑油罐组成。该系统主要用于"支奴干"直升机货舱内为直升机供油，使其续航里程成倍增加。该系统安装简便，使用机上硬件设备在 20 分钟内就能装好或卸下。油罐系统具有较高的抗毁性和生存性，自密封油罐已通过 12.6 毫米口径枪弹和 20 毫米火炮射击，以及 20 米高度空投试验，没有出现渗漏现象。机上配备一套前方地区加油设备，即 1 台 120 加仑/分油泵和 50 毫米直径输油软管，即可形成一套直升机加油站，可为 60 米以外的 2 架飞机或作战装备同时加油。

美军制定地下储油罐新技术标准　最近美军出台了一项关于地下储油罐服役标准的正式规定，要求所有地下储油罐在 1998 年以前必须达到标准的技术参数要求，否则将不得继续使用。标准的技术参数是：平头圆筒形玻璃纤维或钢制储油罐容积为 500 加仑(1890 升)～50000 加仑(189000 升)，直径为 1.22 米～3.66 米，罐长为 1.52 米～18.3 米。大部分地下储油罐应安装 101.6 毫米长的立管；部分容积较小、使用时间较长的储油罐应至少安装 50.8 毫米或 76.2 毫米长的立管。据悉，美国目前正在使用的油罐大约有 200 万个，美军中正在服役的地下储油罐约有 2 万个。由于这些油罐大都建成较早，其设计和安装技术远远落后于时代的要求，漏油事故时有发生，有的甚至发生严重的爆炸事件，为此，美军正加强油罐的管理工作。

美军开始生产 M-1091 型加油车　据英国《简氏军事后勤装备年鉴 1995～1996》报道，M-1091 型加油车是美国陆军新研制生产的中型战术车辆家族的一员。该车采用 M1083(6×6)标准 5 吨卡车底盘，油罐载油量为 1500 加仑，车自重 11177 千克，载重(油)6021 千克，牵引重量 9526 千克，车长 8.054 米，宽 2.438 米，高 2.845 米(空运时 2.680 米)，最大时速 94 千米，续驶里程 483 千米。目前，该车已开始系列生产。

美军手提式十六烷值测定仪问世　美国陆军贝尔沃燃料与润滑剂研究中心最近研制成功手提式十六烷值测定仪。该测定仪由定容燃烧弹、单点燃料喷射系统和数据采集及分析系统组成。定容燃烧弹的主体结构为长约 10 厘米、直径为 5 厘米的不锈钢圆柱体，其一端安装有水冷压电式压力传感器，另一端有燃料喷嘴。单点燃料喷射系统主要由内向式针栓喷嘴和柱筒、柱塞组合装置组成。数据采集及分析系统用于化验数据的采集和分析。手提式测定仪主要利用燃料的滞燃与十六烷值的相互关系，通过测定燃料的滞燃期确定其十六烷值。由于美军目前使用的大部分战术车辆均为柴油驱动，因此，对柴油燃料进行快速与准确的化验已经成为战场油料保障的一个相当重要的技术课题。十六烷值测定仪的问世实现了建制和缴获的柴油的快速化验和接收，从而提高了部队的机动性和战斗力。据悉，这种小型柴油化验箱将用于美军正在研制的野战油料化验车上，直接为战区油料化验服务。

美军研制燃料酸污染检测盒 为防止燃料中加入的酸性污染物对车辆发动机、燃料控制系统和燃料传输装备造成损坏，美国陆军坦克与机动车辆司令部贝尔沃机动技术中心研制了一种检测盒，使战场上的士兵和供油人员用简单方法就可以快速可靠地检测散装燃料中特殊的酸性污染物。这种燃料酸污染检测盒由30个预先装好指标溶液的试管、取样管、安全手套、标准色图和说明书组成，是一种便携式一次性使用检测盒。该检测盒使用了一种特殊的指示溶液（含有0.008%甲基橙和0.002%溴代甲酚绿溶液）。当燃料中含有特殊的酸性污染物时（最低浓度为100PPm），在试管中将这种燃料与指示溶液以1：1溶合，摇晃10秒钟，观察试管底层（水层）颜色变化（与标准色图比较），就可判断该燃料是否被污染。

俄罗斯生产大容量飞机加油车 俄罗斯格拉勃沃专用车辆厂最近开始为俄军生产30立方米的飞机加油车。该车的设备均符合国际标准要求。这种9623型加油车采用MAZ-93866半挂车辆底盘，由MAZ-64221卡车牵引；油罐采用3个油舱，额定容量30000升，空车质量9440千克，满载质量35000千克；最大尺寸（半挂车/整车）10510/13160×2500×3160毫米；该车设2套电动或汽油机加油装置，2根加油软管，加油能力为50升/分，燃料过滤精度为20微米；车辆最大时速80千米。此外，该车辆厂还生产9627型飞机加油车，油罐容量为17000升。

德军装备新型公路油罐车 据德国《士兵与技术》1996年第8期报道，德国萨尔工业公司在接受订货后仅15周，就于1996年7月27日在弗来森向德军提供了第1辆8×8公路油罐车。该油罐车容量约18000公升，用于油料的运输和转装，采用"依维柯"4轴底盘加钢板弹簧，满载全重32吨。由于考虑到车辆的转弯半径、稳定性、驾驶灵活性等因素，该车的轴距是固定的。所有部件都按标准制造，其中大部分是可更换的。萨尔工业公司将总共制造40辆这种新型油罐车。从第15辆开始，该车将使用克劳斯-玛菲公司生产的驾驶室标准防护组件，用以保护驾驶员免受步枪子弹以及炮弹和地雷破片的伤害。该车的研制特点：一是研制周期短，交付速度快；二是采用了标准防护组件；三是完全由欧洲国家（包括法国、意大利、比利时和德国）共同参与研制。

英国研制新型加油车 据英《简氏防务周刊》1995年10月7日和英《国际防务评论快报》1995年10月报道，1995年10月英国联合动力公司研制出一种新型15000升（8×8）加油车。这种加油车主要供前方油料支援使用，不仅可为履带式和轮式装甲战斗车辆快速加油，而且还可为战术直升机以及垂直或短距起降飞机加油。该车采用了联合动力M系列8×8汽车底盘，经特殊设计的贮油罐由高强度铝合金制成。它能以20升/分的速度同时为4辆装甲战斗车辆加油。由于该车装有加油增压系统，故为飞机加油的速度可达700升/分。该车采用标准式自动变速箱和轴间差速器，8×8全驱动构型和475/80R20大花纹轮胎，致使该车具有很强的越野机动性，时速可达89千米，爬坡能力为44%，涉水深度为1.5米（适当的准备）。该车外形尺寸为10.44×2.8×2.9米，总重为34吨。由于整车设计低且科学合理，故可由C-130"大力士"运输机空运。

英陆军装备新型拖囊式卸加油系统 据英《简氏防务合同》1995年报道，英陆军1995年装备了一种新型拖囊式卸加油系统。该系统不仅可用于在无码头的情况下将运油船的油料卸至海岸，而且可以作为船对船加油设备。另外，将其停泊在近海时，它还可为部队贮存散装油料。由于该拖囊在水中具有一定的漂浮力，所以与陆基油罐相比，不仅不易损坏，而且便于快速实施加油作业。该拖囊式卸加油系统除可为装甲车辆和后勤车辆加油外，还可为飞机和直升机加油。

（杨立明）

维修装备 1995～1996年，随着高技术武器、装备的不断出现和相继投入使用，各国军队在高技术修理装备方面也取得了长足的进步。美军的遥控维修系统、嵌入式故障诊断设备、电子技术手册及涡轮发动机故障诊断系统的问世，标志着现代化高精武器系统的野战维修支援已开始步入电子信息时代。

美陆军研制成重型修理车 据美国《陆军后勤工作者》报道，美国陆军坦克汽车研究、发展和工程中心已研制成一种重型野战修理车，以便对战损车辆进行现场抢修。美陆军装备这种重型野战修理车后，M-1主战坦克等作战车辆将有可能更快地在现场得到修理并迅速再次投入战斗。此车对实现陆军"靠前修理"目标是一个很大的支持。重型修理车实际上是一个修理车间,用陆军最新型的 M-1074 整装整卸车底盘运载。此车长 3.96 米,宽 2.29 米,高 1.98 米。除 1 名驾驶员外,它还可运送 3 名修理技术人员。车上装有装甲防护层,在维修间的 4 壁安装有储物柜和货架,以便存放工具、故障检测设备、维修备件及维修手册等。此车配有 1 台功率为 15 千瓦的辅助电源装置,为车内电动机、工具、电力空压机(供气动设备使用)供电。此重型修理车还安装有吊车,起重能力达 7.5 吨,主要用于为损坏车辆拆装更换发动机。

美军装备坦克维修用计算机软件系统　据美国《士兵》杂志报道,美国陆军坦克修理人员将获得一种用于 M-1 型主战坦克动力装置故障诊断、修理和零备件订货的计算机软件系统。该系统主要用于使坦克维修新手和初学者在动力装置的维修中具有与专家相同的维修技术与能力。该计算机软件包括了逐步检查和排除故障的程序步骤,必要时还自动地提供一份零备件需求清单。它还包括了相互影响的评估方法和故障检查的培训内容,可以帮助修理人员在野战环境中提高故障诊断技能。按照计划,美国陆军从 1996 年开始把该系统装备到装甲师和机步师。

美军开发成维修用"腰挎式"计算机　美国开发了一种重量仅 1.6 千克的"腰挎式"计算机系统,其信息存储量相当于 2 米高的技术资料的内容。该系统可系在维修人员腰间,由一个 486SLC 处理器、4～16 兆位 RAM、2 个必要时可扩展的可更换硬驱(PCMCIA)槽、1 个 105 兆字节 PCMCIA 和 1 个小型转球式指示器或带在手腕上的键盘组成。VGA 监视器安在头盔或头带上,能显示技术手册中文字资料和图表等。头戴监视器的位置在眼睛下方,不会妨碍视线。该计算机系统的其他外设包括:全球定位系统;用于在仓库或船上清点货物的条码读出器;为军队救护人员提供获取最佳医疗信息和专业资料的医用监视器;小型数字摄像机;在现场进行设备检查的数字式多用测量仪;特别适用于固定维修作业的声控装置。目前,美国陆军正在研究将其用于主战坦克和西科尔斯基直升机的维修和紧急救护,并作为未来士兵系统的一部分。美国海军陆战队正在研究将其用于战场维修、侦察和后勤支援。

美军展示新型遥控维修系统　据美国《陆军后勤工作者》1995 年 11～12 月号报道,美军于 1995 年 10 月 16～18 日在华盛顿特区美国陆军协会会议上展示了一种新型遥控维修系统。"遥控维修"是对几种先进技术系统综合利用的一个系统,由陆军军械中心阿伯丁实验场提出,由陆军器材部的路易斯安那州机动特遣部队与肯塔基州诺克斯堡实验室及弗吉尼亚州利堡的陆军联合兵种支援司令部密切合作,将后勤研究与发展方面的新成果综合在一起而形成的。它可使未来战场上武器装备修理和维护人员迅速获得所需维修方面的技术建议与信息,从而改善陆军的维修能力。该遥控维修系统目前包括视频辅助修理系统、士兵支援网络、可穿戴式计算机系统和感觉器官人工智能通信系统。其通信系统与带诊断软件的维修系统已结合为一体,今后还可将其它子系统加进去。视频辅助修理系统能增强一线部队维修诊断能力;在修理人员和专家间提供一种有效的双向视频/音频联系;能迅速提供来自"全球网络"的视频、音频信号;可在前方修理人员与后续支援基地间提供无线音频、视频信号及数据资料通信。系统接通后,使用者还可拨号进入陆军军械/化学品采购和后勤机构的士兵支援网络。可使修理人员对 M-1 系列主战坦克及 AGT-1500 型涡轮发动机的状况作出正确评估,同时可对武器系统的故障作出预测。有关数据资料能实时地传输至维修仓库,以便进行故障诊断和预诊,从而有效地提高了 M-1 系列主战坦克的战备水平。

美军研制嵌入式故障诊断设备　为了更好地适应高技术装备维修的需要,美军开展了嵌入式诊断技术的研究开发工作,并最终选择了芯片诊断(DOC)。嵌入式诊断是一种在武器系统或其部件内部嵌入智能化微处理器,以便能够及时、独立、自动地提供武器系统运行情况的信息,并提示维修方法的高新技术手段。美军设想的嵌入式诊断具有实时诊断、节约时间,自行诊断、减少耗费,减少环节、提高效率,提供多种辅助功能等特点。不管武器系统的故障部位是可更换部件(LRU)还是很小的零件,以上这些功能都可以实现。

美军开发维修用交互式电子技术手册　目前美军正积极研究将文本式技术手册转换成电子式技术手册。在一般情况下,交互式电子技术手册包含在 1 台便携式加固型计算机中。有关技术数据存储在计算机的大容量只读存储器中,维修人员可以快速存取技术数据,无需保存和运输大量笨重的技术手册,减少了所需的专用测试仪器,使诊断工作简单易行,缩短了维修所需的时间。迄今,美军准备为其多种武器装备系统配备交互式电子技术手册,主要包括:M-1A1 主战坦克、M-119 榴弹炮、M-2/M-3"布雷德利"战车、"复仇者"地空导弹系统、"陶"式反坦克导弹、"爱国者"地空导弹系统、"阿帕奇"攻击直升机、"科曼奇"运输机、全信息源分析系统、"霍克"导弹雷达系统等。其中"霍克"导弹雷达系统的交互式电子技术手册已经正式配发部队,并在1991年的海湾战争中使用。

美军装备便携式光学维修设备 这是一种安装在头盔上的很轻的目镜，它将维修操作人员与交互式电子技术手册联系起来，操作人员可通过目镜阅读技术手册的内容。便携式光学维修设备中所使用的微处理机尺寸很小，可以佩带在维修人员腰部。

美军装备传感器、人工智能和通信一体化维修系统 该系统能将大故障出现之前将其诊断出来，然后将本车的故障信息传送给本部门指挥官所在的车辆，并通过"辛嘎斯"单信道地面和机载无线电系统将故障信息传送给营或旅级维修管理中心。信息内容包括：系统故障情况、出故障的子系统、出故障系统的位置坐标等。该维修系统可以保证准确的故障预测和诊断，并向上一级维修中心发送配件需求信息，从而加快维修过程。

（王达伦）

野营装备 **美陆军研制出新式隐形帐篷** 美陆军航空与战略防御司令部已设计出一种现代隐形帐篷。这种隐形帐篷采用开夫拉材料制作，能保护内部人员不被弹片伤害，其形状可使雷达波偏折。新帐篷也可抵御轻武器和间接火力的攻击，并具有核生化集体防护能力。该帐篷的支杆及其固定件采用铝合金或不锈钢制成；为减轻重量和降低成本，也可采用塑料、玻璃纤维或复合材料。帐篷篷布采用能快速开合的尼龙搭扣连接。美陆军计划于2000年前后装备这种大型平顶棱锥体帐篷，取代几千顶老式集体用帐篷。

美陆军装备新型班组帐篷 据美国《步兵》杂志1995年第5期报道，美陆军将采用新型士兵班组帐篷取代现行的轻型六角帐篷。这种新型班组帐篷内部面积约11.2平方米，中间高度约1.47米，总重量约40千克。整套帐篷包括棉制衬里、外层帐布帐顶、支撑标杆、地桩、篷面、帐篷展开用齿轮装置、顶篷和维修工具袋等。该帐篷篷面为双色，一面为绿色，一面为土黄色或白色。此帐篷展开撤收十分方便，2名士兵在2分钟内即可完成。试验表明，这种帐篷具有良好的使用性能，可经受极端气温和大风的考验。

美海军陆战队装备新型防水睡袋 据美国《海军陆战队公报》1996年第1期报道，美国海军陆战队开始装备一种新型的"比威"(Bivy)野营睡袋。该睡袋采用百分之百的"高尔泰克斯"(Gol-Tex)防水纤维制成，其尺寸与美国新型标准睡袋一致，可与标准睡袋配套使用，也可以单独使用。它能为使用者提供良好的防风和防水保护。目前，美海军陆战队已拨款1420万美元，准备1997年为所有陆战队队员每人配发1个，以提高他们野外宿营的能力。

美陆军装备新型发电机 据美国《士兵》杂志1995年报道，美国陆军订购的首批新型战术无噪音发电机最近已装备驻布拉格堡的陆军部队。根据计划，该发电机到90年代末期将取代美国国防部现有的13.2万台不同规格标准的发电机。这种发电机的主要特点是其噪声和热输出较以前的装备降低80%，从而大大提高了战场生存能力；其燃料采用柴油而不是汽油，油耗也减少了40%。此外，新型发电机的可靠性也较以前的装备提高了1倍。

美军研制出净水输送系统 据美《陆军后勤工作者》1996年第3期报道，针对海湾战争中供水出现的问题，美军现已研制出一种新的净水输送系统（软管输送系统）。该系统同3000加仑/小时改进型海水（或苦碱水）淡化装置配套使用后深得美陆、海、空三军的欢迎。目前，它正广泛用于美军的军事训练中。这种净水输送系统由输水软管、水泵、储水袋、运水车和半挂运水车组成。它的作用是将经海水淡化装置淡化后的饮用水分2级输送：第1级为方圆10英里作战地域，采用软水管线输送；第2级为10英里以外地域，通过半挂运水车和运水车组成的汽车列车运输。输水软管流量为600加仑/分钟，每个储水袋容量为2万加仑。

德国展示CFL-60洗衣房系统 据德国《国防技术》1995年第6期报道，德国卡歇尔公司最近向国外展示了该公司生产的CFL-60洗衣房系统。该系统安装在国际标准的集装箱单元之中，能够在－33℃～＋68℃的气温条件下开展工作。CFL-60洗衣房设备是在德国陆军的帮助下，吸取在索马里作战行动的经验研制的。该设备重10吨，采用1台125千瓦发电机提供动力，并装配有净水1000系统。CFL-60可干洗、水洗、凉干60千克衣物，耗水量为300升/小时。该系统可使"脏"和"净"衣物始终保持分开状态，从而避免了再次污染。该系统还配有两顶工作帐篷，供洗衣房展开工作和再次包装撤收时使用。

英国推出SW-8型便携式太阳能净水装置 据马来西亚《亚洲防务月刊》1996年第4期报道，英国专门设计和生产便携式净水装置的普雷-玛斯公司，最近推出一种新型太阳能净水装置即SW-8型便携式太阳能净水装置。SW-8属于普雷-玛斯公司设计的JWP便携式净水系列产品，它分7个步骤对地表水源进行净化处理，可将受到高度微生物污染的水净化为安全、清洁的饮用水。它具有体积小、重量轻、便于携带、高效、使用方便等特点，日净水量达1500升，可供200人饮用。SW-8型净水装置为一完全独立系统，由4块太阳能板提供能量,不需其他常规能源。同时,该装置也提供了备用能源接口,在必要时可借助手摇发电机或12伏的电源工作,从而使用更加灵活、方便。因此,该装置十分适合各种野外工作者以及部队使用。

法军装备新型便携式净水器　据法国《陆军杂志》1995年第65期报道,法军正在装备由法国MENGIN公司新研制的F-1型便携式净水器,用于从任何地面水源中为排建制单位制取和供应饮水。该净水器是一种特殊用途的装备,每小时可净水200升,一次更换过滤器可连续净水1200升。该净水器包括1根吸水管(长8米,管端装有滤网)、1个手摇活塞泵和1个机闸密封体(里面有各种过滤器及活性碳)。净水系统利用过滤器过滤和活性碳净化可以消除水中的悬浮物质、有机污染物、细菌以及重金属微粒。整个净水器装在1个带箱的袋里,箱子既能起保护作用,又便于净水器携行。该净水器总重18千克,法军计划装备630个。

(刘松林)

仓库搬运装备

美军实施全资源可视性计划

美陆军战略后勤局和陆军器材部正在欧洲设置全资源可视系统。该系统使贮存、使用、采购和维修中的物品均具有可视性。美国国防部第1套永久性在运物资可视系统已为美国陆军司令部所采用。美陆军成功地利用这两种系统跟踪了往返海地、索马里及波黑的部署物资和持续保障物资,能够对补给品的请领进行定位、查明和处理。在运物资可视系统利用射频磁条,固定和手持询问器以及与卫星联接的计算机系统跟踪物资分发系统补给品的调运情况,可使全资源系统一目了然。目前,美陆军正在欧洲地区、韩国和应急部队推广使用全资源可视系统,并制订了一个汇总中心方案,使数据资源集中、共享,此外还利用该系统对剩余物资进行再分配,以节约开支。

美军装备新型越野叉车　据瑞士《国防军事》杂志1996年第5期报道,美国特莱克国防公司开始生产首批美军订购的1200辆"阿特拉斯"全地形越野叉车。该叉车举升重量约4.5吨,举升高度达6.7米,主要供美国空军在恶劣地形上装卸集装箱或运输托盘化物资。叉车配备1台功率为150马力的"卡明斯"式6缸柴油机和1台具有3个前进档和3个倒档的芬克式自动传动装置。

美军装备海上预置仓库船　美军3个仓库船队已配置于各大洋,7天以内,仓库船队能够抵达世界上几乎所有的海岸,使美军可以在世界任何区域及时展开部署,执行任务。

仓库船一般是按作战特点改装的滚装船或集装箱船,每艘仓库船长200～250米,宽30米左右,运载能力为4～5万吨,航速达18～20节,每昼夜可机动400～500千米。船上除装备各种起重装卸设备外,还配备2艘小型登陆艇、1艘小拖轮、4艘自行平底船、6艘非自行平底船,并设有1个大型直升飞机的着舰设备和检查维护装备物资的修理所。4至5艘船组成1个船队,各船队的指挥官为海军上校。仓库船具有很强的作业能力,利用栈桥可在3天内、从海上利用平底卸载船可在5天内完成卸载。在浪高1.7米、风速每秒25米或潮流每小时5400米以下的气象条件,仓库船仍能实施卸载作业。

每个船队装载供美军一个海军陆战旅16500人30天作战的作战装备、支援装备和补给品,包括约3500辆车、约1.6吨弹药、32.5万加仑水、622万加仑燃料、403200吨其他一般货物。有了这些装备物资,空运轻装的海军陆战旅,只有249架次即可完成。假如没有海上预置仓库船,空运1个重装海军陆战旅,至少需要450架次,而且还要用几周至几个月的时间。

美国防部在1992年1月提出的"未来机动需求"研究报告中,计划到1998年,投资35亿美元加强美军战略机动能力,其中将为陆军新建9艘航速达24节的大型滚装船和租用2艘集装箱货船,使陆军拥有16艘海上预置仓库船,预置面积达200万平方英尺,可在海上预置2个机械化师的重型武器装备,并能够在发出部署命令后的12天内,把美陆军1个重装旅的装备和1套战区后勤设施运抵战区。这些陆军海上预置仓库船,将于1998年部署在西南亚与韩国之间的适当位置。

美、德、法军注重建立地下油库　使用封闭的岩洞建立地下储油库,代替造价昂贵的固定金属油罐储存油料,是解决平时大宗油料储存问题的可靠方法。近几年,美国、德国和法国普遍采用在石盐洞内开设地下油库的方法,油库容积可达2.5亿立方米,主要储存原油、汽油、煤油、柴油和炉用燃油。每一个地下油库包括若干小储油室,每个小储油室的容积一般为2.5～10万立方米,个别情况下为40万立方米。没有石盐洞的国家,主要在坚固的岩洞和矿井内建造地下油库,目前这种岩洞地下油库的容积达到1.5亿立方米。日本、瑞典、挪威、丹麦、冰岛等国家正在建造这种油库。

日军装备新型立体仓库机器人　1996年,日本制造的无人堆垛机问世。该机装有高灵敏传感器存取装置,该装置加装机器人手臂可三维定向运动,具有故障诊断自检功能,以防碰撞。由于采用自我姿态控制技术、声检技术及人工智能化系统,使无人堆垛机能在5

秒钟内精确判断数万种零部件中任意一件的坐标位置，并快速自动地将部件取出或入库。最近，日本又开发出一种新型装卸机器人，其装卸能力比原有机器人的工效提高2.5倍。只要事先在电脑中输入货物大小、品名、编号及条形码，机器人就可以自动计算出最有效率的装卸位置来安排作业。

法陆军装备新式重型叉车 据法国《陆军》杂志1995年第69期报道，法国陆军部队1991～1995年完成了VA/MET型叉车的装备工作。这种新式重型叉车用于后勤系统的集装箱装卸搬运，共有两种车型，一种装备后勤运输团，另一种装备仓库。这两种叉车的举升能力均为16吨，举升高度为2米，叉车重量为24.7吨；采用MIDSO-6/-20/-45型发动机，功率为180千瓦。两种叉车的主要区别在于行驶速度，后勤运输团用的公路型叉车为60千米/小时，仓库用叉车为27千米/小时。

英军补给仓库采用新型自动化包装机 英国国防部为提高零部件包装效率和节省包装费用，1995年5月专门为一些零配件补给仓库配备了由英国自动化包装系统公司刚刚研制成的新型自动化包装机。该包装机具有体积小、重量轻、操作方便、省时、省力和节省人员等优点。用它包装同样数量的小型电子配件和机械零件比用人工包装提高工效6倍，且将4名包装人员减至2名。由于该包装机装有1个由光电计数器控制的自动装袋系统，因此可对大部分零配件进行自动包装作业。

荷兰生产出军民两用车载叉车 据马来西亚《亚洲防务周刊》1996年12月报道，荷兰生产出背负式车载叉车，目前已广泛应用于欧洲各国军队。

这种车的主要优点是可凭借自身动力升到任何卡车或拖车的车斗内，整个过程只需30秒钟。由于其设计合理，1名司机卸下1辆卡车装运的24个货盘，仅需不到30分钟，它还可将货物装入一般叉车无法进入的仓库或掩体，省人省力，可大大提高装卸效率和经济效益。用于战场武器弹药装卸时，既可提高弹药的补给效率，又可保证弹药装卸的安全性。

（韦秀文）

卫生装备

美陆军远程电视医疗系统进入实用阶段 美军近年已逐步开展了远程医疗的应用。远程医疗即借助卫星通信系统及摄像机和电话等工具进行医疗信息的异地传输。目前，远程医疗系统已成功地应用于美军驻萨格勒布、波黑地区及匈牙利的野战医院，通过卫星线路与德国兰茨维尔地区医疗中心及美本土国防部的各个中心医院相联，实时双向传送视、音频医疗信息。借助远程医疗系统，美军部署在外的士兵可随时接受中心医院专家的会诊，从而方便了士兵就诊，降低了医疗费用。美军还计划给部队装备一种便携式单人用试验性远程医疗装置。届时，野战医护人员可以在野外对士兵实施治疗，而不必对轻伤员实施后送。该系统预计包括佩戴在激光护镜上的视频器、喉头送话器、微型耳机和膝上型计算机等，通过宽频密码多路进入系统进行远程通信联接。

美军开发出DRASH帐篷战地医院系统 该系统帐篷的骨架采用高强度轻型铝合金制成，由双层篷布覆盖，层间30厘米，因而具有良好的保温隔热性能。其外层为轻质抗撕裂敷金属膜的聚酯塑料，具有阻燃、防水、防毒剂沾染、抗红外线、紫外线辐射的功能。内层为聚乙烯敷抗静电的聚酯腊。地垫用紧密编织的烯烃聚合物，具有良好的弹性。系统配套设备有：供热设备，水净化设备，2台15千瓦发电机组和全套输电配电照明设施及中心代氧装置。此外还配有便携式CT系统等先进仪器和设备。DRASH帐篷医院的帐篷高度均为4.1米，每个帐篷可安置6～8个病床，全套系统共包括200张床位，可进行外科手术、临床检验、放射、急救监护等治疗。系统共有6种型号，其规格如下：

型号	展开面积（平方米）	宽度/长度（米）	重量（千克）
1	10.50	3.5/3.5	45
2	15.90	3.5/5.0	61
3	21.30	3.5/6.5	75
4	26.70	3.5/8.0	88
5	32.10	3.5/9.0	102
6	37.50	3.5/11.0	116

美军展示新型野战救护车 据美国《海军时报》1996年报道，美军于1996年夏在德克萨斯州胡德堡的第4步兵师展示了新型装甲救护车（ATTV）的原型车。该车作为美陆军21世纪部队建设一部分，造价200万美元，载重量30吨，采用"布雷德利"战车的底盘，外形与装甲人员输送车相似，颜色为土黄色，两侧涂有红十字。车内空间24平方米，可运送12名坐姿伤员和9名卧姿伤员，同时还有1名司机，3名车组乘员和2名医护人员。这是美军自越战后首次更新其装甲救护车。与现行救护车相比，该车具有空间大，安全性高，机动性强的特点。车身装甲可防护枪弹及弹片，同时具有防核爆炸和核辐射的能力。平地行驶速度为每小时64～72千米最高时速可达110千米。该新型野战救护装甲车的缺点是体积过大，容易成为敌军攻击的目标。

美军装备身体状态监测器 据美刊1996年报道，

美军已给特种部队队员装备了先进的身体状态监测器。该监测器可佩戴在士兵的作战服上,由先进的传感器、非侵入性生理传感器、信息处理机、定位接收器及低功率无线电收发机组成。它与全球定位卫星、最高级的无线电话(宽频密码分隔多路进入系统)相结合,能连续不断地监测士兵所在位置、氧气量等环境数据和脉搏、血压、体温等生命体征。当指挥员查询或士兵的生命体征偏离了正常标准时,该装置便反复发射士兵的位置和生命体征变化的信息。一方面报告士兵的准确位置,避免误伤;一方面使战场医务人员迅速确定伤员位置及伤情危急程度,以缩短伤员寻找、分类及后送的时间。

美军研制野外使用的人工呼吸装置　据美国《士兵》杂志 1996 年报道,美国陆军化学部队正在研制一种用于治疗神经性毒气伤害和呼吸猝变的人工呼吸装置,即面具对面具式呼吸装置。该装置是一种在污染环境中进行人工呼吸的重要装置,它利用医疗救护人员呼吸所产生的动力向患者肺部补充净化空气。在正常大气状态下使用该装置,口对着防毒面具进气口打开滤毒罐就可以进行人工呼吸。该装置由下列部件组成:2 套与外科麻醉式面具上的橡胶接头连接在一起的软管总成,1 个连接在软管总成端头的标准式陆军野战防护面具,以及 1 个与另一软管总成相连的标准式防毒面具滤毒罐。在操作过程中,救护人员通过防毒面具吸入净化空气,呼气时通过紧扣在病人面部的面具使净化空气从软管进入病人的肺部,救护 人员吸气时可施加一个负压力,病人进行呼气。同时,该装置还可对卧姿伤员进行人工呼吸救治,而这在标准式营救和复苏方法中是达不到的。

美海军陆战队研制新式三防医用摄像机　据美国《海军陆战队》杂志 1996 年报道,美国海军陆战队生化事故反应部队最近试验了一种在遭受生化污染地区使用的医用摄像机。该机外形酷似一副太阳镜,可佩戴在防毒面具的外面,具有重量轻、使用方便的特点。摄像机为小型纤维光学摄像机,安装在靠近左眼的镜面上,摄像屏幕安装在镜内右眼下方,不会影响佩戴者的视线。当医护人员在现场对伤员进行救治时,镜上的摄像机可将图像传送到乘坐高机动多用途车的战场医务指挥官处,同时双方还可借助小型麦克风进行交谈。同时,镜内装有一个可调节的小型显示屏,佩戴者可看到与之交谈的对象是谁。如果将该摄像机与通信卫星线路联接,则全世界的医疗专家均可同步接收到图像和声音,从而使医疗战备水平达到了惊人的高度。

美军研制新型止血用品　据美军刊报道,美军研制出一种新型止血胶布。该胶布尺寸为 102 或 152 毫米见方,由柔软胶质物制造,内含 3 种从人类血液中提取的促使血液凝结的物质,敷在伤口上可在几秒中内止住严重的流血。这种胶布虽含有血液制品,但使用者无需担心血型问题,因为它所用的血液经过了特殊处理,适用于各种血型。除了止血胶布外,美军还在研制一种泡沫型止血剂。该止血剂可装在罐中,士兵本人或医护人员均可向面积不大但伤势严重的伤口喷洒泡沫,从而达到迅速止血的目的。

美军装备几种新型急救复苏器材　为提高野战条件下伤员的救治水平,美军最近装备部队几种新型急救复苏器材。这些器材包括:uni-Vent750 小型呼吸机、43120A 型除颤监护仪和创伤烧伤急救包。该呼吸机为一种由微机控制的气动装备,重仅 4.3 千克,长 23 厘米,宽 11.4 厘米,高 29.42 厘米。其电源为直交流两用电源,并可自动转换,在无外接电源情况下,能连续工作 8 小时。主要技术参数为:吸气时间 0.1～3.0 秒,呼气时间 0.1～59.9 秒,气流量最大为每分钟 100 升。为确保呼吸道的湿度,该机配有热湿交换器,减少了细菌感染的机会,节省了消毒时间。43120A 型除颤仪是一种便携式除颤仪,包括 360 焦耳除颤器、心电图监控器和注解式纸带记录仪,重仅 10 千克,长 29.8 厘米,宽 21.5 厘米,高 43.2 厘米。创伤烧伤急救包具有多种类型,适于烧伤、皮肤损伤和皮肤刺激伤的干性和湿性处理。制作材料分为 3 层,内外 2 层为无纺布,不粘附伤口,中间夹层为多孔的高吸收性材料,平均吸水量为自重的 8 倍。

俄军装备轮式装甲救护车　据俄《军事医学动态》1996 年报道,俄军于 90 年代装备了新型 БММ 通用装甲救护车。该车有 3 种型号,БММ-1 型供伤病员转运后送用;БММ-2 型供营救护所用;БММ-3 型作为团救护所机动组,供脱离主力部队执勤的分队使用。БММ 救护车是在 БТР-80 装甲输送车的基础上改装而成的,去掉了炮塔、武器绞盘,并按卫勤保障要求进行了内部改装。车上装有 4 冲程 8 汽缸 V 型柴油机,功率为 154 千瓦(210 马力),带滑轮增压达 191 千瓦(260 马力)。该装甲救护车可乘 3 名乘员,运送 9 名伤员。

俄军研制成野战制供药品机动装备　据俄罗斯《军事医学杂志》1996 年报道,俄军野战制供药品机动装备样品已研制成功并试用,这是俄军提高其战时卫勤保障能力的又一举措。该系统由俄国防部应急医学野战药学医疗技术研究所研制的,具有药房和药材仓库的双重功能。整套系统有制药生产线和药工人员编制,能及时补充储备药品,保证供应,而且自动化程度高,展收迅速。全套器材配置在汽车车厢内,分别安置在 2 台 KaMA3-4310 汽车底盘和 2 台 2nH-4M 挂车底盘上,设有预先消毒室、消毒灭菌室、辅助室、配液室、材料室及洗涤室和发电间,室内水电供应和照明、空调系统齐备,制药生产全自动化。

日本展示新型远程医疗系统 日本陆上自卫队展出了一种新型远程诊断系统,作为未来野战医疗救护的发展方向。这种新型远程诊断系统工作原理主要如下:在伤员集中地域设置地面通信中转站和直升机中转站,伤员分类和诊断用摄像机对伤员实施快速摄像扫描后,通过地面中转站和直升机中转站将图像和数据传给基地通信局,再传给自卫队医院的专门医生;医生诊断和处理意见再反馈到野战手术系统、救护直升机或救护车上,指导对危重伤员进行紧急抢救。这种全新的高技术医疗诊断系统具有使用范围广、应急处理能力强、信息传递快、图像清晰等特点,特别适用于在专门医生缺乏的环境下对危重伤病员实施应急手术和紧急抢救。

日本航空自卫队继续装备 U-125A 搜索救援飞机 据日本《翼》杂志 1996 年报道,日本航空自卫队于 1994 年采购的 3 架新型 U-125A 搜索救生飞机已于 1995 年 7 月正式交付部队使用,1996 财年还将再采购 3 架该型飞机。U-125A 飞机设计有纵长大型监视窗口,便于海上救生观察;安装有 360 度雷达、滑动式前方监视红外装置和光斑指示投影系统,提高了目标发现率和搜索性能;新增小艇和急救装备空投系统,便于救护和紧急救治。U-125A 搜索救生飞机是英国为日本研制的,由日本富士重工业公司负责传动机械的性能试验,日本航空自卫队负责实用飞行试验。

马来西亚采购德国多尼尔方舱式机动医院系统 据马来西亚《亚洲防务月刊》1996 年报道,马来西亚陆军已与德国戴姆勒-奔驰航天(达萨/慕尼黑)公司签订合同,采购 1 套完整的"多尼尔方舱式机动医院",预计整个合同将于 1998 年完成。"多尼尔方舱式机动医院"共包括 41 个集装箱,可收治 200 名住院病人,相当于一座设施完备的地区级医院。它可提供从诊断到手术等各类医疗救治。该套系统主设施由 4 个双侧扩展式方舱、2 个固定式后勤方舱和 2 个联接方舱组成。此外,还可以联接急诊室、诊疗室、各专科室及化验室和药房等附属设施。"多尼尔方舱式机动医院"具有很强的机动性和适应性,其主要设施自带能源设备,可满足自身基本动力及水源需求。同时,该系统具有核生化防护能力,可在多种战场环境中展开工作。此外它还具有较强的可运输性,可用汽车、火车、运输机或直升机运输。方舱展开后,在 1 小时内即可全面展开手术治疗。

德国推出新型方舱式机动医疗保障系统 德国最新推出新型高机动方舱式医疗系统。该系统采用现代化医疗设备和模块化组合技术,各单元可自由组合,适应战时卫勤保障、救灾、急救医学等多种需求。整个系统由 19 个方舱及 2 台附加车辆组成。核心部分包括:1 个手术舱、1 个能源供应舱和 1 个特护舱,用于外科手术和特护;术后恢复、术前准备及妇科部分设 1 个淋浴舱、1 个 2 号联接舱、1 个术后恢复舱、1 个术前准备舱和 1 个妇科舱;应急救治与消毒部分设 1 个 3 号联接舱、1 个 4 号联接舱、1 个 4 床位检查和处理病房、1 个无病床应急检查与处理舱和 1 个消毒舱。此外还有 1 个自选部分,设 1 个厨房舱、1 个餐厅舱、1 个医用品贮存和供应舱、1 个由 MB-Unimog 汽车底盘运载的急救舱、1 个由 MB 卡车运载的 20 英尺集装舱和 1 个 AA2-18 型 20 英尺拖车载运舱。以上装置配全后,可进行下列医疗保障和技术服务:检查和治疗、急诊收治、伤员收容和外科手术及术后恢复;特护、牙科、妇科、内科、X 光科、胸科和化验科等科目的检查和治疗;电源供应、消毒、厨房和餐厅等技术服务。同时,配套的轮式救护车还可后送伤病员。方舱长 6058 毫米,宽 2438 毫米,高 2438 毫米。手术舱和特护舱扩展后外部尺寸为长 6058 毫米,高 4538 毫米。舱内长度为 5186 毫米(中央)、4800 毫米(左)、4650 毫米(右)。所有舱顶、侧壁和地板的内外蒙皮均为铝材,壁厚 50 毫米,夹芯为 45 毫米厚的硬质泡沫材料,地板覆有一层抗静电的聚氯乙烯材料。舱帘采用隔热毛玻璃材料。所有方舱还配备有电动或机械千斤顶,每个重约 10 千克,安装在方舱的前后壁上。方舱的升降由 1 人操作的电动式水平控制系统完成。方舱间通过可伸展的蛇形通道和特殊的联接舱彼此相接,通道还可作为辅助工作区和走廊。方舱内的电器可用市电供应,也可由方舱自带发电设备供应。除自备发电系统外,还配有 1 个应急发电系统。舱内的公用设施和医疗设备种类齐全,功能相当于一所固定医院。

德军装备 BV-25T 型 X 光机 为提高远程医疗能力,德军在近期装备了新型 BV-25T 型 X 光机。该 X 光机由计算机系统控制,不需使用胶卷即可接收高质量的 X 光图像,还可进行电视录像,并将图像通过远程通信线路进行远距离传送。其图像具有很高的清晰度。

法军提出方舱式机动医院装备研究计划 法军的方舱式机动医院计划始于 80 年代,到 1993 年正式进入工业化生产阶段,同时制定了到 2003 年的生产装备计划。法军方舱式机动医院主要用于海外作战的野战卫生部队。方舱式机动医院计划的基本模块是2台医疗作业方舱、1台勤务保障方舱和1台通道方舱。其中医疗作业方舱为国际标准6米单面扩展方舱,用于手术、X线检查、化验等;勤务保障方舱为国际标准3米非扩展式方舱,用于向医疗作业方舱供水、供电及提供医用气体、冷暖空调、通风等医疗环境保障;通道方舱的规格尺寸与勤务保障方舱相同,用于将医疗作业方舱联接成封闭的展开作业空间,保障医务人员有良好的医疗救护工作环境。所有方舱具有防化学战剂能力,适应各种条件下的野战救护工作。其装备的方舱式分类排主要由2个基本模块组成,包括:1台手术方舱、2台复苏急救方舱、1台药房血库方舱、2台勤务保障方舱和2台通道方舱。总计4台6米方舱和4台3米方舱。其方舱式外科手术队主要由5个基本模块组成,包括:4台手术方舱、2台复苏方舱、1台X线诊断方舱、1台化验方舱、1台烧伤治疗方舱、1台药房血库方舱、5台勤务保障方舱和5台通道方舱。总计6米方舱和3米方舱各10台。根据法军计划,1996年将装备4个方舱式分类排和2个方舱式外科手术队,另外还计划装备2个师机动医院,共生产72台方舱。到2003年法军将共装备24个方舱式分类排,10个方舱式外科手术队和9个师机动医院,使方舱总数达392台。在方舱装备的运输方面法军也制定了相应计划:6米标准方舱由G-292型6轮驱动整装整卸车运输,3米方舱由平台车运输,整个运输列车均可"全地形"行驶。同时法军还在加紧研究系统的空运和海运方式,充分发挥其机动性。

法国推出新型方舱式机动医院　该方舱式机动医院由单侧扩展舱和固定舱组成,包括:消毒、术前准备区;手术区;术后恢复区和特护区。舱体坚固稳定,具有隔热、防腐、防锈和防化学战剂功能。其垂直侧壁由复合支撑板材制成,夹芯为高密度聚氨酯,内蒙皮为强化玻璃钢材料。舱体扩展可由1人在3分钟内手动完成。方舱外形尺寸为6058×2438×2438毫米。表面积分别为13.40平方米(收拢)和20.80平方米(展开),容积分别为29平方米(收拢)和43.50平方米(展开)。方舱内的医疗设备主要包括:消毒及术前准备区内有1个无菌洗涤槽、1个紫外线灭菌灯;术后恢复区内有1台呼吸机、1个ECG监护仪、1台生理记录仪、1个移动式OT灯和1副担架;手术区内有1个X线观片灯、1张手术台、1台吸引器以及除颤仪、超声仪、麻醉机等手术必要设备;特护区内有6副担架床、1台冰箱、水消毒装置及呼吸、吸引和监护等装置。方舱除可用普通工具运输外,还有配套的专门的运输工具"ROULHOP"。其作用为:在公路和其他路面条件上运输方舱时起到标准的牵引式挂车的作用,不借助其他工具便可降低方舱的高度以及向C-130或C-160飞机上装卸方舱。

(杨静娴)

海、空军专用后勤装备

美海军建造巨型移动浮岛　据西方报刊1996年报道,美海军正在研制一个能负载坦克、战斗机和军队的巨型浮岛,以便在下个世纪用来向世界各地投送力量。这种被称为"移动离岸式基地"的浮岛由6个连在一起的半潜式组件组成。它们构成1条900米长的跑道、1个加油站和1个舰只修理设施。每个组件都是为执行一项特殊使命而设计的,如运送坦克、飞行控制和加油等。移动式离岸基地能运载数十架战斗机以及攻击直升机和运输直升机。美国空军的任何一架喷气式飞机都可以降落在这个基地上,而且它的90米宽的库房能容纳数百辆坦克、火炮和运输车辆,任何一个组件上的货物都可以经由先进的电脑化滚装系统移到集装箱船上去。这些组件可以用拖船拖到应处的位置,也可以以每小时6海里的最高速度自行驶入应处的位置。一旦各就各位就将连在一起,而且将用几条"腿"把这个大平台固定起来。海军已拨款1.5亿美元建造第1个组件,该组件将于两年后完工。

美海军研制航母重物搬运自动车　美国海军现正在研制一种在航空母舰上用以搬运重型物资的自动车。该车是一种全向车轮的自控车,由计算机控制系统调整每个车轮的速度和方向,能使车向任何一个方向移动或定点旋转,便于在拥挤的航母甲板飞机群中灵活机动地搬运发动机、导弹等重物。据称,这种车即使在倾斜的甲板上也能自动防滑,使用十分安全。

美海军使用人员运输模块改装气垫船　据美国《海军时报》1995年11月20日报道,美海军将使用人员运输模块(PTM)对时速高达40多节的气垫船进行改装,以扩大气垫船的使用范围,使其不但适于运输武器装备,也可用于输送人员。改装后,这种新型多功能气垫登陆船可运载180名乘员或108名担架伤员。整套人员运输模块由6个可折叠的铝质单元构成,可组合成多种形状。每个单元都由可更换式舱顶、舱底板和内(外)侧板构成。端板(门)固定在构架上。单元前端有一可双向打开的门,宽1.32米,可方便医疗担架和携带步枪的海军陆战队士兵进出。单元内安装有带安全带的折叠式帆布座椅,改变其构形后可供担架伤员使用。该人员运输模块具有以下特点:12名经过培训的安装人员不用吊车在4个小时内就可手工组装完成;单元组件重不到75千克,整套模块重6094千克;圆拱形舱顶可提供强制性通风和采光;安装有气垫船上使用的通话设备,并可与随身携带的无线通话设备相联;具有先进的噪音防护措施,噪音量低于99分贝;每个座位下有0.11立方米的货物存放空间;已装配好的单元可用吊车搬运;可加装装甲防护板、通风过滤设备和空调;可拆卸装入一个2.44米×6.1米的国际标准集装箱内,存放在两栖舰船的甲板上。另外,在登陆地点安全或条件许可时,可在前线实施舰对岸武装人员输送;在非战斗后送行动中,也可进行岸到舰的人员后送。

美军组建第1支C-17空运部队 据美国《陆军》杂志1995年3月报道,美国空军空中机动司令部司令最近宣布,第1支C-17"全球霸王"Ⅲ型运输机空运部队已经具备初步运输能力。首支装备C-17运输机的是美空军的第17空运中队,紧接其后的是空军预备役部队的第317空运中队。编入美空军第437空运联队的第17空运中队和编入空军预备役部队第315空运联队的第317空运中队,都位于查尔斯顿空军基地,将正式开始执行空中机动司令部的"全球到达"作战运输任务。到1994年11月,第437空运联队已完全装备成1支拥有12架C-17运输机和48名乘员的机队,负责运输人员和装备。C-17运输机具备初步实际运输能力是实现美国战略空运机队现代化的重要一步。它将成为美军进入21世纪实施兵力投送的重要运输工具。

俄海军革新舰船堵漏器材 为了充实和完善各类堵漏器材,以适应现代海战的要求,俄海军舰艇部队在总结演练经验的基础上,革新了部分堵漏器材,并已在实际中应用,取得了较好效果,其中主要有:

①塔形木塞和木楔。可以按预先设定的尺寸制作。战时根据弹洞的形状和大小,直接取用合适的来堵漏。这些器材构造简单,制作、使用方便,适宜堵塞面积较小的弹洞。

②木质堵漏垫。由全木质制成,由边框、闸板、紧固螺钉以及油布(或橡胶皮)夹层组成。其尺寸可以任意设定,重量轻、使用方便,适宜堵面积稍大的弹洞。

③金属堵漏垫。这是由钢铁或铝合金制成的器材。其特点是有阻流板和分流孔,可以堵住弹洞的大水流。适于面积稍大的弹洞和破损口。但它重量较大,使用起来较费力。

④伞状堵漏垫(堵漏伞)。这种器材形似雨伞,由两个顶端相对的伞体固定在同一根手柄上。它由活动弹簧、金属骨架肋条、钢管手柄和橡胶伞面构成。带弹性的金属肋条长约300毫米,手柄上有固定螺钉。当出现弹洞漏水时,将该伞插入洞口后用力撑开,内外两个伞面同时张开,涌进洞口的水流压力便会将舷外的伞面压附在洞口周围,阻止继续漏水;舷内的伞面也会紧紧贴在内舷面上。这种伞状堵漏垫单兵使用方便可靠,它可以遮盖、堵住550毫米的孔洞,适用于舰艇任何部位的破损。

泰国海军购买海上后勤保障直升机 泰国海军为了加强海上后勤保障能力,已决定采购6架性能优异的S-76B直升机。该机能在各种不同的环境中飞行并执行补给、海上救护和运输以及其它后勤保障任务,是一种多用途的新型直升机。它有2台发动机,功率较大,最大载重量5307千克,特别适合在高温和高原地区飞行。该机能在3000米高度垂直旋停。泰国海军将把S-76B多用途直升机用于陆上基地和海上警备区,保障陆上基地和舰船之间的联络以及执行救护、运输和补给作业等。根据合同,S-76B将于1997年交泰国海军。

印度采购海上补给船 据美国《防务新闻》1996年第21期报道,印度海军目前正在计划从俄罗斯采购1艘使用过的补给船,以取代其服役28年、即将退役的德制"迪帕克"补给船。印度官员估计此船的采购费刚刚超过1亿美元。虽然旧船的使用维护费比新船要高得多,但印度的国防预算不能保证建造新船所需的费用或时间。此艘名为"鲍里斯·奇利金"的俄罗斯船,满载负荷23400吨,能运送400吨弹药和400吨零备件。

北约国家海军研制潜艇紧急事故单兵救生系统 据俄罗斯《外国军事评论》杂志1996年第4期报道,目前,大多数北约国家所使用的潜艇单兵救生设备均由美、英和意大利研制,到2000～2005年将过时并且不符合安全要求,因此必须采用最新科学技术成果研制新型的潜艇紧急事故单兵救生系统。从1992年开始,有关国家的海军专家进行了该救生系统的可行性论证。同时,加拿大、法国、意大利、荷兰、挪威、英国和美国海军司令部的代表签署了联合研制潜艇紧急事故单兵救生系统的协议,并计划在2003年以前将该系统装备部队。英国在这一领域处于领先地位,英国一公司已研制出了一套潜艇紧急事故单兵救生系统。该系统主要包括带有自动呼吸器的可快速穿戴的救生衣和防沉救生筏。英国军事专家宣称,使用该系统的人员可在水下180米的深度脱离沉没的潜艇并上浮到水面。该救生系统经过了水下20、45和90米试验及实验室200米深度仿真模拟上浮试验。1994年英国海军核潜艇已装备了该救生系统。

（徐东齐）

后勤指挥与管理自动化　1995～1996 年，各国军队在加快后勤自动化进程中有 3 个主要趋势：一是进一步扩大后勤指挥与管理自动化使用范围，将最新技术运用于后勤指挥与管理领域。美军最新研制的追踪物资流向和运输“可见性”系统就是最新技术的产品。二是把通信和指挥管理自动化工作融为一体。美陆军组建的信息司令部，就是把分散在各大单位的后勤自动化资源（包括人员、硬件和软件）全部集中起来，使通信和指挥管理自动化融为一体。三是实现软件开发标准化、系列化。这是实现后勤指挥与管理自动化联网的先决条件。

美军后勤管理自动化系统投人使用　美国 1995 年度国防报告称，美国防部提出了加强美国国防管理全面改革的 8 项主要内容和举措，其中包括加强后勤管理的自动化建设，促进管理工作的集中统一和高效化。后勤物资管理的标准化统一系统将在 1996 年 10 月完成，届时原有的 150 个系统将废止。由于效率提高，到 2005 财年可节省 140 亿美元。物资分发标准化系统预定于 1996 财年完成。该系统在 5 年研制期间共投资 1.9 亿美元，运行后到 2004 财年可节省 5.9 亿美元。财务方面，3 年以前国防部共有 18 个独立的军人薪金发放系统，到 1996 年将减为 2～3 个。运输、维修工作，也将建立类似的统一型自动化管理系统。

美陆军运用“信息高速公路”实施采购业务　美国陆军率先使用一种电子布告板，使采购过程简捷化。陆军通信与电子器材司令部与国防承包商联络均通过电子终端，省时又省钱。凡价格超过 2.5 万美元的采购项目均以电子途径招标。该司令部现有 17215 个资产帐户，总金额近 370 亿美元，其中价值低于 2.5 万美元的合同不足 2%。使用电子布告板进行采购十分快捷。该司令部采购中心起草的招标书在电子布告板上一显示，企业界立即就能看到。过去靠书信、邮寄，等待对方提出投标文件需要数个月，现在仅需几天。与电子布告板联通，只需 1 台个人电脑、1 部调制解调器和 1 个商用文字处理程序包。而且，电子布告板系统能与市场上任何商用文字处理系统兼容，因而联网十分简便。目前，电子布告板已分布于五角大楼各处，但最后的目标是实现统一，由一个系统统管整个国防部的采购事务。

美军使用新版本补给军官用部队后勤自动化系统　一种被称为现代“不死鸟”的 Ada SAGE 新版本补给官用后勤自动化系统已经问世。它将取代 dBase 版本补给官用部队级后勤自动化系统（ULLS-S4），为部队补给人员提供自动化作业手段。该新版本系统能与其它标准陆军管理信息系统（STAMS）联网，对以下后勤功能提供自动化服务：①货物单据登记和日常补给管理；②补给品的编目管理；③非专人接收管理；④备件清单管理；⑤经费计算功能；⑥使用；⑦训练和示范数据库。Ada SAGE 版本的补给官用部队后勤系统具有自动转换能力，能使 dBase 版的系统用户把所选数据转换成 Ada SAGE 格式。

美陆军实施速度管理法　据美国《陆军》杂志 1995 年 10 月报道，美国陆军为提高物资流和信息流通过分配系统的速度和精度，实施速度管理法处理后勤业务。该管理法的重点集中于两条原则，一是简化后勤程序，二是以密集性库存提高存取速度。速度管理法基本上是一种与陆军后勤系统程序相关的方法，即陆军后勤系统像其它系统一样，基本上可以按输入、输出以及把输入转化成系统用户所需要的输出程序进行描述。它提倡通过缩短等待时间来加快整个程序周期，以减少库存量来减少后勤系统大量的资源投入。该项实验计划于 1995 年开始，在陆军范围内的应用始于 1996 财年。整个陆军要在 4～5 年内陆续实施速度管理法，并不断精简其程序和进行大量改进。

美军装备新型弹药库存管理系统　据美国《陆军后勤工作者》1995 年报道，一种新型库存管理系统（弹药库存会计责任程序装置）已在陆军工业生产管理司令部投入使用。该系统从方案设计到投入使用只用了不到 1 年的时间就成功地替换了一种过时、复杂、且相当昂贵的弹药库存管理系统。到 1994 年 11 月底，陆军工业生产管理司令部的所有单位都已联机，开始使用该新型系统进行弹药库存管理。新系统满足了陆军的 3 个要求：①更为便宜、可靠；②操作简便；③能“封闭”用户终端。该系统可望在不到 5 年内降低成本费用 50%以上，能为军队节省大量经费。按现行比价计算，新系统的起用将把美陆军弹药库存管理费用从 1995 财年的 2150 万美元减至 1998 财年的 950 万美元。从概念设计到制作完成，该系统的试运转费用只有 24.5 万美元，包括所有基础设计的修改，大规模的样机测试和 30 天的用户终端使用试验所需全部费用。

美陆军使用自动资源管理系统进行装备再分配　美国陆军正在利用国防部自动资源管理系统查找国防部的剩余装备，以便将其再分配给陆军的有关单位。该自动资源管理系统存有“国防自动化资源情报中心”所拥有的全部数据，包括一套自动资源库存品汇编、计算机分时能力数据以及国防部机构送交的剩余装备报告等。独立部队、陆军军一级司令部和中心勤务站均可通过联网利用该系统输入剩余装备和库存品报告。联网的用户可利用它寻找适用的剩余装备，找到后可立刻与陆军中心勤务站联系，以便为他们保留该装备，同时开始办理调拨手续。每个陆军军一级司令部都指定有一个中心勤务站负责联网管理，同时还负责内部的装备再分配和库存品管理。而陆军的装备再分配中心勤务站则是陆军后勤副参谋长主管的陆军信息系统司令部。

美海军陆战队后备役部队开始使用服装自动化管理系统 据美《海军时报》1996 年 3 月 25 日报道，到 1996 年 3 月，海军陆战队后备役部队共有 191 个单位开始联网使用服装自动化管理系统。该系统于 1994 年 7 月由海军陆战队后备役支援司令部系统管理部开发，投资约 20 万美元。1995 年秋，陆战队后备役支援司令部等 3 处基地对其进行了试用。该系统可提高补给人员分发、申请、装运和跟踪服装物品的效率，并能同海军陆战队的“海军陆战队总兵力系统”主计算机系统联网，及时更新数据记录，并能自动生成海军陆战队的服装津贴定额，以防订购过量，达到了节约经费开支的目的。在签订订单后，补给人员可通过信用卡支付，并能迅速把订单送到厂家以及时发货。目前，该系统的几个方面正在进行改进，改进工作计划于 1997 年 10 月份完成。该系统的使用由于取消了以前大量使用的表格和卡片，使原来半年的工作仅需 45 天就可完成，每年可节约开支约 90 万美元。

美军对伤员空中后送实施自动化管理 据美国《海军时报》1996 年报道，为避免海战中伤员空中后送等待时间过长或搞错后送地点等现象的发生，位于伊利诺斯州科特空军基地的军事空运人员开发出运输司令部管理、指挥与控制伤员后送系统(TRACCES)，以便对伤员空中后送过程进行跟踪与管理。该系统已于 1996 年 8 月首先提供驻欧美军使用，1998 年将推广到全球使用。使用运输司令部管理、指挥与控制伤员后送系统，可把与伤员后送有关的一切资料都存入计算机数据库中，能迅速显示后方医院状况和空运条件，医务人员可提前 2～5 天制订伤员后送计划。在野战条件下，该系统可在膝上式计算机或个人计算机上运行，可通过全球军用电话网或使用电子邮件的互联网进行联系。运送伤员所需信息要定期发送，平时 1 天发送 1～2 次，战时每小时将发送 3 次以上。该项目每年预计要花费 300～500 万美元。

美军研制成货运激光卡 据美国《陆军后勤》1995 年报道，美国国防后勤局已研制成功货运激光卡。该卡能存贮 1200 页数据，防水防震，并包含不可改变的审计线索。它是国防后勤局物资管理运输办公室在一些选定的仓库使用的一种特别耐用的存贮媒介，正式名称为自动货单系统。该系统使用存贮量 280 万字节的激光卡为存贮媒介，对每批货物的内容提供册列物品的详细信息，可通过微机修改数据资料，并对高优先等级的物资进行快速查询和检索。这种每块价值 3～4 美元的激光卡不受磁场、静电和无线电频率的干扰，对那些常需通过不同环境才能到达目的地的货物来说非常重要。激光卡的硬件仅需 1 台计算机、1 台激光读写器和一些条码扫描器。发货仓库在集装箱外面附上 1 张卡，从卡上随时可获取关于该箱全部内容的重要信息，箱内每件小包装货物都附有一张卡，供终点收货处理时使用。条码扫描器用来读取物资发放单上的信息以便验收。这个系统能与部队补给系统连接，以便快速核实接收的物资。它使用户能更好地看清接收渠道内的情况。研制自动货单系统是为了达成 3 个目标：一是使货物内容具有可见性，二是确定卸货的先后顺序，三是加快接收手续的办理。自动货单系统提供的数据能整理成各种管理报告。激光卡可自动进行核对，编出帐物不符情况报告，并查明可能由接收单位进行调查的一些有问题的领域。使用自动货单系统后，以往手工完成的办理接收手续的时间减少了 66%，也减少了办理此项业务所需的工作人员。自动货单系统的自动核对功能也增大了用户清点的可靠性，准确率超过 90%。国防后勤局于 1992 年 10 月开始试用该新系统，并将其推广到该局的全部 30 个仓库。

美军首次使用永久性在运物资可视系统 美国国防部第 1 套永久性在运物资可视系统目前已由驻欧美国陆军司令部在德国境内使用。该系统使经由国防部或陆军运输系统运送的物资在集装箱内亦具有可视性，其永久性设施预定在欧洲的另外 97 个地点设置，而临时性设施计划设在联合特遣部队所属机构的驻地。整个网络于 1995 年年底在欧洲全部开通。在运物资可视系统使用射频标签和 1 个计算机系统监控在运物资。每个射频标签由微型无线电发射器、无线电接收器、微型计算机组成，合装在 1 个小盒内，可编成卡片附于设备上，这样，几分钟内便能在计算机屏幕上查明在运物资的位置和类别。一项与此相关的工作是陆军器材部正在欧洲设置总资源可视系统。该系统使贮存、使用、采购和维修中的物资均具有可视性。这些计划最终将在全国防部范围内实施。

美军发展运输途中人员和物资可视系统 据美国《陆军后勤工作者》1996 年 9～10 月号报道，发展途中可视性系统(ITV)技术已成为美军后勤自动化的重要内容。使用该系统可对所有军用物资从始发站(仓库或售货人)到目的地进行全程跟踪。该系统既可识别所运物资,又可监控其运输状态。此外,这一系统也可用于对乘客、伤病员及个人财产进行跟踪。该系统是在美国运输司令部的指导下研究的,其3个主要组成部分是数据输入、自动识别技术和电子数据交换。经有关部门批准的军方用户用1台个人计算机、调制解调器及电话线路即可进入美军的全球运输网系统。通过国际航海卫星系统,即使是边远地区的用户也可顺利进入运输网。该网络可为途中可视性数据随时提供通路。据报道,到2000年,美军将完全使用途中可视系统。

日本防卫厅引进CALS系统 为提高业务效率,降低成本,日本防卫厅决定自1996年起着手引进生产、采购、使用保障综合情报系统(CALS)。作为产品管理的革命性变革,CALS系统受到日本产业界的极大关注。该系统是军民共用的从产品的设计、使用至报废全寿命周期的电子情报处理系统。它可以节省庞大、繁重的手工劳动,节约成本。网络上的用户包括终端用户都能迅速方便地检索最新情报。它也是实用的维修和补给系统。美军目前在许多项目上都采用CALS系统并取得了很大成果。日本防卫厅决定以2005年为目标,在采购、后勤范围引进该系统,对自卫队装备品的开发、生产、采购和运用管理实现全面的CALS系统化。

北约采用"虚拟存货"管理方法对通用物资进行统一管理 北大西洋公约组织采用"虚拟存货"管理方法对通用物资进行统一管理,以协调物资需求,提高后勤系统效益。1995年11月,德国、荷兰和挪威开始试用一个存储管理和物资需求交换后勤(SHARE)系统的初始版本。1996年6月,SHARE系统在整个北约范围内全面运转。该系统用于集中管理北约的通用物资(包括一个以上北约成员国使用的空闲零部件和其它装备),其基本思想是将北约成员国的物资储备看作统一的"虚拟存货"的一部分,这样就能为统一调配物资创造条件,从而达到大大节约的目的。这一系统是根据北约组织维修和供应局的提议开发的,并得到北约维修与供应组织委员会赞同。它由1个内核、1个电子邮箱和在独立的或联网的PC环境下运行的用户前端软件构成,最终将成为1个每周7天,每天24小时运行的实时系统。SHARE系统旨在更好地利用闲置的通用物资。据北约维供局和北约合作后勤的高级后勤官员门克·奥拉比克估计,在1996～2002年间,使用SHARE系统大约可节约3亿美元。

(何在涛)

其他军事技术问题

美国防部重新调整国防科技战略 《美国国防部国防科学与技术战略》是美国发展军事技术、保持武器装备技术优势而于1992年首次拟制的重要指导文件。经过两年的实施,1995年又进行了新的调整。在1992年拟制的战略中,其核心:一是使技术使用者尽早、连续地参与科研;二是促进信息技术的发展并加以利用;三是进行广泛、真实的技术验证。所确定的7大推进领域是:全球监视与通讯、精确打击、空中优势与防御、海面控制与水下优势、先进的陆战合成环境、经济的生产模式技术。根据两年来实际需求的变化,美国防部拟在7大推进领域基础上,增加"先进单兵系统"和"机动能力"两大需求,从而加大了后勤装备应用先进技术的力度。此外,新的调整还重视了上述各推进领域的协调和联系,认为有些领域所开发的技术和系统应加以合并。根据该战略所确定的广泛开展技术验证的核心内容,美各军种均制定了先进技术演示计划。陆军和海军陆战队联合制定的"先进陆战计划"演示中,确定了在1999年之前进行4项技术演示。其中,"兵力投送"、"先进战车技术"、"21世纪地面勇士"均与后勤装备的发展有直接关系。空海军的技术演示计划中也有多项与海空军专用后勤装备的发展直接挂钩。

美国防部制定新的国防科技计划 国防科技战略进行调整后,美国防部据此制定了具体的国防科学与技术计划。据美国防部1995年度《国防报告》披露,新科学技术计划包括基础研究、探索性研究和先进技术研究,可为包括后勤装备在内的整个武器装备系统提供可行的、并始终保持领先水平的技术上的支持。该计划的基础研究包括12个领域,它们是:大气和太空科学、生物和医学科学、化学、智力和神经科学、计算机科学、电子学、材料科学、数学、机械学、海洋科学、物理学、地球科学，主要研究工作依靠大学和国防部所属的实验室。探索性研究和先进技术研究主要为军队提供各种实用技术。新的技术计划所确定的技术领域有19个，专门属后勤领域的有：生物医学；化学和生物防御；服装、纺织品和食品；水面/水下运载器和地面车辆。后勤装备与作战装备可共用的技术领域有11个，其余为作战装备专用的领域。该计划每项技术领域制定得非常详尽、具体、明确，不但包括该领域研究范围、研究的目的、提供理由，而且还包括该领域所应研究的子领域，并具体确定了每个子领域从1996～2000年研究的目标进度、潜在效益和该技术军民两用的可能性、该子领域的主要技术难点、参加研究的单位、联邦政府和私营部门进行的有关工作、各年度的经费预算和与其他技术领域的关系等。

美国防部高级研究计划局制定未来5年研究计划 为贯彻国防部拟制的科学技术计划，主要从事先进技术研究的美国防部高级研究计划局(ARA)制定了1995～1999年5年技术计划，中心是贯彻科技计划确定的两用技术战略，使军用和民用技术基础一体化，形成统一的国家技术基础结构。计划所列的重点工作有6项：1. 技术再投资计划(TRP)，这是由该局牵头的一项国家计划，目的是推进军民工业一体化。2. 发展两用技术，开发军民品共同需要的技术。3. 发展增强军事能力的先进技术，主要项目有3个。4. 推进产品设计与工艺开发同步进行，利用仿真技术，在设计时就综合考虑制造工艺，提高性能和降低成本。5. 发展高性能计算机。6. 开发复合材料和电子材料技术。其他技术领域包括战地医疗技术、军事基地环境治理技术和非战争行动(救灾、缉毒、维和、医疗抢救)等所需小型化定位、导航和数据传输系统、非致命性武器研究、先进的计划和语言处理和释义技术、透过墙壁的成像技术和小型武器探测技术、新型防弹服和车辆用的装甲等。

美国防部拟制运输装备发展计划 美国防部为全面提高其海陆空运输能力，1992年实施了"机动需求研究"之后，1994年，又拟制了《机动能力需求研究全面审查最新报告》，提出了海陆空运装备现代化计划。在空运方面，更换老式的C-141型运输机，采购新型的C-17型运输机，13架已交部队使用，1995年6架C-17的采购费和另外8架的采购，已得到国会的批准，使用改进型的C-130J用于战区内空运，使战区内空运能力达4900～5200万吨/英里/日。在海运和海上预置方面，拟再采购500万平方英尺货运容量，用于预置1个重型陆军旅的装备，购置19艘滚装船和16艘预置船，为陆军装备再提供200万平方英尺预置舱位，并为先期部署的陆军师提供2300万平方英尺的运输舱位，到1998年，陆军将从海军得到16艘滚装船，集装箱船和预置船。1996～2001年用于滚装船造船费为25亿美元。增加第1类后备役滚装船280万平方英尺的容量，为此需36艘滚装船，目前部队已装备29艘，1995年采购1艘，1996财年至少采购2艘，今后5年间再补充4艘。陆上机动性主要通过预置来获得，计划将在中欧预置的营规模装备扩大到旅规模，现正与该地区其他国家谈判，再预置1个旅的装备。这两个旅的装备和1个海军陆战旅装备的预置，可保障向该地区快速部署1个重型师的能力。1994年，韩国已同意在该国预置1个重型陆军旅的装备，与驻该国部队一起，可保障在危机时部署1个满员师。在美本土，进行运输设施的建设，修建应急部队通往港口的铁路和前进机场，在西海岸建一个集装箱弹药设施，采购和预置1000多辆可运输重装备的铁路车辆。

(张春山)

美国防部提出12项联合作战能力需求

《现代军事》1997年第4期黄珊瑚报道，美国防部在1996年5月公布的《联合作战科学技术计划》中提出12项联合作战能力需求，旨在为美军在2010年前后谋求战场全面军事优势打基础。这些能力需求的提出有助于使国防科学技术计划的重点集中于满足联合作战的要求。美国防部正在为获得这些能力而精心制定一些高技术倡议。但是，要实现这12项能力需求目标还需要解决许多技术难题。这些能力需求目标每年会有变化，当前提出的12项联合作战能力需求是：

1. 信息优势。一体化的监视、侦察、指挥、控制、通信、计算机体系与情报系统相结合，使美国防部和战场指挥员能近实时地了解战场态势。

2. 精确打击力量。能迅速摧毁选定目标，而很少甚至不造成附带破坏。主要包括：精确制导武器，监视与瞄准目标的能力，以及传感器与射手之间的链接能力。

3. 作战识别。在足够的距离上能高置信度地及时识别友、敌和中立部队。

4. 联合战区导弹防御。部署一种通用的武器系统，用于探测、跟踪、捕获、摧毁战区内弹道导弹和巡航导弹，包括获取从导弹发射到导弹被拦截全过程信息的能力。

5. 城区军事行动。能在城区遂行军事行动，并以最小伤亡和附带破坏完成军事任务。美国防部正在发展城区作战手段，重点是精确制导武器，监视、通信和导航系统。

6. 联合战备。加强联合作战和诸兵种合成作战的战备能力，包括改进仿真和训练系统。

7. 联合反布雷。能对地(水)雷有效地进行快速监视、侦察、探测并使之失效，使远征部队(包括海上、两栖和地面部队)能强行进入。

8. 电子战。增强电子战系统的能力，以欺骗、干扰或破坏敌人的监视、指挥、控制系统和综合防空网络。在电子战研究方面，特别优先发展对付红外制导武器的办法。

9. 信息战。通过影响敌方的信息、信息系统、信息处理和计算机网络，同时又保护己方的信息、信息系统、信息处理和计算机网络，从而取得信息优势。

10. 生化战剂探测。远距离探测生化战剂的能力是美军在该领域最紧迫的任务。五角大楼寻求能把生化战剂定点和远距离探测能力与及时判定和传递威胁信息能力相结合的技术手段。

11. 实时后勤管理。实时后勤管理是未来战斗力的核心，需要发展一些系统，以便能实时地提供有关部队、装备和补给品的详细情况，其中补给品包括在战场上的、运输中的、库存的或生产中的。

12. 防止大规模杀伤武器扩散。能探测、估计存在的大规模杀伤武器生产能力及了解、估计在战场上将发射和已发射的大规模杀伤武器的能力，以便及时实施反击，包括对敌方加固大规模杀伤武器贮存设施和生产设施的打击。

北约各国正在研究“士兵现代化计划”

据日本《军事研究》1996年第6期报道，美国及北约各国陆军，正在进行“士兵现代化计划”的研究。这项研究的目的不是把士兵的躯体进行改装，使之成为“改装人”，而是给士兵配备适应21世纪战场要求的装备。换言之，就是把步兵装备纳入一个系统中，使步兵战斗系统化。这是一个大胆的、雄心勃勃的设想。“士兵现代化计划”谋求在以下5个方面增强步兵的能力：①C^3I。②进攻能力：火器控制、武器、弹药等。③生存能力：信号、防弹、防热、防光、三防、核生化探测、空调等。④机动能力：机动、导向。⑤持续战斗能力：被装、口粮、医疗、训练等。“士兵现代化计划”构想产生的主要原因是：冷战结束，军费削减，各主要国家不得不大幅度裁减军备。所以，在这种情况下，为不使战斗力大幅度下降，军队必然要少而精。过去，一说起步兵要少而精，就是不断进行严格的训练，造就以一当十的战士。今后，这种老模式不再适用，因为，先进国家年轻人口都在减少，兵源日益缩小。

未来战场情况的传播是实时的，可以通过中继传向全世界。在这样的时代，民众对战死和负伤极为敏感，指挥官再也不能把步兵看作是可以随意补充的消耗品，必须比以往更加重视步兵的生存能力。

由于东西方冷战的终结，爆发大规模战争的危险已进一步减少，军队的任务由全面的战争准备转向应付局部战争和非战争行动。联合国维和行动和人道主义援助等，不需要可造成无谓破坏的远程火炮和坦克。在冲突地带忠诚地执行巡逻任务，疏导难民，分配食品等，只能由步兵来完成。

步兵装备的系统化。步兵装备系统化，一直是一个最落后的领域。由于无线电器材的研制和头盔的研制完全是没有联系的，所以，常常是戴上耳机就不能戴头盔，或穿上防护服就不能操枪。而综合研制步兵装备这一设想本身，可能就是胜过每件装备研制的最大成果。

“士兵现代化计划”始于美国陆军80年代末进行的研究。这一研究成果已写成文件，并同取名为“士兵综合防护装备”技术实验相联系。“士兵综合防护装备”采用的新技术由以下5个子系统组成：一体化头盔、武器、微机、被服、微气候调整/动力。该装备的实验已在北约各国公开进行。1991年4月，北约提出了它们共同的步兵装备开发目标。1993年1月，确定了上述5个领域的开发目标，11个国家的69家企业和研究机构参与了开发计划。

“士兵现代化计划”的目的，是确定共同的开发目标，而不是北约步兵装备的统一。当然，最好是规格统一以保证其通用性。但即便如此，每件装备还是应由各国自己研制、采购。实际上，美国等北约各国在“士兵综合防护装备”的研究之外，陆军、海军陆战队、特种部队等正在共同实行两个计划：一是“地面勇士”，二是“21世纪地面勇士”。“地面勇士”的结构部件，预计在1999～2000年采购，然后再同预计2003～2004年以后的“21世纪地面勇士”计划联系起来。另外，法国国防部1992年起推出一项“系统化战斗员”计划，其研制开发预计2005年以后正式开始。英国也计划将在2000年开始研究“未来战斗士兵系统”。

一体化头盔及其显示装置。“士兵综合防护装备”中，在M-16A2步枪上安装有红外图像传感器，并可向装在士兵头盔上的显示器传送图像。这样，士兵可以边直接目视射向边射击，对暗处和背阴处也可以把枪指向那里搜索目标。为火器安装上某种瞄准辅助系统和夜视仪，是当前的一种发展趋势。新式步枪装上激光测距仪，计算出到目标的距离和弹道之后，可发射枪榴

弹。

“士兵综合防护装备”计划研制的头盔称作“一体化头盔”。头盔的第1个作用是保护士兵的头部，还可起到情报搜集和显示的作用。在头盔的中间位置，装有照相机，还可在眼前垂下透明的屏幕。在屏幕上能显示出照相机和步枪瞄准装置的图像，还可显示其他必要的情报(例如目前的位置以及同其他己方部队、人员的位置关系等)。这种不用肉眼也能看到外界情景的技术，可防激光对眼睛的损害。今后的士兵，常常会面临突然受到敌方(或己方)激光的照射，造成眼睛暂时或永久失明的危险。“士兵综合防护装备”中的一体化头盔，在可能有激光照射的危险时，可在透明屏幕上挂上不让激光穿过的滤波器，而用图像传感器观察周围情况。最近，头盔往往被做得很深，甚至遮住耳朵，以保护后脑部。为了不影响听力，又在外侧加装一个人工耳。人工耳的麦克风的灵敏度可根据情况进行调节。今后其功能将由该装备的组成部分——计算机来控制。单兵计算机装有386SX信息处理器和80兆字节的硬盘、控制导向受信机、照相机、无线电等，还可计算弹道，甚至能制定作战计划和进行模拟等。

“士兵综合防护装备”所使用的软件，还需要从“菜单”中一一选择功能，将来可能通过输入声音来解决这一问题。比如只说一声“地图”，那一带的地图就能自动地投影到头盔显示器上。

微气候控制。“士兵综合防护装备”的士兵战斗服称作“前进服装子系统”，由通常的制服和三防服以及铠甲合成。总重量7.6千克，比美陆军现装备的战斗服10.5千克还要轻。它由3层构成，每层都由新材料制作。防护外层耐火、耐热、防激光。“士兵综合防护装备”中采用了积极控制微气候的前所未有的设想。

其中，英国正在进行名为“CS-2005”的研究，“CS-2005”同时有两个不同的设想：一是在以往设想的基础上进一步发展套穿方式，即根据需要，防寒服和防护服套穿在一起。另一个设想是完全一体化的宇航服方式。如果要追求完美，则后者穿起来更舒服，它能供给始终得到控制的空气；而前者说不定外边的空气从什么地方侵入。而且在技术上，后者比前者简单。但是费用也很可观。如果要考虑战斗的持续性，像宇航服那样的防护服穿上几天，通过面具呼吸也很难忍受。只在遭核、生、化武器攻击时穿防护服的套穿方式，对士兵来说更好些。

费用和技术的制约。阻碍新武器技术实用化的因素必定仍是费用，未来士兵现代化问题也不例外。由于步兵数量多，装备要配备所有的步兵，其费用是相当可观的。新式装备可能首先配备精锐部队，譬如特种部队、空降部队、机械化步兵部队等。此外，在技术上能否以有限重量和容积，包容这么多的功能？超出人所能承受的重量，人就无法适应，所以，在实用阶段，哪些功能需保留，哪些功能可去掉，还要做些权衡。“士兵现代化计划”所列举的5个项目中，实际上生存能力等领域有非常多的研究项目，而机动能力只列举了导向和机动力两项。而且，导向是全球定位系统应用于步兵战斗，而不是直接提高机动力的研究。即步兵的机动力终归是靠步幅76厘米的一双脚，只要不动手术对人进行改装，就没有办法提高人的机动力。技术上还有一个制约，就是动力源，具体说就是电池的容量。未来士兵的子系统都需要电池。而能携带的电池，究竟能使系统运转多长时间？

步兵在战斗中即使没有弹药和食品补给，也必须连续战斗两三天；而电池一旦耗尽便束手无策。当然，出现新式电池和发电系统不是没有可能，但那又将遇到费用的问题。

假设与现在研究的装备相近似的步兵装备成功了，那么运用这种装备的战术和指挥法就必须应运而生。例如，每个士兵携带全球定位系统和无线电，持续地发出现在位置和识别信号的情报，分队级指挥官就不是像以前那样仅能在自己肉眼所能看到的范围内进行指挥，而可能隐蔽在数百米范围内向分散的己方士兵发号施令。如果在夜暗中也能迅速机动和准确射击，那么，夜间战斗的战术恐怕将完全改变。

(黄全鹏)

非致命性武器 非致命性武器有多种叫法：非致死性武器(non-lethal weapons，NLW；或less-than-lethal weapon，LLW)，失能性弹药(disabling munition，DM)，非致命性失能技术(non-lethal disabling technoledgies，NDT)，低附带性伤害弹药(low-collateral damage munition，LCDM)。它是一种能使战场上敌方人员晕倒或暂时失去作战能力和使敌武器装备丧失战斗力的武器系统。此外，它还可破坏道路、机场和敌人的电网以及C^4I系统。目前，非致命性武器作为一类全新的武器，已引起世人的注目。西方发达国家，尤其是美国正在加紧研制并准备在军事冲突中使用。

美国防部成立非致命性武器研究领导小组 早在1992年9月，美国陆军训练和条令司令部就发表了一份文件，提出要适度使用所谓“失能措施的作战概念”。文件还预测未来3～15年可能达到的目标。1994年，美国成立了一个由国防部作战部门负责人弗兰克·肯德尔领导的小组，该小组除探索非致死性武器的灵活性和处延技术外，还负责筹备研究资金和制定研制计划，目标是使非致命性武器在下世纪初甚至更早的时间在武器清单中出现。美国防部一位副部长下达指示，要制订完善的非致命性武器和技术的发展计划，要求从 1996 财政年度起优先为非致命性武器计划拨款。

（丁前星）

美国研制 10 多种非致命性武器　美国陆军武器研究、发展和评价中心（ARDEC）是美国军方负责发展非致命性武器的归口部门。迄今为止，它已经探索研究了 10 多种非致命性武器弹药，包括：

①激光致盲武器。利用激光束照射人眼或武器装备的光电传感器等元件，使之受到干扰、迷盲或造成损伤的武器。这种武器可以烧伤对方人员的视神经，使其暂时致盲；还可使观测仪器失效，跟踪制导系统失控，弹头引信失灵。美国联合信号公司研制的激光枪，美国麦道电子系统公司研制的“眼镜蛇”激光枪等，都属于这种武器。

②次声波武器。目前研究的次声波武器有两类：一类是神经型次声波武器，它的振荡频率同人类大脑的阿尔法节律（8～12 赫兹）极为相近，产生共振时能强烈刺激人的大脑，使人的神经错乱、癫狂不止；另一类是人体内脏器官型次声波武器，其振荡频率与人体内脏器官的固有振荡频率（4～18 赫兹）相近，产生共振时，使人的五脏六腑发生强烈共振，破坏人的平衡感和方向感，使人恶心、呕吐，产生强烈不适而丧失战斗力。美国洛斯阿拉莫国家实验室公开宣称，他们正在发展次声波武器，并已实验证明，能够制出相应的次声波武器。据德刊报道，这种次声波武器在波黑内战中就曾经试用过。

③超级润滑剂弹。弹内装有一种几乎没有磨擦系数、且极难清除的化学物质。用此弹袭击航空母舰甲板、机场跑道、铁路和公路枢纽，能使上述地段变得极其润滑，从而导致飞机不能起飞和降落、高速行驶的列车脱轨、公路上行驶的车辆翻车等故障，使作战运输系统瘫痪。

④特种胶粘弹。弹内装的是一种超粘性聚合物，在敌方阵地爆炸后，可像胶水一样将其武器装备粘结。例如胶粘反坦克弹，这种弹在坦克上空或周围爆炸后，能够产生一种不透光、固化迅速、粘力很强的胶粘剂烟云，可阻止敌方集群坦克的冲击。该烟云具有两种战术效能：一部分胶雾随空气进入坦克发动机，使其熄火停车；另一部分胶雾直接涂堵到坦克的各个光学窗口上，切断观察瞄准器材的光路，使其无法执行战斗任务。

⑤新型细菌弹。它不同于以前的生物武器，而是弹体内装有一种经过专门选择和培养的细菌微生物，该微生物不伤人不传染，但可侵入飞机、坦克和一切车辆及船舶的燃料箱，可使油料变质或凝结成胶状物，使其动力系统不能运转而导致装备瘫痪。

⑥碳纤维干扰弹。这种弹的结构是在导弹或炮弹的战斗部内装入大量的碳纤维。这些碳纤维成丝条状并卷曲成团。当弹体在特定目标，如发电厂、配电站等上空爆炸时，大量碳纤维团在空中飘散，最后落到发电厂和配电站高压电网上，使其发生短路。据报道，在海湾战争中，美国的部分“战斧”式巡航导弹就装有这种碳纤维战斗部，在袭击伊拉克的发电厂、配电站时，给伊方造成了巨大的麻烦。

⑦高能微波弹。它属于定向能武器的一种，采用强微波发生器和高增益定向天线发射微波束，可烧毁敌方雷达、通信、侦察、导航等光学设备。另外，微波武器的“热效应”也可杀伤人员、引爆炸药。美国特种部队试装的便携式微波武器，既可用于破坏通信线路，又可以损害人的内脏器官。

除了上述 7 种外，还有诸如闪光弹、电磁脉冲弹、阻燃剂弹、失能剂武器和计算机病毒武器等。它们虽然原理不同，结构各异，专业上属于不同的科学领域，但它们有一共同的特点，即不以致人死亡为目标。

美国在索马里试验全息射影术　《兵器知识》1996 年第 6 期援引俄罗斯《外国军事评论》的报道称，美国专家们又新发明了一种非杀伤性武器——全息射影术，即采用激光装置从空间站把受难耶稣的头像传送到云层表面。当与敌方交战时，受难耶稣的头像会及时出现在空中，他仿佛在说：“我的受苦受难的兄弟们，赶快停止一切抵抗，返回家园吧！”这种武器虽不会伤害人的生命，致残人的身体，但却能干扰人的心理，崩溃人的精神，瓦解人的斗志，使人产生厌战情绪，进而使人解除武装，逃离战场。

1993 年 2 月 1 日，美国在索马里曾进行了一次全息射影效应的试验。这天，沙暴侵袭了索马里，真是风卷狂沙，昏天暗地。正当沙暴乱逞淫威之时，驻扎在索马里以西的美国海军陆战队员们突然发现，在沙雾迷漫的空中出现了一幅面积大约为 150 米×150 米的人头像，几分钟过后，这幅人头像变得越来越清晰了，又惊又怕的海军陆战队员们终于认出这是受难耶稣的影像，它的样子与人们平时在宗教作品和文艺作品中所看到的一样。当时所有在场的人都感到心灵受到了强烈的震撼。

事后，一名在场的士兵说：“我虽不是最虔诚的宗教信徒，但是当我看到耶稣神像出现在空中时，我头脑里一片空白，我既不能说话也不能思维了，我不由自主地跪下了，并且泪流满面。"5分钟过后，沙暴停息了，耶稣神像也随即消失。

由此可见，非杀伤性武器——全息射影术对人的心理能产生极大的干扰。

各国军界对美国的这一试验都非常感兴趣，并认为它在未来战场上肯定会有用武之地。

（梁　望）

微波武器　《国防》杂志1996年第3期徐润君、陈心中撰文称，据西方报刊报道，美国海军在海湾战争中首次使用的试验性高功率微波弹头，以普通炸药为能源，将炸药能量转换成微波能量，用于干扰破坏伊拉克防空系统的电子设备和指挥控制中心的非加固电路，取得了预期的效果。英国正在研制的微波炸弹，据称能烧毁某一区域内的电脑电路和电话线路，爆炸时释放的大规模无线电脉冲还能扰乱人的大脑神经系统，从而使人暂时失去知觉。种种迹象表明，微波武器正在或将被各军事强国应用于军事领域。

微波武器的工作机理　微波是波长为1毫米到1米的电磁波，其传播速度与光速相同，并具有直线传播、穿透能力强、能被某些物质反射或吸收、抗干扰性能强等特性。因此，微波不仅在通信、气象、天文、医疗、能源等方面有着广泛的应用前景，而且在改善现代武器性能方面具有无可替代的功能，微波武器的出现，是微波技术发展的必然结果。

微波波束武器。研究表明，当电子以光速或接近光速的速度通过等离子体时，将产生定向微波能量，这种微波能量比雷达用的微波功率源强几个数量级。如果将这种微波波束的能量加以会聚，则有可能成为一种新的杀伤武器。正是基于这种设想，军事科学家们研制了微波波束武器。微波波束武器是利用高功率微波束毁伤敌方人员和电子设备的武器，又称之为射频武器。微波波束武器通常由能源系统、超高功率微波源（即微波振荡器）、高增益定向天线和瞄准、跟踪、控制系统构成，其核心是超高功率微波源，起着把电子束动能转变为电磁能的作用。发射时，高增益定向天线把超高功率微波源输出的微波会聚在窄波束内，以极高的强度照射目标。这种武器的技术关键主要是解决微波振荡器的问题。目前，在研制中的微波波束武器的辐射频率，一般为1～30吉赫、辐射脉冲功率为吉瓦级。

微波炸弹。微波炸弹以高强度辐射场覆盖被攻击的点状目标，在目标内部敏感的电气和电子线路中产生致命的电压和电流，击穿或烧毁电路系统中的敏感元件，使电脑存贮器丧失所存贮的信息，并将软件毁损。

微波武器的杀伤效能　无论是微波波束武器还是微波炸弹，都是根据微波的物理特性发挥其杀伤作用的。

杀伤作战人员。专家认为，微波对人员的影响可分为"非热效应"和"热效应"两类。"非热效应"由较弱的微波能量引起。微波到达人体表面后，可产生反射、散射、穿透和吸收。不同波长的微波在不同肌体组织内穿透的深度不同，主要取决于组织的介电常数和电导率。一般认为，微波对肌体引起的生物学效应大部分与其在组织中被吸收而转化的热能有关。不同强度的微波辐射会使人的肌体出现不同程度的急性或慢性损伤，引起神经衰弱和心血管系统功能紊乱等综合症，临床表现为动脉痉挛、血压升高、心动过速或过缓、心悸胸闷等，也可有皮疹及晶状体水肿等症状，还会造成心理损伤和肌体功能的微妙变化，如神经紊乱、记忆力减退、内分泌失调、免疫力降低等。

"热效应"是由强微波能量对人体的照射引起的。强微波能量辐照，会烧伤人体的皮肤及内部组织，使人眼因白内障而失明，甚至导致死亡。美国所做的生物试验表明，用能量密度为20瓦/平方厘米的微波照射2秒钟，即会造成三度皮肤烧伤；用能量密度为30～80瓦/平方厘米的微波照射1秒钟，就可能造成人员伤亡。

干扰或破坏武器系统的电子设备。微波波束武器也可用于攻击现代武器系统中的电子设备和电子元件，使之损坏或失效。0.01～1微瓦/平方厘米的弱微波能量可以对相应频段的雷达和通信设备产生强电磁干扰，使之不能正常工作。0.01～1瓦/平方厘米的微波能量辐照，可直接使对方通信、雷达、导航等系统的微波电子设备失效或烧毁。10～100瓦/平方厘米的强微波辐射形成的瞬变电磁场，会在各种金属目标的表面产生感应电荷和感应电流，这些附加的感应电流可以通过如天线、电源线、传输线和各种开关、隙缝等入口，进入被拦截目标的内部电路。感应电流比较小时，会改变电子线路中某些元器件的工作状态，导致电路功能紊乱，出现误码、控制失灵或逻辑混乱等现象。若感应电流较大，超过元器件的额定值，就会造成元器件的永久性损伤，强微波辐射还可直接使工作于微波波段的电子设备因过载而失效或烧毁。

微波波束武器可攻击的目标很多，从遨游太空的卫星到横跨大洋的洲际弹道导弹，从巡航导弹、飞机到通信器材、雷达、武器的计算机系统及其他光电器材，只要处于强微波的覆盖区内，都会遭到毁灭性打击。

对隐形武器实施"软攻击"。用微波波束武器对付包括隐形飞机、隐形导弹、隐形坦克、隐形舰艇等在内的"隐形"武器，更具有得天独厚的优势。因为这些隐形武器主要是通过外壳采用吸波材料或涂敷吸波涂层来吸收雷达波（微波）而达到隐形目的的，这就为微波武器效能的发挥打开了方便之门。"隐形"武器的外壳一旦受到高功率的照射，便会因吸收过多的微波能量而受损，甚至烧毁。

微波波束武器由于工作时间较短，因此作用距离较之激光武器和粒子束武器更远，受天气的影响也更小，适当地选择微波辐射频率，可使相应的对抗措施更加复杂化。微波可以波束的形式出现，也可以辐射场的形式散布于战场的某一区域，令人防不胜防。难怪一些军事专家赋予微波波束武器以定向能武器中"超级明星"的美誉。

微波武器的研制状况　据英国《国际飞行》杂志报道并经英国国防部证实，海湾战争后，美军正在加紧研究微波炸弹所需要的技术，开发研制"按需要释放能量"的微波炸弹。美国还研制了一种等离子体辅助微波振荡器，可产生3～5兆瓦高功率的微波脉冲，达到其烧毁敌装备中某些电子设备的作用。美还正在计划采用电磁脉冲发动机或"短路"物质，来改装现装备的一些导弹弹头，当这种弹头爆炸时，让其释放出一种微波，烧毁敌方的电子设备。

当然，微波武器也像其他所有的武器一样，并不是无法防御的。利用适当的"加固"措施，就可以消除或削弱微波武器的破坏效应。

除美国以外，俄、英、法、德、日等国均已在进行高功率微波武器技术的研究。例如，加拿大的科学家已研制出世界上第一架无人驾驶的微波飞机——"尖"5。他们在地面建造一个超大功率发射机，由它产生超强微波，发射给飞机。微波飞机再把接收到的微波转换成直流电驱动螺旋桨，从而实现无油空中飞行。前不久，美国一家公司也研制出以微波为动力的无人驾驶飞机。据称，"这只大鸟在空中飞行了90天整，把加拿大首架微波飞机远远地抛在了后头"。

由于微波飞机不需要携带沉重的燃料，像一颗精巧的低轨道卫星。有见识的军事观察家认为，它在军事上可完成许多传统飞机不能承担的重要使命。一位权威人士说，它既可作空中通信中转站，又可以进行艰险复杂的空中侦察，还可给舰只定位并兼职收集气象资料。有人认为，一旦微波飞机投入现役，就很可能使未来空战、海战乃至整个战争进程发生巨大变化。

"纳米武器"将出现在未来战场　《国防》杂志1996年第6期孙柏林撰文称，人类的历史进程表明，今天的科学幻想，可能就是明天的科学现实；今天的科学探索，可能就是明天社会生产力和军队战斗力的发展源泉。因此，关心未来社会发展趋势的人，也必然是关心当前科学探索的人。人们在向宏观世界进军的同时，也在对微观世界进行着不懈的探索。有些以前看似"天方夜潭"的幻想，在现代科学技术的"催化"下，正"栩栩如生"地朝人们走来。人们的幻想之一就是能够制造出只有在显微镜下才能看得到的超微型电机，就是能够移植到昆虫头脑里的"智能芯片"，就是能够在人的血管里自由航行的"遥控潜艇"，就是能够制造只有顶针般大小的微型飞船和航天卫星，以及能够感受到单个原子的致动器等等。这就是自90年代以来，越来越频繁地被人们提到的微型机电系统技术。

所谓微型机电系统，主要是指那种外形轮廓尺寸在毫米以下，构成的元件尺寸在微米——纳米量级（10^{-6}米～10^{-9}米）的可控制、可运动的微型机电装置。它是自微电子技术问世以来，人们不断追求高新技术装置微型化的必然结果。早在70年代初，人们就已经开始了微型机电系统的探索研究，但直到80年代中后期，这个领域才有了实质性的进展。当时，人们看到使用大规模集成电路的先进制造技术可以研制出大型机械系统的微型样机，于是便开始引发出一场向微型机电系统进军的"技术革命"。这场"技术革命"的实质，是人们在改造自然的进程中，已经从过去物质的毫米——微米层次进一步深入到物质的分子——原子的纳米层次了。它将有可能实现单位物质储存和信息处理能力的飞跃。它的基本特征是以精确完美的控制与准确入微的离散方式，快速地排布分子或原子结构，按照人的意向操纵原子、分子或原子团、分子团，制造出具有特定功能的微型设备，从而使物质加工处理技术提高到前所未有的水平。由于它具有的潜在的应用前景，因此发展非常迅速，并且由此开创了纳米电子学、纳米材料学、纳米机械学、纳米生物学、纳米制造学、纳米测量学、纳米控制学和纳米显微学等一大批对于国民经济与国防建设有重大意义的高新技术群，从而迎来了面向21世纪的"纳米时代"。专家们普遍认为，微米——纳米技术是一项极具前途的军民两用技术。它在军事上的应用，目前主要是微型机电系统及其与微电子相结合的专用集成微型仪器两个方面。

美国兰德公司1993年曾专门向美国军方递交过一份名为《微型机电系统的军事应用》的研究报告，向人们描绘了微型机电系统潜在的军事应用图像，引起有关方面的注意。其中所设想的微型机电系统的可能的军事应用包括：微型机器人电子失能系统。人们设想研制的微型机电系统，通常具有 6 个分系统：传感器系统、信息处理与自主导航系统、机动系统、通信系统、破坏系统与驱动电源。这种微型机电系统具有一定的自主能力和机动能力，当需要攻击敌方电子系统时，可利用无人驾驶飞机将这种微型机电系统撒布到目标周围。当目标工作时，它们将“感觉”到目标的位置并向目标方向移动，直到渗透进被攻击目标的内部，从而使敌方的电子系统运转失灵。投放微型机电系统时，应当尽可能地接近目标，这样既可节约时间，又能节省装置。而后，它们会自动寻找目标，并渗透进目标内部，使目标部分或全部丧失工作能力。微型机器人电子失能系统还有一个潜在的用途，就是可以对敌方实施经济封锁或禁运。如通过潜入“信息高速公路”装置，使得“信息高速公路”不能畅通，从而使现代社会的信息化经济受到严重损害。此外，易受微型机器人电子失能系统打击的战略目标还包括电力系统、民航系统、运输网络、海港航运、高速公路、电视电台、电讯系统、计算中心以及工厂企业等等。当然，也有人担心，如果这种装置有朝一日被国际恐怖组织所利用，那也很可能成为一支威胁社会安全的“双面刃”。

蚂蚁机器人。这是一种可通过声音进行控制的微型机电系统。蚂蚁机器人的驱动能量来源于一个能把声音转换成能量的微型话筒，人们可以利用它们潜伏到敌人的关键装备中，潜伏时间可长达几十年之久。平时相安无事，一旦两国关系恶化，甚至演变成交战状态，就可利用遥控装置，启动潜伏在敌人内部的蚂蚁机器人，让它们破坏或“吞嗜”敌方的设备。另外，至少有 25 位多年从事纳米技术和微型机电系统研究的专家，在经过大量科学考察后断言，在今后的 10 至 25 年内，人们不仅能够制造分子尺寸的微型机电装置，而且还可研制一种像孙悟空的“可变毫毛”一样，由蚂蚁机器人充当作战平台的“可自行复制”的超灵敏探测装置和遥控地雷。一旦需要，就可投放到敌方，利用蚂蚁机器人寻找需要控制的军事敏感区域。通过控制程序使微型探测器与微型地雷“自行复制”到需要的密度，以对敌方构成“战略威慑”或致命的一击。人们完全可以设想，一旦由程序控制的可以“自行复制”的蚂蚁机器人出现在未来战场，那将会通过微观装置所焕发出来的巨大的战争威力而使敌方的宏观作战体系“突然瘫痪”，甚至不得不屈服于微型机电系统所造成的战争压力。

血管潜艇。微型机电系统也可做得更小，制造成一种“血管潜艇”。它能在人们复杂的血管系统执行巡航任务，一旦发现人体哪部分出现“病灶”或发现“异常”，就可立即向人们发出警报信号，并按医生的指令进行活动，或同人体内的细菌与病毒进行“殊死搏斗”。如果人们的这个设想得以实现，医生就可借助这种微型机电系统来施行“分子或原子手术”了。

分布式战场微型传感网络。现代战争中，为了随时准确探测与查明敌方的作战部署和军队调动，敌对双方都曾投入巨大的财力、物力和人力来研制、生产、部署与使用遍布全球的探测系统和探测装置。但是，海湾战争的严峻事实告诉人们，在捕捉机动性极高、游动性很广的“飞毛腿”导弹时，现有的探测系统的覆盖面积是有限的，而微型机电系统则有可能解决需要连续监视的关键地区。一种可能的方案是，在重要的作战地区上空使用无人驾驶飞机或其它方法，大量布撒廉价的、可随时使用的微型传感系统。高空无人驾驶飞机利用安装在无人驾驶飞机上的调制偶角反射通信系统的编码激光，记录每个微型传感器的位置。然后，传感器系统开始收集、处理与储存情报信息，直到其他无人驾驶飞机再次利用相同的编码激光发出询问，每个传感器再次通过调制偶角反射器将其数据传递给无人驾驶飞机为止。这种微型机电系统，在布设、耐久性和易损性等方面的优点是明显的。微型传感器系统比现有的战区远程监视系统的部署便利、快速，而且完整。现有的传感器装置在开阔的天空定位，一般在 200 米以内用肉眼即可看到，而任何一个毫米级微型机电系统，散布在天空里，不仅肉眼难以辨别，就是使用仪器设备也难以辨认。

根据资料披露，微型机电系统决不仅仅适用于军事领域，它在信息技术、材料科学、环境科学、生物科学以及医学科学等方面，都使人们获得了认识自然和改造自然的新动力。

在专用集成微型仪器的应用方面，目前正在开发的专用集成微型仪器，可探测出局部地区或遥远地区的环境信息，并通过专用集成微型仪器基因片上的通信系统传送到附近的微型仪器上，也可直接传递给中央处理机。专用集成微型仪器最具生命力的用途是在航天领域，它将能够逐渐代替现有的航天器上和运载火箭上的各个分系统，然后再进一步发展成为独立的空间系统，从而导致微型卫星和“纳米卫星”的诞生。“纳米卫星”是未来卫星发展的“革命性突破”，它将是一种分布式的卫星结构体系。这种分布式体系与集中式体系相比，可避免单个航天器失灵后所带来的危害，以提高未来航天系统的生存力和灵活性。“纳米卫星”的最好应用方式，是布设成局部星团或分布式星座。假如在太阳同步轨道施放“纳米卫星”，在 18 个等间隔的轨道表面上，每个轨道表面等间隔地安放 36 颗“纳米卫星”，这样就可共有 648 颗“纳米卫星”在轨道上运行，从而可保证任何时刻、对地球上的任何一点都能进行连续的覆盖和监视。目前，已有一些西方国家在着手研制“微型卫星”的问题。

90 年代初以来，微型机电系统的议题在科学刊物上多了起来，这一领域的专题研讨也已引人注目。日本、西欧、美国的一些专家认为，随着科学技术的飞速发展，微型机电系统将是今后 10 年中的一个至关重要的研究领域。根据兰德公司的报告，目前日本是研究和发展微型机电系统的最大投资国。日本通产省专门制订有发展微型机电系统的 10 年规划，并且已建成了“分子装配器”。日立公司 1993 年底就曾宣布，已经制成在室温条件下工作的单电子存储芯片。这种芯片与现在的芯片相比，同样存储 1.0 比特的信息，而新存储器的功耗只有旧存储器的百万分之一，面积只有旧存储器的万分之一。据兰德公司的报告称，美国在研制微型机电系统领域的投资，大约要比日本、荷兰等国低一个数量级。为了扭转在微型机电系统的落后形势，美国已把微型机电系统技术列入《美国国家关键技术》计划，美国军方还专门拟定了开发与应用微型机电系统的 3 年规划。当然，无论是微型机电系统，还是专用集成微型仪器，它们的研制与开发都不是轻而易举就可以取得成功的。要使微型机电系统技术与专用集成仪器技术从实验室走向工程实践，并最终投入应用，还有许多难关在等待人们去克服。然而，种种迹象表明，“纳米武器”将可能使未来军事领域的许多方面发生根本性变化，“纳米技术”必将成为 21 世纪的军用关键技术！

（梁　望）

（本栏责任编辑　王谊民）

建军计划与措施

美国建军计划 1996 和 1997 两个财年的《国防报告》及其 他有关资料透露，美国国防部针对当前国际安全新形势，重新评估了以前的 5 年防务计划，并在此基础上制定了新的军队建设计划。新计划把战备工作放在首位，要求国防部的一切工作都要以保持和提高三军的战备水平为前提。认为，只有这样才能在预防、遏制地区性冲突都不起作用的情况下，随时动用武力并取得胜利。该计划的主要内容和措施如下。

新形势对军队建设的挑战和要求 美国国防部长威廉·佩里认为，当今新的安全环境给美国军队建设提出了双重的挑战：一是要确定新时期保护和实现美国利益所需军队的合理规模和结构；二是在裁减和重组美国武装力量的同时，还要能使其继续成为世界上战备水平最高、战斗力最强的军队。为此，新计划要求所建设的军队必须具有以下 3 种能力：①危机反应能力。即所建设的军队要随时都能对危机作出迅速而有效的反应：既要能与同盟军一起投入并打赢两场几乎同时发生的大规模地区性冲突，又要能圆满完成小于此类冲突的战争性任务和非战争性任务。②前沿存在能力。计划认为，在和平时期，美军必须在海外保持强大的军事存在。所采用的方式包括：长期驻扎；定期或临时部署；联军演习；港口访问；预储装备；设立军援办公室；人道主义援助；派驻国防武官以及同外国军队的广泛接触等。美军把上述行动看成是美国国家安全战略的一种基本要素。③威慑能力。系指所建设的军队不仅要能威慑和制止敌人挑起的大规模地区性冲突，而且还要能够有效慑止敌人对美国领土及其盟友使用大规模毁伤武器。美国军队建设的目标是：要在军队结构合理、装备现代化、人员训练有素和快速反应能力增强等方面，都能达到所规定的新标准。

继续裁减兵员，合理调整军队结构 美军通过对未来可能发生的大规模地区性冲突的认真分析确定，打赢一场大规模地区性冲突，美国可能要出动的兵力是：陆军 5 个师；空军 10 个战斗机联队、大约 100 架重型轰炸机；海军 4～5 个航母战斗群、1～2 支海军陆战队远征部队；以及特种作战部队等。近几年，美军不断裁减军队员额，就是根据这一分析进行的。新计划虽然仍要继续裁减，但要力求避免裁减过急，以免给军队建设造成过多的后遗症。

1996 年，美军有现役部队大约 148.2 万人，比上个财政年度又减少了大约 4 万人，已接近 1999 财年裁减至 140 万人的总目标。预备役部队也裁减至 8 个师，共约 67 万余人。文职雇员比上个财年减少了 2.6 万人，现有 84.1 万人，估计到 1997 年底将减至 80.7 万人，到 1999 财年将裁减至 72.8 万人。根据新计划，美军在继续裁减兵员的同时，还将进一步使其兵力编成向“冷战后部队结构”转化。主要做法如下：

1. 陆军继续调整部队的编制结构。1996～1997 财年底，计划撤编 2 个集团军司令部：即驻马里兰州米德堡的第 1 集团军和驻加利福尼亚州旧金山要塞的第 6 集团军；撤销 2 个师司令部：即驻堪萨斯州赖利堡的第 1 机械化步兵师和驻科罗拉多州卡森堡的第 4 机械化步兵师。其他被撤编的部队还有 3 个作战旅：即驻肯塔基州诺克斯堡的第 194 独立装甲旅、驻夏威夷斯科菲尔德兵营的第 25 步兵师第 3 旅和驻卡森堡的第 4 机械化步兵师的 1 个旅。陆军裁减与调整的最终目标是只保留如下 10 个现役师：即 1 个空降师、1 个空中突击师、2 个轻步兵师和 6 个重型师，共计 47.5 万人。陆军预备役部队将保留 8 个师、2 个旅和 1 个步兵侦察大队，以作为美军的战略预备队。其建设重点是 15 个指定的战备加强旅。美军计划到 1998 财年，陆军预备役部队总员额将减至 57.5 万人，可向陆军现役部队提供 60%以上的战斗支援和战斗勤务支援。

2. 海军除了只退役 2 艘作战舰只使其总数由 359 艘减至 357 艘之外，计划到 2001 年不再作较大的调整。作战舰只最低也要保持在 330～346 艘的水平。其中包括：12 艘航空母舰（含预备/训练用航母 1 艘）、110～116 艘水面作战舰只、52 艘攻击潜艇、43 艘两栖舰（其中 12 艘是可起降飞机的大甲板两栖攻击舰）、27 艘水雷对抗舰、41 艘后勤补给舰、21 艘支援舰、8 艘预备役护卫舰以及 20 个 P-3 型海上巡逻机中队（含预备役中队 8 个）。海军陆战队由于是美军当前应急作战部队的主要力量，计划在 1998 年以前，不再进行裁减，继续维持现役 3 个陆战师、3 个陆战航空联队和 3 个支援大队，共约 17.4 万人的兵力规模。预备役部队也将继续保持 1 个师、1 个联队和 1 个支援大队，共约 4.2 万人的规模。

3. 空军 1996 年有 21 个战斗机联队（每个联队编飞机 72 架），待 1997 财年底裁减 1 个联队后，即算完成本财年的裁减任务。裁减后还保留 20 个一般任务战斗机联队（含预备役联队 7 个）、182 架远程轰炸机。为了探索更佳的部队结构，空军近几年组建了 3 个混编联队（2 个陆空混编联队、1 个特种作战混编联队），据说试验效果甚佳。因此，空军计划将联队的编制结构进一步向混合编组的方向发展。

4. 在战略力量建设方面，美国仍然坚持洲际弹道导弹、潜射弹道导弹和战略轰炸机三位一体的战略威慑原则。因此，新计划决定，将在不影响核威慑的前提下继续削减、重组战略核力量。目前，美国的地面部队已不再拥有核武器，战略轰炸机也已取消日常的战备值班任务。截至 1996 财年初止，现役核弹头储量已削减了 59%，计划到 2003 年再削减 20%，使削减数量达到总储量的 79%。已部署的战略核弹头也削减了 47%。随着核武器数量的减少，核武器的操作人员也将继续裁减，现已减少了 20%以上。其他裁减的项目还有：用轨道发射平台发射的“和平卫士”式导弹、B-1 型战略轰炸机（主要是取消其核用途）、高级巡航导弹和 W-88 型核弹头、老式火炮发射的原子弹、改进型“长矛”导弹、C-3 和 C-4 改进型核动力弹道导弹潜艇等。截至 1996 财年底止，美军拥有洲际弹道导弹 580 枚，弹头 2090 个；潜射弹道导弹 384 枚，弹头 3000 个以上；弹道导弹潜艇 17 艘；重型轰炸机 101 架（加上库存共 173 架）。按照新计划，到 2003 年，美军战略核力量将最终调整为：500 枚“民兵”Ⅲ型洲际弹道导弹，携带 500 个 W-87 型核弹头；14 艘“俄亥俄”级导弹潜艇，携带 336 枚导弹，共计约 1750 个核弹头（其中每艘潜艇载 24 枚“三叉戟”Ⅱ-D5 型导弹，每枚导弹有 5 个核弹头）；66 架 B-52H 型战略轰炸机（可装载 AGM-86B 型空射巡航导弹和更先进的 AGM-129 型巡航导弹）；以及 20 架 B-2 型轰炸机（可载 420 枚 B-61 型自由下落式核航弹）。从而使未来首次核打击的主要力量由陆基改为潜基和空基战略导弹，以提高战略核力量的生存能力。

5. 特种作战部队是美国军队建设计划中唯一一支不仅不减反而有所加强的部队。

确定优先发展顺序，有重点地提高装备现代化水平 美军认为，在资源有限的情况下，要使军事力量能够应付世界范围内变化不定的挑战，美国必须充分发挥现有技术和新兴技术的潜力，为军队提供最好的装备。根据国防部长“要设法把实验室中的技术尽快转化为作战能力”的要求，新计划提出了 3 项改进措施：一是加强对科研的领导机制。决定由联合参谋部和各军种的少、中将级军官组建高技术小组；由国防部负责采办与技术的副部长和各军种派出的高级代表组成指导小组。这两级领导班子中，前者负责有关研究方案的确定和实施程序并提出具体的建议；后者负责监督和指导科研工作的实施并及时处理研究过程中出现的问题。二是增拨研究资金。计划 1995～2001 年，在已为先进技术研究论证拨款 22 亿美元的基础上，再拨款 1.55 亿美元。三是改变科研中技术人员与军事人员相分离的工作方法。即彻底改变过去那种科研只靠技术人员，不顾军事人员意见的做法，而是让科研人员同军官密切合作、共同实验和评估科研成果，以便使高技术装备更能适合战场的需要。各军种、部队的现代化计划如下：

1. 陆军计划在以下 5 个方面保持其技术上的绝对优势：一是战场情报与通信；二是精确打击；三是战场机动；四是部队防护；五是兵力投送与持续支援。由于财政紧张，陆军不得不调整和重新确定科研的优先顺序。比如，已研制多年的“科曼奇”(RAH-66)式武装侦察直升机，已决定由原来的优先研制、生产改为只制造 2 架样机，进行技术论证。陆军现代化的主要内容是：①1996～2001 年，将大约 547 辆 M-1 坦克更新为 M-1A2 型更先进的坦克；将大约 1600 辆 M-2A2 型步兵战车改装成 M-2A3 型。到 1997 年后，将进行 M-2A3 型步兵战车的批量生产。②优先发展“阿帕奇·长弓”式直升机和“长弓·地狱火”式导弹。③优先发展智能反装甲弹药。计划于 1998 年小批量生产一种智能反装甲导弹。同年还将开始试验和大批量生产一种由 155 毫米榴弹炮发射的、可探测并摧毁装甲目标的子弹药，专门用于提高部队在未来战场上的全纵深反装甲能力。④重点论证高级野战火炮系统和装甲补给车辆。估计到 2005 年才能批量采购。⑤继续采购轻装甲自行火炮及其他装备。1996 财年着手采购的轻装甲自行火炮，是一种可空投、便于运输、具有较强反装甲能力的轻装甲自行火炮，计划2000年前将总共采购216门。其他计划采购的装备还有各种中型战斗车辆和自动化程度更高的新型后勤补给车辆。⑥发展数字化信息传输系统。1996年进行的数字化营特遣队高级试验，据说已取得了令人满意的成果。新计划打算在此基础上组建数字化特遣旅，并进行旅级的“高级战斗人员”试验。

2. 海军现代化计划的主要内容：①有重点地更新旧舰。1998年将有2艘“尼米兹”级航母服现役，“罗纳德·里根”号可于2003年服现役。这样做，既可逐步代替老式的常规动力航母，又能使其保持11艘现役航母的计划得以实现。②优先建造新型两栖舰只。为保持和加强未来近岸作战所需要的能力，使海军陆战队具有12个两栖作战大队的兵力水平，计划到2001年采购4艘能运送登陆艇和各种车辆的“哈伯斯费里”级船坞登陆舰、7艘大甲板多用途两栖攻击舰。③加强水雷对抗装备建设。新计划把对付水雷威胁放到了海军建设的突出地位。在许多拨款项目被削减的情况下，对发展水雷对抗装备的拨款将继续保持以前的水平。计划重点发展两种新级别的探、扫雷舰只，另外还有直升机、传感器材和作战系统，以便提高作战部队探、扫水面和水下水雷的能力。到1998年，待“复仇者”级水雷对抗舰、“鹗”级扫雷舰等新型探、扫雷舰装备部队后，海军所拥有的大型水雷对抗舰将可达12艘。其他研究、发展与采购的武器系统还有：“战斧”式巡航导弹、SM-2标准舰空导弹、舰艇自卫系统以及装备有“兰普斯”电子系统的SH-60型系列舰载直升机等。

3. 海军陆战队计划发展的项目有：①研制V-22型“鹗”式飞机；②改进现装备的效用直升机和攻击直升机；③研制新式高级两栖攻击车；④发展新式轻型155毫米榴弹炮；⑤研究和试验“掠夺者”式近程反坦克攻击武器。

4. 空军现代化计划的主要内容有：①研究、改进新型作战飞机及装备。首先，计划继续拨款研制F-22型战斗机，以便尽快替换老式的F-15型战斗机。空军根据边检测边采购的原则，已经装备了8架B-2型轰炸机，计划以每架22亿美元的价格再采购12架，以完成2000年总共装备20架的目标。对于B-1B型轰炸机，除继续进行电子装备改装外，还计划于90年代末为其装备高级集束炸弹，以提高其对付大面积目标和装甲战斗车辆的能力。②研究、发展高技术弹药和传感器材。计划1997财年继续执行“联合直接攻击弹药”计划，以提高空军在恶劣天候条件下的作战能力。目前，“里程碑”Ⅱ型空空导弹已研制成功，将继续研究、生产CBU-97型传感引爆的新式弹药。还计划试验、生产可用飞机或导弹布撒的高智能“大面积毁伤地雷”，预计到1998年进行一定数量的储备。其他计划重点发展的还有用战术导弹投射的“智能反坦克子母弹”等。③优先发展战场监视系统。为满足将来进行信息战的需要，计划要求优先研究、发展成套的战场监视系统，包括可对战场大纵深进行全天候监视的先进传感器(如由合成孔径雷达和移动目标识别雷达组成的E-8C“联合监视目标攻击系统”)以及续航时间更长的无人驾驶飞行器等，要求尽快完成对该系统的最后阶段试验。目前，美军又提出了一种需要投资36亿美元进行研究的全球定位系统。该系统是一种由33颗全球定位系统卫星组成的作战星群。预计该系统建成后可为地面、海上、空中及太空中的无数使用者提供更加精确的方位、行动速率和时间等信息。④开展对挖掘轰炸机潜力的研究。鉴于目前轰炸机技术的发展已经接近极限，空军计划另辟蹊径，开展旨在挖掘其潜力的综合性研究，主要内容是在提高现有轰炸机生存力的同时，设法也使其精确武器投射能力和持续作战能力都获得提高。理论论证表明，一旦这3种能力同时获得改善，空军的B-1、B-2，甚至连老式的B-52H型轰炸机，都将能够攻击敌方的所有目标。

严格募兵和部队训练，全面提高官兵的军事素质

《国防报告》指出，为确保美国在军队员额减少的情况下不降低战备水平，招募高素质的人员，为他们提供严格而又逼真的训练，是目前的当务之急。新计划的主要内容是：①招募高素质的人员。计划每年招募大约20万名青年参加现役武装力量；招募大约15万人加入第1类预备役部队，而且所募青年至少有95%要达到高中毕业水平。②加强院校和部队训练。主要做法：一是除国防部再拨款150万美元以加强院校训练外，还要求各军种自己集中财力、物力和人力切实抓好部队训练。二是尽可能为单个人员和部队提供更多的训练机会。根据多练才能熟能生巧的道理，美军计划给单个人员配发更多训练软件，使他们能进行自训；对于部队，要求广泛进行实兵或模拟演练。三是改善训练条件，加大各训练中心的任务量。计划普遍更新和改善各训练场地的设备和设施。加州欧文堡国家训练中心、路易斯安娜州波尔克堡联合战备训练中心以及德国的战斗机动训练中心等，都将使用装备有先进电子系统的训练器材辅助训练，以便进一步提高旅、营级部(分)队的训练质量。增大训练任务量是新计划的重点内容之一。按照新规定，陆军的目标是：今后每年，国家训练中心要训练12个旅，联合战备训练中心要训练10个旅，驻德部队的战斗机动训练中心至少要对驻欧洲的装甲、机步营级分队训练1次。海军陆战队在加州的空地作战中心除了负责组织实施大规模实弹射击与野外机动演习外，每年还需组织有8个现役步兵营和2个预备役步兵营参加的空地特遣部队演习。此外，还要求加州的布里奇港山地训练中心加强对陆战队和特种部队进行山地与严寒地的综合性训练。海军计划增加海上实战训练和演习的次数。1996财年，美国海军除了自己单独进行大规模海上演习外，还同外国海军一起进行了70多次联军演习。四是利用向海外部署的机会进行实战练兵。③结合理论研究与实践，提高指挥、参谋人员的军事素质。计划的具体内容，一是对所有现役军、师级指挥与参谋人员，至少每两年要进行一次集训，以使他们达到或保持《指挥训练大纲》规定的标准。二是在利文斯堡举行各种命题的理论研讨会、战斗模拟演习；在各基地组织计算机辅助的指挥所演习，让指挥、参谋人员在模拟和探讨理论的同时，提高他们的指挥与参谋水平。三是建立联合训练中心，目前，美军在本土建立了一个联合训练中心，负责制定、分析联合部队的战备政策、训练方法和联合作战条令，并就部队联合作战演习的有关问题向总部和各军种首脑提供咨询。美军大西洋总部也在建立联合训练中心和分析与模拟中心，专门用于训练美军联合特遣部队的作战参谋人员。新计划准备将该中心建成完善的联合战术实验场，以建模、仿真、联网模拟以及其他最新技术来研究、实施与评估大规模演习和训练，使高级指挥、参谋人员能通过直接参与来提高他们的业务水平。

提高危机反应能力，做好应付冲突的各种准备　美国防部长认为，在当前业已剧变和动荡不定的国际安全环境下，美军必须具备较强的危机反应能力，才能完成美国军事战略所规定的任务。为此，美军计划从以下几个方面作好应付冲突的准备：①保持强大的前沿存在。计划在欧洲保持10.9万人；在亚洲保持近20万人的驻军，包括在朝鲜半岛的1个陆军师（欠1个旅）、1个空军联队，在日本的1支陆战队远征部队、1艘航母、1个两栖中队和1.5个空军联队。为了执行“南方监视”行动，计划再向海湾地区部署一定数量的飞机。美军认为，这些前沿部队足以满足美军对危机迅速作出反应的需要。②增加海外预储物资和装备。海湾战争的实践使美军认识到，在岸上或海上预储一定数量的军用物资和装备，可为冲突初期的军事行动节省大量的运力和时间。为此，新的5年计划准备增设预储点、增加预储数量。目前，海军陆战队已有3个海上预置船中队，共13艘，另有1艘已经拨款建造。海军还计划在关岛附近的海上再预储1个陆战旅的装备。陆军早就购置了2艘集装箱船，还在海上预储了可供东北亚或西南亚使用的1个坦克旅的装备。1996财年，在韩国预储1个旅装备的计划业已完成。迄今所预储的物资、装备，已足够1个应急军先头部队使用30天。目前还计划在科威特预储1个旅的装备，并已开始在卡塔尔建造第2个重型旅和1个师的基地（实际上1996年初已预储了1个坦克营的装备）。空军也在分阶段改进3艘军火船，以装载冲突初期所需要的先进弹药。③提高战略机动能力。美军计划：在空运方面，淘汰陈旧的C-141型运输机，改用新式C-17型运输机。该机1996年初已装备了13架，第1批采购了40架，后来又增购了80架。这样，空军将总共装备120架，以满足未来应急作战时向海外快速部署部队的需要。在海运方面，继续执行9艘大型中速滚装船的采购计划。该计划完成后，可使美军的突击海运能力提高1倍以上。国防部还拟增加拨款，修建从应急部队营地到机场、码头的运输设施，包括铁路、前进机场以及购买1000多台轨道式运输车辆等，以便加快应急部队的反应速度。④提高预备役部队的战备水平。重点加强指定的15个国民警卫队旅和其他选定的战斗支援与战斗勤务支援部队的建设。

加强督导机制，保证建军计划顺利进行　为确保顺利完成以上军队建设任务，美军专门成立了多套督导班子：①在国防部成立有“高级战备督察委员会”。由国防部第一副部长任主席，成员有参联会副主席、军种参谋长和其他国防部副部长及助理部长等。其职责是研究、贯彻国防部长的《战备倡议》；审查各军种每月上送的《当前战备状况报告》，以便及时发现和解决所出现的问题。②在参谋长联席会议设有“联合需求督察委员会”。由参联会副主席任主席，成员有各军种副参谋长，专门负责战备研究、经费调整、机构精简合并等问题。就有关问题直接向参联会主席和国防部第一副部长提供咨询和建议。③国防部长为了广纳有关军队建设的意见和建议，也专门设立了一个咨询班子——“国防科学委员会战备特别工作组”，专门负责解决有关军队裁减、战略调整、预算以及预算外应急行动等问题。有这一系列督导机构并把国防部、参联会和各军种的战备督导和管理班子融为一体，可能会有助于美国军队建设依照计划顺利进行。

（刘书礼）

俄罗斯建军原则与方针　1996年年初以来，特别是俄总统大选，俄高层军政领导班子大调整之后，俄罗斯根据国内政治、经济的需要和国际局势的新发展，从解决影响俄军战斗力提高的关键环节入手，在建军初期确定的建军计划总体框架内对军队建设的一些重要领域又进行了不同程度的调整，主要是：

本着集中统一的原则，继续调整军事决策与指挥体制 俄罗斯独立以来，伴随着政局的变化，其最高军事决策与指挥体制的调整始终没有停止过。近一年来，随着新《俄联邦国防法》的颁布和总统大选后军政领导班子的调整，俄对军事决策与指挥体制又进一步实行了调整，调整的主要内容：一是进一步扩大了总统在国防领域的权力。在俄罗斯的军事领导体制的改革中，如何确定总统和议会之间军事权力的划分问题一直是一个焦点。1996年5月重新颁布的《俄联邦国防法》表明，叶利钦想扩大总统在军事方面的权力的努力进一步获得成功。在新《国防法》中把总统在军事方面的权力由原来的15项增至20项。如原《国防法》只规定总统是"俄联邦武装力量"最高统帅，能否对内卫部队、边防军及其他部队行使指挥权，却没有作明确规定。新的《国防法》则明确确定俄总统"对俄联邦武装力量、其他军队、队伍和机构实施领导"。新《国防法》把原来由议会负责的"确定俄联邦军事政策的基本方针"、"宣布战争总动员或局部动员"等重要权力划归了总统。相反，议会在国防方面的决策权却有所缩小。二是恢复成立国防会议，进一步加强了对国防与军事安全的决策机制。"十月事件"后，俄成立了"安全会议"，成为俄国家安全的最高决策机构。去年，俄罗斯在保留"安全会议"的前提下，又恢复了与前苏联时期的"国防会议"职能类似的机构——俄联邦国防会议。新成立的国防会议的成员由安全局长、国防部长、总参谋长、内务部长、边防局长、外交部长、对外情报局长等强力部门的负责人组成，主席由总统担任，副主席由政府总理担任。与安全会议不同的是，国防会议的权力集中在国防和军事领域，主要"负责起草俄联邦总统在军事建设、落实安全会议有关国防政策问题的重大决策方面的决定；制定军事建设总构想；协调和监督俄武装力量、其他军队和队伍的活动"等。由于国防会议在成员组成上吸收了国防部长和总参谋长参加，形成了总统与国防部长和总参谋长的直接对话机制。三是进一步调整了军事指挥关系，初步形成了对武装力量和其他军队在内所有军事力量统一指挥的机制。鉴于车臣战争中国防部、内务部和其他部门的参战部队缺乏统一指挥，各自为战而造成的血的教训，俄军一直在探讨如何加强对武装力量及其他军队统一指挥的问题。新颁布的《国防法》在一定程度上扩大了总参谋部的职能范围，规定总参谋部平时对武装力量及其他军队的建设发展负有协调和建议职能，战时则负责对武装力量、其他军队、机构实施统一指挥。

继续把核威慑作为一张"王牌"，调整和加强核力量建设 俄罗斯建军伊始，就十分重视核力量的作用问题。近年来，鉴于北约推行东扩的咄咄逼人态势和俄罗斯本身总体实力一再下降的事实，俄又进一步突出了核力量在俄罗斯军事战略和军队建设中的地位与作用问题，指出在俄经济衰退、国力不足、常规军备大量裁减、常规军事技术进一步落后于美国和北约国家的情况下，"核力量是俄罗斯赖以保持其大国地位的最现实的战斗力"。叶利钦总统在1996年5月谈及未来5年俄军的改革任务时提出，"优先的任务是采取步骤保持和完善战备核力量集团"。前国防部长罗季奥诺夫也提出，"俄军要保证发展有遏制作用的部队和工具"，这里，他首先指的是核力量。在核力量发展上，俄采取的方针是：裁减数量，调整结构，提高质量。首先是进一步裁减。根据第2阶段削减战略武器条约，到2003年，美、俄核弹头的数量将分别削减到3000～3500枚之间。其次是以优化结构为目的的调整"三位一体"的核力量结构。陆基核导弹唱主角的局面将发生变化，潜射弹道导弹将成为战略核力量的主体。更长远的目标则是完全实现核力量的"一体化"，既包括指挥控制等手段上的一体化，也包括组织措施上的一体化，即将目前分别属于战略火箭军和空军的核力量集中起来，成立"空天军"。重点是提高核武器的质量。主要措施：一是要发展新型号的核武器，目前已经研制成功并开始装备"白杨"M型洲际导弹系统，该导弹使用固体燃料，有固定型和机动型两种型号，具有发射准备时间短、射程远、精度高、抗毁能力强的特点，性能超过了美国的"民兵"3M型导弹，是未来10年内俄军陆基核导弹的主力型号。此外，还在发展精度高、突防能力强、爆炸当量小的其他型号的核导弹。二是进一步完善核力量的指挥控制体系，发展新型预警卫星和预警雷达，建立一体化的导弹预警系统、宇宙监视系统和作战指挥系统，并实现作战指挥器材、计算机设备和通信系统的一体化。

进一步调整军队结构，压缩一般部队，加强"拳头部队"建设 近年来，俄国内对于武装力量该不该裁减、到底应保持多大规模的问题上一直存在激烈争论，但争论归争论，裁减工作却一直没有停顿过。据俄官方公布的数字，从1992年5月起俄开始裁军，4年内共裁员112.28万人，1996年的兵力为170万人。调整后的新一届军队领导班子表示坚持奉行"以质量取代数量"的原则，继续裁减军队员额，计划1997年再裁减

20万人。在裁减的同时，进一步调整部队结构。根据俄前国防部长罗季奥诺夫和国防会议提交总统的方案，近期内俄军编制体制的改革的总体原则是：各军兵种都将进一步裁减或缩编一般部队，加强拳头部队建设。陆军将在现有的基础上调整组建成10～12个扩编的摩托化师和坦克师，使之成为“战斗核心”，并相应设机动力量司令部，保留3～5个空降师和2～3个空降旅。将缩编10～15个陆军师，缩编后的陆军师的人员和装备配备程度仅为原来的30%，作为机动预备队使用，并设预备队训练司令部。其余兵团经过清理后将改编为独立的、负责装备储存的基地，设储存基地司令部。空军的措施是将保留原有飞行员的数量以及必要的专业保障人员的数量，保证年度飞行训练时间达到100小时以上，减少名存实亡的航空兵师的数量，充实若干航空兵团。将剩余航空技术装备出售或封存。海军也将本着集中财力物力的原则对4大舰队进行调整。每个舰队将集中力量各保留并充实1个由各种兵力组成的分舰队。其余兵力作为预备队使用，多余的装备予以封存。

修改兵役制度，建设全职业化军队　1992年9月首次颁布和1996年5月经修改后重新颁布的《俄联邦国防法》规定，俄实行义务兵役与合同兵役相结合的混合兵役制。俄国防部以此为据还拟定了分3个阶段向新兵役制过渡的方案，计划逐步增加合同兵的比例，到2000年合同兵的比例将达到50%。然而1996年叶利钦于总统大选前突然发布命令，宣布到2000年俄将取消混合兵役制，转而全部实行“合同制”，“按职业原则建立国家武装力量”。这一决定引起俄国内和国际舆论的很大关注。叶利钦之所以出人意料地提出修改兵役制度的重大决定，除新闻媒介分析的“是叶氏为了竞选而拉拢军方的一种政治手段”外，显然还有其一定的客观背景。一是俄军已认定实现军队职业化是提高军队战斗力的一条重要途径。自海湾战争之后，俄军通过分析局部战争的经验，认为职业化军队更符合高技术战争的特点，有利于从根本上提高军队的战斗力。二是俄谋求把实现军队职业化作为解决征兵难的刻不容缓的手段。近几年俄罗斯青年出于种种原因，逃避兵役成风，据西方统计逃避服兵役率高达50～75%。由于兵员难以补充，造成俄军目前缺编已达90余万人。有的军营中官兵数量只有先前的三分之一，使一些部队无法进行正常的执勤和训练。俄军寄希望于通过实行合同制，提高服役待遇，来增强军队的吸引力。三是随着这几年混合兵役制的实行，俄军建设全职业化军队的理论与实践日趋成熟。职业化军队的设想是戈尔巴乔夫时期提出来的，已经有七八年时间，通过实践，俄军已经积累了一定的经验，建立了一定的基础。

但从目前情况看，俄军已经很难按俄总统宣布的时间表实现兵役制的彻底改革。一是因为俄国内对这个决定态度不一，有人指责这个决定“纯粹是政治上的把戏”。二是因为经济上难以保障。前总参谋长科列斯尼科夫说：“如果没有物质上的保证，再好的计划也只能是纸上谈兵。”搞全职业化，需要对现有的编制体制进行一定的调整，需要增加军人的薪金，需要建设相当数量的基础设施。据专家测算，国家供维持1个合同兵的费用，要比维持1个义务兵的费用高出3～4倍；到2000年，军事预算需在现有的水平上增加5～10倍。根据上述情况，1996年8月俄议会提出一项议案，建议俄军从1997～2005年分阶段向合同兵役制过渡，何时全部实现合同兵役制，还是个未知数。

逐步落实在独联体范围内建立“一体化”军事结构的计划　俄罗斯的军事战略中有一项重要原则，即通过建立地区安全体系来遏制军事威胁。近年来，在北约东扩的势头很难逆转、俄意识到国家安全日益受到威胁的情况下，俄罗斯把在独联体范围内建立“一体化”军事结构当成一项重要的防御措施，并且逐步落实。在1992年5月15日签定的独联体集体安全条约的基础上，俄罗斯与其他独联体国家近一年来又签定了若干项多边和双边军事合作条约，以这些条约为依据，俄罗斯在独联体军事一体化的落实上突出抓了几个重点方面：1. 建立联合防空体系。俄罗斯认为，建立联合防空体系无论对于俄罗斯还是对独联体来说，都是当务之急。在各方的努力下，俄与独联体部分国家已联合成立了防空问题协调委员会，成员包括各有关国家的空军和防空军司令。协调委员会负责就独联体有关国家联合防空的政策、联合防空系统和装备的发展、防空武器装备的维修等问题提出建议，并在联合防空方面进行协调。在该委员会之下建立职能机构——防空中央指挥所，通过该指挥所把有关各国防空军、空军、海军和民航运输局的雷达、空中侦察和监视系统联在一起。2. 完善导弹预警系统。苏联解体后，一些重要的导弹侦察和预警设施已不在俄境内。因此，俄一方面对俄境内的导弹预警系统重新进行调整，另一方面积极与独联体有关国家谈判，谋求在战略预警系统方面的合作。目前，这项工作还在进行。3. 在有关国家驻军和建立军事基地。俄已在格鲁吉亚、亚美尼亚建立了军事基地，与摩尔达维亚、塔吉克斯坦等国也达成了协议，确立了俄原设在这两个国家的军事基地的合法地位，并且取得了在上述国家驻扎边防军的权利。此外，俄与乌克兰、白俄罗斯以及中亚各国在军事训练、军工生产和装备维修方面的合作也取得了进展。

（韩生民）

日本自卫队防务计划 **日本推出新《防卫计划大纲》** 1995年11月28日，日本内阁召开安全保障会议，批准了1996年度以后的《防卫计划大纲》；因此，内阁于1976年10月29日批准的《防卫计划大纲》于1995年度末即行废止。新《防卫计划大纲》全文如下：

一、制定的宗旨。1. 为捍卫国家的独立与和平，在和平宪法指引下，日本坚持不懈地通过推进包括预防和解决纠纷在内的为确保国际政治稳定而进行的外交努力和保持内政稳定，确立安全保障基础，坚持日美安全保障体制，建设一支适合自身需要的防卫力量。

2. 在这一方针指导下，1976年，日本以持续稳定的国际形势、周边的国际政治结构和国内各种形势当前不发生重大变化为前提，并基于对现存的日美安全保障体制将继续对维持国际关系的稳定等发挥重大作用的基本判断，制定了《防卫计划大纲》(1976年10月29日由国防会议和内阁会议议决，以下简称《大纲》)。此后，一直依照《大纲》推进防卫力量的建设。在防卫方面所进行的扎实努力，与日美安全保障体制的存在及为谋求其顺利、有效地运用而作的努力相结合，为防止对日本的侵略于未然以及维持日本周边地区的和平与稳定作出了贡献。

3.《大纲》制定业经约20年，由于冷战的结束，以美苏两国为中心的军事对峙的格局已不复存在，国际形势发生了重大变化。与此同时，对自卫队作用的期望越来越大，它除担负日本防卫这一主要任务之外，还将担负应付大规模自然灾害、实施国际和平合作业务等任务，为营造稳定的安全保障环境作出贡献。有鉴于此，关于今后日本防卫力量应如何发展，在此以“关于1996年度以后的《防卫计划大纲》”的方式，明确了新的方针。

4. 日本将在宪法的指引下，遵循这一方针，通过努力继续提高日美安全保障体制的可靠性，并适当发展、维持和运用防卫力量，完成保卫日本安全的任务，同时尽力为国际社会的和平与稳定作出贡献。

二、国际形势。在制定上述新的方针时所考虑到的国际形势的发展趋势，概括如下：

1. 在近年来的国际社会中，随着冷战的结束，以压倒优势的军事力量为后盾的东西方军事对峙局面已不复存在，爆发世界规模军事冲突的可能性进一步远离。但另一方面，由于各种领土问题依然存在，源于宗教和民族等问题的对立越来越表面化，复杂多样的地区性冲突此起彼伏，而且以核武器为主的大规模杀伤性武器和导弹等扩散的新的危险正在增大等，国际形势中不明朗、不确定的因素依然存在。

2. 在国家间的相互依存关系进一步发展的过程中，各国为促进政治和经济等各个领域里的国际合作，并谋求国际关系更加稳定，正在继续进行全面努力；同时，亦更为重视预防各种不稳定因素发展成为深刻的国际问题。在安全保障方面，根据美俄之间和欧洲有关国家之间达成的协议，军控和裁军仍在继续取得进展。此外，还在灵活运用地区安全保障机制、扩大多边和双边对话及加强联合国的作用等方面继续进行努力。

主要国家正在对以应付大规模侵略为目的而发展起来的军事力量进行整编，使其更趋合理化；同时考虑到各自所处的战略环境，正在积极努力确保其具备应付地区性冲突等多种事态的能力。这种努力通过与致力于国际协调的联合国等机构的努力相结合，已成为建立更加稳定的安全保障环境的重要因素。在此过程中，美国以其强大的实力为后盾，正在继续为世界和平与稳定发挥重要作用。

3. 在日本周边地区，由于冷战结束、苏联解体等变化，远东俄军出现了数量裁减和军事态势的变化。另一方面，包括核武器在内的大规模军事力量依然存在，许多国家以经济发展等为后盾，正致力于扩充军事力量以及实现其现代化。此外，朝鲜半岛的形势仍然紧张，不透明、不确定的因素依然存在，稳定的安全保障环境尚未确立。

在这种形势下，不能排除在日本周边地区发生对日本安全产生重大影响的事态的可能性。但同时也出现了扩大双边对话、致力于地区安全保障等旨在加深各国之间协调关系、谋求地区稳定的种种动向。

以日美安全保障体制为基础的日美两国密切的合作关系，有助于建立这种稳定的安全保障环境，同时也是确保保持这一地区的和平与稳定所必需的美国的参予和美军的前沿存在的基础。可以认为，它将在谋求日本的安全和国际社会的稳定方面发挥重要作用。

三、日本的安全保障和防卫力量的作用。1. 日本的安全保障和防卫的基本方针。在宪法的指引下，日本一直谋求通过外交努力和稳定内政来确立安全保障的基础，恪守专守防卫战略，遵循不做对别国构成威胁的军事大国这一基本观念，继续坚持日美安全保障体制，确保文官治军制度，遵守无核3原则，建立一支适度的自主防卫力量。这些事关日本国的基本方针，将会继续得到坚持。

2. 防卫力量的发展方向。迄今为止,日本一直在依据《大纲》发展防卫力量。该《大纲》与其说是直接对付针对日本的军事威胁的,不如说是采用了基础防卫力量的构想,即保持作为一个独立国家所必要的最低限度的基础防卫力量,以便不使自己出现力量真空,从而在日本周边地区造成不稳定的因素。这一《大纲》所确定的防卫力量的主旨是,在防卫上具备各种必要的机能,保持包括后勤保障体制在内的组织和部署的均衡态势。这是根据日本所处的战略环境和地理特点等提出来的。

关于保持这种基础防卫力量的构想,从国际形势的发展趋势来看,为使孕育着不透明、不确定因素的国际关系实现稳定,正在继续进行多方面的努力。此外,日美安全保障体制对日本的安全和周边地区的和平与稳定,将继续发挥重要作用。基于这一认识,今后基本保持这一基础防卫力量构想不变,是妥当的。

关于应拥有的防卫力量的内容,随着冷战的结束,周边部分国家正在削减军事力量,军事态势也在发生变化,但还要注意到安全保障上应考虑的事态正呈现多样化趋势,如地区性冲突的发生、大规模杀伤性武器的扩散等。有鉴于此,有必要重新审视日本所应拥有的防卫力量的具体发展方向,并使其更有效、更适宜。与此同时,还必须考虑到近年来科学技术的进步、年轻人口的减少趋势以及日益严峻的经济、财政形势等。

自卫队的主要任务依然是保卫国家安全。但如果考虑到国内外形势的变化和日本在国际社会中所处的地位,那么,自卫队还要充分准备应付各种事态,如应付会给社会的高度发展和多样化带来重大影响的大规模自然灾害等。同时,在积极致力于建立更稳定的安全保障环境的过程中,自卫队还应适时并切实地担负其职责。

关于今后日本的防卫力量,适宜的做法是,将根据上述观点,对现有防卫力量的规模和机能重新审视,使其更加合理、高效、精干,并通过努力充实必要的机能和提高质量,建立起一支能有效应付多种多样事态的防卫力量;同时,使其确保适当的弹性,以便能灵活应付事态的发展变化。

3. 日美安全保障体制。日美安全保障体制对确保日本的安全来说是不可或缺的。同时它将继续为确保周边地区的和平与稳定、建立更稳定的安全保障环境发挥重要作用。

从这一观点出发,为谋求提高日美安全保障体制的可靠性,并使该体制的机能得以有效地发挥,必须努力做到以下几点:①加强情报交换和政策磋商等;②在运用方面建立有效的合作态势,包括加强共同研究、联合演习、共同训练以及与此相关的相互合作等;③在装备和技术方面,加强广泛的相互交流;④采取各种措施,顺利、有效地保障美军在日本的驻屯。

日美两国这种以安全保障体制为基础的密切合作关系,有助于日本为国际社会的和平与稳定作出积极努力,如推动地区多边安全保障对话与合作,协助联合国的各种活动等。

4. 防卫力量的任务。关于今后日本的防卫力量,基于上述认识,须在如下领域切实发挥其作用。

(1)日本的防卫。①注意到周边各国扩充军备的情况,并根据日本的地理特点,在防卫上保持具备必要机能的、规模适度的防卫力量,同时建立能最有效地运用这支力量的态势,表明日本的防卫意志,并与日美安全保障体制相结合,从而努力防止对日本的侵略于未然。

针对核武器的威胁,一方面要以创建无核世界为目的,在现实而扎实的国际核裁军努力中,继续发挥积极作用;另一方面,要依靠美国的核遏制力量。

②当发生间接侵略事态或以有可能导致侵略的军事力量实施的非法行为时,要采取相应行动,尽早予以平息。

当发生直接侵略事态时,要采取应急行动,在美国的切实协助下,力求综合、有机地运用防卫力量,尽量早期予以排除。

(2)应付大规模自然灾害等各种事态。①当发生因大规模自然灾害和恐怖活动造成特殊灾难及其他需保护生命财产等各种非常事态时,如有关机关请求自卫队采取抢险救灾行动,自卫队应在有关机关的协助下,适时、妥善地实施抢险救灾等必要的行动,为安定民生作出贡献。

②当周边地区发生对日本的和平与安全有重大影响的事态时,要根据宪法和有关法令的规定,对联合国的行动给予必要的支持,并通过谋求顺利、有效地运用日美安全保障体制,切实予以处置。

(3)为建立更稳定的安全保障环境作出贡献。①通过实施国际和平合作业务,努力为国际和平做出贡献。同时,通过实施国际紧急救援行动,为推进国际合作作出贡献。

②继续推进安全保障对话和军事交流,努力增进同包括周边国家在内的有关国家之间的信任关系。

③为防止大规模杀伤性武器和导弹等武器的扩散,对地雷等常规武器进行限制与管理,对联合国和国际机构等实施的军备控制及裁军领域里的各种活动予以合作。

四、日本应拥有的防卫力量的内容。为使日本防卫力量发挥上述作用，作为其基干，陆、海、空三自卫队须分别维持以下第1款中明确的体制，保持第2款及第3款中明确的态势。

1. 陆上、海上、航空自卫队的体制。(1)陆上自卫队。①为能在本国领土的任何方向上，在遭受侵略的初期即迅速、有效地采取有组织的防卫行动，须根据本国的地理特点等情况，拥有均衡部署的师和旅。

②以机动作战为主的各种部队，至少须拥有1个战术单位。

③须拥有能担负师等部队及重要海域防空任务的地空导弹部队。

④为维持部队高度的训练水平，以对侵略等事态迅速作出反应，部队原则上以现役军人编成；一部分部队将主要由应急能力强的预备人员编成。

(2)海上自卫队。①为能应付海上侵略等事态，作为机动运用的舰艇部队，平时要拥有1个护卫舰队，其中至少有1个护卫队群保持应急态势。

②作为以近海警戒和守备为目的的舰艇部队，在所划定的每个海域，至少须拥有1个护卫队。

③为在必要时能对主要港湾、海峡等实施警戒、守备和扫雷，须拥有潜艇部队，旋翼反潜巡逻机部队和扫雷部队。

④须拥有能担负对周边海域实施监视、巡逻等任务的固定翼反潜巡逻机部队。

(3)航空自卫队。①须拥有能经常对本国周边几乎所有空域实施监视、警戒，必要时能担负警戒管制任务的航空警戒管制部队。

②为能经常不间断地保持对侵犯领空、空中入侵立即采取适当措施的体制，须拥有战斗机部队和地空导弹部队。

③须拥有在必要时能阻止敌空降和登陆并担负对地支援任务的部队。

④须拥有在必要时能有效实施空中侦察和空运等任务的作战支援部队。

2. 各种态势。自卫队在保持以下态势时，为能迅速、有效地遂行其任务，须特别注重通过加强参谋长联席会议的职能等，加强自卫队统一的、有机的运用及推进有关机关之间有机的合作关系。

(1)应付侵略等事态的态势。①通过日美两国间的各种研究、联合演习和共同训练等，在努力保持和提高日美安全保障体制的可靠性的同时，当发生直接侵略事态时，须通过各种防卫机能的有机编配，采取相应的应急行动，以发挥有效能力。

②当发生间接侵略和使用武力进行非法行为时，须对之采取应急行动和切实可行的措施。

③须能对入侵本国领空的飞机或可能入侵的飞机迅即采取切实可行的措施。

(2)抢险救灾等态势。对于国内任何地区因发生大规模自然灾害需要保护生命财产等各种事态，须能适时、妥善地采取抢险救灾等行动。

(3)实施国际和平合作等业务的态势。为有助于维持国际社会的和平与稳定，须能适时、切实地实施国际和平合作业务和国际紧急救援活动。

(4)警戒、情报和指挥通信态势。为有助于早期发现形势的变化，敏捷地定下决心，须能长时不间断地进行警戒监视，同时通过拥有多种情报搜集手段和确保高素质的情报专家，对包括战略情报在内的高质量情报进行搜集和分析。

此外，还须确保高性能指挥通信职能，以能够从合同的角度出发，迅速、切实地对防卫力量进行有机运用。

(5)后勤保障态势。为有效地应付各种事态，须能在运输、救护、补给、维修保养和卫生等各后勤保障方面发挥必要的职能。

(6)人事和教育训练态势。在合理的人员结构基础上，须保持严格的纪律，并通过加强各自卫队、各机关相互之间以及同其他省厅、民间机构之间的交流等，拥有具备士气高、能力强、知识面广的士兵，以发挥整体组织的能力；同时，继续着意保障国际和平合作等业务的顺利实施，并妥善地实施军人的招募、待遇的改善、人才的培养以及教育训练等。

3. 确保防卫力量的弹性。在修改防卫力量的规模和职能时，一方面通过在教育训练等机构储备需花费长时间才能培养出和得到的人员和装备，另一方面保留应急能力强的预备役人员，切实确保能够顺利地应付事态变化的弹性。

主要编成、装备的规模见下页表。

五、防卫力量的发展、维持和运用上须注意的事项。1. 防卫力量的发展、维持和运用以第四部分中记述的各自卫队的体制等为基础。在计划各年度防卫力量具体发展内容并决定主要事项时，须向安全保障会议咨询。在具体实施时，须注意以下几点。

(1)发展、维持和运用防卫力量须权衡财政、经济等情况，并努力同国家其他各项措施进行协调。此时，须特别注意根据日趋严峻的财政情况，在中长期预测的基础上，恰当地分配经费，从而使整体防卫力量得以顺利地发挥其完备的机能。

新《防卫计划大纲》附表

陆上自卫队	编制员额:16 万人		常备军员额:14.5 万人
陆上自卫队	编制员额:16 万人		应急预备役员额:1.5 万人
陆上自卫队	基干部队	平时固定部署部队	8 个师
陆上自卫队	基干部队	平时固定部署部队	6 个旅
陆上自卫队	基干部队	机动部队	1 个装甲师
陆上自卫队	基干部队	机动部队	1 个空降旅
陆上自卫队	基干部队	机动部队	1 个直升机旅
陆上自卫队	基干部队	地空导弹部队	8 个地空导弹群
陆上自卫队	主要装备	坦克	约 900 辆
陆上自卫队	主要装备	主要火炮	约 900 门
海上自卫队	基干部队	护卫舰部队(机动部队)	4 个护卫队群
海上自卫队	基干部队	护卫舰部队(地方队)	7 个队
海上自卫队	基干部队	潜艇部队	6 个队
海上自卫队	基干部队	扫雷部队	1 个扫雷队群
海上自卫队	基干部队	陆基反潜巡逻机部队	13 个队
海上自卫队	主要装备	护卫舰(含驱逐舰、护卫舰——译注)	约 50 艘
海上自卫队	主要装备	潜艇	16 艘
海上自卫队	主要装备	作战飞机	约 170 架
航空自卫队	基干部队	航空警戒管制部队	8 个警戒群、20 个警戒队、1 个飞行队
航空自卫队	基干部队	歼击机部队	9 个飞行队
航空自卫队	基干部队	强击机部队	3 个飞行队
航空自卫队	基干部队	航空侦察部队	1 个飞行队
航空自卫队	基干部队	航空运输部队	3 个飞行队
航空自卫队	基干部队	早期预警机部队	编入航空警戒管制部队
航空自卫队	基干部队	地空导弹部队	6 个地空导弹群
航空自卫队	主要装备	作战飞机	约 400 架，其中战斗机约 300 架

(2)为在有关地方公共团体的密切合作下有效地维持、维修和顺利地撤并防卫设施，须注意完善所需设施的态势，同时采取各种旨在进一步同周围地区进行协调的措施。

(3)在采购装备品方面，须注意对包括情况紧急时能迅速取得、教育训练容易以及随着装备引进列入以后年度各种经费在内的费效比进行综合分析，在此基础上，努力控制采购价格，以完善有效的采购补给态势，并有效地加以实施。此时，须注意通过装备的适当国产化来维持军工的生产和技术基础。

(4)为适应技术发展的趋势，有助于维持和提高防卫力量的质量水平，须努力完善技术研究开发态势。

2. 在预料将来形势可能发生重大变化，须对防卫力量的发展方向进行重新审视时，要根据当时的形势，重新进行研究。

(袁孝华)

日本自卫队 1996 年度防务计划　日防卫厅制定的 1996 年度防务计划提出了以下基本指导方针。

更新主要装备。1. 陆上自卫队。陆上自卫队 1996 年度计划采购:3409 支 89 型步枪、201 挺 5.56 毫米机枪、124 挺 12.7 毫米重机枪、24 部 87 型反坦克导弹发射装置、41 门 L-16 型 81 毫米迫击炮、38 门 RT 式 120 毫米迫击炮、6 门 120 毫米自行迫击炮、16 门 FH-70 型 155 毫米榴弹炮、9 套 MLRS 新型多管火箭发射系统、2 门 87 型自行高炮、19 辆 90 型坦克、6 辆 89 型装甲战斗车、17 辆新型轮式装甲车、4 辆 82 型指挥通信车、3 辆 87 型侦察警戒车、4 辆 87 型炮侧弹药车、1 辆 90 型坦克回收车、1 辆 91 型架桥坦克、16 辆 87 型雪地车、1 辆防化车、半个群份的“霍克”Ⅲ型防空导弹、2 套 81 型改进型近程地空导弹、8 套 93 型近程地空导弹、12 套 91 型便携式防空导弹、8 枚 88 型岸舰导弹、2 套新型多用途导弹系统、1 架 AH-IS 反坦克直升机、4 架 UH-60JA 多用途直升机、10 架 UH-IJ 多用途直升机、2 架 CH-47JA 运输直升机和 2 架 OH-6D 教练直升机。

2. 海上自卫队。1996 年度，海上自卫队计划建造 1 艘 4400 吨级的多用途驱逐舰、1 艘 2700 吨级的潜艇、1 艘 510 吨级的扫雷艇、1 艘 3300 吨级的海洋观测舰、1 艘 5400 吨级的潜艇抢救舰、1 艘 980 吨级的多用途支援舰和 7 艘支援船，并采购 8 架 SH-60J 反潜直升机、1 架 UP-3D 电子战训练支援机、1 架 US-1A 水上救生飞机、3 架 UH-60J 救护直升机和 2 架 T-5 初级教练机。

3. 航空自卫队。1996 年度，航空自卫队计划采购 5 架 F-15 战斗机、12 架 FSX 下一代强击机、9 架 T-4 中级教练机、3 架 U-125A 救护搜索机、1 架 UH-60J 救护直升机、1 架 U-4 多用途支援机、“爱国者”防空导弹若干、6 套 91 型便携防空导弹和 2 门对空机关炮，并对 2 架 F-4EJ 战斗机进行改装。

加强情报、指挥通信能力。1. 增编情报总部。为加强情报搜集力量，提高情报工作的效率，1996 年，自卫队将整编情报系统，建立综合情报处理、分析体制，增编直辖参谋长联席会议的情报总部，同时撤销参谋长联席会议的第2室和陆上自卫队参谋部的第2调查课特别调查室，把防卫局和陆、海、空参谋部的第1、2调查课合并为1个调查课，并缩小三自卫队的资料队。情报总部由1300名军人和300名文职人员组成。

2. 指挥通信。建立新的中央指挥系统，发展固定式三维雷达系统、防卫综合数字通信网，加强卫星通信能力，以提高航空警戒监视能力、通信网的抗毁性和通信的可靠性。

改进教育体制。1. 实施与国际需要相适应的教育训练。增派和接收留学生，平时加强外语训练和有关国际和平支援业务的教育训练。

2. 实施与装备高技术化相适应的教育训练。陆上自卫队负责编写UH-60J多用途直升机维修实习教材，海上自卫队要购置改进型反潜技术训练装置，航空自卫队要采购T-4中级教练机飞行模拟装置。

3. 实施演习训练。1996年度，陆上自卫队"霍克"防空导弹部队和岸舰导弹部队进行年度射击训练和北方机动特别演习；海上自卫队要实施海上演习，参加"环太平洋96"协同作战演习，赴东南亚和大洋洲进行远洋训练；航空自卫队进行综合性演习，C-130H运输机在国外航线进行飞行训练，并赴美进行飞行训练。"爱国者"防空导弹部队进行年度射击训练，在美国进行战术空运训练，并进行基地防空训练。另外，三自卫队还要进行联合演习，并同美军进行共同训练。

为确保部队的训练素质，恢复陆上自卫队炮兵部队的部分远程射击训练和海上自卫队护卫队群的训练。

加强开发研究工作。1. 改进US-1A水上救生飞机。为提高海上救护能力，要改进现装备的US-1A水上救生飞机，保持其原有优越的起飞、降落性能，改善伤病员的运输环境，并提高操纵性能等。1996年度开始设计并试制。

2. 开发新型中程防空导弹。该导弹将取代改进型"霍克"防空导弹，机动力强，能拦截空地导弹，具有同时对付多个目标的能力等，1996年开始设计并试制。

确保部队员额和改编。1. 自卫队编制人数。1996年度，自卫队的编制人数不增加，但由于要增编情报本部，陆上自卫队将削减570人，为17.943万人；海上自卫队将削减333人，为4.5752万人；航空自卫队将削减349人，为4.7207万人；参谋长联席会议增编125人，员额为1412人。合计27.3801万人。关于文职人员，陆上自卫队将削减321人，为9609人；海上自卫队将削减59人，为3823人；航空自卫队将削减69人，为4018人；参谋长联席会议将增加375人，为419人；其他单位将削减2人，为7243人。合计25112人。

2. 自卫队的满员率。陆上自卫队为83.57%，海上自卫队为94.38%，航空自卫队为95.06%。

3. 募兵。将录用男兵约5900人，女兵约700人。其中男兵，陆上自卫队约4800人，海上自卫队约500人，航空自卫队约600人。女兵，陆上自卫队约500人，海上自卫队约100人，航空自卫队约100人。

4. 预备役军人。陆上自卫队为4.6万人，海上自卫队为1100人，航空自卫队为800人，合计4.79万人。

5. 部队的增编和改编。海上自卫队4400吨级的"村雨"多用途驱逐舰将服役，因此要增编第11护卫队，编入第1护卫队群。随着第11护卫队的增编，将把第41护卫队转隶给横须贺地方队，同时撤销第37护卫队。另外，由于有2艘"宇和岛"级中型扫雷艇服役，将增编第24扫雷队，编入第1扫雷队群，并撤销横须贺地方队的第10扫雷队和午鹤地方队的第12扫雷队。还要改组海上自卫队参谋部的人事部，把人事处改编成人事计划处和任免处，以加强人事的计划和实施职能；在联合舰队增编情报业务群，其任务是将部队和其他机关收集到的作战情报和资料等加以综合整理，迅速分发给各部队。航空自卫队要增编航空总队直辖的情报资料队，撤销航空资料作业队。

加强安全对话活动。1. 同邻国进行安全对话。主要措施是召开高级专题讨论会，同亚太地区12个国家防务政策制定者交换意见，并参加东北亚合作对话活动，同东北亚各国防务负责人交换意见，以改善亚太地区的安全保障环境。另外，举办亚太地区国家安全保障专题讲座，邀请该地区各国军人共同研讨，进行学术交流。

2. 加强军备控制。参加有关军备控制的国际会议，主要措施是收集和分析武器技术转让和扩散的情报，参加导弹技术限制出口会议。

（袁孝华）

日本1996～2000年度《中期防务计划》 依据1996年度以后的《防卫计划大纲》，日本内阁会议于1995年12月15日决定了1996～2000年度的《中期防务计划》，其内容如下：

计划的指导方针。在发展1996～2000年度的防卫力量时，将依据1996年度以后的《防卫计划大纲》(以下简称新《大纲》)，并将以下几点作为计划的指导方针，努力建设一支适度的防卫力量。

1. 关于基干部队和主要装备等，力求顺利地达到新《大纲》规定的新的防卫力量水平,并推进其合理化、高效化和精干化。

2. 努力充实防卫力量的必要机能,并提高其质量,以便能有效地应付多种事态。

3. 着手采取措施,通过在教育训练部门等机构储备需长时间培养的骨干和取得的装备,并通过掌握应急能力强的预备役人员来保持切实的弹性,以便能顺利地应付事态的变化。

4. 继续采取各种措施,提高日美安全保障体制的可靠性。

5. 采取各种措施,为营造更稳定的安全保障环境作出贡献。

6. 权衡各个期间的经济形势和日趋严峻的财政状况等,并同国家其他各种政策进行协调,努力建设适度的防卫力量。

基干部队的改编等。1. 关于陆上自卫队,继续注重其装备的现代化,并对 5 个师进行改编。在此期间,将 2 个师改编成旅,其中 1 个为空中机动旅。同时,对于已改编的各个师和旅,其部分部队将主要由应急能力强的预备役人员编成。此外,要对应急能力强的预备役人员采取所需的措施。

随着以上部队的改编,陆上自卫队的编制员额和常备军人的员额将按计划、分阶段削减。本中期计划末期陆上自卫队编制员额为 17.2 万人左右。其中,常备军人约 16.7 万人,应急预备役人员约 5000 人。

2. 关于海上自卫队,在护卫舰部队(含地方队)中撤销 2 个护卫队,在潜艇部队中新编教育训练部队,并将机动运用的扫雷部队合编为 1 个扫雷队群。此外,固定翼反潜巡逻机部队撤销 1 个航空队;同时,固定翼反潜巡逻机部队和旋翼反潜巡逻机部队各用 1 个航空队作为教育队,专门培养乘员。

3. 关于航空自卫队,在警戒管制部队中将 2 个方面队的一个警戒群改编成警戒队,并在歼击机部队中削减 1 个飞行队。

4. 根据特别重视统一而有机地运用各自卫队的思想,将对充实参谋长联席会议的机能等问题进行研究,并在此基础上采取必要的措施。

主要职能内容。1. 防空能力。(1)关于防空截击能力,为适应将来的技术水平,以便今后有效地运用现有的 F-15 歼击机,将对其进行现代化的改进试验。

(2)关于要地防空火力等,将在继续提高现有的“爱国者”防空导弹能力的同时,购置用于改进“霍克”防空导弹的装备品。

此外,将购置用于改进 81 型防空导弹的装备品,采购 93 型防空导弹和高炮等。

2. 周边海域的防卫能力和确保海上交通安全的能力。(1)关于舰艇,将建造驱逐舰、潜艇、扫雷艇和导弹艇等。在建造驱逐舰时,要考虑提高护卫舰部队整体作战效能,并推进其更新和现代化。

(2)关于作战飞机,继续购置 SH-60J 反潜直升机。同时,为适应将来的技术水平,以便今后有效地运用现有的 P-3C 固定翼反潜巡逻机,将对其进行改装,以提高所需的能力。关于 P-3C 反潜巡逻机的后继机问题,将在研究之后采取必要的措施。

3. 抗登陆、反空降能力。(1)关于海上、水际滩头歼敌能力等,将购置 F-2 新型强击机,以更新现有的 F-1 强击机。同时,继续购置 SSM-1 岸舰导弹。

(2)关于火力、装甲机动力和反坦克火力,以更新陈旧装备并使之现代化为主,在发展包括火炮、多管火箭发射系统、坦克、装甲车和多用途导弹系统在内的反坦克武器的同时,继续购置 AH-1S 反坦克直升机,以加强空中反坦克火力。

4. 运输能力和机动能力。关于运输能力和机动能力,要继续购置 CH-47 运输直升机和运输舰等。另外,关于 C-1 运输机的后继机问题,将在研究之后采取必要的措施。

对空中加油机的性能、运用构想等问题进行研究,并得出结论,采取措施。

5. 情报和指挥通信能力。(1)关于警戒监视等,继续购置固定式三维雷达系统和移动式警戒监视系统。同时,完善预警机的运用态势,并加强舰艇、飞机等对周边海、空域的监视态势。此外,采取必要的措施,以谋求提高警戒管制部队的效率并制定合理的程序。

(2)关于情报,为加强统一实施对包括战略情报在内的高级情报的搜集、分析的体制,将对现有的情报机构进行改编。同时,新编中央情报总部,努力充实其机能,并建立有效的情报部队体制。此外,还将发展各种情报搜集手段,同时确保有高素质的情报专家。

(3)关于指挥通信,为确保中央能及时、可靠而统一的实施指挥的体制,将随着防卫厅本厅官署机构的迁址,建立新中央指挥系统。此外,将继续推进各种措施,如加强防卫综合数据通信网,充实指挥机能,并利用卫星通信等。

6. 续战能力和抗毁能力。为确保续战能力和抗毁能力,将采取继续充实弹药等各种措施。

7. 教育训练体制。为加强教育训练体制,并谋求其高效、合理,将保持教育训练机构的装备与战斗部队的装备相同。作为其中一环,将购置 F-15DJ 歼击机和

F-2 新型强击机。

此外，将购置 T-4 中级教练机等飞机、训练支援舰和各种教育训练器材等。同时，努力改善训练设施等教育训练环境。

8. 救护体制。为加强救护体制，提高其效能，将继续购置 US-1A 水上救生飞机、UH-60J 救护直升机和 U-125A 救护搜索机等。

9. 人事与卫生。为确保拥有士气高、能力强和知识面广的军人，将继续采取改善军人待遇，同其他省厅、民间进行交流等各种人事、卫生措施。

为在此过程中改善军人的生活勤务环境，将在继续考虑地区和勤务的特点以及向新体制转变等问题的同时，推进营房、宿舍等的修建和翻修工作，同时努力维护、充实保健设施等。

10. 设施。(1)推进陈旧房屋的改建工作，并考虑向新体制转变的同时，修建装备品的领取和部队编成所需的设施。此外，努力维修弹药设施和训练设施等。

(2)继续对基地周围问题采取对策，以便进一步同周围地区达成协调。

11. 技术研究与开发。对新型中程防空导弹为主的各种导弹、水上救生飞机(US-1A 改进型)和其他装备、器材等，要充分考虑控制生存设计的成本，推进研究开发工作。另外，努力完善技术研究开发体制，并充分考虑技术发展的趋势，进行包括技术论证研究在内的各种研究，以有助于保持尖端技术。

12. 提高日美安全保障体制可靠性的措施。(1)努力加强情报交换和政策协商等。(2)建立在运用方面的有效合作态势，包括加强共同研究、联合演习和共同训练以及与此相关的相互合作。(3)在日美共同研究装备、技术等方面，努力加强广泛的相互交流。(4)继续采取措施，保障美国顺利、有效地在日驻军，包括支援美在日驻军以及调整、合并、缩小其在冲绳的设施和区域。

13. 抢险救灾等。将采取各种措施，以便对发生大规模自然灾害等需要保护生命财产的各种事态，能采取适时和妥善的抢险救灾等行动。

14. 为建立更稳定的安全保障环境作出贡献。(1)适时、妥善地采取各种措施，参加支援国际和平活动。(2)继续推进安全保障对话和防卫交流，并谋求增进包括同周边国家在内的相关国家之间的信任关系。(3)对联合国和国际机构等实施的军备控制和裁军方面的各种活动进行合作。

15. 其他。(1)关于弹道导弹防御，从综合的角度考虑，将对其有用性和费效比等问题进行充分研究之后得出结论。(2)努力建立适应信息化且高效的采购补给态势，以谋求控制采购价格等。

建设规模。在前面“主要业务内容”记述的装备品中，主要装备的具体发展规模见下面附表。

所需经费。1. 本计划实施所需经费总额的上限，按 1995 年度价格计算，大约为 25.15 万亿日元。

2. 在制定每年度的预算时，要进一步做到更为高效、合理，并千方百计地尽量控制经费。同时，要考虑其间的经济形势和日趋严峻的财政状况等，力求同国家其他各种政策进行协调，在本计划所需经费额度内作出决定。此外，为应付今后难以预料的事态及营造更稳定的安全保障环境，当认为特别需要时，在得到安全保障会议批准后，除本计划所需的经费外，可再追加 1100 亿日元，用于应付这些方面的需要。

此时，要继续贯彻《关于防卫力量的建设》(1987 年 1 月 24 日安全保障会议和内阁决定)提出的建设一支适度防卫力量的精神。

3. 关于本计划，在执行 3 年后，将根据当时国际形势、技术发展趋势和经济、财政情况等国内外形势，在本计划规定的所需经费总额内，再进行一次必要的

附表:中期防务计划规定的发展指标

区分	装备种类		规定的指标
陆上自卫队	坦克		96 辆
	火炮(不含迫击炮)		45 门
	多管火箭发射系统		45 门
	装甲车		168 辆
	岸舰导弹		24 部
	AH-1S 反坦克直升机		4 架
	CH-47JA 运输直升机		12 架
	“霍克”防空导弹改进用装备品		2 个群
海上自卫队	驱逐舰		8 艘
	潜 艇		5 艘
	其他舰艇		18 艘
	合 计	艘 数	31 艘
		吨 位	约 10 万吨
	SH-60J 反潜直升机		37 架
航空自卫队	F-15DJ 歼击机		4 架
	F-2 强击机		47 架
	CH-47J 运输直升机		6 架
	T-4 中级教练机		59 架

调整。

（袁孝华）

韩国建军计划与措施 1995～1996 年，韩国提出了面向 21 世纪的国防中期计划和军队建设目标，通过军内调整与改革树立崭新的国军形象。

强调国家安全地位，公布中期国防计划 据《汉城新闻》报道，1995 年 7 月 9 日韩国军内专家编纂了一本题为《面向 21 世纪的韩国国防》的政策参考书。该书指出，“到下世纪初，由于韩半岛及其周边大国的作用关系，威胁韩国安全的因素将会大大增加”，呼吁当局“从现在起采取相应对策”，由此引起了高层的关注。金泳三总统多次发表讲话，强调“国家安全是政府的首要政策”，要求国民放弃“快速统一的幻想”，“重新重视国防与安全建设”。12 月 22 日，韩国防部公布 1997～2001 年的《国防中期计划》，表示将投入巨额资金加强军队建设，以便到 2001 年摆脱对美军的依赖，真正建立自主国防的基础，具备遏制敌人的战斗力。《东亚日报》当日评论，这是韩军 1974 年提出“自主国防”概念以来，首次公开军队建设的目标与方向。根据《国防中期计划》，韩国三军也分别提出了建设面向 21 世纪的“精锐陆军”、“远洋海军”和“先进空军”的发展目标：陆军由数量密集型转变为技术集约型，人员精干，装备精良，成为具有强大火力、装甲力、机动力和远程打击能力的信息化新型陆军；海军将把作战距离由半岛周围 200 海里扩大到南海和马六甲海峡，成为无外援条件下也能遂行 1 个月作战任务的大洋海军；空军通过发展下一代战斗机，实现新防御制空作战概念，成为具有以汉城为中心、半径 1500 千米作战能力的战略性先进空军。

调整部队结构，改革相关制度 从 1995 年开始，韩军进行了大规模整编和改革，为全面实施国防中期计划做准备。

精简高层指挥机关。1995 年 4～10 月，韩军对国防部、参联会和三军参谋部机关进行了建军以来最大幅度的改组，合并机构，调整职能，裁减人员，变动工作的中高级军官达 4000 多人，被裁人员全部充实作战部队。

改编陆军作战部队。1996 年 2 月 12 日，韩军决定根据新的地面部队编成法——《军队构成改编案》，模仿美军师的编制，改编陆军师。拟将“师团制”改为“师旅制”，增配装甲车辆和攻击直升机，加强营为基本单位的战斗力，用师—旅—营指挥程序替代师—团—连指挥程序。将师直属非战斗勤务单位转编为军直属单位，使师以下部队成为单纯的战斗单位。汉城电台 1996 年 9 月 30 日报道，韩国防部又在研究取消集团军的编制，由陆军参谋部直接指挥各野战军，以减少指挥程序，提高效率。

增编新部队建制。陆军于 1996 年 10 月 1 日组建了第 90 机械化步兵营，装备俄制 T-80У 坦克和 БМП-3 步兵战车，以充当假想敌，参加野外实兵对抗演练。空军于同年 12 月 1 日组建了第 20 战斗飞行团，装备国产 F-16 战斗机，加强汉城地区的空中防务。海军拟扩编潜艇部队，计划将现有的 6 艘 209 型潜艇增加到 18 艘，分别部署在东海港、镇海港、仁川港。据国防部 1995 年 9 月 17 日宣布，2000 年将在济州道设立海军战略司令部，以适应建设“远洋海军”的需要，保护韩国南海岸—台湾—马六甲海峡的海上运输线。

改革粮供和兵役制度。借鉴美日军队委托民间管理军粮供应的经验，韩军从 1996 年 7 月开始实行“粮秣民间供给制”，并选定专营粮油业务的“LG 流通公司”管理特战司令部军官食堂做试点。12 月 18 日兵务厅宣布，从 1997 年起，将陆军士兵服役期由 26 个月改为 24 月，预备役人员服役期由 28 个月减为 26 个月，并规定所有身体有缺陷但生活无障碍的人都必须参加体检和服役，以保证充足的兵源。

增加军费开支，采购大批先进武器 韩国国防开支连年增长，1995 年为 138.4 亿美元，1996 年为 159 亿美元，1997 年预算为 180 亿美元。其中武器采购费，1996 年比 1995 年增加 7.4%，1997 年将比 1996 年增加 15%。在雄厚资金保障下，韩军加快装备更新，不断研制新武器。

空军重点实施新型战斗机计划。在第 1 阶段引进 12 架美国原装 F-16 战斗机后，第 2 阶段从 1995 年 6 月开始用美国零部件组装 36 架该型机，预计 1997 年完成；第 3 阶段从 1996 年 10 月开始用部分韩国零部件组装 72 架同型机，计划 1999 年完成。届时 120 架 F-16 型机将取代 F-4 或 F-5 型机。作为下一代先进战斗机，韩军打算 2002 年购买 120 架苏-35 型机，2008 年采购 60 架 F-22 型机。为培养高级飞行员，韩国自产 KTX-1 教练机于 1996 年完成试飞，计划采购 100 架，KTX-2 教练机也于同年生产出原型机，计划采购 200 架。韩军还准备于 1997 年采购预警机，1998 年装备无人机，1999 年购买“鹰”XP-800 先进侦察机，以提高空中监视、预警和情报搜集能力。

陆军重点增强地面火力。1996 年 12 月 2 日国防部公开宣布，新型国产 81 毫米自动校准迫击炮，在本月内开始装备部队；适合山地作战的国产“XK-9”155 毫米自行火炮，于同年 6 月 10 日试验成功，火力比美制同类火炮大3倍，预计1999年装备部队。韩军计划把现役1000辆88型K-1型坦克全部进行现代化改装，改为K-1A1型，将105毫米线膛炮换成120毫米滑膛炮，射程提高2/3，穿甲力提高1倍，首辆样车于1996年4月3日出厂，计划至1999年改装500辆。为地面机械化部队提供战场防空的国产“飞马”近程全天候自行地空导弹系统于1995年3月批量投产，预计1998年完成部署。英国《简氏防务周刊》1996年7月24日报道，韩国还计划与外国合作，研制中程地空导弹，替换现役美制“霍克”和“奈基”导弹，并将这两种导弹改装成地地导弹。1996年6月13日韩国防部宣布，从1997年起，将分批购进美制227毫米多管火箭炮、150千米射程的地地导弹和攻击直升机，以增强远程打击能力，1999年完成部署。

海军注重水面、水下和空中力量均衡发展，提高综合战斗力。1995年购进8架P-3巡罗机，计划采购60架超级“山猫”直升机，仿制美式500MD直升机，改装S-2巡逻机。至1996年，有5艘209型潜艇服役，1艘试航，计划2000年前建造3艘，2005年前再造9艘，一共18艘。国产KDX-1驱逐舰于1996年10月21日下水，装备“麻雀”、“鱼叉”导弹和“守门员”近程武器系统，1998年服役，计划造3艘；KDX-2驱逐舰拟于1998年开始建造，装备“标准”垂直发射系统和“阿斯洛克”火箭，2002年服役，计划造6艘；KDX-3驱逐舰已列入研制计划，拟装备“宙斯盾”防空系统。韩国防部还决定用美国技术建造50艘装甲两栖舰。海军参谋长安炳台于1996年5月28日宣布，韩国将建造航空母舰，把舰船总吨位由现在的20万吨增加到100万吨。

加强军纪整顿和政治教育，改善军队形象 针对军内纪律松弛、案件事故频发的现象，金泳三总统于1996年10月17日以忽视纪律、涉嫌泄密为名，撤换了国防部长，并任命了新的参联会主席、陆军参谋长、韩美联合部队副司令和3个集团军司令。总统发言人当日称，更换高级军官职务的目的是“为了改进军队内部机制，加强纪律建设”，“希望军队借此展现全新风貌”。随后韩军开展了全军范围的军纪整顿和政训。新任国防部长金东镇12月5日首次召开全军主要指挥官会议，强调加强纪律、培养官兵的自信感对提高战斗力尤为重要。会议决定：禁止军人使用信用卡和佩带BP机，营区内不准在工作时间打私人电话。新任陆军参谋长都日圭10月19日在就职仪式上声称其工作重点是，整顿军纪，克服陆军弱点，创立适应21世纪的新陆军。全陆军掀起了以集团军司令部为表率的政训高潮，进行政治和管理教育活动。空军决定扩充参谋本部及教育、军需部门的政训机构，加强基层和偏远部队政训单位的工作能力。海军根据部队特点加强官兵教育，统一规定对部队施教时间为每周2小时；对尉官每月进行一次安保教育，对校官每季举行一次政训讲座。

对军外，为争取公民的信赖，消除全斗焕和卢泰愚时期军队暴行的印象，韩国防部严令部队在1996年国会选举中保持中立，避免“介入政治的误解”，并于年内将引起市民不满的30余处市区驻军全部迁往郊外，同时调整军事保护区范围，放宽军事分界线以南民事活动的限制，加强灾难救援体制，还首次拍摄专题电视片向社会播放，吸引公众注意，宣传军队的新形象。

增强国防自主，减少对美军的依赖 韩国一方面强调巩固韩美防御合作，争取美国的军援，另一方面采取措施减少对美军的依赖。1996年10月12日，韩美联合声明首次宣称：“两国都认为韩半岛的永久和平政策，由韩国国民自己负责是可以实现的。”在具体作法上，韩于1995年10月与美协商，将负担美驻军费用的年增长额由4000万美元减为3000万美元。1996年4月5日又通过与美交涉，取得对美驻军从海外进口农产品的检测权。6月11日，美国在韩国的强烈 要求下，同意举行重审对韩发展远程导弹限制的谈判。为减少与美军贸赤字，改变单纯依靠美国进口武器的状况，韩国决定提高军事装备国产化比例，实行“武器进口来源多样化”的政策。据《读卖新闻》1996年9月7日报道，韩军把俄国飞机作为下一代主力战机首选机种，并要求购买俄国地雷和C-300防空导弹，引起美军强烈反对，但未能阻止韩国与其他国家进行武器交易。美驻韩空军司令埃文斯11月14日对记者说：“美式和俄式武器都足以应付敌人。虽然我们很为F-15型机骄傲，但是韩国选择了俄国的苏-35型机作为新一代战斗机，这说明韩国空军并不象传说的那样依赖美国空军。”

资料来源：

①1995～1996年韩国《中央日报》、《汉城新闻》、《东亚日报》、《韩国日报》、汉城广播电台、文化广播电台、联合社消息；

②1996年英国《简氏防务周刊》、日本《读卖新闻》、澳大利亚广播电台、美联社、法新社消息。

（孔国生）

越南国防建设计划与措施 1995年7月至1997年1月底，越南继续实行“压缩数量、提高质量”的建军方针，力图建设一支“革命化、正规化、精锐化、现代化”的军队。

进一步强化军队的对内对外职能 1996年6月底至7月初召开的越共“八大”通过的政治报告强调，要提高武装力量的质量，使之能够担负对外抵御侵略、对内防止暴乱的双重任务。从近2年越军报刊报道的有关情况看，越军对外对内的职能是：对外，实行“积极防御”战略，立足于做好应付在南沙海域、越北部和西南边境等局部地区发生一定规模、中低强度的现代化战争准备，确保北部和西南边境的稳定和安全，巩固对南沙岛礁的占领，维护国家的“独立、主权和领土完整”，为国家集中力量发展经济创造有利条件；对内，加强控制，加大反“和平演变”教育力度，强化防暴乱演练，坚决阻止、粉碎一切“和平演变”和颠覆暴乱阴谋，保卫党，保卫社会主义制度，维护政局和社会治安稳定。

加强政治建设　为适应革新开放的新形势，坚决粉碎各种敌对势力极力促使“武装力量非政治化”的阴谋，越军把政治建设作为新形势下军队建设的一项重要任务常抓不懈。一是强调党对军队的绝对领导。1996年5月上旬，越南在河内召开第6次全军党代表大会。会上，越共中央总书记兼军委书记杜梅强调：“建设政治上强大的人民军队是头等重要的任务”；国防部长段奎要求军队“必须保持政治坚定，必须巩固和加强党对军队的绝对、直接和全面领导”。会议决定：完善党对军队的领导机制，大力加强军队党委建设，建立强大的政治干部队伍和各级政治机关，保证部队在任何情况下都绝对听党的指挥。二是认真学习和贯彻党的路线、方针和政策。越军各部队坚持经常的政治学习制度，认真学习党的路线、方针、政策和重要决议，以确保广大官兵在任何情况下都严格执行党的方针政策。越共“八大”召开后，越军总政治局要求各部队及时学习“八大”政治报告，以统一思想，尽快贯彻落实。三是加强政治思想工作。越军总政治局要求各部队高度重视政治思想工作，将其放在各项工作的首位。特别是要通过政治思想工作，帮助广大官兵树立爱国主义思想，激发他们对社会主义制度的热爱，增强政治责任感和战斗力，促进军事训练和其他各项工作的圆满完成。四是开展反“和平演变”教育。针对以美国为首的西方国家借越革新开放之机加紧对越进行“和平演变”，越军经常在部队开展反“和平演变”教育，要求广大官兵认清越面临的“和平演变”的严峻形势，树立长期反“和平演变”意识，确保越坚定不移地走社会主义道路。

继续进行精简整编　为更好地集中财力、物力进行经济建设，根据越共中央指示，越军当局近2年继续对部队进行精简整编，计划将总兵力由57万余人减至50万人。(一)进一步压缩陆军编制，减少员额。越军于1996年3月开始对陆军各野战军、军区和省、县军事指挥部及地方部队进行精简整编，重点裁减机关和非作战部队人员。(二)适当增加海、空军编制员额，重点扩充海、空军作战部队实力。(三)将边防部队由内务部重新转属国防部。1995年8月8日，越共中央政治局决定将边防部队由内务部重新转属国防部管辖，并强调：必须大力加强边防部队建设，使之能够担负“保卫国家边界，捍卫主权和领土完整，维护政治、社会秩序稳定，打击非法入境和边境走私活动，保护国家财产”等任务；规定：边防司令部由国防部直接指挥，下辖各边境省、市边防指挥部；各省、市边防指挥部下设边防屯、边防站、海团和海队等单位。

加强部队正规化建设　越共中央军委和国防部1995年决定，军队要在2年内实现执行各种条令、条例和规定的根本好转，基本走上正规化轨道。一是严格执行战备值班制度。越总参认为，严格执行战备值班制度，是建设正规化军队的一项重要内容，是提高军队战斗力的关键，是防止、延缓、阻止战争和保卫祖国、保卫社会主义的强大保证。因此，要求各单位严格执行战备值班制度：每天按规定安排足够的战备值班力量；按战备值班方案和能预见的一切情况开展战术、技术训练，提高作战指挥能力；坚持情况报告制度，及时、准确上报各种情况；经常检查部队战备情况，组织战备演练，及时发现和解决战备工作中存在的问题。二是坚持经常性值班指挥制度。越总参规定：每个单位都要有战备值班指挥，单位领导出差，不管时间长短，均需经上级批准，并安排别人代行其职，以保证能顺利指挥调动部队。同时，采取军事通信与民用通信相结合的方法，保障通信联络畅通。三是坚持按战斗方案进行训练的制度。越总参强调，要取得战斗胜利，必须做到有备无患。要求各部队在采取某项行动前必须按战斗方案进行及时、准确和充分准备；每到一个新地方，应马上制定作战方案和计划，并依照方案进行训练，以保证战斗胜利。四是坚持部队管理制度。越国防部要求各单位严格执行各项管理制度、条例和纪律条令，确定各级按正规化体制组织实施各项原则、制度、规定的责任，抓好部队管理，用行政方法把所有军人的工作、学习和生活引上条令规定的轨道；各个业务部门要积极研究解决有关经费、物质基础、装备保障和营区建设等问题，并按总参和总政规定满足各单位要求；各机关要紧密配合，仔细检查并及时修改有关领导、指挥、管理规定和部队各种条例，使之适应现阶段的实际情况；各级领导干部要增强责任心，经常检查、督促部队遵守各项规章制度。近2年来，越军多次在全军开展“严格执行军队各项制度和条令”的竞赛活动，对搞得好的单位予以表扬奖励，对搞得不好的单位则按条令规定进行批评处罚。

重视部队军事训练 为提高部队的军事素质，越军近2年大力加强军事训练，其主要特点是：(一)强调训练要符合实战要求。越共中央军委和总参谋部要求各部队积极贯彻“基本、切实、牢固”的训练方针，全面改革训练工作，使之适应本单位作战任务的要求；把理论与实践、操场与战场结合起来，以实践为主，使训练接近实战；严格按照训练大纲施训，在掌握现有武器装备使用方法的基础上，加强电子战、防化学武器、军兵种协同作战、野外生存训练和战术演习，着重提高耐力、持久力、协同作战能力和快速反应能力。据此，越陆军各部队根据防区地形特点，主要进行了山岳丛林攻防作战、机动作战和诸兵种协同作战训练；特工部队加强了侦察、偷袭、夜袭和爆破等科目的训练。海军舰艇部队根据装备情况和作战任务，加强了编队航渡、协同攻击海上目标、扫布雷和海上封锁等实战科目训练；守岛部队主要进行了抗登陆、炮击、防空、防化、反坦克、体能、战地急救等科目的训练。空军重点进行了空中拦截、强击、长途奔袭、反潜、支援陆地和海上作战等科目训练。防空军主要进行了戒备转级和跟踪、捕歼空中目标训练。(二)重视对各级指挥和参谋人员的培训。越总参在《军事训练大纲》中规定，师、团级领导和参谋人员每年参加军事训练的时间不得少于2个月。1996年，越国防部和总参谋部联合举办了高级干部集训班，培训高级指挥员和作战参谋200余人；越军总后勤局对全军100多名后勤主任进行了集训；各军区分别举办了多期干部培训班，重点对边海防部队的机关参谋和连排干部进行了培训；海军、空军和防空军也举办了各类干部和参谋集训班。通过集训，越军各级指挥和参谋人员的军事素质、业务水平和工作能力有了一定提高。此外，越军近2年还举行了多次综合性演习，着重提高诸军兵种协同作战和防暴乱、反颠覆能力。

大力改善武器装备 根据越军1995年制定的武器装备现代化建设5年规划，越军近2年大力改善武器装备。一是继续从外国购买先进的武器装备。越空军从俄罗斯购买了6架苏-27型歼击轰炸机和部分反潜直升机、运输机，并准备从法国、德国和日本等国购买高性能战斗机、武装直升机、电子侦察机、先进雷达设备和导弹系统；越海军拟从俄罗斯等国购买潜艇、水面作战舰只、大型运输舰、导弹艇、电子侦察船等。二是同外国合作改造、生产武器装备。越南已同以色列、俄罗斯等国达成协议，由以、俄帮助越空军改装和维修现有作战飞机，以提高其性能，延长使用寿命。越军还积极谋求同外国合作生产舰艇、雷达和导弹等武器装备。三是自造武器装备。近2年，越自行设计制造了多艘1000吨级武装渔船和运输船，并将其正式装备给海军部队使用。

确定国防工业建设与发展方向 据越南《全民国防》杂志报道，1996年，越共中央政治局制定了今后越国防工业建设与发展方向，即：“把国防工业建设成为实力强大、科学工艺水平高、与国家工业发展相适应的国防工业，有选择地采购现代化武器装备，结合国家科研、工艺成果，生产出种类更多的武器装备，保障武装力量执行保卫祖国、保卫社会主义制度、保卫领空、领海和岛屿的任务。”为此，越军国防工业经济总局要求国家增加对国防工业的投资，并创造条件使国防工业优先享用工业化、现代化给国家带来的先进工艺和科技成果，推动国防工业向更高层次发展，提高制造武器装备的能力；同时，建议国家加强对国防工业管理体制的建设，包括确定国家最高层的责任分工、国防部等主管机关的职能，建立国防部统一管理机制和国家主管制度，并制定有关法律法令等。该总局还决定：(一)进行国防工业体制改革，把国防工业纳入国民经济专业化分工体制，按战略作战的要求部署国防工业企业；(二)继续完善组织机构，重新规划国防工业主体企业和国防工业动员企业，对国防工业大型工厂和修理厂进行定向投资；(三)采取合理有效措施改变国防工业落后于民用工业的现状，使国防工业在机械加工、化工原料、通信、电子等特殊工艺上有突破性发展。

资料来源：

越南《人民军队报》、《全民国防》杂志(1995年7月至1997年1月)。

(钟学良)

柬埔寨建军计划与措施 1995年7月至1997年1月，柬埔寨政府继续实施其1993年10月制定的为期4年的建军计划，企图建立一支“年轻化、知识化、专业化和现代化”的军队。

继续进行精简整编，重点裁减军官和非战斗人员

为改变军队人员冗杂、军费开支严重不足等状况，柬政府军近2年继续进行精简整编，主要裁减军官和非战斗部队。1995年下半年，柬陆、海、空三军将级军官从1800名减至200名(其中上将20人、中将43人、少将137人)，警察部队将官从499名减至75名，校级军官也进行了大幅度的裁减，彻底扭转了官多兵少的局面。近2年，柬政府军还裁减了非战斗人员和服役期满人员3.5万余人。迄1997年1月底，柬军总兵力已由原来的12.5万人减至8.7万余人，其中陆军3.6万人、海军1200人、空军500人、地方部队约5万人。同时，柬政府还对6个军区、12个师的干部进行了部分调换或撤换，清点了部队人数，调整了编制，重新登记军衔，基本完成了军队的军事改革计划。此外，柬政府军各军区成立了宪兵队和“心理战部队”，每个步兵师组建了反坦克分队，各市、县、乡增设了军事指挥部。

收编民柬分裂部队，提拔分裂部队中有影响的军官担任要职　1996 年 8 月，民柬内部发生严重分裂，民柬原第 2 号人物英萨利率部宣布脱离民柬组织；驻扎在柬西部马德望、班迭棉吉和菩萨省的民柬 415、450、519、250、502、905、304、469 师等 11 个师也相继宣布脱离民柬，效忠英萨利，停止战争，回归柬王国政府。随后，柬政府和军队代表与民柬分裂派领导人英萨利进行了多次接触和会谈，英萨利同意把他们的控制区交给政府，将军队合编到政府军中去，穿政府军军服，但不得被分割整编和分割调动，以保持原部队的稳定和完整；要求在政府军第 3、5 军区任副司令和在总参谋部有 1 名副总参谋长，并管理他们原来的控制区。在求同存异的基础上，柬政府 9 月 26 日作出了收编民柬分裂部队的决定：首先给他们授军衔、发军饷、穿政府军军装，随后任命有影响的民柬分裂部队军官为第 3、5 军区副司令和总参谋部副总参谋长。10 月 2 日，柬政府公开宣布对民柬分裂部队官兵实行收编，联合国防大臣迪班、迪占拉全权负责审查、决定、委任民柬分裂部队高级军官的工作。收编工作包括统计和制定投诚官兵及非军事人员的名单；登记投诚部队所拥有的武器装备、运输工具和军事物资等；评估和拟定投诚军事人员及行政人员所需的工资及行政开支的预算；调查和登记投诚部队控制区的现有基础设施及地雷情况等。柬政府保证被收编的军人每人有两套新军装并享有与政府军官兵同等的军饷。10 月 13 日，迪班在菩萨省主持仪式，为 1974 名投诚官兵授军衔、改换军装，并任命 1995 年 4 月投诚的原民柬 18 师师长乔邦为政府军第 3 军区副司令。11 月 6 日，迪班和英萨利又在拜林主持仪式，将 2500 名民柬投诚官兵编入政府军。至 1996 年底，柬政府军第 3、5 军区已收编民柬分裂部队约 4500 人。

积极寻求外国军事援助，大力购买武器装备　1995 年下半年，柬政府多次要求美国、澳大利亚、法国等西方国家向柬提供军事援助，先后派出多个军事代表团赴越南、印尼和马来西亚等国寻求军援，并取得了一定的成果。美向柬提供了数十辆机动车、大量探雷器和 300 万美元排雷经费，澳向柬提供了 800 万美元的军事训练费，法向柬提供了 30 余辆军车。柬还同以色列达成协议，由以帮助柬维修 9 架米格-21 型战斗机。同时，大力从国外购买武器装备。1995 年动用 50%的军费，先后从捷克和波兰购买了 100 辆原苏制 T-55 型坦克和装甲车，从以色列购买了 6 架战斗机和 4 架直升机，向塞舌尔购买了大批枪支弹药，从俄罗斯购进了一批排雷、筑路等工程机械设备，1996 年 5～7 月又耗资 1.5 亿美元，分别从以色列、意大利购买了 6 架“信天翁”L-39 型教练机、6 架 P-92 型机，并拟再从以色列购买数架直升机和教练机。

加强军事训练，提高部队素质　1995 年 7 月以来，柬政府军大力加强军事训练，以提高部队素质。一是举办各类培训班。1995 年下半年，柬总参谋部举办了 2 期高级军官培训班，300 余名高级军官参加了培训，重点学习了战术理论；第 2、4 军区分别举办了“武装心理战”培训班、技术干部集训班。1996 年，柬总参和各军区举办了数十期军官和士兵培训班，主要科目有战略战术、心理战术、敌情侦察、地形勘察、爆破等。二是选派干部赴外国受训。柬政府军 1995 年 10 月选派数十名优秀指挥官和技术骨干到国外受训，主要学习通信联络技术和海军战术理论；1996 年又派数百名干部赴泰国、印尼学习军事理论和特种作战技术。三是请求外国派军事人员赴柬帮助培训柬军。应柬政府的请求，美国、法国、澳大利亚、以色列、马来西亚、印尼等国近 2 年先后派军事人员赴柬开展培训工作，重点对柬政府军各种军事技术人员和特种兵进行了培训。其中，美国主要对柬工兵进行了培训，印尼重点对柬特种部队人员进行了培训。四是组建训练学校。1996 年 7 月，柬政府军在磅士卑省成立了第 1 所军事学校——“柬埔寨丛林战训练学校”。该校主要任务是对现役军人进行为期 3 个月的理论学习和实战训练，第 1 个月主要学习武器的使用和保养、游击战心理学和实战技能；第 2 个月组织学员到丛林地带进行野外宿营，学习丛林战战术技巧；第 3 个月组织学员以班为单位进行军事演习。柬政府军已派出约 3000 人参加该校第 1 期学习。此外，柬政府军第 4、5 军区结合实战进行了 10 多次师团级战术演习。

资料来源：

英国《世界军事力量对比(1996～1997)》。

（钟学良）

缅甸国防建设计划与措施　1995 年 7 月至 1997 年 1 月，缅甸根据其建立一支“装备精良、人数众多和素质高、战斗力强、能抵御内外任何威胁的现代化武装部队”的计划，继续奉行“数质量并重”的建军方针，在进一步完善了编制体制、扩充了实力的同时，大力加强军事演练和国防工业建设，积极改善武器装备，提高部队素质和实战能力。

完善编制体制 根据"安内御外"的需要，缅军近2年进一步完善编制体制，扩充了军事实力。缅陆军先后新组建了2个军区、10余个步兵营和近60个炮兵、通信、运输及卫生营，增设了战区指挥部和战线指挥部；缅空军新建了数个飞行中队和直属队。至1997年1月底，缅军总兵力已由约28.6万人增至32.1万人，其中陆军30万人、海军1.2万人、空军9000人。

强化军事演练 在1995年7月至1997年1月期间，缅军除积极开展正常的军事训练外，还先后举行较大规模联合军事演习数十次，参演兵力达数万人，主要演练了陆空、海空、步炮、步坦协同作战和两栖登陆、攻防作战、火力支援、战场救护等实战科目，着重提高诸军兵种协同作战能力和快速机动能力。同时，举办各类集训班60余期，参训人员达3000多人。集训内容：陆军主要有步兵侦察、参谋业务、干部管理、后勤保障、布雷、陷阱设置、炮兵战术、卫星通讯、计算机操作等；空军主要有飞机驾驶维修、空对地射击、夜航、长途飞行、救援、山地及水上跳伞、实弹打靶等。

积极改善武器装备 近2年来，缅军继续从国外购买武器装备。仅1996年，缅陆军就从以色列购进了轻重型卡车3000余辆、火炮150门，从俄罗斯进口米-17型直升机7架、米-17-1B型双涡轮多用途直升机5架。同时，缅军积极与外军合作，对现有武器装备进行维修、改装，努力提高现有武器装备的效能和使用寿命。改装重点是引进高新技术，加装精确的定位系统和先进的通信系统、武器系统等。到1997年1月底，缅空军已与以色列、俄罗斯等国进行合作，在部分飞机上安装了全球卫星定位系统和高频通信机，并对数架作战飞机的机载武器进行了改装。

加强国防工业建设 为加快部队武器装备更新换代的步伐，缅十分重视国防工业的现代化建设。一是加大国防工业经费投入。1996年，缅政府将国防经费的1/3用于国防工业建设，新建了国防科研所、国防兵工厂，重点加强各型火炮、装甲车等武器装备的研制与生产，以提高武器装备的国产化水平。二是积极引进国外军工技术。近2年，缅先后从越南、以色列、韩国、俄罗斯、泰国、波兰等国引进了部分轻型武器装备的生产技术，从南斯拉夫、俄罗斯、新加坡购进了一些先进武器的特许仿制权，并与韩国、越南合作生产枪炮。三是加强与外军的交流。为提高军工制造技术水平，缅军1996年派出300多名专家和技术人员赴国外学习飞机、舰艇、火炮、坦克的制造和修理技术，并聘请以色列、越南、俄罗斯、日本等国有关专家赴缅参与缅国防工业的研究与生产。目前，缅军已能在外国军事专家的帮助下自行生产迫击炮、火箭炮、掷弹筒、轻机枪、轻型卡车及航空炸弹等武器弹药和装备，步兵轻武器弹药自给率达60%以上。

资料来源：

①英国《世界军事力量对比(1996～1997)》；

②缅甸《人民军队》杂志1996年。

(钟学良)

泰国建军计划与措施 泰国防部认为，冷战结束后，国际形势发生了重大变化。两极对抗消失，世界格局朝着多极化方向发展，地区紧张局势趋于缓和，但仍存在着诸多不稳定因素。未来有关种族、宗教和未定边界等其他领域里的问题和冲突将会增多，经济纠纷将在国家安全问题上占有很大比重。基于上述考虑，泰军方调整了其国防战略及新时期的基本任务，突出强调保持一支精干、机动性强和装备现代化的常规威慑力量，以防止地区冲突的发生，保卫国家政治和经济利益免受内外威胁。

确定国防工作重点 泰国防部在1996年3月发表的一份国防白皮书中指出，泰未来国防工作的重点是：加强军队建设，保持一支规模适当、有进攻能力和机动性、指挥效率高的武装力量；建立一个高水准的、现代化的军事训练和教育体系，提高军人素质，为政府和私营部门提供人才；加强同邻国及盟国的军事合作，配合联合国的维和行动；同政府和私营部门合作，发展国防工业，使之自立和现代化；保护国家经济利益和自然资源，加强边境地区安全。

裁减军队员额，加强预备役力量建设 从1997年开始，泰军进入了其"10年裁军计划"(1992～2001年)的第2个阶段，计划在已裁减15%的基础上再裁减10%，重点裁减陆军员额，使其兵力从20万人减至约14.5万人，并适度发展海空军力量，以使泰陆海空三军的比例更加协调。同时，泰积极推行全民防御战略，重视发展预备役力量，计划在现有4个预备师的基础上再增建2个预备役师，争取到1997年将预备役部队发展至100万人。

引进先进武器装备 为进一步提高武器装备的现代化水平，泰军制定了一项"武器装备建设5年计划"(1996～2000年)，拟耗资26.3亿美元购买先进武器装备。计划为陆军购买M-60A3型坦克101辆、直升机20架、轻型坦克射击控制器32具、155毫米火炮36门、装甲输送车245辆及M-16A2型步枪5万支等；为海军购买2艘"诺克斯"级护卫舰、2艘扫雷艇、6架"海鹰"式直升机、3架大型运输机、3架短程海上巡逻机等；为空军购买1个中队的F-18型战斗机、一批C-

130 型运输机及搜索救援直升机等。此外,1996 年泰军方还拟定了"国家安全卫星通信"方案,计划用 10 年时间耗资 10 亿美元购买 2 颗军事通信卫星,以使泰武装部队在战略战术上拥有快捷、畅通和安全的通信能力。

强化军事和第 2 职业训练 泰军把强化军事训练作为质量建军的重要内容之一,重点加强陆海空诸军兵种联合演习,突出丛林和特种作战演练,注重提高诸军兵种的协同作战能力、部队应付突发事件的快速反应能力和现代化战术技术的使用能力。同时,加强对士兵进行各种职业训练,在军队院校增设了机械、工程技术、农业水利等课程,在部队举办农业、渔业、手工艺等课程的培训班,以保证士兵退伍后有多种谋生技能。

开展对外军事合作与交流 为进一步提高部队适应现代化战争的能力,泰军积极开展对外军事合作与交流。在保持与美国及东盟各国传统的军事合作的基础上,泰军又发展了同英、法、加、以、澳、印度及新西兰等国多种形式的军事合作关系。泰军现已与美、澳、菲、马、印尼、新加坡、新西兰及印度等国建立了年度例行性军事演习制度,并正在酝酿与英、日、韩、越等国举行联合军事演习。此外,泰还通过军事要员互访和选派人员到国外学习考察、举办军事研讨会等方式,相互交流经验,进一步密切与外军的合作关系。

主要资料来源:

1996 年泰国陆军电视台报道;1996 年日本《世界周报》;1996 年《泰叻报》。

(孟 丽)

菲律宾建军计划与措施 1995~1996 年,菲律宾国内的情况发生了一定的变化。1996 年 9 月,菲反政府组织摩洛民族解放阵线同政府签署了和平协议,基本上结束了双方长达 68 年之久的对峙状态。与此同时,菲总统拉莫斯称,菲政府已敞开了与其他反政府组织和谈的大门。因此,菲律宾军队的职能也由平息国内反叛转向全力防御外来侵略。1995 年,菲制定了一项《1996~2010 年菲律宾武装部队现代化规划》,但几经波折,直到 1996 年底,才由国会通过,并且金额有所削减。总而言之,菲已经开始了军队现代化建设的进程。其主要措施如下:

增加军费开支,加快以海空军建设为重点的质量建军步伐 菲 15 年建军计划预算总额为 3301 亿比索(约合 132 亿美元),平均每年的军费开支为 8.8 亿美元。1996 年 7 月,菲政府因财政的拮据,不得不对此计划作重新修订,将原计划的资金减半,削减为 1698.86 亿比索,其中各军种总司令部共计为 73 亿比索,海军为 723.86 亿比索,空军为 650.9 亿比索,陆军为 251.1 亿比索。从军费分配情况看,海空军所占的比例最大。海空军的军费开支主要用于采购先进的作战平台和建立现代化的作战指挥系统,以提高海空军的装备水平。

调整编制结构,努力提高部队应付突发事件的快速反应能力 菲军计划将现有的 8 个步兵师削减到 3 个,基地分别设在吕宋岛、米沙鄢群岛和棉兰老岛上,并把提高其快速部署能力和机动打击能力作为这 3 个步兵师未来建设的重点,使其成为应付突发事件的主要作战力量。另有 8 个独立旅将作为前沿部署部队,担负边海防的守备任务。1996 年 6 月 3 日菲陆军成立了特种作战司令部,它作为 1 个师级单位,下辖 1 个特种侦察团和 1 个轻装甲旅,陆军心理战部队也将成为其中一个部分。此外,特种作战司令部还计划组建 1 个炮兵团、1 个航空兵营和 1 个防空营。

扩大预备役规模,力求建立一套平战相结合的军事新体制 经过 15 年的精简整编后,菲力求将陆军正规部队由 7 万人减少到 5 万人左右,同时把预备役部队人数发展到 20 万人,即正规部队的 4 倍。在 20 万预备役部队中,将有 8 万人处于 24 小时的战备状态,其余人员则按规定组织阶段性的军事训练。在和平时期,菲全国部署的 8 个独立旅,每个独立旅均由 1 个营的正规部队组成。一旦发生战乱,通过补充预备役人员,各独立旅将迅速扩编为 1 个师,同时各营相继扩编为 1 个旅。

加紧军备采购,通过技术革新等手段努力提高部队的装备水平 陆军第 1 个 5 年计划装备采购的重点将放在改善部队的通信技术设备和工程设施上。通信条件的改善将深入到连一级单位,而工程设施改善的重点在农村。菲律宾是一个千岛之国,通信条件和工程设施改善对提高部队的综合作战能力都有十分重要的作用。为了加强防空力量建设,菲计划给空军拨专款购买高性能战斗机、防空导弹和雷达设施。在没有新的采购计划之前,空军将从约旦和韩国购买 5 架 F-5A 战斗机。空军装备的采购重点是尽量满足部队快速部署的需要。目前大约 24 架直升机和一些轻型固定翼飞机将担负这一方面的任务。海军采购的重点仍是鱼雷快艇和导弹巡逻艇,有关大型舰船的采购计划也已提上议事日程。菲军还计划将以前配属给装甲旅的航空侦察分遣队扩编为 1 个航空大队。

改进军事训练方法,进一步加强与外军的合作与交流 随着部队结构、作战任务、作战手段的改变,菲军将重新修订现有的训练大纲。除保留一些较好的训练方法外,菲军还计划有针对性地增设一些新课目,如部队的快速部署和防空作战等内容。军队首期训练改革预算经费主要用于1996年下半年引进一批计算机实战模拟训练装备，菲军将在此基础上组建一批具有现代化水平的军事训练中心。为提高部队的训练质量，菲军在决定增加到国外学习的军官名额的同时，还计划进一步加强同美、英等西方国家和东盟其他国家之间的联合军事演习。到目前为止，菲先后与美国、韩国、法国、澳大利亚等国就举行军事演习、人员培训和军备采购等问题签定了新的谅解备忘录。此外，菲军还与日本、韩国、中国台湾、新加坡等国家和地区的军队就情报交换事宜达成了合作协议。1996年1月，菲又与英国签订了内容更广泛的《共同防务协定》。

削减军事基地，为积累新的发展资金创造条件 菲军计划将军事基地由现有的40个减少到20个，而且其中有5个为新建项目。至少在5年之内，三军总部将仍设在马尼拉市中心的波尼伐西奥军营，这一基地四周的大部分土地将被逐步卖给地方去开发。原驻在该地的几支部队将调防到干塔拉克的奥多洛军营。一些巡逻特遣队将调防到布拉甘的塔克山兵营，新成立的特种作战指挥部将驻扎在努伊瓦、艾恩加地区的麦格西西兵营。现有的基地发展资金将主要用于包括营房在内的防御设施的建设。节余出来的土地将被卖掉以积累下一个5年建军计划所需的资金。

主要资料来源：

1996年《简氏防务周刊》。

（郭 辉）

新加坡建军计划与措施 为了保证以海上贸易为主的经济顺利发展，新加坡正在积极地进行以海、空军为主的军队现代化建设，加强同外国的军事合作与交流，不断采用高新技术，进行技术革新，更新设备，装备各种先进武器。

扩大合作范围，促进与外国的交流 在东盟国家中，新加坡与外国国防力量的联系是别国无法比拟的。它不但与5国联防组织国家、文莱、印尼、中国台湾、美国等国家和地区进行联合军事演练，而且还继续与以色列在武备采购、反恐怖活动技术和军事情报交流方面保持密切联系。其他对外合作还有在澳大利亚的联合基础飞行训练和在美国的F-16的飞行训练。1996年3月和8月，新加坡分别与印度和巴基斯坦举行了海军联合演习，这是继1993年以来的第2次。

更新战斗机，加强防空能力 1996年2月，新加坡空军计划耗资数百万新元改进一批F-5E和F-5F型战斗机。改进后的战斗机将配备新的控制系统和改进型雷达，其主要结构也将得到改良，飞行寿命将延长至2000年以后。改进后的飞机被称为F-5S或F-5T，将用来装备2个飞行中队，每个飞行中队大约编有15～20架。从1994年9月至1996年7月，新向荷兰购买的5架"海上强制者"MK-2型海上巡逻机已全部配备给了章宜空军基地。据新国防部长陈庆炎说，这5架飞机已初步形成了作战能力。

增加投资，提高空中加油能力 1996年9月，新加坡花费大约2.8亿美元向美国空军订购了4架洛克希德公司制造的KC-135A型平流层加油机，这将把它的空中加油能力大约提高1倍。这4架飞机将加入新加坡现有的4架KC-130B型和1架KC-130H型加油运输两用机的行列。这笔交易将使得新加坡空军拥有亚太地区最强大的战略性空中加油能力。这些飞机将于1999年交货。据新加坡报纸称，这些飞机将用于在海外的训练和演习中支援空军的F-16战斗机部队。

扩大在澳大利亚的空军训练基地 1994年新加坡将其空军飞行训练学校迁至西澳大利亚的皮尔斯，并在那里驻有29架喷气式教练机和150名军人。1995年以来，新与澳又进一步加强了防务合作，根据1996年初的一项合作计划，新将派出12架"超级美洲豹"直升机驻澳东北部的一个陆军航空基地。澳还原则上批准了一项允许新加坡的大约20架A-4"天鹰"战斗轰炸机以澳为基地的计划，但地点尚未确定。

进一步加强与泰国的防务关系 新加坡国防部长陈庆炎于1996年7月访问泰国后，新与泰之间的防务关系已得到明显的加强。两国联合训练和军事人员互访活动不断增多。此外，两国还在探讨联办国防工业合资企业（生产教练机、运输机、轻武器和军事通信设备）的可能性。据称，两国于1981年开始的海军演习今后将每两年举行1次。两国空军的合作还包括有关情报交流的计划。

加快技术培训，积极筹建潜艇部队 新加坡已从瑞典订购了1艘旧式A-12型潜艇，1997年将正式接收。届时，新加坡将成为东南亚地区第2个拥有潜艇的国家。目前，新加坡已和瑞典达成一项协议，决定由瑞典海军及其军工系统对新加坡海军的有关人员进行为期2～4年的潜艇技术和作战科目的训练。新加坡预计在2年之后，将再购进2～3艘高性能的潜艇，以建立起一支真正的潜艇部队，改变该地区只有印尼潜艇经常出没的局势。

资料来源

①1996年泰国《海军学》；

②1996年美国《国际先驱论坛报》；

③1996年英国《简氏防务周刊》。

（郭 辉）

印度尼西亚建军计划与措施　1996 年是印度尼西亚军队实施第 5 个国防战略计划的第 3 年，在这一年中印尼军队继续推行“质量建军”的方针，全面提高整体的协调作战能力，全力完成军队职能由单纯的“平息国内骚乱”向“国内国外全方位防御”方向发展，并将侧重点逐渐向“抵抗外来入侵”上转移。

重建英雄旅，加强维护社会治安　印尼军队历来就有平息社会动乱，维护国家稳定的职责。近年来，印尼国内不断出现不同程度的社会骚乱。为了维护社会安定，并让印尼其他军事武装全力进行现代化建设，1996 年初，印尼重建了在历史上曾建有赫赫战功的部队——陆军第 15 步兵旅，并将其部署在万隆，直接由印尼武装部队总部指挥。

扩编特种部队，提高遂行特种任务的能力　从 1996 年起，印尼计划利用 1 年的时间进一步扩大特种部队的规模。印尼特种部队约有 2500 人，由 2 个战斗队和 1 个训练队组成，其中 2 个战斗队各下辖数个营的兵力。3 个队的基地分别设在西爪哇的西冷、万隆和中爪哇的梭罗。扩编后新增加的 2 个战斗队将驻扎在雅加达，其中 1 个战斗队将主要执行反恐怖任务。特种部队扩编后将由一名中将级军官来指挥。

更新武器装备，促进军队的现代化进程　为了改变武器装备的落后状态，印尼正在积极更新军队的装备。印尼海军从 1991 年至 1995 年底共建造了 2 艘 KAL20 型快艇、24 艘 KAL28 型快艇、28 艘快速汽艇、8 艘快速登陆艇以及 40 艘其他型的小艇，这些船只主要部署在近海的浅水海区。此外，印尼也在不断地从国外购进先进的装备。1996 年 1 月，印尼花费 13 亿印尼盾从新西兰购进了 1 艘代号为“阿龙萨姆德”的训练舰，使印尼海军训练舰只的数目增加至 2 艘。印尼 1995 年向英国购订的 24 架“隼”式战斗机已于 1996 年 4 月前全部到位，4 月底，印尼将其部署完毕，并编成 1 个统一的飞行中队，主要负责印尼北部沿海至纳土纳群岛一带地区的防御任务。1996 年 6 月，在印尼举行的“96 军用航空展览会”上，印尼空军与美国签定了购买 9 架 F-16 先进战斗机的合同书。印尼向德国订购了 39 艘海军战舰，包括 16 艘护卫舰、14 艘坦克登陆舰和 9 艘扫雷舰，至 1996 年 12 月，上述军舰已全部到位，从而进一步加强了印尼海军的战斗力。

扩建海军基地，增强海上防御能力　1995 年底，印尼开始大力扩建东部的马诺夸里港口，并将马诺夸里海军维修和保养码头改造成了印尼继泗水帕尔造船厂之后的最大的军用船只修理厂。印尼计划在将来把该港口建设成为印尼东部最大的海军基地，使印尼东西部防卫线联成一体。1996 年 11 月印尼海军又在加里曼丹岛南部的哥打巴鲁修建 1 个新的海军基地，该基地将主要用来停泊各型巡逻舰艇，其目的在于进一步加强爪哇海北部的海上治安，并使目前印尼海军基地的满负荷状况得到一定的缓解。哥打巴鲁海军基地是印尼自 1993 年在苏门答腊岛修建了 2 个海军基地以来所新建的第 3 个海军基地，建成后，将更加利于印尼海军舰船的周转。

签署安全协定，增进与澳大利亚的防务关系　1995 年 12 月 18 日，一向是不结盟国家领导者之一的印尼，在雅加达与澳大利亚签署了一项旨在加强两国关系和增进南太平洋地区稳定的安全协议。协议规定，两国要进一步密切在军事人员互访和军事训练方面的合作，定期对影响共同安全的问题举行部长级磋商，一旦任何一方或者共同的安全利益遭到敌对的挑战，两国将进行磋商，如适当，还将考虑采取单方的或联合的措施。这是印尼自 1945 年宣布独立以来签署的第 1 个具有结盟性质的双边条约，是印尼国防策略和外交政策发生变化的重要标志。

主要资料来源：

①1996 年英国《简氏防务周刊》；

②1996 年印尼《武装部队报》。

（郭　辉）

马来西亚建军计划与措施　1995 年和 1996 年分别是马来西亚第 6 个 5 年计划的结束和第 7 个 5 年计划的开始。马国防部长阿尔巴尔说，马来西亚的 5 年计划“是一个发展的目标，而且要有其连续性”，要继续转变部队的职能，即由镇压暴动转向常规作战，将马来西亚部队建成一支短小精悍的部队，使其有足够的能力来抵抗来自国外的武力威胁，保卫国土安全。陆军要发展成为一支能对抗外来一般性威胁的作战部队，要具备良好的机动性、灵活性和强大的火力支援能力。海军和空军也要由过去的单一支援陆军作战的部队发展成独立作战的部队。马海军目前正加紧调整兵力部署，重点转向保护海上专有经济区。马空军则重点提高空中防御和空中打击能力。

陆军方面的措施　一是加强快速反应部队建设，积极参加联合国维和行动。1992 年马来西亚组建了第 1 支快速反应部队，1994 年马国防部作出决定，将该部队建成一支规模较大的现代化武装力量，努力使其成为将来马武装力量的中坚，并在一定范围内可以完成各种应急任务或支援联合国维持和平行动。1996 年 1 月，马又成立了一个专门用于维和行动的中心，这在东南亚国家中还是第 1 个。二是尽力增加火炮数量，努力发展陆军航空兵。马陆军目前只有15门口径155毫米FH-70型自行榴弹炮，马的远期目标是将这些榴弹炮全部更新换代，并购进大约90门新式155毫米自行榴弹炮。另外，马陆军还想尽快组建一支陆军航空队，在10至15年里拥有300架直升机和大约3000人的地面支援部队。三是减少正规军现役人员，推行质量建军的原则。马陆军计划到2000年将正规军由9万人减少到8万人，步兵营的数量也由36个减少到25个，其中包括那些属于快速部署部队的步兵营。届时，马仍将保留1个军团，而仅有的4个师也保留建制，分别交给中央、北部、南部和东部4个军区指挥。陆军司令部则设在吉隆坡的中央军区，其直属部队保持在旅级规模，主要任务是保卫首都地区的安全和维持公共秩序。以上各部队的主要兵力将由旅一级快速反应部队和陆军航空兵构成，而其他如特别勤务部队等也将保留。

海军方面的措施 一是大力加强近海防卫能力。马海军计划在今后15年中建造27艘近海巡逻护卫舰，其设计吨位超过2500吨，并且可以配备1架直升机。此外，还要购买54艘新舰以代替原有舰只。1995年10月，马已从意大利购进了2艘"阿萨德"级轻型护卫舰，1997年将交付使用。马目前计划再向意大利购进2艘同型护卫舰，并可能从美国购进1艘坦克登陆舰。二是努力提高海军防空能力。1992年，马向英购买了2艘排水量为2270吨的护卫舰，1996年中期已交付使用，使马海军开始拥有了具有对空作战能力的舰艇。目前，马海军正在积极改进防空能力和陆基对海监视能力，现已订购了18架俄罗斯米格-29型飞机和8架F-A18型飞机，并计划购进2艘直升机航母及舰空导弹舰。三是积极筹建潜艇编队。近年来，采购潜艇在东南亚国家中已日渐升温，马来西亚也不甘示弱，尽管马曾在1990年和1992年两次宣布要购买潜艇却未能实现，但目前马正在与德国、瑞典和荷兰联系，计划在本世纪末先购进2～4艘潜艇。据马一高级官员说，为保卫领海，马至少需要10艘潜艇。

空军方面的措施 克服财政困难，积极实现"核心原则"。马空军现代化建设已不再以敌方威胁为理论基础，而是以提高自身消除威胁、保卫国家主权的多方面能力为基础。这要求马空军在知识、技能和经验、高技术装备、强打击能力和迅速部署能力等方面都能达到较高水准；但财政上的困难使马空军只得改变途径，实行所谓"核心原则"，即在某些领域相对集中而不是面面俱到，首先提高若干重要方面的能力，特别是制空、空对地(海)、雷达和电子预警、快速补充、空战、陆基防导和空中加油等能力。基于此原则，马空军开始大力培养以飞行员和机械师为主的专业技术人员，并购买了米格-29N、F/A-18D、"隼"108/208等先进战斗机。

资料来源：

①1996年《马来西亚信使报》；

②1995年英国《简氏防务周刊》；

③1995年马来西亚《亚洲防务》；

④1996年越南《人民军队报》。

（郭　辉）

印度建军计划与措施 1995年7月至1996年12月，印军继续按照"稳定数量，提高质量"的建军方针，积极采取措施加强军队现代化建设，其主要情况是：

陆军继续落实1985～2010年建设规划 印陆军于80年代上半期制定了陆军1985～2010年远景规划，确立了"控制部队数量、提高质量"的发展方针，其目标是建立一支力量均衡、具有多种作战能力的现代化陆军。1995年7月至1996年12月，印陆军继续采取措施落实上述规划，其主要做法是：

(一)发展C^3I系统。至1996年底，印度陆军的C^3I自动化系统取得重大进展：一是在陆军司令部已建立起微机网络，实现了信息网络化，取代了70年代建立的大型计算机；二是在陆军司令部与各大军区间建成了以第3代计算机为基础的计算机中心，使陆军司令部同各大军区间的作战计划、人事管理、物资控制、数据统计等工作初步实现了电子计算机化，提高了工作效率；三是通过实施"陆军无线电工程网络"计划，在军区和野战部队之间基本实现了作战指挥自动化。

(二)组建现代化新兵种。为了迅速适应现代化作战的新形势，印陆军一直十分重视组建现代化新兵种。继1986年11月成立陆军航空兵、80年代末将第57步兵师改编为快速反应师后，1995年7月完成了将第54步兵师改编为"空中突击师"的工作。到本世纪末，印陆军还计划在南部军区再组建一个同等规模的"空中突击师"。根据印军的设想，"空中突击师"的兵力为1.5万人，编有2个空中突击旅、1个伞兵旅、1个空降炮兵旅、1个轻型空降装甲团及若干空降野战工兵、通信和后勤保障分队。在编外，还将配属1个机械化旅、1个两栖作战旅和相应的海军舰只与飞机。该部队具有快速反应能力，能在各种地形遂行作战任务，具有在核生化条件下生存与作战的能力。根据印陆军1985～2010年远景规划，到2010年，印陆军将组建8个机械化师和2个装甲师，作为平原地区作战的主力。

(三)改编步兵师和山地师。为了进一步提高步兵在平原和山地作战的能力，印军决定在2000年前对现有的山地师和部分步兵师进行改编，具体方案是：步兵师改为“平原步兵整编师”，即将步兵师3个建制旅中的1个改编为机械化旅，加强炮兵火力，编配武装直升机分队、反坦克导弹连和122毫米火箭炮连，使步兵在作战中具有足够的机动力、攻击力和持续作战能力。山地师改为“山地整编师”，即为山地师增配直升机、中型火炮和反坦克导弹和便携式“凯拉夫”纤维掩体等武器装备，以提高山地师的机动力、火力及生存能力。

陆军为担负反叛乱任务着手组建特种部队 据印度季刊《今日防务》1996年第2期报道，近年来，由于印国内民族分裂势力活动较多，印政府不得不经常动用陆军来担负反叛乱任务。为此，印陆军正着手成立一支特种部队担负这一任务。对组建该部队的主要设想是：(一)特种部队由1个伞兵营、2个伞兵突击营和1个步兵营组成，将拥有独立的联队中心和招募训练中心，并有独特的标志。(二)4个特种部队营将分别配属给东部、西部、北部和南部军区，其行政管理和后勤保障由军区负责，武器装备由陆军司令部提供。(三)陆军司令部设立特种部队处，在陆军第一副参谋长的领导下负责为特种部队拟定作战计划，下达作战任务。(四)仿效英国特种空勤联队的做法，成立专门的选拔小组，从陆军各部队中挑选合格人员，尔后进行为期1个月的超强度训练。(五)特种部队的任务主要是对付国内叛乱分子，同时也担负营救人质、反劫机等对付恐怖组织的特殊任务。

海军继续实施15年现代化建设规划 印海军从1990年起实施现代化建设规划，计划至2005年结束，目标是建立一支力量均衡、具有威慑力的远洋海军。其主要内容包括：

(一)拟在东、西部海域建立航母编队。为了取得远洋地区的制海权和制空权，印军计划在印度半岛东、西部海域建立两支各自为战的航母特混舰队。为此，印海军十分重视发展航母。针对其原有的“维克兰特”号航母即将退役，印海军加快了自80年代末开始的新航母研制工作，计划2000年前服役。该航母预计排水量为3.6万吨，可载机30～40架。与此同时，印海军还正着手对从英国购买的“维拉特”号航母进行改装，使其舰载机由14架增至20架。

(二)建立潜艇作战部队。印海军认为，潜艇是保持制海权最为有效的武器，它能在海洋“独立地实施最强有力的威慑”。为此，印海军提出必须建立一支具有多种作战能力的现代化潜艇部队，其主要成份包括：可在远洋地区执行任务的核潜艇部队；在中、近海活动的常规潜艇部队；保卫沿海和专属经济区的小型潜艇部队。据《印度时报》透露，目前印度正同外国联合研制新型核潜艇，以装备未来的海军。另外还将建立一支由苏制K级新式常规潜艇组成的中队和一支由德国1500型潜艇组成的潜艇中队，以替代目前性能过时的F级潜艇。

(三)建立现代化海岸基地。由于海军的迅速发展，远洋舰种不断增加，原有的孟买和维沙卡帕特南两个主要基地已远远不能满足需要。为此，印海军在对上述两大基地进行扩建的同时，于1986年拨款16亿美元在西海岸卡纳塔克邦的卡尔瓦尔建造现代化大型海军基地。至1996年底，该基地已基本峻工，预计到本世纪末投入使用。该基地占地1万英亩，可同时停泊100艘远洋舰只，容纳1万名海军官兵和技术人员。

努力更新现代化武器装备 1995年7月至1996年12月，印军继续采取“引进、改造和自行研制相结合”的方针，努力加快武器装备现代化进程。

在武器引进方面，印军经过与俄罗斯多次高层磋商，于1996年11月正式同俄签定了印从俄购买价值28亿美元的武器装备的协定。根据该协定，印将从俄引进40架苏-30MK远程多功能战斗机，并获得该型战斗机的技术转让。此外，印俄还就俄向印出售直升机航母、护卫舰、潜艇、防空导弹和火箭炮等武器装备问题进行了多次洽谈。除俄罗斯外，印还计划从乌兹别克斯坦购买伊尔-76型运输机；从以色列引进雷达干扰吊舱；从美国购买夜视设备和现代化作战模拟器；从英国购买新型“海王”直升机。

在武器改装方面，印军鉴于其武器装备比较陈旧，已不能适应现代化作战的需要，因而在逐步淘汰一些比较老式武器的同时，对部分武器装备进行改装。其中，印空军专门制定了战斗机改进方案，拟投资120亿卢比对现装备部队的战斗机进行现代化改装。1996年3月1日，印同俄罗斯飞机制造公司签订了价值4.842亿美元的合同，旨在对印空军的125架米格-21BIS型战斗机的武器、电子和导航系统进行现代化改装，使其使用期延长至2020年，整体作战性能达到第4代战斗机水平。首批改进型飞机计划于1998年8月交付印空军使用。同时，印空军还积极谋求为米格-27和“幻影”2000战斗机安装新式全球定位系统。印海军对苏制F级潜艇“维拉”号的声纳系统和德制209级1500型常规动力潜艇“锡舒马尔”号的动力系统进行了改进，并准备进一步对苏制“卡辛-2”级导弹驱逐舰、仿英式“尼尔吉里”级护卫舰和国产“戈达瓦里”级护卫舰导弹系统、雷达系统和声纳系统进行改装。

在武器研制方面，自1995年起，印开始实施“国防研究与发展10年自信计划”。该计划将分3步走：第1步，尽快扭转主要武器装备配件依赖外国的局面。第2步，开发新技术，使现役武器装备的关键部件现代化，提高武器装备的作战性能，并延长其寿命。第3步，提高科研水平，生产高技术武器装备，包括导弹零件、预警系统、雷达、激光设备等。该计划要实现的目标是：到2005年，印度武器装备的自产率由目前的30%提高到70%。根据该计划，印军将加快国产新型武器系统的研制与应用作为其现代化建设的重点工作，努力提高武器装备的国产化程度。综合外电报道，印军研制的“大地”短程导弹、“三叉戟”地空导弹、“天空”地空导弹、“蛇”式反坦克导弹和“火”式中程导弹目前均已完成用户试验，并投入生产。印陆军研制的“皮卡纳”多管火箭发射系统、战场监视系统和“阿琼”式主战坦克开始交付部队使用。印空军自行研制的轻型战斗机已经测试完毕，计划于2002年正式投产。印海军自行研制的“尼里克夏”号潜艇支援舰和“维德尤特”号导弹艇已编入现役。另据《印度时报》1996年11月3日报道，印度国防研究与发展组织宣布，印度正在加速研制空中预警与控制系统。该系统可同时跟踪300个目标，有效搜索范围达350千米，有效视野为360度，可提前10至20分钟作出预警，并能在“阿佛罗”型飞机和其他任何平台上工作。它将耗资10亿卢比，计划于1997年底完成研制工作。目前已完成了旋转罩、固定天线、导航系统、供电系统等几个关键子系统的研制，信号接收和处理装置将很快研制出来。

（刘温国）

蒙古国防建设计划与措施 《外国军事学术》1997年第1期刘素洁报道，蒙古国防部为使国防工作适应其社会发展的新情况，根据政府的施政纲领，从军队建设的实际出发，于1992年制定和颁布了《国防部1992～1996年奉行的政策和工作基本方针》。该《方针》实际上是蒙古国防建设的5年计划，明确规定了5年中应完成的4项基本任务，即完善国防政策理论，健全军事法规；进一步调整武装力量的结构；加强军事训练，提高战备水平；加强军人社会保障。

加强军事立法 蒙古国防部为了落实国防计划，先后制定并颁布了《国防法》、《边境法》、《民防法》、《蒙古国国家安全保障法》，1993年10月修订增补了《蒙古国公民兵役及军人权利地方法》，1994年底颁布了与此法相应的其他法规，如《军人抚恤优待法》、《军官准尉军衔条例》、《现役军官服役条例》和《现役准尉服役条例》。1994年6月国家大呼拉尔讨论通过了《蒙古国军事学说》、《蒙古国国家安全构想》和《蒙古国对外政策构想》。1994年12月2日通过了《蒙古国警察组织法》。上述法律文件的批准与颁布，为国防工作奠定了法律基础，基本上理顺了国家、政府和地方同国防部的关系，理顺了国防部同其下属部门之间的工作关系，以立法的形式明确规定了国防部武装力量及各军种的基本职能和权限划分，从而为建立新的国防体制打下了基础。

调整武装力量结构 为了使国防体制更加统一，国防法对军队的指挥体系作了重大调整。该法规定：议会、总统、政府和国防部长对军队实施总体领导，并代表公民对军队实施监督；总参谋长和其他部队首长司令部分别对武装力量和其他部队实施军事专业指挥；武装力量总参谋部是军事指挥的中枢机关，总参谋长在总统和国防部长的领导下进行工作。这些规定旨在实现军队的国家化。

1993年以前，蒙古武装力量由人民军（国防部系统）和边防军（国家安全系统）两部分组成。1993年10月，蒙古颁布国防法，对武装力量构成作了新的规定，将蒙军划分为武装力量和其他部队两部分。武装力量由常规部队、国土防空军、建筑部队、民防部队和动员预备役人员组成。其他部队包括边防和内卫军，战时纳入武装力量建制。

蒙古国防部这几年对武装力量的编制结构逐步进行了调整。精简了总部机关，国防部副部长由3名调整为1名；将原人民军政治教育部改编为训练与文化教育局；总参谋部国土防空处扩编为拥有作战指挥权的国土防空军司令部，其下辖空军、防空导弹部队和雷达部队；国防部民防司令部改为国家民防局；取消了军事法庭和军事检察院，国防部设立军事立案办公室，所有案件的审理均交地方法院审理；将4个摩步师改为1个满编师，2个动员师，1个仓库基地；雷达、防空边防团实行职业化，其余部队实行职业兵和义务兵相结合的混合体制；将士兵服役期由过去的3年缩短为1年。

近年来，蒙古对其军队进行了多次裁减。据蒙古前国防部长扎丹巴说，蒙古国现有兵力比1990年减少了三分之二，基本上达到了与其经济实力相适应的要求。

加强军事训练 1.加强军事院校建设。本着军队干部培养以国内为主、国外为辅的原则，这几年在军事干部的培养方面主要注重加强院校的建设。首先从扩大军事大学的编制入手，增设防空、国土防空、工程、军械等4个专业，并开设了研究生班，着力培养高级军事干部。随后又成立了隶属于军事大学的军官学校和准尉学校，主要培养和轮训各级军官与准尉。4年来，该大学每年向部队输送各级军官和准尉约200名。为了保证教学质量，提高训练水平，军事大学还扩充了师资队伍，改革教学大纲与教学方式，完善训练体系与设施。

2. 实施新的训练纲要。针对士兵服役期缩短为1年的新情况，国防部修改了部队军事训练纲要，改革了训练方法，并要求各部队大力加强军事训练。每年国防部都定期举行国防部长、首长司令部、部队长三级考核。经过4年的实践，各部队的训练成绩逐年提高，基本上达到了使士兵在1年服役期内掌握基本军事技能的要求。在抓士兵军事训练的同时，还按计划对士兵进行文化与爱国主义教育。

3. 强化军官与准尉的在职训练。1995年，在全军范围内重点组织进行了对军官与准尉知识水平和技能的考评。对考评不合格的军官与准尉予以淘汰，凡考评成绩优异者均予以重用。考评提高了军官与准尉的军事素质，促进了部队的建设。

4. 注重各级干部的责任心和组织纪律性教育。国防部在加强全军军事技能训练的同时，加强了对各级干部的纪律、责任心教育，并将军官的工作责任心和纪律性列为考评的重要内容。这几年，由于加强了行政管理，加大了教育管理和检查的力度，全军各部队军官的工作责任心和纪律性均有明显增强，责任事故和违纪现象逐年下降，武器装备的保养和完好率不断提高，有效地保证和促进了部队的战备训练工作。

加强军人的社会保障 1. 提高军人的福利待遇，改善生活条件。根据《国家公务员法》规定，将军官与准尉纳入了国家公务员范畴，并使军官与准尉的待遇略高于一般国家公务员。同时，为了改善军人的生活，先后颁布了《军人抚恤补助法》、《为武装力量退休将军、军官与准尉发放一次性补助条例》，并提高了军官与准尉的军龄军衔补助。这些法规和措施的实施为提高军官与准尉的福利待遇创造了条件。4年来，蒙国防部多方筹集了大量资金为军官与准尉修建住宅约720套，并以优惠政策鼓励军官与准尉私人建房，使军官与准尉的住房条件得到了较大改善。另外，为改善部队官兵的生活，多次调整了伙食标准。

2. 大力开展副业生产。本着宜农则农，宜牧则牧的原则，大力开展生产服务性经营活动，以弥补军费的不足。目前，大部分部队实现了奶制品、蔬菜、土豆的自给，同时为军队积累了资金。

3. 保障物资供应。1994年政府明确指出，各级地方政府及有关机构企业必须按政府下达的订货指令，按期向部队供应所需新产品和各类军需物资。国防部还组建了“泽布”公司，负责组织进口军需物资货源，统一计划调拨。与此同时，组建若干小型工厂进行武器装备的自检和维修，生产简单的零部件。在政府有关部门的统一协调和安排下，全军各部队主要军需品的采购供应基本上得到了保证。

4. 加强财经管理。大力提倡勤俭节约、反对浪费，杜绝不合理开支，认真查处经费的贪污挪用问题。国防部定期组织财务检查，发现问题及时对责任人进行严肃处理并在军报上点名批评。

通过上述措施的制定与实施，军队中的工作生活条件得到了初步的改善，这对军官与准尉安心服役起到了良好的促进作用。目前，军官与准尉的离队热潮开始得到扼制，有些离队的军官与准尉又主动申请要求重返部队工作。

（德　娣）

哈萨克斯坦建军计划与措施 1992年4月16日，哈宣布根据同独联体联合武装力量总司令达成的协议，将其境内原苏第34集团军改组为第40集团军，5月8日又正式宣布接管境内原苏空军、防空军、内卫、边防（除战略部队外）及其所有的财产、设施，并在此基础上组建正规军。哈强调按“防御够用”的原则建军，并把打赢以边界纠纷为主的武装冲突作为军队的主要任务。经过4年多的改编工作，较为完善的国防体系已经建立，哈武装力量初具规模。据哈方宣布，哈还计划建立一支数量不多、装备精良、有高度机动作战能力的快速反应部队。

调整兵力部署，实现均衡分布 随着作战对象、战略方针等方面的变化，哈对兵力部署也作了相应的调整，把东南重、西北轻的兵力部署改为沿国家周围地区均衡部署兵力。与前苏联时期相比，主要变化是：战略方向由原来的单纯对着伊朗、巴基斯坦和阿富汗等国转为以本国为中心的全方位防御，其中也针对包括俄罗斯在内的同盟国。

努力实现军队的民族化 随着建军进程的发展和主体民族独立意识的增强，哈也十分重视逐步实现本国军队的民族化，并将此作为加强共和国国防建设，谋求政治上真正独立的重要措施。为此，哈采取了如下办法：一是逐步实现兵源民族化。通过召回在别国服役的本国籍军人、征召本民族青年入伍、遣返外籍官兵等措施，使军队中本民族军人的比例有所上升。1992年5月7日，哈宣布只征召哈籍青年入伍，哈籍青年也只允许在本国境内服役。二是加强本民族军官队伍建设。哈在大量提拔和使用本民族军官的同时，还从部队中挑选大批本民族优秀士兵担任基层军官。为了加快培养本民族军官，哈改组和新建了一些军事院校，在军队各师、团(队)开办了民族军官培训班。三是加强对部队进行民族主义教育。为树立和增强军人的民族意识,在对军队进行思想教育时,强调军人在共和国应尽的义务、作用和地位,注重培养军队的爱国主义精神。目前,哈的国情、军事政治形势、安全防务政策、民族政策等已成为哈军政治思想教育的主要内容。

进一步充实空军实力,组建新军种 前苏联空军遗留下大量的军事资产,对哈空军的发展非常有利。哈已拥有现代化的空军。有装备精良的战斗机和训练有素的飞行员。哈空军现由歼击轰炸航空兵、歼击航空兵、侦察航空兵、运输航空兵和陆军航空兵等5个兵种组成,编为8个独立航空兵团,共有1.5万人,飞机370架(含直升机)。1995年底哈空军收到俄提供的8架米格-29歼击机,到1997年7月前俄罗斯将再向哈提供军用飞机73架,其中包括米格-29型21架、苏-25型14架、苏-27型30架、苏-27UB型8架。另外,哈空军还装备了1架伊尔-76空中预警机和2架伊尔-22空中指挥机,为防空军换装了9种"拳"式雷达,初步具备了一定的空中预警指挥能力。

1993年底哈政府批准海军发展构想,并建立了武装力量总参谋部海军处、海军基地局和独立舰艇大队参谋部,划出建设海军基础用地。目前哈打算在里海建立一支海岸警备部队,以用来打击毒品和武器走私,维护哈在里海的经济利益。军港设在阿克套和鲍季诺。随着里海油气资源争夺的加剧,哈将加快海军建设步伐。

加强军事战备训练,提高防御作战能力 哈的战备训练已基本走上正轨。训练内容主要包括:战术训练、射击训练、专业技术训练、队列训练、工程训练、行军训练、体能训练、政治教育等。其特点是:第一,针对民族矛盾突出,周边环境复杂,哈首先突出全方位防御作战训练,并曾多次举行以俄罗斯、中国、吉尔吉斯、伊朗、巴基斯坦和阿富汗等周边国家为假想敌的演习;第二,强调高技术条件下的诸军兵种协同作战能力的训练,尤其注重电子战、机动作战、陆空联合作战、边境防御作战、空中预警和指挥通信等方面的协同作战能力;第三,注重提高司令部机关的组织指挥能力,军队经常举行不同级别的演习和演练,其内容是快速展开、前线指挥部开设、组织协同动作和指挥通信等,旨在提高各级首长司令部机关的作战指挥能力。

加强军事合作,实现区域联合防御 在苏联武装力量解体之后,中亚5国及俄罗斯之间的历史渊源、地缘政治、经济利益和军事立场等仍然存在着千丝万缕的联系,一个时期内它们的武装力量仍需要互相补充、彼此协调。在这种前提下以地区性军事联盟为基础,加强各国间相互协调的防御战略是大势所趋。1993年4月哈萨克斯坦总统纳扎尔巴耶夫在中亚5国首脑会议上倡议"建立地区性统一的防御联盟"。4月22～23日中亚5国领导人在吉尔吉斯首都比什凯克召开会议,就中亚地区一系列军事防务问题进行了讨论,签订了《集体安全条约》,组织了地区性统一的防御部队联盟。

与此同时,哈与俄罗斯签署了内容更广泛的防御联盟协议。哈独立后把与俄罗斯军队的合作确定为哈武装力量的一项战略任务。哈俄迄今已签署有37项军事技术合作协定,实际上已建立起军事同盟关系。俄向哈提供军事装备,帮助哈培训军官,与哈共同守卫哈中边界,帮助哈维护和使用空间侦察工具。在空防系统,俄哈共同担负战斗值勤。俄前国防部长格拉乔夫1996年1月26日访问哈时宣布,俄将帮助哈建立里海海军基地,并向哈提供5艘海岸警备快艇。俄罗斯战略导弹部队目前仍在哈驻扎,拜科努尔航天发射场及一些军事试验场也租借给俄罗斯使用。因为哈俄在联合防御领域有着共同利益,纳扎尔巴耶夫总统多次表示,俄是哈的头号战略伙伴,哈俄关系好于哈同任何一个国家的关系。

在同西方国家的军事交往上,尤其重视发展与美、英、法、德、意等西方国家的关系,希望得到西方国家的资金和技术援助。哈与美已达成帮助哈组建军队、提供军事援助和培训军官的协议。

主要资料来源:

①1995年俄罗斯《独立报》专刊《独立军事评论》;

②1994～1996年《外国军事学术》。

(薛利涛)

沙特阿拉伯建军计划与措施 沙特政府认为,他们建设军队的宗旨是防御,而不是进攻。要保障国家安全,必须拥有具有机动性并能给敌人以沉重打击、能够在紧急状态下成为各种力量的核心的部队,这种部队数量不需要很多,但要求机动性强、装备良好、训练有素。近几年,沙特的国防预算连年居高不下,1996年超过了130亿美元,占其国民生产总值的10%左右。如此高昂的投入,只为尽快建成一支强大的王国军队、一个牢固的防御系统。

更新装备,提高陆军机动作战能力 沙特武装力量的基础是陆军。陆军建设的主要目标是提高部队机动能力、加强火力和完善指挥系统,使陆军发展成为一支训练有素、装备精良、并能应付常规战争的部队。陆军所使用的枪支、火炮、导弹装置、作战技术装备主要是美国和英国生产的。从1995年起大部分坦克陆续换成了美国M-1A2型,还有200辆英国生产的装甲车、

460门火炮。计划到2000年在现有部队基础上再组建5个精锐师。

强化训练，增强空军的空防能力 沙特空军十分重视装备现代化的作战飞机和防空雷达，建设高水平的训练设施，以增强其防空能力。同时，努力提高飞行员和各级指挥员的技能和实战水平，坚持定期或不定期选送指挥人员到美国和英国去学习。美国从1995年底开始向沙特空军交付72架F-15战斗机，按计划每个月交付1架。英国提供的第2批"旋风"式攻击机和20架先进的教练机将分别在1996～1998年和1996～1997年交货。沙特还拥有机载预警控制系统。空军军官是在以费萨尔国王的名字命名的军事院校和一些军事学校培训的。主要的空军基地部署在塔布克、宰赫兰、塔伊夫和哈米斯姆谢特。

改良舰艇性能，加强海军的协防能力 未来几年里，沙特将把海军建设的重点放在提高舰艇性能，主要是装备火炮和导弹系统以及加强舰艇的后勤补给能力上面，以增强海岸防卫能力。海军舰队主要部署在红海海岸的拉贝格和波斯湾沿岸的米什阿卜。

扩大规模，发挥国民卫队的独特作用 国民卫队在沙特阿拉伯武装力量中占有特殊的地位。其主要任务是保卫国王和保护油田，现有人数5.5万人，计划到2000年扩大到10万人。装备有枪支、火炮、装甲车辆和防空导弹等。人员培训在两个军官学校进行。国民卫队主要部署在首都利雅得和塔伊夫周围、横跨沙特阿拉伯的石油管道沿线以及东部省的油田和石油加工企业附近。

主要资料来源：

①1996年12月俄罗斯《红星报》；

②1996年日本《世界周报》；

③1997年1月英国《简氏防务周刊》。

（李先喜）

土耳其建军方针与措施 **坚持世俗主义建军原则** 坚持非宗教的世俗主义，是土耳其军队建设的重要原则。土耳其军队在国家政治中具有独特地位，在土国家政治生活中起着重要的支配作用。在过去36年中，土耳其军方曾3次干预国家政治，推翻了它认为离开宪法的国家政府。1997年1月，土军方警告以伊斯兰教政党组成的政府，土耳其国家决不能离开世俗社会，土耳其武装部队决不能允许削弱这个国家非宗教性质的企图。1997年3月，土军方迫使政府签署了限制宗教活动的法令。

确保对周边国家的武力威慑 土耳其认为，与土毗邻的亚美尼亚、阿塞拜疆、格鲁吉亚、伊拉克、叙利亚、伊朗、希腊和保加利亚等国都不稳定，其中一些国家还对土安全构成威胁，特别是希腊一向与土为敌。1997年1月，塞浦路斯希族政权与俄罗斯签署了在塞部署S-300导弹的合同，使土耳其的国家安全面临着现实的威胁。土耳其表示，如塞、俄这一协议付诸实施，土将坚决采取军事行动摧毁这些导弹。目前，土耳其在塞浦路斯北部驻有部队3.5万人，主战坦克265辆。土耳其认为，为了适应新的安全形势，土必须建立一支与应付可能产生的威胁相适应的、快速机动的、具有先进侦察能力的强大军队，确保对周边国家的武力威慑。

重视山地作战训练 土耳其根据本国的地理条件和周边国家地理状况，特别重视山地作战训练。土军认为，组织实施山地作战应遵循一般的战术原则，但也要考虑到山地地形起伏、森林屏蔽性强等因素。遂行山地作战，组织通信和指挥都有其特点，尤其是常常在相互隔绝的孤立方向作战。因此，土军重视小分队的独立行动，要求分队指挥员主动大胆地定下决心并付诸实施。

加强与外军的合作 土耳其多年来与一些西方国家进行着多方面的军事合作，设有北约空军可以使用的基地，还部署了相当数量的美军B-61型核弹头。1996年2月，土耳其与以色列签署了《军事训练与合作协议》，这项协议包括双方在训练方面的合作和武装部队所有兵种的技术交流，其中最重要的是在空军训练方面的合作。据此，以军飞机可以从土空军基地起飞，土耳其的54架F-4轰炸机可以在以色列进行改装以提高其作战性能。目前，土耳其正在与德国合作建造2艘护卫舰，其中1艘将于1997年年底前在汉堡安装完毕，另1艘将在土耳其组装。据沙特《中东日报》1996年11月报道，在最近30年中，德国已向土耳其提供80亿马克军事援助。

大力更新武器装备 据土《每日新闻》1996年4月报道，土军总参谋部透露，土武装部队在今后25年需要1500亿美元更新部队的武器装备，其中陆军600亿美元，购买750架直升机、180部火箭和导弹系统、150枚反坦克导弹、12架遥控航空器、3627辆装甲车辆以及48564辆轮式车辆等。海军250亿美元，购买14艘护卫舰、16艘巡逻艇、15艘导弹攻击舰、9艘潜水艇、35辆登陆车辆、9架海上巡逻飞机，以及38架直升机等。空军650亿美元，购买719架战斗机、160架教练机、68架运输机、25架直升机和442部防空武器系统。

（诸葛永松）

以色列建军方针与措施 **确保对周边国家军队的"质量优势"** 以色列认为，以色列虽然与阿拉伯国家的和平谈判已取得一定进展,但从长远看,以色列的国家安全环境并未得到根本改善。尤其是以色列与叙利亚的关系仍处于战争状态,并随时有可能发生新的战争。为此,以色列必须毫不懈怠地加强军队建设。从以色列与周边国家的综合国力、特别是人力资源比较着眼,以军应当立足于“质量建军”,建立一支文化素质高、快速反应能力强、武器装备先进的精而强的军队,以确保对周边敌对国家的“质量优势”。

提高军人的国防意识 长期以来,由于以色列与阿拉伯国家多次发生战争,以军士兵对战争的承受心理较强。但近年来,随着中东和平的进展,以军的厌战情绪增长,公众对军队的尊重降低,军人的社会地位也在下降。以色列国防军副总参谋长维尔纳称,在同阿拉伯国家近半个世纪的战斗中,以军曾取得过一个又一个的胜利,如今当和平即将来临时,以军似难以接受新的挑战。为此,以军将成立一个由军队高级军官、教育工作者组成的公共委员会,采取必要措施,解决士气低落问题。以国防部长莫迪凯指出,以色列周围依然面临威胁,“以不希望动用军队,但不能对一切视而不见,一心梦想周围的威胁自动消失”。他表示,“以将积极采取措施,努力提高军队的吸引力,增强人们在国防军服役的意识”。

加强军事训练,提高战术技术水平 以军十分重视军事训练,强调要在各种气候和地理条件下,熟练掌握各种战术技术,熟练运用手中武器装备。以国防部长莫迪凯指出,在现在无战事的条件下,以军仍需采取必要措施,加强军事训练,以提高军队的作战能力,应付可能发生的战争。以军在训练中,特别注重主动进攻、速战速决和各军兵种的协同作战训练。

保证高科技武器的研制 据英国《简氏防务周刊》1996 年 7 月 17 日报道,以色列政府从国家财政状况出发,决定 1997 年度以军费将削减 2.6 亿美元。以军费虽然降低,但先进武器装备的采购、研究与发展高精尖武器项目将不受军费削减的影响。当前,以正积极发展军事工业,研制包括核武器在内的高技术武器。在自行研制高技术武器的同时,以还大力从美国等购买先进武器装备。

加强与外军合作 以色列与美国进行着长期的军事合作。美国每年向以色列提供 30 亿美元援助,其中一半以上用于军事。当前,美、以正在加紧实施“鹦鹉螺”计划,以对付“喀秋莎”火箭炮。“鹦鹉螺”计划是研制一种防止“喀秋莎”火箭炮袭击的激光防御系统,当遭到敌方火箭袭击时,它能够发出一束很强的光把在飞行中的火箭烧毁。这项计划 1997 年的预算为 7200 万美元,其中 2/3 由美方支付。美国与以色列共同研制战区反导弹防御系统“箭”式导弹工程仍在继续进行,这项费用高达 16 亿美元,其中相当一部分由美方支付。“箭”式导弹预定于 1998 年开始部署。1996 年 4 月,美以一致协议,美将进一步采取措施加强以色列的情报搜集能力,美将向以提供卫星情报。美国保证它将采取必要措施确保以色列在军事能力方面的“质量优势”,以保护它免受阿拉伯人的威胁。1996 年 5 月,美向以提供了价值 5000 万美元的反恐怖活动装备。1996 年 2 月,以色列与土耳其签署了《军事训练与合作协议》。该协议包括以色列空军将使用土耳其国内的空军基地从事飞行训练,两国军队在训练方面进行合作,并进行军事技术交流。根据这项协议,以色列空军的 F-16 战斗机可以从土耳其的阿肯哲等基地起飞,从事训练。以土之间已进行过空中加油训练和联合军事演习。军事专家指出,以色列与土耳其之间这项协议具有重要的战略意义,它为以色列空军解决了从事低空训练的场所,从而为以向邻国实施军事打击作准备,即使不进行军事打击,但只要保留这一选择权,就能在中东地区保持军事优势。这无疑对阿拉伯国家构成巨大威胁。

(诸葛永松)

乌克兰建军计划与措施 《外国军事学术》1996 年第 8 期周莫菲报道,乌克兰独立后,于 1992 年 1 月组建了自己的军队,其军事力量在独联体内仅次于俄罗斯。根据地缘政治的变化和对未来安全环境的分析,乌克兰提出要进一步压缩军队规模,调整军队结构,建立一支适应未来高技术战争需要的“防御型”军队。其具体设想和措施是:

服从经济建设需要,进一步压缩军队规模 乌独立后,由于与前苏联各共和国的经济联系中断,新旧体制转轨脱节,国民经济一直处于负增长状态,这种局面短时间内难以彻底扭转。因此,发展经济是乌紧迫而又长期的任务。乌军费开支 1993 年为 2.75 万亿库邦(合 39 亿美元),占国民生产总值(542 亿美元)的 7.2%;1994 年有所下降,为 1.68 万亿库邦(合 31 亿美元);1995 年国家给军队的拨款只有 2.38 万亿库邦。为保证经济的发展,乌提出必须走“裁减员额,质量建军”的道路。乌军初建时总兵力为 72.6 万人(不含黑海舰队),此后不断裁减,仅 1995 年就有近 1 万名军官和 4200 名准尉退役,国防部裁员达 10%。目前,乌军总兵力为 51.7 万人(不含黑海舰队),其中陆军 30 万人,坦克 4080 辆,装甲车 5050 辆,火炮 4040 门;海军 1.6 万人(含海军航空兵和岸防部队),舰艇 40 余艘(不含黑海舰队),计划最终建立一支拥有 250~300 艘军舰的海军;空军14.6万人,作战飞机1120架,攻击直升机330架;准军事部队6万人。乌计划对军队作进一步裁减,到2000年只保留23万人。

逐步拆除核武器,以高质量的常规力量取代核力量　乌独立之初,其领土上驻有前苏联战略火箭军2个师,共有SS-19和SS-24型洲际导弹176枚,洲际弹道导弹弹头1300枚,空基巡航导弹弹头600多枚。独立之初,乌就宣布要成为无核国家,并决定分阶段彻底拆除其境内的核武器。1993年乌批准第一阶段限制和削减进攻性战略武器条约,迈出核裁军的第一步。1994年又与美俄联合签署了拆除乌境内核武器的三方协议,根据该协议,乌将于2001年前运走和销毁乌境内的全部核武器。实际执行情况是:1993年,乌已拆除了20枚SS-19型洲际导弹;1994年,又拆除了全部46枚SS-24型洲际导弹;1995年,乌拆除了大约90%的导弹。1996年6月乌宣布,它已将剩余的全部核弹头运至俄罗斯。根据条约乌已着手拆除导弹发射井。

乌克兰认为,在放弃核武器之后,为了保证应有的国防实力,必须加强常规力量建设,致力于以高质量的常规力量弥补因消除核武器造成的战斗力空白。

适应未来高技术战争的需要,调整军队结构,组建新军种　乌军是在接受其境内前苏军常规部队的基础上组建的,虽然数量较多,军、兵种齐全,但乌认为,其结构与乌新防御战略不符,无法适应高技术战争的要求,因此必须改革其现行的体制编制。改革措施主要有:

1. 建立战区指挥部。乌军经过改编,以原基辅军区、喀尔巴阡军区和敖德萨军区、黑海舰队一部为基础,建立了西部和南部两个作战指挥部。

2. 调整陆、海、空三军结构。陆军:调整后陆军主要编有摩步师、坦克师、自行火炮师、防空火箭师和反坦克师;保障分队包括侦察营、通信营、工程兵营、化学防护营等。

海军:在黑海舰队基础上组建乌海军。根据乌俄协议,乌将继承黑海舰队833艘舰只中的164艘,乌计划在巴拉克拉瓦和多努兹拉夫建立主要海军基地,还将在斯特列茨卡亚港、卡兰京港和卡扎奇亚港设立海军基地。此外,乌将接管黑海舰队在克里米亚的150处设施以及刻赤基地,这些设施包括海军陆战队靶场、机场、修船厂和舰艇生活保障系统。

空军:调整后空军由基辅、利沃夫和敖德萨3个航空集群组成,防空导弹部队、雷达部队各作为一个兵种编入空军。

3. 组建新军种。适应未来战争的要求,根据武装力量建设构想,乌建立了一个新军种——大气层空间防御部队,简称"空防军",原喀尔巴阡军区空军集团军司令弗·安东涅茨中将任空防军司令。还计划组建火箭宇航部队,把五一城建为"火箭兵城"。

4. 组建快速部署部队　乌克兰西邻波兰、斯洛伐克,西南与匈牙利、罗马尼亚及摩尔多瓦接壤,北邻白俄罗斯,东接俄罗斯,有很长的陆上边界线和约1000千米的海岸线。乌认为,在未来复杂多变的环境中,威胁和冲突有可能来自任何一方,在军队数量大幅度裁减的情况下,不可能在所有方向都均衡部署足够的兵力。为解决这一问题,乌借鉴国外经验,组建快速部署部队。其职能是:在发生危机时迅速作出反应;为主力部队展开创造条件;在国内民族冲突地区维护宪法秩序;执行抢险救灾等任务。快速部署部队总兵力为10万人,由国防部直接领导,司令部设在国防部内。快速部署部队的主力是空中机动旅,此外还编有空降旅、山地步兵旅、特种作战旅、海军陆战旅。空中机动旅的主要武器装备有:106辆坦克,72门轻型火炮,60架米-8运输直升机,40架米-24攻击直升机等。

扬长避短,发展武器装备　乌认为,建设高质量的军队必须以拥有高质量的武器装备为基础,在未来一个时期内,乌必须结合自身特点,调整军事技术政策,使武器装备的发展走入正轨,努力提高到一个新的水平。在这方面乌采取的措施主要有:

1. 淘汰、改造现有装备,发展新型装备。乌独立后,获得了前苏军的一大批军事装备。根据1991年巴黎条约的规定,乌必须对这些装备作大幅度的削减。乌也认为,保持如此庞大的武库既无必要,也负担不起。因此,乌计划淘汰一批旧装备,包括4500余辆坦克、5500余辆装甲车、1830门火炮、870余架作战飞机。为提高战斗力,乌计划对仍保留的武器装备进行现代化改造,如利用西方先进的火控技术改造T-72坦克。乌克兰在T-80УД型坦克的基础上开发的T-84型主战坦克,装有新型爆炸式装甲、125毫米滑膛炮和计算机火控系统。此外,乌克兰还瞄准21世纪高技术战场,计划进一步发展机动作战所需的新型主战坦克、军用运输机、雷达,并研制和发展多种型号的战役、战术导弹。

2. 采取自主与合作的方式,改造军工综合体。乌曾是前苏联军工企业比较集中的共和国,有着较强的军工生产潜力,有火箭宇航工业、造船工业、兵器工业、电子工业和无线电通信工业。乌独立后,由于经济联系中断,军火需求下降,其军工综合体受到严重冲击。乌计划依靠自己的力量用10～15年的时间重建本国的军工体系。为此,乌已经制定了有关政策和分阶段拨款的计划。在军工科研生产上,乌还积极寻求国际合作,引进国外资金和先进技术。已列入计划的有:同俄罗斯合作,成立“国际航空发动机集团”,联合研制军用宇航装备、飞机发动机及其零备件;与美国合作,建立联合军工企业,研制指挥控制系统;与斯洛伐克共同设计、生产坦克;与保加利亚合作建立轮式步兵战车维修基地。

3. 积极发展武器出口,为国防建设筹集资金。为维持军工企业的生存和发展,为发展新型武器装备筹集资金,乌把拓展军火贸易做为促进未来国防和军队建设的一项重要内容。乌在武器出口方面,有着较大的潜力。除前苏联各共和国外,有40多个国家空军使用乌克兰的军事装备,国外对乌飞机和飞机发动机的需求量较大。鉴于此,乌克兰计划继续向俄出口“图-160”、“图-95”战略轰炸机,“安-70”运输机,向其他国家出口AH-24、AH-26型飞机发动机,以及米-8、米-24、卡-25型直升机发动机。还计划出口T-80УД型和T-84型主战坦克、超音速海上巡航导弹、舰载电子声纳装备,以及防空导弹等。预计近5年内,年出口额将保持在6000万至1亿美元左右。

(德 嫦)

德国建军计划 1990年10月,被分裂了40多年的德国实现了国家统一。由于欧洲局势的剧变,原两大军事集团对立的格局消失,德在冷战时期所面临的大规模直接入侵的威胁已不复存在,国家的安全环境发生了很大变化。因此,德国于90年代初对其军事战略和建军方针进行了重大调整,将军事战略由过去侧重针对以原苏联为首的华约集团的“前沿防御”调整为准备应付多种危机的“多方位防御”,将战争准备的重点由应付欧洲大战转为应付局部武装冲突。在军队建设上,要求建立一支人员精干、装备精良、训练有素以及机动力强的现代化军队。

压缩军费开支,缩小军队规模 德国统一前,其军费开支不断增加。德国统一后,其军费开支逐年减少。据英国国际战略研究所编的《军事力量对比》统计,1992年,德国国防预算为521亿马克(约合334亿美元),1993年下降为496亿马克(约合318亿美元),1994年下降为472亿马克(约合286亿美元),1995和1996年均为479亿马克(约合319亿美元)。在军队规模上,德国大量削减现役兵力,努力减少军队员额。德国统一后,其兵力达57.6万人。根据两德和美、英、法、苏达成的《关于最终解决德国问题的协定》和《欧洲常规裁军协定》,德国在1994年底将其总兵力裁减为37万人,减少36%,其中陆军25.78万人,编成3个军、8个师;海军2.9万人,空军8.32万人。德国联邦议会1994年10月批准了德军的新编制。新编制分平时和战时两种,平时在编人员为33.99万人,其中陆军23.4万人,空军7.53万人,海军2.85万人,其余为总参谋部人员和医务人员。新的平时编制计划到1996年全部落实,战时编制到1998年年底完成。至2000年进一步将其总兵力裁减至30万人。

重点组建快速反应部队,提高德军的快速反应和机动能力 在对部队编制进行调整的同时,德军正式组建了快速反应部队。它包括陆、海、空三个军种,共7万多人,约占总兵力37万人的19%。其中陆军共有8个作战旅,约30个营,加上有关的指挥、支援部队共5万多人,约占陆军总兵力的20%;空军有34个作战中队,约13500人,占空军总兵力的16%;海军有40%的部队,约11600人。德快速反应部队的主要任务是在爆发战争或发生危机时,作为“最初数小时的防御力量”,迅速机动至危机地区,与盟国的快速反应部队协同作战,保卫德国和盟国的安全;掩护后续部队投入战斗;承担政府政治解决危机的使命,保证人道主义援助行动顺利实施等。快速反应部队的建设是德和平时期军队建设的重点,政府不仅在人力上给予保证,而且在财力和物力上也首先给予满足。德快速反应部队除配备空中机动工具如直升机、大型运输机外,还配备有主战坦克、步兵战车、反坦克直升机和防空导弹等。到海外执行任务时,德快速反应部队还可征用大型民用运输船,协同海军快速反应部队转运部队装备。

利用有限资金,不断更新武器装备 在军费逐年下降的情况下,为了更好地利用有限资金,改善部队的装备,提高部队质量,德国于近期重新调整其1994年至2006年的长期装备采购计划。在保证重点科研项目的同时,努力改进现有装备的作战性能,有重点地引进新型装备,以提高部队的机动能力和电子战能力。

(宫小雄)

提出“97联邦国防军计划” 1996年2月29日,德国《南德意志报》报道,德国国防部长吕厄向联邦议院国防委员会提出“97年联邦国防军计划”。该计划提出,到2001年,德军国防预算要每年节省人事费用14亿马克(约合9亿美元),其办法是把联邦国防军人数由目前的37万人,减至33.8万。在此之后,要通过“合理化”每年节约10亿马克(约合6亿美元)。该计划把现代化放在优先地位,目标是“轻捷”和“投射能力”。为此,德军将购置更多的运输直升机,并购置“空中客车”飞机改作军用运输机。海军将获得2艘供应舰,以用于远距离行动。还将装备15艘轻型护卫舰。陆军计划采用新一代较轻型的坦克。为了使步兵更好地进行战场识别，将建造一种依靠卫星的通讯系统。该计划还规定，将以 300 亿马克购置 140 架“欧洲战斗机”。此外，还将采购正在研制中的由欧洲国家联合制造的新型中程空对空导弹。

（张昌泰）

拟制军队信息化、数字化计划　在世界新军事革命浪潮的推动下，根据欧洲的特点，立足于本国的基础，德军也开始提出数字化建设的发展计划：1. 进行组建数字化部队的试验。德军已决定建设自己的数字化部队。鉴于军费有限，德军决定其数字化部队的建设采取分步走的方式。2000 年以前为实验性阶段，计划 1997～1998 年以目前正在研制的“综合指挥与武器使用系统”对 1 个加强旅进行改造，使其初步具备一定的信息战能力，同时还将建成 1 个标准的数字化营。2. 发展数字化装备。德国防部制定了发展“综合战场信息系统长远规划”。作为发展信息战装备的起步阶段，该计划确定重点发展两个层次的战场管理系统，一个是营以下指挥与控制软、硬件系统，称为“战场指挥系统”；另一个是综合指挥与武器控制系统，称为“指挥与武器使用系统”。上述系统的研制预计在 1998 年完成，1999 年批量装备部队。3. 与美国和北约逐步“接轨”。建设军民两用的“欧洲信息化高速公路”是欧洲各国联合起来抢占 21 世纪高技术发展制高点的具有战略意义的计划，德国将积极参与该计划的实施，计划加大投资力度。为配合北约通信系统网络计划，德国将建立自己的通信系统网络德国子网，并决定先建立“试验性通信演示系统”。为在数字化方面与北约接轨，德国陆军已于 1995 年 6 月 2 日与美陆军正式签署了关于双方在数字化领域进行双边合作的备忘录，与法军也签定了类似的合作备忘录，以实现与美军 21 世纪数字化部队以及英法等国军队信息的交换和联网。

（张春山）

英国建军计划与措施　冷战结束后，欧洲及整个世界的形势都发生了根本性的变化。据此，英国国防部于 90 年代初对英军的任务作出了新的规定，即由原主要防止苏联大规模入侵的“前沿防御”转变为主要应付多种不确定威胁的“机动防御”。与此同时，英决定将三军正规军总员额裁减约 1/3，即由 30 余万人减至 90 年代末的 21.5 万人左右，走质量建军的道路。迄 1997 年初，英军的精简整编计划已基本完成，部队编制、指挥体系也相应发生了较大变化。到本世纪末乃至下世纪初，英军发展的重点和目标是：大力提高三军的武器装备现代化水平，努力增强部队的机动作战和快速反应能力，建立一支量少质精、装备精良、反应快速的现代化军队。

大力提高部队的武器装备现代化水平　英军认为，在军队总员额减少的情况下，要保持或提高部队的作战能力，主要手段是发展高新技术武器，不断提高军队的武器装备现代化水平。为此，英军加大了对武器装备研制、改装和采购的投入，设想自 90 年代中期至下世纪初，一大批新武器装备将陆续投入现役。其中，战略核力量由 4 艘新型“三叉戟”核潜艇取代 60 年代开始服役的 4 艘“北极星”核潜艇。1996 年 5 月 13 日，最后 1 艘“北极星”潜艇在苏格兰沿海浮出海面准备退役，标志着战略核力量现代化计划即将完成。陆军将以 396 辆性能优良的“挑战者”式Ⅱ型主战坦克取代“酋长”式坦克，并加速装备 AS-90 型 155 毫米自行榴弹炮、新式攻击直升机及“轻剑”2000 型防空导弹系统等。海军将建造 1 艘直升机航母，拟于 1997 年 9 月服役；订购一批 23 型护卫舰、“特拉法尔加”级核动力潜艇、“桑当”级扫雷舰、大型两栖舰以及“鹞”式 FRS-2 短距垂直起降战斗机、EH-101 型反潜直升机，淘汰老旧舰机，到本世纪末，使驱逐舰和护卫舰保持 35 艘、扫雷舰 25 艘、核动力潜艇 12 艘、两栖舰 7 艘。空军以装备欧洲 2000 型（EF-2000 型）战斗机为主。英国防大臣迈克尔·波蒂洛 1996 年 9 月 2 日宣布，英将首批订购 232 架该型飞机。同时，拟增购 30 架 C-130J“大力士”运输机和 6 架 E-3D 型预警机等，对现有的“旋风”式 GR-1 型轰炸机和“支奴干”MK-1 型直升机进行现代化改装，并发展先进的机载武器。上述武器装备全面到位后，英三军的总体作战能力将得到较大提高。

努力加强与欧美国家的军事合作　通过联盟维护本国安全是英国对外政策的传统。冷战结束后，英国仍把维系北约集体安全机制作为英国防务的支柱，努力加强同欧美国家的军事合作。首先是积极履行对北约的义务。在美国大幅度减少欧洲驻军和美欧防务关系趋于松散的情况下，为避免欧洲国家退回到国家防务的道路上去，英国重申支持北约维持和扩大现有作用，并且是北约盟国中对北约“三位一体”打击力量（常规、地区核武器、战略核武器）作出贡献的国家之一。其次是重视同欧美国家协调防务立场。其中，1995 年 10 月英、法两国首脑就深化双边核合作发表了“共同声明”，指出：“我们的目标是在各自保持独立核力量的同时，共同加强威慑力量。”“我们不会看到这种情况，即在英国或法国一方的利益受到威胁时，另一方的利益不会受到威胁。”这标志着欧洲两个核大国的军事合作明显加强。三是大力开展军备项目的联合研制。继与德国、意大利、西班牙联合研制欧洲2000型战斗机取得成功后，英国于1996年5月决定与美国一起研制第2代垂直起降的喷气式战斗机——“综合战斗轰炸机”，计划于2005年投产。与此同时，英法两国决定将英航空航天公司和法马特拉公司的导弹生产部门合并，建立年营业额达10亿英镑的欧洲最大的军用导弹公司。1996年11月，英国与德国、法国、意大利3国决定共同设立军备署，其研制的第1个项目为新型步兵战车。此外，英还不断同欧美国家举行联合军事演习。其中，1996年四五月间，英美两军在美东部北卡罗来纳州沿海举行的“混合特遣队联合演习96”为战后两国联合举行的最大规模的演习，双方参演兵力5万余人，飞机300余架，舰艇50多艘。演习旨在加强双方在“平、战时的协同作战能力”，提高两军“适应冷战后时期作战与维和等特殊任务的水平”。

十分重视增强部队的作战指挥效能和快速反应能力 英军认为，冷战后英国和欧洲所面临的不确定威胁，地域广，范围大，对英军的素质要求高，特别是部队指挥效能的高低、部队反应能力的快慢，直接关系到英军能否完成所担负的任务。因此，英军十分重视增强部队的作战指挥效能和快速反应能力，并将其作为当前及今后部队建设的重点之一。自90年代初英军实施精简整编以来，其指挥机构也相应进行了改组，其中最大的变化是于1995年4月成立了陆军地面部队司令部。据英国《简氏防务周刊》1995年7月15日报道，这次改组将原属国防参谋部行使的几项职能赋予地面部队司令部，使地面部队司令部掌握了英国陆军在全球的差不多所有的作战部队、作战支援部队和作战勤务支援部队的指挥权，囊括了英陆军72%的兵力及其几乎100%的作战能力。在构成上，它包括7.2万名正规部队，3000名廓尔喀兵，5.6万名地方军预备队以及1.2万名国防部文职人员。这种改革使地面部队总司令得以根据作战上的轻重缓急，“及时地向全世界各地投放英国陆军的装备精良、准备充分和得到适当支援的作战力量”。同时，为快速、有效地应付“国内外出现的突发事件和重大危机”，保护英国及其盟国在海内外的“广泛利益”，在经过几年的筹备之后，英国防部长迈克尔·波蒂洛于1996年8月1日宣布正式成立三军联合快速部署部队。据透露，这支部队是按照国际标准组建的，属非常设建制，由海军陆战队司令部指挥。由于骨干部队24小时待命，一旦出现紧急情况，即可马上部署多达1个加强旅的兵力，即6000至8000人。迈克尔·波蒂洛称：“建立这支部队将使我们能够更迅速地对全球性危机作出反应，这对英军来说是前进了一大步。”

主要资料来源：

1995～1996年英国《简氏防务周刊》、《每日电讯报》和《泰晤士报》等。

（张清文）

制定《英国陆军数字化总纲》 1996年初，英国防部颁发了指导陆军部队逐步实现数字化的《英国陆军数字化总纲》。根据该总纲的要求，英陆军将分3个阶段逐渐实现数字化。在1997～2001年的第1阶段，将首先在作战师的范围内从纵向上，即从师司令部直到各基层分队的装备平台，都配备信息系统；然后在作战旅的范围内，装备更多的嵌入式战场管理系统。在此期间，还要指定1个旅对某些信息系统进行大量装备部队前的检验性使用试验；对嵌入式系统进行演示试验，以确定发展何种作战平台的一体化指挥控制系统。为了解决系统的通用性问题，英国将派代表到美国、德国、法国及瑞典学习取经。第2阶段为2001～2007年。在这一阶段，将全面建成战场信息系统共用基础设施，将有更多的嵌入式系统进入战斗支援部队和战斗勤务支援部队，装备平台将配备一体化指挥控制系统。在第3阶段的2007～2014年，英陆军所有作战部队将全部装备战场管理系统，使陆军全部实现数字化。为此，英军成立了相应的组织机构。1995年10月，英军成立了第1个数字化机构——地面指挥信息系统作战需求办公室。英军即将成立的数字化机构还有两个：一个是数字化军事工作组，其成员为通信系统和指挥控制系统计划项目的负责人，将代表用户对要发展的系统进行审查和评定；另一个是系统综合委员会，下辖陆军指挥信息系统处和地面系统审查中心，主要负责对发展各信息系统提供保障和检验论证勤务。为使数字化总纲落到实处，英军目前正在执行6项数字化计划。第1项是对正在研制的系统进行“全面审查”计划。第2项是战场信息系统共用基础设施建设计划。第3项计划——战场信息系统应用计划的目的是，为上述共用基础设施开发一批应用软件。第4项是装备平台一体化指挥控制系统研制计划。第5项计划——通信系统开发计划，将研制多种数字通信系统。最后一项——技术保障计划，包括3项分计划：一是旨在提高应用技术研究效益的研究发展计划，二是标准化分计划；三是作战分析、模拟、建模和论证分计划，据此将建立模拟实验室，在各信息系统装备部队前对其进行试验论证。

（张春山）

法国建军计划 “冷战”结束后，欧洲安全形势和世界战略格局均发生了重大变化，法国不再直接面临大规模军事侵略的威胁。为了在新的形势下更好地保卫国家利益、维护法国的大国地位，应付“更为广泛的、多种形式的、实际上是全球性的威胁”，1994 年 2 月，法国发表冷战结束后的第 1 个《国防白皮书》，同年 6 月国民议会批准 1995 年至 2000 年的《军事规划法》，对其军事战略、建军计划等作了重大调整，确定了法国今后 20 年的防务政策和建军方针。在军队建设上，其基本指导思想是：压缩军队规模，突出质量建军，加速军队现代化建设；取消义务兵役制，实行军队职业化，为 21 世纪建设一支“在必要时能迅速派往国境线以外捍卫法国安全利益的机动部队”。

精简员额，缩减编制，压缩军费开支　1996 年 2 月 22 日，法国总统希拉克主持召开了国防委员会会议，会议决定计划到 2015 年，法全军兵力由目前的 50 万减至 35 万。其中，陆军兵力由目前的 23.5 万人减至 13.5 万人，海军兵力由 6.3 万人减至 4.5 万人，空军兵力由 8.9 万人减至 4.5 万人，驻国外部队由目前的 3.3 万人减至 2.5 万人。另外，根据法国正在拟定的裁军计划，法国陆军将减至 110 个团，其中战斗团由 124 个减至 83～85 个，海军作战舰只由 101 艘减至 81 艘，空军作战飞机由 400 架减至 300 架，以压缩军费开支。今后，法国国防预算将逐年减少。其中，维持费与现在基本持平，在军费中所占比例将有所提高；装备费则将由目前占军费开支的 47%减至占 32%，其中用于发展核力量的预算继续呈下降趋势，将由原来占装备费的 1/3 减至 1/5 左右。但为不影响军队现代化建设，法将继续保留目前正在进行的重大装备项目。

重点提高战略机动和快速投放能力　实施对外干涉将是法军未来的主要行动样式。法军认为，战略机动是获得未来战争胜利的决定因素，包括立即投送作战实力，快速运送增援部队和后勤补给。其最终目标是，在确保本土安全的前提下，使法军所有部队均可投入远距离干涉行动。

优先加强军事情报建设　法国认为，情报是关系政治和军事当局正确决策的战略工具。在新形势下，军事情报工作的任务更加繁重，它由过去重点搜集主要敌人的军事实力情报转向更多地关注潜在危险地区，全面搜集与法利益有关的政治、军事、经济、科技、军品贸易、武器扩散、军控、恐怖活动和走私贩毒等各方面的情况。为此，法军增加了情报系统上的监视和预警职能。加大了人力、财力、装备和技术上的投入，加强了军事情报局和对外安全总局，以确保法战略情报的有效、及时和准确。

调整国防工业政策　法将放弃多年来坚持自行研制所有武器装备的作法，走独立发展、合作研制与直接引进三结合的道路。为此，法军集中人、财、物力，重点确保在关键领域的技术优势，在一些大型常规武器项目中与欧洲各国广泛开展合作，并从国外直接进口先进的武器装备。

改革作战指挥体制　突出三军参谋长在指挥军事行动中的核心地位，成立直属三军参谋长的诸军种联合参谋部，统一、计划和协调指挥三军联合行动。根据任务需要，将临时从各军种抽调部队组成作战群，设立战区作战司令部，最终形成三军参谋长—三军联合作战中心—战区联合作战指挥部的三级联合作战指挥体制，加强协调，提高效率。今后，陆、海、空军军种参谋长和军种各大司令部不再直接负责作战指挥，而侧重于本军种的行政管理、战备训练和后勤保障。

改革兵役制度，逐步建立职业化军队　法国计划在今后 6 年内逐步取消现行义务兵役制，建立募兵制的职业化军队。法国认为，职业化军队建成后，法国将有 5 万至 6 万部队可以随时有组织地派往国外执行任务，而现在只能派出 1 万人。海湾战争已暴露了法国在这方面的弱点。

发展现代化的常规武器装备　新《国防白皮书》颁布以来，为使法军更好地适应未来高技术战争的需要，法军又推出其武装力量现代化计划。该计划在强调保持核威慑能力的同时，将重点放在发展常规武器装备上。在常规武器中，法国将重点加强装甲和机动作战兵器。为此，法陆军决定更新坦克、反坦克及装甲部队的装备，陆续装备 300 余辆比较先进的“勒克莱尔”坦克、148 辆 VBLM-11 型装甲侦察车辆、50 枚“西北风”地空导弹，建立 160 套短程反坦克导弹系统。海军加紧航空母舰和护卫舰的更新，“世界上最先进”的核动力航空母舰“夏尔·戴高乐”号将于 1998 年装备部队，法还准备建造 6 艘“拉斐特”级护卫舰。空军将更新战斗机，装备先进的“狂风式”战斗机和“幻影 2000”型飞机。

推行“协同威慑”，建立“精干、高效”的核力量　法国正在放弃奉行了 30 多年的戴高乐的“独立自主的核威慑”战略，寻求一种新的、更有利于法国的“协同威慑”战略。这种战略以向友邦提供核保护伞为名，通过与美国和英国协商，将法国、英国和美国的部分核力量联合在一起，在北约内部建立起法国领导的、为北约成员国提供核保护的单一的北约核力量。该战略的实施，将把大量的美国核力量束缚在欧洲为法国服务。为了组建一支联合核力量，法国政府正在努力调整其核力量结构。这些举措包括取消陆基战略导弹，关闭阿尔比翁高原的地地导弹基地；取消“哈德斯”地地战术导弹部队，拆毁导弹；将目前拥有的500件核武器减至400件；同时把核战略的重点放在机动性和隐蔽性较强的海、空核力量上。这将使法国的核力量结构发生巨大的变化，即由现在的陆、海、空“三位一体”调整为海、空“两位一体”。从1997年开始，法国将逐渐以新一代的“胜利”级导弹核潜艇取代现在的“不屈”级潜艇，以改进的“幻影”2000N型轰炸机取代现在的轰炸机，装载刚在南太平洋实验成功的、威力相当于其旧型3倍的M-45导弹核弹头。预计到下世纪初，法国将形成一支结构合理、性能可靠、精干高效、威力更大的核力量。

大量压缩后备部队 法国自1992年以来，根据新的预备役方案，为了节省开支，按照“少而精，训练有素”的原则，大量压缩预备役部队。计划到2000年，由原来的450万人减少为50万人左右。随着军队职业化的实施，法国放弃了战时全民动员的作法。但在过渡时期，为了解决失业问题和培养年轻人，法提出两种设想：一是将目前10个月的义务兵役制改为6个月的义务国民役，仅适用于适龄男青年；二是志愿国民役，适用于男女青年。服国民役青年将不在军队服役，主要从事社会公共服务性质的工作，如公共卫生、城市环保、看护森林、社会福利等方面的工作。从长远看来，一旦法国三军实现了职业化，后备役人员将逐渐从法国的国防体制当中消失。

（宫小雄）

将实行军队职业化 据法国《费加罗报》报道，1996年2月22日，法国总统希拉克宣布了一项军队改革计划。根据这一计划，到2002年，法军将从目前的50万人，减少到35万人，并实现部队的职业化。为此，法军将从1997年起，取消义务兵役制度，实行志愿国民役制度。到2003年，全军员额为35.5万人，其中职业军人32.8万人（军官3.8万人，士官19.9万人，合同军人9.1万人），占法军总人数的92.3%，志愿服役军人2.7万人，仅占法军总人数的7.7%。7月17日，在议会两院国防委员会会议上，法国国防部长米永正式公布了由总统确定的法军改革的具体计划。其中，在1997～1999年期间，法国将裁减38个陆军团，关闭3个空军基地，解散或迁移包括参谋部、培训中心、后勤部门在内的近40所军事机构，裁减28艘军舰，服役近38年的“克莱蒙梭”号航空母舰也将于1997年退役。10月28日，法国《陆军杂志》报道，法军的改革计划还涉及到驻国外军队的调整，在今后的6年内，法国驻国外军队将由目前的5.6万人减为3.9万人。迄今法国在德国、科特迪瓦、塞内加尔、加蓬、乍得和中非共和国等驻有军队。但此前，2月12日，法国国防部长米永表示，法国有必要保留在非洲的军事基地，这些基地可以使法国投放部队，并执行法国与有关国家签订的合作与防务协议。我们有可能改变基地的规模和设施，但是不存在关闭的问题。一些非洲国家的领导人近来请求法国不要削减或关闭在当地的军事基地，他们担心法国今后不愿对其受到威胁的非洲盟国进行干预。有关资料显示，自1992年以来，法国用于海外军事行动的费用高达47亿美元。1992年法国在波黑军事行动的费用仅为7.95亿法郎，而1995年高达26亿法郎。1996年共有16000名法国军人参加了海外军事行动。

（张昌泰）

军 队 编 制

美国军队编制 陆军编制 **调整特种作战部队编制装备** 中国《外国军事学术》1995年第7期山石报道，美军认为，特种作战部队是一支战略部队，具有3个战略作用：在各种危机冲突中，能使决策者拥有多种选择余地；在重大军事冲突中，能为常规作战部队提供有力的支援；在非战争军事行动中，能发挥独特的作用。因此，特种作战部队在冷战后将担负更多的使命和任务。目前，美陆、海、空三军的特种作战部队约4.3万人。在这支队伍中，陆军特种作战部队是主力，拥有约2.9万人，占三军特种作战部队总兵力的67%。近年来，陆军对其特种作战部队的编制结构和武器装备作了调整。

编制结构的调整。陆军特种作战部队归陆军特种作战司令部领导。该司令部下设特种部队司令部、军事与心理战司令部、特种作战综合司令部和肯尼迪特种作战中心（学校），并直辖1个通信营和1个支援营。陆军特种作战部队编有特种部队、别动队、特种作战航空部队及心理战、民事、通信、支援等部队。这些部队分别编入上述司令部,并归其指挥。

特种部队司令部现编有5个现役和2个预备役特种部队大队,每个现役特种部队大队辖3个特种部队营。原有4个预备役特种部队大队(陆军国民警卫队和后备队各2个),1994年陆军特种作战司令部撤销了2个陆军后备队特种部队大队,即驻马里兰州米德堡的第11特种部队大队和驻伊利诺斯州阿林顿高地的第12特种部队大队。此外,还撤销了1个特种部队作战分遣队。

民事与心理战司令部现编有1个现役和2个后备队心理战大队、1个现役民事营、12个后备队民事部队司令部和24个民事营(连)。现役心理战大队辖5个心理战营,现役民事营辖4个民事连。撤销了1个后备队心理战大队,即驻马里兰州安德鲁斯空军基地的第5心理战大队;驻本土的4个心理战连。1995年,陆军特种作战司令部还计划再撤销2个心理战连。

特种作战综合司令部编有现役特种作战航空部队和别动队步兵团。特种作战航空部队辖1个航空团和1个分遣队(驻巴拿马)。别动队步兵团辖1个司令部连和3个别动队步兵营。原隶属特种作战航空部队的陆军国民警卫队第245特种作战航空营,已于1994年撤编。肯尼迪特种作战中心(学校)编有1个特种作战训练大队。

此外,为了支援"一体化",陆军特种作战司令部最近组建了以下4个机构:负责为军的指挥官提供全时特种作战计划与联络能力的特种作战协调小组;负责为旅以上各级指挥官协调部署在其作战地区内的陆军特种作战部队行动的特种作战指挥与控制小组;负责向各级指挥官提供有关支援的民事行动直接支援小组和心理作战支援小组;负责将陆军特种作战部队的需求纳入战区后勤基地补给范围的战区陆军特种作战支援司令部。

陆军特种作战司令部在精简整编中,提出了一条重要的指导原则:要保留高素质的军人,以便更好地发挥其特长和利用其经验。一些撤编的陆军后备队特种作战部队中的精选后备队军官和医务人员,也要尽量保留或转入现役或国民警卫队的特种部队大队。

*武器装备的改进。*陆军特种作战部队面临的另一个重大挑战是,如何保持技术优势。为此,陆军特种作战司令部提出,要努力发展既能提高作战能力,又能在全陆军迅速推广的技术。鉴于经费的限制,它还提出当前主要采用现有的技术而不是发展全新的技术;用现有先进技术改进、研制从飞机、战车到手枪和防弹服的各种武器装备。1994年,陆军特种作战部队采用先进技术提高了飞机的生存能力、部队的任务计划制定能力、士兵与车辆的防护能力,并配备了新的航空电子设备。如用于支援陆军特种作战部队的直升机,已分别由UH-60L"黑鹰"效用直升机和CH-47D"支奴干"中型运输直升机,改进成MH-60K和MH-47E型直升机,使陆军特种作战部队装备了世界上性能最好的直升机。这些直升机配备了先进的雷达,具有空中加油能力,改进了导航系统并提高了生存能力。目前,已有22架MH-60K型直升机交付特种作战部队使用;第160特种作战航空团也于1994年1月接收了第1架MH-47E(此前曾接收过3架试验机)。陆军特种作战部队总共需要51架MH-47E型直升机,订购的26架已于1994年12月全部装备部队。陆军特种作战部队使用的V-22"鱼鹰"倾转旋翼飞机,现正在进行改进(改进型定为MV-X),改进后将具备多用途、垂直起降能力,能运载18名特种作战人员。MV-X预计在2004～2006年期间装备部队。

海湾战争后,陆军特种作战部队装备了两种新式的地面战斗车辆:一种是轻型突击车(原称快速攻击车),另一种是别动队特种作战车。轻型突击车经受过"沙漠盾牌"和"沙漠风暴"行动的检验,今后可能会更广泛地装备整个陆军特种作战部队。别动队特种作战车可用C-130型运输机运送和空投,也可用CH-47型直升机吊运。这种战车可运载7名乘员,并能携载多种特种作战武器和装备。前不久,陆军特种作战部队内部还讨论过研制沙漠机动车的问题,这种车的有效载荷将达1万磅,可能在进入下个世纪时装备部队,但目前尚未拨出经费。

陆军特种作战部队专用的新式M-4A1型卡宾枪已于1994年夏季装备部队。这种卡宾枪可半自动或全自动射击,而制式M-4型卡宾枪只能半自动射击或3发连射。此外,陆军特种作战部队还在研制攻击用手枪武器系统,它包括口径为11.4毫米的手枪、激光瞄准装置和消声与消光器。现计划生产7500支手枪和1950部激光瞄准装置和消声与消光器,预计1997年4月交付使用。

陆军还为特种作战部队研制了防弹背心。这种防弹背心最初是为第75别动团研制的,比传统的防弹茄克轻得多,用于防护大口径步枪子弹。前往索马里执行任务的别动队员试穿了这种背心,1995年10月这种防弹背心又装备了第10山地师(轻型步兵师),今后将装备更多的陆军部队。为保护机组人员免受轻武器伤害,陆军研制了弹道防护毯,这种装备已在索马里经过战斗检验,陆军直升机机组人员和战斗车辆的乘员不久都将受益于这种新装备。为特种部队空降兵研制的组合式头盔已于1993年后期交货,现正在进行鉴定,这种体积小、质量轻的头盔适用于跳伞行动。

此外,陆军特种作战司令部还计划用高频便携式无线电系统,取代目前装备使用的老式PRC-70、PRC-74C和PRC-104型无线电台,估计需要大约2000部。

(德 嫦)

陆军各级兵团和部队的编制 美国陆军是一支兵种复杂、编制多样的力量投送型陆军。按任务可区分为战斗、战斗支援和战斗勤务支援3大类兵种部队;若按是否编有建制的机动工具,又常常区分为重型部队和轻型部队。根据美军的编制序列,陆军的最高领导机构是陆军部和陆军参谋部,前者是养兵机构;后者是用兵机构。在其领导和指挥之下,依次是战区的陆军部队司令部、集团军群、野战集团军、军和师以下部队或分队。近几年,美军根据应急作战的需要,曾对编制进行过多次调整,并且正在研究、试验新编制。根据90年代以来最新版本的陆军野战条令和其他有关材料,美陆军现编有3个野战集团军司令部、4个军和10个作战师。具体编制如下。

战区陆军编成。战区陆军系指美军各大战区内诸军种联合部队中的陆军部队,统一由陆军部队司令部管辖。该司令部隶属战区司令部,其主要职责是控制、管理和训练所辖的陆军部队,并向其提供所需要的支援。各战区内陆军兵力的多寡,通常依任务、敌情、地理与政治环境等因素确定。和平时期,陆军部队司令部所辖的兵力一般很少,有的甚至就是一级无实兵的指挥机构;但是到了战时,陆军兵力将依冲突规模和任务的需要,逐步增加。由此可见,战区陆军部队的编制是不固定的。一个辖有2～3个军的战区陆军部队司令部,除了编有必需的战区陆军物资管理中心和1个统管运输的控制机构外,一般还都编有各种职能司令部,包括人事司令部、卫生司令部、工兵司令部、通信司令部、防空炮兵司令部、心理战司令部和运输司令部;数个地区司令部,如地区后勤司令部等;直属部队,包括军事情报旅、导弹旅、特种弹药旅、防化旅、油料群和特种作战部队。另外,还应包括上级如陆军物资司令部、国防后勤局、军事交通管理司令部等派驻的联络机构。

集团军群编成。集团军群是战时为了便于指挥,在较大的战区内临时由数个野战集团军合编而成的战略军团。另外,美军设想在同盟国一起进行联军作战时,为了同友军保持指挥机构级别上的平等地位,便于联合指挥与协同,也可能组建集团军群一级指挥机构。二次大战之后,美军再也没有使用过集团军群级部队,但是,这一级编制却仍未取消。其编制除要包括类似于上述战区陆军部队司令部所辖的各个职能部门和直属部队外,通常应由2～5个野战集团军、若干个独立军或师,以及根据群属兵力大小所必需的战斗支援部队和战斗勤务支援部队编成。

野战集团军编成。野战集团军是实现战区战略,遂行战役作战任务的基本军团。美军经过近几年的裁减,现在仅有3个现役的野战集团军司令部:第3集团军司令部驻本土;第7集团军司令部驻德国;第8集团军司令部驻韩国。另外在本土,还有第1和第5两个专门负责预备役部队训练的预备役野战集团军司令部(据说第1集团军司令部拟于1997年底前撤编)。平时,野战集团军只是一级指挥机构,不辖实兵;只有到了战时才由上级调拨所需的军或师遂行作战任务。按现有的编制方案,野战集团军应由2个或2个以上的军编成。但是,当美军同盟军一起进行联军作战时,为了同友军保持级别上的一致,方便指挥与协同,有时在只有1个军的情况下亦可设立野战集团军司令部。而且,在联军作战时,该司令部还往往负责指挥其他军种或盟军的武装力量。野战集团军司令部机关和直属队的规模与编制员额的多少,也由于所辖作战部队的不同而有所不同。1个编有2个军以上兵力的野战集团军司令部,除编有所必需的司令部与司令部连等指挥、保障与协调机构外,还编有直属部队:1个通信营、1个航空连、1个宪兵连、1个装甲骑兵团以及野战炮兵、防空部队、工兵部队、特种作战部队、情报支援部队、心理战部队、防化部队等战斗支援部队。

军的编成。军是美军基本的战役军团,但也是最高的战术单位,既可遂行战役任务,亦可完成战术使命。鉴于在今后的中、低强度冲突中,军可能是规模最适当、使用最方便、指挥最灵活的部队,美军近几年一直把军一级作为军队建设的重点。其中,驻本土布莱格堡的第18空降军就是美军的战备值班部队,称作应急军。其他还有3个现役军:第1军驻刘易斯堡、第3军驻胡德堡、第5军驻欧洲。同野战集团军一样,军的编制也不固定,所辖作战部队2～5个师不等。因此,其建制内的指挥机构和支援、保障部队也要随所辖作战部队的多少而有所差别。比如,辖2个作战师的军,可能只编3个野战炮兵旅、2个后勤支援群;而辖5个作战师的军,就至少要编6个野战炮兵旅和5个支援群。此外,军也依所辖作战师师种的不同编配不同的支援、保障部队。比如,由3个轻型师和1个重型师编成的轻型军同由3个重型师和1个轻型师编成的重型军所需的支援、保障部队,肯定有所不同。

按照编制规定，无论属于那种军，无论其所辖作战师数多少，军都编有比较齐全的直属机关、部队；作战部队；军炮兵部队和军后勤支援部队。机关和直属部队通常编有：军部与军部连、后方地域战斗旅、通信旅、军事情报旅、工兵旅、防空旅、装甲骑兵团、战斗航空旅、核生化旅和宪兵旅等；作战部队除编有2～5个师外，有时还编配一定数量的独立作战旅。这种旅编有旅部与旅部连，2个侦察连（各下辖3个骑兵侦察排）；2个坦克营，每营由4个坦克连和1个侦察排编成；2个机械化步兵营，每营编有2个机步连、1个反装甲连和1个侦察排；军炮兵通常编有3～6个野战炮兵旅。军支援司令部通常编有：自动化数据处理中心、2～5个支援群，以及弹药群、运输旅、卫生旅、油料补给营、人事与行政营、物资管理中心、运输控制中心、财务支援中心和民事部队等。

后方地域战斗旅编有旅部和旅部连、1个骑兵连、1个工兵连和3个摩步营。

军属战斗航空旅由旅部与旅部连、1个战斗航空营和3个攻击直升机营编成。其中战斗航空营编有1个侦察连、2个全般支援连和3个战斗航空连；每个攻击直升营编有3个攻击直升机连。军属战斗航空旅编制员额少时为2124人，最多可达3028人，装备各型直升机（包括攻击直升机、侦察直升机等）至少有231架，还有固定翼飞机5架。如果向海外部署，数量还会增加。

军事情报旅由旅部与旅部连、作业营、战斗情报营和空中情报营编成，编制员额1666人。

防空旅由旅部与旅部连、1个对付低空目标的高炮与“毒刺”防空导弹混编营和4个对付中、高空目标的防空导弹营编成。目前正随着装备的更新而进行改编。比如，许多防空旅正在换装“复仇者”式防空导弹系统。

军属战斗工兵营有机械化工兵营和轮式车载工兵营两种，是90年代由军属工兵旅压缩后改编的新编制。机械化工兵营主要用于支援重型部队遂行作战任务，轮式车载工兵营主要用于支援轻型部队，当然也可以用于支援重型部队作战。两种营均可加强到一线作战师。机械化工兵营由营部与营部连和4个战斗工兵连编成；编制员额846人，其中军官38人、士官6人、士兵802人。主要装备有M-557型车2辆、装甲人员输送车52辆、地面布雷系统4套、铲车8台、M-578式车4辆、5吨自卸卡车24辆、推土机14台。轮式车载工兵营也由营部与营部连和4个工兵连编成；编制员额826人，其中军官40人、士官6人、士兵780人。主要装备有自卸卡车60辆、地面布雷系统4套、铲车10台、小型挖掘机12台、推土机14台。

通信旅由旅部与旅部连、1个指挥与作业营、1个无线电与电缆营和4个后方地域营编成。编制员额约4200人。

核生化旅由旅部与旅部连、1个核生化营和1个烟幕施放营编成。编制员额1450～2022人。

装甲骑兵团由团部与团部连、1个“毒刺”式防空导弹连、1个工兵连、1个电子战情报连、1个核生化营、1个配有24门155毫米榴炮的炮兵营、1个战斗航空营、1个支援营和3个骑兵营编成。全团编制员额最少为4993人，最多时可达6000余人。主要装备有骑兵战车108辆、主战坦克129辆、155毫米榴炮24门、高炮12门、各型直升机71架。

军炮兵由司令部与司令部连、1个目标侦察营和3～6个野战炮兵旅编成。如前所述，军炮兵的编制规模通常根据军所辖作战部队的多少而有所不同，军辖3个师时，军炮兵一般编4个野战炮兵旅。每旅编3～4个营，有炮兵营，也有导弹营。整个军炮兵可能装备155毫米榴炮（包括自行的或牵引的）共168门、203毫米榴炮48门，多管火箭炮27门，“长矛”导弹发射架12部。据最新官方材料，军炮兵现装备的203毫米榴炮和“长矛”导弹，由于技术落后又很笨重，将被淘汰，换装新式的“陆军战术导弹系统”。

各类师的编制。师是基本战术兵团。美军现有10个师。依其是否编有建制的机动工具区分为轻型师和重型师两大类共5个师种。其中轻型师有：1个空降师、1个空中突击师和2个轻步兵师；重型师有：4个机械化步兵师、2个装甲师。其具体编制如下。

空降师的机关和直属部队有：师部与师部连277人、军事情报营449人、通信营449人、防空炮兵营437人、工兵营404人、防化连128人、宪兵连99人、师乐队41人，共计2284人。作战部队有：3个空降步兵旅。每旅编2382人，包括旅部与旅部连279人和3个空降步兵营，每营编701人。师炮兵编有：司令部与司令部连144人、3个牵引式105毫米榴炮营、每营443人，共计1473人。师属战斗航空旅编有：旅部与旅部连182人、1个AH-64攻击直升机营249人、1个侦察营287人和2个UH-60突击直升机营，每营编206人，全旅共计1130人。师支援司令部编有：司令部与司令部连兼物资管理中心201人、补给与运输营793人、军械修理营514人、航空修理营219人、卫生营355人，共计2082人。该师在需要时，还可多配1个装甲营。全师编制员额约14115人，主要装备有：“陶”式反坦克导弹发射架 188 具、"龙"式导弹发射架 162 具、牵引式 105 毫米榴炮 54 门、60 毫米迫击炮 54 门、81 毫米迫击炮 36 门、"谢里登"式轻型坦克 54 辆、AH-64 型攻击直升机 18 架、AH-1 型直升机 12 架、OH-58A/C 型侦察直升机 25 架、UH-60 型多用直升机 41 架、OH-58D 型武装侦察直升机 18 架、EH-60 型电子对抗直升机 3 架。

空中突击师的机关和直属部队有：司令部与司令部连 256 人、通信营 483 人、工兵营 430 人、军事情报营 402 人、防空炮兵营 470 人和宪兵连 99 人，共计 2140 人。作战部队有 3 个空中突击步兵旅，每旅 2122 人，其中旅部与旅部连 76 人、3 个空中突击步兵营，每营 682 人。师炮兵由司令部与司令部连(119 人)和 3 个牵引式 105 毫米榴炮营(每营 429 人)编成，共计 1406 人。师属战斗航空旅编有：旅部与旅部连 71 人、1 个侦察营 417 人、1 个指挥营 256 人、1 个 CH-47 型运输直升机营(629 人)、3 个 AH-64 型攻击直升营(每营 292 人)和 3 个 UH-60 型突击直升机营(每营 280 人)。全旅共编 3089 人。师支援司令部编有：司令部与司令部连兼物资管理中心(228 人)、1 个基本支援营(756 人)、3 个前方支援营(每营 199 人)、1 个航空修理营(652 人)、1 个卫生连(93 人)、1 个防化连(128 人)和师乐队(41 人)，共计 2495 人。全师编制员额约 15296 人，主要装备有："陶"式反坦克导弹发射架 180 具、牵引式 105 毫米榴炮 54 门、60 毫米迫击炮 54 门、81 毫米迫击炮 36 门、UH-60 型多用直升机 125 架、AH-64 型攻击直升机 54 架、CH-47 型运输直升机 45 架、UH-1 型直升机 25 架、AH-1 型直升机 16 架、OH-58 型侦察直升机 63 架。

轻步兵师的机关和直属部队有：师部与师部连(223 人)、军事情报营(295 人)、通信营(482 人)、防空炮兵营(322 人)、工兵营(290 人)、宪兵连(77 人)和师乐队(41 人)，共计 1730 人。作战部队由 3 个轻步兵旅编成，每旅编 1793 人，其中旅部与旅部连(116 人)、3 个轻步兵营，每营 559 人。师炮兵由司令部与司令部连(144 人)、3 个 105 毫米榴炮营(每营 443 人)和 1 个 155 毫米榴炮营(137 人)编成，共计 1610 人。师属战斗航空旅编有：旅部与旅部连(184 人)、1 个 AH-1 攻击直升机营(242 人)、1 个 UH-60 突击直升机营(318 人)和 1 个侦察营(329 人)，全旅员额 1073 人。师支援司令部编有：司令部与司令部连兼物资管理中心(144 人)、1 个基本支援营(253 人)、3 个前方支援营(每营 194 人)和 1 个航空修理连(145 人)，共计 1124 人。全师编制员额 10916 人，主要装备有："陶"式反坦克导弹发射架 36 具、"龙"式反坦克导弹发射架 162 具、牵引式 105 毫米榴炮 54 门、60 毫米迫击炮 54 门、81 毫米迫击炮 36 门、牵引式 155 毫米榴炮 8 门、AH-1 型攻击直升机 29 架、OH-58 型侦察直升机 31 架、UH-60 型多用直升机 30 架、EH-1 型电子对抗直升机 3 架。

装甲师与机械化步兵师同属美军重型师。除所辖坦克营与机械化步兵营的数量稍有差别外，(即装甲师辖 6 个坦克营和 4 个机步营，而机械化步兵师辖 5 个坦克营和 5 个机步营)，两种师的编制结构基本相同。装甲师编制员额共计 17132 人，其中军官 1227 人、士官 351 人、士兵 15554 人。机械化步兵师的编制员额共计 17278 人，其中军官 1225 人、士官 350 人、士兵 15703 人。现仅对装甲师的编制作一介绍。装甲师由机关和直属队、作战部队、师炮兵、战斗航空旅和师支援司令部 5 大部分编成。师机关和直属队有；师部与师部连(276 人)、防空炮兵营(625 人)、通信营(681 人)、军事情报营(313 人)、工兵营(1028 人)、防化连(145 人)、宪兵连(148 人)和师乐队(41 人)，共计 3257 人。师的作战部队由 3 个旅编成，共编有 6 个坦克营和 4 个机步营。旅平时只有旅部机构，不辖实兵，战时才根据具体需要由师调拨一定数量的坦克营和机步营以及战斗支援和战斗勤务支援部队，混编成诸兵种合成的特遣旅。师炮兵编有 3 个野战炮兵营、1 个多管火箭炮连和 1 个目标搜索连，共计 2516 人。师属战斗航空旅由 1 个侦察营、2 个攻击直升机营和 2 个航空支援连编成，员额约 1556 人。师支援司令部由 1 个物资管理中心、1 个航空保养连、1 个基本支援营和 3 个前方支援营编成，员额 2917 人。师属部、分队的具体编制如下：

防空炮兵营由营部与营部连和 3 个防空炮兵连编成。其中营部编有人事组、情报组、作训组、军需组、通信分排、防空协调分排、雷达分排和空域管理中心；营部连编有"复仇者"防空导弹分排、汽车修理分排和卫生分排。每个防空炮兵连编有 1 个高炮排、1 个"复仇者"防空导弹排、1 个通信分排、1 个汽车修理分排和 1 个武器系统保养分排。装备"火神"式高炮 24 门、"复仇者"防空导弹系统 36 部。

通信营由营部与营部连、指挥通信连、通信支援连和前方通信连编成。其中，营部与营部连编有指挥组、行动与后勤组、作战与情报组、汽车修理分排、通信设备保养分排以及师通信设备办公室；指挥与通信连编有指挥通信中心、师通信支援中心和战术指挥所；通信支援连编有师支援司令部通信中心、战斗支援排和全般支援排；前方通信连由连部和 1 个前方通信中心编成，使用的通信装备主要有：AN/TTC-41 自动电话中心系统 19 套、SB-3614/TT 电话中转设备 8 套。

军事情报营由营部与作业连、电子战连和勤务支援排编成。其中,营部与作业连编有人事组、情报组、作训组和军需组;电子战连编有 3 个电子战排、1 个信号情报搜集排、1 个侦察排和 1 个战斗情报分排;勤务支援排编有炊事排、通信排、无线电通信排、通信与电子保养排和机械保养排各 1 个。

战斗工兵营由营部与营部连、1 个舟桥连和 4 个工兵连编成。人员总数为 1028 人,其中军官 50 人、士官 8 人、士兵 970 人。工兵连编有 1 个支援排负责装备管理和维修保养、1 个机动与反机动排(编有突击工兵分排和机动与反机动分排)和 3 个工兵排,排辖 3 个班。重型师属工兵与军属工兵的不同之处是它装备有 2 台战斗工程车和 4 辆装甲架桥车。其他主要装备还有:推土机 3 台、小型挖掘机 2 台、5 吨翻斗车 4 辆、地面布雷系统一套、M9 式推土机 6 台、铲车 2 台。

防化连由连部、1 个烟幕排和 4 个洗消排编成。其中,连部编有师属化学分排、核生化分排和保养分排各 1 个;烟幕排下辖 2 个烟幕班;每个洗消排都编有 3 个洗消班。主要装备有防化侦察车和洗消车等。

宪兵连由连部与 3 个全般支援排、3 个直接支援排编成。各排下辖数个宪兵班。

师乐队由队部、1 个铜管乐组、1 个木管乐组和 1 个打击乐组编成。各类师属乐队的编制基本相同。

坦克营由营部与营部连和 4 个坦克连编成。营部编有人事组、情报组、作训组和军需组;营部连编有通信排、侦察排、重迫击炮排、支援排、卫生排和保养排。全营编制员额 552 人,主要装备有 M1 主战坦克 58 辆、M3 骑兵侦察车 6 辆、履带式抢修车 7 辆、40 毫米榴弹发射器 14 具、107 毫米迫击炮 6 门、指挥所运载车 8 辆、装甲人员输送车 11 辆。

机械化步兵营由营部与营部连、4 个机步连和 1 个反装甲连编成。其中,营部编有人事组、情报组、作训组和军需组;营部连编有通信排、侦察排、重迫击炮排、支援排、卫生排和保养排;每个机步连编有 3 个机步排和 1 个反装甲分排;每个反装甲连编有 3 个反装甲排。全营编制员额 826 人,主要装备有 M2 步战车 54 辆、M3 骑兵侦察车 6 辆、履带式抢修车 7 辆、"陶"式反坦克导弹发射车 12 辆、107 毫米迫击炮 6 门、40 毫米榴弹发射器 113 具、履带式指挥所运载车 8 辆、装甲人员输送车 23 辆。

师炮兵由司令部与司令部连、1 个目标搜索连、1 个多管火箭炮连和 3 个 155 毫米自行榴弹炮营编成。其中,司令部与司令部连编有战术作战中心、行政后勤组、联络组、侦察排、通信排、火力支援分队、保养分排;目标搜索连编有侦察排、雷达排、处理分析分排;多管火箭炮连编有射击指挥中心、3 个发射排和 1 个弹药排;每个 155 毫米自行榴炮营编有 3 个野战炮兵连和 1 个勤务连。师炮兵的编制员额为 2516 人,装备履带式装甲人员输送车 306 辆、7 吨履带式弹药输送车 72 辆、155 毫米自行榴炮 72 门、多管火箭炮 9 门。

师属战斗航空旅由旅部与旅部连、1 个航空指挥连、1 个突击直升机连、1 个骑兵营和 2 个攻击直升机营(驻本土师仅 1 个营)编成。其中,旅部与旅部连编有:指挥组、人事组、情报组、作训组、军需组、通信排和航空分排;骑兵营编有 2 个空中侦察连和 2 个地面侦察连;每个攻击直升机营编有 3 个攻击直升机连,每连编 3 个攻击排和 1 个侦察排。全旅编制员额 1556 人,主要装备有:AH-64 型攻击直升机 36 架、AH-18 型攻击直升机 8 架、OH-58A/C 型侦察直升机 44 架、OH-58D 型武装侦察直升机 6 架、UH-60 型多用直升机 24 架、UH-1 型多用直升机 6 架、EH-60 型电子对抗直升机 3 架、M3 骑兵侦察车 40 辆、履带式抢修车 4 辆、装甲人员输送车 2 辆。

师支援司令部由司令部与司令部连、1 个物资管理中心、1 个航空保养连、1 个基本支援营和 3 个前方支援营编成。其中,司令部与司令部连编有:行政组、牧师组、指挥组、后勤组、服务组、系统支援组、卫生组和安全、计划与支援组;物资管理中心编有物资管理办公室、后勤自动化系统支援办公室,一般物资支援科,第 5 类物资支援科,财产、营房及第 7 类物资支援科,通信保密器材管理科和器材科各 1 个;航空保养连编有直升机修理排、直升机辅助系统修理排、航空电子保养排、飞机装备排、支援排和财务排;基本支援营编有汽车运输连、补给与勤务连、重装备保养连和轻装备保养连;3 个前方支援营主要用于配属给 3 个战斗旅,每营都编有补给组、修理连和卫生连。整个支援司令部编制员额为 2917 人,主要装备有:40 毫米榴弹发射器 84 具、UH-60 型多用直升机 2 架、履带式抢修车 5 台、装甲人员输送车 30 辆、1.5 吨油罐拖车 26 辆、5 吨牵引车 222 辆和各型运输车辆约 876 辆。

(刘书礼)

辎重队编成　中国《外国军事学术》1996 年第 3 期苗伟光报道:辎重队,是指为师属旅以下部队提供战斗勤务支援所需的人员、车辆和装备的总称。美军辎重队没有固定的编制,主要依据部队的作战任务和现有的战斗勤务支援力量而定。

师属旅辎重队的编成。美军师属旅是一个战术单

位,除负责为旅部和旅部连提供有限的战斗勤务支援的勤务分队外,没有其他建制的勤务支援分队。在作战中,旅的战斗勤务支援,由师的战斗勤务支援部队(师前方支援营)和军派到旅作战地域的前方支援勤务分队提供,亦编成旅的辎重队。一般情况下,旅辎重队包括下列单位:若干个弹药补给站和燃料补给站,一个前方支援保养连,一个医疗后送站和一个坟墓登记小队。

营特遣队辎重队的编成。营特遣队辎重队,是连接连战斗队辎重队和师或军勤务支援部队的一个中间环节。其编成包括:1个人事组,负责营特遣队的人员勤务和总体行政管理;1个卫生排,负责对伤员进行分类、救治和后送及对营特遣队的卫生设备的保养;1个支援排(包括行政分排、支援分排、保养勤务分排,坦克/机械化步兵抢修支援分排),负责向各连战斗队运送弹药、油料和补给品,负责除通信保密和医疗器材之外营特遣队所属单位所有装备的建制保养,及保存第9类补给品(修理用零件)和陆军保养管理系统的记录,向连战斗队保养组提供焊接、金属加工和后方抢修等支援。

(德 嫦)

海军编制 **第7舰队编制装备** 《外国军事学术》1996年第9期胡凡报道,美国第7舰队部署在东北亚基地网中,控制着宗谷、津轻、对马3个重要海峡,既可以支援朝鲜半岛上的美陆上作战,又可以支援西北太平洋的海上作战。

编制。第7舰队约6万人,司令部设在日本的横须贺港,现任司令为阿切·克莱明斯海军中将。常驻舰只19艘,总排水量约20万吨,1个舰载机联队,1个陆战远征分队,飞机105架,其中作战飞机84架,舰上人员12200人。第7舰队包括水面舰艇部队和潜艇部队两部分,采用行政编组和任务编组两种编成方式。

(一)行政编组。行政编组又称舰种编组,是为便于对同类舰艇进行日常行政管理、兵员补充、技术保障而设的组织系统,不涉及作战指挥问题。行政编组所辖兵力基本固定不变,分为司令部、大队和中队3级。司令部分为水面舰艇司令部和潜艇部队司令部。水面舰艇司令部统管除航母以外的所有水面舰艇(包括两栖舰艇),潜艇部队司令部统管所有潜艇。水面舰艇司令部下辖7～9个大队,其中有1个水面舰只大队,3个巡洋舰、驱逐舰大队,1～2个两栖舰大队,1个特种作战大队,1个供应舰大队。以上各类大队下辖1～4个中队。驱逐舰、护卫舰中队为基本战术单位,由4～6艘舰只编成。潜艇部队司令部下辖3～4个潜艇大队,每个大队下辖1～2个中队。常规潜艇中队一般由4～6艘潜艇编成,核潜艇中队则由7～10艘潜艇编成。

(二)任务编组。任务编组又称特混编组,是为了执行作战、演习、战术训练和某项特定任务而组成的混合舰队。它只负责对所属部队实施战役、战术指挥,不负责其行政事务。

第7舰队平时编有9个特混编队:第70特混舰队(主力部队)、第71特混舰队(指挥与协调部队)、第72特混舰队(巡逻侦察部队)、第73特混舰队(后勤支援部队)、第74特混舰队(潜艇部队)、第75特混舰队(水面作战部队)、第76特混舰队(两栖部队)、第77特混舰队(航母突击部队)、第79特混舰队(登陆部队)。

第7舰队还可根据需要临时组成各种特混舰队:如应急特混舰队、指挥特混舰队、巡逻与侦察特混舰队、海岸支援特混舰队、后勤支援特混舰队、潜艇特混舰队、水面作战特混舰队、两栖特混舰队等等。特混大队是为完成特混舰队规定的局部任务而组成的战术编队组织。特混小队是为完成特混大队所交付的具体任务而组成的基本战术分队,通常由1～2艘同型舰艇组成。特混舰队以下4级任务编组根据需要设立和撤销,同时以小数点连结的阿拉伯数字表示番号及指挥关系,如77为第7舰队的第7航母特混舰队,77.1为其下辖的第1特混大队,77.1.2又为其第1特混大队下辖的第2特混小队。

装备。(一)水面舰艇:1.旗舰。第7舰队的旗舰为"蓝岭"号,是二战后专门研制的两栖作战指挥舰,1965年授权建造,1970年11月开始服役。

"蓝岭"号于1979年10月接任第7舰队旗舰,驻日本横须贺,参加过1991年海湾战争。其排水量为16790吨,舰长194米,宽32.9米,动力为1台蒸汽轮机,2.2万马力,航速23节,续航力13000海里,自给力29天,编制人数821人,可装载700名武装人员,3艘人员登陆艇,2艘车辆人员登陆艇,可载1架多用直升机,有2座MK-25八联装舰空导弹发射架(16枚"海麻雀"导弹)、4门MK-33双管76毫米火炮、2门MK-15六管20毫米"火神"密集阵防空火炮、2部MK-115导弹发射控制系统、4具MK-36六管干扰火箭发射器,以及SLQ-25鱼雷诱饵、SLQ-32(V)3电子战系统、海军战术数据系统、两栖指挥信息系统、海军情报处理系统及多种卫星通信设备。

1996年2月份,"蓝岭"号曾抵达香港访问,停泊在尖沙咀;在台湾"大选"期间,多次在台海地区游弋。

2.航空母舰。第7舰队的主力航母为"独立"号,母港也是横须贺。该航母1958年下水,已经服役了38年,它是美海军中最老的航母,也是"福莱斯特"级中唯一仍在服役的航母，计划 1998 年退役。非核动力，靠四台柴油机共 28 万马力推动，满载排水量 8 万吨，长 326 米，宽 39.6 米，航速 33 节，续航力 8000 海里，编制人数 2900 人。主要装备有 MK-29 八联装“海麻雀”舰空导弹，3 门 MK-15 六管 20 毫米“火神”密集阵防空火炮，SPS 三坐标对空搜索雷达，对海搜索雷达，SPN64 导航雷达，SPN-41 飞机着舰引导雷达，MK-23 目标搜索雷达，舰空导弹火控雷达及航空导弹导航雷达等；火控系统为 2～3 部 MK-91 导弹发射控制系统。

“独立”号航母共有舰载机 84 架，其中 F-14“雄猫”战斗机 20 架，F/A-18“大黄蜂”战斗机 20 架，A-6E“入侵者”攻击机 14 架，KA-6D“入侵者”加油机 6 架，S-3B“海盗”反潜机 10 架，SH-3H“海王”反潜直升机 6 架，EA-6E“徘徊者”电子战飞机 4 机，E-2C“鹰眼”预警机 4 架，编成一个航空联队。

3. 巡洋舰。第 7 舰队常驻西太平洋的导弹巡洋舰共有 2 艘：“邦克山”号和“莫比尔湾”号。它们均为“提康德罗加”级导弹巡洋舰，为美海军最新型导弹巡洋舰，80 年代开始装备部队，其满载排水量为 9400 吨，造价约为 7.4 亿美元，装备有“宙斯盾”武器系统，采用“凯夫拉尔”装甲整体防护结构和隐形技术，装备先进的反舰、反潜武器装备和抗电磁脉冲的电子设备，并具有很强的抗核生化效应能力，是美海上作战编队的主力舰之一，也是世界上综合作战能力最强的导弹巡洋舰。

“提康德罗加”级导弹巡洋舰长 172 米，宽 16.8 米，动力为 4 台燃汽轮机，8.6 万马力，航速 30 节以上，续航力 6000 海里，编制人数 358 人；主要装备有 2 座四联装“鱼叉”导弹发射架(8 枚)，2 座 MK-26 双联装导弹发射架(带“标准”中程舰空导弹 68 枚，“阿斯洛克”反潜火箭 20 枚)或 2 座 MK-41 垂直发射装置(带导弹 122 枚，其中“战斧”导弹 28 枚，以及“标准”导弹、“阿斯洛克”火箭)，2 门 MK-45 型 127 毫米火炮，2 门 MK-15 型 20 毫米六管“火神”密集阵防空火炮，2 个 MK-32 三联装 324 毫米鱼雷发射管(MK-46 鱼雷 36 枚)，SPY-1 三坐标对空搜索相控阵雷达，SQS-53A/B 中频主动控测声纳，SLQ-32 电子战系统，4 或 6 具 MK-36 六管干扰火箭发射器，SLQ-25 鱼雷诱饵，载有 2 架 SH-60B 或 2LKS 或 SH-2F 型直升机。

4. 导弹驱逐舰。第 7 舰队共有 3 艘导弹驱逐舰：“休伊特”号、“法伊夫”号和“奥布赖恩”号、均为“斯普鲁恩斯”级，是目前美海军的主力驱逐舰。

该级舰动力为 4 台燃汽轮机，8.6 万马力，航速 33 节，续航力 6000 海里，编制人数 339 人。主要武器装备有 2 座四联装“鱼叉”导弹发射架(8 枚导弹)，1 座 MK-29 八联装“海麻雀”导弹发射架(导弹 24 枚)，2 座 MK-44“战斧”导弹发射架(导弹 8 枚)或 1 座 MK-41 垂直发射装置，可发射“战斧”导弹和“阿斯洛克”火箭(带弹 61 枚)，2 座 MK-15 型六管“火神”密集阵防空火炮，2 个 MK-32 三联装鱼雷发射管，1 架 SH-60B 或 1 架 SH-2F 直升机。

5. 其他水面舰艇。第 7 舰队常驻舰只还有：“柯茨”、“戴维斯”、“麦克拉斯基”及“撒奇”护卫舰以及通用两栖攻击舰、船坞运输舰、船坞登陆舰、救护舰、战斗补给舰和供应舰等 12 艘。

(二)舰载飞机：第 7 舰队的主要舰载飞机为 F/A-18 战斗机和 F-14“雄猫”战斗机。F/A-18 战斗机动力为 2 台 F414-GE-400 涡轮风扇发动机，19976 公斤推力，最大时速 1.8 马赫以上，实用升限 15240 米，作战半径 1095 千米，武器装备为 11 个挂弹点，可挂多种空空或空地导弹或炸弹。

F-14“雄猫”战斗机也是第 7 舰队的主要作战飞机之一，有 2 台 TF30-P414 涡轮风扇发动机，18978 公斤推力，最大时速 2.4 马赫，作战半径 3220 千米，装备有 1 门 M61A1 型“火神”20 毫米机炮、4～8 枚空空导弹或 2 枚空空导弹和 4 枚反雷达导弹。

组建信息战中心　据英《简氏防务周刊》1995 年 11 月 4 日报道。美海军最近合并了两洋舰队的指挥控制战群及海军电子战作战支援计划处，于 10 月 1 日组建了“舰队信息战中心”。此外，美海军还在国家安全局总部梅德堡新组建了“海军信息战局”，以便在更高战略层次及更具政策倾向的层次上跟踪研究信息战问题。

舰队信息战中心隶属于大西洋舰队，编制 20 人，1996 财年运行费预计约 500 万美元。首先，该中心将集中研究防御性信息战，如增强网络安全。其次，将负责拟定海军及联合信息战的战术、程序与训练计划，为重要演习和部队训练提供信息战假想敌，充当新型软件测试中心和监控全舰队计算机安全的 24 小时危机反应中心。该中心已与联合指挥控制战中心及美空军航空情报部门进行合作和计算机联网，并准备与陆军开展合作。

海军陆战队建立作战实验室　据美《海上力量》1995 年 11 月号报道，美海军陆战队司令查尔斯·克鲁拉克上将已下令组建作战实验室，以建立 1 支更强大的陆战队远征部队。这个作战实验室作为研究新的作战思想的试验体，负责检验和确定新的技术、战术和训练方法，目的是参与美陆军于 1997 年 2 月举行的

"战场数字化"演习。

（德　嫦）

空军编制　空军混编联队后勤编制　据美《空军后勤杂志》1995年第3期报道，空军混编联队设3个大队负责后勤工作：支援大队，主要负责土木工程、通讯联络、保安、娱乐、飞行服务支援，下辖5个中队；医疗大队，负责保障整个联队的一切医疗工作和卫生勤务；后勤大队，主要负责为联队提供器材和资源。后勤大队下辖5个中队：维修保养中队，下设零配件、电子设备、军械、弹药、动力设备、加工制造、航天地面设备、维护保养及测试、计量和诊断设备等9个小队；补给中队，下设器材储存与分发、管理与系统、军需品管理、燃油管理及作战支援等5个小队；运输中队，下设车辆管理、交通管理、车辆维修及战备与资源等4个小队；签订合同中队，下设建筑合同、商品合同、服务合同及管理分析与支援等4个小队；后勤保障中队，下设后勤计划、维修保养训练及维修保养业务等3个小队。

（石之英）

空军改革维修体制　据美《空军时报》1995年8月14日和10月9日报道，美空军将其延续几十年的机务"三级维修体制"改为"二级维修体制"，即取消了中间级（基地级）维修机构。这是一项系统工程，自1992年10月开始试行以来，尽管受到空军部分基层人士的反对，但总的看来"二级维修体制获得了极大成功"。二级维修体制的主要优越性是：(1)精简了机构和人员。自实行新体制以来，空军已经逐步关闭了几十个基地修理厂，减少了约6000个维修岗位编制。(2)节省了经费。耶茨空军上将说："各基地修理厂没必要花钱管理维修设备和保管维修备件，仅此一项可节省约5亿美元。"采用新维修体制修理C-141运输机的发动机，1995年节省1700万美元。(3)增强了机动性。过去派遣一个F-16飞行中队，其携行的维修设备至少有137吨，而现在只需36吨，有利于部队机动作战。

（沙起才）

国家安全局曝光　《现代旅游报》1996年1月24日报道，在华盛顿市巴尔的摩大街边的一片茂密树林里，许多形状不同，长短不一的卫星天线影影绰绰地藏在树缝中，一座不起眼的3层楼房孤零零地处在天线的包围中，这就是美国最大、最机密、专门负责全球窃听的情报机关——国家安全局。该局直接听从美国国务院指挥，它的局长是谁，工作人员有多少，至今无人能搞清楚，事实上一般美国人根本不知道它，而国会和白宫的各种文件中也从不提起它。它对全体特工的要求是：对局内人说什么都不知道，对局外人说根本就没有这个局。

关于这个局的点滴情况，是美国《巴尔的摩太阳报》记者斯科特经过一年多的明查暗访才得以披露的。

斯科特了解到，这个局每年的预算是35亿美元。它拥有的十几颗间谍卫星从购买、发射到控制和回收，每年也要花费30亿美元；它的工作系统是和美国军方的无线电部门混合的，几万名美军侦听人员并不知道他们听来的情报还将汇总到该局，而据估计该局自己的情况收集和分析人员至少在2万名以上，所有这些人的花费每年还要20亿美元。所以该局一年的经费应在80亿美元左右，其规模远远超过中央情报局。平均下来，该局每小时的花费就有200万美元之巨。

该局使用的是世界上功能最强的计算机，这些计算机在扫描仪的帮助下能准确查出任意两个通话人的电话号码；它的数据库庞大而又全面，对任何密码通讯都可以迅速按各种可能方式解读一遍，其速度为每秒钟查询10万个密码及为每份密码情报编出7万亿种可能的解读方式。这种工作如由人工来做，约需22652年，但在这种计算机上几分钟就能做完。

该局拥有一种超敏激光识别雷达，它能根据一间屋子玻璃的轻微颤动还原出屋内人说话的声音；他们的卫星可以对全球任何角落的无线通讯进行截听。

几位曾有幸参观过国家安全局情报中心的美国议员说，他们在该中心里看见了电脑显示的伊拉克导弹的具体分布位置；看见了沙特与欧洲空中客车公司洽谈购买飞机的往来电传，这笔生意价值100多亿美元，是美国公司一直神往的一块肥肉；后来又一位工作人员突然叫他们："请听，这是大毒枭埃斯科瓦尔正在同他的部下谈话。"

国家安全局在美国外交、军事领域的作用是不可或缺的，它监听许多国家访美官员的电话通讯，掌握他们的既定方针和心理状态，再把结果报给有关部门，让他们在第2天的谈判中有的放矢。他们用这种方法与苏俄进行军备控制谈判，压服日本同意美国汽车进入日本市场，查出欧洲空中客车公司企图对沙特官员行贿，从而搅黄了那笔飞机生意，让美国公司取而代之。

（德　嫦）

日本自卫队编制　日本创设"情报总部"　中国《解放军报》1997年3月27日报道，1997年1月20日，日本防卫厅新的情报机构——"情报总部"正式宣告成立，并在设于东京市郊的现代化情报大楼中开始办公。该总部由防卫厅和陆海空三自卫队的情报机构合并而成，隶属于参谋长联席会议。它的成立，无疑是日本自卫队情报机构"化零为整"、提高情报搜集和分析能力的重大举措。

日本政府决定成立情报总部并非一时心血来潮，而是与其军事战略和方针的调整密切相关的。冷战结束后，日本面临空前的发展机遇，其政治大国战略进一步明确。随之，日本军事战略也进行了大幅度的调整。其主要内容是：由过去对付苏联转向对付周边地区的“多元化威胁”；将日美防卫区域由“远东”扩大至整个亚太地区；力求使自卫队在世界范围内发挥作用。在对军事战略重新定位之后，日本对其建军方针也进行了相应的调整，决定将军队建成“合理、高效、精干”的部队。在军事战略和方针发生根本变化的情况下，日军开始对部队进行调整，情报机构的调整自然不会例外。日本的军事分析家们认为，日本的情报机构过于落后，远不能适应形势发展的需要，从所获情报中不仅难以了解世界军事形势和动向，就连日本周边情况也很难了解。如，1994年朝鲜向日本海试射中程导弹时，日本是从美国那里获得有关消息的。

日本在对部队的调整中，始终把调整情报机构作为一出“重头戏”。1995年11月发表的新《防卫计划大纲》和其后制定的《中期防卫计划》等都反复强调建立情报总部的重要性，并提出了具体的构想。针对过去防卫厅和陆海空三自卫队参谋部情报机构分别独立进行情报搜集工作效率较低的弱点，新设的情报总部将这些零散的情报机构集中起来，力求发挥更大的作用。该总部由防卫厅的调查一、二课和陆海空三自卫队参谋部的调查一、二课合并而成，设总务部、计划部、分析部、图像部和电波部等5大部；人员总数为1600人，其中军人约1300人，文职人员约300人；总部长由将官担任，副总部长由防卫审议官担任。据称，情报总部的组建经费为6500万美元，成立后每年的经费为9000万美元。对于该总部的情报搜集任务，日本《读卖新闻》曾作过报道，首先是搜集俄罗斯、朝鲜半岛和中国的军事情报；其次是搜集中东、中南美和非洲等联合国开展维和活动地区的情报；再者是搜集内战造成的饥饿、难民外流和国际恐怖组织的情报。

值得注意的是，日本在加强自身情报能力的同时，将进一步强化与美军的情报合作。据日本共同社1996年3月9日报道，日美政府已就向日本全面提供美国搜集的以中、俄核导弹为主的战略情报达成了协议。日外务省人士称，美国将向日本提供由美侦察卫星和情报机构搜集到的战略情报。新设的情报总部将与外务省国际情报局和防卫厅防卫局共同分析美方提供的情报，最后向首相提出报告，使之成为决定日安全保障政策的重要依据。

对情报总部的未来发展计划，有两点引起人们的高度重视：一是情报总部人员到2000年将增加到2000人；二是在下一个中期防务计划（2001～2005年）中，情报总部将购买一颗侦察卫星，而这颗卫星将是日自卫队的第1颗侦察卫星。可以想象，下个世纪初，日自卫队的情报搜集和分析能力将会发生质的变化。

（德　嫦）

计划改编防卫厅后勤机关　日本《朝云》周报1996年12月12日报道，由于冷战后日本防卫力量的任务范围越来越广泛和复杂化，因而必须进一步提高防卫厅的效率。为此，日本防卫厅已确定于1997年对其各局进行大幅度改编。此次改编的主要内容是将有关指挥的职能从防卫局中独立出来，并与教育训练局的训练课合并，新设立“运用训练局”；教育训练局和人事局合编为“人事教育局”。伴随上述主要改编，防卫厅的后勤领导机关也将进行改编，其主要变动是：原属于教育训练局的卫生课，编入人事教育局；装备局由原来的8个课、室精简为5个课，即管理课、军械军需课、舰船课、飞机课和开发计划课；经理局由原来的4个课精简为3个课，即会计课、监查课、设施课。

（王通信）

新设防卫医学研究中心　据日本1996年10月《朝云》周报报道，1996年10月1日，日本自卫队成立了一个新的卫生机构——防卫医学研究中心。该中心位于崎玉县所泽市的防卫医科大学内，并被列为该校的建制单位。在该研究中心设立以前，日本自卫队一直没有专门从事军事医学研究的机构，自卫队中央医院虽设有医学研究机构，但只进行临床医学及一般基础医学、牙科学和药学的研究，而且专职研究人员也很少，主要由医生兼职进行研究。新设立的防卫医学研究中心是专门从事军事医学研究的科研机构。其主要研究领域为，“短时间内发生大量伤病员时的急救、抢救研究”和“异常环境下人体机能研究”等。

该研究中心设主任1名，由教授兼任，下设5个研究部门和1个事务部，总员额27人。1996年度首先设立外伤、医疗工程和异常环境卫生等3个研究部门。为该中心新建的科研设施为一幢面积为3790平方米的4层楼房。

该研究中心各研究部门的职责是：外伤研究部主要负责“关于外伤引起的主要脏器障碍的病理分析和治疗研究”，具体包括重度外伤、大面积烧伤、休克、热中症、冻伤、创伤感染症（破伤风、瓦斯坏疽）等；医疗工程研究部主要负责“实施有效的诊断和治疗所需的医疗材料、机械化等医疗工程研究”，具体包括无伤害诊断技术、快速治疗和自动化技术、人工脏器、补缀材料、被覆材料、医用高分子材料；异常环境卫生部主要负责“有关异常环境及其对策的研究”，具体包括环境污染对人体的影响、有害化学物质对人体的影响、低温环境对人体的影响、高压和低压环境对人体的影响及感染症疾患等的研究。

将于1997年度设立的行为科学研究部主要负责“异常事态下应激反应时的行为科学研究”，具体包括紧急时的恐慌、异常行为、应激反应时的生理机能和精神活动等；情报系统部主要负责“有关医疗情报管理和传递方法的研究”，具体包括广域医疗情报管理、急救医疗情报管理、急救医疗情报传递、医疗情报网等的研究。

各研究部的编成均为1名教授和3名助手。异常环境卫生部和行为科学部还要配备具有灾害现场医疗经验的医官。

（王通信）

韩国军队编制 韩国军队由陆军、海军和空军三个军种组成，其编制如下：

国防部、参联会和军种参谋部编制 国防部编有人事编制局、情报体系局、财政局、教育政训局、军备控制局、装备开发局、预备军动员局，军需本部、联合搜查本部、联合建设本部，国防政策室、企划管理室和中央兵务厅等机关，下辖参谋长联席会议。参谋长联席会议编有人事企划参谋部、战略企划参谋部、情报参谋部、作战参谋部、C^3参谋部、军需企划参谋部、民事心理战参谋部、战史研究室、秘书室等机关。下辖陆军参谋部、海军参谋部、空军参谋部三个军种参谋部。陆军参谋部编有人事参谋部、情报参谋部、作战参谋部、战力计划参谋部、企划管理参谋部、军需参谋部、动员参谋部、教育参谋部、秘书室等机关，下辖空降特战司令部、首都防卫司令部、军需司令部、教育司令部、航空司令部、战略通信司令部、战斗发展司令部、研究发展司令部等直属司令部和3个野战集团军部队。海军参谋部编有人事参谋部、情报参谋部、作战参谋部、战力计划参谋部、企划管理参谋部、军需参谋部、秘书室等机关，下辖作战司令部、陆战队司令部、特战司令部、教育司令部、军需司令部等直属司令部。空军参谋部编有人事参谋部、情报参谋部、作战参谋部、战力计划参谋部、企划管理参谋部、军需参谋部、国土防空部、秘书室等机关，下辖作战司令部、特战司令部、防空炮兵司令部、教育司令部、军需司令部等直属司令部。

陆军编制 陆军作战部队隶属陆军参谋部，最高战役兵团为集团军。集团军的战斗和人员编成依其担负的任务性质而定，由若干军组成。军的战斗和人员编成也依其任务性质而定，由若干现役师或预备役师（动员师、防卫师）组成。师是陆军基本战术兵团。步兵师（14700人）编有3个步兵团（共12个步兵营）、1个炮兵团（共4个炮兵营）、1个坦克营、1个高炮营、1个航空队。机械化步兵师（14600人）编有3个机械化步兵旅（共13个营包括机械化步兵营、坦克营和装甲营）、1个炮兵旅（共4个炮兵营）、1个高炮营、1个航空队。动员师（14000人）编有3个步兵团（共12个步兵营）、1个炮兵团（共4个炮兵营）、1个坦克连。防卫师（13000人）编有3个步兵团（共9个步兵营）、1个炮兵团（共3个炮兵营）。装甲旅（3100人）编有1个机械化步兵营、3个坦克营、1个炮兵营、1个高炮连。空降特战旅（1800人）编有4个空降特战营。

海军编制 海军作战部队隶属海军作战司令部，编有3个舰队和混编战团及后方勤务战团。舰队下辖1个战斗战团、1个海防战团。战斗战团编有若干战斗战队，战斗战队下辖驱逐舰、护卫舰、猎潜艇、炮艇、快艇等战斗舰艇。海防战团编有若干防御战队，防御战队下辖火箭艇、导弹艇等小型快艇。混编战团编有特种任务战队，下辖潜艇、扫雷艇和各型两栖舰艇。后方勤务战团编有军需战队，下辖油船、货船、拖船、打捞船等各型辅助舰船。陆战队部队隶属海军陆战队司令部，编有2个陆战师和1个旅。陆战师（15000人）编有3个陆战团（共9个陆战营）、1个炮兵团（共4个炮兵营）、1个坦克营、1个两栖装甲营等。

空军编制 空军作战部队隶属空军作战司令部，编有10个战斗飞行团和1个空运团、1个防空管制团。每个战斗飞行团编有若干个飞行大队，每个大队下辖18架战斗机。空运团编有若干救护大队和空运大队，下辖救护机或运输机。防空管制团编有10余个管制大队，管辖分布全国各地的空军雷达站和导航台。防空炮兵部队隶属空军防空炮兵司令部，编有3个防空旅。防空旅下辖若干导弹营或高炮营，霍克导弹营下辖4个导弹连共24部发射架，奈基导弹营下辖3个导弹连共27部发射架。

（孔国生）

缅甸军队编制 缅甸国防军由陆军、海军和空军三个军种组成，其编制如下：

国防部和总参谋部编制 国防部设部长1名、副部长若干名，编有军务署、军需署、监察署、人事署、军法署、群众关系与心战局、通信局、训练局、情报局、工程局、物资采购局、管理局、安置局、民兵与边防部队局等机关，下辖总参谋部。总参谋部设总参谋长1名、副总参谋长若干名，下辖陆军司令部、海军司令部、空军司令部等三大军种司令部。

陆军编制　陆军司令部设司令1名、副司令若干名，编有作战处、情报处、通信处、训练处、军务处、人事处、计划处、研究处等11个机关，下辖若干个军区、机动师、特战指挥部。军区司令部设司令1名、副司令若干名，编有作战处、情报处、军务处、军需处，下辖数个战术指挥部、战区指挥部、战线指挥部、作战营和9个直属兵种、勤务分队。机动师师部设有参谋处、军备处等机关，下辖数个战术指挥部、作战营和12个直属兵种、勤务分队。战术指挥部编有数个步兵营和6个分队。步兵营编制近800人，编有数个步兵连、重武器连和突击排。陆军特种兵包括炮兵装甲部队、社会工作联络部队、通信部队、供应运输部队、医务部队、军械部队、电机部队、工程兵部队、侦察情报部队和宪兵部队。其中，炮兵装甲部队编有炮兵训练队和数十个炮兵营、山炮营、反坦克炮营、坦克营、装甲营等。社会工作联络部队编有中央社会工作联络队、社会联络生产部队、社会工作联络连、国防军研究所、广播电台、《人民军队》杂志和出版社等。通信部队编有通信营、通信队、训练队、通信安全队、通信器材厂。供应运输部队编有中央供应运输训练队、供应运输营、辎重营、汽车营（连）、运输队、兽医队、物资供应中心（站）、护车连。医务部队编有军医大学、中央卫生训练队、总医院、医院、巡回医疗队、医药物资处、疗养所、卫生营、卫生队。军械部队编有军械物资供应中心、弹药储备中心、车辆储备营、军械物资供应营（队）、弹药检验队（排）。电机部队编有中央电机训练队、电机厂、电机连。工程兵部队编有中央工程技术训练队、野战工程营、机械工程连、建筑工程连（分队）。情报侦察部队编有中央侦察训练队、侦察部队指挥部、侦察队。宪兵部队编有若干个宪兵连和陆军司令部直属宪兵队、军区直属宪兵队。

海军编制　海军司令部设司令1名、副司令若干名，设有作训处、情报处、计划处、军需处、军务处、机械工程处、机务队、船坞管理处等11个机关，下辖海军区、战略舰队、训练基地等单位。海军区司令部设司令1名、副司令若干名，设有部分机关，下辖舰队、基地、训练队、通信队、侦察队、军械队、机械队、管理队、前线站等。战略舰队设司令1名、副司令若干名，机关和下属单位不详。训练基地设司令1名、副司令若干名，下辖海军工程技术学校、海军武器与通信学校、航海和行政管理技术学校。

空军编制　空军司令部设司令1名、副司令若干名，设有研究处、作战处、情报处、通信处、值班处、人事处、计划训练处、雷达处、军需处、军务处、机械处、军械处、电机处、募兵处、供应运输处、行政管理处等18个机关，下辖空军基地、空勤训练基地、地勤训练基地、后勤维修基地、雷达中队。空军基地设司令1名、副司令若干名，下辖攻击机中队、战斗机中队、防暴机中队、直升机中队、侦察队、机务队、通信队。空勤训练基地下辖航校、飞机中队、行政管理队、机械工程队、机务队、通信队。地勤训练基地下辖飞机中队、军械队、行政管理队、机务队、通信队、学校。后勤维修基地下辖后勤供应队、飞机维修队、物资管理队、军械队、弹药队、通信队。

资料来源：

①英国《军事力量对比（1996～1997）》；

②缅甸《人民军队》杂志1996年；

③新华社《参考资料》1996年。

（钟学良）

泰国军队编制　泰国武装部队由陆军、海军和空军三个军种组成，其编制如下：

国防部和总司令部编制　国防部设部长1名，副部长1名，下辖部长秘书办公室、常务次长办公室、总司令部。总司令部设总司令1名、副总司令3名、总参谋长1名，下辖陆军司令部、海军司令部、空军司令部等3个军种司令部。

陆军编制　陆军司令部设司令1名、副司令1名、助理司令1～2名、参谋长1名，编有作战厅、情报厅、通信厅、后勤厅、军械厅、军需厅、医务厅、战略教育厅等30多个机关，下辖4个部域军、2个小军、7个步兵师、2个机械化步兵师、2个特战师、1个骑兵师、1个装甲师、1个炮兵师、1个高炮师、2个独立骑兵团、8个独立步兵营、19个工程兵营、4个侦察连、3个空中机动连。

海军编制　海军司令部设司令1名、副司令1名、助理司令1～2名、总参谋长1名，编有作战厅、情报厅、通信厅、航保厅、船坞厅等20多个机关，下辖1个作战舰队司令部、1个陆战指挥部、1个防空护岸指挥部及5个海军基地。作战舰队司令部下辖反潜、扫雷、登陆、训练、内河巡逻、直升机航母等分舰队及航空兵大队。陆战指挥部下辖1个陆战师、2个步兵团、1个炮兵团、1个两栖攻击营、1个侦察营。防空护岸指挥部下辖1个防空护岸团、1个快艇支援队。

空军编制　空军司令部设司令1名、副司令1名、助理司令1～2名、总参谋长1名，下辖作战、训练、支援3个指挥部和13个空军基地。作战指挥部包括作战厅、情报厅、空中管制厅、空中巡逻厅、后勤厅，空中作战部队、地面指挥部队作为该部的直属部队；训练指挥部包括人事厅、档案厅、监察厅、财政厅、战略教育厅、空军航校及武器研究与发展中心；支援指挥部包括兵源厅、运输厅、通信厅、电子厅、军需厅、军械厅、医务厅、工程技术厅和航空技术厅。空军作战部队包括4个飞行师、11个飞行大队和23个飞行中队。

主要资料来源：

泰国《海军学》(1995～1996年)；泰国《腊泰》杂志(1995～1996年)；英国《简氏防务周刊》(1995～1996年)。

（孟 丽）

印度军队编制 **陆军编制** 陆军司令部 陆军司令部为陆军最高层机构，在国防部领导下负责陆军政策的拟定、作战指挥、训练和行政事务，通过军区司令部遂行职能。陆军司令部设参谋长1人(上将军衔)，副参谋长3人(中将军衔)。具体机构有军事秘书局、第1参谋局、第2参谋局、军务局、军需局、工程局等。编制约6000人，其中军人2000人，其余为文职人员。

军区司令部。军区司令部在陆军司令部领导下负责辖区内各野战合成部队的作战、训练、行政和后勤事务，军区司令为中将军衔，内设军事秘书局、军务局、军需局、工程局、参谋局、军械局等。

军分区司令部。军分区司令部内设行政处、参谋处、军械处、军需处和军事秘书处，司令为少将军衔。

印度陆军野战部队由作战兵种和各类勤务保障兵种组成。其中，作战兵种占70%，包括步兵、装甲兵、炮兵、通信兵、工兵、空降兵和陆军航空兵等；勤务保障兵种占30%，包括勤务、军械、电机工程、医务、兽医、军事牧场、宪兵、军邮等。作战兵种中步兵最高建制为军(师)；装甲兵最高建制为师；炮兵最高建制为旅，编有独立炮兵旅、军属炮兵旅和师属炮兵旅3种；工兵最高建制为旅；通信兵最高建制为团；空降兵最高建制为旅；陆军航空兵最高建制为中队。主要勤务保障兵种最高建制为营，一般配属师以上部队。

军。印度陆军的军作为平时野战部队的最高建制单位，战时可根据需要扩充为集团军。军司令部设有行政处、军需处、参谋处、军械处、工兵处和军事秘书处，军长为中将军衔。担负平原作战的军，辖步兵师2～3个不等，通常还辖1个装甲旅、1个军属炮兵旅、1～3个军属工兵团和1个军属通信团；有的军还辖有1个装甲师或1个机械化师。担负山地作战的军通常辖2～3个山地步兵师、1个军属炮兵旅、1～3个军属工兵团、1个军属通信团；个别军还编有装甲团或陆军航空兵中队。

师。印度陆军的师是遂行战役作战任务的基本作战单位，按其遂行作战任务的地区特点，分为步兵师、山地步兵师、机械化步兵师、装甲师和空中突击师。

步兵师师部设有参谋科、军务科、军需科、营地科和警卫勤务连，所辖作战部队有：步兵旅3个，炮兵旅、装甲团、工兵团、通信团各1个；技术、勤务部队包括勤务营、电机工程营、医务连、军械分队、宪兵分队、军邮分队、战地勤务班和地面联络班等。全师实力16000人。

山地步兵师师部编制与步兵师相同，所辖作战部队有：山地步兵旅3个，炮兵旅、工兵团、通信团各1个；技术、勤务部队包括勤务营、电机工程营、医务连、军械分队、机动兽医分队、宪兵分队、军邮分队、战地勤务班和地面联络班等。全师实力15000余人。

机械化步兵师所辖作战部队有：机械化步兵旅3个，炮兵旅、工兵团、机械化通信团各1个；技术、勤务部队包括勤务营、电机工程营、坦克运输连、医务连、军械分队、宪兵分队、军邮分队、战地勤务班和地面联络班等。全师实力18000余人。

装甲师师部设有参谋科、军务科、军需科、师部连和修理所，所辖作战部队有：装甲旅3个，炮兵旅、工兵团、通信团、独立侦察营各1个；技术、勤务部队包括勤务营、电机工程营、医务连、军械分队、宪兵分队、军邮分队、战地勤务班、地面联络班等。全师实力19000余人。

空中突击师编有机械化步兵旅、直升机机降旅、伞降旅、火力支援旅各1个和部分两栖作战部队。

旅。印度陆军的旅是遂行战术任务的作战单位，分为步兵旅、山地步兵旅、机械化步兵旅、装甲旅、炮兵旅、独立伞兵旅等。其中，步兵旅、山地步兵旅、独立伞兵旅所辖单位为营，数量均为3个；其余类型旅所辖单位既有团也有营的编制，且数量不一。

营。印度陆军的营为独立战术单位，分为步兵营、山地步兵营、机械化步兵营、伞兵营、侦察营、反坦克导弹营等。营按民族编组，其番号一般以该营成立时的受训基地——联队命名，如廓尔喀联队第2营，锡克联队第3营等。步兵营的人数一般在850人左右，山地步兵营和特种兵营编制人数不足800人。

海军编制 海军司令部。海军司令部内设军事秘书处、第一参谋局、第二参谋局、人事局、物资局，下辖东部、西部和南部3个地区司令部。设有海军参谋长(上将军衔)和第一、第二副参谋长(中将军衔)。

地区海军司令部。地区海军司令部主官为司令(中将军衔)，内设参谋处、人事行政处、物资处等，下辖舰队、海军基地、海军站、海军航空兵中队等。

海军舰队。印海军编有西部舰队和东部舰队，每个舰队辖 8～9 个中队；中队按不同舰种分别编队，每个中队舰艇数量不等，少则 2～3 艘，多则 7～8 艘。战时，海军舰队和舰艇中队的编成灵活多变，无定型编制。

海军航空兵。海军航空兵的基本作战单位为航空兵中队，按机种分类编队。各中队所辖飞机数量不一，少则 3～4 架，多则 20 余架。

此外，印海军新建的两栖作战步兵旅编有 1 个两栖装甲团、1 个两栖炮兵大队、2 个两栖步兵营、1 个两栖突击连和 1 个航空兵中队。海军陆战特种部队最大建制为团，现有实力 1800 人。

空军编制　*空军司令部*。空军司令部内设第一参谋局、第二参谋局、行政局、人事局和保养局，下辖东部、中部、西部、西南部和南部 5 个地区空军司令部。设有参谋长（上将军衔）和第一、第二副参谋长（中将军衔）。

地区空军司令部。地区空军司令部主官为司令（中将军衔），设有参谋局、行政局、保养局和前进指挥部，下辖联队和雷达、通信中（分）队等。

联队。联队为印度空军的最大建制部队，既是作战单位，又是训练和保养单位。联队分为飞行联队和导弹联队。飞行联队采取单一机种或混合机种编组，单一机种联队辖 2～4 个中队，飞机 32～64 架；混合机种联队辖 3～4 个中队，飞机 48～64 架。导弹联队辖导弹中队和技术中队，按同类型导弹编组。一般 1 个导弹联队下辖 2～5 个导弹中队和 1 个技术中队，发射架 12～36 部，导弹 48～144 枚。

中队。中队为空军基本作战单位。飞行中队辖 3～5 个分队，一般装备 16～18 架飞机。直升机中队装备 10 架直升机。导弹中队一般装备发射架 6 部，导弹 24 枚。

（刘温国）

德国军队编制

建立特种部队　据《奥地利军事杂志》1996 年第 4 期报道，德国于 1996 年 4 月初组建了一支规模约 1000 人的特种部队，这支部队主要由伞兵、山地步兵、无线电侦察兵、狙击手和通信兵组成，驻地在巴登—符腾堡州卡尔夫的第 25 空降旅的原营地。该部队的任务之一是，随时准备解救和撤回驻在外国的德国公民。

设立联邦国防军指挥中心　据德国《欧洲安全》1995 年第 10 期报道，德国于 1995 年 1 月 1 日设立了联邦国防军指挥中心。该指挥中心隶属于联邦国防部，其任务是在和平时期协助国防部长对在国外危机地区使用的德军部队履行指挥职责。

近年来德军参与国外维和行动尤其是索马里维和行动的经验，促成了联邦国防军指挥中心的成立。该指挥中心是武装力量指挥参谋部的组成部分，其级别相当于该参谋部的一个处；因此，该指挥中心主任为准将军衔。它下分 3 个业务科：行动计划科、行动指挥科和情况分析科。

行动计划科的任务是，为联邦国防军在国外危机地区采取行动提供依据和作出选择。这项计划工作对领导定下决心起重要作用。联邦国防军在国外执行人道主义援助和抢险救灾等任务时，亦由该科负责同联邦政府的其他部门就计划和措施问题进行协调。

行动指挥科的任务是，支持协调参谋部拟定和贯彻领导决心；这些决心涉及部队各有关的司令机关和军事行政部门。

情况分析科实际上是联邦国防部的讨论中心，起情报中心的作用，负责搜集和评价对行动和指挥有重要意义的情报，并及时将它们提供给有关领导。它与联邦政府的其他部门和国际组织建立和保持情报联系。

联邦国防军指挥中心的核心任务是从国防部的角度去考虑如何实施行动指挥，直接指挥在国外执行任务的德军部队不属于它的职权范围。行动指挥是国防部的任务，而不是部队勤务部门的任务；因此，该指挥中心既不起作战司令部的作用，也没有“总参谋部”的职能。

联邦国防军指挥中心作为德国武装力量指挥参谋部的一个下属单位，无权越过或代替业务主管部门行事，无权回避或忽视必须执行的签署命令的程序。

联邦国防军指挥中心的设立，是德军为改善指挥机构以适应现在和将来执行维和使命的需要而采取的又一重要步骤。

（王文昌）

野战炮兵新编制　《现代军事》1996 年第 8 期岳进川报道，在德国第 5 代陆军结构中，野战炮兵总兵力由原来的 41000 人削减到 21000 人，削减了 48.7%，野战炮兵营由 76 个减少至 37 个，削减了 51.3%。野战火炮数量也削减了 42%。野战炮兵的编制中，取消了原来军一级的建制炮兵；师和旅一级的建制炮兵都增编了目标侦察建制分队；各级炮兵只装备 105、155 毫米两种口径的身管火炮；各身管火炮营都采用 3×8 门（24 门）制；各师属炮兵内都编有一个 CL-289 空中侦察连。陆军中野战炮兵的整编工作动手较早，已于 1992～1993 年基本完成，明显体现了“小而精”的特点。

1995 年整编后的陆军 8 个师均编有一个野战炮

兵团，下设团部、1个装备 CL-289 无人机的空中侦察连、1个身管火炮营（装备 24 门 M-109A3G 型 155 毫米自行榴弹炮）、1个火箭炮营（装备 18 门欧洲仿制的 M-270 型多管火箭炮和 8 门德国自行研制并自 1969 年列装的 110 毫米 36 管轻型火箭炮）。

另外，每个身管火炮营和火箭炮营都保留 1 个只有军官而没有士兵的架子连（即第 4 连），目的在于必要时经过战争紧急动员和强化训练后为第 1 线分队补充人员。

师属火箭炮营即将装备德、法两国联合研制的“布雷维尔”(Brevel)无人侦察机，届时各火箭炮营里还要补编一个装备轻型火箭炮的第 4 炮兵连。

德国陆军所有 19 个装甲旅和装甲步兵旅中都编有 1 个装备 24 门 M-109A3G 型 155 毫米自行榴弹炮的炮兵营，为进一步提高这种老式火炮的作战效能，各炮又加配了新式“奥罗拉”(Aurola)自主式瞄准和定位系统。

在山地旅和法、德混编旅属炮兵营中装备有 24 门 FH-70 型 155 毫米牵引榴弹炮。空中机动旅因光纤制导导弹尚未列装暂时还使用老式 FH-105 型 105 毫米榴弹炮和 110 毫米 36 管轻型火箭炮。

总之，野战炮兵改编后，取消了核发射能力，减少了近 50%的人员和建制单位，现有装备得到了改进，增强了目标侦察能力，配备了定位定向系统，配用了新的弹种，使野战炮兵的作战实力得到大大加强。

（德 嫦）

陆军装甲步兵营和装甲营的编制 据奥地利《部队勤务》双月刊 1996 年第 6 期报道，在德国新的陆军结构中，装甲步兵营和装甲营没有统一的编制。本土防御部队旅的的装甲步兵营和装甲营采用第 5 代陆军结构中该类营的编制，而危机反应部队旅中的上述两种营则将采用第 6 代陆军结构中的该类营的编制。在第 5 代陆军结构中，本土防御部队旅的装甲步兵营和装甲营的编制如下：

装甲步兵营编有 1 个参谋部与供给连、4 个装甲步兵连、1 个迫击炮连和 1 个野战后备连，共约有 1000 人，53 辆步兵战车和 10 门自行迫击炮。装甲步兵连编有 1 个连指挥班和 4 个装甲步兵排，共约有 120 人和 13 辆步兵战车。装甲步兵排编有 1 个排指挥组和 2 个装甲步兵班，共约有 25 人和 3 辆步兵战车。

装甲营编有 1 个参谋部与供给连、4 个装甲连和 1 个野战后备连，共约有 540 人和 53 辆战斗坦克。装甲连编有 1 个连指挥班和 4 个装甲排，共有 60 人和 13 辆战斗坦克。装甲排编有 1 个排指挥组和 2 个装甲班，共有 12 人和 3 辆战斗坦克。

（王文昌）

陆军步兵营和旅属装甲侦察连编制 据奥地利《部队勤务》1997年第1期报道，在德国第5代陆军结构中，步兵团编成中的步兵营编制如下：1个参谋部与供给连，3个步兵连，1个重型步兵连和1个野战后备连；共约有900人，24 门 20 毫米野战加农炮。步兵连编有 1 个连指挥班和 3 个步兵排，共约有 130 人和 17 辆轮式车辆。步兵排编有 1 个排指挥组和 3 个步兵班，共约有 40 人和 4 辆轮式车辆。在第 6 代陆军结构中，没有步兵团的编成，因而也就没有步兵营、连、排的编制。

在第 5 代陆军结构中，旅属装甲侦察连的编制如下：1 个连指挥班，1 个装甲侦察排和 1 个混编装甲侦察排；共约有 110 人，12 辆侦察坦克，3 辆装甲雷达车和 2 辆装甲输送车。（在第 6 代陆军结构中，旅属装甲侦察连的编制没有变化。）装甲侦察排编有 1 个排指挥组和 4 个侦察组，共约有 30 人和 8 辆侦察坦克。（在第 6 代陆军结构中，装甲侦察排改称为轻型侦察排，编有 4 个轻型侦察组。）混编装甲侦察排编有 1 个排指挥组和 2 个侦察组，共约有 30 人、4 辆侦察坦克和 3 辆空降装甲输送车。（在第 6 代陆军结构中，混编装甲侦察排名称未变，编有 2 个轻型侦察组和 3 个雷达组。）

（王文昌）

英国军队编制

陆军调整编制体制 据瑞典《国际防务评论》1995 年 5 月号报道，自 1995 年 4 月初起，英国开始对陆军编制体制进行调整。

新的陆军编制分 3 种类型：①齐装满员师，这类师有 2 个即第 1 装甲师和第 3 师，它隶属于北约盟军司令部欧洲快速反应军，可随时进行部署；②扩编师，这类师有 3 个即第 2、第 4 和第 5 师，它平时只编有司令部机关，但需要时可迅速扩编为齐装满员师；③主要担负平时任务相当于旅级单位的“军区”，这种军区有 3 个，即伦敦司令部、苏格兰司令部和英国支援司令部，英国支援司令部的基本任务是管辖驻德 2.2 万人的地面部队。

陆军成立统一地面司令部 据美《防务新闻》1995 年 4 月 3～9 日报道，英陆军在其二战以来进行的最大的部队结构调整中，成立了统一指挥所有英陆军作战部队的地面部队司令部。新成立的地面部队司令部负责指挥驻扎在英、德、文莱等国的 14.32 万正规与后备役部队，以及驻加拿大、肯尼亚和伯利兹的培训分队，并掌管英陆军所有的作战装备。该司令部的总部设在维尔顿，司令由陆军上将约翰·威尔西爵士担任。

（德 嫦）

宣布组建快速反应部队　1996年8月1日，英国国防大臣波蒂洛宣布，英国将建立陆海空联合快速反应部队，用于执行世界各地的人道主义救援或作战任务。这支快速反应部队将被称作联合快速部署部队，从陆海空三军和海军陆战队抽调人员组成，总部设在伦敦。英军快速反应部队将由3个突击队、5个空降旅、1艘航空母舰以及一定数量的作战飞机和潜艇组成，由海军陆战队准将汤姆森担任首任指挥官。该部队为非常设建制，使命是对世界各地的危机作出迅速反应。这支快速反应部队将同其他国家的快速反应部队进行合作，特别是将与北约各国的快速反应部队进行协调行动。根据要求，该部队可以在24小时之内投入北约的行动，在世界其他地区可以在5天内投入行动。英国这支快速反应部队可以在英国独立指挥下单独行动，也可以按北约、联合国或联盟的指令行事。在此之前，在1996年6月于柏林举行的北约外长会议上，与会国家支持各成员国建立联合快速反应部队，以便在没有美国参与的情况下，在欧洲独立实施维和行动。波蒂洛表示，在东欧剧变和苏联解体后，欧洲形势发生了很大变化，但英国认为，在大幅度削减军队数量的同时，有必要组建一支能应付各种突发事件、遂行紧急任务的快速反应部队。

（张昌泰）

快速反应部队中后勤部队编制　英军的快速反应部队称为"海外干涉部队"，由第5空降旅和第3海军陆战队突击旅及海空军的一些保障部队组成，共1万余人。第5空降旅的后勤部队主要有卫生分队，以及各团、营的后勤分队。第3海军陆战队突击旅编有后勤保障团，下辖团部连、运输连、军械连、修理连、卫生连和油料排，全旅5066人，其中后勤保障团920人。

（王凤才）

法国军队编制

陆军装甲师的后勤保障系统　法陆军装甲师的后勤保障工作由师指挥部里负责应用和保障的人员共同计划和指导。在师指挥部里，师装备主任、师卫勤主任和师军需主任都是师长的技术顾问。后勤保障任务的实施由师指挥与保障团团长承担，他是师基地司令，与军后勤旅保持联系，负责实施后勤的3大职能。因此，师指挥与保障团由各负一种特殊职能的不同分队组成：2个运输连负责保证补给区的运行，1个4排制卫生大队负责伤员的接收和分类，1个3连制修理营负责装备维修。

作战期间，师基地的保障力量可组成1个师基地（包括师的主要保障力量）和1个前方保障分队。师基地最大展开面积为100平方千米，由师基地司令指挥，分为：①补给区。在此进行物资倒装和分散包装，以及油料倒载；②卫生区。部署有伤员分类和后送分队，军后勤旅派来的机动野战医院也可以部署在师基地；③师属各团的辎重队；④师基地的指挥与保障区。前方保障分队展开面积为30平方千米，由师指挥与保障团的一名军官指挥，分为：①指挥与车载物资区；②卫生区；③维修区；④团辎重队。

（王凤才）

快速反应部队中后勤部队编制　法军的快速反应部队由第11空降师、第9海军陆战师、第27山地师、第6轻型装甲师、第4空中机动师等5个师和1个后勤旅、1个通信团组成，共47000人。

后勤旅对各快速行动师提供后勤保障，同时各师均有自己的后勤保障分队。

第11空降师的后勤保障部队主要有2个指挥与保障团和1个机动空运作战基地。后者由技术连、空运补给连、指挥与勤务连组成，人员500名，汽车120辆。技术连负责空降、叠伞、伞具保管，并有专门的叠伞房、晾伞房、存伞仓库。空运补给连负责物资的捆绑、包装、装机、空投和机降。此外，第11空降师还编有2个外科手术队，1个建制伞降医疗队，2个卫生排，以及10辆战术卫生汽车，并配有后送直升机。

第4空中机动师的后勤保障部队主要有2个器材营、1个指挥与保障团和直升机作战团下属的各后勤分队。指挥与保障团的5个运输直升机中队各有10架直升机；1个轻型直升机中队也装备10架直升机。3个直升机作战团都分别编有运输机中队、保障补给中队、空中机动连等勤务保障分队。

第9海军陆战师编有指挥与保障团。该团是一支半专业化的多军兵种部队（2/3的人员属于海军部队，其余则属于陆军装备兵、辎重兵、卫生兵、军需兵、工兵、装甲兵、步兵等），担负着快速反应部队第9海军陆战师的指挥通信和后勤保障任务，具有装备精良、保障灵活有力的特点。该团编制1300人，752台车辆。下辖指挥与司令部连、通信连、交通运输连、装备修理营（2个修理连）和1个教导连。

（王凤才）

其他国家军队编制

俄组建阿穆尔河边防区舰队　据俄《红星报》1995年2月9日报道，俄联邦总统1995年2月7日令：以负责保卫阿穆尔河和乌苏里江国界的远东边防区护卫舰编队为基础，组建阿穆尔河边防区舰队，其司令部设在哈巴罗夫斯克市。新组建这一区舰队将有助于"改善对各护卫舰分队的指挥，提高在该江河地段上保卫国界的可靠性"。

法、西、意、葡组建联合快速反应部队 据法国《世界报》报道，1996年11月9日，法国、西班牙、意大利和葡萄牙正式组成一支联合快速反应部队，其任务是维护地中海地区的安全与稳定。这支部队将由4个成员国的1.5万名军人组成，由西欧联盟指挥，完成北约或西欧联盟赋予的维持和平的特别任务，司令部设在意大利的佛罗伦萨，由西班牙将军苏奇出任首任司令。据报道，法、西、意、葡4国组建欧洲快速反应部队的倡议是1995年12月由意大利国防部长发起的。4国军方代表为此进行了多次磋商。根据计划，4国将成立一个由100人组成的精干参谋部，由成员国军官参加。其任务是负责协调和制订该部队进行紧急干预的实施方案。一般讲，在4国领导人的同意下，参谋部可以决定是否采取干预行动，并受权对参与行动的部队行使全权指挥。此外，4国还表示，准备吸收欧洲其他国家参加这支部队，以便逐步把4国快速反应部队发展成为西欧联盟和欧洲联盟共同领导的军事力量。西欧联盟目前已有多支联合武装力量可以由其调遣和指挥：由德国、法国、西班牙、比利时和卢森堡组成的欧洲军团，由法国、西班牙、意大利和葡萄牙组成的欧洲海空部队，由德、法组成的联合舰队等。

（张昌泰）

意、德等国将组建混合山地步兵旅 据俄《红星报》1996年7月16日报道，意大利政府正在制定组建意、德等国混合山地步兵旅计划。按计划，该山地步兵旅组建第1阶段将以来自德国第1步兵军和意大利第4步兵军的部分士兵为基础组成，以后还将吸收奥地利、匈牙利和捷克各国军人。其驻地设在意大利北部某地。

（德　嫦）

军事训练与教育

美国军队军事训练　综述 中国《外国军事学术》1996年第3期姜川报道，美军为适应21世纪初的作战需要，在1993年版《作战纲要》颁布之后，加强了对影响美军21世纪作战行动的军事科技发展趋势、国际战略环境等动态因素的研究，认为“21世纪部队作战构想的核心是高素质的士兵与领导者”，“搞好训练和战备是赢得胜利的首要任务”，“21世纪的全维作战需要全面提高美军战斗力”。因此，美军十分重视实行更加科学和严格的训练，提高部队的战备水平。

成立高层委员会进行训练指导。美军在1995财年国防预算报告中首次提出，把部队的战备训练列为军队建设的“头等大事”。为保证这一方针的落实，美专门成立了由国防部牵头，各军种部参加的高层战备指导委员会，负责对各军种和战区总部提出以任务为基础的训练指标，审查和修正院校和部队训练的情况，对三军联合作战训练计划进行指导，并调整了三军训练经费分配投向。如1995年高层战备指导委员会专门为未完成上年度训练指标的陆军大幅度增加训练经费。为确保战备训练水平的提高，美军在近年大幅度削减兵力和压缩武器装备采购费的同时，保持了训练经费的持续增长。美军训练经费由1992财年占国防开支的28.2%，上升到1993财年的36.4%，1994财年又增加到38.1%。1995财年部队训练经费增加到929亿美元，比上年度又增加了5.6%，其中联合作战训练费在整个训练费用中的比例也高于往年。

不断完善“三位一体”的训练体系。为适应21世纪全维作战的需要，美军提出要对整个训练体系——院校训练、部队训练、个人自修进行调整，“将三种训练合为一体”，“形成天衣无缝的训练体系”。训练要“以任务为基础”，以条令为依据，确保部队在未来“能够遂行各种战争与非战争行动”。所有在院校和部队中实施的训练“都将直接围绕提高士兵、指挥官素质和部队的战备水平进行”。

1.院校训练。发挥百余所军事院校在军官正规培训中的骨干作用，完成从初级到高级的全程培训。初级培训：由三军正规军官学校招收高中毕业生，学制4年。中级培训：选调服役8～16年的上尉或少校军官，进入武装部队参谋学院等5所中级院校，学习5～10个月的师以上部队指挥与参谋业务和合成战斗与联合作战的战役战术。高级培训：选调服役16～23年的中校或上校军官进入各军种学校、国防军事学院和武装部队工业学院等高级军事院校，学习10个月的诸军种或盟军联合作战司令部的指挥与参谋业务，着重从政治、经济方面学习与研究军事战略、国防理论和国防资源管理。美军还将建立陆战大学,这是“一个综合性军官培训系统,不只是由陆军主办的大学。它具有多军种、多国家的性质,培养可指挥联合与联军作战、各种战争与非战争行动的指挥官。”

2.部队训练。新兵入伍后分别在陆海空军的数十个新兵训练中心进行为期6～8个月的训练,着重培养新兵的尚武精神和献身精神,掌握单兵装备,训练结束后“要达到能够部署的要求”。部队训练主要利用驻地和野外训练设施以及各种战斗训练中心,训练从单兵战术技术动作到营一级的攻防战术。部队训练严格按照各军种颁布的《任务训练计划》和各级战斗条令所规定的作战原则、条件和标准作战程序执行。美军要求营每季度组织1～2次野外训练,每次5～7天(昼夜连续实施)。美军夜间训练的时间占部队训练时间的40～60%。为适应世界各地和各种复杂条件下的作战需要,美军十分重视建立战斗训练中心,如“山地作战训练中心”、“高原作战训练中心”、美国陆军“全国训练中心”、“寒区作战训练中心”和“热带丛林战训练中心”等。美军还将建立“城市作战训练中心”,加强城市作战训练。美军认为“只有在战斗训练中心,士兵和指挥官才能体验各级部队协同作战的逼真性和环境的艰苦性”。

3.个人自修。美军指出,“21世纪的战场结构是以知识为基础的”。为了适应这种以知识为基础的战场结构,美军鼓励所有士兵和军官不断地学习和更新知识。自修的主要方式是自学、函授、参加各种学术研讨、到地方高校参加短期进修等。陆军训练与条令司令部每年都要公布一些军官必读的书目,如军史、名将回忆录、战争论著、外语、数学、统计学等。空军设有世界上最大的函授学院,编有370多门课程的统一教材,空军每年约有20万官兵学习该院课程。对已有学位的军官则鼓励其攻读更高的学位,允许离职进修18个月。为鼓励军官自修,美曾专门规定少校以上军官的晋升要有硕士学位。美军许多高级将领,如前参联会主席鲍威尔上将、前中央总部陆军司令约索克中将、海军司令莫兹中将、空军司令霍纳中将都是在从军后分别获硕士学位的。

突出联合与联军作战训练。美军提出:“21世纪初期美军地面作战将是完全一体化、所有军种参加的联合作战,而且大多数情况下是多国部队作战。”为赢得未来一体化战争与非战争行动的胜利,除了必须在装备技术、作战指挥和信息质量上保持对敌优势外,“还必须享有联合作战训练方面的优势”。为此,美军要求“从新兵一入伍就灌输联合作战的观念”,“各军种指挥官和各级部队指挥官都应在联合作战和联军作战方面接受训练,培养他们在所有战斗行动中协调行动的技能”。美军参联会颁布了系列联合出版物作为联合训练的依据。从1993年到1995年参联会共颁布了82种系列联合出版物,全面阐述联合部队的运用原则、联合作战的组织计划和实施、联合作战的勤务支援等。尤其是第3－0号出版物《联合作战纲要》,被视为“联合作战与训练的基础”,成为联合作战训练的主要依据。

美军联合训练的主要方式是各级联合演习。美陆军要求旅每12～18个月参加一次诸军种或多国部队的联合演习,进行火力、情报、电子战、机动与反机动、防空、战斗支援、指挥与控制方面的合练。师每年必须组织2～3次指挥所联合演习和一次师规模的野外演习,后者往往结合海外联合演习进行。1995年由参联会主席协调的各军兵种联合演习多达212次。各战区总部的联合训练演习往往与作战方案相结合。1995年美中央总部组织实施了以西南亚地区为重点的76次联合演习。欧洲总部和太平洋总部分别进行了47次和21次有针对性的联合训练演习。

近5年来,美军动用军队参加非战争行动已超过40次。因此,美军把非战争行动的多国联合训练作为联合与联军作战训练的重点。如1994年9月,美军第3机步师和俄军第27近卫摩步师的部分人员在俄罗斯奥伦堡地区进行的“维和94”联合演习,演练了联军维和行动的战术技术程序、部队编成、指挥与控制、情报准备和后勤支援行动。1995年8月在美国路易斯安那州联合战备训练中心,美、英、法等7国进行了多国部队混编演习,相互熟悉各自的训练标准和行动程序。

运用模拟训练手段。美军认为,“虚拟现实模拟技术是21世纪的主要训练方式”。在国防预算和兵力资源日益受限,训练基础设施不断减少的情况下,必须把迅速发展的计算机仿真模拟技术作为军事训练的有效手段,把计算机技术和分布式模拟训练技术结合起来,使部队进行有针对性的训练,达到既提高训练质量又节省经费的目的。美军已研制的虚拟现实模拟系统可以在视觉、听觉和触觉等方面逼真地显现未来战争可能出现的各种情况,可以使没有打过仗的指挥官身临其境般地体验战争,可以使驻扎在世界各地的部队通过互联网络同时演练同一想定,可以在同一模拟系统上演练在不同国家、不同地形、不同气候、不同作战对象的各种战争行动。如美海军陆战队的模拟网络可将分布在全球执行各种任务的陆战队特遣部队司令部连接起来。一支远征部队陆战营可与4800千米之外的另一支远征部队的团级司令部进行诸兵种联合演练。

美军目前的高级分布式模拟训练系统主要有3种

类型：一是训练模拟器，利用图形仿真技术，模拟实物实景，安装在坦克、装甲车或飞机上，可进行车组和机组人员的训练，可以训练部队协同动作。二是冲突模拟器，模拟各种预想的冲突，用于各级参谋机关训练和特种作战训练。美海军正在投资建立的冲突模拟系统能够连接各舰艇所有战斗系统以及舰队的基地系统，可分别训练海军防空、突击、火力支援、水面作战人员等，也可进行综合演练。三是辅助系统，将射击靶场、坦克、装甲车、定位报告系统与使用多用途综合激光战斗系统的武器装备、战斗人员模拟器及冲突全景模拟器连接在一起，可为单军种和联合训练提供一种由计算机支持的逼真的训练环境，使参训部队取得较好的训练效果。

陆军训练　**对训练进行改革**　中国《外国军事学术》1996年第10期周建华报道，近年来，随着国际形势的发展，美国军事战略的调整，作战理论的修订，武器装备的更新和作战任务的改变，美陆军正在对训练指导思想、内容重点、方法手段及训练管理等方面进行一系列改革，以适应未来战争的需要。

分析环境，不断调整和修订训练方针。美陆军历来重视训练方针的制定，因为它是陆军部队拟制训练计划、分配训练时间、确定训练重点和选择训练方法的基本依据。但训练方针的调整和修订则有赖于对训练环境的确切分析。美陆军在1989～2018年陆军远期训练计划中认为，未来的训练环境是：其他国家的军事能力进一步提高；世界范围内的低强度冲突进一步扩大；次发达国家军队将装备更多的化学武器；环境保护将对军队的训练环境产生很大影响，美国人口的变化也将影响军队的人力资源；新技术的广泛运用将对训练装备和训练方法产生极大影响。据此分析，美军远期训练计划分别制定了现役部队、后备役部队和文职人员的训练方针。现役部队的训练方针是：通过训练，使部队能够快速、持久而有效地实施战斗行动，必要时与其他军种或其他国家共同进行，并能在世界任何地方发生的各种冲突中执行各种任务。

新的训练方针与80年代初制定的旨在适应“空地一体作战”理论的训练方针相比，具有以下几个明显不同之处：

一是更加强调应急战备演练。要求部队的训练中心转为紧急展开训练，以提高快速反应能力。

二是更加强调诸军兵种的合同训练以及与盟国的联合作战演练。

三是把多样化训练摆在重要位置。它包括应付世界范围内各种“地区性突发事件”、各种气候条件下作战和担负抢险救灾任务等方面的训练。此外，还要求陆军部队应从海湾战争中吸取教训，加强避免误袭、误伤的训练。

调整内容，重点突出合同训练和联军作战训练。美军认为，在未来战争中将各种作战力量协同起来是陆军在战场上发挥其效能的关键。为此，美军在野战条令《部队训练》中，把合同训练规定为部队训练的8项原则之一。为贯彻这一原则，主要采取了以下措施：

首先，加强陆军军士和军官训练，为合同训练奠定基础。军士和军官是美军建设的中坚力量，对他们实施有效的训练是提高整个陆军合同训练的关键之一。为此，美陆军训练与条令司令部1989年改进了陆军军士教育系统：一是加大旨在提高技能训练熟练程度的训练量；二是提高训练标准和要求；三是加强领导技能训练的考核与鉴定工作；四是全军军士学校和部队军士训练中严格贯彻陆军野战条令《部队训练》的各项原则、规定和要求。

在军官训练方面，改革的重点是：必须掌握合成军队的参谋业务；注重中、高级军官的领导艺术、个人修养、决策能力、合同作战指挥的训练。为此，美陆军从1988年1月开始执行“作战指挥训练大纲”，采用计算机模拟系统推演作战想定，与逼真的敌军战术对抗，旨在提高军、师、旅3级作战指挥与参谋业务能力。这样，就改变了以往中、高级指挥官主要采用带实兵的指挥所演习和野战指挥作业等施训方式，使美陆军旅以上部队的作战指挥和司令部训练也形成了一个比较完善的体系。

其次，加强执行同一任务的现役部队和后备役部队的协同能力的训练。美军历来重视现役部队的战术训练，建立了一整套多中心、多层次、多样化的训练体系。但该体系有两个弊端：一是仅供现役部队训练，不适宜后备役部队训练；二是只能训练营以下分队，无法对旅以上部队施训。为解决此问题，采取了以下做法：(1)进一步完善现役部队合同训练体制。1990年扩建全国训练中心，使其能对陆军旅及其战斗支援与战斗勤务支援部队实施合同训练，提高合同训练的层次。1987年建立联合战备训练中心，提高轻型特遣队在中、低强度战争中的合同作战能力。1991年在德国修建作战训练中心，旨在提高驻欧美陆军装甲营与机步营在中、高强度作战条件下的合同作战能力。(2)提高后备役部队训练标准。在当前现役部队减少，后备役部队增加的情况下，将现役部队与后备役部队放在一起合练显得尤为重要。因为只有这样才能促进整个陆军部队之间的相互协调关系，从而提高陆军部队的整体作战能力。

最后,强调充分利用一切机会与盟国部队进行合作。美陆军前参谋长沙利文上将在《军事评论》撰文指出,"近期的军事行动对多国部队联合行动提出了越来越高的要求",随着陆军部署到海外的部队越来越少,其主要任务将转变为应急作战。因此,美陆军与盟军并肩作战的重要性日益突出。

改进管理,着力提高陆军部队的训练效果。美军历来重视训练管理工作的法规性、科学性与效益性,以便充分利用有限的训练资源取得最好的训练效果。几十年来,美陆军已陆续颁发了一系列训练管理的法规性文件,取得了一些训练管理的经验。在当前的训练改革中,美军更注重以下 4 项工作:一是修订训练管理法规。除坚持原有的一套制度、法规外,对其他一些不适应形势发展的法规性文件进行修改。例如,已经修订的有《营训练管理制度》、《院校管理制度》等。特别是 1988 年推出的《作战指挥训练大纲》,弥补了军、师、旅三级军官过去训练只能靠参加北约系列演习,提高自身指挥能力的缺陷,为中、高级指挥官的训练纳入正规化施训的轨道创造了条件。二是增设训练管理与保障机构。为更好地管理和保障训练活动的展开,美军已建立了两个全军性的训练管理和保障机构,一个是"国防部办公厅训练与训练指导委员会",一个是"国防训练数据与分析中心"。前者的任务是及时发现训练中存在的问题,并采取措施予以解决,负责推广先进的训练技术;后者旨在集中管理全军有关训练信息与数据,其任务是负责搜集、编排、存储、综合、分析与分发数据,支援国防部各部门与各军种后备役部队训练。三是采用科学管理方法。近年来,美军十分重视将信息论、系统论和控制论等新理论引入训练管理领域,使之由经验管理向科学管理过渡,以提高管理的科学性。例如,美军把训练管理的过程,即制定计划→准备训练资源→实施训练→考核,首先作为一个系统来考察,尔后运用控制论有关原理实行全程控制。控制过程中,又及时运用所获信息调整训练进度和难度。四是严格监督、评估和检查。加强对各级部队和单个人员的监督、评估与检查,是保障和提高训练质量的重要环节之一。为此,全国训练中心大量采用录像、高频通信和电子计算机等先进技术,提高检测和评估的准确性。

完善手段,开拓适应形势发展的训练途径。随着高技术的发展和应用,传统的训练手段和方法已发生了革命性变化,特别是广泛使用具有训练逼真、用途广泛、低耗高效等优点的训练模拟器材,为部(分)队训练,甚至大规模、高层次合同训练提供了技术基础。近年来,美军在坚持过去行之有效的传统训练手段和方法的同时,努力运用新技术成果,开拓适应当前形势发展需要的新途径。

1. 广泛采用电化教学手段。使用电子计算机、录音、录像、电视和通信卫星等现代化手段进行形象化教学和训练。例如,已建立了一个用于军事训练的电视网,该网络包括 250 个地面接收站和 21 个地面发送站,每年可播放 2000 小时的军事课程。学员和教员可在电视网内对话,进行学术讨论。

2. 模拟训练器材标准化、网络化。美军于 70 年代末,将模拟训练器材应用于陆军训练的各个方面:80 年代以来,美军更加重视适合于实战要求的作战模拟系统的研制,模拟训练已经成为今后一段时期陆军的主要训练手段之一。美军要求现在和今后购置的训练模拟器材,以及将要研制的功能更多、用途更广的新型模拟训练器材,都要从全局着眼,为形成网络化打下基础。待模拟训练器材达到标准化和系统化要求之后,将各种模拟器相连结,形成一个大型作战模拟网络,这样,既可提高模拟训练的层次,又可节约大量的军费。

3. 积极研制计算机作战模拟系统。美军正在逐步使用计算机作战模拟系统以取代传统的手工作战模拟系统。目前,营以下的作战指挥训练已实现了计算机化,并正在开发和研制性能更加优良的战役训练系统。

军士文化素质大有提高　据美《陆军时报》1996 年 7 月 22 日报道,美陆军、海军、空军和陆战队军士的教育水平在过去 20 年里大有提高。

对美国防部人事记录调查表明,尽管美军军士到军事院校就读的机会少于军官,但是越来越多的军士通过业余自学获得了学士和硕士学位。20 年前,46000 名上士中仅有 805 人获得学士或学士以上学位,而目前上士人数减少了 15%,而获得学士以上学位的人数多达 3014 人,其中 290 人获得硕士学位,6 人获得博士学位。

20 年来,美军上士到军士长中具有 2 年以上大专学历的人数翻了 3 番。1976 年具有 2 年以上大专学历的军士人数的比例为 7%,现在已达到 22.4%,基本上达到每 4 人中有 1 人具有大专 2 年以上学历。女军士具有 2 年以上大专学历的人数比例增加得更快,1976 年为 13.2%,现已增至 35.5%。

目前,陆军上士到军士长中有近 25%的人具有大专 2 年以上学历,女军士中具有大专 2 年以上学历的比例高达 40%。

军士学校严格入学条件　据美《陆军时报》1995 年 10 月 30 日和 1996 年 2 月 5 日报道,1995 年 4 月,美陆军实施新规定：凡是参加军士教育体系住校学习的军士必须先通过体能测试，不达标者则返回原单位并不予晋升。而在过去，体能测试安排在毕业前。陆军高级领导人认为，到校就读的学员必须先通过体能测试而不应把体能训练安排在学校学习期间。在新政策实施的头几个月里，约有3～4%的军士因没有通过体能测试而未能上学。

实施军士课程入学新规定 据美《陆军时报》1996年9月16日报道，美陆军分别于1996年2月和10月对初级领导发展课程和军士基础课程实施入学新规定。根据新规定，从1996年2月起，只有获得单位晋升委员会提名晋升的专业兵和下士才有资格参加初级领导发展课程学习，而从1996年10月1日起，只有经单位晋升委员会提名晋升的中士和技术中士才有资格参加军士基础课程学习。此项改革不仅确保军士毕业后能胜任工作，而且还可减少陆军训练中心和军士学校的训练工作量，避免把训练经费用在可能不予晋升的军士身上。

男女混编基础训练初见成效 据美《陆军时报》1996年7月22日报道，美陆军在70年代末曾在基础训练阶段试行男女混编合练，后因遭到反对而被取消。1993年美陆军又试验并恢复了男女混编基础训练并逐步扩大规模。1995年，美陆军把新招的所有女兵和49%的男兵编在一起进行基础训练。男女混编训练所花费用很低，只用了67000美元以修整杰克逊堡的营房。男女混编训练时，男女新兵参加的训练课目相同，学员和教官的比例为19：1，与全男兵基础训练相同。男女混编训练的做法得到总审计局的肯定，后者在其向国会呈交的一份报告中称赞说："男女混编基础训练费用不高，但却大大改进了新兵、尤其是女兵的技能。"

陆军管理参谋学院进行教学改革 据美《陆军时报》1996年8月5日报道，美陆军管理参谋学院最近在学制、教学方法和教学对象方面作出改革，以提高教学质量。

为了使教学适应新形势需要，美陆军管理参谋学院教研室走访了169名联邦政府和军队领导人，请他们对优秀领导人应具备的能力提出各自的看法。他们一致认为，优秀领导人应具备下列品质：1.讲话和写作简明扼要；2.决策果断、工作不拖拉、不推诿责任；3.视野开阔、知识面广、善解上级意图、具有纵观全局的能力；4.工作灵活、能干。

为培养出具有上述品质、动手能力强的实践型学员，美陆军管理参谋学院从学制和教学方法等方面进行了改革。

首先，把在校学习时间从14周缩短为12周。这不是延长了学员的假期时间而是增加2周的家庭作业时间。1996年第3期165名学员按新制度执行。

其次，在教学方法方面侧重于培养学员的务实能力，即要求学员研究本单位的组织机构，写出其任务、工作重点和作用的论文；举办更多的小规模研讨会；参加更多的研究、写作、汇报和情况介绍等实践活动以提高学员实际工作能力。

最后，陆军管理参谋学院根据一项试验计划，吸收军士长参加一个以设施军官、器材发展军官及文职人员为对象的课程学习。该课程教学内容包括领导和管理技能、国家安全政策和战略等。陆军人事副参谋长高级助理称："如果试验结果表明，军士长参加此课程学习有助于工作，那么将继续吸收军士长参训。"

改革上尉军官训练 据美《陆军时报》1996年12月30日报道，目前，美陆军约有5900名上尉等待进入联合兵种参谋学校学习。为此，陆军训练与条令司令部决定，把在陆军训练中心进行的各兵种上尉高级课程训练与联合兵种参谋学校训练连在一起，即上尉在完成为期20周的高级课程训练后立即进联合兵种参谋学校学习。与此同时，联合兵种参谋学校课程从9周压缩到6周。这一决定适用于现役陆军、陆军后备队和陆军国民警卫队所有上尉。

减少上尉待培训人数的第2项措施是让500名现役军官参加后备役联合兵种参谋学校课程学习。现役和后备役课程教学内容完全相同。

正在酝酿的第3个方案是实施以计算机为基础的远程教学训练。

军官高级后勤管理课程每年举办12期 据美《步兵》杂志1996年7～8月号报道，美陆军军官高级后勤管理课程是专为美现役陆军、陆军后备队、陆军国民警卫队、陆战队和盟军营长、旅长、参谋军官、陆军部从事后勤工作的文职人员开办的一个课程，教学项目包括保养、补给、战备和运输，提供车辆、后勤计算机、武器、弹药、医务、通信、核生化、导弹和军需装备方面的实践经验。该课程在诺克斯堡举办，每年12期，每期学制一周。

开设作战勤务支援课程培训一专多能的陆军后备役军官 据美《陆军时报》1995年10月23日报道，随着陆军的改编，将越来越多的作战勤务支援工作交给后备役部队承担，许多原来只从事单一任务的后备役部队现在要从事多项任务。因此，陆军为后备役上尉和校级军官开设了范围广泛的作战勤务支援课程。这个为期2周(学时为88小时)的课程恰恰能训练一专多能的后备役后勤军官,使他们可在军和军以上单位有效地管理职能众多的战斗勤务支援部队。作战勤务支援课程每年举办 12～14 期,约培训 300 名后备队军官。陆军国民警卫队军官也可参加这一课程学习。

修建城市地形作战训练综合设施　据美《陆军时报》1996 年 4 月 15 日报道,美陆军早已在胡德堡、坎贝尔堡、布雷格堡、刘易斯堡、德鲁姆堡、斯图尔特堡和波尔克堡以及德国霍恩费尔斯作战机动训练中心建立了城市地形作战训练设施。这些设施是一些包括用于排规模演习的 16 幢大楼或用于连规模演习的 32 幢大楼的综合设施并配有下水道和公路网。目前,美陆军正在波尔克堡联合战备训练中心建设其最先进的城市地形作战训练综合设施。当该综合设施建成后,它将拥有一个 29 幢楼的模拟城市设施、一个 7 幢楼的机场设施和一个 5 幢楼的军事设施。这个价值 1320 万美元的设施于 1996 年 8 月完工,可供排到旅规模部队进行训练。此外,美陆军正在努力利用新武器和传感器技术改进其城市地形作战能力。

全国训练中心推出训练新举措　据美《陆军时报》1996 年 7 月 1 日和 7 月 15 日报道,近年来美陆军机械化部队最重要的训练基地欧文堡全国训练中心推出一系列训练改进措施以适应世界局势的变化。1. 轮训部队的作战规模从营特遣队扩大到旅特遣队。1995 年 8 月,全国训练中心轮训部队的作战规模从营级扩大到旅级。过去,到全国训练中心轮训的两个营特遣队虽然也有旅长和他们一起来到全国训练中心,但是具体训练由营长负责,即当一个营特遣队与全国训练中心的假设敌部队进行对抗作战训练时,另一个营特遣队则在全国训练中心装备先进的靶场进行实弹训练。尔后,两个营特遣队相互交换训练项目。1995 年 8 月后,到全国训练中心的两个机动营组成由旅长指挥的旅特遣队一起进行实弹训练和部队对抗训练。2. 购置土地扩大训练场地。欧文堡全国训练中心占地 64.2 万英亩,面积相当于罗得岛州。由于训练中心地形多山,空军轰炸靶场又占去 9.3 万英亩,所以实际训练面积只有 33 万英亩。这就使参演部队无法按陆军作战条令要求在后方设置补给基地。因此,11 年来美陆军一直致力于在训练中心以东购置 33 万英亩土地以扩大训练场地。3. 修改假设敌部队概念,改进假设敌部队武器装备。在全国训练中心担任假设敌部队的第 11 装甲骑兵团共 2700 人。以往,该部队的组织编成和作战条令全都采用俄军的模式。1996 年 4 月美陆军训练与条令司令部出版了系列野战手册的第 1 本。该手册修改了 80 年代的假设敌部队概念。按照修改后的假设敌部队概念,全国训练中心的第 11 装甲骑兵团不是单纯采用俄军的作战条令和组织编成,而且还要采用潜在敌手的作战条令和组织编成。这个新概念已被驻路易斯安那州波尔克堡的联合战备训练中心和驻德国霍恩费尔斯的作战机动训练中心所采用,还将被军、师作战指挥训练大纲和联合兵种战术训练器等模拟系统所采用。与此同时,假设敌部队不断改进其武器装备。首先,假设敌部队已将其所有的 T-72 坦克改装为 T-80 坦克。其次,该部队将在今后 5 年内接收 190 辆 БМП-2 俄式步兵战车以取代目前的 БМП-1 步兵战车。第三,配备 2C19 新型自行榴炮。由于假设敌部队的火炮用计算机模拟,所以配备 2C19 新型自行榴炮实际上只是修改计算机软件而已。4. 1995 年 7 月,全国训练中心引进新型激光交战系统。该系统可使参演部队更详细地了解其坦克、战车的损坏情况,使训练更加逼真。

美驻欧陆军司令部实施和平伙伴计划与维和行动训练　据美《陆军》1996 年 10 月号报道,1996 年,美驻欧陆军司令部参加了 650 多次联合小分队活动和近 20 次和平伙伴计划演习。这些演习涉及 43 个北约国家和伙伴国家,从而促进了地区稳定。另外,美驻欧陆军还举行了 11 次从联合特遣部队作战到多国协同作战的演习,以便为拟部署到波斯尼亚执行维和任务的部队进行部署前准备。

美驻欧陆军司令部教育中心向各类人员提供地方院校学位攻读机会　据美《陆军时报》1996 年 1 月 8 日报道,美驻欧陆军司令部教育中心向军人、文职人员及其家属提供地方院校硕士和准学士学位攻读机会。与美驻欧陆军司令部签订合同的美本土院校有:马里兰大学、芝加哥城学院、恩伯里·里得尔航空大学、俄克拉荷马大学和特劳伊州立大学等。

陆军第 1 支生物武器探测部队组建并开训　据美《陆军时报》1996 年 10 月 21 日和《陆军》杂志 1996 年 12 月报道,美陆军已把驻亚拉巴马州麦克莱伦堡美陆军后备队第 310 化学连的任务改为生物武器探测并定名为第 310 化学连(生物综合防御系统)。这是美陆军组建的第 1 支生物武器探测部队。第 310 化学连(生物综合防御系统),下辖 4 个陆军后备队探测排和 1 个现役陆军探测排——第 20 化学分遣队。第 20 化学分遣队平时隶属亚拉巴马州麦克莱伦堡陆军化学学校第 84 化学营,战时受该连控制。每个排装备 7 部生物综合防御系统。该系统是一个安装在高机动多用途轮式车辆上的生物战剂探测实验室,具有探测、监视、取样和查明生物战剂的能力。每部系统价格在 80 万美元至 100 万美元之间。操作该系统的 2 名士兵可在 30～45

分钟内对可疑生物战剂作出鉴定并发出警告。

自 1995 年 10 月起，第 310 生物综合防御系统连的 4 个陆军后备队探测排开始进行新任务训练。亚拉巴马州麦克莱伦堡定于 1999 年关闭。陆军化学学校将迁址密苏里州伦纳德·伍德堡，但是生物武器探测系统训练设施将继续存在，供该连继续进行训练。

第 111 军事情报旅为陆军培训军事情报军官 据美《军事情报》1995 年 10～12 月刊报道，军事情报界正在步入信息时代，培养 21 世纪所需的军事情报官兵已成为当务之急。驻瓦丘卡堡美陆军情报中心的第 111 军事情报旅已成为美陆军培养军事情报官兵的支柱之一。该旅通过下述各种训练途径为陆军培养训练有素的军事情报军官、尉官、军士和士兵：新兵训练和高级单兵训练；军官基础训练和军官高级训练；尉官基础训练和尉官高级训练；军事情报营和军事情报旅军士长任命前训练以及军事情报营、旅长岗前培训。除了军事情报训练这一主要任务外，第 111 军事情报旅还随时作好准备把军事情报专家和装备有低强度作战系统如“猎人”无人驾驶飞行器和“特洛伊人”特种用途综合遥控情报终端的部队部署到世界各地参加应急作战活动。

启用近距离作战战术训练器 据美《陆军》杂志 1996 年 10 月号报道，美陆军计划于 1996 年在得克萨斯州胡德堡安装第 1 部近距离作战战术训练器。该训练器是一种利用分布式交互模拟技术的全乘员战车模拟系统。它可根据未来战场的需要对现役和后备役装甲兵和机械化步兵进行连、排级集体训练。近距离作战战术训练器可按部队任务训练大纲对参训部队进行训练以为尔后即将举行的野外实兵训练演习进行准备。野外实兵训练演习后，该训练器可对实兵训练中发现的薄弱环节进行必要的补充性训练。此外，近距离作战战术训练器还可进行某些因安全或环境等原因无法在野外进行的课目训练。

研制火力支援联合兵种战术训练器 据美《陆军》杂志 1995 年 9 月号报道，美国休斯训练公司已与美陆军模拟训练与仪表司令部签署了价值 1620 万美元的研制和生产火力支援联合兵种战术训练器的合同。该训练器可用于野战炮兵部队进行单兵训练和小分队集体训练。

严格后备役部队少校晋升条件 据美《陆军时报》1996 年 7 月 29 日报道，美陆军于 1995 年规定，取得联合兵种参谋学校毕业文凭是后备役部队上尉晋升少校的一个必备条件。此规定实施后，少校选拔率已从过去的 50%下降到 1995 年的 32%。

后备队改编训练部队 据美《陆军》杂志 1996 年 10 月号报道，美陆军后备队为加强战备而采取的一项改革措施是改编训练部队以适应国家战略从全面动员转向部分动员这一转变。这一转变使陆军后备队的训练重点从动员阶段新兵训练改为平时加强分队训练以提高其战备水平。据此，美陆军把训练师改编为训练师和演习师两种。美陆军计划在 1997 年前成立 7 个训练师，即第 80 师、第 84 师、第 95 师、第 98 师、第 100 师、第 104 师和第 108 师。这 7 个训练师将包括陆军后备队学校。训练师负责单兵训练，包括新兵训练以及第 1 类后备役单个人员的军事专业调动训练和复习训练。演习师则负责训练陆军后备队和陆军国民警卫队战斗勤务支援部队和作战勤务支援部队的训练、后备队司令部指挥所演习和下层部队的野外训练演习。在动员期间，演习师协助现役陆军战备小组进行部队鉴定。

（洪锦珠）

陆军训练场地简介 《外国军事学术》1996 年第 7 期袁林报道，美陆军把训练场地作为验证军事理论、研究军事技能、演练作战方法的场所和部队完成规定的训练任务、提高训练质量的必备条件。美陆军的主要训练场包括：

兵种训练场地。美陆军各兵种训练场地包括装甲兵、机械化步兵、步兵、炮兵、防空兵、空降兵、工兵等专业技术和战术训练场地。

（一）装甲兵训练基地。又称胡德堡装甲兵训练基地，位于得克萨斯州奥斯汀市以北 96 千米处，占地 878 平方千米，内设机场。现为美训练与条令司令部所属考核与试验中心，为第 1 骑兵师、第 2 装甲师、第 6 空中战斗骑兵旅、第 31 防空炮兵旅、第 13 军支援司令部、第 3 通信旅、第 89 宪兵旅、第 504 军事情报旅、第 3 空中支援大队、“阿帕奇”战斗航空兵训练旅等单位所用。1996 年，该基地编有军人 45113 人，文职 6586 人。根据新的调整方案，考核与试验中心将于 1999 年调归布利斯堡陆军防空炮兵训练中心；第 2 装甲师将被撤消，并入第 4 机步师。

（二）机械化步兵训练基地。又称卡森堡机械化步兵训练基地，位于科罗拉多州中部斯普林斯市以南 6 千米处，占地 556 平方千米。该训练基地另辖一个占地 987 平方千米的演习区，可进行旅规模部队演习。为第 4 机步师、第 43 地区支援大队、第 10 特种部队大队所用。1996 年编有军人 16115 人，文职 3193 人。根据调整方案，第 4 机步师拟于 1996 财年调往胡德堡训练基地。

（三）步兵训练中心。又称本宁堡步兵训练中心，位于佐治亚州西部哥伦布市以南 14 千米处，占地 736.6 平方千米，内设机场。步兵在此接受基本训练。现为步兵训练中心与学校、第 24 步兵师第 3 旅、第 36 工兵大队所用。1992 年，美陆军在此成立了"徒步作战战斗实验室"，参加实验的单位有第 10 山地师、第 24 步兵师、第 82 空降师、第 101 空中突击师、第 18 空降军司令部。1996 年，该中心编有军人 19615 人，后备队 12481 人，文职 6898 人。

(四)野战炮兵训练中心。又称锡尔堡野战炮兵训练中心，位于俄克拉何马州南部劳顿市以北 5 千米处，占地 381 平方千米，内设机场。现为陆军野战炮兵学校，第 3 军炮兵司令部，陆军野战炮兵中心司令部，第 17、75、212、214 野战炮兵旅所用。1992 年，美陆军在此成立了"同时进攻战斗实验室"，参加实验的单位有第 1 步兵师、第 1 骑兵师、第 3 军司令部。该中心每年可训练 1.5 万名炮兵和导弹部队官兵。1996 年，该中心编有军人 10715 人，文职 6043 人，另有国民警卫队与后备队 1056 人。

(五)防空炮兵训练中心。又称布利斯堡防空炮兵训练中心，位于得克萨斯州西部埃尔帕索市中心东北 11 千米处，占地 507 平方千米，内设机场。现为陆军防空炮兵中心与学校、军士长学校、第 11 防空炮兵旅、第 6 防空炮兵旅、第 3 装甲骑兵团、第 1 诸兵种支援营、第 7 别动队训练营所用，也是德国空军训练司令部和德国防空学校海外训练场，每年接纳近 2000 名德国士兵，进行防空作战训练。1996 年，该中心编有军人 15226 人，文职 7796 人。根据新的调整方案，第 3 装甲骑兵团将于 1996 财年调往卡森堡训练基地。

(六)空降兵训练基地。又称布雷格堡空降兵训练基地，位于北卡罗来纳州中南部费耶特维尔市西北 14 千米处，占地 575 平方千米，内设机场，与波普空军基地相连。现为第 82 空降师、第 18 空降军司令部和炮兵及军属第 35 通信旅(空降)、第 18 野战炮兵旅(空降)、第 18 航空旅(空降)、第 18 财务大队、第 1 军支援司令部、第 16 宪兵旅(空降)、第 20 工兵旅、第 525 军事情报旅、肯尼迪特种作战学校所用。1996 年，该基地编有军人 39000 人，国民警卫队 12707 人，后备队 40293 人，文职 1 万人。

(七)工兵训练中心。又称伦纳德·伍德堡工兵训练中心，位于密苏里州中南部韦恩斯维尔镇东南 10 千米处，内设机场。现为第 1 工兵旅、第 3 训练旅所用。1996 年，该中心编有军人 8880 人，国民警卫队 1100 人，后备队 1200 人，文职 4480 人。

联合训练中心。联合训练中心是美陆军各兵种进行合同战术训练的综合性训练场地，美陆军联合训练中心主要有：

(一)全国训练中心。又称欧文堡全国训练中心，位于加利福尼亚州南部巴斯托市东北 60 千米处，占地 2576 平方千米。内设对抗演习训练场、实弹射击训练场、预备役部队训练场，假设敌为第 177 装甲旅。现驻有第 11 装甲骑兵团、全国训练中心支援营、作战大队等单位。该中心是陆军重型部队的主要训练场地，可同时接纳装甲兵、轻步兵、空降兵合练。负责美本土机步营和装甲营的合同战术训练，每年可轮训部队 10～12 次，约 35 个营特遣队，每次 28 天，其中 14 天为作战训练。到目前为此，中心已轮训部队约 170 批共 80 余万名官兵。1996 年，该中心编有军人 4600 人，文职 1980 人。

(二)联合战备训练中心。又称波克堡联合战备训练中心，位于路易斯安那州西部利斯维尔镇南 15 千米处，占地 803 平方千米，设有丛林、沼泽地、开阔地等多种地形条件，内设机场，假设敌为第 509 步兵团第 1 营。现为第 2 装甲骑兵团、第 108 防空炮兵旅、第 42 野战炮兵旅驻地。该中心常年驻有空军 2 个训练中队，负责协调飞机支援事宜；还驻有陆战队的空海炮火联络连，是美陆军轻型部队的主要训练场地，负责轮训美本土非机械化步兵部队和特种作战部队，每年轮训 10 次左右，每次 1 个营特遣队。近两年，美陆军到该中心参训的部队数量急剧增加，从 1993 财年的 9 个营增加到 1994 财年的 24 个营。到 1996 年初为止，共轮训约 190 个营级部队，约 14.2 万名官兵。近年来，中心还开始训练维和部队。1996 年，该中心编有军人 9129 人，预备役 29227 人，文职 2390 人。

(三)合同战术训练中心。又称利文沃思堡合同战术训练中心，位于堪萨斯州东北部利文沃思市以北，占地 28.3 平方千米，现为陆军指挥与参谋学院、合成兵种中心、训练与条令司令部分析中心、外国军事研究局、美国军法拘留所、第 35 机械化步兵师驻地，内设机场，并编有假设敌部队。该中心主要负责师、军级指挥官及参谋人员的模拟指挥训练，并负责 1998 年至 1999 年美陆军战役与战术级作战问题研究，中心已与驻欧洲和韩国的作战模拟中心联网。1992 年，美陆军在此成立"作战指挥战斗实验室"，参加实验的单位有第 1 步兵师、第 1 骑兵师、第 3 军司令部。1996 年，该中心编有军人 3871 人，文职 2431 人。

(四)作战机动训练中心。又称霍恩菲尔斯作战机动训练中心，位于德国纽伦堡市东南 56 千米处，训练场面积为 162 平方千米，编有假设敌部队。1991 年成为美陆军第7集团军训练司令部“战斗演习训练中心”。每年为美驻欧重装营提供4天的作战训练。1993年以来，该中心增加了维和行动的训练内容，训练维和部队。

（德 昶）

空军训练 综述 1995年以来，美国空军在军事训练方面出现了一些新观点、新动向和新特点，主要有：

*把战备训练放在优先考虑的位置，增加训练投资和训飞时间。*美空军认为，要赢得今后发生的战争的胜利，必须对部队进行充分的、严格的训练，“美国的训练投资无论在款额上和时间上都必须加以保证”。为此，美军1995财年在继续压缩部队规模，国防预算继续削减的情况下，却增加了用于保障战备训练方面的经费。其中，用于各种训练、现实活动和保养的经费比1994年增加5.6%。据称，1996年在此基础上又有增加。空军飞行部队增加了训飞时间。近两年，轰炸机机组每年人均飞行时间增至238.8小时；战斗机/攻击机飞行员每年人均飞行已达到248.4小时。

*根据全球军事存在和军事参与的战略方针，调整训练内容和重点。*冷战结束后，美空军部队被派往海外执行应急作战任务的数量比冷战时期增加了4倍。1995年以来，美国空军被派往海外参与的军事行动主要有：在中南美洲的反毒品行动，针对伊拉克向海湾地区的增兵、空袭行动，以及在波黑地区的军事行动等。其中对波黑塞族的空袭行动是海湾战争后美军进行的规模最大的军事行动。为提高美空军将作战飞机迅速派往世界各地进行应急作战的能力，在日常战备训练和一系列演习中，突出了以下几个方面的训练：

（一）优先保证快速反应部队和特种作战部队的战备训练。美军事当局在经费上优先保证快速反应部队和特种作战飞行联队的日常训练和作战需要。从近两年情况看，美空军快速反应部队非常注重快速反应训练、远程机动训练、适应能力训练和联合作战训练等。日常训练重点放在夜间复杂气象条件下的作战训练、低空超低空训练、电子战训练、空中加油训练，同时强调体质锻炼、心理稳定性的养成和极端复杂条件下的生存能力训练等。美空军十分重视对作战部队实施逼真的仿实战训练，每年都要举行以“旗”为名的大型模拟实战演练，如1996年，组织“红旗”演习5次，以指挥与控制为主的“绿旗”演习3次，旨在加强美空军和盟国空军协同的“盟军旗”演习2次，“枫叶旗”演习3次。

（二）突出远程奔袭和远程机动转场训练。美空军十分重视提高战略轰炸机远程奔袭能力，频频派出B-52、B-2、B-1B型机参加世界“热点”地区的战略轰炸演习。1995年共出动24批50多架次，赴太平洋、欧洲等地参演。战略轰炸演习通常有战术飞机参加。飞行距离一般长达11000～12000千米，中途不着陆，经几次空中加油，连续飞行16～17小时，以远程奔袭方式赴特定战区实施应急支援作战演练，重点加强部队的快速出动、空中加油、应急派遣能力和环境适应能力，保持空军高度的机动性和灵活性。远程机动转场也是美空军演习的重要内容。例如，美泰举行的“金色眼镜蛇95”演习，主要演练部队远程机动支援东南亚地区的能力。“阿尔索伊”演习则主要演练本土空军对朝鲜半岛的紧急支援能力。美空军近两年增加远程机动作战演练的直接原因是，美国削减了驻海外的兵力，其中包括急剧地削减空军的兵力和关闭海外基地。美空中作战司令部认为，“美空军将迅速地成为以美国本土为基地的远征力量”。它能在20小时内“出现”在世界上任何地方，未来，任何作战对手将不得不认真对待美国空军“用这种与以往不同的方式在任何时间突然出现在任何地方的问题”。

（三）加强与其他军种和盟国的联合作战演练。由于美军将多军兵种联合作战列为未来战争的主要样式，因此，美空军举行的多数演习是与陆、海军共同举行的多军种联合演习。在海外热点地区参加的演习多数都是与其他国家联合举行。1995年，仅太平洋地区美空军参加的各种联合演习达46次，空军单独举行的演习仅14次。按计划，美空军1996年共举行规模较大的训练演习51次，其中45次是多军种或多国部队联合作战演习。近两年，美空军与盟国的联合演习和军事交流明显增加，例如，日本航空自卫队在1995年共举行日美联合训练演习64次，其中大规模演习5次，小规模59次。韩国全年举行的较大规模演习达18次，美韩联合陆空演习几乎每周1次。1996年5月，美、英空军参加了海湾战争以来规模最大的双边三军联合军事演习。美空军在亚太地区参加的演习多数都是与其他国家联合举行，除继续与韩、日、菲、泰、澳等5个传统盟国举行联合演习外，明显加强了与俄罗斯、印度、蒙古、新加坡、马来西亚等国的军事交流和联合训练演习。

（四）重视维和行动演练。美国空军在海外的任务大量增加，仅在波黑、伊拉克、加勒比海和南非就部署约1万兵力；近两年，美空军在战区执行的“维和”飞行任务平均每天约达200架次。美军已把参加“维和”行动视为保持全球军事存在和军事参与的重要内容。仅1995年就举行了3次较大规模的“维和”联合演习：一是美太平洋空军和第 15 航空队与俄罗斯军队联合举行的“维和 95”演习；二是美空军在本土举行的“维和者·挑战 95”演习，美空军各大司令部均派部队参演；三是太平洋总部举行的“长者勇敢 95”演习，为参加人道主义援助和救灾等非战争行动作前期准备。

（五）积极组织信息战演练。美军为夺取高技术战争中的信息战优势，各军兵种都组织了信息战演练。美空军 1995 年 10 月在肖空军基地组建了第 1 个信息战中队——第 609 中队。预计还要为各战区建立几个信息战中队。到 1996 年 8 月，该中队扩编为 40 人，已具备随时投入作战的能力。该中队多次进行以破坏敌电子计算机程序为背景的演练。如 1995 年 7 月，在海军学院组织了以破坏敌计算机功能为目的的演练。1995 年秋，美国防部为确定未来作战方式方法，分析了近两年 10 多次演习中实施信息战的经验教训。1996 年 9 月，美军联合司令部组织了由 2400 人参加的较大规模的信息战演习。

*大力开展近似实战演习的飞行战术技术比赛，检验训练效果，激发练兵热情。*美空军为激励官兵的练兵热情，检验训练效果，空军各大司令部定期举行军事比赛，各类比赛达 10 种之多，其中空中作战司令部主持进行的军事比赛有 5 种：(1)“硝烟”轰炸射击比赛，每逢奇数年份的 10 月进行；(2)“威廉大话”空中射击比赛，每逢偶数年份的 10 月进行；(3)“远射”远程机动比赛，每年举行 1 次；(4)“骄傲盾牌”远程战略轰炸机优秀机组比赛，每逢偶数年份举行 1 次；(5)“战斗挑战”最佳作战通讯支援单位比赛，每逢偶数年份举行 1 次。美空军教育与训练司令部主持的有每年 1 次的“尖子飞行”比赛和“技术尖子”比赛。美空军航天司令部每年举行 1 次“护卫挑战”优秀航天与导弹部队比赛。空中机动司令部每年举行 1 次“圈地”空运技术比赛。驻太平洋空军司令部每逢偶数年份在韩国举行“佩刀精神”空中比赛。从近两年美空军举行的军事比赛情况看，有以下特点：一是缩短时间，节约经费。如 1995 年 10 月空中机动司令部举行的“硝烟”轰炸射击比赛，一改过去时间长、花费大的特点，比赛由 2 周缩短为 2 天，只花费 50 万美元；1996 年 6 月举行的空运技术比赛时间最长，也不过 1 周。二是参赛机种增多，强调协同作战。过去各队往往派出单一机型参赛，现在参赛的飞机除战斗机、攻击机、轰炸机外，还有隐形飞机、指挥与控制飞机、侦察机和加油机等。比赛中，要求各机种之间具有良好的协同作战能力。三是参赛单位增多，比赛日趋国际化。参赛单位不仅来自美国空军驻本土或海外的部队，而且许多盟国，如英、日、法、德、加等国空军也派机参加，增进国际军事交流，提高飞行员的战术技术水平。

*强化训练的模拟手段，扩大模拟训练的范围，提高训练效益。*美空军面对预算继续缩减，海外部署任务成倍增加的形势，空军再也承担不起用实机飞行来演练未来作战可能采用的各种战术和机动动作。美空军仿真与模拟管理局根据参谋长的建议，从 1995 年开始拟订模拟器材发展计划，预计今后 5～10 年需拨款 20～30 亿美元。美空军决定，不惜花钱采用新一代先进的高仿真模拟训练系统，将更多的训练课目转移到模拟器上，并通过计算机联网，将分散的多个部队的模拟器联为一体，使模拟的多种飞机能在一起进行训练，从而使过去的单兵（机组）模拟训练发展到一定规模兵力的模拟对抗训练，扩大了模拟训练的范围。美空军于 1995 年 4 月订购了 97 套休斯公司研制的新一代“部队训练飞行模拟器”，它不仅可以进行各种飞行技术的模拟训练和飞行中处置各种特殊情况的模拟训练，而且还可根据需要选择地区、地形进行远距离航行的低空训练，以及同机型或不同机型的对抗空战训练。仿真技术和模拟器正处在不断发展和改进的过程中，美刊称，美国空军 90 年代末将面临一场“训练革命”，届时模拟仿真技术将有新的突破，新的一代模拟器将更加逼真、更加有效。模拟训练集中体现了训练方法的改革，它必将成为提高训练效益的必由之路。

*积极采取事故预防措施，连创最佳飞行安全纪录。*1994 财年，美国空军连续发生误击陆军直升机、空中相撞和 B-52 坠毁等一系列悲剧性严重事故，使空军安全工作受到社会的责难和来自内部的批评，美国空军的形象大为降低。为了对批评作出反应，摆脱被动局面，空军参谋长罗纳德·福格尔曼亲自组织安全调查组，对空军飞行安全工作进行大检查，在此基础上重新审查修订事故预防计划，在全军推行“安全日”活动，重点放在提高安全警觉性，预防人为因素造成的事故，以及加强风险控制管理上。由于采取了有效的事故预防措施，美空军从 1995 财年连续两年创造了历史上的最佳安全纪录。1995 财年发生 A 级（严重）飞行事故 32 起，亡 53 人，万时率为 0.144。空军最容易出事故的是战斗机，而 1995 财年的战斗机安全情况看好，取得了万时率为 0.259 的好成绩，在空军安全史上排列第二。1996 财年，尽管发生了像 CT-43 飞机坠毁，导致商业部长和其他 34 名乘客身亡的灾难性事故，但本财年的 A 级飞行事故万时率降为 0.126，仅次于 1991 年创造的 0.111 这一历史最佳纪录，明显好于 1995 财年，从而成为美国空军历史上第 2 个飞行最安全的年份。按

目前美国空军的事故划分标准,A级飞行事故是指机毁或人亡或损失超过1百万美元的事故。1996财年发生A级飞行事故27起,仅损失飞机20架,为历史上第2个最少的年份;战斗机A级事故万时率0.22,创造了历史上最低的战斗机事故率。随着飞行安全形势的好转,美国空军开始重新建立自己的安全形象。

主要资料来源:

1995～1996年美国《空军时报》、中国《外国空军训练》和《外国空军研究》。

(李荣怀)

飞行员的生存训练 《外国军事学术》1996年第4期刘书礼援引美《空军时报》1995年6月26日报道,在美国空军中,飞行员在飞机被击落、跳伞逃生及被敌俘虏等方面所面临的风险比任何人都大。因此,飞行员所受的训练也最严格。

生存训练的地点和主要内容。所有的飞行员,无论是军官还是士兵,包括空军国民警卫队和预备役人员都要参加为期17天的生存、躲藏、反抗和逃生4大课目的训练。地点是华盛顿费尔柴尔德空军基地的美国空军生存学校。在那里,学员们学习怎样寻找水源、该吃什么样的食物、怎样躲藏或找哪些地方作为隐身之所,如何避免被俘以及一旦被俘该怎么办等。

每年大约有50个小组,2500名飞行员来生存学校学习。他们中有2/3是士兵、8%是女性。室内授课都在费尔柴尔德空军基地进行。但生存和躲藏技巧课的传授,要到科尔维尔国家森林里进行。学员学完上述课目后,有的还要到佛罗里达州彭萨科拉海军航空站进行为期3天半的水上生存训练。

在2500名费尔柴尔德生存学校的毕业生中,每年都有大约1300名飞行员被指定不用弹射座椅驾机飞行。他们驾驶的飞机多属运输机、加油机和直升机等。在基地学习的主要课目有:飞机着陆撞毁或空中跳伞时怎样迅速逃离座机,如何才能乘坐20人救生筏在海上生存几周的时间。这个训练课目在大型的游泳池中进行。

驾驶有弹射座椅飞机(如战斗机、轰炸机等)的飞行员,都要到驻彭萨科拉的第17训练中队接受更严格的训练。在那里,空军教官将指导他们怎样使用降落伞;怎样在海上乘单人救生筏生存几周时间。该训练课目在墨西哥湾进行。

凡到阿拉斯加任职的飞行员,在完成水上生存课目训练后,还要到阿拉斯加艾尔森空军基地的北极学校加训5天。每年,来自各军种的约650人都要在这里接受特种生存训练,训练的主要课目有:在摄氏零下60℃的条件下怎样寻找食物、怎样选择藏身地点。为确保训练逼真,施训时间专门安排在每年的10月到翌年3月最寒冷的日子。训练分期进行,每期35人,半年可训20期。

美空军规定,飞行员和从事高风险工作的地勤人员都要进行丛林、沙漠等地形条件下的特种生存训练。

来自特种作战部队的学员。在费尔柴尔德接受完地面和水上生存训练后,还要到全国的几个基地接受高度专业化的生存训练。

空军学校的学员,大多是在科罗拉多州的一所学校内接受生存训练。少数后备军官训练团的学员也来该校接受短期训练。军官训练学校的学员,则要到阿拉斯加的马克斯韦尔空军基地接受生存技巧训练。

此外,所有通过基础训练的士兵,在首次接受任命后,都要进行核、生、化攻击条件下的基础生存训练。虽然在大部分军旅生涯中,指定的生存训练课目并不多,但是空军总是把生存技巧同他们的晋升机会联系在一起,以鼓励士兵积极参加生存训练。

飞行员的生存要诀。美空军的许多条令和手册都谈及逃生之法、求生之术。其内容是:

1. 保持警惕。在和平时期,先判明情况、迅速处理好伤情,尽快同救援部队取得联系。在战时,先选择别人不会跟至、周围视界良好且有多条逃生之路的地方藏匿。立即处理好伤情,并尽可能多休息,每天至少保证7～8小时的睡眠时间。

2. 隐蔽自己。身上暴露的皮肤就像导航台,会把敌人引过来。所以,要用污物或泥土涂抹身体所有暴露的部位,包括:脸、手腕、耳朵和脖颈,用污物、果浆、木炭和植被擦抹衣服,使其同周围植被的颜色相近。不要戴发光的器具,像眼镜、手表、钢笔或铅笔等,都能反射光线,暴露藏身位置。

3. 减少走动。就留在飞机附近,使救援人员能找到。在战时,根据敌人位置寻找你的藏身之所。这些地区在执行任务之前,负责人定会向你交待。

4. 谨慎转移。在你决定转移时,要选择光线不良、天气恶劣或敌人活动受限的条件。转移要小心谨慎,不要走直路,走时要不断拐弯;每走10步要停一下,静观、细听有无人员或动物活动的迹象,仔细察看有无陷阱。切不可留下转移的痕迹,包括植物的叶子被翻转、树枝被折断等。要掩盖脚印,埋掉所有丢弃物并予以伪装。

5. 寻找水源。如果没有食物,可生存几周,但若没有足够的水,则3天后就难以生存。因此,在安全条件允许的情况下,要尽量多喝水以防脱水。可通过收集雨水、溶化雪水、深挖土地和榨取树汁等办法取水，切忌饮用污水。

6. 寻觅食物。吃昆虫、植物和松鼠之类的小动物，可以维持生命。但食前务必要与你携带的生存指南对照一下，以免中毒。

7. 就地取材。要尽可能就地取材，充分利用各种装备以求生存，埋掉用不着的所有东西。如飞机上的某些部件可当炊具；头盔可当水桶：氧气面罩上的气管可当吸管；罐头启子可改造成缝衣针；伞布不仅可用来防晒、防雨、防寒，而且还可以裹在脚上防止冻伤。

8. 小心用火。用火柴、打火机或把软木同硬木一起加力摩擦，都可取火。但是用火务必当心，因为它会暴露你的位置。

9. 煮食谨记。准备食物要尽可能煮熟，以便杀灭寄生虫。但要谨记：不得烧烤；不要让气味散发到远处；刮胡子不要洒香水；不得用除臭剂或驱蚊剂；不要吃带香味的食物；更不要制造烟雾。因为这一切都容易暴露目标。

10. 选地睡眠。寻找睡眠地点，起码要先行勘察。起伏大的地形、干水沟等都可以隐蔽休息，但要便于逃离。无论你选中了什么地点，都不可呆得太久。

11. 保持干燥。只要条件允许，就应尽量让衣服和鞋袜保持干燥、清洁。因为潮湿或肮脏的着装会降低保暖性能，潮湿的靴子会伤害腿脚，影响行动。

12. 通信联络。在和平时期可用电台、导航设备、信号镜、火光、照明弹、哨子、声响或敲击空心的树干、木头等，向过往的飞机、车、船等发送信号。一面信号镜，如果能对准目标，远在 50 英里以外的目标都可接到信号。战时则要按规定的办法寻机进行联络。

13. 切勿绝望。任何时候都要保持乐观的情绪，要从心底里打消失败的念头。要想随时都可能被自己人发现，并一定会把你营救出去。要想别人也曾碰到过与你一样的处境，由于他们都是按照你所训练过的方法做了。因此都生存了下来。

（德　昶）

院校教育和演习　重视院校教官队伍建设

中国《外国军事学术》1995 年第 10 期王春茅报道，美军认为，高水平的教官队伍是培养高质量人才的关键因素，因此美军的各级院校均把教官队伍的建设作为最重要的问题之一，予以重视。多年来，美军院校已建立健全了教官的选调、任命、使用和提高的一整套规章制度，形成了一支人数多、素质高、结构合理的教官队伍。目前，在美军院校工作的各类教职人员总数约为 18 万人，它由军职、文职与外国军官、军士和教师组成。其中军职约占 70%，文职约占 30%。

选调与任命。1. 对象。美军院校军职教官的选调对象主要有两类：一是现役、预备役部队中符合条件的现职军官；二是各军事院校应届毕业学员中的优等生。文职教师的选聘对象范围较广，主要是地方高等院校、研究机构、政府部门的学者、教授、专家或知名人士。担任某些特殊课程的教官和教师也可以从外国军队的军官、军士或非军人中招聘。各军事院校的文职外籍教师多在外语系任教。有些军事院校还定期或不定期地临时邀请军外的专家、学者、知名人士来校举办讲座，或担任客座教授。

2. 条件。军职教官的条件是根据任职军事院校的级别、所担任的课程来确定的，包括年龄、军龄、军衔、学历和工作经历等项目。各军种军官学校担任文化课程的军职教官的条件中比较注重学历、实际任教能力，并且有严格的推荐、评审、任命程序。军兵种专业技术院校的教官要求具有大学本科以上学历和学士以上学位，在本级院校学习过战略、战术、领导艺术及专业技术课程；服役 5 年以上并有中尉、上尉或少校军衔；担任过排、连级指挥职务或营级司令部的参谋职务，对所教授的学科有扎实的理论基础和丰富的实践经验。中级指挥参谋院校的军职教官必须是服役 12 年以上的少校或中校军官，并且是同级指挥院校的毕业生，担任过营级指挥职务或旅级司令部的参谋。中级专业技术院校的军职教官除以上条件外，最重要的是具有硕士和博士等高级学位。高级院校的军职教官必须是服役 18 年以上的中校、上校级军官，经过同级军事院校学习毕业；担任过旅、师级领导职务，并在军以上高级司令部工作过 2 年以上。

文职教师应具备的条件是：热爱军事教育，有硕士以上学位；高级讲师、副教授、研究员以上职称；有学术著作和科研成果；有渊博的知识和丰富的教学经验，是本学科的学科带头人或公认的权威。

3. 评审与任命。美军各级院校中都设有常设或临时的评选委员会，负责军、文职教官的推荐、评选与审查。初级院校军职教官中任职 3 年的讲师、高级讲师和讲师以下职称的教官由教学系主任推荐，教务长批准，校长委任。助理教授由系主任推荐，人事行政参谋主任委任。副教授由系主任推荐，教务长批准，校长委任。常任副教授由校长提名，军种部委任。教授由系主任推荐，校长提名，军种部批准，总统委任，并经参议院确认。文职教师的聘任首先要由教职人员初选委员会在全国主要报刊、杂志上公开刊登招聘启事，应聘的候选人由评选委员会评审，然后由学科委员会推荐，校务委员会审批。中、高级院校的军、文职教官的评审与任命程序与此基本相同。

培养与提高。1. 任职前的培训与实践。美军认为，在教学实践中锻炼与提高是培养教官的最好途径之一。军职教官大多有厚实的文化基础知识和专业知识，素质较全面；缺乏的是实际教学经验。因此在新教官任职前，通常对其进行短期的培训，主要内容是学习如何编写教材，如何使用各种教具、模型和教学设备，如何评定学员的成绩，并对所教授的科目有初步了解。然后观摩老教官的示范教学，并进行试讲，由各级领导和老教官给予指导。为使教官更快适应新的工作，有时也给他们施加一定的影响。

2. 进修深造。到军队的中级专业技术院校和地方高等院校进修深造，是教官培养与提高的最重要途径。美军各级院校都积极鼓励教官进修硕士和博士研究生课程并获得学位。但一般要求进修的课程应与今后讲授、研究的学科有关，或对未来完成教学任务有直接帮助。通常前往进修深造的院校有海军研究生院、空军理工学院和地方的名牌大学；或与军队订有学位协议的附近的地方高等院校。进修时间一般为12～24个月。

3. 参加各种学术活动。美军院校积极鼓励教官以各种形式参加校内外的学术活动，以开阔眼界、提高学术水平。他们可以以学术团体成员的资格出席各种学术会议；或与其他军种院校、地方大学相应的系建立协作关系，保持与发展密切的专业联系；到其他高等院校担任客座教授；与国防部下属机构、院校、部队建立和保持联系。

4. 在高级军事院校中学习或任职。每年都有少量的初、中级院校的教官到国防大学或各军种军事学院学习；或担任客座教授、客座研究员，在从事教学工作的同时学习高级课程并完成一定的研究任务。

5. 前往国外学习或考察。美军与西欧、远东以及其他地区一些国家的军事院校订有互相交流教官的协定，可以经常选派教官、军官到这些国家学习、考察和研究，以开阔眼界，了解外军，丰富自己的知识。

学术研究。美军认为，学术研究能够使教职人员充分显示自己的能力，提高专业水平，密切与其他院校之间的联系与学术交流。院校也可以此来发现与获得客座教授，提高实验室设备的利用率，改进实验设施以促进教学，并提高本校的学术声望和知名度。

因此，各院校鼓励教职人员在遵守有关规定的前提下进行学术研究，在学术、教育、科学刊物上发表自己的文章；在专业学术会议上宣读论文和公布成果；通过多种途径出版学术著作。学术著作的撰写可以吸收学员参加，也可为学员和其他感兴趣的教官举办讲座和讲习班。

各院校为了鼓励学术研究，制定了一些政策与规定，保证教官在从事学术研究时能享有最大的自由。学校的实验室、研究设备优先供教官使用，并以多种形式为学术研究提供财政支援，包括个人赠款、助学金、奖学金、生活津贴、研究员基金、校外拨款、资助以及院校专设的资金等。教官外出参加学术活动可以享受学术休假；具有高级职称的教官每隔6年可以享受一次休假年，到其他院校、政府部门、研究机构从事为期1年的教学、研究活动，或学习博士的课程，或著书立说，进行个人或集体的专题研究。

主要特点。1. 文职教员占有一定比例，任期长，相对稳定。美军历来重视文职人员在军队建设中的作用，文职教师在全军院校整个教官队伍中约占30%。其中高级院校平均为36.8%，例如国防军事学院有教官34名，其中文职13名，约为38.1%；武装部队工业学院有教官39名，文职15名，约为38.4%。中级指挥参谋院校约为56%，最高可达78.3%，例如武装部队指挥与参谋学院共有教官92名，其中文职72名。中级专业技术院校平均为83.3%，如海军研究生院文职教师占教官总数的5/6。初级院校平均约为28.5%，如陆军军官学校约为6.7%，海军军官学校为50%。各军兵种专业技术院校中文职人员的比例悬殊很大，有些基本上全部为现役军官、军士，如陆军野战炮兵中心与学校、海军潜艇学校、空军空地作战学校等；有些则大部分为文职人员，如陆军后勤管理学校，达到85%；陆军副官长学校达到75%。

这些文职教官在各级院校中承担了大部分高级专业技术课程的教学任务和学术研究任务，有的还担任了各级管理领导职务，如海军研究生院的教务长就是由资深文职人员担任的。文职人员的任期一般为1～5年，而军职教官任期不超过3年，因此，在这种军职教官变动频繁的情况下，文职教师却处于相对稳定的状态，成了完成科学文化课程和高级专业技术课程教学与科研任务的中坚力量。例如海军军官学校的文职教师多数担任基础课教学，变动较小，是教学的核心力量。

2. 军职教官年纪轻，学历高，任期短，注重实际工作经验。由于对军龄、军衔和工作经历有明确的要求，所以美军各级院校军职教官的平均年龄都比较低。在初级院校中，军职教官的平均年龄仅比学员平均年龄高3～5岁；中级院校不超过2～3岁；高级院校不超过1～2岁。例如，陆军军事学院100名军职教官的平均年龄为 43 岁，学员的平均年龄为 42 岁。国防军事学院的军职教官平均年龄 45 岁，学员平均年龄为 44.5 岁。由于年龄与学员接近，生理、心理特点基本相同，兴趣、爱好也相差不大，教官与学员容易互相理解，在思想感情上产生共鸣，对重大问题看法观点趋向一致，有利于教学与管理。

军职教官的军衔构成也较为合理。除负责任职前教育的军官学校、候补军官学校和后备军官训练团之外，其他各级院校多数军职教官的军衔都比学员军衔高一至二级。他们绝大多数拥有高级学位，并有担任相应级别指挥参谋职务的工作经历。例如陆军军官学校的教官具有硕士、博士学位的已达 99%。空军军官学校的讲师和教授大部分为上尉或少校军官，而且全部拥有硕士以上学位，其中有博士学位的在 1/3 以上。陆军指挥与参谋学院的上尉以上教官中 70%以上具有硕士、博士学位。

这些军职教官都来自部队或各级司令部机关，对所教授的课程有丰富的实践经验，有利于在教学中理论与实际的结合。军职教官的任期都比较短，一般为 2～3 年，因此流动性比较大，这样能使军官不致于长期脱离部队实际，使院校与部队保持密切联系。如空军军官学校每年都从空军部队中选拔 120～180 人更新教官队伍。陆军野战炮兵中心与学校的教官任职 3 年即重返部队。陆军军事学院的军职教官一般任职也为 3 年。

3. 保留技术骨干，以提高教学质量。从总体看，美军院校教官不论军职和文职的任期都比较短，流动性大。但是在这种频繁变动中，为保证教学工作的持续、稳定和质量的提高，美军还十分注意保留一定数量的老教职人员。例如海军军事学院的 30 名文职教师中有 6 名在校长期任教，他们不受年龄和资历的限制。另一个就是各军种军官学校中的常任教授、常任副教授和其他延长任期的教职人员，他们可在军校工作 30 年，直至退休。西点军校有常任教授 23 名，可以一直工作到 64 岁。

利用地方大学培养军官　《外国军事学术》1996 年第 2 期齐三平报道，美军除了依靠军队院校培养军官外，还在地方大学设置了名为“后备军官训练团”的军官训练机构，利用地方大学培养军官。目前，美军在全国大专院校中设有 400 多个后备军官训练团，每年培养的军官占新任命军官的 30～40%，是美军军官的主要来源。因此，后备军官训练团在美国有“大学中的军校”之称。

基本做法。为了充分利用地方大学的优势，提高军官的科学文化水平，弥补正规军官的不足，美军陆、海、空三军分别派出一定数量的军官，在地方大学设置后备军官训练团，为本军种培养所需的军官。美军一般选择与军种专业对口并有权授予学位的工程技术或文理科院校设置后备军官训练团，其主要任务是使青年学生志愿者在完成学业的同时，接受必要的军事训练，达到新军官的任命要求。在地方大学内，这种军训组织又叫军事学部，通常由 1 名主任、数名军官和军士以及一定数量的教官组成，主要负责宣传、招生、军事训练和人事等项工作。志愿参加后备军官训练团的大学生，必须向军方提出申请，并具备以下条件：(1)必须是美国公民；(2)必须完成大专院校的本科学业；(3)年龄在 16～21 岁之间；(4)在接受军官任命前不得结婚；(5)身体健康；(6)一旦需要，必须接受军官任命。志愿参加后备军官训练团的学生，经军方的考核和体检合格后，即与军方签定合同，由军方提供部分经费资助和其他待遇。学生在完成学业的同时，学习军事课程和参加军训，表现优秀者还可享受军方提供的奖学金，毕业时获得大学文凭，军训成绩优秀的被授予现役少尉军衔，一般的授予预备役少尉军衔。后备军官训练团的军事课一般分基础训练和高级训练两个阶段。基础训练主要在大学一至二年级中进行，每周上 3～4 小时军事课；高级训练一般在大学三至四年级中进行，除每周上 3～4 小时军事课外，还必须参加为时 6 周的军事夏令营集训，集训时间一般在三年级学年结束的夏季进行。学生参加军训和上军事课时穿着军服，按军队班、排、连、营编制活动。班、排、连、营长由高年级学生担任，主要是由参加过高级训练的四年级学生担任。日常时间，后备军官训练团的学生不着军服，与其他学生没有区别。

美国陆军在地方大学设有 265 个后备军官训练团。参加陆军后备军官训练团的学生，除平时由军方提供必要的服装和军事书籍外，军方还为军训成绩优秀、同意在毕业后至少服 4 年以上现役或 6 年以上预备役的学生提供奖学金。享受奖学金的学生，由军方支付全部学费、书籍费等，此外，每学年还可得到 10 个月(即寒、暑假除外)每月 100 美元的津贴费和一期夏令营的 500 美元的补贴。陆军后备军官训练团一至四年级的军事课大致如下：一年级主要进行军人仪表、军人礼节、军事法规、军队纪律、地图判读和方位判定的训练和学习；二年级主要学习武装部队及各军兵种的职能、编制、武器装备等；三年级学习初级军官职责和班、排小分队战术等；四年级学习行政领导和部队管理、连一级诸兵种协同作战的组织与实施等。夏令营集训期间，主要实习担任班、排、连长指挥和管理部队的技能，进行手枪、步枪等武器的射击训练，参加游泳、登山、格斗等特种训练以及野外生存训练。

美国空军在地方大学设有 148 个后备军官训练团。这些训练团的组织领导工作，由空军的大学后备军官训练团总部统管，教官和行政管理人员都由空军派出。志愿参加空军后备军官训练团的学生，由本人提出申请，经审核批准后，其全部学费由军方支付，另发给每人每月 100 美元的补助费，还有 20～30%的人可以享受训练团奖学金。空军后备军官训练团的训练分为 4 年制和 2 年制两种：(1)4 年制训练，第 1 学年学习军人仪表、军人礼节、军事法规、军队纪律等。第 2 学年学习了解空军的军事理论和使用原则、航天学、航空战斗活动等，还要到一个空军基地进行 4 周的夏季野外训练。第 3 学年学习航空航天理论、空军发展史、空军组织机构、天文学等，军官专业课考试及格，并适合飞行的学生，进入某一民间飞行学校使用轻型飞机学习飞行，其中带飞 12.5 小时，单飞 12.5 小时。飞行教官由空军派出。结业后可以取得私人飞机驾驶的资格。第 4 学年学习空军专业、管理、领导以及有关科目，为今后任命为空军军官做好准备。(2)2 年制训练，主要为学制不足 4 年的大专院校或没参加一、二年级基础训练的学生开设。课程内容与 4 年制学生后两年的高级课程相同，但必须首先完成为期 6 周的夏令营集训，才能决定是否录取。

美国海军有 66 个后备军官训练团。其领导工作由海军训练司令部负责，具体是与地方院校订立合同，向驻各院校后备军官训练团下达海军本年度招收学生和军官任命指标，制定基本教学大纲，检查教育与训练质量等。与其他军种不同的是，海军后备军官训练团主要培养现役军官，其毕业生的四分之三被任命为海军或海军陆战队少尉军官。军事训练课的主要内容是：第 1 学年学习的内容与陆军和空军基本相同；第 2 学年学习航海理论和舰船知识、海军史等；第 3 学年学习海军组织机构、海军兵器知识、海军作战理论；第 4 学年学习海军军官职责、组织指挥和部队管理。在夏令营集训期间，组织学生到海军基地参观舰船，体验航海生活，参加游泳、潜水和舢舨训练等。

主要特点。1. 起步早、规模大。美军利用地方大学培养军官的思想和实践早在 19 世纪即已产生，到 1916 年《国防法》通过后，后备军官训练团就用立法的形式被正式确定下来。美军有关法律规定，获得少尉以上军衔军官的文化程度必须是大学毕业以上。美军在几十年的实践中，得出这样一个结论，就是要提高军官的培养质量，单靠军队自办的院校是远远不够的，必须依靠地方高等教育，借助地方名牌院校的实力，采取军地共育的办法，把最先进的科学技术传授给军官学员，把国家范围内最强阵容的教学科研力量用于培训军官的教育之中，达到培养出“第 1 流”军事指挥人才的目的。基于这种认识，美军除办好西点、安纳波利斯、科罗拉多等陆、海、空军军官学校外，还选择和利用几百所地方大学办后备军官训练团，为美军培养和输送大量军事人才。据统计，美军陆、海、空 3 所军官学校每年培养的军官仅占当年新任命军官总数的 11%，而三军后备军官训练团培养的军官历来超过当年新任命军官总数的 30%，最高时达 40%。

2. 制度比较健全。美军在实践中已形成一套比较完备的通过后备军官训练团培养军官的制度。首先是得到联邦政府的支持，才能把培养军官与国民高等教育结合起来。二是做好宣传工作。动员地方大学生参加后备军官训练团，实际上是一种招募从军的活动，必须使招募对象充分自愿，美军采取派人到学生中宣讲美军历史和传统，并每年耗费巨资在电台、电视台和报刊等宣传媒介上大作广告，要求学生“为保卫国家利益入伍”。三是选拔和淘汰都比较严格。美军除按规定的条件对报名的大学生进行严格把关外，还要进行智力测试和“武装部队资格测试”，其中对体检的要求极为严格，合格者才能入选。在军训中发现不能胜任军官的，随时予以淘汰，淘汰率可高达 60%。四是有比较优惠的经费资助。美军对参加后备军官训练团的学生有各种经费资助，对其中优秀者还提供奖学金，这对青年学生具有相当大的吸引力。五是有完整的军事课教学大纲。各军种都根据自身的实际需要，制定了周密的军事课训练计划，并在实施中注意既不使军事课冲击学生正常的大学学业，又能通过循序渐进的军事教学和训练，使学生毕业时达到军官的基本要求。

3. 有利于吸收各种人才。在社会青年群体中，人才密度最大的地方是大专院校，军队在大专院校中办后备军官训练团，就等于向社会敞开了吸收各种人才的大门。为此，美军获得的最大收益是，参加军官训练团的学生，至少是经过竞争考入某一地方高等院校的大学生，有了这样的优质“生源”，再充分利用地方院校师资力量强，教学、科研设备好，学术水平高的优势，加上军事训练，就可以“借鸡下蛋”，为军队输送高质量的人才。同时，这种办法，还丰富了军官人才的类型。美国是高等教育发达的国家，地方大学生中间文、理科等各种人才无所不有，在这一点上军队院校是望尘莫及的。从后备军官训练团毕业的学生，把各名牌大学深厚的科技文化功底和不同的学术风格带到美军中来，从而弥补了军队院校培养的军官在知识结构上比较单一的不足。据了解，美军现役部队中，将军的 30%，校尉级军官的 40%是后备军官训练团的学生。

4. 能减少军费开支。有资料表明，美军各军官学校在 4 年内培养一名少尉军官要耗资近 20 万美元。通过后备军官训练团培养 1 名军官，军方约花 7 万美元。相比之下，后者是前者费用的三分之一。也就是说，在军官学校培养 1 名军官的费用，在后备军官训练团可培养出 3 名军官。由此可见，美军通过后备军官训练团，既在培养军官的数量和质量上满足了自身需要，又获得了节约军费的好处。如果所有军官都由军队院校培养，所耗费的人力，财力、物力就要更大更多。

举行联合特遣部队演习 据英《简氏军事演习与训练》1995 年 7～9 月号报道，6 月 6～24 日，美军大西洋总部举行了“联合特遣部队演习 95—3”，目的是演练部队向全球部署以及在战区指挥官指挥下实施联合作战。

演习总指挥为大西洋总部司令、海军陆战队上将约翰·希恩，参演部队共 1.8 万人。演习检验了联合部队快速部署、实施联合作战及使用指挥控制平台的能力，检验和演练了联合部队作战的战术与程序。各部队在模拟的战区环境中训练，包括空中、海上和陆上作战，特种作战，后勤支援，水雷战，搜索与救援及非战争行动。

模拟演练 2010 年朝鲜半岛战争 据美《防务新闻》1995 年 6 月 11 日报道，美陆军指挥与参谋学院于 5 月中旬举行了为期一周的代号为“草原勇士”的 2010 年朝鲜半岛战争模拟演习。演习旨在检验下个世纪美军快速反应部队作战能力及作战程序。演习设想北朝鲜军队发起进攻并将美韩联合部队逼至汉城以南，美韩联合第 22 步兵师在大田被包围，美军从本土快速派遣机动攻击部队赴朝鲜半岛三八线以南作战。机动攻击部队由轻步兵、装甲部队、航空部队、防空部队、战斗支援部队、工程与后勤部队组成。装备的先进武器系统包括“科曼奇”武装侦察直升机、侦察与摧毁装甲系统、先进野战炮兵系统、智能反坦克弹药，增程光纤制导导弹、先进野战炮兵战术数据系统和其他先进数字通信系统。

（德　昶）

举行“希腊霹雳 95”全球通信演习 据美国《陆军通信兵》杂志 1996 年冬季号报道，美军于 1995 年 6 月 10～24 日举行了代号为“希腊霹雳 95”的全球军事通信演习。参加演习的有陆军、空军、海军、海军陆战队的通信部队和预备役部队共计 7000 多人。陆军 60%的通信部队参加了这次演习。此外，参加演习的还有特殊装备的美海军“兰岭”号军舰，它是这次演习全球通信网的一部分。演习区域涉及到美国本土、美洲、中美洲和亚洲地区。

“希腊霹雳 95”通信演习是美军第 2 次较大规模的全球性通信演习，旨在检验美军所有战术通信团体与全球军事通信系统恢复通信的能力，以及这些系统传输大量话音、数据和可视文电的能力。

（丁前星）

俄罗斯军队训练　陆军训练　综述 1995～1996 年，俄在推行军事改革的过程中，对其陆军的训练作了相应的调整。

根据现实威胁实施部队的战备训练。俄军认为，在新的形势下，正确估计军事威胁对确定军队的训练方法和内容具有十分重要的意义。因此在近两年来，俄军根据俄面临的现实威胁对部队的训练进行了一定调整。

1. 以应付地区武装冲突和局部战争作为部队训练的重点。“冷战”结束后，俄认为目前爆发世界规模的核战争和大规模常规战争的可能性很小，局部战争和地区性武装冲突将成为危及俄安全的主要因素。因此，俄军事训练应以应付局部战争和武装冲突为重点，侧重打一场中低强度的现代战争。近两年来，俄军在各主要战役方向上分别举行了代号为“东方”、“西方”、“西北”和“中央”的大规模首长司令部演习，以研究俄军在新形势下的指挥和作战方法，提高部队在重点方向和地区的战备水平。此外，在各类演习中俄军也摒弃了纯防御理论，强调在防御作战的最后阶段可实施进攻行动，占据敌重要战略目标，迫使其在和谈中接受对俄有利的条件。

2. 确定假想敌，进行有针对性的训练。俄军组建之初，一些专家曾认为，随着“冷战”的结束，俄罗斯已没有假想敌。近年来，鉴于北约加快其东扩步伐，加之俄周边热点地区增多，俄已意识到上述观点的错误。俄总参原作战总局局长巴伦金上将曾于 1995 年 11 月撰文指出，目前对于俄罗斯构成威胁的国家除了传统的全球力量中心美国和北约外，又增加了新的地区力量中心——土耳其、伊朗等国。所以近两年俄在欧洲和亚洲地区举行的各类演习中，均以上述国家或集团作为假想敌，而且演习想定经常是两国或多国联合对俄发动入侵，俄被迫实施全方位的防御作战。此外，俄以周边热点地区矛盾激化、冲突升级为演习想定进行了多次演习。

3. 重视核条件下的作战演练。俄虽然认为爆发世界规模的核大战的可能性减小,但并不否认这种可能的存在。所以俄一方面将倚重战略核力量作为其军事战略的重要内容,另一方面非常重视在敌方使用核及生物、化学武器条件下部队的演练。

根据现代作战模式训练部队。俄在推行军事改革的过程中,还把不断根据新的作战模式对部队的训练内容及方法进行调整作为重点。

1. 加强与其他军种及陆军诸兵种间的协同训练。近两年来,俄陆军加强了与其他军种以及武装力量以外其他军事力量的协同训练,并举行了多次此类演习。演习多以现代化条件下的局部战争为背景,将抗击敌大规模空降、登陆以及在强电子干扰条件下反空袭作战为主要科目,重点研究、演练陆军与空军、防空军、海军以及边防军的协同作战。此外根据现代战争指挥复杂、立体化的特点,俄陆军还加强了陆军诸兵种间的协同训练。

2. 调整训练标准,修改陆军战斗条令。俄陆军自1994年就开始了条令的修改工作。目前该项工作已基本完成,新的条令主要对原苏军有关防御问题的某些指标进行了修改,删除了有关"苏联军事学说的基础"和"政治工作"的论述,增加了"精神心理保障"等章节。此外还就陆军新组建的兵团在战斗中的使用和训练标准作了详尽的规定。

3. 利用技术手段促进部队训练。近两年来,俄陆军研究并推广了大批技术模拟器材。目前已研制并推广成功的有"敏锐-1"、"雷达"、"无畏"和"科特拉斯"等型号的激光射击模拟器,ИПМС型步兵武器模拟射击靶和ИПМТ型坦克和БМП-1型步兵战车火炮模拟射击靶。目前还正在着手研究战术训练综合自动化系统。

合理利用有限经费,保障军事训练水平。由于训练经费奇缺,俄陆军自1992年起已停止举行师以上规模的实兵演习,目前一些集团军和步兵军只能举行连以下规模的实兵演习。针对这种情况,俄军明确提出"军事训练是和平时期军人日常活动的主要内容"、"军队的训练水平就是国家的威力"等口号。陆军多方筹措资金,并在经费有限的条件下开展形式灵活多样的训练,保障了部队的战备水平。

1. 突出首长司令部演习。在没有能力举行大规模实兵演习的情况下,为提高各级指挥机关和参谋人员的作战指挥能力,陆军十分重视首长司令部演习。在近两年所举行的大规模演习中,绝大部分是首长司令部演习。此类演习一般研究问题范围广泛,敌情设置复杂,参演单位多,并且多使用自动化指挥系统等先进技术手段,有效地提高了各级指挥机关和参谋人员在现代化条件下的作战指挥能力。

2. 重视分队的野外训练。俄军认为,实兵演习是部队训练的最好形式,连和营一级的训练和战略战役级的训练同等重要。在不能组织师、团级规模实兵演习的情况下,抓好连、营级野外训练更为关键。莫斯科军区规定,每个分队全年必须保证有1个月的时间在军区训练中心进行野外训练;列宁格勒军区则把野外训练竞赛视为提高军官战斗技能的有效形式。通过野外训练,既提高了基层指挥员的指挥能力,又防止了部队训练的全面滑坡。

3. 加强机动力量的军事训练。在经费紧张,无法保证全军整体训练水平的情况下,俄陆军重点保证其机动力量的训练。俄组建机动力量主要是为了应付地区性武装冲突和局部战争,对紧急情况作出快速反应。目前俄各军区都组建有机动力量,编入机动力量的部队装备精良、满员率高,在训练经费等方面享受优待。机动部队实行特殊的训练大纲,训练水平明显高于其他部队。

(李光亚)

战术训练 《外国军事学术》1996年第3期来斌报道,俄军认为,战术训练在部队训练中占有重要的地位,是全体人员战斗素养的基础。在大规模实兵演习锐减的情况下,部、分队的战术训练,对保持武装力量的战备水平具有重要意义。

战术训练的内容。俄军战术训练的主要内容包括:研究敌我双方的作战理论、组织编制、武器装备、战斗能力、战斗方式方法;提高部、分队指挥员和司令部组织和指挥战斗的能力;保证受训人员能在各种复杂条件下熟练使用武器装备;组织实施分队战斗合练,部队、兵团的战斗协同训练,等等。

俄军战术训练的重点是,部队和分队掌握远距离战斗的技能,以火力突击结合电子压制击败对手;演练迅猛包围和迂回,实施高度机动的独立战斗和纵深奔袭行动。在纵深战斗训练中,要重点掌握在缺少友邻协同的情况下实施基点式战斗和迅速向其他方向转移兵力的艺术。

除上述内容外,俄军还通过战术训练来研究和验证新的作战理论和战法,如在高技术条件下,如何夺取和保持火力主动权;如何提高火力毁伤效果;如何发挥侦察—射击、侦察—突击综合系统各组成部分的战斗效能;如何在己方受到强烈电子干扰的情况下获取情报,保持通信的高度稳定,保持火力和突击力等等。这些内容都是俄军战术训练正在研究和解决的重要课题。

*战术训练的样式。*训练样式是俄军对一整套规范化、系统化训练方式的称谓。每一种训练样式又都有一定的训练方法。这种规范化、系统化的训练样式和方法,对确保俄军训练的整体质量具有重要意义。根据训练对象和训练目的的不同,俄军采用的训练样式也不尽相同。在战术训练中,俄军的主要训练样式有:各级军官的课堂讨论、集团练习、战术即题作业;各级司令部的司令部演练、军队指挥演习、图上和现地首长司令部演习;兵团、部队和分队的战术队列作业、战术作业、战斗射击(带战术背景的实弹射击)、战术演习等等。每一种训练样式通常有若干个相应的训练方法,但其中有一种往往是主要的。如课堂讨论主要是座谈,战术即题作业主要是练习或演练,战术演习主要是实际操作。

俄军的战术训练严格按照先简后繁,循序渐进的原则进行,且一组训练样式通常具有连续性,前后相互衔接。如部、分队的战术训练,首先要进行战术队列作业,然后依次是战术作业、战斗射击。所有单项训练科目完成后,实施和参加上级的演习,并以此结束一个训练周期。但根据训练对象的水平和训练课题的需要,有些训练样式也可结合使用,如某些首长司令部演习可从现地开始,而以图上作业结束,或者与此相反。

对每一训练样式的训练内容和实施程序,俄军的训练大纲、条令、教令及其他指令性和指导性文件中都有明确的规定、要求和具体建议。这便于施训者操作,在组织训练时做到有据可依,按纲施训。

*战术训练的实施。*在俄军的战术训练中,无论是单项训练还是战术演习,其运作程序大体相同,即:(1)确定或了解训练课目、训练目的、训练课题及有关要求;(2)确定最初依据,进行野外训练时,还要进行现地勘察;(3)指挥员拟定训练实施计划,受训人员进行遂行训练任务的准备;(4)按规定课目依次演练各个训练课题;(5)总结讲评。

训练课目、目的及课题,通常由施训者根据大纲、条令和其他有关文件确定,或由上级指挥员确定。最初依据应包括:训练课目、训练目的和训练课题、受训人员的编成、开始时间和持续时间、训练地域,以及摩托小时和各种物质保障器材的消耗标准等。对现地勘察的要求是,所选定的地区应能保证演练课目中确定的所有训练课题。演练警戒分队行军时,选定的路线要有丛林地、峡谷、居民地和天然障碍物。演练进攻战斗时,所选地形要保证进攻分队能隐蔽地开进、展开和实施机动。实施计划应包括:最初依据、战术企图、战术情况、各分队的任务和作业过程中的各种措施等。受训人员的准备工作应包括:学习或复习战斗条令有关章节和条款;明确各自的战斗职责;研究训练条件和时间标准等。进行单一样式的训练时,必须遵循的原则是,一个战术动作、行动样式和训练课题,只有完全达到质量要求后,方可转入下一步的演练。

训练课目、目的和训练课题是俄军拟制训练文书的首要项目,任何一次训练活动均要首先确定训练课目和训练课题。课目的数量通常为:战术队列作业 2 个,战术作业 1 个,战斗射击 1 个。每个课目的训练目的 2～4 个,训练课题 2～4 个。如,一个战术队列作业的示例是这样的:训练课目有 2 个,一是“进攻中的摩步排”,二是“山地进攻时迂回支队中的摩步连”。其中,第 1 个课目的训练目的为:1. 演练班长在冲击和夺占敌防御纵深目标时、抗击反冲击时和改变进攻方向时对全班人员和火力的指挥;2. 达成排在敌防御纵深进攻时的协调;3. 培养班长和全班战士的主动精神和应变能力。训练课题为:1. 冲击并夺占敌防御纵深的目标;2. 抗击反冲击;3. 改变排的进攻方向。战术演习的训练课目通常为 1 个,但却是综合性的。如一次连战术演习的课目为:“摩步连在与敌直接接触条件下转入防御;实施防御战斗;转入进攻。”演习的课题分别列入演习的各阶段。其中,演习第 1 阶段的训练课题为:1. 连接到演习警报信号后的行动,向演习地域开进;2. 定下决心和下达占领有利地形并转入防御的任务,组织火力配系和协同动作;3. 构筑支撑点,派出观察员和值班火器组。

在分队的单项训练中,战术情况可用靶标、模拟器材来设定,但靶标和模拟情况不宜过多,尤其是音响模拟,声音过大过强反而会在某种程度上影响训练效果。在指挥员战术集团作业中,战术想定情况要能保证演练最典型的战斗情节。情况还应是复杂多变的,受训人员要经过认真分析才能得出判断结论,并有可能定下不同的决心。

*战术训练的主要作法。*俄军实行先训后补,新兵训练由专门的训练机构负责,部队只进行合练。这种作法使作战部、分队能集中精力进行战术训练,并避免了训练中的重复,有助于训练水平的提高。

俄军注重在战术训练中探索新方法,以提高部队训练效果。多年来,俄军先后推广了“分阶段训练法”和“战斗类型训练法”。“分阶段训练法”原是专业技术训练所采用的一种方法,现已推广到俄军战术训练中,其内容是由原来的先学理论再进行实际操作,变为边学理论边进行实际操作。采用这种训练方法,可大大加快训练的进度。“战斗类型训练法”是在分队合练中,先演练一种战斗类型,待受训分队的行动达到协调一致后,再转入另一种战斗类型。

俄军提出“训练的集约化”概念,即通过科学合理地计划和安排训练活动,最大限度地提高训练时间、器材和设施的利用率,增加训练难度和强度。在战术训练中,讲求训练的综合性。如,部、分队在赴战术训练场训练时,有意选择地形复杂的路线,在往返途中演练行军警戒、按方位角行进等课目。在实施战术演习前,部队先演练长途行军。

参加北约联合军事演习 据英《简氏防务周刊》1996年6月5日报道,俄罗斯将派遣一支分遣队参加北约与“和平伙伴关系”国家联合举行的代号为“和平盾牌”的军事演习。这次演习于6月6～11日在乌克兰利沃夫附近的亚沃尔斯基举行。参加这次演习的俄军分遣队是从列宁格勒军区第45摩步师抽调的,它由16名军官、28名士兵和3辆装甲输送车组成。此前,俄罗斯为抗议北约东扩,一直拒绝参加北约与“和平伙伴关系”国家组织的联合军事演习。参加这次演习的其他国家的部队还有:乌克兰维和部队的3个排,美国、摩尔多瓦、捷克、斯洛伐克、波兰、罗马尼亚和保加利亚的各1个排。

海军训练 **黑海舰队1995年春季演习** 《外国军事学术》1996年第1期谭丽华援引俄《海军文集》1995年第6期报道,1995年4月,黑海舰队在舰队司令巴尔金的领导下进行了一次综合性战役战术演习。参演兵力包括30多艘舰船和导弹艇,以及海军航空兵、海岸部队和海军陆战队。

演习过程与内容。演习的第1阶段是在舰队主要基地塞瓦斯托波尔的训练中心借助“海豚”战役模拟器进行的,演练了各兵力指挥所和司令部之间协同的指挥与组织。之后,转入实兵演习阶段。实兵演习共分登陆演习和对抗演习两大部分。

1. 登陆演习。大型登陆舰“康斯坦丁·奥利尚斯基”号、“尼古拉·菲利琴科夫”号和加富罗夫海军中校指挥的一艘登陆舰几乎同时抵达登陆兵上陆的岸边,并迅速卸下战斗技术装备和组织陆战分队下船。尽管海上航渡时风浪很大,登陆舰乘员们仍充分利用了战斗演习的每一分钟。其中,进行了防空、反水下破坏兵力兵器的演习,演练了协同机动、损害管制等科目。此外,空中侦察完成了航空照像,为司令部和舰艇提供了必需的情报资料。拍摄的地形全景图成为最新的“地图”,兵力的行动均以此为依据进行。

登陆兵的上陆战斗是按典型的方式进行的。在指定时间里,强击航空兵对“敌”整个防御纵深最重要的目标实施了导弹、炸弹攻击。直升机空降了两个特种兵小组。一个是障碍排除组,负责开辟雷场的通路;另一组负责掩护,并设置导航标志,以引导后续舰艇靠岸。接着“发言”的是舰载武器,它利用最新的侦察情报,开始摧毁整个射程内的“敌”支撑点。接近岸边时,舰炮开火,以支援海军陆战队的进攻。最后,登陆舰抵滩,战斗技术装备离舰上岸。在充分使用装甲输送车和防空火炮的情况下,海军陆战队协同海岸部队“突破”已遭航空兵和舰艇火力削弱的“敌”防线。100多辆装甲输送车和几百名陆战队员都从这个突破口上陆。

根据计划,至此已完成了综合性演习的第1部分。4月12日,登陆舰、海岸部队和海军陆战队返回各自的固定驻泊点。

2. 对抗演习。1995年4月12日,舰队司令带领另一个舰艇群出海。舰队司令巴尔金、水面舰艇编队指挥员科夫沙里、航行司令部参谋长利亚平在导弹巡洋舰“戈洛弗柯海军上将”号上进行指挥。另一组舰队司令部军官在大型反潜舰“刻赤”号上,由黑海舰队第一副司令苏奇科夫海军中将指挥。

参演舰艇驶离主要基地后,建立起航行序列。这些舰艇是“戈洛弗柯海军上将”号导弹巡洋舰,“刻赤”号大型反潜舰,“镇静”号、“快速”号、“求知”号护卫舰,“无风”号小型导弹舰,以及一些小型反潜舰、扫雷舰和导弹艇等。

此次出海是以双方战役战术演习为背景而计划的。夜间,观察系统报告,4艘“敌舰”在主要基地的接近海域布雷。舰艇首先进行的是“舰艇按导航标志驶离基地”的演习。为了隐蔽,所有舰艇保持无线电静默,根据海岸哨所的信号航行。这样演练了岸舰协同这一重要的科目。

接下来演练通过水雷危险区的科目。扫雷舰“高射炮手”号、“朱可夫海军中将”号和“瞄准手”号组成楔形队形,扫出了一道能保障舰艇安全出航并展开的通道。后来,舰艇编队遭到了“敌”空中及其小型快艇的突然攻击。舰员们对“敌”空中和海上目标成功地实施了导弹和火炮射击。战斗临近傍晚才结束,接着便立即着手进行对“敌”潜艇的搜索。

两架“别-12”飞机布设了一个无线电声纳浮标场,同时3个舰艇搜索突击群担任“驱兽者”和“捕手”。第1突击群由“求知”号、“快速”号护卫舰组成;第2突击群由“刻赤”号大型反潜舰和“镇静”号护卫舰组成;第3突击群由几艘小型反潜舰组成。与舰艇协同行动的还有一个空中搜索群。

到第2天早晨8点之前的整个夜间，反潜兵力演练了搜潜战术及各兵种协同的样式。根据演习计划，凌晨“敌人”将从岸上向舰艇发起导弹攻击，“求知”号护卫舰应奋起抗击，并进行导弹实弹射击，而其余舰艇则准备好抗击导弹攻击。

实弹射击开始后，“求知”号发射了两枚防空导弹，准确地将岸基导弹击毁。

演习中，“快速”号护卫舰“受到战斗损伤”，“镇静”号对其进行援救。

对演习的总结。旗舰返航后，演习指挥官从4个方面对演习作了简短的总结。

1. 演习的目的。第一，训练编队司令部对战斗行动的全面保障及实施过程中对兵力兵器的指挥；组织并保持与支援兵力兵器的协同。第二，演练舰艇在群和编队编成内航行和机动时的协调和协同；组织各种防御和防护；损害管制。第三，演练单一舰艇群和编队行动的战术，在完成综合性战斗任务的过程中各种武器的使用方式和方法，技术器材的使用；获得实际海上技能。这次演习已达到了上述目的。

2. 演习的特点。它是冬季训练期战斗训练的顶点和总结。这是一次紧张的演习，也是一次严格的考试。演习的战术背景相当复杂，而且燃料等物资供应不足，所以，舰船在海上的活动时间很有限。演习避免了空载航行，并且综合性地完成了海上任务。

3. 演习的作用。它对水面舰艇编队和部队、海军航空兵、海岸部队和海军陆战队的战斗准备程度是个客观而严格的检验。它表明，甚至在当前的条件下，海军仍是具有战斗力的，并能完成所赋予的任务。在准备期间，演习是以基地训练为主。然而，无论基地训练如何全面和周密计划，仍不能完全代替海上训练。这次演习再次证明了这一点。

4. 演习的结果。总的来说是好的，它标志着整个冬季训练期计划的结束，且没有发生严重的损失、事故和人员伤亡等。由于全体人员的努力，战斗技术装备和武器运转正常。实弹射击也很顺利。

（德　昶）

空军训练　**综述**　1995～1996年俄罗斯空军贯彻俄军建军原则，继续调整编制体制，精简整编，以理顺训练路子，加强空军的战斗力，使空军发展成为一支具有强大战斗力，机动性强，高度集中，具有全天候和远距作战能力的战略机动部队。为达到此目的，在俄政局不稳，经费严重不足、飞行人员军事训练时间减少、空军部队战斗力下降的情况下，采取重点保障、突出重点课目、突出尖子飞行员训练等措施，基本完成了空军部队的作战训练任务。

军事训练困难重重，步履艰难。纵观俄空军近两年情况，影响部队军事训练工作的因素主要有：

1. 经费不到位，无钱更新装备　1995年俄空军只得到所申请经费的30%。而据空军方面计算分析，要保持住空军战斗力，胜任保卫国家领空安全的职责，目前所申请经费的数量不够，还需增加8%。由于经费不够，俄空军1995年只购买了10架新飞机。

2. 燃油供应短缺，是空军飞行训练时间减少的一个重要原因　1995年空军申请了340万吨燃油，而最后落实的仅有59.9万吨。1996年俄空军仅为军事运输航空兵分配了22万吨燃油，而该航空兵用于机组恢复训练（休假后检查带飞）、机场区域训练飞行和转场飞行训练就要用掉近一半的燃油，剩下的部分燃油难以保证年轻飞行员的训练和作战课目的训练。据统计，俄军事运输航空兵每年要为年轻飞行员安排1.5万小时的飞行时间，需用掉14万吨燃油才能保持年轻飞行员的基本战斗力。

3. 军官的津贴发放被拖延，涣散了军心，影响了作战训练工作　1995年俄空军仅得到应发津贴的71%，1996年有的部队的军官连续几个月拿不到津贴，致使一些技术骨干转业到地方。还有些人上班时应付工作，下班后忙着打工挣钱，没有心思去组织部队的训练工作。

4. 资金短缺，购买零备件、燃料的经费不足，修理费用少，飞机出勤率低，飞行员的作战训练远远低于所要求达到的水平　俄空军飞行员的平均飞行时间近两年每年大约都在30多小时，仅为美国空军飞行员的10%。飞行时间的减少，使飞行部队难以完成训练计划。俄空军部队中许多飞行团只能组织保持飞行技术的飞行训练，而不能组织夜航和复杂气象飞行训练。为保证完成最基本的训练任务，许多飞行团的飞行值班数量减少，还有的部队因完不成训练大纲而减少训飞内容。新补充进来的飞行员训飞时间不够，使新飞行员的训飞质量下降。如军事运输航空兵部队，除飞行教员外，大部分飞行员已基本丧失了战斗编队的飞行技能。

5. 航空兵部队中飞行指挥员的指挥能力下降　由于训练时间大大减少，许多航空兵团中未达到飞行指挥员水平的指挥员的数量在增多，从而影响了部队作战训练工作的组织实施，影响了飞行安全。

俄空军在军事训练困难重重的情况下采取以下措施以弥补训练之不足。

1. 积极组织部队参加车臣武装冲突地区的作战，

参加维和行动，以战代训，锻炼部队，以提高部队的作战能力。由于严格训练，严密组织，顺利地完成了车臣武装冲突地区的作战任务。1994 年年底，俄车臣地区发生武装冲突后，俄军为消灭车臣反政府武装，组织俄联邦部队开往车臣地区，俄空军按照俄军统一部署，迅速以第 4 空军集团军为主，从全空军抽调了侦察、强击、轰炸和远程航空兵分队，集中了苏-27、苏-25、苏-24M 和图-22M3 等作战飞机 140 多架（不含军事运输航空兵的军用运输机），组建了新的航空兵集群。战前，认真研究车臣反政府武装兵力兵器部署情报，根据车臣地区的作战特点（如冬季雪多雾大，云层低，飞行器在空中和地面机场上易结冰），组织参战部队进行了复杂气象飞行和其他有针对性的训练，使空军参战部队顺利完成了空中支援、作战区域战场遮断、空中侦察、空运等作战飞行任务，工程技术人员完成了维护保障工作。俄空军在冲突中共出动各类飞机 9000 多架次，其中 5300 架次用于执行攻击、轰炸和布雷等作战任务，672 架次执行空中侦察任务。军事运输航空兵派出伊尔-76、安-12、安-22 和安-124 大型运输机，出动飞机 2000 多架次，运送 7.8 万人，2300 件作战技术装备，6500 吨各类物资。

俄空军承担了支援地面部队的大部分任务，摧毁车臣反政府武装各类飞机 269 架，180 多件作战技术装备，500 多个军事支撑点、基地和集结地，9 座桥梁，近 60 个武器弹药库，在 300 多个路段完成了空中布雷。

俄空军在车臣武装冲突中还多次派出苏-24M 轰炸机，携带 КАБ—500Л 激光制导炸弹和 КАБ-500КР 电视制导炸弹，准确地摧毁了反政府武装的目标。

2. 派部队参加维和行动，参加国际间联合演习，以锻炼部队的战斗力。俄空军派军事运输航空兵的飞机多次为参加波黑冲突地区的俄维和部队运送兵器和物资，从而锻炼了飞行机组飞国际航线和远距飞行的能力。与美太平洋空军和第 15 航空队联合举行“维和 95”演习，加强了俄空军与美空军和北约空军的协同。

完善飞行安全机构，加强飞行事故调查工作。俄罗斯空军组建以来，十分重视飞行安全工作。在近年来经费拮据、燃油和零备件不足、飞行员飞行时间减少、飞行员飞行技术水平降低、飞机地面维护保障工作跟不上、飞行事故多的情况下，飞行安全工作重点抓了以下几个方面：1. 完善飞行安全机构。在空军总司令部组建了以空军少将阿列克谢·阿列克谢耶夫为首的飞行安全机构。在空军各级航空兵部队设立了飞行安全军官。1994 年任命 A·塔拉先科上将为俄联邦武装力量航空兵飞行安全勤务主任。从上到下完善了飞行安全机构。2. 为各飞行安全机构配备知识丰富、技术过硬的安全军官。俄空军为加强飞行安全机构的工作，使飞行安全机构真正成为部队飞行安全的顾问，要求对进入安全机构的人员，必须先经过加加林空军学院的培训，才能分到各飞行安全部门，而且先要为那些专业熟练的安全军官当助手。3. 强调飞行安全工作以预防为主。俄空军当局认为，只要各级认真做好预防工作，许多严重飞行事故是可以避免的。要求各级飞行安全部门长期不懈地作好预防工作，提高各类人员的专业技术水平。对发生的飞行事故，认真查找原因，公布于众，使大家都接受教训，总结经验。4. 重视飞行员飞行安全的心理训练。俄空军当局认为，目前造成飞行事故的主要原因之一是飞行人员缺乏对待飞行事故的心理准备，在遇到特殊情况时不知所措，处置不当。据统计，俄罗斯有 10% 的飞行事故是由于飞行员处置错误造成的。所以，俄空军要求部队针对飞行员的具体情况，组织好专门的心理训练工作。

资料来源：

俄罗斯 1995～1996 年《航空与航天》、《军队文集》、《军事思想》杂志和《红星报》。

（董科军）

航空兵近 3 年来共发生 23 起严重飞行事故 据俄《军队文集》1996 年第 4 期报道，1993～1996 年，俄武装力量航空兵共发生 23 起严重飞行事故，亡 121 人。其中损失比较严重的有：1993 年 4 月陆军航空兵 1 架米-8 直升机在远东地区撞山，亡 8 人；1993 年 7 月军事运输航空兵 1 架伊尔-76 飞机空中起火坠毁，亡 11 人；1994 年 8 月 1 架安-12 在外贝加尔地区撞山，亡 47 人；1995 年 12 月俄罗斯空军“俄罗斯勇士”飞行表演队的 3 架苏-27 飞机在越南金兰湾撞山，亡 4 名飞行员；1996 年 11 月俄空军 1 架伊尔-76 运输机在俄阿巴汗地区坠毁，10 名机组人员和 13 名乘客全部遇难。调查表明，大多数飞行事故是由于违反有关飞行法规造成的。

（吴良全）

防空军训练 **防空军领导班子进行作战业务集训** 据俄《红星报》报道，俄防空军于 1995 年 12 月 19～21 日在莫斯科总部举行了防空军领导班子作战业务集训。参加集训的有防空军总司令维克多·普鲁尼科上将、第一副总司令维克多·米鲁科上将和参谋长维克多·西尼岑上将。此次集训着重学习作战业务知识，统一防空军部队在精简整编条件下防空作战的战略和

战术使用方法。　（董科军）

日本自卫队军事训练与演习　训练　**陆上自卫队训练综述**　严格施训，提高官兵的军事素质，增强全军的战斗力是日本陆上自卫队军事建设的重要组成部分。1995～1996 年，日本陆上自卫队继续坚持质量建军的原则，贯彻平时以教育训练为中心的方针，努力创造条件强化部队的战备训练。特别是在训练经费不足、部队训练时间难以保证的情况下，注重科学练兵，有效地提高了官兵的军事素质和部队的战备训练水平。

*注重科学练兵，保持部队的训练水平。*继 1994 年因教育训练经费和油料采购费减少，日本陆上自卫队步兵连的训练时间由过去的每年 8 次减至 6 次之后，1995 年由于教育训练经费和油料采购费再度削减，即比 1994 年分别减少 11 亿日元和 25 亿日元。日本陆上自卫队不得不中止了北部军区装备有中型火炮、重型火炮的 17 个炮兵营的远距离射击训练和坦克团等赴北海矢臼别大演习场的坦克部队转场训练，并将炮兵部队转场训练由 15 个营压缩到 2 个营。在训练经费大幅度减少难以保证部队的实战练兵的情况下，为了维持和提高官兵的军事素质和部队的训练水平，日本陆上自卫队有效地利用设在营区内的阅览室和图书馆等，加强官兵的现代化军事技术和军事理论的学习。坦克部队和炮兵部队还充分利用坦克射击训练模拟装置和防空射击训练模拟装置进行兵种训练，以弥补因训练经费的不足而无法进行的野外训练。在努力实现科学练兵的同时，积极补充训练经费。由于 1996 年自卫队的教育训练经费（853 亿日元）比上一年度增加 88 亿日元，日本陆上自卫队恢复了 6 个炮兵营的远距离射击训练。根据 1997 年部队训练计划，日本陆上自卫队还将陆续恢复有关训练科目，以保持部队的正常训练水平。

*装备高新技术训练器材，提高部队的现代化训练水平。*海湾战争结束后，日本陆上自卫队认为，高新技术装备是能否取得未来战争胜利的关键。因此，近年来，日本陆上自卫队十分重视引进高新技术训练装置，并运用其开展军事练兵，提高部队现代化作战的能力。1995 年，日本陆上自卫队继续为北部军区第 7 坦克师装备了交战训练用装备，并且为了保证新型多管火箭系统（MLRS）在部队的有效运用，新编了教导连，对有关部队进行现代化装备使用训练。为了实现战时的情况快速处理，1995～1996 年，为步兵和炮兵部队分别装备了 1 套师防空情报处理系统（DADS）和 1 套野战炮兵情报处理系统（FADS）。自 1993 年日本陆上自卫队拨款 8 亿日元着手建立“机动训练中心”以来，其基础建设基本结束。为加快该中心的建设，1995 年，日本陆上自卫队为其引进了硬件和软件设备，并于 1996 年完成了 1 个步兵连能同时进行训练的设施建设。由于高新技术训练器材不断装备部队和建立高水平的训练设施，部队的现代化训练水平又有新的提高。

*实施雪地训练，提高严寒地区战术技术水平。*根据日本陆上自卫队训练计划要求，日本陆上自卫队与美陆军和美海军陆战队每年共同实施 2 次联合雪地训练。1995～1996 年，日美共实施 4 次此种训练。这 4 次训练均于每年的 2～3 月份在日本北海道地区进行，共计 2800 人参加。如 1995 年 2 月 13～26 日实施的第 1 次日美联合积雪寒冷地区训练，日方第 3 步兵团的 1 个连和美方第 3 海军陆战师的 1 个步兵连，共计 390 人参加；1995 年 2 月 20 日至 3 月 4 日实施的第 2 次日美联合积雪寒冷地区训练，日方第 4 步兵团和美方第 41 加强步兵旅 1 个步兵营，共计 980 人参加。训练内容有：日美各级指挥官的协调要领、各种机能的相互配合要领、小部队的基本行动和士兵的基础动作等。日美联合实施雪地训练，目的在于提高部队在严寒地区的战术技术水平。

*加强部队的救灾训练，提高快速反应和机动运用能力。*由于 1994 年发生的九州地方的风水灾和 1995 年发生的阪神大地震以及地铁“沙林”事件，为了完成保卫国家财产和人民生命安全这一重要使命，日本陆上自卫队将部队的救灾训练逐步摆到部队训练工作的重要位置。特别是 1995 年 11 月 28 日日本政府通过的“新防卫计划大纲”，作为日军的任务之一，进一步强调加强部队救灾训练的重要性。1995～1996 年，日本陆上自卫队实施的大小规模救灾训练达百余次，参训人员达数十万人，充分显示了对部队救灾训练工作的重视程度。如 1995 年 4 月 16 日，西部军区第 8 步兵师在举行建师 30 周年纪念活动时，首次实施了有 1600 人参加的救灾展示训练，以此取代了原计划进行的模拟战斗训练。再如，1995 年 9 月 1 日日本防灾日期间，日本陆上自卫队实施了大规模抗震救灾训练，参训人员达 35000 人。截至 1996 年 3 月止，日本陆上自卫队还先后为各方面队装备了用于救灾的通信系统和画面传送系统。画面传送系统由搭载于直升机上面的全天候摄像等装备组成，能将现地的情况迅速、准确地传送给陆上自卫队参谋作战室和防卫厅中央指挥所，有效地提高了部队的指挥和运用能力。特别值得注意的是，1996 年，日本陆上自卫队首次将救灾训练科目纳入“北方机动特别演习”中实施。

注重抗登陆作战训练,适应“水际歼敌”战略的需要。逐步建立起完善的沿岸打击部队和努力强化部队抗登陆作战训练是日本陆上自卫队由“内陆持久”战略向“早期击破”、“水际歼敌”战略转变的重要一环。自1992年3月日本陆上自卫队先后在北部军组建了第1、2、3地对舰导弹团之后,1996年3月又在东北部军组建了第4地对舰导弹团(编制员额为440人,装备16座SSM-1地对舰导弹)。近年来,虽然日军训练经费有所减少,可是地对舰导弹部队的训练非但没有减少反而有所增加。1995~1996年,地对舰导弹部队的各种训练达10余次。特别是第4地对舰导弹团组建之后,1996年7月8日至13日,日本陆上自卫队首次在八户驻地实施了由第1、2、3、4地对舰导弹团共同参加的综合训练。训练内容之多、规模之大是过去所没有的。为了提高抗登陆作战的训练水平,1995~1996年,日本陆上自卫队还先后派遣北部军所属第1、2、3地对舰导弹团、富士教导旅、东部军所属第4地对舰导弹团,共计8个队,约350人赴美国加利福尼亚州穆古角美海军导弹中心发射场实施了年度射击训练。训练科目主要有:导弹发射准备、反舰战斗和反舰实弹射击等。另外,陆上自卫队“霍克”导弹部队赴美训练于每年9月至11月间进行。1995~1996年,日本陆上自卫队各派出17个导弹连在美国新墨西哥州麦克格雷高尔射击场实施了“年度实弹射击训练”,参训人员约1200人,训练时间共计280天。

增加赴美训练内容,提高坦克部队和反坦克部队的训练水平。随着日本陆上自卫队坦克部队和反坦克部队的装备现代化,为了解决反坦克部队在国内演习场无法进行最大射程射击训练问题,1992年,日本陆上自卫队首次派遣AH-1S反坦克直升机赴美训练,并于1993年增加了反坦克队赴美训练科目。从1994年起反坦克部队赴美训练规模基本固定。1995~1996年,日本陆上自卫队均派遣由1个反坦克直升机队和2个反坦克队组成的反坦克部队赴美国陆军亚基马训练中心进行训练。每次训练出动3架AH-1S反坦克直升机、1架OH-6D型观测直升机和4套79型反舟艇反坦克导弹发射装置,人员约180名。训练内容主要有飞行射击、移动目标射击、远距离目标射击和高射角射击等。日本陆上自卫队装备90型坦克后,由于国内训练演习场地狭小,在训练中难以发挥其技术性能。为了提高90型坦克的行进间射击和远距离射击能力,1996年9月16日至22日,日本陆上自卫队首次派遣第7坦克师第71坦克团赴美国亚基马训练中心实施射击训练。此次训练运抵美国4辆90型坦克和1辆90型坦克回收车。参训人员50名。这样,日本陆上自卫队每年派往亚基马训练中心施训的反坦克部队和坦克部队由过去的180人增至230人。亚基马训练中心,不仅场地宽大,而且有电子计算机控制射击系统。靶标的出现或移动全部由电脑控制。与在日本国内只能进行固定射击训练完全不同,更具有实战色彩。为此,参训人员称:“在此训练能大幅度提高参训人员的现代化装备运用和实战演练水平。”

资料来源:

①1995、1996年版日本《防卫白皮书》;

②1995~1996年日本《朝云》周报;

③1995~1996年日本《防卫日报》。

(张洲军)

海上自卫队训练综述 1995年7月至1997年1月,日本海上自卫队共实施各种较大规模训练35次,与此前同期相比,训练次数和规模有所增加和扩大。综观历次训练情况,有以下特点:

采取新的教育训练措施。从1995年7月起,日本海上自卫队开始采取新的教育训练措施。一是将每年3月和7月前后两次派舰艇驶关岛、菲律宾航海实习改为每年2月同期进行。如1996年2月16日,6艘驱逐舰和1艘潜艇分别载舰艇学员和飞行学员同时由吴港启航实施航海实习。二是尽量使更多部队参加训练。为全面提高一线作战部队整体训练水平,自1996年起,组织大规模训练时,开始不再由一个建制单位参加,而是从各部队抽调组成临时编组参训,如参加1996年环太平洋演习时,派出的8架P-3C型机不是象以往那样从一个建制航空群抽调,而是分别从驻八户(4架)、那霸(3架)、厚木(1架)的航空群抽调参训。以往举行年度演习时,除联合舰队参加外,只有甲种演习(每5年1次),5个地方队全部参加;乙种演习时仅1~2个地方队参加,最多3个地方队参加,而1996年虽是乙种演习,却采取5个地方队全部参加的做法。三是增加训练次数和科目。由于1996年训练经费比1995年增加88亿日元,达到853亿日元,因此护卫队群(即“八八舰队”)一级的应用训练比1995年增加1次,并决定1997年航空群一级的训练较1996年亦增加1次。同时增加飞行员海上求生训练、紧急国际援助活动准备训练及海洋业务群集中训练等科目。如1996年3月5日,在八户港近海进行了P-3C型机和UH-60J型反潜直升机飞行员海上求生训练,参训飞行员在寒冷海水中演练各种从空中容易搜寻的动作和造型,然后上救生艇进行长时间漂流。

狠抓训练中的安全管理。自1995年以来,日本海

上自卫队舰艇和飞行部队接连发生一些训练事故，其中飞行部队有US-1型9080号水上飞机、MH-53E型8626号扫雷直升机和SH-60J型8241号舰载反潜直升机坠毁事故，SH-60J型8215号机参加环太平洋演习中降落巴巴斯角基地时起火事故；舰艇部队出现驱逐舰“峰云”号火灾事故，护卫舰“十胜”号训练中舰员碰伤事故，练习舰“鹿岛”号远航中1名舰员坠海失踪事故，特别是1996年6月4日发生的驱逐舰“夕雾”号参加环太平洋演习时误击美海军“独立”号航母1架A-6E型机事故，震惊了军界。为此，在全军大力开展安全管理教育。一是一等飞行事故后立即停飞整顿。1996年6月7日，海上自卫队下发紧急通知，决定以监察官为首组成事故调查委员会，着手事故调查和善后处理，同时要求部队停飞整顿，从安全管理角度找出组织编成与指挥系统存在的问题，修订现行的部队管理和训练体制，在部队进行安全意识教育。二是制订预防事故对策。针对连续发生事故，1996年6月19日，制订下发了防止事故对策：要求部队在今后训练中严格遵守各项安全守则；射击训练时保持双重确认核对体制；开展提高武器运用知识与技能的教育。三是在部队开展安全大检查。1996年7月4日，海上自卫队参谋长向部队发出进一步开展安全管理检查的指示，要求部队对各自掌管的武器装备实行安全检查，尤其是对弹药、燃料等危险品实行严格大检查，以消灭隐患于未然。通过检查，在部队健全安全管理组织及其负责人的权限和职责，推进有利于部队训练业务开展的安全业务及安全教育，改善装备修造、补给及训练管理等体制上存在的问题，同时确立应付不测及紧急情况的要领。

*突出反潜、扫布雷训练和双边训练。*日本海上自卫队重视部队的基础训练，在大量实施基础训练后开始进行战术应用训练。训练在内容上以反潜和扫布雷为主，在形式上双边训练则居多数。在此期间，共进行较大规模反潜训练6次，扫布雷训练5次，合计11次，占总训练次数的32%。而其他训练也均含有反潜和扫布雷科目。与此同时，利用一切机会开展双边训练，主要有远航训练(4次)、向美国派遣训练(9次)，共进行13次，另外，泰国、意大利、法国、韩国舰艇访日时进行双边训练4次，共17次，占48%。双边训练中，与美海军的训练以反潜和扫布雷为主，与其他国的训练突出通信和各种战术动作科目。

*加强海上抢险救灾训练。*1995年1月，日本阪神地区发生大地震后，海上自卫队为应付地震及海啸的灾害，加强了海上抢险救灾训练。据统计，仅1995年9月至1996年11月就进行这方面训练11次，其中较大规模5次，占训练总数的14%。特别是5个地方队，已将海上抢险救灾训练作为日常主要训练活动之一。

*重视利用模拟训练装置施训。*近年来，日本海上自卫队日趋重视利用模拟训练装置施训。随着模拟训练器材的完善，在实兵训练前，均先利用模拟训练器材进行训练，以达到省时省力效果。现在，日海上自卫队在横须贺基地建有战术训练装置运用队，设有反水雷战术训练装置、深海救援潜艇训练装置、反潜战术训练装置、潜艇战术训练装置等，其中深海救援潜艇训练装置是世界上唯一的现代化救援潜艇训练装置。

主要资料来源：

①日本《世界舰船》1995年10月～1997年1月号；

②日本《朝云》1995年10月～1996年12月；

③日本《海上自卫队新闻》1995年10月～1997年12月。

（詹玉才）

航空自卫队训练综述　1995～1996两年对于航空自卫队来讲，是承上启下的关键时期，是旧防卫计划大纲废止和新防卫计划大纲开始执行的转折点。两年间，航空自卫队继续狠抓质量建军，改革编制体制和训练体制，注重新装备改装训练，加速战斗力提高，在搞好日常战备训练的同时，利用各种形式多训多练，提高了部队实战能力。

*改革训练体制，加快战斗力成长。*为使飞行训练体制更加完善、合理、高效，提高训练的针对性，使运输机、直升机、空中预警机、多用途支援机等非战斗机飞行学员尽早进入适合自身特点的飞行训练，早日成才，经深入调查论证，并借鉴美国空军的经验，航空自卫队提出了新训练体制改革方案，并于1995年8月正式执行。从而把航空自卫队长期来一直实施的单轨制培训飞行员的方式改为双轨制专业化培训方式，即把原来不区分机种，不分战斗机、运输机还是直升机飞行学员，在进行所飞机种改装训练之前，统统在一起培训，所飞机型和飞行时间均无区别的单一训练方式改为把战斗机飞行学员和非战斗机飞行学员在第2初级驾驶训练阶段结束后，分成两个系统分别训练的双轨制培训方式。战斗机飞行学员仍按原训练程序进行；运输机、直升机等非战斗机飞行学员不再进入T-4阶段和战斗机驾驶训练，而进入新设立的T-400阶段的基本驾驶训练，然后直接进入所飞机种的改装训练。为此，航空自卫队于1995年8月在航空支援集团正式成立了第41教育飞行队，用T-400新型教练机专门负责这一阶段的飞行训练。由于这一改革，使非战斗机飞行员的训练期限减少了4个多月的时间，既节省了大量的

训练经费,又加快了战斗力的提高。

注重高技术条件下的作战,加速培训空中早期预警人员,进一步提高部队快速反应能力。航空自卫队积极贯彻落实"早期预警,快速反应,集中优势,海上歼敌"的军事指导方针。截止到1995年,航空自卫队已装备了13架E-2C型空中预警机,形成了在日本北部、东北部及日本海中部3点滞空巡逻体制。E-2C型空中预警机能警戒800千米范围内的大型飞机和400千米范围内的小型飞机、导弹及军舰,对飞机的预警时间为30分钟,可同时自动探测、跟踪、处理250个空、地、海上目标,引导40批飞机实施拦截作战。为进一步提高早期预警能力,航空自卫队在此基础上又从美国购买了4架更为先进的E-767大型早期预警与控制飞机。E-767预警机属于高技术兵器,被称为"空中防空指挥所",集预警、指挥、控制、通信于一体,能在9000米高空对方圆1000千米区域实施警戒,如进行空中加油,可保持全天24小时警戒。装备后,航空自卫队可在远离本土的海上持续进行早期警戒监视,并能同时指挥、引导数百架飞机遂行空中作战任务,防空效率可提高15~30倍,拦截、击落来袭目标的数量能增加35~150%。

近年来,航空自卫队把培训早期预警人员作为一项重点工作来抓,在E-2C机组人员中,重点是提高机上武器系统操纵员的技术水平。为了掌握先进空中预警技术,提高部队早期预警能力,航空自卫队还经常派人赴美学习,目前警戒航空队中已有7名骨干是赴美受过训练的军官。为进一步加强空中预警能力,尽快掌握E-767空中预警机的性能,从1996年末开始,航空自卫队分3批共计派遣各类人员150余人赴美学习E-767空中预警机实用技术。与此同时,航空自卫队还加速了与之配套的预警指挥系统的建设,目前航空自卫队的"巴其"全自动化指挥控制与预警系统已投入使用,该系统采用大容量、智能型C-3118电子计算机,将E-2C型预警机、地面(包括固定和移动)雷达和各级防空作战指挥所及防卫厅中央指挥所、海上和陆上自卫队参谋部及其所属各级指挥机构以及驻日美军指挥所联为一体。它能自动综合处理预警系统所获空情,实现了"目标识别—数据参数计算—威胁企图判断—作战方案选择—作战命令下达—指挥引导拦截"等防空作战全过程自动化。从发现目标到发出战斗指令仅需要10秒钟时间,从而大大增强了部队的快速反应能力,使航空自卫队的整体作战能力提高了一大步,跃上了一个新台阶。

强化日常战备训练,努力提高部队实战能力。航空自卫队紧紧围绕质量建军的宗旨,从现代战争的实际需要出发,严格施训,通过各种有针对性的训练、实战性演习和战术技术比赛,努力提高飞行部队的飞行技术、战术水平以及与其他军兵种及美军协同作战的能力。1995~1996年,战斗机飞行员在原有人均飞行160.5小时的基础上又有新的提高。航空自卫队共有各类飞行人员1700余人,平均人机比为2.1:1,飞行员平均年龄为30岁,但人均总飞行时间却多达2500小时。为提高部队的作战能力,在继承原有那些行之有效的做法的同时,近两年航空自卫队重点采取了如下措施:

1. 实施大规模防空图上演练。近两年每年至少举行2次防空警报图上作业演习,演习以抗击俄军入侵为主,并将中、朝两国军队列为假想敌。演习中,航空自卫队想定"敌机"分5个波次,用约550架次的兵力以日本中部为重点,分别从北、中、西、西南4个方向对日本的重要政治、经济和军事战略目标发起攻击。在航空自卫队参谋部的统一指挥下,各级指挥所密切配合,实施反空袭作战,模拟拦截成功率一般在90%以上,其中岛外拦截成功率约为55%。这说明作战部队的空中拦截能力和岛外海上防空作战能力有了新的提高。目前航空自卫队装备截击战斗机(F-15J和F-4EJ改进型)约300架,战时按良好率95%计算,良好飞机可达280架。在实施大规模防空作战时出动率为85%,一次最大出动量可达230架,以每昼夜出动强度4架次计算,一昼夜可出动截击战斗机约1000架次,可抗击350~700余架"敌机"的空袭。通过近两年实施的大规模防空作战图上演习情况看,航空自卫队在一昼夜内实际可连续抗击500~600架"敌机"的空袭,空战能力确有很大提高。

2. 强化日美联合训练,注重与其他军兵种的协同训练。1995训练年,航空自卫队与美国空军共举行各类联合训练64次,1996年截止到12月末(训练年度从每年4月1日至翌年3月31日)已举行各类联合训练50余次。联合训练主要包括防空作战、战斗机空战、空中运输、航空救生、再次起飞准备等内容。除防空警报图上演练外,绝大部分演练与美国空军、陆上自卫队、海上自卫队联合实施。在日美联合演练中,双方已从基础性的战术技术配合演练转为向实施整体组织指挥、联合作战方向发展。例如1995年11月7~17日,日美举行的1995年度第2次"对抗北"联合防空演习,除航空自卫队外,美国空军、海军、海军陆战队均派飞机(海军还出动了军舰)参加,参演飞机有180余架。双方共同演练了远程机动、编队防空、防空拦截、异型飞机对抗、争夺制空权及攻击地面和水上目标等课目，通过演练提高了联合防空和协同作战的能力。近年来航空自卫队非常重视与陆上自卫队和海上自卫队的协同演练，仅 1995 年度就派部队参加了陆上自卫队“北风95”、“山樱 28”、“北方机动 95”等陆空协同演习 30 余次；参加了海上自卫队的海空协同演习 55 次。通过日美联合训练和与其他军兵种的协同训练，加强了航空自卫队与驻日美军、陆上自卫队、海上自卫队的协调指挥及联合作战能力。

3. 举行大规模战术技术比赛，努力提高部队战备训练水平。大规模战术技术比赛每年举行 1 次，历时约 20 天，1995 年度的大规模战术技术比赛于 5 月 19 日～6 月 7 日举行，1996 年度的大规模战术技术比赛于 5 月 24 日～6 月 12 日举行。航空自卫队所属航空警戒管制部队、战斗飞行部队、支援战斗机部队以及防空作战指挥部队等主要部队均参加比赛。1996 年度的战术技术比赛共有 27 支部队，F-15、F-4、F-1 等各型飞机 70 余架参赛。主要比赛课目有空中警戒管制、空对空、空对地(舰)射击和防空作战指挥等。通过战术技术比赛，检验部队的训练成果，提高了部队战术技术水平。

4. 举行年度综合演习，提高部队实战能力。综合演习每年举行 1 次，历时约半个月。1995 年度的综合演习是 9 月 28 日～10 月 20 日举行的，航空自卫队主要作战部队及陆上自卫队、海上自卫队以及驻日美军参加了这次演习，参演兵力约 31000 人，飞机约 500 余架。1996 年度综合演习于 11 月 26 日～12 月 10 日举行，航空自卫队参谋长木村鸿二上将亲自指挥。参演兵力 45000 人，各型飞机 630 余架，陆上自卫队、海上自卫队以及驻日美军均派飞机或军舰参加，演习重点不只局限于国土防空，而是增加了海上防空的比重。通过大规模年度综合演习，全面检验了航空自卫队的战备状况、作战能力，完善并密切了与陆上自卫队、海上自卫队以及驻日美军协同作战的组织指挥能力，提高了防空作战、对地面(海上)目标攻击作战等整体作战能力。

5. 利用各种机会锻炼部队，提高部队的训练水平。(1)定期举行航空观阅式，展示部队战术技术水平，促进部队战备训练。自卫队观阅式每年举行 1 次，分别由陆上、海上和航空自卫队轮流主办，三自卫队共同参加。主要内容有：①F-15 战斗机进行紧急起飞演练；②空降部队进行空降演习；③F-4 和 F-1 战斗机进行对地模拟攻击演练；④飞行表演队进行特技飞行表演；⑤展示飞机、导弹等先进武器装备。1996 年 10 月 27 日，航空自卫队在百里基地举行了盛大航空观阅式，内阁总理桥本龙太郎担任最高指挥官，他对部队进行训示后亲自按下紧急起飞按钮，向 F-15 战斗机部队下达了紧急起飞命令。(2)实施年度飞行训练展示。航空自卫队飞行训练展示每年举行 1 次，1995 年度是于 11 月 12 日在百里航空基地进行的，主要内容有：①主要机种进行单机和编队飞行，高机动飞行，直升机悬吊重物飞行，搜索救援演习，模拟对地攻击等课目；②“蓝色冲击波”飞行表演队进行特技飞行表演；③表彰训练成绩突出的部队。(3)举办各基地航空节庆典。每年在各基地成立纪念日举行本基地的航空节庆祝仪式，以驻该基地的部队为主进行飞行训练展示，主要内容有：①进行飞行训练汇报表演；②展示该基地飞机、导弹等武器装备；③邀请飞行表演队进行特技飞行表演等。(4)定期派部队赴美训练、参赛。为提高空运部队的战术技术水平，运输机部队每年都派部队赴美训练、参赛，时间约 1 个月。1996 年航空自卫队派出 3 架 C-130H 运输机和 64 名官兵到美国小石城空军基地进行了为期 1 个月的训练和比赛。训练内容主要有：低空领航，在野战机场起飞着陆，空运空投物资装备等。比赛内容主要是空运技术，由美国空军组织，由多国部队参加。(5)不定期进行国际紧急救援飞行训练。航空自卫队积极参与联合国维和行动和国际紧急救援活动。近年先后参加了对柬埔寨和莫桑比克的联合国维和行动，参加了对卢旺达难民的国际紧急救援活动，在这些活动中，航空自卫队担负空运、空投物资和运送人员的任务。为顺利完成任务，熟悉国际航线及地貌特征，提高部队在国外的飞行能力，航空自卫队积极进行“国外航运训练”。1995 年 3 月 6～11 日，航空自卫队就派遣了 2 架 C-130H 型运输机载着 40 多名官兵，前往菲律宾—印度尼西亚—马来西亚等国进行了“国外航运训练”，航线从印度洋到东南亚，以菲律宾和泰国为中继站进行飞行训练。(6)派飞行人员到空军强国学习外国先进飞机实用技术。近年来航空自卫队在加快用高新技术装备部队的同时，非常注意学习和研究空军强国先进飞机实用技术，把握新式飞机发展动向。如 1995 年初派飞行员赴美空军训练部队进行了为期半年的 F-16 战斗机操纵训练；1996 年末开始分 3 批派遣 150 余人赴美学习 E-767 空中早期预警机实用技术；1996 年 9 月又决定“对俄制苏-27 战斗机进行调查研究”，定于 1997 年派飞行员到俄罗斯试飞员学校进行为期 1 个半月的学习和飞行。通过实机操纵研究苏-27 战斗机的性能和战术技术特点，再与本国的战斗机进行比较，就可制定出有效的对抗措施。

主要资料来源：

①日本《防卫》1996年第1期；
②日本《航空情报》1996年第12期；
③日本《飞行周刊》1996年11月13日；
④日本《航空世界》1996年第6期。

（伊贵玺）

演习 **陆上自卫队“北方机动特别演习”** 1995年6月22日～7月30日在日本本州中部至北海道的途中及矢臼别演习场举行。中部军区司令松岛悠佐中将任演习指挥官。参演部队以第13步兵师为主，人员3700名，车辆约1000辆，火炮约20门，坦克约20辆。演习是在想定“北方有事”情况下进行的。演习部队从中部军区至北海道长距离机动2900千米。在机动途中重点演练了与海空军协同作战要领。目的在于提高部队远距离立体机动作战能力和对北海道的支援作战能力。演习部队在北海道矢臼别演习场实施了在本州地区无法进行的远距离射击训练。

陆上自卫队“北方机动特别演习” 1996年6月27日～8月1日在日本东部地区至北海道途中及矢臼别演习场举行。演习代号为“北斗96”。东部军区司令藤绳佑尔中将任演习指挥官。参演部队以第12步兵师为主，人员3300人，车辆约900辆，火炮30门，坦克10辆。演习部队分陆、海、空3路向北海道实施立体机动作战演练。在与海空军实施的综合训练中，海上自卫队出动了驱逐舰、护卫舰及运输舰等20余艘，P-3C反潜巡逻机等约20余架；航空自卫队出动了战斗机约30架，运输机等约70架。重点演练了海上机动时的舰艇攻击、舰队防空、陆海军的“海上作战运输”和空中作战运输、空地作战等。另外，在北海道滨大树演习场还实施由4艘运输舰参加的登陆作战训练。该演习始于1983年，每年举行一次，由驻本州以南的步兵师轮流实施。本演习为第14次。

1995年度海上自卫队综合演习 1995年11月6～17日在日本九州南方海域至本州东方海域举行。自卫舰队司令佐伯圣二中将任演习指挥官。参演部队有自卫舰队，横须贺、舞鹤、大凑各地方队，人员约29000名，舰艇约110艘，飞机约170架。美海军“独立”号航空母舰等10艘舰艇、约100架飞机参加了演习。演练科目主要有反潜战、防空战、反水面战、电子战、日美海军联合作战等。

1995年度航空总队综合演习 1995年9月28日～10月12日在日本本土及其周边空域举行。航空总队司令小泉进中将任演习指挥官。参演部队有：航空总队、支援集团、教育集团、中央通信群、补给本部等，人员约31000人，飞机约500架。指挥所演习主要演练了作战期间的司令部活动。实兵演习演练了作战准备活动、各种空中作战和支援活动、与陆海军的协同作战等。10月2～6日，与美军一起实施了日美共同训练。美空军派出F-15战斗机、F-16战斗机和A-18型机等10架飞机参加了训练。

日美联合指挥所演习 1996年1月25日～2月2日在日本参谋长联席会议所在地桧町和驻日美军司令部所在地横田以及各参演部队所在地举行。日军参谋长联席会议主席西元彻也上将和驻日美军司令麦亚滋上将任演习指挥官。日方参演部队共计3700人。美方参演部队共计3600人。演习是在想定日美双方共同实施保卫日本作战的情况下进行的。目的在于演练日美采取联合作战行动时协调有关自卫队与美军间的指挥参谋活动。演习中，首次使用了美军设在横田基地的联合战区级电子计算机模拟系统（JTLS）和军级作战电子计算机模拟系统（CBS）。这两种系统能以日本全境为对象，对陆、海、空军战斗中的交战结果进行判断，真实地掌握现代战争的状况。

日美陆军联合方面军级指挥所演习 1995年1月23日～2月3日在日本北熊本驻地和横田基地举行。演习代号为“山樱27”。日本陆上自卫队西部军区司令新井均中将、驻日美陆军司令沃尔德·D·芙利曼分别任演习指挥官。参演部队有：日方约2000人；美方约1400人。

日美陆军联合方面军级指挥所演习 1995年6月13～22日在美国夏威夷州德鲁西堡举行。演习代号为“山樱28”。日本陆上自卫队北部军区副参谋长、驻日美陆军参谋长分别任演习指挥官。参演部队有：日方约140人，美方约200人。

日美陆军联合方面军级指挥所演习 1996年6月10～19日在美国夏威夷州德鲁西堡举行。演习代号为“山樱30”。日本陆上自卫队东北部军区副参谋长和驻日美陆军参谋长任演习指挥官。参演部队有：日方东北部军144人，美方驻日陆军约200人。此次演习主要演练了日美军按各自的指挥系统，在采取联合作战行动时军以下单位的指挥参谋活动。

日美海军联合指挥所演习 1995年3月13～23日在美国罗得岛州新港海军大学举行。海上自卫队参谋部防卫部长藤田幸生少将和驻日美海军司令白龙·E·托宾少将任演习指挥官。参演部队有：日方23人；美方共计50人。演习的目的是在图上演练日美海军联合保卫日本实施海上作战时的指挥参谋活动。日美海军联合指挥所演习始于1988年，本演习为第7次。

日美海军联合指挥所演习 1996年3月11～21

日在美国罗得岛州新港美海军大学举行。海上自卫队参谋部防卫部长石川亨少将和驻日美海军司令白龙·E·托宾少将任演习指挥官。参演部队有:日方25人;美方50人。演习的目的是在图上演练日美海军联合保卫日本实施海上作战时的指挥参谋活动。日美海军联合指挥所演习始于1988年,本演习为第8次。

陆上自卫队"富士综合火力演习" 1995年8月26～27日在东富士演习场举行。陆上自卫队富士学校校长石田洁中将任演习指挥官。参演部队1700人,出动坦克、装甲车70辆,火炮70门,直升机和航空自卫队运输机共计30架。演练科目:坦克、火炮的实弹射击,空降部队跳伞,特种部队和侦察部队的行动要领以及现代化装备展示等。目的在于向日本社会各界展示陆上自卫队现代化作战的样式。

陆上自卫队"富士综合火力演习" 1996年9月13～16日在静冈县东富士演习场举行。陆上自卫队富士学校校长石田洁中将任演习指挥官。参演部队约1700人,出动坦克、装甲车70辆,火炮70门,直升机和航空自卫队运输机30架。演练科目:坦克、火炮实弹射击,空降部队跳伞,特种部队和侦察部队的行动要领,并向社会各界展示现代化装备。

1996年度海上自卫队综合演习 1996年11月5～15日在日本海及日本周边海域举行。日本海上自卫队参谋长夏川和也上将和美海军第7舰队司令克莱明斯中将任演习指挥官。参演部队有:日方总兵力近3万人,共出动各种舰艇120余艘,各型飞机180余架;美方第7舰队的"独立"号航空母舰等6艘舰艇,各型飞机90架。主要演练科目:海上警备、防空战、反潜战、反水面战、反水雷战、电子战、船团护航、海上机动支援、应急通信以及日美联合作战等。目的在于提高日本海上自卫队海上机动作战能力,演练各部队之间协同作战及日美海军联合作战要领等。

1996年度航空总队综合演习 1996年11月26日～12月10日在日本本土及其周边空域举行。航空自卫队参谋长村木鸿二上将任演习指挥官。参演部队有:航空自卫队参谋部,航空总队,支援集团,教育集团等,人员约4.5万人,飞机约630架。主要演练科目有:适应各种战场环境变化的各级司令部指挥行动;作战准备期间的各种行动;各种飞机及支援活动;与陆、海军的协同训练;与美军的联合训练。其目的在于演练保卫日本的空中作战,提高执行防卫作战任务的能力。

日美联合实兵演习 1996年11月4～17日在日本北部到中部的海、空域及九州日出生台演习场、北海道上富良野演习场举行。日本自卫队演习代号为"综合FTX"演习;美军演习代号为"利剑·东方盾牌97"演习。日本自卫队参谋长联席会议主席杉山蕃上将和驻日美军司令拉尔夫·E·埃伯哈特中将任演习指挥官。参演部队共计舰艇134艘,飞机305架,人员22620人。演习是在想定日美联合保卫日本的情况下进行的。目的在于实兵演练日美军在联合保卫日本实施快速反应作战时所必要的日三自卫队之间及日美部队之间的协同作战要领等,以此来提高部队的综合运用水平。日美联合实兵演习始于1986年,本演习是第4次。

日美海军反潜特别训练 1995年1月22～23日在日本千叶县房总半岛南方海域举行。日本海上自卫队第48护卫队司令北村肇上校和美海军航空母舰"独立"号舰长德维特任演习指挥官。参演兵力:海上自卫队2艘驱逐舰,1艘补给舰,1艘潜艇,若干架飞机;美海军"独立"号航空母舰及其舰载飞机。演练科目:反潜战、防空战及海上补给等。

日美海军反潜特别训练 1995年6月15～20日在九州西南方海域举行。日本海上自卫队第2护卫队群司令山田道雄少将和美海军第7舰队水面作战部队指挥官巴那德·斯密斯少将任演习指挥官。参演兵力:海上自卫队6艘驱逐舰,1艘补给舰,2艘潜艇,若干架飞机;美海军1艘护卫舰,1艘潜艇,若干架飞机。演练科目:反潜战、防空战、反水面战等。

日美海军反潜特别训练 1996年5月29日,6月2～3日在日本本州的太平洋沿岸三海域(5月29日在常磐东方海域,6月2日在至大岛东方和东海海域,3日在纪伊半岛南方海域)举行。日本海上自卫队自卫舰队司令佐伯圣二中将和美海军第3巡洋驱逐舰群司令穆阿中将任演习指挥官。参演兵力:海上自卫队2艘驱逐舰,1艘潜艇,若干架飞机;美海军1艘航母,3艘巡洋舰,1艘护卫舰,1艘补给舰,若干架飞机。演练科目:反潜战、反水面战及通信训练等。本训练始于1957年,此次是第91次。

日美海军反潜特别训练 1996年9月11～14日,在日本本州南方海域至冲绳海域举行。日本海上自卫舰队第2护卫队群司令牧本信近少将和美海军第5航空母舰群司令杰姆斯少将任演习指挥官。参演兵力:海上自卫队6艘驱逐舰、潜艇和若干架飞机;美海军1艘航空母舰,2艘护卫舰,2艘补给舰,若干架飞机。演练科目:反潜战、反水面战、海上补给和通信训练等。

"环太平洋96"演习 1996年5月22日～6月21日在以夏威夷周边海域为中心的中部太平洋举行。参演国家有:美国、澳大利亚、加拿大、韩国、智利和日本。日本海上自卫队第4护卫队群司令金田秀昭少将任水面舰艇部队指挥官,第4航空队司令林孝久上校任航空部队指挥官。日本海上自卫队参演部队有护卫舰队,航空集团,共计2060人,8艘护卫舰,1艘补给舰,8架P-3C型飞机。6国参演兵力共计为3万人,44艘舰艇,250架飞机。与“环太平洋94”演习相比,舰艇减少若干,飞机增加50架,人员约增加5000人。参演部队重点演练了使用常规武器的海上作战。日本海上自卫队参加演习是为了对舰艇的作战能力进行评估,提高精度,并学习新的技术,提高日美互用性。

日美空军联合演习 1996年2月19日~3月2日在日本九州西部、北部、四国海面的各训练空域和新田原、岩国等基地实施。参演部队:日方西部航空方面队司令部,第5、8航空团,第1运输航空团,F-15战斗机40架;美方第5空军司令部,第18航空团,第35战斗航空团,第1海军陆战队航空团,“独立”号航空母舰,FA-18战斗机50架。演练科目:异机种与战斗机对抗作战、防空作战、空中运输等。

资料来源:

①1995~1996年日本《朝云》周报;

②1995~1996年日本《防卫日报》;

③1995~1996年日本《海自新闻》。

(张洲军)

运输机部队赴美参加“对抗雷”演习 据日本《飞行周刊》1996年9月25日报道,1996年7月9日,航空自卫队第1运输航空队司令川田哲雄上校率2架C-130H运输机赴美参加由美国空军、美国海军、英国空军和日本航空自卫队3国4方举行的“对抗雷”演习,演习在美国阿拉斯加州的埃尔森空军基地举行。演习从1996年7月15日开始,为期6天。主要演练双机编队超低空飞行、领航、空投、在土跑道上起降等。1次飞行约3小时。演习在设有敌方各种威胁的近似实战的环境下进行,为增加对抗性,参演部队分成两部分,一部为红军,一部为蓝军。为不被敌人发现和避开敌威胁,运输机飞行高度为152米,一方面充分利用高山等地形地物作掩护,另一方面充分利用机上的电子干扰装置,进行自我保护。从规避敌方威胁的航行、电子干扰、精确领航、到低空飞抵目标空域进行模拟空投这一整套战斗行动的演练,对于提高日本运输机部队的战斗技术水平非常有益,因为这些演习内容在日本国内无法实施。

(伊贵玺)

航空自卫队实施空运机动训练 据日本《飞行周刊》1996年7月3日报道,航空自卫队于7月1~3日实施了短期大规模“激战8-1”空运机动训练。目的在于提高空运能力,加强与空运有关的机场保障能力。此次参训的飞机有C-130H运输机8架、C-1运输机12架,飞行150架次,空运陆上自卫队官兵550人、各种车辆80辆。航空自卫队共计出动18个机组,145名官兵。

(伊贵玺)

越南军队军事训练 综述 1995~1996年,越军当局根据“压缩数量,提高质量”的建军方针,为进一步加快部队“革命化、正规化、精锐化、现代化”的建设步伐,继续按照“基本、实际、扎实”的训练方针,深入改革部队的训练、教育工作,将“3个观点、6种结合、8项原则”(参见第607页“改革训练方法”一节——编者注)贯穿在训练、教育工作的全过程,大力开展军事训练工作,并已取得进展。对此,越军总参谋长认为,“通过训练,全军涌现了不少先进典型,大部分部队达到了总参提出的标准,各级指挥员的能力和机关的素质有较大提高”。越军在训练工作中主要采取了以下措施:

提高思想认识。越军当局要求各级部队一定要认清形势和任务,强调“当前国际敌对势力利用种种阴险狡诈的手段与越南抗衡,特别是东海形势复杂多变,已成为国际社会关注的热点问题,且有愈演愈烈的趋势”。为此,“建设一支强大的军队是头等大事,而加强训练、随时准备战斗已成为首要任务之一”。所以“各级部队指挥员必须根据所担负的任务、所在地域的特点以及现有装备情况制定切实可行的训练计划,并深入指导实行之”。

突出正规化训练。根据越共中央军事党委《关于正规化建设的内容和要求》,中央军委常委关于进一步改革干部、专业技术人员培训工作和加强院校正规化建设的第93号决议,以及越军总参谋部《实行正规化建设目标和方法》等指示精神,越军当局把部队正规化训练作为重要的日常性工作来抓:规范训练计划,完善规章制度,强调条例条令意识,逐步建立并完善了各级职责规范。全军在“着装、作风、礼节、履行职责、执行规章制度等方面有明显进步”。

注重干部的培训。越军当局计划到2005年,全军干部必须达到大学文化程度。目前,越军干部训练仍分为院校训练和在职训练两种,除部分干部可分期分批到各院校集训外,多数人每年要接受两个月左右的在职培训。对在职干部训练,强调要以中央军事党委第93号决议精神为指导,坚持正确的政治方向、指导思想和训练目标。通过强化训练,提高各级指挥员和机关工作人员的军政素质和专业技能,以便他们能更好地指挥、指导和管理部队。国防部和各军兵种司令部要对各级指挥和训练成绩检查考核，不合格者不得继续留任。

*改革训练方法。*越军当局强调训练改革是提高训练质量的重要环节。在训练工作中贯彻运用了“3个观点”(即训练中发扬军事民主，充分调动受训人员的主动性和创造性；理论学习与实际内容相结合，以实际训练为主；把训练过程变成一个传授战斗经验和优良传统的过程)，“6个结合”(即理论与实践相结合，思想与行动作风相结合，训练场与战场相结合，技术与战术相结合，基础与应用相结合，学新与温故相结合)以及“8项原则”。要求各部队结合自身的情况，从客观实际出发，采取由简到繁，由低到高，由战术队列训练到战役战术演习的方法进行训练。

*规范训练内容。*越军当局强调，训练必须结合实战和任务，结合本单位、本地区的特点，熟练掌握实战本领，与此同时，要创造性地有选择地吸收和运用军事艺术、军事科学技术、社会科学和军事人文科学的新成果。各单位必须以军事为主，同时兼顾其他。军事训练主要是战术、技术、条令和体能训练。其中，陆军注重近战、夜战、打坦克、打低空飞机、山地攻防战术训练；海军重点是熟练掌握现有武器装备，加强诸兵种合成技术、战术演练，以及在保卫海岛、支援防御区战斗中海军诸兵种、海军与其他各武装力量之间的协同作战演练；空军主要进行拦截、强击和支援海上作战演练；防空军着重进行捕捉、打击空中目标和戒备等级转换演练。

越军总参谋长总结6年来的训练工作　据越南《全民国防杂志》1996年第1期报道，1996年年初越国防部召开了越军6年建设过硬团，3年建设全面师、旅，5年改革教育训练，2年建设部队正规化的总结大会。越南劳动党政治局委员、国防部副部长、越军总参谋长陶庭练上将主持了会议并作了总结报告。其中就5年(1991～1995)来的教育、训练工作的改革作了总结并指出今后努力方向：

1. 最突出的进步是各级领导、指挥员，以及机关、院校对训练工作提高了认识，将训练工作视为和平时期一项经常性的中心任务，是一个连续、长期的工作过程。其中，将干部训练作为中心，因此，干部队伍水平得到全面加强，90%的干部完成了职责任务，60～70%达到良好标准，从而保证了训练工作的有效开展。

2. 改革训练方向和内容，即训练要结合实战和任务，结合本单位本地区特点；熟练掌握编制内的实际作战本领；继续贯彻“基本、实际、扎实”的训练方针。改革教育和训练内容是在继承和发扬军队光荣传统和经验的同时，创造性地、有选择地吸收和运用军事艺术、军事技术科学、社会科学和军事人文科学的新成果。

3. 改革训练组织和方法，这是提高训练质量的决定性一环。全军及各单位均制订了有关训练教育的组织和规章制度，为各个科目确定了训练教育方法，正确、创造性地贯彻和运用了训练工作中的“3个观点”和“6个结合”。

1995年训练工作成绩显著　阮文明少将在越南《全民国防杂志》1996年第2期撰文指出，1995年是越军训练工作进行改革的第6个年头，取得了显著成绩。首先各级领导重视，使90～100%的干部直接训练部队，并达到标准；1995年首次进行了合成兵种师长会操，进行了军兵种旅、团长会操，参赛干部全部合格，其中，96.16%的师级干部、91.1%的旅团级干部达到优秀。

提高军队院校教员队伍水平　越南《全民国防杂志》1996年第11期发表的“军队院校教员面临军官大学化任务”一文指出，自1997年开始，部分军官院校将实行大学化教育，但目前教员队伍中仅有49.18%的教员具有大学水平，其中6.7%是大学以上水平，且分配不均。二是具有实战经验的高水平教员日益减少，到1995年仅有48%教员经过实战，几年后，这些教员也将陆续退休。三是不久前根据总参谋长的指示，部分院校合并，培训任务也随之有所变化，使教员队伍分配更趋不均。因此，提高教员队伍水平是一项迫在眉睫的工作。根据指示，到2000年100%的教员要达到大学水平，其中40%要拿到硕士学位，12%拿到副博士和博士学位。据统计，1994～1995学年完成了1/5，1995～1996学年将完成2/5，但部分院校的培训速度还很慢，比例差距大。培训方法可多种多样，其中加强科研工作是一个行之有效的方法，在和平时期，国家的工业化、现代化要求军队也要做出贡献，军队院校之间，军队院校与地方院校或地方经济单位之间进行协作，从中可造就一批高水平教员。

分队级政治干部培训中心简介　据越南《全民国防杂志》1996年第1期报道，政治军事军官学校副校长阮文喻大校撰文介绍该校20年的成长史。政治军事军官学校成立于1976年1月14日，主要任务是培养分队级政治军官，同时承担培养各军官学校的政治理论教员、军报记者，并为老挝和柬埔寨军队培养政治军官。该校现已举办了几百期培训班，培养了1万多名学员，并已成为全军分队级党和政治工作骨干力量的培训中心。

第4军区军事学校进行教育训练改革　据越南

《全民国防杂志》1996 年第 1 期报道，第 4 军区军事学校校长阮德良大校撰文指出，自 1989 年学校扩建以来，对教育工作进行了如下几个方面的改革：一是集中力量提高教员队伍水平。目前该校 8%教员大学毕业，26%经过院校培训，44%经过专科培训，77%具有 5 年以上的教龄。按计划每年有 30%的教员在职或离职进修。二是继续改革教学内容、教学方法和教学组织编制。1992 年以来，教学质量有了明显提高，毕业达到良好率为 70～80%，考入地方大学或军事院校为 85.1%。三是加强正规化建设。

陆军学院实现学员大学水平计划　据越南《全民国防杂志》1995 年第 10 期报道，陆军学院是越军成立最早的院校之一。为了适应新形势需要，学校进行了改革，由原单纯培养专业性团级干部升格为培养大学以上水平团级干部的培训中心，同时成为全军军事科学研究中心之一，并得到国家教育部认可。为此，学院加强了教师队伍大学化水平建设，计划到 1998 年 100%教员达到大学水平，其中 25～30%达到大学以上程度。

第 1 军区 B-82 炮旅提高训练质量　旅长斐明志大校在越南《全民国防杂志》1995 年第 10 期撰文，介绍了该旅提高训练质量的主要措施：

1. 不断巩固、健全、稳定编制。该旅是第 1 军区承担炮兵训练任务的主要单位，每年都有新兵入伍在此训练 2～3 个月，然后分配到各营，造成有的营兵源过剩，有的则缺编。近年来采取了一些改革措施，如改变招募和训练新兵方法，先与各连营确定兵员数额，然后再招募新兵，并按照规定标准进行训练。为避免逃兵现象，对出现逃兵的单位实行惩罚性措施，如无资格参加获奖评比等。

2. 改进训练内容和方法，开展优秀炮兵训练连活动。炮兵连是炮兵部队基础火力分队，其战术、技术水平不仅直接影响本连的战备能力和水平，还影响到所在营、旅的战斗力。为此，该旅采取多层次训练方法，每 1 层次均有自己的训练内容和方法。进入正式训练季节前，先期对炮长以上的领导进行训练，以统一训练内容和训练方法。此外，每周半天，每月 2 天进行集训。与此同时，结合实弹训练，从 1992 年以来，该旅的实弹训练均达优秀。

3. 加强训练的技术和物资保障工作。B-82 炮旅是 1 个拥有各种现代化武器装备的单位，但大部分装备已使用多年，其中一部分已降格使用。尽管上级允许训练使用 50%的武器装备，但该旅仍经常开展国防部号召的“搞好管理、使用武器装备，安全节约”运动。同时加强对技术机关和分队指挥员的指导，对有关技术人员进行培训。近年来，在历次国防部和军区的检查中均被评为武器装备保障的先进单位。

H-01 坦克装甲团注重提高训练质量　据越南《全民国防杂志》1996 年第 11 期报道，H-01 坦克装甲团团长武伯登大校为纪念该团成立 25 周年撰文指出，在当今新形势下，要不断提高训练质量、战备水平和作战能力。经过培训，90%的干部已达到大学水平，其中 50%曾在原苏联培训过，干部的常识水平、指挥能力、组织训练、部队管理得到了同步提高。同时特别重视对部队进行兵种技术训练，1993 年获总技术局的“安全节约训练锦旗”，1994 年获全军坦克会操第 2 名，1995 年获全兵种坦克会操第 1 名。

努力解决军官水平大学化问题　越南《全民国防杂志》1996 年第 9 期邓武协上将就越军军官水平大学化问题撰文指出，从 1994 年贯彻中央军事党委的“第 93 号决议”以来，全军已有 1329 名军事、政治干部完成大学化教育任务；244 名获硕士、副博士证书；400 名专业技术干部完成大学化教育；院校的正规化教育也有了质的转变。文章还指出，为到 2005 年实现军官队伍水平大学化，还要解决如下问题：1. 继续提高思想认识，端正学习态度。2. 制订合理的具体计划和措施。按规划，进入 2000 年后，全军仍将在领导岗位上任职的干部中，将有 53%的干部符合要求，而 12%尚未达到中学毕业水平，需要在 10 年时间内，经过 2～3 个培训期才能完成。为此，各单位必须制订出到校学、在职学的具体计划。目前全军已有 16 所大学化培训中心，有 1500 人正在学习。3. 解决好参加学习培训和在位执行任务的矛盾。4. 提高技术保障和必要的科研工作，增加经费。关于经费问题已经引起国防部的重视，已由 1991 年占国防费用的 0.3%增加到 1995 年的 1.74%，据院校局（在校培训）、干部局（在职培训）和 871 单位（地方和出国学习）的初步预算，从 1996 年开始，每年用于这方面的教育经费达数千亿越盾。5. 不断总结经验教训。

把军队院校工作做得更扎实有效　越军阮世奔中将在越南《全民国防杂志》1996 年第 6 期上发表文章指出，几年来，由于贯彻执行了中央政治局第 14 号决议，越党第 7 次代表大会的第 4 号决议，中央军委的第 228、36、115 号决议，军队院校工作取得了很大成绩，其中突出表现在：

1. 军队院校系统得到巩固。目前，全军已形成了比较完整的各级别、各层次、各专业的培训教育系统，基本满足了培训的要求，军队的干部培训教育已与国家教育系统和地方院校建立了密切联系。

2. 培养了一大批干部。其中各级指挥领导干部2000余名,250多名博士和副博士,近400名硕士(目前在各军队院校有18名博士和355名副博士直接参加授课),与1975年相比,得到基本培训干部的比例增加了70%。

3. 训练质量日益提高。毕业的大部分干部均政治可靠、基本素质好、能力强,能承担相应的职务,并有能力进一步担负更高一级重任。

存在的主要问题:一是培训的目标和样板与各级要求还不很匹配;二是训练质量和效果还不能完全适应需要;三是军队院校系统布局还太分散,组织不严密;四是培训经费严重短缺,只达到需要的40%。

政治军事学院改革军事训练　政治军事学院副院长武文禁少将在越南《全民国防杂志》1996年第10期撰文指出,经过5年的军事训练改革,取得了明显成绩,已毕业的数百名政治干部具有必要的军事素质,分布在全军各单位,担负军队党的工作和政治工作。1996年3月,学院在第1军区186炮兵旅和316师98步兵团进行了该院的教育和军事训练质量考察,考察对象分为3类人员:第1类是经过学院培训的政治干部;第2类是没有经过学院培训的政治干部;第3类是同级军事指挥干部。对第1类人员考察结果是:认为在政治军事学院学习的军事课程是好的占57%,比较好的占43%,100%考察对象均认为在政治军事学院所学军事常识在本单位的训练和建设中得到较好的运用;对第2类人员考察结果是:认为经过政治军事学院培训的政治干部在完成本单位建设和军事训练任务中运用军事常识的能力是好的占17.5%,比较好的占70.5%,一般的占12%,100%考察对象均认为政治工作干部学习军事常识是十分必要的;对第3类人员考察结果是:认为经过政治军事学院培训的政治干部在单位建设和训练中运用军事常识的能力是好的占52.3%,认为比较好的占35.2%,认为一般的占12.5%。

(刘桂兰)

印度军队军事训练　陆军训练　综述

1995～1996年度印陆军针对未来可能的作战对象和地区性军事冲突的基本特点,加强了各种条件下的军事训练。印度陆军训练的主要特点如下:

突出沙漠、丛林和高寒山地条件下的作战训练　印军十分重视使训练与可能担负的作战任务密切结合,各级部队的军事训练针对性较强。由于印巴边境有大片的沙漠,中印边境和印巴北部边境地区山高林密地理地形条件十分特殊,为使部队人员及其装备能适应特殊环境条件下的作战,减少非战斗损耗,印军加强了在沙漠、丛林和高寒山地条件下的演习训练,各联队中心还频繁在边境地区组织登山探险、雪地滑翔和木伐漂流等训练活动,以锻炼部队人员意志和提高他们在各种条件下的作战能力。据反映,美陆军希望能派人进修印陆军在克什米尔地区的高原滑雪战学院的课程,参加印高山作战训练。

频繁举行军事演习,提高各军兵种间的协同作战能力。印军把实兵演练视为对部队的"最好训练"。针对未来作战特点,印军十分重视提高军兵种间的协同作战能力。为此,印军频繁举行步坦协同、步炮协同和陆空协同演习。印陆军旅以上演习大多有空军参加。印军陆空协同作战训练科目主要有遂行战略战役空中侦察、部队快速空中机动、夺取战场制空权和实施大纵深攻击等。

重视特种部队和快速反应部队训练。印军特种部队经常进行山地游击战、敌后侦察、反恐怖、反劫机行动演练。训练是在设置逼真的实战环境下在实地使用假设敌和先进训练模拟器进行的。譬如在机场的民用客机上进行反劫机实战演练。1995年6月印度伞兵部队首次与美国特种部队举行为期3周的联合演习。印军还在曼尼普尔邦的锡尔萨建立一所合成突击队员训练学校,专门进行快速反应部队成员的基础训练,重点掌握跳伞技术和现代化武器装备及各种侦察、救生器材的使用。

利用各种机会对部队进行实战训练。印陆军目前有8～9个师在克什米尔参与国内安全值勤,另有1个半至2个师在东北地区的阿萨姆邦、曼尼普尔邦和那加兰邦等地与反叛力量作战。针对履行对内职能的需要,印陆军增加了应付国内突发事件及抢险救灾等方面的训练内容,使部队具备遂行多种复杂任务的能力。为加强部队的实战训练,印军对在查克地区和东北地区参加反叛乱作战任务的部队进行定期轮换,部队参战前要在反叛乱和丛林作战学校进行3个月左右的特别训练。此外,印军还积极利用向联合国派遣维和部队和军事观察员的机会,对部队进行实战训练。

主要参考资料:

①印度《三军杂志》1995年;

②英国《简氏情报评论》1996年3月号。

(肖一妮)

"普里特维"模拟导弹投入训练　印《政治家报》1995年4月15日报道,赛肯德拉巴德的导弹基地生产"普里特维"导弹,并用模拟导弹进行训练。1996年初该报再次报道,印度国防分析家普拉韦·索尼在接受《亚洲时代》记者采访时透露，为满足新成立的第333导弹大队平时训练的需要，印国防研究与发展机构已生产出部分“普里特维”模拟导弹和软件，供导弹操作训练使用。

陆军教育学院拟进行教育试点改革 据印《三军杂志》1995年6月号报道，印度陆军教育学院训练中心拟进行教育试点改革。改革的内容是通过输送学习资料的方式向在职人员提供训练，以解决脱产学习所造成的困难。该中心利用现有资金和设备可提供计算机应用、指挥、人力资源管理和军事技术等内容的训练资料。

（肖一妮）

海军训练　综述 印海军各兵种、各部队的训练由海军司令部统一领导，机关职能部门为人事局海军训练处，负责制定计划、方案，编制训练纲要，审批区域海司和各兵种呈报的训练报告，承办海军参谋长交办的有关海军训练的各项事务。为统一海军训练的行政管理和专业训练，1986年印海军授权南部海军司令部行使海军训练司令部的职权，负责海军所有水面和水下训练的指挥与控制，并负责海军人员的基础训练和专业训练。海军航空兵司令部负责航空兵的训练。进入90年代以来印海军训练有如下特点：

特别重视在职军官训练。其训练方式主要有日常训练、带职短训和高职深造3种。

1. 日常训练。印度海军给所有在部队任职的各级军官规定了年度训练内容和要求，并以军官年度报告和理论考试等形式进行检查。在每次演习中都把在职军官的作战指挥作为主要演练科目，成绩优秀者优先晋升，否则推迟或取消晋升。

2. 带职短训。为了适应海军武器装备的快速发展，海军各院校经常举办各种专题训练班，对在职军官进行带职短训（几周至半年），训完后返回原单位任职。

3. 高职深造。是海军对少校以上中高级军官进行正规培训的重要方式。印军规定，中校以上军官实行选拔晋升，凡少校选拔晋升中校者，须在国防参谋学院接受高职深造；1987年印海军在卡尔兰加成立了海战学院，专门负责对海军中校以上军官进行训练。

与外国海军频繁举行联合演习。据英国《简氏军事演习训练箴言》1996年4～6月号报道，印海军为扩大在印度洋地区的影响，消除人们对印度加强海军力量的担心，自1991年以来已与美国、俄罗斯、英国、法国、新西兰及印度洋沿岸国家澳大利亚、印度尼西亚、马来西亚、新加坡、阿曼和阿联酋等11国海军举行过联合演习，其中同新加坡海军的演习最为频繁，演习还曾出动“基洛”级潜艇。1996年5月澳大利亚海军装备8枚“鱼叉”导弹和2架“海鹰”直升机的“墨尔本”号航空母舰也曾抵阿拉伯海参加与印海军的联合演习。

开始使用海上舰艇作战模拟系统进行训练。印度海军最近已开始使用海上舰艇作战模拟系统辅助舰艇指挥官在岸上进行海战演练，还将研制数量更多、种类更全、性能更好的模拟设备，并根据需要有选择地引进外国一些先进的模拟训练设备，以提高海军训练手段的现代化水平。

从严训练海上突击队。据《现代舰船》1996年10月号报道，印海上突击队训练十分严格，训练时间为2年，分两个阶段进行。第1阶段首先进行为期1个月的体能训练，约只有一半的学员能通过体能测试；随后9个月学员要学习武器使用、情报搜集和特种战技术，学习在海滩、海岸、江河和丛林环境下如何进行作战侦察。第1阶段训练结束后学员可加入海上突击队，但要想成为正式海上突击队队员，还要经受1年艰苦训练。第2阶段为专业训练，训练的主要内容之一是反恐怖分子活动。海上突击队要担负保护孟买附近的采油平台、反劫持和打击海盗的任务，除接受伞降训练和潜水训练外，少数队员还要完成高空投下低空开伞和驾驶“战车”水下运动的训练。学员训练的大部分内容在锡尔萨联合突击队学校进行，伞降训练在阿格拉进行，潜水训练在可城进行。

主要参考资料：

①英国《简氏军事演习训练箴言》1996年4～6月号；
②中国《现代舰船》1996年10月号。

（肖一妮）

空军训练　综述 印度空军的训练由空司训练处、教育处、军官处、士兵处和训练指挥部共同组织实施。训练指挥部负责院校培训及技术和行政方面的训练工作；空司训练处和教育处负责部队的日常训练和教育；空司军官处和士兵处负责出国人员培训。训练的具体实施由各地区空军指挥部参谋处的训练股、各联队参谋处的飞行科负责。印空军的训练指导思想是立足国内院校培训，着眼于正规化、专业化基础训练，以部队日常训练和演习为主，举办短期训练班为辅；选派少量优秀军官、士兵出国受训。其训练形式大致有3种：一是各联队内部的日常训练；二是以中队（或分遣队）为单位到训练联队进行轮训（30～45天）；三是选派军官和士兵到军事院校培训或出国学习。训练的内容包括驾驶技术、编队飞行、空战、支援地面部队作战和地面勤务等各个方面。

空军院校训练有如下特点：一是专业较齐全，训练较系统。空军的院校基本上按专业设立,每种技术或技术专业都有相应的院校,院校的配置使受训人员可得到从低级到高级的培训,构成了较系统的训练机构。二是官兵分校培训,重视带职深造。印空军院校分为以培训军官为主和以培训专业士兵为主两大类,除正常训练外,各院校还要负责举办各种训练班,以便对在职官兵进行培训。三是驻地相对集中,便于实施管理。印空军院校主要集中在班加罗尔(9所)、海德拉巴(8所)和淡巴伦(3所)等地。班加罗尔为地勤训练基地,海德拉巴为飞行训练基地。院校集中有利于实施领导,进行教学器材和人员的调配,提高院校现有人员及教学设施的使用效率。

印空军训练存在的问题:一是教练机相对不足。印度空军训练指挥部用于训练的飞机总架数为300余架,但仍不能满足空军训练之需。因此,空军欲购买60余架英国的"隼"式或法国的"阿尔法"式喷气教练机,由于经费等各方面原因,至今尚未签署购买合同。二是飞行事故频繁。1978~1987年十年间空军事故率高达每年30架,1988~1996年为每年22.8架。据印空军飞机检查部门前副主官称,事故原因多为机械故障、自然灾害和飞行员缺少先进训练带来的操作失误。印度议会常设国防委员会对空军不断发生事故并造成巨大损失深表不安,要求国防部全面调查飞机失事原因,并采取切实可行的措施防止事故发生。

主要参考资料:

①印度《三军杂志》1996年;

②印度《1991~1992年度印度军事年鉴》。

(肖一妮)

泰国军队训练　泰军把军事训练作为其质量建军的重要内容之一,积极采取措施,加强军事演练和人员培训,以进一步提高部队的战术技术水平和官兵的文化素质。

加强军事演练　根据"卫国计划",泰军每年都坚持举行陆、海、空三军合同演习,陆空、海空诸军种联合演习,师以上单位的指挥所演习以及各军种内诸兵种协同作战演习,重点演练丛林和特种作战、地面防空、空中拦截、陆空协同、海空协同和反潜、两栖作战等科目。同时,泰军还注重在军事演练中掌握和应用高科技知识和高技术兵器,以提高部队在未来战争中的作战能力。

提高官兵军事文化素质　泰军每年都定期或不定期地举办一些培训班,向官兵传授外语、情报、通信和现代战争知识,大大提高了官兵的文化素质。同时,泰军还选派人员到国外学习和深造。如每年通过美国的军事培训援助,让大约100名士兵赴美受训;国家设立奖学金,每年从陆、海、空军尉官学校毕业学员中各挑选出2名优秀生,根据双边交流计划,派往美、英、法、澳、印尼等国的军事指挥院校深造。

注重对预备役人员的培训　为提高全民国防意识和战争动员能力,泰军十分重视对预备役人员的军事训练。泰军对预备役军官和士官每年进行2个月、1个月或15天为期不等的集中训练,主要进行国防教育、军事常识、兵力动员、基本战术和战时紧急动员等科目的训练,并经常组织预备役人员参加常规军的有关演习,旨在使预备役人员能够在发生战争或紧急突发事件时,在24小时之内即能动员和集中起来,投入战斗。

主要资料来源:

1996年泰国陆军电视台报道、1996年《泰叻报》。

(孟　丽)

英国军队军事训练　**陆军进行首次计算机模拟演习**　据美《防务新闻》1995年4月3~9日报道,1995年3月20~24日,英陆军在英格兰南部进行了为期5天的首次计算机模拟训练演习。在这次演习中,英国使用了一种新型的计算机训练系统——高级战场计算机模拟系统。这种移动式模拟训练系统可自动模拟与大规模地面作战有关的包括两栖作战、地面与空中机动在内的各种战场作战活动与功能。高级战场计算机模拟系统可自动向系统操作者提供各种行动方案。帮助部队指挥官和参谋人员进行集体作战行动的指挥与控制。在这次演习中动用了300名士兵和1个信号支援团作为模拟部队。若不用该系统,此类演习至少要动用14000名部队以及车辆和装备等。

(德　昶)

空军训练综述　1995~1996年,英国皇家空军以飞行训练为重点,继续进行全面改革。其目标是少花钱(比改革前减少30%),但仍要保证飞行人员的训练质量和应有的战斗力。

修订飞行训练大纲,提前划分机种培训方向。英空军对初始飞行联合训练中队和大学飞行中队的训练大纲进行了修订。修订后,划分机种培训方向的时间提前了。过去是在基础训练中根据飞行学员的实际飞行情况划分机种培训方向,进入高级训练后才按划分好的机种培训方向进行训练。在基础训练阶段,不管将来飞什么机种,都要用统一的"巨嘴鸟"教练机飞同样多的时间。现在是在初级飞行训练阶段根据飞行学员在飞行方面的潜在发展趋势划分机种培训方向,进入基础训练后就按划分好的机种培训方向进行飞行训练。这样,除了将来飞高速喷气机的学员仍需在基础训练阶段飞“巨嘴鸟”教练机之外，将来飞其他机种的学员就不需在基础训练阶段飞“巨嘴鸟”教练机了。这不仅节省了飞行训练经费，而且也节省了教练机、教官和时间。特别是大学飞行中队，不仅飞行训练时间安排得更加紧张，而且学生在大学的飞行训练质量将第1次决定其未来的所飞机种。但不管飞哪一机种的学员，在顺利完成初级、基础和高级3个阶段的飞行训练后，都将被任命为飞行员并授予飞行员证章，然后按所飞机种进入改装训练部队，进行6个月的作战机种改装训练。之后，他们将最终进入前线作战部队，在那里进行主要以战术训练和各种演练为主的部队训练。

合并训练机构，减少教练机数量。在训练机构的合并与调整中，1995年又关闭了斯坎普登训练基地和芬宁利训练基地。现在英国皇家空军只剩下4个主要飞行训练基地，即克兰威尔、林顿昂乌斯(简称林顿)、瓦利和肖伯里。其担负的训练任务也与过去有所不同：有的在原任务的基础上增加了新任务，有的减去了部分老任务，增加了新任务。现分述如下：

克兰威尔基地仍然是英空军的飞行训练中心。此基地的第3飞行训练学校，虽然名字没变，但中心飞行学校的“大斗犬”中队、多发飞机训练学校、领航员训练班和尾舱机组训练班等要合并到该校。英国皇家空军的“大斗犬”和“教员”式教练机现大都集中于此，以实现“同类项合并”。而过去第3飞行训练学校进行基础飞行训练使用的“巨嘴鸟”教练机则被调离此地：有的调到了设在林顿基地的第1飞行训练学校，有的则被封存。克兰威尔基地主要负责多发飞机飞行学员的基础训练和高级训练，使用的是“大斗犬”、“喷气流”和“教员”式教练机。

林顿基地主要负责高速喷气机飞行学员的基础训练，只使用“巨嘴鸟”一种教练机。原中心飞行学校和领航班的“巨嘴鸟”教练机均被调入该基地。

瓦利基地负责高速喷气机飞行学员和领航学员的高级训练，主要任务是检查这两类学员的训练水平，使用的是“鹰”式喷气教练机。训练领航员是该基地新增加的任务。

肖伯里基地主要负责旋翼机飞行学员的基础训练和高级训练，使用的是“小羚羊”和“威赛克斯”直升机。从1997年4月起，将在该基地正式成立为陆、海、空三军服务的国防部直升机飞行学校，以取代当前的空军第2飞行训练学校。届时，该基地现在所用的教练直升机也将被其他新型教练直升机取代。

训练机构合并与调整后，机构减少，任务明确，便于训练的组织与实施，同时还减少了教练机和飞行教官的所需数量。

推行飞行教学和机务保障工作的“地方化”。英国航空事业发达，许多地方公司具有训练空、地勤人员的能力和经验，具有与英国皇家空军进行各种合作的传统。因此，英国皇家空军得以在飞行训练和机务保障工作中推行“地方化”政策。他们的做法：一是通过与地方公司签约，将一些多发飞机的飞行学员承包给地方公司进行飞行训练。如英国皇家空军1996年年初首次向位于普雷斯蒂克的英国航空航天飞机学院送去6名军官，他们在那里经过16周的多发飞机培训，已于1996年4月毕业，并获得了多发飞机飞行证章。二是将其他机种飞行学员的初级飞行训练及部分基础飞行训练交地方公司完成。如已将搜索与救援机飞行学员的初级飞行训练承包给地方公司，所用飞机为“萤火虫”初级教练机。三是将军队的一个整体训练单位连同部分飞行教官承包给地方经营，如新的国防部直升机飞行学校就打算交给由3个地方公司联合起来的FBS股份有限公司经办，现正处在谈判阶段。四是向承包空军飞行训练的地方公司派遣飞行教官，使其继续从事飞行教学。现在英国皇家空军的“大斗犬”、“巨嘴鸟”和“喷气流”等飞机的施训教官，规定60%为军人，40%为地方人员。对其他飞机的施训教官没作硬性规定。至于高速喷气机和旋翼机的基础飞行训练是否承包给地方公司，尚未最后决定。但高速喷气机和旋翼机的高级飞行训练，则全由空军编内教官负责，不承包给地方。这是为了确保高难机种的军事性质、训练质量与安全。如“鹰”式教练机和“威赛克斯”直升机的高级飞行训练，则全由军队飞行教官按军事需要施训。

在机务保障方面，英国皇家空军除了以签约方式已将飞机的定检及维修交由地方公司完成外，现在又将克兰威尔、林顿、肖伯里3个训练基地的所有初级教练机、直升机和多发飞机的工程技术维护工作承包给地方公司负责。至于高速喷气机的机务保障工作是否也实行这种合同制方式，现仍在讨论中。

推行模拟飞行训练。与实机飞行相比，在飞行模拟机上“飞行”费用低，不受天气影响，不受昼夜时间限制，同时还可以“飞”那些在实机上因安全因素而不敢飞的高难课目。随着科技的进步，现代飞行模拟器给人的“飞行”感觉已达到了以假乱真的程度，在飞行模拟机上进行飞行训练已能收到一定程度的实机飞行效果。因此，英国皇家空军非常重视飞行模拟机的推广与使用。英国空军高速喷气机飞行训练大纲规定，在基础训练阶段，飞行学员在“巨嘴鸟”教练机上飞135～160小时，在模拟机上飞25小时；在高级训练阶段，在“鹰”

式教练机上飞85小时，在模拟机上飞20小时；在“美洲虎”飞机上进行改装训练时，在飞机上飞70小时，在模拟机上飞24小时。英国空军还正在考虑增加多发飞机飞行员的模拟训练比例。当然，再逼真的模拟飞行也不能完全代替实机飞行，但可以减少实机飞行训练所需时间，从而收到节约与安全之效。

*加强与盟军共同举行的联合军事演习。*军事演习是训练部队的最佳手段之一。近年来，随着在国外与他国空军共同执行任务的机会越来越多，如在波斯湾、土耳其和波斯尼亚等地，英国皇家空军十分重视参加与举行有外国空军参加的联合军事演习。通过演习增进了盟国空军间的相互了解，锻炼了部队，提高了部队的战斗力。

主要参考资料：

①1995～1996年英国《皇家空军新闻》；

②1995～1996年英国《国际飞行》；

③美国《空军时报》1996年7月22日。

（刘礼全）

其他国家和地区军队军事训练　土耳其军官培训　俄《外国军事评论》1995年第8期报道，根据土耳其现行法律，军官培训主要在军事院校系统和地方高等院校进行。

初级军事教育在军事中学进行，其毕业生有权优先报考军事学校；中级军事教育（主要是理论培训）在军事学校进行；高级军事教育在军事学院进行。在地方高等院校培训军官，主要是使其学习军事学校中未开设的有关专业。这种多层次的军事教育，有助于土耳其为军队精选指挥干部。

军事中学。（一）入学条件和学校简况。土耳其武装力量有5所军事中学，其中陆军3所，海、空军各1所。军事中学只招收拥有土耳其国籍并毕业于8年制普通学校的男性。入学者须身体和心理健康，政治可靠。想报考军事中学的学生，须在5月末至6月中旬直接向军事中学校长提交申请。入学考试在7月中旬以前进行。

军事中学学制为4年。第1学年为考察期，主要学习外语，根据规定，期末考试不及格者予以退学处理。语言学校的毕业生可直接进入专业学习。

军事中学在结构、训练大纲、教学设备和培养能力方面大体相同。学校组织结构如下：校长、训练部、训练处、若干勤务分队和训练团（4个营，每年级1个，每营3个连）。

（二）训练时间和科目。每学年从9月25日开始，第2年5月30日结束。年度训练时间为1225学时，其中，技术科目占527学时，社会科目占343学时，外语、军事科目和体能训练占355学时。每学年结束后，学员要在训练营地进行2个月的战术、射击、队列和体能训练、研究轻武器的构造。

每年陆军军事中学毕业500名学员，海军和空军军事中学毕业140～150名学员。他们是军事学校招生的主要候选人。

军种军事学校。（一）入学条件及要求。军种学校招收年龄在17～20岁，毕业于军事中学和与其水平相等的学校的青年（从地方学校招生的比例通常不超过学员总数的20%）。因故被中学开除、已婚或订婚、口齿和身体有缺陷、患过天花病的学生，以及退伍兵不予招收。报考军校的学生本人及其近亲须政治可靠。

报考军校的学生必须提交下列证明：经校长批准的入学考试申请、中学毕业证书或副本；中学出具的有关学习成绩以及是否参加非法政治和社会组织及团体的证明；土耳其检察机关确认的政审证明；学生本人及其双亲的身份证明或副本；有关接种天花疫苗的卫生证明；当地军事动员员处的证明；15张本人照片；军队医院或当地医疗机构出具的健康证明。报考学生在政治、精神和文化方面被认为合格的体检合格后，参加数学、物理、化学、外语、历史、社会学、逻辑学和体育考试。合格者方可进入军校学习。

（二）学校简况。武装力量军种学校的组织结构如下：校长、训练部、训练处、军事科学教研室、技术科学教研室、社会科学教研室、物理—数学教研室、干部处、教育委员会、科研委员会、纪律委员会、2个训练团（每团3个营、每营3个连）、勤务营。

学校拥有良好的训练设备，每个教室均配有电子技术装备和各种直观教具。训练大纲由学校教育委员会制定，并报请总参谋部批准。

1. 陆军合成军官学校。该校为陆军培养各专业的军官，以及为宪兵部队、测绘勤务和海军陆战队培养军官。此外，还培训军事法官和军事建筑工程兵的军官。前3个学年按统一的大纲培训学员。在这段时间里，学员主要学习文化科目和军事科目（战术、射击、队列和体育）。从第4学年开始按兵种和勤务进行专业化学习。技术科目分别用英语、法语和德语教学。

该校每年毕业450～500名学员。学员毕业时被授予中尉军衔，再到兵种学校进行为期一年的专业化训练后，到部队任职。

2. 海军军官学校。该校培养舰艇和岸上勤务军官。学校有2个系：指挥系和工程系。前3个学年按统一的大纲进行培训。第4个学年按不同的系分别进行培训。学校每年毕业 100～140 名学员,他们被授予中尉军衔,到舰艇上任职以前,也象陆军军官学校的毕业学员一样,先进行专业化训练。

该校还培养毕业于航海学校和技术大学的预备役军官,学制 1 年。他们毕业后被授予少尉军衔,并在舰艇上、岸防部队和海军机关进行为期 1 年的实习,然后转为预备役。

3. 空军航空学校。该校是为土耳其空军培养军官的主要学校。学校主要对学员进行理论培训。第 1 学年按统一的大纲进行训练。从第 2 学年开始进行专业化训练。学校每年毕业 200～220 名学员。他们被授予中尉军衔。并被派往兵种和勤务学校继续接受训练。

兵种和勤务学校。兵种和勤务学校干部班的军官主要来自军种学校的毕业学员。因为,土耳其军队规定,军种学校的毕业学员在到部队任职之前,要先到兵种学校进行为期 1 年的专业化训练。此外,兵种学校还培养预备役军官和超期服役的士官。接收军种学校毕业学员进行专业化训练的兵种学校如下:

(一)陆军兵种学校。陆军军官通常在下述兵种和勤务学校进行专业化训练:

1. 装甲兵学校。该校为装甲部队培训指挥人员和技术人员。学校有 3 种班:军官班、预备役军官班和士官班。该校每年毕业 150～160 名军官,约 450 名预备役军官,约 500 名士官。

2. 步兵学校。该校负责培训步兵排、机步排、机枪排、迫击炮排和无坐力炮排排长。培训时间 1～2 年不等。该校每年毕业约 1000 名学员。

3. 火箭—炮兵学校。该校为所有炮兵分队和陆军部队培训现役军官、预备役军官和超期服役士官。该校每年毕业约 200 名现役军官、约 250 名预备役军官和约 300 名士官。

4. 军事工程学校。该校为工程兵部队培训现役军官、预备役军官和超期服役士官。每年学校毕业 150～160 名现役军官,约 400 名预备役军官和约 500 名超期服役士官。

5. 其他学校。除上述学校外,还有侦察—破坏学校,核、生、化防护学校,通信学校,炮兵技术保障学校,军事运输学校,财经—军需学校,宪兵学校,军医学校,军事测绘学校,外语学校等。

(二)海军兵种学校。海军军官首先在格尔居克海军基地进行专业化训练,时间为 6 个月,尔后到舰艇和部队任职。

海军后勤学校。该校设有后勤的组织、财务核算和会计学、经济学原理、法律、商贸和其他科目。学制 1 年。此外,该校还设有海道测量勤务和潜艇军官培训班,学制分为 6 个月和 1 年。

(三)空军兵种学校。空军军官通常在下列兵种和勤务学校进行专业化训练。

1. 航空技术学校。该校负责培训飞机维修技术军官和士官。根据专业,学制分为 1 年和 2 年。学校每年毕业 130～150 名学员。

2. 防空学校。该校负责培训雷达操纵手和技术人员、火箭炮手、高射炮手、指挥和导航专家。根据专业,学制分为 1 年和 2 年。学校每年毕业 50～70 名学员。

3. 通信与电子航空学校。该校负责对军官、士官和士兵进行通信和电子方面的培训。根据专业,学制分为 1 年和 2 年,学校每年毕业约 200 名学员。

4. 其他学校。除上述学校外,还有飞行学校、机场勤务学校和外语学校等。

地方大学向军队输送军官情况。土耳其规定,根据国家武装力量的需要,地方高等院校的毕业生有义务应征入伍担任军官。地方高等院校军事系的领导负责为军队选拔军官。国防部每年根据武装力量的实际需要,确定地方高等院校军事系学员的人数。每年地方高等院校通常向陆军输送 145 名军官,向海军输送 90 名军官,向空军输送 100 名军官。

对报考地方高等院校军事系的学生的要求,与报考军事学校的学生的要求一致。军事系的学员还必须按规定着装和遵守各种条令及教令。根据训练大纲,军事系的学生要进行军事训练和在兵种学校进行野营集训。毕业后,他们先在图兹拉步兵学校进行 2 个月的训练,然后进行晋衔考试,尔后在相应的兵种学校继续接受训练,完善自己的指挥技能和军事专业知识。

德国建立陆军战斗训练中心 中国《外国军事学术》1996 年第 7 期吴巨红、刘伟伟援引德国《军事仿真与训练》1995 年第 9 期的资料报道,1992～1993 年,德国提出建立陆军战斗训练中心的设想。预计到 1996 年底,战斗训练中心将初具雏型。战斗训练中心的主要任务是训练部队。无论是步兵,还是装甲兵,直至快速反应部队,都可以在此进行逼真条件下的夜间和昼间训练。

德国陆军战斗训练中心主要由训练场设备、数据通讯系统、操作中心 3 部分组成。

训练场设备。主要包括士兵及车辆用的激光代码接收器、激光模拟器、车辆效果显示器、战术音频通信系统、视频通信系统、全球定位参照系统和操纵设备(包括全球定位接收器、智能化界面处理器和数据通信电台)。①激光代码接收器是为士兵和车辆配备的训练

器材。当士兵和车辆被激光模拟武器击中时，该系统能查出所用武器发出的激光码，计算出毁伤程度，向武器使用者显示射击结果。并把毁伤结果(例如击毁、机动能力受到破坏等)送抵设备操作者手中。②激光模拟武器是安装在装甲车、反坦克武器和轻武器上的训练器材。它使每件武器都能传送特定的激光代码。目标被击中时，激光代码接收器就能识别出射手是谁。完成一次任务后，激光模拟武器需要经过演习裁判审定，方可再次使用。③车辆效果显示器是显示车辆是否被击中的器材。当车辆被激光武器击中时，即以闪光或烟雾表示命中目标。它还可以采用各色烟雾等方法表示，但要根据武器的种类，例如炮兵、地雷、坦克、反坦克武器等而定。④战术音频通信系统是参训部队通常使用的电台。操作中心通过接口监控所有的音频通信，以便进行记录和评估。⑤视频通信系统是观察员装备的机动视频通信设备。当发生特定事件时，被指定的观察员用预定方法进行记录，以备日后查询时调用。为保证视频通信系统的机动性，在摄像机上装有高频发射器，可把视频图像传送到观察员乘坐的车上。尔后通过定向电台，将视频图像传送到操作中心，同时进行记录和评估。⑥全球定位系统是参训单位所有全球定位接收器的参照接收装置。放在全体人员都能掌握的地点，以保证能确定各参训者在训练场上的位置。⑦操作设备是高度集成化的模块产品，由蓄电池(士兵)或车辆制动系统供电，包括全球定位接收器、智能化界面处理器和数据通信电台。训练场上的每辆车和每个士兵都装备有操作设备。操作设备通过用户编号总线与激光模拟器武器、激光接收器和车辆效果显示器相联接。

数据通信系统。用以保证参训者在训练场地通过电台与操作中心建立联系。数据通信系统的主要技术要求：①在数据通信网络中保持最佳结构，保证所有参训者能在现有各种条件下，在没有指令的情况下主动保持联系；②能迅速进行数据双向传输；③在输入和操作的全过程中保证数据的完整性；④拥有标准的低成本硬件，使用按任务进行测试的数据通信设备；⑤能在军用甚高频波段上使用无线电传输数据；⑥系统应有可扩充性。数据通信系统包括数据通信控制中心、战场数据通信设备、操作者(人员、车辆、裁判)的数据通信电台。其中数据通信控制中心在操作中心和战场数据通信设备之间形成一个链型网络。数据通信控制中心通常设于训练场上。战场数据通信设备只用来联接数据通信控制中心和操作者的数据通信电台。

操作中心。在操作中心，所有的数据与战斗相关的情况，均可被记录、核对、存储、评估和显示，以便对训练进行监视和控制，并对参训部队的战术行动进行评估。作战数据包括参训者的位置及状态，参训部队的通信数据，特别是指挥命令的传输数据，以及战斗图像片段。①工作站。在操作中心，作战训练数据的处理、评估和重播，都是由工作站来辅助完成的。训练的组织者和控制人员通过工作站监视战斗行动的全过程，并直接进行评估。控制人员使用的工作站用以模拟不在现场的兵力的部署，以及这些部队的装备，例如火炮、工兵和核、生、化装备等。裁判及观察人员可以从控制人员那里获得指令。战斗训练中心还设有一些专门的工作站，对参训部队进行战术评估。②研讨厅。每次演习结束后，参演部队都要进行一次总结性讨论。讨论通常在为担任友军的参训部队指挥官修建的、安装有特殊设备的研讨厅举行。③数据记录器。对战斗数据的评估和处理，以及为监视战斗行动而进行的演示，都是在联网的计算机上进行的。训练场上得出的所有数据，不包括视频和音频无线电通信，都被传送到数据记录器中，并以数字的形式记录下来。在相应的模拟模型的支持下，数据记录器可完成直射火力、障碍物、雷场以及核、生、化弹药的战斗过程模拟。训练后的效果评估是由一套综合的评估软件来完成的。④音频器。训练过程中使用军用音频无线电通信设备发送的所有指令，均以数字化形式记录下来。在数据记录器的控制下，恢复音频数据，与训练场上得出的其他数据一起，共同用于训练后进行的讨论。⑤数字视频器。训练过程中的战斗片断和训练研讨阶段的视频数据，均被存储在数字化的媒体中。在数据记录器的控制下，战斗片段的图像数据与训练场上得到的其他数据一起，共同用于训练后进行的讨论。

战斗训练中心为诸兵种合同作战训练提供了有利的条件。当前，为使官兵做好合同战斗的准备，建立战斗训练中心是十分必要的。官兵在战斗训练中心得到的训练效果，远远胜过在单一的训练场得到的训练效果。

(德　昶)

法军透露运输技术学校情况　据法国《今日军队》杂志 1995 年 11 月号报道，法军的运输技术学校创建于 1945 年。该校负责培训和深造辎重兵的现役和预备役干部。目前该校学员不仅学习最基本的运输技术，而且还学习现代通信技术和各种语言。辎重兵还学习联合国在后勤方面的宝贵的工作经验。学校开设了联合国后勤课，向将来进入参谋部的干部讲授后勤知识。50 多年来，该校培养了 5 万余名现役和预备役军官。

(王凤才)

澳大利亚举行"袋鼠 95"军事演习 据澳《亚太防务报道》1995 年 8 月号报道，澳大利亚国防军于 8 月举行了代号为"袋鼠 95"的军事演习。演习地点为澳大利亚北部，演习范围达 400 平方千米，参加演习人数约 1.8 万人。其中，澳大利亚三军约 1.6 万人，其余的人员来自美国、马来西亚、新加坡、巴布亚新几内亚和印度尼西亚军队。澳三军动用了 16 艘舰船、110 架飞机和坦克、炮兵、伞兵等兵种。演习分 4 个阶段，主要检验澳制定军事战略和战役计划、应付突发事件、进行兵力部署的能力，以及各军兵种联合作战和联军作战的能力。 (德 昶)

北约进行首次大规模战区导弹防御演习 据英国《简氏防务周刊》1995 年 10 月 7 日报道，1995 年 10 月 2～3 日，驻中欧的北约部队进行了首次大规模战区导弹防御演习。这次演习包括战区导弹的防御和进攻作战。演习是在德国、荷兰、丹麦、北海和法国的部分地区举行的，美国陆军和荷兰空军的"爱国者"导弹部队参加了这次演习。 (高桂秀、尹承魁)

军 事 后 勤

美国军队后勤 **综述** 1995～1996 年，美军后勤理论和建设的发展变化主要表现在以下几个方面：

提出联合作战后勤保障原则。主要有 7 大原则：(1)及时。及时就是在准确的时间和地点提供正确的保障。(2)简便。简便能够提高国家和战区后勤行动的计划与实施效率。任务式命令和标准化程序都有助于实现简便性。(3)灵活。灵活就是后勤机构程序适应不断变化的情况、任务和作战方针的能力。灵活原则还包括制订备用计划，发挥预见性，建立后备力量，按分阶段后勤计划实施前方保障。(4)节约。节约就是以最低的成本提供保障。不明智地使用后勤资源会使战斗部队失去人力、装备、补给品或改用其他选择方案的机会。(5)足够。足够就是提供开始战斗行动时所需要的最低限度必需补给品和劳务的能力。(6)持久。持久就是在行动的全部持续时间里对整个战区所有用户维持不间断的后勤保障。(7)生存。生存能力就是军事组织战胜潜在破坏的能力。根据可能遭受军事打击的目标如工业中心、机场、海港、铁路车站、补给仓库、交通线、船舶、铁路和公路桥梁等，采取积极措施或消极措施进行防卫。积极措施包括后勤设施地面防御计划的制订，其中要有兵力增援和火力支援条款。消极措施包括疏散、人员与装备的防护、欺骗，以及将设施的规模和能力限制在完成任务所必需的程度。

加强 21 世纪部队后勤建设。1. 实现后勤保障系统一体化。美军"21 世纪部队"后勤保障系统将由单一指挥官——战略层次的"高级后勤主管"统一负责，为作战部队指挥官遂行作战任务提供所需的一切后勤保障。在"高级后勤主管"领导下，战场后勤部对前方后勤保障活动进行指挥、控制和协调，战斗后勤部对基层后勤保障系统进行指挥、控制和协调。战斗后勤部的"战斗后勤主管"将确定需要多少维修组、炮兵保障组、坦克保障组等，调节保障量。总之，战略、战役和战术各层次的后勤主管在被保障部队的整个作战空间以信息技术手段连为一体，全面掌握从工厂到散兵坑的所有后勤保障活动。

2. 强化"战场分发"能力。"21 世纪部队"后勤将着眼于数字化战场的要求，加强战场分发速度，发展方向是"补给品将在积极主动地控制下经由分发网络快速运动，绕过通常的库存环节，从起点直接送达战斗部队手中"。美军采取的主要方法和措施有：(1)在补给源头加快对请领单的处理速度，补给机构要在 24 小时内收到战斗部队的请领单并向请领者通报有关情况；(2)最大限度地提高向战斗部队分发物资的效率和效益，在 48 小时内必须从战区内的补给源将所请领的物资送达战斗部队；(3)将请领单成批处理办法和以仓库为基础的体制改革为对请领单的实时处理办法，以便将所请领物资迅速发往战斗部队；(4)减少多余的储备品，缩小前方基地储备品的规模和品种，以便从规模适中的后方库存中快速前送物资；(5)减少卸载机场和港口的库存，降低申请与运输时间的多变性；(6)从补给源头至直接保障部队，每一级都由单一分发管理者实施运输控制与物资管理。美军认为，"战场分发系统的意义在于作战士兵能够准确地得到所请领的物资，这些物资能够在正确的时间以正确的数量送达正确的地点。"

3. 利用信息技术提高保障效能。数字化信息技术将使每个后勤级能够随时了解作战部队指挥官的位置及其后勤需求，后勤人员将能预测未来24～48小时内补给所和其他保障设施应配置于何处，并能按作战部队要求的时间和地点提供保障。

大力发展战略投送力量。1. 投资发展空运力量。根据《机动能力需求研究全面审查最新报告》，美国防部确定战区间空运目标为4900～5200万吨·英里/日。美军未来几年投资发展空运力量的重点是C-17运输机，目标数量为120架。美军还正对KC-135加油机进行改造，为它加装多点加油系统，研制工作将于1997财年完成，到2003财年计划采购33套多点加油系统。

2. 加强海运和海上预置力量。美军的《机动能力需求研究全面审查最新报告》提出再采购500万平方英尺的货运容量，既可预置1个重型陆军旅的装备，又可扩大现有的海运能力，以达到在75天内部署1个重型军的目标。美军1996～2000财年计划将为大型中速滚装船计划提供19亿美元的造船经费。大型中速滚装船计划将为陆军的作战和保障装备提供200万平方英尺的海上预置舱位，并为先期部署的陆军重型师及其保障装备提供300万平方英尺的运输舱位。

3. 调整陆上预置力量结构。美陆军正在调整其在世界各地预置编制装备的结构，在中欧将预置2个重型旅的全套装备，在意大利预置1个旅的全套装备。1995财年美军在科威特预置了1个装甲旅的全套装备，到2000财年将在卡塔尔预置另1个装甲旅的全套装备。1997财年美军将在韩国预置1个装甲旅的全套装备。

主要参考资料：

①美国《国防报告》1996～1997财年；

②美国《陆军后勤》1996～1997年。

（徐克洲）

改善住房情况　据美《空军时报》1996年8月19日报道，美国会已批准新的军事修建计划费99亿美元，用于改善军队住房状况。该计划包括新建1042套住房、翻修5300套住房和修建11个儿童保健中心。营房修建点有空军的21个基地（含5个国外基地）、陆军的12个基地（含4个国外基地）和海军的19个基地（含2个国外基地）；儿童保健中心修建点有海军的1个基地、空军和陆军各3个基地；家属住房修建点有空军的20个基地（1132套）、陆军的4个基地（346套）和海军的13个基地（1840套）。

（石之英）

增设最低住房津贴　据美《空军时报》1996年12月9日报道，自1997年1月1日起，美军增设最低住房津贴。美军住房津贴分为两种，一是基本住房津贴，二是不定额住房津贴。基本住房津贴又分3种情况：带家属、不带家属和部分住房津贴。带家属的住房津贴多于不带家属的住房津贴。部分住房津贴是对未带家属住在军队或政府单身宿舍的军人给予的补贴。不定额住房津贴是对在高消费地区工作的没住军队或政府住房的的军人提供的补贴。根据美军规定，凡是未住军队营房或政府住房的军人都可以享受住房补贴。基本住房津贴的多少根据军人的级别和是否带有家属确定。不定额住房津贴的多少则根据军人的级别、所处的工作地区和是否带有家属确定。不定额住房津贴顾名思义其津贴额是不定的。因各地消费标准不同，房租有高有低，所以住房津贴也不完全一样，且每年随房租变化而调整，故称不定额住房津贴。

根据美军现行的住房津贴规定，在某些高消费地区，有时军人的两项住房津贴加起来还不足以支付一套两居室的住房费用。所以从1997年起，美军又增设一项新的最低住房津贴。与不定额住房津贴一样，最低住房津贴也是因地而异的。最低住房津贴主要根据所处工作地区和是否带有家属确定。如果一个军人的基本住房津贴加上不定额住房津贴还低于最低住房津贴，那么该军人即可享受最低住房津贴。

另外，为保护军人不因不定额住房津贴下调而影响收入，美军1996年还制定了不定额住房补贴保护法。根据保护法，如果房租下调了，军人的不定额住房津贴保持不变。在保护法实施之前，如果调查表明当年的房租比前年有所下降，那么不定额住房津贴就要下调。但实际情况是，不定额住房津贴下调了，可许多军人的房租往往并未有下降，因此影响了军人的收入。实施不定额住房津贴保护法就避免了这种情况。

（李殿选）

实施三军联合医疗体制　据美《空军时报》1996年3月11日报道，美军自1995年开始医疗改革，实施三军联合医疗体制，统一管理全军的医疗卫生工作。美军将全国（夏威夷除外）驻军分为12个医疗卫生区，每个医疗卫生区分别由该区内某一军种的一个医疗中心或医院牵头，负责该区内三军官兵、家属、退休人员及其家属的医疗保健工作。美国防部计划于1997年在全军12个医疗卫生区全面推行联合医疗计划。

联合医疗计划的目的主要是解决现役军人家属、退休人员及其家属的就医问题。根据联合医疗计划，军方可与地方医疗保险组织签订合同，将地方医生请到部队医院，军队受益人也可到地方医院就医。联合医疗计划的特点是强调有控制的诊疗，尤其是专家诊疗。根据联合医疗计划，现役军人仍在军队医疗机构继续享受免费医疗。现役军人家属、退休人员及其家属有3种医疗保健方式可以选择。一是基本医疗保健。这是联合医疗计划的主要部分，其特点是费用最低，但参加人只能接受指定的医生给予治疗。如果要找医疗合同网以外的医生看病，需要交很高的医疗费用，并要取得本区医院领导的批准。现役军人家属参加基本医疗保健可免费注册，但退休人员及其家属需交注册费。二是附加医疗保健。参加人不交注册费，但要交年度医疗费。参加人可在医疗合同网内选择医生看病，但要付出一定的附加医疗费用。三是标准医疗保健。与附加医疗保健一样，参加人不交注册费，但要交年度医疗费。与前两种医疗保健相比，该保健参加人可以自由地选择各个医院的医生看病，但门诊费用与住院费用都比较高。

（李殿选）

加强军队野战输血保障能力研究 据美《军医学杂志》1996年1～2月号报道，美军尤其是海军正在大力加强军队野战输血保障能力的医学技术学研究，包括改进人体血产品的贮藏能力或延长血产品的货架寿命，研究开发人工复苏液产品。改进贮血能力研究包括研制新的红细胞冷冻保护剂、研究红细胞代谢和研究开发冻干红细胞及冻干血小板。新的红细胞冷冻保护剂主要是研究生物相、可直接输注的冷冻保溶质，用法简单，即只要红细胞与冷冻保护剂混合，即可进行冷冻，融化后即可给伤员输注，无需在融化后输注前进行清除冷冻保护剂处理。红细胞代谢研究主要是观察离子溶质对2,3二磷酸甘油脂(2,3-DPG)和三磷酸腺苷(ATP)对红细胞携氧释氧能力和对保持红细胞形状、生理的影响。根据目前的研究水平和技术条件，预计在本世纪末至21世纪初有可能使红细胞液态贮存寿命从现在的42天提高到150天甚至更长。冻干红细胞和冻干血小板研究包括对可直接输注的红细胞冻干液的研究和对现成可输注的冻干血小板的研究。这种冻干产品可在－20℃～＋25℃的条件下贮存，缩小了体积、减轻了重量，可不用高耗能的－65℃超低温冷柜。这种产品可在前方二梯队调制后直接给伤病人输注。人工复苏液，目前美军重点研究无基质修饰血红蛋白和脂质体包封血红蛋白血液代用品。表明给失血70%的兔、大鼠输注脂质体包封血红蛋白溶液增加了动物存活并且给猴子输注证明是安全的。计划不久将进行人体使用安全性与功效临床评价。军队输血医学技术学研究是军队战备的重要组成部分。文章认为上述研究必将进一步改善战时海军舰上、陆军营救护所和战斗支援医院的输血保障能力。

（林水成）

“舒适”号医院船安装“作战舰队医院信息系统” 据美国《舰员》杂志1996年9月号报道，美国海军“舒适”号医院船的病员管理部门首次在该船上安装使用了“作战舰队医院信息系统”(OFHIS)。这是一个高度专业化的计算机系统。它利用系统处理器跟踪大量伤病员的情况，能随时报告其位置、后送目的地和转运路线，从而使该船能更好完成每天救护200～1000名伤病员的任务。在海军各医疗单位、军事海区司令部、东海岸司令部和陆军部队联合举行的“COMFEX 96-3”系列演习中，“作战舰队医院信息系统”充分发挥了作用，受到各参演单位和上级的好评。

努力增加两栖运输能力 据美国《海军时报》1996年3月18日报道，美海军两栖舰船的数量已从1992年的60艘减少到1995年的39艘，从而削弱了陆战队远征部队的部署与作战能力。美国海军拟从1997年开始改变这种状态，计划采取的主要措施包括：1. 筹资建造1艘新型两栖船坞登陆舰和用于车辆运载的2艘TLKA型货船；2. 确保按期交付1艘LPD-17级两栖攻击舰；3. 落实资金，加紧进行“特拉瓦”级两栖攻击舰的改装工程；4. 筹集922万美元，使原计划在1997年退役的“关岛”号两栖舰延期服役至1998财年中期。通过上述措施，美海军的两栖舰船数目将从1995年的39艘增加到1997年的43艘。

海军研制浮岛式巨型海上移动基地 据美国《海军时报》1996年10月14日报道，美国海军从1996财年起先后拨款1400万、1.5亿美元用于研究和建造能负载飞机、坦克、火炮和机动车辆等装备的浮岛式巨型海上移动基地。该基地由6个半潜式平台联结而成，构成一条长3000英尺的跑道，1个加油站和1个舰船修理设施。这种海上移动基地可运载数十架战斗机和直升机，其库房可容纳数百辆坦克、火炮和机动车辆。它既可由拖船拖到某一位置，也可以每小时6海里的速度自行驶往指定海域。在国外基地日益缩小的情况下，美海军建造这种海上移动基地，是为适应下世纪向世界各地投送军事力量的需要。据估计整个费用需要3～20亿美元，至少要4～5年才能交付使用。

海军开始实行区域维修保障原则 据美国《海军时报》1996年8月12日报道，1996年4月10日斯普鲁恩斯级“奥邦农”号驱逐舰驶入佐治亚州金斯湾的三叉戟导弹核潜艇修理厂进行改装与维修保养，标志着美海军开始按区域原则实行维修保障。按照新原则，海军将打破舰船隶属关系、舰种区分等界限,主要根据维修设施的业务量来决定承修单位。这种做法主要是为适应军费削减的需要。其结果是避免重复浪费,合理安排海军修船厂的工作量,造就更强大更灵活的维修力量。为此,在过去3年中,海军从以下各方面进行了准备:1. 统一两洋舰队的维修政策、计划、标准和规范,使舰船在海军任何修理厂都能得到同样水平的维修保障;2. 在关键地点确定中心维修设施,如在珍珠港、圣迭戈、布雷默顿、英格尔赛德、诺福克、杰克逊维尔、美国东北部和日本某一海港建立集中的多功能修理厂;3. 合并修理设施与扩大业务范围相结合,如设在珍珠港的潜艇修理厂和水面舰船修理厂进行合并后,能承担任何舰种的维修保障。

(杨士文)

空军拟装备新型飞机装卸机　据美《空军时报》1995年7月24日报道,美空军现使用的25-K(3个货盘)和40-K(5个货盘)系列装卸机已陈旧,不能满足物资的装卸需要。因此计划采购60-K飞机装卸机,并签定了首批360台的合同,10年内交货。新型装卸机可以空运而不必做专门准备;可为大型运输机装卸货物而不需任何辅助设备;故障间隔时间预计平均为100小时;可载6个货盘,将大大缩短货物装卸和飞机留地时间,适应未来航空作战需要。

(王占良)

空军采用高级轻便循环热力泵　据美《军事工程师》1996年第1期报道,为保护环境和减轻部署部队的负担,美空军采用新型高级轻便循环热力泵。

由于条件的限制,美军在世界许多地方只能依靠轻便的简易设备。环境控制装置就是一例。但是美空军现用的环保控制装置是20世纪60年代生产的,使用的是现在禁用的臭氧破坏剂R-22,其耗能量占整个部署设备的40%,重量占10%,大大加重了部队部署的负担。为解决这一问题,美空军廷达尔基地采用了高级轻便循环热力泵。这是一项高效单项制冷脉管技术。使用这一技术,由于不需要普通的蒸发器和冷凝器,因而减轻了环保控制装置的重量及电力消耗,为部署部队提供了一个良好的环境控制装置:不需破坏臭氧的化学剂制冷,每台设备可节省电力2~4千瓦,重量减轻了近300磅。通常在部署一支预先选定的执行特别任务的部队(1000人,240部环境控制装置)时,运输重量可减轻60000~72000磅,相应的发电设备的重量也可减轻30000磅,或相当于减少1部750千瓦的发电机。两项加起来总重量可减轻90000~102000磅,相当于C-141飞机两架次的运载量。此外,高级轻便循环热力泵不会对地球的升温产生影响,采用的氦工作液价格比较便宜,使用也比较方便,工作寿命也比较长。

(李殿选)

空军研制出排除未爆炸弹新设备　据美《军事工程师》1996年第1期报道,美空军研制出3种排除未爆炸弹设备:地下爆炸物探测装置,它包括自动牵引车和传感拖车,由活动指挥台遥控,距离可达1英里;爆炸物自动挖掘机,主体是履带式325L挖掘机,作业半径达60.5英尺,挖掘深度达48.5英尺,机上装有机械抓手、计算机、照相机、超高频遥控系统等,遥控距离达2英里;远距离挖掘装置,是一台机器人挖掘机,完全自动作业和显示,由活动指挥台进行遥控,距离可达1英里。

(杨清波)

空军加大污染防治力度　据美《国防》杂志1995年第8期报道,美空军军医局局长安德森中将认为,后勤部门可能是有害物质的最大制造者。致人患病的70%因素来自于有害物质。空军各主要基地每年要产生数百吨有害物质。为此,空军要加大污染防治力度。主要措施有:(1)增加资金投入。1995财年,空军污染防治费为1.31亿美元;1996~2000年,空军计划投入3.54亿美元用于污染防治。(2)采取有效措施。进行综合治理,改进生产工艺,减少有害物质的生成,力争到1997年废物回收利用率达到50%。(3)加强环保教育。1996年,空军举办了17个培训班,对各级指挥官和基地设施人员进行不同层次培训,增加他们的环保意识和学习污染防治技能。(4)不断开发和研制无污染的新工艺和新产品。

(沙起才)

美军自杀率居高不下　据美《空军时报》1996年6月10日报道,近5年来,美军自杀率居高不下。为此,美军制定了若干措施,力图减少自杀事件发生。1996年初至5月底,空军就有20人自杀。空军专门成立了一个小组,犹如调查飞行事故一样调查自杀事件起因。各军种均建立了心理保健服务机构。新兵入伍后,增加了预防自杀的教育内容。下表为美军人自杀的万分率:

年	陆军	空军	海军	陆战队	平均率
1990	1.41	1.08	0.95	1.68	1.28
1991	1.35	1.00	0.74	1.08	1.04
1992	1.41	1.13	1.11	1.08	1.18
1993	1.47	1.35	1.17	1.96	1.49
1994	1.63	1.36	1.17	1.26	1.40
1995	1.40	1.65	1.47	1.37	1.47

(沙起才)

日本自卫队后勤　1996年度防卫费分配　据日本《军事研究》杂志1996年第3期报道，日本1996年度防卫预算为48454.79亿日元，比上年度增加1218.69亿日元，增长率为2.58%。防卫费占国内生产总值的比率为0.97%，占政府财政预算的比率为6.5%。1996年度日本防卫费的分配情况如下：陆上自卫队为17921.88亿日元，约占防卫费总额的36.99%，比上年度增长0.5%；海上自卫队为11185.25亿日元，约占防卫费总额的23.08%，比上年度增长5.9%；航空自卫队为11365.66亿日元，约占防卫费总额的23.46%，比上年度增长2.9%。三自卫队合计为40472.8亿日元，占防卫预算总额的83.53%，比上年度增长2.6%，其中，海上自卫队的预算增幅最大。其他各单位的预算为：防卫厅机关99.9亿日元，参谋长联席会议60.58亿日元，防卫大学160.12亿日元，防卫医科大学209.41亿日元，防卫研究所13.88亿日元，技术研究本部1640.59亿日元，采购实施本部68.55亿日元，防卫设施厅5726.56亿日元，安全保障会议2.41亿日元，上述单位合计为7982亿日元，占防卫预算总额的16.4%。日本的防卫费按用途通常分为两大项，即人事与粮食费和物件费。在1996年度的防卫费中，人事与粮食费为20760亿日元，占防卫费总额的42.84%，比上年度增长0.2%；物件费为27695亿日元，占防卫费总额的57.16%，比上年度增长4.4%。

（王通信）

80年代以来日本防卫费投入分析　中国《外国军事学术》1996年第7期王宝坤撰文指出，80年代以来，特别是冷战结束后，日本从谋求军事大国、政治大国的战略目标出发，不断增加防卫费投入、调整防卫费投向，这种防卫费逆削减现象和投向的更新必将对日本自卫队建设乃至亚太地区的安全产生深远影响。

防卫费持续增加。首先，防卫费占国民生产总值的绝对值增大。日本从1996年4月1日开始的5年防卫费预算为25.15万亿日元(2515亿美元)，比1995年3月31日结束的上个5年计划的防卫费开支22.17万亿日元(2217亿美元)多了2.98万亿日元(298亿美元)。日本1996年的防卫费预算为48606亿日元，居世界第2位。日本的国民生产总值基数较高，且年增长绝对值也很大，这在一定程度上掩盖了其防卫费的增长速度。其次，自卫队人均防卫费高，居世界第1位。目前，日本自卫队总员额约为24万人，而1995年的防卫费开支却在500亿美元左右，自卫队人均开支约20.83万美元。在这方面，日本自卫队人均防卫费远远超过了美国，居世界之首。

在1958到1976年短短的18年间，日本的防卫费支出翻了3番。在日本武装力量建设的第1个阶段，日本制定执行了4个防卫力量发展计划，其防卫费支出增幅较快。1986年，日本防卫费支出突破国民生产总值的1%以后，一直呈加速度趋势持续增长，1990年突破了300亿美元(308)，1994年已接近400亿美元(387.4)，1995年按当年汇率计算已接近500亿美元(472.4)。从1982年到1995年，日本防卫费每增加100亿美元所需的时间分别是8年、4年、1年。

军费投入向科研倾斜。日本将研究和发展目标瞄向实现现代化的C^3I系统、应用侦察卫星、反弹道导弹等高新技术。1986到1991年的6年间，自卫队科研费绝对量几乎翻了一番，由577亿日元增加到1032亿日元，年增长率高达16.2%。1991到1995年自卫队科研费从1032亿日元增长到1533亿日元，占防卫费的比重从2.48%增至3.25%，年均递增8.9%。这一增长速度大大快于同期防卫费年均递增1.27%的增速。1996年日本技术研究本部预算为1163亿日元，比上年增长8.5%，为该财政年度陆海空预算增长率(1.3%，5.9%，2.6%)之最。较多的科研费投入促进了高技术含量的尖端武器装备的研制生产。1995年F-2战斗支援飞机的研制费已从原计划16.5亿美元增加至32.7亿美元，1995年防卫厅开始了54个样机制造阶段的研究，其中OH-X直升机的预算为2.61亿美元，AAM-4空空导弹预算为1.707亿美元，155毫米自行榴弹炮预算为1.807亿美元。

日本在战败后，走了一条“先民后军”的发展道路，其雄厚的经济基础形成了众多民转军的费用分流渠道。一是巨额民用研究和发展费节省了大量同类防卫费。到1995年，日本投入的研究和发展费用占国民生产总值的比重仅次于以色列(3.5%)，居世界第2位。1986年公布的《人类新领域研究计划》为期15～20年，耗资将超过1万亿日元。这些民用高技术的研究和发展为军用高技术奠定了技术基础，节省了大量初始研究和发展费用。民用高技术如电子技术、激光技术、红外技术、雷达技术、卫星技术等等。这些技术在改造成军用高技术时，不再耗费多少军事科研费。二是军事科研费能带动数倍于已的民用高技术研究和发展费，共同为军事科研服务。日本在研制、发展新武器装备时，主要采用军民结合的方式。日本最大的军火公司——三菱重工业公司，1980年度的研制费高达525亿日元，相当于该年度日本军事科研费的1.5倍；1995年度航天经费的预算为2285亿日元(25.6亿美元)，相当于该年度自卫队 1533 亿日元科研费的 1.49 倍；1995 年日本空间开发经费预算申请为 2372.65 亿日元和 1454.77 亿日元债券，相当于该年度军事科研费的 2.5 倍。

*引进技术含量高的武器装备。*90 年代，日本自卫队发展的基本方针是：实现武器装备的高技术化。高技术武器装备单位价值含量高，无论研制生产，还是购买，都需要一次性投入相当大的费用，否则就无法做到更新关键性的高技术武器装备。目前，日本已成为世界武器进口大国。从 1989 到 1993 年的 5 年间，日本换算成美元的武器进口额的世界排行分别为二、三、一、四、五。考虑到日本的武器买卖总是支付现金的易货交易，且日元从 1985 年的 1 美元等于 240 日元升值到目前的 1 美元约等于 100 日元，日本实际上可以称为世界第 1 武器进口国了。其次，日本进口的武器装备性能一直追踪着世界一流水平。日本所购买的武器装备具有技术含量高的特点：1 架美制 F-15 战斗机 1985 年的价格为 4550 万美元，日本从 1980 年开始特许订购这种战斗机，到 1994 年已订购了 170 架，并计划最终装备 223 架。日本已装备了约 100 架拥有先进计算机系统的 P-3 以及 HSS-2B 和 SH-60J 等型反潜战飞机，拥有 E-2C 空中预警机和 EC-1 及 YS-11 飞机。

*人事费比重有所提高。*军人人事费主要包括军人给养费和军人待遇费。军人给养费主要是吃、穿、住、行、用等生活费用，它是军人从事军事工作的经济报酬，是军人个人和家庭赖以生存的主要经济来源。1991 到 1995 年，日本自卫队的给养费由 17568 亿日元增加到 20811 亿日元，年均递增约 4.6%。军人待遇费主要是用于改善军人待遇的费用，它主要包括各种新设和增加津贴、被服供应制度改革（由购买变供给）后新增的供应费、退伍军官就职援助（就业培训和就业管理）费、提前退休补助金、改建和装修军官住房费等。1992、1993、1994 年，日本自卫队的军人待遇费分别为 799.5 亿、1024.2 亿、1098 亿日元，年均递增 17.19%。

*加大海上自卫队防卫费投入。*日本是个岛国，海上疆界漫长，发展海上自卫队对日本外向型政策具有特殊重要的意义。日本认为，有了海洋就有领土，有了领土就有财富。90 年代初，日本进一步确立了优先发展海上自卫队的方针。日本的海上自卫队防卫费预算：1994、1995 年分别为 108 和 105 亿美元，分别占三军总军费的 27.3%、22.2%；1995 年海上自卫队人均占有军费额为 24.57 万美元（105.66 亿美元，4.3 万人）。1996 年为 111.3 亿美元，比上年增加 5.9%。

综上所述，日本防卫费投入、投向的新变化为实现自卫队的质量建军方针提供了经费保障。日本 1995 年 11 月批准的新防卫大纲虽然规定了削减 25%的兵力和装备，但对质量建军提出了更高的要求。这些新变化值得世人予以关注。

（德　昶）

增强后勤运输力量　据日本《朝云》周报 1995 年第 6 期报道，日本自卫队的陆、海、空运输力量不断增强。陆上自卫队所属各师的后勤保障团均编有 1 个运输队。运输队由 3～4 个运输排和特种车辆排编成。陆军的军区编有军区运输队，由数个运输连和运输队编成。军区运输队主要负责军区辖区范围内的后勤运输。军区运输队除装备大型卡车外，还装备有搬运车和半拖车及牵引车，负责坦克等大型装备的搬运及牵引等。此外，陆上自卫队还编有空运部队，即第 1 直升机旅和第 101 飞行队直升机旅。第 1 直升机旅和第 101 飞行队装备有 UH-IJ 和 V-107 及 CH-47J 等型号的直升机，可实施步兵及武器装备和物资运输。海上自卫队的各基地均编有运输部队，除装备有汽车外，还装备有运输舰船，主要用于陆上自卫队的人员和物资运输。此外，各地方队还分别配备有 1～2 艘小型运输舰，主要用于向辖区内配置于岛屿等偏僻地区的部队前送补给品。为提高海运能力，1992 年日本海上自卫队订购了一艘 8900 吨级的大型高速运输舰，预定 1996 年底下水。此外，海上自卫队还编有 1 个航空队，装备有 YS-11 中型运输机 4 架，负责八户与那霸间的定期航班及紧急物资空运。日本航空自卫队的运输力量除地面车辆外，主要是航空支援集团所属的 3 个运输航空队。运输航空队的主力装备为 28 架 C-1 中型运输机，此外还装备有 15 架 C-13OH 型运输机和 13 架 YS-11 中型运输机，其主要任务是担负人员、物资空运和支援陆上自卫队的空降作战。此外，日本航空自卫队还编有 4 个直升机空运队，隶属于航空救护团，每个队装备有 CH-47J 大型运输直升机 2～4 架。其主要任务是向偏远地区的导弹基地、雷达站和岛屿守备部队实施人员和物资运输。

卫生勤务力量参加国际难民救援活动　1995 年和 1996 年，日本自卫队派兵参加了联合国在卢旺达和莫桑比给组织的难民救援活动。对卢旺达，日本自卫队共派遣 260 人，其中卫生人员为 70 人，内有医生 9 人，牙科医生 1 人；对莫桑比给，日本自卫队共派遣救援力量 3 次，最后 1 次派遣卫勤人员 40 名，其中医生 2 名。通过参加国际救援活动，日本自卫队积极地探索野外医疗救护组织实施的特点，及其对卫生装备的要求。因此，日本自卫队认为，这些救援活动“取得了巨大的成果或一定程度的成果”,并声称将继续积极参加此类活动。

增加人员薪金 据日本《朝云》周报 1996 年 12 月 12 日报道,1996 年 12 月 6 日,日本国会通过从 1996 年 4 月起将国家公务员薪金平均增加 0.95%的议案,并决定从 1996 年 12 月份开始,国家公务员薪金按照新的薪俸表发放,4 月至 11 月份的缺额部分,于 12 月中旬补发。根据上述议案,日本防卫厅和自卫队也对人员薪金进行了相应的增加,其增幅为:参事官平均增长 0.9%,自卫官平均增长 1.1%,学生津贴每月增加 1400 日元,月额达到 105600 日元。

一艘大型运输舰下水 据日本《中国飞龙》周报 1996 年 12 月 23 日报道,日本海上自卫队一艘被称为变相航空母舰的大型运输舰 11 月 18 日从日本冈山县的三井造船厂玉野船舰工厂顺利下水。

该运输舰排水量达 8900 吨,全长 178 米,据称其运输量是日本海上自卫队现有运输舰的 3 倍,成为海上自卫队目前最大吨位的一艘舰艇。该舰形状酷似航空母舰,它不仅拥有可直接升降飞机的跑道,而且可以装运陆上自卫队最新的 90 型坦克,并具有登陆舰的登陆功能。据称,该舰除负责坦克和军队运输的“本职”任务外,还可参加联合国维和行动。

对于这艘投资 500 亿日元建造成的最大级别运输舰,日本防卫厅表示,万一日本周围发生突发事件,可以讨论该舰的灵活使用问题。

(王通信)

英国军队后勤 **综述** 英军于 80 年代后期就着手研究后勤改革方案。冷战结束后,1990 年提出的国防改革方案是对后勤改革的巨大促进。海湾战争中英军后勤保障的实践又为落实后勤改革方案提供了有力的证据。为适应削减军费(1996 年比 1990 年减少 12%,占国民生产总值的比重由 4%降至 3.2%,到 1998 年再降至 2.8%)、压缩兵员(1994 年总兵力比 1990 年减少近 20%,到 2000 年将减少 28.2%)的客观形势,近年来英军采取了一系列措施,加强后勤建设与改革。

调整后勤编制体制。在压缩部队规模、调整指挥结构的大趋势下,英军后勤编制体制也发生了深刻的变化。其主要特点是加强集中统一,减少中间环节。例如在总部一级,国防参谋部新成立的负责统一指挥遂行海外军事行动的各军种部队的联合常设司令部,也负有后勤指挥与协调职责。空军委员会下属的补给编制部与空军参谋部下属的支援司令部合并,成立直属空军参谋部的空军后勤司令部,其司令部由中将衔升为上将衔。海军总部后勤部门与海军陆战队司令部一起迁往同一海军基地,以便对下属部队实施直接的领导与指挥。与统一指挥地面作战的陆军地面司令部相对应,成立了陆军保障部队司令部。陆军还于 1993 年 4 月将皇家后勤兵、军械兵、给养兵、轻工兵和皇家工兵中的军邮信使兵等 5 个独立兵种合并成统一的皇家后勤兵这一新兵种,由 1 名少将和 14 名准将统管分布在 450 个营地上的 35 个专业的 16500 人的保障队伍,为部队提供除维修和卫生勤务以外的一切战斗勤务保障,从而形成更加严密统一的保障系统。

改革保障职能。英军传统的支援(保障)概念包括除作战以外的一切活动。为节省保障费用,提高资源利用率,英军决定关闭部分军事基地,裁减乐队一类的单位,合并有共性的保障职能和保障设施。例如对三军的汽车司机和厨师进行统一培训,指定同一设施承担直升机维修和飞行员培训任务。

加强后勤装备建设。为适应部队快速反应、机动作战的需要,英军注重后勤装备建设,在研制和采购上投入大量资金。为增强空中机动能力,国防部决定采购 30 架 C-130J 型运输机和 14 架“支奴干”式直升机。为保障两栖作战行动,计划建造 2 艘新型两栖船坞运输舰、5 艘后勤登陆舰。ABSM-10 型气垫船已于 1994 年研制成功,航速可达 50 节,有效载荷 10 吨,一次可运送 77 人。陆军根据海湾战争的经验,增加了整装整卸车的采购量,到 1992 年底已装备部队 1100 辆,1993 年 7 月决定再购买 400 辆。还研制与之配套使用的油罐托盘,容积达 15000 升,配 4 套软管,可进行多路加油。此外,在三防净水车、防化帐篷、三防军服的研制方面也取得了很大进展。

实现后勤指挥控制自动化。为适应作战需要,根据“陆军数字化建设总纲”规定,数字化建设第 1 阶段的成果将在下世纪应用于后勤,其准备工作业已开始。如借助计算机和卫星通信手段开发的物资管理总体可视性系统和运输自动跟踪系统,已在英军波黑维和保障行动中试用。带有电子标签的集装箱从物资仓库经海运、铁路和公路直到最终用户,在整个运输过程中能准确提供实时信息,被后勤指挥人员称作“安上了新眼睛,把后勤保障推向了 21 世纪”。最近试验的汽车驾驶室电子记录系统,不仅方便运输管理,还有助于节省油料、装备维修和避免交通事故。

改进科研管理,增进军事合作。为提高部队战斗力,英军主张淘汰旧装备,集中力量发展高技术装备。为改进国防科研管理,原国防科学总顾问负责制已向企业化管理体制转变。为此,成立了国防科研总局,统

管国防部各直属科研机构。英国还积极参与德法两国提议的欧洲军备局的筹建，扩大军工国际合作的规模。1995～1996年度的95.6亿英镑装备采购费中，有12%投入国际军事技术合作项目上。据分析，通过双边和多边国际合作可节省研制费30～50%。

充分发挥预备役部队的作用。英国的预备役力量，特别是称作"地方军"的编组预备役部队，保持较好的装备和训练水平，担负支援欧洲大陆大战和保卫本土任务。在现役兵力被大幅度削减的情况下，英国防部通过立法途径对勤务保障概念进行了灵活解释，从而能在非全面战争条件下，在后勤保障领域中更多地使用预备役力量，以解决后勤兵力不足的问题。特别是运输兵、卫生兵、电气与机械工程兵等兵种部队，都有较强的实力。新组建的皇家后勤兵系统中，编组预备役人员就占11%。

进一步利用军外保障力量。英军后勤，特别是军事设施内的饮食、物资管理等领域，有利用民营公司承担部分保障任务的传统。在目前人力、财力紧张情况下，英军通过进一步开发军外单位的保障潜力，弥补不足，实现节约。例如皇家空军通过让地方公司承担部分训练、维修和其他后勤保障工作，每年可节省3000万英镑。

主要参考资料：

《后勤学术》(外军版)1994～1996年。

为退役军人就业牵线搭桥 英军十分重视退役军人的重新就业问题，为此国防部于1991年成立了三军退役军人重新安置组织。该机构拥有一个数据库，可以查询到哪些人即将退役。现役军人预先把有关自己的学历、技能、今后工作安排意向的全部资料交到该就业安置机构。自1991年至1995年9月，英三军裁员5.5万，其中强制性裁员2.5万人。2.5万强制性裁员中的80%是通过三军退役军人重新安置组织在退役后3个月内重新找到工作的。

此外，在地区就业机关的协助下，还在卫戍部队和海军基地建立了退役军人求职中心。军人在退役前3个月就可以到这些中心来，传真机和复印机免费供他们使用，以便向用人单位寄送求职申请。就业中心有律师和各方面专家免费向他们提供咨询和法律保障。英国国防部发给现役军人一份证明其某项专业所达到的水平的证书，此举收到了良好效果，只要通过有关考试或利用假期接受专门培训，就可以获得这种证书。为解决退役军人的就业问题英军还实施了一些专项计划。从1994年开始，专门为那些希望掌握一门民用专业的退役军人开设了为期18周的课程。免费培训计划规定，可以在有关的商业机构实习20天。

研制未来野战单兵装备 据英国《泰晤士报》1996年1月2日报道，英军正在制订利用高技术研制未来野战单兵装备的计划。这项研究计划的第1阶段已经全面展开，其设想是给士兵配备带有微光照相的头盔、头盔里的显示屏、一支带有激光瞄准器和形象增强器的步枪。位于眼睛正前方的显示屏能够在照相机和武器瞄准具之间转换。这项研究的目的是使战场上的士兵能够掌握准确的最新信息。其计划是给士兵配备数字测图和罗经，提高其把图像发回总部的能力。

英军的未来野战单兵装备研制计划分3个阶段实施。第1阶段将在本世纪末下世纪初完成，届时陆军的数字化作战通讯系统将投入使用。在其5年以后，陆军预计将采用称之为战士2005的"完全创新的军服"，取代1995年12月推出的战士95式军服。这套单兵装备包括：智能头盔(将有摄像机和无线电通讯设备)、战士信息视镜、卫星导航系统接收器、高精度单兵武器、与信息视镜相连的武器瞄准器、镶有片状甲胄的战斗服、轻型防水靴等。

(王凤才)

其他国家军队后勤

俄空军财务部长谈经费保障问题 据俄罗斯《红星报》1996年6月30日报道，俄空军财务部长阿尼西莫夫少将在接受记者采访时指出，当前空军经费保障十分困难：装备采购费是需求的9.5%，科研费是需求的11.7%，装备修理费缺口更大。由于经费短缺，飞机完好率下降，弹药批量生产停止，很多项目如新式隐形、高机动性飞机研制工作中止，军人工资经常拖欠。针对这种情况，空军各部门积极采取措施：(1)依靠国家、集体和企业，为装备的研制、生产和提高军人待遇提供计划外资金；(2)出售旧飞机或用旧飞机作商业飞行；(3)利用银行贷款。

(杨清坡)

新加坡拟研制更适合军队需要的昆虫驱避剂 据美《军事医学杂志》1996年2月号报道，新加坡军队现装备使用的驱蚊胺(DEET)昆虫驱避剂，由于存在着皮肤刺激、气味、发粘、药效差、作用时间短以及使用不便等问题，尽管士兵带了驱避剂也知道使用方法，但演习中经常涂抹军队发的驱避剂者不及半数。昆虫驱避剂是热区部队平战时预防蚊虫袭扰、伤害，保护军队战斗力的简易有效措施。为此，新加坡军方在深入调查基础上，提出要研究开发药效更强，作用时间更持久，气味、刺激性更小，携带、使用更方便的气溶胶型或喷雾型的昆虫驱避剂。

(林　泉)

印度将建亚洲最大的海军基地 据美《防务新闻》1995年12月10日报道，印度海军已得到政府的批准，将开始一项长达30年的基地建设工程，该工程完工后，印度将拥有亚太地区最大的海军基地。印海军参谋长维南伊·辛格·谢卡瓦特上将称，这项名为“海鸟”的工程将加快印海军的现代化进程。

一期工程将历时7年，耗资4.33亿美元，这个建于阿拉伯海岸卡尔瓦尔的新海军基地将于30年后才能投入正常运作，届时印度海军将拥有一套完整的作战支援系统，足以保证一支由航母和潜艇等舰只组成的未来舰队的需要。

德国1995和1996年国防费的分配使用 据德国《士兵与技术》杂志1996年第3期报道，德国1995年的国防预算总额为478.58542亿马克。国防预算分为两大类：一是行政管理费，371.60001亿马克，占国防预算总额的77.6%。其中：人员开支费248.15213亿马克，占国防预算总额的51.8%；物资保养与运转费43.89212亿马克，占国防预算总额的9.2%；其他行政管理费（如给养费、燃料费、不动产管理费等）79.55576亿马克，占国防预算总额的16.6%。二是防务投资费106.98541亿马克，占国防预算总额的22.4%。其中：研究、研制与试验费（包括给各研究所的各种补助费和贷款）27.55124亿马克，占国防预算总额的5.8%；军事采购费55.69840亿马克，占国防预算总额的11.6%；军事设施费（含德国分担的属北约组织的那部分永备设施的建筑费）20.47600亿马克，占国防预算总额的4.3%；其他投资费（如地产购置费、矿藏开采费等）3.25977亿马克，占国防预算总额的0.7%。

德国1996年的国防预算总额为482.37067亿马克，比上年增加0.8%（3.78525亿马克）。一、行政管理费为364.73604亿马克，比上年减少1.8%（6.86397亿马克），占当年国防预算总额的75.6%。其中：人员开支费246.68940亿马克，比上年减少0.6%（1.46273亿马克），占当年国防预算总额的51.1%；物资保养与运转费40.37336亿马克，比上年减少8%（3.51876亿马克），占当年国防预算总额的8.4%；其他行政管理费77.67328亿马克，比上年减少2.4%（1.88248亿马克），占当年国防预算总额的16.1%。二、防务投资费为117.63463亿马克，比上年增加10%（10.64922亿马克），占当年国防预算总额的24.4%。其中，研究、研制与试验费30.94344亿马克，比上年增加12.3%（3.39220亿马克），占当年国防预算总额的6.4%；军事采购费60.59987亿马克，比上年增加8.8%（4.90147亿马克），占当年国防预算总额的12.6%；军事设施费22.57200亿马克，比上年增加10.2%（2.09600亿马克），占当年国防预算总额的4.7%；其他投资费3.51932亿马克，比上年增加8%（0.25955亿马克），占当年国防预算总额的0.7%。

（王文昌）

法国1996财年国防费的分配使用 据美《国际防务博览》1995年第11期报道，法国1996财年防务预算为1956亿法国法郎（约合390亿美元），比1995年提高了0.9%。在1996财年预算开支中，用于装备采购的费用为949亿法国法郎（约合190亿美元），比去年增加了24亿法国法郎（约合4.79亿美元）。用于常规武器的研究与发展的费用为150亿法国法郎（约合30亿美元），比去年提高了2.5%。用于核武器的研究与发展的费用为205亿法国法郎（约合41亿美元），其中40亿法国法郎（约合7.98亿美元）用于战略潜艇开支。用于航天武器研究与发展的费用为46亿法国法郎（约合9.17亿美元），其中包括制造第二颗“太阳神”军事侦察卫星的10亿法国法郎（约合1.99亿美元）。

第31届国际军事医学大会在北京召开 成立于1921年的国际军事医学委员会（ICMM）是一个政府间组织，现有会员国88个。中国是1990年在窃居中国席位的台湾从委员会被除名后正式加入该组织的。迄今中国已积极参加第28～30届3届国际军事医学大会，并于1996年10月13～17日在北京顺利举办第31届国际军事医学大会。与会国家多达103个，代表约1000名。大会正式选举中国人民解放军总后勤部部长助理兼卫生部部长陆增琪少将为第31届国际军事医学大会主席。这次大会的学术主题有5个：1. 战时新武器伤及其防治；2. 从军事角度看人类免疫缺陷病毒（简称艾滋病毒）感染和艾滋病；3. 传统医学在军事环境下的应用；4. 军事环境下抗生素治疗的主要原则；5. 军训或运动损伤的防治。大会文肯奖评审委员会一致同意将本年度文肯奖授予中国军事医学科学院赵毅民博士。委员会主席团决定1998年下一届大会在奥地利召开。

（白 琼）

军　事　法　制

中国军事法制　**综述**　“九五”第1年，中国军事立法取得丰硕成果，一年内颁布了16件军事法律和法规。

1996年，全国人大常委会审议通过了《中华人民共和国人民防空法》、《中华人民共和国香港特别行政区驻军法》、《中国人民解放军选举全国人民代表大会和县级以上地方各级人民代表大会代表办法》3部军事法律。国务院、中央军委批准发布了1件军事行政法规，即《中华人民共和国红十字标志使用办法》。中央军委先后发布了《中国人民解放军司令部条例》、《中国人民解放军保密条例》、《中国人民解放军测绘条例》、《中国人民解放军卫生条例》、《中国人民解放军军需条例》、《中国人民解放军物资条例》等12个军事法规。另外，还有6件军事法律、法规草案正在审议中。

一年内审议、颁布如此多的军事法律、法规，充分显示了中国军事立法步伐在明显加快。中央军委法制局的人员介绍说，1949年至1995年，国家公布并至今仍然有效的军事法律和有关法律问题的决定共10件，而1996年一年就提请审议7件(含2件修订草案)，不仅数量多，而且质量好，是近年来情况最好的。

从1989年开始，中央军委每年都编制年度立法计划，“八五”期间，军委确定了依法治军的重要方针之后，军事立法工作在党、国家和军队的高度重视下，不断取得显著成就。记者在军委法制局了解到，截止目前，中国已先后颁布军事法律、法规、规章1100多件。

据介绍，根据《中央军委“九五”期间立法规划》，今后几年还将出台一批军事法律和法规。“九五”期间，军事立法的指导原则和目标是：以邓小平新时期军队建设思想和江泽民主席关于加强国防和军队建设的一系列重要指示为指导，以新时期军事战略方针为依据，从新形势下国防和军队建设对军事法制建设的需要出发，突出重点，加快进度，保证质量，建立起具有中国特色的较为完备的军事法律、法规体系，使国防和军队建设各个领域的主要方面、主要环节做到有法可依，为依法治军、促进国防现代化建设和中国军队的革命化、现代化、正规化建设，提供有力的法律保障。

(尚左琳)

修订发布《中国人民解放军现役士兵服役条例》

(1988年9月23日中华人民共和国国务院、中华人民共和国中央军事委员会第14号令发布　1993年4月27日根据《国务院、中央军事委员会关于修改〈中国人民解放军现役士兵服役条例〉的决定》修订发布)

第1章　总　　则

第1条　为了完善士兵服役制度，提高士兵队伍素质，加强中国人民解放军的革命化、现代化、正规化建设，根据《中华人民共和国兵役法》的有关规定，制定本条例。

第2条　现役士兵按兵役性质分为义务兵和志愿兵，并依照本条例授予相应军衔。

第3条　士兵必须忠于祖国，热爱社会主义，全心全意为人民服务；忠于职守，刻苦钻研军事技术，熟练掌握手中武器；严格执行国家的法律、法规和军队的条令、条例，尊重领导，服从命令，听从指挥；随时准备打仗，抵抗侵略，保卫祖国。

第4条　中国人民解放军总参谋部主管全军的兵员工作，各级司令机关主管本单位的兵员工作。

国务院有关部门和地方各级人民政府，根据本条例及有关法律、法规的规定，协助军队做好兵员工作。

第2章　士兵的服役管理

第5条　公民依照法律规定，在中国人民解放军履行兵役义务，须经县级兵役机关批准。

第6条　义务兵服现役的期限，从兵役机关批准之日算起；调往服现役期限不同的军种，服现役期限随之改变。

第7条　义务兵超期服现役，由团以上机关批准。超期服现役的义务兵，必须政治素质好，身体健康，专业技术熟练。超期服现役的义务兵，不得超过士兵编制总数的15%。

第8条　志愿兵从义务兵中选取。义务兵选取为志愿兵，必须具备下列基本条件：

(1)志愿献身于国防事业。

(2)能胜任本职工作。

(3)具有初中毕业以上文化程度。

(4)身体健康。

第 9 条　志愿兵担任基层行政或者专业技术领导管理职务，须经军事院校培训。

志愿兵担任专业技术工作职务，须经 6 个月以上的专业技术培训，连续从事本专业不少于 2 年。

第 10 条　士兵担任副班长、班长或者相当于班长职务，由营或者相当于营的单位的主官任免。

战斗中，因伤亡影响作战指挥时，连或者相当于连的单位的主官可以任命副班长、班长或者相当于班长的职务，但战斗间隙应当立即上报备案。

第 11 条　士兵的调配使用，应当严格按照编制的规定执行。

士兵不得分配到军队企业、事业单位服现役。

第 12 条　士兵在师（旅）范围内调动，须经上一级主管首长批准；跨师（旅）以上单位的调动，由军以上司令机关办理，报上一级领导机关备案。

第 13 条　新入伍的士兵，必须经过共同科目基础教育训练；专业技术兵必须经过 6 个月以上的专业技术培训；班长必须经过 3 个月以上的集训。

第 14 条　部队应当每年对士兵进行训练考核，对专业技术兵进行技术等级标准考核。考核成绩应当作为使用、晋升和奖惩的依据。

第 3 章　士兵的军衔

第 15 条　士兵军衔按等级分为：

（1）士官：四级军士长、三级军士长、二级军士长、一级军士长；四级专业军士、三级专业军士、二级专业军士、一级专业军士。

（2）军士：上士、中士、下士。

（3）兵：上等兵、列兵。

第 16 条　士兵军衔按兵役性质分为：

（1）志愿兵役制士兵：四级军士长、三级军士长、二级军士长、一级军士长；四级专业军士、三级专业军士、二级专业军士、一级专业军士。

（2）义务兵役制士兵：上士、中士、下士、上等兵、列兵。

第 17 条　海军、空军士兵在军衔前分别冠以"海军"、"空军"二字。

第 18 条　士兵军衔的授予与晋升，以本人所任职务编制军衔、德才表现和服现役年限为依据。

第 19 条　士兵军衔的授予与晋升规定如下：

（1）兵：服现役第 1 年的，授予列兵军衔；服现役第 2 年的列兵，晋升上等兵军衔。

（2）军士；服现役第 2 年的副班长、服现役第 3 年的上等兵，晋升下士军衔；服现役第 3 年的班长、服现役第 4 年的副班长、服现役第 5 年的下士，晋升中士军衔；服现役第 4 年的班长、服现役第 5 年的副班长，晋升上士军衔。

（3）士官：经过军事院校或者士官训练机构培训，被任命担任基层行政或者专业技术领导管理职务的士兵，授予一级军士长军衔；一级军士长晋升二级军士长、二级军士长晋升三级军士长的期限各为 4 年；三级军士长晋升四级军士长的期限为 5 年；服现役满 5 年、自愿继续服现役，经批准担任专业技术职务的士兵，授予一级专业军士军衔；一级专业军士晋升二级专业军士、二级专业军士晋升三级专业军士的期限各为 4 年；三级专业军士晋升四级专业军士的期限为 5 年。

编制职务相当于班长的，按照班长的军衔晋升。

第 20 条　士兵军衔应当按规定期限晋升。士兵由于职务晋升，其军衔低于新任职务编制军衔的，提前晋升至新任职务编制军衔的最低军衔。

第 21 条　士兵军衔授予、晋升的批准权限规定如下：

（1）四级军士长和四级专业军士，由军或者相当于军的单位的主官批准；三级军士长、二级军士长、一级军士长和三级专业军士、二级专业军士、一级专业军士，由师或者相当于师的单位的主官批准。

（2）上士、中士、下士，由营或者相当于营的单位的主官批准。

（3）上等兵、列兵，由连或者相当于连的单位的主官批准。

第 22 条　兵的军衔的授予与晋升，由连或者相当于连的单位的主官队前口头公布。军士、士官军衔的授予与晋升，由连或者相当于连的单位的主官提名，填写军衔报告表上报审批，由批准单位的主官以命令公布。

第 23 条　士兵在训练机构学习期间军衔的晋升，学制 6 个月以上的，由训练单位办理；学制不满 6 个月或者送地方学习的，由原单位办理。

士兵住院治疗期间军衔的晋升，由原单位办理。士兵因病和非因公致伤致残住院或者病休的时间，连续计算超过半年的，暂缓晋升，暂缓期限不得少于半年。

第 24 条　士兵在受审查期间，军衔暂不晋升。经审查没有问题的，应当按期晋升。

第 25 条　军衔高的士兵对军衔低的士兵，军衔高的为上级。当军衔高的士兵在职务上隶属于军衔低的士兵时，职务高的为上级。

第 26 条　士兵必须按规定佩带与其军衔相符的肩章、符号。

第 27 条　士兵编制军衔和首次军衔评定、授予工作，由中国人民解放军总参谋部规定。

第4章　士兵的奖惩

第28条　对在作战和训练、执勤、工作中表现突出，取得显著成绩的士兵，应当根据其具体情况，给予奖励。

第29条　奖励分为：嘉奖，记三等功、二等功、一等功，授予荣誉称号以及中央军事委员会确定的其他奖励。

对荣获二等功以上、科学技术进步三等奖以上奖励的士兵，其军衔或者级别，可以提前晋升。

第30条　对违犯纪律和故意或者过失给国家、军队和人民造成损失，或者在群众中产生不良影响的士兵，应当根据其具体情况，给予行政处分。

第31条　行政处分分为：警告，严重警告，记过，记大过，降职、降衔、降级，撤职或者取消志愿兵资格，除名，开除军籍以及中央军事委员会规定的其他行政处分。

降职不适用于副班长；降衔不适用于一级军士长、一级专业军士、列兵；降级不适用于级别薪金最低一级的士官。降职、降衔、降级，一般只降一级。

第32条　士兵受降衔或者降级处分后，其军衔、级别的晋升期限按照处分后的军衔、级别重新计算。

士兵受降衔或者降级处分后，对所犯错误已经改正，并在作战或者工作中有显著成绩的，其军衔或者级别晋升的期限可以缩短。

第33条　给予士兵奖励和行政处分的权限，由中央军事委员会另行规定。

第34条　士兵被除名、开除军籍、劳动教养或者判处徒刑的，应当根据具体情况，取消或者剥夺其军衔。

第5章　士兵的待遇

第35条　义务兵享受供给制生活待遇，按军衔和服现役年限发给津贴。

志愿兵享受供给制和薪金制相结合的生活待遇。薪金由军衔薪金、级别薪金和补贴构成。

第36条　军士长、专业军士的薪金级别各为8级。1级至4级，晋升期限各为3年；5级至8级，晋升期限各为4年。薪金级别晋升，由团或者相当于团的单位的主官批准。

军士长的级别薪金标准，应当高于相同级别专业军士的级别薪金标准。

第37条　担任副班长、班长或者相当于班长职务和授予军士长军衔的士兵，按规定发给职务津贴。

第38条　士兵在服现役期间，享受公费医疗待遇。

第39条　士兵生活有困难的，应适当给予补助。

第40条　志愿兵家属符合随军条件未随军的，由军队发给分居补助费和医疗补助费。

第41条　义务兵在服现役第2、3年内，给予探亲假1次，假期10天。第4、5年内，给予探亲假一次，假期20天。

志愿兵未婚同父母远居两地不能在公休假日团聚的，或者已婚但夫妻远居两地不能在公休假日团聚的，每年给予探亲假1次，已婚的假期30天，未婚的20天。当年未探亲的，第2年增加探亲假15天。夫妻在一地、父母在异地的，每4年给予探望父母假1次，假期20天。

探亲假期不含途中时间，往返路费按照规定标准报销。

第42条　执行作战任务的部队的士兵停止探亲。

国家宣布战争状态、发布动员令以后，一切探亲的士兵应当立即返回部队。

第43条　志愿兵的家属一般不随军。个别具备家属随军条件，经师(旅)以上政治机关批准，其配偶和未成年的子女、无独立生活能力的子女可以随军，是农村户口的转为城镇户口，当地政府应当准予落户。

家属随军的志愿兵，其休假、住房、家属就业、子女入托、入学等待遇与家属随军的营职以下军官相同。

第6章　士兵退出现役

第44条　士兵服现役期满，一般应退出现役。义务兵超期服役期满未被选取为志愿兵的，必须退出现役。志愿兵服现役满17年或者年满35周岁，除个别具有特殊专长、经批准继续服现役的外，一律退出现役。

第45条　服现役期限未满的士兵，符合《中华人民共和国兵役法》第20条和其他有关规定的，经师(旅)以上机关批准，可以提前退出现役。

第46条　战时，士兵因伤病住院治疗后，经医院证明不宜继续服现役的，不再介绍回原部队，由军队医院或者后方团以上单位办理手续退出现役。

第47条　士兵退出现役时，按规定发给退出现役补助费；患有慢性病的，按规定发给医疗补助费。

第48条　士兵退出现役在返家途中违法乱纪的，沿途军事机关应当协同当地有关部门劝阻制止；构成犯罪的，由当地司法机关依法处理。

第49条　士兵从批准退出现役之日起，必须在30天内到原征集地退伍军人安置机构报到。逾期不报到的，应当按照《中华人民共和国户口登记条例》、《中华人民共和国治安管理处罚条例》和其他有关规定，由户口管理机关给予批评教育或者适当的行政处罚。

第 50 条　义务兵退出现役，按照《退伍义务兵安置条例》和其他有关规定，妥善安置。

志愿兵退出现役，实行转业、复员、退休制度，按照国家有关规定，妥善安置。

第 51 条　士兵退出现役后分配参加工作的，其军龄按照《退伍义务兵安置条例》第 15 条的规定计算；工资标准，按照不低于现岗位同工种、同工龄大多数工人的标准工资的原则确定。

第 52 条　士兵退出现役时，按照《中华人民共和国兵役法》的有关规定服预备役的，由部队确定其预备役军衔。

第 7 章　附　　则

第 53 条　本条例由中国人民解放军总参谋部负责解释。

第 54 条　本条例自发布之日起施行。

重新公布《中国人民解放军现役军官服役条例》

（1988 年 9 月 5 日第 7 届全国人民代表大会常务委员会第 3 次会议通过　根据 1994 年 5 月 12 日第 8 届全国人民代表大会常务委员会第 7 次会议《关于修改〈中国人民解放军现役军官服役条例〉的决定》修正）

第 1 章　总　　则

第 1 条　为了建设一支革命化、年轻化、知识化、专业化的军官队伍，以利于人民解放军完成国家赋予的任务，制定本条例。

第 2 条　人民解放军现役军官是被任命为排级以上职务或者初级以上专业技术职务，并被授予相应军衔的现役军人。

军官按照职务性质分为军事军官、政治军官、后勤军官和专业技术军官。

第 3 条　军官的选拔和使用，坚持任人唯贤、德才兼备、注重实绩、适时交流的原则，实行民主监督。

第 4 条　国家按照优待现役军人的原则，确定军官的各种待遇。

第 5 条　军官符合本条例规定的退出现役条件的，应当退出现役。

第 6 条　人民解放军总政治部主管全军的军官管理工作，团级以上单位的政治机关主管本单位的军官管理工作。

第 2 章　现役军官的基本条件和培训

第 7 条　军官必须具备下列基本条件：

（1）忠于祖国，全心全意为人民服务，自觉献身国防事业；

（2）遵守宪法和法律、法规，执行国家的方针、政策和军队的规章、制度，服从命令，听从指挥；

（3）具有胜任本职工作所必需的理论、政策水平，科学文化、专业知识，组织、指挥能力和健康的身体；

（4）爱护士兵，公道正派，廉洁奉公，艰苦奋斗，不怕牺牲。

第 8 条　人民解放军实行经院校培训提拔军官的制度。

军事、政治、后勤军官，担任营级以下指挥职务的，应当经过初级指挥院校培训；担任团级和师级指挥职务的，应当经过中级指挥院校培训；担任军级以上指挥职务的，应当经过高级指挥院校培训。

在机关任职的军官应当经过相应的院校培训。

专业技术军官应当经过与其所任专业技术职务相应的专业技术院校培训。

优秀士兵经过院校培训，可以提拔为军官。

第 9 条　经军队院校培训提拔军官不能满足需要时，平时可以挑选优秀士兵经过人民解放军总部指定的其他训练机构培训合格后提拔为军官，也可以招收军队以外的高等学校毕业生和专业技术人员入伍，任命为军官；战时可以从士兵、征召的预备役军官和非军事部门的人员中直接任命军官。

第 3 章　现役军官的考核和职务任免

第 10 条　各级首长和政治机关应当按照分工对所属军官进行考核。

考核军官，应当采取领导和群众相结合的方法，根据军官的基本条件和中央军事委员会规定的军官考核标准，以工作实绩为主，全面考核。考核结果作为任免军官职务的主要依据。

任免军官职务，应当先经考核；未经考核不得任免。

第 11 条　军官职务的任免权限：

（1）总参谋长、总政治部主任至正师职军官职务，由中央军事委员会主席任免；

（2）副师职（正旅职）、正团职（副旅职）军官职务和高级专业技术军官职务，由总参谋长、总政治部主任、总后勤部部长和政治委员、大军区及军兵种司令员和政治委员或者相当大军区级单位的正职首长任免，副大军区级单位的正团职（副旅职）军官职务由副大军区级单位的正职首长任免；

（3）副团职、正营职军官职务和中级专业技术军官职务，由集团军军长和政治委员或者其他有任免权的军级单位的正职首长任免，独立师的正营职军官职务由独立师师长和政治委员任免；

（4）副营职以下军官职务和初级专业技术军官职务，由师（旅）长和政治委员或者其他有任免权的师

(旅)级单位的正职首长任免。

前款所列军官职务的任免,按照中央军事委员会规定的程序办理。

第 12 条　在执行作战、抢险救灾等紧急任务时,上级首长有权暂时免去违抗命令、不履行职责或者不称职的所属军官的职务,并可以临时指派其他军人代理;因其他原因,军官职务出现空缺时,上级首长也可以临时指派军人代理。

依照前款规定暂时免去或者临时指派军人代理军官职务,应当尽快报请有任免权的上级审核决定,履行任免手续。

第 13 条　作战部队的军事、政治、后勤军官平时任职的最高年龄:

担任排级职务的,30 岁;

担任连级职务的,35 岁;

担任营级职务的,40 岁;

担任团级职务的,45 岁;

担任师级职务的,50 岁;

担任军级职务的,55 岁;

担任大军区级职务的,副职 63 岁,正职 65 岁。

在舰艇上服役的营级和团级职务军官,任职的最高年龄分别为 45 岁和 50 岁。

作战部队的师级和军级职务军官,少数工作需要的,按照任免权限经过批准,任职的最高年龄可以适当延长,但是师级和正军职军官延长的年龄最多不得超过 5 岁,副军职军官延长的年龄最多不得超过 3 岁。

第 14 条　省军区(卫戍区、警备区)系统、后勤基地和分部、院校、科技单位的团级以下职务军官,任职的最高年龄依照本条例第 13 条第 1 款的相应规定执行;师级职务军官,任职的最高年龄为 55 岁;副军职和正军职军官,任职的最高年龄分别为 58 岁和 60 岁。

第 15 条　人民解放军各总部机关、大军区级机关的营级以下职务军官,任职的最高年龄依照本条例第 13 条第 1 款的相应规定执行;师级职务军官,任职的最高年龄为 55 岁;副军职和正军职军官,任职的最高年龄分别为 58 岁和 60 岁。总部机关的团级职务军官,任职的最高年龄为 45 岁,工作需要的,可以延长 5 岁;大军区级机关的团级职务军官,任职的最高年龄为 45 岁,少数工作需要的,可以延长 3 岁。

担任总部主要领导职务的军官,任职的最高年龄由全国人民代表大会常务委员会另行规定。

第 16 条　专业技术军官平时任职的最高年龄:

担任初级专业技术职务的,40 岁;

担任中级专业技术职务的,48 岁;

担任高级专业技术职务的,60 岁。

担任中级、高级专业技术职务的军官,少数工作需要的,按照任免权限经过批准,任职的最高年龄可以适当延长,但是延长的年龄最多不得超过 5 岁。

第 17 条　各级主官平时任职的最低年限:

担任排级主官职务的,3 年;

担任连级主官职务的,4 年;

担任营级主官职务的,3 年;

担任团级主官职务的,4 年;

担任师(旅)级主官职务的,3 年。

军级以上主官任职的最低年限,由中央军事委员会另行规定。

四级舰艇、飞行中队、导弹连队的主官,任职的最低年限为 3 年;三级舰艇、飞行大队、导弹营的主官,任职的最低年限为 4 年。

第 18 条　机关和院校的股长、科长、处长、部长及相当领导职务的军官,任职的最低年限参照本条例第 17 条第 1 款的规定执行。

机关和院校的参谋、干事、秘书、助理员、教员等军官,每个职务等级任职的最低年限为 3 年。

第 19 条　专业技术军官任职的最低年限,由中央军事委员会另行规定。

第 20 条　军官任职满最低年限后,才能根据编制缺额和本人德才条件逐职晋升。

军官德才优秀、实绩显著、工作特别需要的,可以提前晋升;个别特别优秀的,可以越职晋升。

第 21 条　军官职务应当按照编制员额和编制职务等级任命。

第 22 条　军官不胜任现任职务的,应当调任下级职务或者改做其他工作,并按照新任职务确定待遇。

第 23 条　根据国防建设的需要,军队可以向非军事部门派遣现役军官,执行军队交付的任务。

第 24 条　军官可以按照中央军事委员会的规定改任军队文职干部。

第 4 章　现役军官的奖励和处分

第 25 条　军官在作战和军队建设中做出突出贡献或者取得显著成绩,以及为国家和人民做出其他较大贡献的,按照中央军事委员会的规定给予奖励。

奖励分为:嘉奖;记三等功、二等功、一等功;授予中央军事委员会规定的荣誉称号以及其他奖励。

第 26 条　军官违犯军纪的,按照中央军事委员会的规定给予行政处分。

行政处分分为:警告、严重警告;记过、记大过;降职、降衔、降级;撤职;开除军籍以及中央军事委员会规定的其他行政处分。

第27条　对被撤职的军官，根据其所犯错误的具体情况，任命新的职务；未任命新的职务的，应当确定职务等级待遇。

第28条　军官违法乱纪、构成犯罪的，依法追究刑事责任。

第5章　现役军官的待遇

第29条　军官实行职务军衔等级工资制和定期增资制度，并按照国家和军队的有关规定享受津贴和补贴。具体办法由中央军事委员会规定。

军官按照规定离职培训、休假、治病疗养以及免职待分配期间，工资照发。

第30条　军官享受公费医疗待遇。有关部门应当做好军官的医疗保健工作，妥善安排军官的治病和疗养。

第31条　军官每年休假1次。

执行作战任务部队的军官停止休假。

国家发布动员令后，按照动员令应当返回部队的正在休假的军官，应当自动结束休假，立即返回本部。

第32条　军官具备家属随军条件的，经师（旅）级以上单位的政治机关批准，其配偶和未成年子女、无独立生活能力的子女可以随军，是农村户口的，转为城镇户口。

部队移防或者军官工作调动的，随军家属可以随调。

军官年满50岁、身边无子女的，可以调1名有工作的子女到军官所在地。所调子女已婚的，其配偶和未成年子女、无独立生活能力的子女可以随调。

随军的军官家属、随调的军官子女及其配偶的就业和工作调动，按照国务院和中央军事委员会的有关规定办理。

第33条　军官牺牲、病故后，其随军家属移交政府安置管理。具体办法由国务院和中央军事委员会规定。

第6章　军官退出现役

第34条　军官达到平时服现役的最高年龄的，应当退出现役。

军官平时服现役的最高年龄：

担任作战部队师级职务的，55岁；

担任作战部队军级职务的，副职58岁，正职60岁；

担任其他职务的，服现役的最高年龄与任职的最高年龄相同。

第35条　军官未达到服现役的最高年龄，有下列情形之一的，应当退出现役：

（1）伤病残不能坚持正常工作的；

（2）受军队编制员额限制，不能调整使用的；

（3）调离军队，到非军事部门工作的；

（4）有其他原因需要退出现役的。

第36条　军官退出现役的批准权限与军官职务的任免权限相同。

第37条　担任师级以上职务和高级专业技术职务的军官，退出现役后作退休安置，有的也可以作转业安置或者其他安置。

担任团级以下职务和初级、中级专业技术职务的军官，退出现役后作转业安置或者其他安置。

对作转业安置的军官，可以根据需要进行职业培训。

未达到服现役的最高年龄，基本丧失工作能力的军官，退出现役后作退休安置。

服现役满30年以上或者服现役和参加工作满30年以上，或者年满50岁以上的军官，担任师级以上职务，本人提出申请，经组织批准的，退出现役后可以作退休安置；担任团级职务，不宜作转业或者其他安置的，可以由组织批准退出现役后作退休安置。

第38条　军官达到服现役的最高年龄，符合国家规定的离休条件的，可以离职休养。因工作需要或者其他原因，经过批准，可以提前或者推迟离休。

第39条　军官退出现役后，由政府安置管理。具体办法由国务院和中央军事委员会规定。

军官离职休养和军级以上职务军官退休后，按照国务院和中央军事委员会的有关规定安置管理。

第40条　初级专业技术职务军官任职不满八年的，排级职务军官未达到服现役最高年龄的，连级以上职务军官未任满本级任职最低年限的，除组织安排或者经组织批准外，不得退出现役。

平时军官要求提前退出现役、未获批准，经教育仍坚持退出现役的，给予降职处分或者取消其军官身份后，可以作出退出现役处理。

第7章　附　　则

第41条　人民解放军总政治部根据本条例制定实施办法，报国务院和中央军事委员会批准后施行。

第42条　本条例自1989年1月1日起施行。1978年8月18日第5届全国人民代表大会常务委员会批准、1978年8月19日国务院和中央军事委员会颁布的《中国人民解放军干部服役条例》同时废止。

重新公布《中国人民解放军军官军衔条例》

（1988年7月1日第7届全国人民代表大会常务委员

会第2次会议通过　根据1994年5月12日第8届全国人民代表大会常务委员会第7次会议《关于修改〈中国人民解放军军官军衔条例〉的决定》修正）

第1章　总　则

第1条　根据《中华人民共和国宪法》和《中华人民共和国兵役法》的有关规定，制定本条例。

第2条　为加强中国人民解放军的革命化、现代化、正规化建设，有利于军队的指挥和管理，增强军官的责任心和荣誉感，实行军官军衔制度。

第3条　军官军衔是区分军官等级、表明军官身份的称号、标志和国家给予军官的荣誉。

第4条　军官军衔按照军官的服役性质分为现役军官军衔和预备役军官军衔。

第5条　军衔高的军官对军衔低的军官，军衔高的为上级。当军衔高的军官在职务上隶属于军衔低的军官时，职务高的为上级。

第6条　现役军官转入预备役的，在其军衔前冠以“预备役”。现役军官退役的，其军衔予以保留，在其军衔前冠以“退役”。

第2章　现役军官军衔等级的设置

第7条　军官军衔设下列3等10级：

(1)将官：上将、中将、少将；

(2)校官：大校、上校、中校、少校；

(3)尉官：上尉、中尉、少尉。

第8条　军官军衔依照下列规定区分：

(1)军事、政治、后勤军官：上将、中将、少将，大校、上校、中校、少校，上尉、中尉、少尉。

海军、空军军官在军衔前分别冠以“海军”、“空军”。

(2)专业技术军官：中将、少将，大校、上校、中校、少校，上尉、中尉、少尉。在军衔前冠以“专业技术”。

第3章　现役军官职务等级编制军衔

第9条　人民解放军实行军官职务等级编制军衔。

第10条　中华人民共和国中央军事委员会领导全国武装力量。中央军事委员会实行主席负责制。中央军事委员会主席不授予军衔。

中央军事委员会副主席的职务等级编制军衔为上将。

中央军事委员会委员的职务等级编制军衔为上将。

第11条　军事、政治、后勤军官实行下列职务等级编制军衔：

人民解放军总参谋长、总政治部主任：上将；

正大军区职：上将、中将；

副大军区职：中将、少将；

正军职：少将、中将；

副军职：少将、大校；

正师职：大校、少将；

副师职(正旅职)：上校、大校；

正团职(副旅职)：上校、中校；

副团职：中校、少校；

正营职：少校、中校；

副营职：上尉、少校；

正连职：上尉、中尉；

副连职：中尉、上尉；

排职：少尉、中尉。

第12条　专业技术军官实行下列职务等级编制军衔：

高级专业技术职务：中将至少校；

中级专业技术职务：大校至上尉；

初级专业技术职务：中校至少尉。

第4章　现役军官军衔的首次授予

第13条　军官军衔按照军官职务等级编制军衔授予。

第14条　授予军官军衔以军官所任职务、德才表现、工作实绩、对革命事业的贡献和在军队中服役的经历为依据。

第15条　初任军官职务的人员依照下列规定首次授予军衔：

(1)军队中等专业学校毕业的，授予少尉军衔；

大学专科毕业的，授予少尉军衔，可以按照人民解放军总政治部的有关规定授予中尉军衔；

大学本科毕业的，授予中尉军衔，可以按照人民解放军总政治部的有关规定授予少尉军衔；

获得硕士学位的，授予上尉军衔，可以按照人民解放军总政治部的有关规定授予中尉军衔；研究生班毕业，未获得硕士学位的，授予中尉军衔；

获得博士学位的，授予少校军衔，可以按照人民解放军总政治部的有关规定授予上尉军衔。

(2)战时士兵被任命为军官职务的，按照军官职务等级编制军衔，授予相应的军衔。

(2)军队文职干部和非军事部门的人员被任命为军官职务的，按照军官职务等级编制军衔，授予相应的军衔。

第16条　首次授予军官军衔，依照下列规定的权限予以批准：

(1)上将、中将、少将、大校、上校，由中央军事委员会主席批准授予；

(2)中校、少校，由人民解放军各总部、大军区、军兵种或者其他相当于大军区级单位的正职首长批准授予；

(3)上尉、中尉、少尉，由集团军或者其他有军官职务任免权的军级单位的正职首长批准授予。

第5章 现役军官军衔的晋级

第17条 军官军衔按照下列期限晋级：

(1)平时军官军衔晋级的期限：少尉晋升中尉，大学专科以上毕业的为2年，其他为3年；中尉晋升上尉、上尉晋升少校、少校晋升中校、中校晋升上校、上校晋升大校各为4年；大校以上军衔晋级为选升，以军官所任职务、德才表现和对国防建设的贡献为依据；

(2)战时军官军衔晋级的期限可以缩短，具体办法由中央军事委员会根据战时情况规定。

军官在院校学习的时间，计算在军衔晋级的期限内。

第18条 军官军衔一般应当按照规定的期限逐级晋升。

第19条 军官军衔晋级的期限届满，因违犯军纪，按照中央军事委员会的有关规定不够晋级条件的，延期晋级或者退出现役。

第20条 军官由于职务提升，其军衔低于新任职务等级编制军衔的最低军衔的，提前晋升至新任职务等级编制军衔的最低军衔。

第21条 军官在作战或者工作中建立突出功绩的，其军衔可以提前晋级。

第22条 被决定任命为中央军事委员会副主席、委员职务的军官晋升为上将的，由中央军事委员会主席授予上将军衔。

第23条 本法第22条规定以外的军官军衔的晋级，按照军官职务的任免权限批准。但是，下列军官军衔晋级，按照以下规定批准：

(1)副师职(正旅职)军官晋升为大校的，专业技术军官晋升为大校、少将、中将的，由中央军事委员会主席批准；

(2)专业技术军官晋升为上校的，由人民解放军各总部、大军区、军兵种或者其他相当于大军区级单位的正职首长批准；

(3)副营职军官晋升为少校的，专业技术军官晋升为少校、中校的，由集团军或者其他有军官职务任免权的军级单位的正职首长批准。

第6章 现役军官军衔的降级、取消和剥夺

第24条 军官因不胜任现任职务被调任下级职务，其军衔高于新任职务等级编制军衔的最高军衔的，应当调整至新任职务等级编制军衔的最高军衔。调整军衔的批准权限与其原军衔的批准权限相同。

第25条 军官违犯军纪的，按照中央军事委员会的有关规定，可以给予军衔降级处分。军衔降级的批准权限与首次批准授予该级军衔的权限相同。

军官军衔降级不适用于少尉军官。

第26条 军官军衔降级的，其军衔晋级的期限按照降级后的军衔等级重新计算。

军官受军衔降级处分后，对所犯错误已经改正并在作战或者工作中有显著成绩的，其军衔晋级的期限可以缩短。

第27条 对撤销军官职务并取消军官身份的人员，取消其军官军衔。取消军官军衔的批准权限与首次批准授予该级军衔的权限相同。

军官被开除军籍的，取消其军衔。取消军衔的批准权限与批准开除军籍的权限相同。

第28条 军官犯罪，被依法判处剥夺政治权利或者3年以上有期徒刑的，由法院判决剥夺其军衔。

退役军官犯罪的，依照前款规定剥夺其军衔。

军官犯罪被剥夺军衔，在服刑期满后，需要在军队中服役并授予军官军衔的，依照本条例第16条的规定办理。

第7章 现役军官军衔的标志和佩带

第29条 军官军衔的肩章、符号式样和佩带办法，由中央军事委员会颁布。

第30条 军官佩带的肩章、符号必须与其军衔相符。

第8章 附　　则

第31条 预备役军官军衔制度，另行规定。

第32条 士兵军衔制度，由国务院和中央军事委员会规定。

第33条 中国人民武装警察部队实行警衔制度，具体办法由国务院和中央军事委员会规定。

第34条 人民解放军总参谋部、总政治部根据本条例制定实施办法，报中央军事委员会批准后施行。

第35条 本条例自公布之日起施行。

颁布《中华人民共和国预备役军官法》 中华人民共和国第8届全国人民代表大会常务委员会第13次会议于1995年5月10日通过了《中华人民共和国预备役军官法》，全文如下：

第1章 总　　则

第1条 为了健全预备役军官制度，完善国家武装力量动员体制，加强国防后备力量建设，根据宪法和兵役法，制定本法。

第2条　本法所称预备役军官是被确定为人民解放军预备役排级以上职务等级或者初级以上专业技术职务等级，被授予相应的预备役军官军衔，并经兵役机关登记的预备役人员。

第3条　预备役军官按照职务性质分为军事军官、政治军官、后勤军官和专业技术军官。

军官预备役按照平时管理和战时动员的需要，分为两类：在预备役部队任职的和预编到现役部队的预备役军官为第1类军官预备役；其他预备役军官为第2类军官预备役。

第4条　全国的预备役军官管理工作在国务院、中央军事委员会领导下，由人民解放军总政治部主管。

大军区、省军区（卫戍区、警备区）、军分区（警备区）政治部负责本区域的预备役军官管理工作。

县、自治县、不设区的市、市辖区人民武装部（以下统称县人民武装部）负责本行政区域预备役军官的具体管理工作。

第5条　国务院有关部门、地方各级人民政府应当根据职责分工，依照本法和有关法律、法规的规定，做好预备役军官的有关管理工作。

第6条　预备役军官所在的工作单位，应当支持预备役军官参加军事训练、执行军事勤务和履行其他兵役义务，协助做好预备役军官管理工作。

第7条　预备役军官应当遵守宪法和法律、法规以及军队的有关规章、制度，参加军事训练和军事勤务活动，接受政治教育，增强组织指挥能力和专业技能，随时准备应召服现役。

第8条　国家依法保障预备役军官的合法权益。

预备役军官享有本法规定的因服军官预备役而产生的权利，享受国家规定的有关待遇。

第9条　对在履行兵役义务过程中做出突出贡献的预备役军官，应当依照中央军事委员会的有关规定给予嘉奖、记功或者授予荣誉称号。

对在预备役军官工作中做出突出成绩的单位，应当依照有关规定给予表彰或者奖励。

第2章　预备役军官的来源和选拔

第10条　预备役军官从下列人员中选拔：

(1)退出现役的军官和文职干部；

(2)退出现役的士兵；

(3)人民武装干部和民兵干部；

(4)非军事的高等学校毕业学生；

(5)符合预备役军官基本条件的其他公民。

第11条　预备役军官应当具备下列基本条件：

(1)忠于祖国，遵守宪法和法律、法规；

(2)服从命令，听从指挥；

(3)符合本法规定的服军官预备役的年龄；

(4)退出现役或者接受过军事专业培训并经考核合格，具有与其职务相应的科学文化知识、组织指挥能力或者专业技能；

(5)身体健康。

第12条　选拔预备役军官的计划，由中央军事委员会确定，人民解放军总政治部会同有关部门组织实施。

第13条　依照本法第10条的规定，从退出现役的军官和文职干部中选拔的预备役军官，由部队团级以上单位政治机关提出转服军官预备役的意见，按照规定的权限批准后，到安置地的县人民武装部办理预备役军官登记。

从前款规定以外的其他人员中选拔预备役军官，按照下列程序办理：

(1)基层人民武装部或者所在单位按照上级下达的计划和规定的条件推荐；

(2)县人民武装部审核确认人选；

(3)承训单位组织培训；

(4)按照规定的权限审批；

(5)县人民武装部办理预备役军官登记。

第3章　预备役军官的职务等级和职务

第14条　预备役军事、政治、后勤军官的职务等级设置为：正师职、副师职、正团职、副团职、正营职、副营职、正连职、副连职、排职。

预备役专业技术军官的职务等级设置为：高级专业技术职务、中级专业技术职务、初级专业技术职务。

第15条　对被确定服军官预备役的人员，应当确定职务等级。

退出现役转服军官预备役的人员，其职务等级的确定依照现役军官相应职务等级的任免权限办理。

前款规定以外的其他服军官预备役的人员，其职务等级的确定依照下列规定的权限批准：

(1)师级军官职务等级和高级专业技术军官职务等级的确定，由大军区级单位正职首长批准；

(2)团级军官职务等级和中级专业技术军官职务等级的确定，由有军官职务任免权的军级单位正职首长批准；

(3)营级以下军官职务等级和初级专业技术军官职务等级的确定，由有军官职务任免权的师级单位正职首长批准。

第16条　在预备役部队和预编到现役部队任职

的预备役军官，除依照本法第15条的规定确定职务等级外，其职务依照下列规定的权限任免：

(1)营级以上军官职务和高级、中级、初级专业技术军官职务的任免权限，依照本法第15条第(3)款规定执行；

(2)正连职、副连职、排职军官职务，由有军官职务任免权的团级单位正职首长任免。

第17条　对预备役军官应当进行考核。考核工作由预备役军官所在部队或者兵役机关会同地方有关部门，根据国家有关规定，按照职责分工，共同组织实施。考核结果作为任免预备役军官职务的主要依据。

第18条　预备役军官职务等级的确定和职务的任免，按照中央军事委员会规定的程序办理。

第4章　预备役军官的军衔

第19条　预备役军官军衔设下列3等8级：

(1)预备役将官：预备役少将；

(2)预备役校官：预备役大校、上校、中校、少校；

(3)预备役尉官：预备役上尉、中尉、少尉。

第20条　预备役军官军衔分为：

(1)预备役军事、政治、后勤军官：预备役少将、大校、上校、中校、少校、上尉、中尉、少尉；

(2)预备役专业技术军官：预备役专业技术少将、大校、上校、中校、少校、上尉、中尉、少尉。

海军、空军预备役军官，在军衔前分别冠以"海军"、"空军"。

第21条　预备役军官实行职务等级编制军衔。

预备役军事、政治、后勤军官实行下列职务等级编制军衔：

正师职：预备役大校、少将；

副师职：预备役上校、大校；

正团职：预备役上校、中校；

副团职：预备役中校、少校；

正营职：预备役少校、中校；

副营职：预备役上尉、少校；

正连职：预备役上尉、中尉；

副连职：预备役中尉、上尉；

排　职：预备役少尉、中尉。

预备役专业技术军官实行下列职务等级编制军衔：

高级专业技术职务：预备役专业技术少将、大校、上校、中校、少校；

中级专业技术职务：预备役专业技术大校、上校、中校、少校、上尉；

初级专业技术职务：预备役专业技术中校、少校、上尉、中尉、少尉。

第22条　评定和授予预备役军官军衔，以预备役军官职务等级、德才表现和工作实绩为依据。

第23条　授予预备役军官军衔，依照下列规定的权限批准：

(1)预备役少将、大校，由中央军事委员会主席批准授予；

(2)预备役上校，由大军区级单位正职首长批准授予；

(3)预备役中校、少校，由有军官职务任免权的军级单位正职首长批准授予；

(4)预备役上尉、中尉、少尉，由有军官职务任免权的师级单位正职首长批准授予。

第24条　转服军官预备役的军官和文职干部，其预备役军官军衔，按照其原现役军官军衔等级或者文职干部级别确定。

第25条　预备役军官军衔，依照下列规定晋级：

(1)被批准退出现役转服军官预备役的军官，其军衔已满晋升年限，符合规定条件的，其预备役军官军衔可以比其原现役军官军衔等级高一级；

(2)预备役军官由于职务等级提升，其军衔低于新任职务等级编制军衔的最低军衔的，提前晋升至新任职务等级编制军衔的最低军衔；

(3)预备役少尉至预备役上校军官，符合规定条件和晋升年限的，可以在职务等级编制军衔范围内，逐级晋升预备役军官军衔；

(4)预备役大校晋升预备役少将，实行选升；

(5)预备役军官在履行兵役义务过程中有突出功绩的，其预备役军官军衔可以提前晋级。

晋升预备役军官军衔的条件、年限和程序，由中央军事委员会规定。

第26条　预备役军官军衔的晋级，按照下列规定的权限批准：

(1)预备役大校晋升预备役少将、预备役上校晋升预备役大校，由中央军事委员会主席批准；

(2)预备役中校晋升预备役上校，由大军区级单位正职首长批准；

(3)预备役少校晋升预备役中校、预备役上尉晋升预备役少校，由有军官职务任免权的军级单位正职首长批准；

(4)预备役中尉晋升预备役上尉、预备役少尉晋升预备役中尉，由有军官职务任免权的师级单位正职首长批准。

第27条　预备役军官违反军纪的，按照中央军事委员会的有关规定，可以给予军衔降级处分。批准预备役军官军衔降级的权限，与批准授予该级预备役军官军衔的权限相同。

预备役军官军衔降级不适用于预备役少尉军官。

第 28 条　对被取消预备役军官身份的人员，应当取消其预备役军官军衔。批准取消预备役军官军衔的权限，与批准授予该级预备役军官军衔的权限相同。

第 29 条　预备役军官犯罪，被依法判处剥夺政治权利或者 3 年以上有期徒刑的，应当剥夺其预备役军官军衔。批准剥夺预备役军官军衔的权限，与批准授予该级预备役军官军衔的权限相同。

第 30 条　预备役军官退出预备役后，其预备役军官军衔予以保留，在其军衔前冠以"退役"。

第 31 条　预备役军官军衔的肩章、符号标志式样及佩带办法，由中央军事委员会颁布。

第 5 章　预备役军官的登记和征召

第 32 条　预备役军官的登记，由县人民武装部办理。

退出现役被确定转服军官预备役的人员，向地方安置部门报到时办理预备役军官登记；其他人员在被确定服军官预备役的同时办理预备役军官登记。

被确定服军官预备役的在国家机关、社会团体、企业事业单位工作的人员，到工作单位所在地的县人民武装部办理预备役军官登记；被确定服军官预备役的其他人员，到户籍所在地的县人民武装部办理预备役军官登记。

第 33 条　预备役军官因工作调动或者迁居需要变更预备役军官登记地的，应当办理转出手续，并自到达新的工作单位或者居住地之日起 30 日内，到所在地的县人民武装部办理转入手续。

第 34 条　预备役军官有下列情形之一的，应当由县人民武装部注销其预备役军官登记：

(1)退出预备役的；

(2)出国定居的；

(3)死亡的；

(4)被取消预备役军官身份的。

第 35 条　县人民武装部必须按照规定对在本行政区域内登记的预备役军官，每年进行一次核对，并逐级统计上报。

第 36 条　预备役军官接到征召的通知后，必须按照规定时间到指定地点报到；由于伤病等原因暂时不能应召的，经县人民武装部核实，并报上一级兵役机关批准，可以暂缓应召。

第 6 章　预备役军官的培训

第 37 条　未服过现役或者未接受过军事专业培训的人员，被选拔为预备役军官的，在确定预备役军官职务等级前，应当接受军事专业培训。

第 38 条　预备役军官在服预备役期间，应当依照兵役法和本法的规定接受军事训练和政治教育。

第 39 条　国务院和中央军事委员会在必要的时候，可以决定对预备役军官实施应急训练。预备役军官必须按照规定接受应急训练。

第 40 条　预备役军官的军事训练大纲和政治教育计划，由人民解放军总参谋部、总政治部、总后勤部制定。

第 41 条　在预备役部队或者预编到现役部队任职的预备役军官的培训，由其所在部队组织实施；其他预备役军官的培训，由兵役机关组织实施。预备役军官所在工作单位和当地人民政府有关部门应当予以协助。

第 7 章　预备役军官的待遇

第 42 条　预备役军官履行兵役义务的工作实绩，应当作为所在单位晋升其职务、工资等级的依据之一；立功或者被授予荣誉称号的，享受国家和地方给予同等立功受奖者的奖励和优待。

第 43 条　预备役军官参加军事训练、执行军事勤务期间，应当按照规定着装；参加国庆节、建军节或者其他重大庆典活动的，可以着预备役军官制式服装，并佩带预备役军官军衔肩章、符号标志。

第 44 条　预备役军官参加军事训练、执行军事勤务期间，其工作单位是国家机关、社会团体、企业事业单位的，由其所在单位照发工资和奖金，其享受的福利待遇不变。

前款规定以外的其他预备役军官参加军事训练、执行军事勤务期间，应当给予误工补贴，具体办法和标准由省、自治区、直辖市人民政府规定。

预备役军官参加军事训练、执行军事勤务按照国家规定给予伙食补助，报销往返差旅费。

第 45 条　对按照规定参加军事训练并完成训练任务的预备役军官，按照其职务等级发给适当补贴。补贴标准由财政部和人民解放军总参谋部、总政治部、总后勤部制定，所需经费由中央财政保障。

第 46 条　预备役军官在参加军事训练、执行军事勤务等军事活动中牺牲、伤残的，参照国家关于军人抚恤优待的规定办理。

第 8 章　预备役军官的退役

第 47 条　预备役军官达到平时服预备役最高年龄时，应当退出预备役。

第 48 条　预备役军事、政治、后勤军官平时服预备役的最高年龄：

担任师级职务的，55 岁；

担任团级职务的，55 岁；

担任营级职务的，50 岁；

担任连级职务的，45 岁；

担任排级职务的，40 岁。

少数预备役军官确因工作需要，经过批准，平时服预备役的最高年龄可以适当延长，但是延长的年龄不得超过 5 岁。

第 49 条　预备役专业技术军官平时服预备役的最高年龄：

担任高级专业技术职务的，60 岁；

担任中级专业技术职务的，55 岁；

担任初级专业技术职务的，50 岁。

第 50 条　未达到平时服预备役最高年龄的预备役军官，由于伤病残或者其他原因不能继续服预备役的，应当退出预备役。

第 51 条　预备役军官退出预备役的批准权限，与本法第 15 条第(3)款规定的权限相同。

第 9 章　法律责任

第 52 条　预备役军官参加军事训练、执行军事勤务期间，违反纪律的，依照中央军事委员会的有关规定给予行政处分；构成犯罪的，依法追究刑事责任。

第 53 条　预备役军官拒绝或者逃避登记、军事训练，经教育拒不改正的，由当地人民政府强制其履行兵役义务。

在战时，预备役军官拒绝、逃避征召或者军事训练，情节严重的，依法追究刑事责任。

第 54 条　在预备役军官管理工作中，收受贿赂、营私舞弊，或者玩忽职守致使预备役工作遭受严重损失，构成犯罪的，依法追究刑事责任；未构成犯罪的，依法给予行政处分。

阻挠预备役军官参加军事训练、执行军事勤务，或者履行其他兵役义务的，由当地人民政府责令改正；拒不改正的，对直接责任人员依法给予行政处分。

第 10 章　附　　则

第 55 条　中国人民武装警察部队退出现役的人员，服人民解放军军官预备役的，适用本法。

第 56 条　本法自 1996 年 1 月 1 日起施行。

中央军委决定为预备役军官评授军衔　中国《人民日报》1996 年 4 月 22 日报道，根据《中华人民共和国预备役军官法》的有关规定，中央军委近日发出《关于评定授予预备役军官军衔工作的指示》，决定 1996 年为全国预备役军官评授军衔。

中央军委的《指示》规定，评授预备役军官军衔的范围限定在：编入预备役部队和预编到现役部队担任预备役军官职务的人员，以及经兵役机关登记，未编入预备役部队和未预编到现役部队的退出现役转服军官预备役的人员。1996 年 1 月 1 日以后确定退出现役转服军官预备役的人员。1996 年 8 月 1 日以后确定编入预备役部队或预编到现役部队服军官预备役的退伍士兵和未服过现役的人员，在批准服军官预备役的同时，授予预备役军官军衔。

《指示》确定，评授预备役军官军衔分两批进行。第 1 批为编入预备役部队和预编到现役部队的预备役军官评授军衔，从 1996 年 8 月 1 日起按有关规定佩带军衔肩章、符号。第 2 批为其他预备役军官评授军衔，从 1997 年 1 月 1 日起按规定佩带预备役军官军衔肩章、符号。

《指示》强调，评授预备役军官军衔，是新的历史条件下完善人民解放军军官军衔制度和预备役军官制度，理顺预备役军官工作关系，加强国防后备力量建设的重要措施。评授预备役军官军衔，应按照预备役军官职务等级编制军衔和规定标准进行。各级党委和政治机关要认真贯彻执行军委指示和有关规定，严格掌握评衔标准，杜绝各种不正之风。要有针对性地做好思想政治工作，保证评授军衔工作顺利进行。

预备役军官军衔肩章符号标志式样及佩带办法

中国《解放军报》1996 年 4 月 22 日载文介绍了中国预备役军官军衔的肩章符号、标志式样及佩带办法如下：

一、军官军衔肩章

预备役军官军衔硬肩章。使用现役军官军衔肩章外形式样、底面颜色和衔级标识，在军衔肩章的外端加缀代表预备役的“Y”字型金属标志(Y 字为“预备役”汉语拼音的第 1 个字母)，以示为预备役军官。

预备役军官军衔软肩章。采用无金属件的刺绣工艺，在平绒布肩章底面上绣出金黄色军衔等级和预备役标志。

二、帽徽、军种(专业技术)符号

预备役军官和士兵佩带的帽徽和军种(专业技术)符号与现役军人相同。

三、军衔、符号标志的佩带

按照《中华人民共和国预备役军官法》的规定，预备役军官只能在参加军事训练、执行军事勤务期间和参加国庆节、建军节或者其他重大庆典活动时，着预备役军官制式服装，佩带军衔肩章、符号标志，平时不得佩带。

为统一预备役部队的军容，编入预备役部队（含预编到现役部队）的预备役士兵佩带套式软肩章。软肩章采用平绒布底面，在中间位置刺绣金黄色预备役标志，不作衔级区别。

首批预备役军官评授军衔工作结束 中国《人民日报》1996年8月2日报道，“八一”前夕，第1批预备役军官授衔仪式在全国各地隆重举行。首批被授予军衔的数万名编入预备役部队的预备役军官精神抖擞地佩带预备役军衔肩章、符号，以整齐的军容出现在全国人民面前。

这次为预备役军官评授军衔工作，是在中央军委的领导下，根据《预备役军官法》有关规定和军委《关于评定授予预备役军官军衔工作的指示》精神，从4月下旬起在各军区、海军、空军及所属预备役部队全面展开的。在各地举行的预备役军官授衔仪式上，军队和地方党委、政府领导希望广大预备役军官时刻想到自己肩负的责任，认真履行职责，为建设祖国、保卫祖国作出新的贡献，用实际行动回报党中央、中央军委的关怀与厚望。被授予军衔的广大预备役军官表示，一定要十分珍惜荣誉，不负重托，充分发挥国防后备力量建设的骨干作用。

据了解，首批授衔结束后，全国各地为其他预备役军官评授军衔的工作将陆续展开，整个评授军衔工作于1996年12月底结束。

公布《中华人民共和国戒严法》 中华人民共和国主席江泽民于1996年3月1日发布第61号主席令：《中华人民共和国戒严法》已由中华人民共和国第8届全国人民代表大会常务委员会第18次会议于1996年3月1日通过，现予公布，自公布之日起施行。

《中华人民共和国戒严法》全文如下：

第1章 总 则

第1条 根据中华人民共和国宪法，制定本法。

第2条 在发生严重危及国家的统一、安全或者社会公共安全的动乱、暴乱或者严重骚乱，不采取非常措施不足以维护社会秩序、保护人民的生命和财产安全的紧急状态时，国家可以决定实行戒严。

第3条 全国或者个别省、自治区、直辖市的戒严，由国务院提请全国人民代表大会常务委员会决定；中华人民共和国主席根据全国人民代表大会常务委员会的决定，发布戒严令。

省、自治区、直辖市的范围内部分地区的戒严，由国务院决定，国务院总理发布戒严令。

第4条 戒严期间，为保证戒严的实施和维护社会治安秩序，国家可以依照本法在戒严地区内，对宪法、法律规定的公民权利和自由的行使作出特别规定。

第5条 戒严地区内的人民政府应当依照本法采取必要的措施，尽快恢复正常社会秩序，保障人民的生命和财产安全以及基本生活必需品的供应。

第6条 戒严地区内的一切组织和个人，必须严格遵守戒严令和实施戒严令的规定，积极协助人民政府恢复正常社会秩序。

第7条 国家对遵守戒严令和实施戒严令的规定的组织和个人，采取有效措施保护其合法权益不受侵犯。

第8条 戒严任务由人民警察、人民武装警察执行；必要时，国务院可以向中央军事委员会提出，由中央军事委员会决定派出人民解放军协助执行戒严任务。

第2章 戒严的实施

第9条 全国或者个别省、自治区、直辖市的戒严，由国务院组织实施。

省、自治区、直辖市的范围内部分地区的戒严，由省、自治区、直辖市人民政府组织实施；必要时，国务院可以直接组织实施。

组织实施戒严的机关称为戒严实施机关。

第10条 戒严实施机关建立戒严指挥机构，由戒严指挥机构协调执行戒严任务的有关方面的行动，统一部署和实施戒严措施。

执行戒严任务的人民解放军，在戒严指挥机构的统一部署下，由中央军事委员会指定的军事机关实施指挥。

第11条 戒严令应当规定戒严的地域范围、起始时间、实施机关等事项。

第12条 根据本法第2条规定实行戒严的紧急状态消除后，应当及时解除戒严。

解除戒严的程序与决定戒严的程序相同。

第3章 实施戒严的措施

第13条 戒严期间，戒严实施机关可以决定在戒严地区采取下列措施，并可以制定具体实施办法：

(1)禁止或者限制集会、游行、示威、街头讲演以及其他聚众活动；

(2)禁止罢工、罢市、罢课；

(3)实行新闻管制；

(4)实行通讯、邮政、电信管制；

(5)实行出境入境管制；

(6)禁止任何反对戒严的活动。

第14条 戒严期间，戒严实施机关可以决定在戒严地区采取交通管制措施，限制人员进出交通管制区域，并对进出交通管制区域人员的证件、车辆、物品进行检查。

第 15 条　戒严期间，戒严实施机关可以决定在戒严地区采取宵禁措施。宵禁期间，在实行宵禁地区的街道或者其他公共场所通行，必须持有本人身份证件和戒严实施机关制发的特别通行证。

第 16 条　戒严期间，戒严实施机关或者戒严指挥机构可以在戒严地区对下列物品采取特别管理措施：

(1)武器、弹药；

(2)管制刀具；

(3)易燃易爆物品；

(4)化学危险物品、放射性物品、剧毒物品等。

第 17 条　根据执行戒严任务的需要，戒严地区的县级以上人民政府可以临时征用国家机关、企业事业组织、社会团体以及公民个人的房屋、场所、设施、运输工具、工程机械等。在非常紧急的情况下，执行戒严任务的人民警察、人民武装警察、人民解放军的现场指挥员可以直接决定临时征用，地方人民政府应当给予协助。实施征用应当开具征用单据。

前款规定的临时征用物，在使用完毕或者戒严解除后应当及时归还；因征用造成损坏的，由县级以上人民政府按照国家有关规定给予相应补偿。

第 18 条　戒严期间，对戒严地区的下列单位、场所，采取措施，加强警卫；

(1)首脑机关；

(2)军事机关和重要军事设施；

(3)外国驻华使领馆、国际组织驻华代表机构和国宾下榻处；

(4)广播电台、电视台、国家通讯社等重要新闻单位及其重要设施；

(5)与国计民生有重大关系的公用企业和公共设施；

(6)机场、火车站和港口；

(7)监狱、劳教场所、看守所；

(8)其他需要加强警卫的单位和场所。

第 19 条　为保障戒严地区内的人民基本生活必需品的供应，戒严实施机关可以对基本生活必需品的生产、运输、供应、价格，采取特别管理措施。

第 20 条　戒严实施机关依照本法采取的实施戒严令的措施和办法，需要公众遵守的，应当公布；在实施过程中，根据情况，对于不需要继续实施的措施和办法，应当及时公布停止实施。

第 4 章　戒严执勤人员的职责

第 21 条　执行戒严任务的人民警察、人民武装警察和人民解放军是戒严执勤人员。

戒严执勤人员执行戒严任务时，应当佩带由戒严实施机关统一规定的标志。

第 22 条　戒严执勤人员依照戒严实施机关的规定，有权对戒严地区公共道路上或者其他公共场所内的人员的证件、车辆、物品进行检查。

第 23 条　戒严执勤人员依照戒严实施机关的规定，有权对违反宵禁规定的人予以扣留，直至清晨宵禁结束；并有权对被扣留者的人身进行搜查，对其携带的物品进行检查。

第 24 条　戒严执勤人员依照戒严实施机关的规定，有权对下列人员立即予以拘留：

(1)正在实施危害国家安全、破坏社会秩序的犯罪或者有重大嫌疑的；

(2)阻挠或者抗拒戒严执勤人员执行戒严任务的；

(3)抗拒交通管制或者宵禁规定的；

(4)从事其他抗拒戒严令的活动的。

第 25 条　戒严执勤人员依照戒严实施机关的规定，有权对被拘留的人员的人身进行搜查，有权对犯罪嫌疑分子的住所和涉嫌藏匿犯罪分子、犯罪嫌疑分子或者武器、弹药等危险物品的场所进行搜查。

第 26 条　在戒严地区有下列聚众情形之一、阻止无效的，戒严执勤人员根据有关规定，可以使用警械强行制止或者驱散，并将其组织者和拒不服从的人员强行带离现场或者立即予以拘留：

(1)非法进行集会、游行、示威以及其他聚众活动的；

(2)非法占据公共场所或者在公共场所煽动进行破坏活动的；

(3)冲击国家机关或者其他重要单位、场所的；

(4)扰乱交通秩序或者故意堵塞交通的；

(5)哄抢或者破坏机关、团体、企业事业组织和公民个人的财产的。

第 27 条　戒严执勤人员对于依照本法规定予以拘留的人员，应当及时登记和讯问，发现不需要继续拘留的，应当立即释放。

戒严期间拘留、逮捕的程序和期限可以不受中华人民共和国刑事诉讼法有关规定的限制，但逮捕须经人民检察院批准或者决定。

第 28 条　在戒严地区遇有下列特别紧急情形之一，使用警械无法制止时，戒严执勤人员可以使用枪支等武器：

(1)公民或者戒严执勤人员的生命安全受到暴力危害时；

(2)拘留、逮捕、押解人犯,遇有暴力抗拒、行凶或者脱逃时;

(3)遇暴力抢夺武器、弹药时;

(4)警卫的重要对象、目标受到暴力袭击,或者有受到暴力袭击的紧迫危险时;

(5)在执行消防、抢险、救护作业以及其他重大紧急任务中,受到严重暴力阻挠时;

(6)法律、行政法规规定可以使用枪支等武器的其他情形。

戒严执勤人员必须严格遵守使用枪支等武器的规定。

第29条　戒严执勤人员应当遵守法律、法规和执勤规则,服从命令,履行职责,尊重当地民族风俗习惯,不得侵犯和损害公民的合法权益。

第30条　戒严执勤人员依法执行任务的行为受法律保护。

戒严执勤人员违反本法规定,滥用职权,侵犯和损害公民合法权益的,依法追究法律责任。

第5章　附　则

第31条　在个别县、市的局部范围内突然发生严重骚乱,严重危及国家安全、社会公共安全和人民的生命财产安全,国家没有作出戒严决定时,当地省级人民政府报经国务院批准,可以决定并组织人民警察、人民武装警察实施交通管制和现场管制,限制人员进出管制区域,对进出管制区域人员的证件、车辆、物品进行检查,对参与骚乱的人可以强行予以驱散、强行带离现场、搜查,对组织者和拒不服从的人员可以立即予以拘留;在人民警察、人民武装警察力量还不足以维持社会秩序时,可以报请国务院向中央军事委员会提出,由中央军事委员会决定派出人民解放军协助当地人民政府恢复和维持正常社会秩序。

第32条　本法自公布之日起施行。

公布《中华人民共和国枪支管理法》　中华人民共和国主席江泽民于1996年7月5日发布第72号主席令:《中华人民共和国枪支管理法》已由中华人民共和国第8届全国人民代表大会常务委员会第20次会议于1996年7月5日通过,现予公布,自1996年10月1日起施行。

《中华人民共和国枪支管理法》全文如下:

第1章　总　则

第1条　为了加强枪支管理,维护社会治安秩序,保障公共安全,制定本法。

第2条　中华人民共和国境内的枪支管理,适用本法。

对中国人民解放军、中国人民武装警察部队和民兵装备枪支的管理,国务院、中央军事委员会另有规定的,适用有关规定。

第3条　国家严格管制枪支。禁止任何单位或者个人违反法律规定持有、制造(包括变造、装配)、买卖、运输、出租、出借枪支。

国家严厉惩处违反枪支管理的违法犯罪行为。任何单位和个人对违反枪支管理的行为有检举的义务。国家对检举人给予保护,对检举违反枪支管理犯罪活动有功的人员,给予奖励。

第4条　国务院公安部门主管全国的枪支管理工作。县级以上地方各级人民政府公安机关主管本行政区域内的枪支管理工作。上级人民政府公安机关监督下级人民政府公安机关的枪支管理工作。

第2章　枪支的配备和配置

第5条　公安机关、国家安全机关、监狱、劳动教养机关的人民警察,人民法院的司法警察,人民检察院的司法警察和担负案件侦查任务的检察人员,海关的缉私人员,在依法履行职责时确有必要使用枪支的,可以配备公务用枪。

国家重要的军工、金融、仓储、科研等单位的专职守护、押运人员在执行守护、押运任务时确有必要使用枪支的,可以配备公务用枪。

配备公务用枪的具体办法,由国务院公安部门会同其他有关国家机关按照严格控制的原则制定,报国务院批准后施行。

第6条　下列单位可以配置民用枪支:

(1)经省级人民政府体育行政主管部门批准专门从事射击竞技体育运动的单位、经省级人民政府公安机关批准的营业性射击场,可以配置射击运动枪支;

(2)经省级以上人民政府林业行政主管部门批准的狩猎场,可以配置猎枪;

(3)野生动物保护、饲养、科研单位因业务需要,可以配置猎枪、麻醉注射枪。

猎民在猎区、牧民在牧区,可以申请配置猎枪。猎区和牧区的区域由省级人民政府划定。

配置民用枪支的具体办法,由国务院公安部门按照严格控制的原则制定,报国务院批准后施行。

第7条　配备公务用枪,由国务院公安部门统一审批。

配备公务用枪时,由国务院公安部门或者省级人民政府公安机关发给公务用枪持枪证件。

第8条　专门从事射击竞技体育运动的单位配置射击运动枪支,由国务院体育行政主管部门提出,由国务院公安部门审批。营业性射击场配置射击运动枪支，由省级人民政府公安机关报国务院公安部门批准。

配置射击运动枪支时，由省级人民政府公安机关发给民用枪支持枪证件。

第9条 狩猎场配置猎枪，凭省级以上人民政府林业行政主管部门的批准文件，报省级以上人民政府公安机关审批，由设区的市级人民政府公安机关核发民用枪支配购证件。

第10条 野生动物保护、饲养、科研单位申请配置猎枪、麻醉注射枪的，应当凭其所在地的县级人民政府野生动物行政主管部门核发的狩猎证或者特许猎捕证和单位营业执照，向所在地的县级人民政府公安机关提出；猎民申请配置猎枪的，应当凭其所在地的县级人民政府野生动物行政主管部门核发的狩猎证和个人身份证件，向所在地的县级人民政府公安机关提出；牧民申请配置猎枪的，应当凭个人身份证件，向所在地的县级人民政府公安机关提出。

受理申请的公安机关审查批准后，应当报请设区的市级人民政府公安机关核发民用枪支配购证件。

第11条 配购猎枪、麻醉注射枪的单位和个人，必须在配购枪支后三十日内向核发民用枪支配购证件的公安机关申请领取民用枪支持枪证件。

第12条 营业性射击场、狩猎场配置的民用枪支不得携带出营业性射击场、狩猎场。

猎民、牧民配置的猎枪不得携带出猎区、牧区。

第3章 枪支的制造和民用枪支的配售

第13条 国家对枪支的制造、配售实行特别许可制度。未经许可，任何单位或者个人不得制造、买卖枪支。

第14条 公务用枪，由国家指定的企业制造。

第15条 制造民用枪支的企业，由国务院有关主管部门提出，由国务院公安部门确定。

配售民用枪支的企业，由省级人民政府公安机关确定。

制造民用枪支的企业，由国务院公安部门核发民用枪支制造许可证件。配售民用枪支的企业，由省级人民政府公安机关核发民用枪支配售许可证件。

民用枪支制造许可证件、配售许可证件的有效期为3年；有效期届满，需要继续制造、配售民用枪支的，应当重新申请领取许可证件。

第26条 国家对制造、配售民用枪支的数量，实行限额管理。

制造民用枪支的年度限额，由国务院林业、体育等有关主管部门、省级人民政府公安机关提出，由国务院公安部门确定并统一编制民用枪支序号，下达到民用枪支制造企业。

配售民用枪支的年度限额，由国务院林业、体育等有关主管部门、省级人民政府公安机关提出，由国务院公安部门确定并下达到民用枪支配售企业。

第27条 制造民用枪支的企业不得超过限额制造民用枪支，所制造的民用枪支必须全部交由指定的民用枪支配售企业配售，不得自行销售。配售民用枪支的企业应当在配售限额内，配售指定的企业制造的民用枪支。

第18条 制造民用枪支的企业，必须严格按照国家规定的技术标准制造民用枪支，不得改变民用枪支的性能和结构；必须在民用枪支指定部位铸印制造厂的厂名、枪种代码和国务院公安部门统一编制的枪支序号，不得制造无号、重号、假号的民用枪支。

制造民用枪支的企业必须实行封闭式管理，采取必要的安全保卫措施，防止民用枪支以及民用枪支零部件丢失。

第19条 配售民用枪支，必须核对配购证件，严格按照配购证件载明的品种、型号和数量配售；配售弹药，必须核对持枪证件。民用枪支配售企业必须按照国务院公安部门的规定建立配售帐册，长期保管备查。

第20条 公安机关对制造、配售民用枪支的企业制造、配售、储存和帐册登记等情况，必须进行定期检查；必要时，可以派专人驻厂对制造企业进行监督、检查。

第21条 民用枪支的研制和定型，由国务院有关业务主管部门会同国务院公安部门组织实施。

第22条 禁止制造、销售仿真枪。

第4章 枪支的日常管理

第23条 配备、配置枪支的单位和个人必须妥善保管枪支，确保枪支安全。

配备、配置枪支的单位，必须明确枪支管理责任，指定专人负责，应当有牢固的专用保管设施，枪支、弹药应当分开存放。对交由个人使用的枪支，必须建立严格的枪支登记、交接、检查、保养等管理制度，使用完毕，及时收回。

配备、配置给个人使用的枪支，必须采取有效措施，严防被盗、被抢、丢失或者发生其他事故。

第24条 使用枪支的人员，必须掌握枪支的性能，遵守使用枪支的有关规定，保证枪支的合法、安全使用。使用公务用枪的人员，必须经过专门培训。

第25条 配备、配置枪支的单位和个人必须遵守下列规定：

(1)携带枪支必须同时携带持枪证件,未携带持枪证件的,由公安机关扣留枪支;

(2)不得在禁止携带枪支的区域、场所携带枪支;

(3)枪支被盗、被抢或者丢失的,立即报告公安机关。

第26条　配备公务用枪的人员不再符合持枪条件时,由所在单位收回枪支和持枪证件。

配置民用枪支的单位和个人不再符合持枪条件时,必须及时将枪支连同持枪证件上缴核发持枪证件的公安机关;未及时上缴的,由公安机关收缴。

第27条　不符合国家技术标准、不能安全使用的枪支,应当报废。配备、持有枪支的单位和个人应当将报废的枪支连同持枪证件上缴核发持枪证件的公安机关;未及时上缴的,由公安机关收缴。报废的枪支应当及时销毁。

销毁枪支,由省级人民政府公安机关负责组织实施。

第28条　国家对枪支实行查验制度。持有枪支的单位和个人,应当在公安机关指定的时间、地点接受查验。公安机关在查验时,必须严格审查持枪单位和个人是否符合本法规定的条件,检查枪支状况及使用情况;对违法使用枪支、不符合持枪条件或者枪支应当报废的,必须收缴枪支和持枪证件。拒不接受查验的,枪支和持枪证件由公安机关收缴。

第29条　为了维护社会治安秩序的特殊需要,经国务院公安部门批准,县级以上地方各级人民政府公安机关可以对局部地区合法配备、配置的枪支采取集中保管等特别管制措施。

第5章　枪支的运输

第30条　任何单位或者个人未经许可,不得运输枪支。需要运输枪支的,必须向公安机关如实申报运输枪支的品种、数量和运输的路线、方式,领取枪支运输许可证件。在本省、自治区、直辖市内运输的,向运往地设区的市级人民政府公安机关申请领取枪支运输许可证件;跨省、自治区、直辖市运输的,向运往地省级人民政府公安机关申请领取枪支运输许可证件。

没有枪支运输许可证件的,任何单位和个人都不得承运,并应当立即报告所在地公安机关。

公安机关对没有枪支运输许可证件或者没有按照枪支运输许可证件的规定运输枪支的,应当扣留运输的枪支。

第31条　运输枪支必须依照规定使用安全可靠的封闭式运输设备,由专人押运;途中停留住宿的,必须报告当地公安机关。

运输枪支、弹药必须依照规定分开运输。

第32条　严禁邮寄枪支,或者在邮寄的物品中夹带枪支。

第6章　枪支的入境和出境

第33条　国家严格管理枪支的入境和出境。任何单位或者个人未经许可,不得私自携带枪支入境、出境。

第34条　外国驻华外交代表机构、领事机构的人员携带枪支入境,必须事先报经中华人民共和国外交部批准;携带枪支出境,应当事先照会中华人民共和国外交部,办理有关手续。

依照前款规定携带入境的枪支,不得携带出所在的驻华机构。

第35条　外国体育代表团入境参加射击竞技体育活动,或者中国体育代表团出境参加射击竞技体育活动,需要携带射击运动枪支入境、出境的,必须经国务院体育行政主管部门批准。

第36条　本法第34条、第35条规定以外的其他人员携带枪支入境、出境,应当事先经国务院公安部门批准。

第37条　经批准携带枪支入境的,入境时,应当凭批准文件在入境地边防检查站办理枪支登记,申请领取枪支携运许可证件,向海关申报,海关凭枪支携运许可证件放行;到达目的地后,凭枪支携运许可证件向设区的市级人民政府公安机关申请换发持枪证件。

经批准携带枪支出境的,出境时,应当凭批准文件向出境地海关申报,边防检查站凭批准文件放行。

第38条　外国交通运输工具携带枪支入境或者过境的,交通运输工具负责人必须向边防检查站申报,由边防检查站加封,交通运输工具出境时予以启封。

第7章　法律责任

第39条　违反本法规定,未经许可制造、买卖或者运输枪支的,依照刑法第112条和《全国人民代表大会常务委员会关于严惩严重危害社会治安的犯罪分子的决定》的规定追究刑事责任。

单位有前款行为的,对单位判处罚金,并对其直接负责的主管人员和其他直接责任人员依照刑法第112条的规定追究刑事责任。

第40条　依法被指定、确定的枪支制造企业、销售企业,违反本法规定,有下列行为之一的,对单位判处罚金,并对其直接负责的主管人员和其他直接责任人员依照刑法第112条的规定追究刑事责任;公安机关可以责令其停业整顿或者吊销其枪支制造许可证件、枪支配售许可证件:

(1)超过限额或者不按照规定的品种制造、配售枪支的；

(2)制造无号、重号、假号的枪支的；

(3)私自销售枪支或者在境内销售为出口制造的枪支的。

第41条 违反本法规定，非法持有、私藏枪支的，依照刑法第163条的规定追究刑事责任。

非法运输、携带枪支入境、出境的，依照《全国人民代表大会常务委员会关于惩治走私罪的补充规定》追究刑事责任。

第42条 违反本法规定，运输枪支未使用安全可靠的运输设备、不设专人押运、枪支弹药未分开运输或者运输途中停留住宿不报告公安机关，情节严重的，比照刑法第187条的规定追究刑事责任；未构成犯罪的，由公安机关对直接责任人员处15日以下拘留。

第43条 违反枪支管理规定，出租、出借公务用枪的，比照刑法第187条的规定处罚。

单位有前款行为的，对其直接负责的主管人员和其他直接责任人员依照前款规定处罚。

配置民用枪支的单位，违反枪支管理规定，出租、出借枪支，造成严重后果或者有其他严重情节的，对其直接负责的主管人员和其他直接责任人员比照刑法第187条的规定处罚。

配置民用枪支的个人，违反枪支管理规定，出租、出借枪支，造成严重后果的，比照刑法第163条的规定处罚。

违反枪支管理规定，出租、出借枪支，情节轻微未构成犯罪的，由公安机关对个人或者单位负有直接责任的主管人员和其他直接责任人员处15日以下拘留，可以并处5千元以下罚款；对出租、出借的枪支，应当予以没收。

第44条 违反本法规定，有下列行为之一的，由公安机关对个人或者单位负有直接责任的主管人员和其他直接责任人员处警告或者15日以下拘留；构成犯罪的，依法追究刑事责任：

(1)未按照规定的技术标准制造民用枪支的；

(2)在禁止携带枪支的区域、场所携带枪支的；

(3)不上缴报废枪支的；

(4)枪支被盗、被抢或者丢失，不及时报告的；

(5)制造、销售仿真枪的。

有前款第(1)项至第(3)项所列行为的，没收其枪支，可以并处5千元以下罚款；有前款第(5)项所列行为的，由公安机关、工商行政管理部门按照各自职责范围没收其仿真枪，可以并处制造、销售金额5倍以下的罚款，情节严重的，由工商行政管理部门吊销营业执照。

第45条 公安机关工作人员有下列行为之一的，依法追究刑事责任；未构成犯罪的，依法给予行政处分：

(1)向本法第5条、第6条规定以外的单位和个人配备、配置枪支的；

(2)违法发给枪支管理证件的；

(3)将没收的枪支据为己有的；

(4)不履行枪支管理职责，造成后果的。

第8章 附 则

第46条 本法所称枪支，是指以火药或者压缩气体等为动力，利用管状器具发射金属弹丸或者其他物质，足以致人伤亡或者丧失知觉的各种枪支。

第47条 单位和个人为开展游艺活动，可以配置口径不超过4.5毫米的气步枪。具体管理办法由国务院公安部门制定。

制作影视剧使用的道具枪支的管理办法，由国务院公安部门会同国务院广播电影电视行政主管部门制定。

博物馆、纪念馆、展览馆保存或者展览枪支的管理办法，由国务院公安部门会同国务院有关行政主管部门制定。

第48条 制造、配售、运输枪支的主要零部件和用于枪支的弹药、适用本法的有关规定。

第49条 枪支管理证件由国务院公安部门制定。

第50条 本法自1996年10月1日起施行。

附：法律有关条文

刑法有关条款

第112条 非法制造、买卖、运输枪支、弹药的，或者盗窃、抢夺国家机关、军警人员、民兵的枪支、弹药的，处7年以下有期徒刑；情节严重的，处7年以上有期徒刑或者无期徒刑。

第163条 违反枪支管理规定，私藏枪支、弹药拒不交出的，处2年以下有期徒刑或者拘役。

第187条 国家工作人员由于玩忽职守，致使公共财产、国家和人民利益遭受重大损失的，处5年以下有期徒刑或者拘役。

全国人民代表大会常务委员会关于严惩严重危害社会治安的犯罪分子的决定有关条款

一、对下列严重危害社会治安的犯罪分子，可以在刑法规定的最高刑以上处刑，直至判处死刑：

……

4. 非法制造、买卖、运输或者盗窃、抢夺枪支、弹药、爆炸物，情节特别严重的，或者造成严重后果的；

……

全国人民代表大会常务委员会关于惩治走私罪的补充规定有关条款

一、走私鸦片等毒品、武器、弹药或者伪造的货币的，处7年以上有期徒刑，并处罚金或者没收财产；情节特别严重的，处无期徒刑或者死刑，并处没收财产；情节较轻的，处7年以下有期徒刑，并处罚金。

公布《中华人民共和国人民防空法》 中华人民共和国主席江泽民于1996年10月29日发布第78号主席令：《中华人民共和国人民防空法》已由中华人民共和国第8届全国人民代表大会常务委员会第22次会议于1996年10月29日通过，现予公布，自1997年1月1日起施行。

《中华人民共和国人民防空法》全文如下：

第1章 总 则

第1条 为了有效地组织人民防空，保护人民的生命和财产安全，保障社会主义现代化建设的顺利进行，制定本法。

第2条 人民防空是国防的组成部分。国家根据国防需要，动员和组织群众采取防护措施，防范和减轻空袭危害。

人民防空实行长期准备、重点建设、平战结合的方针，贯彻与经济建设协调发展、与城市建设相结合的原则。

第3条 县级以上人民政府应当将人民防空建设纳入国民经济和社会发展计划。

第4条 人民防空经费由国家和社会共同负担。

中央负担的人民防空经费，列入中央预算；县级以上地方各级人民政府负担的人民防空经费，列入地方各级预算。

有关单位应当按照国家规定负担人民防空费用。

第5条 国家对人民防空设施建设按照有关规定给予优惠。

国家鼓励、支持企业事业组织、社会团体和个人，通过多种途径，投资进行人民防空工程建设；人民防空工程平时由投资者使用管理，收益归投资者所有。

第6条 国务院、中央军事委员会领导全国的人民防空工作。

大军区根据国务院、中央军事委员会的授权领导本区域的人民防空工作。

县级以上地方各级人民政府和同级军事机关领导本行政区域的人民防空工作。

第7条 国家人民防空主管部门管理全国的人民防空工作。

大军区人民防空主管部门管理本区域的人民防空工作。

县级以上地方各级人民政府人民防空主管部门管理本行政区域的人民防空工作。

中央国家机关人民防空主管部门管理中央国家机关的人民防空工作。

人民防空主管部门的设置、职责和任务，由国务院、中央军事委员会规定。

县级以上人民政府的计划、规划、建设等有关部门在各自的职责范围内负责有关的人民防空工作。

第8条 一切组织和个人都有得到人民防空保护的权利，都必须依法履行人民防空的义务。

第9条 国家保护人民防空设施不受侵害。禁止任何组织或者个人破坏、侵占人民防空设施。

第10条 县级以上人民政府和军事机关对在人民防空工作中做出显著成绩的组织或者个人，给予奖励。

第2章 防护重点

第11条 城市是人民防空的重点。国家对城市实行分类防护。

城市的防护类别、防护标准，由国务院、中央军事委员会规定。

第12条 城市人民政府应当制定防空袭方案及实施计划，必要时可以组织演习。

第13条 城市人民政府应当制定人民防空工程建设规划，并纳入城市总体规划。

第14条 城市的地下交通干线以及其他地下工程的建设，应当兼顾人民防空需要。

第15条 为战时储备粮食、医药、油料和其他必需物资的工程，应当建在地下或者其他隐蔽地点。

第16条 对重要的经济目标，有关部门必须采取有效防护措施，并制定应急抢险抢修方案。

前款所称重要的经济目标，包括重要的工矿企业、科研基地、交通枢纽、通信枢纽、桥梁、水库、仓库、电站等。

第17条 人民防空主管部门应当依照规定对城市和经济目标的人民防空建设进行监督检查。被检查单位应当如实提供情况和必要的资料。

第3章 人民防空工程

第18条 人民防空工程包括为保障战时人员与物资掩蔽、人民防空指挥、医疗救护等而单独修建的地下防护建筑，以及结合地面建筑修建的战时可用于防空的地下室。

第 19 条　国家对人民防空工程建设，按照不同的防护要求，实行分类指导。

国家根据国防建设的需要，结合城市建设和经济发展水平，制定人民防空工程建设规划。

第 20 条　建设人民防空工程，应当在保证战时使用效能的前提下，有利于平时的经济建设、群众的生产生活和工程的开发利用。

第 21 条　人民防空指挥工程、公用的人员掩蔽工程和疏散干道工程由人民防空主管部门负责组织修建；医疗救护、物资储备等专用工程由其他有关部门负责组织修建。

有关单位负责修建本单位的人员与物资掩蔽工程。

第 22 条　城市新建民用建筑，按照国家有关规定修建战时可用于防空的地下室。

第 23 条　人民防空工程建设的设计、施工、质量必须符合国家规定的防护标准和质量标准。

人民防空工程专用设备的定型、生产必须符合国家规定的标准。

第 24 条　县级以上人民政府有关部门对人民防空工程所需的建设用地应当依法予以保障；对人民防空工程连接城市的道路、供电、供热、供水、排水、通信等系统的设施建设，应当提供必要的条件。

第 25 条　人民防空主管部门对人民防空工程的维护管理进行监督检查。

公用的人民防空工程的维护管理由人民防空主管部门负责。

有关单位应当按照国家规定对已经修建或者使用的人民防空工程进行维护管理，使其保持良好使用状态。

第 26 条　国家鼓励平时利用人民防空工程为经济建设和人民生活服务。平时利用人民防空工程，不得影响其防空效能。

第 27 条　任何组织或者个人不得进行影响人民防空工程使用或者降低人民防空工程防护能力的作业，不得向人民防空工程内排入废水、废气和倾倒废弃物，不得在人民防空工程内生产、储存爆炸、剧毒、易燃、放射性和腐蚀性物品。

第 28 条　任何组织或者个人不得擅自拆除本法第 21 条规定的人民防空工程；确需拆除的，必须报经人民防空主管部门批准，并由拆除单位负责补建或者补偿。

第 4 章　通信和警报

第 29 条　国家保障人民防空通信、警报的畅通，以迅速准确地传递、发放防空警报信号，有效地组织、指挥人民防空。

第 30 条　国家人民防空主管部门负责制定全国的人民防空通信、警报建设规划，组织全国的人民防空通信、警报网的建设和管理。

县级以上地方各级人民政府人民防空主管部门负责制定本行政区域的人民防空通信、警报建设规划，组织本行政区域人民防空通信、警报网的建设和管理。

第 31 条　邮电部门、军队通信部门和人民防空主管部门应当按照国家规定的任务和人民防空通信、警报建设规划，对人民防空通信实施保障。

第 32 条　人民防空主管部门建设通信、警报网所需的电路、频率，邮电部门、军队通信部门、无线电管理机构应当予以保障；安装人民防空通信、警报设施，有关单位或者个人应当提供方便条件，不得阻挠。

国家用于人民防空通信的专用频率和防空警报音响信号，任何组织或者个人不得占用、混同。

第 33 条　通信、广播、电视系统，战时必须优先传递、发放防空警报信号。

第 34 条　军队有关部门应当向人民防空主管部门通报空中情报，协助训练有关专业人员。

第 35 条　人民防空通信、警报设施必须保持良好使用状态。

设置在有关单位的人民防空警报设施，由其所在单位维护管理，不得擅自拆除。

县级以上地方各级人民政府根据需要可以组织试鸣防空警报；并在试鸣的 5 日以前发布公告。

第 36 条　人民防空通信、警报设施平时应当为抢险救灾服务。

第 5 章　疏　散

第 37 条　人民防空疏散由县级以上人民政府统一组织。

人民防空疏散必须根据国家发布的命令实施，任何组织不得擅自行动。

第 38 条　城市人民防空疏散计划，由县级以上人民政府根据需要组织有关部门制定。

预定的疏散地区，在本行政区域内的，由本级人民政府确定；跨越本行政区域的，由上一级人民政府确定。

第 39 条　县级以上人民政府应当组织有关部门和单位，做好城市疏散人口安置和物资储运、供应的准备工作。

第 40 条　农村人口在有必要疏散时，由当地人民政府按照就近的原则组织实施。

第6章　群众防空组织

第41条　县级以上地方各级人民政府应当根据人民防空的需要，组织有关部门建立群众防空组织。

群众防空组织战时担负抢险抢修、医疗救护、防火灭火、防疫灭菌、消毒和消除沾染、保障通信联络、抢救人员和抢运物资、维护社会治安等任务，平时应当协助防汛、防震等部门担负抢险救灾任务。

第42条　群众防空组织由下列部门负责组建：

(1)城建、公用、电力等部门组建抢险抢修队；

(2)卫生、医药部门组建医疗救护队；

(3)公安部门组建消防队、治安队；

(4)卫生、化工、环保等部门组建防化防疫队；

(5)邮电部门组建通信队；

(6)交通运输部门组建运输队。

红十字会组织依法进行救护工作。

第43条　群众防空组织所需装备、器材和经费由人民防空主管部门和组建单位提供。

第44条　群众防空组织应当根据人民防空主管部门制定的训练大纲和训练计划进行专业训练。

第7章　人民防空教育

第45条　国家开展人民防空教育，使公民增强国防观念，掌握人民防空的基本知识和技能。

第46条　国家人民防空主管部门负责组织制定人民防空教育计划，规定教育内容。

在校学生的人民防空教育，由各级教育主管部门和人民防空主管部门组织实施。

国家机关、社会团体、企业事业组织人员的人民防空教育，由所在单位组织实施；其他人员的人民防空教育，由城乡基层人民政府组织实施。

第47条　新闻、出版、广播、电影、电视、文化等有关部门应当协助开展人民防空教育。

第8章　法律责任

第48条　城市新建民用建筑，违反国家有关规定不修建战时可用于防空的地下室的，由县级以上人民政府人民防空主管部门对当事人给予警告，并责令限期修建，可以并处十万元以下的罚款。

第49条　有下列行为之一的，由县级以上人民政府人民防空主管部门对当事人给予警告，并责令限期改正违法行为，可以对个人并处5千元以下的罚款、对单位并处1万元至5万元的罚款；造成损失的，应当依法赔偿损失：

(1)侵占人民防空工程的；

(2)不按照国家规定的防护标准和质量标准修建人民防空工程的；

(3)违反国家有关规定，改变人民防空工程主体结构、拆除人民防空工程设备设施或者采用其他方法危害人民防空工程的安全和使用效能的；

(4)拆除人民防空工程后拒不补建的；

(5)占用人民防空通信专用频率、使用与防空警报相同的音响信号或者擅自拆除人民防空通信、警报设备设施的；

(6)阻挠安装人民防空通信、警报设施，拒不改正的；

(7)向人民防空工程内排入废水、废气或者倾倒废弃物的。

第50条　违反本法规定，故意损坏人民防空设施或者在人民防空工程内生产、储存爆炸、剧毒、易燃、放射性等危险品，尚不构成犯罪的，依照治安管理处罚条例的有关规定处罚；构成犯罪的，依法追究刑事责任。

第51条　人民防空主管部门的工作人员玩忽职守、滥用职权、徇私舞弊或者有其他违法、失职行为构成犯罪的，依法追究刑事责任；尚不构成犯罪的，依法给予行政处分。

第9章　附　则

第52条　省、自治区、直辖市人民代表大会常务委员会可以根据本法制定实施办法。

第53条　本法自1997年1月1日起施行。

修订公布《中国人民解放军选举全国人民代表大会和县级以上地方各级人民代表大会代表的办法》

中华人民共和国主席江泽民于1996年10月29日发布第79号主席令：

《中国人民解放军选举全国人民代表大会和地方各级人民代表大会代表的办法》已由中华人民共和国第8届全国人民代表大会常务委员会第22次会议于1996年10月29日修订，现将修订后的《中国人民解放军选举全国人民代表大会和县级以上地方各级人民代表大会代表的办法》公布施行。

修订后的《中国人民解放军选举全国人民代表大会和县级以上地方各级人民代表大会代表的办法》全文如下：

第1章　总　则

第1条　根据《中华人民共和国宪法》和《中华人民共和国全国人民代表大会和地方各级人民代表大会选举法》的有关规定，制定本办法。

第2条　人民解放军现役军人和参加军队选举的其他人员依照本办法选举全国人民代表大会和县级以上地方各级人民代表大会代表。

第3条　人民解放军及人民解放军团级以上单位

设立选举委员会。

人民解放军选举委员会领导全军的选举工作，其他各级选举委员会主持本单位的选举工作。

第4条　连和其他基层单位的军人委员会，主持本单位的选举工作。

第5条　人民解放军现役军人，在军队安置和待移交地方安置的离休、退休人员，在军队工作的职员、职工以及行政关系在军队的其他人员，参加军队选举。

驻军的驻地距离当地居民的居住地较远，随军家属参加地方选举有困难的，经选举委员会或者军人委员会批准，可以参加军队选举。

第6条　驻地方工厂、铁路、水运、科研等单位的军代表，在地方院校学习的军队人员，可以参加地方选举。

第7条　本办法第5条所列人员，凡年满18周岁，不分民族、种族、性别、职业、家庭出身、宗教信仰、教育程度、财产状况、居住期限，都具有选民资格，享有选举权和被选举权。

依照法律被剥夺政治权利的人没有选举权和被选举权。

精神病患者不能行使选举权利的，经选举委员会确认，不参加选举。

第2章　选举委员会

第8条　人民解放军选举委员会的组成人员，由全国人民代表大会常务委员会批准。其他各级选举委员会的组成人员，由上一级选举委员会批准。

下级选举委员会受上级选举委员会的领导。

第9条　人民解放军选举委员会由9至15人组成，设主任1人，副主任1至3人，委员若干人。其他各级选举委员会由5至11人组成，设主任1人，副主任1至2人，委员若干人。

第10条　团级以上单位的选举委员会组织、指导所属单位的选举，办理下列事项：

(1)审查军人代表大会代表资格；

(2)确定选举日期；

(3)公布人民代表大会代表候选人名单；

(4)主持本级军人代表大会或者军人大会的投票选举；

(5)主持本级军人代表大会或者军人大会罢免和补选人民代表大会代表、接受人民代表大会代表辞职。

第11条　选举委员会下设办公室，具体承办本级有关选举的日常工作。

办公室设在政治机关，工作人员由本级选举委员会确定。

第3章　代表名额的决定和分配

第12条　人民解放军应选全国人民代表大会代表的名额，由全国人民代表大会常务委员会决定。

第13条　各总部、大军区级单位和中央军事委员会办公厅应选全国人民代表大会代表的名额，由人民解放军选举委员会分配。

第14条　各地驻军应选县级以上地方各级人民代表大会代表的名额，由驻地各该级人民代表大会常务委员会决定。

有关选举事宜，由省军区、警备区、军分区、人民武装部分别与驻地的人民代表大会常务委员会协商决定；大军区所在的省、自治区、直辖市，统一由大军区负责与该级人民代表大会常务委员会协商决定。

第4章　选区和选举单位

第15条　驻军选举县级人民代表大会代表，由驻该行政区域的现役军人和参加军队选举的其他人员按选区直接选举产生。选区按该行政区域内驻军各单位的分布情况划分。

选区的大小，按照每一选区选1名至3名代表划分。

第16条　驻军应选的设区的市、自治州、省、自治区、直辖市人民代表大会代表，由团级以上单位召开军人代表大会选举产生。

各总部、大军区级单位和中央军事委员会办公厅的军人代表大会，选举全国人民代表大会代表。

第17条　人民解放军师级以上单位的军人代表大会代表，由下级军人代表大会选举产生。下级单位不召开军人代表大会的，由军人大会选举产生。

旅、团级单位的军人代表大会代表，由连和其他基层单位召开军人大会选举产生。

军人代表大会由选举委员会召集，军人大会由选举委员会或者军人委员会召集。

第5章　代表候选人的提出

第18条　人民解放军选举全国和县级以上地方各级人民代表大会代表，候选人按选区或者选举单位提名产生。

中国共产党在军队中的各级组织，可以推荐代表候选人。选民或者军人代表大会代表，10人以上联名，也可以推荐代表候选人。推荐者应向选举委员会或者军人委员会介绍候选人的情况。

第19条　代表候选人名额，应多于应选代表的名额。

由选民直接选举的代表候选人名额，应多于应选代表名额三分之一至一倍；由军人代表大会选举的代表候选人名额，应多于应选代表名额五分之一至二分之一。

第 20 条　由选民直接选举的代表候选人，由选举委员会或者军人委员会汇总后，在选举日的 15 日以前公布，并由各该选区的选民反复酝酿、讨论、协商，根据较多数选民的意见，确定正式代表候选人名单，并在选举日的 5 日以前公布。

团级以上单位的军人代表大会在选举人民代表大会代表时，提名、酝酿代表候选人的时间不得少于两天。各该级选举委员会将依法提出的代表候选人名单印发军人代表大会全体代表酝酿、讨论。如果所提候选人的人数符合本办法第 19 条规定的差额比例，直接进行投票选举。如果所提候选人的人数超过本办法第 19 条规定的最高差额比例，应当进行预选，根据预选时得票多少的顺序，按照本级军人代表大会确定的具体差额比例，确定正式代表候选人名单，进行投票选举。

第 21 条　军人代表大会在选举全国和县级以上地方各级人民代表大会代表时，代表候选人不限于本级军人代表大会代表。

第 22 条　选举委员会或者军人委员会应当介绍代表候选人的情况。

推荐代表候选人的组织或者个人可以在选民小组或者军人代表大会代表小组会议上介绍所推荐的代表候选人的情况。但是在选举日必须停止对代表候选人的介绍。

第 6 章　选举程序

第 23 条　直接选举时，各选区应当召开军人大会或者设立投票站、流动票箱进行选举。投票选举由军人委员会或者选举委员会主持。

军人代表大会的投票选举，由选举委员会主持。

第 24 条　人民解放军选举全国和县级以上地方各级人民代表大会代表，一律采用无记名投票的方法。

选民因残疾等原因不能写选票，可以委托他信任的人代写。

第 25 条　选民如果在选举期间外出，经军人委员会或者选举委员会同意，可以书面委托其他选民代为投票。每一选民接受的委托不得超过 3 人。

第 26 条　选举人对代表候选人可以投赞成票，可以投反对票，可以另选其他任何选民，也可以弃权。

第 27 条　投票结束后，由选民推选的或者军人代表大会代表推选的监票、计票人员和选举委员会或者军人委员会的人员将投票人数和票数加以核对，作出记录，并由监票人签字。

第 28 条　每次选举所投的票数，多于投票人数的无效，等于或者少于投票人数的有效。

每一选票所选的人数，多于规定应选代表人数的作废，等于或者少于规定应选代表人数的有效。

第 29 条　直接选举时，参加投票的选民超过选区全体选民的半数，选举有效。代表候选人获得参加投票的选民过半数的选票时，始得当选。

军人代表大会选举时，代表候选人获得全体代表过半数的选票，始得当选。

第 30 条　获得过半数选票的代表候选人的人数超过应选代表名额时，以得票多的当选。如遇票数相等不能确定当选人时，应就票数相等的候选人再次投票，以得票多的当选。

获得过半数选票的当选代表的人数少于应选代表名额时，不足的名额另行选举。另行选举时，根据在第 1 次投票时得票多少的顺序，按照本办法第 19 条规定的差额比例，确定候选人名单。如果只选 1 人，候选人应为 2 人。

依照前款规定另行选举县级人民代表大会代表时，代表候选人以得票多的当选，但是得票数不得少于选票的三分之一；团级以上单位的军人代表大会在另行选举设区的市、自治州、省、自治区、直辖市和全国人民代表大会代表时，代表候选人获得军人代表大会全体代表过半数的选票，始得当选。

第 31 条　选举结果由选举委员会或者军人委员会根据本办法确定是否有效，并予以宣布。

第 7 章　对代表的监督、罢免和补选

第 32 条　人民解放军选出的全国和县级以上地方各级人民代表大会代表，受选民和原选举单位的监督。选民或者选举单位都有权罢免自己选出的代表。

第 33 条　对于县级人民代表大会代表，原选区选民十人以上联名，可以向旅、团级选举委员会书面提出罢免要求。

罢免要求应当写明罢免理由。被提出罢免的代表有权在军人大会上提出申辩意见，也可以书面提出申辩意见。

旅、团级选举委员会应当将罢免要求和被提出罢免的代表的书面申辩意见印发原选区选民。

表决罢免要求，由旅、团级选举委员会主持。

第 34 条　军人代表大会举行会议时，团级以上单位的选举委员会可以提出对由该级军人代表大会选出的人民代表大会代表的罢免案。罢免案应当写明罢免理由。

军人代表大会举行会议时，被提出罢免的代表有权在会议上提出申辩意见，或者书面提出申辩意见。罢

免案经会议审议后予以表决。

第 35 条　罢免代表采用无记名投票的表决方式。

第 36 条　罢免县级人民代表大会代表，须经原选区过半数的选民通过。

罢免由军人代表大会选出的人民代表大会代表，由各该级军人代表大会过半数的代表通过。

罢免的决议，须报送同级人民代表大会常务委员会和军队上一级选举委员会备案。

第 37 条　人民解放军选出的设区的市、自治州、省、自治区、直辖市和全国人民代表大会代表，可以向原选举单位的选举委员会书面提出辞职。人民解放军选出的县级人民代表大会代表，可以向原选区的选举委员会或者军人委员会书面提出辞职。辞职的请求被军人代表大会或者军人大会接受的，应当报送同级人民代表大会常务委员会和军队上一级选举委员会备案。

第 38 条　代表在任期内因故出缺，由原选区或者原选举单位补选。

人民解放军选出的县级以上地方各级人民代表大会代表，在任期内调离本行政区域的，其代表资格自行终止，缺额另行补选。

补选代表时，代表候选人的名额可以多于应选代表的名额，也可以同应选代表的名额相等。

第 8 章　附　则

第 39 条　人民解放军的选举经费，由军费开支。

中央军委决定为优秀士兵颁发证章　中国《人民日报》1996 年 8 月 2 日报道，经中央军委批准，全军从 1996 年开始为被评为优秀士兵的战士颁发证章。中共中央总书记、国家主席、中央军委主席江泽民为“优秀士兵”证章题名。

优秀士兵证章质地为铜质镀金。江泽民主席题写的“优秀士兵”四个字，采用金黄色镶嵌在深红色衬底的横条略章上。主章图案由五角星、常青叶和光芒组成，象征着优秀士兵在人民解放军这所大学校里茁壮成长，层出不穷。

贯彻落实《军队基层建设纲要》两年多来，全军部队广泛开展争创先进连队、争当优秀士兵的活动，出现了你追我赶、争先创优的生动局面，有力地推动了基层建设的全面进步。全军共涌现出 2 万多个先进基层单位、近 80 万名优秀士兵。这次中央军委决定给优秀士兵颁发证章，目的是为了培养和造就更多的“有理想、有道德、有文化、有纪律”的革命军人，更好地调动广大官兵安心基层、建设基层的积极性，进一步增强部队的吸引力和凝聚力，高标准地落实中央军委主席江泽民提出的“政治合格、军事过硬、作风优良、纪律严明、保障有力”的总要求，不断加强军队的质量建设，以确保在新的历史条件下，圆满地完成党和人民赋予人民解放军的各项任务。

中央军委决定提高义务兵退伍补助费标准　中国《解放军报》1996 年 10 月 10 日报道，中央军委决定，从 1996 年冬季起，调整义务兵退伍补助费标准。调整后的补助费标准，在原有的基础上平均每人增加 110 多元，比原标准提高了 25%，最高的调整到 1000 元。

据总后有关部门介绍，这是从 1990 年以来第 3 次调整义务兵退伍补助费标准。虽然调整的幅度不大，但这是在军费十分紧张的情况下进行的，充分体现了中央军委对广大退伍义务兵的关怀。

修订发布《人民警察警衔标志式样和佩带办法》

（1992 年 9 月 12 日中华人民共和国国务院令第 104 号发布　1995 年 5 月 16 日根据《国务院关于修改〈人民警察警衔标志式样和佩带办法〉的决定》修订发布）

第 1 条　根据《中华人民共和国人民警察警衔条例》的规定，制定本办法。

第 2 条　人民警察佩带的警衔标志必须与所授予的警衔相符。

第 3 条　人民警察的警衔标志：总警监、副总警监警衔标志由金色橄榄枝环绕金色四角星组成，警监、警督、警司、警员警衔标志由金色四角星和金色横杠组成。

第 4 条　警衔标志佩带在橄榄色肩章上，肩章为剑形。

第 5 条　总警监警衔标志缀钉 1 枚金色橄榄枝环绕一周的金色四角星，副总警监警衔标志缀钉 1 枚金色橄榄枝环绕半周的金色四角星。

警监警衔标志缀钉 4 道金色横杠，一级警监警衔标志缀钉 3 枚金色四角星；二级警监警衔标志缀钉 2 枚金色四角星；三级警监警衔标志缀钉 1 枚金色四角星。

警督警衔标志缀钉 3 道金色横杠，一级警督警衔标志缀钉 3 枚金色四角星；二级警督警衔标志缀钉 2 枚金色四角星；三级警督警衔标志缀钉 1 枚金色四角星。

警司警衔标志缀钉 2 道金色横杠，一级警司警衔标志缀钉 3 枚金色四角星；二级警司警衔标志缀钉 2 枚金色四角星；三级警司警衔标志缀钉 1 枚金色四角星。

警员警衔标志缀钉 1 道金色横杠，一级警员警衔标志缀钉 3 枚金色四角星，二级警员警衔标志缀钉 2

枚金色四角星。

第 6 条　担任专业技术职务的人民警察警衔标志的缀钉、佩带办法与担任行政职务的相同衔级的人民警察相同，但是其警衔标志的横杠为浅绿色。

第 7 条　人民警察晋升或者降低警衔的，由批准机关更换其警衔标志；取消警衔的，由批准机关收回其警衔标志。

第 8 条　人民警察的警衔标志由公安部负责制作和管理。其他单位和个人不得制作、仿造、伪造和买卖、使用警衔标志，也不得使用与警衔标志相类似的标志。

第 9 条　本办法由公安部负责解释。

第 10 条　本办法自 1995 年 7 月 1 日起施行。

俄罗斯军事法制　为实现俄联邦国防部 1994 年 8 月颁布的《俄联邦武装力量军事法制改革构想》中提出的第 1 阶段（1994～1996 年）的主要任务，俄在 1995 年下半年至 1996 年年底这段时间抓紧制定和颁布了一系列军事法律法规，在军事立法方面迈出了很大的一步。特别是新《国防法》的颁布，《兵役法》的修订等，对俄罗斯的国防建设和军队建设具有重要意义。

颁布新的《俄罗斯联邦国防法》　1996 年 5 月 31 日，俄联邦总统叶利钦签署命令，批准新的《俄联邦国防法》正式生效。该法共 6 章，29 条。

第 1 章为国防的基本原则和组织。其中规定：俄联邦边防军、俄联邦内务部内卫部队、俄联邦铁道兵部队、俄联邦总统直属的联邦政府通信和信息局部队、民防部队（以下简称其他军队）均参加执行国防任务；联邦执行权力机关直属工程技术和道路建设部队（以下简称队伍），俄联邦对外情报局、联邦安全局机关、俄联邦边防局机关、联邦政府通信和信息机构、联邦国家警卫机构、保障俄联邦国家权力机关动员准备的联邦机构（以下简称机构）以及战时组建的特殊队伍参加执行部分国防任务；俄联邦武装力量、其他军队、队伍和机构根据俄联邦武装力量使用计划执行国防任务；其他军队、队伍和机构与俄联邦武装力量共同参加作战和动员准备，以准备执行保卫俄联邦免遭武装进攻的任务。

第 2 章为俄联邦国家权力机关在国防领域的权力。其中规定了俄联邦总统、联邦会议、俄联邦政府在国防领域的权力。与原法相比，新《国防法》赋予了俄联邦总统在国防领域内更大的权力。新法不仅将“俄联邦总统在国防领域的权力”一条提到“联邦会议在国防领域的权力”一条之前，而且将其内容由 15 项增至 20 项。在强调“俄联邦总统是俄联邦武装力量最高统帅”的同时，还将原来议会享有的诸如“确定俄联邦军事政策的基本方针”、“宣布战争总动员或局部动员”等权力划归总统，使总统得到了更多更大的实际权力。与此同时，由总统直接领导的联邦政府的国防权力也得到了充实和加强，其权力由 17 款增至 27 款。与此相反，议会的国防权力却大大萎缩，由原 16 项减至 6 项，其中尤以国家杜马为甚，国防权力仅剩“审核联邦预算法规定的国防开支”与“通过国防领域的联邦法律”两项。

第 3 章为俄联邦主体执行权力机关、地方自治机关和团体在国防领域的职能，各机关和团体负责人在国防领域的义务，俄联邦公民在国防领域的权利与义务。

第 4 章为俄联邦武装力量、其他军队、队伍和机构。其中规定了俄联邦武装力量的总体编成：俄联邦武装力量由中央军事指挥机关、俄联邦武装力量各军兵种与俄联邦武装力量后勤编成内的军团、兵团、队伍和机构以及俄联邦武装力量各军兵种编成之外的部队组成。

俄联邦武装力量的人员补充：现役军人的补充通过按超地区补充原则征召俄联邦公民服役和俄联邦公民自愿服役的途径实施；文职人员的补充通过自愿参加工作的途径实施；俄联邦武装力量文职人员的编制员额由俄联邦政府确定。

俄联邦武装力量的领导与指挥：对俄联邦武装力量的领导由俄联邦总统兼俄联邦武装力量最高统帅实施；俄联邦武装力量最高统帅在其职权范围内颁布俄联邦武装力量最高统帅命令和训令，俄联邦武装力量、其他军队、队伍和机构必须予以执行；对俄联邦武装力量的指挥由俄联邦国防部长通过俄联邦国防部和俄联邦武装力量总参谋部实施。俄联邦武装力量总参谋部是对俄联邦武装力量实施作战指挥的主要机关。对俄联邦武装力量实施领导与指挥以及对俄联邦武装力量全体人员进行训练时，均使用俄联邦国语；战时对俄联邦武装力量的领导与指挥依据联邦法律实施。

俄联邦国防部的主要职能为：(1)参与拟定关于俄联邦军事政策和军事学说问题的建议；(2)制定俄联邦武装力量建设构想，根据国防需要协调俄联邦武装力量、其他军队、队伍和机构的建设与发展构想的制定工作；(3)制定武器装备和军事技术装备发展的联邦国家计划，提出国家国防订货建议；(4)就联邦预算草案中的国防开支、俄联邦国防部对拨款的使用办法拟定建议并提交俄联邦政府；(5)协调国防工作并为其拨款；(6)组织国防科研工作，根据合同约定国防科研和试验设计工作并为其拨款；(7)为俄联邦武装力量、其他军队、队伍和机构订购、生产和采购武器、军事技术装备、食品、被服和其他物质器材及资源，并从用于此目的的专项资金中予以拨款；(8)依据合同，为按军事专业登记对公民施训的组织和社会团体拨款并提供训练设备和器材；(9)保障俄联邦武装力量的动员准备；(10)保障俄联邦武装力量现役军人、文职人员、退役军人及其家属的社会保护；(11)向俄联邦总统提交共同条令以及部队军旗、俄联邦海军军旗、俄联邦国防部、俄联邦武装力量总参谋部、服役程序、军事委员会、兵役委员会、军事运输义务等条例草案；(12)向俄联邦政府提交国家高等职业教育院校军事教研室条例草案和俄联邦应征公民军医鉴定条例草案；(13)协调联邦执行权力机关、俄联邦主体执行权力机关在国防领域的活动；(14)协调其他军队、队伍和机构的武器和军事技术装备订货工作，以实现武器和军事技术装备通用化；(15)与外国军事部门进行合作；(16)行使俄联邦国防部条例规定的其他权力。

俄联邦武装力量总参谋部的主要职能：(1)拟定俄联邦军事学说建议；(2)制定俄联邦武装力量建设计划，协调俄联邦武装力量、其他军队、队伍和机构建设与发展计划的制定工作；(3)协调拟定俄联邦武装力量、其他军队、队伍和机构员额的建议；(4)在编有或辖有其他军队、队伍和机构的联邦执行权力机关的参与下，制定俄联邦武装力量使用计划、俄联邦武装力量动员计划和根据国防需要进行本土战场建设的联邦国家计划；(5)就应征服役和参加军事集训的俄联邦公民人数及其在俄联邦武装力量、其他军队、队伍和机构中的员额分配拟定建议；(6)根据俄联邦总统令规定的俄联邦应征公民总数，确定俄联邦应征公民、参加军事集训公民和从俄联邦各主体动员征集公民的数额；(7)组织制定和实施保障核安全及防止未经批准使用核武器的计划和措施；(8)在执行地区防御任务时，组织和协调兵力的行动与兵器的使用；(9)协调其他军队、队伍、机构和战时组建的特殊队伍的作战和动员准备工作，对其动员准备状况实施监督；(10)对在俄联邦实施兵役登记、俄联邦公民的役前训练及其应征服役和参加军事集训的措施的情况进行分析和协调；(11)根据国防和安全需要进行情报活动；(12)制定为俄联邦武装力量动员扩充提供主要武器、军事技术装备和其他物资器材保障的当前和长远计划，以及这些保障设备和平时期的储备和配置计划；(13)组织实施保持俄联邦武装力量战斗和动员准备的措施；(14)组织俄联邦武装力量与其他军队、队伍和机构的协同；(15)参与制定民防计划；(16)确定用于国防目的的无线电频率使用办法并制定使用计划；(17)拟制俄联邦武装力量总参谋部兵役登记、征兵、俄联邦公民役前训练、军事集训、军医鉴定条例草案和军事专业登记一览表；(18)组织俄联邦武装力量、其他军队、队伍和机构的动员与战略展开；(19)根据俄联邦武装力量总参谋部条例，行使国防领域的其他权力。

第5章，战争状态、战时动员、民防、地区防御。第6章，最后条款。

颁布《俄联邦安全会议章程》 《俄罗斯报》1996年7月16日全文刊登《俄联邦安全会议章程》。该章程共8章，27条。第1章，总则；第2章，安全会议的任务；第3章，安全会议的职能；第4章，安全会议的组成及其组建程序；第5章，安全会议工作程序；第6章，安全会议秘书的权力；第7章，安全会议跨部门委员会；第8章，安全会议活动保障。其中第1章中规定：俄联邦安全会议(以下简称“安全会议”)是宪法机构，负责起草俄联邦总统关于保障个人、社会和国家至关重要利益不受内外威胁、在安全保障方面实行统一的国家政策等问题的决议。安全会议由俄联邦总统根据俄联邦宪法和俄联邦《安全法》组建。安全会议活动的依据是俄联邦宪法、联邦法律、俄联邦有关安全问题的国际条约、俄联邦总统的命令和指示、以及本章程。安全会议是为俄联邦总统实现宪法所赋予的保护个人和公民的权利和自由、捍卫俄联邦主权、独立和国家领土完整的权力提供保障的机构。

安全会议的主要任务是：(1)确定社会和国家至关重要的利益，阐明安全目标面临的内部和外部威胁；(2)制定保障俄联邦安全的主要战略方针，组织起草联邦安全保障的专门计划；(3)为俄联邦总统就俄联邦保障个人、社会和国家安全方面的对内对外政策问题作出决定起草建议；(4)起草防止可导致严重社会政治、经济、军事、生态及其他后果的紧急情况并组织消除上述后果的决定；(5)为俄联邦总统起草关于实行、延长和取消紧急状态的建议；(6)起草关于协调俄联邦执行权力机关和俄联邦主体执行权力机关在实行安全保障决定过程中的活动的建议，并对其效果进行评估；(7)通过起草有关改组现行的或组建新的个人、社会和国家安全保障机构的建议来完善安全保障体制；

安全会议的职能是：(1)审议俄联邦在保障个人、社会和国家安全，国家防御能力和军事技术合作方面，在解决国家、经济、国防、生态及其他安全的战略问题方面，在预测紧急情况、采取防止紧急情况并消除其后果方面的对内、对外和军事政策问题；(2)为俄联邦总统起草在保障个人、社会和国家安全，国家防御能力和军事技术合作方面，实行经济制裁和信息发展、制定保卫俄联邦独立和国家完整的战略和措施方面的对内对外和军事政策问题的决定；(3)审议在保障个人、社会和国家安全、国家防御能力和军事技术合作方面，在实行经济制裁、制定保卫俄联邦独立和国家完整的战略和措施方面的对内、对外和军事政策问题的法律草案并就这些草案向总统提出建议；(4)为俄联邦总统起草保障个人、社会和国家安全、国家防御能力、军事技术合作、发展全球信息系统、监督安全保障的联邦执行权力机关活动的命令；(5)组织和协调俄联邦对内对外政策和军事政策、军事技术合作和信息安全方面的战略制定工作，对安全目标至关重要的利益受到的内外威胁作出评估并找出根源；(6)监督联邦执行权力机关和俄联邦主体执行权力机关对俄联邦的对内对外政策和军事政策、军事技术合作和信息安全方面战略的落实情况；(7)审议有关安全保障兵力兵器的组建、监督及保持战备和活动状态方面的问题；(8)对有关俄联邦安全状况以及对安全构成威胁的各种因素的信息进行审议和评估；(9)收集、分析和整理有关俄联邦安全保障体制运作的信息，并提出改进建议，组织制定俄联邦安全保障方面的联邦计划并对其效果进行评估；(10)组织起草联邦安全保障的专门计划并对其实施过程实行监督；(11)组织有关个人、社会和国家安全保障方面的科学研究工作；(12)根据俄联邦法律和俄联邦总统的决定完成个人、社会和国家安全保障方面的其他任务。

颁布《俄联邦国防会议章程》 1996年7月25日俄联邦总统第1102号令批准《俄联邦国防会议章程》，《俄罗斯报》1996年7月27日刊登该章程全文。该章程共6章，14条。第1章，总则；第2章，国防会议的编成；第3章，国防会议的任务；第4章，国防会议成员的权力；第5章，国防会议工作程序；第6章，国防会议机关。其中第1章规定：俄联邦国防会议(以下简称"国防会议")是常设咨询机构，负责起草俄联邦总统在军事建设、实施俄联邦安全会议在国防政策战略问题上的重大决定方面的决议。国防会议提出有关下列重要问题的决议：提出准备保卫俄联邦免遭武装入侵或直接保卫俄联邦免遭武装入侵的措施；制定军事建设总构想；协调和监督俄联邦武装力量、其他军队和队伍的活动，并根据《俄联邦宪法》、《联邦国防法》、俄联邦其他法规和国际条约以及本章程，确定它们的任务、编成和人数。国防会议章程由国防会议秘书呈报俄联邦总统批准。

国防会议的组成：国防会议由国防会议主席、副主席、秘书和成员组成。国防会议主席由俄联邦总统担任，副主席由俄联邦政府总理担任。国防会议秘书由俄联邦总统任命。国防会议的成员由俄联邦总统批准。国防会议可邀请国家机构和组织的领导人以及与所讨论问题有直接关系的其他人员参加。

国防会议的任务是审议下列问题：(1)制定军事建设构想，并根据军事学说(军事学说基本原则)对确定俄联邦武装力量、其他军队和队伍的任务提出建议；(2)对军事建设进行法律调节；(3)建设和训练俄联邦武装力量、其他军队和队伍，使其保持必要的战备水平，并确定它们的编成、人数和配备；(4)在发生针对俄罗斯的侵略危险时，部署俄联邦武装力量、其他军队和队伍；(5)在对情报和其他信息综合分析的基础上，对军事危险和军事威胁作出预测和评估；(6)动用俄联邦武装力量、其他军队和队伍超使命执行任务；(7)落实军事技术政策；(8)完善武器和军事技术装备，建立其储备，以及拟定无线电频率使用计划；(9)拟定联邦国家权力机关和俄联邦主体国家权力机关、地方自治机关和国家经济转入战时工作状态的计划。(10)审议联邦国家权力机关和俄联邦主体国家权力机关、地方自治机关、其他机构和团体(包括运输和交通机构和团体，不论其所有制形式如何)以及国家居民的动员准备工作；(11)建立国家和动员后备队的物资储备；(12)计划和实施民防和地区防御措施；(13)根据国防需要进行俄联邦国土战场建设；(14)发展国防科学；(15)协调联邦国家权力机关、俄联邦主体国家权力机关、地方自治机关在军事建设和落实俄联邦安全会议有关国防政策战略问题重大决策方面的活动；(16)为国防开支拨款，以及监督国防资金和用于保障俄联邦武装力量、其他军队和队伍活动费用的开支情况；(17)为俄联邦武装力量最高统帅起草军事建设方面的命令和训令；(18)在军事建设方面采取其他措施。为了对上述问题的建议和决定作出鉴定和评估，在国防会议下设一个军事科学协商委员会。

颁布《关于修改和补充〈兵役义务与服役法〉第17、19、21、37、50条款的俄联邦法》 该修改和补充法于1995年4月7日由俄国家杜马通过，4月29日由俄联邦总统叶利钦批准。该法的主要内容为：国家高等职业教育院校毕业生，包括经军事教研室按预备役军官培训大纲训练过的，都应参军服役；公民为接受职业教育只享受一次缓征机会，取消双亲中有一位年龄超过50岁的即可享受缓征的规定；服役期从1年半延长至2年，受过高等教育者服役期为1年。

颁布《联邦俄罗斯军人荣誉日(胜利日)法》 该法于1995年2月10日经俄联邦国家杜马通过，并由俄联邦总统批准。1995年3月16日《红星报》刊登该法全文。该法共7条。第1条，俄罗斯军人荣誉日；第2条，纪念俄罗斯军人荣誉日的形式；第3条，俄罗斯军人荣誉日的组织实施；第4条，军人仪式的实施办法；第5条，俄联邦武装力量和其他军队纪念俄罗斯军人荣誉日的实施办法；第6条，开展俄罗斯军人荣誉日纪念活动的财政保障；第7条，本联邦法的生效期。

颁布《俄联邦国防订货法》 1995年11月24日俄国家杜马通过《俄联邦国防订货法》，1995年12月27日俄联邦总统叶利钦签发了该法。1996年1月13日俄《红星报》刊登了该法全文。该法共12条29款。第1条，基本术语；第2条，总则；第3条，国防订货的计划与分配；第4条，对国防订货主要承办单位的基本要求；第5条，国家订货单位的基本职能；第6条，主要承办单位的基本职能；第7条，执行国防订货的国家合同；第8条，国防订货的物质技术保障；第9条，对执行国防订货的经济奖励；第10条，联邦权力执行机关的责任；第11条，未执行国防订货合同所应负的责任；第12条，本联邦法的生效。其中第3条规定：(1)国防订货的规模依据联邦预算确定的国防订货开支数额确定，其基础是军事学说基本原则，联邦研制、开发与生产武器和军事技术装备10年规划，国防订货工作中的基本建设和物质技术保障措施，与外国开展军事技术合作的计划等。(2)在实施联邦研制、开发与生产武器和军事技术装备10年规划时，要把前5年各项工作落实到每一年度。(3)国防订货草案根据联邦政府确定的程序，在编制相应年度联邦预算时，根据联邦经济资源潜力制定。联邦政府向国家杜马提交联邦预算草案的同时，也要向联邦总统提交相应年度国防订货的主要指标。联邦政府在总统签发联邦预算法和批准国防订货主要指标之后20天内，批复联邦预算法规定的全部国防订货开支。(4)国防订货的分配采用竞争方法进行，但维持动员准备能力的工作除外。如果没有参与国防订货分配的竞争单位，或者采取竞争方法分配国防订货仍未确定主要承办单位，则国防订货就必须由国营企业和在商品市场中占主导地位、拥有国防订货产品专营权的其他单位、企业予以承办。国防订货的竞争程序由联邦政府确定。

通过《俄联邦关于军事法院和军事司法机关活动若干问题的法律》 该法于1994年7月21日由俄国家杜马审议通过。该法规定军事法院的财政拨款和物质技术保障由国防部从联邦预算划拨的款项中支出，从而使军事法院的工作得到了可靠的资金保障。

颁布《俄联邦武装力量教育工作机关条例》和《团(一级舰)教育工作机关专职人员基本职责》 1995年7月，俄国防部长颁布了《关于俄联邦武装力量教育工作机关的指示》(第226号命令)和《关于改进俄联邦武装力量教育工作体制的措施》(第235号命令)。第226号命令的主要内容为《俄联邦武装力量教育工作机关条例》和《团(一级舰)教育工作机关专职人员基本职责》。《俄联邦武装力量教育工作机关条例》规定：俄联邦武装力量各级教育工作机关是军事指挥机关的组成部分，受俄联邦国防部长及相应的总司令、司令、指挥员和首长领导。各级教育工作机关应遵照联邦法律、总统命令与指示、政府决议与指示、国防部长命令与指示、总参谋部指示、教育工作总局命令和本条例开展工作，应对教育工作的组织及内容负责，采取措施强化精神心理状况及军纪。该条例还规定了军种教育工作局、军区(军队集群)和舰队教育工作局、集团军(区舰队)和军(分舰队)教育工作处及师教育工作科的基本任务。《团(一级舰)教育工作机关专职人员基本职责》规定，团(一级舰)、营(三级舰)、连(四级舰)教育工作副指挥员执行联邦武装力量内务条令规定的相应职责。团(一级舰)一级还设有专职教育工作军官，即团心理学家、团社会国家观念教育和信息军官、团社会工作和预防违法军官、团业余文化军官(俱乐部主任)，他们负有各自的职责，接受团教育工作副指挥员领导。

颁布《俄联邦海军舰艇条令》 据俄《海军文集》1995年第12期报道，俄海军组建后制定的第1部舰艇条令在年内颁布执行。该条令是以1986年经修订后重新颁布执行的前苏联舰艇条令为基础，根据新的俄联邦武装力量共同条令的要求修改制定的。其主要特点，一是对舰艇上的个别作战部门和勤务部门进行了调整——取消了作战指挥部门，无线电技术勤务部门改为无线电技术作战部门；二是对作战训练形式做了某些调整，将现存的5种作战演习形式(战位演习、部分演习、舱室演习、部门演习和全舰演习)简化为4种，并规定单舰作战训练的最高形式是全舰战术演习，即进行实弹射击或作战练习；三是各级人员的职责有所增加，分工更加明确，如编队副司令增加了评定编队人员的等级技术水平，组织实施作战训练计划等职责，舰长增加了从业务角度选拔海校学员候选人和合同兵候选人及负责舰上内务秩序等职责，第一副舰长增加了负责舰艇保卫和防御等职责；三是对保障舰艇安全做了更加详细的规定，明确规定了从编队司令至战位长的各级人员在保障舰艇安全和损害管制方面的基本职责。此外，还根据新的内务条令新增设了有关加强枪械管理、严禁携带麻醉剂上舰或在舰上使用麻醉剂、在舰上举行新兵欢迎仪式和老兵服役期满转入预备役仪式以及舰长就职仪式等条款。

颁发《军人被装保障条例》　俄《红星报》1995 年 7 月 22 日刊登俄军的《军人被装保障条例》全文。该条例共 3 章，42 条。第 1 章，总则；第 2 章，军人被装物资保障程序；第 3 章，军人公共被装物品的保障程序。其中第 1 章中规定：被装保障的目的是，满足俄联邦武装力量和联邦权力执行机关中军人的军服、靴鞋、内衣、卧具、装具、保温服、布织物品、特种服、胸章和各种等级标志、卫生总务器材、运动器材和登山器材（以下统称“被装物资”）的需要，使之能够为完成战斗训练和专业训练任务创造条件。

按指定用途划分，被装物资分为日常保障被装物资、集训储备被装物资和应急储备被装物资；按使用权划分，被装物资分为个人用被装物品和公共被装物品。日常保障被装物资用于保障俄联邦武装力量和联邦权力执行机关中的军人；集训储备被装物资用于保障参加军训的地方公民；应急储备被装物资用于保障俄联邦武装力量的动员扩充和战时储备的建立。发给合同制军人的个人用被装物品，自该军人领取时起，就属于其私人用品；发给应征服役军人、少年军校学员和参加军训的地方公民的公共被装物品，属于联邦所有财产，接受部队的业务管理。

颁发《俄联邦国防部奖励规定》　俄国防部长 1995 年 3 月 27 日颁发了《俄联邦国防部奖励规定》，该规定是在俄总统 1994 年 3 月 2 日发布的《俄联邦国家奖励规定》的基础上做出的，对一系列称号、奖章、勋章和徽章的奖励原则和申请审批程序做了明确规定。其中确定了两枚新的国防部奖章——“优秀服役奖章”和“加强作战协作奖章”。“优秀服役奖章”分 3 级，主要授予勤恳服役并达到一定服役年限的俄武装力量军人。“加强作战协作奖章”主要授予在加强作战协作和与友好国家军事合作中做出突出贡献的俄武装力量军人和地方工作人员，个别情况下也可授予俄联邦其他公民和外国公民。

颁布《部队给养勤务凭证审核实施细则》　俄联邦国防部总给养部 1993 年颁布实施《部队给养勤务凭证审核实施细则》。该细则共 8 章 85 条。第 1 章，总则；第 2 章，检查员的义务、权利及责任；第 3 章，凭证审核的实施程序；第 4 章，凭证审核的实施方法；第 5 章，人员伙食组织情况的检查方法；第 6 章，农副业的检查方法；第 7 章，组织内部检查和物质器材保存程度的检查方法；第 8 章，填写凭证审核表的方法。其中第 1 章规定：部队给养勤务凭证审核的目的，是检查部队给养勤务在完成部队战备保障任务时物资与资金的消耗与支出是否依法进行。凭证审核分为计划审核和非计划审核两种。计划审核根据上级指挥员年初确认的年度检查审核工作计划实施；非计划审核根据上级指挥员或勤务主任的决心实施。给养勤务凭证审核由在编检查员、师和团级给养勤务主任，以及由上级指挥员（勤务主任）批准的特派主管人员执行。吸收部队内部检查委员会参加凭证审核工作。非计划审核采取不事先通知部队指挥部门的突击检查方式进行。

颁布实施《部队（兵团）油料勤务凭证审核（检查）实施细则》　俄《军事经济杂志》1994 年第 3 期刊登由俄联邦国防部总火箭燃料与油料部部长戈鲁帕伊少将签发的《部队（兵团）油料勤务凭证审核（检查）实施细则》。该细则共 15 章，约 3 万字。其中第 1 章“总则”中规定：凭证审核和检查是对部队油料勤务活动进行监督的一种形式。它包括对部队燃料、油料、润滑油脂、特种液（以下统称“油料”）和油料勤务技术器材及时进行保障的业务活动，以及对油料消耗和合法使用情况进行的分析。凭证审核是指对油料勤务的全部业务活动中的凭证进行审查。油料勤务凭证审核（检查）的主要内容是：执行俄联邦政府法律、规定，国防部长和副部长及其他主管人员命令、训令，以及条令、条例、教令、指南和细则要求是否正确和及时；是否根据部队装备摩托小时和耗油标准正确地确定油料需求量，是否及时向上级机关提出请领油料；根据供应计划对部队油料和油料勤务技术器材的保障程度如何；油料和油料勤务技术器材的实际数量及质量情况；油料消耗是否合法，效益如何；油料勤务技术器材的使用、储存及维修是否正确；各种油料和有毒工业液体的储存程序；加油站和油库的数量、状况及遵守油库（基地）工作规程的情况；统计和报表工作是否正确；指挥员和负责部队（舰艇）后勤管理工作的主管人员和内部检查委员会对油料勤务业务活动的组织和监督是否及时，质量如何，预防油料丢失、短缺和滥用的措施是否得力；节油措施效果如何；油料勤务年度计划规定的各项措施是否完成；部队油料勤务主任和油库主任履行职责的情况；加油站和油库防火安全情况，等等。凭证审核（检查）的结果，应以部队（兵团）指挥员命令的形式予以公布，并指出油料勤务工作中的成绩、不足及改进措施。审核人员如对查出的违纪行为、问题和部队（兵团）主管人员的营私舞弊行为知情不报，或者工作敷衍，或者不在审核报告单上写清事实真相，将依法追究其责任。

（田小文）

俄联邦总统叶利钦签发《关于俄武装力量和其他军队士兵和军士转向职业化》的第 722 号令　俄《方向

标》杂志1996年第6期报道，1996年5月16日，叶利钦总统签发了第722号令。全文如下：

为提高军人的威信，增强兵役事业的威望，实现军队的现代化，提高其战斗准备程度，根据俄联邦军事改革的主要方针，决定：

1. 从2000年春季起，俄武装力量和其他军队的士兵和军士转向志愿(合同)兵役制，取消义务兵役制，并于2000年前完成合同兵役制实施程序的制定工作。

2. 在1996年12月1日前，俄联邦政府向俄联邦总统提交：

①促进合同兵役制实施的一整套措施；

②为保障向职业化兵役制转变，对现行法律修改和补充的法律草案。

3. 规定，在拟订年度(首先从1997年开始)的财政预算草案过程中，应对能促进合同兵役制实施的措施优先拨款。

俄联邦总统叶利钦签发《关于派应召定期服役军人执行武装冲突任务和参加战斗行动的程序》的第723号令 俄《方向标》杂志1996年第6期报道，1996年5月16日，叶利钦总统签发了第723号令。全文如下：

1. 规定只派应召定期服役军人中的志愿(合同)兵执行武装冲突任务和参加战斗行动。

2. 俄联邦国防部、俄联邦内务部、俄联邦民防部、俄联邦紧急情况和消除自然灾害后果部、联邦边防勤务部、以及其他法律规定执行军事勤务的部和主管部门，应及时列出用于执行武装冲突任务和参加战斗行动的部队、分队、参谋部、战役和其他军群名单。

3. 由俄联邦政府根据本命令第1款确定俄联邦武装力量和其他军队转为执行武装冲突任务和参加战斗行动的部队、分队、参谋部、战役和其他军群的补充体制程序。

俄联邦总统叶利钦签发《关于保证俄联邦军事建设的措施》的命令 俄《红星报》1996年11月27日报道，1996年11月25日，叶利钦总统签发了该命令。全文如下：

全面系统地解决俄联邦军事建设问题进展缓慢。未创造出有效使用国家安全保障兵力兵器的条件。现实的社会问题未得到解决。

为使俄联邦军事建设过程适应国家现实的社会经济和军事政治形势，根据俄联邦宪法第80条和第87条，特命令：

一、俄联邦政府：

1. 于1997年3月1日前，在对国家未来几年社会经济发展和联邦执行权力机构对保障国家防御、安全和护法活动的财政需求进行预测的基础上，根据2001年前预算分类的主要方向和划分，确定用于保障国家防御、安全和护法活动的拨款达到可靠的水平(联邦预算可能占的比例和国内生产总值所占比例)，为此须做到：(1)一方面要继续消除俄联邦武装力量、其他军队和队伍在维持费用上的不均衡现象；另一方面，消除它们在装备费用上的不均衡现象。(2)对俄联邦武装力量和其他军队的改组和裁减实施专向拨款。(3)采取有效措施，增加税收、寻找可靠的拨款来源；(4)消除联邦预算拖欠现象，向俄联邦国防会议提交有关资料。

2. 于1997年3月1日前，向俄联邦议会国家杜马提交第1项中所述各项措施的实施建议以及作为立法动议权的“《关于修改和补充俄联邦预算划分》法律”的联邦法律草案，在该法中要详细划分并统一有关保障国家防御、安全和护法活动的联邦预算的各项条款。

3. 于1997年7月1日前，确保建立对保障国家防御、安全和护法活动各项措施实施拨款的联邦预算资金划分和支出的完整体系，该体系应确保货币资金、其他支付手段和有价证券使用的合法性、有效性和可监督性。

4. 于1997年1月1日前，把俄联邦武装力量、其他军队和队伍的社会基础设施目标(非公开的、未设立地方自治机关的军营社会基础设施目标除外)由联邦所属制转为俄联邦主体所属制和市政所属制。

5. 于1997年3月1日前，拟订出实施第4项内容的联邦专项计划，其中包括军用和民用基础设施一体化以及把退役军用设施用于经济和科学领域的问题；该项计划的拨款在制定1997年联邦预算时和以后几年联邦预算的草案中予以规定。

6. 制定向军人办公住宅保障体制过渡的一整套措施，并从1997年1月1日起，开始建立非公开和独立军营的军人办公住房住宅基金。

二、俄联邦总统1996年5月16日第726号令《关于及时向保障国家安全的机构和部队拨款的措施》，从1997年1月1日起，在所有保障国家安全的机构和部队施行。

三、在系统分析国家安全面临的现实威胁、经济能力和人口状况的基础上，俄联邦国防会议于1997年1月1日前应做到：

1. 明确俄联邦军事建设的优先方向，并根据俄联邦《国防法》和其他法规，确定俄联邦武装力量、其他军队和队伍的任务；

2. 拟订并提交2005年前俄联邦军事建设构想，

其中规定系统使用国家安全保障兵力兵器以及实现国家安全保障机构和部队一体化的可能性；

3. 拟订并提交关于调整保障国家安全的机构和部队的编成、结构和人数的建议。

四、自 1997 年 2 月 1 日起，取消俄罗斯联邦国防部预备力量。在 1997 年 1 月 15 日前，俄联邦国防部向俄联邦国防会议提交关于继续使用预备力量并使其归属俄联邦执行权力机构和组织的建议。

五、1997 年期间将俄联邦武装力量之外的部队和机构员额减少 15%。

六、自 1997 年 1 月 1 日起，应征兵员只用于补充俄联邦武装力量、俄联邦边防部队、俄联邦内务部内卫部队和俄联邦铁道部队。

七、俄联邦政府和俄联邦总统国家法律总局在 1 个月之内提交关于使俄联邦立法符合本命令的建议。

八、俄联邦国防会议秘书、俄联邦总统助理巴图林负责监督本命令的实施。

九、本命令自签署之日起生效。

（于淑杰）

叶利钦下令撤销俄元帅衔 俄罗斯总统新闻局于 1997 年 1 月 28 日宣布，叶利钦总统下令撤销元帅军衔并改变大将肩章图案。

据国际文传电讯社报道，今后俄军大将肩章上将用排成一行的 4 颗金色或金属保护色五角星代替原先的一颗大星。总统令说，这是为了恢复俄军军衔的传统标志。

目前在俄军现役军人中，已没有拥有元帅衔的军官，拥有大将军衔的仅总参谋长、5 大军种司令和两名国防部副部长。

大将肩章使用“元帅星”始于勃列日涅夫时期。

俄罗斯军事司法制度 《解放军报》1996 年 3 月 3 日、10 日张纪孙报道，苏联解体后，俄罗斯军法也发生了很大的变革。最大的变革是机构和人事的变革。在国际军事法学和战争法学学会举行的第 13 届年会上，俄军与会代表谈到这一变革时说：在俄军法改革中，对于前苏联时期的军法体制中一切可行的经过时间考验证明是有利于维护军队良好秩序和有利于增强部队战斗力的做法，都被加以保护并得到了发展。变革是渐进的，并无激烈措施。俄罗斯与前苏联一样，习惯从狭义上理解军法，因此本文所述的军法，实际上指的是俄罗斯的军事司法。

*俄罗斯军法制度改革的指导思想。*俄军法学者认为：俄罗斯军法改革，是俄罗斯发生的深刻而大规模法制改革的框架结构的组成部分。俄罗斯法制改革的目的在于建立一个民主化、法治化的国家。而俄军法体制改革的目的又在于巩固部队，维护军人的合法权益。他们认为，俄军法体制的改革十分重要，它关系到军队生活和活动的各个方面，关系到军人的法律地位，必须搞好。当然，俄罗斯军法体制全面改革的进程充满着复杂的矛盾，因此在实施改革时，要平稳地合理地进行，决不采取“革命”的手段。根据俄罗斯联邦国防法的规定：“前苏联采用的有关国防问题的其他法规，其不与俄联邦国防问题立法相抵触的部分，在授权机关彻底废除这些文件之前仍然有效。”因此，他们在改革中对前苏联军队司法体制中的有利于巩固部队与提高战斗力、在苏军建设长时间考验中证明行之有效的做法，都予以保留。

俄军司法体制改革也很重视吸取国际军法的经验。但他们认为，这种经验既包括正面的也包括反面的，借鉴外国的做法很有实际意义，但不能盲目照搬。

目前的俄军司法体制有 3 大支柱，即：军事检察制度、军事法院审判制度和军队法律顾问制度。

*俄军的军事检察制度。*根据俄罗斯联邦国防法第 19 条的规定，“俄罗斯联邦总检察长及其下属检察人员负责监督俄罗斯联邦武装力量的法制情况并调查武装力量中的犯罪案件”。俄军有一支健全的独立于军事指挥体系之外的军事检察机构和军事检察人员。俄罗斯陆军，在卫戍区这一级，设有军事检察官办公室，这是常设机构。办公室编有 2 至 10 名军官，都有律师资格，其军衔从中尉到上校。在莫斯科卫戍区检察官办公室，则编有少将军衔的检察官。在海军的小舰队也有同样的设置。这一级的军事检察官办公室的职能和管辖权限是：

一、有权对辖区内受军法管辖的犯罪人员进行侦查。俄罗斯军法学者认为，俄军事检察官的此类任务的性质，实际上相当于欧美国家的行政治安官的职能。在俄军，对犯罪的调查，也可由军事检察官办公室授权的其他机构或指挥官进行。但指挥官的调查行动，只被允许在 10 天内完成，对超过 10 天的，指挥官有义务将此案件移送军事检察官办公室，改由专业人员进行侦查。检察官侦查期限为 2 个月。结案后，军事检察官办公室有权决定撤案或者决定向军事法院提起公诉。俄军法学者认为，允许指挥官对部属进行的 10 天以内的调查权，是欧美国家军队所没有的，但对俄罗斯来说，这是从前苏联军队延续至今行之有效、无人置疑的成功做法。

二、有权对辖区内军事指挥官的行动的合法性进行监督。此项任务不能由分工侦查犯罪、负责行政治安的检察官进行，只能由专门的检察官、副检察官或助理检察官亲自进行。履行这一职责时，检察官有权到辖区内军事单位进行检查，了解指挥官发布的命令是否符合宪法、法律、条例和国防部的命令、指令。如发现有违反现象，军事检察官有权依照俄罗斯法律的规定，采取制止措施。

三、有权对军事法院实施监督。俄军事检察官除了支持公诉外，另一主要职责是监督军事法院审判是否合法。这一做法从前苏联延续至今。由于每一个军事法院审理的每一件案子都置于军事检察官的监督之下，因此，从这个意义上讲，军事法院实际上处于军事检察长办公室的控制下。这一做法在俄军的军法改革中越来越受到公开批评。因此，这一做法很可能最终会被废除。目前，一部新的公诉检察官法即将由议会通过。军事检察官对军事法院监督的任务也将随之有所变化。

俄军的检察机构实行3级检察体制。最高级是俄联邦总检察院下设的军事检察长办公室，军事检察长由最优秀的军事检察官担任，负责对法律合法性和执法的监督，以及对高层军官犯罪案件和有重大社会影响的案件的侦查。第2级是15个军区以及舰队、集团军的军事检察长办公室，设在军区、舰队或集团军，负责对辖区内的重大案件的调查以及对下一级军事检察长办公室的指导。第3级就是上述的卫戍区、小舰队等军事检察长办公室。

俄军的军事法院审判制度。俄军的军事法院的设置，与军事检察办公室的设置相对应，也为3级制，即卫戍区、军、小舰队军事法院；军区、舰队、军兵种、集团军军事法院；俄联邦最高法院军事审判庭。军事法官的条件是：25岁以上，有律师资格并能胜任审判工作的，才能被委任军事法官。军事法官由现役军官担任，其军衔设置和等级与军事检察官相似。不同级别法院的管辖，由案件发生的地点、案件的性质、刑期以及被告的级别而决定。例如：死刑案件只能由军区级军事法院审理、将军级的案件只能由最高法院军事审判庭受理。

俄军的军事法院不审理平民的刑事案件。但在目前，对平民与军人共同犯罪的案件，平民作为共同被告时，也可由军事法院审理。

俄军军事法院也实行两级终审制。军区级军事法院和最高法院军事审判庭有权改变或撤销下级法院的判决。

根据前苏军的军法理论，军事法院（以前称为军事法庭）并非军队纪律检查机关，不处理军队违纪案件。军事法院是司法机关，因此只处理犯罪案件。目前俄军仍接受这一理论，因此军事法院不审理违纪案件。俄罗斯军法学者认为，这一做法与西方军队不同，他们的做法是建立在科学基础之上的。

俄军的军事法官的法律地位，与俄罗斯地方法官相同，并为1992年俄联邦法官法所确定。俄军事法官独立于军队指挥体系之外，只服从法律。

俄军的军事法院适用的法律与地方法院相同，只适用俄罗斯刑法和俄罗斯刑事诉讼法，俄罗斯刑法中有军职罪一章。因此，俄军法学者认为，这一点也与西方军队不同，如美国有统一军事司法典，英国有陆军法。

根据俄罗斯联邦国防法第19条"（军事）法院对军人进行法律保护并审理俄罗斯联邦武装力量中的民事和刑事案件"的规定，俄军事法院目前正致力于这样一种改革：扩大军事法院在保护军人合法权益方面的功能。这种改革的尝试，与俄罗斯地方法院正致力于保护公民合法权益的发展趋向完全一致。最新的一个例子是：有一名中校因不服国防部长签发的一份解除自己军职的命令，向军事法院提出行政诉讼。军事法院受理了这一诉讼，并支持了其诉讼请求。审判的结果是，国防部长的这份命令被撤销，这名中校被恢复了军职及军衔。

俄军的法律顾问制度。这是俄罗斯军事司法体制的第3个大支柱，也是新建的一个军事司法分支。它建立的目的是为指挥官日常的指挥、管理活动提供法律服务。军队法律服务工作者由有学历的军队律师担任，其职务称谓是法律顾问。军队法律顾问设在旅长、师长、军长、集团军司令、舰队司令、陆军参谋长的办公室以及空军、海军、各兵种司令部、国防部的主官办公室。法律顾问的日常工作是参加起草军事指挥官的命令，防止这些命令违法或与军队条例、规章不符，并为军人提供法律服务，保护军人的合法权益。

军队法律顾问与军事检察官或军事法官不同，后者独立于军队指挥体系之外，而军队法律顾问则隶属于相应的指挥官，并根据其指示进行工作。当然，无论是军事检察官、军事法官还是军队法律顾问，都是军队法律工作者，有一点是相同的，即都用各自的专业维护法律、宣传法律，只是形式不同而已。

由于法律顾问工作的重要性越来越被军队所认识，也由于军队指挥官越权行为的日益增多，因此俄军正酝酿在团一级设置法律顾问。但目前俄军师一级的法律顾问还无法配齐，主要是合格的军队律师人才太少。俄军认为有必要增加军事经济财务和军事法律学院的学员数量，该院目前是俄军培养军队律师的唯一一所学校。俄军在团一级设置法律顾问的目标可望在

2000年实现。

加拿大军事法制　**军事司法制度简介**　《外国军事学术》1996年第9期夏勇撰文称，加拿大军队实行违纪即犯罪的一元处罚体系，并由此形成了一整套军事司法制度。任何违反军纪的行为都是军事犯罪，这决定了对军队中越轨行为的任何处置都具有刑事司法性质。因此可以说，加拿大军队不存在军事行政处分或者说加拿大军队的军事行政制裁已被军事刑事制裁所吸收。因此，军事司法制度的唯一性是加拿大军队处罚体系的基本特征。

在加拿大，违反军纪的犯罪共有21类：1. 指挥官临敌渎职罪；2. 其他人临敌渎职罪；3. 危害部队安全罪；4. 军人被俘的有关犯罪；5. 其他战时罪；6. 间谍罪；7. 叛乱罪；8. 逆反煽惑罪；9. 逃避罪；10. 擅离职守罪；11. 对抗上级罪；12. 不良品行罪；13. 涉及军队舰船罪；14. 涉及军队航空罪；15. 涉及军队车辆罪；16. 涉及军队财产罪；17. 干扰军事审判罪；18. 涉及军队宿营罪；19. 涉及入伍罪；20. 其他涉及军人职责及部队管理罪；21. 违反军队条例、命令或指示并危害军队正常秩序罪。最后一类犯罪与前20类犯罪在内容上有着交叉关系，即此类犯罪实际上属于前20类罪行中程度较轻或只是企图实施前20类犯罪之行为，但又不包含于前20类罪名之中，而是以单独罪名提起指控和追究责任。

违反军纪罪的处罚项目有：1. 死刑；2. 两年以上监禁；3. 可耻性除名；4. 两年以下监禁；5. 除名；6. 拘留；7. 降衔；8. 剥夺资历；9. 严厉训诫；10. 训诫；11. 罚款；12. 轻微处罚。其中，死刑和两年以上监禁不运用于上述第21类罪行。

对违反军纪罪的军事司法审判有2种方式：即决审判与法庭审判。即决审判实际上是军事行政权力的司法化，行使军事审判权的不是军事法庭而是享有军事行政权的上级指挥官。在下列条件下，指挥官可酌定不经军事法庭而即决审判：1. 被告是预备役军官或军衔低于准尉的士兵。2. 根据犯罪程度，在指挥官的处罚权限内。3. 不属于只能由军事法庭审判的案件。如果某一指挥官负责调查或直接监督调查某一犯罪或就其发出调查令、搜查令，则应由其他指挥官对该犯罪即决审判。指挥官即决审判决定的处罚最高不超过90天拘留。指挥官亦可授权于其他军官即决审判，此时其他军官可能决定的最高处罚为14天拘留。准将以上的军官或授权的其他军官，可酌定对中校以下军官或中士以上士兵即决审判，可判处的最高处罚为剥夺资历。不能即决审判的案件，应经军事法庭审判。

加拿大的军事法庭有：高级军事法庭、军纪法庭、常设军事法庭和特别高级军事法庭。高级军事法庭可审判被控犯罪的任何现役军人。它至少须由5名军官组成，庭长必须是上校以上的军官。当被告军衔为上校时，法庭其他成员必须是中校以上军官。当被告是中校时，法庭其他成员中至少有两位军衔应不低于被告。低于上尉军衔的军官，不能参加高级军事法庭。军纪法庭审判现役军人违反军纪的较轻罪行，只能决定不高于“可耻性除名”的处罚。它由至少3名军官组成，庭长必须是少校以上军官。高级军事法庭和军纪法庭均属临时召集性的，召集人是国防部长或其授权的当局及人员。作为召集人的军官不能成为法庭成员。此外，检察官、原告证人、被告的指挥官、宪兵军官、曾参与侦查和确定被告罪状事项的任何人员也不能成为法庭成员。常设军事法庭由总督会同枢密院设立，该法庭实际上只有一名被称为庭长的军官，条件是具有3年以上执业资历的大律师或律师，由国防部长或有权当局委任。常设军事法庭可审判各种违反军纪的犯罪，但只能判决两年监禁以下的处罚。特别高级军事法庭也由国防部长指定的一人组成，该人必须是或曾经是加拿大高级法院的法官，或有至少10年执业资历的大律师或律师。该法庭可审判的犯罪与高级军事法庭一致，但被告不是现役军人，而是受军纪约束的下列人员：正在进行军事活动，或身着军服，或在军事设施内或军队交通工具上的预备役人员；依法或依加拿大参与的协定，被配属或调派到加拿大军队中的任何官兵；在任何地方伴随加拿大部队一同行动的人员；在军事院校进修学习的人员；被指控为间谍者；因违反军纪而被羁押的人员，等等。

加拿大军事法庭除了审判违纪罪；还审判军人触犯一般刑法的犯罪，但杀人、妨害风化等罪行只能由地方法庭审判。在加拿大，还有一类包括军人和普通公民在内的所有人都可能犯的罪——危害国防罪。这些罪主要包括妨害兵役和军事义务的履行、干扰军队活动、侵害军事设施和物资、盗用或滥用军队名义和军人身份、妨碍军事审判等行为。这些罪既不由军纪法规规定，也不由一般刑法规定，而是由专门的国防法律文件规定。通常，此类罪行并不由军事法庭审判，而由地方法庭管辖。但是，当犯这些罪的主体与控告者均为现役军人时，则由军事法庭审理。

军事法庭审理案件，实行与地方法庭相同的辩护原则和回避制度。审判一般公开进行，除非因公共安全、国防利益和道德因素等无法公开的。军事法庭的决定，必须以法庭成员的多数票通过。如果两种意见票数相等，由庭长投出决定性一票。但在是否有罪的认定上出现两种意见票数相等的情况，则不能以庭长的一票来定夺，而应裁定被告无罪。死刑判决须经全体成员一致同意。对有罪认定和判决，必须在审判结束时当庭宣布。

被军事法庭确定为有罪的被告，如对判决不服，有权在法定的 14 天内向上级军官或羁押当局提起书面上诉。所有上诉状均得先转交给军法署长。如果上诉状涉及有罪认定或有关判决的合法性，军法署长应将上诉状转至上诉军事法庭。上诉军事法庭由来自联邦法院和刑事审判高级法院的法官组成。上诉军事法庭认为被告不服有罪认定的上诉有理，应撤销有罪认定或指令重审。不过，加拿大上诉军事法庭也仅决定有关是否有罪的上诉。对不服所判处罚种类的处罚的上诉，如上诉军事法庭认可，应立即提交国防部长或有权的军事行政当局，由其作出改判。如果上诉的理由仅仅涉及某种处罚幅度内的判决过重，则军法署长根本不用将上诉状转至上诉军事法庭，而应将上诉状转给有权作出从轻、减轻或免除处罚的军事行政当局，由其作出适当处罚。这里再次表现出军事行政权力直接司法化的特点。可见，加拿大军事司法中的初审和上诉程序，都实际上采取了司法权与行政权以及军事指挥权的结合。

上诉军事法庭认为原审基本公正，则可以书面形式否定上诉。如果驳回上诉时法庭存有异议，须将异议一并告知上诉人。如果上诉军事法庭在裁决上诉事由时，某一法官持有异议，那么上诉人可就存有异议的上诉事由再向加拿大最高法院提出上诉。只要最高法院同意，亦可对上诉军事法庭的任何裁决再行上诉。同时，国防部长亦有权向最高法院上诉。上诉必须在离上诉军事法庭宣布裁决时最近的一次最高法院开庭期间提出，否则为弃权。可见，加拿大军事审判实行的是两次上诉、三审终审的制度。

此外，对于上诉期满而未行上诉的案件，军法署长也应就定罪的合法性进行审查。如能证明裁决违法，应将此案宗卷提交国防参谋长，由其采取适当措施来处理。已无上诉机会的被告有权根据新证据提出再审要求，但必须在定罪或羁押后一年内提出，提出的申诉应转交给军法署长，再由军法署长附上有关建议提交国防参谋长，国防参谋长决定是否重审。这实际上是采用了行政权与司法权相结合的补救措施。不仅如此，国防部长或其授权的当局还可用新的有罪认定取代由军事审判庭作出的任何不合法的或无证据支持的有罪认定。国防部长可以根据军法署长的意见，指令军事法庭重新审判其已做出有罪认定的案件。国防参谋长可以根据军法署长的意见，直接撤销军事法庭的有罪认定。

军队逮捕制度简介 《解放军报》1997 年 1 月 15 日田友宁撰文指出，加拿大军队在刑事诉讼中实行不同于地方的逮捕制度，反映了该国司法权在武装力量体系中服从于军事统率权的特点。根据加拿大于 1991 年最新修订的《军纪法》，该国军队的逮捕制度由逮捕权、逮捕后的处理和有关羁押的限制 3 部分组成。

逮捕权。逮捕权是逮捕合法的前提和根据。加拿大《军纪法》规定，逮捕分有证逮捕和无证逮捕。

有证逮捕是依据书面逮捕证进行的逮捕。有证逮捕的合法性取决于逮捕证的有效性和执行逮捕的合法性。按《军纪法》的规定，依法签署的许可证才是有效的逮捕证。具体条件有 3 个：(1)签证人员必须是该法赋予签证权的指挥官或被授予即决审判权的军官。(2)必须具有法定的事实理由。决定逮捕的对象必须是下列人员：已实施某一军事犯罪；有合理理由被认为已实施某一军事犯罪；依该法被指控已实施某一军事犯罪。(3)形式必须完备。逮捕证必须载明其针对的罪名、被逮捕人的姓名、签证时间以及该签证军官的姓名。上述条件中，具有法定的事实理由是逮捕证有效性的实质要件。此外，若被逮捕人的军衔高于签证军官的军衔，签证军官必须在令状的正面证明此属紧急军事需要，否则也可成为违法逮捕的理由。《军纪法》对执行逮捕合法性的要求比较原则，其主要内容有：执行人必须是签证军官授予逮捕权的军官或士兵；执行人可为逮捕之目的使用合理必要的武力。

无证逮捕是事前未获书面批准而进行的逮捕。《军纪法》规定，军队的任何军官和士兵都有一定的无证逮捕权。合法的无证逮捕除必须具备逮捕证有效性的实质要件外，还必须具备一定的特殊要件。这些特殊要件视不同的执行主体而具有不同的内容。就军官而言，执行无证逮捕的对象只能是：任何士兵；任何军衔与自己相同或较低的军官；任何军衔比自己高但正参与吵架、打架或扰乱的军官。对士兵来讲，执行无证逮捕的对象只能是：任何军衔比自己低的士兵；任何军衔与自己相同或较高但正参与吵架、打架或扰乱的士兵。

逮捕后的处理。加拿大《军纪法》对合法逮捕的标准规定得较为宽松。为防止出现错误逮捕的现象，《军纪法》确立了严格的审查制度。按该法的规定，审查的目的是判明羁押被捕人是否为公共利益或加拿大军队利益所必需。审查的内容包括：被指控犯罪的严重性，有需要确认被捕人的身份，有需要获取或保护被控犯罪或与该罪有关的证据，有需要防止被控犯罪的继续

或重复或防止其他犯罪的发生，有必要确保被捕人或其他人的安全。审查后如不能证明羁押的必要性，应尽快释放被捕人。上述几个方面互相联系，缺一不可，构成了完整的逮捕审查制度。在逮捕程序中，审查制度是逮捕后处理程序的中心环节，分3个阶段进行。第1阶段：必须立即将被捕人送交羁押场所，与此同时或在此后24小时内，送交人向接收人提交一份陈述羁押理由的书面说明。第2阶段：接收人必须在接收后24小时内向有释放权的军官提交一份载有被羁押人姓名及被控犯罪已知情况的书面报告。最后阶段：接到书面报告的军官应立即审查，如不能证明羁押之必要，则必须尽快在24小时内指示释放被羁押人。

有关羁押的限制。为保证对被逮捕军人实行公正的审判，加拿大《军纪法》进一步对羁押作了限制性规定。其主要内容为：第一、确立定期报告制度。在羁押期间被羁押人未受到军事审判前，有释放权的军官必须每隔8天向有关军事法庭召集当局提交一份说明继续羁押理由的报告。如羁押期满15日后，接收报告的当局未指示继续羁押，该军官应指示立即释放被羁押人。第二、赋予被羁押人以申诉的权利。羁押期满28天后被羁押人如仍未受到审判，他有权向国防部长提出申请，要求释放或对本案进行处理。第三、羁押期最长不得超过90天。在国防部长没有另作指示或仍未开始对被羁押人进行审判的情况下，羁押期满90天后，必须无条件将其释放。第四、适用一事不再理原则，即上述被释放人员不得因原先被指控的犯罪再次受到逮捕。

其他国家军事法制　**哈萨克斯坦加强军事法规建设**　《外国军事学术》1997年第2期杨健斌报道，哈萨克斯坦独立后，注重加强军事法规建设，陆续颁布了一系列军事法规。1995年底，哈又结合实际对其中的《普遍义务兵役法》（以下简称《兵役法》）、《国防与武装力量法》（以下简称《国防法》）、《军人及其家属地位与社会保障法》（以下简称《军人地位法》）进行了修改，并以总统令的形式予以颁布。现将3部法规的修改情况综述如下。

《兵役法》的主要变化。1. 明确了义务兵役制与合同兵役制并行的军队兵员补充原则，扩大了合同兵役制征召人员的范围。修改前的《兵役法》只笼统地规定"哈萨克斯坦武装力量现役军人的补充原则是按地区补充和跨地区补充相结合"。修改后的《兵役法》则明确规定，"哈萨克斯坦武装力量、其他军队和军事组织在普遍兵役义务的基础上通过征兵予以补充，也可在按地区补充与跨地区补充相结合的基础上依照合同补充"，增加了可征召居住在哈境内，符合服役条件的外国公民或无国籍者在哈军服合同兵役的内容。

2. 恢复初级军事训练，注重役龄前青年的医疗保健。修改后的《兵役法》在"公民的役前训练"一章中增加了"初级军事训练"的条款，规定"各中学、职业技术学校及中等专业学校，无论其归属关系及所有制形式如何，必须对役龄前及役龄青年进行初级军事训练，训练由学校在编军事教员负责组织与实施"，"在学校未接受初级军事训练的青年在应征服役前必须到经地方行政机构批准而设立的训练点接受补训"，"组织役龄前及役龄青年进行初级军事训练的程序由政府批准的《青年初级军事训练条例》确定"。修改后的《兵役法》将参加每年一度体格检查的青年年龄由17岁提前到15岁，规定"医务人员对15岁以上的青年进行一次体格检查，并对需要者采取必要的医疗保健措施"。

3. 建立军地协同的征兵制度，强化征兵人员职责。修改前的《兵役法》规定国防部及各级兵役局在征兵工作中负主要责任，各地兵役登记委员会及征兵委员会主席一直由兵役局局长担任，兵役登记及征兵费用由国防部承担，对参与征兵的人员渎职应负的责任未做规定。修改后的《兵役法》对征兵制度进行了改革，规定"征召公民服兵役由地方行政机构领导会同地区（市）及州代表机构通过本级兵役局组织和保障"，"各地区（市）、州兵役登记委员会及征兵委员会主席由同级地方行政机构的副职领导担任，兵役局局长则改任上述委员会的副职"，"兵役登记及征兵费用由地方行政及代表机构承担"。修改后的《兵役法》对征兵工作人员实行了法律约束，规定，"征兵委员会成员、参加给应征者体检的医生及其他人员如违反了征兵的有关法律，依法追究其责任"。

4. 延长军人服役期，严格服役纪律。修改前的《兵役法》规定，无高等学历者服役期为1年6个月；海军舰艇和边防水面警戒部队的水兵和军士服役期为2年；合同制军人服役期一般为2年。修改后的《兵役法》规定，无高等学历者服役期为2年；海军舰艇和边防水面警戒部队的水兵和军士服役期为2年6个月；从地方征召的军官服役期由2年改为3年；合同制军人的服役期为3至5年，也可自愿延长。修改后的《兵役法》对擅自离队者增补了相应的处罚措施，规定，"定期服役人员擅自离开部队，其离队时间不计入已服役时间而计入应继续服役时间。在军事检察院、法院作出不剥夺其人身自由的决定或判决后，由部队长负责延长其服役期"。

5. 允许哈军人因合法外迁而解除兵役。修改后的《兵役法》在"退出现役"一条中增加了如下内容："定期服役的军人因举家迁往国外或因要与在哈境外长期居住的家庭团聚，如持有合法的允许其外迁的证明文件可提前退役”。

《国防法》的主要变化。1. 重新划分武装力量范围，明确隶属关系。修改前的《国防法》规定，“哈萨克斯坦共和国武装力量包括：哈萨克斯坦共和国军队（陆军、防空军、空军、海军部队和兵团，武装力量后勤，民防部队）、边防军、内务部队和共和国卫队”。其隶属关系为“哈萨克斯坦共和国军队由哈萨克斯坦共和国国防部长领导；哈萨克斯坦共和国边防军由哈萨克斯坦共和国边防军司令领导；哈萨克斯坦共和国内务部队由哈萨克斯坦共和国内务部队司令领导”。修改后的《国防法》在武装力量的划分和领导关系的确立方面作了较大调整和补充，规定，“哈萨克斯坦武装力量包括：军事指挥机关、武装力量各军种（陆军、防空军、空军、海军）、武装力量后勤、军事工程部队、军事院校”。“边防军、内务部队、共和国卫队、国家安全委员会部队、民防部队（以下简称其他军队及军事组织），只有在战时才列入武装力量”。武装力量、其他军队和军事组织的隶属关系为：“哈萨克斯坦共和国武装力量由哈萨克斯坦共和国国防部长领导；哈萨克斯坦共和国边防军由哈萨克斯坦共和国保卫国家边界委员会主席领导；国家安全委员会部队由哈萨克斯坦共和国国家安全委员会主席领导；哈萨克斯坦共和国内务部队由哈萨克斯坦共和国内务部队司令领导；哈萨克斯坦共和国卫队由哈萨克斯坦共和国卫队司令领导；民防部队由哈萨克斯坦共和国紧急状态委员会主席领导；其他军事组织则由其主官领导”。

2. 突出强调总统在国防领域和领导军队方面的权力，议会作用受到限制。修改前的《国防法》将国防领域和领导军队方面的重要权力分散于议会、总统、国防部。修改后的《国防法》则将诸多重要权力集于总统一身。目前新赋予总统的权力有：批准哈萨克斯坦共和国军事学说；确定哈萨克斯坦共和国武装力量、其他军队及军事组织的人数及其军事建设的基本方向；审定哈萨克斯坦共和国发展武器、军事技术装备的长期规划和计划；直接任命国防部长（无须交议会审批）；确定军人誓词、军队条例的内容；确定哈萨克斯坦共和国武装力量、其他军队及军事组织的军旗、军服式样及区别符号。议会的权力则由原来的 10 项减至 6 项，并在行使时亦受到限制。

3. 加强地方政府对国防建设的支持。修改后的《国防法》要求，“地方代表和行政机构保障按合同优先为部队、机关和组织提供地方所属企业生产的技术产品，保障不间断地供给水、电、暖并提供通信和日常公共服务”。此外还增加了地方政府保障国防开支的条款，规定“地方代表和行政机构应在地方预算中规定出用于国防建设的费用并承担兵役登记、征兵及动员工作的费用”。

《军人地位法》的主要变化。1. 禁止军人从事政治活动。修改前的《军人地位法》未就军人是否可以从事政治活动作出规定。修改后的《军人地位法》明确规定，“军人不得加入政党及工会组织，也不得对某一政党表示支持”。

2. 大幅度提高军人保险金支付数额。修改前的《军人地位法》规定，“定期服役军人及领取助学金的军校学员自牺牲之日起，由国家保险机关按哈萨克斯坦共和国职工最低月工资，发给其继承人 10 年的工资；如在服役期间致残，则按下列标准发放保险金：一等残废为 5 年的工资，二等残废为 3 年的工资，三等残废为 1 年的工资；如在服役期间受伤但未致残，重伤发放相当于 3 个月工资的保险金，轻伤发放相当于 1 个月工资的保险金”。修改后的《军人地位法》则明显提高了保险金的发放额度，规定，“定期服役军人及领取助学金的军校学员，如因公牺牲，由国家保险机关按哈萨克斯坦共和国职工最低月工资，发给其继承人 500 个月的工资；如因公致残，国家保险机关按下列标准发放保险金：一等残废为 250 个月的工资，二等残废为 150 个月的工资，三等残废为 50 个月的工资；如在服役期间受伤但未致残，重伤发放相当于 12 个月工资的保险金，轻伤发放相当于 4 个月工资的保险金。”

德国军事行政司法制度简介 《外国军事学术》1996 年第 3 期丛文胜撰文称，德国联邦国防军的军事行政司法制度既是国家联邦政府行政司法体系的一个组成部分，也是一项重要的军事制度。它的主要特点是，联邦政府行政法院具有对军事违纪和军人上诉、申诉案件的司法管辖权。在世界各国军法制度中，这是独树一帜的。它曾被称为“没有独立地位的、没有军事法庭的特殊军法”。这种说法难免有偏颇之处，但可以作为我们研究德国军事行政司法制度的一个出发点。

德军军事行政司法组织体系。联邦国防军的军事行政司法机构是与武装部队、联邦国防部和牧师服务系统等相并列的独立组织体系。在这个体系中主要有对军事违纪行为具有司法管辖权的联邦国防军军事纪律和申诉法院（法庭）和联邦行政法院的 2 个军事事务法庭。

1. 联邦国防军军事纪律和申诉法院。联邦国防军军事纪律和申诉法院是根据宪法的规定，建立在联邦国防部内的独立行政司法机构。德国《基本法》第96条第4款授权联邦政府在军队建立军事纪律和申诉法院;其中第2款还规定,联邦政府可以为武装部队设立联邦军事刑事法院。但该法院在联邦司法部的管辖下,和平时期仅对本土外驻军或军舰上服役的人员有刑事司法权;只有处于战争状态时,才能对全体武装部队成员行使刑事司法权。联邦国防军纪律和申诉法院还根据《军事纪律条令》和《军事申诉条例》,受理和审理军人对行政决定或判决的上诉,并根据《陪审团选举法》确定陪审团人员。

联邦国防部下属3个军事纪律和申诉法院,即按地域设置为南(乌尔姆)、北(慕尼黑)、中(科布伦茨)军事纪律和申诉法院。它们分别建立在当地联邦国防军的军团司令部内。此外,国防部还根据《军事纪律条令》第63条授权,在16个地区的师级以上司令部中,建立了29个联邦国防军纪律和申诉法庭(其中4个法庭不设专职人员,由其他法庭代管)。该法令还授权国防部可以根据武装部队的实际需要自行确定法庭的位置和管辖范围。同样,联邦国防部也有权在国外驻军中建立军事纪律和申诉法院。军人法官中一名级别应与被告或原告方相等,另一名应高于被告或原告方。表决时,各法官具有相同的表决权。

2. 联邦行政法院军事事务法庭。军事事务法庭(慕尼黑)是联邦司法部管辖的联邦行政法院(柏林)的一个机构,其职能主要是受理军队纪律和申诉法院的上诉案件。联邦国防军纪律和申诉法院按照《军事纪律条令》规定,对经过正式的纪律案件审理程序做出的决定不服,可以向军事事务法庭提出上诉或申诉。军事事务法庭还负责对军事纪律和申诉法院的审判是否符合规定进行司法监督检察,并对由此类问题提出异议的申诉进行审理。军事事务法庭在开庭审理案件时,必须有3名专职文职法官和2名非专职军人法官。表决时,各法官具有相同的表决权。

军事行政司法人员。1. 军事法官。在各军事行政司法机构中,由符合相应条件的文职公务员和军人担任专职或非专职军事法官。

2. 军事纪律监察官。具备法官条件的文职公务员可被任命为联邦国防军纪律和申诉法院的纪律监察官。首先,他们代表军事行政当局或指挥官(师以上)在法院或法庭对军人提出起诉和处理意见,并代表指挥官负责执行法院或法庭根据武装部队成员的违纪行为和申诉作出的具有法律效力的惩处决定。其次,他们还作为武装部队的法律顾问向指挥官提供法律咨询和为部队提供法律服务。为确保议会对军队的控制,德国《基本法》第45条还规定联邦议会要任命一名议员作为军队监察员,以保护武装部队成员的基本权力和维护议会对军队的权威地位。

3. 纪律总监察长。纪律总监察长是武装部队最高纪律监察官,受国防部和司法部双重领导。在联邦行政法院军事事务法庭对军事纪律和申诉法院的上诉和申诉案件进行审理的程序中,总监察长是联邦国防部长、军种参谋长和军事行政当局在联邦行政法院的代表。

4. 法律顾问。德军在武装部队师以上单位或机构设立有法律顾问。目前联邦国防军共雇用了113名文职人员,作为包括副总参谋长、军种参谋长、卫生总监等在内的高级指挥官和军事行政当局涉法事务的法律顾问。法律顾问隶属于军事行政机关,可根据需要,履行纪律监察官的职责,代表指挥官对违反军纪的军人提出起诉。此外,德军还在军事院校和研究机构中雇用了44名文职法律教官。这些法律教官教授政治、军事法和国际法,在需要时可以被任命为军事法官或纪律监察官。

军事行政法院(法庭)对军人违纪和申诉案件的审理与惩处。1. 审理。联邦军事纪律和申诉法院在审理案件时,基本的法律依据是《军事纪律条令》和《军事申诉条例》,后者实质上相当于军事行政诉讼法。军事法院或法庭在审理纪律案件过程中,师以上的军事行政机关或司令官以武装部队法律顾问为代表,出庭并履行纪律监察官职责,向法庭起诉被告的违法行为。同时,允许被告为自己申辩。纪律法庭在审理过程中依法独立办案,完全不受国防部和指挥官的影响。对纪律法庭的判决不服者,监察官和被告均有权上诉至联邦行政法院,由它作出终审判决。

根据《军事纪律条令》,军人还可以对非司法性的行政纪律惩处决定向法院或法庭提起上诉和控告。因此,军人在自己合法权力受到侵害时,均可以提出申诉或上诉,但申诉、上诉并不能妨碍履行服从命令的职责。法院或法庭的决定是终审判决。

根据《军事纪律条令》,军人还可以提出司法监督的请求。如,为防止纪律审判程序受到军事行政当局或个人的阻碍或拖延而提出司法监督的请求,法庭作出终审决定。军事行政法院或法庭对非司法性纪律惩处所作出的暂停执行或修正也是终审的。

2. 惩处。德军要求所有军人必须严格遵守纪律、履行职责。其中包括:忠诚和勇敢地履行职责、拥护民主制度、长官率先垂范、关心部属、以军队的利益发出命令、服从、友爱、守纪、诚实、保密、讲真话,等等。任何违纪或玩忽职守的行为都要受到纪律惩处。德军对违纪军人的惩处主要有2类:①非司法性惩处。这主要由上级纪律监察官或纪律和申诉法院(法庭)作出,主要有警告、申戒、罚款、限制活动、禁闭等。②司法性惩处。这是军事纪律和申诉法院(法庭)在举行听证会后作出的决定,主要有:扣发军饷、停止晋升、降低职衔、解除职务、取消退休金、取消所有退休待遇等。

(德 嫦)

法国政府通过新的军事纲领法 1996年5月13日,法国政府通过了新的5年军事纲领法,并提交国民议会讨论批准。该军事纲领法把从1997年到2002年期间每年的防务开支限定在1850亿法郎(370亿美元),这比1994年规定的国防开支数每年减少了200亿法郎(约少40亿美元)。纲领法法案肯定了希拉克总统废除征兵制、2002年前把武装部队人数由50.2万减至35.3万的计划。根据这个法案,法国将使军队装备现代化,但同时又要大幅度削减坦克、作战飞机、火炮以及地面部队的直升机的数量。法案没有为研制一种欧洲军用运输飞机,即所谓的未来大型飞机拨款。据称,法国、德国、比利时、西班牙、意大利、葡萄牙、英国以及土耳其等国将联合研制未来的大型军用运输机,计划将耗资大约50～70亿美元,如果法国退出这项计划,将使其在2002年前节省10亿美元的费用。法案还规定了军队在建立威慑手段、防御、海外派兵和本土防御等4个方面的职能,将与美国、英国和德国等主要伙伴国在防务问题上建立对话关系,与欧洲盟国和友邦加强情报合作,建设一支具备实战能力、可参与大规模军事行动的5万人的部队,在国内安全方面将加强对恐怖主义活动的打击。根据这项法案,法国军队实现职业化后,陆海空三军将分别裁减36%、20%和25%,宪兵的人数则有所增加。此外,纲领法还鼓励军事工业的调整与集中,促使军工企业能够以对等的实力同美国竞争。

(张昌泰)

欧洲冷落义务兵役制 《世界知识》1997年第5期张羽撰文称,近年来,义务兵役制在欧洲受到冷遇。先是意大利、比利时、荷兰于1995年迈出了取消义务兵役制的步伐,后有德国、葡萄牙、挪威等国相继展开了是否取消义务兵役制的争论。至1996年初,这股"冷空气"得到加强。1996年1月下旬,奥地利披露了关于取消义务兵役制、建立职业军队的计划。2月22日,法国宣称,要在6年内取消已经实行了200年的义务兵役制。5月,俄罗斯总统叶利钦宣布到2000年完全实行志愿兵役制,西班牙首相阿斯纳尔重申,西班牙将实行武装部队职业化,其实施计划将到2001年或2002年完成。

原本诞生于欧洲、成熟于欧洲并使欧洲人在第二次世界大战中得益匪浅,又曾被欧洲绝大多数国家完全或部分采用的现代意义的义务兵役制,一时间却在欧洲备受嫌弃,大有被扫地出门之势。个中原因究竟在哪里呢?

人们通常会认为,这是因为志愿兵役制优于义务兵役制。其实,两种兵役制各有短长。义务兵役制是带有强制性的,具有服役期短、定期轮换、兵员年轻、来源有保障、养兵费用较低、有利于后备兵员储备的长处,也有待遇偏低、不利于保留战斗骨干和技术兵员、士兵的军事素质偏低的短处;志愿兵役制具有服役期长、兵员相对稳定、军人的军事素质相对较高等长处,也有兵员相对老化、养兵费用较高、国家财政压力大的短处。两种兵役制度不仅各有长短,而且过去的实践也不能证明义务兵的作战能力比不上职业军人。

那么,欧洲人为什么冷落义务兵役制,强调志愿兵役制呢?

法国人说,因为法军在海湾战争中丢了面子,所以必须取消义务兵役制。法军的大多数部队是由义务兵和志愿兵混编而成的。由于该国法律规定,义务兵不能到海外作战,因此,派往海湾地区的法军只能从各部队中临时抽调配编,这就延缓了法军的作战行动,使其没能像其他国家的军队那样在规定的时间里完成战役展开。奥地利放弃义务兵役制的直接原因据说是"政治问题,而不是技术问题"。俄罗斯则想依靠军队职业化,重振昔日的雄风,"准备着卷入好几场冲突"。西班牙则把其取消义务兵役制的原因归结为安全环境的改变,认为"冷战结束后,过去的威胁已不存在,一旦发生边界冲突,由训练有素的警察部队再配以重武器就可以解决问题"。

欧洲人把取消义务兵役制的原因说得很轻巧,但是他们迈出的步子却是十分沉重的。因为,义务兵役制的取消,意味着军队人数的大幅度减少,事关国家的安危将系于何处。法国最终取消义务兵役制之时,法军总人数将从现在的50.32多万削减到35。3万人,比利时取消义务兵役制后,军队总员额由6.3万人缩减为4万人。

国际上的一些防务专家在分析这种现象时认为,欧洲国家取消义务兵役制,有其深刻的背景和原因。

第一,欧洲安全环境的改变。冷战结束后,特别是华约解散与苏联解体后,国际形势趋于缓和,欧洲国家所处的安全环境发生了很大的改变,大战的威胁已不存在,欧洲人"脑子里的敌人形象消失了,对一支大规模军队的需要也随之消失了”。

第二，军事斗争任务的转变。目前，一种普遍的看法认为，冷战虽然结束了，大战的威胁也已过去，但发生局部的、有限的军事冲突的可能性依然存在。基于这种认识，欧洲国家在调整军事战略的同时，都把军事斗争准备的基点转到应付局部战争和有限的军事冲突上来，并为此确立了精兵的思想，大力加强精干的特种部队、快速反应部队的建设。在欧洲人看来，实现军队职业化是加强军队质量建设最有效的途径。

第三，“欧洲一体化”发展的需要。从经济贸易开始的欧洲一体化，近年来出现了军事结盟的迹象。欧洲国家中的北约成员国和意欲借助军事联盟维护自身安全的其他国家，采取取消义务兵役制，建立职业军队的措施，在一定程度上也是为了适应北约提出的“组成拥有先进武器装备的精锐部队，以机动、灵活、快速方式”“在成员国边界以外执行军事任务”的要求。

第四，军事技术革命的发展。专家们认为，目前军事技术正进入一个新的革命性发展时期，武器装备的效能正在成倍提高，它使“人数少、战斗力高”的军队建设理想成为现实。美军的发展，就从一个方面验证了武器效能的提高与军队数量减少之间的内在联系。美军历来强调以质量代替数量，以高性能武器弥补人员短缺。海湾战争中高技术武器发挥的关键作用，使美军更加坚定了这一信念。瑞典、丹麦等国也正在通过裁减兵员和增加武器采购费来加强部队战斗力。

但是，欧洲人似乎忘记了告诉世人这样一个问题，即欧洲国家纷纷取消义务兵役制，与它们的军备和兵源不足有直接的关系。军备不足是欧洲国家特别是西北欧国家长期存在的一个问题。有消息说，在本世纪末以前，西欧大部分国家的国防预算将继续呈下降的趋势。军备不足，军队的规模必然受到限制。兵源不足，也是制约军队规模的重要原因。据美国的人口调查局透露，西欧的 6 个北约成员国目前人口出生率普遍低于兵员补充额，就是说，现在出生的人口在年满 18 岁时，远远不能满足军队所需。其中，德国、丹麦、荷兰的问题最为严重。在欧洲青年中蔓延着拒绝、逃避兵役的现象，更使这问题雪上加霜。

有人根据欧洲国家的情况得出结论，认识职业化是兵役制度的发展方向。这种结论有失偏颇。历史地看，兵役制度从来就不是朝一个方向发展的。只有义务兵役制与志愿兵役制交替或共同成为某一历史时期兵役制度的主流，却从未出现过哪种兵役制度被尘封土埋的现象。现实地看，虽然欧洲一些国家纷纷取消义务兵役制，但在世界范围，采用义务兵役制或征募结合兵役制的国家仍然是大多数。这主要是因为兵役制度有很强的社会性，一国实行何种兵役制度要受到该国文化传统、道德观念、经济水平、人口结构等多种社会因素的制约和影响，不会完全被军事需要所左右。实际上，在上面提到的那些欧洲国家里，不管其是否已拿定主意，但何去何从的争论仍相当激烈。而且，有一些欧洲国家并不打算这么做。德国内阁在 1996 年 5 月下旬召开的一次会议上，与会人员就“相互保证不改变义务兵役制”。

尽管德国等国家尚不打算取消义务兵役制，但此次取消义务兵役制所产生的影响却是不可低估的。起码可以从中看到在一场世界范围内的军事改革过程中，兵役制度的调整改革所反映出来的一些倾向性新特点。

（尚左琳）

其他军事建设问题

世界主要国家军队建设发展趋势和特点

进入 90 年代以来，世界各国，特别是一些主要军事大国，根据国际安全形势的变化和军事战略的要求，在军队建设上纷纷作出了重大调整。在人类即将迈入 21 世纪之际，各国又在新军事革命浪潮的推动下，立足于各自的国情，开始不失时机地考虑和制定面向下个世纪的军队建设方针和计划。

世界各主要国家军队建设发展趋势。（一）多数国家还将进一步压缩军队规模。军队规模问题不仅反映一个国家的基本防务政策，而且直接关系到军队建设的质量，历来是各国防务政策调整中优先考虑的问题。进入 90 年代以来，各主要军事大国都已经大幅度压缩军队的规模。从一些国家的建军规划看，多数国家都将在已裁减的基础上进一步压缩军队规模。美、俄、英、法、德、日等国确定的到本世纪末下世纪初的兵力压缩幅度大约为8%～20%。美军兵力已由1987年的217.41万人减为1995年的154.73万人，到本世纪末减至140万人，压缩幅度为9%。俄军在究竟保持多大规模的问题上一直存在争议，但裁减步骤却一直没有停顿，从初建时的280万人，减至191.7万人(1996年)，计划到本世纪末减至150万人，压缩幅度为22%，还可能进一步减至120万人。英军从90年代初开始裁减，到2000年，将由30.09万人(1993年)减至21.6万人，压缩幅度为28.2%。德军1990年兵力为60万人，到本世纪末将裁减到33.8万人，压缩幅度为44%。日本《新防务计划大纲》规定"常备军员额"数量由原来的18万人减至14.5万人，减少20%。但也有一些国家近年来没有裁军，甚至实施了扩军，特别是东盟国家(除越南外)在80年代初至90年代中期，纷纷实施扩军。少数国家如泰国下一步还打算进一步扩军。

分析世界多数大国进一步实施裁军的原因，除顺应国际形势的变化和服从国内经济发展的需要外，主要是：(1)由于军事技术特别是高技术的发展，战斗力的提高将主要不是依靠军队数量，而依靠军队质量；(2)未来战争的样式将逐步向精确战和信息战过渡，要打赢这种战争，靠的不是庞大的军队，而是高质量的精兵；(3)发展高技术装备的投入越来越高，在军费预算普遍减少的情况下，要保持对装备的较高投入，必须减少军队员额。

(二)优化军事组织体制，从整体上提高军队的战斗力。各国在裁减军队员额的时候，都强调不能单纯地减少人员的数量，而是结合裁减优化军队的组织体制，其着眼点，一是使军队各组成部分的比例关系更合理，二是提高军队的高技术成分。

1. 在编制上实现小型化，提高合成化、一体化程度。提出"以少胜多"的理论，实现编制的小型化，适应遂行各种任务的需要。传统的理论认为，在作战中兵力多多益善，兵力占优势才有取胜的把握。近年来这种传统的理论受到动摇，取而代之的是一种"以少胜多"的理论。这种理论认为，在编制上过于庞大会导致如下几个弊端：一是装备和训练的费用过高，训练的难度增大；二是不便于机动、部署和使用；三是指挥官难于指挥控制。而实行编制小型化，可以在一定程度上克服上述弊端。高精度和大威力武器的发展为实现编制的小型化同时又不降低战斗力提供了物质基础。兵力少，编制小，依然可以战胜编制规模庞大的军队。一些军事大国的军队在编制上都在向小型化发展，主要措施：一是减少编制员额。当前美国的陆军师编制为1.8万人左右，英、法等国陆军师编制约1.2万人左右，到21世纪信息化、数字化水平提高后，美国的陆军师可能减至1.2万人，英国、法国的陆军师可能减至1万人以下。二是降低编制级别，较典型的是俄军，正在由"集团军-师"制改为"军-旅"制。日陆军的一项改革计划是，撤销部分师的编制，将其改为旅级单位，每旅编制3000～5000人左右。拟保留的师，每师编制也将由9000人压缩为8000人。

实现高度合成化和一体化，达到人、武器、信息最佳结合，发挥整体威力。发达国家军队在原有合成化的基础上，将进一步提高合成程度。由陆空、海空合成进一步扩大到陆、海、空、天多军种合成。各国正在发展的快速反应部队，就体现了这种思想。俄军拟组建的机动部队横跨了3个军种和1个独立兵种。法军的快速反应部队由5个军兵种的不同类型师组成。

一体化，是指以一定的手段，使作战单位横向上结合得更加紧密，达到整体高度协调，形成作战合力。一体化部队在编制上比合成化部队的合成程度更高，内部结合得也更紧密。如美军计划组建几种类型的一体化部队：由装甲兵、炮兵、导弹兵、直升机组成的一体化地面部队，编有飞行坦克的陆军机械化部队，由多机种组成的空军混编联队，由各军种部队组成的"联合特遣部队"。实现一体化除采取编制上的手段外，还需采取一定的高技术手段使作战力量融为一体，包括给部队配备信息化装备，在通信手段和武器装备上制定统一的规格、标准，使其具备通用性。

2. 调整内部结构比例，增加军队的高技术成份。这主要表现在：(1)调整军种比例，陆军所占的比例下降，海、空军的比例上升。未来一个时期内，许多国家，特别是中国周边的一些国家，根据海湾战争的经验和高技术战争的特点，都计划把军队建设的重点放在海、空军上，在兵力的调整和资源的分配上向海、空军倾斜。俄罗斯则强调重点保障战略核力量和航天力量。(2)调整战斗部队与保障部队的比例，战斗部队的比重将缩小，技术保障部队的比例将增大。(3)在军官的构成上，指挥军官和一般参谋军官的比例将缩小，技术军官的比例将增大。(4)在士兵的构成上，义务兵的比例将减小，合同兵的比例将增大。

(三)保持对军事技术的高投入，发展适应未来战场的高技术武器装备。近一、两年来，各国针对未来战争的特点和本国军队建设的实际，普遍修订了军事技术政策。总的特点是，美国继续强调要"保持绝对技术优势"；俄罗斯虽然在经济上力不从心，但仍强调以高科技为主导，发展高精度武器装备，"保持军事领域关键技术的优势”；英、法、德、日等二流强国则强调瞄准未来战场，在提高现有武器装备性能的同时，发展新型高技术装备。

1. 保持对发展高技术装备较高的投入。美国由于近几年军费预算紧缩，装备采购费也有所减少。为了“保持技术优势”，在今后几年内美将加大对武器装备的投入，计划到2001财年，装备采购费增至601亿美元，比1997财年申请的389亿美元增长55%。法国在1996年的防务预算中装备采购费和研究发展费均比上一年有所提高。俄军在军费连年下降的情况下，提出要重点保障武器装备特别是高精度武器系统的实验设计费用。

2. 重点发展以信息技术为核心的高技术常规武器系统。在大仗打不起来，规模有限的电子战、精确战、信息战可能是未来武装冲突和战争的主要样式的情况下，各国都把发展能打赢未来高技术战争的常规武器系统作为武器装备发展的重点。未来一个时期内常规武器发展的重点主要是：①C^4I系统。C^4I系统是高技术战场的核心。发达国家在已建成的C^4I系统的基础上，将向更高层次发展，进一步提高C^4I系统一体化程度，保证在战略级和战区级实现横向和纵向的可靠网络。②精确制导武器。包括各种制导炸弹、制导炮弹、各种导弹特别是巡航导弹和战区防御导弹等。③高性能的作战平台和战略和战场机动工具，包括新型作战飞机、舰艇、坦克和各种高性能机动工具。

3. 继续发展和完善核武器。许多专家都认为，由热核兵器时代向高技术兵器或信息化武器时代过渡是必然趋势。但要完成这一转变至少需要几十年的时间。在可预见的时间内，核武器作为保持战略平衡和战略威慑的手段，其作用将不会被完全取代，因此，尽管签订了“全面核禁试条约”，但未来一个时期内核武器仍将是美、俄、英、法等大国发展和完善的一个重点，也是一些地区性强国谋求拥有的重点。特别是俄罗斯，在常规武器的数、质量的差距与美国和北约继续拉大的情况下，将把核武器作为保障安全的“杀手锏”。核大国在核武器发展方面的动向是：在三位一体核力量建设方面，潜射核武器是发展和完善的重点；在完善核导弹的性能方面，发展固体和机动型号是重点；在完善指挥控制方面，实现核力量指挥控制的一体化，提高安全性和可靠性是重点。

(四)加快数字化部队与数字化战场建设的步伐。1. 一些西方发达国家开始启动数字化建设。自从80年代中期美军提出“信息战”理论后，在美国的带动下，西方一些国家陆续开始信息化、数字化建设。目前在不同程度上开始数字化建设的国家有美、英、法、德、加、以色列等国。

2. 数字化建设的核心内容是建设“数字化部队”和“数字化战场”。所谓数字化部队，与一般部队在组织结构上基本相同，它是通信技术数字化，指挥、控制、通信与情报一体化，武器装备智能化，作战系统网络化的部队。数字化战场是在整个作战空间内，运用信息技术手段实时获取、交换和使用数字化信息，分别满足决策者、战斗人员和战斗保障人员需要的战场环境。美国建设“数字化部队”的工作主要在陆军进行，将分为2个阶段，计划到2010年陆军部队全部实现数字化。英国颁发了“数字化总纲”，计划分3个阶段建设陆军数字化部队，德国和法国也已开始进行建设数字化部队的实验。与建设数字化部队和数字化战场同步，西方各国开始加快发展数字化装备。

(五)建设外派部队，提高对外干预能力。近年来，随着世界格局的重新分化组合和各国防务政策的调整，一些军事强国打着“制止地区冲突”、“参予维和行动”的旗号，纷纷加强外派部队的建设。头号超级大国——美国一贯到处伸手，其军队建设也一贯强调提高对外干预能力。英、法、德、日、俄，包括丹麦都已经或正在建设自己的外派部队。法国一改多年来奉行的“保卫领土”的防务思想，提出未来将在欧洲和欧洲以外保卫法国的利益，强调未来应有能力把5万人的军队部署到远离国土5000千米的出事点，为此，将根据“外派原则”组建“外派部队”。德国重新划分了部队结构，专门组建了5.36万人的危机反应部队，其使命之一是派往国外执行“维和使命”。日本于1992年6月强行在国会通过了《联合国维持和平行动合作法》，1994年又修改了《自卫队法》，把向海外派兵作为自卫队重要职能之一。俄军已组建了1.2万人的外派部队。

上述国家建设外派部队的目的，无非是维护自己的大国地位，提高影响地区和世界事务的能力，争夺地区和全球的主导权。这一作法无疑将会对军队建设理论，对编制和装备的发展产生一定影响，值得关注。

(六)改革兵役制度，建设职业化军队。近年来，一些国家在军事改革和调整中对兵役制度进行了改革，其中动作比较大的有俄罗斯、法国等。

1. 多数发达国家都将进一步走职业化道路。当今世界上主要存在3种兵役制度：义务兵役制、募兵制和混合兵役制。近年来，一些国家特别是发达国家强调要向“职业化道路”过渡，纷纷改义务兵役制为募兵制。英国、比利时、荷兰等国已经取消了义务兵役制，意大利、葡萄牙正向募兵制过渡，法国宣布1997年取消义务兵役制，俄罗斯总统也已颁布了本世纪末全部实现职业化的命令。究其原因，一是各国根据近期局部战争的经验，认为职业化军队最适合未来高技术战场的要求，有利于提高军队建设的质量；二是由于各国普遍压缩军队规模，征兵量减少，使得义务兵役制所包含的“公民平等服役”的原则难以继续得到体现。以法国为例，在实行义务兵役制的情况下，约 30%～40%的适龄者轻而易举地逃避了服兵役。而实行募兵制可以在一定程度上解决这个问题。

2. 加强后备力量的建设。在各国常备军员额一减再减的情况下，为了保持应付各种规模战争的能力，达到平时少养兵、战时多出兵的目的，许多国家都进一步重视后备力量建设。美国在现役部队裁减的幅度大于后备役的情况下，把现役部队担负的许多任务赋予后备役部队，并尽可能地使后备役部队的武器装备与现役部队同步发展，提高后备役部队的战备程度。日本自卫队打算扩大后备役规模，争取到本世纪末达到 10 万人。法军计划到本世纪末把后备役人员的数量由目前的 34 万人增加至 50 万人。

3. 征兵手段将进一步实现现代化。近年来，许多西方国家开始把自动化和信息技术引入征兵工作。如美国正在建立用于募兵工作的信息通信和计算机系统，称之为“2000 年募兵工作站”。此外还在研制募兵人员专用的便携式微机系统，该系统能够以多媒体形式介绍军队情况，便于应募青年了解和作出选择；能够处理适役青年的各种数据，并通过网络与募兵有关的各部门联络，完成募兵工作。英国陆军已通过互联网络招募新兵。德国建立了征兵工作数据库。这些现代化手段的运用，将在一定程度上减少兵役部门人员的数量，简化工作程序，提高征兵工作效率。

当前发达国家军队建设的几个特点。(一)发达国家的军队建设已从一般意义上的“质量建军”进入“高技术建军”阶段。自从海湾战争以来，各国掀起了新的一轮军队建设高潮，称为“质量建军”。当前，各国军队建设也仍处于“质量建军”阶段，但一些专家认为，发达国家的“质量建军”已经开始向更高层次发展，进入了“高技术建军”阶段。“质量建军”与“高技术建军”的主要区别是：80 年代中、后期至 90 年代初的“质量建军”，各军事大国在军队建设的调整上集中表现在两个方面：一是裁减员额，解决军队的数量规模问题；二是突出软件建设，解决军队内部结构比例关系问题。今后一个时期的“高技术建军”，则更突出的是硬件建设，即完成武器装备的更新换代。世纪交替之际，武器装备的发展也正处于两代交替的时期，即由工业时代的武器装备向信息时代的武器装备过渡，而这两代武器之间有着质的区别，是一种跨越，完成这种跨越靠高技术建设。高技术建设好比一个坡，爬得上去就取得了下个世纪的主动，爬不上去就被动。

(二)作战理论对军队建设的牵引作用更加明显。当前的战争形态正处于历史性过渡时期，即由工业时代的战争向信息时代的战争过渡。未来的战争是什么样子，建设什么样的军队才能适应未来战场的要求，有各种各样的说法。有说是远距离精确打击战的，也有说是信息战的，其中说的最多的是信息战。基于高技术的发展和对未来战争的预测，美国提出了“信息战理论”，并且提出以这种理论为指导，进行军队建设的种种尝试。这就使人联想到 80 年代初，美国曾提出“空地一体战”理论，美军以这一理论为指导，带动军队各方面的建设，使军队建设无论在编制体制上，还是装备的发展上都有一个大的飞跃。可见，一种理论的提出，如果得法，的确能对军队建设起超前的指导作用，而且这种作用越来越明显。

(三)信息化建设正逐步成为军队建设的一个重点。如果说“信息战”和信息化建设在两三年前还处于理论探讨和概念的解释阶段，一些人还对它持怀疑态度的话，现在以美国为首的发达国家已经进入了信息化建设的实施阶段。美国不仅把信息战写进了国防报告，而且于 1996 年 8 月正式颁布了信息战条令(《FM100-6 信息战》)，大张旗鼓地制定信息战计划，进行相关领域的建设，包括建设军事信息基础设施和建设信息化部队，西方其他发达国家紧随其后。信息化建设将成为这些国家今后一个时期军队建设的重点。当然，信息战的理论体系还不完备，信息化建设的许多问题仍需探讨。

(四)军队建设向实现“系统综合”的方向发展。未来战争中战斗力的提高特别强调依靠提高整体作战机能。基于这一点，各国在军队建设上越来越强调“系统综合”的思想。所谓“系统综合”，包括实现军队编制体制的一体化、武器系统的一体化和战场的一体化，从而使整个军事力量、一个战场或一个战区变成一个统一体，使人与武器以及各个作战单元更协调，结合得更紧密，形成力量的综合。

(五)“虚拟现实法”正在成为促进军队现代化建设的重要手段。建立在计算机和信息技术基础之上的虚拟现实模拟技术可以在视觉、听觉、触觉方面逼真地模拟战争环境。西方发达国家正日益广泛地将这一技术应用于军队建设。运用这种手段不仅可以进行部队训练，而且可以用来检验新的作战理论，检验编制体制和武器装备的性能。使用这一手段大大提高了理论研究的超前性，提高了部队训练和装备发展的质量，还可以在一定程度上节省实兵演练的费用。

（韩生民）

美国陆军数字化部队建设综述　中国《外国军事学术》1996年第7期王保存撰文称，美军于90年代初推出了"21世纪陆军"建设构想，后又将该构想改为"21世纪部队"计划。美陆军要建设的"21世纪部队"实际上就是数字化部队。数字化部队是一种全新的部队类型，其基本使命是实施并打赢信息战。

何谓数字化部队。数字化部队尚处于初建阶段，它的许多特征还没有充分表现出来，美军官方也没有完整的定义，但美国军事理论家的下述几种看法从不同侧面涉及到数字化部队的实质。其一：所谓数字化部队是指使用数字化装备，以数字化信息为媒介，对兵力兵器实施指挥控制的部队。其二：数字化部队与一般部队在组织结构上基本相同，它是通信技术数字化，C^3I一体化，武器装备智能化，作战系统网络化的部队。其三：数字化部队是用数字化技术联网，武器装备通用化，各作战单元高度协调，整体作战效能极高的部队。

美国的数字化部队建设计划分为两个阶段。第1阶段，美陆军部队将首先实现数字化。这时的数字化部队不仅仍沿用一般部队的体制编制，也不装备新武器系统，只是在现有主战装备上"嵌入"数字化通信设备、第2代前视雷达、敌我识别装置和全球定位系统。这些主战装备包括：M-1A2坦克、M-2A2火力支援车、M-2A3战车、"黑鹰"直升机、"阿帕奇"攻击直升机，"基奥瓦勇士"侦察直升机、M-109A6"侠士"自行火炮，M-106A2迫击炮等。美陆军已建有1个数字化营，1996年将建成1个数字化旅，1997年建1个数字化师，1998年再建1个数字化师，1999年建成1个数字化军，2010年陆军部队将全部实现数字化。

第2阶段，美陆军部队在数字化的基础上将进一步实现信息化，并与海、空军一道，把全美军建成一支信息化军队。信息化军队是一种"以信息为基础"的全新的军队类型，其作战理论、体制编制、人员素质、武器装备完全适应信息战的要求。从2010年以后，美陆军将首先制定出"信息战理论"，并根据该理论的要求改革体制编制，进行军事训练，发展武器装备，使部队信息化。这将需要30年左右的时间，到2040年完成。根据有两点：一是由于军费拮据，主战装备数字化后，与其配套的战斗支援和战斗勤务支援装备才能逐步实现数字化，再加上还要新研制一批信息化武器，这样，根据武器发展周期为15年推算，其装备要全部实现信息化，估计要到2030年；二是体制编制从一种结构过渡到另一种结构，并有效地运行，大约需要20年时间。到2010年以后才开始调整部队结构的美陆军，还需要约20年才能使部队建立起适应打信息战的机制。另外，由于武器装备的信息化与部队的编制改革不可能完全同步，时间差至少要10年左右。因此，预计要到2040年，美陆军才能全部完成信息化建设任务。目前，美海、空军也正在进行信息化建设。到2040年左右，各军种部队实现信息化后，还要用10多年时间进行全军数字化联网。由此可见，到下个世纪中叶，美国才可能建成世界上第1支全信息化军队。

如何建设数字化部队。最终的数字化部队（亦称信息化部队）是一种历史上从未有过的全新型部队。它不仅有适应打信息战要求的组织结构，还采用新的战法和信息化装备。要建设这样的部队，决非一朝一夕之功，而必须经过长时期的探索、试验和论证。为此，美军于1992年5月建立了6个战斗实验室，并进行了"路易斯安那演习"。

自从建立战斗实验室和设置"路易斯安那演习"以来，美军为建设各级数字化部队已经进行了多次"高级实战试验"演习，而且这种演习将一直持续到2000年。1992年9月，第1支数字化分队——M-1A2坦克排进行了实兵演练，同年12月又进行了模拟演习。1993年，共进行了4次演习。第1次是3月在"乘车作战战斗实验室"进行的武器系统横向数字化联网演练，参加演练的兵力为1个数字化特遣营，参加横向联网的装备包括M-1A2坦克、M-2A3战车、M-109A6自行火炮、OH-58D观察直升机和UH-60"黑鹰"直升机等。第2次和第3次是第8骑兵团第3营分别于7月和11月进行的两次实兵演习，演习的成果都反馈到了诺克斯堡的战斗实验室，并把成功的实验转化成了"战术技术标准文件"。第4次是第70坦克团第1营于12月进行的检验性模拟演习，它进一步检验了第8骑兵团第3营演习的成果。

1994年4月10～23日，美陆军进行了代号为"沙漠铁锤'VI'"的数字化部队与非数字化部队实兵对抗演习。主要参演部队有第24机步师第3旅、第194独立装甲旅和第177独立装甲旅。演习在全国训练中心的绵延数百平方千米的戈壁滩上进行，代表交战双方的两支装甲部队列阵厮杀，实施侦察与反侦察、机动与反机动、冲击与反冲击、突破与反突破等各种作战行动。演习的主角是1个数字化营，它的20辆M-1A2坦克、6辆M-2A3战车等120多件数字化装备显示了巨大威力，最后以数字化部队大败非数字化部队告终。这次演习是美军进行数字化部队建设的一个重要里程碑，它使美军看到了数字化部队的巨大潜力。

在 1995 年 8 月 14～31 日的“集中派遣”演习中，第 33 装甲团第 2 营特遣队扮演己方部队，陆军国民警卫队第 123 装甲团第 1 营扮演敌方部队，演练的主要科目是数字化营的火力运用、作战指挥、情报保障和战斗勤务保障，目的是检验数字化营的战术、技术规程。通过演习使美军认识到：未来的战场指挥官能更清楚地了解战况，能近实时地掌握战场上所发生的一切；未来的部队能在整个作战空间实施分散的独立作战，而不必设调整线和部队分界线；防御与进攻的界线更加模糊，数字化部队能始终保持进攻态势。

1997 年 2 月，美陆军在国家训练中心进行代号为“21 世纪部队特遣队”的检验性演习。试验部队是第 2 装甲师的 1 个旅，该旅编有 1 个配备数字化系统和 M-1A1 坦克的装甲营、1 个配备数字化系统和 M-2A2 战车的机械化营和 1 个轻步兵营。这些分队都拥有“战斗力倍增系统”。在这次演习中，美陆军将演练数字化旅的作战程序，检验 110 项新规程，53 个新系统和 20 多种软件。

1997 年 8 月，美陆军将进行“21 世纪师”演习。这次演习不用实兵，自始至终采用模拟方式进行，目的是检验与帮助确定数字化师的“合理编成”。1995 年 9 月，美陆军制定了 3 种师的编成方案，并将选择其中的一种参加演习，进行试验。这 3 种师是“精锐陆军师”、“模块师”和“旅基师”。“精锐陆军师”的编制与现行的基本相同，只是师司令部的结构和规模稍有调整，以加快信息传输。“模块师”将由 1 个轻步兵旅、1 个机步旅和 1 个装甲旅组成。每个旅稍大于现行同类旅，不仅拥有现有的 3 个作战营，还有 1 个装甲骑兵营。根据“旅基师”方案，师将不再拥有建制旅，而是视情况由军临时配属。例如，在维和时，可给师配属 1 个轻步兵旅、1 个宪兵旅、1 个装甲骑兵营和 1 个防空兵支援营特遣队。“旅基师”司令部只有 1 个营级分队，对战斗支援分队和战斗勤务支援不再拥有集中控制权。“旅基师”的旅将遂行现行师的任务。1999 年，将进行“21 世纪军”演习。在这次演习中，陆军不仅要检验数字化军的编成和指挥结构，还要演示快速投送部队使用的高技术兵器和先进的运送设备的性能。

数字化部队的优长。美军从多次试验演习和理论研究中发现，数字化部队与一般部队相比有很多优长：

（一）作战行动更加迅速。数字化部队的兵力兵器由于配备有数字化 C^3I 系统，所以信息灵、传递快，能对战场上出现的各种情况，立即作出反应，迅速采取对策；能实时发现目标，实时决策，实时指挥，实时机动，实时攻击；能把过去在战场上需要几小时乃至更长时间才能做完的事，压缩到几分钟，甚至数秒钟；能使定下决心与作战进程几乎同步进行，使己军行动比敌军快半拍，从而使己军永远掌握主动，敌军永远处于被动。

（二）作战指挥更加灵活。数字化部队采用数字编码、数字压缩和数字调制解调等信息处理技术，实现了作战信息获取、传递和使用一体化。各级指挥官利用数字化通信系统，可随时了解战场的真实情况，根据上级意图指挥部队行动，摆脱了指挥方面的依赖性，使具体指挥权分散化，使指挥程序简单化。数字化部队的通信网络，有全方位传递信息的能力。指挥官可根据对战场情况的判断，直接指挥下属战斗单位。数字化电台通过单信道地面与机载系统联入诸军兵种 C^3I 网，指挥官能同时与所属各部队通信，对分散在各方向、各地域的各作战部队进行横向协调，保证了战场信息上传下达的快速性。

（三）作战协同更趋简单。部队实现数字化后，可使复杂的作战协同趋于简单化，其原因有三：一是数字化通信网络“声像化”后，信息可实时传递，上级指挥官只要发出指令，各作战平台就会按上级意图协同动作，以最快的速度形成战斗力；二是作战命令能直接显示在各作战单元的计算机终端显示屏上，由于每个战斗人员都配有全球定位接收装置，都知道自己在战场上的准确位置，因而很容易采取协同动作，形成整体合力；三是数字化技术可对战场情况进行计算模拟，通过再现战场协同和火力误伤等真实情况，采取相应措施，使作战协同更加“准确”。

（四）作战保障更趋便捷。数字化部队由于对战场情况一清二楚，因而可使繁重、复杂的作战保障变得简单、便捷。数字监视器可随时报告物资消耗情况，指挥官可以最快的速度向有关部门申请战勤保障。战勤部门可及时、准确地将所需物资送到被保障的作战单位。在战场救护方面，作战人员配有全球定位系统，时刻都知道自己在战场上的位置，在自己或战友负伤时能及时得到救治。这是因为：第一，数字化通信手段能保证他们实时地向上级报告，请求紧急战地救护；第二，它们能及时、准确地报告伤员的位置，使抢救组能迅速地搭乘直升机或救生车，直接赶至伤员所在地；第三，在救治组赶到之前，士兵可利用头盔上的电视摄像机，对准伤员，将受伤的部位和救治措施的图像直接传到遥远的急救中心，那里的军医可进行互救指导，让其采取应急措施挽救生命。

(五)作战能力大幅度提高。数字化部队改变了传统的作战方式，使信息获取、传递、处理实时化，使目标探测、监视、分配、打击、毁伤评估一体化，从而使部队的整体合力得以充分发挥，使部队的作战能力得到“倍增”。另外，通信与指挥采用数字压缩技术后，其保密性好，容易达成战役、战术突然性；数字化装备反应速度快，抗毁能力强。这些都可提高作战效能。数字化部队的战斗力一般是同级非数字化部队的3倍。

美军数字化战场建设述评　《外国军事学术》1997年第1期王保存撰文称，美国著名未来学家托夫勒指出，建设数字化战场是一项比研制原子弹的“曼哈顿工程”更具挑战性的系统工程，“战场数字化是打赢信息战的关键”。为了在下个世纪的军事斗争中保持优势地位，打赢未来高技术战争——信息战，美军正在大力推进数字化战场建设。

数字化战场的定义与实质。美陆军数字化办公室主任里格比少将说：战场数字化是指，用信息技术在整个战场上及时获取、交换和使用数字化信息，以分别满足决策者(指挥官)、战斗人员和战斗保障人员的需要，使其能清楚而准确地掌握保障计划制定与实施所必需的作战空间内的情况。美陆军少将阿诺德认为：建设数字化战场，就是要求在整个战场上的战斗系统、战斗支援系统和战斗勤务支援系统中运用信息技术，使各级指挥官与参谋人员能够利用共用数据库，获得清楚、准确和需要的战场空间信息，缩短采取行动的决策周期，同时又为战斗人员和保障人员提供相关的实时情报信息，使他们能更有效地遂行作战与保障任务。

另外，还有一些美国军事理论家也给数字化战场下过不少定义，下面几则颇具代表性。其一是，所谓数字化战场，就是用数字化通信系统和信息系统将战场上的各种武器平台和各兵种分队连接起来，在其之间建立起一条数字式指挥控制链，以便迅速准确地提供所需信息。其二是，战场数字化亦称数字化战场，是指把文字、语言、声响、图像等信息转换成数字信息，尔后将数字信息在各作战平台之间进行传输、处理，达到整个作战系统的资源共享，实现战场指挥、控制、通信、情报一体化。其三为，数字化战场是指在整个作战空间内，运用信息技术手段及时获取、交换和使用数字化信息，分别满足决策者、战斗人员和战斗保障人员需要的战场环境。

上述定义从不同角度描述了数字化战场的特征，从不同侧面反映了数字化战场的本质，但又都不够全面。对美军所谓数字化战场的定义比较全面、准确的表述应该是：数字化战场是以计算机信息技术为基础，用技术化手段把战场上的话音、文字、数据、图像等各类信息变为二进制编码的数字信息，通过无线电台、光纤通信、卫星通信等信息传输手段，把覆盖整个作战空间的通信系统、指挥控制系统、协调协同系统、情报传输系统、计算机工作站、各级数据库和各用户终端联为一体，使战场指挥所、各作战与保障部(分)队、各武器系统直至单兵一体化，使探测目标、跟踪目标、指挥决策、实施打击、毁伤评估“联动化”的综合网络系统。这个立体交叉、纵横交错的计算机网络系统的功能是：充分发挥数字通信快速、准确、量大的优点，使各级作战部队和各种作战与保障人员能够快速、有效地获取和使用信息，随时随地了解战场情报，提高指挥决策能力，使部队的战斗力、生存力、快速反应和协同作战能力得到“倍增”。

数字化战场的特点。数字化战场是高度网络化、一体化的战场。在这样的战场上，信息能被各种数字化系统准确无误地实时采集、传输、处理与使用。因此，这种战场环境与传统的战场条件相比，有很多根本不同的特点。

1. 战场较为透明。沙利文讲，数字化战场的透明度将比“海湾战争中提高一个数量级”。在数字化战场上，各级指挥官乃至基层士兵都能通过各作战单元装备的计算机显示器，看到整个战场的“同一幅画面”。而且这幅“画面”是动态的、连续传输的，可使有关人员随时了解战况的变化；每个作战平台和士兵都能通过计算机和全球定位接收装置，了解自己和敌军在战场上的准确位置；前沿侦察兵可利用头盔上的微型摄像机把侦察到的情报实时地传输给指挥部和各作战平台，实现信息共享；数字化夜视器材的广泛使用，将使战斗不分昼夜地进行，知己知彼的能力大大提高。

2. 战场高度网络化、一体化。数字化战场实际上是一个庞杂的、高度一体化的信息网络，编织在这个网络内的既有各军兵种的部队、各种作战人员、各类武器系统，也有各个作战系统和各级作战机构。在这个网络中，牵一发动全身，只要一方有情况，其他各方均能知晓。

战场的网络化必然导致战场的一体化，使各项作战职能和所有作战单元形成一个有机的整体；使情报侦察、通信、指挥与控制、部队机动、火力打击、损伤评估之间，指挥官与其部(分)队之间，前方部队与后方部队之间，陆、海、空、天的作战行动之间密不可分，“实时联动”，从而极大地提高整体作战能力。正如美军数字化部队在演练中所表现的那样,只要敌军攻击数字化部队的一部分,就会遭到“整体部队”的毁灭性反击。“整体部队”可用各种兵器打击敌军,使整个战场的作战行动呈现高度一体化。

3. 作战空间大,兵力密度小。数字化战场的另一个明显特征是作战空间大,兵力密度小。作战空间扩大的原因有二:一是即使在小规模战争中,也需要部署在世界各地和太空的卫星监视系统、空中预警与控制系统、联合监视与目标攻击雷达系统、无人驾驶飞机,搜集、处理和传输大量情报信息;二是信息武器可以从远距离上攻击各种目标,使目前的陆、海、空三维战场变为陆、海、空、天、电磁五维战场。例如,可用停泊在上千千米之外的水面战舰或潜艇发射的弹道导弹、巡航导弹攻击敌坦克,用经过多次空中加油的隐形战斗机攻击敌指挥控制中心。随着 C^4I 系统的发展和武器性能的进一步提高,战场指挥官的观测范围将不断扩大,对作战空间的控制能力将不断加强。同时,各军种的作战空间相互重叠,联合作战指挥官可利用各军种的武器系统,在整个战场范围内攻击各种目标。

战场兵力密度逐渐变小,是战争发展的必然趋势之一。在第一次世界大战时,每平方千米部署兵力多达404人;二次世界大战期间,每平方千米的兵力为36人;1973年的阿以战争中,降到25人;到了海湾战争时,每平方千米只有2.34人。在未来的数字化战场上,兵力密度将更小,这也与武器装备性能的提高、战场透明以及大量使用机器人密切相关。

4. 争夺“制信息权”的斗争异常激烈。美国军事理论家约翰·阿奎拉指出:“制信息权的最简单、最准确的定义是,在了解敌方的一切情况的同时,阻止敌方了解己方的情况。”他还说,“制信息权将成为影响战争进程和战争结局的主要因素”。在数字化战场上,大多数参战人员在大多数情况下,处理的不是物质和能量,而是信息,因为信息已取代物质和能量成了制胜的关键。部队战斗力的形成和发挥及有效的作战指挥,主要依赖于信息的采集、处理、传递、控制和使用。优势之旅,一旦失去了“制信息权”,将成为“瞎子、聋子和靶子”,陷入被动挨打的困境;劣势之军如果掌握了信息优势,就可夺取战场主动权。由于未来的战略、战役、战术级作战行动都是凭借和围绕信息展开的,因此争夺制信息权的斗争将异常尖锐、激烈,并贯穿于战争的全过程。

建设数字化战场的步骤与措施。根据美军公开发表的材料分析,美军数字化战场建设即使与数字化部队建设同步进行,估计也要到下个世纪中叶才能最后完成。

美军数字化战场的建设工作拟分3步进行。第1步从90年代初到2010年,重点是使旅和旅以下部队的现有装备数字化,尤其是使各兵种的作战平台数字化,初步建成数字化陆战场。在这一阶段,美陆军计划投入21亿美元,对约11000件现有的和正在研制的武器装备进行数字化改造,使其配备相应的数字化硬件与软件。所用的数字化系统主要有:联通所有作战平台的单路地面与机载无线电通信系统,安装在装甲车辆上的车际信息系统,配置在直升机上的调制解调器,增强型定位报告系统,全球定位系统接收装置,便携式计算机,以及先进的无人侦察机等。

第2步从2010年到30年代末,将使陆战场全面实现数字化、一体化,并分别建成数字化空战场和数字化海战场。数字化海、空战场的建设比较容易,因为海、空军装备的信息技术含量比陆军的装备高。这一阶段的主要工作是:各军种进一步完善自己的 C^4I 系统,参联会建成全球指挥控制系统和战区联合作战指挥系统,制订出通用数据管理规程等,实施各种“先进技术演示”。

第3步从21世纪30年代末到50年代。在这一时期,将建成陆、海、空、天一体化数字化战场,重点是构建“保障军事行动的全球信息基础设施”。全球信息基础设施是一个由军民用网络和基础设备组成的、庞杂的信息大系统,主要包括十大部分,即美国公用接线台网、商业通信卫星系统、导航系统、全球定位系统、跨洋电缆系统、对外电话与电报网、数据库系统、互联网络、国防部军用卫星通信系统以及支援性基础设施。

为建设数字化战场,美军正在或即将采取多种措施,主要有3项:

1. 成立相应机构。根据1994年9月克林顿总统发布的第29号总统令,美国防部成立了美国安全政策委员会和国家信息系统安全保密委员会。前者负责军事安全保密政策和数字化战场建设方针的制定,后者负责数字化战场上秘密信息和敏感信息的安全保密管理。另外,还建立了在全美军范围内负责规划和设计数字化战场的单位:如美军联合参谋部信息战局、国防信息系统局、国防部全球定位系统研究组等。在军种一级,美陆军于1994年6月成立了数字化办公室,负责数字化陆战场的设计与建设。美海军于1994年8月和1995年1月分别成立了海军信息战中心和舰队信息战中心,共同负责研究数字化海战场所需的技术和软件。美空军信息战中心成立于1993年10月,负责数字化空战场的建设工作。

2. 推行"横向技术一体化"。所谓"横向技术一体化",就是在不断开发新武器系统的情况下,充分利用现有的军用与民用技术,用共同的软件、标准、规程及一般通用技术,从横向上对现有武器系统进行现代化改造或改进,使其具备通用性、联动性、协调性,从而提高所有武器系统和作战系统的整体作战效能。推行"横向技术一体化",一是可把战场上的所有作战系统和各种作战职能从横向上联为一个整体,使信息在各个作战单元能顺畅流动;二是可大幅度地提高装备建设效益。这是因为,美军经过多年从纵向上发展一代比一代先进的武器之后,其许多装备在射程、精度、速度和杀伤力等性能指标上,已达到或接近达到物理极限,要继续提高这些指标已很困难,即便有所提高,也投入太大,效费比太低。

3. 实施信息资源标准化。建设数字化陆、海、空、天战场,各信息系统的计算机体系结构、操作程序、程序设计语言、应用软件、数据库语言和通信规则等,在全军范围内必须实现标准化、通用化。为此,美国防部将推行两项信息资源标准化计划。一项是全军指挥、控制、通信、计算机与情报系统标准化计划。通过实施这项计划,将建立一个全球军事信息数据库系统和一个全球网络系统,以使部署在世界各地的美军部队共享全球信息。另一项是国防信息管理标准化计划。实施该计划的目的是,用通用软件对国防部各信息系统进行改造,以实现信息管理与使用的标准化,通用化。

建设数字化战场面临的问题与挑战。美军建设数字化战场还面临着许多问题,主要有:

1. 认识不统一。美国各军兵种对实现战场数字化的认识不一致。陆军对数字化战场建设很积极,并制定了详细计划;而海、空军因为自己是技术军种,装备的数字化程度高,对数字化海、空战场的建设持消极态度,至今还未制定有关计划。美国会参众两院也有人对战场数字化计划持不同意见,如参院军事委员会"空地一体战力量防务小组"主席约翰·华纳认为,"军队还缺乏在战斗中使用数字化装备的技术专长"。还有人说,陆军部队过份依赖数字化战场,一旦数字化网络被摧毁,就会无法遂行作战任务。

2. 经费不足。美国防预算连年下降,如按 1996 财年不变价值计算,1990 财年为 3497 亿美元,1993 财年为 2893 亿美元,1997 财年则降至 2359 亿美元。陆军军费下降幅度更大,1990 财年为 939 亿美元,1997 财年则为 561 亿美元,下降了 40%。因此,虽然建设数字化战场无须研制全新的主战装备,只对现有的武器进行数字化改造,但由于现有装备数量巨大,所需费用也相当可观,陆军要很快筹措到足够经费决非易事。

3. 技术复杂。要建设数字化战场,必须解决好如下 6 个技术问题:一是要把各种传感器收到的信息转化为数字编码形式;二是对数字化信息进行处理;三是使数字化装置与模拟装置接口;四是使各作战平台上的数字化系统互联;五是研制高清晰度数字显示器;六是建立沟通作战部队与作战平台的数字通信网络。前 3 项技术比较容易解决,后 3 项技术解决起来则难度较大。此外,还要解决系统保密、格式规范、标准统一等技术难题。

4. 信息网络易损。数字化战场是由许多信息网络构成的战场。这些网络的计算机系统容易受到计算机病毒的干扰与破坏。计算机病毒可造成死机,可扰乱屏幕图像,可破坏数据和软件。信息网络中的控制节点和中继节点,受到攻击后容易受损,从而导致整个系统的瘫痪。在平时与战时,美军有 95%的通信是在平民百姓使用的通信网上进行的。此外,美军还有 15 万台以上的计算机与互联网络相联。地方网络系统安全保密性差,很容易受到电子攻击。

(本栏责任编辑　姚宏德)

国际组织、条约

国 际 组 织

联合国 *概况* 1945年10月24日,在中、苏、美、英、法和其他多数签字国递交批准书后,《联合国宪章》开始生效,联合国正式成立。根据宪章规定,联合国的宗旨是:维护国际和平与安全;发展国际间以尊重人民平等权利及自决原则为根据的友好关系;促成国际合作。截止到1996年12月底,联合国拥有会员国185个。联合国的主要组织机构包括:(1)大会,由全体会员国组成,是联合国的主要审议机构,每年举行1次。大会主席由全体会员国选举产生,任期1年。1995年9月19日选出的第50届联合国大会主席为葡萄牙前外长弗雷塔斯·多阿马拉尔,1996年9月17日选出的第51届联合国大会主席为马来西亚常驻联合国代表拉扎利·伊斯梅尔。(2)安全理事会,简称安理会,系联合国唯一有权采取行动以维持国际和平与安全的机构。安理会决议对联合国全体成员国具有约束力。安理会由5个常任理事国〔即中、俄(1991年12月24日取代业已解体的原苏联席位)、美、英、法〕和10个非常任理事国组成。非常任理事国由大会选举产生,任期两年,每年改选5个,任满不能连任。1995年的10个非常任理事国是:博茨瓦纳、德国、洪都拉斯、印度尼西亚、意大利、阿曼、阿根廷、捷克、尼日利亚、卢旺达。1996年的10个非常任理事国是:埃及、智利、波兰、韩国、几内亚比绍、博茨瓦纳、德国、洪都拉斯、印度尼西亚、意大利。安理会主席由成员国代表按英文字母顺序轮流担任,任期一个月。(3)经济及社会理事会,由54个理事国组成,每年开会两次,讨论国际经济、社会、文化、教育和卫生等问题。(4)国际法院,设在荷兰海牙,由15名法官组成。法官由大会和安理会分别选出,任期9年,每3年改选5名,可以连任。(5)秘书处,联合国的行政机构,设秘书长1人,作为联合国的行政首长。秘书长由安理会推荐,经大会任命,任期5年,可以连任。现任秘书长是布特罗斯·加利(埃及人,任期至1996年年底;自1997年1月1日起,科菲·安南为秘书长)。联合国总部设在美国纽约。

主要活动 **联合国大会** 1995年9月19日,具有历史意义的第50届联合国大会在纽约联合国总部的大会堂隆重开幕。大会一致选举葡萄牙前外长弗雷塔斯·多阿马拉尔为本届联合国大会主席。多阿马拉尔在就任演说中指出,50年来联合国取得了巨大成绩,但是,联合国过去的50年并非只有成功和胜利,同时也有错误和失败。如果说联合国成立是对第二次世界大战结束的合适反应,那么对冷战结束应有什么合适的反应这个问题还没有得到解决。严酷的国际现实表明,和平还需要加强,国际新秩序还需要确定。联合国秘书长加利也在大会上发表了讲话。185个会员国的代表全部出席了这次会议。

1995年9月20日,联合国大会总务委员会举行会议,就台湾"代表权"问题进行讨论。中国常驻联合国代表秦华孙首先发言指出,台湾问题纯属中国内政,任何国家都无权插手、干涉。以任何理由、任何方式提出"台湾在联合国的代表权"都是对中国主权和领土完整的严重侵犯,都是对中国内政的粗暴干涉,也将对地区稳定与世界和平构成威胁,是中国政府和中国人民所坚决反对的。苏丹、马其顿、蒙古、巴西等20多个国家的代表发言支持中国的立场。主持会议的联合主席多阿马拉尔在听取各国代表发言后宣布,在有表决权的28个总务委员会成员国中,只有3个国家支持台湾"代表权"提案,因此他决定不把该提案列入本届联大议程。在没有反对的情况下,他一锤定音。台湾"重返"联合国的图谋连续第3次遭到可耻的失败。

1995年9月25日～10月11日,第50届联合国大会举行一般性辩论。包括中国在内的177个国家的代表在全体会议上发言,就当前的世界形势和重大国际问题,以及联合国的改革等发表了各自的看法。从中可以看出,在即将跨入新世纪之际,世界呼吁一个适应新时代需要的联合国。

1995年9月27日，出席50届联大的中国代表团团长、国务院副总理兼外长钱其琛在大会上发言，就维护联合国宪章、维和行动原则、核不扩散、和平与发展等问题阐述中国政府立场。钱其琛首先指出，50年来联合国走过了一条曲折而不平坦的道路。历史反复证明，只要坚持联合国宪章的宗旨和原则，联合国就能对维护和平、促进发展发挥积极作用。反之，违反或偏离联合国宪章的宗旨和原则，就会损害联合国的尊严和形象，削弱联合国的作用。因此，继续坚持和弘扬联合国宪章的宗旨和原则，是各会员国义不容辞的共同责任，也是联合国改革应该遵循的基本原则。关于维和行动，钱其琛提出应该确立和遵循以下指导原则：遵循联合国宪章的宗旨和原则，特别是尊重国家主权和不干涉内政的原则；坚持以斡旋、调解、谈判等和平手段解决争端，不应该动辄采取强制性行动，即使是人道主义行动，也不应诉诸军事手段；反对实行双重标准，不能把个别或少数国家的政策主张强加给联合国安理会；不能允许少数国家假联合国之名，行军事干涉之实；采取维和行动，要遵循事先征得当事国的同意、严守中立、除自卫外不得使用武力等被历史证明是行之有效的一系列原则；坚持实事求是，量力而行，条件不成熟时不应该实施维和行动，更不应该使之成为冲突一方，偏离维和的根本方向。关于不扩散核武器问题，钱其琛郑重表示：中国支持不晚于1996年就不扩散核武器条约达成协议，并将继续与各国一道，为实现这一目标共同努力。条约一旦生效，中国将停止核试验。关于和平与发展问题，钱其琛强调说，支持和帮助发展中国家振兴经济，为它们创造有利的外部环境，既是促进世界各国经济共同增长和普遍繁荣的重要条件，也是维护世界持久和平与稳定的重要保证。在当前形势下，联合国至少应像重视和平问题一样重视发展问题，在促进广大发展中国家的经济增长和发展方面，切实履行宪章赋予的责任，发挥更加积极的作用。在联合国改革过程中，联合国在发展方面的职能不仅不应被削弱，而且应该予以加强。

1995年10月22～24日，联合国成立50周年特别纪念会议，在纽约联合国总部举行。22日上午举行了隆重的开幕式。会前，185个会员国的领导人在联合国经社理事会会议厅聚集一堂，集体合影，留下了联合国历史上空前的一张"全家福"。它的前排正中，从左至右依次是中国主席江泽民、美国总统克林顿、联合国秘书长加利、本届联大主席多阿马拉尔、俄罗斯总统叶利钦、法国总统希拉克。多阿马拉尔首先在开幕式上致词，对联合国成立50年来的成就和今后的改革方向作了简要的回顾和展望。他说，"支持联合国应是我们这次特别纪念会议的共同誓言。改革联合国应是这3天中我们的政治承诺。"联合国秘书长加利对与会各国领导人表示欢迎，并指出，21世纪的世界将面对两种对立的趋势——全球化和分裂化，对此，联合国应当有所作为。随后，各国领导人依照大会预定的次序作简短发言。在为期3天的时间里，共有200位各国和国际组织的领导人发言，其中包括91位国家元首和37位政府首脑。

1995年10月24日，中华人民共和国主席江泽民在联合国成立50周年特别纪念会议上，作了题为"让我们共同缔造一个更美好的世界"的发言。他指出，联合国是反映国际风云变幻的一面镜子。50年来世界政治格局几经演变，联合国也走过了一条不平坦的道路，世界的发展变化昭示人们：人民是历史的创造者和推动者；历史洪流回旋跌宕，奔腾不息，人类社会走向进步的趋势不可阻挡。半个世纪的经验和教训，联合国宪章的宗旨和原则，和平与发展的时代主题，向我们提出庄严而迫切的要求，那就是：我们要创造安全可靠、长期稳定的国际和平环境；我们要恪守以主权平等和互不干涉内政为核心的国际关系准则；我们要建立互利互补、共同发展的新型国际经济关系；我们要造成自主选择、求同存异的国际和谐局面；我们要共同对付人类生存与发展面临的挑战。中国作为联合国创始会员国和安理会常任理事国，一贯恪守联合国宪章的宗旨和原则，认真履行自己的国际责任和义务。中国希望联合国在国际事务中进一步发挥积极有效的作用。我们主张本着公平、合理和充分协商的精神，经过认真的酝酿和讨论，对联合国进行必要的、适当的改革。这种改革，应当有利于实现联合国宪章的宗旨和原则，有利于完成时代赋予联合国的繁重任务，有利于体现地区均衡原则，有利于增强第三世界在联合国的地位和作用。江泽民主席最后说："我们这一代政治家，对世界和平、发展与进步事业肩负着既往开来的历史使命，任重而道远。历史既公正，又无情。我们决不能辜负世界人民的殷切期望。让我们携起手来，为迎接新世纪的到来，为创造一个更美好的世界而共同努力！"江泽民主席是10月21日到达纽约的，当天即出席了中国向联合国赠送世纪宝鼎的仪式。宝鼎鼎禁(座)高0.5米，象征联合国成立50周年，鼎高2.1米，象征即将来临的21世纪。鼎内铸有铭文："铸赠世纪宝鼎，庆贺联合国50周年华诞"。

发言结束后，与会者以鼓掌方式通过了《联合国50周年纪念宣言》。《宣言》庄严地重申了会员国对《联合国宪章》的宗旨和原则的信守和承诺，决心使今后的联合国发挥新的活力和效能，促进和平、发展、平等、正义和世界人民的相互了解。《宣言》的通过标志着联合国经过50年的艰难历程后，进入一个新的发展时期。

特别纪念会议之后，联合国大会转入逐项审议预定议程，并通过一系列相应决议，其中主要有：1995年11月2日以117票赞成、3票反对、38票弃权通过的要求美国停止对古巴经济、商业、金融封锁的决议；同日通过的由法国起草、75国联署的关于在联合国总部平等地对待中、法、俄、西、阿、英6种官方语言，改变目前英文占统治地位局面的决议；11月8日，联合国大会全体会议通过无记名投票选举埃及、智利、波兰、韩国、几内亚比绍5国为安理会新的非常任理事国，从1996年1月1日起接替任期届满的阿根廷、捷克、尼日利亚、阿曼、卢旺达，任期两年；1995年12月6日通过的对由中国、美国、巴基斯坦、尼日利亚等34国组成的维持和平行动特别委员会提交的《关于进一步加强联合国在维和领域能力的报告》表示欢迎，并敦促会员国、秘书处和联合国有关机构采取措施执行《报告》所提建议的决议；12月8日通过的呼吁各会员国、联合国系统各机构以及其他国际组织采取行动，有效地执行9月间在北京第4次世界妇女大会通过的《北京宣言》和《行动纲领》的决议；12月15日通过的支持和平解决巴勒斯坦问题，要求以色列撤离自1967年以来占领的巴勒斯坦领土的决议等。

1996年4月23～25日，联合国大会全体会议讨论黎以冲突，并以64票赞成、65票弃权、美国和以色列两票反对的结果通过决议，谴责以色列军队袭击黎巴嫩平民，要求立即停止敌对行动。

1996年6月7日，联合国大会一致决定，大幅度削减维持和平行动拨款，1996～1997年拨款为14.4亿美元，比上一财政年度减少了一半以上。

1996年9月9～10日，联合国大会全体会议审议并以包括中国在内的158票赞成，印度、不丹、利比亚3票反对，黎巴嫩、叙利亚、毛里求斯、坦桑尼亚、古巴5票弃权通过了《全面禁止核试验条约》，要求秘书长作为条约保存人，尽早在联合国总部开放签署，呼吁所有国家尽早签约并完成各自国内的批准程序，成为条约缔约国。9月24日，联合国在纽约总部举行条约开放签署仪式，100多个国家的代表出席签署仪式。安理会5个常任理事国，即5个核大国的代表，按美国、中国、法国、俄罗斯、英国的顺序，依次在条约上签字。代表美国签字的是克林顿总统，代表中国签字的是钱其琛副总理。签字后，钱其琛代表中国政府就全面禁止核试验条约的签署发表了五点声明：呼吁核大国放弃核威慑政策；撤回在国外的核武器；尊重无核区的地位；不发展、不部署外空武器；谈判全面禁止和彻底销毁核武器。

1996年9月17日，第50届联合国大会在举行第128次全会后，于下午1时30分在联合国总部闭幕。第51届联合国大会随即隆重开幕。185个成员国的代表出席会议。大会一致选举马来西亚常驻联合国代表拉扎利·伊斯梅尔为本届联合国大会主席。

1996年9月18日，由联合国大会新任主席伊斯梅尔主持的51届联合国大会总务委员会作出决定，不将尼加拉瓜等极少数国家提出的所谓台湾在联合国“代表权”问题列入本届大会议程，从而又一次挫败了台湾当局在联合国内制造“两个中国”和“一中一台”的图谋。同日，联合国秘书长发言人福阿宣布，台湾当局企图通过向联合国捐款为其“重返”联合国服务，这种做法不符合联合国的规定，因而不予接受。1996年9月23日～10月10日，51届联合国大会举行一般性辨论，共有181个国家的代表发言，其中包括12位国家元首，17位政府首脑，17位副总理和106位外交部长。

1996年9月25日，中国代表团团长、国务院副总理兼外长钱其琛在51届联合国大会全体会议上发言，就促进和平与发展及核裁军问题阐述中国政府的立场。钱其琛说，世界发展很不平衡，发达国家和发展中国家的差距继续扩大。在激烈的国际竞争中，最不发达国家面临着更严峻的形势。在这种情况下，发达国家的官方发展援助连年下降，援助的附加条件越来越苛刻。联合国的发展合作基金严重匮乏，前景堪忧。国际社会，特别是发达国家有责任采取切实有效措施，扭转这种局面。促进各国经济共同发展和普遍繁荣，消除贫困，始终是联合国需要解决的重要问题。关于核裁军，钱其琛说：“为了推进核裁军，永远消除核战争的危险，我愿代表中国政府再次呼吁：一、核大国放弃它们的核威慑政策，拥有庞大核武库的国家继续大幅度削减其核武器。二、所有核武器国家都承担在任何时候和任何情况下不首先使用核武器的义务，承诺无条件地不对无核武器国家和无核武器区使用或威胁使用核武器，并尽早就此缔结国际法律文书。三、所有在国外部署核武器的国家将这些武器全部撤回本国。所有核武器国家都承诺支持建立无核武器区的主张，尊重无核武器区的地位，并承担相应的义务。四、各国不发展、不部署外空武器系统和破坏战略安全与稳定的导弹防御系统。五、各国谈判缔结关于全面禁止和彻底销毁核武器的国际公约。”钱其琛最后表示，人类既然能在20世纪制造出核武器，也完全有能力在21世纪消除核武器。中国政府和人民愿同世界各国政府和人民一道，为实现这一崇高目标而努力奋斗。

1996年10月21日，联合国大会全体会议选出肯尼亚、日本、瑞典、葡萄牙和哥斯达黎加为新的安理会非常任理事国，从1997年1月1日起接替任期届满的博茨瓦纳、德国、洪都拉斯、印度尼西亚和意大利，任期两年。

1996年10月29日，联合国大会全体会议以141票赞成、8票弃权、两票反对通过了关于和平利用核能的决议。决议强调，在设计和建立核能设施及和平利用核能活动中，必须遵守安全标准。

1996年10月31日，联合国秘书长加利宣布，他已在当天收到匈牙利政府关于该国正式批准《禁止化学武器公约》的文件，使批准该公约的国家达到65个。按照规定，当公约批准国达到65个之后，即自动在180天后生效。《禁止化学武器公约》于1992年11月30日获第48届联大通过，从1993年1月13日开始在巴黎开放签署，签署国已达180个。但世界上两个最大的化学武器国家美国和俄罗斯，虽然都已签署了该公约，但迄今它们的议会尚未予以批准。

1996年11月12日，联合国大会全体会议以138票赞成、3票反对通过决议，要求美国终止它对古巴实行的长达34年的经济封锁。这是联合国大会连续第5次通过同一内容的决议。

1996年12月17日，联合国大会全体会议根据安理会的推荐，在热烈的掌声中正式通过决议，任命来自加纳的科菲·安南为联合国第7任秘书长。其任期自1997年1月1日开始，到2001年12月31日结束。同时，大会还通过了向任期届满的加利秘书长致敬的决议，赞扬他对国际和平与发展的贡献，感谢他在过去5年中为联合国的服务。

安理会　1995至1996年，国际形势总体上趋于缓和，但在非洲和中东等地区的局部冲突仍时有发生，因此，联合国安理会在维持和平方面的工作仍然比较繁忙。

(一)关于前南斯拉夫地区冲突。1995年4月21日，安理会通过988号决议，继续放松对南斯拉夫实行的航空、体育、文化等领域的制裁，期限为75天。

1995年4月28日，安理会一致通过决议，应克罗地亚政府的要求，决定将目前驻克罗地亚的1.2万名维和士兵减至8750名。

1995年6月16日，安理会举行紧急会议，讨论波黑局势和法、英、荷3国提出的关于在波黑的维和部队中建立一支1.5万人的快速反应部队的建议。经激烈辩论，以13票赞成、2票弃权(中国和俄罗斯)通过998号决议，批准了这一建议。

1995年7月12日，安理会审议波黑局势并一致通过1004号决议，要求波黑塞族立即停止进攻并撤出斯雷布雷尼察市，恢复安全区，无条件释放联合国维持和平人员。

1995年9月15日，安理会一致通过1015号决议，将部分中止对南斯拉夫的制裁再延长180天，至1996年3月18日止。

1995年11月22日，安理会一致通过1021号决议，鉴于前南斯拉夫3方草签了全面和平协议，决定分两阶段解除对前南斯拉夫的武器和军事装备禁运。同日，安理会还通过1022号决议，取消对前南斯拉夫的经济制裁。

1995年12月21日，安理会一致通过1034号决议，强烈谴责在前南斯拉夫境内发生的违反国际人道主义的行为，呼吁波黑塞族协助国际法庭进行调查。同日，安理会还一致通过1035号决议，决定在联合国维持和平部队将权力移交给北约多国执行部队的1年期间，建立一支国际警察工作队，参与执行和平协定。

1996年2月27日，本月安理会主席、美国常驻联合国代表奥尔布赖特宣布，根据安理会1021号决议和前南各方执行代顿协议的实际情况，安理会决定解除对波黑塞族的制裁。

1996年6月18日，安理会宣布，鉴于前南斯拉夫各方已于本月14日达成了控制其重武器数量的协议，决定终止对前南地区的武器禁运。

1996年10月1日，安理会一致通过1074号决议，由于波黑选举已经顺利完成，决定立即取消对南斯拉夫联盟的全部制裁措施。

(二)关于非洲部分地区的冲突。1995年8月17日，安理会一致通过1011号决议，决定暂停1年对卢旺达的武器禁运，并决定设立1个委员会，全面调查前政府部队获得武器的情况。

1995年9月7日，安理会一致通过1013号决议，为了防止卢旺达与扎伊尔边境的大湖地区局势进一步恶化，决定立即设立1个国际调查委员会，调查违反安理会决议，向前卢旺达政府部队出售和供应武器的有关情况。

1995年11月10日，安理会通过决议，决定调整联合国驻利比里亚观察团的任务，并呼吁利比里亚各方遵守和全面执行它们所签订的所有协定。

1996年1月29日，安理会一致通过决议，鉴于布隆迪局势一直动荡,准备根据该地区局势的发展情况,采取对布隆迪实行武器禁运和禁止继续鼓励暴力行为的布隆迪领导人出国旅行等措施,以避免局势进一步恶化。

1996年3月5日,安理会一致通过1049号决议,敦促布隆迪冲突各方停止任何暴力行动和煽动暴力的行为,并认真进行谈判,加紧实现民族和解。

1996年3月8日,安理会一致通过1050号决议,鉴于卢旺达局势已基本稳定,决定自3月9日起,从卢旺达撤出联合国卢旺达援助团,同时在卢旺达留下1个由12人组成的联合国政治小组,协助卢旺达政府促进民族和解。

1996年4月23日,安理会一致通过1053号决议,敦促所有国家,特别是大湖地区各国采取必要措施,确保有效执行军火禁运,制止武器非法流入卢旺达。

1996年4月26日,安理会以13票赞成、2票(中国和俄罗斯)弃权通过了对苏丹实施外交制裁的1054号决议。这是安理会首次援引《联合国宪章》第7章对苏丹涉嫌支持恐怖主义实施制裁。中国常驻联合国代表秦华孙在表决前发言表示,中国政府一贯反对并谴责一切形式的恐怖主义,但原则上不赞成动辄援引《联合国宪章》第7章,以实施制裁的办法解决问题。

1996年8月16日,安理会以13票赞成、2票(中国和俄罗斯)弃权通过1069号决议,要求所有国家禁止苏丹的飞机在其领土起降或飞越领空,规定,若苏丹在90天内仍不将1995年企图杀害埃及总统穆巴拉克的3名嫌疑犯引渡到埃塞俄比亚受审,安理会将迅速确定本制裁措施生效的日期。

1996年8月30日,安理会一致通过决议,要求布隆迪冲突各方立即无条件开始和平谈判。

1996年11月9日,安理会举行紧急会议,讨论急剧恶化的扎伊尔东部局势,一致通过1078号决议。呼吁该地区各国不要采取使局势进一步恶化的任何行动;决定向扎伊尔派遣1支维和部队,以保障扎伊尔东部地区的人道主义援助行动的正常进行。但时至12月23日,由于情况发生变化,安理会经过磋商,一致同意不再派遣维和部队,而是任命1名派驻大湖地区的新特使。

(三)关于其他地区性冲突问题。1995年4月14日,安理会通过986号决议,有条件地允许伊拉克在今后6个月内出口价值20多亿美元的石油,以购买药物、食品等应急物品。但该决议遭到伊拉克的拒绝。

1995年5月17日,安理会审议了由博茨瓦纳、印度尼西亚等6国提出的要求以色列撤消其征用东耶路撒冷53公顷土地的决议草案。在安理会14个成员国赞成的情况下,由于美国的反对而被否决。

1996年4月18日,在以色列向黎巴嫩南部发动攻击8天之后,安理会一致通过1052号决议,要求以色列、黎巴嫩等冲突各方立即停止敌对行动。

1996年6月12日,安理会经过两天紧急磋商,一致通过1060号决议,要求伊拉克遵照安理会有关决议,立即无条件地接受武器核查。

1996年6月14日,安理会一致通过1061号决议,呼吁塔吉克斯坦冲突双方立即停火,恢复会谈,促成冲突的全面政治解决。

1996年7月26日,安理会以13票赞成、2票(中国和俄罗斯)弃权通过决议,谴责古巴2月24日击落在美国注册的民用飞机。中国代表秦华孙大使发言强调,国际法中对民用飞机不使用武力的规定应予尊重,同时,不容侵犯领空和不得滥用民用航空的规定也必须得到执行。

1996年9月28日,安理会经过长时间辩论和磋商,以14票赞成、1票(美国)弃权通过1073号决议,要求巴勒斯坦和以色列立即停止一切敌对行动,在中东和平进程的基础上恢复谈判。

1996年10月22日,安理会就急剧恶化的阿富汗局势通过1076号决议,呼吁阿冲突各方立即停止一切武装敌对行动,进行政治对话,实现民族和解,建立民族团结政府。同日,安理会还通过1077号决议,决定在格鲁吉亚阿布哈兹地区设立一个人权办事处。中国代表秦华孙大使指出,由安理会授权设立这个办事处,既不符合格鲁吉亚双方达成的协议,也超出了安理会的职权范围,中国对此持保留意见。

(四)其他重要活动。1995年4月11日,安理会一致通过984号决议,向无核国家提供安全保证。该决议由中、法、英、俄、美5国共同提出,其内容主要包括:确认《不扩散核武器条约》的无核武器缔约国有获得安全保证的合法权益;保证在这类国家遭到核武器的袭击或受到核威胁时,安理会,首先是其常任理事国,将立即按照《联合国宪章》的有关规定采取行动。

1995年9月27日,安理会5常任理事国外长举行两天会议后发表联合声明,对50年来联合国取得的成就表示满意,重申他们对联合国的支持。声明认为,可持续发展,对实现和保持和平与安全是不可缺少的,希望加强联合国在经济和社会领域的作用。中国副总理兼外长钱其琛在会上就联合国维持和平行动及安理会改革等问题发表讲话,强调联合国和安理会的一切活动应恪守《联合国宪章》原则。

1996年9月26日，安理会5个常任理事国的外长，在联合国总部发表联合声明，重申他们对联合国的承诺，敦促用政治方法解决各种冲突。

（五）其他专题性会议与活动。1995年4月29日～5月8日，联合国防止犯罪大会在开罗举行。来自全球138个国家、15个国际组织、48个非政府组织和联合国22个机构的1732名代表出席会议。会议通过了对付恐怖行动、犯罪团伙、针对妇女的暴力行动和非法贩卖军火等10项决议。联合国秘书长加利在会上致词，呼吁在同犯罪活动进行的斗争中加强国际合作。

1995年9月4～15日，联合国第4次世界妇女大会在北京举行，顺利通过了《北京宣言》和《行动纲领》。大会开幕和闭幕之际，中国《人民日报》分别发表了题为《世界妇女的希望》和《重在行动》的社论。

1996年9月16～17日，联合国主持的世界太阳能首脑会议，在津巴布韦首都哈拉雷举行。来自121个国家、地区和国际组织的数千名代表，包括代表江泽民主席的中国国务委员罗干出席会议。会议通过了《世界太阳能十年规划（1996～2005年）》和《关于太阳能及可持续发展的哈拉雷宣言》。

1996年11月13～17日，联合国主持的世界粮食首脑会议在罗马联合国粮农组织总部举行。来自世界各国的500多名正式代表，其中包括100多名国家元首和政府首脑。李鹏总理代表中国出席会议并发表题为《中国是维护世界粮食安全的重要力量》的讲话。会议最后通过了《罗马宣言》和《行动计划》。

关于联合国改革问题　当世界即将进入21世纪的时候，联合国必须改革，这一点已成为大多数成员国的共识。但如何改革却是一个复杂而有争议的问题。目前，联合国有5个改革工作组：和平纲领工作组、发展纲领工作组、安理会改革工作组、财政状况工作组及加强联合国系统工作组。前两个工作组旨在重新界定联合国在维护世界和平与安全，以及在发展领域方面的作用和目标。后3个工作组主要着眼于联合国内部机制的改革与调整。从目前的情况看，联合国改革取得了一些进展，然而由于各成员国对改革抱有不同的目的，必然有一些利益冲突。所以，在如何改革的问题上，还存在许多分歧，有些分歧是尖锐的。

安理会改革是联合国改革中最重要的方面，分歧也最大。自1994年1月安理会改革工作组正式运作以来，至今形成3种有代表性的意见。一是美国等国提出的只吸收德、日为常任理事国的“快捷法”；二是北欧国家提出的“2+3”方案，即常任理事国的扩大不仅包括德、日，而且从亚、非、拉三大洲各产生一名；三是不结盟国家提出的在常任理事国扩大僵持的情况下，首先将非常任理事国增加6至10个。对上述意见，目前各国正在进一步磋商中。中国政府不仅积极参与各方面的改革工作，而且提出了联合国改革应坚持的4条标准：改革应有利于维护成员国的主权；应有助于国际冲突的和平解决；应有益于世界各国经济的均衡、健康、持续的发展；应体现民主、公平、客观、平衡的原则。这无疑是对联合国改革的推动和促进。

中国和联合国　1996年10月25日，是中华人民共和国恢复在联合国合法席位25周年纪念日。中国《人民日报》发表评论员文章《捍卫联合国宪章的宗旨和原则——纪念中国恢复在联合国合法席位25周年》。文章指出，25年来，中国作为联合国成员国和安理会常任理事国，十分重视联合国在国际事务中的作用，积极参与联合国的各项活动，努力维护联合国宪章的宗旨和原则，赢得了国际社会的广泛赞誉。文章最后表示，尽管当前国际局势复杂多变，联合国任重道远，但作为联合国安理会常任理事国，中国将一如既往，认真履行自己的责任，为维护联合国宪章的宗旨和原则，为世界的和平、稳定与发展作出自己的贡献。

（孙叔林）

不结盟运动　概况　不结盟运动正式诞生于1961年9月1～6日在前南斯拉夫首都贝尔格莱德举行的第1次不结盟国家元首和政府首脑会议，其成员国截止到1996年底共113个。不结盟运动的宗旨是：反对帝国主义、新老殖民主义、种族隔离、包括犹太复国主义在内的种族主义，反对一切形式的征服、依赖、直接、间接、公开或隐蔽的干涉和干预，反对在国际关系中使用政治、外交、经济、军事和文化等一切形式的压力。不结盟运动的主要组织机构和活动形式有：(1)不结盟国家元首和政府首脑会议，每3年召开1次。主要任务是讨论共同关心的种种重大国际政治经济问题，加强不结盟国家的团结和统一，维护国际和平与正义。现任主席是哥伦比亚总统桑佩尔。(2)不结盟国家外长会议。基本职能是为首脑会议进行准备工作，并就重大国际问题进行协商。现任主席是哥伦比亚外长帕尔多。(3)不结盟国家协调局。首脑会议的常设机构，其代表通常由各成员国常驻联合国纽约总部的代表兼任，原则上每年举行1次部长级会议，由应届外长会议主席主持。

主要活动　1995年4月25～27日，不结盟运动部长级会议在印度尼西亚万隆举行。出席会议的有97个成员国的外长或他们的代表。会议由当时的外长会议主席、印度尼西亚外长阿拉塔斯主持。会议的主要任务是为将于10月间在哥伦比亚举行的第11次不结盟国家首脑会议作准备,着重讨论不扩散核武器条约、卢旺达危机和联合国改革等问题。会议前夕,即4月24日,与会代表在万隆隆重集会,纪念亚非万隆会议40周年。联合国秘书长加利出席会议并发表讲话,呼吁不结盟国家继续支持联合国维和行动。各国代表纷纷发言,盛赞当年出席会议的亚非29国领导人的远见卓识,呼吁重振播下不结盟种子的万隆精神。

1995年10月18～20日,第11届不结盟国家首脑会议在哥伦比亚的卡塔赫钠举行。113个不结盟运动正式成员国的50位国家元首和政府首脑以及其他高级官员、12个观察员国和20多个特邀国的代表出席会议。会议由新任不结盟运动主席、哥伦比亚总统桑佩尔主持。他在长篇讲话中强调,不结盟运动应继续坚持其基本原则,在国际事务中发挥重大作用。联合国秘书长加利在致辞时指出,国际社会不应忽视占世界大多数的第三世界的声音,否则,国际关系将受到损害。会议经过充分讨论,一致通过最后文件。该文件由全球事务、对国际形势的分析、经济事务与国际经济合作新格局、社会事务4个部分组成,强烈要求建立和平、公正、平等的新国际秩序。除最后文件外,会议还就具体问题通过了一些决议,并正式接纳土库曼斯坦为新成员国,使不结盟运动的成员国达到113个。中国代表团团长、国务院外办主任刘华秋作为观察员国代表出席了这次会议。

1996年5月15～16日,不结盟运动协调局部长级会议,在哥伦比亚的卡塔赫钠举行。来自74个不结盟国家的代表,其中包括13位外长和10位副外长出席了会议。会议由哥伦比亚外长帕尔多主持,其宗旨是确定关于接纳新成员和作出决定的程序。

1996年9月3～6日,第5次不结盟国家新闻部长会议,在尼日利亚首都阿布贾市举行。来自不结盟运动80多个国家的新闻部长或他们的代表出席了会议。会议发表宣言,谴责在传播新闻信息过程中,对别国进行任何形式的控制和征服,尤其是对不结盟运动成员国进行侵略、经济封锁和干涉的行为;号召不结盟国家同西方传媒对不结盟国家进行的充满偏见和歪曲的报道作坚决的斗争。

(孙叔林)

北大西洋条约组织 概况 1949年4月4日,美国、加拿大、英国、法国、荷兰、比利时、卢森堡、意大利、葡萄牙、丹麦、挪威、冰岛等12国在华盛顿签署了《北大西洋条约》。1949年9月17日召开第1次理事会,决定成立北大西洋条约组织的各种机构,北大西洋条约组织从此成立,简称北约。希腊、土耳其于1952年2月18日、联邦德国于1955年5月5日、西班牙于1982年5月30日先后加入北约,现有16个成员国。

北约的主要机构:(1)北大西洋理事会,即部长理事会。北约最高权力机构,由各成员国外交部长组成,必要时政府首脑、国防部长、财政部长也可参加,每年举行两次会议。主要负责审定政治、军事方面的重大问题。(2)防务计划委员会。由参加北约防务一体化指挥系统的13个国家和西班牙的国防部长组成,每年开会两次,主要负责制定统一的军事计划。法国于1966年7月1日退出一体化,冰岛因无军队未参加,西班牙虽未参加一体化,但参加会议。(3)常设理事会。部长理事会和防务计划委员会休会期间的最高执行机构,由各成员国派大使级常任代表组成。北约秘书长任主席,常设理事会下辖政治、经济、军事等各种专业委员会,其中包括核防务委员会及其所属的核计划小组等。(4)国际秘书部。负责北约的会议准备、组织和联络工作,由秘书长直接领导。秘书长也是部长理事会、防务计划委员会、核计划小组的主席。(5)军事委员会。北约的最高军事指挥机关,由参加北约的防务一体化指挥系统的各国总参谋长组成。法国派联络官、冰岛派文官、西班牙派常驻代表参加,负责拟定军事政策和战略方针,向部长理事会和防务计划委员会提出建议,并领导北约部队各战区司令部。军事委员会下辖欧洲盟军最高司令部、大西洋盟军最高司令部、美国—加拿大地区计划小组等。各国向上述战区司令部提供的部队,接受军事委员会和本国政府的双重领导。

此外,北约还有以下两个重要机构。其一,北大西洋议会。系北约成员国议会间组织。议员由各成员国议会指定,名额按国家人口比例分配。其宗旨是鼓励各国议会的合作,密切各国议会与北约各机构的联系,推动实现北约的目标。该议会每年秋季召开1次全会。其二,北大西洋合作理事会,简称北合会。1991年11月7～8日举行的北约首脑会议决定成立北大西洋合作理事会,邀请苏、波、罗、保、捷和波罗的海新独立的拉脱维亚、爱沙尼亚、立陶宛3国参加。北合会由北约成员国和被邀请的北约和平伙伴关系国的外长组成,主要任务是磋商北约和被邀请国家在政治及安全方面的联系和合作问题。北和会于1991年12月召开第1次会议,此后每年6月和12月各召开1次会议。目前,北合会成员国已增至42个。

北约秘书长为西班牙原外交大臣索拉纳(1995年12月19日接替克拉斯任北约秘书长),北约军事委员会主席为德国联邦国防军原总监克劳期·脑曼,欧洲盟军最高司令为美国的朱尔万上将。

主要活动 1995年7月21日，北约秘书长克拉斯、联合国秘书长加利和英、美、法、俄、德等国代表以及西班牙、乌克兰、加拿大、丹麦和欧盟的代表，在伦敦举行波黑问题国际会议。会议的日程包括：波黑难民问题、波黑政治解决进程问题和军事方面的问题。会议进行了紧张的磋商。在维和部队应继续留驻波黑的问题上取得一致意见；而对于会议提出的以北约轰炸为主要对策的意见，俄罗斯外长科济列夫明确表示反对。认为，“空袭手段无助于解决波黑问题”。会后，由英国外交大臣里夫金德宣读的会议声明中，继续强调政治解决是解决波黑问题的唯一途径，同时，向波黑塞族武装发出“使用空中打击”的严重警告。

1995年8月1日，北约理事会在布鲁塞尔总部举行会议，讨论并通过北约军事委员会提出的保护波黑“安全区”的“行动计划”。

1995年9月16日，北约同意在欧洲常规武器裁减方面对俄罗斯作出妥协，允许俄罗斯在与欧洲接壤的南北翼地区部署超出欧洲常规裁军条约限额所规定数量的武器，以防止该条约因俄罗斯的坚决反对而无法履行。

1995年9月20日，北约理事会经过1天紧张的讨论，通过了《东扩可行性研究报告》。报告全面阐述北约“为什么扩大”和“怎样扩大”。报告还说，在和平时期，北约并不要求申请国同意在其领土上部署外国军队和核武器，也不要求它们加入北约军事一体化机构。舆论认为，这是北约在东扩问题上对俄罗斯作出的重大让步，因为俄罗斯十分担心随着北约东扩而逐渐丧失传统的势力范围，安全受到威胁。它曾警告北约说，北约军队“不能越过前民主德国边界”。当然，俄罗斯更反对在前苏联境内部署核武器。报告还规定了加入北约的一系列先决条件，主要有：继续民主化进程，不得同少数民族发生冲突，奉行市场经济，尊重人权，对军队实行民主管理，军事预算公开化，参加北约的集体防务和维和行动，承担北约部分军事费用等。与前两年北约的积极态度相比，该《研究报告》的调子“非常谨慎”。北约态度的变化大致有以下几个原因：俄罗斯坚决反对；在美国国内有反对意见；中、东欧国家加入北约的条件不成熟，北约内部认识不统一。该报告将送交包括俄罗斯在内的同北约签定了《和平伙伴关系条约》的26个国家，听取意见，以便做进一步的修改和补充。

1995年9月28日，北约16个成员国和26个“伙伴国”在布鲁塞尔举行会议，正式公布了关于北约东扩计划的研究报告。

1995年10月5～9日，北大西洋议会第41届年会，在意大利的北部城市都灵举行。美国、意大利等北约16个成员国，匈牙利等15个东欧北约伙伴关系国，奥地利、埃及、以色列、摩洛哥等4个常设观察员国，塞浦路斯、芬兰、日本等6国观察员，以及欧洲联盟和欧洲议会的代表共800多人参加了会议。北约秘书长维利・克拉斯在会上指出，中欧和东欧国家加入北约和与俄罗斯建立“和平伙伴关系”，仍然是北约的两大主要任务。

1995年11月29日，北约16国国防部长在布鲁塞尔总部举行会议，就波黑维和、北约扩大、防止大规模毁伤性武器扩散、加强与和平伙伴国关系，以及北约同俄罗斯的关系等问题进行讨论，通过了今后5年的防务计划，并发表了会议《最后公报》。《公报》表示，北约将加强与和平伙伴关系国的合作，以推动北约扩大的进程。《公报》阐述了进一步发展北约同俄罗斯和乌克兰合作关系的重要性，并重申未来欧洲安全体系将建立在广泛和真诚合作的基础上，指出这需要俄罗斯“建设性的参与”。《公报》还强调维护地中海地区稳定及全面实施欧洲常规裁军条约的重要性。

1995年12月5日，北约16个成员国的外长和国防部长，在布鲁塞尔北约总部举行秋季部长理事会。这是1979年以来的首次有外长和国防部长参加的“16+16”特别会议。会议就前南斯拉夫形势、北约扩大、北约同西欧联盟及同俄罗斯的关系等问题进行了讨论，正式批准北约多国维和部队即将在波黑实施的军事行动计划，并发表了《关于波黑问题声明》和会议《最后公报》两个文件。《关于波黑问题声明》说，“我们的目标现在是致力于在波黑建立一个公正和持久的和平”，“北约不把一种解决办法强加于人，但为了使有关各方遵守代顿‘和平协议’，它将采取一些必要的措施”。会议《最后公报》说，1996年北约在扩大方面将重点做以下3个方面的工作：“加强同要求加入北约的伙伴关系国的双边和多边磋商”，“制定一项旨在加强北约和所有伙伴关系国之间联系的行动计划”，“研究北约扩大对财政和人事方面的影响”。会议还任命西班牙外交大臣哈维尔・索拉纳为北约第9任秘书长，19日正式接任。

1995年12月20日，在波黑执行维和任务的2.5万多名联合国维和部队和以北约为首的和平协议多国执行部队在萨拉热窝机场举行交接仪式，正式将波黑维和任务交给北约多国执行部队。该部队由北约将军指挥，共6万多人。至此，联合国历史上规模最大的维和行动，在没有最终完成使命的情况下宣告结束。这是继索马里维和行动之后，联合国维和行动受到的又一次挫折。联合国波黑维和行动是根据 1992 年 2 月 21 日安理会 743 号决议进行的。它的使命是为战乱中的波黑人民提供人道主义的救援，帮助这个国家恢复和平。

1996 年 3 月，法国外长德沙雷特 19 日在巴黎说，虽然法国 1995 年 12 月重新加入了北约的军事委员会，法国国防部长也已开始参加北约国家的国防部长会议，但是，法国“不会参加北约的军事一体化机构”。

1996 年 4 月 23 日，北约 16 国参谋长在布鲁塞尔北约总部举行北约军事委员会例会，法国参谋长参加了会议。这是法国自 1966 年退出北约军事一体化机构以来首次参加北约最高军事机构会议例会。会议就指导北约军事一体化机构进行改革的重大原则达成了一致。

1996 年 5 月中旬，美、法、英、德 4 国国防部长在伦敦举行了一次未加声张的会议，就北约的“欧洲支柱”问题达成协议。这项协议的内容是：美国支持欧盟实现共同的外交和防务政策，建立多国部队；只有当欧洲多国部队使用美国的情报、后勤和运输等服务时，美国才对其拥有否决权；多国部队的军事行动严格限制在欧洲地区，由北约中欧洲军官组成的司令部指挥，服从西欧联盟的政治和军事领导。这表明，议论了几十年的北约“欧洲支柱”已经崭露雏形。据报道，关于北约改革的上述协议，将于 6 月初由北约外长柏林会议通过，年底由北约理事会作出细则规定。

1996 年 6 月 3 日，北约外长会议在德国柏林举行，讨论北约进行内部结构改革问题。会议决定，建立多国多兵种特遣部队。会后发表的会议公报强调，为适应冷战后的新形势，北约决定继续进行结构改革。公报说，“这项改革的重要部分是，建立北约内的欧洲安全和防务特性，使所有欧洲盟国有能力更为团结、有效地完成联盟的任务和行动，以承担共同责任”，“必要时，欧洲盟国可独立行动”。会议为此通过建立“多国多兵种特遣部队”的计划，这支部队将能够在西欧联盟领导下采取行动。会议授权北约军事委员会就这一计划的具体实施进行研究，并提出建议。公报还说，北约愿意通过“和平伙伴关系”和北大西洋合作委员会，继续加强与中、东欧国家和俄罗斯及乌克兰的关系，北约东扩的大门仍是敞开的。但公报未就东扩问题作出具体决定。公报对北约波黑维和行动予以积极评价。公报还就保持与欧安组织等机构的合作、裁军等问题重申了以往的立场。

1996 年 6 月 4 日，第 11 届北大西洋合作理事会部长级会议在德国首都柏林举行。北约成员国和北约和平伙伴关系国的 42 位外交部长出席会议。与会外长回顾北约与其伙伴国在北大西洋合作理事会以及和平伙伴关系框架内合作的成果，认为这一成果，对加强欧洲安全和建立欧洲国家间的睦邻友好关系起到了推动作用。外长们对有 12 个北约和平伙伴关系国参加的波黑和平协议执行部队在实施和平协议方面取得的进展表示满意。同日，北约成员国外长还与俄罗斯外长普里马科夫单独举行了“16＋1”会谈。会谈后，普里马科夫在记者招待会上说，会谈“非常富有建设性”。北约现在承认俄罗斯在欧洲安全结构建设中的关键地位，俄罗斯也认为北约在欧洲安全结构建设中，起着重要作用。北约秘书长索拉纳说，扩大和加深北约与俄罗斯的关系是双方的共同愿望。在谈到北约东扩时，普里马科夫说，他对北约外长会议未作出决议感到“高兴”，表示俄愿意继续对话。俄并非反对东欧国家在政治上加入北约，但不能接受北约可能因此将部队部署在俄附近的国家。

1996 年 6 月 5 日，法国总统希拉克在内阁会议上表示，一俟在柏林举行的北大西洋理事会会议作出的决定得到充分落实，法国准备完全加入新型的北约组织。他说，北大西洋理事会会议 3 日正式批准北约组建多国多兵种特遣部队，使北约的欧洲盟国今后可以在美国不参加的情况下，利用北约的装备履行有关欧洲安全的军事使命。

1996 年 6 月 13 日，北约 16 国国防部长在布鲁塞尔北约总部举行会议，讨论波黑和平进程和如何落实 6 月 3 日柏林外交部长理事会做出的改革北约的决定等问题。北约 16 国国防部长和参谋长参加会议。法国国防部长米永参加会议，这是 30 年来法国首次派国防部长参加北约国防部长会议，受到与会各国部长和北约官员的热烈欢迎。会议发表的《最后公报》称，法国国防部长参加会议是一个“历史性事件”。舆论认为，这表明北约机构改革已向前迈出“一小步”。为落实柏林北约外长理事会作出的关于在北约组织内建设欧洲防务和建立多国多兵种部队的决定，会议责成北约常设理事会（大使会议）根据北约军事当局的意见，对上述问题进行研究，并于 1996 年 12 月向理事会提出报告和建议。会议还希望多国多兵种部队能在 1997 年举行一次由西欧联盟领导和指挥的军事演习。

1996 年 9 月 25～26 日，北约成员国国防部长非正式会议在挪威卑尔根召开。应邀与会的俄罗斯国防部长罗季奥诺夫表示俄继续反对北约东扩，但愿与北约合作。

1996年12月9日，北约发表《新闻公报》说，北约宣布成立一个新的研究和技术发展委员会，这标志着“北约内部改革向前迈出了重要的一步”。《新闻公报》还说，这个军事科技委员会将拥有北约防务研究小组和宇航研究与实施咨询小组拥有的责任和权力，同时还拥有对所有辅助机构和上述两个小组活动的监督权。该委员会将负责同时向国家军备局局长会议和军事委员会提交北约防务技术研究报告。该委员会和它的下属机构以及研究和技术发展署，将共同组成北约新的研究和技术发展组织。美国人雅利莫维茨被指定为这个新成立的研究和技术发展委员会的第1任主席，荷兰人范·霍埃克被推举为研究和技术发展署署长。

1996年12月10日，北约16国外交部长在北约总部举行部长理事会。会议决定北约将于1997年7月在西班牙首都马德里举行一次首脑会议，就北约机构改革、北约扩大及强化与俄罗斯关系等一系列有关欧洲安全建设的重大问题作出决定。会后发表的一项《最后声明》说，马德里首脑会议的计划内容主要包括：确定北约新的指挥结构、继续促进多国多兵种部队的建设、最终确立北约框架内的欧洲安全与防务特性、邀请一个或数个国家就加入北约举行谈判以及加强和深化与俄罗斯的关系。关于北约机构改革问题，外长们决定精减机构，将北约目前的65个各级司令部减至19个。但美国与法国在北约南欧司令部指挥权上的争端，由于双方立场各异仍然未能得到解决。在东扩问题上，为软化俄罗斯始终所坚持的反对立场，外长们在《最后声明》中表示，北约“无意、也没有计划和理由，在未来新成员的领土上部署核武器”，但并未作出北约在任何情况下均不把其核武器向东部署的承诺。外长们表示，北约愿意与俄罗斯发展“牢固、稳定和持久的安全合作关系”，并希望双方通过谈判早日达成一项确定合作关系内容的文件或宪章。本次外长会议还讨论了波黑局势，通过了北约波黑执行部队的后续部队在未来18个月的维和行动计划。这支3.1万人的后续部队，将在得到联合国安理会授权后，于12月20日开始接替现在的北约多国执行部队。

1996年12月11日，北大西洋合作理事会在北约总部举行。来自北约16个成员国和26个伙伴国的外交部长和代表出席，与会者讨论了欧洲安全问题并庆祝北大西洋合作理事会成立5周年。会议听取了北约秘书长索拉纳关于12月10日举行的北约外长会议情况通报，总结了北大西洋合作理事会和和平伙伴关系国1996年的工作，通过了1996年补充行动计划，并就欧洲安全、波黑形势和地区合作的前景等问题进行了讨论。与会外长对北约决定1997年召开首脑会议和赋予和平伙伴关系以更多的政治和军事实质内容表示高兴，对美国提出的将北大西洋合作理事会同和平伙伴关系计划合并和重新组建一个大西洋伙伴委员会的建议表示欢迎，并重申将继续加强同北约的合作。同时，还对瑞士决定加入和平伙伴关系计划表示欢迎和祝贺。在北约同俄罗斯进行“16+1”对话时，俄罗斯外长普里马科夫接受了北约的建议，准备同北约就签订一个“宪章”和建立特别磋商与合作机制“进行对话”，但强调签订的“宪章”应有“具体的实质内容”，而不仅仅是一个“原则协议”。普里马科夫同时还重申，俄罗斯“反对北约东扩计划”，因为北约东扩将导致欧洲出现“新的分裂”，这是俄罗斯“不能接受的”。会议商定，下次会议于1997年5月30日在葡萄牙举行。

1996年12月17日，北约16国国防部长在北约总部举行会议，讨论向波黑派遣接替将于12月20日授权期满的北约维和部队等问题。会议核准了已经北约外长会议批准的向波黑派遣多国稳定部队（后续部队）的计划。稳定部队将由30多个国家的3.1万人组成，由美国将军威廉·克劳奇担任司令。部队的半数由北约成员国提供，其中美国提供8500人，英国提供5000人，德国提供3000人，法国提供2500人。俄罗斯答应为该部队提供1300人。该部队的任期为18个月。其任务分4个阶段进行。第1阶段从本月20日至1997年2月，主要是完成部队部署工作；第2阶段是1997年2月至明年秋天，主要任务是维持波黑“稳定”；第3阶段从1997年秋天至1998年春天，主要任务是起“威慑”作用，部队人数同时开始减少；第4阶段是1998年4月至7月，完成撤军任务。

（继　先）

欧洲安全与合作组织　**概况**　欧洲安全与合作组织（简称欧安组织）的前身为欧洲安全与合作会议（简称欧安会）。50年代，当时的苏联最早提出召开全欧安全会议。1966年7月，华约政治协商会议，在宣言中正式提出召开欧洲国家参加的欧洲安全与合作会议。1972年5月，美苏就召开欧洲安全会议问题达成协议。同年11月22日到1973年6月8日，35个国家在芬兰首都赫尔辛基召开大使级会议，草拟了《赫尔辛基最后建议蓝皮书》，规定了欧安会讨论的范围和日程。欧安会于1973年7月至1975年8月分3个阶段进行，最终签署了《赫尔辛基最后文件》。此后，先后召开了4次续会和3次首脑会议。1995年1月1日起，欧安会更名为欧安组织。

主要组织机构：(1)首脑会议：每2年举行一次。(2)部长理事会：由成员国外长组成，每年至少举行一次。(3)议会：每年举行一次会议。(4)安全合作论坛：由各成员国代表团组成，每周举行一次会议。(5)秘书处。

成员国：共有54国(1996年底)。它们是：爱尔兰、奥地利、保加利亚、比利时、冰岛、波兰、丹麦、德国、法国、梵蒂冈、芬兰、荷兰、加拿大、捷克、斯洛伐克、列支敦士登、卢森堡、罗马尼亚、马耳他、美国、摩纳哥、挪威、葡萄牙、瑞典、瑞士、塞浦路斯、圣马力诺、俄罗斯、土耳其、西班牙、希腊、匈牙利、意大利、英国、阿尔巴尼亚、爱沙尼亚、拉脱维亚、立陶宛、乌克兰、白俄罗斯、摩尔多瓦、亚美尼亚、阿塞拜疆、哈萨克斯坦、乌兹别克斯坦、土库曼斯坦、吉尔吉斯斯坦、塔吉克斯坦、格鲁吉亚、克罗地亚、斯洛文尼亚、波黑、马其顿、南斯拉夫联盟。

主要活动 1995年6月以来，欧安组织有以下主要活动：

1995年7月1日，欧安组织在乌兹别克斯坦首都塔什干设立联络处，作为欧安组织在包括吉尔吉斯斯坦、塔吉克斯坦、土库曼斯坦和乌兹别克斯坦等整个中亚地区的观察站。

1995年10月12日，欧安组织常设理事会举行会议，决定从10月14日起，接纳前南斯拉夫马其顿共和国为正式成员。至此，欧安组织成员国增加为54国。

1995年12月7～8日，欧安组织部长理事会，在布达佩斯举行会议。会议通过一项欧安组织在波黑的行动计划，其中包括监督波黑的自由选举、组织促使区域稳定的谈判、建立信任与安全机制和实现武器限制等。会议还就21世纪欧洲的总体安全模式进行了探讨。

1995年6月以来，欧安组织先后派出观察员监督了欧洲一些国家的地方选举和议会选举。主要有：亚美尼亚(1995年7月5～29日)、立陶宛(1995年9月30日～10月1日)、克罗地亚(1995年10月29日)、波黑(1996年9月14日)，俄罗斯车臣共和国(1997年1月28日)等。

1995年11月23日，设在维也纳的欧洲安全与合作组织常务委员会就实施有关波黑的代顿和平协议召开会议，强调该组织应在以下几个方面发挥重要作用：监督各方裁减军备，帮助对立双方建立信任，保护人权不受侵犯，准备实施民主选举。具体措施是：在签署和平条约一周后，在波恩召开冲突各方会议，商讨如何建立信任，消除隔阂的措施，如限制军事行动，互通情况等。建立控制军备机制，在180天内使各方就坦克，装甲车，重炮和飞机等重型武器的最高限额达成一致，从而避免发生突然袭击和大型军事行动的可能。欧洲安全与合作组织还将派专人前往波黑地区调查有关人权状况。在和平条约生效6～9个月内，波黑各国将进行自由民主选举，欧安组织负责准备并实施监督。

1996年12月2～3日，欧安组织54个成员国的领导人，在葡萄牙首都里斯本举行首脑会议，共同商讨欧洲安全问题，酝酿建立新的欧洲安全机制，并就北约东扩、欧洲常规武器控制以及前南斯拉夫、白俄罗斯形势等问题进行讨论。会后发表了“关于21世纪的欧洲安全的宣言”。

此次会议的主要成果有两个：(1)与会各国领导人同意通过会谈，建立未来欧洲新的安全机制，以保障欧洲大陆的持久和平。冷战后，欧洲一体化进程有了较大发展，北约和欧盟的扩大、欧美关系以及与俄罗斯的关系出现很多新的特点，在这种情况下，改革传统的欧洲防务结构、协调各成员国之间的外交和防务政策，增强欧洲国家的共同安全意识，通过会谈规划新的安全机制已成为当务之急。(2)会议商定就削减欧洲常规武器问题举行新一轮军控谈判。俄罗斯提议，冷战时期两大军事集团之间签署的《欧洲常规武装力量条约》已不适应当前的现实；华约的解散改变了条约的基础结构；北约在中、东欧国家驻军将导致欧洲常规力量配置的重心东移。因此，会议同意就此问题重开谈判，以修改和延长实施欧洲常规裁军条约。

据报道，会议也暴露了一些分歧，主要表现在：第一，俄美在北约东扩问题上立场对立，发生激烈争吵。美国副总统戈尔在发言中坚持认为，北约将从1997年起开始实施东扩计划，接纳部分原华约国家加入北约；而俄罗斯总理切尔诺梅尔金却重申，北约东扩将使欧洲出现新的分界线，势必重新导致欧洲的分裂和对抗，并使整个欧洲的地缘政治形势恶化。白俄罗斯支持俄罗斯的立场。法国和德国对此也表示理解，并希望消除分歧，主张北约在实施东扩计划的同时，应与俄罗斯建立更加紧密的关系。第二，关于未来欧洲安全和欧安组织的作用问题，欧美俄3方的观点相距甚远。俄罗斯提议，应该让欧安组织成为未来欧洲安全建设的轴心机构，并在维护欧洲安全中发挥主导作用，以借此削弱北约在欧洲安全中的作用。美国则坚持认为，北约不论现在和将来，都是欧洲安全的支柱，欧安组织不能替代北约。法国总统希拉克主张签署一项条约或制定“欧洲安全宪章”，加强欧安组织的作用，以取代北约在未来欧洲安全中担任主要角色，目的是削弱美国在欧洲的影响。其他多数国家把欧安组织看作是维护和保障欧洲安全的论坛，主张扩大欧安组织的作用，但对俄罗斯的提议存有疑虑，担心俄罗斯以此获得对欧洲安全问题的实际否决权。因此，欧美俄3方立场对立，均力图以对己有利的安全机构为基础建立未来欧洲安全机制，并在未来欧洲安全事务中占据主导地位。

（张昌泰）

东南亚国家联盟　*概况*　1967年8月8日，泰国、菲律宾、印度尼西亚、马来西亚和新加坡等5国外长签署《东南亚国家联盟成立宣言》，东南亚国家联盟宣告成立，简称东盟。联盟的宗旨是本着平等和合作的精神，通过共同努力来加速本地区的经济增长、社会进步和文化发展，奠定一个繁荣、和平的东南亚共同体的基础，并促进地区的和平与稳定，增进地区的组织合作和相互援助，同国际组织保持紧密和有益的合作。1984年1月文莱独立并随即加入东盟，1995年7月28日越南加入东盟，该组织成员增至7国。

东盟的基本方针由东盟的首脑会议讨论通过。首脑会议不定期举行。外长会议是重要的磋商和决策机构。常务委员会由当年主持外长会议的东道国外长任主席。

主要活动　1995年7月29日至8月3日，在文莱首都斯里巴加湾，举行第28届东南亚国家联盟外长会议、第2届东盟地区论坛会议和东盟与对话国的对话会议。这是东盟扩大阵容与合作，加深地区安全对话和促进东盟与世界重要政治经济力量沟通的一次重要会议。与会各国外长就扩大经济合作、保障地区安全及加强东盟建设等问题取得一些进展。中国国务院副总理兼外交部长钱其琛出席了东盟外长会议和东盟地区论坛会议。这是钱其琛连续第5次出席东盟外长会议，中国也由最初会议东道国的贵宾成为东盟的磋商伙伴国。自东盟1994年首开地区论坛以来，中国连续两届出席论坛会议。7月30日东盟外长会议结束，并发表联合公报。主要内容如下：（一）东盟国家将继续加强地区合作以及同对话国、磋商国和观察员国的合作。（二）对越南加入东盟，成为第7个成员国以及柬埔寨成为东盟观察员表示欢迎。外长们欢迎缅甸作出的关于签署东南亚友好合作条约的决定。（三）各国外长全力支持在2003年实现东盟自由贸易区。（四）外长们期待着1995年12月在泰国召开第5届东盟首脑会议，以回顾1992年新加坡会议以来东盟的发展，为今后政治、经济合作制订方向。（五）外长们指出，亚洲和欧洲首脑欢迎1996年春在泰国召开亚欧会议。外长们一致认为，亚欧会议将成为建立亚欧高层联系的途径。（六）在谈到南中国海问题时，外长们鼓励有关各方重申遵守1992年东盟关于南中国海问题的声明原则，呼吁各方通过和平手段来解决他们之间的分歧。在本届东盟外长会议期间，钱其琛全面阐述了中国对解决南沙问题的基本立场，表示愿同有关国家根据公认的国际法和现代海洋法，包括《联合国海洋法公约》所确立的基本原则和法律制度，通过和平谈判解决有关争议。在本届地区论坛会议上，钱其琛阐述了关于开展地区安全合作的建议和主张，指出可以本着先易后难、求同存异的精神分阶段开展安全合作；各国可以对安全合作的原则、内容、范围、方式进行磋商，同时开展一些具体的合作项目，逐步建立实际和可行的信任措施。他还表示，中国政府正在研究，准备适当时候发表关于国防建设方面的文件。中国在会议上表明的立场，得到与会国的重视与欢迎。

1995年9月6日，东盟在斯里巴加湾市举行为期一天的东盟自由贸易区委员会会议。讨论到2000年建立东盟地区自由贸易区问题。出席会议的东盟各国经济部长们没能就此达成协议。

1995年12月10日，东盟经济部长达成协议，同意2000年实现东盟自由贸易区。达成此协议的目的，是为了实现在下个世纪初建立强大的新贸易集团的综合方案。

1995年12月14～15日，第5次东盟首脑会议在曼谷召开。会议强调东盟国家和本地区各国，应加强在政治、安全、经济等方面的合作，以迎接新的国际形势的变化带来的挑战。本次东盟首脑会议主席、泰国总理班汉·西巴阿差，在会上呼吁东南亚国家扩大合作，以适应正在变化中的世界经济环境。会议期间，7国首脑共签署38项促进相互间在政治、经济等领域加强合作的文件，并与柬、老、缅三国首脑签署了《东南亚无核区条约》。15日晚，会议通过旨在促进东盟的政治、安全和经济合作的曼谷声明。呼吁有核武器国家，在本地区的10个国家签署一项禁止核武器的条约之后，在实现一个东南亚无核武器区方面发挥建设性作用；敦促所有核武器国家按照它们根据不扩散核武器条约承担的长期义务，采取更加有力的措施去减少和销毁所有核武器；敦促这些国家迅速缔结一项可信的和全面的禁止核试验条约，以促进世界和平；将吸收缅甸、老挝和柬埔寨加入东盟，为迅速建立起一个囊括所有东南亚国家的东盟而努力；合作的和平和共同的繁荣，应当是东盟的根本目标；将加强东盟内部的安全合作；将谋求早日和平解决南中国海的争端，并应当继续探索防止在南中国海发生冲突和增进合作的办法与途径。

1996年3月1～2日，首次亚欧会议在泰国的首都曼谷举行。出席这次会议的亚洲方面包括东盟7国以及中国、日本和韩国领导人,欧洲方面包括欧盟15国领导人和欧盟委员会主席。会议采取非正式会晤形式,主题是"促进发展建立亚欧新型伙伴关系"。普遍认为,来自亚欧25国的领导人坐在一起,共商两大洲未来的合作大事,这在历史上尚属首次,具有深远意义。

1996年7月20～21日,第29届东盟外长会议在雅加达召开。会议着重讨论并制定了实施区域经济合作的战略和措施,强调通过加强经济政治合作,进一步繁荣东盟各国经济,增强东盟整体实力,积极参与国际竞争。会议同意中国、印度和俄罗斯成为东盟新的对话伙伴国,并希望扩大东盟与这3个新磋商伙伴国之间的合作;接受了柬埔寨和老挝提出的1997年加入东盟的正式申请;同意缅甸为观察员国。最后,发表了一份有关东盟政治与安全合作、经济合作以及东盟7国共同关心的地区和国际问题的联合公报。关于政治与安全合作,公报说,外长们认为东盟正在为维护亚太地区的和平与稳定发挥着日益重要作用,并将同对话伙伴国在地区安全问题上进行更密切的合作。

1997年7月23日,第3届东盟地区论坛会议在雅加达召开。来自7个东盟成员国、10个东盟对话伙伴国和4个东盟观察员国家的21位外长参加本届会议。中国国务院副总理兼外长钱其琛率团出席这届会议,这是中国第1次以东盟对话国身份参加论坛会议。会议发表了有关亚太地区的和平与安全的主席声明。声明说,本届东盟地区论坛会议讨论了一系列有关亚太地区和平与安全的问题。这些问题包括东南亚无核区、核试验、排雷、南海、朝鲜半岛等问题。关于南海问题,声明说,会议对有关国家根据国际法和《联合国海洋法公约》寻求和平解决问题的努力表示欢迎。关于朝鲜半岛的和平与安全,声明说,会议强调南、北朝鲜恢复对话的重要性。关于地区安全合作,声明说,与会外长们同意东盟地区论坛将继续在安全对话、交换对话活动信息和国防政策报告、加强高层次国防接触、培训军事人员、交流军事演习信息、维和行动以及赈灾、救援等方面开展合作。中国国务院副总理兼外长钱其琛在会上发表讲话说,亚太地区已步入一个持久的和平发展时期。亚太地区实现持久的和平与发展主要有4方面的因素:第一,亚太地区尤其是东亚经济蓬勃发展,各国均将发展经济作为首要任务,维护有利于经济发展的和平环境,已成为本地区各国最大的共同利益。第二,区域内经济联系大大加强,国与国之间的相互联系与依存不断加深,为地区安全提供了坚实的经济基础。第三,本地区冷战式的集团对抗和地区冲突不复存在,各国之间的协调与合作日益成为主流。第四,本地区旧有的和新出现的问题基本上控制在一定范围内,对话和谈判已成为处理国家间争端的主要手段。

1996年11月20日,东盟国家经济部长在马尼拉举行会议,签署了一项关于建立解决冲突机制问题的协议,以便为加强东盟内部经济合作创造一个良好的和平环境。

1996年11月30日,在雅加达举行首次东盟首脑非正式会议。会议分两阶段进行。上午,东盟7国的领导人就有关问题进行磋商。下午,7国领导人和应邀与会的东盟观察员国柬埔寨、老挝和缅甸的领导人,举行会谈。东盟各国领导人一致同意加强在各个领域的合作,以促进东南亚地区的和平、稳定与繁荣。与会领导人同意加快批准东南亚无核区条约的步伐,要求有关机构在1997年东盟成立30周年前完成对该条约议定书的修改工作。会议决定,1997年在马来西亚举行第2次东盟首脑非正式会议和进行东盟成立30周年庆祝活动。会后发表的声明说,会议决定加快建立"大东盟10国集团"的进程。为此,东盟将接纳柬埔寨、老挝和缅甸为新成员国。这3个国家加入东盟的具体时间将在适当的时候宣布。

(继 先)

阿拉伯国家联盟 **概况** 阿拉伯国家联盟简称"阿拉伯联盟"或"阿盟"。1945年3月22日,埃及、沙特阿拉伯、约旦、叙利亚、黎巴嫩、伊拉克和阿拉伯也门7国代表在开罗举行会议,通过《阿拉伯国家联盟宪章》,宣布阿盟正式成立。现有成员国22个。阿盟的宗旨是加强成员国之间的紧密联系,协调彼此间的政策和行动,捍卫阿拉伯国家的主权和独立,谋求阿拉伯国家的一致利益和共同繁荣。成员国相互尊重各国国家和政治制度,成员国之间的争端不得诉诸武力解决,成员国与其他国家或组织缔结的条约和协定对该联盟的其他成员国无约束力。

阿盟最高权力机构是首脑会议,自1964年起不定期举行,主要商讨阿拉伯国家和地区共同关心的重大问题。截至1996年底,先后共举行了20次首脑会议。

阿盟理事会由全体成员国代表组成,每年举行两次例会,也可以应两个以上成员国的要求随时召开特别会议,会议通过的决议只对投赞成票的成员国有约束力。

秘书处负责执行理事会会议的决议。现任秘书长伊斯马特·阿卜杜勒·马吉德(埃及人,于1991年5月15日就任)。

阿盟还设有联合防御理事会等十几个组织。

主要活动　1995年9月20～21日，第104届阿拉伯国家联盟理事会外长会议在开罗举行。与会的22个阿拉伯国家的外长，在为期两天的会议中讨论了巴勒斯坦问题、中东和平进程的最新发展和地区形势，并提出一系列建议。与会者一致强调在国际法和“以土地换和平”的原则基础上，继续推动中东和平进程的必要性，并谴责了以色列一再封锁约旦河西岸和加沙地带并逮捕巴勒斯坦人的行径，呼吁对以色列在被占领土上的挑衅和暴力行动采取针锋相对的立场。外长们认为，以色列在履行联合国有关巴以问题的决议、巴以原则宣言和开罗协议方面采取了拖延的作法，他们呼吁中东和会发起国美国和俄罗斯采取措施，敦促以色列遵守联合国决议以及巴以协议。外长们还重申，巴勒斯坦人应该恢复对耶路撒冷的主权，并将它作为首都。会议还呼吁索马里交战各方实现全国和解，并敦促伊朗将海湾中的3个有争议的岛屿归还给阿拉伯联合酋长国。阿盟秘书长马吉德在会议闭幕后表示，此次会议在政治、经济和安全等方面取得了成就，这将有助于加强阿拉伯国家联合行动。

1996年4月9日，阿拉伯国家联盟在开罗举行紧急会议，讨论以色列迪莫纳电站可能发生核泄漏的问题。阿盟22个成员国的常驻代表出席了会议。此次会议是应巴勒斯坦民族权力机构的呼吁召开的，旨在使阿拉伯国家在以色列核电站可能发生泄漏问题上采取统一的立场。会议审议了几个成员国就以色列核电站可能发生核泄漏这一问题所提出的建议。巴勒斯坦方面还要求阿盟敦促国际原子能机构检查以色列的核设施。

1996年4月17日，阿拉伯国家联盟在开罗举行为期一天的外长级紧急会议，讨论黎巴嫩局势。会议结束时发表声明，呼吁国际社会立即制止以色列对黎巴嫩的侵略，帮助黎巴嫩难民返回家园。声明强烈谴责以色列对黎巴嫩连续一周的大规模空袭，认为这一行动公然违反了联合国宪章和国际法准则，使中东地区乃至世界的和平与安全面临严重威胁。声明强调，阿拉伯国家支持黎巴嫩政府和人民反对以色列入侵的斗争，呼吁联合国安理会和国际社会谴责以色列的这一侵略行径，并采取必要的措施立即予以制止。

1996年6月22～23日，阿拉伯国家特别首脑会议在开罗举行，除伊拉克以外的阿盟21个成员国应邀与会。这次会议是由埃及、叙利亚和沙特3国领导人倡议召开的，是自海湾战争结束后近6年来，阿拉伯国家首脑举行的第1次大规模会议。在历时两天的会议中，阿拉伯国家首脑讨论了恢复阿拉伯团结及协调在中东和平进程上的立场等问题。会议结束后发表公报，强调一定要实现中东全面、公正的和平；以色列必须按照联合国有关决议和“以土地换和平”原则，从包括耶路撒冷在内的全部巴勒斯坦领土撤出；让巴勒斯坦人民行使自决权并建立以耶路撒冷为首都的独立国家。声明指出，以色列必须继续中东和平进程，遵守阿以之间签署的所有协议，不得以任何借口拖延，否则，将导致中东地区重新出现紧张，阿拉伯国家也将被迫重新审视在和平进程中采取的同以和解的步骤。公报同时要求以色列从叙利亚的戈兰高地和黎巴嫩南部地区撤军，停止在被占领土上扩建犹太人定居点。公报呼吁国际社会敦促以色列恪守和平原则，履行和平义务和已作出的承诺；要求以色列加入核不扩散条约，并将其核设施置于国际监督之下。公报还指出，为应付新形势下的各种挑战，维护阿拉伯民族利益，必须恢复阿拉伯国家的团结。阿拉伯国家应尊重彼此的主权、独立和领土完整，根据国际法和平解决彼此间的矛盾和分歧，尊重联合国宪章和阿盟宪章。加强阿拉伯国家在政治、经济等各个领域的协调与合作，进一步强化阿拉伯国家联盟的作用。会议公报还表明阿拉伯国家关于巴林局势、阿联酋和伊朗的领土争端、洛克比危机、伊拉克问题、也厄领土纠纷、索马里内乱、反恐怖主义、土以军事合作协议等问题上的立场。会议原则同意建立阿拉伯仲裁法庭，责成阿盟经济理事会采取必要措施，尽快建立“大阿拉伯自由贸易区”。

1996年9月14～15日，阿拉伯国家联盟在开罗举行第106届部长理事会外长会议。会议主要讨论中东和平进程的形势发展及伊拉克局势等问题。应巴勒斯坦自治政府主席阿拉法特的要求，开幕式结束后，与会的阿拉伯国家外长或其代表召开了紧急会议。阿拉法特在会上发表讲话指出，巴以问题是中东问题的核心，以色列拒不执行巴以协议和继续扩建犹太人定居点的顽固政策，阻碍了和平进程的发展，给和平进程罩上了阴影。他还阐述了阿拉伯方面包括巴勒斯坦为继续中东和平进程所作的努力和巴自治政权面临的困难，以及巴方对以色列拒不执行巴以协议、继续扩建犹太人定居点和耶路撒冷问题上的原则立场，以寻求阿拉伯国家对巴勒斯坦的强有力的支持。阿拉法特再次要求各方遵守不久前阿拉伯国家首脑会议作出的有关决定，并为对付以色列的强硬政策协调阿拉伯国家立场；呼吁阿拉伯国家在经济上帮助巴自治政权，以加强巴自治政权的地位。同时，他还要求阿拉伯国家采取统一行动，敦促欧洲等有关捐赠国兑现援巴诺言。会议期间，阿拉伯国家还就伊拉克局势进行了讨论，会后发表的声明呼吁尊重伊拉克的主权和领土完整，谴责外国干预伊拉克，表示阿盟成员国完全站在伊拉克人民一边，竭力解除他们的苦难，声明还呼吁尽快执行“以石油换食品”方案。

（刘　巍）

海湾阿拉伯国家合作委员会　概况　海湾阿拉伯国家合作委员会简称海湾合作委员会，成立于1981年5月25日，由巴林、科威特、阿曼、卡塔尔、沙特阿拉伯和阿拉伯联合酋长国等6个海湾阿拉伯国家组成。其宗旨是：加强成员国之间在一切领域内的协调、合作和一体化，以实现它们的统一，其中尤以加强防务合作和区域经济合作为中心；加强和密切成员国人民间的联系、交往与合作；推动6国的工业、农业、科学技术的发展。

海湾合作委员会的主要组织机构有：(1)最高理事会，即6国首脑会议，为最高权力机构，每年举行一次例会。最高理事会主席，由成员国国家元首按国名字母顺序轮流担任，任期一年。现任主席为卡塔尔国埃米尔哈马德·本·哈利法·阿勒萨尼。(2)部长理事会。由成员国外交大臣（部长）或代表他们的其他大臣组成，系执行机构，每3个月举行一次例会。主席由各成员国按国名字母顺序轮流担任，任期一年。(3)总秘书处。为常设机构，总部设在沙特阿拉伯首都利雅得。由秘书长和负责政治事务和财经事务的两名助理秘书长主持工作。秘书长由最高理事会任命，任期3年。现任秘书长为贾米勒·希贾兰（沙特阿拉伯人，1995年12月任职）。(4)专门委员会。设有经济社会发展委员会、商业金融合作委员会、工业合作委员会、石油合作委员会、文化合作委员会和防务合作委员会。1992年5月海湾合作委员会又成立了高级安全委员会，负责处理海湾地区的和平与安全问题，并致力于加强海湾合作委员会成员国的自我防卫能力。由阿曼国家元首卡布斯担任该委员会主席。

海湾合作委员会自1981年成立以来，每年11月或12月轮流在6国首都召开首脑会议，到1996年12月共召开17次首脑会议。6国外交、国防、石油和财经等大臣（部长）也定期召开会议，商讨6国和海湾以及中东地区面临的政治、经济、外交、军事等重大问题，互通情况，协调立场，共商对策，并采取联合行动。

主要活动　1995年12月4～6日，海湾合作委员会6国首脑，在阿曼首都马斯喀特举行第16届首脑会议。会议通过的声明强调，鉴于国际和本地区形势发生了巨大变化，海湾合作委员会各成员国需采取切实行动，协调立场，以保证本地区的稳定和发展。会议认为，安全和发展仍是当前要解决的主要问题。声明对伊拉克至今仍未能全部执行联合国有关决议表示极大不安；对伊发展大规模杀伤性武器表示担心，要求国际社会继续对伊保持压力，以使其表现出和平诚意，并强烈呼吁使中东地区成为无大规模杀伤性武器的地区。声明呼吁伊朗执行睦邻友好政策，通过和平途径解决与阿拉伯联合酋长国的领土分歧。会议重申支持中东和平进程，要求以色列全部撤出阿拉伯被占领土，在中东实现公正、持久的和平。声明强烈谴责一切形式的恐怖活动，并决定采取具体行动与国际社会合作，严厉打击恐怖犯罪行动。会议决定，沙特阿拉伯前驻法国大使贾米勒·希贾兰接任海湾合作委员会秘书长职务。卡塔尔代表团因对任命沙特人为新秘书长不满而抵制了闭幕会议。

1996年3月14～16日，科威特、沙特阿拉伯、阿拉伯联合酋长国等海湾合作委员会成员国，在科威特北部举行联合军事演习。海湾合作委员会成员国组建的“半岛盾牌”部队总司令杜赫希少将和科威特军队总司令马苏德少将视察了这次演习。此前在科威特拟参加“半岛之盾”演习的卡塔尔部队（48人）突然奉调退出演习回国。

1996年9月7～8日，海湾合作委员会成员国，在沙特阿拉伯首都利雅得举行外长级会议。会议着重讨论如何消除美军袭击伊拉克对海湾地区安全和稳定造成的负面影响，以及加强成员国之间在军事、安全和经济方面的合作等问题。海湾合作委员会成员国重申“必须保持伊拉克的独立、主权和领土完整”，强烈谴责伊拉克北部某些邻国对伊拉克内部事务的干涉，并断然拒绝土耳其在伊拉克北部建立安全缓冲区的计划。会议没有提及美国的军事行动，但是强调了海湾战争期间的同盟国家“采取坚定的、团结的、一致的政治立场的重要性”。会议对伊朗拒绝和平解决同阿联酋的领土争端表示“非常遗憾”，指责伊朗在有争议的3个岛上采取“用武力造成既成事实的政策”。呼吁国际社会和国际机构作出切实有效的努力，使具有重大战略意义的海湾成为没有大规模毁灭性武器的地区。会议还讨论了中东和平进程和有关各方最近举行的会晤情况，希望这些会晤能推动中东和平进程的恢复。会议对以色列政府所宣布的坚持占领阿拉伯土地、坚持吞并耶路撒冷和拒绝建立巴勒斯坦国的政策倾向表示“严重不安”。

1996年10月5日，巴林新闻大臣穆罕默德·穆塔瓦在麦纳麦重申，鉴于海湾合作委员会成员国一直未能采取决定性措施和通过友好途径解决巴林同卡塔尔之间的领土争端，巴林政府不参加拟于12月在卡塔尔首都多哈召开的海湾合作委员会首脑会议。

1996年10月6～7日，海湾合作委员会成员国总参谋长，在沙特阿拉伯首都利雅得举行为期2天的会议。会议着重讨论如何加强委员会成员国之间的军事合作问题。

1996年12月3日，巴林埃米尔伊萨·本·苏莱曼·哈利法致函卡塔尔埃米尔哈马德·本·哈利法·阿勒萨尼，表示巴林将不参加定于本月7～9日在卡塔尔首都多哈举行的海湾合作委员会首脑会议。巴林作出此决定是因为其与卡塔尔在哈瓦尔岛主权问题上存在争端，卡塔尔将这一争端提交了海牙国际法院，但巴林拒绝国际仲裁，认为这一分歧是阿拉伯国家内部的问题，应在海湾合作委员会范围内解决，并呼吁卡塔尔从海牙国际法院撤回此案。

1996年12月7～9日，海湾合作委员会成员国在卡塔尔首都多哈举行第17届首脑会议。会议由卡塔尔埃米尔哈马德·本·哈利法·阿勒萨尼主持。巴林因与东道国卡塔尔之间存在领土纠纷，拒绝参加本届首脑会议，但表示支持海湾合作委员会一体化进程，这种情况的出现，是自1981年海湾合作委员会成立以来的第1次。会议主要讨论了海湾地区局势和海湾合作委员会的一体化进程，特别就经济、政治、安全和军事等领域的重大问题广泛交换意见，达成共识，并通过《最后公报》。《公报》强调进一步加强海湾地区的安全与稳定。认为，由于以色列新政府执行强硬的以“安全换和平”的政策，致使中东和平进程踏步不前，甚至出现倒退，这不仅对中东，而且也对海湾局势的稳定造成严重影响；伊拉克北部局势的动荡和外部势力对伊拉克内部事务的干涉，极大地威胁着海湾地区的稳定；大国为了各自的战略利益对海湾地区的争夺也在加剧，使海湾地区局势处在危险的边缘。与会领导人强调，联合自强，依靠自己的力量维护本地区的稳定和安全。《公报》强调，加强内部协调，反对国际恐怖活动。强烈谴责一切形式的国际恐怖活动，呼吁海湾各国之间和海湾合作委员会与其他地区国家之间加强合作，共同打击暴力犯罪和恐怖活动。《公报》要求伊朗接受阿联酋政府提出的和平解决双方领土纠纷的建议，并指出为维护海湾地区的稳定与安全，海湾国家之间的关系应建立在睦邻友好、互相尊重、不干涉别国内部事务的基础之上，相互之间的分歧和争端不应诉诸武力，而应通过和平方式加以解决。《公报》对伊拉克接受安理会关于减轻伊拉克人民痛苦的986号决议表示欢迎，同时呼吁伊拉克全面执行联合国有关决议，首先是彻底销毁大规模毁伤性武器，释放被扣押的科威特和其它国家的公民。支持联合国关于销毁伊拉克大规模毁伤性武器特别委员会的工作。关于中东和平进程，《公报》指出，以色列政府推行的强硬政策是危险的，有可能导致局势的倒退和暴力事件的发生。呼吁以色列执行与阿拉伯有关国家达成的协议，并要求以色列尽快恢复与叙利亚和黎巴嫩之间的双边会谈。《公报》警告说，以色列的政策将使海湾合作委员会不得不重新考虑对其已采取的立场和措施。呼吁以色列签署不扩散核武器条约。强烈要求美、俄等国采取措施，继续推动中东和平进程。会议决定，下届首脑会议将于1997年12月在科威特举行。

（张令鍾）

非洲统一组织　*概况*　非洲统一组织，简称非统组织，成立于1963年5月25日。成员国由成立时的31个发展到53个。其宗旨是：促进非洲国家在政治、经济、文化、军事等方面的合作。保卫和巩固非洲国家的独立、主权和领土完整，从非洲根除一切形式的殖民主义，促进国际合作。组织机构有：国家和政府首脑会议为最高机构；部长理事会，由成员国的外交部长或其他部长组成；秘书处为常设机构。此外，还有调解、和解和仲裁委员会；经济和社会委员会；教育、科学、文化和卫生委员会；防务委员会。总部设在亚的斯亚贝巴，现任执行主席是喀麦隆总统保罗·比亚，秘书长是萨利姆·阿哈迈德·萨利姆（坦桑尼亚人）。

主要活动　1995年6月26～28日，非洲统一组织第31届首脑会议在埃塞俄比亚首都亚的斯亚贝巴举行，包括31位国家元首和政府首脑在内的52个非洲国家的代表参加了这次会议。与会代表就非洲大陆面临的和平与发展两大问题达成广泛的共识，并通过有关解决非洲地区冲突、促进非洲经济和社会发展、解决非洲难民和债务等问题的一系列决议。会议着重讨论了解决非洲大陆严重的冲突问题。非洲国家领导人在预防、处理和解决非洲国家内部冲突这一重要问题上取得广泛的一致，即非洲大陆如果没有和平与稳定，就不可能实现经济和社会的发展。为此，首脑会议专门通过关于解决冲突的决议。这些决议为解决非洲地区冲突提出了具体措施，其中包括利用非统组织1993年建立的预防和处理冲突机制等。

1995年12月23日，非洲统一组织秘书长萨利姆发表新年文告说，非统组织正在通过利用预防、管理和解决冲突机制，尽最大努力帮助结束非洲大陆目前存在的冲突。萨利姆说，非统组织反对分裂和冲突，提倡相互尊重和进行对话。他说，不论是在索马里、布隆迪、利比里亚，还是在塞拉利昂和卢旺达，冲突各方都需要变武装冲突为和平对话，力求和平解决矛盾。在谈到非洲发展问题时，萨利姆说，冲突和战争是破坏非洲经济持久发展的罪魁祸首。他呼吁非洲国家调动一切积极因素去迎接发展中的各种挑战。

1996 年 6 月 3 日，非统组织预防冲突机制中央机构总参谋长会议在亚的斯亚贝巴举行，中央机构 16 个成员国的总参谋长出席，20 多个非洲国家派不同级别观察员参加。会议经过讨论达成一些共识，通过了有关决议。认为非统组织及其预防冲突机制的主要责任是预测和预防冲突，只有在特殊情况下才可组织小规模和短期的维和及和平观察活动。会议提出一些建议，如加强、充实非统组织秘书处内的军事小组等，但都因各国在一些细节问题上意见不一而告失败。

1996 年 7 月 1 日，非统组织专家委员会会议在喀麦隆首都雅温得举行，52 个非统组织成员国的代表讨论了即将召开的第 32 届非统组织首脑会议的日程安排以及会议有关重要文件。专家会议还讨论了如何解决一些非洲国家的内部冲突问题，并对非统组织在解决科摩罗、卢旺达、布隆迪、利比里亚等国的冲突中所作的努力进行评估。

1996 年 7 月 8～10 日，非洲统一组织第 32 届首脑会议，在喀麦隆首都雅温得召开。这是非统组织成立 33 年来，非洲国家领导人第 1 次汇集于这个非洲中部国家商讨非洲和平与发展方针大略。来自非洲的 53 个成员国均派代表出席了本次会议。本届大会主席、喀麦隆总统比亚主持了大会开幕式。53 个成员国中的 30 位国家元首和 10 位政府首脑以及联合国秘书长加利等出席了会议。本次会议讨论了非洲的稳定、非洲经济一体化及难民问题。1. 关于非洲一些热点问题。布隆迪、利比里亚、索马里和塞拉利昂的形势引起与会国家的普遍关注。会议通过了相关的决议：一是对布隆迪目前的紧张局势表示关注，呼吁各方表现出政治诚意，通过谈判解决冲突。二是要求利比里亚冲突各方遵守协议，实现和平。三是对索马里未能实现民主和解表示关注，要求各方尽快结束冲突。四是对塞拉利昂的形势取得了共识，认为塞政府与反政府“革命统一阵线”有可能达成和解。五是对安哥拉形势表示乐观。2. 关于建立加强预防、处理和解决冲突机制中央机构能力问题。会议认为，1993 年 6 月建立的预防、处理和解决冲突机制虽面临严重的财政困难，但非统组织仍会致力于加强其能力。会议根据 6 月 20 日 20 国参谋长亚的斯亚贝巴会议的精神，进一步研究加强该机构能力的问题。一是进一步加强资金和后勤支持，努力为维和行动提供物质保障。二是制定维和行动中，处理联合国、非统和地区组织之间的关系准则。三是筹建预防冲突部队和快速反应部队。四是建立早期警报系统，使非统组织能获得情报，确定对和平威胁的存在，从而采取行动。3. 关于经济问题。与会代表一致认为，政治、社会稳定是非洲经济发展的前提条件，非洲的经济边缘化趋势正在进一步加剧，非洲国家与西方国家间存在严重的贸易不平衡，高达 3200 亿美元的债务严重阻碍了非洲经济的发展。会议认为国际社会应减免债务，提供更多的经援。4. 关于难民问题。非洲有难民 670 万，仅在扎伊尔、卢旺达等国的难民总数就达 200 多万，给有关国家的经济和社会带来较大冲击。会议呼吁有关国际组织为难民重返家园提供条件。会议在谋求稳定和发展的问题上达成共识，并通过了一系列的决议，取得了积极成果。这表明非洲在经历政治和社会动荡之后，各国领导人正在寻找政治和经济发展的有效途径，反映了非洲国家联合自强，依靠集体解决非洲问题的决心的愿望。

一年多来，非统组织在调解卢旺达、布隆迪、利比里亚、塞拉利昂和安哥拉等国的冲突中，发挥了重要作用，为维护地区和平作出积极贡献。1996 年 4 月 11 日非洲国家在开罗召开《非洲无核武器区条约》签约大会，49 个非洲国家在条约上签了字。1996 年 6 月，非统组织首次召开成员国军队参谋长会议，讨论建立非洲快速反应部队；第 32 届非统组织首脑会议强调要把该安全机制建成常设机构，这些举措为维护非洲大陆的整体稳定和安全创造了基本条件。

（王京国）

国 际 条 约

《全面禁止核试验条约》要点 1996 年 9 月 10 日下午，第 50 届联合国大会以 158 票赞成、3 票反对、5票弃权通过了《全面禁止核试验条约》。该条约要点如下：

序　言

“遏制研制核武器和遏制提高核武器质量，结束研制新式先进核武器，从而停止一切核武器爆炸试验和其他一切核爆炸，是全面实现核裁军和核不扩散的一项有效措施。”

范　围

条约说：“每个缔约国都保证不进行任何核武器爆炸试验或任何其他的核爆炸。”

这一条款不包括被认为完善实用的核武器或研制新一代武器所必需的试验的实验性阶段。

它还不包括被认为是非军事性质，例如用于科研目的的核爆炸。这是中国过去争取的但却没有获得的选择权。

条约中再次提到从理论上重新研究着手进行“和平核爆炸”的可能性这一前景。但是由于存在着种种限制因素，这种试验未必能付诸实施。

该条约并没有禁止旨在实现有武器实用性的连锁反应试验。举例来说，黄色炸药可以在靠近一枚核弹头的地方爆炸，以试验它的抗震性。计算机模拟也是允许的。

条约的履行

本条约是要由一个使用尖端监测系统的执行委员会来执行。这个执行委员会还将有权力对核设施进行现场检查。执行委员会将设在维也纳。

这个51人执行委员会将由来自世界各个地区的委员组成。它将对现场检查作出决定。对于想要保护本国安全利益而又不违反本条约的各国来说，现场检查是一个敏感的问题。

批准现场检查只需要简单多数票通过。即只需要26名执行委员会委员赞成。

检　查

这项任务将以一个所谓的国际监测系统收集的多国数据为根据，这个国际监测系统由4个网络组成，在世界各地有几十个监测站。这些监测站能够检测出地下试验引起的振动、渗入大气层的碎片和气体以及海洋下面的音响线索。

生　效

每10年要召开一次会议来审议本条约的执行情况。

本条约需经44个国家，包括5个公认的核国家英国、中国、法国、俄罗斯和美国在内和3个具有核能力的国家，即印度、以色列和巴基斯坦的批准才能生效。

其他将要批准本条约的国家是联合国裁军委员会成员国。在联合国裁军委员会讨论制订这项文件的总共有61个国家。其中许多国家有用于科研或用于发电的核反应堆。

如果本条约在联合国大会通过的3年后还没有生效，那么就要召开一次会议，这次会议“需考虑并根据一致意见决定采取符合国际法的什么措施来加快批准过程”。

关于禁止或限制使用地雷的新协议要点

55个国家政府的代表于1996年5月3日，在日内瓦达成了关于禁止或限制使用地雷的新协议，该协议是对1980年联合国《特定常规武器公约》的第二议定书《禁止或限制使用地雷(水雷)、饵雷和其他装置的议定书》中关于禁止或限制使用地雷条款的修订。新协议的主要条款如下：

——禁止使用所有探测不到的杀伤地雷。在最近发生的冲突中，由地雷造成的伤亡大部分应归咎于这种地雷。

新的杀伤地雷里应该有8克铁，以使这种地雷能够被探测到，或者应有一个装置或某种材料，使一般的探雷器能够探测到。

——现存的杀伤地雷在使用前必须加以改装，以使其有8克铁或相应的附加装置，使它不能轻易拆卸。

——必须设计用炮弹或直升机散射的远距离投放的杀伤地雷，以使在30天内自毁，并有90%的可靠性。它们还应该具备“辅助性的自行失去作用的特点”，以便在120天后每1000枚地雷中仍能起作用的地雷不超过1枚。

——只应在那些被隔离起来的、有标记的和被守卫的地区使用可探测到的、但不能自行失去作用的地雷。这些地雷是谁埋的就应由谁负责清除。

——对那些宣布不能立即执行有关探测、自毁或自行失去作用等条款的国家将给予9年的宽限期。

——这一协议的条款将首次不仅适用于国际冲突，而且还适应于国内冲突。卷入国内冲突的各方必须遵守此协议。

——禁止进出口已过时的探测不到的地雷。对于那些允许转让的地雷，凡是接受的国家必须遵守地雷协议的条款，即使它不是该协议的签署国。

——该协议的签署国将每年举行一次会议研究协议的执行情况，和报告它们自己在执行这一协议过程中所取得的进展。

——将在 2001 年举行一次审查会议(这对于全面禁止使用地雷是必不可少的,目前已有 30 多个国家的政府表示支持要全面禁止使用地雷)。

波黑和平协议要点 由波黑、塞尔维亚和克罗地亚 3 国总统于 1995 年 12 月 14 日在巴黎签署的《波黑和平协议》的主要内容有:

——波黑仍作为主权国家保持统一,由占 51%领土的穆克联邦和占 49%领土的塞尔维亚共和国两个实体组成。

——建立中央执行主席团,由穆克联邦推选 2 人和塞尔维亚共和国推选 1 人组成,3 人轮流主持主席团工作;成立两院制的波黑议会;设立中央政府、宪法法院和中央银行;中央政府负责外交、外贸、关税、移民、金融政策、通讯、运输和航空管制等;6 至 9 个月内举行中央政府和各实体选举。

——萨拉热窝作为首都保持统一和完整,目前的各族控制区统一归穆克联邦管辖。

——穆斯林飞地戈拉日代通往萨拉热窝的走廊由目前的 3.5 公里拓宽至 5 公里;波黑东北部联结东部和西部塞族控制区的通道维持原状,位于通道上的布尔奇科市的地位 1 年之内由国际仲裁决定;沿萨瓦河的波萨维纳走廊的大部分地区和重要城镇仍归塞族控制,穆克联邦控制区由 1 个增至 2 个,波黑穆斯林拥有萨瓦河的使用权;现为波黑克族占领的姆尔科尼奇格勒镇及其周围山区划归塞族。

——两个实体均可保留自己的军队。双方军队 1 个月内撤至停火线己方一侧,重武器 120 天内撤回军营。两个实体边界线两侧各设立 2 公里宽的隔离区。

——难民有返回家园和在波黑全境自由迁徙的权利,并有权参加选举。

——被海牙国际法庭定为犯有战争罪的人不准担任政府公职或参军。

——部署由北约指挥的 6 万名维和部队。维和部队有权使用武力阻止破坏和平的活动,有权逮捕被指控为战犯的人。

日美安全保障联合宣言 1996 年 4 月 17 日,日本首相桥本龙太郎与美国总统克林顿在东京会晤后,发表了题为"面向 21 世纪的同盟"的日美安全保障联合宣言。该宣言全文如下:

1. 今天,总理大臣和总统祝贺历史上最为成功的双边关系之一的日美关系。两国首脑为这一关系对世界和平和地区稳定与繁荣所作出的深远而积极的贡献感到骄傲。在冷战期间,日本与美国之间牢固的同盟关系,对确保亚太地区的和平与安全发挥了作用。作为这一地区经济发展的坚实基础,我们的同盟关系将继续发挥作用。两国首脑一致认为,日美两国未来的安全与繁荣同亚太地区的未来息息相关。

这一同盟关系所带来的和平与繁荣的利益,不仅得力于两国政府所承担的义务,而且也得力于为确保自由与民主主义而分担责任的两国国民所作出的贡献。总理大臣和总统向支持这一同盟关系的人们,特别是接纳美军的日本地方社区及远离故土为捍卫和平与自由而献身的美国人深表谢意。

2. 在过去一年多时间里,两国政府集中探讨了不断变化的亚太地区的政治与安全保障形势以及两国间安全保障关系各个侧面的问题。据此,总理大臣和总统再次确认了对决定两国政策的方向具有深远意义的共同价值,即维护自由、追求民主主义及尊重人权所承担的义务。双方一致认为,日美间的合作基础仍然很牢固,在 21 世纪继续保持这种伙伴关系,是十分重要的。

地区形势

3. 冷战结束以来,爆发世界规模武装冲突的可能性已经减小。近几年来,这一地区内各国之间在政治和安全保障方面的对话呈扩大趋势。民主主义的各项原则越来越受到尊重。历史上从未有过的繁荣景象正广泛出现在亚太地区。亚太地区已成为当今世界最具活力的地区。

但与此同时,在这一地区依然存在着不稳定和不确定因素。朝鲜半岛的紧张局势仍在持续。包括核武器在内的军事力量依然大量集中存在。悬而未决的领土问题、潜在的地区争端、大规模毁伤武器及其运载工具的扩散,都是导致这一地区不稳定的因素。

日美同盟关系与共同合作和安全保障条约

4. 总理大臣和总统强调了促进这一地区的稳定及解决日美两国安全保障方面面临的课题的重要性。鉴此,总理大臣和总统再次确认了日本与美国之间同盟关系所具有的重要价值。双方重申,以《日本和美利坚合众国共同合作和安全保障条约》(以下简称《日美安全条约》)为基础的两国间安全保障方面的关系,将在实现共同安全保障目标的同时,继续成为维持亚太地区面向 21 世纪的稳定和繁荣形势的基础。

(1)总理大臣重申了 1995 年 11 月制定的新防卫计划大纲中所明确阐述的日本的基本防卫政策,强调在冷战后的安全保障形势下,日本的防卫力量应切实发挥其作用。总理大臣和总统一致认为,日本防卫的最有效框架是日美两国间密切的防卫合作。这一合作是建立在自卫队切实的防卫能力与日美安全保障体制有机结合的基础上的。两国首脑重申，基于日美安全保障条约的美国遏制力量，将继续成为日本安全保障的基础。

(2)总理大臣和总统一致认为，美国继续保持其军事存在对于维护亚太地区的和平与稳定是不可或缺的。两国首脑达成一个共识：日美安全保障关系是维系美国在这一地区具有积极意义的参与的极其重要的支柱之一。

总统强调了美国对保卫日本及维护亚太地区的和平与稳定所作出的承诺。总统指出，冷战结束以来，美军在亚太地区的军事实力已作了一定的调整。他重申，基于对形势的周密判断，在当前的安全保障形势下，美国为履行所作出的承诺，包括现驻日兵力在内，有必要在这一地区维持由约 10 万人的前沿部署军事人员组成的现有兵力结构。

(3)总理大臣欢迎美国一贯而坚定地在这一地区继续保持存在的决心。总理大臣重申，为维持美军在日本的驻扎，日本将依据日美安全条约，继续提供设施及区域，并通过东道国支援等方式作出切实的贡献。总统表示，美国十分赞赏日本的贡献，并对已签定的向驻日美军提供财政援助的新特别协定表示欢迎。

基于日美安全保障关系的双边合作

5. 总理大臣和总统一致认为，为加强在这一极其重要的安全保障方面的信任关系，将努力推进在以下领域里的合作。

(1)两国政府认识到，两国间密切的防卫合作是日美同盟关系的核心所在，因而一致认为，继续进行密切协商是不可或缺的。两国政府须就国际形势、特别是亚太地区的形势，进一步加强情报交换及意见沟通。同时，为应付国际安全保障形势中可能发生的变化，双方须就最能完满满足两国政府所需要的防卫政策以及包括驻日美军兵力构成在内的军事态势继续进行密切协商。

(2)总理大臣和总统一致同意，为增进日本与美国之间业已建立的密切合作关系，将着手修改 1978 年制定的《日美防务合作指导方针》。

两国首脑一致认为，当日本周边地区可能发生的事态对日本的和平与安全产生重大影响时，促进以日美合作问题研究为中心的日美间的政策调整很有必要。

(3)总理大臣和总统欢迎 1996 年 4 月 15 日签署的《日本国政府与美利坚合众国政府关于日本国自卫队与美利坚合众国军队间相互提供后方支援、物资和劳务的协定》，并表示，希望这一协定能进一步促进日美间的合作关系。

(4)两国政府注意到自卫队与美军之间在合作的所有方面相互通用的重要性，决定在以共同研究开发下一代支援战斗机(F-2)等装备为主的技术与装备领域加强相互交流。

(5)两国政府认识到，大规模毁伤武器及其运载工具的扩散对两国共同的安全保障具有重要意义。两国政府将采取一致行动以防止扩散，同时，将在业已展开的有关弹道导弹防御的研究中继续进行合作。

6. 总理大臣和总统认识到，作为日美安保体制的核心，美军在日本的顺利驻留离不开日本国民的广泛支持和理解。两国首脑一致认为，两国政府须尽一切努力，处理与美军存在及其地位相关的所有问题。两国首脑还一致认为，为加深美军与日本地方社区间的相互理解，尚须进一步作出努力。特别是在美军的设施和驻地高度集中的冲绳地区，总理大臣和总统再次确认，决心要在谋求与日美安全条约的目的协调一致的同时，为调整、合并和缩小美军设施和驻地而采取必要的措施。从这一观点出发，两国首脑对"冲绳问题特别行动委员会"(SACO)迄今为止所取得的重要进展表示满意，同时对 1996 年 4 月 15 日特别行动委员会在其中期报告中所提出的广泛性措施表示欢迎。两国首脑坚定承诺，要在 1996 年 11 月之前，卓有成效地完成特别行动委员会的工作。

地区合作

7. 总理大臣和总统一致认为，为使亚太地区的安全保障形势更加和平而稳定，两国政府将共同或分别作出努力。有鉴于此，两国首脑认识到，作为日美安全保障关系支柱的美国对这一地区的参与，是这种努力的基础。

两国首脑强调了和平解决这一地区各类问题的重要性。两国首脑强调，中国发挥积极而有建设性的作用对这一地区的稳定与繁荣至关重要，为此，两国对进一步加强同中国的合作给予关注。俄罗斯正在进行的改革进程有助于地区及世界的稳定，值得继续鼓励和支持。两国首脑还指出，依照东京宣言实现日俄关系的完全正常化，对于亚太地区的和平与稳定十分重要。双方还注意到，朝鲜半岛的稳定对日美两国至关重要。为此，双方重申，两国将在与韩国紧密合作的同时，继续作出一切努力。

总理大臣和总统再次确认，为进一步发展诸如东盟地区论坛和未来的东北亚安全保障对话等多边安全保障对话及合作的格局，两国政府将共同与地区内的其他国家一道继续工作。

全球规模的合作

8. 总理大臣和总统认识到，日美安全条约是日美同盟关系的核心，它成为两国就全球问题进行合作之基础——日美相互信任关系的基础。

总理大臣和总统一致认为，两国政府将通过维和行动和人道主义国际救援活动等，为支持联合国和其他国际机构加强合作。

两国政府将就包括促进全面禁止核试验条约谈判及防止大规模毁伤武器及其运载工具扩散在内的军控和裁军等问题，进行政策调整和合作。两国首脑一致认为，两国在联合国及亚太经合组织内的合作和在北朝鲜的核开发问题、中东和平进程及推进前南和平进程等问题上的合作，将有助于建立更能确保两国共同利益和基本价值的世界。

结束语

9. 最后，总理大臣和总统一致认为，日美关系的三大支柱——安全保障、政治和经济——均建立在两国共同的价值观和利益上，并建立在体现于日美安全条约中的相互信任关系基础之上。总理大臣和总统再次确认，在21世纪即将来临之际，日美两国决心以在安全保障方面成功合作的历史为起点，携手并肩，共同行动，为后代缔造一个和平与繁荣的世界。

日美相互提供物资与劳务协定 1996年4月15日，日美两国政府在东京签署了《日美相互提供物资与劳务协定》。该协定全文如下：

日本国政府和美利坚合众国政府（以下简称“两当事国政府”）认识到，拟定日本国自卫队和美利坚合众国军队相互提供后勤保障、物资和劳务的框架协定，将会促进日本国自卫队和美利坚合众国军队间的密切合作，有助于《日本国和美利坚合众国相互合作和安全保障条约》顺利、有效地实施；并认为，这一框架协定的签定将会促进日本国自卫队和美利坚合众国军队在联合国维持和平行动及人道主义国际救援活动中进一步有效地发挥各自的作用，有助于在以联合国为核心的旨在促进国际和平的努力中作出积极贡献。为此，协定如下：

第1条

1. 本协定中的“后勤保障、物资与劳务”系指后勤保障中提供的物资或劳务。

2. 本协定旨在确定日本国自卫队和美利坚合众国军队在共同训练、联合国维持和平行动及人道主义国际救援活动中相互提供必需的后勤保障、物资或劳务的基本条件。

3. 本协定将确定在互利原则基础上提供后勤保障、物资与劳务的具体框架。

4. 使用根据本协定规定而提供的后勤保障、物资与劳务时，不得有悖于联合国宪章。

5. 美利坚合众国军队基于本协定而提供的后勤保障、物资与劳务，将依据合众国法典第10篇第138章所赋予的权限进行。

6. 基于本协定所进行的后勤保障、物资与劳务的申请、提供、接收及结算，由日本国自卫队和美利坚合众国军队实施。

第2条

1. 当任何一方当事国政府向另一方当事国政府提出申请，为日本国自卫队和美利坚合众国军队实施共同训练提供必需的后勤保障、物资与劳务时，该当事国政府可以在其权限范围内，提供所申请的后勤保障、物资与劳务。

2. 根据本协定所提供的后勤保障、物资与劳务，如下所列：

食品，水，住宿，运输（包括空运），燃料、油脂、润滑油，被服，通信，卫生业务，基地后勤保障，保管，设施利用，训练业务，武器零配件，维修、修配及机场、港口业务。

有关各项后勤保障、物资与劳务内容详见规定附表。

3. 第2款规定不可理解为包括提供弹药。

第3条

1. 当任何一方当事国政府向另一方当事国政府提出申请，为日本国自卫队或美利坚合众国军队实施联合国维和行动及人道主义国际救援活动提供必需的后勤保障、物资与劳务时，该当事国政府可以在其权限范围内，提供所申请的后勤保障、物资与劳务。

2. 第2条第2、3款中的规定适用于根据本条规定而提供的后勤保障、物资与劳务。

3. 根据第1款规定，当日本国自卫队接受美利坚合众国军队之申请，向其提供后勤保障、物资与劳务时，其基本理解是：日本国自卫队对美利坚合众国军队的后勤保障、物资与劳务的提供，将依据关于对联合国维持和平行动等提供合作的法律（1992年法律第79条）实施。

第4条

1. 有关根据本协定所提供物资的结算手续如下：

（1）收受物资的当事国政府（以下简称“接受方当事国政府”）应以提供该物资的当事国政府（以下简称“提供方当事国政府”）满意的程度及方法归还该物资。但不得妨碍下项规定的运用。

(2)当被提供的物资为消耗品或接受方当事国政府不能以提供方当事国政府满意的程度及方法归还时,接受方当事国政府应以提供方当事国政府满意的程度及方法归还同种、同等及同数量的物资。但不得妨碍下项规定的运用。

(3)当接受方当事国政府不能以提供方当事国政府满意的程度及方法归还与所提供物资同种、同等及同数量的物资时,接受方当事国政府应以提供方当事国政府所指定的货币予以偿还。

2. 有关根据本协定所提供劳务的结算,应以提供方当事国政府所指定的货币偿还所提供的劳务或以提供同种、同价值劳务的方式结算。结算方法应在该劳务提供之前,由当事国政府双方商定。

3. 任何一方当事国政府都不得对根据本协定所提供的劳务课以国内消费税。

第5条

依据第4条第1款第3项及第2款的规定所偿还的物资与劳务的价格,将依据第7条所制定的手续规定中的有关规定决定。

第6条

根据本协定所提供的后勤保障、物资与劳务,若事先未经提供方当事国政府书面同意,无论是临时性的还是永久性的,一律不得以任何手段向接受方当事国政府部队以外的部门转让。

第7条

根据本协定进行的后勤保障、物资与劳务的申请、提供、接收及决算的实施,只能依据为实施本协定而拟定的手续规定执行。这个规定附属于本协定,系本协定的条件补充细则及手续。手续规定由当事国政府双方有关当局签定。

第8条

1. 本协定的任何规定,不得影响日本国和美利坚合众国相互合作和安全保障条约第6条有关设施、区域及美利坚合众国驻日军队地位的协定。

2. 当事国政府双方应就本协定的实施相互进行密切协商。

3. 有关本协定及手续规定的解释或运用的所有事项,亦只能由当事国政府双方间协商解决。

第9条

1. 本协定将于美利坚合众国政府收到日本国政府关于日本国批准本协定之书面通知后的第120天生效。本协定的有效期为10年。此后,只要任何一方当事国政府在协定10年有效期届满至少6个月之前,没有向另一方当事国政府发出旨在中止本协定的书面通知,协定有效期将每次各自动顺延10年。

2. 各当事国政府可通过提前1年向对方当事国政府发出书面通知,而随时中止本协定。此种情况不受第1款的限制。

附表

区　分	
食品	食品、饮食提供、烹饪器具等
水	水、供水、供水所需用具等
运输(含空运)	人员及物资运输、运输用工具等
燃料、油脂、润滑油	燃料、油脂及润滑油、加油、加油所需用具等
被装	被服、被服的缝补等
通信	通信设备的利用、通信器材等
卫生业务	诊断治疗、卫生器具等
基地后勤保障	废弃物的收集及处理、洗涤、供电等
保管	仓库及冷藏室的临时保管等
设施利用	建筑物、训练设施及停机坪的临时利用等
训练业务	派遣指导人、教育训练用器材、训练用消耗品等
零配件	军用飞机、军用车辆、军用舰船的零配件等
维修、修配	维修及修配、维修及修配用机器等
机场、港口业务	飞机起降及舰船出入港口的后勤保障、装卸作业等

(袁杨译、文武校,日本《朝云》报1996年4月18日)

对协定第7条的手续规定 根据日本国政府和美利坚合众国政府关于日本国自卫队和美利坚合众国军队相互提供后勤保障、物资与劳务协定第7条,日本国防卫厅和美利坚合众国国防部之间缔结手续规定如下。

第1条 目的

1. 日本国防卫厅和美利坚合众国国防部(以下简称"缔约双方")手续规定,系依照日本国政府和美利坚合众国政府关于日本国自卫队和美利坚合众国军队相互提供后勤保障、物资与劳务协定(以下简称"协定")第7条,以制定与缔约双方相互提供后勤保障、物资与劳务有关的条件补充细则及手续为目的而签署的。

2. 根据本手续规定而实施的后勤保障、物资与劳务的申请、提供、接收及其结算,由日本国自卫队和美利坚合众国军队负责实施。

第 2 条　定义

本手续规定及一切实施规定将适用以下定义。

1. 实施规定

系指通过根据本手续规定第 4 条第 4 款所进行的谈判而达成的有关后勤保障、物资与劳务提供的补充书面协议，它是手续规定的进一步明确化，为具体实施过程协定了追加细目及条件。

2 订单

在使用适当格式(单据)且经主管人员(参见第 4 条第 6 款)签字的情况下，根据协定、本手续规定以及所有可适用的实施规定，提出提供特定的后勤保障、物资或劳务的申请，即为订单。

3. 结算单

指提供后勤保障、物资与劳务的缔约方发出的票据，要求对根据协定、本手续规定及所有可适用的规定而实施的特定后勤保障、物资与劳务进行结算。

第 3 条　适用范围

1. 缔约双方确认，美利坚合众国根据协定、手续规定及据此制定的所有实施规定而进行的活动，将遵循可能利用的财政支出和美利坚合众国法令中所规定的义务及债务负担限度额行事。

2. 缔约双方确认，美利坚合众国军队对未列入美利坚合众国军需品目录的装备品的使用，可以依照协定及本手续规定实施提供或接收。

3. 缔约双方确认，美利坚合众国军队不能提供或接收下列物品：

(1)武器系统。

(2)主要装备品(但不包括临时使用的未列入美利坚合众国军需品目录的非毁伤性军事装备品)。

(3)部队编制表、部队装备表及其他同类文书所列的首次采购的主要装备品及随之订购的首批数量的用于交换或备用的零部件。

4. 缔约双方达成谅解，任何缔约方均不提供本国法令所明令禁止的物品。依据美利坚合众国法令，被明确排除在协定及本手续规定之外的物品有：

(1)制导导弹；

(2)水雷及鱼雷；

(3)核弹及其弹头、弹头部、助推器、炸药等物品和训练弹；

(4)药筒及飞行员应急弹射装置配件；

(5)箔条及其发射装置；

(6)炸弹及其他弹药制导配件；

(7)化学弹(但不含镇压暴动时使用的同类物品)；

(8)原料、副产品、特殊核物资以及 1954 年核能法(美利坚合众国法典第 42 篇第 2011 条以下各条款)限制转让的其他物资、物品、资料或有价值的其他物资。

第 4 条　条件

1. 缔约一方为满足缔约另一方根据协定及本手续规定而提出的后勤保障、物质或劳务的申请，将在其权限范围内作最大努力。

2. 后勤保障、物资与劳务将依照协定、本手续规定及所有实施规定进行，并根据收到的订单实施。

3. 所发订单在无相应实施规定时，若要求提供的后勤保障、物资或劳务确系急需，即使无可适用该后勤保障、物资与劳务的实施规定，只要双方对提供达成一致意见，即可根据协定和本手续规定予以提供。

4. 关于实施规定，当活动是在太平洋总部区域内并与太平洋总部所属部队进行时，美利坚合众国方面可由美利坚合众国军队太平洋总部司令、其下属的各部队长官或由这些长官指定的下属各部队长官出面进行谈判，当活动是在太平洋总部所辖区域外进行时，则可由有此权限的美利坚合众国部队司令部经与太平洋总部协调再进行谈判。另外，美利坚合众国方面亦可由驻日美军司令或驻日美军各军种部队司令出面谈判。

日本国方面则由各自卫队参谋长、各参谋长指定的下属各部长官或参联会事务局长出面就实施规定进行谈判。

在参与联合国维持和平行动或国际人道主义救援活动时，日本国方面可由主管部队的长官出面协商。

5. 后勤保障、物资与劳务的提供，无论是因无对应的实施规定而只能根据协定及手续规定发出的订单实施，还是根据协定、手续规定及实施规定来实施，在一系列有关文书中，都必须制定包括列入本手续规定附件中的资料要素在内的、实施提供所必需的所有细则及条件。

6. 缔约双方将努力采用标准订购方式。在实施规定中，原则上要指定有权发出或接收订单的人员。在无相应适用于某种后勤保障、物资与劳务的实施规定时，缔约双方应相互通报根据协定及本手续规定可以发出或接收订单人员的具体权力与限制。美利坚合众国方面可将此通知直接发至有关军种的司令部。日本国方面则将此通知通过参联会事务局发至各自卫队及防卫厅装备局。

第 5 条　归还及偿还

1. 提供后勤保障、物资与劳务的缔约方(以下简称"提供缔约方")提供后勤保障、物资与劳务后，应向缔约另一方(以下简称"接收缔约方")交付结算单，结算单中应附上接收缔约方的接收收据。

2．提供缔约方和接收缔约方应保存所有与所提供的后勤保障、物资或劳务有关的记录。

3．对协定第4条第1款中规定的有关提供物资结算的手续，补充如下：

(1)有关提供物资的结算须在该物资被提供之日起12个月以内结算；

(2)当接收缔约方不能按订单中所认可的状态及方法就所提供的物资进行结算时，接收缔约方应迅速将此情况通知提供缔约方。其后，提供缔约方及接收缔约方将依照协定第4条第1款的规定进行结算。

4．提供劳务时，接收缔约方须按订单以指定的货币及价格偿还提供缔约方，或通过提供同种、同等价值的劳务方式进行结算。当进行偿还时，接收缔约方须在付款通知书发出20日之内，将款汇入提供缔约方指定的帐户。

5．根据其他协定规定的条件，可以无偿或以较低价格提供后勤保障、物资与劳务时，协定及本手续规定的任何条款都不能成为提高该项后勤保障、物资与劳务支付款额的根据。

第6条　价格

1．物品的价格决定如下：

(1)由美利坚合众国军队仓库中提供给日本国自卫队的物品的价格，与提供给其他美利坚合众国军队的同一品种的价格相同。由自卫队仓库中提供的物品价格，按进货价格计算。

(2)提供国合同方供货品种的价格，就同一品种而言，与该合同方向提供国军队所收取的价格相比，以不使其不利为原则。此时，需考虑因交货期、交货地点及其他类似条件所造成的价格差。

2．劳务的价格根据缔约双方事先商定的单价决定。单价规定如下：

(1)对美利坚合众国军队而言，美利坚合众国军队所提供的劳务的单价须与提供给其他美利坚合众国军队同一劳务的价格持平。

(2)对美利坚合众国军队和日本国自卫队双方而言，将执行以下互利价格：

①间接劳务费、企业一般管理费等其他间接费用，除依提供缔约方所定规则不能减免的项目以外，可以减免；

②提供缔约方需向合同方征用劳务时，将以合同方向提供缔约方收取单价为单价。此时，需考虑因交货期、交货地点及其他类似条件而造成的价格差。

当价格在订单发出前未商定时，订单上应注明估算价格。其后，缔约双方应尽快为确定价格进行协商。缔约双方同意，为检查价格是否合理，可以相互索取完备的文件及情报。

第7条　解释及修正

缔约任何一方可随时以书面通知方式向缔约另一方提出修改本手续规定的要求。当提出这一要求时，缔约双方应尽快进行协商。

本手续规定只能依据缔约双方的书面协议予以修改。

第8条　生效日期及废止

本手续规定与协定同时生效，并在协定有效期内保持效力。

《阿拉伯国家首脑会议最后宣言》要点

出席开罗首脑会议的21个阿拉伯国家于1996年6月23日发表了《阿拉伯国家首脑会议最后宣言》。其要点如下：

——和平进程：首脑会议要求在联合国决议和以土地换和平的原则的基础上毫不拖延地恢复阿以和谈。

以色列必须撤离戈兰高地、南黎巴嫩和包括阿拉伯东耶路撒冷在内的被占巴勒斯坦领土。它还必须允许建立一个巴勒斯坦国，以阿拉伯耶路撒冷作为它的首都。

如果以色列不能尊重这些原则或不能遵守已经同意的承诺，那会导致紧张局势并“迫使所有阿拉伯国家重新考虑在和平进程框架内对以色列采取的步骤”。阿拉伯国家领导人要求拆除被占领土上的犹太人定居点，拒绝改变东耶路撒冷的性质或法律地位，要求终止对巴勒斯坦人的封锁。

——恐怖活动：首脑会议谴责各种形式的恐怖活动，表示支持遭受恐怖活动之害的国家。然而，它承认抵抗占领和侵略这个不可剥夺的权利。

——核武器：首脑会议要求以色列加入不扩散核武器条约，向国际原子能机构开放它的核设施。

——阿拉伯国家的团结：领导人们说，他们决心加强阿拉伯国家的团结，这种团结是建立在尊重每个国家的独立、主权和领土完整和不干涉它们的内政的基础上的。

——伊拉克：首脑会议要求伊拉克政府抛弃“对其阿拉伯邻国实施的侵略和挑衅政策”，执行联合国安理会的决议，以便它能重新加入阿拉伯世界。

首脑会议支持伊拉克的统一，对联合国和巴格达之间达成的石油换食品协议表示欢迎，要求快速执行这项协议。

——土耳其：阿拉伯国家领导人对土耳其同以色

列达成的军事协定表示“关注”,要求安卡拉重新考虑这项协定,以便不对阿拉伯国家的安全造成威胁。

——黎巴嫩:首脑会议在以色列的侵略面前支持黎巴嫩,要求犹太国对它造成的损失支付赔偿。首脑会议要求国际社会保证终止以色列对南黎巴嫩的占领。

《法德安全和防务共同构想》(摘要): 法国《世界报》1997年1月30日刊登了1996年12月9日在纽伦堡签署的《法德安全和防务共同构想》的全文。现摘要如下:

法国和德国强调了它们的这样一种愿望:必须从目前欧洲总体安全条件的变化中得出必要的结论,并承担起两国的历史责任,以便推动欧洲一体化进程。

本着这种精神,法德防务和安全委员会决定给法德在安全和防务方面的合作注入一种新的推动力。

为此,两国决心在大西洋联盟改革范围内,推动欧洲安全和防务性事业向着达成一项共同协议的方向发展,并决心将法、德同北美洲国家之间的跨大西洋伙伴关系置于一个新的稳固的基础之上。

在欧洲联盟范围内,两国将为欧洲共同防务政策的具体化以及为将西欧联盟纳入欧洲联盟而努力奋斗。

欧洲联盟和大西洋联盟肩负着扩大的使命。

本项安全和防务方面的共同构想,是法德在防务和安全方面继续推动其双边关系向前发展的一个框架。该构想主要包括以下4点内容:

确定两国在安全和防务政策方面的共同目标;

共同分析两国的环境和安全范围;

共同研究武装部队的战略和使用;

确定关于军事合作(包括建立联合军事力量)和军火政策的共同方针。

在未来的工作中,法德防务和安全委员会的各合作机构,将参照本共同构想以及该委员会确定的各项指导思想行事。

一、法国和德国:一个命运和利益一致的共同体

将法国和德国连结在一起的这个命运共同体,主要是建立在两国根本战略问题和社会问题上观点一致的基础之上。法国和德国都把内部和外部的安全看成是国家的中心任务,完成这些任务需要将整个民族特别是年轻一代动员起来。

1. 法、德的安全利益越来越难以分离。

欧洲在一体化方面所取得的进步,强化了两国之间的政治、经济、商业和社会方面的联系,以致使两国的安全利益变得越来越不可分离了。

由于两国的地理位置、在人口和经济方面的份量以及它们原先在欧洲建设事业中作出的承诺,作为欧洲联盟、大西洋联盟和西欧联盟的成员国的法国和德国成了这个团结网络的核心。

2. 共同目标。

法、德两国共同确定的安全和防务政策有如下一些目标:

——保障两国的国土完整、主权的自由行使以及对公民的保护;

——以协作方式来为军事联盟作出更多的贡献;

——维护和加强欧洲大陆、周边地区(包括地中海盆地)以及对两国经济活动至关重要的地区的稳定,维护和加强两国之间的交往自由;

——本着联合国宪章的原则、欧洲联盟的外交政策和共同安全的目标,在世界上为维护和平和国际安全作出贡献,在参与防范和控制危机的行动级别方面进行共同协商,在联合国内部以协调方式来承担起自己的责任。

二、对安全环境的共同看法

1. 危险。

法、德两国面临着共同的危险,同样都拥有进行合作和维护稳定(在欧洲和为了欧洲)的潜力。

苏联的解体、华约的解散和德国的统一,结束了欧洲被分为两个对立集团的局面和两国边界面临巨大军事威胁的形势。法国和德国已不再处于有能力发动战略性进攻行动的对手的视线内。但是,在东欧,在很长的时间内,还存在着极其庞大的武库,这个武库的演变情况和受控制的程度仍然是一个令人不安的问题。确保国家和集体的防务能力仍然是必要的,因为不能排除欧洲的安全条件出现重大变化的可能性。

另外,在欧洲和与欧洲毗邻的地区,正在出现一些与边界争端、某些少数民族的地位和种族间的对抗联系在一起的不稳定形势、危急和冲突。这些不稳定形势、危急和冲突,有可能恶化和演变为完全会蔓延开来的或引发直接关系到两国的冲突的危机形势。

在欧洲以外,某些地区性大国的霸权野心和大规模毁伤性武器的扩散(这是两个互相联系在一起的现象)则是两国面临的另外的危险。

两国的安全还面临着一种不属于传统的国家关系范围的危险:恐怖组织的活动;有组织地犯罪以及非法贩卖武器和毒品的形势在发展。

根据这一分析,可以得出结论:两国的共同安全态势已主要不是对付确知的军事威胁,而是更多地转向预防危险,控制在欧洲出现的或可能影响到欧洲安全的危机形势。

2. 共同的原则。

两国制定防务和安全政策，都要依据联合国和欧洲安全与合作组织的原则。法国支持德国进入联合国安理会。

对于欧洲的稳定和安全来说，大西洋联盟仍然是一个必不可少的保障。法、德打算革新大西洋联盟，以使这个联盟在新的战略背景下仍然是一个有效的军事工具，使大西洋两岸联系的保持建立在同美国持久的伙伴关系基础之上，使欧洲在防务和安全方面的地位以及欧洲人独立和团结地采取行动的能力得到保障。

两国一致认为，欧洲联盟应当成为团结一致的共同体（包括在防务方面）。决定在欧盟理事会的领导下，推动欧洲共同防务政策的制定工作。保证致力于实现欧盟条约的防务前景。本着这种精神，两国一致同意如下目标：使西欧联盟最终被并入欧洲联盟。欧洲国家应当能自己负责采取行动（包括利用大西洋联盟的手段采取行动）。

法、德两国鼓励确定一种包括所有欧洲国家的建立在合作基础之上的安全框架。对欧洲安全来说，除了欧洲—大西洋联盟以外，同东方邻国和南方邻国的密切合作已显得越来越必要了。

两国认为，欧洲的稳固首先是指法德两国在防务方面建立的优先关系。这种优先关系的基础是 1963 年 1 月 22 日签定的爱丽舍宫条约和 1988 年签署的建立防务和安全委员会的议定书。这种雄心是在军事方面和工业方面共同取得的若干成就的源泉。防务和安全委员会应当成为制定法德共同防务政策的最好工具。

三、共同战略

1. 关于法、德两国军队作用问题的共同构想。

在安全状况已得到改善的欧洲，领土防务、大西洋防务、对危机形势采取预防性有效措施的日益重要性，乃是确定两国军队使命的参考性依据和规范。为了完成这些使命，必须具有可以在扩大的地理范围内采取行动的全面的反应能力。

两国十分重视实行一种预防任何形式的有可能损害两国根本利益或安全利益的战略。这就意味着要拥有获取战略情报的手段，以具备自主分析危机形势的能力。

根本任务是保卫国家领土，反对军事威胁和任何有损于安全的行为。在这方面，两国对自己的防务有一个旨在防止两国受到任何形式的侵略的总体构想。欧洲的和平和稳定的决定性因素，是保卫领土和大西洋联盟总体部署所具有的能力。

集体防务应以常规力量和适应新战略形势的核力量密切配合为基础。确保盟国安全的最高保障是大西洋联盟的战略核力量（特别是美国的战略核力量）。英国和法国拥有的独立核力量，有助于盟国的总体威慑和安全。两国准备就核威慑力量在欧洲防务政策背景下的作用问题进行对话。

根据修改后的布鲁塞尔条约和华盛顿条约所规定的义务，两国的全部常规力量（包括可以外派的快速反应部队）仍应首先要用来主要保卫盟国。根据法德两国的倡议而组建的欧洲军（一支庞大的可以采取军事行动的欧洲多国部队）就表明了这种服务于集体防务的共同义务。

两国决心为维护国际和平与安全作出积极的贡献。例如，在大西洋联盟或西欧联盟范围内，两国可以各种形式参与联合国安理会授权的或欧安组织领导的完成解决危机的各项任务。

因此，掌握可以在欧洲和欧洲以外的地方迅速部署并能够顺利与多国部队融为一体的军事手段是十分必要的。无论是对集体防务，还是对完成旨在解决危机的任务而言，掌握这种军事手段都是必要的。

2. 加强法德两国军队的互补性。

着眼于欧洲前景的法德安全与防务合作，现已达到了很好的水平。这表现在两国已在军事合作、军备合作以及空间观测和侦察方面共同取得了一些成绩。

两国打算通过合作，以维护和加强各自的防务工具。为此，要填补可能出现的空白，同时在实施防务政策方面，本着现有力量不重复的原则寻求最佳的成本—效益关系。重点应放在共同鉴定武装力量的关键能力上，如协同行动、指挥手段、情报、远距离行动范围内的运输、后勤供应等。

努力寻求互补性，这将导致共同拥有一些军事手段。可以在以下几个方面寻求互补：

——研究法德两国武装力量（包括欧洲多国部队）的任务；

——共同设法解决危机；

——加强军事行动方面的合作；

——在两国军事手段的组织和使用方面，争取更大的灵活性和（对环境的）更强的适应性。

3. 共同的军备政策。

在武器装备方面，两国面临着很严峻的国际环境。这种严峻的国际环境的特点是，装备预算在减少，竞争在加剧。

欧洲应当拥有一个具有竞争力的防务工业和技术的基地。这个基地应当能按最佳成本—效益关系向欧洲各国提供装备自己的军队所必需的物资装备。建立这样一个工业基地，减少现有的过剩能力，在伙伴国之间创造一种在任何情况下都能保障军队供应的工业和技术互补互助的形势。所有这些都应当依靠具体的合作计划。另外，两国还打算在保持大西洋两岸合作的同时制定欧洲总体军备政策。

法国和德国防务工业的互相依赖性越来越大。构想打算使两国的军备政策进一步趋于一致。两国已开始对本国的国防工业进行结构调整，这是制定旨在加强对两国和欧洲具有战略性重要意义的防务工业能力的共同政策的机会。这些改革一开始就是根据这种前景设计的。两国一致同意，在军备政策方面创造一种互相依存的形势。

为了达到这些目标，就必须在军备计划方面实行共同的政策。两国已在巴登—巴登首脑会晤时为此奠定了基础，建立了负责处理双边计划和根据欧洲的前景规划未来的合作机制。

四、关于军事合作和军备合作的指示

防务和安全委员会作为有权制定一项法—德安全和共同防务政策的机构，已经制定了作为发展未来合作基础的总方针。

1. 关于为两国的需求共同制定计划的指示。

法国和德国一致认为，必须最终为两国的军事及相应的装备需求共同制定计划。从现在起，这应该成为一个优先考虑的目标。

同样，两国的军备领导机构将共同对两国军队未来的装备加以研究，使其得到发展，并共同实施这些军备计划。因此，两国的军备领导机构应该：

——考虑两国参谋部希望具备的军事能力，以确定研究领域和在军备方面应该优先发展的工业部门；

——根据两国参谋部共同提出的与两军未来共同的军事装备相关的军事方面的需求及总的形势，力图使两国合作开发的装备的技术规格达到最佳水平，同时尽可能停止两国非共同性装备的研究；

——确定购买已经设计出来的装备的办法，以满足两国军事能力的需要(这些装备有本国生产的，有共同生产的，有互相购买的，有向第3国购买的)。

根据两国定期召开的几次协商会议的情况，“军事合作”小组和“军备合作”小组的两主席，将向法—德委员会提交一份共同起草的协调一致的关于两国需求与装备计划方面取得的进展的报告。

2. 关于军事合作方面的指示。

在欧洲及盟国的范围内，加强两国在军事概念、机构和装备方面的相互可操作性及互补性，这是双边军事合作的中心目标。

根据上述原则，旨在加强这一合作的各项指示都已列入附录1，这些指示主要涉及下述几个目标：

两国军事人员的相互接近：

——在个人的培训期间，无论是在语言方面还是在军官的教育培训、作战培训或技术培训方面，应加强交流；

——通过双边或多边训练使集体训练活动得到开展；

——增加交流项目，增加两国军人之间接触的机会。

两国军事机构和理论的接近：

——使两国在兵力使用方面的作战概念趋于一致；

——经常通报两国参谋部之间日常的交流情况；

——在发生危机的情况下，为制定共同实施的各项计划提供便利。

对于两国武装力量在新的战略形势下采取的联合行动来说，重要作战能力的协调与共同使用，是一个主要的创新领域，它要求：

——两军在使用那些必备的能力(诸如在情报工作或指挥手段)方面必须加强合作；

——进一步研究空运方面的作战手段，以使两国军队的空运能力得到最佳的使用和保养；

——扩大两国负责国土防务的各军事组织之间的合作。

3. 关于军备方面合作的指示。

加强法—德在军备方面的合作，不仅符合两国的双边利益，而且也符合建立欧洲军备政策的目标。它是促成欧洲解决其军备部门全面合理化问题的动力，是马斯特里赫特条约所要求的外交和共同安全政策及共同防务政策的基本要素，也是朝向实现欧洲安全和防务同一性迈出的很有意义的一步。

面对武装力量的需求，必须果断地寻求一种最经济的解决办法，并应该力求建立一个在欧洲有竞争力的防务所需的工业和技术基地。这就需要在外交和共同安全政策范围内，为在欧洲联盟内购买和转让装备及向第3国出口装备的问题制定一些共同的规则。

在此基础上，有关法—德两国在军备方面的合作及政策的指示(已在附录2中作了说明)所明确追求的目标如下：

技术和工业目标：根据双方共同的作战需要，确定共同的工业和技术战略，从而以最少的费用将武装力量装备起来；根据一项共同的计划，考虑到联盟的迫切需要，要力图使欧洲装备实现统一化。

经济目标：对合作项目共同进行管理，使其成本与效益之比达到最佳水平。

政治目标：这一目标需要共同制定，而且它应该成为欧洲军备政策的推动力，这一政策考虑到军备市场的特殊性并纳入欧洲共同防务政策的前景之中。

附录 1：关于加强军事合作的方针

一、原则

由于制度方面的特点，法国和德国之间的军事合作已经有了相当的水平和质量。

作为这一工作真正动力的法德军事合作小组将负责在继续推动已有活动的同时加强合作。

二、人员的接近

在不久的将来，法国在德国的驻军人数的迅速减少和预定德国在法国的军队的数目之少，将会使两国军队在人员的经常性接触方面产生更多困难。不管是在人员组成、交流还是在训练方面，质量指标都应当取代数量指标，而且还要考虑到由语言障碍带来的重大困难。

在军官培训领域，各种方式都应当尝试一下。比如，军官学校学生之间的交流，就可以通过以下方式来加强：

——通过完整的学业（像两国的海军现在所作的那样）；

——通过建立一些双方都互相承认的模式。

按照虎式直升机的例子，NH-90 直升机以及未来运输机的驾驶员和机械师的训练工作，将在双方共同商定的基础上来解决。目前还只局限在空军方面的这种办法，将来还要扩大到武器系统的其他一些共同领域，以便节省各种机构的开支。

作为近些年来已经进行过的很多演习的补充，法德旅、欧洲军以及法德海军已成为进行联合训练的新框架。组织过程的简化和人员的交换是改善这种联合训练的两大研究重点。

在共同安全和对外政策的范围内，将在以下基础上确定关于武器装备的共同立场：

——在考虑到武器市场的特点的情况下，主要根据公设市场的共同规则来调整获得武器装备的共同规则。

——调整获得某些被认为很重要的武器装备的特殊规则和附带程序。

欧盟内部的交流：

在共同安全和对外政策的范围内，制订出一种目的在于在欧盟成员国内部在透明和互通情报的基础上和在转运有保障的情况下大大简化武器交货批准手续的共同立场。

（向第 3 国的）出口：

——一般说来，协调各国武器出口政策的工作，应当在共同安全和对外政策的范围内和在卢森堡及里斯本确定的 8 项标准基础上进行。

在西欧联盟的范围内，法国和德国支持以下各项行动：

——促进欧洲长远规划组织的各项行动之间的协调，以便确定一种共同行动需要和未来规划的各项共同规定；

——采取各项必要措施，使得关于西欧军火组织的研究工作得以从 1997 年 4 月 1 日开始进行。

附录 2：关于合作和武器政策的方针

在本构想第 4 条第 3 款列出的各项目标的基础上，法国和德国将根据以下原则来发展它们之间在武器方面的合作：

一、实施和深化两国在巴登—巴登首脑会议共同通过的各项原则

实施一种目的在于使国家的试验和评价中心更趋合理化的共同投资政策；

实施一种建立在互补、平衡和相互依存基础上的关于工艺技术方面的共同投资政策。

二、共同促进欧洲军火政策的制订

制订欧洲军火政策有如下一些目的：

——保证各成员国在欧洲范围内的军事和外交自主权；

——实施各种对欧洲各国的国防工业和工艺技术基础的合理组织和维护工作有利的措施；

——在欧洲国家一级协调作战需要并把寻求费用和效益之间最佳比例关系的工作纳入这种协调活动之中；

——协调各国获得武器的过程，使各种结构（对规划的领导、试验手段、鉴定中心等）更加合理化；

——建立一个欧洲武器市场和一个欧洲武器机构；

——在生产和获得被认为对欧洲各国的武装力量至关重要的一些武器装备方面，为欧洲作出选择创造条件，但不拒绝欧洲以外的竞争。

三、各种机构之间的接近

1. 在规划领域。

寻求一个共同规划看来是必要的。为了把这件事情办好，已经成立了一个规划—计划小组来取代至今经常进行的各种非正式会谈。这个规划—计划小组的目标如下：

鉴别哪些是可能成为共同开发目标的研究领域，在必要时共同进行这种研究或者交换各国的研究成果；

尽可能地交换和协调从展望研究工作中产生的各种目标；

从这些目标推算出两国军队所必须拥有的军力；

阐明各种军事需要以及与未来两国军队的共同装备有关的一般条件。

2. 在国土领域。

目前已经在开始研究密切领土军事组织之间的关系以加强边界两边的合作和节省人力、物力的问题。在今后，还将把对同其他邻国的关系情况也纳入这一研究范围。

四、军事能力的接近

1. 空中运输能力。

在共同安全和对外政策的框架内，将通过对关于在空中运输方面相互支持的各项双边协议进行改造的方式，来寻求建立一个欧洲空中运输军事机构。届时，将设立一个关于空中运输方面的欧洲多国协调小组。

2. 搜索和战斗救援能力。

3. 特种部队。

法、德军队内部特种部队力量的壮大，为两国开辟了新的合作场所。在部队之间交换人员之后，还应当组织一些联合演习并在决策和指挥方面确定一些共同程序。

五、在军事理论及其应用方面的接近

这种合作的加强，应当在以下两方面进行：

在观念上，应当寻求在应用理论方面的协调，特别是在管理危机领域方面的协调。与此同时，共同的分析方法，应当能导致预防危机和及早分辨出各种危机的性质。

在这方面，应当特别强调突出两国在指挥机构的能力方面出现的互补性。

（本栏责任编辑　赵　博）

世界军事大事记

1995年7～12月世界军事大事记

7　月

7月3日

△伊朗海军和伊斯兰革命卫队在伊朗南部布什尔港附近的波斯湾水域，举行代号为“胜利6”的大规模军事演习，约有57000名军人、40艘军舰和一部份战斗机参加了演习。

7月5日

△俄罗斯上院联邦委员会批准了俄罗斯与中国西段边界协议。

△英国首相梅杰改组政府，原就业大臣波蒂洛出任国防大臣。

△欧洲联盟委员会制定并通过新的对华战略。欧委会认为，在欧盟和中国之间建立政治对话制度，有利于“解决地区性冲突”，维护整个亚洲地区的稳定。

△土耳其政府军5日和6日进入伊拉克北部，以打击那里的反政府武装库尔德工人党游击队。8日完成任务后撤回。

7月11日

△法国总统希拉克与德国总理科尔在法国东部边境城市、欧洲议会所在地斯特拉斯堡举行会晤，就欧洲建设、法国恢复核试验和波黑局势交换了意见。

7月17日

△以色列和巴勒斯坦谈判代表互换关于巴勒斯坦自治第2阶段的协议草案。

△欧盟15国外长在布鲁塞尔举行部长级理事会讨论波黑冲突问题。

7月18日

△泰国新任政府总理班汉·西巴阿差任命差瓦立·永猜裕为副总理兼国防部长。

7月19日

△埃及总统穆巴拉克、巴解主席阿拉法特和以色列外长佩雷斯在埃及亚历山大举行3方会谈，就消除巴以关于巴自治第2阶段尚存的分歧进行磋商。

7月21日

△新华社受权公告，中国人民解放军将于7月21日至7月28日向东海公海上进行导弹发射训练。

△联合国秘书长加利、北约秘书长克拉斯和英、美、法、俄、西班牙、乌克兰、加拿大、丹麦等国以及欧盟代表在伦敦举行波黑问题国际会议。

7月22日

△意大利国防部长科尔乔内和外交部长阿涅利宣布，意大利决定派14架战斗机和5架运输机参加北约可能对波黑采取的军事行动。

7月24日

△北美和拉美34个国家的国防部长或国防部长代表在美国威廉斯堡召开为期3天的会议，探讨加强西半球的安全稳定和防务合作问题。美国国防部长佩里在会上呼吁美洲国家开展地区性安全和防务合作，共同对付冷战结束后世界面临的新挑战，努力实现西半球共同的安全目标。

8　月

8月1日

△北约理事会在布鲁塞尔总部举行会议，讨论并通过了北约军事委员会提出的保护波黑“安全区”的行动计划。

△秘鲁和厄瓜多尔在双方有争议的边界地区建立非军事区的协议开始生效。

8月2日

△美国参议院以98票对1票的压倒多数批准美国国防部提出的一项战术反导弹导弹系统合作开发计划，同意为此项计划拨款3500万美元。这一计划是由美国、德国、法国和意大利的国防部门合作进行的。

8月8日

△日本第2届村山内阁的防卫厅长官由卫藤征士

郎担任。

8月9日

△巴解主席阿拉法特和以色列外长佩雷斯结束第2轮会谈，就约旦河西岸以军重新部署的大致时间安排达成原则协议。

8月11日

△美国总统克林顿在白宫宣布，美国将全面停止各种规模的核试验，但同时保留恢复核试验的可能性。

8月14日

△美国国防部长佩里强调，如果伊拉克敢对约旦因收留伊两名高级叛逃者进行报复，美国军队将使用战斧式巡航导弹和航空母舰对付伊拉克，保护约旦。为此，美国已经向以色列海岸派遣了"罗斯福"号航空母舰。

8月15日

△中国交通部通告，中国人民解放军将于1995年8月15日至8月25日，在东海北纬27度16分、东经121度26分，北纬27度16分、东经122度30分，北纬26度30分、东经122度05分，北纬26度30分、东经121度00分这4点连接内海域和海域上空，进行导弹、火炮射击演习。为了安全，各国、各地区的船只和飞机，在此期间不要进入上述海域和海域上空。

△圣多美和普林西比15日发生军事政变，一批年轻军人逮捕总统特罗瓦达、总理达格拉萨和国防部长保利诺。宣布成立一个军人政权。在安哥拉外长调停下，政变发动者18日释放了总统和总理并交出政权。

△伊拉克举行了为期两天的军事演习，参加演习的有防空作战部队和空军部队。

8月17日

△美国国防部官员说，为防伊拉克国内"不寻常的军事行动"，美国"罗斯福"号航空母舰正在驶向地中海东部的海法港。载有可装备16000名海军陆战队的军事物资和5000名部队的数艘军舰正驶向科威特海域。

8月19日

△利比里亚6个交战派别的领导人在尼日利亚首都阿布贾就权力分配问题达成协议，并于20日达成新的停火协议，以结束这个国家长达5年之久的内战。

8月20日

△中印边界问题联合工作小组和副外长级磋商于8月18日至20日在新德里举行。双方决定于9月间举行首次边防人员会晤。

8月21日

△阿尔巴尼亚总统贝里沙宣布阿国防委员会已批准"阿尔巴尼亚共和国安全与防务政策"基础文件。

8月23日

△俄罗斯与印度军事技术合作联合委员会在莫斯科举行会议，讨论了2000年以前俄印长期军事技术合作计划的实施问题。

8月26日

△利比里亚交战各派，从午夜起履行新一轮停火协议。

8月27日

△巴勒斯坦和以色列关于约旦河西岸8项民事权力移交的协议，在开罗的外交俱乐部签署。

△美国《防务新闻》周刊报道，美国国防部最近组建了一个专门对付生物和化学武器袭击的"特别行动指挥部"，并计划在近期内再组建一支反生化武器特种部队，以提高对付国内外恐怖分子可能对美国发动的生化武器袭击的能力。

8月28日

△法国国防部长米永晚间在法国电视台说，法国将在9月1日至1996年5月31日进行一系列核武器试验。在此之后，法国将运用实验室核爆炸模拟技术。

△格鲁吉亚首都第比利斯的议会大楼内的一辆汽车发生爆炸。被震碎的玻璃使格鲁吉亚国家元首谢瓦尔德纳泽受了轻伤。

8月30日

△科威特和美国在科北部开始进行代号为"内在行动"的大规模联合军事演习。在为期45天的演习中，配备野战炮的1400名美军和数目不详的科威特部队进行了实弹射击。

△由德国、荷兰两国部队组成的第1军在德国明斯特市成立。该军共有4万人。

8月31日

△乌兹别克斯坦共和国议会通过该国的军事理论，宣布不把世界上任何一个国家视为自己的敌人，不向任何国家提出领土要求，坚决反对用战争方法解决国际问题。

9 月

9月1日

△利比里亚新的过渡政府正式成立，宣誓就职的国务委员会成员有6名，他们代表各主要武装派别和无党派人士。首都蒙罗维亚热烈庆祝6年内战的结束。

9月3日

△叙利亚总统阿萨德上午突然飞抵开罗，与埃及总统穆巴拉克讨论了中东和平进程，特别是叙以和谈、伊拉克局势等问题。

9月5日

△俄罗斯原子能部领导人阿科皮扬宣布，俄同伊朗签署了新的核合作协议。

△俄罗斯在普列谢茨克发射场成功地发射了“白杨”系列新一代弹道导弹。“白杨”弹道导弹被认为是“21世纪的武器”。

9月6日

△美国和巴拿马同意举行“非正式和探索性会谈”，讨论巴拿马运河管理权正式移交巴方后，美国继续在运河区保留有限驻军的问题。

9月7日

△美国众议院通过一项决议案，要求美国国防部增购“B-2”型隐形轰炸机，并加速开发美国空军的新型“F-22”型隐形战斗机。

9月9日

△欧洲联盟15国外交部长于9～10日，在西班牙北部城市桑坦德，举行为期两天的非正式会议，讨论欧洲共同防御和安全政策问题。

△法国总理朱佩在国防高级研究院讲话表示，他主张将“协商威慑”的概念纳入法国核理论之中，这个新概念将起到确保安全的作用。

9月14日

△法国总统希拉克在会见日本特使松永信雄时表示，法国进行核试验的决定是“不可能改变的”。

△中国外交部发言人陈健就北约空袭波黑塞族发表谈话时，呼吁安理会认真、有效地行使自己的权利，制止北约滥用武力的强权行为。

9月16日

△伊拉克和伊朗就两国失踪人员、战俘和难民问题签署一项备忘录。这是持续8年的两伊战争结束以来，两国关系发展的重要步骤。

△意大利国防部长科尔乔内同来访的美国国防部长佩里，就美国隐形战斗机使用意大利基地及两军合作等问题进行了会谈。

△俄罗斯总统叶利钦批准了一项名为《俄罗斯联邦同独联体关系战略方针》的文件。文件指出，应在1992年5月签署的集体安全条约和独联体国家间的双边协定的基础上建立集体安全体系。

9月18日

△中国同俄罗斯联邦、哈萨克斯坦、吉尔吉斯斯坦、塔吉克斯坦于9月1～18日，在莫斯科举行第17轮边境裁军谈判。中国外交和军事专家代表团同4国专家代表团，就中国与上述4国在边境地区裁减军事力量和加强军事领域信任问题举行谈判，并取得了重要进展。

△出席国际原子能机构第39届年会的中国代表团团长蒋心雄在大会上阐述了中国关于核问题的3项原则立场：中国赞同改进防止核扩散保障工作；支持和平利用核能和国际合作；高度重视核安全和核废料管理。

9月19日

△为期两天的第56次海湾合作委员会外交大臣（部长）会议在利雅德闭幕，会议在发表一项声明中强调维护伊拉克的领土完整。

9月20日

△美国在同法、英、意、德和俄罗斯等世界主要武器生产和出口国进行长期谈判后，就建立一个新的世界出口控制组织问题达成协议。

△中东问题多边谈判的武器控制和地区安全工作组在约旦首都安曼举行会议，中东和会发起国美国和俄罗斯等18个国家的代表出席了会议。

9月26日

△南斯拉夫联盟、波黑和克罗地亚3国外交部长，在纽约就波黑宪法原则达成协议。

9月27日

△巴勒斯坦解放组织执行委员会在阿拉法特主席主持下，在突尼斯举行会议，批准了与以色列在埃及塔巴签署的关于巴勒斯坦扩大在约旦河西岸自治的协议（简称塔巴协议）。28日巴以正式签署塔巴协议。

△出席首次《特定常规武器公约》审议大会的中国代表团团长李长和在谈到修改和完善《公约》及有关“地雷议定书”的问题时说，首先是提高《公约》及“议定书”的普遍性。目前《公约》成员国仅有49个，这严重地影响了《公约》及“议定书”的效力。

△美、日安全协议委员会第20次会议在纽约举行，双方代表签署了新的驻日美军费用分担问题协议。根据这项名为《特别措施协定》，今后5年，日本承担的驻日美军费用份额将有所增加。

9月28日

△科摩罗发生军事政变，军人占领了国家电台，逮捕了科摩罗总统乔哈尔。科政府中的一些部长逃到法国驻科大使馆避难。发动政变者成立了以霍马迪·库姆勒上尉为首的军事委员会。

9月29日

△美国总统克林顿、巴解组织执委会主席阿拉法特、以色列总理拉宾、约旦国王侯赛因、埃及总统穆巴拉克在华盛顿举行会谈，并发表了一项《华盛顿首脑会议联合声明》，表示支持巴以签署的关于扩大巴勒斯坦

自治范围的协议。

10　月

10月1日

△格鲁吉亚国家元首谢瓦尔德纳泽决定取缔反对派军事组织“拯救者军团”。“拯救者军团”与“骑士”组织被指控策划并参与了企图谋杀国家元首的“8·29”恐怖活动。

10月4日

△法国于凌晨对科摩罗进行军事干预，参与这次军事行动的法国士兵共有900多人。发动政变的外国雇佣军头目德纳尔5日宣布投降，在法国使馆避难的科总理亚克鲁图宣布成立新政府。并由他本人担任临时国家元首。

10月5日

△俄罗斯建成1艘最新型、也是世界上最大的核导弹巡洋舰。这艘名为“彼得大帝”号的巡洋舰是1986年开始在圣彼得堡波罗的海建造的，计划于9个月后编入俄太平洋舰队。

10月6日

△李鹏总理在墨西哥外交部会议厅发表演讲时，阐述中国政府关于发展同拉美国家关系5原则：一、进一步密切和加强中国与拉美国家间的政治关系；二、平等互利、互通有无、取长补短、共同发展；三、加强民间往来；四、在国际事务中密切磋商，加强协调，互相支持，推动建立和平、稳定、公正、合理的国际政治、经济新秩序；五、对于同中国尚未建交的拉美国家，中国愿在和平共处五项原则的基础上，同它们建立和发展友好关系。

10月8日

△朝鲜民主主义人民共和国国防委员长金正日任命崔光为朝鲜人民武装力量部部长。朝鲜劳动党中央军事委员会和朝鲜国防委员会决定授予崔光和另一名老将军李乙雪元帅军衔，授予赵明录、李河日和金永春次帅军衔。同时，还有13名军官被提升为大将、中将和少将。

10月12日

△美国核武器专家诺里斯和阿金在对美国核武器的销毁、转移和部署等情况进行长期跟踪研究后公布一份研究报告。报告说，美国现在共部署9000个核弹头。其中约有7000个部署在美国本土；约500个部署在美国的西欧盟国，包括德国、英国、土耳其、希腊、意大利、荷兰和比利时；另外约1500个部署在游弋于世界各地海域的美国潜艇上。

10月16日

△美军在海军陆战队内部新设立一支“太平洋海军陆战队”，并把从环太平洋地区到中东、东非一带设定为它的防守范围。美军驻冲绳的海军陆战队已作为主要部队编入“太平洋海军陆战队”。

△北约与“和平伙伴关系”国联合军事演习16日起在匈牙利维斯普雷姆州的巴拉顿凯奈谢和乌伊德勒格德地区进行。演习方案由英国、德国和匈牙利3国军队共同设计。演习代号为“合作之光”。英、德、匈、比利时、爱沙尼亚、芬兰、法国、荷兰、波兰、罗马尼亚、美国等11个国家的军人参加了演习。

△日本政府决定将驻冲绳美军的实弹演习等活动，转移到日本本土进行。

△哈萨克斯坦总统纳扎尔巴耶夫发布命令，任命阿利别交·卡西莫夫为国防部长。

10月18日

△中共中央总书记国家主席、中央军委主席江泽民视察中国人民解放军海军舰艇和飞行部队，观看海上演习。中共中央政治局常委，中央军委副主席刘华清，中央军委副主席张震、张万年、迟浩田和军委委员傅全有、于永波、王克，以及解放军三总部、国家机关有关部门的领导，也一同视察并观看海上演习。

△第11次不结盟国家首脑会议在哥伦比亚名城卡塔赫纳市举行。

10月21日

△正在法国访问的俄罗斯总统叶利钦同法国总统希拉克在巴黎举行两轮会谈，主要讨论波黑和平进程和欧洲安全的问题。双方在波黑问题上取得了一致意见。

△格鲁吉亚国家元首谢瓦尔德纳泽表示，反对俄罗斯总统叶利钦提出的关于在独联体范围内建立军事联盟以对付北约东扩的设想。

10月23日

△美国总统克林顿和俄罗斯总统叶利钦在纽约举行会谈后宣布，他们在如何执行波黑和平计划、削减战略核武器和加强核安全等问题上达成了“完全一致的意见”。

10月24日

△中国国家主席江泽民与美国总统克林顿，在纽约林肯中心举行了两个小时的正式会晤。两位领导人一致认为，这次中美首脑正式会晤是坦诚的、友好的、积极的、有益的，有助于推动中美关系的改善和发展。

△约旦和以色列在以色列的太巴列签署了一项安全合作协议。

10月26日

△俄罗斯政府通过销毁化学武器专项计划，在1996～2005年间销毁4万吨化学武器。销毁这些武器的费用为16.6万亿卢布。

10月27日

△日本防卫厅提出调整军力的新防卫计划大纲方案。

10月29日

△俄罗斯国防部长格拉乔夫在莫斯科宣布，俄罗斯反对执行欧洲常规裁军条约中有关限制侧翼军备的条款。

10月30日

△波兰和英国在华沙签署一项两国军事合作协议。

10月31日

△乌克兰在国际监督下，销毁了根据欧洲常规裁军条约裁减的最后一辆坦克，从而使乌军常规武器数量达到条约规定的水平。

11 月

11月1日

△日本首相村山富市会见正在日本访问的美国国防部长佩里，双方确认：坚持日美安全保障体制；进一步强化日美同盟关系；同意成立一个新的协商机构，就驻冲绳美军基地问题进行磋商。

△德国向阿尔巴尼亚提供军事援助的协议在地拉那签署。

11月2日

△俄罗斯国防部长格拉乔夫在莫斯科举行的独联体国防部长会议上说，如果北约东扩，俄罗斯将被迫建立新的军事同盟。

△据联合国公布的一份有关世界常规武器出口的报告，美国是世界最大的常规武器出口国，德国居第二。

11月4日

△以色列总理拉宾晚上在特拉维夫群众集会上遇刺身亡。

11月8日

△美俄一致同意俄罗斯军队加入由北约组织的波黑多国维和部队，但俄军的指挥权不属北约。

△意大利众议院通过决议，批准《禁止化学武器公约》。

11月11日

△来自埃及、美国、法国、英国和阿拉伯酋长国军队的56000多人，开始在埃及举行代号为“明星95”的军事演习。演习将持续一周，分5个阶段进行。

△斯里兰卡泰米尔伊拉姆“猛虎”解放组织游击队于凌晨袭击了科伦坡市内的政府军陆军司令部。

11月12日

△克罗地亚政府和东斯拉沃尼亚塞族代表签署了一项和平解决东斯拉沃尼亚地区问题的基本协议。

11月13日

△为期4天的英联邦首脑会议于下午在新西兰的奥克兰市闭幕。会议就联合国改革、裁军、英联邦作用、民主与人权等问题广泛地进行了讨论。

△根据中越两国领导人达成的协议，中越海上问题专家小组13～15日在河内举行第1轮会谈。双方就今后通过双边谈判解决南沙争议的工作程序达成一致并签署了《会谈纪要》。中方专家小组组长许光建在会谈中阐述了中国政府对南沙问题的原则立场。他指出，中国对南沙群岛及其附近海域有无可争辩的主权，主张以和平方式解决南沙争议。

11月16日

△以色列代总理佩雷斯组织新政府，他兼任外交部长和国防部长。

△马其顿国防部长汉吉斯基在北约总部正式签署与北约建立“和平伙伴关系”的协议，马其顿成为北约第27个“和平伙伴”国。

11月20日

△德国国防部长福尔克尔·吕厄同来访的阿尔巴尼亚国防部长萨费特·茹拉利签署了两项军事合作协定。

△日本自卫队第9师团和美国第3海军陆战师在日本东北部的岩手县举行为期10天的联合实战训练。

△俄罗斯国防部新闻局宣布，俄已履行在欧洲常规裁军条约中所承担的有关削减常规武器的义务。俄已削减了3188辆坦克，5419辆装甲车，660门火炮，1029架战斗机和99架攻击直升机。

11月21日

△美国总统克林顿宣布，前南3方首脑11月1日在美国俄亥俄州代顿开始的波黑和谈于21日上午达成了和平协议。

△法国在南太平洋的穆鲁罗瓦进行了一次新的核试验，爆炸当量低于4万吨级梯恩梯，目的在于检测模拟核试验所需的数据。

11月22日

△乍得政府和乍得南方最大的反对派武装“民主和发展运动”签署了一项和平协议。根据协议，民主和

发展运动的一部份武装人员将编入乍得国民军。

11月24日

△乌克兰国防部长什马罗夫和俄罗斯国防部长格拉乔夫于24～25日在俄罗斯黑海城市索契会晤，就两国军事技术合作及两国悬而未决的问题签署了26项文件。

△伊朗导弹部队在霍尔木兹海和阿曼湾进行了地对海、空对海和空对空等演习。伊朗的海、空军和伊斯兰革命卫队均参加了这次演习。演习定于12月1日结束。

11月28日

△由法国、德国、比利时、卢森堡和西班牙5国组成的欧洲军，在法国境内结束了为期10天的军事演习。这次代号为"双翼飞马95"的演习是欧洲军组成以来最大的一次演习，共出动兵力1万人。演习的主要内容是，摸拟在发生大规模冲突的情况下，欧洲军初期介入阶段的通讯和指挥操作。

△美国和俄罗斯最近就发展反核导弹防御系统问题达成一项框架协议。根据该协议，美国大部分计划发展的反导弹防御系统可以在不违反《反弹道导弹条约》的情况下进行试验。

11月29日

△北约16国国防部长在布鲁塞尔举行会议，就波黑维和、北约扩大、防止大规模毁伤性武器扩散、加强与和平伙伴国关系及北约同俄罗斯的关系等问题进行了讨论，并通过了今后5年的防务计划，会议结束时发表了会议《最后公报》。

12　月

12月1日

△菲律宾政府和民族解放阵线代表，在雅加达进行第3轮和谈。双方就教育、司法等问题签署一项临时性协议，但对民族解放阵线武装加入政府武装部队问题尚未达成协议。

12月3日

△负责监督北爱尔兰对立武装组织解除武装的国际委员会正式成立。

12月5日

△北约16国秋季外交部长理事会，一致同意任命西班牙外交大臣索拉纳为北约第9任秘书长。

12月7日

△欧盟理事会批准欧盟委员会提交的《欧盟对华战略报告》。欧盟对华关系的基本目标是维护世界和平，确保外交和安全政策的稳定性。

△德国联邦议会批准联邦政府关于出兵前南地区参加北约指挥的多国维和部队的议案。

12月9日

△历时两天的实施波黑和平协议伦敦国际会议闭幕。会议通过的最后文件，为和平协议的实施确立了目标，设立了监督和协调机构。

12月11日

△俄罗斯国防部新闻局表示，俄联邦部队自1994年12月11日进驻车臣执行恢复宪法秩序以来，在同杜达耶夫反政府武装分子作战中阵亡2300余人。

△出席禁止化学武器组织筹委会第12次会议的中国代表团团长黄瑜在会上发表讲话，强调中国政府坚决支持《禁止化学武器公约》的宗旨和目标。

12月13日

△俄罗斯总理切尔诺梅尔金在记者招待会上，强烈指责美国驻俄大使皮克林在远东地区发表的关于"南千岛群岛应归还日本"的言论。

12月14日

△《波黑和平协议》在法国总统府隆重举行签字仪式。前南地区3国总统签字后，国际联络小组5国领导人作为证人在协议上签字。参加签字仪式的有美国总统克林顿，法国总统希拉克，俄罗斯总理切尔诺梅尔金、英国首相梅杰、德国总理科尔等10多个国家元首和政府首脑。

△美国国防部发表公告，美国陆军在新墨西哥州进行了首次"高空战术导弹防御系统"的实弹试验。但因发射的拦截导弹没有击中预定目标，试验以失败而告终。

△联合国赋予土库曼斯坦永久中立国地位。

12月15日

△朝鲜半岛能源开发组织与朝鲜在纽约签署了向朝鲜提供两座轻水反应堆的协议。

△哈萨克斯坦、乌兹别克斯坦和吉尔吉斯斯坦3国总统，在哈萨克斯坦南部江布尔市举行的跨国理事会例会上，核准了3国国防部长委员会章程，3国将在地区安全包括日常军事训练、防空、相互间武器供给等方面加强合作。

12月16日

△秘鲁军方发表公报，政府军与反政府武装"光辉道路"发生激烈武装冲突。

12月19日

△美国政府表示，美将按原定计划向土耳其出售120枚"陆军战术导弹"，规定只能用于自卫，但塞浦路斯担心目前占领塞岛北部的土军用这批导弹对付塞

军。

12月23日

△伊朗举行大规模导弹发射演习，以回应以色列发出的空袭伊朗布什尔地区核电站的威胁。这是一次由伊朗海、陆、空三军及伊斯兰革命卫队的地对海导弹部队共同参与的联合军事演习。

△叙利亚总统阿萨德突然访问埃及，与埃及总统穆巴拉克会谈叙以和谈问题。

12月24日

△刚果的总统派与反对派在苏巴总统主持下，签署了旨在结束国内动乱的和平协议。

12月28日

△俄罗斯总统叶利钦和美国总统克林顿分别签署命令，宣布停止对南斯拉夫的制裁。

12月29日

△南斯拉夫联盟共和国总理孔蒂奇表示，南不会同北约建立"和平伙伴关系"。

1996年世界军事大事记

1 月

1月1日

△俄罗斯总参谋部国际军事合作总局局长哈尔琴科上将说，俄未能兑现原苏联政府1991年6月14日作出的关于单方面销毁转移到乌拉尔以东地区的武器的声明。这"完全是由于经济上的原因"，因为销毁这些武器装备按现在的价格需要大约1000亿卢布。俄罗斯应裁减6000辆坦克、1500辆装甲战斗车辆和7000门火炮。到1995年12月底，俄已销毁1264辆坦克，685辆装甲战斗车辆和3453门火炮。

△巴基斯坦和印度通过外交途径彼此交换了国内核设施清单。

1月3日

△英国国防大臣迈克尔·波蒂洛和菲律宾国防部长霍纳托·德比利亚分别代表本国在马尼拉签订了一项为期10年的防务合作条约。

1月5日

△乌克兰在尼古拉耶夫州炸毁第1个洲际导弹井式发射装置。美俄国防部长参观了爆炸现场。

△波兰总统瓦希涅夫斯基任命斯塔尼斯瓦夫·多布然斯基为波兰国防部长。

1月7日

△美国和约旦就美国向约旦提供包括F-16战斗机在内的先进武器一事达成协议。

1月12日

△法国马特拉防务公司发表公报称，法德两国从1996年1月起，成批生产"阿帕奇"导弹，用于装备法国"幻影"2000D型战斗机、欧洲"旋风"式战斗机和法国未来的"狂风"式战斗机。

1月15日

△支持索马里全国领导人艾迪德的军队，在西北部的布尔奥地区同北部自行宣布独立的"索马里兰共和国"总统埃加勒的支持者发生激战。

1月16日

△塞拉里昂国家元首特立拉瑟被推翻。比奥准将17日宣誓就任塞拉里昂国家元首。

△蒙俄边界划界会议在乌兰巴托结束。蒙俄有3985公里的共同边界，通过双方努力，两国边界已立1925柱界碑，从而结束了蒙俄边界划界工作。

1月18日

△约旦和以色列两国，在约旦南部港口城市亚喀巴签署了约以和平条约中所规定的两国海上边界划分等4个协定。

1月19日

△独联体国家首脑会议在莫斯科开幕，会议除讨论经济问题之外，还将讨论独联体范围内的地区冲突、集体安全等问题。

1月23日

△中国外交和军事专家代表团同俄罗斯联邦、哈萨克斯坦、吉尔吉斯斯坦、塔吉克斯坦4国外交和军事专家代表团，就边境裁减军事力量问题于1月8～23日在北京举行第18轮谈判，取得了一定进展。

△销毁核武器委员会第1次会议在澳大利亚堪培拉举行。美国前国防部长麦克纳马拉在接受记者采访时说，彻底销毁核武器的责任在美国和俄国，但至今他

们没有显示出任何放弃核武器迹象。

△波黑政府和土耳其在萨拉热窝签订一项《军事合作协定》

△美国政府自50年代以来一直在奥地利保存着79个武器库,保存常规军事装备,以防备前苏联对奥地利的进攻,美国历届政府均未向奥政府透露上述情况。23日美政府向奥政府公开表示道歉。

1月25日

△乍得政府与反政府武装"争取团结和发展运动"在乍得首都恩贾梅纳签署和平协议。

1月26日

△泰国、美国和新加坡在泰国东北部的呵叻府举行一年一度的联合空中军事演习,演习内容主要是空中格斗和攻击地面目标。

△美国国会参议院晚上以87票对4票的压倒多数批准美、俄第2阶段削减战略武器条约。

1月27日

△尼日尔武装部队总参谋长迈那萨拉通过尼日尔国家电台宣布,他的军队已经夺取了国家政权。

△俄罗斯国防部长格拉乔夫和哈萨克斯坦国防部长卡瑟莫夫签署了关于加强两国军事一体化的16项协议。

1月29日

△法国总统希拉克宣布,法国决定彻底停止核试验。他说"在一个充满危险的世界上,对我们来说,核武器是一种为和平服务的威慑手段。

1月30日

△希腊指责土耳其军舰和直升机侵犯其在爱琴海东部的领海和领空,并宣布希腊武装部队进入"高度戒备状态"。

1月31日

△法国总统希拉克对美国进行访问,这是法国总统12年来首次进行国事访问。双方着重讨论双边关系、中东、波黑和平进程、北约内部建设等问题。希拉克向克林顿表示,美国在欧洲的存在是欧洲安全的保障,法国希望美国保持在欧洲承担的义务,包括军事存在和驻军。

2 月

2月4日

△塔吉克斯坦总统在议会上宣布,1月26日发动"兵变"的塔国防部第一旅旅长胡多伊别尔德耶夫上校的要求大部分得到满足,塔政府第一副总理乌巴伊杜洛耶夫等人被解职。持续10多天的塔国内动荡局面已基本平静。

△尼日利亚和喀麦隆由于巴卡西半岛的领土争端,导致双方军队发生武装冲突。

2月7日

△波罗的海立陶宛、拉脱维亚和爱沙尼亚3国外长,在立陶宛首都维尔纽斯举行会谈,讨论政治、经济和军事合作问题。

2月10日

△韩国总统府发言人尹汝隽说,独岛(日本称竹岛)不管从历史上还是从国际法上都是韩国的领土,日本关于独岛是日本领土的主张是不能容忍的。韩国国防部为应付事态进一步发展,正拟实施独岛防卫军事训练以及海空联合军事演习。

△苏丹政府军和反政府的苏丹人民解放军近几天来一直在苏丹同乌干达接壤的尼穆莱地区进行激战。

2月19日

△朝鲜《劳动新闻》发表评论指出,美国近来接连在朝鲜半岛及其周围地区举行空军和海、空军联合军事演习,加剧了朝鲜半岛紧张局势。

2月22日

△俄罗斯总统签署关于完成俄中东段边界勘界工作措施的命令,命令要求俄中联合勘界委员会的俄罗斯代表团"严格根据"前苏联和中国1991年5月16日签署的协定,完成东段边界的标定工作。

△法国总统希拉克召开国防委员会会议,拟定为期6年的国防改革方案。计划到2001年法国建立世界上最先进的国防工业体系,军备开支削减15%,兵力从50万人减至35万人。陆军兵团的数量将压缩1/3。必要时,将能向海外派出精锐部队5～6万人。法国将取消现行义务兵役制,代之以多样性的志愿兵役制。在核威慑方面,法国将重新部署核武器。

2月23日

△英国首相梅杰在伦敦举行的西欧联盟议会特别会议上发表讲话说,英国建议在北约范围内组建联合行动部队,给欧洲以实际采取军事行动的能力,但英国反对西欧联盟与欧盟合并,反对向欧盟出让英国在防务和安全问题上的独立决策权。

2月24日

△古巴战斗机在古巴领空击落了两架属于古巴在美国流亡团体的小型飞机。该团体的第3架飞机则返回美国迈阿密。美国方面派出海岸警卫队和海军舰船、飞机在附近公海进行了救援搜寻。

2月26日

△美国总统克林顿在白宫宣布对古巴实行一系列

报复性制裁措施，以示对古巴击落两架属于古巴在美国流亡团体的飞机的惩罚。

△美国和哈萨克斯坦在华盛顿发表联合声明，两国一致同意今后将加强相互间“长期和富有成效的”防务合作关系。

2月27日

△俄罗斯总统叶利钦和白俄罗斯总统卢卡申科在克里姆林宫会晤，并签署了联合声明，责成两国国防部简化两国间军事合作的办法。

2月28日

△总部设在法国斯特拉斯堡的欧洲委员会召开部长委员会会议，正式批准俄罗斯参加这个政治组织的申请，从而使它成为欧委会第39个成员国。俄罗斯总统新闻秘书梅德韦杰夫在克里姆林宫对记者说，俄罗斯加入欧洲委员会，但仍坚持反对北约东扩的立场。

3　月

3月3日

△巴勒斯坦民族自治政府主席阿拉法特，宣布伊斯兰抵抗运动（哈马斯）和伊斯兰圣战组织的武装组织为非法组织。

3月5日

△立陶宛总统布拉藻斯卡斯同来访的波兰总统克瓦涅夫斯基签署两国边界协定。

△美国和韩国5～6日在韩国举行大规模联合空军演习。这次演习活动是在韩国西部沿海岛屿和东部沿海的三陟地区上空举行的。从海外基地起飞的数十架战斗轰炸机、舰载攻击机、空中加油机和大量驻韩美军与韩国空军的战斗机、侦察机参加了演习。

3月8日

△新华社受权公告：中国人民解放军将于1996年3月8日至3月15日，向北纬25°13′、东经122°20′，北纬25°13′、东经122°40′，北纬24°57′、东经122°40′，北纬24°57′、东经122°20′四点连线内的海域，以及北纬22°38′、东经119°25′，北纬22°38′、东经119°45′，北纬22°22′、东经119°45′，北纬22°22′、东经119°25′四点连线内的海域进行地地导弹发射训练。为了安全，中国政府要求有关国家政府和地区当局通知本国、本地区的船只和飞机，在此期间不要进入上述海域和空域。

3月12日

△韩国内阁召开会议，批准韩国加入《禁止化学武器公约》提案。

△新华社受权公告：中国人民解放军将于3月12日～3月20日，在北纬23°57′、东经118°06′，北纬23°25′、东经118°50′，北纬22°30′、东经117°30′和北纬23°01′、东经116°46′四点连线内的海域和空域进行海空军实弹演习。为了安全，中国政府要求有关国家政府和地区当局通知本国、本地区的船只和飞机，在此期间不要进入上述海域和空域。

△位于马赛附近的法国核研究中心举行核事故演习。

△为报复古巴2月24日击落两架属于古巴在美国流亡团体的飞机，美国总统克林顿签署了进一步对古巴进行制裁的“赫尔姆斯-伯顿”法案。

3月13日

△法国总理朱佩在欧洲民主联盟会议上提议建立一支由25万～30万人组成、由西欧联盟直接指挥和管辖的欧洲部队。

3月15日

△新华社受权公告：中国人民解放军向东海和南海的地地导弹发射训练已经结束。以前公告的演习海域和空域从3月15日18时起恢复正常航行。

3月18日

△新华社公告：中国人民解放军将于1996年3月18日至3月25日，在北纬25°50′、东经119°50′，北纬25°32′、东经120°24′，北纬24°54′、东经119°56′和北纬25°12′、东经119°26′四点连线内的海域和空域，进行陆海空联合演习。为了安全，中国政府要求有关国家政府和地区当局通知本国、本地区的船只和飞机，在此期间不要进入上述海域和空域。

△阿根廷、巴西、巴拉圭在布宜诺斯艾利斯签署边境安全协定。

3月19日

△中国外交部发言人在记者招待会上发表谈话，强烈谴责美国国会众议院通过一项“美国应帮助保卫台湾”的决议案。

3月20日

△美国政府批准向台湾出售一批武器，其中有毒刺式防空导弹、一套为战斗机提供目标定位和导航的系统以及电子战设备。台湾购买潜艇的要求未能得到批准。

3月25日

△新华社受权公告：中国人民解放军在台湾海峡进行的陆海空联合演习已经结束，演习区域自3月25日18时起恢复正常航行。

△美、英、法3国代表在斐济首都苏瓦签署南太平洋无核区条约。根据该条约，签字国承诺不在该区域使用核武器和进行核试验。

3月26日

△正在新西兰访问的马来西亚总理马哈蒂尔对记者说，中国不会威胁其他亚洲国家的安全。台湾问题完全是中国的内政。

△正在挪威访问的俄罗斯总统叶利钦表示，在北约东扩问题上，东欧国家可参照法国的作法，与北约只保持政治联系，而不参加军事合作。

△美国国防部发言人宣布，“独立”号和“尼米兹”号航空母舰将在近期内驶离台湾附近海域返回基地。

3月29日

△俄罗斯总统叶利钦、白俄罗斯总统卢卡申科、哈萨克斯坦总统纳扎尔巴耶夫和吉尔吉斯斯坦总统阿卡耶夫在克里姆林宫签署加深一体化条约。叶利钦表示，这一条约为独联体一体化找到了新的形式。

△独联体国家军事合作协调司令部领导人萨姆索诺夫将军对记者说，独联体国家国防部长在“北约东扩的危险问题上”已达成共识，并决定成立独联体国家武装力量参谋长委员会，由俄军总参谋长科列斯尼科夫担任该委员会的领导。

4　月

4月2日

△俄罗斯总统叶利钦和白俄罗斯总统卢卡申科签署两国成立共同体条约。该条约规定了今后两国关系发展的基本方向和加深一体化的机制。

△乌克兰总统向议会发表年度报告时说，与欧洲一体化是乌克兰的战略选择，同时主张在平等、互利和对参加国没有任何限制的基础上发展独联体范围内的一体化。

4月4日

△波兰对外经济合作部长布哈奇和俄罗斯副总理兼对外经济合作部长达维多夫，在华沙签署了波俄两国互相提供军事装备、军事技术和军事服务设施的协定。

△朝鲜人民军驻板门店代表处发言人宣布，朝鲜决定放弃管理朝鲜停战时确定的军事分界线和非军事区的任务。韩国副总理兼统一院长官就此事召开紧急统一安保政策协调会议，并通过国防部发表声明，称现停战协定应该得到遵守。

4月6日

△据朝鲜《劳动新闻》报道，韩国和美国空军在原州和西山半岛一带上空举行了空军联合演习。

4月8日

△土耳其政府宣布，土政府军在土东南部，对反政府的库尔德工人党游击队员进行大规模清剿。

4月9日

△中国常驻国际原子能机构代表团，正式向国际原子能机构总干事布利克斯递交了由中国国家主席江泽民签署的中国参加《核安全公约》的批准书，从而使中国成为第18个递交批准书的国家。

4月10日

△越南总理武文杰应柬埔寨第一首相诺罗敦·拉那烈和第二首相洪森的邀请，对柬埔寨进行为期一天的工作访问，双方就解决两国边界问题和越南在柬的移民问题达成了原则性协议。

4月11日

△非洲42个国家的代表在《非洲无核武器区条约》上签字。中国、法国、英国和美国对该条约第1及第2号议定书作了有待批准的签署。

4月15日

△由日美两国负责外交和国防的官员组成的日美安全保障协议委员会在东京举行会议，批准了两国特别行动委员会关于整顿、合并、缩小驻冲绳美军基地谈判的报告。

4月16日

△应韩国总统金泳三邀请，美国总统克林顿对韩国进行了9个多小时的“闪电式”访问。双方在济州岛就朝鲜半岛局势和共同关心的一系列问题举行了会谈。

4月18日

△美国总统在日本国会发表演说称，美国要在东亚维持10万兵力。美日将进一步加强在安全方面的合作。

4月20日

△为期两天的莫斯科核安全8国首脑会议，在通过《关于加强核安全合作宣言》、《反对非法贩运核材料纲领》、《关于全面禁止核试验条约的声明》、《关于乌克兰问题的声明》等4个文件后闭幕。

4月21日

△德国政府将冻结费用高达20亿马克（约合14亿美元）的德法联合制造间谍卫星计划，转而使用美国的间谍卫星。

4月22日

△巴拉圭陆军司令利诺·奥维将军拒绝瓦斯莫西总统要求其退役的命令，并在首都郊外的第1军团驻地发动哗变，以军事政变相威胁要求总统和副总统辞职，由国会主席接管国家政权。

4月23日

△北约16国参谋长在布鲁塞尔北约总部，举行北约军事委员会例会，会议就指导北约军事一体化机构进行改革的重大原则达成了一致。

4月25日

△中国国家主席江泽民和俄罗斯总统叶利钦在北京签署《中俄联合声明》。两国宣布决心发展平等信任的、面向21世纪的战略协作伙伴关系。双方认为签署在边境地区加强军事领域信任的协定具有重大意义，决心采取有效的措施落实该协定。

4月26日

△下午，中国国家主席江泽民与俄罗斯总统叶利钦、哈萨克斯坦总统纳扎尔巴耶夫、吉尔吉斯总统阿卡耶夫、塔吉克斯坦总统拉赫莫诺夫，在上海签署《中华人民共和国和俄罗斯联邦、哈萨克斯坦共和国、吉尔吉斯共和国、塔吉克斯坦共和国关于在边境地区加强军事领域信任的协定》。

4月28日

△访问美国的以色列总理佩雷斯和美国国防部长佩里签署一项《联合意向声明》。其要点是：美国军方将帮助以色列提高预警能力，以监视中东地区的导弹发射。两国联合研制可以准确击落包括"飞毛腿"导弹在内的弹道导弹的新式武器。

5　月

5月1日

△英国国防大臣波蒂洛宣布，英国将在今后6年内逐步撤出其驻德国的所有空军，2.7万名陆军将继续留在德国。

5月2日

△ 泰国和美国开始在泰国南部举行一年一度的代号为"金眼镜蛇"的联合军事演习。参加演习的有泰美两国军队1.95万人，军舰30艘，飞机60多架。演习到5月25日结束。

5月3日

△俄罗斯总统叶利钦签署一项命令，俄将在它的武装力量中组建一支专门参加维持或恢复国际和平与安全的部队。这支部队将包括17个摩托化步兵营和4个空降营，共2.2万人。

5月4日

△50多个《特定常规武器公约》的缔约国在日内瓦达成协议，同意进一步加强对地雷使用和转让的限制，以减少对平民的伤害。在会议期间，中国代表郑重宣布中国不出口饵雷的决定。

5月5日

△伊朗伊斯兰革命卫队和民兵在靠近土耳其边界的4个城市举行大规模军事演习。这被认为是对土耳其允许以色列空军在土领空进行训练作出的一种强烈反应。

5月13日

△英国决定同美国一起研制第2代垂直起降喷气式战斗机——"综合战斗轰炸机"。这种战斗机具有多种功能，既能像F-16战斗机一样进行空中格斗，又能像F-18战斗机一样在航空母舰上服役，同时还能像鹞式战斗机一样垂直起降。

5月14日

△俄罗斯国防部长格拉乔夫同白俄罗斯国防部长马尔采夫在莫斯科签署10项关于加强两国军事领域合作的文件。格拉乔夫说，俄罗斯和白俄罗斯拟在白俄罗斯境内建立强大的"俄白军事集团"，以对付北约东扩。

5月15日

△中国全国人民代表大会常务委员会通过了关于批准《联合国海洋法公约》的决定。

△法国政府通过新军事纲领法，确定了法国军事体制改革的财政拨款办法，准备花6年时间完成军队的职业化。

5月18日

△中非再次发生兵变。兵变士兵绑架了代表政府前来谈判的矿业部长及军队总参谋长。

5月19日

△德国政府在美国新墨西哥州的雷斯顿投资1.6亿美元，建造一个专门培训德国空军人员的训练中心。

5月20日

△德国外交部长金克尔同日本外相池田行彦，在波恩签署了一项旨在加强两国全面合作的"德日伙伴关系备忘录"。

△由北约和德国联合召开的国际武器销毁专家大会在德国波恩举行，德国外交部长金克尔呼吁，不要向第三世界转移裁军协议规定应销毁的武器。

5月21日

△据东斯拉沃尼亚过渡管理机构负责人、联合国官员雅克·克拉尼宣布，该地区21日中午正式开始实行非军事化。

5月23日

△伊朗举行为期两天的在中东地区规模最大的一次军事演习，演习代号为"守护"。参加演习的人数除15万陆军部队外，还有大量宗教人士和学生。其中有10个装甲步兵师，6个坦克旅，大量先进战斗机、地地

和地空导弹。演习的范围约 5400 平方公里。

5 月 24 日

△俄罗斯武装力量总参谋部宣布，车臣武装冲突自 1994 年 12 月爆发以来，共有 2483 名俄军阵亡，16843 名杜达耶夫反政府武装成员被消灭。

5 月 26 日

△在法国军队的武力干预下，中非哗变士兵同意返回兵营。总统帕塔塞对哗变士兵实行特赦。

5 月 29 日

△日美两国政府关于修改“防卫合作指导方针”的事务级磋商，在美国夏威夷举行。

6 月

6 月 1 日

△乌克兰国防部新闻局宣布，美国与乌克兰、保加利亚、匈牙利、摩尔多瓦、波兰、俄罗斯、罗马尼亚、斯洛伐克、捷克等 9 国，于 1～10 日，在乌克兰西部利沃夫州举行“和平盾牌 96”多国部队联合军事演习。演习的主要内容是如何在冲突地区组织和实施维和行动。

6 月 3 日

△北约外交部长会议在发表公报后宣布闭幕，会议通过建立“多国多兵种特遣部队计划。”这支部队将能够在西欧联盟领导下采取行动。

△乌克兰总统宣布，乌克兰境内的核武器已全部运往俄罗斯，其销毁工作将在乌克兰专家监督下进行。

6 月 4 日

△美国东部时间凌晨 1 时 15 分，美日等国在夏威夷附近进行联合军事演习时，一艘日本驱逐舰发炮失误，击落一架美国攻击机，机上两名美军飞行员跳伞脱险。飞机坠入大海。

6 月 5 日

△美国总统克林顿任命杰伊·约翰逊上将为美国新的海军参谋长。

6 月 7 日

△美洲国家组织第 26 届大会闭幕，会议通过决议，强烈谴责美国制裁古巴。

6 月 10 日

△土耳其和阿塞拜疆签署了一项旨在加强两国军队之间技术和科研合作的军事协议。

6 月 13 日

△北约 16 国国防部长在布鲁塞尔北约总部举行国防部长会议，讨论波黑和平进程和北约机构改革问题。

6 月 14 日

△为期两天的检查波黑和平协议执行情况的国际会议在意大利佛罗伦萨闭幕。南斯拉夫联盟、克罗地亚和波黑 3 国代表签署了一项有关军备控制的协议。

△北约 16 个成员国和 26 个北约和平伙伴关系国的国防部长在布鲁塞尔举行为期一天的会议，主要就扩大和加强北约和平伙伴国在和平伙伴关系框架内的合作进行磋商。

△奥地利总理弗拉尼茨基说，奥地利拒绝加入任何军事联盟。

6 月 17 日

△据《华盛顿邮报》报道，美国和法国最近签署了一项进一步加强两国核合作的秘密协议，以便在全面禁止核试验条约签署后双方仍能有效地保持各自的核武器。

6 月 18 日

△俄罗斯总统叶利钦签署命令，任命亚历山大·列别德为安全委员会秘书、总统国家安全助理，解除格拉乔夫的国防部部长职务，由总参谋长科列斯尼科夫任代理国防部长。

△以色列新当选总理本雅明·内塔尼亚胡组成新联合政府，退休将军、前总参谋长伊扎克·莫达凯任国防部长。

△总部设在日内瓦的裁军谈判会议批准奥地利、孟加拉国、白俄罗斯、喀麦隆、智利、哥伦比亚、朝鲜、芬兰、伊拉克、以色列、新西兰、挪威、韩国、塞内加尔、斯洛伐克、南非、西班牙、瑞士、叙利亚、土耳其、乌克兰、越南、津巴布韦等为该机构新成员。成员国总数由 38 个增加到 61 个。

6 月 22 日

△阿拉伯首脑会议在开罗开幕，埃及总统穆巴拉克提出推动中东和平进程 7 点主张。

6 月 24 日

△据《华盛顿邮报》报道，尽管冷战结束以来世界军火需求大幅度下降，但美国在过去 9 年里的军火出口额增加了一倍多，目前已占世界军火市场的 52%，预计到本世纪末将增加到 60%。

6 月 25 日

△俄罗斯总统叶利钦下令解除 7 名高级军官的职务。他们是：第一副总参谋长兼总参作战部长巴雷金上将、副总参谋长波格丹诺夫上将、副总参谋长兼总参总组织动员部部长列布佐夫上将、国防部教育工作总局局长兹多里科夫中将、国防部办公厅主任拉普绍夫上将、总参国际军事合作总局局长哈尔琴科上将、陆军副总司令舒里科夫中将。

△美国总统克林顿说，美国支持爱沙尼亚、拉脱维亚和立陶宛3个波罗的海国家最终加入北大西洋条约组织。俄罗斯总统叶利钦对此表示坚决反对。

7　月

7月3日

△叶利钦蝉联俄罗斯总统，俄总理切尔诺梅尔金受命组建新政府。

7月8日

△美国同立陶宛、爱沙尼亚和拉脱维亚开始在波罗的海地区举行为期10天的代号为“波罗的海挑战”的陆地军事演习，以提高美军同这3个波罗的海国家军队在协同作战和维持和平行动方面的协调能力。

7月10日

△中非安全问题常务协商委员会11个成员国的国家元首，在雅温得签署了一项互不侵犯条约，以防止中非地区国家间发生冲突。

△美国驻海湾部队总司令部发表新闻公报说，美国驻扎在海湾地区的海陆空三军部队，于7月10日～8月30日在该地区水域举行代号为“鲁击德·努提拉斯”军事演习。演习目的是为了提高部队迅速集结、重新部署以及海陆空三军联合作战能力。目前驻扎在该地区的美国部队约为2.2万人。

7月11日

△正在安卡拉访问的埃及总统穆巴拉克说，土耳其与以色列签署的军事协议不是军事条约。

△伊朗总统拉夫桑贾尼否认伊朗发展核武器，并欢迎国际原子能机构到伊朗进行检查。

7月14日

△美国《防务新闻》援引美国防部官员的话报道，美国正在投资4500万美元，研制能够摧毁中东和海湾地区地下大规模杀伤性武器工厂的先进爆炸系统。

7月15日

△代号为“和平山鹰96”的多国联合演习，在由美国援建的阿尔巴尼亚比扎军训中心进行。来自美国、意大利、土耳其、希腊、罗马尼亚、保加利亚、马其顿和阿尔巴尼亚等8国的2000名官兵参加了这次演习。斯洛文尼亚派观察员观摩演习。演习的目的是加强东南欧各国军事力量之间的协调，提高北约及其“和平伙伴关系”国和东、南欧国家共同进行维和行动的能力。

7月17日

△法国国防部长米永，在议会两院防务委员会上公布了法国国防重组计划。在1997～1999年期间，法国将裁减38个陆军团，关闭3个空军基地，解散或迁移包括参谋部、培训中心、后勤部门在内的近40个军事机构，裁减28艘军舰，服役近30年的克莱蒙梭号航空母舰，也将于1997年退役。

7月20日

△科威特国防大臣说，在海湾战争中，被伊拉克摧毁的科威特武装部队的70%已经得到重建。科军的重建战略就是购买先进武器，培训军事人员。自1991年海湾战争结束以来，科威特已动用近300亿美元，从美、英、法及俄罗斯购买了先进武器及军事设备。

7月25日

△布隆迪由图西族控制的军方宣布，它已经废黜现总统、胡图族人恩蒂班通加尼亚，并任命前总统、图西族人皮埃尔·布约亚为新总统。

△俄罗斯总统叶利钦发布命令，成立俄罗斯联邦国防委员会，叶利钦任主席，切尔诺梅尔金任副主席，巴图林任秘书。俄安全委员会秘书列别德、俄总统办公厅主任丘拜斯、联邦安全局局长科瓦廖夫、国防部长罗季奥诺夫、内务部长库利科夫、外交部长普里马科夫等为委员。

7月29日

△中华人民共和国政府发表声明，中国于1996年7月29日成功地进行了一次核试验，并郑重宣布从1996年7月30日起暂停核试验。中国作出这一重要决定，既是为了响应广大无核国家的要求，也是为了推动核裁军而采取的一项实际行动。

8　月

8月1日

△英国从陆军、海军、海军陆战队和空军部队中抽调人员组成一支新的快速部署部队，意在对冷战后时期全球性危机作出快速反应。

8月3日

△泰国国防部长差瓦立说，由于减轻国家经济负担，泰国宣布放弃一系列军火采购计划，其中包括拟议中的购买卫星计划。

△丹麦三军总司令汉斯·雅德上将从访问冰岛返回途中，因飞机失事在大西洋北部的法罗群岛遇难。

△美国以伊朗将对其发动新的恐怖性攻击为由，命令驻海湾部队处于最高戒备状态之后，美国国防部又制定了对伊朗进行打击的具体军事行动计划。

8月5日

△巴基斯坦军方人士说，巴军将与美军举行为期1个月的联合军事演习。

△格鲁吉亚国防部发言人说，格鲁吉亚陆、海、空

三军，在阿布哈兹附近举行为期两天的军事演习。

8月8日

△由哈萨克斯坦、吉尔吉斯斯坦和乌兹别克斯坦组建的中亚维持和平营，将参加8月在美国北卡罗来纳州举行的北约“和平伙伴关系计划”框架内的大型战术演习。演习将有20个国家的军队参加。其中包括12个欧洲国家、6个独联体国家以及美国和加拿大。

△美国在海湾地区举行一系列演习，参加演习的部队除由美国本土调去5000名美军外，还包括驻当地的2.1万名美军，其中1.2万人在20艘舰船上。一系列演习包括“内部行动96—3演习”，“坚固艄船”、“空军远征卡塔尔”以及修建沙漠基地4大行动。“内部行动96—3”演习是检查美军士兵迅速赶到科威特旧战场后，能以多快速度部署储存在那里的坦克和其他武器。“坚固艄船”海军演习将检测美军在该地区迅速集结的能力；检测与此配合的空中和陆上的电子战的能力。“空军远征卡塔尔”演习将检查空军战斗员在恶劣条件下的应变能力。修建沙漠基地是为了重新部署从宰赫兰转移过来的4000名美军士兵。演习持续半年。

8月14日

△独联体国防部长理事会在莫斯科举行。会议公报说，“军事政治集团直接接近独联体国家的边界，将对独联体的政治、经济和军事安全造成严重的威胁”。理事会责成参谋长委员会起草关于独联体国家国防部在北约东扩问题上协调行动的建议。

△也门和厄立特里亚10日在红海发生冲突后，双方进行紧急军事调动，15日在位于红海南端的小哈尼什岛爆发大规模冲突。双方动用了空军和大炮。

8月16日

△英国航空航天公司和法国马特公司在伦敦正式签署协议，决定联合组建欧洲最大的导弹企业。

8月19日

△韩国与驻韩美军司令部从零时起，进行第21次“乙支焦点透镜”军事演习。演习为期12天，主要是通过司令部的电脑模拟来检验韩国军队和驻韩美军在执行偶然性军事作战任务时的配合能力和工作体系的运行情况等。参加演习的有韩国陆海空部队和1.5万名美军。

8月20日

△代号为“山鹰救护96”的阿尔巴尼亚和美国联合军事演习结束。这次演习从8月12日开始举行。阿尔巴尼亚特种部队和美国第6舰队海军陆战队的官兵共3千多人参加了演习。

8月22日

△美国目前共储存约3万吨化学战剂，分8处存放，美国犹他州图埃勒是最大的存放处。美国开始对图埃勒的化学战剂进行销毁。

△据《华盛顿邮报》报道，美国国防部计划投资3000多亿美元，更新美军现有的全部作战飞机。根据这项计划，美军将改用F/A—18E/F、F—22和联合打击战斗机等3种正在开发的新式战斗机。

8月24日

△日本决定从1997年度起派航空自卫队的战斗机驾驶员去俄罗斯接受“苏-27”主力战斗机的使用训练。

8月26日

△日本总理府的国际和平协力本部提出报告说，日本派出的联合国维持和平部队，在得到指挥官命令的情况下，允许“以部队为单位”使用武器。《朝日新闻》认为这一规定不符合日本宪法精神。

9　月

9月1日

△日本海上自卫队的两艘军舰抵达韩国釜山港，开始进行为期6天的访问，这是日本军舰首次访问韩国。

9月2日

△菲律宾政府同摩洛民族解放阵线，在马尼拉正式签署关于棉兰老问题的和平协议，从而宣告结束双方在菲南部地区长达20多年的武装冲突。

△乌克兰和英国在乌克兰的利沃夫训练中心开始为期1个月的联合军事演习。

9月3日

△美军驻海湾部队对伊拉克的军事设施进行了轰炸，并扩大在伊拉克境内的“禁飞区”。

△英国国防大臣波蒂洛宣布，英国政府已同意在本国生产欧洲4国联合研制的“欧洲战斗机”，并决定首批订购232架这种新型战斗机。

9月5日

△美国自海湾战争结束以来，为遏制伊拉克已耗费了30多亿美元。美国国防部高级官员承认，迄今为止，美国并没有完全实现有效遏制伊拉克的军事战略意图。

△土耳其军队进入伊拉克北部领土，以打击库尔德工人党游击队。伊拉克政府对此提出抗议。

9月7日

△柬埔寨王国联合国防大臣迪班说，前不久宣布停火的英萨利表示，他及其所属的军事领导人承认柬

埔寨王国宪法和柬政府，愿维护国家的领土完整。

9月10日

△第50届联大经过两天讨论，于10日下午，以158票赞成、3票反对、5票弃权通过了《全面禁止核试验条约》。

9月12日

△以色列总理内塔尼亚胡强调，以色列现政府不会履行拉宾作出的以军将全部从戈兰高地撤出的口头承诺。

9月15日

△日本陆上自卫队，在东富士演习场举行了“1996年富士综合大力演习”。

9月16日

△根据法国国防调整计划，担负核威慑使命达25年之久的法国阿尔比永陆基核导弹基地16日起正式解除待命发射状态。部署在基地内的18枚射程为3500千米的S3D核导弹，将在1998年年底之前全部拆除。法国总统希拉克强调指出，法国在任何情况下悍卫其最高安全的意志没有改变。法国的核威慑力量今后将重点部署在潜艇和战斗机上，其机动性“将更加符合未来的需要”。

9月19日

△乌克兰总统库奇马和美国副总统戈尔，就成立乌克兰和美国国家间委员会发表联合声明强调，成立委员会的目的是加深双方的战略伙伴关系。

△日美安全保障协商委员会批准了“日美防卫合作小组”就修改《日美防卫合作的指导方针》拟定的报告。报告指出，拟定新的指导方针目的在于“构筑新时代的更有效的日美防卫合作关系”。

9月22日

△伊朗海军开始在波斯湾举行为期5天的军事演习，目的是检验伊朗海军在波斯湾的准备情况。

9月23日

△西方通讯社报道，韩国拒绝朝鲜要其交还上周进入韩国水域的1艘潜艇的要求。

9月24日

△北约在伦敦北面诺斯伍德设立海军新总部，新的海上神经中枢拥有18艘护卫舰、驱逐舰和扫雷舰。对危机可随时作出反应。

△马来西亚计划在东部沙巴州建立1个耗资4亿美元的海军基地，以加强这一地区的海上安全。

9月25日

△法国国防部长米永表示，若是法国提出的北约南翼指挥权欧洲化的要求得不到满足，法国就停止向北约的靠拢。

9月27日

△经过3天激战，阿富汗反政府武装塔利班于27日凌晨攻占喀布尔，前总统纳吉布拉被处死。

10　月

10月1日

△美国把长堤军事基地归还给巴拿马，从而结束了美军在这个基地驻扎长达77年的历史。

10月2日

△韩国总统金泳三对朝鲜半岛因潜艇事件局势骤然紧张，命令军队进入紧急戒备状态。

10月5日

△为期3天的杀伤性地雷会议在加拿大渥太华闭幕。会议发表的一项宣言中，呼吁国际社会采取行动，禁止和消除杀伤性地雷。

10月8日

△土耳其政府军，在土东南部哈卡里和舍尔纳克等6省采取军事行动，加紧围剿库尔德武装。

10月9日

△在阿根廷南部城市巴里洛切举行的美洲国家第2次国防部长会议结束。西半球有33个国家的国防部长或代表出席会议。与会者就地区的安全防务、缉毒反毒斗争等问题进行了讨论。美国提出的建立扫毒多国部队的建议遭到否决。

△伦敦国际战略研究所发表文章称，冷战结束后，世界军火销售额逐渐呈下跌趋势，但美国的军火销售情况却呈明显上升趋势。1992年以来，美国平均每年出口军火价值高达150亿美元，占全球军火销售总额的一半。

10月18日

△俄罗斯总统叶利钦签署命令，解除俄武装力量总参谋长兼国防部第一副部长科列斯尼科夫的职务，并推荐他担任独联体成员国军事合作协调部主任。叶利钦同时任命维克托·萨姆索诺夫接替科列斯尼科夫的职务。

10月20日

△俄罗斯国防会议第1次会议在莫斯科举行。会议着重讨论了军队结构改革问题。会议认为，当前仍然存在产生军事威胁和爆发军事冲突的危险。因此，决不能对某些大国和军事集团力量的发展估计不足。

△俄罗斯总统叶利钦发布命令，解除空降兵司令波德科尔津、火箭部队司令伊万诺夫和俄军第一副总参谋长茹尔科的职务。

△伊拉克库尔德民主党游击队和库尔德斯坦爱国阵线民兵，为争夺伊北部的杜坎水坝展开激战。

10月24日

△国际原子能机构宣布，1994年6月17日通过、同年9月20日开放签署的《核安全公约》从1996年10月24日起正式生效。

10月26日

△韩国前国防部长李养镐，因被指控犯有受贿及泄露机密罪被汉城警方拘捕。

10月28日

△美韩双方于10月28日～11月7日，举行代号为"秃鹫96"联合军事演习，参加演习的有3.4万名美军和数十万名韩军以及美国"独立"号航空母舰。朝鲜谴责美韩演习是对朝鲜公然威胁，将进一步激化朝鲜半岛紧张局势。

△据法国《陆军杂志》报道，法国驻外军队将进行调整。在今后6年内，将由现在的5.6万人减为3.9万人。根据此计划，法国驻守在德国、科特迪瓦、塞内加尔、加蓬、乍得和中非共和国的军队均将减少。

10月29日

△匈牙利和南斯拉夫在布达佩斯签署了国防合作框架协议。

△厄瓜多尔和秘鲁两国外长，在智利首都圣地亚哥达成谈判解决两国边界纠纷的"圣地亚哥协议"。

10月30日

△为期两天的阿富汗问题国际会议在德黑兰结束。会议通过的"德黑兰宣言"呼吁有关各方以和平方式解决阿富汗危机。

△瑞士联邦委员会宣布，瑞士决定加入北约"和平伙伴计划"。瑞士不承担任何国际法义务，也不会损害瑞士的中立地位。

11 月

11月4日

△为期两周的日美联合军事演习开始在日本海、北海道和大分县进行。日本出动舰艇约120艘，飞机约180架，兵力约1万人；美国出动舰艇14艘，飞机180架，兵力约1.2万人。

△危地马拉反政府游击队组织"全国革命联盟"发表公报，宣布该组织单方面停止一切"武装宣传活动"，并要求与政府谈判停火问题。

11月6日

△据法新社报道，柬埔寨红色高棉英萨利领导的2507名游击队员加入柬埔寨政府军。

11月9日

△波黑塞尔维亚共和国总统普拉夫希奇签署命令，任命佩罗·乔里奇少将为塞族军队总参谋长。这事实上是解除了波黑战争期间一直担任塞军总司令的姆拉迪奇将军的军事领导权。

11月11日

△第51届联大政治与安全委员会通过了关于呼吁签订《全面核裁军》和《禁止使用核武器公约》两项决议，敦促核武器国家立即停止改进、发展、生产和储存核弹头及运载系统，呼吁核武器国家逐步减少核威胁及采取有效裁军措施，并就此举行谈判。

11月16日

△中非首都班吉发生1996年以来第3次兵变，局势骤然紧张。

△16日发射失败后失控的俄罗斯"火星96"探测飞船，于18日坠落在距南美洲西海岸1000千米的南太平洋海域。在此之前，澳大利亚进入高度戒备状态。

△俄罗斯和意大利签署国防和军事技术领域合作协定。

11月18日

△巴拿马总统巴利亚达雷斯说，巴拿马不主张2000年后继续保留美国驻军，美国必须在1999年12月31日之前关闭其在巴拿马的所有军事基地。

△西欧军备小组国防部长会议在比利时奥斯坦德举行。比利时、德国、法国、英国、西班牙、意大利、荷兰、丹麦、希腊、葡萄牙、挪威、土耳其和卢森堡13国国防部长达成协议，决定成立西欧军备组织。其主要任务是负责协调成员国军备工业，特别是同防务有关的电子、宇航和水下军备工业的研究和开发工作。

11月20日

△朝鲜关闭了它在停战区板门店的边界联络办公室。

11月23日

△新加坡和新西兰于11月23日至12月5日举行联合军事演习。目的在于加强两国军队联合作战的指挥和控制能力。

△俄罗斯总理切尔诺梅尔金和车臣临时总理马斯哈多夫签署一项关于俄罗斯和车臣关系的协议。与此同时，俄罗斯总统叶利钦下令从车臣境内撤走原定停止军事行动后留在车臣境内的两个旅。

11月25日

△来自138个国家的代表开始在日内瓦举行为期两周的会议，审议1972年通过的关于禁止生物武器公约。

11月26日

△俄罗斯总统叶利钦颁布"关于保证俄联邦军事建设的措施"的命令。命令规定1997年应将武装力量以外的部队和机关人员定额减少15%。自1997年1月起，新兵只用于补充边防军、内卫部队和铁道兵等。

11月27日

△截至11月27日止，俄罗斯战略火箭部队已全部完成从独联体国家撤走核弹头的任务。

11月28日

△经过数年的谈判，英国同阿联酋签署防务协议。

11月29日

△在中国国家主席江泽民和印度总理高达举行正式会谈后，中国同印度在新德里签署了《关于中印边境实际控制线地区军事领域建立信任措施的协定》等4项协定。

11月30日

△伊朗结束了为期10天的军事演习。陆军1万人、飞机40架、军舰100艘参加了演习。演习目的是加强陆军、海军和革命卫队之间的协调与合作。

12　月

12月3日

△欧洲安全首脑会议闭幕，由54国组成的欧安组织的领导人保证更多地实行武器控制和结束两次世界大战的发生地欧洲大陆的对抗。会议拟定的"21世纪的安全模式"文件要点，包括不支持任何国家对任何成员国使用武力，保证外国军队只有经东道国同意才能部署在那个国家。

12月4日

△危地马拉政府和游击队组织"全国革命联盟"在奥斯陆签署永久性停火协议。"全国革命联盟"将改变为一个政党参加国家的政治生活。

12月6日

△为期两周的《禁止生物武器公约》第4次审议会议结束。会议发表的《最后宣言》表示，各缔约国决心"为禁止和销毁所有形式的大规模毁伤性武器、实现全面彻底的裁军取得有效的进展而努力"。

12月8日

△日美两国的军工企业决定设立"日美安全保障产业论坛"，以定期讨论加强技术合作和联合开发武器装备等问题。日美两国进行武器装备联合研制的第1个正式项目是"F-2"战斗机。

12月10日

△美国国防部宣布，向韩国出售包括MLRS多管火箭炮在内的一批武器，价值6.24亿美元。

12月11日

△俄罗斯总统新闻秘书亚斯特任布斯基宣布，鉴于国防部长罗季奥诺夫已到退役年龄，叶利钦总统已签署命令让其退役，但同时决定他继续留任国防部长职务。叶利钦总统对记者说，今后俄罗斯国防部将由文职人员领导。

12月14日

△土耳其总理埃巴尔宣布，4个北约国家将在土耳其境内部署一支新的联合空军部队，继续对伊拉克北部进行监视，并"保护"伊拉克北部的库尔德人。

12月15日

△联合国关于组建一支以维持和平为目的的快速反应部队的协议在丹麦签署。丹麦、瑞典、挪威、加拿大、荷兰、波兰、奥地利已同意派兵参加这支部队。

12月17日

△联合国大会以热烈的掌声正式通过决议，任命来自加纳的科菲·安南为联合国第7任秘书长。

△中日举行政府间谈判，日本承诺销毁在侵华战争中日军遗弃在中国的化学武器。

△参加非洲区域首脑会议的国家元首和代表，在内罗毕呼吁有关国家停止对扎伊尔的干涉，结束对扎伊尔的跨境"入侵"，以便尽快解决扎伊尔东部危机。

12月19日

△第6次波兰——德国——法国(所谓魏玛3国集团)外长年会在华沙举行。3国外长就加强3国间睦邻合作关系、参与构筑欧洲安全机制和未来欧盟改革等问题举行了会谈。

△美国能源部长罗兹尔·奥利里正式批准建造模拟核试验设施的计划。这次为期10年的计划是在美国总统克林顿11月签署《全面禁止核试验条约》后公布的。其内容之一是建造新的设施，使核武器科学家能监控美国的核武库，并对核弹头进行模拟试验，这项计划将耗资400亿美元。

12月22日

△印度《先锋报》披露，印度要试验的1种导弹将优于苏制的"飞毛腿"导弹。

12月23日

△塔吉克斯坦总统拉赫莫诺夫和联合反对派领袖努里，在莫斯科正式签署了旨在结束内战的《关于莫斯科会晤结果的协议》和《关于民族和解委员会职能和权限的议定书》。

12月24日

△日本政府在安全保障会议和内阁会议上决定，

当外国潜艇侵入日本领海时，首相不经过内阁会议就可以批准防卫厅发出的出动海上自卫队的命令。这一决定显然与自卫队法相抵触。

12月27日

△法国政府正式宣布，法国将不再参加以监视伊拉克和“保护”伊拉克北部库尔德人为目的的多国部队，并将撤回已部署在土耳其的空军。

12月28日

△伊朗为进一步改善与伊拉克的关系，释放了724名伊拉克战俘。

12月29日

△危地马拉政府与游击队组织“全国革命联盟”签署《永久和平协定》，宣告最终结束长达36年之久的内战。

△朝鲜外交部发言人授权发表声明，对1996年9月在韩国东海岸江原道江陵市发生的“潜艇事件”表示“遗憾”。韩国方面已通过板门店送还24名死者的骨灰。

（郑明哲　陆　章）

（本栏责任编辑　赵　博）

特辑

专题综述

中国统一大业问题研究综述 自古以来，台湾就是中国领土不可分割的一部分。从17世纪20年代开始，中国人民便为反对外国势力侵占台湾和维护国家统一，进行了坚决的斗争。新中国成立后，台湾问题一直是中国政府内政与外交问题的焦点。到了80年代，邓小平明确提出：实现国家统一大业，是中国人民要做的3件大事之一。和平统一祖国，是中国共产党和中国政府的基本政策。近几年，台湾岛内分裂势力有所抬头。如何促进国家统一大业的达成，再度引起学术界的密切关注。1996年，《中国军事科学》杂志社组织了“祖国统一大业战略研究”专题研讨会。军事科学院、社会科学院、厦门大学等单位的研究人员参加，研讨范围涉及历史上统一台湾的战略、日本和美国对台湾的战略关系、台湾岛内政策和战略的调整、毛泽东和邓小平关于统一国家大业的战略思想，等等。

关于郑成功收复台湾的战略运筹问题 有作者指出，1661～1662年间，郑成功率军驱逐荷兰殖民者，收复了祖国宝岛台湾。在这场斗争中，他运筹帷幄，在战略上作出了许多睿智的抉择。首先是根据国内、国际斗争的需要，作出收复台湾的战略决策。郑成功主要是从以下几点考虑的：①可以开辟一个理想的抗清基地；②可以维护郑氏海商集团的利益；③可以彻底解决与荷兰殖民者的矛盾，保障台湾人民的利益；④可以恢复故土，无愧先人。其次是精心筹划，周密准备。为麻痹荷兰殖民者，郑成功通过各种途径造成不会攻打台湾的假象，使之放松警惕和戒备。为确保收复台湾的行动成功，郑成功精心选择有利的出兵时机。“他考虑到荷兰、清朝以及郑军自身3方面的条件，”选在清军暂时不可能出兵，而荷军又难以从海外得到增援的时候，果断出兵。同时，郑成功还大力积蓄粮草，整修船只，作好物质准备。再次是在收复台湾的军事、政治斗争中，采取了行之有效的战略措施。主要有：①集中10倍于敌的绝对优势兵力；②采用围城待降的战法，对荷军主力围困长达近9个月；③积极开展政治、外交攻势；④争取台湾民众的支持，最大限度地孤立荷兰殖民者。郑成功在收复台湾的斗争中，也有一些失误。如因对可能出现的异常气候估计不足，郑军一度陷入粮食供应不继的困境。（邓孔昭《郑成功收复台湾的战略运筹》，《中国军事科学》杂志1996年第2期）

关于清朝政府统一台湾的战略策略问题 有作者指出，清朝政府统一大陆后，成为一个多民族的封建大帝国。缓和民族矛盾，共同对付外国殖民者的侵略，是时代的要求和中国人民的共同愿望。在这种新的形势下，台湾郑氏集团的反清斗争就演变成为阻碍国家统一和社会发展的分裂割据活动。为结束分裂局面，清政府针对台湾郑氏集团的情况，从政治、军事、经济等方面制定和采取了一系列战略和策略。主要是：寻求政治解决途径的和谈策略；分化瓦解的招降策略；禁海迁界的经济封锁策略；“因剿寓抚”的军事策略；建府设防、展海开界的维护统一策略。清朝经过20多年的艰苦努力，终于在康熙二十二年（1683年）完成了对台湾的统一。论者指出，由于清政府忽视了海上力量的建设和使用，在没有必要的军事压力和有效军事打击能力的情况下，对和平解决台湾问题寄予过高希望，是其前9次和谈失败的主要原因。而海上军事优势的确立和成功的军事行动则是清政府最终和平统一台湾的根本保证。清政府的招降政策分化了郑氏集团，瓦解了其社会基础，削弱了其军事实力，并促使台湾军心民心发生倾向清政府的变化，为统一创造了条件。由于采取了单纯陆上封锁和大规模禁海、迁界移民的消极举措，使清政府的经济封锁策略不但没有达到预期目的，而且导致沿海经济和海上贸易遭受巨大损坏。“因剿寓抚”策略的核心是以军事手段促成台湾问题的政治解决。清政府实施这一策略，最终以军事手段攻占澎湖，以和平方式统一了台湾本岛。（任力、吴如嵩《清朝政府统一台湾的战略策略》，《中国军事科学》杂志1996年第2期）

关于日本对台湾关系问题 有作者指出，日本对台湾关系是其对华关系的组成部分。自1871年中日两国签订《修好条规》，到1972年中日恢复邦交，约100年的时间里，日本对台湾关系极不正常。大致经历了4个阶段：第1阶段，日本以“开疆拓土”为目标，与中国建立邦交，继而废约，侵犯台湾，迈出了近代日本对华侵略的第1步。日本对中国的侵略，是从1874年5月派遣日军在台湾登陆开始的。第2阶段，日本出兵占领朝鲜作为进攻中国的桥头堡，发动侵华战争索取巨额赔款，乘机侵占台湾。第3阶段，从1895年到1945年，日本对台湾长期实行军国主义的殖民统治。第4阶段，战后日本追随美国，奉行敌视中国的政策，利用台湾问题反共反华。研究者在分析日本对台湾近百余年关系史后指出，近代以来，日本有一些人一直对台湾别有用心。时至今日，日本仍有少数人怀着对昔日台湾的殖民心态，散布“台湾地位未定论”，支持台湾岛内的“台独”势力，很值得人们深思和警惕。（刘庭华《1871～1972：日本对台湾关系百年史论》，《中国军事科学》杂志1996年第2期）

关于美国对台湾关系的历史演变 有作者指出，台湾问题之所以成为中美关系中的一个根本问题，根源在于美国在第二次世界大战结束以后，介入中国的内政，特别是用武力干涉中国的统一。蒋介石逃往台湾后，美国对台湾的政策及其与台湾的关系可以分为3个阶段。第1阶段，从1950年6月美国政府宣布封锁台湾海峡到70年代中期中美关系缓和。其间，美国对台湾的政策，有一个从准备“弃台”到重新干涉、再到使台湾与大陆分离固定化和永久化的过程。在这个过程中，美台关系比较复杂。一方面，在反对中国政府解放台湾和反共问题上有共同利益，美国扶植国民党集团，阻止中国统一台湾。另一方面，美国为使台湾从中国永久分离出去而搞的“两个中国”、“一中一台”政策，受到国民党当局的抵制。第2阶段，从1972年尼克松访华到中美关系实现正常化。随着国际形势的发展和中国的逐渐强大，美国从60年代末期开始重新考虑其对华关系。美国对台湾的关系伴随着中美关系的发展而急速衰落。中美关系正常化以后，美台关系发生了两个重要变化。一是美国承认了一个中国的原则，美台关系有了根本性的改变。美国从台湾撤军，与台湾断交、废约。二是美国仍不肯彻底放弃干预中国内部事务的立场，企图保持介入解决台湾问题的手段。第3阶段，中美关系正常化以后至今，美国对台湾关系在冷战结束前后，有一个先是下滑然后上升的转折。在中美关系正常化以后的一段时间里，美台关系继续削弱，特别是中美签署“八·一七”公报以后，美台军事关系受到了有力的抑制。冷战结束后，美国对华政策处于调整中，为打“台湾牌”牵制中国，美国加强了与台湾的政治和军事关系。政治方面，美台政府和非官方间高层人士互访增多；军事方面以向台湾销售先进武器为中心的美台关系加强。研究者指出，美国对台湾的政策调整和对台关系变化，始终与国际格局的变化、尤其是与中美关系的变化联系在一起。目前，美中关系、美台关系仍在调整之中。（牛军、肖蓉《浅析美国对台湾政策及美台关系的历史演变》，《中国军事科学》杂志1996年第3期）

关于国民党几届领导人在台湾问题上的立场变化和政策调整问题 有作者指出，从台湾与祖国大陆处于分离状态以来，台湾国民党几届领导人都面临着是否坚持“一个中国”的原则问题。这个问题，也是衡量台湾当局领导人主张统一或“独立”立场的测试点。正是在这一基本点上，台湾当局领导人李登辉与其前任蒋氏父子的态度迥然有别，从而导致台湾当局在政策和战略上的一系列调整。蒋介石、蒋经国在顽固坚持“反共复国”立场及维持所谓的“中华民国法统地位”的同时，不同意美国制造的“台湾地位未定论”，反对并制裁“台湾独立运动”。在内外政策上，蒋氏父子采取了维护其“一个中国”的原则的做法，不忘“反攻大陆”，维持渡海登陆作战的方针。而李登辉上台以后，图谋搞“两个中国”和“一中一台”，其内外政策逐渐背离了“一个中国”的原则。他鼓吹建立“台湾人的国家”；以“民主政治”为名，庇护“台独”，使“台独”活动合法化；借两岸交流，搞分裂分治；通过“宪政改革”选举“台湾人的总统”；改变军事战略，增强与中国大陆抗衡的军事实力。台湾当局领导人在“台湾地位”问题上的态度和台湾当局政策、战略的调整变化，不能不引起全体中国人民的极大关注。（刘红《国民党几届领导人在台湾问题上的立场变化及其政策调整》，《中国军事科学》杂志1996年第2期）

毛泽东关于国家统一大业的战略思想 有作者指出，1949年国民党蒋介石集团逃往台湾以后，台湾海峡两岸的中国人民便被分割开来。毛泽东以一个战略家、政治家的姿态，制定了一系列推动国家统一大业的内外政策，形成了他关于国家统一的战略思想。一是针对以美国为首的国际势力制造“两个中国”的分裂政策，坚持“一个中国”的基本立场，始终把台湾问题作为中国的内政，反对任何外国势力的干涉。二是在海峡两岸共同反对“两个中国”的政治基础上，制定“联蒋抵美”和平解决台湾问题的战略决策，并在炮击金门和反对新西兰提案等事件中，积极推动和平统一进程。三是提出和平解决台湾问题的设想，容许台湾保留现有社会制度，主张通过谈判达成国家统一。四是不屈服于任何外国势力的威胁与讹诈，在台湾问题上不作出放弃使用武力的承诺。毛泽东在台湾问题上的战略思考与决策，开辟了两岸走向合作的道路。（谭一青《毛泽东关于祖国统一大业的战略思考》，《中国军事科学》杂志1996年第2期）

邓小平关于国家统一大业的战略思想　有作者指出，邓小平继承和发展了毛泽东开创的祖国统一事业。他以炽热的民族感情和战略家的远见卓识对祖国统一问题进行了一系列科学的思考。他认为，完成国家统一大业，是中华民族长期执著追求的崇高目标。这种民族感情什么制度也改变不了。统一问题一百年不解决，一千年总要解决，解决得越早越有利。他指出，实现国家统一的方式，无非是和平方式与非和平方式两种。中国力求用和平方式而不是非和平方式来解决统一问题。这样既能向人民交待，又有利于保持和发展繁荣稳定的局势。他创造性地提出，实现和平统一，最现实、最合理的途径是实行“一个国家，两种制度”。这充分照顾到台湾、港澳的历史和实际情况，是和平解决问题的唯一出路。他还进一步指出，台湾问题与香港问题不同。在实现国家统一的步骤上，先解决港澳问题，创造港澳模式，有利于积累经验，为解决台湾问题树立样板。他强调，台湾是中国的领土，台湾问题纯属中国内政，任何外国势力都无权干涉。外国势力试图制造“两个中国”、“一中一台”或“台湾独立”，中国人民决不会吞下这个苦果。中国希望、也努力争取以和平的方式解决台湾问题，但决不承诺不使用武力，这是实现国家统一的有力保证。（余起芬、彭光谦《邓小平关于和平统一祖国的战略思考》，《中国军事科学》1996年第2期）

（邓晓宝）

关于新军事革命问题研究综述　1995～1996年，许多国家的军事学术界对新军事革命有关问题的探索和研究，十分重视。对新军事革命的定义、要素和本质特征等基本概念，以及对军事理论、作战方式、军队体制编制、军事训练、武器装备的影响等方面，发表了不少论文和专著。

关于新军事革命的基本概念的讨论　许多作者对于何谓新军事革命、新军事革命的基本要素及其本质特征，进行了广泛的讨论。这有利于加深对军事革命的理解，有助于推动对新军事革命问题的研究。

关于新军事革命的定义和内涵。有的作者将美国军事学术界的观点概括为以下4种。(1)军事革命即军事技术革命(Military technological Revolution)。这种观点认为，军事技术革命是一个过程的结果。在这个过程中，不断发展的技术对作战样式、国家需求和军事机构带来了影响，并综合形成新的军事艺术。(2)许多军事技术和军事思想的发展，可以广义地理解为革命。(3)军事革命是技术、军队组织编制和军事思想发展相结合的产物。认为，军事革命是军事技术进步、军事思想革新和体制编制改变，并将三者结合起来，导致军队作战能力提高几个数量级的重大质变。例如，美国华盛顿战略与国际问题研究中心报告认为，“当前这场军事领域的革命是决定未来战争方式的新技术、军事思想和按新的战争形式重建军事组织编制的适时的结合。”可称之为“军事领域的革命”(Revolution in Military Afairs)。(4)美国学者托夫勒的观点。他认为，军事革命是“当新的文明开始兴起，向旧的文明发出挑战，整个社会开始转型，军队在各个层面(从技术、文化到体制编制、战略、战术、训练和后勤)同时发生的深刻变革。”他指出，“目前人们所指的军事革命或战争革命，范围太宽泛。有人把战争、编制、技术上的某次变革，如火药、飞机、潜艇的发明都说成是革命，这种看法未必正确。”认为，“真正的军事革命应满足3个条件：一是它应当改变战争的一切方面，包括作战方式、武器装备、体制编制、教育训练等，从而改变战争本身；二是这些变化不只在一个国家的军队发生，而应该同时发生在许多国家的军队，具有世界性的特点；三是应当改变战争同社会本身的关系，即军事革命一旦发生，军事同经济与社会的关系就会改变，世界军事力量平衡就会被打破。这是最为重要的标准。”(朱小莉、赵小卓《美俄新军事革命》，军事科学出版社1996年9月出版)

俄罗斯军事理论界对新军事革命的定义和内涵的观点，比较一致。有作者将其概括为2种。一是1982年出版的《苏联军事百科全书》“军事上的革命”(РЕВОЛЮUИЯ В ВОЕННОМ ДЕЛЕ)条目的观点。该条目认为，“军事上的革命是第二次世界大战后被人们广泛使用的关于因科学技术进步和生产力发展而使武器、军队、军队训练、进行战争和实施战斗行动的方法发生根本变革的一种概念。”作者指出，这一观点“只是局限于二战以后的所谓核时代的军事革命。”二是奥加尔科夫等关于新军事革命研究，以及俄军事理论界对海湾战争研究中的观点。作者将其归纳为以下4点：(1)认为军事革命是科学技术进步和生产力大发展的产物；(2)社会政治的大变革，也对军事上的革命产生深刻影响；(3)军事上的革命必然涉及军事领域的各个方面，包括武器装备、组织体制、教育训练、作战方法、指挥控制和军事理论等；(4)军事上的革命在上述各方

面引起的变革不是量变，而是质的飞跃。（朱小莉、赵小卓《美俄新军事革命》，军事科学出版社 1996 年 9 月出版）

中国军事理论界关于新军事革命的定义和内涵的认识，逐渐趋于统一，但也存在不同意见。主要有以下观点：(1)有的作者认为，当前的这场军事革命，以社会生产力的发展和信息技术在军事上的广泛使用为基础，以战争形态的变革为表象，以军队体制编制和战争指导规律的不同为归宿。认为，军事革命不是单项的局部的改革和进步，而是系统的全面的质的变革和飞跃。它是由多方面主客观因素决定的。这些因素有：社会革命为军事革命准备了条件；世界战略格局发展对军事革命有巨大影响；政治的、经济的因素是军事革命的决定性因素；科学技术是军事革命的催生婆。此外，作者还强调，军事革命还受主观认识的影响。认为，人们对军事革命的认识和自觉性，对军事革命的规划和步骤，对军事革命的成效有着不可估量的作用。（王普丰《信息战争与军事革命》，军事科学出版社 1995 年 12 月出版）

(2)有的作者认为：①军事技术发生革命性变化并形成新的主战装备是军事革命的物质基础。指出，武器装备是军队与战争的物质基础，当军事技术发生革命性的变化并形成新的主战装备后，必然引起军事革命。②军事理论和作战条令条例的变革是军事革命的核心。指出，当一种新的军事技术形成新式武器装备，并用于作战后，必然会引起作战方式方法的变化。然而，这种由武器装备更新而自然发生的作战方式的变革，还不是严格意义上的军事革命。只有真正认识这种变化所隐含的战争规律，并把它上升为理性的认识，且以条令条例的形式确认和用之指导战争实践，才能驾驭战争并使战争发生革命性变化。因此，在军事技术进步基础上产生的军事理论的变革和作战条令条例的更新，往往是军事技术进步发展为军事革命的关键环节。③体制编制的调整和军事训练的改革是实现军事革命的桥梁。作者认为，军事革命是从战争实践到理论，再从理论回到实践的完整过程，仅仅停留在思想认识阶段不可能完成军事革命，只有用理性认识去进一步改造军队原有的体制编制并指导部队训练和作战，军事革命才能实现。（陈伯江、闵增富《军事技术进步与军事革命》，《中国军事科学》1996 年第 2 期）

关于军事革命的要素。有的作者归纳为有 9 个关键性要素。(1)军事理论。作者认为，要最有效地利用军事革命的新能力和新技术装备，使军事手段和军事目的更有效地一致起来，就必须提出正确的军事理论。(2)组织体制。从战斗部队到国防部，所有与国防有关的组织机构都必须按军事技术革命和军事思想革命的方式来构建。从作战的角度来看，体制编制的实质是兵力结构的问题。(3)情报优势。这一要素的构成，包括高技术传感器、雷达、高分辨率照相、动态探测仪、热与红外探测仪和夜视装备等技术。(4)指挥与控制。把先进的电子计算机、通信系统、无线电台及其他技术装备联接起来，形成有机的指挥与控制网，从而使现代联合部队指挥官可以通过指挥与控制网络与所属的任何部队保持不间断和快速的联络。(5)模拟与训练。作者认为，高技术武器系统引起战场上的革命的时候，高技术模拟系统也正在引发一场训练方面的革命。模拟技术不仅可以使部队通过训练更好地了解未来战争，学会作战方法，做好战争准备，而且可以减少大规模实兵演习和实弹射击的次数，节省军费开支；还可以通过模拟仿真、逼真的实验，检验作战理论和体制编制，以及对各种战法进行比较，淘汰差的，修正和保留好的。(6)灵敏性。即增强部队的机动能力和持续作战能力的手段和方法。如更加小型、性能更可靠的车辆、海运船、运输机等运输工具，以及不需用弹药的定向能武器等。(7)灵巧武器。包括一系列精确制导武器和自主武器，以及反装甲地雷等一系列主动寻的武器，也包括防御灵巧武器攻击的技术和装备。(8)大型武器平台。作者认为，新型的更先进的飞机、舰艇和坦克，以及其他战斗平台，正在改变作战的方式。隐形技术在上述各系统中，都将起重要作用。灵巧武器的威力是巨大的，但如果得不到可靠的平台的支撑，就不能准确击中目标，其威力也将会大打折扣。(9)神奇武器。包括在没有炮火硝烟的情况下使敌军丧失战斗力的武器。如使人暂时失明或迷失方向、飞机无法起飞、油箱汽油凝固、使坦克装甲、舰壳、机身材料腐蚀等方面的武器和技术；以及使火力投送方式发生革命性变化的武器和技术，如激光束、定向能武器等。（朱小莉、赵小卓《美俄新军事革命》，军事科学出版社 1996 年 9 月出版）

关于军事革命的特性。有的作者将其概括为 5 个特性：(1)根本性。作者认为，军事革命的根本性，首先表现在军事技术和武器装备的根本性变化上，同时也表现在军队的体制编制、作战理论、作战方法等的根本性变化上。这些变化都是在原有基础上发生的质的变化。例如，就军队的体制编制而言，不是一般的扩大或缩小，而是一种新的结构。(2)对技术的依赖性。作者认为，军事革命首先依赖于军事技术革命，只有当军事技术发生重大变革时，才有可能出现军事革命。然而军事技术出现革命性变化，仅为军事革命的产生提供了物质基础和条件，并且它只是军事领域中的一个方面，而军事革命则是在军事技术基础上各个方面的变革。军事革命既对军事技术革命有依赖性，又要比军事技术革命广泛得多、深入得多、艰难得多。(3)非均衡性。作者认为，军事革命是特定历史条件的产物，它只能在政治、经济、科技、文化、军事等各种条件成熟的国家才能发生，不具有世界性和普遍性。这种非均衡性，是由于各国发展的非均衡性所决定的。而在一定时期内，能够具备这种条件的，始终是少数国家。作者认为，处于发展阶段或发展水平参差不齐的国家，不可能同时发生同一性质的军事革命。(4)人的主观能动性。作者认为，军事革命并不是自然形成的，也不纯粹是一种物质的客观运动，在很大程度上是人类自觉地改造客观军事世界的结果，是人的主观能动性的产物。军事技术和武器装备，需要人们去创造、革新；作战理论、学术思想、作战方式等，需要人们大胆地改革和创新；军队的体制编制，需要人们按照战争的要求和新的武器系统的变化，进行新的更科学的编组。总之，军事革命所包含的要素，任何一项都离不开人的主观能动作用。作者还主张，当一次新的军事革命即将来临、而条件尚不具备时，需要主动地去创造条件。在条件基本具备时，需要抓住机遇，尽快弥补其不足，调动一切积极因素，努力促使军事革命的形成。(5)渐成性。作者认为，军事革命的形成需要经过较长一段时间的孕育、生发的渐进的过程。其原因，一是军事革命是一个复杂的系统工程，本身就需要一个较长的运动和发展的过程；二是要依赖相当的物资保障和经费投入，任何国家难以在短时间内满足其需求，一般只能量力而行，逐步投入；三是要视政治、经济、军事、技术、文化等各种条件成熟的时机。(方秋明《军事革命的5个特性》,《中国军事科学》1996年第2期)

关于新军事革命与武器装备的关系问题　军事技术革命的发生，必然导致武器装备的革命性变化，从而成为促成新军事革命的物质技术基础。而新军事革命的发生，必然对武器装备的发展产生巨大影响。

军事技术革命是新军事革命的物质基础。有的作者认为，促成新军事革命的高新技术的门类很多，其中最主要的有8种。

(1)微电子技术。微电子技术的发展，为信息技术革命提供了最坚实的物质技术基础。现代条件下的局部战争在一定战场环境下，表现为敌对双方武器装备体系(大系统)的对抗，它在很大程度上是武器系统中微电子技术的竞争。因此，世界各国都把发展军用微电子技术放在重要的战略地位，投入大量人力、财力，竞相角逐。微细加工技术是集成电路芯片制造技术的核心。当前，微细加工尺寸可以缩小到0.16微米，工业化生产水平已经达到0.35微米。有的国家已经可以在很小的一块金子上以千亿分之一的比例做出世界地图。因此，纳米(结构尺寸为0.1微米甚至更小)技术将信息技术革命推向更深层次。纳米技术的发展在于不断做出更小的装置，直到趋近分子尺度，或者说按人们的意愿直接操纵单个原子、分子或原子团、分子团以制造具有特写功能的产品。高速集成电路将可能产生新一代有很高智能的军事电子系统的“大脑”，单片集成电路则能提供更加灵敏的眼睛和耳朵。预计新一代集成电路应用于武器装备，将会使电子装备的重量和体积降低到原来的1/10以下，可靠性提高100倍，整机零件数只有原来的1/30，而价格只有原来的1/10。微电子技术与微型机电系统的综合集成，将会进一步使武器系统的性能产生革命性的飞跃。

(2)精确制导技术。精确制导武器已经成为常规威慑力量的重要手段，而其核心则是精确制导技术，主要包括精确探测和精确控制技术。寻的制导是精确制导的主体，其中最重要的部分是导引头，其基本功能是检测、识别、跟踪目标，测量目标位置与运动参数，提供制导信息。精确制导技术是一项综合性的高技术，涉及微电子、光电子、材料工艺领域。目前，精确制导技术主要采用红外、毫米波、多模制导技术。

精确制导技术已被广泛应用于武器装备。防空导弹、空地导弹、反坦克导弹、反辐射导弹、制导炸弹以及巡航导弹等普遍采用了精确制导技术。今后，精确制导武器仍将是武器装备发展的重点。精确制导武器必将以其高精度、高突防能力、高杀伤力和远中近全程式打击能力，进一步改变未来战争的面貌。

(3)光电子技术。红外、激光技术是光电子技术中最重要的组成部分。军用光电子技术主要包括：高效能激光器技术；光电探测器技术；军用特种光纤技术；光电探测(包括无源和有源光电探测)技术。

近30年来，光电子技术迅速发展并渗透到各种军事平台武器装备中，它大大扩展了获取信息的频谱，并具有很高的空间分辨率和时间分辨率，从而提高了对目标的探测精度和识别能力，并提供了夜视能力。如采用光电子技术的“多光谱灵巧网络”新型传感器，类似于人眼的视网膜，能探测16种波长的光，可以识别各种军事目标和判读卫星图象。红外探测器具有不受电磁波干扰的良好抗干扰性能，能通过红外成像探测出各类伪装的目标，提高了战场的透明度。激光器是精确测距与制导、光电火控和引信的心脏，已广泛应用于各种导弹、制导炸弹等制导武器。采用激光制导的巡航导弹，命中精度可达 1～3 米；装有激光雷达的探测装置，能探测 5 千米外的目标，用于制导武器上，可发现“飞毛腿”导弹之类的导弹，有望解决发现战术弹道导弹发射这一难题。采用多种光电技术的综合多功能光电子设备能发挥多种传感器的长处，从而提高探测、识别目标和武器制导能力，这种装置还可以做得十分灵巧，甚至能嵌入飞机蒙皮内而无需装在吊舱里。光电子与微电子结合，将为信息设备和系统的小型化、高速化、廉价化和高可靠性提供可能。

(4)先进计算机技术。先进计算机技术主要包括：大规模处理技术、计算机网络技术、先进的图象处理技术等。在大规格处理技术方面，1996 年将达到每秒万亿次浮点运算能力；预计 2000 年以前可能实现 10 万亿次，2005 年可达到每秒 1000 万亿次的运算能力。在计算机网络技术方面，以美国国防部 ARPA 网为基础的“互联网络”不断发展壮大，到 1996 年年底将拥有 5000 万用户。网络传输技术的主要趋势是调整网络，其首选为 ATM 技术。在军事通信传输方面，美军方提出发展不间断通信，即从本土之外的隐蔽部通过战区直到士兵、单艘舰船或单架飞机，保持可靠的、保密的联络能力。在先进的图形图像技术方面，军事上主要应用或即将应用的是军用仿真、C^3I 战场态势的快速图形显示技术、侦察图像的自动识别目标技术、图像压缩技术、电视会议、多媒体数据库技术等，这些对未来 21 世纪数字化战场和 21 世纪士兵都是至关重要的。先进计算机技术是提高作战能力的基础技术，它可以提高军事指挥控制系统的信息处理能力、武器装备中信息处理和控制能力等。

(5)信息战技术。信息战技术是指通过影响敌方信息和信息系统、运用己方的信息和信息系统来取得信息优势的综合技术。而电子战技术则是指为削弱、破坏敌方电子设备的使用效能、保障己方电子设备正常发挥效能的综合技术。信息战的内涵比传统电子战的内涵要广，其核心技术都是总体技术、雷达对抗/通信对抗/光电子对抗关键技术和信息融合技术。

信息技术的迅速发展大大增加了收集、处理和传送近实时信息的能力。雷达探测器、光电探测器、声探测器和多功能一体化探测器的性能不断提高，使信息获取的能力产生了革命性的飞跃。例如，装备新式雷达探测器的平台，其探测距离是过去的 5 倍，探测范围相当于原来的 25 倍，探测到的信息量是过去的 25 倍。信息化将使作战效能大幅度提高，美军反复论证得出的结论是，“数字化”部队的作战效能约为一般部队的 3 倍。

(6)目标特征控制技术。目标特征控制技术也称可探测技术或隐形技术，包括有源目标特征控制技术和无源目标特征控制技术。它是研究如何控制或减缩武器系统(例如飞机、导弹、舰船等)不被敌方用来探测、跟踪、识别和攻击的各类信号特征。采用无源手段控制目标特性有很多方法，如采用新型吸波材料和结构型材料，降低噪声、电磁与红外辐射等等。

目标特征控制技术可以提高武器系统的突防能力、生存能力和作战效能。它的发展有两个明显趋势：一是发展高隐形性能和准隐形飞行器。隐形飞机的雷达截面积可比常规飞行器降低 20～30dB，大型隐形飞机的雷达反射面积可望达到0.1平方米；隐形战斗机的雷达反射面积可望达到0.01平方米，约为人体正面面积的 1/50，是无隐形措施战斗机雷达反射面积的千分之一；隐形的巡航导弹的雷达反射面积可以达到 0.01 平方米以下。二是目标特征控制技术正在向舰艇和坦克等转移。如美国已研制并装备了噪声接近或低于海洋环境噪声的安静型攻击潜艇“海影”隐形试验船。

(7)航天技术。航天技术是人类进入和利用外层空间的一门新技术，其 3 个要素是运载工具、航天器和有关的发射、跟踪与测控系统。军用航天器可以分为 3 类：第 1 类是支援地面军事力量的卫星系统；第 2 类是执行军事使命的载人航天器，包括载人飞船、航天站、航天飞机等；第 3 类是天基武器，包括卫星式轰炸器、反卫星武器、反导弹武器等，其中只有反卫星卫星和反卫星导弹做过应用试验，其他还属探索性研究。

1. 卫星有效载荷技术。人造卫星为人类提供了一种可在空间进行信息获取、传输、加工处理存储的平台。在未来战争中可以起到其他任何武器所不可取代的作用。美国、前苏联的军事情报有 70%左右来源于卫星；通信卫星在战时承担着约 70%的军事通信。依靠各类应用卫星组成的应用卫星体系，可以使卫星既能侦察陆上兵力部署，又能监督来自海上和空中的快速运动的具有威胁性的目标。

2. 高性能固体火箭发动机技术。高性能固体火箭发动机技术不仅可以提高武器的机动部署能力，而且可以大幅度提高武器射程。以 3 级远程弹道导弹为例，如各级发动机质量比提高千分之一，则射程可相应增加 900 千米。如发动机整体结构方案得以实现，可使体积受限的武器系统的射程提高 28.4%或有效载荷增加 1/3。

(8)先进材料技术。先进材料技术包括材料设计、性能研究、材料工艺及应用技术研究，其核心是先进复合材料技术、高性能结构材料技术和新型功能材料技术等。

广泛采用复合材料能大大提高武器装备的性能。目前发达国家研制的用于战斗机上的复合材料，已由70年代的1～3%提高到80年代的25～30%，与原来的常规金属结构的战斗机相比，重量减轻25%以上，零件减少60%以上；美国的中程潜地导弹“北极星”A-2采用树脂基复合材料后，射程由2700千米提高到4500千米；远程潜地导弹“三叉戟”采用树脂基复合材料后，重量减轻了35%。值得一提的是新型高能量密度材料，这种材料用于推进系统，可使防空导弹的射程增加300多千米，反舰导弹射程增加900多千米，导弹的速度增加2个音速，红外目标特征减到原来的1/10；用于炸药，可使爆炸能量超过高能炸药的9倍，对有防护目标的杀伤效果提高5倍。目前正在研究比常规炸药能量高出一万倍甚至一百万倍的先进的高能量密度材料“同质异能核”，这种材料用于弹药将使常规武器具有与核武器相近的杀伤能力。

先进材料技术是武器装备研制与生产的重要物质基础，它可使武器装备小型化，生存力、隐蔽性、精度更高，寿命更长。当前，新材料技术正朝着复合化、低维化、智能化、一体化、多功能化方向发展。（游光荣、周光华《新军事革命对武器装备发展的影响》，《外国军事学术》1996年第10期）

*新军事革命对武器装备的发展提出新的要求。*军事技术和武器装备的发展是军事革命的动因，同时也是军事革命的重要组成部分。新军事革命对武器装备的发展也产生重大影响，提出了新的要求。

美国作者认为，新的军事革命并不企求创造出破坏力大得惊人的新式武器，或速度快得令人咋舌的新式飞机，或获得其他类似的物理能力，而是要求大幅度提高对战斗进行实时指挥和控制的能力。这种能力主要体现在“快”和“准”上，包括侦察预警、指挥控制、机动定位、目标打击的快和准。他们提出，今后10～15年美军武器装备的发展重点是：(1)进一步完善信息搜集、传输和处理系统、指挥与控制系统，提高战场监视能力和通信能力。(2)进一步发展战略空运和海运工具及战场机动工具，提高兵力投送能力和战场机动能力。(3)发展灵巧武器（包括各种精确制导武器、自动启动武器、灵巧弹头和地雷等）、主战平台（包括新式飞机、舰艇、坦克和其他作战平台）和超常武器（包括非致命性武器、空间武器和定向能武器等）。其中，灵巧武器是优先考虑发展的对象。主战平台之所以排在其后，是因为旧的作战平台也可使用精确制导武器。超常武器排在最后是因为它虽有产生革命性影响的潜力，但在今后10～15年内产生效益的可能性很小。

美军对今后10～15年内武器装备发展的要求是：(1)减少品种和数量，提高质量。(2)多进行型号预研，少量投产装备部队。(3)大力发展有倍增器功能的武器装备，重视武器技术的一体化应用与发展。(4)发展有助于提高下述7种能力的高技术：全球监视与通信能力，精确打击能力，空中优势与防空能力，海上控制与水下优势能力，先进的陆战能力，环境仿真能力和低消耗的生产能力。

为满足提高上述7种军事能力的要求，于1992年在原来的“关键技术计划”的基础上提出了“国防部关键基础技术计划”，规划了美军到1995年、2000年和2005年的技术发展目标。主要包括11个关键基础技术领域，它们是：计算机、软件、探测器、通信网络、电子器件、环境效应、材料与工艺、能量储存、推进与能量转换、设计自动化和人—机接口。该计划强调推动和利用以微电子、计算机为代表的信息技术的迅猛发展，并使之转变成促使军事行动发生革命性变革的各种军用技术，而这些技术的发展将改变未来战争的样式。

俄罗斯提出武器装备的发展重点是：(1)研制与改进高效能武器系统、电子战系统；(2)研制与改进指挥、侦察和通信技术系统，并使之智能化，为此将广泛利用计算机和信息论、控制论领域取得的最新成果，以期明显提高武器和军队行动的效能；(3)研制与改进陆基和天基基本设施，以确保平时与战时的指挥、侦察和通信；(4)研制与改进运输工具系统和基础设施系统，以提高军队的战略、战役、战术快速机动能力；(5)研制与改进快速机动的各种后勤保障器材和基础设施；(6)研制与改进军队动员扩充系统，以及军队和预备役部队训练技术器材系统与基础设施。根据上述重点，俄罗斯将以下10项基础研究与发展计划确定为“关键防务计划”：微电子学，光电子学，人工智能系统，电子战系统，近实时导航系统，空气动力学系统，液体动力学系统，计算机、雷达、核技术，新型炸药、燃料、火药，发动机的制造和电能的产生。

俄罗斯发展的全新技术和全新思路的武器有：(1)非传统武器。包括激光武器、等离子武器、不相干光源武器、超高频武器、超声波武器以及电子战、信息战手段等。(2)第3代核武器。其特点是体积很小，但仍保持原来的当量或破坏威力不变。正在研制的核装置，其体积相当于原来的1%，但当量却增加一倍。此外，新一代核武器产生的沾染很小，所产生的激光束、电磁波、X射线、微波辐射、冲击波都可集中在目标的方向上。

(3)天基系统武器。俄罗斯作者认为,海湾战争表明,支援性军事空间系统(通信、导航、侦察、预警)的作用日趋突出,战争的重点已经向外层空间转移。对于未来战争的这一特点,绝不可掉以轻心。同时他们认为,由于空间战场、空间系统的重要性,导致空间防御武器系统研制工作的大规模展开,作为一种反作用的结果,进攻性天基武器系统极有可能获得迅速发展。他们分析了粒子束武器、激光武器、动能武器和核能天对地武器系统,认为天对地核武器从纯技术能力和运作角度考虑很具吸收力。(4)侦察与火力综合系统。他们设想,侦察与攻击(战略的)和侦察与火力(战役和战术的)综合武器系统,由3部份组成:一是高效能地、空、天基侦察与目标跟踪系统;二是纵深打击系统;三是确保实时火力攻击的情报、指挥与控制系统。(朱小莉、赵小卓《美俄新军事革命》,军事科学出版社1996年9月出版)

新军事革命对战争和作战理论的影响 克劳塞维茨指出,"每个时代都有它自己特殊的战争样式……因而也会保持自己的战争理论。"这是他总结历史上各次战争所得出的结论。随着新军事革命的来临,战争和作战理论,正在发生革命性变化。信息战、制电子权、制信息权、非接触性作战、生态战、地球物理战等新概念不断涌现。当人类即将从工业时代迈进信息时代的门槛的时刻,一种新时代的特殊战争样式和战争理论将随之诞生。实施信息打击和打击信息武器系统的新型作战样式——信息战,将成为新时代战争的主导作战样式;信息战的战争和作战理论将日趋完善和成熟。

战争动因更加复杂。传统意义上的战争,多半是为了谋求领土、资源等直接经济利益,所以战争常常以一方占领或收复领土或获得资源而告终。在信息时代,信息使"整个世界变成了一个村庄",国与国之间、民族与民族之间相互依赖性大大增加,从而使得许多间接利益成为引发战争和冲突的动因。另外,在信息时代,随着国家或民族之间、国际政治集团之间、宗教团体之间接触和联系的日益增多,各种政治、外交、经济、文化、宗教因素而引发的矛盾和冲突也大大增加。因此,在未来,战争动因既可能是传统的谋求领土、利益、资源的重新安排,也可能是超越直接利益的出于对国家宏观战略种种因素的考虑。(筱力《新军事革命对战争和作战理论的影响》,《外国军事学术》1996年第10期)

出现新的力量理论。传统的理论对军队作战力量的评估,主要是以陆、海、空军人数以及武器装备的类型、数量、性能等静态指标来描述,并以此作为分析各国军事实力和制定军事战略的基本依据之一。然而,在信息时代,信息武器系统的智力和结构力是一个动态指标,用上述静态的兵力兵器的数质量指标评估远远不够。例如,海湾战争,战前伊拉克与多国部队的兵力对比是1.6:1,但战争结果伊军的伤亡为多国部队的100多倍。在21世纪的信息化战争中,过去那种静态数质量指标的力量评估原则将会根本改变。(朱小莉、赵小卓《美俄新军事革命》,军事科学出版社1996年9月出版)

战略、战役、战术之间关系发生变化。克劳塞维茨在总结拿破仑运用时间和空间实施总决战经验的基础上,为作战理论设定了战略和战术两个层次的纵向理论框架。后来,武器的发展,交通、通信技术的进步,使作战机动能力大为提高,这就导致作战的时间和空间大为扩展。于是,一种适应新技术条件下战争特点的新理论——战役概念应运而生。战役,作为按照统一的作战意图所进行的战斗和交战的总和,成为连接战术和战略的中间层次。作战理论由两个层次扩展为3个层次,但并没有改变克劳塞维茨的那种纵向理论框架:战役法将战斗转化为战略目标,而所有的行动皆靠有效的战术作基础。

然而,信息武器系统的大量运用,导致了空间更加扩展、时间却大大缩短的崭新战争时空关系,从而正在从根本上使战略、战役、战术3个纵向层次关系发生变化:信息武器系统的指挥控制能力和近实时远程精确打击能力,使战术打击可以直接达成战略目标,战略指挥可随时介入战术层次,同时对敌前后方实施全纵深打击成为可能……尤其是这种没有前后方的全纵深同时突击,表明战略、战役、战术3个层次正在大大压缩甚至重合到一起,3者的纵向层次界线日趋模糊。过去那种通过军队在陆地、空中、海上的战斗和战役所取得的局部性小胜汇集成战略性胜利的作战理论将逐渐失去普遍性意义。(筱力《新军事革命对战争和作战理论的影响》,《外国军事学术》1996年第10期)

攻防作战理论发生变化。自从有战争以来,武器技术和作战思想几乎都是沿着进攻和防御的思路发展起来的。由于传统战争都是在固定的战场、明确的阵地和分明的两军对垒环境中进行,进攻、防御行动的基本内容也总是明显对立的。进攻一方实施突破、夺取或占领阵地;防御一方则进行据守或后退。这种泾谓分明的线式作战便是产生和发展传统攻防理论的基础。而在未来的战争中,由于先进的探测装置、指挥控制系统和精确制导技术极大地提高了纵深侦察、远距离通信、精确打击及深远突击能力,作战行动将突破固定的战场和阵地的限制,在整个作战空间的各个层次、各个方向、各个方面同时进行。这样一来,以往战争中的前后方界线模糊了，相对稳定的正面和固定的战场不复存在了，进攻行动和防御行动的界线因为战场的高度流动性和不确定性也变得模糊不清。特别是由于整个作战空间均将在远程精确打击兵器的严密控制之下，进攻一方不再需要也无法构筑集结庞大兵力兵器的前进阵地，防御一方也不可能建立起“铜墙铁壁”的防线。因此，无论是单纯的突破和进攻行动，还是“坚决顶住”的典型防御战，都将最终失去存在的价值。因此，长期以来指导防守和突破相对稳定战线的作战理论必将被一种全新思维的理论所取代。在这一新理论中，攻防作战的具体形式将趋于一致。无论是进攻一方还是防御一方，都将企图通过进攻行动来达成自己的目的。例如在信息战、电子战中，攻方守方都必须主动积极进攻，通过抢先实施信息和电子攻击，来瘫痪敌方信息系统，夺得“制信息权”，从而凭借信息优势获得战场优势和主动。进攻和防御双方也都将注重利用先进的遥感探测系统侦察敌情，立足于在尽可能远的距离上以火力毁伤和瘫痪敌有生力量，而不是夺取或扼守阵地。无论是进攻一方还是防御一方，实施作战行动的基本内容也都将包含分散配置、迅速集中、穿插分割、垂直包围等相同的行动样式。（筱力《新军事革命对战争和作战理论的影响》，《外国军事学术》1996 年第 10 期）

以歼灭有生力量为目标的理论原则发生变化。“消灭敌人军队是一切军事行动的基础，是一切行动最基本的支柱。”这是克劳塞维茨提出的工业时代战争取胜的普遍法则。然而，在未来战争中，核心抵抗力量是有生力量与具有智力和结构力的信息武器所构成的巨大作战系统。因此，只有通过对整个作战空间的控制和对关键点的打击，瘫痪敌方整个作战系统，使之无法运行，才能取胜。可见，未来战争将不再把歼灭有生力量作为获胜的唯一目标。（朱小莉、赵小卓《美俄新军事革命》，军事科学出版社 1996 年 9 月出版）

*集中兵力的原则发生变化。*在过去的战争中，在决定性的时间和地点最大限度地集中兵力，是一条普遍制胜的法则。但在未来战争中，将不再大量集中部队，而是分散、疏开配置兵力兵器，变集中兵力为集中火力。由于 C^3I 系统和远程精确制导武器的发展，集中火力可以跨越战术级，直接在战役、战略级实施并达成目的。（筱力《新军事革命对战争和作战理论的影响》，中国《外国军事学术》1996 年第 10 期）

新军事革命对军队建设的影响　军事技术、武器装备以及战争和作战理论的革命性变化，必然对军队的组织编制、指挥体制、人员素质、部队训练产生下列影响。

*军队规模大幅度压缩。*美军专家认为，“人数少、职业化程度高的军队将取代大规模军队。”这主要是因为：在未来广泛使用高技术兵器的战场上，军队的数量、质量与战斗力之间的关系将发生根本变化；质量将升至主导地位，数量将退居次要地位；质量可以弥补数量的不足，数量往往难以抵消质量上的差距。有鉴于此，再加上大战更加遥远、军费拮据等原因，进入 90 年代以后，各大国都在大幅度压缩军队规模。

*指挥体制“扁平网络化”。*在工业时代，军队指挥体制从最高统帅部到基层部（分）队、从上到下横向不联结，纵长横窄，呈“树”状结构。这种结构的弊端是：信息流程长，平级单位之间、侦察系统与武器系统之间不能横向沟通，必须经上级中转；抗毁力差，被切断“一枝”，就影响一片，切断“主干”，则全部瘫痪。海湾战争中伊军的失败证明，“自上而下高度集中的指挥体制已经过时”。

为了适应信息时代和信息战的要求，发达国家的军队正在酝酿，变纵长形“树”状指挥体制为扁平形“网”状指挥体制。这种指挥体制的结构特征是：外形扁平，横向联通，纵横一体。“网”状指挥体制，除了信息传输速度快、保密性能好、失真率低、抗干扰能力强以外，还有两个最突出的优点。一是生存率高，扁平形网络纵横交错，节点多，机动用户可随时在网络中与 3～4 个节点联系，防止出现“切断一枝影响一片”的现象。二是适应指挥决策分散化的要求。沙利文认为，“分散决策，而不是集中决策，才是 21 世纪的主要方向。”在信息战中，要求充分发挥下级指挥官的主观能动性，要求他们实时决策，实时指挥。而网络化的指挥结构，完全可满足这些要求。

*部队编制小型化、一体化。*美军计划以旅取代目前的师，使旅成为编有各种作战和保障分队的基本战术单位，在作战中遂行目前师的职能。俄军也准备由“集团军—师”制改为“军—旅”制。日军的设想是，陆军减少师一级编制，增加编有 3000 人左右的旅。

一体化部队比合成部队的合成度更高，内部结合更紧密，协同作战能力更强。美军设想组建 4 种一体化部队：由装甲兵、炮兵、机步兵、导弹兵、攻击与运输直升机分队组成的一体化地面部队；由多机种组成的空军混编联队和中队；编有“飞行坦克”的“陆空机械化部队”；由 1 个陆军旅特遣队、1 个空军战斗机中队、1 支海军舰艇部队和 1 个陆战队远征分队编成的陆海空“联合特遣部队”。俄军在未来 10～15 年内，拟组建集各军兵种作战能力于一身的“多用途机动部队”，适于打“空天战”的由地面、空中和太空兵力组成的“航空航天部队”,以及由各军种非核战略力量组成的“非核战略威慑部队”。

人员构成高素质化。新军事革命对人员素质和能力提出了挑战。先进的技术、作战理论和组织编制都离不开高素质的人员。人的观念和素质,包括知识素质、精神素质和行动素质,都必须有极大的提高。美军事专家称,在未来20～30年以后,“用信息技术武装起来的美国军队,其人员将成为全社会中文化素质、科技素质较高的群体”。

训练方式和手段模拟化。正如高技术武器系统引起战场上革命一样,仿真模拟将引起训练方面的革命。“虚拟现实模拟技术,将成为21世纪的主要训练方式”。虚拟现实模拟系统,可以在视觉、听觉和触觉等方面逼真地显现未来战争中可能出现的各种情况,使没有打过仗的指挥官身临其境似地体验战争,以便在未来战争中去进行他们“已经进行过的战争”;可以使驻扎在世界各地的部队通过联网系统同时演练同一想定;可以在同一模拟系统上演练不同国家、不同地形、不同天候、不同作战对象的各种不同的战争。模拟不仅可以进行部队训练,而且还可以用来检验新的作战理论、体制编制和武器装备的效能,使之在战前而不是战后就淘汰各种不相适应的东西。同时,模拟技术还可以节省大量的训练演习和武器试验的经费。(潘俊峰、王保存《新军事革命的主要影响》,《外国军事学术》1996年第10期)

军事组织中将出现军民结合的结构。在工业时代,坦克、飞机、军舰、火炮等战争工具,构成了与民间分离的独立的军事组织。在信息时代,支撑和主宰武器系统乃至军队的信息技术具有军用和民用双重性质。随着军队对信息系统依赖的加深,随着民用信息通信系统在信息化战争设施和装备的比重不断加大,出现某种形式的军民合作机构或准军事组织,将是不可避免的。军事航天部队与民用航天部门,可能先行一步,国防采办和生产方式也将发生变化。此外,信息化战争对军事人员的知识和专业水平要求越来越高,而培养全面高科技人才,往往仅靠军队内部难以独立承担,促使军队教育系统和人员来源出现某种军民结合的趋向。(朱小莉、赵小卓《美俄新军事革命》,军事科学出版社1996年9月出版)

(孙华民)

联合国维和行动综述　维持和平行动是联合国处理世界事务的重要功能之一。冷战结束后,由于苏联的解体,两大军事集团控制世界的态势发生了根本性改变,为联合国发挥其维持和平的独特作用提供了条件。从1995年1月至1996年12月,联合国新作出的维和决定主要有:1995年2月,联合国派出第3支安哥拉核查团;1995年3月,联合国向土耳其派出预防性部署部队,联合国在前南地区克罗地亚恢复信任行动,在波黑的维和部队变为波黑保护部队;1996年1月,联合国组织普雷维拉卡观察团。1995年是联合国建立50周年。由于整个国际形势继续走向缓和与地区安全形势的发展,加之联合国经费等方面的原因,几年前一度出现的“维和热”有所降温,联合国维持和平行动减少,出现“减政”“放权”的倾向,部分维和职能与任务被地区性组织所取代。

联合国在前南斯拉夫地区维和行动取得成果　1992年2月,联合国为解决前南斯拉夫地区日益扩大的武装冲突,向该地区派出了24000名军事和非军事人员。它们的部署与任务分别是:在克罗地亚部署14000人,任务是在该地区构成3个“联合国保护区”,以确保非军事化进程的全面落实。1995年6月,这一地区的维和部队,被授权使用武力来应付对“安全区”武装冲突各方的轰炸或袭击,以及蓄意拦截运送人道主义救援物资车队的行动。在波斯尼亚—黑塞哥维那部署9200人,任务是确保萨拉热窝机场的安全和确保人道主义救援工作的顺利实施,并监督建立军事禁飞区决议的执行情况。在前南斯拉夫地区新成立的马其顿共和国部署750人,任务是对边境地区的安全与稳定进行监督,并就任何可能破坏稳定的活动提出报告。1995年底,波黑冲突各方在联合国斡旋下,签署了实行停火,走向和平的“代顿协议”。为监督这一和平协议的执行情况,联合国组织了由30多个国家派人参加的波黑和平协议执行部队进驻波黑。在该部队的监督下,波黑冲突各方武装脱离接触,交换土地和战俘,将重武器收入仓库并签署了控制军备协议。代顿协议的主要军事条款逐步得到落实,为波黑和平协议政治方面条款的执行奠定了基础。1996年9月,波黑举行了停战后的首次全国大选,产生了合法权力机构,实现了形式上的统一。然而,由于一些大国与联合国在波黑问题上存在着严重的意见分歧,加之经费紧张等原因,联合国在前南斯拉夫地区的维和行动后期遇到了较大困难和阻力,并不得不将这一地区的维和指挥权交给北约。1996年12月12日,联合国安理会通过决议,决定成立一支任期18个月的多国稳定部队。这支部队总兵力约3.1万人,由美国将军威廉·克劳奇担任司令,并于1996年12月20日开始进驻波黑,接替于当天届满的多国和平协议执行部队。这标志着联合国在波黑的维和行动已取得了阶段性成果,也反映出北约集团在维持地区和平方面已开始向联合国提出挑战。

联合国在前南地区维和行动的地位和作用逐步为北约所取代　北约是冷战后遗留下来的世界上最大的军事组织。在其老对手苏联及华约组织消失之后，北约不仅没有随之消亡，反而在实力、辖区和对地区事务的干预上均出现进一步扩张之势。由于前南斯拉夫地区的武装冲突久拖不决，加之联合国在这一地区的维和行动受到多方制肘，不断遇到较大阻力和困难，使北约于 1995 年 12 月开始在前南地区的维和问题上逐步占据了主导地位。北约参与前南斯拉夫的维和行动分 3 个阶段。

第 1 阶段，1992 年 2 月至 1994 年 8 月，北约各国作为联合国成员国积极参予联合国对前南地区的维和行动。1992 年 2 月，联合国根据南斯拉夫地区局势的恶化和该国政府的请求，组织联合国维和部队开赴该地区。北约各成员国按联合国的要求，派出了各自的军事人员参加联合国维和部队。到 1994 年 4 月，派往前南地区的维和部队人数达到 41000 人，来自 30 多个国家和地区，其中北约国家的人员将近一半以上。

第 2 阶段，1994 年 8 月至 1995 年 8 月，北约以军事力量介入和干预前南斯拉夫维和行动。随着前南地区武装冲突的不断升级，联合国维和部队开始经常受到当地冲突各方的武装袭击，遭受损失日益严重。1994 年下半年，在前南斯拉夫克拉伊纳的塞族武装甚至出动飞机轰炸比哈奇安全区，不仅造成当地平民的伤亡，而且威胁到联合国维和部队的安全。联合国维持和平行动在波黑地区面临以下困难局面：其一，如果仍然按以往模式，和平地进行维和行动，则不仅无法实现"维和"，而且联合国维和人员自身的安全已无法保障。其二，联合国在前南地区维和行动中已投入数万人，且已进行了数年时间，如果撤出，则尤如宣布联合国维和行动的失败。这是世界各国均不愿看到的。而在前南地区维和力量中，多数人员由北约国家派出，遭受的损失也最大。面对这种尴尬处境，美国及北约盟国认为，对波黑塞族武装实施猛烈的空中打击，将是维和部队能否在波黑继续生存的"唯一选择"。1994 年 11 月 21 日，北约在联合国安理会的授权下，出动 39 架飞机，对克罗地亚共和国境内克拉伊纳塞族控制的乌德比纳军用机场，进行了第 1 次大规模空中轰炸，开创了北约以武力介入联合国维和行动的先河。然而，这种以武力介入维和行动的作法，却进一步造成了局势紧张。在波黑地区的塞族武装以扣押联合国部分维和军人作为对北约空袭的报复，并出现可能导致被维和地区武装力量与联合国维和力量直接冲突的局面。1995 年 7 月 26 日，联合国秘书长在美国为首的西方各国压力下，不得不同意把北约空军在波黑上空行动的批准权，由联合国特别代表明石康转交给北约驻前南地区军事代表法国将军让维那。这种对于波黑空中打击批准权的转让，意味着原来由联合国与北约共同掌管的"两把钥匙"全部落到北约手中。9 月，由于波黑战乱始终难以平息，主要冲突一方的塞族武装自峙较强军事实力，始终不接受联合国和平提案，北约再次以惩罚 8 月 28 日萨拉热窝市中心炮击平民事件的"肇事者"为由，连续 3 天出动飞机约 600 余架次，对波黑塞族武装实施空中打击，联合国"和平"维和的努力已难以实施。

第 3 阶段，1995 年 12 月开始，北约在前南地区的维和行动中，逐步占据主导地位。根据《波黑和平协议》，在 1995 年 12 月下旬，以北约为首的"多国和平协议执行部队"在波黑执行和平使命，取代联合国维持和平部队，在波黑境内开展代号为"协力行动"的维和工作。32 个国家派兵参加。其中北约国家 15 个，非北约国家 17 个。在 6 万人的维和兵力中美军 2 万人，英军 1.2 万人，法军 0.7 万人。北约国家人数占了 65%。1996 年 12 月 20 日，由北约为首的"多国和平协议执行部队"改编的人数大为减少的"多国稳定部队"进驻波黑，标志着联合国在前南地区的维和行动为北约所取代。这支部队总兵力约 3.1 万人，仍由美国将军威廉·克劳奇担任司令。原参加波黑协议执行部队的国家同意继续为新部队提供人员。但北约成员国提供的部队仍是主力，其中美军 8500 人，英军 5000 人，德军 3000 人，法军 2500 人，北约国家人数占 58%；俄军 1300 人。主要任务是：为波黑和平与民事方面条款的实施提供一个安全环境，并为波黑机构设置、地方选举和难民重返等工作提供人力支援。

非洲地区维和行动向非洲化方向发展　非洲是冷战后民族矛盾与社会冲突最为激烈的一个洲。一度出现了震惊世界的卢旺达、布隆迪、安哥拉等令世人瞩目的部族仇杀和武装冲突。近年来，非洲依靠自己的力量解决内部冲突、维护本大陆和平的呼声日益增强，成为历次非统首脑会议的重要议题，并提出了由非洲国家自己组建一支非洲维和部队的议案。这种自力维和倾向，已成为 1995 年以来世界维和行动的重要特点之一。法、英、美出于各自利益，在不同程度上表示赞同和支持。1996 年 10 月，美国务卿访非，大力游说建立由美国资助非洲人组成的非洲危机反应部队。非洲自力维和问题又一次受到非洲统一组织和其他国家的广泛关注。根据多哥等国家的建议，非洲维和部队将是一支以非洲统一组织国家为主建立的随时可以运用、行动快速有效的常设部队。部队的后勤物资和装备将由西方大国提供。1995 年,非洲统一组织第 31 届首脑会上,一些国家进一步提出使非洲各国军队处于联合国领导下进行维和的设想。1996 年 6 月,非洲统一组织首次召开了成员国军队参谋长会议,讨论建立一支非洲快速反应部队,预防和干预地区突发性冲突的问题。7 月,参加第 32 届非统首脑会议的各国首脑,一致强调要把该安全机制建成常设机构,使之在实现非洲和平进程中发挥更大作用。

在维和行动中联合国面临新的挑战 一是经费拖欠严重,维和行动已力不从心。冷战结束后,由于民族矛盾、宗教信仰、领土和资源争端引起的地区热点增加,使联合国维和任务大增。但 1995 年以来,由于一些国家拖欠会费,使联合国维和经费日趋紧张,致使原有计划的维和行动不得不收缩和削减。到 1996 年缴清联合国经常会费的成员国共有 98 个。拖欠的有 87 个,占成员国总数的 47%。目前,成员国积欠的会费总数约为 23 亿美元,其中 17 亿多美元为各种维和会费。美国拖欠的联合国会费为 13 亿美元,占会费总欠款的一半以上。由于经费不足,明显地制约了维和工作的展开。二是传统的维持和平的方针、原则已被突破。在前南斯拉夫地区的维和行动,已大大超出了传统的非暴力、保持中立、征得有关各方同意等维和原则,开创了以武力实施干预的先例。在前南地区维和行动的战略指导上,联合国秘书长加利虽然于 1992 年初筹划制定了《和平战略》,但随着事态的发展,联合国又同意以武力建立武装的维和保护区,开展国际制裁与封锁活动,并授权北约对前南斯拉夫地区实施空袭行动等。这些行动在很大程度上带有美国冷战后新干涉主义的色彩,超出了《联合国宪章》维持和平的原义,并逐步演变成偏袒一方攻打另一方的行动。三是如何处理联合国维和与地区性组织维和的关系。联合国维持和平行动是联合国宪章所规定的职能之一。但目前,世界上重要地区发生的武装冲突均有西方大国及地区组织的插手。如处理卢旺达部族冲突事件时,法国提出并执行其自己的"绿松石"计划;波黑冲突中,北约发起并实施了"协力行动"。在维和行动中如何处理与地区性组织和国家介入的关系,已是摆在联合国面前的一个重要课题。

(吴　鹏)

小资料:联合国维持和平部队 根据联合国宪章的宗旨,为了维护国际和平与安全,联合国可以遵照安理会决议并经有关各方同意,向冲突地区派遣军事观察团或维持和平部队,统称"维持和平行动"。

军事观察组织的维和人员的职能是调查、观察冲突地区形势,监督停火,通过斡旋和谈判使冲突双方脱离接触。军事观察员不携带武器。而维和部队可配备轻型武器,但不得擅自使用武力,除非迫不得已进行自卫。

联合国的维和人员一般由会员国中的中立国家提供,北欧的挪威、芬兰、瑞典、丹麦是派出维和人员最多的国家。维和部队的士兵由联合国发给薪金和服装费,但仍着本国军装。他们一律戴蓝色贝雷帽和钢盔,故亦被称为"蓝盔部队"。联合国第 1 次派军事观察团是在 1948 年阿拉伯与以色列交战后;第 1 次派遣维和部队是 1956 年为解决苏伊士运河危机。

联合国维持和平部队不是真正的军队,而是一支政治外交队伍。它的任务是制止冲突而不是介入冲突,更不能非法干涉所在东道国的内政。它必须保持中立,不能隐蔽自己而要暴露自己,因此全体官兵必须有牺牲精神。

维持和平行动属临时性措施,一般均有一定期限,可由安理会视情况决定延期。1988 年,联合国维持和平部队荣获诺贝尔和平奖。

(尚左琳)

国际恐怖活动与反恐怖斗争问题综述

恐怖活动作为人类暴力冲突的一种表现,可以说历史悠久。然而,"恐怖主义"一词,出现于 200 年前的法国大革命中,是"恐怖统治"的同义语。人们通常认为,恐怖主义不是指一般的、孤立的、偶然的恐怖行为,而是指一种有组织、有制度、有政治目的的恐怖活动。

作为一种暴力活动,需要把恐怖主义活动同战争加以区别。以暴力手段使敌人屈服于自己的意志,这是两者的相同点。但是,战争的主要打击对象是军事人员和军事设施,而恐怖主义活动主要伤害的则是非武装人员。有时恐怖分子也袭击军人,但基本是在非战争状态下。

国际恐怖主义活动主要特点 近两年来,国际恐怖活动有所漫延,严重地影响着世界的和平与安全。主要有以下特点。

*恐怖主义事件爆发的力度加大。*80 年代末,世界恐怖主义曾一度明显减少。但随着冷战后国际主要矛盾的变化,恐怖主义成为低强度武装斗争的特殊形态而重新活跃起来。1994 年国际上发生的重大恐怖攻击事件为 320 起,1995 年达到 440 起,1996 年恐怖活动的次数虽有所下降(为 296 起),但造成的伤亡却创下近年来最高记录,达到 2963 人。这两年影响较大的恐怖主义活动有:1995 年 3 月 20 日,日本东京地铁发生的"沙林"毒气事件,造成 12 人死亡,5000 多人中毒。4

月 19 日，美国的俄克拉何马城的汽车爆炸案，造成 167 人死亡，400 余人受伤。7 月 25 日，法国巴黎地铁车站发生的爆炸案，造成 5 人死亡，60 余人受伤。10 月 3 日，马其顿发生了骇人听闻的谋害总统格利戈罗夫的爆炸案。11 月 4 日，以色列总理拉宾在特拉维夫遇刺身亡。1996 年 1 月 5 日，巴勒斯坦伊斯兰抵抗运动(哈马斯)负责人之一、特工专家阿亚什，在加沙被以色列特工装置的电话炸弹炸死。1 月 31 日，斯里兰卡首都科伦坡发生爆炸案，50 多人丧生，1400 多人受伤。2 月 25 日至 3 月 4 日，哈马斯在以色列边境地区制造了 4 起报复性炸弹爆炸事件，造成 59 人死亡，200 多人受伤。6 月 23 日，美国驻沙特阿拉伯宰赫兰空军基地发生爆炸，造成 19 人死亡，400 多人受伤。7 月 17 日，美国环球航空公司客机在空中发生爆炸，机上 200 多人全部遇难。7 月 27 日，美国亚特兰大奥林匹克公园内发生炸弹爆炸，造成 2 人丧生，110 人受伤。10 月 7 日，北爱尔兰首府贝尔法斯特南部的英国军队指挥部发生炸弹爆炸，造成 20 多人受伤。11 月 16 日，俄罗斯里海城的一座 9 层居民楼发生爆炸，50 余人丧生。12 月 18 日，日本驻秘鲁大使官邸被恐怖主义分子占领，数百名出席宴会的人员被扣作人质。频繁发生的恐怖事件为世界和平蒙上了一层阴影。

*发达国家的恐怖活动明显增多。*冷战后期，西方国家的恐怖主义活动曾明显缓解。在意大利，恐怖事件由 1978 至 1979 年的 2000 起降至 80 年代中期以后的每年约 100 起。在加拿大，1968 年至 1971 年每年平均发生恐怖事件 40 多起，80 年代后不到 20 起。美国在 1984 至 1986 年平均每年只有 12 起。但近一时期发生在发达国家内的恐怖主义活动有增无减，使发达国家集团深受困扰。1995 年，西欧开始成为国际恐怖主义活动的最大受害区。当年共发生了 272 起恐怖攻击事件。该地区的库尔德工人党宣称“要建立独立的国家”，并已为此发展了 1500 人的“全职”和 70000 人的“兼职”游击队员。美国驻海外人员、机构和设施不断成为国际恐怖分子袭击的主要目标。1995 年发生了 99 起针对美国的恐怖暴力事件，较 1994 年的 66 起增加了 50%。死亡人数也由 1994 年的 4 人增加到 1995 年的 12 人。1995 年 6 月下旬，在沙特阿拉伯发生的美军基地被炸案，炸死美军达 19 人。此后不到一个月时间内，相继发生了环球航空公司客机在纽约长岛海域上空爆炸和亚特兰大奥林匹克公园炸弹爆炸案。在法国首都巴黎，阿尔及利亚伊斯兰极端分子制造了地铁爆炸案，并发生 8 名法国神职人员在阿尔及利亚遭绑架和暗杀的事件。法国科西嘉民族解放组织也在科岛上制造了多起恶性爆炸事件，并威胁政府“将把恐怖活动扩大到整个法国大陆”。爱尔兰共和军在英国伦敦和曼彻斯特制造了 3 起爆炸案，并袭击了英国驻德国兵营。在西班牙，巴斯克民族自由组织改变了策略，专在海滨旅游城市从事恐怖活动，仅 1995 年 7 月份就在 4 座城市制造了十多起爆炸事件。这些恐怖事件揭示了西方国家内部存在的严重社会矛盾和民族危机。

*恐怖活动造成的后果日益严重。*近两年的恐怖主义事件在规模上越来越大，并出现以大量杀伤无辜平民来扩大政治影响的特点。两年来，造成百人以上人员伤亡的达 11 起。在美国俄克拉何马城的汽车爆炸案中死亡人数达 167 人，受伤人员达 400 余人。在斯里兰卡科伦坡发生的爆炸案造成的伤亡人数竟达到 1450 人以上。而东京的地铁毒气案，中毒平民多达 5000 多人。这种恐怖活动造成的严重后果令世界震惊。

*高技术被越来越多地运用到恐怖活动之中。*现代科学创造了高技术，而高技术的发展也为少数恐怖主义的犯罪活动提供了新的手段。随着人们对电子计算机的依赖性越来越大，一些大的网络事故已开始孕含着强烈的恐怖意味。计算机病毒也已具备了成为攻击性武器的潜在价值。在美国已出现了“电脑网络解放阵线”的组织。这些组织到处破坏电子信息系统，还留下恐吓性的信息。美国连接全球 3500 万个电脑的英特奈特电脑网络，曾因该组织的“虫”病毒而遭受极大损失。这种针对电脑的破坏性病毒已成了恐怖主义的重要武器。另外，恐怖分子凭着像卡西欧电子表等一些高技术元件，已可任意组装出难以被查获的高威力定时炸弹，大大增加了安全检查的难度。

恐怖主义活动漫延的原因　冷战时期，两大集团对峙的态势，使世界处于随时可能发生战争和武装冲突的紧张状态，国内矛盾服从国际矛盾，民族利益暂时服从于整体的集团利益。苏联的解体和两极冷战结构的崩溃，使以往国际上因军事对抗形成的凝聚力迅速减弱，而长期被两极对抗格局掩盖和压抑、并在较长时间内得不到解决的民族矛盾、宗教矛盾及各种派别组织间的矛盾迅速上升，为恐怖主义的膨胀与漫延创造了条件。此外，有的超级大国为了自己的政治、经济利益，争夺势力范围，控制别国，顾佣、训练、唆使、支持宗教和民族主义极端分子从事恐怖活动，也是世界性恐怖主义漫延的重要原因之一。

中东地区是世界上出现动荡与暴力较多的地区。这一地区出现的恐怖活动，其深层次原因是以色列仍然占领着巴勒斯坦的领土，并力图在耶路撒冷不断扩大定居点。在中东复杂的地区矛盾中，必须分清恐怖主义与反对种族歧视，以及恐怖活动与反对外来势力占领的区别。美国曾把一些阿拉伯国家列为支持恐怖主义的国家，但是中东的恐怖主义不仅使以色列遭受了恐怖袭击，他们自己在中东地区采取的暴力和暗杀活动也同样使阿拉伯国家遭受袭击，而这些活动同样属于恐怖主义。

国际反恐怖主义斗争的发展 恐怖主义严重威胁着世界的和平与发展，引起世界人民的不安与愤懑。世界各国纷纷召开会议，进一步谴责恐怖主义活动，并相应制定了各种反恐怖措施。1995年，希腊政府为对付恐怖分子重新拟定计划，动用约3000万美元作为反恐怖经费。1996年1月19日，独联体国家在莫斯科举行国家首脑会议，讨论了27个议题，并签署《关于预防武装冲突和恐怖活动在独联体境内扩散的构想的协议》；3月13日，世界29个国家在埃及沙姆沙伊赫举行以反对恐怖主义为主旨的“和平缔造者国际首脑会议”；4月23日，美洲国家组织的35个成员国，在秘鲁首都利马召开第1届美洲反恐怖特别会议；6月23日，阿拉伯国家首脑，在开罗召开“谴责各种形式的恐怖和颠覆活动”大会；7月28日，西方7国和俄罗斯，在巴黎举行反恐怖主义工作会议，通过了25项反恐怖措施，会议一致同意，不仅要加强本国反恐怖措施，而且要加强国际间反恐怖合作，以限制恐怖分子行动，截断恐怖分子资金来源和加强反恐怖信息交流；11月11日，海湾国家内政部长在阿曼开会，一致表示要同“各种形式的极端主义和恐怖主义现象作斗争。1996年4月，美国参众两院分别通过了反恐怖法案，规定政府在今后4年内，将增拨10亿美元用于联邦和州级机构的反恐怖活动。美国国防部将防范恐怖活动的威胁和防止未来用计算机操纵战场列为军事研究的重点。英国政府的保安部门把70%的预算用于反恐怖活动。

针对恐怖主义已具有跨国行动的性质，单靠一个或几个国家的力量难以制止与遏制的特点，国际上已有人提出：要像海湾战争那样组织多国一致的行动来打击恐怖主义。联合国根据恐怖主义漫延的情况，已着手加强反恐怖的联合行动。1995年4月，联合国召开了世界性的反犯罪大会，这已是第9次世界性的把反对犯罪和恐怖主义活动列为重要议事日程的会议，世界上有包括中国在内的147个国家和地区的政府与组织参加。在联合国和民间组织的协调下，许多国家加入了全球性国际刑警组织。1996年4月26日，联合国安理会通过对苏丹实施外交制裁的1054号决议。这是安理会首次根据《联合国宪章》，对苏丹涉嫌支持恐怖主义实施制裁。这种全世界各国共同采取的联合行动，必将对遏制恐怖主义的滋生与漫延产生积极的影响。

（吴　鹏）

俄军基兹利亚尔市反恐怖作战及经验教训 1996年1月18日，俄总统叶利钦宣布，俄军在达吉斯坦共和国“五一”镇解救人质的战斗已经结束。82名人质获救、18名失踪，俄军阵亡26人，200余名恐怖分子被消灭。至此，这场发生在基兹利亚尔市、持续近10天、震惊俄罗斯和整个世界的人质事件宣告结束。

*恐怖事件的发生。*此次人质事件是继1995年6月布琼诺夫斯克市人质事件后，车臣非法武装制造的又一起大规模恐怖事件。短短半年时间，车臣武装两次攻占城市劫持人质，令人深思。

从车臣方面看，此次人质事件是精心策划、蓄谋已久的。事件爆发前数天已有不少恐怖分子化装成难民，潜入达吉斯坦共和国基兹利亚尔市，刺探情报，勘察地形，并在大股恐怖分子进攻时里应外合。参加此次行动的主力是以拉杜耶夫为首的第6大队。这支被人们称为“孤狼”的特种部队心黑手辣，装备精良，训练有素，其中很多人参加过1995年布市人质事件，具有恐怖活动经验。恐怖分子政治目标明确，行动刚一得手就提出要俄军全部撤出车臣的政治要求。

反观俄罗斯方面，其反恐怖工作显然很不得力，疏漏颇多：一是未认真吸取布市人质事件教训。事件发生当天，叶利钦总统即严厉批评政府各部门，特别是有关部门“未从上次事件中吸取足够的教训”，致使“我们又一次受到打击”。二是未建立高效率的情报网。早在1995年12月23日，俄安全部门就接到车臣武装将袭击基市的情报，但未予重视。车臣非法武装长途奔袭过程中，俄军每个哨位均有情报报告，但这些零散情报均石沉大海，未能及时汇成完整情报，主管部门更未能作出正确的判断。三是反恐怖措施没有到位。车臣武装200多人携带包括迫击炮、火箭筒、便携式防空导弹等各种武器装备，穿越车臣和达吉斯坦边界，一举占领基市医院、居民楼并劫持2000余名人质，沿途驻守的数千名俄军未能采取任何有效措施予以制止。四是内卫部队和边防部队之间协同不力。事件发生后，叶利钦总统在紧急会议上当面批评边防军司令尼古拉耶夫大将，指责边防军未能严密防守车达边界。但边防局新闻处却表示，该段边界的基兹利亚尔地域由内卫部队负责。

*反恐怖行动的实施。*事件发生当天上午，叶利钦总统立即召开总理切尔诺梅尔金、安全会议秘书洛博夫、总统第一助理伊柳申、国防部长格拉乔夫、内务部长库利科夫、边防局长兼边防军司令尼古拉耶夫、安全局长

巴尔苏科夫等人参加的紧急会议，分析形势，检讨问题，研究对策，及时定下了武力消灭恐怖分子和解救人质的决策。会议决定成立由巴尔苏科夫领导的解救人质指挥部，由联邦反恐怖中心主任佐林任前线总指挥，协调国防部、内务部和联邦安全局的反恐怖作战行动。随后，俄军实施了一系列有计划的行动，取得了反恐怖作战的基本成功。这在一定程度上扭转了事件初期因恐怖分子得手而造成的被动局面。

俄军此次反恐怖行动的基本战法是：

第 1 步，迫使恐怖分子撤离基市。1996 年 1 月 9 日凌晨车臣武装袭击基市后，俄军迅即出动精锐部队和武装直升机击退企图夺取机场、火车站、桥梁等重要目标的恐怖分子，然后将其占据的医院团团包围。与此同时，北高加索军区部队切断了恐怖分子向达吉斯坦共和国纵深地区流窜和向车臣方向逃跑的道路。在进退无据、重兵包围的情况下，以拉杜耶夫为首的恐怖分子被迫于 10 日晨释放 2000 余名人质，仅裹胁 160 余名人质乘坐 14 辆汽车向车臣方向撤退。

第 2 步，将恐怖分子阻滞在预设战场。恐怖分子车队驶离基市后，俄军对其实施了立体跟踪。车队后方有一支 200 人的特种分队紧紧尾随，车队上方有 2 架米-24 型武装直升机盘旋监视，车队前方则有数支特种分队随时准备采取行动。为防止恐怖分子撤退至对其有利的车臣境内，俄军待车队行至车达边界“五一”镇时，巧妙地将一座桥梁炸毁，迫其滞留在俄军预设战场。

第 3 步，合围恐怖分子。11 日夜，俄军出动重兵，在坦克、步兵战车、武装直升机支援下，将恐怖分子合围于“五一”镇。为防止其突围和车臣武装解围，俄军设置两道包围圈，形成了合围的对内和对外正面。12 日，俄军一方面通过广播喊话进行强大的心理攻势，另一方面不断紧缩合围圈。在此期间，被围恐怖分子曾 3 次组织突围，均被击退。其中一次还得到来自车臣境内一股战斗队员的策应，但这批前来解围的车臣武装大部被歼。

第 4 步，消灭恐怖分子，解救人质。莫斯科时间 15 日 9 时整，俄军对恐怖分子发起攻击。经短时间炮兵和航空兵火力急袭后，进攻部队从各个方向突入“五一”镇。著名的“阿尔法”小组，直扑人质关押地清真寺和学校。武装直升机和狙击小组则以连续火力封锁恐怖分子前往人质关押地的道路。经过 3 天激战，恐怖分子除 20 余人被俘外大部被歼，人质绝大部分获救。

经验教训。俄军此次反恐怖作战行动也存在不少问题，比较突出的是，在最后围歼盘踞在“五一”镇的恐怖分子作战方法选择上，没有采取有利于解救人质、减少伤亡、保护和平居民生命财产的特种作战。基本采用大部队强攻战法，动用了坦克、大炮、冰雹式火箭炮和武装直升机等重型武器，造成被扣人质伤亡较多，“五一”镇被炮火毁坏严重，招致国内外舆论批评，留下较大的后遗症。此外，未能全歼恐怖分子，未能击毙或捕获其头目拉杜耶夫，使少数人质被劫持到车臣。但与 1995 年布市人质事件相比，俄军在基市人质事件中的反恐怖作战从总体上看是成功的。

对接连发生在俄境内的人质事件的研究，给人们不少重要启示：冷战结束后，随着两极格局的终结，在新的多级化世界格局形成过程中，世界范围内因民族、种族、宗教、领土等矛盾引发的各种形式的恐怖活动呈明显上升趋势。如何妥善处置恐怖事件，直接关系到国家的安危、社会的稳定和广大群众的人身安全，已成为各国政府面临的一个非常重要的课题。反恐怖作战已成为新形势下武装斗争的一种新的特殊形式，必须重视特种部队的建设，加强特种作战战法的研究，确保以最小的代价、最小的震动、最快的速度取得反恐怖作战的成功。（王锐、张飞，中国《外国军事学术》1996 年第 3 期）

（华　翁）

国　防　工　业

西方军工企业合作出现新趋势　西方军工企业间的合作，随着国际形势的变化，呈现出一些新的趋势。

西方军工合作的新趋势　*合作领域日益广泛*　90 年代以前，欧美国家在军工领域的合作多限于生产领域。进入 90 年代后，合作范围日益扩展，合作领域从生产领域延伸到投资、研制、销售、采购等各个环节。如法国汤姆森—CSF 公司和德国 MBB 公司早期的军工合作只限于一些技术上的交流，从 1987 年以来，两公司签订协议，对某些重要军工产品实行联合生产。到 1992 年，双方经过协商，决定联合研制新产品，并专门成立了一个联合销售分公司，负责在国际市场上推销产品，同时还负责国际采购任务。再如德国、荷兰、西班牙的军事航空工业在 80 年代末之前，主要限于一些零配件的合作生产，而进入 90 年代后，合作的范围也逐渐扩大，目前 3 国投资的大型航空产品从采购原材料、研制、生产到销售，无一不是全程合作，而且合作项目也已从飞机、发动机向机载设备延伸。

合作方式多样化。90 年代以前，西方军工企业合作多在生产领域进行，合作方式较为简单，如相互交流技术、相互合作生产零部件等，总体上是以具体的技术或实物形态合作为主。进入 90 年代后，合作方式除传统的方式以外，正趋向以资本即价值形态的合作为主。这些方式主要有：一是公司之间互换或购买股票。例如英国通用电气公司、德国戴姆勒—奔驰公司和瑞典瓦伦贝里公司，分别同法国马特拉公司互换少量股票，形成彼此资本的相互渗透，促进相互间的合作。二是在具体合作项目上实行股份制。如英、德、意、西 4 国联合投资研制欧洲战斗机过程中，英、德各占总投资股份的 33%，意大利 21%，西班牙 13%。三是共同投资组建新集团或特定项目的联合企业。例如法国宇航公司同德国 MBB 公司组成欧洲直升机集团；英国宇航公司和法国汤姆森无线电公司将各自的导弹业务部门合并，组成欧洲动力公司。

合作区域扩大化。西方军工合作在 90 年代以前，主要局限于发达资本主义国家之间及北约军事集团内部。进入 90 年代后，合作区域日益扩大，开始把眼光投向了原华约集团国家及第三世界国家。如波兰于 1991 年将最大航空工厂 PAL 的 30%的股份卖给西方；匈牙利仅 1992 年就与英、法、德签订了 20 多项大型项目的生产合同；印尼、巴基斯坦、印度等国与美国、德国的军工合作项目也正在展开。据美国军备控制与裁军署估计，西方与第三世界国家的军工合作已占 1/5 以上，今后这种性质的合作呈加速发展的趋势。

合作分工专业化。在长期合作的基础上，西方军工企业越来越注重发挥各自优势，这样使得企业之间的分工日益趋向固定与专业化：一是零部件生产日益专业化。各家公司充分发挥技术特长，专门生产某些零部件。比如在合作生产 A-300 飞机中，德国生产后、中机身，法国生产机头，英国生产机翼和一段中机身，并始终维持这种分工。二是某些特殊工艺上日益专业化。一家军工厂只注重某一方面工艺的发展，并力图保持领先地位。如西班牙航空公司何达菲厂，专门发展复合材料，为福克系列、空中客车系列、F-16 等多个机种提供复合材料。

合作组织集团化。随着西方军事工业合作在深度与广度上的日益发展，西方军工企业正走向合并与联合。一些大企业以兼并和接收中小企业的形式，形成强大军事工业集团。据估计，进入 90 年代以来，全世界被兼并或接收的军工企业达 60 多家。1995 年 2 月，美国洛克希德公司和马丁·玛丽埃塔公司合并成立洛克希德·马丁集团公司，当时被称为历史上防务承包商之间最大的一次合并。但在 1996 年 1 月，这家公司又宣布将以 100 亿美元成交买下洛拉尔公司。另一家大型军工企业诺思罗普·格鲁曼公司也在 1996 年 2 月买下威斯汀豪斯电气公司的全部防务系统电子设备生产企业。1997 年 8 月，波音公司正式兼并麦道公司。

在一国以内的军工企业兼并与接收日益发展的同时，跨国界的兼并和接收也越来越普遍。目前欧洲生产发动机、军用电子设备、导弹和直升机的大厂家，都在筹划进行合并，组成所谓“战略联盟”。法国陆军武器工业集团就已兼并吕歇尔公司、马特拉·麦努汉公司、比利时炸药联合公司及意大利贝雷诺公司。1996 年 8 月 16 日，法国马特拉公司和英国宇航公司在伦敦签署协议，决定将它们下属的导弹生产企业合并，组建一个欧洲最大的导弹企业——马特拉英国宇航公司。除欧洲、美国参与兼并外，第三世界的马来西亚、新加坡等也参与了这种活动。如新加坡联合兵器公司和英国费朗蒂技术公司联合组成亚洲费朗蒂技术公司。

促成西方军工合作呈现新趋势的原因　促成西方军工企业合作出现新趋势的原因很多，有经济方面的，也有非经济方面的。

经济方面的原因。90 年代后，国际形势发生根本性变化，国防预算削减和军火市场萎缩，军事工业订货减少，开工不足，利润下降，有的甚至债台高筑，迫使西方各军工企业采取缩小规模，关闭一些武器制造厂，裁减雇员，寻求以合作求发展。这种合作在经济效益上可以带来以下好处：

(1)在武器装备的研制方面，合作可以分担费用和风险。尖端武器系统的技术复杂，研制周期长，费用高，风险大。如欧洲战斗机的开发投资将达 57 亿马克；德国即将开发的一种远程运输机开发投资预计将达 190～270 亿美元。如此高昂又带有风险性的投资是一公司或一国很难承担的，所以防务厂商或国家，都希望通过企业间或国际间的合作，分担日益增长的研制费用与风险。

(2)在生产方面,合作可以降低产品成本。这可从3方面考虑:一是合作可以产生规模效益。二是集团化后管理人员裁减,可减少行政费用,因此也降低了产品成本。三是按各自的优势分工合作可提高效率。在联合计划项目中,根据参加者的技术专长或特点,进行分工组合,可以扬长避短,发挥群体优势。据一些国防经济学家估计,按各自相对优势进行专业化生产,可节省费用20～40%。

(3)在竞争方面,合作既可增强实力,又可避免两败俱伤。加强军工企业之间的合作,形成资本雄厚、技术力量强大的大型军工企业集团,无疑可增强国际竞争力。这方面西欧体现得更明显。合作也可以避免在竞争中出现两败俱伤。西方一些大型军工企业通过合作,对世界军火市场进行瓜分,可使彼此都能在竞争中占有一席之地。

非经济方面的因素。除以上经济因素外,当前西方军工合作呈现新趋势还有以下一些非经济原因:

(1)西方大国军事战略的调整。冷战后,国际形势向多极化方向发展。西方大国调整军事战略,把战略重点放在应付可能发生对其自身利益有影响的热点地区局部战争上。因此,西方各大国军工合作也有倾向性变化,合作地域向原华约集团国家及第三世界国家扩大就是一个明显的例子。

(2)西方军事大国军事行动的联盟化趋势。冷战后,联合国维和行动成为世界范围的军事行动。这种主要由西方大国进行的军事行动又多以联盟化共同行动为特征。西方军事大国不能不考虑联合军事行动中武器装备的标准化与通用性,以减少协同保障的麻烦。

(3)军事工业规模的波动性。军事工业是随国际军事环境变化而波动的。战争的不可预测性及战时军事工业的高额利润,使得各军工厂商在和平时期不得不预留一定的军事制造设施。军工合作可以在一定程度上压缩规模,又可以使军事企业以联合的形式在和平时期生存下来,一旦军事活动加剧,可以成为军工规模迅速扩大的生长点。

(4)武器进口国对合作上的要求。凡具有一定工业基础的国家,都想在军工生产上自立,尽量减少武器进口。它们要求以合作生产取代直接购买,即购买者必须获得所购买武器系统中的某些部件或部分系统的制造权,这是军品贸易中的"直接补偿方法"或"公平回报"原则,为了争取海外市场,军品出口者只得应允。美国军工厂商之所以与日本或欧洲国家军工企业进行合作,其中就有迫于对方在购买美制武器系统的同时,提出合作要求方面的原因。

(5)与政府及军方谈判的策略。西方一些大型军工企业常以合作形式壮大实力,以增加与政府及军方谈判的分量。如美国洛克希德公司与马丁公司合并后,公司领导者直言:合并后的实力,使得洛·马公司能在政治和经济上,对国会及国防部施加更大影响。一些权威人士分析,美国国会对克林顿政府继续削减军费提出强烈的批评,其中不乏军工厂商背后的活动与游说。

(敖林、华翁)

德国调整国防工业　冷战结束后德国的国防事业面临新的局面。一方面,军队任务与需求发生重大变化,使国防科技工作面临新的课题;另一方面,国防经费的减少导致国防科研费与装备采购费的减少,向国防科技工作提出新的挑战。为了适应新的形势,迎接新的挑战,德国在调整武装部队任务与结构的同时,也对国防科技战略和国防工业进行了调整。

重新确定国防科技和武器装备的发展重点　由于军事需求的变化和国防经费的削减,德国今后在发展国防科技与武器装备方面,将不再全面铺开进行,而是重新确定重点。新的重点是指关键技术领域和急需的武器装备。德国《1994年国防白皮书》指出,要"将研究与发展工作集中在关键技术领域,以便今后有可能实行武器装备所必需的现代化。"

经过武装部队结构调整,德国联邦国防军主要由两部分力量组成:①主要防御部队。它是联邦国防军的主体和国防的基础,是保卫联邦的主要力量。②危机反应部队。它是在发生危机的情况下,能立即投入使用的力量,也是主要防御部队动员前的保卫力量。德国国防部认为,主要防御部队的武器装备已实现了现代化,其性能已较先进,可以适应本世纪末到下世纪初的作战任务。因此除个别项目外,主要防御部队在本世纪内,大体上可以不必再增加装备,今后的重点是危机反应部队的武器装备。从武器装备技术领域来说,重点是侦察、指挥、通信、防空、反导、空中运输等领域。在具体的武器型号项目上,也确定了重点并定出优先次序。例如,国防部将1996年需要拨款的计划中的重点装备项目,分为"一级优先"和"二级优先"。属于"一级优先"的项目有EF-2000战斗机、支援直升机、未来运输机、F-124型护卫舰、舰载支援直升机、212型潜艇等6个项目。属于"二级优先"的项目有卫星通信、NH-90直升机、装甲输送车、装甲榴弹炮等21项。此外,根据武器装备计划的需要,也确定了预研工作(在德国称为"研究与技术计划")的重点。例如,用于研究危机反应部队的侦察与指挥系统技术的费用,就占去全部预研投资的三分之一,其目的是研究高效率的远距离导航和通信技术，并改进传感器的性能。

为了集中力量保证重点，国防部对原有武器采办计划作了调整，取消了一些研制计划项目。例如90年代初放弃了新一代坦克(即“豹”3型坦克)的研制计划；1992年又放弃了“貂”2型步兵战车的研制计划。被取消的计划项目还有陆军的“赫拉斯”电子战系统等。

为了集中力量保证重点，对于一些可以从民用市场上买到的装备，如通信技术设备、运输设备等，就不必专门花钱研制，以便将有限的研制费集中用于重要的军事项目上。

在缩小军事工业规模的同时，保存军工核心力量 冷战结束后，德国也像其他西方国家一样，由于军工订货减少，军事工业规模日渐缩小，许多军工企业被迫大量裁员。德国军工从业人员从1990年至今减少了一半以上(目前约为10万人左右)，并有进一步缩减的趋势。

德国政府和工业界都认为，冷战结束后军事工业规模的缩小是必然的，但同时应防止其无限缩小，必须保存军工核心力量，保存一定规模的国防科技工业。这不仅是为了满足当前武装部队装备和增加就业的需要，而且还有着更为广泛的意义：①保存军工核心力量是长远保证武器装备现代化的重要条件，也是保持国家独立自主的一个重要因素，否则将不可避免地造成对外国供应商的依赖局面，甚至从国外采购陈旧装备。②保存军工核心力量是参加国际军工合作的基础。为了保证参与武器系统的国际合作能力和合作中的有利地位，必须保存军工核心力量。③一定规模的国防科技能力，也是一个工业化国家和技术进步不可缺少的，它对整个国民经济起着促进作用。鉴于上述原因，1992年制定的国防方针明确规定，德国必须保持强有力的军工核心力量，国防部长吕厄也一再强调保持军工核心力量的重要性。

所谓保持军工核心力量，简言之就是保持国防科技工业不可放弃的最低限度规模。为此，德国国防部近一二年与工业界合作组成6个混合调研小组，对军工部门6个专业领域(军用车辆、火炮及弹药、航空、导弹、舰船、信息和电子技术)进行调查研究，以确定必须保留的最低限度国防科技工业的规模，并研究其实施的可能性。国防部的调研工作已获得了对未来必须保持的最低限度国防科技工业规模的初步轮廓，并发现有一部分军工领域已处于危急状态。此项调研工作目前正在继续进行。与此同时，德国军工企业界及有关部门已提出保持军工核心力量的一些建议和措施，主要有以下几方面。

(1)国防部要制定适合于新形势的可靠的规划，以便使军工企业界更好地安排长远工作。同时，在规划安排研制、生产、型号改进和维修等任务时，必须考虑到军工企业的利益和现状，合理地安排任务，保障企业的生存。

(2)适当提高国防科研费和装备采购费在国防预算中的比例。德国国防预算分为行政管理费(即日常开支)和防务投资费两大部分。防务投资费包括科研费、装备采购费和军事设施费。90年代以来，国防预算不断削减，而其中防务投资削减较多，约减少了40%，从而使日常开支与防务投资的比例达到79比21。在占国防预算21%的防务投资费中，如果减去军事设施费用，科研费与装备采购费实际上仅占国防预算的15%。一般认为，这个比例太低。现在国防部有关方面和工业界正在努力将防务投资费提高到30%，使管理费与防务投资费的比例达到70比30。这将有利于武器采办工作，有利于保持军工核心力量。

(3)努力使军工企业更多地参加国际合作项目，这是使军工企业保持足够负荷的一个重要环节。

(4)改变德国过分严格的军品出口规定，使军品出口规定与北约欧洲盟国保持一致。增强军品出口能力和国际竞争能力，有利于保持军工核心力量。

(5)解散联邦国防军的装备维修工厂，将武器装备的维修任务完全交给工业界，使军工企业任务更加集中。

在国防预算削减的形势下，保证一定规模的国防科研费 90年代以来，德国在国防预算不断削减的情况下，仍将国防科研工作放到优先地位，使国防科研费保持一定规模和相对稳定。90年代以来，德国国防科研费虽然处于下降之中，但除个别年份外，大体上每年仍保持27～30亿马克(1990年最高，达33亿马克)。1996年的国防预算中，国防科研费又有回升，约为30.95亿马克(1995年为27.55亿马克)。90年代以来，装备采购费的削减则是大幅度的，1990年的装备采购费曾高达103亿马克，以后逐年下降，到近一二年已降到55亿马克。这一情况表明，德国国防部在国防预算减少的形势下，为保证国防科研工作所作出的努力。

目前，德国国防部有关方面正在努力争取将国防投资(包括国防科研费、装备采购费和军事设施费)在整个国防预算中所占的比例，从现在的21%提高到30%以上。如果这一努力获得成功，则其中所包含的国防科研费必将有所提高。

进一步加强国际合作特别是与欧洲国家的合作

在新的国际形势下，德国国防部官员清楚地认识到，由于国防费用的削减、武器价格的上涨以及本国武器装备需求量有限，一个欧洲国家要完全依靠本国的力量发展武器装备已不可能。只有通过西欧国家的合作分工，合理使用经费和资源，共同发展各国所需要的武器装备，才能满足本国军队的需求。特别是一些耗资巨大的项目，如正在研制中的欧洲战斗机和计划中的战略运输机、欧洲侦察卫星等，若不通过多国合作是无法完成的。

目前，德国在发展武器装备工作中，已将国际合作特别是与西欧国家的合作放在首位。仅德法两国的武器装备合作项目就多达 100 个。德国与西欧国家的重大合作项目有 EF-2000 战斗机、NH-90 直升机、“虎”式直升机、FSAF 未来地空导弹、护卫舰等。将要上马的大型合作项目有侦察卫星、大型运输机等。估计今后的合作项目还会进一步增加。

促进军工企业的合并与联合　从 80 年代末期起，德国政府开始促进和推动军工企业的合并与联合。其中最大的例子是奔驰公司兼并了著名的军工企业 MBB 公司，经过几次调整，组成了新的实力雄厚的德国航空航天公司(现改名为戴姆勒—本茨航空航天公司)。后来又出现了各专业领域的跨国合并浪潮，如德国航空航天公司与法国航空航天公司，已将它们的直升机业务合并，成立了欧洲直升机公司。德国政府推动和促进军工企业的合并与联合，有以下几方面原因。

(1)出于保存军工核心力量的需要。冷战结束后，国防费用削减，国内军工订货大幅度下降，许多军工企业开工不足，难以维持局面。为了军工企业的生存和发展，只有走合并与联合(包括跨国合并)的道路。

(2)出于国际竞争的需要。提倡军工企业的合并与联合，与德国历来奉行的将军工经济纳入以竞争原则为指导的市场经济的做法有矛盾。但是，为了军工企业具有足够规模和实力，以便有能力参与国际竞争，就不得不放弃国内竞争，选择合并与联合的道路。MBB 公司与奔驰公司合并就是例证。1988 年 12 月，MBB 公司与奔驰公司向联邦企业管理局(又称卡特尔局)正式提出合并申请。经研究，该局于 1989 年 4 月拒绝了两家公司的合并要求。原因是合并会加强它们在军工市场的统治地位，势必削弱竞争。不久，两家公司又阐明理由向联邦经济部提出申请。经济部从全局经济考虑出发，经过“从未有过的慎重权衡”后，终于在 1989 年 9 月批准了这两家公司合并。批准的一个重要原因是：MBB 公司只有与奔驰公司合并后，才能达到参与国际竞争所需的规模(两公司合并后在欧洲航空航天企业名单中将跃居第 2 位)，提高今后在国际市场上的竞争能力，并以更加有利的地位和条件参加国际合作项目。

(3)为未来欧洲军事工业一体化创造条件。长期以来，西欧各国分散的、局限于一国范围的军事工业力量有限，弊病很多，如：市场分割、生产规模小、成本高、科研与生产重复浪费等等。因此，欧洲独立计划小组(IEPG)早在 1987 年就提出要建立统一的欧洲军工市场。在未来实现军事工业一体化后的军工市场中，将不会再有许多供应商之间的竞争。欧洲的军工生产将按专业合理分工，形成更加专业化的西欧军工生产集团，也许一种产品只有一个供应商。只有这样才能加强其国际竞争能力，特别是对美国军工企业的竞争能力。

(国华、华翁)

日本对国防工业进行改革　冷战后，日本的国防开支继续增长，但增势有所抑制，而武器装备费有所下降。1995 年与 1990 年相比，武器装备采购费下降 23%，其中：飞机采购费下降 39%，导弹采购费下降 47%，坦克、车辆、火炮等甲类装备采购费下降 19%。武器装备费在国防开支中所占比重，由冷战时期的 25%左右降到冷战后的 20%左右。军工企业不太景气，闲置人员与设备相对增加，为了确保国防工业健康发展，达到 1996～2000 年《中期防卫力量发展计划》对军工建设提出的保持最低限度的军工生产基础、实现小摊子和高技术化的要求，日本军事工业正在进行调整改革，主要举措是：

保证重点军工企业及其军品生产线　鉴于武器装备费在国防开支中所占比例趋于下降，军方力求以现有的武器装备采购费保证 FS-X 战斗机等更新换代。军方将军品产值在企业销售额中所占比例超过 10%的军工企业(如三菱重工业公司、川崎重工业公司、石川岛播磨重工业公司、日本制钢所等企业)列为重点军工企业，在经费与投资上予以倾斜，提高这些重点企业军品生产线的集约化水平，确保这些企业及其军品生产线的功能和生产设备的开发能力，不受军品订货任务减少的冲击。

军工企业实行改组与合并　日本国防工业在调整改革过程中，进行军工企业的改组与合并，以适应冷战后军品订货减少、但军品性能要求更高的形势。例如为适应海上自卫队的重要舰艇向高性能化和大型化方向发展，日本造船公司进行了合并改组：①石川岛播磨重工业公司和住友重型机械公司，于 1995 年 4 月，将舰艇的设计与承包订货部门合并。②1995 年 6 月 16 日，日本造船公司和三井造船公司的舞鹤工厂与三井造船公司的玉野工厂，就生产防卫厅所需的主力军用舰只的业务达成协议。③在日本西部,三菱重工业公司的长崎造船厂形成军舰建造基地。经过这次合并改组,日本主要舰艇的生产厂家,形成关东地区的石川岛播磨一住友重工,日本西部地区的三井一日立造船和三菱重工业公司3大集团。军方今后将按顺序向三菱、三菱一三井造船和石川岛播磨一住友重工这3大集团订购护卫舰。

加强对中小军工企业的调查,推出相应政策 日本通产省于1994年9月,对冷战后中小军工企业的军品生产转包、技术开发等方面作了调查。另外,由128家大型军工企业成员组成的日本防卫装备工业会,在1993年10月,对转包企业的军品生产也作了调查。调查结果表明,转包企业大多为一般企业或多种经营企业,但军品产值在企业销售额中占较大比重。这些企业大多拥有自行研制的独特技术;中小零星企业则大多集中在大型骨干企业周围。防卫厅根据调查结果积极采取措施,进一步落实《中小企业开拓新领域协调法》,对这些中小企业在补助费和税制上实行优惠政策,以激励这些企业发掘与保持承担军品生产任务的活力,不让这些企业因军品采购量明显减少而陷入困境。

优先保证自卫队质量建设急需的重要武器项目 日本防卫厅积极建设一支精干、高质量、高技术化的自卫队,加紧对自卫队的建设作重大调整。例如,陆上自卫队将由中型与重型火炮为重点,改为采用轻便的高技术武器装备;反潜任务减少,海上自卫队将削减反潜战舰艇的数量;空袭威胁相对减少,航空自卫队将削减作战飞机的数量;随着日本从美国引进由"波音"767飞机改装的预警机,将对航空自卫队是否需要部署28个防空雷达站重新作出评价。自卫队将建设高质量、组织完善的指挥、控制、情报和通信能力列为重点。航空自卫队急需远程运输机以提高日军的维和能力。战斗机加大作战范围急需空中加油机。海上自卫队将努力提高海上巡逻、海面作战与防空能力。防卫厅根据中期防卫力量发展计划,将上述要求列为重点。力求在本世纪内将海上自卫队和航空自卫队的武器装备全部更新,给海上自卫队配备可同时攻击十来个目标的"宙斯盾"导弹驱逐舰,引进轻型航母。以1万亿日元全面更新航空自卫队的主力战斗机,增加预警机装备。日本国防工业已积极行动起来,优先保证自卫队质量建军急需的这些重要武器项目。

增加军品维修预算,加大军工企业的军品维修与保养工作的比例 海湾战争以后,军品日趋高技术化和系统化,所需维修费增加,然而预算跟不上,维修部件订货量少与要求急之间的矛盾突出。为了缓解这种矛盾,日本军方努力加大军品维修投入,建立军品维修新体制,加大民间企业军品维修与保养的比例,以尽量减少军方的军品维修负担,并保持企业的军工生产能力。

为了降低军品成本,拟采用市场上有现货、价格低、通用的零部件取代产量小、价格昂贵的特殊零部件。防卫厅已责成有关方面修改有关技术说明书。

及早明确军品生产的具体需求,确保军品生产稳定 防卫厅根据日本防卫装备工业会、日本经团联、军品采购恳谈会等行业性组织与高级咨询机构的建议,明确军品中长期发展需求,采取强化、沟通等措施,以利于有关军工企业较好地制订军品生产计划,保持军品生产第1线骨干和生产设备,保持军品生产技术的连续性与稳步改进,确保军品生产稳定。

完善军品的质量管理体制 军品,尤其是高技术军品往往涉及很多转包企业。如日本防卫装备工业会与日本经团联1993年10月的一次调查表明,承担90型坦克科研生产任务的企业有1255家(主承包商6家,一次转包商313家,二次转包商936家),承担护卫舰科研生产任务的企业有1900家,其中不少零部件由政府有关部门提供。军品的科研生产管理是一项十分复杂的系统工程,不仅要保证各个环节的质量,还要求军方与军工企业在军品的原材料、部件的交货、生产工程等方面密切合作,做到军品生产管理各环节更加合理。为了确保军品达到质量要求,军工企业已按军品要求,加强军品的监督检查,完善军品检查体制,强化员工的质量意识,为军方合理组织军品质量检查创造条件。

(海元、华翁)

中国台湾军工企业概述 《现代兵器》1996年第3期毛小南报道,台湾每年的军费约100亿美元。庞大的军费开支吸引着世界各地的武器推销商,也推动了台湾军工企业的发展。台湾的军事科研项目范围之广,武器生产种类之全表明它自行生产武器的能力达到了一个中等国家的水平。但是,台湾军工企业的私有化尚处初级阶段。几乎所有生产武器的骨干企业均为台当局垄断,私有企业只是一些转包商和零备件供应商,它们在台湾整个武器制造业中所占比例极小。

航空工业企业 航空工业是台湾国防工业的主要组成部分,其核心企业是航空工业发展中心。该中心现有雇员约6000人。其主要产品是IDF战斗机,目前已向台湾空军交付了42架IDF战斗机。从现在起到1998年年底,IDF的生产总量将达到130架,总预算约53亿美元。

该中心还设计、制造了AT-3高级教练机和近距支援战斗机，并已向台湾空军交付了60架AT-3。该中心还担负按许可证生产118架UH-1H直升机和284架F-5E/F战斗机的任务。据悉，该中心原定1996年1月改名为“汉翔”航空工业公司，成为经济部所属的一家公司。在1999年年中之前，它将完全实行私有化。

舰船制造企业　台湾中华造船公司是台湾自制舰船的主要企业，它从1980年开始建造军舰。当时先后建造了2艘满载排水量为250吨的“龙江”级导弹快艇，50艘满载排水量为50吨的“海鸥”级导弹快艇。目前，该公司正在建造8艘满载排水量为4200吨的“成功”级新一代主力护卫舰。“成功”号、“郑和”号和“继光”号前3艘已交付台湾海军使用。该舰是按美国海军“佩里”级的设计图纸建造的，但作战系统是由台湾中山科学院进行综合。此项工程耗资约52亿美元。预定1998年全部完工。

最近，由台湾海军和民用造船专家共同设计、民用造船厂建造的600吨级的轻型护卫舰，标志着台湾军舰制造业又上了一个大台阶。

导弹研制企业　台湾的导弹主要由中山科学院研制，由其下属的火箭和导弹制造中心生产，每年生产导弹的预算约为1～3亿美元。

该院生产的导弹有3个型号，6种变型，其中“雄风”Ⅰ型中程反舰导弹和“雄风”Ⅱ型远程反舰导弹最为成功；“天剑”Ⅰ型红外制导的近程空空导弹和“天剑”Ⅱ型主动雷达制导的中程空空导弹已经研制完毕，目前正在进行有限的批量生产；“天弓”地空导弹有“天弓”Ⅰ和“天弓”Ⅱ型两种变型，前者已装备陆军，后者还处在性能鉴定阶段。

常规武器生产企业　*战车发展中心*。隶属于台湾陆军司令部，负责台湾主战坦克及战车的研制和生产。该中心在美国通用动力公司的帮助下(提供技术和材料)，生产了450辆M-48H主战坦克。该坦克是采用美国M-48A5坦克底盘、安装M-60A3坦克炮塔而构成的一种中型坦克，现在台湾将其正式命名为CM-12坦克。该中心最近完成了首批100辆M-48A3坦克的改进工作，共向陆军交付了150多辆CM-21步兵战车和CM-2X特种战车。

8家兵工厂。隶属于联合勤务总司令部，是台湾研制、生产传统武器及弹药的骨干企业。其中，联勤202厂研制和生产大口径火炮的弹药，主要包括反装甲弹、各种40毫米以上的加农炮、榴弹炮、迫击炮炮弹以及105～155毫米加农炮炮弹；203厂生产子母弹和燃料空气炸弹；204厂生产防毒面具、照明弹和侦防器材；联勤205厂专门生产轻武器，目前已成功地研制和生产了T-75型9毫米手枪、65K2型5.56毫米突击步枪、T-74型5.56毫米机枪及其枪弹等。此外，联勤302厂、304厂、401厂、402厂均生产后勤保障装备。

光电军工企业　*中山科学院电子设备所*。于1968年成立，负责研制雷达、火控系统、导弹制导电子设备和电子战系统以及大的武器平台等。目前，该所的主要科研项目是研制各种电子战系统和软杀伤武器系统，然后由中山科学院系统制造中心负责生产。

私营企业。台湾还有少量的私营企业从事军用光电设备的生产。如微电子技术公司主要研制与生产微波通信系统与部件；盖特集团专门生产耐震性光电管和监视器。

(华　翁)

军控与裁军

国际军控与裁军形势概述　1995～1996年，国际上在军控与裁军谈判方面取得了某些成果。日内瓦裁军会议关于禁止核试验条约谈判虽然失败，但联合国大会以绝对多数通过了《全面禁止核试验条约》；非洲国家签署了非洲无核区条约；《禁止化学武器公约》生效；《特定常规武器公约》关于地雷议定书的修订达成协议。此外，联合国、美国及一些国家的研究机构，发表了常规武器贸易情况报告，可以从中了解国际上关于常规武器的军控和裁军情况。

日内瓦裁军会议关于禁止核试验条约谈判未达成一致意见　1996年7月29日，61个国家代表在日内瓦举行最后一轮会议，讨论全面禁止核试验条约草案。在会上，中国和印度等国代表提出修改意见。巴基斯坦、伊朗、埃及和古巴也提出了一些建议。代表们于7月31日再次开会。当时，已有20个国家公开支持条约草案。据报道，讨论全面禁止核试验的日内瓦会议是在

6月底未能达成一致意见的情况下休会的。休会后，一些国家的政府提出了妥协办法。美国、俄罗斯和其他国家均呼吁印度不要拒绝这项条约。

1996年8月14日，由于印度坚持拒绝在禁止核试验条约草案上签字，日内瓦核禁试会谈宣告失败。美国决定将全面禁止核试验条约草案直接提交于9月召开的联合国大会讨论。日内瓦裁军谈判会议特委会主席提出了全面禁止核试验条约草案文本。由于印度等国反对特委会主席提出的这一条约草案，特委会已不可能以协商一致的方式通过这一案文。按照通常必须协商一致的规则，特委会只能向裁谈会提交一份报告，作为工作总结。由于在裁谈会范围内各国也几乎不可能就条约草案达成一致，禁核试谈判的最终结果是一些支持条约草案的国家不以裁谈会的名义而将草案直接提交联大批准后供各国签署。

8月20日，印度正式宣布，它将否决世界裁军大会通过禁止核试验的条约草案。印度代表高斯说，印度不同意裁军大会以任何形式把这个草案文本提交联合国大会。高斯重申了反对该草案的两点理由：一是这个草案文本没有确定5个核大国彻底销毁其核武库的时间表，也没有阻止5个核大国通过计算机模拟试验等手段来改进其核武库；二是草案文本中规定像印度这些正开始研制核武器的国家也必须签署《全面禁止核试验条约》的条款侵犯了印度的主权。

《全面禁止核试验条约》谈判于1994年1月正式开始。为了推动谈判进程，联合国大会于1995年通过决议，要求谈判尽早并不晚于1996年9月联大开幕前达成协议，草案文本经联大讨论通过后，再送交各国签署。

联合国大会通过《全面禁止核试验条约》 1996年9月10日，联合国大会以绝对多数通过了澳大利亚提出的全面禁止核试验条约草案的议案。在表决中，有158个国家投了赞成票，包括美国、俄罗斯、法国、英国和中国；印度、不丹和利比亚3个国家投了反对票；古巴、黎巴嫩、叙利亚、坦桑尼亚和毛里求斯5个国家弃权。根据规定，这项条约需要得到44个具有核潜力的国家签字并批准后才能生效，这些国家包括5个核大国以及印度、巴基斯坦和以色列这3个核门槛国家。印度表示，印度不会签署这项不平等的条约，现在不会签署，将来也不会签署。

1996年9月24日，联合国在托管理事会大厅举行了《全面禁止核试验条约》开放签署简短仪式，正式让各国领导人在条约上签字。100多个国家的代表出席了这一仪式。美国总统克林顿第1个签字，中国副总理兼外长钱其琛是第2位上台签字的代表。此后，法国、俄罗斯和英国外长也签了字。钱其琛副总理兼外长在签字后发表一项声明，阐述了中国政府在禁止核试验及核裁军问题上的原则立场和主张。声明说，中国一贯主张全面禁止和彻底销毁核武器，实现无核武器试验爆炸。中国深信，全面禁止核试验将有助于促进核裁军和防止核扩散。为此，中国支持通过谈判缔结一项公正、合理、可核查、普遍参加和永久有效的条约，并愿意采取积极步骤促进条约的批准和生效。声明强调，当今世界仍存在着庞大核武库，存在着以首先使用核武器为基础的核威慑政策。在全部销毁核武器的目标实现之前，保证自己的核武器安全、可靠和有效是中国的最高国家利益。声明最后重申，中国政府和人民愿同世界各国政府和人民一道，为早日实现全面禁止和彻底销毁核武器的崇高目标继续努力奋斗。

《禁止化学武器公约》正式生效 1996年10月31日，匈牙利向联合国递交了关于《禁止化学武器公约》的批准书，这是第65个国家正式批准该公约。由于公约得到了65个国家的批准，由此该公约将在180天后，即1997年4月29日正式生效。联合国秘书长加利当日发表声明，呼吁所有没有批准这项公约的国家尽快履行批准程序，赋予这项公约以全面的意义。《禁止化学武器公约》是1992年11月30日在联合国第47届大会上通过的，1993年1月13日开放签署，至今签署国已达180个。目前，世界上两个最大的化学武器国家美国和俄罗斯虽然都已签署了这项公约，但至今它们的议会都还未予批准。

1996年12月16日，出席禁止化学武器组织筹委会第15次全会的中国代表团团长黄瑜在发言中表示，中国希望有关拥有化学武器的大国能够早日批准《禁止化学武器公约》，为公约尽早得到全面、有效的实施创造必要的条件。黄瑜指出，中国是无化学武器国家。中国政府历来主张禁止和彻底销毁化学武器，公约为实现这一目标奠定了国际法律基础。中国政府对批约、履约工作十分重视，中国国内有关部门也为此作出了大量的工作，并取得了一定的进展。两大化学武器拥有国对全面、彻底销毁化学武器负有特殊责任。如果公约没有两大化学武器拥有国参加，公约将不再是一个裁军条约，而成为一个不扩散条约，失去了原来的意义，公约的宗旨和目标将成为一句空话。

《禁止生物武器公约》审议会议结束 1996年12月6日，为期两周的《禁止生物武器公约》第4次审议会议在日内瓦结束。会议发表的《最后宣言》重申，各缔约国决心“为禁止和销毁所有形式的大规模毁伤性武器、实现全面彻底的裁军取得有效的进展而努力”。但会议没有接受美国和欧盟提出的关于在1998年内完成核查议定书的要求，因为与会的许多发展中国家的代表认为，提出时间表是不科学的做法。

在会议期间，11月26日，中国代表团团长沙祖康发言，阐述了中国代表团对《禁止生物武器公约》的立场。沙祖康指出，中国赞成全面加强公约的有效性，包括赞成为公约建立适当可行的核查机制。但应注重公约的所有方面。应首先制定出适用于核查目的的有关定义和客观标准，科学地制定出公正、合理、平等、可行的核查措施。沙祖康强调说，中国不仅主张全面禁止和彻底销毁核武器，还主张全面禁止和彻底销毁化学武器和生物武器等一切大规模毁伤性武器。中国不发展、生产、储存或以其他方式取得或保有公约第1条所禁止的生物剂、毒素、设备或运载工具。中国一贯反对生物武器及其技术扩散，不以任何方式鼓励、帮助或引导任何国家、国家集团或国际组织从事公约禁止的事项。但是，和平与发展是当今世界的两大主题，不能将禁止生物武器与促进正常生活的生物技术发展、开展正常的生物领域国际交流相对立。中国赞成广大发展中国家关于加强生物领域的技术合作与国际交流的主张，赞成取消与公约宗旨和目标不符的机制，呼吁有关国家在强调防止扩散的同时，对生物领域进行为和平目的的交流与合作也能采取同样积极的态度，以鼓励和吸引更多国家加入公约，从而加强公约的普遍性。

《特定常规武器公约》缔约国达成新协议 1995年9月25日，首次《特定常规武器公约》审议大会在维也纳开幕，参加本次大会的有包括中国在内的49个缔约国的代表，以及27个国家的观察员。会议主要审议《特定常规武器公约》及其议定书的执行情况，并着重讨论地雷议定书的修订问题。

1995年10月3日，为期3天的杀伤性地雷国际战略会议在渥太华开幕，来自70个国家、国际机构和非政府组织的300多名代表出席了会议，会议旨在促进国际社会为在全球范围内限制杀伤性地雷进行谈判。据估计，每年世界各地要埋200～500万颗地雷，世界上有70个国家和地区埋着大约1.1亿颗地雷。世界各地每天平均有70人被地雷伤害，减少地雷的使用和处理地雷破坏性后果是世界面临的两大挑战。1996年5月3日，联合国在日内瓦召开的关于限制杀伤性地雷审议大会结束了为期10天的讨论。50多个《特定常规武器公约》的缔约国达成协议，同意进一步加强对地雷使用和转让的限制，以减少对平民的伤害。这是在常规军备控制领域取得的一个重要的成果，受到了国际社会的积极评价。

《特定常规武器公约》于1980年签署，其目的旨在禁止或限制使用某些被认为具有过分盲目杀伤性的常规武器，其中的第2号议定书对地雷的使用和转让作出了种种限制。但是，近10年多来，战争遗留下来的地雷仍在造成大量人员伤亡，不仅仅造成参与冲突军人的死伤，而且无辜的平民也成了地雷的牺牲品，特别是对老人、儿童和妇女的伤害更为严重。根据有关资料透露，目前世界各地每20分钟就有一个无辜者被炸死，因此，国际上形成了一个普遍的呼声，要求进一步限制使用杀伤性地雷。根据新协议规定，禁止使用和转让不具有可探测性的杀伤人员的地雷；自1996年1月起生产的杀伤人员的地雷必须含有一定量的金属，以使之具有可探测性；杀伤人员的地雷，必须兼有在30天之内自毁、以及在120天内自动失去爆炸能力的性能；各国必须根据规定标准对现有库存的地雷进行改装，确保最迟在议定书生效9年之内达标；禁止向非国家实体，如反政府武装转让各种地雷；禁止向非《公约》成员国转让杀伤人员地雷，除非该国接受此议定书修正案，等等。

乌克兰、俄罗斯完成常规武器销毁计划 1995年10月31日，乌克兰在国际监督下，销毁了根据欧洲常规裁军条约裁减的最后一辆坦克，从而使乌军常规武器的数量达到了条约规定的水平。乌外交部同时指出，由于黑海舰队的分割问题尚未最终解决，现属黑海舰队的部分常规武器的销毁工作暂无法进行，只能待舰队分割后才能完成，但这不应视为乌克兰未完成在常规裁军方面所承担的义务。按照欧洲常规裁军条约及原华沙条约组织和原苏联国家有关分配常规武器定额的协定，乌克兰常规武器的最高限额包括：作战坦克4080辆，装甲车5050辆，100毫米以上口径火炮4040门，攻击直升机330架。超出限额的武器应在1995年11月17日以前全部销毁。

1995年11月20日，俄罗斯国防部新闻局宣布，俄罗斯已履行欧洲常规裁军条约中所承担的有关削减常规武器的义务。新闻局说，截至1995年11月16日，即上述条约规定的削减常规武器的最后期限，俄罗斯已削减了3188辆坦克，5419辆装甲车，660门大炮，1029架战斗机和99架攻击型直升机。欧洲常规裁军条约是1990年6月签署的，俄罗斯虽然履行了该条约有关削减常规武器的义务，但俄罗斯与西方在条约关于俄两翼地区（指圣彼得堡和北高加索地区）的军备限额等问题上存在分歧。俄罗斯近年来多次提出要修改这一条约，要求增加其北高加索地区的常规力量。俄罗斯认为，如果继续执行这一在原苏联时期签署的条约，欧洲的力量平衡就会受到破坏，从而威胁到俄罗斯的国家安全。另据报道，在1996年12月于葡萄牙首都里斯本举行的欧安组织首脑会议上，与会各国同意修改和延长实施《欧洲常规武装力量条约》，修订工作的谈判从1997年1月开始进行。

联合国公布1994年常规武器贸易情况 1995年11月4日，法国《世界报》报道，联合国根据出售国和购买国的申报，公布了1994年世界常规武器销售登记情况。1994年世界最大几个武器出口国依次是：美国、德国、英国、法国（俄罗斯未正式申报其武器销售情况，所以没有统计在内）。根据联合国的统计，1994年，美国达成了59项武器协议，德国26项，英国17项，法国16项。美国出口了702辆坦克、1036辆装甲车、121门大口径火炮、82架战斗机、5架攻击直升机和316枚导弹及其发射装置。德国销售了181辆坦克、1170辆装甲车、546门大口径火炮、24架战斗机、2架攻击直升机、18艘军舰、1020枚导弹及其发射装置。英国向尼日利亚出售18辆坦克，向阿拉伯联合茣长国出售195枚导弹及其发射装置，向巴基斯坦出售2架攻击直升机和2艘军舰，向马来西亚出售24架战斗机，向奥地利出售83门火炮。法国卖给塞浦路斯27枚导弹及其发射装置，卖给阿拉伯联合酋长国25枚导弹和25辆“勒克莱尔”坦克，其他购买法国武器的国家有马来西亚、智利、塞内加尔、尼日利亚、爱尔兰、西班牙、阿曼、卡塔尔。1994年世界武器交易最繁荣的两个地区是中东和地中海地区。根据进口国的申报情况显示，俄罗斯达成了8项武器协议，包括向中国出口1艘军舰，向芬兰和印度出口了火炮，向匈牙利出口了导弹及其发射装置，向马来西亚、罗马尼亚和斯洛伐克出售了米格-29战斗机，还向土耳其出口了装甲战斗车。

美国公布1994年常规武器贸易情况 1995年8月7日，《纽约时报》报道，美国政府发表一项报告称，西方发达国家1994年共向发展中国家出售了价值260亿美元的武器装备；法国已超过美国，成为世界头号武器出口国，并有可能打破美国在国际武器销售市场的统治地位。报告说，美国1994年对发展中国家的武器出口额已跌至8年来的最低水平，从1993年的154亿美元跌至61亿美元。法国1994年的武器出口额已从1993年的38亿美元，上升到114亿美元。法国向巴基斯坦和中东国家出售了大批飞机、舰船和潜艇，而美国只做成了一笔生意，即向以色列出口25架F-15战斗机。报告说，美国在世界各国向发展中国家出售的武器中所占的份额，已从1993年的61%降至1994年的24%，而同期法国的武器出口所占份额已从15%上升到45%。1994年的世界武器中有70%销往第三世界国家，其中主要是亚洲和中东国家。这份报告还指出，自1991年冷战结束后，世界武器市场对第三世界的武器出口额呈稳定下降的局面，1994年出口额从1993年255亿美元降至254亿美元。报告说，中东仍是第三世界国家中最大的武器市场，沙特阿拉伯尽管财政困难，但仍是1994年第三世界最大的武器进口国，购买了价值95亿美元的武器和军火。

一些著名刊物和研究机构公布1995年世界军火贸易情况 英国《简氏防务周刊》1996年2月7日报道，1995年英国在世界武器出口排名榜上又恢复到第2位。英国国防部出口服务局局长对该刊记者说，英国1995年的武器装备出口增长了11%，从70亿美元增加到78亿美元，约为世界军贸总额的19%。同年，世界军火市场销售总额约减少了10%，即从1994年的450亿美元下降到1995年的405亿美元。美国武器装备出口占国际市场销售总额的50%，约为220亿美元。排名榜的次序是：美国、英国、俄罗斯、中国、德国、法国。1995年，英国国防和航天领域出口的产品80%是出口到20个国家。到2000年，国防装备的出口将从目前占产量的33%提高到至少占50%。

1996年6月13日，瑞典斯德哥尔摩国际和平研究所发表的《1996年年鉴》称，爆发全球性核战争的危险性虽已减弱，但大规模毁伤性武器的扩散却与日俱增。1995年世界常规武器销售总额为228亿美元，比1994年下降了0.2%。美国仍是世界最大的武器出口国，1995年的武器出口额为98.9亿美元，占全球武器总交易量的43%（1994年为56%）。俄罗斯的武器出口份额从1994年的4%猛增到1995年的17%，增加了3倍多。欧盟国家的常规武器销售保持在大体稳定的水平上，占世界军贸市场的25%。德国成为欧盟最大的武器出口国，其武器销售额为19.6亿美元，英国为16.6亿美元，法国为8.15亿美元。在武器进口方面，亚洲的进口量最大，1995年占46%，而1986年只占26%。在武器出口方面居前列的为美国（98.94亿美元）、俄罗斯（39.05亿美元）、德国（19.64亿美元）、英国（16.63亿美元）。

1996年10月8日，伦敦国际战略研究所发表《1996～1997年度军事力量对比》，称美国是当今世界最大的军火商，其武器出口占军贸市场份额的一半。1995年世界5大军火出口国是：美国，军火销售额高达近140亿美元，占世界军火市场总额的一半；英国，48亿美元；法国，38亿美元；俄罗斯，30亿美元；德国，

14亿美元。世界上最大的军火进口国主要在中东地区。

（张昌泰）

《全面禁止核试验条约》诞生　1993年8月，国际上专门负责谈判裁军条约的机构——“裁军谈判会议”（简称“裁谈会”）作出决定，承担谈判全面禁核试条约。1994年1月，由38个国家（1996年6月扩大到61国）组成的裁军谈判会议在日内瓦成立了禁核试特委会，全力以赴开始谈判。特委会分两个工作组，分别负责法律与机制问题和核查问题条款的谈判。为了推动谈判进程，联合国大会于1995年通过50/65号决议，要求裁谈会加快速度，力争不晚于1996年完成条约草案，以提交联大通过，供各国签署。各方经过两年半艰苦的谈判，终于在1996年8月20日形成了条约草案。但印度认为，条约不应仅仅禁止核爆炸试验，还应禁止包括计算机模拟（核试验）在内的一切形式的试验；更重要的是，条约的生效条款具有强迫该条款所包括的44国批准的性质，有损印度国家主权，因此拒绝接受该条约。

根据裁谈会的议事规则，会议的任何决定必须以一致同意的方式作出。印度的立场使得裁谈会不可能将条约草案送交联大审议批准，条约面临夭折的危险。在此情况下，一直积极支持全面禁核试的澳大利亚建议避开常规，将条约草案直接送交联大。这一建议得到了许多国家的支持。在澳大利亚等126个国家的共同提议下，条约草案被送交第50届联合国大会审议。

谈判过程中争论的主要问题　由于各国利益不同、国情各异，在谈判过程中，各方在许多问题上持不同的立场，有些甚至是针锋相对的。因此，谈判进行得十分艰难。

和平核爆炸问题。中国在谈判一开始就主张，根据裁军条约不应影响科技发展及其和平利用的原则，本条约不应禁止为和平目的而进行的核爆炸。中国人口众多，人均资源很少，不愿因为这个条约永远放弃利用核爆炸进行和平利用、开发资源的可能。据中国科学家分析，利用核爆炸进行油田开发、开挖渠道等，具有广阔的前景。遗憾的是，这一主张没有得到其他国家的赞同。大多数国家认为，核爆炸用于军事目的还是和平目的难以区分，不禁止和平核爆炸可能会给条约造成漏洞。经过长时间的谈判，分歧一直未能弥合。最后的妥协结果是，暂时禁止和平核爆炸，但将这一问题留待未来条约审议大会再行审议，届时如各国一致同意，应可进行和平利用这类核爆炸。

核查问题。核查即监督查明各国是否履约、是否进行了核爆炸。因为核查不仅涉及是否公正、有效，还涉及对一国核查可能带来的政治影响及对该国正常活动的干扰，因此各方均十分关注。

在提出核查的依据问题上，美国等西方发达国家认为，国家技术手段取得的数据可以和国际监测系统的数据一样作为依据，并可以使用人力间谍情报。多数发展中国家则认为，由于只是少数国家拥有这样的技术，这种规定将造成缔约国之间的不平等，并容易导致滥用，从而侵犯一国主权，因此要求限制国家技术手段的使用，并禁止使用人力间谍情报。谈判的结果是，条约中写明，国家技术手段必须“符合公认的国际法原则”。这一写法来自于美俄双边裁军条约，其含义为排除人力间谍情报的使用。

核查申请以何种程序予以批准，也是各方争执不下的问题。美国等西方国家要求对别国核查的申请由执行理事会自动批准，除非执行理事会以2/3多数表示反对。中国等发展中国家则认为，到一个国家进行现场核查具有很强的政治敏感性，应该有充分的证据、严格的审批程序，因此，应该由执行理事会以2/3多数批准。由于中国的据理力争，美国在谈判的最后时刻勉强同意中方提出的“现场核查必须得到51个执理会成员中30国的批准”的妥协方案。这一规定坚持了核查必须得到多数批准的原则。

生效条件问题。一些国家认为，为了让条约尽早生效，应规定简单的生效条件，即批准的国家达到一定数目就可生效。但另一些国家认为，该条约如要实现禁止进行核试验和防止核扩散的目的，必须待具有核能力、可以进行核爆炸试验的国家全部加入才能生效。后一种意见起了主导作用。条约的生效条款中所提到的44个具有核能力的国家，是国际原子能机构根据各国核研究反应堆的情况拟定的。

条约的通过及其主要内容　1996年9月10日，联合国大会第50届会议以158票赞成、3票反对（印度、不丹、利比亚）、5票弃权（黎巴嫩、叙利亚、毛里求斯、坦桑尼亚、古巴）通过了《全面禁止核试验条约》。9月24日，条约在联合国开放供各国签署，包括中国在内的一批国家首先签署了条约。由印度总理尼赫鲁于1954年首次提出的禁止核试验的理想，经过国际社会多年的努力及两年多的艰苦谈判，终于以国际法律文书的形式得以体现。

《全面禁止核试验条约》包括序言、约文17条、两个附件及议定书。条约规定：缔约国将作出有步骤的、渐进的努力，在全球范围内裁减核武器，以求实现消除核武器并在严格有效的国际监督下全面彻底达到核裁军的最终目标。缔约国承诺不进行任何核试验爆炸和任何其他核爆炸，但核国家为了保证其核武器的安全可靠性而进行的非爆炸性核试验不在禁止之列。为了保证条约得到遵守，缔约国特设全面禁止核试验条约组织，其机构包括缔约国大会、执行理事会和技术秘书处，其中执行理事会由51个成员国组成，按地理区域原则进行分配。该组织规定，建立一个比较严格的国际核查制度。条约还规定允许在极端情况下，作为最后和例外手段对可疑国进行现场核查，但此种做法必须得到执行理事会51个成员国中30国的批准。条约还进一步规定，条约将在包括5个核大国和印度、巴基斯坦、以色列等"核门槛"国家及其他有核能力的44个国家批准后第180天开始生效。如果本条约自开放签署满3周年仍未生效，经过半数缔约国的要求，联合国秘书长应召开缔约国会议，审议并以协商一致的方式，采取符合国际法的措施来加速本条约的生效。

条约的意义与不足 从历史的角度看，核武器曾经给人类带来巨大的灾难，它的使用曾夺去了数十万人的生命。从未来的角度看，核武器是大规模毁伤性武器，它的使用不但会造成巨大的人员伤亡和物资的毁坏，而且具有使局部战争升级成世界大战的危险，这对人类来说将是一场悲剧。《全面禁止核试验条约》的通过与签署，标志着国际社会数十年的努力取得了阶段性成果，符合世界绝大多数国家人民的愿望。它将在世界范围内首次以国际法文书的形式，全面禁止在任何环境、任何地点以任何形式进行核武器爆炸试验或其他核爆炸试验。它必将有助于推进核裁军进程，防止核武器扩散，增进国际和平与安全。

然而，尽管条约具有重大的意义和作用，但它仍有不尽人意之处。对此，许多国家在联大发言时提出了批评。首先，条约未规定缔约国不首先使用核武器和不对无核国家和无核地区使用或威胁使用核武器的内容，也未提及应缔结全面禁止核武器公约。这对一贯坚持核威慑政策并坚持必要时首先使用核武器立场的美国、以及放弃过去宣布不首先使用核武器承诺的俄罗斯来讲，其约束力无疑是有限的；但对其他国家特别是大多数无核国家及世界和平和安全来讲，无疑又是令人不安的。

其次，在现场视察权的启动问题上，条约将国际检测系统和国家技术手段相提并论。由于先进的国家技术手段仅为少数发达国家所拥有，在其使用上必将存在极大的主观性和歧视性，故有可能导致个别国家或少数国家滥用或误用现场视察权，甚至违反公认的国际法原则而使用间谍情报来侵犯他国主权。对此，一些国家表示严重关注，重申条约的有关规定，不影响这些国家对国家技术手段的一贯立场。

再次，关于现场视察的批准问题，条约未作明确规定。现场视察是条约核查中最后或例外手段，具有很强的政治对抗性和高度的敏感性，因此是条约中最实质性的问题。对此，只规定它至少需由执行理事会成员国三分之二多数的批准，是远远不够的。

最后，在检测内容方面，条约在没有进行充分技术论证、未达成技术上的一致意见的情况下，硬性将惰性气体列入国际检测系统，并提出设站规模等。对这些条款，有关国家深表不满。

此外，在条约签署的方式问题上，有关国家认为，这种绕开裁军谈判会议，将一个在裁谈会上没有协商一致的禁止核试验条约直接提交联合国大会通过的做法是不可效仿的，不能构成今后裁谈会工作的先例。总之，尽管通过两年多的谈判，最终为联大所通过，但它仍然未能充分反映包括中国在内的许多发展中国家的一些正当要求和合理主张，其中有些条款还带有明显的歧视性，这无疑削弱了条约的权威性。

（左琳、华翁）

1995年4月～1997年5月新上任军界要人简介

美国国防部长威廉·科恩 共和党人。1940年8月28日生于美国缅因州班戈市。其父是俄国犹太移民后裔，母亲是爱尔兰清教徒。1962年获鲍登学院文学士学位，1965年获波斯顿大学法学学士学位。当过律师、助理检查官，曾任缅因州班戈市议会议员和市长。1972年当选美国众议院议员，是众议院司法委员会成员。1974年曾因作证支持弹劾本党总统尼克松而受到注意。1978年当选美国参议院议员，曾任参议院武装部队委员会、政府事务委员会和情报特别委员会委员。80年代，曾参加"伊朗门"事件的调查，并对里根总统提出批评。还参与起草美苏第1阶段限制战略武器条约。在防务方面，他认为冷战后的世界并不稳定，美国应制定具有前瞻性的军事战略，对世界各地的危机和冲突进行有选择的干涉。主张发展导弹防御系统、扩充海军和增强快速反应能力。强调武器装备发展应讲究实际效益，提出以先进的巡航导弹等比较便宜的武器取代昂贵的B-2轰炸机。与台湾地区关系密切，是美国会中支持对台军售的主要人物之一。他自称"寻求没有党派偏见的国家安全政策"，被认为是"温和的共和党人"。1995年1月起任参议院老年人特别委员会主席。1997年1月接替威廉·佩里任美国防部长，是克林顿总统第2届政府中唯一的共和党人。

（符成礼）

俄罗斯国防部长伊戈尔·谢尔盖耶夫大将　1938年4月20日出生于乌克兰伏罗希洛夫格勒州。1960年毕业于黑海纳希莫夫高等海军学校，1973年毕业于捷尔任斯基军事工程学院指挥系，1980年毕业于总参谋部军事学院。1960～1971年在火箭军总司令麾下，担任各种工程指挥职务。从1971年到1992年8月相继担任团参谋长、团长、师长、火箭军副总参谋长兼作战部部长、火箭军第一副总参谋长、火箭军负责战斗训练的副总司令。1992年8月担任战略火箭军总司令。1997年5月任国防部长。

俄罗斯总参谋长阿纳托利·克瓦什宁上将　生于1946年8月15日，毕业于坦克兵学院和总参谋部军事学院。他的军旅生涯是从担任坦克连连长开始的，相继担任过坦克团参谋长、团长，坦克师参谋长、师长，第一副军长。1992～1995年在总参谋部相继担任总作战部副部长、第一副部长。从1994年12月到1995年1月担任联邦军队驻车臣联合部队司令。1995年2月任北高加索军区部队司令。1995～1996年负责俄联邦武装力量在车臣冲突地区各部队的指挥。1997年5月任代总参谋长，同年6月，被任命为总参谋长。

（华　翁）

越军总参谋长范文茶中将　1935年10月生于越南北部河北省，1953年入伍，历任排长、连长、营长、团长、师长，获"越南人民武装力量英雄"称号。1984年晋升为少将。1986年任第9军区副司令，1987年10月兼任军区参谋长。1989年升任第3军区司令。1991年6月在越共"七大"上当选为中央委员，1994年出任越军副总参谋长。1995年被任命为国防部副部长，并接替陶庭练上将出任越军总参谋长。目前为中将军衔。1996年6月在越共"八大"上当选为中央政治局委员。

（钟学良）

波兰共和国总统、国防委员会主席兼武装力量统帅亚历山大·克瓦希涅夫斯基　1954年11月15日出生于波兰北部科沙林省的比亚沃加尔特小镇，父亲是医生。70年代后期就读于格但斯克大学外贸运输经济系。在大学期间，他是一名学生运动的积极分子，曾担任社会主义大学生联盟校委会主席，后任省学联副主席和全国学联文化部副部长，同时为报刊撰写文章。80年代初，他先后担任波兰大学生周刊《等等》和青年报纸《青年旗帜报》的总编辑。1985年被任命为部长会议成员——不管部部长，当时年仅31岁。1987年出任青年和体育委员会主席，直至1990年波兰剧变。1988～1991年间，他还兼任波兰奥委会主席。

克瓦希涅夫斯基于1977年加入波兰统一工人党，在党内属于改革派。在1989年2月至4月举行的以当时执政的波兰统一工人党及其盟友为一方同以瓦文萨领导的团结工会及其他反对派为另一方的谈判——即著名的"圆桌会议"期间，克瓦希涅夫斯基以政府方面代表的身份参加了这次谈判。"圆桌会议"的主要结果是，统一工人党同意团结工会重新合法化，并决定在当年6月举行"部分自由"的议会大选，最终导致该年秋的波兰剧变。1990年1月底，在波兰统一工人党宣布解散的基础上，组建了"波兰共和国社会民主党"，克瓦希涅夫斯基当选为该党的最高委员会主席。在1995年11月举行的波兰总统大选中击败瓦文萨，于11月20日当选波兰总统，并出任国防委员会主席兼武装力量统帅。

（华　翁）

马其顿共和国国防部长布拉戈依·汉吉斯基　1948年6月6日生于费拉迪米罗沃—贝罗夫斯科，马其顿族。1972年斯科普里大学机电系毕业。结业后先在斯科普里矿山和钢铁厂任机电工程师。1974年在斯科普里大学物理系任助教。1975年起在电气系任见习讲师、讲师、副教授和名誉教授。1984年在萨格勒布大学获机电专业博士学位，曾任马其顿社会民主联盟秘书长。1994年11月当选为马其顿议会议员。1995年10月任国防部长。

马其顿共和国军队总参谋长特·克尔斯特夫斯基上将　1938年12月3日出生于马其顿的铁托韦莱什，马其顿族。1958年11月参加南斯拉夫人民军。1958～1961年在南人民军军事学院学习，毕业后在海军陆战队任职。1966年被派往西奈半岛任联合国维和部队南人民军支队排长。1971～1973年在南人民军高等军事学院学习，毕业后任什蒂普卫戍区营长、旅长。1979～1980年在南人民军最高学府国防学校学习，毕业后任轻型步兵师师长、比托利卫戍区第41步兵师参谋长、里耶卡第5集团军第13军参谋长、第5军区司令部作训处长、第2军区参谋长助理等职。1992年2月自愿退出现役。1996年2月任马其顿共和国军队总参谋长。

保加利亚总统兼武装力量最高司令佩特尔·斯托扬诺夫 1952年5月25日生于阿森诺夫格勒。1976年毕业于索菲亚大学法律系。1978年起从事律师工作。1989年加入“改革与公开性”俱乐部。1992年任民盟政府司法部副部长。1993年5月当选第37届国民议会议员、民盟议员团副主席和议会青年与体育运动委员会副主席。1995年在民盟第8届全国代表大会上推举为该党总统候选人。同年6月，在民盟、人盟和争取权利与自由运动各主要反对党举行的初期选举中，战胜前任总统热烈夫，成为“统一民主力量”联盟总统候选人。同年11月当选为总统，于1997年1月就任总统兼武装力量最高司令。

（潘海澜）

英国国防参谋长查尔斯·古斯瑞上将 生于1938年11月17日。1957～1959年间就读于桑赫斯特皇家军事学院。1966～1970年间服役于特别空勤团。1972年从坎布利参谋学院毕业后，任国防部参谋。1977年起在柏林和北爱尔兰任“威尔士卫队”第1营营长。1980年重返国防部，任作战与计划参谋。1985年晋升少将，任东北军区司令兼约克第2步兵师师长。1987年任国防助理参谋长。1989年10月晋升中将，任英国驻德国莱茵地区的第1军军长。1992年晋升上将，任北部集团军群司令兼第1军军长。1994年3月被任命为陆军参谋长。1997年4月任国防参谋长。

英国陆军参谋长罗杰·惠勒上将 1942年出生，毕业于牛津大学。1964年服役，几年后到澳大利亚参谋指挥学院学习。历任第19步兵旅少校参谋长、步兵学校军士系主任。国防参谋长军事助理、皇家北爱尔兰突击团第2营营长等职。1983年5月后，在地面部队司令部任职，期间曾到马岛任英驻马岛部队参谋长6个月。1984年12月任驻德英军第11装甲旅旅长。1986～1989年任国防部陆军计划局局长。1989年晋升少将并任英驻德莱茵军第1装甲师师长，1990年11月任陆军助理参谋长，1993年1月任驻北爱尔兰部队司令，1996年3月任英地面司令部司令。1997年4月出任陆军参谋长。

英国空军参谋长理查德·约翰斯空军上将 1939年7月出生。1959年毕业于英皇家空军学院，历任飞行员、飞行教官、飞行中队长等职。1972年入空军参谋学院学习，后任“鹞”式飞机改装中队飞行员，第3中队中队长等职。1977年底在国防部前方政策局工作，后任国防部空军简令局局长。1982年任英驻德空军古特斯洛基地司令，“鹞”式飞机部队指挥官。1985年12月，在完成皇家国防研究院学业后，任英驻德空军司令部高级参谋，英空军打击司令部副参谋长，少将军衔。1991年任英空军第1作战大队司令，1993年任空军打击司令部副司令兼参谋长，中将军衔。1994年6月任英空军打击司令部司令，晋升上将。1994年8月任盟军西北欧部队司令。1997年4月任英空军参谋长。

丹麦国防司令克里斯琴·维特空军上将 生于1942年7月15日，现年55岁。1962年参加空军，任空军第725飞行中队飞行员。1969年任丹麦空军驻瑞典萨布飞机厂接机试飞员、F-35“天龙”战斗机中队副队长。1974年晋升少校，任空军司令部科长、F-16战斗机中队长。1984年晋升中校，任国防部计划与政策部参谋、科长。1987年晋升上校，任空军卡鲁普基地司令、空军司令部参谋长。1990年晋升少将，任国防司令部计划与政策部部长、作战、预算与财政部部长。1994年晋升中将，任丹麦常驻北约司令部军委会代表。1996年4月任国防参谋长。1996年8月任国防司令，晋升空军上将。

丹麦国防参谋长奥弗·霍夫中将 1942年9月6日生于哥本哈根。1968年毕业于皇家军事学院，历任骑警团坦克连、装甲步兵连、装甲侦察连副连长等职。1974年任西兰陆军司令副官。1976年入丹麦皇家国防学院学习。1977年毕业后，任国防司令部计划与政策部参谋。1982年任国防部北约处科员。1984年任骑警团坦克连连长。1986年后，历任骑警团装甲侦察营营长，丹麦皇家国防学院作战、后勤主任。1990年后，历任驻奥胡斯西部地面司令部参谋长，国防部司令部计划与政策部副部长。1993年晋升少将，历任国防司令部计划与政策部部长，驻日德兰丹麦师师长。1996年8月晋升中将，任国防参谋长。

丹麦陆军作战司令汉斯·格鲁纳少将 1944年1月10日生于哥本哈根，现年53岁。1968年毕业于陆军军官学院。1973年任第1装甲步兵营作战情报参谋。1974年入丹麦皇家国防学院指挥班学习，同年毕业后历任皇家卫队第1装甲步兵营连长、丹麦联合国救援部队副指挥等职。1980年后，历任丹麦国防学院教员、国防司令部计划与政策部计划处参谋、第2西兰旅作战科长。1986年后，历任皇家卫队第1装甲步兵营营长、陆军军官学院战术系主任。1989年赴意大利北约国防学院学习。1990年毕业后，任国防司令部计划与政策部计划处处长。1991年晋升少将，后历任国防司令部计划与政策部部长、日德兰师师长、驻德日德兰盟军陆军司令部司令。1996年4月任丹麦陆军作战司令。

挪威陆军总监斯维拉·鄂克朗少将　1941年4月出生，现年56岁。历任骑兵训练中心主任、陆军军事学院教官、特隆姆斯军分区作战指挥官、北方旅装甲营营长、南方旅骑兵团团长等职。1989～1992年任陆军参谋长，1992年晋升少将。1992～1995年任东部军分区司令，后在陆军总监办公室工作。1996年任陆军总监。曾就读于挪威陆军参谋学院、英国坎伯利陆军参谋学院和英国皇家国防研究院。曾获国防服役勋章、国家一级服役勋章和国家服役勋章。

瑞典陆军司令迈梯尔·迈林中将　1945年7月生于瑞典戈特兰岛，现年51岁。1968～1977年在瑞典北部陆军骑兵团任职，期间曾就读于美国步兵学校骑兵系，1977年入高等军事学院学习。毕业后，历任卫戍区司令部参谋、戈特兰军事指挥部参谋、骑兵团团长等职。1992年晋升准将，任北部军区作战处长。1996年4月1日被破格提升为中将陆军司令。

（楚　云）

中外军事交往

1995年7～12月中外军事交往

●1995年7月1～7日，俄罗斯列宁格勒军区司令谢列兹尼奥夫上将率军区代表团一行5人，应邀对中国进行友好访问。中国人民解放军总参谋长张万年上将、副总参谋长徐惠滋上将分别会见、宴请。代表团先后访问了北京、沈阳、大连、深圳等地，参观了陆军部队、院校。在沈阳访问期间，沈阳军区司令员王克上将会见宴请了代表团一行。

●1995年7月2～6日，泰国联合参谋学院院长初查·西兰拉中将率该院代表团一行83人，应邀对北京进行了考察访问。中国人民解放军总参谋长助理熊光楷中将会见并宴请了初查中将一行。该团访问期间，参观了部队。

●1995年7月10～14日，中国人民解放军海军司令员张连忠上将率海军代表团一行7人，应邀对意大利进行友好访问。访问期间，意国防部长科尔乔内、国防参谋长文图罗尼中将和海军参谋长马里亚尼中将分别会见。张连忠司令员一行访问了罗马、那不勒斯、塔兰托、威尼斯、拉斯佩名亚等地，参观了圣·罗萨海军作战舰队指挥中心、航空母舰及各型舰艇，观看了舰载机飞行表演。

●1995年7月10～25日，中国人民解放军副总参谋长李景上将一行7人，应邀对玻利维亚、秘鲁和厄瓜多尔3国进行了正式友好访问。玻三军总司令、总参谋长和陆、海、空军司令，秘总统藤森、国防部长、武装力量联合指挥部主席兼陆军司令以及海、空军司令，厄新任国防部长、三军主要领导人等分别会见了李景副总长一行。访问期间，参观了3国陆、海、空军部队、军事院校、军事设施和军工企业，观看了军事表演。

●1995年7月12～27日，中国人民解放军兰州军区司令员刘精松上将率军事友好代表团一行6人，应邀先后对科特迪瓦、贝宁、几内亚、马里进行了正式友好访问。几内亚和马里总统、贝宁代总统、科特迪瓦和马里总理分别会见。4国国防部长、总参谋长分别会见、宴请。科国防部长、贝军和几军总长、马国防部秘书长分别与刘精松司令员一行举行会谈。代表团还分别拜会了4国陆、海、空军及宪兵司令或参谋长，参观了陆、海、空军部队。

●1995年7月25～31日，中国人民解放军沈阳军区司令员王克上将率沈阳军区代表团一行8人，应邀访问了俄罗斯远东军区。该军区司令切切瓦托夫上将到机场迎送；第一副司令雅库波夫中将全程陪同；太平洋舰队司令赫梅利诺夫上将等会见。王克司令员一行参观了俄远东地区陆、海、空军和边防部队，观看了军事演习，参加了俄远东军区成立77周年庆祝活动，会见了当地政府负责人。

●1995年8月15～21日，中国人民解放军海军舰艇编队应邀参加印尼为庆祝独立50周年而举行的国际舰队检阅活动。舰艇编队由南海舰队司令员王永国少将率领，共由3艘舰船、648名官兵组成。访问期间，王永国少将作为海军司令员张连忠上将的代表，拜会了印尼海军参谋长丹托上将，出席了苏哈托总统主持的纪念印尼独立50周年庆典仪式，会见了参加活动的各国海军领导人。

●1995年8月18～25日，芬兰国防常务次官牛凯宁中将偕夫人一行5人，应邀对中国进行友好访问。国务委员兼国防部长迟浩田上将会见，副总参谋长曹刚川中将会见宴请，中国国际战略学会负责人与牛凯宁中将就当前国际形势等问题进行了座谈。芬兰客人访问了北京、西安、重庆，参观了陆、空军部队。

●1995年8月20～27日，赞比亚国防部长姆维拉夫妇一行11人，应邀对中国进行友好访问。国务委员兼国防部长迟浩田上将主持欢迎仪式和宴会，并与姆维拉会谈。国务院总理李鹏、国家副主席荣毅仁分别会见了姆维拉一行。赞比亚客人先后访问了北京、成都、哈尔滨，参观了陆、空军部队和军工企业。

●1995年8月22～26日，俄罗斯联邦边防总局局长兼边防军总司令尼古拉耶夫上将一行9人，应邀对中国进行友好访问。中国人民解放军副总参谋长钱树根中将到机场迎接，主持欢迎宴会，与尼古拉耶夫一行举行会谈，双方正式签署了《中华人民共和国国防部和俄罗斯联邦边防总局边防合作协议》。国务委员兼国防部长迟浩田上将、总参谋长张万年上将分别会见了尼古拉耶夫上将一行。俄罗斯客人访问了北京、青岛、沈阳等地，向北京天安门人民英雄纪念碑敬献了花圈，参观了武警特警部队。

●1995年8月27日～9月7日，中国人民解放军海军东海舰队司令员杨玉书中将率541号护卫舰，载有187名官兵，应俄罗斯海军邀请，赴海参崴参加纪念反法西斯战争胜利50周年庆典活动。俄太平洋舰队副司令梁赞采夫中将到码头迎接并陪同检阅仪仗队。访问期间，杨玉书司令员出席了反法西斯战争胜利50周年纪念大会。俄海军总司令格罗莫夫上将、太平洋舰队司令赫梅里诺夫上将会见。参观了马卡罗夫高级海军学校和“沙波什尼科夫”号反潜舰，在俄太平洋舰队水上中心观看了海上和空中阅兵，出席了俄滨海边疆区长、海参崴市长和太平洋舰队司令联合举行的招待会，中俄海军举行了联欢活动。

●1995年9月1～3日，中国人民解放军广州军区司令员李希林上将一行6人，应美国防部长佩里邀请，作为国务委员兼国防部长迟浩田上将的代表，赴夏威夷参加美国在檀香山举行的纪念二战胜利50周年活动。美国防部长佩里、参联会主席沙利卡什维利陆军上将、美军太平洋总部司令麦基等分别会见。李希林司令员一行参加了在“卡尔·文森”号航空母舰上举行的纪念仪式和美军方领导人举行的招待会，以及由美各军种部队参加的联合阅兵式、军舰阅兵式、二战老兵阅兵式等主要活动，观看了美海军“蓝天使”飞行表演。

●1995年9月1～18日，中华人民共和国国务委员兼国防部长迟浩田上将一行12人，应法国、西班牙、葡萄牙3国国防部长邀请，对3国进行友好访问。法国防部长米雍、西国防大臣苏亚雷斯、葡国防部长洛佩斯分别主持欢迎仪式和宴会，并分别与迟浩田上将举行会谈。法国总理朱佩、外长德沙雷特，西班牙国王卡洛斯一世，葡萄牙总统苏亚雷斯、总理席瓦尔和外长巴罗左等分别会见。在途经芬兰时，芬总统阿赫蒂萨里、国防部长达伊娜女士分别会见。迟浩田上将一行参观了3国陆、海、空军部队和军事基地，观看了军事演习。

●1995年9月6～11日，荷兰皇家海军“范·内斯”号和“范·盖伦”号2艘导弹护卫舰，随舰官兵301人；印度海军“坎贾尔”号轻型导弹护卫舰和“萨尤”号近海巡逻舰，随舰官兵325人，应邀对中国上海进行友好访问。荷、印两国海军舰队官兵在上海访问期间，参观了东海舰队上海基地和海军舰艇。

●1995年9月12～19日，中国人民解放军副总参谋长吴铨叙中将率军事代表团一行6人，应邀对以色列进行友好访问。访问期间，以总理兼国防部长拉宾、总参谋长夏哈克中将及助理副总长、陆军司令、空军司令等分别会见。代表团参观了以军部队和军事院校。

●1995年9月20～27日，中国人民解放军军事科学院政委张工中将率友好参观团一行8人，应邀对朝进行友好访问。朝军总参谋长崔光次帅、人民武装力量部副部长金正阁分别会见、宴请。代表团向金日成铜像献了花圈，访问了开城、金刚山，参观了朝人民军部队、院校。

●1995年9月24～28日，瑞士军队副总参谋长彼得·雷格里少将偕夫人一行3人，应邀对中国进行友好访问。中国人民解放军总参谋长张万年上将会见，总长助理熊光楷中将举行欢迎宴会并主持工作座谈。瑞士客人访问了北京、广州、西安,参观了部队、军工企业。

●1995 年 9 月 26 日～10 月 2 日,白俄罗斯国防部副部长斯坦克维奇中将率军事代表团一行 10 人,应邀对中国进行友好访问。国务委员兼国防部长迟浩田上将、总参谋长张万年上将分别会见。副总参谋长曹刚川中将与斯举行了会谈。代表团访问了北京、西安、芜湖、上海,参观了部队、院校。

●1995 年 10 月 3～9 日,土耳其陆军司令巴雅尔上将偕夫人一行 5 人,应邀对中国进行友好访问。中国人民解放军副总参谋长曹刚川中将主持欢迎仪式和宴会,并举行会谈。总参谋长傅全有上将会见了巴雅尔上将一行。土耳其客人先后访问了北京、西安、上海,参观了陆军部队和军工企业。

●1995 年 10 月 9～15 日,匈牙利国防部长凯莱蒂·捷尔吉偕夫人一行 6 人,应邀对中国进行友好访问。中央军委副主席、国务委员兼国防部长迟浩田上将主持欢迎仪式和宴会,并与凯举行会谈。国务院副总理朱镕基、总参谋长傅全有上将分别会见了匈牙利客人。凯一行访问了北京、南京、上海、杭州,参观了陆、海、空军部队、院校。

●1995 年 10 月 11～18 日,叙利亚军队和武装力量总参谋长谢哈比中将一行 8 人,应邀对中国进行友好访问。中国人民解放军总参谋长傅全有上将主持欢迎仪式和宴会,并与谢进行了会谈。中央军委副主席、国务委员兼国防部长迟浩田上将会见了谢哈比一行。叙利亚客人访问了北京、桂林、深圳,参观了部队、军工企业和经济建设项目。

●1995 年 10 月 17～25 日,美国防大学校长罗基中将偕夫人率该校代表团一行 8 人,应邀对中国进行友好访问。中央军委副主席、国务委员兼国防部长迟浩田上将会见了罗基一行。国防大学校长邢世忠中将向美国客人介绍情况并就开展两校交流问题举行了会谈。罗基在国防大学作了题为《信息时代职业军官培养》的演讲。美国客人访问了北京、西安、桂林、广州,参观了部队、院校。

●1995 年 10 月 21～28 日,中国人民解放军广州军区政委史玉孝上将率前志愿军代表团一行 12 人,应邀赴朝参加志愿军入朝参战 45 周年纪念活动。朝人民武装力量部部长崔光元帅会见、宴请,朝国家副主席李钟玉向代表团授勋,分别授予团长、副团长等主要成员一、二级友谊勋章。代表团访问了金日成政治大学,向金日成铜像献了花篮,瞻仰了金日成主席遗容,向中、朝烈士墓献了花圈。

●1995 年 10 月 22～26 日,泰国副总理兼国防部长差瓦利·荣猜育上将一行 32 人,应邀对中国进行正式友好访问。中央军委副主席、国务委员兼国防部长迟浩田上将主持欢迎仪式和宴会,并举行会谈。国务院总理李鹏、中央军委副主席刘华清上将分别会见差瓦利一行。泰国客人访问了北京、上海,参观了工厂企业和经济开发区。

●1995 年 10 月 22～27 日,巴基斯坦参联会主席法鲁克·汗上将偕夫人一行 6 人,应中国人民解放军总参谋长傅全有上将邀请,对中国进行正式友好访问。傅全有总长主持欢迎仪式和宴会,并与法举行会谈。中央军委副主席张万年上将会见,中央军委副主席、国务委员兼国防部长迟浩田上将会见并宴请。巴基斯坦客人在京期间,参观了部队、院校和工业部门。

●1995 年 10 月 24～29 日,俄罗斯空军总司令杰伊涅金上将偕夫人一行 6 人,应中国人民解放军空军司令员于振武上将邀请,对中国进行友好访问。于振武司令员主持欢迎仪式和宴会,并向客人介绍了中国空军情况。中央军委副主席刘华清上将、总参谋长傅全有上将分别会见了杰一行。俄空军代表团访华期间,先后访问了北京、芜湖、南京、杭州等地,参观了空军部队、院校和经济建设项目。

●1995 年 10 月 29 日～11 月 3 日,德国国防部国务秘书旭恩波姆一行 7 人,应邀对中国进行友好访问。中央军委副主席、国务委员兼国防部长迟浩田上将,总参谋长傅全有上将分别会见。副总参谋长曹刚川中将会见宴请,总长助理熊光楷中将与旭一行举行会谈。旭恩波姆在国防大学发表了演讲。德国客人先后访问了北京、青岛,参观了国防大学、海军基地、其他军事院校和军工企业等。

●1995 年 11 月 9～19 日,中国人民解放军总参谋长傅全有上将一行 9 人,应埃及武装部队参谋长哈塔塔中将、土耳其武装部队总参谋长卡拉达耶上将邀请,对上述两国进行正式友好访问。埃、土两军总长主持欢迎仪式和宴会,并分别与傅全有总长举行会谈。埃及总统穆巴拉克和武装部队总司令、国防兼军工生产部长坦塔维元帅,土耳其总统德米雷尔、议长塞兹金、国防部代部长杜冷奇,分别会见了傅全有总长一行。访问期间,中国客人分别参观了埃、土两国陆、海、空军部队、军事院校等。

●1995 年 11 月 14～18 日,美国助理国防部长小约瑟夫·奈一行 6 人,应邀对中国进行友好访问。中央军委副主席、国务委员兼国防部长迟浩田上将会见。总参谋长助理熊光楷中将与奈一行举行了会谈。奈分别在中国国际战略学会和军事科学院作了关于美国全球和地区安全战略的报告。

●1995 年 11 月 20～27 日，吉尔吉斯共和国国防部长苏班诺夫中将偕夫人一行 7 人，应邀对中国进行友好访问。中央军委副主席、国务委员兼国防部长迟浩田上将主持欢迎仪式和宴会，并与苏班诺夫举行会谈。国家副主席荣毅仁、总参谋长傅全有上将分别会见。吉尔吉斯客人访问了北京、乌鲁木齐、南京、上海，参观了部队、院校和工农业项目。

●1995 年 11 月 21～26 日，津巴布韦国防部长马哈奇夫妇一行 5 人，应邀对中国进行友好访问。中央军委副主席、国务委员兼国防部长迟浩田上将主持欢迎仪式和宴会，并举行会谈。国家副主席荣毅仁会见了马哈奇一行。津巴布韦客人先后访问了北京、南京、杭州和南昌，参观了陆、空军部队、院校、军工企业和经济建设项目。

●1995 年 11 月 21～28 日，也门武装部队副总参谋长穆罕默德·拉上校一行 7 人，应邀对中国进行友好访问。中国人民解放军副总参谋长曹刚川中将举行欢迎宴会，并与拉进行会谈。中央军委副主席、国务委员兼国防部长迟浩田上将会见。拉一行访问了北京、西安、上海，参观了部队、院校和军工企业。

●1995 年 12 月 2～8 日，中华人民共和国中央军委副主席、中俄军事技术合作委员会中方主席刘华清上将率中国政府代表团一行 33 人，应俄罗斯联邦政府邀请，赴俄参加中俄军事技术合作混合委员会第 4 次会议，并对俄进行正式友好访问。俄政府第一副总理、混委会俄方主席索斯科维茨到机场迎送。刘华清上将与索共同主持会议，双方举行了会谈，两位领导人分别代表各自政府签署了《中俄政府间军事技术合作混合委员会第 4 次会议纪要》。访问期间，刘华清上将会见了俄总理切尔诺梅尔金、俄国防部长格拉乔夫、总参谋长及海、空军司令等。代表团访问了莫斯科和图拉，参观了俄军空降兵部队、防空军指挥中心、二战胜利纪念馆和军工企业等。

●1995 年 12 月 3～7 日，中国人民解放军 副总参谋长隗福临中将作为中央军委副主席、国务委员兼国防部长迟浩田上将的代表，应邀访问了马来西亚，并出席“1995 年浮罗交怡国际航海、航空展览”。访问期间，隗福临副总长拜会了马国防部长赛义德·哈米德，转达了迟浩田上将的问候，拜会时在座的有马武装部队总司令伊斯迈尔及陆、海、空军参谋长。

●1995 年 12 月 6～13 日，智利陆军副司令加林中将一行 5 人，应邀对中国进行友好访问。中央军委副主席、国务委员兼国防部长迟浩田上将，总参谋长傅全有上将分别会见加林一行。智利客人访问了北京、西安、上海，参观了陆军部队、院校、军工企业和经济建设项目。

（王世银）

1996 年中外军事交往

综述 1996 年，中国军事外交继续贯彻执行独立自主的和平外交政策，全面开展对外军事交往，为中国社会主义现代化建设创造长期稳定、和平的国际环境，促进国防和军队现代化建设发挥了积极作用。

据中国国防部外事局介绍，1996 年共向 40 多个国家派出军事代表团组数十批，其中军委、总部及各大单位领导人率领的重要代表团访问了 50 多个国家。接待了来自 60 多个国家的各类军事代表团组，数量比 1995 年明显增加。频繁的军事外交，使中国与周边传统友好国家军事关系保持了良好的发展势头；与西亚、非洲、拉美等第三世界发展中国家军事关系不断巩固；与欧洲等发达国家的军事关系，在近几年恢复的基础上，有了较明显的发展；同美国的军事关系，经历了波折后得到改善并有所发展。

尤其令人瞩目的是，1996 年中国人民解放军高层领导人出访不断，成果十分显著。9 月，中央军委副主席刘华清出访法国和意大利，这是中国中央军委副主席第 1 次正式访问上述两国，达到了“增进了解、发展友谊、扩大共识、促进合作”的目的，对于发展两国和两军关系具有重要意义。中央军委副主席张万年、迟浩田也先后应邀对泰国、柬埔寨、缅甸、新加坡和埃及、沙特、科威特、阿联酋及美国进行了成功的访问。军委委员傅全有、于永波、王克先后对周边、东西欧等 14 国进行了友好访问。各总部、军种和各大单位领导也先后率团访问了 40 多个国家。

中国的军事外交把发展同周边国家的军事关系置

于突出地位。除了中央军委领导人对周边国家的正式友好访问外,军事、政工、后勤等代表团组相继访问了蒙古、朝鲜、韩国、越南、老挝、柬埔寨、印度尼西亚、马来西亚、巴基斯坦、孟加拉国、印度、哈萨克斯坦、吉尔吉斯等国。同时,周边国家的近 30 个高级军事代表团和 36 个专业代表团也应邀访华。这些互访对于促进中国周边环境的稳定,发展双边合作发挥了重要作用。

中国还高度重视发展同西亚、非洲、拉美等发展中国家的军事关系,派团出访数量和出访国家都比上一年明显增多。由军委和各总部、各军兵种及大军区高级将领率领的军事代表团,先后访问了沙特阿拉伯、土耳其、埃塞俄比亚、厄立特里亚、肯尼亚、刚果以及古巴、阿根廷、墨西哥等 22 个国家。这些地区 16 个国家的国防部长、军队总长以及军种司令等率领的 26 个高级军事代表团也相继访华。

中央军委副主席、国务委员兼国防部长迟浩田对美国的正式访问,不仅是中美两军关系上的重要交往,也是两国关系中的一项重要外交活动。这次历经波折、最终成行的中美两军最高级别访问,标志着中美两军关系正随着两国关系的变化有了改善和发展。此前,中美两国军队在一些领域内的一定级别的交往和接触仍较为灵活务实地进行。后勤和国防大学代表团访问了美国。美国国防部副部长、助理国防部长和美军太平洋总部司令等也先后访问中国。

1996 年,中国与欧洲一些发达国家的军事交往活跃,是近几年互访团组最多的一年。除了刘华清副主席对法、意两国的访问外,还派数个重要代表团组访问了这一地区的 10 多个国家。西班牙国防大臣、瑞士、葡萄牙、英国、比利时军队总长,英国和意大利军舰等先后访华。中国军事代表团对加拿大的访问,标志着西方所有大国与中国军事交往已全面展开。这一年,中国与中东欧国家的军事关系也进一步巩固和发展。

中国坚持军事外交为科技强军和质量建军服务,专业技术团组占全年对外交往项目的比例较大,并取得明显成效。

(华　翁)

●1996 年 1 月 11～20 日,以色列国防军总参谋长沙哈克中将偕夫人一行 4 人,应邀对中国进行正式友好访问。中国人民解放军总参谋长傅全有上将主持欢迎仪式和宴会,并与以军总长举行会谈。国家副主席荣毅仁礼节性会见,中央军委副主席、国务委员兼国防部长迟浩田上将会见并宴请。以色列客人访问了北京、西安、桂林、昆明,参观了陆军、空军部队和军事院校。

●1996 年 1 月 24～28 日,捷克共和国军队总参谋长伊日·内克瓦西尔中将率高级军事代表团一行 11 人,应邀对中国进行正式友好访问。中国人民解放军总参谋长傅全有上将主持欢迎仪式和宴会,中捷两军总长举行了会谈。中央军委副主席、国务委员兼国防部长迟浩田上将会见了捷军总长一行,副总参谋长钱树根中将参加了有关活动。捷克客人访问了北京、西安、上海,参观了陆军、空军部队、国防大学、军工企业和经济开发区。

●1996 年 1 月 31 日～2 月 4 日,美国海军“麦克亨利堡”号船坞登陆舰,在第 7 舰队第 1 两栖大队司令多兰少将率领下,应邀对中国上海进行友好访问,随舰来访的美海军和陆战队官兵共 695 人。访问期间,驻沪海军和上海市政府负责人分别会见,美舰官兵参观了中国人民解放军海军舰艇部队和工业项目。

●1996 年 2 月 25 日～3 月 3 日,罗马尼亚军队总参谋长杜米特鲁·乔弗利纳上将偕夫人一行 7 人,应邀对中国进行正式友好访问。中国人民解放军总参谋长傅全有上将主持欢迎仪式和宴会,中罗两军总长举行了会谈。中共中央政治局常委、国务院副总理朱镕基,中央军委副主席、国务委员兼国防部长迟浩田上将分别会见了乔弗利纳上将一行,副总参谋长熊光楷中将参加了有关活动。罗马尼亚客人访问了北京、上海、大连、沈阳等地,参观了部队、军事院校、通信枢纽和经济建设项目。

●1996 年 2 月 26～28 日,泰国联合参谋学院院长玛纳·披蒙潘中将率该院代表团一行 99 人,应邀对中国云南省昆明市进行友好访问。云南省政府、省军区领导人分别会见和主持欢迎招待会。泰国客人参观了昆明陆军学院。

●1996 年 3 月 10～17 日,苏里南共和国国防部长吉尔兹一行 5 人,应中华人民共和国中央军委副主席、国务委员兼国防部长迟浩田上将邀请,对中国进行正式友好访问。迟浩田副主席主持欢迎仪式和宴会,并与吉尔兹举行了会谈。国家副主席荣毅仁、总参谋长傅全有上将、海军司令员张连忠上将、空军副司令员刘顺尧中将(代表司令员于振武上将)分别会见了吉尔兹一行。苏里南客人访问了北京、青岛、广州、深圳等地,参观了陆、海、空军部队、军事院校和军工企业。

●1996 年 3 月 10～19 日,印度海军参谋长维贾伊·辛格·谢卡瓦特上将偕夫人一行 5 人,应邀对中国进行正式友好访问。中国人民解放军海军司令员张连忠上将主持欢迎仪式和宴会,并与谢卡瓦特上将就共同关心的问题举行了会谈。中央军委副主席、国务委员兼国防部长迟浩田上将,总参谋长傅全有上将分别会见。谢卡瓦特一行访问了北京、青岛、上海、广州，参观了国防大学、海军舰艇部队和院校。

●1996 年 3 月 14～21 日，南斯拉夫联盟共和国国防部长帕弗莱·布拉托维奇一行 14 人，应中华人民共和国中央军委副主席、国务委员兼国防部长迟浩田上将邀请，对中国进行正式友好访问。迟浩田副主席主持欢迎仪式和宴会，中南两国国防部长举行了会谈。全国人大常委会委员长乔石会见了南国防部长布拉托维奇一行。副总参谋长吴铨叙中将参加了有关活动。南斯拉夫客人访问了北京、广州、深圳、上海等地，在国防大学发表了题为《南斯拉夫联盟共和国国防政策概论》的演讲，参观了陆军装甲兵、空军航空兵部队和经济建设项目。

●1996 年 4 月 16 日～5 月 3 日，中华人民共和国中央军委副主席张万年上将一行 12 人，应泰国、柬埔寨、缅甸军队领导人邀请，对上述 3 国进行正式友好访问，同时过境访问新加坡。访泰期间，泰副总理兼国防部长差瓦利上将举行欢迎仪式和宴会，泰国国王普密蓬、总理班汉分别会见。访柬期间，柬国防部联合大臣迪班上将、狄占拉上将举行欢迎仪式和宴会，并与张万年副主席举行会谈。柬代国家元首、国会主席谢辛，第一首相拉那烈和第二首相洪森分别会见。访缅期间，缅国家恢复法律和秩序委员会主席、政府总理兼国防部长、三军总司令丹瑞大将，“恢委会”副主席、三军副总司令兼陆军司令貌埃上将等会见。访新期间，新资政李光耀、总理吴作栋、副总理兼国防部长陈庆炎分别会见。张万年副主席一行参观了泰、柬、缅、新 4 国武装部队和军事院校等。

●1996 年 4 月 30 日～5 月 24 日，中国人民解放军空军司令员于振武上将一行 7 人，应澳大利亚空军参谋长费希尔中将、葡萄牙空军参谋长科尔巴尔上将、土耳其空军司令乔雷克奇上将邀请，分别对上述 3 国进行正式友好访问。访澳期间，澳国防部长麦克拉克伦、国防军司令贝克上将、空军参谋长费希尔中将分别会见，并参加澳空军建军 75 周年庆典活动。访葡期间，葡国防部长维托里诺、总参谋长达蓬特上将、空军参谋长科尔巴尔上将分别会见。访土期间，土国防部长宋古尔卢、土军总参谋长卡拉达耶上将、空军司令乔雷克奇上将分别会见。访问 3 国期间，于振武司令员一行还参观了澳、葡、土 3 国空军基地、航空兵部队、飞行训练中心、飞机修理厂和空军院校等。

●1996 年 5 月 2～8 日，扎伊尔民卫队总司令巴拉莫托上将偕夫人一行 10 人，应邀对中国进行友好访问，中国人民解放军副总参谋长隗福临中将主持欢迎仪式和宴会，并与巴拉莫托总司令举行了会谈。全国人大常委会副委员长王汉斌，中央军委副主席、国务委员兼国防部长迟浩田上将，武警部队司令员杨国屏中将等分别会见了巴拉莫托一行。扎伊尔客人访问了北京、上海、深圳，参观了陆、海、空军和武警部队及经济建设项目。

●1996 年 5 月 2～15 日，中华人民共和国中央军委委员、中国人民解放军总参谋长傅全有上将一行 12 人，应俄罗斯联邦军队总参谋长科列斯尼科夫大将和哈萨克斯坦共和国国防部邀请，对上述两国进行正式友好访问。访俄期间，傅全有总长与俄国防部长格拉乔夫大将会见并举行会谈。访问了莫斯科、圣彼得堡、伏尔加格勒，参观了海军中央博物馆、摩步师训练中心、防空指挥中心、“阿芙乐尔”号巡洋舰、斯大林格勒会战纪念馆，观看了飞行表演，向无名烈士墓献了花圈，拜谒了列宁墓。访哈期间，哈国防部长卡西莫夫上将主持欢迎仪式和宴会，并与傅全有总长举行会谈。哈政府总理卡热格尔金、参议院议长巴依格尔基耶夫、外长托卡耶夫、总统军事顾问努尔马加姆别托夫大将、哈军代总长托尔马乔夫少将等分别会见或宴请。傅全有总长一行参观了哈军空降突击旅和军事院校。

●1996 年 5 月 3～10 日，莫桑比克国防部长阿吉亚尔·马祖拉一行 4 人，应中华人民共和国中央军委副主席、国务委员兼国防部长迟浩田上将邀请，对中国进行正式友好访问。随同来访的有莫国防军总参谋长拉戈斯·利迪莫中将等。迟浩田副主席主持欢迎仪式和宴会，中莫两国国防部长举行了会谈。国家主席、中央军委主席江泽民会见了马祖拉一行。莫桑比克客人访问了北京、南京、上海，参观了陆、海、空军部队和军事院校及工业项目。

●1996 年 5 月 7～17 日，中国人民解放军副总参谋长熊光楷中将一行 5 人，应马来西亚、菲律宾、印度尼西亚和新西兰军方邀请，对上述 4 国进行工作访问。访问期间，马武装部队司令伊斯梅尔上将、参谋长纳维中将，菲国防部长德维利亚、副部长卡西亚、武装部队总参谋长恩里莱上将，印尼国防安全部长艾迪、武装部队司令丹绒上将、总参谋长苏约诺中将，新副总理兼外交贸易部长麦金农、国防部长伊斯特、国防部秘书长汉斯莱、国防军司令伯克斯中将、副司令威尔逊少将等分别会见。熊光楷副总长与马、菲、印尼、新 4 国军方领导人就当前国际形势、地区安全和双方共同关心的问题交换了意见，介绍了中国国防政策、军事战略、军费开支等情况。

●1996 年 5 月 12～18 日，巴西陆军参谋长德利奥上将偕夫人一行6人，应邀对中国进行正式友好访问。中国人民解放军副总参谋长隗福临中将与德利奥上将举行了会谈，并设宴招待。中央军委副主席、国务委员兼国防部长迟浩田上将会见。巴西客人访问了北京、西安、上海，参观了陆军部队、军事院校和军工企业等。

●1996年5月14～29日，中华人民共和国中央军委委员、中国人民解放军总政治部主任于永波上将一行10人，应罗马尼亚、匈牙利、西班牙国防部和葡萄牙总参谋部邀请，对上述4国进行正式友好访问。访罗期间，总统伊利埃斯库、总理沃克罗尤分别会见，国防部长廷卡主持欢迎仪式并与于永波上将举行会谈；总参谋长乔弗利纳上将、国防部总监隆古中将、国防部国务秘书兼总装备后勤部长波帕中将等分别会见。访匈期间，国防军代司令兼总参谋长内梅特·山道尔中将主持欢迎仪式和宴会并与于永波上将举行会谈；国防部政治国务秘书福多尔·伊斯特万、国会外交委员会主席埃尔希·马加什等分别会见。访西期间，新任国防大臣塞拉、国防参谋长罗德里戈上将分别会见，国防政策总局局长苏安塞斯上将主持座谈和欢迎宴会。访葡期间，总统桑帕约、国防部长维托里诺分别会见，总参谋长达蓬特海军上将主持欢迎仪式和宴请，陆、海、空三军参谋长出席作陪，国防政策总局局长里贝罗中将主持座谈。于永波主任一行参观了罗、匈、西、葡4国陆、海、空三军部队、指挥中心和军事院校等。

●1996年5月16～20日，印度尼西亚海军“代瓦鲁西”号训练舰，应邀对中国广东省广州市进行友好访问，随舰来访官兵183人。访问期间，广州军区、广州市政府、南海舰队有关领导人分别会见和主持欢迎招待会。印尼军舰官兵参观了广州海军舰艇学院，并与中国海军官兵开展了联谊活动。

●1996年5月16～23日，意大利海军参谋长马里亚尼中将偕夫人一行5人，应邀对中国进行正式友好访问。中国人民解放军海军司令员张连忠上将主持欢迎仪式和宴会，向客人介绍了海军情况，并与马里亚尼中将举行了会谈。中央军委副主席、国务委员兼国防部长迟浩田上将会见。意大利客人访问了北京、西安、青岛和广州，向天安门广场人民英雄纪念碑敬献了花圈，参观了国防大学、海军舰艇部队和海军院校。

●1996年5月26日～6月1日，比利时军队总参谋长威利·赫尔特雷海军中将偕夫人一行5人，应邀对中国进行正式友好访问。中国人民解放军总参谋长傅全有上将主持欢迎仪式和宴会，中比两军总参谋长举行了会谈。中央军委副主席刘华清上将会见了赫尔特雷一行。副总参谋长钱树根中将、国防大学校长邢世忠中将等参加了有关活动。赫尔特雷总长在国防大学发表了演讲。比利时客人访问了北京、上海、西安等地，参观了国防大学和陆、海、空三军部队。

●1996年5月28日～6月5日，朝鲜人民武装力量部副部长郑昌烈上将率朝鲜人民军友好参观团一行6人，应邀对中国进行正式友好访问。中华人民共和国中央军委副主席张万年上将、中国人民解放军副总参谋长吴铨叙中将分别会见、宴请。朝鲜客人访问了北京、杭州、上海、济南，参观了部队、院校和经济建设项目。

●1996年5月29日～6月15日，中华人民共和国中央军委副主席、国务委员兼国防部长迟浩田上将偕夫人一行14人，应邀先后对沙特阿拉伯、科威特、阿拉伯联合酋长国和埃及进行了正式友好访问。4国国防部长主持欢迎仪式和宴会。沙特王储兼第一副首相阿卜杜拉亲王，科威特埃米尔贾比尔、王储兼首相萨阿德亲王、第一副首相兼外交大臣萨巴赫亲王，阿联酋阿布扎比王储兼武装力量副总司令哈利法亲王、外交国务部长哈姆丹亲王，埃及总统穆巴拉克和政府首脑分别会见。迟浩田副主席兼国防部长分别与沙、科、埃国防部长(国防大臣)和阿军总长举行了会谈，就国际形势、地区安全、发展两国、两军关系等双方共同关心的问题交换了意见。4国陆、海、空军高级将领分别参加了有关活动。迟浩田副主席一行参观了4国武装部队和军事院校等。

●1996年6月4～12日，厄瓜多尔陆军总司令蒙卡约上将偕夫人一行3人，应邀对中国进行正式友好访问。中国人民解放军副总参谋长钱树根中将主持欢迎仪式和宴会，并与客人进行了友好交谈。中央军委副主席张万年上将、总参谋长傅全有上将分别会见、宴请了蒙卡约上将一行。厄瓜多尔客人访问了北京、南京、上海，参观了部队和军工部门。

●1996年6月7～12日，巴西武装力量参谋长莱昂内尔上将偕夫人一行6人，应邀对中国进行正式友好访问。中国人民解放军总参谋长傅全有上将主持欢迎仪式和宴会，并与莱昂内尔上将举行了会谈。国家副主席荣毅仁会见，副总参谋长吴铨叙中将参加了有关活动。巴西客人访问了北京、西安、广州，参观了陆、空军部队、海军院校。

●1996年6月10～16日，中国人民解放军军事科学院院长徐惠滋上将一行7人，应邀对芬兰进行友好访问。芬兰国防军司令黑格隆德上将、国防大学校长伊利少将分别会见和会谈。徐惠滋上将一行参观和考察了芬兰国防军司令部、国防大学(包括战略研究所)、赫尔辛基市民防机构、赛速国防装备公司等部门。在途经瑞典时,访问了斯德哥尔摩国防和平研究所。

●1996 年 6 月 15～21 日,中华人民共和国中央军委委员、中国人民解放军总参谋长傅全有上将一行 8 人,应蒙古武装力量总参谋长邀请,对蒙进行正式友好访问。蒙军总长嘎瓦少将主持欢迎仪式和宴会,并与傅总长举行了会谈。蒙总统兼武装力量总司令奥其尔巴特、国防部长扎丹巴中将分别会见。访问期间,傅全有总长一行向苏赫巴托纪念碑敬献了花圈,参观了蒙军部队、军事大学、训练中心和军事博物馆等。

●1996 年 6 月 19 日～7 月 2 日,中国人民解放军济南军区政治委员杜铁环中将率友好参观团一行 11 人,应波兰和捷克军方邀请,对上述两国进行友好访问。访波期间,波军第一副总长伯尔丘赫上将会见并主持介绍波军情况。代表团访问了华沙军区和克拉科夫军区,参观了波军国防大学、军事博物馆和工兵部队。访捷期间,捷军总长内克瓦西尔中将会见,代表团参观了捷军维什科夫军事大学等。

●1996 年 6 月 21～30 日,尼日利亚国防大学校长阿英拉海军少将率领尼国防大学代表团一行 14 人,应邀对中国进行友好访问。中华人民共和国中央军委副主席、国务委员兼国防部长迟浩田上将,外交部副部长田曾佩分别会见了阿英拉海军少将和代表团一行。中国人民解放军国防大学校长邢世忠中将会见并宴请。尼日利亚客人访问了北京、南京和上海,参观了陆、海、空三军部队、军事院校和经济建设项目。

●1996 年 6 月 23～27 日,巴基斯坦陆军参谋长卡拉迈特上将偕夫人一行 7 人,应邀对中国进行正式友好访问。中国人民解放军副总参谋长熊光楷中将主持欢迎仪式并与卡拉迈特举行了会谈。国务院总理李鹏,中央军委副主席、国务委员兼国防部长迟浩田上将,总参谋长傅全有上将分别会见。巴基斯坦客人访问了北京、大连,参观了陆军部队和工业项目。

●1996 年 6 月 23～29 日,葡萄牙陆军参谋长塞克伊拉·罗查上将偕夫人一行 5 人,应邀对中国进行正式友好访问。中国人民解放军副总参谋长钱树根中将主持欢迎仪式和宴会。中央军委副主席、国务委员兼国防部长迟浩田上将,总政治部主任于永波上将分别会见。罗查上将一行先后访问了北京、西安和上海,参观了陆军部队、军事院校和经济建设项目。

●1996 年 6 月 24～27 日,泰国海军“邦巴功”号和“赛布里”号两艘护卫舰,在泰国皇家海军军官学校参谋长猜差·凯撒蒂拉少将率领下,应邀对中国上海进行友好访问,随舰来访官兵 399 人。访沪期间,上海市政府、中国人民解放军上海警备区和驻沪海军领导人分别会见、宴请。泰海军官兵参观了中国人民解放军海军舰艇部队和工业项目。

●1996 年 6 月 24～30 日,土耳其海军司令埃尔卡亚上将偕夫人一行 5 人,应邀对中国进行友好访问。中国人民解放军海军司令员张连忠上将主持欢迎仪式和宴会,中土两国海军司令举行了会谈。中央军委副主席、国务委员兼国防部长迟浩田上将,总参谋长傅全有上将分别会见了埃尔卡亚司令一行。土耳其客人访问了北京、西安、上海、青岛,参观了国防大学、海军舰艇部队、海军院校、造船厂和经济建设项目。

●1996 年 6 月 25～28 日,美国国防部副部长斯洛科姆一行 8 人,应邀对中国进行访问。中华人民共和国中央军委副主席、国务委员兼国防部长迟浩田上将,中国人民解放军总参谋长傅全有上将分别会见,副总参谋长熊光楷中将与斯洛科姆一行举行了会谈,就当前国际形势、地区安全、两军关系和中美双方关心的问题交换了意见。

●1996 年 6 月 26～30 日,泰国武装部队最高司令威洛·盛沙尼上将一行 11 人,应邀对中国进行工作访问。中华人民共和国中央军委副主席、国务委员兼国防部长迟浩田上将,总参谋长傅全有上将分别会见。泰国客人访问了北京、包头、重庆等地,参观了军工企业。

●1996 年 6 月 28 日～7 月 21 日,中国人民解放军海军司令员张连忠上将一行 6 人,应巴基斯坦、智利、巴西和阿根廷海军邀请,对上述 4 国进行友好访问。访问期间,巴基斯坦总理贝·布托、国防部长米拉尼、参联会主席法鲁克上将,智利国防部长佩雷斯,巴西海军部长塞萨尔上将,阿根廷国防部长卡米里翁、联合参谋长迪亚斯上将等分别会见。张连忠司令员分别与巴基斯坦海军参谋长哈克上将、智利海军司令马丁内斯上将、巴西海军部长塞萨尔上将、阿根廷海军总参谋长比科上将进行了会谈。张连忠司令员一行参观了 4 国海军舰艇、海军航空兵部队、陆战部队和训练中心、海军院校、科研单位及军工厂等。

●1996 年 7 月 3～10 日,中国人民解放军济南军区司令员张太恒上将率军事友好代表团一行 6 人,应印度军方邀请,对印度进行友好访问。印陆军参谋长乔杜里上将会见并宴请了代表团。张太恒司令员一行分别会见了印度陆、海、空三军军种领导人、南部军区代司令、西部舰队司令等,参观了印武装部队、训练中心和军事院校等。

●1996 年 7 月 5～12 日,波兰国防部长斯坦尼斯瓦夫·多布然斯基偕夫人一行7人，应中华人民共和国中央军委副主席、国务委员兼国防部长迟浩田上将邀请，对中国进行正式友好访问。迟浩田副主席主持欢迎仪式和宴会，中波两国国防部长举行了会谈。全国人大常委会委员长乔石，国务院副总理兼外长钱其琛分别会见了多布然斯基一行。副总参谋长钱树根中将参加了有关活动。波兰客人访问了北京、天津、大连、上海等地，参观了陆、海、空三军部队和军事院校及经济建设项目。

●1996年7月8～12日，泰国国防学院院长汶萨·甘亨里提隆中将率该院代表团一行231人，应邀对中国云南省昆明市进行考察访问。云南省政府、省军区领导人分别会见和主持欢迎招待会。访问期间，泰国客人参观了昆明陆军学院。

●1996年7月10～14日，中国人民解放军海军北海舰队司令员王继英中将率领112号和108号驱逐舰及官兵610人组成的舰艇编队，应邀对朝鲜进行友好访问，并参加中朝友好合作互助条约签订35周年纪念活动。访问期间，朝人民武装力量部部长崔光元帅、第一副部长金光镇次帅、总政治局局长赵明禄次帅、海军司令金镒哲大将等分别会见和宴请。中朝两国海军官兵举行了联欢活动。

●1996年7月16～20日，俄罗斯联邦边防总局局长兼边防军总司令尼古拉耶夫大将偕夫人来华度假。在华期间，中国人民解放军总参谋长傅全有上将会见、宴请。副总参谋长曹刚川中将参加了有关活动。尼古拉耶夫夫妇一行除访问北京外，主要在大连度假、参观、游览。

●1996年7月18～26日，越南人民军总参谋长范文茶中将率领越南人民军高级军事代表团一行13人，应中国人民解放军总参谋长傅全有上将邀请，对中国进行正式友好访问。傅全有总长主持欢迎仪式和宴会，中越两军总长举行了会谈。国家主席、中央军委主席江泽民，中央军委副主席刘华清上将，军委副主席、国务委员兼国防部长迟浩田上将分别会见。越军总长一行访问了北京、西安、深圳、广州，在京期间，向天安门广场人民英雄纪念碑敬献了花圈，瞻仰了毛主席遗容；参观了部队、院校和经济建设项目。

●1996年7月22日～8月2日，中国人民解放军海军北海舰队副司令员张定发少将率"哈尔滨"号导弹驱逐舰及随舰官兵321人，应邀赴海参崴参加俄海军建军300周年庆典活动。俄太平洋舰队第一副司令契尔科夫中将在码头举行欢迎仪式。访问期间，张定发少将一行先后拜会了滨海边疆区、海参崴市负责人和俄太平洋舰队司令库罗耶多夫上将及参加庆祝活动的美、日、韩舰艇领队，观看了俄太平洋舰队举行的海上阅兵和文艺表演。各国军舰还组织相互参观舰艇、水兵聚会、体育比赛和军乐表演等活动。

●1996年7月24～28日，泰国武装部队最高副司令瓦他那上将一行9人，应邀对中国进行友好访问。中华人民共和国中央军委副主席张万年上将，中国人民解放军总参谋长傅全有上将和副总长钱树根中将分别会见了瓦他那一行。访华期间，泰国客人访问了北京、上海、桂林等地，参观了部队、工厂和经济开发区。

●1996年7月27日～8月1日，菲律宾国防部长雷纳托·德维利亚偕夫人一行7人，应中华人民共和国中央军委副主席、国务委员兼国防部长迟浩田上将邀请，对中国进行正式友好访问。迟浩田副主席主持欢迎仪式和宴会，中菲两国国防部长举行了会谈。国务院总理李鹏会见。菲律宾客人访问了北京、海南，参观了部队和经济建设项目。

●1996年8月4～18日，中国人民解放军副总参谋长吴铨叙中将率军事友好代表团一行7人，应巴西、秘鲁、阿根廷武装力量参谋部邀请，对上述3国进行正式友好访问。访巴期间，巴武装力量参谋长莱昂内尔上将，陆军参谋长德利奥上将，陆军东部、东南部军区司令等分别会见或宴请。访秘期间，秘国会议长许会、国防部长卡斯蒂略上将、联指主席兼陆军司令埃尔莫萨上将、海军司令伊巴尔塞纳上将、空军司令里特切尔上将分别会见。访阿期间，阿国防部军事事务秘书(副部长)德奥拉萨瓦尔代表国防部长多明格斯会见，武装力量联合参谋长迪亚斯上将会见并宴请。代表团参观了巴、秘、阿3国武装部队、军事院校和训练基地。

●1996年8月12～21日，坦桑尼亚国防军参谋长萨约莱中将一行8人，应邀对中国进行正式友好访问。中国人民解放军副总参谋长曹刚川中将主持欢迎仪式和宴会，并与萨约莱参谋长举行了会谈。中央军委副主席、国务委员兼国防部长迟浩田上将会见了萨约莱中将一行。坦桑尼亚客人访问了北京、南京、上海、深圳，参观了陆军指挥学院、海军基地、工厂。

●1996年8月13～29日，中华人民共和国中央军委委员、中国人民解放军总后勤部部长王克上将一行11人，应波兰、斯洛伐克、奥地利国防部和捷克军队总长的邀请，对上述4国进行正式友好访问。访波期间，波政府副总理彼特烈维奇、国家安全委员会主席米莱夫斯基、国防部长道布让斯基、国防部第一副部长卡尔科什卡等分别会见。访捷期间，捷军总长内克瓦西尔中将主持欢迎仪式和宴会，捷总统军事顾问佩兹尔预备役大将、捷国防部长维博尔尼、议会安全和国防委员会副主席巴什塔分别会见。访斯期间，斯总统科瓦奇、国防部长西特克、经济部长杜茨基、民族议会国防和安全委员会主席安德烈恰克分别会见。访奥期间，奥国防部长法斯尔阿本德、经济部长法恩赖特内尔和奥联邦商会主席、国民议会议员马德塔纳等分别会见。王克部长一行参观了波、捷、斯、奥4国武装部队、后勤支援和技术保障部门及军队医院、军需仓库等。

●1996年8月15～28日，中国人民解放军副总参谋长隗福临中将率军事友好代表团一行7人，应巴基斯坦和孟加拉国武装部队邀请，对上述两国进行友好访问。访巴期间，巴总统莱加利、参联会主席法鲁克上将、陆军参谋长卡拉迈特上将分别会见。访孟期间，孟总统比斯瓦斯、总理哈西娜、陆军参谋长马布波中将分别会见。代表团与巴、孟两国陆、海、空三军高级领导人进行了会见和会谈，参观了两国武装部队、训练基地和军事院校等。

●1996年8月20～23日，日本防卫厅事务次官村田直昭一行4人，应邀对中国进行访问。中华人民共和国中央军委副主席、国务委员兼国防部长迟浩田上将会见，中国人民解放军副总参谋长钱树根中将会见并宴请。日本客人访问了北京、上海，参观了陆军、海军部队和经济建设项目。

●1996年8月22日～9月2日，赞比亚空军司令昔卡普瓦夏中将偕夫人一行6人，应邀对中国进行正式友好访问。中国人民解放军空军司令员于振武上将主持欢迎仪式和宴会，并向客人介绍了中国空军情况。中央军委副主席、国务委员兼国防部长迟浩田上将会见了昔卡普瓦夏中将一行。在华期间，赞比亚客人访问了北京、西安、沈阳和大连等地，参观了空军部队、院校和飞机制造厂。

●1996年8月25～31日，泰国武装部队负责后勤事务的最高副司令乌兰·蒙昆那威海军上将一行7人，应邀对中国进行友好访问。中国人民解放军副总参谋长钱树根中将、海军司令员张连忠上将分别会见并宴请了乌兰上将一行。泰国客人访问了北京、成都、广州等地，参观了后勤基地、海军院校和工农业项目。

●1996年8月26日～9月2日，伊朗国防部长费鲁赞德一行23人，应中华人民共和国中央军委副主席、国务委员兼国防部长迟浩田上将邀请，对中国进行正式友好访问。迟浩田副主席主持欢迎仪式和宴会，并与伊朗国防部长举行了会谈。中国人民解放军副总参谋长曹刚川中将、国防科工委主任丁衡高上将参加了有关活动。伊朗客人访问了北京、成都、上海等地，参观了陆军部队、海军基地和工业部门等。

●1996年8月26日～9月16日，中华人民共和国中央军委委员、中国人民解放军总参谋长傅全有上将一行10人，应越南人民军总参谋长范文茶中将、菲律宾武装部队参谋长恩里莱上将、印度尼西亚武装部队司令丹绒上将邀请，对上述3国进行友好访问。越共中央总书记杜梅、国家主席黎德英、国防部长段奎大将；菲总统拉莫斯、副总统埃斯特拉达、国防部长德维利亚；印尼总统苏哈托、国防安全部长埃迪分别会见。越、菲、印尼三国军队总长或武装部队司令举行欢迎仪式和宴会，并举行会谈，就双方共同关心的问题，特别是进一步发展两军关系交换了意见。傅全有总长在印尼国防学院为百余名高级军官和政府高级官员作了《中国的国防政策》演讲，参观了3国陆、海、空军部队和军事院校等。

●1996年9月2～8日，美军太平洋总部司令布鲁赫上将一行8人，应邀对中国进行正式友好访问。中华人民共和国中央军委副主席、国务委员兼国防部长迟浩田上将会见，中国人民解放军副总参谋长熊光楷中将会见和宴请，并就中美双方共同关心的问题交换了意见。海军司令员张连忠上将、空军司令员于振武上将、国防大学校长邢世忠中将分别会见。布鲁赫上将一行访问了北京、青岛、大连等地，参观了陆军装甲部队、海军舰艇和海航部队、军事院校等。

●1996年9月6～9日，印度尼西亚陆军特种部队司令伯拉博沃少将一行6人，应邀对中国进行友好访问。中华人民共和国中央军委副主席、国务委员兼国防部长迟浩田上将会见，中国人民解放军副总参谋长熊光楷中将会见并宴请。印尼客人在北京访问期间，参观了部队、武警、院校和工业部门。

●1996年9月8～24日，中华人民共和国中央军委副主席刘华清上将偕夫人一行22人，应法国国防部长米雍和意大利国防部长安德烈亚塔邀请，对上述两国进行正式友好访问。访法期间，法国防部长主持欢迎仪式和宴会，刘华清副主席与法国防部长举行了会谈。法国总统希拉克会见刘华清副主席一行，就双方共同关心的问题深入地交换意见。刘华清副主席还会见了法国外长德沙雷特、三军参谋长杜安空军上将等政府和军队高级官员。访意期间，意国防部长主持欢迎仪式和宴会，刘华清副主席与意国防部长举行了会谈。意总统斯卡尔法罗、总理普罗迪分别会见了刘华清副主席一行。意政府和军队、宪兵的高级将领参加了有关活动。刘华清副主席一行参观了法、意两国陆、海、空三军部队、军事基地和军工、科技、航天、电子等部门。

●1996年9月14～26日，中国人民解放军成都军区政治委员张志坚中将率友好参观团一行10人，应邀对俄罗斯、罗马尼亚进行友好访问。访俄期间，同俄军总参国际军事合作总局代局长兹连科中将、国防部教育工作部等部门的领导人会见并举行座谈，参观了莫斯科卫国战争中央纪念馆、无名烈士墓、军事院校、海军基地等。访罗期间，罗国防部长廷卡和总参谋长乔弗利纳上将分别会见，罗军副总长兼情报部长伊利纳中将、空军司令斯坦少将分别宴请。代表团参观了罗军事博物馆、防化兵训练中心、山地旅等军事单位。

●1996年9月21～28日，白俄罗斯国防部长马尔采夫中将一行7人，应中华人民共和国中央军委副主席、国务委员兼国防部长迟浩田上将邀请，对中国进行正式友好访问。迟浩田副主席主持欢迎仪式和宴会，两国国防部长举行了会谈。国务院总理李鹏会见了马尔采夫中将一行。副总参谋长曹刚川中将、副总参谋长熊光楷中将等分别参加了有关活动。白俄罗斯客人访问了北京、南京、上海。向天安门广场人民英雄纪念碑敬献了花圈，参观了陆、空军部队、武警特警部队、军事院校和经济建设项目。

●1996年9月22日～10月3日，津巴布韦国防军司令兹维纳瓦希上将一行7人，应中国人民解放军总参谋长傅全有上将邀请，对中国进行正式友好访问。傅全有总长主持欢迎仪式和宴会，并与兹维纳瓦希司令举行了会谈。中央军委副主席、国务委员兼国防部长迟浩田上将会见了兹维纳瓦希上将一行。津巴布韦客人访问了北京、南京、上海等地，参观了陆、海、空军部队和军事院校及工业项目。

●1996年9月23～28日，澳大利亚国防军司令约翰·贝克上将偕夫人，应中国人民解放军总参谋长傅全有上将邀请，对中国进行正式友好访问。傅全有总长主持欢迎仪式和宴会，并与贝克上将进行了会谈。中央军委副主席、国务委员兼国防部长迟浩田上将，海军司令员张连忠上将，空军司令员于振武上将，军事科学院院长徐惠滋上将，国防大学校长邢世忠中将分别会见了贝克上将一行。澳大利亚客人访问了北京、西安、上海。贝克上将在国防大学以《澳大利亚国防战略》为题发表了演讲，参观了陆、海、空军部队和军事院校及经济建设项目。

●1996年9月23～30日，智利海军司令马丁内斯上将一行6人，应邀对中国进行正式友好访问。中国人民解放军海军司令员张连忠上将主持欢迎仪式和宴会，中智两国海军司令举行了会谈。中央军委副主席、国务委员兼国防部长迟浩田上将，总参谋长傅全有上将分别会见了马丁内斯上将一行。智利客人访问了北京、西安、青岛、上海，参观了海军舰艇部队、院校和工业部门。

●1996年9月26日～10月1日，马来西亚武装部队司令伊斯迈尔·奥玛尔上将偕夫人一行6人，应中国人民解放军总参谋长傅全有上将邀请，对中国进行正式友好访问。傅全有总长主持欢迎仪式和宴会，并与奥玛尔上将举行了会谈。国务院总理李鹏、中央军委副主席、国务委员兼国防部长迟浩田上将分别会见。马来西亚客人访问了北京、上海，参观了国防大学、海军基地和工业部门。

●1996年9月26日～10月10日，中国人民解放军总后勤部政治委员周坤仁中将率友好参观团一行8人，应邀对叙利亚和埃及进行友好访问。访叙期间，叙武装部队副总司令、副总理兼国防部长穆斯塔法·塔拉斯上将会见，叙军副总长哈桑中将会见并宴请，后勤部长纳法少将迎送。访埃期间，埃军总长哈塔塔中将会见，海军参谋长福阿德少将等分别介绍埃三军情况，代表团应邀参加了纪念“十月战争”胜利23周年庆典活动。周坤仁政委一行参观了叙、埃两国武装部队、军事基地等。

●1996年10月3～8日，玻利维亚武装力量总司令卡塞莱斯上将一行3人，应中国人民解放军总参谋长傅全有上将邀请，对中国进行正式友好访问。傅全有总长主持欢迎仪式和宴会，并举行会谈。中央军委副主席、国务委员兼国防部长迟浩田上将会见了卡塞莱斯上将一行，副总参谋长吴铨叙中将参加了有关活动。玻利维亚客人访问了北京、西安、上海，参观了部队、院校和经济建设项目。

●1996年10月7～11日，英国皇家海军“埃克塞特”号导弹驱逐舰由舰长赫林顿上校率领，应邀对中国山东省青岛市进行友好访问。随舰来访官兵290人。访问期间，中国人民解放军海军北海舰队、青岛市人民政府有关领导人分别会见、宴请。英舰官兵参观了中国人民解放军海军舰艇部队。

●1996年10月7～18日，哈萨克斯坦总统军事顾问、前国防部长努尔马加姆别托夫大将偕夫人，应邀来华休假。中国人民解放军总参谋长傅全有上将会见并宴请，副总参谋长熊光楷中将参加了有关活动。哈萨克斯坦客人在华期间，访问了北京、海南，参观了经济建设项目。

●1996年10月8～14日，中国人民解放军北京军区司令员李来柱上将率北京军区代表团一行8人，应邀对芬兰进行了正式友好访问。芬兰国防部长安妮丽·达依娜女士、国防军司令古斯塔夫·黑格隆德上将分别会见了李来柱司令员一行。芬国防部常务次官贝尔蒂·牛凯宁中将,国防司令部作战部长尤西·哈乌达麦基中将分别举行工作午宴和欢迎宴会,国防部高级防务专家和情报局长介绍了芬防务政策和国防建设等情况。代表团参观了芬军步兵部队、训练中心、联合国维和观察员培训中心和军工企业等。

●1996 年 10 月 8～18 日,孟加拉国海军参谋长穆罕默德·努鲁尔·伊斯拉姆少将偕夫人一行 6 人,应中国人民解放军海军司令员张连忠上将邀请,对中国进行正式友好访问。张连忠司令员主持欢迎仪式和宴会,中孟两国海军领导人举行了会谈。中央军委副主席、国务委员兼国防部长迟浩田上将、副总参谋长吴铨叙中将分别会见了伊斯拉姆少将一行。孟加拉客人访问了北京、上海、广州、深圳,参观了国防大学、海军舰艇部队和院校及经济建设项目。

●1996 年 10 月 13～18 日,葡萄牙军队总参谋长富泽塔·达蓬特海军上将偕夫人一行 5 人,应中国人民解放军总参谋长傅全有上将邀请,对中国进行正式友好访问。傅全有总长主持欢迎仪式和宴会。中葡两军总长举行了会谈。全国人大常委会委员长乔石,中央军委副主席、国务委员兼国防部长迟浩田上将、总政治部主任于永波上将分别会见了达蓬特海军上将一行。葡萄牙客人访问了北京、西安和上海,参观了陆、海、空三军部队和经济建设项目。

●1996 年 10 月 15～22 日,土耳其军队总参谋长卡拉达伊上将偕夫人一行 5 人,应中国人民解放军总参谋长傅全有上将邀请,对中国进行正式友好访问。傅全有总长前往机场迎接,主持欢迎仪式和宴会。中土两军总长举行了会谈。国家主席、中央军委主席江泽民,军委副主席、国务委员兼国防部长迟浩田上将分别会见了卡拉达伊上将一行。土耳其客人访问了北京、上海、西安、桂林等地,参观了陆、海、空三军部队、军事院校及经济建设项目。

●1996 年 10 月 21～27 日,保加利亚国防部长迪米特尔·帕夫洛夫偕夫人一行 12 人,应中华人民共和国中央军委副主席、国务委员兼国防部长迟浩田上将邀请,对中国进行正式友好访问。迟浩田副主席主持欢迎仪式和宴会。中保两国国防部长举行了会谈。国务院总理李鹏和夫人朱琳会见了帕夫洛夫夫妇一行。总参谋长傅全有上将会见并宴请。国务院外办主任刘华秋、副总参谋长隗福临中将、副总参谋长熊光楷中将及国防科工委、海军、空军领导人分别参加了有关活动。帕夫洛夫部长一行访问了北京、上海、深圳等地,参观了陆、海、空三军部队、国防大学和经济开发区、经济特区等项目。

●1996 年 10 月 21～28 日,哈萨克斯坦共和国国防部长卡西莫夫上将偕夫人一行 9 人,应中华人民共和国中央军委副主席、国务委员兼国防部长迟浩田上将邀请,对中国进行正式友好访问。迟浩田副主席主持欢迎仪式和宴会。中哈两国国防部长举行了会谈。国务院总理李鹏和夫人朱琳会见了来访的哈国防部长。总参谋长傅全有上将会见并宴请。国务院外办主任刘华秋、副总参谋长曹刚川中将、副总参谋长熊光楷中将等分别参加了有关活动。哈萨克斯坦客人先后访问了乌鲁木齐、北京、深圳、上海等地。向天安门广场人民英雄纪念碑敬献了花圈,参观了陆、海、空三军部队、国防大学和经济建设项目。

●1996 年 10 月 22～31 日,缅甸联邦国家恢复法律和秩序委员会副主席、三军副总司令兼陆军司令貌埃上将偕夫人一行 20 人,应中华人民共和国中央军委副主席张万年上将邀请,对中国进行正式友好访问。张万年副主席主持欢迎仪式和宴会。国务院总理李鹏和夫人朱琳,军委副主席、国务委员兼国防部长迟浩田上将分别会见了貌埃夫妇一行。缅甸客人访问了北京、青岛、上海、昆明等地,参观了陆、海、空三军部队、军事院校和经济建设项目。

●1996 年 10 月 22 日～11 月 2 日,中国人民解放军副总参谋长钱树根中将率军事代表团一行 6 人,应墨西哥国防部和加拿大国防军邀请,对上述两国进行正式友好访问。墨、加两国国防部长分别为钱树根副总长举行欢迎仪式。访墨期间,墨国防部长塞万提斯上将和海军部长洛朗佐上将、空军司令卢塞罗上将分别会见或陪同参观。访加期间,代理国防参谋长默里中将会见,助理副国防部长金斯曼中将、副国防参谋长罗伊中将与钱树根副总长举行了会谈。代表团参观了墨、加两国武装部队、高等研究中心和军工企业等。

●1996 年 10 月 23～26 日,菲律宾武装部队总参谋长阿图罗·恩里莱上将偕夫人一行 7 人,应中国人民解放军总参谋长傅全有上将邀请,对中国进行正式友好访问。傅全有总长主持欢迎仪式和宴会。国务院总理李鹏和夫人朱琳,中央军委副主席、国务委员兼国防部长迟浩田上将分别会见了恩里莱上将一行。菲律宾客人访华期间,参观了部队和工业部门。

●1996 年 10 月 26 日～11 月 3 日,孟加拉国空军参谋长贾玛尔·乌丁少将偕夫人一行 6 人,应中国人民解放军空军司令员于振武上将邀请,对中国进行正式友好访问。于振武司令员主持欢迎仪式和宴会,并向乌丁少将一行介绍中国空军情况。中央军委副主席、国务委员兼国防部长迟浩田上将，副总参谋长熊光楷中将分别会见。孟加拉客人访问了北京、西安、南昌、广州等地，参观了空军航空兵部队、院校和飞机制造企业等。

●1996年10月27日～11月2日，法国海军参谋长勒费弗尔上将偕夫人一行5人，应中国人民解放军海军司令员张连忠上将邀请，对中国进行友好访问。张连忠司令员主持欢迎仪式和宴会，并与勒费弗尔上将举行会谈。中央军委副主席、国务委员兼国防部长迟浩田上将会见。勒一行参观了军事科学院并与专家进行座谈，院长徐惠滋上将会见。法国客人访问了北京、青岛、上海，参观了海军舰艇部队、院校和军工企业等。

●1996年10月28日～11月3日，中国人民解放军空军政治委员丁文昌上将率空军代表团一行7人，应古巴空军和防空军邀请，对古巴进行友好访问。古共中央第二书记、国务委员会副主席、部长会议副主席、革命武装力量部部长劳尔·卡斯特罗大将，革命武装力量部第一副部长兼总参谋长罗萨莱斯中将，总政治局主任库巴中将，革命武装力量部副部长兼空军和防空军司令马丁内斯中将等古巴军队领导人分别会见了丁文昌上将一行。代表团访古期间，参观了古空军航空兵部队、空军院校和飞机维修中心等。

●1996年10月29日～11月8日，越南国防部副部长阮泰蓬中将率越人民军高级军事代表团一行12人，应邀对中国进行正式友好访问。中华人民共和国中央军委副主席、国务委员兼国防部长迟浩田上将，中国人民解放军总参谋长傅全有上将分别会见。副总参谋长隗福临中将主持与越军代表团进行了座谈。越南客人访问了北京、南京、上海、深圳、广州等地，参观了陆军部队、军事院校和经济建设项目。

●1996年11月7～12日，孟加拉国陆军参谋长马布波中将一行7人，应邀对中国进行友好访问。中国人民解放军副总参谋长曹刚川中将主持欢迎仪式和宴会。中华人民共和国国家主席、中央军委主席江泽民，军委副主席、国务委员兼国防部长迟浩田上将分别会见。马布波中将一行还分别拜会了海军司令员张连忠上将、空军司令员于振武上将和国防大学校长邢世忠中将。孟加拉客人访问了北京、青岛，参观了国防大学、海军基地及工业部门。

●1996年11月12～17日，乌干达国防国务部长蒙巴巴齐一行6人，应中华人民共和国中央军委副主席、国务委员兼国防部长迟浩田上将邀请，对中国进行正式友好访问。迟浩田副主席主持欢迎仪式和宴会。中乌两国国防部长举行了会谈。国家副主席荣毅仁会见了蒙巴巴齐一行。乌干达客人访问了北京、上海，瞻仰了毛主席遗容，参观了陆军部队、军事院校和经济建设项目。

●1996年11月14～29日，中国人民解放军空军司令员于振武上将一行7人，应俄罗斯空军总司令杰伊涅金大将和巴基斯坦空军参谋长阿巴斯上将邀请，对上述两国进行正式友好访问。访俄期间，俄国防部长罗季奥诺夫会见，俄空军总司令杰伊涅金与于振武司令员举行了会谈。访巴期间，巴总统莱加利、国防部长米拉尼、参联会主席法鲁克上将、陆军参谋长卡拉迈特上将、空军参谋长阿巴斯上将分别会见。于振武司令员一行参观了俄、巴两国空军航空兵部队、飞行训练基地和航空工业部门等。

●1996年11月17～23日，尼泊尔军队参谋长塔帕上将偕夫人一行6人，应中国人民解放军总参谋长傅全有上将邀请，对中国进行正式友好访问。傅全有总长主持欢迎仪式和宴会，并与塔帕上将举行了会谈。中央军委副主席、国务委员兼国防部长迟浩田上将会见了塔帕一行。尼泊尔客人访问了北京、西安、上海、深圳，参观了部队、院校和经济建设项目。

●1996年11月22～28日，意大利海军"杜兰·德·拉·潘"号驱逐舰和"狙击手"号护卫舰，在意海军第27海军大队司令克劳迪奥少将率领下，应邀对中国上海市进行友好访问，随舰来访官兵562人。访问期间，中国人民解放军驻沪海军和上海市人民政府有关领导人分别会见、宴请了克劳迪奥少将及主要随行人员，中意两国海军举行了联欢活动。意舰官兵参观了中国人民解放军海军舰艇部队和工业项目。

●1996年11月24～29日，英国国防参谋长彼得·因吉元帅偕夫人一行4人，应中国人民解放军总参谋长傅全有上将邀请，对中国进行正式友好访问。傅全有总长主持欢迎仪式和宴会，并与英国防参谋长举行了会谈。国务院副总理李岚清，中央军委副主席、国务委员兼国防部长迟浩田上将，分别会见了波得·因吉元帅一行。副总参谋长熊光楷中将、军事科学院院长徐惠滋上将分别参加了有关活动。英国客人访问了北京、西安、上海，参观了军事科学院和陆、海、空三军部队及国防工业项目。

●1996年12月8～18日，中华人民共和国中央军委副主席、国务委员兼国防部长迟浩田上将一行20人，应美国国防部长佩里邀请，对美国进行正式友好访问。佩里部长主持欢迎仪式和宴会，与迟浩田副主席兼国防部长就当前国际形势、地区安全、中美两国、两军关系等双方共同关心的问题举行了会谈。访美期间，总统克林顿、副总统戈尔分别会见，新提名的总统国家安全事务助理伯杰和国防部长科恩，代理国务卿塔尔博特，国防部副部长怀特、斯洛科姆，参联会主席沙利卡什维利上将，陆、海、空三军领导人，前国务卿黑格、前总统国家安全事务助理斯考克罗夫特和五位前任国防部长及一些重要议员等分别参加了有关活动。迟浩田副主席一行参观了美国家军事指挥中心及陆、海、空三军部队、军事院校，并在美国防大学发表了演讲；与美中协会、美中关系全国委员会、美国际战略研究中心等机构友好人士进行了接触和座谈。

●1996 年 12 月 26 日～1997 年 1 月 11 日，中国人民解放军总政治部副主任唐天标中将率军事友好代表团一行 7 人，应多哥、乍得、刚果、扎伊尔军方邀请，对上述 4 国进行正式友好访问。访多哥期间，总统埃亚德马、总理克吕才分别会见，两军总参谋长举行会谈。访乍得期间，总理科伊布拉会见，国防部长图戈米会见并陪同参观，总参谋长胡图旺上校主持欢迎宴会，各军种领导人出席作陪。两军总长举行了会谈。访刚果期间，总统利苏巴、总理加纳奥分别会见，国防部长阿亚延会见并主持欢迎宴会，总参谋长马比卡准将会见，陆军司令马尤卢准将迎接并举行会谈。访扎伊尔期间，总统蒙博托、总理肯戈、副总理兼外长卡曼达、国防部长利库里亚上将等分别会见，两军总参谋长举行会谈。根据蒙博托总统签署的命令，副总参谋长阿梅拉中将主持授勋仪式，授予代表团团长唐天标中将“扎伊尔国家骑士勋章”。代表团参观了多、乍、刚、扎 4 国武装部队、军事基地和军事院校等。

（王世银）

其他信息

侵华日军南京大屠杀有新铁证 1996 年 12 月 12 日，一位德国女士向世人展示了南京大屠杀的新证据。在纽约纪念南京大屠杀受难同胞联合会举行的记者招待会上，一位南京大屠杀的见证人首次公布了一份独特的材料，向世人揭露了侵华日军的暴行。日本占领南京时，任德国西门子公司驻华总代表约翰·拉贝的外孙女赖因哈特夫人，向各国记者展示了她外祖父当时所写的 2117 页战时日记。

拉贝生于 1882 年 11 月 23 日，1908 年来中国。南京大屠杀发生时，他正任德国西门子公司驻南京代表。由于他的身份，他被推举为由当时留居南京的 10 余位西方人发起成立的南京国际安全区主席。1937 年 12 月 1 日，南京市长马超俊把国际安全区的行政职权授予拉贝，同时交给他 450 名警察、3 万担米、1 万担面粉和一些盐，并拨给 10 万元钱。南京卫戍区司令唐生智也拨交了军粮存条两张，一张为 5 万石米，一张为 10 万包面粉。

12 月 12 日深夜，南京城沦陷了。13 日下午，拉贝高举印有安全区标志的旗帜，带着他的秘书史密斯去找进城日军交涉，拿着地图向其说明难民区的位置。14 日早晨，拉贝又和秘书史密斯把译成日文的正式公函交给日本侵略军长官。不料在场的 5 人竟无一人肯接受。第 2 天，拉贝和史密斯、史波林又赶到新街口交通银行大厦日本特务机关所在地进行交涉。特务头子原田少将接见了拉贝，伪善地说，可以相信日军的“仁慈态度”。但事实很快就证明，日军毫无信用可言，暴行在步步升级。

拉贝和其他委员每天奔走在暴行发生地点，阻止日军施暴。此外，他们每天就日军暴行写出详细报告，同时分送美、英、德等国使馆，向日方提出抗议。但日军灭绝人性的暴行并未收敛。

日军的兽行激怒了拉贝，为了给后人留下一份记录，他把所见所闻详细记载于日记之中。美国圣公会牧师约翰·马骥和克里斯蒂安、克鲁茨等两名德国人则拍摄了日军的种种暴行影片。

为了更有效地制止日军虐杀中国平民，拉贝巧妙地利用二战期间日本和德国的结盟关系。他有意在宁海路 5 号国际委员会的屋顶上，插了一面德国纳粹党的党旗，用来对付兽性大发的日本兵。这方法果然产生了意想不到的效果。于是拉贝和另外两个德国人成为日本兵最奈何不得的人物。那些强奸妇女的日本兵，一见到作为盟国的德国人，就连声惊呼“德意志！德意志！”悻悻而去。日本兵也曾多次偷偷爬墙进入拉贝租住的广州路小桃源 10 号的宅院，拉贝同样利用纳粹党的标记来对付这些强盗，保护他收容的几百个妇女和老人。

作为安全区的最高长官，拉贝面临的困难难以想象。总面积只有3.86平方千米的安全区里，拥挤着25万名难民，所有的空地都搭满了芦席棚子。天寒地冻，这么多人要吃要穿，粮食、煤炭、水、药品，少了哪一样都难以生存下去。

日军占领南京以后，封存了城内所有的米和煤。拉贝除了与日军交涉外，又请美、英、德等使馆出面帮忙。他们利用种种关系和国际舆论的压力，迫使日军交出了部分粮食和药品。

南京沦陷初期最危急的几个月内，总共受拉贝和国际安全区救济的难民达25万人，妇女受庇护免受日军蹂躏的有数万人。后来中国政府因此授予拉贝带有玉石勋章的蓝、白、红3色项链。

1938年3月22日，拉贝奉西门子公司之命离开南京，4月返回德国。拉贝回国后，眼见纳粹党人疯狂地迫害共产党人、进步人士和犹太人，再也不想沉默了。他于5月2～25日之间，在德国外交部等处连续作了5场演讲，向人们展示有关证据，揭露日军在南京的暴行，以期引起国际舆论对这种罪恶行径的谴责，唤醒国民的良知。他还于6月8日寄给希特勒本人一份揭露日军暴行的报告。

揭露日本法西斯，当然使犯下类似暴行的德国法西斯难堪。几天后，拉贝遭秘密警察逮捕，他的6本日记和有关照片也被搜走了。他被勒令保持沉默，不得再举办报告会、出版书籍，特别是不允许展示约翰·马骥拍摄的有关日军在南京暴行的照片。1938年10月，拉贝拿回了自己的日记，而照片被没收了。拉贝愤怒之下勇敢地提出退出纳粹党，遭到拒绝。

战争结束时，拉贝已是63岁的老人。全家6口人无任何生活来源，靠收集野菜做成面糊汤度日。但中国人民从未忘记这位善良、正直的德国老人。1948年初，当南京人民获知拉贝老人生活窘困时，南京市参议会成立了救助拉贝劝募委员会。消息传开，在全市引起了极大的反响。当年受拉贝庇护免遭日军凌辱的妇女、从日军枪口下得以生还的男子、得到救济而免遭饿毙的老人，纷纷解囊相助，不几日便募得1亿元，经特别批准，按市价购买美金2000元，辗转汇给拉贝。

但德国战后物资极度匮乏，有钱也买不到食物。南京市长在1948年3月又在瑞士购买了奶粉、香肠、茶叶、咖啡、牛肉、奶油、果酱等食品4大包寄交拉贝。此后，南京各界又决定从6月份起，按月寄赠食物一包，以表示南京市民对其由衷的感激。

1948年6月18日拉贝复函，感激之情溢于字里行间。他说："我们只有采集野菜野果，为孩子们加汤，而我们大人都靠干面包和汤糊度日，最近连面包都难以得到了，至于马铃薯与我们早已绝缘了。处于此种艰难处境，我作为一家之长，接到这些食品，对我们具有多么重要的意义啊！"在6月2日的又一封信中，他说全家"均感无限快慰"。南京人们的友好支援，使他重新竖立起生活的信心。

1950年，这位可敬的"南京的辛德勒"——约翰·拉贝患中风在柏林去世。

拉贝先生留下的资料共有2117页，其中包括他本人的日记、他与各方面外交人员的通信、当时德国新闻媒体关于他在德国作南京大屠杀演讲的报道等。他对南京大屠杀的记载，集中地反映在他给希特勒的报告书及其附件中，这份文件共260页。

报告书及其附件是用德文打字机打出的，工整、清晰，条理性强，几处重要的地方还有拉贝先生的手书。拉贝先生在这份文件中倾注了对日本法西斯的憎恶，对处于水深火热之中的中国人民的同情。从报告中还可以看到，德国纳粹禁止他作报告，不准他公开发表不利于德国同盟国日本的言论。拉贝先生将其编进名为《敌机飞临南京》的文件资料第6卷之二。

报告书的正文很简短。拉贝先生坦然表示，他要讲述中国人民在日军占领南京后，所经历的鲜为人知的种种苦难。

报告书的附件共有259页，主要包括对报告的注释和图片"南京暴行"摘录两部分。在附件的开头，拉贝先生说："我有机会作为目击者亲眼目睹了一切。我将把我所经历的一切告诉大家。很遗憾，我不可能向您详细描述我最近6个月在南京的所见所闻。对此用24小时也讲不完。我只能向您送呈我所经历的事态汇编中的一部分。"

接着，拉贝先生阐述了他冒着生命危险，坚持留在南京的原因：我在中国生活了30年。这里是我的孩子们和孙辈的出生地，在这里我生活安宁并在生意上取得了成功。我一向(哪怕是在大战期间)得到中国人的厚待！当然还有其他重要的原因，促使我继续留在南京。我要代表西门子公司的利益……这些设备都由我们公司的中国装配工负责管理，他们无论如何无法离开南京。这些人员和办公室的勤杂人员，跟随我几十年的管家，以及我的中国经理同他们的家属，聚在我的身边。我当时就感到——今天已经知道了——这些人很可能会遭到屠杀或者至少会受到严重伤害，如果我抛弃他们的话。

拉贝还用较大的篇幅,叙述了建立南京国际安全区的经过:“大概在 11 月底,美国金陵学院教授和牧师建议建立中立区(按上海亚克昆诺特区的模式),并请我担任南京国际安全区委员会主席一职。因为我是德国人,有望更好地与日本人进行谈判。我毫不犹豫地接受了下来。……与中国政府确定区界后,我们马上着手实施我们的计划:(1)安全区的安全保障;(2)难民的安置;(3)食品供应;(4)建立卫生设施;(5)医院;(6)警察管理等。简言之——正如报纸上所报道的,我们实际上承担了整个市级机关——南京市政府的所有工作,这并不是开玩笑。”

为了披露南京大屠杀的真相,拉贝挑选了自己从 1937 年 12 月 9 日开始到 1938 年 2 月 22 日离开南京时的部分日记为证。这段时间,正是南京沦陷前后,侵华日军施暴的高潮时期。这些日记记录着:日军轰炸、炮击南京城;难民和中国守军的撤离;日军攻城和“扫荡”;日军大肆屠杀、奸淫、焚烧、掠夺的暴行;遇难者尸体的掩埋及安全区的情况等等。史料翔实,事件发生的时间、地点、经过、结果,均一一作了记述。

拉贝先生还将“南京暴行”的图片摘录了一些,作为报告书附件的另一部分内容。这些照片共有两大组:第 1 组是南京国际安全区委员会成员、南京国际红十字会主席、美国圣公会驻南京德胜堂牧师约翰·马骥拍摄的,共 58 张。第 2 组是由南京国际红十字会会计、德国卡尔鲁维茨公司工程师克鲁茨拍摄的,共 22 张。对这 80 张照片,两位摄影师均一一配了文字说明,公正客观地记录下了日军在南京犯下的一些惨无人道的暴行。

拉贝在这两组照片前写下了自己的按语:“下面展示的这些照片所说的只是 1937 年 12 月 13 日日军占领南京后所发生的无数事件中的极小部分。如果摄影师约翰·马骥再有一些胶片和更多的时间的话,他一定还会拍摄许多其他的情景。他和其他人一样起早摸黑地工作,去保护该市居民或以各种方式去帮助他们,他只能偶尔抽点时间去拍摄照片。此外,他必须谨慎行事,不能让日本人看到他拍的照片,否则他的照相机就有被日本人砸碎或被没收的危险。鉴于这种原因,他不可能直接拍摄到处决的镜头,或者拍摄到堆放在一些城区的大批受害者的尸体。

日本军人似乎觉得,他们有权对中国人采取一切暴力,因为他们是敌人。日本军官仅将强奸看作是小错。许多日本人也承认,他们的士兵有部分表现得很差。一位日本总领事同样也承认,日本军队确实缺乏纪律性——但又有谁来审判日军呢?!

战争会使一个国家的陋习暴露无遗。毋庸置疑,一个国家的罪犯和性虐待狂在战争中会借机发泄他们的兽欲。也许这种残暴和嗜血成性——这在日军中已得到了证实——在一个还对“武士道精神”表示认可并给他们的孩子传授这类残忍嗜血的历史的国度里,是不可避免的结果。

拍摄这些照片的目的,并非是要去煽动人们对日本进行报复,而只是希望让所有的人包括日本人对这场战争的可怕后果有所了解,并敦请他们利用一切法律手段终止这场由日本军队挑起的争端。”

有关方面曾推测拉贝先生留下了文字资料。现在,这些宝贵的资料终于在事隔半个世纪之后重见天日,对当年侵华日军的暴行作了有力的控诉。拉贝先生的外孙女赖因哈特夫人已于不久前将全部资料的复印件寄给了南京的侵华日军南京大屠杀遇难同胞纪念馆。

2000 多页日记,实录了 500 多个惨案,拉贝先生向历史提供了证词。他所揭露出来的虽然只是冰山一角,但却从另一个角度证实了日军在南京犯下的滔天罪行。

赖因哈特夫人将拉贝日记公开之后,引起了世界舆论的重视。日本的一些学者认为,由于拉贝是日本战时的盟国德国的纳粹党人,当时又任纳粹党南京分部的负责人,因此这份报告更具史料价值。日本宇都宫大学中国近代史教授笠原十九司指出,这份报告是现已发现的当时在场的德国人的第 1 份报告。它不仅具有史料价值,而且向希特勒提交报告本身也很耐人寻味。象拉贝那种身份的人,敢于向日本盟国的最高领导人报告此事本身,就证明了南京大屠杀确有其事。日本千叶大学日本现代史教授秦郁彦说,这个报告是日本战时盟国德国的人士所作的,比起美国人所作的类似的报告更具可信性。1938 年,正是日德加速结盟的时期。在这种情况下,拉贝敢于向希特勒提交这样的报告,其勇气是惊人的。

中国读者李涛给人民日报写信指出,拉贝日记的问世,无疑给了日本右翼分子一记响亮的耳光。更重要的是,对包括广大日本人民在内的一切爱好和平的人们来说,拉贝日记将有助于人们正确认识和评价历史。

(郝　刚)

投向日本的第 3 颗原子弹 《世界信息报》1996 年 3 月 28 日报道,长期以来,人们一直以为美国向日本投了两颗原子弹,一在广岛,一在长崎。其实,美国向日本共投了 3 颗原子弹,第 1 颗在广岛,第 2 和第 3 颗均在长崎,只是第 3 颗没有爆炸。那么第 3 颗未爆的原子弹哪里去了?

随着时光的流逝，美国原子弹研究的秘密逐步被世人所了解。最有权威的材料，莫过于美国原子弹研制和生产的组织者、美国退役陆军中将格罗夫斯的回忆录。

1945年7月26日，格罗夫斯在给马歇尔的报告中，提出了对日本的4个原子弹轰炸目标，它们是广岛、长崎、小仓和新潟。到7月底确定了其中的3个目标。格罗夫斯在他的回忆录中明确写道："广岛是第1目标，小仓兵工厂和小仓是第2目标，长崎是第3目标。"为此，美国从一开始就准备了3颗原子弹。为投掷这3颗原子弹，509飞行大队准备了7架飞机。

在轰炸广岛之后，美国积极地进行了轰炸另外两个目标的准备工作。格罗夫斯在其工作安排中写道："在洛斯阿拉莫斯'胖子'所用的钚最后处置完毕后，就用C-54型专机运到提尼安。另外两个'胖子'所需要的一些其他重要零件，则由两架B-29型飞机运送。"所谓"胖子"是美国内爆式原子弹的代号。可以肯定，美国在准备对小仓和长崎的轰炸之前，运到提尼安空军基地的是两颗原子弹。

8月9日凌晨3时49分，两架B-29轰炸机和两架侦察机，在一阵巨大的轰鸣声中，消失在夜空之中。两架轰炸机到达小仓上空的时候，天空阴云翻滚，烟雾浓密，用肉眼根本看不到目标。机长威内斯驾驶飞机，从小仓上空一连3次飞过，还是没有找到目标。恶劣的天气挽救了这个城市成千上万人的生命。飞机只好飞向第2目标长崎。长崎上空同样是云雾重重。但是这一次飞机是不可能带着核弹返回的，于是临时决定采用雷达轰炸。当飞机做好了投弹准备的时候，云雾突然散开了，天空中出现了一个晴朗的大洞，轰炸员比汉透过这个大洞，看到了山谷中的一条跑道，于是果断地把核弹投了下去……

美国在长崎投下的是两颗原子弹，当时日本长崎知事致防空总部长官、九州地方总监、西部军管区参谋长的报告准确地记录下了这一情况：本日10时50分B－29两架，自熊本县天草方向北进，经岛原半岛西部橘湾入侵长崎市上空，11时2分投下附有降落伞的新型炸弹两颗。由于爆炸的这颗原子弹，偏离目标约2000米，所以另一颗未爆炸的原子弹，并没有受到损害。接到报告后，日本大本营立即将这颗未炸的原子弹严密看管起来。这可谓是天赐良机，日本虽然遭到了美国原子弹的轰炸，但同时也因祸得福得到了一颗原子弹，如果条件可能，日本也可以造出自己的原子弹。

日军大本营立刻召开了紧急会议，会上认为日本目前已经成为战败国，要制造原子弹已不可能，而且帝国大学的原子加速器已遭到美机轰炸破坏，要想挽救日本只有一条出路，就是将原子弹交给苏联。

由于战局十分紧张，日军立即派代表约见了苏联情报人员。负责处理这件事情的是苏联情报总局局长依瓦舒金将军。日本将原子弹交给了苏联。

1995年武装冲突和维和行动情况统计

俄罗斯《外国军事评论》1996年第8期援引斯德哥尔摩国际和平研究所的年度报告称，1995年全球共爆发了30起大规模的武装冲突(1994年32起，1993年和1992年各33起)。这些冲突发生在25个地区(1994年和1993年各为28个地区)。该研究所的专家认为，武装冲突数量下降的总趋势仍将保持不变。以发生次数最多的1989年为例，共爆发了36起武装冲突，波及32个地区，尔后一直呈下降趋势。斯德哥尔摩国际和平研究所所框定的大规模武装冲突的标准是：死亡人数超过1000人；冲突双方有一方为政府。

报告强调，1995年同1994年一样，未发生一次国与国之间的战争，前南领土上的流血冲突也已结束。在中东，巴以签署了一系列和平协议。海地、厄瓜多尔、也门、厄立特里亚、安哥拉等一些过去的"热点"地区的紧张局势有所缓解，和平得以恢复。报告认为，在塞拉利昂、斯里兰卡和土耳其领土上有3起大的冲突将会升级。从地理位置来看，1995年爆发的武装冲突的分布情况为：亚洲9起，非洲6起，中东4起，世界其他地区11起。

另外，联合国维和行动的次数从1994年的17次减至1995年的16次。参加维和行动部队的总人数从1994年的6万人降至1995年的5万人；参加的国家从1994年的77个增至80个。1995年"蓝盔"部队死亡90人(1994年135人，1993年203人)。联合国1995年用于维和行动的财政支出，由1994年的38亿美元降至30亿美元。

波黑战争死亡人数和经济损失统计 《人民日报》1996年4月2日报道，波黑健康研究所近日公布的一项调查结果称，在波黑近4年的内战中，共有27.8万人死亡。这些死于内战的人包括14.08万名穆族人，9.73万名塞族人和2.84万名克族人。

调查结果表明，波黑战争期间，共有137万人流离失所，其中70.2万名是穆族人，41万名是塞族人，15.5万名是克族人，10.3万名是其他民族人。波黑在国外的难民共有125万人，其中包括54万名穆族人，塞族人和克族人各有30万人，其他民族有9.75万人。

另据《人民日报》1996年2月8日报道，波黑总理穆拉托维奇2月6日在瑞士达沃斯世界经济论坛年会上说，3 年多的战争给波黑造成了 450 亿美元的经济损失。

穆拉托维奇在世界经济论坛年会 6 日举行的关于前南地区重建讨论会上说，波黑人均年收入已从 1990 年的 1900 美元下降到 1994 年的 500 美元；1994 年波黑的工业生产总值仅为 1990 年的 5%；78%的工业生产能力和 90%的电力生产及供应遭到严重破坏；供水系统几乎瘫痪；1/3 以上的医院及学校被毁；公路交通、电信全部被毁坏。

穆拉托维奇说，现在波黑重建实际是从零开始。他呼吁出席达沃斯年会的国际金融机构领导人和外国企业家到波黑投资，帮助波黑重建。

海湾战争综合症揭秘 《国际展望》1996 年第 20 期报道，1996 年年中，美国国防部首次公开承认：海湾战争综合症是美国士兵接触到伊拉克的神经毒气造成的。至此，这场闹得纷纷扬扬、众说不一的争论终于有了一个比较权威的说法。

何谓海湾战争综合症？人们一定记忆犹新。1991 年初，美国增派 40 万美军赴海湾地区参加海湾战争。战争结束后，参战士兵中有一万多人回国后相继感到浑身乏力、四肢疼痛、皮肤震颤、记忆力减退并伴有间隙性的腹泻和表面肿块，这就是后来人们称之为的海湾战争综合症。这些参加海湾战争的美国退伍军人如今都是壮年期，本该是健康、事业有成的时期。想不到这种莫名其妙的症状给他们以及家属、子女带来了无限的痛苦和精神、肉体的折磨。

那么，海湾战争综合症究竟系何所为呢？几年来，围绕这个问题可以说是众说纷纭，莫衷一是。概括起来，一种观点认为海湾战争综合症是由于美军摧毁伊拉克的弹药库使毒气外泄造成的。1991 年 3 月初，美军销毁了伊拉克南部哈米西亚的一个弹药储存库中的弹药。一些士兵至今仍记得天空中出现缕缕烟雾，残留物随风飘落到了完全没有防化装置的美国士兵身上。另一些士兵则看到夜空中出现大爆炸，旋即一股黄绿色的烟雾灼痛了他们的皮肤，使嘴唇都变麻木了。他们回国后带回的制服和纪念品上也沾染了这种毒气，从而又间接地传染给了家属子女。另一种观点认为是伊拉克发射的飞毛腿导弹中含有化学毒剂。参加海湾战争的美国海军预备工程营的士兵说，一枚伊拉克的飞毛腿导弹在沙特美军兵营的上空爆炸，释放出云雾般的蒸气，损害了他们的健康。还有一种观点则认为，海湾战争综合症是由美军分发给 40 万名参战士兵防止化学武器侵袭的药物引起的。这种称为乙胺嘧啶的药物本身没有毒副作用，但美国杜克大学和得克萨斯州西南大学医学中心的研究人员通过实验发现，当这种药物与两种灭虫剂（Deet 和 Permethrin）同时混在一起时，会产生广泛的神经破坏作用，而这两种驱虫剂当时在海湾战争中大量使用。实验表明：动物、家禽在受到这种称为胆碱酯酶的抑制物后，出现了动作震颤和肌肉削弱。目前，该中心正在对海湾战争美国海军机动营的 249 名成员作进一步的检查。

然而，美国五角大楼从一开始就否认有单独一种未知原因的海湾战争综合症存在。五角大楼坚持认为，那些埋怨身体不适的人（约有 18598 人）大都是常见的身体和心理病症，有些可能与海湾地区服役有联系，包括受到沙漠沙蚤传播的疾病。但是，五角大楼对上述不适人中的 18%出现全身疼痛、疲劳和记忆力丧失等症状都无法自圆其说。一个由诺贝尔奖获得者约素华·莱德伯格为首的医疗队也无法找到这些症状的原因。美国五角大楼尽管 5 年来投入了 800 万美元来寻找海湾战争综合症的原因，但也毫无结果。这令美国士兵非常不满，一些退伍士兵讽刺道，“美国打赢了战争，但输掉了士兵的健康。”还有的气愤地说，“政府背叛了其军队，没有接受越战和橙色毒剂的教训，让士兵再次受害……”他们强烈要求当局尽快弄清海湾战争综合症的原因并给予受害者赔偿。

在舆论的压力下，不久前五角大楼又全面地清查海湾战争的封存档案。从中发现了一条很有用的线索：1991 年 10 月，海湾战争结束 6 个月后，联合国检查人员视察哈米西亚，发现几千枚火箭弹头和大炮弹壳，里面盛有沙林和芥子气（一种糜烂性毒气）。伊拉克官员告诉调查人员说，以美国为首的多国部队于 1991 年初摧毁了那里的化学武器。但是当该报告送到五角大楼后却被装订存档，打入冷宫。据悉，该报告明确地记载了美国陆军第 37 工程兵营曾两次销毁了充满沙林的火箭，诱发了一股股烟雾和尘埃，将致命的碎屑随风飘散，至少有 2.5 万名美军暴露在这种有毒的爆炸物碎片之中。至此，这场长达 5 年的争论，终于大体有了倾向性的说法，即如美国五角大楼承认的那样，海湾战争综合症是由神经性毒气造成的。舆论认为，海湾战争综合症的确认，远非问题的解决，既然肯定了神经毒气是造成美国士兵患海湾战争综合症的罪魁祸首，那么究竟有多少人受到感染，受害程度如何，以及当局准备如何处理这些后遗症等问题将接踵而来。因此，更棘手的问题将摆到美国政府的面前。

（华　翁）

（本栏责任编辑　孙华民）

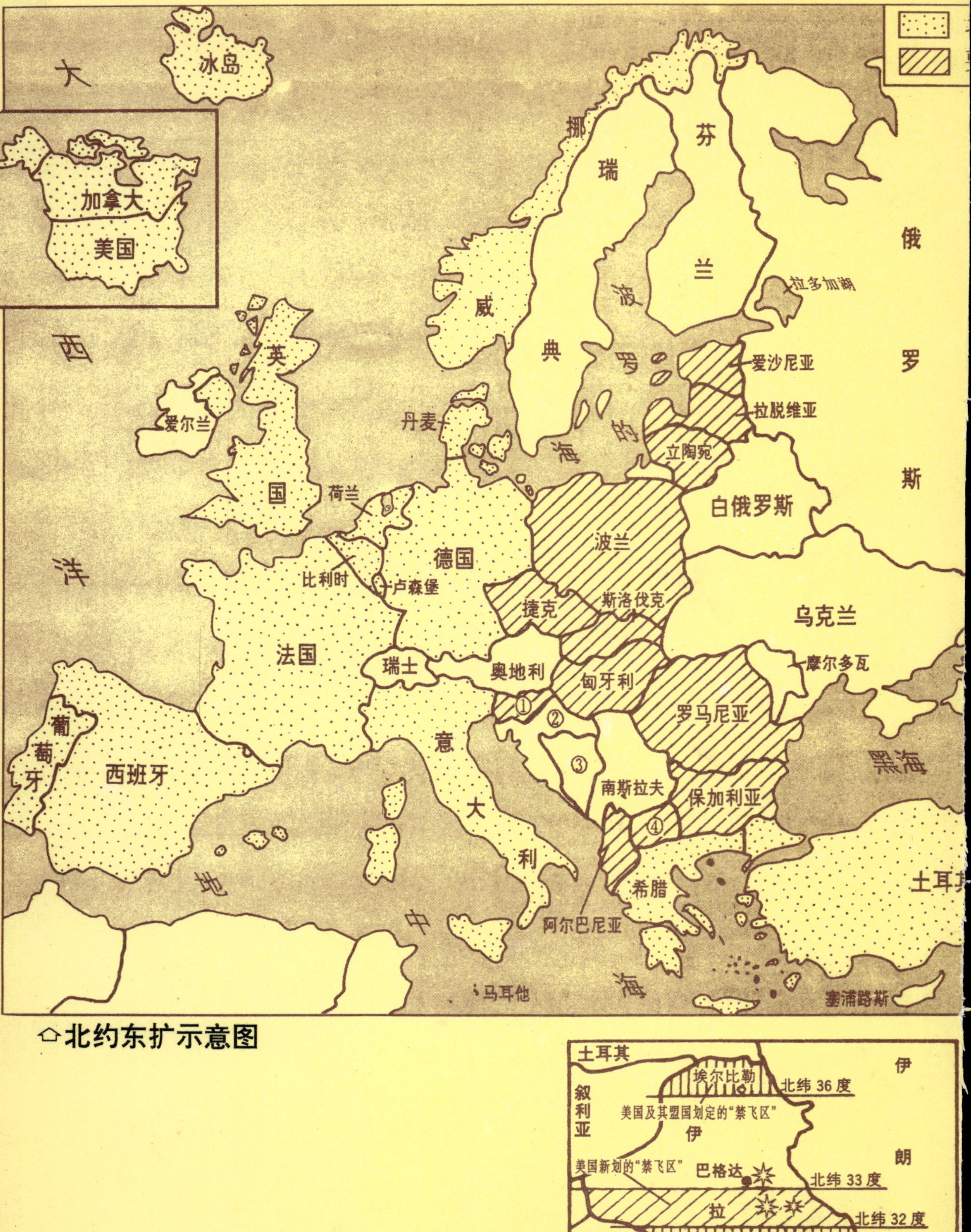

⌂北约东扩示意图

⇨1996 年 9 月 3 日伊拉克遭美军轰炸和美国扩大“禁飞区”示意图